Estudo interativo, fácil e eficiente

Este livro oferece materiais digitais exclusivos

Download de Questões Modelo Tradicional

Banco de Questões Plataforma

Videoaula e Resolução de Questões Pedro Lenza

Acesse no seu computador

1. Abra o navegador de internet (recomendamos o uso do Google Chrome).
2. Digite o link http://somos.in/DCE25 na barra de endereços do navegador para acessar a página.

Acesse no seu celular ou tablet

1. Entre no Google Play ou na App Store e procure por "QR Code". Baixe o aplicativo de leitor de QR Code de sua preferência.
2. Abra o aplicativo baixado no seu aparelho. Aponte a câmera para o QR Code no livro que deseja acessar e aguarde o redirecionamento para o conteúdo exclusivo.

3. Faça seu cadastro:
   a. Clique em "Não tem conta? Cadastre-se."
   b. Insira um e-mail válido e preencha os campos.

4. Após fazer o cadastro, aparecerá uma tela para que você digite seu código de ativação. Insira o código disponível na raspadinha abaixo.

Pronto! Cadastro finalizado!

Sempre que quiser, acesse todos os conteúdos exclusivos pelo link http://somos.in/DCE25, utilizando seu login de acesso.
O seu acesso tem validade de 24 meses.

Qualquer dúvida, entre em contato pelo e-mail
suportedigital@saraivaconecta.com.br

RASPE AQUI O SEU CÓDIGO DE ACESSO saraiva

RASPE AQUI

Direito Constitucional

ESQUEMATIZADO

Histórico da Obra

- **1.ª edição:** jan./2000
- **2.ª edição:** jun./2001
- **3.ª edição:** fev./2002
- **4.ª edição:** ago./2002
- **5.ª edição:** fev./2003
- **6.ª edição:** maio/2003; 2.ª tir., set./2003
- **7.ª edição:** jan./2004; 2.ª tir., fev./2004; 3.ª tir., mar./2004; 4.ª tir., abr./2004; 5.ª tir., maio/2004; 6.ª tir., jul./2004; 7.ª tir., ago./2004; 8.ª tir., set./2004; 9.ª tir., out./2004
- **8.ª edição:** fev./2005; 2.ª tir., mar./2005; 3.ª tir., maio/2005; 4.ª tir., jun./2005
- **9.ª edição:** out./2005; 2.ª tir., jan./2006
- **10.ª edição:** mar./2006; 2.ª tir., maio/2006; 3.ª tir., jul./2006; 4.ª tir., set./2006; 5.ª tir., nov./2006
- **11.ª edição:** mar./2007; 2.ª tir., abr./2007; 3.ª tir., maio/2007; 4.ª tir., ago./2007; 5.ª tir., set./2007; 6.ª tir., out./2007
- **12.ª edição:** mar./2008; 2.ª tir., mar./2008; 3.ª tir., abr./2008; 4.ª tir., jun./2008; 5.ª tir., ago./2008; 6.ª tir., ago./2008; 7.ª tir., out./2008
- **13.ª edição:** fev./2009; 2.ª tir., mar./2009; 3.ª tir., abr./2009; 4.ª tir., jul./2009; 5.ª tir., ago./2009; 6.ª tir., set./2009
- **14.ª edição:** fev./2010; 2.ª tir., mar./2010; 3.ª tir., jul./2010; 4.ª tir., ago./2010; 5.ª tir., set./2010
- **15.ª edição:** fev./2011; 2.ª tir., maio/2011; 3.ª tir., ago./2011
- **16.ª edição:** fev./2012; 2.ª tir., jul./2012; 3.ª tir., set./2012
- **17.ª edição:** mar./2013; 2.ª tir., ago./2013; 3.ª tir., out./2013
- **18.ª edição:** fev./2014; 2.ª tir., set./2014; 3.ª tir., out./2014; 4.ª tir., fev./2015; 5.ª tir., mar./2015; 6.ª tir., abr./2015; 7.ª tir., maio/2015
- **19.ª edição:** jul./2015
- **20.ª edição:** ago./2016; 2.ª tir., ago./2016; 3.ª tir., set./2016; 4.ª tir., dez./2016; 5.ª tir., mar./2017; 6.ª tir., maio/2017; 7.ª tir., jul./2017
- **21.ª edição:** ago./2017; 2.ª tir., set./2017; 3.ª tir., jan./2018; 4.ª tir., mar./2018
- **22.ª edição:** jul./2018; 2.ª tir., out./2018
- **23.ª edição:** fev./2019
- **24.ª edição:** mar./2020
- **25.ª edição:** fev./2021

Pedro Lenza
Mestre e Doutor pela USP
Advogado e Professor
Visiting Scholar pela Boston College Law School

Direito Constitucional

ESQUEMATIZADO

25ª edição
2021

saraiva jur

DADOS INTERNACIONAIS DE CATALOGAÇÃO NA PUBLICAÇÃO (CIP)
ELABORADO POR VAGNER RODOLFO DA SILVA - CRB-8/9410

L575d Lenza, Pedro

Direito constitucional / Pedro Lenza. – 25. ed. – São Paulo: Saraiva Educação, 2021. (Coleção Esquematizado®)

1.560 p.

ISBN: 978-65-5559-491-1

1. Direito. 2. Direito constitucional. I. Título. II. Série.

CDD 342

2020-3035 CDU 342

Índice para catálogo sistemático:

1. Direito constitucional 342

saraiva EDUCAÇÃO | saraiva jur

Av. Paulista, 901, 3º andar
Bela Vista – São Paulo – SP – CEP: 01311-100

SAC | sac.sets@somoseducacao.com.br

Direção executiva Flávia Alves Bravin
Direção editorial Renata Pascual Müller
Gerência de projetos e produção editoriais Fernando Penteado

Planejamento Josiane de Araujo Rodrigues

Novos projetos Sérgio Lopes de Carvalho
Dalila Costa de Oliveira

Edição Clarissa Boraschi Maria (coord.)
Liana Ganiko Brito

Produção editorial Daniele Debora de Souza (coord.)
Luciana Cordeiro Shirakawa

Arte e digital Mônica Landi (coord.)
Camilla Felix Cianelli Chaves
Claudirene de Moura Santos Silva
Deborah Mattos
Guilherme H. M. Salvador
Tiago Dela Rosa

Projetos e serviços editoriais Daniela Maria Chaves Carvalho
Kelli Priscila Pinto
Laura Paraíso Buldrini Filogônio
Marília Cordeiro
Nicoly Wasconcelos Razuk

Diagramação Fabricando Ideias Design Editorial
Revisão Lígia Alves
Capa Tiago Dela Rosa
Produção gráfica Marli Rampim
Sergio Luiz Pereira Lopes
Impressão e acabamento EGB Editora Gráfica Bernardi Ltda.

Data de fechamento da edição: 8-1-2021

Dúvidas? Acesse www.editorasaraiva.com.br/direito

CL 606907 CAE 752220

UMA HOMENAGEM ESPECIAL

Gostaria de pedir licença ao meu ilustre leitor e fazer um agradecimento que, apesar de particular, é muito especial...

Gostaria de agradecer a você, minha querida Má, por tudo o que representa, não só em minha vida como também para o resultado deste nosso "filho".

Como muitos devem saber, o "nosso" *Esquematizado* surgiu no ano de 2000, como um sonho e a concretização de um projeto de vida...

Hoje, depois de 21 anos, com milhares de exemplares vendidos, gostaria de confessar que tudo isso — além das muitas pessoas que, de uma maneira ou de outra, contribuíram, inclusive o meu ilustre leitor, fiel e amigo, que constantemente envia sugestões — tem a mão de uma pessoa chamada Má.

Todos devem presumir a dificuldade que é "lutar", diária, diuturna e, também, literalmente, durante muitas e muitas noites de estudo, para que o livro continue a cumprir o seu relevante papel na vida de muitas pessoas...

Todos podem imaginar os momentos de dificuldade, de esgotamento... que poderiam se comparar à luta diária dos concurseiros de nosso país, que se "fecham" ao mundo, que se afastam dos entes queridos, que se privam de momentos prazerosos, sempre em busca de um sonho muito nobre, de um projeto de vida, marcado por horas e mais horas isolados: o concurseiro "guerreiro", os livros, o quarto, a biblioteca e Deus para nos guiar.

Muitas vezes nos perguntamos, eu inclusive, se tudo está valendo a pena, se tanto esforço está valendo a pena, se, pela fragilidade da vida, devemos continuar nessa trajetória.

Então, é nesses momentos de dificuldade que vejo a importância que é ter uma pessoa como a Má: atrás, para me segurar nos momentos difíceis, projetando-me para o sonho; à frente, servindo como força propulsora; e ao lado, me estimulando, encorajando, incentivando e entusiasmando...

Posso dizer, então, que tudo isso que o *Esquematizado* hoje representa tem a mão da Má, que nunca deixou de sonhar este nosso sonho.

Muitas horas, muitas noites... Assim, depois de tanta coisa que passamos juntos, eu só tenho a lhe agradecer por tudo, Má, especialmente por sua alegria de vida, a contribuir para a realização do sonho de muitos e ilustres "concurseiros" que, honrosamente, acreditaram em "nosso" *Esquematizado.*

Assim, Má, por tudo e para sempre, o meu muito obrigado por ajudar a manter vivo este nosso sonho.

Precisava dividir essa felicidade e berrar para todo mundo que eu te amo muuuuuito e, de alguma maneira, te dizer o quanto você é importante nisso tudo e na minha vida! Valeu...

MAIS UMA HOMENAGEM ESPECIAL[1]

Gostaria de pedir novamente licença ao meu ilustre leitor e fazer mais um agradecimento que, apesar de particular, é, também, muito especial...

Com a graça de Deus (porque ter um filho é uma bênção), eu e a Má esperávamos nossa filha para o dia 20 de julho de 2010. Apressadinha como os pais, no dia 25 de maio de 2010, a pequena (literalmente, porque prematura) Manoela veio ao mundo.

Realmente, como muitos diziam, a minha vida mudou! Tudo é muito estranho e novo. Como é possível que aquele "tesouro" tenha saído da barriga da minha esposa?

Dizem que se parece um pouco comigo, e fico, mais ainda, impressionado. Como é a natureza!

E agora, pela primeira vez, estou vivenciando a emoção de ser pai... Que explosão de sentimentos! Realmente, o mundo fica paralisado quando eu fico olhando nos olhos dela...

Acho que tudo passa a fazer sentido. Tanta luta diária, tantas noites sem dormir (escrevendo, atualizando os livros, em solitário enclausuramento), tantos sonhos sonhados... Agora tudo passa a ter um significado: consigo entender o verdadeiro sentido do *amor incondicional* dos pais pelos filhos...

Realmente, a atualização deste ano exigiu muito. Foram dois meses trabalhando quase 20 horas por dia. A pequena Manoela não entendia o que estava acontecendo. Desde que ela nasceu estávamos grudados. Falava para ela sobre a minha missão e o compromisso que tenho com os meus ilustres "guerreiros" concurseiros. Não sei se ela entendia... Explicava para ela que o *papai* logo voltaria a brincar. Que loucura isso tudo... Que dualidade. Que dificuldade.

Muitas vezes, de madrugada, beijava a Manu e a Má e era como se aquilo me desse mais forças. Quando parecia que não conseguiria mais, eu pensava nas duas... pensava nos meus leitores e no que passam nessa fase tão difícil da vida. Pensava na minha responsabilidade e em cada aluno que vejo renunciando a tantas coisas.

---

1 Texto escrito para a 15.ª ed. (02.02.2011). A Manu tinha 8 meses de idade. Hoje está com 10 anos... **Toda a emoção daquele momento renova-se a cada dia.** A dualidade, as dificuldades são as mesmas (ou parecem aumentar). A certeza de que tenho uma missão na vida, qual seja, ajudar na realização de sonhos, fica mais forte a cada dia e no contato com os *guerreiros do Brasil*. Por isso continuo, firme e forte, tentando equilibrar essas forças que parecem antagônicas, mas que, no fundo, se somam e contribuem para o sucesso de todos!

Dizem que todo ser humano tem de *plantar árvores, escrever livros e ter filhos*. De fato, isso tudo já fiz, mas, se soubesse, decididamente, *teria invertido a ordem*!

Escreverei mais livros (essa é a minha missão!) e plantarei mais árvores. Mas, para ser sincero, o que penso mesmo é ter mais um filho.[2] E aconselho: não deixem que os projetos (muitos profissionais) sejam a única prioridade da vida. Ao lado de pessoas queridas, continuemos a sonhar os sonhos sonhados e, assim, a realizar os projetos idealizados. Sejamos felizes! A vida é curta... Obrigado, Manu, por dar sentido a isso tudo. Obrigado, Má, por ter me "dado" a Manu e por estar ao meu lado, sempre acreditando nesse nosso sonho.

[2] Confira os textos seguintes: "Uma nova homenagem especial" e "Mais uma nova homenagem especial".

UMA NOVA HOMENAGEM ESPECIAL[1]

Mais uma vez, gostaria de pedir licença ao meu querido leitor para trazer uma nova e justa homenagem especial...

Quando abri o meu coração em homenagem feita à Manoela, que mudou as nossas vidas, escrevi que, depois de plantar árvores, escrever livros e ter um filho, pensava, mesmo, era em ter mais um filho.

Três anos depois, Max vem ao mundo, trazendo muita alegria e emoção para todos nós.

É impressionante como ele (o nosso querido Macão) olha dentro do meu olho e, no olhar, traduz o sentimento do amor...

Tenho dito que o Max ou a Manu serão os atualizadores do NOSSO *Esquematizado*, afinal todos sabem qual é a minha missão de vida (ajudar a realizar sonhos!). Não sei se irão para o mundo do direito... Contudo, tenho certeza de que os dois já têm a absoluta noção do que significa o *Esquematizado* em nossas vidas e nas vidas das pessoas, dos "guerreiros concurseiros" do Brasil.

Mesmo pequeno, com menos de um ano de idade, parecia que o Max entendia o que estava acontecendo. Sempre que eu dava uma parada no processo de atualização, ele, com a sua alegria, vinha me beijar e me incentivar.

Nesse período (foram quase 3 meses, trabalhando em média mais de 10 horas por dia), o mais difícil era ter que pedir para a Má segurar as pontas, buscando minimizar a ausência do papai... Em alguns momentos, desesperado em vê-los em casa, durante o mês de janeiro, todos em férias, cheguei a pedir para a Má viajar com eles à praia. Como era complicada a despedida.

E, para piorar, a Manu, já com 3 anos, perguntava: "papai, você vai junto?". Em uma das várias vezes que falei que não poderia ir, sentei em frente ao computador e "travei". Tremia... Não conseguia escrever uma linha. Foi quando, incentivado pelos milhares de seguidores das redes sociais, larguei tudo e fui correndo ver a minha

---

[1] Texto escrito para a 18.ª ed. (20.02.2014). O Max tinha 8 meses de idade (curiosamente, a mesma idade da Manu quando lançamos a 15.ª ed., já que ambos são de maio e com diferença de 3 anos). Hoje, o Macão está com 7 anos. Também devo reconhecer que **toda a emoção daquele momento renova-se, ou potencializa-se, a cada dia**. Quando esse texto foi escrito, o Tommy ainda não havia nascido. Sem dúvida, fato marcante para *mais uma nova homenagem especial*...

“turminha”. Que emoção! Lembro que paramos na estrada para comer pastel. Como era bom estar com eles, o simples fato de estarmos juntos. Foi mesmo energizante aquele final de semana (aqui agradeço aos amigos do Brasil pela força).

Pois bem, como todos sabem, a primeira edição do NOSSO *Esquematizado* foi publicada no ano 2000. Já são vários anos de constante e pessoal aperfeiçoamento do trabalho. Já são muitas horas de enclausuramento. Percebi que o *Esquematizado*, e não poderia ser de outra maneira, faz parte das nossas vidas. É como se fosse mais um dos nossos “filhos” e, assim, a “turminha” se solidifica: Má, Manu, Max, o NOSSO *Esquematizado* e, agora, para completar, o Puffeiro (o cachorrinho que o Papai Noel trouxe para a Manu no último Natal...) e a Chachinha, uma maltês pela qual a Manu se apaixonou durante esse processo das atualizações (Puffeiro tem dormido no meu cunhado, rs.!).

Vivemos o livro e lutamos para que ele continue a servir de ferramenta, ajudando na realização de sonhos... (com certeza, o meu leitor percebe que eu não consigo delegar o trabalho de atualização, por mais dolorido e desgastante que seja...).

E o Max, o que significou nisso tudo? Sem dúvida, a confirmação de que o amor não se divide, mas se soma, se fortalece, se potencializa, enfim se solidifica a cada dia. É impressionante o sentimento que percebo em seu olhar. Macão, você é muito especial e obrigado por ter vindo para somar.

Má, então, novamente e sempre, só tenho que lhe agradecer por ter me “dado” a Manu e o Max e, sempre, por estarmos vivendo esse sonho que é de todos nós. “Turminha”, AMO vocês...

MAIS UMA NOVA HOMENAGEM ESPECIAL[1]

Novamente, gostaria de pedir licença aos meus queridos leitores para trazer *mais uma nova e justa homenagem especial...*

Como muitos perceberam, esta mensagem está sendo escrita para a 19.ª edição, no ano de 2015, mais precisamente, no dia 20.06.2015, data de seu fechamento.

Hoje, o Tommy está fazendo 5 meses de vida. Uma alegria que chegou no meio do trabalho de atualização, tornando este, certamente, mais leve.

Nesses 15 anos de existência do livro, em nenhum momento levei tanto tempo para atualizá-lo. Foram 6 meses. Hoje, neste momento, até me assusto ao ver o Tommy já entendendo tudo com um simples olhar.

Pensando bem, o susto é maior quando vejo que o tempo passou e a vida ao nosso redor não parou. Por isso, sem dúvida, os sentimentos despertados pela chegada da Manu e do Max potencializam-se.

Agora, com 3 filhos e vivendo o livro com eles, tenho certeza de que este compõe as nossas vidas.

Outro dia, nesta reta final, quando disse que tinha acabado o trabalho de revisão, a Manu deu um berro de alegria misturado com alívio: "acabou, Papai?" "Podemos viajar agora?" "Podemos brincar mais?".

Realmente, é bastante complicado. Mas temos que procurar encontrar um equilíbrio para, juntos, avançarmos neste grandioso projeto de vida, aliás, uma decisão tomada há 15 anos!

Certamente, Manu e Max sabem o valor do *Esquematizado*. Certamente, cada um, do seu modo, sabe que lutamos para ajudar milhares de "guerreiros" do Brasil.

E vou dizer uma coisa: tenho absoluta certeza de que o Tommy, aqui homenageado, também já entendeu tudo. Eu trabalhar em casa, no processo de atualização, faz com que eles se integrem nessa intensa rotina. Muitas vezes, na correria do dia, Tommy ficava no meu colo, vendo-me escrever. Isso mesmo, escrevia enquanto ele estava no meu colo, pois a Má estava com o Max (de 2 anos completados em maio) e a Manu (de 5, feitos no mesmo mês), que também queriam atenção (e olha que tenho de reconhecer a extraordinária ajuda da Má e, também, da Vovó Tina e da Tia Lili).

---

1 Texto escrito para a 19.ª ed. (20.06.2015).

Esta, sem dúvida, a realidade de muitos, com ou sem filhos, mas sempre encontrando espaço na vida corrida para nutrir o grande sonho.

Devo também dizer que vocês, meus queridos leitores, merecem todo o meu respeito, a minha admiração e consideração, pois sei o que passam. Assim, não consigo delegar o trabalho, que faço artesanalmente, pessoalmente e, por isso, nesta nova fase da vida (claro, sem contar as inúmeras alterações de atos normativos, jurisprudência, códigos etc.), o motivo de termos levado 6 meses para a atualização.

Chegamos ao final satisfeitos com o resultado. A nova edição está com 109 novas páginas e Tommy com 5 meses, justificando e dando razão para essa nossa opção de vida. E tem algo inexplicável: como ele me olha quando estou por perto. Talvez esse seu olhar suplique para que eu termine logo. Mas, no fundo, a paz que me transmite, sem dúvida, reflete a mensagem de que ele sabe a importância disso tudo, especialmente na vida das pessoas.

É isso. Valeu, amigos do Brasil, por tanto apoio que deram nas redes sociais. Tenham certeza de que vocês também foram essenciais. Espero que gostem do trabalho final.

Finalmente, este texto não poderia terminar de outra forma, senão exatamente como aquele que homenageou o Max, mas, agora, naturalmente, *atualizado*: "Má, novamente e sempre, só tenho que lhe agradecer por ter me 'dado' a Manu, o Max e o Tommy e, sempre, por estarmos vivendo esse sonho que é de todos nós. 'Turminha' (agora maior — e acho que levei a sério aquela história de *plantar árvores, escrever livros e ter filhos*), AMO vocês...".

À minha ***mãe***, exemplo de vida, guerreira da vida,
inspiração espiritual para os que a cercam,
sensibilidade natural, pureza inexplicável
como o nascer do sol, o meu muito obrigado
por ter sempre apoiado os meus projetos intelectuais e
por termos juntos vencido tantos obstáculos...

Ao meu ***pai***, que tanto me ensinou, que tanto me orientou,
que com certeza também foi o responsável pelas lições
da vida, obrigado pela força; saiba que o tenho
eternamente em meu coração...

Aos meus ***irmãos***, por tudo o que representam e
pelo exemplo de garra, perseverança e alegria de vida...

Ao ***Felipinho*** e ao ***Rafinha***, meus sobrinhos, pela renovação de todos esses sentimentos...

A todos vocês dedico este trabalho.

A vocês, ***Má***, ***Manu***, ***Max*** e ***Tommy***,
por tudo o que significam em minha vida,
alegrando-a, energizando-a, abençoando-a;
pela pureza, preciosidade, ternura,
meiguice e amor;
por tanta força e positividade depositadas
neste meu projeto de vida;
com carinho, o meu eterno agradecimento.

AGRADECIMENTOS

Todos, com certeza, tiveram um papel fundamental para que este trabalho se concretizasse, sendo muitos os nomes que deveriam ser relacionados para não incorrer em injustiças.

Devo, contudo, lembrar algumas pessoas que, com certeza, influenciaram muito o meu desenvolvimento acadêmico.

Ada Pellegrini Grinover, exemplo de jurista, exemplo de doutrinadora, exemplo de cientista do direito, exemplo de pensadora, pessoa a quem devo o eterno agradecimento pela oportunidade de desenvolver os estudos de pós-graduação (**mestrado** e **doutorado**) na Faculdade de Direito da USP e pelo apoio neste trabalho conjuntamente com o projeto de pesquisa, encontrando, ainda, dentre tantos afazeres, o precioso tempo para apresentá-lo à comunidade acadêmica.

Antonio Carlos Marcato, ex-membro do MP, Desembargador aposentado e agora advogado. Sem dúvida, poucos têm essa "tríplice" experiência que o mestre, com generosidade, compartilha, divulgando o seu conhecimento, ensinando e encantando.

Damásio de Jesus, mestre de todos nós, modelo de paixão e devoção pela ciência do direito, ensinando-nos que o aprendizado não tem limites ou fronteiras: seremos eternos estudiosos, pelo resto de nossas vidas.

Leda Pereira Mota, amiga de sempre que, nos bancos acadêmicos, fez nascer em mim a paixão pelo Direito Constitucional quando me convidou para auxiliá-la nas aulas de seminário na PUC/SP, espaço utilizado em conjunto com os alunos, como verdadeiro "laboratório experimental", discutindo diversas questões sobre a matéria. Você será nossa eterna mestra!

Maria Helena Diniz, pela amizade sincera e por ter mostrado para mim e, creio, para todos os que com ela convivem o exemplo de vida e de ser humano, bem como de grande estudiosa do direito.

Agradeço ao *Damásio Educacional*, pela credibilidade conferida a este estudo e por acreditar nesse grande sonho, alimentando-o diariamente.

Agradeço, também, ao *Marcato Cursos Jurídicos*, por tantas oportunidades e alegrias vividas no passado.

Agradeço ao *ProOrdem — Centro de Estudos Jurídicos*, nas pessoas de *Marco Antônio Clauss, Joana D'Arc Alves Trindade* e *Clerice Pires*, pela amizade e pelo apoio que, no início, depositaram neste trabalho.

Sinceros são os meus agradecimentos à *OAB/SP*, que, apoiando o desenvolvimento dos advogados, abriu as portas para que eu pudesse apresentar-me em palestra proferida na *OAB/Pinheiros*. Aproveito este espaço para declarar a minha eterna gratidão a toda a comunidade pinheirense, na pessoa de seu ex-Presidente, o amigo *José Vicente Laino*, exemplo humano de pessoa e profissional.

Gostaria de agradecer o carinho que tenho recebido em todo o Brasil nos cursos e palestras, com os quais muito aprendi.

Aliás, não poderia deixar de expressamente agradecer a dois grandes mestres. Em primeiro lugar (*ladies first...*), à amiga *Noêmia Garcia Porto*, por tudo e por ter-me dado a honra de dialogar sobre grandes temas do direito constitucional. Em segundo, ao grande mestre *Cássio Juvenal Faria*, por tanta credibilidade depositada neste estudo, o que, para mim, é um grande orgulho! Simplesmente, o meu muitíssimo obrigado...

Tio Beto, Tia Christina, Li e Bruno, obrigado por estarem juntos neste meu projeto de vida.

Tio Cláudio, Tia Marly, Vó Olguinha, Cris, Clau, Fábio... obrigado por termos pensado juntos a nova "cara" do livro.

Tia Márcia, Débora, Thaís e família, obrigado por me apoiarem desde o começo.

Ao Igor, meu mais novo comprador... ele só tinha 5 anos e, utilizando o cartão da minha esposa, comprou o livro no *saraiva.com*!

Fau e Guto, Tia Etra, Ailton, Tio Eduardinho, Duca, Tia Jussara, Fabinho, Leny e Nice, pela energia da Bahia, muitíssimo obrigado.

Lembro, ainda, *Armando Casimiro Costa Filho* e todos da *LTr Editora,* que, logo no primeiro contato, acreditaram em mim, viabilizando a realização deste sonho, sendo responsáveis pelas cinco primeiras edições desta obra.

Em igual sentido, os meus profundos agradecimentos a *Vauledir Ribeiro Santos* e a todos da *Editora Método,* que, empenhados na manutenção do grande sonho, deram importante projeção nacional ao trabalho e lutaram ao meu lado da 6.ª até a 11.ª edição.

A partir da 12.ª edição tive a honra e o privilégio de unir forças com a querida **SARAIVA**, que, desde o início, também acreditou neste grande sonho. Em nome de *Jorge Eduardo Saraiva, Ruy Mendes Gonçalves, José Luiz M. A. de Próspero, Antonio Luiz de Toledo Pinto, Nilson Lepera, Luiz Roberto Curia, Jônatas Mello, Lígia Alves, Maria Lúcia Godoy, Clarissa B. Maria, Rubens F. Odagima, Luiz Facchini, Sandra Bensadon, Gisele Guerra, Valéria Zanocco, Henrique H. Garcia, Arlindo Meira, André Pereira,* toda a comprometida e profissional *Equipe de Divulgação*, eu só tenho a agradecer a **todos** que de um modo ou de outro se envolveram neste projeto.

A partir da 18.ª edição tive a alegria e honra de trabalhar ao lado dos antigos e de novos colegas, todos muito empolgados e focados no atual momento do ***Esquematizado***. Já maduro e firme no mercado editorial, agora com o sucesso da *Coleção Esquematizado®*, esperamos continuar cumprindo o nosso papel. Assim, obrigado por terem contribuído para o desafio: continuar com a excepcional aceitação nacional (não é fácil manter o livro "vivo") e, sempre, na busca da confiança de novos e fiéis leitores. Assim, o meu agradecimento para *Jorge Saraiva Neto, Maurício Pereira Fanganiello, Ronyse Avelino Pacheco, Ilaine Cristina de Melo* e, na linha de frente do editorial, *Thaís de Camargo Rodrigues, Deborah Caetano de Freitas Viadana* e *Eveline Gonçalves Denardi.*

A partir do ano de 2016, para a 20.ª edição, começamos a idealizar as novas perspectivas do mercado editorial e estamos pensando, juntos, em como escrever uma marcante história para mais 100 novos anos da **SARAIVA**.

Para a edição de 2017, qual seja, a 21.ª, introduzimos importantes novidades, destacando-se o conceito de "livro vivo®" e as fantásticas e infindáveis perspectivas de uma plataforma on-line. A partir da 22.ª edição, em 2018, a versão 2 da plataforma foi melhorada, assim como tivemos importante aumento de conteúdo.

A tecnologia, os avanços no mercado de educação, as ferramentas para a educação a distância, enfim, novos instrumentos estão sendo estudados e testados. Por isso, feliz e empolgado com o profissionalismo e a seriedade do novo "time" que passa a fazer parte dessa nossa grande família. Certamente, posso dizer que, todos, respiramos e **SOMOS EDUCAÇÃO**. Então, os meus sinceros agradecimentos para *Eduardo Mufarej, Claudio Lensing, Flávia Alves Bravin, Rafael Augusto Torres Pinto, Mário Santiago de Freitas, Daniela Lopes, Tiago Delgado Ramos, Fillipi Ragonha, André Raymundi, Roberto Navarro, Liana Ganiko Brito Catenacci, Maria Izabel Barreiros Bitencourt, Bruna Schlindwein Zeni, Eveline Gonçalves Denardi, Clarissa Boraschi Maria, Ana Cristina Garcia, Isabella Sánches de Souza, Fernando Penteado, Felipe Maia do Valle, Thayo Vianna, Mônica Landi Colobone, Tiago Dela Rosa, Marli Rampim*, além de tantos outros que, de um modo ou de outro, contribuem para a realização desse grande sonho.

SARAIVA/SOMOS EDUCAÇÃO, simplesmente **OBRIGADO** por tudo. Estou muito feliz e espero que os meus queridos leitores aprovem a nova fase do *Esquematizado*, casamento novo, parceria de sucesso, juntos na luta pelos grandes sonhos!

Ainda, sou e serei eternamente grato a *Roseli* e *Rose* e toda a equipe da *Know-how Editorial*, pelo profissionalismo, comprometimento e arte de editar. Vocês realmente "sabem como" produzir um livro de sucesso, inovando o mercado editorial. Obrigado por tudo o que fizeram pelo NOSSO Esquematizado.

Não posso deixar de agradecer aos *amigos, professores, operadores do direito*, vários leitores das áreas jurídicas e não jurídicas, pela divulgação do presente trabalho, por suas sugestões e especialmente pela forte acolhida das edições anteriores!

Por fim, aos *alunos, candidatos aos "concursos da vida"*, minha fonte inspiradora diária para sempre continuar estudando e com eles aprendendo: minha realização como ser humano.

A todos, o meu muito obrigado.

O Autor

NOTA DO AUTOR À 25.ª EDIÇÃO

Chegamos à **25.ª edição**, com muito trabalho e constante preocupação com o conteúdo e a precisão das informações. Lá se vão **21 anos** de muito esforço e dedicação, sempre pensando em nossos queridos leitores.

O texto está adequado e ampliado considerando as **108** emendas constitucionais (nem todas impactam diretamente no texto do livro), **6** emendas constitucionais de revisão, **2** tratados ou convenções internacionais que têm força normativa de Constituição em razão da regra contida no art. 5.º, § 3.º, da CF/88, **58** súmulas vinculantes (STF), o Novo Código de Processo Civil (Lei n. 13.105/2015, alterada pela Lei n. 13.363/2016) e as principais decisões do STF até a data de fechamento desta edição. Também foram consideradas algumas súmulas e determinados entendimentos firmados pelos demais tribunais superiores: STJ, TST, TSE e STM.

O ano de 2020 foi marcado por algo que jamais se imaginou, qual seja, as dificuldades e incertezas trazidas pela **Covid-19**, destacando-se a atuação dos Poderes para o enfrentamento da calamidade pública nacional decorrente da pandemia. No capítulo 7 fazemos destaque da matéria em vídeo que se encontra na plataforma.

A partir da **21.ª edição**, em razão da necessidade de atualização e aprimoramento da obra e diante da impossibilidade de aumentar o seu número de páginas, decidimos transportar as questões do *modelo tradicional* para a plataforma on-line. O material poderá, inclusive, ser baixado em PDF para o **"treino"** e segue exatamente o mesmo formato das edições anteriores. Na **22.ª edição**, a plataforma foi melhorada e ampliamos a quantidade de materiais e informações. **Nesta edição**, seguimos o mesmo caminho, sem volta, da **plataforma** e do **"livro vivo®"** e, certamente, aumentaremos a nossa aproximação com os nossos queridos leitores.

Nesse contexto de integração entre o livro físico e a plataforma, estamos inserindo os capítulos 20 e 21, assim como as referências, na plataforma.

Potencializando a pioneira, vitoriosa, consagrada, testada e já aprovada **metodologia**, aplicada com sucesso desde a 1.ª edição do **NOSSO Esquematizado**, introduzimos duas **poderosas novidades** que passam a constituir **material digital exclusivo**: **a) vídeos** ao longo dos capítulos; **b)** acesso à **plataforma** on-line. Os **vídeos** servirão de ferramenta para a sedimentação da matéria, destaque dos pontos mais importantes, revisão e, em alguns momentos, introdução de conteúdo complementar novo; o acesso à **plataforma** permitirá a **ampliação do "treino"**.

Nesse particular, no tocante aos vídeos, sinceros são os nossos agradecimentos a Zé, Eli, Ciça, Marcelão, Gabriel, Isa e Giselle, parabenizando pelo trabalho da equipe!

Segue o nosso agradecimento ao extraordinário Thayo Vianna pela versão 2 da plataforma e o consagrado QR Code.

Sem dúvida, os vários *e-mails* que chegam de todo o Brasil e as sugestões recebidas em cursos e palestras têm servido de importante fonte para o enriquecimento deste trabalho. Assim, agradeço aos amigos deste nosso grande país.

Com importantes comentários, ricas sugestões e discussões, novamente e sempre, ao amigo **Leandro Hissa Dahi**, serei eternamente grato. É impressionante como o Leandro consegue, a cada nova edição, ajudar a melhorar o **NOSSO Esquematizado**!

Li, Bruno, Tia Christina, Tio Barreto e, claro, **Má**, obrigado por terem minimizado o sentimento da Manu, do Max e do Tommy, que não entendiam a minha ausência... De fato, sem vocês me ajudando, eu não teria conseguido implementar essa árdua tarefa que é a atualização do livro.

Outrossim, durante todo esse tempo, os cursos que já ministramos na TV Justiça ("Aula Magna", "Saber Direito", "Apostila") e em alguns tribunais (cursos de capacitação interna — como é rica a experiência de falar para pessoas tão preparadas e que atuam diretamente com as questões do direito) serviram para percebermos as tendências da jurisprudência, que se mostram extremamente importantes àqueles que se preparam para concursos públicos.

Nesse particular, declaradamente, **agradecemos** e **homenageamos** o extraordinário trabalho do setor de jurisprudência do **STF**, notadamente a equipe responsável pelo **"Notícias"**, pelo **"Informativos"** e pelo notável **"A Constituição e o Supremo"**, compêndio eletrônico lançado pelo STF e desenvolvido pelas *Secretarias de Documentação e de Informática*, em cumprimento a uma das promessas do Ministro Nelson Jobim na Presidência; no caso, a de facilitar acesso rápido e preciso às informações, verdadeiro dever das fontes.

Esperamos que esta obra, em sua nova edição e com as **novas ferramentas e tecnologias empregadas no livro**, continue ajudando os colegas, e, mais uma vez, **aguardamos as críticas e sugestões**. Devo declarar que imperfeições existirão, motivo pelo qual estarei sempre aberto.

Estamos trabalhando fortemente para o constante aprimoramento do "NOSSO *Esquematizado*", sempre orando para que todos os ilustres concurseiros, honestos e batalhadores, realizem o seu "sonho dourado".

Saibam que sempre estarei à procura de elementos para ajudá-los nesta fase difícil de suas vidas. **Nunca desistam!** Sejam sempre fortes! Tenho certeza, e sempre falo para os meus alunos, que todos podem... só depende de vocês. Confio plenamente em cada um. Vocês só precisam acreditar em si e se concentrar ao máximo em seus objetivos, e tenho fé em Deus que sempre conseguirão o que buscam.

No final, quando olharem para trás e disserem que valeu o esforço, que atingiram o que buscavam, essa alegria, tenham certeza, será a minha maior recompensa, e isso bastará para que **eu** olhe para trás e também diga: "Pedro, valeu a pena tanto esforço neste trabalho...". Continue firme em sua missão de vida: **"ajudar a realizar sonhos"**.

Amigo, amiga, certamente, **2021** será o seu grande ano! Contem comigo! Agora, vamos à luta. *Muito boa sorte neste seu projeto de vida e chamem-me para a posse!*

Eternamente grato...

São Paulo, 08.01.2021.

Prof. Pedro Lenza
Mestre e Doutor pela USP
***Visiting Scholar* pela Boston College Law School**
pedrolenza@terra.com.br
https://twitter.com/pedrolenza
http://instagram.com/pedrolenza
https://www.youtube.com/pedrolenza
https://www.facebook.com/pedrolenza
saraiva jur http://www.saraivajur.com.br/esquematizado

APRESENTAÇÃO À 1.ª EDIÇÃO

É com grande satisfação que apresento o livro do jovem e promissor mestrando da Faculdade de Direito da USP, *Pedro Lenza*, intitulado "Direito Constitucional Esquematizado". Escrita numa linguagem clara e direta, a obra destina-se, declaradamente, aos candidatos às provas de concursos públicos e aos alunos de graduação, e, por isso mesmo, após cada capítulo, o autor insere questões para aplicação da parte teórica. Mas será útil também aos operadores do direito mais experientes, como fonte de consulta rápida e imediata, por oferecer grande número de informações buscadas em diversos autores, apontando as posições predominantes na doutrina, sem eximir-se de criticar algumas delas e de trazer sua própria contribuição.

Da leitura amena surge um livro "fácil", sem ser reducionista, mas que revela, ao contrário, um grande poder de síntese, difícil de encontrar mesmo em obras de autores mais maduros, sobretudo no campo do direito.

Penso, assim, que a obra será de grande valia para a comunidade jurídica. Só resta desejar a seu jovem autor todo o êxito que merece.

São Paulo, 24 de novembro de 1999

Ada Pellegrini Grinover

SUMÁRIO

Uma Homenagem Especial 5
Mais uma Homenagem Especial 7
Uma Nova Homenagem Especial 9
Mais uma Nova Homenagem Especial 11
Agradecimentos 15
Nota do Autor à 25.ª Edição 19
Apresentação à 1.ª Edição 23

1. (NEO)CONSTITUCIONALISMO 45
1.1. Alocação do direito constitucional 45
1.1.1. A classificação em "ramos do direito" 45
1.1.2. A superação da dicotomia "público-privado" — constitucionalização do direito privado 46
1.2. Constitucionalismo 48
1.2.1. Conceito 48
1.2.2. Evolução histórica 48
1.2.3. Esquematização do constitucionalismo 53
1.3. Neoconstitucionalismo 53
1.3.1. Aspectos iniciais 53
1.3.2. Pontos marcantes do neoconstitucionalismo 55
1.3.3. Marcos fundamentais para se chegar a um "novo direito constitucional" (neoconstitucionalismo) 56
1.4. O novo constitucionalismo democrático latino-americano. Constitucionalismo pluralista (andino ou indígena). Estado plurinacional e intercultural 59
1.5. Constitucionalismo e soberania popular 61
1.5.1. Aspectos gerais 61
1.6. Constitucionalismo popular (Tushnet) — "Judicial Review" — "Teorias do diálogo constitucional" (Bateup) e "Os papéis das Supremas Cortes e Tribunais Constitucionais nas democracias contemporâneas" (Barroso) 63
1.6.1. Constitucionalismo popular: perspectivas 63
1.6.2. Supremacia judicial *versus* soberania judicial: a nossa posição no sentido do diálogo constitucional 64
1.6.3. Reversão (superação) legislativa da jurisprudência da Corte: possibilidade de mutação constitucional pela via legislativa 65
1.6.4. "Os papéis das Supremas Cortes e Tribunais Constitucionais nas democracias contemporâneas" (Luís Roberto Barroso) 67

1.7. Constitucionalismo democrático e "backlash" (reação social em razão de decisão da Corte) 73
1.8. "Constitucionalismo abusivo" (David Landau): um alerta que preocupa e não se confunde com o denominado "constitucionalismo autoritário" (Mark Tushnet) 76
1.9. Material digital exclusivo 78

2. CONSTITUIÇÃO: CONCEITO, CONSTITUCIONALIZAÇÃO SIMBÓLICA, CLASSIFICAÇÕES, ELEMENTOS E HISTÓRICO 79

2.1. Conceito 79
2.1.1. Sentido sociológico 79
2.1.2. Sentido político 79
2.1.3. Sentido material e formal 80
2.1.4. Sentido jurídico 81
2.1.5. Sentido culturalista 83
2.1.6. Constituição aberta 83
2.1.7. Concepções da Constituição: qual o seu papel no ordenamento jurídico de um país? 84
2.2. *Crowdsourced constitution*: o legado da experiência pioneira da Islândia (2011) 87
2.3. Constitucionalização simbólica 89
2.3.1. Aspectos iniciais 89
2.3.2. Legislação simbólica 90
2.3.3. Constitucionalização simbólica 93
2.3.4. Constitucionalização simbólica como alopoiese do sistema jurídico 93
2.3.5. Neoconstitucionalismo, ativismo judicial e a concretização das normas constitucionais 95
2.4. Classificação (tipologia) 95
2.4.1. Quanto à origem e a distinção entre "Constituição" e "Carta" 95
2.4.2. Quanto à forma 97
2.4.3. Quanto à extensão 99
2.4.4. Quanto ao conteúdo 100
2.4.5. Quanto ao modo de elaboração 100
2.4.6. Quanto à alterabilidade 101
2.4.7. Quanto à sistemática (critério sistemático) 103
2.4.8. Quanto à dogmática 104
2.4.9. Quanto à correspondência com a realidade (critério ontológico — essência) 105
2.4.10. Quanto ao sistema 106
2.4.11. Quanto à função 106
2.4.12. Quanto à origem de sua decretação: heterônomas (heteroconstituições) x autônomas ("autoconstituições" ou "homoconstituições") 107
2.4.13. Constituições garantia, balanço e dirigente (Manoel Gonçalves Ferreira Filho) 108
2.4.14. Constituições liberais (negativas) e sociais (dirigentes) — conteúdo ideológico das Constituições (André Ramos Tavares) 108
2.4.15. Raul Machado Horta (Constituições expansivas) 109
2.4.16. A Constituição Federal brasileira de 1988 110
2.5. Elementos das Constituições 111
2.6. Histórico das Constituições brasileiras 112
2.6.1. Constituição de 1824 112
2.6.2. Decreto n. 1, de 15.11.1889 — primeiro Governo Provisório da República 117

2.6.3. Constituição de 1891 ... 117
2.6.4. A Revolução de 1930 — segundo Governo Provisório da República ... 122
2.6.5. Constituição de 1934 ... 123
2.6.6. Constituição de 1937 ... 126
2.6.7. Constituição de 1946 ... 130
2.6.8. Golpe Militar de 1964 ... 133
2.6.9. Constituição de 1967 ... 134
2.6.10. "Constituição" de 1969 — EC n. 1, de 17.10.1969 ... 136
2.6.11. Constituição de 1988 ... 141
2.7. Material digital exclusivo ... 145

3. HERMENÊUTICA: MUTAÇÃO X REFORMA. REGRAS X PRINCÍPIOS. "DERROTABILIDADE". POSTULADOS NORMATIVOS. CRIAÇÃO JUDICIAL DO DIREITO. ESTRUTURA DA CONSTITUIÇÃO ... 147
3.1. Mutações constitucionais ***versus*** reformas constitucionais ... 147
3.2. Regras e princípios ... 151
3.3. Derrotabilidade (*defeasibility*) ... 155
3.4. Normas de segundo grau: postulados normativos ... 159
3.5. Métodos de interpretação ... 159
3.5.1. Método jurídico ou hermenêutico clássico ... 160
3.5.2. Método tópico-problemático (ou método da tópica) ... 160
3.5.3. Método hermenêutico-concretizador ... 160
3.5.4. Método científico-espiritual ... 161
3.5.5. Método normativo-estruturante ... 161
3.5.6. Método da comparação constitucional ... 161
3.6. Princípios da interpretação constitucional ... 161
3.6.1. Princípio da unidade da Constituição ... 162
3.6.2. Princípio do efeito integrador ... 162
3.6.3. Princípio da máxima efetividade ... 163
3.6.4. Princípio da justeza ou da conformidade (exatidão ou correção) funcional ... 163
3.6.5. Princípio da concordância prática ou harmonização ... 163
3.6.6. Princípio da força normativa ... 164
3.6.7. Princípio da interpretação conforme a Constituição ... 164
3.6.8. Princípio da proporcionalidade ou razoabilidade ... 165
3.7. Limites da interpretação constitucional ... 166
3.7.1. Decisões interpretativas em sentido estrito ... 167
3.7.2. Decisões manipuladoras (ou manipulativas) (ou normativas) ... 168
3.7.3. Lacuna constitucional e o "pensamento jurídico do possível" na jurisprudência do STF ... 174
3.7.4. Críticas ao "pamprincipiologismo" (Streck) e a realidade de uma inegável "Supremocracia" ... 176
3.7.5. Desacordo moral razoável ... 178
3.8. Teoria dos poderes implícitos ... 179
3.9. Hermenêutica constitucional: a sociedade aberta dos intérpretes da Constituição: contribuição para a interpretação pluralista e "procedimental" da Constituição ... 180
3.10. Estrutura da Constituição ... 182
3.10.1. Preâmbulo ... 182
3.10.2. Ato das Disposições Constitucionais Transitórias (ADCT) ... 186
3.11. Material digital exclusivo ... 192

4. PODER CONSTITUINTE 193
4.1. Esquema geral 193
4.2. Conceito e titularidade 193
4.3. Hiato constitucional (revolução — mutação — reforma — hiato autoritário) 194
4.4. Poder constituinte originário (genuíno ou de 1.º grau) 195
4.4.1. Conceito 195
4.4.2. Uma subdivisão 195
4.4.3. Características 196
4.4.4. Poder constituinte originário formal e material 198
4.4.5. Formas de expressão 198
4.4.6. A proposta de convocação de uma "assembleia nacional constituinte exclusiva e específica" para a reforma política: aberração jurídica; violência ao sistema... 198
4.4.7. "Lipoaspiração constitucional" e a proposta de realização de plebiscito para a elaboração de uma nova Constituição 200
4.5. Poder constituinte derivado (instituído, constituído, secundário, de 2.º grau ou remanescente) 200
4.5.1. Conceito e espécies 200
4.5.2. Poder constituinte derivado reformador 201
4.5.3. Poder constituinte derivado decorrente 202
4.5.4. Poder constituinte derivado revisor 207
4.6. Poder constituinte difuso 209
4.7. Poder constituinte supranacional 211
4.8. Nova Constituição e ordem jurídica anterior 212
4.8.1. Recepção 212
4.8.2. Repristinação 215
4.8.3. Desconstitucionalização 216
4.8.4. Recepção material de normas constitucionais 217
4.9. Poder constituinte e direito adquirido. Graus de retroatividade da norma constitucional: máximo, médio ou mínimo? 218
4.10. Material digital exclusivo 220

5. EFICÁCIA E APLICABILIDADE DAS NORMAS CONSTITUCIONAIS 221
5.1. Eficácia jurídica e eficácia social 221
5.2. Normas constitucionais de eficácia plena 221
5.3. Normas constitucionais de eficácia contida 222
5.4. Normas constitucionais de eficácia limitada 225
5.5. A classificação de Maria Helena Diniz 228
5.6. A classificação de Celso Ribeiro Bastos e Carlos Ayres Britto 229
5.7. Normas constitucionais de eficácia exaurida e aplicabilidade esgotada 230
5.8. Normas definidoras dos direitos e garantias fundamentais e o gradualismo eficacial das normas constitucionais 231
5.9. Eficácia e aplicabilidade na jurisprudência do STF 232
5.10. Material digital exclusivo 237

6. CONTROLE DE CONSTITUCIONALIDADE 239
6.1. Controle de constitucionalidade: direito comparado e sistema brasileiro 239
6.1.1. Noções preliminares 239
6.1.2. A inconstitucionalidade das leis e a regra geral da "teoria da nulidade". Sistema austríaco (Kelsen) ***versus*** Sistema norte-americano (Marshall). Anulabilidade ***versus*** nulidade 240

6.1.3. Flexibilização das teorias da "nulidade absoluta da lei declarada inconstitucional" e da "anulabilidade da norma inconstitucional" no direito estrangeiro (brevíssima noção) 242
6.1.4. Flexibilização da teoria da nulidade no direito brasileiro 244
6.1.5. Constitucionalidade e inconstitucionalidade superveniente? 247
6.2. Breve análise evolutiva do sistema brasileiro de controle de constitucionalidade 250
6.2.1. Constituição de 1824 250
6.2.2. Constituição de 1891 251
6.2.3. Constituição de 1934 251
6.2.4. Constituição de 1937 252
6.2.5. Constituição de 1946 252
6.2.6. Constituição de 1967 e EC n. 1/69 252
6.2.7. Constituição de 1988 252
6.3. Espécies de inconstitucionalidade e o "estado de coisas inconstitucional" 254
6.3.1. Inconstitucionalidade por ação e por omissão (quadro esquemático) 254
6.3.2. Vício formal (inconstitucionalidade orgânica, inconstitucionalidade formal propriamente dita e inconstitucionalidade formal por violação a pressupostos objetivos do ato) 255
6.3.3. Vício material (de conteúdo, substancial ou doutrinário) 258
6.3.4. Vício de decoro parlamentar (?) 258
6.3.5. "Estado de coisas inconstitucional" 262
6.4. Momentos de controle 262
6.4.1. Controle prévio ou preventivo 263
6.4.2. Controle posterior ou repressivo 269
6.5. Sistemas e vias de controle judicial 278
6.6. Controle difuso 279
6.6.1. Origem histórica: Marbury *versus* Madison, Sessão de fev. de 1803 (I, repertório de Cranch, 137-180) 279
6.6.2. Noções gerais 281
6.6.3. Controle difuso nos tribunais e a cláusula de reserva de plenário (*full bench*). Art. 97 da CF/88 281
6.6.4. Efeitos da decisão 288
6.6.5. Para terceiros (art. 52, X): mutação constitucional do papel do Senado Federal no controle difuso. Teoria da transcendência dos motivos determinantes da sentença no controle difuso: análise crítica — abstrativização do controle difuso — tendência para uma maior expansividade das decisões mesmo quando tomadas em controvérsias individuais. Perspectivas do controle incidental em controle concentrado. Limitação do cabimento da reclamação 293
6.6.6. Controle difuso em sede de ação civil pública 315
6.7. Controle concentrado 317
6.7.1. ADI genérica 317
6.7.2. Ação Declaratória de Constitucionalidade (ADC) 415
6.7.3. Arguição de Descumprimento de Preceito Fundamental (ADPF) 419
6.7.4. Ação Direta de Inconstitucionalidade por Omissão (ADO) 428
6.7.5. Representação interventiva (IF) 442
6.8. Controle abstrato de constitucionalidade nos Estados-Membros 452
6.8.1. Regras gerais 452
6.8.2. Objeto 453
6.8.3. Competência 453

6.8.4. Legitimados 453
6.8.5. Parâmetro de controle (pauta de referência ou paradigma de confronto) 455
6.8.6. "Simultaneus processus" 461
6.9. Quadro comparativo do sistema jurisdicional misto de controle posterior ou repressivo de constitucionalidade no Brasil 464
6.10. Material digital exclusivo 468

7. DIVISÃO ESPACIAL DO PODER — ORGANIZAÇÃO DO ESTADO 469
7.1. Noções preliminares 469
7.1.1. Elementos integrantes (componentes ou constitutivos) do Estado 469
7.1.2. Forma de governo, sistema de governo e forma de Estado 469
7.2. Formas de Estado 470
7.3. Federação 471
7.3.1. Histórico 471
7.3.2. Tipologias do Federalismo 472
7.3.3. Características da Federação 475
7.3.4. Federação brasileira 476
7.4. União Federal 485
7.4.1. Capital Federal 486
7.4.2. Bens da União 488
7.4.3. Competências da União Federal 492
7.4.4. Regiões administrativas ou de desenvolvimento 498
7.5. Estados-Membros 499
7.5.1. Formação dos Estados-Membros 500
7.5.2. Bens dos Estados-Membros 506
7.5.3. Competências dos Estados-Membros 507
7.5.4. Exploração dos serviços locais de gás canalizado 508
7.5.5. Regiões metropolitanas, aglomerações urbanas e microrregiões 508
7.6. Municípios 515
7.6.1. Formação dos Municípios 515
7.6.2. Competências dos Municípios 518
7.7. Distrito Federal 520
7.7.1. Histórico 520
7.7.2. Distrito Federal como unidade federada 521
7.7.3. Outras características importantes 521
7.7.4. Competências do Distrito Federal 522
7.8. Territórios Federais 523
7.8.1. Histórico 523
7.8.2. Natureza jurídica 524
7.8.3. Ainda existem territórios no Brasil? 524
7.8.4. Mas, afinal de contas, o que é Fernando de Noronha? 525
7.8.5. Apesar de não existirem, podem vir a ser criados novos territórios? 525
7.8.6. Outras características importantes sobre Territórios Federais 526
7.9. Modelos de repartição de competências 527
7.9.1. Modelo clássico e modelo moderno 527
7.9.2. Modelo horizontal e modelo vertical 528
7.10. Quadro ilustrativo da competência legislativa constitucional — alguns precedentes do STF 529
7.11. Amianto, tabaco e Covid-19 (pandemia) 530

7.11.1. Amianto 530
7.11.2. Tabaco 534
7.11.3. Covid-19 — medidas tomadas para o enfrentamento da pandemia 536
7.12. Intervenção 536
7.12.1. Intervenção federal 537
7.12.2. Intervenção estadual 548
7.13. Material digital exclusivo 549

8. SEPARAÇÃO DE "PODERES" — TEORIA GERAL 551
8.1. Noções introdutórias 551
8.1.1. Aristóteles: identificação das funções do Estado 551
8.1.2. Montesquieu: correspondência entre a divisão funcional e a divisão orgânica 551
8.1.3. E qual seria a finalidade da separação dos poderes? 552
8.2. Funções típicas e atípicas 554
8.3. Impropriedade da expressão "tripartição de Poderes" 556
8.4. A independência dos Poderes e a indelegabilidade de atribuições 557
8.5. Material digital exclusivo 558

9. PODER LEGISLATIVO 559
9.1. Estrutura do Poder Legislativo 559
9.1.1. Estrutura do Poder Legislativo federal 559
9.1.2. Estrutura do Poder Legislativo estadual, municipal, distrital e dos Territórios Federais 559
9.2. Atribuições do Congresso Nacional 564
9.3. Câmara dos Deputados 566
9.3.1. Aspectos fundamentais 566
9.3.2. Requisitos para a candidatura dos Deputados Federais 567
9.3.3. Competências privativas da Câmara dos Deputados 568
9.4. Senado Federal 568
9.4.1. Aspectos fundamentais 568
9.4.2. Requisitos para a candidatura dos Senadores 569
9.4.3. Competências privativas do Senado Federal 569
9.5. Quadro comparativo e deliberações 571
9.6. Remuneração dos parlamentares 572
9.6.1. Subsídio mensal 572
9.6.2. Verba indenizatória: dever de transparência 574
9.7. Das reuniões 575
9.7.1. Sessão legislativa ordinária 575
9.7.2. Hipóteses de convocação extraordinária 576
9.7.3. Reunião em sessão conjunta 578
9.7.4. Sessão preparatória e Mesas Diretoras 578
9.8. Das comissões parlamentares 579
9.8.1. Comissão temática ou em razão da matéria (permanentes) 580
9.8.2. Comissão especial ou temporária 580
9.8.3. Comissão Parlamentar de Inquérito (CPI) 580
9.8.4. Comissão mista 596
9.8.5. Comissão representativa 596
9.9. Imunidades parlamentares 597
9.9.1. Aspectos introdutórios 597

9.9.2. Imunidade parlamentar federal 598
9.9.3. Parlamentares estaduais e do DF 629
9.9.4. Parlamentares municipais 629
9.10. Incompatibilidades e impedimentos dos parlamentares federais 630
9.11. Perda do mandato do Deputado ou Senador 630
9.11.1. Hipóteses de perda do mandato e suas peculiaridades 630
9.11.2. Cassação *x* extinção do mandato 631
9.11.3. Votação aberta na hipótese de cassação do mandato: aprovação da "PEC do voto aberto" (EC n. 76/2013). Avanço democrático 632
9.11.4. A perda do mandato parlamentar em razão de sentença penal condenatória transitada em julgado e a interpretação fixada pelo STF no julgamento da AP 470 ("mensalão"), bem como da AP 565 (art. 15, III, *x* art. 55, §§ 2.º e 3.º). O caso concreto da AP 396. Proposta de exceção objetiva à regra geral (MS 32.326 e APs 694 e 863) 632
9.11.5. É possível a renúncia do cargo por parlamentar submetido a processo que vise ou possa levá-lo à perda do mandato? 639
9.11.6. Perda do mandato nas hipóteses de infidelidade partidária 640
9.11.7. Suspensão do exercício do mandato de parlamentar eleito (AC 4.070) 640
9.12. Hipóteses em que não haverá a perda do mandato do Deputado ou Senador e outras regras 641
9.13. Processo legislativo 643
9.13.1. Considerações introdutórias 643
9.13.2. Esquema do processo legislativo das leis ordinárias e complementares 644
9.13.3. Fase de iniciativa 645
9.13.4. Fase constitutiva 664
9.13.5. Fase complementar — promulgação e publicação 675
9.14. Espécies normativas 676
9.14.1. Emenda constitucional 677
9.14.2. Lei complementar e lei ordinária 683
9.14.3. Lei delegada 688
9.14.4. Medida provisória 690
9.14.5. Decreto legislativo 707
9.14.6. Resolução 717
9.14.7. Quadro comparativo das espécies normativas 718
9.15. Função fiscalizatória exercida pelo Legislativo e o Tribunal de Contas 718
9.15.1. Tribunal de Contas da União 719
9.15.2. Distinção entre a atuação do TCU e da CGU: inexistência de invasão de atribuições. Auxílio no controle externo (TCU) *x* controle interno (CGU) — perfeita convivência 733
9.15.3. Tribunais de Contas Estaduais e Tribunal de Contas do Distrito Federal 734
9.15.4. Tribunais de Contas Municipais 736
9.15.5. Ministério Público Especial (art. 130) 739
9.16. Material digital exclusivo 740

10. PODER EXECUTIVO 741
10.1. Notas introdutórias 741
10.2. Presidencialismo *versus* parlamentarismo 741
10.3. Executivo monocrático, colegial, diretorial e dual — conceito 742
10.4. O Poder Executivo na CF/88 743

10.4.1. O exercício do Poder Executivo no Brasil 743
10.4.2. Atribuições conferidas ao Presidente da República 744
10.4.3. Condições de elegibilidade 749
10.4.4. Processo eleitoral 749
10.4.5. Posse e mandato 750
10.4.6. Impedimento e vacância dos cargos 751
10.4.7. Ministros de Estado 759
10.4.8. Conselho da República e Conselho de Defesa Nacional 763
10.4.9. Crimes de responsabilidade 766
10.4.10. Crimes comuns 774
10.4.11. Prisão 776
10.4.12. A imunidade formal em relação à prisão (art. 86, § 3.º) e a cláusula de irresponsabilidade penal relativa (art. 86, § 4.º) podem ser estendidas aos demais chefes do Poder Executivo por atos normativos dos respectivos entes federativos? 776
10.4.13. Outras regras importantes sobre os demais Chefes do Poder Executivo 777
10.4.14. Sistematização da competência para julgamento das autoridades pela prática de infrações penais comuns e crimes de responsabilidade 780
10.5. Material digital exclusivo 792

11. PODER JUDICIÁRIO 793
11.1. Funções do Poder Judiciário 793
11.2. Algumas características da jurisdição 793
11.3. Reforma do Poder Judiciário — EC n. 45/2004 795
11.3.1. Histórico de sua tramitação 795
11.3.2. Principais alterações 797
11.3.3. Principais ações diretas e decisões do STF em relação às novidades introduzidas pela EC n. 45/2004 (ordem cronológica de propositura) 801
11.4. Estatuto da Magistratura 801
11.4.1. Disposições gerais 801
11.4.2. A EC n. 88/2015 (fruto da "PEC da Bengala"), a EC n. 103/2019 ("Reforma da Previdência") e as ADIs 5.316, 5.430, 5.486 e 5.490 806
11.5. Garantias do Judiciário 810
11.5.1. Garantias institucionais do Judiciário 811
11.5.2. Garantias funcionais do Judiciário (ou de órgãos) 812
11.5.3. Prerrogativa de foro: o magistrado aposentado tem direito a foro especial por prerrogativa de função? 818
11.6. Estrutura do Judiciário 819
11.6.1. Órgãos de convergência e órgãos de superposição 819
11.6.2. Justiças: comum e especial 820
11.6.3. Competência penal *versus* competência civil 821
11.6.4. Juizados Especiais: algumas particularidades 822
11.6.5. Organograma do Poder Judiciário 831
11.7. A regra do "quinto constitucional" 832
11.8. Características gerais dos órgãos do Poder Judiciário 835
11.8.1. Supremo Tribunal Federal (STF) 835
11.8.2. Superior Tribunal de Justiça (STJ) 844
11.8.3. Tribunais Regionais Federais (TRFs) e Juízes Federais 847
11.8.4. Tribunais e Juízes do Trabalho 848

11.8.5. Tribunais e Juízes Eleitorais 855
11.8.6. Tribunais e Juízes Militares 860
11.8.7. Tribunais e Juízes dos Estados 881
11.8.8. Varas Agrárias e os conflitos fundiários 883
11.8.9. Justiça Estadual é competente para julgar crimes comuns entre silvícolas ... 885
11.8.10. Tribunais e Juízes do Distrito Federal e Territórios 886
11.9. Princípio do juiz natural e convocação de juízes de primeiro grau para compor órgão julgador de tribunal 887
11.10. Magistratura — teto de subsídio *x* teto de remuneração — Poder Judiciário — caráter nacional e unitário 888
11.11. Da Justiça de Paz (art. 98, II) 890
11.11.1. Regras gerais 890
11.11.2. Os juízes de paz integram o Poder Judiciário? 893
11.12. Dos precatórios 894
11.12.1. Regras gerais 894
11.12.2. Espécies de precatórios: regra geral (natureza não alimentícia) e os de natureza alimentícia 898
11.12.3. Sistemática da "superpreferência" — art. 100, § 2.º (EC n. 62/2009) 900
11.12.4. Compensação de precatório com débitos tributários — inconstitucionalidade reconhecida pelo STF (EC n. 62/2009) e disposições estabelecidas pela EC n. 94/2016 901
11.12.5. Utilização de precatórios para compra de imóveis públicos 902
11.12.6. Atualização de valores de requisitórios de acordo com os índices da caderneta de poupança — inconstitucionalidade reconhecida pelo STF 902
11.12.7. Cessão dos créditos em precatórios a terceiros e a possibilidade de assunção de débitos diretamente pela União 903
11.12.8. Aferição mensal, em base anual, do comprometimento das receitas correntes líquidas com o pagamento de precatórios e obrigação de pequeno valor (EC n. 94/2016) 904
11.12.9. Regime especial I: art. 33, ADCT (poder constituinte originário) 905
11.12.10. Regime especial II: art. 78, ADCT (EC n. 30/2000) 905
11.12.11. Regime especial III: art. 100, § 15, da CF/88 e art. 97 do ADCT — inconstitucionalidade reconhecida pelo STF. Modulação dos efeitos da decisão — sobrevida ao regime especial por 5 exercícios financeiros a contar de 1.º.01.2016 (ADIs 4.357 e 4.425-QO, j. 25.03.2015) 906
11.12.12. Regime especial IV: arts. 101 a 105, ADCT — ECs ns. 94/2016 e 99/2017 .. 910
11.12.13. Requisição de pequeno valor (RPV): exceção à regra geral do precatório ... 914
11.12.14. Débitos das entidades da administração indireta: precatórios? 918
11.12.15. Intervenção federal ou estadual e não pagamento de precatórios 923
11.13. Conselho Nacional de Justiça 924
11.13.1. Aspectos gerais e composição do CNJ 924
11.13.2. Aperfeiçoamento do CNJ: EC n. 61/2009 926
11.13.3. Inexistência de regulamentação (critérios objetivos) para a indicação dos membros do CNJ 928
11.13.4. O CNJ é constitucional? 929
11.13.5. Atribuições do CNJ e o controle de suas decisões pelo STF (limites?) 931
11.13.6. O CNJ tem controle da função jurisdicional do Judiciário? 936
11.13.7. Corregedoria Nacional de Justiça e Ministro-Corregedor do CNJ 936

11.13.8. O CNJ, no exercício de suas atribuições correcionais, atua originariamente (primariamente) e concorrentemente com as Corregedorias dos tribunais ... 936
11.13.9. Prerrogativa de foro ... 937
11.13.10. Outras regras sobre o CNJ ... 938
11.14. Súmula vinculante ... 938
11.14.1. Duas realidades: a morosidade da Justiça e as teses jurídicas repetitivas ... 938
11.14.2. As "famílias" do direito ... 939
11.14.3. Influência do *stare decisis* da família da *common law* ... 940
11.14.4. Influência da Alemanha e da Áustria ... 940
11.14.5. A influência do direito português ... 941
11.14.6. A evolução do "direito sumular" no Brasil (fase colonial — influência do direito português) ... 941
11.14.7. A evolução do "direito sumular" no Brasil (após a independência) ... 941
11.14.8. Prenúncios da súmula vinculante em âmbito constitucional ... 943
11.14.9. Prenúncios da súmula vinculante no âmbito do direito processual civil ... 943
11.14.10. Os contornos da súmula vinculante na EC n. 45/2004 ... 943
11.14.11. As regras trazidas pela Lei n. 11.417, de 19.12.2006 — súmula vinculante .. 945
11.14.12. As súmulas vinculantes (a de número 30 com a publicação suspensa) editadas pelo STF ... 952
11.14.13. Aspectos conclusivos ... 952
11.15. Extinção dos Tribunais de Alçada ... 953
11.15.1. Histórico nas Constituições ... 953
11.15.2. O surgimento dos Tribunais de Alçada nos Estados ... 954
11.15.3. A EC n. 45/2004 ... 955
11.16. Material digital exclusivo ... 956
12. FUNÇÕES ESSENCIAIS À JUSTIÇA ... 957
12.1. Noções introdutórias ... 957
12.2. Ministério Público ... 957
12.2.1. Histórico ... 957
12.2.2. Definição e investidura ("quarentena de entrada") ... 964
12.2.3. Organização do Ministério Público na CF/88 — art. 128, I e II, e MP Eleitoral ... 966
12.2.4. Chefe do Ministério Público ... 969
12.2.5. Princípios institucionais ... 975
12.2.6. Princípio do promotor natural ... 977
12.2.7. Garantias do Ministério Público ... 982
12.2.8. Funções institucionais do Ministério Público ... 987
12.2.9. A teoria dos "poderes implícitos" e o poder de investigação criminal pelo MP. A investigação criminal não é exclusividade da polícia (devendo ser observados alguns parâmetros) ... 991
12.2.10. Conselho Nacional do Ministério Público ... 994
12.2.11. Ministério Público junto ao Tribunal de Contas (art. 130) ... 1001
12.3. Advocacia pública ... 1003
12.3.1. A distorção corrigida pela EC n. 19/98 ... 1003
12.3.2. Atribuições e prerrogativas dos ocupantes dos cargos das carreiras jurídicas da advocacia pública (regras gerais) ... 1004
12.3.3. O advogado público pode exercer a advocacia fora das atribuições do respectivo cargo? ... 1005

12.3.4. Assessoramento, amplitude vinculativa dos pareceres jurídicos e a responsabilização dos advogados públicos 1006
12.3.5. *Contempt of Court*: a multa do art. 14, parágrafo único, do CPC/73 e os advogados públicos — ADI 2.652. CPC/2015 — avanço na linha da decisão do STF 1010
12.3.6. Pareceres e Súmula da Advocacia-Geral da União 1011
12.3.7. Advocacia-Geral da União 1012
12.3.8. Procuradoria-Geral dos Estados e do Distrito Federal 1022
12.3.9. Procuradoria-Geral dos Municípios 1026
12.3.10. Advocacia pública e os honorários de sucumbência no CPC/2015 1027
12.4. Advocacia 1028
12.4.1. A advocacia à luz da jurisprudência do STF 1030
12.5. Defensoria Pública 1045
12.5.1. "Ondas renovatórias" (4.ª e 5.ª ondas?). Global Access to Justice Project 1045
12.5.2. Assistência jurídica integral e gratuita — aspectos gerais e evolução constitucional. Acesso à justiça como elemento instrumental de concretização do mínimo existencial (Barcellos) 1046
12.5.3. Regras gerais e abrangência da Defensoria Pública 1047
12.5.4. O fortalecimento da Defensoria Pública pela EC n. 45/2004 (Reforma do Judiciário), bem como pelas ECs ns. 69/2012 e 74/2013: autonomia funcional, administrativa e financeira 1051
12.5.5. Autonomia da Defensoria Pública da União — DPU. Constitucionalidade da EC n. 74/2013. A pretensão formulada na ADI 5.296 (10.04.2015) mostra-se totalmente infundada 1054
12.5.6. As profundas alterações introduzidas pela EC n. 80/2014 1057
12.5.7. A Defensoria Pública como cláusula pétrea 1063
12.5.8. Princípio do defensor público natural 1064
12.5.9. Garantias dos membros da Defensoria Pública 1065
12.5.10. É possível o reconhecimento da garantia da vitaliciedade para os membros da Defensoria Pública? 1067
12.5.11. A Defensoria Pública como "custos vulnerabilis" (Maurilio Casas Maia): origem histórica. Atuação da Defensoria Pública além das situações de vulnerabilidade meramente econômico-financeira. Perspectiva de contraponto à atuação do Ministério Público como fiscal da ordem jurídica. Paridade de armas entre acusação pública e defesa pública 1070
12.5.12. Expressa previsão de notificação da Defensoria Pública da União nas hipóteses de retirada compulsória do migrante ou do visitante (Lei de Migração — Lei n. 13.445/2017) 1078
12.5.13. Algumas questões já decididas pela jurisprudência do STF e do STJ 1078
12.6. Material digital exclusivo 1093

13. DEFESA DO ESTADO E DAS INSTITUIÇÕES DEMOCRÁTICAS 1095
13.1. Sistema constitucional das crises 1095
13.1.1. Noções introdutórias 1095
13.1.2. Constitucionalismo brasileiro: quadro descritivo 1097
13.1.3. Controle judicial 1099
13.2. Estado de defesa (CF/88) 1101
13.2.1. Hipóteses de decretação do estado de defesa 1101
13.2.2. Procedimento e regras gerais 1102

13.2.3. Controle exercido sobre a decretação do estado de defesa ou sua prorrogação 1102
13.3. Estado de sítio (CF/88) 1103
13.3.1. Hipóteses de decretação do estado de sítio 1103
13.3.2. Procedimento e abrangência 1104
13.3.3. Medidas coercitivas 1104
13.3.4. Controle exercido sobre a decretação do estado de sítio 1105
13.4. Disposições comuns aos estados de defesa e de sítio 1106
13.5. Quadro comparativo entre o estado de defesa e o estado de sítio (CF/88) 1107
13.6. Forças Armadas 1110
13.6.1. Regras gerais 1110
13.6.2. Emprego das Forças Armadas para a Garantia da Lei e da Ordem (GLO). As Forças Armadas não assumem o papel de poder moderador na hipótese de conflito entre poderes 1112
13.6.3. Acumulação de cargos (ECs n. 77/2014 e n. 101/2019) 1115
13.6.4. *Habeas corpus* e punições disciplinares militares 1116
13.6.5. Serviço militar obrigatório 1116
13.6.6. Leis de iniciativa reservada ao Presidente da República (art. 61, § 1.º, I e II, "f") 1117
13.6.7. As praças prestadoras de serviço militar inicial podem receber abaixo do salário mínimo? 1117
13.6.8. Editais de concurso podem estabelecer limite de idade para o ingresso nas Forças Armadas? 1118
13.6.9. "Princípio da insignificância" e crimes militares: o caso concreto de posse de reduzida quantidade de substância entorpecente. Princípio da especialidade. Afastamento da Lei de Drogas 1119
13.6.10. A criminalização da "pederastia" ainda se justifica no Código Penal Militar? (ADPF 291) 1121
13.6.11. Criação do Ministério da Defesa pela EC n. 23/99 1122
13.7. Segurança Pública 1123
13.7.1. Aspectos gerais 1123
13.7.2. Cooperação entre a União e os Estados-Membros e o DF e a Força Nacional de Segurança Pública 1126
13.7.3. BEPE — Batalhão Especial de Pronto Emprego 1127
13.7.4. UPPs — Unidades de Polícia Pacificadora (RJ) 1128
13.7.5. Polícias da União 1128
13.7.6. Polícias dos Estados 1133
13.7.7. Polícias do Distrito Federal 1137
13.7.8. Polícias dos Territórios 1139
13.7.9. Policiais civis e militares: direito de greve (?) e anistia (?) 1140
13.7.10. A extinção da pena de prisão disciplinar para as polícias militares e os corpos de bombeiros militares dos Estados, dos Territórios e do Distrito Federal (Lei n. 13.967/2019) 1145
13.7.11. Polícias penais federal, estadual e distrital (EC n. 104/2019) 1148
13.8. Polícias dos Municípios 1151
13.9. Segurança viária. Carreira dos agentes de trânsito. EC n. 82/2014 1153
13.9.1. Tramitação da EC n. 82/2014 1153
13.9.2. A segurança viária é questão de saúde pública 1153
13.9.3. Tripé da segurança viária 1154

13.9.4. Segurança viária: questão a ser tratada de forma indissociável da segurança pública 1155
13.9.5. A carreira específica de agentes de trânsito 1156
13.10. Material digital exclusivo 1158

14. DIREITOS E GARANTIAS FUNDAMENTAIS 1159
14.1. Localização 1159
14.2. Evolução dos direitos fundamentais ("gerações" ou "dimensões" de direitos) 1159
14.2.1. Direitos fundamentais da 1.ª dimensão 1160
14.2.2. Direitos fundamentais da 2.ª dimensão 1161
14.2.3. Direitos fundamentais da 3.ª dimensão 1161
14.2.4. Direitos fundamentais da 4.ª dimensão 1162
14.2.5. Direitos fundamentais da 5.ª dimensão 1163
14.3. Diferenciação entre direitos e garantias fundamentais 1163
14.4. Características dos direitos e garantias fundamentais 1164
14.5. Abrangência dos direitos e garantias fundamentais 1165
14.6. A aplicabilidade das normas definidoras dos direitos e garantias fundamentais 1165
14.7. A teoria dos quatro *status* de Jellinek 1167
14.8. Eficácia horizontal dos direitos fundamentais 1167
14.8.1. Aspectos gerais 1168
14.8.2. Teorias da eficácia indireta (mediata) ou direta (imediata) 1168
14.8.3. Eficácia "irradiante" dos direitos fundamentais 1169
14.8.4. Alguns precedentes 1169
14.8.5. Brevíssima conclusão 1171
14.9. Deveres fundamentais 1171
14.10. Direitos individuais e coletivos 1172
14.10.1. Direito à vida (art. 5.º, *caput*) 1172
14.10.2. Princípio da igualdade (art. 5.º, *caput*, I) 1183
14.10.3. Princípio da legalidade (art. 5.º, II) 1193
14.10.4. Proibição da tortura (art. 5.º, III) 1193
14.10.5. Liberdade da manifestação de pensamento (art. 5.º, IV e V) 1196
14.10.6. Liberdade de consciência, crença e culto (art. 5.º, VI a VIII) 1206
14.10.7. Liberdade de atividade intelectual, artística, científica ou de comunicação. Indenização em caso de dano (art. 5.º, IX e X) 1217
14.10.8. Inviolabilidade da intimidade, vida privada, honra e imagem das pessoas (art. 5.º, X) 1218
14.10.9. Inviolabilidade domiciliar (art. 5.º, XI) 1226
14.10.10. Sigilo de correspondência e comunicações (art. 5.º, XII) 1228
14.10.11. Liberdade de profissão (art. 5.º, XIII) 1231
14.10.12. Liberdade de informação (art. 5.º, XIV e XXXIII) 1232
14.10.13. Liberdade de locomoção (art. 5.º, XV) 1234
14.10.14. Direito de reunião (art. 5.º, XVI) 1234
14.10.15. Direito de associação (art. 5.º, XVII, XVIII, XIX, XX e XXI) 1237
14.10.16. Direito de propriedade (art. 5.º, XXII, XXIII, XXIV, XXV e XXVI) 1238
14.10.17. Direito de herança e estatuto sucessório (art. 5.º, XXX e XXXI) 1240
14.10.18. Propriedade intelectual (art. 5.º, XXVII, XXVIII e XXIX) 1241
14.10.19. Defesa do consumidor (art. 5.º, XXXII) 1241
14.10.20. Direito de petição e obtenção de certidões (art. 5.º, XXXIV) 1244

14.10.21. Princípio da inafastabilidade da jurisdição (art. 5.º, XXXV) 1246
14.10.22. Limites à retroatividade da lei (art. 5.º, XXXVI) 1250
14.10.23. Princípio do promotor natural (art. 5.º, LIII) 1252
14.10.24. Princípio do juiz natural ou legal (art. 5.º, XXXVII e LIII) 1252
14.10.25. Tribunal Penal Internacional — "TPI" (art. 5.º, § 4.º — EC n. 45/2004) 1254
14.10.26. Federalização dos crimes contra direitos humanos (art. 109, V-A e § 5.º — EC n. 45/2004) — Incidente de deslocamento de competência — IDC 1256
14.10.27. Tribunal do Júri (art. 5.º, XXXVIII) 1261
14.10.28. Segurança jurídica em matéria criminal (art. 5.º, XXXIX a LXVII) e a teoria dos mandados expressos de criminalização à luz dos direitos fundamentais 1261
14.10.29. Devido processo legal, contraditório e ampla defesa (art. 5.º, LIV e LV) 1280
14.10.30. Devido processo legal substantivo ou material (arts. 5.º, LV, e 3.º, I) 1286
14.10.31. Provas ilícitas (art. 5.º, LVI) 1287
14.10.32. Publicidade dos atos processuais e dever de motivação das decisões judiciais (arts. 5.º, LX, e 93, IX). Perspectivas do CPC/2015 1287
14.10.33. Assistência jurídica integral e gratuita (art. 5.º, LXXIV) 1289
14.10.34. Erro judiciário (art. 5.º, LXXV) 1290
14.10.35. Gratuidade das certidões de nascimento e de óbito (art. 5.º, LXXVI) 1291
14.10.36. Gratuidade nas ações de *habeas corpus* e *habeas data* (art. 5.º, LXXVII) 1293
14.10.37. Celeridade processual (art. 5.º, LXXVIII) 1294
14.11. Remédios constitucionais 1299
14.11.1. Os remédios constitucionais nas Constituições brasileiras — quadro esquematizado 1299
14.11.2. *Habeas corpus* (art. 5.º, LXVIII) 1300
14.11.3. Mandado de segurança (art. 5.º, LXIX) 1310
14.11.4. Mandado de segurança coletivo (art. 5.º, LXX) 1314
14.11.5. Mandado de injunção (art. 5.º, LXXI) 1317
14.11.6. *Habeas data* (art. 5.º, LXXII) 1326
14.11.7. Ação popular (art. 5.º, LXXIII) 1328
14.12. Material digital exclusivo 1334

15. DIREITOS SOCIAIS 1335
15.1. Aspectos gerais 1335
15.2. Breves comentários aos direitos sociais 1336
15.2.1. Direito à educação 1336
15.2.2. Direito à saúde 1337
15.2.3. Direito à alimentação 1337
15.2.4. Direito ao trabalho 1338
15.2.5. Direito à moradia 1338
15.2.6. Direito ao transporte 1339
15.2.7. Direito ao lazer 1339
15.2.8. Direito à segurança 1340
15.2.9. Direito à previdência social 1340
15.2.10. Proteção à maternidade e à infância 1340
15.2.11. Assistência aos desamparados 1343
15.3. "PEC da felicidade" — PEC n. 513/2010-CD e PEC n. 19/2010-SF 1343
15.4. Direitos relativos aos trabalhadores 1345
15.4.1. Direitos sociais individuais dos trabalhadores 1345

15.4.2. Direitos sociais coletivos dos trabalhadores (arts. 8.º a 11) ... 1351
15.5. "Metodologia ***fuzzy***" e "camaleões normativos" na problemática dos direitos sociais, culturais e econômicos (Canotilho) ... 1355
15.5.1. Princípio do não retrocesso social ou da proibição da evolução reacionária. Interpretação a ser dada à EC n. 86/2015 (fruto da "PEC do Orçamento Impositivo") e perspectivas lançadas pela EC n. 95/2016 ... 1357
15.5.2. "Judicialização da saúde": fornecimento de medicamentos ... 1358
15.6. Material digital exclusivo ... 1361

16. NACIONALIDADE ... 1363
16.1. Conceito ... 1363
16.1.1. Definições correlatas ... 1363
16.2. Espécies de nacionalidade e critérios para a sua aquisição ... 1364
16.3. Brasileiro nato ... 1365
16.4. Brasileiro naturalizado ... 1367
16.4.1. Noções introdutórias: procedimento ... 1367
16.4.2. Naturalização ordinária constitucional em relação aos originários de países de língua portuguesa ... 1368
16.4.3. Naturalização ordinária legal ... 1368
16.4.4. Naturalização especial ... 1369
16.4.5. Naturalização provisória ... 1369
16.4.6. Naturalização extraordinária ou quinzenária ... 1369
16.4.7. Conclusão de curso superior: ainda subsiste com a revogação do Estatuto dos Estrangeiros? ... 1370
16.5. Quase nacionalidade — portugueses — art. 12, § 1.º — reciprocidade ... 1370
16.6. A lei poderá estabelecer distinções entre brasileiros natos e naturalizados? ... 1371
16.6.1. Regra geral ... 1371
16.6.2. Hipóteses taxativas de exceção à regra geral ... 1371
16.7. Medidas de retirada compulsória: repatriação, deportação e expulsão ... 1384
16.7.1. Repatriação ... 1384
16.7.2. Deportação ... 1385
16.7.3. Expulsão ... 1386
16.7.4. Banimento: existe expulsão ou banimento de brasileiros? ... 1388
16.8. Asilo político e refúgio (direito de permanecer no Brasil) ... 1388
16.9. Perda da nacionalidade ... 1390
16.9.1. Hipóteses de perda da nacionalidade ... 1390
16.10. Reaquisição da nacionalidade brasileira perdida ... 1393
16.11. Material digital exclusivo ... 1395

17. DIREITOS POLÍTICOS ... 1397
17.1. Noções introdutórias ... 1397
17.1.1. Democracia semidireta ou participativa ... 1397
17.1.2. Plebiscito *versus* referendo: experiências na história brasileira ... 1398
17.1.3. O resultado do plebiscito ou do referendo pode ser modificado por lei ou emenda à Constituição? ... 1401
17.1.4. Quadro comparativo: plebiscito *versus* referendo ... 1402
17.1.5. Outros institutos de democracia semidireta ou participativa: *recall* e veto popular ... 1402

17.1.6. Democracia contemporânea: novas perspectivas (Luís Roberto Barroso) 1403
17.2. Soberania popular, nacionalidade, cidadania, sufrágio, voto e escrutínio 1404
17.3. Direito político positivo (direito de sufrágio) 1405
17.3.1. Capacidade eleitoral ativa 1405
17.3.2. Capacidade eleitoral passiva 1408
17.4. Direitos políticos negativos 1408
17.4.1. Inelegibilidades 1409
17.4.2. Candidatos com "ficha suja": inelegibilidade? 1416
17.4.3. Privação dos direitos políticos — perda e suspensão 1421
17.4.4. Reaquisição dos direitos políticos perdidos ou suspensos 1423
17.5. Servidor público e exercício do mandato eletivo 1423
17.6. Material digital exclusivo 1424

18. PARTIDOS POLÍTICOS E O FINANCIAMENTO DAS CAMPANHAS ELEITORAIS 1425

18.1. Conceito 1425
18.2. Regras constitucionais 1425
18.3. Fundo partidário e acesso gratuito ao rádio e à televisão — direito de antena (EC n. 97/2017) 1427
18.4. Coligações partidárias: evolução jurisprudencial e reformas constitucionais (ECS ns. 52/2006 e 97/2017) 1428
18.4.1. Regras gerais 1428
18.4.2. Primeiro momento — a consagração da regra da verticalização das coligações partidárias pelo TSE 1429
18.4.3. Ataques à regra da verticalização das coligações partidárias fixada pelo TSE e o destaque para o art. 16, CF/88 (cláusula constitucional da anualidade)... 1431
18.4.4. Ataques à regra da EC n. 52/2006, que expressamente acabou com a obrigatoriedade da verticalização das coligações partidárias. Mantida a verticalização para as eleições de 2006 (anualidade eleitoral — art. 16 da CF). A EC n. 52/2006 entrou em vigor na data de sua publicação, mas somente pôde ser aplicada às eleições que ocorreram até um ano da data de sua vigência.. 1433
18.4.5. EC n. 97/2017: alteração da Constituição Federal para se vedar as coligações partidárias nas eleições proporcionais, admitindo-as apenas, como faculdade, para as eleições majoritárias 1435
18.5. Fidelidade partidária 1436
18.5.1. Sistema proporcional 1437
18.5.2. Sistema majoritário 1437
18.5.3. Resolução do TSE x Minirreforma Eleitoral (Lei n. 13.165/2015). Aspectos sobre a justa causa para desfiliação partidária e o caso específico do sistema majoritário 1438
18.5.4. EC n. 91/2016 ("Janela Partidária Constitucional") e Minirreforma Eleitoral ("Janela Partidária Legal") 1440
18.5.5. EC n. 97/2017 (nova "Janela Partidária Constitucional") 1440
18.6. A vaga decorrente do licenciamento de titulares de mandato parlamentar deve ser ocupada pelos suplentes das coligações ou dos partidos? 1441
18.7. Financiamento das campanhas eleitorais — ADI 4.650, ADI 5.394 (aspectos da minirreforma eleitoral de 2015 — Lei n. 13.165) e ADI 5.494 (perspectivas a partir da minirreforma eleitoral de 2017 — Lei n. 13.488) 1442
18.8. Material digital exclusivo 1444

19. ORDEM SOCIAL **1445**
19.1. Aspectos gerais 1445
19.1.1. Valores da ordem social: base e objetivo 1445
19.1.2. Conteúdo da ordem social 1446
19.2. Seguridade social 1447
19.2.1. Princípios orientadores da organização da seguridade social 1447
19.2.2. Financiamento da seguridade social 1447
19.2.3. Competência discriminada (lei ordinária) e competência residual (lei complementar) 1449
19.2.4. Inconstitucionalidade do art. 3.º, § 1.º, da Lei n. 9.718/98 (PIS/PASEP e COFINS). EC n. 20/98 — impossibilidade do fenômeno da "constitucionalidade superveniente" 1449
19.2.5. Cobrança da Contribuição para o Financiamento da Seguridade Social (Cofins) para sociedades civis de profissões regulamentadas 1450
19.3. Educação 1453
19.3.1. *Homeschooling* (RE 888.815) 1453
19.3.2. FUNDEB — Aspectos gerais — ECs ns. 53/2006 e 108/2020 1453
19.3.3. Quadro esquematizado da educação escolar 1455
19.3.4. Fim (progressivo) da DRU para a educação e as ECs ns. 59/2009, 68/2011, 93/2016 e 103/2019 1457
19.4. Cultura 1459
19.4.1. Plano Nacional de Cultura (EC n. 48/2005) 1459
19.4.2. Sistema Nacional de Cultura (EC n. 71/2012) 1460
19.5. Desporto 1461
19.5.1. Desporto em sentido amplo 1461
19.5.2. Modalidades de desporto 1462
19.5.3. Papel do Estado e das entidades dirigentes e associações na promoção do desporto 1463
19.5.4. Destinação dos recursos públicos para o desporto 1463
19.5.5. Manifestações desportivas de "criação nacional" 1463
19.5.6. Justiça Desportiva 1464
19.5.7. Bingos e a questão específica das loterias como serviço público (competência administrativa) 1466
19.6. Ciência, tecnologia e inovação (EC n. 85/2015) 1467
19.6.1. Perspectivas introduzidas pela EC n. 85/2015 1467
19.6.2. O papel do Estado 1468
19.6.3. Modalidades de pesquisa e o tratamento prioritário do Estado 1468
19.6.4. Apoio e incentivo do Estado 1469
19.6.5. Estado Social de Direito: concepção social do mercado 1470
19.6.6. O destaque para a biotecnologia 1470
19.7. Comunicação social 1470
19.7.1. Princípios orientadores da comunicação social 1471
19.7.2. Princípios a orientar a produção e a programação das emissoras de rádio e TV 1474
19.7.3. Propriedade de empresa jornalística e de radiodifusão sonora e de sons e imagens 1474
19.7.4. Serviços de radiodifusão sonora (rádio) e de sons e imagens (TV) 1476
19.7.5. Conselho de Comunicação Social: órgão auxiliar do CN 1480

19.7.6. Direito de antena e a EC n. 97/2017 1481
19.7.7. Lei de Imprensa — ADPF 130 1481
19.7.8. "Lei Eleitoral sobre o Humor" e a problemática das "fake news" 1482
19.8. Meio ambiente 1483
19.8.1. Conceito de meio ambiente 1483
19.8.2. Aspectos do meio ambiente 1483
19.8.3. Direitos humanos, direito ao desenvolvimento e direito a um meio ambiente sadio e ecologicamente equilibrado para as presentes e futuras gerações 1484
19.8.4. A proteção ambiental no constitucionalismo brasileiro 1486
19.8.5. Natureza jurídica do meio ambiente e a justiça distributiva entre as presentes e futuras gerações 1488
19.8.6. Incumbência do Poder Público 1488
19.8.7. Crueldade contra animais? 1489
19.8.8. Importação de pneus usados — ADPF 101 1496
19.8.9. Exploração de recursos minerais 1496
19.8.10. Responsabilidade por danos ambientais 1496
19.8.11. Ecossistemas especialmente protegidos e erigidos à categoria de patrimônio nacional 1498
19.8.12. Os "Soldados da Borracha" e a EC n. 78/2014 1498
19.8.13. Terras devolutas 1499
19.8.14. Localização das usinas nucleares: necessidade de lei federal 1501
19.9. Família, criança, adolescente, jovem e idoso 1502
19.9.1. Família: conceito de entidade familiar 1502
19.9.2. União homoafetiva (união estável entre pessoas do mesmo sexo) 1503
19.9.3. Reconhecimento de união estável e de relação homoafetiva concomitantes para fins de rateio de pensão por morte 1504
19.9.4. Transexualidade: transgêneros e o direito de alteração no registro civil 1505
19.9.5. O enquadramento da homofobia e da transfobia como crimes de racismo pelo STF (ADO 26 e MI 4.733) 1510
19.9.6. A união estável pode ser reconhecida em relação a uma menor de 14 anos estuprada que veio a se casar com o agressor, para efeitos de extinção de punibilidade quando era admitida (antes da revogação do art. 107, VII, do CP)? 1511
19.9.7. Família: assistência e proteção contra a violência doméstica. As particularidades da denominada Lei Maria da Penha (ADC 19 e ADI 4.424) 1511
19.9.8. Casamento: regras gerais; gratuidade da celebração; efeito civil; liberdade de crença (centro espírita, candomblé, umbanda etc.) 1516
19.9.9. Divórcio: forma de dissolução do casamento civil à luz da EC n. 66/2010 e do CPC/2015 1517
19.9.10. Liberdade para o planejamento familiar: dignidade da pessoa humana e paternidade responsável 1519
19.9.11. Criança, adolescente e jovem (EC n. 65/2010) 1520
19.9.12. Criança, adolescente e jovem: proteção especial. Avanços trazidos pelo Estatuto da Primeira Infância (Lei n. 13.257/2016) 1523
19.9.13. Alienação parental 1524
19.9.14. Adoção 1525
19.9.15. Direito de ação de investigação de paternidade: a problemática da submissão coercitiva ao exame de DNA 1528
19.9.16. Portadores de deficiência 1529

19.9.17. Inimputabilidade penal 1533
19.9.18. Dever de reciprocidade entre pais e filhos 1534
19.9.19. Idosos 1534
19.10. Índios 1536
19.10.1. Os índios no constitucionalismo brasileiro 1536
19.10.2. Proteção das "minorias nacionais" e a importância da "terra" 1537
19.10.3. Terras tradicionalmente ocupadas pelos índios 1538
19.10.4. Indigenato: fonte para o direito dos índios sobre as suas terras 1541
19.10.5. Usufruto exclusivo dos índios e a mineração em terras indígenas 1541
19.10.6. Regras constitucionais para a remoção dos grupos indígenas 1542
19.10.7. Demarcação das terras indígenas 1543
19.10.8. Defesa judicial dos direitos e interesses dos índios 1547
19.10.9. Educação nas comunidades indígenas 1548
19.10.10. Infanticídio indígena 1550
19.11. Material digital exclusivo 1551

20. ORDEM ECONÔMICA E FINANCEIRA 1553
Material digital exclusivo 1553

21. PRINCÍPIOS FUNDAMENTAIS 1555
Material digital exclusivo 1555

Referências 1557

1 (NEO)CONSTITUCIONALISMO

1.1. ALOCAÇÃO DO DIREITO CONSTITUCIONAL

1.1.1. A classificação em "ramos do direito"

Antes de tratarmos do movimento que recebeu o nome de "constitucionalismo", faremos uma ponderação inicial, lembrando que o *direito constitucional* costuma ser alocado dentro do ramo do direito público, destacando-se por seu objeto e princípios fundamentais orientadores de sua aplicação.

José Afonso da Silva observa que o *direito constitucional* "configura-se como **Direito Público fundamental** por referir-se diretamente à *organização e funcionamento do Estado, à articulação dos elementos primários do mesmo e ao estabelecimento das bases da estrutura política*".[1]

Apesar de colocarmos o *direito constitucional* dentro do ramo do direito público (fundamental), devemos alertar o leitor que, modernamente, vem sendo dito que o direito é **uno** e **indivisível, indecomponível**. O direito deve ser definido e estudado como um grande **sistema**, em que tudo se harmoniza no conjunto. A divisão em ramos do direito é meramente didática, a fim de facilitar o entendimento da matéria, vale dizer: questão de **conveniência acadêmica**.

Aceitando a classificação dicotômica (público e privado), apenas para fins didáticos, dentro do **direito público** poderemos alocar, também (destacando-se a particularidade **fundamental** do direito constitucional), o direito administrativo, o urbanístico, o ambiental, o tributário, o financeiro, o econômico, o penal, o processual, o internacional etc., ao contrário do direito civil e do comercial, que, historicamente, preencheriam a categoria do **direito privado**.

Referida classificação dicotômica pode ser atribuída a **Jean Domat** (afastando-se daqueles que a imputam ao Direito Romano), que foi quem separou, pela primeira vez, as **leis civis** das **leis públicas** e cuja obra influenciou a elaboração do **Código Napoleão** de 1804, despertando a denominada **"Era da Codificação"**, que conferiu ao Código Civil a natureza de verdadeira **"constituição privada"**, disciplinando as relações particulares, as regras sobre família, a propriedade, o estado civil, a capacidade etc. Surgia então a ideia do **dogma da completude**, ou seja, de que os Códigos

1 José Afonso da Silva, *Curso de direito constitucional positivo*, p. 36.

continham toda a regulamentação das relações privadas, devendo o juiz simplesmente aplicá-las.[2]

Essa perspectiva de codificação do direito civil como regulador das relações privadas é fortalecida pela principiologia do **liberalismo clássico**, que enalteceu a ideia de **liberdade meramente formal** perante a lei e de **não intervenção do Estado** (direitos de **primeira "geração"**, ou, mais tecnicamente, de **primeira "dimensão"**) (*absenteísmo estatal*), tema que será retomado no estudo dos direitos fundamentais (cf. *item 14.2* deste trabalho).

Em outro momento, além da classificação dicotômica em ramo de direito público e de direito privado, a evolução do Estado liberal para o **Estado social de direito** faz surgir a necessidade de se reconhecer, ao lado da dicotomia, a categoria dos **direitos sociais**, cujas normas de direito do trabalho e de direito previdenciário expressam a manifestação de um Estado prestacionista, intervencionista e realizador da chamada **justiça distributiva** (esses novos direitos, chamados de **segunda geração** ou **dimensão**, surgem, pela primeira vez, na Constituição brasileira de 1934), tendo como marco a Revolução Industrial.

O texto de 1988, por sua vez, muito embora já tivesse sido insinuado no texto de 1946 e na Carta de 1967, consagra a proteção aos direitos de **terceira geração** ou **dimensão**, marcados pelo lema da **solidariedade** ou **fraternidade**, evidenciando, assim, os direitos transindividuais.[3]

1.1.2. A superação da dicotomia "público-privado" — constitucionalização do direito privado

Avançando, por outro lado, modernamente, sobretudo em razão da evidenciação de novos direitos e das transformações do Estado (de autoritário/absolutista para liberal e de liberal para social, podendo-se, inclusive, falar em Estado pós-social de direito), cada vez mais se percebe uma forte influência do **direito constitucional** sobre o **direito privado**.

Sob essa perspectiva, especialmente diante do princípio da **dignidade da pessoa humana**, fundamento da República Federativa do Brasil e **princípio-matriz** de todos os direitos fundamentais (art. 1.º, III, da CF/88), parece mais adequado, então, falar em um **direito civil-constitucional**, estudando o direito privado à luz das regras constitucionais e podendo, inclusive, em muitos casos, reconhecer a aplicação direta dos direitos fundamentais nas relações privadas, tema que será mais bem estudado no *item 14.8* deste trabalho **(eficácia horizontal dos direitos fundamentais)**.[4]

---

[2] Nesse sentido, cf. Maria Celina Bodin de Moraes, A caminho de um direito civil constitucional, *Direito, Estado e Sociedade*, n. 1, p. 59-73, jul./dez. 1991, e Julio César Finger, Constituição e direito privado: algumas notas sobre a chamada constitucionalização do direito civil, in Ingo W. Sarlet (org.), *A Constituição concretizada*, p. 86-89.

[3] Novamente, alertamos que esse tema sobre as **gerações** ou **dimensões de direitos** será retomado no capítulo sobre os direitos fundamentais, *item 14.2*.

[4] Sobre essa perspectiva do **Direito civil-constitucional**, cf. Gustavo Tepedino, *Temas de direito civil*, 4. ed., t. 1, passim. Cf., ainda, Paulo Luiz Netto Lôbo, Constitucionalização do direito civil, in Cristiano Chaves de Farias (coord.), *Leituras complementares de direito civil*, p. 21-36; Maria

Essa situação, qual seja, a superação da rígida dicotomia entre o público e o privado, fica mais evidente diante da tendência de **descodificação** do direito civil, evoluindo da concentração das relações privadas na codificação civil para o surgimento de vários **microssistemas**, como o Código de Defesa do Consumidor, a Lei de Locações, a Lei de Direito Autoral, o Estatuto da Criança e do Adolescente, o Estatuto do Idoso, a Lei de Alimentos, a Lei da Separação e do Divórcio etc.

Todos esses microssistemas encontram o seu fundamento na Constituição Federal, norma de validade de todo o **sistema**, passando o direito civil por um processo de **despatrimonialização**.[5]

Portanto, apesar da "suposta" utilidade didática, parece adequado **não mais falarmos em ramos do direito**, e sim em um verdadeiro escalonamento verticalizado e hierárquico das normas, apresentando-se a Constituição como **norma de validade** de todo o sistema, situação essa decorrente do princípio da **unidade do ordenamento** e da **supremacia da Constituição** (**força normativa da Constituição** — Konrad Hesse).[6]

Fala-se, então, em uma necessária e inevitável **releitura dos institutos**, notadamente os de direito civil (e privado), sob a ótica constitucional, conforme o quadro a seguir:[7]

DIGNIDADE DA PESSOA HUMANA
(Princípio-Matriz)

- Direito Civil Constitucional
- Eficácia Horizontal dos Direitos Fundamentais
- Descodificação do Direito Civil
- Microssistemas
- Despatrimonialização do Direito Civil

Celina Bodin de Moraes, A caminho de um direito constitucional positivo, passim; Julio César Finger, Constituição e direito privado, p. 85-101; Eugênio Facchini Neto, Reflexões histórico-evolutivas sobre a constitucionalização do direito privado, in Ingo W. Sarlet, *Constituição, direitos fundamentais e direito privado*, p. 13-62; Luiz Edson Fachin, *Direito de família:* elementos críticos à luz do novo Código Civil, passim; Flávio Tartuce e Márcio Araújo Opromolla, Direito civil e Constituição, in *Constituição Federal*: 15 anos..., p. 367-399.

5 Conforme anota Julio César Finger, "... os princípios constitucionais, entre eles o da **dignidade da pessoa humana** (CF, art. 1.º, inciso III), que é sempre citado como um **princípio-matriz de todos os direitos fundamentais**, colocam a pessoa em um patamar diferenciado do que se encontrava no Estado Liberal. O direito civil, de modo especial, ao expressar tal ordem de valores, tinha por norte a regulamentação da vida privada unicamente do ponto de vista do patrimônio do indivíduo. Os princípios constitucionais, em vez de apregoar tal conformação, têm por meta orientar a ordem jurídica para a **realização de valores da pessoa humana como titular de interesses existenciais**, para além dos meramente patrimoniais. O direito civil, de um direito-proprietário, passa a ser visto como uma regulação de interesses do homem que convive em sociedade, que deve ter um lugar apto a propiciar o seu desenvolvimento com dignidade. Fala-se, portanto, em uma **despatrimonialização do direito civil**, como consequência da sua constitucionalização" (Constituição e direito privado, p. 94-95).

6 Esse tema será retomado no *item 6.1* do capítulo sobre o "controle de constitucionalidade".

7 Ao estudarmos o tema do controle de constitucionalidade, como desmembramento dessa perspectiva, analisaremos a temática da **interpretação conforme a Constituição** (cf. *item 6.7.1.17.2*).

■ 1.2. CONSTITUCIONALISMO

■ 1.2.1. Conceito

Canotilho identifica vários constitucionalismos, como o inglês, o americano e o francês, preferindo falar em **"movimentos constitucionais"**. Em seguida, define o constitucionalismo como uma "... teoria (ou ideologia) que ergue o princípio do governo limitado indispensável à garantia dos direitos em dimensão estruturante da organização político-social de uma comunidade. Neste sentido, o constitucionalismo moderno representará uma *técnica específica de limitação do poder com fins garantísticos*. O conceito de constitucionalismo transporta, assim, um claro juízo de valor. É, no fundo, uma *teoria normativa da política*, tal como a teoria da democracia ou a teoria do liberalismo".[8]

Kildare Gonçalves Carvalho, por seu turno, vislumbra tanto uma perspectiva **jurídica** como **sociológica**: "... em termos jurídicos, reporta-se a um sistema normativo, enfeixado na Constituição, e que se encontra acima dos detentores do poder; sociologicamente, representa um movimento social que dá sustentação à limitação do poder, inviabilizando que os governantes possam fazer prevalecer seus interesses e regras na condução do Estado".[9]

André Ramos Tavares estabelece quatro sentidos para o constitucionalismo:

> "... numa primeira acepção, emprega-se a referência ao movimento político-social com origens históricas bastante remotas que pretende, em especial, **limitar o poder arbitrário**. Numa segunda acepção, é identificado com a imposição de que haja cartas constitucionais escritas. Tem-se utilizado, numa terceira acepção possível, para indicar os propósitos mais latentes e atuais da função e posição das constituições nas diversas sociedades. Numa vertente mais restrita, o constitucionalismo é reduzido à evolução histórico-constitucional de um determinado Estado".[10]

Partindo, então, da ideia de que todo Estado deva possuir uma Constituição, avança-se no sentido de que os textos constitucionais contêm regras de **limitação ao poder autoritário** e de **prevalência dos direitos fundamentais**, afastando-se da visão opressora do antigo regime.

■ 1.2.2. Evolução histórica

A História da Europa pode ser dividida, sem muita preocupação teórica, em quatro grandes "eras": **Idade Antiga** (até o século V — tomada do Império Romano do Ocidente pelos povos bárbaros — 476 d.C.); **Idade Média** (século V até o fim do Império Romano do Oriente, com a *queda de Constantinopla*, no século XV — 1453 d.C.); **Idade Moderna** (1453-1789 — Revolução Francesa); **Idade Contemporânea** (1789 até os dias atuais).

---

8 J. J. Gomes Canotilho, *Direito constitucional e teoria da Constituição*, 7. ed., p. 51.

9 Kildare Gonçalves Carvalho, *Direito constitucional*: teoria do Estado e da Constituição. Direito constitucional positivo, 12. ed., p. 211.

10 André Ramos Tavares, *Curso de direito constitucional*, 4. ed., p. 1.

Sem se preocupar com a análise das referidas "eras", Canotilho, entre tantas distinções, estabelece, mais simplificadamente, apenas dois grandes **movimentos constitucionais**: o constitucionalismo **antigo** e o **moderno**, caracterizando-se este último como "... o movimento político, social e cultural que, sobretudo a partir de meados do século XVIII, questiona nos planos político, filosófico e jurídico os esquemas tradicionais de *domínio político*, sugerindo, ao mesmo tempo, a invenção de uma forma de ordenação e fundamentação do poder político".[11]

Isso posto, passemos a analisar, brevemente, a evolução histórica do constitucionalismo.

■ *1.2.2.1. Constitucionalismo durante a Antiguidade*

Analisando a **Antiguidade clássica**, Karl Loewenstein identificou, entre os **hebreus**, timidamente, o surgimento do constitucionalismo, estabelecendo-se no Estado teocrático limitações ao poder político ao assegurar aos profetas a legitimidade para fiscalizar os atos governamentais que extrapolassem os limites bíblicos.[12]

Refere o autor, ainda, mais tarde, no século V a.C., a experiência das **Cidades-Estados gregas** como importante exemplo de democracia constitucional, na medida em que a **democracia direta**, particular a elas, consagrava "... o único exemplo conhecido de sistema político com plena identidade entre governantes e governados, no qual o poder político está igualmente distribuído entre todos os cidadãos ativos".[13]

■ *1.2.2.2. Constitucionalismo durante a Idade Média*

Durante a **Idade Média**, a **Magna Carta de 1215** representa o grande marco do constitucionalismo medieval, estabelecendo, mesmo que formalmente, a proteção a importantes direitos individuais.

■ *1.2.2.3. Constitucionalismo durante a Idade Moderna*

Na Idade Moderna, destacam-se: o *Petition of Rights*, de 1628; o *Habeas Corpus Act*, de 1679; o *Bill of Rights*, de 1689; e o *Act of Settlement*, de 1701.[14]

Nessa linha, além dos **pactos**, há o que a doutrina chamou de **forais** ou **cartas de franquia**, também voltados para a proteção dos direitos individuais. Diferenciam-se dos pactos por admitir a participação dos súditos no governo local (elemento político).

---

11 J. J. Gomes Canotilho, *Direito constitucional e teoria da Constituição*, 7. ed., p. 52.

12 Karl Loewenstein, *Teoría de la Constitución*, p. 154.

13 Karl Loewenstein, *Teoría de la Constitución*, p. 155.

14 Segundo Manoel Gonçalves Ferreira Filho, tanto a **Magna Carta de 1215** como o ***Petition of Rights* de 1628** são exemplos dos denominados **pactos** firmados durante a história constitucional inglesa, ou seja, "... convenções entre o monarca e os súditos concernentes ao modo de governo e às garantias dos direitos individuais. Seu fundamento é o *acordo de vontades* (ainda que os reis disfarcem sua transigência com a roupagem da outorga de direitos) ..." (*Curso de direito constitucional*, 32. ed., p. 4-5).

Os **pactos** e **forais** ou **cartas de franquia**, documentos marcantes durante a Idade Média, buscavam resguardar **direitos individuais**. Alerta-se, contudo, que se tratava de direitos direcionados a determinados homens, e não sob a perspectiva da universalidade.

■ *1.2.2.4. Constitucionalismo norte-americano*

Outro ponto nessa evolução do **constitucionalismo** foram os chamados **contratos de colonização**, marcantes na história das colônias da América do Norte.

Como anota Ferreira Filho, "chegados à América, os peregrinos, mormente puritanos, imbuídos de igualitarismo, não encontrando na nova terra poder estabelecido, fixaram, por *mútuo consenso*, as regras por que haveriam de governar-se. Firma-se, assim, pelos chefes de família a bordo do *Mayflower*, o célebre '*Compact*' (1620); desse modo se estabelecem as *Fundamental Orders of Connecticut* (1639), mais tarde confirmadas pelo rei Carlos II, que as incorporou à Carta outorgada em 1662. Transparece aí a ideia de estabelecimento e organização do governo pelos próprios governados, que é outro dos pilares da ideia de Constituição".[15]

Nesse sentido é que Kildare identifica como indícios do constitucionalismo na América, além dos referidos "contratos de colonização" (*Compact* e as *Fundamental Orders of Connecticut*), a *Declaration of Rights* do Estado de Virgínia, de 1776, seguida pelas Constituições das ex-colônias britânicas da América do Norte, Constituição da Confederação dos Estados Americanos, de 1781.[16]

■ *1.2.2.5. Constitucionalismo moderno (durante a Idade Contemporânea)*

Chegamos, então, ao **constitucionalismo moderno**, em que predominam as **constituições escritas** como instrumentos para conter qualquer arbítrio decorrente do poder.

Dois são os marcos históricos e formais do constitucionalismo moderno: a **Constituição norte-americana de 1787** e a **francesa de 1791** (que teve como preâmbulo a Declaração Universal dos Direitos do Homem e do Cidadão de 1789), movimento este deflagrado durante o Iluminismo e concretizado como uma contraposição ao absolutismo reinante, por meio do qual se elegeu o **povo** como o **titular legítimo do poder**.

Podemos destacar, nesse primeiro momento, na concepção do **constitucionalismo liberal**, marcado pelo liberalismo clássico, os seguintes valores: individualismo, absenteísmo estatal, valorização da propriedade privada e proteção do indivíduo. Essa perspectiva, para se ter um exemplo, influenciou profundamente as Constituições brasileiras de 1824 e 1891.

Conforme falamos, a concepção liberal (de valorização do indivíduo e afastamento do Estado) gerará **concentração de renda e exclusão social**, fazendo com que o Estado passe a ser chamado para evitar abusos e limitar o poder econômico.

---

[15] Manoel Gonçalves Ferreira Filho, *Curso de direito constitucional*, p. 5.

[16] Kildare Gonçalves Carvalho, *Direito constitucional*, 15. ed., p. 247.

Evidencia-se, então, aquilo que a doutrina chamou de segunda geração (ou dimensão) de direitos e que teve como documentos marcantes a Constituição do México de 1917 e a de Weimar de 1919, influenciando, profundamente, a Constituição brasileira de 1934 **(Estado Social de Direito)**.

▪ 1.2.2.6. *Constitucionalismo contemporâneo (durante a Idade Contemporânea) "antenado" com a ideia de "constitucionalismo globalizado"*

O **constitucionalismo contemporâneo** está centrado naquilo que Uadi Lammêgo Bulos chamou de "**totalitarismo constitucional**, consectário da noção de **Constituição programática**", e que tem como bom exemplo a Constituição brasileira de 1988.[17]

Fala-se em **"totalitarismo constitucional"** na medida em que os textos sedimentam um importante **conteúdo social**, estabelecendo normas programáticas (metas a serem atingidas pelo Estado, programas de governo) e realçando o sentido de **Constituição dirigente** defendido por Canotilho.

Contudo, partindo dessa concepção de normas programáticas, André Ramos Tavares, apoiado no pensamento de Dromi (*vide item 1.2.2.7* a seguir), enaltece o **constitucionalismo da verdade** e, assim, em relação às normas programáticas, identifica duas categorias:

- "normas que jamais passam de programáticas e são praticamente inalcançáveis pela maioria dos Estados";
- "normas que não são implementadas por simples falta de motivação política dos administradores e governantes responsáveis".

Consoante alerta Tavares, "as primeiras precisam ser erradicadas dos corpos constitucionais, podendo figurar, no máximo, apenas como objetivos a serem alcançados a longo prazo, e não como declarações de realidades utópicas, como se bastasse a mera declaração jurídica para transformar-se o ferro em ouro. As segundas precisam ser cobradas do Poder Público com mais força, o que envolve, em muitos casos, a participação da sociedade na gestão das verbas públicas e a atuação de organismos de controle e cobrança, como o Ministério Público, na preservação da ordem jurídica e consecução do interesse público vertido nas cláusulas constitucionais".[18]

Essa concepção de dirigismo estatal (de o texto fixar regras para dirigir as ações governamentais) tende a evoluir para uma perspectiva de **dirigismo comunitário**, ideia também vislumbrada por André Ramos Tavares ao falar em uma fase atual do **constitucionalismo globalizado**, que busca difundir a perspectiva de proteção aos direitos humanos e de propagação para todas as nações.[19]

---

17 Uadi Lammêgo Bulos, *Constituição Federal anotada*, 5. ed., p. 16-18.

18 André Ramos Tavares, *Curso de direito constitucional*, 8. ed., p. 37.

19 André Ramos Tavares, *Curso de direito constitucional*, 8. ed., p. 38, e, falando de um **dirigismo comunitário**, Bulos, *Constituição Federal anotada*, 5. ed., p. 19.

Destacamos, ainda, uma concepção de proteção aos direitos de **fraternidade** ou **solidariedade**, que são identificados pela doutrina como direitos de **terceira dimensão** ou **geração.**[20]

No Brasil, conforme já apontado, essa perspectiva está consagrada no texto de 1988, embora esboçada nos textos de 1946 e 1967 (e EC n. 1/69).

■ 1.2.2.7. *Constitucionalismo do futuro: o que podemos esperar?*

O **constitucionalismo do futuro** sem dúvida terá de consolidar os chamados *direitos humanos de terceira dimensão*, incorporando à ideia de constitucionalismo **social** os valores do constitucionalismo **fraternal**[21] e de **solidariedade**, avançando e estabelecendo um equilíbrio entre o constitucionalismo moderno e alguns excessos do contemporâneo.

Por isso, como bem anota **José Roberto Dromi**, o futuro do constitucionalismo "deve estar influenciado até identificar-se com a verdade, a solidariedade, o consenso, a continuidade, a participação, a integração e a universalidade".

Trata-se da Constituição do **"por vir"**, com os seguintes valores:[22]

- **verdade:** a Constituição não pode mais gerar falsas expectativas; o constituinte só poderá "prometer" o que for viável cumprir, devendo ser transparente e ético;
- **solidariedade:** trata-se de nova perspectiva de igualdade, sedimentada na solidariedade dos povos, na dignidade da pessoa humana e na justiça social;
- **consenso:** a Constituição do futuro deverá ser fruto de consenso democrático;
- **continuidade:** ao se reformar a Constituição, a ruptura não pode deixar de levar em conta os avanços já conquistados;
- **participação:** refere-se à efetiva participação dos "corpos intermediários da sociedade", consagrando-se a noção de democracia participativa e de Estado de Direito Democrático;
- **integração:** trata-se da previsão de órgãos supranacionais para a implementação de uma integração espiritual, moral, ética e institucional entre os povos;
- **universalização:** refere-se à consagração dos direitos fundamentais internacionais nas Constituições futuras, fazendo prevalecer o princípio da dignidade da pessoa humana de maneira universal e afastando, assim, qualquer forma de desumanização.

---

20 Ingo W. Sarlet, *A eficácia dos direitos fundamentais*, 7. ed., p. 58. Este tema sobre as **dimensões de direitos fundamentais** será **esquematizado** no *item 14.2* deste estudo.

21 Sobre o **constitucionalismo fraternal**, cf. interessantes julgados do STF: **ADI 3.510** (pesquisas com células-tronco embrionárias), **Pet 3.388** (demarcação Raposa Serra do Sol), **HC 106.212** (Lei Maria da Penha) e **ADPF 132** (união homoafetiva).

22 Cf. José Roberto Dromi, La reforma constitucional: el constitucionalismo del "por-venir", in Eduardo García de Enterría e Manuel Clavero Arévalo (coord.), *El derecho público de pinales de siglo,* passim. Cf., ainda, Celso Ribeiro Bastos e André Ramos Tavares, *As tendências do direito público no limiar de um novo milênio*, p. 54 e s.; Uadi Lammêgo Bulos, *Constituição Federal anotada*, p. 22; e Kildare Gonçalves Carvalho, *Direito constitucional*, p. 220-221.

Acesse também a videoaula pelo link: somos.in/DCE25090

1.2.3. Esquematização do constitucionalismo

MOMENTO HISTÓRICO	DOCUMENTOS/ CARACTERÍSTICAS MARCANTES
ANTIGUIDADE	▪ "Lei do Senhor" — hebreus — limites bíblicos ▪ democracia direta — Cidades-Estados gregas
IDADE MÉDIA	▪ Magna Carta de 1215
IDADE MODERNA	▪ pactos e forais ou cartas de franquia ▪ *Petition of Rights* de 1628 ▪ *Habeas Corpus Act* de 1679 ▪ *Bill of Rights* de 1689 ▪ *Act of Settlement* de 1701
CONSTITUCIONALISMO NORTE-AMERICANO	▪ contratos de colonização ▪ *Compact* (1620) ▪ *Fundamental Orders of Connecticut* (1639) ▪ Carta outorgada pelo rei Carlos II (1662) ▪ *Declaration of Rights* do Estado de Virgínia (1776) ▪ Constituição da Confederação dos Estados Americanos (1781)
CONSTITUCIONALISMO MODERNO	▪ Constituição norte-americana de 1787 ▪ Constituição francesa de 1791
CONSTITUCIONALISMO CONTEMPORÂNEO	▪ totalitarismo constitucional ▪ dirigismo comunitário ▪ constitucionalismo globalizado ▪ direitos de segunda dimensão ▪ direitos de terceira dimensão (fraternidade e solidariedade)
CONSTITUCIONALISMO DO FUTURO	▪ consolidação dos direitos de terceira dimensão: fraternidade e solidariedade ▪ segundo Dromi, a verdade, a solidariedade, o consenso, a continuidade, a participação, a integração e a universalidade são perspectivas para o constitucionalismo do futuro

1.3. NEOCONSTITUCIONALISMO[23]

1.3.1. Aspectos iniciais

A doutrina passa a desenvolver, a partir do início do século XXI, uma nova perspectiva em relação ao constitucionalismo, denominada **neoconstitucionalismo**, ou, segundo alguns, **constitucionalismo pós-moderno**, ou, ainda, **pós-positivismo**.[24]

[23] No tocante aos concursos públicos, o tema aparece, dentre outros, no Edital do *IV Concurso Público de Provas e Títulos ao Ingresso na Carreira de Defensor Público do Estado de São Paulo* (2010).

[24] Para um aprofundamento do estudo, confira: Luís Roberto Barroso, Neoconstitucionalismo e constitucionalização do direito (o triunfo tardio do direito constitucional no Brasil), *RF* 384/71-104; Écio Oto Ramos Duarte e Susanna Pozzolo, *Neoconstitucionalismo e positivismo jurídico:* as faces da teoria do direito em tempos de interpretação moral da Constituição, passim (com posfácio de Lenio Luiz Streck de indispensável e interessante leitura); Dimitri Dimoulis e Écio Oto Ramos Duarte (coord.), *Teoria do direito neoconstitucional:* superação ou reconstrução do positivismo jurídico?, passim; Eduardo Ribeiro Moreira, *Neoconstitucionalismo:* a invasão da Constituição, passim; Dimitri

Visa-se, dentro dessa nova realidade, não mais apenas atrelar o constitucionalismo à ideia de limitação do poder político, mas, acima de tudo, busca-se a eficácia da Constituição, deixando o texto de ter um caráter meramente retórico e passando a ser mais efetivo, sobretudo diante da expectativa de concretização dos direitos fundamentais.

Kildare, de maneira interessante, anota que a perspectiva é de que "ao **constitucionalismo social** seja incorporado o **constitucionalismo fraternal** e de **solidariedade**",[25] valores já destacados por Dromi dentro de um contexto de constitucionalismo do futuro ou do "por vir" (cf. *item 1.2.2.7*).

Nas palavras de Walber de Moura Agra, "o neoconstitucionalismo tem como uma de suas marcas a concretização das **prestações materiais prometidas pela sociedade**, servindo como ferramenta para a implantação de um **Estado Democrático Social de Direito**. Ele pode ser considerado como um movimento caudatário do pós-modernismo. Dentre suas principais características podem ser mencionadas: **a)** positivação e concretização de um catálogo de direitos fundamentais; **b)** onipresença dos princípios e das regras; **c)** inovações hermenêuticas; **d)** densificação da força normativa do Estado; **e)** desenvolvimento da justiça distributiva".[26]

E continua: "o seu modelo normativo não é o descritivo ou deontológico, mas o **axiológico**. No constitucionalismo moderno a diferença entre normas constitucionais e infraconstitucionais era apenas de grau, no neoconstitucionalismo a diferença é também axiológica. A **'Constituição como valor em si'**. O caráter ideológico do constitucionalismo moderno era apenas o de limitar o poder, o caráter ideológico do neoconstitucionalismo é o de concretizar os direitos fundamentais".[27]

CONSTITUCIONALISMO MODERNO	NEOCONSTITUCIONALISMO
■ hierarquia entre as normas	■ hierarquia entre normas não apenas formal, mas também **axiológica — valor**
■ limitação do poder	■ **concretização** dos direitos fundamentais

Dimoulis, Uma visão crítica do neoconstitucionalismo, in George Salomão Leite e Glauco Salomão Leite (coord.), *Constituição e efetividade constitucional*; Ana Paula de Barcellos, Neoconstitucionalismo, direitos fundamentais e controle das políticas públicas, *RDA* 240/83-103; Lenio Luiz Streck, A atualidade do debate da crise paradigmática do direito e a resistência positivista ao neoconstitucionalismo, *RIPE* 45/257-90; Carlos Bastide Horbach, A nova roupa do direito constitucional: neoconstitucionalismo, pós-positivismo e outros modismos, *RT* 859/81-91; Susanna Pazzolo. Neoconstitucionalismo: um modelo constitucional ou uma concepção da Constituição?, *RBDC* 7/231-53; Miguel Carbonell, Neoconstitucionalismo(s), *passim.* Conferir interessante visão crítica de Humberto Ávila, "Neoconstitucionalismo": entre a "ciência do direito" e o "direito da ciência", passim.

25 Kildare Gonçalves Carvalho, *Direito constitucional*, 14. ed., p. 239.

26 Walber de Moura Agra, *Curso de direito constitucional*, 4. ed., p. 31.

27 Walber de Moura Agra, *Curso de direito constitucional*, 4. ed., p. 31.

1.3.2. Pontos marcantes do neoconstitucionalismo

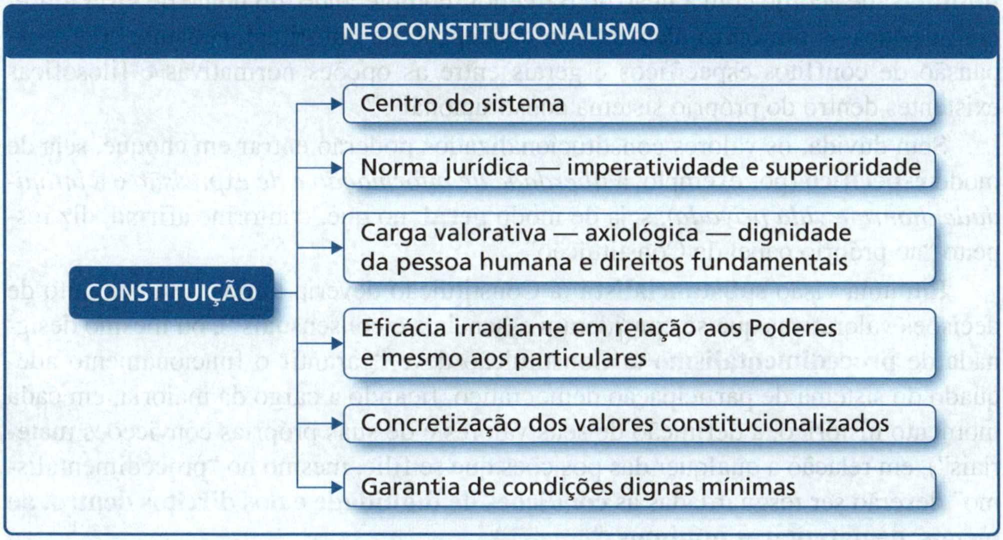

▪ **Estado constitucional de direito:** supera-se a ideia de Estado Legislativo de Direito, passando a Constituição a ser o **centro** do sistema, marcada por uma intensa **carga valorativa**. A lei e, de modo geral, os Poderes Públicos, então, devem não só observar a forma prescrita na Constituição, mas, acima de tudo, estar em consonância com o seu **espírito**, o seu **caráter axiológico** e os seus **valores** destacados. A Constituição, assim, adquire, de vez, o caráter de **norma jurídica**, dotada de **imperatividade**, **superioridade** (dentro do sistema) e **centralidade**, vale dizer, tudo deve ser interpretado a partir da Constituição.

▪ **Conteúdo axiológico da Constituição:** para Barcellos, do ponto de vista **material**, sobressai o seguinte elemento dentro da noção de constitucionalismo: "(i) a incorporação explícita de **valores** e **opções políticas** nos textos constitucionais, sobretudo no que diz respeito à promoção da **dignidade humana** e dos **direitos fundamentais**".[28]

Como importante marca das Constituições contemporâneas, além de realçar seus **valores** (especialmente após a Segunda Guerra Mundial), associados, particularmente, à ideia da dignidade da pessoa humana e direitos fundamentais, Barcellos identifica a previsão de **opções políticas gerais** (como a redução de desigualdades sociais — art. 3.º, III) e **específicas** (como a prestação, por parte do Estado, de serviços de educação — arts. 23, V, e 205).

Nesse contexto, a partir do momento que os valores são constitucionalizados, o grande desafio do neoconstitucionalismo passa a ser encontrar mecanismos para sua efetiva **concretização**.

28 Ana Paula de Barcellos, Neoconstitucionalismo, direitos fundamentais e controle das políticas públicas, p. 4 (<http://www.mundojuridico.adv.br/cgi-bin/upload/texto853.pdf>).

■ **Concretização dos valores constitucionais e garantia de condições dignas mínimas:** de acordo com a lição de Barcellos, completando, do ponto de vista **material**, destaca-se um outro elemento na concepção de constitucionalismo: "(ii) a expansão de conflitos específicos e gerais entre as opções normativas e filosóficas existentes dentro do próprio sistema constitucional".[29]

Sem dúvida, os valores constitucionalizados poderão entrar em choque, seja de modo **específico** (por exemplo, a *liberdade de informação e de expressão* e a *intimidade, honra e vida privada*), seja de modo **geral**, no que, conforme afirma, diz respeito "ao próprio papel da Constituição".

Em uma visão **substancialista** (a Constituição deveria impor "um conjunto de decisões valorativas que se consideram essenciais e consensuais"), ou mesmo designada de **procedimentalismo** (a Constituição deve "garantir o funcionamento adequado do sistema de participação democrático, ficando a cargo da maioria, em cada momento histórico, a definição de seus valores e de suas próprias convicções materiais"), em relação a qualquer das posições que se filie, mesmo no "procedimentalismo" deverão ser resguardadas as **condições de dignidade e dos direitos dentro, ao menos, de patamares mínimos**.[30]

Ainda, segundo Dirley da Cunha Júnior, "... foi marcadamente decisivo para o delineamento desse novo Direito Constitucional, a reaproximação entre o **Direito** e a **Ética**, o **Direito** e a **Moral**, o **Direito** e a **Justiça** e demais **valores substantivos**, a revelar a importância do homem e a sua ascendência a filtro axiológico de todo o sistema político e jurídico, com a consequente proteção dos direitos fundamentais e da dignidade da pessoa humana".[31]

■ 1.3.3. Marcos fundamentais para se chegar a um "novo direito constitucional" (neoconstitucionalismo)

Em interessante trabalho, Barroso aponta três **marcos fundamentais** que definem a trajetória do direito constitucional para o atual estágio de "novo": o **histórico**, o **filosófico** e o **teórico**.

Ao analisar o quadro a seguir, conclui-se que "o neoconstitucionalismo ou novo direito constitucional, na acepção aqui desenvolvida, identifica um conjunto amplo de transformações ocorridas no Estado e no direito constitucional, em meio às quais podem ser assinalados, (i) como *marco histórico*, a formação do Estado constitucional de direito, cuja consolidação se deu ao longo das décadas finais do século XX; (ii) como *marco filosófico*, o pós-positivismo, com a centralidade dos direitos fundamentais e a reaproximação entre Direito e ética; e (iii) como *marco teórico*, o conjunto de mudanças que incluem a força normativa da Constituição, a expansão da jurisdição constitucional e o desenvolvimento de uma nova dogmática da interpretação

[29] Ana Paula de Barcellos, op. cit., p. 4.

[30] Ana Paula de Barcellos, op. cit., p. 7-8.

[31] *Curso de direito constitucional*, p. 35 (grifamos).

constitucional. Desse conjunto de fenômenos resultou um processo extenso e profundo de constitucionalização do Direito".[32]

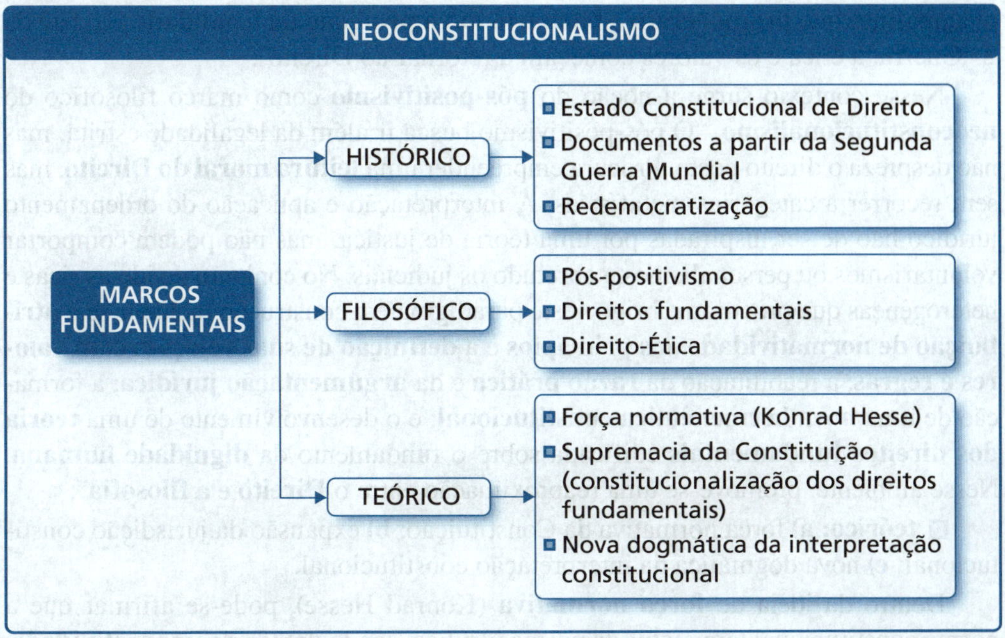

Assim, podemos esquematizar:[33]

■ **histórico:** evidenciam-se aqui as Constituições do pós-guerra, na Europa, destacando-se a da Alemanha de 1949 (Lei Fundamental de Bonn) e o Tribunal Constitucional Federal (1951); a da Itália de 1947 e a instalação da Corte Constitucional (1956); a de Portugal (1976) e a da Espanha (1978), todas enfocando a perspectiva de **redemocratização** e **Estado Democrático de Direito**. No Brasil, o destaque recai sobre a Constituição de 1988, em importante processo democrático;

■ **filosófico:** o **pós-positivismo** aparece como o marco filosófico do neoconstitucionalismo.

A ideia de **jusnaturalismo moderno** se desenvolve a partir do século XVI, aproximando a **lei** da **razão** e se transformando, assim, na **filosofia natural do Direito**, e vai servir de sustentáculo, "fundado na crença em princípios de justiça universalmente válidos", para as revoluções liberais, consagrando-se nas Constituições escritas e nas codificações. "Considerado metafísico e anticientífico, o direito natural foi empurrado para a margem da história pela ascensão do **positivismo jurídico**,

---

32 Luís Roberto Barroso, *Neoconstitucionalismo*: o triunfo tardio do direito constitucional no Brasil, p. 5 (<http://www.conjur.com.br/static/text/43852>).

33 Todas as citações e a exposição seguem o trabalho de Luís Roberto Barroso, op. cit., passim.

no final do século XIX. Em busca de objetividade científica, o positivismo equiparou o Direito à lei, afastou-o da filosofia e de discussões como legitimidade e justiça e dominou o pensamento jurídico da primeira metade do século XX. Sua decadência é emblematicamente associada à derrota do fascismo na Itália e do nazismo na Alemanha, regimes que **promoveram a barbárie sob a proteção da legalidade**. Ao fim da 2.ª Guerra, a ética e os valores começam a retornar ao Direito".

Nesse contexto surge a noção do **pós-positivismo** como marco filosófico do **neoconstitucionalismo**. "O pós-positivismo busca ir além da legalidade estrita, mas não despreza o direito posto. Procura empreender uma **leitura moral do Direito**, mas sem recorrer a categorias metafísicas. A interpretação e aplicação do ordenamento jurídico hão de ser inspiradas por uma teoria de justiça, mas não podem comportar voluntarismos ou personalismos, sobretudo os judiciais. No conjunto de ideias ricas e heterogêneas que procuram abrigo neste paradigma em construção incluem-se a **atribuição de normatividade aos princípios** e a **definição de suas relações com valores e regras**; a reabilitação da **razão prática** e da **argumentação jurídica**; a formação de uma **nova hermenêutica constitucional**; e o desenvolvimento de uma **teoria dos direitos fundamentais** edificada sobre o fundamento da **dignidade humana**. Nesse ambiente, promove-se uma reaproximação entre o **Direito e a filosofia**";

- **teórico: a)** força normativa da Constituição; **b)** expansão da jurisdição constitucional; **c)** nova dogmática da interpretação constitucional.

Dentro da ideia de **força normativa** (Konrad Hesse), pode-se afirmar que a norma constitucional tem *status* de norma jurídica, sendo dotada de **imperatividade**, com as consequências de seu descumprimento (assim como acontece com as normas jurídicas), permitindo o seu cumprimento forçado.

No contexto de **expansão da jurisdição constitucional**, Barroso observa que, "antes de 1945, vigorava na maior parte da Europa um modelo de *supremacia do Poder Legislativo*, na linha da doutrina inglesa de soberania do Parlamento e da concepção francesa da lei como expressão da vontade geral. A partir do final da década de 40, todavia, a onda constitucional trouxe não apenas novas constituições, mas também um **novo modelo**, inspirado pela experiência **americana:** o da **supremacia da Constituição**. A fórmula envolvia a **constitucionalização dos direitos fundamentais**, que ficavam imunizados em relação ao processo político majoritário: sua proteção passava a caber ao Judiciário. Inúmeros países europeus vieram a adotar um modelo próprio de controle de constitucionalidade, associado à criação de tribunais constitucionais".

Ao confrontar **regras** (enunciados descritivos, aplicados de acordo com as regras de subsunção, isso quer dizer a aplicação e enquadramento do fato à norma) e **princípios** (normas que consagram valores), Barroso conclui no sentido de uma **nova dogmática da interpretação constitucional**, não mais restrita à denominada interpretação jurídica tradicional.

Assim, "... as especificidades das normas constitucionais (...) levaram a doutrina e a jurisprudência, já de muitos anos, a desenvolver ou sistematizar um elenco próprio de princípios aplicáveis à interpretação constitucional. Tais princípios, de natureza **instrumental**, e não material, são pressupostos lógicos, metodológicos ou finalísticos da aplicação das normas constitucionais. São eles, na ordenação que se afigura mais adequada para as circunstâncias brasileiras: o da **supremacia da Constituição**, o da **presunção de constitucionalidade das normas e atos do poder público**, o da **interpretação conforme a Constituição**, o da **unidade**, o da **razoabilidade** e o da **efetividade**".

Enfim, essas são as marcas do "novo direito constitucional" ou neoconstitucionalismo, que se evidencia ao propor a identificação de novas perspectivas, marcando, talvez, o início de um novo período do Direito Constitucional.

1.4. O NOVO CONSTITUCIONALISMO DEMOCRÁTICO LATINO-AMERICANO. CONSTITUCIONALISMO PLURALISTA (ANDINO OU INDÍGENA). ESTADO PLURINACIONAL E INTERCULTURAL

O denominado **novo constitucionalismo latino-americano** (por alguns chamado de *constitucionalismo andino* ou *indígena*) culmina com a promulgação das Constituições do **Equador** (2008)[34] e da **Bolívia** (2009)[35] e sedimenta-se na ideia de **Estado plurinacional**,[36] reconhecendo, constitucionalmente, o direito à **diversidade cultural** e à **identidade** e, assim, revendo os conceitos de **legitimidade** e **participação popular**, especialmente de parcela da população historicamente excluída dos processos de decisão, como a população indígena.

Trata-se, inegavelmente, de necessária e real transformação estrutural e, assim, conforme aponta Grijalva, "o constitucionalismo plurinacional só pode ser **profundamente intercultural**, uma vez que a ele corresponde constituir-se no âmbito de relação igual e respeitosa de distintos povos e culturas, a fim de manter as diferenças legítimas, e eliminar — ou, ao menos, diminuir — as ilegítimas, mantendo a **unidade** como garantia da diversidade".[37]

Esse modelo de **constitucionalismo pluralista** pressupôs rupturas paradigmáticas, muito bem delimitadas por Raquel Yrigoyen Fajardo, a saber: a) *colonialismo*, b)

---

34 Em relação à Constituição do Equador, cf.: Agustín Grijalva, *O Estado plurinacional e intercultural na Constituição equatoriana de 2008*, passim, e Marco Aparicio Wilhelmi, *Possibilidades e limites do constitucionalismo pluralista*: direitos e sujeitos na Constituição equatoriana de 2008, passim.

35 Para mais discussões sobre a Constituição da Bolívia, cf. Idón Moisés Chivi Vargas, *Os caminhos da descolonização na América Latina*: os povos indígenas e o igualitarismo jurisdicional na Bolívia, passim, e Fernando Garcés V., *Os esforços de construção descolonizada de um Estado plurinacional na Bolívia e os riscos de vestir o mesmo cavalheiro com um novo paletó*, passim.

36 Para aprofundar, cf. Boaventura de Sousa Santos, *La reinvención del Estado y el Estado plurinacional*, passim.

37 Agustín Grijalva, op. cit., p. 118.

constitucionalismo liberal, c) *constitucionalismo social-integracionista* e d) *constitucionalismo pluralista* (delimitado por 3 ciclos de reformas constitucionais):[38]

- **colonialismo:** vigorava a ideologia da "inferioridade natural dos índios", em um modelo de subordinação;
- **constitucionalismo liberal (século XIX):** construção do Estado-nação pelo "monismo jurídico", ou seja, como bem anota Yrigoyen Fajardo, a existência de um único sistema jurídico dentro do Estado, sobressaindo-se um regramento geral para todos. A ideia de pluralismo jurídico, como forma de coexistência de vários sistemas normativos dentro de um mesmo espaço geopolítico... não era admitida pela ideologia do Estado-nação, havendo exclusão dos povos originários, dos afrodescendentes, das mulheres, das maiorias subordinadas, buscando a manutenção da sujeição dos índios;[39]
- **constitucionalismo social-integracionista (século XX):** marcado pela Constituição do México de 1917 e a de Weimar (Alemanha) de 1919, há o reconhecimento de direitos sociais e sujeitos coletivos, com a ampliação das bases de cidadania. O Estado define o modelo de integração dos índios com o Estado e o mercado, não havendo, contudo, rompimento da ideia de Estado-nação e monismo jurídico;[40]
- **constitucionalismo pluralista (séculos XX e XXI):** Yrigoyen Fajardo reconhece 3 ciclos marcantes e que ensejam importantes reformas constitucionais nos países latino-americanos, evidenciando-se novos atores sociais nos processos decisórios: a) *ciclo multicultural* (1982-1988); b) *ciclo pluricultural* (1989-2005) e c) *ciclo plurinacional* (2006-2009).[41] Vejamos a esquematização:[42]

---

38 Raquel Z. Yrigoyen Fajardo, *Hitos del reconocimiento del pluralismo jurídico y el derecho indígena en las políticas indigenistas y el constitucionalismo andino*, passim. Cf., ainda, da mesma autora, *Aos 20 anos da Convenção 169 da OIT*: balanço e desafios da implementação dos direitos dos povos indígenas na América Latina, p. 25-31.

39 Raquel Z. Yrigoyen Fajardo, *El horizonte del constitucionalismo pluralista*: del multiculturalismo a la descolonización, p. 139-140 (tradução livre).

40 Raquel Z. Yrigoyen Fajardo, *El horizonte...*, cit., p. 140.

41 Raquel Z. Yrigoyen Fajardo, *El horizonte...*, p. 140-141.

42 A tabela, bem como as citações, foi retirada de Raquel Z. Yrigoyen Fajardo, *Aos 20 anos da Convenção 169 da OIT*: balanço e desafios da implementação dos direitos dos povos indígenas na América Latina, p. 25-29. E, como bem descreve a ilustre pesquisadora, "as reformas constitucionais mais importantes ocorridas nas últimas três décadas impactaram a própria definição do modelo de Estado e reconfiguraram a relação jurídica entre os Estados e os povos indígenas. Estas reformas foram feitas segundo o horizonte do Convênio 169 da OIT; com exceção do Chile, todos os países andinos mudaram a Constituição (Colômbia em 1991, Peru em 1993, Bolívia em 1994-2007, Equador em 1998 e 2008, e Venezuela em 1999) incorporando elementos do Convênio 169. Entre tais reformas, cabe ressaltar as que seguem: a) o reconhecimento do caráter pluricultural do Estado/Nação/República, e o direito à identidade cultural, individual e coletiva. O que permite superar a ideia de Estado-nação monocultural e monolíngue; b) o reconhecimento da igual dignidade das culturas, que rompe com a supremacia institucional da cultura ocidental sobre as demais;

CONSTITUCIONALISMO PLURALISTA			
	Ciclo Multicultural	**Ciclo Pluricultural**	**Ciclo Plurinacional**
CARACTERÍSTICAS	■ "introdução do direito — individual e coletivo — à identidade cultural, junto com a inclusão de direitos indígenas específicos"	■ "incorpora os direitos contidos no Convênio 169 da OIT. Este ciclo afirma o direito (individual e coletivo) à identidade e diversidade cultural, já introduzido no primeiro ciclo, mas desenvolve mais o conceito de 'nação multiétnica' e 'estado pluricultural', qualificando a natureza da população e avançando rumo ao caráter do Estado. Também reconhece o pluralismo jurídico, assim como novos direitos indígenas e de afrodescendentes"	■ "os povos indígenas demandam que sejam reconhecidos não apenas como 'culturas diversas', mas como nações originárias ou sujeitos políticos coletivos com direito a participar nos novos pactos do Estado, que se configurariam, assim, como Estados plurinacionais. E, além disso, reclamam, ao Estado, direitos sociais e um papel frente às transnacionais e poderes materiais tradicionais"
PAÍSES	■ Canadá — 1982 ■ Guatemala — 1985 ■ Nicarágua — 1987 ■ Brasil — 1988	■ Colômbia — 1991 ■ México — 1992 ■ Paraguai — 1992 ■ Peru — 1993 ■ Bolívia — 1994 ■ Argentina — 1994 ■ Equador — 1996/1998 ■ Venezuela — 1999	■ Equador — 2008 ■ Bolívia — 2009
DOCUMENTOS NORMATIVOS (INTERNACIONAIS)	■ Revisão da Convenção 107/OIT	■ Convenção 169/OIT sobre Povos Indígenas e Tribais (Decreto n. 5.051/2004)	■ Aprovação da Declaração das Nações Unidas sobre os Direitos dos Povos Indígenas — 2007

■ 1.5. CONSTITUCIONALISMO E SOBERANIA POPULAR

■ 1.5.1. Aspectos gerais

A ideia de que todo Estado deva possuir uma Constituição e de que esta deve conter **limitações ao poder autoritário** e regras de **prevalência dos direitos fundamentais** desenvolve-se no sentido da consagração de um **Estado Democrático de Direito** (art. 1.º, *caput*, da CF/88) e, portanto, de **soberania popular**.

c) o caráter do sujeito político dos povos e comunidades indígenas e campesinas. Os povos indígenas têm direito ao controle das suas instituições políticas, culturais e sociais e seu desenvolvimento econômico. O que permite superar o tratamento tutelar desses povos, como objeto de políticas que ditam terceiros; d) o reconhecimento de diversas formas de participação, consulta e representação direta de povos indígenas, campesinos e afrodescendentes. O que supera a ideia de que apenas os funcionários públicos representam e podem formar a vontade popular; e) o reconhecimento do direito (consuetudinário) indígena e a jurisdição especial. Isto supõe uma forma de pluralismo jurídico interno. Todos os países andinos incorporaram na Constituição alguma fórmula de pluralismo legal reconhecendo autoridades indígenas ou campesinas, funções de justiça ou jurisdicionais, e o direito indígena ou suas próprias normas e procedimentos; f) junto a isso, o reconhecimento de um conjunto de direitos relativos à terra, as formas organizacionais coletivas, educação bilíngue intercultural, oficialização de idiomas indígenas, etc." (op. cit., p. 30-31).

Acesse também a videoaula pelo link: somos.in/DCE25090

Assim, de forma expressa, o parágrafo único do art. 1.º da CF/88 concretiza que "todo o poder emana do povo, que o exerce por meio de representantes eleitos ou diretamente, nos termos desta Constituição".

Vale dizer, mencionado artigo distingue **titularidade** de **exercício** do poder. O **titular** do poder é o **povo**. Como regra, o **exercício** desse poder, cujo titular, repita-se, é o povo, dá-se através dos **representantes do povo**, que, como veremos ao tratar do Poder Legislativo, são os Deputados Federais (âmbito federal), os Deputados Estaduais (âmbito estadual), os Deputados Distritais (âmbito do DF), os Vereadores (âmbito municipal) e os Deputados Territoriais (âmbito de eventuais Territórios Federais que venham a ser criados). Lembramos, desde já, que os Senadores da República Federativa do Brasil representam os Estados-Membros e o Distrito Federal, de acordo com o art. 46 da CF/88.

EXERCÍCIO DO PODER DE FORMA INDIRETA

ÂMBITOS

- **Federal** — Deputados Federais — art. 45 — Câmara dos Deputados
- **Estadual** — Deputados Estaduais — art. 27, *caput* — Assembleia Legislativa
- **Distrital** — Deputados Distritais — art. 32, § 2.º — Câmara Legislativa do DF
- **Municipal** — Vereadores — art. 29, IV — Câmara Municipal
- **Territorial** — Deputados Territoriais — art. 33, § 3.º — Câmara Territorial

Além de desempenhar o poder de maneira indireta (democracia representativa), por intermédio de seus representantes, o povo também o realiza **diretamente** (democracia direta), concretizando a **soberania popular**, que, segundo o art. 1.º da Lei n. 9.709, de 18.11.1998 (que regulamentou o art. 14, I, II e III, da CF/88), "é exercida por sufrágio universal e pelo voto direto e secreto, com valor igual para todos, nos termos desta Lei e das normas constitucionais pertinentes, mediante: **plebiscito, referendo** e **iniciativa popular**".

Podemos falar, então, que a CF/88 consagra a **democracia semidireta** ou **participativa**, verdadeiro **sistema híbrido** e que será mais bem desenvolvido no *capítulo 17*, ao qual remetemos o nosso querido leitor (o estudo específico da iniciativa popular será feito no *capítulo 9*, no caso, no *item 9.13.3.4*).

1.6. CONSTITUCIONALISMO POPULAR (TUSHNET) — "JUDICIAL REVIEW" — "TEORIAS DO DIÁLOGO CONSTITUCIONAL" (BATEUP) E "OS PAPÉIS DAS SUPREMAS CORTES E TRIBUNAIS CONSTITUCIONAIS NAS DEMOCRACIAS CONTEMPORÂNEAS" (BARROSO)

1.6.1. Constitucionalismo popular: perspectivas

Um dos maiores desafios a ser enfrentado é aquele decorrente da dificuldade de se justificar e aceitar o modelo de revisão judicial pelo qual se invalida a vontade do povo materializada no trabalho legislativo fruto da atuação do parlamento.

Este conhecido fenômeno tem sido denominado pela doutrina clássica de **"dificuldade contramajoritária"**[43] (ou seja, a palavra final na interpretação sendo dada por juízes destituídos de legitimidade democrática).

Souza Neto e Sarmento, ao analisarem o modelo constitucional dos Estados Unidos e também reconhecerem a supremacia da Constituição como "um princípio jurídico judicialmente tutelado" (Marbury vs. Madison) e não apenas uma proclamação política, também destacam a **tensão** entre **supremacia judicial** e **"constitucionalismo popular"**.[44]

Conforme observam, "é verdade que o controle judicial de constitucionalidade das leis (*judicial review*) sofre até hoje contestações nos Estados Unidos, sendo frequentemente apontado como um instituto antidemocrático, por transferir aos juízes, que não são eleitos, o poder de derrubar decisões tomadas pelos representantes do povo, com base nas suas interpretações pessoais sobre cláusulas constitucionais muitas vezes vagas, que se sujeitam a diversas leituras...".[45]

Nesses termos, **constitucionalismo popular** pode ser definido sob a perspectiva de que o **povo** — e não os juízes — seriam melhores e mais adequados intérpretes da Constituição.[46]

Nimer Sultany,[47] por sua vez, em interessante proposta de "mapeamento" das respostas apresentadas para solucionar esta inegável **tensão** entre **constitucionalis-**

---

[43] Conforme anotou Luís Roberto Barroso, referida expressão — em inglês *"counter-majoritarian difficulty"* — se tornou clássica a partir da obra de **Alexander Bickel** (*The least dangerous branch*: the Supreme Court at the bar of politics, 1986, p. 16-17. e s. — a primeira edição do livro data de 1962) — Contramajoritário, representativo e iluminista: os papéis das Supremas Cortes e Tribunais Constitucionais nas democracias contemporâneas, in Luís Roberto Barroso, *A judicialização da vida e o papel do Supremo Tribunal Federal*, nota 95, p. 155.

[44] No tocante ao tema e às críticas ao *"judicial review"*, destacamos: Larry D. Kramer, *The people themselves*: popular constitutionalism and judicial review; Mark Tushnet, *Taking the constitution away from the courts*, e Jeremy Waldron, *The core of the case against judicial review.*

[45] Cláudio Pereira de Souza Neto e Daniel Sarmento, *Direito constitucional*, p. 77.

[46] Discorrendo sobre o assunto, apesar de criticar essa perspectiva do constitucionalismo popular, cf. Erwin Chemerinsky, *In defense of judicial review...*, p. 675 e segs.

[47] Nimer Sultany, The state of progressive constitutional theory: the paradox of constitutional democracy and the project of political justification, p. 377 e 387.

mo e **democracia**, nesse contexto da crítica ao modelo de **revisão judicial** e à denominada **"dificuldade contramajoritária"**, identifica 4 grandes grupos de autores:

- **"deniers":** negam a tensão e, assim, justificam e admitem o modelo de revisão judicial sem maiores dificuldades — *Ronald Dworkin*, *Bruce Ackerman* e *Frederick Schauer*;
- **"reconcilers":** admitem a tensão, mas esta pode ser reconciliada, justificando, por consequência, a revisão judicial — *John Hart Ely*, *Cass Sunstein* e *Larry Kramer*;
- **"endorsers":** apesar de reconhecerem a impossibilidade de reconciliação da tensão, a endossam, podendo a revisão judicial ser prudencialmente justificada — *Frank Michelman*, *Louis Seidman* e *Laurence Tribe*;
- **"dissolvers":** dissolvem a tensão na medida em que renunciam à possibilidade de revisão judicial em relação à legislação, caracterizando-a como ilegítima — *Jeremy Waldron*, *Richard Parker* e *Mark Tushnet*.

Certamente, o estudo sobre o embate entre o modelo da *judicial review* (revisão judicial) e o *constitucionalismo popular* deverá ser aprofundado no Brasil, sendo a experiência dos Estados Unidos bastante importante e rica para essa compreensão.

1.6.2. Supremacia judicial *versus* soberania judicial: a nossa posição no sentido do diálogo constitucional

Desde já, deixamos o nosso entendimento contrário às propostas que negam o *judicial review* de modo absoluto. Possuem razão Souza Neto e Sarmento ao afirmarem não ser "(...) salutar atribuir a um único órgão qualquer a prerrogativa de dar a última palavra sobre o sentido da Constituição. (...). É preferível adotar-se um modelo que não atribua a nenhuma instituição — nem do Judiciário, nem do Legislativo — o 'direito de errar por último', abrindo-se a permanente possibilidade de correções recíprocas no campo da hermenêutica constitucional, com base na ideia de **diálogo**,[48] em lugar da visão tradicional, que concede a última palavra nessa área ao STF".[49]

Nesse sentido, parece interessante a proposta da noção de **"última palavra pro-**

[48] Sobre o que o autor chama de "teorias do diálogo institucional", defendendo "que não deve haver competição ou conflito pela última palavra, mas um **diálogo** permanente e cooperativo entre instituições que, por meio de suas singulares expertises e contextos decisórios, são parceiros na busca do melhor significado constitucional", cf. Conrado Hübner Mendes, *Direitos fundamentais, separação de poderes e deliberação*, fls. 104-168. Na doutrina nacional, destacamos, também, Rodrigo Brandão, *Supremacia judicial* versus *diálogos constitucionais*, especialmente a parte II do trabalho, e Glauco Salomão Leite, *Juristocracia e constitucionalismo democrático*: do ativismo judicial ao diálogo constitucional, passim. Ainda, sobre o tema dos "diálogos constitucionais", na doutrina estrangeira, cf. Christine Bateup, *The dialogic promise*: assessing the normative potential of theories of constitutional dialogue, e Kent Roach, *The Supreme Court on trial*: judicial activism or democratic dialogue.

[49] Cláudio Pereira de Souza Neto e Daniel Sarmento, *Direito constitucional*, p. 402.

visória" a ser estabelecida pelo Judiciário, não se mostrando razoável a imposição de uma perspectiva de "soberania" judicial (no sentido de única palavra), conforme quadro, a partir das lições de Larry Kramer abaixo transcritas.[50] Vejamos:

LARRY KRAMER "We the People" X "We the Court"	
JUDICIAL SUPREMACY	**JUDICIAL SOVEREIGNTY**
■ "Having the last word"	■ "Having the only word"

Conforme propõe Kramer, há "um mundo de diferenças entre ter a **última palavra** (*last word*) e ter a **única palavra** (*only word*); entre **supremacia judicial** (*judicial supremacy*) e **soberania judicial** (*judicial sovereignty*). Podemos optar por aceitar a supremacia judicial porque precisamos de alguém para resolver certas questões constitucionais e, por uma variedade de razões históricas e jurisprudenciais, a Suprema Corte tem parecido ser a nossa melhor opção. Mas isso não significa que a Corte deva exercer a sua autoridade sobre todas as questões ou que, quando exerce a sua função, a Corte possa desprezar ou rapidamente substituir os pontos de vista de outras instituições mais democráticas. Ou, ainda, em outras palavras, na doutrina da supremacia judicial, não há um comando propondo negar que a Constituição tem qualidades que a diferenciam do direito comum, ou que essas qualidades conferem legítima autoridade interpretativa aos atores políticos como meio de se garantir uma contribuição popular contínua na definição do significado constitucional".[51]

■ 1.6.3. Reversão (superação) legislativa da jurisprudência da Corte: possibilidade de mutação constitucional pela via legislativa

O Min. Fux, no julgamento da **ADI 5.105** (j. 1.º.10.2015), identificou diversas situações de inegável **reversão legislativa de decisões do STF**, seja por emenda ou por lei, desautorizando, assim, o modelo da "supremacia judicial em sentido forte ou material" e, por consequência, não se aceitando a concepção de "última palavra definitiva".[52]

Conforme observa, "essa práxis dialógica, além de não ser incomum na realidade interinstitucional brasileira, afigura-se perfeitamente **legítima** — e, por vezes,

[50] Larry D. Kramer, The Supreme Court 2000 Term Forward: We the Court, p. 13.

[51] Larry D. Kramer, op. cit., p. 13 (tradução livre).

[52] Aliás, em seu voto proferido na **ADI 5.105**, com razão observa o Min. Fux que "a própria concepção de limitação do poder, ínsita ao sistema de freios e contrapesos, milita em favor de uma **pluralização dos intérpretes**, e não de um monopólio, do sentido da Constituição, concretizando a ideia de **'sociedade aberta aos intérpretes da Constituição'**" (fls. 26). (Sobre o tema e as perspectivas trazidas por Peter Häberle, cf. *item 3.9* deste nosso estudo.)

desejável —, estimulando prodigioso **ativismo congressual**, desde que, é claro, observados os balizamentos constitucionais" (fls. 17 do acórdão). Isso porque "ao legislador é franqueada a capacidade de interpretação da Constituição, a despeito de decisões de inconstitucionalidade proferidas pelo Supremo", negando-se a adoção de um "autoritarismo judicial" (fls. 21).

Como se sabe, o efeito vinculante da decisão proferida pelo STF em sede de controle concentrado, ou mesmo em razão de edição de súmula vinculante, não vincula o Poder Legislativo em sua função típica de legislar, podendo editar lei com conteúdo idêntico àquela que fora declarada inconstitucional pelo STF, em saudável **diálogo constitucional** (cf. *item 6.7.1.8* e o exemplo do amianto no *item 7.11.1*).

Esse entendimento encontra fundamento tanto na explicitação de que **o efeito vinculante** previsto nos arts. 102, § 2.º, e 103-A **não está direcionado para o legislador** (o texto fala apenas Judiciário e Administração Pública), assim como no dever de **fundamentação das decisões judiciais** (art. 93, IX), exigindo assim, em caso de nova provocação judicial decorrente da reversão legislativa, o enfrentamento da questão específica e de eventuais novos argumentos trazidos pelo legislador.

Em seu voto, o Min. Fux estabelece providências distintas de acordo com o instrumento utilizado para a superação da jurisprudência da Corte:

REVERSÃO LEGISLATIVA DA JURISPRUDÊNCIA DA CORTE — ADI 5.105 — VOTO MIN. FUX	
EMENDAS	**LEIS**
▪ Limites ao poder de reforma	▪ Presunção de inconstitucionalidade

- **emenda constitucional:** o controle judicial incide apenas sobre os limites ao poder de reforma fixados na própria Constituição (art. 60);
- **ato normativo infraconstitucional:** em sentido diverso das emendas constitucionais, os atos normativos infraconstitucionais nasceriam com presunção *iuris tantum* de inconstitucionalidade, "de modo que caberia ao legislador ordinário o ônus de demonstrar, argumentativamente, que a correção do precedente faz-se necessária", submetendo-se, em razão disso, a um **controle judicial mais rigoroso.**[53]

Assim, em importante conclusão, observa que "a interpretação do sentido e do alcance das disposições constitucionais **não pode ser vista como apanágio exclusivo do Supremo Tribunal Federal**, em uma leitura anacrônica e arrogante do princípio da separação de poderes. Ao revés, a interpretação constitucional passa por um

[53] Para um interessante aprofundamento da denominada **"teoria dos diálogos institucionais"**, cf. fls. 15-31 do voto do Min. Fux na ADI 5.105, além de doutrina citada em nota anterior.

processo de construção coordenada entre os poderes estatais — Legislativo, Executivo e Judiciário — e os diversos segmentos da sociedade civil organizada, em um processo contínuo, ininterrupto e republicano, em que cada um destes *players* contribui com suas capacidades específicas no embate dialógico, no afã de avançar os rumos da empreitada constitucional, sem se arvorar como intérprete único e exclusivo da Carta da República e no aperfeiçoamento das instituições democráticas" (fls. 28 do acórdão lavrado na ADI 5.105).

Ainda no julgamento da ADI 5.105, o Min. Barroso procura atenuar a visão tradicional e clássica da supremacia judicial, tendo em vista a influência da chamada **democracia deliberativa**. Vejamos: "(...) tem se compreendido que a supremacia judicial deve ceder espaço aos chamados **diálogos institucionais**. Nunca existiria, assim, uma decisão final e definitiva sobre determinada questão constitucional. A interpretação, ainda que consagrada pelo STF,[54] ficaria sempre aberta ao debate público e a novas propostas" (fls. 106).

1.6.4. "Os papéis das Supremas Cortes e Tribunais Constitucionais nas democracias contemporâneas" (Luís Roberto Barroso)

Fixada essa premissa de diálogos constitucionais, quais seriam, então, os papéis desempenhados pelas Supremas Cortes e Tribunais Constitucionais? Barroso propõe interessante sistematização:[55]

[54] Em sede acadêmica, estabeleceu Barroso que "haverá **mutação constitucional por via legislativa** quando, por ato normativo primário, procurar-se modificar a interpretação que tenha sido dada a alguma norma constitucional. É possível conceber que, ensejando a referida norma mais de uma leitura possível, o legislador opte por uma delas, exercendo o papel que lhe é próprio, de **realizar escolhas políticas**. A mutação terá lugar se, vigendo um determinado entendimento, a **lei vier a alterá-lo**". E completa: "como intuitivo, essa lei estará sujeita a controle de constitucionalidade, no qual se irá determinar se esta era uma interpretação possível e legítima. **A última palavra sobre a validade ou não de uma mutação constitucional será sempre do Supremo Tribunal Federal**" (Luís Roberto Barroso, *Curso de direito constitucional contemporâneo*, p. 167-168). Completando esse entendimento doutrinário, Barroso deixa clara a necessidade de a decisão ficar sempre **"aberta ao debate público e a novas propostas"**, conforme visto acima (fls. 106 do acórdão). E completa fazendo a mesma distinção apresentada pelo Min. Fux no tocante ao instrumento de superação da jurisprudência: a) se por emenda constitucional, haveria prevalência da vontade do Congresso Nacional que estaria sujeita apenas aos limites constitucionais ao poder de reforma, em especial, às cláusulas pétreas; b) se, contudo, a alteração vier por lei, essa situação se daria nos casos em que há mais de uma possibilidade de interpretação constitucional válida e o Legislativo escolheu uma, diversa da prestigiada pela Corte. Nesse caso, contudo, "a superação da jurisprudência por lei demanda do Congresso Nacional significativo esforço argumentativo. É preciso, em síntese, que ele explicite tanto a existência de mais de uma interpretação possível como os motivos pelos quais a interpretação por ele adotada seria melhor do que a encampada pelo STF" (fls. 107-108, ADI 5.105).

[55] No dia 16.11.2017, tivemos o privilégio de acompanhar um debate entre Luís Roberto Barroso (Brasil) e Mark Tushnet (EUA) na Universidade de Harvard. Barroso expôs, em inglês e para plateia extremamente qualificada, essa proposta de sistematização, encaminhando-nos, gentilmente, a versão do texto que preparou para sua conferência, traduzido para o português (Contramajoritário,

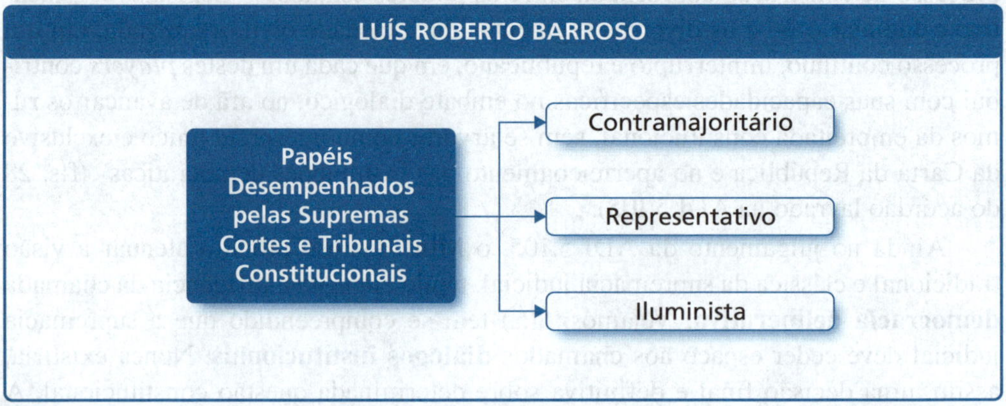

A) O PAPEL CONTRAMAJORITÁRIO

Conforme ensina Barroso, "supremas cortes e tribunais constitucionais, na maior parte dos países democráticos, detêm o poder de controlar a constitucionalidade dos atos do Poder Legislativo (e do Executivo também), podendo invalidar normas aprovadas pelo Congresso ou Parlamento. Esta possibilidade, que já havia sido aventada nos *Federalist Papers*[56] por Alexander Hamilton, teve como primeiro marco jurisprudencial a decisão da Suprema Corte americana em *Marbury v. Madison*, julgado em 1803. Isso significa que os juízes das cortes superiores, que jamais receberam um voto popular, podem sobrepor a sua interpretação da Constituição à que foi feita por agentes políticos investidos de mandato representativo e legitimidade democrática. A essa circunstância, que gera uma aparente incongruência no âmbito de um Estado democrático, a teoria constitucional deu o apelido de 'dificuldade contramajoritária'".[57]

Segundo o autor, dois **fundamentos principais** asseguram a **legitimidade de-**

---

representativo e iluminista: os papéis das Supremas Cortes e Tribunais Constitucionais nas democracias contemporâneas, p. 1-52). Em momento seguinte, referido texto foi publicado no livro *A judicialização da vida e o papel do Supremo Tribunal Federal*, Ed. Fórum, 2018, p. 129-177. Essa parte do nosso trabalho foi escrita com base no referido estudo, extremamente denso, devendo todos os créditos da sistematização ser atribuídos ao ilustre professor. A parte específica da sistematização dos papéis das Cortes está nas p. 153-176.

[56] "O Federalista" é uma série de 85 ensaios jornalísticos escritos por Alexander Hamilton, John Jay e James Madison, publicados anonimamente sob o pseudônimo *Publius* em vários jornais do Estado de Nova York entre outubro de 1787 e maio de 1788. Referidos documentos foram publicados com o objetivo de estimular e convencer a população do Estado de Nova York a aprovar a proposta de Constituição dos Estados Unidos, redigida na Filadélfia no verão de 1787. Na medida em que Hamilton e Madison eram membros da constituinte, os documentos Federalistas têm sido utilizados como importante fonte de interpretação da Constituição dos Estados Unidos. No caso específico do papel do Poder Judiciário, assim como do embate entre disposições da Constituição e da lei, cf. o **Federalista n. 78**, escrito por Hamilton.

[57] Luís Roberto Barroso, Contramajoritário, representativo e iluminista: os papéis das Supremas Cortes e Tribunais Constitucionais nas democracias contemporâneas, p. 155.

mocrática da jurisdição constitucional: "a) a proteção dos direitos fundamentais, que correspondem ao mínimo ético e à reserva de justiça de uma comunidade política, insuscetíveis de serem atropelados por deliberação política majoritária; e b) a proteção das regras do jogo democrático e dos canais de participação política de todos. A maior parte dos países do mundo confere ao Judiciário e, mais particularmente à sua Suprema Corte ou Corte Constitucional, o *status* de sentinela contra o risco da *tirania das maiorias* (John Stuart Mill). Evita-se, assim, que possam deturpar o processo democrático ou oprimir as minorias. Há razoável consenso, nos dias atuais, de que o conceito de democracia transcende a ideia de governo da maioria, exigindo a incorporação de outros valores fundamentais", devendo ser considerada, também, a sua dimensão substantiva, a incluir **igualdade**, **liberdade** e **justiça**.[58]

B) O PAPEL REPRESENTATIVO

Barroso faz importante constatação a justificar esse denominado **papel representativo** que vem sendo desempenhado pelas Supremas Cortes e Tribunais Constitucionais. Muito embora os juízes não sejam eleitos pelo povo, em algumas situações, a decisão da Corte estará muito mais na linha da vontade popular do que a lei ou ato normativo editado pelo Parlamento, que, como se sabe, representa a vontade popular. Ou seja, as escolhas políticas realizadas pelo Parlamento nem sempre coincidirão com o sentimento da maioria.

Segundo constata, é possível reconhecer uma **"crise de legitimidade, representatividade e funcionalidade dos Parlamentos"**, o que levou a uma "expansão do Poder Judiciário e, notadamente, das Supremas Cortes".[59]

Assim, "em certos contextos, por paradoxal que pareça, Cortes acabem sendo mais representativas dos anseios e demandas sociais do que as instâncias políticas tradicionais", e isso pode ser justificado por algumas razões:[60]

- **qualificação técnica dos julgadores:** a escolha dos juízes, por regra, se implementa por concurso público no qual se enfatiza a qualificação técnica, afastando-se a influência política. Devemos alertar, contudo, que o modelo de escolha e nomeação de juízes de Cortes Constitucionais, como é a realidade brasileira, não consegue blindar aspectos políticos, o que, sem dúvida, estimula a revisitação do modelo previsto na Constituição brasileira;
- **vitaliciedade:** os juízes não estão sujeitos "às circunstâncias de curto prazo da política eleitoral";
- **inércia:** "os juízes não atuam por iniciativa própria: dependem de provocação das partes e não podem decidir além do que foi pedido";
- **motivação das decisões judiciais:** as decisões judiciais, "para serem válidas,

58 Luís Roberto Barroso, op. cit., p. 155-158.

59 Op. cit., p. 160.

60 Op. cit., p. 160-161.

jamais poderão ser um ato de pura vontade discricionária: a ordem jurídica impõe ao juiz de qualquer grau o dever de apresentar **razões**, isto é, os fundamentos e argumentos do seu raciocínio e convencimento".

Dessa forma, em determinadas situações, as decisões judiciais não serão necessariamente contra a vontade da maioria e, assim, **não serão contramajoritárias**, já que, no caso, **representativas**, ou **coincidentes**, com a **vontade da maioria**.

Assim, Barroso sugere, com razão, uma **correção terminológica** para essas hipóteses nas quais a revisão judicial coincide com a vontade da maioria, preferindo denominar a decisão como sendo "contralegislativa", "contracongressual" ou "contraparlamentar" e não contramajoritária. Barroso traz alguns exemplos interessantes dessa **atuação representativa da Corte**, tanto na jurisprudência estrangeira, como no Brasil, destacando-se:[61]

- **Griswold v. Connecticut — 381 U.S. 479 (1965):** a Suprema Corte dos EUA declarou a inconstitucionalidade de lei do Estado de Connecticut que proibia o uso de contraceptivos mesmo por casais casados. Em sua observação, Barroso sustenta que a decisão judicial que prestigiou o *direito de privacidade* expressa muito mais o sentimento majoritário do que o ato normativo que proibia o uso de contraceptivos;
- **Lawrence v. Texas — 539 U.S. 558 (2003):** a Suprema Corte dos EUA invalidou lei do Estado do Texas que criminalizava relações íntimas homossexuais. Essa decisão, segundo observa Barroso, correspondeu à vontade da maioria, que não achava adequada referida criminalização prevista na lei;
- **ADI 4.650 — Brasil:** o STF declarou a inconstitucionalidade do financiamento privado das campanhas eleitorais por pessoas jurídicas. Segundo Barroso, essa decisão da Suprema Corte brasileira encontrou amplo apoio popular, já que o modelo adotado pelo legislador "reforçava a influência do poder econômico sobre o resultado das eleições e distorcia o sistema representativo";
- **Criminalização da "difamação" — Quênia:** a Suprema Corte do Quênia declarou a inconstitucionalidade de dispositivos do Código Penal que criminalizavam a "difamação". Essa prescrição violava a liberdade de expressão dos cidadãos e era "frequentemente utilizada por políticos e autoridades públicas para silenciar críticas e denúncias de corrupção veiculadas por jornalistas ou mesmo por cidadãos comuns";
- **Aborto — Canadá:** em 1988, a Suprema Corte do Canadá declarou a inconstitucionalidade de dispositivo do Código Penal que criminalizava o aborto. Conforme relata Barroso, pesquisas de opinião realizadas há 6 anos da decisão já sinalizavam que 75% da população do Canadá era a favor da liberdade de escolha pela mulher grávida.

---

[61] Luís Roberto Barroso, op. cit., p. 160-165.

A justificativa do papel representativo da Corte encontraria fundamento na **dimensão deliberativa** da chamada **democracia contemporânea**,[62] segundo proposta de sistematização trazida por Barroso.

Em suas palavras, "cabe aqui retomar a ideia de **democracia deliberativa**, que se funda, precisamente, em uma **legitimação discursiva**: as decisões políticas devem ser produzidas após debate público livre, amplo e aberto, ao fim do qual se forneçam as **razões** das opções feitas. Por isso se ter afirmado, anteriormente, que a democracia contemporânea inclui **votos** e **argumentos**. Um *insight* importante nesse domínio é fornecido pelo jusfilósofo alemão Robert Alexy, que se refere à Corte Constitucional como representante argumentativo da sociedade. Segundo ele, a única maneira de reconciliar a jurisdição constitucional com a democracia é concebê-la, também, como uma representação popular. Pessoas racionais são capazes de aceitar argumentos sólidos e corretos. O **constitucionalismo democrático** possui uma **legitimação discursiva**, que é um projeto de institucionalização da **razão** e da **correção**".[63]

C) O PAPEL ILUMINISTA

Conforme explica Barroso, "ao longo da história, alguns avanços imprescindíveis tiveram de ser feitos, **em nome da razão, contra o senso comum, as leis vigentes e a vontade majoritária da sociedade**. A abolição da escravidão ou a proteção de mulheres, negros, homossexuais, transgêneros e minorias religiosas, por exemplo, nem sempre pôde ser feita adequadamente pelos mecanismos tradicionais de canalização de reivindicações sociais".[64]

Essa atuação do Poder Judiciário, no sentido de **"empurrar a história na direção do progresso social"**, superando bloqueios institucionais, caracteriza o **papel iluminista** das Cortes descrito pelo ilustre professor. Conforme adverte, "o termo iluminista está sendo empregado para identificar decisão que não corresponde à vontade do Congresso Nacional nem ao sentimento majoritário da sociedade, mas ainda assim é vista como correta, justa e legítima".[65]

Barroso alerta que esse papel iluminista desempenhado pelas Cortes deve ser **ocasional**: "trata-se de uma competência **perigosa**, a ser exercida com grande **parcimônia**, pelo **risco democrático** que ela representa e para que cortes constitucionais não se transformem em instâncias hegemônicas".[66] Nesse sentido, o autor destaca, dentre outros, os seguintes exemplos, enaltecendo aqui a jurisprudência americana:

- **Brown v. Board of Education — 347 U.S. 483 (1954):** a Suprema Corte dos EUA, por unanimidade, entendeu que o estabelecimento de escolas para brancos

---

62 Luís Roberto Barroso, op. cit., p. 158-159, neste nosso estudo, reproduzida no *item 17.1.6*.

63 Op. cit., p. 161.

64 Op. cit., p. 165.

65 Op. cit., p. 170.

66 Op. cit., p. 165.

e para negros separadamente acarretava violação à 14.ª Emenda, combatendo a proposta de segregação que até então era admitida. "O caráter iluminista do julgado se manifestou na superação do senso comum majoritário — que escondia o preconceito por trás da doutrina do 'separados, mas iguais' (*Plessy v. Ferguson*, 163 U.S. 537 — 1896) — e na consequente mudança de paradigma em matéria racial, tendo funcionado como um **catalisador** do moderno movimento pelos direitos civis. As reações do *status quo* vieram de formas diversas: resistência ao cumprimento da decisão, a crítica política — a Corte teria agido como 'uma terceira câmara legislativa' e a crítica doutrinária: *Brown* não teria observado 'princípios neutros' de interpretação constitucional";[67]

- **Loving v. Virginia — 388 U.S. 1 (1967):** a Suprema Corte dos EUA proferiu decisão histórica nulificando lei que proibia e considerava crime o casamento entre brancos e negros, superando, assim, o precedente estabelecido em *Pace v. Alabama* (106 U.S. 583, 1883). Por incrível que pareça, o Código da Virgínia capitulava a miscigenação como crime punível com pena de prisão de 1 a 5 anos. O casal *Loving* havia sido condenado a 1 ano de prisão e a sentença substituída pelo afastamento do Estado por no mínimo 25 anos (decisão proferida no ano de 1959). Referida lei do Estado da Virgínia e outras antimiscigenação foram consideradas inconstitucionais pela Corte, sendo, portanto, invalidadas em 1967. Conforme observa Barroso, o caráter iluminista dessa decisão é mais fácil de se perceber em relação aos estados do sul dos Estados Unidos, que ainda mantinham leis discriminatórias, apesar de supor que no plano nacional referidas leis já não eram mais admitidas e, sob essa perspectiva, o seu caráter seria representativo;[68]
- **Roe v. Wade — 410 U.S. 113 (1973):** a Suprema Corte dos EUA, por 7 x 2, reconheceu a possibilidade de interrupção da gravidez até o primeiro trimestre, tendo por fundamento o direito à privacidade da mulher e a interpretação dada à 14.ª emenda, assegurando-lhe a decisão sobre a continuidade ou não da gestação.[69] Conforme anotou Barroso, essa decisão veio a ser revisitada pela Corte em precedentes seguintes e, sem dúvida, contrariou a vontade de uma maioria, tendo, inclusive, gerado forte reação social (denominada *backlash*) dos segmentos derrotados.[70]

Barroso, ao final, faz um interessante alerta apontando eventuais riscos de desmedida ou excesso — e suas consequências, decorrentes desses papéis assumidos pela Corte: "o papel **contramajoritário** pode degenerar em excesso de intervenção no espaço da política, dando lugar a uma indesejável **ditadura do Judiciário**; o papel **representativo** pode desandar em **populismo judicial**, que é tão ruim quanto qual-

[67] Luís Roberto Barroso, op. cit., p. 168-169 e *item 14.10.2.2* deste nosso estudo.

[68] Op. cit., p. 169-170.

[69] Sobre o tema, cf. *item 14.10.1.4* deste nosso estudo.

[70] Luís Roberto Barroso, op. cit., p. 170-171.

quer outro; e a função **iluminista** tem como antípoda o desempenho eventual de um papel obscurantista, em que a suprema corte ou tribunal constitucional, em lugar de empurrar, **atrasa a história**". Mas observa com precisão: sociedades democráticas e abertas, com liberdade de expressão, debate público e consciência crítica, costumam ter mecanismos eficientes para evitar esses males.[71]

1.7. CONSTITUCIONALISMO DEMOCRÁTICO E "BACKLASH" (REAÇÃO SOCIAL EM RAZÃO DE DECISÃO DA CORTE)

O tema em questão tem sido pouco explorado pela doutrina brasileira. Em relação à jurisprudência do STF encontramos rápida passagem no voto do Min. Fux em julgado da Corte que reconheceu a constitucionalidade material da Lei da Ficha Limpa.[72] Apesar de curta, a referência ao tema mostra-se extremamente densa e com perspectivas de amplas e calorosas discussões acadêmicas.

Conforme observa Fux, "a verdade é que a jurisprudência do STF nesta matéria vem gerando fenômeno similar ao que os juristas norte-americanos (...) identificam como ***backlash***, expressão que se traduz como um **forte sentimento de um grupo de pessoas em reação a eventos sociais ou políticos**. É crescente e consideravelmente disseminada a crítica, no seio da sociedade civil, à resistência do Poder Judiciário na relativização da presunção de inocência para fins de estabelecimento das inelegibilidades" (fls. 27 do acórdão).

E continua: "obviamente, o Supremo Tribunal Federal não pode renunciar à sua condição de instância contramajoritária de proteção dos direitos fundamentais e do regime democrático. No entanto, **a própria legitimidade democrática da Constituição e da jurisdição constitucional depende, em alguma medida, de sua responsividade à opinião popular**" (fls. 27 do acórdão).

Em seguida, ao afirmar a necessidade de o Tribunal ter que considerar a "fortíssima opinião popular" sobre a Lei da Ficha Limpa, Fux conclui: "se a Suprema Corte é o último *player* nas sucessivas rodadas de interpretação da Constituição pelos diversos integrantes de uma sociedade aberta de intérpretes (cf. HÄBERLE), é certo que tem o privilégio de, observando os movimentos realizados pelos demais, poder ponderar as diversas razões antes expostas para, ao final, proferir sua decisão" (fls. 27 do acórdão).

O tema tem sido debatido na doutrina norte-americana, destacando-se o trabalho de **Robert Post** e **Reva Siegel**,[73] no qual os professores da Universidade de Yale **refutam** tanto a noção de **constitucionalismo popular** (que propõe o afastamento total das Cortes — **Tushnet**[74]), como a proposta de **cautela judicial** e **atuação mini-**

[71] Luís Roberto Barroso, op. cit., p. 175-176.

[72] ADC 29, ADC 30 e ADI 4.578, Rel. Min. Luiz Fux, j. 16.02.2012, Plenário, *DJE* de 29.06.2012. Neste estudo, cf. *item 17.4.1.2.4*.

[73] Roe Rage: democratic constitutionalism and backlash, p. 1-66.

[74] Mark Tushnet, *Taking the Constitution away from the courts*, passim.

malista dos tribunais (mínima intervenção judicial e o aconselhamento aos tribunais para não assumirem posição em relação a temas polêmicos e com entendimentos antagônicos e diametralmente opostos — **Cass R. Sunstein**[75]).

Post e Siegel resumem os 5 fundamentos elencados por **Sunstein** para justificar a atuação minimalista dos tribunais: "o minimalismo reduz os custos da decisão para os tribunais que estão buscando decidir casos. Reduz os custos de erros associados a julgamentos equivocados. Reduz as dificuldades relacionadas à 'racionalidade limitada (*bounded rationality*), incluindo a falta de conhecimento de efeitos adversos imprevistos'. 'Ajuda a sociedade a lidar com o pluralismo razoável'. E, 'talvez o mais importante', o minimalismo 'permite ao processo democrático uma grande quantidade de espaço para se adaptar aos desenvolvimentos futuros, produzir mutuamente compromissos vantajosos e para adicionar novas informações e perspectivas a questões legais'".[76]

Conforme alertado, contudo, na visão do **constitucionalismo democrático** trazida por Post e Siegel, a proposta de minimalismo sustentada por Sunstein superestima os custos do *backlash* e subestima os seus benefícios (no mesmo sentido de Sunstein, Michael Klarman e William Eskridge, cujos ensinamentos também sofreram críticas dos professores de Yale).[77]

Para os autores, a noção de **constitucionalismo democrático** considera a reação e o desacordo como fatores normais e até saudáveis, na medida em que sustenta a legitimidade de diversos atores para fazer valer a Constituição.

Aprofundando a terminologia ***backlash***, o texto apresenta a sua evolução ao longo do tempo.[78] Em sua denotação clássica, o termo está relacionado a uma reação brusca ou contragolpe de uma roda ou conjunto de rodas conectadas em um mecanismo em razão de movimento não uniforme ou pressão súbita aplicada (*Oxford English Dictionary*). Para se ter um exemplo interessante do uso clássico da palavra,

---

[75] Cass R. Sunstein, *One case at a time*: judicial minimalism on the Suprem Court, passim.

[76] Roe Rage: democratic constitutionalism and backlash, p. 32 (tradução livre). Conforme observou Barroso, de acordo com essa visão de atuação minimalista dos tribunais, "decisões judiciais devem ser 'limitadas em vez de abrangentes' ('*narrow rather than wide*') e 'rasas em vez de profundas' ('*shallow rather than deep*')". **Mas atenção**: como bem destacou Barroso, "ao revisitar o tema em texto posterior, Sunstein **atenuou** o argumento de que o minimalismo seja invariavelmente o melhor curso de ação. Afirmou, assim, que **em certos contextos é necessário 'ir bem além do minimalismo'** ('*go well beyond minimalism*') e que '*in the most glorious moments in democratic life*' as decisões refletem '*theoretical depth, and they are wide rather than narrow*'. E cita como exemplos julgados como o que declarou a inconstitucionalidade da segregação racial, o que afirmou que a liberdade de expressão tem raízes no ideal democrático de autogoverno e o que assentou que o princípio da igualdade impede que as diferenças entre os sexos sejam fonte de sistemáticas desvantagens sociais. V. Cass R. Sunstein, Beyond judicial minimalism, *Tulsa Law Review* 43:825, 2007-2008, p. 825 e 841" (Luís Roberto Barroso, Contramajoritário, representativo e iluminista: os papéis das Supremas Cortes e Tribunais Constitucionais nas democracias contemporâneas, nota 51, p. 140-141).

[77] Robert Post e Reva Siegel, Roe Rage: democratic constitutionalism and backlash, p. 20.

[78] Op. cit., p. 16-20.

o meu querido leitor que gosta de pescar talvez já tenha passado pela experiência do "backlash". Ao usar uma vara de pesca com carretilha, se eventualmente um peixe der uma fisgada extremamente brusca e forte, a roldana da carretilha irá girar tão rápido sob o seu eixo que a linha ficará toda desorganizada na vara, como se fosse um emaranhado de fios, causando uma situação bastante desagradável para o pescador. A palavra em inglês "backlash" descreve essa situação crítica do pescador.

Em momento seguinte, a palavra passou a ser utilizada no contexto político para descrever reações desencadeadas por mudanças bruscas e ameaçadoras do *status quo*, destacando-se aqui, por exemplo, reações aos movimentos de conquista de direitos civis e aos movimentos feministas em busca de direitos etc.

Finalmente, Post e Siegel observam que a doutrina norte-americana passou a empregar o termo *backlash* — nesse sentido de reação, a partir do papel desempenhado pelas Cortes em relação a temas extremamente delicados para o seu momento histórico, como a separação entre brancos e negros em escolas do Sul dos Estados Unidos (*Brown v. Board of Education*) e o reconhecimento da possibilidade da interrupção da gravidez até o primeiro trimestre (*Roe v. Wade*), dentre tantos outros.

Conforme explicam, a maioria dos autores refere-se ao fenômeno *backlash* sob a perspectiva dos tribunais e considerando o risco que a decisão, sem o apoio popular, possa trazer à própria existência (e legitimidade) do Poder Judiciário.

Contudo, sustentam que o constitucionalismo democrático consegue acomodar essa tensão e preservar o respeito à Constituição, demonstrando que, em muitas situações, a controvérsia e a reação apresentam-se como positivas.

De modo conclusivo, observam que "o constitucionalismo democrático assegura tanto o papel dos representantes do povo e da cidadania mobilizada no cumprimento da Constituição, como o papel dos tribunais no exercício de sua função de intérprete. Ao contrário do constitucionalismo popular, o **constitucionalismo democrático** não procura retirar a Constituição dos tribunais, reconhecendo o papel essencial das Cortes em fazer valer os direitos constitucionalmente previstos. Ao contrário da perspectiva de foco juricêntrico, o constitucionalismo democrático enaltece o papel extremamente relevante que o engajamento público desempenha na orientação e legitimação das instituições no processo de revisão judicial. Os julgamentos constitucionais baseados em razões jurídicas técnicas adquirem legitimidade democrática se os motivos técnicos da decisão estiverem enraizados em valores e ideais populares. O constitucionalismo democrático observa que a adjudicação está inserida em uma ordem constitucional que convida regularmente ao intercâmbio entre julgadores e cidadãos sobre questões de significado constitucional".[79]

E, finalmente, um alerta deve ser feito: por mais que o Judiciário deva estar sensível às demandas políticas e sociais dentro dessa perspectiva sugerida pelo constitucionalismo democrático, jamais se admitirá que a decisão, apesar de agradar a opinião pública, seja contrária à Constituição. Naturalmente, os critérios técnicos e

---

[79] Op. cit., p. 7.

jurídicos deverão estar presentes e, nesse sentido, bastante interessante a proposta de sistematização trazida por Barroso ao estabelecer o papel das Cortes, admitindo inclusive que, em certas situações, as decisões não encontrem respaldo popular, gerando o fenômeno *backlash* (cf. *item 1.6.4*).

■ 1.8. "CONSTITUCIONALISMO ABUSIVO" (DAVID LANDAU): UM ALERTA QUE PREOCUPA E NÃO SE CONFUNDE COM O DENOMINADO "CONSTITUCIONALISMO AUTORITÁRIO" (MARK TUSHNET)

Em interessante estudo, David E. Landau, professor da *Florida State University College of Law*, desenvolve a noção do **constitucionalismo abusivo**,[80] pelo qual se observa o fenômeno do uso de mecanismos de mudança constitucional que acabam corroendo (erodindo, enfraquecendo) a ordem democrática.

Em seu estudo, após analisar a experiência de países como Colômbia, Venezuela e Hungria,[81] Landau denuncia o uso de emendas ou de "substituição" da vigente Constituição por uma nova (promulgação de nova Constituição), dentro das regras legais, mas com o objetivo de "minar" (corroer, enfraquecer) a democracia.

Não se trata do uso da força, como pode ser observado nos períodos ditatoriais ou nos regimes implantados após golpes militares, nos quais a ruptura constitucional é evidente, inquestionável, declarada e assumida, mas da **transformação da ordem constitucional com mudanças sutis e que podem chegar até mesmo ao controle indireto da Suprema Corte** (*disable or pack courts*).

Conforme explica, os regimes continuam a ter eleições, não chegando a ser autoritários, mas, em verdade, passam a ser, lentamente, **menos democráticos**.

A proposta de Landau não se confunde com o **constitucionalismo autoritário** descrito por Tushnet.[82] O professor da Universidade de Harvard, tendo Singapura como estudo de caso, identifica um sistema de governo que combina eleições razoavelmente livres e justas com um grau moderado de controle repressivo da liberdade de expressão e pessoal, afastando-se, nesse sentido, do autoritarismo puro de um lado e do Estado de Direito de outro. O autor identifica **7 características** desse modelo:[83]

- o regime, que é controlado por um partido dominante, implementa as relevantes decisões de políticas públicas, não havendo base normativa a contestar as escolhas tomadas. Esta característica define o seu lado autoritário;
- o regime não prende arbitrariamente os oponentes políticos, embora possa impor-lhes sanções como aquelas decorrentes de difamação;

[80] David. E. Landau, Abusive constitutionalism, *U.C. Davis Law Review*, Vol. 47, Issue 1 (November 2013), p. 189-260.

[81] Para um estudo aprofundado sobre esse fenômeno na **Romênia**, por todos, cf.: Vlad Perju, The Romanian double executive and the 2012 constitutional crisis [article], p. 246-278.

[82] Mark Tushnet, Authoritarian constitutionalism, *Cornell Law Review*, Vol. 100, Issue 2 (January 2015), p. 448-450.

[83] Op. cit., p. 448-450.

- apesar de aplicar sanções, o regime ainda permite questionamentos e críticas ao governo e suas políticas;
- o regime realiza eleições razoavelmente livres e justas, mas, a partir de desenhos e divisões eleitorais, busca assegurar a vitória para manutenção no poder. Fraude e intimidação física até ocorrem, mas apenas esporadicamente e não sistematicamente;
- o partido dominante é sensível à opinião pública e altera as suas políticas, pelo menos ocasionalmente, em resposta aos anseios desta;
- desenvolvem-se mecanismos para garantir que a quantidade de divergência não exceda o nível considerado desejável;
- os tribunais são razoavelmente independentes e procuram manter o Estado de Direito. Embora os juízes, especialmente os de tribunais superiores, sejam sensíveis aos interesses do regime por causa do treinamento e dos mecanismos de seleção e promoção, raramente recebem instruções diretas do regime, chegando, inclusive, a afastar algumas decisões tomadas. A revisão judicial, contudo, quando negativa, mostra-se fraca, pois o regime tem mecanismos de alteração formal da Constituição para que a decisão política tomada esteja sempre de acordo com as (novas) regras constitucionais.

Isso posto e feita a diferenciação, nesse contexto, trazemos interessante voto do Min. Barroso, proferido no julgamento da medida cautelar na **ADPF 622**, que apreciou o Decreto presidencial n. 10.003/2019 (dispõe sobre o Conselho Nacional dos Direitos da Criança e do Adolescente — CONANDA).

Referido decreto alterou as regras sobre a constituição e o funcionamento do CONANDA, destituindo, imotivadamente, todos os seus membros durante o cumprimento do mandato.

Segundo alega a PGR, "a norma impugnada, na prática, esvaziou a participação da sociedade civil no Conselho, em violação aos princípios da democracia participativa (arts. 1.º, par. único, CF), da igualdade (art. 5.º, I, CF), da segurança jurídica (art. 5.º, CF), da proteção à criança e ao adolescente (art. 227, CF) e de vedação ao retrocesso institucional (art. 1.º, *caput* e III; art. 5.º, XXXVI e § 1.º; art. 60, § 4.º)".

Barroso, em seu voto, observa que "o constitucionalismo e as democracias ocidentais têm se deparado com um fenômeno razoavelmente novo: os **retrocessos democráticos**, no mundo atual, não decorrem mais de golpes de estado com o uso das armas. Ao contrário, as maiores ameaças à democracia e ao constitucionalismo são resultado de **alterações normativas pontuais, aparentemente válidas do ponto de vista formal, que, se examinadas isoladamente, deixam dúvidas quanto à sua inconstitucionalidade**. Porém, em seu conjunto, expressam a adoção de medidas que vão **progressivamente corroendo a tutela de direitos e o regime democrático**".

Conforme ensina, "esse fenômeno tem recebido, na ordem internacional, diversas denominações, entre as quais: **'constitucionalismo abusivo'**, **'legalismo autocrático'** e **'democracia iliberal'**. Todos esses conceitos aludem a experiências estrangeiras que têm em comum a atuação de líderes carismáticos, eleitos pelo voto popular, que, uma vez no poder, modificam o ordenamento jurídico, com o propósito de assegurar a sua permanência no poder. O modo de atuar de tais líderes abrange: (i) a tentativa de esvaziamento ou enfraquecimento dos demais Poderes, sempre que não compactuem com seus propósitos, com ataques ao Congresso Nacional e às Cortes; (ii) o desmonte ou a captura de órgãos ou instituições de controle, como conselhos, agências reguladoras, instituições de combate à corrupção, Ministério Público etc.; (iii) o combate a organizações da sociedade civil, que atuem em prol da defesa de direitos no espaço público; (iv) a rejeição a discursos protetivos de direitos fundamentais, sobretudo no que respeita a grupos minoritários e vulneráveis — como negros, mulheres, população LGBTI e indígenas; (v) o ataque à imprensa, sempre que leve ao público informações incômodas para o governo".

E continua: "a lógica de tal modo de atuar está em excluir do espaço público todo e qualquer ator que possa criticar, limitar ou dividir poder com o líder autocrático, em momento presente ou futuro, de forma a assegurar seu progressivo empoderamento e permanência no cargo. Experiências de tal gênero estão ou estiveram presentes na Hungria, na Polônia, na Romênia e na Venezuela. **O resultado final de tal processo tende a ser a migração de um regime democrático para um regime autoritário, ainda que se preserve a realização formal de eleições**".

E conclui ao falar da realidade brasileira: "embora não me pareça ser o caso de falar em risco democrático no que respeita ao Brasil, cujas instituições amadureceram ao longo das décadas e se encontram em pleno funcionamento, é sempre válido atuar com cautela e aprender com a experiência de outras nações. Nessa linha, **as Cortes constitucionais e supremas cortes devem estar atentas a alterações normativas que, a pretexto de dar cumprimento à Constituição, em verdade se inserem em uma estratégia mais ampla de concentração de poderes, violação a direitos e retrocesso democrático"** (**ADPF 622-MC**, j. 19.12.2019, ratificação da liminar e mérito pendentes).

■ 1.9. MATERIAL DIGITAL EXCLUSIVO

1

(NEO)CONSTITUCIONALISMO

Download de Questões Modelo Tradicional	Banco de Questões Plataforma	Resolução de Questões Pedro Lenza	Videoaulas
somos.in/DCE25002	somos.in/DCE25003	somos.in/DCE25111	somos.in/DCE25090

2

CONSTITUIÇÃO: CONCEITO, CONSTITUCIONALIZAÇÃO SIMBÓLICA, CLASSIFICAÇÕES, ELEMENTOS E HISTÓRICO

Nesta parte devemos conceituar e classificar *Constituição*. Lembramos que ao conceituar ou classificar qualquer instituto surgirão diversos critérios, não sendo um mais certo que outro, talvez, no máximo, mais adequado. Procuramos trazer os que mais aparecem nos concursos públicos, dado o objetivo deste trabalho.

2.1. CONCEITO

Existem várias concepções ou acepções a serem tomadas para definir o termo "Constituição". Alguns autores preferem a ideia da expressão tipologia dos conceitos de Constituição em várias acepções. Vejamo-las.

2.1.1. Sentido sociológico

Valendo-se do **sentido sociológico**, **Ferdinand Lassalle**, em seu livro *¿Qué es una Constitución?*, defendeu que uma Constituição só seria legítima se representasse o efetivo poder social, refletindo as forças sociais que constituem o poder. Caso isso não ocorresse, ela seria ilegítima, caracterizando-se como uma simples "*folha de papel*". A Constituição, segundo a conceituação de Lassalle, seria, então, a *somatória dos fatores reais do poder dentro de uma sociedade*.

2.1.2. Sentido político

Na lição de **Carl Schmitt**, encontramos o **sentido político**, que distingue *Constituição de lei constitucional*. Constituição, conforme pondera José Afonso da Silva ao apresentar o pensamento de Schmitt, "... só se refere à decisão política fundamental (estrutura e órgãos do Estado, direitos individuais, vida democrática etc.); as leis constitucionais seriam os demais dispositivos inseridos no texto do documento constitucional, mas não contêm matéria de decisão política fundamental".[1]

Pode-se afirmar, portanto, em complemento, que, na visão de Carl Schmitt, em razão de ser a Constituição produto de certa **decisão política**, ela seria, nesse sentido, a **decisão política do titular do poder constituinte**.

1 *Curso de direito constitucional positivo*, p. 40.

Acesse também o vídeo sobre o capítulo pelo link: somos.in/DCE25005

2.1.3. Sentido material e formal

Constituição também pode ser definida tomando-se o *sentido material* e *formal*, critério esse que se aproxima da classificação proposta por Schmitt.

Do ponto de vista **material**, o que vai importar para definirmos se uma norma tem caráter constitucional ou não será o seu conteúdo, pouco importando a forma pela qual foi essa norma introduzida no ordenamento jurídico. Constitucional será, então, aquela norma que defina e trate das regras estruturais da sociedade, de seus alicerces fundamentais (formas de Estado, governo, seus órgãos etc.). Trata-se do que Schmitt chamou de "Constituição".

Por outro lado, quando nos valemos do critério **formal**, que, de certa maneira, também englobaria o que Schmitt chamou de "lei constitucional", não mais nos interessará o conteúdo da norma, mas sim a forma como ela foi introduzida no ordenamento jurídico. Nesse sentido, as normas constitucionais serão aquelas introduzidas pelo poder soberano, por meio de um processo legislativo mais dificultoso, diferenciado e mais solene que o processo legislativo de formação das demais normas do ordenamento.

Valendo-nos das definições acima, fazemos duas observações:

a) em primeiro lugar, por mais que pareça estranho dizer, ao eleger o **critério material**, torna-se possível encontrarmos normas constitucionais *fora do texto constitucional*, na medida em que o que interessa no aludido conceito é o conteúdo da norma, e não a maneira pela qual ela foi introduzida no ordenamento interno. Como o próprio nome sugere e induz, o que é relevante no critério material é a **matéria**, pouco importando sua forma;

b) em segundo lugar, em se tratando do **sentido formal**, qualquer norma que tenha sido introduzida por um poder soberano, como aquelas fruto da manifestação do poder constituinte originário, ou aquelas introduzidas pelo poder constituinte derivado reformador ou revisor, terá natureza constitucional, não importando o seu conteúdo (vale dizer, tomando-se o sentido formal, o que nos interessa é a **forma** de nascimento da norma). Lembramos um exemplo que supomos ilustrar bem o raciocínio: trata-se do art. 242, § 2.º, da CF/88, que estabelece que o Colégio Pedro II, localizado na cidade do Rio de Janeiro, será mantido na órbita federal.

Pois bem, essa situação definida no citado art. 242, § 2.º, da CF/88, do ponto de vista **material**, de modo algum traz elementos que, por sua essência, sejam constitucionais, traduzindo regras estruturais e fundamentais da sociedade. No entanto, do ponto de vista **formal**, essa norma será tão constitucional como, por exemplo, o artigo que garante o princípio da igualdade. Isso porque o que nos interessa nesse sentido classificatório não é o conteúdo da norma, mas sim a maneira pela qual foi introduzida no ordenamento interno. Ela é tão constitucional como qualquer norma introduzida pelo poder constituinte originário (e pelo derivado, desde que observadas as regras definidas pelo originário),[2] devendo todo ato normativo respeitá-la, sob pena de padecer do vício de inconstitucionalidade.

Verifica-se uma forte tendência no direito brasileiro a se adotar um critério misto em razão do art. 5.º, § 3.º, que admite que tratados internacionais de direitos humanos

[2] Para um estudo mais detalhado da matéria *vide capítulo 4*, sobre o Poder Constituinte.

(matéria) sejam incorporados como emendas, desde que obedeçam a uma forma, ou seja, a um processo diferenciado de incorporação.

2.1.4. Sentido jurídico

Hans Kelsen é o representante desse sentido conceitual, alocando a Constituição no mundo do **dever-ser**, e não no mundo do **ser**, caracterizando-a como fruto da **vontade racional** do homem, e não das leis naturais.

José Afonso da Silva, traduzindo o pensamento de Kelsen, conclui que "... Constituição é, então, considerada *norma* pura, puro *dever-ser*, sem qualquer pretensão a fundamentação sociológica, política ou filosófica. A concepção de Kelsen toma a palavra Constituição em dois sentidos: no *lógico-jurídico* e no *jurídico-positivo*. De acordo com o primeiro, *Constituição* significa *norma fundamental hipotética*, cuja função é servir de fundamento lógico transcendental da validade da Constituição *jurídico-positiva,* que equivale à norma positiva suprema, conjunto de normas que regula a criação de outras normas, lei nacional no seu mais alto grau".[3]

Também assim o entendimento de Michel Temer, ao tratar da teoria kelseniana, observando que o jurista de Viena descreve a existência de dois planos distintos no direito, conforme acima salientado por José Afonso da Silva: "o jurídico-positivo e o lógico-jurídico. Aquele corporificado pelas normas postas, positivadas. O outro (lógico-jurídico) situa-se em nível do suposto, do hipotético. Umas são normas postas; outra é suposta".[4]

No direito percebe-se um verdadeiro **escalonamento de normas**, uma constituindo o fundamento de validade de outra, numa **verticalidade hierárquica**. Uma norma, de hierarquia inferior, busca o seu fundamento de validade na norma superior e esta, na seguinte, até chegar à Constituição, que é o fundamento de validade de todo o sistema infraconstitucional.

A Constituição, por seu turno, tem o seu fundamento de validade na **norma hipotética fundamental**, situada no **plano lógico**, e não no jurídico, caracterizando-se como fundamento de validade de todo o sistema, determinando a obediência a tudo o que for posto pelo Poder Constituinte Originário.

Para facilitar a fixação da matéria, destacamos a teoria de Kelsen no quadro a seguir:

PLANO LÓGICO-JURÍDICO
▪ norma fundamental hipotética ▪ plano do suposto ▪ fundamento lógico transcendental da validade da Constituição jurídico-positiva
PLANO JURÍDICO-POSITIVO
▪ norma posta, positivada ▪ norma positivada suprema

---

[3] José Afonso da Silva, *Curso de direito constitucional positivo*, p. 41.

[4] Michel Temer, *Elementos de direito constitucional*, p. 20.

Esclarecedoras são as palavras de Michel Temer sobre a **verticalidade hierárquica** descrita, citando, como exemplo, o indeferimento, pelo chefe de seção de uma repartição pública, de um requerimento formulado. Trata-se de verdadeiro comando individual, que deverá estar em consonância com as normas superiores, ou seja: "... devo compatibilizar aquela ordem com a Portaria do Diretor de Divisão; esta com a Resolução do Secretário de Estado; a Resolução com o Decreto do Governador; este com a Lei Estadual; a Lei Estadual com a Constituição do Estado (se se tratar de Federação); esta com a Constituição Nacional. Tudo para verificar se os comandos expedidos pelas várias autoridades, sejam executivas ou legislativas, encontram verticalmente suporte de validade".[5]

E, por fim, como visto, a Constituição Nacional encontrará o seu fundamento de validade na **norma hipotética fundamental**, esta, o fundamento de validade de todo o sistema. Trata-se de **norma suposta**, e não posta, uma vez que **não editada por nenhum ato de autoridade**. Figura, como referimos, no plano **lógico-jurídico**, prescrevendo a observância do estabelecido na Constituição e nas demais normas jurídicas do sistema, estas últimas fundamentadas na própria Constituição. A norma fundamental, hipoteticamente suposta, prescreve a observância da primeira Constituição histórica.[6]

Daí, partindo da exemplificação proposta por Michel Temer, estabelecemos, graficamente, a ideia da "pirâmide" de Kelsen, consagrando a verticalidade hierárquica das normas e a Constituição positivada como norma de validade de todo o sistema e, assim, o princípio da supremacia da Constituição:

5 *Elementos de direito constitucional*, p. 19.

6 **Constituição histórica** em Kelsen, explica Fábio Ulhoa Coelho, "será aquele texto fundamental cuja elaboração não se encontra prevista em nenhuma disposição normativa anterior; aquele cujos editores não foram investidos de competência por nenhuma outra norma jurídica. Para nos valermos da expressão de Kelsen, a primeira Constituição histórica deriva da *revolução* na ordem jurídica, tendo em vista que não encontra suporte nesta ordem, mas inaugura uma nova" (*Para entender Kelsen*, p. 31).

2.1.5. Sentido culturalista

Nesse sentido, pode-se dizer que a Constituição é produto de um fato cultural, produzido pela sociedade e que nela pode influir. Ou, como destacou J. H. Meirelles Teixeira, trata-se de "... uma *formação objetiva de cultura* que encerra, ao mesmo tempo, elementos históricos, sociais e racionais, aí intervindo, portanto, não apenas fatores *reais* (natureza humana, necessidades individuais e sociais concretas, raça, geografia, uso, costumes, tradições, economia, técnicas), mas também *espirituais* (sentimentos, ideias morais, políticas e religiosas, valores), ou ainda elementos puramente *racionais* (técnicas jurídicas, formas políticas, instituições, formas e conceitos jurídicos *a priori*), e finalmente elementos *voluntaristas*, pois não é possível negar-se o papel de vontade humana, da livre adesão, da vontade política das comunidades sociais na adoção desta ou daquela forma de convivência política e social, e de organização do Direito e do Estado".[7]

Em seguida, conclui o ilustre professor que a concepção culturalista do direito conduz ao conceito de uma **Constituição Total** em uma visão suprema e sintética que "... apresenta, na sua complexidade intrínseca, aspectos *econômicos, sociológicos, jurídicos e filosóficos*, a fim de abranger o seu conceito em uma *perspectiva unitária*". Desse modo, sob o conceito culturalista de Constituição, "... as Constituições positivas são *um conjunto de normas fundamentais, condicionadas pela Cultura total, e ao mesmo tempo condicionantes desta, emanadas da vontade existencial da unidade política, e reguladoras da existência, estrutura e fins do Estado e do modo de exercício e limites do poder político*".[8]

2.1.6. Constituição aberta

Grande parte dos publicistas vem anunciando a ideia de uma Constituição aberta, no sentido de que ela possa permanecer dentro de seu tempo e, assim, evitar o risco de desmoronamento de sua "força normativa".

Para Canotilho, dentro da perspectiva de uma **Constituição aberta**, "relativiza-se a *função material de tarefa* da Constituição e justifica-se a 'desconstitucionalização' de elementos substantivadores da ordem constitucional (Constituição econômica, Constituição do trabalho, Constituição social, Constituição cultural). A historicidade do direito constitucional e a indesejabilidade do 'perfeccionismo constitucional' (a Constituição como estatuto detalhado e sem aberturas) não são, porém, incompatíveis com o caráter de *tarefa e projecto* da lei constitucional. Esta terá de ordenar o processo da vida política fixando limites às tarefas do Estado e recortando dimensões prospectivas traduzidas na formulação dos fins sociais mais significativos e na identificação de alguns programas da conformação constitucional".[9]

---

[7] J. H. Meirelles Teixeira, *Curso de direito constitucional*, p. 58-59, e importante discussão do tema nas páginas 58-79.

[8] J. H. Meirelles Teixeira, *Curso de direito constitucional*, p. 77-78.

[9] J. J. Gomes Canotilho, *Direito constitucional e teoria da Constituição*, 7. ed., p. 1339.

■ 2.1.7. Concepções da Constituição: qual o seu papel no ordenamento jurídico de um país?

Virgílio Afonso da Silva, depois de fazer **críticas** às classificações (da Constituição) apresentadas pela doutrina brasileira **(tipologia)**, muitas vezes, em sua opinião, sem utilidade prática ou teórica limitada, propõe a análise do **papel da Constituição**, ou, ainda, da sua **função no ordenamento jurídico** e a sua **relação com a atividade legislativa ordinária**, analisando a **capacidade de conformação** atribuída ao legislador, aos cidadãos e à autonomia privada.[10]

Dentro dessa perspectiva de análise do papel da Constituição ou da sua função, destacamos, também, a concepção proposta no trabalho de Gustavo Zagrebelsky (*Il diritto mite*). Passamos, então, a analisar essas quatro propostas:

- **Constituição-lei.**
- **Constituição-fundamento (Constituição-total).**
- **Constituição-moldura.**
- **Constituição dúctil (Constituição maleável, *costituzione mite*).**

■ *2.1.7.1. Constituição-lei*

Para o autor, muito embora não mais viável na maioria das democracias constitucionais contemporâneas, a **Constituição-lei** em muito **pouco se distingue da legislação ordinária**. "Talvez a principal defesa desse tipo de Constituição seja aquela formulada por Gerhard Anschütz em fins do século XIX. Segundo ele, **a Constituição 'não está acima do poder legislativo, mas à disposição dele'**. Nesse sentido, a Constituição é, na verdade, *uma lei como qualquer outra*. Os dispositivos constitucionais, especialmente os direitos fundamentais, teriam uma função meramente indicativa, pois apenas indicariam ao legislador um possível caminho, que ele não precisaria necessariamente seguir."[11] Esse modelo, certamente, permite a **justificação** da tese acerca da **supremacia do parlamento**, mitigada, contudo, em tempos mais recentes, como pode ser observado, para se ter um exemplo, na Inglaterra a partir da entrada em vigor do *Human Rights Act* (cf. *item 2.4.2*).

■ *2.1.7.2. Constituição-fundamento (Constituição-total)*

Por sua vez, na **Constituição-fundamento (Constituição-total)**, a onipresença **(ubiquidade)** da Constituição é tamanha que a área reservada ao legislador, aos cidadãos e à autonomia privada se torna muito pequena. Assim, esses atos passam a ser encarados como instrumentos da realização da Constituição.

Conforme anota Virgílio Afonso da Silva, "a ideia central desse conceito consiste na reivindicação de que a Constituição é a lei fundamental, não somente de toda a

---

[10] Virgílio Afonso da Silva, *A constitucionalização do direito:* os direitos fundamentais nas relações entre particulares, p. 107-131.

[11] Op. cit., p. 111.

atividade estatal e das atividades relacionadas ao Estado, mas também a **lei fundamental de toda a vida social**. Um dos exemplos mais marcantes nesse sentido é a teoria da constituição aberta, de Peter Häberle, que, embora não sustente um conceito de Constituição-total, defende uma concepção de interpretação constitucional que, por expandir de tal forma a abrangência da Constituição, acaba refletindo uma ideia de Constituição-total. Segundo Häberle, todo aquele que vive o que é regulado pela norma constitucional é também um intérprete dela. Isso significa que praticamente todas as ações humanas seriam ao mesmo tempo reguladas pela Constituição e uma manifestação de uma interpretação constitucional, o que teria como consequência o fato de que nenhuma área da vida teria independência das normas constitucionais. O legislador, nesse sentido, seria um mero intérprete da Constituição, e sua tarefa consistiria sobretudo na efetivação dos direitos fundamentais. Não é difícil notar que, para os outros ramos do direito, essa concepção de Constituição deixa pouco ou nenhum espaço livre. Na pena irônica de Forsthoff, tudo seria definido pela Constituição, até mesmo a produção de termômetros para a febre".[12]

Nesse sentido, Virgílio Afonso da Silva identifica uma inegável **aproximação** entre a **Constituição dirigente** e esse descrito sentido de **Constituição-fundamento** ou **total**, já que a Constituição dirigente apresenta uma ideia subjacente, qual seja, a de **"fixar um plano de ação para a transformação da sociedade"**.[13]

Ao final, o autor apresenta uma severa e pouco reconhecida realidade que impera na jurisdição constitucional brasileira e na doutrina pátria. Muitas vezes, inegavelmente, esse sentido profundo de onipresença se verifica na interpretação da amplitude de normas ditas de reprodução obrigatória da Constituição Federal nas Constituições Estaduais (não dando abertura para o constituinte derivado), ou mesmo ao se afirmar que o ato normativo extrapola os limites da Constituição, destacando-se, como exemplo, a posição da doutrina que entende inconstitucional a exigência de preenchimento de certos requisitos para o ingresso em juízo com a ação de *habeas data* (entendimento esse, aliás, já superado pelo STF — cf. *item 14.11.6.3*).

Como observa, "as normas constitucionais, nesse sentido, não somente *irradiarão* efeitos pelos outros ramos do direito: **elas *determinarão* o conteúdo deles por completo**".[14]

2.1.7.3. Constituição-moldura

A **Constituição-moldura** (que Canotilho prefere chamar de **Constituição-quadro**) seria uma **proposta intermediária** entre os dois conceitos trazidos *supra*, evitando-se a politização excessiva da *Constituição-lei* (já que a sua concretização fica destinada ao legislador, estando ao seu serviço), ou a judicialização excessiva, decor-

---

12 Virgílio Afonso da Silva, *A constitucionalização do direito*: os direitos fundamentais nas relações entre particulares, p. 112-113.

13 Op. cit., p. 113.

14 Op. cit., p. 115.

rente do sentido de *Constituição-total* (já que ao legislador não sobraria qualquer espaço de atuação, sobrecarregando o Judiciário para verificar se houve ou não abuso).

Como bem observa Virgílio Afonso da Silva, "a metáfora da moldura, no campo da teoria constitucional, é usada para designar uma Constituição que apenas sirva de limites para a atividade legislativa. Ela é apenas uma moldura, sem tela, sem preenchimento. À jurisdição constitucional cabe apenas a tarefa de controlar *se* o legislador age dentro da moldura. *Como* o legislador age no interior desses limites é uma questão de oportunidade política. Segundo Starck, entender a Constituição como moldura significa sustentar que nem tudo está predefinido pela Constituição e que inúmeras questões substanciais estão sujeitas à simples decisão da maioria parlamentar no processo legislativo ordinário. Definir a 'largura' da moldura, que funcionará como simples limitação ao poder estatal, é a tarefa da interpretação constitucional. Mas essa seria sua única tarefa. Todo o resto é questão de oportunidade política".[15]

2.1.7.4. Constituição dúctil (Constituição maleável, suave) ("Costituzione mite" — Gustavo Zagrebelsky)

Conforme observa Canotilho, entre as novas avançadas sugestões da moderna teoria da Constituição está a denominada por Zagrebelsky **Constituição dúctil** ou **maleável, suave** (*Costituzione mite*), "para exprimir a necessidade de a Constituição acompanhar a perda do centro ordenador do estado e **refletir o pluralismo social, político e econômico**. Neste sentido, a uma Constituição caberá a tarefa básica de assegurar apenas as condições possibilitadoras de uma vida em comum, mas já não lhe pertence realizar diretamente um projeto predeterminado dessa vida comunitária. As Constituições concebem-se, pois, como **plataformas de partida** para a realização de políticas constitucionais diferenciadas que utilizem em termos inventivos os 'vários materiais de construção' semeados nos textos constitucionais".[16]

Assim, a sobrevivência da **sociedade complexa, pluralista e democrática**, reconhecendo-se a importância de uma dogmática "fluida", depende da identificação de um modelo de *Constituição dúctil* **(maleável)** a assegurar, dentro dos seus limites

---

[15] Op. cit., p. 116. E o autor, em outra passagem, retoma o conceito: "... a ideia de Constituição como **moldura** significa que a Constituição e os direitos fundamentais não só impõem deveres e vedações, mas também deixam 'espaços abertos', para os quais a Constituição não tem uma resposta e que devem, por conseguinte, ser preenchidos pelo legislador e, subsidiariamente, pelos operadores do direito e pelos particulares nas suas relações entre si. Nesse sentido, Alexy resume que aquilo que a Constituição deixa em aberto é o que se encontra no interior da moldura e aquilo que ela impõe ou proíbe constitui a moldura em si" (op. cit., p. 120). Nesses termos, o autor reconhece que a proposta da Constituição-moldura assegura, também, uma **alternativa à teoria dos princípios**, cujos críticos a igualam à Constituição-total. "Segundo esses críticos, se os princípios constitucionais são mandamentos de otimização, que devem ser realizados na maior medida possível dentro das condições fáticas e jurídicas existentes, ao legislador e aos outros ramos do direito sobraria apenas uma tarefa: a de *otimizador* de direitos fundamentais e da Constituição" (op. cit., p. 117-118).

[16] J. J. Gomes Canotilho, *Direito constitucional*, 7. ed., p. 1386 e 1387.

e de uma perspectiva de **coexistência**, a espontaneidade da vida social e, assim, as condições para a vida em comum.[17]

■ 2.2. *CROWDSOURCED CONSTITUTION*: O LEGADO DA EXPERIÊNCIA PIONEIRA DA ISLÂNDIA (2011)[18]

Com a sua independência da Dinamarca em 1944, a **Islândia**, por referendo nacional, adotou documento provisório como a sua nova Constituição republicana, estabelecendo as perspectivas de sua necessária revisão. Por falta de consenso político, contudo, o processo revisional não foi implementado.

Em **2008**, a Islândia enfrentou grave **crise financeira**, surgindo, então, movimentos para uma imediata revisão constitucional, destacando-se a denominada, na língua inglesa, *Kitchenware Revolution* (algo como "Panelaço"), e que sinalizavam o total descontentamento da população com as autoridades que levaram o país ao **colapso econômico**.

Em 14 de novembro de 2009, um grupo de cerca de 1.200 participantes, mas sem reconhecimento oficial, realizou conferência na capital do país (*Reykjavík*, que, em português, pode ser traduzido como Reiquejavique ou Reiquiavique), intitulando-se Assembleia Nacional (*Thjodfundur*), comprovando a falta de aceitação popular dos governantes, bem como a real necessidade de uma nova Constituição.

Em 27 de novembro de 2010, houve a eleição pelo povo de 25 indivíduos para, em assembleia nacional constituinte, sem vinculação partidária, estabelecer a nova Constituição. Em razão de apontados problemas técnicos com o processo de escolha dos representantes, a Suprema Corte da Islândia invalidou as escolhas.

Os nomes, contudo, foram reconhecidos como legítimos e, assim, estabeleceu-se um "Conselho Constitucional" para a elaboração de um esboço (projeto, rascunho) de Constituição (*draft*).

As discussões foram transmitidas ao vivo e com a possibilidade de participação popular por meio das **redes sociais**, como o Twitter, Facebook, Youtube e Flickr. Mais de 3.600 sugestões foram postadas na página oficial no Facebook. Em 29 de julho de 2011, o documento (*draft*) foi encaminhado ao Parlamento.

Antes da deliberação parlamentar, havia a previsão de análise do documento por **referendo popular**, sem caráter vinculativo e que foi realizado em 20 de outubro de 2012, contando com a participação de 49% dos eleitores e, desses, 73% reconhecendo o *draft* como a nova Constituição do país.

---

17 Gustavo Zagrebelsky, *Il diritto mite*, p. 8-11.

18 Para um detalhado relato da experiência da Islândia, cf. Thorvaldur Gylfason, From collapse to Constitution: the case of Iceland, in: Luigi Paganetto Editor, *Public Debt, Global Governance and Economic Dynamism*, p. 379-417. O autor é Professor de Economia da Universidade da Islândia e um dos 25 representantes do Conselho Constitucional (Assembleia Constituinte), eleito pelo povo e reconhecido pelo Parlamento para a revisão da Constituição de 1944.

Infelizmente, o Parlamento não aprovou o documento, seja por sua troca durante o processo de elaboração do *draft* (perda de apoio político), seja pela presença, em sua composição, de uma ala extremamente conservadora.

A experiência islandesa, contudo, e apesar da particular realidade de ter mais de 95% de sua pequena população de cerca de 320.000 habitantes conectada à internet (o maior percentual no mundo!), revela uma **nova forma de democracia** e de **participação popular** por meio das **redes sociais** (internet) e que, sem dúvida, passa a servir de **modelo para o futuro**.

Estamos diante daquilo que vem sendo denominado ***crowdsourced constitution*** e que se implementa pela participação popular por meio da internet (*crowdsourcing*), em um **processo constituinte** bastante interessante de **"terceirização para a multidão"**.[19] Sem dúvida, as **novas formas de democracia** utilizando as **ferramentas da tecnologia** podem ajudar nesse modelo de verdadeira **Constituição colaborativa**.

Dentro dessa perspectiva, influenciado pela experiência da Islândia, destacamos movimento similar que vem sendo percebido na **Inglaterra** no sentido de se elaborar ou não uma Constituição escrita. O debate acontece depois de **800 anos** do aniversário da **Magna Carta de 1215** e tem estimulado a participação popular por meio das redes sociais (*crowdsourcing*), já havendo a versão final do documento (*draft*).[20]

No **Brasil**, com o lema **"participação virtual, cidadania real"**, lançado em 2009, destacamos o portal **"E-democracia"** da **Câmara dos Deputados (<http://edemocracia.camara.gov.br>)**, cuja proposta é, "por meio da internet, incentivar a participação da sociedade no debate de temas importantes para o país". E, conforme sustentado, "o envolvimento dos cidadãos na discussão de novas propostas de lei contribui para a formulação de políticas públicas mais realistas e implantáveis".

O portal está dividido em dois grandes espaços de participação: "as **Comunidades Legislativas** e o **Espaço Livre**. No *primeiro*, você pode participar de debates de temas específicos, normalmente, relacionados a projetos de lei já existentes. Essas Comunidades oferecem diferentes instrumentos de participação e, ainda, orientações quanto ao andamento da matéria no Congresso Nacional. Já no *Espaço Livre*, você mesmo pode definir o tema da discussão e ser o grande motivador dela. O debate será acompanhado pela equipe e-Democracia e pode vir a se tornar uma Comunidade

[19] A palavra ***crowdsourcing*** é recente e o seu surgimento data do ano de **2005**, conforme descrito: "the activity or practice of involving a great many people to develop ideas, produce content, or accomplish huge or tedious tasks, as by **soliciting help via the internet**. The word originated as a convenient compound to denote **'outsourcing to the crowd'**" (Bryan A. Garner, *Black's law dictionary*, 10. ed., p. 459).

[20] Trata-se de projeto promovido pelo Instituto de Assuntos Públicos (IPA — Institute of Public Affairs) da Escola de Economia de Londres (LSE) em conjunto com o seu departamento de direito e seu grupo de políticas públicas e auditorias democráticas. Nesse sentido, cf.: a) site: <http://constitutionuk.com>; b) Twitter: @constitutionUK; c) Facebook: <http://www.facebook.com/ConstitutionUK>.

Legislativa. Os parlamentares envolvidos com a matéria acompanham as discussões e as consideram para auxiliar suas decisões".[21]

O **Senado Federal**, por sua vez, pelo **Ato da Mesa n. 3/2011**, instituiu o programa e o portal **"E-Cidadania"** "com o objetivo de estimular e possibilitar maior participação dos cidadãos, por meio da tecnologia da informação e comunicação, nas atividades legislativas, orçamentárias, de fiscalização e de representação da Casa".

Buscando sanar lacunas identificadas pela *Comissão Senado do Futuro (CSF)* e que ameaçavam "a continuidade e o sucesso do Programa, cujo maior objetivo é aproximar o cidadão dos trabalhos legislativos do Senado Federal", foi editada a **Res. n. 19/2015/SF**, regulamentando-o.

Como se observa, existem três **ferramentas de participação** disponíveis no Portal:

- **Ideia Legislativa:** "enviar e apoiar ideias legislativas, que são sugestões de alteração na legislação vigente ou de criação de novas leis. As ideias que receberem 20 mil apoios serão encaminhadas para a Comissão de Direitos Humanos e Legislação Participativa (CDH), onde receberão parecer";
- **Evento Interativo:** "participar de audiências públicas, sabatinas e outros eventos abertos. Para cada audiência/sabatina/evento, é criada uma página específica onde haverá: a transmissão ao vivo; espaço para publicação de comentários; apresentações, notícias e documentos referentes ao evento";
- **Consulta Pública:** "opinar sobre projetos de lei, propostas de emenda à Constituição, medidas provisórias e outras proposições em tramitação no Senado Federal até a deliberação final (sanção, promulgação, envio à Câmara dos Deputados ou arquivamento)".

As experiências ainda se mostram muito tímidas e, infelizmente, pouco divulgadas, apesar das diversas "contas" nas redes sociais e portais específicos.[22] Consideramos as propostas bastante interessantes e esperamos, no futuro, que essa importante instrumentação de **participação popular** possa ser utilizada como instrumento balizador e indispensável para a tomada de decisões políticas.

2.3. CONSTITUCIONALIZAÇÃO SIMBÓLICA[23]

2.3.1. Aspectos iniciais

A introdução da ideia de **"constitucionalização simbólica"** deve-se a Marcelo Neves em trabalho apresentado para a obtenção do cargo de Professor Titular da Universidade Federal de Pernambuco realizado em 1992.

---

21 Cf.: <http://edemocracia.camara.gov.br/o-que-e>.

22 **Câmara dos Deputados:** a) Twitter: @edemocracia; b) Facebook: <http://www.facebook.com/edemocracia>; c) Youtube: <http://www.youtube.com/edemocraciacd>. **Senado Federal:** a) site: <http://www.senado.leg.br/ecidadania>; b) Twitter: @senadofederal.

23 Referido tema foi pioneiramente exigido no edital do **IV Concurso para ingresso na Carreira de Defensor Público do Estado de São Paulo** (2010). A apresentação se dará de acordo com o trabalho: Marcelo Neves, *A constitucionalização simbólica*, Col. Justiça e Direito, passim. O tema também foi objeto do programa **"Aula Magna"** da TV Justiça e pode ser assistido em: <http://www.youtube.com/watch?v=l5V5uTLfi2c> ("A Constitucionalização Simbólica Revisitada").

Uma primeira versão foi publicada pela Editora Acadêmica, sendo, em seguida, o texto editado em alemão, quando sofreu ampla revisão.

Depois, referido trabalho foi trazido do alemão para o português, com acréscimo de alguns textos e notas. Vejamos as suas principais considerações.[24]

Marcelo Neves, na apresentação do trabalho, esclarece que o estudo pretende "... abordar o significado social e político de textos constitucionais, exatamente na relação inversa da sua concretização normativo-jurídica. Em outras palavras, a questão refere-se à **discrepância entre a função hipertroficamente simbólica e a insuficiente concretização jurídica de diplomas constitucionais**. O problema não se reduz, portanto, à discussão tradicional sobre ineficácia das normas constitucionais. Por um lado, pressupõe-se a distinção entre texto e norma constitucionais; por outro, procura-se analisar os efeitos sociais da legislação constitucional normativamente ineficaz. Nesse contexto, discute-se a função simbólica de textos constitucionais carentes de concretização normativo-jurídica".[25]

■ 2.3.2. Legislação simbólica

Em um primeiro momento, o autor busca desenvolver o conceito de **legislação simbólica** partindo da teoria do direito e da ciência política alemã das duas últimas décadas do século XX.

Analisando o trabalho de diversos autores (Cassirer, Lévi-Strauss, Bourdieu, Freud, Jung, Lacan, Castoriadis, Peirce, Firth, Saussure, Carnap, Luhmann e outros), Marcelo Neves apresenta uma delimitação semântica da expressão "legislação simbólica" (após ter determinado a ambiguidade entre "símbolo", "simbólico" e "simbolismo").

Nas suas palavras, a **legislação simbólica** "... aponta para o predomínio, ou mesmo **hipertrofia**, no que se refere ao sistema jurídico, da função simbólica da atividade legiferante e do seu produto, a lei, sobretudo em detrimento da função jurídico-instrumental".[26]

Com base em **Harald Kindermann**, Marcelo Neves propõe, então, um modelo tricotômico para a "tipologia da legislação simbólica", estabelecendo que o seu conteúdo pode ser: "a) confirmar valores sociais, b) demonstrar a capacidade de ação do Estado e c) adiar a solução de conflitos sociais através de compromissos dilatórios".

■ *2.3.2.1. Confirmação de valores sociais*

Nesse caso, o legislador assume uma posição em relação a determinados conflitos sociais e, ao consagrar certo posicionamento, para o grupo que tem a sua posição amparada na lei, essa **"vitória legislativa"** se caracteriza como verdadeira superioridade da concepção valorativa, **sendo secundária a eficácia normativa da lei**.

[24] Marcelo Neves, op. cit., passim.

[25] Marcelo Neves, op. cit., p. 1.

[26] Marcelo Neves, op. cit., p. 23 (grifamos).

Assim, o grupo prestigiado procura influenciar a atividade legiferante, fazendo prevalecer os seus valores contra os do grupo "adversário".

Neves traz como exemplo clássico a **lei seca** nos Estados Unidos. Conforme destaca ao lembrar Gusfield, "a sua tese central afirma que os defensores da proibição de consumo de bebidas alcoólicas não estavam interessados na sua eficácia instrumental, mas sobretudo em adquirir maior respeito social, constituindo-se a respectiva legislação como símbolo de *status*. Nos conflitos entre protestantes/nativos defensores da lei proibitiva e católicos imigrantes contrários à proibição, a 'vitória legislativa' teria funcionado simbolicamente a um só tempo como 'ato de deferência para os vitoriosos e de degradação para os perdedores', sendo irrelevantes os seus efeitos instrumentais".[27]

Cita, ainda, a legislação sobre o **aborto** na Alemanha e sobre os **estrangeiros** na Europa. A confirmação de um dos valores antagônicos teria um papel muito mais simbólico que efetivo. A "legislação simbólica destinada primariamente à confirmação de valores sociais tem sido tratada basicamente como meio de diferenciar grupos e os respectivos valores ou interesses. Constituiria um caso de política simbólica por 'gestos de diferenciação', os quais 'apontam para a glorificação ou degradação de um grupo em oposição a outros dentro da sociedade'".[28]

■ 2.3.2.2. *Demonstração da capacidade de ação do Estado no tocante à solução dos problemas sociais (legislação-álibi)*

Além de ter o objetivo de confirmar valores de determinados grupos, a legislação simbólica pode ter o objetivo de assegurar **confiança** nos sistemas jurídico e político.

Diante de certa insatisfação da sociedade, a **legislação-álibi** aparece como uma resposta pronta e rápida do governo e do Estado.

Busca a legislação-álibi dar uma aparente solução para problemas da sociedade, mesmo que mascarando a realidade. Destina-se, como aponta Neves, "... a criar a imagem de um Estado que responde normativamente aos problemas reais da sociedade, embora as respectivas relações sociais não sejam realmente normatizadas de maneira consequente conforme o respectivo texto legal. Nesse sentido, pode-se afirmar que a legislação-álibi constitui uma forma de manipulação ou de ilusão que imuniza o sistema político contra outras alternativas, desempenhando uma função 'ideológica'".[29]

Enfim, a legislação-álibi tem o "poder" de introduzir um sentimento de "bem-estar" na sociedade, solucionando tensões e servindo à "lealdade das massas".

---

27 Marcelo Neves, op. cit., p. 34.

28 Marcelo Neves, op. cit., p. 35.

29 Marcelo Neves, op. cit., p. 39-40.

Como exemplo, Neves lembra a **prestação de contas dos políticos** nos períodos eleitorais, sem se ter condições de assegurar que a lei criada cumpriu efetivamente o seu papel.

Lembra, ainda, após grave problema decorrente da venda de peixes causadores de doenças intestinais, na Alemanha, a divulgação de uma lei que procurou controlar a situação, sem sucesso, porém, dada a sua complexidade e a necessidade de outras medidas.

No Brasil, destaca **mudanças na legislação penal** como mera reação simbólica às pressões da sociedade buscando reduzir a criminalidade. Como exemplo temos a **Lei n. 11.923/2009**, que acrescenta parágrafo ao art. 158 do Código Penal, para tipificar o chamado **"sequestro relâmpago"**.

Neves faz, porém, um alerta sobre o uso exagerado da legislação simbólica e o risco de seu fracasso. "Isso porque o emprego abusivo da legislação-álibi leva à 'descrença' no próprio sistema jurídico, 'transforma persistentemente a consciência jurídica' (...); disso resulta que o público se sente enganado, os atores políticos tornam-se cínicos".[30]

■ 2.3.2.3. *Adiamento da solução de conflitos sociais através de compromissos dilatórios*

Ainda, conforme anota Neves, a **legislação simbólica** também pode "... servir para adiar a solução de conflitos sociais através de compromissos dilatórios. Nesse caso, as divergências entre grupos políticos não são resolvidas por meio do ato legislativo, que, porém, será aprovado consensualmente pelas partes envolvidas, exatamente porque está presente a perspectiva da ineficácia da respectiva lei. O acordo não se funda então no conteúdo do diploma normativo, mas sim na transferência da solução do conflito para um futuro indeterminado".[31]

Cita, como exemplos, a Constituição de Weimar e a lei norueguesa sobre empregados domésticos de 1948. Em relação a esta última, os empregados ficam satisfeitos, pois a lei aparentemente fortalece a proteção social. Por sua vez, os empregadores também se satisfazem, já que a lei, como apresentada, não tem perspectiva de efetivação, devido à sua "evidente impraticabilidade".

Dessa forma, conclui, "... abranda-se um conflito político interno através de uma 'lei aparentemente progressista', 'que satisfazia ambos os partidos', transferindo-se para um futuro indeterminado a solução do conflito social subjacente".[32]

■ 2.3.2.4. *Efeitos sociais latentes ou indiretos da legislação simbólica*

Neves aponta que, além dessa visão simplista de inexistência ou irrelevância social da legislação simbólica, ela também apresenta **efeitos sociais latentes**, que, em muitos casos, seriam mais relevantes que os "efeitos manifestos" que lhe faltam.

---

30 Marcelo Neves, op. cit., p. 40-41.

31 Marcelo Neves, op. cit., p. 41.

32 Marcelo Neves, op. cit., p. 42.

Exemplifica com uma lei tributária que, muito embora seja eficaz, pode trazer com ela recessão, inflação. Ou, ainda, uma lei que, ao censurar os meios de comunicação, possa repercutir negativamente na criação artística.

Neves fala, assim, dos **efeitos colaterais** que as leis produzem.

Portanto, além do **sentido negativo** da legislação simbólica (de ineficácia normativa e vigência social), ela também se apresenta em um **sentido positivo**: produção de **efeitos políticos**, e não propriamente jurídicos.

2.3.3. Constitucionalização simbólica

Marcelo Neves, valendo-se do modelo sistêmico proposto por **Niklas Luhmann**, define a Constituição como "... 'acoplamento estrutural' entre **política e direito**. Nessa perspectiva, a Constituição em sentido especificamente moderno apresenta-se como uma via de 'prestações' recíprocas e, sobretudo, como mecanismo de **interpenetração** (ou mesmo de interferências) entre dois **sistemas sociais autônomos**, a política e o direito, na medida em que ela 'possibilita uma solução jurídica do problema de autorreferência do sistema político e, ao mesmo tempo, uma solução política do problema de autorreferência do sistema jurídico'".[33]

Diante desse conceito de *Constituição* (nos termos da teoria dos sistemas de Luhmann), é possível, segundo Neves, associá-lo à noção de **constitucionalização** e, então, enfrentar a problemática da **concretização** das normas constitucionais, analisando a relação entre o texto e a realidade constitucional.

Assim, Marcelo Neves, partindo dos modelos de **Müller** e **Häberle**, define a **constitucionalização simbólica**, também, tanto em sentido negativo como positivo.[34]

Negativamente, o texto constitucional "não é suficientemente concretizado normativo-juridicamente de forma generalizada".

Positivamente, "a atividade constituinte e a linguagem constitucional desempenham um relevante papel político-ideológico", servindo para encobrir problemas sociais e obstruindo as transformações efetivas da sociedade.

Em seguida, o autor admite o desenvolvimento adotado para a legislação simbólica também para a **constitucionalização simbólica**, falando, aqui, então, em três formas de manifestações, já estudadas no ponto anterior: a) confirmar valores sociais, b) demonstrar a capacidade de ação do Estado **(constitucionalização-álibi)** e c) adiar a solução de conflitos sociais através de compromissos dilatórios.

2.3.4. Constitucionalização simbólica como alopoiese do sistema jurídico

Marcelo Neves desenvolve a ideia de constitucionalização simbólica como "alopoiese do direito", isso quer dizer, "... a reprodução do sistema por critérios, programas

[33] Marcelo Neves, op. cit., p. 65.

[34] Marcelo Neves, op. cit., p. 90-101.

e códigos de seu ambiente",[35] e, então, discute a possibilidade de descrever o **direito da sociedade moderna como "autopoiético"**, o que quer dizer, capaz de autoproduzir-se a partir de critérios, programas e códigos de seu próprio ambiente.

Após distinguir os países da sociedade moderna periféricos dos centrais, estabelece que a **constitucionalização simbólica** aparece como uma realidade marcante da modernidade periférica (em razão da desigualdade econômica entre os países) e, nesse sentido, dentro desse contexto, percebe-se uma **hipertrofia da função político-simbólica** em relação à eficácia normativo-jurídica da Constituição (simbólica) nesses países (periféricos).

Constata-se, assim, uma preponderância (ou mais adequadamente uma **sobreposição**) do sistema **político** sobre o **jurídico**, não se percebendo o "acoplamento estrutural" entre os sistemas político e jurídico anteriormente apontado na teoria de Luhmann.

Nesses países, então, como afirma, há um bloqueio do sistema jurídico, havendo uma falta de concretização normativo-jurídica do texto constitucional. O texto da Constituição é utilizado de acordo com os interesses políticos.

A constitucionalização (simbólica), novamente, funciona como um **álibi**: "o 'Estado' apresenta-se como identificado com os valores constitucionais, que não se realizam no presente por 'culpa' do subdesenvolvimento da 'sociedade'. Já na retórica dos grupos interessados em transformações reais nas relações de poder, os quais pretendem frequentemente representar a 'subcidadania', invocam-se os direitos proclamados no texto constitucional para denunciar a 'realidade constitucional inconstitucional' e atribuir ao Estado/governo dos 'sobrecidadãos' a 'culpa' pela não realização generalizada dos direitos constitucionais, que seria possível estivesse o Estado/governo em outras mãos...".[36]

Essa problemática, aponta o autor, é verificada não somente no sistema político-jurídico mas, também, nos **sistemas econômico, educacional, de saúde etc.** (remetemos o nosso ilustre leitor para o *capítulo 14* — Direitos Fundamentais, deste nosso estudo).

Por fim, conclui Marcelo Neves que a **constitucionalização simbólica** *não* seria um "jogo de soma zero". Isso porque "... proporciona o surgimento de movimentos e organizações sociais envolvidos criticamente na realização dos valores proclamados solenemente no texto constitucional e, portanto, integrados na luta política pela **ampliação da cidadania**". Ainda, "não se pode excluir a possibilidade, porém, de que a realização dos valores democráticos expressos no documento constitucional pressuponha um momento de ruptura com a ordem de poder estabelecida, com implicações politicamente contrárias à diferenciação e à identidade/autonomia do direito. Isso se torna tanto mais provável à proporção que os procedimentos previstos no texto constitucional sejam deformados no decorrer do processo de concretização e não se operacionalizem como mecanismos estatais de legitimação".[37]

[35] Marcelo Neves, op. cit., p. 142.

[36] Marcelo Neves, op. cit., p. 176.

[37] Marcelo Neves, op. cit., p. 188-189.

2.3.5. Neoconstitucionalismo, ativismo judicial e a concretização das normas constitucionais

Diante de todo o exposto, percebe-se que a proposta de **constitucionalização simbólica** deve ser o ponto de partida para que, compreendendo a problemática, diante das expectativas colocadas, as normas não sirvam apenas como retórica política ou álibi dos governantes.

É preciso identificar os mecanismos de sua **concretização** e, nisso, além do papel da sociedade, parece-nos que o **Judiciário** tem uma importante missão, realizando a implementação da efetividade das normas constitucionais.

Identificamos, como será estudado neste nosso trabalho, uma **nova perspectiva** na utilização das técnicas do mandado de injunção e da ação direta de inconstitucionalidade por omissão (em relação às normas programáticas) e, assim, a consagração da importante figura do **ativismo judicial**.

Por esse motivo Écio Oto Ramos Duarte[38] define o **neoconstitucionalismo** partindo de uma **nova visão da Constituição**, buscando dar a ela **sentido** e, assim, superando o seu caráter meramente retórico, encontrando mecanismos para a real e efetiva concretização de seus preceitos.

2.4. CLASSIFICAÇÃO (TIPOLOGIA)

Como advertimos, qualquer classificação depende de critérios escolhidos pelos estudiosos, não se podendo dizer que um é mais acertado que o outro, talvez mais adequado. Procuraremos trazer à baila os critérios classificatórios que aparecem nos concursos públicos, dada a finalidade deste trabalho. Vejamo-los.

2.4.1. Quanto à origem e a distinção entre "Constituição" e "Carta"

Quanto à origem, as Constituições poderão ser **outorgadas, promulgadas, cesaristas** (ou **bonapartistas**) e **pactuadas** (ou **dualistas**).

Outorgada é a Constituição imposta, de maneira unilateral, pelo agente revolucionário (grupo, ou governante), que não recebeu do povo a legitimidade para em nome dele atuar. No Brasil, as Constituições outorgadas foram as de 1824 (Império), 1937 (inspirada em modelo fascista, extremamente autoritária — *Getúlio Vargas*), 1967 (ditadura militar), sendo que alguns chegam inclusive a mencionar como exemplo de outorga a EC n. 1/69 (apesar de tecnicamente impreciso). As Constituições outorgadas recebem, por alguns estudiosos, o "apelido" de *Cartas Constitucionais*.

Conforme veremos ao estudar o *histórico das Constituições*, alguns autores entendem que o texto de **1967** teria sido "promulgado", já que votado nos termos do art. 1.º, § 1.º, do AI 4/66. Contudo, em razão do "autoritarismo" implantado pelo *Comando Militar da Revolução*, não possuindo o Congresso Nacional liberdade para alterar substancialmente o novo Estado que se instaurava, preferimos dizer que o texto de

38 Écio Oto Ramos Duarte, *Neoconstitucionalismo e positivismo jurídico*, p. 24.

1967 foi **outorgado** unilateralmente (apesar de formalmente votado, aprovado e "promulgado") pelo regime ditatorial militar implantado.

Também entendemos que, dado o seu caráter revolucionário, a EC n. 1/69 pode ser considerada como manifestação de um novo **poder constituinte originário**, imposta pelo governo de "Juntas Militares", nos termos do AI 12, de 31.08.1969.

Promulgada, também chamada de **democrática, votada** ou **popular**, é aquela Constituição fruto do trabalho de uma Assembleia Nacional Constituinte, eleita diretamente pelo povo, para, em nome dele, atuar, nascendo, portanto, da deliberação da representação legítima popular. Os exemplos são a de 1891 (primeira da República), 1934 (inserindo a democracia social, inspirada na Constituição de Weimar), 1946 e, finalmente, a atual, de 1988, alterada por 6 emendas de revisão e 108 emendas, fruto do poder constituinte derivado reformador, podendo, ainda, com a regra do art. 5.º, § 3.º, trazida pela **EC n. 45/2004**, ter os seus direitos e garantias fundamentais ampliados por tratados e convenções internacionais de direitos humanos, os quais, observadas as formalidades, terão equivalência às emendas constitucionais.

Cesarista, segundo José Afonso da Silva, "... não é propriamente outorgada, mas tampouco é democrática, ainda que criada com participação popular". E continua o mestre definindo-a como aquela "... formada por plebiscito popular sobre um projeto elaborado por um Imperador (plebiscitos napoleônicos)[39] ou um Ditador (plebiscito de Pinochet, no Chile). A participação popular, nesses casos, não é democrática, pois visa apenas ratificar a **vontade do detentor do poder**. Não destacamos esse tipo no esquema porque bem pode ser considerado um modo de outorga por interposta pessoa".[40] Complementando, cabe acrescentar que a participação popular pode dar-se não apenas por *plebiscito* como, também, na hipótese de ratificação, por **referendo**, já que este se caracteriza como instrumento de confirmação das decisões políticas e governamentais, ou seja, toma-se a decisão para, posteriormente, levar-se a referendo popular.

Nesse caso, contudo, "... os referendos são utilizados como um instrumento de **autocracia** (regime do chefe), e não da democracia, pois geralmente nem todas as correntes ideológicas participam do debate e não se concede liberdade para uma efetiva discussão ou para eventual rejeição das propostas".[41]

Pactuada, também pouco cobrada nos concursos. Segundo Uadi Lammêgo Bulos, as Constituições pactuadas "... surgem através de um pacto, são aquelas em que o poder constituinte originário se concentra nas mãos de mais de um titular. Por isso mesmo, trata-se de modalidade anacrônica, dificilmente ajustando-se à noção moderna de Constituição, intimamente associada à ideia de unidade do poder consti-

---

[39] Por esse motivo, alguns autores classificam as **cesaristas** como **Constituições bonapartistas** (por se tratar de um método utilizado por *Napoleão Bonaparte* nos referidos plebiscitos napoleônicos) (cf. R. C. Chimenti, F. Capez, M. F. E. Rosa, M. F. Santos, *Curso de direito constitucional*, 6. ed., p. 9).

[40] *Curso de direito constitucional positivo*, 17. ed., p. 44 — original sem grifos.

[41] R. C. Chimenti, F. Capez, M. F. E. Rosa, M. F. Santos, *Curso de direito constitucional*, 6. ed., p. 9.

tuinte. Tais Constituições pactuadas foram bastante difundidas no seio da monarquia estamental da Idade Média, quando o poder estatal aparecia cindido entre o monarca e as ordens privilegiadas. Exemplificam-nas a Magna Carta de 1215, que os barões ingleses obrigam João Sem Terra a jurar".[42]

Para Bonavides, "a Constituição **pactuada** é aquela que exprime um compromisso instável de duas forças políticas rivais: a realeza absoluta debilitada, de uma parte, e a nobreza e a burguesia, em franco progresso, doutra. Surge então como termo dessa relação de equilíbrio a forma institucional da monarquia limitada. Entendem alguns publicistas que as Constituições pactuadas assinalam o momento histórico em que determinadas classes disputam ao rei um certo grau de participação política, em nome da comunidade, com o propósito de resguardar direitos e amparar franquias adquiridas. Na Constituição pactuada o equilíbrio é precário. Uma das partes se acha sempre politicamente em posição de força. O pacto selado juridicamente mal encobre essa situação de fato, 'e o contrato se converte por conseguinte numa estipulação unilateral camuflada', conforme se deu com a Magna Carta ou a Constituição francesa de 1791: ali a supremacia dos barões; aqui, a supremacia dos representantes da Nação reunidos em assembleia constituinte".[43]

E qual a diferença entre **"Constituição"** e **"Carta"**?

De modo geral, **Constituição** é o *nomen juris* que se dá à Lei Fundamental **promulgada**, democrática ou popular, que teve a sua origem em uma Assembleia Nacional Constituinte. Já **Carta** é o nome reservado para aquela Constituição **outorgada**, imposta de maneira unilateral pelo agente revolucionário mediante ato arbitrário e ilegítimo.

■ 2.4.2. Quanto à forma

Quanto à forma, as Constituições podem ser **escritas (instrumental)** ou **costumeiras** (**não escritas** ou **consuetudinárias**).

Escrita (instrumental), o próprio nome nos ajuda a explicar, seria a Constituição formada por um conjunto de regras sistematizadas e organizadas em um único documento, estabelecendo as normas fundamentais de um Estado. Como exemplo, citamos a brasileira de 1988, a portuguesa, a espanhola etc.

Nesse particular, cabe alertar que, no direito brasileiro, vêm sendo encontrados textos escritos com natureza de Constituição (não se resumindo a um único código), por exemplo, nos termos do art. 5.º, § 3.º, os tratados e convenções internacionais sobre direitos humanos que forem aprovados, em cada Casa do Congresso Nacional, em dois turnos, por três quintos dos votos dos respectivos membros e que, dessa maneira, passam a ser equivalentes às emendas constitucionais. Por isso, parece interessante a ideia, apesar de tímida, de uma **Constituição legal** (Constituição escrita e

---

42 *Constituição Federal anotada*, p. 9.

43 Paulo Bonavides, *Curso de direito constitucional*, 9. ed., p. 72.

que se apresenta esparsa ou fragmentada em textos, conforme apontou Paulo Bonavides — cf. *item 2.4.7*).

Costumeira (não escrita ou **consuetudinária)** seria aquela Constituição que, ao contrário da escrita, não traz as regras em um único texto solene e codificado. É formada por "textos" esparsos, reconhecidos pela sociedade como fundamentais, e baseia-se nos usos, costumes, jurisprudência, convenções. Exemplo clássico é a Constituição da Inglaterra.

A doutrina observa que "hoje, contudo, mesmo a Inglaterra (exemplo normalmente lembrado de país regido por uma Constituição não escrita) assenta princípios constitucionais em textos escritos, em que pesem os costumes formarem relevantes valores constitucionais".[44]

A classificação propõe, então, a utilização do conceito de *costumeira* em um sentido mais aberto, pois, como bem anota Paulo Bonavides, "na época contemporânea **inexistem Constituições totalmente costumeiras**, semelhantes àquela que teve a França no *ancien régime*, antes da Revolução Francesa de 1789, ou seja, 'uma complexa massa de costumes, usos e decisões judiciárias' (Barthélemy)".

Por esse motivo Bonavides prefere classificar a experiência inglesa como sendo a de uma *Constituição não totalmente costumeira* ou, melhor dizendo, uma **Constituição parcialmente costumeira**, já que as "... leis abrangem o direito estatutário (*statute law*), o direito casuístico ou jurisprudencial (*case law*), o costume, mormente o de natureza parlamentar (*Paliamentary custom*) e as convenções constitucionais (*constitutional conventions*)".[45]

Quanto à norte-americana de 1787, Bonavides a define como **escrita**, porém **complementada** pelos **costumes**, sendo que "... o elemento consuetudinário entra igualmente como fator auxiliar e subsidiário importantíssimo para completar e corrigir o texto constitucional lacunoso ou suprir, pela interpretação, partes obscuras e controversas da Constituição". Lembrando Carl J. Friedrich, destaca que a norte-

---

[44] R. C. Chimenti, F. Capez, M. F. E. Rosa, M. F. Santos, *Curso de direito constitucional*, 2004, p. 9.

[45] Paulo Bonavides, *Curso de direito constitucional*, 21. ed., p. 84. Para aprofundamento da matéria, por todos, René David, *Os grandes sistemas do direito contemporâneo*, p. 331-355. Virgílio Afonso da Silva, nessa linha e avançando, observa: "no Brasil, todos costumam mencionar a Constituição inglesa como o modelo de constituição não escrita e flexível. Essa categorização está tão sedimentada no pensamento constitucional brasileiro que a discussão acerca da aprovação (1998) e da entrada em vigor (2000), na Inglaterra, do *Human Rights Act*, que pôs em cheque a ideia de supremacia do parlamento inglês, ainda não foi percebida por aqui. Ocorre que a supremacia do parlamento é justamente o reflexo do que a doutrina brasileira costuma chamar de constituição flexível. Se o parlamento inglês já não é mais soberano no sentido tradicional, e deve respeitar as disposições da declaração de direitos, o modelo de constituição flexível também cai por terra" (*A constitucionalização do direito*, p. 109, nota 6. Para aprofundamento em relação a essa mencionada tensão entre a supremacia do parlamento e a entrada em vigor do *Human Rights Act* na Inglaterra, cf., por todos, Nicholas Bamforth, *Parliamentary Sovereignty and the Human Rights Act 1998*, Public Law 1998, p. 572-582).

-americana é completada pela **doutrina da revisão judicial** (precedentes judiciais) e, além disso, as normas escritas "... têm que ser sumamente flexíveis, porque é impossível regulamentar com absoluta precisão as eventualidades do futuro".[46]

2.4.3. Quanto à extensão

Quanto à extensão, podem as Constituições ser **sintéticas (concisas, breves, sumárias, sucintas, básicas)** ou **analíticas (amplas, extensas, largas, prolixas, longas, desenvolvidas, volumosas, inchadas)**.

Sintéticas seriam aquelas enxutas, veiculadoras apenas dos princípios fundamentais e estruturais do Estado. Não descem a minúcias, motivo pelo qual são mais duradouras, na medida em que os seus princípios estruturais são interpretados e adequados aos novos anseios pela atividade da Suprema Corte. O exemplo lembrado é a Constituição americana, que está em vigor há mais de 200 anos (é claro, com emendas e interpretações feitas pela Suprema Corte).

Pinto Ferreira, analisando o constitucionalismo pátrio, indica a Constituição de 1891 como exemplo de sintética.[47]

Paulo Bonavides, a seu turno, e com precisão, observa que "as Constituições concisas ou breves resultam numa **maior estabilidade** do arcabouço constitucional, bem como numa flexibilidade que permite adaptar a Constituição a situações novas e imprevistas do desenvolvimento institucional de um povo, a suas variações mais sentidas de ordem política, econômica e financeira, a necessidades, sobretudo, de improvisar soluções que poderiam, contudo, esbarrar na rigidez dos obstáculos constitucionais".[48]

Analíticas, por outro lado, são aquelas que abordam todos os assuntos que os representantes do povo entenderem fundamentais. Normalmente descem a minúcias, estabelecendo regras que deveriam estar em leis infraconstitucionais, como, conforme já mencionamos, o art. 242, § 2.º, da CF/88, que dispõe que o Colégio Pedro II, localizado na cidade do Rio de Janeiro, será mantido na órbita federal. Assim, o clássico exemplo é a brasileira de 1988.

Segundo Bonavides, "as Constituições se fizeram desenvolvidas, volumosas, inchadas, em consequência principalmente de duas causas: a preocupação de dotar certos institutos de proteção eficaz, o sentimento de que a rigidez constitucional é anteparo ao exercício discricionário da autoridade, o anseio de conferir estabilidade ao direito legislado sobre determinadas matérias e, enfim, a conveniência de atribuir ao Estado, através do mais alto instrumento jurídico que é a Constituição, os encargos indispensáveis à manutenção da paz social".[49]

[46] Paulo Bonavides, *Curso de direito constitucional*, 21. ed., p. 84-85.

[47] Pinto Ferreira, *Curso de direito constitucional*, 10. ed., p. 66.

[48] Paulo Bonavides, *Curso de direito constitucional*, 21. ed., p. 91.

[49] Paulo Bonavides, *Curso de direito constitucional*, 9. ed., p. 74.

■ 2.4.4. Quanto ao conteúdo

O conceito de Constituição pode ser tomado tanto em sentido **material** como **formal**.

Materialmente constitucional será aquele texto que contiver as normas fundamentais e estruturais do Estado, a organização de seus órgãos, os direitos e garantias fundamentais. Como exemplo podemos citar a Constituição do Império do Brasil, de 1824, que, em seu art. 178, prescrevia ser constitucional somente o que dissesse respeito aos limites e atribuições respectivos dos poderes políticos e aos direitos políticos e individuais dos cidadãos; tudo o que não fosse constitucional poderia ser alterado, sem as formalidades referidas (nos arts. 173 a 177), pelas legislaturas ordinárias.

Formal, por seu turno, será aquela Constituição que elege como critério o processo de sua formação, e não o conteúdo de suas normas. Assim, qualquer regra nela contida terá o caráter de constitucional. A brasileira de 1988 é **formal!**

Cumpre observar (*e este tema ainda não está fechado*) que, com a introdução do § 3.º no art. 5.º, pela **EC n. 45/2004**, passamos a ter uma espécie de **conceito misto**, já que a nova regra só confere a natureza de emenda constitucional (*norma formalmente constitucional*) aos tratados e convenções internacionais sobre **direitos humanos** (*matéria*), desde que observadas as **formalidades de aprovação** (*forma*).

Como se sabe (e voltaremos a essa análise), nos termos do art. 5.º, § 3.º, "os tratados e convenções internacionais sobre direitos humanos que forem aprovados, em cada Casa do Congresso Nacional, em dois turnos, por três quintos dos votos dos respectivos membros, serão equivalentes às emendas constitucionais".

Nesse sentido, podemos lembrar o **Decreto Legislativo n. 186/2008**, que aprova o texto da *Convenção sobre os Direitos das Pessoas com Deficiência* e de seu *Protocolo Facultativo*, assinados em Nova York, em 30 de março de 2007, promulgados pelo **Decreto n. 6.949, de 25.08.2009**, tendo sido, assim, incorporado ao ordenamento jurídico brasileiro com o *status* de norma constitucional.

Outro exemplo de tratado internacional de direitos humanos incorporado na forma do art. 5.º, § 3.º, CF/88, e, portanto, com *status* constitucional, é o **Tratado de Marraqueche**, que busca facilitar o acesso a obras publicadas às pessoas cegas, com deficiência visual ou com outras dificuldades para ter acesso ao texto impresso, celebrado em 28.06.2013, e que entrou em vigor no **plano internacional** em **setembro de 2016**, a partir da adesão do Canadá, o 20.º Estado-parte, conforme determina o art. 18 do tratado. No tocante ao direito brasileiro, o Tratado foi aprovado pelo Congresso Nacional por meio do Decreto Legislativo n. 261/2015, tendo sido promulgado pelo Decreto presidencial n. 9.522, de 08.10.2018.

■ 2.4.5. Quanto ao modo de elaboração

Quanto ao modo de elaboração as Constituições poderão ser **dogmáticas** (também denominadas *"sistemáticas"*, segundo J. H. Meirelles Teixeira) ou **históricas**.

Dogmáticas, sempre escritas, consubstanciam os dogmas estruturais e fundamentais do Estado ou, como bem observou Meirelles Teixeira, "... partem de teorias preconcebidas, de planos e sistemas prévios, de ideologias bem declaradas, de dogmas políticos... São elaboradas de um só jato, reflexivamente, racionalmente, por uma Assembleia Constituinte".[50] Como exemplo, destacamos a brasileira de 1988.

Históricas, constituem-se através de um lento e contínuo processo de formação, ao longo do tempo, reunindo a história e as tradições de um povo. Aproximam-se, assim, da costumeira e têm como exemplo a Constituição inglesa.

2.4.6. Quanto à alterabilidade

Esse critério recebe diversas denominações pelos constitucionalistas pátrios. Além da citada *alterabilidade* (Leda Pereira Mota e Celso Spitzcovsky[51]), encontramos: *mutabilidade* (Michel Temer;[52] Luiz Alberto David Araujo e Vidal Serrano Nunes Júnior[53]), *estabilidade* (José Afonso da Silva[54] e Alexandre de Moraes[55]) e *consistência* (Pinto Ferreira[56]).

Em essência, deixando de lado a questão terminológica, as Constituições poderão ser **rígidas**, **flexíveis** (também chamadas de **plásticas**, segundo a denominação de Pinto Ferreira)[57] e **semirrígidas** (ou **semiflexíveis**). Alguns autores ainda lembram as **fixas** ou **silenciosas**, as **transitoriamente flexíveis**, as **imutáveis** (**permanentes**, **graníticas** ou **intocáveis**) e as **super-rígidas**.

Rígidas são aquelas Constituições que exigem, para a sua alteração (daí preferirmos a terminologia *alterabilidade*), um processo legislativo mais árduo, mais solene, mais dificultoso do que o processo de alteração das normas não constitucionais. Lembramos que, à exceção da Constituição de 1824 (considerada semirrígida), todas as Constituições brasileiras foram, inclusive a de 1988, rígidas!

A rigidez constitucional da CF/88 está prevista no art. 60, que, por exemplo, em seu § 2.º estabelece um *quorum* de votação de 3/5 dos membros de cada Casa, em dois turnos de votação, para aprovação das emendas constitucionais. Em contrapo-

---

[50] J. H. Meirelles Teixeira, *Curso de direito constitucional*, p. 105-106.

[51] *Curso de direito constitucional*, p. 19.

[52] *Elementos de direito constitucional*, p. 26.

[53] *Curso de direito constitucional*, p. 4.

[54] *Curso de direito constitucional positivo*, p. 42-43.

[55] *Direito constitucional*, p. 37.

[56] *Curso de direito constitucional*, p. 12.

[57] *Curso de direito constitucional*, p. 12. **CUIDADO:** em outro sentido, *Raul Machado Horta* considera a Constituição brasileira de 1988 **plástica**, na medida em que permite o preenchimento das regras constitucionais pelo legislador infraconstitucional. Assim, o conceito de Constituição plástica para Pinto Ferreira (em seu entender, aquelas flexíveis — critério quanto à alterabilidade) não é o mesmo para Raul Machado Horta. Para este último, "a Constituição plástica estará em condições de acompanhar, através do legislador ordinário, as oscilações da opinião pública e da vontade do corpo eleitoral. A norma constitucional não se distanciará da realidade social e política. A Constituição normativa não conflitará com a Constituição real. A coincidência entre a norma e a realidade assegurará a duração da Constituição no tempo" (*Direito constitucional*, 4. ed., p. 211).

Acesse também a videoaula pelo link: somos.in/DCE25091

sição, apenas para aclarar mais a situação lembrada, a votação das leis ordinárias e complementares dá-se em um único turno de votação (art. 65), com *quorum* de maioria simples (art. 47) e absoluta (art. 69), respectivamente para lei ordinária e complementar. Outra característica definidora da rigidez da CF/88 está prevista nos incisos I, II e III do art. 60, que estabelecem iniciativa restrita: *a*) de 1/3, no mínimo, dos membros da Câmara dos Deputados ou do Senado Federal; *b*) do Presidente da República; e *c*) de mais da metade das Assembleias Legislativas das unidades da Federação, manifestando-se, cada uma delas, pela *maioria relativa* de seus membros, enquanto a iniciativa das leis complementares e ordinárias é geral, de acordo com o art. 61.[58]

Flexíveis são aquelas Constituições que não possuem um processo legislativo de alteração mais dificultoso do que o processo legislativo de alteração das normas infraconstitucionais. Vale dizer, a dificuldade em alterar a Constituição é a mesma encontrada para alterar uma lei que não é constitucional.

Nesse sentido, do ponto de vista formal, devemos observar que, em se tratando de **Constituição flexível**, não existe hierarquia entre Constituição e lei infraconstitucional, ou seja, uma lei infraconstitucional posterior altera texto constitucional se assim expressamente o declarar, quando for com ele incompatível, ou quando regular inteiramente a matéria de que tratava a Constituição.

Semiflexíveis ou **semirrígidas** são aquelas Constituições tanto rígidas como flexíveis, ou seja, algumas matérias exigem um processo de alteração mais dificultoso do que o exigido para alteração das leis infraconstitucionais, enquanto outras não requerem tal formalidade. O exemplo sempre lembrado é o da Constituição Imperial de 1824, que, em seu art. 178, dizia: "É só Constitucional o que diz respeito aos limites, e atribuições respectivas dos Poderes Políticos, e aos Direitos Políticos, e individuais dos Cidadãos. Tudo, o que não é Constitucional, pode ser alterado, sem as formalidades referidas, pelas Legislaturas ordinárias".

As **fixas**, segundo Kildare Gonçalves Carvalho, "... são aquelas que somente podem ser alteradas por um poder de competência igual àquele que as criou, isto é, o poder constituinte originário. São conhecidas como **constituições silenciosas**, porque não estabelecem, expressamente, o procedimento para sua reforma. Têm valor apenas histórico, sendo exemplos destas Constituições o Estatuto do Reino da Sardenha, de 1848, e a Carta Espanhola de 1876".[59]

Para Bulos, as **Constituições transitoriamente flexíveis** "... são as suscetíveis de reforma, com base no mesmo rito das leis comuns, mas apenas por determinado período; ultrapassado este, o documento constitucional passa a ser rígido. Nessa hipótese, o binômio rigidez/flexibilidade não coexiste simultaneamente. Apresenta-se de modo alternado...". Como exemplo, o autor lembra a Constituição de Baden de 1947 e a Carta irlandesa de 1937 durante os primeiros três anos de vigência.[60]

[58] Desenvolveremos melhor este tema quando tratarmos das emendas constitucionais, no *item 9.14.1*.

[59] *Direito constitucional*, 14. ed., p. 274-275.

[60] *Curso de direito constitucional*, 2. ed., p. 45.

Imutáveis seriam aquelas Constituições inalteráveis, verdadeiras *relíquias históricas*[61] e que se pretendem eternas, sendo também denominadas **permanentes**, **graníticas** ou **intocáveis**.

Finalmente, segundo Alexandre de Moraes, a brasileira de 1988 seria exemplo de Constituição **super-rígida**, já que, além de possuir um processo legislativo diferenciado para a alteração de suas normas (rígida), excepcionalmente, algumas matérias apresentam-se como **imutáveis** (cláusulas pétreas, art. 60, § 4.º).[62]

Esta última classificação, contudo, **não parece ser a posição adotada pelo STF**, que tem admitido a alteração de matérias contidas no art. 60, § 4.º, desde que a reforma não tenda a abolir os preceitos ali resguardados e dentro de uma ideia de razoabilidade e ponderação. Foi o caso da **reforma da previdência** que admitiu a **taxação dos inativos**, mitigando, assim, os direitos e garantias individuais (as situações já consolidadas das pessoas aposentadas que passaram a ser taxadas).[63]

2.4.7. Quanto à sistemática (critério sistemático)

Valendo-se do **critério sistemático**, Pinto Ferreira divide as Constituições em **reduzidas** (ou **unitárias**) e **variadas**.[64]

Reduzidas seriam aquelas que se materializariam em um só código básico e sistemático, como as brasileiras (ver crítica a seguir).

Variadas seriam aquelas que se distribuiriam em vários textos e documentos esparsos, sendo formadas de várias leis constitucionais, destacando-se a belga de 1830 e a francesa de 1875.

Nesse mesmo sentido, Bonavides distingue as Constituições **codificadas** das **legais**.

Codificadas (que correspondem às *reduzidas* de Pinto Ferreira) seriam "... aquelas que se acham contidas inteiramente num só texto, com os seus princípios e disposições sistematicamente ordenados e articulados em títulos, capítulos e seções, formando em geral um único corpo de lei".

Por sua vez, as **legais** (também denominadas **Constituições escritas não formais**, e que equivalem às *variadas* de Pinto Ferreira) seriam aquelas "... escritas que se apresentam esparsas ou fragmentadas em vários textos. Haja vista, a título ilustrativo, a Constituição francesa de 1875. Compreendia ela Leis Constitucionais, elaboradas em ocasiões distintas de atividade legislativa, como as leis de estabelecimento dos poderes públicos, de organização do Senado e de relações entre os poderes.

---

61 Como observa Celso Bastos, "... hoje em dia já se toma por absurdo que um Texto Constitucional se pretenda perpétuo, quando se sabe que é destinado a regular a vida de uma sociedade em contínua mutação..." (*Curso de direito constitucional*, p. 51).

62 *Direito constitucional*, 23. ed., p. 10.

63 Taxação dos inativos — **"princípio da solidariedade"** (ADI 3.105/DF e ADI 3.128/DF, Rel. orig. Min. Ellen Gracie, Rel. p/ acórdão Min. Cezar Peluso, 18.08.2004).

64 Pinto Ferreira, *Curso de direito constitucional*, p. 13.

Tomadas em conjunto passaram a ser designadas como a Constituição da Terceira República".[65]

A **brasileira de 1988**, em um primeiro momento, como aponta Pinto Ferreira, seria **reduzida**, **codificada** ou **unitária**.

Contudo, especialmente diante da ideia de "bloco de constitucionalidade", que será estudada no *item 6.7.1.3*, parece **caminharmos** (de maneira muito tímida, ainda) para um critério que se aproxima de Constituição **esparsa** (legal ou escrita não formal — escrita e que se apresenta fragmentada em vários textos), especialmente diante da regra contida no art. 5.º, § 3.º, que admite a constitucionalização dos tratados ou convenções internacionais de direitos humanos que forem incorporados com o *quorum* e procedimento das emendas constitucionais.

Conforme vimos, destacamos o **Decreto Legislativo n. 186/2008** que aprova o texto da *Convenção sobre os Direitos das Pessoas com Deficiência* e de seu *Protocolo Facultativo*, assinados em Nova York, em 30 de março de 2007, promulgados pelo **Decreto n. 6.949, de 25.08.2009**, tendo sido, assim, incorporados ao ordenamento jurídico brasileiro com o *status* de norma constitucional.

Ainda, existem vários artigos de **emendas constitucionais** que não foram introduzidos no "corpo" da Constituição e, permanecendo como artigo autônomo das emendas, sem dúvida, têm **natureza constitucional** e, portanto, eventual lei que contrarie artigo de emenda constitucional poderá ser declarada inconstitucional, servindo a emenda como paradigma de confronto.

Outro exemplo interessante é a **EC n. 91/2016**, que, sem introduzir qualquer artigo, seja no corpo ou mesmo no ADCT, alterou regra sobre perda do mandato eletivo por infidelidade partidária, estabelecendo a possibilidade, excepcional e em período determinado, de desfiliação, sem prejuízo do mandato (cf. *item 18.5*).

Cabe alertar, contudo, que apesar dessa percepção, de modo geral, as provas de concursos vêm definindo a brasileira de 1988 como **reduzida**.

2.4.8. Quanto à dogmática

No tocante à **dogmática**, Pinto Ferreira, valendo-se do **critério ideológico** e lembrando as lições de **Paulino Jacques**, identifica tanto a Constituição **ortodoxa** como a **eclética**.

Ortodoxa é aquela formada por uma só ideologia, por exemplo, a soviética de 1977, hoje extinta, e as diversas Constituições da China marxista.

Eclética seria aquela formada por ideologias conciliatórias, como a brasileira de 1988 ou a da Índia de 1949.

Nessa linha, alguns autores aproximam a eclética da **compromissória**. De fato, parece possível dizer que a **brasileira de 1988 é compromissória**, assim como a portuguesa de 1976.

[65] Paulo Bonavides, *Curso de direito constitucional*, 21. ed., p. 88.

Nas palavras de Canotilho, "numa sociedade plural e complexa, a Constituição é sempre um produto do 'pacto' entre forças políticas e sociais. Através de 'barganha' e de 'argumentação', de 'convergência' e 'diferenças', de cooperação na deliberação mesmo em caso de desacordos persistentes, foi possível chegar, no procedimento constituinte, a um *compromisso constitucional* ou, se preferirmos, a vários 'compromissos constitucionais'. O **carácter compromissório da Constituição de 1976** representa uma **força** e não uma debilidade. Mesmo quando se tratava de 'conflitos profundos' (*deep conflict*), houve a possibilidade de se chegar a bases normativas razoáveis. Basta referir o compromisso entre o princípio liberal e o princípio socialista, o compromisso entre uma visão personalista-individual dos direitos, liberdades e garantias e uma perspectiva dialético-social dos direitos econômicos, sociais e culturais, o compromisso entre 'legitimidade eleitoral' e 'legitimidade revolucionária', o compromisso entre princípio da unidade do Estado e o princípio da autonomia regional e local, o compromisso entre democracia representativa e democracia participativa".[66]

2.4.9. Quanto à correspondência com a realidade (critério ontológico — essência)

Karl Loewenstein distinguiu as Constituições **normativas**, **nominalistas (nominativas** ou **nominais)** e **semânticas**. Trata-se do **critério ontológico**, que busca identificar a correspondência entre a realidade política do Estado e o texto constitucional.

Segundo Pinto Ferreira, "as *Constituições normativas* são aquelas em que o processo de poder está de tal forma disciplinado que as relações políticas e os agentes do poder subordinam-se às determinações do seu conteúdo e do seu controle procedimental. As *Constituições nominalistas* contêm disposições de limitação e controle de dominação política, sem ressonância na sistemática de processo real de poder, e com insuficiente concretização constitucional. Enfim, as *Constituições semânticas* são simples reflexos da realidade política, servindo como mero instrumento dos donos do poder e das elites políticas, sem limitação do seu conteúdo".[67]

Isso quer dizer que da **normativa** à **semântica** percebemos uma gradação de **democracia e Estado Democrático de Direito** para **autoritarismo**.

Enquanto nas **Constituições normativas** a pretendida limitação ao poder se implementa na prática, havendo, assim, correspondência com a realidade, nas **nominalistas** busca-se essa concretização, porém, sem sucesso, não se conseguindo uma verdadeira normatização do processo real do poder. Nas **semânticas**, por sua vez, nem sequer se tem essa pretensão, buscando-se conferir legitimidade meramente formal aos detentores do poder, em seu próprio benefício.

---

66 J. J. Gomes Canotilho, *Direito constitucional e teoria da Constituição*, 7. ed., p. 218. Barroso também percebe essa dialética, salientando o equilíbrio entre os interesses do capital e do trabalho. Destaca, de um lado, a **livre-iniciativa** e, de outro, regras de **intervenção do Estado no domínio econômico**, havendo contemplação de direitos sociais dos trabalhadores e restrições ao capital estrangeiro (cf. Luís Roberto Barroso, *Temas de direito constitucional*, p. 11-12).

67 Pinto Ferreira, *Curso de direito constitucional*, 10. ed., p. 13.

Para Guilherme Peña de Moraes, ao tratar do constitucionalismo pátrio, **a brasileira de 1988 "pretende ser" normativa**; as de 1824, 1891, 1934 e 1946 foram nominais ("... a Constituição é dotada de um aspecto educativo e prospectivo (...). Portanto, embora não haja concordância entre as normas constitucionais e a realidade política no presente, há a aspiração de que tal desiderato seja alcançado no futuro"). E as de 1937, 1967 e a EC n. 1/69 foram semânticas.[68]

Marcelo Neves, fazendo uma releitura de Loewenstein, prefere denominar as semânticas **instrumentalistas**, já que instrumentos dos detentores do poder. Em sua opinião, o texto de 1988 seria **nominalista**, servindo como verdadeiro "álibi" para os governantes (no tocante à não concretização de seus preceitos), ao passo que as instrumentalistas (1937, 1967 e a EC n. 1/69) aparecem como "armas" na "luta política".[69]

2.4.10. Quanto ao sistema

Segundo *Diogo de Figueiredo Moreira Neto*, a Constituição, quanto ao **sistema**, pode ser classificada em **principiológica** ou **preceitual**.

Na **principiológica**, conforme anotou Guilherme Peña de Moraes, "... predominam os **princípios**, identificados como normas constitucionais providas de alto grau de abstração, consagradores de valores, pelo que é necessária a mediação concretizadora, tal como a Constituição brasileira".

Por seu turno, na **preceitual** "... prevalecem as **regras**, individualizadas como normas constitucionais revestidas de pouco grau de abstração, concretizadoras de princípios, pelo que é possível a aplicação coercitiva, tal como a Constituição mexicana".[70]

2.4.11. Quanto à função

Quanto à função, as Constituições podem ser classificadas como **provisórias** ou **definitivas**.

De acordo com Jorge Miranda, "chama-se de *pré-Constituição, Constituição provisória* ou, sob outra ótica, *Constituição revolucionária* ao conjunto de normas com a dupla finalidade de definição do regime de elaboração e aprovação da Constituição formal e de estruturação do poder político no interregno constitucional, a que se acrescenta a função de eliminação ou erradicação de resquícios do antigo regime. Contrapõe-se à Constituição *definitiva* ou de *duração indefinida para o futuro* como pretende ser a Constituição produto final do processo constituinte".[71]

---

[68] Guilherme Peña de Moraes, *Curso de direito constitucional*, 2. ed., p. 69.

[69] Marcelo Neves, *A constitucionalização simbólica*, p. 101-110. Sobre a temática da constitucionalização simbólica, cf. *item 2.3*.

[70] *Curso de direito constitucional*, 2. ed., p. 67, destacando Diogo de Figueiredo Moreira Neto, *Mutações do direito administrativo*, 2000, p. 81.

[71] Jorge Miranda, *Manual de direito constitucional*, 5. ed., 2003, t. II, p. 108.

2.4.12. Quanto à origem de sua decretação: heterônomas (heteroconstituições) *x* autônomas ("autoconstituições" ou "homoconstituições")

Quando surge um novo Estado, ou o Estado que já existia restaura-se, ou sofre radical transformação de sua estrutura, essa nova manifestação atrela-se a uma Constituição material que já vem acompanhada da Constituição formal, ou que passa a ter uma Constituição formal estabelecida em momento seguinte.

A soberania do Estado está sedimentada na Constituição material, e a Constituição formal, normalmente, provém do próprio Estado.

De modo **incomum**, contudo, a doutrina identifica Constituições que foram decretadas de fora do Estado por outro (ou outros) Estado(s) ou por organizações internacionais.

Estamos diante daquilo que *Miguel Galvão Teles* denominou **heteroconstituição**.[72]

Conforme anota Jorge Miranda, além da **raridade**, causam certa **perplexidade**, dando como exemplo: "... algumas das Constituições, ou das primeiras Constituições, dos **países da *Commonwealth*** aprovadas por leis do Parlamento britânico (Canadá, Nova Zelândia, Austrália, Jamaica, Maurícia, etc.), a primeira Constituição da **Albânia** (obra de uma conferência internacional, de 1913) ou a Constituição **cipriota** (procedente dos acordos de Zurique, de 1960, entre a Grã-Bretanha, a Grécia e a Turquia) ou a Constituição da **Bósnia-Herzegovina** (após os chamados acordos de Dayton de 1995)", ou, ainda, no **plano puramente político**, "as Constituições surgidas por **imposição** de outros Estados: as Constituições das **Repúblicas Helvética** e **Batava** do tempo da Revolução francesa, a Constituição **espanhola** de **1808**, as **primeiras** Constituições da **Libéria** e das **Filipinas**, a Constituição **japonesa** de **1946**, as **Constituições das democracias populares do leste da Europa dos anos 40 e 50**, a **primeira** Constituição da **Guiné Equatorial**. E por imposição das Nações Unidas: as Constituições da **Namíbia** de **1990** e do **Camboja** de **1993**".[73]

Interessante observar, como ensina o mestre português, que "... até a independência o fundamento de validade da Constituição estava na ordem jurídica donde proveio; com a independência transfere-se para a ordem jurídica local, investida de poder constituinte. Verifica-se, pois, uma verdadeira **novação** do **ato constituinte** ou (doutro prisma) uma **deslocação da regra de reconhecimento**; e **apenas** o **texto** que persista — correspondente a Constituição em sentido instrumental — **se liga à primitiva fonte, não o valor vinculativo das normas**".[74]

Diante do exposto, no entanto, pode-se afirmar que as Constituições brasileiras **não são heterônomas**, na medida em que elaboradas e decretadas dentro do próprio Estado que irão reger. Podemos, assim, denominá-las, nesse sentido, Constituições

---

[72] Miguel Galvão Teles, *Constituição*, in *Verbo*, V, p. 1500, apud Jorge Miranda, *Manual*..., t. II, 5. ed., 2003, p. 96.

[73] Jorge Miranda, op. cit., p. 96-97.

[74] Jorge Miranda, op. cit., p. 97.

autônomas, ou **autoconstituições**, ou, por que não, **homoconstituições** (fazendo um contraponto à terminologia proposta por *Miguel Galvão Teles*).

2.4.13. Constituições garantia, balanço e dirigente (Manoel Gonçalves Ferreira Filho)

A Constituição **garantia** busca garantir a liberdade, limitando o poder; a **balanço** reflete um degrau de evolução socialista e a **dirigente** estabelece um projeto de Estado (ex.: portuguesa).

Segundo Manoel Gonçalves Ferreira Filho, "modernamente, é frequente designar a Constituição de tipo clássico de *Constituição-garantia*, pois esta visa a garantir a liberdade, limitando o poder. Tal referência se desenvolveu pela necessidade de contrapô-la à *Constituição-balanço*. Esta, conforme a doutrina soviética que se inspira em Lassalle, é a Constituição que descreve e registra a organização política estabelecida. Na verdade, segundo essa doutrina, a Constituição registraria um estágio das relações de poder. Por isso é que a URSS, quando alcançado novo estágio na marcha para o socialismo, adotaria nova Constituição, como o fez em 1924, 1936 e em 1977. Cada uma de tais Constituições faria o *balanço* do novo estágio. Hoje muito se fala em *Constituição-dirigente*. Esta seria a Constituição que estabeleceria um *plano* para dirigir uma evolução política. Ao contrário da *Constituição-balanço* que refletiria o presente (o ser), a *Constituição-programa* anunciaria um *ideal* a ser concretizado. Esta *Constituição-dirigente* se caracterizaria em consequência de *normas programáticas* (que para não caírem no vazio reclamariam a chamada *inconstitucionalidade por omissão...*). A ideia de *Constituição-dirigente* é sobremodo encarecida por juristas de inspiração marxista, como o português Canotilho, que desejam prefigurar na Constituição a implantação progressiva de um Estado socialista, primeiro, comunista, a final. Exemplo, a Constituição portuguesa de 1976".[75]

2.4.14. Constituições liberais (negativas) e sociais (dirigentes) — conteúdo ideológico das Constituições (André Ramos Tavares)

André Ramos Tavares propõe outra classificação, levando em conta o conteúdo ideológico das Constituições, classificando-as em **liberais** (ou **negativas**) e **sociais** (ou **dirigentes**).[76]

Para ele, "as Constituições **liberais** surgem com o triunfo da ideologia burguesa, com os ideais do liberalismo".

Nesse contexto, destacamos os direitos humanos de **1.ª dimensão** e, assim, a ideia da não intervenção do Estado, bem como a proteção das liberdades públicas. Poderíamos falar, portanto, em **Constituições negativas** (absenteísmo estatal).

---

75 Manoel Gonçalves Ferreira Filho, *Curso de direito constitucional*, 34. ed., p. 14-15.

76 *Curso de direito constitucional*, 6. ed., p. 74.

Por outro lado, as Constituições **sociais** refletem um momento posterior, de necessidade da atuação estatal, consagrando a igualdade substancial, bem como os direitos sociais, também chamados de direitos de **2.ª dimensão**.

Trata-se da percepção de uma **atuação positiva** do Estado e, por isso, André Ramos Tavares aproxima as Constituições sociais da ideia de **dirigismo** estatal sugerida por Canotilho.

Segundo o autor, estamos diante do **Estado do Bem Comum**. E completa: "é bastante comum, nesse tipo de Constituição, traçar expressamente os grandes objetivos que hão de nortear a atuação governamental, impondo-os (ao menos a longo prazo)".

2.4.15. Raul Machado Horta (Constituições expansivas)

Raul Machado Horta[77] inscreve a brasileira de 1988 no grupo das **Constituições expansivas**. Para o ilustre autor, "a expansividade da Constituição de 1988, em função dos temas novos e da ampliação conferida a temas permanentes, como no caso dos Direitos e Garantias Fundamentais, pode ser aferida em três planos distintos:" *conteúdo anatômico e estrutural da Constituição; comparação constitucional interna* e *comparação constitucional externa:*

- **conteúdo anatômico e estrutural da Constituição:** destacam-se a estruturação do texto e sua divisão em títulos, capítulos, seções, subseções, artigos da parte permanente e do ADCT;

RAUL MACHADO HORTA — CONSTITUIÇÃO EXPANSIVA — CONTEÚDO ANATÔMICO E ESTRUTURAL DA CF/88
▫ **Preâmbulo**
▫ **Título I** — Dos Princípios Fundamentais — arts. 1.º a 4.º
▫ **Título II** — Dos Direitos e Garantias Fundamentais — arts. 5.º a 17
▫ **Título III** — Da Organização do Estado — arts. 18 a 43
▫ **Título IV** — Da Organização dos Poderes — arts. 44 a 135
▫ **Título V** — Da Defesa do Estado e das Instituições Democráticas — arts. 136 a 144
▫ **Título VI** — Da Tributação e do Orçamento — arts. 145 a 169
▫ **Título VII** — Da Ordem Econômica e Financeira — arts. 170 a 192
▫ **Título VIII** — Da Ordem Social — arts. 193 a 232
▫ **Título IX** — Das Disposições Constitucionais Gerais — arts. 233 a 250
▫ **ADCT** — arts. 1.º a 114

- **comparação constitucional interna:** relaciona-se a CF/88 com as Constituições brasileiras precedentes, considerando a extensão de cada uma e as suas al-

[77] *Direito constitucional*, 4. ed., p. 207-210.

terações. Segundo o autor, referida *comparação interna* "... registra a dilatação da matéria constitucional e a evolução das Constituições brasileiras no tempo";

- **comparação constitucional externa:** relaciona a Constituição brasileira com as Constituições estrangeiras mais extensas.

Dentro dessa ideia, bastante interessante a proposta defendida por Luiz Sales do Nascimento, de uma *teoria científica do direito constitucional comparado*, sugerindo que a atividade comparativa siga verdadeiro e seguro *roteiro* metodológico.[78]

2.4.16. A Constituição Federal brasileira de 1988

Valendo-nos de todos os critérios classificatórios anteriormente expostos e a seguir esquematizados, podemos dizer que a Constituição brasileira de 1988 singulariza-se por ser: **promulgada, escrita, analítica, formal** (cf. nova perspectiva classificatória decorrente do art. 5.º, § 3.º, introduzido pela EC n. 45/2004, sugerida no *item 2.4.4*), **dogmática, rígida, reduzida, eclética, pretende ser normativa, principiológica, definitiva** (ou de **duração indefinida para o futuro**), **autônoma** (**autoconstituição** ou **"homoconstituição"**), **garantia, dirigente, social** e **expansiva**.

- *quanto à origem:* outorgada, **promulgada**, cesarista (bonapartista) ou pactuada (dualista);
- *quanto à forma:* **escrita (instrumental)** ou costumeira (consuetudinária, não escrita);
- *quanto à extensão:* sintética (concisa, breve, sumária, sucinta, básica) ou **analítica (ampla, extensa, larga, prolixa, longa, desenvolvida, volumosa, inchada)**;
- *quanto ao conteúdo:* **formal** ou material (tendência para um critério **misto** — EC n. 45/2004);
- *quanto ao modo de elaboração:* **dogmática (sistemática)** ou histórica;
- *quanto à alterabilidade:* **rígida**, flexível, semirrígida (semiflexível), fixa (silenciosa), transitoriamente flexível, imutável (permanente, granítica, intocável), "super-rígida";
- *quanto à sistemática (Pinto Ferreira):* **reduzida (unitária)** ou variada;
- *quanto à dogmática (Paulino Jacques):* ortodoxa ou **eclética** (destaque para o caráter **compromissório** do texto de 1988);
- *quanto à correspondência com a realidade (critério ontológico — essência — Karl Loewenstein):* **normativa (pretende ser)**, nominalista ou semântica;
- *quanto ao sistema:* **principiológica** ou preceitual;
- *quanto à função:* pré-Constituição, Constituição provisória, ou Constituição revolucionária, e Constituição **definitiva**, ou de **duração indefinida para o futuro**;

[78] Luiz Sales do Nascimento, *Direito constitucional comparado*: pressupostos teóricos e princípios gerais, passim.

- *quanto à origem de sua decretação:* heterônoma ("heteroconstituição") ou **autônoma ("autoconstituição"** ou **"homoconstituição")**;
- *Manoel Gonçalves Ferreira Filho:* **garantia**, balanço e **dirigente**;
- *André Ramos Tavares (conteúdo ideológico das Constituições):* liberais (negativas) e **sociais (dirigentes)**;
- *Raul Machado Horta:* **expansiva**.

2.5. ELEMENTOS DAS CONSTITUIÇÕES

Não obstante encontremos na Constituição um todo orgânico e sistematizado, as normas constitucionais estão agrupadas em títulos, capítulos e seções, com conteúdo, origem e finalidade diversos.

Esses dispositivos, trazendo valores distintos, caracterizam a natureza **polifacética** da Constituição, fazendo com que a doutrina agrupe as diversas normas de acordo com a sua finalidade, surgindo, então, o que se denominou **elementos da Constituição**.

A doutrina diverge em relação aos elementos da Constituição.[79] No entanto, parece ser mais completa a identificação do Professor José Afonso da Silva, de **cinco categorias de elementos**, assim definidas:[80]

- **elementos orgânicos:** normas que regulam a estrutura do Estado e do Poder. Exemplos: *a*) Título III (Da Organização do Estado); *b*) Título IV (Da Organização dos Poderes e do Sistema de Governo); *c*) Capítulos II e III do Título V (Das Forças Armadas e da Segurança Pública); *d*) Título VI (Da Tributação e do Orçamento);
- **elementos limitativos:** manifestam-se nas normas que compõem o elenco dos direitos e garantias fundamentais (direitos individuais e suas garantias, direitos de nacionalidade e direitos políticos e democráticos), limitando a atuação dos poderes estatais. Exemplo: Título II (Dos Direitos e Garantias Fundamentais), excetuando o Capítulo II do referido Título II (Dos Direitos Sociais), estes últimos definidos como elementos socioideológicos;
- **elementos socioideológicos:** revelam o compromisso da Constituição entre o Estado individualista e o Estado social, intervencionista. Exemplos: *a*) Capítulo II do Título II (Dos Direitos Sociais); *b*) Título VII (Da Ordem Econômica e Financeira); *c*) Título VIII (Da Ordem Social);
- **elementos de estabilização constitucional:** consubstanciados nas normas constitucionais destinadas a assegurar a solução de conflitos constitucionais, a defesa da Constituição, do Estado e das instituições democráticas. Constituem

---

[79] J. H. Meirelles Teixeira, por exemplo, vislumbrava quatro categorias de elementos, a saber: **orgânicos**, **limitativos**, **programático-ideológicos** e **formais** ou de **aplicabilidade** (*Curso de direito constitucional*, p. 183-184).

[80] *Curso de direito constitucional positivo*, p. 44-45.

instrumentos de defesa do Estado e buscam garantir a paz social. Exemplos: *a*) art. 102, I, "a" (ação de inconstitucionalidade); *b*) arts. 34 a 36 (Da intervenção nos Estados e Municípios); *c*) arts. 59, I, e 60 (Processos de emendas à Constituição); *d*) arts. 102 e 103 (Jurisdição constitucional); *e*) Título V (Da Defesa do Estado e das Instituições Democráticas, especialmente o Capítulo I, que trata do estado de defesa e do estado de sítio, já que os Capítulos II e III do Título V caracterizam-se como elementos orgânicos);

- **elementos formais de aplicabilidade:** encontram-se nas normas que estabelecem regras de aplicação das Constituições. Exemplos: *a*) preâmbulo; *b*) disposições constitucionais transitórias; *c*) art. 5.º, § 1.º, quando estabelece que as normas definidoras dos direitos e garantias fundamentais têm aplicação imediata.

2.6. HISTÓRICO DAS CONSTITUIÇÕES BRASILEIRAS[81]

CONSTITUIÇÃO	SURGIMENTO	VIGÊNCIA EM ANOS[82]
1824	25.03.1824[83]	65
1891	24.02.1891[84]	39
1934	16.07.1934	03
1937	10.11.1937	08
1946	18.09.1946	20
1967	24.01.1967	02
EC n. 1/1969[85]	17.10.1969	18
1988	05.10.1988	32[86]

2.6.1. Constituição de 1824

Em 1808, tendo em vista a ocupação das terras portuguesas pelas tropas napoleônicas, a Família Real Portuguesa se transfere para o Brasil, passando a colônia brasileira a ser designada *Reino Unido a Portugal e Algarves.*

Em seguida, em decorrência da *Revolução do Porto* e por exigência dos nobres portugueses, o Rei Dom João VI, rei de Portugal, retorna a Lisboa em abril de 1821,

81 Este tema passou a ser inserido nos programas dos editais das provas mais recentes e consta, inclusive, no Edital de 28.12.2007 do Concurso de admissão à *Carreira de Diplomata*.

82 Sem contar os meses e os dias.

83 15.11.1889 — instalação do Governo Provisório da República.

84 Conforme se verá no *item 2.6.4*, a chamada *República Velha* tem o seu fim com a *Revolução de 1930*, que instituiu, por meio de uma Junta Militar, o Governo Provisório, nos termos do **Decreto n. 19.398, de 11.11.1930**, levando Getúlio Vargas ao poder, perdurando até a promulgação do texto de 1934.

85 Em razão de seu caráter revolucionário, posicionamo-nos no sentido de considerar a **EC n. 1/69** um novo **poder constituinte originário**.

86 Até o fechamento desta edição.

deixando no Brasil D. Pedro de Alcântara, Príncipe Real do Reino Unido e Regente brasileiro (seu filho com a imperatriz D. Carlota Joaquina).

Esses acontecimentos, sem dúvida, contribuíram para a intensificação dos movimentos pela independência do Brasil, e, em 9 de janeiro de 1822, desrespeitando ordem da Corte portuguesa, que exigia seu retorno imediato na tentativa de efetivar a recolonização brasileira, D. Pedro I, tendo recebido diversas assinaturas coletadas pelos "liberais radicais", disse: "Se é para o bem de todos e felicidade geral da Nação, estou pronto! Digam ao povo que fico" **("Dia do Fico")**.

Após ter declarado a Independência do Brasil, em 7 de setembro de 1822, Dom Pedro I convoca, em 1823, uma *Assembleia Geral Constituinte e Legislativa*, com **ideais marcadamente liberais**, que, contudo, vem a ser dissolvida, arbitrariamente, tendo em vista a existência de divergências com os seus ideais e pretensões autoritários.

Em substituição (da Assembleia Constituinte), D. Pedro I cria um *Conselho de Estado* para tratar dos "negócios de maior monta" e elaborar um novo projeto em total consonância com a sua vontade de "Majestade Imperial".

A Constituição Política do Império do Brasil foi **outorgada** em 25 de março de 1824 e foi, dentre todas, **a que durou mais tempo**, tendo sofrido considerável influência da francesa de 1814. Foi marcada por forte **centralismo administrativo e político**, tendo em vista a figura do **Poder Moderador**, constitucionalizado, e também por **unitarismo** e **absolutismo**.

Algumas importantes características do texto de 1824 podem ser destacadas:

▪ **Governo:** monárquico, hereditário, constitucional e representativo. Tratava-se de forma **unitária de Estado**, com nítida centralização político-administrativa.

▪ **Território:** as antigas capitanias hereditárias foram transformadas em **províncias**, que, por sua vez, poderiam ser subdivididas. As províncias eram subordinadas ao Poder Central e tinham um "Presidente", nomeado pelo Imperador e que poderia ser removido a qualquer tempo (*ad nutum*) em nome do "bom serviço do Estado".

▪ **Dinastia imperante:** a do Senhor D. Pedro I, Imperador e Defensor Perpétuo do Brasil. Durante o Império tivemos, também, a dinastia de D. Pedro II.

▪ **Religião Oficial do Império:** Católica Apostólica Romana. Todas as outras religiões eram permitidas com seu culto doméstico, ou particular, em casas para isso destinadas, não podendo, contudo, ter qualquer manifestação externa de templo.

▪ **Capital do Império brasileiro:** a cidade do **Rio de Janeiro** foi a capital do Império brasileiro de 1822 a 1889. Com o Ato Adicional n. 16, de 12.08.1834, a cidade do Rio de Janeiro foi transformada em **Município Neutro** ou **Município da Corte**, entidade territorial para a sede da Monarquia. O Município Neutro apresentava importante característica: "o relacionamento direto com o poder central, ao invés da submissão ao poder da Província do Rio de Janeiro".[87]

---

[87] Nesse sentido e para aprofundar a evolução histórica do Município Neutro e do Distrito Federal, cf. Vitor Fernandes Gonçalves, *O controle de constitucionalidade das leis do Distrito Federal*, p. 15-45.

Essa desvinculação em relação à Província do Rio de Janeiro encontrava fundamento no art. 1.º, 2.ª parte, do referido Ato Adicional de 1834, que, em cumprimento à Lei n. 12, de 12.10.1832 (que facultava a alteração de alguns artigos da Constituição de 1824, dentre eles o art. 72), inovando, passou a permitir a autoridade da *Assembleia Legislativa da Província* também na cidade do Rio de Janeiro (a capital).

A cidade do Rio de Janeiro foi a *sede do poder federal* mesmo com a proclamação da República, nos termos do art. 10 do Decreto n. 1, de 15.11.1889. A primeira Constituição da República, de 1891, como se verá, transformou o antigo Município Neutro (cidade do Rio de Janeiro, desvinculada da Província do Rio de Janeiro) em Distrito Federal, continuando a ser a Capital da União.

■ **Organização dos "Poderes":** seguindo as ideias de Benjamin Constant, não se adotou a separação tripartida de Montesquieu. Isso porque, além das funções legislativa, executiva e judiciária, estabeleceu-se a função **moderadora**. Nesse sentido, o art. 10 da Constituição do Império de 1824: "Os Poderes Políticos reconhecidos pela Constituição do Império do Brasil são **quatro**: o **Poder Legislativo**, o ***Poder Moderador***, o **Poder Executivo**, e o **Poder Judicial**".

■ **Poder Legislativo:** exercido pela **Assembleia Geral**, com a sanção do Imperador, que era composta de duas Câmaras — **Câmara de Deputados** e **Câmara de Senadores**, ou **Senado**. A Câmara dos Deputados era eletiva e temporária; a de Senadores, vitalícia, sendo os seus membros nomeados pelo Imperador dentre uma lista tríplice enviada pela Província.

■ **Eleições para o Legislativo:** indiretas.

■ **Sufrágio:** censitário, ou seja, baseava-se em determinadas condições econômico-financeiras de seus titulares (para votar e ser votado).

■ **Poder Executivo:** a função executiva era exercida pelo **Imperador**, Chefe do Poder Executivo, por intermédio de seus Ministros de Estado. Em um primeiro momento, para continuar no poder, os Ministros não dependiam da confiança do Parlamento.

Contudo, a partir da abdicação do trono por D. Pedro I, em 7 de abril de 1831, na fase da Regência (que durou 9 anos, durante a menoridade de D. Pedro II, que contava com 5 anos de idade, tendo existido 4 Regências) e, em seguida, graças ao espírito moderado de D. Pedro II, o segundo Imperador do Brasil, que assumiu o trono aos 15 anos de idade, em 18 de julho de 1841, contribuiu para a paulatina instituição do **parlamentarismo monárquico no Brasil** durante o Segundo Reinado.[88]

O parlamentarismo se consolidou com a criação do cargo de *Presidente do Conselho de Ministros* pelo Decreto n. 523, de 20.07.1847, conforme o qual D. Pedro II escolhia o Presidente do Conselho e este, por sua vez, escolhia os demais Ministros, que deveriam ter a confiança dos Deputados e do Imperador, sob pena de ser dissol-

[88] Conforme anota Celso Bastos, em determinado momento da monarquia, "... floresceu uma prática parlamentarista que acabou por implantar no País um regime que o texto frio da Constituição não autorizava, mas ao contrário vedava. A monarquia esteve, portanto, muito ligada ao sistema parlamentar. Inspirou-se muito no regime inglês e no século XIX, sem falar na própria Inglaterra, que foi a *alma mater* do regime representativo..." (*Curso de direito constitucional*, 21. ed., p. 102).

vido (alguns chegam a denominá-lo um "parlamentarismo às avessas", já que o Presidente do Conselho, que equivaleria ao Primeiro-Ministro da Inglaterra, era escolhido pelo Imperador e portanto a este subordinado, e não ao Parlamento).

▪ **Poder Judiciário:** o denominado "Poder Judicial" era independente e composto de **juízes** e **jurados**. Os juízes aplicavam a lei; os jurados se pronunciavam sobre os fatos. Aos juízes de direito era assegurada a vitaliciedade ("os juízes de direito serão perpétuos", só podendo perder o "lugar" por sentença), não se lhes assegurando, todavia, a inamovibilidade. O Imperador podia suspendê-los por queixas que lhe eram feitas. Para julgar as causas em segunda e última instância, nas Províncias do Império, foram criadas as **"Relações"**. Na Capital do Império foi estabelecido, como órgão de cúpula do Judiciário, o **Supremo Tribunal de Justiça**, composto de juízes togados, provenientes das "Relações" das Províncias e pelo critério da antiguidade.

▪ **Poder Moderador:** sem dúvida, foi o "mecanismo" que serviu para assegurar a **estabilidade do trono** do Imperador durante o reinado no Brasil.

Afonso Arinos destaca que o criador da ideia de Poder Moderador, **Benjamin Constant**, sofreu forte influência de **Clermont Tonerre**.

Como relata, Benjamin Constant definia o Poder Moderador, por ele chamado de **"Poder Real"**, como "*la clef de toute organisation politique*", frase esta consagrada no art. 98 da Constituição de 1824: "**o Poder Moderador é a chave de toda a organização Política**, e é delegado privativamente ao Imperador, como Chefe Supremo da Nação e seu Primeiro Representante, para que incessantemente vele sobre a manutenção da Independência, equilíbrio e harmonia dos demais Poderes Políticos".[89]

Muita discussão houve sobre o Poder Moderador, especialmente em razão da tradução do termo "*clef*", ou seja, significando **"fecho"** para alguns ou **"chave"** para outros, este último como consta do art. 98 da Constituição de 1824.

Para os **liberais**, a melhor tradução seria **"fecho"**, no sentido de "apoio e coordenação" em relação aos demais Poderes. Para os **conservadores**, a tradução mais adequada seria **"chave"**, dando a ideia de possibilidade de "abrir qualquer porta", tendo em vista as constantes "intervenções" e "imposições" do Poder Moderador sobre os demais Poderes.[90]

Assim, na prática, parece que a tradução "chave" refletiu a constante interferência do Poder Moderador sobre os demais Poderes e o significado de Imperador, que recebeu os Títulos de "Imperador Constitucional e Defensor Perpétuo do Brasil", tendo o tratamento de "Majestade Imperial" e sendo a sua pessoa inviolável e sagrada, não sujeita a responsabilidade alguma (irresponsabilidade total do Estado — "*the king can do no wrong*" — "o rei não erra").

O **Imperador**, que exercia o **Poder Moderador**, no âmbito do **Legislativo**, nomeava os Senadores, convocava a Assembleia Geral extraordinariamente, sancionava e vetava proposições do Legislativo, dissolvia a Câmara dos Deputados, convocando

[89] Afonso Arinos de Melo Franco, *O constitucionalismo de D. Pedro I no Brasil e em Portugal*, p. 28.

[90] Afonso Arinos de Melo Franco, op. cit., p. 28-29.

imediatamente outra, que a substituía. No âmbito do **Executivo**, nomeava e exonerava livremente os Ministros de Estado. E, por fim, no âmbito do **Judiciário**, suspendia os Magistrados.

■ **Tentativa frustrada de se instalar o Estado Federativo durante o Império:** a Regência permanente, em nome do Imperador D. Pedro II, tendo em vista os poderes de reforma atribuídos pela Lei de 12.10.1832, nos termos do art. 1.º da Lei n. 16, de 12.08.1834 **(Ato Adicional)**, criou as chamadas "Assembleias Legislativas Provinciais", com considerável autonomia. Contudo, contrariamente ao interesse de determinados segmentos, não se conseguiu acabar com o Poder Moderador, nem com o absolutismo reinante, especialmente a partir do advento da Lei n. 105, de 12.05.1840, chamada "Lei de Interpretação", que restabeleceu, fortemente, a ideia centralizadora e a figura do Poder Moderador.

■ **Insurreições populares:** durante o Império diversos movimentos populares eclodiram, seja por causas separatistas, seja por melhores condições sociais, destacando-se:

a) Cabanagem (no Pará, 1835);
b) Farroupilha (no Rio Grande do Sul, 1835);
c) Sabinada (na Bahia, 1837);
d) Balaiada (no Maranhão, 1838);
e) Revolução Praieira (em Pernambuco, 1848).

■ **Constituição semirrígida:** nos termos do art. 178, conforme já estudamos, no tocante à classificação das Constituições quanto à *alterabilidade*, algumas normas, para serem alteradas, necessitavam de um procedimento mais árduo, mais solene e mais dificultoso; outras, entretanto, eram alteradas por um processo legislativo ordinário, sem nenhuma formalidade.

■ **Liberdades públicas:** por forte influência das Revoluções Americana (1776) e Francesa (1789), configurando a ideia de **constitucionalismo liberal**,[91] a Constituição de 1824 continha importante rol de Direitos Civis e Políticos. Sem dúvida influenciou as **declarações de direitos e garantias** das Constituições que se seguiram.

Não podemos, contudo, deixar de **execrar** a triste manutenção da escravidão, por força do regime que se baseava na "monocultura latifundiária e escravocrata",[92] como mancha do regime até 13 de maio de 1888, data de sua abolição, quando da assinatura da **Lei Áurea** pela Princesa Isabel.[93]

Muito embora não prevista a garantia do *habeas corpus*, cabe lembrar que o *Decreto n. 114, de 23.05.1821*, alvará de D. Pedro I, antes do texto, já proibia prisões

[91] Como anotou Celso Bastos, "o liberalismo tem por ponto central colocar o homem, individualmente considerado, como alicerce de todo o sistema social" (*Curso de direito constitucional*, 21. ed., p. 98).

[92] Nesse sentido, cf. Pinto Ferreira, *Curso de direito constitucional*, 10. ed., p. 50.

[93] Destacamos, anteriormente, apenas para recordar, a Lei n. 2.040, de 28.09.1871 ("Lei do Ventre Livre"), que assegurou a condição de livres aos filhos da mulher escrava, bem como a "Lei dos Sexagenários", que tornou livres, a partir de 1885, os escravos com idade igual ou superior a 65 anos.

arbitrárias. A Constituição de 1824, por si, tutelou a liberdade de locomoção (art. 179, VI, VIII e IX) e também vedou qualquer hipótese de prisão arbitrária.

Foi somente a partir do *Código Criminal* de 16.12.1830 (arts. 183 a 188) que se passou a estabelecer a garantia do *habeas corpus*, regra prevista, também, no *Código de Processo Criminal de Primeira Instância* (Lei n. 127, de 29.11.1832, arts. 340 a 345) e no art. 18 da *Lei n. 2.033, de 20.09.1871* (que assegurou a impetração também por estrangeiros).

A garantia do "HC", como se verá, constitucionaliza-se somente no texto de 1891.

■ 2.6.2. Decreto n. 1, de 15.11.1889 — primeiro Governo Provisório da República

A partir de 1860, começa-se a perceber um enfraquecimento da Monarquia. Em 1868, durante a *Guerra do Paraguai*, os militares passam a nutrir um forte sentimento de descontentamento com a Monarquia, sentimento esse que se intensificou em razão da candente "marginalização política" e redução do orçamento e efetivo militares.

O *Manifesto do Centro Liberal* (1869) e o *Manifesto Republicano* (1870) também contribuíram para abalar a Monarquia, atacando a vitaliciedade dos Senadores e o papel do Conselho de Estado.

Em 1874 tivemos fortes entraves entre a Igreja Católica e a Monarquia.

Nesse contexto, "desmoronando" as "colunas de apoio" ao Império, em 15 de novembro de 1889, a República é proclamada pelo Marechal Deodoro da Fonseca, afastando-se do poder D. Pedro II e toda a dinastia de Bragança, sem ter havido muita movimentação popular. Isso porque, como visto, tratava-se mais de um golpe de Estado militar e armado do que de qualquer movimento do povo. A República nascia, assim, sem legitimidade.

Consequentemente, as Províncias do Brasil, reunidas pelo laço da Federação, passam a constituir os **Estados Unidos do Brasil**.

Entre 1889 e 1891 se instala no Brasil o **Governo Provisório** (Dec. n. 1, de 15.11.1889, redigido por Rui Barbosa), presidido por Deodoro da Fonseca e que tinha a importante missão de consolidar o novo regime e promulgar a primeira Constituição da República.

Nos termos do art. 10 do Decreto presidencial n. 1, de 15 de novembro de 1889, "o território do Município Neutro fica provisoriamente sob a administração imediata do Governo Provisório da República, e a **cidade do Rio de Janeiro** constituída, também provisoriamente, **sede do poder federal**".

■ 2.6.3. Constituição de 1891

A Assembleia Constituinte foi eleita em 1890. Em 24 de fevereiro de 1891, a **primeira Constituição da República do Brasil** (a segunda do constitucionalismo pátrio) é promulgada, sofrendo pequena reforma em 1926. Vigorou até 1930.

A Constituição de 1891 teve por Relator o Senador **Rui Barbosa** e sofreu forte influência da Constituição norte-americana de 1787, consagrando o sistema de governo **presidencialista**, a forma de Estado **federal**, abandonando o unitarismo e a forma de governo **republicana** em substituição à monárquica.

■ **Forma de Governo e regime representativo:** nos termos do art. 1.º da Constituição de 1891, a Nação brasileira adotou, como forma de Governo, sob o **regime representativo**, a **República Federativa**, proclamada em 15 de novembro de 1889. Declarou, ainda, a **união perpétua** e **indissolúvel** das antigas Províncias, transformando-as em Estados Unidos do Brasil e vedando, assim, a possibilidade de secessão (qual seja, separação, segregação do pacto federativo).

■ **Distrito Federal — Capital do Brasil, tendo por sede a cidade do Rio de Janeiro:** nos termos do art. 2.º da Constituição de 1891, o antigo Município Neutro (Rio de Janeiro, que era a sede do Poder Central do Império) foi transformado em **Distrito Federal**, continuando a ser a **Capital da União**, enquanto não cumprida a determinação contida no art. 3.º da Constituição de 1891, com a seguinte previsão: "fica pertencendo à União, no planalto central da República, uma zona de 14.400 quilômetros quadrados, que será oportunamente demarcada para nela **estabelecer-se a futura Capital Federal**. Efetuada a mudança da Capital, o atual Distrito Federal passará a constituir um **Estado**".

Nesse sentido, o art. 1.º da primeira Lei Orgânica do DF, a Lei n. 85, de 20 de setembro de 1892, manteve a natureza "municipal" da capital do País (o Distrito Federal), ao estabelecer: "o Distrito Federal compreende o território do antigo Município Neutro, tem por sede a cidade do Rio de Janeiro e continua constituído em Município".[94]

■ **Não há mais religião oficial:** o Brasil, nos termos do que já havia sido estabelecido pelo *Decreto n. 119-A, de 07.01.1890*, constitucionaliza-se como um país leigo, laico ou não confessional. Retiraram-se os efeitos civis do casamento religioso. Os cemitérios, que eram controlados pela Igreja, passaram a ser administrados pela autoridade municipal. Houve proibição do ensino religioso nas escolas públicas. Não se invocou, no preâmbulo da Constituição, a expressão "sob a proteção de Deus" para a sua promulgação.

Lembramos, por fim, que nos termos do art. 4.º do Decreto n. 119-A, de 07.01.1890, já havia sido extinto o **padroado** (direito que o Imperador tinha de intervir nas nomeações dos bispos, bem como nos cargos e benefícios eclesiásticos), com todas as suas instituições, recursos e prerrogativas.

Como não havia mais religião oficial, naturalmente também, com o texto de 1891, ficou extinta a concessão ou negativa de **beneplácito régio** aos Decretos dos Concílios e Letras Apostólicas e quaisquer outras Constituições Eclesiásticas (ou

---

[94] Segundo José Afonso da Silva, o Distrito Federal tem origem histórica no federalismo norte-americano, nos termos do art. 1.º da Seção 8, n. 17, da Constituição americana de 1787. Isso porque "... a autonomia das entidades federativas regionais entre si e em relação à União e do governo desta em face daquelas exigiu que a sede do governo federal se localizasse em território sujeito à sua própria jurisdição. Foi assim que surgiu o *Distrito Federal*, como mais uma inovação da história constitucional dos Estados Unidos..." (*Comentário contextual à Constituição*, 2. ed., p. 318 — comentários ao art. 32).

seja, a aprovação estatal dos aludidos documentos para a vigência interna, não existindo mais nos termos do art. 102, XIV, da Constituição de 1824).

Ainda, em igual sentido, o fato de o Estado ter-se separado da Igreja determinou a extinção do **recurso à Coroa** para atacar as decisões dos Tribunais Eclesiásticos.

■ **Organização dos "Poderes":** o Poder Moderador foi extinto, adotando-se a teoria clássica de Montesquieu da tripartição de "Poderes". Nesses termos, o art. 15 da Constituição de 1891 estabeleceu: "são órgãos da soberania nacional o Poder Legislativo, o Executivo e o Judiciário, harmônicos e independentes entre si".

■ **Poder Legislativo:** o Poder Legislativo federal era exercido pelo Congresso Nacional, com a sanção do Presidente da República, sendo este composto por dois "ramos", ou Casas: a Câmara dos Deputados e o Senado Federal. Fixava-se, assim, o **"bicameralismo federativo"**.

A Câmara dos Deputados era composta de representantes do povo eleitos pelos Estados e pelo Distrito Federal, mediante **sufrágio direto**, garantida a representação da minoria. Cada Deputado exercia mandato de **3 anos**.

Já o Senado Federal representava os Estados e o Distrito Federal, sendo eleitos 3 Senadores por Estado e 3 pelo Distrito Federal, eleitos do mesmo modo que os Deputados, para mandato de **9 anos**, renovando-se o Senado pelo terço trienalmente (ou seja, 1 a cada 3 anos, já que o mandato era de 9 anos e junto com as eleições para Deputados, que tinham mandato de 3 anos).

O Poder Legislativo também foi estabelecido em âmbito estadual. Alguns Estados, curiosamente, possuíam duas Casas, caracterizando-se, assim, a ideia de **bicameralismo estadual**, como podia ser percebido em São Paulo e Pernambuco, que tinham, além da Câmara dos Deputados (Estaduais), um Senado Estadual.

■ **Poder Executivo:** exercido pelo Presidente da República dos Estados Unidos do Brasil, como chefe eletivo da Nação, era eleito junto com o Vice-Presidente por **sufrágio direto** da Nação, para mandato de 4 anos, não podendo ser reeleito para um período subsequente.

Cabe alertar, contudo, nos termos do art. 1.º das Disposições Transitórias da Constituição de 1891, muito embora a previsão e conquista das **eleições diretas**, que a primeira eleição da República foi **indireta**, pelo Congresso Nacional, elegendo-se o Presidente *Marechal Deodoro da Fonseca* e o Vice-Presidente dos Estados Unidos do Brasil *Marechal Floriano Peixoto*.[95]

O Presidente da República era auxiliado pelos Ministros de Estado, agentes de sua confiança que lhe subscreviam os atos e eram nomeados e exonerados livremente (*ad nutum*).

Interessante notar que alguns Estados designavam o seu Executivo local como "presidente", enquanto outros, como "governador". Assim, era possível perceber a figura de "presidentes estaduais" exercendo o Executivo local.

95 Para informações históricas sobre o período republicano da política brasileira e a galeria dos Presidentes, cf.: <http://www.biblioteca.presidencia.gov.br/ex-presidentes>.

■ **Poder Judiciário:** o órgão máximo do Judiciário passou a chamar-se **Supremo Tribunal Federal**, composto de 15 "Juízes". Estabeleceu-se a hipótese dos crimes de responsabilidade. Houve expressa previsão da garantia da vitaliciedade para os Juízes Federais (art. 57) e para os membros do Supremo Tribunal Militar (art. 77, § 1.º). Para os Juízes Federais, houve expressa previsão da garantia da irredutibilidade de "vencimentos" (art. 57, § 1.º).

A **Justiça Federal** foi mantida na Constituição. Cabe mencionar que o **Decreto n. 848, de 11.10.1890**, por inspiração do modelo norte-americano da Constituição de 1787 (lembrando, ainda, o suíço de 1874 e o argentino, nos termos das Leis de 1882 e 1883), já havia criado a Justiça Federal no Brasil, exercida por um **Supremo Tribunal Federal** e por juízes inferiores intitulados **Juízes de Secção**.

■ **Constituição rígida:** nos termos do art. 90 previu-se um processo de alteração da Constituição mais árduo e mais solene do que o processo de alteração das demais espécies normativas. Assim, perde sentido a anterior distinção que era feita no texto de 1824 entre norma material e formalmente constitucional. Estabeleceu-se, como cláusula pétrea, a **forma republicano-federativa** e a **igualdade da representação dos Estados no Senado**.

■ **Declaração de direitos:** a declaração de direitos foi aprimorada, abolindo-se a pena de galés (que já havia sido extinta pelo Dec. n. 774, de 20.09.1890),[96] a de banimento e a de morte, ressalvadas, neste último caso, as disposições da legislação militar em tempo de guerra.[97] Houve prevalência de proteção às clássicas liberdades

[96] Convém lembrar que o Decreto n. 774, de 20.09.1890, expedido durante o Governo Provisório da República, já havia: *a*) abolido a pena de galés; *b*) reduzido a 30 anos as penas perpétuas; *c*) mandado computar a prisão preventiva na execução; *d*) estabelecido a prescrição das penas. Destacamos, também, os "considerandos", que apontam avanços em termos de direitos humanos, explicando, ainda, o conceito de pena de galés: "Que as penas cruéis, infamantes ou inutilmente aflitivas não se compadecem com os princípios da humanidade, em que no tempo presente se inspiram a ciência e a justiça sociais, não contribuindo para a reparação da ofensa, segurança pública ou regeneração do criminoso; Que as galés impostas pelo código criminal do extinto império obrigando os réus a trazerem *calceta* no pé e corrente, infligem uma tortura e um estigma, enervam as forças físicas e abatem os sentimentos morais, tornam odioso o trabalho, principal elemento de correção, e destroem os estímulos da reabilitação; Que a Constituição da República, embora ainda não em vigor nesta parte, já determinou a abolição dessa pena; Que a penalogia moderna reprova igualmente a prisão perpétua; Que a justiça penal tem limite na utilidade social, devendo cessar, ainda depois da condenação e durante a execução, a pena abolida pelo poder público; Que urge, enquanto não é publicado e posto em execução o novo Código Penal da República dos Estados Unidos do Brasil, remediar excessivos rigores da legislação criminal vigente, entre os quais a imprescritibilidade da pena, decreta...".

[97] Conforme anota Carlos Fernando Mathias de Souza, "eram as seguintes as **penas** do Código de 1830: **de morte pela forca** (art. 38), inadmitindo rigores na execução (art. 61), aplicada contra cabeças de insurreição (arts. 113 e 114) e em determinadas hipóteses de homicídios, é dizer-se, em função de determinadas circunstâncias (arts. 192 e 271). A **pena de galés**, que era aplicada como comutação da pena de morte ou (em grau mínimo) para os crimes de perjúrio, pirataria ou de ofensa física irreparável da qual resultasse aleijão ou deformidade. Os punidos com ela deviam andar com calceta no pé e corrente de ferro, além de serem obrigados a trabalhos públicos. A **pena de prisão** era estabelecida para

privadas, civis e políticas, não se percebendo a previsão de direitos dos trabalhadores nos termos do que vai ser sentido no texto de 1934.

No tocante às **garantias constitucionais**, na Constituição de 1891 houve expressa previsão, pela primeira vez no constitucionalismo pátrio, do remédio constitucional do ***habeas corpus***.

Embora não prevista a garantia do *habeas corpus* no texto de 1824, cabe lembrar que o *Decreto n. 114, de 23.05.1821*, alvará de D. Pedro I, proibia prisões arbitrárias; a Constituição de 1824, por si, tutelou a liberdade de locomoção (art. 179, VI, VIII e IX) e vedou a prisão arbitrária; já a partir do *Código Criminal* de 16.12.1830 (arts. 183 a 188), passou-se a estabelecer a garantia do *habeas corpus*, regra prevista também no *Código de Processo Criminal de Primeira Instância*, Lei n. 127, de 29.11.1832 (arts. 340 a 345) e no art. 18 da Lei n. 2.033, de 20.09.1871 (que assegurou a impetração também por estrangeiros).

Em 03.09.1926 foi editada Emenda n. 1 à Constituição de 1891, limitando a chamada "teoria (ou doutrina) brasileira do *habeas corpus*" e restringindo o remédio constitucional do *habeas corpus* exclusivamente à **liberdade de locomoção**.

▪ **Reforma de 03.09.1926:** houve centralização do poder, restringindo a autonomia dos Estados. Segundo Celso Bastos, a Reforma de 1926 foi "... marcada por uma conotação nitidamente racionalista, autoritária, introduzindo alterações no instituto da intervenção da União nos Estados, no Poder Legislativo, no processo legislativo, no fortalecimento do Executivo, nos direitos e garantias individuais e na Justiça Federal". Isso tudo vai diminuir a sua "longevidade", especialmente em razão do movimento armado de 1930, que pôs fim ao período chamado de "Primeira República".[98]

a quase que totalidade dos crimes. A de banimento consistia em autêntica *capitis diminutio* do *status civitatis* posto que privava o condenado dos seus direitos de cidadão, além de impedi-lo de residir no território do império. É curioso, contudo, observar que não se encontra no Código qualquer crime para o qual fosse estabelecida tal pena. Outra pena, a de **degredo**, obrigava o punido a residir em determinado lugar e por certo tempo (art. 51) e estava cominada para réus que cometessem estupro de parente em grau em que não fosse admitida dispensa para o casamento (art. 221) ou para quem sem legitimidade ou investidura legal exercesse comando militar ou conservasse a tropa reunida abusivamente (art. 141). A **pena de desterro**, que consistia na saída do condenado do local onde foi praticado o delito, do de sua principal residência e do ofendido, era aplicada nas hipóteses de conspiração, abuso de autoridade, crime de estupro e de sedução de mulher com menos de dezessete anos. A **perda de exercício dos direitos políticos** era uma espécie de **pena acessória**, aplicada enquanto durassem os efeitos da condenação às galés, à prisão, ao degredo ou ao desterro — (art. 53). A **pena de perda do emprego (público)** destinava-se aos funcionários que cometessem os crimes de prevaricação, de peita, de excesso ou abuso de autoridade, dentre outros. Já a **pena de suspensão de emprego** era estabelecida para as hipóteses, por exemplo, da prática de concussão". A **pena de açoites** só podia ser aplicada aos escravos e desde que não condenados à pena capital, ou de galés, ou ainda por crime de insurreição. Lembre-se que havia, ainda, a **pena de multa**, que, obviamente, consistia no pagamento de pecúnia e era aplicada aos condenados à pena maior, quer por crimes públicos, particulares ou policiais (cf.: <http://www.unb.br/fd/colunas_Prof/carlos_mathias/anterior_16.htm>; acesso em: 28.11.2007).

[98] Celso Bastos, *Curso de direito constitucional*, 21. ed., p. 110.

2.6.4. A Revolução de 1930 — segundo Governo Provisório da República

A chamada *República Velha* tem o seu fim com a *Revolução de 1930*, que instituiu o Governo Provisório nos termos do **Decreto n. 19.398, de 11.11.1930**, levando Getúlio Vargas ao poder.[99]

Barroso aponta dois aspectos mais graves a ensejar a ruína da República Velha: o **domínio das oligarquias** e a **fraude eleitoral institucionalizada**. Lembra, ainda, a **grave crise econômico-financeira de 1929** ("Grande Depressão"), uma **pequena burguesia** em ascensão, o ***Tenentismo*** (movimento contra o regime oligárquico que dirigia o Brasil) e o surgimento de uma **classe operária** descontente em razão do processo de industrialização estimulado pela Primeira Guerra.[100]

Um outro episódio também contribuiu para a mobilização da oposição em prol da Revolução de 30, qual seja, o **assassinato de João Pessoa**, em 26 de julho de 1930, que deflagrou o **movimento militar** iniciado no Rio Grande do Sul.

Nesse contexto, em 1930 uma Junta Militar transfere o poder para um **Governo Provisório**, que o exerceria até a promulgação do texto de 1934, motivada (a promulgação do texto democrático) por alguns elementos de pressão e contestação aos métodos arbitrários empregados, como o marcante papel da *Revolução Constitucionalista de São Paulo*, de 9 de julho de 1932.[101]

Nos termos do art. 1.º do Decreto n. 19.398/30, cabia ao Governo Provisório exercer, discricionariamente, em toda sua plenitude, as funções e atribuições não só do **Poder Executivo** como também do **Poder Legislativo**, até que, eleita a Assembleia Constituinte, se estabelecesse a reorganização constitucional do País.

O art. 2.º do aludido Decreto confirmava a dissolução do Congresso Nacional, das atuais Assembleias Legislativas dos Estados (sejam quais forem as suas denominações), Câmaras ou Assembleias Municipais e quaisquer outros órgãos legislativos

---

[99] Conforme anota, com razão, Pinto Ferreira, "provavelmente a revolução não teria eclodido na época se não fosse a sucessão presidencial. Washington Luís forçou a sucessão em favor de Júlio Prestes, candidato de São Paulo, quando Antônio Carlos pleiteava a sucessão apoiado por Minas Gerais. De acordo com o esquema de controle da presidência ('política do café com leite', acrescente-se), São Paulo e Minas se revezavam mutuamente. Washington Luís não atendeu a essa pretensão, o que acelerou a revolução. Esta propagou-se rapidamente, com o apoio do povo, dos estudantes, dos operários e das Forças Armadas, estas últimas depondo o presidente em 24.10.1930, e compondo-se uma junta governativa provisória (...). A junta transmitiu o governo ao candidato derrotado eleitoralmente, o Sr. Getúlio Vargas, em 03.11.1930. Logo em seguida, foi expedida a Lei Orgânica do Governo Provisório, pelo Decreto n. 19.398, de 11.11.1930, a fim de organizar a nova República" (*Curso de direito constitucional*, 10. ed., p. 54).

[100] Luís Roberto Barroso, *O direito constitucional e a efetividade de suas normas*: limites e possibilidades da Constituição brasileira, 8. ed., p. 14-19.

[101] Conforme anota Zimmermann, "ainda que tenha se revelado um completo fracasso do ponto de vista militar (os seus líderes foram presos pelas forças governistas), a Revolução de 1932 foi um sucesso absoluto do ponto de vista político, porque Getúlio se sentiu forçado a consentir na elaboração de uma nova Constituinte, em 1933, que marcaria o retorno à normalidade constitucional" (Augusto Zimmermann, *Curso de direito constitucional*, 4. ed., p. 205).

ou deliberativos existentes nos Estados, nos Municípios, no Distrito Federal ou Território do Acre, e dissolvidos os que ainda o não tivessem sido de fato.

Foi nomeado um **interventor** para cada Estado, havendo controle, também, sobre os Municípios (art. 11).

A função legislativa, concentrada no Governo Provisório, como vimos, era exercida por **decretos** expedidos pelo Chefe do Governo e subscritos pelo Ministro respectivo (art. 17).

Como ponto positivo, em 1932 Getúlio Vargas decretou o importante **Código Eleitoral** (Dec. n. 21.076, de 24.02.1932), que instituiu a Justiça Eleitoral, trazendo, assim, garantias contra a política anterior, que "sepultou" a Primeira República, retirando a atribuição de proclamar os eleitos das assembleias políticas, e, ainda, adotou o **voto feminino**[102] e o **sufrágio universal, direto e secreto**.

Conforme visto, esse segundo Governo Provisório da República durou até o advento da Constituição de 1934, promulgada em 16.07.1934.

▪ 2.6.5. Constituição de 1934

A crise econômica de 1929, consoante referido, bem como os diversos movimentos sociais por melhores condições de trabalho, sem dúvida, influenciaram a promulgação do texto de 1934, abalando, assim, os ideais do liberalismo econômico e da democracia liberal da Constituição de 1891.

Por isso é que a doutrina afirma, com tranquilidade, que o texto de 1934 sofreu forte influência da **Constituição de Weimar** da Alemanha de 1919, evidenciando, portanto, os **direitos humanos de 2.ª geração ou dimensão** e a perspectiva de um **Estado social de direito** (democracia social).

Há influência, também, do **fascismo**, já que o texto estabeleceu, o que se verá abaixo, além do voto direto para a escolha dos Deputados, a modalidade indireta, por intermédio da chamada **"representação classista"** do Parlamento.

Dentro do constitucionalismo pátrio, o texto de 1934 teve curtíssima duração, sendo abolido pelo golpe de 1937.

Foram mantidos alguns princípios fundamentais, como a República, a Federação, a tripartição de Poderes, o presidencialismo e o regime representativo, destacando-se as seguintes características:

▪ **Forma de Governo e regime representativo:** nos termos do art. 1.º, a Nação brasileira, constituída pela união perpétua e indissolúvel dos Estados, do Distrito

[102] Apenas por curiosidade, destacamos que a potiguar *Celina Guimarães Vianna*, da cidade de Mossoró, foi a primeira eleitora do Brasil (e na América Latina). No caso, tratava-se de garantia inicialmente introduzida no Código Eleitoral do Estado do Rio Grande do Norte (Lei estadual n. 660/27), lembrando que a previsão nacional veio somente com o Código Eleitoral (Dec. n. 21.076, de 24.02.1932). Em razão dessa conquista ter sido assegurada pelo referido Código, a sua data, qual seja, **24 de fevereiro**, foi instituída, no Calendário Oficial do Governo Federal, como o **Dia da Conquista do Voto Feminino no Brasil**, a ser comemorado, anualmente **(Lei n. 13.086, de 08.01.2015)**.

Federal e dos Territórios em Estados Unidos do Brasil, mantém como forma de Governo, sob o regime **representativo**, a **República federativa** proclamada em 15 de novembro de 1889.

Os poderes da União foram consideravelmente aumentados, discriminando-se as rendas tributárias entre União, Estados e Municípios.

■ **Capital da República — Distrito Federal — tendo por sede a cidade do Rio de Janeiro:** o Distrito Federal, administrado por um Prefeito, foi mantido, com sede na cidade do Rio de Janeiro, como Capital da República. Nos termos do art. 4.º das disposições transitórias, havia a previsão de transferência da Capital da União para um ponto central do Brasil. O Presidente da República, logo que a Constituição entrasse em vigor, nomearia uma Comissão que, sob instruções do Governo, procederia a estudos de várias localidades adequadas à instalação da Capital. Concluídos tais estudos, os resultados seriam apresentados à Câmara dos Deputados, que escolheria o local e tomaria, sem perda de tempo, as providências necessárias à mudança. Efetuada esta, o **Distrito Federal** passaria a constituir um **Estado**.

Nos termos do art. 5.º, XVI, a União editou a Lei n. 196, de 18.01.1936, a segunda Lei Orgânica do Distrito Federal, fixando amplo regime de autonomia para o DF, elevando-o à condição de **"supermunicípio"**, conforme o art. 1.º da referida lei, que o aproximava dos Estados, nos seguintes termos: "o atual Distrito Federal tem **autonomia equivalente à dos Estados**, ressalvadas as limitações decorrentes aos preceitos da Constituição Federal".

■ **Mantida a inexistência de religião oficial:** o País continua leigo, laico ou não confessional, sendo inviolável a liberdade de consciência e de crença e garantido o livre exercício dos cultos religiosos, desde que não contravenham à ordem pública e aos bons costumes.

Amenizando o "sentimento" antirreligião do texto de 1891, na dicção do art. 146, passou-se a admitir o **casamento religioso com efeitos civis**, nos seguintes termos: "o casamento perante ministro de qualquer confissão religiosa, cujo rito não contrarie a ordem pública ou os bons costumes, produzirá, todavia, os mesmos efeitos que o casamento civil, desde que, perante a autoridade civil, na habilitação dos nubentes, na verificação dos impedimentos e no processo da oposição sejam observadas as disposições da lei civil e seja ele inscrito no Registro Civil". Ainda, segundo o art. 153, **facultou-se o ensino religioso nas escolas públicas**.

Finalmente, destaca-se a previsão de **"Deus"** no preâmbulo.

■ **Organização dos "Poderes":** a teoria clássica de Montesquieu da tripartição de "Poderes" foi mantida. De acordo com o art. 3.º, são órgãos da soberania nacional, dentro dos limites constitucionais, os Poderes Legislativo, Executivo e Judiciário, independentes e coordenados entre si.

■ **Poder Legislativo:** era exercido pela Câmara dos Deputados com a **colaboração** do Senado Federal. Rompia-se, assim, com o princípio do **bicameralismo rígido** ou **paritário**, no qual as duas Casas exercem funções básicas idênticas. Estabelecia-se, por consequência, um **bicameralismo desigual**, também chamado pela doutrina de **unicameralismo imperfeito**, já que, como visto, o SF era mero colaborador da CD.[103]

O mandato dos Deputados era de 4 anos. A Câmara dos Deputados compunha-se de representantes do povo, eleitos mediante **sistema proporcional** e **sufrágio universal**, igual e direto, e de representantes eleitos pelas organizações profissionais na forma que a lei indicasse **(representação corporativa de influência fascista)**.[104]

Já em relação ao **Senado Federal**, nos termos do art. 41, § 3.º, a competência legislativa se reduzia às matérias relacionadas à Federação, como a iniciativa das leis sobre a intervenção federal e, em geral, das que interessassem determinadamente a um ou mais Estados.

Conforme o art. 89, o Senado Federal era composto de dois representantes de cada Estado e o do Distrito Federal, eleitos mediante sufrágio universal, igual e direto, por **8 anos**, dentre brasileiros natos, alistados eleitores e maiores de 35 anos, sendo que a representação de cada Estado e do Distrito Federal, no Senado, renovava-se pela metade, conjuntamente com a eleição da Câmara dos Deputados.

Por fim, dispunha o art. 88 que cabia ao Senado Federal, conforme os arts. 90, 91 e 92, a incumbência de promover a coordenação dos Poderes federais entre si,[105] manter a continuidade administrativa, velar pela Constituição, colaborar na feitura de leis e praticar os demais atos de sua competência.

■ **Poder Executivo:** exercido pelo Presidente da República, eleito junto com o vice por sufrágio universal, direto, secreto e maioria de votos para mandato de 4 anos, vedada a reeleição. O Presidente da República seria auxiliado pelos Ministros de Estado, que passaram a ter responsabilidade pessoal e solidária com o Presidente.

■ **Poder Judiciário:** foram estabelecidos como órgãos do Poder Judiciário: *a)* a Corte Suprema; *b)* os Juízes e Tribunais federais; *c)* os Juízes e Tribunais militares; *d)* os Juízes e Tribunais eleitorais, estabelecendo-se aos juízes as garantias da vitaliciedade, inamovibilidade e irredutibilidade de "vencimentos". A Corte Suprema, com sede na Capital da República e jurisdição em todo o território nacional, compunha-se de 11 Ministros.

■ **Constituição rígida:** nos termos do art. 178, *caput*, "a Constituição poderá ser emendada, quando as alterações propostas não modificarem a estrutura política do Estado (arts. 1.º a 14, 17 a 21); a organização ou a competência dos poderes da soberania (Capítulos II, III e IV do Título I; o Capítulo V do Título I; o Título II; o Título III; e os arts. 175, 177, 181, este mesmo art. 178); e revista, no caso contrário". O art. 178, § 5.º, fixou, como cláusula pétrea, a forma republicana federativa.

---

[103] José Afonso da Silva, *Processo constitucional de formação das leis*, 2. ed., p. 74.

[104] Nesse sentido, nos termos do art. 23, § 3.º, os Deputados das profissões serão eleitos na forma da lei ordinária por sufrágio indireto das associações profissionais compreendidas para esse efeito, e com os grupos afins respectivos, nas quatro divisões seguintes: lavoura e pecuária; indústria; comércio e transportes; profissões liberais e funcionários públicos.

[105] Conforme Celso Bastos explica, "era como que a reconstituição do Poder Moderador do Império, transformado em órgão supremo do Estado. Marcelo Caetano vê nele semelhanças com o Senado Conservador das Constituições francesas do ano VIII e do ano X" (*Curso de direito constitucional*, p. 114).

■ **Declaração de direitos:** nos termos do art. 108, constitucionaliza-se o **voto feminino**, com valor igual ao masculino, conforme já havia sido previsto no art. 2.º do Código Eleitoral de 1932 (Dec. n. 21.076, de 24.02.1932). Outra garantia foi a constitucionalização do **voto secreto** (também chamado de **"voto australiano"** por ter surgido, pela primeira vez, na Austrália, em 1856), que já havia sido assegurada pelo Código Eleitoral de 1932.

Vários direitos clássicos são mantidos. Inovando, em razão do caráter social da Constituição, são destacados novos títulos, como o da ordem econômica e social (Título IV), da família, educação e cultura (Título V) e da segurança nacional (Título VI).

Prestigiam-se, assim, a legislação trabalhista e a representação classista.

Dentre as novidades dos remédios constitucionais, destacamos a previsão, pela primeira vez, do **mandado de segurança** (art. 113, n. 33) e da **ação popular** (art. 113, n. 38).[106]

2.6.6. Constituição de 1937

Getúlio Vargas foi eleito e empossado para governar de 1934 até 1938. Contudo, durante esse período, um forte antagonismo foi percebido entre a **direita fascista** de um lado (em especial a *Ação Integralista Brasileira — AIB*), defendendo um Estado **autoritário**, e o **movimento de esquerda** de outro, destacando ideais socialistas, comunistas e sindicais (em especial a formação, em 1935, da *Aliança Nacional Libertadora — ANL*).

■ direita fascista	X	■ movimento de esquerda
■ Estado autoritário		■ ideais socialistas, comunistas e sindicais
■ *Ação Integralista Brasileira — AIB*		■ *Aliança Nacional Libertadora — ANL*

Em 11 de julho de 1935, o Governo fechou a Aliança Nacional Libertadora — ANL, considerando-a ilegal com base na "Lei de Segurança Nacional", cujo estopim da crise foi o manifesto lançado por Luís Carlos Prestes.

Em razão da **Intentona Comunista** (novembro de 1935 — Natal, Recife e Rio de Janeiro — insurreição político-militar que contava com o apoio do Partido Comunista Brasileiro e de ex-tenentes — agora militares comunistas —, e que tinha o objetivo de derrubar Getúlio Vargas e instalar o socialismo no Brasil), o **estado de sítio** foi decretado pelo Governo e se deflagrou um forte movimento de repressão ao comunismo, inclusive com o apoio da famigerada "Polícia Especial".

---

[106] Muito embora o texto de 1824 falasse em ação popular nos termos do art. 157 ("por suborno, peita, peculato, e concussão, haverá contra eles ação popular, que poderá ser intentada dentro de ano e dia pelo próprio queixoso, ou por qualquer do Povo, guardada a ordem do Processo estabelecida na Lei"), parece que esta se referia a certo caráter disciplinar ou mesmo penal. Assim, concordamos com Mancuso que o texto de 1934 foi "o primeiro texto constitucional que lhe deu guarida" (Rodolfo de Camargo Mancuso, *Ação popular*, 4. ed., p. 52). Cf. interessante evolução histórica do instituto trazida por José Afonso da Silva, *Ação popular constitucional*, p. 28-39.

Getúlio Vargas e o Governo tiveram o apoio do Congresso Nacional, que decretou o **"estado de guerra"**.

Em 30 de setembro de 1937, os jornais noticiaram que o Estado-Maior do Exército havia descoberto um plano comunista para a tomada do Poder (**"Plano Cohen"**). Este foi o "estopim" para que o Governo decretasse o golpe como suposta "salvação" contra o comunismo que parecia "assolar" o País.

Tendo o apoio dos Generais Góis Monteiro (Chefe do Estado-Maior do Exército) e Eurico Gaspar Dutra (Ministro da Guerra), bem como diante de uma nova decretação de "estado de guerra" pelo Congresso Nacional, em 10 de novembro de 1937 Getúlio Vargas dá o golpe ditatorial, centralizando o poder e fechando o Congresso Nacional.

Era o início do que **Vargas** intitulou de **"nascer da nova era"**, outorgando-se a Constituição de 1937, influenciada por ideais **autoritários** e **fascistas**, instalando a **ditadura** ("Estado Novo"), que só teria fim com a redemocratização pelo texto de 1945, e se declarando, em todo o País, o **estado de emergência**.

A **Carta de 1937**, elaborada por **Francisco Campos**, foi apelidada de **"Polaca"** em razão da influência sofrida pela Constituição polonesa fascista de 1935, imposta pelo *Marechal Josef Pilsudski*. Deveria ter sido submetida a plebiscito nacional, nos termos de seu art. 187, o que nunca aconteceu.

Além de fechar o Parlamento, o Governo manteve amplo domínio do Judiciário. A Federação foi abalada pela nomeação dos interventores. Os direitos fundamentais foram enfraquecidos, sobretudo em razão da atividade desenvolvida pela "Polícia Especial" e pelo "DIP — Departamento de Imprensa e Propaganda". Para piorar, pelo Decreto-lei n. 37, de 02.12.1937, os partidos políticos foram dissolvidos.

Apesar do regime extremamente autoritário, na medida em que o Estado, centralizador, atuava diretamente na economia, não se pode negar o seu importante crescimento nesse setor.

Buscando atrair o apoio popular, a política desenvolvida foi denominada "populista", consolidando-se as Leis do Trabalho (CLT) e importantes direitos sociais, como o salário mínimo.

Algumas características, então, podem ser esquematizadas:

▪ **Forma de Governo:** nos termos do art. 1.º, o Brasil é uma **República**. O poder político emana do povo e é exercido em nome dele e no interesse do seu bem-estar, de sua honra, de sua independência e de sua prosperidade.

▪ **Forma de Estado:** o Brasil é um Estado **federal**, constituído pela união indissolúvel dos Estados, do Distrito Federal e dos Territórios. É mantida a sua atual divisão política e territorial.

Na prática, contudo, as autonomias estaduais foram reduzidas, e podemos dizer que o regime federativo foi simplesmente **"nominal"**, havendo constante, senão até permanente, assunção dos governos estaduais por interventores federais. Por sua vez, os vereadores e prefeitos eram nomeados pelos interventores de cada Estado.

▪ **Distrito Federal — Capital do Brasil, tendo por sede a cidade do Rio de Janeiro:** nos termos do art. 7.º, o Distrito Federal, que continuou como capital federal, como sede do Governo da República, era administrado pela União. Explicitando, de acordo com o art. 30, o Distrito Federal era administrado por Prefeito nomeado pelo Presidente da República, com a aprovação do Conselho Federal, e demissível *ad nutum*, cabendo as funções deliberativas ao Conselho Federal.

- **Não há mais religião oficial:** continuava o Brasil como país leigo, laico ou não confessional, não havendo, contudo, a invocação da "proteção de Deus" no preâmbulo da Constituição.
- **Organização dos "Poderes":** a teoria clássica da tripartição de "Poderes" de Montesquieu foi *formalmente* mantida. Entretanto, na prática, tendo em vista o forte traço autoritário do regime, o Legislativo e o Judiciário foram "esvaziados".
- **Poder Legislativo:** de acordo com o art. 38, o Poder Legislativo seria exercido pelo **Parlamento Nacional** com a colaboração do **Conselho da Economia Nacional** e do **Presidente da República**.

Havia a previsão de composição do Parlamento Nacional por duas Câmaras: a **Câmara dos Deputados** e o **Conselho Federal**. Como se percebe, o **Senado Federal deixou de existir durante o Estado Novo**.

A Câmara dos Deputados seria composta de representantes do povo, eleitos mediante **sufrágio indireto** para mandato de 4 anos. Já o Conselho Federal seria composto de representantes dos Estados e 10 membros nomeados pelo Presidente da República. A duração do mandato era de 6 anos.

Cabe alertar, no entanto, que, segundo o art. 178, foram **dissolvidos** a Câmara dos Deputados, o Senado Federal, as Assembleias Legislativas dos Estados e as Câmaras Municipais, marcando-se eleições futuras para o novo Parlamento. Enquanto não se reunisse o Parlamento nacional, o Presidente da República tinha o poder de expedir **decretos-leis** sobre todas as matérias da competência legislativa da União. Na prática, o Legislativo nunca chegou a se instalar.

- **Poder Executivo:** na dicção do art. 73, o Presidente da República, **autoridade suprema do Estado**, coordenava a atividade dos órgãos representativos, de grau superior, dirigia a política interna e externa, promovia ou orientava a política legislativa de interesse nacional, e superintendia a administração do País.

A **eleição indireta** foi estabelecida para a escolha do Presidente da República, que cumpriria mandato de 6 anos.

- **Poder Judiciário:** eram órgãos do Poder Judiciário (art. 90): *a)* o Supremo Tribunal Federal; *b)* os Juízes e Tribunais dos Estados, do Distrito Federal e dos Territórios; *c)* os Juízes e Tribunais militares. A Justiça Eleitoral foi extinta e, conforme já visto, também os partidos políticos.

O Judiciário, contudo, foi **"esvaziado"**. Como exemplo, nos termos do art. 96, parágrafo único, no caso de ser declarada a inconstitucionalidade de uma lei que, a juízo do Presidente da República, fosse necessária ao bem-estar do povo, à promoção ou defesa de interesse nacional de alta monta, poderia ele submetê-la novamente ao exame do Parlamento: se este a confirmasse por 2/3 dos votos em cada uma das Câmaras, **ficaria sem efeito a decisão do Tribunal**.

Outra demonstração de "força" do poder central está no art. 170, ao estabelecer que, durante o estado de emergência ou o estado de guerra, os atos praticados em virtude deles não poderiam ser conhecidos por qualquer Juiz ou Tribunal.

▪ **Declaração de direitos:** não houve previsão do mandado de segurança nem da ação popular. Não se tratou dos princípios da irretroatividade das leis e da reserva legal. O direito de manifestação do pensamento foi restringido, pois previa o art. 122, n. 15, "a", que, com o fim de garantir a paz, a ordem e a segurança pública, a **censura prévia** da imprensa, do teatro, do cinematógrafo, da radiodifusão podia ser exercida, facultando-se à autoridade competente proibir a circulação, a difusão ou a representação.

Nenhum jornal poderia recusar a inserção de comunicados do Governo, nas dimensões taxadas em lei (art. 122, n. 15, "b").

Segundo o art. 122, n. 13 (e em sua redação determinada pela Lei Constitucional n. 1, de 16.05.1938), além dos casos previstos na legislação militar para o tempo de guerra, a **pena de morte** poderia ser aplicada para **crimes políticos** e nas hipóteses de **homicídio cometido por motivo fútil e com extremos de perversidade**.

Nos termos do art. 177, que vigorou durante todo o Estado Novo, embora o seu prazo inicial tenha sido limitado a 60 dias (tendo em vista a faculdade trazida pela Lei Constitucional n. 2, de 16.05.1938), o Governo poderia **aposentar** ou **reformar**, de acordo com a legislação em vigor, os funcionários civis e militares cujo afastamento se impusesse a juízo exclusivo do "Governo", no interesse do serviço público ou por conveniência do regime.

Foi declarado o **estado de emergência** (art. 186), que, suspendendo direitos e garantias individuais, só veio a ser revogado pela Lei n. 16, de 30.11.1945.

A **greve** e o ***lock-out*** foram **proibidos**, tendo sido declarados recursos antissociais nocivos ao trabalho e ao capital e incompatíveis com os superiores interesses da produção nacional (art. 139).

O art. 173, na sua redação determinada pela Lei Constitucional n. 7, de 30.09.1942, estabeleceu a possibilidade de declarar o **"estado de guerra"**, com restrição a direitos fundamentais e, ainda, o julgamento de crimes cometidos contra a **estrutura das instituições**, a **segurança do Estado** e dos **cidadãos pela Justiça Militar** ou pelo **Tribunal de Segurança Nacional**. Este último só veio a ser extinto pela Lei Constitucional n. 14, de 17.09.1945.

A **tortura** foi utilizada como instrumento de repressão, situação essa simbolizada pela entrega de Olga Benário, mulher de Luís Carlos Prestes, líder comunista no Brasil, que viria a ser assassinada em campo de concentração nazista na Alemanha.

▪ **Nacionalização formal da economia e conquista de direitos e vantagens trabalhistas:** muito embora essa "triste" realidade ditatorial, durante o período houve inegável "nacionalização formal da economia", bem como "controle sobre certas áreas estratégicas de produção, como mineração, aço e petróleo", configurando, assim, importante "expansão capitalista".[107]

---

[107] Nesse sentido, Luís Roberto Barroso, *O direito constitucional e a efetividade de suas normas*, p. 23.

Podemos citar as seguintes estatais criadas durante o período: Companhia Vale do Rio Doce (1942), Companhia Nacional de Álcalis (1943), Fábrica Nacional de Motores (1943) e Companhia Hidroelétrica do São Francisco (1945).

Também tivemos avanços no campo trabalhista. Contudo, como anota Barroso, nesse contexto, "... a Constituição não desempenhou papel algum, substituída pelo mando personalista, intuitivo, autoritário. Governo de fato, de suporte policial e militar, sem submissão sequer formal à Lei maior, que não teve vigência efetiva, salvo quanto aos dispositivos que outorgavam ao chefe do Executivo poderes excepcionais".[108]

2.6.7. Constituição de 1946

Durante a Segunda Guerra Mundial, o Governo brasileiro declarou ofensiva contra os países do **"Eixo"** (destacando-se como principais potências a Alemanha, a Itália e o Japão), entrando no confronto ao lado dos **"Aliados"** (destacando-se como principais potências a China, a França, a Grã-Bretanha, a União Soviética e os Estados Unidos). Como marco histórico, em 1943, ressaltamos a criação da **FEB — Força Expedicionária Brasileira**.

A entrada na Guerra fez com que Vargas perdesse importante apoio, situação essa materializada na publicação, em 24 de outubro de 1943, do **Manifesto dos Mineiros**, carta assinada por intelectuais que apontava a contradição entre a política interna e a externa.

Isso porque, ao aderir à Guerra ao lado dos "Aliados", buscando enfrentar as ditaduras nazifascistas de Mussolini e Hitler (países do "Eixo"), parecia natural que o fascismo fosse "varrido" da realidade brasileira, não se sustentando, internamente, a contradição de manter um Estado arbitrário com base em uma Constituição inspirada no modelo fascista e externamente lutar contra esse regime.

Outros documentos, na mesma linha do *Manifesto dos Mineiros*, foram assinados. Essa crise política forçou Vargas a assinar o **Ato Adicional** em 1945 (Lei Constitucional n. 9, de 28.02.1945), convocando eleições presidenciais e marcando a derrocada final do "Estado Novo".

Durante a campanha eleitoral, surge o movimento chamado **"queremismo"**, que significava "Queremos Getúlio", e tudo levava a crer, especialmente com o apoio do partido comunista, agora legalizado, que Getúlio iria continuar e, eventualmente, até dar um novo golpe.

Em 29 de outubro de 1945, Vargas tentou substituir o chefe de Polícia do Distrito Federal por seu irmão, Benjamin Vargas. Além disso, nomeou João Alberto para Prefeito do Rio de Janeiro, fatos que precipitariam o fim do Estado Novo, já que davam a entender a vontade de Vargas continuar no Poder.

Esses fatos culminaram com a "expulsão" de **Vargas** do poder pelos Generais Gaspar Dutra e Góis Monteiro, sendo, assim, **deposto pelas Forças Armadas**.

---

[108] Luís Roberto Barroso, *O direito constitucional e a efetividade de suas normas*, p. 24. Também nesse sentido, Pinto Ferreira, *Curso de direito constitucional*, 10. ed., p. 57.

Convocado pelas Forças Armadas, o Executivo passou a ser exercido pelo então **Presidente do STF**, *Ministro José Linhares*, que governou de 29.10.1945 a 31.01.1946, até assumir, eleito pelo **voto direto** e com mais de 55% de aprovação dos eleitores, o *General Gaspar Dutra* como o novo Presidente da República.

José Linhares praticou importantes atos, como: **a)** a revogação do art. 177 (que permitia a aposentadoria ou reforma compulsórias, a exclusivo juízo do Governo, de funcionários civis e militares); **b)** a extinção do *Tribunal de Segurança Nacional*; **c)** a revogação do *estado de emergência*; **d)** a extinção do *Conselho de Economia Nacional*; **e)** a abolição da regra que permitia o esvaziamento da efetividade das decisões do STF em controle de constitucionalidade (art. 96, parágrafo único).

A Lei Constitucional n. 13, de 12.11.1945, atribuiu **poderes constituintes** ao Parlamento que seria eleito em 02.12.1945 para a elaboração da nova Constituição do Brasil.

A Assembleia Constituinte foi instalada em 1.º.02.1946, vindo o texto a ser **promulgado** em 18.09.1946. Tratava-se da **redemocratização do País**, repudiando-se o Estado totalitário que vigia desde 1930.

O texto inspirou-se nas ideias liberais da Constituição de 1891 e nas ideias sociais da de 1934. Na ordem econômica, procurou harmonizar o princípio da livre-iniciativa com o da justiça social.

- **Forma de Governo Republicana e Forma de Estado Federativa:** nos termos do art. 1.º, os Estados Unidos do Brasil mantêm, sob o regime representativo, a Federação e a República. Prestigiam o municipalismo.

- **Capital da União:** o Distrito Federal continuou como a Capital da União e na área geográfica do antigo Município Neutro (a cidade do Rio de Janeiro).

Cabe lembrar, contudo, a previsão do art. 4.º do ADCT: a Capital da União será **transferida** para o planalto central do País. Promulgado este Ato, o Presidente da República, dentro em 60 dias, nomeará uma Comissão de técnicos de reconhecido valor para proceder ao estudo da localização da nova Capital. O estudo previsto no parágrafo antecedente será encaminhado ao Congresso Nacional, que deliberará a respeito, em lei especial, e estabelecerá o prazo para o início da delimitação da área a ser incorporada ao domínio da União. Findos os trabalhos demarcatórios, o Congresso Nacional resolverá sobre a data da mudança da Capital. Efetuada a transferência, o atual Distrito Federal passará a constituir o **Estado da Guanabara**.

Como se sabe, cumprindo o "Plano de Metas" ("50 anos em 5"), *Juscelino Kubitschek*, além de suas importantes realizações econômicas, implementa a construção de **Brasília**, inaugurada em **21 de abril de 1960**. Nessa data, conforme mandamento estabelecido na Constituição, o então Distrito Federal é transformado no **Estado da Guanabara**, com os mesmos limites geográficos, tendo por capital e sede do Governo a cidade do Rio de Janeiro (cf. **Lei n. 3.752/60**, conhecida como *Lei San Tiago Dantas*, deputado federal encarregado de elaborar o projeto de criação do novo Estado, que ditou normas para a convocação da Assembleia Constituinte).

A título de curiosidade, o Estado da Guanabara não foi dividido em municípios, decisão essa que encontrou apoio popular no **plebiscito** realizado em 21 de abril de 1963, além de ter curta duração (1960-1975). Por força do art. 8.º da **LC n. 20/74**, a partir de 15.03.1975, os Estados do Rio de Janeiro e da Guanabara passaram a constituir um único Estado (fusão), sob a denominação de **Estado do Rio de Janeiro**, sendo a cidade do Rio de Janeiro a Capital.

■ **Inexistência de religião oficial:** continuou o País leigo, muito embora a expressa menção a "Deus" no preâmbulo.

■ **Organização dos "Poderes":** a teoria clássica da tripartição de "Poderes" de Montesquieu foi restabelecida.

■ **Poder Legislativo:** consoante previa o art. 37, o Poder Legislativo era exercido pelo Congresso Nacional, composto pela Câmara dos Deputados e pelo Senado Federal, reaparecendo o bicameralismo igual.

A Câmara dos Deputados compunha-se de representantes do povo, eleitos, segundo o sistema de representação proporcional, pelos Estados, pelo Distrito Federal e pelos Territórios, para mandato de 4 anos.

O Senado Federal, por sua vez, compunha-se de representantes dos Estados e do Distrito Federal, eleitos segundo o princípio majoritário e para mandato de 8 anos. Cada Estado, e bem assim o Distrito Federal, elegia 3 Senadores, renovando-se a representação de cada Estado e a do Distrito Federal de 4 em 4 anos, alternadamente, por 1 e por 2/3.

Nos termos do art. 61, as funções de Presidente do Senado Federal eram exercidas pelo **Vice-Presidente da República**.

Nos termos do art. 141, § 13, constitucionalizaram-se os Partidos Políticos, sendo vedada a organização, o registro ou o seu funcionamento nas hipóteses em que o programa ou a ação contrariassem o regime democrático, baseado na pluralidade dos partidos e na garantia dos direitos fundamentais do homem.

■ **Poder Executivo:** retomando a normalidade democrática, o Presidente da República deveria ser eleito de **forma direta** para mandato de **5 anos**, junto com o vice, que, como visto, acumulava a função de Presidente do Senado Federal.

■ **Poder Judiciário:** foi retomada a situação de normalidade.

O Poder Judiciário era exercido pelos seguintes órgãos: *a)* Supremo Tribunal Federal; *b)* Tribunal Federal de Recursos; *c)* Juízes e Tribunais militares; *d)* Juízes e Tribunais eleitorais; *e)* Juízes e Tribunais do trabalho.

■ **Declaração de direitos:** o mandado de segurança e a ação popular foram restabelecidos no texto constitucional.

O art. 141, § 4.º, consagrou o princípio da inafastabilidade do controle jurisdicional ao estabelecer que "a lei não poderá excluir da apreciação do Poder Judiciário qualquer lesão de direito *individual*".

Conforme referido, passa-se, pela primeira vez, a prever regras para os partidos políticos (art. 141, § 13).

Pelo art. 141, § 31, **vedou-se**, caracterizando o cunho humanitário, a **pena de morte** (salvo as disposições da legislação militar em tempo de guerra com país estrangeiro), a de **banimento**, a de **confisco** e a de **caráter perpétuo**.

Nos termos do art. 158, foi **reconhecido** o **direito de greve**. As várias garantias dos trabalhadores já conquistadas durante o "Estado Novo" foram mantidas, marcando importante "degrau" na evolução social do País.

▪ **Instituição do parlamentarismo:** perdendo o apoio político, tanto do centro como da direita, o Presidente Jânio Quadros renunciou em 25 de agosto de 1961, encaminhando carta ao Congresso Nacional pela qual afirmava que teria sido pressionado por "forças ocultas terríveis".

O Vice-Presidente João Goulart (Jango) estava na China e, assim, as Forças Armadas tentaram impedir o seu retorno, tendo em vista o receio com suas ligações comunistas.

Não aceitando o inconstitucional afastamento de Jango, o Congresso Nacional, tentando ser conservador, aprovou, em 02.09.1961, o regime parlamentarista (que também já havia sido experimentado durante o Império).

A grande novidade era a dualidade do Executivo, exercido pelo Presidente da República e pelo Conselho de Ministros, cabendo a estes a responsabilidade política do Governo. Conforme o art. 3.º, I, da EC n. 4/61, o Presidente da República nomeava o Primeiro-Ministro, que, por sua vez, escolhia os demais Ministros a serem nomeados pelo Presidente da República.

Feito o referendo, em 06.01.1963, o povo determinou o retorno imediato ao presidencialismo, conforme já estudado no *item 17.1.2.1*, que remanesceria até a Revolução Militar de 1964.

▪ 2.6.8. Golpe Militar de 1964

Jango foi derrubado por um movimento militar que eclodiu em 31.03.1964, tendo sido acusado de estar a serviço do "comunismo internacional". Instalava-se, assim, uma nova "ordem revolucionária" no País.

O General *Costa e Silva*, o Brigadeiro *Francisco Correia de Melo* e o Almirante *Augusto Rademaker*, militares vitoriosos, constituíram o chamado *Supremo Comando da Revolução* e, em 09.04.1964, baixaram o Ato Institucional n. 1, de autoria de Francisco Campos (o mesmo que elaborou a Carta de 1937), com muitas restrições à democracia: **a)** o Comando da Revolução poderia decretar o estado de sítio (art. 6.º); **b)** conferia-se o poder de aposentar civis ou militares (art. 7.º); **c)** sem as limitações previstas na Constituição estabelecia-se a possibilidade de suspender direitos políticos pelo prazo de 10 anos, cassar mandatos legislativos federais, estaduais e municipais, excluída a apreciação judicial desses atos etc. (art. 10).

O AI 2/65, após ter estabelecido **eleições indiretas** para Presidente e Vice-Presidente da República, foi seguido pelo de n. 3, que também as estabeleceu em âmbito estadual.

O Congresso Nacional foi fechado em 1966, sendo reaberto, posteriormente, nos termos do AI 4/66 para aprovar a Constituição de 1967.

Alguns autores entendem que o texto de 1967 teria sido "promulgado", já que votado nos termos do art. 1.º, § 1.º, do AI 4/66. Contudo, em razão do "autoritarismo" implantado pelo *Comando Militar da Revolução*, não possuindo o Congresso Nacional liberdade para alterar substancialmente o novo Estado que se instaurava, preferimos dizer que o texto de 1967 foi **outorgado** unilateralmente (apesar de formalmente votado, aprovado e "promulgado") pelo regime ditatorial militar implantado.

Em conclusão, pode-se afirmar que a Constituição de 1946 foi suplantada pelo Golpe Militar de 1964. Embora continuasse existindo formalmente, o País passou a ser governado pelos Atos Institucionais e Complementares,[109] com o objetivo de consolidar a "Revolução Vitoriosa", que buscava combater e "drenar o bolsão comunista" que assolava o Brasil.

2.6.9. Constituição de 1967

Na mesma linha da Carta de 1937, a de 1967 concentrou, bruscamente, o poder no âmbito federal, esvaziando os Estados e Municípios e conferindo amplos poderes ao Presidente da República. Houve forte preocupação com a **segurança nacional**. Algumas características podem ser destacadas:

- **Forma de Governo:** República.
- **Forma de Estado:** muito embora o art. 1.º estabelecesse ser o Brasil uma República **Federativa**, constituída, sob o regime representativo, pela união indissolúvel dos Estados, do Distrito Federal e dos Territórios, na prática, o que se percebeu foi um **duro "golpe" no federalismo**, mais se aproximando de um Estado unitário centralizado do que federativo.
- **Capital da União:** nos termos do art. 2.º, o **Distrito Federal** permaneceu como a Capital da União, lembrando que os Poderes da República já haviam sido transferidos para Brasília, no **Planalto Central do País**, inaugurada em 21 de abril de 1960.
- **Inexistência de religião oficial:** continuou o Brasil a ser um país leigo, embora houvesse a expressa menção a "Deus" no preâmbulo.
- **Organização dos "Poderes":** a teoria clássica da tripartição de "Poderes" de Montesquieu foi formalmente mantida. Anota Celso Bastos, acertadamente, que, apesar da previsão da tripartição de Poderes, "... no fundo existia um só, que era o Executivo, visto que a situação reinante tornava por demais mesquinhas as competências tanto do Legislativo quanto do Judiciário...".[110]
- **Poder Legislativo:** a teor do art. 29, o Poder Legislativo era exercido pelo Congresso Nacional, que se compunha da Câmara dos Deputados e do Senado Federal. A Câmara dos Deputados era formada por representantes do povo, eleitos por voto direto e secreto, em cada Estado e Território e para mandato de 4 anos. O Senado Federal compunha-se de representantes dos Estados, eleitos pelo voto direto e secreto, segundo

[109] O Texto de 1946 sofreu 21 emendas constitucionais, 4 Atos Institucionais e 37 Atos Complementares.

[110] Celso Bastos, *Curso de direito constitucional*, 21. ed., p. 134.

o princípio majoritário. Cada Estado elegia 3 Senadores, com mandato de 8 anos, renovando-se a representação de 4 em 4 anos, alternadamente, por 1 e por 2/3.

Na prática, contudo, como visto, o Legislativo teve a sua competência diminuída.

Além disso fortaleceu-se a representação dos Deputados nos Estados menores: "o número de Deputados será fixado em lei, em proporção que não exceda de um para cada trezentos mil habitantes, até vinte e cinco Deputados, e, além desse limite, um para cada milhão de habitantes" (art. 41, § 2.º).

■ **Poder Executivo:** fortalecido, era eleito para mandato de 4 anos, de maneira **indireta** por sufrágio do Colégio Eleitoral, composto pelos membros do Congresso Nacional e de Delegados indicados pelas Assembleias Legislativas dos Estados, em sessão pública e mediante votação nominal.

O Presidente da República legislava por **decretos-leis**, que poderiam ser editados em casos de *urgência* ou de *interesse público relevante*, e desde que não resultassem em aumento de despesa sobre as seguintes matérias: *a*) segurança nacional; *b*) finanças públicas.

O art. 58, parágrafo único, previa a criticada **aprovação por decurso de prazo** do decreto-lei, já que, publicado o texto, que tinha vigência imediata, o Congresso Nacional o aprovava ou o rejeitava, dentro de 60 dias, não podendo emendá-lo. Se, porém, nesse prazo não houvesse deliberação, o texto seria tido como aprovado.

Nos termos do art. 60, estrategicamente, estabeleceu-se a **iniciativa exclusiva** do Presidente da República para certas matérias, ou seja, só ele poderia deflagrar (dar início) o processo legislativo.

■ **Poder Judiciário:** o Poder Judiciário da União era exercido pelos seguintes órgãos: Supremo Tribunal Federal; Tribunal Federal de Recursos e Juízes Federais; Tribunais e Juízes Militares; Tribunais e Juízes Eleitorais; Tribunais e Juízes do Trabalho. Havia previsão da Justiça Estadual. Em razão do centralismo, o Judiciário também teve a sua competência diminuída.

■ **Declaração de direitos:** havia exagerada possibilidade de suspensão de direitos políticos por 10 anos (art. 151).

Houve a previsão de se tornar perdida a propriedade para fins de reforma agrária, mediante o pagamento de indenização com títulos da dívida pública.

Os direitos dos trabalhadores foram definidos com maior eficácia.

■ **Sistema tributário:** conforme anota Celso Bastos, "... o Sistema Tributário Nacional, que há pouco sofrera uma modificação, por meio da Emenda Constitucional n. 18 à Constituição de 1946, foi em princípio mantido. Contudo, a discriminação de rendas, ampliando a técnica do **federalismo cooperativo**, acabou por permitir uma série de participações de uma entidade na receita da outra, com acentuada centralização. Quanto à matéria orçamentária aparecem o orçamento-programa, os programas plurianuais de investimento, além da própria atualização do sistema orçamentário".[111]

---

[111] Celso Bastos, *Curso de direito constitucional*, 21. ed., p. 134 (grifamos).

■ **AI-5, de 13.12.1968:** o AI-5, o famigerado e mais violento ato baixado pela ditadura, perduraria até a sua revogação pela EC n. 11, de 17.10.1978, fixando as seguintes "atrocidades",[112] nos termos de sua ementa:

a) formalmente, foram mantidas a Constituição de 24.01.1967 e as Constituições Estaduais, com as modificações constantes do AI-5;
b) o Presidente da República poderia decretar o recesso do Congresso Nacional, das Assembleias Legislativas e das Câmaras de Vereadores, por ato complementar em estado de sítio ou fora dele, só voltando a funcionar quando convocados seus membros pelo Presidente da República;
c) o Presidente da República, no interesse nacional, poderia decretar a intervenção nos Estados e Municípios, sem as limitações previstas na Constituição;
d) os direitos políticos de quaisquer cidadãos poderiam ser suspensos pelo prazo de 10 anos e cassados os mandatos eletivos federais, estaduais e municipais;
e) ficaram suspensas as garantias constitucionais ou legais de vitaliciedade, inamovibilidade e estabilidade, bem como a de exercício em funções por prazo certo;
f) o Presidente da República, em quaisquer dos casos previstos na Constituição, poderia decretar o estado de sítio e prorrogá-lo, fixando o respectivo prazo;
g) o Presidente da República poderia, após investigação, decretar o confisco de bens de todos quantos tivessem enriquecido ilicitamente, no exercício do cargo ou função;
h) suspendeu-se a garantia de *habeas corpus*, nos casos de crimes políticos, contra a segurança nacional, a ordem econômica e social e a economia popular (art. 10 do AI-5);
i) finalmente, a triste previsão do art. 11 do AI-5: "excluem-se de qualquer apreciação judicial todos os atos praticados de acordo com este Ato Institucional e seus Atos Complementares, bem como os respectivos efeitos".

No mesmo dia em que o AI-5 foi baixado por *Costa e Silva*, o **Congresso Nacional** foi **fechado**, nos termos do Ato Complementar n. 38, de 13.12.1968, situação essa que perdurou por mais de 10 meses.

■ 2.6.10. "Constituição" de 1969 — EC n. 1, de 17.10.1969

A EC n. 1/69 não foi subscrita pelo Presidente da República Costa e Silva (15.03.1967 a 31.08.1969), impossibilitado de governar por sérios problemas de saúde, nem, "estranhamente", pelo Vice-Presidente Pedro Aleixo, um civil.

112 Como anota Bastos, "o AI-5 marca-se por um autoritarismo ímpar do ponto de vista jurídico, conferindo ao Presidente da República uma quantidade de poderes de que muito provavelmente poucos déspotas na história desfrutaram, tornando-se marco de um novo surto revolucionário, dando a tônica do período vivido na década subsequente" (*Curso de direito constitucional*, p. 136).

Com base no AI 12, de 31.08.1969, consagrou-se no Brasil um governo de **"Juntas Militares"**, uma vez que referido ato permitia que, enquanto Costa e Silva estivesse afastado por motivos de saúde, governassem os Ministros da Marinha de Guerra, do Exército e da Aeronáutica Militar. Nesse sentido, e com "suposto" fundamento, é que a EC n. 1/69 foi baixada pelos Militares, já que o Congresso Nacional estava fechado.[113]

Sem dúvida, dado o seu caráter revolucionário, podemos considerar a EC n. 1/69 como a manifestação de um novo **poder constituinte originário**, outorgando uma nova Carta, que "constitucionalizava" a utilização dos Atos Institucionais. Nos termos de seu art. 182, manteve em vigor o AI-5 e todos os demais atos baixados. O mandato do Presidente foi aumentado para **5 anos**, continuando a eleição a ser **indireta**.

Durante o governo do General Emílio Médici (30.10.1969 a 15.03.1974), o País experimentou o denominado **"milagre econômico"**,[114] que trouxe uma pequena ilusão de pontos positivos ao novo regime (extremamente duro e autoritário, deixe-se bem claro).

Logo em seguida, do ponto de vista econômico, o governo de Ernesto Geisel (15.03.1974 a 15.03.1979) foi marcado por **forte inflação** e **grave crise econômica** (sobretudo em razão do petróleo). O governo perdia força e temia a oposição, especialmente após a derrota nas eleições legislativas de novembro de 1974.

Nesse contexto, o governo baixou a **Lei Falcão** (Lei n. 6.339, de 1.º.07.1976, assim apelidada já que *Armando Ribeiro Falcão* era o Ministro da Justiça que referendava o ato), reduzindo a propaganda política e, portanto, prejudicando a oposição.

O Presidente Geisel baixou, também, o **Pacote de Abril de 1977**, dissolvendo o Congresso Nacional e editando 14 emendas e 6 decretos, destacando-se as seguintes medidas:

- **a)** redução do *quorum* para aprovação de EC de 2/3 para maioria absoluta, **flexibilizando**, assim, a teórica rigidez constitucional;
- **b)** estabelecimento da **avocatória**, conforme o previsto no art. 119, I, "o", da EC n. 1/69, introduzido pela EC n. 7/77: "as causas processadas perante quaisquer

[113] Pedimos vênia para reproduzir os "considerandos" da EC n. 1/69, que, *sinistramente*, buscava justificar o **ato autoritário** baixado pela Junta Militar: "Os Ministros da Marinha de Guerra, do Exército e da Aeronáutica Militar, usando das atribuições que lhes confere o artigo 3.º do AI-16, de 14.10.1969, combinado com o § 1.º do artigo 2.º do AI-5, de 13.12.1968, e *considerando* que, nos termos do Ato Complementar n. 38, de 13.12.1968, foi decretado, a partir dessa data, o recesso do Congresso Nacional; *considerando* que, decretado o recesso parlamentar, o Poder Executivo Federal fica autorizado a legislar sobre todas as matérias, conforme o disposto no § 1.º do art. 2.º do AI-5, de 13.12.1968; *considerando* que a elaboração de emendas à Constituição, compreendida no processo legislativo (artigo 49, I), está na atribuição do Poder Executivo Federal; (...), *promulgam* a seguinte Emenda à Constituição de 24 de janeiro de 1967: Art. 1.º A Constituição de 24 de janeiro de 1967 passa a vigorar com a seguinte redação...".

[114] Esse momento faz surgir no País o ufanismo (orgulho exacerbado pelo Brasil; patriotismo excessivo), percebido em frases como: "Brasil, ame-o ou deixe-o".

juízos ou Tribunais, cuja avocação deferir a pedido do Procurador-Geral da República, quando decorrer imediato perigo de grave lesão à ordem, à saúde, à segurança ou às finanças públicas, para que se suspendam os efeitos de decisão proferida e para que o conhecimento integral da lide lhe seja devolvido";[115]

c) um terço dos Senadores passou a ser "eleito" pelas Assembleias Legislativas, ou melhor, pelo Colégio Eleitoral estadual, nos termos do art. 41, § 2.º, na redação conferida pela EC n. 8/77. Como a ARENA (partido governamental) detinha a maioria (com a exceção do Estado da Guanabara, no qual saiu vitorioso o MDB), na prática se presenciou uma esquisita "nomeação" dos Senadores (já que a ARENA detinha a maioria nos Estados), que, ironicamente, foram apelidados pela população de **Senadores biônicos**;

d) aumento do mandato do Presidente da República de 5 (EC n. 1/69) para **6 anos** (EC n. 8/77);

e) manutenção da regra da **proporcionalidade** para a eleição de Deputados o que beneficiava os Estados menores, nos quais, supostamente, o governo teria maior controle.

Em seguida, tivemos o **pacote de junho de 1978**, destacando-se:

a) a revogação total ao AI-5;

b) a suspensão das medidas que, com base no AI-5, cassaram direitos políticos;

c) a previsão de impossibilidade de suspensão do Congresso Nacional pelo Presidente da República, eliminando, assim, alguns poderes presidenciais.

Era o início de um processo de redemocratização[116] que viria a ganhar força durante a presidência de João Figueiredo (15.03.1979 a 15.03.1985 — mandato de **6**

[115] Sobre o assunto, cf. Rodolfo de Camargo Mancuso, *Divergência jurisprudencial e súmula vinculante*, p. 313-324. A avocatória não foi mantida no texto de 1988, devendo eventual pedido feito antes do advento da CF/88 ser julgado prejudicado. Nesse sentido, cf. PAv-QO 16/DF, Rel. Min. Sydney Sanches, j. 12.10.1988, Pleno, *DJ* de 25.11.1988, p. 31055. "Avocação de causas a requerimento da Procuradoria-Geral da República. Pedido fundado no art. 119, I, 'o' da CF de 1967, c/ a redação das Emendas 1/69 e 7/77. Liminar deferida pelo presidente do STF e prorrogada pelo relator. Superveniência da CF de 5.10.1988, que não previu o instituto da avocatória para o STF ou para qualquer outro tribunal. Extinção do instituto político-processual. Pedido que se julga prejudicado, em questão de ordem, com revogação da medida liminar". Também, como anota Gilmar Ferreira Mendes, a ação declaratória de constitucionalidade, introduzida pela EC n. 3/93 à CF/88, não deve ser confundida com a avocatória do regime totalitário. Isso porque "... *a*) a competência do STF será originária e não decorrencial; *b*) os motivos para sua proposição serão 'jurídicos' e não meramente 'políticos'; *c*) não haverá interferência direta nas decisões de 1.ª instância suspendendo sua eficácia sem fundamentos jurídicos, mas decisão definitiva sobre a questão suscitada" (A ação declaratória, in I. G. da S. Martins e G. F. Mendes, *Ação declaratória de constitucionalidade*, p. 82).

[116] Como anota Celso Bastos, "mantêm-se, todavia, a lei de segurança nacional (Lei n. 6.620, de 17.12.1978, acrescente-se), os 'biônicos' e a Lei Falcão. Sem embargo, não se concede a reclamada anistia geral. De outra parte, fica autorizada a decretação de estado de emergência e das medidas de emergência" (*Curso de direito constitucional*, p. 143).

anos, conforme a EC n. 8/77), que por sua vez teve a missão de pôr fim ao governo militar.

▪ **Lei da Anistia (Lei n. 6.683, de 28.08.1979):** foi concedida a anistia para todos que, no período compreendido entre 02.09.1961 e 15.08.1979, cometeram crimes políticos ou conexos com estes, crimes eleitorais, aos que tiveram seus direitos políticos suspensos e aos servidores da Administração Direta e Indireta, de fundações vinculadas ao poder público, aos Servidores dos Poderes Legislativo e Judiciário, aos Militares e aos dirigentes e representantes sindicais, punidos com fundamento em Atos Institucionais e Complementares. Nesse particular, cabe destacar que o STF, em 29.04.2010, no julgamento da **ADPF 153**, rejeitou o pedido de revisão da referida "Lei da Anistia" (cf. discussão sobre este assunto e a punição do Brasil pela *Corte Interamericana dos Direitos Humanos* no *item 21.4.2*).

▪ **Reforma Partidária — Lei n. 6.767, de 20.12.1979:** ao modificar dispositivos da Lei n. 5.682, de 21 de julho de 1971 (Lei Orgânica dos Partidos Políticos), a teor do art. 152 da Constituição, alterado pela Emenda Constitucional n. 11/78, trouxe a importante novidade de pôr fim ao bipartidarismo (ARENA *v.* MDB), regulamentando o **pluripartidarismo partidário**. A ARENA passou a chamar-se PDS (Partido Democrático Social), e do MDB estabeleceram-se cinco partidos novos: PMDB, PP, PT, PDT e PTB.

▪ **EC n. 15, de 21.11.1980 — eleições diretas em âmbito estadual:** em 1982, tivemos importante marco histórico, qual seja, a **eleição direta** para Governadores de Estado em razão da alteração trazida pela EC n. 15/80. O PDS ganhou em 12 Estados, o PMDB, em 10, e o PDT, em 1.

▪ **"Diretas Já":** em 18.04.1983, o então Deputado Federal Dante de Oliveira apresentou a PEC n. 5/83, propondo **eleição direta** para Presidente e Vice-Presidente da República. A PEC ganhou o apoio popular e se transformou no importante movimento que ficou conhecido como "Diretas Já". Apesar da pressão da sociedade civil, em 25.04.1984, a denominada **"PEC Dante de Oliveira"** foi rejeitada. Diante dessa situação, o Colégio Eleitoral acabou elegendo, em 15.01.1985, embora pelo **voto indireto**, pela primeira vez, após mais de 20 anos de ditadura militar, um civil — o que caracterizou o fim do regime militar —, **Tancredo Neves**, mineiro de São João Del Rei, que prometeu estabelecer a "Nova República", democrática e social.

Sua posse estava marcada para o dia 15.02.1985, mas Tancredo Neves adoeceu gravemente na véspera, não tomou posse e veio a falecer, para tristeza e comoção do País, no dia 21.04.1985. José Ribamar Ferreira de Araújo Costa — José Sarney (15.03.1985 a 15.03.1990), o Vice-Presidente, assumiu a presidência com importante particularidade: era o primeiro governo civil após o movimento militar de 1964.

Embora não tenha tomado posse em razão de sua enfermidade, a **Lei n. 7.465/86** incluiu o nome de **Tancredo Neves** na **"galeria dos que foram ungidos pela Nação**

brasileira para a Suprema Magistratura", ou seja, na galeria dos **ex-Presidentes da República.**[117]

Na medida em que Tancredo Neves sempre cogitou da elaboração de uma "Comissão de Notáveis" para elaborar um anteprojeto de Constituição, José Sarney, o novo Presidente, considerando o compromisso assumido pela Aliança Democrática perante a Nação, instituiu, pelo Decreto n. 91.450/1985, junto à Presidência da República, uma **Comissão Provisória de Estudos Constitucionais**, composta de 50 membros de livre escolha do Chefe do Executivo e com o objetivo de desenvolver pesquisas e estudos fundamentais, no interesse da Nação brasileira, para futura colaboração com os trabalhos da Assembleia Nacional Constituinte.

Essa Comissão, conhecida por **Comissão Afonso Arinos**, nome de seu presidente, entregou um anteprojeto de Constituição em 18.09.1986, que foi publicado no *DOU* de 26.09.1986, com 436 artigos no corpo e 32 nas Disposições Gerais e Transitórias.

O texto final elaborado pela *Comissão Afonso Arinos*, todavia, foi rejeitado por José Sarney, tendo em vista, entre outras razões, ter optado pelo sistema **parlamentarista**, o que diminuiria os poderes do Presidente.

Em seguida, buscando cumprir o mandamento da EC n. 26, de 27.11.1985,[118] que determinou a convocação de uma Assembleia Nacional Constituinte, finalmente ela foi instalada, mesmo sem partir de um projeto previamente elaborado, em 1.º.02.1987, sob a presidência do Ministro do STF José Carlos Moreira Alves.

Como anota Barroso, "além das dificuldades naturais, advindas da heterogeneidade das visões políticas, também a metodologia de trabalho utilizada contribuiu para as deficiências do texto final. Dividida, inicialmente, em 24 subcomissões e, posteriormente, em 8 comissões, cada uma delas elaborou um anteprojeto parcial, encaminhado à Comissão de Sistematização. Em 25 de junho do mesmo ano, o relator desta Comissão, Deputado Bernardo Cabral, apresentou um trabalho em que reu-

---

[117] Nesse sentido, destacamos a **Lei n. 12.486/2011**, que também inclui o nome do cidadão **Pedro Aleixo** na **"galeria dos que foram ungidos pela Nação Brasileira para a Suprema Magistratura"**. Lembrando a história, estando o Presidente da República, *Marechal Arthur da Costa e Silva*, temporariamente impossibilitado do exercício de suas funções por motivo de saúde, a *Junta Militar trina* editou o famigerado **AI 12**, de 1.º.09.1969, estabelecendo que enquanto durasse o afastamento temporário do Presidente da República, pelo referido motivo de saúde, as suas funções seriam exercidas pelos Ministros da Marinha de Guerra, do Exército e da Aeronáutica Militar, **impedindo**, assim, e contrariando a Constituição, que o Vice-Presidente da República, Pedro Aleixo, assumisse o cargo. Em seguida, o **AI 16**, de 16.10.1969, declarou a **vacância em definitivo** dos cargos e fixou data para eleições e posse de Presidente e Vice-Presidente da República, permanecendo, nesse período, o exercício da Presidência da República com os Ministros militares.

[118] Segundo José Afonso da Silva, "em verdade, a EC n. 26, de 27.11.85, ao convocar a Assembleia Nacional Constituinte, constitui, nesse aspecto, um ato político. Se convoca a Constituinte para elaborar Constituição nova que substituirá a que estava em vigor, por certo não tem a natureza de emenda constitucional, pois esta tem precisamente sentido de manter a Constituição emendada. Se visava destruir esta, não pode ser tida como emenda, mas como ato político" (*Curso de direito constitucional positivo*, 27. ed., p. 87).

niu todos estes anteprojetos em uma peça de 551 artigos! A falta de coordenação entre as diversas comissões, e a abrangência desmesurada com que cada uma cuidou de seu tema, foram responsáveis por uma das maiores vicissitudes da Constituição de 1988: as superposições e o detalhismo minucioso, prolixo, casuístico, inteiramente impróprio para um documento dessa natureza. De outra parte, o assédio dos *lobbies*, dos grupos de pressão de toda ordem, gerou um texto com inúmeras esquizofrenias ideológicas e densamente corporativo".[119]

Depois de tanto trabalho e dificuldades, como se sabe, a Constituição de 1988 foi promulgada em 5 de outubro, redemocratizando o País, com importantes avanços.

Trata-se da denominada por **Ulysses Guimarães**, Presidente da Assembleia Nacional Constituinte, **Constituição Cidadã**, tendo em vista a ampla **participação popular** durante a sua elaboração e a constante busca de efetivação da **cidadania**.

2.6.11. Constituição de 1988

Durante o governo *Sarney*, o **pluripartidarismo foi ampliado**, legalizando-se partidos como o PCB e o PC do B, surgindo novos como o PSDB (dissidência de membros do PMDB) e o PL (Partido Liberal), formado por ideais neoliberais do empresariado. Outro avanço foi a erradicação da "famigerada" censura à imprensa, que assolou o País durante o governo militar. O sindicalismo e grandes centrais (CUT e CGT) consolidaram-se.

Era a solidificação da transição entre o antigo regime e a "Nova República". Em 1989, depois de 25 anos de regime de exceção, o povo elegia, pelo voto direto, em dois turnos, *Fernando Collor de Mello* (15.03.1990 a 29.12.1992). Tendo em vista os vários escândalos de corrupção, em 02.10.1992, a Câmara dos Deputados autoriza a abertura do processo de *impeachment*. Em 29.12.1992, Collor renuncia ao mandato e os Senadores aprovam sua inabilitação política por 8 anos.

O Vice-Presidente de Collor, *Itamar Franco* (29.12.1992 a 1.º.01.1995), assume de modo definitivo a Presidência da República, em razão da vaga do cargo.

Em seguida, tivemos a eleição direta do sociólogo *Fernando Henrique Cardoso* (1.º.01.1995 a 1.º.01.1999) para mandato de 4 anos (mandato reduzido de 5 anos — redação original do texto de 1988 — para 4 anos, por força da EC de Revisão n. 5, de 07.06.1994). Durante o seu mandato, foi aprovada a EC n. 16, de 04.06.1997, que, mantendo o mandato de 4 anos, permitiu uma única reeleição subsequente.

Com fundamento na nova redação conferida aos arts. 82 e 14, § 5.º, Fernando Henrique se torna o primeiro presidente da história da República reeleito para um período subsequente (1.º.01.1999 a 1.º.01.2003).

Posteriormente, e também de forma democrática pelo voto direto, o povo elege o metalúrgico de Garanhuns-PE, *Luiz Inácio Lula da Silva*, que exerceu seu primeiro mandato de 1.º.01.2003 a 1.º.01.2007. Lula foi reeleito em outubro de 2006 (em 2.º

[119] Luís Roberto Barroso, *O direito constitucional e a efetividade de suas normas*, p. 41-42.

turno, com 60,83% dos votos válidos, em disputa com Geraldo Alckmin), assumindo o novo mandato em 1.º.01.2007 e permanecendo até 1.º.01.2011, quando o Executivo Federal passou a ter por Chefe *Dilma Vana Rousseff*, a **primeira mulher** em toda a história da nossa República, reeleita (em segundo turno, com 51,64% dos votos válidos) junto com o Vice-Presidente da República, *Michel Temer*, para o seu segundo mandato, que se iniciou em 1.º.01.2015. Suspensa de suas funções em 12.05.2016, em razão da instauração do processo de *impeachment*, o Senado Federal, em 31.08.2016, por 61 x 20 (total de 81 Senadores da República), julgou procedente a Denúncia n. 1/2016 por crimes de responsabilidade, impondo a Dilma Rousseff a **sanção de perda do cargo**. Em razão da vaga definitiva decorrente da condenação, na referida data, **Michel Temer** tomou posse no cargo de Presidente da República, cumprindo o mandato até 1.º.01.2019, quando assumiu **Jair Messias Bolsonaro**, eleito em outubro de 2018 com 57.797.847 dos votos, ou seja, 55,13% do eleitorado brasileiro.

■ **Plebiscito:** conforme já indicamos, tivemos o primeiro **plebiscito** no Brasil, com data inicial prevista para 7 de setembro de 1993 (art. 2.º do ADCT), antecipada para 21 de abril de 1993 pela EC n. 2/92. O **resultado** todos já conhecem, qual seja, a manutenção da **república constitucional** e do **sistema presidencialista de governo**.

Ainda, nos termos do art. 3.º do ADCT, que fixava a manifestação do **poder constituinte derivado revisor** após 5 anos contados da promulgação do texto, em 07.10.1993 foi instalada a sessão inaugural dos trabalhos de "revisão constitucional".

Após 237 dias de trabalho, tendo recebido cerca de 30.000 propostas, foram elaborados 74 projetos de Emenda de Revisão, dos quais apenas **6** foram aprovados como EC de Revisão.

Além das citadas Emendas de Revisão (**poder constituinte derivado revisor**), o texto original já foi alterado 108 vezes[120] (**poder constituinte derivado reformador**), sofrendo profundas modificações, tendo sido constantemente interpretadas as suas normas e preceitos pelo STF.

No **preâmbulo** da CF/88 foi instituído um Estado Democrático, destinado a assegurar os seguintes **valores supremos** de uma sociedade fraterna, pluralista e sem preconceitos, fundada na harmonia social e comprometida, na ordem interna e internacional, com a solução pacífica das controvérsias:

- ■ o exercício dos direitos sociais e individuais;
- ■ a liberdade;
- ■ a segurança;
- ■ o bem-estar;
- ■ o desenvolvimento;
- ■ a igualdade;
- ■ a justiça.

---

[120] Prezado leitor, no momento da leitura, conferir se há alguma emenda nova!

Sendo **democrática e liberal**, a Constituição de 1988, que sofreu forte influência da Constituição portuguesa de 1976, foi a que apresentou maior **legitimidade popular**, podendo ser destacadas as seguintes características:

■ **Forma de Governo:** República, confirmada pelo plebiscito do art. 2.º do ADCT.

■ **Sistema de Governo:** presidencialista, confirmado pelo plebiscito do art. 2.º do ADCT.

■ **Forma de Estado:** Federação. Percebe-se sensível ampliação da autonomia administrativa e financeira dos Estados da Federação, bem como do Distrito Federal e Municípios. Inegavelmente, contudo, a União continua fortalecida, caracterizando-se o texto como centralizador.

Foi criado o Estado de Tocantins (art. 13 do ADCT), e os Territórios Federais de Roraima e do Amapá foram transformados em Estados Federados (art. 14 do ADCT). O Território Federal de Fernando de Noronha foi extinto, e sua área reincorporada ao Estado de Pernambuco (art. 15 do ADCT).

■ **Capital Federal:** nos termos do art. 18, § 1.º, **Brasília** é a Capital Federal. Assim, o Distrito Federal, ainda localizado no Planalto Central do Brasil, deixa de ser simples autarquia territorial e passa a ser considerado **ente federativo**, com autonomia político-constitucional, apesar de parcialmente tutelada pela União, como será estudado no *item 7.7.3*.

■ **Inexistência de religião oficial:** o Brasil é um país leigo, laico ou não confessional, muito embora haja a previsão de "Deus" no preâmbulo.

■ **Organização dos "Poderes":** foi retomada a teoria clássica da tripartição de "Poderes" de Montesquieu. Diferentemente do regime anterior, buscou-se um maior equilíbrio, especialmente pela técnica dos "freios e contrapesos", abrandando a supremacia do Executivo, que imperava.

■ **Poder Legislativo:** bicameral, exercido pelo Congresso Nacional, que se compõe da Câmara dos Deputados e do Senado Federal, a primeira composta de representantes do povo, eleitos pelo voto direto, secreto e universal e pelo sistema proporcional para mandato de 4 anos, e a segunda composta de representantes dos Estados-Membros e do Distrito Federal, para mandato de 8 anos (duas legislaturas), eleitos pelo sistema majoritário, sendo que a representação de cada Estado e do Distrito Federal será renovada de 4 em 4 anos, alternadamente, por 1 e 2/3.

■ **Poder Executivo:** exercido pelo Presidente da República, eleito junto com o Vice e auxiliado pelos Ministros de Estado. Atualmente, após a EC n. 16/97, como visto, o mandato é de 4 anos, permitindo-se uma única reeleição subsequente. O decreto-lei foi substituído pela medida provisória.

■ **Poder Judiciário:** nos termos do art. 92, são órgãos do Poder Judiciário: o Supremo Tribunal Federal; o Conselho Nacional de Justiça (EC n. 45/2004); o Superior Tribunal de Justiça; o Tribunal Superior do Trabalho (EC n. 92/2016); os Tribunais Regionais Federais e Juízes Federais; os Tribunais e Juízes do Trabalho; os Tribunais e Juízes Eleitorais; os Tribunais e Juízes Militares; os Tribunais e Juízes dos Estados e do Distrito Federal e Territórios.

Em relação ao controle de constitucionalidade das leis, tema que será estudado, houve ampliação dos legitimados para a propositura da ADI.

A CF/88 criou o Superior Tribunal de Justiça (STJ), Corte responsável pela uniformização da interpretação da lei federal em todo o Brasil, sendo órgão de convergência da Justiça comum. Nesse sentido, o STF passou a cuidar de temas predominantemente constitucionais.

A EC n. 45/2004, *Reforma do Poder Judiciário*, trouxe importantes modificações.

■ **Constituição rígida:** existe um processo de alteração mais árduo, mais solene e mais dificultoso que o processo de alteração das demais espécies normativas, daí a rigidez constitucional.

■ **Declaração de direitos:**

a) os princípios democráticos e a defesa dos direitos individuais e coletivos dos cidadãos estão consolidados no texto, consagrando direitos fundamentais de maneira inédita, por exemplo, ter tornado o racismo e a tortura (que já havia sido abolida — art. 179, XIX, da Constituição de 1824) crimes **inafiançáveis**;

b) os direitos dos trabalhadores foram ampliados;

c) pela primeira vez se estabeleceu o controle das omissões legislativas, seja pelo mandado de injunção (controle difuso), seja pela ADI por omissão (controle concentrado), temas a serem estudados;

d) introduziu-se a ADPF — arguição de descumprimento de preceito fundamental, tema a ser desenvolvido no capítulo sobre o controle de constitucionalidade;

e) outros remédios também foram previstos pela primeira vez no texto, quais sejam, o mandado de segurança coletivo e o *habeas data*;

f) há previsão específica, pela primeira vez, de um capítulo sobre o "meio ambiente" (art. 225);

g) nesse sentido, destacam-se, dentre as funções institucionais do Ministério Público, a de promover o inquérito civil e a **ação civil pública**, para a proteção do patrimônio público e social, do meio ambiente e de outros interesses difusos e coletivos (arts. 127, *caput*, e 129, III). Lembramos que, de acordo com o art. 129, § 1.º, a legitimação do Ministério Público para as ações civis não impede a de terceiros, nas mesmas hipóteses, segundo o disposto na Constituição e na lei;[121]

h) outra relevante função institucional do MP é a de defender judicialmente os direitos e interesses das populações indígenas (art. 129, V);

i) importante previsão da Defensoria Pública como instituição essencial à função jurisdicional do Estado, incumbindo-lhe a orientação jurídica e a defesa, em todos os graus, dos necessitados, na forma do art. 5.º, LXXIV. Por força das alterações promovidas pela Lei n. 11.448/2007 e pela LC n. 132/2009

[121] Cf. o nosso *Teoria geral da ação civil pública*, 3. ed., passim.

(consagradas na EC n. 80/2014), a Defensoria tornou-se parte legítima para a propositura de ação civil pública, atribuição esta reconhecida como constitucional pelo Pleno do STF no julgamento da **ADI 3.943** (j. 07.05.2015, cf. *item 12.5.10.10*).

■ **Separação da Ordem Econômica e da Ordem Social:** a primeira Constituição brasileira a separar a *ordem econômica* da *ordem social* foi a de 1988.

A ordem econômica recebeu tratamento sistemático, pioneiramente, na Constituição do México de 1917. No Brasil, sob a influência da *Constituição de Weimar*, de 1919, a primeira a tratar da ordem econômica e da ordem social em título único (Título IV) foi a de **1934**.

A Constituição de 1937, embora mantendo as matérias sobre a ordem econômica e social, aboliu a utilização de títulos e passou a destacar, de modo simplificado, a ordem econômica.

As Constituições de 1946, 1967 e a EC n. 1/69 seguiram a mesma estrutura da de 1934, agregando a ordem econômica e a ordem social em um único título.

A Constituição de 1988, conforme visto, inova e passa a tratar da ordem social em título próprio, **desvinculando-a** da ordem econômica que, por sua vez, recebe matérias sobre o sistema financeiro nacional (Título VII). Alguns temas da ordem social que eram assegurados nas Constituições anteriores, como os *direitos dos trabalhadores*, foram deslocados para o Título II, que trata dos direitos e garantias fundamentais (direitos sociais).

■ 2.7. MATERIAL DIGITAL EXCLUSIVO

2

CONSTITUIÇÃO: CONCEITO, CONSTITUCIONALIZAÇÃO SIMBÓLICA, CLASSIFICAÇÕES, ELEMENTOS E HISTÓRICO

Download de Questões Modelo Tradicional	Banco de Questões Plataforma	Resolução de Questões Pedro Lenza	Videoaulas
somos.in/DCE25006	somos.in/DCE25007	somos.in/DCE25112	somos.in/DCE25091

3

HERMENÊUTICA: MUTAÇÃO X REFORMA. REGRAS X PRINCÍPIOS. "DERROTABILIDADE". POSTULADOS NORMATIVOS. CRIAÇÃO JUDICIAL DO DIREITO. ESTRUTURA DA CONSTITUIÇÃO

■ 3.1. MUTAÇÕES CONSTITUCIONAIS *VERSUS* REFORMAS CONSTITUCIONAIS

Neste tópico restringiremos a apresentação a alguns aspectos pontuais, sem, contudo, aprofundar a matéria.[1]

As Constituições devem ser interpretadas, função essa atribuída ao *exegeta*, que buscará o real significado dos termos constitucionais.

Tal função é extremamente importante, na medida em que a Constituição dará validade para as demais normas do ordenamento jurídico (Kelsen). Assim, devemos decifrar o seu verdadeiro alcance, a fim de sabermos, por consequência, a abrangência de uma norma infraconstitucional.[2]

O hermeneuta, dessa forma, levando em consideração a história, as ideologias, as realidades sociais, econômicas e políticas do Estado, definirá o verdadeiro significado do texto constitucional.

---

[1] O tema da **hermenêutica** ganha importância para os concursos públicos. Remetemos, por esse motivo e em razão da especificidade da matéria, o nosso ilustre leitor para as **obras monográficas**, destacando-se: H. **Ávila**, *Teoria dos princípios*: da definição à aplicação dos princípios jurídicos, passim; L. R. **Barroso**, *Interpretação e aplicação da Constituição*: fundamentos de uma dogmática constitucional transformadora, passim; L. V. A. da **Silva** (org.), *Interpretação constitucional,* passim e, do mesmo autor, *A constitucionalização do direito*: os direitos fundamentais nas relações entre particulares, passim. P. **Bonavides**, *Curso de direito constitucional*, várias passagens; I. M. **Coelho**, *Interpretação constitucional,* passim; L. L. **Streck**, *Hermenêutica jurídica e(m) crise*: uma exploração hermenêutica da construção do direito, passim; idem: *Jurisdição constitucional e hermenêutica,* passim; J. A. L. **Sampaio**, *A Constituição reinventada pela jurisdição constitucional,* passim; F. A. **Vasconcellos**, *Hermenêutica jurídica e derrotabilidade,* passim; P. **Häberle**, *Hermenêutica constitucional*: a sociedade aberta dos intérpretes da Constituição — contribuição para a interpretação pluralista e "procedimental" da Constituição, passim; K. **Hesse**, *A força normativa da Constituição,* passim; R. **Dworkin**, *Taking rights seriously,* passim (trad. para o português, *Levando os direitos a sério*, 3. ed., 2010, WMF Martins Fontes); R. **Alexy**, *Teoria dos direitos fundamentais,* passim; clássicos como C. **Maximiliano**, *Hermenêutica e aplicação do direito,* passim, dentre vários outros trabalhos importantes.

[2] Luiz Alberto David Araujo e Vidal Serrano Nunes Júnior observam que "a norma constitucional é autolegitimante, ou seja, colocando-se no vértice superior da pirâmide, é o polo irradiador de legitimação no interior do sistema jurídico. Se serve de anteparo para as normas infraordenadas, não tem assento em qualquer disposição normativa, pois que sobre si nada encontra" (*Curso de direito constitucional*, p. 49).

Acesse também o vídeo sobre o capítulo pelo link: somos.in/DCE25009

Como regra fundamental, lembramos que, onde não existir dúvida, não caberá ao exegeta interpretar (*vide*, por exemplo, o art. 18, § 1.º, da CF/88, que aponta, como Capital Federal, Brasília — não cabendo qualquer trabalho hermenêutico).

A interpretação deverá levar em consideração todo o sistema. Em caso de antinomia de normas, buscar-se-á a solução do aparente conflito através de uma interpretação sistemática, orientada pelos princípios constitucionais.

Colocadas essas premissas, o **sentido** da Constituição **interpretada** pode mostrar-se **inadequado**. Nessas circunstâncias, dentro dos limites colocados pelo Constituinte originário, poderão ser observadas alterações tanto do ponto de vista **formal** (*reforma constitucional*) como do **informal** (*mutações constitucionais*).

Reforma constitucional seria a modificação do texto constitucional, mediante mecanismos definidos pelo poder constituinte originário (emendas), alterando, suprimindo ou acrescentando artigos ao texto original.[3]

As **mutações**, por seu turno, não seriam alterações "físicas", "palpáveis", materialmente perceptíveis, mas sim alterações no significado e sentido interpretativo de um texto constitucional. A transformação não está no texto em si, mas na interpretação daquela regra enunciada. O texto permanece inalterado.

As **mutações constitucionais**, portanto, exteriorizam o caráter **dinâmico** e de **prospecção** das normas jurídicas, por meio de **processos informais**. Informais no sentido de não serem previstos dentre aquelas mudanças formalmente estabelecidas no texto constitucional.

Buscando a sua origem na doutrina alemã, Uadi Lammêgo Bulos denomina **mutação constitucional** "... o processo informal de mudança da Constituição, por meio do qual são atribuídos novos sentidos, conteúdos até então não ressaltados à letra da Constituição, quer através da interpretação, em suas diversas modalidades e métodos, quer por intermédio da construção (*construction*), bem como dos usos e dos costumes constitucionais".[4]

Barroso, por sua vez, afirma que "... a mutação constitucional consiste em uma alteração do significado de determinada norma da Constituição, sem observância do mecanismo constitucionalmente previsto para as emendas e, além disso, sem que tenha havido qualquer modificação de seu texto. Esse novo sentido ou alcance do mandamento constitucional pode decorrer de uma mudança na realidade fática ou de

---

[3] Na medida em que os tratados e convenções internacionais sobre direitos humanos que forem aprovados, em cada Casa do Congresso Nacional, em dois turnos, por 3/5 dos votos dos respectivos membros, serão equivalentes às emendas constitucionais (art. 5.º, § 3.º, EC n. 45/2004), podemos pensar nessa nova modalidade de "reforma".

[4] *Constituição Federal anotada*, p. 22. O autor, em interessante compilação, lembra as diversas denominações terminológicas atribuídas ao fenômeno das mudanças informais das constituições ou meios difusos de modificação constitucional: vicissitude constitucional tácita, mudança constitucional silenciosa (*stillen Verfassungswandlungen*), transições constitucionais, processos de fato, mudança material, processos indiretos, processos não formais, processos informais, processos oblíquos, mutação constitucional, mudanças informais etc. (p. 23).

uma nova percepção do Direito, uma releitura do que deve ser considerado ético ou justo. Para que seja legítima, a mutação precisa ter lastro democrático, isto é, deve corresponder a uma demanda social efetiva por parte da coletividade, estando respaldada, portanto, pela soberania popular".[5]

Damos um exemplo, valendo-nos do Código Penal brasileiro, apenas para ilustrar: antes do advento da **Lei n. 11.106/2005**, os arts. 215, 216 e 219 do CP traziam a expressão "mulher honesta". Quando falamos que essa expressão sofreu uma **mutação interpretativa**, não queremos dizer que o artigo em si foi alterado, mas, sim, que o conceito de "mulher honesta", ao longo do tempo, levando em consideração os padrões aceitos pela sociedade da época, adquiriu significados diversos. "Mulher honesta" no começo do século XX tinha determinado significado, diverso do que adquire a "mulher honesta" dos dias atuais. "Mulher honesta" em uma cidade talvez tenha um significado diverso do que adquire em cidade de outra localidade.

Como visto, essa evolução da sociedade, que vinha sendo percebida pelo Judiciário, sensibilizou o legislador, que revogou por meio da Lei n. 11.106/2005 diversos dispositivos do CP, como os citados, que faziam menção à figura da "mulher honesta".

Outro exemplo, agora de mutação constitucional, citado por Olavo Alves Ferreira, foi o cancelamento da Súmula 394 do STF, modificando o entendimento sobre o foro por prerrogativa de função.[6]

Ainda, podemos lembrar a mudança de entendimento pelo STF sobre a competência para julgar HC impetrado em face de decisão de turma recursal, determinando a competência do TJ. Vejamos:

> "Tendo em vista que o Supremo Tribunal Federal, modificando sua jurisprudência, assentou a competência dos Tribunais de Justiça estaduais para julgar *habeas corpus* contra ato de Turmas Recursais dos Juizados Especiais, impõe-se a imediata remessa dos autos à respectiva Corte local para reinício do julgamento da causa, ficando sem efeito os votos já proferidos. Mesmo tratando-se de **alteração de competência** por efeito de **mutação constitucional** (nova interpretação à Constituição Federal), e não propriamente de alteração no texto da Lei Fundamental, o fato é que se tem, na espécie, hipótese de competência absoluta (em razão do grau de jurisdição), que não se prorroga. Questão de ordem que se resolve pela **remessa dos autos ao Tribunal de Justiça do Distrito Federal e dos Territórios**, para reinício do julgamento do feito" (HC 86.009-QO, Rel. Min. Carlos Britto, j. 29.08.2006, *DJ* de 27.04.2007).

Podemos destacar diversas outras interpretações dadas pelo STF ao instituto da "quarentena de entrada" (art. 93, I), à vedação da progressão de regime prevista na Lei de Crimes Hediondos, à anencefalia, à competência trabalhista para julgar ações de indenização decorrentes de acidente do trabalho, à união homoafetiva, ao não

[5] Luís Roberto Barroso, *Curso de direito constitucional*, 2. ed., p. 126-127.

[6] Olavo Alves Ferreira, *Controle de constitucionalidade e seus efeitos*, nota 112, p. 140.

cabimento da prisão civil do depositário infiel (cf. HC 91.361, Rel. Min. Celso de Mello, j. 23.09.2008, *DJE* de 06.02.2009) etc.

Sistematizando, a partir da doutrina clássica, Barroso[7] procurou identificar os **mecanismos de mutação constitucional**. Vejamos:

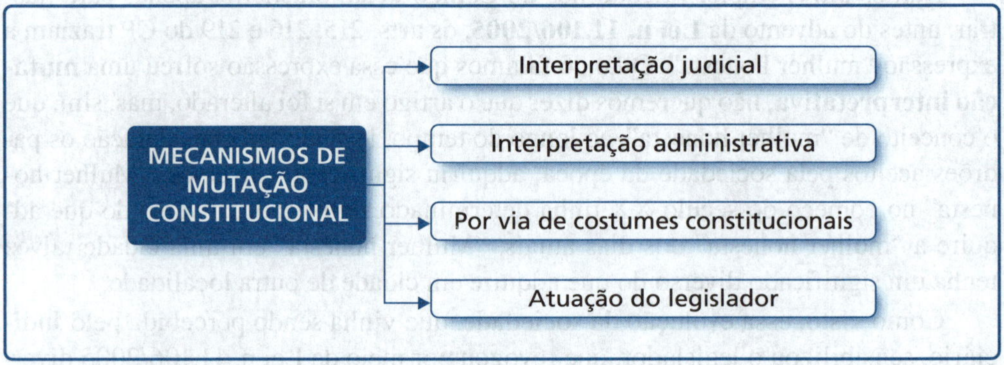

- **interpretação judicial:** em relação à interpretação judicial, podemos apontar os vários exemplos acima citados, sendo, assim, a evolução da jurisprudência da Corte, nos limites propostos, inegável exteriorização da mutação constitucional;
- **interpretação administrativa:** a evolução interpretativa poderá ser verificada, também, no âmbito administrativo. Como destaque, Barroso lembra a Res. n. 7/CNJ, que, reconhecendo novas perspectivas aos princípios da impessoalidade e da moralidade, deu novo e restritivo sentido ao nepotismo;
- **por via de costumes constitucionais:** o autor aduz não ser pacífica a existência de costumes em países de Constituição escrita e rígida.[8] Porém, admite que certas práticas reiteradas ensejaram mudanças no sentido interpretativo da Constituição. Como exemplo, menciona a possibilidade de o Chefe do Poder Executivo negar a aplicação de lei que de modo fundamentado considere inconstitucional. Lembra, ainda, o voto de liderança no Parlamento, sem a submissão da matéria ao Plenário. Outro exemplo, antes do advento da EC n. 32/2001, destaca a reedição de medida provisória, desde que não houvesse expressa rejeição ou alteração do texto. Barroso evidencia, também, a evolução da interpretação em relação aos poderes da CPI, passando a Suprema Corte a admitir a quebra de sigilos bancários e fiscais;
- **atuação do legislador:** verifica-se a mutação constitucional por atuação do legislador quando, por ato normativo primário, procurar alterar o sentido já dado a alguma norma constitucional. Como exemplo, depois de modificado o entendimento sobre a prerrogativa de foro pelo STF, que, inclusive, conforme visto, cancelou a S. 394, o Congresso Nacional procurou resgatar o sentido dessa

---

7 Luís Roberto Barroso, *Curso de direito constitucional*, 2. ed., p. 130-136.

8 Sobre o assunto, cf., ainda, José Afonso da Silva, *Poder constituinte e poder popular*, p. 286.

súmula, nos termos da Lei n. 10.628/2002. Cabe lembrar que o STF declarou inconstitucional referido ato normativo (cf. *item 9.9.2.3*). Para se ter um outro exemplo, agora de "reversão legislativa da jurisprudência da Corte" por emenda constitucional, lembramos, após o reconhecimento da inconstitucionalidade da vaquejada pelo STF, a aprovação da EC n. 96/2017 (cf. *item 19.8.7.4*).[9]

Naturalmente, a mutação e a nova interpretação não poderão afrontar os **princípios estruturantes** da Constituição, sob pena de serem inconstitucionais.

▪ 3.2. REGRAS E PRINCÍPIOS

A doutrina vem se debruçando sobre a importante e complexa distinção entre **regras** e **princípios**, partindo da premissa de que ambos são espécies de **normas** e que, como referenciais para o intérprete, **não** guardam, entre si, **hierarquia**, especialmente diante da ideia da **unidade** da Constituição.

Canotilho refere-se ao *sistema jurídico do Estado de direito democrático português* como **"um sistema normativo aberto de regras e princípios"**:

- **sistema jurídico:** "porque é um sistema dinâmico de normas";
- **sistema aberto:** "porque tem uma estrutura *dialógica* (Caliess) traduzida na disponibilidade e 'capacidade de aprendizagem' das normas constitucionais para captarem a mudança da realidade e estarem abertas às concepções cambiantes da 'verdade' e da 'justiça'";
- **sistema normativo:** porque a estruturação das expectativas referentes a valores, programas, funções e pessoas é feita por meio de *normas*;
- **sistema de regras e de princípios:** "pois as normas do sistema tanto podem revelar-se sob a forma de *princípios* como sob a sua forma de *regras*".[10]

Humberto Ávila, por sua vez, esclarece que "... um sistema não pode ser composto somente de princípios, ou só de regras. Um sistema só de **princípios** seria demasiado **flexível**, pela ausência de guias claros de comportamento, ocasionando problemas de coordenação, conhecimento, custos e controle de poder. E um sistema só de **regras**, aplicadas de modo formalista, seria demasiado **rígido**, pela ausência de válvulas de abertura para o amoldamento das soluções às particularidades dos casos concretos. Com isso se quer dizer que, a rigor, não se pode dizer nem que os princípios são mais importantes do que as regras, nem que as regras são mais necessárias que os princípios. Cada **espécie normativa** desempenha funções diferentes e complementares, não se podendo sequer conceber uma sem a outra, e a outra sem a uma. Tal observação é da mais alta relevância, notadamente tendo em vista o fato de que a

[9] Sobre o tema da possibilidade de **superação legislativa da jurisprudência da Corte**, cf. *itens 1.6.3* e *6.7.1.8*.

[10] *Direito constitucional e teoria da Constituição*, 7. ed., p. 1159.

Constituição Brasileira é repleta de regras, especialmente de competência, cuja finalidade é, precisamente, alocar e limitar o exercício do poder".[11]

Segundo Ávila, a *interpretação* e a *aplicação* de **princípios** e **regras** dar-se-ão com base nos **postulados normativos** *inespecíficos*, quais sejam, a **ponderação** (atribuindo-se pesos), a **concordância prática** e a **proibição de excesso** (garantindo a manutenção de um mínimo de eficácia dos direitos fundamentais), e *específicos*, destacando-se o postulado da **igualdade**, o da **razoabilidade** e o da **proporcionalidade**.[12]

Canotilho, no tocante à diferenciação, sistematiza a matéria, estabelecendo os seguintes **critérios**:[13]

- **grau de abstração:** "os *princípios* são normas com um grau de abstração relativamente elevado; de modo diverso, as *regras* possuem uma abstração relativamente reduzida";
- **grau de determinabilidade na aplicação do caso concreto:** "os *princípios*, por serem vagos e indeterminados, carecem de mediações concretizadoras (do legislador, do juiz), enquanto as *regras* são susceptíveis de aplicação direta";
- **carácter de fundamentalidade no sistema das fontes de direito:** "os *princípios* são normas de natureza ou com um papel fundamental no ordenamento jurídico devido à sua posição hierárquica no sistema das fontes (ex.: princípios constitucionais) ou à sua importância estruturante dentro do sistema jurídico (ex.: princípio do Estado de Direito)";
- **"proximidade" da ideia de direito:** "os *princípios* são '*standards*' juridicamente vinculantes radicados nas exigências de 'justiça' (DWORKIN) ou na 'ideia de direito' (LARENZ); as *regras* podem ser normas vinculativas com um conteúdo meramente funcional";
- **natureza normogenética:** "os *princípios* são fundamentos de regras, isto é, são normas que estão na base ou constituem a *ratio* de regras jurídicas, desempenhando, por isso, uma função normogenética fundamentante".

Barroso, avançando, identifica uma distinção **qualitativa** ou **estrutural** entre *regras* e *princípios*.

Conforme anota, "... a Constituição passa a ser encarada como um sistema aberto de princípios e regras, permeável a valores jurídicos suprapositivos, no qual as ideias de justiça e de realização dos direitos fundamentais desempenham um papel central. A mudança de paradigma nessa matéria deve especial tributo às concepções de *Ronald Dworkin* e aos desenvolvimentos a ela dados por *Robert Alexy*. A conjugação das ideias desses dois autores dominou a teoria jurídica e passou a constituir o conhecimento convencional da matéria".[14] E, em seguida, conclui:

[11] H. Ávila, *Teoria dos princípios*, 10. ed., p. 120-121.

[12] *Teoria dos princípios*, 10. ed., p. 144-185.

[13] *Direito constitucional e teoria da Constituição*, 7. ed., p. 1160-1161 (redação igual ao original).

[14] L. R. Barroso, *Interpretação e aplicação da Constituição*, 7. ed., p. 353.

- **regras:** relatos descritivos de condutas a partir dos quais, mediante **subsunção**, havendo enquadramento do fato à previsão abstrata, chega-se à conclusão. Diante do conflito entre regras, apenas uma prevalece dentro da ideia do *tudo ou nada* (*all or nothing*). A "... **regra** somente **deixará de incidir** sobre a hipótese de fato que contempla se for **inválida**, se houver outra **mais específica** ou se **não estiver em vigor**" (ou seja, acrescente-se, critérios *hierárquico*, da *especialidade* ou *cronológico*);
- **princípios:** a previsão dos *relatos* se dá de maneira mais abstrata, sem se determinar a conduta correta, já que cada caso concreto deverá ser analisado para que o intérprete dê o exato **peso** entre os eventuais princípios em **choque** (*colisão*). Assim, a aplicação dos princípios "não será no esquema *tudo ou nada*, mas graduada à vista das circunstâncias representadas por outras normas ou por situações de fato". Destaca-se, assim, a técnica da **ponderação** e do **balanceamento**, sendo, portanto, os princípios **valorativos** ou **finalísticos**.

Nessa linha, partindo da proposta de diferenciação formulada por *Dworkin*,[15] *Robert Alexy* dela se afasta e **avança** ao caracterizar os **princípios** como **mandamentos** ou **mandados de otimização** (sendo esta a sua principal contribuição à ideia inicial). Em suas palavras:

- **regras:** "... são normas que são sempre ou satisfeitas ou não satisfeitas. Se uma regra vale, então, deve se fazer exatamente aquilo que ela exige; nem mais, nem menos. Regras contêm, portanto, **determinações** no âmbito daquilo que é fática e juridicamente possível. Isso significa que a distinção entre regras e princípios é uma **distinção qualitativa**, e não uma distinção de grau. Toda norma é ou uma regra ou um princípio";
- **princípios:** "... normas que ordenam que algo seja realizado na maior medida possível dentro das possibilidades jurídicas e fáticas existentes. Princípios são, por conseguinte, **mandamentos de otimização**, que são caracterizados por poderem ser **satisfeitos em graus variados** e pelo fato de que a medida devida de sua satisfação não depende somente das possibilidades fáticas, mas também das **possibilidades jurídicas**. O âmbito das possibilidades jurídicas é determinado pelos princípios e regras colidentes".[16]

---

[15] Nesse sentido, cf. R. Dworkin, *Taking rights seriously*, passim. (Há tradução para o português: *Levando os direitos a sério*, 3. ed. São Paulo: WMF Martins Fontes, 2010.)

[16] R. Alexy, *Teoria dos direitos fundamentais*, p. 90-91 (trad. de Virgílio Afonso da Silva) (grifamos). Cf., também, sobre a **distinção entre regras e princípios**, L. V. A. da Silva, Princípios e regras: mitos e equívocos acerca de uma distinção, *Revista Latino-Americana de Estudos Constitucionais*, p. 607-630. Barroso, por seu turno, refere-se (na tradução do original do alemão) à expressão **mandados de otimização** (princípios) e **mandados de definição** (regras) (*Interpretação e aplicação da Constituição*, 7. ed., p. 357, nota 23).

Cabe alertar que as teses sobre as distinções entre regras e princípios defendidas por Dworkin e Alexy **não se confundem**.

De acordo com Virgílio Afonso da Silva, "... não só as teses de ambos os autores não são idênticas — a própria ideia de otimização não está presente nas obras de Dworkin —, como também a possibilidade de única resposta correta é rejeitada expressamente pela teoria dos princípios na forma defendida por Alexy. O que o conceito de **mandamento de otimização** impõe é o que se pode chamar de ideia regulativa, ou seja, uma ideia que sirva para *guiar a argumentação em um determinado sentido*. Várias podem ser as respostas que satisfaçam as exigências de otimização. Quanto maior o número de variáveis — e de direitos — envolvidos em um caso concreto, maior tenderá a ser a quantidade de respostas que satisfaçam o critério de otimização".[17]

De modo geral, partindo das ideias expostas, podemos **esquematizar** as distinções essenciais entre **regras** e **princípios**:

REGRAS	PRINCÍPIOS
▪ dimensão da **validade**, **especificidade** e **vigência**	▪ dimensão da **importância**, **peso** e **valor**
▪ **conflito** entre **regras** (uma das regras em conflito ou será afastada pelo princípio da especialidade, ou será declarada **inválida** — *cláusula de exceção*, que também pode ser entendida como "declaração parcial de invalidade")	▪ **colisão** entre **princípios** (não haverá declaração de invalidade de qualquer dos princípios em colisão. Diante das **condições** do caso concreto, um princípio **prevalecerá** sobre o outro)
▪ "tudo ou nada"	▪ ponderação, balanceamento, sopesamento entre princípios colidentes
▪ mandamentos ou mandados de **definição**	▪ mandamentos ou mandados de **otimização**

Finalmente, correta a constatação de Barroso ao perceber que mais recentemente e avançando as ideias de Dworkin e os novos desenvolvimentos analíticos trazidos por Alexy, "... já se discute tanto a aplicação do esquema ***tudo ou nada*** aos **princípios** como a possibilidade de também as **regras** serem **ponderadas**. Isso porque, como visto, determinados princípios — como o princípio da dignidade da pessoa humana e outros — apresentam um núcleo de sentido ao qual se atribui natureza de regra, aplicável biunivocamente. Por outro lado, há situações em que uma regra, perfeitamente válida em abstrato, poderá gerar uma inconstitucionalidade ao incidir em determinado ambiente, ou, ainda, há hipóteses em que a adoção do comportamento descrito pela regra violará gravemente o próprio fim que ela busca alcançar...".[18]

---

17 L. V. A. da Silva, *A constitucionalização do direito*: os direitos fundamentais nas relações entre particulares, p. 121.

18 L. R. Barroso, *Interpretação e aplicação da Constituição*, 7. ed., p. 357-358. Nesse sentido, reconstruindo a distinção entre princípios e regras, por todos, H. Ávila, *Teoria dos princípios*, passim.

Essa perspectiva de possibilidade de ponderação de regras, desenvolvida no item seguinte, contudo, tem sofrido críticas por parte da doutrina. Streck observa que, "em Alexy, a ponderação seria um dos fatores centrais que marcam a distinção entre regras e princípios (uma das máximas alexyanas é: 'princípios se aplicam por ponderação; regras por subsunção')". Assim, indaga: "se a ponderação é o procedimento do qual o resultado será uma regra posteriormente subsumida ao caso concreto, o que temos como resultado da 'ponderação de regras'? Uma 'regra' da regra? Como fica, portanto, em termos práticos, a distinção entre regras e princípios, uma vez que deixa de ter razão de ser a distinção entre subsunção e ponderação? A tese faz com que a ponderação se transforme em um procedimento generalizado de aplicação do Direito".[19]

▪ 3.3. DERROTABILIDADE (*DEFEASIBILITY*)[20]

De modo geral, conforme estabelece Humberto Ávila, existem várias **justificativas** para a **obediência às regras**, destacando-se:[21]

- "eliminação da controvérsia e da incerteza, e dos custos morais a elas associados";
- eliminação ou redução da "... arbitrariedade que pode potencialmente surgir no caso de aplicação direta de valores morais";
- busca para "evitar problemas de coordenação, deliberação e conhecimento". No tocante à *coordenação*, sem a regra, haveria o risco de cada indivíduo querer defender o seu ponto de vista. Em relação à *deliberação*, inexistindo solução predefinida em determinada regra, observar-se-ia um aumento de custos para soluções casuísticas e individuais. Finalmente, a falta de regra poderia produzir soluções por pessoas que não têm o *conhecimento* técnico de determinada matéria ou área.

Com isso, observa Ávila que "... as regras não devem ser obedecidas somente por serem regras e serem editadas por uma autoridade. Elas **devem ser obedecidas**, de

[19] Lenio Luiz Streck, *Dicionário de hermenêutica*: quarenta temas fundamentais da teoria do direito à luz da crítica hermenêutica do direito, n. 28, termo "ponderação", p. 156-157.

[20] Para aprofundamento da matéria, cf. interessante estudo de F. A. Vasconcellos, *Hermenêutica jurídica e derrotabilidade*, passim. Ainda, sob o aspecto de *modelos lógicos* ("refinamento de teorias"), cf. J. S. de A. Maranhão, *Padrões de racionalidade na sistematização de normas* (tese de doutorado FADUSP). Interessante, também, o debate entre Bayón e Rodríguez sobre a matéria: J. C., Bayón; J. Rodríguez Russo, *Relevancia normativa en la justificación de las decisiones judiciales:* El debate Bayón-Rodríguez sobre la derrotabilidad de las normas jurídicas (também em formato *e-book*). Ainda, destacamos interessante estudo de Ana Paula de Barcellos, *Ponderação, racionalidade e atividade jurisdicional*, p. 201-234. Para a discussão no âmbito processual (*derrotabilidade processual* atrelada à ideia de ônus da prova), Vasconcellos destaca os estudos de Giovanni Sartor e Neil MacCormick (op. cit., p. 100-106).

[21] H. Ávila, *Teoria dos princípios*, p. 112-114.

um lado, porque sua **obediência** é **moralmente boa** e, de outro, porque produz efeitos relativos a valores prestigiados pelo próprio ordenamento jurídico, como **segurança**, **paz** e **igualdade**. Ao contrário do que a atual exaltação dos princípios poderia fazer pensar, as regras não são normas de segunda categoria. Bem ao contrário, elas desempenham uma função importantíssima de solução previsível, eficiente e geralmente equânime de solução de conflitos sociais".[22]

Apesar dessa constatação, muitos autores, conforme já enunciado, começam a reconhecer a **derrotabilidade** (*defeasibility*) das regras, superando o modelo "tudo ou nada" de Dworkin.

A ideia de **derrotabilidade** (Ávila se refere a ela como **superabilidade**), historicamente, vem sendo atribuída a **Hart**, na seguinte passagem: "quando o estudante aprende que na lei inglesa existem condições positivas exigidas para a existência de um contrato válido, ele ainda tem que aprender o que pode derrotar a reivindicação de que há um contrato válido, mesmo quando todas essas condições são satisfeitas", daí por que "o estudante tem ainda que aprender o que pode seguir as palavras 'a menos que', as quais devem acompanhar a indicação dessas condições".[23]

Nesse sentido, Ávila, reconhecendo que as regras não são superáveis com facilidade,[24] propõe algumas **condições necessárias**, destacando-se:

- **requisitos materiais (ou de conteúdo):** a superação da regra pelo caso individual não pode prejudicar a concretização dos valores inerentes à regra. E explica o autor: "... há casos em que a decisão individualizada, ainda que incompatível com a hipótese da regra geral, não prejudica nem a promoção da **finalidade subjacente à regra**, nem a **segurança jurídica** que suporta as regras, em virtude da pouca probabilidade de reaparecimento frequente de situação similar, por dificuldade de ocorrência ou comprovação";[25]
- **requisitos procedimentais (ou de forma):** a superação de uma regra deve ter **a) justificativa condizente** — devendo haver a "... demonstração de incompatibilidade entre a hipótese da regra e sua finalidade subjacente. É preciso apontar a discrepância entre aquilo que a hipótese da regra estabelece e o que sua finalidade exige". E, ainda, a "... demonstração de que o afastamento da regra não provocará expressiva insegurança jurídica". Em outras palavras, a *justiça individual* não poderá afetar substancialmente a *justiça geral*; **b) fundamentação condizente** — as razões de superação da regra devem ser **exteriorizadas**, para que, assim, possam ser controladas. "A fundamentação deve ser escrita, juridicamente fundamentada e logicamente estruturada"; **c) comprovação condizente** —

[22] H. Ávila, *Teoria dos princípios*, p. 112-114.

[23] H. L. A. Hart, The Ascription of Responsibility and Rights, apud Vasconcellos, *Hermenêutica jurídica e derrotabilidade*, p. 54.

[24] Conforme afirma, "... as regras têm **eficácia de trincheira**, pois, embora geralmente superáveis, só o são por razões extraordinárias e mediante um ônus de fundamentação maior" (*Teoria dos princípios*, p. 119).

[25] H. Ávila, *Teoria dos princípios*, p. 117.

"... não sendo necessárias, notórias nem presumidas, a ausência do aumento excessivo das controvérsias, da incerteza e da arbitrariedade e a inexistência de problemas de coordenação, altos custos de deliberação e graves problemas de conhecimento devem ser comprovadas por meios de provas adequados, como documentos, perícias ou estatísticas. A mera alegação não pode ser suficiente para superar uma regra".

Analisando os requisitos propostos por Ávila para a eventual **superação das regras**, concordamos com a crítica apontada por Vasconcellos, no tocante aos requisitos materiais, no sentido de que se poderia pensar em certa **"universalização/generalização das decisões baseadas na derrotabilidade"**, e não que essa generalização pudesse gerar a sugerida insegurança.

Conforme aponta Vasconcellos, "... o requisito material mais importante da derrotabilidade é a **coerência** do julgador ou órgão durante a decisão. (...). Em nome da coerência, o processo de inserção da *exceção* no interior da regra impõe o fenômeno da **universalização**, a partir do qual a decisão singular se torna **paradigmática**, **referência** e **modelo** às ulteriores (posteriores, acrescente-se) decisões de casos similares".[26]

CUIDADO: do ponto de vista jurisprudencial, alertamos que o **STF** ainda não utilizou a expressão **derrotabilidade**.

Destacamos, contudo, interessantes julgados que utilizaram a ideia para a fundamentação de suas decisões:

- **TRF1 — EDAMS 5.553 — GO 2001.35.00.005553-9 — j. 16.03.2005 — 6.ª Turma, *DJ* de 18.04.2005** — discutia-se a regra contida no art. 99 da Lei n. 8.112/90, que **assegura** ao servidor estudante (ao seu cônjuge ou companheiro, aos filhos ou enteados do servidor que vivam na sua companhia, bem como aos menores sob sua guarda, com autorização judicial) que mudar de sede no interesse da administração, na localidade da nova residência ou na mais próxima, **matrícula em instituição de ensino congênere**, em qualquer época, independentemente de vaga (cf. a discussão sobre o assunto, no presente trabalho, no *item 14.10.2.5*). Esse entendimento já foi, inclusive, confirmado pelo STF, no julgamento da **ADI 3.324**, que destacou a necessidade de ser o estabelecimento de ensino congênere, ou seja, a transferência deverá ser de escola particular para particular e de pública para pública. No caso concreto dos autos, contudo, como não havia na localidade instituição da mesma natureza, o TRF1 entendeu que "... a vedação em causa é **'derrotável'**, porquanto o legislador, ao editar o dispositivo em referência, não considerou essa circunstância em sua formulação normativa, de forma que o *princípio do direito constitucional à educação* (Carta Magna, art. 205), bem como o de que as *normas restritivas devem ser interpretadas restritivamente* **'derrotam'** a vedação contida no referido dispositivo legal";[27]

[26] F. A. Vasconcellos, *Hermenêutica jurídica e derrotabilidade*, p. 88.

[27] A *Universidade Federal de Goiás — UFGO* interpôs recurso extraordinário **(RE 593.428)** contra o

■ **Recurso JEF n. 200535007164388 — TJ/GO:** no caso, discutia-se o direito ao recebimento do *benefício de prestação continuada* previsto no art. 20, § 3.º, da Lei n. 8.742/93 (LOAS — Lei Orgânica da Assistência Social), que consiste na garantia de um salário mínimo mensal à pessoa portadora de deficiência e ao idoso com 65 anos (redação dada pela Lei n. 12.435/2011) ou mais que comprovem não possuir meios de prover a própria manutenção nem de tê-la provida por sua família, sendo que se considera incapaz de prover a manutenção da pessoa portadora de deficiência ou idosa a família cuja renda mensal *per capita* seja inferior a 1/4 do salário mínimo. No caso concreto, o Juiz **Juliano Taveira Bernardes** utilizou a ideia de **derrotabilidade** para afastar a regra geral, sem que o seu entendimento ferisse, inclusive, o posicionamento do STF.[28]

Sobre esse tema específico, cabe lembrar que o STF, no julgamento da **ADI 1.232**, declarou **constitucional** o **critério objetivo** previsto na lei (Rel. p/ o ac. Min. Nelson Jobim, j. 27.08.1998). **Contudo**, como observou o Min. Gilmar, "elaboraram-se maneiras de se **contornar** o critério objetivo e único estipulado pela LOAS e de se avaliar o real estado de miserabilidade social das famílias com entes idosos ou deficientes. Paralelamente, foram editadas leis que estabeleceram critérios mais elásticos para a concessão de outros benefícios assistenciais (...). O STF, em decisões monocráticas, passou a rever anteriores posicionamentos acerca da intransponibilidade dos critérios objetivos. Verificou-se a ocorrência do **processo de inconstitucionalização** decorrente de notórias mudanças fáticas (políticas, econômicas e sociais) e jurídicas (sucessivas modificações legislativas dos patamares econômicos utilizados como critérios de concessão de outros benefícios assistenciais por parte do Estado brasileiro)". Por esse motivo, no julgamento do **RE 567.985**, foi declarada a inconstitucionalidade parcial do referido art. 20, § 3.º, da Lei n. 8.742/1993, porém, sem a pronúncia de nulidade (Rel. p/ o ac. Min. Gilmar Mendes, j. 18.04.2013, Pleno, com repercussão geral).

■ Essa perspectiva jurisprudencial acabou influenciando o Parlamento, que, ao introduzir o § 11 no art. 20 da LOAS (pela **Lei n. 13.146/2015**), passou a admitir, para a concessão do benefício em análise, a utilização de **outros elementos probatórios** da condição de miserabilidade do grupo familiar e da situação de vulnerabilidade, conforme regulamento. Assim, apesar de o critério

---

referido acórdão da 6.ª Turma do TRF1, que teve, em decisão monocrática do Min. Dias Toffoli proferida em 13.10.2011, o seu **seguimento negado**, com base na jurisprudência dominante firmada na ADI 3324. Apenas observamos que, lendo referida decisão, o Min. Toffoli não analisa a questão da derrotabilidade, tratando o assunto como se fosse o caso típico de instituição congênere. Desde já alertamos que, em momento seguinte, o STF, apreciando o *tema 57* da repercussão geral, fixou a seguinte tese sobre a situação particular em análise: "é constitucional a previsão legal que assegure, na hipótese de transferência *ex officio* de servidor, a matrícula em instituição pública, se inexistir instituição congênere à de origem" (**RE 601.580**, j. 19.09.2018), enaltecendo o direito à educação. Sobre a regra da **congeneridade**, cf. *item 14.10.2.5*.

[28] Juliano Taveira Bernardes, doutrinariamente, já havia tratado do assunto ao justificar a possibilidade de **aborto do feto anencefálico**, com base na ideia de **derrotabilidade**. Cf. Aborto de feto anencefálico e "derrotabilidade", *Jus Navigandi*, Teresina, ano 10, n. 617, 17 mar. 2005.

objetivo continuar prescrito, outros aspectos poderão ser considerados no caso concreto, como, por exemplo, a necessidade de tratamentos e medicamentos caros por parte de integrantes da família.

A **EC n. 107/2020** pode ser um outro interessante exemplo de "derrotabilidade de regra". Isso porque, em razão da pandemia da Covid-19, adiou as eleições municipais de outubro de 2020 e os prazos eleitorais respectivos, afastando a aplicação do art. 16, CF/88.

■ 3.4. NORMAS DE SEGUNDO GRAU: POSTULADOS NORMATIVOS

Humberto Ávila, como já apontamos, refere-se à categoria dos **postulados normativos**, que não se confundem com as regras e os princípios.

Segundo afirma, os postulados podem ser qualificados como **metanormas** ou **normas de segundo grau**, instituindo "... critérios de aplicação de outras normas situadas no plano do objeto da aplicação".

Assim, podem ser caracterizados como **normas metódicas**, fornecendo "critérios bastante precisos para a aplicação do Direito", destacando-se os *postulados inespecíficos* (**ponderação**, **concordância prática** e **proibição de excesso**) e os *postulados específicos* (**igualdade**, **razoabilidade** e **proporcionalidade**).[29]

■ 3.5. MÉTODOS DE INTERPRETAÇÃO

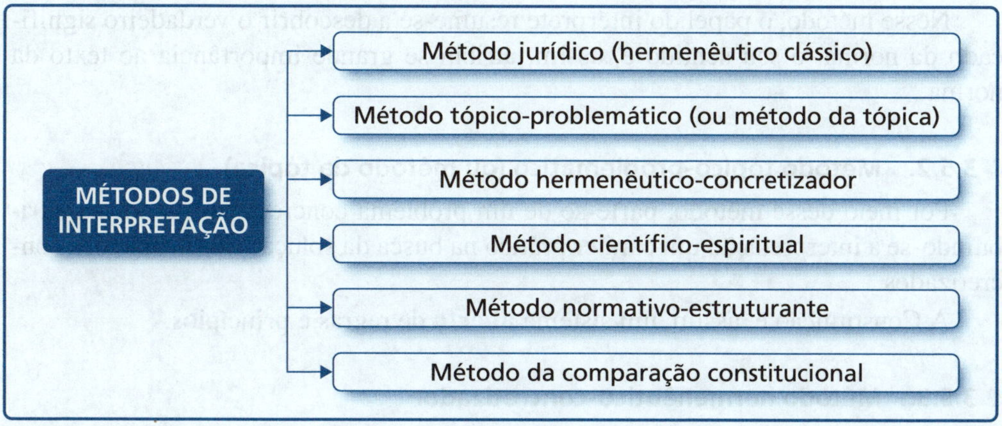

Anota Canotilho que "a interpretação das normas constitucionais é um conjunto de **métodos**, desenvolvidos pela doutrina e pela jurisprudência com base em critérios ou premissas (filosóficas, metodológicas, epistemológicas) diferentes mas, em geral, reciprocamente complementares".[30] Nessa linha, limitar-nos-emos a expor algumas características de cada um dos métodos destacados pelo mestre português.

[29] H. Ávila, *Teoria dos princípios*, p. 123-181.

[30] J. J. G. Canotilho, *Direito constitucional e teoria da Constituição*, 6. ed., p. 212-213.

Acesse também a videoaula pelo link: somos.in/DCE25092

3.5.1. Método jurídico ou hermenêutico clássico

Para os que se valem desse método, a Constituição deve ser encarada como uma **lei** e, assim, todos os **métodos tradicionais** de hermenêutica deverão ser utilizados na tarefa interpretativa, valendo-se dos seguintes elementos de exegese:

- **elemento genético:** busca investigar as origens dos conceitos utilizados pelo legislador;
- **elemento gramatical ou filológico:** também chamado de literal ou semântico, pelo qual a análise deve ser realizada de modo textual e literal;
- **elemento lógico:** procura a harmonia lógica das normas constitucionais;
- **elemento sistemático:** busca a análise do todo;
- **elemento histórico:** analisa o projeto de lei, a sua justificativa, exposição de motivos, pareceres, discussões, as condições culturais e psicológicas que resultaram na elaboração da norma;
- **elemento teleológico ou sociológico:** busca a finalidade da norma;
- **elemento popular:** a análise se implementa partindo da participação da massa, dos "corpos intermediários", dos partidos políticos, sindicatos, valendo-se de instrumentos como o plebiscito, o referendo, o *recall*, o veto popular etc.;
- **elemento doutrinário:** parte da interpretação feita pela doutrina;
- **elemento evolutivo:** segue a linha da mutação constitucional.

Nesse método, o papel do intérprete resume-se a descobrir o verdadeiro significado da norma, o seu sentido e, assim, atribui-se grande importância ao texto da norma.

3.5.2. Método tópico-problemático (ou método da tópica)

Por meio desse método, parte-se de um problema concreto para a norma, atribuindo-se à interpretação um caráter prático na busca da solução dos problemas concretizados.

A Constituição é, assim, um sistema **aberto** de regras e princípios.

3.5.3. Método hermenêutico-concretizador

Diferentemente do método tópico-problemático, que parte do caso concreto para a norma, o método hermenêutico-concretizador parte da Constituição para o problema, destacando-se os seguintes pressupostos interpretativos:

- **pressupostos subjetivos:** o intérprete vale-se de suas pré-compreensões sobre o tema para obter o sentido da norma;
- **pressupostos objetivos:** o intérprete atua como mediador entre a norma e a situação concreta, tendo como "pano de fundo" a realidade social;
- **círculo hermenêutico:** é o "movimento de ir e vir" do subjetivo para o objetivo, até que o intérprete chegue a uma compreensão da norma.

O fato de se partir das pré-compreensões do intérprete pode distorcer não somente a realidade, como também o próprio sentido da norma.

3.5.4. Método científico-espiritual

A análise da norma constitucional não se fixa na literalidade da norma, mas parte da **realidade social** e dos valores subjacentes do texto da Constituição.

Assim, a Constituição deve ser interpretada como algo **dinâmico** e que se **renova constantemente**, no compasso das modificações da vida em sociedade.

Sustenta Inocêncio Mártires Coelho que, segundo o método científico-espiritual, "... tanto o direito quanto o Estado e a Constituição são vistos como **fenômenos *culturais*** ou fatos referidos a **valores**, a cuja realização eles servem de instrumento".[31]

3.5.5. Método normativo-estruturante

A doutrina que defende esse método reconhece a inexistência de identidade entre a norma jurídica e o texto normativo.

Isso porque o teor literal da norma (elemento literal da doutrina clássica), que será considerado pelo intérprete, deve ser analisado à luz da concretização da norma em sua realidade social.

A norma terá de ser concretizada não só pela atividade do legislador, mas, também, pela atividade do Judiciário, da administração, do governo etc.

Para Coelho, "em síntese, no dizer do próprio Müller, o teor literal de qualquer prescrição de direito positivo é apenas a 'ponta do *iceberg*'; todo o resto, talvez a parte mais significativa, que o intérprete-aplicador deve levar em conta para realizar o direito, isso é constituído pela *situação normada*, na feliz expressão de Miguel Reale".[32]

3.5.6. Método da comparação constitucional

A interpretação dos institutos se implementa mediante comparação nos vários ordenamentos.

Estabelece-se, assim, uma comunicação entre as várias Constituições. Partindo dos 4 *métodos* ou elementos desenvolvidos por Savigny (gramatical, lógico, histórico e sistemático), Peter Häberle sustenta a **canonização** da comparação constitucional como um *quinto* método de interpretação.[33]

3.6. PRINCÍPIOS DA INTERPRETAÇÃO CONSTITUCIONAL

Ao lado dos métodos de interpretação, a doutrina[34] estabelece alguns **princípios específicos de interpretação** e que podem ser assim esquematizados:

---

[31] I. M. Coelho, *Interpretação constitucional*, p. 91.

[32] I. M. Coelho, *Interpretação constitucional*, p. 93.

[33] I. M. Coelho, *Interpretação constitucional*, p. 94.

[34] Segundo Canotilho, "a elaboração (indutiva) de um catálogo de tópicos relevantes para a interpretação constitucional está relacionada com a necessidade sentida pela doutrina e *praxis* jurídicas de

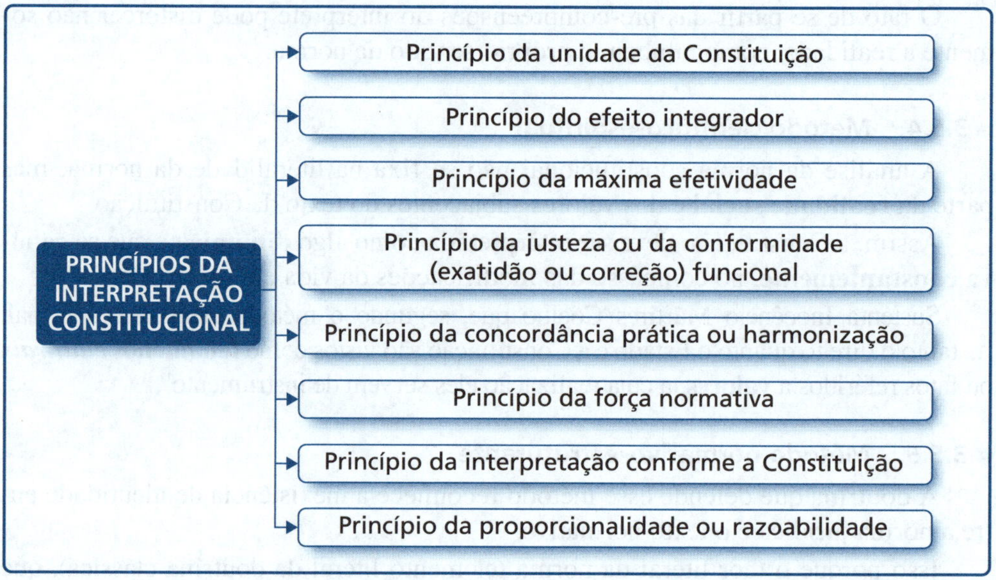

■ 3.6.1. Princípio da unidade da Constituição

A Constituição deve ser sempre interpretada em sua globalidade, como um todo, e, assim, as aparentes antinomias deverão ser afastadas.

As normas deverão ser vistas como preceitos integrados em um sistema unitário de regras e princípios.

Anota Canotilho que, "como 'ponto de orientação', 'guia de discussão' e 'factor hermenêutico de decisão', o princípio da unidade obriga o intérprete a considerar a Constituição na sua **globalidade** e a procurar **harmonizar os espaços de tensão** (...) existentes entre as normas constitucionais a concretizar (ex.: princípio do Estado de Direito e princípio democrático, princípio unitário e princípio da autonomia regional e local)".[35]

■ 3.6.2. Princípio do efeito integrador

Muitas vezes associado ao princípio da unidade, conforme ensina Canotilho, "... na resolução dos problemas jurídico-constitucionais deve dar-se primazia aos

---

encontrar princípios tópicos auxiliares da tarefa interpretativa: (1) relevantes para a decisão (= resolução) do problema prático (princípio da relevância); (2) metodicamente operativos no campo do direito constitucional, articulando direito constitucional formal e material, princípios jurídico-funcionais (ex.: princípio da interpretação conforme a Constituição) e princípios jurídico-materiais (ex.: princípio da unidade da Constituição, princípio da efetividade dos direitos fundamentais); (3) constitucionalmente praticáveis, isto é, susceptíveis de ser esgrimidos na discussão de problemas constitucionais dentro da 'base de compromisso' cristalizada nas normas constitucionais (princípio da praticabilidade)" (J. J. G. Canotilho, *Direito constitucional e teoria da Constituição*, 6. ed., p. 226).

[35] J. J. G. Canotilho, *Direito constitucional e teoria da Constituição*, 6. ed., p. 226.

critérios ou pontos de vista que favoreçam a integração política e social e o reforço da unidade política. Como tópico argumentativo, o princípio do efeito integrador não se assenta numa concepção integracionista de Estado e da sociedade (conducente a reducionismos, autoritarismos, fundamentalismos e transpersonalismos políticos), antes arranca da conflitualidade constitucionalmente racionalizada para conduzir a soluções pluralisticamente integradoras".[36]

▪ 3.6.3. Princípio da máxima efetividade

Também chamado de princípio da **eficiência** ou da **interpretação efetiva**, o princípio da máxima efetividade das normas constitucionais deve ser entendido no sentido de a norma constitucional ter a mais ampla efetividade social.

Segundo Canotilho, "é um princípio operativo em relação a todas e quaisquer normas constitucionais, e embora a sua origem esteja ligada à tese da atualidade das normas programáticas (THOMA), é hoje sobretudo invocado no âmbito dos direitos fundamentais (no caso de dúvidas deve preferir-se a interpretação que reconheça maior eficácia aos direitos fundamentais)".[37]

▪ 3.6.4. Princípio da justeza ou da conformidade (exatidão ou correção) funcional

O intérprete máximo da Constituição, no caso brasileiro o STF, ao concretizar a norma constitucional, será responsável por estabelecer a *força normativa* da Constituição, não podendo alterar a repartição de funções constitucionalmente estabelecidas pelo constituinte originário, como é o caso da separação de poderes, no sentido de preservação do Estado de Direito.

O seu intérprete final "... não pode chegar a um resultado que subverta ou perturbe o esquema organizatório-funcional constitucionalmente estabelecido (EHMKE)".[38]

Nos momentos de crise, acima de tudo, as relações entre o Parlamento, o Executivo e a Corte Constitucional deverão ser pautadas pela irrestrita **fidelidade** e **adequação à Constituição**.

▪ 3.6.5. Princípio da concordância prática ou harmonização

Partindo da ideia de unidade da Constituição, os bens jurídicos constitucionalizados deverão coexistir de forma harmônica na hipótese de eventual conflito ou concorrência entre eles, buscando, assim, evitar o sacrifício (total) de um princípio em relação a outro em choque. O fundamento da ideia de concordância decorre da inexistência de hierarquia entre os princípios.

---

[36] J. J. G. Canotilho, *Direito constitucional e teoria da Constituição*, 6. ed., p. 227.

[37] J. J. G. Canotilho, *Direito constitucional e teoria da Constituição*, 6. ed., p. 227.

[38] J. J. G. Canotilho, *Direito constitucional e teoria da Constituição*, 6. ed., p. 228.

Nas palavras de Canotilho, "o campo de eleição do princípio da concordância prática tem sido até agora o dos direitos fundamentais (colisão entre direitos fundamentais ou entre direitos fundamentais e bens jurídicos constitucionalmente protegidos). Subjacente a este princípio está a ideia do igual valor dos bens constitucionais (e não uma diferença de hierarquia) que impede, como solução, o sacrifício de uns em relação aos outros, e impõe o estabelecimento de limites e condicionamentos recíprocos de forma a conseguir uma harmonização ou concordância prática entre estes bens".[39]

■ 3.6.6. Princípio da força normativa

Os aplicadores da Constituição, ao solucionar conflitos, devem conferir a máxima efetividade às normas constitucionais.

Assim, de acordo com Canotilho, "na solução dos problemas jurídico-constitucionais deve dar-se prevalência aos pontos de vista que, tendo em conta os pressupostos da Constituição (normativa), contribuem para uma eficácia ótima da lei fundamental. Consequentemente, deve dar-se primazia às soluções hermenêuticas que, compreendendo a historicidade das estruturas constitucionais, possibilitam a 'atualização' normativa, garantindo, do mesmo pé, a sua eficácia e permanência".[40]

Nesse sentido, como anota Gilmar Mendes, "sem desprezar o significado dos fatores históricos, políticos e sociais para a força normativa da Constituição, confere Hesse peculiar realce à chamada *vontade da Constituição* (*Wille zur Verfassung*). A Constituição, ensina Hesse, transforma-se em força ativa se existir a disposição de orientar a própria conduta segundo a ordem nela estabelecida, se fizerem presentes, na consciência geral — particularmente, na consciência dos principais responsáveis pela ordem constitucional —, não só a vontade de poder (*Wille zur Macht*), mas também a vontade de Constituição (*Wille zur Verfassung*)".[41]

■ 3.6.7. Princípio da interpretação conforme a Constituição

Diante de **normas plurissignificativas** ou **polissêmicas** (que possuem mais de uma interpretação), deve-se preferir a exegese que mais se aproxime da Constituição e, portanto, que não seja contrária ao texto constitucional, daí surgirem várias dimensões a serem consideradas, seja pela doutrina,[42] seja pela jurisprudência, destacando-se que a interpretação conforme será implementada pelo Judiciário e, em última instância, de maneira final, pela Suprema Corte:

- **prevalência da Constituição:** deve-se preferir a interpretação não contrária à Constituição;

---

[39] J. J. G. Canotilho, *Direito constitucional e teoria da Constituição*, 6. ed., p. 228.

[40] J. J. G. Canotilho, *Direito constitucional e teoria da Constituição*, 6. ed., p. 229.

[41] Gilmar Ferreira Mendes, em apresentação ao trabalho de **Konrad Hesse**, *A força normativa da Constituição*, que serviu de base para a aula inaugural na Universidade de Freiburg-RFA, em 1959.

[42] J. J. G. Canotilho, *Direito constitucional e teoria da Constituição*, 6. ed., p. 229-230.

- **conservação de normas:** percebendo o intérprete que uma lei pode ser interpretada em conformidade com a Constituição, ele deve assim aplicá-la para evitar a sua não continuidade;
- **exclusão da interpretação *contra legem*:** o intérprete não pode contrariar o texto literal e o sentido da norma para obter a sua concordância com a Constituição;
- **espaço de interpretação:** só se admite a interpretação conforme a Constituição se existir um espaço de decisão e, dentre as várias a que se chegar, deverá ser aplicada aquela em conformidade com a Constituição;
- **rejeição ou não aplicação de normas inconstitucionais:** uma vez realizada a interpretação da norma, pelos vários métodos, se o juiz chegar a um resultado contrário à Constituição, em realidade, deverá declarar a inconstitucionalidade da norma, proibindo a sua correção contra a Constituição;
- **intérprete não pode atuar como legislador positivo:** não se aceita a interpretação conforme a Constituição quando, pelo processo de hermenêutica, se obtiver uma regra nova e distinta daquela objetivada pelo legislador e com ela contraditória, em seu sentido literal ou objetivo. Deve-se, portanto, afastar qualquer interpretação em contradição com os objetivos pretendidos pelo legislador. Avançando, se a vontade do legislador violar a Constituição, confira interessante discussão dentro da ideia de **decisões manipulativas** (*item 3.7.2*).

3.6.8. Princípio da proporcionalidade ou razoabilidade

Ao expor a doutrina de Karl Larenz,[43] Coelho esclarece: "utilizado, de ordinário, para aferir a legitimidade das *restrições* de direitos — muito embora possa aplicar-se, também, para dizer do equilíbrio na *concessão* de poderes, privilégios ou benefícios —, o princípio da *proporcionalidade* ou da *razoabilidade*, em essência, consubstancia uma pauta de natureza axiológica que emana diretamente das ideias de justiça, equidade, bom senso, prudência, moderação, justa medida, proibição de excesso, direito justo e valores afins; precede e condiciona a positivação jurídica, inclusive de âmbito constitucional; e, ainda, enquanto princípio geral do direito, serve de regra de interpretação para todo o ordenamento jurídico".[44]

Trata-se de princípio extremamente importante, em especial na situação de colisão entre valores constitucionalizados.

Como parâmetro, podemos destacar a necessidade de preenchimento de 3 importantes elementos:

- **necessidade:** por alguns denominada **exigibilidade**, a adoção da medida que possa restringir direitos só se legitima se indispensável para o caso concreto e não se puder substituí-la por outra menos gravosa;

---

43 K. Larenz, *Metodologia da ciência do direito*, 1989, p. 585-586; *Derecho justo*, p. 144-145.

44 I. M. Coelho, *Interpretação constitucional*, p. 109.

- **adequação:** também chamado de **pertinência** ou **idoneidade**, quer significar que o meio escolhido deve atingir o objetivo perquirido;
- **proporcionalidade em sentido estrito:** sendo a medida necessária e adequada, deve-se investigar se o ato praticado, em termos de realização do objetivo pretendido, supera a restrição a outros valores constitucionalizados. Podemos falar em máxima efetividade e mínima restrição.

Finalmente, lembramos importantes **dispositivos normativos** que explicitamente adotam o princípio da proporcionalidade (que, no plano constitucional, não está enunciado de modo formal e categórico, mas decorre do devido processo legal, em sua acepção **substantiva** — art. 5.º, LIV):

- **Art. 2.º, VI, da Lei n. 9.784/99:** "A Administração Pública obedecerá, dentre outros, aos princípios da legalidade, finalidade, motivação, **razoabilidade, proporcionalidade**, moralidade, ampla defesa, contraditório, segurança jurídica, interesse público e eficiência. Parágrafo único. Nos processos administrativos serão observados, entre outros, os critérios de: (...) VI — **adequação entre meios e fins, vedada a imposição de obrigações, restrições e sanções em medida superior àquelas estritamente necessárias ao atendimento do interesse público**".
- **Art. 156 do CPP:** "A prova da alegação incumbirá a quem a fizer, sendo, porém, facultado ao juiz de ofício: I — ordenar, mesmo antes de iniciada a ação penal, a produção antecipada de provas consideradas urgentes e relevantes, observando a **necessidade**, **adequação** e **proporcionalidade** da medida" (incluído pela Lei n. 11.690/2008).
- **Art. 282, I e II, do CPP:** "As medidas cautelares previstas neste Título deverão ser aplicadas observando-se a: I — **necessidade** para aplicação da lei penal, para a investigação ou a instrução criminal e, nos casos expressamente previstos, para evitar a prática de infrações penais; II — **adequação** da medida à gravidade do crime, circunstâncias do fato e condições pessoais do indiciado ou acusado" (redação e inclusões pela Lei n. 12.403/2011).
- **Art. 438, §§ 1.º e 2.º, do CPP:** "A recusa ao serviço do júri fundada em convicção religiosa, filosófica ou política importará no dever de prestar serviço alternativo, sob pena de suspensão dos direitos políticos, enquanto não prestar o serviço imposto. § 1.º Entende-se por serviço alternativo o exercício de atividades de caráter administrativo, assistencial, filantrópico ou mesmo produtivo, no Poder Judiciário, na Defensoria Pública, no Ministério Público ou em entidade conveniada para esses fins. § 2.º O juiz fixará o serviço alternativo atendendo aos princípios da **proporcionalidade** e da **razoabilidade**" (redação e inclusões pela Lei n. 11.689/2008).

3.7. LIMITES DA INTERPRETAÇÃO CONSTITUCIONAL

Diante das premissas de interpretação postas, surge a necessidade de se estabelecerem parâmetros objetivos e critérios firmes de interpretação, à luz da ideia de **certeza** e **segurança jurídica**.

Não se pode desconhecer a realidade atual e inevitável de, muitas vezes, **criação judicial do direito**, já que entre a declaração de nulidade absoluta total da lei ou ato normativo e o não conhecimento da ação, em termos de segurança, preferem-se as **decisões interpretativas com efeitos modificativos ou corretivos**.

Nesse sentido, o **texto constitucional** apresenta-se como porto seguro para os necessários limites da interpretação, destacando-se a **interpretação conforme a Constituição** como verdadeira **técnica de decisão**.

Nas palavras de Inocêncio Mártires Coelho, a atual realidade "... parece condenar ao esquecimento a concepção kelseniana de *legislador negativo*, tantas têm sido as decisões das Cortes Constitucionais — *e.g.* as diversas espécies de sentenças *normativas* — por via das quais, a pretexto de *otimizar e/ou realizar* a Constituição, esses supertribunais assumem nítida postura legislativa, criando normas de caráter geral e vinculante, como atestam a jurisprudência nacional e a estrangeira, esta em maior expressão".[45]

Estamos diante de verdadeira **atividade legislativa heterônoma**, destacando-se, segundo **Riccardo Guastini**,[46] as seguintes espécies de *interpretação conforme* ou de *adequação* das leis à Constituição:

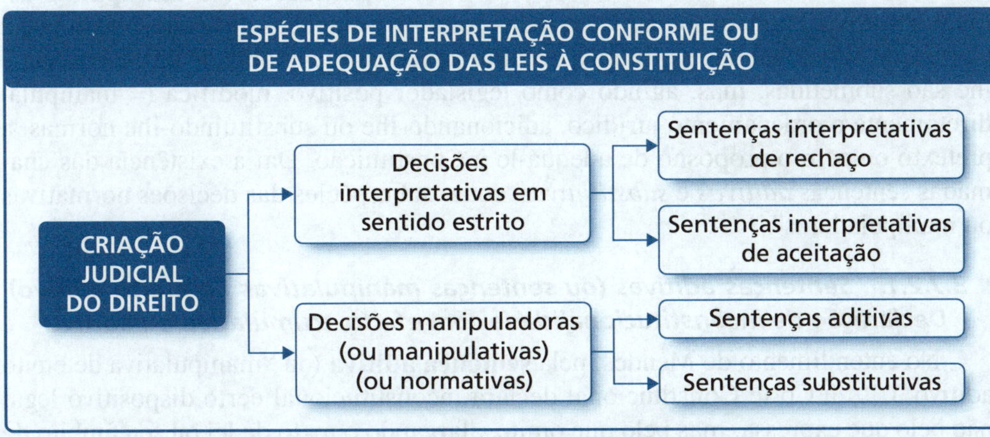

■ 3.7.1. Decisões interpretativas em sentido estrito

■ *3.7.1.1. Sentença interpretativa de rechaço*

Diante de duas possíveis interpretações que determinado ato normativo possa ter, por meio das **sentenças interpretativas de rechaço**, a Corte Constitucional adota aquela que se conforma à Constituição, **repudiando** qualquer outra que contrarie o texto constitucional.

Assim, o enunciado "permanece válido, mas só poderá ser interpretado de maneira conforme à Constituição, o que significa dizer que, implicitamente, e sob pena

45 G. F. Mendes, I. M. Coelho, P. G. G. Branco, *Curso de direito constitucional*, 5. ed., p. 184.

46 R. Guastini, *Estudios sobre la interpretación jurídica*, México, Porrúa, 2000, p. 47-49, apud G. F. Mendes, I. M. Coelho, P. G. G. Branco, *Curso de direito constitucional*, 5. ed., p. 185.

de vir a considerá-la nula, a Corte proíbe que se dê ao citado dispositivo interpretação contrária à Constituição".[47]

■ *3.7.1.2. Sentença interpretativa de aceitação*

Por sua vez, nas **sentenças interpretativas de aceitação**, a Corte Constitucional **anula** decisão tomada pela magistratura comum (instâncias ordinárias), que adotou interpretações ofensivas à Constituição.

Não se "... anula o dispositivo *mal interpretado*, mas apenas uma das suas interpretações, dizendo que esse preceito é inconstitucional se interpretado de modo contrário à Constituição ou *na parte em que expressa uma norma inconstitucional*. Também nesse caso, prossegue Guastini, o preceito questionado continua válido, mas a norma extraída da sua interpretação **inconstitucional** é anulada em caráter definitivo e com eficácia *erga omnes*".[48]

■ 3.7.2. Decisões manipuladoras (ou manipulativas) (ou normativas)

As **decisões manipuladoras (ou manipulativas) (ou normativas)** são originárias da doutrina e jurisprudência italianas (*decisioni manipolative*).

Conforme observou Coelho, as decisões **manipuladoras** (ou **manipulativas**) (ou **normativas**) podem ser caracterizadas como "... sentenças de aceitação em que a Corte Constitucional não se limita a declarar a inconstitucionalidade das normas que lhe são submetidas, mas, agindo como legislador positivo, modifica (= manipula) diretamente o ordenamento jurídico, adicionando-lhe ou substituindo-lhe normas, a pretexto ou com o propósito de adequá-lo à Constituição. Daí a existência das chamadas sentenças *aditivas* e *substitutivas*, como subespécies das decisões normativas ou manipuladoras".[49]

■ *3.7.2.1. Sentenças aditivas (ou sentenças manipulativas de efeito aditivo). Declaração de inconstitucionalidade com efeito acumulativo ou aditivo*

No entendimento de Mendes, pela **sentença aditiva** (ou "manipulativa de efeito aditivo"), "... a Corte Constitucional declara inconstitucional certo dispositivo legal não pelo que expressa, mas pelo que omite, alargando o texto da lei ou seu âmbito de incidência".[50]

A sentença aditiva pode ser justificada, por exemplo, em razão da não observância do **princípio da isonomia**, notadamente nas situações em que a lei concede certo benefício ou tratamento a determinadas pessoas, mas exclui outras que se enquadrariam na mesma situação.

Nessas hipóteses, o Tribunal Constitucional declara inconstitucional a norma na parte em que trata desigualmente os iguais, sem qualquer razoabilidade e/ou nexo de causalidade.

---

47 G. F. Mendes, I. M. Coelho, P. G. G. Branco, *Curso de direito constitucional*, 5. ed., p. 185.

48 G. F. Mendes, I. M. Coelho, P. G. G. Branco, *Curso de direito constitucional*, 5. ed., p. 186.

49 G. F. Mendes, I. M. Coelho, P. G. G. Branco, *Curso de direito constitucional*, 5. ed., p. 186.

50 G. F. Mendes, I. M. Coelho, P. G. G. Branco, *Curso de direito constitucional*, 5. ed., p. 1432.

Assim, a decisão se mostra **aditiva**, já que a Corte, ao decidir, “cria uma norma autônoma”, estendendo aos excluídos o benefício.

Estamos em face daquilo que Canotilho denominou **declaração de inconstitucionalidade com efeito acumulativo (aditivo)**, na medida em que a sentença do Tribunal “alarga o âmbito normativo de um preceito, declarando inconstitucional a disposição na ‘parte em que não prevê’, contempla uma ‘exceção’ ou impõe uma ‘condição’ a certas situações que deveria prever **(sentenças aditivas)**”.[51]

As sentenças aditivas já são realidades na Suprema Corte brasileira, destacando-se os seguintes julgados, conforme anotou Mendes:[52]

- **ADPF 54 — antecipação terapêutica do parto em casos de gravidez de feto anencefálico:** como destacamos no *item 14.10.1.3*, o STF, em 12.04.2012, por maioria, ao julgar a ação ajuizada pela Confederação Nacional dos Trabalhadores na Saúde — CNTS, produziu **decisão manipulativa com eficácia aditiva**, atuando como **legislador positivo**, já que, ao dar interpretação conforme a Constituição aos arts. 124 a 128 do CP, acrescentou mais uma excludente de ilicitude ao crime de aborto (para o STF, trata-se de conduta atípica). Acrescentando, podemos chamar a atenção para o grande debate envolvendo a decisão da 1.ª T. do STF, no **HC 124.306**, notadamente o voto do Ministro Barroso, que reconheceu a “inconstitucionalidade da criminalização da interrupção voluntária da gestação efetivada no primeiro trimestre” e que ainda terá de ser profundamente debatida pelo Pleno da Corte (cf. análise no *item 14.10.1.4*).
- **MI 670/ES, MI 708/DF, MI 712/PA — direito de greve dos servidores públicos (art. 37, VII, da CF/88):** o STF, ao julgar os referidos mandados de injunção impetrados, respectivamente, pelo Sindicato dos Servidores da Polícia Civil do Estado do Espírito Santo — SINDIPOL, pelo Sindicato dos Trabalhadores em Educação do Município de João Pessoa — SINTEM e pelo Sindicato dos Trabalhadores do Poder Judiciário do Estado do Pará — SINJEP, reconheceu **(sentença aditiva)** que fosse garantido o direito de greve a todo servidor público, aplicando-se, no que couber, a Lei n. 7.783/89, que dispõe sobre o exercício do direito de greve na iniciativa privada.
- **RMS 22.307 — reajuste para os servidores civis não contemplado por lei que o concedeu aos militares:** o STF entendeu, de modo aditivo, que o reajuste de 28,86% concedido aos servidores militares, pelas Leis n. 8.662/93 e n. 8.627/93, deveria ser estendido também aos servidores civis do Poder Executivo, observadas as eventuais compensações decorrentes dos reajustes diferenciados

---

[51] J. J. G. Canotilho, *Direito constitucional e teoria da Constituição*, 7. ed., p. 1019.

[52] G. F. Mendes, I. M. Coelho, P. G. G. Branco, *Curso de direito constitucional*, 5. ed., p. 1432, assim como o voto de Mendes no RE 641.320, j. 11.05.2016, *DJE* de 1.º.08.2016. Cabe alertar, contudo, que, segundo Elival da Silva Ramos, esses exemplos não seriam típicas sentenças aditivas em sentido próprio, “... já que à reconstrução do sentido do dispositivo legal apreciado pela Corte não se atribuiu eficácia *erga omnes* e vinculativa, haja vista a decisão final de improcedência da inconstitucionalidade suscitada, com a ressalva da interpretação conforme” (*Ativismo judicial*, p. 218).

Acesse também a videoaula pelo link: somos.in/DCE25092

concedidos pelos mesmos diplomas legais. **Cuidado:** essa previsão de que a revisão geral da remuneração dos servidores públicos, sem distinção de índices entre servidores públicos civis e militares, far-se-ia sempre na mesma data era estabelecida no art. 37, X, da CF/88, **antes de sua modificação pela EC n. 19/98**, que acabou com a correlação.

■ **ADIs 1.105 e 1.127 — Estatuto da Advocacia:** o STF, ao dar interpretação conforme a Constituição a diversos preceitos da Lei n. 8.906/94, adicionou-lhe conteúdo normativo, conforme apontamos no *item 12.4.1* deste estudo.

■ **MS 26.602, 26.603 e 26.604 — fidelidade partidária:** como estudaremos no *item 18.5*, o STF entendeu que a fidelidade partidária é princípio constitucional, e, por isso, aquele candidato eleito pelo **sistema proporcional** que mudar de partido (*transferência de legenda*) sem motivo justificado perderá o cargo eletivo (entendimento que não se aplica para os eleitos pelo sistema majoritário — **ADI 5.081**, j. 27.05.2015).

■ **Pet 3.388 — demarcação Raposa Serra do Sol:** o STF reconheceu o modelo **contínuo** de demarcação da terra indígena e, para tanto, determinou diversas **condições**, em caráter marcadamente aditivo (cf. *item 19.10.7.2*).

■ **ADI 2.332, ADI 2.084, ADI 1.797, ADI 2.087, ADI 1.668, ADI 1.344, ADI 1.105, ADI 1.127.**

■ **ADIs 4.357 e 4.425 — questões de ordem referentes à modulação de efeitos da declaração de inconstitucionalidade (j. 25.03.2015):** o STF "conferiu ao Conselho Nacional de Justiça poderes para fazer diagnóstico do sistema de pagamentos pelas diversas unidades da federação e propor medidas, inclusive de caráter normativo, para assegurar a liquidação do estoque de precatórios, em prazo razoável. Deliberou-se que as propostas do CNJ deveriam ser analisadas, em sessão jurisdicional, prosseguindo o julgamento da questão de ordem na ação de controle concentrado, pelo próprio STF".

■ **ADPF 347:** adotando a técnica do *complex enforcement*,[53] "o STF deferiu medidas de caráter liminar, voltadas à superação do caos do sistema carcerário (09.09.2015). O pedido daquela ação é justamente para que o Tribunal expeça determinações de caráter aberto e fiscalize seu cumprimento, retendo a jurisdição".

■ **RE 641.320:** "Decisão de caráter aditivo. Determinação que o Conselho Nacional de Justiça apresente: (i) projeto de estruturação do Cadastro Nacional de Presos, com etapas e prazos de implementação, devendo o banco de dados conter informações suficientes para identificar os mais próximos da progressão ou extinção da pena; (ii) relatório sobre a implantação das centrais de monitoração e penas alternativas, acompanhado, se for o caso, de projeto de medidas ulteriores para desenvolvimento dessas estruturas; (iii) projeto para reduzir ou eliminar

[53] A técnica destacada pelo Min. Gilmar Mendes em seu voto no **RE 641.320** (j. 11.05.2016) pode ser definida, segundo Sargentich, na tradução lançada por Mendes, como o tipo de litígio "no qual um segmento grande da realidade social é **denunciado** como ofensivo ao direito e **transformado** por ordens judiciais de fazer ou não fazer" (fls. 44 do acórdão). Para aprofundamento, cf. Lewis D. Sargentich, *Complex enforcement*, passim.

o tempo de análise de progressões de regime ou outros benefícios que possam levar à liberdade; (iv) relatório deverá avaliar (a) a adoção de estabelecimentos penais alternativos; (b) o fomento à oferta de trabalho e o estudo para os sentenciados; (c) a facilitação da tarefa das unidades da Federação na obtenção e acompanhamento dos financiamentos com recursos do FUNPEN; (d) a adoção de melhorias da administração judiciária ligada à execução penal" (Pleno, j. 11.05.2016, *DJE* de 1.º.08.2016).

▪ **MIs 943, 1.010, 1.074 e 1.090:** julgando procedentes os mandados de injunção em assentada anterior, o STF, por unanimidade e nos termos do voto do Relator, determinou a aplicação dos parâmetros da Lei n. 12.506/2011 no caso concreto. O Tribunal autorizou os Ministros a decidirem monocraticamente casos idênticos.

Estes últimos exemplos (mandados de injunção) não foram listados por Gilmar Mendes, mas se mostram muito interessantes. Trata-se de julgados envolvendo o direito fundamental dos trabalhadores ao **aviso prévio proporcional ao tempo de serviço**, sendo no mínimo de trinta dias, *nos termos da lei* **(art. 7.º, XXI)**.

Estamos diante de norma de **eficácia limitada** que só veio a ser regulamentada mais de 20 anos após a promulgação da CF/88, no caso, pela **Lei n. 12.506, de 11.10.2011**.

O STF, no julgamento dos referidos MIs, *antes do advento da norma*, julgou procedente o pedido para reconhecer a mora e garantir a concretização do direito previsto na Constituição e para o caso concreto (**MIs 943**, **1.010**, **1.074** e **1.090**, j. 22.06.2011).

Contudo, diante de indecisão sobre qual parâmetro adotar em razão da quantidade e diversidade de sugestões oferecidas pelos Ministros do STF (e, assim, estabelecer o efeito **aditivo**), até porque, diferentemente do direito de greve supracitado, naquele momento não havia nenhum critério normativo preestabelecido a ser observado, houve **suspensão do julgamento**.

Em seguida, antes da explicitação do dispositivo final da decisão nos referidos mandados de injunção que estavam com o julgamento suspenso, com censurável atraso, o Congresso Nacional aprovou a citada Lei n. 12.506/2011, que não retroagiu e, assim, não resolveu a situação dos trabalhadores demitidos antes de sua vigência e que *ajuizaram mandado de injunção*, naquele momento, *pendente de julgamento*.

O STF, então, concluindo o julgamento dos referidos mandados de injunção, determinou a utilização dos critérios e padrões normativos estabelecidos na Lei n. 12.506/2011 (**sentença aditiva**, portanto), adotando, como anotou o Min. Gilmar Mendes, um "posicionamento menos invasivo às competências do Congresso Nacional e perfeitamente cabível para o deslinde das ações mandamentais" (fls. 47 do acórdão, j. 06.02.2013).[54]

[54] Houve autorização para que os Ministros do STF apliquem monocraticamente esse entendimento aos mandados de injunção **pendentes** de julgamento, desde que impetrados **antes** do advento da lei regulamentadora (**MI 1.090**, Rel. Min. Gilmar Mendes, j. 06.02.2013, Plenário, *DJE* de 23.04.2013). Contudo, nos termos do voto do Relator, entendeu a Corte **não ser possível**, por **segurança jurídica**, "exigir-se a aplicação dos parâmetros trazidos pela Lei 12.506/2011 para todas as situações jurídicas que se **consolidaram** entre a promulgação da Constituição e a edição da referida lei. Em

■ **ADO 26 e MI 4.733: O enquadramento da homofobia e da transfobia como crimes de racismo pelo STF.**

O Tribunal, por maioria, reconheceu o "**estado de mora inconstitucional** do Congresso Nacional na implementação da prestação legislativa destinada a cumprir o mandado de incriminação a que se referem os incisos XLI e XLII do art. 5.º da Constituição, para efeito de proteção penal aos integrantes do grupo LGBT".

Assim, diante da existência de **omissão normativa inconstitucional do Poder Legislativo da União**, a Corte **cientificou o Congresso Nacional**, constituindo-o em mora formal.

Contudo, sem dar qualquer prazo ou obrigar o Congresso Nacional a legislar (o que poderia significar afronta à separação de poderes), o STF deu "interpretação conforme à Constituição, em face dos **mandados constitucionais de incriminação** inscritos nos incisos XLI e XLII do art. 5.º da Carta Política, para **enquadrar a homofobia e a transfobia**, qualquer que seja a forma de sua manifestação, **nos diversos tipos penais definidos na Lei n. 7.716/89**, até que sobrevenha legislação autônoma, editada pelo Congresso Nacional, seja por considerar-se, nos termos deste voto, que as **práticas homotransfóbicas** qualificam-se como espécies do gênero **racismo**, na dimensão de **racismo social** consagrada pelo Supremo Tribunal Federal no julgamento plenário do HC 82.424/RS (caso Ellwanger), na medida em que tais condutas importam em atos de segregação que inferiorizam membros integrantes do grupo LGBT, em razão de sua orientação sexual ou de sua identidade de gênero, seja, ainda, porque tais **comportamentos de homotransfobia** ajustam-se ao conceito de **atos de discriminação e de ofensa a direitos e liberdades fundamentais daqueles que compõem o grupo vulnerável em questão**" (ADO 26, j. 13.06.2019).

Nesse caso, muito embora não conste da lista trazida por Gilmar Mendes, parece-nos ser um interessante caso de sentença aditiva e em um grau tamanho que nos faz indagar até que ponto não teria havido violação da separação de poderes. Poderia o Poder Judiciário ter estabelecido um tipo penal? Teria havido violação ao princípio da reserva legal? Realmente, um grande tema que analisamos no *item 14.10.28.2*.

■ *3.7.2.2. Sentenças substitutivas (declaração de inconstitucionalidade com efeito substitutivo)*

Na lição de Branco, ao editar **sentenças substitutivas**, "... a Corte declara a inconstitucionalidade de um preceito *na parte em que expressa certa norma em lugar de outras*, substancialmente distinta, que dele deveria constar para que fosse compatível com a Constituição. Atuando dessa forma, a Corte não apenas **anula** a norma impugnada, como também a **substitui por outra**, essencialmente diferente, criada pelo próprio tribunal, o que implica a produção heterônoma de atos legislativos ou de

---

primeiro lugar, a mora legislativa pressupõe certo lapso temporal de inação, o que não estaria configurado tão logo promulgada a Constituição, mas, além disso, muitas situações já se **consolidaram** de tal modo que a Constituição também lhes atribui proteção, a título de **ato jurídico perfeito** ou de **coisa julgada**" (fls. 48 do acórdão).

um *direito judicial*, como o denomina Prieto Sanchís, para quem tais normas já nascem enfermas porque **desprovidas de fundamento democrático**. Apesar dessa ressalva, esse mesmo jurista pondera que, embora os juízes não ostentem uma *legitimidade de origem*, de que desfruta o Parlamento por força de eleições periódicas, é de se reconhecer à magistratura uma ***legitimidade de exercício***, de resto passível de controle pela crítica do seu comportamento".[55]

Como exemplo, podemos citar a **liminar** concedida na **ADI 2.332** (Rel. Min. Moreira Alves, j. 05.09.2001, Plenário, *DJ* de 02.04.2004) contra dispositivos da MP 2.183-56, que, alterando o Decreto-lei n. 3.365/41, **estabeleceu**, no caso de imissão prévia na posse, na desapropriação por necessidade ou utilidade pública e interesse social, inclusive para fins de reforma agrária, havendo divergência entre o preço ofertado em juízo e o valor do bem, fixado na sentença, expressos em termos reais, que a **incidência** de juros compensatórios será de até **6% ao ano** sobre o **valor da diferença eventualmente apurada**, a contar da imissão na posse, vedado o cálculo de juros compostos.

Neste primeiro momento, e veja que, em seguida, a Corte altera o seu entendimento em relação ao percentual dos juros, de acordo com a decisão do STF, a limitação de 6% ao ano viola o entendimento adotado na Súmula 618/STF ("na desapropriação, direta ou indireta, a taxa dos juros compensatórios é de 12% ao ano"). Ainda, a fixação da base de cálculo como sendo "o valor da diferença eventualmente apurada" também viola o princípio constitucional do direito à **justa indenização**.

Assim, **no julgamento da cautelar**, a taxa de juros de 6% ao ano foi declarada inconstitucional pelo STF e **substituída** pela de 12%. No tocante à base de cálculo dos juros compensatórios contida no introduzido *caput* do art. 15-A do Decreto-lei n. 3.365/41, para que não se ferisse o princípio constitucional do prévio e justo preço, foi dada interpretação conforme a Constituição, para se ter como constitucional (aqui a **substituição**) o entendimento de que essa base de cálculo será a diferença eventualmente apurada entre 80% do preço ofertado em juízo e o valor do bem fixado na sentença.

CUIDADO: analisamos o exemplo para efeito de informação, mas devemos destacar que a Corte **alterou** esse entendimento no julgamento de mérito da referida ADI, fixando as seguintes teses: "(i) É constitucional o percentual de **juros compensatórios de 6%** ao ano para a remuneração pela imissão provisória na posse de bem objeto de desapropriação (houve a declaração de inconstitucionalidade do vocábulo "até"); (ii) A base de cálculo dos juros compensatórios em desapropriações corresponde à diferença entre 80% do preço ofertado pelo ente público e o valor fixado na sentença; (iii) São constitucionais as normas que condicionam a incidência de juros compensatórios à produtividade da propriedade; (iv) É constitucional a estipulação de parâmetros mínimo e máximo para a concessão de honorários advocatícios em desapropriações, sendo, contudo, vedada a fixação de um valor nominal máximo de honorários" (**ADI 2.332**, Pleno, j. 17.05.2018, *DJE* de 16.04.2019, estando pendente o julgamento dos embargos declaratórios. Nesse sentido, cf. **RCL 36.199**, Min. Fux, j. 17.03.2020).

[55] *Curso de direito constitucional*, 5. ed., p. 187.

Em razão desse novo entendimento estabelecido pelo STF, o **STJ** fez ampla revisão de sua jurisprudência sobre a matéria (cf. teses 126, 184, 280, 281, 282, 283 e súmulas 12, 70, 102, 141 e 408, fixando-se, dentre outras, a seguinte tese: "o índice de juros compensatórios na desapropriação direta ou indireta é de 12% até 11.6.97, data anterior à publicação da MP 1.577/97" – **Pet 12.344**, Rel. Min. Og Fernandes, 1.ª Seção, j. 28.10.2020, *DJE* de 13.11.2020).

3.7.3. Lacuna constitucional e o "pensamento jurídico do possível" na jurisprudência do STF

O denominado **"pensamento jurídico do possível"** foi destacado no julgamento de embargos infringentes opostos pelo PGR contra acórdão proferido pelo STF na **ADI 1.289**, no qual se discutia o preenchimento da regra do "quinto constitucional" no âmbito do TRT.

Como veremos (*itens 11.7* e *11.8.4.2*), o art. 115, I, da CF/88 prescreve que os TRTs serão compostos por 1/5 dentre advogados com mais de 10 anos de efetiva atividade profissional e membros do MPT com mais de 10 anos de efetivo exercício, **observado o disposto no art. 94**.

Referido art. 94 estabelece um procedimento rígido, ao prescrever que o órgão de classe elabore uma lista sêxtupla com nomes que preencham os requisitos do art. 94. Em seguida, o Tribunal escolhe 3 dentre os 6 indicados, e o Executivo escolhe 1 da lista tríplice e o nomeia.

O texto é claro ao definir que a lista tríplice será formada dentro do universo dos 6 nomes indicados e que a escolha final do Executivo se dará dentre os 3 escolhidos pelo Tribunal. Ou seja, se a lista elaborada pelo órgão de classe for de 5 nomes, a escolha de 3 ficará prejudicada, pois o Tribunal não terá mais o universo de 6.

Isso posto, surgiu um problema. No caso concreto, em se tratando de vaga a ser preenchida por membro do Ministério Público, não havia membros suficientes com mais de 10 anos de efetivo exercício.

A Corte deparou-se com inegável **lacuna constitucional**: a Carta não dispôs sobre a hipótese excepcional de faltarem membros no Ministério Público que preenchessem os requisitos constitucionais.

Em seu voto, o Min. Gilmar Mendes lembrou o trabalho de **Gustavo Zagrebelsky** sobre o **direito dúctil**, especialmente diante das características das **sociedades pluralistas atuais**, marcadas pela **diversidade de grupos sociais**, **interesses** e **ideologias** e, em razão das circunstâncias do caso concreto, concluiu pela adoção do denominado **"pensamento do possível"**.

Destaca Mendes: "... parece dominar a aspiração a algo que é conceitualmente impossível, porém altamente desejável na prática: a não prevalência de um só valor e de um só princípio, senão a salvaguarda de vários simultaneamente. O imperativo teórico da não contradição — válido para a *scientia juris* — não deveria obstaculizar a atividade própria da *jurisprudentia* de intentar realizar positivamente a **'concordância prática' das diversidades, e inclusive das contradições que, ainda que assim se apresentem na teoria, nem por isso deixam de ser desejáveis na prática**. 'Positivamente':

não, portanto mediante a simples amputação de potencialidades constitucionais, senão principalmente mediante prudentes soluções acumulativas, combinatórias, compensatórias, que conduzam os princípios constitucionais a um **desenvolvimento conjunto** e não a um declínio conjunto (Zagrebelsky, *El Derecho Dúctil. Ley, derechos, justicia.* Trad. de Marina Gascón. 3. ed. Edt. Trotta S.A., Madrid, 1999. p. 16 — grifamos)".

Continua Gilmar Mendes lembrando **Peter Häberle** como talvez o mais expressivo defensor da ideia de "ser o **'pensamento jurídico do possível' expressão, consequência, pressuposto e limite para uma interpretação constitucional aberta** (Häberle, P. Demokratische Verfassungstheorie im Lichte des Möglichkeitsdenken, in: *Die Verfassung des Pluralismus*, Königstein/TS, 1980, p. 9 — grifamos)".

Ainda, Mendes fala de uma **"teoria constitucional de alternativas"** na medida em que, como sustentado por Häberle, "**o pensamento do possível** é o **pensamento em alternativas**. Deve estar aberto para terceiras ou quartas possibilidades, assim como para compromissos. Pensamento do possível é pensamento indagativo (*fragendes Denken*). Na *res publica* existe um *ethos* jurídico específico do pensamento em alternativa, que contempla a **realidade** e a **necessidade**, sem se deixar dominar por elas. O **pensamento do possível** ou o **pensamento pluralista de alternativas** abre suas perspectivas para 'novas' realidades, para o fato de que a realidade de hoje pode corrigir a de ontem, especialmente a adaptação às necessidades do tempo de uma visão normativa, sem que se considere o novo como o melhor" (Häberle, *Die Verfassung des Pluralismus*, cit., p. 3 — grifamos)".

E conclui Mendes: "... valendo-nos da lição de Scheuner citada por Häberle, se quiser preservar **força regulatória** em uma **sociedade pluralista**, a **Constituição** não pode ser vista como texto acabado ou definitivo, mas sim como **'projeto' ('*Entwurf*') em contínuo desenvolvimento** (Häberle, *Die Verfassung des Pluralismus*, cit., p. 4 — grifamos)".

Pedimos vênia, então, para transcrever a ementa do julgado que reconheceu, na linha do voto do Min. Gilmar Mendes, a teoria do **pensamento do possível**:

> "EMENTA: (...). Cargos vagos de juízes do TRT. Composição de lista. Requisitos dos arts. 94 e 115 da Constituição: quinto constitucional e lista sêxtupla. Ato normativo que **menos se distancia do sistema constitucional**, ao assegurar aos órgãos participantes do processo a margem de escolha necessária. **Salvaguarda simultânea de princípios constitucionais em lugar da prevalência de um sobre o outro. Interpretação constitucional aberta** que tem como pressuposto e limite o chamado **'pensamento jurídico do possível'**. Lacuna constitucional. Embargos acolhidos para que seja reformado o acórdão e julgada improcedente a ADI 1.289, declarando-se a constitucionalidade da norma impugnada" (**ADI 1.289-EI**, Rel. Min. Gilmar Mendes, j. 03.04.2003, Plenário, *DJ* de 27.02.2004).

Finalmente, podemos lembrar outros exemplos de aplicação pela Corte do **pensamento do possível**, como a técnica da **lei "ainda constitucional"** em relação ao prazo em dobro para a defensoria pública no processo penal (cf. *item 6.7.1.6*).

3.7.4. Críticas ao "pamprincipiologismo" (Streck) e a realidade de uma inegável "Supremocracia"

Parte da doutrina vem tecendo (severas) críticas à exacerbação dos (pseudo)princípios, ou seja, a criação de princípios de acordo com o "sentire" ou a vontade de cada julgador, de modo arbitrário, em decisão "solipsista" (seguindo a orientação pessoal de cada intérprete) e em violação à Constituição, o que pode levar à discricionariedade e a um inaceitável e antidemocrático *decisionismo* (julgamento discricionário e sem fundamentação, surgindo decisões contraditórias a fragilizar a isonomia) — tendo sido essa problemática-constatação denominada **"pamprincipiologismo"**.[56]

Streck observa em outro trabalho que os **princípios** devem ter **densidade deontológica**. Assim, "não podem ser criados *ad hoc*, sem vínculos históricos, pois não são passíveis de um controle intersubjetivo de seus sentidos juridicamente possíveis. Basta ver, para tanto, a algaravia gerada pelo pamprincipiologismo, em que princípios são inventados pela doutrina, jurisprudência ou pelo legislativo, sem haver, no entanto, nenhuma preocupação com a sua imperatividade e sua legitimidade".[57]

E conclui com precisão: "o modo incorreto de manejar princípios os transforma em meros **álibis teóricos**, que, ao fim e ao cabo, fragilizam a autonomia do Direito. Dessa forma, os princípios devem refletir um **sentido constitucional reconhecido** em nossa comunidade de modo vinculante, ainda que passível de exceções", devendo ter, também, um caráter de transcendência. Ou seja, afirma Streck, "os princípios não são ornamentos e nem conceitos vazios que apontam para a direção que aprouver ao intérprete. Diferentemente, sua normatividade direciona sentidos que espelham a comum-unidade a que pertencem".[58]

Nesse sentido, Daniel Sarmento deixa um importante e valioso recado: "no Estado Democrático de Direito, não só os princípios, mas também as regras devem ser 'levadas a sério', evitando-se a 'anarquia metodológica' e a 'carnavalização' da Constituição".

Essa preocupação aparece ao se revelar o criticável lado do "decisionismo e do oba-oba": "muitos juízes, deslumbrados diante dos princípios e da possibilidade de, através deles, buscarem a justiça — ou o que entendem por justiça —, passaram a negligenciar do seu dever de fundamentar racionalmente os seus julgamentos. Esta 'euforia' com os princípios abriu um espaço muito maior para o decisionismo judicial. Um decisionismo travestido sob as vestes do politicamente correto, orgulhoso com os seus jargões grandiloquentes e com a sua retórica inflamada, mas sempre um decisionismo. Os princípios constitucionais, neste quadro, converteram-se em verdadeiras 'varinhas de condão': com eles, o julgador de plantão consegue fazer quase tudo o que quiser".

---

56 Lenio Luiz Streck, *Aplicar a "letra da lei" é uma atitude positivista"?*, passim.

57 Lenio Luiz Streck, *Dicionário de hermenêutica*: quarenta temas fundamentais da teoria do direito à luz da crítica hermenêutica do direito, n. 34, termo "princípios jurídicos", p. 243.

58 Idem.

E continua: "esta prática é profundamente **danosa** a valores extremamente caros ao Estado Democrático de Direito. Ela é **prejudicial à democracia**, porque permite que juízes não eleitos imponham as suas preferências e valores aos jurisdicionados, muitas vezes passando por cima de deliberações do legislador. Ela **compromete a separação de poderes**, porque dilui a fronteira entre as funções judiciais e legislativas. E ela **atenta contra a segurança jurídica**, porque torna o Direito muito menos previsível, fazendo-o dependente das idiossincrasias do juiz de plantão, e prejudicando com isso a capacidade do cidadão de planejar a própria vida com antecedência, de acordo com o conhecimento prévio do ordenamento jurídico. Ela **substitui**, em suma, **o governo da lei pelo governo dos juízes**".[59]

As decisões, sem dúvida, devem encontrar sustentação na Constituição, que, como afirmamos *(item 3.7)*, deve ser o **porto seguro** para os necessários limites da interpretação, evitando-se, assim, os riscos de uma **ditadura do Poder Judiciário**.

As regras devem ser prestigiadas, mas, diante de colisão e impossibilidade de convivência, os princípios deverão ser destacados (aliás, inimaginável o sistema sem os princípios). As soluções devem ser com base nos verdadeiros princípios, que encontram fundamento histórico na luta por uma Constituição democrática (essa a grande dificuldade, qual seja, a identificação desses princípios). Devem ser evitados os pseudoprincípios, que serviriam, muitas vezes, de álibis teóricos para as decisões sem fundamentação firme.

A solução proposta por **Humberto Ávila**, já lançada, mostra-se bastante equilibrada. Conforme sustenta, a *interpretação* e a *aplicação* de **princípios** e **regras** dar-se-ão com base nos **postulados normativos** *inespecíficos*, quais sejam, a **ponderação** (atribuindo-se pesos), a **concordância prática** e a **proibição de excesso** (garantindo a manutenção de um mínimo de eficácia dos direitos fundamentais), e *específicos*, destacando-se o postulado da **igualdade**, o da **razoabilidade** e o da **proporcionalidade**.[60]

Essa preocupação ganha relevância com a posição que a Suprema Corte adquiriu após a Constituição de 1988 e, mais recentemente, com a Reforma do Poder Judiciário, tudo em razão da inegável **hiperconstitucionalização** do pós-Segunda Grande Guerra na reconstrução do Estado Democrático de Direito.

Sem dúvida, esse modelo fez surgir aquilo que a doutrina denominou **"Supremocracia"** e que tem um duplo sentido: **a)** autoridade que o STF assume em relação às instâncias inferiores, já que, no modelo brasileiro, adquire o papel de intérprete final da Constituição; **b)** a partir da CF/88, o deslocamento do STF para o centro do arranjo político, observando-se uma inegável expansão de sua autoridade em detrimento dos demais poderes.[61]

---

59 Daniel Sarmento, *Livres e iguais*, p. 200.

60 *Teoria dos princípios*, 10. ed., p. 144-185.

61 Oscar Vilhena Vieira, Supremocracia, *Revista Direito GV*, n. 8, p. 444 e 445.

Conforme anotou Vieira, "esta posição institucional vem sendo paulatinamente ocupada de forma substantiva, em face a enorme tarefa de guardar tão extensa Constituição. A ampliação dos instrumentos ofertados para a jurisdição constitucional tem levado o Supremo não apenas a exercer uma espécie de poder moderador, mas também de responsável por emitir a última palavra sobre inúmeras questões de natureza substantiva, ora validando e legitimando uma decisão dos órgãos representativos, outras vezes substituindo as escolhas majoritárias".

Essa expansão da autoridade do STF deve-se às ampliadas atribuições de tribunal constitucional, de foro especializado e originário de várias matérias (veja o julgamento da AP 470 — mensalão, para se ter um exemplo), bem como de tribunal de recursos de última instância.[62]

Sem dúvida, parece ter razão Vieira ao propor uma **autocontenção** da atuação da Corte, que passaria a julgar de modo mais qualitativo os grandes temas inseridos na Constituição, o que provocaria o seu fortalecimento e, por consequência, o fortalecimento das instâncias inferiores.

■ 3.7.5. Desacordo moral razoável

Desacordos morais razoáveis surgem em razão de inexistência de consenso em relação a temas polêmicos e com entendimentos antagônicos e diametralmente opostos e que se fundam em conclusão racional, como, por exemplo, a interrupção da gravidez. Assumir uma das posições significa negar a outra, e essa realidade é marca de uma sociedade plural, característica das democracias modernas (posições religiosas, morais, filosóficas etc.).

Nesse sentido, conforme anotou Barroso, "além dos problemas de ambiguidade da linguagem, que envolvem a determinação semântica de sentido da norma, existem, também, em uma **sociedade pluralista e diversificada**, o que se tem denominado de **desacordo moral razoável**. Pessoas bem-intencionadas e esclarecidas, em relação a múltiplas matérias, pensam de maneira radicalmente contrária, **sem conciliação possível**. Cláusulas constitucionais como direito à vida, dignidade da pessoa humana ou igualdade dão margem a construções hermenêuticas distintas, por vezes contrapostas, de acordo com a pré-compreensão do intérprete. Esse fenômeno se revela em questões que são controvertidas em todo o mundo, inclusive no Brasil, como, por exemplo, interrupção de gestação, pesquisas com células-tronco embrionárias, eutanásia/ortotanásia, uniões homoafetivas, em meio a inúmeras outras.[63] **Nessas matérias, como regra geral, o papel do direito e do Estado deve ser o de assegurar que cada pessoa possa viver sua autonomia da vontade e suas crenças**. Ainda assim, inúmeras complexidades surgem, motivadas por visões filosóficas e religiosas diversas".[64]

---

62 Op. cit., p. 445.

63 O precedente nos Estados Unidos se deu a partir da análise de lei do Estado de Connecticut que proibia o uso de contraceptivos e que veio a ser declarada inconstitucional pela Suprema Corte (cf. US Supreme Court. Griswold v. Connecticut. 381 U.S. 479, 1965).

64 Luís Roberto Barroso, *Curso de direito constitucional*, 5. ed., p. 456. Sobre o tema, cf. op. cit., p.

▪ 3.8. TEORIA DOS PODERES IMPLÍCITOS

Conforme anotou o Ministro Celso de Mello, em interessante julgado, a **teoria dos poderes implícitos** decorre de doutrina que, tendo como precedente o célebre caso *McCULLOCH v. MARYLAND* (1819), da Suprema Corte dos Estados Unidos, estabelece: **"... a outorga de competência expressa a determinado órgão estatal importa em deferimento implícito, a esse mesmo órgão, dos meios necessários à integral realização dos fins que lhe foram atribuídos"** (MS 26.547-MC/DF, Rel. Min. Celso de Mello, j. 23.05.2007, *DJ* de 29.05.2007).

Podemos acrescentar que os meios implicitamente decorrentes das atribuições estabelecidas de modo explícito devem passar por uma análise de **razoabilidade** e **proporcionalidade**.

Encontramos alguns precedentes na jurisprudência pátria.

Em um primeiro caso, o STF reconhece o **poder implícito** de concessão de **medidas cautelares** pelo TCU no exercício de suas atribuições explicitamente fixadas no art. 71 da CF/88 (MS 26.547-MC/DF).

Em outro precedente, o STF admite a possibilidade de o TJ estadual conhecer e julgar **reclamação** para a preservação de sua competência e a autoridade de suas decisões. Entendeu a Corte que a **reclamação**, situada no âmbito do exercício do **direito de petição** (art. 5.º, XXXIV, "a") e, tendo em vista o **princípio da simetria** e o da **efetividade das decisões judiciais**, dentro de uma ideia de **poderes implícitos**, poderia ser **apreciada pelo tribunal estadual**, superando, assim, antiga jurisprudência que a fixava como privativa do STF (ADI 2.212) (cf. ADI 2.480, Rel. Min. Sepúlveda Pertence, j. 02.04.2007, *DJ* de 15.06.2007).

Em outro caso interessante e bastante polêmico, com base na **teoria dos poderes implícitos**, a 2.ª Turma do STF, ao analisar a temática dos **poderes investigatórios do MP**, entendeu que a denúncia pode ser fundamentada em peças de informação obtidas pelo próprio *Parquet*, não havendo necessidade de prévio inquérito policial (**RE 535.478**, Rel. Min. Ellen Gracie, j. 28.10.2008, *DJE* de 21.11.2008. Nesse sentido: **HC 89.837**, Rel. Min. Celso de Mello, j. 20.10.2009, 2.ª T., *Inf. 564/STF* e **RHC 83.492**, j. 16.12.2010).[65]

Enfrentando o tema, o **Pleno** do STF, em momento seguinte, prescrevendo que os arts. 5.º, LIV e LV, 129, III e VIII, e 144, § 1.º, IV, da CF/88 **não tornam a investigação criminal exclusividade da polícia**, nem afastam os poderes de investigação do MP, afirmou a seguinte tese: "o Ministério Público dispõe de competência para promover, por autoridade própria, e por prazo razoável, investigações de natureza penal, desde que respeitados os direitos e garantias que assistem a qualquer indiciado ou a qualquer pessoa sob investigação do Estado, observadas, sempre, por seus agen-

434-479. Ainda, para aprofundamento, destacamos as seguintes obras: Amy Gutmann, Dennis Thompson, *Democracy and disagreement*; Jeremy Waldron, *Law and disagreement*; John Rawls, *O liberalismo político*; Christopher McMahon, *Reasonable disagreement*: a theory of political morality; Folke Tersman, Moral disagreement.

[65] O voto do Min. Celso de Mello pode ser lido, na íntegra, em *Notícias/STF* de 23.12.2010.

tes, as hipóteses de reserva constitucional de jurisdição e, também, as prerrogativas profissionais de que se acham investidos, em nosso País, os Advogados (Lei n. 8.906/94, art. 7.º, notadamente os incisos I, II, III, XI, XIII, XIV e XIX), sem prejuízo da possibilidade — sempre presente no Estado Democrático de Direito — do permanente controle jurisdicional dos atos, necessariamente documentados (Súmula Vinculante n. 14), praticados pelos membros dessa Instituição" (**RE 593.727**, j. 14.05.2015, *DJE* de 04.09.2015).

■ 3.9. HERMENÊUTICA CONSTITUCIONAL: A SOCIEDADE ABERTA DOS INTÉRPRETES DA CONSTITUIÇÃO: CONTRIBUIÇÃO PARA A INTERPRETAÇÃO PLURALISTA E "PROCEDIMENTAL" DA CONSTITUIÇÃO

SOCIEDADE FECHADA DOS INTÉRPRETES DA CONSTITUIÇÃO	SOCIEDADE ABERTA DOS INTÉRPRETES DA CONSTITUIÇÃO
■ Sociedade **fechada** ■ Intérpretes jurídicos vinculados às corporações ■ Elemento cerrado ou fechado com *numerus clausus* de intérpretes da Constituição	■ Interpretação constitucional pela e para a sociedade **aberta** ■ Sociedade pluralista ■ Intérpretes jurídicos (convivem com os intérpretes da sociedade aberta e pluralista) ■ Órgãos estatais ■ Potências públicas ■ Cidadãos ■ Grupos ■ Sistema público e opinião pública ■ Participantes materiais do processo social ■ "Constituição e realidade constitucional" — incorporação das ciências sociais, teorias jurídico-funcionais e métodos de interpretação voltados para o atendimento do interesse público e do bem-estar geral ■ Subsistência da jurisdição constitucional — juízes e tribunais, normalmente a última palavra na interpretação ■ Direito de participação democrática ■ Democratização da interpretação constitucional ■ Intérpretes constitucionais em sentido *lato* (amplo) ■ Maior legitimidade das decisões jurisdicionais em razão da pluralização do debate

Conforme anotou Gilmar Mendes ao lembrar as lições de Peter Häberle, "não existe norma jurídica, senão **norma jurídica interpretada** (...),[66] ressaltando que interpretar um ato normativo nada mais é do que colocá-lo no tempo ou integrá-lo na realidade pública (...).[67] Assim, se se reconhece que a norma não é uma decisão prévia, simples e acabada, tem-se, necessariamente, de indagar sobre os participantes no seu desenvolvimento funcional sobre as forças ativas da *Law in public action*".[68]

66 *"Es gibt keine Rechtsnormen, es gibt nur interpretierte Rechtsnormen"*, Peter Häberle, Zeit und Verfassung, in Dreier, Ralf/Schwegmann, Friedrich, *Probleme der Verfassungsinterpretation*, p. 293 (313).

67 Einen Rechssatz "auslegen" bedeutet, ihn in die Zeit, d.h. in die öffentliche Wirklichkeit stellen — um seiner Wirksamkeit willen", Peter Häberle, Zeit und Verfassung, in Dreier, Ralf/Schwegmann, Friedrich, *Probleme der Verfassungsinterpretation*, p. 293 (309).

68 Gilmar Ferreira Mendes, apresentação à obra: Peter Häberle, *Hermenêutica constitucional*: a so-

Daí propor Häberle que se supere o modelo de interpretação de uma *sociedade fechada* (nas mãos de juízes e em procedimentos formalizados) para a ideia de uma **sociedade aberta dos intérpretes da Constituição**, vale dizer, uma interpretação **pluralista** e **democrática**.

Ao afirmar que a interpretação não mais deve ficar confinada dentro de uma *sociedade fechada*, Häberle propõe a ideia de que a interpretação não possa ficar restrita aos órgãos estatais, mas que deve ser **aberta** para todos os que "vivem" a norma (a Constituição), sendo, assim, esses destinatários, legítimos intérpretes, em um interessante **processo de revisão** da metodologia jurídica tradicional de interpretação.

Häberle observa que, dentro de um conceito mais amplo de hermenêutica, "**cidadãos** e **grupos**, **órgãos estatais**, o **sistema público** e a **opinião pública** (...) representam **forças produtivas de interpretação** (...); eles são intérpretes constitucionais em **sentido lato**, atuando nitidamente, pelo menos, como **pré-intérpretes** (...). **Subsiste** sempre a responsabilidade da **jurisdição constitucional**, que fornece, em geral, a última palavra sobre a interpretação (...). Se se quiser, tem-se aqui uma democratização da interpretação constitucional".[69]

Nesse sentido, **quanto mais pluralista for a sociedade, mais abertos serão os critérios de interpretação**.

Finalmente, Häberle observa que "os instrumentos de informação dos juízes constitucionais — não apesar, mas em razão da própria vinculação à lei — devem ser ampliados e aperfeiçoados, especialmente no que se refere às formas gradativas de participação e à própria possibilidade de participação no processo constitucional (especialmente nas audiências e nas 'intervenções'). Devem ser desenvolvidas novas formas de participação das potências públicas pluralistas enquanto intérpretes em sentido amplo da Constituição. O direito processual constitucional torna-se parte do direito de participação democrática. A interpretação constitucional realizada pelos juízes pode-se tornar, correspondentemente, mais elástica e ampliativa sem que se deva ou possa chegar a uma identidade de posições com a interpretação do legislador".[70]

Nesse sentido, no direito brasileiro, destacamos a figura do ***amicus curiae***[71] e das **audiências públicas** como importantes instrumentos de pluralização do debate e que serão retomados no *item 6.7.1.16* deste estudo (cf. também no *item 1.6* o debate sobre os **diálogos constitucionais**).

---

ciedade aberta dos intérpretes da Constituição: contribuição para a interpretação pluralista e "procedimental" da Constituição, Porto Alegre: Sérgio A. Fabris, Editor, 1997, passim (publicada originariamente em 1975 — "Die offene Gesellschaft der Verfassungsinterpreten").

69 Peter Häberle, *Hermenêutica constitucional*: a sociedade aberta dos intérpretes da Constituição: contribuição para a interpretação pluralista e "procedimental" da Constituição, p. 14.

70 Peter Häberle, op. cit., p. 47-48.

71 Cf. Luís Sérgio Soares Mamari Filho, *A comunidade aberta de intérpretes da Constituição...*, p. 83-106.

■ 3.10. ESTRUTURA DA CONSTITUIÇÃO[72]

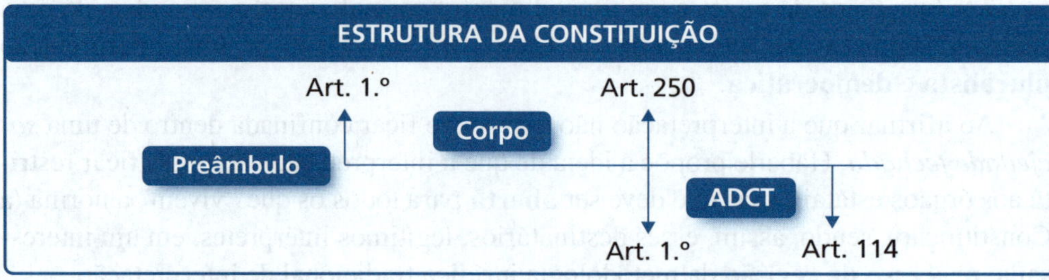

■ 3.10.1. Preâmbulo

■ *3.10.1.1. Esquematização*

Estruturalmente, a CF/88 contém um **preâmbulo**, **nove títulos (corpo)** e o **Ato das Disposições Constitucionais Transitórias (ADCT)**.

Nas provas de concursos, tem sido muito comum o examinador exigir o conhecimento da literalidade do preâmbulo, bem como os direitos e preceitos estabelecidos ou nele referidos. Assim, procuramos, abaixo, esquematizar a leitura para facilitar a memorização:

PREÂMBULO
■ Nós,
■ **representantes** do **povo** brasileiro,
■ reunidos em **Assembleia Nacional Constituinte**
■ para instituir um **Estado Democrático**,
■ destinado a **assegurar** o exercício
■ dos **direitos sociais** e **individuais**,
■ a **liberdade**,
■ a **segurança**,
■ o **bem-estar**,
■ o **desenvolvimento**,
■ a **igualdade**
■ e a **justiça**
■ como **valores supremos**
■ de uma **sociedade fraterna**, **pluralista** e **sem preconceitos**,
■ fundada na **harmonia social** e **comprometida**, na **ordem interna** e **internacional**,
■ com a **solução pacífica das controvérsias**,
■ promulgamos,
■ **sob a proteção de Deus**,
■ a seguinte **CONSTITUIÇÃO DA REPÚBLICA FEDERATIVA DO BRASIL**.

---

[72] Para uma visão mais ampla de Constituição, remetemos o nosso ilustre leitor para a teoria do **bloco de constitucionalidade**, estudada no *item 6.7.1.3*.

3.10.1.2. *Qual a natureza jurídica do preâmbulo? Tem ele relevância jurídica?*

Três são as posições apontadas pela doutrina e sistematizadas por Jorge Miranda: a) **tese da irrelevância jurídica:** o preâmbulo situa-se no domínio da política, sem relevância jurídica; b) **tese da plena eficácia:** tem a mesma eficácia jurídica das normas constitucionais, sendo, porém, apresentado de forma não articulada; c) **tese da relevância jurídica indireta:** ponto intermediário entre as duas, já que, muito embora participe "das características jurídicas da Constituição", não deve ser confundido com o articulado.

Jorge Miranda ensina que o preâmbulo, "... proclamação mais ou menos solene, mais ou menos significante, anteposta ao articulado constitucional, não é componente necessário de qualquer Constituição, mas tão somente um elemento natural de Constituições feitas em momentos de ruptura histórica ou de grande transformação político social". Assim, conclui Miranda, o preâmbulo "não cria direitos ou deveres" e "não há inconstitucionalidade por violação do preâmbulo".[73]

Nesse sentido, o Ministro Carlos Velloso, Relator da ADI 2.076, após interessante estudo, conclui que "o preâmbulo ... não se situa no âmbito do Direito, mas **no domínio da política**, refletindo posição **ideológica** do constituinte (...). **Não contém o preâmbulo, portanto, relevância jurídica**. O preâmbulo não constitui norma central da Constituição, de reprodução obrigatória na Constituição do Estado-membro. O que acontece é que o preâmbulo contém, de regra, proclamação ou exortação no sentido dos princípios inscritos na Carta (...). Esses princípios sim, **inscritos na Constituição**, constituem normas centrais de reprodução obrigatória, ou que não pode a Constituição do Estado-membro dispor de forma contrária, dado que, reproduzidos, **ou não**, na Constituição estadual, incidirão na ordem local...".[74]

Por todo o exposto, podemos estabelecer, adotando a **tese da irrelevância jurídica**, que o preâmbulo da Constituição não é norma de reprodução obrigatória nos Estados, nem pode servir como parâmetro para o controle de constitucionalidade.

3.10.1.3. *A invocação de Deus no preâmbulo da Constituição Federal é norma de reprodução obrigatória nas Constituições estaduais e leis orgânicas do DF e dos Municípios? Referida previsão enfraquece a laicidade do Estado brasileiro?*

Não.

Como se sabe, desde o advento da República (Dec. n. 119-A, de 07.01.1890), existe total separação entre o Estado e a Igreja, sendo o Brasil um país **leigo**, **laico** ou **não confessional**, não existindo, portanto, nenhuma religião oficial da República Federativa do Brasil.[75]

---

[73] *Estudos sobre a Constituição*, p. 17, apud ADI 2.076-AC, Rel. Min. Carlos Velloso.

[74] Julgamento na ADI 2.076-AC, Rel. Min. Carlos Velloso, 15.08.2002, *DJ*, 08.08.2003, e *Infs. STF* ns. 277/2002 e 320/2003, 08 a 12.12.2003.

[75] Confira outros aspectos sobre o tema no *item 14.10.6*.

Laicidade não se confunde com **laicismo**. Laicidade significa neutralidade religiosa por parte do Estado. Laicismo, uma atitude de intolerância e hostilidade estatal em relação às religiões. Portanto, a **laicidade** é marca da República Federativa do Brasil, e não o laicismo, mantendo-se o Estado brasileiro em posição de neutralidade axiológica, mostrando-se indiferente ao conteúdo das ideias religiosas (cf. voto do Min. Celso de Mello na ADPF 54 — *anencefalia*).

Todas as Constituições pátrias, exceto as de 1891 e 1937, invocaram a *"proteção de Deus"* quando promulgadas, exprimindo, assim, inegável símbolo de religiosidade.[76]

Em âmbito estadual essa realidade se repetiu, com exceção, em sua redação original, da Constituição do Estado do **Acre, que não continha, em um primeiro momento, a referida expressão**.[77] Tal omissão foi objeto de questionamento no STF pelo Partido Social Liberal. O STF, definindo a questão, além de estabelecer e declarar a **irrelevância jurídica do preâmbulo**, assinalou que a invocação da *"proteção de Deus"* **não é norma de reprodução obrigatória** na Constituição estadual, não tendo força normativa (**ADI 2.076-AC**, Rel. Min. Carlos Velloso).

O STF também confirmou que a invocação a Deus no preâmbulo **não enfraquece a laicidade do Estado brasileiro**, que, inclusive, nos termos do **art. 5.º, VI**, declara ser inviolável a liberdade de consciência e de crença, sendo assegurado o livre exercício dos cultos religiosos e garantida, na forma da lei, a proteção aos locais de culto e das suas liturgias.

Ainda, o **art. 5.º, VIII**, estabelece que ninguém será privado de direitos por motivo de crença religiosa ou de convicção filosófica ou política, salvo se as invocar para eximir-se de obrigação legal a todos imposta e recusar-se a cumprir prestação alternativa, fixada em lei.

Finalmente, o **art. 19, I**, determina, tendo em vista a inexistência de religião oficial, ser vedado à União, aos Estados, ao Distrito Federal e aos Municípios estabelecer cultos religiosos ou igrejas, subvencioná-los, embaraçar-lhes o funcionamento ou manter com eles ou seus representantes relações de dependência ou aliança, ressalvada, na forma da lei, a **colaboração de interesse público**.

Como exemplo de *colaboração de interesse público,* podemos citar a **decretação de ponto facultativo** para os servidores municipais de São Paulo quando, em 11

[76] Cf.: CF/88 — "sob a proteção de Deus"; CF/67 — "invocando a proteção de Deus"; CF/46 — "sob a proteção de Deus"; CF/37 — *não consta a invocação à proteção de Deus*; CF/34 — "pondo a nossa confiança em Deus"; CF/1891 — *não consta a invocação à proteção de Deus*; CImp/1824 — "por Graça de Deos" e "em nome da Santíssima Trindade".

[77] Em momento posterior, cabe lembrar que a **EC n. 19/2000** à Constituição do Acre **acrescentou**, independentemente da decisão da Corte, a **expressão *sob a proteção de Deus***. Vejamos: "A ASSEMBLEIA ESTADUAL CONSTITUINTE, usando dos poderes que lhe foram outorgados pela CONSTITUIÇÃO FEDERAL, obedecendo ao ideário democrático, com o pensamento voltado para o POVO, inspirada nos HERÓIS DA REVOLUÇÃO ACREANA e **SOB A PROTEÇÃO DE DEUS**, promulga a seguinte CONSTITUIÇÃO DO ESTADO DO ACRE".

de maio de 2007, o **Papa Bento XVI** esteve em São Paulo para celebrar a missa de **canonização de Frei Galvão**.

Interessante, ainda, a crítica de José Afonso da Silva: "um Estado leigo não deveria invocar Deus em sua Constituição. Mas a verdade também é que o **sentimento religioso** do povo brasileiro, se não impõe tal invocação, a **justifica**. Por outro lado, para os **religiosos** ela é **importante**. Para os **ateus**, há de ser **indiferente**. Logo, não há por que condená-la. Razão forte a justifica: o *sentimento popular de quem provém o poder constituinte*".[78]

Apesar dessa crítica apresentada por Silva, Branco chega a afirmar que "o Estado brasileiro não é confessional, mas **tampouco é ateu**, como se deduz do preâmbulo da Constituição, que invoca a proteção de Deus. Por isso, admite, ainda que sob a forma de disciplina de matrícula facultativa, o ensino religioso em escolas públicas de ensino fundamental (CF, art. 210, § 1.º), permitindo, assim, o ensino da doutrina de uma dada religião para os alunos interessados. Admite, igualmente, que o casamento religioso produza efeitos civis, na forma do disposto em lei (CF, art. 226, §§ 1.º e 2.º)".[79]

Cabe lembrar que no dia 27.09.2017, por 6 x 5, o STF julgou **improcedente** a **ADI 4.439**, ajuizada pela PGR, tendo por objeto o art. 33, *caput* e §§ 1.º e 2.º, da Lei n. 9.394/96 (*Lei de Diretrizes e Bases da Educação — LDB*) e o art. 11, § 1.º, do acordo firmado entre o Brasil e a Santa Sé, aprovado pelo DL n. 698/2009 e promulgado pelo Decreto n. 7.107/2010, estabelecendo que o **ensino religioso** nas escolas públicas de ensino fundamental, que constituirá disciplina dos horários normais, **poderá ter natureza confessional**, na medida em que a sua matrícula é **facultativa** nos termos do citado art. 210, § 1.º, da CF/88 (cf. *itens 7.3.4.2.6* e *14.10.6.2*).

Daniel Sarmento, por sua vez, estabelece que "**Estado laico não significa Estado ateu**, pois o ateísmo não deixa de ser uma concepção religiosa. Na verdade, o **Estado laico** é aquele que mantém uma postura de **neutralidade** e **independência** em relação a todas as concepções religiosas, em respeito ao **pluralismo** existente em sua sociedade".[80]

Esse posicionamento doutrinário, de não se confundir **Estado laico** com **Estado ateu**, encontra reconhecimento no voto do Min. Marco Aurélio no julgamento da **ADPF 54** *(anencefalia)*, ao afirmar que o Brasil é um Estado secular tolerante, ou seja, "o Estado não é religioso, **tampouco é ateu**. O Estado é simplesmente **neutro**".

Assim, continua, "a crença religiosa e espiritual — ou a ausência dela, o ateísmo — serve precipuamente para ditar a **conduta** e a **vida privada** do indivíduo que a possui ou não a possui. **Paixões religiosas de toda ordem hão de ser colocadas à parte na condução do Estado.** Não podem a fé e as orientações morais dela decorrentes ser impostas a quem quer que seja e por quem quer que seja" (fls. 44).

78 José Afonso da Silva, *Comentário contextual à Constituição*, 7. ed., p. 27.

79 Gilmar Ferreira Mendes, Paulo Gustavo Gonet Branco, *Curso de direito constitucional*, 7. ed., p. 361-362 (grifamos).

80 Daniel Sarmento, *Livres e iguais*: estudos de direito constitucional, p. 308.

Do mesmo entendimento, com precisão, Daniel Sarmento, ao afirmar que "... as razões religiosas são válidas na esfera da consciência de cada um, mas não podem ser o fundamento dos atos estatais".[81]

Por todo o exposto, podemos sustentar que o **preâmbulo não tem relevância jurídica, não tem força normativa, não cria direitos ou obrigações, não tem força obrigatória**, servindo, apenas, como **norte interpretativo das normas constitucionais**. Por essas características e por não constituir norma central, a invocação à divindade **não é de reprodução obrigatória** nos preâmbulos das Constituições estaduais e leis orgânicas do DF e dos Municípios. Conforme visto, o Brasil é um país **leigo, laico** ou **não confessional, lembrando que Estado laico não significa Estado ateu**.

■ 3.10.2. Ato das Disposições Constitucionais Transitórias (ADCT)

■ *3.10.2.1. Apontamentos gerais sobre o ADCT*

Disposições Constitucionais Transitórias são encontradas nas Constituições brasileiras anteriores, exceto na primeira, de 1824.

Nas Constituições de 1891, 1934 e 1946, assim como na atual, de 1988, o **ADCT** aparece como **ato destacado**, possuindo, respectivamente, 8, 26 e 36 artigos, sendo que, na redação original da CF/88, promulgada em 5 de outubro, o texto continha **70** artigos, estando, atualmente, com **114**, em razão de reformas constitucionais.

Nos textos autoritários de 1937, 1967 e na EC n. 1/69, as disposições transitórias foram apresentadas em conjunto, no mesmo título, com as *disposições finais ou gerais*.

Outra característica interessante dos textos nos quais o **ADCT** se apresenta de **forma destacada** (inclusive com promulgação autônoma em relação às disposições do corpo)[82] é a particular **técnica redacional** de se iniciar uma **nova numeração dos artigos**, bem como a inexistência de divisão em *títulos*, *capítulos*, *seções* ou *subseções*.

Conforme observou Raul Machado Horta, "os temas são tratados indistintamente, sem a preocupação de ordenação, unidade e sistematização. É o terreno do depósito residual, da miscelânea e da mistura normativa. O traço que aproxima as normas heterogêneas é a temporariedade e a transitoriedade".[83]

---

81 Daniel Sarmento, *Livres e iguais*: estudos de direito constitucional, p. 308.

82 Nesse sentido, de modo explícito, o art. 218 da Constituição de 1946: "Esta Constituição e o Ato das Disposições Constitucionais Transitórias, depois de assinados pelos Deputados e Senadores presentes, serão **promulgados simultaneamente** pela Mesa da Assembleia Constituinte e entrarão em vigor na data da sua publicação". O texto de 1988 também adotou essa técnica formal de promulgações e publicações autônomas.

83 Raul Machado Horta, *Direito constitucional*, 5. ed., p. 264.

3.10.2.2. *Finalidade do ADCT*

A finalidade do ADCT é estabelecer regras de transição entre o antigo ordenamento jurídico e o novo, instituído pela manifestação do poder constituinte originário, providenciando a **acomodação** e a **transição** do antigo e do novo direito edificado.

Segundo Barroso, "destinam-se as normas dessa natureza a auxiliar na transição de uma ordem jurídica para outra, procurando neutralizar os efeitos nocivos desse confronto, no tempo, entre regras de igual hierarquia — Constituição nova *versus* Constituição velha — e de hierarquia diversa — Constituição nova *versus* ordem ordinária preexistente",[84] interligando-se, portanto, nesse aspecto, com o instituto da *recepção*.

Observa-se, assim, por consequência, que, historicamente, algumas constituições, em outros países, **não estabeleceram regras de transição**, sobretudo quando o novo regime apresentava-se totalmente desvinculado da organização político-jurídica que até então vigorava, rompendo-se de modo revolucionário.

Como exemplo, podemos identificar a *Constituição norte-americana de 1787*, que estabeleceu a federação (superando o imperialismo britânico e extinguindo o modelo confederativo), bem como a *francesa de 1791*, que, abolindo o feudalismo e o antigo regime, consagrou "(...) a Monarquia Constitucional, a representação política fundada na soberania nacional e os direitos naturais e imprescritíveis do homem: a liberdade, a propriedade, a segurança e a resistência à opressão".[85]

Nesse sentido, destacou Raul Machado Horta: "as Constituições vinculadas **às transformações profundas da ordem social, política e econômica** não se preocupam com a inclusão de normas ou disposições transitórias em seu texto.[86] Voltadas para a edificação de nova Sociedade, as Constituições revolucionárias, que demoliram e substituíram os fundamentos do antigo regime, não se interessam pelas normas de acomodação e de transição entre o direito anterior e o novo direito. A teleologia do constitucionalismo revolucionário repele acomodações que embaraçam a construção do novo Direito e a edificação criadora de nova estrutura social, política e econômica".[87]

---

[84] Luís Roberto Barroso, Disposições constitucionais transitórias..., p. 491.

[85] Raul Machado Horta, *Direito constitucional*, 5. ed., p. 261.

[86] Isso não significa que não se possam encontrar referidas disposições transitórias, conforme se observou em algumas Constituições que implantaram as *Repúblicas Populares no Leste Europeu*, no segundo pós-guerra, como a da *Tchecoslováquia* de 1948 e a da *Iugoslávia* de 1946. Contudo, conforme alertou o autor, "as Constituições fundadoras de novo regime político e social, quando não dispensam a enunciação de disposições transitórias, **limitam-se a incluir nesse tópico regras de natureza técnica, regulando a composição de órgãos eletivos**" (op. cit., p. 261 e 263).

[87] Raul Machado Horta, *Direito constitucional*, 5. ed., p. 262. Como **exemplos** de Constituições **sem disposições de transição**, podemos lembrar a norte-americana, algumas da França, da antiga União Soviética, as da China Popular, a Constituição da República Socialista de Cuba de 1976 etc. Segundo Pinto Ferreira, "... a Lei Maior norte-americana, por seu caráter sintético e lacônico, devia por brevidade eliminar o corpo das disposições transitórias, além de romper com o imperialismo

3.10.2.3. Classificação das disposições do ADCT

Analisando o seu conteúdo durante o ano inicial de sua vigência, **Raul Machado Horta** identificou as seguintes categorias normativas:[88]

- **normas exauridas:** aquelas que já desapareceram, em virtude da realização da condição ou do ato nela previstos, como, por exemplo, os arts. 1.º; 4.º, § 4.º; 15 etc.;
- **normas dependentes de legislação e de execução:** arts. 10, § 1.º; 12, § 1.º; 14, §§ 1.º, 2.º e 4.º etc.;
- **normas dotadas de duração temporária expressa:** art. 40, que manteve, por 25 anos, a partir da promulgação da Constituição, a Zona Franca de Manaus (prazo esse acrescido de 10 anos pela EC n. 42/2003, nos termos do art. 92 do ADCT e, findo esse prazo, acrescido de mais 50 anos, nos termos da EC n. 83/2014, nos termos do art. 92-A, também do ADCT); art. 42, também alterado por emenda, modificando as regras de transição;
- **normas de recepção:** art. 34, § 5.º; art. 66 etc.;
- **normas sobre benefícios e direitos:** arts. 53 e 54, que asseguraram direitos;[89]
- **normas com prazos constitucionais ultrapassados:** nessa classificação, o autor identificou, à época (no primeiro ano de vigência do ADCT), todos os artigos que dependiam de legislação para sua implementação, como o art. 29, § 1.º, que fixava prazo para o encaminhamento de projeto de lei complementar dispondo sobre a organização e o funcionamento da AGU, e o art. 48 do ADCT, que estabelecia prazo para que o Congresso Nacional elaborasse o *Código de Defesa do Consumidor.* Muitos dispositivos, como os citados, já foram regulamentados.

---

britânico, que espoliava os colonos. As Constituições da França de 1793 e 1795 esfacelaram o antigo regime com os seus abusos e violências, estabelecendo uma nova ordem jurídico-política, assinalando a ascensão da burguesia como classe contra a nobreza. A Constituição russa de 1925 repudiou a ordem social burguesa, estabeleceu o regime da ditadura do proletariado, cortou as amarras com a tradição do capitalismo e do semifeudalismo ainda dominantes na Rússia tzarista. Churchill chamou Lenin o *grande repudiador*, mas este suportou o peso do cerco capitalista e conseguiu fazer vitoriosa a revolução socialista. Mirkine-Guetzévitch, em sua *Teoria geral do Estado soviético*, chegou a dizer que o Estado soviético era um Estado sem direito, pois, ao seu sentir, eliminava a liberdade e a propriedade tradicionais, razão pela qual a Constituição, repudiando o passado, não cogitou de disposições transitórias" (*Curso de direito constitucional*, 10. ed., p. 576).

[88] Pensamos que melhor teria sido a utilização da terminologia "disposição" em vez de "normas".

[89] Nesse sentido, de maneira interessante, conforme observam Souza Neto e Sarmento, determinados institutos abrigados no ADCT podem ser considerados **cláusulas pétreas** "desde que estejam diretamente relacionados a algum outro limite material ao poder de reforma", dando-se como exemplo o art. **68 do ADCT**, que reconhece, aos remanescentes das comunidades dos quilombos que estejam ocupando suas terras, a propriedade definitiva, devendo o Estado emitir-lhes os títulos respectivos (Cláudio Pereira de Souza Neto, Daniel Sarmento, *Direito constitucional*: teoria, história e métodos de trabalho, p. 365, nota 29).

Por sua vez, **Barroso**,[90] identificando espécies distintas de disposições transitórias, estabeleceu três categorias:

- **disposições transitórias propriamente ditas:** são as disposições típicas que regulam de modo transitório determinadas relações, estando sujeitas a condição resolutiva ou termo. Como exemplo, o autor lembra o art. 10, § 1.º,[91] e o art. 23, *caput*;[92]
- **disposições de efeitos instantâneos e definitivos:** essas disposições não aguardam uma condição ou um termo, operando imediatamente ou no prazo estabelecido. Nesse sentido, podemos citar o art. 13, *caput*, do ADCT, que criou o Estado do Tocantins, ou o art. 15, que extinguiu o Território Federal de Fernando de Noronha, reincorporando a sua área ao Estado de Pernambuco;
- **disposições de efeitos diferidos:** são aquelas que "sustam a operatividade da norma constitucional por prazo determinado ou até a ocorrência de um determinado evento". Como exemplo, o autor menciona o art. 5.º, *caput*, do ADCT, que determinou a não aplicação do disposto no art. 16 e das regras do art. 77 do corpo da Constituição às eleições previstas para 15.11.1988.

3.10.2.4. O natural exaurimento das normas do ADCT e o seu desvirtuamento

Vimos que as disposições transitórias, como o próprio nome já sinaliza, exercem o papel de **acomodação** e **transição** do ordenamento jurídico anterior com a nova ordem constitucional.

Por natureza, portanto, diante de sua **eficácia temporária** (essa a ideia das disposições de transição), após produzirem os seus efeitos, ou diante do advento da condição ou termo estabelecidos, **esgotam-se**, tornando-se normas de **eficácia exaurida**.

Nesse momento, aponta José Afonso da Silva, a norma do ADCT que se esgotou "... não é mais norma jurídica, mas **simples proposição sintática**, com **valor meramente histórico**", não mais se restabelecendo.[93]

Daí, Raul Machado Horta conclui que "**norma permanente** nas Disposições Transitórias é **norma anômala**. Foi dessa categoria o conhecido art. 180[94] da Carta de 1937, que, prevendo competência transitória do Presidente da República — 'enquanto não se reunir o Parlamento Nacional' —, como a condição não se verificou na vigência da Carta de 1937, o art. 180 tornou-se regra permanente, para funda-

---

[90] Luís Roberto Barroso, Disposições constitucionais transitórias..., p. 492.

[91] **Art. 10, § 1.º, ADCT:** "Até que a lei venha a disciplinar o disposto no art. 7.º, XIX, da Constituição, o prazo da licença-paternidade a que se refere o inciso é de cinco dias".

[92] **Art. 23, *caput*, ADCT:** "Até que se edite a regulamentação do art. 21, XVI, da Constituição, os atuais ocupantes do cargo de censor federal continuarão exercendo funções com este compatíveis, no Departamento de Polícia Federal, observadas as disposições constitucionais".

[93] José Afonso da Silva, *Comentário contextual à Constituição*, 8. ed., p. 913-914.

[94] **Art. 180 da Carta/37:** "Enquanto não se reunir o Parlamento nacional, o Presidente da República terá o poder de expedir decretos-leis sobre todas as matérias da competência legislativa da União".

mentar a pletórica atividade legislativa do Presidente da República na via dos Decretos-leis".[95]

Essa sistemática, contudo, vem sendo desvirtuada pelo constituinte reformador, que, por vezes, introduziu, por emenda ao ADCT, normas **permanentes, sem qualquer conteúdo de direito intertemporal** e **sem qualquer conexão com o momento de transição**, em total *atecnia legislativa*, como, por exemplo, o seu art. 96 (acrescentado pela EC n. 57/2008), que, de modo inconstitucional (e, por que não dizer, imoral), convalidou a criação de municípios em total violação ao art. 18, § 4.º, da CF/88 (cf. *item 6.7.4.9*).

3.10.2.5. Qual a natureza jurídica das disposições do ADCT?

O ADCT, como o nome já induz (Ato das Disposições **Constitucionais** Transitórias), tem **natureza jurídica de norma constitucional** e poderá, portanto, trazer exceções às regras colocadas no corpo da Constituição. Assim como no corpo encontramos regras (por exemplo, tratamento igual entre brasileiro nato e naturalizado, art. 12, § 2.º) e exceções a essas regras (por exemplo, art. 12, § 3.º, I, que reserva o cargo de Presidente da República somente para brasileiros natos), também o ADCT poderá excepcionar regras gerais do corpo,[96] por apresentar a mesma natureza jurídica delas.

Dessa forma, **em virtude de sua natureza constitucional**, a alteração das normas do ADCT ou o acréscimo de novas regras dependerão da manifestação do *poder constituinte derivado reformador*, ou seja, necessariamente por meio de **emendas constitucionais**, que, por sua vez, deverão observar os **limites ao poder de reforma** (cf., abaixo, *item 3.10.2.6*), sendo que essas disposições novas estabelecidas por emenda serão suscetíveis ao controle de constitucionalidade. Também, em razão de sua natureza jurídica, as disposições do ADCT servirão de **parâmetro** ou **paradigma de confronto** para a análise da constitucionalidade dos demais atos normativos. Nesse sentido decidiu a Corte (**RE 160.486**, Rel. Min. Celso de Mello, j. 11.10.1994, 1.ª Turma, *DJ* de 09.06.1995. No mesmo sentido: **RE 215.107-AgR**, Rel. Min. Celso de Mello, j. 21.11.2006, 2.ª Turma, *DJ* de 02.02.2007).

3.10.2.6. As disposições do ADCT estão imunes ao poder de reforma?

Diante da constatação de diversas emendas ao ADCT (lembre que, originalmente, ele foi promulgado com 70 artigos, contendo, atualmente, **114**), temos de analisar a possibilidade ou não de reformas das disposições transitórias em razão da manifestação do *poder constituinte derivado reformador*. Ou seja, poderiam, de fato, as normas do ADCT ter sofrido alterações (modificações ou acréscimos) por emenda?

---

[95] Raul Machado Horta, *Direito constitucional*, 5. ed., p. 264.

[96] Como exemplo, podemos citar o **art. 5.º do ADCT** ao determinar a não aplicação do disposto no art. 16 e das regras do art. 77 do corpo da Constituição às eleições previstas para 15.11.1988.

Entendemos que se a norma de transição já se tiver **exaurido**, nesse caso específico, não pareceria razoável o Constituinte reformador *modificar* o sentido da transição já concretizado conforme estabelecido pelo *poder constituinte originário*, até porque, como se afirmou, nessa hipótese, a norma de transição estará **esgotada**.

Por outro lado, se o comando de transição não se tiver realizado e a disposição produzido os seus efeitos, entendemos possível a sua alteração, desde que sejam observados, naturalmente, os **princípios intangíveis** e os **limites ao poder de reforma**, explícitos e implícitos (cf. *item 9.14.1*).

Assim, um direito fundamental estabelecido no ADCT, por exemplo, o art. 68, que reconhece, aos remanescentes das comunidades dos quilombos que estejam ocupando suas terras, a propriedade definitiva, devendo o Estado emitir-lhes os títulos respectivos, não poderia ser subtraído por meio de reforma (emenda constitucional) por violar o limite material da **cláusula pétrea** contida no art. 60, § 4.º, IV.

Nesses casos, citando os exemplos dos arts. 8.º (concessão de anistia) e 19 (concessão de estabilidade no serviço público) do ADCT, pelos quais se **atribuiu um regime vantajoso a um grupo concreto de destinatários**, consoante observa Branco, "... pode-se reconhecer que o constituinte originário quis investir beneficiários certos em direitos determinados, de tal sorte que, se o constituinte de reforma lhes subtraísse ou diminuísse a vantagem, estaria perpetrando, senão um ataque à cláusula pétrea da segurança jurídica ou do direito adquirido, certamente que uma fraude ao constituinte originário".[97]

Por outro lado, a EC n. 2/92, que antecipou a data do plebiscito de que trata o art. 2.º do ADCT, do dia 07.09.1993 para o dia 21.04.1993, foi considerada constitucional pelo STF. Dessa forma, no referido *leading case*, a **Corte** passou a **admitir**, explicitamente, a **alteração de disposições do ADCT por emenda** desde que, é claro, fossem respeitados os limites ao poder de reforma.

Em seu voto, o Min. Moreira Alves, Relator, **reconhecendo o caráter constitucional das normas do ADCT**, não admitiu qualquer natureza de imutabilidade em razão de sua transitoriedade, **reconhecendo-se**, nesses termos, **a possibilidade de reforma**, desde que, é claro, como se disse, fossem observados os limites ao poder de reforma. Vejamos:

> "(...) a transitoriedade em si mesma não torna incompossível a alteração de norma constitucional dessa natureza. Com efeito, se é possível alterar-se, por emenda, a regra da parte permanente para estender-se a todos, e sem limitações, o que a exceção transitória outorgava a alguns com limitações; se é possível criar-se exceção permanente à regra também permanente; é **absolutamente ilógico pretender-se que a exceção transitória, por causa da sua transitoriedade, seja imutável, inclusive para restringir-se ou dilargar-se o período da transitoriedade**" (**ADI 829**, Rel. Min. Moreira Alves, j. 14.04.1993, Plenário, *DJ* de 16.09.1994).

[97] Gilmar Ferreira Mendes, Paulo Gustavo Gonet Branco, *Curso de direito constitucional*, 7. ed., p. 88.

■ 3.11. MATERIAL DIGITAL EXCLUSIVO

3

HERMENÊUTICA: MUTAÇÃO X REFORMA. REGRAS X PRINCÍPIOS. "DERROTABILIDADE". POSTULADOS NORMATIVOS. CRIAÇÃO JUDICIAL DO DIREITO. ESTRUTURA DA CONSTITUIÇÃO

Download de Questões Modelo Tradicional	Banco de Questões Plataforma	Resolução de Questões Pedro Lenza	Videoaulas
somos.in/DCE25010	somos.in/DCE25011	somos.in/DCE25113	somos.in/DCE25092

4

PODER CONSTITUINTE

■ 4.1. ESQUEMA GERAL

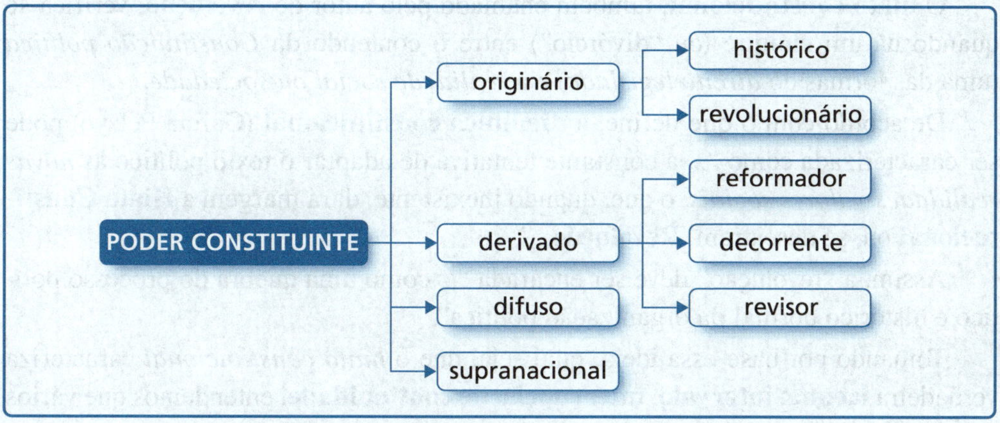

■ 4.2. CONCEITO E TITULARIDADE

De acordo com a lição de Canotilho, "o poder constituinte se revela sempre como uma questão de 'poder', de 'força' ou de 'autoridade' política que está em condições de, numa determinada situação concreta, **criar**, **garantir** ou **eliminar** uma Constituição entendida como lei fundamental da comunidade política".[1]

A **titularidade** do poder constituinte, como aponta a doutrina moderna, pertence ao **povo**. Nesse sentido, Canotilho afirma que "poder constituinte significa, assim, **poder constituinte do povo**", e que deve ser concebido "como uma 'grandeza pluralística' (Peter Häberle), ou seja, como uma pluralidade de forças culturais, sociais e políticas tais como partidos, grupos, igrejas, associações, personalidades, decisivamente influenciadoras da formação de 'opiniões', 'vontades', 'correntes' ou 'sensibilidades' políticas nos momentos preconstituintes e nos procedimentos constituintes".[2]

---

1 J. J. Gomes Canotilho, *Direito constitucional*, 7. ed., p. 65 (original sem grifos).

2 Op. cit., p. 75. Emmanuel Joseph Sieyès, o grande teórico da matéria, por meio do panfleto denominado "Que é o terceiro Estado?" (*Qu'est-ce que le tiers État?*), apontava como titular a *nação*, entendimento esse superado, conforme visto.

Acesse também o vídeo sobre o capítulo pelo link: somos.in/DCE25013

Nesse sentido, seguindo a tendência moderna, o parágrafo único do art. 1.º da CF/88: "todo o poder emana do **povo**, que o exerce por meio de representantes eleitos ou diretamente, nos termos desta Constituição" (democracia semidireta ou participativa — cf. *cap. 17*).

■ 4.3. HIATO CONSTITUCIONAL (REVOLUÇÃO — MUTAÇÃO — REFORMA — HIATO AUTORITÁRIO)

A expressão **"hiato constitucional"** se deve a Ivo Dantas, quando desenvolveu o tema em sua dissertação de mestrado defendida em 1976.[3]

Dantas analisa a relação entre o "direito legislado", a "Constituição política" e a "sociedade" ou "realidade social".

O **hiato constitucional**, também chamado pelo autor de **revolução**, verifica-se quando há um **choque** (ou "divórcio") entre o conteúdo da *Constituição política* (uma das formas do *direito legislado*) e a *realidade social ou sociedade.*

De acordo com o que define, a **dinâmica constitucional** (Garcia Pelayo) pode ser caracterizada como "... a constante tentativa de adaptar o texto político às *novas realidades-valores sociais*, o que, quando inexistente, dará margem a **Hiato Constitucional** ou, se desejarem, **Revolução**...".

Assim, a "revolução" deve ser encarada "... como uma quebra do processo político e histórico normal da organização política".

Tomando por base essa ideia, qual seja, que o *hiato constitucional* caracteriza verdadeira **lacuna**, **intervalo**, **interrupção de continuidade**, entendemos que vários fenômenos poderão ser verificados, destacando-se:

- convocação da **Assembleia Nacional Constituinte** e elaboração de nova Constituição;
- **mutação constitucional;**
- **reforma constitucional;**
- **hiato autoritário.**

A partir da quebra do processo constitucional, vale dizer, diante da não correspondência entre o texto posto e a realidade social, poderá surgir espaço para o denominado "momento constituinte" democrático e, assim, diante da manifestação do *poder constituinte originário*, a elaboração de novo documento que encontre legitimidade social.

Ainda, diante da *lacuna* poderá também ser verificada a necessidade de mudança no sentido interpretativo da norma posta, ou seja, o instituto, já desenvolvido no *item*

[3] *Poder constituinte e revolução*: breve introdução à teoria sociológica do direito constitucional, cap. IV, passim.

3.1, da **mutação constitucional**, pelo qual a "letra fria" do texto é mantida, mas se atribui um novo sentido interpretativo, nos exatos termos da realidade social evolutiva.

Em outro sentido, o vácuo de correspondência poderá sinalizar a necessidade de manifestação (formal) do **poder de reforma**, por meio das emendas constitucionais, fazendo com que haja a manifestação do *poder constituinte derivado reformador*.

Finalmente, a *quebra* poderá dar espaço para a ilegítima outorga constitucional, manifestando-se o poder autoritário e fazendo com que o *hiato constitucional* se transforme em **hiato autoritário**, que persistirá mesmo diante da edição de textos (ilegítimos) como foi, por exemplo, durante o regime militar, o AI-5, textos que buscam suprir o hiato constitucional, mas, por falta de legitimidade, sucumbem, abrindo espaço para o nefasto e combatido *hiato autoritário*.

4.4. PODER CONSTITUINTE ORIGINÁRIO (GENUÍNO OU DE 1.º GRAU)

4.4.1. Conceito

O **poder constituinte originário** (também denominado **inicial**, **inaugural**, **genuíno** ou de **1.º grau**) é aquele que instaura uma nova ordem jurídica, rompendo por completo com a ordem jurídica precedente.

O objetivo fundamental do poder constituinte originário, portanto, é **criar um novo Estado**, diverso do que vigorava em decorrência da manifestação do poder constituinte precedente.

Reproduzimos interessante conceituação trazida por Temer a respeito do assunto: "ressalte-se a ideia de que surge novo Estado a cada nova Constituição, provenha ela de movimento revolucionário ou de assembleia popular. O Estado brasileiro de 1988 não é o de 1969, nem o de 1946, o de 1937, de 1934, de 1891, ou de 1824. Historicamente é o mesmo. Geograficamente pode ser o mesmo. Não o é, porém, juridicamente. A cada manifestação constituinte, editora de atos constitucionais como Constituição, Atos Institucionais e até Decretos (veja-se o Dec. n. 1, de 15.11.1889, que proclamou a República e instituiu a Federação como forma de Estado), nasce o Estado. Não importa a rotulação conferida ao ato constituinte. Importa a sua natureza. Se dele decorre a certeza de rompimento com a ordem jurídica anterior, de edição normativa em desconformidade intencional com o texto em vigor, de modo a invalidar a normatividade vigente, tem-se novo Estado".[4]

4.4.2. Uma subdivisão

O poder constituinte originário pode ser subdividido em **histórico** (ou **fundacional**) e **revolucionário**. *Histórico* seria o verdadeiro poder constituinte originário, estruturando, pela primeira vez, o Estado. *Revolucionário* seriam todos os posteriores ao histórico, rompendo por completo com a antiga ordem e instaurando uma nova, um novo Estado.

[4] Michel Temer, *Elementos de direito constitucional*, p. 33.

4.4.3. Características

O poder constituinte originário é *inicial, autônomo, ilimitado juridicamente, incondicionado, soberano na tomada de suas decisões, um poder de fato e político, permanente.*

a) inicial, pois instaura uma nova ordem jurídica, rompendo, por completo, com a ordem jurídica anterior;

b) autônomo, visto que a estruturação da nova constituição será determinada, autonomamente, por quem exerce o poder constituinte originário;

c) ilimitado juridicamente, no sentido de que não tem de respeitar os limites postos pelo direito anterior, com as ressalvas a seguir indicadas e que passam a ser uma tendência para os concursos públicos;

d) incondicionado e soberano na tomada de suas decisões, porque não tem de submeter-se a qualquer forma prefixada de manifestação;

e) poder de fato e poder político, podendo, assim, ser caracterizado como uma energia ou força social, tendo natureza pré-jurídica, sendo que, por essas características, a nova ordem jurídica começa com a sua manifestação, e não antes dela;

f) permanente, já que o poder constituinte originário não se esgota com a edição da nova Constituição, **sobrevivendo** a ela e fora dela como forma e expressão da **liberdade humana**, em verdadeira ideia de **subsistência**. Segundo Manoel Gonçalves Ferreira Filho, essa característica decorre de fórmula clássica prevista no art. 28 da *Declaração dos Direitos do Homem e do Cidadão*, editada como *preâmbulo da Constituição francesa de 1793* e "... no sentido de que o homem, embora tenha tomado uma decisão, pode rever, pode mudar posteriormente essa decisão...".[5] Isso não significa que o poder constituinte originário permanente e "adormecido" sairá desse estado de "hibernação" e de "latência" a todo e qualquer momento, até porque instauraria indesejada insegurança jurídica. Para tanto, deve haver o "momento constituinte", uma situação tal que justifique e requeira a **quebra abrupta** da ordem jurídica.

Lembramos, contudo, a corrente *jusnaturalista,* para a qual o poder constituinte originário não seria totalmente autônomo na medida em que haveria uma limitação imposta: ao menos o respeito às normas de direito natural. Como o Brasil adotou a corrente **positivista**, o poder constituinte originário é totalmente ilimitado (do ponto de vista jurídico, reforce-se), apresentando natureza **pré-jurídica**, uma energia ou força social, já que a ordem jurídica começa com ele e não antes dele. Assim, para o Brasil e os positivistas, nem mesmo o *direito natural* (por alguns denominado *direito suprapositivo*)[6] limitaria a atuação do poder constituinte originário.

[5] M. G. Ferreira Filho, *O poder constituinte*, p. 58. O art. 28 da *Declaração dos Direitos do Homem e do Cidadão*, editada como preâmbulo da *Constituição francesa de 1793*, tem a seguinte redação: "Um povo tem, sempre, o direito de rever, de reformar e de mudar sua Constituição. Uma geração não pode sujeitar a suas leis as gerações futuras". Para conhecimento desse e outros documentos, cf. importante trabalho de Fábio Konder Comparato, *A afirmação histórica dos direitos humanos,* passim.

[6] **ADI 815** e expressão na **ADI 2.062**. Cf. nota de rodapé n. 12 (palavra "poder de fato" na tabela do *item 4.5.1*).

Anota J. H. Meirelles Teixeira: "... esta *ausência de vinculação*, note-se bem, é apenas de caráter *jurídico-positivo*, significando apenas que o Poder Constituinte não está ligado, em seu exercício, por *normas jurídicas anteriores*. Não significa, porém, e nem poderia significar, que o Poder Constituinte seja um poder arbitrário, absoluto, que não conheça quaisquer limitações. *Ao contrário, tanto quanto a soberania nacional, da qual é apenas expressão máxima e primeira, está o Poder Constituinte limitado pelos grandes princípios do bem comum, do direito natural, da moral, da razão.* Todos estes grandes *princípios, estas exigências ideais,* que não são jurídico-positivas, devem ser respeitados pelo Poder Constituinte, para que este se exerça legitimamente. O Poder Constituinte deve acatar, aqui, 'a voz do reino dos ideais promulgados pela consciência jurídica', na bela expressão de Recaséns Siches".[7]

Nesse sentido, **afastando-se** da ideia de *onipotência do poder constituinte* derivada da *teologia política* "... que envolveu a sua caracterização na Europa da Revolução Francesa (1789)", atualmente ultrapassada, posiciona-se Canotilho, o qual, sugerindo ser entendimento da doutrina moderna, observa que o *poder constituinte* "... é estruturado e obedece a **padrões e modelos de conduta espirituais, culturais, éticos e sociais** radicados na consciência jurídica geral da comunidade e, nesta medida, considerados como 'vontade do povo'". Fala, ainda, na necessidade de observância de **princípios de justiça** (suprapositivos e supralegais) e, também, dos **princípios de direito internacional** (princípio da independência, princípio da autodeterminação, princípio da observância de direitos humanos — neste último caso de vinculação jurídica, chegando a doutrina a propor uma juridicização e evolução do poder constituinte).[8]

Paulo Branco também perfilha o entendimento da existência de **limitações políticas** inerentes ao exercício do poder constituinte originário.

Em suas palavras, "se o poder constituinte é a **expressão da vontade política da nação**, não pode ser entendido sem a referência aos **valores éticos**, **religiosos**, **culturais** que informam essa mesma nação e que motivam as suas ações. Por isso, um grupo que se arrogue a condição de representante do poder constituinte originário, se se dispuser a redigir uma Constituição que hostilize esses valores dominantes, não haverá de obter o acolhimento de suas regras pela população, não terá êxito no seu empreendimento revolucionário e **não será reconhecido como poder constituinte originário**. Afinal, só é dado falar em atuação do poder constituinte originário se o grupo que diz representá-lo colher a anuência do povo, ou seja, se vir ratificada a sua invocada representação popular. Do contrário, estará havendo apenas uma insurreição, a ser sancionada como delito penal. Quem tenta romper a ordem constitucional para instaurar outra e não obtém a adesão dos cidadãos não exerce poder constituinte originário, mas age como rebelde criminoso".[9]

---

7 J. H. Meirelles Teixeira, *Curso de direito constitucional*, p. 213. Alerta-se o ilustre concurseiro de que essa nova ideia começa a aparecer nas provas de concurso (cf. questões).

8 J. J. Gomes Canotilho, *Direito constitucional e teoria da Constituição*, 7. ed., p. 81.

9 G. F. Mendes, I. M. Coelho, P. G. G. Branco, *Curso de direito constitucional*, 5. ed., p. 275 (original

■ 4.4.4. Poder constituinte originário formal e material

A doutrina ainda fala em poder constituinte *formal* e *material*:

■ **formal:** é o ato de criação propriamente dito e que atribui a "roupagem" com *status* constitucional a um "complexo normativo";

■ **material:** é o lado substancial do poder constituinte originário, qualificando o direito constitucional formal com o *status* de norma constitucional. Assim, será o orientador da atividade do constituinte originário formal que, por sua vez, será o responsável pela "roupagem" constitucional. O material diz o que é constitucional; o formal materializa e sedimenta como constituição. O material precede o formal, estando ambos interligados.

Assim, para Jorge Miranda, o **poder constituinte formal** confere "... *estabilidade e garantia* de permanência e de supremacia hierárquica ou sistemática ao princípio normativo inerente à **Constituição material**. Confere *estabilidade*, visto que a certeza do Direito exige o estatuto da regra. Confere *garantia*, visto que só a Constituição formal coloca o poder constituinte material (ou o resultado da sua ação) ao abrigo das vicissitudes da legislação e da prática quotidiana do Estado e das forças políticas".[10]

■ 4.4.5. Formas de expressão

Duas são as formas de expressão do poder constituinte originário: **a) outorga; b) assembleia nacional constituinte** (ou **convenção**).

■ **outorga:** caracteriza-se pela declaração unilateral do agente revolucionário (movimento revolucionário — exemplo: Constituições de 1824, 1937, 1967 e EC n. 1/69, lembrando que a Constituição de 1946 já havia sido suplantada pelo Golpe Militar de 1964 — *AI 1, de 09.04.1964*). Conforme vimos, embora a Constituição de 1946 continuasse existindo formalmente, o País passou a ser governado pelos Atos Institucionais e Complementares, com o objetivo de consolidar a "Revolução Vitoriosa", que buscava combater e "drenar o bolsão comunista" que assolava o Brasil;

■ **assembleia nacional constituinte** ou **convenção:** por seu turno, nasce da deliberação da representação popular, destacando-se os seguintes exemplos: CF de 1891, 1934, 1946 e 1988.

■ 4.4.6. A proposta de convocação de uma "assembleia nacional constituinte exclusiva e específica" para a reforma política: aberração jurídica; violência ao sistema

Inegavelmente, o Estado brasileiro precisa passar pela "engavetada" e necessária **reforma política** e, como se sabe, dentro do modelo atual, o instrumento para a sua implementação seria uma proposta de emenda à Constituição **(PEC)**.

---

sem grifos). Essa interessante ideia de **insurreição**, a ser sancionada como **delito penal**, encontra fundamento no art. 5.º, XLIV, da CF/88: "constitui **crime** inafiançável e imprescritível a **ação** de grupos armados, civis ou militares, **contra a ordem constitucional e o Estado Democrático**".

[10] Jorge Miranda, *Manual de direito constitucional*, 5. ed., t. II, p. 91-92 (igual ao original, que está sem grifos).

Buscando dar uma resposta aos vários movimentos sociais que tomaram conta do país no ano de 2013 (manifestações, passeatas, reivindicações etc.), deflagrados pelo aumento das tarifas de ônibus (e, claro, todos sabem que não foram os "vinte centavos" o fator de mobilização e do descontentamento com o modelo de representação), a então Presidente Dilma Rousseff, em discurso um pouco tardio, enaltecendo a "voz das ruas", propôs a **convocação de uma assembleia nacional constituinte exclusiva e específica para a reforma política**.

Em suas palavras, ditas na abertura da reunião com governadores e prefeitos realizada em **24.06.2013**, propondo soluções para a crise, sugeriu *5 pactos nacionais* (responsabilidade fiscal, reforma política, saúde, transportes públicos e educação pública). No tocante à **reforma política**, sugeriu a sua implementação por meio de uma **constituinte exclusiva**, autorizada por **plebiscito popular**.[11]

Nesse ponto, com o máximo respeito, mesmo que buscando "escutar a voz das ruas", mesmo que houvesse legitimação por plebiscito popular, admitir uma **constituinte específica** ensejaria total **afronta** à Constituição.

Conforme dissemos e retomamos a seguir, a única maneira de se alterar a Constituição no momento atual é mediante a aprovação de uma PEC, com todos os limites explícitos e estabelecidos no art. 60 da CF/88, bem como os limites implícitos que decorrem do sistema.

A proposta de se estabelecer uma constituinte exclusiva e específica seria o mesmo que admitir uma parcial manifestação do poder constituinte originário, o que, por suas características e forma de expressão, seria inimaginável.

O **poder constituinte originário** (também denominado **inicial**, **inaugural**, **genuíno** ou de **1.º grau**), ao se manifestar, rompendo por completo com a ordem jurídica precedente, cria o novo Estado desvinculado do que então vigorava, saindo do seu estado de "hibernação" e "latência", em razão da existência de inquestionável "momento constituinte".

Não é o caso. Não se vislumbra esse tal "momento constituinte". A convocação de instrumento de alteração específico afrontaria, dentre outros, a **implícita proibição de se alterar a titularidade do poder constituinte originário**, bem como a do

---

11 Vejamos as palavras de sua Excelência: "... Mas quero repetir principalmente que meu governo está ouvindo a voz democrática, as vozes democráticas que saem e emergem das ruas e que pedem mudanças. **É preciso saber escutar a voz das ruas.** Só ela é capaz de nos impulsionar a andar ainda mais rápido. É preciso que todos, todos mesmo, sem exceção, entendam esses sinais com humildade e acerto. Isso vale não apenas para nós, líderes de governos, mas igualmente para os brasileiros e brasileiras que estão em suas casas e também para aqueles que foram às ruas. Se aproveitarmos bem o impulso dessa nova energia política, poderemos fazer mais rápido muita coisa". E, nesse sentido, afirma: "Quero, nesse momento, propor o debate sobre a convocação de um **plebiscito popular** que autorize o funcionamento de um **processo constituinte específico** para fazer a **reforma política** que o país tanto necessita. O Brasil está maduro para avançar e já deixou claro que não quer ficar parado onde está" (cf. a íntegra do discurso da Sra. Dilma Rousseff: <http://www2.planalto.gov.br/imprensa/discursos/discurso-da-presidenta-da-republica-dilma-rousseff-durante-reuniao-com-governadorese-prefeitos-de-capitais> — inclusive com acesso ao vídeo — acesso em 10.01.2014).

poder de reforma que se implementa por ato exclusivo do Congresso Nacional, assim como os seus limites colocados na Constituição.

É preciso, sim, escutar a voz do povo, mas não se pode violentar o processo de reforma da Constituição.

Como alternativa, e o tema precisa ser amadurecido, poderíamos pensar nos instrumentos de soberania popular (e esse passou a ser o novo discurso de Dilma Rousseff), destacando-se o plebiscito e o referendo, não para se dar um "cheque em branco" para a tal constituinte parcial e específica, mas para **referendar** — e esse seria um modelo melhor — uma eventual alteração que fosse concretizada e, claro, respeitando o modelo constitucional, qual seja, por **necessária e formal proposta de emenda**, nos **limites das regras estabelecidas pelo poder constituinte originário**.

4.4.7. "Lipoaspiração constitucional" e a proposta de realização de plebiscito para a elaboração de uma nova Constituição

Durante a vigência da atual Constituição, várias propostas surgem para a sua reforma. O tema, dada a sua complexidade e constante discussão, está sendo abordado em vídeo na plataforma.

4.5. PODER CONSTITUINTE DERIVADO (INSTITUÍDO, CONSTITUÍDO, SECUNDÁRIO, DE 2.º GRAU OU REMANESCENTE)

4.5.1. Conceito e espécies

PODER CONSTITUINTE	
Poder constituinte derivado	**Poder constituinte originário**
▪ Natureza jurídica	▪ Poder de fato[12] ▪ Poder político ▪ Energia ou força social ▪ Natureza pré-jurídica ▪ A ordem jurídica começa com o poder constituinte originário e não antes dele

O **poder constituinte derivado** é também denominado **instituído**, **constituído**, **secundário**, **de segundo grau**, **remanescente**.

[12] O Min. Ayres Britto, no julgamento da **ADI 2.356-MC** (25.11.2010), utilizou como sinônimo de **"poder de fato"** a expressão **"poder suprapositivo"**, que não deve ser confundida, em outro contexto (e os dois sentidos já foram perguntados em concursos públicos), com **"princípios de direito suprapositivo"** (**ADI 815**, Rel. Min. Moreira Alves, j. 28.03.1996), que significou **"princípios de direito natural"**. Nesses termos, o Min. Celso de Mello utilizou a expressão **"direito suprapositivo"** não positivado, ou seja, "**direito natural**, consubstanciado em 'princípios naturais e critérios isonômicos, gerais e coletivos da lei de um estado democrático'" (**ADI 2.062**, j. 11.03.2004).

Acesse também a videoaula pelo link: somos.in/DCE25093

Como o próprio nome sugere, o poder constituinte *derivado* é criado e instituído pelo *originário*.

Ao contrário de seu "criador", que é, do ponto de vista jurídico, ilimitado, incondicionado, inicial, o *derivado* deve obedecer às regras colocadas e impostas pelo *originário*, sendo, nesse sentido, limitado e condicionado aos parâmetros a ele impostos.

Alguns autores preferem a utilização da terminologia *competências*, em vez de poder constituinte derivado, pois só seria poder constituinte o que derivasse diretamente da soberania popular e fosse ilimitado. No entanto, mantemos a utilização da expressão "poder constituinte" na medida em que dele decorre a produção de normas de caráter constitucional. (Nas provas preambulares também vem sendo, de maneira geral, utilizada a nomenclatura "poder constituinte derivado".)

Derivam, pois, do originário o **reformador**, o **decorrente** e o **revisor**. Vejamos cada um deles.

4.5.2. Poder constituinte derivado reformador

O **poder constituinte derivado reformador**, chamado por alguns de *competência reformadora*,[13] tem a capacidade de modificar a Constituição Federal, por meio de um procedimento específico, estabelecido pelo originário, sem que haja uma verdadeira *revolução*.

O poder de reforma constitucional, assim, tem **natureza jurídica**, ao contrário do originário, que é um *poder de fato*, um poder *político*, ou, segundo alguns, *uma força ou energia social*.[14]

A manifestação do poder constituinte reformador verifica-se através das **emendas constitucionais** (arts. 59, I, e 60 da CF/88), que abordaremos melhor quando tratarmos das espécies normativas.

Neste momento, já adiantamos algumas características do poder de reforma, decorrentes de sua natureza constituída, instituída, ou de segundo grau. Como vimos, ao contrário do originário, que é incondicionado, o **derivado** é **condicionado** pelas regras colocadas pelo originário, este último, sim, um poder de fato que tudo pode!

Enfim, o originário permitiu a alteração de sua obra, mas obedecidos alguns limites como: *quorum* qualificado de 3/5, em cada Casa, em dois turnos de votação para aprovação das emendas (art. 60, § 2.º); proibição de alteração da Constituição na

---

13 Isso porque, como já apontamos, a produção da normatividade em questão dá-se não pela emanação direta da soberania popular (o que se verifica no originário), mas por sua manifestação indireta. Michel Temer observa: "Parece-nos mais convincente a expressão 'Poder Constituinte' para o caso de emanação normativa *direta* da soberania popular. O mais é fixação de *competências*: a *reformadora* (capaz de modificar a Constituição); a *ordinária* (capaz de editar a normatividade infraconstitucional)" (*Elementos de direito constitucional*, p. 35).

14 Leda P. Mota e Celso Spitzcovsky, *Curso de direito constitucional*, p. 2, justificando: "Em outro dizer, tendo em vista que a ordem jurídica começa com a Constituição, o Poder que a elabora, logicamente, não pode ser jurídico".

vigência de estado de sítio, defesa, ou intervenção federal (art. 60, § 1.º), um núcleo de matérias intangíveis, vale dizer, as *cláusulas pétreas* do art. 60, § 4.º, da CF/88 etc.

Dessa forma, além das **limitações expressas** ou **explícitas** (*formais ou procedimentais* — art. 60, I, II, III e §§ 2.º, 3.º e 5.º; *circunstanciais* — art. 60, § 1.º; e *materiais* — art. 60, § 4.º), a doutrina identifica, também, as **limitações implícitas** (como *impossibilidade de se alterar o titular do poder constituinte originário e o titular do poder constituinte derivado reformador*, bem como a *proibição de se violar as limitações expressas*, não tendo sido adotada, no Brasil, portanto, a *teoria da dupla revisão*, ou seja, uma primeira revisão acabando com a limitação expressa e a segunda reformando aquilo que era proibido).[15]

4.5.3. Poder constituinte derivado decorrente

4.5.3.1. Estados-Membros

O **poder constituinte derivado decorrente**,[16] assim como o reformador, por ser derivado do originário e por ele criado, é também jurídico e encontra os seus parâmetros de manifestação nas regras estabelecidas pelo originário.

Sua missão é **estruturar** a Constituição dos Estados-Membros ou, em momento seguinte, havendo necessidade de adequação e reformulação, **modificá-la**. Tal competência decorre da capacidade de **auto-organização** estabelecida pelo poder constituinte originário. Como veremos ao tratar dos Estados-Membros, no tópico Federação (*item 7.3*), a eles foi atribuída *autonomia*, manifestada pela capacidade de **auto-organização** (art. 25, *caput*); **autogoverno** (arts. 27, 28 e 125, que estabelecem regras para a estruturação dos "*Poderes*" Legislativo: *Assembleia Legislativa*; Executivo: *Governador do Estado*; e Judiciário: *Tribunais e juízes*) e **autoadministração** (arts. 18 e 25 a 28 — regras de competência legislativas e não legislativas, que serão oportunamente estudadas).

Segundo Anna Cândida da Cunha Ferraz, em uma das mais completas monografias sobre o tema no direito pátrio, o poder constituinte derivado decorrente se divide em **duas modalidades**:

- **poder constituinte decorrente inicial ("instituidor" ou "institucionalizador"):** responsável pela **elaboração** da Constituição estadual. Como anotou Anna Cândida, "... intervém para exercer uma tarefa de caráter nitidamente

[15] Sobre o tema dos **limites ao poder de reforma**, cf. *item 9.14.1.*

[16] Celso Bastos, ao tratar do poder constituinte estadual, observa que sua manifestação é tida, normalmente, por constituinte. "Contudo, as diferenças que apresenta com o poder constituinte nacional são de tal monta que parece impróprio conservar-se o mesmo nome para realidades tão díspares. O único ponto comum entre o poder constituinte nacional e o chamado poder constituinte estadual é que ambos se reúnem para elaborar uma Constituição. Tudo o mais são diferenças." Entre elas, o autor observa que "o poder constituinte originário, o que elabora a Constituição Federal, é soberano, enquanto o poder constituinte estadual é autônomo. O primeiro não está subordinado a nenhuma limitação jurídica. O segundo atua dentro de uma área de competência, delimitada pela Constituição Federal" (*Curso de direito constitucional*, p. 306).

constituinte, qual seja a de estabelecer a organização fundamental de entidades componentes do Estado Federal. Tem o Poder Constituinte Decorrente um caráter de complementaridade em relação à Constituição; destina-se a perfazer a obra do Poder Constituinte Originário nos Estados Federais, para estabelecer a Constituição dos seus Estados componentes";[17]

- **poder constituinte decorrente de revisão estadual ("poder decorrente de segundo grau"):** tem a finalidade de **modificar** o texto da Constituição estadual, implementando as reformas necessárias e justificadas e nos *limites* colocados na própria constituição *estadual* (nesse sentido, por derivar de um poder que já derivou de outro, caracteriza-se como de *segundo grau*)[18] e na *federal*.

Pois bem, em relação à *capacidade de auto-organização*, prevista no art. 25, *caput*, da CF/88, foi categórico o poder constituinte originário ao definir que "os Estados organizam-se e regem-se pelas Constituições e leis que adotarem, **observados os princípios desta Constituição**". Esta última parte do texto demonstra, claramente, o caráter de derivação e vinculação do poder decorrente em relação ao originário; vale dizer, os Estados têm a capacidade de auto-organizar-se, desde que, é claro, observem as regras que foram estabelecidas pelo poder constituinte originário. Havendo afronta, estaremos diante de um vício formal ou material, caracterizador da inconstitucionalidade.

E o que deve ser entendido por **princípios desta Constituição**? Quais são os limites à manifestação do **poder constituinte derivado decorrente**? Em interessante síntese, da qual nos valemos, Uadi Lammêgo Bulos fixa, como limites à manifestação do poder constituinte derivado decorrente, os **princípios constitucionais sensíveis**, os **princípios constitucionais estabelecidos** (organizatórios) e os **princípios constitucionais extensíveis:**[19]

- **princípios constitucionais sensíveis:** terminologia adotada por Pontes de Miranda; encontram-se expressos na Constituição, daí serem também denominados *princípios apontados ou enumerados*. Nesse sentido, os Estados-Membros, ao elaborar as suas constituições e leis, deverão observar os limites fixados no **art. 34, VII, "a-e", da CF/88**, sob pena de, declarada a inconstitucionalidade da referida norma e a sua suspensão insuficiente para o restabelecimento da

[17] *Poder constituinte dos Estados-membros*, p. 19.

[18] Op. cit., p. 95. Anna Cândida observa que o **poder constituinte de revisão estadual** pode ser **normal** ou **extraordinário** (**anômalo**). Será *normal* quando "previsto na própria Constituição estadual" e "exercido nos moldes e para os fins nela apontados", dentro dos condicionamentos nesta estabelecidos e, também, observando os limites da Constituição Federal. Será *extraordinário* (ou *anômalo*), quando a reforma (revisão) estadual for impulsionada por uma reforma na Constituição Federal. E conclui: "a fonte ou o fundamento do *poder de revisão normal* é a Constituição estadual; o *poder de revisão extraordinário* tem duplo fundamento: de um lado, a Constituição Federal ou o Constituinte Originário — fundamento primário — e de outro a Constituição Estadual — fonte secundária" (op. cit., p. 99).

[19] *Constituição Federal anotada*, p. 506-509, passim.

normalidade, ser decretada a intervenção federal no Estado (a este assunto voltaremos no *item 6.7.5*, quando estudarmos a *ADI interventiva*, no capítulo sobre o controle de constitucionalidade);

- **princípios constitucionais estabelecidos (organizatórios):** segundo Bulos, "... são aqueles que limitam, vedam, ou proíbem a ação indiscriminada do Poder Constituinte Decorrente. Por isso mesmo, funcionam como balizas reguladoras da capacidade de auto-organização dos Estados (...) podem ser extraídos da interpretação do conjunto de normas centrais, dispersas no Texto Supremo de 1988, que tratam, por exemplo, da repartição de competência, do sistema tributário nacional, da organização dos Poderes, dos direitos políticos, da nacionalidade, dos direitos e garantias individuais, dos direitos sociais, da ordem econômica, da educação, da saúde, do desporto, da família, da cultura etc.". O autor os divide em três tipos: *a*) **limites explícitos vedatórios:** proíbem os Estados de praticar atos ou procedimentos contrários ao fixado pelo poder constituinte originário — exs.: arts. 19, 35, 150, 152, ou **limites explícitos mandatórios:** restrições à liberdade de organização — exs.: arts. 18, § 4.º, 29, 31, § 1.º, 37 a 42, 92 a 96, 98, 99, 125, § 2.º, 127 a 130, 132, 134, 135, 144, IV e V, §§ 4.º a 7.º; *b*) **limites inerentes:** implícitos ou tácitos, vedam qualquer possibilidade de invasão de competência por parte dos Estados-Membros; *c*) **limites decorrentes:** decorrem de disposições expressas. Exs.: necessidade de observância do princípio federativo, do Estado Democrático de Direito, do princípio republicano (art. 1.º, *caput*); da dignidade da pessoa humana (art. 1.º, III); da igualdade (art. 5.º, *caput*); da legalidade (art. 5.º, II); da moralidade (art. 37), do combate a desigualdades regionais (art. 43) etc.;
- **princípios constitucionais extensíveis:** mais uma vez na conceituação de Bulos, "são aqueles que integram a estrutura da federação brasileira, relacionando-se, por exemplo, com a forma de investidura em cargos eletivos (art. 77), o processo legislativo (arts. 59 e s.),[20] os orçamentos (arts. 165 e s.), os preceitos ligados à Administração Pública (arts. 37 e s.) etc.".

Finalmente, é de lembrar que o exercício do poder constituinte derivado decorrente foi concedido às **Assembleias Legislativas**, nos termos do art. 11, *caput,* do ADCT, que diz: "Art. 11. Cada Assembleia Legislativa, com poderes constituintes, elaborará a Constituição do Estado, no prazo de um ano, contado da promulgação da Constituição Federal, **obedecidos os princípios desta**" (destacamos).

[20] Nesse sentido, destacamos interessante precedente em relação à **iniciativa reservada de projeto de lei** pelo Chefe do Poder Executivo estadual (aplicando-se, simetricamente, o art. 61, § 1.º, I e II, da CF/88 — cf. *item 9.13.3.3*): "A CB, ao conferir aos Estados-membros a capacidade de auto-organização e de autogoverno — art. 25, *caput* —, impõe a obrigatória observância de vários princípios, entre os quais o pertinente ao processo legislativo. O legislador estadual não pode usurpar a iniciativa legislativa do chefe do Executivo, dispondo sobre as matérias reservadas a essa iniciativa privativa. Precedentes" (**ADI 1.594**, Rel. Min. Eros Grau, j. 04.06.2008, Plenário, *DJE* de 22.08.2008).

4.5.3.2. *Distrito Federal*

O **Distrito Federal**, de acordo com o art. 32, *caput*, da CF/88, será regido por **lei orgânica**, votada em dois turnos com interstício mínimo de 10 dias e aprovada por **2/3** da **Câmara Legislativa**, que a promulgará. Tal lei orgânica deverá obedecer aos princípios estabelecidos na **Constituição Federal.**[21]

Dessa forma, embora a posição particular ocupada pelo DF na Federação, já que a sua **autonomia** é **parcialmente tutelada pela União** (arts. 21, XIII e XIV, e 22, XVII), além de **acumular** competências legislativas reservadas tanto aos **Estados** como aos **Municípios** (art. 32, § 1.º), a vinculação da lei orgânica será **diretamente** com a CF.

Nesse sentido, em interessante demonstração, o Min. Carlos Britto afirmou que, "conquanto submetido a regime constitucional **diferenciado**, o Distrito Federal está bem mais próximo da estruturação dos **Estados-membros** do que da arquitetura constitucional dos Municípios" (ADI 3.756, j. 21.06.2007, *DJ* de 19.10.2007).

Assim, na medida em que a derivação é **direta** em relação à Constituição Federal, parece razoável afirmarmos, **mudando de posição firmada em edições anteriores à 13.ª**,[22] que, no âmbito do DF, verifica-se a **manifestação do poder constituinte derivado decorrente**, qual seja, a competência que o DF tem para elaborar a sua lei orgânica (verdadeira **Constituição distrital**) ou modificá-la, sujeitando-se aos mesmos limites já apontados para os Estados-Membros e, pois, aplicando-se, por analogia, o art. 11 do ADCT.[23]

Por esse motivo, é perfeitamente possível o controle concentrado no âmbito do **Tribunal de Justiça do Distrito Federal e dos Territórios (TJDFT)** tendo como paradigma a Lei Orgânica do DF, com a mesma natureza das Constituições Estaduais, regra essa, inclusive, introduzida, de modo expresso, no art. 30 da Lei n. 9.868/99 e, também, na Lei n. 11.697/2008, que dispõe sobre a organização judiciária do Distrito Federal e dos Territórios. Nesse mesmo sentido, a jurisprudência do STF:

---

[21] Trata-se da Lei Orgânica do Distrito Federal, de 08.06.1993, publicada no *DODF*, de 09.06.1993, cujos arts. 1.º e 2.º, corroborando o preceituado na Lei Maior, prescrevem que o DF, no pleno exercício de sua autonomia política, administrativa e financeira, **observados os princípios constitucionais**, reger-se-á pela referida Lei Orgânica e integrará a União indissolúvel da República Federativa do Brasil (cf.: <http://www.cl.df.gov.br>).

[22] À época, chegamos a escrever: "o critério por nós escolhido é o **jurídico-formal**, no sentido de que só os *Estados-membros* elaboram suas Constituições através da manifestação do poder constituinte derivado decorrente. *Distrito Federal* e *Municípios* regem-se por **lei orgânica**, que nada tem de parecido (do ponto de vista **formal**) com a Constituição de um Estado (Federal ou Federado)". Contudo, conforme esclarecemos acima, **mudamos de opinião**. Encontramos determinada prova do *CESPE/UnB* na linha do que sustentávamos (*vide* questão na plataforma on-line — modelo tradicional — PDF — *Magistratura/TRF1/2009*), mas deixando claro que se tratava do critério **jurídico-formal**.

[23] Nesse sentido, cf. José Adércio Leite Sampaio, *A Constituição reinventada pela jurisdição constitucional*, p. 568, nota 9.

"EMENTA: Antes de adentrar no mérito da questão aqui debatida, anoto que, muito embora não tenha o constituinte incluído o Distrito Federal no art. 125, § 2.º, que atribui competência aos Tribunais de Justiça dos Estados para instituir a representação de inconstitucionalidade em face das constituições estaduais, a **Lei Orgânica do Distrito Federal** apresenta, no dizer da doutrina, a **natureza de verdadeira Constituição local**, ante a autonomia política, administrativa e financeira que a Carta confere a tal ente federado. Por essa razão, entendo que se mostrava **cabível a propositura da ação direta de inconstitucionalidade** pelo MPDFT no caso em exame" (RE 577.025, voto do Rel. Min. Ricardo Lewandowski, j. 11.12.2008, Plenário, *DJE* de 06.03.2009).

4.5.3.3. Municípios: manifestação do poder constituinte derivado decorrente?

Não.

Os **Municípios** (que por força dos arts. 1.º e 18 da CF/88 fazem parte da Federação brasileira, sendo, portanto, autônomos em relação aos outros componentes, na medida em que também têm autonomia "F.A.P." — Financeira, Administrativa e Política) elaborarão **leis orgânicas** como se fossem "Constituições Municipais".

Desse modo, a *capacidade de auto-organização municipal* está delimitada no art. 29, *caput,* da CF/88, e seu exercício caberá à Câmara Municipal, nos termos do parágrafo único do art. 11 do ADCT: "promulgada a Constituição do Estado, caberá à **Câmara Municipal**, no prazo de 6 meses, votar a Lei Orgânica respectiva, em dois turnos de discussão e votação, **respeitado o disposto na Constituição Federal e na Constituição Estadual**" (destacamos).

Como se observa, o respeito ao conteúdo dar-se-á tanto em relação à **Constituição Estadual** como à **Federal**, obedecendo, desta feita, como advertiram Araujo e Nunes, "a dois graus de imposição legislativa constitucional". Em virtude disso e trazendo à baila entendimento jurisprudencial emanado pelo TJSP, os autores concluem que "o poder constituinte decorrente, conferido aos Estados-membros da Federação, **não foi estendido aos Municípios**" (destacamos).[24]

Nesse sentido, Noemia Porto assinala: "o **poder constituinte derivado decorrente** deve ser de **segundo grau**, tal como acontece com o poder revisor e o poder reformador, isto é, encontrar sua **fonte de legitimidade direta da Constituição Federal**. No caso dos **Municípios**, porém, se descortina um poder de **terceiro grau**, porque mantém relação de subordinação com o poder constituinte estadual e o federal, ou, em outras palavras, observa necessariamente dois graus de imposição legislativa constitucional. Não basta, portanto, ser componente da federação, sendo necessário que o poder de auto-organização decorra diretamente do poder constituinte originário. Assim, o **poder constituinte decorrente**, conferido aos Estados-membros e ao Distrito Federal, **não se faz na órbita dos Municípios**. Por essa razão, ato local questionado em face da lei orgânica municipal enseja controle de **legalidade**, e não de constitucionalidade".[25]

---

[24] Luiz Alberto David Araujo e Vidal Serrano Nunes Júnior, *Curso de direito constitucional*, p. 13-14.

[25] Noemia Porto, *Temas relevantes de direito constitucional* — poder constituinte, p. 54-55 (original sem grifos).

4.5.3.4. *Territórios Federais: manifestação do poder constituinte derivado decorrente?*

Não.

Os **Territórios Federais** (que, como veremos, hoje não mais existem, mas poderão vir a ser criados), de acordo com o art. 18, § 2.º, integram a União, **não** se falando em autonomia federativa, e, portanto, **não se cogitando em manifestação de poder constituinte derivado decorrente**. Trata-se de descentralização administrativo-territorial da União, com natureza jurídica de autarquia federal.

Por todo o exposto, devemos concluir que o **poder constituinte derivado decorrente** (para aqueles que aceitam caracterizá-lo como *constituinte* — *vide* comentário de Celso Bastos em nota anterior) é **apenas** o poder que os Estados-Membros, por meio das Assembleias Legislativas, têm de elaborar e modificar as suas Constituições Estaduais, bem como o Distrito Federal, por meio da Câmara Legislativa, de elaborar e modificar a sua Lei Orgânica, devendo, ambas, obedecer aos limites impostos pela Constituição Federal, nos exatos termos dos arts. 25, *caput,* e 32, *caput*, da CF/88.[26]

Essa particularidade, contudo, não se estende aos Municípios, como visto acima, e muito menos aos Territórios Federais que eventualmente venham a ser criados.

4.5.4. Poder constituinte derivado revisor

O **poder constituinte derivado revisor**, assim como o reformador e o decorrente, é fruto do trabalho de criação do originário, estando, portanto, a ele **vinculado**. É, ainda, um "poder" **condicionado** e **limitado** às regras instituídas pelo originário, sendo, assim, um **poder jurídico**.

Como advertimos, melhor seria a utilização da nomenclatura **competência de revisão**, na medida em que não se trata, necessariamente, de um "poder", uma vez que o processo de revisão está limitado por uma força maior que é o poder constituinte originário, este sim um verdadeiro poder, inicial e ilimitado, totalmente autônomo do ponto de vista jurídico.

O art. 3.º do ADCT determinou que a revisão constitucional seria realizada após 5 anos, contados da promulgação da Constituição, pelo voto da **maioria absoluta** dos membros do Congresso Nacional, em **sessão unicameral**.

Instituiu-se um particular **procedimento simplificado** de alteração do texto constitucional, excepcionando a regra geral das PECs, que exige aprovação por 3/5 dos votos dos membros **de cada Casa**, e obedecendo, assim, às regras da bicameralidade (art. 60, § 2.º).

O procedimento da revisão foi disciplinado na **Resolução n. 1-RCF**, do Congresso Nacional, de 18.11.1993 (alterada pela *Res. n. 2, de 1993-RCF*, e pela *Res. n. 1, de 1994-RCF*), que dispôs sobre o *funcionamento dos trabalhos de revisão constitucional.*

[26] Este, inclusive, parece-nos ser o entendimento de Gabriel Ivo ao longo de sua obra *Constituição estadual*, especialmente p. 112-114, ao conceituar poder constituinte decorrente.

O art. 3.º do ADCT introduziu verdadeira competência de revisão para "atualizar" e adequar a Constituição às realidades que a sociedade apontasse como necessárias, **não estando a aludida revisão vinculada ao resultado do plebiscito do art. 2.º do ADCT** (que admitia a volta à monarquia e ao parlamentarismo).

Como o próprio texto constitucional prescreve, após 5 anos, contados de 05.10.1988, seria realizada uma **revisão** na Constituição. Desde já observamos que referida revisão constitucional deveria dar-se após, pelo menos, 5 anos, podendo ser 6, 7, 8... e apenas **uma única vez**, sendo impossível uma segunda produção de efeitos.

Em se tratando de manifestação de um "poder" derivado, os limites foram estabelecidos pelo poder constituinte originário. Muito se questionou a respeito da amplitude desses limites. Teorias surgiram apontando uma ilimitação total; outras apontando a condicionalidade da produção da revisão desde que o plebiscito previsto no art. 2.º do ADCT modificasse a forma ou sistema de governo. A teoria que prevaleceu foi a que fixou como limite material o mesmo determinado ao poder constituinte derivado reformador, qual seja, o limite material fixado nas "cláusulas pétreas" do art. 60, § 4.º, da CF/88, vale lembrar, a proibição de emendas tendentes a abolir:

- a forma federativa de Estado;
- o voto direto, secreto, universal e periódico;
- a separação dos Poderes;
- os direitos e garantias individuais.

Nesse sentido, o art. 4.º, § 3.º, da referida *Resolução n. 1-RCF* determinou ser vedada a apresentação de propostas revisionais que:

- incidam na proibição constante do § 4.º do art. 60 da Constituição (as já comentadas cláusulas pétreas);
- substituam integralmente a Constituição;
- digam respeito a mais de um dispositivo, a não ser que se trate de modificações correlatas;
- contrariem a forma republicana de Estado e o sistema presidencialista de governo.

Interessante notar que a *Resolução n. 1-RCF* (art. 4.º, I e II, e §§ 4.º e 5.º), diferentemente do art. 60, I, II e III, da CF/88, dispôs sobre a possibilidade de oferecimento de propostas revisionais:

- por qualquer congressista;
- por representação partidária com assento no Congresso Nacional, por meio de líder;
- pelas Assembleias Legislativas de 3 ou mais Unidades da Federação, manifestando-se, cada uma delas, pela maioria de seus membros;
- pela apresentação de proposta revisional popular, desde que subscrita por 15.000 ou mais eleitores, em listas organizadas por, no mínimo, 3 entidades associativas legalmente constituídas, que se responsabilizaram pela idoneidade das assinaturas, obedecidas condições fixadas na *resolução*.

Ainda, não obstante o **procedimento simplificado** prescrito no art. 3.º do ADCT (*quorum* da **maioria absoluta** e **sessão unicameral**, ou seja, os deputados e senadores, durante a revisão, passam a ser tratados, sem qualquer distinção, como **congressistas revisores**), o art. 13 da *Resolução n. 1-RCF* estabeleceu a votação das matérias em **2 turnos**.

No ordenamento jurídico pátrio, a *competência revisional* do art. 3.º do ADCT proporcionou a elaboração de meras 6 Emendas Constitucionais de Revisão (n. 1, de 1.º.03.1994 — *DOU*, 02.03.1994 —, e as de ns. 2 a 6, de 07.06.1994, publicadas no *DOU* em 09.06.1994), não sendo mais possível nova manifestação do poder constituinte derivado revisor em razão da **eficácia exaurida** e **aplicabilidade esgotada** da aludida regra.

Todo esse entendimento foi corroborado pelo STF, destacando-se o seguinte julgado:

> "EMENTA: (...). **Emenda** ou **revisão**, como processos de mudança na Constituição, são manifestações do poder constituinte **instituído** e, por sua natureza, **limitado**. Está a 'revisão' prevista no art. 3.º do ADCT de 1988 sujeita aos **limites estabelecidos no § 4.º e seus incisos do art. 60 da Constituição.** O resultado do **plebiscito** de 21 de abril de 1993 **não tornou sem objeto a revisão** a que se refere o art. 3.º do ADCT. Após 5 de outubro de 1993, cabia ao **Congresso Nacional** deliberar no sentido da **oportunidade** ou **necessidade** de proceder à aludida revisão constitucional, a ser feita **'uma só vez'**. As mudanças na Constituição, decorrentes da 'revisão' do art. 3.º do ADCT, estão sujeitas ao **controle judicial**, diante das **'cláusulas pétreas'** consignadas no art. 60, § 4.º e seus incisos, da Lei Magna de 1988" (**ADI 981-MC**, Rel. Min. Néri da Silveira, j. 17.03.1993, Plenário, *DJ* de 05.08.1994).

Mas, afinal, qual a diferença entre o poder constituinte derivado **reformador** e o poder constituinte derivado **revisor**?

4.6. PODER CONSTITUINTE DIFUSO

O **poder constituinte difuso**[27] pode ser caracterizado como um **poder de fato** e que serve de **fundamento** para os mecanismos de atuação da **mutação constitucional** (tema estudado no *capítulo 3*, sobre *hermenêutica*).[28]

[27] Segundo anota Bulos, lembrando Georges Burdeau (*Traité de science politique*, v. 4, p. 247, 290 e s.), "é chamado de **difuso** porque não vem formalizado nas constituições. Mesmo assim, está presente na vida dos ordenamentos jurídicos" (*Curso de direito constitucional*, p. 316).

[28] Nesse sentido, aceitando a ideia de **poder constituinte difuso**, cf. José Afonso da Silva, *Poder constituinte e poder popular*, p. 285. **Por outro lado**, muito embora reconheçam que as Constituições não estão (nem devem estar) imunes ao tempo, caracterizando-se como "verdadeiros organismos vivos" (*living Constitution*), "com condições de se adaptarem às mudanças no ambiente que as circundam", Cláudio Pereira de Souza Neto e Daniel Sarmento alertam: "sem embargo, não se deve levar ao extremo a possibilidade de mutação constitucional, concebendo-a como o resultado do exercício de uma espécie de *poder constituinte difuso*, como chegou a preconizar Georges Burdeau, sobretudo num contexto, como o brasileiro, em que as alterações formais na Constituição não são tão difíceis" (*Direito constitucional*, p. 342).

Acesse também a videoaula pelo link: somos.in/DCE25093

Se por um lado a mudança implementada pelo *poder constituinte derivado reformador* se verifica de modo formal, palpável, por intermédio das emendas à Constituição, a modificação produzida pelo **poder constituinte difuso** se instrumentaliza de modo **informal** e **espontâneo**, como verdadeiro **poder de fato**, e que decorre dos fatores sociais, políticos e econômicos, encontrando-se em estado de latência. Trata-se de **processo informal de mudança da Constituição**, alterando-se o seu **sentido interpretativo**, e **não o seu texto**, que permanece intacto e com a mesma literalidade.

Nesse sentido, anota Anna Cândida da Cunha Ferraz, "tais alterações constitucionais, operadas fora das modalidades organizadas de exercício do poder constituinte instituído ou derivado, justificam-se e têm fundamento jurídico: são, em realidade, obra ou manifestação de uma espécie inorganizada do poder constituinte, o chamado ***poder constituinte difuso***, na feliz expressão de **Burdeau**".[29] E continua: "destina-se a função constituinte difusa a completar a Constituição, a preencher vazios constitucionais, a continuar a obra do Constituinte. Decorre diretamente da Constituição, isto é, o seu fundamento flui da Lei Fundamental, ainda que implicitamente, e de modo difuso e inorganizado".[30]

Nesses mesmos termos, conclui Barroso que "além do poder constituinte originário e do poder de reforma constitucional existe uma terceira modalidade de poder constituinte: o que se exerce em **caráter permanente**, por **mecanismos informais**, não expressamente previstos na Constituição, mas indubitavelmente por ela admitidos, como são a **interpretação de suas normas** e o **desenvolvimento dos costumes constitucionais**. Essa terceira via já foi denominada por célebre publicista francês ***poder constituinte difuso***, cuja titularidade remanesce no povo, mas que acaba sendo exercido por via representativa pelos órgãos do poder constituído, em sintonia com as demandas e sentimentos sociais, assim como em casos de necessidade de afirmação de certos direitos fundamentais".[31]

Mendes, Coelho e Branco constatam que, "... por vezes, em virtude de uma evolução na situação de fato sobre a qual incide a norma, ou ainda por força de uma nova visão jurídica que passa a predominar na sociedade, a Constituição muda, sem que as suas palavras hajam sofrido modificação alguma. O **texto é o mesmo**, mas o **sentido** que lhe é atribuído é **outro**. Como a norma não se confunde com o texto, repara-se,

---

29 Cf. Georges Burdeau, *Traité de science politique*, 1969, v. 4, p. 246-247. Em tradução livre apresentada por Barroso, escreveu **Burdeau**: "se o poder constituinte é um poder que faz ou transforma as Constituições, deve-se admitir que sua atuação não se limita às modalidades juridicamente disciplinadas de seu exercício. (...) Há um exercício quotidiano do poder constituinte que, embora não esteja previsto pelos mecanismos constitucionais ou pelos sismógrafos das revoluções, nem por isso é menos real. (...) Parece-me, de todo modo, que a ciência política deva mencionar a existência desse **poder constituinte difuso**, que não é consagrado em nenhum procedimento, mas sem o qual, no entanto, a Constituição oficial e visível não teria outro sabor que o dos registros de arquivo" (Luís Roberto Barroso, *Curso de direito constitucional*, 2. ed., p. 128, nota 15).

30 Anna Cândida da Cunha Ferraz, *Processos informais de mudança da constituição*: mutações constitucionais e mutações inconstitucionais, p. 10 (original sem grifos).

31 Luís Roberto Barroso, *Curso de direito constitucional*, 2. ed., p. 128.

aí, uma **mudança da norma**, **mantido o texto**. Quando isso ocorre no âmbito constitucional, fala-se em mutação constitucional".[32]

Naturalmente, a mutação e a nova interpretação não poderão macular os **princípios estruturantes** da Constituição, sob pena de se caracterizar inaceitável interpretação inconstitucional e, portanto, combatida mutação inconstitucional.

4.7. PODER CONSTITUINTE SUPRANACIONAL

O **poder constituinte supranacional**[33] busca a sua fonte de validade na cidadania universal, no pluralismo de ordenamentos jurídicos, na vontade de integração e em um conceito remodelado de soberania.[34]

Segundo Maurício Andreiuolo Rodrigues, agindo de fora para dentro, o poder constituinte supranacional busca estabelecer uma Constituição supranacional legítima: "faz as vezes do poder constituinte porque cria uma ordem jurídica de cunho constitucional, na medida em que reorganiza a estrutura de cada um dos Estados ou adere ao direito comunitário de viés supranacional por excelência, com capacidade, inclusive, para submeter as diversas constituições nacionais ao seu poder supremo. Da mesma forma, e em segundo lugar, é supranacional, porque se distingue do ordenamento positivo interno assim como do direito internacional".[35]

Em interessante estudo, Marcelo Neves demonstra a tendência mundial de superação do "constitucionalismo provinciano ou paroquial pelo **transconstitucionalismo**", mais adequado para solução dos problemas de direitos fundamentais ou humanos e de organização legítima de poder.[36]

Não há dúvida de que o tema terá de ser aprofundado e repensado, especialmente diante dessa tendência de **globalização do direito constitucional**, chegando alguns autores, como Canotilho (com base em Lucas Pires), a sugerir, inclusive, a formulação da denominada **teoria da interconstitucionalidade**, na busca de estudar "as relações interconstitucionais, ou seja, a concorrência, convergência, justaposição e conflito de várias constituições e de vários poderes constituintes no mesmo espaço político".[37]

Analisando a União Europeia, Souza Neto e Sarmento vislumbram "(...) um processo de 'constitucionalização' do Direito Comunitário europeu, pelo qual este vem ganhando características *sui generis*, que se aproximam daquelas tradicionalmente atribuídas às constituições estatais. Porém, não há como vislumbrar, pelo menos até

---

32 Gilmar F. Mendes, Inocêncio M. Coelho, Paulo G. G. Branco, *Curso de direito constitucional*, p. 220.

33 Walter Claudius Rothenburg prefere denominá-lo **transnacional**: "sem abdicar do Estado nacional e, portanto, a partir, mas além, do Estado nacional" (*Direito constitucional*, p. 76, nota 190).

34 Kildare Gonçalves Carvalho, *Direito constitucional*, 13. ed., p. 277.

35 Maurício A. Rodrigues, *Poder constituinte supranacional*: esse novo personagem, p. 96, apud Kildare G. C., *Direito constitucional*, p. 276-277.

36 M. Neves, *Transconstitucionalismo,* passim.

37 J. J. Gomes Canotilho, *Direito constitucional e teoria da Constituição*, 7. ed., p. 81.

o momento, a existência de um verdadeiro poder constituinte europeu, sobretudo no sentido de democrático, de um poder constituinte do povo".[38]

Em sentido oposto, os reflexos do episódio que ficou conhecido como **"Brexit"** (*Britain + exit*), ou seja, a decisão de retirada do Reino Unido da União Europeia, também terão de ser observados. No dito "referendo" realizado em 23.06.2016 (entendemos tratar-se de plebiscito, pois a retirada ainda dependia de formalidades ditadas pelo art. 51 do *Tratado da União Europeia*), com 51,89% dos votos, a maioria dos britânicos manifestou-se pelo *Brexit* (*leave*), contra 48,11%, que sustentavam a permanência (*remain*).

Como se sabe, em **31.01.2020**, o Reino Unido deixou formalmente a União Europeia, iniciando, então, o período de transição, ou melhor, de implementação, durante o qual muito ainda deverá ser discutido e ajustado.

■ 4.8. NOVA CONSTITUIÇÃO E ORDEM JURÍDICA ANTERIOR

Após estudarmos o tema do Poder Constituinte, devemos analisar o que acontece com as normas que foram produzidas na vigência da Constituição anterior com o advento de uma nova Constituição, um novo Estado. Elas são revogadas? Perdem a validade? Devem ser novamente editadas?

Estamos diante de um dos temas mais fascinantes do direito, qual seja, o do **direito intertemporal *lato sensu***, vale dizer, a relação do direito com **passado, presente** e **futuro**. Aponta Carlyle Popp que sua importância social reside no tocante à "*segurança dos cidadãos no que concerne ao passado* ... O respeito ao direito adquirido, com a consequente proibição da retroatividade da norma legal, é um verdadeiro instrumento de *paz social, impeditivo do arbítrio e do abuso de poder por parte do detentor deste*".[39]

Nesse sentido, enfatizando o possível arbítrio, o abuso dos governantes, assinala Pontes de Miranda que *"a irretroatividade defende o povo; a retroatividade expõe-no à prepotência"*.[40]

■ 4.8.1. Recepção

O que acontecerá com as normas infraconstitucionais elaboradas antes do advento da nova Constituição?

Todas as normas que forem **incompatíveis** com a nova Constituição serão **revogadas**, por **ausência de recepção**. Vale dizer, *a contrario sensu*, a norma infraconstitucional (pré-constitucional), que não contrariar a nova ordem, será **recepcionada**, podendo, inclusive, adquirir uma outra "roupagem". Como exemplo lembramos o CTN (Código Tributário Nacional — Lei n. 5.172/66), que, embora tenha sido elabo-

---

38 C. P. de Souza Neto, Daniel Sarmento, *Direito constitucional*, p. 277-278.

39 Carlyle Popp, A retroatividade das normas constitucionais e os efeitos da Constituição Federal sobre os direitos adquiridos, *Revista de Informação Legislativa*, Brasília, ano 29, n. 113, p. 87-88, jan./mar. 1992.

40 *Comentários à Constituição de 1967*, com a EC n. 1, de 1969.

rado com natureza jurídica de lei ordinária, foi recepcionado pela nova ordem como lei complementar, sendo que os ditames que tratam das matérias previstas no art. 146, I, II e III, da CF só poderão ser alterados por lei complementar, aprovada com o quórum da maioria absoluta (art. 69).

Pode-se afirmar, então, que, nos casos de normas infraconstitucionais produzidas antes da nova Constituição, incompatíveis com as novas regras, não se observará qualquer situação de inconstitucionalidade, mas, apenas, como vimos, de **revogação** da lei anterior pela nova Constituição, por falta de **recepção**.

Nessa situação, acrescente-se, **inadmite-se** a realização de controle de constitucionalidade via ação direta de inconstitucionalidade genérica (ADI), por falta de previsão no art. 102, I, "a", da CF/88. O controle de constitucionalidade pressupõe a existência de **relação de contemporaneidade** entre o ato normativo editado e a Constituição tomada como parâmetro ou paradigma de confronto (**ADI 7**, Pleno, j. 07.02.1992).

Deve-se destacar desde já, contudo, que, apesar de não ser cabível o aludido controle de constitucionalidade concentrado pela via da ação direta de inconstitucionalidade genérica, será perfeitamente cabível a **arguição de descumprimento de preceito fundamental — ADPF**, introduzida pela Lei n. 9.882/99.[41]

▪ 4.8.1.1. *Inconstitucionalidade superveniente?*

Por todo o exposto, fica claro que o STF **não** admite o **fenômeno da inconstitucionalidade superveniente** de ato normativo produzido antes da nova Constituição e perante o novo paradigma.

Nesse caso, ou se fala em **compatibilidade** e aí haverá **recepção**, ou em revogação por **inexistência de recepção**.

Estamos diante da noção de **contemporaneidade**, ou seja, uma lei só é constitucional ou inconstitucional perante o paradigma de confronto em relação ao qual ela foi produzida (para aprofundamento, cf. *item 6.1.5*).

▪ 4.8.1.2. *Uma lei que fere o processo legislativo previsto na Constituição sob cuja regência foi editada, mas que, até o advento da nova Constituição, nunca fora objeto de controle de constitucionalidade, poderá ser recebida pela nova Constituição se com ela for compatível?*

A questão, pela primeira vez, foi objeto de pergunta no concurso público da *PFN* (2005/2006-ESAF), gerando muita discussão. Apareceu, também, em outros momentos como, para se ter um exemplo, em certame elaborado pelo CESP/UnB no concurso de Consultor Legislativo da Câmara dos Deputados de 2014.

No entender de parte da doutrina, se a lei produzida antes de 1988 ainda não tivesse sido declarada inconstitucional na vigência do antigo ordenamento, teoricamente, como ela se presume constitucional, poderia ser recebida pelo novo ordenamento se com ele fosse compatível do ponto de vista meramente material.

---

[41] Estudaremos melhor esse tema ao tratar do "controle de constitucionalidade" no *item 6.7.3*.

Contudo, parece-nos que o Judiciário, ao fazer a análise da recepção, terá de verificar, também, se a lei que pretende ser recebida pelo novo ordenamento era compatível, não só do ponto de vista **formal**, como, também, **material**, com a Constituição sob cuja regência foi editada.

Sobre esse tema, assinala Paulo G. G. Branco: "uma vez que vigora o princípio de que, em tese, a inconstitucionalidade gera a nulidade — absoluta — da lei, uma norma na situação em tela já era nula desde quando editada, pouco importando a compatibilidade material com a nova Constituição, que não revigora diplomas nulos".[42]

Trata-se, como se verificou, da noção de **contemporaneidade**, e a lei que "nasceu maculada" possui **vício congênito**, insanável, impossível de ser corrigido pelo fenômeno da recepção. O vício *ab origine* nulifica a lei, tornando-a ineficaz ou írrita.

Como exemplo, podemos citar a discussão sobre a possibilidade de Decreto-lei dispor sobre o regime do PIS no **ordenamento jurídico anterior** (Constituição Federal de 1967/69).

Conforme decidiu o STF, no regime anterior (sendo diferente a regra perante o texto de 1988, que nem mais prevê a figura do Decreto-lei e admite que as contribuições já discriminadas no art. 195, I-IV, podem ser regulamentadas por lei ordinária — cf. *item 19.2.5*), referido ato normativo podia dispor sobre normas tributárias.

Todavia, conforme entendeu o STF, como o **PIS**, então, não tinha essa natureza, mas a de **contribuição**, pela regra específica do **regime anterior**, deveria ser regulamentado por lei complementar, concluindo, então, pelo vício formal de sua instituição, pelos Decretos-leis n. 2.445, de 29.06.1988, e 2.449, de 21.07.1988 (lembrando que o novo texto constitucional foi promulgado em outubro/88).

Assim, como havia incompatibilidade formal perante o texto sob cuja regência referidos Decretos-leis foram editados, não se poderia falar em recepção pelo novo ordenamento.

A análise se deu no caso concreto (difuso), no **RE 148.754**. Sustentamos a possibilidade do uso da **ADPF** para a análise em abstrato de recepção de atos editados antes do novo ordenamento (como se confirmou no julgamento da **ADPF 130**, em 30.04.2009, pela qual o STF declarou que a Lei de Imprensa (Lei n. 5.250/67) é incompatível com a atual ordem constitucional, tendo sido, portanto, **revogada** pelo novo ordenamento).

Nessa linha de entendimento, uma lei anterior que nasceu inconstitucional não será "consertada" pela nova Constituição, não será convalidada. Assim, não se admite o fenômeno da "constitucionalidade superveniente".

Podemos concluir que, para uma lei ser recepcionada pelo novo ordenamento jurídico, deverá preencher os seguintes requisitos:

- estar em vigor no momento do advento da nova Constituição;
- não ter sido declarada inconstitucional durante a sua vigência no ordenamento anterior;

[42] G. F. Mendes, I. M. Coelho, P. G. G. Branco, *Curso de direito constitucional*, 5. ed., p. 283.

- ter compatibilidade **formal** e **material** perante a Constituição sob cuja regência ela foi editada (no ordenamento anterior);
- ter compatibilidade somente **material** perante a nova Constituição, pouco importando a compatibilidade formal.

4.8.1.3. Características conclusivas sobre o fenômeno da recepção

Diante do acima exposto, podemos estabelecer algumas regras sobre o fenômeno da recepção:

- no fenômeno da recepção, só se analisa a compatibilidade **material** perante a **nova** Constituição;
- a lei, para ser recebida, como vimos no item anterior, precisa ter compatibilidade **formal** e **material** perante a **Constituição sob cuja regência ela foi editada**;
- como a análise perante o novo ordenamento é somente do ponto de vista material, uma lei pode ter sido editada como ordinária e ser recebida como complementar **("nova roupagem")**;
- em complemento, um ato normativo que deixe de ter previsão no novo ordenamento também poderá ser **recebido**. É o caso, por exemplo, do decreto-lei, que não mais existe perante o ordenamento de 1988: o Código Penal (DL n. 2.848/40) foi recebido como lei ordinária;
- se incompatível, a lei anterior será **revogada**, não se falando em inconstitucionalidade superveniente;
- nesse caso, a técnica de controle ou é pelo sistema **difuso** ou pelo **concentrado**, mas, neste último caso, **somente** por meio da **ADPF**. Isso porque só se fala em ADI de uma lei editada a partir de 1988 e perante a CF/88 **(contemporaneidade)**;
- é possível, também, **mudança de competência federativa para legislar**, ou seja, matéria que era de competência da União pode perfeitamente passar a ser de competência legislativa dos Estados-Membros (como exemplo, citamos a instituição de *região metropolitana* que, na atual Constituição, passou a ser de competência estadual — art. 25, § 3.º, da CF/88. Cf. discussão no *item 7.5.5*);
- é possível, ainda, a **recepção de somente parte de uma lei**, como um artigo, um parágrafo etc.;
- a recepção ou a revogação acontecem no momento da **promulgação** do novo texto. Entendemos, contudo, que o STF poderá **modular** os efeitos da decisão, declarando a partir de quando a sua decisão passa a valer. Nesse caso, a aplicação da técnica da modulação poderia se implementar tanto no controle difuso como no controle concentrado por meio da ADPF (cf. *item 6.7.3.7*).

4.8.2. Repristinação

Vejamos a situação: uma norma produzida na vigência da CF/46 não é recepcionada pela de 1967, pois incompatível com ela. Promulgada a CF/88, verifica-se que

Acesse também a videoaula pelo link: somos.in/DCE25093

aquela lei, produzida na vigência da CF/46 (que fora revogada — não recepcionada — pela de 1967), em tese poderia ser recepcionada pela CF/88, visto que totalmente compatível com ela. Nessa situação, poderia aquela lei, produzida durante a CF/46, voltar a produzir efeitos? Ou seja, repristinaria? Como regra geral, o Brasil adotou a **impossibilidade do fenômeno da repristinação**, salvo se a nova ordem jurídica expressamente assim se pronunciar.

Nesse sentido, destacamos o posicionamento do STF sobre o assunto:

> "EMENTA: Agravo regimental — Não tem razão o agravante. A recepção de lei ordinária como lei complementar pela Constituição posterior a ela só ocorre com relação aos seus dispositivos em vigor quando da promulgação desta, não havendo que pretender-se a ocorrência de **efeito repristinatório**, porque o nosso sistema jurídico, **salvo disposição em contrário, não admite a repristinação** (artigo 2.º, § 3.º, da Lei de Introdução ao Código Civil — atualmente, acrescente-se, nos termos da Lei n. 12.376/2010, *Lei de Introdução às Normas do Direito Brasileiro*). Agravo a que se nega provimento" (AGRAG 235.800/RS, Rel. Min. Moreira Alves, *DJ* de 25.06.1999, p. 16, *Ement.* v. 01956-13, p. 2660, 1.ª Turma — original sem grifos).

O tema aqui em estudo (repristinação) não deve ser confundido com o chamado "efeito repristinatório", decorrente da declaração de inconstitucionalidade, que será estudado no *item 6.7.1.17.3*. Entendemos, contudo, oportuno já fazer essa distinção, remetendo o nosso ilustre leitor para a plataforma.

4.8.3. Desconstitucionalização

Trata-se do fenômeno pelo qual as normas da Constituição anterior, desde que compatíveis com a nova ordem, permanecem em vigor, mas com o *status* de lei infraconstitucional. Ou seja, as normas da Constituição anterior são recepcionadas com o *status* de norma infraconstitucional pela nova ordem.

Fernanda Dias Menezes de Almeida e Anna Cândida da Cunha Ferraz, em trabalho extremamente interessante, observam que, "surgida na França e aceita por juristas como Carré de Malberg, Duguit, Esmein, Jellinek, Carl Schmitt e, entre nós, por Manoel Gonçalves Ferreira Filho, Pontes de Miranda e José Afonso da Silva, a doutrina da desconstitucionalização afirma a possibilidade de sobrevivência de certos dispositivos da Constituição que perde a validade, não, porém, com o caráter de normas constitucionais, e sim como normas ordinárias".[43]

Exposta a doutrina, resta indagar: o fenômeno da desconstitucionalização é verificado no Brasil? Como regra geral, **não!** No entanto, poderá ser percebido quando a nova Constituição, **expressamente**, assim o requerer, tendo em vista ser o poder constituinte originário ilimitado e autônomo do ponto de vista jurídico. A Constituição pode prever o aludido fenômeno desde que o faça, como referido, de **maneira inequívoca e expressa**.

[43] Fernanda Dias Menezes de Almeida e Anna Cândida da Cunha Ferraz, Efeitos da Constituição sobre o direito anterior, *RPGESP*, p. 47, jun. 1989.

Acesse também a videoaula pelo link: somos.in/DCE25093

Os exemplos trazidos pelas professoras do Largo São Francisco são: **a) Portugal:** art. 292 da Constituição de 1976; **b) Brasil:** dentre outros, o art. 147 da Constituição do Estado de São Paulo de 1967, nos seguintes termos: "consideram-se vigentes, com o caráter de lei ordinária, os artigos da Constituição promulgada em 9 de julho de 1947 que não contrariem esta Constituição".

4.8.4. Recepção material de normas constitucionais

Fernanda Dias Menezes de Almeida e Anna Cândida da Cunha Ferraz resgataram o fenômeno da **recepção material das normas constitucionais** de acordo com a doutrina do Professor Jorge Miranda, apontando outra possibilidade além do já mencionado fenômeno da desconstitucionalização: "a da persistência de normas constitucionais anteriores que guardam, se bem que a título secundário, a antiga qualidade de normas constitucionais. Assim, diz o eminente professor (Jorge Miranda), 'a par das normas que são direta expressão da nova ideia de Direito e que ficam sendo o núcleo da Constituição formal, perduram, então, por referência a elas, outras normas constitucionais' (cf. *Manual de direito constitucional*, Coimbra, Coimbra Ed., 1988, t. II, p. 240)".[44]

Como exemplo, também colacionado pelas ilustres professoras, lembramos o art. 34, *caput*, e seu § 1.º, do ADCT da CF/88, que asseguram, expressamente, a continuidade da vigência de artigos da Constituição anterior, com o caráter de norma constitucional, no novo ordenamento jurídico instaurado.[45]

Note-se, porém, que referidas normas são recebidas por **prazo certo**, em razão de seu **caráter precário**, características marcantes no fenômeno da **recepção material das normas constitucionais**.

Desde já, porém, há de se observar que pela própria teoria do poder constituinte originário exposta, que rompe por completo com a antiga ordem jurídica, instaurando uma nova, um novo Estado, o fenômeno da **recepção material** só será admitido se **houver expressa manifestação da nova Constituição**; caso contrário, as normas da Constituição anterior, como visto, serão **revogadas**.

Isso porque, explica José Afonso da Silva, está-se diante da regra da **compatibilidade horizontal de normas de mesma hierarquia**. A posterior revoga a anterior, não podendo conviver com aquela simultaneamente, mesmo que não seja com ela incompatível. **A revogação se concretiza com a simples manifestação do poder constituinte originário** (*lex posterior derogat priori*).[46]

---

[44] Efeitos da Constituição sobre o direito anterior, p. 48.

[45] "Art. 34. O sistema tributário nacional entrará em vigor a partir do primeiro dia do quinto mês seguinte ao da promulgação da Constituição, mantido, até então, o da Constituição de 1967, com a redação dada pela Emenda n. 1, de 1969, e pelas posteriores. § 1.º Entrarão em vigor com a promulgação da Constituição os arts. 148, 149, 150, 154, I, 156, III, e 159, I, *c*, revogadas as disposições em contrário da Constituição de 1967 e das Emendas que a modificaram, especialmente de seu art. 25, III."

[46] *Aplicabilidade das normas constitucionais*, p. 221.

4.9. PODER CONSTITUINTE E DIREITO ADQUIRIDO. GRAUS DE RETROATIVIDADE DA NORMA CONSTITUCIONAL: MÁXIMO, MÉDIO OU MÍNIMO?

Para facilitar o estudo do tema, valemo-nos de interessante compilação feita pelo Ministro Moreira Alves na **ADI 493**, ao destacar o magistério de José Carlos de Matos Peixoto:

- **retroatividade máxima ou restitutória:** a lei ataca fatos consumados. Verifica-se "quando a lei nova prejudica a coisa julgada (sentença irrecorrível) ou os fatos jurídicos já consumados". Como exemplo, lembramos o art. 96, parágrafo único, da Carta de 1937, que permitia ao Parlamento rever a decisão do STF que declarara a inconstitucionalidade de uma lei;
- **retroatividade média:** "a lei nova atinge os efeitos pendentes de atos jurídicos verificados antes dela". Ou seja, a lei nova atinge as prestações vencidas mas ainda não adimplidas. Como exemplo o autor cita uma "lei que diminuísse a taxa de juros e se aplicasse aos já vencidos mas não pagos" (prestação vencida mas ainda não adimplida);
- **retroatividade mínima, temperada** ou **mitigada:** "... a lei nova atinge apenas os efeitos dos fatos anteriores, verificados após a data em que ela entra em vigor". Trata-se de prestações futuras de negócios firmados antes do advento da nova lei.

O STF vem se posicionando no sentido de que as **normas constitucionais** fruto da manifestação do poder constituinte originário têm, por regra geral, **retroatividade mínima**, ou seja, aplicam-se a fatos que venham a acontecer após a sua promulgação, referentes a negócios passados.

Podemos mencionar o art. 7.º, IV, que, ao vedar a vinculação do salário mínimo para qualquer fim, significou que a nova regra deverá valer para fatos e prestações futuras de negócios celebrados antes de sua vigência (prestações periódicas). Nesse sentido:

> "EMENTA: Pensões especiais vinculadas a salário mínimo. Aplicação imediata a elas da vedação da parte final do inciso IV do artigo 7.º da Constituição de 1988. Já se firmou a jurisprudência desta Corte no sentido de que os dispositivos constitucionais têm vigência imediata, alcançando os efeitos futuros de fatos passados **(retroatividade mínima)**. Salvo disposição expressa em contrário — e a Constituição pode fazê-lo —, eles não alcançam os fatos consumados no passado nem as prestações anteriormente vencidas e não pagas (retroatividades máxima e média). Recurso extraordinário conhecido e provido" (RE 140.499/GO, Rel. Min. Moreira Alves, *DJ* de 09.09.1994, p. 23444).

Como outro exemplo de **retroatividade mínima**, lembramos a nova regra trazida pela EC n. 35/2001, que, dentre outras, acabou com a necessidade de prévia licença da Casa para o processamento dos parlamentares. O STF entendeu que a nova regra que dispensa a prévia autorização tem aplicação imediata, alcançando todos os casos que aguardavam manifestação das Casas, vale dizer, referentes a fatos ocorridos antes do advento da nova emenda constitucional.

Sendo regra, portanto, a **retroatividade mínima**, nada impede que a norma constitucional revolucionária, já que manifestação do poder constituinte originário ilimitado e incondicionado juridicamente, tenha **retroatividade média** ou **máxima**. Para tanto, contudo, deve existir **expresso pedido** na Constituição. Vejamos:

> "EMENTA: Foro especial. Prefeito que não o tinha na época do fato que lhe é imputado como crime, estando em curso a ação penal quando da promulgação da atual Constituição que outorgou aos Prefeitos foro especial (art. 29, X, da Constituição Federal). A Constituição tem eficácia imediata, alcançando os efeitos futuros de fatos passados (retroatividade mínima). Para alcançar, porém, hipótese em que, no passado, não havia foro especial **que só foi outorgado quando o réu não mais era Prefeito** — hipótese que configura retroatividade média, por estar tramitando o processo penal —, **seria mister que a Constituição o determinasse expressamente, o que não ocorre no caso**. Por outro lado, não é de aplicar-se sequer o princípio que inspirou a Súmula 394.[47] Recurso extraordinário não conhecido" (**RE 168.618/PR**, Rel. Min. Moreira Alves, j. 06.09.1994, 1.ª Turma, *DJ* de 09.06.1995, p. 17260).

Como se percebe, outra coisa seria se, pendente a ação em relação a fato passado (antes da CF/88), o referido réu ainda fosse Prefeito. Nessa hipótese sim, sem dúvida, deveriam os autos ser remetidos para o TJ local, já que a nova Constituição atingiria a situação atual (estar no cargo de Prefeito), referente a crime praticado no passado.

Assim, podemos esquematizar:

a) as **normas constitucionais**, por regra, têm **retroatividade mínima**, aplicando-se a fatos ocorridos a partir de seu advento, mesmo que relacionados a negócios celebrados no passado — ex.: art. 7.º, IV;

b) é possível a **retroatividade máxima** e **média** da norma introduzida pelo **constituinte originário** desde que haja **expressa previsão**, como é o caso do art. 51 do ADCT da CF/88. Nesse sentido, doutrina e jurisprudência afirmam que **não há direito adquirido contra a Constituição**;

c) por outro lado, as Constituições Estaduais (**poder constituinte derivado decorrente** — limitado juridicamente) e demais dispositivos legais, vale dizer, as **leis infraconstitucionais**, bem como as **emendas à Constituição** (fruto do **poder constituinte derivado reformador**, também limitado juridicamente), estão sujeitos à observância do princípio constitucional da irretroatividade da lei (**retroatividade mínima**) (art. 5.º, XXXVI — "lei" em sentido amplo), com pequenas exceções, como a regra da lei penal nova que beneficia o réu (nesse sentido, cf. AI 292.979-ED, Rel. Min. Celso de Mello, *DJ* de 19.12.2002).[48]

---

[47] Alertamos que o STF, no julgamento da questão de ordem no Inq. 687, em 25.08.1999, **cancelou a Súmula 394**. Cf. esse assunto e a discussão sobre a prerrogativa de foro no *item 9.9.2.3*.

[48] Em outro caso, o STF entendeu, afastando o art. 5.º, XXXVI, que "... normas de ordem pública que instituem novo padrão monetário têm aplicação imediata em relação aos contratos em curso como forma de reequilibrar a relação jurídica antes estabelecida" (cf. RE 164.836, Rel. Min. Nelson Jobim, *DJ* de 02.06.2006; RE 136.901, *DJ* de 02.06.2006; RE 167.987, *DJ* de 02.06.2006; RE 170.484, *DJ* de 02.06.2006).

■ 4.10. MATERIAL DIGITAL EXCLUSIVO

4

PODER CONSTITUINTE

Download de Questões Modelo Tradicional

somos.in/DCE25014

Banco de Questões Plataforma

somos.in/DCE25015

Resolução de Questões Pedro Lenza

somos.in/DCE25114

Videoaulas

somos.in/DCE25093

5

EFICÁCIA E APLICABILIDADE DAS NORMAS CONSTITUCIONAIS

■ 5.1. EFICÁCIA JURÍDICA E EFICÁCIA SOCIAL

Como regra geral, todas as normas constitucionais apresentam **eficácia**, algumas **jurídica** e **social** e outras apenas **jurídica**.

Michel Temer observa que a "*eficácia social* se verifica na hipótese de a norma vigente, isto é, com potencialidade para regular determinadas relações, ser efetivamente aplicada a casos concretos. *Eficácia jurídica*, por sua vez, significa que a norma está apta a produzir efeitos na ocorrência de relações concretas; mas já produz efeitos jurídicos na medida em que a sua simples edição resulta na revogação de todas as normas anteriores que com ela conflitam".[1]

As normas constitucionais, segundo José Afonso da Silva, podem ser de eficácia: **plena, contida** e **limitada**. Vejamo-las.[2]

■ 5.2. NORMAS CONSTITUCIONAIS DE EFICÁCIA PLENA

Normas constitucionais de **eficácia plena e aplicabilidade direta, imediata e integral** são aquelas normas da Constituição que, no momento que esta entra em vigor, estão aptas a produzir todos os seus efeitos, independentemente de norma integrativa infraconstitucional (situação esta que pode ser observada, também, na hipótese de introdução de novos preceitos por emendas à Constituição, ou na hipótese do art. 5.º, § 3.º). Em regra criam órgãos ou atribuem aos entes federativos competências. Não têm a necessidade de ser integradas. Aproximam-se do que a doutrina clássica norte-americana chamou de normas autoaplicáveis (*self-executing, self-enforcing* ou *self-acting*).

---

1 *Elementos de direito constitucional*, p. 23.

2 O Professor José Afonso da Silva, do Largo São Francisco (USP), o grande responsável pelo estudo da matéria, tratou do tema de maneira sistemática na primeira edição, em 1967, de *Aplicabilidade das normas constitucionais*. O trabalho foi escrito para servir de tese ao concurso para provimento da Cátedra de Direito Constitucional na FADUSP, que se realizou em agosto de 1969. Valemo-nos, a seguir, de sua sistematização para apresentar a matéria, na medida em que é a sua teoria que vem sendo perguntada nos concursos, tendo, inclusive, o STF adotado o critério classificatório do autor, conforme *RT* 723/231. Não podemos deixar de mencionar a crítica feita 37 anos depois por Virgílio Afonso da Silva, em tese pela qual conquistou o cargo de Professor Titular de Direito Constitucional da FADUSP: cf. *O conteúdo essencial dos direitos fundamentais e a eficácia das normas constitucionais*, especialmente o cap. 6.

Acesse também o vídeo sobre o capítulo pelo link: somos.in/DCE25017

José Afonso da Silva destaca que as **normas constitucionais de eficácia plena** "... são as que receberam do constituinte normatividade suficiente à sua incidência imediata. Situam-se predominantemente entre os elementos orgânicos da Constituição. Não necessitam de providência normativa ulterior para sua aplicação. Criam situações subjetivas de vantagem ou de vínculo, desde logo exigíveis".[3]

Como exemplo, lembramos os arts. 2.º; 5.º, III; 14, § 2.º; 16; 17, § 4.º; 19; 20; 21; 22; 24; 28, *caput*; 30; 37, III; 44, parágrafo único; 45, *caput*; 46, § 1.º; 51; 52; 60, § 3.º; 69; 70; 76; 145, § 2.º; 155; 156; 201, §§ 5.º e 6.º (cf. AI 396.695-AgR, *DJ* de 06.02.2004); 226, § 1.º; 230, § 2.º (gratuidade de transporte coletivo urbano para os maiores de 65 anos — cf. ADI 3.768, *DJ* de 26.10.2007), todos da CF/88. Abaixo, pedimos vênia para destacar o importante reconhecimento, pelo STF, da autonomia da Defensoria Pública Estadual, nos termos da *Reforma do Poder Judiciário*:

> "Ação direta de inconstitucionalidade: art. 2.º, inciso IV, 'c', da Lei n. 12.755, de 22 de março de 2005, do Estado de Pernambuco, que estabelece a vinculação da Defensoria Pública estadual à Secretaria de Justiça e Direitos Humanos: violação do art. 134, § 2.º, da Constituição Federal, com a redação da EC 45/04: inconstitucionalidade declarada. A EC 45/04 outorgou expressamente **autonomia funcional e administrativa** às defensorias públicas estaduais, além da iniciativa para a propositura de seus orçamentos (art. 134, § 2.º): donde, ser **inconstitucional** a norma local que estabelece a vinculação da Defensoria Pública a Secretaria de Estado. A norma de autonomia inscrita no **art. 134, § 2.º**, da Constituição Federal pela EC 45/04 é de **eficácia plena e aplicabilidade imediata**, dado ser a Defensoria Pública um instrumento de efetivação dos direitos humanos. Defensoria Pública: vinculação à Secretaria de Justiça, por força da LC est. (PE) 20/98: revogação, dada a incompatibilidade com o novo texto constitucional. É da jurisprudência do Supremo Tribunal — malgrado o dissenso do Relator — que a antinomia entre norma ordinária anterior e a Constituição superveniente se resolve em mera revogação da primeira, a cuja declaração não se presta a ação direta. O mesmo raciocínio é aplicado quando, por força de emenda à Constituição, a lei ordinária ou complementar anterior se torna incompatível com o texto constitucional modificado: precedentes" (**ADI 3.569**, Rel. Min. Sepúlveda Pertence, j. 02.04.2007, *DJ* de 11.05.2007).

■ 5.3. NORMAS CONSTITUCIONAIS DE EFICÁCIA CONTIDA

As normas constitucionais de **eficácia contida** ou **prospectiva** têm **aplicabilidade direta e imediata, mas possivelmente não integral**. Embora tenham condições de, quando da promulgação da nova Constituição, ou da entrada em vigor (ou diante da introdução de novos preceitos por emendas à Constituição, ou na hipótese do art. 5.º, § 3.º), produzir todos os seus efeitos, poderá haver a redução de sua abrangência.

---

[3] *Aplicabilidade das normas constitucionais*, p. 262. Em outro momento, o mestre do Largo São Francisco, valendo-se da lição de J. H. Meirelles Teixeira, já havia definido as normas constitucionais de eficácia plena como "aquelas que, desde a entrada em vigor da Constituição, produzem, ou têm possibilidade de produzir, todos os efeitos essenciais, relativamente aos interesses, comportamentos e situações, que o legislador constituinte, direta e normativamente, quis regular" (ibidem, p. 101).

Ao contrário do que ocorre com as normas constitucionais de eficácia limitada, como será visto no item seguinte, em relação às quais o Poder, o órgão ou a autoridade com atribuição para editar a norma regulamentadora amplia o âmbito de sua eficácia e aplicabilidade, no tocante às **normas constitucionais de eficácia contida** percebemos verdadeira **limitação** (restrição) à eficácia e à aplicabilidade.

A restrição de referidas normas constitucionais pode-se concretizar não só através de **lei infraconstitucional** mas, também, em outras situações, pela **incidência de normas da própria Constituição**, desde que ocorram certos pressupostos de fato, por exemplo, a decretação do estado de defesa ou de sítio, limitando diversos direitos (arts. 136, § 1.º, e 139 da CF/88).

Além da restrição da eficácia das referidas normas de eficácia contida tanto por lei como por outras normas constitucionais, conforme referido acima, a restrição poderá implementar-se, em outras situações, por **motivo de ordem pública**, **bons costumes** e **paz social**, conceitos vagos cuja redução se efetiva pela Administração Pública.

Enquanto não materializado o fator de restrição, a norma tem eficácia plena.

Como **exemplo** citamos o **art. 5.º, XIII**, da CF/88, que assegura ser livre o exercício de qualquer trabalho, ofício ou profissão, atendidas as qualificações profissionais que a lei estabelecer. Ou seja, garante-se o direito do livre exercício profissional, mas uma lei, por exemplo, o Estatuto da OAB, pode exigir que para nos tornarmos advogados sejamos aprovados em um **exame de ordem**. Sem essa aprovação, infelizmente, não poderemos exercer a profissão de advogado, sendo apenas bacharéis em direito. O que a **lei infraconstitucional** fez foi reduzir a amplitude do direito constitucionalmente assegurado.

A questão foi posta, e o STF entendeu que "o exame de suficiência discutido seria compatível com o juízo de **proporcionalidade** e **não alcançaria o núcleo essencial da liberdade de ofício**. No concernente à adequação do exame à finalidade prevista na Constituição — assegurar que as atividades de risco sejam desempenhadas por pessoas com conhecimento técnico suficiente, de modo a evitar danos à coletividade — aduziu-se que a aprovação do candidato seria elemento a qualificá-lo para o exercício profissional" (**RE 603.583**, Rel. Min. Marco Aurélio, j. 26.10.2011, Plenário, *Inf. 646/STF*, e, para aprofundamento do estudo, cf. *item 12.4.1.5*).

Cabe alertar, contudo, conforme estabeleceu a Corte ao analisar referido dispositivo constitucional (art. 5.º, XIII), que "**nem todos os ofícios ou profissões podem ser condicionados ao cumprimento de condições legais para o seu exercício**. A regra é a liberdade. Apenas quando houver **potencial lesivo** na atividade é que pode ser exigida inscrição em conselho de fiscalização profissional. **A atividade de músico prescinde de controle**. Constitui, ademais, manifestação artística protegida pela garantia da liberdade de expressão" (**RE 414.426**, Rel. Min. Ellen Gracie, j. 1.º.08.2011, Plenário, *DJE* de 10.10.2011 [tema reforçado no julgamento da **ADPF 183**, j. 27.09.2019, *DJE* de 18.11.2019, tendo sido negado seguimento aos embargos de declaração, – j. 10.02.2020]. No mesmo sentido: *RE 795.467-RG*, Rel. Min. Teori Zavascki, j. 05.06.2014; *RE 635.023-ED*, Rel. Min. Celso de Mello, j. 13.12.2011, 2.ª T.; *RE 509.409*, Rel. Min. Celso de Mello, decisão monocrática, j. 31.08.2011 etc.).

As normas constitucionais que asseguram o **direito de greve** também devem ser analisadas. A **Constituição de 1988** manteve o direito de greve para os trabalhadores em geral (art. 9.º) e, **pela primeira vez**, fez expressa previsão desse direito para os **servidores públicos** (art. 37, VII). No primeiro caso, a garantia está materializada em norma de **eficácia contida**, já que o § 1.º do art. 9.º prescreve que a lei definirá os serviços ou atividades essenciais e disporá sobre o atendimento das necessidades inadiáveis da comunidade, reduzindo, assim, a sua amplitude (cf. Lei n. 7.783/89); no segundo, em norma de **eficácia limitada**, pois o seu exercício se dará nos termos e nos limites definidos em **lei específica**, ainda não editada pelo Congresso Nacional.

Outros exemplos, ainda, podem ser constatados nos incisos VII,[4] VIII, XV, XXIV, XXV,[5] XXVII e XXXIII do art. 5.º; arts. 15, IV; 37, I; 170, parágrafo único etc.[6]

Importante notar que, como veremos, em algumas provas de concursos, o examinador utilizou a nomenclatura sugerida por Michel Temer para as normas consti-

---

4 Alertamos que o CESPE/UnB, na **prova da Polícia Federal de 2014** (*conhecimentos básicos, nível superior*), considerou referido dispositivo como norma de **eficácia limitada**. Contudo, em **nosso entendimento**, a norma prescrita no art. 5.º, VII ("é **assegurada**, nos termos da lei, a prestação de assistência religiosa nas entidades civis e militares de internação coletiva"), tem **eficácia contida**, e não limitada. Isso porque, ao se estabelecer que a prestação está **"assegurada"**, o direito já se tornou exigível. O que a lei pode fazer é, eventualmente, prescrever os seus termos, reduzindo a sua abrangência. Conforme anotou José Afonso da Silva, "... **o direito é constitucional**. Vem da Constituição, não da lei. 'Nos termos da lei' não significa que esta é que vai outorgar o direito. Significa apenas que o direito constitucionalmente conferido **pode** ser regulado por lei, que esta **pode** definir certos critérios, certas exigências, tendo em vista a natureza da entidade de internação coletiva, mormente quando esta seja militar ou mantida pelo Estado Brasileiro" (*Comentário contextual à Constituição*, 8. ed., p. 97). Seguindo o nosso entendimento (eficácia contida), destacamos, também, a posição de Uadi Lammêgo Bulos, na edição de **2015** do seu *Curso de direito constitucional* (p. 482). Lembramos que o direito à assistência religiosa já está regulamentado em algumas leis, o que, muito provavelmente, não ensejará uma discussão mais ampla sobre a eficácia no STF. Para conhecimento, destacamos os atos normativos em questão: **a)** Lei n. 6.923/81, alterada pela Lei n. 7.672/88, para as Forças Armadas; **b)** art. 41, VII, da Lei n. 7.210/84 (LEP) — estabelecimentos prisionais; **c)** art. 124, XIV, da Lei n. 8.069/90 (ECA) — direito do adolescente privado de liberdade; **d)** Lei n. 9.982/2000 — dispõe sobre a prestação de assistência religiosa nas entidades hospitalares públicas e privadas, bem como nos estabelecimentos prisionais civis e militares.

5 Segundo José Afonso da Silva, *necessidade ou utilidade pública, interesse social ou econômico* e *perigo público iminente* "são outros tantos conceitos que interferem com a eficácia de determinadas normas constitucionais. Com base neles o Poder Público pode limitar situações subjetivas, circunscrevendo a autonomia de sujeitos privados, especialmente em relação ao direito de propriedade. O inciso XXII do art. 5.º garante o direito de propriedade, mas os incisos XXIV e XXV oferecem os elementos de suas limitações, permitindo sua desapropriação por *necessidade ou utilidade pública* ou por *interesse social*, bem como seu uso pela autoridade competente no caso de *perigo público iminente*" (*Aplicabilidade das normas constitucionais*, p. 113).

6 José Afonso da Silva ensina: "Normas de eficácia contida, portanto, são aquelas em que o legislador constituinte regulou suficientemente os interesses relativos a determinada matéria, mas deixou margem à atuação restritiva por parte da competência discricionária do Poder Público, nos termos que a lei estabelecer ou nos termos dos conceitos gerais nelas enunciados" (*Aplicabilidade das normas constitucionais*, p. 116).

tucionais de eficácia contida, qual seja, **normas constitucionais de eficácia redutível** ou **restringível**, apesar de sua *aplicabilidade plena*. Segundo Temer, referidas normas "são aquelas que têm aplicabilidade imediata, integral, plena, mas que podem ter reduzido seu alcance pela atividade do legislador infraconstitucional".[7]

▪ 5.4. NORMAS CONSTITUCIONAIS DE EFICÁCIA LIMITADA

São aquelas normas que, de imediato, no momento em que a Constituição é promulgada, ou entra em vigor (ou diante da introdução de novos preceitos por emendas à Constituição, ou na hipótese do art. 5.º, § 3.º), não têm o condão de produzir todos os seus efeitos, precisando de norma regulamentadora infraconstitucional a ser editada pelo Poder, órgão ou autoridade competente, ou até mesmo de integração por meio de emenda constitucional, como se observou nos termos do art. 4.º da EC n. 47/2005.[8] São, portanto, de **aplicabilidade indireta, mediata** e **reduzida**, ou, segundo alguns autores, **aplicabilidade diferida**.

Devemos salientar que, ao contrário da doutrina norte-americana, José Afonso da Silva, concordando com a opinião de Vezio Crisafulli, observa que as *normas constitucionais de eficácia limitada* produzem um mínimo efeito, ou, ao menos, o efeito de vincular o legislador infraconstitucional aos seus vetores.

Assim, José Afonso da Silva, em sede conclusiva, assevera que referidas normas têm, ao menos, **eficácia jurídica imediata, direta** e **vinculante**, já que: **a)** estabelecem um dever para o legislador ordinário; **b)** condicionam a legislação futura, com a consequência de serem inconstitucionais as leis ou atos que as ferirem; **c)** informam a concepção do Estado e da sociedade e inspiram sua ordenação jurídica, mediante a atribuição de fins sociais, proteção dos valores da justiça social e revelação dos componentes do bem comum; **d)** constituem sentido teleológico para a interpretação, integração e aplicação das normas jurídicas; **e)** condicionam a atividade discricionária da Administração e do Judiciário; **f)** criam situações jurídicas subjetivas, de vantagem ou de desvantagem.[9] Todas elas — em momento seguinte concluiu o mestre[10] — possuem eficácia ab-rogativa da legislação precedente incompatível (Geraldo Ataliba diria "paralisante da eficácia destas leis", sem ab-rogá-las — nosso acréscimo) e criam situações subjetivas simples e de interesse legítimo, bem como direito subjetivo negativo. Todas, enfim, geram situações subjetivas de vínculo.

O mestre do Largo São Francisco divide-as em dois grandes grupos: **normas de princípio institutivo (ou organizativo)** e **normas de princípio programático**.

---

7 Michel Temer, *Elementos de direito constitucional*, p. 24.

8 **Art. 4.º da EC n. 47/2005:** "Enquanto não editada a lei a que se refere o § 11 do art. 37 da Constituição Federal, não será computada, para efeito dos limites remuneratórios de que trata o inciso XI do *caput* do mesmo artigo, qualquer parcela de caráter indenizatório, assim definida pela legislação em vigor na data de publicação da Emenda Constitucional n. 41, de 2003".

9 Cf. *Aplicabilidade das normas constitucionais*, p. 164.

10 *Aplicabilidade das normas constitucionais*, p. 262.

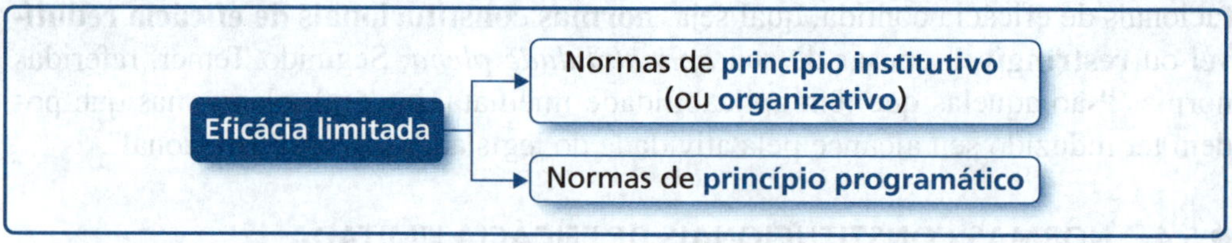

As *normas de eficácia limitada, declaratórias de princípios institutivos ou organizativos* (ou *orgânicos*) contêm **esquemas gerais (iniciais) de estruturação de instituições, órgãos ou entidades**. Podemos exemplificar com os arts. 18, § 2.º; 22, parágrafo único; 25, § 3.º; 33; 37, VII; 37, XI; 88; 90, § 2.º; 91, § 2.º; 102, § 1.º; 107, § 1.º; 109, VI; 109, § 3.º; 113; 121; 125, § 3.º; 128, § 5.º; 131; 146; 161, I; 224...[11]

Já as *normas de eficácia limitada, declaratórias de princípios programáticos*, **veiculam programas a serem implementados pelo Estado**, visando à realização de fins sociais (arts. 6.º — direito à alimentação; 196 — direito à saúde; 205 — direito à educação; 215 — cultura; 218, *caput* — ciência, tecnologia e inovação (EC n. 85/2015); 227 — proteção da criança...).[12]

Alguns outros exemplos podem ser "colhidos" do vasto estudo desenvolvido por José Afonso da Silva. Vinculadas ao **princípio da legalidade**, o autor menciona algumas **normas programáticas**: **a)** art. 7.º, XI (participação nos lucros, ou resultados, desvinculada da remuneração, e, excepcionalmente, participação na gestão da empresa, *conforme definido em lei*, observando que já existe ato normativo concretizando o direito); **b)** art. 7.º, XX (proteção do mercado de trabalho da mulher, mediante incentivos específicos, *nos termos da lei)*; **c)** art. 7.º, XXVII (proteção em face da automação, na *forma da lei*); **d)** art. 173, § 4.º (*a lei* reprimirá o abuso do poder econômico que vise à dominação dos mercados, à eliminação da concorrência e ao aumento arbitrário dos lucros — *vide* CADE); **e)** art. 216, § 3.º; **f)** art. 218, § 4.º etc.[13]

Outros dois exemplos, de interesse prático, podem ser encontrados na jurisprudência do STF, já declarados como **normas de eficácia limitada**: **a)** juros legais de 12% ao ano; **b)** teto do funcionalismo público.

Em relação ao primeiro, o STF entendia, apesar da nossa crítica e de diversos outros autores, bem como de alguns tribunais (*vide Julgados do TARGS*, 81/314),

---

[11] José Afonso diz: "São, pois, normas constitucionais de princípio institutivo aquelas através das quais o legislador constituinte traça esquemas gerais de estruturação e atribuições de órgãos, entidades ou institutos, para que o legislador ordinário os estruture em definitivo, mediante lei" (*Aplicabilidade das normas constitucionais*, p. 126).

[12] Normas programáticas são aquelas "através das quais o constituinte, em vez de regular, direta e imediatamente, determinados interesses, limitou-se a traçar-lhes os princípios para serem cumpridos pelos seus órgãos (legislativos, executivos, jurisdicionais e administrativos), como programas das respectivas atividades, visando à realização dos fins sociais do Estado" (*Aplicabilidade das normas constitucionais*, p. 138).

[13] Cf. *Aplicabilidade das normas constitucionais*, p. 147-148.

que o **revogado art. 192, § 3.º**, que fixava as taxas dos **juros reais** não superiores a **12% a.a.**, era norma constitucional de eficácia limitada, dependente de lei complementar para sua aplicação prática.[14] **Convém lembrar a novidade trazida pela EC n. 40, de 29.05.2003** (PEC n. 53/99 da CD e n. 21/97 do SF), que, ao tratar do *Sistema Financeiro Nacional*, alterou a redação do inciso V do art. 163 e do *caput* do art. 52 do ADCT, revogando todos os incisos e parágrafos do art. 192, permitindo a sua regulamentação por **mais de uma lei complementar**. Em razão dessa nova sistemática, a já desprestigiada taxa de juros reais de 12% a.a. desconstitucionaliza-se, infelizmente, assim como as importantes regras que constavam do referido art. 192. No parecer do relator à PEC n. 53, a reforma buscou "... superar as dificuldades de regulamentação do art. 192 da Constituição Federal e viabilizar a aprovação de uma nova lei estruturadora do sistema financeiro nacional", uma vez que o STF já havia resolvido que, na vigência da antiga regra, antes da EC n. 40/2003, portanto, o sistema financeiro deveria ser regulamentado por uma única lei complementar (cf. **Súmula Vinculante 7/2008**).

O segundo exemplo diz respeito ao **teto do funcionalismo público**. Como se sabe, a Reforma Administrativa (EC n. 19/98) fixou o teto correspondente ao subsídio mensal, em espécie, dos **Ministros do STF**, nos termos dos arts. 37, XI; 39, § 4.º, e 48, XV. Tratava-se, como definiu o STF, de **norma não autoaplicável, dependente de lei formal de iniciativa conjunta dos Presidentes da República, da Câmara dos Deputados, do Senado Federal e do Supremo Tribunal Federal**, observadas as regras dos arts. 39, § 4.º, 150, II, 153, III e 153, § 2.º, I.[15] Essas regras, contudo, não persistem, tendo em vista a promulgação da EC n. 41/2003.

A **Reforma da Previdência** (EC n. 41, de 19.12.2003) também estabeleceu como teto do funcionalismo público o subsídio pago ao Ministro do STF, a ser fixado por lei. Inovando, acaba com a denominada "iniciativa conjunta", já que a fixação do teto dar-se-á por **lei de iniciativa exclusiva do Presidente do STF** (arts. 48, XV, e 96, II, "b" — sendo a CD a Casa iniciadora e o SF, a revisora — art. 64, *caput*) e não mais em conjunto pelos Presidentes dos "Poderes".

Verificaremos que foram criados subtetos, nos termos do art. 37, XI, e §§ 11 e 12 (parágrafos introduzidos pela EC n. 47/2005), tema a ser estudado quando tratarmos da exclusão da regra da iniciativa conjunta (*item 9.13.3.5*).

A perspectiva de que referida regra (art. 37, XI) continue sendo classificada pelo STF como de **eficácia limitada** decorre não só do antigo posicionamento da Suprema Corte como, principalmente, da regra contida no art. 8.º da EC n. 41/2003.

[14] Cf. **Súmula 648/STF, 24.09.2003**: "a norma do § 3.º do art. 192 da Constituição, revogada pela EC 40/2003, que limitava a taxa de juros reais a 12% ao ano, tinha sua aplicabilidade condicionada à edição de lei complementar", e os seguintes precedentes: ADI 4, *RTJ* 147/719; RE 157897, *RTJ* 151/635; RE 184837; RE 186594; RE 237472; RE 237952; AI 187925 AgR. Ainda, cf. **SV 7/2008-STF**.

[15] Nesse sentido, retomando a explicação do Procurador-Geral da República Geraldo Brindeiro (SS 1.583-AM/STF), cf. posicionamento do STF, manifestado por 7 votos a 4 na 3.ª Sessão Administrativa, realizada em 24 de junho de 1998 (*Inf. 217/STF* e AO 524/PA, 14.02.2001).

Alexandre de Moraes considera o texto do inciso XI do art. 37 **autoaplicável.**[16] Em nossa interpretação, concordamos que o texto seja autoaplicável. Essa autoaplicabilidade, contudo, não decorre da eficácia plena da norma (que, em nosso entender, é de **eficácia limitada**, já que prescreve a sua regulamentação por lei de iniciativa do Presidente do STF), mas do comando fixado no art. 8.º da EC n. 41/2003.

Tanto é verdade que o teto inicial, que era provisório, foi redefinido pela **Lei n. 11.143/2005**, tendo sido reajustado nos termos da **Lei n. 12.041/2009**. Em momento seguinte, veio a ser regulamentado pelas **Leis ns. 12.771/2012** e **13.091/2015** **(a)** R$ 28.059,29, a partir de 1.º.01.2013; **b)** R$ 29.462,25, a partir de 1.º.01.2014; e **c)** R$ 33.763,00, a partir de 1.º.01.2015), estando atualmente fixado no valor de **R$ 39.293,32**, nos termos da **Lei n. 13.752/2018** (as regras sobre o **teto do funcionalismo** foram modificadas pela **EC n. 47/2005**).

Então, uma coisa é a regra contida na Constituição, que depende de lei para sua regulamentação (eficácia limitada). Outra é o seu **valor provisório** (teto de retribuição) estabelecido no citado art. 8.º da **EC n. 41/2003**. Esse dispositivo foi declarado pelo STF como de **"eficácia imediata"**, já que definiu um específico valor a ser observado até o formal estabelecimento do teto do funcionalismo por lei específica (**RE 609.381/GO**, Rel. Min. Teori Zavascki, j. em 02.10.2014, *DJE* de 11.12.2014).

■ 5.5. A CLASSIFICAÇÃO DE *MARIA HELENA DINIZ*

Em primorosa monografia sobre o tema, Maria Helena Diniz, baseando-se em diversas classificações das **normas constitucionais quanto à sua eficácia**, apresentadas pela doutrina (Cooley, Rui Barbosa, Caetano Azzariti, Franchini, Vezio Crisafulli, José Afonso da Silva, Pinto Ferreira, Celso Bastos e Carlos A. Britto, Celso Antônio Bandeira de Mello), tendo por critério a questão da intangibilidade e da produção dos efeitos concretos, classifica as normas constitucionais (segundo a sua eficácia) em: **normas supereficazes** ou com **eficácia absoluta; normas de eficácia plena; normas com eficácia relativa restringível; normas com eficácia relativa complementável ou dependente de complementação legislativa.**[17]

- **Normas supereficazes ou com eficácia absoluta:** são intangíveis, não podendo ser emendadas. Contêm uma força paralisante total de qualquer legislação que, explícita ou implicitamente, vier a contrariá-las. Exemplos: textos constitucionais que amparam: *a)* a **federação** (arts. 1.º; 18; 34, VII, "c"; 46, § 1.º); *b)* o **voto direto, secreto, universal e periódico** (art. 14); *c)* a **separação de Poderes** (art. 2.º); *d)* os **direitos e garantias individuais** (art. 5.º, I a LXXVIII), enfim, as normas **intangíveis** por força dos arts. 60, § 4.º (as chamadas **cláusulas pétreas**), e 34, VII, "a" e "b".

[16] Alexandre de Moraes, *Direito constitucional*, 18. ed., p. 312 e 582.

[17] *Norma constitucional e seus efeitos*, p. 101-115.

■ **Normas com eficácia plena:** contêm "... todos os elementos imprescindíveis para que haja a possibilidade da produção imediata dos efeitos previstos, já que, apesar de suscetíveis de emenda, não requerem normação subconstitucional subsequente. Podem ser imediatamente aplicadas. Consistem, por exemplo, nos preceitos que contenham proibições, confiram isenções, prerrogativas e que não indiquem órgãos ou processos especiais para sua execução". Exemplos: arts. 1.º, parágrafo único; 14, § 2.º; 17, § 4.º; 21; 22; 37, III; 44, parágrafo único; 69; 153; 155; 156 etc.

■ **Normas com eficácia relativa restringível:** correspondem às normas de eficácia contida na classificação exposta de José Afonso da Silva, com preferência para a nomenclatura proposta por Michel Temer (**eficácia redutível** ou **restringível**), sendo de aplicabilidade imediata ou plena. Enquanto não sobrevier a restrição, o direito nelas contemplado será pleno. Exemplos: arts. 5.º, VIII, XI, XII, XIII, XIV, XVI, XXIV, LX, LXI; 84, XXVI; 139; 170, parágrafo único; 184 etc.

■ **Normas com eficácia relativa complementável ou dependente de complementação legislativa:** dependem de lei complementar ou ordinária para o exercício do direito ou benefício consagrado. "Sua possibilidade de produzir efeitos é mediata, pois, enquanto não for promulgada aquela lei complementar ou ordinária, não produzirão efeitos positivos, mas terão eficácia paralisante de efeitos de normas precedentes incompatíveis e impeditivas de qualquer conduta contrária ao que estabelecerem." Podem ser de **princípio institutivo** ("dependentes de lei para dar corpo a instituições, pessoas, órgãos, nelas previstos" — exemplos: arts. 17, IV; 25, § 3.º; 43, § 1.º etc.), ou **normas programáticas** (programas a serem desenvolvidos mediante lei infraconstitucional — exemplos: arts. 205; 211; 215; 218; 226, § 2.º etc.).

■ 5.6. A CLASSIFICAÇÃO DE *CELSO RIBEIRO BASTOS* E *CARLOS AYRES BRITTO*

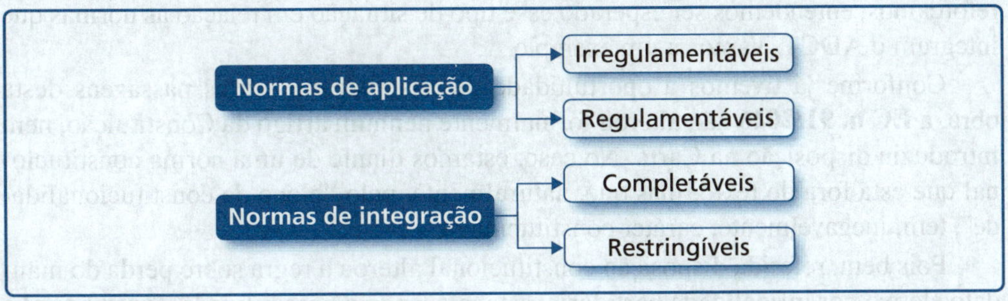

Celso Ribeiro Bastos e Carlos Ayres Britto classificam as normas constitucionais em *normas de aplicação* (irregulamentáveis ou regulamentáveis) e *normas de integração* (completáveis ou restringíveis).[18]

[18] *Interpretação e aplicabilidade das normas constitucionais*, p. 48 e s.

As **normas de aplicação** já estão aptas a produzir todos os seus efeitos, dispensando regulamentação (ex.: art. 2.º da CF/88) ou permitindo-a, mas, nesta hipótese, sem qualquer restrição do conteúdo constitucional.

Já as **normas de integração**, como o nome sugere, são **integradas** pela legislação infraconstitucional. Entre elas e a sua aplicação real coloca-se outra norma integradora de sentido, fazendo surgir uma unidade de conteúdo entre as duas espécies normativas. Ora são **completáveis** (exigem uma legislação integrativa para a completa produção de seus efeitos — *sentido de complemento, colmatação ou preenchimento de um vazio regratório preexistente*), ora **restringíveis** (estabelecem a possibilidade de o legislador infraconstitucional reduzir o comando constitucional — *acepção de encurtamento, redução ou contração de um campo regulatório de maior abrangência*).

■ 5.7. NORMAS CONSTITUCIONAIS DE EFICÁCIA EXAURIDA E APLICABILIDADE ESGOTADA

Sugeridas por Uadi Lammêgo Bulos,[19] as normas de eficácia exaurida, ou esvaída, "... são aquelas, como o próprio nome diz, que já extinguiram a produção de seus efeitos. Por isso, estão esgotadas, dissipadas, ou desvanecidas, condicionando, assim, sua aplicabilidade". São próprias do ADCT (Ato das Disposições Constitucionais Transitórias), notadamente aquelas normas que já cumpriram o papel, encargo ou tarefa para o qual foram propostas. Exemplos: arts. 1.º, 2.º, 3.º, 14, 20, 25, 48 e vários outros do ADCT.

Muito embora **próprias do ADCT**, pela própria lógica das normas que são identificadas como de *disposição constitucional transitória*, entendemos ser possível encontrar norma de eficácia exaurida e aplicabilidade esgotada em outras disposições de caráter constitucional, como, por exemplo, no corpo do texto, em emendas, ou mesmo em tratados internacionais com *status* de Constituição (art. 5.º, § 3.º), apesar, reforçamos, entendemos ser esperado esse tipo de situação em relação às normas que integram o ADCT. Vamos a um exemplo.

Conforme já tivemos a oportunidade de observar em outras passagens desta obra, a **EC n. 91/2016** não alterou formalmente nenhum artigo da Constituição, nem introduziu disposição na Carta. No caso, estamos diante de uma norma constitucional que está fora do texto, mas que, naturalmente, pelo "bloco de constitucionalidade", tem, inegavelmente, caráter constitucional.

Pois bem, referida disposição constitucional alterou a regra sobre perda do mandato eletivo por infidelidade partidária, estabelecendo a possibilidade, **excepcional e em período determinado**, de desfiliação, sem prejuízo do mandato (cf. *item 18.5*). Essa faculdade constitucional pôde ser exercida somente nos 30 dias seguintes à promulgação da emenda constitucional. Assim, entendemos que referida disposição, findo o prazo, passou a ter eficácia exaurida e aplicabilidade esgotada.

---

[19] *Constituição Federal anotada*, p. 335.

Muito embora referidas normas tenham cumprido a sua "missão", entendemos que as mesmas continuam existindo no ordenamento com **eficácia jurídica**. Dessa forma, por exemplo, se uma lei futura violar o direito introduzido pela disposição constitucional transitória, certamente poderá ser declarada inconstitucional tendo como parâmetro a referida norma de eficácia exaurida.

■ 5.8. NORMAS DEFINIDORAS DOS DIREITOS E GARANTIAS FUNDAMENTAIS E O GRADUALISMO EFICACIAL DAS NORMAS CONSTITUCIONAIS

As normas definidoras dos direitos e garantias fundamentais, de acordo com o art. 5.º, § 1.º, da CF/88, têm **aplicação imediata**.

O termo "aplicação" **não** se confunde com "aplicabilidade", na teoria de José Afonso da Silva, que entende, como visto, terem as normas de eficácia **plena** e **contida** "aplicabilidade" **direta** e **imediata**, e as de eficácia **limitada**, aplicabilidade **mediata** ou **indireta**.

Ensina José Afonso da Silva que ter **aplicação** *imediata* significa que as normas constitucionais são "dotadas de todos os meios e elementos necessários à sua pronta incidência aos fatos, situações, condutas ou comportamentos que elas regulam. A regra é que as normas definidoras de *direitos e garantias individuais* (direitos de 1.ª dimensão, acrescente-se) sejam de *aplicabilidade imediata*. Mas aquelas definidoras de *direitos sociais, culturais e econômicos* (direitos de 2.ª dimensão, acrescente-se) nem sempre o são, porque não raro dependem de providências ulteriores que lhes completem a eficácia e possibilitem sua aplicação".[20]

Dessa maneira, "por regra, as normas que consubstanciam os *direitos fundamentais democráticos e individuais* são de *aplicabilidade imediata*, enquanto as que definem os *direitos sociais* tendem a sê-lo também na Constituição vigente, mas algumas, especialmente as que mencionam uma lei integradora, são de *eficácia limitada e aplicabilidade indireta*".[21]

Como exemplo de norma definidora de direito e garantia fundamental que depende de lei, podemos citar o **direito de greve** dos servidores públicos, previsto no art. 37, VII, ou o da **aposentadoria especial**, garantido nos termos do art. 40, § 4.º, devendo ser observadas as regras trazidas pela **EC n. 103/2019** (Reforma da Previdência), inclusive as suas regras de transição.

Então, qual seria o sentido dessa regra inscrita no art. 5.º, § 1.º?

José Afonso da Silva explica: "*em primeiro lugar*, significa que elas são aplicáveis até onde possam, até onde as instituições ofereçam condições para seu atendimento. *Em segundo lugar*, significa que o Poder Judiciário, sendo invocado a propósito de uma **situação concreta** nelas garantida, não pode deixar de aplicá-las, conferindo ao interessado o direito reclamado, segundo as instituições existentes".[22]

Assim, diante da omissão de **medida** para tornar efetiva norma constitucional, a CF/88 trouxe duas importantes novidades:

---

20 *Comentário contextual à Constituição*, p. 408.

21 *Comentário contextual à Constituição*, p. 408.

22 *Comentário contextual à Constituição*, p. 409.

- **ação direta de inconstitucionalidade por omissão — ADO:** regulamentada pela Lei n. 12.063/2009 — cf. *item 6.7.4*);
- **mandado de injunção:** regulamentado pela Lei n. 13.300/2016 — cf. *item 14.11.5.*

Estamos diante de "remédios" para combater a denominada "síndrome de inefetividade" das normas constitucionais de eficácia limitada. De acordo com a jurisprudência do STF, de modo geral, em se tratando de "Poder", a ADO seria o instrumento para fazer um **apelo** ao legislador, constituindo-o em mora, enquanto o MI, por seu turno, seria o importante instrumento de **concretização** dos direitos fundamentais (cf. *item 14.11.5.7*) e, assim, dando um exato sentido ao art. 5.º, § 1.º, que fala em **aplicação imediata** (cf. MI 758, Rel. Min. Marco Aurélio, j. 1.º.07.2008, Plenário, *DJE* de 26.09.2008).[23]

Conforme bem definiu a Min. Cármen Lúcia, no julgamento de vários Mandados de Injunção (MI 828/DF, MI 841/DF, MI 850/DF, MI 857/DF, MI 879/DF, MI 905/DF, MI 927/DF, MI 938/DF, MI 962/DF, MI 998/DF), "o mandado de injunção é ação constitucional de **natureza mandamental**, destinada a **integrar a regra constitucional ressentida, em sua eficácia**, pela ausência de norma que assegure a ela o vigor pleno".

Qualquer outro entendimento geraria o mais nefasto sentimento de frustração e desprestígio aos direitos fundamentais, reduzindo a importante conquista do MI a um nada.

Finalmente, vale lembrar os ensinamentos de Maria Helena Diniz, que identifica um **gradualismo eficacial das normas constitucionais**. "Há um escalonamento na intangibilidade e nos efeitos dos preceitos constitucionais... Todas têm juridicidade, mas seria uma utopia considerar que têm a mesma eficácia, pois o seu grau eficacial é variável. Logo, **não há norma constitucional destituída de eficácia**. Todas as disposições constitucionais têm a possibilidade de produzir, a sua maneira, concretamente, os efeitos jurídicos por elas visados."[24]

5.9. EFICÁCIA E APLICABILIDADE NA JURISPRUDÊNCIA DO STF

Dado o objetivo do presente estudo, acreditamos interessante **esquematizar** importantes julgados do STF definindo a eficácia e aplicabilidade de algu-

[23] Nesse sentido, após **reiteradas decisões** sobre essa matéria constitucional (cf., por exemplo, MI 721, MI 795, MI 788, MI 925, MI 1.328, MI 1.527, MI 2.120, MI 1.785, MI 4.158 AgR-segundo, MI 1.596 AgR, MI 3.215 AgR-segundo), o **STF** aprovou a *PSV n. 45* e, assim, editou, em 09.04.2014, a **SV 33**, com o seguinte teor: "Aplicam-se ao servidor público, no que couber, as regras do regime geral da previdência social sobre aposentadoria especial de que trata o artigo 40, § 4.º, inciso III da Constituição Federal, **até a edição de lei complementar específica**" (*DJE* de 24.04.2014). Cabe lembrar que a **EC n. 103/2019** (Reforma da Previdência) trouxe claras regras de aplicação para os servidores federais, até que entre em vigor a lei federal disciplinando o assunto (cf. art. 10, *caput* e § 2.º, da EC n. 103/2019, bem como os arts. 21 e 22). Referidas regras de transição específicas foram direcionadas aos servidores federais, já que a definição da aposentadoria especial deverá se dar por **lei complementar de cada ente federativo**, e não por uma lei complementar federal geral (cf. art. 40, §§ 4.º-A, 4.º-B e 4.º-C, CF/88).

[24] *Norma constitucional e seus efeitos*, p. 115.

Acesse também a videoaula pelo link: somos.in/DCE25094

mas normas da Constituição — o que, certamente, facilitará para as provas e concursos —, bem como para o nosso ilustre e nobre professor trabalhar os precedentes em sala de aula com os alunos (*cases*):

PRECEDENTE	MATÉRIA	EFICÁCIA E APLICABILIDADE (STF)
▪ **ADPF 130** — Rel. Min. Carlos Britto, j. 30.04.2009, Plenário, *DJE* de 06.11.2009	▪ **art. 5.º, V** — direito de resposta proporcional ao agravo, além da indenização por dano material, moral ou à imagem	▪ **Eficácia plena e aplicabilidade imediata** ▪ Mesmo diante do reconhecimento da não recepção da Lei de Imprensa (Lei n. 5.250/67), o STF entendeu que o artigo 5.º, V, "se qualifica como regra de suficiente densidade normativa, podendo ser aplicada imediatamente, sem necessidade de regulamentação legal"
▪ **Ext. 541** — Rel. p/ o ac. Min. Sepúlveda Pertence, j. 07.11.1991, Plenário, *DJ* de 18.12.1992) ▪ **Ext. 934-QO**, Rel. Min. Eros Grau, j. 09.09.2004, Plenário, *DJ* de 12.11.2004)	▪ **art. 5.º, LI (parte final)** — extradição do brasileiro naturalizado no caso de comprovado envolvimento em tráfico ilícito de entorpecentes e drogas afins, na forma da lei	▪ **Eficácia limitada e aplicabilidade mediata e reduzida** ▪ "Ao princípio geral de **inextraditabilidade** do brasileiro, incluído o naturalizado, a Constituição admitiu, no art. 5.º, LI, duas exceções: a **primeira**, de **eficácia plena e aplicabilidade imediata**, se a naturalização é posterior ao crime comum pelo qual procurado; a **segunda**, no caso de naturalização anterior ao fato, se se cuida de **tráfico de entorpecentes**: aí, porém, admitida, não como a de qualquer estrangeiro, mas, sim, **'na forma da lei'**, e por **'comprovado envolvimento'** no crime: a essas exigências de caráter excepcional não basta a concorrência dos requisitos formais de toda extradição, quais sejam, a dúplice incriminação do fato imputado e o juízo estrangeiro sobre a seriedade da suspeita. (...); para a extradição do brasileiro naturalizado antes do fato, porém, que só a autoriza no caso de seu 'comprovado envolvimento' no tráfico de drogas, a Constituição impõe à **lei ordinária** a criação de um procedimento específico, que comporte a cognição mais ampla da acusação na medida necessária à aferição da concorrência do pressuposto de mérito, a que excepcionalmente subordinou a procedência do pedido extraditório: por isso, a norma final do art. 5.º, LI, CF, **não é regra de eficácia plena, nem de aplicabilidade imediata**"
▪ **RE 161.547**, Rel. Min. Sepúlveda Pertence, j. 24.03.1998, 1.ª Turma, *DJ* de 08.05.1998	▪ **art. 8.º, IV** — contribuição confederativa instituída pela assembleia geral	▪ **Eficácia plena e aplicabilidade imediata** ▪ "EMENTA: Sindicato: contribuição confederativa instituída pela assembleia geral: eficácia plena e aplicabilidade imediata da regra constitucional que a previu (CF, art. 8.º, IV). Coerente com a sua jurisprudência no sentido do caráter não tributário da contribuição confederativa, o STF tem afirmado a eficácia plena e imediata da norma constitucional que a previu (CF, art. 8.º, IV)..."
▪ **ADI 3.768**, Rel. Min. Cármen Lúcia, j. 19.09.2007, *DJ* de 26.10.2007	▪ **art. 230, § 2.º** — estabelece a gratuidade dos transportes coletivos urbanos aos maiores de 65 anos	▪ **Eficácia plena e aplicabilidade imediata** ▪ A questão surgiu a partir da regulamentação da matéria pelo art. 39 da Lei n. 10.741/2003 (*Estatuto do Idoso*) ▪ Segundo o STF, a norma infraconstitucional "... apenas repete o que dispõe o § 2.º do art. 230 da Constituição do Brasil. A norma constitucional é de eficácia plena e aplicabilidade imediata, pelo que não há eiva de invalidade jurídica na norma legal que repete os seus termos e determina que se concretize o quanto constitucionalmente disposto. Ação direta de inconstitucionalidade julgada improcedente"

■ **RE 285.706**, Rel. Min. Sepúlveda Pertence, j. 26.03.2002, *DJ* de 26.04.2002	■ **art. 17 do ADCT** — vencimentos e proventos — redução imediata aos limites constitucionais	■ **Eficácia plena e aplicabilidade imediata** ■ "Vencimentos e proventos: redução imediata aos limites constitucionais (ADCT, art. 17): eficácia plena e aplicabilidade imediata: vinculação direta do órgão administrador competente, desnecessária, portanto, a interposição de lei ordinária ou ato normativo equivalente: interpretação conjugada do art. 17 do ADCT e do art. 37, XI, da Constituição"
■ **RE 417.871-AgR**, Rel. Min. Cezar Peluso, j. 15.02.2005, *DJ* de 11.03.2005. No mesmo sentido: **RE 421.197-AgR**, Rel. Min. Cezar Peluso, j. 15.08.2006, *DJ* de 08.09.2006	■ **art. 53, IV, do ADCT** — ao ex-combatente que tenha efetivamente participado de operações bélicas durante a Segunda Guerra Mundial, nos termos da Lei n. 5.315/67, será assegurado, dentre outros, o direito à assistência médica, hospitalar e educacional **gratuita**, extensiva aos dependentes	■ **Eficácia plena e aplicabilidade imediata**
■ **AI 396.695-AgR**, Rel. Min. Carlos Velloso, j. 02.12.2003, *DJ* de 06.02.2004	■ **art. 201, § 5.º** — veda a filiação ao regime geral de previdência social, na qualidade de segurado facultativo, de pessoa participante de regime próprio de previdência ■ **art. 201, § 6.º** — a gratificação natalina dos aposentados e pensionistas terá por base o valor dos proventos do mês de dezembro de cada ano	■ **Eficácia plena e aplicabilidade imediata** ■ "As normas inscritas nos § 5.º e § 6.º do art. 201 da Constituição Federal são de eficácia plena e aplicabilidade imediata. O disposto no § 5.º do art. 195 da Lei Maior e nos artigos 58 e 59, ADCT, não lhes retira a autoaplicabilidade"
■ **ADI 3.569**, Rel. Min. Sepúlveda Pertence, j. 02.04.2007, *DJ* de 11.05.2007	■ **art. 134, § 2.º** — assegura às defensorias públicas estaduais a autonomia funcional e administrativa, bem como a iniciativa de sua proposta orçamentária (EC n. 45/2004)	■ **Eficácia plena e aplicabilidade imediata** ■ Cf. *item 5.2*, anterior, no qual transcrevemos a importante ementa
■ **MI 626**, Rel. Min. Marco Aurélio, j. 14.03.2001, Plenário, *DJ* de 18.06.2001	■ **Art. 8.º, ADCT**, com a exceção do seu § 3.º — anistia	■ **Eficácia plena e aplicabilidade imediata** ■ A **anistia** de que cuida o art. 8.º do ADCT beneficiou **civis** e **militares**, estando, entre os primeiros, servidores, empregados e profissionais liberais, enfim todo e qualquer cidadão qualificado como trabalhador ■ Segundo o STF, apenas o art. 8.º, **§ 3.º**, do ADCT, é que depende de lei, sendo, no caso específico, de **eficácia limitada**
■ **MI 6.113-AgR**, Rel. Min. Cármen Lúcia, j. 22.05.2014, Plenário, *DJE* de 13.06.2014	■ **art. 5.º, XIII** — é livre o exercício de qualquer trabalho, ofício ou profissão, atendidas as qualificações profissionais que a lei estabelecer	■ **Eficácia contida e aplicação imediata** ■ "O art. 5.º, XIII, da CR é norma de aplicação imediata e eficácia contida que pode ser restringida pela legislação infraconstitucional. **Inexistindo lei regulamentando o exercício da atividade profissional dos substituídos, é livre o seu exercício**"

■ **RE 544.655-AgR**, Rel. Min. Eros Grau, j. 09.09.2008, *DJE* de 10.10.2008	■ **art. 37, I** — os cargos, empregos e funções públicas são acessíveis aos **brasileiros** que preencham os requisitos estabelecidos em lei, assim como aos **estrangeiros**, na forma da lei	■ **Eficácia limitada** (em relação aos estrangeiros — *na forma da lei*) ■ "**Estrangeiro.** Acesso ao serviço público. Artigo 37, I, da CF/88. O STF fixou entendimento no sentido de que o artigo 37, I, da Constituição do Brasil [redação após a EC 19/98], consubstancia, relativamente ao acesso aos cargos públicos por estrangeiros, preceito constitucional dotado de eficácia limitada, dependendo de regulamentação para produzir efeitos, sendo assim, não autoaplicável" ■ **Eficácia contida** (em relação aos brasileiros) ■ **Brasileiros:** a lei prevista no art. 37, I, não cria o direito, mas o restringe (o reduz) ao estabelecer requisitos para seu exercício
■ **MI 20**, Rel. Min. Celso de Mello, j. 19.05.1994, Plenário, *DJ* de 22.11.1996 ■ **MI 670**, Rel. p/ o ac. Min. Gilmar Mendes, j. 25.10.2007, *DJE* de 31.10.2008 ■ **MI 708**, Rel. Min. Gilmar Mendes, j. 25.10.2007, *DJE* de 31.10.2008 ■ **MI 712**, Rel. Min. Eros Grau, j. 25.10.2007, *DJE* de 31.10.2008	■ **art. 37, VII** — direito de greve dos servidores públicos	■ **Eficácia limitada** ■ Cabe lembrar que o STF, adotando a posição **concretista geral**, julgou procedentes os referidos MIs, determinando, até que o Congresso Nacional legisle, a aplicação da lei da iniciativa privada para todo o funcionalismo público (em momento seguinte, restringindo esse entendimento, o STF não mais admitiu o direito de greve para serviços essenciais, como é o caso dos policiais civis: cf. **RCL 6.568**, j. 20.05.2009, e debates nos *itens 13.7.9 e 14.11.5.7*)
■ **MI 1.616**, Rel. Min. Celso de Mello, j. 04.11.2009, *DJE* de 11.11.2009	■ **art. 40, § 4.º** — aposentadoria especial para os servidores públicos	■ **Eficácia limitada** ■ O STF vem determinando a aplicação do art. 57, § 1.º, da Lei n. 8.213/91, até que a matéria seja regulamentada pelo Congresso Nacional (cf. *item 14.11.5.7*, bem como a **SV 33/2014** e as regras trazidas pela **EC n. 103/2019 [Reforma da Previdência]**).
■ **ADI 2.240**, Rel. Min. Eros Grau, j. 09.05.2007, Plenário, *DJ* de 03.08.2007 ■ **ADO 3.682**, Rel. Min. Gilmar Mendes, j. 09.05.2007, *DJE* de 06.09.2007	■ **art. 18, § 4.º** — procedimento para a criação de Municípios	■ **Eficácia limitada** ■ Conforme estudamos no *item 7.6.1*, no julgamento da **ADI 2.240**, o STF reconheceu a nulidade das leis estaduais que criaram Municípios sem a definição de procedimento por lei complementar federal, declarando a modulação dos efeitos da decisão por 24 meses ■ Também, no julgamento da **ADO 3.682**, o STF fez um apelo ao Legislativo para suprir a omissão, dentro de 18 meses ■ Contudo, o Congresso Nacional não regulamentou a matéria. Para piorar, nos termos da, por nós criticada, **EC n. 57/2008**, convalidou os atos de criação, fusão, incorporação e desmembramento de Municípios cuja lei tivesse sido publicada até 31.12.2006
■ **ADI 1.330-MC**, Rel. Min. Francisco Rezek, j. 10.08.1995, Plenário, *DJ* de 20.09.2002	■ **art. 187** — planejamento e execução da política agrícola na forma da lei	■ **Eficácia limitada** ■ De acordo com o STF, o art. 187 é **norma programática**, na medida em que prevê especificações em lei ordinária. Isso porque, de acordo com a referida regra, a política agrícola será planejada e executada **na forma da lei**, com a participação efetiva do setor de produção, envolvendo produtores e trabalhadores rurais, ■ bem como dos setores de comercialização, de armazenamento e de transportes, levando em conta diversos preceitos indicados no referido dispositivo

■ **ADPF 144**, Rel. Min. Celso de Mello, j. 06.08.2008, Plenário, *DJE* de 26.02.2010	■ **art. 14, § 9.º** — outras hipóteses de inelegibilidade além das expressamente previstas na CF/88	■ **Eficácia limitada** ■ Conforme estudamos no *item 17.4.2* (candidatos "ficha suja"), o STF entendeu que a regra contida no art. 14, § 9.º, não é autoaplicável, dependendo, então, para serem criadas outras hipóteses de inelegibilidade, além das expressamente previstas na Constituição, de **lei complementar**. A regulamentação se deu nos termos da LC n. 64/90 e, mais recentemente, pela LC n. 135/2010
■ **RE 271.286-AgR**, Rel. Min. Celso de Mello, j. 12.09.2000, 2.ª Turma, *DJ* de 24.11.2000. No mesmo sentido: **STA 175-AgR**, Rel. Min. Presidente Gilmar Mendes, j. 17.03.2010, Plenário, *DJE* de 30.04.2010 ■ *Vide:* **AI 734.487-AgR**, Rel. Min. Ellen Gracie, j. 03.08.2010, 2.ª Turma, *DJE* de 20.08.2010	■ **art. 196** — direito à saúde	■ **Eficácia limitada — interessante proposta de concretização** ■ "O **direito público subjetivo à saúde** representa prerrogativa jurídica indisponível assegurada à generalidade das pessoas pela própria Constituição da República (art. 196). Traduz bem jurídico constitucionalmente tutelado, por cuja integridade deve velar, de maneira responsável, o **Poder Público**, a quem incumbe formular — e implementar — políticas sociais e econômicas idôneas que visem a garantir, aos cidadãos, inclusive àqueles portadores do vírus HIV, o acesso universal e igualitário à assistência farmacêutica e médico-hospitalar. O **direito à saúde** — além de qualificar-se como direito fundamental que assiste a todas as pessoas — representa consequência constitucional indissociável do **direito à vida**. O Poder Público, qualquer que seja a esfera institucional de sua atuação no plano da organização federativa brasileira, não pode mostrar-se indiferente ao problema da saúde da população, sob pena de incidir, ainda que por censurável omissão, em grave comportamento inconstitucional. **A interpretação da norma programática não pode transformá-la em promessa constitucional inconsequente.** O **caráter programático** da regra inscrita no art. 196 da Carta Política — que tem por destinatários todos os entes políticos que compõem, no plano institucional, a organização federativa do Estado brasileiro — **não pode converter-se em promessa constitucional inconsequente**, sob pena de o Poder Público, fraudando justas expectativas nele depositadas pela coletividade, substituir, de maneira ilegítima, o cumprimento de seu impostergável dever, por um gesto irresponsável de infidelidade governamental ao que determina a própria Lei Fundamental do Estado. (...) O reconhecimento judicial da validade jurídica de programas de distribuição gratuita de medicamentos a pessoas carentes, inclusive àquelas portadoras do vírus HIV/Aids, dá efetividade a preceitos fundamentais da Constituição da República (arts. 5.º, *caput*, e 196) e representa, na **concreção do seu alcance**, um gesto reverente e solidário de apreço à vida e à saúde das pessoas, especialmente daquelas que nada têm e nada possuem, a não ser a consciência de sua própria humanidade e de sua essencial dignidade. Precedentes do STF"
■ **MI 369**, Rel. p/ o ac. Min. Francisco Rezek, j. 19.08.1992, Plenário, *DJ* de 26.02.1993 ■ **MI 1.090**, Rel. Min. Gilmar Mendes, j. 06.02.2013, Plenário, *DJE* de 23.04.2013	■ **art. 7.º, XXI** — aviso prévio proporcional ao tempo de serviço	■ **Eficácia limitada** ■ Regulamentação pela **Lei n. 12.506/2011** ■ Cf. *item 3.7.2.1*

▪ **RE 169.173**, Rel. Min. Moreira Alves, j. 10.05.1996, 1.ª Turma, *DJ* de 16.05.1997. No mesmo sentido: RE 637.282, Rel. Min. Dias Toffoli, decisão monocrática, j. 23.08.2012, *DJE* de 31.08.2012	▪ **art. 7.º, XXIII** — adicional de remuneração para as atividades penosas, insalubres ou perigosas, na forma da lei	▪ **Eficácia limitada** ▪ Conforme voto do Min. Moreira Alves (RE 169.173), "com relação aos trabalhadores submetidos à legislação trabalhista, o disposto no art. 7.º, XXIII, da Constituição Federal teve aplicação imediata por ter sido recebido pela atual Carta Magna o disposto no art. 193 da CLT e os atos que o regulamentam; o mesmo não ocorre, porém, com os servidores públicos civis da União, dos Estados, do Distrito Federal e dos Municípios, que **dependem**, para a percepção dessas vantagens, da **respectiva legislação referente a seu regime jurídico**" (nesse ponto a eficácia limitada, acrescente-se)
▪ **ADI 1.232**, rel. p/ o ac. Min. Nelson Jobim, j. 27.08.1998, Plenário, *DJ* de 1.º.06.2001 ▪ **RE 213.736**, j. 22.02.2000	▪ **art. 203, V** — garantia de um salário mínimo de benefício mensal à pessoa portadora de deficiência e ao idoso que comprovem não possuir meios de prover à própria manutenção ou de tê-la provida por sua família, **conforme dispuser a lei**	▪ **Eficácia limitada** ▪ O disposto no art. 203, V, tornou-se aplicável a partir da edição da Lei n. 8.742/93

▪ 5.10. MATERIAL DIGITAL EXCLUSIVO

5

EFICÁCIA E APLICABILIDADE DAS NORMAS CONSTITUCIONAIS

Download de Questões Modelo Tradicional — somos.in/DCE25018

Banco de Questões Plataforma — somos.in/DCE25019

Resolução de Questões Pedro Lenza — somos.in/DCE25115

Videoaulas — somos.in/DCE25094

6

CONTROLE DE CONSTITUCIONALIDADE

6.1. CONTROLE DE CONSTITUCIONALIDADE: DIREITO COMPARADO E SISTEMA BRASILEIRO[1]

6.1.1. Noções preliminares

O legislador constituinte originário criou mecanismos por meio dos quais se controlam os atos normativos, verificando sua adequação aos preceitos previstos na "Lei Maior".

Como requisitos fundamentais e essenciais para o controle, lembramos a existência de uma **Constituição rígida** e a **atribuição de competência a um órgão** para resolver os problemas de constitucionalidade, órgão esse que variará de acordo com o sistema de controle adotado.

Conforme já estudado, **Constituição rígida** é aquela que possui um processo de alteração mais dificultoso, mais árduo, mais solene que o processo legislativo de alteração das normas não constitucionais. A CF brasileira é rígida, diante das regras procedimentais solenes de alteração previstas em seu art. 60.

A ideia de controle, então, emanada da rigidez, pressupõe a noção de um **escalonamento normativo**, ocupando a Constituição o grau máximo na aludida relação hierárquica, caracterizando-se como **norma de validade** para os demais atos normativos do sistema.

Trata-se do **princípio da supremacia da Constituição**, que, nos dizeres do Professor José Afonso da Silva, reputado por Pinto Ferreira como "pedra angular, em que assenta o edifício do moderno direito político", "significa que a Constituição se coloca no vértice do sistema jurídico do país, a que confere validade, e que todos os poderes estatais são legítimos na medida em que ela os reconheça e na proporção por ela distribuídos. É, enfim, a lei suprema do Estado, pois é nela que se encontram a própria estruturação deste e a organização de seus órgãos; é nela que se acham as *normas fundamentais* de Estado, e só nisso se notará sua superioridade em relação às demais normas jurídicas". Desse princípio, continua o mestre, "resulta o da *compatibilidade vertical* das normas da ordenação jurídica de um país, no sentido de que

[1] Todo o conteúdo desse *item 6.1* foi retirado, com algumas adaptações, de Pedro Lenza, *Coisa julgada* erga omnes: processo coletivo, controle de constitucionalidade e súmula vinculante (originalmente defendido como tese de doutorado — USP).

Acesse também o vídeo sobre o capítulo pelo link: somos.in/DCE25021

as normas de grau inferior somente valerão se forem compatíveis com as normas de grau superior, que é a Constituição. As que não forem compatíveis com ela são inválidas, pois a *incompatibilidade vertical* resolve-se em favor das normas de grau mais elevado, que funcionam como fundamento de validade das inferiores".[2]

A Constituição está, pois, no ápice da pirâmide, orientando e "iluminando" os demais atos infraconstitucionais.

Alertamos que há uma tendência a ampliar o conteúdo do parâmetro de constitucionalidade de acordo com aquilo que a doutrina vem chamando de **bloco de constitucionalidade** e que será estudado no *item 6.7.1.3*.

6.1.2. A inconstitucionalidade das leis e a regra geral da "teoria da nulidade". Sistema austríaco (Kelsen) *versus* Sistema norte-americano (Marshall). Anulabilidade *versus* nulidade

Pode-se afirmar que a maioria da doutrina brasileira acatou, inclusive por influência do direito norte-americano, a caracterização da **teoria da nulidade** ao se declarar a inconstitucionalidade de lei ou ato normativo (afetando **o plano da validade**).

Trata-se, nesse sentido, de ato **declaratório** que reconhece uma situação pretérita, qual seja, o "vício congênito", de "nascimento", de "origem" do ato normativo.

A ideia de a lei ter "nascido morta" (*natimorta*), já que existente enquanto ato estatal, mas em desconformidade (em razão do vício de inconstitucionalidade) em relação à noção de "bloco de constitucionalidade" (ou paradigma de controle), consagra a **teoria da nulidade**, afastando a incidência da teoria da anulabilidade.

Assim, o ato legislativo, por regra, uma vez declarado inconstitucional, deve ser considerado, nos termos da doutrina brasileira majoritária, "... nulo, írrito, e, portanto, desprovido de força vinculativa".[3]

A doutrina tradicional já se manifestava nessa linha, destacando-se os ensinamentos de Rui Barbosa,[4] Alfredo Buzaid,[5] Castro Nunes[6] e Francisco Campos.[7]

Cappelletti, ao descrever o sistema "norte-americano", observa que "... a lei inconstitucional, porque contrária a uma *norma superior*, é considerada *absolutamente nula* ('null and void') e, por isto, *ineficaz*, pelo que o juiz, que exerce o poder de controle, não anula, mas, meramente, *declara (preexistente) nulidade da lei inconstitucional*".[8]

Contra esse entendimento, destaca-se a **teoria da anulabilidade da norma inconstitucional** defendida por Kelsen[9] e que influenciou a Corte Constitucional

[2] José Afonso da Silva, *Curso de direito constitucional positivo*, p. 47 e 49.

[3] A. Buzaid, *Da ação direta de declaração de inconstitucionalidade no direito brasileiro*, p. 21.

[4] Cf. Rui Barbosa, *Actos inconstitucionais do congresso e do executivo ante a justiça federal*, p. 41 e s.

[5] A. Buzaid, *Da ação direta de declaração de inconstitucionalidade no direito brasileiro*, passim.

[6] J. de C. Nunes, *Teoria e prática do poder judiciário*, p. 588-589.

[7] F. Campos, *Direito constitucional*, v. 1, p. 430-431.

[8] M. Cappelletti, *O controle judicial de constitucionalidade das leis no direito comparado*, p. 115-116.

[9] Hans Kelsen, *Teoria pura do direito*, p. 374-376.

Acesse também a videoaula pelo link: somos.in/DCE25095

austríaca, caracterizando-se como constitutiva a natureza jurídica da decisão que a reconhece.[10]

Segundo Cappelletti, no **sistema austríaco**, diferentemente do sistema norte-americano da nulidade, "... a Corte Constitucional não declara uma nulidade, mas *anula, cassa* ('aufhebt') uma lei que, até o momento em que o pronunciamento da Corte não seja publicado, é *válida e eficaz*, posto que inconstitucional (*sic*). Não é só: mas — coisa ainda mais notável — a Corte Constitucional austríaca tem, de resto, o poder discricionário de dispor que a anulação da lei opere somente a partir de uma determinada data *posterior* ('Kundmachung') de seu pronunciamento, contanto que este diferimento de eficácia constitutiva do pronunciamento não seja superior a um ano...".[11]

Na linha da **teoria da anulabilidade** da lei inconstitucional (ineficácia a partir da decisão), no **Brasil**, em sede doutrinária e minoritária, destacam-se Pontes de Miranda[12] e Regina Nery Ferrari.[13]

A confrontação dos sistemas pode ser assim esquematizada:

SISTEMA AUSTRÍACO (KELSEN)	SISTEMA NORTE-AMERICANO (MARSHALL)
■ decisão tem eficácia **constitutiva** (caráter constitutivo-negativo)	■ decisão tem eficácia **declaratória** de situação preexistente
■ por regra, o vício de inconstitucionalidade é aferido no **plano da eficácia**	■ por regra, o vício de inconstitucionalidade é aferido no **plano da validade**
■ por regra, decisão que reconhece a inconstitucionalidade produz **efeitos *ex nunc*** (prospectivos)	■ por regra, decisão que declara a inconstitucionalidade produz **efeitos *ex tunc*** (retroativos)
■ a lei inconstitucional é **ato anulável** (a anulabilidade pode aparecer em vários graus)	■ a lei inconstitucional é **ato nulo** (*null and void*), **ineficaz** (nulidade *ab origine*), **írrito** e, portanto, **desprovido de força vinculativa**
■ lei **provisoriamente válida**, produzindo efeitos até a sua anulação	■ **invalidação *ab initio*** dos atos praticados com base na lei inconstitucional, atingindo-a no berço
■ o reconhecimento da ineficácia da lei produz efeitos a partir da decisão ou para o futuro (*ex nunc* ou *pro futuro*), sendo *erga omnes*, preservando-se, assim, os efeitos produzidos até então pela lei	■ a lei, por ter nascido morta (*natimorta*), nunca chegou a produzir efeitos (não chegou a "viver"), ou seja, apesar de existir, **não entrou no plano da eficácia**

10 Conforme anotou Elival da Silva Ramos, "a dificuldade de Kelsen em admitir o ato legislativo inexistente, assim como o inválido sancionado com a nulidade *ab initio*, está ligada a seus pressupostos teoréticos, segundo os quais o Direito é concebido como uma construção lógica impecável, em que os elementos inferiores não podem estar em contradição com os superiores, sob pena de serem proscritos do mundo jurídico. Daí a pretensão de reduzir as categorias da inexistência e da nulidade à da anulabilidade, trabalhando com a ideia de uma validade transitória, até a desconstituição do ato por decisão judicial" (*A inconstitucionalidade das leis:* vício e sanção, p. 23). Cf. H. Kelsen, *Teoria pura do direito*, p. 292-300.

11 M. Cappelletti, *O controle judicial de constitucionalidade das leis no direito comparado*, p. 116. Esse prazo, segundo anota Gilmar Mendes, é de **18 meses**, nos termos do art. 140, § 5.º, terceiro período, da Constituição austríaca (I. G. da S. Martins, G. F. Mendes, *Controle concentrado de constitucionalidade:* comentários à Lei n. 9.868, de 10.11.99, p. 426).

12 F. C. Pontes de Miranda, *Comentários à Constituição de 1946*, t. 6, p. 413 e s.

13 R. M. M. N. Ferrari, *Efeitos da declaração de inconstitucionalidade*, 5. ed., p. 268-296.

Esse quadro representa tanto a teoria da nulidade (que prevalece na realidade brasileira) como a da anulabilidade em seus extremos. Ao longo dos tempos, doutrina e jurisprudência procuraram flexibilizá-las. É o que passamos a estudar.

6.1.3. Flexibilização das teorias da "nulidade absoluta da lei declarada inconstitucional" e da "anulabilidade da norma inconstitucional" no direito estrangeiro (brevíssima noção)

Cappelletti observa que tanto o rigor da regra da **não retroatividade** do sistema austríaco como o da técnica da **nulidade absoluta** do sistema norte-americano tiveram de ser reavaliados, visto que insubsistentes.[14]

6.1.3.1. Áustria

Em relação à **Áustria**, em 1929, a regra que negava qualquer retroatividade às decisões e pronunciamentos da Corte Constitucional foi atenuada, fixando-se a possibilidade de atribuição de efeitos retroativos à decisão anulatória.

Regina Ferrari observa que "o efeito voltado para o futuro — *ex nunc* — é o normal das sentenças constitutivas, mas não pertence à sua essência: o essencial é a produção de um estado jurídico que não existia antes de tal decisão".

Conclui em seguida que "... a norma inconstitucional é anulável e os atos praticados sob o império dessa lei devem ser considerados válidos, até e enquanto não haja decisão que a fulmine com tal vício, operando eficaz e normalmente como qualquer outra disposição válida, já que o é até a decretação de inconstitucionalidade". Finalmente, admite que referida sentença pode ter alcance *ex tunc*.[15]

6.1.3.2. Estados Unidos

Quanto à técnica "fria" da nulidade *ab origine* (de origem norte-americana — *"the inconstitutional statute is not law at all"*[16] — e adotada no Brasil), Cappelletti passa a imaginar situações práticas que apontariam a sua inadequação.

Como ficariam todos os atos praticados, durante longos anos, sob a vigência de uma lei que venha a ser declarada inconstitucional? Como resolver a questão de um contrato que tenha sido celebrado e servido de base para a prestação de um serviço público por longos anos? Como ficarão os efeitos da lei? Como sustentar o cumprimento de uma pena que tenha fundamento em lei que venha a ser declarada inconstitucional? Que fazer com os efeitos já consolidados? E a coisa julgada? E o mínimo de certeza e estabilidade que todas as relações jurídicas devem ter?

---

14 M. Cappelletti, *O controle judicial de constitucionalidade das leis no direito comparado*, p. 120-124.

15 R. M. M. N. Ferrari, *Efeitos da declaração de inconstitucionalidade*, 5. ed., p. 164-176, esp. p. 168; 172-173 e 176.

16 Cf. Willoughby, *The constitutional law*, v. 1, p. 9-10, e, também, Thomas M. Cooley, *Treaties on the constitutional limitations*, 1878, p. 227, apud I. G. da S. Martins, G. F. Mendes, *Controle concentrado de constitucionalidade*: comentários à Lei n. 9.868, de 10.11.99, p. 452.

Nos **Estados Unidos**, o precedente lembrado é o caso *Linkletter v. Walker*, 381 U.S. 618 (1965), em relação ao qual, realizando análise política, a Suprema Corte entendeu que o reconhecimento de inconstitucionalidade de lei que permitia certo sistema de colheita de provas não retroagiria para invalidar decisões já tomadas com base naquele sistema.

Conforme relatado por Gilmar Mendes,[17] toda a polêmica decorreu do julgamento do caso *Mapp v. Ohio*, 367 U.S. 643 (1961), no qual a Suprema Corte entendeu, nos termos da 4.ª Emenda, que a prova obtida ilegalmente não poderia ser considerada no juízo penal, seja nas Cortes Federais, como também, e inovando, nas Estaduais, superando-se a doutrina fixada em *Wolf v. Colorado*, 338 U.S. 25 (1949).

O objetivo era desestimular "ações ilegais da polícia, proteger a privacidade das vítimas e ensejar que os órgãos federais e estaduais operassem com base nos mesmos padrões jurídicos". Contudo, à decisão não foi atribuído efeito retroativo, para evitar, segundo o Juiz Clark, a quebra de confiança depositada em *Wolf v. Colorado* e impor "desmedida carga de trabalho para a administração da Justiça".[18]

Assim, o pedido de se considerar ilegal, no caso *Likletter v. Walker*, a obtenção da prova por arrombamento, agora com base no novo precedente fixado em *Mapp v. Ohio*, foi indeferido para evitar sério problema de administração de justiça (e a perspectiva de diversos pedidos no mesmo sentido de revisão), surgindo, pois, uma importante atenuação ao rígido princípio da nulidade absoluta da lei.[19]

Parafraseando Sérgio Resende de Barros, parecia estar sendo desatado o "nó górdio" do sistema de controle, flexibilizando o sistema da nulidade absoluta e se permitindo a **modulação dos efeitos da declaração de inconstitucionalidade**.[20]

---

[17] I. G. da S. Martins, G. F. Mendes, *Controle concentrado de constitucionalidade*, p. 421-425.

[18] I. G. da S. Martins, G. F. Mendes, *Controle concentrado de constitucionalidade*, p. 423.

[19] Gilmar Mendes transcreve parte da justificativa da Suprema Corte dos Estados Unidos: "... uma vez aceita a premissa de que não somos requeridos e nem proibidos de aplicar uma decisão retroativamente, devemos então sopesar os méritos e deméritos em cada caso, analisando o histórico anterior da norma em questão, seu objetivo e efeito, e se a operação retrospectiva irá adiantar ou retardar sua operação. Acreditamos que essa abordagem é particularmente correta com referência às proibições da 4.ª Emenda, no que concerne às buscas e apreensões desarrazoadas. Ao invés de 'depreciar' a Emenda devemos aplicar a sabedoria do Justice Holmes que dizia que 'na vida da lei não existe lógica: o que há é a experiência' (*United States Reports*, 381:629)" (*Controle concentrado de constitucionalidade*, p. 424).

[20] S. R. de Barros, O nó górdio do sistema misto, in A. R. Tavares, W. C. Rothenburg (org.), *Arguição de descumprimento de preceito fundamental*: análise à luz da Lei n. 9.882/99, p. 191 — no caso, referindo-se ao sistema brasileiro. Nessa linha da flexibilização, Palu, ao tratar dos **graus de retroatividade das sentenças de inconstitucionalidade**, observa que "... a doutrina e jurisprudência norte-americanas têm as respostas nas técnicas, *v.g.*, da *prospective overruling* e *limited retrospectivity*; justamente no país que estabeleceu a regra da nulidade absoluta da lei inconstitucional e da eficácia *ex tunc* dos julgamentos vem agora a técnica, sobretudo da *limited prospectivity*, a dispor que a sentença é aplicável somente aos processos iniciados após a decisão, inclusive afetando o processo que originou a questão; já a *prospectivity overruling*, ou *pure prospectivity*, exclui toda a retroatividade, não se aplicando ao processo de origem. Evidentemente, em um sistema que depen-

6.1.3.3. *Espanha*

Garcia de Enterría, na **Espanha**, destaca a hipótese de declaração de inconstitucionalidade sem pronúncia de nulidade e *pro futuro* tendo como precedente a **Sentença n. 45/1989**.[21]

6.1.3.4. *Portugal*

Em **Portugal**, muito embora a declaração de nulidade da lei inconstitucional seja a regra geral, há expressa autorização constitucional permitindo a modulação dos efeitos da decisão, bem como a desconstituição da coisa julgada em matérias específicas e desde que haja expressa determinação pelo Tribunal Constitucional.

6.1.3.5. *Alemanha*

Na **Alemanha**, o princípio da nulidade da lei inconstitucional está consagrado como regra geral, nos termos do § 78 da Lei do *Bundesverfassungsgericht*.

Contudo, ensina Gilmar Mendes, várias técnicas surgem no sentido de resolver alguns problemas trazidos pela rigidez do princípio da nulidade (que é reconhecido como constitucional, como visto), destacando-se o **"apelo ao legislador"** ou **"situação ainda constitucional"** (*Appellentscheidung*)[22] e a **declaração de inconstitucionalidade sem pronúncia de nulidade** (*Unvereinbarkeitserklärung* — omissão parcial; exclusão de benefício incompatível com o princípio da isonomia;[23] ameaça de caos jurídico, lacunas ameaçadoras etc.).[24]

6.1.4. Flexibilização da teoria da nulidade no direito brasileiro

A regra geral da nulidade absoluta da lei inconstitucional vem sendo, casuisticamente, afastada pela jurisprudência brasileira e repensada pela doutrina.

Ao lado do **princípio da nulidade**, que adquire, certamente, o *status* de **valor constitucionalizado**, tendo em vista o princípio da **supremacia da Constituição**, outros valores, de igual hierarquia, destacam-se, por exemplo, o princípio da **segurança jurídica** e o da **boa-fé**.

Nesses termos, valendo-se da evolução da jurisprudência norte-americana, Lúcio Bittencourt afirma que a "... doutrina da *ineficácia ab initio* da lei inconstitucio-

---

de dos casos concretos (*cases*) para a declaração de inconstitucionalidade, a técnica da *pure prospectivity* gerou perplexidades, ainda que a declaração possa valer para casos concretos futuros" (Osvaldo Luiz Palu. *Controle de constitucionalidade:* conceitos, sistemas e efeitos, p. 173).

21 E. G. de Enterría, Justicia constitucional: la doctrina prospectiva en la declaración de ineficacia de las leyes inconstitucionales, *RDP* 92/5.

22 Cf. G. F. Mendes, Tribunal Constitucional alemão. O apelo ao legislador — "appellentscheidung" — na práxis da corte constitucional alemã, *RDP* 99/32-53.

23 No Brasil, veja o precedente da **ADI 526**, Rel. Min. Sepúlveda Pertence, *RTJ* 145/101.

24 I. G. da S. Martins, G. F. Mendes, *Controle concentrado de constitucionalidade*, p. 431-447.

nal não pode ser entendida em termos absolutos, pois que os efeitos *de fato* que a norma produziu não podem ser suprimidos, sumariamente, por simples obra de um decreto judiciário".[25]

6.1.4.1. *A mitigação do princípio da nulidade no controle concentrado — art. 27 da Lei n. 9.868/99 e art. 11 da Lei n. 9.882/99*

Toda evolução e movimento verificados no direito estrangeiro também foram considerados no Brasil, que "legalizou" a tendência jurisprudencial que já vinha sendo percebida,[26] muito embora lentamente, a flexibilizar a rigidez do princípio geral — e que ainda é regra, diga-se de passagem — da **nulidade** da lei declarada inconstitucional no controle concentrado.

Nesse sentido, com bastante propriedade, estabelece o **art. 27 da Lei n. 9.868/99**:

> "Ao declarar a inconstitucionalidade de lei ou ato normativo, e tendo em vista **razões de segurança jurídica** ou de **excepcional interesse social**, poderá o Supremo Tribunal Federal, por maioria de **2/3** de seus membros, **restringir os efeitos daquela declaração ou decidir que ela só tenha eficácia a partir de seu trânsito em julgado ou de outro momento que venha a ser fixado**" (no mesmo sentido, cf. art. 11 da Lei n. 9.882/99 — ADPF).

Trata-se da denominada, pela doutrina, técnica de **modulação dos efeitos da decisão** e que, nesse contexto, permite uma melhor adequação da declaração de inconstitucionalidade, assegurando, por consequência e conforme visto, outros valores também constitucionalizados, como os da **segurança jurídica**, do **interesse social**, da **boa-fé**, da **proteção da confiança legítima**, enquanto expressões do Estado Democrático de Direito (impregnados de elevado conteúdo ético, social e jurídico) (Celso de Mello, ARE 709.212).

Nesse sentido foram as razões apontadas na *exposição de motivos* do projeto de lei que deu origem à referida Lei n. 9.868/99: "Entendeu, portanto, a Comissão que, ao lado da ortodoxa declaração de nulidade, há de se reconhecer a possibilidade de o Supremo Tribunal, em casos excepcionais, mediante decisão da maioria qualificada (dois terços dos votos), estabelecer limites aos efeitos da declaração de inconstitucionalidade, proferindo a inconstitucionalidade com eficácia *ex nunc* ou *pro futuro*, especialmente naqueles casos em que a declaração de nulidade se mostre inadequada (*v.g.*: lesão positiva ao princípio da isonomia) ou nas hipóteses em que a lacuna resul-

---

[25] C. A. L. Bittencourt, *O controle jurisdicional da constitucionalidade das leis*, p. 148.

[26] Antes da introdução do art. 27 da Lei n. 9.868/99 no ordenamento jurídico brasileiro, cf. o **RE 197.917**, destacando-se o voto do Min. Gilmar Mendes, assim como os debates na **ADI 526** e no **HC 70.514**. Cf., ainda, a aplicação da técnica da modulação dos efeitos da decisão nos seguintes julgados do STF: ADI 2.240; ADI 2.501; ADI 2.904; ADI 2.907; ADI 3.022; ADI 3.315; ADI 3.316; ADI 3.430; ADI 3.458; ADI 3.489; ADI 3.660; ADI 3.682; ADI 3.689; ADI 3.819; ADI 4.001; ADI 4.009; ADI 4.029.

tante da declaração de nulidade possa dar ensejo ao surgimento de uma situação ainda mais afastada da vontade constitucional".[27]

6.1.4.2. *A mitigação do princípio da nulidade no controle difuso*

A regra geral do art. 27 da Lei n. 9.868/99, em casos particulares, também tem sido aplicada, por analogia, ao controle difuso.

Em importante precedente, destaca-se ação civil pública ajuizada pelo MP de São Paulo objetivando reduzir o número de vereadores do Município de **Mira Estrela**, de 11 para 9, adequando-se ao mínimo constitucional previsto na redação original[28] do art. 29, IV, da CF/88. Pouco razoável seria um Município com 2.651 habitantes ter 11 vereadores, 2 além do mínimo constitucional.

O MP de São Paulo pedia a **devolução dos subsídios indevidamente pagos** e a **declaração incidental da inconstitucionalidade da lei** (controle difuso), com efeitos **retroativos**.

Porém, conforme ponderou o Min. Maurício Corrêa na parte final de seu voto, "... a declaração de nulidade com os ordinários efeitos *ex tunc* da composição da Câmara representaria um **verdadeiro caos quanto à validade**, não apenas, em parte, das eleições já realizadas, mas dos atos legislativos praticados por esse órgão sob o manto presuntivo da legitimidade. Nessa situação específica, tenho presente excepcionalidade tal a justificar que a presente decisão prevaleça **tão somente para as legislaturas futuras**, assegurando-se a prevalência, no caso, do sistema até então vigente em nome da segurança jurídica...".[29]

Partindo desse precedente, interessante a análise de tantos outros julgados no sentido de se **modular os efeitos da decisão** também no controle difuso, destacando-se os julgamentos do **RE-AgR 434.222/AM** e do **MS 22.357/DF**.

---

[27] Exposição de Motivos n. 189, de 07.04.1997, encaminhada pela Mensagem n. 396/97, ao **Projeto de Lei n. 2.960/97**, fruto do trabalho da Comissão de Juristas composta pelos Professores Ada Pellegrini Grinover, Álvaro Villaça Azevedo, Antonio Janyr Dall'Agnol Junior, Arnoldo Wald, Carlos Alberto Direito, Gilmar Ferreira Mendes, Luís Roberto Barroso, Manoel André da Rocha, Roberto Rosas, Ruy Rosado de Aguiar Júnior e Antonio Herman Vasconcelos Benjamin e presidida pelo Professor Caio Tácito, tendo sido a primeira versão do anteprojeto elaborada pelo Professor Gilmar Mendes.

[28] A redação original do art. 29, IV, "a", antes da redação dada pela **EC n. 58/2009**, prescrevia que o número de Vereadores, proporcional à população do Município, deveria observar os seguintes limites nos Municípios de até um milhão de habitantes: mínimo de 9 e máximo de 21. Como se percebe, havia uma abertura muito grande, diferente do que se observa na atual redação.

[29] **Cf. RE 197.917/SP** — Rel. Min. Maurício Corrêa, j. 06.06.2002, Pleno; *DJ* de 07.05.2004, p. 8 ("EMENTA: ... 8. Efeitos. Princípio da **segurança jurídica**. Situação excepcional em que a declaração de "nulidade, com seus normais efeitos *ex tunc*, resultaria grave ameaça a todo o sistema legislativo vigente. Prevalência do **interesse público** para assegurar, em caráter de exceção, efeitos *pro futuro* à declaração incidental de inconstitucionalidade"). Cf., ainda, trazendo vários exemplos de "modulação de efeitos da decisão", a **densidade** do voto do Min. Gilmar Mendes.

O STF, portanto, à luz do **princípio da segurança jurídica**, do **princípio da confiança**, da **ética jurídica**, da **boa-fé**, todos **constitucionalizados**, em verdadeira **ponderação de valores**, vem, casuisticamente, mitigando os efeitos da decisão que reconhece a inconstitucionalidade das leis também no controle difuso, preservando-se situações pretéritas consolidadas com base na lei objeto do controle.

Sem dúvida, de maneira coerente, imprescindível essa tendência de **mitigação do princípio da nulidade**, tanto em sede de controle concentrado como em sede de controle difuso.

▪ 6.1.5. Constitucionalidade e inconstitucionalidade superveniente?

REGRA	EXCEÇÃO
▪ **proibição do fenômeno da constitucionalidade superveniente (vício congênito — ato nulo)**	▪ **ADI 2.240 e ADO 3.682:** caso Luís Eduardo Magalhães — possibilidade de constitucionalidade superveniente decorrente de decisão judicial ▪ **EC n. 57/2008:** correção de vício congênito por decisão política do parlamento
▪ **proibição do fenômeno da inconstitucionalidade superveniente (lei nasceu "perfeita", sem vício formal e sem vício material)**	▪ mutação constitucional ▪ mudança do substrato fático da norma

Em regra, não se pode admitir nem o fenômeno da constitucionalidade superveniente, nem o da inconstitucionalidade superveniente.

A) CONSTITUCIONALIDADE SUPERVENIENTE

Constitucionalidade superveniente significa o fenômeno pelo qual uma lei ou ato normativo que tenha "nascido" com algum vício de inconstitucionalidade, seja formal ou material, e se constitucionaliza. Esse fenômeno é inadmitido na medida em que o vício congênito não se convalida. Ou seja, se a lei é inconstitucional, trata-se de ato nulo (*null and void*), írrito, natimorto, ineficaz e, assim, por regra, não pode ser "corrigido", pois o vício de inconstitucionalidade não se convalida, é um vício insanável, "incurável".

Como exceção a essa regra, lembramos o julgamento da ADI 2.240 e da ADO 3.682, pelas quais se possibilitaria, artificialmente, a "correção" do processo de criação do município Luís Eduardo Magalhães, conforme estudamos no *item 6.7.1.9*. Estaríamos diante do fenômeno da constitucionalidade superveniente por **decisão judicial**, o que não se verificou, pois o prazo fixado na ADO 3.682, para se corrigir o vício congênito da lei estadual que criou o novo município, transcorreu *in albis*.

Como se sabe (e, como se disse, o tema poderá ser compreendido no *item 6.7.1.9*), a convalidação dos extraordinários vícios de inconstitucionalidade se deu pela **EC n. 57/2008**, que, então, poderia ser um "triste", porque flagrantemente "inconstitucional", exemplo de constitucionalidade superveniente por emenda constitucional e, assim, decisão política do parlamento, sempre passível, nesse caso específico, de controle judicial.

Acesse também a videoaula pelo link: somos.in/DCE25095

B) INCONSTITUCIONALIDADE SUPERVENIENTE

Inconstitucionalidade superveniente, por sua vez, seria o fenômeno pelo qual uma lei ou ato normativo que "nasceu" "perfeita", sem nenhum tipo de vício de inconstitucionalidade, vem a se tornar inconstitucional.

Em regra, esse fenômeno não é observado. A seguir, dois exemplos clássicos, na visão da jurisprudência do STF, que afastam essa possibilidade em razão da caracterização de outros institutos específicos e próprios:

- **lei editada antes do advento da nova Constituição (fenômeno da recepção):** se a lei foi editada antes do advento de uma nova Constituição, duas situações surgem: ou a lei é compatível e será recepcionada, ou a lei é incompatível e, então, nesse caso, será **revogada** por não recepção (cf. *item 4.8.1*).

Não se pode falar em inconstitucionalidade superveniente nesse caso, pois não haverá preenchimento da regra da contemporaneidade. Ou seja, para se falar em controle de constitucionalidade, a lei tem que ter sido editada na vigência do texto de 1988 e ser confrontada (parâmetro de controle) perante a CF/88 ou toda normatividade que tenha *status* de Constituição, dentro de uma perspectiva de "bloco de constitucionalidade" (cf. *item 6.7.1.3*).

- **lei editada já na vigência da nova Constituição e superveniência de emenda constitucional futura que altere o fundamento de constitucionalidade da lei:** o STF entende que, se a lei foi editada já na vigência da nova Constituição sem nenhum tipo de vício, eventual emenda constitucional que mude o parâmetro de controle pode deixar de assegurar validade à referida norma, e, assim, a nova emenda constitucional **revogaria** a lei em sentido contrário. Não se trata, portanto, do fenômeno de inconstitucionalidade superveniente.

A regra da impossibilidade de inconstitucionalidade superveniente, contudo, apresenta duas exceções: **a)** mutação constitucional; **b)** mudança no substrato fático da norma.

No primeiro caso **(mutação constitucional)**, a redação do dispositivo da Constituição não é alterada, mas o seu sentido interpretativo muda, surgindo, então, uma nova norma jurídica. As **mutações constitucionais**, portanto, exteriorizam o caráter **dinâmico** e de **prospecção** das normas jurídicas, por meio de **processos informais**. Informais no sentido de não serem previstos dentre aquelas mudanças formalmente estabelecidas no texto constitucional, como, por exemplo, as alterações por emendas constitucionais (cf. *item 3.1*).

Vamos imaginar uma lei que proibia a união estável homoafetiva e que, durante muito tempo, encontrou fundamento na CF/88, especialmente na hoje ultrapassada (literal) leitura do art. 226, § 3.º, que dispõe, para efeito da proteção do Estado, ser reconhecida a união estável entre o **homem** e a **mulher** como entidade familiar, devendo a lei facilitar sua conversão em casamento.

Assim, no exemplo, em um primeiro momento, a referida lei, que só admitia a união estável entre o homem e a mulher, era considerada constitucional.

Com a evolução da sociedade e do entendimento da Corte, passou-se a admitir a união estável entre pessoas do mesmo sexo, especialmente ao se fazer uma releitura do art. 226, § 3.º, à luz da dignidade da pessoa humana (art. 1.º, III) e do art. 3.º, IV, que prescreve, dentre os objetivos fundamentais da República Federativa do Brasil, o de promover o bem de todos, **sem preconceitos** de origem, raça, sexo, cor, idade e quaisquer outras formas de discriminação.

A lei, então, que nasceu constitucional, tornar-se-ia inconstitucional em razão da mudança no sentido interpretativo do parâmetro de constitucionalidade.

No segundo caso **(mudança no substrato fático da norma)**, não se tem uma alteração no parâmetro da Constituição, mas nos novos aspectos de fato que surgem e que não eram claros no momento da primeira interpretação.

Como exemplo, lembramos o precedente do **amianto** (cf. *item 7.11.1*). Em um primeiro momento, o STF pronunciou-se no sentido de se declarar a constitucionalidade da lei federal que admitia o uso controlado de uma das modalidades do amianto (asbesto branco). Em momento seguinte, em razão da mudança no substrato fático da norma, referida disposição se tornou inconstitucional, passando a norma por um **processo de inconstitucionalização**.

Percebam, seja na primeira interpretação, seja 22 anos depois quando houve a mudança de entendimento, a Constituição sempre proibiu substâncias que fizessem mal à saúde ou ao meio ambiente. O que se observou foi um novo diagnóstico do potencial de violação à saúde, inclusive em razão dos avanços tecnológicos e de pesquisa. Por esse motivo é que estamos fazendo uma distinção com o fenômeno da mutação constitucional, quando a alteração é do sentido da própria Constituição.

Conforme anotou o Min. Dias Toffoli em seu voto proferido no julgamento da **ADI 3.937**, "as percepções dos níveis de consenso e dissenso em torno da necessidade ou não do banimento do amianto não são mais os mesmos observados quando da edição da referida norma geral (Lei n. 9.055/95, acrescente-se). Se, antes, tinha-se notícia dos possíveis riscos à saúde e ao meio ambiente ocasionados pela utilização da crisotila, falando-se naquela época na **possibilidade do uso controlado dessa substância**, hoje (**22 anos depois**, acrescente-se), o que se observa é um consenso em torno da **natureza altamente cancerígena do mineral** e da **inviabilidade de seu uso de forma efetivamente segura**, sendo esse o entendimento oficial dos órgãos nacionais e internacionais que detêm autoridade no tema da saúde em geral e da saúde do trabalhador" (Pleno, j. 24.08.2017, fls. 15 do voto do Min. Dias Toffoli, *DJE* de 01.02.2019, pendente o julgamento dos embargos de declaração com a possibilidade de efeitos infringentes em relação à declaração incidental de inconstitucionalidade – *vide* voto da Min. Cármen Lúcia).

Além de toda a argumentação destacando os documentos internacionais de proteção a direitos humanos, o Min. Dias Toffoli ainda observa: "quando da edição da Lei federal, o país não dispunha de produto qualificado para substituir o amianto crisotila. No entanto, hoje já existem materiais alternativos. Além de ser importado desde 2003, o **PVA**, por exemplo, passou a ser produzido no Brasil a partir de matéria-prima nacional, o fio de polipropileno, possibilitando a substituição da crisotila. Ressalte-se que a Agência Nacional de Vigilância Sanitária (ANVISA) e o Ministério da Saúde já recomendaram a substituição do amianto pelas fibras de poliálcool vinílico (PVA) ou de polipropileno (PP), conforme Nota Técnica elaborada por Grupo de Trabalho dessa autarquia federal (fl. 1068)..." (fls. 24 do voto).

Finalmente, conclui: "esse conjunto de fatores — quais sejam, (i) o consenso dos órgãos oficiais de saúde geral e de saúde do trabalhador em torno da natureza altamente cancerígena do amianto crisotila; (ii) a existência de materiais alternativos à fibra de amianto e (iii) a ausência de revisão da legislação federal, que já tem mais de 22 (vinte e dois anos) anos — revela a **inconstitucionalidade superveniente** (sob a óptica material) da Lei Federal n. 9.055/95, por ofensa, sobretudo, ao direito à saúde (arts. 6.º e 196, CF/88); ao dever estatal de redução dos riscos inerentes ao trabalho por meio de normas de saúde, higiene e segurança (art. 7.º, XXII, CF/88); e à proteção do meio ambiente (art. 225, CF/88)" (fls. 25).

■ 6.2. BREVE ANÁLISE EVOLUTIVA DO SISTEMA BRASILEIRO DE CONTROLE DE CONSTITUCIONALIDADE[30]

■ 6.2.1. Constituição de 1824

No tocante ao **sistema brasileiro de controle de constitucionalidade**,[31] a Constituição Imperial de 1824 não estabeleceu nenhum sistema de controle, consagrando o **dogma da soberania do Parlamento**, já que, sob a influência do direito francês (*a lei como "expressão da vontade geral"*) e do inglês (*supremacia do Parlamento*), somente o Órgão Legislativo poderia saber o verdadeiro sentido da norma.

No entanto, nas precisas palavras de Clèmerson Merlin Clève, "não foi apenas o dogma da soberania do Parlamento que impediu a emergência da fiscalização jurisdicional da constitucionalidade no Império. O Imperador, enquanto detentor do Poder Moderador, exercia uma função de coordenação; por isso, cabia a ele (art. 98) manter a 'independência, o equilíbrio e a harmonia entre os demais poderes'. Ora, o papel constitucional atribuído ao Poder Moderador, 'chave de toda a organização política' nos termos da Constituição, praticamente inviabilizou o exercício da função de fiscalização constitucional pelo Judiciário. Sim, porque, nos termos da Constitui-

[30] Todo este *item 6.2* foi apresentado em outro trabalho nosso: "A arguição de descumprimento de preceito fundamental sob a perspectiva do STF", in *Aspectos atuais do controle de constitucionalidade no Brasil*: recurso extraordinário e a arguição de descumprimento de preceito fundamental, São Paulo: Forense, 2003 (coord.: André Ramos Tavares e Walter Claudius Rothenburg), p. 192-197.

[31] Para análise dos sistemas norte-americano, austríaco e alemão, cf. Gilmar Ferreira Mendes, *Controle concentrado de constitucionalidade*, p. 1-18. Para estudo comparado e histórico do controle da constitucionalidade, interessante o trabalho de Oscar Vilhena Vieira: *Supremo Tribunal Federal*, p. 39-96 e de Ivo Dantas, *O valor da Constituição*, passim. Importante, também, dentre tantos outros trabalhos da doutrina nacional, notadamente em relação ao traçado da evolução do sistema de controle de constitucionalidade do direito pátrio, a contribuição de Gilmar Ferreira Mendes, *Controle concentrado de constitucionalidade*, p. 18-65; Clèmerson Merlin Clève (*A fiscalização abstrata de constitucionalidade no direito brasileiro*, p. 45-73) e Regina Maria Macedo Nery Ferrari (*Efeitos da declaração de inconstitucionalidade*, p. 24-48).

Acesse também a videoaula pelo link: somos.in/ DCE25095

ção de 1824, ao Imperador cabia solucionar os conflitos envolvendo os Poderes, e não ao Judiciário". Portanto, completa o ilustre jurista, "o dogma da 'soberania do Parlamento', a previsão de um Poder Moderador e mais a influência do direito público europeu, notadamente inglês e francês, sobre os homens públicos brasileiros, inclusive os operadores jurídicos, explicam a inexistência de um modelo de fiscalização jurisdicional da constitucionalidade das leis no Brasil ao tempo do Império".[32]

6.2.2. Constituição de 1891

A partir da Constituição Republicana de 1891, sob a influência do direito norte-americano, consagra-se, no direito brasileiro, mantida até a CF/88, a técnica de controle de constitucionalidade de lei ou ato com indiscutível caráter normativo (desde que infraconstitucionais), por qualquer juiz ou tribunal, observadas as regras de competência e organização judiciária. Trata-se do denominado **controle difuso** de constitucionalidade, repressivo, posterior, ou aberto, pela via de exceção ou defesa, pelo qual a declaração de inconstitucionalidade se implementa de modo incidental (*incidenter tantum*), prejudicialmente ao mérito.[33]

6.2.3. Constituição de 1934

A **Constituição de 1934**, mantendo o sistema de controle difuso, estabeleceu, além da **ação direta de inconstitucionalidade interventiva**, a denominada **cláusula de reserva de plenário** (a declaração de inconstitucionalidade só poderia ser pela **maioria absoluta** dos membros do tribunal) e a atribuição ao **Senado Federal** de competência para suspender a execução, no todo ou em parte, de lei ou ato declarado inconstitucional por decisão definitiva.

Asseverou Gilmar Ferreira Mendes, ao comentar as novidades trazidas pela Constituição de 1934 em relação ao sistema de controle de constitucionalidade, que "talvez a mais fecunda e inovadora alteração (...) se refira à 'declaração de inconstitucionalidade para evitar a intervenção federal', tal como a denominou Bandeira de Mello, isto é, a representação interventiva, confiada ao Procurador-Geral da República, nas hipóteses de ofensa aos princípios consagrados no art. 7.º, I, *a* a *h*, da Constituição. Cuidava-se de fórmula peculiar de composição judicial dos conflitos federativos, que condicionava a eficácia da lei interventiva, de iniciativa do Senado (art. 41, § 3.º), à declaração de sua inconstitucionalidade pelo Supremo Tribunal (art. 12, § 2.º)".[34]

---

32 C. M. Clève, *A fiscalização abstrata de constitucionalidade no direito brasileiro*, p. 63-64.

33 Convém observar, contudo, que, antes mesmo da promulgação da Constituição de 1891, o art. 58, § 1.º, "a" e "b", da Constituição provisória de 1890 (Dec. n. 510, de 22.06.1890) e o Decreto n. 848, de 11.10.1890, já estabeleciam regras de controle difuso inspiradas no *judicial review* do direito norte-americano. Posteriormente, a Lei federal n. 221, de 20.11.1894, abordou, com clareza, o modelo, nos termos do art. 13, § 10: "os juízes e tribunais apreciarão a validade das leis e regulamentos e deixarão de aplicar aos casos ocorrentes as leis manifestamente inconstitucionais e os regulamentos manifestamente incompatíveis com as leis ou com a Constituição". Por fim, cabe salientar, de modo amplo, a manutenção das regras sobre o **controle jurisdicional difuso** pela reforma constitucional de 1926.

34 G. F. Mendes, *Controle concentrado de constitucionalidade*, p. 24.

6.2.4. Constituição de 1937

A **Constituição de 1937**, denominada **Polaca**, já que elaborada sob a inspiração da Carta ditatorial polonesa de 1935, não obstante tenha mantido o sistema difuso de constitucionalidade, estabeleceu a possibilidade de o Presidente da República influenciar as decisões do Poder Judiciário que declarassem inconstitucional determinada lei, já que, **de modo discricionário**, poderia submetê-la ao Parlamento para o seu reexame, podendo o Legislativo, pela decisão de 2/3 de ambas as Casas, tornar sem efeito a declaração de inconstitucionalidade, desde que confirmasse a validade da lei.[35] Referidas regras, inegavelmente, implicavam o desproporcional fortalecimento do Executivo.

6.2.5. Constituição de 1946

A **Constituição de 1946**, fruto do movimento de redemocratização e reconstitucionalização instaurado no País, flexibilizou a hipertrofia do Executivo, restaurando a tradição do sistema de controle de constitucionalidade. Através da **EC n. 16, de 26.11.1965**, criou-se no Brasil uma nova modalidade de **ação direta de inconstitucionalidade**, de competência originária do STF, para processar e julgar originariamente a representação de inconstitucionalidade de lei ou ato normativo, federal ou estadual, a ser proposta, exclusivamente, pelo Procurador-Geral da República. Estabeleceu-se, ainda, a possibilidade de controle concentrado em âmbito estadual.

6.2.6. Constituição de 1967 e EC n. 1/69

Esta última regra foi retirada pela **Constituição de 1967**, embora a **EC n. 1/69** tenha previsto o controle de constitucionalidade de lei municipal, em face da Constituição Estadual, para fins de intervenção no Município.

6.2.7. Constituição de 1988

A **Constituição de 1988**, elaborada pela *Assembleia Nacional Constituinte* convocada pela **EC n. 26, de 27.11.1985**[36] (*DOU* de 28.11.1985, p. 17422, col. 1), trouxe quatro principais novidades no sistema de controle de constitucionalidade.

Em relação ao controle concentrado em âmbito federal, **ampliou a legitimação para a propositura da representação de inconstitucionalidade**, acabando com o monopólio do Procurador-Geral da República. Em consonância com o art. 103 da CF/88, o art. 2.º da Lei n. 9.868, de 10.11.1999, legalizando o entendimento jurispru-

---

35 Nos termos do parágrafo único do art. 96 da Constituição de 1937, "no caso de ser declarada a inconstitucionalidade de uma lei que, **a juízo do Presidente da República**, seja necessária ao bem-estar do povo, à promoção ou defesa de interesse nacional de alta monta, **poderá** o Presidente da República submetê-la novamente ao exame do Parlamento: se este a confirmar por dois terços de votos em cada uma das Câmaras, **ficará sem efeito a decisão do Tribunal**".

36 Os arts. 1.º a 3.º da aludida Emenda Constitucional explicitam a amplitude da convocação da Assembleia Nacional Constituinte: "Art. 1.º Os Membros da Câmara dos Deputados e do Senado Federal reunir-se-ão, unicameralmente, em Assembleia Nacional Constituinte, livre e soberana, no dia 1.º de fevereiro de 1987, na sede do Congresso Nacional"; "Art. 2.º O Presidente do Supremo Tribunal Federal instalará a Assembleia Nacional Constituinte e dirigirá a sessão de eleição do seu Presidente"; "Art. 3.º A Constituição será promulgada depois da aprovação de seu texto, em dois turnos de discussão e votação, pela maioria absoluta dos Membros da Assembleia Nacional Constituinte".

dencial da Suprema Corte, dispõe que a ação direta de inconstitucionalidade poderá ser proposta pelos seguintes legitimados: *Presidente da República; Mesa do Senado Federal; Mesa da Câmara dos Deputados; Mesa de Assembleia Legislativa ou Mesa da Câmara Legislativa do Distrito Federal; Governador de Estado ou Governador do Distrito Federal; Procurador-Geral da República; Conselho Federal da Ordem dos Advogados do Brasil; partido político com representação no Congresso Nacional; confederação sindical ou entidade de classe de âmbito nacional.*

Estabeleceu-se, também, a possibilidade de **controle de constitucionalidade das omissões legislativas**, seja de forma concentrada (*ações diretas de inconstitucionalidade por omissão — ADO*, nos termos do art. 103, § 2.º), seja de modo incidental, pelo controle difuso (*mandado de injunção — MI*, na dicção do art. 5.º, LXXI — sobre a evolução da utilização do mandado de injunção, cf. *item 14.11.5*).

Nos termos do art. 125, § 2.º, os **Estados** poderão instituir a representação de inconstitucionalidade de leis ou atos normativos estaduais ou municipais em face da Constituição Estadual, vedando, contudo, a atribuição da legitimação para agir a um único órgão.

Por fim, pela primeira vez no ordenamento jurídico brasileiro, facultou-se a criação da **arguição de descumprimento de preceito fundamental** (ADPF), no parágrafo único do art. 102.

Posteriormente, a **EC n. 3/93** estabeleceu a **ação declaratória de constitucionalidade** (ADC)[37] e renumerou o parágrafo único do art. 102 da CF/88, transformando-o em § 1.º, mantendo a redação original da previsão da ADPF, nos seguintes termos: "a arguição de descumprimento de preceito fundamental, decorrente desta Constituição, será apreciada pelo Supremo Tribunal Federal, na forma da lei".

Enfim, a **EC n. 45/2004** (Reforma do Judiciário) ampliou a legitimação ativa para o ajuizamento da ADC (ação declaratória de constitucionalidade), igualando aos legitimados da ADI (ação direta de inconstitucionalidade), alinhados no art. 103, e estendeu o efeito vinculante, que era previsto de maneira expressa somente para a ADC, agora, também (apesar do que já dizia o art. 28, parágrafo único, da Lei n. 9.868/99 e da jurisprudência do STF), para a ADI. Tudo caminha para a expressa consagração da ideia de efeito dúplice ou ambivalente entre as duas ações, faltando somente a igualação dos seus objetos.

Por todo o exposto, valendo-nos das palavras de José Afonso da Silva, "o Brasil seguiu o sistema norte-americano, evoluindo para um sistema misto e peculiar que combina o critério difuso por via de defesa com o critério concentrado por via de ação direta de inconstitucionalidade, incorporando também, agora timidamente, a ação de inconstitucionalidade por omissão (arts. 102, I, *a* e III, e 103). A outra novidade está em ter reduzido a competência do Supremo Tribunal Federal à matéria constitucional. Isso não o converte em Corte Constitucional. Primeiro porque não é o único órgão jurisdicional competente para o exercício da jurisdição constitucional, já que o sistema perdura fundado no critério difuso, que autoriza qualquer tribunal e

[37] Sobre a **ADC**, cf. importante trabalho doutrinário e prático (votos da ADC 1-1/DF), coordenado por Ives Gandra da Silva Martins e Gilmar Ferreira Mendes, intitulado *Ação declaratória de constitucionalidade*, passim.

juiz a conhecer da prejudicial de inconstitucionalidade, por via de exceção. Segundo, porque a forma de recrutamento de seus membros denuncia que continuará a ser um Tribunal que examinará a questão constitucional com critério puramente técnico-jurídico, mormente porque, como Tribunal, que ainda será, do recurso extraordinário, o modo de levar a seu conhecimento e julgamento as questões constitucionais nos casos concretos, sua preocupação, como é regra no sistema difuso, será dar primazia à solução do caso e, se possível, sem declarar inconstitucionalidades".[38]

■ 6.3. ESPÉCIES DE INCONSTITUCIONALIDADE E O "ESTADO DE COISAS INCONSTITUCIONAL"

■ 6.3.1. Inconstitucionalidade por ação e por omissão (quadro esquemático)

O que se busca com esse tema é saber quando uma norma infraconstitucional padecerá do vício de inconstitucionalidade, que poderá verificar-se em razão de ato **comissivo** ou por **omissão** do Poder Público.

Fala-se, então, em inconstitucionalidade por **ação** (positiva ou por atuação), a ensejar a **incompatibilidade vertical** dos atos inferiores (leis ou atos do Poder Público) com a Constituição,[39] e, em sentido diverso, em inconstitucionalidade por **omissão**, decorrente da inércia legislativa na regulamentação de normas constitucionais de **eficácia limitada**.

Para Canotilho, enquanto a inconstitucionalidade por **ação** pressupõe a existência de normas inconstitucionais, a inconstitucionalidade por **omissão** pressupõe a "violação da lei constitucional pelo *silêncio legislativo* (violação por omissão)".[40]

Particularizando, a inconstitucionalidade por **ação** pode-se dar: *a)* do ponto de vista **formal**; *b)* do ponto de vista **material**; *c)* e estamos pensando em uma terceira forma em razão dos escândalos dos denominados "mensalão" e "mensalinho" para votar em um sentido ou em outro, "batizada" de **"vício de decoro parlamentar"**.[41]

---

38 J. A. Silva, *Curso de direito constitucional positivo*, p. 554-555.

39 Conforme analisaremos no *item 6.7.1.3*, esse conceito deve ser ampliado diante do conceito de **bloco de constitucionalidade**, por meio do qual o parâmetro é constituído não só pela Constituição escrita e posta, como também pelas leis com valor constitucional formal (emendas à Constituição e, nos termos do art. 5.º, § 3.º (EC n. 45/2004), os tratados e convenções internacionais sobre direitos humanos que forem aprovados, em cada Casa do Congresso Nacional, em dois turnos, por 3/5 dos votos dos respectivos membros); pelo conjunto de preceitos e princípios decorrentes da Constituição, inclusive implícitos (não escritos) e, ainda, ampliativamente, segundo alguns, pelos princípios integrantes daquilo que a doutrina vem chamando de "ordem constitucional global". Essa última perspectiva, contudo, que abarcaria os valores suprapositivos, não vem sendo aceita como parâmetro de constitucionalidade para o direito brasileiro.

40 J. J. Gomes Canotilho, *Direito constitucional e teoria da Constituição*, 7. ed., p. 982.

41 Depois de muito pensar e discutir, falar em vício de ética, vício de consentimento, a colega **Simone Aparecida Smaniotto** sugeriu "vício de decoro parlamentar", o que entendemos perfeito, tendo em vista a regra do art. 55, § 1.º.

Acesse também a videoaula pelo link: somos.in/DCE25095

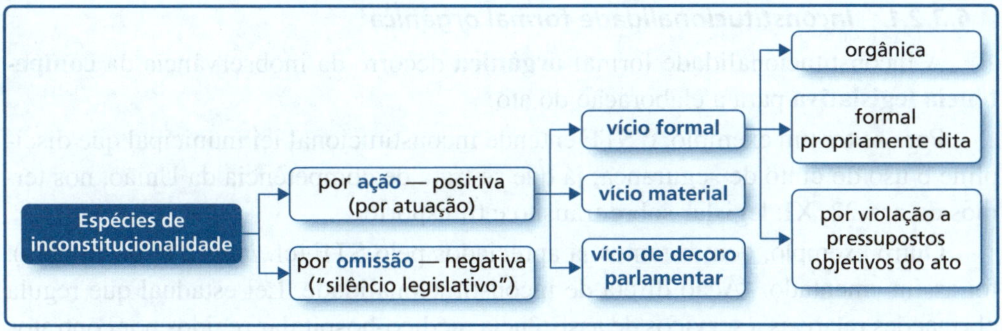

No tocante ao vício **formal** e **material**, a doutrina também tem distinguido as expressões **nomodinâmica** e **nomoestática**, respectivamente, para a inconstitucionalidade.[42] Na medida em que o *vício formal* decorre de afronta ao *devido processo legislativo* de formação do ato normativo, isso nos dá a ideia de *dinamismo*, de movimento. Por sua vez, o *vício material*, por ser um vício de matéria, de conteúdo, a ideia que passa é de vício de substância, estático.

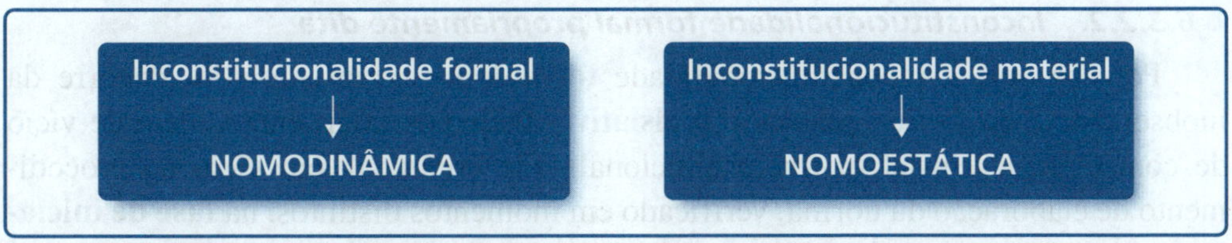

6.3.2. Vício formal (inconstitucionalidade orgânica, inconstitucionalidade formal propriamente dita e inconstitucionalidade formal por violação a pressupostos objetivos do ato)

Como o próprio nome induz, a inconstitucionalidade formal, também conhecida como **nomodinâmica**, verifica-se quando a lei ou ato normativo infraconstitucional contiver algum vício em sua "forma", ou seja, em seu processo de formação, vale dizer, no processo legislativo de sua elaboração, ou, ainda, em razão de sua elaboração por autoridade incompetente.

Segundo Canotilho, os vícios formais "... incidem sobre o *ato normativo enquanto tal*, independentemente do seu conteúdo e tendo em conta apenas a forma da sua exteriorização; na hipótese *inconstitucionalidade formal*, viciado é o *ato*, nos seus pressupostos, no seu procedimento de formação, na sua forma final".[43]

Podemos, então, falar em **inconstitucionalidade formal orgânica**, em **inconstitucionalidade formal propriamente dita** e em **inconstitucionalidade formal por violação a pressupostos objetivos do ato**.

---

42 Cf. L. A. D. Araujo e V. S. Nunes Júnior, *Curso de direito constitucional*, p. 24.

43 J. J. Gomes Canotilho, *Direito constitucional e teoria da Constituição*, 7. ed., p. 959.

6.3.2.1. *Inconstitucionalidade formal orgânica*

A inconstitucionalidade formal **orgânica** decorre da inobservância da **competência legislativa** para a elaboração do ato.

Para se ter um exemplo, o STF entende inconstitucional lei municipal que discipline o uso do cinto de segurança, já que se trata de competência da União, nos termos do art. 22, XI, legislar sobre trânsito e transporte.

Outro exemplo, dentre tantos já apreciados pelo STF (cf. *item 7.10* desta obra), foi assim ementado: "Ação direta de inconstitucionalidade. Lei estadual que regula obrigações relativas a serviços de assistência médico-hospitalar regidos por contratos de natureza privada, universalizando a cobertura de doenças (Lei n. 11.446/1997, do Estado de Pernambuco). *Vício formal.* Competência privativa da União para legislar sobre direito civil, comercial e sobre política de seguros (CF, art. 22, I e VII). Precedente: ADI n. 1.595-MC/SP, Rel. Min. Nelson Jobim, *DJ* 19/12/02, Pleno, maioria" (ADI 1.646, Rel. Min. Gilmar Mendes, j. 02.08.2006, *DJ* de 07.12.2006). No mesmo sentido: ADI 1.595, Rel. Min. Eros Grau, j. 03.03.2005, *DJ* de 07.12.2006.

6.3.2.2. *Inconstitucionalidade formal propriamente dita*

Por sua vez, a inconstitucionalidade **formal propriamente dita** decorre da inobservância do **devido processo legislativo**. Podemos falar, então, além de vício de competência legislativa (inconstitucionalidade orgânica), em vício no procedimento de elaboração da norma, verificado em momentos distintos: na **fase de iniciativa** ou nas **fases posteriores**.[44]

- **Vício formal subjetivo:** o vício formal subjetivo verifica-se na fase **de iniciativa**. Tomemos um exemplo: algumas leis são de *iniciativa exclusiva* **(reservada)**[45] do Presidente da República, como as que fixam ou modificam os efetivos das Forças Armadas, conforme o art. 61, § 1.º, I, da CF/88. Iniciativa privativa, ou melhor, **exclusiva** ou **reservada**, significa, no exemplo, ser o Presidente da República o único responsável por deflagrar, dar início ao processo legislativo da referida matéria. Em hipótese contrária (ex.: um Deputado Federal dando início), estaremos diante de um vício formal subjetivo insanável, e a lei será inconstitucional.

- **Vício formal objetivo:** por seu turno, o vício formal objetivo será verificado nas demais fases do processo legislativo, posteriores à fase de iniciativa. Como exemplo citamos uma lei complementar sendo votada por um *quorum* de maioria relativa. Existe um vício formal objetivo, na medida em que a lei complementar, por força do art. 69 da CF/88, deveria ter sido aprovada por maioria absoluta.

---

[44] Ao tratar do *processo legislativo*, veremos que o processo de formação da lei compreende uma **fase inicial**, em que é deflagrado o referido procedimento, e outras duas fases, a **constitutiva** (deliberação parlamentar e executiva) e a **complementar** (promulgação e publicação), chamadas acima de fases posteriores à de iniciativa.

[45] Para análise do tema da iniciativa "privativa" (reservada ou exclusiva), cf. *item 9.13.3.3*.

Outro exemplo seria uma PEC votada com *quorum* diferente do previsto no art. 60, § 2.º (3/5 em cada Casa e em 2 turnos de votação). Se isso ocorrer, a emenda promulgada padecerá de vício formal objetivo de inconstitucionalidade.

Outra hipótese seria a violação ao princípio do bicameralismo federativo. Como se sabe, os projetos de lei federal devem ser aprovados nas duas Casas do Congresso Nacional — Câmara dos Deputados e Senado Federal.

Se, eventualmente, projeto de lei for modificado **em sua substância** pela Casa revisora, terá a emenda de voltar para a análise da Casa iniciadora, sob pena de configurar o vício formal objetivo.

Nesse ponto, a denominada **"emenda de redação"** pode existir na Casa revisora, mas desde que não signifique substancial modificação do texto aprovado na Casa iniciadora. Se isso ocorrer, terá de voltar para a análise da outra Casa (art. 65, parágrafo único), sob pena de se configurar o vício formal objetivo.

6.3.2.3. *Inconstitucionalidade formal por violação a pressupostos objetivos do ato normativo*

Segundo Canotilho, "hoje, põe-se seriamente em dúvida se certos elementos tradicionalmente não reentrantes no processo legislativo não poderão ocasionar vícios de inconstitucionalidade. Estamos a referir-nos aos chamados pressupostos, constitucionalmente considerados como elementos determinantes de competência dos órgãos legislativos em relação a certas matérias (pressupostos objectivos)".[46]

Exemplificando, o autor lembra o art. 229, 2.º, da Constituição portuguesa, que determina a audiência obrigatória, pelos órgãos de soberania, dos órgãos do governo regional, quanto a questões relativas às regiões autônomas, sob pena de faltar um pressuposto para o exercício da competência e, assim, caracterizar-se irregularidade do ato.

Nesse caso, a audiência e participação obrigatórias "... são elementos externos ao procedimento de formação das leis...", e a sua falta gera a **inconstitucionalidade formal**, já que os **pressupostos** do ato legislativo devem ser entendidos como "elementos vinculados do *ato* legislativo".[47]

Transportando a teoria de Canotilho para o direito brasileiro, valemo-nos de exemplos trazidos por Clèmerson Merlin Clève, quais sejam, a edição de medida provisória sem a observância dos requisitos da relevância e urgência (art. 62, *caput*) ou a criação de Municípios por lei estadual sem a observância dos requisitos do art. 18, § 4.º.

Neste último exemplo, o ilustre professor observa que a "... lei estadual dispondo sobre a criação de novo Município, ainda que regularmente votada e sancionada, mas sem observar o pressuposto referido, estará maculada por inafastável vício de inconstitucionalidade formal. O mesmo se verifica no caso do art. 18, § 3.º, da Lei Fundamental da República".[48]

---

46 J. J. Gomes Canotilho, *Direito constitucional e teoria da Constituição*, 7. ed., p. 1321.

47 Idem, ibidem.

48 Clèmerson Merlin Clève, *Fiscalização abstrata de constitucionalidade no direito brasileiro*, 2. ed., p. 41.

Também concordamos com esse pensamento. O tema foi apreciado no julgamento da **ADI 2.240**, na qual se discutia a constitucionalidade da lei baiana n. 7.619/2000, que criou o Município de *Luís Eduardo Magalhães*, sem a total observância dos pressupostos fixados no art. 18, § 4.º. O Plenário do STF declarou a inconstitucionalidade do referido dispositivo, mas não pronunciou a nulidade do ato, mantendo sua vigência por mais 24 meses (**efeito prospectivo** ou para o futuro), tema que será retomado no *item 6.7.1.9* deste trabalho. Cabe lembrar que a **EC n. 57/2008** convalidou a criação de vários Municípios, em nosso entender, de modo inconstitucional, ilegítimo e até imoral (cf. *item 6.7.4.9*).

■ 6.3.3. Vício material (de conteúdo, substancial ou doutrinário)

Por seu turno, o vício **material** (de conteúdo, substancial ou doutrinário) diz respeito à "matéria", ao conteúdo do ato normativo. Assim, aquele ato normativo que afrontar qualquer preceito ou princípio da Lei Maior deverá ser declarado inconstitucional, por possuir um vício material. Não nos interessa saber aqui o procedimento de elaboração da espécie normativa, mas, de fato, o seu conteúdo. Por exemplo, uma lei discriminatória que afronta o princípio da igualdade.

Nas palavras de Barroso, "a inconstitucionalidade material expressa uma incompatibilidade de conteúdo, substantiva entre a lei ou ato normativo e a Constituição. Pode traduzir-se no confronto com uma **regra constitucional** — *e.g.*, a fixação da remuneração de uma categoria de servidores públicos acima do limite constitucional (art. 37, XI) — ou com um **princípio constitucional**, como no caso de lei que restrinja ilegitimamente a participação de candidatos em concurso público, em razão do sexo ou idade (arts. 5.º, *caput*, e 3.º, IV), em desarmonia com o mandamento da isonomia. O controle material de constitucionalidade pode ter como parâmetro todas as categorias de normas constitucionais: de organização, definidoras de direitos e programáticas".[49]

A inconstitucionalidade material é também conhecida como **nomoestática**.[50]

Observamos que uma lei pode padecer somente de vício formal, somente de vício material, ou ser duplamente inconstitucional por apresentar tanto o vício formal como o material.

■ 6.3.4. Vício de decoro parlamentar (?)

Como se sabe e foi publicado em jornais, revistas etc., muito se falou em um esquema de compra de votos, denominado "mensalão", para votar de acordo com o governo ou em certo sentido.

As CPIs vinham investigando e a Justiça apurando, e, uma vez provados os fatos, os culpados sofriam as sanções de ordem criminal, administrativa, civil etc.

[49] Luís Roberto Barroso, *O controle de constitucionalidade no direito brasileiro*, 2. ed., p. 29.

[50] Cf. L. A. D. Araujo e V. S. Nunes Júnior, *Curso de direito constitucional*, p. 24.

O grande questionamento que se fazia, contudo, era se, uma vez comprovada a existência de compra de votos, haveria mácula no processo legislativo de formação das **emendas constitucionais** a ensejar o reconhecimento de sua inconstitucionalidade.

Entendemos que **sim**, e, no caso, trata-se de **vício de decoro parlamentar**, já que, nos termos do art. 55, § 1.º, "é incompatível com o decoro parlamentar, além dos casos definidos no regimento interno, o **abuso das prerrogativas asseguradas a membro do Congresso Nacional** ou a **percepção de vantagens indevidas**".

Dito isso, cabe lembrar que, no julgamento da **AP 470** (conhecida como **"mensalão"**), ficou demonstrado o **esquema de corrupção para compra de apoio político**.[51]

De acordo com a Ministra Rosa Weber, "'**houve, sem dúvida, um conluio' para a compra de apoio de deputados federais** — não todos — para as votações a favor do governo na Câmara dos Deputados. O dinheiro, prossegue a ministra, veio de recursos, pelo menos em parte, públicos. Ela ressaltou que os parlamentares receberam dinheiro ilicitamente, 'caso contrário o pagamento não teria ocorrido pela forma como foi feito, sempre às escondidas, mediante a utilização de terceiros e o recebimento de vultosos valores em espécie, inclusive malas em quartos de hotel'" (*Notícias STF* de 04.10.2012).

E continua: "'aos meus olhos, ficou evidente que o Partido dos Trabalhadores costumava alcançar dinheiro a outros partidos, entregando-o a parlamentares ou membros da organização partidária', considerou a Ministra. Tal prática, conforme ela, ocorria para a **obtenção de apoio político no Parlamento**. 'Disso, resulta a verossimilhança na descrição dos fatos pela denúncia. Foi criado um **esquema para pagar deputados federais em troca de seus votos na Câmara Federal e os valores eram expressivos**. Esses recursos tinham origem em peculato, em gestão fraudulenta do Banco Rural, em empréstimos simulados, foi o que se concluiu por este Plenário, ainda que por maioria', completou a Min. Rosa Weber" (*Notícias STF* de 04.10.2012 — original sem grifos — cf. *Infs. 682* e *683/STF*).

Pois bem, diante do julgamento da citada AP 470, a *Associação dos Delegados de Polícia do Brasil — ADEPOL* **(ADI 4.887)**, a *Confederação dos Servidores Públicos do Brasil — CSPB* **(ADI 4.888)** e o *Partido Socialismo e Liberdade — PSOL* **(ADI 4.889)** ajuizaram ADIs no STF objetivando a declaração de inconstitucionalidade da **Reforma da Previdência** (ECs ns. 41/2003 e 47/2005), alegando **aprovação mediante compra de votos de parlamentares**, liderados por réus condenados no "mensalão", qual seja, o por nós denominado **vício de decoro parlamentar**. Nesse

[51] A **AP 470**, sem dúvida, pode ser considerada o **maior e mais complexo julgamento da história do STF**, iniciado em 02.08.2012 e concluído em 17.12.2012, tomando praticamente toda a pauta do segundo semestre de 2012. Com 38 réus, os autos somaram 234 volumes, 495 apensos e um total de 50.199 páginas. Foram 53 sessões de julgamento e horas de trabalho. O acórdão foi publicado no *DJE* de 22.04.2013, com surpreendentes **8.405 páginas**. O STF julgou, ainda, embargos de declaração e infringentes interpostos.

mesmo sentido, na semana anterior à propositura dessas ações, já havia sido ajuizada pela AMB a **ADI 4.885**.

A "tese" que lançamos no ano de **2005**, e já descrita neste nosso livro a partir de sua 9.ª edição, foi **admitida pela PGR** em seu parecer na ADI 4.887, tendo sido denominada **"vício na formação da vontade no procedimento legislativo"**, a ensejar a violação aos princípios democráticos e do devido processo legislativo, implicando, necessariamente, a inconstitucionalidade do ato normativo (fls. 18 do parecer/PGR n. 10.323-RG, item 27).

O parecer do MPF, contudo, foi no sentido da improcedência da ADI. Vejamos: "na ação penal 470, foram condenados 7 parlamentares em razão da sua participação no esquema de compra e venda de votos e apoio político que ficou conhecido como 'mensalão'. Não se pode presumir, sem que tenha havido a respectiva condenação judicial, que outros parlamentares foram beneficiados pelo esquema e, em troca, venderam seus votos para a aprovação das ECs 41/2003 e 47/2005. Assim, mesmo com a desconsideração dos votos dos 7 deputados condenados, os dois turnos de votação das emendas constitucionais na Câmara dos Deputados superam o quórum qualificado exigido pela Constituição para a sua aprovação" (fls. 19 do parecer/MPF).

Diante das ações propostas, o STF teria de analisar se a tese do vício de decoro parlamentar era plausível e, neste caso, se deveriam ser considerados apenas e isoladamente os 7 votos dos parlamentares condenados (parecer do PGR) ou, por outro lado, se prevaleceria a premissa exposta pela Ministra Rosa Weber no sentido de que o Partido dos Trabalhadores alimentava e incentivava o esquema a contaminar, como um todo, o procedimento ou, ao menos, a contaminar os votos dos parlamentares eleitos pela legenda e sua base aliada.

Em nosso entender, sem dúvida, o **comprovado** esquema de compra e venda de votos para conseguir apoio político **enseja** o por nós denominado **vício de decoro parlamentar** a caracterizar a inconstitucionalidade de lei ou de ato normativo, pois que **maculados a essência do voto** e o conceito de **representatividade popular**.

Ainda, vislumbramos o sentido de uma contaminação mais ampla do procedimento que parece poder ser extraído do julgamento da AP 470, que, ao identificar os focos do esquema, reconheceu a **capacidade de manipulação**, sugerindo-se uma **"contaminação" mais avassaladora**. Vejamos a ementa:

> "(...). 5. Parlamentares beneficiários das transferências ilícitas de recursos **detinham poder de influenciar os votos de outros parlamentares de seus respectivos partidos, em especial por ocuparem as estratégicas funções de Presidentes de partidos políticos, de líderes parlamentares, líderes de bancadas e blocos partidários**. Comprovada a participação, no recebimento da propina, de intermediários da estrita confiança dos parlamentares, beneficiários finais do esquema. Depoimentos e recibos informais apreendidos no curso das investigações compõem as provas da prática criminosa" (**AP 470**, Rel. Min. Joaquim Barbosa, j. 17.12.2012, Plenário, *DJE* de 22.04.2013, fls. 51.626-51.629).

Em 27.06.2018, a Corte indeferiu o pedido de **medida cautelar** na **ADI 4.885** (mérito pendente). O Min. Marco Aurélio, Relator, mostrou-se reticente a esse controle de eventual vício na vontade do parlamentar, sustentando o papel da Corte como legislador negativo a atuar com "cerimoniosa parcimônia" (fls. 9).

Por outro lado, em referido julgamento, o Min. Edson Fachin, apesar de sinalizar a presunção de constitucionalidade da lei, reconheceu a possibilidade de, em tese, se aceitar "eventual **fraude no processo de votação**" (fls. 13), o que não se observou no caso concreto.

Nesse sentido, o Min. Barroso também admitiu a possiblidade de "**processo legislativo fraudulento**", decorrente de fraude violadora do **princípio da moralidade**. Conforme explica, "a **inconstitucionalidade por violação ao devido processo legislativo** também pode decorrer da prática de atos ilícitos que ocasionem **vício na manifestação de vontade dos representantes do povo**. Naqueles casos em que houver **flagrante violação da moralidade legislativa** através de **evidências concretas da compra e venda de votos para a prevalência de interesses particulares**, o Judiciário possui o dever de intervir e invalidar a norma nascida sob tais circunstâncias. No caso dos autos, contudo, não houve plena demonstração pelas requerentes de que o vício da vontade dos parlamentares fosse tamanho a ponto de alterar o quadro de aprovação da EC n. 41/2003".

A Min. Rosa Weber, por sua vez, apesar de não ser a hipótese dos autos, pois **"ausentes provas cabais"**, admitiu a tese do vício de decoro. "A interferência espúria no sentido de cooptar a manifestação da vontade parlamentar — seja mediante violência, ameaça, suborno ou outras formas de corrupção — não denota, a meu juízo, mera inobservância de formalidade, e sim **procedimento marcadamente antidemocrático**, na medida em que subverte do ambiente deliberativo o livre convencimento da vontade, **traindo o debate público sobre as normas que irão regular a vida em sociedade e transformando**, assim, o governo democrático em mero simulacro" (fls. 44).

Em **11.11.2020**, o STF, por unanimidade, julgou **improcedentes** as ADIs 4.887, 4.888 e 4.889, eis que o número de 7 parlamentares condenados na AP 470 ("mensalão") não seria suficiente para alterar o resultado da votação.

Em Plenário virtual, por 10 x 0, a Corte acompanhou o voto da Relatora, que entendeu **não** estar demonstrado e provado o alegado **"processo legislativo fraudulento"** a corromper **"a expressão da vontade popular"** e, portanto, demonstrado o **"vício de corrupção da vontade do parlamentar"**, caracterizar a inconstitucionalidade da lei.

Em seu voto (ADI 4.887), a Min. Cármen Lúcia, apesar de reconhecer a tese do vício de decoro, citando, inclusive, este nosso trabalho (fls. 9), não conseguiu encontrar a fraude a macular o processo legislativo específico.

Conforme destacou, "admite-se o reconhecimento de inconstitucionalidade formal no processo constituinte reformador quando eivada de **vício na manifestação de vontade do parlamentar** no curso do devido processo constituinte derivado, pela prática de ilícitos que infirmam a **moralidade**, a **probidade administrativa** e **fragilizam a democracia representativa**". Contudo, diante do "princípio da presunção de inocência e da legitimidade dos atos legislativos", deve haver demonstração inequívoca de votos viciados a contaminar o processo legislativo, o que não se verificou no caso concreto, já que a condenação se deu apenas em relação a 7 parlamentares, a não alterar o resultado da votação (ADI 4.887, fls. 11).

■ 6.3.5. "Estado de coisas inconstitucional"

A terminologia **"estado de coisas inconstitucional"** foi utilizada pelo Min. Marco Aurélio, no julgamento da cautelar na **ADPF 347** (j. 09.09.2015), a partir de decisão proferida pela **Corte Constitucional da Colômbia** (mérito pendente).

Segundo esclareceu, "presente quadro de **violação massiva e persistente de direitos fundamentais**, decorrente de falhas estruturais e falência de políticas públicas e cuja modificação depende de medidas abrangentes de natureza normativa, administrativa e orçamentária, deve o sistema penitenciário nacional ser caracterizado como **'estado de coisas inconstitucional'**".

Assim, o STF determinou: a) "ante a situação precária das penitenciárias, o interesse público direciona à **liberação das verbas do Fundo Penitenciário Nacional**"; b) a obrigação de todos os "juízes e tribunais, observados os artigos 9.3 do *Pacto dos Direitos Civis e Políticos* e 7.5 da *Convenção Interamericana de Direitos Humanos*, a realizarem, em até 90 dias, **audiências de custódia**, viabilizando o comparecimento do preso perante a autoridade judiciária no prazo máximo de 24 horas, contado do momento da prisão".

■ 6.4. MOMENTOS DE CONTROLE

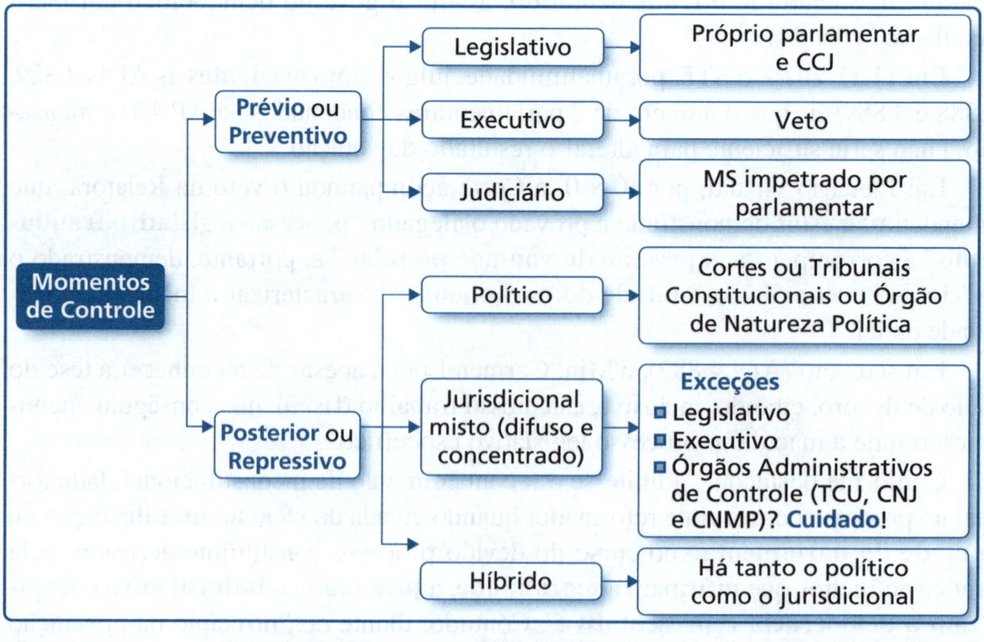

A classificação que passamos a analisar diz respeito ao momento em que será realizado o controle, qual seja, antes de o projeto de lei virar lei (**controle prévio** ou **preventivo**), impedindo a inserção no sistema normativo de normas que padeçam de vícios, ou já sobre a lei, geradora de efeitos potenciais ou efetivos (**controle posterior** ou **repressivo**).

6.4.1. Controle prévio ou preventivo

Como vimos acima, o controle prévio é o realizado durante o **processo legislativo de formação do ato normativo**. Logo no momento da apresentação de um projeto de lei, o iniciador, a "pessoa", o órgão que deflagrar o processo legislativo, em tese, já deve verificar a regularidade material do aludido projeto de lei.

O controle prévio também é realizado pelo **Legislativo**, pelo **Executivo** e pelo **Judiciário**.

6.4.1.1. Controle prévio ou preventivo realizado pelo Legislativo

O Legislativo verificará, através de suas **comissões de constituição e justiça**, se o projeto de lei, que poderá virar lei, contém algum vício a ensejar a inconstitucionalidade.

De acordo com o art. 32, IV, do Regimento Interno da Câmara dos Deputados, o controle será realizado pela *Comissão de Constituição e Justiça e de Cidadania* (*vide* Res. da CD n. 20, de 2004 — *DCD*, de 18.03.2004, Suplemento, p. 3), enquanto no Senado Federal o controle será exercido pela *Comissão de Constituição, Justiça e Cidadania — CCJ*, de acordo com o art. 101 de seu Regimento Interno. O plenário das referidas Casas também poderá verificar a inconstitucionalidade do projeto de lei, o mesmo podendo ser feito durante as votações.

Michel Temer observa que tal controle nem sempre se verifica em relação a todos os projetos de atos normativos, citando a sua inocorrência, por exemplo, sobre projetos de **medidas provisórias, resoluções dos Tribunais** e **decretos**.[52]

Questão interessante pode surgir indagando se o parecer negativo das Comissões de Constituição e Justiça, declarando a inconstitucionalidade do projeto de lei, inviabilizaria o seu prosseguimento.

O § 2.º do art. 101 do Regimento Interno do Senado Federal[53] dispõe que, em se tratando de inconstitucionalidade parcial, a Comissão poderá oferecer emenda corrigindo o vício. No entanto, a regra geral é a do seu § 1.º, ao estabelecer que, quando a Comissão emitir parecer pela inconstitucionalidade e injuridicidade de qualquer proposição, será esta considerada **rejeitada** e **arquivada definitivamente**, por despacho do Presidente do Senado, salvo, desde que não seja unânime o

[52] *Elementos de direito constitucional*, p. 43.

[53] Resolução n. 93, de 1970, devidamente consolidada (Regimento Interno) em relação ao texto editado no final da 49.ª (quadragésima nona) Legislatura, nos termos do Ato da Mesa do Senado Federal n. 1, de 1999, em cumprimento ao disposto no art. 402 regimental.

parecer, se houver recurso interposto nos termos do art. 254 do RI, ou seja, interposto por no mínimo **1/10** dos membros do Senado, manifestando opinião favorável ao seu processamento.

Da mesma forma, o art. 54, I, do Regimento Interno da Câmara dos Deputados[54] estabelece que será "terminativo o parecer da Comissão de Constituição e Justiça e de Cidadania, quanto à constitucionalidade ou juridicidade da matéria" (inciso com redação adaptada à Resolução n. 20/2004). No entanto, há a previsibilidade de recurso para o plenário da Casa contra referida deliberação, nos termos dos arts. 132, § 2.º; 137, § 2.º; e 164, § 2.º, do referido Regimento Interno.

6.4.1.2. Controle prévio ou preventivo realizado pelo Executivo

Como veremos melhor ao estudar o processo legislativo, o Chefe do Executivo, aprovado o projeto de lei, poderá sancioná-lo (caso concorde) ou vetá-lo.

O veto dar-se-á quando o Chefe do Executivo considerar o projeto de lei **inconstitucional** ou **contrário ao interesse público**. O primeiro é o **veto jurídico**, sendo o segundo conhecido como **veto político**.

Assim, caso o Chefe do Executivo entenda ser inconstitucional o projeto de lei poderá vetá-lo, exercendo, desta feita, o controle de constitucionalidade **prévio ou preventivo**, antes de o projeto de lei transformar-se em lei.

Referido **veto**, necessariamente, nos termos do art. 66, § 4.º, da CF/88, será apreciado em **sessão conjunta** da Câmara dos Deputados e do Senado Federal, dentro de **30 dias** a contar de seu recebimento, podendo, pelo voto da **maioria absoluta** dos Deputados e Senadores, em **votação ostensiva**, ou seja, por voto "aberto" (lembramos que a **EC n. 76/2013** aboliu a votação secreta nessa hipótese), ser rejeitado (afastado), produzindo, nesse caso, os mesmos efeitos que a sanção.

Derrubado o veto, o projeto deverá ser enviado ao Presidente da República para **promulgação da lei** no prazo de 48 horas e, se este não o fizer, caberá ao Presidente do Senado Federal a promulgação, em igual prazo, e, caso este não a promulgue, caberá ao Vice-Presidente do Senado Federal fazê-lo (art. 66, § 7.º, da CF/88).

Na hipótese de o veto ser mantido, o projeto será arquivado, aplicando-se a regra contida no art. 67, que consagra a regra da irrepetibilidade.

Imaginando a hipótese de **derrubada do veto** e a consequente **promulgação da lei**, naturalmente, a correspondente lei, ato normativo, poderá ser objeto de controle de constitucionalidade, agora, porém, o chamado *controle posterior* ou *repressivo*.

6.4.1.3. Controle prévio ou preventivo realizado pelo Judiciário

O controle prévio ou preventivo de constitucionalidade a ser realizado pelo Poder Judiciário sobre PEC ou projeto de lei em trâmite na Casa Legislativa busca

[54] Aprovado pela Resolução n. 17, de 1989, e alterado pelas Resoluções ns. 1, 3 e 10, de 1991; 22 e 24, de 1992; 25, 37 e 38, de 1993; 57 e 58, de 1994; 1, 77, 78 e 80, de 1995; 5, 8 e 15, de 1996; 33, de 1999; 11 e 16, de 2000; 19, 21 e 25, de 2001; 28, de 2002; 15, de 2003; 20, 22 e 23, de 2004; 30 e 34, de 2005; e 45 e 50, de 2006.

garantir ao **parlamentar** o respeito ao **devido processo legislativo**, vedando a sua participação em procedimento **desconforme com as regras da Constituição**. Trata-se, como visto, de controle exercido, no caso **concreto**, pela **via de exceção ou defesa**, ou seja, de modo incidental.

Assim, deve-se deixar claro que a legitimação para a impetração do MS é **exclusiva** do **parlamentar**, na medida em que o **direito público subjetivo** de participar de um *processo legislativo hígido* (**devido processo legislativo**) pertence somente aos **membros do Poder Legislativo**. A jurisprudência do STF consolidou-se no sentido de **negar a legitimidade ativa *ad causam* a terceiros, que não ostentem a condição de parlamentar**, ainda que invocando a sua potencial condição de destinatários da futura lei ou emenda à Constituição, sob pena de indevida transformação em controle preventivo de constitucionalidade em abstrato, inexistente em nosso sistema constitucional (*vide RTJ* 136/25-26, Rel. Min. Celso de Mello; *RTJ* 139/783, Rel. Min. Octavio Gallotti, e, ainda, MS 21.642-DF, MS 21.747-DF, MS 23.087-SP, MS 23.328-DF).

E a perda superveniente do mandato parlamentar?

Parece ter razão o Min. Celso de Mello ao afirmar que a perda superveniente de titularidade do mandato legislativo **desqualifica a legitimação ativa do congressista**. Isso porque "... a atualidade do exercício do mandato parlamentar configura, nesse contexto, situação **legitimante** e **necessária**, tanto para a **instauração** quanto para o **prosseguimento da causa** perante o STF. Inexistente, originariamente, essa situação, ou, como se registra no caso, configurada a ausência de tal condição, em virtude da **perda superveniente do mandato parlamentar** no Congresso Nacional, **impõe-se a declaração de extinção do processo de mandado de segurança**, porque ausente a legitimidade ativa *ad causam* do ora impetrante, que não mais ostenta a condição de membro de qualquer das Casas do Congresso Nacional" (**MS 27.971**, Rel. Min. Celso de Mello, decisão monocrática, j. 1.º.07.2011, *DJE* de 1.º.08.2011).

Outro entendimento acarretaria a conversão do mandado de segurança, que não pode ser utilizado para a impugnação de normas em tese, em ADI, situação essa não admitida em nosso ordenamento jurídico.

E quais os limites do controle judicial?

Nos termos da jurisprudência do STF, o controle de constitucionalidade a ser exercido pelo Judiciário durante o processo legislativo abrange somente a garantia de um procedimento em total conformidade com a **Constituição, não lhe cabendo**, contudo, a extensão do controle sobre **aspectos discricionários concernentes às questões políticas e aos atos *interna corporis***, vedando-se, desta feita, interpretações das normas regimentais (cf.: MS 22.503-3/DF, Rel. Min. Marco Aurélio, Rel. p/ acórdão Min. Maurício Corrêa, *DJ* de 06.06.1997, p. 24872, *Ement.* v. 01872-03, p. 385; j. 08.05.1996 — Tribunal Pleno,[55] descrevendo o posicionamento da Suprema Corte).

---

[55] No mesmo sentido o ***Inf. 30/STF***: "Por maioria de votos, o Tribunal conheceu em parte de mandado de segurança impetrado por Deputados Federais contra ato do Presidente da Câmara dos Deputados que determinara o processamento de proposta de emenda constitucional em alegada violação a nor-

Os limites desse controle jurisdicional foram bem delimitados pela Corte no julgamento do **MS 32.033** (Rel. p/ o ac. Min. Teori Zavascki, j. 20.06.2013, Plenário, *DJE* de 18.02.2014), impetrado, preventivamente, por parlamentar, questionando projeto de lei que criava novas regras em relação à *transferência dos recursos do fundo partidário* e ao *horário de propaganda eleitoral no rádio e na televisão* nas hipóteses de migração partidária (*PL n. 4.470/2012* — aprovado pela Câmara e recebido no Senado Federal como *PLC n. 14/2013*, tendo sido transformado na *Lei n. 12.875/2013*).

De acordo com o voto do Min. Teori Zavascki, que abriu a divergência, contrário a uma posição mais elástica sustentada pelo Min. Gilmar Mendes (vencido), a Constituição admite o controle judicial preventivo, por meio de mandado de segurança a ser impetrado exclusivamente por parlamentar, em duas únicas hipóteses:

- **PEC** manifestamente ofensiva a **cláusula pétrea** (MS 20.257/DF, Rel. Min. Moreira Alves — *leading case* — j. 08.10.1980);
- **projeto de lei** ou **PEC** em cuja tramitação se verifique **manifesta ofensa** a cláusula constitucional que disciplina o correspondente **processo legislativo**.

Ou seja, em relação a **projeto de lei**, o STF restringiu o controle preventivo apenas para a hipótese de violação ao **devido processo legislativo**, não se admitindo a discussão sobre a matéria, buscando, assim, resguardar a **regularidade jurídico-constitucional do procedimento**, sob pena de se violar a **separação de poderes**.

Observem que essa delimitação de atuação do controle judicial se deu em relação ao **projeto de lei**, e não à **PEC** (proposta de emenda à Constituição). Isso porque o art. 60, § 4.º, veda a **proposta de emenda** tendente a abolir cláusula pétrea. Em nenhum momento a Constituição vedou a tramitação de *projeto de lei* que tenda a abolir cláusula pétrea. Ou seja, procurando ser mais claro: **a)** em relação a projeto de lei, o controle judicial não analisará a matéria, mas apenas o processo legislativo; **b)** em relação à PEC, o controle será mais amplo, abrangendo não apenas a regularidade de procedimento, mas, também, a matéria, permitindo o trancamento da tramitação de PEC que tenda a abolir cláusula pétrea.

---

mas do Regimento Interno daquela casa legislativa e ao art. 60, § 5.º, da CF ('A matéria constante de proposta de emenda rejeitada ou havida por prejudicada não pode ser objeto de nova proposta na mesma sessão legislativa.'). Reconhecendo a existência, em tese, de **direito subjetivo dos impetrantes-parlamentares a não serem compelidos a participar de processo legislativo que se tenha por contrário à Constituição**, o Tribunal afastou a preliminar de carência de ação suscitada nas informações da autoridade apontada como coatora. Prevaleceu, de outra parte, o entendimento de que **as questões regimentais levantadas pelos impetrantes estariam imunes ao controle judicial, por estarem compreendidas, em princípio, no conceito de *interna corporis***. Contra: os votos dos Ministros Marco Aurélio, Ilmar Galvão e Celso de Mello — que dele conheciam integralmente —, e dos Ministros Carlos Velloso e Octavio Gallotti — que dele não conheciam —, o mandado de segurança foi conhecido em parte, nos limites do fundamento constitucional. Precedentes citados: MS 20257 (*RTJ* 99/1031); MS 21754 (AgRg) (Pleno, 7.10.93); MS 21648 (Pleno, 5.5.93); MS 22183 (Pleno, 5.4.95). ***MS 22.503-DF***, Rel. orig. Min. Marco Aurélio; Rel. p/ ac. Min. Maurício Corrêa, 8.5.96".

Com esse entendimento, a Corte **evitou** a **universalização** do controle preventivo e a necessidade de enfrentamento judicial **precoce** de questões políticas, que encontram um ambiente muito mais adequado de discussão, que é a Casa Legislativa.[56] Vejam que o questionamento sobre a matéria da lei (se o projeto de lei for transformado) poderá ser realizado em momento oportuno no controle concentrado a ser provocado pelos legitimados do art. 103.

Conforme estabeleceu o Min. Fux em seu voto, "essa aparente contradição entre os valores albergados pelo Estado Democrático de Direito impõe um dever de **cautela** redobrado no exercício da jurisdição constitucional. Com efeito, certo é que **os tribunais não podem asfixiar a autonomia pública dos cidadãos**, substituindo as escolhas políticas de seus representantes por preferências pessoais de magistrados não eleitos pelo povo, como, aliás, testemunhado pela história constitucional norte-americana durante a cognominada *Era da Lochner* (1905-1937), período em que a Suprema Corte daquele país freou a implantação do Estado social a partir de uma exegese inflacionada da cláusula aberta do devido processo legal (CHEMERINSKY, Erwin. *Constitutional law:* principles and policies. New York: Wolters Kluwer Law & Business, 2011, p. 630-645)".

E delimitou com precisão: "no caso vertente, não se sabe se o projeto de lei será arquivado, alterado ou aprovado. A questão deve permanecer em discussão, sob pena de um paternalismo judicial ou, para utilizar uma expressão bastante em voga, uma ***supremocracia***. Na realidade, tutelar o direito dos parlamentares de oposição, diversamente do que abreviar a discussão, como pretende o Impetrante, é permitir que os debates sejam realizados de forma republicana, transparentes e com os canais de participação abertos a todos os que queiram deles participar. Esse sim é o modelo de atuação legislativa legítima, tal qual concebido por John Hart Ely" (fls. 19 de seu voto).

▪ 6.4.1.4. *Controle prévio ou preventivo realizado pelo Poder Judiciário e a perspectiva das "normas constitucionais interpostas" (Zagrebelsky)*

O posicionamento acima exposto **(MS 22.503)**, pela total não apreciação e interpretação de normas do Regimento Interno do Parlamento e que é a **regra (INCLU-**

[56] Nessa perspectiva restritiva em relação ao controle judicial, cf. decisão do Ministro Barroso, negando liminar em MS preventivo impetrado por parlamentares com o objetivo de obstar a tramitação de PEC que passaria a exigir a aprovação do Congresso Nacional para a demarcação de terras indígenas, sob o argumento de violação de cláusula pétrea (**MS 32.262**, j. 13.09.2013, *Inf. 721/STF — pendente de julgamento*). Em suas palavras, "a Constituição atribuiu ao Congresso Nacional a incumbência de servir como o espaço público de vocalização de ideias, opiniões e interesses de todos os segmentos da sociedade. Somente por **exceção extrema** se deve obstar a discussão de um assunto de interesse público. Tal como compreendido atualmente, o ideal de governo democrático é o *deliberativo*, em que a ênfase recai sobre a capacidade de cidadãos, livres e iguais, decidirem seu futuro em um processo argumentativo honesto, em que prevaleça a força das melhores razões. Embora a deliberação não se restrinja (nem deva se restringir) aos órgãos formais de representação política, é inegável sua importância nesse cenário" (fls. 13 de sua decisão, *item 22*).

SIVE PARA SER ADOTADA NOS CONCURSOS PÚBLICOS), poderia ser visto com temperamentos quando se tratar de **normas constitucionais interpostas**.

A tese foi discutida pelo Min. Gilmar Mendes no **MS 26.915**,[57] no qual se questionava a amplitude do art. 43 do *RI* da CD, que veda Deputado Federal relator de certa proposta de presidir a Comissão na qual será apreciada a matéria ("*Art. 43. Nenhum Deputado poderá presidir reunião de Comissão quando se debater ou votar matéria da qual seja Autor ou Relator. Parágrafo único. Não poderá o Autor de proposição ser dela Relator, ainda que substituto ou parcial*").

Referido mandado de segurança impugnava a nomeação do Deputado Pedro Novais (PMDB/MA) para a presidência da Comissão especial que analisou a PEC n. 558/2006, a qual trata da prorrogação da CPMF, tendo em vista que ele seria um dos autores da proposição.

Em um primeiro momento (voto monocrático e em sede de medida cautelar), o Rel. Min. Gilmar Mendes analisou o Regimento Interno à luz do devido processo legislativo e, assim, entendeu que a regra fixada no art. 43 do RI da CD não se aplica aos projetos de Emenda Constitucional (PEC), indeferindo, portanto, o pedido de medida liminar, por estarem ausentes a *fumaça do bom direito* (plausibilidade jurídica) e o *perigo na demora da decisão*.

Mendes, trazendo em pauta o estudo de **Gustavo Zagrebelsky**, asseverou que "... se as normas constitucionais fizerem referência expressa a outras disposições normativas, a violação constitucional pode advir da violação dessas outras normas, que, muito embora não sejam formalmente constitucionais, vinculam os atos e procedimentos legislativos, constituindo-se **normas constitucionais interpostas** (ZAGREBELSKY, Gustavo. *La giustizia costituzionale*. Bologna, Mulino, 1979, p. 40-41). Na verdade, o órgão jurisdicional competente deve examinar a regularidade do processo legislativo, sempre tendo em vista a constatação de eventual afronta à Constituição (CANOTILHO, J. J. Gomes. *Direito constitucional*, apud MENDES, Gilmar. *Controle de constitucionalidade:* aspectos jurídicos e políticos. Saraiva, 1990, p. 35-36), mormente, aos direitos fundamentais" (MS 26.915-MC/DF, 08.10.2007).

Assim, o tema ganha outro "colorido" à luz dessa nova perspectiva, devendo o conceito de matéria *interna corporis* ser temperado à luz da ideia das *normas constitucionais interpostas* que, segundo o Min. Gilmar Mendes, apresentariam uma força normativa diferenciada por derivar diretamente da Constituição **(tema pendente**

---

[57] Cf. a íntegra da medida liminar em ***Inf. 483/STF***, tendo sido a decisão publicada no *DJU* de 16.10.2007. Em **27.09.2012**, foi julgado **prejudicado** o pedido do referido MS, por perda de objeto (art. 21, IX, do *RISTF*). Apenas para conhecimento, o PGR manifestou-se pela denegação da ordem no sentido de que "... as questões referentes exclusivamente à interpretação e à aplicação dos regimentos internos das casas legislativas constituem matéria *interna corporis*, da alçada exclusiva da respectiva casa, sendo, portanto, imunes ao controle judicial, em homenagem ao princípio da separação dos poderes", **não admitindo**, portanto, a proposta inaugurada pelo Min. Gilmar Mendes das **normas constitucionais interpostas**.

de julgamento e aprofundamento pelo STF, já que o referido MS foi extinto sem a apreciação da matéria).[58]

6.4.2. Controle posterior ou repressivo

O controle posterior ou repressivo será realizado sobre a lei, e não mais sobre o projeto de lei, como ocorre no controle preventivo.

Vale dizer, os **órgãos de controle** verificarão se a lei, ou ato normativo, ou qualquer ato com indiscutível caráter normativo, possuem um **vício formal** (produzido durante o processo de sua formação), ou se possuem um vício em seu conteúdo, qual seja, um **vício material**. Mencionados órgãos variam de acordo com o sistema de controle adotado pelo Estado, podendo ser **político, jurisdicional**, ou **híbrido**.

6.4.2.1. Controle político

Verifica-se em Estados onde o controle é exercido por um órgão distinto dos três Poderes, órgão esse garantidor da supremacia da Constituição. Tal sistema é comum em países da Europa, como Portugal e Espanha, sendo o controle normalmente realizado pelas **Cortes** ou **Tribunais Constitucionais**.[59]

Luís Roberto Barroso, como José Afonso da Silva, destaca o **modelo francês** estabelecido na Constituição de 1958 e que fixou um *Conselho Constitucional*, composto de 9 Conselheiros escolhidos pelo Presidente da República e pelo Parlamento, tendo como membros natos os ex-Presidentes da República, como exemplo de **controle político**.

No Brasil, Barroso sustenta que o veto do Executivo a projeto de lei, por entendê-lo inconstitucional (veto jurídico), bem como a rejeição de projeto de lei na CCJ seriam exemplos de controle político.[60]

6.4.2.2. Controle jurisdicional

O sistema de controle jurisdicional dos atos normativos é realizado pelo Poder Judiciário, tanto por um único órgão **(controle concentrado)** — no caso do direito brasileiro, pelo STF e pelo TJ — como por qualquer juiz ou tribunal **(controle difuso)**,

---

58 Novamente, para efeito de concursos, adotar o entendimento do citado parecer do MPF no sentido de **impossibilidade de apreciação das matérias *interna corporis*, sob pena de se violar o princípio da separação de poderes**. Alertamos, contudo, que o conceito de **"normas constitucionais interpostas"** já foi perguntado em concursos públicos.

59 Nesse sentido, Celso Bastos, *Curso de direito constitucional*, p. 397; Pinto Ferreira, *Princípios gerais do direito constitucional moderno*, t. 1, p. 90; e Alexandre de Moraes, *Direito constitucional*, 9. ed., p. 562. José Afonso da Silva, de maneira mais abrangente, observa que "o *controle político* é o que entrega a verificação da inconstitucionalidade a órgãos de natureza política, tais como: o próprio *Poder Legislativo*, solução predominante na Europa no século passado; ou um órgão especial, como o *Presidium do Soviete Supremo*, da ex-União Soviética (Constituição da URSS, art. 121, n. 4) e o *Conseil Constitutionnel* da vigente Constituição francesa de 1958 (arts. 56 a 63)" (*Curso de direito constitucional positivo*, 17. ed., p. 51).

60 Luís Roberto Barroso, *O controle de constitucionalidade no direito brasileiro*, 2. ed., p. 42-43.

admitindo, naturalmente, o seu exercício por juízes em estágio probatório, ou seja, sem terem sido vitaliciados, bem como por juízes dos juizados especiais.

O Brasil adotou o sistema jurisdicional **misto**, porque realizado pelo Poder Judiciário — daí ser *jurisdicional* —, tanto de forma concentrada (controle concentrado) como por qualquer juiz ou tribunal (controle difuso).[61]

Importante anotar que os controles difuso e concentrado são realizados com autonomia, não podendo um condicionar a sua admissibilidade à inviolabilidade do outro. Claro que se já houver decisão no controle concentrado, mesmo em sede de medida cautelar, poderá haver repercussão sobre o controle difuso.

6.4.2.3. Controle híbrido

No controle que chamamos de **híbrido**, temos uma *mistura* dos outros dois sistemas acima noticiados. Assim, algumas normas são levadas a controle perante um órgão distinto dos três Poderes (controle político), enquanto outras são apreciadas pelo Poder Judiciário (controle jurisdicional).

6.4.2.4. Exceções à regra geral do controle jurisdicional posterior ou repressivo

Vimos que o controle posterior ou repressivo (sucessivo) no Brasil, por regra, é exercido pelo Poder Judiciário, de forma concentrada ou difusamente. A essa regra, no entanto, surgem exceções, destacando-se a atuação do **Poder Legislativo** e do **Poder Executivo**, assim como a particular atribuição dos ditos **órgãos administrativos autônomos de controle** (TCU, CNJ, CNMP), que, conforme veremos, não exercem o controle de constitucionalidade propriamente dito.

6.4.2.4.1. Controle posterior ou repressivo exercido pelo Legislativo

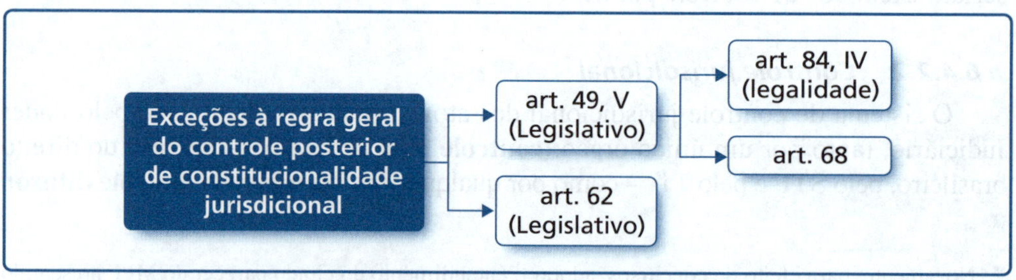

A **primeira exceção** à regra geral do controle posterior jurisdicional misto (difuso e concentrado) vem prevista no **art. 49, V**, da CF/88, que estabelece ser compe-

[61] Alfredo Buzaid, em lapidar lição, já dizia, em 1958, que o controle de constitucionalidade no Brasil era exercido em duas modalidades: "*a*) pelo controle difuso, no processo comum, quando a parte alega, como fundamento da ação ou da defesa, a inconstitucionalidade de lei ou ato normativo: esta arguição é feita *incidenter tantum* e constitui sempre *questão prejudicial*; *b*) pelo sistema concentrado, por meio de ação direta, intentada pelos legitimados pela Constituição, em que o objetivo próprio do processo é a declaração da inconstitucionalidade" (apud Ada Pellegrini Grinover, Controle de constitucionalidade, *Revista de Processo*, 90/11).

tência exclusiva do Congresso Nacional *sustar os atos normativos do Poder Executivo que exorbitem do poder regulamentar ou dos limites de delegação legislativa*. Mencionado controle será realizado através de **decreto legislativo** a ser expedido pelo Congresso Nacional. Vamos às hipóteses:

a) sustar os atos normativos do Poder Executivo que exorbitem do poder regulamentar: como veremos melhor ao tratar do Poder Executivo, é de competência exclusiva do Presidente da República expedir decretos e regulamentos para a fiel execução da lei (art. 84, IV). Portanto, ao Chefe do Executivo compete regulamentar uma lei expedida pelo Legislativo, e tal procedimento será feito por decreto presidencial. Pois bem, se no momento de regulamentar a lei o Chefe do Executivo extrapolá-la, disciplinando além do limite nela definido, este "a mais" poderá ser afastado pelo Legislativo por meio de decreto legislativo. Cabe alertar que, no fundo, esse controle é de **legalidade** e não de inconstitucionalidade, como apontado por parte da doutrina, pois o que se verifica é em que medida o decreto regulamentar extrapolou os limites da **lei**;

b) sustar os atos normativos do Poder Executivo que exorbitem dos limites de delegação legislativa: como veremos ao estudar as espécies normativas, a Constituição atribuiu competência ao Presidente da República para elaborar a **lei delegada**, mediante delegação do Congresso Nacional, através de **resolução**, especificando o conteúdo e os termos de seu exercício (art. 68). Pois bem, no caso de elaboração de lei delegada pelo Presidente da República, extrapolando os limites da aludida resolução, poderá o Congresso Nacional, utilizando-se de **decreto legislativo**, sustar o referido ato que exorbitou dos limites da delegação legislativa.

A **segunda exceção** à regra geral está prevista no **art. 62** da CF/88. Conforme estudaremos adiante, em caso de **relevância** e **urgência**, o Presidente da República poderá adotar **medidas provisórias**, com força de lei, devendo submetê-las de imediato ao **Congresso Nacional** (Poder Legislativo). Entendendo-a **inconstitucional** (vejam: as medidas provisórias têm força de lei), o Congresso Nacional estará realizando controle de constitucionalidade. Trata-se de exceção à regra geral, haja vista que, nessa hipótese, o controle não é exercido pelo Judiciário (lembrem: o Brasil adotou o **sistema de controle jurisdicional misto**), mas sim pelo Legislativo.

▪ *6.4.2.4.2. Controle posterior ou repressivo exercido pelo Executivo*

Como se sabe, o **princípio da supremacia da Constituição** produz **efeitos irradiantes** em todos os Poderes da República, os quais, por sua vez, devem cumprir as leis que se coadunem com a Constituição.

O grande problema surge quando a lei é inconstitucional. Devem os Poderes necessariamente aplicá-la, ou podem, sem qualquer formalidade, deixar de cumpri-la sob o fundamento de violação da Constituição?

■ **Entendimento antes do advento da CF/88:** como vimos, o controle concentrado surge somente com a EC n. 16/65, que estabelece, como exclusivo legitimado, o PGR. Assim, antes do texto de 1988, que ampliou a legitimação ativa para o ajuizamento da ADI, os Chefes do Executivo (Presidente da República, Governadores dos Estados e do DF e Prefeitos) não tinham competência para ajuizar ação buscando, em controle concentrado, discutir a constitucionalidade da lei.

Nesse primeiro momento, portanto, doutrina e jurisprudência consolidaram o entendimento de que o Chefe do Executivo poderia deixar de aplicar uma lei por entendê-la inconstitucional, cabendo-lhe, ainda, baixar determinação, na condição de **superior hierárquico**, para que os seus subordinados também não cumprissem a lei.

Isso porque a análise da constitucionalidade da lei não era tida como monopólio do Judiciário, embora tivesse o seu controle final (Caio Tácito, *RDA* 59/339 e s.).

Naturalmente a ação ou omissão do Poder Executivo poderia ser discutida no Judiciário, que daria a "palavra final" sobre a aplicação ou não da lei (como se sabe, o Judiciário é o intérprete final da lei), obrigando, após a decisão, à necessária observância do dispositivo legal.[62]

■ **Entendimento a partir do advento da CF/88:** já vimos que o argumento para justificar a possibilidade de descumprimento da lei pelo Executivo fundava-se no fato de a legitimação para o controle concentrado de constitucionalidade das leis ser **exclusiva** do PGR.

Assim, aparentemente, com o advento da CF/88, que ampliou a legitimação para o ajuizamento da ADI (art. 103, expandida para a ADC pela EC n. 45/2004), não mais se admitiria o descumprimento de lei inconstitucional pelo Chefe do Executivo.

A tese ganhou alguns adeptos na doutrina.[63] Outros, porém, alertaram para uma realidade: de fato, pela nova regra, são legitimados o **Presidente da República** (art. 103, I) e os **Governadores dos Estados e do DF** (art. 103, V). E quanto aos **Prefeitos**?

Estes não estão previstos no rol de legitimados do art. 103. Então alguns sustentavam que poderiam os Prefeitos, e somente eles, descumprir a lei flagrantemente inconstitucional, determinando a sua não aplicação para os subordinados hierárquicos.

Essa tese, contudo, mostrou-se bastante complicada, pois, em certa medida, acarretava maior atribuição de poderes aos Chefes dos Executivos municipais em detrimento dos estaduais e em relação ao Presidente da República.

62 "EMENTA: É constitucional decreto de chefe de poder executivo estadual que determina aos órgãos a ele subordinados que se abstenham da prática de atos que impliquem a execução de dispositivos legais vetados por falta de iniciativa exclusiva do poder executivo. Constitucionalidade do Decreto n. 7.864, de 30 de abril de 1976, do Governador do Estado de São Paulo. Representação julgada improcedente" (**Rp 980/SP**, Rel. Min. Moreira Alves, j. 21.11.1979, Pleno, *DJ* de 19.09.1980, p. 7202, *RTJ* 96-03/496). Nesse mesmo sentido, ainda: "O Poder Executivo não é obrigado a cumprir leis que considere inconstitucionais" (**Recurso de MS 13.950**, j. 10.10.1968, Min. Amaral Santos, *RDA* 97/116).

63 Zeno Veloso, *Controle jurisdicional de constitucionalidade*, 2. ed., p. 317 e s.

Em virtude dessa situação, buscou a doutrina outra justificativa, que não a meramente formal, para a configuração da tese do descumprimento da lei e, assim, manter a regra que prevalecia antes do texto de 1988: princípio da **supremacia da Constituição** e da regra de que a aplicação de lei inconstitucional é o mesmo que a negativa de aplicação da própria Constituição.[64]

Entendemos que a **tese** a ser adotada é a da **possibilidade de descumprimento da lei inconstitucional pelo Chefe do Executivo**.

Isso porque entre os efeitos do controle concentrado está a **vinculação** dos demais órgãos do Poder Judiciário e do **Executivo** (art. 28, parágrafo único, da Lei n. 9.868/99 e art. 102, § 2.º, da CF/88 — EC n. 45/2004).

Outro argumento a fortalecer a ideia da possibilidade de descumprimento da lei flagrantemente inconstitucional pelo Executivo decorre dos efeitos da **súmula vinculante** (*Reforma do Judiciário*), que, uma vez editada, vinculará a Administração Pública, sob pena de responsabilidade civil, administrativa e penal (art. 64-B da Lei n. 9.784/99, introduzido pela Lei n. 11.417/2006).

Antes, porém, *a contrario sensu* e desde que não exista qualquer medida judicial em sentido contrário, tecnicamente, poderá o Chefe do Executivo determinar a não aplicação de lei flagrantemente inconstitucional.

■ **E qual a posição do STF e do STJ sobre o tema?**

Encontramos apenas um precedente no **STF**, que não aprofunda muito o assunto: "... O controle de constitucionalidade da lei ou dos atos normativos é da competência exclusiva do Poder Judiciário. Os Poderes Executivo e Legislativo, por sua chefia — e isso mesmo tem sido questionado com o alargamento da legitimação ativa na ação direta de inconstitucionalidade —, **podem tão só determinar aos seus órgãos subordinados que deixem de aplicar administrativamente as leis ou atos com força de lei que considerem inconstitucionais**" (ADI 221-MC/DF, Rel. Min. Moreira Alves; *DJ* de 22.10.1993, p. 22251, *Ement.* v. 01722-01, p. 28 — grifamos).

A 1.ª Turma do **STJ**, por sua vez, já enfrentou o tema com maior veemência, **consagrando a tese do controle posterior ou repressivo pelo Executivo:** "Lei inconstitucional — Poder Executivo — Negativa de eficácia. O poder executivo deve negar execução a ato normativo que lhe pareça inconstitucional" (**REsp 23121/GO**, Rel. Min. Humberto Gomes de Barros; 1.ª Turma, j. 06.10.1993, *DJ* de 08.11.1993, p. 23521, *LEXSTJ* 55/152).

■ *6.4.2.4.3. "Órgãos administrativos autônomos de controle" (TCU, CNJ e CNMP) exercem controle de constitucionalidade?*

Não!

Referidos órgãos **não** exercem nem o controle concentrado, nem mesmo o controle difuso de constitucionalidade.

---

64 Nesse sentido, cf. L. R. Barroso, O controle..., 2. ed., p. 71; Clèmerson Merlin Clève, *A fiscalização abstrata de constitucionalidade no direito brasileiro*, 2. ed., p. 247-248; e Gustavo Binenbojm, *A nova jurisdição constitucional brasileira*, p. 216 e s.

A atuação dos ditos "órgãos administrativos autônomos de controle" vem sendo discutida tanto pela doutrina como pela jurisprudência, especialmente em razão da **S. 347/STF**, editada em 13.12.1963, que tem a seguinte orientação, causando muita divergência: "o Tribunal de Contas, no exercício de suas atribuições, pode apreciar a constitucionalidade das leis e dos atos do Poder Público".

Conforme anota Bulos, embora os Tribunais de Contas "... não detenham competência para declarar a inconstitucionalidade das leis ou dos atos normativos em abstrato, pois essa prerrogativa é do Supremo Tribunal Federal, poderão, no caso concreto, reconhecer a desconformidade formal ou material de normas jurídicas, incompatíveis com a manifestação constituinte originária. Sendo assim, os Tribunais de Contas podem deixar de aplicar ato por considerá-lo inconstitucional, bem como sustar outros atos praticados com base em leis vulneradoras da Constituição (art. 71, X). Reitere-se que essa faculdade é na via incidental, no caso concreto, portanto".[65]

Mas será que esse seria um caso de efetivo controle de constitucionalidade? Veremos que **não**, já deixando claro o atual posicionamento do STF, que nos parece o mais acertado!

Alertamos, inclusive, que a **subsistência da S. 347** em seu sentido original está em **discussão** no **STF** e vem sendo criticada a partir de decisão proferida pelo Min. Gilmar Mendes em mandado de segurança impetrado pela Petrobras, atacando ato do TCU que determinou à impetrante e seus gestores que se abstivessem de aplicar o *Regulamento de Procedimento Licitatório Simplificado*, aprovado pelo Decreto n. 2.745/98, devendo ser observadas as regras da Lei n. 8.666/93 (**MS 25.888-MC**, j. 22.03.2006, tendo sido o referido mandado de segurança julgado prejudicado ante a perda superveniente de seu objeto e, assim, revogada a medida liminar deferida, conforme **decisão monocrática** proferida pelo Min. Gilmar Mendes, em 14.09.2020 — *pendente o julgamento de agravo interno*).

Segundo fundamentou o Min. Gilmar Mendes no julgamento da liminar, inclusive em sede doutrinária, a S. 347 foi editada no ano de 1963, na vigência da Constituição de 1946 e quando ainda não existia qualquer forma de controle concentrado no Brasil. Lembre-se de que, naquele momento, vigorava apenas o controle difuso, já que a introdução do controle concentrado se deu pela EC n. 16/65, que estabeleceu um exclusivo legitimado, qual seja, o PGR.

Naquele contexto, argumenta, admitia-se a não aplicação da lei considerada inconstitucional. Contudo, com o advento da CF/88 e a alteração radical na legitimação ativa para a propositura da ADI genérica (art. 103), não mais se justifica o entendimento firmado na S. 347.

Nas palavras do Min. Gilmar Mendes, "a própria **evolução do sistema de controle de constitucionalidade no Brasil**, verificada desde então, **está a demonstrar a necessidade de se reavaliar a subsistência da Súmula 347** em face da ordem constitucional instaurada com a Constituição de 1988" (tema *pendente de análise pelo Pleno*; em sentido contrário, aplicando a S. 347 sob o argumento de que ainda não revogada

[65] Uadi Lammêgo Bulos, *Constituição Federal anotada*, 4. ed., p. 815.

expressamente, cf. voto do Min. Marco Aurélio: **MS 31.439-MC**, decisão monocrática, j. 19.07.2012, *DJE* de 07.08.2012, também pendente de apreciação plenária).

CUIDADO: essa perspectiva extrema lançada por Gilmar Mendes em sua decisão proferida em 22.03.2006 parece ter se enfraquecido e apreciação pelo STF de decisão do **CNJ** que considerou irregular a contratação, pelo TJ da Paraíba, de 100 assistentes de administração nomeados sem concurso público (sendo observado, ainda, que, no julgamento proferido em 14.09.2020 — que julgou prejudicado o MS —, parece ter o Min. Gilmar esclarecido melhor o seu posicionamento).

Ao que tudo indica — e explicaremos melhor a seguir —, o STF vem fazendo uma **releitura** da referida súmula, tendo chegado, o próprio Min. Gilmar, em um primeiro momento, a admitir a possibilidade de os órgãos da administração deixarem de aplicar normas vigentes quando essa determinação decorrer de interpretação já estabelecida na Corte (cf. MS 26.739, 2.ª T., j. 1.º.03.2016).

O atual posicionamento da Corte está materializado no julgamento da **Pet 4.656**, tendo sido explicitado que referidos órgãos administrativos **não exercem controle de constitucionalidade** (Pleno, j. 19.12.2016, *DJE* de 04.12.2017).

Conforme sustentou a Min. Cármen Lúcia ao analisar o caso concreto da Paraíba, o órgão de controle administrativo, financeiro e disciplinar da magistratura (CNJ) atuou "nos limites de sua competência, afastando a validade de atos administrativos e, para tanto, **adotando como fundamento a invalidade da lei estadual**, que ele reputou contrária ao princípio constitucional de ingresso no serviço público, por concurso público, pela ausência dos requisitos caracterizados para a criação de cargos comissionados".

Em seu voto, a Ministra Relatora distinguiu o **afastamento da lei pelo CNJ** do ato de **declaração de inconstitucionalidade**, que seria, este último, atribuição exclusiva do **Poder Judiciário**. Isso porque o CNJ atuou nos limites de sua competência constitucional (art. 103-B, § 4.º, II), "**afastando a validade dos atos administrativos** e, para tanto, a aplicação de lei estadual como seu fundamento e que ele reputou contrária ao princípio constitucional de ingresso no serviço público por concurso público, pela ausência dos requisitos caracterizadores do cargo comissionado. **Não há declaração de inconstitucionalidade** da qual resulte a anulação ou revogação da lei discutida, com exclusão de sua eficácia. Teve-se na espécie a **nulidade** dos **atos** questionados para o que se afirmou **inaplicável**, **administrativamente**, **lei estadual com vício de inconstitucionalidade**, vinculando-se apenas a atuação de órgão judicial cujos atos administrativos foram submetidos ao controle do Conselho Nacional de Justiça. Não se há cogitar, portanto, de usurpação da competência deste Supremo Tribunal, a qual seria passível de impugnação por meio constitucional próprio, como efetivamente se deu" (fls. 27 do acórdão).

Concordamos com o STF — e assim já havíamos nos manifestado em edições anteriores — que "a possibilidade de afastar, por inconstitucionalidade, a aplicação de lei aproveitada como base de ato administrativo objeto de controle, determinando aos órgãos submetidos a seu espaço de influência a observância desse entendimento", deve se dar por ato expresso e formal tomado pela **maioria absoluta** dos membros do Conselho (aplicação analógica do art. 97, CF/88).

Dessa forma, os ditos "órgãos administrativos autônomos" (CNJ, CNMP e TCU), com a função constitucional de controlar a **validade de atos administrativos**, poderão afastar a aplicação de lei ou ato normativo violador da Constituição. Mas que fique claro: isso não é controle de constitucionalidade!

Nesse sentido, conforme estabeleceu o Min. Celso de Mello, "a defesa da integridade da ordem constitucional pode resultar, legitimamente, do repúdio, por órgãos administrativos (como o Conselho Nacional de Justiça), de regras incompatíveis com a Lei Fundamental do Estado, valendo observar que os órgãos administrativos, embora não dispondo de competência para declarar a inconstitucionalidade de atos estatais (**atribuição cujo exercício sujeita-se à reserva de jurisdição**), podem, não obstante, recusar-se a conferir aplicabilidade a tais normas, eis que — na linha do entendimento desta Suprema Corte — 'há que **distinguir** entre **declaração de inconstitucionalidade** e **não aplicação de leis inconstitucionais**, pois esta é obrigação de qualquer tribunal ou órgão de qualquer dos Poderes do Estado' (RMS 8.372/CE, Rel. Min. Pedro Chaves, Pleno, j. 11.12.1961)" (medida cautelar no **MS 31.923**, decisão monocrática, j. 14.04.2013, fls. 9).

Em razão da importância e atualidade do tema, reforçamos a **distinção** entre a declaração de inconstitucionalidade da lei ou do ato normativo e a sua não aplicação. Os referidos "órgãos administrativos autônomos" **não realizam controle de constitucionalidade**, pois **não possuem funções jurisdicionais**. Conforme observou o Min. Barroso, "quem quer que tenha que aplicar lei, sem ser um órgão subalterno, deve interpretar a Constituição e, se entender que a lei é incompatível com a Constituição, tem que ter o poder de não a aplicar, sob pena de estar violando a Constituição" (Pet 4.656, fls. 46).

O julgamento em referência se deu em 19.12.2016. Na medida em que a publicação do acórdão levou praticamente 1 ano (*DJE* de 04.12.2017), a Min. Cármen Lúcia, na primeira oportunidade que teve no CNJ, foi muito firme e extremamente dura ao deixar claro que referidos órgãos não exercem controle de constitucionalidade, já que **não exercem jurisdição**. A eventual não aplicação de lei em um caso concreto não deve ser confundida com o afastamento da norma em abstrato. Referidos órgãos não podem afastar do mundo jurídico a norma. Referidos órgãos podem, tão somente, não considerar a lei no caso concreto, prestigiando a Constituição.

E explicou, sendo muito firme com os Conselheiros: "o CNJ foi criado (...) como órgão administrativo. Não declara a inconstitucionalidade de norma nenhuma. O que nós decidimos — e aqui foi citado como precedente — foi que, se o fundamento da nomeação de um servidor no caso da Paraíba é uma lei em desrespeito à Constituição, nós determinamos que o **ato administrativo**, que é da competência do Conselho, deixe de existir ou seja desfeito porque ou eu aplico a lei e desrespeito a Constituição, ou eu aplico a Constituição quando o art. 103-B, § 4.º, prevê expressamente que o CNJ zela administrativamente. Isto aqui não é órgão judicial, não exerce jurisdição e não faz controle de constitucionalidade. Simples assim. E esta é uma matéria consolidada, explicitada, reiterada..." (transcrição da manifestação da Ministra na *266.ª Sessão Ordinária do CNJ*, realizada em 20.02.2018 — o precedente citado refere-se à Pet 4.656, acima comentada).

Mas um alerta deve ser feito: conforme indicamos acima, a posição mais radical lançada pelo Min. Gilmar não foi ainda rediscutida de forma direta pelo STF, que, como vimos, não tem exigido a previsão explícita e inquestionável de precedente forte sobre a matéria a ser afastada (pendente).

Por outro lado, a proposta do Min. Gilmar para que os órgãos administrativos de controle afastem a aplicação da lei (e isso não seria declaração de inconstitucionalidade) pressupõe a existência de jurisprudência pacífica sobre o tema estabelecido pela Corte — cf. MS 26.739.

Não se está a autorizar o controle difuso por parte desses **órgão não jurisdicionais**, mas apenas a aplicação da interpretação **já feita pela Corte**, a observância da jurisprudência pacificada acerca da "inconstitucionalidade chapada, notória ou evidente, da solução normativa em questão" (cf. voto do Min. Gilmar em MS 31.667-AgR).

Nesse sentido, no dia **14.09.2020**, o Min. Gilmar julgou prejudicado o **MS 25.888** em razão da superveniência da Lei n. 13.303/2016 (Lei das Estatais), que revogou o ato normativo que teria sido declarado inconstitucional pelo TCU e que, então, ensejou a discussão sobre essa efetiva atribuição da Corte de Contas. A sua decisão — e, portanto, a amplitude desse "afastamento da aplicação da lei" pelo TCU —, poderá ser rediscutida pelo STF, que, conforme indicamos acima, parece não exigir essa formalidade do precedente já enfrentado pelo Judiciário.

De acordo com a proposta estabelecida pelo Min. Gilmar em *obiter dictum* na referida decisão, que, conforme vimos, julgou prejudicado o MS, teríamos uma **aplicação renovada da S. 347**, nos seguintes termos: "confere aos Tribunais de Contas a possibilidade de **afastar a aplicação** de normas **manifestamente inconstitucionais** quando **já houver entendimento pacificado do STF acerca da inconstitucionalidade chapada**, **notória** ou **evidente**, da solução normativa eventualmente em exame" (fls. 27 da decisão), deixando claro que as decisões do Supremo, ainda que proferidas na **via incidental**, ostentam **força cogente**, tendo em vista o reconhecimento da mutação constitucional do art. 52, X, adotada no julgamento das **ADIs 3.406** e **3.470** (fls. 26 da decisão — cf. a ampla discussão da matéria no *item 6.6.5.5* e o nosso posicionamento sobre a necessidade de cumprimento de algumas formalidades).

Esse será o grande ponto de enfrentamento pelo Pleno no a**gravo interno interposto (MS 25.888)**: há mesmo a necessidade da existência de precedente formal ou os órgão administrativo de controle, **ao apreciarem a validade de atos administrativos**, poderão afastar a aplicação de lei ou ato normativo violador da Constituição, sem necessariamente haver precedente formal reconhecendo a inconstitucionalidade chapada, notória ou evidente? (pendente).

Em nosso entender, essa formalidade exigida não nos parece a melhor (lembrando que referidos atos poderão ser sempre controlados pelo Poder Judiciário). Como disse o Min. Barroso, "quem quer que tenha que aplicar lei, sem ser um órgão subalterno, deve interpretar a Constituição e, se entender que a lei é incompatível com a Constituição, tem que ter o poder de não a aplicar, sob pena de estar violando a Constituição" (Pet 4.656, fls. 46).

■ 6.5. SISTEMAS E VIAS DE CONTROLE JUDICIAL

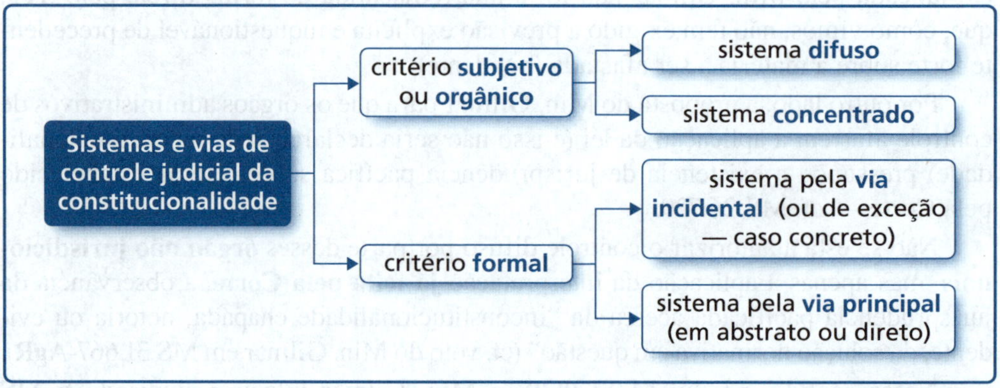

Assim, como se percebe pelo quadro acima, partindo de um critério **subjetivo** ou **orgânico**, o controle judicial de constitucionalidade poderá ser **difuso** ou **concentrado**.

O sistema **difuso** de controle significa a possibilidade de qualquer juiz ou tribunal, observadas as regras de competência, realizar o controle de constitucionalidade.

Por seu turno, no sistema **concentrado**, como o nome já diz, o controle se "concentra" em um ou mais de um (porém em número limitado) órgão. Trata-se de **competência originária** do referido órgão.

Sob outra perspectiva, do ponto de vista **formal**, o sistema poderá ser pela **via incidental** ou pela **via principal**.

No sistema de controle pela **via incidental** (também chamado pela via de exceção ou defesa), o controle será exercido como questão prejudicial e premissa lógica do pedido principal.

Nesse ponto, é conveniente fazer uma crítica ao uso da terminologia "pela via de exceção ou defesa", na medida em que será possível que a via incidental (análise de questão prejudicial) se dê, também, como fundamento da pretensão do autor, o que se vê nas ações constitucionais, a exemplo do mandado de segurança.

Já no sistema de controle pela **via principal** (abstrata ou pela via de "ação"), a análise da constitucionalidade da lei será o objeto principal, autônomo e exclusivo da causa.

Mesclando as duas classificações, verifica-se que, regra geral, o sistema **difuso** é exercido pela via **incidental**, destacando-se, aqui, a experiência norte-americana, que, inclusive, influenciou o surgimento do controle difuso no Brasil.

Por sua vez, o sistema **concentrado** é exercido pela via **principal**, como decorre da experiência austríaca e se verifica no sistema brasileiro.

Essa regra, contudo, apresenta **exceções**, tanto no *direito estrangeiro* como no *direito brasileiro*.

Conforme anota Barbosa Moreira ao tratar sobre o **direito estrangeiro** "características ecléticas apresentam os sistemas atuais de controle na **Itália** e na **República Federal da Alemanha**, que reconhecem a um único órgão judicial competência para apreciar a questão da constitucionalidade, mas lhe deferem o exercício dessa competência quer pela via *principal* (mediante provocação de algum legitimado), quer por via *incidental*, a propósito de caso concreto, sujeito à cognição de qualquer outro órgão judicial, que submete a questão à Corte Constitucional, a fim de que esta a resolva com força vinculativa, ficando suspenso, nesse meio-tempo, o processo em que se suscitou a questão. Na mesma corrente insere-se a Constituição espanhola de 1978 (arts. 161 a 165)".[66]

No **direito brasileiro**, como exceção à regra do controle **concentrado e abstrato de constitucionalidade**, podemos pensar em situação na qual o controle será **concentrado** (em órgão de cúpula, com competência originária), mas **incidental**, discutindo-se a questão de constitucionalidade como questão prejudicial ao objeto principal da lide.

Como exemplo de controle concentrado e incidental, então, citamos o art. 102, I, "d", que estabelece ser **competência originária do STF** processar e julgar o *habeas corpus*, sendo paciente qualquer das pessoas referidas nas alíneas anteriores; o mandado de segurança e o *habeas data* contra atos do Presidente da República, das Mesas da Câmara dos Deputados e do Senado Federal, do Tribunal de Contas da União, do Procurador-Geral da República e do próprio Supremo Tribunal Federal.

■ 6.6. CONTROLE DIFUSO

■ 6.6.1. Origem histórica: Marbury *versus* Madison, Sessão de fev. de 1803 (I, repertório de Cranch, 137-180)

<table>
<tr><th colspan="3">CONTROLE DIFUSO — HISTÓRICO</th></tr>
<tr><td>■ John Adams (Presidente EUA)
■ William Marbury — nomeado "juiz de paz" (juiz federal) — mas a "comissão" para o cargo, embora assinada, não lhe foi entregue</td><td>X</td><td>■ Thomas Jefferson (novo Presidente EUA)
■ James Madison — nomeado Secretário de Estado — não efetivou a "comissão" por ordem de Jefferson</td></tr>
<tr><td colspan="3">■ John Marshall, Chief Justice
■ A lei (seção 13 do Judiciary Act, de 1789) x a Constituição de 1787, que não fixou competência originária para apreciar a questão
■ Solução: Havendo conflito entre a aplicação de uma lei e a Constituição, aplica-se a regra constitucional, por ser hierarquicamente superior</td></tr>
</table>

John Adams, presidente dos EUA, foi derrotado na eleição presidencial por Thomas Jefferson.

Adams resolveu, antes de ser sucedido por Jefferson, nomear diversas pessoas ligadas ao seu governo como juízes federais, destacando-se William Marbury, cuja

[66] José Carlos Barbosa Moreira, *Comentários ao Código de Processo Civil*, 12. ed., v. 5, p. 30.

"comissão" para o cargo de "juiz de paz" do condado de Washington foi assinada por Adams, sem, contudo, ter-lhe sido entregue.

Jefferson, por sua vez, ao assumir o governo, nomeou James Madison como seu Secretário de Estado e, ao mesmo tempo, por entender que a nomeação de Marbury era incompleta até o ato da "comissão", já que esta ainda não lhe havia sido entregue, determinou que Madison não mais efetivasse a nomeação de Marbury.

Naturalmente, Marbury acionou Madison pedindo explicações. Sem resposta, Marbury resolveu impetrar *writ of mandamus*, buscando efetivar a sua nomeação.

Depois de dois longos anos, a Suprema Corte dos Estados Unidos da América resolveu enfrentar a matéria. John Marshall, *Chief Justice*, em seu voto, analisou vários pontos, dentre os quais a questão de se a Suprema Corte teria competência para apreciar ou não aquele remédio de *writ of mandamus*.

Isso porque, segundo a Constituição dos EUA, "o Supremo Tribunal terá jurisdição originária em todas as causas concernentes a embaixadores, outros ministros públicos e cônsules, e nos litígios em que for parte um Estado. Em todas as outras causas, o Supremo Tribunal terá jurisdição em grau de recurso".[67]

Ou seja, na prática, pela primeira vez teria a Suprema Corte de analisar se deveria prevalecer a lei (seção 13 do *Judiciary Act*, de 1789, que determinava a apreciação da matéria pela Suprema Corte) ou a Constituição de 1787, que não fixou tal competência originária, em verdadeiro conflito de normas.

Até então, a regra era a de que a lei posterior revogava a lei anterior. Assim, teria a lei revogado o artigo de Constituição que tratava das regras sobre competência originária?

Depois de muito meditar, inclusive sobre o papel da Constituição escrita, Marshall conclui: "assim, a 'fraseologia' particular da Constituição dos Estados Unidos confirma e corrobora o princípio essencial a todas as constituições escritas, segundo o qual é **nula** qualquer lei incompatível com a Constituição; e que os tribunais, bem como os demais departamentos, são vinculados por esse instrumento".[68]

Pode-se, assim, afirmar que a noção e a ideia de controle difuso de constitucionalidade, historicamente, devem-se ao famoso caso julgado pelo Juiz *John Marshall* da Suprema Corte norte-americana, que, apreciando o precedente **Marbury *v.* Madison**, em 1803, decidiu que, havendo conflito entre a aplicação de uma lei em um caso concreto e a Constituição, **deve prevalecer a Constituição**, por ser hierarquicamente superior.

Como anota Oscar Vilhena, referido precedente "... é resultado, única e exclusivamente, de uma leitura expandida da Constituição americana e, posteriormente, na tradição da *common law*, da ação reiterada dos magistrados. Este poder de controlar a compatibilidade das leis com a Constituição decorre, assim, da jurisprudência americana, e não de uma autorização positivada de forma expressa pelo constituinte".[69]

---

[67] John Marshall, *Decisões constitucionais de Marshall*, p. 22 (texto adaptado para o português moderno).

[68] Idem, p. 29.

[69] Oscar Vilhena Vieira, *Supremo Tribunal Federal*, 2. ed., p. 66.

6.6.2. Noções gerais

O **controle difuso**, repressivo, ou posterior, é também chamado de controle pela via de **exceção** ou **defesa**, ou controle **aberto**, sendo realizado por qualquer juízo ou tribunal do Poder Judiciário. Quando dizemos qualquer juízo ou tribunal, devem ser observadas, é claro, as regras de competência processual, a serem estudadas no processo civil.

O controle difuso verifica-se em um caso concreto, e a declaração de inconstitucionalidade dá-se de forma incidental ***(incidenter tantum)***, prejudicialmente ao exame do mérito.

Pede-se algo ao juízo, fundamentando-se na inconstitucionalidade de uma lei ou ato normativo, ou seja, a alegação de inconstitucionalidade será a *causa de pedir processual*.

Exemplo: na época do Presidente Collor, os interessados pediam o desbloqueio dos cruzados fundando-se no argumento de que o ato que motivou tal bloqueio era inconstitucional. O pedido principal não era a declaração de inconstitucionalidade, mas sim o desbloqueio!

6.6.3. Controle difuso nos tribunais e a cláusula de reserva de plenário (*full bench*). Art. 97 da CF/88

6.6.3.1. Regras gerais

Observadas as regras do processo civil, a parte sucumbente poderá devolver a análise da matéria ao tribunal *ad quem* (nessa hipótese estamos imaginando um processo que começou na primeira instância — juízo monocrático, sendo interposto recurso de apelação para o tribunal competente).

No tribunal competente, distribuído o processo para turma, câmara ou seção (depende da organização interna do tribunal a ser estabelecida em seu regimento interno), **arguida**, em controle difuso, a **inconstitucionalidade** de lei ou de ato normativo do poder público, o relator, após ouvir o Ministério Público e as partes, submeterá a questão ao referido órgão fracionário ao qual competir o conhecimento do processo, que poderá proferir duas decisões:

- **rejeitar a arguição:** o julgamento prosseguirá;
- **acolher a arguição:** a questão será submetida ao plenário do tribunal ou ao seu órgão especial, onde houver.

Para esta última situação, o **art. 97 da CF/88** estabelece que somente pelo voto da **maioria absoluta** de seus membros ou dos membros do respectivo órgão especial poderão os tribunais declarar a **inconstitucionalidade** de lei ou ato normativo do Poder Público.[70] Temos aqui a chamada **cláusula de reserva de plenário**, também denominada regra do ***full bench***.

---

[70] Nos termos do **art. 93, XI**, da CF/88, na redação dada pela EC n. 45/2004, nos tribunais com número **superior a 25 julgadores**, poderá ser constituído **órgão especial**, com o mínimo de **11** e o máximo de **25** membros, para o exercício das atribuições administrativas e jurisdicionais **delegadas da competência do tribunal pleno**, provendo-se metade das vagas por antiguidade e a outra metade por eleição pelo tribunal pleno.

Descrevendo o procedimento, o art. 950, CPC/2015, estabelece que, remetida cópia do acórdão a todos os juízes, o presidente do tribunal designará a sessão de julgamento, observando-se as seguintes regras:

- **pessoas jurídicas de direito público responsáveis pela edição do ato questionado:** poderão manifestar-se no incidente de inconstitucionalidade se assim o requererem, observados os prazos e as condições previstos no regimento interno do tribunal;
- **parte legitimada à propositura das ações previstas no art. 103 da CF/88:** poderá manifestar-se, por escrito, sobre a questão constitucional objeto de apreciação, no prazo previsto pelo regimento interno, sendo-lhe assegurado o direito de apresentar memoriais ou de requerer a juntada de documentos;
- ***amicus curiae*:** considerando a relevância da matéria e a representatividade dos postulantes, o relator poderá admitir, por despacho irrecorrível, a manifestação de outros órgãos ou entidades.

Após o julgamento da questão incidental de inconstitucionalidade pelo pleno ou órgão especial do tribunal, o **órgão fracionário**, vinculado à decisão, seja em que sentido for, **julgará a questão principal de mérito**.

Observam-se, portanto, a lavratura de **3 acórdãos: a)** arguida a questão incidental de inconstitucionalidade, a primeira decisão será tomada pelo órgão fracionário no sentido de acolher ou não o incidente. Acolhido, cinde-se o julgamento e se remetem os autos para o órgão especial ou plenário analisar o incidente de inconstitucionalidade; **b)** submetida a questão ao órgão especial ou plenário, haverá, com o julgamento, um segundo acórdão, declarando a constitucionalidade ou não da lei ou do ato normativo; **c)** finalmente, julgada a questão incidental, o órgão fracionário, vinculado à decisão, julgará a questão principal e será lavrado o terceiro acórdão.

Então, surge a indagação: diante desses **3 acórdãos**, qual será o momento para a interposição do eventual recurso extraordinário?

A resposta encontra a sua orientação na **S. 513/STF**, ao se estabelecer que a decisão que enseja a interposição do recurso extraordinário não é a do órgão especial ou plenário que julga o incidente de inconstitucionalidade, mas a terceira e final, do órgão fracionário, que, completando o julgamento do feito, decide a questão principal (o pedido).[71]

Outro ponto interessante diz respeito à interpretação do referido art. 97 da CF, no sentido de ser ou não sempre necessária a apreciação pelo órgão especial ou pleno da **questão prejudicial**, qual seja, a realização do controle *incidenter tantum* de constitucionalidade da lei ou ato normativo pelos aludidos órgãos.

---

[71] No sentido de ser **incabível** recurso extraordinário de acórdão do plenário que resolve o incidente de inconstitucionalidade (inaceitável prematuridade!), reafirmando a orientação da S. 513/STF, que foi aprovada em 03.12.1969, cf. **RE 528.869** AgR, Rel. Min. Roberto Barroso, 1.ª T., j. 16.12.2014, *DJE* de 24.02.2015.

Assevera Marcelo Caetano, citado pelo Ministro Celso de Mello (RE 190.725-8/PR), que "... a exigência de maioria qualificada para a declaração da inconstitucionalidade de lei ou ato normativo justifica-se pela preocupação de só permitir ao Poder Judiciário tal declaração quando o vício seja manifesto e, portanto, salte aos olhos de um grande número de julgadores experientes caso o órgão seja colegiado. Sendo atingida a majestade da lei a qual, em princípio, se beneficia da presunção de estar de acordo com a Constituição, é necessário que o julgamento resulte de um consenso apreciável e não brote de qualquer escassa maioria (...). Essa exigência, por outro lado, acautela contra uma futura variação de jurisprudência no mesmo Tribunal. Assim, a inconstitucionalidade tem de ser declarada pelos votos conformes de um número de juízes equivalente a metade e mais um dos membros do Tribunal ou do órgão competente nele formado".[72]

A regra do art. 97 destaca-se como verdadeira **condição de eficácia jurídica da própria declaração de inconstitucionalidade dos atos do Poder Público**.[73] Nesse sentido, destacamos a **Súmula Vinculante 10/STF:**

> "Viola a cláusula de reserva de plenário (CF, artigo 97) a decisão de órgão fracionário de tribunal que, embora não declare expressamente a inconstitucionalidade de lei ou ato normativo do poder público, afasta sua incidência, no todo ou em parte".

No entanto, enaltecendo o **princípio da economia processual, da segurança jurídica** e na busca da desejada **racionalização orgânica da instituição judiciária brasileira**, a jurisprudência do STF desenvolveu-se no sentido de se dispensar o procedimento do art. 97 toda vez que já houvesse decisão do órgão especial ou pleno do tribunal, ou do STF, o guardião da Constituição sobre a matéria.

Segundo o Ministro Ilmar Galvão, "declarada a constitucionalidade ou inconstitucionalidade de determinada lei, pela maioria absoluta dos membros de certo Tribunal, soaria como verdadeiro despropósito, notadamente nos tempos atuais, quando se verifica, de maneira inusitada, a repetência desmesurada de causas versantes da mesma questão jurídica, vinculadas à interpretação da mesma norma, que, se exigisse, em cada recurso apreciado, a renovação da instância incidental da arguição de inconstitucionalidade, levando as sessões da Corte a uma monótona e interminável repetição de julgados da mesma natureza" (RE 190.725-8/PR).

Essa tendência foi confirmada pela **Lei n. 9.756/98**, que, acrescentando um parágrafo único ao art. 481 do revogado CPC/73 (regra mantida no art. 949, parágrafo único, CPC/2015), estabeleceu: "Os órgãos fracionários dos tribunais (entenda-se Câmaras, Grupos, Turmas ou Seções) **não submeterão ao plenário**, ou ao **órgão especial**, a arguição de inconstitucionalidade, quando já houver pronunciamentos destes ou do plenário do Supremo Tribunal Federal sobre a questão", podendo, inclu-

[72] *Direito constitucional*, v. 2, p. 417, item n. 140.

[73] Lúcio Bitencourt, *O controle jurisdicional de constitucionalidade das leis*, p. 43-46.

sive, referida ação ser, de plano, apreciada, conhecida e julgada pelo relator, conforme prescreve o art. 932, IV, "a", e V, "a", CPC/2015.[74]

A **mitigação da cláusula de reserva de plenário** vem sendo observada em outras situações. Conveniente, portanto, esquematizar a matéria. Em conclusão, não há a necessidade de se observar a regra do art. 97, CF/88:

- na citada hipótese do art. 949, parágrafo único, CPC/2015;
- se o Tribunal **mantiver a constitucionalidade do ato normativo**, ou seja, não afastar a sua presunção de validade (o art. 97 determina a observância do *full bench* para declarar a *inconstitucionalidade* de lei ou ato normativo do Poder Público);
- nos casos de **normas pré-constitucionais**, porque a análise do direito editado no ordenamento jurídico anterior em relação à nova Constituição não se funda na teoria da inconstitucionalidade, mas, como já estudado, em sua recepção ou revogação;
- quando o Tribunal utilizar a técnica da **interpretação conforme a Constituição**, pois não haverá declaração de inconstitucionalidade;
- nas hipóteses de decisão em sede de **medida cautelar**, já que não se trata de decisão definitiva.

6.6.3.2. *A cláusula de reserva de plenário aplica-se às Turmas do STF no julgamento de RE?*

De acordo com o art. 9.º, III, do *RISTF*, é **competência das Turmas** (1.ª ou 2.ª) o julgamento de **recurso extraordinário**, que será distribuído a um Ministro e ficará atrelado à Turma em relação a qual o Ministro integra, ressalvadas as hipóteses regimentais de prevenção.

Apesar dessa regra geral, consoante o art. 11, I, do *RISTF*, a **Turma** remeterá o feito ao julgamento do Plenário independente de acórdão e de nova pauta:

- quando considerar **relevante a arguição de inconstitucionalidade** ainda não decidida pelo Plenário, e o Relator não lhe houver afetado o julgamento;
- quando, não obstante decidida pelo Plenário a questão de inconstitucionalidade, algum **Ministro** propuser o seu **reexame**;

---

[74] "EMENTA: *Processo civil. Controle difuso da constitucionalidade. Princípio da reserva de plenário.* O juiz singular pode deixar de aplicar lei inconstitucional; os órgãos fracionários dos tribunais, não — porque, mesmo no âmbito do controle difuso da constitucionalidade, os tribunais só podem deixar de aplicar a lei pelo seu plenário ou, se for o caso, pelo respectivo órgão especial (CF, art. 97), observado o procedimento previsto no artigo 480 e seguintes do Código de Processo Civil, salvo se já houver pronunciamento destes ou do plenário do Supremo Tribunal Federal sobre a questão (CPC/73, art. 481, parágrafo único). Recurso especial conhecido e provido" (REsp 89.297/MG (1996/0012088-9), *DJ* de 07.02.2000, p. 151, Rel. Min. Ari Pargendler, 3.ª Turma do STJ — no mesmo sentido, cf. AG 353.520, Min. Gilson Dipp; *DJ* de 16.02.2001, 5.ª Turma do STJ).

- quando algum **Ministro** propuser **revisão da jurisprudência** compendiada na Súmula.

Ainda, o art. 22 do *RISTF* permite que o **Relator afete** a questão ao **Plenário** quando houver relevante arguição de inconstitucionalidade ainda não decidida, notadamente:

- quando houver matérias em que **divirjam** as Turmas entre si ou alguma delas em relação ao Plenário;
- quando, em razão da **relevância da questão jurídica** ou da necessidade de **prevenir divergência entre as Turmas**, convier pronunciamento do Plenário.

Portanto, tendo como premissa que o julgamento do RE é de competência da Turma no STF, o encaminhamento do RE ao Plenário **depende** do preenchimento das hipóteses regimentais, e não, simplesmente, de requerimento da parte.

Dessa forma, de acordo com as **normas regimentais** — e apresentaremos crítica em seguida —, **a cláusula de reserva de plenário não se aplica às Turmas do STF no julgamento do RE**, seja por não se tratar de "tribunal" no sentido fixado no art. 97 (e essa poderia ser uma justificação para não ficarmos apenas com o fundamento regimental, apesar de não concordarmos), seja, tendo em vista ser função primordial e essencial da Corte a declaração de inconstitucionalidade, a possibilidade de afetação dessa atribuição aos seus órgãos fracionários, no caso, as Turmas.

Em certo momento, dentro da ideia de *efetividade do processo* e *racionalização*, observamos a **ampliação da competência das Turmas** (*vide*, por exemplo, as *Emendas Regimentais ns. 45/2011* e *49/2014*), tornando, assim, mais ágeis as decisões do Plenário, cujas sessões são realizadas apenas às quartas e quintas-feiras da semana, situação que foi revertida em 2020, conforme explicamos a seguir. Certamente, a complexidade do chamado "Mensalão" — AP 470 — estimulou essa alteração regimental.

Nesse sentido, destacamos **controvertido** precedente da 2.ª T. do STF que, inclusive, já foi cobrado na prova do *MPF/2011*. Vejamos:

> "O STF exerce, por excelência, o controle difuso de constitucionalidade quando do julgamento do recurso extraordinário, **tendo os seus colegiados fracionários competência regimental para fazê-lo sem ofensa ao art. 97 da CF**" (**RE 361.829-ED**, Rel. Min. Ellen Gracie, j. 02.03.2010, 2.ª Turma, *DJE* de 19.03.2010).

CRÍTICA: com o máximo respeito, entendemos esse posicionamento não adequado e **violador** da regra do art. 97 da CF/88, que se mostra extremamente clara e didática:

> "**Art. 97.** Somente pelo voto da maioria absoluta de **seus membros** ou dos **membros do respectivo órgão especial** poderão os tribunais declarar a inconstitucionalidade de lei ou ato normativo do Poder Público".

Ou seja, a atribuição foi expressamente fixada para o Plenário ou para o órgão especial, e não para a Turma. Como o STF não tem órgão especial, a atribuição, então, seria do **Pleno**. Portanto, a regra regimental não se adapta à fixada no art. 97.

Eventual outro entendimento dependeria de **reforma constitucional**, não sendo suficiente mera alteração regimental.

Propondo **interpretação intermediária**, o **Min. Roberto Barroso** apresenta a seguinte orientação: "a **cláusula da reserva de plenário não é exigida** quando o Supremo Tribunal Federal, na sua **competência recursal, mantém acórdão recorrido** que declarou a inconstitucionalidade de norma local em processo de controle por ação direta estadual. Nesses casos, assenta-se tão somente a conformidade do *decisum* recorrido com o entendimento desta Corte, órgão incumbido do papel de intérprete máximo da Constituição. **Hipótese diversa** é aquela em que, afastada a inconstitucionalidade pelo Tribunal de origem, esta Corte **dá provimento ao recurso extraordinário para extinguir do ordenamento jurídico a norma impugnada**. Em tais condições, em observância ao disposto no art. 97 da Constituição Federal, deve ser o julgamento do feito **afetado** ao Plenário desta Corte" (ARE 661.288, Rel. Min. Dias Toffoli, j. 06.05.2014, 1.ª T., *DJE* de 29.09.2014, fls. 27 do acórdão). Vamos aguardar manifestação plenária sobre o assunto **(pendente)**.

O tema, certamente, precisará ser **rediscutido** pelo Plenário do STF, especialmente diante da nova composição, esperando que a Corte retome a exigibilidade de observância ao art. 97, CF/88.

Finalmente, em relação a esse movimento de ampliação das atribuições das Turmas por emendas regimentais, na Presidência do Min. Fux observamos uma preocupação de serem resgatadas as competências do Pleno.

Assim, os Ministros do STF, em sessão administrativa, estabeleceram que "todos os inquéritos e as ações penais em trâmite no Tribunal voltem a ser competência do Plenário", aprovando-se a **Emenda Regimental n. 57, de 16.10.2020**.

Conforme justificou o Min. Fux, "a partir do momento em que o Supremo modificou seu entendimento quanto à prerrogativa de foro dos parlamentares federais, **restringindo sua competência apenas aos crimes cometidos no exercício do cargo e em razão das funções a ele relacionadas**, a quantidade de procedimentos criminais em tramitação foi substancialmente reduzida, com a remessa de ações a outras instâncias. Ele observou que, no último dia 5, tramitavam no Tribunal 166 inquéritos e 29 ações penais, contra 500 inquéritos e 89 ações penais em tramitação em 2018, quando se alterou esse entendimento" (*Notícias STF* de 07.10.2020).

■ *6.6.3.3. A cláusula de reserva de plenário aplica-se às Turmas Recursais dos Juizados Especiais?*

Não.

Isso porque, embora órgão recursal, as Turmas de Juizados não são consideradas **"tribunais"**.

O art. 97 da CF/88 refere-se aos tribunais indicados no art. 92 e respectivos órgãos especiais mencionados no art. 93, XI. As **Turmas dos Juizados**, no âmbito recursal, **não funcionam sob o regime de plenário ou de órgão especial** (ARE 792.562-AgR, Rel. Min. Teori Zavascki, j. 18.03.2014, 2.ª T., *DJE* de 02.04.2014).

Dessa forma, as Turmas Recursais, órgãos colegiados dos Juizados, poderão declarar incidentalmente a inconstitucionalidade de uma lei ou afastar a sua incidência no todo ou em parte sem que isso signifique violação ao art. 97 da CF/88 e à SV 10/STF.

Isso não impede, contudo, que a parte sucumbente interponha recurso extraordinário contra a decisão da Turma Recursal, para o STF apreciar a questão constitucional (S. 640/STF).

Apenas se faz o alerta de que, conforme já decidiu o STF, embora a cláusula de reserva de plenário não se aplique às Turmas Recursais de Juizados, isso não significa que os requisitos de admissibilidade inerentes ao cabimento do RE (art. 102, III, da CF/88) poderão ser desrespeitados. Assim, indispensável a **juntada do inteiro teor da decisão que tenha declarado a inconstitucionalidade e que será objeto do recurso extraordinário**. Nesse sentido:

> "EMENTA: A regra da chamada **reserva do plenário** para declaração de inconstitucionalidade (art. 97 da CF) **não se aplica**, deveras, **às turmas recursais de Juizado Especial**. Mas tal circunstância em nada atenua nem desnatura a **rigorosa exigência de juntada de cópia integral do precedente que tenha, ali, pronunciado inconstitucionalidade de norma objeto de recurso extraordinário fundado no art. 102, III, 'b', da Constituição da República**, pela mesmíssima razão por que, a igual título de admissibilidade do recurso, não se dispensa juntada de cópia de acórdão oriundo de plenário" (**RE 453.744-AgR**, voto do Rel. Min. Cezar Peluso, j. 13.06.2006, 1.ª Turma, *DJ* de 25.08.2006. No mesmo sentido: RE 529.296, Rel. Min. Dias Toffoli, j. 08.05.2011. Ainda, AI 561.181-AgR, RE 369.696-AgR, AI 431.863-AgR, RE 466.834).

▪ *6.6.3.4. A cláusula de reserva de plenário aplica-se à decisão de juízo monocrático de primeira instância?*

Não.

Como visto, a regra do art. 97 é estabelecida para **"tribunal"**, não estando, portanto, direcionada para o juízo monocrático, mesmo que, incidentalmente, no controle difuso, declare a inconstitucionalidade de uma lei ou ato normativo. Vejamos as lições do Min. Celso de Mello:

> "EMENTA: A declaração de inconstitucionalidade de leis ou atos emanados do Poder Público submete-se ao princípio da reserva de Plenário consagrado no art. 97 da Constituição Federal. A vigente Carta Política, seguindo uma tradição iniciada pela Constituição de 1934, reservou ao Plenário dos Tribunais a **competência funcional** por objeto do juízo para proferir decisões declaratórias de inconstitucionalidade. Órgãos fracionários dos Tribunais (Câmaras, Grupos de Câmaras, Turmas ou Seções), muito embora possam confirmar a legitimidade constitucional dos atos estatais (*RTJ* 98/877), não dispõem do poder de declaração da inconstitucionalidade das leis e demais espécies jurídicas editadas pelo Poder Público. Essa especial competência dos Tribunais pertence, com exclusividade, ao respectivo Plenário ou, onde houver, ao correspondente órgão especial. **A norma inscrita no art. 97 da Carta Federal**, porque exclusivamente dirigida aos órgãos colegiados do Poder Judiciário, **não se aplica aos magistrados singulares quando no exercício da jurisdição constitucional** (*RT* 554/253)" (**HC 69.921**, voto do Rel. Min. Celso de Mello, j. 09.02.1993, 1.ª Turma, *DJ* de 26.03.1993).

6.6.3.5. *Os "órgãos administrativos autônomos" (CNJ, CNMP e TCU), com a função constitucional de controlar a validade de atos administrativos, ao afastar a aplicação de lei ou ato normativo violador da Constituição com fundamento para o exercício de suas atribuições, devem observar o art. 97, CF/88?*

Sim.

Conforme explicamos no *item 6.4.2.4.3*, ao interpretar a **S. 347/STF**, a Corte estabeleceu que os ditos "órgãos administrativos autônomos" (CNJ, CNMP e TCU), com a função constitucional de controlar a validade de atos administrativos, poderão afastar a aplicação de lei ou ato normativo violador da Constituição.

Referidos órgãos, como se sabe, **não exercem a jurisdição**. O que se tem é, no exercício de suas funções, o afastamento da aplicação de uma lei ou ato normativo, de modo incidental, por entendê-lo inconstitucional.

Para o afastamento da aplicação da lei, o STF entendeu **necessária a observância da cláusula de reserva de plenário (art. 97)**, aplicada por analogia. Além da regra contida no referido art. 97, a Min. Cármen Lúcia sustentou que "a exigência de observância do **postulado da reserva de plenário pelos órgãos colegiados de controle administrativo** também decorre da necessidade de se conferir **maior segurança jurídica à conclusão sobre o vício**, pois somente com a manifestação da **maioria absoluta** dos seus membros ter-se-á entendimento inequívoco do colegiado sobre a inadequação constitucional da lei discutida como fundamento do ato administrativo controlado" (fls. 23 do acórdão, **Pet 4.656**, Plenário, j. 19.12.2017, *DJE* de 04.12.2017).

O que se tem é o **afastamento**, por inconstitucionalidade, **da aplicação da lei aproveitada como base de ato administrativo objeto de controle**, determinando aos órgãos submetidos a seu espaço de influência a **observância desse entendimento** e **não a declaração de inconstitucionalidade da lei com efeitos *erga omnes* e vinculante**, que seria, como se sabe, a atribuição do STF no controle concentrado.

6.6.4. Efeitos da decisão

6.6.4.1. *Para as partes*

Regra geral, os efeitos de qualquer sentença valem somente para as partes que litigaram em juízo, não extrapolando os limites estabelecidos na lide.

No momento que a sentença declara ser a lei inconstitucional (controle difuso realizado incidentalmente), produz efeitos pretéritos, atingindo a lei desde a sua edição, tornando-a **nula** de pleno direito. Produz, portanto, **efeitos retroativos**.

Assim, no **controle difuso**, para as partes os efeitos serão (regra):

- ***inter partes*:** a decisão está limitada às partes do processo (e essa regra terá que ser lida com os temperamentos decorrentes da perspectiva de efeito *erga omnes* da tese do julgamento a partir de uma perspectiva de mutação constitucional do art. 52, X, que discutimos nos itens seguintes);
- ***ex tunc*:** consagra-se a regra na nulidade. Se a lei ou o ato normativo é inconstitucional, estamos diante de vício congênito, ou seja, vício de "nascimento". Assim, a declaração de inconstitucionalidade produz, em regra, efeito retroativo.

Essas regras, contudo, apresentam exceções.

No tocante à perspectiva da **nulidade**, o STF tem admitido a técnica da **modulação dos efeitos da decisão** também no controle difuso, aplicando-se, por analogia, o art. 27 da Lei n. 9.868/99 (lei da ADI), que estabelece: "ao declarar a inconstitucionalidade de lei ou ato normativo, e tendo em vista razões de **segurança jurídica** ou de **excepcional interesse social**, poderá o Supremo Tribunal Federal, por maioria de 2/3 de seus membros, restringir os efeitos daquela declaração ou decidir que ela só tenha eficácia a partir de seu trânsito em julgado ou de outro momento que venha a ser fixado".

O *leading case*, nesse sentido, foi o julgamento do **RE 197.917**, pelo qual o STF reduziu o número de vereadores do Município de Mira Estrela de 11 para 9 e determinou que a aludida decisão só atingisse a próxima legislatura. Entendeu a Corte estar diante de "situação excepcional em que a declaração de nulidade, com seus normais efeitos *ex tunc*, resultaria grave ameaça a todo o sistema legislativo vigente. Prevalência do interesse público para assegurar, em caráter de exceção, efeitos *pro futuro* à declaração incidental de inconstitucionalidade, valendo apenas para as eleições seguintes" (se os efeitos fossem normais, toda a atuação do parlamento anterior à decisão, que atuou com 11 e o correto seriam 9 vereadores, estaria comprometida) (cf. RE 197.917, Rel. Min. Maurício Corrêa, j. 06.06.2002, Pleno, *DJ* de 07.05.2004, destacando-se, em relação ao tema, o denso voto do Min. Gilmar Mendes, que vale a leitura).

Agora, em relação ao efeito *inter partes*, a perspectiva de expansão da tese de julgamento começa a ganhar adeptos. Isso seria conveniente em ações cujo objeto seja comum a um número muito grande de pessoas, como os *cruzados bloqueados*, a **cobrança de um tributo que entendam inconstitucional**, por exemplo, a extinta CPMF etc.

Sobre esse assunto, estudaremos a regra contida no art. 52, X. Em seguida, destacaremos uma nova tendência /realidade em razão daquilo que vem sendo chamado de **transcendência dos motivos determinantes da sentença** em controle difuso ou de **abstrativização do controle difuso**, ou de **objetivação** do controle difuso (temática já enfrentada pelo STF no julgamento da Rcl 4.335, j. 20.03.2014, *DJE* de 21.10.2014, e, com profundas alterações, no debate do julgamento das ADIs 3.406 e 3.470, j. 29.11.2017).

▪ 6.6.4.2. *Para terceiros (art. 52, X): visão clássica e tradicional do papel do Senado Federal no controle difuso considerando que não houve mutação constitucional*

Conforme explicamos no *item 6.6.5*, a perspectiva de mutação constitucional do art. 52, X, se consolidou em debate travado em processo de controle concentrado e abstrato, ou seja, em declaração de inconstitucionalidade incidental em processo abstrato (ADIs 3.406 e 3.470, j. 29.11.2017) e não em controle difuso puro.

Deixamos claro que, em referido julgamento, por **7 x 2**, o STF acatou a tese de que o papel do Senado Federal seria apenas para dar publicidade à decisão que reconhece a inconstitucionalidade de uma lei de modo incidental, como questão prejudicial, e que o efeito vinculante e *erga omnes* decorreria da própria decisão judicial, não havendo a necessidade de atuação do Senado Federal.

A matéria não foi destacada de modo formal como questão preliminar a ser enfrentada no referido julgamento. Apesar disso, entendemos que a mutação constitucional do art. 52, X, passa a ser uma **realidade** para o STF.

Ao menos nesta edição — e estaremos acompanhando a evolução da Corte, manteremos a explicação sobre a regra clássica do art. 52, X, descrevendo como deveria ser o papel do Senado Federal no controle difuso se ainda válida a regra do art. 52, X.

Entendemos que, para o STF dar efeito *erga omnes* e vinculante em relação à declaração de inconstitucionalidade de lei nulificada incidentalmente, terá a Corte que formalmente assim se pronunciar e, no caso, entendemos, fazer constar expressamente como tese do julgamento e na ementa do acórdão.

CUIDADO: para efeito de provas de concursos, conforme estamos sentindo essa inegável aproximação entre o controle difuso e o controle concentrado proclamada pelo STF, o novo entendimento deverá ser considerado, especialmente diante das perspectivas trazidas pelo CPC/2015 em relação aos precedentes e que explicaremos em outro item.

6.6.4.2.1. Procedimento (art. 52, X)

Vimos anteriormente que, através da interposição de *recurso extraordinário*, nas hipóteses constitucionalmente previstas, a questão poderá ser levada à apreciação do STF, que, também, realizará o controle difuso de constitucionalidade, de forma incidental.

Declarada inconstitucional a lei pelo STF, no controle difuso, desde que tal decisão seja definitiva e deliberada pela **maioria absoluta** do pleno do tribunal (art. 97 da CF/88),[75] o art. 178 do Regimento Interno do STF (*RISTF*) estabelece que será feita a comunicação, logo após a decisão, à autoridade ou órgão interessado, bem como, depois do trânsito em julgado, ao **Senado Federal**, para os efeitos do art. 52, X, da CF/88.

O art. 52, X, da CF/88, por sua vez, estabelece ser competência privativa do Senado Federal, mediante o instrumento da **resolução**, suspender a execução, no todo ou em parte, de lei declarada inconstitucional por decisão definitiva do STF.

Regulamentando o assunto, o art. 386 do Regimento Interno do Senado Federal estabelece que o Senado conhecerá da declaração, proferida em decisão definitiva pelo STF, de inconstitucionalidade, total ou parcial, de lei mediante: *a*) comunicação do Presidente do Tribunal; *b*) representação do Procurador-Geral da República; *c*) projeto de resolução de iniciativa da Comissão de Constituição, Justiça e Cidadania.

---

75 O art. 143, *caput,* do *RISTF* estabelece que o Plenário se reunirá com a presença mínima de 6 Ministros, sendo dirigido pelo Presidente do Tribunal. O parágrafo único do referido artigo acrescenta que o ***quorum*** para a **votação de matéria constitucional** e para a eleição do Presidente e do Vice-Presidente, dos membros do Conselho Nacional da Magistratura e do Tribunal Superior Eleitoral é de **8 Ministros**. Temos, então, um *quorum* regimental superior de instalação da sessão de julgamento de 8 Ministros, ao passo que a lei será declarada inconstitucional, pela maioria absoluta, conforme o art. 97 (lembre-se de que o STF é composto de **11 Ministros**).

A comunicação, a representação e o projeto a que se refere o artigo anterior deverão ser instruídos com o **texto da lei cuja execução se deva suspender, do acórdão do Supremo Tribunal Federal, do parecer do Procurador-Geral da República** e da **versão do registro taquigráfico do julgamento**, isso tudo conforme o art. 387 do Regimento Interno do Senado.

E o art. 388 conclui o procedimento determinando que, após a leitura em plenário, a comunicação ou representação será encaminhada à **Comissão de Constituição, Justiça e Cidadania**, que formulará projeto de **resolução** suspendendo a execução da lei, no todo ou em parte (CF, art. 52, X).

■ *6.6.4.2.2. Amplitude do art. 52, X*

A suspensão pelo Senado Federal poderá dar-se em relação a leis **federais, estaduais, distritais** ou mesmo **municipais** que forem declaradas inconstitucionais pelo STF, de modo incidental, no controle difuso de constitucionalidade.[76]

Em se tratando de lei municipal ou lei estadual confrontadas perante a **Constituição Estadual**, Michel Temer entende que, em face do princípio federativo, "pode e deve o Tribunal de Justiça ou Tribunal de Alçada,[77] após declarar a inconstitucionalidade, remeter essa declaração à Assembleia Legislativa para que esta suspenda a execução da lei (evidentemente, nos Estados em que as Constituições confiram essa competência à Assembleia)".[78]

■ *6.6.4.2.3. A expressão "no todo ou em parte" (art. 52, X)*

Como visto, nos termos do art. 52, X, compete ao Senado Federal, por meio de **resolução**, suspender a execução, **no todo ou em parte**, de lei declarada inconstitucional por decisão definitiva do Supremo Tribunal Federal.

A expressão "no todo ou em parte" deve ser interpretada como sendo impossível o Senado Federal ampliar, interpretar ou restringir a extensão da decisão do STF.

Se toda a lei foi declarada inconstitucional pelo STF, em controle difuso, de modo incidental, se entender o Senado Federal pela conveniência da suspensão da lei, deve-

---

[76] Nesse sentido, Pontes de Miranda observa que "a Constituição não distingue, aí, leis ou outros atos (dos poderes públicos) *federais ou estaduais*, territoriais, distritais ou municipais. Os pressupostos são apenas o de se tratar de regra jurídica e o de haver o Supremo Tribunal Federal julgado, por decisão definitiva, inconstitucional" (*Comentários à Constituição de 1946*, v. II, p. 284). Para se ter um exemplo de suspensão de lei estadual, cf. a **RSF 12/2006**, que suspende a execução da Lei estadual n. 11.564, de 18 de agosto de 1998, do Estado de Pernambuco, em virtude de declaração de inconstitucionalidade em decisão definitiva do Supremo Tribunal Federal, nos autos de Ação Originária n. 864-6 — Pernambuco. Para um exemplo de suspensão de lei municipal, cf. **RSF 13/2006**, que suspende a execução do art. 7.º, I e II, e do art. 27 da Lei municipal n. 6.989, de 29 de dezembro de 1966, do Município de São Paulo, em virtude de declaração de inconstitucionalidade em decisão definitiva do Supremo Tribunal Federal, nos autos do Recurso Extraordinário n. 210.586-4/São Paulo.

[77] Lembramos que a **EC n. 45/2004**, nos termos de seu art. 4.º, extinguiu os Tribunais de Alçada existentes. Sobre o assunto, cf. análise no *item 11.15*.

[78] *Elementos de direito constitucional*, p. 44.

rá fazê-lo "no todo", vale dizer, em relação a toda a lei que já havia sido declarada inconstitucional, não podendo suspender menos do que o decidido pela Excelsa Corte.

Em igual sentido, se, por outro lado, o Supremo, no controle difuso, declarou inconstitucional apenas parte da lei, entendendo o SF pela conveniência para a suspensão, deverá fazê-lo exatamente em relação à "parte" que foi declarada inválida, não podendo suspender além da decisão do STF.

■ 6.6.4.2.4. Efeitos propriamente ditos (art. 52, X)

Desde que o Senado Federal suspenda a execução, no todo ou em parte, da lei levada a controle de constitucionalidade de maneira incidental e não principal, a referida suspensão atingirá a todos, porém valerá a partir do momento que a resolução do Senado for publicada na Imprensa Oficial.

O nome ajuda a entender: *suspender a execução* de algo que vinha produzindo efeitos significa dizer que se suspende a partir de um momento, não fazendo retroagir para atingir efeitos passados. Por exemplo, quem tiver interesse em "pedir de volta" um tributo declarado inconstitucional deverá mover a sua ação individualmente para reaver tudo antes da Resolução do Senado, na medida em que ela não retroage.

Assim, os efeitos serão ***erga omnes***, porém ***ex nunc*, não retroagindo**.[79]

Destaca-se o art. 1.º, § 2.º, do **Decreto n. 2.346/97**, que, expressamente, fixa a produção de efeitos ***ex tunc***, exclusivamente em relação à **Administração Pública Federal direta** e **indireta**, na hipótese de haver a edição de **resolução do Senado Federal**, suspendendo a execução de lei declarada inconstitucional por decisão definitiva do STF em controle difuso.

Referido decreto, em seu art. 1.º, § 3.º, ainda estabelece que o Presidente da República, mediante proposta de Ministro de Estado, dirigente de órgão integrante da Presidência da República ou do Advogado-Geral da União, poderá autorizar a extensão dos efeitos jurídicos de decisão proferida em caso concreto.

■ 6.6.4.2.5. O Senado é obrigado a suspender os efeitos? (art. 52, X)

Essa questão é muito debatida na doutrina. Tanto que nos limitaremos a apontar nosso posicionamento, que coincide com o do STF, Senado Federal e grande parte da doutrina, devendo, pois, ser o observado nas provas preambulares.

---

[79] Esse entendimento é **majoritário**, destacando-se, conforme levantamento feito por Clèmerson Merlin Clève, a doutrina de Themístocles Cavalcanti, Oswaldo Aranha Bandeira de Mello, José Afonso da Silva, Nagib Slaibi Filho, Anna Cândida da Cunha Ferraz e Regina Macedo Nery Ferrari (C. M. Clève, *A fiscalização abstrata de constitucionalidade no direito brasileiro*, p. 122). Confira, também, Ada Pellegrini Grinover (Controle da constitucionalidade, *RePro* 90/12). No mesmo sentido, apesar de não declarar expressamente o seu entendimento, parece ser a posição de Alfredo Buzaid (*Da ação direta de declaração de inconstitucionalidade no direito brasileiro*, p. 88-90). Em sentido contrário, entendendo o efeito ***ex tunc***, cf. Clèmerson Merlin Clève, *A fiscalização abstrata de constitucionalidade no direito brasileiro*, p. 122-125, que, após interessante compilação, na mesma linha de seu entendimento, destaca Gilmar Ferreira Mendes, Paulo Napoleão Nogueira da Silva e Marcelo Caetano.

Deve-se, pois, entender que o Senado Federal **não** está obrigado a suspender a execução de lei declarada inconstitucional por decisão definitiva do Supremo Tribunal Federal. Trata-se de discricionariedade política, tendo o Senado Federal total liberdade para cumprir o art. 52, X, da CF/88. Caso contrário, estaríamos diante de afronta ao princípio da separação de Poderes.

Uma vez editada a resolução, não nos parece possível a sua posterior revogação pelo próprio Senado Federal com o objetivo de se restabelecer a eficácia da norma declarada inconstitucional no controle difuso. No caso, o restabelecimento da norma dependeria de nova atuação pelo Poder Legislativo editando um novo ato. A **resolução** que suspende o ato declarado inconstitucional é **irrevogável**.[80]

6.6.5. Para terceiros (art. 52, X): mutação constitucional do papel do Senado Federal no controle difuso. Teoria da transcendência dos motivos determinantes da sentença no controle difuso: análise crítica — abstrativização do controle difuso — tendência para uma maior expansividade das decisões mesmo quando tomadas em controvérsias individuais. Perspectivas do controle incidental em controle concentrado. Limitação do cabimento da reclamação[81]

6.6.5.1. Abstrativização do controle difuso: aspectos doutrinários

Como sabemos, o sistema de controle de constitucionalidade no Brasil é jurisdicional misto, tanto *difuso* como *concentrado*.

No controle **difuso**, a arguição de inconstitucionalidade se dá de modo **incidental**, constituindo **questão prejudicial**. No controle **concentrado** (ADI genérica), por sua vez, a declaração se implementa de modo **principal**, constituindo o **objeto** do julgamento.

A doutrina clássica sempre sustentou, com **Buzaid**[82] e **Grinover**, que, "se a declaração de inconstitucionalidade ocorre incidentalmente, pela acolhida da questão prejudicial que é fundamento do pedido ou da defesa, a decisão não tem autoridade de coisa julgada, nem se projeta, mesmo *inter partes* — fora do processo no qual foi proferida".[83]

---

[80] Nesse sentido, cf. Clèmerson Merlin Clève, *A fiscalização abstrata de constitucionalidade no direito brasileiro*, p. 94. Celso de Mello, em obra teórica, escreveu: "O Senado exaure a sua competência constitucional no momento em que promulga e edita a resolução suspensiva. Não pode, ao depois, a pretexto de melhor interpretar a decisão judicial proferida pelo STF, modificar-lhe o sentido ou restringir-lhe os efeitos. Nesse sentido: *RTJ*, 38:5, 38:569, 39:628" (*Constituição Federal anotada*, p. 139-140).

[81] Todo o conteúdo deste título foi retirado, com algumas adaptações, de Pedro Lenza, *Coisa julgada* erga omnes: processo coletivo, controle de constitucionalidade e súmula vinculante (originalmente defendido como tese de doutorado — USP).

[82] A. Buzaid, *Da ação direta de declaração de inconstitucionalidade no direito brasileiro*, p. 23-24.

[83] A. P. Grinover, Controle da constitucionalidade, *RePro* 90/11. Nesse sentido, cf. Rui Barbosa, *Actos inconstitucionais do Congresso e do Executivo ante a Justiça Federal*, p. 99.

Contudo, respeitável parte da doutrina e alguns julgados do STF ("Mira Estrela"[84] e "progressividade do regime de cumprimento de pena nos crimes hediondos"[85]) e do STJ[86] propunham uma **nova interpretação dos efeitos da declaração de inconstitucionalidade no controle difuso** pelo STF.

Na doutrina, em importante estudo, **Gilmar Mendes** afirma ser "... possível, sem qualquer exagero, falar-se aqui de uma **autêntica mutação constitucional** em razão da completa **reformulação do sistema jurídico** e, por conseguinte, da **nova compreensão que se conferiu à regra do art. 52, X**, da Constituição de 1988. Valendo-nos dos subsídios da doutrina constitucional a propósito da mutação constitucional, poder-se-ia cogitar aqui de uma autêntica '**reforma da Constituição sem expressa modificação do texto**' (Ferraz, 1986, p. 64 *et seq.*, 102 *et seq.*; Jellinek, 1991, p. 15-35; Hsü, 1998, p. 68 *et seq.*)".[87]

Nessa mesma linha, **Teori Albino Zavascki**, também em sede doutrinária, sustenta a transcendência, com caráter vinculante, de decisão sobre a constitucionalidade da lei, **mesmo em sede de controle difuso**.[88]

Lúcio Bittencourt, em tese arrojada, muito embora demonstrasse conhecimento da doutrina de Liebman e da distinção entre *autoridade da coisa julgada* e *eficácia*

---

[84] **RE 197.917/SP**, Rel. Min. Maurício Corrêa, j. 06.06.2002, Pleno, *DJ* de 07.05.2004, p. 8.

[85] **HC 82.959/SP**, Rel. Min. Marco Aurélio, j. 23.02.2006, Plenário, *DJ* de 1.º.09.2006 (para aprofundamento do tema, cf. *item 14.10.28.1*).

[86] Interessantíssima a análise de Zavascki, pedindo-se vênia para transcrever parte de seu voto que, como será visto, coincide com o seu entendimento doutrinário sobre a matéria: **REsp 828.106/SP**, Rel. Min. Teori Albino Zavascki, 1.ª Turma, j. 02.05.2006, *DJ* de 15.05.2006, p. 186: "(...) 6. A inconstitucionalidade é vício que acarreta a nulidade *ex tunc* do ato normativo, que, por isso mesmo, é desprovido de aptidão para incidir eficazmente sobre os fatos jurídicos desde então verificados, situação que não pode deixar de ser considerada. Também não pode ser desconsiderada a decisão do STF que reconheceu a inconstitucionalidade. **Embora tomada em controle difuso, é decisão de incontestável e natural vocação expansiva, com eficácia imediatamente vinculante para os demais tribunais, inclusive o STJ** (CPC/73, art. 481, § único: 'Os órgãos fracionários dos tribunais não submeterão ao plenário, ou ao órgão especial, a arguição de inconstitucionalidade, quando já houver pronunciamento destes ou do plenário do Supremo Tribunal Federal sobre a questão'), e com força de inibir a execução de sentenças judiciais contrárias, que se tornam inexigíveis (CPC/73, art. 741, § único; art. 475-L, § 1.º, redação da Lei 11.232/05...). Sob esse enfoque, **há idêntica força de autoridade nas decisões do STF em ação direta quanto nas proferidas em via recursal**. Merece aplausos essa **aproximação**, cada vez mais evidente, do **sistema de controle difuso de constitucionalidade ao do concentrado**, que se generaliza também em outros países (SOTELO, José Luiz Vasquez. *A jurisprudência vinculante na 'common law' e na 'civil law', Temas atuais de direito processual ibero-americano*, Rio de Janeiro, Forense, 1998, p. 374; SEGADO, Francisco Fernandez. *La obsolescencia de la bipolaridad 'modelo americano-modelo europeo kelseniano' como criterio analítico del control de constitucionalidad y la búsqueda de una nueva tipología explicativa*, apud Parlamento y Constitución, Universidad de Castilla-La Mancha, Anuario (separata), n. 6, p. 1-53). No atual estágio de nossa legislação... é **inevitável que se passe a atribuir simples efeito de publicidade às resoluções do Senado previstas no art. 52, X, da Constituição**. É o que defende, em doutrina, o Ministro Gilmar Ferreira Mendes...".

[87] G. F. Mendes, O papel do Senado Federal no controle de constitucionalidade: um caso clássico de mutação constitucional, *RIL*, 162/165.

[88] T. A. Zavascki, *Eficácia das sentenças na jurisdição constitucional*, p. 135-136.

natural da sentença, chegou a afirmar, inspirado pela regra do *stare decisis* norte-americano, que **a declaração de inconstitucionalidade** no **caso concreto** e no **controle difuso** brasileiro (*já que inexistente à época de seu estudo o controle concentrado por meio de ADI*, enfatize-se), reconhecendo a invalidade da lei, **teria eficácia para todos**.[89]

Os principais argumentos a justificar esse novo posicionamento podem ser assim resumidos:

- força normativa da Constituição;
- princípio da supremacia da Constituição e a sua aplicação uniforme a todos os destinatários;
- o STF enquanto guardião da Constituição e seu intérprete máximo;
- dimensão política das decisões do STF.

A esses fundamentos, poderíamos acrescentar os **princípios da integridade** e **da coerência** da **jurisprudência dos Tribunais** e, no caso, da jurisprudência da Suprema Corte, introduzidos no art. 926, *caput*, do CPC/2015, por sugestão de Lenio Streck e que fazem parte dos, denominados pelo autor, **"princípios-padrões"** que devem ser obedecidos nas decisões judiciais.[90]

Os tribunais também têm discutido o tema. No julgamento do **RE 197.917** (redução do número de vereadores — "Mira Estrela"), nos termos do voto do Ministro Celso de Mello, o Ministro Gilmar Mendes "... ressaltou a aplicabilidade, ao E. Tribunal Superior Eleitoral, do **efeito vinculante** emergente da própria *ratio decidendi* que motivou o julgamento do precedente mencionado".[91]

Nessa linha, em seu voto, **vencido**, no julgamento da **Rcl 4.335** (cf. *item 14.10.28.1*), o Ministro Gilmar Mendes "sepultou", de vez, a regra do art. 52, X, aproximando o controle difuso do controle concentrado, traduzindo importante perspectiva em termos de **"abstrativização"** do controle difuso e de consagração da tese da transcendência da *ratio decidendi*.

Conforme afirma, "... parece legítimo entender que, hodiernamente, a fórmula relativa à suspensão de execução da lei pelo Senado Federal há de ter simples **efeito**

---

89 C. A. L. Bittencourt, *O controle jurisdicional da constitucionalidade das leis*, p. 134.

90 Lenio L. Streck, Hermenêutica e princípios da interpretação constitucional, in: J. J. Gomes Canotilho, Gilmar F. Mendes, Ingo W. Sarlet, Lenio L. Streck, *Comentários à Constituição do Brasil*, p. 82. Para o aprofundamento desse tema, remetemos o nosso leitor para o *item 6.6.5.6* deste estudo.

91 Em outra passagem: "Torna-se relevante salientar, na linha do que destacou o eminente Ministro *Gilmar Mendes*, que esta **Suprema Corte deu efeito transcendente aos próprios motivos determinantes que deram suporte ao julgamento plenário do RE 197.917/SP**. Esse aspecto assume relevo indiscutível, pois permite examinar a presente controvérsia constitucional em face do denominado **efeito transcendente dos motivos determinantes subjacentes à decisão declaratória de inconstitucionalidade proferida no julgamento plenário do RE 197.917/SP**, Rel. Min. *Maurício Corrêa*, especialmente em decorrência das intervenções dos eminentes Ministros *Nelson Jobim*, *Gilmar Mendes* e *Sepúlveda Pertence*. Cabe referir, em particular, neste ponto, a intervenção do eminente Ministro *Gilmar Mendes*, que ressaltou a **aplicabilidade, ao E. Tribunal Superior Eleitoral, do efeito vinculante emergente da própria 'ratio decidendi' que motivou o julgamento do precedente mencionado**" (ADIs 3.345 e 3.365).

de publicidade. Desta forma, se o Supremo Tribunal Federal, em sede de controle incidental, chegar à conclusão, de modo definitivo, de que a lei é inconstitucional, essa decisão terá efeitos gerais, fazendo-se a comunicação ao Senado Federal para que este **publique** a decisão no *Diário do Congresso*. Tal como assente, não é (mais) a decisão do Senado que confere eficácia geral ao julgamento do Supremo. **A própria decisão da Corte contém essa força normativa**. (...) Assim, o Senado não terá a faculdade de publicar ou não a decisão, uma vez que não se cuida de uma decisão substantiva, mas de simples dever de publicação, tal como reconhecido a outros órgãos políticos em alguns sistemas constitucionais (...) Portanto, a não publicação, pelo Senado Federal, de Resolução que, nos termos do art. 52, X, da Constituição, suspenderia a execução da lei declarada inconstitucional pelo STF, não terá o condão de impedir que a decisão do Supremo assuma a sua real eficácia jurídica" (fls. 55-56 do acórdão).

Essa perspectiva, contudo, sempre foi **veementemente criticada** por vários autores, entre eles **Alfredo Buzaid**, que não admitia a qualidade da imutabilidade para as questões prejudiciais decididas incidentalmente no processo (art. 469, III, do CPC/73 — entendimento esse mantido no CPC/2015 na medida em que a regra do art. 503, § 1.º, não se aplica, já que o juízo no controle difuso não teria competência em razão da matéria para apreciar referida questão incidental como principal).[92]

Embora a tese da transcendência decorrente do controle difuso pareça bastante **sedutora, relevante** e **eficaz**, inclusive em termos de **economia processual**, de **efetividade do processo**, de **celeridade processual** (art. 5.º, LXXVIII — **Reforma do Judiciário**) e de implementação do princípio da **força normativa da Constituição** (Konrad Hesse), afigura-se faltar, ao menos em sede de controle difuso, dispositivos e regras **constitucionais**, para a sua implementação.

O **efeito *erga omnes*** da decisão foi previsto somente para o **controle concentrado** e para a **súmula vinculante** (EC n. 45/2004), de acordo com os arts. 102, § 2.º, CF/88 e 103-A, e, em se tratando de controle difuso, nos termos da regra do **art. 52, X, da CF/88**, somente após atuação discricionária e política do Senado Federal.

No controle difuso, portanto, não havendo suspensão da lei pelo Senado Federal, a lei continua válida e eficaz, só se tornando nula no caso concreto, em razão de sua não aplicação.

Assim, na medida em que a análise da constitucionalidade da lei no controle difuso pelo STF não produz efeito vinculante, parece que somente mediante necessária **reforma constitucional** (modificando o art. 52, X, e a regra do art. 97) é que seria possível assegurar a constitucionalidade dessa nova tendência — repita-se, **bas-**

---

92 Em suas palavras, "... teriam razão os ilustres autores (referindo-se a Lúcio Bittencourt e Castro Nunes) se, no litígio constitucional, o objeto do processo fosse a lei em si, não o direito subjetivo da parte; nestas condições, a coisa julgada, transcendendo os limites da demanda, abrangeria a todos. Mas enquanto os juízes resolvem *in casu* o direito particular, ameaçado ou violado por ato ilegal da legislatura ou do executivo, os efeitos do julgado valem *inter partes*, não se estendendo *erga omnes*". A única maneira de se estender os efeitos da decisão *erga omnes* seria mediante **resolução do Senado Federal**, que suspenderia a execução da lei, cassando, em definitivo, a sua **eficácia** (A. Buzaid, *Da ação direta de declaração de inconstitucionalidade no direito brasileiro*, p. 87-88).

tante "atraente" — da transcendência dos motivos determinantes no controle difuso, com caráter vinculante.

Admitir que o STF interprete no sentido de ter havido mutação do art. 52, X, e, assim, transformar o Senado Federal em órgão para simples publicidade da decisão concreta é sustentar **inadmitida mutação inconstitucional**. Ao STF, não foi dado o poder de reforma.

A possibilidade de se atribuir o efeito *erga omnes* dependeria ou de **resolução do Senado Federal** ou, ainda, de **súmula vinculante** a ser editada pelo STF o que, em nosso entender, seria muito mais legítimo e eficaz, além de respeitar a segurança jurídica, evitando-se o casuísmo.

■ *6.6.5.2. Rcl 4.335: por 8 x 2 o STF não aceitou a tese da mutação constitucional do art. 52, X — decisão proferida na vigência do revogado CPC/73*

ABSTRATIVIZAÇÃO DO CONTROLE DIFUSO?		
■ Gilmar Mendes ■ Eros Grau	■ Teori Zavascki ■ Luís Roberto Barroso ■ Rosa Weber ■ Celso de Mello	■ Sepúlveda Pertence ■ Joaquim Barbosa ■ Ricardo Lewandowski ■ Marco Aurélio
Entendimento	**Entendimento**	**Entendimento**
■ SIM ■ art. 52, X — reconhecimento de mutação constitucional ■ o Senado Federal daria simplesmente publicidade à decisão de inconstitucionalidade declarada de modo incidental no controle difuso pelo STF ■ esses 2 Ministros conheceram e julgaram procedente a reclamação	■ NÃO ■ preservação da regra estabelecida no art. 52, X — não acolhimento da tese da mutação constitucional ■ reconhecimento de fato superveniente, qual seja, a SV 26/2009 — aplicação do art. 462, CPC/73 (art. 493, CPC/2015) ■ esses 4 Ministros conheceram e julgaram procedente a reclamação	■ NÃO ■ preservação da regra estabelecida no art. 52, X — não acolhimento da tese da mutação constitucional ■ utilização da súmula vinculante para se dar efeitos *erga omnes* ■ esses 4 Ministros concederam *HC* de ofício e não conheceram da reclamação
8 Ministros contra 2 entendem que não houve mutação constitucional do art. 52, X		
Rcl 4.335, Rel. Min. Gilmar Mendes, j. 20.03.2014, *DJE* de 22.10.2014		

O papel do Senado Federal foi discutido no julgamento da **Rcl 4.335**, na qual se analisava a inconstitucionalidade do art. 2.º da lei de crimes hediondos (remetemos o nosso leitor para a leitura do *item 14.10.28.1*, no qual explicamos toda a problemática, especialmente a evolução da jurisprudência e as perspectivas trazidas pelo *Pacote Anticrime* — **Lei n. 13.964/2019**).

O STF, consolidando o entendimento fixado no HC 82.959, no sentido de observância à **garantia constitucional** da **individualização da pena** (art. 5.º, XLVI), editou, em 16.12.2009, com efeito *erga omnes* e vinculante, a **SV 26/2009** (*DJE* de 23.12.2009), que tem o seguinte teor: "para efeito de progressão de regime no cumprimento de pena por crime hediondo, ou equiparado, o juízo da execução observará a inconstitucionalidade do art. 2.º da Lei n. 8.072, de 25 de julho de 1990, sem prejuízo de avaliar se o condenado preenche, ou não, os requisitos objetivos e subjetivos do benefício, podendo determinar, para tal fim, de modo fundamentado, a realização de exame criminológico".[93]

No julgamento da referida reclamação, **2** Ministros, Gilmar Mendes e Eros Grau, sustentavam, no caso concreto da Rcl 4.335, a partir do julgamento do referido HC, mesmo sem a edição da súmula vinculante, o efeito transcendente e *erga omnes* da decisão (tese da mutação constitucional do art. 52, X). Por sua vez, Sepúlveda Pertence, Joaquim Barbosa, Ricardo Lewandowski e Marco Aurélio não admitiam a mutação constitucional e, assim, para o efeito *erga omnes*, a necessidade de resolução do Senado Federal ou a edição de súmula vinculante. Como esses **4** concordavam com a tese da inconstitucionalidade do regime fechado, não conheceram da reclamação, mas concederam *habeas corpus* de ofício.

Com o voto-vista do Min. Teori Zavascki, devolvido em **20.03.2014**, acompanhado pelos Mins. Luís Roberto Barroso, Rosa Weber e Celso de Mello, no julgamento da referida Rcl 4.335-AC, esses outros **4** Ministros julgaram procedente a reclamação não em razão da tese da abstrativização, mas diante da existência de **fato superveniente** (art. 462 do CPC/73, correspondente ao art. 493 do CPC/2015), qual seja, a **SV 26**.

Deve-se deixar bem claro que o Min. Teori Zavascki, muito embora admitisse — o que concordamos — uma **inegável expansividade das decisões do STF**, mesmo quando tomadas em controvérsias de índole individual, esse reconhecimento não seria suficiente para fundamentar o cabimento da reclamação com base no art. 102, I, "l", sob pena de transformar a Corte em órgão recursal. Assim, nesse primeiro momento, sustentou uma necessária **interpretação estrita** dessa competência, sob pena de se caracterizar acesso *per saltum* à Suprema Corte e combatida supressão de instância. Vejamos:

> "O mesmo **sentido restritivo** há de ser **conferido à norma de competência sobre cabimento de reclamação**. É que, considerando o vastíssimo elenco de decisões da Corte Suprema com eficácia expansiva, e a tendência de universalização dessa eficácia, **a admissão incondicional de reclamação em caso de descumprimento de qualquer delas, transformará o Supremo Tribunal Federal em verdadeira Corte executiva**, suprimindo instâncias locais e atraindo competências próprias das instâncias ordinárias. Em outras palavras, **não se pode estabelecer sinonímia entre força expansiva e eficácia vinculante *erga omnes* a ponto de criar uma necessária relação de mútua dependência entre decisão com força expansiva e cabimento de reclamação**. Por outro lado, conforme ficou decidido na Reclamação (AgRg) 16.038 (Min. Celso de Mello, 2.ª T., j. 22.10.2013) 'o remédio constitucional da reclamação não pode ser utilizado como um (inadmissível) atalho processual destinado a permitir, por razões de caráter meramente pragmático, a submissão imediata do litígio ao exame direto do Supremo Tribunal Federal'" (fls. 168 do acórdão — original sem grifos).

[93] Outro tema a merecer a edição de súmula vinculante seria a declaração incidental, com efeito *ex nunc*, da inconstitucionalidade da regra fixada pela Lei n. 11.464/2007 ao art. 2.º, § 1.º, da Lei de Crimes Hediondos, que determina a obrigatoriedade de cumprimento de pena **inicialmente** em regime fechado, mesmo quando a pena for inferior a 8 anos (**HC 111.840** e **Rcl 15.626** — cf. *item 14.10.28.1*).

Muito embora o STF tenha, por maioria de 6 x 4, conhecido e julgado procedente a referida Rcl 4.335, entre esses 6 Ministros (no sentido de procedência da reclamação), apenas os Mins. Gilmar Mendes e Eros Grau fundamentaram com base na tese da mutação.

Deve-se deixar claro, então, que **8 Ministros** (os outros 4 dos 6 que conheciam da reclamação, bem como os 4 que não conheciam da reclamação) se pronunciaram, acertadamente, no sentido de **não se admitir a mutação do art. 52, X**. Em outras palavras, o efeito *erga omnes* no controle difuso **ainda** dependia de **resolução do Senado Federal**, que, sem dúvida, não se transformou, deixe-se claro, naquele primeiro momento, em um mero "menino de recados", ou, ainda, de **súmula vinculante do STF**.

Destacamos que todo esse entendimento foi proferido na vigência do revogado CPC/73, e, assim, não houve apreciação explícita das novas regras trazidas pelo CPC/2015.

Por isso, abaixo e nos itens seguintes trazemos novas perspectivas em relação ao Novo Código de Processo Civil, assim como o entendimento fixado no julgamento das **ADIs 3.406** e **3.470**, pelo qual o STF está propondo o reconhecimento da **mutação constitucional do art. 52, X**.

■ *6.6.5.3. Valorização dos precedentes: a necessidade de se criar uma nova cultura*

Ao discutir a suposta vinculação da polêmica decisão da Corte que admitiu, em nova viragem jurisprudencial (e que seria novamente alterada em 07.11.2019), a execução provisória de acórdão penal condenatório proferido em grau de apelação, ainda que sujeito a recurso especial ou extraordinário (HC 126.292), disse o **Min. Celso de Mello** monocraticamente: "tal decisão, é necessário enfatizar, pelo fato de haver sido proferida em processo de perfil eminentemente subjetivo, **não se reveste de eficácia vinculante**, considerado o que prescrevem o art. 102, § 2.º, e o art. 103-A, *caput*, da Constituição da República, a significar, portanto, que aquele aresto, embora respeitabilíssimo, **não se impõe à compulsória observância dos juízes e Tribunais em geral**" (**HC 135.100**, j. 1.º.07.2016. **Contudo**, cabe alertar que, em 07.06.2017, tendo em vista a regra da colegialidade, o Min. Celso de Mello indeferiu o pedido de *habeas corpus*, **tornando sem efeito a medida liminar anteriormente deferida**. Em 16.02.2018, foi homologado pedido de desistência, declarando extinto o processo).

Na mesma linha da primeira decisão proferida pelo Min. Celso de Mello no precedente acima citado, manifestou-se o Min. Fachin, ao julgar reclamação, instituto definido por sua Excelência como de **natureza constitucional**, formulada contra decisão proferida no âmbito do STJ, que deferiu a liminar para o fim de obstar a execução provisória da pena privativa de liberdade decorrente de condenação criminal confirmada pelo Tribunal de Justiça do Estado do Maranhão. Em suas palavras: "a função precípua da reclamação constitucional reside na proteção da autoridade das decisões de efeito vinculante proferidas pela Corte Constitucional e no impedimento de usurpação da competência que lhe foi atribuída constitucionalmente. A reclamação não se destina, destarte, a funcionar como sucedâneo recursal ou incidente dirigido à observância de entendimento jurisprudencial sem força vinculante" (**Rcl 23.535**, j. 11.05.2016).

Em igual sentido, também afirmando não ser vinculante a decisão proferida no referido precedente (HC 126.292), confira a parte final da decisão do Min. Dias Toffoli, proferida no **HC 135.041** (j. 28.06.2016).

Também no sentido de não vinculação, destacam-se as liminares concedidas monocraticamente pelo Min. Marco Aurélio nos HCs 138.086, 138.088 e 138.092 (e que foram **revogadas** no julgamento de mérito nas Turmas que fizeram prevalecer o entendimento da possibilidade de execução provisória de condenação penal confirmada em grau recursal) e a decisão do Min. Ricardo Lewandowski no HC 147.427 (j. 11.10.2017), afastando-se a tese da execução provisória da pena e que, tendo em vista a não interposição de recurso, transitou em julgado.

Conforme discutimos no *item 14.10.28.6*, apesar de haver, durante certo período, jurisprudência consolidada no sentido de se admitir a execução provisória (cf. liminar negada nas ADCs 43 e 44, ARE 964.246 e HC 152.752), mesmo havendo a definição da tese nos referidos julgados, alguns Ministros não aplicavam a tese dos precedentes.

No referido estudo no capítulo 14, vamos deixar claro que, em 07.11.2019, observamos nova viragem jurisprudencial do STF, passando a não mais admitir a execução provisória da pena (ADCs 43, 44 e 54).

Apesar dessa realidade de dificuldade de respeito aos precedentes (mesmo entre os Ministros da Corte), deve-se reconhecer que a sua **valorização**, nos exatos termos das novidades trazidas pelo CPC/2015, está cada vez mais evidente no STF, dentro de uma perspectiva de **objetivação do controle difuso**. Nesse sentido, lembramos o art. 926 ao estabelecer que os tribunais devem **uniformizar sua jurisprudência** e mantê-la **estável**, **íntegra** e **coerente**. Essas perspectivas, sem dúvida, influenciaram o acatamento da tese da mutação constitucional do art. 52, X, da CF/88, no julgamento das ADIs 3.406 e 3.470 e que estudamos no *item 6.6.5.5*.

■ 6.6.5.4. Controle incidental em controle concentrado abstrato e o seu efeito "erga omnes" — eficácia da decisão do STF — ADI 4.029, j. 08.03.2012 — perspectivas para a mutação constitucional do art. 52, X

Como se sabe, no **controle difuso** a declaração de inconstitucionalidade se dá de modo **incidental** e se caracteriza como **questão prejudicial incidental**. Ou seja, julga-se procedente ou improcedente o pedido formulado tendo em vista a inconstitucionalidade ou constitucionalidade de uma lei ou ato normativo. A inconstitucionalidade, nesse caso, não é o pedido, mas a causa de pedir. Dessa forma, na sentença a ser proferida, o dispositivo contém a "resposta" (julgamento) ao pedido, e a análise da constitucionalidade dar-se-á na fundamentação.

Por outro lado, no **controle concentrado** a declaração de inconstitucionalidade se dá de modo **principal** e é o próprio pedido formulado na ação (ADI) que se fundamenta em violação formal ou material à Constituição. Por exemplo, uma lei que cria cargo sem a observância do princípio do concurso público é inconstitucional por violar o art. 37, II, da CF/88.

Agora, imaginemos que em determinado controle concentrado e em abstrato, ao verificar os fundamentos para nulificar ou não uma lei, entenda o STF que outro ato normativo, que não fazia parte do pedido, é inconstitucional.

É como se estivéssemos diante do procedimento de cisão previsto para o controle difuso, no qual, diante de questão de ordem suscitada, paralisa-se o julgamento, cinde-se o processo e encaminha-se a análise da inconstitucionalidade para o Pleno do Tribunal (art. 97 — cláusula de reserva de plenário).

Avançando, vamos supor que essa questão de ordem a ser resolvida seja suscitada não no controle difuso, mas em determinada ADI (controle concentrado).

Estamos diante da problemática que surgiu no julgamento da **ADI 4.029**, que tinha por objeto a Lei n. 11.516/2007, fruto de conversão da MP n. 366/2007 e que dispôs sobre a criação do *Instituto Chico Mendes de Conservação da Biodiversidade (ICMBio)*, autarquia federal dotada de personalidade jurídica de direito público, autonomia administrativa e financeira, vinculada ao Ministério do Meio Ambiente.

Dentre os vários argumentos discutidos na referida ADI, estava a tese do **vício formal**, por violação ao **art. 62, § 9.º, da CF/88**, que estabelece ser atribuição de **comissão mista** de Deputados e Senadores **examinar** as medidas provisórias e sobre elas **emitir parecer**, de caráter **opinativo**, acrescente-se, antes de serem **apreciadas**, em **sessão separada**, pelo **plenário** de cada uma das Casas do Congresso Nacional.

No caso concreto, referida MP foi convertida na lei objeto da ADI **sem** a apreciação pela comissão mista de Deputados e Senadores, havendo apenas a emissão de **parecer individual de seu relator**, nos termos do art. 6.º, § 2.º,[94] da Res. n. 1/2002-CN.

Segundo ficou estabelecido na ementa do acórdão, "as comissões mistas e a magnitude das funções das mesmas no processo de conversão de medidas provisórias decorrem da **necessidade**, imposta pela Constituição, de assegurar uma reflexão mais detida sobre o ato normativo primário emanado pelo Executivo, evitando que a apreciação pelo Plenário seja feita de maneira inopinada, percebendo-se, assim, que o **parecer** desse colegiado representa, em vez de formalidade desimportante, uma **garantia de que o Legislativo fiscalize o exercício atípico da função legiferante pelo Executivo**. O art. 6.º da Resolução 1 de 2002 do Congresso Nacional, que permite a emissão do parecer por meio de relator nomeado pela Comissão Mista, diretamente ao Plenário da Câmara dos Deputados, é

[94] Art. 6.º, § 2.º, da Res. n. 1/2002-CN: "... a Comissão Mista, se for o caso, proferirá, pelo Relator ou Relator Revisor designados, o parecer no Plenário da Câmara dos Deputados, podendo estes, se necessário, solicitar para isso prazo até a sessão ordinária seguinte".

inconstitucional" (**ADI 4.029**, Rel. Min. Luiz Fux, j. 08.03.2012, Plenário, *DJE* de 27.06.2012).

Dessa forma, embora a lei objeto da ADI tivesse seguido o procedimento de tramitação das medidas provisórias previsto na **Res. n. 1/2002-CN**, entendeu o Tribunal que referido procedimento não se conforma ao art. 62, § 9.º, da CF/88.

Decidiu então a Corte declarar **incidentalmente** a **inconstitucionalidade** dos **arts. 5.º, *caput*, e 6.º, *caput*, e §§ 1.º e 2.º**, da **Res. n. 1/2002-CN**.

Por consequência, todas as medidas provisórias já convertidas em lei ou mesmo em tramitação que não tivessem observado o procedimento do art. 62, § 9.º (necessidade de apreciação pela comissão mista, não bastando manifestação unipessoal de relator), seriam inconstitucionais.

O interessante é que a **declaração incidental de inconstitucionalidade** (muito embora em controle concentrado e em ADI genérica) produziria efeitos *erga omnes*, *ex tunc* e vinculante, acarretando a inconstitucionalidade de centenas de medidas provisórias que não observaram o citado procedimento constitucional, apesar de não serem objeto na ação direta de inconstitucionalidade em julgamento.

É como se houvesse a ampliação de efeitos da decisão, a partir de **declaração incidental**, atingindo vários atos normativos que não eram objeto da ADI, em nítido privilégio da eficácia da decisão da Corte. Ou seja, o efeito *erga omnes*, *ex tunc* e vinculante decorria da declaração incidental (e, repita-se, apenas para deixar bem claro, em **CONTROLE CONCENTRADO E EM ABSTRATO**, e não em controle difuso — apesar de estarmos tratando desse assunto em seção do livro que cuida do controle difuso).

O que estamos procurando mostrar é essa **tendência** de **ampliação dos efeitos da decisão**. Seria como se a decisão que estabeleceu a imprescindível necessidade de análise pela comissão mista estivesse sendo veiculada em súmula vinculante e acarretando a nulificação de diversos atos normativos que não eram o objeto da ADI genérica.

Diante dessa consequência do resultado da declaração incidental, que repercutiria sobre os mais diversos setores da vida do País, decidiu o Tribunal, aplicando o art. 27 da Lei n. 9.868/99,[95] modular os efeitos da decisão, dando **eficácia *ex nunc*** em relação à **pronúncia de nulidade dos dispositivos da resolução do Congresso Nacional**, passando a exigir o respeito ao art. 62, § 9.º, somente a partir daquela decisão. Assim, todas as leis aprovadas de acordo com o procedimento da Res. n. 1/2002 que dispensaram a emissão de parecer pela comissão mista foram declaradas, por esse aspecto, **constitucionais**.

Podemos afirmar, dessa forma, que o modelo de apreciação da medida provisória fixado na resolução do Congresso Nacional foi declarado **"ainda constitucional"**

[95] Art. 27 da Lei n. 9.868/99: "Ao declarar a inconstitucionalidade de lei ou ato normativo, e tendo em vista **razões de segurança jurídica** ou de **excepcional interesse social**, poderá o Supremo Tribunal Federal, por maioria de **dois terços** de seus membros, restringir os efeitos daquela declaração ou decidir que ela só tenha eficácia a partir de seu trânsito em julgado ou de outro momento que venha a ser fixado".

até o julgamento da referida ADI 4.029, e, a partir de então, o STF declarou inconstitucional qualquer inobservância ao art. 62, § 9.º, da CF/88, ficando, por consequência, **preservadas a validade** e **a eficácia** de todas as medidas provisórias convertidas em lei até aquela data, bem como daquelas que estavam tramitando no Legislativo nos termos do procedimento fixado nos arts. 5.º, *caput*, e 6.º, *caput*, e §§ 1.º e 2.º, da Res. n. 1/2002-CN, que permitiam a continuidade do iter procedimental de apreciação da medida provisória mesmo na hipótese de não haver parecer emitido pela comissão mista no prazo rígido de 14 dias contados da sua publicação.

■ 6.6.5.5. ADIs 3.406 e 3.470, j. 29.11.2017, DJE de 1.º.02.2019 — mutação constitucional do art. 52, X (7 x 2)

MUTAÇÃO CONSTITUCIONAL DO ART. 52, X?		
■ Gilmar Mendes ■ Celso de Mello ■ Dias Toffoli ■ Rosa Weber ■ Edson Fachin ■ Luiz Fux ■ Cármen Lúcia	■ Marco Aurélio ■ Alexandre de Moraes	■ Ricardo Lewandowski ■ Roberto Barroso
Entendimento	**Entendimento**	**Entendimento**
■ **SIM** ■ art. 52, X — reconhecimento de **mutação constitucional** ■ o **Senado Federal** daria simplesmente **publicidade** à decisão de inconstitucionalidade declarada de modo incidental pelo STF	■ **NÃO** ■ preservação da regra estabelecida no art. 52, X — **não acolhimento da tese da mutação constitucional** ■ a maneira de se dar efeito vinculante seria apenas nos termos da Constituição, qual seja, em processo abstrato e concentrado ou em razão de edição de súmula vinculante	■ **NÃO SE MANIFESTARAM** ■ Impedido o Min. Barroso e ausente o Min. **Lewandowski**
7 Ministros contra 2 entendem que **houve** mutação constitucional do art. 52, X		
ADIs 3.406 e 3.470, Rel. Min. Rosa Weber, j. 29.11.2017, *DJE* de 1.º.02.2019 (pendente o julgamento dos embargos declaratórios)		

As ações em análise enfrentaram a problemática do **amianto** e, para o conhecimento do tema, remetemos o nosso querido leitor para o *item 7.11.1*.

Nesta parte do trabalho vamos apresentar a perspectiva de **mutação constitucional do art. 52, X**, estabelecida pelo STF na parte final do referido julgamento. Muito embora a pronunciação da nova interpretação tenha sido dada em um processo de controle concentrado, ao que parece, essa será a nova linha da Corte, apesar de tecermos críticas e sustentarmos tratar-se de proposta de **inadmitida mutação inconstitucional**, conforme apresentamos no *item 6.6.5.1*.

As ações em análise tinham por objeto lei estadual do Rio de Janeiro que proibiu a extração do asbesto/amianto em todo território daquela unidade da federação, estabelecendo, ainda, a progressiva substituição da produção e da comercialização de produtos que contivessem amianto.

Acesse também a videoaula pelo link: somos.in/DCE25095

Conforme explicamos no *item 7.11.1*, no fundo, a questão era saber se a lei estadual teria invadido o campo de competência da lei federal (normas gerais) e, assim, por se tratar de matéria de **competência concorrente**, se teria ou não infringido o disposto no art. 24, §§ 1.º ao 4.º.

Em julgamento anterior, o STF já havia declarado, incidentalmente, a inconstitucionalidade da lei federal que disciplina o amianto, em ação cujo objeto era uma lei do Estado de São Paulo (ADI 3.937, j. 24.08.2017).

Como a declaração de inconstitucionalidade se deu incidentalmente e não houve pronunciamento de nulidade com efeito *erga omnes*,[96] diferente, então, da discussão travada na ADI 4.029 (cf. *item 6.6.5.4*), nesse caso do Rio de Janeiro (ADIs 3.406 e 3.470 em análise), a Corte debruçou-se, novamente, sobre a problemática da lei federal e foi além, não só reafirmando a sua inconstitucionalidade como, também, dando **efeito *erga omnes*** e **vinculante** a essa decisão sobre a questão prejudicial (o *item 8* da ementa do acórdão publicado em 1.º.02.2019 é explícito nesse sentido).

A declaração de inconstitucionalidade se deu incidentalmente em um processo de controle concentrado e abstrato que tinha como objeto principal a lei estadual do Rio de Janeiro. Para apreciar o pedido formulado na ADI, a Corte teve que analisar a constitucionalidade da lei federal, que, contudo, não era objeto da ação. Ou seja, a declaração de inconstitucionalidade se deu **incidentalmente**, como **questão prejudicial**, em **processo objetivo de controle abstrato**.

Essa pronúncia de nulidade com efeito *erga omnes* e vinculante da **questão prejudicial** gerou ampla discussão na Corte, e, ao final, por 7 x 2, o STF entendeu ter havido mutação constitucional do art. 52, X, sustentando que o papel do Senado Federal seria apenas o de dar publicidade à decisão judicial.[97]

---

96 **Uma observação importante:** o *item 9* da ementa do acórdão proferido neste julgamento da **ADI 3.937** expressamente estabelece que a declaração incidental de inconstitucionalidade do art. 2.º da Lei n. 9.055/95 se deu com efeito *erga omnes* e vinculante. **Contudo**, no julgamento dos embargos declaratórios, a Min. Cármen Lúcia, ao esclarecer que essa questão dos efeitos **não foi discutida no julgamento da referida ação**, votou no sentido de acolher, neste ponto, os embargos para, "**com efeitos infringentes**, declarar a inconstitucionalidade incidental do art. 2.º da Lei nacional n. 9.055/1995, **sem atribuição de efeitos vinculantes e *erga omnes* no ponto**", com o que concordamos após a leitura do acórdão. De fato, foi somente no julgamento das **ADIs 3.406** e **3.470** que a Corte **expressamente** assim se pronunciou em relação à questão (**j. 13.10.2020** — voto da Min. Cármen Lúcia nos embargos declaratórios com efeitos infringentes na **ADI 3.937**, pendente o julgamento final, tendo havido pedido de vista pelo Min. Alexandre de Moraes).

97 Nesse sentido, o Min. Gilmar Mendes destacou, em decisão monocrática proferida no **MS 25.888**, o caráter de **força cogente** da declaração de inconstitucionalidade **ainda que proferida na via incidental** (fls. 26): "É inegável que o ordenamento jurídico vigente confere eficácia ampla e expansiva às decisões proferidas pelo Supremo Tribunal Federal, **mesmo em sede de controle incidental de constitucionalidade**. A esse respeito, destaca-se a nossa tese, adotada no julgamento das ADIs 3.406/RJ e 3.470/RJ (Rel. Min. Rosa Weber, Plenário, j. 29.11.2017, *DJE* 1.º.02.2019), no sentido de que a fórmula relativa à suspensão de execução da lei pelo Senado há de ter simples efeito de **publicidade**. Ou seja, se o Supremo, em sede de controle incidental, declarar definitivamente que determinada lei é inconstitucional, essa decisão terá eficácia *erga omnes*, fazendo-se a comunicação àquela Casa legislativa apenas para que publique a decisão no Diário do Congresso".

Em razão da importância do tema, estamos trazendo dados do *Inf. 886/STF*, assim como transcrevendo ou descrevendo parte dos votos que podem ser analisados a partir da página do *Youtube* da TV Justiça, lembrando que o Min. Lewandowski esteve ausente e o Min. Barroso não participou do julgamento por estar impedido. Ou seja, tivemos **7 x 2** acatando a tese da **mutação constitucional** do **art. 52, X**. Vejamos:

- **Min. Marco Aurélio:** não admite a tese da mutação constitucional do art. 52, X. Entende que, para afastar a atribuição que foi dada pelo constituinte originário ao Senado Federal, haveria a necessidade de emenda constitucional e não de simples atuação do STF, que, da maneira como agiu, **violou a independência e harmonia entre os poderes**. A atuação do Senado Federal caracteriza provimento constitutivo de suspensão da execução da lei em todo território nacional e não meramente declaratório.

Em suas palavras, transcritas de seu voto na sessão, ele manifesta **repúdio** ao entendimento da mutação constitucional: "tempos estranhos, aonde vamos parar. Somos 11 Presidente, a integrar o Supremo e temos, realmente, a última palavra sobre o direito positivo. Mas temos a última palavra sobre o direito positivo considerado o grande sistema revelado pela Carta da República. E aí, não posso ignorar o que se contém nessa mesma Carta da República; não posso desconsiderar que 81 são os Senadores e 513 os Deputados, eleitos representantes do povo brasileiro" (...). "Recuso-me, Presidente, a dizer que o Senado da República é um verdadeiro diário oficial; que simplesmente deve publicar as decisões do Supremo formalizadas no controle concreto de inconstitucionalidade, formalizadas no âmbito do controle difuso de inconstitucionalidade" (...). "O art. 52, X, atende à independência e harmonia entre os poderes; que sinaliza que o sistema nacional é um sistema equilibrado, ao prever, e ao prever em bom vernáculo, que compete ao Senado não simplesmente publicar a decisão, mas **suspender a execução**..."

- **Min. Alexandre de Moraes:** sustentou que a perspectiva de mutação constitucional do art. 52, X, não foi formalmente votada por não ter sido levantada como questão de ordem. Assim, a proposta de se atribuir o efeito *erga omnes* e vinculante se mostrava extremamente delicada. Ainda, não admitia a proposta de mutação, pois as hipóteses de efeito vinculante foram revistas pela EC n. 45, que introduziu a súmula vinculante e o instrumento da repercussão geral. Assim, não poderia o STF alterar o sentido do art. 52, X, pois, no caso, estaria legislando.
- **Min. Gilmar Mendes:** há tempos sustenta a proposta de mutação constitucional do art. 52, X (cf. *item 6.6.5.1*). A sua proposta ganha força com o advento do CPC/2015, destacando-se os arts. 525, § 12, e 535, § 5.º, que aproximam o controle difuso do controle concentrado, evitando-se, assim, anomias e fragmentação da unidade. Dessa forma, a sua leitura seria a seguinte: a Corte comunica ao Senado a decisão de declaração de inconstitucionalidade, para que ele faça a

publicação, intensificando a publicidade. O efeito *erga omnes* e vinculante decorre da própria decisão judicial.

- **Min. Celso de Mello:** evoluindo o seu entendimento já apresentado neste nosso trabalho, "considerou se estar diante de verdadeira **mutação constitucional** que expande os poderes do STF em tema de jurisdição constitucional. Para ele, o que se propõe é uma interpretação que confira ao Senado Federal a possibilidade de simplesmente, mediante publicação, divulgar a decisão do STF. Mas **a eficácia vinculante resulta da decisão da Corte**. Daí se estaria a reconhecer a **inconstitucionalidade da própria matéria**".
- **Min. Dias Toffoli:** sustentou a eficácia geral plena, para todo território nacional, da decisão tomada incidentalmente, evitando que o STF tenha que aguardar eventual atuação discricionária do Senado Federal e seja forçado a agir burocraticamente, tendo que falar em inúmeros processos o que já decidiu.

É interessante observar, ao assistirmos à sessão do dia 29.11.2017, que, depois de um aparte ao final do Min. Marco Aurélio dizendo que, com aquela transmudação, passaria a ser possível, agora, o cabimento de RCL constitucional, o Min. Dias Toffoli "temperou" o seu pensamento dizendo que se tratava de declaração de inconstitucionalidade em controle concentrado (ADI estadual), nulificando incidentalmente a lei federal. Contudo, ao que parece, o STF, por maioria de 7 x 2, não fez distinção entre processo objetivo e eventual processo subjetivo, sugerindo, de modo geral, a mutação constitucional do art. 52, X.

- **Min. Rosa Weber:** admitiu a tese da mutação constitucional.
- **Min. Edson Fachin:** sustentou que "a declaração de inconstitucionalidade, ainda que incidental, opera uma **preclusão consumativa** da matéria. Isso **evita que se caia numa dimensão semicircular progressiva e sem fim**".
- **Min. Luiz Fux:** adotou a proposta de equivalência entre o controle difuso e o controle concentrado, sustentando, então, que o art. 52, X, CF/88 apenas permitiria a chancela formal do Senado Federal, que não poderia alterar a essência da declaração de inconstitucionalidade pelo STF.
- **Min. Cármen Lúcia:** sustentou que a Corte, seguindo o modelo dos países de *common law*, está caminhando no sentido de não ter que declarar inconstitucionalidade de cada ato normativo, mas, no fundo, da própria matéria da discussão.

Diante do exposto, podemos afirmar que **o STF admitiu a mutação constitucional do art. 52, X**, prescrevendo, então, que o papel do **Senado Federal** é apenas para dar **publicidade à decisão**. O efeito *erga omnes* e vinculante decorreria da própria decisão judicial.

Esse entendimento foi fixado em controle concentrado de lei estadual, como questão prejudicial. Contudo, apesar das particularidades, entendemos que o STF evoluiu a questão e não terá mais volta.

Teremos que aguardar agora a problemática do cabimento da reclamação constitucional, com algumas discussões no item seguinte.

Diante do exposto, apesar de o tema ser bem recente no STF e não ter tido um destaque específico, **nem mesmo ter sido tomado em controle difuso puro**, temos uma proposta de interpretação a ser feita.

Em nossa opinião, para que a declaração de inconstitucionalidade incidental de lei ou ato normativo produza efeitos *erga omnes* e vinculante, independentemente de resolução do Senado Federal, partindo do pressuposto de que, de fato, houve mutação constitucional do art. 52, X (com o que não concordamos, mas é a posição do STF por 7 x 2), entendemos que o STF tem 3 medidas a fazer:

- formalmente deliberar sobre a questão, destacando-a como questão prejudicial;
- alcançar o quórum de no mínimo 6 Ministros (art. 97, CF/88) no sentido da inconstitucionalidade;
- fazer integrar a questão resolvida na ementa do acórdão, deliberando sobre os efeitos e podendo, se acharem conveniente, inclusive, modular os efeitos da decisão, observando, naturalmente, o quórum de 2/3, previsto no art. 27 da Lei n. 9.868/99.

Se eventualmente o STF não pronunciar o efeito *erga omnes* e vinculante, por algum motivo, pensamos que o Senado Federal continuará com a sua missão prevista no art. 52, X. Mas isso, naturalmente, é um pensamento e teremos que acompanhar como a Corte irá enfrentar essa nova realidade (pendente).

Finalmente, apenas em relação à questão específica do amianto e do efeito *erga omnes* e vinculante da decisão que reconheceu a inconstitucionalidade do art. 2.º da lei federal, a Min. Rosa Weber, em **19.12.2017**, deferiu, "forte no poder geral de cautela e nos moldes dos arts. 297, 932, II, 995, parágrafo único, e 1.026, § 1.º, do CPC/2015, o pedido de **tutela de urgência** para **suspender**, em parte, os **efeitos da decisão**, apenas no ponto em que se **atribuiu eficácia *erga omnes* à declaração de inconstitucionalidade do art. 2.º da Lei n. 9.055/1995**, até a publicação do acórdão respetivo e fluência do prazo para oposição dos aventados embargos de declaração" (**pendente** o julgamento dos embargos de declaração com o objetivo de modulação dos efeitos da decisão).

▪ 6.6.5.6. *Eficácia expansiva das decisões. Objetivação ("dessubjetivação") do recurso extraordinário. Limites à reclamação constitucional. Inconstitucionalidades no CPC/2015?*

Em relação ao tema exposto (eficácia expansiva das decisões e objetivação ou "dessubjetivação" do recurso extraordinário), gostaríamos de destacar alguns exemplos dessa perspectiva para, ao final, concluir, reforçando o item anterior, que, para o uso específico da **reclamação constitucional**, devemos adotar uma **postura mais restritiva**, sob pena de tornar o STF uma Corte de revisão, um órgão recursal, tendo em vista a criação de um inadmissível (porque **inconstitucional**) atalho processual. Vejamos os exemplos a demonstrar a inegável e muito bem-vinda **valorização dos precedentes**:

CPC/73	REGRA CPC/73	CPC/2015	REGRA/CORRESPONDÊNCIA/ NOVIDADE CPC/2015
■ **art. 120, parágrafo único**	■ possibilidade de o relator decidir de plano o conflito de competência havendo jurisprudência dominante do tribunal sobre a questão suscitada	■ **art. 955**	■ deixa claro que a jurisprudência dominante é do STF, STJ ou do próprio Tribunal ■ aumenta o poder decisório do relator quando a tese tiver sido firmada em julgamento de casos repetitivos ou em incidente de assunção de competência
■ **art. 285-A**	■ improcedência de plano — julgamento de mérito sem a citação do réu se já houver demandas idênticas no juízo	■ **art. 332**	■ houve ampliação dos poderes do juiz de primeira instância, permitindo o julgamento de mérito não somente em razão de decisões do juízo, mas também nas hipóteses de: I — enunciado de súmula do STF ou do STJ; II — acórdão proferido pelo STF ou pelo STJ em julgamento de recursos repetitivos; III — entendimento firmado em incidente de resolução de demandas repetitivas (IRDR) ou de assunção de competência; IV — enunciado de súmula de TJ sobre direito local.
■ **art. 475, § 3.º**	■ inexistência de reexame necessário quando a sentença estiver fundada em jurisprudência do plenário do STF ou em súmula deste Tribunal ou do tribunal superior competente	■ **art. 496, §§ 3.º e 4.º**	■ dispensa da remessa necessária de acordo com os valores da condenação (novidade) ■ mantém a ideia de dispensa em razão de decisões do STF e do STJ e inova em relação a entendimento firmado em IRDR ou em assunção de competência ■ inova, também, de maneira muito interessante, ao dispensar o reexame quando a sentença estiver fundada em entendimento coincidente com orientação vinculante firmada no âmbito administrativo do próprio ente público, consolidada em manifestação, parecer ou súmula administrativa
■ **art. 475-L, § 1.º**	■ impugnação à fase executiva no cumprimento de sentença para declarar a inexigibilidade do título quando houver declaração de inconstitucionalidade da lei que funda o título	■ **art. 525, §§ 12 a 15**	■ mantém a ideia com as observações e críticas que fizemos no *item 6.7.1.17.4.3* deste estudo
■ **art. 741, parágrafo único**	■ impugnação na execução contra a Fazenda Pública para declarar a inexigibilidade do título quando houver declaração de inconstitucionalidade da lei que funda o título	■ **art. 535, §§ 5.º a 8.º**	■ mantém a ideia com as observações e críticas que fizemos no *item 6.7.1.17.4.3* deste estudo
■ **art. 479**	■ recomendação para a uniformização da jurisprudência	■ **art. 926**	■ os tribunais devem uniformizar sua jurisprudência e mantê-la **estável**, **íntegra** e **coerente**

■ **art. 481, § 1.º**	■ dispensa da cláusula de reserva de plenário no controle difuso	■ **art. 949, parágrafo único**	■ regra prevista de modo idêntico
■ **art. 518, § 1.º**	■ espécie de súmula impeditiva de recurso, caracterizada como um pressuposto de admissibilidade negativo do recurso, já que o juiz não receberá o recurso de apelação quando a sentença estiver em conformidade com súmula do STJ ou do STF	■ **art. 1.011, I, c/c art. 932, IV**	■ a admissibilidade negativa é transferida para o Relator no Tribunal, e não mais para o juízo *a quo* que proferiu a sentença, podendo decidir monocraticamente (no Novo Código, não há mais juízo de admissibilidade pelo juiz que proferiu a sentença — art. 1.010, § 3.º) ■ na linha das novidades do CPC/2015, o Relator poderá negar provimento ao recurso que for contrário a: súmula do STF ou do STJ; acórdão proferido pelo STF ou STJ em julgamento de recursos repetidos; incidente firmado em IRDR ou assunção de competência
■ **arts. 543-A, 543-B e 543-C**	■ análise da repercussão geral no recurso extraordinário. Julgamento por amostragem — processos-modelos tanto no recurso extraordinário como no especial	■ **arts. 1.035 e 1.036 e segs.**	■ a regra da repercussão geral foi mantida e mais bem disciplinada a técnica do julgamento de recursos extraordinário e especial **repetidos**
■ **arts. 544, § 4.º, I e II, e 557, *caput* e § 1.º-A**	■ atribuição dada ao relator do agravo em recurso especial ou extraordinário para, monocraticamente, com base em jurisprudência do STJ ou do STF, conhecer do agravo e provê-lo ou negar-lhe seguimento. Essa previsão está explícita, também, para os recursos em geral (art. 557)	■ **art. 932, IV e V**	■ poderes dados ao relator para negar provimento a recurso ou dar provimento em razão de súmula do STF ou do STJ, acórdão em julgamento de recursos repetidos, entendimento firmado em IRDR ou assunção de competência
■ **art. 555, § 1.º**	■ ocorrendo relevante questão de direito, que faça conveniente prevenir ou compor divergência entre câmaras ou turmas do tribunal, poderá o relator propor seja o recurso julgado pelo órgão colegiado que o regimento indicar; reconhecendo o interesse público na assunção de competência, esse órgão colegiado julgará o recurso	■ **art. 947**	■ o novo Código criou um capítulo próprio para o que chamou de **incidente de assunção de competência — IAC** ■ o art. 947, § 3.º, prevê que o acórdão proferido em assunção de competência **vinculará todos os juízes e órgãos fracionários**, exceto se houver revisão de tese, fazendo a previsão de cabimento de **reclamação** para garantir a observância do referido precedente (art. 988, IV)
■ não há correspondência	■ não há correspondência	■ **art. 927, III, IV e V**	■ Os juízes e os tribunais observarão: III — os acórdãos em incidente de assunção de competência ou de resolução de demandas repetitivas e em julgamento de recursos extraordinário e especial repetitivos; IV — os enunciados das súmulas do Supremo Tribunal Federal em matéria constitucional e do Superior Tribunal de Justiça em matéria infraconstitucional; V — a orientação do plenário ou do órgão especial aos quais estiverem vinculados

A) EXPOSIÇÃO DA MATÉRIA

Analisados os dispositivos normativos acima listados, não temos dúvidas em reconhecer, tanto no revogado CPC/73 como no de 2015, o **inegável processo de expansividade das decisões proferidas em casos concretos**, bem como a **força dada à jurisprudência dos tribunais**.

Todos os exemplos indicam uma inegável tendência de **valorização dos precedentes**, na linha do que o CPC/2015 denominou **jurisprudência dos tribunais estável, íntegra** e **coerente** (art. 926, *caput*).

Aliás, devemos destacar que o texto original do Senado Federal estabelecia apenas uma valorização da **estabilidade** da jurisprudência. A previsão da **integridade** e da **coerência** se verificou em razão de sugestão feita por Lenio Streck à comissão de especialistas na Câmara dos Deputados (por todos, Fredie Didier), bem como ao Relator, Deputado Paulo Teixeira, e que veio a ser acatada pelo Senado Federal, na votação final do substitutivo.

Devemos, então, analisar a amplitude dessa dita **"emenda streckiana-dworkiniana"** ao projeto de lei (assim chamada por Streck),[98] especialmente no sentido de se verificar a amplitude da vinculação da jurisprudência dos tribunais em relação aos juízes do Brasil e a potencialização supostamente dada para o cabimento da **reclamação constitucional**.

Em primeiro lugar, temos que aplaudir essa importante potencialização dada à jurisprudência no CPC/2015, ao prever um sentido bastante técnico desses **vetores principiológicos** a partir de uma concepção de **dignidade da pessoa humana**, considerando os princípios da **segurança jurídica**, da **proteção da confiança** e da **isonomia** (art. 927, § 4.º, CPC/2015).

Para Streck, "a estabilidade é diferente da integridade e da coerência do Direito, pois a **'estabilidade' é um conceito autorreferente, isto é, numa relação direta com os julgados anteriores**. Já a **integridade** e a **coerência** guardam um substrato ético-político em sua concretização, isto é, são dotadas de consciência histórica e consideram a facticidade do caso".[99] Nesse sentido, o autor define com precisão os necessários "atributos" das decisões judiciais:

- **coerência:** "... em casos semelhantes, deve-se proporcionar a garantia da **isonômica aplicação principiológica**. Haverá coerência se os mesmos princípios que foram aplicados nas decisões o forem para os casos idênticos. A coerência assegura a **igualdade**, isto é, que os diversos casos terão a igual consideração por parte dos juízes. Isso somente pode ser alcançado através de um **holismo interpretativo**, constituído a partir do **círculo hermenêutico**";[100]

---

[98] Lenio Luiz Streck, Novo CPC terá mecanismos para combater decisionismos e arbitrariedades?, *Revista Consultor Jurídico*, 18.12.2014, p. 7.

[99] Lenio Luiz Streck, Por que agora dá para apostar no projeto do novo CPC!, *Revista Consultor Jurídico*, 21.10.2013, p. 2.

[100] Lenio Luiz Streck, idem.

- **integridade:** segundo o autor, valendo-se das lições de Dworkin (*O império do direito*, Quartier Latin, 2008, p. 213), é duplamente composta: **a) princípio legislativo**, que pede aos legisladores que tentem tornar o conjunto de leis moralmente coerente; **b) princípio jurisdicional**, que demanda que a lei, tanto quanto o possível, seja vista como coerente nesse sentido. A integridade exige que os juízes construam seus argumentos de forma integrada ao conjunto do direito. Trata-se de uma garantia contra arbitrariedades interpretativas. A integridade limita a ação dos juízes; mais do que isso, coloca efetivos freios, através dessas comunidades de princípios, às atitudes solipsistas-voluntaristas. A integridade é uma forma de virtude política. A integridade significa rechaçar a tentação da arbitrariedade".[101] E, no citado texto de 18.12.2014, Streck chegou a afirmar ser a integridade **antitética ao voluntarismo, ao ativismo e à discricionariedade**.

Pois bem, definido esse **novo sentido da jurisprudência**, resta analisar a amplitude da vinculação dos juízes e tribunais e, no caso, o cabimento ou não desse inegável direito fundamental (verdadeiro direito de petição — art. 5.º, XXXIV, "a"), denominado **reclamação constitucional**.

Pelos dispositivos normativos citados no quadro acima, o CPC/2015 seguiu a tendência que já se verificava em relação às últimas minirreformas do Código Buzaidiano de 1973, aumentando o poder decisório dos relatores e a "vinculação" sugestiva decorrente de posicionamentos já sumulados e pacificados nos tribunais superiores.

O CPC/2015, contudo, **avançou** e **supervalorizou o cabimento da reclamação** e, assim, o **efeito vinculante das decisões**. A sua modificação pela **Lei n. 13.256/2016**, apesar de minimizar essa vinculação, continuou prevendo situações que, em nosso entender, afrontam a Constituição.

Destacamos, então, as hipóteses de cabimento da reclamação constitucional nos termos do art. 988 do CPC/2015, para:

- preservar a competência do tribunal e garantir a autoridade de suas decisões (art. 102, I, "l", CF/88 e art. 988, I e II, CPC/2015);
- garantir a observância da **tese jurídica** fixada em enunciado de **súmula vinculante** e em decisão do Supremo Tribunal Federal em **controle concentrado de constitucionalidade** (art. 988, III e § 4.º, CPC/2015);
- garantir a observância da **tese jurídica** firmada em acórdão proferido em julgamento de incidente de resolução de demandas repetitivas — **IRDR** ou de incidente de assunção de competência — **IAC** (art. 988, IV e § 4.º, CPC/2015);
- garantir a observância da **tese jurídica** extraída de acórdão de recurso extraordinário com repercussão geral reconhecida ou de acórdão proferido em julgamento de recursos extraordinário ou especial repetitivos, **quando esgotadas as instâncias ordinárias** (art. 988, § 5.º, II).

[101] Lenio Luiz Streck, idem.

Na nova redação conferida ao art. 988, III, pela Lei n. 13.256/2016, o legislador foi bem sensato ao prescrever, em um mesmo inciso, as situações de verdadeiro efeito vinculante previstas na Constituição para o cabimento da reclamação constitucional, quais sejam, **enunciado de súmula vinculante** e **decisão do STF em controle concentrado**.

No inciso IV do art. 988 houve a indicação de situações que se aproximam e foram criadas pelo CPC/2015, quais sejam, o cabimento de reclamação constitucional para garantir a observância de acórdão proferido em julgamento de incidente de resolução de demandas repetitivas (**IRDR** — nesse sentido, cf. também art. 985, § 1.º) ou de incidente de assunção de competência **(IAC)**. Mesmo com as particularidades desses institutos, entendemos que a fixação de efeito vinculante sem a previsão na Constituição (que só estabelece em razão de edição de SV ou decorrente de decisão proferida em controle concentrado) apresenta-se com duvidosa constitucionalidade.

A última hipótese de cabimento da reclamação constitucional foi estabelecida para garantir a **observância de acórdão de recurso extraordinário com repercussão geral reconhecida** ou **de acórdão proferido em julgamento de recursos extraordinário ou especial repetitivos**, desde que **esgotadas as instâncias ordinárias** (art. 988, § 5.º, CPC, introduzido pela Lei n. 13.256/2016).

O fato de criar uma condição, qual seja, **o esgotamento das instâncias ordinárias**, em nosso entender, não afasta a inconstitucionalidade do dispositivo.

Sobre esse tema específico, cabe anotar que, até o fechamento desta edição, havia apenas um caso em que o STF interpretou a expressão **"instâncias ordinárias"**. Para 4 Ministros da 2.ª Turma do STF (lembrando que a Turma é integrada por 5 Ministros), "em se tratando de reclamação para o STF, a interpretação do art. 988, § 5.º, II, do CPC/2015 deve ser fundamentalmente teleológica, e não estritamente literal. O esgotamento da instância ordinária, em tais casos, significa o percurso de **todo o iter recursal cabível antes do acesso à Suprema Corte**. Ou seja, se a decisão reclamada ainda comportar reforma por via de recurso a algum tribunal, **inclusive a tribunal superior**, não se permitirá acesso à Suprema Corte por via de reclamação" (**Rcl 24.686 ED-AgR**, Rel. Min. Teori Zavascki, j. 25.10.2016, 2.ª T., *DJE* de 11.04.2017).[102]

De todo modo, em sendo aceita a **vinculação** da **tese jurídica** firmada em referidos procedimentos novos (IRDR e IAC) e no caso do art. 988, § 5.º, II, CPC/2015, temos de deixar claro que a vinculação, nesses casos específicos, **restringir-se-á ao**

[102] Dessa forma, para conhecimento da reclamação constitucional nas hipóteses de descumprimento de **tese jurídica** firmada em acórdão de recurso extraordinário com repercussão geral reconhecida ou em acórdão proferido em julgamento de recursos extraordinário ou especial repetitivos, deverá haver o **esgotamento de todos os recursos cabíveis nas instâncias antecedentes** e, portanto, todos os recursos para os tribunais superiores. O Min. Dias Toffoli restringiu esse esgotamento apenas para a Justiça Eleitoral, por entender que o recurso dirigido ao TSE tem um objeto de conhecimento mais amplo. Como se disse, a decisão interpretando o art. 988, § 5.º, II, foi proferida pela 2.ª Turma do STF e não pelo Plenário.

âmbito do Poder Judiciário, não atingindo a administração pública, sob pena de se violar o princípio da separação de poderes (a Constituição estabelece o efeito vinculante em relação à Administração Pública apenas nos casos de controle concentrado — art. 102, § 2.º, CF/88 — e de súmula vinculante — art. 103-A, CF/88).

B) NOSSA OPINIÃO

Apresentadas as perspectivas de constitucionalidade das novas hipóteses de reclamação trazidas pela **lei** (não previstas expressamente na Constituição), temos de trazer a nossa opinião.

Em nosso entender, essas regras de vinculação e o consequente cabimento da reclamação constitucional não poderiam ter sido introduzidos por legislação infraconstitucional, porque dependeriam, necessariamente, de **emenda constitucional** a prever outras hipóteses de decisões com efeito vinculante, além daquelas já previstas na Constituição.

Como se sabe e já afirmamos anteriormente, na CF/88, o **efeito vinculante** (no caso, premissa para se falar nessa hipótese de cabimento da reclamação), somente se observa em razão das decisões em **controle concentrado de constitucionalidade** (art. 102, § 2.º),[103] ou em **razão de edição, revisão ou cancelamento de súmula vinculante** (art. 103-A),[104] regra essa, aliás, na linha do que sustentamos, introduzida pela **EC n. 45/2004**.

Não podemos confundir **efeitos processuais** dos instrumentos elencados acima com ampliação das **hipóteses de cabimento da reclamação constitucional** (art. 102, I, "l") para a garantia da autoridade das decisões dos tribunais.

Até podemos admitir, aplicando-se os instrumentos de **coerência** e **integridade**, o que, de modo muito interessante, Streck denominou **"vinculação orgânica--material"**[105] dos julgadores.

Entretanto, essa dita "vinculação", no controle da decisão judicial, **não poderá ensejar o cabimento da reclamação constitucional**. Trata-se de norma de caráter programático, e não de imposição. Busca-se criar uma **cultura de observância dos precedentes**, mas não a hipótese de reclamação constitucional que não encontra fundamento na Constituição.

---

103 **Art. 102, § 2.º, CF/88:** "As decisões definitivas de mérito, proferidas pelo Supremo Tribunal Federal, nas **ações diretas de inconstitucionalidade** e nas **ações declaratórias de constitucionalidade** produzirão **eficácia contra todos** e **efeito vinculante**, relativamente aos demais órgãos do Poder Judiciário e à administração pública direta e indireta, nas esferas federal, estadual e municipal".

104 **Art. 103-A, CF/88:** "O Supremo Tribunal Federal poderá, de ofício ou por provocação, mediante decisão de dois terços dos seus membros, após reiteradas decisões sobre matéria constitucional, aprovar **súmula** que, a partir de sua publicação na imprensa oficial, terá **efeito vinculante** em relação aos demais órgãos do Poder Judiciário e à administração pública direta e indireta, nas esferas federal, estadual e municipal, bem como proceder à sua revisão ou cancelamento, na forma estabelecida em lei".

105 Lenio Luiz Streck, Comentário ao artigo 926. In: Lenio Luiz Streck; Dierle Nunes; Leonardo Cunha (orgs.), *Comentários ao Código de Processo Civil*, São Paulo, Saraiva, 2016.

Como se disse, sem dúvida, ferramentas processuais serão importantes para abreviar a entrega da prestação jurisdicional (aliás, como sabemos, a **razoável duração do processo** é direito fundamental — art. 5.º, LXXIII, CF/88). Exemplificando, é perfeitamente admissível a introdução por lei de julgamento monocrático pelo relator no tribunal em observância à jurisprudência dominante do STF ou do STJ, ou a restrição das hipóteses de remessa necessária.

Contudo, isso não pode significar o cabimento da reclamação constitucional. Assim, entendemos, **flagrantemente inconstitucional** essa pretensão trazida no CPC/2015.

Estamos nos referindo aos **arts. 988, IV e § 5.º, II; 985, § 1.º; 947, § 3.º**, e, também, ao **art. 927, III, IV e V** (CPC/2015), ao se estabelecer que os juízes e tribunais observarão:

- os acórdãos em incidente de assunção de competência ou de resolução de demandas repetitivas e em julgamento de recursos extraordinário e especial repetitivos;
- os enunciados das súmulas do Supremo Tribunal Federal em matéria constitucional e do Superior Tribunal de Justiça em matéria infraconstitucional;
- a orientação do plenário ou do órgão especial aos quais estiverem vinculados.

Dizer que "devem" observar significa vincular. Não poderia ser outra a interpretação, pois, do contrário, não faria sentido explicitar o dever de "observar" ao lado de outros incisos que, por sua essência, já trazem, ínsita, a vinculação, como são os incisos I **(decisões do STF em controle concentrado)** e II **(enunciados de súmula vinculante)**, em relação aos quais inquestionável o cabimento da reclamação constitucional.

Não estamos a condenar os efeitos processuais, aliás, **muito bem-vindos** e uma realidade já no CPC/73 em razão de suas minirreformas, como já dissemos. Estamos, por outro lado, unicamente **a não reconhecer o efeito vinculante para o cabimento da reclamação constitucional**.

Esse alerta em relação aos incisos IV e V do art. 927 tem encontrado apoio na maioria da doutrina, já que **não previstos nas hipóteses do art. 988** que tratam do instituto específico da reclamação.

C) O QUE RESPONDER NAS PROVAS DE CONCURSO PÚBLICO? — O CPC DEVERÁ SER OBSERVADO

CUIDADO: sobre o tema específico deste capítulo, a nossa perspectiva de distinção entre o controle difuso e o controle concentrado parece perder força a partir do voto do Ministro Teori no julgamento da **ADI 2.418**, acompanhado pela maioria do STF, com exceção do Min. Marco Aurélio (nesse ponto específico, 10 x 1 — j. 04.05.2016, *DJE* de 17.11.2016).

No caso, a Corte analisava a constitucionalidade do art. 525, § 1.º, III e § 12, do CPC/2015 (cf. *item 6.7.1.17.4.3*), que admite a interposição de embargos rescisórios se, na execução, o título estiver fundado em lei declarada inconstitucional pelo STF, seja em controle **difuso** ou **concentrado**!

Em seu voto, seguido pela maioria, afirma o Min. Teori que a **distinção entre controle difuso ou concentrado é irrelevante**, independentemente da edição de resolução pelo Senado Federal. E enfatiza: "A distinção restritiva, entre precedentes em controle incidental e em controle concentrado, não é compatível com a evidente intenção do legislador, já referida, de valorizar a autoridade dos precedentes emanados do órgão judiciário guardião da Constituição, que não pode ser hierarquizada simplesmente em função do procedimento em que a decisão foi tomada. Sob esse enfoque, **há idêntica força de autoridade nas decisões do STF tanto em ação direta quanto nas proferidas em via recursal**, estas também com natural vocação expansiva, conforme reconheceu o STF no julgamento da Reclamação 4.335, Min. Gilmar Mendes, *DJE* 22.10.14, a evidenciar que está ganhando autoridade a recomendação da doutrina clássica de que a eficácia *erga omnes* das decisões que reconhecem a inconstitucionalidade, **ainda que incidentalmente**, deveria ser considerada 'efeito natural da sentença' (BITTENCOURT, Lúcio, op. cit., p. 143; CASTRO NUNES, José. *Teoria e prática do Poder Judiciário*. Rio de Janeiro: Forense, 1943. p. 592)" (fls. 32 e 33 do acórdão).

Dado o objetivo deste nosso estudo, para as provas de concurso público, enquanto não afastadas pelo STF, essas novas hipóteses de reclamação constitucional previstas na lei e estudadas nos livros de processo civil devem ser observadas, lembrando, claro, a interpretação restritiva dada pela 2.ª T., STF, no julgamento da **Rcl 24.686**, acima comentada.

Nesse sentido, apesar de ainda não haver decisão do Pleno do STF sobre a constitucionalidade dessas novas hipóteses de cabimento da reclamação constitucional trazidas pelo CPC/2015 e por nós contestadas, há importante **decisão monocrática** do Min. Lewandowski conhecendo da reclamação e julgando procedente o pedido para cassar o ato reclamado (acórdão proferido pelo TRF 4, nos autos de apelação cível, estando "esgotadas as instâncias ordinárias, por terem sido interpostos tanto o recurso extraordinário, como o agravo, contra decisão que não o admitiu" — art. 988, § 5.º, II, CPC/2015), que descumpriu, segundo sustentou o Ministro, tese firmada no *RE 632.853* (*tema 485* da reclamação geral).

Dessa forma, nos exatos termos do CPC/2015, o Min. Lewandowski considerou cabível **reclamação constitucional tendo por fundamento o descumprimento da tese firmada em um *leading case* de repercussão geral** (**Rcl 26.300**, j. 23.02.2017, decisão monocrática, *DJE* de 02.03.2017. Tendo sido interposto agravo interno, a Turma, por unanimidade, negou provimento, nos termos do voto do Relator. 2.ª T., sessão virtual de 1.º.12.2017 a 07.12.2017).

6.6.6. Controle difuso em sede de ação civil pública

Como vimos, o controle difuso de constitucionalidade é realizado no caso concreto, por qualquer juiz ou tribunal do Poder Judiciário, sendo a declaração de inconstitucionalidade proferida de modo incidental, produzindo, em regra, efeitos somente para as partes (salvo a hipótese de resolução do Senado Federal — art. 52, X, ou, a nova perspectiva de mutação constitucional do referido dispositivo, se o STF resolver a inconstitucionalidade como questão prejudicial e expressamente assim deliberar, devendo ser observado o quórum de no mínimo 6 ministros — cf. *item 6.6.5.5*).

Portanto, só será cabível o controle difuso, em sede de ação civil pública "... como instrumento idôneo de fiscalização incidental de constitucionalidade, pela via difusa, de quaisquer leis ou atos do Poder Público, mesmo quando contestados em face da Constituição da República, desde que, nesse processo coletivo, a *controvérsia constitucional, longe de identificar-se como objeto único da demanda, qualifique-se como simples questão prejudicial, indispensável à resolução do litígio principal*" (Min. Celso de Mello, Rcl 1.733-SP, *DJ* de 1.º.12.2000 — *Inf. 212/STF*).

Por conseguinte, a jurisprudência do STF "... exclui a possibilidade do exercício da ação civil pública, quando, nela, o autor deduzir pretensão efetivamente destinada a viabilizar o controle abstrato de constitucionalidade de determinada lei ou ato normativo (*RDA* 206/267, Rel. Min. Carlos Velloso — Ag. 189.601-GO (AgRg), Rel. Min. Moreira Alves). Se, contudo, o ajuizamento da ação civil pública visar, não à apreciação da validade constitucional de lei em tese, mas objetivar o julgamento de uma específica e concreta relação jurídica, aí, então, tornar-se-á lícito promover, *incidenter tantum*, o controle difuso de constitucionalidade de qualquer ato emanado do Poder Público. Incensurável, sob tal perspectiva, a lição de Hugo Nigro Mazzilli ('O Inquérito Civil', p. 134, item n. 7, 2. ed., 2000, Saraiva): 'Entretanto, nada impede que, por meio de ação civil pública da Lei n. 7.347/85, se faça, não o controle concentrado e abstrato de constitucionalidade das leis, mas, sim, seu controle difuso ou incidental. (...) assim como ocorre nas ações populares e mandados de segurança, nada impede que a inconstitucionalidade de um ato normativo seja objetada em ações individuais ou coletivas (não em ações diretas de inconstitucionalidade, apenas), como causa de pedir (não o próprio pedido) dessas ações individuais ou dessas ações civis públicas ou coletivas'" (Min. Celso de Mello, Rcl 1.733-SP, *DJ* de 1.º.12.2000 — *Inf. 212/STF*).

Mas atente à regra geral: **a ação civil pública não pode ser ajuizada como sucedâneo de ação direta de inconstitucionalidade, pois, em caso de produção de efeitos *erga omnes*, estaria provocando verdadeiro controle concentrado de constitucionalidade, usurpando competência do STF** (cf. STF, Rcl 633-6/SP, Min. Francisco Rezek, *DJ* de 23.09.1996, p. 34945).

No entanto, sendo os efeitos da declaração reduzidos somente às partes (sem amplitude *erga omnes*), ou seja, tratando-se de "... ação ajuizada, entre partes contratantes, na persecução de bem jurídico concreto, individual e perfeitamente definido, de ordem patrimonial, objetivo que jamais poderia ser alcançado pelo reclamado em sede de controle *in abstracto* de ato normativo" (STF, Rcl 602-6/SP), aí sim seria possível o controle difuso em sede de ação civil pública, verificando-se a declaração de inconstitucionalidade de modo incidental e restringindo-se os efeitos *inter partes*. O pedido de declaração de inconstitucionalidade incidental terá, enfatize-se, de constituir verdadeira causa de pedir (cf. RE 424.993, Rel. Min. Joaquim Barbosa, j. 12.09.2007, *DJ* de 19.10.2007).

Como exemplo, de maneira precisa, Alexandre de Moraes cita determinada ação civil pública ajuizada pelo MP, em defesa do patrimônio público, para anulação de licitação baseada em lei municipal incompatível com o art. 37 da CF, declarando o juiz ou tribunal, no caso concreto, a inconstitucionalidade da referida lei, reduzidos os seus efeitos somente às partes.[106]

Quando a questão chegar ao STF, confirmada a perspectiva de **mutação constitucional do art. 52, X**, proposta pelo STF no julgamento das **ADIs 3.406** e **3.470** (cf. *item 6.6.5.5*) e se a Corte assim se pronunciar, além dos efeitos normais da ação civil pública, poderá ser reconhecido, também, o efeito *erga omnes* e vinculante da declaração incidental de inconstitucionalidade proferida pelo STF como questão prejudicial. Mas, conforme já alertamos, entendemos que o STF tem que formalmente deliberar sobre a questão, alcançar o quórum de no mínimo 6 Ministros (art. 97, CF/88) e fazer integrar essa decisão na ementa do acórdão.

6.7. CONTROLE CONCENTRADO

O controle concentrado de constitucionalidade de lei ou ato normativo recebe tal denominação pelo fato de "concentrar-se" em um único tribunal. Pode ser verificado em cinco situações:

AÇÃO	FUNDAMENTO CONSTITUCIONAL	REGULAMENTAÇÃO
▪ **ADI** — Ação Direta de Inconstitucionalidade Genérica	▪ art. 102, I, "a"	▪ Lei n. 9.868/99
▪ **ADC** — Ação Declaratória de Constitucionalidade	▪ art. 102, I, "a"	▪ Lei n. 9.868/99
▪ **ADPF** — Arguição de Descumprimento de Preceito Fundamental	▪ art. 102, § 1.º	▪ Lei n. 9.882/99
▪ **ADO** — Ação Direta de Inconstitucionalidade por Omissão	▪ art. 103, § 2.º	▪ Lei n. 12.063/2009
▪ **IF**[105] — **Representação Interventiva** (ADI Interventiva)	▪ art. 36, III, c/c art. 34, VII	▪ Lei n. 12.562/2011

6.7.1. ADI genérica

6.7.1.1. Conceito (ADI genérica)

O que se busca com a **ADI genérica** é o controle de constitucionalidade de lei ou de ato normativo, sendo esse controle realizado em **tese, em abstrato**, marcado pela **generalidade, impessoalidade** e **abstração**.

[106] Alexandre de Moraes, *Direito constitucional*, p. 569-570.

[107] Como se sabe, a **Res. n. 230/2002** do STF dispõe sobre as **siglas** dos registros processuais no âmbito da Suprema Corte. Assim, para referida ação, a sigla que vem sendo utilizada é, indistintamente, **IF**, ou seja, **Intervenção Federal**. Entendemos, contudo, que o STF deverá adequar à nomenclatura fixada no art. 36, III, da CF/88, e na Lei n. 12.562/2011, qual seja, **representação interventiva** e, assim, propomos a utilização da sigla **RI**.

Ao contrário da via de **exceção ou defesa**, pela qual o controle (difuso) se verificava em casos concretos e incidentalmente ao objeto principal da lide, no **controle concentrado** a **representação de inconstitucionalidade**, em virtude de ser em relação a um ato normativo em tese, tem por objeto principal a declaração de inconstitucionalidade da lei ou ato normativo impugnado. O que se busca saber, portanto, é se a lei (*lato sensu*) é inconstitucional ou não, manifestando-se o Judiciário de forma específica sobre o aludido objeto. A ação direta, portanto, nos dizeres de Ada Pellegrini Grinover, "tem por objeto **a própria questão da inconstitucionalidade, decidida *principaliter***".[108]

Em regra, através do controle concentrado, almeja-se expurgar do sistema lei ou ato normativo viciado (material ou formalmente, assim como a nossa proposta de "vício de decoro parlamentar"), buscando, por conseguinte, a sua **invalidação**.

■ *6.7.1.2. Objeto (ADI genérica)*

O objeto da ADI genérica será a **lei** ou o **ato normativo** que se mostrarem incompatíveis com o parâmetro ou paradigma de confronto.

Assim, não se admite o controle de constitucionalidade jurisdicional preventivo e abstrato (ADI) de meras proposições normativas, já que estas não ensejam inovação formal na ordem jurídica. O próprio art. 102, I, "a", CF/88, conforme apontado, estabelece como objeto da ADI *lei ou ato normativo* e não *projeto de lei* ou *projeto de ato normativo*.

Conforme afirmou o Min. Celso de Mello, "atos normativos 'in fieri', ainda em fase de formação, com tramitação procedimental não concluída, não ensejam e nem dão margem ao **controle concentrado ou em tese de constitucionalidade**, que supõe — ressalvadas as situações configuradoras de omissão juridicamente relevante — a existência de **espécies normativas definitivas**, **perfeitas** e **acabadas**" (**ADI 466**, j. 03.04.1991, Pleno, *DJ* de 10.05.1991).

Isso definido, lançamos a seguinte questão: e a lei ou o ato normativo em *vacatio legis*, pode ser objeto de controle concentrado via ADI? Ou seja, a lei ou o ato normativo existe, foi publicado, mas ainda não está em vigor. Poderia haver controle concentrado abstrato via ADI?

Entendemos que **sim**, já que a lei ou o ato normativo existe e, por isso, encontra-se formalmente incorporado ao sistema de direito positivo, podendo, então, ser objeto de controle sem a necessidade de se sustentar o cabimento preventivo da ação direta.

E acrescentamos mais um ponto para sustentar o nosso entendimento: se a lei em *vacatio legis* pode ser revogada (cf. HC 72.435), poderá, também, ser objeto de ADI, buscando, inclusive, evitar a insegurança jurídica durante o período de preparação para a sua efetiva aplicação, aliás, um dos sentidos da *vacatio legis*.

Nesses termos, Gilmar Mendes admite o controle da lei ou do ato normativo **após a conclusão definitiva do processo legislativo**, mesmo que ainda não esteja

[108] Ada Pellegrini Grinover, *Controle da constitucionalidade*, p. 12.

em vigor,[109] conforme sustentado por Celso de Mello no interessante *leading case* acima citado, que definiu o objeto da ADI como sendo leis ou atos normativos já **promulgados**, **editados** e **publicados**, não exigindo, ao menos a partir da leitura do acórdão, a sua vigência (ADI 466).

Em outro precedente, em ADI que objetivava nulificar a *PEC da Reforma da Previdência* (PEC 287/2016), a Min. Rosa Weber, monocraticamente, negou seguimento à referida ação por entender inexistir eficácia jurídica em relação à proposição de alteração da Constituição. E afirmou: "a existência formal da lei ou do ato normativo — ou, no caso, da emenda à Constituição — na ordem jurídica, **o que se dá após a conclusão do processo legislativo**, traduz pressuposto de constituição válida e regular da relação processual de índole objetiva inaugurada pela ação direta de constitucionalidade" (ADI 5.669, j. 15.03.2017).

Em sua decisão, contudo, a Ministra prescreve que a ADI é vocacionada para assegurar a "higidez constitucional da ordem jurídica vigente", sendo que "o interesse na tutela judicial, por essa via objetiva, pressupõe, em consequência, ato normativo **em vigor**", a fim de caracterizar "efetivo e atual descumprimento da Constituição".

Com o máximo respeito, entendemos ser possível a ADI mesmo em *vacatio legis*, conforme acima exposto, já que estaremos diante de lei ou ato normativo — requisitos constitucionais (art. 102, I, "a"), apesar de ainda não vigente. Não se discute, na ação de controle abstrato, direito subjetivo, mas, como se sabe, a lei em tese, em processo marcado pela generalidade, impessoalidade e abstração (destacando, contudo, ainda não haver uma decisão recente do Pleno do STF enfrentando esse assunto — pendente).

Finalmente, lembramos ser possível o controle judicial preventivo de constitucionalidade (durante a tramitação) na hipótese de mandado de segurança a ser impetrado exclusivamente por Parlamentar, nos termos da discussão e dos limites já estudados no *item 6.4.1.3*.

■ 6.7.1.2.1. Leis

Entendam-se por **leis** todas as espécies normativas do art. 59 da CF/88, quais sejam: *emendas à Constituição, leis complementares, leis ordinárias, leis delegadas, medidas provisórias, decretos legislativos* e *resoluções*.[110]

---

109 *Curso de direito constitucional*, 10. ed., p. 1170. Mendes lembrou interessante precedente no qual se discutiu o cabimento de ação direta tendo por objeto a *Reforma do Judiciário* (EC n. 45/2004) promulgada mas, ainda, no momento da propositura da ação, não publicada. De acordo com o entendimento, a **publicação superveniente**, no **curso do processo** e **antes da sentença**, foi suficiente para **superar** a preliminar arguida (**ADI 3.367**, Rel. Min. Cezar Peluso, j. 13.04.2005, Pleno, *DJ* de 22.09.2006).

110 Conforme advertem David Araujo e Serrano Nunes, "nem toda resolução ou decreto legislativo podem ser objeto de controle concentrado, já que podem não constituir atos normativos. Por exemplo, a resolução que autoriza o processo contra o Presidente da República, prevista no inciso I do art. 51 da Constituição, não está revestida de **abstração e generalidade**, o que impede o seu controle. Da mesma forma, a autorização para que o Presidente da República se ausente do País por mais de quinze dias, prevista no art. 49, III, não tem qualquer **generalidade e abstração**, constituindo, portanto, **ato concreto e impossível de ser controlado pelo controle concentrado**" (*Curso de direito constitucional*, 4. ed., p. 42).

■ 6.7.1.2.2. *Atos normativos*

Conforme anotou o Min. Celso de Mello, "a noção de **ato normativo**, para efeito de controle concentrado de constitucionalidade, **pressupõe**, além da **autonomia jurídica** da deliberação estatal, a constatação de seu coeficiente de **generalidade abstrata**, bem assim de sua **impessoalidade**. Todos esses elementos — **autonomia jurídica**, **abstração**, **generalidade** e **impessoalidade** — qualificam-se como **requisitos essenciais** que conferem, ao ato estatal, a necessária aptidão para atuar, no plano do direito positivo, como norma revestida de **eficácia subordinante** de comportamentos estatais ou de condutas individuais" (ADI 2.321 MC, j. 25.10.2000, fls. 76 do acórdão).

Nesse sentido, segundo Alexandre de Moraes,[111] atos normativos podem ser: *a*) **resoluções administrativas dos tribunais**; *b*) **atos estatais de conteúdo meramente derrogatório**, como as resoluções administrativas, desde que incidam sobre atos de caráter normativo.

O autor, valendo-se das palavras de Castanheira A. Neves, observa que poderá ser objeto de controle qualquer "ato revestido de **indiscutível caráter normativo**",[112] motivo pelo qual incluímos aí os **regimentos internos dos tribunais**.

Alexandre de Moraes, em sede jurisdicional, estabelece: "quando a circunstância evidenciar que o ato encerra um **dever-ser** e **veicula**, em seu **conteúdo**, enquanto manifestação subordinante de vontade, uma **prescrição destinada a ser cumprida pelos órgãos destinatários** (KELSEN, Hans. *Teoria geral das normas*. Porto Alegre: Fabris, 1986. p. 2-6), deverá ser **considerado**, para efeito de controle de constitucionalidade, como **ato normativo** (ADI 1352-1-DF, Rel. Min. CELSO DE MELLO, *DJ*, 04.10.1995), não impedindo, portanto, o controle abstrato de constitucionalidade dos **decretos autônomos** (por exemplo: CF, art. 84, incisos VI e XII) ou, ainda, de **demais atos normativos que possam ter invadido matéria reservada à lei** (ADI 1.553/DF, Rel. Min. MARCO AURÉLIO, decisão: 13.05.2004. *Informativo STF* n. 348; ADI 1.969-4/DF, Rel. Min. MARCO AURÉLIO, *DJ* de 05.03.2004)" (**ADI 5.543**, j. 11.05.2020, fls. 121 do acórdão).

Podem, também, ser objeto de controle de constitucionalidade:

- as **deliberações administrativas dos órgãos judiciários** (precedente: STF, ADI 728, Rel. Min. Marco Aurélio). Nesse sentido:

> "EMENTA: Resolução administrativa do TRT da 3.ª Região. **Natureza normativa da resolução**. Atribuição do Congresso Nacional para ato normativo que aumenta vencimentos de servidor. Inconstitucionalidade da resolução configurada. Precedentes do STF" (**ADI 1.614**, Rel. p/ ac. Min. Nelson Jobim, j. 18.12.98, Plenário, *DJ* de 06.08.99).
> "É cabível o controle concentrado de resoluções de tribunais que deferem reajuste de vencimentos. Precedentes" (**ADI 2.104**, Rel. Min. Eros Grau, j. 21.11.2007, Plenário, *DJE* de 22.02.2008).

[111] *Direito constitucional*, p. 559.

[112] Idem, ibidem, p. 558.

- as **deliberações dos Tribunais Regionais do Trabalho judiciários** que determinam o pagamento a magistrados e servidores das diferenças de plano econômico (precedente: STF, **ADI 681/DF**, Rel. Min. Néri da Silveira, reconhecendo o seu caráter normativo), **salvo** as convenções coletivas de trabalho;[113]
- **resolução do Conselho Interministerial de Preços — CIP** (STF, Pleno, **ADI 8-0/DF**, Rel. Min. Carlos Velloso), que concedeu aumento de preço aos produtos farmacêuticos, permitindo, portanto, a verificação de sua compatibilidade com a Constituição Federal.

Outros exemplos reconhecidos como atos normativos a ensejar o cabimento de ADI foram o art. 64, IV, da *Portaria n. 158/2016 do Ministério da Saúde* e o art. 25, XXX, "d", da *Resolução da Diretoria Colegiada (RDC) n. 34/2014 da Agência Nacional de Vigilância Sanitária (Anvisa)*, que **restringem a doação de sangue por homossexuais**. A Corte reconheceu que referidas disposições constituem atos normativos federais que se revestem de **conteúdo regulatório dotado de abstração, generalidade** e **impessoalidade**, possuindo **alta densidade normativa** e **não se caracterizando como simples atos regulamentares**.

No mérito, a ação foi julgada procedente, declarando a **inconstitucionalidade** dos referidos atos normativos, por caracterizar **discriminação** em razão da orientação sexual, havendo afronta à **dignidade da pessoa humana**, **autonomia privada**, **autonomia pública** e **igualdade**: "o estabelecimento de grupos — e não de condutas — de risco incorre em discriminação e viola a dignidade humana e o direito à igualdade, pois lança mão de uma interpretação consequencialista desmedida que concebe especialmente que homens homossexuais ou bissexuais são, apenas em razão da orientação sexual que vivenciam, possíveis vetores de transmissão de variadas enfermidades. Orientação sexual não contamina ninguém, condutas de risco sim" (*item 2* da ementa, **ADI 5.543**, Pleno, Rel. Min. Edson Fachin, j. 11.05.2020, *DJE* de 26.08.2020).

▪ *6.7.1.2.3. Súmulas?*

De acordo com a ADI 594-DF, só podem ser objeto de controle perante o **STF leis** e **atos normativos federais** ou **estaduais**. **Súmula** de jurisprudência não possui o grau de normatividade qualificada, não podendo, portanto, ser questionada perante o STF através do controle concentrado.

E a súmula vinculante pode ser objeto de ADI?

Como se sabe, a **EC n. 45/2004** fixou a possibilidade de o **STF** (e exclusivamente o STF), de ofício ou por provocação, mediante decisão de **2/3** dos seus membros, após reiteradas decisões sobre matéria constitucional, aprovar **súmula** que, a partir de sua publicação na imprensa oficial, terá **efeito vinculante** em relação aos demais

[113] Cf. posicionamento de Clèmerson Merlin Clève, *A fiscalização abstrata de constitucionalidade no direito brasileiro*, p. 146.

órgãos do Poder Judiciário e à Administração Pública direta e indireta, nas esferas federal, estadual e municipal (art. 103-A).

O seu § 2.º, por seu turno, fixa a possibilidade de, sem prejuízo do que vier a ser estabelecido em lei, proceder-se a **aprovação, revisão** ou **cancelamento** de súmula, mediante provocação daqueles que podem propor a **ação direta de inconstitucionalidade**.

Assim, tendo em vista o fato de a **súmula** não ser marcada pela generalidade e abstração, diferentemente do que acontece com as leis, não se pode aceitar a técnica do "controle de constitucionalidade" de súmula, mesmo no caso da súmula vinculante.

O que existe é um **procedimento de revisão** pelo qual se poderá **cancelar** a súmula. O cancelamento desta significará a não mais aplicação do entendimento que vigorava. Nesse caso, naturalmente, a nova posição produzirá as suas consequências a partir do novo entendimento, vinculando os demais órgãos do Poder Judiciário e a Administração Pública direta e indireta, nas esferas federal, estadual e municipal.

Cabe alertar que o procedimento de **aprovação, revisão** ou **cancelamento** de súmula vinculante foi disciplinado pela **Lei n. 11.417/2006**.

Todavia, em algumas decisões, a Ministra Ellen Gracie entendeu que o mecanismo para se rever a súmula vinculante seria a própria ADI (com o que não concordamos, pelos motivos acima expostos). Tratava-se de hipótese na qual se discutia a impetração de *habeas corpus* tendo em vista a edição da **SV 11**[114] sobre o uso de algemas (HC 96.301, 06.10.2008, Min. Ellen Gracie).

Em **05.12.2008**, o Presidente do STF, no uso de suas atribuições, editou a **Res. n. 388**, disciplinando o processamento de proposta de edição, revisão e cancelamento de súmulas, vinculantes ou não. Posteriormente, de modo específico, a **Emenda Regimental n. 46/2011** acresceu os arts. 354-A a 354-G ao *RISTF*, regulamentando o procedimento. Trata-se, sem dúvida, de instituto que difere da ADI (cf. *item 11.14.11.5*).

■ *6.7.1.2.4. Emendas constitucionais?*

Como dissemos, as **emendas constitucionais** podem ser objeto de controle, embora introduzam no ordenamento normas de caráter constitucional. O que temos com o processo de emendas é a manifestação do **poder constituinte derivado reformador**, e, como vimos ao estudar a teoria do poder constituinte, a derivação dá-se em relação ao poder constituinte originário. Este último é ilimitado juridicamente e autônomo. O derivado reformador, por seu turno, deve observar os limites impostos e

[114] "Só é lícito o uso de algemas em casos de resistência e de fundado receio de fuga ou de perigo à integridade física própria ou alheia, por parte do preso ou de terceiros, justificada a **excepcionalidade** por escrito, sob pena de **responsabilidade** disciplinar, civil e penal do agente ou da autoridade e de nulidade da prisão ou do ato processual a que se refere, sem prejuízo da responsabilidade civil do Estado" (Sessão Plenária de 13.08.2008). O **Decreto n. 8.858/2016** regulamenta o emprego de algemas (cf. *item 14.10.4.1*).

estabelecidos pelo originário, como decorre da observância às regras do art. 60 da CF/88. Assim, desobedecendo aos referidos limites, inevitável declarar inconstitucional a emenda que introduziu uma alteração no texto constitucional.[115]

Conforme alertamos, o **poder constituinte derivado revisor** (art. 3.º do ADCT), assim como o **reformador** (art. 60 da CF/88) e o **decorrente** (art. 25 da CF/88 — Constituições estaduais), é fruto do trabalho de criação do originário, estando, portanto, a ele **vinculado**. É, ainda, um "poder" **condicionado** e **limitado** às regras instituídas pelo originário, sendo, assim, um **poder jurídico**.

Dessa maneira, as **emendas de revisão** também poderão ser "controladas", tanto em seu aspecto formal (procedimento previsto no art. 3.º do ADCT) como no material (cláusulas pétreas — art. 60, § 4.º, I a IV) (cf. *item 4.5.4*).

6.7.1.2.5. Medidas provisórias?

Somente o ato estatal de conteúdo normativo, em plena vigência, pode ser objeto do controle concentrado de constitucionalidade. Como a medida provisória tem **força de lei**, poderá ser objeto de controle, já que ato estatal, em plena vigência.

No entanto, sendo ela **convertida em lei**, ou tendo **perdido a sua eficácia por decurso de prazo**, nos termos do art. 62, § 3.º, da CF/88 (confira as profundas alterações trazidas pela **EC n. 32/2001** em relação à tramitação das medidas provisórias e por nós comentadas no *item 9.14.4*), considerar-se-á **prejudicada a ADI** (que questionava a constitucionalidade da MP) pela perda do objeto da ação. O autor da ADI, na primeira hipótese, deverá aditar o seu pedido à nova lei de conversão.

Essa regra da prejudicialidade no caso da **lei de conversão**, contudo, não se verifica na hipótese de inexistência de alteração substancial da norma, pois haverá **continuidade normativa** (cf. *item 6.7.1.2.11*). A jurisprudência do STF também afasta a prejudicialidade quando houver alegação de **inconstitucionalidade formal** por violação aos requisitos de relevância e urgência na MP, já que o vício alegado não se convalidará com a conversão da MP em lei (cf. questão de ordem na MP na **ADI 3.090**, j. 11.10.2006, resgatada no voto do Min. Edson Fachin no julgamento da **ADI 5.599**, j. 23.10.2020.)

Então, os requisitos constitucionais de relevância e urgência (art. 62) podem ser objeto de controle jurisdicional?

SIM, mas **excepcionalmente**. O STF decidiu serem passíveis de controle desde que o exame seja feito ***cum grano salis***, ou seja, com muita **parcimônia**, devendo ser demonstrada "a inexistência cabal desses requisitos" (**RE 592.377**). Assim, "conforme entendimento consolidado da Corte, os requisitos constitucionais legitimadores da edição de medidas provisórias, vertidos nos conceitos jurídicos indeterminados de 'relevância' e 'urgência' (art. 62 da CF), apenas em **caráter excepcional** se submetem ao crivo do Poder Judiciário, por força da regra da separação de poderes (art. 2.º

[115] "Emenda Constitucional emanada de Constituinte derivado pode ser declarada inconstitucional pelo STF, cuja função precípua é de guardião da CF" — ADI 939, *RTJ* 151/755.

da CF) (ADI n. 2.213, Rel. Min. Celso de Mello, *DJ* de 23.04.2004; ADI n. 1.647, Rel. Min. Carlos Velloso, *DJ* de 26.03.1999; ADI n. 1.753-MC, Rel. Min. Sepúlveda Pertence, *DJ* de 12.06.1998; ADI n. 162-MC, Rel. Min. Moreira Alves, *DJ* de 19.09.1997)" (ADC 11-MC, voto do Min. Cezar Peluso, j. 28.03.2007, *DJ* de 29.06.2007). Nesse sentido, **ADI 4.029**, j. 08.03.2012.

E como deve ser a forma de se realizar esse controle?

Conforme estabeleceu a Corte, "a forma de se realizar esse controle deve depender da **motivação** apresentada pelo chefe do Poder Executivo. 'A motivação, embora não seja requisito constitucional expresso, facilita o controle da legitimidade e dos requisitos constitucionais autorizadores, seja pelo Legislativo, seja pelo Judiciário'. Existindo motivação, ainda que a parte não concorde com os motivos explicitados pelo Presidente da República para justificar a urgência da medida provisória, não se pode dizer que eles não foram apresentados e defendidos pelo órgão competente. Ressalte-se que, na hipótese, não se está a proceder juízo de mérito quanto aos argumentos utilizados para justificar a urgência na edição da medida provisória, mas tão somente verificar a legitimidade de tais argumentos, para assim realizar ou não a intervenção judicial almejada pela parte" (**ADI 5.599**, Rel. Min. Edson Fachin, Plenário, Sessão Virtual de 16.10.2020 a 23.10.2020).

E os requisitos constitucionais de imprevisibilidade e urgência (art. 62 c/c o art. 167, § 3.º) da MP que abre crédito extraordinário[116] podem ser objeto de controle jurisdicional?

Dada a magnitude do julgamento, pedimos vênia para transcrever a ementa que resume a nova posição do STF, **revendo**, inclusive, a jurisprudência que não admitia o controle para os denominados atos de efeito concreto (cf. *item 6.7.1.2.10*):

> "EMENTA: Limites constitucionais à **atividade legislativa excepcional** do Poder Executivo na edição de **medidas provisórias para abertura de crédito extraordinário**. Interpretação do art. 167, § 3.º c/c o art. 62, § 1.º, inciso I, alínea d, da Constituição. Além dos requisitos de relevância e urgência (art. 62), a Constituição exige que a abertura do crédito extraordinário seja feita apenas para atender a **despesas imprevisíveis** e **urgentes**. Ao contrário do que ocorre em relação aos requisitos de relevância e urgência (art. 62), que se submetem a uma ampla margem de discricionariedade por parte do Presidente da República, os requisitos de **imprevisibilidade** e **urgência** (art. 167, § 3.º) recebem **densificação normativa da Constituição**. Os conteúdos semânticos das expressões 'guerra', 'comoção interna' e 'calamidade pública' constituem **vetores para a interpretação/aplicação do art. 167, § 3.º c/c o art. 62, § 1.º, inciso I, alínea d, da Constituição**. 'Guerra', 'comoção interna' e 'calamidade pública' são conceitos que representam realidades ou situações fáticas de extrema gravidade e de consequências imprevisíveis para "a ordem pública e a paz social, e que dessa forma requerem, com a devida urgência, a adoção de medidas singulares e extraordinárias..." (**ADI 4.048-MC**, Rel. Min. Gilmar Mendes, j. 14.05.2008, *DJE* de 22.08.2008). No mesmo sentido: **ADI 4.049-MC**, Rel. Min. Carlos Britto, j. 05.11.2008.

[116] Conferir análise da utilização de medida provisória em matéria orçamentária no *item 9.14.4.8*.

Essa nova posição mostra-se bastante relevante, freando o desvirtuamento dado pelo Executivo às medidas provisórias e, assim, "chamando" o Legislativo para que exerça, de maneira muito mais democrática, a análise da questão orçamentária. Ou seja, a abertura de crédito tem de ser vista com muito critério.

6.7.1.2.6. *Regulamentos subordinados ou de execução e decretos? Inconstitucionalidade indireta, reflexa ou oblíqua*

Os regulamentos ou decretos regulamentares expedidos pelo Executivo (art. 84, IV, da CF) e demais atos normativos secundários poderiam ser objeto de controle concentrado de constitucionalidade?

Como regra geral, **não!** Tais atos não estão revestidos de autonomia jurídica a fim de qualificar-se como atos normativos suscetíveis de controle,[117] não devendo, assim, sequer ser conhecida a ação. Trata-se de **questão de legalidade**, e referidos atos, portanto, serão **ilegais** e não inconstitucionais.

Estamos diante daquilo que o STF chamou de **crise de legalidade**, caracterizada pela inobservância do dever jurídico de **subordinação normativa à lei**, escapando das balizas previstas na Constituição Federal (STF, Pleno, ADI 264/DF, Rel. Min. Celso de Mello, *RTJ* 152/352; STF, ADI 1.253-3, medida liminar, Rel. Min. Carlos Velloso, *DJ* 1, de 25.08.1995, p. 26022).

Nessas hipóteses, o objeto **não** seria ato normativo primário, com fundamento de validade diretamente na Constituição, mas ato secundário, com base na lei, não se admitindo, portanto, controle de inconstitucionalidade **indireta, reflexa** ou **oblíqua** (cf. ADI 996-MC, Rel. Min. Celso de Mello, j. 11.03.1994, Plenário, *DJ* de 06.05.1994. No mesmo sentido: ADI 3.805-AgR, Rel. Min. Eros Grau, j. 22.04.2009; ADI 2.999, Rel. Min. Gilmar Mendes, j. 13.03.2008; ADI 365-AgR, Rel. Min. Celso de Mello, j. 07.11.1990).

O STF, **excepcionalmente**, tem admitido o controle de constitucionalidade na hipótese de **decretos autônomos** que não se prestam a regulamentar a lei, mas a inovar do ponto de vista normativo.

Em interessante precedente, estabelece a Suprema Corte: "Estão sujeitos ao controle de constitucionalidade concentrado os atos normativos, expressões da função normativa, cujas espécies compreendem a função regulamentar (do Executivo), a função regimental (do Judiciário) e a função legislativa (do Legislativo). Os decretos que veiculam ato normativo também devem sujeitar-se ao controle de constitucionalidade exercido pelo Supremo Tribunal Federal. O Poder Legislativo não detém o monopólio da função normativa, mas apenas de uma parcela dela, a função legislativa" (ADI 2.950-AgR, Rel. p/ o acórdão Min. Eros Grau, j. 06.10.2004, *DJ* de 09.02.2007). Confira, entre outros julgados:

[117] Medida Cautelar em ADI 129, j. 28.08.1992.

"EMENTA: Impugnação de resolução do Poder Executivo estadual. Disciplina do horário de funcionamento de estabelecimentos comerciais, consumo e assuntos análogos. **Ato normativo autônomo**. Conteúdo de lei ordinária em sentido material. Admissibilidade do pedido de controle abstrato. Precedentes. Pode ser objeto de ação direta de inconstitucionalidade o ato normativo subalterno cujo conteúdo seja de lei ordinária em sentido material e, como tal, goze de autonomia nomológica" (ADI 3.731-MC, Rel. Min. Cezar Peluso, j. 29.08.2007, *DJ* de 11.10.2007).

"EMENTA: 1. INCONSTITUCIONALIDADE. Ação direta. Objeto. Admissibilidade. **Impugnação de decreto autônomo**, que institui benefícios fiscais. Caráter não meramente regulamentar. **Introdução de novidade normativa**. Preliminar repelida. Precedentes. Decreto que, não se limitando a regulamentar lei, institua benefício fiscal ou introduza outra novidade normativa, reputa-se **autônomo** e, como tal, é **suscetível de controle concentrado de constitucionalidade**..." (ADI 3.664, Rel. Min. Cezar Peluso, j. 1.º.06.2011, *DJE* de 20.09.2011).

6.7.1.2.7. Tratados internacionais

Estudaremos no *item 9.14.5.2* ("Breves notas sobre o processo de formação dos tratados internacionais e a novidade trazida pela EC n. 45/2004") que o processo de incorporação no ordenamento jurídico interno dos **tratados internacionais** passa por quatro fases distintas, a saber: **a) celebração do tratado internacional** (negociação, conclusão e assinatura) pelo **Órgão do Poder Executivo** (ou posterior adesão [terceira etapa], art. 84, VIII — Presidente da República); **b) aprovação** (**referendo** ou **"ratificação"** ***lato sensu***), pelo Parlamento, do tratado, acordo ou ato internacional, por intermédio de **decreto legislativo**, resolvendo-o definitivamente (Congresso Nacional, art. 49, I); **c) troca** ou **depósito** dos instrumentos de **ratificação** (ou **adesão**, caso não tenha tido prévia celebração) pelo **Órgão do Poder Executivo** em âmbito internacional; **d) promulgação** por **decreto presidencial**, seguida da **publicação** do texto em português no *Diário Oficial*. Nesse momento o **tratado, acordo ou ato internacional adquire executoriedade no plano do direito positivo interno**, guardando estrita relação de **paridade normativa** com as **leis ordinárias**.

Apesar de nossa opinião pessoal diferente,[118] a maior parte da doutrina e pacificamente os tribunais (salvo alguns juízes do extinto 1.º TACSP), inclusive, de forma majoritária, o STF, **entendiam** (sem qualquer distinção) que os tratados internacionais de qualquer natureza, mesmo sobre direitos humanos (esse entendimento vai ser superado), ingressam no ordenamento interno com o caráter de **norma infraconstitucional**, guardando estrita relação de **paridade normativa** com as **leis ordinárias** editadas pelo Estado brasileiro (*RTJ* 83/809 e *Inf. 73/STF* — *DJ* de 30.05.1997), podendo, por conseguinte, ser revogados (*ab-rogação* ou *derrogação*)

[118] Mesmo antes da **EC n. 45/2004** entendíamos que os tratados internacionais veiculadores de direitos humanos fundamentais ingressavam no ordenamento interno, por força do art. 5.º, § 2.º, da CF/88,

por norma posterior e ser questionada a sua constitucionalidade perante os tribunais, de forma concentrada ou difusa.[119]

A **Reforma do Judiciário** (EC n. 45/2004) acrescentou um § 3.º ao art. 5.º, nos seguintes termos: "os tratados e convenções internacionais sobre **direitos humanos** que forem aprovados, **em cada Casa do Congresso Nacional**, em **dois turnos**, por **três quintos dos votos dos respectivos membros**, serão equivalentes às **emendas constitucionais**".

A novidade trazida pela Reforma (e esse tema é ampliado no *item 9.14.5.2.2*, remetendo o leitor para a sua análise) consiste em diferenciar os *tratados e convenções internacionais sobre* ***direitos humanos*** dos *tratados e convenções internacionais de outra natureza*. Aqueles (sobre direitos humanos), desde que aprovados por 3/5 dos votos de seus membros, em cada Casa do Congresso Nacional e em 2 turnos de votação (cf. art. 60, § 2.º), passam a ter **a mesma natureza jurídica das emendas constitucionais**. Isso significa que, inexistindo afronta aos "limites do poder de reforma", o tratado internacional sobre direitos humanos, desde que observado o *quorum* diferenciado de aprovação pelo Congresso Nacional (igual ao das ECs), passa a ter **paridade normativa** com as **normas constitucionais**.

Remetemos o leitor para o *item 9.14.5.2.3*, no qual discutimos a tese de **supralegalidade** dos tratados sobre direitos humanos defendida, inicialmente, pelo Ministro Gilmar Mendes (RE 466.343, *Inf. 449/STF*), sustentando serem mais que a lei, porém estando abaixo da Constituição.

Então, esquematizando, podemos afirmar:

- **tratados e convenções internacionais sobre direitos humanos e desde que aprovados por 3/5 dos votos de seus membros, em cada Casa do Congresso Nacional e em 2 turnos de votação (cf. art. 60, § 2.º, e art. 5.º, § 3.º):** equivalem a *emendas constitucionais* e, como visto, podem ser objeto de controle de constitucionalidade;
- **tratados e convenções internacionais sobre direitos humanos aprovados pela regra anterior à Reforma:** malgrado posicionamento pessoal deste autor já exposto, de acordo com a jurisprudência do STF, guardam estrita relação de **paridade normativa** com as **leis ordinárias** e, portanto, podem ser objeto de controle de constitucionalidade;

---

com o caráter de norma constitucional, enquanto outros tratados internacionais, de natureza diversa, com o caráter de norma infraconstitucional. Sobre nossa posição, consultar Pedro Lenza, As garantias processuais dos tratados internacionais sobre direitos fundamentais, *Revista de Processo*, São Paulo, n. 92, p. 199-216, out./dez. 1998; também *O direito e os desafios da contemporaneidade*.

[119] Dentre tantos julgados indicadores dessa primeira análise (que será superada), cf.: *RTJ* 149/479; *RTJ* 136/230; *RTJ* 135/111; *RTJ* 121/270; *RTJ* 84/724; *RTJ* 82/129; *RT* 739/290; *RT* 733/254; *RT* 727/102; *RT* 724/330; HC 68.582; HC 69.254; *RTJ* 141/570; HC 72.131; HC 70.625; HC 72.366; HC 70.338; HC 71.159; HC 71.933; HC 71.739; HC 72.171; HC 72.621; HC 75.512-7/SP; HC 75.362-1/PR, STF. Cf., ainda, *Inf. 48/STF* e o precedente da ADI 1.480-DF (*RTJ* 174/335-336, Rel. Min. Celso de Mello).

- **tese da supralegalidade dos tratados internacionais sobre direitos humanos (Gilmar Mendes):** embora tenham o condão de "paralisar a eficácia jurídica de toda e qualquer disciplina normativa infraconstitucional com ela conflitante" (voto no RE 466.343), podem sofrer controle de constitucionalidade, já que devem respeito ao princípio da supremacia da Constituição;
- **tratados e convenções internacionais de outra natureza:** podem ser objeto de controle e têm força de lei ordinária.

O STF, por 5 x 4, em **03.12.2008**, no julgamento do **RE 466.343**, decidiu que os tratados e convenções internacionais sobre direitos humanos, se não incorporados na forma do art. 5.º, § 3.º (quando teriam natureza de norma constitucional), têm natureza de normas **supralegais**, paralisando, assim, a eficácia de todo o ordenamento infraconstitucional em sentido contrário.[120]

Dessa forma, como diversos documentos internacionais de que o Brasil é signatário não mais admitem a prisão do depositário infiel (por exemplo, o art. 7.º, § 7.º, do *Pacto de São José da Costa Rica*, o art. 11 do *Pacto Internacional sobre Direitos Civis e Políticos*, a *Declaração Americana dos Direitos da Pessoa Humana*), a única modalidade de prisão civil a prevalecer na realidade brasileira é a do devedor de alimentos.

Com o máximo respeito, acompanhamos a divergência na linha do bem fundamentado voto do Min. Celso de Mello (natureza constitucional em razão da matéria, ampliando o conceito de "bloco de constitucionalidade" — cf. *item 6.7.1.3*).

Ademais, não conseguimos sustentar a manutenção de um documento que o STF declara acima da lei, mas abaixo da Constituição, contrariando o texto expresso que ainda persiste, no caso, o art. 5.º, LXVII.

Finalmente, entendemos prevalecer a afirmação exarada por Araujo e Nunes Júnior em relação à regra anterior, qual seja, a de que "o reconhecimento da inconstitucionalidade do decreto legislativo que ratifica um tratado internacional não torna o ajuste internacional nulo, mas apenas exclui o Brasil de seu cumprimento, sujeitando-o, no entanto, a sanções internacionais decorrentes do descumprimento".[121]

De qualquer maneira, apesar dessas considerações doutrinárias, o STF, na prática, não vem aceitando mais a prisão civil do depositário infiel, entendimento este, agora, materializado na **SV 25/2009** (*DJE* de 23.12.2009): "é **ilícita** a prisão civil de depositário infiel, qualquer que seja a modalidade do depósito".

---

120 Cf. ***Inf. 531/STF***, assim como **RE 349.703** e, no julgamento do **HC 87.585**, o **cancelamento** da **S. 619/STF** ("A prisão do depositário judicial pode ser decretada no próprio processo em que se constituiu o encargo, independentemente da propositura de ação de depósito").

121 Araujo e Nunes Júnior, *Curso de direito constitucional*, cit., p. 34.

6.7.1.2.8. *Normas constitucionais originárias*

Já observamos, ao tratar do poder constituinte, que as normas constitucionais fruto do trabalho do poder constituinte originário serão sempre constitucionais, não se podendo falar em controle de sua constitucionalidade. Os aparentes conflitos devem ser harmonizados por meio da atividade interpretativa, de forma sistêmica.

Quanto ao trabalho dos poderes derivados, como visto, pode ser declarado inconstitucional, uma vez que referidos poderes são condicionados aos limites e parâmetros impostos pelo originário.

Nesse sentido, a jurisprudência do STF: "Ação direta de inconstitucionalidade. ADI. Inadmissibilidade. Art. 14, § 4.º, da CF. Norma constitucional originária. Objeto nomológico insuscetível de controle de constitucionalidade. **Princípio da unidade hierárquico-normativa** e **caráter rígido** da Constituição brasileira. Doutrina. Precedentes. Carência da ação. Inépcia reconhecida. Indeferimento da petição inicial. Agravo improvido. **Não se admite controle concentrado ou difuso de constitucionalidade de normas produzidas pelo poder constituinte originário**" (ADI 4.097-AgR, Rel. Min. Cezar Peluso, j. 08.10.2008, *DJE* de 07.11.2008).

Apesar dessa **posição firme do STF** (a ser adotada em fases preambulares), em eventual discussão em banca de concurso[122] é interessante que o ilustre candidato proponha uma releitura desse entendimento, especialmente diante dos **grandes princípios do bem comum, do direito natural, da moral e da razão**, afastando-se a perspectiva rígida de uma "onipotência do poder constituinte" e na linha de consagração do princípio da proibição do retrocesso em relação aos direitos fundamentais.[123]

6.7.1.2.9. *O fenômeno da recepção*

Conforme já estudamos, todo ato normativo anterior à Constituição ("AC") não pode ser objeto de controle de constitucionalidade perante a nova Constituição. O que se verifica é se foi ou não **recepcionado** pelo novo ordenamento jurídico. Quando for compatível (do ponto de vista material), será recebido, recepcionado. Quando não, não será recepcionado e, portanto, será **revogado** pela nova ordem, **não se podendo falar em inconstitucionalidade superveniente**.[124] Assim, somente os atos editados depois da Constituição ("DC") é que poderão ser questionados perante o STF, através do controle de constitucionalidade (ação direta de inconstitucionalidade), tendo em vista a regra da contemporaneidade. Vejamos o esquema:

---

[122] No caso, interessante a leitura do *leading case*: **ADI 815**, Rel. Min. Moreira Alves, j. 28.03.1996, Plenário, *DJ* de 10.05.1996. **Guerreiros concurseiros**, vamos em frente, muita determinação para a prova oral!

[123] Para uma perspectiva teórica inicial, cf. Otto Bachof, *Normas constitucionais inconstitucionais?*, passim.

[124] Estudamos melhor esse tema quando tratamos do poder constituinte — *item 4.8.1.*

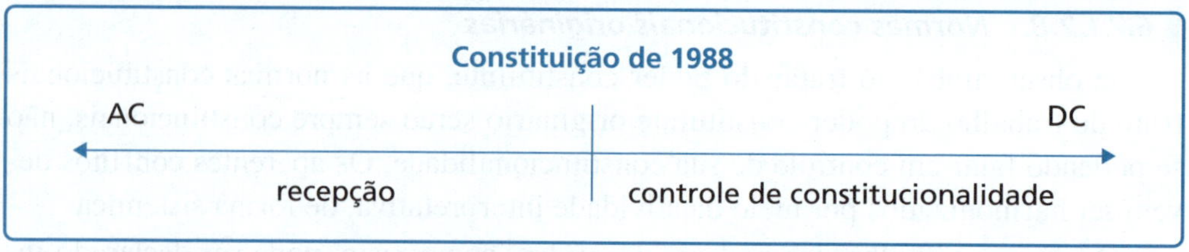

Para maior entendimento do tema, confrontar o que expusemos (*item 6.7.3*) sobre o fenômeno da recepção com a **arguição de descumprimento de preceito fundamental — ADPF**, estabelecida no art. 102, § 1.º, da CF/88, regulamentada pela Lei n. 9.882/99, que permitiu o controle de atos normativos anteriores à Constituição (AC).

Resta saber se o STF entende ser possível a **modulação dos efeitos** da decisão em sede de declaração de não recepção da lei pré-constitucional pela norma constitucional superveniente, aplicando-se, por analogia, o art. 27 da Lei n. 9.868/99.

Em um primeiro momento, o STF não admitiu a modulação dos efeitos da decisão de recepção de lei ou ato normativo editado antes da nova Constituição (cf. RE-AgR 353.508, j. 15.07.2007). **Contudo**, em divergência, o Min. Gilmar Mendes consignou a sua posição como sendo perfeitamente possível. Nesse caso, cf. AI 582.280 AgR, voto do Min. Celso de Mello, j. 12.09.2006, *DJ* de 06.11.2006).

O entendimento firmado pelo Min. Gilmar Mendes fazia total sentido, até porque a Corte havia admitido a teoria da **lei ainda constitucional** no caso da ação civil *ex delicto* (cf. *item 6.7.1.6.1.2*).

Em momento seguinte, devemos registrar, superando o entendimento anterior, a Corte reconheceu, expressamente, a possibilidade de **modulação** dos **efeitos de não recepção** de ato normativo editado antes de 1988 (**RE 600.885**, j. 09.02.2011 — cf. *item 13.6.8*).

Outro ponto interessante é analisar a possibilidade de aplicação da técnica do **arrastamento** (cf. *item 6.7.1.5*) no bojo de julgamento de recepção de determinado ato normativo. Ou seja, havendo pedido de declaração de não recepção de um dispositivo, será que a Corte poderia declarar revogado outro que, apesar de não impugnado, guarda relação de interdependência e interconexão com aquele objeto de análise específica?

Entendemos que sim se no controle concentrado em ADPF. Há um exemplo interessante na jurisprudência do STF que declarou não recepcionado o § 4.º do art. 23 da Lei n. 1.079/50 (*impeachment*), pelo fato de ter a Corte reconhecido como não recepcionados os §§ 1.º e 5.º do referido artigo, expressamente impugnados e que guardavam relação "consequencial" (a definição do papel da Câmara dos Deputados no processo de *impeachment* do Presidente da República — §§ 1.º e 5.º — tornou sem sentido o § 4.º, revogado por arrastamento) (cf. **ADPF 378 MC**, Rel. p/ o ac. Min. Roberto Barroso, j. 16.12.2015, Plenário, *DJE* de 08.03.2016, item IV.9 da ementa, e proposta apresentada pelo Min. Celso de Mello — fls. 398-399 do acórdão).

6.7.1.2.10. *Atos estatais de efeitos concretos e atos estatais de efeitos concretos editados sob a forma de lei (exclusivamente formal)*

De modo geral, o STF afirma que, em razão da inexistência de densidade jurídico-material (densidade normativa), os **atos estatais de efeitos concretos** não estão sujeitos ao controle abstrato de constitucionalidade (STF, *RTJ* 154/432), na medida em que a ação direta de inconstitucionalidade não constitui sucedâneo da ação popular constitucional.

Assim, **em um momento inicial**, o STF passou a decidir no sentido de não se conhecer "... de ação direta de inconstitucionalidade contra atos normativos de efeitos concretos". No caso, tratava-se da Lei n. 11.744/2002, do Estado do Rio Grande do Sul, que declarava como bens integrantes do patrimônio cultural e histórico estadual o prédio e a destinação do Quartel General da Brigada Militar em Porto Alegre (ADI 2.686-RS, Rel. Min. Celso de Mello, 03.10.2002, *Inf. 284/STF*).

A Corte mantinha o entendimento de que, "... só constitui ato normativo idôneo a submeter-se ao controle abstrato da ação direta aquele dotado de um coeficiente mínimo de **abstração** ou, pelo menos, de **generalidade**. Precedentes (*v.g.* ADI 767, Rezek, de 26.08.92, *RTJ* 146/483; ADI 842, Celso, *DJ* 14.05.93)" (ADI 1.937-MC/QO, Rel. Min. Sepúlveda Pertence, j. 20.06.2007, *DJ* de 31.08.2007).

CUIDADO: o STF, contudo, **modificou** o seu posicionamento. Trata-se de votação bastante apertada e em sede de **medida cautelar** (e por isso temos de acompanhar mais essa evolução da jurisprudência) que distingue o **ato de efeito concreto editado pelo Poder Público sob a forma de lei** do **ato de efeito concreto não editado sob a forma de lei**.

Portanto, mesmo que de efeito concreto, se o ato do Poder Público for materializado por **lei** (ou medida provisória, no caso a que **abre créditos extraordinários**, cf. *item 9.14.4.8*), poderá ser objeto do controle abstrato.

O STF, **modificando o seu entendimento**, destacou que "essas leis formais decorreriam ou da vontade do legislador ou do próprio constituinte, que exigiria que certos atos, **mesmo que de efeito concreto**, fossem **editados sob a forma de lei**. Assim, se a Constituição submeteu a lei ao processo de controle abstrato, meio próprio de inovação na ordem jurídica e instrumento adequado de concretização da ordem constitucional, **não seria admissível que o intérprete debilitasse essa garantia constitucional**, isentando um grande número de atos aprovados sob a forma de lei do controle abstrato de normas e, talvez, de qualquer forma de controle. Aduziu-se, ademais, **não haver razões de índole lógica ou jurídica contra a aferição da legitimidade das leis formais no controle abstrato de normas**, e que estudos e análises no plano da teoria do direito apontariam a possibilidade tanto de se formular uma lei de efeito concreto de forma genérica e abstrata quanto de se apresentar como lei de efeito concreto regulação abrangente de um complexo mais ou menos amplo de situações. Concluiu-se que, em razão disso, o Supremo não teria andado bem ao reputar as leis de efeito concreto como inidôneas para o controle abstrato de normas" (**ADI 4.048-MC/DF**, Rel. Min. Gilmar Mendes, 17.04.2008).

Tendo em vista que a decisão foi tomada em **medida cautelar**, repetimos, resta aguardar como se dará a evolução da jurisprudência do STF. O **PGR**, em seu parecer encaminhado à **ADI 4.047**, cujo objeto foi a MP n. 409/2007, que abriu crédito extraordinário de R$ 750 milhões em favor de diversos órgãos do Poder Executivo, sustentava a impossibilidade de o STF analisar ato de efeito concreto, requerendo, em razão de a votação ter sido bastante apertada (**ADIs 4.048** e **4.049**, *vide* também *Inf. 527/STF*), a **revisão da matéria**, retomando o entendimento anterior que não admitia ADI tendo por objeto ato de efeito concreto (cf. *Notícias STF*, 06.01.2009) **(matéria pendente de julgamento pelo STF)**.

Nos outros julgamentos já realizados, também não houve a apreciação da questão no mérito — as decisões foram no julgamento das cautelares **(ADI 4.048** e **ADI 4.049)**, tendo havido entendimento no sentido da **prejudicialidade** das ações por **perda superveniente do objeto**, uma vez que, nos termos do art. 167, § 2.º, os créditos extraordinários abertos ou já tinham sido utilizados ou perderam a sua vigência (o STF entende que "o exaurimento da eficácia de normas eminentemente temporárias, impugnadas em ação direta de inconstitucionalidade, enseja a sua prejudicialidade, independentemente de terem ou não produzido efeitos concretos" — ADI 4.047). De todo modo, podemos afirmar essa tendência de mudança da orientação da Corte de acordo com os julgamentos proferidos nas cautelares.

■ *6.7.1.2.11. Ato normativo já revogado ou de eficácia exaurida*

O STF **não** admite a interposição de ADI para atacar lei ou ato normativo revogado ou de eficácia exaurida, na medida em que "não deve considerar, para efeito do contraste que lhe é inerente, a existência de paradigma revestido de valor meramente histórico".[125]

Em razão de não caber a ADI e nem mesmo a ADC (pelos motivos expostos e em razão da ambivalência dessas ações), tendo em vista o princípio da subsidiariedade (art. 4.º, § 1.º, da Lei n. 9.882/99 — cf. *item 6.7.3.6*), a Corte tem admitido o cabimento da **ADPF** contra ato normativo revogado ou com a sua eficácia exaurida (**ADPF 77-MC**, Rel. p/ o ac. Min. Teori Zavascki, j. 19.11.2014, Plenário, *DJE* de 11.02.2015).

■ *6.7.1.2.12. Lei revogada ou que tenha perdido a sua vigência após a propositura da ADI — regra geral da prejudicialidade. O caso particular da fraude processual. Novas perspectivas: singularidades do caso (não prejudicialidade)*

Nessa hipótese, estando em curso a ação e sobrevindo a revogação (total ou parcial) da lei ou ato normativo, assim como a perda de sua vigência (o que acontece

[125] Cf. ADI 2.980, Rel. p/ o ac. Min. Cezar Peluso, j. 05.02.2009, Plenário, *DJE* de 07.08.2009. No mesmo sentido: ADI 2.549, Rel. Min. Ricardo Lewandowski, j. 1.º.06.2011, Plenário; ADI 4.041-AgR-AgR-AgR, Rel. Min. Dias Toffoli, j. 24.03.2011, Plenário; ADI 2.333-MC, Rel. Min. Marco Aurélio, j. 11.11.2004, Plenário.

com a medida provisória), ocorrerá, por regra, a **prejudicialidade** da ação, por "perda do objeto".[126]

Isso porque, segundo entendimento do STF, a declaração em tese de lei ou ato normativo não mais existente transformaria a ADI em instrumento de proteção de **situações jurídicas pessoais e concretas** (STF, Pleno, ADI 737/DF, Rel. Min. Moreira Alves). Esses questionamentos deverão ser alegados na via ordinária e em ações que discutam o caso concreto.

Nesse sentido, "a superveniente revogação — total (ab-rogação) ou parcial (derrogação) — do ato estatal impugnado em sede de fiscalização normativa abstrata faz instaurar, ante a decorrente perda de objeto, situação de prejudicialidade, total ou parcial, da ação direta de inconstitucionalidade, independentemente da existência, ou não, de efeitos residuais concretos que possam ter sido gerados pela aplicação do diploma legislativo questionado" (**ADI 2.010-QO/DF**, Rel. Min. Celso de Mello, Pleno).[127]

O **Min. Gilmar Mendes**, relator, no julgamento de questão de ordem na ADI 1.244, **propôs a revisitação da jurisprudência do STF**: "(...) para o fim de admitir o prosseguimento do controle abstrato nas hipóteses em que a norma atacada tenha perdido a vigência após o ajuizamento da ação, seja pela revogação, seja em razão do seu caráter temporário, restringindo o alcance dessa revisão às ações diretas pendentes de julgamento e às que vierem a ser ajuizadas. O Min. Gilmar Mendes, considerando que a remessa de controvérsia constitucional já instaurada perante o STF para as vias ordinárias é incompatível com os **princípios da máxima efetividade** e da **força normativa da Constituição**, salientou não estar demonstrada nenhuma razão de base constitucional a evidenciar que somente no âmbito do controle difuso seria possível a aferição da constitucionalidade dos efeitos concretos de uma lei".[128]

Essa proposta, contudo, não foi admitida. Em 19.12.2019, a Corte, por unanimidade, julgou prejudicada a referida ADI 1.244, tendo, inclusive, o Min. Gilmar Mendes, relator, reajustado o seu voto.

Podemos, então, afirmar que o entendimento pacificado do STF é no sentido da **prejudicialidade** da ação, conforme, por exemplo, o julgamento da ADI 514/PI, em **24.03.2008**, Rel. Min. Celso de Mello (*Inf. 499/STF*), e tantos outros precedentes.[129]

---

[126] Entendemos que se a alteração foi meramente formal (como renumeração de artigos), sem modificação de conteúdo, não haveria prejudicialidade. Naturalmente, por se tratar de novo ato normativo, deveria haver aditamento da petição inicial (**ADI 246**, j. 16.12.2004).

[127] Cf.: *RTJ* 152/731-732, Rel. Min. Celso de Mello; *RTJ* 153/13, Rel. Min. Moreira Alves; *RTJ* 154/396, Rel. Min. Celso de Mello; *RTJ* 154/401, Rel. Min. Paulo Brossard; *RTJ* 160/145, Rel. Min. Celso de Mello; ADI 117/PR, Rel. Min. Celso de Mello; ADI 437/DF, Rel. Min. Celso de Mello, *DJU* de 17.08.1994; ADI 519/DF, Rel. Min. Moreira Alves; ADI 747/TO, Rel. Min. Moreira Alves; ADI 2.263/SE, Rel. Min. Celso de Mello; ADI 3.032-MC/DF, Rel. Min. Celso de Mello, *DJ* de 04.03.2004, p. 50; ADI 1.468-4/DF, j. 30.11.2004 etc.

[128] ADI (QO-QO) 1.244-SP, Rel. Min. Gilmar Mendes, j. 23.04.2003 (*Inf. 305/STF*). Para aprofundamento, nessa linha, cf., também, o voto do Min. Gilmar Mendes na ADI 4.426.

[129] Nesse sentido: "a revogação superveniente do ato estatal impugnado faz instaurar situação de pre-

Nesse sentido, o STF, novamente por unanimidade, **reafirmou a jurisprudência** ao esclarecer que "a **revogação expressa** ou **tácita** da norma impugnada, bem como sua **alteração substancial**, após o ajuizamento da ação direta de inconstitucionalidade, acarreta a **perda superveniente do seu objeto**, independentemente da existência de efeitos residuais concretos dela decorrentes. Vocação dessa espécie de ação constitucional a assegurar a higidez da ordem jurídica vigente" (**ADI 2.049**, Plenário Virtual, j. 05.11.2019, *DJE* de 26.11.2019. Cf., também, **ADI 282**, j. 05.11.2019).

CUIDADO: colocada a regra, devemos, agora, destacar alguns importantes precedentes nos quais o STF **superou** a preliminar de prejudicialidade:

- **ADI 3.232:** fraude processual;
- **ADI 3.306:** fraude processual;
- **ADI 951 ED:** comunicação tardia de revogação da lei objeto da ADI (após o STF ter julgado o mérito da ação, reconhecendo a inconstitucionalidade da lei);
- **ADI 4.426:** singularidades do caso;
- **ADI 2.501:** inexistência de alteração substancial da norma (continuidade normativa);
- **ADI 2.418:** inexistência de alteração substancial da norma (continuidade normativa).

Na **ADI 3.232** (Rel. Min. Cezar Peluso, j. 14.08.2008, *DJE* de 03.10.2008), o STF afastou a prejudicialidade por se tratar de revogação da lei objeto da ação apenas para frustrar o julgamento, especialmente por já estar pautada a ação. Entendeu o STF que se tratava de verdadeira **fraude processual** e, assim, superou a questão de ordem.

Nesse sentido, como sublinhou o Ministro Peluso, "... em conformidade com tese reafirmada em recente julgamento, de que foi Relator o Ministro Carlos Alberto Menezes Direito — que o fato de a lei objeto da impugnação ter sido revogada, não diria, no curso dos processos, mas já quase ao cabo deles, **não subtrai à Corte a jurisdição nem a competência para examinar a constitucionalidade da lei até então vigente e suas consequências jurídicas**, que, uma vez julgadas procedentes as três ações, não seriam, no caso, de pouca monta" (ADI 3.232, cf. *Inf. 515/STF*).

Nessa mesma linha, o julgamento da preliminar na **ADI 3.306** ao estabelecer que, "configurada a fraude processual com a revogação dos atos normativos impug-

---

judicialidade que provoca a extinção anômala do processo de fiscalização abstrata de constitucionalidade, eis que a ab-rogação do diploma normativo questionado opera, quanto a este, a sua exclusão do sistema de direito positivo, causando, desse modo, a perda ulterior de objeto da própria ação direta, independentemente da ocorrência, ou não, de efeitos residuais concretos. Precedentes". (**ADI 1.445-QO**, Rel. Min. Celso de Mello, j. 03.11.2004, Plenário, *DJ* de 29.04.2005.) No mesmo sentido: ADI 1.298 e ADI 1.378, Rel. Min. Dias Toffoli, j. 13.10.2010, Plenário, *DJE* de 09.02.2011; ADI 709, Rel. Min. Paulo Brossard, j. 07.02.1992, Plenário, *DJ* de 24.06.1994.

nados na ação direta, o curso procedimental e o julgamento final da ação não ficam prejudicados" (ADI 3.306, Rel. Min. Gilmar Mendes, j. 17.03.2011, Plenário, *DJE* de 07.06.2011).

No caso específico do julgamento dos embargos declaratórios na **ADI 951**, a **comunicação** da revogação da lei objeto da ação se deu somente quando da interposição dos referidos embargos declaratórios, ou seja, **em momento tardio**.

Entendeu o STF que não se poderia desprezar o trabalho já efetuado pelo Tribunal, especialmente por ter reconhecido a inconstitucionalidade da norma. Se outro fosse o entendimento, haveria a problemática de se manter no ordenamento jurídico norma violadora da Constituição.

Conforme prescreveu o Min. Barroso, relator, "permitir que se pleiteie a desconstituição do julgamento em sede de embargos de declaração depois de decidido o seu mérito **equivaleria** abrir à parte a **possibilidade de manipular a decisão do Supremo**". E argumentou: "Se esta lhe for favorável, bastará não invocar a perda de objeto e usufruir de seus efeitos. Se, ao contrário, lhe for desfavorável, o reconhecimento da prejudicialidade a imunizará contra os efeitos do reconhecimento da inconstitucionalidade" (*Notícias STF* de 27.10.2016).

No outro precedente, qual seja, no julgamento da **ADI 4.426**, **singularidades do caso** justificaram o excepcional afastamento da jurisprudência atual que adota a regra da prejudicialidade da ação, na medida em que houve "**impugnação em tempo adequado** e a sua **inclusão em pauta antes do exaurimento da eficácia da lei temporária impugnada**, existindo a **possibilidade de haver efeitos em curso**" (ADI 4.426, Rel. Min. Dias Toffoli, j. 09.02.2011, Plenário, *DJE* de 18.05.2011. Cf. também a ADI 4.356).

Finalmente, nos julgamentos da **ADI 2.501** (04.09.2008) e da **ADI 2.418** (04.05.2016), apesar de ter havido revogação do dispositivo objeto da ação, a **modificação introduzida pela nova lei não foi substancial**, passando a haver tratamento normativo semelhante, não se identificando desatualização significativa no conteúdo dos institutos tratados.

Nesse sentido, o destaque feito pelo Min. Edson Fachin no julgamento das **ADIs 5.604** (j. 20.04.2017) e **5.599** (j. 26.10.2020): "se é proposta ADI contra uma medida provisória e, antes de a ação ser julgada, a MP é convertida em lei **com o mesmo texto que foi atacado**, esta **ADI não perde o objeto e poderá ser conhecida e julgada**. Como o texto da MP foi mantido, não cabe falar em prejudicialidade do pedido. Isso porque não há a convalidação ('correção') de eventuais vícios existentes na norma, razão pela qual permanece a possibilidade de o STF realizar o juízo de constitucionalidade. Neste caso, ocorre a **continuidade normativa** entre o ato legislativo provisório (MP) e a lei que resulta de sua conversão. Ex.: foi proposta uma ADI contra a MP 449/1994 e, antes de a ação ser julgada, houve a conversão na Lei n. 8.866/94. Vale ressaltar, no entanto, que **o autor da ADI deverá peticionar informando esta situação ao STF e pedindo o aditamento da ação**. STF. Plenário. ADI 1.055/DF, Rel. Min. Gilmar Mendes, julgado em 15.12.2016 (Info 851)".

■ 6.7.1.2.13. Alteração do parâmetro constitucional invocado. Novo precedente na linha de não ocorrência de prejuízo desde que analisada a situação concreta. Superação da jurisprudência da Corte acerca da matéria na hipótese de inadmitida constitucionalidade superveniente

Prevalece o entendimento no STF de que, havendo alteração no **parâmetro constitucional invocado** (no caso, por emenda constitucional), e já proposta a ADI, esta deve ser julgada **prejudicada** em razão da perda superveniente de seu objeto (já que a emenda constitucional, segundo a Corte, revoga a lei infraconstitucional em sentido contrário e que era o objeto da ADI).

Nesse sentido, o Ministro Celso de Mello aduz que "... a jurisprudência do Supremo Tribunal Federal, desde o regime constitucional anterior, tem proclamado que tanto a superveniente **revogação global** da Constituição da República (*RTJ* 128/515, 130/68, 130/1002, 135/515 e 141/786) quanto a **posterior derrogação (ou alteração substancial) da norma constitucional** (*RTJ* 168/436, 169/834, 169/920, 171/114, 172/54-55 e 179/419; ADI 296/DF, 595/ES, 905/DF, 906/PR, 1.120/PA, 1.137/RS, 1.143/AP, 1.300/AP, 1.510/SC e 1.885-QO/DF), por afetarem o paradigma de confronto invocado no processo de controle concentrado de constitucionalidade, configuram hipóteses caracterizadoras de **prejudicialidade** da ação direta ou da ação declaratória, em virtude da evidente perda de seu objeto...".

Podemos citar dois exemplos nos quais se percebia essa orientação, ou seja, que a **mudança de paradigma** acarretava, por regra, a prejudicialidade da ADI previamente ajuizada:

a) revogação primitiva do art. 39, § 1.º, pela EC n. 19/98 — *RTJ* 172/789-90, Rel. Min. Sepúlveda Pertence:

> "... II. Controle direto de inconstitucionalidade: prejuízo. Julga-se prejudicada total ou parcialmente a ação direta de inconstitucionalidade no ponto em que, depois de seu ajuizamento, emenda à Constituição haja ab-rogado ou derrogado norma de Lei Fundamental que constituísse paradigma necessário à verificação da procedência ou improcedência dela ou de algum de seus fundamentos, respectivamente: orientação de aplicar-se no caso, no tocante à alegação de inconstitucionalidade material, dada a revogação primitiva do art. 39, § 1.º, CF/88, pela EC 19/98" (ADI 1.434/SP, Rel. Min. Sepúlveda, *DJ* de 25.02.2000).

b) alteração do art. 40, *caput*, pela EC n. 41/2003, agora permitindo a taxação dos inativos:

> "EMENTA: Ação Direta de Inconstitucionalidade. Lei Estadual 3.310/99. Cobrança de contribuição previdenciária de inativos e pensionistas. EC 41/2003. Alteração substancial do Sistema Público de Previdência. Prejudicialidade. 1. Contribuição previdenciária incidente sobre os proventos dos servidores inativos e dos pensionistas do Estado do Rio de Janeiro. Norma editada em data posterior ao advento da EC 20/98. Inconstitucionalidade da lei estadual em face da norma constitucional vigente à época da propositura da ação. 2. Superveniência da Emenda Constitucional 41/2003, que alterou o sistema previdenciário. Prejudicialidade da ação direta quando se verifica inovação substancial no parâmetro constitucional de aferição da regra legal impugnada. Precedentes. Ação direta de inconstitucionalidade julgada prejudicada" (ADI 2.197/RJ, Rel. Min. Maurício Corrêa, *DJ* de 02.04.2004, p. 8).

CUIDADO — mudança de entendimento pelo STF para se evitar a inadmitida constitucionalidade superveniente da lei objeto da ADI (15.09.2010).

Entretanto, no julgamento da questão de ordem na **ADI 2.158**, o STF rejeitou a preliminar de prejudicialidade, mesmo tendo havido a alteração no parâmetro de confronto.

No caso concreto, discutia-se lei do Estado do Paraná que, antes da novidade introduzida pela EC n. 41/2003, estabelecia a taxação dos inativos.

Como se sabe, a possibilidade de taxação dos inativos foi introduzida **somente** com o advento da EC n. 41/2003 (*Reforma da Previdência*), e não na redação original da Constituição.

Assim, antes da modificação introduzida pela EC n. 41/2003, nenhum ato normativo, mesmo na vigência das regras trazidas pela EC n. 20/98, poderia prescrever a taxação dos inativos.

Por esse motivo, toda lei que eventualmente assim disciplinasse, como foi o caso do Paraná, conteria **vício congênito** de inconstitucionalidade e, portanto, teria "nascido morta".

A partir do momento que a EC n. 41/2003 passou a admitir a taxação dos inativos (anteriormente não admitida, já que inconstitucional), foi como se a referida lei, ainda no ordenamento, pudesse ser "recebida" pela nova emenda, já que com ela (a nova regra trazida por emenda) adequada.

Como, porém, o STF **não** admite o fenômeno da **constitucionalidade superveniente**, por esse motivo a referida lei, que nasceu inconstitucional, deve ser nulificada perante a regra da Constituição que vigorava à época de sua edição **(princípio da contemporaneidade)**.

Dessa forma, examinando a situação do caso concreto, e **modificando o seu entendimento**, o STF não admitiu o pedido de prejudicialidade, analisando a constitucionalidade da lei à luz da regra constitucional que à época vigorava (**ADI 2.158** e **ADI 2.189**, Rel. Min. Dias Toffoli, j. 15.09.2010, Plenário, *DJE* de 16.12.2010).

▪ *6.7.1.2.14. Divergência entre a ementa da lei e o seu conteúdo*

O STF entendeu **não** caracterizar situação de controle de constitucionalidade, na medida em que a simples divergência entre a ementa da lei e o seu conteúdo não seria suficiente para configurar afronta à Constituição (STF, Pleno, ADI 1.096-4, medida liminar, Rel. Min. Celso de Mello, *DJ* 1, de 22.09.1995, p. 30589).

▪ *6.7.1.2.15. Respostas emitidas pelo Tribunal Superior Eleitoral*

Julgou o STF não configurarem objeto de ADI as respostas emitidas pelo TSE às consultas que lhe forem endereçadas, na medida em que referidos atos não possuem "eficácia vinculativa aos demais órgãos do Poder Judiciário" (STF, ADI 1.805-MC/DF, Rel. Min. Néri da Silveira, *Inf. 104/STF*), tratando-se de ato de caráter administrativo.

6.7.1.2.16. *Leis orçamentárias?*

De modo geral, o STF entendia que as leis orçamentárias, ou a lei de diretrizes orçamentárias, não poderiam ser objeto de controle, já que se tratava de **leis com efeito concreto, ato administrativo em sentido material**, vale dizer, **leis com objeto determinado e destinatário certo** (cf. *Inf. 99*, ADI(QO) 1.640; *Inf. 175/STF*, ADI 2.100).

Em uma jurisprudência inicial, o STF decidiu que, se demonstrado "um certo grau de abstração e generalidade" da lei, seria admitido o controle em abstrato mediante a ADI. Como exemplo citamos os *Informativos STF* ns. 255 e 333 (ADI 2.925), este último no qual se discutia a abstração da norma que tratava da "suplementação de crédito para reforço de dotações vinculadas aos recursos da CIDE-Combustíveis".

Evoluindo a jurisprudência (cf. *itens 6.7.1.2.5* e *6.7.1.2.10*), o STF passou a admitir o controle de constitucionalidade das leis orçamentárias. Confira: "Controle abstrato de constitucionalidade de normas orçamentárias. **Revisão de jurisprudência**. O Supremo Tribunal Federal deve exercer sua função precípua de fiscalização da constitucionalidade das leis e dos atos normativos quando houver um tema ou uma controvérsia constitucional suscitada em abstrato, **independente do caráter geral ou específico, concreto ou abstrato de seu objeto. Possibilidade de submissão das normas orçamentárias ao controle abstrato de constitucionalidade**. (...) Medida cautelar deferida. Suspensão da vigência da Lei n. 11.658/2008, desde a sua publicação, ocorrida em 22 de abril de 2008" (ADI 4.048-MC, Rel. Min. Gilmar Mendes, j. 14.05.2008, *DJE* de 22.08.2008). No mesmo sentido: ADI 4.049-MC, cf. *Inf. 527/STF*.

Isso porque a **lei orçamentária** é um ato de efeito concreto na aparência, já que, como decidido, para que seja executada, dependerá da edição de muitos outros atos, estes, sim, de efeito concreto.

Observamos que a **abertura de crédito extraordinário** pode, segundo o STF, ser comparada à lei orçamentária e, assim, mesmo que por MP, vir a ser o ato questionado por ADI (cf. ADI 4.048 e 4.049, *Infs. 502, 506* e *527/STF* e discussão da matéria no *item 9.14.4.8*).

Conforme alertado, considerando que a decisão foi tomada em **medida cautelar**, resta aguardar a evolução da jurisprudência do STF. Relembre-se que o **PGR**, em seu parecer encaminhado à **ADI 4.047**, entendeu que o STF não pode analisar ato de efeito concreto, pedindo, tendo em conta que a votação foi bastante apertada (**ADIs 4.048 e 4.049**, *vide* também *Inf. 527/STF*), uma **revisão da matéria**, retomando o entendimento anterior que não admitia ADI tendo por objeto ato de efeito concreto (cf. *Notícias STF*, 06.01.2009) **(matéria pendente de julgamento pelo STF)**.

Cumpre repetir aqui que, em dois julgamentos já realizados (**ADI 4.048** e **ADI 4.049**), entendeu-se pela **prejudicialidade** das ações por **perda superveniente do objeto**. Isso porque, nos termos do art. 167, § 2.º, os créditos extraordinários abertos ou já tinham sido utilizados ou perderam a sua vigência. Assim, podemos afirmar essa tendência de mudança da orientação da Corte de acordo com os julgamentos proferidos nas cautelares.

6.7.1.2.17. *Resoluções do CNJ e do CNMP*

O Conselho Nacional de Justiça (CNJ) (art. 103-B, § 4.º), bem como o Conselho Nacional do Ministério Público (CNMP) (art. 103-A, § 2.º), introduzidos pela *Reforma do Poder Judiciário* (EC n. 45/2004), no exercício de suas atribuições constitucionais e regimentais, podem elaborar **resoluções**.

Algumas dessas resoluções, segundo o STF, são dotadas da qualidade da **generalidade**, **impessoalidade** e **abstração** (cf., por exemplo, ambas do CNJ, a *Res. n. 7/2005* — que proíbe o nepotismo — e a *Res. n. 175/2013* — que veda às autoridades competentes a recusa de habilitação, celebração de casamento civil ou de conversão de união estável em casamento entre pessoas do mesmo sexo).

Nessas situações, o STF vem reconhecendo a natureza jurídica de **ato normativo primário** dessas resoluções, que inovam a ordem jurídica a partir de parâmetros constitucionais e, assim, permitem o controle concentrado por meio de ADI genérica.[130]

Veda-se, portanto, de acordo com a jurisprudência da Corte, a impetração de **mandado de segurança** para o questionamento desses atos normativos primários, com fundamento na **S. 266/STF**, por se tratar de "lei" em tese.

6.7.1.2.18. *Ato administrativo normativo genérico (ADI 3.202 — agravo regimental em processo administrativo)*

O tema discutido nos autos da **ADI 3.202** (Rel. Min. Cármen Lúcia, j. 05.02.2014, Plenário, *DJE* de 21.05.2014) é bastante interessante. Diversos servidores do Tribunal de Justiça do Estado do Rio Grande do Norte conseguiram, quer administrativa quer judicialmente, determinada gratificação por trabalho científico, técnico ou administrativo que exija conhecimento especial.

Partindo desses precedentes paradigmáticos, com base no princípio da isonomia, dois servidores fizeram pedido administrativo perante o Tribunal de Justiça objetivando a mesma gratificação, já que estavam em situação idêntica àquela das pessoas que tiveram o seu reconhecimento.

Inicialmente, o pedido foi indeferido. Interposto agravo regimental no Processo Administrativo n. 102.138/2003, o Plenário do TJRN deu provimento para conferir aos agravantes (dois servidores) a gratificação e, **extrapolando** o pedido, também com base no princípio da isonomia, "determinou a **extensão** desse benefício aos servidores que se encontravam em níveis correspondentes àqueles que obtiveram idêntica vantagem".

Então foi posta a **questão preliminar**: a decisão proferida no agravo regimental no referido processo administrativo que **estendeu os efeitos** para todos os servidores em situação idêntica pode ser objeto de controle abstrato de constitucionalidade por meio de ADI genérica? Estamos diante de ato administrativo normativo genérico?

---

130 Em relação à Res. n. 7/2005-CNJ, cf. **ADC 12 MC**, Rel. Min. Ayres Britto, j. 16.02.2006, Plenário, *DJ* de 1.º.09.2006. Por sua vez, em relação à Res. n. 175/2013, cf. **MS 32.077**, Rel. Min. Luiz Fux, j. 28.05.2013.

A Corte, por 9 x 1, entendeu que sim e, portanto, a **extensão** poderia ser objeto de controle concentrado de constitucionalidade por meio da ADI genérica, já que, como bem colocou o Min. Celso de Mello, trata-se de "ato impregnado de suficiente densidade normativa, considerados os aspectos de generalidade abstrata e de impessoalidade que o tipificam" (fls. 32 do acórdão).

6.7.1.3. Elementos essenciais do controle de constitucionalidade: a) elemento conceitual (o conceito de "bloco de constitucionalidade"); b) elemento temporal

O tema proposto foi muito bem explorado pelo Ministro Celso de Mello no julgamento da *ADI 595-ES* (*Inf. 258/STF*) e de indispensável leitura pelo candidato vitorioso!

No referido julgamento fixa-se, com precisão, a ideia de dois **elementos essenciais** para se falar em controle de constitucionalidade.

O primeiro, para o ilustre Ministro, denominado **elemento conceitual**, "... consiste na determinação da própria ideia de Constituição e na definição das premissas jurídicas, políticas e ideológicas que lhe dão consistência". O outro, "o **elemento temporal**, cuja configuração torna imprescindível constatar se o padrão de confronto, alegadamente desrespeitado, ainda vige, pois, sem a sua concomitante existência, descaracterizar-se-á o fator de contemporaneidade, necessário à verificação desse requisito".

O *elemento temporal* já foi analisado tanto no tocante à revogação de lei (cuja constitucionalidade está sendo questionada, qual seja, o objeto da ação), como na hipótese de alteração do parâmetro constitucional invocado (em relação ao qual se afere a compatibilidade vertical) (cf. *itens 6.7.1.2.12* e *6.7.1.2.13*).

Em relação ao **elemento conceitual**, a ideia é identificar o que deve ser entendido como parâmetro de constitucionalidade. Trata-se de nítido processo de aferição da *compatibilidade vertical* das normas inferiores em relação ao que foi considerado como "modelo constitucional" (**vínculo de ordem jurídica**, tendo em vista o princípio da supremacia da Constituição — **paradigma de confronto**).

Nesse sentido, duas posições podem ser encontradas. Uma **ampliativa** (englobando não somente as normas formalmente constitucionais como, também, os princípios não escritos da "ordem constitucional global" e, inclusive, valores suprapositivos) e outra **restritiva** (o parâmetro seriam somente as normas e princípios expressos da Constituição escrita e positivada).

Quanto à perspectiva ampliativa, o Ministro Celso de Mello (*Inf. 258/STF*) vislumbra possam ser "... considerados não apenas os preceitos de índole positiva, expressamente proclamados em documento formal (que consubstancia o texto escrito da Constituição), mas, sobretudo, que sejam havidos, igualmente, por relevantes, em face de sua transcendência mesma, os valores de caráter suprapositivo, os princípios cujas raízes mergulham no direito natural e o próprio espírito que informa e dá sentido à Lei Fundamental do Estado".

E completa: "não foi por outra razão que o Supremo Tribunal Federal, certa vez, e para além de uma perspectiva meramente reducionista, veio a proclamar — distanciando-se, então, das exigências inerentes ao positivismo jurídico — que a Constituição da República, muito mais do que o conjunto de normas e princípios nela formalmente positivados, há de ser também entendida em função do próprio espírito que a anima, afastando-se, desse modo, de uma concepção impregnada de evidente minimalismo conceitual (*RTJ* 71/289, 292 e 77/657)".

Diante de todo o exposto, busca-se fixar, com clareza para o direito brasileiro, o conceito de **bloco de constitucionalidade**, qual seja, o que deverá servir de parâmetro para que se possa realizar a confrontação e aferir a constitucionalidade.[131]

A tendência ampliativa parece-nos **tímida** na jurisprudência brasileira, que adotou, do ponto de vista jurídico, a ideia de **supremacia formal**, apoiada no conceito de **rigidez constitucional** e na consequente obediência aos **princípios e preceitos decorrentes da Constituição**.

Nesse sentido, Bernardes observa que "... no direito brasileiro prevalece a restrição do parâmetro direto de controle — que aqui poderia ser chamado de *bloco de constitucionalidade em sentido estrito* — às normas contidas, ainda que não expressamente, em texto constitucional (normas formalmente constitucionais)".[132]

Com o advento da **EC n. 45/2004** pode-se asseverar ter havido ampliação do "bloco de constitucionalidade" na medida em que se passa a ter um novo parâmetro (*norma formal* e *materialmente constitucional*) — os **tratados e convenções internacionais sobre direitos humanos** que forem aprovados, em cada Casa do Congresso Nacional, em 2 turnos, por 3/5 dos votos dos respectivos membros, serão equivalentes às emendas constitucionais,[133] nos termos do art. 5.º, § 3.º, da CF/88.

Outro exemplo interessante é a **EC n. 91/2016**, que, sem introduzir qualquer artigo, seja no corpo ou mesmo no ADCT, alterou regra sobre perda do mandato eletivo por infidelidade partidária, estabelecendo a possibilidade, excepcional e em período determinado, de desfiliação, sem prejuízo do mandato (cf. *item 18.5*).

Podemos citar, ainda, as **ECs ns. 106 e 107/2020**, que, no contexto da pandemia da **Covid-19**, trouxeram regras específicas para o período de calamidade pública e que não foram formalmente inseridas seja no corpo ou no ADCT da Constituição. Naturalmente, referidas disposições têm natureza jurídica de Constituição.

---

[131] Em relação à expressão "bloco de constitucionalidade", cf. Louis Favoreu, Francisco Rubio Llorente, *El bloque de la constitucionalidad:* simposium franco-español de derecho constitucional, p. 19-21 e s. No direito brasileiro, indispensável a leitura do trabalho de Juliano Taveira Bernardes, *Controle abstrato de constitucionalidade:* elementos materiais e princípios processuais, p. 124-162.

[132] Juliano Taveira Bernardes, *Controle abstrato de constitucionalidade*, p. 134. No voto proferido na *ADI 595-ES* (*Inf. 258/STF*), o Ministro Celso de Mello, muito embora indique a tendência reducionista, não nos parece ter fechado as portas para a perspectiva ampliativa de "bloco de constitucionalidade" ("ordem constitucional global"). *Esse tema parece ser muito interessante para a fase escrita ou oral!*

[133] Sobre essa nova sistemática, cf. *item 9.14.5.2.2*. Em relação à ampliação da noção de "bloco de constitucionalidade" com a **Reforma do Judiciário**, cf. José Carlos Francisco, Bloco de constitucionalidade e recepção dos tratados internacionais, in André Ramos Tavares, Pedro Lenza, Pietro de Jesús Lora Alarcón (coord.), *Reforma do Judiciário*, p. 99.

6.7.1.4. *Teoria da transcendência dos motivos determinantes (efeitos irradiantes ou transbordantes?) ("Ratio decidendi" — "holding" versus "obiter dictum" — "dictum")*

TEORIA DA TRANSCENDÊNCIA DOS MOTIVOS DETERMINANTES

▪ ***obiter dictum*** são comentários laterais, de passagem, que não influem na decisão. Portanto, não vinculam para fora do processo	X	▪ ***ratio decidendi*** é a fundamentação essencial que ensejou aquele determinado resultado da ação

Transcendência é da *ratio decidendi*

O STF vinha atribuindo efeito vinculante não somente ao dispositivo da sentença, mas, também, aos **fundamentos determinantes da decisão**.

Falava-se, então, em **transcendência dos motivos determinantes**, ou **efeitos irradiantes** ou **transbordantes dos motivos determinantes**.

Há de se observar, inicialmente, a distinção entre *ratio decidendi* e *obiter dictum*.

Obiter dictum ("coisa dita de passagem") ou simplesmente ***dictum*** são comentários laterais, que não influem na decisão, sendo perfeitamente dispensáveis. Portanto, aceita a **"teoria do transbordamento"**, não se falaria em irradiação de *obiter dictum*, com efeito vinculante, para fora do processo. Por outro lado, a ***ratio decidendi***, sendo ***holding*** a denominação mais usual na experiência norte-americana,[134] é a fundamentação essencial que ensejou aquele determinado resultado da ação. Nessa hipótese, aceita a "teoria dos efeitos irradiantes", a "razão da decisão" passaria a vincular outros julgamentos.

Como exemplo, no julgamento da ADI 3.345/DF, que declarou constitucional a Resolução do TSE que reduziu o número de vereadores de todo o país, o STF entendeu que a Suprema Corte conferiu "... efeito transcendente aos próprios motivos determinantes que deram suporte ao julgamento plenário do RE 197.917".

Sobre a **transcendência dos motivos determinantes**, cf. Rcl 2.986 MC/SE (*Inf. 379/STF*) e Rcl 2.475 (*Inf. 335/STF*), com os comentários já feitos em relação ao controle difuso (cf. *item 6.6.5*).

---

[134] Cf. William Burnham, *Introduction to the law and the legal system of the United States*, p. 66-67. Aliás, para os que se interessarem por algum conhecimento do **sistema norte-americano**, vale a pena a leitura do referido trabalho que tem sido utilizado por muitos alunos estrangeiros que cursam o programa de **LL.M** (*Master of Laws*) nos EUA.

CUIDADO: no julgamento da **Rcl 10.604** (08.09.2010), o STF **afastou** a técnica do **transbordamento dos motivos determinantes**.

Em referido julgado, há referência à questão de ordem na **Rcl 4.219**, na qual se sinalizava a manifestação de 6 Ministros **contra** a teoria da transcendência (para conhecimento, informamos que, em razão da morte do reclamante, o STF, nos termos do art. 21, IX, do *Regimento Interno*, julgou prejudicado o pedido na referida reclamação).

Nas palavras do relator, Min. Ayres Britto, "... no julgamento da Rcl 4.219, esta nossa Corte retomou a discussão quanto à aplicabilidade dessa mesma teoria da 'transcendência dos motivos determinantes', oportunidade em que deixei registrado que tal aplicabilidade implica prestígio máximo ao órgão de cúpula do Poder Judiciário e **desprestígio igualmente superlativo aos órgãos da judicatura de base**, o que se contrapõe à essência mesma do **regime democrático**, que segue lógica inversa: a lógica da desconcentração do poder decisório. Sabido que democracia é movimento ascendente do poder estatal, na medida em que opera de baixo para cima, e nunca de cima para baixo. No mesmo sentido, cinco ministros da Casa esposaram entendimento rechaçante da adoção do transbordamento operacional da reclamação, ora pretendido. Sem falar que o Plenário deste Supremo Tribunal Federal já **rejeitou**, em diversas oportunidades, a tese da eficácia vinculante dos motivos determinantes das suas decisões (cf. Rcl 2.475-AgR, da relatoria do ministro Carlos Velloso; Rcl 2.990-AgR, da relatoria do ministro Sepúlveda Pertence; Rcl 4.448-AgR, da relatoria do ministro Ricardo Lewandowski; Rcl 3.014, de minha própria relatoria)" (Min. Ayres Britto, j. 08.09.2010). (Cf., ainda, nesse mesmo sentido, Rcl 11.477 AgR, 1.ª T., Rel. Min. Marco Aurélio, j. 29.05.2012; Rcl 8.168, Pleno, j. 19.11.2015, *DJE* de 29.02.2016).

Trata-se de verdadeira **jurisprudência defensiva**, no sentido de se evitar o número crescente de reclamações.

Com o máximo respeito, **não parece razoável** desprezar a teoria da transcendência no **controle concentrado**, já que a **tese jurídica** terá sido resolvida e o dispositivo deve ser lido, em uma perspectiva moderna, à luz da fundamentação (lembrando que somos contra a teoria da transcendência no controle difuso, apesar de ter sinalizado o STF que essa passa a ser uma nova realidade no controle difuso — cf. *item 6.6.5.5*).

Inegavelmente, contudo, temos de reconhecer que a perspectiva de transcendência dos motivos determinantes deve ser revista à luz do CPC/2015, destacando-se os arts. 927 e 988.[135] Já expusemos a nossa crítica à vinculação ampliada pela lei processual, lembrando que a Constituição se limita a estabelecer o efeito vinculante nas ações de controle concentrado e em razão de edição de súmula vinculante.

Nesse sentido, como afirmam Barroso e Mello, "se o CPC/2015 acolheu tal concepção de **tese jurídica vinculante**, inclusive em sede de controle concentrado

---

[135] O CPC/2015 em várias passagens põe em evidência a ideia de **tese jurídica**, destacando-se os seguintes artigos: 12, § 2.º, II; 311, II; 489, § 1.º, V e VI; 927, §§ 2.º e 4.º; 947, § 3.º; 955, parágrafo único, II; 976, § 4.º; 978, parágrafo único; 979, § 2.º; 984, § 2.º; 985, *caput* e § 1.º; 986; 987, § 2.º; 988, § 4.º; 1.022, parágrafo único, I; 1.035, § 11; 1.038, § 3.º; 1.039; 1.040, II e IV; 1.043, § 1.º.

da constitucionalidade, isso significa que, com a sua vigência, **o entendimento do STF que rejeitava a eficácia transcendente da fundamentação precisará ser revisitado**. É que a eficácia transcendente significa justamente atribuir efeitos vinculantes à *ratio decidendi* das decisões proferidas em ação direta. Mesmo que este entendimento não fosse acolhido pelo STF no passado, o fato é que, ao que tudo indica, o novo Código o adotou".[136]

■ *6.7.1.5. Teoria da inconstitucionalidade por "arrastamento" ou "atração", ou "inconstitucionalidade consequente de preceitos não impugnados", ou inconstitucionalidade consequencial, ou inconstitucionalidade consequente ou derivada, ou "inconstitucionalidade por reverberação normativa"*

Esse importante tema aparece intimamente ligado aos limites objetivos da coisa julgada e à produção dos efeitos *erga omnes*.[137]

Pela referida teoria da **inconstitucionalidade por "arrastamento"** ou **"atração"**, ou **"inconstitucionalidade consequente de preceitos não impugnados"**, ou **"inconstitucionalidade por reverberação normativa"**, se em determinado processo de controle concentrado de constitucionalidade for julgada inconstitucional a norma principal, em futuro processo, outra norma dependente daquela que foi declarada inconstitucional em processo anterior — tendo em vista a **relação de instrumentalidade** que entre elas existe — também estará eivada pelo vício de inconstitucionalidade "consequente", ou por "arrastamento" ou "atração".

Poder-se-ia pensar, neste ponto, que a consequência prática da coisa julgada material, que se projeta para fora do processo, impediria não só que a mesma pretensão fosse julgada novamente, como também, sob essa interessante perspectiva, que a norma consequente e dependente ficasse vinculada tanto ao dispositivo da sentença (principal) quanto à *ratio decidendi*, invocando, aqui, a "teoria dos motivos determinantes".

Esses dois temas no âmbito do controle de constitucionalidade vislumbram uma perspectiva *erga omnes* para os limites objetivos da coisa julgada, em importante avanço em relação à teoria clássica.[138]

Naturalmente, essa técnica da declaração de inconstitucionalidade por arrastamento pode ser aplicada tanto em processos distintos como em um mesmo processo, situação que vem sendo verificada com mais frequência na jurisprudência do STF.

[136] Luís Roberto Barroso e Patrícia Perrone Campos Mello, *Trabalhando com uma nova lógica*: a ascensão dos precedentes no direito brasileiro, p. 46.

[137] Sobre o assunto, cf. Pedro Lenza, *Coisa julgada* erga omnes: processo coletivo, controle de constitucionalidade e súmula vinculante.

[138] Sobre o assunto, cf. ADI 2.729/RN, Rel. Min. Eros Grau, j. 16.11.2005; ADI 2.797/DF e ADI 2.860/DF, Rel. Min. Sepúlveda Pertence, j. 15.09.2005; *RTJ* 189/469-470, Rel. Min. Maurício Corrêa; ADI 2.728/AM, Rel. Min. Maurício Corrêa; ADI 2.982-QO/CE, Rel. Min. Gilmar Mendes; ADI 4.425, Rel. p/ o ac. Min. Luiz Fux, j. 14.03.2013, Plenário, *DJE* de 19.12.2013; ADI 1.358, Rel. Min. Gilmar Mendes, j. 04.02.2015, Plenário, *DJE* de 03.03.2015.

Ou seja, já na própria decisão, a Corte define quais normas são atingidas, e no dispositivo, por **"arrastamento"**, também reconhece a **invalidade** das normas que estão **"contaminadas"**, mesmo na hipótese de não haver pedido expresso na petição inicial.

Essa "contaminação", ou, mais tecnicamente, **perda de validade**, pode ser reconhecida, também, em relação a decreto que se fundava em lei declarada inconstitucional. Então, o STF vem falando em inconstitucionalidade por arrastamento do decreto que se fundava na lei (cf., por exemplo, ADI 2.995/PE, Rel. Min. Celso de Mello, j. 13.12.2006).[139] Interessante observar que o decreto regulamentar, por si, conforme visto, não pode ser isoladamente objeto de ADI, na medida em que deve ser confrontado com a lei (que regulamenta), e não diretamente perante a Constituição. A *crise é de legalidade*, e apenas de *modo indireto*, *reflexo* ou *oblíquo* é que poderia haver violação da Constituição. Pela técnica do arrastamento, contudo, a declaração de sua invalidade dar-se-á no julgamento da própria ADI.

Partindo desse precedente, observa-se que a reverberação, sem dúvida, poderá ser reconhecida entre normas interconectadas por uma relação hierárquica, observando-se, assim, um **arrastamento no plano vertical**. Dessa forma, para se ter outro exemplo, a declaração de inconstitucionalidade de uma norma de determinada Constituição estadual implicaria o reconhecimento da perda de validade das normas hierarquicamente inferiores e que se fundavam naquele dispositivo.

Em outro julgado, declarada a inconstitucionalidade de um dispositivo, os outros que estavam na mesma lei e que tinham relação com aquele nulificado, por **perderem a sua razão de ser**, foram também declarados inconstitucionais, de acordo com aquilo que o Min. Ayres Britto denominou **inconstitucionalidade por reverberação normativa** (cf. voto do Min. Ayres Britto proferido na **ADI 1.923** — *Inf. 622/STF* — e na **ADI 4.357** — *Inf. 643/STF*).

Essa ideia de conexão e consequente "contaminação" também foi observada em **ADPF**. O STF declarou não recepcionado o § 4.º do art. 23 da Lei n. 1.079/50 (*impeachment*), por ter a Corte reconhecido como não recepcionados os §§ 1.º e 5.º do referido artigo, expressamente impugnados e que guardavam relação "consequencial" (a definição do papel da Câmara dos Deputados no processo de *impeachment* do Presidente da República — §§ 1.º e 5.º — tornou sem sentido o § 4.º, revogado por arrastamento, apesar de não ter havido pedido expresso) (cf. **ADPF 378 MC**, Rel. p/ o ac. Min. Roberto Barroso, j. 16.12.2015, Plenário, *DJE* de 08.03.2016, item IV.9 da ementa, e proposta apresentada pelo Min. Celso de Mello — fls. 398-399 do acórdão).

O instituto do "arrastamento" é, sem dúvida, **exceção** à regra de que o juiz deve ater-se aos limites da lide fixados na exordial, especialmente em virtude da correla-

[139] "Por entender caracterizada a ofensa ao art. 22, XX, da CF, que confere à União a competência privativa para legislar sobre sistemas de consórcios e sorteios, o Tribunal, por maioria, julgou procedente pedido formulado em ação direta ajuizada pelo Procurador-Geral da República, para declarar a inconstitucionalidade da Lei 12.343/2003 e, por **arrastamento**, do Decreto 24.446/2002, ambos do Estado de Pernambuco, que dispõem sobre o serviço de loterias no âmbito da referida unidade federativa" (*Inf. 452/STF*).

ção, conexão ou interdependência dos dispositivos legais e do caráter político do controle de constitucionalidade realizado pelo STF.[140] Estamos diante de inegável revisitação da *regra da congruência* (ou *correlação*) entre o pedido e a sentença (arts. 128 e 460 do CPC/73 — arts. 141 e 492, CPC/2015), decorrente do *princípio dispositivo* e que deve ser analisada sob esse novo e particular aspecto do processo objetivo.

Por força do **art. 10, CPC/2015**, como o juiz não pode decidir, **em grau algum de jurisdição** e, portanto, no STF, com base em fundamento a respeito do qual não se tenha dado às partes oportunidade de se manifestar, ainda que se trate de matéria sobre a qual deva decidir de ofício, entendemos que deverá ser aberto prazo para que as partes se pronunciem sobre a perspectiva de nulificação de norma em razão da técnica do "arrastamento" (como o Código não distingue entre processo subjetivo e objetivo, o tema terá de ser enfrentado pelo Plenário do STF — pendente).

■ 6.7.1.6. *Lei "ainda constitucional", ou "inconstitucionalidade progressiva", ou "declaração de constitucionalidade de norma em trânsito para a inconstitucionalidade"*

■ 6.7.1.6.1. *A instituição da Defensoria Pública pela CF/88 e a sua potencialização pela EC n. 80/2014*

O art. 5.º, LXXIV, da CF/88 dispõe que o Estado prestará **assistência *jurídica* integral e gratuita** aos que comprovarem insuficiência de recursos.

Esse direito e garantia fundamental instrumentaliza-se por meio da **Defensoria Pública**, instituída pela CF/88, **amplificada** pela **EC n. 80/2014** (art. 134, *caput*) e organizada em **carreira própria** nos seguintes termos: instituição permanente, essencial à função jurisdicional do Estado, incumbindo-lhe, como expressão e instrumento do regime democrático, fundamentalmente, a orientação jurídica, a promoção dos direitos humanos e a defesa, em todos os graus, judicial e extrajudicial, dos direitos individuais e coletivos, de forma integral e gratuita, aos necessitados, na forma do inciso LXXIV do art. 5.º da Constituição Federal.

Pelo fato de ter sido instituída pela Constituição de 1988, a Defensoria Pública tem de ser **efetivamente instalada**, seja em âmbito federal, seja em âmbito estadual ou distrital, o que leva certo tempo.

Esse comando que se extrai desde a sua previsão no texto de 1988 é fortalecido pela **EC n. 80/2014**. Ao acrescentar o art. 98 ao ADCT e prescrever que o número de

[140] Nesse sentido, observa Canotilho que, em relação ao controle de constitucionalidade em abstrato, "(...) podem existir '**inconstitucionalidades consequenciais** ou por **arrastamento**' justificadas pela conexão ou interdependência de certos preceitos com os preceitos especificamente impugnados (...)" (J. J. Gomes Canotilho, *Direito constitucional*, 5. ed., item n. 3, p. 1046-1047). Cf., ainda, Jorge Miranda, *Manual de direito constitucional*, 2. ed., Coimbra, 1987, t. 2, p. 297, item n. 73/VI, e Clèmerson Merlin Clève, *A fiscalização abstrata da constitucionalidade no direito brasileiro*, 2. ed., p. 56 — "a inconstitucionalidade **antecedente** ou **imediata** decorre da violação, direta e imediata, de uma norma constitucional por uma lei ou ato normativo. A inconstitucionalidade **consequente** ou **derivada** decorre de um efeito reflexo da inconstitucionalidade antecedente ou imediata" (grifamos).

defensores públicos na unidade jurisdicional será proporcional à efetiva demanda pelo serviço da Defensoria Pública e à respectiva população, **fixa-se** o prazo de **8 anos** para que a União, os Estados e o Distrito Federal passem a contar com defensores públicos em **todas** as unidades jurisdicionais.

Durante o decurso desse prazo, a lotação dos defensores públicos ocorrerá, **prioritariamente**, atendendo as regiões com maiores índices de exclusão social e adensamento populacional.

O que fazer, então, durante esse período de transição, necessário para a efetiva instalação da Defensoria Pública?

Para analisar o tema, trouxemos duas questões práticas já enfrentadas pelo STF: **a)** a previsão de prazo em dobro para a Defensoria Pública no processo penal; **b)** a ação civil *ex delicto* ajuizada pelo MP depois do advento da CF/88.

▪ 6.7.1.6.1.1. *A questão do "prazo em dobro" para a Defensoria Pública no processo penal — rejeição de inconstitucionalidade "rebus sic stantibus"*

Nos termos dos arts. 44, I, 89, I, e 128, I, da LC n. 80/94, é prerrogativa dos membros da Defensoria Pública receber **intimação pessoal** em qualquer processo e grau de jurisdição, contando-se-lhes em **dobro todos os prazos**.[141]

Em relação ao **processo civil**, a regra não sofreu nenhuma repreensão por parte do STF, até porque há equivalente para o MP (e a Fazenda Pública), conforme o art. 188 do CPC/73 (cf. arts. 180, 183 e 186, CPC/2015).

No tocante ao **processo penal**, contudo, na medida em que o MP não goza dessa prerrogativa de prazo em dobro, questionou-se se, de fato, a regra poderia ser estabelecida para a Defensoria Pública quando atua como defensora em acusação formulada pelo MP, especialmente em relação ao princípio da isonomia e ao do devido processo legal.

O STF, ao analisar o tema do **prazo em dobro para o processo penal**, entendeu que referida regra é constitucional até que a Defensoria Pública efetivamente se instale.

Assim, o prazo em dobro para o processo penal só valerá enquanto a Defensoria Pública ainda não estiver eficazmente organizada. Quando isso se verificar, a regra tornar-se-á **inconstitucional**. Trata-se, portanto, de **norma em trânsito para a inconstitucionalidade**.

Nesse sentido, confira o precedente **HC 70.514**, j. 23.03.1994: "EMENTA: Direito Constitucional e **Processual Penal**. Defensores Públicos: prazo em dobro para interposição de recursos (§ 5.º do art. 1.º da Lei n. 1.060, de 05.02.1950, acrescentado pela Lei n. 7.871, de 08.11.1989). Constitucionalidade. 'Habeas Corpus'. Nulidades. Intimação pessoal dos Defensores Públicos e prazo em dobro para interposição de recursos. 1. Não é de ser reconhecida a inconstitucionalidade do § 5.º do art. 1.º da Lei n. 1.060, de 05.02.1950, acrescentado pela Lei n. 7.871, de 08.11.1989, no ponto em que confere **prazo em dobro**, para recurso, às Defensorias Públicas, **ao menos até que sua organização, nos Estados, alcance o nível de organização do respec-**

141 Em relação ao rito específico dos Juizados, confira regras apresentadas no *item 12.5.10.3*.

tivo Ministério Público, que é a parte adversa, como órgão de acusação, no processo da ação penal pública..." (grifamos).

Interessante, também, o voto do Ministro Moreira Alves, que pedimos vênia para transcrever: "a única justificativa que encontro para esse tratamento desigual em favor da Defensoria Pública em face do Ministério Público é a de caráter temporário: a circunstância de as Defensorias Públicas ainda não estarem, por sua recente implantação, devidamente aparelhadas como se acha o Ministério Público. Por isso, para casos como este, parece-me deva adotar-se a construção da Corte Constitucional alemã no sentido de considerar que uma lei, em virtude das circunstâncias de fato, pode vir a ser inconstitucional, não o sendo, porém, enquanto essas circunstâncias de fato não se apresentarem com a intensidade necessária para que se tornem inconstitucionais. Assim, **a lei em causa será constitucional enquanto a Defensoria Pública, concretamente, não estiver organizada com a estrutura que lhe possibilite atuar em posição de igualdade com o Ministério Público, tornando-se inconstitucional, porém, quando essa circunstância de fato não mais se verificar**" (grifamos).

■ 6.7.1.6.1.2. *Ação civil "ex delicto" ajuizada pelo MP — art. 68 do CPP (lei ainda constitucional e em trânsito para revogação por não recepção)*

O art. 68 do CPP estabelece: "quando o titular do direito à reparação do dano for pobre (art. 32, §§ 1.º e 2.º), a execução da sentença condenatória (art. 63) ou a ação civil (art. 64) será promovida, a seu requerimento, pelo Ministério Público".

Retorna-se então à dúvida: o art. 68 do CPP previu a ação civil *ex delicto*, que deve ser ajuizada pelo MP. Essa atribuição, no entanto, a partir de 1988, passou a ser da Defensoria Pública, seja em razão de sua previsão constitucional (art. 134), seja em razão da regra contida no art. 129, IX, que autoriza o MP a exercer outras funções que lhe forem conferidas, **desde que compatíveis com a sua finalidade**, vedando, assim, a representação judicial e a consultoria jurídica de entidades públicas.

Então, pelo exposto, o art. 68 do CPP teria sido **revogado**, por não recepção, pelo texto de 1988.

A Defensoria Pública, por sua vez, não se instalou efetivamente logo após a promulgação da CF/88. Para se ter um argumento, só a partir da *Reforma do Judiciário* **(EC n. 45/2004)** a Defensoria Pública Estadual passou a ter autonomia funcional e administrativa, e a autonomia da Defensoria Pública do DF veio a ser reconhecida apenas na **EC n. 69/2012**, já que antes organizada e mantida pela União. Ainda, foi somente com a **EC n. 74/2013** que a Defensoria Pública da União, por sua vez, passou a ter autonomia (art. 134, § 3.º, CF/88), e, finalmente, com a **EC n. 80/2014**, houve sensível potencialização da instituição, fixando-se prazo para sua efetiva instalação nos termos do art. 98 do ADCT (cf. *item 12.5*).

Portanto, vem o STF entendendo, de maneira acertada, que o art. 68 do CPP é uma lei **ainda constitucional** e que está **em trânsito, progressivamente, para a "inconstitucionalidade"**, à medida que as Defensorias Públicas forem sendo, **efetiva e eficazmente**, instaladas.

Apenas deixamos o alerta de que a terminologia utilizada pela Suprema Corte não é a mais adequada, uma vez que, por se tratar de ato editado antes de 1988 (art. 68 do CPP), referido dispositivo seria revogado por não recepção. Trata-se, assim, em razão das circunstâncias, de reconhecida modulação do momento de revogação do ato normativo pré-constitucional, e por isso preferimos a denominação **lei ainda constitucional e em trânsito para revogação por não recepção**.

A técnica da "lei ainda constitucional", conforme noticiado, está consagrada no STF:[142] "Ministério Público: legitimação para promoção, no juízo cível, do ressarcimento do dano resultante de crime, pobre o titular do direito à reparação: C. Pr. Pen., art. 68, ainda constitucional (cf. RE 135.328): **processo de inconstitucionalização das leis**. 1. A alternativa radical da jurisdição constitucional ortodoxa, entre a constitucionalidade plena e a declaração de inconstitucionalidade ou revogação por inconstitucionalidade da lei, com fulminante eficácia *ex tunc*, faz abstração da evidência de que **a implementação de uma nova ordem constitucional não é um fato instantâneo**, mas um processo no qual a possibilidade de realização da norma da Constituição — ainda quando teoricamente não se cuide de preceito de eficácia limitada — subordina-se muitas vezes a alterações da realidade fática que a viabilizem. 2. No contexto da Constituição de 1988, a atribuição anteriormente dada ao Ministério Público pelo art. 68 C. Pr. Penal — constituindo modalidade de assistência judiciária — deve reputar-se transferida para a Defensoria Pública: essa, porém, para esse fim, só se pode considerar existente, onde e quando **organizada, de direito e de fato, nos moldes do art. 134** da própria Constituição e da lei complementar por ela ordenada: até que — na União ou em cada Estado considerado — se implemente essa condição de viabilização da cogitada transferência constitucional de atribuições, o art. 68 C. Pr. Pen. será considerado **ainda vigente**: é o caso do Estado de São Paulo, como decidiu o plenário no RE 135328" (RE 147.776/SP, Rel. Min. Sepúlveda Pertence, 1.ª Turma, *RTJ* 175/309-310).

■ 6.7.1.6.2. *Procedimento de aprovação das medidas provisórias: apreciação pela comissão mista nos termos do art. 62, § 9.º, da CF/88. Arts. 5.º, "caput", e 6.º, "caput", e §§ 1.º e 2.º, da Res. n. 1/2002-CN*

Conforme já estudamos no *item 6.6.5.4*, a Res. n. 1/2002-CN, integrante do *Regimento Comum*, dispôs sobre a apreciação, pelo Congresso Nacional, de medidas provisórias adotadas pelo Presidente da República, com força de lei, nos termos do art. 62 da Constituição Federal.

Os seus arts. 5.º, *caput*, e 6.º, *caput*, e §§ 1.º e 2.º, permitiam que o parecer da comissão mista fosse emitido por relator ou relator revisor designado.

[142] Cf. *RTJ* 178/423, Rel. Min. Moreira Alves; RE 196.857-AgR/SP, Rel. Min. Ellen Gracie; RE 208.798/SP, Rel. Min. Sydney Sanches; RE 229.810/SP, Rel. Min. Néri da Silveira; RE 295.740/SP, Rel. Min. Sepúlveda Pertence. Recomendamos a leitura do interessante voto do Ministro Celso de Mello, que bem resume a matéria: **AI 339.696/SP**, *DJ* de 12.08.2005, p. 53.

Esse procedimento vinha sendo adotado na apreciação de várias medidas provisórias, até como um mecanismo de funcionalidade do procedimento.

Segundo o Min. Cezar Peluso, no julgamento da **ADI 4.029** (08.03.2012), **vencido** nesse ponto, não se percebia qualquer "coisa anômala ou atípica" na fixação de prazo para atuação da comissão, até porque, "doutro modo, pensando-se que o Congresso não possa fazê-lo, temos o quê? Temos que essa comissão não se sentirá obrigada, em nenhum instante, a manifestar-se, e vai se escoar o prazo após o qual a medida provisória perde a eficácia. Noutras palavras, é **método de operacionalidade do próprio Legislativo**. Se o Legislativo não estabelece esse prazo, a comissão evidentemente não se sentirá de nenhum modo movida a exercer a competência que a Constituição lhe atribui" (fls. 69).

Esse, contudo, não foi o entendimento que prevaleceu diante da regra contida no **art. 62, § 9.º, da CF/88**, que deve ser interpretado restritivamente, pois, consoante observou o Min. Ayres Britto em seu voto, as medidas provisórias "investem o Presidente da República — vamos ficar no plano federal para facilitar o debate — num poder excepcional, numa competência excepcional de ser a fonte produtora de uma norma primária, inovadora, portanto, do ordenamento jurídico, logo abaixo da Constituição".

Referido dispositivo constitucional estabelece ser atribuição da **comissão mista** de Deputados e Senadores **examinar** as medidas provisórias e sobre elas **emitir parecer**, de caráter **opinativo**, acrescente-se, antes de serem **apreciadas**, em **sessão separada**, pelo **plenário** de cada uma das Casas do Congresso Nacional.

Sendo assim, conforme anotou a Corte, o procedimento estabelecido na Res. n. 1/2002-CN, que permite a emissão de parecer por meio de relator nomeado, e não pela comissão mista, é **inconstitucional**.

Apesar de o mencionado parecer ser **opinativo**, isso não autoriza o Parlamento a violar a regra contida no art. 62, § 9.º, da CF/88. Se eventualmente não houver apreciação pela comissão mista, significa que a MP foi rejeitada por não apreciação, perdendo a sua eficácia desde a sua edição (art. 62, § 3.º, da CF/88).

Dessa forma, o STF declarou a **inconstitucionalidade dos arts. 5.º, *caput*, e 6.º, *caput*, e §§ 1.º e 2.º, da Res. n. 1/2002-CN**.

O ponto interessante é que, durante todo esse tempo, ou seja, por mais de 10 anos, o Congresso Nacional adotou esse "costume" **(inconstitucional)** de não fazer cumprir a regra de atuação da comissão mista, contentando-se com a permissão de parecer por relator designado, antes da apreciação em sessão separada pelo plenário de cada uma das Casas do Congresso Nacional.

Em julgamento anterior, o Min. Gilmar Mendes, na linha do dito *costume inconstitucional*, havia flexibilizado a exigência do art. 62, § 9.º, da CF/88, nos seguintes termos: "(...) considerando que ainda estamos em uma **fase de consolidação do novo modelo** trazido pela Emenda 32 para as medidas provisórias, não vejo como adotar interpretação com os rigores pretendidos pelo requerente na ADI 3.289. No caso, resta evidenciado que por duas vezes foi convocada a reunião para instalação da Comissão, não se chegando, todavia, ao *quorum* necessário. Essa falha procedimental, considerado o **atual estágio de implementação** da Emenda 32, assim como as **circunstâncias do caso**, em que resta demonstrada a tentativa, por duas vezes, de instalação da comissão mista, no meu entendimento, **ainda** não permite a formulação de um juízo de inconstitucionalidade por ofensa ao referido § 9.º" (**ADI 3.289** e **ADI 3.290**, Rel. Min. Gilmar Mendes, j. 05.05.2005, Plenário, *DJ* de 24.02.2006).

Surgia, então, o impasse. Se o procedimento contido na Res. n. 1/2002-CN foi declarado inconstitucional, o que fazer em relação a todas as medidas provisórias que foram convertidas em lei sem a emissão de parecer pela comissão mista, na forma do art. 62, § 9.º, da CF/88?

Em tese, seriam todas inconstitucionais. Para evitar essa situação de **insegurança jurídica** e diante do **excepcional interesse social**, a Corte determinou a aplicação do art. 27 da Lei n. 9.868/99 (modulação dos efeitos da decisão), declarando a inconstitucionalidade do procedimento fixado na Res. n. 1/2002-CN a partir da decisão proferida na **ADI 4.029** — efeito *ex nunc* (j. 08.03.2012).

Assim, o modelo de apreciação da medida provisória fixado na resolução do Congresso Nacional foi declarado **"ainda constitucional"** até o julgamento da referida ADI 4.029 e, a partir de então, o STF declarou inconstitucional qualquer inobservância ao art. 62, § 9.º, da CF/88, ficando, por consequência, **preservadas a validade** e **a eficácia** de todas as medidas provisórias convertidas em lei até aquela data, bem como daquelas que estavam tramitando no Legislativo nos termos do procedimento fixado nos arts. 5.º, *caput*, e 6.º, *caput* e §§ 1.º e 2.º, da Res. n. 1/2002-CN, que permitiam a continuidade do iter procedimental de apreciação da medida provisória mesmo na hipótese de não haver parecer emitido pela comissão mista no prazo rígido de 14 dias contados da sua publicação.

■ 6.7.1.7. *"Inconstitucionalidade circunstancial"*

O tema agora é diferente do analisado no item anterior.

Busca-se, diante de uma lei formalmente constitucional, identificar que, **circunstancialmente**, a sua aplicação caracterizaria uma inconstitucionalidade, que poderíamos até chamar de **axiológica**.

Trata-se daquilo que foi denominado pela doutrina **"inconstitucionalidade circunstancial"** e, por que não, fazendo um paralelo não muito rígido com o tema anterior, de uma **"lei ainda inconstitucional"** em determinadas situações (enquanto persistirem certas circunstâncias).

Como bem afirma Barcellos, "trata-se da *declaração de inconstitucionalidade da norma produzida pela incidência da regra sobre uma determinada situação específica*... É possível cogitar de situações nas quais um enunciado normativo, válido em tese e na maior parte de suas incidências, ao ser confrontado com determinadas **circunstâncias concretas**, produz uma norma inconstitucional. Lembre-se que, em função da complexidade dos efeitos que se pretendam produzir e/ou da multiplicidade de circunstâncias de fato sobre as quais incidem, também as **regras** podem justificar diferentes condutas que, por sua vez, vão dar conteúdo a normas diversas. Cada uma dessas normas opera em um ambiente fático próprio e poderá ser confrontada com um conjunto específico de outras incidências normativas, justificadas por enunciados diversos. Por isso, não é de estranhar que **determinadas normas possam ser inconstitucionais em função desse seu contexto particular, a despeito da validade geral do enunciado do qual derivam**".[143]

Como interessante exemplo, destacamos a **ADI 223**, na qual se discutia a constitucionalidade de normas que proibiam a concessão de tutela antecipada e liminares em face da Fazenda Pública.

Sem dúvida, diz Barcellos, a análise pelo Judiciário seria diferente para duas situações distintas: **a)** reenquadramento de servidor público; **b)** concessão de tutela antecipada para que o Estado custeasse cirurgia de vida ou morte.

Nesse segundo caso, sem dúvida, **dada a circunstância**, a lei seria inconstitucional, especialmente diante do art. 5.º, XXXV.

■ 6.7.1.8. *O efeito vinculante para o Legislativo e o inconcebível fenômeno da "fossilização da Constituição". Possibilidade de reversão legislativa da jurisprudência da Corte. A denominada "mutação constitucional pela via legislativa"*

Como veremos e já comentamos em outro estudo,[144] o efeito vinculante em ADI e ADC, na linha de interpretação dada pelo STF, não atinge o Poder Legislativo no exercício de sua **função típica de legislar**, produzindo eficácia contra todos e efeito vinculante, relativamente aos demais órgãos do **Poder Judiciário** e à **Administração Pública** direta e indireta, nas esferas federal, estadual e municipal (exceto, entendemos, no exercício por esses órgãos de suas funções atípicas de caráter normativo, como, para se ter um exemplo, quando o Presidente da República edita medida provisória — ato normativo).

Ao analisar a possibilidade de vinculação também para o Legislativo (no caso de sua função típica), o Ministro Cezar Peluso indica, com precisão, que essa possível interpretação (diversa da literalidade constitucional) significaria o **"inconcebível fenômeno da fossilização da Constituição"**.

O Legislativo, assim, poderá, inclusive, legislar em sentido diverso da decisão dada pelo STF, ou mesmo contrário a ela, sob pena, em sendo vedada essa atividade, de significar inegável **petrificação** da evolução social.

Isso porque o valor **segurança jurídica**, materializado com a ampliação dos efeitos *erga omnes* e *vinculante*, sacrificaria o valor **justiça da decisão**, já que impediria a constante atualização das Constituições e dos textos normativos por obra do Poder Legislativo.

A mesma orientação poderá ser adotada, também, para o efeito vinculante da súmula, que, em realidade, possui idêntica significação prática em relação ao efeito vinculante do controle concentrado de constitucionalidade.

[143] Ana Paula de Barcellos, *Ponderação, racionalidade e atividade jurisdicional*, p. 231-232.

[144] Cf. Pedro Lenza, *Coisa julgada* erga omnes: processo coletivo, controle de constitucionalidade e súmula vinculante (originalmente defendido como tese de doutorado — USP).

Entendimento diverso, manifestou o Ministro Peluso, "... comprometeria a relação de equilíbrio entre o tribunal constitucional e o legislador, reduzindo este a papel subalterno perante o poder incontrolável daquele, com evidente prejuízo do espaço democrático-representativo da legitimidade política do órgão legislativo" **(Rcl 2.617, *Inf. 386/STF*)**.

O Min. Fux, ao reconhecer a possibilidade de **reversão legislativa da jurisprudência da Corte**,[145] estabeleceu providências distintas de acordo com o instrumento utilizado:

- **manifestação do poder constituinte derivado:** "a emenda constitucional corretiva da jurisprudência modifica formalmente o texto magno, bem como o fundamento de validade último da legislação ordinária, razão pela qual a sua invalidação deve ocorrer nas hipóteses de descumprimento do art. 60 da CRFB/88 (i.e., limites formais, circunstanciais, temporais e materiais), encampando, neste particular, exegese estrita das cláusulas superconstitucionais";
- **manifestação do poder normativo infraconstitucional:** "a legislação infraconstitucional que colida frontalmente com a jurisprudência (leis *in your face*) nasce com presunção *iuris tantum* de inconstitucionalidade, de forma que caberá ao legislador ordinário o ônus de demonstrar, argumentativamente, que a correção do precedente faz-se necessária, ou, ainda, comprovar, lançando mão de novos argumentos, que as premissas fáticas e axiológicas sobre as quais se fundou o posicionamento jurisprudencial não mais subsistem, em exemplo acadêmico de mutação constitucional pela via legislativa. Nesse caso, **a novel legislação se submete a um escrutínio de constitucionalidade mais rigoroso**, nomeadamente quando o precedente superado amparar-se em cláusulas pétreas" (**ADI 5.105**, j. 1.º.10.2015, *DJE* de 16.03.2016).

6.7.1.9. Criação do Município de Luís Eduardo Magalhães — ADI 2.240/BA — análise do voto do Min. Eros Grau. Contraponto: voto do Min. Gilmar Mendes — Declaração de inconstitucionalidade sem pronúncia de nulidade. Efeito prospectivo. Possibilidade inédita do fenômeno da constitucionalidade superveniente. Dogma da nulidade da lei e garantia da segurança jurídica

No julgamento da **ADI 2.240**, ajuizada pelo PT contra a Lei n. 7.619/2000, do Estado da Bahia, o STF analisou o processo de criação do *Município de Luís Eduardo Magalhães* tendo em vista o desmembramento de área do Município de Barreiras.

Dentre os principais argumentos da inconstitucionalidade da lei destacava-se a violação ao art. 18, § 4.º,[146] da CF, na medida em que:

---

[145] Sobre a separação de poderes e as "teorias da última palavra", assim como uma alternativa para esse dilema ("teorias do diálogo institucional"), cf. o estudo que fizemos no *item 1.6*.

[146] **Art. 18, § 4.º:** "A criação, a incorporação, a fusão e o desmembramento de Municípios far-se-ão por **lei estadual**, dentro do **período determinado por lei complementar federal**, e dependerão de **consulta prévia**, mediante plebiscito, às populações dos **Municípios envolvidos**, após divulgação

- o novo Município foi criado em ano de eleições municipais;
- não existia lei complementar federal fixando período para a criação de Municípios;
- a nova lei estadual violou o regime democrático, na medida em que a consulta prévia plebiscitária não foi realizada com a totalidade da população envolvida no processo de emancipação, mas somente em relação à população do Município que se formou;
- os estudos de viabilidade municipal foram publicados em momento posterior ao plebiscito.

Resumindo, a criação do novo Município violou, frontalmente, a regra do art. 18, § 4.º, fato esse, inclusive, reconhecido pelo relator, Ministro Eros Grau, que, contudo, tendo em vista a **excepcionalidade do caso**, julgou improcedente o pedido, tendo por fundamento os, por ele ditos, "princípios", que podem ser assim enumerados:[147]

- **Município putativo** — à semelhança do que acontece com o casamento putativo e a sociedade de fato;
- **princípio da "reserva do impossível"** — "a diferença entre o casamento putativo e o 'Município putativo' está em que, embora possível a anulação do primeiro, a anulação da decisão política de que resultou a criação do Município avança sobre o que poderíamos chamar de 'reserva do impossível', no sentido de não ser possível anularmos o fato dessa decisão política de caráter institucional sem agressão ao princípio federativo";
- **princípio da continuidade do Estado** — que encontra fundamento no art. 1.º da CF e não se confunde com o princípio da continuidade do serviço público;
- **princípio federativo** — justifica a não anulação da decisão política de caráter institucional;
- **princípio da segurança jurídica** — que assegura a preservação da realidade de fato, qual seja, a existência de Município criado há mais de 6 anos;
- **princípio da confiança (Karl Larenz)** — tendo como componente a ética jurídica, que se expressa no princípio da boa-fé;
- **princípio da força normativa dos fatos (Georg Jellinek)** — o Município foi efetivamente criado, assumindo existência de fato como ente federativo dotado de autonomia municipal a partir de uma decisão política;
- **princípio da situação excepcional consolidada** — "não prevista pelo direito, porém instalada pela força normativa dos fatos" e "justificada" pela inércia do

dos **Estudos de Viabilidade Municipal**, apresentados e publicados na forma da lei" (redação dada pela EC n. 15, de 1996). Cf., ainda, **EC n. 57/2008**.

[147] Esquematização elaborada com base no voto do Ministro Eros Grau. Criticando a exacerbação dos (pseudo)princípios, por todos, cf. *item 3.7.4* e Lenio Luiz Streck, *Aplicar a "letra da lei" é uma atitude positivista?*, passim.

Poder Legislativo que até então não editara a lei complementar federal fixando prazo para criação de novos Municípios, como determinou a EC n. 15/96, que deu nova redação ao art. 18, § 4.º, da CF/88. Assim, "a não edição da lei complementar dentro de um prazo razoável consubstancia autêntica violação da ordem constitucional".

A partir da *11. ed. deste estudo*, já havíamos manifestado a nossa discordância em relação ao entendimento proposto pelo Min. Eros Grau, uma vez que não parecia razoável o resultado da construção (declaração de *constitucionalidade* da lei), o que poderia abrir precedentes para novas violações ao art. 18, § 4.º.

Em certa medida, tendo em vista o postulado da razoabilidade, a inexistência, até hoje (desde a EC n. 15, de 12.09.1996), de lei complementar federal fixando prazo e procedimento para a criação de novos Municípios até poderia ser superada. Contudo, não achávamos nada razoável a violação dos outros **pressupostos constitucionais**, como a necessidade de estudo de viabilidade prévio e de consulta plebiscitária a toda a população diretamente interessada (a da área a ser desmembrada e a da área que se desmembra). Assim, a criação de novos Municípios sem o cumprimento desses requisitos ensejaria a configuração de inevitável **vício formal** de inconstitucionalidade por violação a pressupostos objetivos do ato.

Havíamos alertado que a jurisprudência pacífica do STF consolidou-se no sentido da total observância dos pressupostos e condições de procedibilidade do art. 18, § 4.º.[148]

Nessa linha, nos termos do voto-vista do Min. Gilmar Mendes, o Plenário do STF declarou inconstitucional a Lei baiana n. 7.619/2000, mas não pronunciou a nulidade do ato, mantendo sua vigência por mais 24 meses. O Min. Eros Grau, por sua vez, revendo o seu voto inicial, acompanhou o voto do Min. Gilmar Mendes também no sentido de declarar a inconstitucionalidade, mas não a nulidade, pelo prazo de 24 meses.

Utilizando a *técnica alternativa* de ponderação entre o **princípio da nulidade da lei**, de um lado, e o **princípio da segurança jurídica**, de outro, entendeu o STF que a lei é inconstitucional, mas, aplicando o art. 27 da Lei n. 9.868/99, e tendo em conta razões de segurança jurídica e excepcional interesse social, apesar de inconstitucional por violar o art. 18, § 4.º, deverá continuar vigorando por 24 meses.

Consagra-se, dessa forma, a técnica da **declaração de inconstitucionalidade sem a pronúncia da nulidade**, já que, dependendo do caso concreto, como disse o Min. Gilmar Mendes, a "... nulidade da lei inconstitucional pode causar uma **verdadeira catástrofe** — para utilizar a expressão de Otto Bachof — do ponto de vista político, econômico e social".

---

148 Quanto à necessidade de **lei complementar federal** fixando o período para a criação de novos Municípios, cf. ADI 2.381-MC, Rel. Min. Sepúlveda Pertence, j. 20.06.2001, *DJ* de 14.12.2001; ADI 2.967, Rel. Min. Sepúlveda Pertence, j. 12.02.2004, *DJ* de 19.03.2004; ADI 3.013, Rel. Min. Ellen Gracie, j. 12.05.2004, *DJ* de 04.06.2004. Sobre a indispensabilidade do *plebiscito às populações diretamente interessadas*, cf. ADI 2.812, Rel. Min. Carlos Velloso, j. 09.10.2003; ADI 2.702, Rel. Min. Maurício Corrêa, j. 05.11.2003, e ADI 2.632-MC, Rel. Min. Sepúlveda Pertence, *DJ* de 29.08.2003.

Observa Gilmar Mendes que o princípio da nulidade continua a ser a regra. "O afastamento de sua incidência dependerá de um severo juízo de ponderação que, tendo em vista análise fundada no princípio da proporcionalidade, faça prevalecer a ideia de segurança jurídica ou outro princípio constitucional manifestado sob a forma de interesse social relevante. Assim, aqui, como no direito português, a não aplicação do princípio da nulidade não se há de basear em consideração de política judiciária, mas em fundamento constitucional próprio".

E, no Brasil, há uma particularidade de aspecto procedimental, qual seja, o *quorum* qualificado de 2/3 dos votos dos Ministros para reconhecer a **modulação de efeitos** com a possibilidade de estabelecer efeitos prospectivos, ou *pro futuro*, ou a partir do momento que o STF entender razoável.

Nesse caso concreto, o prazo de *24 meses* foi o que o STF entendeu ser possível para corrigir a situação, até porque, no julgamento da **ADO 3.682**, os Ministros reconheceram razoável o prazo de *18 meses* para o Congresso Nacional elaborar a lei complementar federal e, assim, dar cumprimento ao dispositivo fixado no art. 18, § 4.º, pela EC n. 15/96 (nova regra que o STF, inclusive, já declarou constitucional e como "freio" para o crescimento exagerado do número de Municípios).[149]

Trata-se de reconhecimento da omissão com **apelo ao legislador**, para que elabore a lei dentro de 18 meses. Elaborada a lei complementar federal, os Municípios terão o prazo de mais 6 meses (já que se fixou em 24 meses o prazo de vigência das leis estaduais) para corrigir os vícios.

Parece-nos, aqui, que o STF, **diferentemente do entendimento que *ainda* adota como regra**,[150] admitiu, para esse caso concreto, uma **inédita** e inegável possibilidade do fenômeno da **constitucionalidade superveniente**, permitindo que uma lei

---

[149] O STF, no julgamento da ADI 2.395, que discutia a constitucionalidade da redação conferida ao art. 18, § 4.º, pela EC n. 15/96, adotou "... a orientação fixada pela Corte no julgamento da **ADI 2.381/RS** (*DJU*, 14.12.2001), em que se declarou a constitucionalidade da EC 15/96, afastando-se a alegada ofensa ao princípio federativo (CF, art. 60, § 4.º, I). Asseverou-se que a EC 15/96 foi elaborada com o escopo de acabar com a crescente proliferação de municípios verificada no período pós-88, com base na redação originária do art. 18, § 4.º, da CF, que criava condições propícias para que os Estados desencadeassem o processo de criação, fusão, incorporação e desmembramento de municípios por leis próprias, respeitados parâmetros mínimos definidos em lei complementar, também estadual. Vencido o Min. Marco Aurélio que, por vislumbrar ofensa ao art. 60, § 4.º, I, da CF, julgava procedente o pedido" (ADI 2.395/DF, Rel. Min. Gilmar Mendes, 09.05.2007, *Inf. 466/STF*).

[150] "O sistema jurídico brasileiro **não contempla a figura da constitucionalidade superveniente**. A norma pedagógica do art. 110 do Código Tributário Nacional ressalta a impossibilidade de a lei tributária alterar a definição, o conteúdo e o alcance de consagrados institutos, conceitos e formas de direito privado utilizados expressa ou implicitamente. Sobrepõe-se ao aspecto formal o princípio da realidade, considerados os elementos tributários. (...). A jurisprudência do Supremo, ante a redação do art. 195 da Carta Federal anterior à EC n. 20/98, consolidou-se no sentido de tomar as expressões receita bruta e faturamento como sinônimas, jungindo-as à venda de mercadorias, de serviços ou de mercadorias e serviços. É inconstitucional o § 1.º do artigo 3.º da Lei n. 9.718/98, no que ampliou o conceito de receita bruta para envolver a totalidade das receitas auferidas por pessoas jurídicas, independentemente da atividade por elas desenvolvida e da classificação contábil adotada" (**RE 390.840**, Rel. Min. Marco Aurélio, j. 09.11.2005, *DJ* de 15.08.2006).

que "nasceu" viciada (*vício formal por violação a pressupostos objetivos do ato*) seja corrigida mediante um procedimento futuro de adequação ao art. 18, § 4.º.

E se não for elaborada referida LC federal pelo CN?

Conforme será discutido no *item 6.7.4.9* (julgamento da *ADO 3.682*), o prazo de 18 meses para que o Congresso Nacional elabore a LC federal nos termos do art. 18, § 4.º, foi fixado no dispositivo da decisão, tendo, assim, na linha de proposta da doutrina alemã, **caráter mandamental** (cf. a íntegra do acórdão — de *indispensável leitura*).

Nossa impressão é a de que teria sido imposta ao Congresso Nacional a obrigatoriedade de elaborar a lei, e, assim, se descumprida, tendo a decisão caráter mandamental, parece que o STF poderia determinar a elaboração ou, quem sabe, inclusive, por analogia, dentro da ideia de travamento de pauta, ou algum instrumento que derive do art. 64 e seus parágrafos, determinar medida coercitiva para o cumprimento, ou, ainda, na tendência de controle de omissões, manifestada pelo STF no julgamento do **MI 712** (cf. *item 14.11.5.7*), quem sabe até mesmo suprir a omissão.

Cabe alertar, todavia, que, restringindo nossa opinião, o **Ministro Presidente do STF** determinou, em **12.09.2008**, por meio do *Ofício n. 346/GP*, fosse esclarecido ao Presidente da Câmara dos Deputados, encaminhando o inteiro teor do acórdão de fls. 132-187: **"não se trata de impor um prazo para a atuação legislativa do Congresso Nacional, mas apenas da fixação de um parâmetro temporal razoável**, tendo em vista o prazo de 24 meses determinado pelo Tribunal nas ADI ns. 2.240, 3.316, 3.489 e 3.689 para que as leis estaduais que criam municípios ou alteram seus limites territoriais continuem vigendo, até que a lei complementar federal seja promulgada contemplando as realidades desses municípios".

E se, elaborada a LC federal, os Municípios não se adequarem ao novo procedimento?

Como disse a Ministra Ellen Gracie, o STF deu **sobrevida** à legislação atacada e fixou o prazo (para essa sobrevida) de 24 meses. Nesse sentido, nas palavras do Min. Sepúlveda Pertence, "até 24 meses porque, aí, ou ele estará criado por novos atos ou estará **desconstituído**", ficando, assim, na interpretação do Min. Marco Aurélio, o Município submetido a uma **condição resolutiva**. Dessa forma, pelo exposto nas discussões da ADI 2.240, o Município deixaria de existir, voltando ao *statu quo ante*.

A lei complementar não foi elaborada, e, na prática, a **EC n. 57/2008**, de maneira inconstitucional, convalidou os vícios indicados, tema que será discutido nos *itens 6.7.4.9* e *7.6.1*.

▪ 6.7.1.10. *Proibição do "atalhamento constitucional" e do "desvio de poder constituinte" (utilização de meio aparentemente legal buscando atingir finalidade ilícita)*

Conforme veremos no *capítulo 18* deste trabalho (*item 18.4*), a **EC n. 52/2006** buscou acabar, de vez, com a regra consagrada pelo TSE (*Res. n. 21.002/2002*) da obrigatoriedade da verticalização das coligações partidárias em razão do caráter nacional dos partidos políticos.

Ao modificar o art. 17, § 1.º, da CF/88, a EC n. 52/2006 estabeleceu ser assegurada aos partidos políticos autonomia para definir sua estrutura interna, organização e funcionamento e para adotar os critérios de escolha e o regime de suas coligações eleitorais, **sem obrigatoriedade de vinculação entre as candidaturas em âmbito nacional, estadual, distrital ou municipal**, devendo seus estatutos prever normas de disciplina e fidelidade partidária.

O art. 2.º da EC n. 52/2006, por sua vez, determinou a aplicação do novo preceito (que acabava com a obrigatoriedade da verticalização das coligações partidárias) às eleições que ocorreram no ano de 2002. Sem dúvida o objetivo dessa remissão era fazer com que a regra, supostamente direcionada para as eleições de 2002, pudesse já ser aplicada às eleições de 2006, na medida em que, aparentemente, intacta estaria a disposição contida no art. 16 da CF/88.

Como se sabe (e estudaremos no *capítulo 18*), o art. 16 da CF/88 consagra a regra da **anualidade eleitoral** ao dispor que a lei que alterar o processo eleitoral entrará em vigor na data de sua publicação, **não se aplicando à eleição que ocorra em até um ano da data de sua vigência**.

O objetivo do art. 16 é assegurar a estabilidade e a segurança jurídica do processo eleitoral, evitando que as regras mudem no "meio do jogo". Ou seja, a regra pode mudar, contudo só valerá a partir de um ano de sua vigência.

Pode-se afirmar, com o Ministro *Ricardo Lewandowski,* em seu voto,[151] que a manobra empreendida pelo constituinte reformador (art. 2.º da EC n. 52/2006) "... incorre no vício que os publicistas franceses de longa data qualificam de *détournement de pouvoir*, isto é, de 'desvio de poder ou de finalidade', **expediente mediante o qual se busca atingir um fim ilícito utilizando-se de um meio aparentemente legal**".

E continua: "em outras palavras, repita-se, buscou-se, no caso, como se viu, **atalhar** o princípio (sic) da anualidade, dando efeito retroativo à emenda 52, promulgada em plena vigência do moralizador artigo 16 da Carta Magna. Trata-se, nas palavras do ilustre Professor Fábio Konder Comparato, que elaborou parecer sobre a matéria, de um 'desvio de poder constituinte', que os autores alemães denominam *Verfassunsbeseitigung*, expressão que, traduzida literalmente, significa **'atalhamento da Constituição'**".

Consagra-se, portanto, a proibição de **"atalhamento da Constituição"**, vale dizer, qualquer artifício que busque abrandar, suavizar, abreviar, dificultar ou impedir a ampla produção de efeitos dos preceitos constitucionais, como, no caso, da regra da *anualidade eleitoral* (art. 16).

■ 6.7.1.11. Inconstitucionalidade "chapada", "enlouquecida", "desvairada"

A expressão "chapada" começou a ser utilizada pelo Min. Sepúlveda Pertence quando queria caracterizar uma inconstitucionalidade mais do que **evidente, clara, flagrante, escancarada**, não restando qualquer dúvida sobre o vício, seja formal, seja material.

[151] **ADI 3.685**, Rel. Min. Ellen Gracie, j. 22.03.2006, *DJ* de 10.08.2006.

Atualmente, vem sendo utilizada pelos Ministros, sempre no sentido inaugurado pelo Min. Pertence, destacando-se alguns julgados, como ADI 2.527, ADI 3.715, ADI 1.923-MC (cf. *Inf. 474/STF*), ADI 1.802-MC etc.

Inovando, o Min. Carlos Britto, no sentido de descrever uma inconstitucionalidade **manifesta**, chegou a caracterizá-la como **"enlouquecida, desvairada"** (ADI 3.232).

6.7.1.12. *Início da eficácia da decisão que reconhece a inconstitucionalidade ou a constitucionalidade de lei em processo objetivo de controle abstrato*

De modo geral, o STF entende que a decisão passa a valer a partir da **publicação da ata de julgamento no *DJE***, sendo desnecessário aguardar o trânsito em julgado, "exceto nos casos excepcionais a serem examinados pelo Presidente do Tribunal, de maneira a garantir a eficácia da decisão" (cf. **ADI 711-QO**, Rel. Min. Néri da Silveira, j. 05.08.1992, *DJ* de 11.06.1993 — critério adotado em julgamento de medida cautelar, mas que parece se adequar ao julgamento de mérito); Rcl 2.576 e *Notícias STF*, 23.06.2004; Rcl 3.309 e *Inf. 395/STF*; ADI 3.756-ED, Rel. Min. Carlos Britto, j. 24.10.2007, *DJ* de 23.11.2007). Nesse sentido:

> "EMENTA: 1. **Desnecessário o trânsito em julgado para que a decisão proferida no julgamento do mérito em ADI seja cumprida.** Ao ser julgada improcedente a ação direta de inconstitucionalidade — ADI 2.335 — a Corte, tacitamente, revogou a decisão contrária, proferida em sede de medida cautelar. Por outro lado, a lei goza da presunção de constitucionalidade. Além disso, é de ser aplicado o critério adotado por esta Corte, quando do julgamento da Questão de Ordem, na ADI 711 em que a decisão, em julgamento de liminar, é válida a partir da data da publicação no *Diário da Justiça* da ata da sessão de julgamento. 2. A interposição de embargos de declaração, cuja consequência fundamental é a interrupção do prazo para interposição de outros recursos (art. 538 do CPC/73), **não impede a implementação da decisão.**[152] Nosso sistema processual permite o cumprimento de decisões judiciais, em razão do poder geral de cautela, antes do julgamento final da lide. 3. Reclamação procedente" (**Rcl 2.576**, Rel. Min. Ellen Gracie, j. 23.06.2004, *DJ* de 20.08.2004).

Dessa forma, para a jurisprudência do STF, não se pode confundir, em se tratando de **ações objetivas de controle de constitucionalidade**,[153] a publicação da **ata de julgamento** com a publicação do **acórdão.**

[152] O art. 1.026 do CPC/2015, reafirmando que os embargos de declaração interrompem o prazo para a interposição de recurso, inova e explicita ao afirmar que **não possuem efeito suspensivo**.

[153] Devemos deixar claro que o entendimento que vem sendo exposto neste item deve ser observado **apenas** em relação às **ações objetivas do controle de constitucionalidade**. Para as outras ações, sejam recursais ou originárias, o STF não tem aplicado esse entendimento da publicação da ata, mas o da publicação do acórdão. Vejamos um exemplo: "Recursos interpostos antes da publicação do **acórdão recorrido** são intempestivos (AI 375.124-AgR-ED, Relator Min. Celso de Mello). Entendimento quebrantado, tão somente, naquelas hipóteses em que a decisão recorrida já está materializada nos autos do processo quando da interposição do recurso, dela tendo tomado ciência a parte recorrente (AI 497.477-AgR, da relatoria do ministro Cezar Peluso). O que não é o caso dos autos" (**Inq. 2.630-ED**, Rel. Min. Ayres Britto, j. 26.03.2009, *DJE* de 15.05.2009).

O efeito da decisão passa a valer, **inclusive para eventual interposição de reclamação**, a partir da publicação da **ata** de julgamento no *DJE*. Publicado o acórdão, em momento seguinte, inicia-se o prazo para a interposição de eventual recurso, no caso dos processos objetivos em análise, dos embargos declaratórios. Só então, julgados os embargos, é que haverá a **certificação** do trânsito em julgado da decisão, sem que isso impeça, como visto, desde a publicação da ata, a produção dos **efeitos** da decisão. Pedimos, novamente, vênia para destacar a jurisprudência do STF:

> "1. O cabimento da reclamação não está condicionado a publicação do acórdão supostamente inobservado. 2. A decisão de inconstitucionalidade produz efeito vinculante e eficácia *erga omnes* desde a publicação da **ata** de julgamento e não da publicação do acórdão. 3. A ata de julgamento publicada impõe autoridade aos pronunciamentos oriundos desta Corte. 4. Agravo regimental provido" (**Rcl 3.632-AgR**, Redator para o acórdão o Ministro Eros Grau, Plenário, *DJ* 18.08.2006. Nesse sentido, cf. decisão monocrática da Min. Cármen Lúcia na Rcl 17.446, j. 31.03.2014).[154]

Para **abreviar** esse período (publicação da ata de julgamento e publicação do acórdão, com a certificação do trânsito em julgado), que em muitos casos já chegou a levar anos, **destacamos** a **Portaria n. 536/STF, de 16.10.2014**, que dispõe sobre o prazo para a publicação de acórdãos e já vem surtindo efeitos relevantes (para se ter uma ideia da gravidade da situação, mesmo diante da regra contida no art. 5.º, LXXVIII, CF/88, que trata da celeridade enquanto garantia fundamental, quando da publicação da referida Resolução, havia a pendência de publicação de cerca de 2.000 acórdãos proferidos pelas Turmas e pelo Plenário do STF!).

6.7.1.13. *Competência (ADI genérica)*

A competência para processar e julgar as ações diretas de inconstitucionalidade será definida em conformidade com a natureza do **objeto da ação**, qual seja, lei ou ato normativo federal, estadual, municipal ou distrital e o **parâmetro** ou **paradigma de confronto**, no caso, a Constituição Federal, a Constituição Estadual, a Lei Orgânica do Distrito Federal (que tem *status* de Constituição) ou qualquer preceito com força normativa constitucional (ampliação dentro da ideia de "bloco de constitucionalidade", por exemplo, a EC n. 91/2016, que, sem introduzir qualquer artigo, seja no corpo ou mesmo no ADCT, alterou regra sobre perda do mandato eletivo por infidelidade partidária, estabelecendo a possibilidade, excepcional e em período determinado, de desfiliação, sem prejuízo do mandato). Vejamos as hipóteses.

[154] Destacamos: "A obrigatoriedade de observância da decisão de liminar, em controle abstrato realizado pelo STF, impõe-se com a publicação da **ata** da sessão de julgamento no Diário da Justiça. O ajuizamento de reclamação **independe tanto da publicação do acórdão cuja autoridade se quer garantir** (ADC 4-MC) **como de sua juntada**" (**Rcl 1.190-AgR** e **Rcl 1.197-AgR**, Rel. p/ o ac. Min. Joaquim Barbosa, j. 08.09.2005, Plenário, *DJ* de 03.02.2006. No mesmo sentido: *Rcl 3.113-AgR*, j. 18.08.2010; *Rcl 6.167-AgR*, j. 18.09.2008; *Rcl 5.537-AgR*, j. 29.10.2007; *Rcl 4.857-AgR*, j. 29.03.2007; *Rcl 3.632-AgR*, j. 02.02.2006).

6.7.1.13.1. *Lei ou ato normativo federal ou estadual em face da CF (art. 102, I, "a")*

O art. 102, I, "a", da CF/88 estabelece que compete ao **STF**, precipuamente, a guarda da Constituição, cabendo-lhe processar e julgar, **originariamente**, a ação direta de inconstitucionalidade (ADI) de **lei ou ato normativo federal** ou **estadual**. Trata-se de controle concentrado, sendo a ação proposta diretamente no STF, de forma originária. Assim:

- Lei ou ato normativo **federal/estadual** que contrariar a **CF → STF**.

6.7.1.13.2. *Lei ou ato normativo estadual ou municipal em face da CE (art. 125, § 2.º)*

O art. 125, § 2.º, da CF/88 dispõe que caberá aos Estados a instituição de representação de inconstitucionalidade de **leis ou atos normativos estaduais ou municipais** em face da **CE**, vedada a atribuição da legitimação para agir a um único órgão. Ou seja, cada Estado criará o seu sistema de controle concentrado de constitucionalidade, mas agora de lei ou ato normativo estadual ou municipal que contrariarem a Constituição do aludido Estado-Membro. Quem terá competência para o julgamento será o **Tribunal de Justiça do Estado** (TJ).[155] Vejamos o esquema:

- Lei ou ato normativo **estadual/municipal** que contrariar a **CE → TJ local**.

6.7.1.13.3. *Lei ou ato normativo municipal em face da CF*

Nesse caso, por falta de expressa previsão constitucional, seja no art. 102, I, "a", seja no art. 125, § 2.º, por regra, **inexistirá controle concentrado originário por ADI genérica**, podendo a questão ser analisada incidentalmente no controle difuso, chegando ao STF via recurso extraordinário.

Esse silêncio acerca da hipótese do aludido controle concentrado no âmbito do STF, de forma proposital, é chamado de **silêncio eloquente** a traduzir uma regra, qual seja, a de que não cabe ADI genérica **no STF** tendo por objeto lei municipal confrontada em face da Constituição Federal.

Nesse sentido, o STF, pela ADI 347-SP, corroborando o entendimento acima exposto, suspendeu a eficácia do art. 74, XI, da CE/SP, que dizia ser o controle das leis municipais que contrariassem a CF feito pelo TJ local.

CUIDADO: a partir do julgamento do **RE 650.898** (1.º.02.2017), tendo sido o entendimento reafirmado na **ADI 5.646** (j. 07.02.2019), o STF estabeleceu a seguin-

[155] Observe-se, apenas, que, conforme apontou o Ministro Moreira Alves, na hipótese de tramitação simultânea de ações, uma buscando declarar a inconstitucionalidade de **lei estadual** perante o STF (confrontação da lei estadual perante a CF) e outra perante o TJ local (confrontação da lei estadual perante a CE), tratando-se de norma repetida da CF na CE, **suspende-se o curso da ação proposta no TJ local até o julgamento final da ação intentada no STF** (STF, Pleno, ADI 1.423/SP, *DJ* 1, de 22.11.1996, p. 45684).

te tese, excepcionando a regra geral acima exposta: "é constitucional o exercício pelos **Tribunais de Justiça** do controle abstrato de constitucionalidade de leis municipais em face da Constituição da República, quando se tratar de **normas de reprodução obrigatória** pelos Estados-membros" (acompanhar o julgamento da ADI 5.647 sobre o mesmo tema, *pendente*).

Confrontar, por fim, a discussão exposta acima sobre a regra geral com a **arguição de descumprimento de preceito fundamental — ADPF**, estabelecida no art. 102, § 1.º, da CF/88, regulamentada pela Lei n. 9.882/99 e por nós comentada no *item 6.7.3*, que admite referida ação tendo por objeto lei municipal perante a CF/88!

Como regra geral, o esquema é o seguinte:

- Lei ou ato normativo **municipal** que contrariar a **CF → não há controle concentrado através de ADI genérica a ser julgada pelo STF, só difuso. Há, contudo, a possibilidade de ajuizamento da arguição de descumprimento de preceito fundamental tendo por objeto lei municipal confrontada perante a CF e sendo julgada originariamente pelo STF**.

6.7.1.13.4. *Lei ou ato normativo distrital em face da CF/88*

No tocante ao Distrito Federal, o poder constituinte originário de 1988 deixou de fazer previsão expressa ao controle de constitucionalidade das leis emanadas do legislativo do Distrito Federal.

Apesar disso, o art. 32, § 1.º, dispõe que ao Distrito Federal são atribuídas as competências legislativas reservadas aos **Estados** e **Municípios**. Assim, o controle concentrado a ser exercido pelo STF será possível ou não de acordo com a natureza da norma constitucional elaborada pelo Distrito Federal. Vejamos:

- Lei ou ato normativo **distrital** de **natureza estadual** que contrariar a **CF → STF**;
- Lei ou ato normativo **distrital** de **natureza municipal** que contrariar a **CF → não há controle concentrado no STF através de ADI**,[156] **só difuso**. Há, contudo, a possibilidade do ajuizamento da **arguição de descumprimento de preceito fundamental** tendo por objeto lei ou ato normativo **distrital**, de natureza **municipal**, confrontada perante a **CF. CUIDADO:** pela atual jurisprudência do STF (RE 650.898 e ADI 5.646), admite-se, no âmbito do TJDFT, o controle concentrado de constitucionalidade de leis distritais de natureza municipal, utilizando-se como parâmetro normas da Constituição Federal, desde que se trate de normas de reprodução obrigatória pelo DF (cf. *item 6.8.5.2*).

6.7.1.13.5. *Lei ou ato normativo distrital em face da Lei Orgânica Distrital*

De acordo com o art. 32, *caput*, da CF/88, o Distrito Federal, vedada a sua divisão em Municípios, reger-se-á por **lei orgânica**. Indagamos, então: seria possí-

[156] Nesse sentido, **S. 642/STF, 24.09.2003**: "não cabe ação direta de inconstitucionalidade de lei do Distrito Federal derivada da sua competência legislativa municipal".

vel o controle concentrado de lei ou ato normativo distrital, em face da Lei Orgânica Distrital?

Fazendo pesquisa na jurisprudência do TJDF, encontramos julgados permitindo o referido controle, corroborados pelo Regimento Interno do TJDF (arts. 206 a 209). Vejamos:

> "Ação direta de inconstitucionalidade. Lei local em face da LODF. Competência. Liminar. Requisitos. I — O leito processual adequado para o exercício do controle concentrado de constitucionalidade de **lei local em face da lei orgânica do Distrito Federal** é a ação direta de inconstitucionalidade. II — Não há lacunas na Constituição Federal relativamente à competência para o processo e julgamento da ADI. Ocorre, tão só, falta de explicitude da Lei Maior. Tal competência é afeta ao **Tribunal de Justiça do Distrito Federal e dos Territórios**, por interpretação sistemática, quanto ao método, e extensiva, quanto ao alcance, dos arts. 125, § 2.º, e 32, § 1.º, da CF. III — O procedimento a ser adotado na ADI encontra-se descrito no *RISTF*, de aplicação subsidiária" (destacamos).[157]

Esse entendimento jurisprudencial passou a encontrar expresso amparo legal. A **Lei n. 9.868/99**, que dispõe sobre o processo e julgamento da ADI e da ADC perante o STF, alterou a Lei de Organização Judiciária do Distrito Federal (Lei n. 8.185/91), acrescentando a alínea "n" ao inciso I do art. 8.º, que atribui competência ao TJ local para processar e julgar, originariamente, a *ADI de lei ou ato normativo do DF em face da sua Lei Orgânica*.

Referida lei foi revogada pela **Lei n. 11.697/2008** (lei federal que dispõe sobre a organização judiciária do Distrito Federal e dos Territórios), que manteve a mencionada competência no art. 8.º, I, "n" e, ainda, estabeleceu, na alínea "o", a atribuição para processar e julgar, originariamente, a ação declaratória de constitucionalidade de lei ou ato normativo do Distrito Federal em face de sua Lei Orgânica.

A previsão da ADO (Ação Direta de Inconstitucionalidade por Omissão), que já constava no art. 30 da Lei n. 9.868/99, foi mantida no art. 8.º, § 4.º, II, da Lei n. 11.697/2008.

Ainda, seguindo a orientação da Lei n. 9.868/99, nos termos do art. 8.º, § 5.º, da comentada Lei n. 11.697/2008, ficou mantida a regra no sentido de se aplicarem, no que couber, ao processo e julgamento da **ação direta de inconstitucionalidade de lei ou ato normativo do Distrito Federal, em face da sua Lei Orgânica**, as normas sobre o processo e o julgamento da ação direta de inconstitucionalidade perante o STF.

Esse entendimento, qual seja, apresentar-se a **Lei Orgânica do DF** como parâmetro ou paradigma de confronto, encontra-se pacificado na jurisprudência do STF:

[157] Registro do Acórdão n. 111.897, data de julgamento: 1.º.09.1998; órgão julgador: Conselho Especial, Rel. Min. Nancy Andrighi, *DJ* de 02.06.1999, p. 14.

"EMENTA: Antes de adentrar no mérito da questão aqui debatida, anoto que, muito embora não tenha o constituinte incluído o Distrito Federal no art. 125, § 2.º, que atribui competência aos Tribunais de Justiça dos Estados para instituir a representação de inconstitucionalidade em face das constituições estaduais, a Lei Orgânica do Distrito Federal apresenta, no dizer da doutrina, a natureza de verdadeira Constituição local, ante a autonomia política, administrativa e financeira que a Carta confere a tal ente federado. Por essa razão, entendo que se mostrava cabível a propositura da ação direta de inconstitucionalidade pelo MPDFT no caso em exame" (RE 577.025, voto do Rel. Min. Ricardo Lewandowski, j. 11.12.2008, Plenário, *DJE* de 06.03.2009).

6.7.1.13.6. *Lei municipal em face da lei orgânica do Município*

Nesse caso não estaremos diante de controle de constitucionalidade, mas de simples controle de **legalidade**, cujas regras deverão ser explicitamente previstas na Lei Orgânica de cada Município.

Manoel Carlos, de forma interessante, reconhecendo a natureza constitucional da lei orgânica de Município, sugere que a possibilidade de controle seja pela via incidental, como **abstratamente**, lembrando a previsão de controle concentrado de lei municipal em face da lei orgânica, nos termos do art. 61, I, "l", da Constituição do Estado de Pernambuco.[158]

Resta aguardar como o STF vai evoluir sobre esse assunto **(matéria pendente)**, mostrando-se bastante sedutora a proposta doutrinária.

Por enquanto, contudo, parece que a melhor orientação (no caso dos *concursos públicos*) seria seguir a conclusão de André Ramos Tavares, no sentido de que o controle seria feito pelo **sistema difuso** apenas.[159]

6.7.1.14. *Legitimidade (ADI genérica)*

No tocante à legitimidade, estudaremos os legitimados para a representação de inconstitucionalidade de lei ou ato normativo estadual ou federal, contestados em face da CF, sendo julgada pelo STF.

As partes legítimas para propositura da ação de inconstitucionalidade de leis ou atos normativos estaduais ou municipais, contestados em face da CE perante o TJ local, serão especificadas em cada Constituição Estadual. O art. 125, § 2.º, CF/88, veda, no âmbito estadual, a atribuição da legitimação a um único órgão (cf. *item 6.8.4*).

A CF/88, ampliando o rol de legitimados, que até 1988 apenas se limitava ao Procurador-Geral da República (PGR), previu, em seu art. 103, que a ADI genérica, para questionar a constitucionalidade de lei ou ato normativo federal ou estadual contestados em face da própria CF, poderá ser proposta (no plano da ADI no STF, o **rol** é **taxativo** — *numerus clausus*):

I — pelo Presidente da República;

II — pela Mesa do Senado Federal;

[158] M. C. de Almeida Neto, *O novo controle de constitucionalidade municipal*, p. 143.

[159] A. R. Tavares, *Curso de direito constitucional*, 8. ed., p. 476.

Acesse também a videoaula pelo link: somos.in/DCE25095

III — pela Mesa da Câmara dos Deputados;[160]

IV — pela Mesa de Assembleia Legislativa de Estado ou pela Mesa da Câmara Legislativa do Distrito Federal (alterado pela EC n. 45/2004);[161]

V — pelo Governador de Estado ou do Distrito Federal (alterado pela EC n. 45/2004);[162]

VI — pelo Procurador-Geral da República;

VII — pelo Conselho Federal da Ordem dos Advogados do Brasil;

VIII — por partido político com representação no Congresso Nacional;[163]

IX — por confederação sindical[164 e 165] ou entidade de classe[166] de âmbito nacional.[165]

---

160 A legitimação é apenas para a Mesa do Senado Federal e da Câmara dos Deputados (art. 57, § 4.º). **A Mesa do Congresso Nacional (art. 57, § 5.º) não tem legitimidade para a propositura da ADI.**

161 O STF já admitia, antes da EC n. 45/2004 e da Lei n. 9.868, de 10.11.1999, a propositura pela Mesa da Câmara Legislativa do Distrito Federal.

162 O STF já admitia, antes da EC n. 45/2004 e da Lei n. 9.868, de 10.11.1999, a propositura pelo Governador do Distrito Federal. Deixamos claro que a legitimação foi estabelecida para o **Chefe do Poder Executivo Estadual** e/ou **Distrital** e não para o ente federativo. Assim, muito embora a ação possa ser proposta pelo Governador do Estado-Membro, o ente federativo em si, no caso, o Estado-Membro, não está autorizado a recorrer, já que não foi incluído no rol **(taxativo)** dos legitimados. A legitimação recursal nas ações de controle concentrado deve ser paralela à legitimidade processual ativa para recorrer. Vejamos: "Ação direta de inconstitucionalidade ajuizada por governador de Estado. Decisão que não a admite, por incabível. Recurso de agravo interposto pelo próprio Estado-membro. **Ilegitimidade recursal** dessa pessoa política. Inaplicabilidade, ao processo de controle normativo abstrato, do art. 188 do CPC/73. Recurso de agravo não conhecido. O Estado-membro não possui legitimidade para recorrer em sede de controle normativo abstrato. O Estado-membro não dispõe de legitimidade para interpor recurso em sede de controle normativo abstrato, ainda que a ação direta de inconstitucionalidade tenha sido ajuizada pelo respectivo governador, a quem assiste a prerrogativa legal de recorrer contra as decisões proferidas pelo relator da causa (Lei 9.868/1999, art. 4.º, parágrafo único) ou, excepcionalmente, contra aquelas emanadas do próprio Plenário do STF (Lei 9.868/1999, art. 26)" (ADI 2.130-AgR, Rel. Min. Celso de Mello, j. 03.10.2001, Plenário, *DJ* de 14.12.2001. No mesmo sentido: ADI 1.663-AgR-AgR, Rel. Min. Dias Toffoli, j. 24.04.2013, Plenário, *DJE* de 05.08.2013).

163 Decidiu o STF que a exigência de representação do partido político no Congresso Nacional é preenchida com a existência de apenas um parlamentar, em qualquer das Casas Legislativas. A representação do partido político na ação dar-se-á pelo **Diretório Nacional** ou pela **Executiva do Partido**, de acordo com a sua constituição, não admitindo a legitimidade ativa ao Diretório Regional ou Executiva Regional, na medida em que **não podem agir nacionalmente** (STF, ADI 1.449-8/AL, Rel. Min. Ilmar Galvão, *DJ* 1, de 21.05.1996, p. 16877). O STF entendeu a possibilidade de outorga do instrumento de mandato pelo Presidente do Partido (ADI 2.552, j. 27.11.2001, fazendo-se referência à ADI 2.187-QO). De acordo com a jurisprudência do STF, a aferição da representação do partido político em uma das Casas do Congresso Nacional (sendo suficiente em apenas uma), dá-se no momento da propositura da ação (ADI 2.054-QO).

164 Em relação às **confederações sindicais**, o STF já decidiu que deverão preencher os requisitos da legislação pertinente, entre os quais o de serem constituídas por, no mínimo, **3 federações sindicais**, nos termos do art. 535 da CLT (ADI 1.121/RS, Rel. Min. Celso de Mello, sessão plenária de 06.09.1995 — *Inf. 5/STF*). Como exemplo, citamos a Confederação Nacional de Saúde (CNS), a Confederação Nacional do Comércio (CNC) etc., todas devendo demonstrar pertinência temática.

CUIDADO: seguindo a tendência de **revisitação da jurisprudência em relação ao art. 103, IX** (*vide* destaque no corpo do texto a seguir), o STF admitiu o ajuizamento de ADI pela **Confederação Nacional dos Trabalhadores em Educação — CNTE**, que demonstrou possuir **representatividade adequada** em âmbito nacional, "circunstância que supera dúvidas suscitadas quanto ao número de federações que a integram. Ademais, versando a impugnação sobre o regime do magistério, está igualmente presente a pertinência temática" (**ADI 4.079**, j. 26.02.2015). Trata-se, portanto, de movimento jurisprudencial no sentido de afastar as regras que foram criadas pela jurisprudência antiga da Corte e que não estão expressas na Constituição.

165 Devemos alertar que, em se tratando de **entidades sindicais**, o STF **não reconhece a legitimação ativa** dos **sindicatos** e das **federações**, ainda que possuam abrangência nacional, em razão de sua menor hierarquia. Da mesma forma, o STF **não reconhece a legitimação** das **centrais sindicais**. Para se ter um precedente, destacamos o caso concreto da **CUT**, que, segundo a Corte, não se enquadra na primeira parte do inciso IX do art. 103 da Constituição, não tendo, portanto, legitimação ativa (**ADI 271-MC**, Rel. Min. Moreira Alves, j. 24.09.1992, Plenário, *DJ* de 06.09.2001. No mesmo sentido: **ADI 1.442**, Rel. Min. Celso de Mello, j. 03.11.2004, Plenário). Essa jurisprudência foi **confirmada** mesmo após a alteração da CLT pela **Lei n. 11.468/2008**, que definiu as centrais sindicais como entidades de representação geral dos trabalhadores, constituídas em âmbito nacional: "EMENTA: (...). 2. Muito embora ocorrido o reconhecimento formal das centrais sindicais com a edição da Lei n. 11.648/2008, **a norma não teve o condão de equipará-las às confederações, de modo a sobrelevá-las a um patamar hierárquico superior na estrutura sindical**. Ao contrário, criou-se um modelo paralelo de representação, figurando as centrais sindicais como patrocinadoras dos interesses gerais dos trabalhadores, e **permanecendo as confederações como mandatárias máximas de uma determinada categoria profissional ou econômica**. 3. A fórmula alternativa prevista no art. 103, IX, do Texto Magno, impede que determinada entidade considerada de natureza sindical, não enquadrável no conceito de confederação, venha a se utilizar do rótulo de entidade de classe de âmbito nacional, para fins de legitimação" (**ADI 4.224-AgR**, Rel. Min. Dias Toffoli, j. 1.º.08.2011, Plenário).

166 De acordo com a jurisprudência do STF, **entidade de classe de âmbito nacional**, aplicando analogicamente a Lei Orgânica dos Partidos Políticos (art. 7.º, da Lei n. 9.096/95), é aquela de atuação transregional e organizada em pelo menos **9 Estados da Federação** (ou seja, em ao menos 1/3 dos 27 entes federativos — 26 Estados e o DF. Cf., também, medida liminar na ADI 386). Dessa forma, não basta a simples declaração formal constante de seus atos constitutivos. **CUIDADO:** neste último precedente, o Ministro Moreira Alves ressaltou que referido critério de organização "cederá nos casos em que haja comprovação de que a categoria dos associados só existe em menos de 9 Estados". Assim, em outro julgado, resgatando a aludida ressalva, em situação concreta que envolvia a *Associação Brasileira dos Extratores e Refinadores de Sal (ABERSAL)*, o STF afastou a exigência da organização em pelo menos 1/3 dos Estados da Federação. Vejamos: "EMENTA: Ação Direta de Inconstitucionalidade ajuizada pela Associação Brasileira dos Extratores e Refinadores de Sal — ABERSAL contra a Lei Estadual n. 8.299/2003, do Estado do Rio Grande do Norte, que 'dispõe sobre formas de escoamento do sal marinho produzido no Rio Grande do Norte e dá outras providências'. 2. Legitimidade ativa. 3. Inaplicabilidade, no caso, do critério adotado para a definição do caráter nacional dos partidos políticos (Lei n. 9.096/95: art. 7.º), haja vista a **relevância nacional da atividade dos associados** da ABERSAL, não obstante a produção de sal ocorrer em poucas unidades da federação" (**ADI 2.866-MC**, Rel. Min. Gilmar Mendes, j. 25.09.2003). Finalmente, também alterando entendimento, o STF passou a admitir ajuizamento de ADI por **"associação de associação"** (cf. **ADI 3.153 AgR/DF**), assim como por **"confederações nacionais"** (**ADI 3.870**, j. 27.09.2019, *DJE* de 24.10.2019). **Recomendamos a leitura do tópico específico neste item, especialmente a mutação constitucional do sentido de "entidade de classe".**

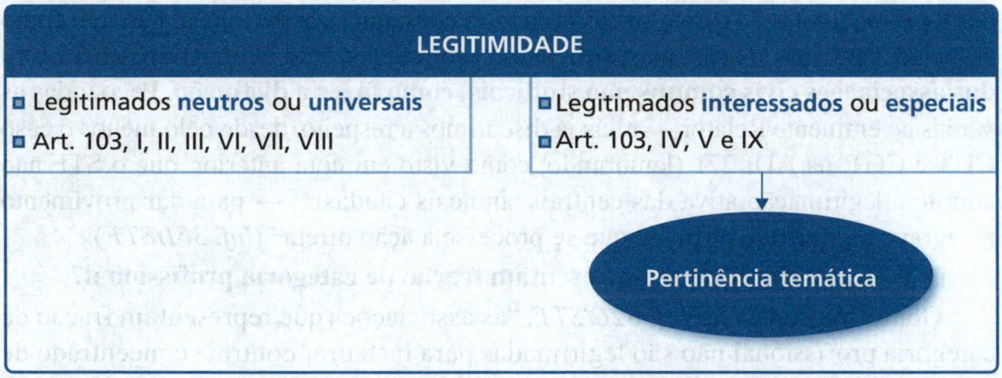

Quanto aos legitimados, o STF prescreve que alguns devem demonstrar interesse na aludida representação, em relação à sua **finalidade institucional**. Todos os membros acima citados são **neutros** ou **universais**, possuidores de **legitimação ativa universal**, ou seja, não precisam demonstrar a **pertinência temática**, exceto os dos incisos **IV** — *Mesa de Assembleia Legislativa de Estado* (e, como vimos, também a Mesa da Câmara Legislativa); **V** — *Governador de Estado* (também o Governador do DF) e **IX** — *confederação sindical ou entidade de classe de âmbito nacional*, que são autores **interessados** ou **especiais**, ou seja, devem demonstrar o interesse na propositura da ação relacionado à sua finalidade institucional.

▪ E "associação de associação" pode ser classificada como entidade de classe para a propositura da ADI?

Inicialmente, o STF negou legitimidade ativa à Associação dos Delegados de Polícia do Brasil (ADEPOL) (ADI 591-MC/DF, *RTJ* 138/81) por se tratar de "associação de associação".

Entretanto, a Suprema Corte **modificou o seu entendimento** ao analisar o caso concreto da *Federação Nacional das Associações dos Produtores de Cachaça de Alambique (FENACA)*. Vejamos: "Associação de Associações: Legitimidade para ADI (Transcrições) (v. *Informativo* 356), ADI 3.153 AgR/DF, Relator p/ acórdão: Min. Sepúlveda Pertence. Voto: Presidente, volta ao Plenário um problema cuja solução, na jurisprudência da Corte, jamais, pessoalmente, me convenceu: é a que baniu da legitimação para a ação direta de inconstitucionalidade o que se tem chamado 'associação de associações'. A meu ver, nada o justifica. Chegou-se a falar que uma 'associação de associações' só poderia defender os interesses das suas associadas, vale dizer, das associações que congrega. Mas, *data venia*, o paralogismo é patente. A entidade é de classe, da classe reunida nas associações estaduais que lhe são filiadas. O seu objetivo é a defesa da mesma categoria social. E o fato de uma determinada categoria se reunir, por mimetismo com a organização federativa do País, em associações correspondentes a cada Estado, e essas associações se reunirem para, por meio de uma entidade nacional, perseguir o mesmo objetivo institucional de defesa de classe, a meu ver, não descaracteriza a entidade de grau superior como o que ela realmente é: uma entidade de classe. No âmbito sindical, isso é indiscutível. As entidades legitimadas à ação direta são as confederações, que, por definição, não têm como associados pessoas físicas, mas, sim, associações delas. **Não vejo, então, no âmbito das associações civis comuns não sindicais, como fazer a distinção.** Peço todas as vênias ao eminente Relator — aliás já discutimos a respeito, desde pelo menos o caso CUT e CGT, na ADI 271 (lembrando, como visto em nota anterior, que o STF não admite a legitimação ativa das centrais sindicais citadas)[167] — para dar provimento ao agravo regimental, a fim de que se processe a ação direta" (*Inf. 361/STF*).

■ **E as associações que representam fração de categoria profissional?**

Conforme consta no *Inf. 826/STF*, "as associações que representam fração de categoria profissional não são legitimadas para instaurar controle concentrado de constitucionalidade de norma que extrapole o universo de seus representados. Com base nessa orientação, o Plenário, em conclusão de julgamento e por maioria, desproveu agravo regimental em arguição de descumprimento de preceito fundamental, na qual se discutia a legitimidade ativa da Associação Nacional dos Magistrados Estaduais **(ANAMAGES)**. Na espécie, a referida associação questionava dispositivo da LC 35/1979 (Lei Orgânica da Magistratura Nacional). A Corte assentou a ilegitimidade ativa da mencionada associação. Manteve o entendimento firmado na decisão agravada de que, se o ato normativo impugnado repercute sobre a esfera jurídica de toda uma classe, não seria legítimo permitir-se que associação representativa de apenas uma parte dos membros dessa mesma classe impugnasse a norma, pela via abstrata da ação direta" (ADPF 254, Min. Luiz Fux, 18.05.2016).

■ **"Entidade de Classe" — a evolução da jurisprudência do STF: revisitação dos requisitos impostos pela jurisprudência defensiva (restritiva e de "autodefesa") da Corte**

A jurisprudência do STF, **em um primeiro momento**, consolidou-se no sentido de estabelecer o preenchimento de alguns requisitos para se caracterizar **entidade de classe** para o ajuizamento da ADI (art. 103, IX), quais sejam, a necessidade de ser entidade representativa de **categorias de natureza profissional** ou **econômica determinada** e, ainda, **homogênea**, no sentido de representar um único segmento. Vejamos os precedentes:

- ■ **ADI 89:** o STF negou legitimidade à União Nacional dos Estudantes (UNE), por entender tratar-se de **classe estudantil**, e não de classe profissional;
- ■ **ADI 386:** o STF passou a exigir que a entidade de classe preencha o requisito da **homogeneidade**. Nesse sentido, reafirmou a Corte: "a heterogeneidade da

---

[167] Conforme anotou o Min. Celso de Mello em seu voto na ADI 271-MC, as **confederações sindicais** (que têm legitimação ativa e estão abarcadas pelo art. 103, IX), "distinguem-se claramente das **centrais sindicais**, pois aquelas associações de grau superior, posicionadas no ápice da pirâmide sindical, representam, enquanto uniões compostas que são, **uma só** categoria econômica ou profissional, enquanto que estas — as centrais sindicais — apresentam-se **superpostas** às próprias categorias" (**ADI 271-MC**, Rel. Min. Moreira Alves, j. 24.09.1992, Plenário, *DJ* de 06.09.2001, fls. 145).

composição da autora, conforme expressa disposição estatutária, descaracteriza a condição de representatividade de classe de âmbito nacional: Precedentes do STF" (ADI 3.381, Rel. Min. Cármen Lúcia, j. 06.06.2007, Plenário. No mesmo sentido: ADI 3.805 AgR, Rel. Min. Eros Grau, j. 22.04.2009, Plenário. Cf., ainda, ADI 57, Rel. Min. Ilmar Galvão, Tribunal Pleno, j. 31.10.1991; ADI 941 MC, Rel. Min. Sydney Sanches, Tribunal Pleno, j. 21.10.1993).

CUIDADO: observa-se uma tendência/realidade de revisitação desses requisitos impostos pela jurisprudência defensiva (restritiva e de "autodefesa") da Corte, destacando-se os seguintes julgados em sentido diametralmente oposto aos acima mencionados:

- **ADPF 527-MC:** o Min. Barroso reconheceu a legitimação ativa da Associação Brasileira de Lésbicas, Gays, Bissexuais, Travestis, Transexuais e Intersexos (ABGLT), **mesmo não sendo uma categoria econômica ou profissional**. Vejamos a ementa: "superação da jurisprudência. A missão precípua de uma Suprema Corte em matéria constitucional é a proteção de direitos fundamentais em larga escala. Interpretação teleológica e sistemática da Constituição de 1988. **Abertura do controle concentrado à sociedade civil, aos grupos minoritários e vulneráveis**" (decisão monocrática proferida em 29.06.2018);[168]
- **ADI 3.413:** o STF reconheceu a legitimação ativa da Associação Brasileira da Indústria de Máquinas e Equipamentos — ABIMAQ: "o fato de a associação requerente congregar diversos segmentos existentes no mercado não a descredencia para a propositura da ADI — evolução da jurisprudência" (j. 1.º.06.2011), **afastando-se a necessidade de homogeneidade**.

Conforme observou o Min. Barroso no julgamento da **ADPF 324** (Pleno, j. 30.08.2018, *DJE* de 06.09.2019), a partir do julgamento da **ADI 4.079** (Pleno, j. 26.02.2015), que reconheceu a legitimação ativa da *Confederação Nacional dos Trabalhadores em Educação — CNTE*, "o critério que passou a determinar o reconhecimento da legitimidade ativa das associações de classe e das confederações sindicais passou a ser o **critério da 'representatividade adequada'**, segundo o qual deve-se abandonar um critério formalista de aferição de tal legitimidade e adotar um

[168] Veja o interessante **parecer da PGR** na referida ADPF (pendente a ratificação/apreciação pelo Pleno da cautelar deferida pelo Min. Barroso em 26.06.2019, assim como o julgamento de mérito): "Legitimação ativa. Ampliação do acesso à jurisdição constitucional. Interpretação evolutiva dos direitos humanos. Incremento da proteção a grupos minoritários. Exigência de representatividade nacional. Devem ser **revistos** os limites subjetivos historicamente impostos pela jurisprudência do Supremo Tribunal Federal ao exercício da legitimidade do inciso IX do art. 103 da Constituição Federal, para que, **redefinindo-se** o sentido atribuído à expressão 'entidade de classe', sejam **incluídas nesse conceito, além das entidades cujos membros estão unidos por vínculos de natureza econômica ou profissional, aquelas constituídas para a defesa de grupos sociais vulneráveis**. É exigência da Constituição de 1988 a **democratização do acesso à jurisdição constitucional**" (21.02.2019).

exame material, a fim de verificar se a associação reúne suficientes membros de uma categoria a ponto de que possa falar em nome desta" (fls. 43).

Nessa linha, o Min. Marco Aurélio vinha sinalizando: "estou convencido, a mais não poder, ser a hora de o Tribunal **evoluir na interpretação do artigo 103, inciso IX**, da Carta da República, vindo a concretizar o propósito nuclear do constituinte originário — **a ampla participação social, no âmbito do Supremo, voltada à defesa e à realização dos direitos fundamentais**. A jurisprudência, até aqui muito restritiva, limitou o acesso da sociedade à jurisdição constitucional e à dinâmica de proteção dos direitos fundamentais da nova ordem constitucional. Em vez da participação democrática e inclusiva de diferentes grupos sociais e setores da sociedade civil, as decisões do Supremo produziram acesso seletivo. As portas estão sempre abertas aos debates sobre interesses federativos, estatais, corporativos e econômicos, mas fechadas às entidades que representam segmentos sociais historicamente empenhados na defesa das liberdades públicas e da cidadania" (**ADI 5.291**, j. 06.05.2015).

Nesse sentido, o Min. Barroso destacou estudo empírico: "um levantamento sobre as ações diretas de inconstitucionalidade apreciadas pelo Supremo Tribunal Federal, no período de 1988 a 2012, constatou que a maioria das ações diretas que versam sobre direitos fundamentais referem-se a interesses corporativos de servidores públicos, advogados públicos, magistrados, membros do Ministério Público etc. Obviamente, esse quadro tem íntima relação com quem pode propor uma ação direta. Se apenas entidades de classe representativas de interesses econômicos e profissionais podem deflagrar o controle concentrado, esses serão os interesses debatidos nesse âmbito (...). Assim, limitar as entidades de classe às categorias econômicas e políticas significa valer-se do controle de constitucionalidade para preservar interesses de grupos que dispõem de força política e **frustrar o acesso à jurisdição constitucional justamente pelos grupos que mais precisam dela**".[169]

Toda essa evolução foi mais uma vez destacada no julgamento da **ADPF 262 AgR**, pela qual o Pleno **superou a necessidade do requisito da homogeneidade**. Conforme bem anotou o Min. Barroso, as restrições que foram colocadas (pertinência temática, classe econômica e homogeneidade) são fruto da jurisprudência da Corte e não de previsão constitucional. O que deve haver é o efetivo controle da **"representatividade adequada"** e não a imposição de outras restrições que não estão previstas na Constituição (fls. 21). Conforme ficou sedimentado, "as Confederações Nacionais são entidades de alcance nacional e atuação transregional dotadas de expresso mandato para representação de interesses de setores econômicos, comportando diversas classes" (j. 17.10.2018).[170]

[169] Decisão monocrática proferida na ADPF 527 MC, fls. 12-13. Para estudo doutrinário, cf. Daniel Sarmento, segundo o qual "a persistência desta jurisprudência restritiva cobra um preço muito caro: ela **desprotege direitos básicos**, ao dificultar a sua garantia pela jurisdição constitucional; **empobrece a agenda do STF** e **mina a sua legitimidade democrática**, tornando ilusória a ideia anteriormente discutida da representação argumentativa" (Dar voz a quem não tem voz: por uma nova leitura do art. 103, IX, da Constituição, p. 79-90).

[170] Trata-se de ADI ajuizada pela **Confederação das Associações Comerciais e Empresariais do**

Assim, a proposta lançada pelo Min. Barroso em julgamento monocrático proferida na ADPF 527 parece trazer importante resumo sobre tudo o que se falou acima e marcar a linha de transformação (mutação) da jurisprudência da Corte: "considera-se classe, para os fins do 103, IX, CF/1988, o conjunto de pessoas ligadas por uma mesma **atividade econômica**, **profissional** ou pela **defesa de interesses de grupos vulneráveis e/ou minoritários cujos membros as integrem**".

■ **E a perda de representação do partido político no Congresso?**

Tendo em vista a importância do novo entendimento, já anunciado em nota anterior, cabe destacar que o STF decidiu que a perda de representação do partido político no Congresso Nacional, após o ajuizamento da ADI, não descaracteriza a legitimidade ativa para o prosseguimento na ação. Dessa forma, "... a aferição da legitimidade deve ser feita no momento da propositura da ação..." (ADI 2.159 AgR/DF, Rel. orig. Min. Carlos Velloso, Rel. p/ acórdão Min. Gilmar Mendes, 12.08.2004. Vencidos o Min. Carlos Velloso, relator, e o Min. Celso de Mello, que consideravam que a perda da representação implicava a perda da capacidade postulatória).

■ **E a necessidade de advogado?**

O STF entendeu que somente os **partidos políticos** e as **confederações sindicais ou entidades de classe de âmbito nacional** é que precisarão contratar **advogado** para a propositura da ADI (art. 103, VIII e IX), devendo, no instrumento do mandato (procuração — art. 653, CC), haver a outorga de **poderes específicos** para atacar a norma impugnada, **indicando-a** (ADI 2.187-QO, Rel. Min. Octavio Gallotti, j. 24.05.2000, Plenário, *DJ* de 12.12.2003). Quanto aos demais legitimados (art. 103, I-VII), a capacidade postulatória decorre da Constituição.

Nesse sentido: "O Governador do Estado e as demais autoridades e entidades referidas no art. 103, I a VII, da Constituição Federal, além de ativamente legitimados à instauração do controle concentrado de constitucionalidade das leis e atos normativos, federais e estaduais, mediante ajuizamento da ação direta perante o Supremo Tribunal Federal, **possuem capacidade processual plena** e dispõem, *ex vi*, da própria norma constitucional, de **capacidade postulatória**. Podem, em consequência, enquanto ostentarem aquela condição, praticar, no processo de ação direta de inconstitucionalidade, quaisquer atos ordinariamente privativos de advogado" (ADI 127-MC/QO, Rel. Min. Celso de Mello, j. 20.11.1989, *DJ* de 04.12.1992).

Brasil — CACB, que é, segundo os arts. 1.º e 2.º de seu Estatuto, "associação civil de fins não econômicos", formada "pelas Federações de Associações Comerciais e Empresariais (limitada a uma Federação por Estado), pelas Associações Comerciais e Empresariais filiadas diretamente e, a critério do Conselho Deliberativo, por empresas e entidades empresariais nacionais". Nesse sentido de se reconhecer a legitimação ativa das **"confederações nacionais"**, o STF admitiu a proposição de ADI pela **Confederação Nacional dos Trabalhadores em Estabelecimentos de Educação e Cultura — CNTEEC**, na medida em que referidas Confederações Nacionais "possuem legitimidade ativa para a propositura de ações diretas de inconstitucionalidade, pois são entidades de alcance nacional e atuação transregional dotadas de expresso mandato para representação de interesses de setores econômicos, comportando diversas classes" (**ADI 3.870**, j. 27.09.2019, *DJE* de 24.10.2019).

Devo alertar, contudo, que a 2.ª Turma do STF (e veja que a decisão foi tomada, no caso, por uma das Turmas do STF e não pelo Plenário), entendeu que, "... por ser uma decisão política, somente os legitimados no art. 103 da Constituição Federal, ou, por simetria, os que previstos em constituição estadual, podem propor ações diretas de inconstitucionalidade". Por outro lado, "os **atos de natureza técnica**, subsequentes ao ajuizamento da ação, devem ser empreendidos pelos **procuradores da parte legitimada**" (**RE 1.126.828 AgR/SP**, 2.ª Turma, j. 04.02.2020). Ou seja, muito embora os legitimados previstos nos incisos I a VII do art. 103 tenham legitimação ativa e capacidade postulatória para iniciar o procedimento, ou melhor, para propor a ação, os atos técnicos dependeriam de órgão técnico.

CUIDADO: em momento seguinte, o Pleno do STF analisou novamente a questão da interposição de recurso extraordinário contra acórdão do TJ que jugou representação de inconstitucionalidade. Neste caso, o **Pleno** entendeu que "os **procuradores públicos** têm capacidade postulatória para interpor recursos extraordinários contra acórdãos proferidos em sede de ação de controle concentrado de constitucionalidade, **nas hipóteses em que o legitimado para a causa outorgue poderes aos subscritores das peças recursais**", formalidade que não havia sido exigida pela 2.ª Turma do STF.

Neste novo julgado, "embora a petição de recurso extraordinário não tenha sido subscrita por prefeito municipal, mas somente por dois procuradores, sendo um deles o chefe da procuradoria do município, há, nos autos, **documento com manifestação inequívoca do chefe do Poder Executivo, conferindo poderes específicos aos procuradores para instaurar o processo de controle normativo abstrato de constitucionalidade, bem como para recorrer das decisões proferidas nos autos**" (**RE 1.068.600 AgR-ED-EDv/RN**, Rel. Min. Alexandre de Moraes, j. 04.06.2020, *DJE* de 12.11.2020).

■ 6.7.1.15. *Procedimento e características marcantes do processo objetivo (ADI genérica)*

O procedimento vem delimitado nos §§ 1.º e 3.º do art. 103 da CF/88, explicitado nos arts. 169 a 178 do *RISTF*, bem como nas regras trazidas pela Lei n. 9.868, de 10.11.1999, que dispõe sobre o processo e julgamento da ação direta de inconstitucionalidade e da ação declaratória de constitucionalidade perante o Supremo Tribunal Federal.

Como vimos, a ação será proposta por um dos legitimados do art. 103 da CF/88, que deverá indicar na petição inicial o dispositivo da lei ou do ato normativo impugnado e os fundamentos jurídicos do pedido em relação a cada uma das impugnações, bem como o pedido, com suas especificações.

De acordo com o parágrafo único do art. 3.º da Lei n. 9.868/99, corroborando a jurisprudência do STF, a petição inicial, quando subscrita por advogado, deverá vir acompanhada de **procuração** (e, acrescente-se, outorgada com **poderes especiais** para a instauração do pertinente processo de controle normativo abstrato perante a Corte Constitucional, indicando, objetivamente, a lei ou o ato normativo e respectivos preceitos — quando for o caso — que estejam sendo levados à apreciação do Judiciário através da ADI — cf. STF, Pleno, ADI 2.187-7/BA, Rel. Min. Octavio Gallotti, *DJ* de 19.05.2000), e será apresentada em duas vias,[171] devendo conter cópia da lei ou do ato normativo impugnado e dos documentos necessários para comprovar a impugnação.

O art. 4.º da Lei n. 9.868/99 estabelece que a **petição inicial inepta**, **não fundamentada** e a **manifestamente improcedente** serão liminarmente **indeferidas** pelo **relator**. Contra essa decisão que indeferir a petição inicial caberá o recurso de **agravo** a ser interposto no prazo de **5 dias** (cf. art. 317 do *RISTF*) e apreciado pelo **Pleno**.

De acordo com o CPC/2015, com *vacatio legis* de um ano a contar da data de sua publicação oficial (art. 1.045), previsto nos arts. 994, III, e 1.021, contra a decisão monocrática do Relator caberá o recurso de **agravo interno** para o Pleno do STF. A novidade é que, por força da regra explícita do art. 1.070 e da previsão geral fixada no art. 1.003, § 5.º, o prazo para a interposição desse recurso, bem como para responder-lhe (art. 1.021, § 2.º), passa a ser de **15 dias** (e não mais de 5), devendo a contagem, pela regra geral do art. 219 do Novo CPC/2015, se dar em **dias úteis**.

Naturalmente, em se tratando de decisão do **Pleno** da Corte que não conhece de ação direta de inconstitucionalidade, **não será cabível o agravo**, já que só admissível contra decisão do **relator** que liminarmente indefere petição inicial (ADI 2.073-AgRQO, Rel. Min. Moreira Alves, j. 05.10.2000, *DJ* de 24.11.2000).

A jurisprudência do STF considera **manifestamente improcedente** a ação direta de inconstitucionalidade que versar sobre norma cuja constitucionalidade já tenha sido expressamente declarada pelo Plenário da Corte, **mesmo que em recurso extraordinário** (**ADI 4.071-AgR**, j. 22.04.2009. No mesmo sentido: **ADI 4.466**, Rel. Min. Dias Toffoli, decisão monocrática, j. 13.02.2012. Sobre a tendência de *objetivação do recurso extraordinário*, cf. *item 6.6.5.6*).

Em referido julgado ressalvou-se a possibilidade de alteração da jurisprudência do Pleno, o que, entretanto, "pressupõe a **ocorrência de significativas modificações de ordem jurídica, social ou econômica**, ou, quando muito, a **superveniência de argumentos nitidamente mais relevantes do que aqueles antes prevalecentes**", o que não se verificou.

Não sendo o caso de indeferimento liminar, o relator pedirá informações aos órgãos ou às autoridades das quais emanou a lei ou o ato normativo impugnado, devendo tais informações ser prestadas no prazo de 30 dias contado do recebimento do pedido.

A jurisprudência do STF tem reconhecido a faculdade de o relator requisitar **informações complementares**, "... com o objetivo de permitir-lhe uma avaliação

[171] Muito embora a "letra da lei" determine a apresentação em "duas vias", entendemos que com o **processo eletrônico** essa regra perde o seu sentido. Como se sabe, dentre outras ações, desde o advento da **Res. n. 417/2009-STF**, a ADI passou a ser processada, **exclusivamente**, no sistema eletrônico do STF (**e-STF**, regulamentado pela Res. n. 427/2017-STF, atualmente em sua terceira versão — *Pet V3*, lançada ao público em 21.01.2016. O art. 19 da referida resolução lista as classes processuais que serão recebidas e processadas, exclusivamente, de forma eletrônica).

segura sobre os fundamentos da controvérsia" (ADI 2.982-ED e ADI 3.832, Rel. Min. Cármen Lúcia, decisão monocrática, j. 05.04.2010, *DJE* de 16.04.2010).

Decorrido o prazo das informações, serão ouvidos, sucessivamente, o **Advogado-Geral da União** e o **Procurador-Geral da República**, que deverão manifestar-se, cada qual, no prazo de 15 dias. O primeiro defenderá o ato impugnado, enquanto o segundo poderá dar parecer tanto favorável como desfavorável.

Temos percebido, **contudo**, algumas situações nas quais o AGU, segundo orientação do STF, "não está obrigado a defender tese jurídica se sobre ela esta Corte já fixou entendimento pela sua inconstitucionalidade" (*vide* ADI 1.616/PE, ADI 2.101/MS, ADI 3.121/SP e ADI 3.415/AM). Ainda, evoluindo a jurisprudência firmada na ADI 72, a partir da **interpretação sistemática**, na **ADI 3.916**, entendeu o STF que a AGU tem **direito de manifestação** (cf. os vários precedentes no *item 12.3.7.4*).

O relator, considerando a relevância da matéria e a representatividade dos postulantes, poderá, por despacho irrecorrível, admitir a manifestação de outros órgãos ou entidades (art. 7.º, § 2.º, da Lei n. 9.868/99). Trata-se da importante figura do *amicus curiae*, que discutimos no *item 6.7.1.16.1* e seguintes.

Ainda, desde que haja necessidade de esclarecimento de matéria ou circunstância de fato ou de notória insuficiência das informações existentes nos autos, poderá o **relator** requisitar outras, designar perito ou comissão de peritos para que emita parecer sobre a questão, ou fixar data para, em audiência pública, ouvir depoimentos de pessoas com experiência e autoridade na matéria (art. 9.º, § 1.º, da Lei n. 9.868/99).[172]

O relator poderá, também, solicitar **informações** aos Tribunais Superiores, aos Tribunais Federais e aos Tribunais Estaduais acerca da aplicação da norma impugnada no âmbito de sua jurisdição.

Finalmente, o relator lançará o relatório, com cópia a todos os Ministros, e pedirá dia para o julgamento, lembrando que a definição de pauta e agenda do Plenário é atribuição do Ministro Presidente da Corte.

A declaração de inconstitucionalidade da disposição ou da norma impugnada (ou mesmo de constitucionalidade no caso de improcedência da ADI, em razão de seu caráter dúplice ou ambivalente) será proferida se num ou noutro sentido se tiverem manifestado pelo menos **6** Ministros (**maioria absoluta** — art. 97 da CF/88), desde que observado o *quorum de instalação da sessão de julgamento*, qual seja, a presença de pelo menos 8 dos 11 Ministros (arts. 22 e 23 da Lei n. 9.868/99).

De acordo com o art. 23, parágrafo único, da Lei n. 9.868/99, se não for alcançada a maioria necessária à declaração de constitucionalidade ou de inconstitucionalidade, estando ausentes Ministros em número que possa influir no julgamento, este

[172] Sobre o tema, cf. a ideia da **sociedade aberta dos intérpretes da Constituição:** contribuição para a interpretação pluralista e "procedimental" da Constituição, desenvolvido no *item 3.9* deste estudo. Sobre as audiências públicas, cf. *item 6.7.1.16.10*.

será suspenso, a fim de aguardar-se o comparecimento dos Ministros ausentes, até que se atinja o número necessário para prolação da decisão num ou noutro sentido.

Proclamada a constitucionalidade, julgar-se-á improcedente a ação direta ou procedente eventual ação declaratória; e, proclamada a inconstitucionalidade, julgar-se-á procedente a ação direta ou improcedente eventual ação declaratória, confirmando, assim, a ambivalência das referidas ações.

Julgada a ação, far-se-á a comunicação à autoridade ou ao órgão responsável pela expedição do ato.

Como já apontamos, de modo geral, o STF entende que a decisão passa a valer a partir da **publicação da ata da sessão de julgamento no *DJE***, sendo desnecessário aguardar o trânsito em julgado, "exceto nos casos excepcionais a serem examinados pelo Presidente do Tribunal, de maneira a garantir a eficácia da decisão" (cf. **ADI 711-QO**, Rel. Min. Néri da Silveira, j. 05.08.1992, *DJ* de 11.06.1993 — critério adotado em julgamento de medida cautelar, mas que parece adequar-se ao julgamento de mérito; Rcl 2.576 e *Notícias STF*, 23.06.2004; Rcl 3.309 e *Inf. 395/STF*; ADI 3.756-ED, Rel. Min. Carlos Britto, j. 24.10.2007, *DJ* de 23.11.2007).

Nos termos do art. 28 da Lei n. 9.868/99, dentro do prazo de 10 dias após o trânsito em julgado da decisão, o STF fará publicar em seção especial do *Diário da Justiça* e do *Diário Oficial da União* a parte dispositiva do acórdão.

Por se tratar de **processo objetivo** de controle abstrato de constitucionalidade, algumas regras são muito importantes e particulares, destacando-se:

- **inexistência de prazo recursal em dobro ou diferenciado para contestar, mesmo para a interposição de RE em sede de controle abstrato contra acórdão do TJ:** a norma inscrita no art. 188 do CPC/73 (que determina que se compute em **quádruplo** o prazo para **contestar** e em **dobro** para **recorrer**, quando a parte for a Fazenda Pública ou o Ministério Público) restringe-se ao "... domínio dos processos subjetivos, que se caracterizam pelo fato de admitirem, em seu âmbito, a discussão de situações concretas e individuais", **não** se aplicando, portanto, ao **processo objetivo** de controle abstrato de constitucionalidade (ADI 2.130-AgR, Rel. Min. Celso de Mello, j. 03.10.2001, *DJ* de 14.12.2001).[173]

No CPC/2015, essa regra de "benefício de prazo" ou "prerrogativa de prazo" passou a ser o **prazo em dobro** (não havendo previsão de prazo em quádruplo) para **todas as manifestações processuais** do Ministério Público, da Advocacia Pública e da Defensoria Pública (arts. 180, 183 e 186). Esse benefício da contagem em dobro, contudo, não se aplica quando a lei estabelecer, **de forma expressa, prazo próprio** para o Ministério Público, para o ente público ou para a Defensoria Pública (arts.

[173] Seguindo a orientação firmada nesse *leading case* (não aplicação do art. 188 do CPC/73 e, por coerência lógica, não aplicação dos arts. 180, 183 e 186 do CPC/2015, ao processo objetivo de controle de constitucionalidade), também a doutrina. Cf. Leonardo Carneiro da Cunha, *A Fazenda Pública em juízo*, 9. ed., p. 49-50, item 3.3.6.

Acesse também a videoaula pelo link: somos.in/DCE25095

180, § 2.º, 183, § 2.º, e 186, § 4.º). Assim, como a Lei n. 9.868/99 prevê os prazos próprios, a regra geral do prazo em dobro está excepcionada pela própria legislação e, portanto, não se aplica ao **processo objetivo** de controle abstrato de constitucionalidade, seguindo o mesmo entendimento que se tinha à luz do revogado CPC/73.

Muito embora o Min. Dias Toffoli tenha proposto a mudança dessa interpretação para a hipótese de RE em sede de controle abstrato estadual (ARE 661.288, Rel. Min. Dias Toffoli, j. 06.05.2014, 1.ª T., *DJE* de 29.09.2014, fls. 7 do acórdão), o Pleno do STF não aceitou a tese, reafirmando a jurisprudência no sentido de não admitir o prazo recursal em dobro no processo de controle concentrado de constitucionalidade (**ADI 5.814** e **ARE 830.727**, Pleno, j. 06.02.2019, e **AI 827.810**, Plenário Virtual, j. 22.03.2019).

Esse entendimento também deve ser aplicado para a hipótese de interposição de recurso extraordinário contra acórdão do TJ em ação de controle concentrado estadual (cf. *item 6.8.5.3*).

Isso porque, nessa hipótese, estamos diante da utilização de recurso inerente ao processo subjetivo (controle difuso — RE) no **processo objetivo** (controle concentrado — ADI genérica julgada pelo TJ), tanto é que a decisão proferida no acórdão do RE terá os mesmos efeitos da ADI genérica.

- **inexistência de prazo prescricional** ou **decadencial**;[174]
- **não admissão da assistência jurídica a qualquer das partes, nem intervenção de terceiros**, de acordo com o art. 169, § 2.º, do *RISTF* (conforme o art. 7.º da Lei n. 9.868/99), salvo a figura do *amicus curiae*;[175]
- **vedada, expressamente, a desistência da ação proposta:** de acordo com o art. 5.º, *caput*, da Lei n. 9.868/99;
- **irrecorribilidade da decisão que declara a constitucionalidade ou inconstitucionalidade da lei ou do ato normativo:** o art. 26 da Lei n. 9.868/99 estabelece a irrecorribilidade da decisão que declara a constitucionalidade ou a inconstitucionalidade da lei ou do ato normativo em ação direta ou em ação declaratória, **ressalvada** a interposição de **embargos declaratórios**.[176]

---

[174] "Ação direta de inconstitucionalidade e prazo decadencial: o ajuizamento da ação direta de inconstitucionalidade não está sujeito à observância de qualquer prazo de natureza prescricional ou de caráter decadencial, eis que atos inconstitucionais jamais se convalidam pelo mero decurso do tempo. Súmula 360. Precedentes do STF" (STF, Pleno, ADI-MC 1.247/PA, Rel. Min. Celso de Mello, *DJ* 1, de 08.09.1995, p. 28354).

[175] De acordo com o § 2.º do referido art. 7.º, como visto acima, o relator, considerando a **relevância da matéria** e a **representatividade dos postulantes**, poderá, por despacho irrecorrível, admitir a manifestação de outros órgãos ou entidades.

[176] Antes da instituição da Lei n. 9.868/99 (art. 26), vigorava, com o caráter de lei ordinária, o **art. 333, IV, do *RISTF***, recepcionado pela CF/88, o qual **admitia** a interposição de **embargos infringentes**, por exemplo, em uma **decisão não unânime** tomada por 6 x 5 em ADI, objetivando fazer valer o entendimento vencido. **Contudo**, a partir do advento da referida lei, o atual entendimento é no sentido do **não cabimento dos embargos infringentes**, tendo a nova regra (art. 26 da Lei n. 9.868/99) revogado o *RISTF*. Assim, pode-se afirmar estarem **revigoradas** as **Súmulas 293** (apro-

Outra exceção a essa regra da irrecorribilidade, muito particular — e por isso aqui destacada —, é a hipótese de interposição de **recurso extraordinário** em face de acórdão do Tribunal de Justiça estadual em ADI estadual tendo por objeto lei estadual ou lei municipal contestada em face de norma da Constituição Estadual de reprodução obrigatória da Constituição Federal, ou mesmo, a partir de importante precedente, de norma de reprodução obrigatória da CF mesmo que não tenha sido expressamente reproduzida no âmbito da CE (sobre esse modelo, cf. RE 650.898 e *item 6.8.6*).

- **agravo:** muito embora a regra da irrecorribilidade da decisão que declara a constitucionalidade ou a inconstitucionalidade da lei ou do ato normativo acima apontada, como visto, o art. 4.º da Lei n. 9.868/99 estabelece que a **petição inicial inepta, não fundamentada** e a **manifestamente improcedente** serão **liminarmente indeferidas** pelo **relator**. Contra essa decisão que indeferir a petição inicial cabe, de acordo com a literalidade do parágrafo único do referido art. 4.º da Lei n. 9.868/99, **agravo** a ser apreciado pelo **Pleno** e interposto no prazo de 5 dias contados da decisão do relator (art. 317, *RISTF*, até então denominado *agravo regimental*). **CUIDADO:** em relação ao prazo de interposição, devemos alertar, conforme já destacamos, que o CPC/2015 especificou a figura do chamado **agravo interno** contra a decisão proferida pelo relator, no prazo de **15 dias** (e não mais 5!), e nos parece que, de fato, nesse ponto, é a regra a ser adotada, afastando-se aquela prevista na legislação específica e no regimento interno (cf. arts. 1.021 e 1.070, CPC/2015). Naturalmente, em se tratando de decisão do **Pleno** que não conhece de ação direta de inconstitucionalidade, **não será cabível o agravo**, já que só admissível contra decisão do **relator** que liminarmente indefere a petição inicial (ADI 2.073-AgR-QO, Rel. Min. Moreira Alves, j. 05.10.2000, *DJ* de 24.11.2000);
- **não rescindibilidade da decisão proferida**, tudo em razão da **natureza objetiva** do processo de ADI;
- **não vinculação à tese jurídica (causa de pedir "aberta"):** o STF, ao julgar a ADI, não está condicionado à *causa petendi*, não estando vinculado, portanto, *a qualquer* tese jurídica apresentada. Devem os Ministros apreciar o pedido de suposta inconstitucionalidade da lei ou ato normativo, podendo, por conseguinte, decretar a inconstitucionalidade da norma por fundamentos diversos (STF, *RTJ* 46/352). Conforme vimos, ainda é possível, mesmo não havendo pedido expresso, a Corte nulificar outra lei ou ato normativo por arrastamento ou reverberação (cf. *item 6.7.1.5*).

Nesses casos, contudo, sustentamos que a regra contida no **art. 10 do CPC/2015** deveria ser observada. Conforme expresso, **o juiz não pode decidir,**

vada em 13.12.1964) e **455/STF** (aprovada em 1.º.10.1964), que **vedam** a interposição dos embargos infringentes. Cabe lembrar, **todavia**, jurisprudência do STF que, **excepcionalmente**, admite os embargos infringentes se a "decisão embargada" não unânime foi proferida **antes** da vigência da nova Lei n. 9.868/99. (Nesse sentido, cf. **ADI 1.591-EI**, Rel. Sepúlveda Pertence, j. 27.11.2002, e **ADI 1.289-EI**, Rel. Min. Gilmar Mendes, j. 03.04.2003.)

em grau algum de jurisdição, com base em fundamento a respeito do qual não se tenha dado às partes oportunidade de se manifestar, ainda que se trate de matéria sobre a qual deva decidir de ofício. Essa observância do contraditório, mesmo em processo objetivo, parece bastante salutar, sempre na busca da melhor interpretação a ser dada pela Corte.

Contudo, essa nossa proposta de aplicação do art. 10 do CPC/2015 parece não vir a ser reconhecida pela Corte. De fato, muito embora o art. 3.º, I, da Lei n. 9.868/99 exija a indicação dos **"fundamentos jurídicos do pedido em relação a cada uma das impugnações"**, o STF tem afirmado, conforme vimos, que essa fundamentação não vincula a Corte (*causa petendi* aberta), que poderá, inclusive, "examinar a questão por fundamento diverso daquele alegado pelo requerente" (nesse sentido, ADI 1.749, Rel. p/ o ac. Min. Nelson Jobim, j. 25.11.1999, Pleno; ADI 2.728; ADI 2.213 e, já na vigência do CPC/2015, **ADI 3.796**, j. 08.03.2017, *DJE* de 1.º.08.2017).

E um alerta deve ser feito: a perspectiva de julgamento além do pedido deve ocorrer somente se admitida a técnica de julgamento da nulificação por arrastamento, havendo conexão com o objeto da ação. Isso porque, "embora no controle abstrato de constitucionalidade a causa de pedir seja aberta, **o pedido da inicial deve ser certo e determinado**. Impossibilidade de o julgador ampliar o objeto da demanda de ofício" (**ADPF 347 TPI-Ref**, j. 18.03.2020).

- **inexistência de impedimento ou suspeição:** "não há impedimento, nem suspeição de Ministro, nos julgamentos de ações de controle concentrado, **exceto** se o próprio Ministro firmar, por razões de **foro íntimo**, a sua não participação" (tese fixada no julgamento da **ADI 6.362**, Rel. Min. Ricardo Lewandowski, j. 02.09.2020, ratificando o posicionamento firmado em questão de ordem quando da apreciação da **ADI 2.238**, j. 24.06.2020. Precedente: **ADI 3.345**).

Conforme destacou o Min. Celso de Mello, "a diretriz jurisprudencial ora referida encontra fundamento na circunstância de que os institutos do impedimento e da suspeição restringem-se ao plano dos processos subjetivos, em cujo âmbito discutem-se situações individuais e interesses concretos, não se estendendo nem incidindo, ordinariamente, no processo de fiscalização abstrata, que se define como típico processo de caráter objetivo destinado a viabilizar 'o julgamento não de uma relação jurídica concreta, mas de validade de lei em tese (...)' (RTJ 95/999, Rel. Min. Moreira Alves)" (ADI 2.238, fls. 19). (O tema poderá ser retomado no julgamento da **ADI 5.953**, que tem por objeto o art. 144, VIII, CPC/2015 — **pendente**).

6.7.1.16. *"Amicus curiae" (ADI e demais ações) e audiências públicas ("sociedade aberta dos intérpretes da Constituição" — Peter Häberle)*

Peter Häberle, em conhecido estudo, propõe a ideia de que a interpretação não pode ficar restrita aos órgãos estatais, mas que deve ser **aberta** para todos os que "vivem" a norma (a Constituição), sendo, assim, esses destinatários, legítimos intérpretes, em um interessante **processo de revisão** da metodologia jurídica tradicional de interpretação.[177]

Dentro dessa perspectiva de pluralização do debate, sem dúvida, os institutos do ***amicus curiae*** e das **audiências públicas** assumem um papel extremamente relevante.

▪ *6.7.1.16.1. "Amicus curiae" — regras gerais*

Entendemos importante analisar tema que vem ganhando destaque nos concursos públicos: a figura do *amicus curiae* no processo objetivo do controle concentrado de constitucionalidade.

Conforme esclareceu o Ministro Celso de Mello, "o pedido de intervenção assistencial, ordinariamente, não tem cabimento em sede de ação direta de inconstitucionalidade, eis que terceiros não dispõem, em nosso sistema de direito positivo, de legitimidade para intervir no processo de controle normativo abstrato (*RDA* 155/155, 157/266 — ADI 575-PI (AgRg), Rel. Min. Celso de Mello, *v.g.*)". Isso porque, continua, "... o processo de fiscalização normativa abstrata qualifica-se como processo de caráter objetivo (*RTJ* 113/22, 131/1001, 136/467 e 164/506-507)" (ADI 2.130-MC/SC, *DJ* de 02.02.2001, p. 145).

Essa regra está expressa no art. 7.º, *caput*, da Lei n. 9.868/99, que veda a "intervenção de terceiros no processo de ação direta de inconstitucionalidade".

No entanto, o art. 7.º, § 2.º, da referida lei estabelece que "o relator, considerando a relevância da matéria e a representatividade dos postulantes, poderá, por despacho irrecorrível, admitir, observado o prazo fixado no parágrafo anterior, a manifestação de outros órgãos ou entidades".

A lei, assim, consagrou a figura do ***amicus curiae*** ou "amigo da Corte". A literalidade do dispositivo já traz alguns elementos:

- **relator:** a admissão ou não do *amicus curiae* será decidida pelo relator, que verificará o preenchimento dos requisitos e a conveniência e oportunidade da manifestação. Destacamos que, mesmo admitido (pelo relator), o Tribunal poderá deixar de referendá-lo, afastando a sua intervenção (nesse sentido, cf. ADI 2.238, *DJ* de 09.05.2002);
- **a decisão será mesmo irrecorrível? NÃO!** Conforme visto, a lei estabelece que o relator poderá, **por despacho irrecorrível** (na verdade é uma decisão), **admitir** a manifestação de outros órgãos ou entidades. O STF, após **nova viragem jurisprudencial**, por **6 x 5**, entende ser **irrecorrível** a decisão do relator que **defere** o ingresso de *amicus curiae*, mas **recorrível** a que **indefere** (sobre o tema, cf. *item 6.7.1.16.9*);
- **requisitos:** relevância da matéria **e** representatividade dos postulantes;

[177] Peter Häberle, *Hermenêutica constitucional*: a sociedade aberta dos intérpretes da Constituição: contribuição para a interpretação pluralista e "procedimental" da Constituição, passim. Neste nosso estudo, cf. *itens 1.6* e *3.9*.

- **prazo para admissão:** vinha fixado no § 1.º do art. 7.º da Lei n. 9.868/99 (*prazo das informações*), que, no entanto, foi **vetado**. Nas razões do veto, o Presidente da República observa que "... eventual dúvida poderá ser superada com a utilização do prazo das informações previsto no parágrafo único do art. 6.º" (Mensagem n. 1.674/99). Trata-se do prazo de 30 dias contado do recebimento do pedido de informações aos órgãos ou às autoridades das quais emanou a lei ou o ato normativo impugnado (nesse sentido, cf. ADI 1.104). **Entendemos, contudo, que, dada a natureza e finalidade do *amicus curiae*, esse prazo poderá ser flexibilizado pelo relator, que terá discricionariedade para aceitar ou não a sua presença no processo objetivo, ainda que após o decurso do aludido prazo, ou, até mesmo, somente para a apresentação de sustentação oral**, como se verificou na ADPF 46/DF (Rel. Min. Marco Aurélio, *DJ* de 20.06.2005). O objetivo do instituto do *amicus curiae* é auxiliar a instrução processual. Assim, em um primeiro momento, o STF entendeu como possível a sua admissão no processo até o início do julgamento. Uma vez em curso e já iniciado o julgamento, a presença do *amicus curiae* deverá ser rejeitada para evitar tumulto processual (nesse sentido, cf. ADI 2.238, *Inf. 267/STF*). Avançando, o STF **mudou o entendimento** e restringiu um pouco mais o momento. A partir do julgamento da **ADI 4.071** AgR/DF (Rel. Min. Menezes Direito, **22.04.2009**, *DJE* de 16.10.2009 e *Inf. 543/STF*), **o *amicus curiae* somente pode demandar a sua intervenção até a data em que o relator liberar o processo para pauta**.[178] Apesar desse entendimento (inclusive cobrado nos concursos públicos), destacamos algumas poucas decisões que permitiram o ingresso do *amicus curiae* em momento seguinte, diante de situações excepcionalíssimas, por exemplo, para garantir a paridade de armas em razão da sensibilidade da matéria (cf. RE 841.526, Rel. Min. Fux, j. 28.03.2016) e o primeiro precedente flexibilizando o entendimento: RE 635.659, Rel. Min. Gilmar Mendes, j. 20.08.2015.

Além desses requisitos expressos na lei, a jurisprudência do STF vem estabelecendo que, uma vez admitido o *amicus curiae*, ele passa a ter direito de:

- **apresentar sustentação oral I:** "... assinalo, por necessário, que, em face da decisão plenária proferida em questão de ordem suscitada na **ADI 2.777/SP**, Rel. Min. Cezar Peluso (*DJU* de 15.12.2003, p. 5), o 'amicus curiae', uma vez formalmente admitido no processo de fiscalização normativa abstrata, tem o direito de proceder à sustentação oral de suas razões, observado, no que couber, o § 3.º do art. 131 do *RISTF*, na redação conferida pela Emenda Regimental 15/2004" (ADI 3.345/DF, Rel. Min. Celso de Mello, *DJ* de 29.08.2005. Nesse sentido, cf. ADI 3.540, *DJ* de 25.08.2005; ADI 3.498, *DJ* de 09.08.2005; ADPF 73, *DJ* de 08.08.2005; ADPF 46/DF, *DJ* de 20.06.2005; ADI 3.056, *DJ* de 06.06.2005);

[178] No mesmo sentido: **ADI 4.246**, Rel. Min. Ayres Britto, decisão monocrática, j. 10.05.2011, *DJE* de 20.05.2011; **ADI 4.067-AgR**, Rel. Min. Joaquim Barbosa, j. 10.03.2010, Plenário, *DJE* de 23.04.2010; **RE 586.453**; **ADI 4.214**; **ADI 3.978**; **ADI 2.669** etc.

- **apresentar sustentação oral II:** nesse julgamento da ADI 2.777 o Ministro Sepúlveda Pertence, "... considerando que a Lei 9.868/99 não regulou a questão relativa à sustentação oral pelo *amicus curiae*, entendeu que compete ao Tribunal decidir a respeito, através de norma regimental, razão por que, excepcionalmente e apenas no caso concreto, admitiu a sustentação oral. Vencidos os Ministros *Carlos Velloso* e *Ellen Gracie*, que, salientando que a admissão da sustentação oral nessas hipóteses poderia implicar a **inviabilidade de funcionamento da Corte**, pelo eventual excesso de intervenções, entendiam possível apenas a manifestação escrita" (ADI 2.777, *Inf. 331/STF*);
- **apresentar sustentação oral III:** a tese vencedora que **admite a sustentação oral pelo *amicus curiae*** está consagrada, como visto, no **art. 131, § 3.º, do Regimento Interno do STF**, nos termos da Emenda Regimental n. 15, de 30.03.2004, com a seguinte redação: "admitida a intervenção de terceiros no processo de controle concentrado de constitucionalidade, fica-lhes facultado produzir sustentação oral, aplicando-se, quando for o caso, a regra do § 2.º do artigo 132 deste Regimento". O *caput* do art. 132 estabelece que cada uma das partes falará pelo tempo máximo de 15 minutos. Já o seu § 2.º determina que, se houver litisconsortes não representados pelo mesmo advogado, o prazo, que se contará em dobro, será dividido igualmente entre os do mesmo grupo, se diversamente entre eles não se convencionar;
- **limites de atuação:** porém, conforme anotou o Min. Gilmar Mendes, é preciso deixar enfatizado que o *amicus curiae*, uma vez admitido seu ingresso no processo objetivo, tem direito a ter seus argumentos apreciados pelo Tribunal, inclusive com direito a sustentação oral (Emenda Regimental n. 15/2004, *RISTF*), **mas não tem direito a formular pedido ou de aditar o pedido já delimitado pelo autor da ação** (AC 1.362, j. 05.09.2006). Nesse sentido, "o *amicus curiae* **não** tem legitimidade ativa para pleitear provimento jurisdicional de concessão de medida cautelar em sede de controle abstrato de constitucionalidade" (ADPF 347 TPI-Ref, j. 18.03.2020).

Continuando, lembramos que o instituto do *amicus curiae* se consolidou no julgamento da ADI 2.130-MC/SC, no voto do Ministro Celso de Mello (*DJ* de 02.02.2001, p. 145), pedindo vênia para destacar as suas principais passagens:

- "a admissão de terceiro, na condição de *amicus curiae*, no processo objetivo de controle normativo abstrato, qualifica-se como **fator de legitimação social das decisões da Suprema Corte**, enquanto Tribunal Constitucional, pois viabiliza, em obséquio ao postulado democrático, a abertura do processo de fiscalização concentrada de constitucionalidade, em ordem a permitir que nele se realize, sempre sob uma **perspectiva eminentemente pluralística**, a possibilidade de participação formal de entidades e de instituições que efetivamente representem os **interesses gerais da coletividade** ou que expressem os **valores essenciais e relevantes de grupos, classes ou estratos sociais**. Em suma: a regra inscrita no art. 7.º, § 2.º, da Lei 9.868/99 — que contém a base normativa legitimadora da intervenção processual do *amicus curiae* — tem por precípua finalidade **pluralizar o debate constitucional**" (grifamos);

- "... a regra inovadora constante do art. 7.º, § 2.º, da Lei 9.868/99, que, em caráter excepcional, **abrandou o sentido absoluto da vedação pertinente à intervenção assistencial**, passando, agora, a permitir o ingresso de entidade dotada de **representatividade adequada** no processo de controle abstrato de constitucionalidade" (grifamos);
- "... entendo que a atuação processual do *amicus curiae* não deve limitar-se à mera apresentação de memoriais ou à prestação eventual de informações que lhe venham a ser solicitadas. Cumpre permitir-lhe, em extensão maior, o exercício de determinados poderes processuais, como aquele consistente no direito de proceder à **sustentação oral** das razões que justificaram a sua admissão formal na causa. Reconheço, no entanto, que, a propósito dessa questão, existe decisão monocrática, em sentido contrário, proferida pelo eminente Presidente desta Corte, na Sessão de julgamento da ADI 2.321-DF (medida cautelar)";
- assim, continua o ilustre Ministro, o STF, ao admitir a figura do *amicus curiae*, nas hipóteses previstas na lei e de acordo com a jurisprudência que se vem firmando, "... não só garantirá **maior efetividade** e atribuirá **maior legitimidade às suas decisões**, mas, sobretudo, **valorizará**, sob uma perspectiva eminentemente **pluralística**, o sentido **essencialmente democrático dessa participação processual**, enriquecida pelos elementos de informação e pelo acervo de experiências que o *amicus curiae* poderá transmitir à Corte Constitucional, notadamente em um processo — como o de controle abstrato de constitucionalidade — cujas **implicações políticas, sociais, econômicas, jurídicas e culturais são de irrecusável importância e de inquestionável significação**".

6.7.1.16.2. *É possível a admissão do "amicus curiae" na ADC?* **SIM.**

Essa questão parece bastante pertinente, especialmente diante do veto do § 2.º do art. 18 da Lei n. 9.868/99.

De fato, na mesma linha do art. 7.º, *caput*, o art. 18, *caput*, que também não foi vetado, veda a intervenção de terceiros no processo de ação declaratória de constitucionalidade.

O § 2.º do art. 18 tinha a mesma redação dada ao § 2.º do art. 7.º, o qual, por sua vez, não foi vetado, nos seguintes termos:

> "§ 2.º O relator, considerando a relevância da matéria e a representatividade dos postulantes, poderá, por despacho irrecorrível, admitir, observado o prazo estabelecido no parágrafo anterior, a manifestação de outros órgãos ou entidades".

Então, temos a seguinte situação: o dispositivo legal que admitia a figura do *amicus curiae* foi vetado para a ADC (ação declaratória de constitucionalidade), não o sendo para a ADI (ação direta de inconstitucionalidade).

Como poderemos demonstrar melhor no *item 6.7.1.17* (Efeitos da decisão), ADI e ADC são **ações dúplices** ou **ambivalentes**, ou seja, são ações "com sinais trocados", já que a procedência de uma implica a improcedência da outra.

Essa tendência vinha sendo percebida na jurisprudência do STF (Rcl AgR-QO 1.880 — *Inf. 289/STF*), estando praticamente consolidada na **Reforma do Judiciário**, EC n. 45/2004. Isso porque os legitimados para as ações e os efeitos da decisão passaram a ser os mesmos. A única diferença ainda existente está no objeto da ADC, que continua sendo exclusivamente a **lei federal** (diferentemente da ADI, que tem por objeto tanto a lei federal como a estadual e a distrital de natureza estadual). Cabe alertar, contudo, que, na **PEC Paralela do Judiciário** (PEC n. 29-A/2000-SF e 358/2005-CD), o objeto da ADC passa a ser, também, além da lei federal, a estadual e a distrital de natureza estadual, fechando, em definitivo, essa situação de ambivalência. Resta aguardar a sua aprovação!

Diante do exposto, entendemos possível a aplicação, por analogia, da regra que admite o *amicus curiae* na ADI (art. 7.º, § 2.º, da Lei n. 9.868/99) para a ADC. Portanto, admissível, com as ressalvas já apresentadas, a figura do *amicus curiae* na **ação declaratória de constitucionalidade**.

Nesse sentido, o próprio Presidente da República já havia se posicionado nas razões do veto do art. 18, § 2.º (Mensagem n. 1.674/99): "o veto ao § 2.º constitui consequência do veto ao § 1.º. **Resta assegurada, todavia, a possibilidade de o Supremo Tribunal Federal, por meio de interpretação sistemática, admitir no processo da ação declaratória a abertura processual prevista para a ação direta no § 2.º do art. 7.º**".

▪ *6.7.1.16.3. Cabe "amicus curiae" na ADPF?*

SIM.

O art. 6.º, § 2.º, da Lei n. 9.882/99 tem a seguinte redação: "poderão ser autorizadas, a critério do relator, sustentação oral e juntada de memoriais, por **requerimento dos interessados no processo**".

Dessa forma, observa-se que não há, no caso, dispositivo explícito tratando da figura do *amicus curiae*. Apesar dessa omissão normativa, o STF vem admitindo a sua presença, aplicando, por analogia, o art. 7.º, § 2.º, da Lei n. 9.868/99, desde que se demonstrem a **relevância da matéria** e a **representatividade dos postulantes**.

Na **ADPF 46/DF**, o Ministro Marco Aurélio posicionou-se pela sua admissibilidade, porém, como exceção à regra geral: "... é possível a aplicação, por analogia, ao processo revelador de arguição de descumprimento de preceito fundamental, da Lei n. 9.868/99, no que disciplina a intervenção de terceiro. Observe-se, no entanto, que a participação encerra exceção..." (*DJ* de 20.06.2005, p. 7).

Na **ADPF 73/DF**, o Ministro Relator, Eros Grau, aceitou a figura do *amicus curiae* nos seguintes termos:

"DECISÃO: (Pet SR-STF n. 87.857/2005). Junte-se. 2. A Conectas Direitos Humanos requer sua admissão na presente ADPF, na condição de *amicus curiae* (§ 2.º do artigo 6.º da Lei n. 9.882/99). 3. Em face da relevância da questão, e com o objetivo de pluralizar o debate constitucional, aplico analogicamente a norma inscrita no § 2.º do artigo 7.º da Lei n. 9.868/99, admitindo o ingresso da peticionária, na qualidade de *amicus curiae*, observando-se, quanto à sustentação oral, o disposto no art. 131, § 3.º, do *RISTF*, na redação dada pela Emenda Regimental n. 15, de 30.03.2004. Determino à Secretaria que proceda às anotações. Publique-se. Brasília, 1.º de agosto de 2005" (*DJ* de 08.08.2005, p. 27).

Portanto, também com as ressalvas já expostas, concordamos que, excepcionalmente e desde que configuradas as hipóteses de cabimento, admitida será a presença do *amicus curiae* na ADPF (nesse sentido, confira: **ADPF 205**, Rel. Min. Dias Toffoli, decisão monocrática, j. 16.02.2011, *DJE* de 24.02.2011; **ADPF 132**, Rel. Min. Carlos Britto, decisão monocrática, j. 29.04.2009, *DJE* de 07.05.2009 e, ainda, **ADPF 33** e **ADPF 183**).

■ 6.7.1.16.4. *Cabe "amicus curiae" na ADO?*

SIM.

O art. 12-E da Lei n. 9.868/99, incluído pela Lei n. 12.063/2009, determina sejam aplicadas, ao procedimento da **ação direta de inconstitucionalidade por omissão**, no que couber, "as disposições constantes da Seção I do Capítulo II desta Lei".

Assim, uma vez que a previsão do *amicus curiae* para a ADI consta da referida Seção (art. 7.º, § 2.º) e sendo compatível com a ação em análise, entendemos **perfeitamente possível a admissão de *amicus curiae* na ADO**, buscando a pluralização do debate.

Ainda, o art. 12-E, § 1.º, da referida lei estabelece que os demais titulares da ADO poderão manifestar-se, por escrito, sobre o objeto da ação e pedir a juntada de documentos reputados úteis para o exame da matéria, no prazo das informações, bem como apresentar memoriais, o que, em nosso entender, na medida em que, na hipótese, não propuseram a ação, serão considerados *amicus curiae*.

■ 6.7.1.16.5. *Cabe "amicus curiae" na IF (representação interventiva)?*

SIM.

O art. 7.º, parágrafo único, da Lei n. 12.562/2011 permite sejam autorizadas, a critério do relator, a manifestação e a juntada de documentos por parte de **interessados no processo**, utilizando a mesma nomenclatura ("interessados no processo") do art. 6.º, § 2.º, da Lei n. 9.882/99, que fundamenta a possibilidade do *amicus curiae* na ADPF.

Assim, de acordo com os precedentes utilizados para a ADPF, parece razoável aceitar, excepcionalmente, e nos termos do art. 7.º, § 2.º (ADI), aqui aplicado por analogia, o ***amicus curiae* na representação interventiva** (art. 36, III).

6.7.1.16.6. *Outras hipóteses de cabimento do "amicus curiae"*

Em interessante trabalho,[179] Gustavo Santana Nogueira, além das situações já analisadas, identifica outras hipóteses de cabimento do *amicus curiae*, não desenvolvidas neste estudo em razão de nosso objetivo, mas que devem ser observadas especialmente para as provas de direito processual civil:

- art. 31 da Lei n. 6.385/76 — processos de interesse da CVM;
- art. 118 da Lei n. 12.529/2011 — nos processos judiciais em que se discuta a aplicação da referida Lei n. 12.529/2011, que, dentre outras providências, estrutura o Sistema Brasileiro de Defesa da Concorrência (SBDC) e dispõe sobre a prevenção e a repressão às infrações contra a ordem econômica, o Cade deverá ser intimado para, querendo, intervir no feito na qualidade de assistente;
- art. 950, § 3.º, do CPC/2015 (art. 483, § 3.º, CPC/73) — controle difuso de constitucionalidade;
- art. 14, § 7.º, da Lei n. 10.259/2001 — no âmbito dos Juizados Especiais Federais.[180]

Podemos lembrar, ainda, duas importantes hipóteses de *amicus curiae* que são brevemente retomadas no estudo da "repercussão geral" (*item 11.8.1.3*) e da súmula vinculante (*item 11.14*):

- art. 3.º, § 2.º, da Lei n. 11.417/2006 — procedimento de edição, revisão e cancelamento de enunciado de súmula vinculante pelo STF;
- art. 543-A, § 6.º, do CPC/73, introduzido pela Lei n. 11.418/2006 — análise da repercussão geral pelo STF no julgamento do recurso extraordinário (cf. arts. 1.035, § 4.º, e 1.038, I, do CPC/2015).

Finalmente, destacamos uma previsão bastante ampliada do instituto do *amicus curiae* nos termos do art. 138 do CPC/2015, que o admite para as causas em geral, desde que se demonstre a relevância da matéria, a especificidade do tema objeto da demanda ou a repercussão social da controvérsia. Além disso, conforme estudaremos no item seguinte, a previsão explícita e geral é de que o *amicus curiae* poderá ser **pessoa natural**.

6.7.1.16.7. *Parlamentar pode ser admitido no processo como "amicus curiae"? (Novidade mais ampla introduzida pelo CPC/2015 — Lei n. 13.105/2015)*

Depois de muito pensar, concordamos com importante e arrojada decisão de **Edson Alfredo Smaniotto**, à época Desembargador do TJDFT e relator nos autos da ADI 2004.00.2.008459-7 (decisão em 30.09.2005).

---

[179] Gustavo Santana Nogueira, Do *amicus curiae*, *Revista de Direito do Tribunal de Justiça do Estado do Rio de Janeiro*, Rio de Janeiro, n. 63, p. 13-28. abr./jun. 2005.

[180] Em interessante decisão, o STF admitiu o *amicus curiae* nessa hipótese dos Juizados, e, inclusive, no próprio âmbito do STF (cf. *Inf. 402/STF*, RE 416.827/SC e 415.454/SC, Rel. Min. Gilmar Mendes, 21.09.2005).

Segundo relata, o parlamentar requer a habilitação no processo como *amicus curiae*, já que foi autor do projeto de lei objeto da ADI, o que, em certa medida, como representante de determinada categoria, por si, uma vez demonstrada a relevância da matéria, já seria suficiente para a sua admissão no processo enquanto "amigo da corte".

Em suas palavras, avançando "numa análise mais aproximada, tem-se que o postulante, parlamentar, foi designado por via eleitoral para desempenhar função política na democracia representativa sobre a qual se funda o regime democrático instituído no país (CF, art. 1.º), e nesta condição, desenvolve e materializa a cidadania e o direito de representatividade do povo, verdadeiro titular do poder. Sua postulação no processo se dará *erga omnes*".

Assim, em nosso entender, desde que fique demonstrado que o parlamentar atua como "representante ideológico" de uma coletividade **(representatividade adequada)**, e não em busca de interesse individual egoístico, perfeitamente possível a sua admissão como *amicus curiae* (o tema precisa ser mais bem explicitado pelo STF — *pendente*).[181]

CUIDADO: cabe alertar que o STF, de modo genérico, **não vem admitindo** o ingresso de **pessoa física** como *amicus curiae*, destacando-se, nesse sentido, o voto do Min. Cezar Peluso na **ADI 4.178/GO**:

> "... 4. Não assiste razão ao pleito de (...), que requerem admissão na condição de *amici curiae*. É que os requerentes são **pessoas físicas**, terceiros concretamente interessados no feito, **carecendo do requisito de representatividade** inerente à intervenção prevista pelo art. 7.º, § 2.º, da Lei n. 9.868, de 10.11.1999, o qual, aliás, é explícito ao admitir somente a manifestação de outros 'órgãos ou entidades' como medida excepcional".

Deixamos consignado que o *Novo Código de Processo Civil*, aprovado, em uma visão mais ampla, passa a admitir a **pessoa física** como *amicus curiae*, nos seguintes termos:

> "Art. 138. O juiz ou o relator, considerando a relevância da matéria, a especificidade do tema objeto da demanda ou a repercussão social da controvérsia, poderá, por decisão irrecorrível, de ofício ou a requerimento das partes ou de quem pretenda manifestar-se, solicitar ou admitir a manifestação de **pessoa natural** ou jurídica, órgão ou entidade especializada, com representatividade adequada, no prazo de quinze dias da sua intimação.
>
> § 1.º A intervenção de que trata o *caput* não implica alteração de competência nem autoriza a interposição de recursos, ressalvadas a oposição de embargos de declaração e a hipótese do § 3.º.
>
> § 2.º Caberá ao juiz ou relator, na decisão que solicitar ou admitir a intervenção, definir os poderes do *amicus curiae*.

[181] Cf. a admissão do então Senador da República, Pedro Taques, como *amicus curiae* no julgamento do MS 32.033 (Rel. Min. Gilmar Mendes, j. 28.05.2013), **apesar de haver jurisprudência firme da Corte no sentido da não admissão do referido instituto do "amigo da corte" nas ações de mandado de segurança** (MS 29.192, j. 19.08.2014).

§ 3.º O *amicus curiae* pode recorrer da decisão que julgar o incidente de resolução de demandas repetitivas".

Para o STF, contudo, a pessoa física não possui representatividade para intervir em ações de controle concentrado como *amicus curiae*.

▪ 6.7.1.16.8. Natureza jurídica do "amicus curiae"

Do ponto de vista burocrático, o STF, ao fazer a anotação no processo e indicar o andamento na Internet, aponta o *amicus curiae* como **"parte interessada"**.

O Ministro Maurício Corrêa, no julgamento da ADI 2.581 AgR/SP, chegou a afirmar que o *amicus curiae* atua como "colaborador informal da Corte", não configurando, "... tecnicamente, hipótese de intervenção *ad coadjuvandum* (AGRADI 748-RS, Celso de Mello, *DJ* de 18.11.1994). Assim, como **mero colaborador informal**, o *amicus curiae* não está legitimado para recorrer das decisões proferidas em ação direta" (*DJ* de 18.04.2002).

No julgamento do RE 602.584 (17.10.2018), o Colegiado reafirmou não ser parte o *amicus curiae*, mas um **agente colaborador**. "Portanto, sua intervenção é concedida como privilégio, e não como uma questão de direito. O privilégio acaba quando a sugestão é feita" (*Inf. 920/STF*).

O Ministro Celso de Mello, conforme destacamos no julgamento da ADI 2.130, referiu-se a uma **"intervenção processual"**.

O art. 131, § 3.º, do Regimento Interno do STF, nos termos da Emenda Regimental n. 15, de 30.03.2004, passou a admitir uma declarada hipótese de **intervenção de terceiros**.

É claro que a sua natureza jurídica é **distinta** das modalidades de intervenção de terceiros previstas no CPC, até em razão da natureza do processo objetivo e abstrato do controle concentrado de constitucionalidade.

Assim, por todo o exposto, parece razoável falarmos em uma **modalidade *sui generis* de intervenção de terceiros**, inerente ao processo objetivo de controle concentrado de constitucionalidade, com características próprias e muito bem definidas.

Por esse motivo, a previsão no CPC/2015 deve ser interpretada nos termos acima apresentados, "temperando" a posição topológica do instituto: Capítulo V ("Do *amicus curiae*"); Título III ("**Da intervenção de terceiros**"); Livro III ("Dos sujeitos do processo").

▪ 6.7.1.16.9. "Amicus curiae" pode interpor recurso?

Sim, mas apenas em relação à decisão que **indefere** o pedido de ingresso do *amicus curiae*. A decisão do relator que **defere** o ingresso é **irrecorrível**.

O *amicus curiae*, por se tratar de **terceiro estranho à relação processual**, não pode interpor recurso, impugnando o acórdão proferido nas ações de controle concentrado, para discutir a **matéria** em análise no processo objetivo perante o STF (apenas deixamos a informação que o art. 138, § 3.º, do CPC/2015 estabelece que o *amicus curiae* pode recorrer da decisão que julgar o incidente de resolução de demandas repetitivas — IRDR).

E em face da decisão que admite ou rejeita a sua intervenção?

Conforme visto, a lei (art. 7.º, § 2.º, da Lei n. 9.868/99 e art. 138 do CPC/2015) estabelece que o relator poderá, **por despacho irrecorrível** (na verdade é uma decisão), **admitir** a manifestação de outros órgãos ou entidades. Duas correntes surgiram: a) a irrecorribilidade prevista na lei seria apenas se a decisão fosse no sentido de "admitir"; b) a irrecorribilidade seria tanto se a decisão admitisse ou não o ingresso do *amicus curiae*.

Em um primeiro momento, vários precedentes no STF admitiam a interposição do recurso de **agravo interno** (art. 1.021 do CPC/2015) na hipótese de indeferimento do ingresso (cf.: ADI 3.105 ED, ADI 3.934 ED-AgR, ADI 3.615 ED, ADI 2.591 ED, ADI 5.022 AgR).

A matéria começou a ser **revista** no julgamento da ADI 3.396-ED (empate em 5 x 5 quando, em 25.05.2016, o processo foi suspenso para o voto de desempate da Min. Cármen Lúcia). Em 17.10.2018, contudo, verificou-se verdadeira **viragem jurisprudencial**, passando a Corte a não mais admitir a interposição de recurso tanto no caso de admissão como no de indeferimento (**RE 602.584**).

Dentre os argumentos a justificar o novo posicionamento podemos destacar a própria essência de colaborador da Corte, assim como a dita vontade democrática exposta na legislação processual que disciplina a matéria. Conforme vimos, o art. 138 do CPC/2015 "é explícito no sentido de conferir ao juiz competência discricionária para admitir ou não a participação, no processo, de pessoa natural ou jurídica, órgão ou entidade especializada, e de não admitir recurso contra essa decisão" (*Inf. 920/STF*).

Outro ponto a justificar a nova orientação seriam os "possíveis prejuízos ao andamento dos trabalhos da Corte decorrentes da admissibilidade do recurso, sobretudo em processos em que há um grande número de requerimentos de participação como *amicus curiae*".

CUIDADO: em 06.08.2020, o STF mudou, novamente, o seu entendimento, havendo o julgamento final da **ADI 3.396-ED**, que estava pendente. Por 6 x 5, a Corte passou a admitir a interposição de recurso contra a decisão que **nega ingresso** de *amicus curiae* em ação direta de inconstitucionalidade.

Devemos alertar que desse julgamento o Min. Alexandre de Moraes não participou, pois já havia voto proferido pelo Min. Peluso, o seu antecessor. Portanto, devemos acompanhar o tema de perto, lembrando, ainda, a substituição do Min. Celso de Mello (que admitiu o agravo) pelo Min. Kássio Nunes, que tomou posse em 05.11.2020.

■ *6.7.1.16.10. Audiências públicas*

Em caso de necessidade de esclarecimento de matéria ou circunstância de fato ou de notória insuficiência das informações existentes nos autos, **poderá o relator** requisitar informações adicionais, designar perito ou comissão de peritos para que

Acesse também a videoaula pelo link: somos.in/DCE25095

emita parecer sobre a questão ou fixar data para, em **audiência pública**, ouvir depoimentos de pessoas com experiência e autoridade na matéria (arts. 9.º, § 1.º, e 20, § 1.º, da Lei n. 9.868/99 e art. 6.º, § 1.º, da Lei n. 9.882/99).

Além da atribuição fixada ao **relator** (art. 21, XVII, do *RISTF*), nos termos do art. 13, XVII, do RISTF, compete ao **Presidente do STF** convocar **audiência pública** para ouvir o depoimento de pessoas com experiência e autoridade em determinada matéria, sempre que entender necessário o esclarecimento de questões ou circunstâncias de fato, com repercussão geral e de interesse público relevante, debatidas no âmbito do Tribunal, o que nos permite afirmar que a previsão não se resume aos processos de ADI, ADC e ADPF.

Nesse particular, interessante destacar a **primeira audiência pública** realizada no Brasil, em processo jurisdicional de controle concentrado de constitucionalidade, na data de **20.04.2007**, em cumprimento ao preceituado no art. 9.º, § 1.º, da Lei n. 9.868/99 (portanto, quase 8 anos após a sua previsão na referida lei).

Tratava-se da **ADI 3.510**, proposta pelo PGR, contra a utilização de células-tronco de embriões humanos em pesquisas e terapias. Conforme aprofundamos no *item 14.10.1.2*, o STF entendeu, por 6 x 5, que as pesquisas com células-tronco embrionárias não violam o direito à vida, nem mesmo a dignidade da pessoa humana, julgando, assim, improcedente o pedido formulado na ação.

Outras audiências públicas foram verificadas (*vide* plataforma).[182]

■ 6.7.1.17. *Efeitos da decisão (ADI genérica)*

A ação em comento tem caráter **dúplice** ou **ambivalente**, pois, conforme estabelece o art. 24 da Lei n. 9.868/99, proclamada a constitucionalidade, julgar-se-á improcedente a ação direta ou procedente eventual ação declaratória e, no mesmo passo, proclamada a inconstitucionalidade, julgar-se-á procedente a ação direta ou improcedente eventual ação declaratória. Em outras palavras: a procedência de uma implica a improcedência da outra (ações com "sinais trocados" — cf. a perspectiva gráfica dessa ambivalência no *item 6.7.2.5*).

De modo geral, a decisão no controle concentrado produzirá efeitos contra todos, ou seja, ***erga omnes***, e também terá efeito retroativo, ***ex tunc***, retirando do ordenamento jurídico o ato normativo ou lei incompatível com a Constituição. Trata-se, portanto, de **ato nulo**.

No entanto, acompanhando o direito alemão e o português, entre outros, a Lei n. 9.868/99, em seu art. 27, introduziu a técnica da **declaração de inconstitucionalidade sem a pronúncia de nulidade**. Nesse sentido, ao declarar a inconstitucionalidade de lei ou ato normativo, e tendo em vista razões de **segurança jurídica ou de excepcional interesse social**, poderá o STF, por maioria qualificada de **2/3** de seus mem-

[182] As audiências públicas podem ser acompanhadas no site do STF <http://www.stf.jus.br>. Os temas discutidos, sem dúvida, destacam-se para as provas de concursos.

bros, restringir os efeitos daquela declaração ou decidir que ela só tenha eficácia a partir de seu trânsito em julgado ou de outro momento que venha a ser fixado. Ou seja, diante de tais requisitos, o STF poderá dar **efeito *ex nunc***.[183]

Além da eficácia contra todos (*erga omnes*), já comentada, o parágrafo único do art. 28 da Lei n. 9.868/99 dispõe que a decisão também terá **efeito vinculante**.

Em um primeiro momento, antes da posição firmada na jurisprudência do STF e das novidades trazidas pela **EC n. 45/2004**, tínhamos o entendimento de que esse dispositivo deveria ser interpretado acompanhando o posicionamento do Ministro Sepúlveda Pertence, que dizia ser tal vinculação possível somente nos casos em que, em tese, seria cabível a ADC, devendo o STF assim se pronunciar, sob pena de se dizer mais do que a Constituição estabeleceu.[184]

Em relação ao tema, **contudo**, concluindo o julgamento de questão de ordem em agravo regimental interposto contra decisão do Ministro Maurício Corrêa, relator — que não conhecera de reclamação ajuizada pelo Município de Turmalina-SP em que se pretendia ver respeitada a decisão proferida pelo STF na ADI 1.662-SP por falta de legitimidade ativa *ad causam* do reclamante —, o STF, por maioria (**8 x 3**,

[183] "Coerente com evolução constatada no Direito Constitucional comparado, a presente proposta permite que o próprio Supremo Tribunal Federal, por uma maioria diferenciada, decida sobre os efeitos da declaração de inconstitucionalidade, fazendo um juízo rigoroso de ponderação entre o princípio da nulidade da lei inconstitucional, de um lado, e os postulados da segurança jurídica e do interesse social, de outro (art. 27). Assim, o princípio da nulidade somente será afastado 'in concreto' se, a juízo do próprio Tribunal, se puder afirmar que a declaração de nulidade acabaria por distanciar-se ainda mais da vontade constitucional. Entendeu, portanto, a Comissão que, ao lado da ortodoxa declaração de nulidade, há de se reconhecer a possibilidade de o Supremo Tribunal, em casos excepcionais, mediante decisão da maioria qualificada (dois terços dos votos), estabelecer limites aos efeitos da declaração de inconstitucionalidade, proferindo a inconstitucionalidade com eficácia *ex nunc* ou *pro futuro*, especialmente naqueles casos em que a declaração de nulidade se mostre inadequada (*v. g.*: lesão positiva ao princípio da isonomia) ou nas hipóteses em que a lacuna resultante da declaração de nulidade possa dar ensejo ao surgimento de uma situação ainda mais afastada da vontade constitucional" (Gilmar Ferreira Mendes. *Processo e julgamento da ação direta de inconstitucionalidade e da ação declaratória de constitucionalidade perante o Supremo Tribunal Federal: uma proposta de projeto de lei*, disponível em: <http://www.planalto.gov.br/ccivil_03/revista/Rev_06/processo_julgamento.htm>).

[184] "A EC 3/93... ao criar a ação declaratória de constitucionalidade de lei federal, prescreveu que a decisão definitiva de mérito nela proferida — incluída, pois, aquela que, julgando improcedente a ação, proclamar a inconstitucionalidade da norma questionada —, 'produzirá eficácia contra todos e efeito vinculante, relativamente aos demais órgãos do Poder Judiciário e do Poder Executivo...'. A partir daí, é mais que razoável sustentar que, **quando cabível em tese a ação declaratória de constitucionalidade, a mesma força vinculante haverá de ser atribuída à decisão definitiva da ação direta de inconstitucionalidade**. E, onde haja eficácia vinculante, caberá reclamação para assegurá-la" (Rcl 621/RS, Min. Sepúlveda Pertence, *DJ* de 1.º.09.1996, p. 25367. *Vide* também voto em ADCQO-1). Segundo David Araujo e Serrano Nunes, de maneira mais restritiva, referidos efeitos vinculantes só caberiam à ADC, concluindo nos seguintes termos: "portanto, entendemos que o dispositivo só poderia ser aplicado às ações declaratórias de constitucionalidade, não podendo se estender às ações diretas de inconstitucionalidade, por ausência de efeito vinculante no texto constitucional (o que ocorre com a declaratória)" (*Curso de direito constitucional*, 4. ed., p. 47-48).

vencidos os Ministros Moreira Alves, Ilmar Galvão e Marco Aurélio), **declarou a constitucionalidade do parágrafo único do art. 28 da Lei n. 9.868/99**, considerando que a **ação declaratória de constitucionalidade (ADC)** consubstancia uma **ação direta de inconstitucionalidade (ADI)** com sinal trocado, tendo ambas caráter dúplice, sendo os seus efeitos, portanto, semelhantes.[185] Essa interpretação, como veremos a seguir, foi expressamente consagrada com a **Reforma do Judiciário**, EC n. 45/2004, ao dar nova redação ao art. 102, § 2.º, da CF/88.

Logo, para as provas de concurso, adotar o entendimento de que a **declaração de inconstitucionalidade no controle concentrado**, em **abstrato**, em **tese**, marcada pela **generalidade, impessoalidade** e **abstração**, faz instaurar um **processo objetivo**, sem partes, no qual inexiste litígio referente a situações concretas ou individuais (*RTJ* 147/31, Rel. Min. Celso de Mello), tornando os atos inconstitucionais **nulos** e, por consequência, **destituídos de qualquer carga de eficácia jurídica**, com alcance, de modo vinculado e para todos, sobre os **atos pretéritos**, fazendo com que, para se ter uma ideia da amplitude desses efeitos, por exemplo, a declaração de inconstitucionalidade do referido ato normativo que tenha "revogado" outro ato normativo (nossa análise neste ponto refere-se à ADI perante o STF, de lei ou ato normativo federal ou estadual, ou distrital, desde que no exercício da competência estadual) provoque o **restabelecimento do ato normativo anterior**. Os efeitos gerais da declaração de inconstitucionalidade no controle concentrado, por meio de ADI, podem ser assim resumidos:

- ***erga omnes*;**
- ***ex tunc*;**
- **vinculante em relação aos órgãos do Poder Judiciário e da Administração Pública federal, estadual, municipal e distrital.**

Excepcionalmente, porém, como exceção à regra geral do princípio da nulidade, tendo em vista **razões de segurança jurídica** ou de **excepcional interesse social**, poderá o STF, por maioria qualificada de **2/3 de seus Ministros**,[186] restringir os efeitos da declaração ou decidir que ela só tenha eficácia a partir do seu trânsito em julgado ou de outro momento que venha a ser fixado. Excepcionalmente, então, os Ministros do STF poderão restringir os efeitos da declaração de inconstitucionalidade, que, na hipótese específica e desde que preencha os requisitos formal (*quorum* **qualificado de 2/3**) e material (**razões de segurança jurídica** ou

---

[185] Cf.: **Rcl (AgR-QO) 1.880-SP**, Rel. Min. Maurício Corrêa, 06.11.2002, e ***Inf.* 289/STF** de 04 a 08.11.2002.

[186] **2/3** de **11** Ministros equivalem a (2 × 11) ÷ 3 = 7,333333333... Como o art. 27 da Lei n. 9.868/99 falou em *quorum* de 2/3, deve ser entendido no mínimo 2/3. Arredondando o resultado para baixo, teríamos um número inferior a 2/3. Logo, devemos arredondá-lo para cima, e o *quorum* será de pelo menos **8 Ministros**, lembrando o *quorum* de **instalação da sessão de julgamento**, também de **8 Ministros** (art. 22 da Lei n. 9.868/99).

de **excepcional interesse social**), serão:

- *erga omnes*;
- *ex nunc*; ou **outro momento a ser fixado pelos Ministros do STF, podendo a modulação ser em algum momento do passado, no momento do julgamento, ou para o futuro (efeito prospectivo);**
- **vinculante em relação aos órgãos do Poder Judiciário e da Administração Pública federal, estadual, municipal e distrital.**

Alertamos que não há necessidade de suspensão da execução da lei ou ato normativo declarado inconstitucional, por decisão definitiva do STF, por meio de resolução do Senado Federal no controle concentrado. Isso porque o **art. 52, X, só se aplica ao controle difuso!**[187] (**CUIDADO:** essa perspectiva deve ser reanalisada à luz da **nova realidade**, qual seja, o reconhecimento pelo STF da **mutação constitucional do art. 52, X**, conforme explicamos no *item 6.6.5.5*, no julgamento das ADIs 3.406 e 3.470, no sentido de que, tanto no controle difuso como no controle concentrado, o papel do Senado Federal seria para dar mera publicidade à decisão, sendo que o efeito *erga omnes* e vinculante decorreria da própria decisão do STF).

No tocante ao controle concentrado, para sedimentar, transcrevemos a regra trazida no § 2.º do art. 102, constitucionalizando, de uma vez por todas, o caráter dúplice ou ambivalente da ADI e da ADC: "§ 2.º As decisões definitivas de mérito, proferidas pelo Supremo Tribunal Federal, nas ações diretas de inconstitucionalidade e nas ações declaratórias de constitucionalidade produzirão eficácia contra todos e efeito vinculante, relativamente aos demais órgãos do Poder Judiciário e à administração pública direta e indireta, nas esferas federal, estadual e municipal".

Conforme vimos no *item 6.7.1.8*, o efeito vinculante atinge somente o **Judiciário** e o **Executivo**,[188] não se estendendo para o Legislativo no exercício de sua função típica de legislar (nem atingindo, conforme sugerimos, as funções atípicas normativas tanto do Judiciário como do Executivo, quando, por exemplo, o Presidente da República edita uma medida provisória). O Legislativo poderá, inclusive, editar nova lei em sentido contrário à decisão do STF em controle de constitucionalidade concentrado ou edição de súmula vinculante. Entendimento diverso significaria o **"inconcebível fenômeno da fossilização da Constituição"** (cf. **Rcl**

---

[187] Cf. *RTJ* 151/331. De acordo com as anotações jurisprudenciais de Luís Roberto Barroso, "ainda no regime constitucional anterior, o STF, no julgamento do Processo Administrativo 4.477/72, estabeleceu o entendimento de que a **comunicação ao Senado** (acrescente-se, art. 52, X), **somente é cabível na hipótese de declaração incidental de inconstitucionalidade**, isto é, na apreciação de **caso concreto**. No **controle** por via **principal concentrado, a simples decisão da Corte, por maioria absoluta, já importa na perda de eficácia da lei ou ato normativo**" (STF, *DJU* de 16.05.1977, p. 3123 — grifamos).

[188] Cf. **Decreto n. 2.346/97**, que consolida normas de procedimentos a serem observadas pela Administração Pública Federal em razão de decisões judiciais.

2.617, *Inf. 386/STF*).

Nesse sentido, no tocante à não vinculação ao legislador ao editar uma lei com conteúdo idêntico àquela objeto da ADI, contra esse novo ato normativo **não caberá reclamação constitucional** sob o argumento de violação à tese jurídica firmada na ação de controle concentrado (mesmo que admitida a tese da transcendência dos motivos determinantes), devendo, no caso, ser proposta uma **nova ADI**, em razão do **novo objeto**.

■ 6.7.1.17.1. *Princípio da parcelaridade*

O **princípio da parcelaridade** aplica-se ao controle concentrado. Isso significa que o STF pode julgar parcialmente procedente o pedido de declaração de inconstitucionalidade, expurgando do texto legal apenas uma palavra, uma expressão, diferentemente do que ocorre com o veto presidencial, como veremos ao estudar o processo legislativo (art. 66, § 2.º).

Isso porque, e já adiantando a matéria, o Presidente da República, ao vetar determinado projeto de lei (controle de constitucionalidade prévio ou preventivo, realizado pelo Executivo), poderá fazê-lo **integralmente** (veto de todo o projeto de lei) ou **parcialmente**; nesta última hipótese, porém, o veto só poderá ser de **texto integral** de artigo, parágrafo, inciso ou alínea (art. 66, § 2.º, da CF).

Por outro lado, o Judiciário, ao realizar o controle posterior ou repressivo de constitucionalidade, poderá expungir do texto normativo uma expressão, uma só palavra, uma frase, não havendo necessidade de declarar inconstitucional um texto integral de artigo, parágrafo, inciso ou alínea, como acontece com o controle realizado pelo Chefe do Executivo.

Trata-se de interpretação conforme **com redução de texto**, verificada, por exemplo, na ADI 1.227-8, suspendendo a eficácia da expressão "desacato" do art. 7.º, § 2.º, do Estatuto dos Advogados.

■ 6.7.1.17.2. *Declaração de inconstitucionalidade sem redução de texto*

Muitas vezes, o STF pode declarar que a mácula da inconstitucionalidade reside em determinada aplicação da lei, ou em dado sentido interpretativo. Neste último caso, o STF indica qual seria a **interpretação conforme**, pela qual não se configura a inconstitucionalidade.

Importante notar que em hipótese alguma poderá o STF funcionar como *legislador positivo*. A interpretação conforme só será admitida quando existir um **espaço para a decisão** do Judiciário, deixado pelo Legislativo. A interpretação não cabe quando o sentido da norma é **unívoco**, mas somente quando o legislador deixou um campo com diversas interpretações, cabendo ao Judiciário dizer qual delas se coaduna com o sentido da Constituição. O Judiciário, ao declarar a inconstitucionalidade de determinada lei, deve sempre atuar como **legislador negativo**, sendo-lhe vedado, portanto, instituir norma jurídica diversa da produzida pelo Legislativo.

6.7.1.17.3. Efeito repristinatório da declaração de inconstitucionalidade. Necessidade de impugnação de todo o "complexo normativo"

O controle concentrado por meio da ADI é marcado pela generalidade, impessoalidade e abstração e faz instaurar um **processo objetivo**, sem partes, no qual inexiste litígio referente a situações concretas ou individuais (*RTJ* 147/31, Rel. Min. Celso de Mello).

Nesse sentido, a declaração de inconstitucionalidade reconhece a **nulidade** dos atos inconstitucionais e, por consequência, a inexistência de qualquer carga de eficácia jurídica. Assim, dentre tantos efeitos, a declaração de inconstitucionalidade de ato normativo que tenha "revogado" outro ato normativo (*nossa análise neste ponto refere-se à ADI perante o STF, de lei ou ato normativo federal ou estadual, ou distrital, desde que no exercício da competência estadual*) provoca o restabelecimento do ato normativo anterior, quando a decisão tiver efeito retroativo.

O STF vem utilizando a expressão **"efeito repristinatório"** (cf. ADI 2.215-PE, medida cautelar, Rel. Min. Celso de Mello, *Inf. 224/STF*) da declaração de inconstitucionalidade. Isso porque, se a lei é nula, ela nunca teve eficácia. Se nunca teve eficácia, nunca revogou nenhuma norma. Se nunca revogou nenhuma norma, aquela que teria sido supostamente "revogada" continua tendo eficácia. Eis o efeito repristinatório da decisão.

Não se pode confundir (embora o STF utilize sem muito critério as expressões) **"efeito repristinatório da declaração de inconstitucionalidade"** com **"repristinação da norma"**. No primeiro caso temos o restabelecimento da lei anterior porque, se a lei objeto do controle é inconstitucional e, assim, nula, ela nunca teve eficácia, portanto, nunca revogou nenhum outro ato normativo. No segundo, qual seja, na repristinação, nos termos do art. 2.º, § 3.º, da **LINDB** (*Lei de Introdução às Normas do Direito Brasileiro* — Decreto-lei n. 4.657/42),[189] salvo disposição em contrário, a lei revogada não se restaura por ter a lei revogadora perdido a vigência, ou seja, precisa de pedido expresso desta terceira lei (que revoga a lei revogadora da lei inicial).

Avançando essa regra geral do efeito repristinatório, contudo, podemos estar diante de situação de revogação da norma anterior mesmo que o STF reconheça a inconstitucionalidade de determinada norma posterior.

Para recordar, os efeitos gerais da declaração de inconstitucionalidade no controle concentrado, por meio de ADI, são: *erga omnes*, *ex tunc* e vinculante,

---

[189] Como nosso leitor atento tem conhecimento, o *Decreto-lei n. 4.657/42* introduziu em nosso ordenamento a então denominada *LICC (Lei de Introdução ao Código Civil)*, que, à época, já extrapolava o direito civil, seja por regular a validade, eficácia, vigência, interpretação, revogação das normas, seja por definir conceitos amplos como o ato jurídico perfeito, a coisa julgada, o direito adquirido, seja, de modo geral, por apresentar um inegável caráter universal, aplicando-se aos demais "ramos" do direito. Por esse motivo, a **Lei n. 12.376/2010** passou a denominá-la **Lei de Introdução às Normas do Direito Brasileiro (LINDB)**, mantendo intacto o seu conteúdo.

podendo ser dado efeito *ex nunc*, ou a partir de outro momento que venha a ser fixado (exceção à regra geral do princípio da nulidade), desde que a votação tenha sido por 2/3 dos Ministros, tendo em vista razões de segurança jurídica ou de excepcional interesse social.

Ocorrendo a **modulação dos efeitos da decisão**, nesse caso, parece-nos que a lei (objeto do controle) vai sim ter a eficácia de revogar a lei anterior. Isso porque, se a decisão reconhece efeitos da referida norma, temos de aceitar a sua existência, validade e, durante o período que o STF determinar, a sua **eficácia**, gerando, dentre tantos efeitos, a natural revogação de lei em sentido contrário ou se expressamente assim estabelecer.

Por fim, destacamos um aspecto formal importante. Se o legitimado ativo da ADI objetivar que a Suprema Corte analise a inconstitucionalidade da lei que vai voltar a produzir efeitos (em razão do efeito repristinatório da decisão), terá de, expressamente, fazer o pedido de apreciação da referida lei, sob pena de o STF não poder, de ofício, apreciá-la e, para piorar, **não conhecer** da ação direta ajuizada. Nesse sentido:

> "EMENTA: Ação direta de inconstitucionalidade: **efeito repristinatório:** norma anterior com o mesmo vício de inconstitucionalidade. No caso de ser declarada a inconstitucionalidade da norma objeto da causa, ter-se-ia a **repristinação** de preceito anterior com o mesmo vício de inconstitucionalidade. Neste caso, **e não impugnada a norma anterior, não é de se conhecer da ação direta de inconstitucionalidade**" (ADI 2.574, Rel. Min. Carlos Velloso, j. 02.10.2002, *DJ* de 29.08.2003. No mesmo sentido, cf. ADI 3.148, Rel. Min. Celso de Mello, j. 13.12.2006, *DJ* de 28.09.2007).

Por todo o exposto, fica claro que, em eventual controle normativo abstrato a ser instaurado, deverá haver a impugnação de todo o **"complexo normativo"**, de toda a **"cadeia normativa"**, tanto as normas revogadoras como as revogadas.

E qual o limite temporal de impugnação da cadeia normativa?

De acordo com o voto do Min. Gilmar Mendes na **ADI 3.660**, a necessidade de indicação dos atos que compõem a "cadeia normativa" se limita até o **advento da nova Constituição**. Pedimos vênia para transcrever a importante passagem de seu voto:

> "... é preciso levar em conta que o processo do controle abstrato de normas destina-se, fundamentalmente, à aferição da constitucionalidade de normas pós-constitucionais (ADI n. 2, Rel. Paulo Brossard, *DJ* 2.2.92). Dessa forma, eventual colisão entre o direito pré-constitucional e a nova Constituição deve ser simplesmente resolvida segundo princípios de direito intertemporal (*Lex posterior derogat priori*). Assim, conjugando ambos os entendimentos professados pela jurisprudência do Tribunal, a conclusão não pode ser outra senão a de que a **impugnação** deve **abranger apenas** a **cadeia de normas revogadoras e revogadas até o advento da Constituição de 1988**" (voto do Min. Gilmar Mendes na ADI 3.660, j. 13.03.2008, Plenário, *DJE* de 09.05.2008).

6.7.1.17.4. Efeitos temporais da declaração de inconstitucionalidade[190]

6.7.1.17.4.1. Coisa julgada "inconstitucional". S. 343/STF. Rescisória (art. 966, V, CPC/2015)

COLISÃO		
▪ Segurança jurídica ▪ Autoridade do Poder Judiciário ▪ Estabilidade das relações sociais	X	▪ Força normativa da Constituição ▪ Princípio da máxima efetividade das normas constitucionais ▪ Isonomia: a aplicação assimétrica viola um referencial normativo que dá sustentação a todo o sistema

De modo geral, vimos, a declaração de inconstitucionalidade no **controle concentrado** tem efeitos retroativos (*ex tunc*), declarando-se a **nulidade** da lei.

Pode ser afirmado, então, por regra, que a lei inconstitucional nunca produziu efeitos, até porque a sentença declaratória restitui os fatos ao *statu quo ante*. Esse reconhecimento gera diversas consequências.

Uma **primeira** seria o **"efeito repristinatório"**, já estudado.

Outra consequência seria a conveniência, aprimorada pelo STF, de se aplicar a técnica da **modulação dos efeitos da decisão** diante de situações particulares, especialmente se reconhecidas por decisões judiciais transitadas em julgado.

Nesse contexto, há necessidade de se respeitar a **coisa julgada**, exceto na hipótese de **matéria penal** (art. 5.º, XL, da CF/88), que, a qualquer tempo, permite a revisão criminal (veja que neste caso já houve pelo constituinte originário uma **"ponderação de interesses"**).

Assim, expressamente, o texto não faz outra ressalva, tendo erigido a coisa julgada como valor fundamental.

Processualmente, a sua **desconstituição** deve seguir a **regra processual**, qual seja, pela utilização da **ação rescisória** dentro do prazo decadencial de 2 anos, sendo que, findo tal prazo, fala-se em **coisa soberanamente julgada**, não mais podendo a matéria ser revista.

Podem ser lembradas, contudo, técnicas de "relativização" ou, utilizando uma terminologia mais adequada, de **"desconstituição"** da coisa julgada. Vejamos:

- a decisão transitada em julgado se funda em lei que vem a ser, em momento posterior, declarada inconstitucional;
- a decisão transitada em julgado afronta outros valores da Constituição (cf. *item 6.7.1.17.4.4*).

[190] Todo o conteúdo deste *item 6.7.1.17.4* foi retirado, com algumas adaptações, de Pedro Lenza, *Coisa julgada* erga omnes: processo coletivo, controle de constitucionalidade e súmula vinculante (originalmente defendido como tese de doutorado — USP).

No primeiro caso, estamos diante da denominada **"sentença inconstitucional"**,[191] qual seja, aquela que considera *lei* válida e que, por decisão futura do STF, em **controle concentrado**, vem a ser declarada *inconstitucional*, ou o contrário.

Nessas hipóteses, parece razoável que se aceite o ajuizamento de **ação rescisória**, nos termos do art. 966, V,[192] do CPC/2015, lembrando, do ponto de vista formal, o entendimento do STF que exige a juntada de (novo) instrumento de mandato específico, mesmo que conste esse poder no mandato originário, já que estaremos diante de **ação autônoma e com caráter excepcional** (nesse sentido, cf.: AR 2.236-ED, AR 2.239-ED, Rel. Min. Dias Toffoli, j. 23.06.2010, Plenário, *DJE* de 03.09.2010; e AR 2.156, AR 2.183 e AR 2.202, Rel. Min. Ellen Gracie, j. 18.08.2010).

Para este estudo, sustentamos que o cabimento da rescisória dar-se-á tanto no caso de declaração de **constitucionalidade** como no de **inconstitucionalidade** em controle concentrado, com efeito *erga omnes* e *ex tunc*, em razão do efeito dúplice ou ambivalente das ações. A inconstitucionalidade da sentença está na desconformidade de interpretação dada à lei.[193]

Contudo, **deverá ser respeitado o prazo decadencial de 2 anos para o seu ajuizamento** e, ainda, a controvérsia sobre a matéria deverá ser necessariamente **constitucional** e não meramente infraconstitucional, para, desta feita, afastar a incidência da S. 343/STF.[194]

Transcorrido *in albis* o prazo decadencial de 2 anos sem o ajuizamento da ação rescisória, não mais se poderá falar em desconstituição da coisa julgada individual pela técnica da ação rescisória, mesmo que em controle concentrado venha a ser declarada a inconstitucionalidade de lei com efeitos *ex tunc*.

Segundo Gilmar Mendes, trata-se de "... proteção ao ato singular, em homenagem ao princípio da segurança jurídica, procedendo-se à diferenciação entre o efeito da decisão no ***plano normativo*** (*Normebene*) e no ***plano do ato singular*** (*Einzelaktebene*) mediante a utilização das *fórmulas de preclusão*". E completa, com bas-

---

[191] Para uma interessante crítica terminológica, cf. J. C. Barbosa Moreira, Considerações sobre a chamada relativização da coisa julgada material, *Revista de Direito do Tribunal de Justiça do Estado do Rio de Janeiro*, 62/43-44.

[192] No revogado CPC/73, o fundamento para a ação rescisória, nessa hipótese, era o art. 485, V, que falava em *violar literal disposição de lei*. Barbosa Moreira, na linha de interpretação já sustentada por Pontes de Miranda (*Comentários ao CPC — de 1973*, t. VI, p. 233; *Tratado da ação rescisória*, 5. ed., p. 299), defendia que **"lei"** deveria ser interpretada em **sentido amplo**, compreendendo, portanto, além das espécies normativas do art. 59 da CF/88, a própria **Constituição** (cf. J. C. Barbosa Moreira, *Comentários ao Código de Processo Civil:* Lei n. 5.869, de 11 de janeiro de 1973, 12. ed., v. V, p. 130-131).

[193] Em sentido contrário, restringindo o cabimento da ação somente na hipótese de superveniente declaração de **inconstitucionalidade** (procedência da ADI ou improcedência da ADC), cf. A. P. Grinover, Ação rescisória e divergência de interpretação em matéria constitucional, *RePro* 87/45-47.

[194] S. 343/STF: "Não cabe ação rescisória por ofensa a literal disposição de lei, quando a decisão rescindenda se tiver baseado em texto legal de interpretação controvertida nos tribunais".

tante propriedade: "... somente serão afetados pela declaração de inconstitucionalidade com eficácia geral os atos ainda suscetíveis de revisão ou impugnação".[195]

Esse tema já foi discutido pelo STF no **AI 460.439 AgR/DF** (*Inf. 397* e *436/STF*, *DJ* de 09.03.2007, Ata n. 6/2007) e na **Rcl 2.600** (*Inf. 440/STF*, *DJ* de 03.08.2007), sendo acatada a tese de **afastamento da S. 343/STF** sem, todavia, ser resolvida a questão da contagem do prazo decadencial para o ajuizamento da rescisória.

A discussão sobre essa problemática foi iniciada no julgamento da Rcl 2.600, em *obiter dictum*, porém o STF, naquele momento, não chegou a enfrentar o prazo para o ajuizamento da rescisória.

Para este estudo, entendemos, **do ponto de vista doutrinário** (posicionamento assumido em nossa tese de doutorado, USP), que o prazo decadencial tem de ser contado do **trânsito em julgado da decisão individual** e foi adotado pela jurisprudência do STF, como se observa abaixo, em julgamento posterior ao da Rcl 2.600 (mas antes da vigência do Novo CPC/2015).[196]

Adotar o cabimento da rescisória a partir da nova posição do STF transitada em julgado, em nosso entender, por se tratar de decisão futura e incerta e que poderia ocorrer após vários anos do trânsito em jugado da decisão individual, caracterizaria uma indesejável **perpetuação da "espada de Dâmocles"**[197] e violação

---

[195] I. G. da S. Martins, G. F. Mendes, *Controle concentrado de constitucionalidade:* comentários à Lei n. 9.868, de 10.11.99, p. 405-406 e 526.

[196] O Novo CPC/2015, para a hipótese dos **embargos rescisórios** (cf. *item 6.7.1.17.4.3*), adotou como marco temporal para o ajuizamento da ação rescisória o **trânsito em julgado da decisão proferida pelo STF**, o que entendemos **flagrantemente inconstitucional**, como discutiremos no referido item (cf. arts. 525, § 15, e 535, § 8.º, do CPC/2015).

[197] Esta passagem foi recontada por *James Baldwin* e consiste na história de um rei, chamado Dionísio, que governava Siracusa, a cidade mais rica da Sicília, no século IV a.C. O monarca tinha um amigo chamado Dâmocles, que sempre invejou a sua riqueza e poder. Depois de tanto atormentá-lo, Dionísio, um dia, resolveu trocar de lugar com Dâmocles. Este, dizendo estar vivendo o dia mais feliz de sua vida, foi levado ao palácio e se deleitou com tanta luxúria. Sentado à mesa, com farta comida, bebida e mordomias, Dâmocles percebeu que sob a sua cabeça pendia uma afiada espada, presa por um único fio de pequeníssima espessura e colocada por Dionísio. Paralisado, Dâmocles não conseguia se mover sob a ameaça de qualquer movimento mais brusco romper o frágil fio. Foi aí que Dionísio lhe mostrou que a riqueza e o poder trazem, ínsitos a eles, o eterno perigo. Sempre sobre a sua cabeça, anotou o monarca, pende uma espada, com lâminas afiadíssimas, havendo o risco, a qualquer momento, de se romper. Dâmocles, então, assustadíssimo, nunca mais quis trocar de lugar com o rei. Assim, a expressão **"a espada de Dâmocles"** significa **"um eterno, iminente, ameaçador e incerto perigo sobre a vida de alguém"**. No contexto da **coisa julgada**, a possibilidade incerta e permanente de reabertura do processo, gerando a inconveniente angústia de o processo ser reaberto a qualquer momento, causando desconcertante insegurança jurídica, é, sem dúvida, uma combatida **"espada de Dâmocles"**. Interessante a utilização desta expressão por José Afonso da Silva ao comentar o art. 18 da Lei da Ação Popular, que permite a reabertura do processo em caso de julgamento por "deficiência probatória". Em suas palavras, "... é uma sentença que não atua o direito objetivo. Deixa em suspenso a lide, como uma **espada de Dâmocles** pendente sobre o réu" (SILVA, J. A., *Ação popular constitucional:* doutrina e processo, 1968, n. 235, p. 254).

aos princípios constitucionais da **segurança jurídica** e **autoridade das decisões do Poder Judiciário**.

Isso posto, a única maneira de se desconstituir a coisa julgada **após o prazo decadencial** da ação rescisória será por outra técnica, qual seja, a da **desconsideração à luz do princípio da proporcionalidade** e limitada às sentenças que **ferirem outros valores constitucionais de igual hierarquia** ao da **segurança jurídica e estabilidade das decisões** e ficar reconhecido, nessa **ponderação de interesses**, que devam ser afastados. O cabimento de rescisória, enfatize-se, deve respeitar, necessariamente, o prazo decadencial de 2 anos.

Esse nosso entendimento fica fortalecido com a decisão proferida no **RE 328.812-ED** (Rel. Min. Gilmar Mendes, j. 06.03.2008, *DJE* de 02.05.2008 e *Inf. 497/STF*). Segundo o voto do Min. Gilmar Mendes, relator, a **controvérsia de interpretação de lei** é muito diferente da **controvérsia de interpretação constitucional**, tendo em vista que nas decisões proferidas pelo STF se verifica uma particular forma de **concretização constitucional**.

Assim, diante da colisão verificada (*vide* quadro no início deste item), deve-se optar, nessa ponderação de valores, pela preservação da **força normativa da Constituição**, do **princípio da máxima efetividade das normas** e da ideia de **isonomia**, já que a aplicação assimétrica de decisões da corte significaria uma insuportável instabilidade (mais grave que a instabilidade gerada pela ação rescisória) e, consequentemente, um fortalecimento das decisões dos tribunais inferiores em relação ao STF, que é o intérprete máximo da Constituição e que, por último, fixa a sua força normativa.

Em seu voto, o Min. Gilmar Mendes deixa muito claro que o **prazo decadencial de 2 anos deverá ser respeitado**, fortalecendo, assim, a nossa posição teórica, defendida anteriormente.[198]

■ *6.7.1.17.4.2. Explicitação da amplitude da S. 343/STF. "Leading case": RE 590.809 (j. 22.10.2014). Revogado CPC/73 e Novo CPC/2015*

O tema em análise, especialmente a **amplitude da S. 343/STF**, veio a ser rediscutido pelo STF no julgamento do **RE 590.809** (22.10.2014).

No caso concreto, analisava-se a possibilidade de ação rescisória em razão de mudança de entendimento pela Corte sobre matéria constitucional. O acórdão que estava em discussão consolidou, em 02.03.2004, o entendimento de que o contribuinte tem o direito aos créditos presumidos de IPI quando da aquisição de insumos e matérias-primas isentos, não tributados e sujeitos à alíquota zero.

Essa tese firmada, **favorável ao contribuinte**, **vigorou até 2007**, destacando-se o seguinte precedente: **RE 212.484**, Rel. Min. Nelson Jobim, j. 05.03.98, Plenário, *DJ* de 27.11.98 (cf., também: RE 350.446/PR; RE 353.668/PR e RE 357.277/RS).

---

[198] Pedro Lenza, *Coisa julgada* erga omnes: processo coletivo, controle de constitucionalidade e súmula vinculante (originalmente defendido como tese de doutorado — USP).

Em **25.06.2007**, contudo, o STF **alterou diametralmente** o seu posicionamento e passou a decidir no sentido de não mais se reconhecer o direito ao referido crédito. Essa mudança de interpretação, naturalmente, beneficiou a Fazenda Pública, contrariando os interesses dos contribuintes.[199]

A partir dessa nova posição, a Fazenda Pública iniciou um trabalho judicial objetivando a cobrança de valores não recolhidos, muitos amparados por sentenças judiciais transitadas em julgado, mediante o ajuizamento de **ação rescisória**, com base no art. 485, V, CPC/73 (isso porque estamos nos referindo a ações propostas antes do advento do CPC/2015), sustentando o afastamento da S. 343/STF, conforme vimos no item anterior.

O STF, por maioria, contudo, no tocante ao entendimento que até então vigorava no sentido de não aplicar a referida súmula, firmou um **novo direcionamento**, resgatando a aplicação da S. 343/STF e, assim, não mais admitindo, pura e simplesmente, a rescisória pelo fato de ter havido mudança em sua jurisprudência.

Basicamente, procurou-se **não banalizar o direito fundamental da coisa julgada**,[200] destacando-se os **princípios da segurança jurídica** e da **estabilidade das relações sociais** e, assim, nos termos das situações fáticas do caso concreto, a **manutenção da S. 343/STF** e, portanto, o afastamento da rescisória, preservando-se o acórdão rescindendo **mesmo diante da alteração do entendimento da Corte**. Vejamos parte do voto do Relator e a ementa do acórdão:

> "A rescisória deve ser reservada a **situações excepcionalíssimas**, ante a **natureza de cláusula pétrea** conferida pelo constituinte ao **instituto da coisa julgada**. Disso decorre a necessária interpretação e aplicação estrita dos casos previstos no artigo 485 do Código de Processo Civil (1973), incluído o constante do inciso V, abordado neste processo. Diante da razão de ser do verbete, **não se trata de defender o afastamento da medida instrumental — a rescisória — presente qualquer grau de divergência jurisprudencial, mas de prestigiar a coisa julgada se, quando formada, o teor da solução do litígio dividia a interpretação dos Tribunais pátrios ou, com maior razão, se contava com óptica do próprio Supremo favorável à tese adotada**" (**RE 590.809**, Rel. Min. Marco Aurélio, j. 22.10.2014, Plenário, *DJE* de 24.11.2014, fls. 10).

> "EMENTA: "AÇÃO RESCISÓRIA *VERSUS* UNIFORMIZAÇÃO DA JURISPRUDÊNCIA. O direito possui princípios, institutos, expressões e vocábulos com sentido próprio, não cabendo colar a sinonímia às expressões 'ação rescisória' e 'uniformização da jurisprudência'. AÇÃO RESCISÓRIA — VERBETE N. 343 DA SÚMULA DO SUPREMO. O Verbete n. 343 da Súmula do Supremo deve ser observado em situação jurídica na qual, **inexistente controle concentrado de constitucionalidade**,

[199] Nesse sentido, consolidando o **novo entendimento**, cf.: **RE 353.657**, Rel. Min. Marco Aurélio, j. 25.06.2007, Plenário, *DJE* de 07.03.2008 e **RE 370.682**, Rel. Min. Gilmar Mendes, j. 25.06.2007, Plenário, *DJE* de 19.12.2007.

[200] Para Streck, a "relativização da coisa julgada" pode ser caracterizada como um exemplo do que denominou **"predadores internos do direito"** (*Verdade e consenso*, 5. ed., p. 219-220).

haja entendimentos diversos sobre o alcance da norma, mormente quando o Supremo tenha sinalizado, num primeiro passo, óptica coincidente com a revelada na decisão rescindenda" (**RE 590.809**, Rel. Min. Marco Aurélio, j. 22.10.2014, Plenário, *DJE* de 24.11.2014).

Estamos diante de preocupação muito evidente no **Novo Código de Processo Civil**, que teve o cuidado de encontrar instrumentos para uma maior **valorização dos precedentes**, propugnando não somente pela **estabilidade da jurisprudência**, mas, especialmente, por sua **integridade** e **coerência**, verdadeiros **vetores principiológicos** a partir de uma concepção de **dignidade da pessoa humana**, considerando os princípios da **segurança jurídica**, da **proteção da confiança** e da **isonomia** (cf. arts. 926, *caput*,[201] e 927, §§ 3.º e 4.º,[202] e aprofundamento no *item 6.6.5.6*).

Tem-se, por conseguinte, uma inegável **valorização do entendimento firmado na S. 343/STF** que afasta o uso irracional da rescisão de decisões transitadas em julgado.

Além da argumentação de que o entendimento foi estabelecido na linha da jurisprudência da Corte que prevalecia quando de sua prolação e de não servir a ação rescisória como mecanismo de uniformização da interpretação da Constituição, lendo o acórdão em análise, inclusive a sua ementa, parece que o STF também adota a perspectiva por nós sugerida no âmbito acadêmico (nossa tese de doutorado — USP) no sentido de só se permitir a rescisória da decisão concreta anterior se o novo posicionamento tiver sido firmado em **ação de controle concentrado** com efeito *erga omnes* e vinculante e dentro do prazo decadencial de 2 anos, contados a partir do trânsito em julgado da decisão individual (o que também pode ser observado em razão de edição de **súmula vinculante** a reconhecer a nulidade do ato normativo que fundamentou a decisão de mérito transitada em julgado).

Esse entendimento, naturalmente, não poderá ser o mesmo nas hipóteses de declaração de inconstitucionalidade em controle difuso, mesmo na hipótese de edição de resolução pelo Senado Federal.

Isso porque, no controle difuso, conforme vimos, os efeitos da decisão operam para as partes do processo, e, no caso da resolução do Senado Federal, os seus efeitos serão para o futuro (*ex nunc*) e atingirão, então, em razão da suspensão *erga omnes*, apenas as decisões sem trânsito em julgado.

---

[201] **Art. 926, CPC/2015:** "Os tribunais devem uniformizar sua jurisprudência e mantê-la **estável**, **íntegra** e **coerente**".

[202] **Art. 927, § 3.º, CPC/2015:** "Na hipótese de **alteração de jurisprudência dominante** do Supremo Tribunal Federal e dos tribunais superiores ou daquela oriunda de julgamento de casos repetitivos, **pode haver modulação dos efeitos da alteração no interesse social e no da segurança jurídica**. **§ 4.º** A modificação de enunciado de súmula, de **jurisprudência pacificada** ou de tese adotada em julgamento de casos repetitivos observará a necessidade de **fundamentação adequada e específica**, considerando os **princípios da segurança jurídica**, da **proteção da confiança** e da **isonomia**".

No controle concentrado, por outro lado, ou mesmo em razão de edição de súmula vinculante, reconhecendo-se a nulidade do ato normativo, os efeitos serão para todos e, por regra, com efeito retroativo.

Neste caso, diferentemente do controle difuso, conforme sustentamos, não se trata de eficácia natural da sentença *erga omnes*, que, em tese, poderia ser afastada pela demonstração de prejuízo jurídico individual. No fundo, trata-se de **extensão *erga omnes* da coisa julgada, *pro et contra***, e mesmo sem a participação de terceiros, até porque forte é a ideia de substituição processual da coletividade pelos legitimados do art. 103 da CF/88.

Analisando o **CPC/2015**, percebemos uma melhora na redação do dispositivo a justificar o cabimento da ação rescisória conforme se observa pelo quadro abaixo:

CÓDIGO DE PROCESSO CIVIL/1973	CÓDIGO DE PROCESSO CIVIL/2015
◻ **Art. 485, V:** "A sentença de mérito, transitada em julgado, pode ser rescindida quando violar **literal disposição de lei**".	◻ **Art. 966, V:** "A decisão de mérito, transitada em julgado, pode ser rescindida quando violar **manifestamente norma jurídica**".

No **CPC/2015**, não houve explicitação sobre a técnica em análise, mas, sem dúvida, entendemos ainda cabível o mecanismo de desconstituição da coisa julgada se houver mudança na jurisprudência do STF e definição do novo sentido da norma jurídica constitucional a traduzir a força normativa da Constituição.

Devemos deixar bem claro o que dissemos acima também para o CPC/2015: concordamos com a posição do STF no precedente em análise de só admitir a utilização da rescisória, como técnica de desconstituição, em **situações excepcionalíssimas** e se a mudança de interpretação se deu em **controle concentrado** ou em razão de edição de **súmula vinculante**. Jamais podemos pensar o afastamento da S. 343/STF (e, no caso, admitir a rescisória), em razão de alteração da interpretação dada à lei ou ao ato normativo em controle difuso de constitucionalidade, como no julgamento de recursos extraordinários, mesmo nas hipóteses daqueles definidos como **"repetidos"** (arts. 1.036 e segs. do CPC/2015). Isso porque, conforme explicitamos no *item 6.6.5*, **o STF não adotou a tese da abstrativização do controle difuso**.

Apesar desse nosso entendimento, contrário ao que sustentamos, o legislador deixou clara essa possibilidade e o fez quando acrescentou os §§ 5.º e 6.º ao art. 966 do CPC, nos termos da Lei n. 13.256/2016 (tema pendente de análise específica pelo STF).

Passamos, em seguida, a analisar o instrumento dos "embargos rescisórios", com as novidades introduzidas pelo CPC/2015. Vejamos.

6.7.1.17.4.3. Arts. 475-L, § 1.º, e 741, parágrafo único, do revogado CPC/73: "embargos rescisórios". Como ficou no CPC/2015 (arts. 525, §§ 12 a 15, e 535, §§ 5.º a 8.º)?

CUMPRIMENTO DE SENTENÇA CPC/73	DO CUMPRIMENTO DEFINITIVO DA SENTENÇA QUE RECONHECE A EXIGIBILIDADE DE OBRIGAÇÃO DE PAGAR QUANTIA CERTA CPC/2015
Art. 475-L: "A impugnação somente poderá versar sobre: II — inexigibilidade do título. § 1.º Para efeito do disposto no inciso II do *caput* deste artigo, considera-se também inexigível o título judicial fundado em **lei ou ato normativo declarados inconstitucionais pelo Supremo Tribunal Federal**, ou fundado em **aplicação ou interpretação da lei ou ato normativo tidas pelo Supremo Tribunal Federal como incompatíveis com a Constituição Federal**".	Art. 525, § 1.º: "Na impugnação, o executado poderá alegar: III — inexequibilidade do título ou inexigibilidade da obrigação; § 12. Para efeito do disposto no inciso III do § 1.º deste artigo, considera-se também inexigível a obrigação reconhecida em título executivo judicial fundado em *lei ou ato normativo considerado inconstitucional pelo Supremo Tribunal Federal, ou fundado em aplicação ou interpretação da lei ou do ato normativo tido pelo Supremo Tribunal Federal como incompatível com a Constituição Federal*, em **controle de constitucionalidade concentrado ou difuso**. § 13. No caso do § 12, os efeitos da decisão do Supremo Tribunal Federal poderão ser modulados no tempo, em atenção à segurança jurídica. § 14. A decisão do Supremo Tribunal Federal referida no § 12 deve ser **anterior** ao trânsito em julgado da decisão exequenda. **§ 15. Se a decisão referida no § 12 for proferida após o trânsito em julgado da decisão exequenda, caberá ação rescisória, cujo prazo será contado do trânsito em julgado da decisão proferida pelo Supremo Tribunal Federal**".
DOS EMBARGOS À EXECUÇÃO CONTRA A FAZENDA PÚBLICA CPC/73	**DO CUMPRIMENTO DE SENTENÇA QUE RECONHEÇA A EXIGIBILIDADE DE OBRIGAÇÃO DE PAGAR QUANTIA CERTA PELA FAZENDA PÚBLICA CPC/2015**
Art. 741. "Na execução contra a Fazenda Pública, os embargos só poderão versar sobre: II — inexigibilidade do título. Parágrafo único. Para efeito do disposto no inciso II do *caput* deste artigo, considera-se também inexigível o título judicial fundado em **lei ou ato normativo declarados inconstitucionais pelo Supremo Tribunal Federal**, ou fundado em **aplicação ou interpretação da lei ou ato normativo tidas pelo Supremo Tribunal Federal como incompatíveis com a Constituição Federal**".	Art. 535. "A Fazenda Pública será intimada na pessoa de seu representante judicial, por carga, remessa ou meio eletrônico, para, querendo, no prazo de 30 (trinta) dias e nos próprios autos, impugnar a execução, podendo arguir: III — inexequibilidade do título ou inexigibilidade da obrigação. § 5.º Para efeito do disposto no inciso III do *caput* deste artigo, considera-se também inexigível a obrigação reconhecida em título executivo judicial fundado em *lei ou ato normativo considerado inconstitucional pelo Supremo Tribunal Federal, ou fundado em aplicação ou interpretação da lei ou do ato normativo tido pelo Supremo Tribunal Federal como incompatível com a Constituição Federal*, em **controle de constitucionalidade concentrado ou difuso**. § 6.º No caso do § 5.º, os efeitos da decisão do Supremo Tribunal Federal poderão ser modulados no tempo, de modo a favorecer a segurança jurídica. § 7.º A decisão do Supremo Tribunal Federal referida no § 5.º deve ter sido proferida **antes do trânsito em julgado da decisão exequenda**. **§ 8.º Se a decisão referida no § 5.º for proferida após o trânsito em julgado da decisão exequenda, caberá ação rescisória, cujo prazo será contado do trânsito em julgado da decisão proferida pelo Supremo Tribunal Federal**".

Agora, podemos analisar a regra contida nos arts. 741, parágrafo único (redação dada pela Lei n. 11.232/2005, assim como a redação que lhe conferia a MP n. 2.180-35), e 475-L, § 1.º, ambos do revogado CPC/73, para, em seguida, analisar o Novo CPC/2015.

Por um lado, poder-se-ia dizer que a novidade é **inconstitucional**, por violação ao princípio da **segurança jurídica** e ao da **autoridade do Poder Judiciário**. Mas essa argumentação parece enfraquecer-se diante da solução conferida pelo STF em relação à colisão apontada.

Por outro lado, podemos afirmar ser a **ação rescisória** a única técnica processual estabelecida no sistema brasileiro para, de maneira legítima, desconstituir a coisa julgada, havendo, inclusive, previsão em vários dispositivos da CF/88 (cf. arts. 102, I, "j"; 105, I, "e"; 108, I, "b", e art. 27, § 10, do ADCT).

Em nosso entender, referidos dispositivos **legais** (os arts. 475-L, § 1.º, e 741, parágrafo único, do CPC/73) não tratam de "relativização" imoderada ou da hipótese de "desconstituição pelo princípio da proporcionalidade", mas de uma nova técnica (**"embargos rescisórios"**) a afrontar a **regra constitucional da ação rescisória**. Nesse sentido, inconstitucional.[203]

Apesar desse nosso entendimento, o Pleno do STF, no julgamento da **ADI 2.418**, por 10 x 1, vencido o Min. Marco Aurélio, julgou improcedentes os pedidos nela formulados e, assim, declarou a **constitucionalidade** do parágrafo único do art. 741 e do § 1.º do art. 475-L, ambos do CPC/73, bem como dos correspondentes dispositivos do CPC/2015, o art. 525, § 1.º, III e §§ 12 e 14, e o art. 535, § 5.º. No mesmo sentido, manifestou-se a Corte em plenário virtual, por 9 x 2, no julgamento da **ADI 3.740** (j. 20.09.2019 a 26.09.2019).

A previsão estabelecida nos arts. 525, § 12, e 535, § 5.º (CPC/2015), no tocante à inexigibilidade da obrigação será verificada se o título estiver fundado em lei que o STF já tenha, **anteriormente ao seu trânsito em julgado**, declarado inconstitucional (arts. 525, § 14, e 535, § 7.º).

Nesse sentido, conforme estabeleceu a Corte, referidos dispositivos, "buscando harmonizar a garantia da coisa julgada com o primado da Constituição, vieram agregar ao sistema processual brasileiro um mecanismo com eficácia rescisória de sentenças revestidas de vício de inconstitucionalidade qualificado, assim caracterizado nas hipóteses em que (a) a sentença exequenda esteja fundada em norma reconhecidamente inconstitucional — seja por aplicar norma inconstitucional, seja por aplicar norma em situação ou com um sentido inconstitucionais; ou (b) a sentença exequenda tenha deixado de aplicar norma reconhecidamente constitucional; e (c) desde que, em qualquer dos casos, o reconhecimento dessa constitucionalidade ou a inconstitucionalidade tenha decorrido de julgamento do STF realizado **em data anterior ao trânsito em julgado da sentença exequenda**" (**RE 611.503**, j. 20.09.2018).

203 Pela inconstitucionalidade, bastante convincente o estudo de Flávio Luiz Yarshell, *Ação rescisória*: juízos rescindente e rescisório, p. 254-258.

O dispositivo em análise estabelece que esse reconhecimento da inconstitucionalidade tenha sido em **controle concentrado** ou em **controle difuso**.

Aliás, conforme já falamos anteriormente, para o Min. Relator Teori Zavascki, a **distinção entre controle difuso ou concentrado é irrelevante**, independentemente da edição de resolução pelo Senado Federal.

E enfatiza: "A distinção restritiva, entre precedentes em controle incidental e em controle concentrado, não é compatível com a evidente intenção do legislador, já referida, de valorizar a autoridade dos precedentes emanados do órgão judiciário guardião da Constituição, que não pode ser hierarquizada simplesmente em função do procedimento em que a decisão foi tomada. Sob esse enfoque, **há idêntica força de autoridade nas decisões do STF tanto em ação direta quanto nas proferidas em via recursal**, estas também com natural vocação expansiva, conforme reconheceu o STF no julgamento da Reclamação 4.335, Min. Gilmar Mendes, *DJE* 22.10.14, a evidenciar que está ganhando autoridade a recomendação da doutrina clássica de que a eficácia *erga omnes* das decisões que reconhecem a inconstitucionalidade, **ainda que incidentalmente**, deveria ser considerada 'efeito natural da sentença' (BITTENCOURT, Lúcio, op. cit., p. 143; CASTRO NUNES, José. *Teoria e prática do Poder Judiciário.* Rio de Janeiro: Forense, 1943. p. 592)" (fls. 32 e 33 do acórdão — **ADI 2.418**, j. 04.05.2016, *DJE* de 17.11.2016).

Em nosso entender, sustentamos que a "contaminação" do título somente será verificada se o reconhecimento **prévio** da inconstitucionalidade pelo STF tiver sido em **controle concentrado** ou, se no controle difuso, **a execução da lei tiver sido suspensa por resolução do Senado Federal** (art. 52, X). Não podemos admitir que a decisão em caso isolado, sem a referida resolução do SF, possa vincular os juízes e tribunais do país (cf. discussão sobre a não aceitação da tese da abstrativização do controle difuso no *item 6.6.5*).

Neste ponto, a análise do Novo CPC merece um destaque: a **redação original** do projeto de lei encaminhado para o Senado Federal **(PL 166/2010)** deixava claro que o cabimento dessa tese de impugnação seria possível nas hipóteses de declaração de inconstitucionalidade no **controle concentrado** ou, se no controle **difuso, somente se houvesse suspensão da execução da norma por resolução do Senado Federal** (anteriores ao trânsito em julgado da decisão exequenda).

A redação encaminhada para sanção presidencial decorreu de aprovação de **substitutivo da Câmara dos Deputados**, votado como destaque em separado na **sessão extraordinária do dia 17.12.2014**, em razão dos requerimentos feitos pelos Senadores Eduardo Braga e Humberto Costa (cf. votação no *DSF* de 18.12.2014, p. 523).

Outro ponto nos chama a atenção: no **parecer final da Câmara dos Deputados** (PL 6.065/2005 — que produziu o denominado "substitutivo da CD"), que **definiu essa redação final que estamos criticando**, os Relatores (tanto o Deputado Paulo Teixeira como o Deputado Sérgio Barradas Carneiro), ao analisarem o **PL n. 2.066/2007** (que pretendia **revogar** esse dispositivo, que estabelece a inexigibilidade de título fundado em lei declarada inconstitucional pelo Supremo Tribunal Federal), deixavam claro que, no tocante ao controle difuso, o efeito pretendido **dependeria de edição da resolução pelo Senado Federal.**

Assim, **sustentamos** que, ao se interpretar essa regra de defesa na execução introduzida pelo CPC/2015, somente se admitam esses "embargos rescisórios" se a decisão de inconstitucionalidade **anterior** pelo STF se der em controle concentrado ou, se em controle difuso, a norma tiver a sua execução suspensa pelo Senado Federal (art. 52, X).

CUIDADO: para as provas de concursos, contudo, como se viu acima, o STF entendeu como irrelevante a decisão proferida em controle concentrado ou difuso, declarando a constitucionalidade do art. 525, § 12. Essa, aliás, a atual posição do STF no sentido da mutação constitucional do art. 52, X (cf. *item 6.6.5.5*, ADIs 3.406 e 3.470, *pendente* o julgamento dos embargos de declaração).

Finalmente, a outra hipótese de defesa **(também introduzida pelo substitutivo da CD, não estando prevista no projeto original do SF)** poderá ser apresentada se a decisão que funda a execução tiver sido proferida **antes** da nova interpretação a ser dada pelo STF. Tanto o **art. 525, § 15**, como o **art. 535, § 8.º**, admitem o cabimento de **ação rescisória**, cujo prazo será contado do trânsito em julgado da decisão proferida pelo STF.

Neste ponto, remetemos o leitor para discussão que trouxemos no *item 6.7.1.17.4.2*, devendo deixar bem claro que, segundo sustentamos, referida ação rescisória (e melhorou ao não mais se falar em "embargos rescisórios") deverá observar o prazo decadencial a partir do trânsito em julgado da decisão individual (e que funda a execução) e somente se o reconhecimento da inconstitucionalidade **posterior** pelo STF se der em **controle concentrado**, tendo em vista o seu efeito *erga omnes* e *ex tunc* — retroativo, a reconhecer a nulidade *ab origine* do ato normativo que funda a execução (**não se admitindo a hipótese de controle difuso**, **nem mesmo**, para essa situação, **a edição de resolução do Senado Federal**, que teria efeito *ex nunc* e, portanto, não retroativo, não atingindo a decisão anterior e que está servindo de fundamento para a execução impugnada).

Esse tema específico não foi apreciado pelo STF no julgamento da citada ADI 2.418, mas, em *obiter dictum*, alguns Ministros sinalizaram certa preocupação em se contar o prazo decadencial da rescisória quando da futura e incerta decisão a ser proferida pelo STF. A lei criou um **termo inicial** de decadência da ação rescisória **móvel** e **diferido no tempo**.

Em relação a essa novidade, disse o Min. Barroso: "... esta me surpreendeu, e eu, verdadeiramente, gostaria de refletir um pouco sobre essa possibilidade, porque aí eu acho que talvez tenha um impacto sobre a coisa julgada um pouco dramático" (ADI 2.418, fls. 47 do acórdão).

■ 6.7.1.17.4.4. *Aspectos conclusivos: efeito da decisão no plano normativo ("Normebene") e no plano do ato singular ("Einzelaktebene") mediante a utilização das chamadas fórmulas de preclusão (interessante tendência apontada pelo Min. Gilmar Mendes). Perspectiva introduzida pelo CPC/2015*

O efeito vinculante, seja decorrente do controle concentrado (ADI ou ADC), seja, ainda, acrescente-se, em razão da edição de súmula vinculante, seja em razão de aprovação de resolução por parte do Senado Federal (neste caso, não se aceitando a teoria da transcendência no controle difuso — cf. *item 6.6.5*, apesar do entendimento em sentido contrário manifestado pelo STF no julgamento da **ADI 2.418** e estudado no item anterior), produzirá impacto sobre as situações individuais (no caso da resolução do SF, com efeitos, por regra, não retroativos e, então, somente em relação aos processos que não tenham transitado em julgado).

Estando em curso ação individual e sobrevindo decisão em controle concentrado ou edição de súmula vinculante, ou resolução do SF, o juiz do processo individual, ainda não findo, ficará vinculado, devendo decidir a questão prejudicial de inconstitucionalidade nos exatos termos do estabelecido no processo coletivo. Isso decorre do **efeito vinculante** da decisão (lembrando que o STF tende a adotar a supervalorização dos precedentes nos exatos termos do CPC/2015 — cf. **ADI 2.418**).

Sobrevindo decisão do processo individual em desrespeito a entendimento prévio já fixado em controle concentrado de constitucionalidade, com efeito *ex tunc*, vinculante e *erga omnes*, ou em desrespeito a súmula vinculante ou a anterior resolução do Senado Federal, parece razoável sustentarmos a desconstituição da coisa julgada individual (posterior) por ação rescisória e desde que dentro do prazo decadencial de 2 anos, com fundamento no art. 966, IV, do CPC/2015, por ofensa a coisa julgada anterior (do processo coletivo).

Por outro lado, modificando o STF o entendimento da tese jurídica em controle concentrado ou vindo a editar súmula vinculante, eventual sentença individual transitada em julgado (lembrando que, se estiver pendente de recurso, o tribunal estaria também vinculado ao novo posicionamento) caracterizar-se-á como **sentença individual inconstitucional**. Nesse caso, só se poderia pensar em desconstituição da coisa julgada individual anterior por meio de **ação rescisória**, tendo por fundamento o art. 966, V, CPC/2015 e se afastando a regra fixada na S. 343/STF somente se a controvérsia for de **natureza constitucional**, à luz do princípio da força normativa da Constituição e do STF, na condição de seu intérprete final.

Para essa hipótese, contudo, a rescisória deve, necessariamente, respeitar o prazo decadencial de 2 anos, que deverá ser contado do trânsito em julgado da sentença individual, e não a partir da nova posição do STF, sob pena de se caracterizar uma indesejável perpetuação da **"Espada de Dâmocles"** e violação aos princípios constitucionais da **segurança jurídica** e da **autoridade das decisões do Poder Judiciário** (o tema precisa ser analisado pelo STF à luz do CPC/2015, conforme destacado nos itens anteriores — pendente).

Em outro sentido, havendo *ato singular individual* anterior, além do prazo decadencial de 2 anos, com a ressalva da matéria penal **(revisão criminal)**, a coisa julgada individual deverá ser respeitada e o sistema terá de conviver com as sentenças contraditórias.

Em interessante voto, o Min. Gilmar Mendes observou que, embora não vigore no direito brasileiro algo semelhante à regra do § 79 da Lei do *Bundesverfassungsgericht*, "que prescreve a **intangibilidade dos atos não mais suscetíveis de impugnação, não se deve supor que a declaração de nulidade afete, entre nós,**

todos os atos praticados com fundamento na lei inconstitucional". Deve haver, segundo afirmou, proteção ao ato singular, em homenagem ao **princípio da segurança jurídica**, procedendo-se à diferenciação entre o **efeito da decisão no plano normativo (*Normebene*) e no plano do ato singular (*Einzelaktebene*) mediante a utilização das chamadas fórmulas de preclusão** (cf. Ipsen, Jörn, *Rechtsfolgen der Verfassungswidrigkeit von Norm und Einzelakt,* Baden-Baden, 1980, p. 266 e s. Ver, também, Mendes, Gilmar, *Jurisdição constitucional*, 5. ed., São Paulo: Saraiva, 2005, p. 334)" (RE 217.141-AgR, voto do Min. Gilmar Mendes, j. 13.06.2006, *DJ* de 04.08.2006).

O entendimento segundo o qual a decisão do STF em controle concentrado futuro não produz a automática reforma de sentenças que tenham estabelecido entendimento diverso em relação à constitucionalidade ou inconstitucionalidade da lei foi **reafirmado** pelo STF no julgamento do **RE 730.462**, j. 28.05.2015 (ressalvando-se, quanto à indispensabilidade da rescisória, "a questão relacionada à execução de efeitos futuros da sentença proferida em caso concreto sobre relações jurídicas de trato continuado").

Fora dessa hipótese, a desconstituição da coisa julgada só poderá ter por fundamento a **colisão com outros valores constitucionais**, situação essa verificada à luz dos princípios da **razoabilidade** e da **proporcionalidade** e se o magistrado entender que o princípio da segurança jurídica deva ser afastado, e em situações excepcionalíssimas.

CUIDADO: em decisão extremamente relevante, o STF aplicou a técnica da ponderação mesmo depois de findo o prazo da ação rescisória.

Tratava-se de recurso extraordinário interposto contra acórdão proferido pelo TJDFT que acolheu preliminar de coisa julgada e determinou a **extinção** de **nova** ação de investigação de paternidade proposta em razão da agora viabilidade de realização do exame de DNA, tendo em vista que a questão já estava decidida havia **mais de 10 anos**!

À época, o recorrente, representado por sua genitora, ingressou com ação de investigação de paternidade, cumulada com alimentos, que foi julgada improcedente, **por insuficiência de provas**. Sustentaram que o recorrente, no primeiro julgamento, não tinha condições financeiras de custear o exame de DNA. Com a promulgação da Lei Distrital n. 1.097/96, o Poder Público passou a custear o referido exame.

No caso concreto, em **situação excepcionalíssima**, o STF afastou a alegação de segurança jurídica para fazer valer o *direito fundamental que toda pessoa tem de conhecer as suas origens* (**"princípio" da busca da identidade genética)**, especialmente se, à época da decisão que se procura rescindir, não se pôde fazer o exame de DNA.

A decisão foi tomada, em **02.06.2011**, por **7 x 2**, no julgamento do **RE 363.889**, concedendo ao recorrente o direito de voltar a pleitear, perante o suposto pai, a realização do **exame de DNA**, tendo em vista que, na primeira decisão, embora beneficiária da assistência judiciária, a recorrente não podia arcar com as custas para a sua realização:

"EMENTA: (...). 1. É dotada de **repercussão geral** a matéria atinente à possibilidade da propositura de **ação de investigação de paternidade**, quando anterior demanda **idêntica**, entre as **mesmas partes**, foi julgada improcedente, por **falta de provas**, em razão da parte interessada não dispor de condições econômicas para realizar o **exame de DNA** e o Estado não ter custeado a produção dessa prova. 2. **Deve ser relativizada a coisa julgada estabelecida em ações de investigação de paternidade em que não foi possível determinar-se a efetiva existência de vínculo genético a unir as partes, em decorrência da não realização do exame de DNA, meio de prova que pode fornecer segurança quase absoluta quanto à existência de tal vínculo**. 3. Não devem ser impostos óbices de natureza processual ao exercício do direito fundamental à busca da **identidade genética**, como natural **emanação do direito de personalidade** de um ser, de forma a tornar-se igualmente efetivo o **direito à igualdade entre os filhos**, inclusive de qualificações, bem assim o princípio da **paternidade responsável**" (**RE 363.889**, Rel. Min. Dias Toffoli, Plenário, j. 02.06.2011, *DJE* de 16.12.2011).

A **3.ª Turma do STJ**, por sua vez, em momento seguinte e por unanimidade, concluiu que esse entendimento fixado pelo STF não deveria ser seguido se a não realização do exame de DNA decorresse de **recusa** do investigado ou seus herdeiros para o comparecimento ao laboratório para a coleta do material biológico. Isso porque, no precedente firmado pelo STF, a impossibilidade de realização do exame se verificou em razão de um peculiar contexto, qual seja, a ausência de condições da parte e a negativa do Estado em implementá-la, caracterizando, então, **circunstâncias alheias à vontade das partes**.

Vejamos a ementa do julgado, pedindo vênia para sua transcrição, em razão de sua importância: "1. O Supremo Tribunal Federal, ao apreciar o RE 363.889/DF, com repercussão geral reconhecida, permitiu, em caráter excepcional, a relativização da coisa julgada formada em ação de investigação julgada improcedente por ausência de provas, quando não tenha sido oportunizada a realização de exame pericial acerca da origem biológica do investigando por **circunstâncias alheias à vontade das partes**. 2. Hipótese distinta do caso concreto em que a ação de investigação de paternidade foi julgada procedente com base na **prova testemunhal** (cf. S. 301-STJ, acrescente-se), e, especialmente, diante da **reiterada recusa dos herdeiros do investigado em proceder ao exame genético**, que, chamados à coleta do material por **sete vezes**, deixaram de atender a qualquer deles. 3. Configura **conduta manifestamente contrária à boa-fé objetiva**, a ser observada também em sede processual, a **reiterada negativa**, por parte da recorrente, de produzir a **prova que traria certeza à controvérsia estabelecida** nos autos da anterior ação de investigação de paternidade para, transitada em julgado a decisão que lhe é desfavorável, ajuizar ação negatória de paternidade agora visando à realização do exame de DNA que se negara a realizar anteriormente. 4. Intolerável o comportamento contraditório da parte, beirando os limites da litigância de má-fé" (**STJ**, 3.ª T., **REsp 1.562.239/MS**, Rel. Min. Paulo de Tarso Sanseverino, j. 09.05.2017, *DJE* de 16.05.2017).

Esse tema poderá vir a ser reapreciado pelo STF, em sua atual composição, e, certamente, ensejará amplo debate (*pendente*).

Finalmente, devemos destacar uma **novidade introduzida pelo CPC/2015**.

De acordo com o **art. 966, VII**, como nova previsão explícita de cabimento de ação rescisória, a decisão de mérito, transitada em julgado, poderá ser rescindida quando obtiver o autor, posteriormente ao trânsito em julgado, **prova nova** cuja **existência ignorava** ou de que **não pôde fazer uso**, capaz, por si só, de lhe assegurar pronunciamento favorável.

Nesse caso, contudo, conforme art. 975, § 2.º, o termo inicial do prazo será a data de descoberta da **prova nova**, observado o prazo máximo de **5 anos**, contado do trânsito em julgado da última decisão proferida no processo.

■ 6.7.1.17.5. Pedido de cautelar (ADI genérica)

O art. 102, I, "p", da CF/88 estabelece que cabe ao STF processar e julgar, originariamente, o pedido de cautelar nas ações diretas de inconstitucionalidade.

De acordo com o *caput* do art. 10 da Lei n. 9.868/99, salvo no período de recesso,[204] a medida cautelar na ação direta será concedida por decisão da **maioria absoluta (6 Ministros)** dos membros do Tribunal, observado o disposto no art. 22 (***quorum* de instalação da sessão de julgamento** com pelo menos **8 Ministros** dos 11), após a audiência dos órgãos ou autoridades dos quais emanou a lei ou ato normativo impugnado, que deverão pronunciar-se no prazo de 5 dias, dispensada essa audiência em caso de **excepcional urgência**, hipótese em que o Tribunal poderá deferir a medida cautelar (art. 10, § 3.º).

Julgando indispensável, o relator ouvirá o Advogado-Geral da União e o Procurador-Geral da República, no prazo de 3 dias, sendo facultada a sustentação oral

[204] Isso significa que, no **período do recesso**, o **Presidente do Tribunal** será o competente para apreciar a medida cautelar. Mas, como salientou o Ministro Carlos Velloso, "... o presidente do Tribunal, no **recesso**, competente para despachar o pedido de cautelar, somente deverá fazê-lo em caso de **efetiva necessidade**, vale dizer, na **ocorrência da possibilidade de perecimento de direito**". E durante as **férias seria também possível despachar e, se for o caso, conceder o pedido de cautelar?** Segundo o ilustre Ministro, "... outra questão se apresenta: o Regimento Interno do Supremo Tribunal Federal distingue **recesso** de **férias**. Estabelece o art. 13, VIII, que são atribuições do Presidente decidir, nos períodos de recesso ou de férias, pedido de medida cautelar. E mais: o art. 78 do mencionado Regimento Interno dispõe que 'o ano judiciário no Tribunal divide-se em dois períodos, recaindo as férias em janeiro e julho'. O § 1.º do mencionado art. 78 conceitua o recesso: 'Constituem recesso os feriados forenses compreendidos entre os dias 20 de dezembro e 1.º de janeiro, inclusive'. Acrescenta o § 2.º que, 'Sem prejuízo do disposto no inciso VIII do art. 13, suspendem-se os trabalhos do Tribunal durante o recesso e as férias, ...'. E o § 3.º novamente se refere ao recesso e às férias: 'Os Ministros indicarão seu endereço para eventual convocação durante as férias ou recesso'. *Ora, a Lei 9.868, de 10.11.99, somente ressalva o período de recesso, ao prescrever, conforme vimos, que, 'Salvo no período de recesso, ...'. É dizer, a Lei 9.868, de 1999, art. 10, somente permite a concessão da medida cautelar, pelo presidente do Tribunal, no período de recesso do Tribunal*. Admito que, ocorrente, durante as **férias**, em ação direta, a *possibilidade de perecimento do direito, será lícito ao presidente despachar o pedido e concedê-la, se for o caso*. Fora daí, entretanto, não me parece possível, tendo em consideração o art. 10 da Lei 9.868/99 e os dispositivos regimentais indicados, que distinguem período de recesso de período de férias" (ADI 2.380/DF, Rel. Min. Carlos Velloso, *DJ* de 07.02.2001, p. 13).

aos representantes judiciais do requerente e das autoridades ou órgãos responsáveis pela expedição do ato, na forma do Regimento do Tribunal (art. 10, §§ 1.º e 2.º).

Desde que presentes os requisitos do *periculum in mora* e do *fumus boni iuris*, poderá ser concedida a liminar, suspendendo a eficácia do ato normativo.

E quais seriam os efeitos da concessão da medida cautelar? De acordo com os §§ 1.º e 2.º do art. 11 da Lei n. 9.868/99, em total consonância com o posicionamento do STF, a concessão da medida cautelar terá eficácia contra todos **(*erga omnes*)** e efeito ***ex nunc***, salvo se o Tribunal entender que deva conceder-lhe eficácia retroativa **(*ex tunc*)**. No julgamento de questão de ordem em agravo regimental interposto na **Rcl 1.880**, o STF, por maioria, reservou-se para examinar, quando necessário para o julgamento da causa, a questão sobre a extensão do **efeito vinculante** às medidas liminares em ação direta de inconstitucionalidade (cf. ***Inf. 289/STF***, de 04 a 08.11.2002). A **concessão da medida cautelar torna aplicável a legislação anterior acaso existente, salvo expressa manifestação em sentido contrário**.

Ainda, de acordo com o art. 12 da Lei, havendo pedido de medida cautelar, o relator, em face da **relevância da matéria** e de seu **especial significado para a ordem social e a segurança jurídica**, poderá, após a prestação das informações, no prazo de 10 dias, e a manifestação do Advogado-Geral da União e do Procurador-Geral da República, sucessivamente, no prazo de 5 dias, **submeter o processo diretamente ao Tribunal, que terá a faculdade de julgar definitivamente a ação**.

E quais seriam os efeitos do indeferimento da medida cautelar? O STF, revendo posição anterior, definiu que o indeferimento da cautelar **não** significa a confirmação da constitucionalidade da lei com efeito vinculante.

Portanto, na medida em que não se poderá sustentar o efeito vinculante da decisão de indeferimento, conforme anotou o STF, "não se admite reclamação contra decisão que, em ação direta de inconstitucionalidade, indefere, sob qualquer que seja o fundamento, pedido de liminar" (Rcl 3.458 AgR, Rel. Min. Cezar Peluso, j. 29.10.2007, *DJE* de 23.11.2007). Nesse sentido, se algum juiz em sede de controle difuso afastar a aplicação da lei, declarando-a inconstitucional de modo incidental, contra essa decisão não caberá reclamação.

▪ 6.7.1.18. *Reclamação para a garantia da autoridade da decisão do STF: paradigma de ordem objetiva (ADI genérica e súmula vinculante)*

▪ 6.7.1.18.1. *Regras gerais*

A fim de garantir a **autoridade da decisão proferida pelo STF**, em sede de controle concentrado de constitucionalidade, a Excelsa Corte reconhece o ajuizamento de **reclamação**, nos termos do art. 102, I, "l" (competência originária do STF), desde que o ato judicial que se alega tenha desrespeitado sua decisão **não** tenha transitado em julgado **(S. 734/STF, 26.11.2003)**.

Ainda, a partir da EC n. 45/2004 (*Reforma do Poder Judiciário*), admite-se o instituto da reclamação para resguardar a correta aplicação das **súmulas vinculantes** (art. 103-A, § 3.º, CF/88).

Na vigência do CPC/73, conforme afirmou o Min. Dias Toffoli, refletindo o entendimento da Corte sobre o instituto da reclamação constitucional, "para que seja admitido o seu manejo, a decisão da Suprema Corte, cuja autoridade venha a estar comprometida, deve ser revestida de efeito vinculante e eficácia *erga omnes*", não se admitindo paradigma de ordem subjetiva (Min. Dias Toffoli, Rcl 14.810-AgR, j. 23.05.2013 — cf., também, Rcl 4.381-AgR).

Conforme sustentamos, a previsão de efeito vinculante a abrir o caminho diretamente ao STF tem de estar **explícita na Constituição Federal**, seja em sua redação originária (decisões em controle concentrado), seja em razão de emenda à Constituição (súmulas vinculantes), não podendo haver ampliação por lei infraconstitucional.

Por isso, algumas novidades introduzidas pelo **CPC/2015** são, em nosso entender, **inconstitucionais**. Conforme dissemos, muito embora se reconheça a eficácia expansiva das decisões mesmo quando tomadas em controvérsias concretas e individuais, há que se dar uma **interpretação estrita para o cabimento da reclamação constitucional**, sob pena de transformar o STF em Corte de revisão, em órgão recursal, tendo em vista a criação de um inadmissível (porque **inconstitucional**) atalho processual ou, ainda, um acesso *per saltum* à Suprema Corte, em combatida supressão de instância.

CUIDADO: essa nossa perspectiva, apesar de encontrar vozes na doutrina, parece não se sustentar perante a jurisprudência do STF a ser firmada já na vigência do CPC/2015. Assim, orientamos a leitura do *item 6.6.5.6* e, enquanto não afastada, para realização das provas de concurso público, a aplicação da lei (art. 988, CPC/2015).

E quais os **legitimados** para a sua propositura?

Até o julgamento de questão de ordem na Reclamação n. 1.880, em 07.11.2002, a jurisprudência do STF, mesmo após o advento da Lei n. 9.868/99, **em um primeiro momento**, não considerava parte interessada para a propositura da referida ação terceiros que tivessem, subjetivamente, interesse jurídico ou econômico na observância da decisão, já que o ajuizamento de ação direta de inconstitucionalidade, perante o Supremo Tribunal Federal, como justificavam, fazia instaurar um processo objetivo, sem partes, no qual inexistia litígio referente a situações concretas ou individuais. Assim, nessa primeira fase, só seria conhecida a reclamação se proposta por um dos legitimados do art. 103 da CF/88 (art. 2.º da Lei n. 9.868/99) e com idêntico objeto, mesmo que o referido autor não tivesse sido parte na ação direta de inconstitucionalidade cuja decisão fundava o pedido reclamatório (legitimação concorrente — cf. Rcl 354, Rel. Min. Celso de Mello).[205]

[205] Cf. RclQO 518/BA, Rel. Min. Moreira Alves, *DJ* de 24.10.1997, p. 54149, *Ement*. v. 01888-01, p. 18; Rcl 397-RJ, Celso de Mello, *RTJ* 147/31; Rcl 399/PE, Sepúlveda Pertence, *RTJ* 157/433; Rcl 556/TO, Maurício Corrêa, *DJU* de 03.10.1997; Rcl 1.149/RS, Celso de Mello, *DJU* de 29.10.1999, p. 37; Rcl 1.280/SP, Maurício Corrêa, *DJU* de 03.03.2000; Rcl 1.688/BA, Rel. Min. Maurício Corrêa; *DJ* de 22.09.2000, p. 99.

Declarando **novo posicionamento (07.11.2002)**, coincidente com o que expusemos nas edições anteriores deste trabalho, o STF, por maioria de votos, após o julgamento de questão de ordem em agravo regimental, declarou **constitucional o parágrafo único do art. 28 da Lei n. 9.868/99**, passando a considerar parte legítima para a propositura de reclamação **todos aqueles que forem atingidos por decisões contrárias ao entendimento firmado pela Suprema Corte no julgamento de mérito proferido em ação direta de inconstitucionalidade**, havendo, assim, uma **ampliação do conceito de parte interessada** (art. 13 da Lei n. 8.038/90).[206]

Esse novo entendimento é reforçado com a redação conferida ao art. 102, § 2.º, da CF/88 pela EC n. 45/2004 (*Reforma do Poder Judiciário*), no seguinte sentido: "as decisões definitivas de mérito, proferidas pelo Supremo Tribunal Federal, nas ações diretas de inconstitucionalidade e nas ações declaratórias de constitucionalidade produzirão eficácia contra todos e **efeito vinculante**, relativamente aos demais órgãos do Poder Judiciário e à administração pública direta e indireta, nas esferas federal, estadual e municipal".

Para se ter um exemplo da amplitude da perspectiva do instituto da reclamação, havendo efeito vinculante até mesmo perante a Administração Pública, temos sustentado a possibilidade de ajuizamento de reclamação em face de ato de Prefeito que contraria decisão proferida pelo STF com caráter vinculante.

Do ponto de vista do procedimento, conforme anotou o STF, "... para o conhecimento da reclamação não se exige a juntada de cópia do acórdão do Supremo Tribunal Federal que teria sido desrespeitado. Dispensabilidade da peça em virtude do acórdão ter sido proferido pela própria Suprema Corte" (Rcl 6.167-AgR, Rel. p/ o acórdão Min. Menezes Direito, j. 18.09.2008, *DJE* de 14.11.2008).

Finalmente, em interessante decisão, o STF admitiu, no julgamento de reclamação, a mudança na interpretação dada a determinado ato normativo (e que serviu de paradigma), declarando, inclusive, a sua inconstitucionalidade incidental.[207]

---

206 Cf.: **Rcl (AgR-QO) 1.880-SP**, Rel. Min. Maurício Corrêa, 06.11.2002 (*Inf. 289/STF*, de 04 a 08.11.2002, *DJ* de 19.03.2004).

207 "O STF, no exercício da competência geral de fiscalizar a compatibilidade formal e material de qualquer ato normativo com a Constituição, pode declarar a inconstitucionalidade, incidentalmente, de normas tidas como fundamento da decisão ou do ato que é impugnado na reclamação. Isso decorre da própria competência atribuída ao STF para exercer o denominado controle difuso da constitucionalidade das leis e dos atos normativos. A oportunidade de reapreciação das decisões tomadas em sede de controle abstrato de normas tende a surgir com mais naturalidade e de forma mais recorrente no âmbito das reclamações. É no juízo hermenêutico típico da reclamação — no 'balançar de olhos' entre objeto e parâmetro da reclamação — que surgirá com maior nitidez a oportunidade para **evolução interpretativa** no controle de constitucionalidade. Com base na alegação de afronta a determinada decisão do STF, o Tribunal poderá reapreciar e redefinir o conteúdo e o alcance de sua própria decisão. E, inclusive, poderá ir além, superando total ou parcialmente a decisão-parâmetro da reclamação, se entender que, em virtude de evolução hermenêutica, tal decisão não se coaduna mais com a interpretação atual da Constituição" (**Rcl 4.374**, Rel. Min. Gilmar Mendes, j. 18.04.2013, Plenário, *DJE* de 04.09.2013).

6.7.1.18.2. Natureza jurídica do instituto da reclamação

A **natureza jurídica** da reclamação foi bem desenvolvida pelo Ministro Marco Aurélio, e pedimos vênia para transcrevê-la abaixo de maneira esquematizada e acrescentando outras perspectivas:[208]

- **ação** — Pontes de Miranda, *Comentários ao Código de Processo Civil*, Forense, t. V, p. 384;
- **recurso ou sucedâneo recursal** — Moacyr Amaral Santos, *RTJ* 56/546-548; Alcides de Mendonça Lima, *O Poder Judiciário e a nova Constituição*, Aide, 1989, p. 80;
- **remédio incomum** — Orozimbo Nonato, apud Cordeiro de Mello, *O processo no Supremo Tribunal Federal*, v. 1, p. 280;
- **incidente processual** — Moniz de Aragão, *A correição parcial*, 1969, p. 110;
- **medida de direito processual constitucional** — José Frederico Marques, *Manual de direito processual civil*, 9. ed., Saraiva, 1987, v. 3, 2.ª parte, p. 199, item n. 653;
- **medida processual de caráter excepcional** — Ministro Djaci Falcão, *RTJ* 112/518-522;
- **instrumento de extração constitucional** — "inobstante a origem pretoriana de sua criação (*RTJ* 112/504), destinada a viabilizar, na concretização de sua dupla função de ordem político-jurídica, a preservação da competência e a garantia da autoridade das decisões do Supremo Tribunal Federal (CF, art. 102, I, 'l') e do Superior Tribunal de Justiça (CF, art. 105, I, 'f')" — Ementa da Rcl 336, Rel. Min. Marco Aurélio;
- **simples postulação perante o próprio órgão que proferiu uma decisão para o seu exato e integral cumprimento** — Grinover (Da reclamação, *Revista Brasileira de Ciências Criminais*, 38/80);
- **provimento mandamental de natureza constitucional** — Pedro Lenza, para este trabalho.

É de realçar o pensamento de Grinover ao analisar a natureza jurídica do **instituto da reclamação**: "... não se trata de ação, uma vez que não se vai rediscutir a causa com um terceiro; não se trata de recurso, pois a relação processual já está encerrada, nem se pretende reformar a decisão, mas antes garanti-la; não se trata de incidente processual, porquanto o processo já se encerrou. Cuida-se simplesmente de postular perante o próprio órgão que proferiu uma decisão o seu exato e integral cumprimento".[209]

Já sustentamos, em outro estudo,[210] a conclusão trazida por Grinover, qual seja, tratar-se a **reclamação** de verdadeiro **exercício constitucional de direito de petição**

---

[208] Cf. **Rcl 336/DF**, Rel. Min. Celso de Mello, j. 19.12.1990, Pleno, *DJ* de 15.03.1991, p. 2644, *RTJ* 134-03/1033.

[209] A. P. Grinover, Da reclamação, *Revista Brasileira de Ciências Criminais*, 38/80.

[210] Pedro Lenza, *Coisa julgada* erga omnes: processo coletivo, controle de constitucionalidade e súmula vinculante (originalmente defendido como tese de doutorado — USP).

aos Poderes Públicos em defesa de direito ou contra a ilegalidade ou abuso de poder (CF, art. 5.º, XXXIV, "a").[211]

Esse entendimento parece agora estar consagrado no STF, o que se observa pela ementa da **ADI 2.480**, j. 02.04.2007, *DJ* de 15.06.2006, na qual se aceitou a previsão da reclamação também para o controle de constitucionalidade estadual e com previsão na CE.[212]

Poderíamos dizer, então, que a **reclamação** nada mais é que um **instrumento de caráter mandamental e natureza constitucional**.

6.7.2. Ação Declaratória de Constitucionalidade (ADC)

6.7.2.1. Conceito (ADC)

A **ação declaratória de constitucionalidade** foi introduzida no ordenamento jurídico brasileiro pela Emenda Constitucional n. 3, de 17.03.1993 (*DOU* de 18.03.1993), com a alteração da redação do art. 102, I, "a", e acréscimo do § 2.º ao art. 102, bem como do § 4.º ao art. 103, tendo sido regulamentado o seu processo e julgamento pela Lei n. 9.868/99.

Busca-se por meio dessa ação declarar a **constitucionalidade de lei ou ato normativo federal**. Indaga-se: mas toda lei não se presume constitucional? Sim, no en-

---

211 A. P. Grinover, Da reclamação, p. 79-81. Enfocando a **constitucionalidade** da previsão do instituto da reclamação no Regimento Interno do TJSP, cf. A. P. Grinover, A reclamação para garantia da autoridade das decisões dos tribunais, *Revista de Direito da Associação dos Procuradores do Novo Estado do Rio de Janeiro*, 10/1-9. Sobre o assunto, cf., ainda, C. R. Dinamarco, A reclamação no processo civil brasileiro, *Revista do Advogado*, 61/104-110, e G. S. F. Góes, A reclamação constitucional, in Nelson Nery Junior e Teresa Arruda Alvim Wambier (coord.), *Aspectos polêmicos e atuais dos recursos cíveis e de outros meios de impugnação às decisões judiciais*, p. 123-145. Sobre a previsão da reclamação no âmbito do Regimento Interno do TJ Estadual, "... o Tribunal, por maioria, acompanhou o voto proferido pela Ministra Ellen Gracie, relatora, no sentido de julgar improcedente o pedido, afastando a alegada ofensa à competência privativa da União para legislar sobre direito processual (CF, art. 22, I), por entender que, de acordo com o **princípio da simetria**, a Constituição estadual pode autorizar a utilização do instituto da reclamação pelo tribunal de justiça, a teor do disposto no art. 125 da CF. O Min. Sepúlveda Pertence, em seu voto, salientou que a utilização da reclamação no âmbito da justiça estadual insere-se no **poder implícito a ela conferido para assegurar efetividade às próprias decisões**. Vencidos os Ministros Maurício Corrêa, Moreira Alves e Sydney Sanches, que julgavam procedente o pedido. ADI n. 2.212-CE, Rel. Ministra Ellen Gracie, 02.10.2003 (ADI-2212)" (original sem grifos — cf. *Inf. 323/STF*).

212 "ADI: dispositivo do RI do TJ/PB (art. 357), que admite e disciplina o processo e julgamento de reclamação para preservação da sua competência ou da autoridade de seus julgados: ausência de violação dos artigos 125, *caput,* e § 1.º, e 22, I, da Constituição Federal. O STF, ao julgar a ADI 2.212 (Pl. 2-10-03, Ellen, *DJ* 14-11-2003), alterou o entendimento — firmado em período anterior à ordem constitucional vigente (*v. g.*, Rp 1.092, Pleno, Djaci Falcão, *RTJ* 112/504) — do monopólio da reclamação pelo STF e assentou a adequação do instituto com os preceitos da Constituição de 1988: de acordo com a sua natureza jurídica **(situada no âmbito do direito de petição previsto no art. 5.º, XXXIV, "a", da Constituição Federal)** e com os princípios da simetria (art. 125, *caput*, e § 1.º) e da efetividade das decisões judiciais, é **permitida a previsão da reclamação na Constituição Estadual** (...)" (ADI 2.480, Rel. Min. Sepúlveda Pertence). Cf., ainda, *Inf. 462/STF.*

tanto, o que existe é uma presunção relativa (*juris tantum*) de toda lei ser constitucional. Em se tratando de presunção relativa, admite-se prova em contrário, declarando-se, quando necessário, através dos mecanismos da ADI genérica ou do controle difuso, a inconstitucionalidade da lei ou ato normativo.

Pois bem, qual seria, então, a utilidade dessa ação? O objetivo da ADC é transformar uma presunção **relativa** de constitucionalidade em **absoluta** (*jure et de jure*), não mais se admitindo prova em contrário. Ou seja, julgada procedente a ADC, tal decisão vinculará os demais órgãos do Poder Judiciário e a Administração Pública, que não mais poderão declarar a inconstitucionalidade da aludida lei, ou agir em desconformidade com a decisão do STF. Não estaremos mais, repita-se, diante de uma presunção relativa de constitucionalidade da lei, mas **absoluta**.

Deve-se deixar claro que ao se falar em "presunção absoluta" no modelo do **processo objetivo** não significa a impossibilidade eterna de rever o entendimento. Como sabemos, o STF poderá mudar de posição, alterando a interpretação dada ao ato normativo federal e, no caso, sem dúvida, declarar, em decisão futura, a sua inconstitucionalidade. Em outras palavras, o efeito vinculante não "vincula" o STF (Pleno) que poderá alterar o seu posicionamento. Mas, naturalmente, enquanto não observada essa "viragem jurisprudencial" pela mais alta Corte do país, os juízes e tribunais, em razão do efeito vinculante da decisão, deverão a ela se curvar.

Em síntese, a ADC busca afastar o nefasto quadro de insegurança jurídica ou incerteza sobre a validade ou aplicação de lei ou ato normativo federal, preservando a ordem jurídica constitucional.

■ 6.7.2.2. *Objeto (ADC)*

O objeto da referida ação é **lei ou ato normativo federal**. Frise-se: somente lei ou ato normativo federal, diferentemente do que ocorre com a ADI genérica, cujo objeto engloba, também, a lei ou ato normativo estadual (cf. art. 102, § 2.º).

■ 6.7.2.3. *Competência (ADC)*

O órgão competente para apreciar a ADC é o **STF**, conforme estabelece o art. 102, I, "a", da CF/88, de forma originária.

■ 6.7.2.4. *Legitimidade (ADC)*

Antes da **EC n. 45/2004**, os legitimados para a propositura da referida ação eram apenas quatro, de acordo com o art. 103, § 4.º, da CF/88, quais sejam: *a)* Presidente da República; *b)* Mesa do Senado Federal; *c)* Mesa da Câmara dos Deputados; *d)* Procurador-Geral da República.

Com a revogação do § 4.º e a nova redação do *caput* do art. 103, pela aludida emenda, os legitimados para a propositura da ADC passaram a ser os **mesmos da ADI genérica** (*vide item 6.7.1.14*).

6.7.2.5. *Procedimento (ADC)*

O procedimento na ADC é praticamente o mesmo seguido na ADI genérica, mas algumas observações devem ser feitas.

Em um primeiro momento, entendeu a doutrina não ser justificável a citação do Advogado-Geral da União na medida em que inexiste ato ou texto impugnado, já que se afirma a constitucionalidade na inicial.

Nesse ponto, contudo, gostaríamos de abrir uma discussão: em sendo ADI e ADC ações dúplices ou ambivalentes, ações com sinais trocados, em caso de improcedência do pedido na ADC, os efeitos, se assim decidido pelo STF, serão os mesmos da hipótese de deferimento da ADI, qual seja, a **inconstitucionalidade da lei**. Por esse motivo, parece razoável afirmar que o AGU tenha de ser sempre citado na ADC para não se desrespeitar o art. 103, § 3.º **(matéria pendente)**. Vejamos graficamente, a perspectiva dessa ambivalência:

ADI E ADC SÃO AÇÕES DÚPLICES OU AMBIVALENTES, OU SEJA, SÃO "AÇÕES COM SINAIS TROCADOS". A PROCEDÊNCIA DE UMA IMPLICA A IMPROCEDÊNCIA DA OUTRA		
Ação	▪ ADI (ação direta de **inconstitucionalidade**)	▪ ADC (ação declaratória de **constitucionalidade**)
Resultado do julgamento	▪ (+) procedência	▪ (–) improcedência
Consequência em relação à lei	▪ inconstitucionalidade	▪ inconstitucionalidade

O Procurador-Geral da República, por força do art. 103, § 1.º, da CF/88, deverá ser previamente ouvido, emitindo o seu parecer.

Um requisito intrínseco à inicial, conforme vem relatando o STF, necessário para o conhecimento e análise do mérito, seria a demonstração da "*controvérsia judicial que põe risco à presunção de constitucionalidade do ato normativo sob exame... permitindo à Corte o conhecimento das alegações em favor da constitucionalidade e contra ela, e do modo como estão sendo decididas num ou noutro sentido*".[213]

Outro requisito, também exposto pelo Ministro relator Moreira Alves na ADC citada, seria, quando alegado **vício formal de inconstitucionalidade**, a necessária juntada aos autos de cópia dos documentos relativos ao processo legislativo de formação da lei ou ato normativo federal.

Esses dois requisitos que o STF vinha exigindo jurisprudencialmente foram expressamente previstos na Lei n. 9.868/99, que, em seu art. 14, estabelece que a petição inicial indicará: *a*) o dispositivo da lei ou do ato normativo questionado e os fundamentos jurídicos do pedido; *b*) o pedido, com suas especificações; *c*) a existência de **controvérsia judicial relevante** sobre a aplicação da disposição objeto da ação declaratória. Determina também a referida lei que a petição

[213] ADC 1-1/DF, voto do Ministro relator Moreira Alves.

Acesse também a videoaula pelo link: somos.in/DCE25095

inicial deverá conter cópias do ato normativo questionado e dos documentos necessários para comprovar a procedência do pedido de declaração de constitucionalidade.

A petição inicial inepta, não fundamentada, e a manifestamente improcedente serão **liminarmente indeferidas** pelo relator, cabendo **agravo** dessa decisão (art. 15 da lei).

De acordo com o CPC/2015, com *vacatio legis* de um ano a contar da data de sua publicação oficial (art. 1.045), previsto nos arts. 994, III, e 1.021, contra a decisão monocrática do Relator caberá o recurso de **agravo interno** para o Pleno do STF. A novidade é que, por força da regra explícita do art. 1.070 e da previsão geral fixada no art. 1.003, § 5.º, o prazo para a interposição desse recurso, bem como para responder-lhe (art. 1.021, § 2.º), passa a ser de **15 dias** (e não mais de 5), devendo a contagem, pela regra geral do art. 219 do Novo CPC/2015, dar-se em **dias úteis**.

Após a indispensável manifestação do PGR, o Relator lançará o relatório, com cópia a todos os Ministros, e pedirá dia para julgamento.

Convém notar, seguindo a linha procedimental adotada na ADI, que, em caso de necessidade de esclarecimento de matéria ou circunstância de fato ou de notória insuficiência das informações existentes nos autos, poderá o relator requisitar informações adicionais, designar perito ou comissão de peritos para que emita parecer sobre a questão ou fixar data para, em audiência pública, ouvir depoimentos de pessoas com experiência e autoridade na matéria.

Pode, ainda, o relator solicitar informações aos Tribunais Superiores, aos Tribunais federais e aos Tribunais estaduais acerca da aplicação da norma questionada no âmbito de sua jurisdição.

De acordo com a lei, as informações, perícias e audiências serão realizadas no prazo de **30 dias**, contado da solicitação do relator.

As regras sobre votação e *quorum* são as mesmas expostas na ADI genérica: desde que presente o *quorum* para instalação da sessão de julgamento de **8 Ministros**, a declaração de constitucionalidade dar-se-á pelo *quorum* da **maioria absoluta dos 11 Ministros do STF, isto é, pelo menos 6 deverão posicionar-se favoráveis à procedência da ação**.

Por fim, é **vedada a intervenção de terceiros** (muito embora, conforme visto no *item 6.7.1.16.2*, cabível ***amicus curiae***) e a **desistência** da ação após a sua propositura. A decisão é **irrecorrível**, ressalvada a interposição de **embargos declaratórios, não podendo ser objeto de ação rescisória**.

■ *6.7.2.6. Efeitos da decisão (ADC)*

O art. 102, § 2.º, criado pela EC n. 3/93, estabelece que as decisões definitivas de mérito, proferidas pelo **STF**, nas ações declaratórias de constitucionalidade de lei ou ato normativo **federal**, produzirão **eficácia contra todos** e **efeito vinculante**, relativamente aos demais órgãos do Poder Judiciário e ao Poder Executivo. Assim, podemos sistematizar os efeitos como sendo:

- ***erga omnes*** **(eficácia contra todos);**
- ***ex tunc;***
- **vinculante em relação aos órgãos do Poder Judiciário e à Administração Pública federal, estadual, municipal e distrital.**

6.7.2.7. *Medida cautelar (ADC)*

Inovação trazida pelo Projeto de Lei n. 2.960/97 (PL n. 10/99, no Senado Federal), que originou a Lei n. 9.868/99, tão comentada nesta parte do trabalho, foi a admissão de medida cautelar nas ações declaratórias de constitucionalidade.

Nesse sentido, o art. 21 prevê que o STF, por decisão da **maioria absoluta** de seus membros, poderá deferir pedido de medida cautelar na ação declaratória de constitucionalidade, consistente na determinação de que os juízes e os tribunais **suspendam** o julgamento dos processos que envolvam a aplicação da lei ou do ato normativo objeto da ação até seu julgamento definitivo.

Essa suspensão perdurará apenas por 180 dias contados da publicação da parte dispositiva da decisão no *DOU*, prazo esse definido pela lei para que o tribunal julgue a ação declaratória. Findo tal prazo, sem julgamento, cessará a eficácia da medida cautelar.

Malgrado posicionamento minoritário em contrário,[214] o STF, por votação majoritária, apreciando preliminar suscitada pelo Ministro *Sydney Sanches*, quanto ao cabimento ou não de liminar em ação declaratória, no julgamento da **ADC (MC) 4**, pacificou o entendimento segundo o qual é perfeitamente possível a atribuição de **efeito vinculante** e ***erga omnes*** em sede de liminar (decisão não definitiva de mérito) na ADC, tendo em vista o **poder geral de cautela** da Corte, podendo suas decisões ser preservadas pelo instrumento da **reclamação** (CF, art. 102, I, "l").

Finalmente, na hipótese de indeferimento de cautelar, em razão do efeito ambivalente da ação, referida decisão significaria o mesmo que a procedência da ADI (ações dúplices ou ambivalentes). Assim, se no dispositivo da decisão se manifestar a Corte, respeitando os requisitos legais, parece-nos que se poderia estabelecer o efeito vinculante e *erga omnes* em relação a essa decisão que equivaleria à concessão da cautelar em ADI.

6.7.3. Arguição de Descumprimento de Preceito Fundamental (ADPF)

6.7.3.1. *Localização (ADPF)*

O § 1.º do art. 102 da CF/88 estabelece que a arguição de descumprimento de preceito fundamental, decorrente da CF/88, será apreciada pelo STF, na forma da lei.

A **Lei n. 9.882/99**, regulamentando o dispositivo constitucional, definiu as regras procedimentais para a aludida arguição.

---

[214] *Vide*, por exemplo, o posicionamento do Ministro Marco Aurélio na Reclamação n. 1.197-6/PB, *DJ* de 22.11.1999, p. 2, que entende o efeito vinculante apenas para as **decisões definitivas de mérito**.

Cabe salientar que, antes do advento da Lei n. 9.882/99, o STF decidiu que o art. 102, § 1.º, da CF/88 materializava norma constitucional de **eficácia limitada**, ou seja, enquanto não houvesse lei descrevendo a forma da nova ação constitucional, a Suprema Corte não poderia apreciá-la (cf. Pet 1.140 AgR, j. 02.05.1996, *DJ* de 31.05.1996).

■ 6.7.3.2. *Objeto — hipóteses de cabimento (ADPF)*

A arguição de descumprimento de preceito fundamental será cabível, nos termos da lei em comento, seja na modalidade de **arguição autônoma** (direta), seja na hipótese de **arguição incidental**.

O art. 1.º, *caput*, da Lei n. 9.882/99 disciplinou a hipótese de **arguição autônoma**, tendo por objeto *evitar ou reparar lesão a preceito fundamental, resultante de ato do Poder Público.*

Percebe-se nítido caráter **preventivo** na primeira situação **(evitar)** e caráter **repressivo** na segunda **(reparar lesão a preceito fundamental)**, devendo haver **nexo de causalidade** entre a **lesão ao preceito fundamental** e o **ato do Poder Público**, de que esfera for, não se restringindo a atos normativos, podendo a lesão resultar de **qualquer ato administrativo**, inclusive **decretos regulamentares**.

A segunda hipótese **(arguição incidental)**, prevista no parágrafo único do art. 1.º da Lei n. 9.882/99, prevê a possibilidade de arguição quando for **relevante** o *fundamento da controvérsia constitucional sobre lei ou ato normativo federal, estadual, municipal (e por consequência o distrital, acrescente-se), incluídos os anteriores à Constituição.*

Nessa hipótese, deverá ser demonstrada a **divergência jurisdicional (comprovação da controvérsia judicial) relevante** na aplicação do ato normativo, violador do preceito fundamental.

Observa-se, então, que essa segunda modalidade de **arguição (incidental)**, além de se restringir a **ato normativo**, pressupõe a demonstração de controvérsia judicial relevante, o que faz crer a existência de uma **demanda concreta**, tanto é que o art. 6.º, § 2.º, da Lei n. 9.882/99 autoriza ao relator, se entender necessário, **ouvir as partes nos processos que ensejaram a arguição**.

Busca-se, nesse sentido, procedendo a uma cisão funcional em relação ao caso concreto, antecipar o entendimento da Suprema Corte sobre a matéria.

Gilmar Mendes, nesse caso, fazendo um contraponto ao art. 97 em relação ao qual se observa uma *cisão funcional horizontal*, no caso da ADPF incidental, vislumbra uma **cisão funcional no plano vertical (de órgãos das instâncias ordinárias para o STF)**.[215]

Ainda, cabe notar, na medida em que a ADPF pode ter por objeto ato editado antes da Constituição, a sua importante utilização como **instrumento de análise em abstrato de recepção** de lei ou ato normativo.

Nessa hipótese, conforme anotou o Min. Gilmar Mendes, a revogação da lei ou do ato normativo editado antes do novo ordenamento jurídico e objeto da demanda

[215] Gilmar Ferreira Mendes, *Curso de direito constitucional*, 6. ed., p. 1235.

"não impede o exame da matéria em sede de ADPF, porque o que se postula nessa ação é a declaração de ilegitimidade ou de não recepção da norma pela ordem constitucional superveniente" (**ADPF 33**, j. 07.12.2005, Plenário).

Convém advertir que no julgamento da **ADI 2.231-MC/DF**, proposta pelo Conselho Federal da OAB, "... o Min. Néri da Silveira, relator, em face da generalidade da formulação do parágrafo único do art. 1.º, considerou que esse dispositivo autorizaria, além da arguição autônoma de caráter abstrato, a **arguição incidental em processos em curso**, a qual **não poderia ser criada pelo legislador ordinário**, mas, tão só, por via de **emenda constitucional**, e, portanto, proferiu voto no sentido de dar ao texto **interpretação conforme** à CF a fim de excluir de sua aplicação **controvérsias constitucionais concretamente já postas em juízo**" (*Inf. 253/STF*) **(matéria pendente)**.

Apesar de ainda não julgada a referida ADI, em razão dos precedentes do STF, a tese adotada (há apenas o voto do Min. Néri da Silveira, proferido em 05.12.2001), certamente, não irá prosperar, até porque existem precedentes nos quais a Corte aplicou a hipótese de ADPF incidental (em 21.06.2018, os Ministros acordaram em converter o julgamento cautelar em diligência para instrução do feito e julgamento final de mérito, sinalizando o total esvaziamento do requisito da urgência, já que passados mais de 17 anos da decisão monocrática do Min. Néri da Silveira).

▪ *6.7.3.3. Preceito fundamental — conceito (ADPF)*

Tanto a Constituição como a lei infraconstitucional deixaram de conceituar **preceito fundamental**, cabendo essa tarefa à doutrina e, em última instância, ao STF.

Até o momento, os Ministros do STF não definiram, com precisão, o que entendem por preceito fundamental. Em algumas hipóteses, disseram **o que não é preceito fundamental**. Para se ter um exemplo, na apreciação da questão de ordem da ADPF 1-RJ, apresentada pelo Ministro relator Néri da Silveira, o Tribunal não conheceu de arguição de descumprimento de preceito fundamental (CF, art. 102, § 1.º) ajuizada pelo Partido Comunista do Brasil — PC do B, contra ato do Prefeito do Município do Rio de Janeiro que, ao vetar parcialmente, de forma imotivada, projeto de lei aprovado pela Câmara Municipal — que elevava o valor do IPTU para o exercício financeiro de 2000 —, teria violado o princípio constitucional da separação de Poderes (CF, art. 2.º). Considerou-se ser incabível na espécie a arguição de descumprimento de preceito fundamental, dado que **o veto constitui ato político do Poder Executivo, insuscetível de ser enquadrado no conceito de ato do Poder Público**, previsto no art. 1.º da Lei n. 9.882/99 ("A arguição prevista no § 1.º do art. 102 da Constituição Federal será proposta perante o Supremo Tribunal Federal, e terá por objeto evitar ou reparar lesão a preceito fundamental, resultante de ato do Poder Público") (*Inf. 176/STF*).

Valemo-nos, então, de algumas sugestões da doutrina.

Para o Professor Cássio Juvenal Faria, preceitos fundamentais seriam aquelas "normas qualificadas, que veiculam princípios e servem de vetores de interpretação das demais normas constitucionais, por exemplo, os 'princípios fundamentais' do Título I (arts. 1.º ao 4.º); os integrantes da cláusula pétrea (art. 60, § 4.º); os chamados

Acesse também a videoaula pelo link: somos.in/DCE25095

princípios constitucionais sensíveis (art. 34, VII); os que integram a enunciação dos direitos e garantias fundamentais (Título II); os princípios gerais da atividade econômica (art. 170); etc.".[216]

Para Bulos, "qualificam-se de *fundamentais* os grandes preceitos que informam o sistema constitucional, que estabelecem comandos basilares e imprescindíveis à defesa dos pilares da manifestação constituinte originária". Como exemplos o autor lembra os arts. 1.º, 2.º, 5.º, II, 37, 207 etc.[217]

■ 6.7.3.4. Competência (ADPF)

De acordo com o art. 102, § 1.º, da CF, a arguição de descumprimento de preceito fundamental será apreciada pelo **STF** (competência originária), na forma da lei.

■ 6.7.3.5. Legitimidade (ADPF)

Os legitimados para a propositura da referida ação são os **mesmos da ADI genérica**, previstos no art. 103, I a IX, da CF/88 e no art. 2.º, I a IX, da Lei n. 9.868/99 (cf. o art. 2.º, I, da Lei n. 9.882/99), com as observações sobre a **pertinência temática** expostas quando do comentário sobre a ADI genérica.

O art. 2.º, II, da Lei n. 9.882/99 permitia a legitimação para **qualquer pessoa lesada ou ameaçada por ato do Poder Público**, mas foi **vetado**.

Apesar do **veto**, o art. 2.º, § 1.º, estabelece que, "na hipótese do inciso II, faculta-se ao interessado, mediante representação, solicitar a propositura de arguição de descumprimento de preceito fundamental ao **Procurador-Geral da República**, que, examinando os fundamentos jurídicos do pedido, decidirá do cabimento do seu ingresso em juízo".[218]

■ 6.7.3.6. Procedimento (ADPF). Particularidades do princípio da subsidiariedade

Proposta a ação diretamente no **STF**, por um dos legitimados, deverá o relator sorteado analisar a regularidade formal da petição inicial, que deverá conter, além dos requisitos do art. 282 do CPC/73 (art. 319, CPC/2015) e observância das regras regimentais: **a)** a indicação do preceito fundamental que se considera violado; **b)** a indicação do ato questionado; **c)** a prova da violação do preceito fundamental; **d)** o pedido, com suas especificações; **e)** se for o caso, a comprovação da existência de controvérsia judicial relevante sobre a aplicação do preceito fundamental que se considera violado.

A petição inicial, acompanhada de instrumento de mandato, se for o caso, será apresentada em duas vias, devendo conter cópias do ato questionado e dos docu-

---

[216] Inédito, especial aos alunos do Curso do Professor Damásio.

[217] *Constituição Federal anotada*, p. 901.

[218] "... A arguição de descumprimento de preceito fundamental poderá ser proposta pelos **legitimados para a ação direta de inconstitucionalidade** (Lei n. 9.882/99, art. 2.º, I), mas qualquer interessado poderá solicitar ao Procurador-Geral da República a propositura da arguição (art. 2.º, § 1.º). Assim posta a questão, porque o autor não é titular da *legitimatio ad causam* ativa, nego seguimento ao pedido e determino o seu arquivamento..." (Min. Carlos Velloso, ADPF-11/SP, *DJ* de 06.02.2001, p. 294).

mentos necessários para comprovar a impugnação (parágrafo único do art. 3.º da lei em análise).

Liminarmente, o relator, não sendo o caso de arguição, faltante um dos requisitos apontados, ou inepta a inicial, indeferirá a petição inicial, sendo cabível o **recurso de agravo**, no prazo de **5 dias**, para atacar tal decisão (art. 4.º § 2.º, da Lei n. 9.882/99).

De acordo com o CPC/2015, com *vacatio legis* de um ano a contar da data de sua publicação oficial (art. 1.045), previsto nos arts. 994, III, e 1.021, contra a decisão monocrática do Relator caberá o recurso de **agravo interno** para o Pleno do STF. A novidade é que, por força da regra explícita do art. 1.070 e da previsão geral fixada no art. 1.003, § 5.º, o prazo para a interposição desse recurso, bem como para responder-lhe (art. 1.021, § 2.º), passa a ser de **15 dias** (e não mais de 5), devendo a contagem, pela regra geral do art. 219 do Novo CPC/2015, dar-se em **dias úteis**.

Fundamental notar que, consoante o art. 4.º, § 1.º, da Lei n. 9.882/99, não será admitida arguição de descumprimento de preceito fundamental quando houver qualquer outro meio **eficaz** capaz de sanar a lesividade. Trata-se do **princípio da subsidiariedade** (caráter residual), que, segundo o Ministro Celso de Mello, condiciona o ajuizamento da ação à "... ausência de qualquer outro meio processual apto a sanar, de modo eficaz, a lesividade indicada pelo autor" (ADPF-6/RJ, *DJ* de 19.09.2000. *Vide*, ainda, ADPF 3, questão de ordem, *DJ* de 26.03.2001). Trata-se, conforme anotou em outro julgado, de **"pressuposto negativo de admissibilidade"**, atuando a "cláusula da subsidiariedade" como **"causa obstativa"** para o ajuizamento da ADPF no STF (**ADPF 314 AgR/DF**, Rel. Min. Marco Aurélio, j. 11.12.2014, Plenário, *DJE* de 19.02.2015).

Evoluindo, o STF entendeu que o **princípio da subsidiariedade** deve ser interpretado no contexto da **ordem constitucional global** e em relação aos processos de índole objetiva (ADI, ADC, ADO): "(...) inexistência de outro meio eficaz de sanar a lesão, compreendido no contexto da ordem constitucional global, como aquele apto a solver a controvérsia constitucional relevante de forma ampla, geral e imediata. A existência de processos ordinários e recursos extraordinários não deve excluir, *a priori*, a utilização da arguição de descumprimento de preceito fundamental, em virtude da feição marcadamente objetiva dessa ação" (**ADPF 33**, Rel. Min. Gilmar Mendes, j. 07.12.2005, *DJ* de 27.10.2006. No mesmo sentido: ADPF 47-MC, Rel. Min. Eros Grau, j. 07.12.2005, *DJ* de 27.10.2006).

Havendo pedido de liminar e apreciado pelo relator, este solicitará as informações necessárias às autoridades responsáveis pela prática do ato questionado, no prazo de 10 dias, podendo, ainda, caso entenda necessário, ouvir as partes nos processos que ensejaram a arguição (no caso, a **arguição incidental**), requisitar informações adicionais, designar perito ou comissão de peritos para que emita parecer sobre a questão, ou, ainda, fixar data para declarações, em **audiência pública** (cf. **ADPF 101** — *importação de pneus usados* — 27.06.2008 e **ADPF 54** — *interrupção de gravidez por anencefalia* — 26 e 28 de agosto e 4 e 16 de setembro, todas em 2008), de pessoas com experiência e autoridade na matéria (art. 6.º e § 1.º, da Lei n. 9.882/99).

Poderão ser autorizadas, a critério do relator, sustentação oral e juntada de memoriais, por requerimento dos interessados no processo.

Assim, conforme visto no *item 6.7.1.16.3*, o STF vem admitindo *amicus curiae* na ADPF, aplicando, por analogia, o art. 7.º, § 2.º, da Lei n. 9.868/99, desde que se demonstrem a **relevância da matéria** e a **representatividade dos postulantes** (cf. **ADPFs 33, 46, 73, 132, 183, 205** etc.).

Ouvido o MP (art. 7.º, parágrafo único, da Lei n. 9.882/99, acatando o mandamento do art. 103, § 1.º, da CF/88), o relator lançará o relatório, com cópia a todos os Ministros, pedindo dia para julgamento.

Da mesma forma que ocorre no julgamento da ADI, a decisão (julgamento) sobre a arguição será proferida pelo *quorum* da **maioria absoluta** (art. 97 da CF/88), desde que presente o *quorum de instalação da sessão de julgamento*, previsto no art. 8.º da Lei n. 9.882/99, ou seja, a exigência de estarem presentes pelo menos **2/3 dos Ministros (8 dos 11 Ministros)**.

Tal como se verifica no processo de ADI, a decisão que julgar procedente ou improcedente o pedido em arguição de descumprimento de preceito fundamental é **irrecorrível, não podendo ser objeto de ação rescisória** (art. 12 da Lei n. 9.882/99).

Apesar do silêncio da lei, bem como da afirmação da irrecorribilidade, entendemos perfeitamente cabíveis os **embargos de declaração**, em razão de sua natureza jurídica de integração e esclarecimento da decisão e, também, com fundamento no art. 26 da Lei n. 9.868/99 (ADI e ADC), aplicado por analogia.[219]

Finalmente, a lei é explícita ao assegurar o cabimento de **reclamação** contra o descumprimento da decisão proferida pelo STF, na forma do seu Regimento Interno (art. 13 da Lei n. 9.882/99).

6.7.3.7. *Efeitos da decisão (ADPF)*

Julgada a ação, far-se-á comunicação às autoridades ou órgãos responsáveis pela prática dos atos questionados, fixando-se as condições e o modo de interpretação e aplicação do preceito fundamental.

A decisão é **imediatamente autoaplicável**, na medida em que o presidente do STF determinará o **imediato cumprimento da decisão, lavrando-se o acórdão posteriormente**.

De acordo com o art. 10, § 2.º, da Lei n. 9.882/99, dentro do prazo de 10 dias, contado a partir do trânsito em julgado da decisão, sua parte dispositiva será publicada em seção especial do *Diário da Justiça* e do *Diário Oficial da União*.

[219] Como destacou o Min. Marco Aurélio, os **embargos declaratórios** são **ínsitos** à **jurisdição** e cabíveis **independentemente de previsão legal** (AP 470 AgR, 26.º, *Inf. 719/STF, item 8*). Em suas palavras, os embargos de declaração devem ser vistos com espírito maior de compreensão. "Não como uma crítica ao ofício de julgar, mas como **colaboração** das partes ao **aperfeiçoamento** da prestação jurisdicional. Os embargos visam à **integração** ou **esclarecimento** da decisão proferida. Os vícios que os respaldam dizem respeito ao mérito, não a pressupostos de recorribilidade. Refiro-me à omissão, à contradição e à obscuridade. Admito, até mesmo, a possibilidade de ter-se os segundos declaratórios, quando o vício haja surgido, pela vez primeira, no julgamento dos anteriores" (fls. 37).

A decisão terá eficácia contra todos **(*erga omnes*)** e **efeito vinculante** relativamente aos demais órgãos do Poder Público, além de efeitos retroativos **(*ex tunc*)**.

Da mesma maneira como acontece na ADI, como exceção à regra geral do princípio da nulidade, ao declarar a inconstitucionalidade de lei ou ato normativo, no processo de arguição de descumprimento de preceito fundamental, e tendo em vista **razões de segurança jurídica** ou de **excepcional interesse social**, poderá o Supremo Tribunal Federal, por maioria qualificada de **2/3** de seus membros, **restringir os efeitos daquela declaração ou decidir que ela só tenha eficácia a partir de seu trânsito em julgado (*ex nunc*) ou de outro momento que venha a ser fixado**.

■ 6.7.3.8. O parágrafo único do art. 1.º da Lei n. 9.882/99 é inconstitucional (arguição incidental)?

A Constituição somente autorizou a apreciação, pelo STF, da **arguição de preceito fundamental**, na forma da **lei**.

Já havia previsto competência ao STF, em sede de ADI, para apreciação de lei ou ato normativo federal ou estadual, como já visto, **excluídos** os municipais e anteriores à Constituição.

A matéria foi questionada na **ADI 2.231**. Apesar da demora de seu julgamento, em 21.06.2018, a Corte resolveu questão de ordem com "a conversão do julgamento cautelar em diligência, de modo a possibilitar a devida instrução do feito para que ele tenha uma decisão meritória final, e não precária". Nesses vários anos de aplicação da lei, os precedentes já julgados sinalizam que a Corte irá declarar a constitucionalidade da ADPF incidental **(matéria pendente)**.

Para Gilmar Ferreira Mendes, surge instrumento adequado ao combate da chamada "guerra de liminares", introduzindo profundas alterações no sistema brasileiro de controle de constitucionalidade:

> "Em **primeiro lugar**, porque permite a antecipação de decisões sobre controvérsias constitucionais relevantes, evitando que elas venham a ter um desfecho definitivo após longos anos, quando muitas situações já se consolidaram ao arrepio da 'interpretação autêntica' do Supremo Tribunal Federal".

> "Em **segundo lugar**, porque poderá ser utilizado para — de forma definitiva e com eficácia geral — solver controvérsia relevante sobre a legitimidade do **direito ordinário pré-constitucional** em face da nova Constituição que, até o momento, somente poderia ser veiculada mediante a utilização do **recurso extraordinário**."

> "Em **terceiro**, porque as decisões proferidas pelo Supremo Tribunal Federal nesses processos, haja vista a eficácia *erga omnes* e o efeito vinculante, fornecerão a diretriz segura para o juízo sobre a legitimidade ou a ilegitimidade de atos de teor idêntico, editados pelas diversas entidades **municipais**. A solução oferecida pela nova lei é superior a uma outra alternativa oferecida, que consistiria no reconhecimento da competência dos Tribunais de Justiça para apreciar, em ação direta de inconstitucionalidade, a legitimidade de leis ou atos normativos municipais em face da Constituição Federal. Além de ensejar múltiplas e variadas interpretações, essa solução acabaria por agravar a crise do Supre-

mo Tribunal Federal, com a multiplicação de recursos extraordinários interpostos contra as decisões proferidas pelas diferentes Cortes estaduais" (Gilmar Ferreira Mendes, *Revista Jurídica Virtual*, n. 7, dez./1999).

6.7.3.9. Pedido de medida liminar (ADPF)

O art. 5.º da Lei n. 9.882/99 estabelece que o STF, por decisão da **maioria absoluta** de seus membros (pelo menos **6 Ministros**), poderá deferir pedido de medida liminar na arguição de descumprimento de preceito fundamental.

Em caso de **extrema urgência ou perigo de lesão grave**, ou, ainda, em **período de recesso**, contudo, poderá o **relator** conceder a liminar, *ad referendum* do Tribunal Pleno.

O relator poderá, ainda, ouvir os órgãos ou autoridades responsáveis pelo ato questionado, bem como o Advogado-Geral da União ou o Procurador-Geral da República, no prazo comum de 5 dias.

A liminar poderá consistir na determinação de que juízes e tribunais suspendam o andamento de processo ou os efeitos de decisões judiciais, ou de qualquer outra medida que apresente relação com a matéria objeto da arguição de descumprimento de preceito fundamental, **salvo se decorrentes da coisa julgada**. Convém alertar que, em 05.12.2001, o Ministro Néri da Silveira **(ADI 2.231-MC/DF)** votou pelo deferimento de liminar suspendendo a eficácia deste § 3.º do art. 5.º da Lei n. 9.882/99, por estar relacionado à **arguição incidental** em processos em concreto, **vedada** sua instituição por lei, como visto (pendente).

Todavia, o Ministro Sepúlveda Pertence, relator da ADPF 77, deferiu liminar para suspender todos os processos que tramitam e estão questionando a constitucionalidade do art. 38 da Lei n. 8.880/94, que instituiu o Plano Real, até o julgamento de mérito da referida ação. E, nos termos do seu voto: "esse o quadro, defiro, em termos, *ad referendum* (por ratificação) do Plenário, o pedido de cautelar — conforme o artigo 5.º, parágrafo 3.º, da Lei 9.882/99 (ADPF) e o artigo 21 da Lei 9.868/99 — para determinar a suspensão dos processos em curso nos quais se questione a constitucionalidade ou não do artigo 38 da Lei 8.880/94".

Devemos lembrar que o Plenário do STF conheceu da citada ADPF 77 e referendou a medida cautelar deferida (j. 19.11.2014).[220]

Em igual sentido, admitindo a aplicação do art. 5.º, § 3.º, da Lei n. 9.882/99: "Liminar concedida. Suspensão de processos e efeitos de sentenças. Servidor público. Professores do Estado de Pernambuco. Elevação de vencimentos com base no princípio da isonomia. Casos recobertos por coisa julgada material ou convalidados por lei superveniente. Exclusão da eficácia da liminar. Agravo provido em parte e referendo parcial, para esse fim. **Aplicação do art. 5.º, § 3.º, *in fine*, da Lei federal n. 9.882/99**. Não podem ser alcançados pela eficácia suspensiva de liminar concedida em ação de descumprimento de preceito fundamental os efeitos de sentenças transi-

[220] Cf. *Notícias STF*, 22.08.2006 — 19h00.

tadas em julgado ou convalidados por lei superveniente" (ADPF 79-AgR, Rel. Min. Cezar Peluso, j. 18.06.2007, *DJ* de 17.08.2007).

Portanto, o STF vem aplicando em sua integralidade o art. 5.º, § 3.º, estando, assim, superado o posicionamento do Min. Néri da Silveira no tocante à medida liminar.

▪ 6.7.3.10. *ADPF pode ser conhecida como ADI? Se sim, o princípio da fungibilidade teria natureza ambivalente? Ou seja, ADI poderia ser conhecida como ADPF?*

SIM, mas devemos observar os balizamentos estabelecidos pelo STF considerando a noção de **dúvida objetiva** e a proibição da incidência de **erro grosseiro**. Vejamos.

Quanto à primeira indagação, "tendo em conta o **caráter subsidiário** da arguição de descumprimento de preceito fundamental — ADPF, consubstanciado no § 1.º do art. 4.º da Lei 9.882/1999, o Tribunal resolveu questão de ordem no sentido de conhecer, como ação direta de inconstitucionalidade — ADI, a ADPF ajuizada pelo Governador do Estado do Maranhão, em que se impugna a **Portaria 156/2005**, editada pela Secretaria Executiva de Estado da Fazenda do Pará, que estabeleceu, para fins de arrecadação do ICMS, novo boletim de preços mínimos de mercado para os produtos que elenca em seu anexo único. Entendeu-se demonstrada a impossibilidade de se conhecer da ação como ADPF, em razão da **existência de outro meio eficaz para impugnação da norma**, qual seja a ADI, porquanto o objeto do pedido principal é a declaração de inconstitucionalidade de **preceito autônomo** por ofensa a dispositivos constitucionais, restando observados os demais requisitos necessários à propositura da ação direta" (**ADPF 72 QO/PA**, Rel. Min. Ellen Gracie, j. 1.º.06.2005 — *Inf. 390/STF*).

Reafirmando esse entendimento, também, no sentido do conhecimento de ADPF como ADI (**princípio da fungibilidade** — art. 4.º, § 1.º, da Lei n. 9.882/99 — e perfeita satisfação dos requisitos exigidos à propositura da Ação Direta de Inconstitucionalidade — legitimidade ativa, objeto, fundamentação e pedido), cf. a reautuação da **ADPF 143** como **ADI 4.180-REF-MC** (j. 19.12.2008), bem como a reautuação da **ADPF 178** como **ADI 4.277** (j. 21.07.2009), tendo sido discutido, nesta última, o importante tema da união homoafetiva.

Em relação à segunda questão, o STF também admitiu que pedido formulado em ADI fosse conhecido como ADPF, aplicando-se o princípio da fungibilidade. Muito embora outras problemáticas foram postas na causa, o dito "ponto jurídico mais nevrálgico e absorvente" consistia na discussão sobre a alteração de parâmetro de constitucionalidade pela EC n. 45/2004 e, assim, a discussão sobre a revogação ou não de lei anterior pela referida emenda. Assim, concluíram os Ministros do STF: "é lícito conhecer de ADI como ADPF, **quando coexistentes todos os requisitos de admissibilidade desta, em caso de inadmissibilidade daquela**" (**ADI 4.163**, Rel. Min. Cezar Peluso, j. 29.02.2012, Plenário, *DJE* de 1.º.03.2013).

O tema da fungibilidade veio a ser novamente discutido pela Corte no ano de 2014. No julgamento monocrático da **ADPF 158**, o Min. Gilmar Mendes não admitiu a fungibilidade por se tratar de situação clara para o cabimento de ADI; no caso, o objeto da ADPF era uma lei federal editada após a promulgação da CF/88. Esse entendimento foi confirmado pelo Plenário no julgamento do agravo regimental interposto (**ADPF 158 AgR/DF**, Rel. Min. Gilmar Mendes, j. 19.11.2014, Plenário, *DJE* de 02.02.2015).

Em outro julgado, o STF reafirmou que **dúvida razoável** sobre o caráter autônomo de atos infralegais, como decretos, resoluções e portarias, assim como **alterações supervenientes de normas constitucionais** poderiam justificar a **fungibilidade**. No caso concreto, porém, por se tratar de *lei ordinária federal* editada *depois da promulgação da CF/88*, **longe de envolver dúvida objetiva**, não configuraria a fungibilidade por se tratar de **erro grosseiro** na escolha do instrumento, violando, assim, o art. 4.º, § 1.º, da Lei n. 9.882/99 (**ADPF 314 AgR/DF**, Rel. Min. Marco Aurélio, j. 11.12.2014, Plenário, *DJE* de 19.02.2015).

Estamos diante, portanto, da posição do STF sobre a aplicação do **princípio da fungibilidade** e, como bem colocou o Min. Marco Aurélio, da orientação conciliatória entre "**instrumentalidade** e **celeridades processuais**, de um lado, e **necessidade de não se baratear os institutos**, do outro". De acordo com os precedentes citados, admite-se a fungibilidade quando se estiver diante de **dúvida razoável** sobre o "caráter autônomo de atos infralegais (...) como decretos, resoluções, portarias" ou em razão da "alteração superveniente da norma constitucional dita violada". Fora essas hipóteses, caracterizado estará o **erro grosseiro** a afastar a aplicação da fungibilidade. Nesses termos, damos um claro exemplo de erro grosseiro, como verificado no precedente acima: impugnação de lei federal pós-constitucional por ADPF, quando cabível, no caso, indubitavelmente, a propositura de ADI.

■ 6.7.4. Ação Direta de Inconstitucionalidade por Omissão (ADO)

■ *6.7.4.1. Conceito (ADO)*

Trata-se de inovação da CF/88, inspirada no art. 283 da Constituição portuguesa. O que se busca com a ADO é combater uma "doença", chamada pela doutrina de **"síndrome de inefetividade das normas constitucionais"**.

O art. 103, § 2.º, da CF/88 determina que, declarada a inconstitucionalidade por omissão **de medida para tornar efetiva norma constitucional**, será dada ciência ao poder competente para a adoção das providências necessárias e, em se tratando de órgão administrativo, para fazê-lo em trinta dias. O que se busca é **tornar efetiva norma constitucional** destituída de efetividade, ou seja, somente as normas constitucionais de **eficácia limitada!**[221]

Abrimos um pequeno parêntese, remetendo o leitor para o capítulo que trata dos **remédios constitucionais**, sugerindo o estudo conjunto da **ADO** com o do **mandado de injunção**, que também se caracteriza como um "remédio" cujo objetivo é combater a "síndrome de inefetividade das normas constitucionais", de eficácia limitada.

---

[221] *Vide capítulo 5*, sobre eficácia e aplicabilidade das normas constitucionais.

Na **ADO** temos o controle **concentrado**; através do **mandado de injunção**, o controle **difuso**, pela via de exceção ou defesa e, atualmente, com algumas particularidades previstas na **Lei n. 13.300/2016**, que o regulamentou (cf. *item 14.11.5*).

Cabe mencionar, por último, a **Lei n. 12.063/2009**, que passou a estabelecer a disciplina processual da ADO e será apresentada nos itens seguintes.

▪ *6.7.4.2. Espécies de omissão*

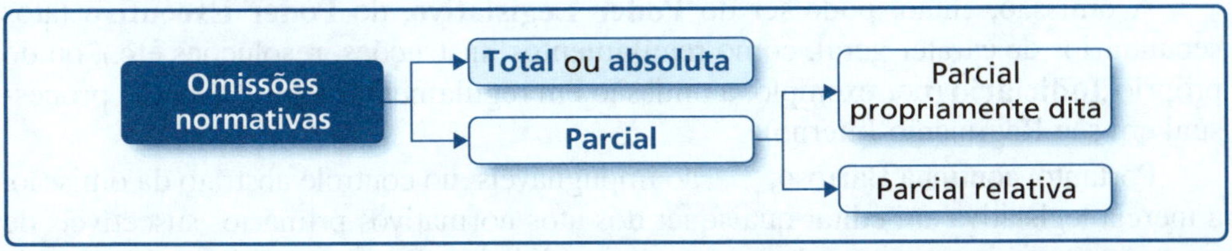

A omissão poderá ser total (absoluta) ou parcial: **total**, quando não houver o cumprimento do dever de normatizar, editando medida para tornar efetiva a norma constitucional; **parcial**, quando houver a normatização infraconstitucional, porém de forma insuficiente.

Como exemplo de **inconstitucionalidade por omissão total** ou **absoluta**, destacamos o art. 37, VII, que prevê o direito de greve para os servidores públicos, ainda não regulamentado por lei.[222] Outro exemplo é o revogado art. 192, § 3.º, que dependia de lei (limitação da taxa de juros a 12% ao ano — cf. S. 648/STF e SV 7/2008).

A **inconstitucionalidade por omissão parcial**, por seu turno, divide-se em duas: parcial propriamente dita ou parcial relativa.

Por **omissão parcial propriamente dita**, o ato normativo, apesar de editado, regula de forma deficiente o texto. Como exemplo, temos o art. 7.º, IV, que dispõe sobre o direito ao **salário mínimo**. A lei fixando o seu valor existe, mas o regulamenta de forma deficiente, pois o valor estabelecido é muito inferior ao razoável para cumprir toda a garantia da referida norma.

Já **omissão parcial relativa** surge quando o ato normativo existe e outorga determinado benefício a certa categoria mas deixa de concedê-lo a outra, que deveria ter sido contemplada. Nesse caso, deve-se lembrar o entendimento materializado na Súmula 339/STF, potencializada com a sua conversão na **SV 37/2014**: "não cabe ao Poder Judiciário, que não tem função legislativa, aumentar vencimentos de servidores públicos sob o fundamento de isonomia".

---

[222] Sobre o assunto, cf. nova posição do STF dada no **MI 712** e discutida nesta obra no *item 14.11.5.7*. Nessa parte do estudo apresentamos outros temas, destacando-se, por exemplo, o julgamento de vários MIs sobre o direito fundamental dos trabalhadores ao **aviso prévio proporcional ao tempo de serviço**, sendo no mínimo de trinta dias, nos termos da lei (art. 7.º, XXI), no caso, da Lei n. 12.506/2011, que regulamentou o assunto. A esse respeito, interessante a discussão em vários mandados de injunção ajuizados antes do advento da regulamentação, quando a **omissão** era **total** (cf. MIs 943, 1.010, 1.074 e 1.090, j. 22.06.2011).

6.7.4.3. *Objeto (ADO)*

O art. 103, § 2.º, fala em "omissão de **medida**" para tornar efetiva norma constitucional em razão de omissão de qualquer dos **Poderes** ou de **órgão administrativo**.

Com precisão anota Barroso que a omissão é de cunho **normativo**, que é mais ampla do que a omissão de cunho *legislativo*. Assim, engloba "... atos gerais, abstratos e obrigatórios de outros Poderes e não apenas daquele ao qual cabe, precipuamente, a criação do direito positivo".

A omissão, então, pode ser do **Poder Legislativo**, do **Poder Executivo** (atos secundários de caráter geral, como regulamentos, instruções, resoluções etc.), ou do próprio **Judiciário** (por exemplo, a omissão em regulamentar algum aspecto processual em seu Regimento Interno).

Portanto, continua Barroso, "... são impugnáveis, no controle abstrato da omissão, a inércia legislativa em editar quaisquer dos atos normativos primários suscetíveis de impugnação em ação direta de inconstitucionalidade... O objeto aqui, porém, é mais amplo: também caberá a fiscalização da omissão inconstitucional em se tratando de atos normativos secundários, como regulamentos ou instruções, de competência do Executivo, e até mesmo, eventualmente, de atos próprios dos órgãos judiciários".[223]

O STF já decidiu que, pendente julgamento de ADO, se a norma constitucional que não tinha sido regulamentada vier a ser revogada, a ação deverá ser extinta por perda de objeto, julgando-se prejudicada (ADI 1.836, Rel. Min. Moreira Alves, j. 18.06.1998).

A mesma decisão, qual seja, pela perda de objeto, tomou o STF para a hipótese de encaminhamento de projeto de lei sobre a matéria ao Congresso Nacional (cf. ADI 130-2/DF), ou, ainda, pelo não cabimento da ação se, no momento de sua propositura, o processo legislativo já havia sido desencadeado (ADI 2.495, Rel. Min. Ilmar Galvão, j. 02.05.2002, *DJ* de 02.08.2002).

CUIDADO: este último posicionamento, contudo, foi repensado no julgamento da **ADO 3.682**, entendendo o STF não se justificar a demora na apreciação de projetos já propostos (*inertia deliberandi* das Casas Legislativas), passível de se caracterizar uma desautorizada "conduta manifestamente **negligente** ou **desidiosa** das Casas Legislativas", colocando em **risco a própria ordem constitucional** (voto do Min. Gilmar Mendes — tema discutido no *item 6.7.4.9*).

Por derradeiro, adotando posicionamento bastante formalista, sobre o qual deixamos a nossa crítica, o STF entendeu inexistente a fungibilidade da ADO com o mandado de injunção, tendo em vista a diversidade de pedidos: "Impossibilidade jurídica do pedido de conversão do mandado de injunção em ação direta de inconstitucionalidade por omissão" (**MI 395-QO**, Rel. Min. Moreira Alves, *DJ* de 11.09.1992).

6.7.4.4. *Competência (ADO)*

O órgão competente para apreciar a ação direta de inconstitucionalidade por omissão é o **STF**, de forma originária (art. 103, § 2.º, c/c, analogicamente, o art. 102, I, "a").

---

[223] Luís Roberto Barroso, *O controle de constitucionalidade no direito brasileiro*, 2. ed., p. 229-230.

▪ 6.7.4.5. *Legitimidade (ADO)*

Os legitimados para a propositura da **ADO** são **os mesmos da ADI genérica**, ou seja, o rol previsto no **art. 103**, com as peculiaridades já apontadas em relação à **pertinência temática**.

A **Lei n. 12.063/2009** ratificou esse posicionamento, não havendo mais qualquer dúvida sobre a questão.

▪ 6.7.4.6. *Natureza jurídica dos legitimados (ADO)*

Conforme anota o Min. Gilmar Mendes, assim como acontece na ADI genérica, o processo de controle na **ADO** tem por escopo a "defesa da ordem fundamental contra condutas com ela incompatíveis. Não se destina, pela própria índole, à proteção de situações individuais ou de relações subjetivadas, mas visa precipuamente à defesa da ordem jurídica". Os legitimados agem como "**advogados do interesse público** ou, para usar a expressão de *Kelsen*, como **advogados da Constituição**". Utilizando a denominação de *Triepel*, tem-se "típico **processo objetivo**" (voto na ADI 3.682).

▪ 6.7.4.7. *Procedimento (ADO)*

O procedimento da **ação direta de inconstitucionalidade por omissão (ADO)** é praticamente o mesmo da ADI genérica, com algumas peculiaridades.

Nos termos do art. 12-B da Lei n. 9.868/99, a petição inicial, acompanhada de procuração, **se for o caso**, será apresentada em duas vias, devendo conter cópias dos documentos necessários para comprovar a alegação de omissão, e indicará:

- a omissão inconstitucional total ou parcial quanto ao cumprimento de dever constitucional de legislar ou quanto à adoção de providência de índole administrativa;
- o pedido, com suas especificações.

Naturalmente, em razão do **peticionamento eletrônico**, não faz mais sentido a prescrição de apresentação da petição em duas vias, por isso o texto prescreve essa necessidade "se for o caso". Dentro dessa realidade, de modo acertado, o art. 4.º, § 1.º, da Lei n. 13.300/2016 (que disciplina o processo e o julgamento dos mandados de injunção individual e coletivo) estabelece que, "**quando não for transmitida por meio eletrônico**, a petição inicial e os documentos que a instruem serão acompanhados de tantas vias quantos forem os impetrados".

A petição inicial inepta, não fundamentada, e a manifestamente improcedente serão liminarmente indeferidas pelo relator, cabendo **agravo** da referida decisão.

Lembramos que, de acordo com o CPC/2015, com *vacatio legis* de um ano a contar da data de sua publicação oficial (art. 1.045), previsto nos arts. 994, III, e 1.021, contra a decisão monocrática do Relator caberá o recurso de **agravo interno** para o Pleno do STF. A novidade é que, por força da regra explícita do art. 1.070 e da previsão geral fixada no art. 1.003, § 5.º, o prazo para a interposição desse recurso, bem como para responder-lhe (art. 1.021, § 2.º), passa a ser de **15 dias** (e não mais de 5), devendo a contagem, pela regra geral do art. 219 do Novo CPC/2015, dar-se em **dias úteis**.

Proposta a ação, não se admitirá desistência, devendo ser, no que couber, aplicadas as disposições constantes da Seção I do Capítulo II da Lei n. 9.868/99.

Os legitimados constantes do art. 103 da CF/88 poderão manifestar-se, por escrito, sobre o objeto da ação e pedir a juntada de documentos reputados úteis para o exame da matéria, no prazo das informações, bem como apresentar memoriais.

Modificando o entendimento do STF,[224] a lei passou a estabelecer que o relator **poderá** solicitar a manifestação do **AGU**, cujo encaminhamento deverá ser feito no prazo de 15 dias.

O Procurador-Geral da República, nas ações em que não for autor, terá vista do processo, por 15 dias, após o decurso do prazo para informações.

Finalmente, segundo Clèmerson Merlin Clève, "não há prazo para a propositura da ação. É evidente, entretanto, que sem o transcurso de um prazo razoável, aferível caso a caso, não haverá omissão inconstitucional censurável, mas sim mera lacuna técnica (omissão constitucional e omissão constitucional em trânsito para a inconstitucionalidade)".[225]

■ *6.7.4.8. Medida cautelar (ADO)*

Nesse ponto, a **Lei n. 12.063/2009** inovou a matéria, passando a admitir expressamente medida cautelar na **ADO**.

Segundo o art. 12-F da Lei n. 9.868/99, em caso de **excepcional urgência** e **relevância da matéria**, o STF, por decisão da **maioria absoluta** de seus **membros**, observado o disposto no art. 22 (*quorum* de instalação da sessão de julgamento com no mínimo 8 Ministros), poderá **conceder medida cautelar**, **após** a audiência dos órgãos ou autoridades responsáveis pela omissão inconstitucional, que deverão pronunciar-se no prazo de 5 dias.[226]

A medida cautelar poderá consistir na **suspensão** da **aplicação da lei** ou do **ato normativo questionado**, no caso de **omissão parcial**, bem como **na suspensão de processos judiciais** ou de **procedimentos administrativos**, ou ainda em **outra providência a ser fixada pelo Tribunal**.

O relator, julgando indispensável, ouvirá o Procurador-Geral da República, no prazo de 3 dias.

---

[224] Esse entendimento **superado da jurisprudência** do STF pode ser verificado, por exemplo, no julgamento da *ADI 1.439-MC*, voto do Rel. Min. Celso de Mello, j. 22.05.1996, Plenário, *DJ* de 30.05.2003.

[225] *A fiscalização abstrata de constitucionalidade no direito brasileiro*, p. 230.

[226] Dentro de uma ideia de poder geral de cautela, destacamos interessante decisão do Min. Dias Toffoli, concedendo medida cautelar **monocraticamente**, *ad referendum* do Plenário, de modo excepcional, diante da relevância da matéria e da gravidade do quadro narrado, bem como da proximidade do recesso da Corte, fixando prazo de 120 dias para que o Congresso Nacional editasse a lei prevista no art. 27 da EC n. 19/98 — **lei de defesa do usuário de serviços públicos** (cf. **ADO 24-MC**, j. 1.º.07.2013 e discussão no *item 6.7.4.9.2*). Em igual sentido, também concedendo medida cautelar monocraticamente, cf. **ADO 23-MC**, j. 24.01.2013, Min. Ricardo Lewandowski.

No julgamento do pedido de medida cautelar, será facultada sustentação oral aos representantes judiciais do requerente e das autoridades ou órgãos responsáveis pela omissão inconstitucional, na forma do previsto no Regimento do Tribunal.

Concedida a medida cautelar, o STF fará publicar, em seção especial do *Diário Oficial da União* e do *Diário da Justiça da União*, a parte dispositiva da decisão no prazo de 10 dias, devendo solicitar as informações à autoridade ou ao órgão responsável pela omissão inconstitucional, observando-se, no que couber, o procedimento estabelecido na Seção I do Capítulo II da Lei n. 9.868/99.

■ 6.7.4.9. Efeitos da decisão (ADO)

■ 6.7.4.9.1. Regras gerais

Declarada a inconstitucionalidade em razão de omissão total ou parcial, indagamos se o STF (Poder Judiciário) poderia elaborar a lei, para suprir a omissão.

Em respeito ao princípio da **tripartição dos Poderes**, insculpido no art. 2.º da CF/88, não é permitido ao Judiciário legislar (salvo nas hipóteses constitucionalmente previstas, como a elaboração de seu Regimento Interno).

O art. 103, § 2.º, estabelece efeitos diversos para o **poder competente** e para o **órgão administrativo**:

- **poder competente:** será dada ciência ao poder competente, não tendo sido fixado qualquer prazo para a adoção das providências necessárias;
- **órgão administrativo:** deverá suprir a omissão da medida no prazo de 30 dias, sob pena de responsabilidade, ou, na dicção do art. 12-H, § 1.º, da Lei n. 9.868/99, em **prazo razoável** a ser estipulado **excepcionalmente** pelo Tribunal, tendo em vista as **circunstâncias específicas** do caso e o **interesse público** envolvido.

Neste ponto, o art. 103, § 2.º, poderia ser interpretado de duas maneiras: **a)** ou o prazo foi estabelecido apenas para o órgão administrativo, não podendo o STF fixar prazo para o Legislativo ou outro Poder omisso; **b)** ou o prazo pode ser fixado pelo Judiciário tanto para o órgão administrativo como para o Legislativo ou outro órgão omisso. Porém, se estabelecido para o órgão administrativo, deverá ser dentro de 30 dias e, agora, nos termos do art. 12-H, § 1.º, da Lei n. 9.868/99, em **prazo razoável** a ser estipulado **excepcionalmente** pelo Tribunal, tendo em vista as **circunstâncias específicas** do caso e o **interesse público** envolvido.

Nesse sentido, o Min. Carlos Britto, no julgamento da **ADO 3.682**, observou, acompanhando o voto do Min. relator: "diferentemente da Constituição portuguesa, a nossa não se limitou a cuidar da ADI por omissão de medida legislativa; foi além. Quando a nossa Constituição falou em dar ciência ao poder competente, claro que mais de um poder, não só ao Poder Legislativo, apenas a Constituição avançou o comando de que, em se tratando de órgão administrativo, esse prazo seria de trinta dias, mas **sem com isso excluir a possibilidade de se fixar um prazo, logicamente, maior para o Poder Legislativo**" (grifamos).

O tema, nessa linha, foi **amplamente revisto pelo STF** no precedente citado (e de *indispensável leitura para as provas e concursos*), no qual se discutiu a inércia do legislador em elaborar a LC federal, prevista nos termos do art. 18, § 4.º, na redação dada pela EC n. 15/96, fixando o procedimento de criação dos novos Municípios (cf. *item 7.6.1*).

Como se sabe, a EC n. 15/96, alterando a redação do art. 18, § 4.º, foi publicada em 13.09.1996. Apesar de fazer mais de 20 anos, a lei complementar federal ainda não é uma realidade, mostrando-se, portanto, flagrante a omissão. (Devemos lembrar que o Congresso Nacional já aprovou projeto de lei complementar disciplinando a matéria, porém, este foi vetado pela então Presidente da República Dilma Rousseff mais de uma vez. O último, nos mesmos termos de veto anterior, de acordo com a *mensagem n. 250/2014*, teve por fundamento o dito **interesse público**: "depreende-se que haverá aumento de despesas com as novas estruturas municipais sem que haja a correspondente geração de novas receitas").

O Min. Relator, Gilmar Mendes, no julgamento da citada ADO 3.682, à época antes da aprovação dos mencionados projetos de lei (que, aliás, como visto, foram **todos vetados**), estabeleceu: "... apesar de existirem no Congresso Nacional diversos projetos de lei apresentados visando à regulamentação do art. 18, § 4.º, da Constituição, é possível constatar a **omissão inconstitucional quanto à efetiva deliberação e aprovação da lei complementar em referência**. As peculiaridades da atividade parlamentar que afetam, inexoravelmente, o processo legislativo, **não justificam uma conduta manifestamente negligente ou desidiosa das Casas Legislativas**, conduta esta que pode pôr em **risco a própria ordem constitucional**. A ***inertia deliberandi*** das Casas Legislativas pode ser objeto da ação direta de inconstitucionalidade por omissão. A omissão legislativa em relação à regulamentação do art. 18, § 4.º, da Constituição, acabou dando ensejo à conformação e à consolidação de estados de inconstitucionalidade que não podem ser ignorados pelo legislador na elaboração da lei complementar federal".

Pelo que se observa do voto do Min. Gilmar Mendes, no direito alemão, com o objetivo de afastar as omissões legislativas, várias técnicas surgiram, como aquela que declara a **inconstitucionalidade sem pronúncia de nulidade** (*Unvereinbarerlärung*), ou aquela de **apelo ao legislador** (*Appellentschedung*), esta última "... decisão na qual se afirma que a situação jurídica em apreço ainda se afigura constitucional, devendo o legislador empreender as medidas requeridas para evitar a consolidação de um estado de inconstitucionalidade", tudo para se evitar uma inconcebível situação de "autêntico caos jurídico".

E conclui: "o princípio do Estado de Direito (art. 1.º), a cláusula que assegura a imediata aplicação dos direitos fundamentais (art. 5.º, § 1.º) e o disposto no art. 5.º, LXXI, que, ao conceder o mandado de injunção para garantir os direitos e liberdades constitucionais, impõe ao legislador o dever de agir para a concretização desses direitos, exigem ação imediata para eliminar o estado de inconstitucionalidade".

Assim, a ação foi julgada "... procedente para declarar o estado de mora em que se encontra o Congresso Nacional, a fim de que, em prazo razoável de 18 (dezoito) meses, adote ele todas as providências legislativas necessárias ao cumprimento do dever constitucional imposto pelo art. 18, § 4.º, da Constituição, devendo ser contempladas as situações imperfeitas decorrentes do estado de inconstitucionalidade gerado pela omissão. Não se trata de impor um prazo para a atuação legislativa do Congresso Nacional, mas apenas da fixação de um parâmetro temporal razoável, tendo em vista o prazo de 24 meses determinado pelo Tribunal nas ADI n. 2.240, 3.316, 3.489 e 3.689 para que as leis estaduais que criam municípios ou alteram seus limites territoriais continuem vigendo, até que a lei complementar federal seja promulgada contemplando as realidades desses municípios" (**ADO 3.682**, Rel. Min. Gilmar Mendes, j. 09.05.2007, *DJ* de 06.09.2007).

Muito embora a *ementa* acima reproduzida não indique o caráter coercitivo da decisão do STF ("*não se trata de impor um prazo para a atuação legislativa do Congresso Nacional, mas apenas da fixação de um parâmetro temporal razoável*"), a leitura do acórdão[227] e suas discussões finais nos dava a ideia de que, em razão do **caráter mandamental** da decisão, o Congresso Nacional teria de legislar dentro de tal período de 18 meses, prazo, inclusive, fixado no dispositivo do acórdão.

Em não elaborando a lei, dado o caráter mandamental, consequências processuais poderiam decorrer e, ainda, parece-nos que seria possível aplicar, por analogia, o art. 64 e seus parágrafos (CF/88), com a ideia de travamento de pauta, ou, quem sabe, diante da evolução da jurisprudência do STF no controle das omissões legislativas (**MI 712** — cf. *item 14.11.5.7*) e das novidades introduzidas pela Lei n. 13.300/2016, o suprimento da omissão pelo próprio STF.

Questionando os efeitos práticos da **ADO 3.682**, em 11.09.2008, o Presidente da Câmara dos Deputados encaminhou o *Ofício n. 1073/2008/SGM/P*, de 02.09.2008, ao Presidente do STF, dizendo não ter tomado conhecimento de decisão que "obrigasse" o Parlamento a elaborar a LC, assim como alertando sobre o risco de a decisão do STF violar o **princípio da separação de Poderes** (art. 2.º da CF/88), caso fosse realmente impositiva a decisão proferida.

Contudo, restringindo nossa opinião, o então **Presidente do STF, Min. Gilmar Mendes**, determinou, em **12.09.2008**, por meio do *Ofício n. 346/GP*, fosse comunicado ao Presidente da Câmara dos Deputados o inteiro teor do acórdão de fls. 132-187, e esclareceu: **"não se trata de impor um prazo para a atuação legislativa do Congresso Nacional, mas apenas da fixação de um parâmetro temporal razoável, tendo em vista o prazo de 24 meses determinado pelo Tribunal nas ADI ns.**

[227] O acórdão pode ser encontrado no site do STF (<http://www.stf.jus.br/portal/inteiroTeor/pesquisarInteiroTeor.asp>), digitando o número 3682; aguardamos as observações e comentários de nossos ilustres leitores para saber qual a melhor interpretação a que chegaram (*pedrolenza@terra.com.br*), apesar do esclarecimento, em 12.09.2008, pelo Ministro Gilmar Mendes, por meio de Ofício ao Presidente da CD, no sentido de se tratar de mero apelo, fixando-se um parâmetro temporal razoável.

2.240, 3.316, 3.489 e 3.689 para que as leis estaduais que criam municípios ou alteram seus limites territoriais continuem vigendo, até que a lei complementar federal seja promulgada contemplando as realidades desses municípios".

Deixou claro, no entanto, que findo o prazo de 24 meses e não resolvida a situação dos Municípios criados violando a regra contida no art. 18, § 4.º, eles desapareceriam, restabelecendo a situação anterior.

Para tentar resolver esse impasse, o CN promulgou a **EC n. 57/2008**, que acrescentou o art. 96 ao ADCT: "ficam convalidados os atos de criação, fusão, incorporação e desmembramento de Municípios, cuja lei tenha sido publicada até 31 de dezembro de 2006, atendidos os requisitos estabelecidos na legislação do respectivo Estado à época de sua criação".

Percebe-se que referida EC convalidou, de acordo com os limites temporais indicados, o vício formal de todas as leis estaduais que criaram Municípios sem a observância do art. 18, § 4.º, "constitucionalizando", de maneira **ilegítima**, leis que nasceram inconstitucionais.

Parece-nos bem complicado aceitar que Municípios que foram criados, alguns até, por exemplo, sem o plebiscito adequado, sem um rigoroso estudo de viabilidade, sejam convalidados por emenda constitucional em um "gritante" e imoral mecanismo de **constitucionalidade superveniente**.

Em nosso entender, a EC foi contra a decisão do STF que fazia um "apelo" para se elaborar a lei complementar e, uma vez elaborada, a decisão do STF era no sentido de se corrigir o vício apontado, dando oportunidade para que os Municípios criados preenchessem todos os requisitos constantes do art. 18, § 4.º.

Foi por esse motivo que o STF fixou um prazo distinto na modulação dos efeitos.

Lembrando, o apelo era para o Congresso Nacional fazer a lei em 18 meses e, em relação aos Municípios, foi fixado o prazo de 24 meses de sobrevida. Essa diferença de 6 meses seria para que o Município corrigisse o vício formal de inconstitucionalidade, e, se nada fizesse, findo o prazo maior de 24 meses, implacavelmente, o Município desapareceria. Sem dúvida, novamente, insistimos, a EC mostra-se ilegítima e inconstitucional.

Resta saber como o STF interpretará essa questão se, eventualmente, a EC n. 57/2008 vier a ser objeto de futura ADI **(matéria pendente)**.

Temos observado que os municípios que foram criados a partir de 31.12.2006, data estabelecida pela emenda, não estão sendo preservados pelo STF, já que referida emenda convalidou expressamente apenas aqueles que foram efetivamente criados até aquela data, conforme se observa pelo comando contido no art. 96 do ADCT (cf. **ADI 4.992**, Rel. Min. Gilmar Mendes, j. 11.09.2014, Plenário, *DJE* de 13.11.2014).

Alertamos, contudo, que, em determinado caso concreto, o STF acabou aceitando os termos da referida emenda, o que, com o máximo respeito, pelos motivos expostos, não entendemos ter sido a melhor decisão, até porque sustentamos que a EC n. 57/2008, além de ser imoral, é flagrantemente inconstitucional por violar a regra contida no art. 18, § 4.º, CF/88. Vejamos:

"EMENTA: Criação do Município de Pinto Bandeira/RS. **Ação julgada prejudicada pela edição superveniente da EC 57/2008**. Alegação de contrariedade à EC 15/96 (...). Com o advento da EC 57/2008, foram convalidados os atos de criação de Municípios cuja lei tenha sido publicada até 31.12.2006, atendidos os requisitos na legislação do respectivo estado à época de sua criação. A Lei 11.375/99 foi publicada nos termos do art. 9.º da Constituição do Estado do Rio Grande do Sul, alterado pela EC 20/97, pelo que a criação do Município de Pinto Bandeira foi convalidada" (**ADI 2.381 AgR**, Rel. Min. Cármen Lúcia, j. 24.03.2011, Plenário, *DJE* de 11.04.2011).

6.7.4.9.2. *Novas perspectivas: ADOs 24, 25 e 26 — um passo adiante nas decisões meramente recomendatórias*

Passamos a estudar três importantes casos que sinalizam uma perspectiva de superação do tímido entendimento que se firmou na jurisprudência do STF no sentido de simplesmente constituir o Poder competente em mora.

O primeiro deles foi a decisão tomada pelo Min. Dias Toffoli, no **julgamento monocrático** do pedido de medida cautelar na **ADO 24** (j. 1.º.07.2013). Apesar de se tratar de julgamento monocrático e não pelo Plenário (como aquele proferido na ADO 25, a seguir analisado), a sua importância se mostra extremamente relevante, e, por isso, o seu destaque.

O art. 27 da EC n. 19/98 estabeleceu o prazo de **120 dias** para que o Congresso Nacional **elaborasse** a **lei de defesa do usuário de serviços públicos**, aliás, um assunto extremamente importante quando se pensa nos serviços de saúde, educação, transporte, assistência social etc.

Nesse sentido, o **art. 37, § 3.º, I, CF/88** estabelece que a lei disciplinará as formas de participação do **usuário** na administração pública direta e indireta, regulando especialmente e dentre outras questões as reclamações relativas à prestação dos serviços públicos em geral, asseguradas a manutenção de serviços de atendimento ao usuário e a avaliação periódica, externa e interna, da qualidade dos serviços. O **art. 175, I, CF/88**, por sua vez, ao disciplinar a prestação de serviços públicos, assevera, dentre outras questões, que a lei disporá sobre os **direitos dos usuários** e a **obrigação de manter o serviço adequado**.

No momento do julgamento do pedido de liminar (j. 1.º.07.2013), haviam-se passado **quase 20 anos**, e a lei, que deveria ter sido editada em 120 dias!, a contar da data da EC n. 19/98, ainda não tinha sido elaborada, apesar da existência de projetos de lei tramitando (PLC n. 6.953/2002, substitutivo do PL n. 674/99).

Tratava-se de mais um complicado exemplo de **inatividade legislativa** e, no caso, por existirem os projetos de lei, de *inertia deliberandi* (discussão e votação).

Em sua decisão, de maneira acertada, o Ministro entendeu que a **inércia** na apreciação dos projetos de lei se mostrava **inaceitável**, já que **manifesta** a **omissão** a caracterizar afronta à Constituição (e, por que não dizer, nas palavras do Min. Gilmar Mendes, no julgamento da ADO 3.682, **omissão negligente e desidiosa a colocar em risco a própria ordem constitucional**).

Dessa forma, acolhendo o pedido formulado pela OAB, fixou o prazo de 120 dias para que o Congresso Nacional elaborasse a lei.

Acesse também a videoaula pelo link: somos.in/DCE25095

Muito embora tenha sido fixado o prazo de 120 dias para que o Congresso Nacional elaborasse a lei, de maneira extremamente complicada, pois não se respeitou a ordem judicial que fixava o prazo mais do que razoável, somente em **26.06.2017** foi editada a **Lei n. 13.460**, estabelecendo as normas básicas para participação, proteção e defesa dos direitos do usuário dos serviços públicos prestados direta ou indiretamente pela administração pública.

A lei é bastante avançada e traz importantes conquistas. Contudo, algo nos chamou muito a atenção: o art. 25 do dispositivo legal estabelece os seguintes prazos, a contarem da publicação, para sua vigência (*vacatio legis*):

- **360 dias** para a União, os Estados, o Distrito Federal e os Municípios com mais de quinhentos mil habitantes;
- **540 dias** para os Municípios entre cem mil e quinhentos mil habitantes; e
- **720 dias** para os Municípios com menos de cem mil habitantes.

Realmente, lamentável essa previsão de *vacatio legis* extremamente desarrazoada! A EC n. 19/98, há 19 anos, fixou um prazo de 120 dias para que a lei fosse elaborada. Passados não 120 dias, mas **19 anos**, ou seja, quase 7.000 dias (e não 120, insista-se), a lei foi publicada. Curiosamente, os Parlamentares fixaram novos prazos para sua vigência, totalmente inaceitáveis. Em nosso entender, o art. 25 da lei, que estabelece referidos prazos, tendo como parâmetro o de 120 dias a contar da promulgação da EC n. 19/98, ou seja, a contar de 04.06.1998, é flagrantemente inconstitucional.

Essa questão, pensamos, poderia ter sido discutida na referida ADO em análise, sob a perspectiva de que o desproporcional prazo de *vacatio legis* significou afronta ao prazo de 120 dias fixado na liminar, que foi proferida no ano de 2013. Em 20.12.2017, contudo, o processo foi extinto em razão do advento da lei e, assim, eventual discussão somente poderá ser travada em ação individual ou mediante a propositura de eventual ADI.

Agora passamos a analisar o segundo precedente, qual seja, o julgamento da **ADO 25**, que se deu pelo Plenário do STF e, assim, sem dúvida, trouxe novas e avançadas perspectivas.

Conforme expresso na E.M.I. n. 84/MF/C.Civil, de 30.04.2003, que encaminhou a PEC 41/2003, aprovada como **EC n. 42/2003** ("Reforma Tributária"), objetivava-se, com as alterações propostas, "mantendo a arrecadação nas três esferas de governo e fortalecendo a Federação", "**estimular a atividade econômica e a competitividade do País**, através da racionalização e simplificação dos tributos".

Assim, dentre as várias modificações introduzidas pela reforma, destacamos a constitucionalização da **desoneração do ICMS** prevista na *Lei Kandir* (LC n. 87/96 e suas alterações). Essa medida, contudo, gerou expressivo impacto nas finanças estaduais e prejuízos, já que, ao se prescrever a imunidade constitucional (art. 155, § 2.º, X, "a"), acabou com a referida receita pública.

Para compensar essa **perda de arrecadação**, o art. 91 do ADCT, introduzido pela EC n. 42/2003, estabeleceu uma fórmula de transferência constitucional obrigatória da União para os Estados e o DF, consagrando um inegável exemplo de **federa-**

lismo cooperativo, com o objetivo de **atenuar** os impactos financeiros decorrentes dos incentivos tributários.

Todo esse mecanismo compensatório, contudo, de acordo com a regra constitucional introduzida, depende de **lei complementar nacional**, que definirá o montante de acordo com critérios, prazos e condições nela determinados, podendo considerar as **exportações** para o exterior de **produtos primários** e **semielaborados**, a **relação entre as exportações e as importações**, os **créditos** decorrentes de **aquisições destinadas ao ativo permanente** e a **efetiva manutenção e aproveitamento do crédito do imposto a que se refere o art. 155, § 2.º, X, "a"**.

Muito embora tenham sido fixados critérios provisórios de repasse nos termos do art. 91, § 3.º, ADCT, que remete às regras da *Lei Kandir*, essa previsão se mostra tímida e não reflete a realidade, estando muitos Estados com vultosos prejuízos. Há, portanto, uma inegável mora legislativa do Congresso Nacional desde 2003.

Diante desse quadro, em 30.11.2016, o STF julgou a **ADO 25** e, por maioria, **fixou prazo de 12 meses** para o Congresso Nacional sanar a omissão. Findo esse prazo e não sendo elaborada a lei complementar, caberá ao **Tribunal de Contas da União** (justificando essa incumbência ao TCU em razão do prescrito no art. 161, parágrafo único, da CF/88) **a)** fixar o valor do montante total a ser transferido aos Estados-membros e ao DF, considerando os critérios do art. 91 do ADCT; **b)** calcular o valor das quotas a que cada um deles fará jus, considerando os entendimentos entre os Estados-membros e o Distrito Federal realizados no âmbito do Conselho Nacional de Política Fazendária — CONFAZ. Quando vier a ser elaborada a necessária lei complementar pelo Congresso Nacional, naturalmente, cessará de imediato a competência do TCU, conferida de forma **precária** e **excepcional** pela decisão judicial da Corte.

Estamos diante, neste caso da ADO 25, de precedente extremamente significativo e emblemático, que consagra a posição **concretista intermediária** que é a regra estabelecida pela lei que regulamentou o mandado de injunção (cf. art. 8.º da Lei n. 13.300/2016 e discussão no *item 14.11.5.7* deste nosso estudo). Como disse a Min. Cármen Lúcia, "a fixação de um prazo para que o parlamento supra a omissão é um **passo adiante na natureza recomendatória** que se tinha no julgamento das ADOs" (*Notícias STF* de 30.11.2016).

Destacamos que houve pedido de prorrogação do prazo por mais 12 meses e, depois, por mais 90 dias, tendo sido referendada a decisão do Relator pela maioria dos Ministros. Em seguida, foi homologado acordo firmado entre a União e todos os Entes Estaduais para encaminhamento ao Congresso Nacional para as providências cabíveis, nos termos do voto do Relator.

Trata-se, sem dúvida, de situação inédita no âmbito federativo. "A Corte registrou a inauguração, nesta ADO, do **pensamento do possível no Federalismo cooperativo**, uma das facetas mais formidáveis da interpretação constitucional. Todos os atores do pacto federativo foram chamados para tentarem solucionar o impasse entre as esferas federal, estadual e distrital, que se prolongava desde a instituição da Lei Kandir (Lei Complementar 87/1996), com algumas atuações pontuais produzidas pelas Leis Complementares 102/2000 e 115/2002 e com a EC 42/2003. As unidades federativas foram conclamadas para que, na linha do pensamento do possível, se dissipassem de suas certezas absolutas, interesses estratificados e compreendessem a oportunidade sob o olhar do federalismo cooperativo, no afã de diminuir as tensões/diferenças e aproximar as convergências".

No referido acordo, "chegou-se a um consenso mínimo quanto a valores e forma de pagamento, deu-se quitação de eventuais dívidas pretéritas e futuras. Previu-se que a parcela constitucionalmente devida aos municípios (25%) está reservada e que não serão devidos honorários advocatícios nas ações judiciais extintas em decorrência dele. Nele, há cláusula resolutória e eleição de foro para dirimir eventuais entraves que surjam em sua interpretação" (Inf. 978/STF).

O Congresso Nacional, em criticável demora, somente em 29 de dezembro de 2020, editou a **LC n. 176** para dispor sobre a compensação das perdas na arrecadação, conforme acima estudado.

Finalmente, destacamos o julgamento da **ADO 26** (em conjunto com o **MI 4.733**), na qual, de maneira inovadora, o STF adotou a posição **concretista direta, geral e com efeito vinculante**.

O Tribunal, por maioria, reconheceu o "**estado de mora inconstitucional** do Congresso Nacional na implementação da prestação legislativa destinada a cumprir o mandado de incriminação a que se referem os incisos XLI e XLII do art. 5.º da Constituição, para efeito de proteção penal aos integrantes do grupo LGBT".

Assim, diante da existência de **omissão normativa inconstitucional do Poder Legislativo da União**, a Corte **cientificou o Congresso Nacional**, constituindo-o em mora formal.

Contudo, sem dar qualquer prazo ou obrigar o Congresso Nacional a legislar (o que poderia significar afronta à separação de poderes), o STF deu "interpretação conforme à Constituição, em face dos **mandados constitucionais de incriminação** inscritos nos incisos XLI e XLII do art. 5.º da Carta Política, para **enquadrar a homofobia e a transfobia**, qualquer que seja a forma de sua manifestação, **nos diversos tipos penais definidos na Lei n. 7.716/89**, até que sobrevenha legislação autônoma, editada pelo Congresso Nacional, seja por considerar-se, nos termos deste voto, que as **práticas homotransfóbicas** qualificam-se como espécies do gênero **racismo**, na dimensão de **racismo social** consagrada pelo Supremo Tribunal Federal no julgamento plenário do HC 82.424/RS (caso Ellwanger), na medida em que tais condutas importam em atos de segregação que inferiorizam membros integrantes do grupo LGBT, em razão de sua orientação sexual ou de sua identidade de gênero, seja, ainda, porque tais **comportamentos de homotransfobia** ajustam-se ao conceito de **atos de discriminação e de ofensa a direitos e liberdades fundamentais daqueles que compõem o grupo vulnerável em questão**" (ADO 26, j. 13.06.2019, *DJE* de 06.10.2020).

Os Ministros Lewandowski e Toffoli questionaram se seria possível o Poder Judiciário estabelecer a criminalização de determinada conduta, especialmente diante da regra contida no **art. 5.º, XXXIX**, da CF/88, que consagra o **princípio da estrita reserva legal** (cf. *item 14.10.28.2*). Em outras palavras e abrindo o questionamento: poderia o Poder Judiciário ter criminalizado uma determinada conduta, invadindo a atribuição específica do Poder Legislativo?

Em um primeiro momento, entendemos que não, mesmo que se esteja diante de interpretação conforme à Constituição. Pensamos que o Supremo "legislou", e, nesse sentido, por mais que tenhamos a expectativa de um STF mais ativo no controle das omissões normativas, essa atuação positiva em matéria penal, definindo condutas criminosas, mostra-se muito delicada. (Estamos avaliando, contudo, diante do importante comando constitucional estabelecido nos mandados constitucionais de incriminação inscritos nos incisos XLI e XLII do art. 5.º, até que ponto se poderia tolerar a inércia parlamentar. Qual seria o limite dessa omissão inconstitucional?)

De todo modo, deixando de lado essa nossa crítica, analisando apenas a evolução das decisões tomadas pelo STF nas ADOs 24, 25 e 26, temos esperanças de que essas novas perspectivas consagrem um novo sentido para a ADO que não seja o da ineficiente "mera ciência".

6.7.4.10. *A atual jurisprudência do STF admite a fungibilidade entre ADI e ADO?*

SIM.

Pedimos vênia para transcrever a ementa do precedente, recomendando a leitura do voto do Min. Gilmar Mendes, bem como a análise da discussão que expusemos no *item 6.7.3.10* deste estudo, tendo o STF estabelecido alguns parâmetros:

> "EMENTA: Senhores Ministros, Senhoras Ministras. Estamos diante de um caso deveras interessante. Temos quatro ações diretas de inconstitucionalidade (ADI n. 1.987/DF, ADI n. 875/DF, ADI n. 2.727/DF e ADI n. 3.243/DF) imbricadas por uma evidente relação de conexão, fenômeno que determina o seu **julgamento conjunto**, conforme a jurisprudência desta Corte (**ADI-MC n. 150**, Rel. Min. Moreira Alves, *DJ* 9.3.1990). Por outro lado, é possível observar a intenção dos requerentes de estabelecer uma nítida **distinção de pedidos**: uns pela declaração da inconstitucionalidade por omissão e outros pela declaração da inconstitucionalidade (por ação). (...) O quadro aqui revelado, portanto, está a demonstrar uma **clara imbricação de pedidos** e **causas de pedir** e, dessa forma, a **evidenciar a patente fungibilidade que pode existir entre a ação direta de inconstitucionalidade e a ação direta de inconstitucionalidade por omissão**. (...) A Lei n. 9.868/99 possui capítulos específicos para a ação direta de inconstitucionalidade (Capítulo II) e para a ação declaratória de constitucionalidade (Capítulo III). Com a nova Lei n. 12.063, de 22 de outubro de 2009, a Lei n. 9.868/99 passa a contar com o capítulo II-A, que estabelece rito procedimental e medidas cautelares específicas para a ação direta de inconstitucionalidade por omissão. A Lei n. 9.882/99, por seu turno, trata da arguição de descumprimento de preceito fundamental. No Supremo Tribunal Federal, atualmente, todas as ações possuem uma classe específica de autuação: Ação Direta de Inconstitucionalidade (ADI); Ação Declaratória de Constitucionalidade (ADC); Ação Direta de Inconstitucionalidade por Omissão (ADO) e Arguição de Descumprimento de Preceito Fundamental (ADPF). **Portanto, ante a aparente confusão inicialmente verificada nos diversos pedidos, como demonstrado, e tendo em vista a patente defasagem da jurisprudência até então adotada pelo Tribunal, temos aqui uma valiosa oportunidade para superarmos o antigo entendimento e reconhecermos o caráter fungível entre as ações**" (**ADI 875; ADI 1.987; ADI 2.727**, voto do Rel. Min. Gilmar Mendes, j. 24.02.2010, Plenário, *DJE* de 30.04.2010).

6.7.5. Representação interventiva (IF)

6.7.5.1. Conceito (IF)

O art. 18, *caput,* da CF/88 estabelece que a organização político-administrativa da República Federativa do Brasil compreende a União, os Estados, o Distrito Federal e os Municípios, **todos autônomos**. Vale dizer, como regra geral, nenhum ente federativo deverá intervir em qualquer outro.

Excepcionalmente, no entanto, a CF prevê situações (de anormalidade) em que poderá haver a intervenção:

- **União →** nos **Estados, Distrito Federal** (hipóteses do art. 34) e nos **Municípios localizados em Território Federal**[228] (hipótese do art. 35);
- **Estados →** em seus **Municípios** (art. 35).

A **representação interventiva**, que surgiu, conforme visto, com a Constituição de 1934, apresenta-se como um dos pressupostos para a decretação da intervenção federal, ou estadual, pelos Chefes do Executivo, nas hipóteses contempladas na CF/88.[229] Assim, reforce-se, nessa modalidade de procedimento, quem decreta a intervenção não é o Judiciário, mas o Chefe do Poder Executivo.

Clèmerson Clève, ao analisar o instituto, conclui tratar-se de "... procedimento fincado a meio caminho entre a fiscalização da lei *in thesi* e aquela realizada *in casu*. Trata-se, pois, de uma variante da fiscalização concreta realizada por meio de ação direta".[230]

O Judiciário exerce, assim, um controle da **ordem constitucional** tendo em vista o **caso concreto** que lhe é submetido à análise.

Nesse sentido, Barroso observa que "... embora seja formulado um juízo de certa forma abstrato acerca da constitucionalidade do ato normativo — nas hipóteses em que o ato impugnado tenha essa natureza (e, acrescente-se, veremos que o objeto não se resume a ato normativo) — não se trata de processo objetivo, sem partes ou sem um caso concreto subjacente. Cuida-se, sim, de um **litígio constitucional**, de uma **relação processual contraditória**, contrapondo União e Estado-membro, cujo desfecho pode resultar em intervenção federal".[231]

O Judiciário não nulifica o ato, mas apenas verifica se estão presentes os pressupostos para a futura decretação da intervenção pelo Chefe do Executivo.

Poderíamos pensar, então, em 3 fases do procedimento, estudadas a seguir:

---

[228] Adiantamos observação a ser feita no capítulo sobre *Federação*, de que a CF/88 extinguiu os Territórios que existiam, permitindo, contudo, a criação de novos Territórios Federais, na hipótese do art. 18, § 3.º (cf. *item 7.8.5*).

[229] Explicita-se que apenas em determinadas hipóteses será necessário o prévio ajuizamento e procedência da ADI interventiva para se decretar a intervenção federal ou estadual. Os arts. 34 e 35 estabelecem situações nas quais se decreta a intervenção sem a aludida representação de inconstitucionalidade.

[230] Clèmerson Merlin Clève, *Fiscalização abstrata da constitucionalidade no direito brasileiro*, p. 125.

[231] L. R. Barroso, *O controle de constitucionalidade no direito brasileiro*, 3. ed., p. 306.

FASE 1	FASE 2	FASE 3
▫ **fase jurisdicional:** o STF ou TJ analisam apenas os pressupostos para a intervenção, não nulificando o ato que a ensejou. Julgando procedente o pedido, **requisitam** a intervenção para o Chefe do Executivo	▫ **intervenção branda:** o Chefe do Executivo, por meio de decreto, limita-se a suspender a execução do ato impugnado, se essa medida bastar ao restabelecimento da normalidade ▫ **controle político? NÃO**. Nesta *fase 2*, está dispensada a apreciação pelo Congresso Nacional ou pela Assembleia Legislativa	▫ **intervenção efetiva:** se a medida tomada durante a *fase 2* não foi suficiente, o Chefe do Executivo decretará a efetiva intervenção, devendo especificar a amplitude, o prazo e as condições de execução e que, se couber, nomeará o interventor ▫ **controle político? SIM**. Nesta *fase 3*, deverá o decreto do Chefe do Executivo ser submetido à apreciação do Congresso Nacional ou da Assembleia Legislativa do Estado, no prazo de 24 horas, sendo que, estando em recesso, será feita a convocação extraordinária, no mesmo prazo de 24 horas

▪ *6.7.5.2. Representação interventiva federal (ADI interventiva federal)*

O art. 36, III, da CF/88, primeira parte, estabelece que a decretação da intervenção dependerá de provimento, pelo **STF**, de representação do **Procurador-Geral da República**, na hipótese do **art. 34, VII**, quais sejam, os **princípios sensíveis da Constituição**.

Durante a vigência do texto de 1988, jamais se passou da *fase 1* (judicial) para a *fase 2* (decretação pelo Chefe do Poder Executivo), muito embora alguns poucos pedidos de intervenção, com base no art. 36, III, destacando-se:

- **IF 114** (*07.02.1991*): pedido de intervenção em razão de omissão do poder público no controle de **linchamento de presos** no Estado de Mato Grosso. No mérito, o STF entendeu que não era caso de intervenção, indeferindo, portanto, o pedido;
- **IF 4.822** (*08.04.2005*): pedido de intervenção no *Centro de Atendimento Juvenil Especializado* **(Caje)**, com base em deliberação do *Conselho de Defesa dos Direitos da Pessoa Humana (CDDPH)*, que condenou a sua estrutura física e gerencial. A Min. Cármen Lúcia, "considerando o decurso do tempo, os termos em que apresentado o pedido de intervenção federal e a notícia, de domínio público, sobre a desativação e demolição do antigo Centro de Atendimento Juvenil Especializado do Distrito Federal", em 02.05.2018, julgou prejudicado o pedido de intervenção federal por perda superveniente de objeto;
- **IF 5.129** (*05.10.2008*): pedido de intervenção formulado pelo PGR contra o estado de Rondônia, por suposta violação a direitos humanos no **presídio Urso Branco**, em Porto Velho, que se encontra em situação de "calamidade". Segundo o então PGR, Antonio Fernando Souza, "... nos últimos oito anos contabilizaram-se mais de cem mortes e dezenas de lesões corporais [contra presos], fruto de motins, rebeliões entre presos e torturas eventualmente perpetradas por agentes penitenciários" (*Notícias STF*, 08.10.2008) **(matéria pendente de julgamento pelo STF)**;
- **IF 5.179** (*11.02.2010*): pedido de intervenção por suposto esquema de corrupção no DF. Conforme relatado a seguir, no mérito, o pedido foi julgado improcedente.

■ 6.7.5.2.1. *Objeto (IF)*

Apesar de, em um primeiro momento, o STF, mesmo diante de doutrina em sentido contrário (Alfredo Buzaid[232]), ter limitado o objeto da ação somente a atos normativos (**Rp 94/DF**, Rel. Min. Castro Nunes, j. 17.07.1946), o entendimento atual é o **mais amplo possível**, podendo ser objeto da ação:

- **lei ou ato normativo que viole princípios sensíveis;**
- **omissão ou incapacidade** das autoridades locais para assegurar o cumprimento e preservação dos princípios sensíveis, por exemplo, os direitos da pessoa humana;
- **ato governamental estadual** que desrespeite os princípios sensíveis;
- **ato administrativo que afronte os princípios sensíveis;**
- **ato concreto que viole os princípios sensíveis.**

A **fase judicial** da intervenção não se confunde com a fase judicial das demais ações de inconstitucionalidade, pois, como visto, na ADI Interventiva (ou, por alguns, denominada **representação interventiva**), o Tribunal **não** nulificará, na **hipótese de lei**, o ato normativo.

Em relação à **omissão**, trata-se de importante avanço, já sugerido pela doutrina e, posteriormente, sedimentado na jurisprudência do STF, bem como na **Lei n. 12.562/2011**.

Como exemplo, citamos situação em que presos no Estado do Mato Grosso, por omissão estatal e negligência, estavam sendo **linchados** pela população local, revoltada com a gravidade dos crimes praticados.

Naturalmente, o STF entendeu que a omissão e a incapacidade do governo local em garantir o direito de presos **(direitos da pessoa humana)** já seriam suficientes para o cabimento da ação. Nesse sentido:

> "Representação do Procurador-Geral da República pleiteando intervenção federal no Estado de Mato Grosso, para assegurar a observância dos 'direitos da pessoa humana', em face de **fato criminoso praticado com extrema crueldade** a indicar a inexistência de 'condição mínima', no Estado, 'para assegurar o respeito ao primordial direito da pessoa humana, que é o direito à vida'. (...) Hipótese em que estão em causa 'direitos da pessoa humana', em sua compreensão mais ampla, revelando-se **impotentes as autoridades policiais locais** para manter a **segurança** de três presos que acabaram subtraídos

[232] Conforme anota Buzaid, ao comentar a regra contida no texto de 1946, o constituinte "... empregou a palavra *ato* com significação mais ampla do que a *lei*. Lei é ato oriundo do legislativo. Se toda lei é ato, nem todo ato é lei. O ato, a que alude a regra constitucional, é qualquer ato, oriundo de qualquer dos poderes do Estado, conquanto que ofenda os princípios assegurados no art. 7.º, VII, da Constituição. O intérprete não pode, portanto, limitar onde o legislador manifestamente ampliou, incluindo apenas a *lei* como objeto de apreciação, quando atos dos demais poderes também podem ofender os referidos princípios constitucionais" (*Da ação direta de declaração de inconstitucionalidade no direito brasileiro,* p. 120).

de sua proteção, por populares revoltados pelo crime que lhes era imputado, sendo mortos com requintes de crueldade. Intervenção federal e restrição à autonomia do Estado-membro. Princípio federativo. Excepcionalidade da medida interventiva." No tocante ao mérito do STF, contudo, embora a gravidade dos fatos, negou provimento ao pedido já que o Estado de Mato Grosso estaria procedendo a apuração do crime (**IF 114**, Rel. Min. Presidente Néri da Silveira, j. 13.03.1991).

O pedido de intervenção, conforme já referimos, também poderá envolver o DF, em razão de lei ou ato normativo, omissão ou ato governamental **distrital**.

Nessa linha, destacamos, para exemplificar, pedido de intervenção em razão de **ato governamental** a sugerir suposto "esquema de corrupção", preservado, segundo o pedido formulado, por omissão das autoridades locais.[233]

Estamos nos referindo à IF 5.179, tendo sido o pedido formulado pelo PGR com base no art. 34, VII, "a", por suposta violação aos **princípios republicano e democrático**, bem como ao **sistema representativo** (CF, art. 34, VII, "a").

O pedido de intervenção federal fundou-se na "... **alegação** da existência de **esquema de corrupção** que envolveria o ex-Governador do DF, alguns Deputados Distritais e suplentes, investigados pelo STJ, e cujo concerto estaria promovendo a desmoralização das instituições públicas e comprometendo a higidez do Estado Federal. Tais fatos revelariam conspícua **crise institucional** hábil a colocar em risco as atribuições político-constitucionais dos Poderes Executivo e Legislativo e provocar instabilidade da ordem constitucional brasileira. (...) **No mérito**, entendeu-se que o perfil do momento político-administrativo do Distrito Federal já **não autorizaria a decretação de intervenção federal**, a qual se revelaria, agora, **inadmissível** perante a **dissolução do quadro que se preordenaria a remediar**...", tendo ficado vencido o Min. Ayres Britto (**IF 5.179**, Rel. Min. Cezar Peluso, j. 30.06.2010, Plenário, *DJE* de 08.10.2010 e *Inf. 593/STF*).

Em face da gravidade dos fatos expostos na inicial, muito embora o **indeferimento** do pedido de intervenção acima relatado, vale a pena reproduzir passagens do voto **vencido** do Min. Ayres Britto (que pode ser lido na íntegra, uma vez que já publicado o referido acórdão):

> "'O Distrito Federal padece de **leucemia ética**, **democrática** e **cívica**, pelas suas cúpulas no âmbito do Legislativo e do Executivo. O caso é de **hecatombe institucional**. E aí, serve como luva encomendada essa **ferramenta** chamada de **intervenção**', disse Ayres Britto.
>
> Gurgel pediu a intervenção após ser deflagrada uma crise política na capital federal a partir de operação da Polícia Federal que investigou denúncias de corrupção, formação de quadrilha, desvio de verbas públicas e fraude em licitações no governo do DF.
>
> Ayres Britto afirmou que a máquina administrativa distrital ainda padece de **deficiências graves**, mesmo após a eleição indireta do governador Rogério Rosso (PMDB) e que

[233] Querido leitor, vale a leitura do pedido de intervenção no DF formulado pelo Dr. Roberto Gurgel, PGR, que relata fatos *chocantes* e *estarrecedores*. A sua íntegra poderá ser encontrada em *Notícias STF*, 11.02.2010 — 21h08.

o Poder Legislativo ainda se encontra em estado de **letargia**, de não funcionamento. 'A mentalidade dos governantes nos dois Poderes, Executivo e Legislativo, não mudou, permanece', ponderou. 'O caso é de cultura antirrepublicana de governo. Daí a necessidade da intervenção federal'.

Ele acrescentou ainda que há 'provas robustas', com fitas e depoimentos que evidenciam a situação de corrupção na capital federal, mas ressaltou que essa situação é, na verdade, um sintoma. 'A causa da corrupção, dos desvios administrativos, de tantos conluios espúrios está em uma **cultura antirrepublicana** que se instalou no Distrito Federal de longa data. Uma cultura antirrepublicana de governo que não é de agora', afirmou.

Ele destacou a importância do Distrito Federal perante a nação, por ser a capital da República, como mais uma razão para a intervenção, e foi taxativo: 'O bom exemplo republicano, representativo, democrático, ético tem que partir de Brasília. O bom exemplo vem de cima'.

'Acho que a oportunidade é excelente para se fazer uma **profilaxia**. Não para cassar o Distrito Federal. Na verdade, se trata de **libertar o Distrito Federal das garras de um perigosíssimo esquema de enquadrilhamento para assaltar o erário**', concluiu Ayres Britto" (cf. *Notícias STF*, 30.06.2010).

■ 6.7.5.2.2. *Princípios sensíveis*

Cabe o pedido de intervenção, já referimos, quando houver violação aos denominados **princípios sensíveis**, que estão expostos no art. 34, VII, "a"-"e":

- ■ forma republicana, sistema representativo e regime democrático;
- ■ direitos da pessoa humana;
- ■ autonomia municipal;
- ■ prestação de contas da Administração Pública, direta e indireta;
- ■ aplicação do mínimo exigido da receita resultante de impostos estaduais, compreendida a proveniente de transferências, na manutenção e no desenvolvimento do ensino e nas ações e nos serviços públicos de saúde.

■ 6.7.5.2.3. *Competência (IF)*

Na hipótese de **representação interventiva federal**, a competência é **originária** do **STF** (art. 36, III).

■ 6.7.5.2.4. *Legitimidade (IF)*

O **único** e **exclusivo** *legitimado ativo* para a propositura da **representação interventiva federal** é o **Procurador-Geral da República**, que tem total **autonomia** e **discricionariedade** para formar o seu convencimento de ajuizamento.

Já se sustentou atuar ele como representante da União, chegando, outros, a sugerir, no entanto, que essa atribuição fosse transferida, por emenda, para o AGU.

Contudo, não nos parece adequado nem a ideia de representação da União, em virtude da regra constante no art. 129, IX, que veda, expressamente, por parte do Ministério Público, a representação judicial e a consultoria jurídica de entidades públicas, nem mesmo a transferência dessa atribuição para o AGU.

O entendimento que deve ser adotado é o de que o **PGR** atua em defesa da ordem jurídica, do regime democrático e dos interesses sociais e individuais indisponíveis, sobretudo, no caso, a defesa do **equilíbrio federativo**.

Legitimado passivo deve ser entendido como o **ente federativo** no qual se verifica a violação ao princípio sensível da CF/88, devendo ser solicitadas informações às autoridades ou aos órgãos estaduais ou distritais responsáveis, como a Assembleia Legislativa local ou o Governador, neste último caso representado pelo Procurador-Geral do Estado ou do DF (art. 132 da CF/88).

Verifica-se, assim, uma **relação processual controvertida** entre a União e os Estados-Membros ou o DF.

6.7.5.2.5. Procedimento (IF)

O procedimento da **representação interventiva federal** estava previsto na **Lei n. 4.337, de 1.º.06.1964**, assim como nos arts. 20 e 21 da Lei n. 8.038/90 e nos arts. 350 a 354 do *RISTF*.

Contudo, cabe alertar a publicação da **Lei n. 12.562, de 23.12.2011**, regulamentando o inciso III do art. 36 da Constituição Federal, para dispor sobre o processo e julgamento da representação interventiva perante o STF.

Proposta a ação pelo Procurador-Geral da República, no STF, a petição inicial deverá conter:

- a indicação do **princípio constitucional** sensível (art. 34, VII, da CF/88) que se considera violado ou, se for o caso de recusa à aplicação de lei federal, das disposições questionadas (esta última hipótese será tratada no *capítulo 7*, no item sobre *intervenção federal*);
- a indicação do **ato normativo**, do **ato administrativo**, do **ato concreto** ou da **omissão** questionados;
- a **prova** da **violação do princípio constitucional** ou da recusa de execução de lei federal;
- o **pedido**, com suas especificações.

A petição inicial será apresentada em 2 vias, devendo conter, se for o caso, cópia do ato questionado (**estadual** ou **distrital**) e dos documentos necessários para comprovar a impugnação.

Incumbe ao relator **indeferir liminarmente** a **petição inicial** quando:

- não for o caso de representação interventiva;
- faltar algum dos requisitos estabelecidos na lei;
- for inepta.

Da decisão de indeferimento da petição inicial caberá, de acordo com a lei, **agravo**, no prazo de **5 dias**.

Mas cuidado, entendemos que essa regra, prevista no art. 4.º, parágrafo único, da Lei n. 12.562/2011, foi **revogada** pelo CPC/2015.

De acordo com o Novo Código, com *vacatio legis* de um ano a contar da data de sua publicação oficial (art. 1.045), previsto nos arts. 994, III, e 1.021, contra a decisão monocrática do Relator caberá o recurso de **agravo interno** para o Pleno do STF. A novidade é que, por força da regra explícita do art. 1.070 e da previsão geral fixada no art. 1.003, § 5.º, o prazo para a interposição desse recurso, bem como para responder-lhe (art. 1.021, § 2.º), passa a ser de **15 dias** (e não mais de 5), devendo a contagem, pela regra geral do art. 219 do Novo CPC/2015, dar-se em **dias úteis**.

Recebida a inicial, o relator deverá tentar dirimir **(administrativamente)** o conflito que dá causa ao pedido, utilizando-se dos meios que julgar necessários, na forma do regimento interno.

Não solucionado o problema e não sendo caso de arquivamento, apreciado eventual pedido de liminar ou, logo após recebida a petição inicial, se não houver pedido de liminar, o relator solicitará as **informações** às **autoridades responsáveis pela prática do ato questionado**, que as prestarão em até **10 dias**.

Decorrido o prazo para prestação das informações, serão ouvidos, sucessivamente, o **AGU** e o **PGR**, que deverão manifestar-se, cada qual, no prazo de **10 dias**.

O relator, se entender necessário, poderá **requisitar informações adicionais**, **designar perito** ou **comissão de peritos** para que elabore laudo sobre a questão ou, ainda, fixar data para declarações, em **audiência pública**, de pessoas com experiência e autoridade na matéria.

Poderão ser autorizadas, ainda, a critério do relator, a manifestação e a juntada de documentos por parte de interessados no processo, reconhecendo-se, assim, nos termos do art. 7.º, parágrafo único, da Lei n. 12.562/2011, a manifestação de ***amicus curiae***.

Vencidos os prazos ou, se for o caso, realizadas as diligências, o relator lançará o relatório, com cópia para todos os Ministros e pedirá dia para julgamento.

A **decisão** sobre a representação interventiva somente será tomada se presentes na sessão pelo menos **8 Ministros** (*quorum* de instalação da sessão de julgamento, como se verifica, também, na ADI), devendo ser proclamada a procedência ou improcedência do pedido formulado na representação interventiva se num ou noutro sentido se tiverem manifestado pelo menos 6 Ministros **(maioria absoluta)**.

Estando ausentes Ministros em número que possa influir na decisão sobre a representação interventiva, o julgamento será **suspenso**, a fim de se aguardar o comparecimento dos Ministros ausentes, até que se atinja o número necessário para a prolação da decisão.

Julgado procedente o pedido, far-se-á a comunicação às autoridades ou aos órgãos responsáveis pela prática dos atos questionados, e, se a decisão final for pela **procedência do pedido** formulado na representação interventiva, o Presidente do STF, publicado o acórdão, levá-lo-á ao conhecimento do **Presidente da República** para, no **prazo improrrogável de até 15 dias**, dar cumprimento aos §§ 1.º e 3.º do art. 36 da Constituição Federal.

Dentro do prazo de 10 dias, contado a partir do trânsito em julgado da decisão, a parte dispositiva será publicada em seção especial do *Diário da Justiça* e do *Diário Oficial da União.*

Por se tratar de **"requisição"**, e não mera solicitação, o Presidente da República não poderá descumprir a **ordem mandamental**, sob pena de cometimento tanto de crime comum como de responsabilidade, devendo, então, decretar a intervenção (por nós denominada, nesta agora *fase 2* — *vide* quadro *supra*, *item 6.7.5.1* —, **intervenção branda**).

O Presidente da República, nos termos do art. 36, § 3.º, por meio de **decreto**, limitar-se-á a suspender a execução do ato impugnado. Caso essa medida não seja suficiente para o restabelecimento da normalidade, aí, sim, o **Presidente da República decretará** a intervenção federal (*fase 3* — **intervenção efetiva**).

Nesse último caso, o **decreto de intervenção**, que especificará a **amplitude**, o **prazo** e as **condições de execução** e que, **se couber**, **nomeará** o **interventor** afastando as autoridades responsáveis de seus cargos (art. 84, X, CF/88), será submetido à apreciação do Congresso Nacional no prazo de 24 horas **(controle político)**. Se o Congresso Nacional não estiver funcionando, far-se-á convocação extraordinária, no mesmo prazo de 24 horas (art. 36, §§ 1.º e 2.º, CF/88).

Cessados os motivos da intervenção, as autoridades afastadas de seus cargos a estes voltarão, salvo por impedimento legal (art. 36, § 4.º, CF/88).

Cabe alertar que a decisão que julgar procedente ou improcedente o pedido da representação interventiva é:

- **irrecorrível;**
- **insuscetível de impugnação por ação rescisória.**

6.7.5.2.6. Medida liminar (IF)

Barroso chegou a sustentar que "a natureza e a finalidade da ação direta interventiva **não são compatíveis com a possibilidade de concessão de medida liminar**. Não há como antecipar qualquer tipo de efeito, como a eventual suspensão do ato impugnado, uma vez que a própria decisão de mérito tem como consequência apenas a determinação de que o Chefe do Executivo execute a intervenção".[234]

Cumpre lembrar, contudo, que o art. 2.º da Lei n. 5.778/72, que regula o processo da *representação interventiva estadual*, estabelece que o relator da representação poderá, a requerimento do chefe do Ministério Público estadual e mediante despacho fundamentado, **suspender liminarmente o ato impugnado**.

Anteriormente, o *art. 5.º da Lei n. 4.337/64* previa um *procedimento abreviado* para a análise do pedido.

---

[234] L. R. Barroso, *O controle de constitucionalidade no direito brasileiro*, 3. ed., p. 313-314. No mesmo sentido, C. M. Clève, *A fiscalização abstrata de constitucionalidade no direito brasileiro*, p. 105-106.

Finalmente, o *art. 5.º da Lei n. 12.562/2011* **admitiu expressamente o cabimento de medida liminar na representação interventiva**, mas somente por decisão da **maioria absoluta** dos Ministros.

Parece que a não previsão de concessão de medida liminar pelo Relator ou pelo Ministro Presidente do STF (diferente das outras ações de controle) vai ao encontro da preocupação lançada por Barroso e da gravidade dos efeitos da decisão em relação à Federação.

Para concessão da liminar, o relator **poderá** ouvir os órgãos ou autoridades responsáveis pelo ato questionado, bem como o AGU ou o PGR, no prazo comum de 5 dias.

A liminar poderá consistir na determinação de que se **suspenda** o **andamento de processo** ou **os efeitos de decisões judiciais** ou **administrativas** ou **de qualquer outra medida que apresente relação com a matéria objeto da representação interventiva**.

■ *6.7.5.2.7. Representação interventiva no caso de recusa à execução de lei federal*

O art. 36, III, estabelece o cabimento de **representação interventiva** perante o **STF**, a ser ajuizada pelo **PGR**, no caso de **recusa à execução de lei federal** por parte de Estado-Membro ou do Distrito Federal (art. 34, VI, 1.ª parte).

Gilmar Mendes prefere falar em **"recusa à execução do direito federal"**,[235] o que também entendemos mais adequado.

Relembramos que, originalmente, o texto de 1988 falava em competência do STJ, equívoco este corrigido pela *Reforma do Judiciário* (EC n. 45/2004), que, acertadamente, deixou claro ser competência do **STF**, até porque, no fundo, o que se tem é um conflito entre a União e o Estado ou a União e o DF (que descumprem ou não aplicam o direito federal), incidindo, assim, a regra do **art. 102, I, "f"**, da CF/88, e, portanto, a competência do STF.

O procedimento está previsto, igualmente, na **Lei n. 12.562/2011**, e tudo o que se falou acima se aplica à hipótese.

A doutrina tem-se limitado a tratar como ADI Interventiva (admitindo-se essa nomenclatura ainda como adequada) a hipótese do art. 34, VII (violação aos princípios sensíveis), e, assim, remetemos o nosso ilustre leitor para a temática da *intervenção federal estudada no capítulo 7* (*item 7.12*).

■ *6.7.5.3. Representação interventiva estadual (ADI interventiva estadual)*

O processo da **representação interventiva estadual** está regulamentado na **Lei n. 5.778/72**, que, em seu art. 1.º, *caput*, estabelece que o processo e o julgamento das representações interventivas estaduais em Municípios regulam-se, no que for aplicável, pela **Lei n. 4.337/64**, excetuado o seu art. 6.º (que tinha a seguinte redação: "*só*

---

[235] Gilmar Mendes, *Curso de direito constitucional*, 6. ed., p. 1345.

caberão embargos, que se processarão na forma da legislação em vigor, quando, na decisão, forem 3 (três) ou mais os votos divergentes").

Alertamos, contudo, que, com o advento da **Lei n. 12.562/2011**, que tratou de toda a matéria, a nosso ver, a Lei n. 4.337/64 foi totalmente revogada e, assim, o procedimento deverá observar, no que couber, as novas regras introduzidas pela referida Lei n. 12.562/2011.

O art. 35, IV, da CF/88, por sua vez, dispõe que a intervenção estadual, a ser decretada pelo **Governador de Estado**, dependerá de provimento pelo **TJ local** de representação para assegurar a observância de princípios indicados na CE, ou para prover a execução de lei, de ordem ou de decisão judicial. As regras vêm previstas nas Constituições estaduais e nos regimentos internos dos tribunais locais, devendo, em essência, por **simetria**, seguir o **modelo federal**, de acordo com o seguinte quadro:

	ADI INTERVENTIVA FEDERAL	ADI INTERVENTIVA ESTADUAL
	Fase 1 — "Judicial"	
OBJETO	▪ Lei ou ato normativo, ou omissão, ou ato governamental **estaduais** ou **distritais** que desrespeitem os **princípios sensíveis** previstos no art. 34, VII, "a"-"e", da **CF/88**	▪ Lei ou ato normativo, ou omissão, ou ato governamental **municipais** que desrespeitem os **princípios sensíveis** indicados na **CE**
COMPETÊNCIA	▪ **STF** — originária	▪ **TJ** — originária
LEGITIMADO ATIVO	▪ **PGR** — Chefe do Ministério Público da União (art. 129, IV, da CF/88)	▪ **PGJ** — Chefe do Ministério Público Estadual (art. 129, IV, da CF/88)
LEGITIMADO PASSIVO	▪ Ente federativo (**Estado** ou **DF**) no qual se verifica a violação ao princípio sensível da **CF/88**, devendo ser solicitadas informações às autoridades ou aos órgãos **estaduais** ou **distritais** responsáveis pela violação aos princípios sensíveis	▪ Ente federativo **(Município)** no qual se verifica a violação ao princípio sensível da **CE**, devendo ser solicitadas informações às autoridades ou aos órgãos **municipais** responsáveis pela violação aos princípios sensíveis
PROCEDIMENTO	▪ Proposta a ação pelo **Procurador-Geral da República**, no **STF**, quando a lei ou o ato normativo de natureza **estadual** (ou **distrital**), ou omissão, ou ato governamental contrariarem os princípios sensíveis da **CF**, buscar-se-á a solução administrativa ▪ Não sendo o caso, nem o de arquivamento, serão solicitadas informações às autoridades **estaduais** ou **distritais** responsáveis e ouvido o **PGR**, sendo, então, o pedido relatado e levado a julgamento ▪ Julgado procedente o pedido (*quorum* do art. 97, maioria absoluta), o Presidente do **STF** imediatamente comunicará a decisão aos órgãos do Poder Público interessados e requisitará a intervenção ao **Presidente da República**, que, por se tratar de "requisição", e não mera solicitação, não poderá descumprir a ordem mandamental, sob pena de cometimento tanto de crime comum como de responsabilidade, inaugurando-se, assim, a *fase 2* do procedimento	▪ Proposta a ação pelo **Procurador-Geral de Justiça**, no **TJ**, quando a lei ou o ato normativo, ou omissão, ou ato governamental de natureza **municipal** contrariarem os princípios sensíveis previstos na **CE**, buscar-se-á a solução administrativa ▪ Não sendo o caso, nem o de arquivamento, serão solicitadas informações às autoridades **municipais** responsáveis e ouvido o **PGJ**, sendo, então, o pedido relatado e levado a julgamento ▪ Julgado procedente o pedido (*quorum* do art. 97, maioria absoluta), o Presidente do **TJ** imediatamente comunicará a decisão aos órgãos do Poder Público interessados e requisitará a intervenção ao **Governador do Estado**, que, por se tratar de "requisição", e não mera solicitação, não poderá descumprir a ordem mandamental, sob pena de cometimento tanto de crime comum como de responsabilidade, inaugurando-se, assim, a *fase 2* do procedimento

Fase 2 — "Intervenção Branda"		
DECRETO DO EXECUTIVO	■ O **Presidente da República**, nos termos do art. 36, § 3.º, por meio de decreto, limitar-se-á a suspender a execução do ato impugnado, se essa medida bastar para o restabelecimento da normalidade ■ Nessa fase, está **dispensada** a apreciação pelo Congresso Nacional (controle político)	■ O **Governador do Estado**, nos termos do art. 36, § 3.º, por meio de decreto, limitar-se-á a suspender a execução do ato impugnado, se essa medida bastar para o restabelecimento da normalidade ■ Nessa fase, está **dispensada** a apreciação pela Assembleia Legislativa (controle político)
Fase 3 — "Intervenção Efetiva"		
DECRETO DO EXECUTIVO E CONTROLE POLÍTICO	■ Caso a medida de mera suspensão não seja suficiente para o restabelecimento da normalidade, aí, sim, o **Presidente da República** decretará a efetiva intervenção no **Estado** ou no **DF**, executando-a com a nomeação de interventor, se for o caso, e afastando as autoridades responsáveis de seus cargos (art. 84, X, da CF/88) ■ Nesse caso de intervenção efetiva, **haverá controle político** pelo **Congresso Nacional** no prazo de 24 horas a contar do decreto interventivo. Se o Congresso Nacional não estiver funcionando, far-se-á convocação extraordinária ■ Cessados os motivos da intervenção, as autoridades afastadas de seus cargos a estes voltarão, salvo impedimento legal	■ Caso a medida de mera suspensão não seja suficiente para o restabelecimento da normalidade, aí, sim, o **Governador do Estado** decretará a efetiva intervenção no **Município**, executando-a com a nomeação de interventor, se for o caso, e afastando as autoridades responsáveis de seus cargos (art. 84, X, da CF/88) ■ Nesse caso de intervenção efetiva, **haverá controle político** pela **Assembleia Legislativa** no prazo de 24 horas a contar do decreto interventivo. Se a Assembleia Legislativa não estiver funcionando, far-se-á convocação extraordinária ■ Cessados os motivos da intervenção, as autoridades afastadas de seus cargos a estes voltarão, salvo impedimento legal

■ 6.8. CONTROLE ABSTRATO DE CONSTITUCIONALIDADE NOS ESTADOS-MEMBROS

■ 6.8.1. Regras gerais

Nos termos do art. 125, § 2.º, da CF/88, cabe aos Estados a instituição de **representação de inconstitucionalidade** de leis ou atos normativos estaduais ou municipais em face da Constituição Estadual, vedada a atribuição da legitimação para agir a um único órgão.

Nesse sentido, o constituinte consagrou, ao menos na literalidade do referido dispositivo, o controle abstrato de constitucionalidade estadual, fixando regras claras:

- ■ somente leis ou atos normativos **estaduais** ou **municipais** poderão ser objeto de controle;
- ■ o parâmetro ou paradigma de confronto deverá ser a **Constituição Estadual** (e esse tema será retomado ao analisarmos a perspectiva das normas de reprodução obrigatória ou compulsória da CF na CE — cf. *item 6.8.5*);
- ■ apesar de não fixar explicitamente os legitimados, **vedou** a atribuição da legitimação para agir a um único órgão;
- ■ o órgão competente para o julgamento da ação pela via principal será, exclusivamente, o **TJ local**.

Pelo princípio da simetria, muito embora o art. 125, § 2.º, tenha fixado somente a possibilidade de instituição de **representação de inconstitucionalidade** (que corresponderia à ADI), parece-nos perfeitamente possível que, desde que respeitadas as regras da CF/88, se implementem os demais meios de controle, quais sejam, além do controle difuso, as ações de controle concentrado originariamente no TJ local, destacando-se: a já mencionada representação de inconstitucionalidade, a ADC, a ADPF, a ADO e a IF — representação interventiva (ADI interventiva estadual).[236]

Para este estudo, vamos concentrar a análise na **representação de inconstitucionalidade**, terminologia prescrita pela EC n. 16/65 quando introduziu no direito brasileiro o controle concentrado.

■ 6.8.2. Objeto

A teor do art. 125, § 2.º, da CF/88, o controle abstrato estadual terá por objeto **exclusivamente** leis ou atos normativos **estaduais** ou **municipais**.

Pode-se afirmar, assim, que o TJ local nunca julgará, em controle concentrado e abstrato, lei federal. Ou, em outras palavras, as leis federais só poderão ser objeto de controle abstrato perante o STF. Ou, ainda, o STF não julgará em ADI lei municipal perante a CF (só por meio de ADPF, como visto, ou, excepcionalmente, nas hipóteses de RE de normas de reprodução obrigatória, conforme desenvolvido no *item 6.8.6*).

■ 6.8.3. Competência

Somente o **TJ local** será o órgão competente para, exercendo competência originária, julgar o controle de constitucionalidade abstrato estadual (art. 125, § 2.º).

■ 6.8.4. Legitimados

A regra constitucional não especificou os legitimados. Apenas proibiu a atribuição da legitimação para agir a um único órgão.

Assim, cabe às Constituições Estaduais a delimitação da regra, destacando-se os legitimados que apresentam simetria com o plano federal:

---

[236] Nesse sentido, cf. Dirley da Cunha Júnior, *Controle de constitucionalidade, teoria e prática*, 4. ed., p. 340. Manoel Carlos de Almeida Neto, localizando, inclusive, expressa previsão de ADC Municipal positivada, como no art. 101, VII, "f", da Constituição do Paraná e art. 133, II, "m", da Constituição do Amapá, conclui: "a partir de uma interpretação sistemática do art. 102, I, 'a', c/c o art. 125, § 2.º, ambos da Constituição Federal, e tendo em vista o caráter dúplice ou ambivalente da ação direta de inconstitucionalidade e da ação declaratória de constitucionalidade, concluo ser absolutamente cabível a ADC no âmbito municipal com o objetivo de preservar a presunção de constitucionalidade da lei ou do ato normativo municipal" (*O novo controle de constitucionalidade municipal*, p. 157).

ART. 103 — CF/88 — LEGITIMADOS PARA O CONTROLE CONCENTRADO PERANTE O STF	ART. 125, § 2.º — CF/88 — LEGITIMADOS PARA O CONTROLE CONCENTRADO PERANTE O TJ LOCAL — "PRINCÍPIO DA SIMETRIA"	ART. 125, § 2.º — CF/88 — LEGITIMADOS PARA O CONTROLE CONCENTRADO PERANTE O TJ LOCAL — "PRINCÍPIO DA SIMETRIA" — ESPECIALMENTE EM RELAÇÃO A LEIS OU ATOS MUNICIPAIS
■ Presidente da República	■ Governador de Estado	■ Prefeito
■ Mesa do Senado Federal ■ Mesa da Câmara dos Deputados	■ Mesa de Assembleia Legislativa	■ Mesa de Câmara Municipal
■ Procurador-Geral da República	■ Procurador-Geral de Justiça	
■ Conselho Federal da OAB	■ Conselho Seccional da OAB	
■ Partido político com representação no Congresso Nacional	■ Partido político com representação na Assembleia Legislativa	■ Partido político com representação na Câmara do Município
■ Confederação sindical ■ Entidade de classe de âmbito nacional	■ Federação sindical ■ Entidade de classe de âmbito estadual	

A pergunta que surge é se poderia a Constituição Estadual ampliar para **Deputados Estaduais, Procurador-Geral do Estado** ou do **Município, Defensor Público-Geral do Estado**, ou ainda por **iniciativa popular** (ação popular — *Popularklage*), legitimados que não guardam simetria com o art. 103 (que não fixou legitimação para Deputado Federal ou Senador, ou para o AGU ou Procurador da Fazenda, ou Defensor Público Geral da União etc.).

Entendemos que **SIM**, até porque tal previsão prestigiaria a intenção do constituinte de 1988, que foi no sentido de ampliar o rol de legitimados para a propositura de ADI.

O STF já se manifestou em relação aos Deputados Estaduais: "Legitimação ativa de Deputado Estadual para propor ação direta de inconstitucionalidade de normas locais em face da Constituição do Estado, à vista do art. 125, § 2.º, da Constituição Federal. Precedente: **ADI 558-9-MC**, Pertence, j. 16.08.91, *DJ* 26.03.93" (**RE 261.677**, Rel. Min. Sepúlveda Pertence, j. 06.04.2006, *DJ* de 15.09.2006).

Outrossim, no precedente citado (ADI 558-9-MC), em julgamento de medida cautelar (pendente a apreciação do mérito), o STF entendeu como **constitucional** o art. 162 da Constituição do Estado do Rio de Janeiro, com o seguinte teor: "Art. 162. A representação de inconstitucionalidade de leis ou de atos normativos estaduais ou municipais, em face desta Constituição, pode ser proposta pelo **Governador do Estado**, pela **Mesa**, por **Comissão Permanente** ou pelos **membros da Assembleia Legislativa**, pelo **Procurador-Geral da Justiça**, pelo **Procurador-Geral do Estado**, pelo **Procurador-Geral da Defensoria Pública, Defensor Público Geral do Estado**, por **Prefeito Municipal**, por **Mesa de Câmara de Vereadores**, pelo **Conselho Seccional da Ordem dos Advogados do Brasil**, por **partido político com representação na Assembleia Legislativa** ou em **Câmara de Vereadores**, e por **federação sindical** ou **entidade de classe de âmbito estadual**".

Assim, ampliar, em âmbito estadual, os parâmetros estabelecidos pelo art. 103, CF/88, parece perfeitamente possível. E restringir, aquém da simetria, caracterizaria afronta à Constituição?

Cumprindo a literalidade da regra do art. 125, § 2.º, deverá ser observada a proibição de se estabelecer a legitimação para agir a um único órgão. Contudo, entendemos **conveniente** que se faça, ao menos, mas podendo ser ampliada, uma **simetria estrita**, apesar de o tema ainda não ter sido decidido pelo STF no caso da previsão bastante ampliada prevista no mencionado art. 162 da CE/RJ (ADI 558-9).

■ 6.8.5. Parâmetro de controle (pauta de referência ou paradigma de confronto)

Conforme bem definiu Leoncy, "a expressão **parâmetro de controle** designa o complexo ou conjunto de normas superiores utilizadas como **referência** pelo Tribunal competente para analisar a legitimidade constitucional de leis e atos normativos submetidos a exame".[237]

Nesta parte do estudo, vamos descrever a literalidade prevista no art. 125, § 2.º, CF/88, que define o controle concentrado de constitucionalidade estadual para, em seguida, analisar o atual entendimento do STF sobre o parâmetro ou paradigma de confronto nas hipóteses de norma de reprodução obrigatória ou compulsória da CF na CE.

■ *6.8.5.1. Regras gerais: literalidade do art. 125, § 2.º, CF/88*

CONTROLE CONCENTRADO POR MEIO DE ADI GENÉRICA			
STF (ADI)		**TJ (ADI)**	
objeto: lei ou ato normativo federal, estadual ou distrital de natureza estadual		**objeto:** lei ou ato normativo estadual ou municipal e, no âmbito do DF, lei ou ato normativo distrital de natureza estadual ou municipal	
~~Lei Municipal ou Lei Distrital de natureza Municipal~~	**Regra:** o STF não é intérprete originário de lei municipal ou distrital de natureza municipal por meio de ADI	~~Lei Federal~~	**Regra:** o TJ não é intérprete originário de lei federal por meio de ADI estadual ou distrital
parâmetro: CF		**parâmetro:** CE ou, perante o DF, Lei Orgânica do DF (**CUIDADO:** analisar jurisprudência do STF para as hipóteses de normas de reprodução obrigatória — cf. *item 6.8.5.2*)	
~~CE ou Lei Orgânica do DF~~	**Regra:** a CE ou a Lei Orgânica do DF não podem ser parâmetro de controle para o ajuizamento de ADI originária, já que o STF é o intérprete final da CF	~~CF~~	**Regra:** a CF não pode ser parâmetro de controle para o ajuizamento de ADI originária, já que o TJ é o intérprete final da CE ou, no âmbito distrital, da Lei Orgânica do DF **Exceção:** cf. *item 6.8.5.2*, em que se analisa a hipótese de norma de reprodução obrigatória

[237] Léo Ferreira Leoncy, *Controle de constitucionalidade estadual*, p. 81 — original sem grifos.

Conforme estudado e tendo em vista a literalidade da regra fixada no art. 125, § 2.º, o controle abstrato estadual por meio de ADI só poderá apreciar lei ou ato normativo **estadual** ou **municipal** que forem confrontados perante a **Constituição Estadual**, ou lei ou ato normativo distrital perante a Lei Orgânica do DF.

O **TJ**, assim, só realiza controle abstrato tendo como parâmetro a **CE**, não podendo ter como parâmetro (controle concentrado e abstrato) a CF e, no caso do DF, tendo por parâmetro a Lei Orgânica do DF (**CUIDADO:** essa afirmação deve ser revista nas hipóteses de normas de reprodução obrigatória estudadas no item seguinte).[238]

Por sua vez, o **STF** só realiza controle concentrado e abstrato, por meio da ADI genérica, tendo como parâmetro a **CF**, não podendo ter como paradigma de confronto a CE ou a Lei Orgânica do DF, já que o STF é o intérprete final da CF.

Em relação ao objeto (ADI genérica), o **TJ** só apreciará lei **municipal** ou **estadual** (aplicando-se, naturalmente, a regra para o DF, que acumula tanto a competência municipal como a estadual), enquanto o **STF**, apenas lei **federal** ou **estadual** (ou distrital de caráter estadual).

O TJ, então, **não** poderá realizar controle concentrado de lei federal, por meio de ADI genérica, seja em face da CE, seja em face da CF.

Em igual sentido, o STF **não** poderá analisar, originariamente, por meio da ADI genérica, lei municipal em face da CE (ou lei distrital, perante a Lei Orgânica do DF), mas apenas e excepcionalmente a lei municipal (ou distrital de natureza municipal) perante a CF, mas pela via da **ADPF**.

Vejam que estamos nos referindo ao controle concentrado e em abstrato por meio da ADI genérica. Isso porque, em se tratando de controle difuso, seria perfeitamente possível que o TJ (art. 97 — cláusula de reserva de plenário), pelo Pleno ou Órgão Especial, de maneira incidental, apreciasse a constitucionalidade de lei federal perante a CF. Mas, percebam, somente no controle difuso.

■ 6.8.5.2. *Normas de reprodução obrigatória ou compulsória e normas de mera imitação (da CF na CE)*

De acordo com o art. 25, *caput*, da CF/88, os Estados organizam-se e regem-se pelas Constituições e leis que adotarem, **observados os princípios da Constituição Federal**.

Esse dispositivo consagra a manifestação do poder constituinte derivado decorrente, que, por sua vez, assegura aos Estados a sua capacidade de auto-organização.

[238] "É pacífica a jurisprudência do Supremo Tribunal Federal, antes e depois de 1988, no sentido de que **não** cabe a tribunais de justiça estaduais exercer o controle de constitucionalidade de leis e demais atos normativos municipais em face da Constituição Federal" (**ADI 347**, Rel. Min. Joaquim Barbosa, j. 20.09.2006, *DJ* de 20.10.2006. No mesmo sentido: **RE 421.256**, Rel. Min. Ricardo Lewandowski, j. 26.09.2006, *DJ* de 24.11.2006).

Naturalmente, sabemos que os Estados não poderão extrapolar os limites fixados pela Constituição Federal, até porque se trata de limites colocados pelo próprio poder constituinte originário.

A grande dificuldade, portanto, é saber a amplitude e autonomia para o exercício dessa capacidade de auto-organização e, assim, identificar as normas de reprodução obrigatória da Constituição Federal (e, por isso, nos exatos parâmetros fixados, sem possibilidade de abertura), distinguindo-as daquelas que se encontram dentro de um campo de liberdade normativa dos Estados-Membros e que, se "copiarem" as disposições da Constituição Federal, o farão por mera liberalidade, pois podem fixar um sentido distinto.

Nesses termos, podemos destacar as denominadas **normas centrais da Constituição Federal**, definidas por Raul Machado Horta como "um conjunto de normas constitucionais vinculadas à organização da forma federal de Estado, com missão de manter e preservar a homogeneidade dentro da pluralidade das pessoas jurídicas, dos entes dotados de soberania na União e de autonomia nos Estados-Membros e nos Municípios, que compõem a figura complexa do Estado Federal. As normas centrais não são normas de centralização, como as do Estado Unitário. São normas constitucionais federais que servem aos fins da participação, da coordenação e da autonomia das partes constitutivas do Estado Federal. Distribuem-se em círculos normativos, configurados na Constituição Federal, para ulterior **projeção** nas Constituições dos Estados. Nem sempre dispõem de aplicação imediata e automática. Identificam o figurino, o modelo federal, para nele introduzir-se, posteriormente, o constituinte estadual, em sua tarefa de organização do Estado Federado. **Não são normas inócuas**. A **infringência** de normas dessa natureza, na Constituição do Estado ou na legislação estadual, gera a sanção da **inconstitucionalidade**".[239]

A partir desse conceito, Horta distingue a **Constituição Total** da **Constituição Federal**: aquela é segmento desta última e **aglutina** as **normas centrais** que devem ser observadas pelas Constituições estaduais.

Essas **normas centrais** podem ser definidas como **normas de reprodução (absorção) obrigatória** ou **compulsória** pelos Estados-Membros e foram assim exemplificadas pelo autor:[240]

- normas dos direitos e garantias fundamentais;
- normas de repartição de competência;
- normas dos direitos políticos;
- normas de preordenação dos poderes do Estado-membro;
- normas dos princípios constitucionais enumerados (Pontes de Miranda os denomina "princípios constitucionais sensíveis"), previstos no art. 34, VII, "a-e";
- normas da administração pública;

[239] Raul Machado Horta, *Direito constitucional*, 5. ed., p. 254.

[240] Op. cit., p. 256-257.

- normas de garantias do Poder Judiciário e do Ministério Público;
- normas estabelecidas como "princípios gerais do direito tributário" e as de "limitação e instituição do poder tributário;
- normas contidas no capítulo sobre os "princípios gerais da atividade econômica";
- normas da Ordem Social.

Conforme observa o autor, "as **normas centrais** da Constituição Federal, tenham elas natureza de **princípios constitucionais**, de **princípios estabelecidos** e de **normas de preordenação**, afetam a liberdade criadora do poder constituinte estadual e acentuam o caráter derivado desse poder. Como consequência da subordinação à Constituição Federal, que é a matriz do ordenamento jurídico parcial dos Estados-Membros, a atividade do constituinte estadual se exaure, em grande parte, na elaboração de normas de reprodução, mediante as quais faz a **transferência** da Constituição Federal para a Constituição do Estado das normas centrais, especialmente as situadas no campo das normas de preordenação".[241]

Em importante estudo sobre o tema da *autonomia dos Estados-Membros*,[242] Horta já havia constatado a íntima conexão entre as normas de reprodução e a expansividade do modelo federal. Nesses casos de comando da Constituição Federal, o Estado simplesmente realiza um processo de "**transplantação**".

Assim, o autor distingue as normas de reprodução da CF na CE daquelas de mera imitação:[243]

- **normas de reprodução:** "decorrem do caráter **compulsório** da norma constitucional superior";
- **normas de imitação:** "exprimem a cópia de técnicas ou de institutos, por **influência** de **sugestão** exercida pelo modelo superior", traduzindo uma "**adesão voluntária** do constituinte a uma determinada disposição constitucional".

Feita essa distinção, resta saber se seria possível a realização de controle de constitucionalidade pelo TJ local nas hipóteses de termos como parâmetro de confronto *normas de reprodução obrigatória* da CF na CE ou se a aferição poderia ser realizada apenas nas hipóteses de *normas de imitação* ou naquelas elaboradas dentro de um *campo de liberdade*, sem qualquer influência da CF.

Isso porque — e é nesse ponto que a dúvida reside — em se tratando de norma de reprodução obrigatória ou compulsória da CF na CE o que se tem no fundo é, em essência, uma final violação da Constituição Federal, pois o Estado, ao elaborar a norma, não tem "espaço" para ampliação ou desvirtuamento.

Para responder a essa questão, temos de destacar três momentos distintos da jurisprudência do STF para, então, expor o atual posicionamento da Corte. Vejamos:

241 Op. cit., p. 45.

242 Raul Machado Horta, *A autonomia do Estado-membro no direito constitucional brasileiro*, p. 192-193.

243 Raul Machado Horta, *Direito constitucional*, 5. ed., p. 45.

PRECEDENTE	NORMAS DE REPRODUÇÃO DA CF NA CE: cabe controle concentrado originariamente no TJ local tendo como parâmetro ou paradigma de confronto referidas normas compulsoriamente copiadas da CF na CE?	NORMAS DE IMITAÇÃO: cabe controle concentrado no TJ local tendo como parâmetro ou paradigma de confronto a norma da CE que copiou, por liberalidade, a norma da CF?
▪ **Rcl 370** — j. 09.04.1992, Pleno, Rel. Min. Octavio Gallotti	▪ **NÃO** ▪ Independentemente de estarem reproduzidas na CE, não caberá o controle estadual, pois a violação da CE será, no fundo, violação da própria CF e o TJ não é intérprete final desta, havendo, por isso, usurpação da competência do STF[243]	▪ **SIM** ▪ No caso, a norma escrita na CE não precisaria ter seguido os parâmetros da CF, já que não se trata de norma de reprodução compulsória, mas de mera imitação por **"adesão voluntária"**, ou seja, poderia ser diferente da CF dentro do campo de autonomia federativa do Estado-Membro
▪ **Rcl 383** — j. 11.06.1999, Pleno, Rel. Min. Moreira Alves	▪ **SIM** ▪ Para tanto, a norma da **CF** deverá estar **reproduzida expressa e fisicamente na CE.** Nesse caso, a ADI será julgada pelo TJ local e, em seguida, havendo interposição de recurso extraordinário em face do acórdão do TJ, pelo STF. Qual o motivo de caber o RE? Como se trata de norma de reprodução obrigatória da CF, deixar a ação terminar no TJ significaria tornar esse tribunal intérprete final da CF, o que caracterizaria afronta à competência do STF	▪ **SIM** ▪ No caso, a norma escrita na CE não precisaria ter seguido os parâmetros da CF, já que não se trata de norma de reprodução compulsória, mas de mera imitação por **"adesão voluntária"**, ou seja, poderia ser diferente da CF dentro do campo de autonomia federativa do Estado-Membro
▪ **RE 650.898 — RG**, j. 1.º.02.2017, Pleno, Rel. p/ o ac. Min. Roberto Barroso, tendo sido o entendimento reafirmado na **ADI 5.646** (j. 07.02.2019)	▪ **SIM** ▪ Neste último precedente, caberá ADI Estadual estando ou não reproduzida a norma da CF na CE. Vejamos a tese firmada: "Tribunais de Justiça podem exercer controle abstrato de constitucionalidade de leis municipais utilizando como parâmetro normas da Constituição Federal, desde que se trate de normas de reprodução obrigatória pelos Estados"	▪ **SIM** ▪ No caso, a norma escrita na CE não precisaria ter seguido os parâmetros da CF, já que não se trata de norma de reprodução compulsória, mas de mera imitação por **"adesão voluntária"**, ou seja, poderia ser diferente da CF dentro do campo de autonomia federativa do Estado-Membro

Analisando os precedentes mencionados, observa-se que a atual jurisprudência do STF (**RE 650.898**) sinaliza uma mistura das outras duas antagônicas posições que se firmaram.

Dessa forma, será possível a propositura de ADI no TJ local, tendo por objeto lei ou ato normativo estadual ou municipal, confrontados em face de três hipóteses de parâmetros:

---

[244] Em seu voto, o Min. Gallotti explica: "Ao contrário do que se passe na hipótese de imitação, a **reprodução** não traduz um ato de livre criação de norma local — exercício da autonomia estadual —, mas, pelo contrário, apenas retrata e explicita a recepção ou absorção compulsória pela ordem estadual de um preceito heterônimo, o qual — porque tem a eficácia própria das normas da 'constituição total' do Estado Federal —, se imporia ao ordenamento da unidade federada, **independentemente da sua reprodução, literal ou substancial, no texto constitucional desta**" (fls. 65 do voto — grifamos). E continua: "no caso dessas normas de reprodução compulsória, a revoga imediatamente, a validade e a vigência do preceito local de reprodução, o que demonstra que **este não poderia ter conteúdo diverso da regra central imperativa**" (fls. 66 do voto — grifamos).

- norma de reprodução obrigatória da CF expressamente copiada na CE, cabendo RE para o STF;
- norma de reprodução obrigatória da CF mesmo que não tenha sido expressamente reproduzida na CE. Nesse caso, segundo a atual jurisprudência do STF (**RE 650.898**, j. 1.º.02.2017, *DJE* de 24.08.2017), os TJs poderão exercer o controle abstrato de constitucionalidade de leis estaduais ou mesmo municipais utilizando como parâmetro as referidas normas da CF de reprodução obrigatória pelos Estados, estando ou não textualmente escritas na CE. Contra o acórdão do TJ também caberá a interposição de RE para o STF. Esse entendimento foi reafirmado na **ADI 5.646** (j. 07.02.2019) (acompanhar o julgamento da ADI 5.647, pendente);
- normas de imitação, hipótese em que não caberá RE para o STF, devendo a decisão ficar "confinada" no TJ local.

Conforme já havia sustentado o Min. Barroso em voto proferido na 1.ª Turma do STF — antecedendo o atual posicionamento firmado no Pleno e acima exposto (RE 650.898) —, as **normas constitucionais federais de reprodução obrigatória** pelos Estados-Membros podem ser caracterizadas como "disposições da Carta da República que, por preordenarem diretamente a organização dos Estados-Membros, do Distrito Federal e/ou dos Municípios, ingressam **automaticamente** nas ordens jurídicas parciais editadas por esses entes federativos. Essa entrada pode ocorrer, seja pela **repetição textual** do texto federal, seja pelo **silêncio** dos constituintes locais — afinal, **se sua absorção é compulsória, não há qualquer discricionariedade na sua incorporação pelo ordenamento local**" (**Rcl 17.954 AgR**, j. 21.10.2016, *DJE* de 10.11.2016).

6.8.5.3. *A utilização do recurso extraordinário no controle concentrado e em abstrato estadual*

De modo geral, da decisão do TJ local em controle abstrato (ADI) de lei **estadual** ou **municipal** diante da CE **não** cabe recurso para o STF, já que este é o intérprete máximo de lei (federal, estadual ou distrital de natureza estadual) perante a CF, e não perante a CE.

Excepcionalmente, contudo, conforme visto, pode surgir situação em que o parâmetro da CE nada mais seja que uma **norma de observância obrigatória** ou **compulsória pelos Estados-Membros** (norma de **reprodução obrigatória**), ou, conforme estabelecido pelo STF no julgamento do **RE 650.898**, a possibilidade de se admitir, no âmbito do TJ local, o exercício do controle abstrato de constitucionalidade de leis municipais (ou estaduais, acrescente-se) utilizando como parâmetro normas da Constituição Federal, desde que de **reprodução obrigatória** pelos Estados (j. 1.º.02.2017, cf. *item 6.8.5.2*).

Nesse caso, se a lei **estadual**, ou mesmo a **municipal**, viola a CE ou as normas da Constituição Federal de reprodução obrigatória de acordo com o precedente acima citado, no fundo, o que se terá, em essência, será a violação da Constituição Federal. Como o TJ não tem essa atribuição de análise, objetivando evitar a situação de o TJ usurpar a competência do STF (o intérprete máximo da Constituição), abre-se a possibilidade de interpor **recurso extraordinário** contra o acórdão do TJ em controle abstrato estadual para que o STF diga, então, qual a interpretação da lei **estadual** ou **municipal** perante a **CF**.

Trata-se, pois, de utilização de recurso típico do controle difuso (pela via incidental) no controle concentrado estadual em abstrato.

O recurso extraordinário será um simples mecanismo de levar ao STF a análise da matéria. Assim, a decisão do STF nesse específico recurso extraordinário produzirá os mesmos efeitos da ADI, ou seja, por regra, *erga omnes*, *ex tunc* e vinculante, podendo o STF, naturalmente, nos termos do art. 27 da Lei n. 9.868/99, modular os efeitos da decisão. Portanto, não se aplicará a regra do art. 52, X, não tendo o Senado Federal qualquer participação.

Desse modo, **e tomem cuidado com essa constatação**, surgirá a possibilidade de o STF analisar a constitucionalidade de lei municipal perante a CF e com efeitos *erga omnes*, se na análise inicial do controle abstrato estadual a lei municipal foi confrontada em relação à norma da CE de reprodução obrigatória e compulsória da CF, ou, como no precedente firmado no **RE 650.898**, já estudado, quando se tratar de normas da Constituição Federal de reprodução obrigatória pelos Estados.

Nesse sentido, confiram os julgados abaixo:

> "Reclamação com fundamento na preservação da competência do Supremo Tribunal Federal. Ação direta de inconstitucionalidade proposta perante **Tribunal de Justiça** na qual se impugna **Lei municipal** sob a alegação de ofensa a dispositivos constitucionais estaduais que **reproduzem dispositivos constitucionais federais de observância obrigatória pelos Estados**. Eficácia jurídica desses dispositivos constitucionais estaduais. Jurisdição constitucional dos Estados-membros. Admissão da propositura da ação direta de inconstitucionalidade perante o Tribunal de Justiça local, com possibilidade de **recurso extraordinário se a interpretação da norma constitucional estadual, que reproduz a norma constitucional federal de observância obrigatória pelos Estados, contrariar o sentido e o alcance desta**" (**Rcl 383**, Rel. Min. Moreira Alves, j. 11.06.1992, *DJ* de 21.05.1993).

> "... o Tribunal, resolvendo questão de ordem suscitada pelo Min. Moreira Alves, entendeu que a decisão tomada em **recurso extraordinário** interposto contra acórdão de Tribunal de Justiça em representação de inconstitucionalidade de **lei municipal frente à Constituição Estadual** (CF, art. 125, § 2.º) tem eficácia *erga omnes*, por se tratar de controle concentrado **ainda que a via do recurso extraordinário seja própria do controle difuso**, eficácia essa que se estende a todo o território nacional" (**RE 187.142-RJ**, Rel. Min. Ilmar Galvão, j. 13.08.1998, *Inf. 118/STF*).

Dentre outros exemplos, destacamos, ainda, os seguintes julgados: **RE 199.281**, **RE 599.633 AgR**, **RE 505.476 AgR** e **ADI 1.268**.

6.8.6. "Simultaneus processus"

As leis **estaduais**, em se tratando de controle concentrado pela via em abstrato, sofrem **dupla fiscalização**, tanto por meio de ADI no TJ, e tendo como parâmetro a

CE (ou a própria CF, nas hipóteses de norma de reprodução obrigatória, nos termos da tese firmada no julgamento do **RE 650.898** — cf. *item 6.8.5.2*), como perante o STF, tendo como parâmetro a CF.

Isso significa que a mesma lei estadual poderá ser objeto de controle concentrado no TJ e no STF. Se isso acontecer, estaremos diante do fenômeno da **simultaneidade de ações diretas de inconstitucionalidade**, também denominado *simultaneus processus*.

Nessa situação, em sendo o mesmo o objeto (vale dizer, a mesma lei estadual), assim como o parâmetro estadual de confronto, **norma de reprodução obrigatória** prevista na Constituição Federal, o controle estadual deverá ficar **suspenso** (em razão da causa de **suspensão prejudicial** do referido processo), aguardando o resultado do controle federal, já que o STF é o intérprete máximo da Constituição.

Nesse sentido, explica o Min. Celso de Mello, "a instauração do processo de fiscalização normativa abstrata, perante o Supremo Tribunal Federal, em que se postule a invalidação de legislação editada por Estado-membro, questionada em face da Constituição da República (CF, art. 102, I, *a*), qualifica-se como causa de suspensão prejudicial do processo de controle concentrado de constitucionalidade, que, promovido perante o Tribunal de Justiça local (CF, art. 125, § 2.º), tenha, por objeto de impugnação, os **mesmos atos normativos emanados do Estado-membro**, contestados, porém, em face da Constituição Estadual (...). Tal entendimento, no entanto, há de ser observado sempre que tal impugnação — deduzida perante a Corte Judiciária local — invocar, como **parâmetro de controle, princípios inscritos na Carta Política local impregnados de predominante coeficiente de federalidade, tal como ocorre com os postulados de reprodução necessária constantes da própria Constituição da República** (*RTJ* 147/404 — *RTJ* 152/371-373, *v.g.*)" (**ADI 4.138**, j. 11.12.2009, cf. *Inf. 573/STF*).

Deixando bem claro: essa situação de simultaneidade das ações deverá ser considerada **apenas nas hipóteses das normas de reprodução obrigatória ou compulsória da Constituição Federal pelos Estados-Membros**.

Verificado o fenômeno do *simultaneus processus*, as seguintes hipóteses poderão surgir a partir da decisão a ser proferida pelo STF:

- **STF declara inconstitucional a lei estadual perante a CF** — a ADI estadual perderá o seu objeto, não mais produzindo a lei efeitos no referido Estado;[245]

[245] "Coexistência de jurisdições constitucionais estaduais e federal. Propositura simultânea de ADI contra lei estadual perante o Supremo Tribunal Federal e o Tribunal de Justiça. **Suspensão do processo** no âmbito da justiça **estadual**, até a deliberação definitiva desta Corte. Precedentes. Declaração de inconstitucionalidade, por esta Corte, de artigos da lei estadual. Arguição pertinente à mesma norma requerida perante a Corte estadual. **Perda de objeto**" (**Pet 2.701-AgR**, Rel. p/ ac. Min. Gilmar Mendes, j. 08.10.2003, *DJ* de 19.03.2004).

- **STF declara constitucional a lei estadual perante a CF** — o TJ poderá prosseguir no julgamento da ADI da lei estadual diante da CE, pois, perante a Constituição Estadual, a referida lei poderá ser incompatível (mas, naturalmente, **desde que seja por fundamento diverso**).

Vamos imaginar agora que a ação seja proposta perante o TJ estadual e que este julgue a ação, que transita em julgado. Poderá, no futuro, a mesma lei ser examinada em controle abstrato perante o STF e tendo como parâmetro a CF? Duas são as hipóteses:

- **TJ declara previamente a lei estadual constitucional** — naturalmente, para essa hipótese, não se tratará de simultaneidade. Assim, em sendo no futuro ajuizada a ADI perante o STF, tendo por objeto a mesma lei estadual, o STF poderá reconhecê-la como **inconstitucional** diante da CF. Como o STF é o intérprete máximo da constitucionalidade das leis e o responsável por apontar a *força normativa* da Constituição, a nova decisão do STF prevalecerá inclusive sobre a coisa julgada estadual;
- **TJ declara previamente a lei estadual inconstitucional** — entendemos que não haveria mais sentido em falar em controle perante o STF, já que a lei estadual foi retirada do ordenamento jurídico.

CUIDADO: nesse último caso, contudo, o STF analisou a situação específica de norma de reprodução obrigatória da CF na CE e, então, reconheceu a possibilidade de julgamento pela Corte, mesmo no caso de anterior nulificação por parte da Corte estadual. Segundo assinalou o Min. Barroso, "não podemos permitir que o Tribunal de Justiça estadual dê a última palavra sobre a compatibilidade de uma lei com a Constituição Federal. Essa é prerrogativa do Supremo".

Assim, "coexistindo duas ações diretas de inconstitucionalidade, uma ajuizada perante o Tribunal de Justiça local e outra perante o STF, o julgamento da primeira — estadual — somente prejudica o da segunda — do STF — se preenchidas duas condições **cumulativas**: **1)** se a decisão do Tribunal de Justiça for pela procedência da ação e **2)** se a inconstitucionalidade for por incompatibilidade com preceito da Constituição do Estado **sem correspondência na Constituição Federal**. Caso o parâmetro do controle de constitucionalidade tenha correspondência na Constituição Federal, subsiste a jurisdição do STF para o controle abstrato de constitucionalidade" (**ADI 3.659**, j. 13.12.2018).

■ 6.9. QUADRO COMPARATIVO DO SISTEMA JURISDICIONAL MISTO DE CONTROLE POSTERIOR OU REPRESSIVO DE CONSTITUCIONALIDADE NO BRASIL

	OBJETO	COMPETÊNCIA	LEGITIMAÇÃO ATIVA	CAUTELAR	*QUORUM*	EFEITOS DA DECISÃO
Controle difuso — atos normativos	■ Qualquer lei ou ato de indiscutível caráter normativo, contrário à Constituição (via de exceção ou defesa — declaração de inconstitucionalidade *incidenter tantum*)	■ Qualquer juízo ou Tribunal	■ Qualquer pessoa física ou jurídica, no caso concreto	■ Possível, seguindo-se as regras processuais	■ **Juízo monocrático:** o próprio juiz, de modo incidental ■ **Juízo colegiado (Tribunal):** art. 97 da CF, **maioria absoluta** (dos membros do Tribunal ou Órgão Especial, de acordo com o Regimento Interno)	■ **Para as partes: *inter partes*** e ***ex tunc***, já tendo o STF admitido efeito *ex nunc e pro futuro* — cf. RE 197.917, *Inf. 341/STF* ■ **Para terceiros (art. 52, X):** suspensão da execução da lei pelo Senado Federal através de **resolução: *erga omnes*** e ***ex nunc*** ■ **Mutação constitucional do art. 52, X:** cf. discussão no *item 6.6.5* da parte teórica
Controle difuso — omissões — mandado de injunção individual ou coletivo (*vide* capítulo sobre remédios constitucionais)	■ Falta de medida regulamentadora de artigo da Constituição de **eficácia limitada**, prescrevendo direitos, liberdades constitucionais e prerrogativas inerentes à nacionalidade, à soberania e à cidadania	■ Arts. 102, I, "q", 102, II, "a", 105, I, "h", 121, § 4.º, V, e 125, § 1.º (qualquer juiz ou tribunal, observadas as regras de organização judiciária)	■ Qualquer pessoa, física ou jurídica, no caso concreto	■ Impossível. Contudo, tendo em vista as novas tendências, pode-se pensar na modificação desse entendimento	■ **Juízo monocrático:** o próprio juiz, de modo incidental, poderá verificar a inconstitucionalidade por omissão ■ **Juízo colegiado (Tribunal):** art. 97 da CF, **maioria absoluta** (dos membros do Tribunal ou Órgão Especial, de acordo com o Regimento Interno), modo incidental, para apreciar a inconstitucionalidade por omissão	■ ***Erga omnes***: até que sobrevenha a medida integrativa, na linha do entendimento fixado pelo STF no MI 712, consagrando a **teoria concretista geral** (cf. *item 14.11.5.7*) ■ ***Inter partes***: até que sobrevenha a medida integrativa, na linha do entendimento fixado pelo STF em vários MIs, consagrando, nesses casos, a **teoria concretista individual** (cf. *item 14.11.5.7*)

ADI genérica (controle concentrado no STF)	▪ Lei ou ato normativo **federal, estadual ou distrital** (natureza estadual), contestados em face da CF/88 (via de ação, controle abstrato, em tese)	▪ STF — competência originária	▪ Arts. 103 da CF/88 e 2.º da Lei n. 9.868/99	▪ Possível (CF, art. 102, I, "p")	▪ Cautelar: a) regra geral — **maioria absoluta (6)**; b) no período de recesso — **Presidente do Tribunal** ▪ Mérito: a) regra geral — **maioria absoluta (6), presentes 8 Ministros**; b) art. 27 da Lei n. 9.868/99 — possibilidade de modulação dos efeitos da decisão, desde que haja manifestação de pelo menos **2/3** dos Ministros **(8)**, presentes **8 Ministros**	▪ Cautelar: ***erga omnes, ex nunc*** e vinculante (o art. 11, § 1.º, da Lei n. 9.868/99 permite eficácia retroativa, *ex tunc*) ▪ **Mérito: *erga omnes, ex tunc*** e ***vinculante*** **(regra geral)**. Pode haver **modulação** dos efeitos da decisão, ou seja, efeito *ex nunc*, para o *futuro*, ou a partir de certo momento (art. 27 da Lei n. 9.868/99)
ADC	▪ Lei ou ato normativo **federal**	▪ STF — competência originária	▪ Art. 103 da CF/88 (modificado pela EC n. 45/2004)	▪ Possível (jurisprudência do STF — ADC 4)	▪ Cautelar: regra geral — **maioria absoluta** ▪ **Mérito**: regra geral — **maioria absoluta (6), presentes 8 Ministros**	▪ Cautelar: ***erga omnes*** e ***vinculante*** (suspensão dos julgamentos) ▪ **Mérito: *erga omnes, ex tunc*** e ***vinculante***
Arguição de descumprimento de preceito fundamental (ADPF)	▪ Evitar ou reparar lesão a preceito fundamental, resultante de ato do Poder Público e quando for relevante o fundamento da controvérsia constitucional sobre lei ou ato normativo federal, estadual, municipal, distrital, incluídos os anteriores à Constituição	▪ STF — competência originária	▪ Arts. 103 da CF/88 e 2.º da Lei n. 9.882/99 (os mesmos da ADI)	▪ Possível (art. 5.º da Lei n. 9.882/99)	▪ Cautelar: a) regra geral — **maioria absoluta (6)**; b) no período de recesso, extrema urgência, perigo de lesão grave — **relator** ▪ **Mérito**: a) regra geral — **maioria absoluta (6), presentes 8 Ministros**; b) art. 11 da Lei n. 9.882/99 — possibilidade de modulação dos efeitos da decisão, desde que haja manifestação de pelo menos **2/3** dos Ministros **(8)**, presentes **8 Ministros**	▪ Cautelar: ***erga omnes, ex tunc*** e **vinculante**. A liminar poderá consistir na determinação de que juízes e tribunais suspendam o andamento de processo ou os efeitos de decisões judiciais, ou de qualquer outra medida que apresente relação com a matéria objeto da ADPF, salvo se decorrentes da coisa julgada ▪ **Mérito: *erga omnes, ex tunc*** e **vinculante (regra geral)**. Ao decla-

						rar a inconstitucionalidade de lei ou ato normativo, pode haver modulação dos efeitos da decisão, ou seja, efeito *ex nunc*, para o *futuro*, ou a partir de certo momento **(art. 11 da Lei n. 9.882/99)**
ADI por omissão (ADO)	■ Falta de medida regulamentadora de artigo da Constituição de **eficácia limitada**	■ **STF** — competência originária	■ Arts. 103 da CF/88 e 12-A da Lei n. 9.868/99	■ Possível (art. 12-F da Lei n. 9.868/99)	■ **Cautelar: maioria absoluta (6)**, presentes **8 Ministros** ■ **Mérito: maioria absoluta (6)**, presentes **8 Ministros**	■ **Cautelar:** poderá consistir na suspensão da aplicação da lei ou do ato normativo questionado, no caso de omissão parcial, bem como na suspensão de processos judiciais ou de procedimentos administrativos, ou ainda em outra providência a ser fixada pelo Tribunal ■ **Mérito:** a) **poder competente** — será dada ciência para a adoção das providências necessárias, constituindo-o em mora; b) **órgão administrativo:** as providências deverão ser adotadas no prazo de 30 dias, ou em prazo razoável a ser estipulado excepcionalmente pelo Tribunal, tendo em vista as circunstâncias específicas do caso e o interesse público envolvido, sob pena de responsabilidade

Representação Interventiva (ADI Interventiva)	■ Lei ou ato normativo, ato administrativo, ato concreto, ou omissões, estaduais ou distritais, que violam princípios sensíveis da CF/88 ■ A hipótese de recusa, por parte de Estado-Membro ou do DF, à execução de lei federal vai ser estudada no *item 7.12.1*	■ STF — competência originária	■ Procurador-Geral da República — art. 36, III, da CF/88	■ Possível (art. 5.º da Lei n. 12.562/2011)	■ Cautelar: decisão da **maioria absoluta** (6) ■ Mérito: decisão da **maioria absoluta (6)**, presentes pelo menos **8 Ministros**	■ **Cautelar**: a liminar poderá consistir na determinação de que se suspenda o andamento de processo ou os efeitos de decisões judiciais ou administrativas ou de qualquer outra medida que apresente relação com a matéria objeto da representação interventiva ■ **Mérito**: decisão da **maioria absoluta** (6) ■ Julgada a ação, far-se-á a comunicação às autoridades ou aos órgãos responsáveis pela prática dos atos questionados, e, se a decisão final for pela procedência do pedido formulado, o Presidente do STF, publicado o acórdão, levá-lo-á ao conhecimento do Presidente da República para, no prazo improrrogável de até 15 dias, dar cumprimento aos §§ 1.º e 3.º do art. 36 da CF

■ 6.10. MATERIAL DIGITAL EXCLUSIVO

6

CONTROLE DE CONSTITUCIONALIDADE

Download de Questões Modelo Tradicional — somos.in/DCE25022

Banco de Questões Plataforma — somos.in/DCE25023

Resolução de Questões Pedro Lenza — somos.in/DCE25116

Videoaulas — somos.in/DCE25095

7

DIVISÃO ESPACIAL DO PODER — ORGANIZAÇÃO DO ESTADO

■ 7.1. NOÇÕES PRELIMINARES

■ 7.1.1. Elementos integrantes (componentes ou constitutivos) do Estado

A Constituição deve trazer em si os *elementos integrantes* (*componentes* ou *constitutivos*) do Estado, quais sejam:

- **soberania;**
- **finalidade;**
- **povo;**
- **território.**

Nesses termos, Dalmo de Abreu Dallari define **Estado** como "*a ordem jurídica soberana que tem por fim o bem comum de um povo situado em determinado território.* Nesse conceito se acham presentes todos **os elementos que compõem o Estado**, e só esses elementos. A noção de **poder** está implícita na de **soberania**, que, no entanto, é referida como característica da própria ordem jurídica. A politicidade do Estado é afirmada na referência expressa ao **bem comum**, com a vinculação deste a um certo **povo** e, finalmente, a territorialidade, limitadora da ação jurídica e política do Estado, está presente na menção a determinado **território**".[1]

■ 7.1.2. Forma de governo, sistema de governo e forma de Estado

A organização e a estrutura do Estado podem ser analisadas sob três aspectos: **forma de governo**, **sistema de governo** e **forma de Estado**.

- **forma de governo:** República *ou* Monarquia;
- **sistema de governo:** presidencialismo *ou* parlamentarismo;
- **forma de Estado:** Estado unitário *ou* Federação. Entre um e outro, parte da doutrina (*v.g.*, Juan Fernando Badía) identifica outras formas de Estado, quais sejam, o Estado regional (Itália) e o autonômico (Espanha).

---

1 *Elementos de teoria geral do Estado*, 23. ed., p. 118.

Acesse também o vídeo sobre o capítulo pelo link: somos.in/DCE25025

O Brasil adotou a **forma republicana** de governo, o **sistema presidencialista** de governo[2] e a **forma federativa** de Estado.[3]

7.2. FORMAS DE ESTADO

Conforme anota José Afonso da Silva, "o modo de exercício do poder político em função do território dá origem ao conceito de *forma de Estado*. Se existe unidade de poder sobre o território, pessoas e bens, tem-se *Estado unitário*. Se, ao contrário, o poder se reparte, se divide, no espaço territorial (divisão espacial de poderes), gerando uma multiplicidade de organizações governamentais, distribuídas regionalmente, encontramo-nos diante de uma *forma de Estado composto*, denominado *Estado federal* ou *Federação de Estados*".

E continua: "a repartição regional de poderes autônomos constitui o cerne do conceito de Estado Federal. Nisso é que ele se distingue da *forma de Estado unitário* (França, Chile, Uruguai, Paraguai e outros), que não possui senão um centro de poder que se estende por todo o território e sobre toda a população e controla todas as coletividades regionais e locais. É certo que o *Estado unitário* pode ser descentralizado e, geralmente, o é, mas essa descentralização, por ampla que seja, não é de tipo federativo, como nas federações, mas de tipo autárquico, gerando uma forma de *autarquia territorial* no máximo, e não uma *autonomia político-constitucional*, e nele as coletividades internas ficam na dependência do poder unitário, nacional e central".[4]

Em relação ao Estado unitário, poderíamos, de acordo com o **grau de descentralização**, identificar: **a) Estado unitário puro**, marcado por uma absoluta centralização do exercício do Poder; **b) Estado unitário descentralizado administrativamente**, apesar de ainda concentrar a tomada de decisões políticas nas mãos do Governo Nacional, avança descentralizando a execução das decisões políticas já tomadas. Criam-se pessoas para, em nome do Governo Nacional, como se fossem uma extensão deste (*longa manus*), executar, administrar, as decisões políticas tomadas; **c) Estado unitário descentralizado administrativa e politicamente**: além da autonomia administrativa, haveria certa autonomia política para a implementação do comando central.

Certos autores, ao analisar alguns casos particulares, entendem imprecisa essa alocação dentro dessa categoria de Estado unitário de maior grau de descentralização, preferindo, então, criar **outras**, localizadas **entre o Estado federal e o unitário**, quais sejam, os denominados **Estado regional** (Itália) e **Estado autonômico** (Espanha), que se identificam não apenas pela descentralização administrativa como tam-

---

2 Características essas mantidas pelo povo através do plebiscito convocado conforme o art. 2.º do ADCT: "No dia 7 de setembro de 1993 o eleitorado definirá, através de **plebiscito**, a **forma** (**república** ou **monarquia constitucional**) e o **sistema de governo** (**parlamentarismo** ou **presidencialismo**) que devem vigorar no País". A EC n. 2/92 estabeleceu novas diretrizes para o aludido artigo do ADCT.

3 O art. 1.º, *caput*, fala em **"República Federativa do Brasil"**, sendo repetida tal expressão no art. 18, *caput*.

4 José Afonso da Silva, *Curso de direito constitucional*, 36. ed., p. 101.

bém — e aí a marca — pela **legislativa**. Haveria um único poder constituinte, mas pluralidade de fontes legislativas/normativas.[5]

Para este trabalho, dado o seu objetivo, focaremos na **forma federativa de Estado**.

■ 7.3. FEDERAÇÃO

■ 7.3.1. Histórico

A **forma federativa de Estado** tem sua origem nos EUA, e data de 1787.

Anteriormente, em 1776, tivemos a **proclamação da independência** das 13 colônias britânicas da América, passando cada qual a se intitular um novo Estado, **soberano**, com plena liberdade e independência.

Os Estados resolveram formar, através de um tratado internacional, intitulado **Artigos de Confederação**, a *Confederação dos Estados Americanos*, um pacto de colaboração a fim de se protegerem das constantes ameaças da antiga metrópole inglesa. No aludido **pacto confederativo**, permitia-se a denúncia do tratado a qualquer tempo, consagrando-se, assim, o **direito de retirada**, de **separação**, de **secessão** do pacto.

A permissão do **direito de secessão** aumentava o problema das constantes ameaças e a fragilidade perante os iminentes ataques britânicos. Nesse sentido, buscando uma solução para aquela situação em que se encontravam, os **Estados Confederados** (ainda era uma Confederação de Estados soberanos) resolveram reunir-se na cidade da Filadélfia (todos, ausentando-se apenas o Estado de Rhode Island), onde, então, estruturaram as bases para a **Federação** norte-americana.[6] Nessa nova forma de Estado proposta não se permitiria mais o direito de secessão. Cada Estado cedia parcela de sua soberania para um órgão central, responsável pela centralização e unificação, formando os **Estados Unidos da América**, passando, nesse momento, a ser **autônomos entre si**, dentro do pacto federativo.

Daí dizerem os autores que a formação da Federação dos EUA decorreu de um **movimento centrípeto**, de fora para dentro, ou seja, Estados soberanos cedendo parcela de sua soberania, em verdadeiro movimento de **aglutinação**. Veremos que no Brasil a formação, por outro lado, resultou de um movimento **centrífugo**, de dentro para fora, ou seja, um Estado unitário centralizado descentralizando-se. Em decorrência dessa razão histórica, conseguimos entender por que os Estados norte-americanos têm autonomia muito maior que os Estados-Membros brasileiros.

Apenas alertamos que no **modelo de repartição de competência** (*item 7.9*), bem como na **tipologia do federalismo** (*item 7.3.2*), a doutrina vislumbra tanto um federalismo **centrípeto** como um federalismo **centrífugo** ou por **segregação**, em **sentido diverso** do acima apresentado.

---

5 Em relação a essa perspectiva, cf. Juan Ferrando Badía, *El estado unitario, el federal y el estado autonómico*, passim, bem como *Teoría y realidad del Estado autonómico*, separata.

6 Sobre o assunto, consultar o clássico *O federalista*, de Alexandre Hamilton, John Jay e James Madison, coletânea de artigos refletindo, densamente, as ideologias que inspiraram a Constituição norte-americana.

Nessa outra concepção (que **não** busca analisar o **movimento** de formação da Federação, mas, acima de tudo, a amplitude da concentração de atribuições, a caracterizar o "tipo" de organização federal), quando se observar uma maior **concentração** de competências no ente **central**, estaremos diante do modelo **centrípeto** (ou *centralizador*); por outro lado, quando se observar uma maior **distribuição** de atribuições para os Estados-Membros, teremos um modelo **centrífugo** (ou descentralizador).

Nas palavras de Raul Machado Horta, "se a concepção do constituinte inclinar-se pelo fortalecimento do poder federal, teremos o *federalismo centrípeto*, que *Georges Scelle* chamou de federalismo por *agregação* ou *associação*; se, ao contrário, a concepção fixar-se na preservação do poder estadual emergirá o *federalismo centrífugo* ou por *segregação*, consoante a terminologia do internacionalista francês. Pode ainda o constituinte federal modelar sua concepção federal pelo *equilíbrio* entre as forças contraditórias da unidade e da diversidade, do localismo e do centralismo, concebendo o federalismo de *cooperação*, o federalismo de *equilíbrio* entre a União soberana e os Estados-membros autônomos".[7]

Feita esta advertência, propomos a *esquematização* das *tipologias do federalismo.*

■ 7.3.2. Tipologias do Federalismo

■ *7.3.2.1. Federalismo por agregação ou por desagregação (segregação)*

Essa classificação leva em conta a **formação histórica**, a **origem** do federalismo em determinado Estado, podendo ser por **agregação** ou por **desagregação**.

No **federalismo por agregação**, os Estados independentes ou soberanos resolvem abrir mão de parcela de sua soberania para agregar-se entre si e formar um novo Estado, agora, Federativo, passando a ser, entre si, autônomos. O modelo busca uma maior solidez, tendo em vista a *indissolubilidade do vínculo federativo*. Como exemplo, podemos citar a formação dos **Estados Unidos**, da **Alemanha** e da **Suíça**.

Por sua vez, no **federalismo por desagregação** (*segregação*), a Federação surge a partir de determinado Estado unitário que resolve descentralizar-se, "em obediência a imperativos políticos (salvaguarda das liberdades) e de eficiência".[8] O **Brasil** é exemplo de federalismo por desagregação, que surgiu a partir da proclamação da República, materializando-se, o novo modelo, na Constituição de 1891.

■ *7.3.2.2. Federalismo dual ou cooperativo*

Ao analisar o **modo** de **separação de atribuições** (competências) entre os entes federativos, a doutrina identificou tanto o federalismo **dual** como o federalismo **cooperativo**.

No **federalismo dual**, a separação de atribuições entre os entes federativos é extremamente rígida, não se falando em cooperação ou interpenetração entre eles. O exemplo seriam os **Estados Unidos** em sua origem.

---

7 Raul Machado Horta, *Direito constitucional*, 4. ed., p. 306-307.

8 Manoel Gonçalves Ferreira Filho, *Curso de direito constitucional*, 34. ed., p. 56.

Flexibilizando a rigidez do modelo dual (clássico), sobrevém o modelo **cooperativo**, especialmente durante o século XX, com o surgimento do *Estado do Bem-Estar Social*, ou *Estado-providência*.

Nesse modelo, as atribuições serão exercidas de modo **comum** ou **concorrente**, estabelecendo-se uma verdadeira aproximação entre os entes federativos, que deverão atuar em **conjunto**. Assim, modernamente, percebe-se, cada vez mais, uma **gradativa substituição** do federalismo dual pelo cooperativo.

A doutrina adverte o risco de, a pretexto do modelo cooperativo, instituir-se um federalismo de "fachada", com fortalecimento do órgão central em detrimento dos demais entes federativos e, assim, havendo sobreposição da União, a caracterização de um federalismo de subordinação.

Zimmermann, contudo, salienta que, se por um lado existe esse risco de negação do próprio federalismo, não se pode deixar de admitir o **federalismo cooperativo** verdadeiramente **democrático**, formado "... no consentimento geral da nação, e não através da imposição do poder central", eliminando-se, dessa forma, o autoritarismo.[9]

O modelo **brasileiro** pode ser classificado como um **federalismo cooperativo**.

■ 7.3.2.3. Federalismo simétrico ou assimétrico

A simetria ou assimetria do federalismo decorre dos mais variados **fatores**, seja em relação à cultura, seja no concernente ao desenvolvimento, à língua etc.

No federalismo **simétrico** verifica-se homogeneidade de cultura e desenvolvimento, assim como de língua, como é o caso dos Estados Unidos.

Por outro lado, o federalismo **assimétrico** pode decorrer da diversidade de língua e cultura, como se verifica, por exemplo, nos quatro diferentes grupos étnicos da Suíça (*cantões*), ou, também, no caso do Canadá, país bilíngue e multicultural.

No **Brasil** há certo **"erro de simetria"**, pelo fato de o constituinte tratar de modo idêntico os Estados, como se verifica na representação no Parlamento (cada Estado, não importa o seu tamanho, o seu desenvolvimento, elege o número fixo de 3 Senadores, cada qual com dois suplentes — art. 46, §§ 1.º e 3.º).

O constituinte deveria ter considerado a dimensão territorial, o desenvolvimento econômico, a cultura etc., tratando, dessa forma, de modo assimétrico os entes federativos. Essa distinção, naturalmente, não poderia significar a preferência de um ente federativo em relação a outro, sob pena de se desvirtuar o texto constitucional.

■ 7.3.2.4. Federalismo orgânico

No **federalismo orgânico**, o Estado deve ser considerado um "organismo". Busca-se, dessa forma, sustentar a manutenção do "todo" em detrimento da "parte".

Os Estados-Membros, por consequência, aparecem como um simples reflexo do "*todo-poderoso* poder central".

9 Augusto Zimmermann, *Curso de direito constitucional*, 4. ed., p. 392.

Conforme aponta Zimmermann, "este modelo, o orgânico-federativo, parece haver se estabelecido sob as novas formulações teóricas surgidas ao longo do século XX. Movidas por concepções que visavam muito mais o estabelecimento da homogeneidade e a formulação de concepções centralistas, elas acabaram por atender, direta ou indiretamente, aos objetivos ditatoriais de governos federais socialistas e da América Latina".[10]

7.3.2.5. Federalismo de integração

Em nome da **integração nacional**, passa a ser verificada a preponderância do Governo central sobre os demais entes, atenuando, assim, as características do modelo federativo.

Nesse sentido, André Ramos Tavares constata que, "no extremo, o federalismo de integração será um federalismo meramente formal, cuja forte assimetria entre poderes distribuídos entre as entidades componentes da federação o aproxima de um Estado unitário descentralizado, com forte e ampla dependência, por parte das unidades federativas, em relação ao Governo da União federal".[11]

7.3.2.6. Federalismo equilíbrio

O **federalismo equilíbrio** traduz a ideia de que os entes federativos devem manter-se em harmonia, reforçando-se as instituições.

Segundo André Ramos Tavares, "isso pode ser alcançado pelo estabelecimento de regiões de desenvolvimento (entre os Estados) e de regiões metropolitanas (entre os municípios), concessão de benefícios, além da redistribuição de rendas",[12] destacando-se, respectivamente, os arts. 43, 25, § 3.º, 151, I, e 157 a 159.

7.3.2.7. Federalismo de segundo grau

Manoel Gonçalves Ferreira Filho fala em uma *tríplice estrutura do Estado brasileiro*, diferente, por exemplo, do modelo norte-americano que apresenta a União e os Estados-Membros.

De fato, no Brasil, é reconhecida a existência de **3 ordens**, quais sejam, a da União (*ordem central*), a dos Estados (*ordens regionais*) e a dos Municípios (*ordens locais*).

Não se pode esquecer, naturalmente, a posição peculiar do DF em nossa Federação que, a partir do texto de 1988, não tem natureza nem de Estado nem de Município, podendo ser caracterizado como "... uma *unidade federada* com autonomia parcialmente tutelada".[13]

Em seguida, observa Manoel Gonçalves Ferreira Filho que o poder de auto-organização dos Municípios deverá observar **dois graus**, quais sejam, a Constituição

---

[10] Augusto Zimmermann, *Curso de direito constitucional*, 4. ed., p. 389, nota 7.

[11] André Ramos Tavares, *Curso de direito constitucional*, 7. ed., p. 1049.

[12] André Ramos Tavares, *Curso de direito constitucional*, 7. ed., p. 1049.

[13] José Afonso da Silva, *Curso de direito constitucional positivo*, 32. ed., p. 649.

Federal e a Constituição do respectivo Estado. Assim, conclui, "a Constituição de 1988 consagra um **federalismo de segundo grau**".[14]

■ 7.3.3. Características da Federação

Apesar de cada Estado federativo apresentar características peculiares, inerentes às suas realidades locais, encontramos alguns pontos em comum que podem assim ser sistematizados:

- **descentralização política:** a própria Constituição prevê núcleos de poder político, concedendo autonomia para os referidos entes;
- **repartição de competência:** garante a autonomia entre os entes federativos e, assim, o equilíbrio da federação;
- **Constituição rígida como base jurídica:** fundamental a existência de uma Constituição rígida no sentido de garantir a distribuição de competências entre os entes autônomos, surgindo, então, uma verdadeira **estabilidade institucional**;
- **inexistência do direito de secessão:** não se permite, uma vez criado o pacto federativo, o direito de separação, de retirada. Tanto é que, só a título de exemplo, no Brasil, a CF/88 estabeleceu em seu art. 34, I, que a tentativa de retirada ensejará a decretação da intervenção federal no Estado "rebelante". Eis o **princípio da indissolubilidade do vínculo federativo**, lembrando, inclusive, que a forma federativa de Estado é um dos limites materiais ao poder de emenda, na medida em que, de acordo com o art. 60, § 4.º, I, não será objeto de deliberação a proposta de emenda tendente a abolir a **forma federativa de Estado**;
- **soberania do Estado federal:** a partir do momento que os Estados ingressam na Federação perdem soberania, passando a ser autônomos. Os entes federativos são, portanto, autônomos entre si, de acordo com as regras constitucionalmente previstas, nos limites de sua competência; a **soberania**, por seu turno, é característica do todo, do "país", do Estado federal, no caso do Brasil, tanto é que aparece como **fundamento** da **República Federativa do Brasil** (art. 1.º, I, da CF/88). Conforme alertamos no *item 4.7*, dentro do conceito de **supranacionalidade**, hoje se fala em **flexibilização** da ideia clássica de soberania;
- **intervenção:** diante de situações de crise, o processo interventivo surge como instrumento para assegurar o equilíbrio federativo e, assim, a manutenção da Federação;
- **auto-organização dos Estados-Membros:** através da elaboração das Constituições Estaduais (*vide* art. 25 da CF/88);
- **órgão representativo dos Estados-Membros:** no Brasil, de acordo com o art. 46, a representação dá-se através do Senado Federal;
- **guardião da Constituição:** no Brasil, o STF;
- **repartição de receitas:** assegura o equilíbrio entre os entes federativos (arts. 157 a 159).

[14] Manoel Gonçalves Ferreira Filho, *Curso de direito constitucional*, 34. ed., p. 60.

Acesse também a videoaula pelo link: somos.in/DCE25096

7.3.4. Federação brasileira

7.3.4.1. Breve histórico

Provisoriamente, a Federação no Brasil surge com o Decreto n. 1, de 15.11.1889, decreto esse instituidor, também, da forma republicana de governo. A consolidação veio com a primeira Constituição Republicana, de 1891, que em seu art. 1.º estabeleceu: "A nação Brazileira adopta como fórma de governo, sob o regimen representativo, a República Federativa proclamada a 15 de novembro de 1889, e constitue-se, por união perpetua e indissoluvel das suas antigas provincias, em Estados Unidos do Brazil".[15]

As Constituições posteriores mantiveram a forma federativa de Estado, porém, "não se pode deixar de registrar o entendimento de alguns, segundo o qual, nas Constituições de 1937 e de 1967, bem como durante a vigência da Emenda n. 1/69, tivemos no Brasil somente uma Federação de fachada".[16]

7.3.4.2. Federação na CF/88 e princípios fundamentais[17]

7.3.4.2.1. Composição e sistematização conceitual

Preceitua o art. 1.º, *caput*, da CF/88 que a **República Federativa do Brasil** é formada pela união **indissolúvel** dos Estados e Municípios e do Distrito Federal, constituindo-se em Estado Democrático de Direito, sendo que o *caput* de seu art. 18 complementa, estabelecendo que "a organização político-administrativa da República Federativa do Brasil compreende a **União**, os **Estados**, o **Distrito Federal** e os **Municípios**, todos **autônomos**, nos termos desta Constituição".

José Afonso da Silva esclarece o assunto: "a organização político-administrativa da República Federativa do Brasil compreende, como se vê do art. 18, a *União*, os *Estados*, o *Distrito Federal* e os *Municípios*. A Constituição aí quis destacar as entidades que integram a estrutura federativa brasileira: *os componentes do nosso Estado Federal*. Merece reparo dizer que é a organização político-administrativa que compreende tais entidades, como se houvesse alguma diferença entre o que aqui se estabelece e o que se declarou no art. 1.º. Dizer que a República Federativa do Brasil é formada pela *união indissolúvel* dos Estados e Municípios e do Distrito Federal não é diverso de dizer que ela compreende União, Estados, Distrito Federal e Municípios, porque a *união indissolúvel* (embora com inicial minúscula) do art. 1.º é a mesma União (com inicial maiúscula) do art. 18. Repetição inútil, mas que não houve jeito de evitar, tal o apego à tradição formal de fazer constar do art. 1.º essa cláusula que vem de constituições anteriores, sem levar em conta que a metodologia da Constitui-

---

15 Redação de acordo com o texto original (A. Campanhole e H. L. Campanhole, *Constituições do Brasil*, p. 751).

16 L. P. Mota e C. Spitzcovsky, *Curso de direito constitucional*, p. 74.

17 Aprofundamos o tema dos **princípios fundamentais** (arts. 1.º a 4.º da CF/88) no *capítulo 21* do presente estudo.

ção de 1988 não comporta tal apego destituído de sentido. Enfim, temos aí destacados os componentes da nossa República Federativa: (a) União; (b) Estados; (c) Distrito Federal; e (d) Municípios...".[18]

Então podemos esquematizar:

- **forma de governo:** republicana;
- **forma de Estado:** Federação;
- **característica do Estado brasileiro:** trata-se de Estado de Direito, democratizado, qual seja, Estado Democrático de Direito;
- **entes componentes da Federação:** União, Estados, Distrito Federal *e* Municípios;
- **sistema de governo:** presidencialista.

7.3.4.2.2. Fundamentos da República Federativa do Brasil

O art. 1.º enumera, como **fundamentos** da República Federativa do Brasil:

- soberania — fundamento da República Federativa do Brasil *e não da União, enquanto ente federativo. A soberania é do conjunto formado pela* União, Estados, Distrito Federal *e* Municípios;
- cidadania;
- dignidade da pessoa humana;
- valores sociais do trabalho e da livre-iniciativa;
- pluralismo político.

7.3.4.2.3. Objetivos fundamentais da República Federativa do Brasil

7.3.4.2.3.1. Art. 3.º, CF/88

Os objetivos fundamentais (e em concursos já foi necessário conhecê-los, em contraposição aos fundamentos) vêm relacionados no art. 3.º da CF/88.

Como advertiu Celso Bastos, "a ideia de objetivos não pode ser confundida com a de fundamentos, muito embora, algumas vezes, isto possa ocorrer. Os fundamentos são inerentes ao Estado, fazem parte de sua estrutura. Quanto aos objetivos, estes consistem em algo exterior que deve ser perseguido".[19] A CF/88 assim os define:

- construir uma sociedade livre, justa e solidária;
- garantir o desenvolvimento nacional;
- erradicar a pobreza e a marginalização e reduzir as desigualdades sociais e regionais;
- promover o bem de todos, sem preconceitos de origem, raça, sexo, cor, idade e quaisquer outras formas de discriminação.

---

[18] José Afonso da Silva, *Curso de direito constitucional positivo*, 17. ed., p. 471-472.

[19] Celso Bastos, *Curso de direito constitucional*, p. 159-160.

7.3.4.2.3.2. As alterações introduzidas pela EC n. 87/2015 em relação ao ICMS no contexto dos objetivos fundamentais da República Federativa do Brasil

A **EC n. 87/2015**, dentro do contexto de **implementação dos objetivos fundamentais da República Federativa do Brasil** (art. 3.º, CF/88), alterou as regras relacionadas ao **ICMS**. Inicialmente, compararemos a redação anterior e a atual, com a emenda, para que possamos entender as novidades introduzidas.

REDAÇÃO ORIGINAL	REDAÇÃO INTRODUZIDA PELA EC N. 87/2015
Art. 155, § 2.º, VII — *em relação às* operações e prestações que destinem bens e serviços a consumidor final localizado em outro Estado, adotar-se-á:	Art. 155, § 2.º, VII — nas operações e prestações que destinem bens e serviços a consumidor final, contribuinte **ou não do imposto**, localizado em outro Estado, adotar-se-á **a alíquota interestadual e caberá ao Estado de localização do destinatário o imposto correspondente à diferença entre a alíquota interna do Estado destinatário e a alíquota interestadual:**
a) a alíquota interestadual, quando o destinatário for contribuinte do imposto;	*a)* (revogada);
b) a alíquota interna, quando o destinatário não for contribuinte dele.	*b)* (revogada).

A regra **anterior** à EC n. 87/2015 foi bem delimitada pelo STF em didático voto proferido pelo Min. Joaquim Barbosa, destacando-se:

> "Nosso constituinte originário optou por um modelo híbrido de partilha da competência. Nos termos do art. 155, VII da Constituição, **o Estado de origem da mercadoria foi adotado como critério-padrão**, com as seguintes especificações:
>
> a) *Operações interestaduais cuja mercadoria é destinada a consumidor final contribuinte do imposto*: o estado de origem aplica a alíquota interestadual, e o estado de destino aplica a diferença entre a alíquota interna e a alíquota interestadual. Há, portanto, tributação concomitante, ou 'partilha simultânea do tributo'. Quer dizer, ambos os estados cobram o tributo, nas proporções já indicadas;
>
> **b) *Operações interestaduais cuja mercadoria é destinada a consumidor final não contribuinte*: apenas o estado de origem cobra o tributo, com a aplicação da alíquota interna;**
>
> c) *Operações interestaduais cuja mercadoria é destinada a quem não é consumidor final*: apenas o estado de origem cobra o tributo, com a aplicação da alíquota interestadual;
>
> d) *Se a operação envolver combustíveis e lubrificantes, há inversão*: a competência para cobrança é do estado de destino da mercadoria, e não do estado de origem" (**ADI 4.565-MC**, Rel. Min. Joaquim Barbosa, j. 07.04.2011, Plenário, *DJE* de 27.06.2011, fls. 7).

Dessa forma, o constituinte originário prestigiou, em relação às **operações interestaduais**, a regra da **tributação exclusiva** pelo **Estado de origem** quando o **consumidor final não for contribuinte do ICMS** (letra "b" acima), com a sua **mitigação** na hipótese de o *consumidor final ser também contribuinte do tributo* (item "a" acima que, aliás, não é o mais comum. Normalmente, o que se verifica é um consumidor final que não é contribuinte, situação na qual, pela regra antiga, o

valor ficava todo com o Estado de origem — art. 155, VII, "b", antes da EC n. 87/2015); ou quando a *mercadoria for destinada a quem não é consumidor final* (letra "c"). A inversão da regra geral só foi estabelecida para a operação que envolver combustíveis e lubrificantes, quando, então, a competência para cobrança do ICMS será do **Estado de destino** da mercadoria (letra "d" acima).

A modificação do modelo estabelecido na Constituição, como bem declarou a Corte, dependeria de **alteração por emenda** (*reforma tributária*), não podendo essa opção política ser substituída por decisão judicial ou outras formas normativas de sua introdução (como leis federais ou estaduais, resoluções do Senado Federal, protocolo do Confaz etc.), mesmo diante dos argumentos, trazidos na ação, concernentes às disparidades verificadas entre os entes federativos nessas hipóteses de venda e compra de mercadorias pela *internet*, o chamado *e-commerce*.

A **evolução tecnológica e as novas formas de comércio** (*e-commerce*) impulsionaram a aprovação da EC n. 87/2015, especialmente diante do art. 3.º, II e III, CF/88, que estabelecem, entre os objetivos fundamentais da República Federativa do Brasil, o de "garantir o desenvolvimento nacional" e o de "erradicar a pobreza e a marginalização e reduzir as desigualdades sociais e regionais". Na visão dos especialistas, não estabelecer nenhum valor para o Estado em que reside o comprador (já que o imposto, na regra antiga, não era devido para esse Estado nas operações interestaduais cuja mercadoria fosse destinada a consumidor final **não contribuinte**, aliás, a grande maioria das situações) seria **potencializar as desigualdades regionais**.

Como bem anotou o Deputado Márcio Macedo, Relator da *Comissão Especial Destinada a Proferir Parecer à PEC n. 197-A/2012*, "a configuração constitucional, com efeito, traz um desequilíbrio na repartição do ICMS incidente sobre as vendas para **consumidor final não contribuinte residente em Estado diferente do fornecedor**. Na época da aprovação da Carta, esse desequilíbrio não tinha qualquer importância, considerando o montante reduzido das operações em relação ao total da arrecadação do ICMS. No entanto, **o volume do comércio eletrônico** — forma de comercialização de bens que sequer se imaginava possível em 1988 — vem evoluindo aceleradamente, nas últimas décadas: entre os anos de 2001 e 2011, o faturamento com esse modo de aquisição de mercadorias multiplicou-se por 35, subindo de R$ 540 milhões para quase R$ 19 bilhões. **Esse crescimento, aliado às perspectivas favoráveis para os próximos anos, com a recuperação econômica, indica que a antiga configuração, elaborada em 1988, precisa de atualização**".

Devemos observar que **todas** as tentativas que procuraram corrigir essa **distorção** gerada pela realidade do **comércio eletrônico** (Estados-Membros ditos "consumidores", como os do Nordeste, Norte, Centro-Oeste, estariam perdendo valores da arrecadação para os Estados ditos "produtores", como São Paulo e Rio de Janeiro) **e que não foram implementadas por emenda constitucional**, foram declaradas **inconstitucionais pelo STF**.[20]

[20] Como exemplo de instrumento objetivando evitar a concentração de recursos exclusivamente nas unidades de origem, nas hipóteses do art. 155, § 2.º, VII **(antes da EC n. 87/2015)**, quando se tra-

Eis o objetivo da EC n. 87/2015: modificar o modelo de partilha de competências para afastar a radicalização do critério da origem e permitir que Estados consumidores finais dos produtos também ficassem com parcela do imposto.

Assim, no novo modelo, nas operações e prestações que destinem bens e serviços a consumidor final, contribuinte **ou não do imposto**, localizado em **outro Estado**, adotar-se-á a alíquota **interestadual** e caberá ao **Estado de localização do destinatário o imposto correspondente à diferença entre a alíquota interna do Estado destinatário e a alíquota interestadual** (art. 155, § 2.º, VII, CF/88).

Essa nova regra foi implementada dentro de um **regime de transição**, já que antes da EC n. 87/2015, quando se tratava de consumidor final **não contribuinte do ICMS**, o valor ficava todo com o Estado de origem, local em que se encontrava o vendedor.

De acordo com o **art. 99, ADCT**, para efeito do disposto no inciso VII do § 2.º do art. 155, no caso de operações e prestações que destinem bens e serviços a **consumidor final não contribuinte localizado em outro Estado**, o *imposto correspondente à diferença entre a alíquota interna e a interestadual* será **partilhado** entre os Estados de origem e de destino, seguindo uma proporção até que, em 2019, o valor total dessa diferença caberá ao destino, modificando, então, por completo, o modelo até então vigente. Vejamos como se dará essa **transição**:

DIFERENÇA ENTRE A ALÍQUOTA INTERNA DO ESTADO DESTINATÁRIO E A ALÍQUOTA INTERESTADUAL		
Ano	**Estado de origem**	**Estado de destino**
▪ 2015	▪ 80%	▪ 20%
▪ 2016	▪ 60%	▪ 40%
▪ 2017	▪ 40%	▪ 60%
▪ 2018	▪ 20%	▪ 80%
▪ 2019	▪ 0%	▪ 100%

tasse de operação interestadual cuja mercadoria era destinada a consumidor final **não contribuinte do imposto**, foi estabelecido o **Protocolo ICMS 21/2011**, Conselho Nacional de Política Fazendária **(Confaz)**, que exigia, nas **operações interestaduais por meios eletrônicos ou telemáticos**, o recolhimento de parte do ICMS em favor dos Estados onde se encontravam **consumidores finais dos produtos comprados**. O tema foi analisado pelo **STF** que reconheceu a **inconstitucionalidade** do referido protocolo, com a modulação dos efeitos a partir do deferimento da concessão da medida liminar, ressalvadas as ações já ajuizadas. Nos *itens 5* e *10* da ementa, a Corte deixou claro esse entendimento: "O ICMS incidente na aquisição decorrente de **operação interestadual** e por meio **não presencial** (*internet, telemarketing, showroom*) por **consumidor final não contribuinte do tributo** não pode ter regime jurídico fixado por Estados-Membros não favorecidos, sob pena de contrariar o arquétipo constitucional delineado pelos arts. 155, § 2.º, VII, "b", e 150, IV e V, da CRFB/88. (...). Os Estados-Membros, diante de um cenário que lhes seja desfavorável, não detêm competência constitucional para instituir novas regras de cobrança de ICMS, em confronto com a repartição constitucional estabelecida" (**ADIs 4.628** e **4.713** e **RE 680.089**, com repercussão geral, Rel. Min. Joaquim Barbosa, j. 17.09.2014, Plenário, *DJE* de 24.11.2014).

Partindo do resumo estabelecido pelo Min. Joaquim Barbosa no julgamento da ADI 4.565-MC acima descrito, a EC n. 87/2015 modificou apenas a letra "b", ou seja, as *operações interestaduais cuja mercadoria é destinada a consumidor final* ***não contribuinte do imposto***. Nesse caso, a partir de 2019 (regra de transição), caberá ao **Estado de origem** aplicar a **alíquota interestadual**, e ao **Estado de destino** a **diferença entre a sua alíquota interna e a alíquota interestadual**, havendo **tributação concomitante**, ou "partilha simultânea do tributo".

Assim, imaginando que um escritório de advocacia sediado em Salvador (consumidor final não contribuinte) compre, em uma loja virtual situada em São Paulo, um computador, o ICMS incidente sobre essa circulação deverá ser assim tributado: 7% (alíquota interestadual) para o Estado de origem e, imaginando o percentual no referido Estado ser de 17%, **caberá a esse Estado de localização do destinatário o imposto correspondente à diferença entre a alíquota interna do Estado destinatário e a alíquota interestadual**, no caso, 10% (17% – 7%).

Por fim, em total harmonia com as garantias estabelecidas no art. 150, III, "b" e "c", CF/88, o art. 3.º da EC n. 87/2015 prescreve que a referida emenda entra em vigor na data de sua publicação (17.04.2015), **produzindo efeitos no ano subsequente (2016) e após 90 dias**. Assim, e esse tema ainda vai gerar algum debate (pendente), parece que o art. 99, I, ADCT, que fala em 2015, não produzirá efeitos, passando já em 2016 a se praticar as alíquotas de 60% para o Estado de origem e de 40% para o Estado de destino, conforme tabela acima.

■ 7.3.4.2.4. *Princípios que regem a República Federativa do Brasil nas relações internacionais*

O art. 4.º da CF/88 dispõe que a República Federativa do Brasil é regida nas suas relações internacionais pelos seguintes princípios:

- independência nacional;
- prevalência dos direitos humanos;
- autodeterminação dos povos;
- não intervenção;
- igualdade entre os Estados;
- defesa da paz;
- solução pacífica dos conflitos;
- repúdio ao terrorismo e ao racismo;
- cooperação entre os povos para o progresso da humanidade;
- concessão de asilo político.

■ 7.3.4.2.5. *Idioma oficial e símbolos da República Federativa do Brasil*

O **idioma oficial** da República Federativa do Brasil é a **língua portuguesa**. Daí ser o **ensino fundamental regular** ministrado em língua portuguesa, assegurada às comunidades indígenas, contudo, **também** a possibilidade de utilização de suas línguas maternas e processos próprios de aprendizagem (art. 13, *caput*, c/c o art. 210, § 2.º).

Os **símbolos** da República Federativa do Brasil são: a **bandeira**,[21] o **hino**,[22] as **armas**[23] e o **selo nacional**,[24] sendo que os Estados, o Distrito Federal e os Municípios poderão ter os seus próprios símbolos (art. 13, §§ 1.º e 2.º).

Dentro da ideia de desenvolvimento de uma **consciência cidadã**, a Lei n. 12.472/2011 introduziu o § 6.º ao art. 32 da Lei n. 9.394/96 (*Lei de Diretrizes e Bases da Educação Nacional — LDB*), passando a estabelecer que o estudo sobre os símbolos nacionais será incluído como tema transversal nos currículos do ensino fundamental.

A preocupação em relação aos símbolos é tamanha que o legislador criminalizou certas condutas, destacando-se o art. 35 da Lei n. 5.700/71 (que caracteriza como **contravenção penal** violações às disposições da referida lei, sem, contudo, haver a definição específica do tipo penal, caracterizando norma penal em branco) e o art. 161 do CPM (que criminaliza o desrespeito — ultraje — a símbolo nacional).

---

21 Apenas por curiosidade é interessante lembrar que as constelações que figuram na Bandeira Nacional correspondem ao aspecto do céu, na cidade do Rio de Janeiro, às 8 horas e 30 minutos do dia **15.11.1889** (12 horas siderais), e devem ser consideradas como vistas por um observador situado fora da esfera celeste. Serão suprimidas da Bandeira Nacional as estrelas correspondentes aos Estados extintos, permanecendo a designada para representar o novo Estado, resultante de fusão, observado, em qualquer caso, o dever de manter a disposição estética original constante do desenho proposto pelo Decreto n. 4, de 19 de novembro de 1889 (art. 3.º, §§ 1.º, 2.º e 3.º, da **Lei n. 5.700/71**, na redação dada pela Lei n. 8.421, de 11.05.1992).

22 "O Hino Nacional é composto da música de Francisco Manoel da Silva e do poema de Joaquim Osório Duque Estrada, de acordo com o que dispõem os Decretos n. 171, de 20 de janeiro de 1890, e n. 15.671, de 6 de setembro de 1922, conforme consta dos Anexos números 3, 4, 5, 6 e 7. A marcha batida, de autoria do mestre de música Antão Fernandes, integrará as instrumentações de orquestra e banda, nos casos de execução do Hino Nacional, mencionados no inciso I do art. 25 desta Lei, devendo ser mantida e adotada a adaptação vocal, em fá maior, do maestro Alberto Nepomuceno" (art. 6.º da Lei n. 5.700/71). De maneira interessante, a **Lei n. 12.031/2009** alterou a referida Lei n. 5.700/71, tornando obrigatória a **execução semanal** do Hino Nacional nos estabelecimentos públicos e privados de ensino fundamental. Por sua vez, a **Lei n. 13.413/2016** alterou a Lei n. 5.700/71 para determinar que o Hino Nacional seja executado na abertura das competições esportivas organizadas pelas entidades integrantes do Sistema Nacional do Desporto, conforme definidas no art. 13 da Lei n. 9.615/98.

23 As Armas Nacionais são as instituídas pelo Decreto n. 4, de 19 de novembro de 1889, com a alteração feita pela Lei n. 5.443, de 28 de maio de 1968 (Anexo n. 8), devendo obedecer à proporção de 15 (quinze) de altura por 14 (quatorze) de largura e atender às diversas disposições do art. 8.º (arts. 7.º e 8.º da Lei n. 5.700/71). De acordo com o art. 26 da referida Lei n. 5.700/71, é **obrigatório o uso das Armas Nacionais**: *a*) no Palácio da Presidência da República e na residência do Presidente da República; *b*) nos edifícios-sede dos Ministérios; *c*) nas Casas do Congresso Nacional; *d*) no STF, nos Tribunais Superiores e nos "Tribunais Federais de Recursos" (lembrando que referidos Tribunais não estão mais presentes na CF/88, em razão da existência de TRFs e do STJ); *e*) nos edifícios-sede dos Poderes Executivo, Legislativo e Judiciário dos Estados, Territórios e Distrito Federal; *f*) nas Prefeituras e Câmaras Municipais; *g*) na frontaria dos edifícios das repartições públicas federais; *h*) nos quartéis das forças federais de terra, mar e ar (entendam-se *Forças Armadas*, quais sejam, a Marinha, o Exército e a Aeronáutica) e das Polícias Militares e Corpos de Bombeiros Militares, nos seus armamentos, bem como nas fortalezas e nos navios de guerra; *i*) na frontaria ou no salão principal das escolas públicas; *j*) nos papéis de expediente, nos convites e nas publicações oficiais de nível federal.

24 O art. 27 da Lei n. 5.700/71 estabelece que o Selo Nacional será usado para **autenticar** os atos de governo e bem assim os **diplomas** e certificados **expedidos** pelos estabelecimentos de ensino oficiais ou reconhecidos.

Para ilustrar, apesar de termos encontrado apenas um acórdão no STJ e outro no STF em relação ao crime previsto no Código Penal Militar, transcrevemos a ementa de interessante julgado em que o STF analisou a conduta de militares que postaram na *internet* dança do Hino Nacional em ritmo de *funk*:

> "Apelação. **Desrespeito a símbolo nacional** (CPM, art. 161). Recrutas que, no interior da Organização Militar onde serviam, devidamente fardados, entram em formação e passam a dançar uma versão modificada do Hino Nacional em ritmo de 'funk'. Conduta desrespeitosa filmada, com a anuência de todos os participantes, e divulgada na rede mundial de computadores" (STF, Apelação/RS n. 60-86.2011.7.03.0203, j. 07.05.2013). "A conduta desrespeitosa dos acusados foi imprópria e inadequada, constituindo verdadeiro **ultraje ao Hino Nacional Brasileiro**, amoldando-se, portanto, ao crime de desrespeito a símbolo nacional (art. 161 do CPM). Presentes o dolo de ultrajar e a potencial consciência da ilicitude da conduta, uma vez que os embargantes declararam que receberam instrução sobre como deveriam se comportar quando da execução do Hino Nacional" (STM, *embargos infringentes*, j. 26.11.2013).

Apesar de a Constituição não classificar como símbolo da República Federativa do Brasil as **cores nacionais**, a título de curiosidade, convém lembrar que a Lei n. 5.700/71, em seu art. 28, definiu, como nacionais, o **verde** e o **amarelo**, permitindo que sejam usados sem quaisquer restrições, inclusive associados a azul e branco (art. 29).

Finalmente, apenas para ilustrar, passamos a representar graficamente os símbolos da República Federativa do Brasil:[25]

■ Bandeira Nacional

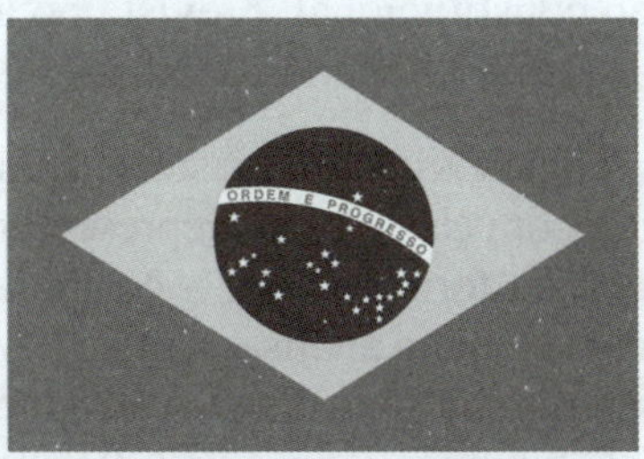

■ Hino Nacional

[25] Todas as imagens foram retiradas do site <http://www2.planalto.gov.br/presidencia/simbolos-nacionais>.

■ **Armas Nacionais (Brasão de Armas)**

■ **Selo Nacional**

■ *7.3.4.2.6. Vedações constitucionais impostas à União, aos Estados, ao Distrito Federal e aos Municípios*

Existe expressa vedação constitucional, prevista no art. 19 da CF/88, impossibilitando aos entes federativos (União, Estados, Distrito Federal e Municípios):

- ■ estabelecer cultos religiosos ou igrejas, subvencioná-los, embaraçar-lhes o funcionamento ou manter com eles ou seus representantes relações de dependência ou aliança, ressalvada, na forma da lei, a colaboração de interesse público. O Brasil, como veremos melhor ao analisar o art. 5.º, VI, no *item 14.10.6*, é um país **leigo, laico, não confessional**, ou seja, desde o advento da República não adota nenhuma religião oficial (cf., também, *item 3.10.1.3*), havendo separação entre Estado e igreja.

Contudo, conforme adverte José Afonso da Silva, esta separação entre Estado e Igreja (Estado laico, 19, I), deve ser vista de **modo atenuado**, já que o constituinte originário prescreveu **pontos de contato**, "tais como a previsão de *ensino religioso* (art. 210, § 1.º), o *casamento religioso com efeitos civis* (art. 226, § 2.º) e a *assistência religiosa* nas entidades oficiais (art. 5.º, VII, acrescente-se). Enfim, fazem-se **algumas concessões** à confessionalidade abstrata, porque não referida a uma confissão religiosa concreta, se bem que ao largo da história do país o substrato dessa confessionalidade é a cultura haurida na prática do Catolicismo".[26]

[26] José Afonso da Silva, *Comentário contextual à Constituição*, Malheiros, 9. ed., p. 97.

Acesse também a videoaula pelo link: somos.in/DCE25096

Em relação aos dispositivos constitucionais, podemos destacar, ainda, além dos citados pelo ilustre professor, os seguintes e que, também, estabelecem os referidos "pontos de contato", atenuando o sentido de Estado laico: **a)** previsão da expressão "Deus" no preâmbulo; **b)** inviolabilidade da liberdade de consciência e de crença, sendo assegurado o livre exercício dos cultos religiosos e garantida, na forma da lei, a proteção aos locais de culto e a suas liturgias (art. 5.º, VI); **c)** colaboração de interesse público, na forma deste dispositivo em análise (art. 19, I); **d)** escusa de consciência por motivo de crença religiosa (arts. 5.º, VIII, e 143, § 1.º); **e)** imunidade religiosa (art. 150, VI, "a"); **f)** possibilidade de destinação de recursos públicos para escolas confessionais, na forma do descrito no art. 213; **g)** reconhecimento aos índios, dentre outros, de seus costumes, crenças e tradições (art. 231).

No tocante ao **ensino religioso** nas escolas públicas de ensino fundamental, que constituirá disciplina dos horários normais, o STF, por **6 x 5**, estabeleceu a possibilidade de se ter **natureza confessional**, na medida em que a sua matrícula é **facultativa**, nos termos do art. 210, § 1.º, da CF/88, e, também, diante deste reconhecimento de separação atenuada entre Estado e igreja (**ADI 4.439**, j. 27.09.2017, *DJE* de 21.06.2018 — cf. *item 14.10.6.2*).

- recusar fé aos documentos públicos, ou seja, os documentos públicos presumem-se idôneos;
- criar distinções entre brasileiros ou preferências entre si, inegável desdobramento do princípio da isonomia, que será mais bem estudado no *item 14.10.2*.

■ 7.4. UNIÃO FEDERAL

A União Federal mais os Estados-Membros, o Distrito Federal e os Municípios compõem a República Federativa do Brasil, vale dizer, o Estado federal, o país Brasil.

A União, segundo José Afonso da Silva, "... se constitui pela congregação das comunidades regionais que vêm a ser os Estados-Membros. Então quando se fala em Federação se refere à *união* dos Estados. No caso brasileiro, seria a união dos Estados, Distrito Federal e Municípios. Por isso se diz *União Federal...*".[27]

Assim, uma coisa é a União — unidade federativa —, ordem central, que se forma pela reunião de partes, através de um pacto federativo. Outra coisa é a República Federativa do Brasil, formada pela reunião da União, Estados-Membros, Distrito Federal e Municípios, todos autônomos, nos termos da CF. A República Federativa do Brasil, portanto, é soberana no plano internacional (cf. art. 1.º, I), enquanto os entes federativos são autônomos entre si!

A União possui **"dupla personalidade"**, pois assume um papel internamente e outro internacionalmente.

Internamente, é uma pessoa jurídica de direito público interno, componente da Federação brasileira e autônoma na medida em que possui capacidade de auto-organização, autogoverno, autolegislação e autoadministração, configurando, assim, autonomia **financeira, administrativa** e **política (FAP)**.

---

27 *Curso de direito constitucional positivo*, p. 430-431.

Internacionalmente, a União representa a República Federativa do Brasil (*vide* art. 21, I a IV). Observe-se que a soberania é da República Federativa do Brasil, representada pela União Federal.

Exemplificando, de maneira interessante, David Araujo e Serrano Nunes observam: "a União age em nome de toda a Federação quando, no plano internacional, representa o País, ou, no plano interno, intervém em um Estado-membro. Outras vezes, porém, a União age por si, como nas situações em que organiza a Justiça Federal, realiza uma obra pública ou organiza o serviço público federal".[28]

7.4.1. Capital Federal

CONSTITUIÇÃO	DISPOSITIVO NORMATIVO	CAPITAL	LOCALIZAÇÃO
1824	não há previsão expressa	Rio de Janeiro	cidade do Rio de Janeiro
Ato Adicional n. 16/1834	art. 1.º, 2.ª parte	Rio de Janeiro — elevado à condição de Município Neutro	cidade do Rio de Janeiro
1891	art. 2.º	Distrito Federal	cidade do Rio de Janeiro
1934	art. 4.º, *caput*, das Disposições Transitórias	Distrito Federal	cidade do Rio de Janeiro
1937	art. 7.º	Distrito Federal	cidade do Rio de Janeiro
1946 (primeiro momento)	art. 1.º, § 2.º	Distrito Federal	cidade do Rio de Janeiro
1946 (segundo momento — 21.04.1960)	art. 4.º, ADCT	Distrito Federal (por força do art. 1.º, § 2.º), tendo sido dado o nome de "Brasília" à nova capital inaugurada em 21.04.1960, quando houve a sua transferência para o Planalto Central do Brasil (cf. art. 33 da Lei n. 2.874/56)	Planalto Central
1967	art. 2.º	Distrito Federal	Planalto Central
EC n. 1/1969	art. 2.º	Distrito Federal	Planalto Central
1988	art. 18, § 1.º	Brasília	Planalto Central (no território do Distrito Federal — RA I[29])

Brasília é a Capital Federal (art. 18, § 1.º). Trata-se de inovação em relação à Carta anterior, que estabelecia ser o Distrito Federal a Capital da União (cf. *item 7.7.1*).

[28] *Curso de direito constitucional*, 4. ed., p. 211.

[29] O art. 32, *caput*, da CF/88 **veda** a divisão do Distrito Federal em Municípios. Não existem, portanto, "cidades" no sentido de sede de Município. A expressão "cidade-satélite" mostra-se inadequada. Prefere-se a denominação **Regiões Administrativas** (RAs), modo pelo qual o Distrito Federal se organiza com vistas à descentralização administrativa, à utilização racional de recursos para o desenvolvimento socioeconômico e à melhoria da qualidade de vida (art. 10 da Lei Orgânica do DF).

Acesse também a videoaula pelo link: somos.in/DCE25096

Juscelino Kubitschek, cumprindo mandamento constitucional de interiorização do País (art. 3.º, CF/1891;[30] art. 4.º, *caput*, das Disposições Transitórias da CF/1934;[31] e art. 4.º, ADCT, CF/1946),[32] inaugurou Brasília em **21.04.1960**.[33]

Conforme anotou José Afonso da Silva, de acordo com as regras fixadas na Constituição de 1988, Brasília "assume uma posição jurídica específica no conceito brasileiro de 'cidade'. Brasília é *civitas civitatum*, na medida em que é cidade-centro, polo irradiante, de onde partem, aos governados, as decisões mais graves e onde acontecem os fatos decisivos para os destinos do país. Mas **não se encaixa no conceito geral de 'cidade', porque não é sede de Município**. É *civitas* e *poli*, enquanto modo de habitar e **sede do Governo Federal**".

Ainda, de acordo com o art. 6.º da Lei Orgânica do DF, Brasília, além de ser a Capital da República Federativa do Brasil (e, como vimos, **sede do Governo Federal**), também é **sede do governo do Distrito Federal**.[34]

Finalmente, o **art. 48, VII**, da CF/88 estabelece ser atribuição do Congresso Nacional, por meio de lei ordinária, com a sanção do Presidente da República, dispor sobre a **transferência temporária** da **sede do Governo Federal**.

Veja que o texto fala em transferência **temporária** e da **sede do Governo Federal**. Assim, não se admitirá a transferência definitiva (da sede do Governo Federal) e, muito menos, a transferência da Capital Federal. Esta será **sempre** Brasília, e o que eventualmente será transferido, insista-se, será a sede do Governo Federal.

30 **Constituição de 1891:** "Art. 3.º Fica pertencendo à União, no **planalto central da República**, uma zona de 14.400 quilômetros quadrados, que será oportunamente demarcada para nela estabelecer-se a futura Capital federal".

31 **Constituição de 1934:** "Art. 4.º, *caput*, das Disposições Transitórias: Será **transferida** a Capital da União para um **ponto central do Brasil**. O Presidente da República, logo que esta Constituição entrar em vigor, nomeará uma Comissão, que, sob instruções do Governo, procederá a estudos de várias localidades adequadas à instalação da Capital. Concluídos tais estudos, serão presentes à Câmara dos Deputados, que escolherá o local e tomará sem perda de tempo as providências necessárias à mudança. Efetuada esta, o atual Distrito Federal passará a constituir um Estado".

32 **Constituição de 1946:** "Art. 4.º, ADCT: A Capital da União será **transferida** para o **planalto central do País**. § 1.º Promulgado este Ato, o Presidente da República, dentro em sessenta dias, nomeará uma Comissão de técnicos de reconhecido valor para proceder ao estudo da localização da nova Capital. § 2.º O estudo previsto no parágrafo antecedente será encaminhado ao Congresso Nacional, que deliberará a respeito, em lei especial, e estabelecerá o prazo para o início da delimitação da área a ser incorporada ao domínio da União. § 3.º Findos os trabalhos demarcatórios, o Congresso Nacional resolverá sobre a data da mudança da Capital. § 4.º Efetuada a transferência, o atual Distrito Federal passará a constituir o Estado da Guanabara".

33 A **Lei n. 2.874/1956** dispôs sobre a mudança da Capital Federal, autorizando o Executivo a constituir a *Companhia Urbanizadora da Nova Capital do Brasil (NOVACAP)*. Com projeto urbanístico de **Lúcio Costa** e arquitetônico de **Oscar Niemeyer**, Brasília foi declarada **Patrimônio Mundial** pela **UNESCO**, tendo sido inscrita na listagem oficial em 11.12.1987, confirmando, assim, o seu valor excepcional e universal, devendo o seu sítio cultural ou natural ser protegido para o benefício da humanidade.

34 José Afonso da Silva, *Comentário contextual à Constituição*, 8. ed., p. 252.

Poderíamos pensar em situações de crise, como guerra, calamidade pública ou situações que impossibilitassem o funcionamento normal do Governo Federal, a justificar a eventual necessidade de sua transferência.

Como exemplo, citamos a **Lei n. 8.675/93**, que dispôs sobre a transferência temporária e simbólica da sede do Governo Federal para a cidade de **Salvador**, capital do Estado da Bahia, nos dias 15 e 16 de julho de 1993, datas da realização das reuniões de cúpula da *III Conferência Ibero-Americana de Chefes de Estado e de Governo*, tendo sido os atos e despachos do Presidente da República e dos Ministros de Estado datados naquela localidade. Tratava-se de homenagem prestada à cidade de Salvador que foi a primeira sede de governo do País.

7.4.2. Bens da União

O art. 20 define os bens da União. Em relação a esse tema, orientamos, para as provas, uma breve leitura do referido art. 20 da CF/88 **(cuidado com a nova redação dada ao inciso IV pela EC n. 46/2005)**.[35] Trata-se de questão sempre perguntada, exigindo a pura memorização do candidato, como se percebe nas questões selecionadas na plataforma on-line.

Tendo em vista a novidade trazida pela **EC n. 46/2005**, resolvemos destacar o art. 20, IV, da CF/88. Comecemos a análise pelo quadro comparativo da redação do aludido dispositivo:

■ Art. 20, IV — as ilhas fluviais e lacustres nas zonas limítrofes com outros países; as praias marítimas; as ilhas oceânicas e as costeiras, excluídas, destas, **(AC)** as áreas referidas no art. 26, II.	■ Art. 20, IV — as ilhas fluviais e lacustres nas zonas limítrofes com outros países; as praias marítimas; as ilhas oceânicas e as costeiras, excluídas, destas, **as que contenham a sede de Municípios, exceto aquelas áreas afetadas ao serviço público e a unidade ambiental federal, e as** referidas no art. 26, II (*redação dada pela EC n. 46/2005*).

Durante a tramitação da matéria no Senado Federal, a presidência recebeu expediente subscrito por membros da Assembleia Legislativa do Estado do Maranhão, de lideranças municipais, da sociedade civil organizada e de populares solicitando em-

[35] "Art. 20. São bens da União: I — os que atualmente lhe pertencem e os que lhe vierem a ser atribuídos; II — as terras devolutas indispensáveis à defesa das fronteiras, das fortificações e construções militares, das vias federais de comunicação e à preservação ambiental, definidas em lei; III — os lagos, rios e quaisquer correntes de água em terrenos de seu domínio, ou que banhem mais de um Estado, sirvam de limites com outros países, ou se estendam a território estrangeiro ou dele provenham, bem como os terrenos marginais e as praias fluviais; IV — as ilhas fluviais e lacustres nas zonas limítrofes com outros países; as praias marítimas; as ilhas oceânicas e as costeiras, excluídas, destas, as que contenham a sede de Municípios, exceto aquelas áreas afetadas ao serviço público e a unidade ambiental federal, e as referidas no art. 26, II (EC n. 46/2005); V — os recursos naturais da plataforma continental e da zona econômica exclusiva; VI — o mar territorial; VII — os terrenos de marinha e seus acrescidos; VIII — os potenciais de energia hidráulica; IX — os recursos minerais, inclusive os do subsolo; X — as cavidades naturais subterrâneas e os sítios arqueológicos e pré-históricos; XI — as terras tradicionalmente ocupadas pelos índios."

penho para a rápida aprovação da matéria, tendo em vista a sua importância para os Municípios localizados na ilha de São Luís.

Ao analisar a antiga redação dada ao art. 20, IV, observaram: "este tratamento distinto na Constituição, dado aos municípios situados em ilhas, particularmente em ilhas costeiras, estabelece uma discriminação brutal em relação aos demais municípios brasileiros. Senão vejamos:

- os moradores destes municípios, exceto aqueles residentes em terras oriundas de sesmarias, não são proprietários da área em que moram, ou têm o domínio útil, ou são posseiros;
- esses mesmos moradores, excetuada a questão das sesmarias, têm que pagar IPTU às prefeituras, o que ocorre em todos os municípios brasileiros, e taxa de foros à União, fato que tecnicamente pode não ser caracterizado como bitributação, mas de fato o é, penalizando sobremaneira uma população que já possui sua capacidade de pagar impostos e taxas exaurida;
- prejudica o setor primário, na medida em que o pequeno produtor, para conseguir crédito junto às agências de crédito, normalmente lhe é exigido o título de propriedade da área, que não possui;
- a indústria e o comércio também são prejudicados, na medida que têm que incluir mais uma taxa em seus insumos, diminuindo sua competitividade;
- o setor imobiliário é prejudicado quando, em qualquer transação de imóveis, além do ITBI, pago às prefeituras, deve ser pago laudêmio à União;
- conflitos fundiários são constantes devido o entendimento da União que as terras são de sua propriedade e a existência de escrituras lavradas em cartório conferindo a terceiros estas mesmas áreas como próprias".

No **Parecer n. 462, de 2004, da CCJC**, o relator, Senador Jorge Bornhausen, faz importante observação: "... a proposta claramente cuida apenas de restabelecer a normalidade dos fatos, retirando do patrimônio da União terras que lhe foram indevidamente atribuídas, e restituindo aos municípios tais glebas que, em face do processo de urbanização, passaram a integrar suas respectivas áreas administrativas" (*DSF* de 12.05.2004, p. 13799).

Seguindo esse entendimento, sustentamos que essa importante medida estimularia o desenvolvimento local de diversos Municípios, entes federativos autônomos, podendo-se destacar, dentre tantos, três que são também capitais de Estado: Florianópolis/SC, São Luís/MA e Vitória/ES. Lembramos, ainda, para se ter mais exemplos, a Ilha de Itaparica e os seus Municípios; a mágica "Morro de São Paulo", no Município de Cairu, todas no Estado da Bahia. No Estado do Piauí, destacamos a Ilha Grande de Santa Isabel. No Estado de Santa Catarina, a Ilha de São Francisco do Sul. No Estado de São Paulo, a Ilha de São Vicente, dentre tantos outros Municípios que seriam beneficiados com a medida.

Em nosso entender, a única ressalva era aquela expressamente prevista na **EC n. 46/2005**, qual seja, as **áreas afetadas ao serviço público** e à **unidade ambiental federal**, que continuavam como bens da **União**.

CUIDADO: esse nosso entendimento, contudo, não prevaleceu no STF. Analisando a situação específica do **Município de Vitória**, o Tribunal entendeu que os **terrenos de marinha e seus acrescidos** estabelecidos na ilha costeira em que situado referido ente federativo deveriam ser considerados como **bens da União**, na forma do **art. 20, VII**, que não foi revogado com o advento da referida reforma constitucional (interpretação sistemática dos incisos IV e VII do art. 20, CF/88).

Nesse sentido, a Corte, por 8 x 1, apreciando o *tema 676* da repercussão geral, fixou a seguinte tese: "a EC n. 46/2005 não interferiu na propriedade da União, nos moldes do art. 20, VII, da Constituição da República, sobre os **terrenos de marinha e seus acrescidos** situados em ***ilhas costeiras sede de Municípios***" (definidos abaixo), como no caso de Vitória (**RE 636.199**, Pleno, Rel. Min. Rosa Weber, j. 27.04.2017).

Conforme se destacou, além dos argumentos no sentido da necessidade de harmonização entre os incisos IV e VII do art. 20, CF/88, "os terrenos de marinha e seus acrescidos, **do ponto de vista histórico**, já integravam o rol de bens da União, mesmo antes de as ilhas costeiras passarem a compor o patrimônio federal, a reforçar o rechaço à tese de que teria sido alterado o tratamento jurídico a eles conferido em razão da modificação introduzida pela EC 46/2005 na propriedade das ilhas marítimas. Também destoa do sistema de distribuição de bens entre as entidades da Federação entender que os **Municípios sediados em ilhas** sejam proprietários dos terrenos de marinha, e não o sejam os **Municípios costeiros**. Com a EC 46/2005, portanto, as ilhas costeiras em que situada a sede de Município passaram a receber o mesmo tratamento da porção continental do território brasileiro no tocante ao regime de bens da União (...). A isonomia aspirada pelo constituinte derivado operou-se em prestígio da autonomia municipal preconizada na Carta de 1988 e cuidou de equiparar o regime jurídico-patrimonial das ilhas costeiras em que sediados Municípios àquele incidente sobre suas porções continentais, favorecendo a promoção dos interesses locais e o desenvolvimento da região" (*Inf. 862/STF*).

Como consequência desse entendimento de que os **terrenos de marinha e seus acrescidos** situados em **ilhas costeiras sede de Municípios** são de **propriedade da União**, o uso privativo dos referidos bens imóveis da União está regulamentado em legislação específica, no caso, o Decreto-lei n. 9.760/46, implementando-se a sua utilização pelo regime do **aforamento** (art. 99 do Decreto-lei n. 9.760/46).

Conforme observa Di Pietro, quando aplicável a imóveis da União, a **enfiteuse** tem natureza de **direito real de natureza pública**, havendo uma bifurcação da propriedade: **a) domínio direto:** o senhorio e a propriedade do imóvel pertencem à União, que conserva o domínio direto; **b) domínio útil:** pertence ao foreiro ou enfiteuta, que tem poderes de usar, gozar e reivindicar a coisa, bem como alienar os seus direitos a outrem. Entre as suas obrigações está a de pagar anualmente o **foro** (contraprestação em razão do domínio útil), bem como o **laudêmio**, na hipótese de "transferência onerosa, por ato *inter vivos*, do domínio útil ou de direitos sobre as benfeitorias, bem como a cessão de direitos a eles relativos" (art. 3.º do Decreto-lei n. 2.398/87).[36]

[36] Maria Sylvia Zanella Di Pietro, *Direito administrativo*, 26. ed., p. 766.

Teceremos brevíssimos comentários sobre alguns bens da União (apenas a definição da dimensão), cujo questionamento, pela lógica, certamente deverá aparecer em direito administrativo:

- **terrenos de marinha:** aqueles "em uma profundidade de 33 metros, medidos horizontalmente, para a parte da terra, da posição da linha do preamar-médio de 1831: a) os situados no continente, na costa marítima e nas margens dos rios e lagoas, até onde se faça sentir a influência das marés; b) os que contornam as ilhas situadas em zona onde se faça sentir a influência das marés. Para os efeitos dessa definição, a influência das marés é caracterizada pela oscilação periódica de 5 centímetros pelo menos, do nível das águas, que ocorra em qualquer época do ano" (art. 2.º do Decreto-Lei n. 9.760/46);
- **terrenos acrescidos de marinha:** "os que se tiverem formado, natural ou artificialmente, para o lado do mar ou dos rios e lagoas, em seguimento aos terrenos de marinha" (art. 3.º do Decreto-Lei n. 9.760/46);
- **mar territorial:** "... faixa de **12 milhas marítimas** de largura, medidas a partir da linha de baixa-mar do litoral continental e insular brasileiro, tal como indicada nas cartas náuticas de grande escala, reconhecidas oficialmente no Brasil" (art. 1.º da Lei n. 8.617/93);
- **zona contígua:** "... faixa que se estende das **12 às 24 milhas marítimas**, contadas das linhas de base que servem para medir a largura do mar territorial" (art. 4.º da Lei n. 8.617/93);
- **zona econômica exclusiva:** "... faixa que se estende das **12 às 200 milhas marítimas**, contadas a partir das linhas de base que servem para medir a largura do mar territorial" (art. 6.º da Lei n. 8.617/93);
- **plataforma continental:** "... leito ou subsolo das áreas marítimas que se estendem **além do seu mar territorial**, em toda a extensão do prolongamento natural de seu território terrestre, até o bordo exterior da margem continental, **ou até uma distância de 200 milhas marítimas das linhas de base**, a partir das quais se mede a largura do mar territorial, nos casos em que o bordo exterior da margem continental não atinja essa distância" (art. 11 da Lei n. 8.617/93);
- **faixa de fronteira:** faixa de até **150 quilômetros** de largura, ao longo das fronteiras terrestres (art. 20, § 2.º, da CF/88).

Dentro deste último conceito, convém destacar as **terras devolutas**, bens públicos *dominicais*, pertencentes à União, por força do art. 20, II, desde que situadas na *faixa de fronteira*. Logo, são bens da União as *terras devolutas indispensáveis à defesa das fronteiras, das fortificações e construções militares, das vias federais de comunicação e à preservação ambiental, definidas em lei*. As demais terras devolutas, em regra, desde que não tenham sido trespassadas aos Municípios, são de propriedade dos Estados.[37]

[37] De acordo com a lição de Celso Antônio Bandeira de Mello, "**terras devolutas** são as **terras públicas não aplicadas ao uso comum nem ao uso especial**. Sua origem é a seguinte. Com a descoberta do

Finalmente, estabelece a Constituição, na redação dada pela **EC n. 102/2019**, ser assegurada, nos termos da lei, à União, aos Estados, ao Distrito Federal e aos Municípios a **participação** no resultado da exploração de petróleo ou gás natural, de recursos hídricos para fins de geração de energia elétrica e de outros recursos minerais no respectivo território, plataforma continental, mar territorial ou zona econômica exclusiva, ou compensação financeira por essa exploração (art. 20, § 1.º).

7.4.3. Competências da União Federal

7.4.3.1. Competência não legislativa (administrativa ou material)

A competência não legislativa, como o próprio nome ajuda a compreender, determina um campo de atuação político-administrativa, tanto é que são também denominadas competências administrativas ou materiais, pois não se trata de atividade legiferante. Regulamenta o campo do exercício das **funções governamentais**, podendo tanto ser **exclusiva** da União (marcada pela particularidade da **indelegabilidade**) como **comum** (também chamada de **cumulativa, concorrente, administrativa** ou **paralela**) aos entes federativos, assim esquematizadas:

- **exclusiva:** art. 21 da CF/88;[38]
- **comum (cumulativa, concorrente, administrativa** ou **paralela):** art. 23 — trata-se de competência não legislativa comum aos quatro entes federativos, quais sejam, a União, Estados, Distrito Federal e Municípios.

Em relação à competência *comum* (cumulativa, concorrente administrativa ou paralela), de maneira bastante interessante, o art. 23, parágrafo único, estabelece que **leis complementares** fixarão normas para a **cooperação** entre a União e os Estados, o Distrito Federal e os Municípios, tendo em vista o **equilíbrio do desenvolvimento e do bem-estar em âmbito nacional.**

País, todo o território passou a integrar o domínio da Coroa Portuguesa. Destas terras, largos tratos foram trespassados aos colonizadores, mediante as chamadas concessões de sesmarias e cartas de data, com a obrigação de medi-las, demarcá-las e cultivá-las (quando então lhes adviria a confirmação, o que, aliás, raras vezes sucedeu), sob pena de 'comisso', isto é, de reversão delas à Coroa, caso fossem descumpridas as sobreditas obrigações. Tanto as terras que jamais foram trespassadas, como as que caíram em comisso, *se não ingressaram no domínio privado por algum título legítimo e não receberam destinação pública, constituem as terras devolutas*. Com a independência do País passaram a integrar o domínio imobiliário do Estado Brasileiro. Pode-se **definir as terras devolutas** como sendo as que, *dada a origem pública da propriedade fundiária no Brasil, pertencem ao Estado — sem estarem aplicadas a qualquer uso público — porque nem foram trespassadas do Poder Público aos particulares, ou, se o foram, caíram em comisso, nem se integraram no domínio privado por algum título reconhecido como legítimo*" (*Curso de direito administrativo*, 12. ed., p. 733).

[38] A **EC n. 49/2006** acabou com o monopólio da União sobre a produção, comercialização e utilização de **radioisótopos**, que poderão ser autorizadas sob o **regime de permissão**, conforme as alíneas "b" e "c" do inciso XXIII do ***caput*** do art. 21 da CF, nas áreas da medicina, agricultura e indústria (cf. *item 20.3*). Em relação à **manutenção do monopólio dos Correios** (art. 21, X), cf. *item 20.2*, **ADPF 46**, j. 05.08.2009.

O objetivo é claro: como se trata de competência comum a todos, ou seja, concorrente no sentido de todos os entes federativos poderem atuar, o objetivo de referidas leis complementares é evitar não só conflitos como também a dispersão de recursos, procurando estabelecer mecanismos de otimização dos esforços.

Como exemplo, podemos citar a **LC n. 140/2011**, que, regulamentando os incisos III, VI e VII do art. 23 da CF/88, fixou normas para a **cooperação** entre a União, os Estados, o Distrito Federal e os Municípios nas **ações administrativas decorrentes do exercício da competência comum** relativas:

- à proteção das paisagens naturais notáveis;
- à proteção do meio ambiente;
- ao combate à poluição em qualquer de suas formas;
- à preservação das florestas, da fauna e da flora.

Infelizmente, o legislador regulamentou apenas os incisos III, VI e VII do art. 23. Diante dessa constatação, surge a questão: e se ocorrer conflito entre os entes federativos durante o exercício das demais competências previstas no art. 23, qual a solução a adotar?

Nesse caso, observam Mendes, Coelho e Branco que, "se o critério da colaboração não vingar, há de se cogitar do **critério da preponderância de interesses**. Mesmo não havendo hierarquia entre os entes que compõem a Federação, pode-se falar em hierarquia de interesses, em que os mais **amplos** (da União) devem preferir aos mais restritos (dos Estados)".[39]

Contudo, vale a pena destacar voto do Min. Fachin no julgamento de questão envolvendo a **proibição do amianto** (cf. *item 7.11.1*) ao sustentar que o **federalismo cooperativo** "não se satisfaz apenas com o princípio informador da predominância de interesses", devendo observar os preceitos de **subsidiariedade** e **proporcionalidade**.

Conforme expressa, "de acordo com a primeira (subsidiariedade), o ente político maior deve deixar para o menor tudo aquilo que este puder fazer com **maior economia e eficácia**. Já de acordo com a segunda (proporcionalidade), é preciso sempre respeitar uma rigorosa **adequação entre meios e fins**. A proporcionalidade poderia ser utilizada, portanto, como teste de razoabilidade para soluções de problemas envolvendo competência de nítida orientação constitucional. O teste de razoabilidade, por sua vez, exigiria o exame das razões que levaram o legislador a adotar determinado regulamento. Consistiria, portanto, em avaliar se as razões necessárias para a conclusão a que chegou foram levadas em conta ou se optou por motivos que não poderiam ter sido considerados. Interpretando, pois, os princípios da subsidiariedade e da proporcionalidade nesses termos, seria possível, então, superar o conteúdo meramente formal do princípio e reconhecer um aspecto material, consubstanciado numa presunção de autonomia em favor dos entes menores ('presumption against

---

[39] *Curso de direito constitucional*, 2. ed., p. 820 (grifamos). Amigo professor, interessante, inclusive para ser trabalhada em aula com os alunos, a decisão monocrática do Min. Celso de Mello na **AC-MC/RR 1.255**, *DJ* de 22.06.2006.

preemption'), para a edição de leis que resguardem seus interesses" (*Inf. 848/STF*, ADIs 3.356, 3.357, 3.937 e ADPF 109, j. 29 e 30.12.2017 — pendente o julgamento dos embargos de declaração).

Mas fica um **ALERTA**: muito embora essa interessante perspectiva, o Pleno, ao apreciar leis estaduais que obrigavam empresas de telefonia a instalar equipamentos para o bloqueio de celulares em presídios, entendeu-as como inconstitucionais, por tratarem de telecomunicações (arts. 21, XI, 22, IV, e 175, parágrafo único, IV). Por mais que o argumento lançado pelo Min. Fachin tivesse o apoio dos Mins. Barroso e Rosa Weber (sustentando haver a matéria conexão com direito penitenciário, consumo e segurança pública — o que permitira a normatização estadual), não adotando meramente o critério da preponderância de interesses, a maioria do STF, contudo, capitulou a matéria como afeta a telecomunicações, atraindo, assim, a competência da União.

Apesar do reconhecimento de pontos de contato entre os temas, a maioria dos Ministros fundamentou com base no **critério da prevalência de interesses** para solucionar o conflito, sustentando a competência da União quando a matéria transcender interesses locais e regionais, devendo, no caso, haver um tratamento nacional uniforme (ADIs 3.835, 5.356, 5.253, 5.327 e 4.861, j. 03.08.2016).

De todo modo, a partir das perspectivas lançadas nas ações que discutiram a proibição do **amianto** (ADIs 4.066, 3.937, 3.406, 3.470, 3.356, 3.357 e ADPF 109), parece que a ideia de **federalismo cooperativo** ganhou força, seja em relação ao **tabaco** (cf. *item 7.11.2*), como, em especial, em vários julgamentos proferidos pela Corte para o enfrentamento da calamidade pública nacional decorrente da **pandemia da Covid-19** (cf. *item 7.11.3*).

■ *7.4.3.2. Competência legislativa*

Como a terminologia indica, trata-se de competências, constitucionalmente definidas, para **elaborar leis**. Elas foram assim definidas para a União Federal:

- **privativa:** art. 22 da CF/88. Indaga-se: apesar de ser competência privativa da União, poderiam aquelas matérias ser regulamentadas também por outros entes federativos? Sim, de acordo com a regra do art. 22, parágrafo único, que permite à União, por meio de **lei complementar**, autorizar os **Estados** a legislar sobre questões específicas das matérias previstas no referido art. 22. Entendemos que essa possibilidade estende-se, também, ao **Distrito Federal**, por força do art. 32, § 1.º,[40] da CF/88. Finalmente, havendo opção política e discricionária, referida delegação não poderá ser direcionada a um único Estado determinado, mas deverá ser para todos os Estados e o DF (no exercício de sua competência estadual);
- **concorrente:** o art. 24 define as matérias de competência concorrente da União, Estados e Distrito Federal. Em relação àquelas matérias, a competência da União limitar-se-á a estabelecer **normas gerais**. Em caso de inércia da União, inexistindo lei federal elaborada pela União sobre norma geral, os Estados e o

[40] "Ao Distrito Federal são atribuídas as **competências legislativas reservadas aos Estados** e Municípios."

Distrito Federal (art. 24, *caput*, c/c o art. 32, § 1.º) poderão suplementar a União e legislar, também, sobre as normas gerais, exercendo a **competência legislativa plena**. Se a União resolver legislar sobre norma geral, a norma geral que o Estado (ou Distrito Federal) havia elaborado terá a sua **eficácia suspensa**, no ponto em que for contrária à nova lei federal sobre norma geral. Caso não seja conflitante, passam a conviver, perfeitamente, a norma geral federal e a estadual (ou distrital). Observe-se tratar de **suspensão da eficácia, e não revogação**, pois, caso a norma geral federal que suspendeu a eficácia da norma geral estadual seja revogada por outra norma geral federal, que, por seu turno, não contrarie a norma geral feita pelo Estado, esta última voltará a produzir efeitos (lembre-se que a norma geral estadual apenas teve a sua **eficácia suspensa**);[41]

- **competência tributária expressa:** art. 153 (estudar especialmente em direito tributário);
- **competência tributária residual:** art. 154, I (instituição, mediante **lei complementar**, de impostos não previstos no art. 153, desde que sejam não cumulativos e não tenham fato gerador ou base de cálculo próprios dos discriminados na CF);
- **competência tributária extraordinária:** art. 154, II (instituição, na iminência ou no caso de guerra externa, de **impostos extraordinários**, compreendidos ou não em sua competência tributária, os quais serão suprimidos, gradativamente, cessadas as causas de sua criação).

■ *7.4.3.3. Competência para legislar sobre o Sistema Nacional de Ciência, Tecnologia e Inovação — discussão em relação à EC n. 85/2015*

De acordo com o art. 218, *caput*, o Estado promoverá e incentivará o desenvolvimento científico, a pesquisa, a capacitação científica e tecnológica e a inovação (cf. *item 19.6*).

Nesse sentido, a Constituição prescreve que o *Sistema Nacional de Ciência, Tecnologia e Inovação* será organizado em regime de **colaboração** entre entes, tanto públicos quanto privados, com vistas a promover o desenvolvimento científico e tecnológico e a inovação.

A disciplina desse sistema dar-se-á, de acordo com o art. 219-B, §§ 1.º e 2.º (EC n. 85/2015), da seguinte forma:

- **União (lei federal):** disporá sobre as *normas gerais* do Sistema Nacional de Ciência, Tecnologia e Inovação.
- **Estados, Distrito Federal e Municípios:** legislarão *concorrentemente* sobre suas peculiaridades.

Essa previsão de **competência concorrente** está também prevista no art. 24, IX (redação dada pela EC n. 85/2015).

---

[41] Ver no *item 7.6.2.2* comentários à **competência legislativa suplementar municipal**, onde entendemos também caber a participação municipal suplementando a legislação geral e específica, dentro do interesse local municipal.

Isso posto, indagamos: a introdução da regra contida no art. 219-B, § 2.º, CF/88, pela EC n. 85/2015, cria um novo modelo de competência concorrente na federação brasileira?

Entendemos que **não**!

Isso porque devemos analisar as atribuições destinadas aos entes federativos (União, Estados, DF e Municípios) sempre à luz do art. 24, §§ 1.º a 4.º, bem como do art. 30, I e II.

Assim, a competência da **União** limitar-se-á a estabelecer **normas gerais** sobre o *Sistema Nacional de Ciência, Tecnologia e Inovação*. Por sua vez, a competência dos **Estados** e do **DF**, existindo a norma geral federal, destinar-se-á para complementar referida norma. A competência dos **Municípios**, por outro lado, limitar-se-á a suplementar a legislação federal e a estadual **existentes** no que couber e sempre à luz do interesse local.

E se não existir a norma geral federal?

Nos termos do art. 24, §§ 2.º e 4.º, a competência da União para legislar sobre normas gerais não exclui a competência suplementar dos **Estados** e do **DF**. Isso porque, inexistindo lei federal sobre normas gerais, os Estados e o DF exercerão a competência legislativa plena, para atender a suas peculiaridades, lembrando que a superveniência de lei federal sobre normas gerais suspende a eficácia da lei estadual e/ou da lei distrital, no que lhe for contrário.

Estamos propondo que essa atuação normativa **supletiva** (supletiva já que inexistente a lei federal, no caso em análise), estabelecida para os Estados e para o DF, não tenha sido estendida pela EC n. 85/2015 para os Municípios.

Muito embora no art. 219-B, § 2.º, fale-se em "legislação concorrente", entendemos que os **Municípios** não poderão extrapolar os limites explícitos do art. 30, I e II. Em outras palavras, estão autorizados **apenas** a **suplementar** as **leis federal** ou **estaduais que já existem**, não podendo invadir a competência de um desses entes federativos na hipótese de inexistência das referidas leis (na medida em que a regra da competência concorrente — art. 24 — não foi introduzida para os Municípios). Havendo inércia, o parâmetro será sempre o interesse local (art. 30, I).

Vamos aguardar, então, as discussões sobre o tema, seja na doutrina, como, também, na jurisprudência do STF (**pendente** de análise futura).

■ 7.4.3.4. *Legislação sobre o meio ambiente e controle da poluição: competência municipal. O caso particular da queima da palha da cana-de-açúcar (RE 586.224) e o da aplicação de multas para os proprietários de veículos automotores que emitem fumaça acima de padrões considerados aceitáveis (RE 194.704)*

A) RE 586.224: queima da palha da cana-de-açúcar

As perspectivas lançadas no item anterior parecem encontrar alguma relação com precedente analisado pelo STF envolvendo a **proibição de queimada em canaviais**.

A Corte analisou a Lei n. 1.952/95, do Município de Paulínia (SP), que proibiu, **sem qualquer exceção**, a queima da palha da cana-de-açúcar.

Eis a questão: **poderia o município ter legislado sobre meio ambiente ou essa competência foi fixada apenas para a União, os Estados e o DF?**

Conforme vimos, a atribuição de proteção ao meio ambiente está fixada como matéria de competência administrativa (material) comum a todos os entes federativos (art. 23, VI). Trata-se de previsão para a atuação governamental, e não para se legislar.

A definição da competência normativa, no caso, está estabelecida como de **competência concorrente** entre a União, os Estados e o Distrito Federal (art. 24, VI).

Conforme expusemos, não há previsão de aplicação das regras de competência concorrente (art. 24, §§ 1.º a 4.º) para os Municípios cuja competência foi estabelecida apenas para legislar sobre assuntos de **interesse local** (art. 30, I), podendo **suplementar** a legislação federal e a estadual no que couber (art. 30, II).

No precedente em análise, contudo, de maneira inovadora, o STF, por unanimidade, "firmou a tese de que **o Município é competente para legislar sobre o meio ambiente com a União e Estado, no limite do seu interesse local e desde que tal regramento seja harmônico com a disciplina estabelecida pelos demais entes federados (art. 24, inciso VI, c/c 30, incisos I e II, da Constituição Federal)**" (**RE 586.224**, Rel. Min. Luiz Fux, j. 05.03.2015, Plenário, *DJE* de 08.05.2015).

No caso, como já existe legislação federal prevendo a eliminação planejada e gradual da queima da palha da cana-de-açúcar (art. 40 da Lei n. 12.651/2012 — Código Florestal), não poderia a lei municipal ter fixado a proibição total e imediata, especialmente por não se enquadrar a matéria como de interesse local específico daquele município.

Estamos diante de importante precedente que inova, em nosso entender, a leitura sobre o tema da competência entre os entes federativos, procurando harmonizar as regras de competência concorrente (art. 24) com aquelas de interesse local e suplementar dos Municípios (art. 30, I e II).

B) RE 194.704: aplicação de multas para os proprietários de veículos automotores que emitem fumaça acima de padrões considerados aceitáveis

Nesse mesmo sentido, a partir do precedente da queima da palha da cana-de-açúcar, o STF analisou lei do Município de Belo Horizonte com base na qual se aplicaram multas por poluição do meio ambiente, decorrente da emissão de fumaça por veículos automotores no perímetro urbano (*vide Infs. ns. 347, 431, 807 e 870/STF*).

A Corte reafirmou que o município tem competência para legislar sobre meio ambiente e controle da poluição, quando se tratar de assuntos de interesse **estritamente** local e, naturalmente, não violar as legislações federal e estadual, por se tratar de matéria de competência concorrente.

Conforme afirmou o Min. Celso de Mello em seu voto, "o controle da poluição ambiental, especialmente vocacionado a impedir a degradação dos índices de qualidade do ar, assim obstando o agravamento da poluição atmosférica (que constitui fenômeno presente nos grandes centros urbanos e nas áreas metropolitanas, como sucede com o Município de Belo Horizonte/MG), traduz matéria que se submete à esfera de competência legislativa dos Municípios, observado, para esse efeito, como **limite inultrapassável**, o **interesse local**, e desde que as medidas de regulação normativa **não transgridam nem conflitem com o âmbito de atuação que a Constituição da República atribuiu à União Federal e aos Estados-membros**" (**RE 194.704**, Plenário, j. 29.06.2017, *DJE* de 17.11.2017, fls. 110 do acórdão).

7.4.4. Regiões administrativas ou de desenvolvimento

O art. 43, *caput*, da CF estabelece que, para **efeitos administrativos**, a União poderá articular sua ação em um mesmo complexo geoeconômico e social, visando ao seu **desenvolvimento** e à **redução das desigualdades regionais**.

Trata-se, nos dizeres do Professor José Afonso da Silva, de "formas especiais de organização administrativa do território",[42] destituídas de competência legislativa, em razão de sua falta de capacidade política no âmbito jurídico-formal.

Lei complementar disporá sobre: **a)** as condições para integração de regiões em desenvolvimento; **b)** a composição dos organismos regionais que executarão, na forma da lei, os planos regionais, integrantes dos planos nacionais de desenvolvimento econômico e social, aprovados juntamente com estes.

Dentre os **incentivos regionais**, podemos destacar, além de outros, na forma da lei: **a)** igualdade de tarifas, fretes, seguros e outros itens de custos e preços de responsabilidade do Poder Público; **b)** juros favorecidos para financiamento de atividades prioritárias; **c)** isenções, reduções ou diferimento temporário de tributos federais devidos por pessoas físicas ou jurídicas; **d)** prioridade para o aproveitamento econômico e social dos rios e das massas de água represadas ou represáveis nas regiões de baixa renda, sujeitas a secas periódicas.

Em relação a estas últimas áreas, sujeitas a secas periódicas, o § 3.º do art. 43 dispõe que a União incentivará a recuperação das terras áridas e cooperará com os pequenos e médios proprietários rurais para o estabelecimento, em suas glebas, de fontes de água e de pequena irrigação, sendo que, nos termos do art. 42 do ADCT, na redação dada pela **EC n. 89, de 15.09.2015**, durante **40 anos**, a União aplicará, do montante de recursos destinados à irrigação, 20% na Região Centro-Oeste e 50% na Região Nordeste, preferencialmente no semiárido. Desses percentuais, no mínimo 50% serão destinados a projetos de irrigação que beneficiem **agricultores familiares** que atendam aos requisitos previstos em legislação específica. Trata-se, sem dúvida, da consagração do princípio das "discriminações positivas", ou "ações afirmativas", que será retomado no *item 14.10.2* ao tratarmos do princípio da igualdade substancial ou material (*vide*, também, arts. 3.º, III, e 187, VII).

Como exemplos de regiões administrativas ou de desenvolvimento podemos lembrar a SUDENE (LC n. 66/91), a SUDAM (LC n. 67/91), a SUFRAMA (LC n.

[42] *Curso de direito constitucional positivo*, 17. ed., p. 644.

134/2010), as autorizações para o Poder Executivo criar as Regiões Administrativas Integradas de Desenvolvimento da Grande Teresina (LC n. 112, de 19.09.2001) e do Polo Petrolina/PE e Juazeiro/BA (LC n. 113, de 19.09.2001), assim como a instituição da Superintendência do Desenvolvimento do Centro-Oeste — SUDECO —, de natureza autárquica especial, com autonomia administrativa e financeira, integrante do Sistema de Planejamento e de Orçamento Federal, vinculada ao Ministério da Integração Nacional, com sede e foro em Brasília, Distrito Federal, e com área de atuação abrangendo os Estados de Mato Grosso, Mato Grosso do Sul e Goiás, além do Distrito Federal (LC n. 129, de 08.01.2009).

Convém destacar, contudo, tendo em vista os escandalosos, vergonhosos, indecorosos... desvios de valores de verbas públicas, a **extinção** da Superintendência do Desenvolvimento do Nordeste (SUDENE) e da Superintendência do Desenvolvimento da Amazônia (SUDAM), por meio, respectivamente, das **MPs ns. 2.156-5** e **2.157-5, de 24.08.2001**. Em contrapartida, foram criadas, pelo Presidente Fernando Henrique Cardoso, as **Agências de Desenvolvimento do Nordeste (ADENE) e da Amazônia (ADA)**, de natureza autárquica, vinculadas ao Ministério da Integração Nacional, com o objetivo de implementar políticas e viabilizar instrumentos de desenvolvimento do Nordeste e da Amazônia, respectivamente. Cabe apenas alertar sobre a forma de extinção da SUDAM e da SUDENE e sobre a criação da ADENE e da ADA, qual seja, por meio de medida provisória, o que poderá ser questionado perante o Judiciário, restando aguardar o pronunciamento do STF.

Posteriormente, a **LC n. 124/2007** instituiu, novamente, a Superintendência do Desenvolvimento da Amazônia — SUDAM, de natureza autárquica especial, administrativa e financeiramente autônoma, integrante do Sistema de Planejamento e de Orçamento Federal, com sede na cidade de Belém, Estado do Pará, e vinculada ao Ministério da Integração Nacional.

Por sua vez, a **LC n. 125/2007** instituiu, na forma do art. 43 da Constituição Federal, a Superintendência do Desenvolvimento do Nordeste — SUDENE, também de natureza autárquica especial, administrativa e financeiramente autônoma, integrante do Sistema de Planejamento e de Orçamento Federal, com sede na cidade de Recife, Estado de Pernambuco, e vinculada ao Ministério da Integração Nacional.

■ 7.5. ESTADOS-MEMBROS

Como já verificamos ao tratar do tema *poder constituinte derivado decorrente*, os Estados federados são *autônomos*, em decorrência da capacidade de **auto-organização, autogoverno, autoadministração** e **autolegislação**. Trata-se de **autonomia**, e não de **soberania**, na medida em que a **soberania** é um dos **fundamentos** da República Federativa do Brasil. Internamente, os entes federativos são **autônomos**, nos limites de suas competências, constitucionalmente definidas, delimitadas e asseguradas. Constituem pessoas jurídicas de direito público interno, autônomos, nos seguintes termos:

- **auto-organização:** art. 25, *caput*, que, como vimos, preceitua que os Estados se **organizarão** e serão **regidos** pelas leis e Constituições que adotarem, observando-se, sempre, as regras e preceitos estabelecidos na CF, conforme já expusemos ao tratar do poder constituinte derivado decorrente;
- **autogoverno:** os arts. 27, 28 e 125 estabelecem regras para a estruturação dos "Poderes": **Legislativo:** Assembleia Legislativa; **Executivo:** Governador do Estado; e **Judiciário:** Tribunais e Juízes (cada um dos Poderes será estudado nos *capítulos 9-11*);
- **autoadministração e autolegislação:** arts. 18 e 25 a 28 — regras de competências legislativas e não legislativas, que serão oportunamente estudadas.

7.5.1. Formação dos Estados-Membros

7.5.1.1. Regra geral

O art. 18, § 3.º, da CF/88 prevê os requisitos para o processo de criação dos Estados-Membros que deverão ser conjugados com outro requisito, o do art. 48, VI. Vejamos:

PROCESSO DE FORMAÇÃO DOS ESTADOS-MEMBROS — ART. 18, § 3.º

"Os Estados podem **incorporar-se entre si**, **subdividir-se** ou **desmembrar-se** para se anexarem a outros, ou formarem novos Estados ou Territórios Federais, mediante aprovação da população diretamente interessada, através de **plebiscito**, e do **Congresso Nacional**, por **lei complementar**."

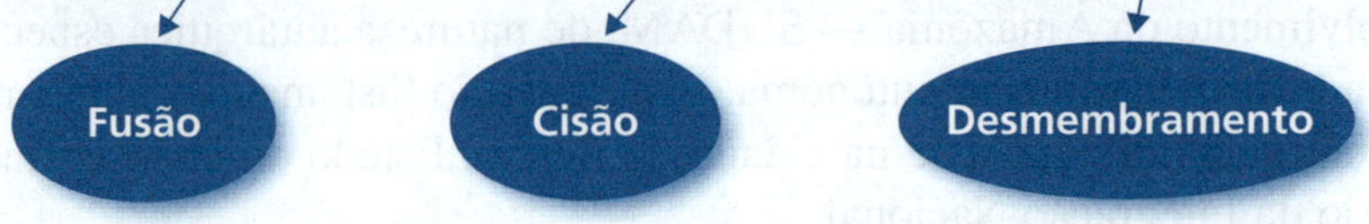

- **plebiscito:** por meio de plebiscito, a população interessada deverá aprovar a formação do novo Estado. Não havendo aprovação, nem se passará à próxima fase, na medida em que o plebiscito é **condição prévia**, **essencial** e **prejudicial** à fase seguinte;
- **propositura do projeto de lei complementar:** o art. 4.º, § 1.º, da Lei n. 9.709/98 estabelece que, **em sendo favorável** o resultado da consulta prévia ao povo mediante plebiscito, será proposto projeto de lei perante qualquer das Casas do Congresso Nacional;
- **audiência das Assembleias Legislativas:** à Casa perante a qual tenha sido apresentado o projeto de lei complementar referido no item anterior compete proceder a audiência das **respectivas** Assembleias Legislativas (art. 4.º, § 2.º, da Lei n. 9.709/98, regulamentando o art. 48, VI, da CF/88). Observe-se que o parecer das Assembleias Legislativas dos Estados **não é vinculativo**, ou seja, mesmo que desfavorável, poderá dar-se continuidade ao processo de formação de novos Estados (ao contrário da consulta plebiscitária, como vimos acima!);

- **aprovação pelo Congresso Nacional:** após a manifestação das Assembleias Legislativas, passa-se à fase de aprovação do projeto de **lei complementar**, proposto no Congresso Nacional, através do *quorum* de aprovação pela **maioria absoluta**, de acordo com o art. 69 da CF/88. Cabe alertar que o Congresso Nacional não está obrigado a aprovar o projeto de lei, nem o Presidente da República está obrigado a sancioná-lo. Ou seja, ambos têm discricionariedade, mesmo diante de manifestação plebiscitária favorável, devendo avaliar a conveniência política para a República Federativa do Brasil.

7.5.1.2. *Aspectos específicos e procedimentais*

O art. 3.º da Lei n. 9.709/98 estatui que nas questões de relevância nacional, de competência do Poder Legislativo ou do Poder Executivo, e no caso do § 3.º do art. 18 da CF **(criação de Estados-Membros)**, o plebiscito e o referendo são convocados mediante **decreto legislativo**, por proposta de 1/3, no mínimo, dos membros que compõem qualquer das Casas do Congresso Nacional.

É de observar que a competência para **autorizar** referendo e **convocar** plebiscito, de acordo com o art. 49, XV, da CF/88, é **exclusiva do Congresso Nacional**, materializada por **decreto legislativo**.

Para ilustrar, vamos lembrar o caso concreto da proposta de divisão do **Estado do Pará**, que aconteceu em 2011 e que acabou não sendo aceita pelo povo.

O **Decreto Legislativo n. 136/2011** dispôs sobre a realização de plebiscito para a criação do Estado do **Carajás**,[43] nos termos do inciso XV do art. 49 da Constituição Federal, enquanto, por sua vez, o **Decreto Legislativo n. 137/2011** convocou plebiscito sobre a criação do Estado do **Tapajós**.[44]

Interessante notar que foram os parlamentares os responsáveis pela definição do suposto novo desenho do atual Estado do Pará no caso de aprovação do plebiscito.

Ou seja, essa definição já chega pronta para que a população do Estado responda no momento da consulta.

A) E quais poderiam ser os possíveis resultados do plebiscito?

Conforme sinalizado anteriormente, se o povo responder que não é a favor da separação para formação de novos Estados **(desmembramento formação)**, o procedimento não seguirá, ou seja, a **vontade negativa** do povo **vincula**, não podendo, assim, jamais, o Parlamento aprovar eventual projeto de lei complementar criando os novos Estados contra a vontade negativa manifestada no plebiscito.

Portanto, parece-nos possível concluir que a **democracia direta prevalece sobre a democracia representativa**.

[43] De acordo com a divulgação do TSE, **66,60%** dos votos válidos refletiram a vontade da maioria contra a criação de Carajás.

[44] Por sua vez, conforme divulgação do TSE, **66,08%** dos votos válidos também refletiram a vontade popular contra a criação de Tapajós.

Agora, ao invés, se a **vontade** do povo for no **sentido favorável**, o projeto de lei complementar poderá seguir a sua tramitação e, assim, o parlamento, **com autonomia**, avaliará a conveniência ou não da criação dos novos Estados.

Isso significa que o Congresso Nacional terá total liberdade para não aceitar a criação dos novos Estados, até porque é o órgão político responsável pela avaliação e conveniência do novo desenho do Estado brasileiro.

B) Se a população autorizar o procedimento e o Congresso Nacional aprovar o projeto de lei complementar, o Presidente da República poderá vetar o projeto de lei?

Sim! O que quer dizer que o Presidente da República terá autonomia para ir contra a vontade do povo. E, novamente, essa situação não tem nenhum empecilho, na medida em que o Chefe do Executivo, mesmo que eleito pelo povo, tem, em igual sentido, liberdade para avaliar a conveniência do novo "desenho".

Nesse caso, parece-nos que, consagrando o **sistema dos freios e contrapesos** e em respeito à literalidade do **art. 66, § 4.º, da CF/88**, necessariamente, o veto presidencial será apreciado pelo Parlamento em sessão conjunta, dentro de 30 dias a contar de seu recebimento, podendo ser **rejeitado** pelo voto da maioria absoluta dos Deputados e Senadores (lembramos que, para essa hipótese, a **EC n. 76/2013**, no tocante ao modo de votação, aboliu a regra do escrutínio secreto, passando a ser votação ostensiva, ou seja, voto "aberto").

Avançando, o art. 18, § 3.º, da CF/88 estabelece que os Estados podem desmembrar-se para formar novos Estados mediante **aprovação da população diretamente interessada**, por meio de plebiscito, e do Congresso Nacional, por lei complementar.

C) O que deve ser entendido por população diretamente interessada a ser ouvida no plebiscito?

Em **24.08.2011**, o Plenário do STF decidiu, no julgamento da **ADI 2.650**,[45] que o plebiscito para o desmembramento de um Estado da Federação deve envolver não somente a população do território a ser desmembrado mas também a de **todo o Estado-Membro**, no caso do exemplo em análise, a população de todo o Estado do Pará.

E como fica o resto do Brasil? Será que a mudança no desenho da Federação não afetaria o interesse das populações e dos outros Estados?

Essa preocupação foi manifestada pelo Min. Marco Aurélio no julgamento da referida ADI 2.650, que chegou a afirmar a necessidade de se fazer a consulta envolvendo a população de todo o território nacional.

Conforme noticiado, explicou "... que os estados e os municípios de hoje têm participação em receitas federais e estaduais. 'Ora, se há possibilidade de vir à balha um novo município ou um novo estado haverá prejuízo para as populações dos de-

[45] **ADI 2.650**, Rel. Min. Dias Toffoli, j. 24.08.2011, Plenário, *DJE* de 16.11.2011.

mais estados e dos demais municípios, e a razão é muito simples: aumentará o divisor do fundo alusivo aos estados e do fundo também referente aos municípios'" (*Notícias STF*, 24.08.2011).

Contudo, como visto, **essa tese não prevaleceu**.

Assim, muito cuidado e retomando: população diretamente interessada deve ser entendida como **a população de todo o Estado-Membro (ou de todo o Município, no caso de seu desmembramento), e não apenas a população da área a ser desmembrada**.

Em relação ao **resto do Brasil**, podemos afirmar que a consulta acabará sendo realizada, segundo anotado no julgamento da ADI 2.650, **indiretamente**, por meio dos seus **representantes eleitos**, na medida em que, relembramos, o Congresso Nacional terá discricionariedade para aprovar ou não o projeto de LC, mesmo diante de plebiscito favorável.

■ 7.5.1.3. *E qual deve ser o procedimento no caso de criação de um novo Estado?*

Ou, em outras palavras, o que acontecerá se o povo autorizar a criação do novo Estado, o projeto de lei complementar for aprovado pelo Congresso Nacional e o Presidente da República sancioná-lo, promulgando e determinando a publicação da nova lei, que efetivamente tratará do novo desenho do território nacional?

Nesse caso, de acordo com o **art. 235** da CF/88, nos **10 primeiros anos** da referida criação, serão observadas as seguintes regras básicas:

- a Assembleia Legislativa será composta de 17 Deputados, se a população do Estado for inferior a 600.000 habitantes, e de 24, se igual ou superior a esse número, até 1.500.000;
- o Governo terá no máximo 10 Secretarias;
- o Tribunal de Contas terá 3 membros, nomeados pelo Governador eleito, dentre brasileiros de comprovada idoneidade e notório saber;
- o Tribunal de Justiça terá 7 Desembargadores;
- os primeiros Desembargadores serão nomeados pelo Governador eleito, escolhidos na forma do art. 235, V, "a" e "b";
- no caso de Estado proveniente de Território Federal, os 5 primeiros Desembargadores poderão ser escolhidos dentre juízes de direito de qualquer parte do País;
- em cada Comarca, o primeiro Juiz de Direito, o primeiro Promotor de Justiça e o primeiro Defensor Público serão nomeados pelo Governador eleito após concurso público de provas e títulos;
- até a promulgação da Constituição Estadual, responderão pela Procuradoria-Geral, pela Advocacia-Geral e pela Defensoria-Geral do Estado advogados de

notório saber, com 35 anos de idade, no mínimo, nomeados pelo Governador eleito e demissíveis *ad nutum*;

- se o novo Estado for resultado de transformação de Território Federal, a transferência de encargos financeiros da União para pagamento dos servidores optantes que pertenciam à Administração Federal ocorrerá de acordo com o art. 235, IX, "a" e "b";
- as nomeações que se seguirem às primeiras, para os cargos mencionados, serão disciplinadas na Constituição Estadual;
- as despesas orçamentárias com pessoal não poderão ultrapassar 50% da receita do Estado.

7.5.1.4. *Fusão*

O art. 18, § 3.º, determina que os Estados poderão **incorporar-se entre si**. Trata-se do instituto da **fusão**, na medida em que dois ou mais Estados se unem geograficamente, formando um terceiro e novo **Estado** ou **Território Federal**, distinto dos Estados anteriores, os quais, por sua vez, perderão a personalidade primitiva. Ou seja, os Estados que se incorporarem entre si não mais existirão; o Estado ou Território Federal que será formado considera-se inexistente antes do processo de fusão.

Nesse caso, por população diretamente interessada, a ser consultada mediante plebiscito, deve-se entender a população de cada um dos Estados que desejam fundir-se.

Como exemplo, podemos lembrar o art. 8.º da **LC n. 20/74**, que criou o atual **Estado do Rio de Janeiro** em razão da fusão dos *Estados do Rio de Janeiro* e da *Guanabara* (antigo Município Neutro, tendo por sede a cidade do Rio de Janeiro e que foi a capital do Brasil, transformada em Distrito Federal pela Constituição de 1891, e transformado no Estado da Guanabara em 21.04.1960 quando houve a inauguração de Brasília e a transferência da Capital para o Planalto Central).

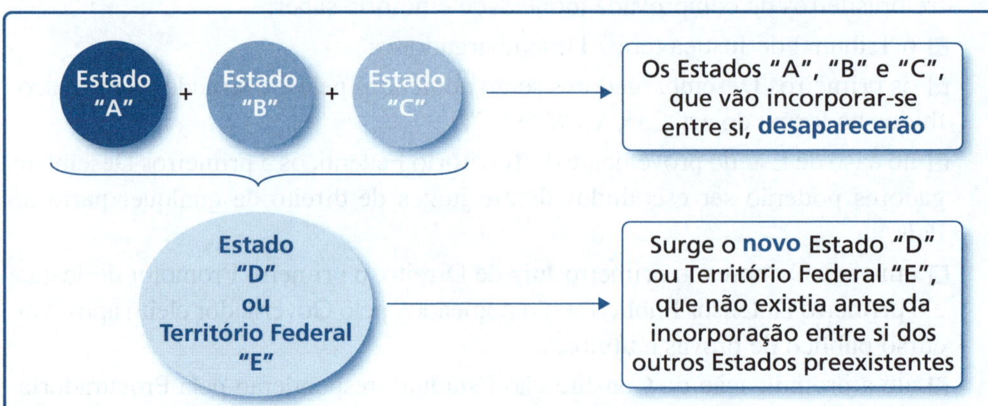

■ 7.5.1.5. *Cisão*

A **cisão** ocorre quando um Estado que já existe **subdivide-se**, formando dois ou mais Estados-Membros novos (que não existiam), com personalidades distintas, ou Territórios Federais. O Estado originário que se subdividiu **desaparece**, deixando de existir politicamente.

Como anota José Afonso da Silva, subdivisão "... significa separar um todo em várias partes, formando cada qual uma unidade independente das demais".[46]

Por população diretamente interessada a ser consultada, mediante plebiscito, sobre a subdivisão do Estado deve-se entender a população do referido Estado que vai partir-se.

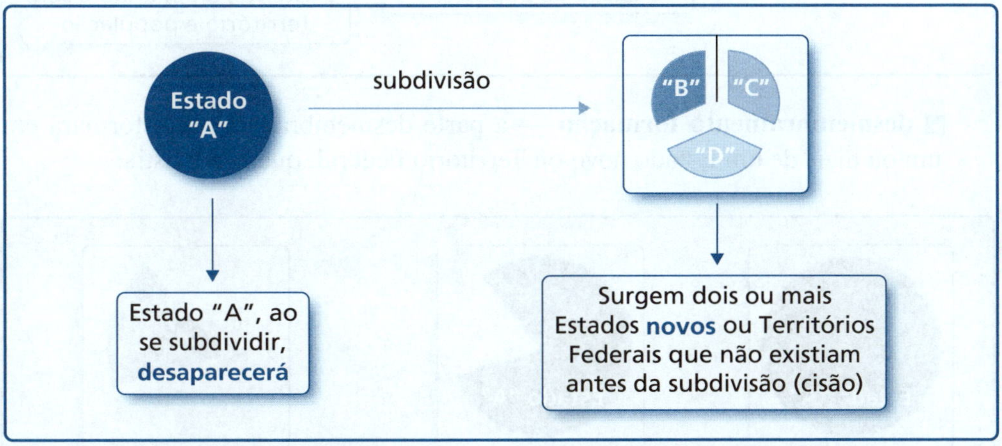

■ 7.5.1.6. *Desmembramento*

Ao estabelecer o art. 18, § 3.º, que os Estados podem **desmembrar-se**, fixou-se a possibilidade de um ou mais Estados cederem parte de seu território geográfico para formar um novo Estado ou Território Federal que não existia ou se anexar (a parte desmembrada) a um outro Estado que já existia.

Como regra, **o Estado originário não desaparece**. Foi o que aconteceu com o Estado de Goiás em relação ao do **Tocantins** (art. 13 do ADCT) e com o de Mato Grosso em relação a Mato Grosso do Sul, este criado pela LC n. 31/77.

Assim, surgem duas modalidades de desmembramento:

- **desmembramento anexação** — a parte desmembrada vai anexar-se a um Estado que já existe, ampliando o seu território geográfico. Não haverá criação de um novo Estado. Tanto o Estado primitivo permanece (só que com área e população menores) como o Estado que receberá a parte desmembrada continua a existir (só que com área e população maiores);

[46] *Comentário contextual à Constituição*, 2. ed., p. 249.

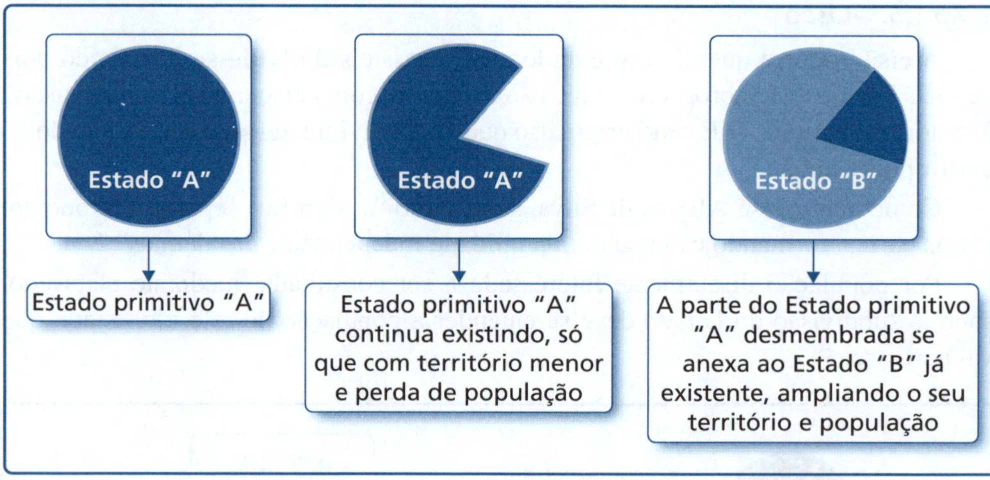

■ **desmembramento formação** — a parte desmembrada se transformará em um ou mais de um Estado novo ou Território Federal, que não existia.

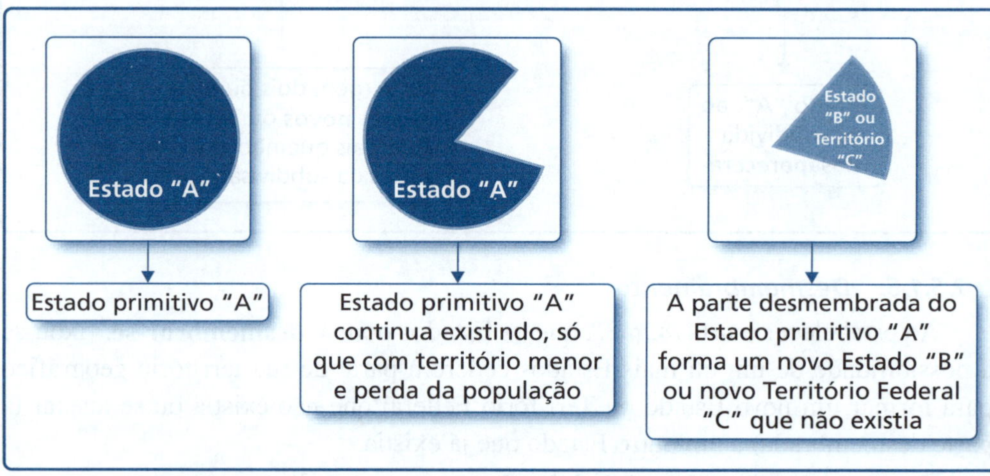

Reforçando, nos dois casos o Estado originário **não** desaparecerá, não ocorrendo a perda de sua identidade. Apenas perderá parte de seu território e da população.

No tocante ao plebiscito, por população diretamente interessada deve ser entendida tanto a do território que se pretende desmembrar como a que receberá o acréscimo, na hipótese de desmembramento anexação. Na hipótese de desmembramento formação deve ser ouvida a população do Estado que sofrerá o desmembramento.

■ 7.5.2. Bens dos Estados-Membros

De acordo com o art. 26 da CF/88, incluem-se entre os bens dos Estados: I — as águas superficiais ou subterrâneas, fluentes, emergentes e em depósito, ressalvadas, neste caso, na forma da lei, as decorrentes de obras da União; II — as áreas, nas ilhas oceânicas e costeiras, que estiverem no seu domínio, excluídas aquelas sob domínio da União, Municípios ou terceiros; III — as ilhas fluviais e lacustres não pertencentes à União; IV — as terras devolutas não compreendidas entre as da União.

7.5.3. Competências dos Estados-Membros

7.5.3.1. Competência não legislativa (administrativa ou material)

- **comum (cumulativa, concorrente, administrativa** ou **paralela):** trata-se de competência não legislativa comum aos quatro entes federativos, quais sejam, a União, Estados, Distrito Federal e Municípios, prevista no art. 23 da CF/88;
- **residual (remanescente ou reservada):** são reservadas aos Estados as competências administrativas que não lhes sejam vedadas, ou a competência que sobrar (eventual resíduo), após a enumeração dos outros entes federativos (art. 25, § 1.º), ou seja, as competências que não sejam da União (art. 21), do Distrito Federal (art. 23), dos Municípios (art. 30, III a IX) e comum (art. 23).

7.5.3.2. Competência legislativa

Como a terminologia indica, trata-se de competências, constitucionalmente definidas, **para elaborar leis**. Foram assim definidas para os Estados-Membros:

- **expressa:** art. 25, *caput* → qual seja, como vimos, a capacidade de auto-organização dos Estados-Membros, que se regerão pelas Constituições e leis que adotarem, observados os princípios da CF/88;
- **residual (remanescente ou reservada):** art. 25, § 1.º → toda competência que não for vedada está reservada aos Estados-Membros, ou seja, o resíduo que sobrar, o que não for de competência expressa dos outros entes e não houver vedação, caberá aos Estados materializar;
- **delegada pela União:** art. 22, parágrafo único → como vimos, a União poderá autorizar os Estados a legislar sobre questões específicas das matérias de sua competência privativa prevista no art. 22 e incisos. Tal autorização dar-se-á por meio de **lei complementar**;[47]
- **concorrente:** art. 24 → a concorrência para legislar dar-se-á entre a União, os Estados e o Distrito Federal, cabendo à **União** legislar sobre normas gerais e aos **Estados**, sobre normas específicas;
- **suplementar:** art. 24, §§ 1.º a 4.º → no âmbito da legislação concorrente, como vimos, a União limita-se a estabelecer normas gerais e os Estados, normas específicas. No entanto, em caso de inércia legislativa da União, os Estados poderão **suplementá-la**, regulamentando as regras gerais sobre o assunto, sendo que, na superveniência de lei federal sobre norma geral, a aludida norma estadual

[47] Nesse sentido, destacamos a **LC n. 103/2000**, que, em razão da regra contida no art. 22, parágrafo único, da CF/88, **autorizou** os **Estados** e o **DF** a instituírem, **mediante lei de iniciativa do Poder Executivo**, o **piso salarial** de que trata o art. 7.º, V, da Constituição Federal, para os **empregados** que **não tenham piso salarial definido em lei federal, convenção ou acordo coletivo de trabalho** (cf. *item 15.4.1*).

geral (suplementar) terá a sua eficácia suspensa, no que for contrária à lei federal sobre normas gerais editadas posteriormente.[48] Assim, poderíamos, conforme a doutrina, dividir a competência suplementar em duas, a saber: **a) competência suplementar complementar** — na hipótese de já existir lei federal sobre a matéria, cabendo aos Estados e ao Distrito Federal (na competência estadual) simplesmente completá-las; **b) competência suplementar supletiva** — nessa hipótese inexiste a lei federal, passando os Estados e o Distrito Federal (na competência estadual), temporariamente, a ter a competência plena sobre a matéria;

- **tributária expressa:** art. 155 (estudar especialmente em direito tributário).

7.5.4. Exploração dos serviços locais de gás canalizado

Os **serviços locais de gás canalizado** serão explorados diretamente pelos Estados, ou mediante concessão, na forma da lei, vedando-se a regulamentação da referida matéria por medida provisória, como expressamente previsto no art. 25, § 2.º (com a redação determinada pela EC n. 5/95), e em decorrência do art. 246 da CF/88.

A Lei n. 9.478, de 06.08.1997 (*vide* também a Lei n. 9.847, de 26.10.1999), veio dispor sobre a **política energética nacional** e as **atividades relativas ao monopólio do petróleo**, instituindo o **Conselho Nacional de Política Energética** e a **Agência Nacional do Petróleo**, além de outras providências pertinentes à matéria.

Trata-se, de acordo com o art. 6.º, XXII, da aludida lei, da **distribuição de gás canalizado**, ou seja, serviços locais de comercialização de gás canalizado, junto aos usuários finais, explorados com exclusividade pelos Estados, diretamente ou mediante concessão, nos termos do § 2.º do art. 25 da CF.[49]

7.5.5. Regiões metropolitanas, aglomerações urbanas e microrregiões

7.5.5.1. Aspectos gerais

A política de agrupamento de municípios para a implementação de *serviços públicos comuns*, como, por exemplo, os de saneamento básico, foi **lançada** na Consti-

[48] Ver no *item 7.6.2.2* comentários à **competência legislativa suplementar municipal**, onde entendemos também caber a participação municipal suplementando a legislação geral e específica, dentro do interesse local municipal.

[49] Porém, lembrar o conteúdo do art. 177, que diz: "Constituem monopólio da União: I — a pesquisa e a lavra das jazidas de petróleo e gás natural e outros hidrocarbonetos fluidos; II — a refinação do petróleo nacional ou estrangeiro; III — a importação e exportação dos produtos e derivados básicos resultantes das atividades previstas nos incisos anteriores; IV — o transporte marítimo do petróleo bruto de origem nacional ou de derivados básicos de petróleo produzidos no País, bem assim o transporte, por meio de conduto, de petróleo bruto, seus derivados e gás natural de qualquer origem; V — a pesquisa, a lavra, o enriquecimento, o reprocessamento, a industrialização e o comércio de minérios e minerais nucleares e seus derivados, **com exceção dos radioisótopos cuja produção, comercialização e utilização poderão ser autorizadas sob regime de permissão, conforme as alíneas "b" e "c" do inciso XXIII do *caput* do art. 21 desta Constituição Federal** (cf. **EC n. 49/2006**). § 1.º A União poderá contratar com empresas estatais ou privadas a realização das atividades previstas nos incisos I a IV deste artigo, observadas as condições estabelecidas em lei".

tuição de 1937 (art. 29), que delegava aos Estados a regulamentação das condições, bem como a forma de sua administração.

A Constituição de 1946 permitiu ao Estado apenas a criação de órgão de assistência técnica aos Municípios.

Já a de 1967 (art. 157, § 10) e a EC n. 1/69 (art. 164) trataram de modo explícito da possibilidade de criação de *regiões metropolitanas*, para a realização de *serviços de interesse comum*, mediante lei complementar do Congresso Nacional, ou seja, a competência era da União.

A Constituição de 1988, por sua vez, inovando, passa a atribuir aos **Estados** a competência para instituir não só as **regiões metropolitanas** mas, também, **aglomerações urbanas** e **microrregiões**, nos seguintes termos (art. 25, § 3.º):

- **legitimados:** Estados-Membros;
- **requisito formal:** a instituição dar-se-á por **lei complementar** a ser aprovada pela Assembleia Legislativa do Estado;
- **requisito material (elementos de constituição):** agrupamento de municípios limítrofes (dois ou mais);
- **finalidade:** integrar a organização, o planejamento e a execução de **funções públicas de interesse comum**. Segundo interpretou o STF, "o interesse comum inclui funções públicas e serviços que atendam a mais de um município, assim como os que, restritos ao território de um deles, sejam de algum modo dependentes, concorrentes, confluentes ou integrados de funções públicas, bem como serviços supramunicipais" (**ADI 1.842**, j. 06.03.2013);
- **função pública de interesse comum:** "política pública ou ação nela inserida cuja realização por parte de um Município, isoladamente, seja inviável ou cause impacto em Municípios limítrofes" (art. 2.º, II, da Lei n. 13.089/2015 — "Estatuto da Metrópole").

7.5.5.2. Conceito

De acordo com José Afonso da Silva:[50]

- **região metropolitana:** "constitui-se de um conjunto de Municípios cujas sedes se unem com certa continuidade urbana em torno de um Município-polo";
- **microrregiões:** "formam-se de grupos de Municípios limítrofes com certa homogeneidade e problemas administrativos comuns, cujas sedes não sejam unidas por continuidade urbana";
- **aglomerados urbanos:** "carecem de conceituação, mas, de logo, se percebe que se trata de áreas urbanas, sem um polo de atração urbana, quer tais áreas sejam das cidades sedes dos Municípios, como na baixada santista (em São Paulo), ou não".

---

50 José Afonso da Silva, *Curso de direito constitucional positivo*, 36. ed., p. 669.

Para o ilustre professor, o que dá essência ao conceito de **região metropolitana**, legitimando-a e justificando-a, é o fenômeno da **conurbação**, ou seja, "a existência de núcleos urbanos contíguos, contínuos ou não, subordinados a mais de um Município, sob a **influência de um Município-polo**".

As *microrregiões* distinguem-se das *regiões metropolitanas* sob esse aspecto fático, caracterizando-se como "regiões espaciais definidas para *fins administrativos*, que também pressupõem a existência de um agrupamento de Municípios limítrofes com interesses comuns", mas sem o citado aspecto urbanístico (a *conurbação*, "realidade fática, antológica, essência conceitual").

A **região metropolitana**, diferente da *microrregião* (definida para fins administrativos), apresenta-se, portanto, como **região urbana** ("comunidade integrada em um espaço fortemente urbanizado"), e não puramente territorial. Essa característica marcante também se verifica nos *aglomerados urbanos,* que, contudo, diferente das *regiões metropolitanas*, não possuem um polo de atração urbana.[51]

Partindo dessa perspectiva doutrinária, devemos destacar as definições contidas no *Estatuto da Metrópole* (Lei n. 13.089/2015), a saber:

- **região metropolitana:** "unidade regional instituída pelos Estados, mediante lei complementar, constituída por agrupamento de Municípios limítrofes para integrar a organização, o planejamento e a execução de funções públicas de interesse comum" (inicialmente definido na redação original do art. 2.º, VII, da Lei n. 13.089/2015, o instituto veio a ser alterado pela Lei n. 13.683/2018, tendo sido modificado pela MP 862/2018, que teve o seu prazo de vigência encerrado em 14.05.2019, voltando, então, a valer a regra dada pela referida Lei n. 13.683/2018);
- **aglomeração urbana:** "unidade territorial urbana constituída pelo agrupamento de 2 ou mais Municípios limítrofes, caracterizada por complementaridade funcional e integração das dinâmicas geográficas, ambientais, políticas e socioeconômicas" (art. 2.º, I).

[51] José Afonso da Silva, *Direito urbanístico brasileiro*, 5. ed., p. 159-161. Conforme anotou, "essa *realidade urbanística especial*, que constitui o substrato e fundamento das regiões metropolitanas, foi muito bem captada pela justificativa que acompanhou a proposta de emenda constitucional de autoria do então senador Eurico Rezende, de que se originou o § 10 do art. 157 da Constituição do Brasil de 1967, traduzido no art. 164 da EC 1/1969. *In verbis*: 'as Regiões Metropolitanas constituem hoje em dia uma *realidade urbanística* que não pode ser desconhecida das Administrações modernas, nem omitida no planejamento regional. Por regiões metropolitanas entendem-se aqueles Municípios que gravitam em torno da grande cidade, formando com esta uma unidade socioeconômica, com recíprocas implicações nos seus serviços *urbanos* e *interurbanos*. Assim sendo, tais serviços deixam de ser de exclusivo interesse local, por vinculados estarem a toda comunidade metropolitana. Passam a constituir a *tessitura intermunicipal daquelas localidades*, e, por isso mesmo, devem ser *planejados e executados em conjunto, por uma Administração unificada e autônoma, mantida por todos os Municípios da região* (...)'" (*op. cit.*, p. 161).

De maneira bastante interessante, o art. 4.º do *Estatuto da Metrópole* prevê a possibilidade de instituição de **região metropolitana** ou de **aglomeração urbana** que envolva **Municípios pertencentes a mais de um Estado**, hipótese em que será formalizada mediante a aprovação de **leis complementares pelas assembleias legislativas de cada um dos Estados envolvidos**.

Até a aprovação das referidas leis complementares por todos os Estados, a região metropolitana ou a aglomeração urbana terá validade apenas para os Municípios dos Estados que já houverem aprovado a respectiva lei.

■ 7.5.5.3. *O que aconteceu com as regiões metropolitanas instituídas antes da nova Constituição de 1988?*

Conforme se observou, a partir de 1988, a criação de regiões metropolitanas, aglomerações urbanas e microrregiões passou a depender de **lei complementar estadual**.

No ordenamento jurídico anterior, a competência era da União, destacando-se os seguintes exemplos, **recepcionados** e que perduram até que lei complementar estadual disponha de modo diverso:

- **LC n. 14/73:** regiões metropolitanas de São Paulo, Belo Horizonte, Porto Alegre, Recife, Salvador, Curitiba, Belém e Fortaleza;
- **LC n. 20/74:** região metropolitana do Rio de Janeiro, que veio a ser alterada pela **LC estadual n. 87/97**.

■ 7.5.5.4. *Caráter compulsório da participação dos Municípios nas regiões metropolitanas, aglomerações urbanas e microrregiões*

O art. 357, parágrafo único, da Constituição do Estado do Rio de Janeiro exigia a *prévia aprovação pela respectiva câmara municipal* para a participação de qualquer município em região metropolitana.

O STF, interpretando o art. 25, § 3.º, reconheceu o **caráter compulsório da participação**, bastando a existência de **lei complementar estadual** (**ADI 1.841**, Rel. Min. Carlos Velloso, j. 1.º.08.2002, Plenário, *DJ* de 20.09.2002).

Em igual sentido já havia decidido a Corte em relação ao art. 216, § 1.º, da Constituição do Estado do Espírito Santo, declarando **inconstitucional** a *exigência de plebiscito às populações diretamente interessadas* para a criação de regiões metropolitanas e aglomerações urbanas. Como se disse, basta a existência de lei complementar aprovada pela Assembleia Legislativa estadual (**ADI 796**, j. 02.02.1998).

O tema voltou a ser reafirmado no julgamento da **ADI 1.842** (j. 06.03.2013), também envolvendo lei complementar específica estadual que criou a Região Metropolitana do Rio de Janeiro e a Microrregião dos Lagos.

Conforme ficou estabelecido, "a instituição de regiões metropolitanas, aglomerações urbanas ou microrregiões pode vincular a participação de municípios limítro-

Acesse também a videoaula pelo link: somos.in/DCE25096

fes, com o objetivo de executar e planejar a função pública do **saneamento básico**, seja para atender adequadamente às exigências de higiene e saúde pública, seja para dar viabilidade econômica e técnica aos municípios menos favorecidos. Repita-se que **este caráter compulsório da integração metropolitana não esvazia a autonomia municipal**" (*item 4* da *ementa*).

7.5.5.5. O interesse comum e a compulsoriedade da integração metropolitana não são incompatíveis com a autonomia municipal que deverá ser preservada. Não se admite a simples transferência de competências exclusivamente para o Estado-Membro. A gestão deverá ser compartilhada

Analisando o caso concreto do Estado do Rio de Janeiro, o STF deixou claro que a **autonomia municipal** deverá ser preservada. Assim, a organização, o planejamento e a execução de *funções públicas de interesse comum*, bem como o seu processo decisório, não poderão ser transferidos com exclusividade para o Estado-Membro, devendo ser assegurada a participação tanto dos municípios compreendidos como do referido ente federativo.

Conforme ficou assentado na *ementa* do julgamento da **ADI 1.842**, "o interesse comum é muito mais que a soma de cada interesse local envolvido, pois a má condução da função de saneamento básico por apenas um município pode colocar em risco todo o esforço do conjunto, além das consequências para a saúde pública de toda a região".

Dessa forma, "o parâmetro para aferição da constitucionalidade reside no respeito à divisão de responsabilidades entre Municípios e Estado. **É necessário evitar que o poder decisório e o poder concedente se concentrem nas mãos de um único ente para preservação do autogoverno e da autoadministração dos municípios**".

Ao final, a Corte estabeleceu que "a **participação** dos entes nesse colegiado **não necessita de ser paritária**, desde que apta a prevenir a concentração do poder decisório no âmbito de um único ente. A participação de cada Município e do Estado deve ser estipulada em cada região metropolitana de acordo com suas particularidades, **sem que se permita que um ente tenha predomínio absoluto**".

7.5.5.6. "Estatuto da Metrópole" — Lei n. 13.089/2015

Em discussão desde o advento do "Estatuto da Cidade" (Lei n. 10.257/2001), em sua complementação, a União elaborou a **Lei n. 13.089, de 12.01.2015**, instituindo o denominado **"Estatuto da Metrópole"**.

Tendo por fundamento os arts. 21, XX; 23, IX; 24, I; 25, § 3.º e 182, o *Estatuto da Metrópole* estabelece:

- diretrizes gerais para o planejamento, a gestão e a execução das funções públicas de interesse comum em **regiões metropolitanas** e em **aglomerações urbanas** instituídas pelos Estados;

- normas gerais sobre o plano de desenvolvimento urbano integrado e outros instrumentos de governança interfederativa;
- critérios para o apoio da União a ações que envolvam governança interfederativa no campo do desenvolvimento urbano.

Além das regiões metropolitanas e das aglomerações urbanas, as disposições introduzidas na lei aplicam-se, no que couber, às **microrregiões** instituídas pelos Estados com fundamento em **funções públicas de interesse comum com características predominantemente urbanas**.

De modo bastante interessante, o *Estatuto da Metrópole* preserva o entendimento firmado pelo STF no julgamento da **ADI 1.842** (cf. *item 7.5.5.4*), confirmando o caráter compulsório de participação dos Municípios nas regiões metropolitanas, aglomerações e microrregiões, com a preservação da autonomia dos entes federativos em relação aos interesses comuns de abrangência metropolitana, como os serviços de transporte público, saneamento básico, meio ambiente, mobilidade urbana, moradia etc.

Lança-se a ideia de uma denominada **"governança interfederativa"**, definida pelo estatuto como o "compartilhamento de responsabilidades e ações entre entes da Federação em termos de organização, planejamento e execução de funções públicas de interesse comum" (art. 2.º, IV).

Por sua vez, o art. 6.º da referia Lei n. 13.089/2015 estabelece que a **governança interfederativa** das regiões metropolitanas e das aglomerações urbanas, com a previsão expressa de apoio da União, respeitará os seguintes **princípios**:

- prevalência do interesse comum sobre o local;
- compartilhamento de responsabilidades e de gestão para a promoção do desenvolvimento urbano integrado (redação dada pela Lei n. 13.683/2018);
- autonomia dos entes da Federação;
- observância das peculiaridades regionais e locais;
- gestão democrática da cidade, consoante os arts. 43 a 45 da Lei n. 10.257/2001;
- efetividade no uso dos recursos públicos;
- busca do desenvolvimento sustentável.

No fundo, o estatuto confirma uma inegável tendência e realidade dos tempos atuais, marcada por não mais se sustentar a plena e isolada autonomia municipal, nem a crença em uma ultrapassada onipresença do Estado para tratar das questões supramunicipais.

O que se tem é a confirmação da necessidade de participação de todos os entes federativos envolvidos, bem como o necessário e permanente diálogo no tocante à organização, ao planejamento e à execução de funções públicas de interesse comum.

■ 7.5.5.7. *Qual a natureza jurídica das regiões metropolitanas, aglomerações urbanas e microrregiões criadas por lei complementar estadual?*

Apesar da discussão doutrinária sobre o assunto, Michel Temer estabelece que a região metropolitana (e em seguida diz caber tal observação para as aglomerações urbanas e microrregiões) "não é dotada de personalidade. Com este dizer fica afastada a ideia de governo próprio ou, mesmo, de administração própria. Não é pessoa política nem administrativa. Não é centro personalizado. Não é organismo. É órgão".[52]

Em outras palavras, instituído o agrupamento de municípios por um dos instrumentos, **não se criará um novo ente federativo**, não se tratará de entidade política autônoma, mas, em essência, será estabelecido um órgão com função meramente administrativa e executória, nos termos da lei complementar estadual.

Alaor Caffé Alves vislumbra no permissivo do art. 25, § 3.º, a possibilidade de se instituir uma "nova forma de administração regional, no âmbito dos Estados, como um corpo-administrativo territorial (**autarquia territorial, intergovernamental** e **plurifuncional**), sem personalidade *política*".[53]

Essa *entidade regional* criada para a implementação das *funções públicas de interesse comum*, sempre assegurando a participação dos Municípios e do Estado, não poderá se confundir com as pessoas *políticas* que a instituirão, mas, naturalmente, poderá, diante da transferência de parte específica de competências e atribuições previstas na Constituição, ter personalidade *jurídica* (não política!).

Nesse sentido, interessante anotar o reconhecimento, pelo Min. Gilmar Mendes, de se implementar a organização, o planejamento e a execução das funções públicas de interesse comum por **agências reguladoras**.

Ao analisar o caso concreto do Estado do Rio de Janeiro **(ADI 1.842)**, em seu voto, reconheceu que o **serviço de saneamento básico** "— no âmbito de regiões metropolitanas, microrregiões e aglomerados urbanos — constitui interesse coletivo que não pode estar subordinado à direção de único ente, mas deve ser planejado e executado de acordo com decisões colegiadas em que participem tanto os municípios compreendidos como o estado federado".

"Portanto, nesses casos, o poder concedente do serviço de saneamento básico nem permanece fracionado entre os municípios, nem é transferido para o estado federado, mas deve ser dirigido por **estrutura colegiada** — instituída por meio da lei complementar estadual que cria o agrupamento de comunidades locais — em que a vontade de um único ente não seja imposta a todos os demais entes políticos participantes. Esta estrutura colegiada deve regular o serviço de saneamento básico de forma a dar viabilidade técnica e econômica ao adequado atendimento do interesse coletivo."

E concluiu: "... a mencionada estrutura colegiada pode ser implementada tanto por **acordo**, mediante **convênios**, quanto de **forma vinculada**, na instituição dos

---

52 *Elementos de direito constitucional*, p. 112.

53 Alaôr Caffé Alves, Regiões metropolitanas, aglomerações urbanas e microrregiões: novas dimensões constitucionais da organização do Estado brasileiro, *RPGESP*, p. 40.

agrupamentos de municípios. Ademais, a instituição de **agências reguladoras** pode se provar como forma bastante eficiente de estabelecer padrão técnico na prestação e concessão coletivas do serviço de saneamento básico" (original sem grifos).

■ 7.6. MUNICÍPIOS

O Município pode ser definido como pessoa jurídica de direito público interno e **autônoma** nos termos e de acordo com as regras estabelecidas na CF/88.

Muito se questionou a respeito de serem os Municípios parte integrante ou não de nossa Federação, bem como sobre a sua autonomia. A análise dos arts. 1.º e 18, bem como de todo o capítulo reservado aos Municípios (apesar de vozes em contrário), leva-nos ao único entendimento de que eles são entes federativos, dotados de autonomia própria, materializada por sua capacidade de **auto-organização, autogoverno, autoadministração** e **autolegislação**. Ainda mais diante do art. 34, VII, "c", que prevê a intervenção federal na hipótese de o Estado não respeitar a **autonomia municipal**.

Como já alertamos, trata-se de **autonomia,** e não de **soberania**, uma vez que a **soberania** é um dos **fundamentos** da República Federativa do Brasil. Internamente, os entes federativos são **autônomos**, na medida de sua competência, constitucionalmente definida, delimitada e assegurada. Vejamos:

- **auto-organização:** art. 29, *caput* — os Municípios organizam-se por meio de **Lei Orgânica**, votada em **dois turnos**, com o interstício mínimo de dez dias, e aprovada por **dois terços** dos membros da Câmara Municipal, que a promulgará, atendidos os princípios estabelecidos na Constituição Federal, na Constituição do respectivo Estado e o preceituado nos incisos I a XIV do art. 29 da CF/88;
- **autogoverno:** elege, diretamente, o Prefeito, Vice-Prefeito e Vereadores (confira incisos do art. 29);
- **autoadministração e autolegislação:** art. 30 — regras de competência que serão oportunamente estudadas. O STF, ao destacar a essência da autonomia municipal, estabeleceu que a autoadministração implica a capacidade decisória quanto aos interesses locais, sem delegação ou aprovação hierárquica (ADI 1.842, *item 3* da *ementa*).

■ 7.6.1. Formação dos Municípios

O art. 18, § 4.º, da CF/88, com a redação dada pela EC n. 15/96, fixa as regras para a **criação**, **incorporação**, **fusão** e **desmembramento** de Municípios, nos seguintes termos e obedecendo às seguintes etapas:

- **lei complementar federal:** determinará o período para a mencionada criação, incorporação, fusão ou desmembramento de Municípios, bem como o procedimento (cf. ADI 2.702);

- **estudo de viabilidade municipal:** deverá ser apresentado, publicado e divulgado, na forma da lei, estudo demonstrando a viabilidade da criação, incorporação, fusão ou desmembramento de Municípios;
- **plebiscito:** desde que positivo o estudo de viabilidade, far-se-á consulta às populações dos Municípios envolvidos (de todos os Municípios envolvidos, e não apenas da área a ser desmembrada, como vimos em relação aos Estados-Membros), para aprovarem ou não a criação, incorporação, fusão ou desmembramento. Referido **plebiscito** será convocado pela Assembleia Legislativa, de conformidade com a legislação federal e estadual (art. 5.º da Lei n. 9.709/98);
- **lei estadual:** dentro do período que a lei complementar federal definir, desde que já tenha havido um estudo de viabilidade e aprovação plebiscitária, serão criados, incorporados, fundidos ou desmembrados Municípios, através de **lei estadual**.

Portanto, o **plebiscito** é **condição de procedibilidade** para o processo legislativo da lei estadual. Se favorável, o legislador estadual terá discricionariedade para aprovar ou rejeitar o projeto de lei de criação do novo Município. Em igual sentido, mesmo que aprovada a lei pelo legislador estadual, o Governador de Estado poderá vetá-la.

Modificando anterior jurisprudência do TSE (*MS 1.511/DF, de 05.06.1992*), o art. 7.º da Lei n. 9.709/98 dispõe que a consulta plebiscitária deverá ocorrer perante as **populações diretamente interessadas**, tanto a do território que será desmembrado como a do distrito que pretende desmembrar-se.

Finalmente, destacamos o julgamento da **ADI 2.240**, na qual se discutiram as regras do art. 18, § 4.º, especialmente a **necessidade de LC federal** determinando o período de criação de novos Municípios.

REDAÇÃO ORIGINAL (1988)	REDAÇÃO DADA PELA EC N. 15/96
■ Art. 18, § 4.º: A criação, a incorporação, a fusão e o desmembramento de Municípios **preservarão a continuidade e a unidade histórico-cultural do ambiente urbano**, far-se-ão por lei estadual, obedecidos os requisitos previstos em **Lei Complementar estadual**, e dependerão de consulta prévia, mediante plebiscito, às populações diretamente interessadas.	■ Art. 18, § 4.º: A criação, a incorporação, a fusão e o desmembramento de Municípios far-se-ão por lei estadual, **dentro do período determinado por Lei Complementar Federal**, e dependerão de consulta prévia, mediante plebiscito, às populações **dos Municípios envolvidos, após divulgação dos Estudos de Viabilidade Municipal, apresentados e publicados na forma da lei.**

Pelo que se percebe da leitura comparativa do texto do art. 18, § 4.º, a **EC n. 15/96** estabeleceu outros requisitos para a criação de novos Municípios, dificultando-a. Essa, por sinal, era a intenção do constituinte reformador, buscando evitar o surgimento desenfreado de novos Municípios e sob o controle exclusivo (na redação original) da LC *estadual*.

Aliás, como já estudamos no *item 6.7.1.9*, nessa linha, entendeu o STF que o art. 18, § 4.º, na redação trazida pela EC n. 15/96, é **norma de eficácia limitada** e, por isso, toda lei estadual que criar Município sem a existência da lei complementar federal estará eivada de inconstitucionalidade. Trata-se de **vício formal por violação a um dos pressupostos objetivos do ato.**[54]

Por isso, reconhecendo a *inertia deliberandi* do Congresso Nacional em apreciar os vários projetos de LC que tramitavam (e vejam que, à época do julgamento, já se fazia mais de 15 anos que a regra havia sido estabelecida pela EC n. 15/96), no julgamento da **ADO 3.682**, o STF, fazendo um **apelo** ao legislador, fixou o prazo de 18 meses para que o art. 18, § 4.º, da CF/88 fosse regulamentado (*vide item 6.7.4.9*).

Por consequência, nas várias ADIs julgadas,[55] o Plenário do STF declarou a inconstitucionalidade das leis estaduais que criaram Municípios sem a existência da LC federal, mas não pronunciou a nulidade dos atos, mantendo a vigência por mais 24 meses (**efeito prospectivo** ou para o futuro).

Buscando regularizar a situação de vários Municípios, o Congresso Nacional promulgou a **EC n. 57, de 18.12.2008**, acrescentando o **art. 96 ao ADCT**, com a seguinte redação: "ficam convalidados os atos de criação, fusão, incorporação e desmembramento de Municípios, cuja lei tenha sido publicada até 31.12.2006, atendidos os requisitos estabelecidos na legislação do respectivo Estado à época de sua criação".

Chegamos a fazer críticas firmes à nova emenda, em nosso entender, não apenas **inconstitucional** como, acima de tudo, **imoral**.

Todavia, em determinado caso concreto, o STF acabou aceitando os seus termos:

> "EMENTA: Criação do Município de Pinto Bandeira/RS. **Ação julgada prejudicada pela edição superveniente da EC 57/2008.** Alegação de contrariedade à EC 15/96 (...). Com o advento da EC 57/2008, foram convalidados os atos de criação de Municípios cuja lei tenha sido publicada até 31.12.2006, atendidos os requisitos na legislação do respectivo estado à época de sua criação. A Lei 11.375/99 foi publicada nos termos do art. 9.º da Constituição do Estado do Rio Grande do Sul, alterado pela EC 20/97, pelo que a criação do Município de Pinto Bandeira foi convalidada" (**ADI 2.381-AgR**, Rel. Min. Cármen Lúcia, j. 24.03.2011, Plenário, *DJE* de 11.04.2011).

Apesar desse precedente, devemos alertar que não se extinguiu a necessidade da existência de **lei complementar federal** que regularize o processo de formação dos Municípios. A referida emenda apenas "validou" a criação (inconstitucional — e aí a nossa crítica) dos novos Municípios estabelecidos sem a existência da referida LC federal.

[54] Nesse sentido, cf. ADI 2.381-MC/RS, Rel. Min. Sepúlveda Pertence, *DJ* de 14.12.2001; ADI 3.149/SC, Rel. Min. Joaquim Barbosa, *DJ* de 1.º.04.2005; ADI 2.702/PR, Rel. Min. Maurício Corrêa, *DJ* de 06.02.2004; ADI 2.967/BA, Rel. Min. Sepúlveda Pertence, *DJ* de 19.03.2004; ADI 2.632/BA, Rel. Min. Sepúlveda Pertence, *DJ* de 12.03.2004.

[55] ADIs **2.240** (*Lei n. 7.619/2000*, do Estado da Bahia — que criou o Município de Luís Eduardo Magalhães), **3.316** (*Lei n. 6.983/98*, do Estado do Mato Grosso — que criou o Município de Santo Antônio do Leste, a partir de área desmembrada do Município de Novo São Joaquim), **3.489** (*Lei n. 12.294/2002*, do Estado de Santa Catarina — que anexa ao Município de Monte Carlo a localidade de Vila Arlete, desmembrada do Município de Campos Novos) e **3.689** (*Lei n. 6.066/97*, do Estado do Pará — que, alterando divisas, desmembrou faixa de terra do Município de Água Azul do Norte e integrou-o ao de Ourilândia do Norte).

Por esse motivo, não há dúvida de que se eventual Município vier a ser criado após 31.12.2006 e ainda não tiver sido editada a LC federal prevista no art. 18, § 4.º, também estaremos diante de vício formal de inconstitucionalidade (esse, aliás, tem sido o entendimento do STF: cf. **ADI 4.992**, Rel. Min. Gilmar Mendes, j. 11.09.2014, Plenário, *DJE* de 13.11.2014).

Finalmente, devemos deixar anotado que, apesar de o Congresso Nacional ter aprovado em mais de uma oportunidade projetos de leis complementares disciplinando a matéria, estes foram vetados pela então Presidente da República Dilma Rousseff. O último, nos mesmos termos de veto anterior, de acordo com a Mensagem n. 250/2014, teve por fundamento o dito **interesse público**: "depreende-se que haverá aumento de despesas com as novas estruturas municipais sem que haja a correspondente geração de novas receitas".

7.6.2. Competências dos Municípios

7.6.2.1. Competências não legislativas (administrativas ou materiais)

- **comum (cumulativa, concorrente, administrativa** ou **paralela):** trata-se de competência não legislativa comum aos quatro entes federativos, quais sejam, a União, Estados, Distrito Federal e Municípios, prevista no art. 23 da CF/88;
- **privativa (enumerada):** art. 30, III a IX — assim definida: "Art. 30. Compete aos Municípios: ... III — instituir e arrecadar os tributos de sua competência, bem como aplicar suas rendas, sem prejuízo da obrigatoriedade de prestar contas e publicar balancetes nos prazos fixados em lei; IV — criar, organizar e suprimir distritos, observada a legislação estadual; V — organizar e prestar, diretamente ou sob regime de concessão ou permissão, os serviços públicos de interesse local, incluído o de transporte coletivo, que tem caráter essencial; VI — manter, com a cooperação técnica e financeira da União e do Estado, programas de educação infantil e de ensino fundamental (redação dada pela EC n. 53/2006); VII — prestar, com a cooperação técnica e financeira da União e do Estado, serviços de atendimento à saúde da população; VIII — promover, no que couber, adequado ordenamento territorial, mediante planejamento e controle do uso, do parcelamento e da ocupação do solo urbano; IX — promover a proteção do patrimônio histórico-cultural local, observada a legislação e a ação fiscalizadora federal e estadual".

7.6.2.2. Competências legislativas

- **expressa:** art. 29, *caput* — qual seja, como vimos, a capacidade de auto-organização dos Municípios, através de **lei orgânica**;
- **interesse local:** art. 30, I — o interesse local diz respeito às peculiaridades e necessidades ínsitas à localidade. Michel Temer observa que a expressão "interesse local", doutrinariamente, assume o mesmo significado da expressão "pecu-

liar interesse", expressa na Constituição de 1967. E completa: "Peculiar interesse significa interesse predominante";[56]

■ **suplementar:** art. 30, II — estabelece competir aos Municípios suplementar a legislação federal e a estadual no que couber. "No que couber" norteia a atuação municipal, balizando-a dentro do **interesse local**. Observar ainda que tal competência se aplica, também, às matérias do art. 24, suplementando as normas gerais e específicas, juntamente com outras que digam respeito ao peculiar interesse daquela localidade;

■ **plano diretor:** art. 182, § 1.º — o plano diretor deverá ser aprovado pela Câmara Municipal, sendo obrigatório para cidades com **mais de vinte mil habitantes**. Serve como instrumento básico da política de desenvolvimento e de expansão urbana;[57]

■ **competência tributária expressa:** art. 156 (estudar especialmente em direito tributário).

■ 7.6.2.3. *Competência municipal para legislar sobre meio ambiente e controle da poluição*

Conforme já estudamos, o STF analisou a competência municipal para legislar sobre a **proibição de queimada em canaviais** (RE 586.224).

No precedente em análise, de maneira inovadora, a Corte, por unanimidade, "firmou a tese de que **o Município é competente para legislar sobre o meio ambiente com a União e Estado, no limite do seu interesse local e desde que tal regramento seja harmônico com a disciplina estabelecida pelos demais entes federados (art. 24, inciso VI, c/c 30, incisos I e II, da Constituição Federal)**" (RE 586.224, Rel. Min. Luiz Fux, j. 05.03.2015, Plenário, *DJE* de 08.05.2015 — cf. *item 7.4.3.4*).

Em igual perspectiva, o STF, em momento seguinte, entendeu a legitimidade e constitucionalidade de legislação municipal com base na qual se aplicam multas por poluição do meio ambiente, decorrente da emissão de fumaça por veículos automotores no perímetro urbano (RE 194.704, Rel. Orig. Min. Carlos Velloso, red. p/ o ac. Min. Edson Fachin, j. 29.06.2017, Plenário, *DJE* de 17.11.2017).

Conforme informado, "no mérito, o Plenário considerou que as expressões 'interesse local', do art. 30, I, da Constituição Federal (CF), e 'peculiar interesse', das

---

[56] *Elementos de direito constitucional*, p. 106.

[57] Sobre o assunto, consultar a **Lei n. 10.257, de 10.07.2001**, denominada **Estatuto da Cidade**, com *vacatio legis* de **90 dias**, que, regulamentando os arts. 182 e 183 da CF/88, trouxe importantes inovações. No tocante ao **plano diretor**, o art. 41 da referida lei diz ser obrigatório para cidades: **a)** com mais de 20.000 habitantes; **b)** integrantes de regiões metropolitanas e aglomerações urbanas; **c)** onde o Poder Público municipal pretenda utilizar os instrumentos previstos no § 4.º do art. 182 da Constituição Federal; **d)** integrantes de áreas de especial interesse turístico; **e)** inseridas na área de influência de empreendimentos ou atividades com significativo impacto ambiental de âmbito regional ou nacional. Estabelece, ainda, o art. 41, § 2.º, da referida lei que, no caso de cidades com mais de **500.000 habitantes**, deverá ser elaborado um **plano de transporte urbano integrado**, compatível com o **plano diretor** ou nele **inserido**.

Constituições anteriores, se equivalem e **não significam interesse exclusivo do Município**, mas **preponderante**. Assim, a matéria é de competência concorrente (CF, art. 24, VI), sobre a qual a União expede normas gerais. Os Estados e o Distrito Federal editam normas suplementares e, na ausência de lei federal sobre normas gerais, editam normas para atender a suas peculiaridades. Por sua vez, os Municípios, com base no art. 30, I e II, da CF, legislam naquilo que for de interesse local, suplementando a legislação federal e a estadual no que couber" (*Inf. 870/STF* — cf., também, *item 7.4.3.4* deste nosso estudo).

7.7. DISTRITO FEDERAL

7.7.1. Histórico

O **Distrito Federal** surge da transformação do antigo **Município neutro** (sede da Corte e Capital do Império), nos termos do art. 2.º da Constituição de 1891, passando a ser a Capital da União, mantida a sede na cidade do Rio de Janeiro.

Nesse momento de sua instituição não se podia considerá-lo como entidade federada autônoma, mas simples autarquia territorial.

De acordo com o art. 3.º e parágrafo único da Constituição de 1891 (regra essa mantida nos textos seguintes), ficou pertencendo à União, no **Planalto Central** da República, uma zona de 14.400 quilômetros quadrados, que seria oportunamente **demarcada** para nela estabelecer-se a **futura Capital federal**. Efetuada a mudança da Capital, concretizando-se os compromissos de **interiorização do País**, o Distrito Federal, que se localizava na cidade do Rio de Janeiro, passaria a constituir um Estado.

Cumprindo o "Plano de Metas" ("50 anos em 5"), *Juscelino Kubitschek*, além de importantes realizações econômicas, implementou a construção de **Brasília**, inaugurada em **21 de abril de 1960**. Nessa data, conforme mandamento constitucional, o então Distrito Federal foi transformado no **Estado da Guanabara**, com os mesmos limites geográficos da cidade do Rio de Janeiro, a capital e sede do novo Estado (cf. **Lei n. 3.752/60**).

A título de curiosidade, o Estado da Guanabara **não foi dividido em municípios**, decisão essa que encontrou apoio popular no **plebiscito** realizado em 21 de abril de 1963, além de ter **curta duração** (1960-1975). Por força do art. 8.º da **LC n. 20/74**, a partir de 15.03.1975, os Estados do Rio de Janeiro e da Guanabara incorporaram-se entre si (processo de **fusão**), passando a constituir um único Estado, sob a denominação de **Estado do Rio de Janeiro**, sendo a cidade do Rio de Janeiro a Capital.

Com a Constituição de 1988, de acordo com o art. 18, § 1.º, a Capital Federal passa a ser **Brasília**, situada no território do Distrito Federal, que, no novo modelo, ainda localizado no Planalto Central do Brasil, deixa de ser mera autarquia territorial, tornando-se **ente federativo**, com autonomia parcialmente tutelada pela União, conforme estudaremos.

Brasília, por sua vez, nos termos do art. 6.º da Lei Orgânica do DF, além de ser a Capital da República Federativa do Brasil e sede do governo federal, é, também, **sede do governo do Distrito Federal**.

■ 7.7.2. Distrito Federal como unidade federada

O Distrito Federal é, portanto, uma unidade federada **autônoma**, visto que possui capacidade de **auto-organização**, **autogoverno**, **autoadministração** e **autolegislação**:

- **auto-organização:** art. 32, *caput* — estabelece que o Distrito Federal se regerá por **lei orgânica**, votada em dois turnos com interstício mínimo de dez dias e aprovada por dois terços da Câmara Legislativa, que a promulgará, atendidos os princípios estabelecidos na Constituição Federal;
- **autogoverno:** art. 32, §§ 2.º e 3.º — eleição de Governador e Vice-Governador e dos Deputados Distritais;
- **autoadministração e autolegislação:** regras de competências legislativas e não legislativas, que serão abaixo estudadas.

■ 7.7.3. Outras características importantes

Algumas outras regras devem também ser lembradas:

- **impossibilidade de divisão do Distrito Federal em Municípios:** o art. 32, *caput*, expressamente, veda a divisão do Distrito Federal em Municípios, ao contrário do que acontece com os Estados e Territórios;
- **autonomia parcialmente tutelada pela União:**[58] *a)* o art. 32, § 4.º, declara inexistirem polícia civil, polícia penal, polícia militar e corpo de bombeiros militar, pertencentes ao Distrito Federal. Tais instituições, embora subordinadas ao Governador do Distrito Federal (art. 144, § 6.º), são organizadas e mantidas diretamente pela **União** (art. 21, XIV, na redação dada pela **EC n. 104/2019**, que alterou a Constituição Federal para criar as polícias penais federal, estaduais e distrital), sendo que a referida utilização pelo Distrito Federal será regulada por lei federal (cf. **SV 39/STF** e capítulo sobre *segurança pública, item 13.7.7*); *b)* também observar que o Poder Judiciário e o Ministério Público do Distrito Federal e dos Territórios são organizados e mantidos pela União (arts. 21, XIII, e 22, XVII);
- **EC n. 69/2012:** na mesma linha da *Reforma do Poder Judiciário* (EC n. 45/2004), que assegurou às *Defensorias Públicas Estaduais* autonomia funcional e administrativa e a iniciativa de sua proposta orçamentária (dentro dos limites constitucionais), com atraso de 8 anos, a *EC n. 69/2012* **transferiu** da **União** para o **DF** as atribuições de **organizar** e **manter** a **Defensoria Pública do Distrito Federal**, determinando a aplicação dos mesmos princípios e regras que, nos termos da Constituição Federal, regem as Defensorias Públicas dos Estados.

A **Lei n. 10.633/2002** instituiu o **Fundo Constitucional do Distrito Federal — FCDF**, de natureza contábil, com a finalidade de prover os recursos necessários à

[58] Terminologia utilizada por José Afonso da Silva, *Curso de direito constitucional positivo*, p. 553.

organização e manutenção da polícia civil, da polícia penal (**EC n. 104/2019**), da polícia militar e do corpo de bombeiros militar do DF, bem como a assistência financeira para execução de serviços públicos de saúde e educação, consoante disposto no inciso XIV do art. 21 da Constituição Federal (cf., ainda, art. 25 da EC n. 19/98).

Conforme bem entendeu o STF, na medida em que os recursos destinados ao referido FCDF pertencem aos **cofres federais** (Tesouro Nacional), "a competência para fiscalizar a aplicação dos recursos da União repassados ao FCDF é do **Tribunal de Contas da União — TCU**" e não do Tribunal de Contas do Distrito Federal (**MS 28.584 AgR**, 2.ª T., j. 28.10.2019, *DJE* de 18.11.2019). Esse entendimento segue a mesma lógica do estabelecido pelo Plenário em relação aos **recursos financeiros** oriundos do Fundo Nacional de Assistência Social, repassados aos Estados e Municípios, que, por serem **federais**, são também controlados pelo **TCU** (**ADI 1.934**, j. 07.02.2019).

Nessa linha, entendeu o STF, ainda, que, "ao instituir a chamada 'gratificação por risco de vida' dos policiais e bombeiros militares do Distrito Federal, o **Poder Legislativo distrital usurpou a competência material da União** para 'organizar e manter a polícia civil, a polícia penal [EC n. 104/2019 — acrescente-se], a polícia militar e o corpo de bombeiros militar do Distrito Federal, bem como prestar assistência financeira ao Distrito Federal para a execução de serviços públicos, por meio de fundo próprio' (inciso XIV do art. 21 da Constituição Federal). Incidência da Súmula 647 do STF" (**ADI 3.791**, Rel. Min. Ayres Britto, j. 16.06.2010, Plenário, *DJE* de 27.08.2010. Observa-se que a S. 647/STF foi convertida na **SV 39/STF**).

■ 7.7.4. Competências do Distrito Federal

■ *7.7.4.1. Competências não legislativas (administrativas ou materiais)*

- ■ **comum (cumulativa ou paralela):** trata-se de competência não legislativa comum aos quatro entes federativos, quais sejam, a União, Estados, Distrito Federal e Municípios, prevista no art. 23 da CF/88.

■ *7.7.4.2. Competências legislativas*

O art. 32, § 1.º, prescreve que ao Distrito Federal são atribuídas as competências legislativas reservadas aos Estados e Municípios. Assim, tudo o que foi dito a respeito dos Estados aplica-se ao Distrito Federal, bem como o que foi dito sobre os Municípios no tocante à competência para legislar também a ele se aplica.

- ■ **expressa:** art. 32, *caput* — elaboração da própria lei orgânica;
- ■ **residual:** art. 25, § 1.º — toda competência que não for vedada, ao Distrito Federal estará reservada;
- ■ **delegada:** art. 22, parágrafo único — como vimos, a União poderá autorizar o Distrito Federal a legislar sobre questões específicas das matérias de sua competência privativa. Tal autorização dar-se-á mediante **lei complementar**;
- ■ **concorrente:** art. 24 — em que se estabelece concorrência para legislar entre

União, Estados e Distrito Federal, cabendo à União legislar sobre normas gerais e ao Distrito Federal, sobre normas específicas;

- **suplementar:** art. 24, §§ 1.º a 4.º — no âmbito da legislação concorrente, como vimos, a União limita-se a fixar normas gerais e o Distrito Federal, normas específicas. No entanto, em caso de inércia legislativa da União, o Distrito Federal poderá **suplementá-la** e regulamentar as regras gerais sobre o assunto, sendo que, na superveniência de lei federal sobre norma geral, a aludida norma distrital geral (suplementar) terá a sua eficácia suspensa, no que for contrária à lei federal sobre normas gerais editadas posteriormente;[59]
- **interesse local:** art. 30, I, combinado com o art. 32, § 1.º;
- **competência tributária expressa:** art. 147, parte final, c/c os arts. 156 e 155 (a estudar especialmente em direito tributário).

7.8. TERRITÓRIOS FEDERAIS

7.8.1. Histórico

Apesar de a primeira Constituição a tratar sobre Territórios ter sido a de **1934**, foi na vigência da de 1891 que se estabeleceu o primeiro Território Federal no Brasil, qual seja, o do **Acre**,[60] adquirido pelo Brasil pelo **Tratado de Petrópolis**, assinado em **17.11.1903** com a República da Bolívia e pelo qual se celebrou **permuta de territórios** (destacando que apenas em 08.09.1909 é que se pacificou a controvérsia em relação à fronteira com o Peru — cf. art. VIII do Estatuto).

De acordo com o art. III do referido Tratado, "por não haver equivalência nas áreas dos territórios permutados entre as duas Nações, os Estados Unidos do Brasil **pagarão uma indenização** de 2.000.000 (dois milhões de libras esterlinas), que a República da Bolívia aceita com o propósito de aplicar principalmente na construção de caminhos de ferro ou em outras obras tendentes a melhorar as comunicações e desenvolver o comércio entre os dois países".

O *Território do Acre* foi organizado pelo **Decreto n. 5.188, de 07.04.1904**, tendo em vista a autorização concedida pelo Decreto Legislativo n. 1.181, de 25 de feve-

[59] Ver comentários à **competência legislativa suplementar municipal**, nos quais entendemos também caber a participação municipal suplementando a legislação geral e específica, dentro do interesse local municipal.

[60] "O **nome Acre** surgiu de 'Aquiri', que significa 'rio dos jacarés' na língua nativa dos índios Apurinãs, os habitantes originais da região banhada pelo rio que empresta o nome ao estado. Os exploradores da região transcreveram o nome do dialeto indígena, dando origem ao nome Acre. Os primeiros habitantes da região eram os índios, até 1877, quando imigrantes nordestinos arregimentados por seringalistas para trabalhar na extração do látex, devido aos altos preços da borracha no mercado internacional, iniciaram a abertura de seringais. Este território, antes pertencente à Bolívia e ao Peru, foi aos poucos sendo ocupado por brasileiros. Os imigrantes avançaram pelas vias hidrográficas do rio Acre, Alto-Purus e Alto-Juruá, o que aumentou a população de local de brancos em cerca de quatro vezes em um ano" (site <www.ac.gov.br>, "sobre o Acre", acesso em 1.º.01.2014).

reiro do mesmo ano, e assim permaneceu até a edição da **Lei n. 4.070/62**, sancionada pelo Presidente da República João Goulart, que o **elevou** à categoria de **Estado**.

Posteriormente, sob o fundamento do art. 6.º da Carta de 1937 — "a União poderá criar, no **interesse da defesa nacional**, com partes desmembradas dos Estados, **Territórios Federais**, cuja administração será regulada em lei especial" — e durante a **2.ª Grande Guerra**, Getúlio Vargas, pelos **Decretos-lei ns. 4.102/42** e **5.812/43**, criou, com partes **desmembradas** dos Estados do Pará, do Amazonas, de Mato Grosso, do Paraná e de Santa Catarina, os seguintes Territórios Federais:

- **Fernando de Noronha:** extinto nos termos do art. 15, ADCT, CF/88, sendo sua área reincorporada ao Estado de Pernambuco. Atualmente, conforme estudaremos a seguir, o arquipélago é um distrito estadual;
- **Amapá:** transformado no **Estado do Amapá** pelo art. 14, ADCT, CF/88, mantidos seus limites geográficos;
- **Rio Branco:** a Lei n. 4.182/62 passou a denominá-lo *Território Federal de Roraima*. Foi transformado no **Estado de Roraima** pelo art. 14, ADCT, CF/88, mantidos seus limites geográficos;
- **Guaporé:** a Lei n. 2.731/56, em homenagem ao sertanista *Marechal Cândido Mariano da Silva Rondon*, mudou a denominação do *Território Federal do Guaporé* para **Território Federal de Rondônia**. A **LC n. 41/81**, por sua vez, criou o **Estado de Rondônia**, mediante a elevação do então Território Federal, mantidos os seus limites e confrontações;
- **Ponta Porã:** o art. 8.º, ADCT, da Constituição de 1946 determinou a sua reincorporação ao então Estado de Mato Grosso. Atualmente, a área encontra-se no *Estado de Mato Grosso do Sul* (criado por desmembramento de Mato Grosso pela LC n. 31/1977);
- **Iguaçu:** o art. 8.º, ADCT, da Constituição de 1946 determinou a sua reincorporação aos Estados do Paraná e de Santa Catarina.

7.8.2. Natureza jurídica

Apesar de ter personalidade, o território **não é dotado de autonomia política**. Trata-se de mera **descentralização administrativo-territorial da União**, qual seja, uma **autarquia** que, consoante expressamente previsto no art. 18, § 2.º, **integra a União**.

7.8.3. Ainda existem territórios no Brasil?

NÃO.

Conforme estudamos, até o advento da Constituição de 1988 havia três territórios: **Roraima, Amapá** e **Fernando de Noronha**:

- **Roraima:** foi transformado em Estado, de acordo com o art. 14, *caput*, do ADCT;
- **Amapá:** também foi transformado em Estado, de acordo com o art. 14, *caput*, do ADCT;

■ **Fernando de Noronha:** foi extinto, sendo a sua área reincorporada ao Estado de Pernambuco (art. 15, ADCT, CF/88).

7.8.4. Mas, afinal de contas, o que é Fernando de Noronha?

Dizer, nos termos do art. 15 do ADCT, que sua área foi reincorporada ao Estado de Pernambuco não é suficiente. Então, expliquemos melhor a matéria.

De acordo com o art. 96 da CE/PE, o Arquipélago de Fernando de Noronha constitui *região geoeconômica, social e cultural do Estado de Pernambuco*, sob a forma de *Distrito Estadual, dotado de estatuto próprio, com autonomia administrativa e financeira.*

Já o parágrafo único do art. 1.º da Lei estadual n. 11.304, de 28.12.1995 (do Estado de Pernambuco), caracteriza o **Distrito Estadual de Fernando de Noronha** como uma *entidade autárquica integrante do Poder Executivo Estadual, exercendo, sobre toda a extensão da área territorial do Arquipélago de Fernando de Noronha, jurisdição plena atribuída às competências estadual e municipal, bem como os poderes administrativos e de polícia próprios de ente público.*

O Distrito Estadual tem por **sede** o Palácio São Miguel, situado na Vila dos Remédios, na Ilha de Fernando de Noronha, e por **foro** a Comarca do Recife, tendo por competência prover a tudo quanto respeita ao seu interesse e ao bem-estar da população insular.

O § 1.º do art. 96 da CE/PE determina que o **Distrito Estadual de Fernando de Noronha** será dirigido por um **Administrador-Geral, nomeado** pelo Governador do Estado, com **prévia aprovação da Assembleia Legislativa**, e o § 2.º estabelece a **eleição direta**, pelo voto secreto, concomitantemente com a eleição de Governador de Estado, pelos **cidadãos residentes no Arquipélago**, de **7 Conselheiros**, com mandato de **4 anos**, para formação do **Conselho Distrital**, órgão que terá funções consultivas e de fiscalização, na forma da lei.

Muito embora Fernando de Noronha atualmente seja um **Distrito Estadual**, o § 3.º do art. 96 da CE/PE prevê a sua transformação em Município quando alcançar os requisitos e as exigências mínimas, previstos em lei complementar estadual.

7.8.5. Apesar de não existirem, podem vir a ser criados novos territórios?

SIM.

Como vimos, o Poder Constituinte de 1988 transformou dois territórios em Estados e extinguiu o terceiro, ainda existentes em 1988.

Apesar disso, é **perfeitamente possível a criação de novos territórios federais**, que, com certeza, continuarão a ser mera autarquia, sem qualquer autonomia capaz de lhes atribuir a característica de entes federados. O processo de criação dar-se-á da seguinte forma:

■ **lei complementar:** a criação de novos territórios dar-se-á mediante **lei complementar**, conforme o art. 18, § 2.º;

- **plebiscito:** deve haver plebiscito aprovando a criação do território;
- **modo de criação:** o art. 18, § 3.º, dispõe que os Estados podem incorporar-se entre si, subdividir-se ou desmembrar-se para se anexar a outros, ou formar **Territórios Federais**, mediante aprovação da população diretamente interessada, através de **plebiscito**, e do Congresso Nacional, por **lei complementar**.

7.8.6. Outras características importantes sobre Territórios Federais

Algumas outras regras devem também ser lembradas:

- **lei federal:** de acordo com o art. 33, *caput*, lei federal disporá sobre a organização administrativa e judiciária dos Territórios;
- **divisão em Municípios:** ao contrário do que ocorre com o Distrito Federal, o art. 33, § 1.º, prevê a possibilidade de os Territórios, quando criados, serem divididos em Municípios, aos quais serão aplicadas as regras dos arts. 29 a 31 da CF/88;
- **Executivo:** a direção dos Territórios, se criados, dar-se-á por Governador, nomeado pelo Presidente da República, após aprovação pelo Senado Federal (art. 84, XIV);
- **Legislativo (CN):** nos termos do art. 45, § 2.º, cada Território elegerá o número fixo de **4 deputados federais**, caracterizando-se, assim, exceção ao princípio proporcional para a eleição de deputados federais, ou seja, não existirá variação do número de representantes da população local dos Territórios;
- **controle das contas:** a fiscalização das contas do governo do Território caberá ao Congresso Nacional, após o parecer prévio do Tribunal de Contas da União (art. 33, § 2.º);
- **Judiciário, Ministério Público e defensores públicos federais:** nos Territórios Federais com mais de 100 mil habitantes, além do Governador nomeado na forma da Constituição (art. 84, XIV), haverá órgãos judiciários de primeira e segunda instância, membros do Ministério Público e defensores públicos federais, organizados e mantidos pela União (art. 33, § 3.º, c/c o art. 21, XIII). Ainda, nos termos do parágrafo único do art. 110, a jurisdição e as atribuições cometidas aos juízes federais (Justiça Federal Comum) caberão aos juízes da justiça local, na forma da lei;
- **Polícia civil, polícia militar e corpo de bombeiros militar dos Territórios federais:** muito embora os Territórios sejam uma descentralização administrativa da União, integrando-a, a EC n. 19/98, alterando a redação do art. 21, XIV, da CF/88, situação essa inalterada pela EC n. 104/2019 (polícias penais), não mais atribuiu à União a organização e manutenção da polícia civil, militar e do corpo de bombeiros dos Territórios, endereçando referida regra **exclusivamente** ao Distrito Federal;
- **Legislativo:** a lei disporá sobre as eleições para a **Câmara Territorial** e sua competência deliberativa (art. 33, § 3.º);
- **Sistema de ensino:** organizado pela União, nos termos do art. 211, § 1.º.

7.9. MODELOS DE REPARTIÇÃO DE COMPETÊNCIAS

A Constituição fixa, de maneira clara, a **repartição de competências** entre os entes federativos, que, conforme visto, são autônomos cada qual dentro de sua parcela de atribuições e capacidades de auto-organização, autogoverno, autoadministração e autolegislação (com as especificidades já apontadas, sobretudo em relação ao DF, cuja autonomia é parcialmente tutelada pela União).

As **atribuições** estão estabelecidas pelo constituinte originário e, em tese, poderiam ser objeto de modificação (por emenda), desde que a novidade, a ser introduzida, não violasse a forma federativa de Estado, bem como as demais cláusulas pétreas.

Portanto, teoricamente, para se ter um exemplo, seria possível que determinada emenda transferisse a competência para legislar sobre direito penal, que hoje é reservada à União (art. 22, I), para os Estados, apesar de críticas que possam surgir nesse sentido. Parece-nos que, no exemplo citado, haveria, inclusive, fortalecimento da autonomia federativa estadual. A questão fica, então, dentro de um campo de conveniência política.

Pois bem, essa repartição de competências dá-se de acordo com alguns **modelos**, segundo a doutrina.

7.9.1. Modelo clássico e modelo moderno

No **direito comparado** houve a formulação tanto de um modelo **clássico** como de um modelo **moderno**, tendo como parâmetro a enumeração ou não das atribuições. Vamos a eles.

7.9.1.1. Modelo clássico

O **modelo clássico** busca a sua fonte na *Constituição norte-americana de 1787*, refletindo aspirações do final do século XVIII.

Conforme esse modelo, compete à **União** exercer os poderes **enumerados** e aos **Estados**, os poderes não especificados, em um campo **residual**.

Como bem anota Paulo Branco,[61] o rigorismo da enunciação taxativa é flexibilizado pela **doutrina dos poderes implícitos**.

Isso porque, nas palavras de Raul Machado Horta, "o sentido premonitório do Constituinte de Filadélfia resguardou o desenvolvimento dos poderes enumerados quando reconheceu expressamente ao Congresso a competência 'para elaborar todas as leis necessárias e adequadas ao exercício dos poderes especificados e dos demais poderes conferidos por esta Constituição ao governo dos Estados Unidos ou aos seus departamentos ou funcionários' (...) a famosa cláusula dos **poderes implícitos**, que na Corte Suprema Norte-Americana converteu no fundamento de dilatadora construção constitucional na via judicial".[62]

---

[61] Gilmar Mendes, Inocêncio Coelho e Paulo Branco, *Curso de direito constitucional*, 4. ed., p. 850.

[62] Raul Machado Horta, *Direito constitucional*, 4. ed., p. 309.

■ 7.9.1.2. Modelo moderno

O **modelo moderno**, por sua vez, passou a ser verificado após a Primeira Guerra Mundial, estando descritas nas Constituições não somente as atribuições exclusivas da União, como, também, as hipóteses de competência comum ou concorrente entre a União e os Estados.

Para Paulo Branco, "o chamado *modelo moderno* responde às contingências da crescente complexidade da vida social, exigindo ação **dirigente** e **unificada** do Estado, em especial para enfrentar as crises sociais e guerras".[63]

■ 7.9.2. Modelo horizontal e modelo vertical

Outra classificação, segundo a doutrina, leva em conta não a enumeração das atribuições, mas, partindo delas, se haverá ou não condomínio entre os entes federativos para a sua realização e, assim, vislumbrando tanto um modelo *horizontal* como um modelo *vertical*.

■ 7.9.2.1. Modelo horizontal

No **modelo horizontal** não se verifica concorrência entre os entes federativos. Cada qual exerce a sua atribuição nos limites fixados pela Constituição e **sem relação de subordinação**, nem mesmo hierárquica.

Ensina Paulo Branco que "esse modelo apresenta três soluções possíveis para o desafio da distribuição de poderes entre órbitas do Estado Federal. **Uma delas** efetua a enumeração exaustiva da competência de cada esfera da Federação; **outra**, discrimina a competência da União deixando aos Estados-membros os poderes reservados (ou não enumerados); a **última** discrimina os poderes dos Estados-membros, deixando o que restar para a União".[64]

No **Brasil** predomina o **modelo horizontal**, nos termos dos arts. 21, 22, 23, 25 e 30.

■ 7.9.2.2. Modelo vertical

No **modelo vertical**, por sua vez, a mesma matéria é **partilhada** entre os diferentes entes federativos, havendo, contudo, certa relação de subordinação no que tange à atuação deles.

Em se tratando de competência legislativa, **geralmente** a **União** fica com **normas gerais** e **princípios**, enquanto os **Estados**, completando-as, legislam para atender às suas **peculiaridades**, tratando de matérias de **interesse regional**. Os **Municípios**, por sua vez, legislam sobre **interesse local**.

---

[63] Gilmar Mendes, Inocêncio Coelho e Paulo Branco, *Curso de direito constitucional*, 4. ed., p. 850.

[64] Gilmar Mendes, Inocêncio Coelho e Paulo Branco, *Curso de direito constitucional*, 4. ed., p. 850.

O modelo vertical pode ser caracterizado, na lição de Paulo Branco, como uma técnica que estabelece "um verdadeiro **condomínio legislativo** entre a União e os Estados-membros".[65]

Como exemplo de modelo vertical, no Brasil, podemos citar as matérias de **competência concorrente** entre a União, os Estados e o Distrito Federal, estabelecidas no art. 24 da CF/88.

Vimos que, no âmbito da **competência legislativa concorrente**, a União limita-se a estabelecer normas gerais e os Estados, normas específicas. No entanto, em caso de inércia legislativa da União, os Estados poderão suplementá-la, regulamentando as regras gerais sobre o assunto. O exemplo do amianto, analisado no *item 7.11.1*, é bastante interessante para a compreensão dessa regra constitucional.

Finalmente, constata-se que no **modelo vertical** há uma maior **aproximação** entre os entes federativos, que deverão atuar em complemento, em **"condomínio legislativo"**. Já no **modelo horizontal**, parece haver um maior afastamento, na medida em que a distribuição de competência se mostra bastante **rígida** e sem interferência de um sobre outro.

■ 7.10. QUADRO ILUSTRATIVO DA COMPETÊNCIA LEGISLATIVA CONSTITUCIONAL — ALGUNS PRECEDENTES DO STF

O objetivo desta parte do estudo é indicar algumas interpretações fixadas pelo STF em relação ao modelo constitucional de repartição de competências.

Não se pode falar em hierarquia de atos normativos. Existem **campos de atribuição**, definidos pelo constituinte originário. Não se pode afirmar, por exemplo, que a lei municipal é hierarquicamente inferior a certa lei federal. No fundo, o que se tem são campos de atuação e, portanto, se, eventualmente, determinado Município legisla sobre assunto de competência da União, o vício não é legislativo (entre as leis), mas, em essência, **constitucional**, ou seja, em relação à competência federativa para legislar sobre aquele assunto.

Por esse motivo é que, de maneira coerente, a EC n. 45/2004 estabeleceu que cabe **recurso extraordinário** para o **STF** quando, nos termos do art. 102, III, "d", se julgar válida lei local contestada em face de lei federal. O **vício** que eventualmente a lei conterá será **formal orgânico**, ou seja, em relação ao ente federativo que deveria legislar sobre aquela matéria (cf. *item 6.3.2.1*).

Para efeito de estudo e preparação para provas e concursos, na medida em que esse tema tem uma incidência muito grande, pedimos seja feita a leitura atenta das interpretações já realizadas pelo STF em relação à competência federativa para legislar. O PDF, que está na plataforma, deve ser lido com muita atenção e cuidado.

[65] Gilmar Mendes, Inocêncio Coelho e Paulo Branco, *Curso de direito constitucional*, 4. ed., p. 850.

Acesse também a videoaula pelo link: somos.in/DCE25096
Acesse também o PDF pelo link: somos.in/DCE25

■ 7.11. AMIANTO, TABACO E COVID-19 (PANDEMIA)

Resolvemos destacar esses temas pois apresentam ampla discussão teórica no âmbito do STF, podendo servir para um estudo aprofundado.

■ 7.11.1. Amianto

Na tentativa de **proteção à saúde**, várias leis, sejam estaduais, sejam municipais, **proibiram** o uso do amianto, que é utilizado em alguns produtos, como nas tubulações, telhas, caixas-d'água, mangueiras, papéis, papelões etc.

O problema é que o art. 2.º da **Lei federal n. 9.055/95** (Dec. n. 2.350/97) **admitia** o seu **uso controlado**, limitando-o à variedade *crisotila* (asbesto branco).

Dessa forma, o que se sustentava é que as leis estaduais e municipais que proibiam o amianto sem qualquer exceção estariam violando a **regra geral** da lei federal que o admitia, por se tratar de matéria de competência concorrente e, assim, a violar o disposto no art. 24, §§ 1.º ao 4.º.

Algumas ações, **inicialmente**, foram julgadas procedentes, declarando a **inconstitucionalidade formal orgânica** das leis estaduais ou municipais, sob o argumento de que referidos entes federativos não poderiam violar a regra geral já estabelecida pela lei federal. Vamos a elas:

- **ADI 2.396** — 08.05.2003: o STF entendeu que o Estado de Mato Grosso do Sul não poderia proibir o uso do amianto (Lei estadual n. 2.210/2001), já que a competência para legislar sobre o assunto é **concorrente** e existe a lei federal admitindo-o — art. 24, V, VI e XII, CF;
- **ADI 2.656** — 08.05.2003: no mesmo sentido, a Suprema Corte entendeu que a lei paulista (Lei n. 10.813/2001) não poderia ter disciplinado o assunto, violando tanto os citados incisos do art. 24 como, ainda, os arts. 20, IX, e 22, VIII e XII;

Essas **vinham sendo** as decisões do STF, a maioria no sentido de se tratar de competência concorrente (art. 24, V — produção e consumo; VI — meio ambiente e poluição; XII — proteção e defesa da saúde).

Assim, teoricamente, conforme decidiu a Corte, havendo a lei federal, os Estados só poderiam legislar suplementando-a, porém, nunca contrariando ou negando o dispositivo. Se a lei federal admite de modo restrito o uso do amianto, teoricamente, a lei estadual ou municipal não poderia proibi-lo totalmente.

Algumas decisões lembraram o art. 20, IX (os recursos minerais como bens da União), e a **competência privativa** da União para legislar sobre comércio interestadual (art. 22, VIII) e sobre jazidas, minas, outros recursos minerais e metalurgia (art. 22, XII).

Conforme já estudamos no *capítulo 6*, a declaração de inconstitucionalidade proferida em controle concentrado **não atinge o Poder Legislativo** na sua função típica de legislar (sob pena de "fossilização" da Constituição, cf. *item 6.7.1.8*). Desta forma, este poderá editar uma lei com conteúdo idêntico àquela que já fora objeto de ADI. Diante desse entendimento, **vários Estados e alguns municípios editaram leis proibindo, mais uma vez, o uso do amianto**. Em face dessas leis, novas ações de controle foram ajuizadas. Vejamos:

Acesse também a videoaula pelo link: somos.in/DCE25096

- **ADI 3.356** — ajuizada em 30.11.2004, tem por objeto a Lei n. 12.589/2004, do Estado de Pernambuco, que proibiu o amianto;
- **ADI 3.357** — ajuizada em 30.11.2004, tem por objeto a Lei n. 11.643/2001, do Estado do Rio Grande do Sul, que proibiu o amianto;
- **ADI 3.406** — ajuizada em 11.02.2005, tem por objeto a Lei n. 3.579/2001, do Estado do Rio de Janeiro, que proibiu a extração do asbesto/amianto em todo território daquela unidade da federação, estabelecendo, ainda, a progressiva substituição da produção e da comercialização de produtos que contivessem amianto;
- **ADI 3.470** — ajuizada em 15.04.2005, tendo o mesmo objeto da ADI 3.406 e, por isso, distribuída por prevenção;
- **ADI 3.937** — ajuizada em 06.08.2007, tem por objeto a Lei n. 12.684/2007, do Estado de São Paulo, que proibiu o amianto;
- **ADPF 109** — ajuizada em 10.04.2007, tem por objeto a Lei n. 13.113/2001 e o Decreto n. 41.788/2002, ambos do Município de São Paulo, que proibiu a utilização do amianto na construção civil.

O **STF**, novamente provocado para a análise dos atos normativos estaduais, muito embora naquele momento pendente a apreciação da lei federal, já que ainda não havia sido julgada a **ADI 4.066**, sinalizava uma inegável mudança de entendimento em relação ao tema, passando a admitir a sua proibição por leis estaduais e municipais.

No sentido da constitucionalidade das legislações mais protetivas que proíbem o amianto, alguns argumentos eram sustentados:

- **Convenção 162 da OIT:** assinada pelo Brasil, recomenda a não pulverização do amianto, desestimulando o seu uso. Por ter, segundo interpretou o STF, natureza **supralegal** (destacando-se o *princípio da prevalência dos direitos humanos*, **art. 4.º, II, da CF/88** — cf. *item 9.14.5.2.3*), paralisaria a eficácia da lei federal, permitindo, então, que o Estado legislasse de modo pleno (art. 24, § 3.º, CF/88);
- **preceito constitucional do direito à saúde:** alguns Ministros concluíram que a utilização do amianto traz riscos à saúde (sustentando, inclusive, o risco de câncer), e, assim, apesar de haver lei federal admitindo o seu uso controlado, a lei estadual seria mais protetiva e, portanto, em uma ponderação de interesses, prevaleceria a proteção à saúde (**arts. 196** e **6.º, *caput***, da CF/88). Nesse sentido, o **art. 7.º, XXII, da CF/88** estabelece ser direito dos trabalhadores a redução dos riscos inerentes ao trabalho, por meio de normas de saúde, higiene e segurança;
- **princípios gerais da atividade econômica (consumidor e meio ambiente):** as legislações estaduais, mais protetivas, dentro da ideia de ponderação, amoldam-se melhor aos *princípios da defesa do consumidor* e do *meio ambiente* (**art. 170**, **V** e **VI**, da CF/88);

- **meio ambiente ecologicamente equilibrado:** nos termos do art. 225, *caput*, todos têm direito ao meio ambiente ecologicamente equilibrado, bem de uso comum do povo e essencial à sadia qualidade de vida, impondo-se ao Poder Público e à coletividade o dever de defendê-lo e preservá-lo para as presentes e futuras gerações. Cabe lembrar que o meio ambiente ecologicamente equilibrado integra o **desenvolvimento nacional** (art. 3.º, II). Dessa forma, a legislação que proíbe a utilização de amianto se conforma melhor à Constituição.

O Min. Ayres Britto, em voto proferido sobre o tema, chegou a sustentar essa perspectiva: "lei estadual que, ao proibir a comercialização de produtos à base de amianto, cumpre muito mais a Constituição da República no plano da proteção da saúde (evitar riscos à saúde da população em geral, dos trabalhadores em particular e do meio ambiente). Quero dizer: **a legislação estadual é que está muito mais próxima do sumo princípio da eficacidade máxima da Constituição em tema de direitos fundamentais**. Tão mais próxima da Convenção da OIT, acresça-se, quanto o diploma federal dela se distancia" (voto proferido nas ADIs 3.937 e 3.357, em 31.10.2012).

Em 23.11.2016, em julgamento conjunto de todas as ações citadas (ADIs 3.356, 3.357, 3.937 e ADPF 109), o Min. Fachin entendeu possíveis as restrições implementadas pelas leis estaduais e municipal. Ao analisar o **federalismo cooperativo**, sustentou que não se deve apenas considerar a ideia de predominância de interesses, devendo-se observar a **subsidiariedade** e a **proporcionalidade**.

Conforme expressa, "de acordo com a primeira (subsidiariedade), o ente político maior deve deixar para o menor tudo aquilo que este puder fazer com **maior economia e eficácia**. Já de acordo com a segunda (proporcionalidade), é preciso sempre respeitar uma rigorosa **adequação entre meios e fins**. A proporcionalidade poderia ser utilizada, portanto, como teste de razoabilidade para soluções de problemas envolvendo competência de nítida orientação constitucional. O teste de razoabilidade, por sua vez, exigiria o exame das razões que levaram o legislador a adotar determinado regulamento. Consistiria, portanto, em avaliar se as razões necessárias para a conclusão a que chegou foram levadas em conta ou se optou por motivos que não poderiam ter sido considerados. Interpretando, pois, os princípios da subsidiariedade e da proporcionalidade nesses termos, seria possível, então, superar o conteúdo meramente formal do princípio e reconhecer um aspecto material, consubstanciado numa presunção de autonomia em favor dos entes menores ('presumption against preemption'), para a edição de leis que resguardem seus interesses" (*Inf. 848/STF*, pendente o julgamento dos embargos de declaração).

Portanto, a permissão estabelecida pela lei federal não impediria a proibição pelos demais entes federativos, já que mais protetiva em termos de proteção à saúde e ao meio ambiente.

Essa perspectiva lançada pelo Min. Fachin, **contudo**, não ficou totalmente definida pelo STF, pois, como se verá, a solução adotada foi mais simples, aplicando-se o art. 24, § 3.º, CF/88, já que se reconheceu a inconstitucionalidade da lei federal. As perspectivas lançadas devem ser acompanhadas em eventuais novos pronunciamentos da Corte, neste enfrentamento entre o âmbito de atuação da lei federal e o "espaço" de atuação dos demais entes federativos.

■ SOLUÇÃO DA QUESTÃO DADA PELO STF

O STF, em 24.08.2017, julgou a **ADI 4.066**, ajuizada pela Associação Nacional dos Procuradores do Trabalho (ANPT) e pela Associação Nacional dos Magistrados da Justiça do Trabalho (Anamatra), tendo por objeto o art. 2.º da Lei Federal n. 9.055/95, que admitia o uso controlado do amianto (variedade crisotila — asbesto branco).

Dentro das perspectivas anteriores, a Min. Relatora, Rosa Weber, propôs a seguinte **tese**: "a tolerância ao uso do amianto crisotila, da forma como encartada no art. 2.º da Lei n. 9.055/95, é **incompatível** com os arts. 7.º, XXII, 196 e 225 da Constituição Federal".

Contudo, na medida em que o Tribunal computou 5 votos pela procedência da ação e 4 pela improcedência, e, assim, não se atingiu o quórum exigido pelo art. 97 da Constituição (maioria absoluta, ou seja, no mínimo 6), **deixou de se pronunciar a inconstitucionalidade do art. 2.º da Lei n. 9.055/95, em julgamento destituído de eficácia vinculante** (não votaram os Mins. Dias Toffoli e Luís Roberto Barroso, que se declararam impedidos).

Na mesma data, qual seja, 24.08.2017, o **STF**, analisando a lei do Estado de São Paulo que proíbe o uso de produtos, materiais ou artefatos que contenham quaisquer tipos de amianto no território estadual, julgou **improcedente** o pedido formulado na **ADI 3.937**, declarando, **incidentalmente**, a **inconstitucionalidade do art. 2.º da Lei n. 9.055/95**.

O reconhecimento, mesmo que incidental, da inconstitucionalidade da lei federal permitiu a declaração de validade da lei estadual nos termos do art. 24, § 3.º, CF/88 (competência legislativa plena estadual em razão de inexistência de lei federal, nulificada).

Segundo afirmou a Corte, estamos diante de **inconstitucionalidade material superveniente da lei federal**, em razão de processo de inconstitucionalização que se operou nesses 22 anos de sua vigência, tendo em vista a **mudança do substrato fático da norma**. Veja: "a discussão em torno da eventual necessidade de banimento do amianto é diferente da que havia quando da edição da norma geral. Se, antes, tinha-se notícia de possíveis danos à saúde e ao meio ambiente ocasionados pela utilização da substância, hoje há consenso em torno da natureza altamente cancerígena do mineral e da inviabilidade de seu uso de forma segura. Além disso, atualmente, o amianto pode ser substituído por outros materiais (fibras de PVA e PP), sem propriedade carcinogênica e recomendados pela Anvisa" (*Inf. 874/STF*, cf. *item 6.1.5*).

Assim, inexistindo lei federal sobre normas gerais, já que o STF declarou, mesmo que incidentalmente, a inconstitucionalidade do art. 2.º da Lei n. 9.055/95, os

Estados exercerão a competência legislativa plena, para atender a suas peculiaridades. Na medida em que a lei estadual em análise não incide no mesmo vício que a lei federal nulificada, o STF pronunciou a constitucionalidade da lei estadual e, assim, julgou improcedente a ADI.

Naturalmente, se o Congresso Nacional resolver legislar novamente — e isso seria possível, a eventual superveniência de lei federal sobre a matéria suspenderia, em tese, a eficácia da lei estadual, no que lhe fosse contrário, até eventual nova nulificação pela Corte, o que também seria esperado.

Em momento seguinte, ao analisar a Lei estadual n. 3.579/2001, do Estado do Rio de Janeiro, o STF não apenas manteve o reconhecimento incidental da inconstitucionalidade da lei federal, como, ampliando, deu **efeito vinculante e *erga omnes* a essa declaração** e, assim, julgou improcedente o pedido formulado na ADI, reconhecendo a constitucionalidade da lei estadual (**ADIs 3.406** e **3.470**, j. 29.11.2017, *DJE* de 1.º.02.2019, tendo sido opostos embargos de declaração — pendentes).

Em relação a essa técnica interessante de declaração incidental de inconstitucionalidade em processo objetivo, remetemos o nosso estudioso leitor para a leitura dos *itens 6.6.5.4* e *6.6.5.5*, lembrando que, em 19.12.2017, a Min. Rosa Weber deferiu, "forte no poder geral de cautela e nos moldes dos arts. 297, 932, II, 995, parágrafo único, e 1.026, § 1.º, do CPC/2015, o pedido de **tutela de urgência** para **suspender**, em parte, **os efeitos da decisão**, apenas no ponto em que se **atribuiu eficácia *erga omnes* à declaração de inconstitucionalidade do art. 2.º da Lei n. 9.055/95**, até a publicação do acórdão respetivo e fluência do prazo para oposição dos aventados embargos de declaração" (**pendente** essa questão no momento de fechamento desta edição).

No tocante à matéria de fundo, não havendo mais a abertura expressa que o art. 2.º da lei federal estabelecia para uma modalidade específica de amianto (asbesto branco), possibilitou-se aos Estados avançarem a proteção: "ao impor um nível de proteção mínima a ser observado em todos os Estados da Federação, a Lei n. 9.055/95 **não pode ser interpretada como obstáculo à maximização dessa proteção**, conforme escolha dos Estados, individualmente considerados. A proibição progressiva encartada na legislação estadual em apreço está alinhada à diretriz norteadora e à teleologia do regime previsto na Lei nº 9.055/95" (*Inf. 886/STF*).

Finalmente, em relação ao tema do amianto, em 30.11.2017, o STF julgou outras 3 ações. Partindo da premissa de que o art. 2.º da lei federal, que permitia o uso de uma variedade do amianto, era inconstitucional, preservou e manteve todas as leis (dos Estados de Pernambuco e do Rio Grande do Sul, além da do Município de São Paulo) que proibiam integralmente o seu uso (**ADI 3.356**, **ADI 3.357** e **ADPF 109**).

■ 7.11.2. Tabaco

Quem já não escutou falar de Paris (ou já teve a feliz oportunidade de lá estar), o seu *glamour*, os seus cafés, a sua arte, a sua cultura, o extraordinário *Louvre*, os impressionistas do *D'Orsay*, a "monstruosa" igreja de *Notre-Dame*, a grandiosidade e a vista da *Sacré-Couer*, as praças, a *Champs-Élysées* (e o *Arc de Triomphe*), fazer um *picnic* aos pés da maravilhosa Torre *Eiffel*, o romantismo, o charme dos cafés. Poderíamos ficar aqui por horas falando sobre a encantadora Paris...[66]

Pois bem, até Paris "surpreendeu" o mundo ao apresentar ampla aceitação da lei que proibiu o tabaco em bares, restaurantes, discotecas e cassinos do país a partir de janeiro de 2008.

Nesse sentido, no Brasil, algumas leis, sejam estaduais, sejam municipais, proibiram o uso do tabaco, contrariando a redação original da Lei Federal n. 9.294/96, que admitia a criação de fumódromo (cf. **ADI 4.239** — não se admitiu a legitimação ativa da Abrasel Nacional; **ADI 4.249** — julgada prejudicada conforme explicamos abaixo; e **ADI 4.306** — julgada improcedente).

No caso do julgamento da **ADI 4.249**, a lei estadual, objeto da ação, trazia regra mais protetiva em relação à lei federal que delimitava o assunto, autorizando o **fumódromo** "em área destinada exclusivamente a esse fim, devidamente isolada e com arejamento conveniente" (art. 2.º da Lei federal n. 9.294/96). A restrição/proteção imposta pela legislação estadual, sem dúvida, melhor resguardava o **princípio de proteção à saúde**.

E o que aconteceu?

O art. 2.º da Lei federal n. 9.294/96 foi modificado, passando a não mais se permitir o fumódromo (Lei n. 12.546/2011).

Diante dessa modificação, conforme entendeu o Min. Celso de Mello, muito embora pudesse ter a lei estadual tratado do assunto na vigência da redação original da Lei n. 9.294/96, a superveniência da Lei federal n. 12.546/2011 cessou a eficácia da lei estadual objeto da ADI (a União tratou de regra geral). Assim, sua Excelência, monocraticamente, julgou prejudicada a referida ADI, por perda superveniente de seu objeto (ADI 4.249, j. 03.12.2019).

No julgamento da **ADI 4.306**, o STF resgatou a noção do **federalismo cooperativo** adotada no precedente do amianto. Segundo ficou estabelecido, o federalismo torna-se "um instrumento de descentralização, não para simplesmente distribuir poder político, mas para realizar direitos fundamentais" (fls. 16). Assim, "apenas quando a lei federal ou estadual claramente indicar, de forma necessária, adequada e razoável, que os efeitos de sua aplicação excluem o poder de complementação que possuem os entes menores (*clear statement rule*), seria possível afastar a presunção de que, no âmbito regional, certa matéria deve ser disciplinada pelo ente maior" (fls. 17). "Estados, próximos dos dilemas das realidades regionais, exerçam a competência legislativa concorrente a eles atribuída pela Constituição, ou na perspectiva da saúde, ou na perspectiva do consumo".

---

66 Amigo concurseiro, é por isso que dizemos... **não desista dos sonhos**. O momento é passageiro e vai dar certo! Tanta força de vontade vai valer a pena.

Avançando, sob um outro aspecto, a discussão travada no caso do amianto poderá orientar a solução a ser dada para a proibição do fumo (não estamos sustentando uma proibição ao direito individual e isolado de fumar — esse é um outro problema, um caso de saúde pública —, mas em relação ao fumo em lugares públicos, como é o caso das legislações em análise).

Como se sabe, o Brasil é signatário da **Convenção-Quadro sobre Controle do Uso do Tabaco** (Dec. n. 5.658/2006), que desestimula o seu uso, o que poderia levar ao entendimento de que essa prescrição teria paralisado a eficácia da lei federal se menos restritiva, no sentido da sua natureza de **supralegalidade**. Inexistindo lei federal sobre norma geral, já que a questão envolvendo o fumo, assim como a problemática do amianto, é de competência concorrente (art. 24, V, VI e XII), os Estados exerceriam a sua competência legislativa plena (art. 24, § 3.º, CF/88), de maneira muito mais drástica.

Lembramos, ainda, que o **tabagismo** caracteriza-se, na atualidade, como a **principal causa de morte evitável** e, portanto, indiscutível o **dever** de todos os entes federativos de proteger a saúde e, assim, combater o fumo, que, quando consumido, introduz no organismo mais de 4.700 substâncias tóxicas, destacando-se a **nicotina** (responsável pela combatida e famigerada dependência química), o **monóxido de carbono** (gás) e o **alcatrão** (que contém substâncias pré-cancerígenas), sem contar a problemática do **fumante passivo**.

7.11.3. Covid-19 — medidas tomadas para o enfrentamento da pandemia

Em razão da complexidade da matéria e de sua evolução jurisprudencial, convidamos os nossos queridos leitores para a discussão do tema em vídeo na plataforma, destacando-se o fortalecimento da ideia de **federalismo cooperativo** (principal precedente: **ADI 6.341**).

7.12. INTERVENÇÃO

Como já tivemos oportunidade de alertar, o art. 18, *caput,* da CF/88 preceitua que a organização político-administrativa da República Federativa do Brasil compreende a União, os Estados, o Distrito Federal e os Municípios, **todos autônomos**, nos termos da Constituição Federal.

No entanto, excepcionalmente, a CF prevê situações (de anormalidade) em que haverá intervenção, suprimindo-se, temporariamente, a aludida autonomia. As hipóteses, por trazerem regras de anormalidade e exceção, devem ser interpretadas **restritivamente**, consubstanciando-se um rol taxativo, *numerus clausus.*

A regra da intervenção seguirá o seguinte esquema:

- **Intervenção federal:** União → nos Estados, Distrito Federal (hipóteses do art. 34) e nos Municípios localizados em Território Federal (hipótese do art. 35);
- **Intervenção estadual:** Estados → em seus Municípios (art. 35).

Acesse também a videoaula pelo link: somos.in/DCE25096

Conforme observa Humberto Peña de Moraes, sendo "instituto típico da estrutura do Estado Federal, repousa a intervenção no afastamento temporário da atuação autônoma da entidade federativa sobre a qual a mesma se projeta".[67]

7.12.1. Intervenção federal

7.12.1.1. Hipóteses de intervenção federal

As hipóteses de **intervenção federal** (e quando dizemos intervenção federal significa intervenção realizada pela União)[68] nos **Estados** e no **Distrito Federal** estão taxativamente previstas no art. 34, sendo cabíveis para:

- manter a integridade nacional;
- repelir invasão estrangeira ou de uma unidade da Federação em outra;
- pôr termo a grave comprometimento da ordem pública;
- garantir o livre exercício de qualquer dos Poderes nas unidades da Federação;
- reorganizar as finanças da unidade da Federação que: *a*) suspender o pagamento da dívida fundada[69] por mais de dois anos consecutivos, salvo motivo de força maior; *b*) deixar de entregar aos Municípios receitas tributárias fixadas na Constituição, dentro dos prazos estabelecidos em lei;
- prover a execução de lei federal, ordem ou decisão judicial;
- assegurar a observância dos seguintes princípios constitucionais: *a*) forma republicana, sistema representativo e regime democrático; *b*) direitos da pessoa humana; *c*) autonomia municipal; *d*) prestação de contas da Administração Pública, direta e indireta; *e*) aplicação do mínimo exigido da receita resultante de impostos estaduais, compreendida a proveniente de transferências, na manutenção e desenvolvimento do ensino e nas ações e serviços públicos de saúde.[70]

---

67 Humberto Peña de Moraes, Do processo interventivo, no contorno do Estado federal..., in André Ramos Tavares, Pedro Lenza, Pietro de Jesús Lora Alarcón (coord.), *Reforma do Judiciário*: Emenda Constitucional n. 45/2004, p. 229.

68 Interessante a observação de Michel Temer, que diz: "na verdade, quando a União intervém em dado Estado, todos os Estados estão intervindo conjuntamente; a União age, no caso, em nome da Federação" (*Elementos de direito constitucional,* p. 79).

69 Nos termos do art. 98 da Lei n. 4.320/64, "a dívida fundada compreende os compromissos de exigibilidade superior a doze meses, contraídos para atender a desequilíbrio orçamentário ou financeiro de obras e serviços públicos". Trata-se, assim, de **passivo financeiro**.

70 Conforme já alertamos, a alínea "e" do inciso VII do art. 34 da CF/88 tinha sido acrescentada pela EC n. 14/96. Sua redação, contudo, foi alterada pela **EC n. 29, de 13.09.2000**, fazendo constar que a aplicação do mínimo exigido não se restringirá à manutenção e desenvolvimento do **ensino**, mas abrangerá também as **ações e serviços públicos de saúde**, sendo os recursos mínimos para esta última, até o **exercício de 2004**, fixados de acordo com o art. 77 do ADCT (acrescentado pela referida emenda). A partir do **exercício financeiro de 2005**, os recursos mínimos deveriam ser fixados por **lei complementar**, nos termos do art. 198, § 3.º (acrescentado pela EC n. 29/2000). De acordo com o art. 77, § 4.º, do ADCT, na ausência da referida lei complementar, a partir do exercício financeiro de 2005, aplicar-se-iam à União, aos Estados, ao Distrito Federal e aos Municípios as regras fixadas no citado art. 77

As hipóteses de **intervenção federal nos Municípios localizados em Territórios Federais** serão estudadas quando tratarmos da *intervenção estadual*, prevista no art. 35.

7.12.1.2. Espécies de intervenção federal

- **espontânea:** nesse caso o Presidente da República age de ofício → art. 34, I, II, III e V;
- **provocada por solicitação:** art. 34, IV, combinado com o art. 36, I, primeira parte → quando coação ou impedimento recaírem sobre o Poder Legislativo ou o Poder Executivo, impedindo o livre exercício dos aludidos Poderes nas unidades da Federação, a decretação da intervenção federal, pelo Presidente da República, dependerá de **solicitação** do Poder Legislativo ou do Poder Executivo coacto ou impedido;
- **provocada por requisição:** a) art. 34, IV, combinado com o art. 36, I, segunda parte → se a coação for exercida contra o **Poder Judiciário**, a decretação da intervenção federal dependerá de **requisição** do Supremo Tribunal Federal; b) art. 34, VI, segunda parte, combinado com o art. 36, II → no caso de desobediência a ordem ou decisão judicial, a decretação dependerá de **requisição** do STF, do STJ ou do TSE, de acordo com a matéria;

Exemplo interessante de pedido de intervenção por descumprimento de decisão judicial seria aquele decorrente do **não pagamento de precatórios** e que vem sendo frustrado em razão de jurisprudência estabelecida pelo STF no sentido de haver necessidade de se tratar de descumprimento voluntário e intencional e haver recursos financeiros (cf. discussão no *item 11.12.11*).

- **provocada, dependendo de provimento de representação:** a) art. 34, VII, combinado com o art. 36, III, primeira parte → no caso de ofensa aos princípios constitucionais sensíveis, previstos no art. 34, VII, da CF/88, a intervenção federal dependerá de **provimento**, pelo **STF**, **de representação do Procurador-Geral da República** (representação interventiva, conforme expusemos no capítulo sobre controle, *item 6.7.5.2*); b) art. 34, VI, primeira parte, combinado com o art.

do ADCT. Essa situação perdurou até o advento da **LC n. 141/2012**, que, além de outras providências, regulamentou o § 3.º do art. 198 da Constituição Federal para dispor sobre os valores mínimos a serem aplicados anualmente pela União, Estados, Distrito Federal e Municípios em ações e serviços públicos de saúde e estabeleceu os critérios de rateio dos recursos de transferências para a saúde e as normas de fiscalização, avaliação e controle das despesas com saúde nas três esferas de governo. Finalmente, a **EC n. 95/2016**, que instituiu o **"Novo Regime Fiscal"** no âmbito dos *Orçamentos Fiscal e da Seguridade Social da União* (e deixamos claro que a regra vale apenas no âmbito da **União**), buscando o equilíbrio das contas públicas, e que vigorará por 20 exercícios financeiros, nos termos dos arts. 107 a 114 do ADCT, **alterou** o critério de cálculo dos **gastos mínimos** com as ações e serviços públicos de saúde e a manutenção e desenvolvimento do ensino (art. 110, ADCT).

36, III, segunda parte → para prover a execução de lei federal (pressupondo ter havido recusa à execução de lei federal), a intervenção dependerá de **provimento de representação** do Procurador-Geral da República pelo **STF (EC n. 45/2004)** (trata-se, também, de representação interventiva, regulamentada pela **Lei n. 12.562/2011** e com as explicitações nos *itens 6.7.5.2.5* e *6.7.5.2.7* deste trabalho).

Quanto a esta última hipótese, Humberto Peña de Moraes observa: "insista-se, por oportuno, que a *actio* vertente não busca a alcançar oportuna declaração de inconstitucionalidade — fim a que se propõe a ação direta de inconstitucionalidade interventiva — com vista a possível intervenção, mas sim a garantir, ocorrendo recusa por parte de Estado ou do Distrito Federal e julgada procedente a pretensão pela Excelsa Corte, a execução de lei federal, sob pena, é óbvio, da prática interventiva. A intervenção para execução de lei federal só deve ser havida por lícita, insta observar, quando não existir outro tipo de ação aparelhada para a solução da *quaestio juris*".[71]

Na hipótese de **solicitação** pelo **Executivo** ou **Legislativo**, o Presidente da República não estará obrigado a intervir, possuindo **discricionariedade** para convencer-se da **conveniência** e **oportunidade**. Por outro lado, havendo **requisição** do **Judiciário**, não sendo o caso de suspensão da execução do ato impugnado (art. 36, § 3.º), o Presidente da República estará **vinculado** e deverá decretar a intervenção federal, sob pena de responsabilização.

■ *7.12.1.3. Decretação e execução da intervenção federal e a oitiva dos Conselhos da República e de Defesa Nacional*

Compete privativamente ao **Presidente da República** decretar e executar a intervenção federal (art. 84, X) de forma espontânea ou mediante provocação.

Referida intervenção materializa-se por **decreto presidencial de intervenção** que especificará a **amplitude**, o **prazo** e as **condições de execução** e que, se couber, nomeará o **interventor**, devendo ser submetido ao **posterior** controle político do **Congresso Nacional** no prazo de **24 horas**, sendo que, se este não estiver funcionando, será feita **convocação extraordinária**, no mesmo prazo de **24 horas**, pelo **Presidente do Senado Federal** (art. 57, § 6.º, I).

A Constituição ainda prevê a oitiva dos órgãos superiores de consulta do Presidente da República, quais sejam, o **Conselho da República** (art. 90, I) e o **Conselho de Defesa Nacional** (art. 91, § 1.º, II), mediante convocação do Presidente da República, que os presidirá (art. 84, XVIII), sem haver qualquer vinculação do Chefe do Executivo aos aludidos pareceres, que serão meramente **opinativos**.

Conforme se observa, compete ao Conselho da República **pronunciar-se** sobre a intervenção federal (art. 90, I) e ao Conselho de Defesa Nacional **opinar** sobre a sua decretação (art. 91, § 1.º, II). Apesar de não haver prescrição constitucional ex-

[71] Humberto Peña de Moraes, Do processo interventivo, no contorno do Estado federal..., p. 229.

pressa sobre o momento das consultas, nem mesmo legal (Lei n. 8.041/90 — Conselho da República e Lei n. 8.183/91 — Conselho de Defesa Nacional), a grande maioria da doutrina entende que estas deverão ser **prévias**, pois não haveria sentido ouvir os órgãos de consulta depois de já implementada a medida.[72]

Surge, então, uma questão: poderia haver dispensa da oitiva dos Conselhos? Neste caso de dispensa em razão das circunstâncias específicas do caso, decretada a intervenção, deveria haver necessariamente a posterior consulta aos referidos órgãos superiores?

Conforme vimos, a **regra** é a **oitiva prévia** dos Conselhos. Contudo, em situações excepcionalíssimas, de extrema urgência, diante de justificativas próprias e decorrentes de circunstâncias específicas dos fatos — lembrando que os referidos pareceres são meramente opinativos —, pensamos ser **possível** a decretação da intervenção sem a oitiva dos Conselhos.

Neste caso de urgente decretação, contudo, para se respeitar o comando constitucional que estabelece a **indispensabilidade** da oitiva dos Conselhos, esta, **necessariamente**, deverá ser posterior e no menor prazo possível, até porque os pareceres a serem emitidos poderão **reorientar** o decreto interventivo e, por que não, em momento seguinte, diante de novas situações fáticas que justifiquem, permitir a sustação da medida em nova apreciação política, sustentando-se aqui um contínuo controle político ao se fazer uma leitura ampliada da parte final do art. 49, IV, tendo em vista a excepcionalidade do instituto.

A efetiva dispensa da oitiva dos Conselhos significaria a banalização da disposição constitucional, pois, do contrário, não teria sentido a sua previsão para essa finalidade específica nas situações de grave crise constitucional previstas na Constituição.

Nesse sentido, Paulo Branco sustenta: "não há por que, em caso de evidente urgência, exigir que a consulta seja prévia, já que as opiniões não são vinculantes e não perdem objeto nas intervenções que se prolongam no tempo, podendo mesmo sugerir rumos diversos dos que inicialmente adotados no ato de intervenção".[73]

Como se trata de tema novo, afinal a primeira intervenção federal ocorreu depois de quase 30 anos de vigência da atual Constituição e, no caso específico, com a posterior oitiva dos Conselhos, depois de já publicado o decreto interventivo (cf. *item 7.12.1.6*), devemos acompanhar a posição do STF no julgamento do **MS 35.537** (impetrado em 19.02.2018) e da **ADI 5.915** (ajuizada em 14.03.2018, em 28.02.2019 foi

[72] José Afonso da Silva vai além e sustenta que a intervenção federal **dependerá** do pronunciamento dos Conselhos, caracterizando-se, portanto, como verdadeiro **controle prévio** (*Comentário contextual à Constituição*, 9. ed., p. 333). Cabe observar que, em relação ao **estado de defesa** e ao **estado de sítio**, a Constituição é expressa ao estabelecer que a **oitiva** dos Conselhos será **prévia** (cf. arts. 136, *caput*, e 137, *caput*). Assim, por ter o constituinte originário aproximado referidos institutos, tanto é que o art. 60, § 1.º, identifica-os como **limitações circunstanciais ao poder de reforma**, parece razoável aplicar, por analogia, referida regra de **oitiva prévia** dos Conselhos também às hipóteses de decretação de intervenção federal.

[73] Gilmar Mendes e Paulo Branco, *Curso de direito constitucional*, 10. ed., p. 823.

julgada **prejudicada**, por perda superveniente do objeto, já que a intervenção no Estado do Rio de Janeiro atingiu o seu termo em 31.12.2018 — não tendo o STF analisado os vários pontos do procedimento, infelizmente).

■ 7.12.1.4. Controle político exercido pelo Congresso Nacional

Nos termos dos §§ 1.º e 2.º do art. 36, conforme visto acima, o **Congresso Nacional (Legislativo)** realizará **controle político** sobre o decreto de intervenção expedido pelo **Executivo** no prazo de 24 horas, devendo ser feita, pelo Presidente do Senado Federal (art. 57, § 6.º, I), a convocação extraordinária, também no prazo de 24 horas, se a Casa Legislativa estiver em recesso parlamentar. Assim, nos termos do art. 49, IV, o **Congresso Nacional** ou **aprovará** a intervenção federal, ou a **rejeitará**, sempre por meio de **decreto legislativo**, suspendendo a execução do decreto interventivo nesta última hipótese. Parece possível também pensarmos a hipótese de suspensão parcial de alguma medida tomada pelo Presidente da República no decreto interventivo.

Diferente da regra prevista para o controle político a ser exercido pelo Congresso Nacional nas hipóteses de decretação de estado de defesa (art. 136, § 4.º) e de estado de sítio (art. 137, parágrafo único), que estabelecem o quórum da maioria absoluta, em relação à **intervenção federal**, como não há disposição específica, deverá prevalecer a regra geral, qual seja, o quórum de aprovação do projeto de decreto legislativo será por **maioria simples**, nos termos do art. 47, CF/88.

Em caso de rejeição pelo Congresso Nacional do decreto interventivo, o Presidente da República deverá cessá-lo imediatamente, sob pena de cometer crime de responsabilidade (art. 85, II — atentado contra os Poderes constitucionais do Estado), passando o ato a ser inconstitucional.

Conforme visto no item anterior, dada a aproximação com os institutos do *estado de defesa* e do *estado de sítio*, parece recomendável a aplicação analógica do art. 140 da Constituição Federal, para se estabelecer o **controle político** não apenas imediato — logo após a decretação, como, também, pensamos, **concomitante**, devendo ser designada comissão para acompanhar e fiscalizar a execução das medidas referentes à intervenção federal.

■ 7.12.1.4.1. Hipóteses em que o controle exercido pelo Congresso Nacional é dispensado

Como regra geral, o decreto interventivo deverá ser apreciado pelo Congresso Nacional (controle político). Excepcionalmente, a CF (art. 36, § 3.º) dispensa a aludida apreciação, sendo que o decreto se limitará a suspender a execução do ato impugnado, se essa medida bastar ao restabelecimento da normalidade. As hipóteses em que o controle político é dispensado são as seguintes:

- ■ **art. 34, VI** → para prover a execução de lei federal, ordem ou decisão judicial;
- ■ **art. 34, VII** → quando houver afronta aos princípios sensíveis da CF.

Nesses casos, no entanto, se o decreto que suspendeu a execução do ato impugnado **não foi suficiente para o restabelecimento da normalidade**, o Presidente da República **decretará a intervenção federal**, nomeando, se couber, interventor, devendo submeter o seu ato ao exame do Congresso Nacional (**controle político**), no prazo de 24 horas, nos termos do art. 36, § 1.º, conforme referido.

■ 7.12.1.5. Afastamento das autoridades envolvidas

Por meio do **decreto interventivo**, que especificará a amplitude, prazo e condições de execução, o Presidente da República nomeará (quando necessário) interventor, afastando as autoridades envolvidas.

Cessados os motivos da intervenção, as autoridades afastadas de seus cargos a estes voltarão, salvo impedimento legal (art. 36, § 4.º).

■ 7.12.1.6. A intervenção federal na vigência da Constituição Federal de 1988: os casos particulares do Distrito Federal e do Espírito Santo e a efetiva decretação da intervenção federal nos Estados do Rio de Janeiro e de Roraima

Durante a vigência da Constituição Federal de 1988 tivemos apenas duas situações de efetiva decretação de intervenção federal implementadas pelo **Decreto n. 9.288/2018** no Estado do **Rio de Janeiro** e pelo **Decreto n. 9.602/2018** no Estado de **Roraima**.

Antes, porém, vale a pena destacar dois outros relevantes episódios, um envolvendo o **Distrito Federal** e o outro o Estado do **Espírito Santo**, que passaram perto da implementação da medida extrema.

A) DISTRITO FEDERAL

No caso do Distrito Federal, o pedido de intervenção foi formulado pelo PGR com base no art. 34, VII, "a", sob a "... **alegação** da existência de **esquema de corrupção** que envolveria o ex-Governador do DF, alguns Deputados Distritais e suplentes, investigados pelo STJ, e cujo concerto estaria promovendo a desmoralização das instituições públicas e comprometendo a higidez do Estado Federal. Tais fatos revelariam conspícua **crise institucional** hábil a colocar em risco as atribuições político-constitucionais dos Poderes Executivo e Legislativo e provocar instabilidade da ordem constitucional brasileira. (...) **No mérito**, entendeu-se que o perfil do momento político-administrativo do Distrito Federal já **não autorizaria a decretação de intervenção federal**, a qual se revelaria, agora, **inadmissível** perante a **dissolução do quadro que se preordenaria a remediar**...", tendo ficado vencido o Min. Ayres Britto (**IF 5.179**, Rel. Min. Cezar Peluso, j. 30.06.2010, Plenário, *DJE* de 08.10.2010. Sobre o tema, cf. o *item 6.7.5.2.1*).

B) ESPÍRITO SANTO

Por sua vez, no Estado do Espírito Santo, tivemos o episódio envolvendo o então Ministro da Justiça Miguel Reale Jr., que ficou à frente do cargo por apenas 3 meses quando apresentou o seu pedido de **demissão** por ter se sentido traído.

Conforme ele mesmo relata em entrevista concedida ao *Conjur*,[74] no ano de 2002, diante de assassinatos de juízes, promotores e advogados pelo crime organizado, houve um pedido formal pela OAB para a intervenção federal no Estado do Espírito Santo. Essa medida poderia se implementar tanto de forma espontânea pelo Presidente da República (art. 34, III) como pela propositura da representação interventiva pelo PGR (ADI interventiva), com a necessária apreciação do STF (art. 34, VII, "b").

A demanda foi parar no *Conselho de Defesa dos Direitos da Pessoa Humana*, que, nos termos da *Res. CDDPH n. 15, de 04.07.2002*, aprovou, após ter mandado um grupo de investigação ao estado, "por unanimidade e com palmas", inclusive com a presença do então Procurador-Geral da República Geraldo Brindeiro, o relatório sobre a representação do Conselho Federal da OAB elaborado pelos Conselheiros Luís Roberto Barroso, Flávia Piovesan e Belisário dos Santos Jr.[75]

No dia 08.07.2002, contudo, Miguel Reale Jr. estava em São Paulo e, para sua surpresa, tomou conhecimento pela televisão de que não mais iriam decretar a intervenção, pois, conforme fala do PGR em entrevista dada à imprensa de dentro do Planalto, "a intervenção federal no Espírito Santo era uma questão do Ministro da Justiça e não do governo". Assim, tanto a intervenção espontânea, que se implementaria mediante ato do Presidente da República observadas as formalidades constitucionais, como a propositura da ADI Interventiva, que dependeria do ajuizamento da representação interventiva pelo PGR, estavam sepultadas.

Miguel Reale Jr. se sentiu traído e, por isso, pediu a demissão do cargo de Ministro da Justiça. Conforme explica, "eu me senti absolutamente desprestigiado pelo Presidente, a quem eu tenho uma admiração muito grande como político e como intelectual, e hoje tenho boas relações. Mas naquele instante era impraticável eu per-

---

[74] *Revista Consultor Jurídico*, 07.09.2012, 7h04, acesso em 02.01.2019.

[75] O art. 2.º da referida resolução recomenda: "com base em documentos, depoimentos, denúncias, informações colhidas e nas considerações e conclusões produzidas pelo Relatório: **I** — que sejam efetivados os procedimentos objetivando a intervenção federal no Estado do Espírito Santo, em decorrência do entendimento de que estão ali presentes situações que justificam a referida medida excepcional, em conformidade com o previsto no art. 34, da Constituição Federal; **II** — que a intervenção federal no Estado do Espírito Santo tenha a sua incidência no **Executivo** e na **presidência e mesa diretora da Assembleia Legislativa**, com os objetivos de: **a)** produzir a efetiva investigação das atividades do crime organizado no Estado, inclusive as que possuam repercussão interestadual, como narcotráfico, lavagem de dinheiro, sonegação fiscal; **b)** obter a efetiva apuração de crimes de homicídio, especialmente os que são cometidos mediante execução sumária e os que são atribuídos ao crime organizado, e a consequente identificação e responsabilização dos autores, sejam executores ou mandantes; **c)** garantir a livre circulação de informações que possam viabilizar a prevenção e a repressão à criminalidade; **d)** garantir a livre ação dos agentes públicos no exercício de suas respectivas atribuições que tenham correlação com a apuração de crimes ou com a repressão das atividades da criminalidade organizada; **e)** garantir a integridade física de pessoas coagidas ou ameaçadas em virtude de denunciar ou terem denunciado violações a direitos humanos ou de colaborar ou terem colaborado para a identificação ou repressão de atividade criminosa; **f)** executar toda e qualquer medida para o pleno restabelecimento da ordem pública e das garantias ao exercício dos direitos humanos".

manecer no Ministério. Ou eu tinha honra ou não tinha. Eu renunciei. O Presidente podia ter me ligado, como ligava diversas vezes, tínhamos inclusive relações de proximidade, e falar: 'Olha, o Procurador da República veio aqui agora etc.'".[76]

A imprensa noticiou as possíveis razões para o arquivamento, dentre outras, a **proximidade do pleito eleitoral** e o **impacto que a medida traria**, pois o relatório da comissão, conforme visto, recomendava a intervenção tanto no Executivo como na Assembleia Legislativa. Diziam que o momento político não era adequado...!

C) RIO DE JANEIRO — Decreto n. 9.288, de 16.02.2018 — primeiro caso de efetiva decretação de intervenção federal na vigência da Constituição Federal de 1988 — aprovado pelo Decreto Legislativo n. 10, de 20.02.2018

Devemos destacar o histórico caso envolvendo o Estado do Rio de Janeiro, o primeiro depois de quase 30 anos de vigência do texto constitucional. O Presidente da República, no uso da atribuição que lhe confere o art. 84, X, CF/88, decretou a intervenção federal no Estado do Rio de Janeiro com o objetivo de pôr termo ao grave comprometimento da ordem pública (art. 34, III, CF/88 e Decreto n. 9.288/2018).

Cumprindo as formalidades constitucionais prescritas no art. 36, § 1.º, CF/88, o decreto estabeleceu o **prazo** da intervenção até 31.12.2018, limitando-a à **área de segurança pública do Estado**, tendo sido nomeado para o cargo de **interventor** o General do Exército Braga Netto, que, subordinado ao Presidente da República, assumiu o **controle operacional dos órgãos de segurança pública do Estado**.

Vale a pena destacar que o próprio Governador do Rio de Janeiro, Luiz Fernando Pezão, fez o pedido de intervenção ao declarar a total incapacidade de cuidar da segurança pública do Estado, não conseguindo deter, conforme afirmou em seu discurso na data da assinatura do decreto, onde esteve presente, a guerra entre facções e o que considerou mais grave, a problemática das milícias.

Apesar da nomeação de um militar, a decretação deve ser entendida como a intervenção da União (do governo federal) na política de segurança pública do Estado do Rio de Janeiro (art. 21, V, da CF/88) e não uma intervenção militar das Forças Armadas. Ou seja, a gestão da segurança pública, as estratégias, as medidas a serem implementadas, enfim, toda a área passou para o interventor, afastando-se o secretário de segurança e o próprio Governador dessa pasta.

Nesse sentido, o art. 3.º, § 5.º, do Decreto n. 9.288/2018 estabeleceu que o interventor, no âmbito do Estado do Rio de Janeiro, exerceria o controle operacional de todos os órgãos estaduais de segurança pública previstos no art. 144 da Constituição e no Título V da Constituição do Estado do Rio de Janeiro.

Na Nota Técnica Conjunta n. 01/2018 do MPF (PGR-00072549/2018), expedida em 20.02.2018 pela Procuradoria Federal dos Direitos do Cidadão (PFDC) e pela

---

[76] Vale a pena ler o texto publicado pelo Jornal *Folha de São Paulo* noticiando a perplexidade dos Conselheiros Luís Roberto Barroso, Flávia Piovesan e Belisário dos Santos Jr. diante do arquivamento da representação apresentada pela OAB (*Folha de São Paulo*, Tendências/Debates, 11.07.2002).

Acesse também a videoaula pelo link: somos.in/DCE25096

Câmara Criminal do MPF (2CCR), estabeleceu-se o mesmo entendimento acima exposto: "o Decreto n. 9.288/2018 determinou intervenção parcial no Poder Executivo do Estado do Rio de Janeiro, 'limitada à área da segurança pública' (art. 1.º, § 1.º). O interventor foi nomeado para assumir parte das competências do governador de Estado (decreto, art. 3.º). **A natureza da função a ser exercida pelo interventor é, portanto, aquela de Governador de Estado, por definição constitucional um cargo de natureza civil.** Nada obsta que um militar seja designado para assumir essa função, tal como previsto na Constituição (art. 142, § 3.º, II e III), porém esse fato **não transmuda a natureza da função**".

Dois pontos importantes, contudo, devem ser destacados, especialmente por terem sido judicializados.

O **primeiro** está relacionado a uma formalidade constitucional que não foi observada, qual seja, a **prévia** oitiva do **Conselho da República** (art. 90, I) e do **Conselho de Defesa Nacional** (art. 91, § 1.º, II) para decretação da intervenção federal, sobre a qual já tivemos a oportunidade de expor o nosso entendimento.

Conforme vimos no *item 7.12.1.3*, de fato, a melhor interpretação da Constituição é aquela que reconhece a **prévia consulta** desses chamados órgãos superiores de consulta do Presidente da República para emissão de pareceres na hipótese de intervenção federal. Referidos pareceres, segundo entendimento doutrinário, são meramente **opinativos** (cf. *item 10.4.8*). Entendemos que em situações de extrema urgência ou necessidade iminente, diante de circunstâncias específicas e muito particulares, referida oitiva poderá ser posterior, conforme aconteceu no caso do Rio de Janeiro, em que a decretação se deu em uma sexta-feira (16.02.2018) e a oitiva dos Conselhos na segunda-feira (19.02.2018), tendo sido feitas as convocações para as reuniões no domingo (art. 84, XVIII, da CF/88).

Depois de ouvidos os Conselhos, no dia seguinte, qual seja, em 20.02.2018, nos termos do **DL n. 10/2018**, o Congresso Nacional, observando o comando constitucional previsto no art. 49, IV, **aprovou**, com folga (lembrando que o quórum é por maioria simples), o decreto interventivo presidencial, nos seguintes termos:

- **Câmara dos Deputados:** 340 votos favoráveis, 72 contrários e 1 abstenção (Projeto de Decreto Legislativo n. 886-A/2018);
- **Senado Federal:** 55 votos favoráveis, 13 contrários e 1 abstenção (Projeto de Decreto Legislativo n. 4/2018).

O **segundo** ponto decorreu do pronunciamento do então Presidente da República Michel Temer na cerimônia de assinatura do decreto (em 16.02.2018), ao informar que iria **cessar** o decreto para votar a Reforma da Previdência. Vejamos a fala de sua excelência: "eu registro que ajustamos ontem à noite com uma participação muito expressiva do presidente Rodrigo Maia e do presidente Eunício Oliveira a **continuidade** da tramitação da reforma da Previdência, que é uma medida também extremamente importante para o futuro do País. **Quando ela estiver para ser votada**, e naturalmente isto segundo avaliação das Casas Legislativas, **eu farei cessar a**

intervenção. No instante que se verifique, segundo os critérios das Casas Legislativas que há condições para votação, reitero, eu farei cessar a intervenção".

Como se sabe e estudamos no *capítulo 9*, a Constituição estabeleceu **limitações circunstanciais** à reforma constitucional, qual seja, nos termos do art. 60, § 1.º, a proibição de se **emendar** a Constituição na vigência de **intervenção federal**, de estado de defesa ou de estado de sítio.

Com o máximo respeito, não concordamos com a "estratégia" apresentada pelo Presidente da República em seu pronunciamento. Pensamos que o objetivo do constituinte originário ao manter e **ampliar** os limites circunstanciais ao poder de reforma (lembrando que antes da Constituição de 1988, a primeira Constituição a estabelecer regra similar, vedando a alteração apenas na vigência de estado de sítio, foi a de 1934, mantida nas seguintes, exceto na de 1937) foi evitar a reforma constitucional em situação de legalidade extraordinária e, portanto, de grave instabilidade.

Dessa forma, ou os requisitos para intervenção estão presentes, ou não é hipótese de sua decretação. Cessá-la para uma finalidade diversa, não relacionada aos motivos que ensejaram a intervenção, caracterizaria inequívoco **desvio de finalidade** e, portanto, **fraude constitucional**. Demonstrado que o objetivo da decretação foi outro que não o de se pôr termo a grave comprometimento da ordem pública, haveria **crime de responsabilidade**. A intervenção federal só deve cessar, dentro do prazo estabelecido, se os motivos que a justificaram deixarem de existir e, jamais, para a finalidade diversa como a de se aprovar uma PEC, por mais importante que seja. Essa medida, sem dúvida, caracterizaria **inaceitável "violência" constitucional**.

Outros temas ainda poderiam ser destacados como, dentre outros, a amplitude da regra contida no art. 60, § 1.º, qual seja, **a decretação da intervenção federal paralisa toda tramitação de PEC ou apenas a fase de discussão e votação da proposta?**[77]

Entendemos que a **paralisação** deva ser de **toda a tramitação**, ficando impedidas a discussão e a votação da PEC. A instabilidade da medida excepcional traria riscos para isenção dos debates e formulação dos pareceres.

Em sentido contrário, o Min. Dias Toffoli sustentou a suspensão de "todos os atos deliberativos do processo legislativo da emenda constitucional, **mas não a tramitação das propostas de emenda**" (**MS 35.535**, j. 26.06.2018, fls. 9 da decisão — pendente o julgamento dos embargos declaratórios, não tendo havido formal deliberação da Corte sobre o referido assunto).[78]

D) RORAIMA — Decreto n. 9.602, de 08.12.2018 — segundo caso de efetiva decretação de intervenção federal na vigência da Constituição Federal de 1988 — aprovado pelo Decreto Legislativo n. 174, de 12.12.2018

[77] José Afonso da Silva parece sustentar que a decretação da intervenção federal paralisaria a tramitação da PEC. Nossa interpretação, a partir de texto escrito pelo autor no item 2.2 do capítulo VII na obra *Processo constitucional de formação das leis*, 3. ed., p. 321.

[78] Outras medidas foram interpostas, destacando-se o **MS 35.537** e a **ADI 5.915**, ambos julgados prejudicados.

Diante da grave crise na segurança pública e no sistema carcerário, acrescentando-se o enorme risco de rebeliões, além da política de acolhida humanitária a imigrantes venezuelanos, o então Presidente da República, Michel Temer, com a aquiescência da Governadora, decretou a "intervenção federal no Estado de Roraima até 31.12.2018, para, nos termos do art. 34, *caput*, inciso III, da Constituição, pôr termo a grave comprometimento da ordem pública".

Conforme declarou, por haver concordância, "fiz com a senhora governadora uma espécie de **intervenção negociada**. Ela acedeu a esta fórmula, concordou com esta fórmula. Acha que, de fato, a situação está se complicando no estado de Roraima e que a melhor solução seria precisamente essa" (*Agência Brasil*, 07.12.2018).

Diferente do Rio de Janeiro, cuja intervenção se limitou à área de segurança pública, a intervenção no Estado de Roraima abrangeu todo o Poder Executivo, afastando-se a Governadora e se nomeando, para o cargo de interventor, Antonio Denarium, o eleito pelo povo para assumir o cargo a partir de 1.º.01.2019.

Dessa forma, enquanto a intervenção no **Rio de Janeiro** foi **parcial** (segurança pública), a no Estado de **Roraima** foi **total**, substituindo-se a Governadora pelo interventor, que assumiu todas as suas atribuições.

Nesse segundo caso, a cronologia dos fatos demonstra total observância ao procedimento: a) oitiva dos Conselhos, que opinaram, por unanimidade, pela decretação da intervenção (08.12.2018); b) oficialização da intervenção, publicando o decreto no *Diário Oficial da União* (10.12.2018); c) controle político pelo Congresso Nacional (12.12.2018).

■ *7.12.1.7. A intervenção federal: necessidade de preservação dos direitos fundamentais*

Diferente da decretação do estado de defesa e do estado de sítio, que expressamente admitem a possibilidade de imposição de medidas coercitivas, inclusive restrições a direitos e garantias (cf. arts. 136, § 1.º, I e II, e 139, I-VII), **a Constituição não estabelece nenhuma possibilidade de restrição a direitos na hipótese de decretação de intervenção federal**.

Nesse sentido, diante da excepcionalidade da medida, a interpretação deverá ser restritiva e, portanto, não se admitirá, em hipótese alguma, mitigação de direitos fundamentais.

Repudiamos qualquer medida que tenha se imaginado no caso do Rio de Janeiro, conforme noticiado pela imprensa, de se expedirem "mandados coletivos de busca, apreensão e captura", ou, conforme se expressou em outro momento, "mandados com múltiplos alvos", destacando-se, nesse sentido, tanto a Nota Técnica Conjunta do MPF — PGR-00072549/20158 (20.02.2018), como a Nota Pública expedida pela Associação Nacional dos Defensores Públicos — ANADEP (21.02.2018), ambas enaltecendo a necessidade de serem observadas as garantias fundamentais da presunção de inocência, do devido processo legal, da inviolabilidade do domicílio e da intimidade, do dever de motivar as decisões judiciais e, naturalmente, a regra legal contida no art. 243, do CPP.

■ 7.12.2. Intervenção estadual

■ *7.12.2.1. Hipóteses de intervenção estadual e intervenção federal nos Municípios localizados em Territórios Federais*

As hipóteses de **intervenção estadual** e **federal** (nos Municípios localizados em Territórios Federais) estão taxativamente previstas no art. 35, sendo cabíveis quando:

- deixar de ser paga, sem motivo de força maior, por dois anos consecutivos, a dívida fundada;
- não forem prestadas contas devidas, na forma da lei;
- não tiver sido aplicado o mínimo exigido da receita municipal na manutenção e desenvolvimento do ensino e nas ações e serviços públicos de saúde;[79]
- o Tribunal de Justiça der provimento a representação para assegurar a observância de princípios indicados na Constituição Estadual, ou para prover a execução de lei, de ordem ou de decisão judicial.

■ *7.12.2.2. Decretação e execução da intervenção estadual*

A decretação e execução da intervenção estadual é de competência privativa do **Governador de Estado**, por meio de **decreto de intervenção**, que especificará a amplitude, o prazo e as condições da execução e, quando couber, nomeará o interventor.

■ *7.12.2.3. Controle exercido pelo Legislativo*

A Constituição estabeleceu a realização de **controle político** a ser exercido pelo Legislativo, devendo o decreto de intervenção ser submetido à apreciação da **Assembleia Legislativa**, no prazo de 24 horas. Na hipótese de não estar funcionando, haverá convocação extraordinária, também no prazo de 24 horas.

■ *7.12.2.3.1. Hipóteses em que o controle exercido pela Assembleia Legislativa é dispensado*

Em regra, o decreto interventivo deverá ser apreciado pela Assembleia Legislativa (intervenção estadual). Excepcionalmente, porém, a CF (art. 36, § 3.º) dispensa a aludida apreciação pelo Congresso Nacional (hipóteses já estudadas quando tratamos da intervenção federal), ou pela Assembleia Legislativa estadual, sendo que o decreto, nesses casos, limitar-se-á a suspender a execução do ato impugnado, se essa medida bastar ao restabelecimento da normalidade. A hipótese em que o controle político é dispensado ocorre quando:

- **art. 35, IV** → o Tribunal de Justiça der provimento à representação para assegurar a observância de princípios indicados na Constituição Estadual, ou para prover a execução de lei, de ordem ou de decisão judicial.

---

[79] Redação dada pela **EC n. 29, de 13.09.2000**.

No entanto, se a suspensão da execução do ato impugnado não for suficiente para o restabelecimento da normalidade, o Governador de Estado decretará a intervenção no Município (hipótese de intervenção estadual em Município), submetendo esse ato (decreto interventivo) à Assembleia Legislativa, que, estando em recesso, será convocada extraordinariamente.

■ *7.12.2.4. Afastamento das autoridades envolvidas*

No decreto interventivo que especificará a amplitude, prazo e condições de execução, o Governador de Estado nomeará (quando necessário) interventor, afastando as autoridades envolvidas.

Cessados os motivos da intervenção, as autoridades afastadas de seus cargos a estes voltarão, salvo impedimento legal (art. 36, § 4.º).

■ *7.12.2.5. Súmula 637 do STF*

Nos termos da S. 637/STF, "não cabe recurso extraordinário contra acórdão de tribunal de justiça que defere pedido de intervenção estadual em município".

■ 7.13. MATERIAL DIGITAL EXCLUSIVO

7

(DIVISÃO ESPACIAL DO PODER — ORGANIZAÇÃO DO ESTADO

Download de Questões Modelo Tradicional — somos.in/DCE25026

Banco de Questões Plataforma — somos.in/DCE25027

Resolução de Questões Pedro Lenza — somos.in/DCE25117

Videoaulas — somos.in/DCE25096

8

SEPARAÇÃO DE "PODERES" — TEORIA GERAL

8.1. NOÇÕES INTRODUTÓRIAS

8.1.1. Aristóteles: identificação das funções do Estado

As primeiras bases teóricas para a "tripartição de Poderes" foram lançadas na Antiguidade grega por **Aristóteles**, em sua obra *Política*, em que o pensador vislumbrava a existência de **três funções distintas** exercidas pelo poder **soberano**, quais sejam, a função de editar normas gerais a serem observadas por todos, a de aplicar as referidas normas ao caso concreto (administrando) e a função de julgamento, dirimindo os conflitos oriundos da execução das normas gerais nos casos concretos.

Acontece que **Aristóteles**, em decorrência do momento histórico de sua teorização, descrevia a **concentração** do exercício de tais funções na figura de uma única pessoa, o soberano, que detinha um poder "incontrastável de mando", uma vez que era ele quem editava o ato geral, aplicava-o ao caso concreto e, unilateralmente, também resolvia os litígios eventualmente decorrentes da aplicação da lei. A célebre frase de *Luís XIV* reflete tal descrição: "*L'État c'est moi*", ou seja, "o Estado sou eu", o soberano.

Dessa forma, **Aristóteles** contribuiu no sentido de **identificar o exercício de três funções estatais distintas**, apesar de exercidas por um único órgão.

8.1.2. Montesquieu: correspondência entre a divisão funcional e a divisão orgânica

Muito tempo depois, a teoria de Aristóteles seria "aprimorada" pela visão precursora do Estado liberal burguês desenvolvida por **Montesquieu** em seu *O espírito das leis*.

O grande avanço trazido por Montesquieu não foi a identificação do exercício de três funções estatais. De fato, partindo desse pressuposto aristotélico, o grande pensador francês inovou dizendo que tais funções estariam intimamente conectadas a três órgãos distintos, autônomos e independentes entre si. Cada função corresponderia a um órgão, não mais se concentrando nas mãos únicas do soberano. Essa teoria surge em contraposição ao absolutismo, servindo de base estrutural para o desenvolvimento de diversos movimentos, como as revoluções americana e francesa, caracte-

Acesse também o vídeo sobre o capítulo pelo link: somos.in/DCE25029

rizando-se, na *Declaração Francesa dos Direitos do Homem e do Cidadão,*[1] em seu art. 16,[2] como verdadeiro **dogma constitucional**.

De acordo com essa teoria, cada Poder exercia uma função típica, inerente à sua natureza, atuando independente e autonomamente, não mais sendo permitido a um único órgão legislar, aplicar a lei e julgar, de modo unilateral, como se percebia no absolutismo.

Cabe alertar, conforme destacou, com acerto, Manoel Gonçalves Ferreira Filho, que "a divisão funcional do poder — ou, como tradicionalmente se diz, a '*separação de poderes*' — que ainda hoje é a base da organização do governo nas democracias ocidentais, não foi invenção genial de um homem inspirado, mas sim é o resultado empírico da evolução constitucional inglesa, qual a consagrou o *Bill of Rights* de 1689. De fato, a 'gloriosa revolução' pôs no mesmo pé a autoridade real e a autoridade do parlamento, forçando um compromisso que foi a divisão do poder, reservando-se ao monarca certas funções, ao parlamento outras e reconhecendo-se a independência dos juízes. Esse compromisso foi **teorizado** por **Locke**, no *Segundo tratado do governo civil*, que o justificou a partir da hipótese do estado de natureza. Ganhou ele, porém, **repercussão estrondosa** com a obra de **Montesquieu**, *O espírito das leis*, que o transformou numa das mais célebres doutrinas políticas de todos os tempos".[3]

■ 8.1.3. E qual seria a finalidade da separação dos poderes?

Dimitri, com precisão, observa que "seu objetivo fundamental é preservar a liberdade individual, combatendo a concentração de poder, isto é, a tendência 'absolutista' de exercício do poder político pela mesma pessoa ou grupo de pessoas. A distribuição do poder entre órgãos estatais dotados de independência é tida pelos partidários do liberalismo político como garantia de equilíbrio político que evita ou, pelo menos, minimiza os riscos de abuso de poder. O Estado que estabelece a separação dos poderes evita o despotismo e assume feições liberais. Do ponto de vista teórico, isso significa que na base da separação dos poderes encontra-se a tese da existência de nexo causal entre a divisão do poder e a liberdade individual. A separação dos poderes persegue esse objetivo de duas maneiras. Primeiro, impondo a **colaboração** e o **consenso** de várias autoridades estatais na tomada de decisões. Segun-

[1] Anotou Comparato que a *Declaração dos Direitos do Homem e do Cidadão de 1789* "... representa, por assim dizer, o atestado de óbito do *Ancien Régime*, constituído pela monarquia absoluta e pelos privilégios feudais, e, neste sentido, volta-se claramente para o passado. Mas o seu caráter abstrato e geral das fórmulas empregadas, algumas delas lapidares, tornou a Declaração de 1789, daí em diante, uma espécie de **carta geográfica fundamental** para a navegação política nos mares do futuro, uma referência indispensável a todo projeto de constitucionalização dos povos" (Fábio Konder Comparato, *A afirmação histórica dos direitos humanos*, 7. ed., p. 163 — original sem grifos).

[2] Art. 16. "Toda sociedade, na qual a garantia dos direitos não está assegurada, nem a **separação dos poderes** determinada, não tem Constituição" (tradução livre do autor: "*Toute Société dans laquelle la garantie des Droits n'est pasassurée, ni la séparation des Pouvoirs déterminée, n'a point de Constitution*").

[3] Manoel Gonçalves Ferreira Filho, *Curso de direito constitucional*, 34. ed., p. 135.

do, estabelecendo **mecanismos de fiscalização e responsabilização recíproca dos poderes estatais**, conforme o desenho institucional dos **freios e contrapesos**".[4]

Nesse sentido, a jurisprudência do STF:

> "EMENTA: (...). A essência do postulado da divisão funcional do poder, além de derivar da necessidade de **conter os excessos dos órgãos que compõem o aparelho de Estado**, representa o **princípio conservador das liberdades do cidadão e constitui o meio mais adequado para tornar efetivos e reais os direitos e garantias proclamados pela Constituição**. Esse princípio, que tem assento no art. 2.º da Carta Política, não pode constituir e nem qualificar-se como um inaceitável manto protetor de comportamentos abusivos e arbitrários, por parte de qualquer agente do Poder Público ou de qualquer instituição estatal.
>
> (...).
>
> O sistema constitucional brasileiro, ao consagrar o princípio da limitação de poderes, teve por objetivo instituir modelo destinado a **impedir a formação de instâncias hegemônicas de poder no âmbito do Estado**, em ordem a neutralizar, no plano político-jurídico, a possibilidade de dominação institucional de qualquer dos Poderes da República sobre os demais órgãos da soberania nacional" (**MS 23.452**, Rel. Min. Celso de Mello, j. 16.09.1999, Plenário, *DJ* de 12.05.2000 — original sem grifos).

Dentre os vários exemplos desse mecanismo de **freios e contrapesos**, em razão da **interpenetração dos "poderes"** (**interferências** ou **controles recíprocos**), com o objetivo de **evitar abusos de poder**, podemos destacar:

- **art. 5.º, XXXV:** o Poder **Judiciário** pode rever atos de determinada CPI **(Legislativo)** que extrapolem o *postulado da reserva constitucional de jurisdição*, quando, por exemplo, o seu presidente expede um mandado de busca e apreensão em total violação ao art. 5.º, XI;
- **art. 52, I:** compete privativamente ao Senado Federal **(Legislativo)** processar

[4] Dimitri Dimoulis, *Significado e atualidade da separação de poderes*, p. 145-146. Nesse sentido, para aprofundamento, cf. Nuno Piçarra, *A separação dos poderes como doutrina e princípio constitucional*, passim. Ainda, conforme estabeleceu Dallari, "o sistema de separação de poderes, consagrado nas Constituições de quase todo o mundo, foi associado à ideia de **Estado Democrático** e deu origem a uma engenhosa construção doutrinária, conhecida como ***sistema de freios e contrapesos***. Segundo essa teoria os atos que o Estado pratica podem ser de duas espécies: ou são **atos *gerais*** ou são ***especiais***. Os ***atos gerais***, que só podem ser praticados pelo **poder legislativo**, constituem-se na emissão de regras gerais e abstratas, não se sabendo, no momento de serem emitidas, a quem elas irão atingir. Dessa forma, **o poder legislativo**, que só pratica atos gerais, **não atua concretamente na vida social**, não tendo meios para cometer abusos de poder nem para beneficiar ou prejudicar a uma pessoa ou a um grupo em particular. Só depois de emitida a norma geral é que se abre a possibilidade de atuação do **poder executivo**, por meio de ***atos especiais***. O executivo dispõe de **meios concretos para agir**, mas está igualmente impossibilitado de atuar discricionariamente, porque todos os seus atos estão **limitados pelos atos gerais praticados pelo legislativo**. E se houver exorbitância de qualquer dos poderes surge a **ação fiscalizadora do poder judiciário**, obrigando cada um a permanecer nos limites de sua respectiva esfera de competência" (Dalmo de Abreu Dallari, *Elementos de teoria geral do Estado*, p. 184-185) (o original não está "negritado").

e julgar o Presidente e o Vice-Presidente da República **(Executivo)** nos crimes de responsabilidade;

- **art. 53, § 1.º, c/c o art. 102, I, "b":** eventual condenação pelo STF **(Judiciário)** de parlamentar federal corrupto **(Legislativo)** que se vale de seu cargo para indevidamente enriquecer (cf. julgamento do denominado "mensalão" na AP 470);
- **art. 62:** as medidas provisórias adotadas pelo Presidente da República **(Executivo)** poderão ser rejeitadas pelo Congresso Nacional **(Legislativo)**;
- **art. 66, § 1.º:** o Chefe do Poder **Executivo** pode sancionar ou vetar projetos de lei aprovados pelo Parlamento **(Legislativo)**;
- **art. 66, §§ 4.º a 6.º:** o Parlamento **(Legislativo)** poderá "derrubar" o veto lançado pelo Chefe do Poder **Executivo**;
- **art. 66, § 7.º:** se a lei não for promulgada dentro de 48 horas pelo Presidente da República **(Executivo)**, nos casos dos §§ 3.º e 5.º, o Presidente do Senado **(Legislativo)** a promulgará, e, se este não o fizer em igual prazo, caberá ao Vice-Presidente do Senado **(Legislativo)** fazê-lo;
- **art. 63, I e II:** cabe emenda parlamentar **(Legislativo)** em projeto de lei de iniciativa exclusiva do Presidente da República **(Executivo)**;
- **art. 64, § 1.º:** o Presidente da República **(Executivo)** poderá solicitar urgência para o Parlamento **(Legislativo)** apreciar os projetos de sua iniciativa;
- **art. 97:** os juízes **(Judiciário)** poderão declarar a inconstitucionalidade de lei **(Legislativo)** ou ato normativo do Poder Público (inclusive, como exemplo, de decretos autônomos elaborados pelo **Executivo**);
- **art. 101, parágrafo único (c/c o art. 52, III, "a", e o art. 84, XIV):** os Ministros do STF **(Judiciário)** serão nomeados pelo Presidente da República **(Executivo)**, depois de aprovada a escolha pela maioria absoluta do Senado Federal **(Legislativo)**.
- **art. 102, I, "a":** compete ao STF **(Judiciário)** declarar a inconstitucionalidade de lei ou ato normativo federal ou estadual **(Legislativo)**.

8.2. FUNÇÕES TÍPICAS E ATÍPICAS

A teoria da "tripartição[5] de Poderes", exposta por Montesquieu, foi adotada por grande parte dos Estados modernos,[6] só que de maneira **abrandada**. Isso porque, diante das realidades sociais e históricas, passou-se a permitir uma maior interpenetração entre os Poderes, atenuando a teoria que pregava a separação pura e absoluta deles.[7]

---

5 Como se sabe, no constitucionalismo brasileiro e de modo geral, a regra adotada é a da **tripartição**. Lembramos, contudo, o art. 10 da Constituição do Império de 1824, que adotou a separação **quadripartita**: "Os Poderes Políticos reconhecidos pela Constituição do Império do Brasil são **quatro**: o **Poder Legislativo**, o ***Poder Moderador***, o **Poder Executivo**, e o **Poder Judicial**".

6 Interessante notar, de modo excepcional, o art. 1.º, I, da **Nova Lei Fundamental da Cidade do Vaticano**, que entrou em vigor em 22.02.2001 e substitui integralmente a anterior, de 7 de junho de 1929: "O **Sumo Pontífice**, Soberano do Estado da Cidade do Vaticano, **tem a plenitude dos poderes legislativo, executivo e judicial**" (cf. íntegra do texto em <http://www.vatican.va/vatican_city_state/legislation/index.htm>).

7 Cabe alertar, contudo, como sinalizou Manoel Gonçalves Ferreira Filho, que "o próprio Montes-

Dessa forma, além do exercício de **funções típicas** (*predominantes*), inerentes e ínsitas à sua natureza, cada órgão exerce, também, outras duas funções atípicas (de natureza típica dos outros dois órgãos). Assim, o Legislativo, por exemplo, além de exercer uma função típica, inerente à sua natureza, exerce, também, uma **função atípica** de natureza *executiva* e outra **função atípica** de natureza *jurisdicional*.

Importante esclarecer que, mesmo no exercício da função atípica, o órgão exercerá uma função sua, não havendo aí ferimento ao princípio da separação de Poderes, porque tal competência foi constitucionalmente assegurada pelo poder constituinte originário. Vejamos o quadro abaixo, trazendo uma visão panorâmica das **funções típicas** de cada órgão, bem como **exemplos** de algumas **funções atípicas**:

ÓRGÃO	FUNÇÃO TÍPICA	FUNÇÃO ATÍPICA
LEGISLATIVO	■ legislar ■ fiscalização contábil, financeira, orçamentária e patrimonial do Executivo	■ **Natureza executiva:** ao dispor sobre sua organização, provendo cargos, concedendo férias, licenças a servidores etc. ■ **Natureza jurisdicional:** o Senado julga o Presidente da República nos crimes de responsabilidade (art. 52, I)
EXECUTIVO	■ prática de atos de chefia de Estado, chefia de governo e atos de administração	■ **Natureza legislativa:** o Presidente da República, por exemplo, adota medida provisória, com força de lei (art. 62) ■ **Natureza jurisdicional:** o Executivo julga, apreciando defesas e recursos administrativos
JUDICIÁRIO	■ julgar (*função jurisdicional*), dizendo o direito no caso concreto e dirimindo os conflitos que lhe são levados, quando da aplicação da lei	■ **Natureza legislativa:** regimento interno de seus tribunais (art. 96, I, "a") ■ **Natureza executiva:** administra, *v.g.*, ao conceder licenças e férias aos magistrados e serventuários (art. 96, I, "f")

Finalmente, pedimos vênia para ressaltar a caracterização feita por José Afonso da Silva[8] em relação às três funções (típicas) exercidas pelos Órgãos:

- **função legislativa:** "consiste na edição de regras gerais, abstratas, impessoais e inovadoras da ordem jurídica, denominadas *leis*";
- **função executiva:** "resolve os problemas concretos e individualizados, de acordo com as leis; não se limita à simples *execução das leis*, como às vezes se diz; comporta prerrogativas, e nela entram todos os atos e fatos jurídicos que não tenham caráter geral e impessoal; por isso, é cabível dizer que a função executiva se distingue em *função de governo*, com atribuições políticas, colegislativas e de decisão, e *função administrativa*, com suas três missões básicas: *intervenção*, *fomento* e *serviço público*";
- **função jurisdicional:** "tem por objeto aplicar o direito aos casos concretos a fim de dirimir conflitos de interesse".

quieu abria exceção ao princípio da separação ao admitir a intervenção do chefe de Estado, pelo *veto*, no processo legislativo" (*Curso de direito constitucional*, 34. ed., p. 137).

8 José Afonso da Silva, *Curso de direito constitucional positivo*, 35. ed., p. 108.

■ 8.3. IMPROPRIEDADE DA EXPRESSÃO "TRIPARTIÇÃO DE PODERES"

Depois de todo o visto, devemos apenas sistematizar a imprecisão do uso da expressão "tripartição de Poderes".

Isso porque o poder é **uno, indivisível e indelegável**. O poder não se triparte. O poder é um só, manifestando-se por meio de **órgãos** que exercem **funções**. Dessa maneira, temos:

a) poder: uno, indivisível e indelegável, um atributo do Estado que emana do povo;
b) função: "a função constitui, pois, um modo particular e caracterizado de o Estado manifestar a sua vontade";[9]
c) órgão: "os órgãos são, em consequência, os instrumentos de que se vale o Estado para exercitar suas funções, descritas na Constituição, cuja eficácia é assegurada pelo Poder que a embasa".[10]

Assim, todos os atos praticados pelo Estado decorrem de um só Poder, uno, indivisível e indelegável. Esses atos adquirem diversas formas, dependendo das funções exercidas pelos diferentes órgãos. O órgão legislativo, por exemplo, exerce uma função típica, inerente à sua natureza, além de funções atípicas, conforme vimos no quadro anterior, ocorrendo o mesmo com os órgãos executivo e jurisdicional.

A correspondência entre **funções** e **órgãos** é imposta e decorrente da separação orgânica dos poderes e, naturalmente, está explícita no texto de 1988, destacando-se:

- **art. 44:** o "Poder" **Legislativo** (*função*) é exercido pelo **Congresso Nacional** (*órgão*), que se compõe da Câmara dos Deputados e do Senado Federal;
- **art. 76:** o "Poder" **Executivo** (*função*) é exercido pelo **Presidente da República** (*órgão*), auxiliado pelos Ministros de Estado;
- **art. 92:** são órgãos do "Poder" **Judiciário** (*função*):[11] I — o Supremo Tribunal Federal; I-A — o Conselho Nacional de Justiça; II — o Superior Tribunal de Justiça; III — os Tribunais Regionais Federais e Juízes Federais; IV — os Tribunais e Juízes do Trabalho; V — os Tribunais e Juízes Eleitorais; VI — os Tribunais e Juízes Militares; VII — os Tribunais e Juízes dos Estados e do Distrito Federal e Territórios (*órgãos*).

Feitas essas observações, devemos lembrar que a expressão "tripartição de Poderes", normalmente, é utilizada sem muito rigor técnico, inclusive pela própria

---

9 Celso R. Bastos, *Curso de direito constitucional*, p. 340.

10 Idem, ibidem.

11 Devemos lembrar que as Constituições de **1946** e **1967** e a **EC n. 1/69** adotaram uma redação melhor que a do art. 92 da CF/88, seguindo o "padrão" redacional estabelecido para os outros "poderes", nos seguintes termos: "O 'Poder' Judiciário (*função*) é exercido pelos seguintes órgãos" ("*órgão*" — com a indicação, como se observa no texto atual).

Acesse também a videoaula pelo link: somos.in/DCE25097

Constituição, que em seu art. 2.º assevera: "São **Poderes** da União, independentes e harmônicos entre si, o Legislativo, o Executivo e o Judiciário". Portanto, por "Poderes" entendam-se órgãos, em decorrência do que expusemos acima.

■ 8.4. A INDEPENDÊNCIA DOS PODERES E A INDELEGABILIDADE DE ATRIBUIÇÕES

Ressaltamos serem os "Poderes" (órgãos) independentes entre si, cada qual atuando dentro de sua parcela de competência constitucionalmente estabelecida quando da manifestação do *poder constituinte originário*.

Nesse sentido, as atribuições asseguradas não poderão ser delegadas de um Poder (órgão) a outro. Trata-se do **princípio da indelegabilidade de atribuições**. Um órgão só poderá exercer atribuições de outro, ou da natureza típica de outro, quando houver expressa previsão (e aí surgem as funções atípicas) e, diretamente, quando houver delegação por parte do poder constituinte originário, como ocorre, por exemplo, com as leis delegadas do art. 68, cuja atribuição é delegada pelo Legislativo ao Executivo.

Pelo que se observa no quadro abaixo, as Constituições de 1891, 1934, 1946, 1967 e a EC n. 1/69 não só foram explícitas ao proclamar a cláusula da **indelegabilidade**, como também deixaram clara a possibilidade de **interpenetração** entre os poderes a ser materializada naquilo que se denominou **freios e contrapesos**. Vejamos:

CONSTITUIÇÕES	PARTIÇÃO DE FUNÇÕES (quadripartição e a regra da tripartição)	INDEPENDÊNCIA ORGÂNICA
1824	■ **Art. 10.** Os Poderes Políticos reconhecidos pela Constituição do Império do Brasil são **quatro**: o Poder Legislativo, o Poder Moderador, o Poder Executivo e o Poder Judicial. ■ **Art. 9.º** A **divisão** e **harmonia** dos Poderes Políticos é o princípio conservador dos Direitos dos Cidadãos, e o mais seguro meio de fazer efetivas as garantias, que a Constituição oferece.	■ *Não há ressalva explícita.*
1891	■ **Art. 15.** São órgãos da soberania nacional o Poder Legislativo, o Executivo e o Judiciário, **harmônicos e independentes entre si**.	■ **Art. 79.** O cidadão investido em funções de qualquer dos três Poderes federais não poderá exercer as de outro.
1934	■ **Art. 3.º, *caput*** — São órgãos da soberania nacional, dentro dos limites constitucionais, os Poderes Legislativo, Executivo e Judiciário, **independentes e coordenados entre si**.	■ **Art. 3.º, § 1.º** — É vedado aos Poderes constitucionais delegar suas atribuições. ■ **Art. 3.º, § 2.º** — O cidadão investido na função de um deles não poderá exercer a de outro.
1937	■ *Não existe um dispositivo explícito, muito embora o texto tenha criado capítulos próprios para o Legislativo e o Judiciário.*	■ *Não há ressalva explícita.*
1946	■ **Art. 36.** São Poderes da União o Legislativo, o Executivo e o Judiciário, **independentes e harmônicos entre si**.	■ **Art. 36, § 1.º** — O cidadão investido na função de um deles não poderá exercer a de outro, **salvo as exceções previstas nesta Constituição**. ■ **Art. 36, § 2.º** — É vedado a qualquer dos Poderes delegar atribuições.

1967	■ **Art. 6.º, *caput*** — São Poderes da União, **independentes e harmônicos**, o Legislativo, o Executivo e o Judiciário.	■ **Art. 6.º, parágrafo único — Salvo as exceções previstas nesta Constituição**, é vedado a qualquer dos Poderes delegar atribuições; o cidadão investido na função de um deles não poderá exercer a de outro.
EC n. 1/69	■ **Art. 6.º, *caput*** — São Poderes da União, **independentes e harmônicos**, o Legislativo, o Executivo e o Judiciário.	■ **Art. 6.º, parágrafo único — Salvo as exceções previstas nesta Constituição**, é vedado a qualquer dos Poderes delegar atribuições; quem for investido na função de um deles não poderá exercer a de outro.
1988	■ **Art. 2.º** São Poderes da União, **independentes e harmônicos entre si**, o Legislativo, o Executivo e o Judiciário.	■ *Não há ressalva explícita.*

Embora a regra da **indelegabilidade** e a enunciação da existência de **ressalvas** não estejam individual e expressamente estabelecidas na redação da Constituição de 1988 (em um artigo específico, como se observou nos referidos textos anteriores), não há dúvida de que devam ser reconhecidas no ordenamento atual, seja por se tratar da essência da separação de poderes adotada nos Estados modernos (do contrário, a *separação de poderes* perderia a sua utilidade), seja porque essas exceções (**interferências** ou **controles recíprocos**, em verdadeira **interpenetração de poderes**, materializando os **freios e contrapesos**) podem ser expressamente **identificadas**, o que se viu acima, **ao longo da Constituição.**

Por fim, lembre-se de que a CF/88 erigiu à categoria de **cláusula pétrea a separação de Poderes** (art. 60, § 4.º, III).

■ 8.5. MATERIAL DIGITAL EXCLUSIVO

8

SEPARAÇÃO DE "PODERES" — TEORIA GERAL

Download de Questões Modelo Tradicional — somos.in/DCE25030

Banco de Questões Plataforma — somos.in/DCE25031

Resolução de Questões Pedro Lenza — somos.in/DCE25118

Videoaulas — somos.in/DCE25097

9
PODER LEGISLATIVO

■ 9.1. ESTRUTURA DO PODER LEGISLATIVO

■ 9.1.1. Estrutura do Poder Legislativo federal

A análise do Poder Legislativo (ou, de modo mais técnico, órgão legislativo) deve ser empreendida levando em conta a forma de Estado introduzida no Brasil, verificando-se de que modo ocorre a sua manifestação em âmbito federal, estadual, distrital e municipal.

Assim, diz-se que no Brasil vigora o **bicameralismo federativo**, no âmbito federal. Ou seja, o Poder Legislativo no Brasil, em âmbito federal, é **bicameral**, isto é, composto por duas Casas: a Câmara dos Deputados e o Senado Federal, a primeira constituída por representantes do **povo** e a segunda, por representantes dos **Estados-Membros** e do **Distrito Federal**, adjetivando, assim, o nosso bicameralismo, que é do tipo federativo, como visto.

Pelo exposto, outra não poderia ser a redação do art. 44 da CF/88, que diz: "O Poder Legislativo é exercido pelo Congresso Nacional, que se compõe da Câmara dos Deputados e do Senado Federal".

As regras fundamentais sobre o legislativo federal serão estudadas individualmente, destacando-se a Câmara dos Deputados, o Senado Federal, as reuniões dos parlamentares, as comissões e demais regras atinentes aos Deputados e Senadores, como imunidades, incompatibilidades e impedimentos, perda do mandato etc. Neste momento, teceremos alguns comentários a respeito do legislativo estadual, municipal, distrital e dos Territórios Federais, para, em um segundo momento, voltarmos ao legislativo federal.

■ 9.1.2. Estrutura do Poder Legislativo estadual, municipal, distrital e dos Territórios Federais

O Poder Legislativo em âmbito estadual, municipal, distrital e dos Territórios Federais (estes últimos, quando criados), ao contrário da estrutura do legislativo federal, é do tipo **unicameral**, pois composto por uma única Casa, conforme se observa pela leitura dos arts. 27, 29, 32 e 33, § 3.º, última parte, todos da CF/88.

■ *9.1.2.1. Estrutura do Poder Legislativo estadual*

- **unicameralismo:** o legislativo estadual é exercido pela **Assembleia Legislativa**, composta pelos **Deputados Estaduais**, também representantes do **povo** do Estado;

Acesse também o vídeo sobre o capítulo pelo link: somos.in/DCE25033

■ **número de deputados estaduais:** "o número de Deputados à **Assembleia Legislativa** corresponderá ao triplo da representação do Estado na Câmara dos Deputados e, atingido o número de trinta e seis, será acrescido de tantos quantos forem os Deputados Federais acima de doze" (art. 27, *caput*).

Portanto, até o número de 12 Deputados Federais, o número de Deputados Estaduais será obtido pela multiplicação por 3 (o triplo). Acima de 12, segue a seguinte fórmula: y = (x – 12) + 36 → em que **y** corresponde ao número de Deputados Estaduais e **x**, ao número de Deputados Federais. A fórmula, para facilitar, pode ser assim resumida: y = x + 24, em que **y** corresponde ao número de Deputados Estaduais e **x**, ao número de Deputados Federais (quando forem acima de 12). Veja a tabela abaixo e "viva a matemática"!:

NÚMERO DE DEPUTADOS FEDERAIS (x)	NÚMERO DE DEPUTADOS ESTADUAIS (y)	FÓRMULA
8	24[1]	o triplo
9	27	o triplo
10	30	o triplo
11	33	o triplo
12	36	o triplo
13	37	y = (x – 12) + 36 ou y = x + 24
14	38	y = (x – 12) + 36 ou y = x + 24
(...)		
68[2]	92	y = (x – 12) + 36 ou y = x + 24
69	93	y = (x – 12) + 36 ou y = x + 24
70	94[3]	y = (x – 12) + 36 ou y = x + 24

■ **mandato:** o mandato dos Deputados Estaduais será de **4 anos**;

■ **outras regras:** as regras da CF sobre **sistema eleitoral, inviolabilidade, imunidades, remuneração, perda de mandato, licença, impedimentos e incorporação às Forças Armadas** serão aplicadas aos parlamentares estaduais

---

1 O número mínimo de Deputados Estaduais será 24, já que o número mínimo de Deputados Federais é 8, nos termos do art. 45, § 1.º, da CF/88.

2 Essa pergunta, por incrível que pareça, caiu no *X Concurso de Juiz do Trabalho da 14.ª Região — Rondônia e Acre*. No mesmo sentido, podemos destacar questão exigindo esse conhecimento na prova de *Agente Administrativo — PRF — CESPE/UnB/2012*. Então, amigos concurseiros, vejam que, muitas vezes, um pequeno detalhe faz a diferença..., apesar de, em nosso entender, esse tipo de questão não medir o verdadeiro conhecimento. A fórmula para o sucesso? Muito estudo! Mas estudo estratégico! Isso significa que fazer questões de provas do concurso almejado e de outros pode orientar e encurtar a caminhada! Muito sucesso e contem comigo!

3 O número máximo de Deputados Estaduais será de 94, já que o número máximo de Deputados Federais é de 70, nos termos do art. 45, § 1.º, da CF/88.

(art. 27, § 1.º). Desta feita, o regime reservado aos parlamentares federais será o mesmo a ser observado pelos estaduais;

- **remuneração:** determina o § 2.º do art. 27 que o **subsídio** dos Deputados Estaduais será fixado por lei de iniciativa da Assembleia Legislativa, não podendo ser superior a **75%** daquele estabelecido, em espécie, para os Deputados Federais, observado o que dispõem os arts. 39, § 4.º, 57, § 7.º, 150, II, 153, III, e 153, § 2.º, I. Trata-se de subteto do funcionalismo a ser respeitado no âmbito do Poder Legislativo Estadual, segundo a regra trazida pela **Reforma da Previdência** (art. 37, XI — EC n. 41/2003). Entendemos que o subteto do funcionalismo a ser observado no âmbito do Poder Legislativo Estadual continua sendo o subsídio do Deputado Estadual, apesar da novidade trazida no art. 37, § 12, pela **EC n. 47/2005**. Isso porque a parte final é bem clara ao dizer que a flexibilização da "PEC Paralela" não se aplica ao subsídio do Deputado Estadual, que continua sendo o parâmetro e limite, nos termos do art. 37, XI, que não foi modificado.

■ 9.1.2.2. *Estrutura do Poder Legislativo municipal*

- **unicameralismo:** o legislativo municipal é exercido pela **Câmara Municipal (Câmara dos Vereadores)**, composta pelos **Vereadores**, representantes do **povo** do Município;
- **número de Vereadores:** será estabelecido de acordo com o número de habitantes de cada Município, até os limites máximos prescritos no art. 29, IV, nos termos da redação dada pela **EC n. 58/2009**.[4]

A fixação em si implementa-se pela **lei orgânica de cada município** e não por resolução de sua Câmara dos Vereadores (art. 29, *caput*). Conforme indicado, a Constituição Federal fixa o **limite máximo** de acordo com as faixas do art. 29, IV. A lei orgânica, por sua vez, define esse número, vinculando o parlamento municipal, que não poderá alterá-lo. Isso porque o Parlamento, ao estabelecê-lo em sua lei orgânica — até o limite constitucional máximo, pode querer limitá-lo de acordo com a receita daquele ente federativo.

---

[4] Contra referida EC n. 58/2009, em **29.09.2009**, foi proposta a **ADI 4.307** pelo Procurador-Geral da República e, em 02.10.2009, a Ministra Cármen Lúcia deferiu liminar suspendendo a eficácia do art. 3.º, I, da EC n. 58/2009, **evitando**, desse modo, o *preenchimento imediato de quase 7 mil vagas* então criadas pela denominada "PEC dos Vereadores". Referida liminar foi referendada pelo Plenário do STF em 11.11.2009, tendo sido concedida liminar também na ADI 4.310 ajuizada pelo Conselho Federal da OAB. Em 11.04.2013, o Plenário do STF julgou procedente o pedido formulado na referida ADI para **declarar a inconstitucionalidade do inciso I do art. 3.º da EC 58/2009**. Vejamos: "EC 58/2009. Alteração na composição dos limites máximos das câmaras municipais. Inciso IV do art. 29 da CR. (...) Posse de novos vereadores: impossibilidade. **Alteração do resultado de processo eleitoral encerrado:** inconstitucionalidade. Contrariedade ao art. 16 da CR. (...) Norma que determina a retroação dos efeitos de regras constitucionais de composição das câmaras municipais em pleito ocorrido e **encerrado:** afronta à garantia do exercício da **cidadania popular** (arts. 1.º, parágrafo único, e 14 da Constituição) e a **segurança jurídica**..." (ADI 4.307, Rel. Min. Cármen Lúcia, j. 11.04.2013, Plenário, *DJE* de 1.º.10.2013).

A título de curiosidade, cabe lembrar que, antes da EC n. 58/2009, a *Resolução n. 21.702/2004/TSE*, partindo do julgamento do RE 197.917, que definiu a proporcionalidade em relação ao Município de Mira Estrela, produziu efeitos para todo o País.

- **mandato:** o mandato dos Vereadores será de **4 anos**;
- **inviolabilidade ou imunidade material:** os Vereadores são invioláveis por suas opiniões, palavras e votos no exercício do mandato e na circunscrição do Município (art. 29, VIII, estudado mais adiante);
- **remuneração:** as regras sobre a remuneração dos Vereadores, inicialmente, foram fixadas no art. 29, V, da CF/88, cuja redação foi alterada pela EC n. 19/98. A EC n. 1/92 acrescentou o inciso VI ao referido art. 29, que, por sua vez, também foi alterado pela **reforma administrativa** (EC n. 19/98). Tanto na primeira reforma como na segunda, fixou-se que o **valor da remuneração dos Vereadores** corresponderia a, no máximo, 75% do subsídio, em espécie, dos **Deputados Estaduais**, sendo fixado por lei de **iniciativa da Câmara dos Vereadores**. Felizmente, de maneira mais transparente, outra reforma sofreu o texto constitucional, por meio da **EC n. 25, de 14.02.2000**, que alterou o inciso VI do art. 29 e acrescentou o art. 29-A à Constituição Federal, estipulando critérios mais claros e objetivos para o controle dos gastos públicos, no caso em análise, do Poder Legislativo Municipal.

Agora, com as novas regras, a fixação dos percentuais não ficará mais ao puro arbítrio dos Vereadores, através de lei de iniciativa da Câmara dos Vereadores, na medida em que os **percentuais máximos** já foram estabelecidos pelo próprio poder constituinte derivado reformador, na EC n. 25/2000. De acordo com as novas regras (art. 29, VI, da CF/88), o **limite máximo** dos subsídios dos Vereadores continua a ser **75%** do subsídio dos Deputados Estaduais,[5] porém variável de acordo com o número de habitantes de cada Município, segundo a tabela abaixo, não podendo o **total da despesa** com a **remuneração dos Vereadores** ultrapassar o montante de **5%** da receita do Município (art. 29, VII):

TAMANHO DO MUNICÍPIO — NÚMERO DE HABITANTES (y)	SUBSÍDIO MÁXIMO DO VEREADOR — (x)% DO SUBSÍDIO DOS DEPUTADOS ESTADUAIS
y ≤ 10.000	20%
10.001 ≤ y ≤ 50.000	30%
50.001 ≤ y ≤ 100.000	40%
100.001 ≤ y ≤ 300.000	50%
300.001 ≤ y ≤ 500.000	60%
500.001 ≤ y	75%

[5] Assim, por curiosidade, fazendo uma conta rápida, se o subsídio máximo dos Deputados Estaduais corresponde a 75% do subsídio em espécie dos Deputados Federais, o subsídio máximo dos Vereadores corresponderá a **56,25%** do subsídio em espécie fixado para os Deputados Federais.

Dessa forma, de acordo com as novas regras, o subsídio dos Vereadores será **fixado** pelas respectivas **Câmaras Municipais**, em cada legislatura para a **subsequente**, ou seja, fica vedada tal prática na legislatura vigente. Na verdade, a fixação dos subsídios continuará a ocorrer na legislatura (período de 4 anos = ao mandato) imediatamente anterior à subsequente, porém até os limites máximos já previamente determinados pela EC n. 25/2000, de acordo com o número de habitantes do Município.

Isso porque, conforme já decidiu o STF, a fixação de subsídios na mesma legislatura caracteriza "ato lesivo não só ao patrimônio material do Poder Público, como à **moralidade administrativa**, patrimônio moral da sociedade" (STF, RE 172.212-6/SP, Rel. Min. Maurício Corrêa, 2.ª Turma, *DJ* 1, de 27.03.1998, p. 19). Ressalte-se que na fixação dos subsídios deverão ser observadas as regras da CF/88, da CE, bem como os critérios estabelecidos na respectiva lei orgânica.

Cabe lembrar, ainda, o subteto determinado pela **Reforma da Previdência** (art. 37, XI, da EC n. 41/2003), qual seja, no Município, nenhum subsídio poderá ser superior àquele do **Prefeito**.

Pois bem, além das regras já mencionadas, a **EC n. 25/2000** trouxe outros limites, estes, todavia, com caráter genérico e que foram reescalonados pela **EC n. 58/2009**. De acordo com o art. 29-A, o **total da despesa** do Poder Legislativo Municipal, **incluídos** os subsídios dos Vereadores e **excluídos** os gastos com inativos, não poderá ultrapassar os percentuais indicados na tabela a seguir, relativos ao somatório da receita tributária e das transferências previstas no § 5.º do art. 153 e nos arts. 158 e 159, efetivamente realizado no exercício anterior:

TAMANHO DO MUNICÍPIO — NÚMERO DE HABITANTES (y)	O TOTAL DA DESPESA (*INCLUÍDOS* OS SUBSÍDIOS DOS VEREADORES E *EXCLUÍDOS* OS GASTOS COM INATIVOS) NÃO PODE ULTRAPASSAR OS SEGUINTES PERCENTUAIS (SOBRE O SOMATÓRIO DA *RECEITA TRIBUTÁRIA* E DAS *TRANSFERÊNCIAS* PREVISTAS NO § 5.º DO ART. 153 E NOS ARTS. 158 E 159, EFETIVAMENTE REALIZADO NO *EXERCÍCIO ANTERIOR)*
y ≤ 100.000	7%
100.001 ≤ y ≤ 300.000	6%
300.001 ≤ y ≤ 500.000	5%
500.001 ≤ y ≤ 3.000.000	4,5%
3.000.001 ≤ y ≤ 8.000.000	4%
8.000.001 ≤ y	3,5%

Além desses limites, o § 1.º do art. 29-A, também acrescentado, estatui que a Câmara Municipal não gastará mais de **70%** de sua **receita** com a **folha de pagamentos**, incluído o gasto com o subsídio de seus Vereadores, ou seja, a remuneração de todo o pessoal da Câmara dos Vereadores. O desrespeito a essa regra constitui **crime de responsabilidade** do **Presidente da Câmara Municipal**. Convém lembrar que, dentro dessa filosofia e política de contenção de gastos do Poder Legislativo Municipal, o art. 29, VII, acrescentado pela EC n. 1/92, já estabelecia que o **total da despesa** com a **remuneração dos Vereadores** (parte da **folha de pagamentos**) não poderia ultrapassar o montante de **5%** da receita do Município.

Já o **Prefeito Municipal**, de acordo com as novas regras, além do **crime de responsabilidade** previsto no Decreto-lei n. 201/67, que será estudado em momento oportuno, praticará **crime de responsabilidade** caso deixe de efetuar o repasse dos valores para o Poder Legislativo, de acordo com as regras do art. 29-A, § 2.º, I, II e III, ou seja: **a)** efetuar repasse que supere os limites definidos no art. 29-A em análise; **b)** não enviar o referido repasse até o dia **20** de cada mês; **c)** enviar o repasse a menor em relação à proporção fixada na lei orçamentária.

Por fim, devemos destacar a *vacatio legis* prevista no art. 3.º da EC n. 25/2000, que, embora tenha sido publicada no *DOU* eletrônico de 15.02.2000, só entrou em vigor em **1.º de janeiro de 2001**, abarcando, portanto, essa nova legislatura que se iniciou na mesma data.

9.1.2.3. *Estrutura do Poder Legislativo distrital*

- **unicameralismo:** o legislativo distrital é exercido pela **Câmara Legislativa** (art. 32, *caput*), composta pelos Deputados Distritais, que representam o povo do Distrito Federal;
- **aplicação das características dos Estados:** como determina o art. 32, § 3.º, aos Deputados Distritais e à Câmara Legislativa aplica-se o disposto no art. 27, ou seja, todas as regras estabelecidas para os Estados valem para o Distrito Federal.

9.1.2.4. *Estrutura do Poder Legislativo dos Territórios Federais*

- **regra geral:** o art. 33, § 3.º, última parte, determina que a lei disporá sobre as eleições para a **Câmara Territorial** e sua competência deliberativa. Como não existem Territórios Federais (apesar de poderem vir a ser criados), ainda não foi regulamentado esse dispositivo constitucional. Cabe observar que, quando criados, de acordo com o art. 45, § 2.º, cada Território elegerá o número fixo de **4 Deputados Federais**, para compor a Câmara dos Deputados do Congresso Nacional.

9.2. ATRIBUIÇÕES DO CONGRESSO NACIONAL

De acordo com o **art. 48** da CF/88, cabe ao **Congresso Nacional**, com a **sanção do Presidente da República**, dispor sobre todas as matérias de competência da União, especialmente sobre:

- sistema tributário, arrecadação e distribuição de rendas;
- plano plurianual, diretrizes orçamentárias, orçamento anual, operações de crédito, dívida pública e emissões de curso forçado;
- fixação e modificação do efetivo das Forças Armadas;
- planos e programas nacionais, regionais e setoriais de desenvolvimento;
- limites do território nacional, espaço aéreo e marítimo e bens do domínio da União;

- incorporação, subdivisão ou desmembramento de áreas de Territórios ou Estados, ouvidas as respectivas Assembleias Legislativas;
- transferência temporária da sede do Governo Federal;
- concessão de anistia;
- organização administrativa, judiciária, do Ministério Público e da Defensoria Pública da União e dos Territórios, e organização judiciária e do Ministério Público do Distrito Federal (*EC n. 69/2012*);
- criação, transformação e extinção de cargos, empregos e funções públicas, observado o que estabelece o art. 84, VI, "b", já que, quando **vagos** os cargos ou funções públicas, caberá ao Presidente, mediante decreto, dispor sobre a extinção;
- criação e extinção de Ministérios e órgãos da Administração Pública (confira, também, o art. 88 da CF/88, alterado pela EC n. 32/2001);
- telecomunicações e radiodifusão;
- matéria financeira, cambial e monetária, instituições financeiras e suas operações;
- moeda, seus limites de emissão e montante da dívida mobiliária federal;
- fixação do subsídio dos Ministros do STF, observado o que dispõem os arts. 39, § 4.º; 150, II; 153, III; e 153, § 2.º, I.

Alertamos que, de acordo com o art. 84, VI, "a", na nova redação dada pela **EC n. 32/2001**, compete privativamente ao **Presidente da República** (cf. parágrafo único do art. 84) dispor, mediante **decreto**, sobre a organização e funcionamento da administração federal, quando **não implicar o aumento de despesa nem a criação ou extinção de órgãos públicos**.

Agora **cuidado**. O **art. 49** trata das matérias de **competência exclusiva** do Congresso Nacional, sendo **dispensada a manifestação do Presidente da República**, através de sanção ou veto (art. 48, *caput*). Como veremos ao comentar as espécies normativas, as atribuições referidas no art. 49 são materializadas por **decreto legislativo**.[6]

Para os concursos públicos, entendemos indispensável o conhecimento das referidas matérias, fazendo-se um contraponto em relação àquelas do art. 48.

Dessa forma, é da **competência exclusiva do Congresso Nacional** (art. 49):

- resolver definitivamente sobre tratados, acordos ou atos internacionais que acarretem encargos ou compromissos gravosos ao patrimônio nacional;
- autorizar o Presidente da República a declarar guerra, a celebrar a paz, a permitir que forças estrangeiras transitem pelo território nacional ou nele permaneçam temporariamente, ressalvados os casos previstos em lei complementar (cf. LC n. 90/97, com as alterações introduzidas pela LC n. 149/2015);
- autorizar o Presidente e o Vice-Presidente da República a se ausentarem do País, quando a ausência exceder a quinze dias;
- aprovar o estado de defesa e a intervenção federal, autorizar o estado de sítio, ou suspender qualquer uma dessas medidas;

---

6 Para as provas, recomendamos a leitura atenta dos arts. 48 e 49.

- sustar os atos normativos do Poder Executivo que exorbitem do poder regulamentar ou dos limites de delegação legislativa;
- mudar temporariamente sua sede;
- fixar idêntico subsídio para os Deputados Federais e os Senadores, observado o que dispõem os arts. 37, XI, 39, § 4.º, 150, II, 153, III, e 153, § 2.º, I;
- fixar os subsídios do Presidente e do Vice-Presidente da República e dos Ministros de Estado, observado o que dispõem os arts. 37, XI, 39, § 4.º, 150, II, 153, III, e 153, § 2.º, I;
- julgar anualmente as contas prestadas pelo Presidente da República e apreciar os relatórios sobre a execução dos planos de governo;
- fiscalizar e controlar, diretamente, ou por qualquer de suas Casas, os atos do Poder Executivo, incluídos os da administração indireta;
- zelar pela preservação de sua competência legislativa em face da atribuição normativa dos outros Poderes;
- apreciar os atos de concessão e renovação de concessão de emissoras de rádio e televisão;
- escolher dois terços dos membros do Tribunal de Contas da União;
- aprovar iniciativas do Poder Executivo referentes a atividades nucleares;
- autorizar referendo e convocar plebiscito;
- autorizar, em terras indígenas, a exploração e o aproveitamento de recursos hídricos e a pesquisa e lavra de riquezas minerais;
- aprovar, previamente, a alienação ou concessão de terras públicas com área superior a dois mil e quinhentos hectares.

9.3. CÂMARA DOS DEPUTADOS

9.3.1. Aspectos fundamentais

- **composição:** a Câmara dos Deputados é composta por **representantes do povo**,[7] ou seja, por Deputados Federais eleitos que manifestam a vontade popular. Lembramos que todo o poder emana do povo, que o exerce, ou de forma direta (ex.: plebiscito, referendo e iniciativa popular — soberania popular, art. 14, I-III), ou por meio de seus representantes, que em âmbito federal são os Deputados Federais (cabe repetir que, nas outras esferas, o Poder Legislativo é **unicameral**, sendo eleitos, também, pelo povo, para representá-los, os Deputados Estaduais, Deputados Distritais e Vereadores, respectivamente para o legislativo estadual, do Distrito Federal e municipal). Por fim, destacamos que cada Território Federal, quando criado, elegerá o número **fixo** de **4** Deputados Federais, independentemente da população, não havendo representação no Senado Federal, já que não terão autonomia federativa, sendo simples descentralização da União — autarquia federal;

[7] Entendam-se por **povo** os brasileiros natos e naturalizados descritos no art. 12 da CF/88. Confira a importante novidade trazida pela EC n. 54/2007 e apresentada no *item 16.3*.

- **eleição:** os Deputados Federais são eleitos pelo povo segundo o **princípio proporcional**. Ou seja, "o número total de Deputados, bem como a representação por Estados e pelo Distrito Federal, será estabelecido em lei complementar, proporcionalmente à **população**,[8] procedendo-se aos ajustes necessários, no ano anterior às eleições, para que nenhuma daquelas unidades da Federação tenha menos de **oito** ou mais de **setenta** Deputados" (art. 45, § 1.º);
- **número de Deputados Federais:** como referido, o número de Deputados Federais será proporcional à população de cada Estado e do Distrito Federal, não podendo cada Estado e o DF ter menos que **8**, nem mais que **70** Deputados Federais. Relembrar que os Territórios Federais, se vierem a ser criados, elegerão um número **fixo** de **4** Deputados — art. 45, § 2.º. O número total de Deputados Federais foi fixado pela LC n. 78/93 em **513**;

A Constituição foi explícita ao determinar que a **lei complementar** deverá estabelecer não apenas o **número total de deputados federais** (no caso, como citado, fixado em 513), como, também, a **representação por Estado e pelo DF**. Ocorre que a LC n. 78/93, ao disciplinar o assunto, em seu art. 1.º, parágrafo único, **delegou** a segunda obrigação (fixação da representação por Estado e pelo DF) ao **TSE**.

O STF entendeu essa delegação como **inconstitucional**. Trata-se de critério envolvendo **juízo de valor** a ser determinado **necessariamente** pelo **Parlamento**, não se admitindo a transferência dessa atribuição para o TSE ou para qualquer outro órgão. Na mesma assentada, por conseguinte, os Ministros declararam a inconstitucionalidade da **Res. n. 23.389/2013 do TSE** que disciplinava o tamanho das bancadas para cada Estado e para o DF.[9]

- **mandato:** o mandato de cada Deputado é de **4 anos**, período esse correspondente à **legislatura** (art. 44, parágrafo único);
- **renovação dos Deputados:** a cada **4 anos** serão renovados os Deputados, permitida a reeleição;
- **remuneração:** de acordo com o **DLG n. 276, de 18.12.2014**, o subsídio mensal dos membros do Congresso Nacional, referido no inciso VII do art. 49 da CF/88, foi fixado em **R$ 33.763,00**, a partir de **1.º.02.2015**, igualando-se, à época, ao subsídio mensal dos Ministros do STF (cf. *item 9.6* e a Lei n. 13.752/2018, que fixou o teto do funcionalismo no valor de R$ 39.293,32).

9.3.2. Requisitos para a candidatura dos Deputados Federais

- **brasileiro nato ou naturalizado** (art. 14, § 3.º, I) → a exigência de ser brasileiro nato é apenas para ocupar a presidência daquela Casa, consoante estabelece o art. 12, § 3.º, II;

[8] **População** corresponde ao povo (brasileiros natos e naturalizados), juntamente com os estrangeiros e os apátridas. Deixamos claro que a proporcionalidade deve se dar em relação à **população**, e não ao número de eleitores.

[9] Julgamento conjunto das **ADIs 4.947, 4.963, 4.965, 5.020, 5.028** e **5.130**, Rel. p/ o ac. Min. Rosa Weber, j. 1.º.07.2014, Plenário, *DJE* de 30.10.2014.

- **maior de 21 anos** (art. 14, § 3.º, VI, "c");
- **pleno exercício dos direitos políticos** (art. 14, § 3.º, II);
- **alistamento eleitoral** (art. 14, § 3.º, III);
- **domicílio eleitoral na circunscrição** (art. 14, § 3.º, IV);
- **filiação partidária** (art. 14, § 3.º, V).

9.3.3. Competências privativas da Câmara dos Deputados

As matérias de competência privativa[10] dos Deputados Federais estão previstas no art. 51 da CF/88 e **não** dependerão de sanção presidencial, nos termos do art. 48, *caput*. Tais atribuições, como veremos ao tratar das espécies normativas, são materializadas por meio de **resoluções**.

Nos termos da Constituição, compete privativamente à **Câmara dos Deputados**:

- autorizar, por dois terços de seus membros, a instauração de processo contra o Presidente e o Vice-Presidente da República e os Ministros de Estado;
- proceder à tomada de contas do Presidente da República, quando não apresentadas ao Congresso Nacional dentro de sessenta dias após a abertura da sessão legislativa;
- elaborar seu regimento interno;
- dispor sobre sua organização, funcionamento, polícia, criação, transformação ou extinção dos cargos, empregos e funções de seus serviços, e a **iniciativa de lei** para fixação da respectiva remuneração, observados os parâmetros estabelecidos na lei de diretrizes orçamentárias.

Em relação ao art. 51, IV, cumpre notar que a Câmara dos Deputados tem competência apenas para a **iniciativa** de projeto de lei que vise à fixação da remuneração dos cargos, empregos e funções de seus serviços, devendo, necessariamente, depois de aprovada nas duas Casas, a matéria ir à sanção do Presidente da República. Trata-se de **novidade** introduzida pela **EC n. 19/98**, que **retirou** da CD a **competência privativa** para a fixação da referida remuneração.

Devemos alertar que a competência para fixar idêntico **subsídio** para os Deputados Federais e os Senadores, observado o que dispõem os arts. 37, XI, 39, § 4.º, 150, II, 153, III, e 153, § 2.º, I, nos termos do **art. 49, VII**, é do **Congresso Nacional**, por **Decreto Legislativo** (cf. *item 9.6*).

- eleger membros do Conselho da República, nos termos do art. 89, VII.

9.4. SENADO FEDERAL

9.4.1. Aspectos fundamentais

- **composição:** o Senado Federal é composto por representantes dos **Estados** e do **Distrito Federal**. Quando criados, os Territórios Federais não terão repre-

[10] Muito embora o texto da Constituição fale em competência privativa, tecnicamente, melhor seria se tivesse dito **competência exclusiva**, em razão de sua **indelegabilidade**.

sentação no Senado Federal, na medida em que não terão autonomia federativa;

- **eleição:** os Senadores são eleitos pelo povo segundo o **princípio majoritário**, ou seja, não mais se trata de estabelecer um número proporcional à população, mas, sim, de eleger ao Senado aquele candidato que obtiver nas urnas o maior número de votos;
- **número de Senadores:** cada Estado e o Distrito Federal **elegerão o número fixo de 3 Senadores**, sendo que cada Senador será eleito com **2 suplentes**;
- **mandato:** o mandato de cada Senador é de **8 anos**, portanto, duas **legislaturas**;
- **renovação dos Senadores:** cada Senador eleito cumpre mandato de 8 anos. Cada Estado e o Distrito Federal elegem um número fixo de 3 Senadores, com 2 suplentes cada um. A renovação, porém, dos Senadores eleitos dar-se-á de quatro em quatro anos, na proporção de **1/3** e **2/3**. Vejamos o exemplo: em 1998 foi eleito um Senador que cumprirá mandato de 1999 a 2006. Em 1999, já existiam 2 Senadores eleitos desde 1994 (início do mandato em 1995), ou seja, já tinham cumprido 4 anos do mandato no final de 1998. Como em 1998 foi trocado 1 dos 3, em 2002 eleger-se-ão 2 dos 3 (para começar um novo mandato de 8 anos em 2003). Assim, sempre existirão 3 Senadores, só que a renovação deles se dará a cada 4 anos, por 1 e 2/3;
- **remuneração:** de acordo com o **DLG n. 276, de 18.12.2014**, o subsídio mensal dos membros do Congresso Nacional, referido no inciso VII do art. 49 da Constituição Federal, foi fixado em **R$ 33.763,00**, a partir de **1.º.02.2015**, igualando-se, à época, ao subsídio mensal dos Ministros do STF (cf. *item 9.6* e a Lei n. 13.752/2018, que fixou o teto do funcionalismo no valor de R$ 39.293,32).

9.4.2. Requisitos para a candidatura dos Senadores

- **brasileiro nato ou naturalizado** (art. 14, § 3.º, I) → a exigência de ser brasileiro nato é apenas para ocupar a presidência daquela Casa, conforme estabelece o art. 12, § 3.º, III;
- **maior de 35 anos** (art. 14, § 3.º, VI, "a");
- **pleno exercício dos direitos políticos** (art. 14, § 3.º, II);
- **alistamento eleitoral** (art. 14, § 3.º, III);
- **domicílio eleitoral na circunscrição** (art. 14, § 3.º, IV);
- **filiação partidária** (art. 14, § 3.º, V).

9.4.3. Competências privativas do Senado Federal

As matérias de competência privativa[11] do Senado Federal estão previstas no art. 52 da CF/88 e **não** dependerão de sanção presidencial (art. 48, *caput*) para a sua maturação. Tais atribuições, como veremos ao tratar das espécies normativas, são materializadas através de **resoluções**.

[11] Muito embora o texto da Constituição fale em competência privativa, tecnicamente, melhor seria se tivesse dito **competência exclusiva**, em razão de sua **indelegabilidade**.

Assim, nos termos da Constituição, compete privativamente ao **Senado Federal**:

- processar e julgar o Presidente e o Vice-Presidente da República nos crimes de responsabilidade, bem como os Ministros de Estado e os Comandantes da Marinha, do Exército e da Aeronáutica nos crimes da mesma natureza conexos com aqueles;
- processar e julgar os Ministros do Supremo Tribunal Federal, os membros do Conselho Nacional de Justiça e do Conselho Nacional do Ministério Público, o Procurador-Geral da República e o Advogado-Geral da União nos crimes de responsabilidade; (redação dada pela EC n. 45, de 2004)
- aprovar previamente, por **voto secreto**, após arguição pública, a escolha de: **a)** Magistrados, nos casos estabelecidos nesta Constituição; **b)** Ministros do Tribunal de Contas da União indicados pelo Presidente da República; **c)** Governador de Território; **d)** Presidente e diretores do Banco Central; **e)** Procurador-Geral da República; **f)** titulares de outros cargos que a lei determinar;
- aprovar previamente, por **voto secreto**, após arguição em sessão secreta, a escolha dos chefes de missão diplomática de caráter permanente;
- autorizar operações externas de natureza financeira, de interesse da União, dos Estados, do Distrito Federal, dos Territórios e dos Municípios;
- fixar, por proposta do Presidente da República, limites globais para o montante da dívida consolidada da União, dos Estados, do Distrito Federal e dos Municípios;
- dispor sobre limites globais e condições para as operações de crédito externo e interno da União, dos Estados, do Distrito Federal e dos Municípios, de suas autarquias e demais entidades controladas pelo Poder Público federal;
- dispor sobre limites e condições para a concessão de garantia da União em operações de crédito externo e interno;
- estabelecer limites globais e condições para o montante da dívida mobiliária dos Estados, do Distrito Federal e dos Municípios;
- suspender a execução, no todo ou em parte, de lei declarada inconstitucional por decisão definitiva do Supremo Tribunal Federal;
- aprovar, por maioria absoluta e por **voto secreto**, a exoneração, de ofício, do Procurador-Geral da República antes do término de seu mandato;
- elaborar seu regimento interno;
- dispor sobre sua organização, funcionamento, polícia, criação, transformação ou extinção dos cargos, empregos e funções de seus serviços, e a iniciativa de lei para fixação da respectiva remuneração, observados os parâmetros estabelecidos na lei de diretrizes orçamentárias;

Como vimos em relação à Câmara dos Deputados, o Senado Federal, também a partir da **EC n. 19/98**, passou a ter competência **apenas** para a **iniciativa de projeto de lei** para fixação da remuneração dos cargos, empregos e funções de seus serviços.

Devemos alertar, conforme já visto em relação à Câmara, que a competência para fixar idêntico subsídio para os Deputados Federais e os Senadores, observado o que dispõem os arts. 37, XI, 39, § 4.º, 150, II, 153, III, e 153, § 2.º, I, nos termos do **art. 49, VII**, é do **Congresso Nacional**, por **Decreto Legislativo** (cf. *item 9.6*).

- eleger membros do Conselho da República, nos termos do art. 89, VII;
- avaliar periodicamente a funcionalidade do Sistema Tributário Nacional, em sua estrutura e seus componentes, e o desempenho das administrações tributárias da União, dos Estados e do Distrito Federal e dos Municípios.

9.5. QUADRO COMPARATIVO E DELIBERAÇÕES

	SENADO FEDERAL	CÂMARA DOS DEPUTADOS
COMPOSIÇÃO	▪ Representantes dos **Estados** e do **Distrito Federal**	▪ Representantes do **povo**
SISTEMA DE ELEIÇÃO	▪ **Sistema majoritário**	▪ **Sistema proporcional** à população de cada Estado e do DF, sendo que os TFs elegerão 4 (art. 45, § 2.º)
NÚMERO DE PARLAMENTARES	▪ **3** Senadores por Estado e pelo DF, cada qual com **2** suplentes. Atualmente, **81 Senadores** (26 Estados x 3 = 78 + 3 do DF)	▪ A LC n. 78/93 fixou em **513 Deputados Federais**. Nenhum Estado nem o DF terão menos que **8**, nem mais que **70** Deputados. Os Territórios, se criados, elegerão **4** Deputados
MANDATO	▪ **8** anos = 2 legislaturas	▪ **4** anos = 1 legislatura
RENOVAÇÃO	▪ A cada **4** anos, por **1/3** e **2/3**, sendo que cada Senador cumpre o mandato de **8** anos	▪ A cada **4** anos, sendo que cada Deputado cumpre o mandato de **4** anos
IDADE MÍNIMA (CONDIÇÃO DE ELEGIBILIDADE)	▪ **35** anos	▪ **21** anos

As Casas parlamentares, no exercício de suas atribuições, deliberam por meio de votação, que poderá ser **secreta** ou **ostensiva**, ou seja, pública, por meio do voto "aberto", prestigiando, neste último caso, a transparência que deve orientar a atuação dos representantes do povo.

O voto secreto é garantia do eleitor. Os parlamentares têm o dever de prestação de contas **(princípio da publicidade)** e, nesse sentido, reforça-se a ideia de votação aberta. Algumas reformas aboliram a votação secreta, mas algumas hipóteses ainda continuam sem a publicidade esperada. Vejamos:

DISPOSITIVO	COMPETÊNCIA / ASSUNTO	VOTAÇÃO
Art. 52, III	▪ **Senado Federal:** aprovar previamente, após arguição **pública**, a escolha de: **a)** Magistrados, nos casos estabelecidos nesta Constituição; **b)** Ministros do Tribunal de Contas da União indicados pelo Presidente da República; **c)** Governador de Território; **d)** Presidente e diretores do Banco Central; **e)** Procurador-Geral da República; **f)** titulares de outros cargos que a lei determinar.	**SECRETA**
Art. 52, IV	▪ **Senado Federal:** aprovar previamente, após arguição em **sessão secreta**, a escolha dos **chefes de missão diplomática de caráter permanente**.	**SECRETA**

Art. 52, XI	■ **Senado Federal:** aprovar, por maioria absoluta, a exoneração, de ofício, do **PGR** antes do término de seu mandato.	**SECRETA**
Art. 53, § 2.º (EC n. 35/2001)	■ **Casa Legislativa (CD ou SF):** resolver sobre a prisão em flagrante de crime inafiançável de membros do Congresso Nacional.	**OSTENSIVA** (votação pública, ou seja, voto "aberto")
Art. 53, § 3.º (EC n. 35/2001)	■ **Casa Legislativa (CD ou SF):** sustar o andamento de ação penal contra parlamentar.	**OSTENSIVA** (votação pública, ou seja, voto "aberto")
Art. 55, § 2.º (EC n. 76/2013)	■ **Casa Legislativa (CD ou SF):** nos casos dos incisos I, II e VI, do art. 55, **decidir** sobre a perda do mandato, por maioria absoluta, mediante provocação da respectiva Mesa ou de partido político representado no Congresso Nacional, assegurada ampla defesa.	**OSTENSIVA** (votação pública, ou seja, voto "aberto")
Art. 66, § 4.º (EC n. 76/2013)	■ **Sessão conjunta da CD e do SF:** apreciação sobre o veto presidencial aposto a projeto de lei.	**OSTENSIVA** (votação pública, ou seja, voto "aberto")

■ 9.6. REMUNERAÇÃO DOS PARLAMENTARES

■ 9.6.1. Subsídio mensal

Vimos que, de acordo com o **DLG n. 276, de 18.12.2014**, o subsídio mensal dos membros do Congresso Nacional, referido no inciso VII do art. 49 da CF/88, foi fixado em **R$ 33.763,00**, a partir de **1.º.02.2015**, igualando-se, assim, à época, ao subsídio de Ministros do STF (teto do funcionalismo), estabelecido pela **Lei n. 13.091, de 12.01.2015** (atualmente, a **Lei n. 13.752/2018**, aplicando reajuste de 16,38%, fixou o teto do funcionalismo público no valor de **R$ 39.293,32**, correspondente ao subsídio mensal dos Ministros do Supremo Tribunal Federal).

A título de curiosidade, indicamos a evolução do valor estabelecido em 2007, depois em 2010 e o atual previsto no referido decreto legislativo de 2014, com expressivo aumento de 104,47%, mais do que dobrando o que era pago em 2007. Vejamos:

DLG N. 112/2007 — FIXAVA O SUBSÍDIO MENSAL DOS MEMBROS DO CONGRESSO NACIONAL A PARTIR DE 1.º.04.2007	DLG N. 805/2010 — FIXAVA O SUBSÍDIO MENSAL DOS MEMBROS DO CONGRESSO NACIONAL A PARTIR DE 1.º.02.2011	DLG N. 276, DE 18.12.2014 — FIXA O SUBSÍDIO MENSAL DOS MEMBROS DO CONGRESSO NACIONAL A PARTIR DE 1.º.02.2015
■ R$ 16.512,09	■ R$ 26.723,13	■ R$ 33.763,00

Deve-se deixar claro que a Constituição **não** determina que o subsídio dos Deputados e Senadores seja igual ao dos Ministros do STF. O art. 37, XI, estabelece que o **limite remuneratório** dos parlamentares será igual ao subsídio mensal pago aos Ministros do STF, podendo este ser fixado em valor inferior.

Não somos contra a aproximação ou a equiparação dos subsídios dos ocupantes dos "Poderes". Apenas achamos que a mesma agilidade deveria ser impressa em relação à aprovação do **salário mínimo**, bem como ao considerável aumento (de 2007 até a última previsão em 2014), buscando-se, ao máximo, atingir, dentro da reserva do possível, os ditames do art. 7.º, IV, da CF/88.

Ilustramos, graficamente, as novas remunerações, trazendo valores de outras autoridades para efeitos comparativos, destacando-se que, conforme visto, nos termos da **Lei n. 13.752/2018**, observado o art. 169 da CF/88, o teto do funcionalismo (subsídio pago aos Ministros do STF) passou a ser de **R$ 39.293,22**:

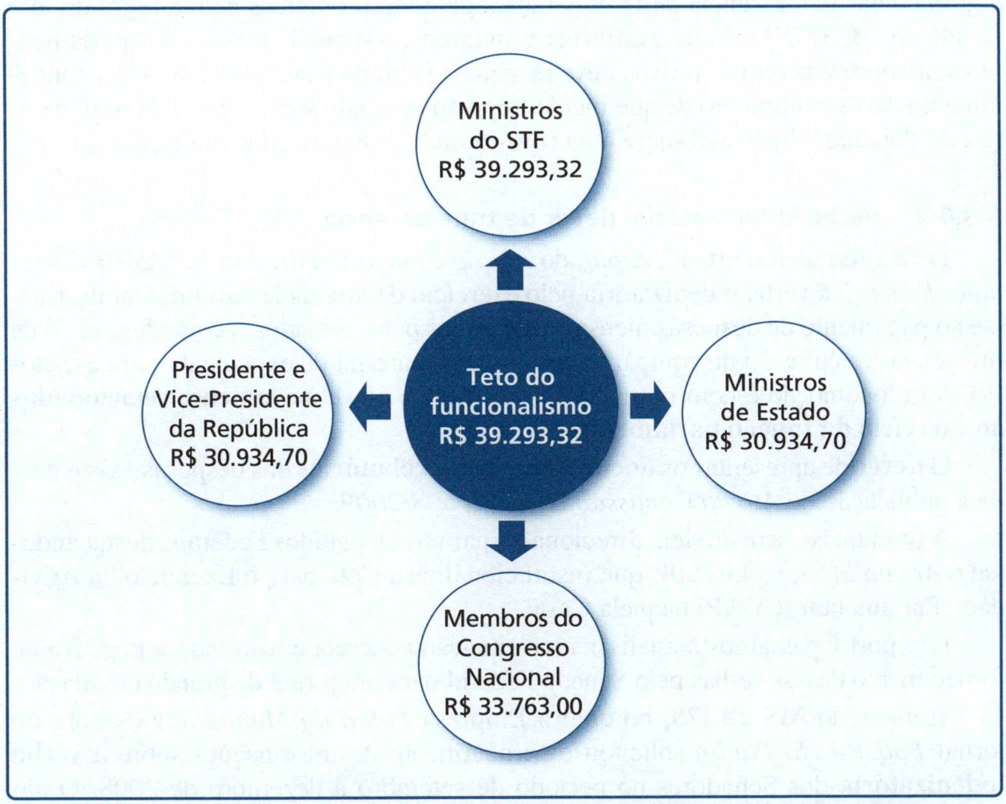

A título de curiosidade, vejamos o aumento das remunerações em relação às referidas autoridades, lembrando que o subsídio mensal de Ministro do STF (teto) foi fixado em R$ 39.293,32 (Lei n. 13.752/2018):

AUTORIDADE	ATO NORMATIVO ANTERIOR/VALOR	ATO NORMATIVO ANTERIOR/VALOR	ATO NORMATIVO EM VIGOR/VALOR
Presidente da República	▪ DLG n. 113/2007 ▪ R$ 11.420,21	▪ DLG n. 805/2010 ▪ R$ 26.723,13	▪ DLG n. 277/2014 ▪ R$ 30.934,70
Vice-Presidente da República	▪ DLG n. 113/2007 ▪ R$ 10.748,43	▪ DLG n. 805/2010 ▪ R$ 26.723,13	▪ DLG n. 277/2014 ▪ R$ 30.934,70
Ministros de Estado	▪ DLG n. 113/2007 ▪ R$ 10.748,43	▪ DLG n. 805/2010 ▪ R$ 26.723,13	▪ DLG n. 277/2014 ▪ R$ 30.934,70
Membros do Congresso Nacional	▪ DLG n. 112/2007 ▪ R$ 16.512,09	▪ DLG n. 805/2010 ▪ R$ 26.723,13	▪ DLG n. 276/2014 ▪ R$ 33.763,00

Finalmente, ressaltamos que os parlamentares continuam recebendo, além do subsídio mensal, outros valores, como a cota para o exercício da atividade parlamentar, verba de gabinete, auxílio-moradia, fornecimento de jornais, revistas e publicações técnicas, serviços gráficos, passagens aéreas, atendimento médico e odontológico etc.[12]

A **natureza jurídica** dessas verbas deveria ser melhor estudada para verificar se alguma delas tem essência de remuneração, gerando problemas com a regra do teto fixada no art. 37, XI (já que, conforme estudamos, o subsídio mensal dos parlamentares, além dessas outras verbas, deve respeitar o teto do funcionalismo. Para conhecimento, há entendimento de que incide imposto de renda sobre o total da remuneração do deputado, inclusive sobre o auxílio-moradia, quando pago em espécie).

9.6.2. Verba indenizatória: dever de transparência

De acordo com o art. 1.º, *caput*, do *Ato da Comissão Diretora n. 3/2003 do Senado Federal*, a verba indenizatória pelo exercício da atividade parlamentar destina-se ao pagamento de despesas mensais realizadas pelos Senadores com aluguel — de imóvel, de veículos ou de equipamentos — com material de expediente para escritório, com locomoção e com outras despesas diretas e **exclusivamente relacionadas ao exercício da função parlamentar**.

O **dever** de apresentar os **documentos comprobatórios** das despesas existe desde a publicação do *Ato da Comissão Diretora n. 3/2009.*

A orientação, sem dúvida, direciona-se para os Deputados Federais, destacando-se o *Ato da Mesa n. 43/2009*, que institucionaliza a Cota para o Exercício da Atividade Parlamentar (CEAP) naquela Casa.

Isso posto, passamos a analisar uma situação concreta envolvendo a negativa de fornecimento dessas verbas pelo Senado Federal para um jornal de grande circulação.

Trata-se do **MS 28.178**, no qual a Empresa *Folha da Manhã S/A* (editora do jornal *Folha de S. Paulo*) solicitou o fornecimento de informações sobre a **verba indenizatória** dos Senadores no período de setembro a dezembro de 2008. O ato coator se caracterizava pela negativa de fornecimento dessas informações sob o argumento de que estão acobertadas pelo sigilo. Apesar da regra atual que consagra o dever de publicidade, na situação concreta dos autos não havia previsão de prestar as informações durante o período em discussão no citado mandado de segurança.

O voto do Min. Roberto Barroso mostrou-se bastante adequado. Conforme divulgado, a **natureza pública** dessa verba "estaria presente tanto na fonte pagadora — o Senado Federal — quanto na finalidade, vinculada ao exercício da representação popular. Nesse contexto, **a regra geral seria a publicidade** e decorreria de um conjunto de normas constitucionais, como o **direito de acesso à informação por parte dos órgãos públicos** (CF, art. 5.º, XXXIII) — especialmente no tocante à documentação governamental (CF, art. 216, § 2.º) —, o **princípio da publicidade** (CF, art. 37, *caput* e § 3.º, II) e o **princípio republicano** (CF, art. 1.º), do qual se origina-

[12] Em relação aos **Deputados:** <http://www2.camara.leg.br/transparencia>. Por sua vez, em relação aos **Senadores:** <http://www.senado.gov.br/transparencia>, acesso em 1.º.01.2019.

riam os **deveres** de **transparência** e **prestação de contas**, bem como a possibilidade de responsabilização ampla por eventuais irregularidades. Recordou que o art. 1.º, parágrafo único, da CF enuncia que 'todo o poder emana do povo'. Assim, os órgãos estatais teriam o dever de esclarecer ao seu mandante, titular do poder político, como seriam usadas as verbas arrecadadas da sociedade para o exercício de suas atividades. Observou que a Constituição ressalvaria a regra da publicidade apenas em relação às informações cujo sigilo fosse imprescindível à segurança da sociedade e do Estado (CF, art. 5.º, XXXIII, parte final) e às que fossem protegidas pela inviolabilidade conferida à intimidade, vida privada, honra e imagem das pessoas (CF, art. 5.º, X, c/c art. 37, § 3.º, II). Por se tratar de situações excepcionais, **o ônus argumentativo de demonstrar a caracterização de uma dessas circunstâncias incumbiria a quem pretendesse afastar a regra geral da publicidade**" (*Inf. 770/STF*). Nesses termos, em **04.03.2015**, o Plenário do STF concedeu a ordem obrigando a autoridade impetrada a fornecer à impetrante cópia reprográfica dos documentos comprobatórios do uso da verba indenizatória por Senadores da República referentes ao período compreendido entre os meses de setembro e dezembro de 2008 (*Inf. 776/STF*).

■ 9.7. DAS REUNIÕES

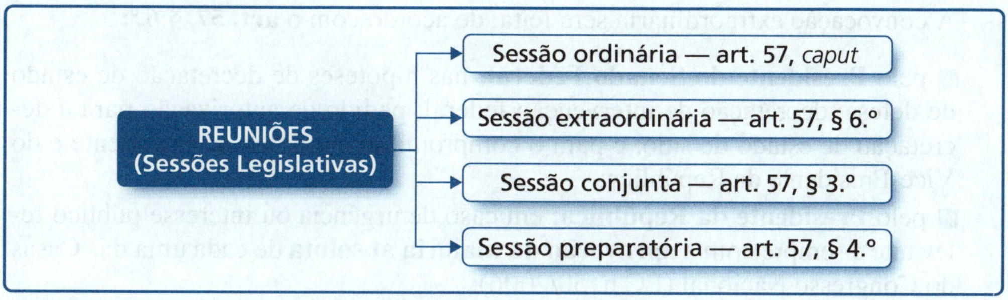

■ 9.7.1. Sessão legislativa ordinária

SESSÃO LEGISLATIVA ORDINÁRIA — ART. 57, *CAPUT*

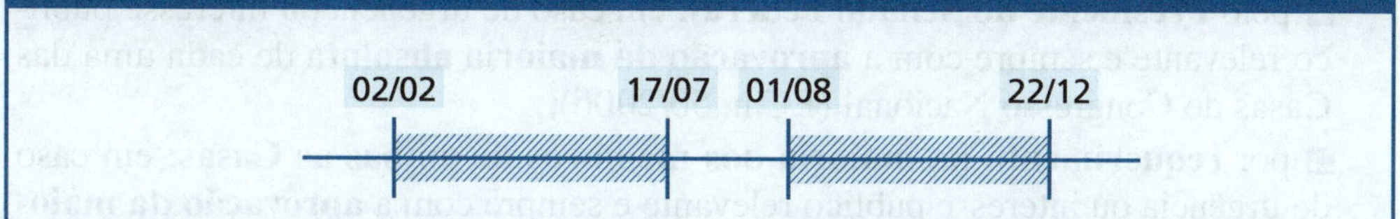

"Art. 57. O Congresso Nacional reunir-se-á, anualmente, na Capital Federal, de 2 de fevereiro a 17 de julho e de 1.º de agosto a 22 de dezembro" (EC n. 50/2006)

EC n. 50/2006 — recesso diminuído de 90 para 55 dias

O art. 57, *caput*, estabelece, nos termos da redação conferida pela *EC n. 50, de 14.02.2006*, que o Congresso Nacional reunir-se-á, anualmente, na Capital Federal, de **2 de fevereiro a 17 de julho** e de **1.º de agosto a 22 de dezembro**. Nesse período, chamado de **sessão legislativa**, os parlamentares se reúnem **ordinariamente**.

Fora desse período, ou seja, de **18 a 31 de julho** e **de 23 de dezembro a 1.º de fevereiro**, temos o **recesso parlamentar**, e, havendo necessidade, os parlamentares serão convocados **extraordinariamente**. Como veremos abaixo ao tratar das comissões, durante o recesso parlamentar haverá uma **Comissão representativa do Congresso Nacional**, com atribuições definidas no regimento comum (art. 58, § 4.º).

Sem dúvida, essa primeira novidade trazida pela EC n. 50/2006, qual seja, a redução do recesso parlamentar de 90 para 55 dias, objetiva atender aos anseios e insatisfações da sociedade.

Deve-se notar que a sessão legislativa não será interrompida sem a aprovação do projeto de lei de diretrizes orçamentárias (art. 57, § 2.º).

Por fim, tendo definido o que venha a ser **sessão legislativa ordinária** (reunião anual em Brasília do Congresso Nacional, de 2 de fevereiro a 17 de julho e de 1.º de agosto a 22 de dezembro), bem como **legislatura** (período de 4 anos que corresponde ao mandato dos Deputados Federais), conclui-se que cada **legislatura** é composta por 4 **sessões legislativas ordinárias**.

9.7.2. Hipóteses de convocação extraordinária

A convocação extraordinária será feita, de acordo com o **art. 57, § 6.º:**

- pelo **Presidente do Senado Federal:** nas hipóteses de decretação de estado de defesa; decretação de intervenção federal; pedido de autorização para a decretação de estado de sítio; e para o compromisso e a posse do Presidente e do Vice-Presidente da República;
- pelo **Presidente da República:** em caso de urgência ou interesse público relevante e sempre com a **aprovação da maioria absoluta** de cada uma das Casas do Congresso Nacional (EC n. 50/2006);
- pelo **Presidente da Câmara dos Deputados:** em caso de urgência ou interesse público relevante e sempre com a **aprovação da maioria absoluta** de cada uma das Casas do Congresso Nacional (EC n. 50/2006);
- pelo **Presidente do Senado Federal:** em caso de urgência ou interesse público relevante e sempre com a **aprovação da maioria absoluta** de cada uma das Casas do Congresso Nacional (EC n. 50/2006);
- por **requerimento da maioria dos membros de ambas as Casas:** em caso de urgência ou interesse público relevante e sempre com a **aprovação da maioria absoluta** de cada uma das Casas do Congresso Nacional (EC n. 50/2006).

Importante observar que, na **sessão legislativa extraordinária**, o Congresso Nacional somente deliberará sobre a matéria para a qual foi convocado, ressalvada a hipótese do § 8.º do art. 57, sendo **vedado**, ainda, o pagamento de **parcela indenizatória**, em razão da convocação extraordinária (cf. art. 57, § 7.º).

Como se percebe, a **EC n. 50/2006**, também respondendo às críticas da sociedade que condenava, com rigor, o pagamento de parcela indenizatória em valor não superior ao do subsídio mensal, em ato moralizador, **extinguiu o pagamento de qualquer valor extra** em caso de convocação extraordinária.

A vedação contida no art. 57, § 7.º, deve ser entendida como de **reprodução obrigatória** para os parlamentares dos Estados-Membros (art. 27, § 2.º, da CF/88[13]) e do DF (art. 32, § 3.º, da CF/88[14]) e, em nosso entender, também de observância compulsória para os parlamentares municipais, tendo em vista o princípio da **moralidade da legislação** e, acima de tudo, da **simetria**.[15]

Nessa linha de moralização, o Congresso Nacional já havia **abolido** o pagamento da **ajuda de custo** durante a convocação extraordinária, mediante alteração do *caput* e revogação do § 1.º do art. 3.º do Decreto Legislativo n. 7/95 pelo Decreto Legislativo n. 1/2006.

Mas atenção: nos termos do art. 3.º do Decreto Legislativo n. 7/95, continua devida ao parlamentar, no início e no final previstos para a **sessão legislativa ordinária, ajuda de custo** equivalente ao valor da remuneração, ficando vedado o seu pagamento, contudo, na sessão legislativa extraordinária.

A **ajuda de custo** destina-se, a teor do **revogado** § 1.º do art. 3.º do Decreto Legislativo n. 7/95, à compensação de despesas com transporte e outras imprescindíveis para o comparecimento à sessão legislativa.

Portanto, com a novidade trazida pelo Decreto Legislativo n. 1/2006 e pela EC n. 50/2006, durante a convocação extraordinária, **não mais cabe o pagamento de ajuda de custo**, nem mesmo **o pagamento de qualquer parcela indenizatória** em razão da convocação. No entanto, em consonância com a nova redação conferida ao *caput* do art. 3.º do Decreto Legislativo n. 7/95 (pelo Decreto Legislativo n. 1/2006), ainda persiste o pagamento de **ajuda de custo** durante a **sessão legislativa ordinária**.

Excepcionando a regra geral do art. 57, § 7.º, que limita o Congresso Nacional, na sessão legislativa extraordinária, a deliberar somente sobre a matéria para a qual foi convocado, a **EC n. 32, de 11.09.2001**, trouxe uma única exceção, qual seja, a possibilidade de apreciação de **medidas provisórias** que estiverem em vigor na data da referida convocação extraordinária.

Assim, de acordo com o art. 57, § 8.º, acrescentado, "havendo medidas provisórias em vigor na data de convocação extraordinária do Congresso Nacional, serão elas **automaticamente incluídas na pauta da convocação**".

---

[13] **Art. 57, § 2.º:** "O subsídio dos Deputados Estaduais será fixado por lei de iniciativa da Assembleia Legislativa, na razão de, no máximo, 75% daquele estabelecido, em espécie, para os Deputados Federais, observado o que dispõem os arts. 39, § 4.º, **57, § 7.º**, 150, II, 153, III, e 153, § 2.º, I".

[14] Art. 32, § 3.º: "Aos Deputados Distritais e à Câmara Legislativa aplica-se o disposto no **art. 27**".

[15] No tocante aos parlamentares estaduais, o STF já se posicionou: "o art. 57, § 7.º, do texto constitucional veda o pagamento de parcela indenizatória aos parlamentares em razão de convocação extraordinária. Essa norma é de **reprodução obrigatória** pelos Estados-membros por força do **art. 27, § 2.º**, da Carta Magna. A Constituição é expressa, no **art. 39, § 4.º**, ao vedar o acréscimo de qualquer gratificação, adicional, abono, prêmio, verba de representação ou outra espécie remuneratória ao subsídio percebido pelos parlamentares" (**ADI 4.587**, Rel. Min. Ricardo Lewandowski, j. 22.05.2014, Plenário, *DJE* de 18.06.2014).

■ 9.7.3. Reunião em sessão conjunta

Em determinadas hipóteses, a Câmara dos Deputados e o Senado Federal reunir-se-ão em **sessão conjunta**. Isso se dará, entre outros casos previstos na Constituição, para (cf. o art. 57, § 3.º):

I — inaugurar a sessão legislativa;

II — elaborar o regimento comum e regular a criação de serviços comuns às duas Casas;

III — receber o compromisso do Presidente e do Vice-Presidente da República;

IV — conhecer do veto e sobre ele deliberar.

■ 9.7.4. Sessão preparatória e Mesas Diretoras

Não obstante já tenhamos observado que a sessão legislativa ordinária só começa em **2 de fevereiro**, cada uma das Casas reunir-se-á em **sessões preparatórias**, a partir de **1.º de fevereiro**, no primeiro ano da legislatura, para a posse de seus membros e eleição das respectivas Mesas, para mandato de 2 anos, **vedada a recondução para o mesmo cargo na eleição imediatamente subsequente** (nesse caso, o recesso parlamentar será de **54** dias e não **55**, já que o o Congresso Nacional reunir-se-á, **ordinariamente**, a partir de 1.º de fevereiro).

Observa-se, portanto, que em uma **legislatura**, qual seja, no período de **4 anos**, haverá uma eleição no primeiro biênio e uma outra no segundo biênio.

O Parlamento, ao analisar a vedação expressa do art. 57, § 4.º, afastou a proibição de recondução para o mesmo cargo na eleição imediatamente subsequente quando se tratasse de **legislaturas diferentes**.

Nesse sentido, o art. 5.º, § 1.º, *RICD*, é expresso ao estabelecer **não ser considerada recondução a eleição para o mesmo cargo em legislaturas diferentes, ainda que sucessivas**. No mesmo sentido, o Parecer n. 555, de 1998, da Comissão de Constituição, Justiça e Cidadania (CCJ) do Senado Federal.

Para se ter um exemplo, dentre tantos outros, recordamos a recondução do Senador Renan Calheiros, reeleito presidente do Senado Federal para o biênio 2015-2016, após já ter sido Presidente da Casa e, portanto, da Mesa, no biênio anterior.

Essa matéria foi apreciada pelo STF no julgamento da **ADI 6.524**, que, por 6 X 5, manteve o entendimento estabelecido pelas Casas legislativas. Os 5 Ministros vencidos, na linha do voto do Min. Relator Gilmar Mendes, propunham uma *delicada* mutação constitucional do referido dispositivo para se permitir a reeleição inclusive na mesma legislatura. Essa interpretação não vingou (j. 15.12.2020).

Muito embora pendente a publicação do acórdão na data de fechamento desta edição, as teses propostas pelo Min. Barroso descrevem a posição da Corte:

- "1. Não é possível a recondução dos presidentes das casas legislativas para o mesmo cargo na eleição imediatamente subsequente, **dentro da mesma legislatura**. Eventual reconhecimento de uma mutação constitucional tem como limite as possibilidades semânticas do texto."

▪ "2. Não viola a Constituição a interpretação que vem sendo dada pelo Congresso Nacional de admitir a recondução em caso (...) eleição ocorrida em **nova legislatura**."

As Mesas Diretoras de cada Casa exercem funções administrativas (de polícia, execução e administração), devendo, no tocante à sua constituição, ser assegurada, tanto quanto possível, a representação proporcional dos partidos ou dos blocos parlamentares que participam da respectiva casa (art. 58, § 1.º).

Temos, então, a Mesa da Câmara dos Deputados, do Senado Federal e a Mesa do Congresso Nacional, sendo a esta última, de acordo com o art. 57, § 5.º, estabelecidas algumas regras:

- **presidência da Mesa do Congresso Nacional:** Presidente do Senado Federal;
- **demais cargos da Mesa do Congresso Nacional:** serão exercidos, alternadamente, pelos ocupantes de cargos equivalentes na Câmara dos Deputados e no Senado Federal. Dessa forma, se a presidência é ocupada por um membro do Senado Federal (no caso o Presidente do Senado Federal, conforme a regra explícita do art. 57, § 5.º), a 1.ª Vice-presidência será ocupada por um membro da Câmara; o 2.º Vice-presidente do Senado; o 1.º Secretário por um membro da Câmara; o 2.º Secretário por um do Senado; o 3.º Secretário da Câmara e o 4.º Secretário do Senado.

9.8. DAS COMISSÕES PARLAMENTARES

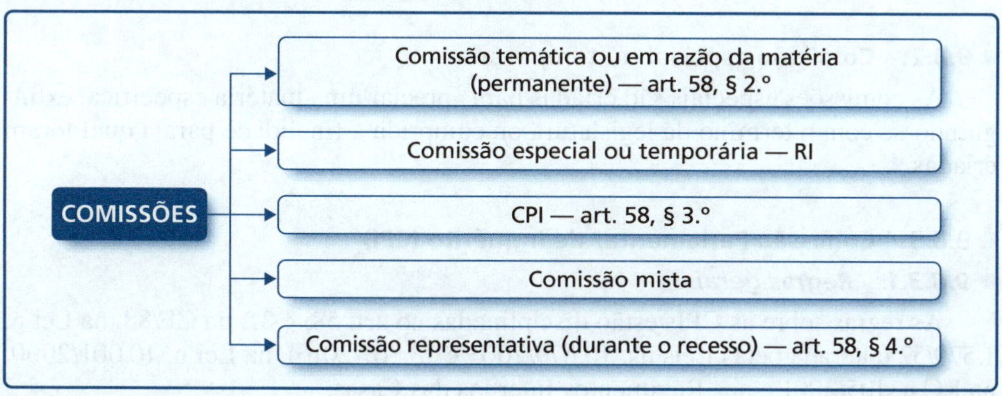

José Afonso da Silva define as comissões parlamentares como "organismos constituídos em cada Câmara, composto de número geralmente restrito de membros, encarregados de estudar e examinar as proposições legislativas e apresentar pareceres".[16]

De acordo com o art. 58, as comissões podem ser **permanentes** ou **temporárias** e serão constituídas na forma e com as atribuições previstas no Regimento Interno do Congresso Nacional e de cada Casa, já que existirão comissões do Congresso Nacional, da Câmara dos Deputados e do Senado Federal.

---

16 *Curso de direito constitucional positivo*, p. 449.

Estabelece o art. 58, § 1.º, que na constituição das Mesas e de cada Comissão é assegurada, tanto quanto possível, a **representação proporcional** dos partidos ou dos blocos parlamentares que participam da respectiva Casa.

Passemos, então, a examinar cada uma delas.

9.8.1. Comissão temática ou em razão da matéria (permanentes)

As comissões temáticas estabelecem-se em razão da matéria e são **permanentes** (cf. art. 72 do Regimento Interno do Senado Federal e art. 32 do Regimento Interno da Câmara dos Deputados).

De acordo com o art. 58, § 2.º, da CF/88, compete-lhes:

> I — discutir e votar projeto de lei que dispensar, na forma do regimento, a competência do Plenário, salvo se houver recurso de um décimo dos membros da Casa;
>
> II — realizar audiências públicas com entidades da sociedade civil;
>
> III — convocar Ministros de Estado para prestar informações sobre assuntos inerentes a suas atribuições, sob pena de cometer crime de responsabilidade (art. 50);
>
> IV — receber petições, reclamações, representações ou queixas de qualquer pessoa contra atos ou omissões das autoridades ou entidades públicas;
>
> V — solicitar depoimento de qualquer autoridade ou cidadão;
>
> VI — apreciar programas de obras, planos nacionais, regionais e setoriais de desenvolvimento e sobre eles emitir parecer.

9.8.2. Comissão especial ou temporária

As comissões especiais são criadas para apreciar uma matéria específica, extinguindo-se com o término da legislatura ou cumprida a finalidade para a qual foram criadas.[17]

9.8.3. Comissão Parlamentar de Inquérito (CPI)

9.8.3.1. Regras gerais

As regras sobre as CPIs estão disciplinadas no art. 58, § 3.º, da CF/88, na Lei n. 1.579/52 (alterada pelas Leis ns. 10.679/2003 e 13.367/2016), na Lei n. 10.001/2000, na LC n. 105/2001 e nos Regimentos Internos das Casas.

De acordo com as definições normativas, pode-se afirmar que as CPIs são **comissões temporárias**, destinadas a **investigar fato certo e determinado**.

Entendemos que esse papel desempenhado de **fiscalização** e **controle** da Administração é verdadeira **função típica** do **Poder Legislativo**, tanto que o art. 70, *caput*,

---

17 O art. 74 do Regimento Interno do Senado Federal, só para dar um exemplo, estabelece que as **comissões temporárias** serão: *a*) **internas** — as previstas no Regimento para finalidade específica; *b*) **externas** — destinadas a representar o Senado em congressos, solenidades e outros atos públicos; *c*) **parlamentares de inquérito** — criadas nos termos da Constituição, art. 58, § 3.º. A CPI (Comissão Parlamentar de Inquérito) será estudada em tópico separado.

da CF/88 estabelece que a fiscalização contábil, financeira, orçamentária, operacional e patrimonial da União e das entidades da administração direta e indireta, quanto à legalidade, legitimidade, economicidade, aplicação das subvenções e renúncia de receitas, será exercida pelo **Congresso Nacional**, mediante controle externo, e pelo sistema de controle interno de cada Poder.

Ainda, a função fiscalizadora exercida pelo Poder Legislativo consagra a perspectiva dos **freios e contrapesos**, muito bem delimitada na Constituição de 1988.

9.8.3.2. Criação

De acordo com o art. 58, § 3.º, da CF/88, as CPIs serão criadas pela Câmara dos Deputados e pelo Senado Federal, em conjunto ou separadamente, mediante requerimento de **1/3** da totalidade de seus membros.

Vale dizer, as CPIs somente serão criadas por requerimento de, no mínimo, **171** Deputados (1/3 de 513) e de, também, no mínimo, **27** Senadores (1/3 de 81), em conjunto ou separadamente.

Para sua criação, portanto, 3 **requisitos** indispensáveis deverão ser observados:

- requerimento subscrito por, no mínimo, **1/3** da totalidade dos membros da Câmara dos Deputados e do Senado Federal, em conjunto ou separadamente;
- indicação, com precisão, de **fato determinado** a ser apurado na investigação parlamentar;
- indicação de **prazo certo** (temporariedade) para o desenvolvimento dos trabalhos.

9.8.3.3. Direito público subjetivo das minorias

A discussão sobre a temática do **direito público subjetivo das minorias** surgiu no bojo da *CPI do Apagão Aéreo*, instalada para investigar as causas, as consequências e os responsáveis pela crise ocorrida no setor aéreo brasileiro, observados os requisitos do art. 58, § 3.º.

Após ter sido efetivamente instalada, o Plenário da Câmara dos Deputados desconstituiu o ato de criação da CPI. Contra esse ato da Mesa e do presidente da Câmara dos Deputados, foi impetrado mandado de segurança, e o STF, seguindo o voto do Min. Celso de Mello, determinou a instauração da CPI, sob pena de violação do **direito público subjetivo das minorias**, mesmo contra a vontade da maioria da Casa. Verdadeiro **direito de oposição**, reconhecido, inclusive, às minorias (**MS 26.441**, Rel. Min. Celso de Mello, j. 25.04.2007, Plenário, *DJE* de 18.12.2009).

9.8.3.4. Objeto

A CPI, ao ser instaurada, deve ter por **objeto** a apuração de **fato determinado** (cf. HC 71.039).

Considera-se fato determinado, de acordo com o art. 35, § 1.º, do *RICD*, o acontecimento de relevante interesse para a **vida pública** e a **ordem constitucional, legal, econômica e social do País**, que estiver devidamente caracterizado no requerimento de constituição da Comissão, **não** podendo, portanto, a CPI ser instaurada para apurar fato **exclusivamente privado** ou **de caráter pessoal**.

Nesse sentido, diante de um **mesmo fato**, pode ser criada CPI na Câmara dos Deputados, no Senado Federal, em conjunto, a CPMI (comissão parlamentar mista de inquérito), ou, ainda, a investigação poderá ser conduzida pelo Judiciário, por outros órgãos ou, até, por CPIs nos outros entes federativos, se houver interesse comum, devendo cada qual atuar nos limites de sua competência.

O art. 146 do *RISF* estabelece, contudo, que não se admitirá comissão parlamentar de inquérito sobre matérias pertinentes:

- à Câmara dos Deputados;
- às atribuições do Poder Judiciário;
- aos Estados.

Observa-se, também, a possibilidade de instauração de **CPIs simultâneas** dentro de uma **mesma Casa**, sendo que o *Regimento Interno da Câmara dos Deputados*, no seu art. 35, § 4.º, determinou o **limite** de 5, restrição essa declarada **constitucional** pelo STF por estar em consonância com os incs. III e IV do art. 51 da CF/88, que conferem à Câmara "a prerrogativa de elaborar o seu regimento interno e dispor sobre sua organização. Tais competências são um poder-dever que permite regular o exercício de suas atividades constitucionais" (ADI 1.635, Rel. Min. Maurício Corrêa, j. 19.10.2000).

9.8.3.5. Prazo

A CPI, por ser uma comissão **temporária**, deve ser criada por **prazo certo**.

A teor do art. 35, § 3.º, do *RICD*, a CPI na Câmara, que poderá atuar também durante o recesso parlamentar, terá o prazo de 120 dias, prorrogável por até metade do prazo, mediante deliberação do Plenário, para conclusão de seus trabalhos.

Estabelecendo requisito temporal, o art. 76 do *RISF*, por sua vez, prescreve que as **comissões temporárias**, e, no caso, a CPI é uma comissão temporária, se extinguem:

- pela conclusão da sua tarefa; ou
- ao término do respectivo prazo; e
- ao término da sessão legislativa ordinária.

Os §§ 1.º e 4.º do art. 76 estabelecem, contudo, ser lícito à comissão que não tenha concluído a sua tarefa requerer a **prorrogação** do respectivo prazo, sendo que, no caso da CPI, essa prorrogação **não** poderá ultrapassar o período da **legislatura** em que for criada.

9.8.3.6. Poderes

As CPIs terão poderes de **investigação**, próprios das autoridades **judiciais**, além de outros previstos nos regimentos internos das Casas.[18]

---

[18] Por exemplo, o art. 148 do Regimento Interno do Senado Federal estabelece que, no exercício das suas atribuições, a comissão parlamentar de inquérito terá poderes de investigação próprios das

A *comissão parlamentar de inquérito* realiza, assim, verdadeira **investigação**, materializada no **inquérito parlamentar**, que se qualifica como um "... procedimento jurídico-constitucional revestido de autonomia e dotado de finalidade própria" (MS 23.652, Rel. Min. Celso de Mello, j. 22.11.2000).

Em razão dos **poderes instrutórios** que lhe foram conferidos, à semelhança dos **juízos de instrução**, o art. 2.º da Lei n. 1.579/52, na redação dada pela Lei n. 13.367/2016, estabelece que, no exercício de suas atribuições, poderão as CPIs determinar diligências que reputem necessárias e requerer a convocação de Ministros de Estado, tomar o depoimento de quaisquer autoridades federais, estaduais ou municipais, ouvir os indiciados, inquirir testemunhas sob compromisso, requisitar da administração pública direta, indireta ou fundacional informações e documentos e transportar-se aos lugares onde se fizer mister a sua presença.

Consoante já decidiu o STF, a CPI pode, por **autoridade própria**, ou seja, sem a necessidade de qualquer intervenção judicial, sempre por **decisão fundamentada** e **motivada**, observadas todas as formalidades legais, determinar:

- **quebra do sigilo fiscal;**
- **quebra do sigilo bancário;**
- **quebra do sigilo de dados**; neste último caso, destaque-se o **sigilo dos dados telefônicos**.[19]

Explicitando este último ponto, conforme se destaca abaixo, dentro da ideia de **postulado de reserva constitucional de jurisdição**, o que a CPI **não** tem é a competência para **quebra do sigilo da comunicação telefônica** (interceptação telefônica).

---

autoridades judiciais, facultada a realização de diligências que julgar necessárias; podendo convocar Ministros de Estado, tomar o **depoimento de qualquer autoridade**, **inquirir testemunhas**, sob compromisso, **ouvir indiciados**, **requisitar** de órgão público **informações** ou **documentos de qualquer natureza**, bem como **requerer** ao **Tribunal de Contas da União** a realização de **inspeções** e **auditorias** que entender necessárias. Confira, ainda, o art. 36 do *RICD*. Uma observação: falar-se em poder de investigação próprio de autoridade judicial é restringir a atuação das CPIs, lembrando que o direito brasileiro, diferente do italiano, que influenciou a regra sobre as CPIs, rege-se pelo sistema **acusatório**, e não inquisitório, na medida em que a atividade típica de investigação é atribuição da Polícia Judiciária, ligada ao Poder Executivo.

[19] Conforme ponderou o Min. Celso de Mello, "com a transmissão das informações pertinentes aos dados reservados, transmite-se à Comissão Parlamentar de Inquérito — enquanto depositária desses elementos informativos — a nota de confidencialidade relativa aos registros sigilosos. (...). Havendo justa causa — e achando-se configurada a necessidade de revelar os dados sigilosos, seja no relatório final dos trabalhos da Comissão Parlamentar de Inquérito (como razão justificadora da adoção de medidas a serem implementadas pelo Poder Público), seja para efeito das comunicações destinadas ao Ministério Público ou a outros órgãos do Poder Público, para os fins a que se refere o art. 58, § 3.º, da Constituição, seja, ainda, por razões imperiosas ditadas pelo interesse social — a divulgação do segredo, precisamente porque legitimada pelos fins que a motivaram, não configurará situação de ilicitude, muito embora traduza providência revestida de **absoluto grau de excepcionalidade**" (MS 23.452/RJ, Min. Celso de Mello, *DJ* de 12.05.2000, p. 20, *Ement.* v. 1990-01, p. 86). *Vide*, ainda, MS 23.880/DF, Min. Celso de Mello, *DJU* de 07.02.2001.

No entanto, pode a CPI requerer a quebra de **registros telefônicos pretéritos**, ou seja, os dados de conversas já ocorridas em determinado período.

Convém destacar o § 1.º do art. 4.º da **LC n. 105/2001**,[20] ao estabelecer que as **CPIs**, no exercício de sua competência constitucional e legal de ampla investigação, **obterão** as **informações** e os **documentos sigilosos** de que necessitarem **diretamente** das instituições financeiras ou por intermédio do Banco Central do Brasil ou da Comissão de Valores Mobiliários, devendo referidas solicitações ser previamente aprovadas pelo Plenário da Câmara dos Deputados, do Senado Federal ou do plenário de suas respectivas comissões parlamentares de inquérito.

Dentro do conceito de poder investigatório da CPI, ela ainda tem o direito de:

- **ouvir testemunhas, sob pena de condução coercitiva:** as testemunhas prestarão compromisso de dizer a verdade, sob pena de **falso testemunho**. A elas é também assegurada a prerrogativa contra a autoincriminação, garantindo-se o **direito ao silêncio**, ou quando deva guardar sigilo em razão de função, ministério, ofício ou profissão, salvo se, desobrigadas pela parte interessada, quiserem dar o seu testemunho (arts. 207 do CPP e art. 388, II, do CPC/2015 — cf. HC 79.598/STF);

Devemos alertar que o STF, por 6 x 5, julgou procedentes as **ADPFs ns. 395** e **444**, "para pronunciar a não recepção da expressão **'para o interrogatório'**, constante do art. 260 do CPP, e declarar a **incompatibilidade** com a Constituição Federal da **condução coercitiva de investigados ou de réus para interrogatório**, sob pena de responsabilidade disciplinar, civil e penal do agente ou da autoridade e de ilicitude das provas obtidas, sem prejuízo da responsabilidade civil do Estado".

Deixando claro o objeto da controvérsia, esclarecemos que referido julgado analisou **apenas** a condução coercitiva de investigados ou réus — perante a autoridade policial ou judicial —, **para o interrogatório** (direito ao silêncio, presunção de não culpabilidade, liberdade de locomoção, dignidade da pessoa humana) e não para outras situações de condução coercitiva, como no caso de testemunhas (inclusive perante a CPI), ou, ainda, de investigados ou réus para atos diversos do interrogatório, por exemplo, o reconhecimento, que continuam sendo admitidos.

Em momento seguinte, o art. 10 da **Lei n. 13.869/2019** (*Lei de Abuso de Autoridade*) prescreveu o seguinte **crime**: "decretar a **condução coercitiva** de **testemunha** ou **investigado manifestamente descabida** ou **sem prévia intimação de comparecimento ao juízo**".

- **ouvir investigados ou indiciados:** a CPI, contudo, deverá respeitar, retome-se, o **direito ao silêncio do investigado ou indiciado**, que poderá deixar de responder às perguntas que possam incriminá-lo (HC 80.584-PA, Rel. Min. Néri da Silveira, 08.03.2001).

---

[20] A necessidade de lei complementar decorre do art. 192 da Constituição (**sistema financeiro nacional**).

Esse limite ganhou relevância em razão das diversas CPIs para a investigação dos supostos escândalos que envolveram o governo Lula, principalmente durante os meses de julho e agosto de 2005, tendo sido expedidos diversos "salvo-condutos" possibilitando ao requerente, no interrogatório da CPI, ser tratado como **investigado**.

Para se ter um exemplo, citamos o voto da Ministra Ellen Gracie, que concedeu *habeas corpus* preventivo ao publicitário *Marcos Valério Fernandes de Souza* para depor na *Comissão Parlamentar Mista de Inquérito (CPMI) dos Correios*, na Câmara dos Deputados, na condição de investigado.

Argumenta a Ministra que "... às Comissões Parlamentares de Inquérito poder-se-ão opor os mesmos limites formais e substanciais oponíveis aos juízes, dentre os quais os derivados da **garantia constitucional da não autoincriminação**, que tem sua manifestação mais eloquente no **direito ao silêncio dos acusados** (HC 79.812, Celso de Mello; HC 79.244, Sepúlveda Pertence; HC 84.335, Ellen Gracie; HC 83.775, Joaquim Barbosa; HC 85.836, Carlos Velloso). Diante do exposto, defiro a liminar para que o paciente seja dispensado de firmar termo d'e compromisso legal de testemunha, ficando-lhe assegurado o direito de se calar sempre que a resposta à pergunta, a critério dele, paciente, ou de seu advogado, possa atingir a garantia constitucional de não autoincriminação. Comunique-se com urgência. Expeça-se salvo-conduto. Publique-se. Brasília, 5 de julho de 2005" (HC 86.232/DF, *DJ* de 1.º.08.2005, p. 39).

Nesse sentido, destacamos os salvo-condutos expedidos em favor do ex-tesoureiro e do ex-secretário-geral do Partido dos Trabalhadores (PT), Delúbio Soares e Silvio José Pereira, para deporem na *CPI Mista dos Correios*, na condição de investigados (HC 86.319).

Outrossim, muito bem fundamentada a decisão proferida pelo Ministro Peluso ao deferir liminar requerida em favor de Waldomiro Diniz, para que, sempre que convocado a depor perante a *Comissão Parlamentar de Inquérito dos Bingos*, tenha o "... direito de permanecer em **silêncio** se a resposta à pergunta implicar risco de autoincriminação. Além disso, ele poderá ser **acompanhado de advogado** e terá garantido o **direito de não ser preso ao invocar o direito constitucional de não se autoincriminar**" (*Notícias STF*, 10.08.2005, HC 86.426).

Analisando a doutrina alemã, também assim a decisão do Ministro Gilmar Mendes, que, em sede de cautelar, expediu salvo-conduto para o presidente do Grupo Opportunity, Daniel Valente Dantas, permanecer calado durante depoimento à *CPMI dos Correios* sobre os fatos que possam implicar a sua autoincriminação (*Notícias STF*, 20.09.2005, HC 86.724).

▪ E como fica a situação de esposa de investigado?

Tivemos um caso concreto analisado pelo STF no **HC 86.355**, impetrado por Renilda Maria Santiago Fernandes de Souza, esposa do publicitário Marcos Valério. Segundo noticiado, o Ministro Jobim "... afirmou que Renilda Souza deve atender à convocação da CPMI, nos dias e horas marcados, mas não é obrigada a assinar o compromisso de dizer a verdade. No entanto, ela deverá 'responder a todas as perguntas que lhe forem formuladas'. O Ministro observou que, de acordo com o Código de Processo Penal Brasileiro (artigos 203, 206 e 208 combinados), **a testemunha não pode se eximir da obrigação de depor**, mas, sendo **cônjuge** de um dos **investigados, não é obrigada a firmar o compromisso de dizer a verdade**" (*Notícias STF*, 25.07.2005, em que se pode verificar a íntegra da decisão).

Lembramos, ainda, o dever de a CPI permitir a presença de **advogados**, exercendo a defesa técnica, com todas as prerrogativas asseguradas pelo Estatuto da Advocacia.

■ 9.8.3.7. O princípio da separação de "poderes" e a impossibilidade de a CPI investigar atos de conteúdo jurisdicional

Deve-se consignar que o **princípio da separação de poderes** serve de baliza e limitação material para a atuação parlamentar, e, desse modo, a CPI **não** tem poderes para investigar atos de **conteúdo jurisdicional**, não podendo, portanto, rever os fundamentos de uma sentença judicial.

Apesar disso, o Min. Celso de Mello adverte: "... isso não significa, porém, que todos os atos do Poder Judiciário estejam excluídos do âmbito de incidência da investigação parlamentar. Na verdade, entendo que se revela constitucionalmente **lícito**, a uma Comissão Parlamentar de Inquérito, **investigar atos de caráter não jurisdicional emanados do Poder Judiciário**, de seus **integrantes** ou de seus **servidores**, especialmente se se cuidar de atos, que, por efeito de expressa determinação constitucional, se exponham à fiscalização contábil, financeira, orçamentária, operacional e patrimonial do Poder Legislativo (CF, arts. 70 e 71) ou que traduzam comportamentos configuradores de infrações político-administrativas eventualmente praticadas por Juízes do STF (Lei n. 1.079/50, art. 39), que se acham sujeitos, em processo de *impeachment*, à jurisdição política do Senado da República (CF, art. 52, II)" (voto no **HC 79.441**, j. 15.09.2000, fls. 322-323).

■ 9.8.3.8. Postulado de reserva constitucional de jurisdição

Muito embora o constituinte originário tenha conferido poderes à CPI, restritos à investigação, referidos poderes não são absolutos, devendo sempre ser respeitado o **postulado da reserva constitucional de jurisdição.**

Conforme definiu o Ministro Celso de Mello, "o **postulado da reserva constitucional de jurisdição** importa em submeter, à esfera única de **decisão dos magistrados**, a prática de determinados atos cuja realização, por efeito de explícita determinação constante do próprio texto da Carta Política, **somente pode emanar do juiz**, e não de terceiros, inclusive daqueles a quem se haja eventualmente atribuído o exercício de 'poderes de investigação próprios das autoridades judiciais'" (MS 23.452).

Isso significa que a CPI **não** poderá praticar determinados **atos de jurisdição** atribuídos exclusivamente ao **Poder Judiciário**, vale dizer, atos **propriamente jurisdicionais**. **Veda-se**, portanto, à CPI:

- **diligência de busca domiciliar:** a busca domiciliar, nos termos do art. 5.º, XI, da CF, verificar-se-á com o consentimento do morador, sendo que, na sua falta, ninguém poderá adentrar na casa, asilo inviolável, salvo em caso de flagrante delito, desastre ou para prestar socorro, durante o dia ou à noite, mas, durante o dia, somente por **determinação judicial**, não podendo a CPI tomar para si essa competência, que é reservada ao Poder Judiciário;[21]

- **quebra do sigilo das comunicações telefônicas (interceptação telefônica):** de acordo com o art. 5.º, XII, a quebra do sigilo telefônico somente poderá ser verificada por **ordem judicial** (e não da CPI ou qualquer outro órgão), para fins de **investigação criminal** ou **instrução processual penal**;
- **ordem de prisão, salvo no caso de flagrante delito, por exemplo, por crime de falso testemunho** (STF, HC 75.287-0, *DJ* de 30.04.1997, p. 16302): isso porque a regra geral sobre a prisão prevista no art. 5.º, LXI, determina que ninguém será preso senão em flagrante delito ou por ordem escrita e fundamentada de **autoridade judiciária** (e não CPI) competente, ressalvados os casos de transgressão militar ou crime propriamente militar, definidos em lei — prisão disciplinar (*vide RDA* 196/195, Rel. Min. Celso de Mello; *RDA* 199/205, Rel. Min. Paulo Brossard) e a prisão por crime contra o Estado, determinada pelo executor da medida durante o **estado de defesa** e não superior a 10 dias, devendo ser imediatamente comunicada ao juiz competente (art. 136, § 3.º, I a IV).

Outra questão, que pode ser indagada nas provas e já resolvida pelo STF, diz respeito às **medidas assecuratórias**, pertinentes à **eficácia de eventual sentença condenatória**.

Em primoroso trabalho sobre as CPIs, Cássio Juvenal Faria assevera que "os provimentos dessa natureza, como o sequestro, o arresto e a hipoteca legal, previstos nos arts. 125 e ss. do CPP, bem como a decretação da indisponibilidade de bens de uma pessoa, medida que se insere no **poder geral de cautela do juiz**, são atos **tipicamente jurisdicionais**, próprios do exercício da jurisdição cautelar, quando se destinam a assegurar a eficácia de eventual sentença condenatória, apartando-se, assim, por completo, dos poderes da comissão parlamentar de inquérito, que são apenas de 'investigação'".[22]

---

[21] "As Comissões Parlamentares de Inquérito **não podem determinar a busca e apreensão domiciliar**, por se tratar de ato sujeito ao **princípio constitucional da reserva de jurisdição**, ou seja, ato cuja prática a CF atribui com **exclusividade aos membros do Poder Judiciário** (CF, art. 5.º, XI: 'a casa é asilo inviolável do indivíduo, ninguém nela podendo penetrar sem consentimento do morador, salvo em caso de flagrante delito ou desastre, ou para prestar socorro, ou, durante o dia, por determinação judicial'). Com base nesse entendimento, o Tribunal deferiu mandado de segurança contra ato da CPI do Narcotráfico que ordenara a busca e apreensão de documentos e computadores na residência e no escritório de advocacia do impetrante — para efeito da garantia do art. 5.º, XI, da CF, o conceito de casa abrange o local reservado ao exercício de atividade profissional —, para determinar a imediata devolução dos bens apreendidos, declarando ineficaz a eventual prova decorrente dessa apreensão. Ponderou-se, ainda, que o fato de ter havido autorização judicial para a perícia dos equipamentos apreendidos não afasta a ineficácia de tais provas, devido à ilegalidade da prévia apreensão. Precedente citado: MS 23.452-RJ (*DJU* 12.05.2000, *v.* Transcrições dos *Informativos* 151 e 163)" (*Inf. 212/STF*).

[22] *Comissões Parlamentares de Inquérito*, Edições Paloma — Complexo Jurídico Damásio de Jesus,

9.8.3.9. Postulado da colegialidade

De acordo com a doutrina e a jurisprudência do STF, a **eficácia** das deliberações dos parlamentares integrantes da CPI deve observar o **postulado da colegialidade**, devendo as decisões ser tomadas pela maioria dos votos e não isoladamente. Nesse sentido:

> "O **princípio**[23] **da colegialidade** traduz diretriz de fundamental importância na regência das deliberações tomadas por qualquer Comissão Parlamentar de Inquérito, notadamente quando esta, no desempenho de sua competência investigatória, ordena a adoção de medidas restritivas de direitos, como aquelas que importam na revelação ('disclosure') das operações financeiras ativas e passivas de qualquer pessoa. A legitimidade do ato de quebra do sigilo bancário, além de supor a plena adequação de tal medida ao que prescreve a Constituição, deriva da necessidade de a providência em causa respeitar, quanto à sua adoção e efetivação, o princípio da colegialidade, sob pena de essa deliberação reputar-se **nula**" (**MS 24.817**, Rel. Min. Celso de Mello, j. 03.02.2005, Plenário, *DJE* de 06.11.2009).

9.8.3.10. Motivação

Toda **deliberação da CPI** deverá ser **motivada**, sob pena de padecer do **vício de ineficácia** (art. 93, IX, da CF).

Para o Ministro Celso de Mello, "as deliberações de qualquer Comissão Parlamentar de Inquérito, à semelhança do que também ocorre com as decisões judiciais (*RTJ* 140/514), quando destituídas de motivação, mostram-se *írritas e despojadas de eficácia jurídica, pois nenhuma medida restritiva de direitos pode ser adotada pelo Poder Público, sem que o ato que a decreta seja adequadamente fundamentado pela autoridade estatal*" (MS 23.452/RJ, *DJ* de 12.05.2000, p. 20).

9.8.3.11. Conclusões

As CPIs não podem nunca impor penalidades ou condenações. Os Presidentes da Câmara dos Deputados, do Senado Federal ou do Congresso Nacional encaminharão o **relatório** da CPI respectiva e a resolução que o aprovar aos chefes do Mi-

---

p. 24. Nesse sentido a jurisprudência do STF: "As Comissões Parlamentares de Inquérito — CPI têm poderes de investigação vinculados à produção de elementos probatórios para apurar fatos certos e, portanto, **não podem decretar medidas assecuratórias para garantir a eficácia de eventual sentença condenatória (CPP, art. 125), uma vez que o poder geral de cautela de sentenças judiciais só pode ser exercido por juízes**. Com esse entendimento, o Tribunal deferiu mandado de segurança para tornar sem efeito ato do Presidente da chamada CPI dos Bancos que decretara a indisponibilidade dos bens dos impetrantes. Precedente citado: MS 23.452-DF (*DJU* de 8.6.99. Leia o inteiro teor da decisão na seção de Transcrições do *Informativo* 151). MS 23.446-DF, Rel. Min. Ilmar Galvão, 18.8.99" (*Inf. 158/STF*). *Vide*, também, *Inf. 170/STF*. Cf. **Lei n. 11.435, de 28.12.2006**, que altera os arts. 136, 137, 138, 139, 141 e 143 do CPP, para substituir a expressão "sequestro" por "arresto", com os devidos ajustes redacionais.

[23] De maneira acertada, como afirma Lenio Streck, trata-se de "regra" e não de "princípio". Cf.: O fator *stoic mujic*, a juíza Kenarik e o papel dos advogados, hoje!, *CONJUR*, 11.02.2016, 8h, acesso em 04.07.2016.

nistério Público da União ou dos Estados ou, ainda, às autoridades administrativas ou judiciais com poder de decisão, conforme o caso, para a prática de atos de sua competência e, assim, existindo elementos, para que promovam a responsabilização civil, administrativa ou criminal dos infratores.

Dependendo dos limites da atuação ministerial (na medida em que ao Ministério Público está vedada a representação judicial de entidades públicas — art. 129, IX), entendemos que o relatório deva ser encaminhado, também, para a Advocacia-Geral da União e outros órgãos que exercem a representação judicial e consultoria das respectivas unidades federadas, para que promovam eventual responsabilização civil (nesse sentido, cf. a introdução do art. 6.º-A da Lei n. 1.579/52 pela Lei n. 13.367/2016).

Deixando mais claro e disciplinando a matéria, o art. 37 do *RICD* determina, ao término dos trabalhos, o encaminhamento de **relatório circunstanciado**, com as **conclusões**:

- à **Mesa**, para as providências de alçada desta ou do Plenário, oferecendo, conforme o caso, projeto de lei, de decreto legislativo ou de resolução, ou indicação, que será incluída na Ordem do Dia dentro de cinco sessões;
- à **Advocacia-Geral da União** ou ao **Ministério Público**, com a cópia da documentação, para que promovam a responsabilidade civil ou criminal por infrações apuradas e adotem outras medidas decorrentes de suas funções institucionais;
- ao **Poder Executivo**, para adotar as providências saneadoras de caráter disciplinar e administrativo decorrentes do art. 37, §§ 2.º a 6.º, da Constituição Federal e demais dispositivos constitucionais e legais aplicáveis, assinalando prazo hábil para seu cumprimento;
- à **Comissão Permanente** que tenha maior pertinência com a matéria, à qual incumbirá fiscalizar o atendimento do prescrito no inciso anterior;
- à **Comissão Mista Permanente** de que trata o art. 166, § 1.º, da Constituição Federal;
- ao **Tribunal de Contas da União**, para as providências previstas no art. 71 da mesma Carta.

O art. 1.º da Lei n. 10.001, de 04.09.2000, determinou que os Presidentes da CD, do SF ou do CN encaminharão o **relatório** da CPI respectiva, e a resolução que o aprovar, aos chefes do MP da União ou dos Estados, ou ainda às autoridades administrativas ou judiciais com poder de decisão, conforme o caso, para a prática de atos de sua competência, na medida em que a CPI, como vimos, só investiga, não julga nem aplica qualquer tipo de penalidade.

Referida autoridade, a quem for encaminhada a resolução, que aprovou o relatório da CPI, informará ao remetente, no prazo de 30 dias, as providências adotadas ou a justificativa pela omissão, sendo que a autoridade que presidir processo ou procedimento, administrativo ou judicial, instaurado em decorrência de conclusões de CPI, comunicará, semestralmente, a fase em que se encontra, até a sua conclusão, garantindo-se ao referido processo ou ao procedimento **prioridade** sobre qualquer outro, exceto sobre aquele relativo a pedido de *habeas corpus*, *habeas data* e mandado de segurança, sujeitando-se a autoridade às sanções administrativas, civis e penais em razão de eventual descumprimento das normas da lei em comento.

■ 9.8.3.12. Competência originária do STF

É da **competência originária** do **STF** processar e julgar **MS** e **HC** impetrados contra CPIs constituídas no âmbito do **Congresso Nacional ou de quaisquer de suas Casas**.

Isso porque, conforme já decidiu a Suprema Corte, "... a Comissão Parlamentar de Inquérito, enquanto projeção orgânica do Poder Legislativo da União, nada mais é senão a *longa manus* do próprio Congresso Nacional ou das Casas que o compõem, sujeitando-se, em consequência, em tema de mandado de segurança ou de *habeas corpus*, ao controle jurisdicional originário do Supremo Tribunal Federal (CF, art. 102, I, 'd' e 'i')" (MS 23.452/RJ, Rel. Min. Celso de Mello, *DJ* de 12.05.2000, p. 20).

■ 9.8.3.13. A regra da prejudicialidade

A jurisprudência do STF, **por regra**, determina a **prejudicialidade** das "... ações de mandado de segurança e de *habeas corpus*, sempre que — impetrados tais *writs* constitucionais contra Comissões Parlamentares de Inquérito — vierem estas a extinguir-se, em virtude da conclusão de seus trabalhos investigatórios, independentemente da aprovação, ou não, de seu relatório final" (MS 23.852-QO, Rel. Min. Celso de Mello, j. 28.06.2001, e julgados reafirmando a jurisprudência, como HC 100.200, Rel. Min. Joaquim Barbosa, j. 08.04.2010; MS 25.459-AgR, Rel. Min. Cezar Peluso, j. 04.02.2010; MS 34.318, j. 07.03.2017; MS 36.518, j. 04.12.2019 etc.).

■ 9.8.3.14. A questão específica da quebra do sigilo bancário

■ Precedente envolvendo a Receita Federal

A questão específica sobre a **quebra do sigilo bancário** e a discussão acerca da necessidade ou não de **autorização judicial** foi, **em um primeiro momento**, decidida pelo STF no julgamento do **RE 389.808** (j. **15.12.2010**).

A discussão surgiu em decorrência de comunicado feito pelo *Banco Santander* a determinada empresa, informando que a Delegacia da Receita Federal do Brasil, partindo de *mandado de procedimento fiscal* e com base na LC n. 105/2001, havia requerido àquela instituição financeira a entrega de informações sobre movimentação bancária da empresa durante o período de 1998 a julho de 2001.

Diante dessa notícia, a empresa buscou o Judiciário, e, após várias medidas, a decisão final veio do STF, que, no caso concreto, por **5 x 4**, concluiu pela necessidade de **autorização judicial** para a quebra de sigilo bancário, por se tratar de verdadeira **cláusula de reserva de jurisdição**, não tendo, portanto, o Fisco esse poder (RE 389.808, Rel. Min. Marco Aurélio, j. 15.12.2010, Plenário, *DJE* de 10.05.2011).

O Min. Celso de Mello, em seu voto (inclusive, na **AC 33**), sustentou um verdadeiro "'**estatuto constitucional do contribuinte**' — consubstanciador de direitos e limitações **oponíveis ao poder impositivo** do Estado", destacando-se, no caso, o **direito à intimidade** e à **privacidade (art. 5.º, X)**.

CUIDADO: em **momento seguinte**, o Pleno do STF, por **9 x 2**, **mudou o entendimento** sobre a situação específica envolvendo a Receita Federal: não se trata de situação de quebra de sigilo, mas, no fundo, de **transferência de sigilo** da órbita bancária para a fiscal, com finalidade de natureza eminentemente fiscal, para que a administração tributária possa, então, cumprir o comando previsto no art. 145, § 1.º, da CF/88.

Nesse sentido, o STF, por maioria e nos termos do voto do Relator, apreciando o *tema 225* da repercussão geral, firmou a seguinte **tese**: "o art. 6.º da LC n. 105/2001 não ofende o direito ao sigilo bancário, pois realiza a **igualdade** em relação aos cidadãos, por meio do **princípio da capacidade contributiva**, bem como estabelece **requisitos objetivos e o translado do dever de sigilo da esfera bancária para a fiscal**" (**RE 601.314**, Pleno, j. 24.02.2016, *DJE* de 16.09.2016). Nessa linha, na mesma data, o julgamento das ADIs 2.390, 2.386, 2.397 e 2.859 — cf. *item 14.10.8.1*.

▪ E como fica a questão específica das CPIs e demais instituições?

A jurisprudência do STF, diante da cláusula constitucional de que as comissões parlamentares de inquérito têm poderes de investigação próprios das autoridades judiciais, entende que as CPIs, por ato próprio, podem determinar a quebra do sigilo bancário, mesmo sem a autorização judicial. O fundamento está na própria regra do art. 58, § 3.º (poderes de investigação próprios das autoridades **judiciais**).

O STF tem tido, também, mesmo em relação às CPIs, a preocupação de manutenção do sigilo das informações. Conforme estabeleceu o Min. Celso de Mello, "com a transmissão das informações pertinentes aos dados reservados, transmite-se à Comissão Parlamentar de Inquérito — enquanto depositária desses elementos informativos —, a nota de confidencialidade relativa aos registros sigilosos" (MS 23.452 — cf., no mesmo sentido, MS 25.686 e MS 25.940).

Nessa linha, em relação ao sigilo bancário e à reserva de jurisdição, destacamos a evolução da jurisprudência da Corte no tocante à possibilidade de **transferência de informações desde que preservado o sigilo**.

Em um primeiro momento, o STF admitiu a relativização da regra da reserva de jurisdição na hipótese de contas públicas, em razão dos princípios da publicidade e da moralidade (art. 37, CF/88), flexibilizando a proteção do direito à intimidade/privacidade. Não se tratava da quebra do sigilo em si, mas da transferência de informações, desde que preservado o sigilo: "o sigilo de informações necessário à preservação da intimidade é relativizado quando há interesse da sociedade em conhecer o destino dos recursos públicos". Nesse sentido, o STF admitiu o conhecimento de informações diretamente, tanto por parte do **TCU** (MS 33.340) como pelo **Ministério Público** (RHC 133.118), devendo ser mantido o sigilo.

Em seguida, a Corte evoluiu de modo genérico em relação à possibilidade de transferência do sigilo para os órgãos de persecução penal (**Ministério Público** e **Autoridades Policiais**). Vejamos:

> "1. É **constitucional** o compartilhamento dos **relatórios de inteligência financeira da UIF** [Unidade de Inteligência Financeira, acrescente-se] e da íntegra do **procedimento fiscalizatório da Receita Federal do Brasil**, que define o lançamento do tributo, com os **órgãos de persecução penal para fins criminais, sem a obrigatoriedade de prévia autorização judicial**, devendo ser resguardado o sigilo das informações em procedimentos formalmente instaurados e sujeitos a posterior controle jurisdicional. 2. O compartilhamento pela UIF e pela RFB, referente ao item anterior, deve ser feito unicamente por meio de **comunicações formais**, com garantia de sigilo, certificação do destinatário e estabelecimento de instrumentos efetivos de apuração e correção de eventuais desvios" (**RE 1.055.941**, Rel. Min. Dias Toffoli, 04.12.2019 — Tema 990 da repercussão geral).

Assim, podemos esquematizar:

- **possibilidade de quebra do sigilo bancário:** o Poder Judiciário e as CPIs (federais, estaduais e distritais), que têm poderes de investigação próprios das autoridades judiciais (não incluindo aqui as CPIs municipais, conforme será explicitado abaixo);
- **contas públicas — conhecimento do destino de recursos públicos — relativização da regra geral:** "o sigilo de informações necessário à preservação da intimidade é relativizado quando há interesse da sociedade em conhecer o destino dos recursos públicos". Nesse sentido, o STF admitiu o conhecimento de informações diretamente, tanto por parte do **TCU** (MS 33.340) como pelo **Ministério Público** (RHC 133.118);
- **transferência de sigilo da órbita bancária para a fiscal (a Administração Tributária, cumprindo o comando previsto no art. 145, § 1.º, da CF/88, tem poderes para requisitar, por ato próprio, o envio de informações bancárias, desde que na forma do art. 6.º da LC n. 105/2001, o que deve ser entendido como translado do dever de sigilo da esfera bancária para a fiscal):** "o art. 6.º da LC n. 105/2001 não ofende o direito ao sigilo bancário, pois realiza a igualdade em relação aos cidadãos, por meio do princípio da capacidade contributiva, bem como estabelece requisitos objetivos e o translado do dever de sigilo da esfera bancária para a fiscal" (**RE 601.314**, Pleno, j. 24.02.2016, *DJE* de 16.09.2016). Nessa linha, na mesma data, o julgamento das ADIs 2.390, 2.386, 2.397 e 2.859;
- **transferência de informações para os órgãos de persecução penal para fins criminais, devendo ser mantido o sigilo:** "1. É **constitucional** o compartilhamento dos **relatórios de inteligência financeira da UIF** [Unidade de Inteligência Financeira, acrescente-se] e da íntegra do **procedimento fiscalizatório da Receita Federal do Brasil**, que define o lançamento do tributo, com os **órgãos de persecução penal para fins criminais**, **sem a obrigatoriedade de prévia autorização judicial**, devendo ser resguardado o sigilo das informações em procedimentos formalmente instaurados e sujeitos a posterior controle jurisdicional. 2. O compartilhamento pela UIF e pela RFB, referente ao item anterior, deve ser feito unicamente por meio de **comunicações formais**, com garan-

tia de sigilo, certificação do destinatário e estabelecimento de instrumentos efetivos de apuração e correção de eventuais desvios" (**RE 1.055.941**, Rel. Min. Dias Toffoli, 04.12.2019 — tema 990 da repercussão geral — pendente a publicação do acórdão).

9.8.3.15. *Sigilo bancário e CPIs estaduais*

Sendo o direito de "quebra" do sigilo assegurado às *CPIs federais*, na medida em que elas têm **"poder de investigação próprio das autoridades judiciais"** (art. 58, § 3.º), necessariamente, dentro da ideia de **simetria** e de **autonomia federativa**, esses poderes também devem ser assegurados às **CPIs estaduais**.

Existem precedentes admitindo o poder de quebra do sigilo fiscal pela **CPI estadual**, desde que, naturalmente, **fundamentado** o pedido. Nessa linha:

> "Ação cível originária. Mandado de segurança. **Quebra de sigilo de dados bancários determinada por CPI de Assembleia Legislativa**. Recusa de seu cumprimento pelo Banco Central do Brasil. LC 105/2001. Potencial conflito federativo (cf. ACO 730-QO). Federação. Inteligência. Observância obrigatória, pelos Estados-membros, de aspectos fundamentais decorrentes do princípio da separação de poderes previsto na CF de 1988. **Função fiscalizadora exercida pelo Poder Legislativo**. Mecanismo essencial do sistema de *checks-and-counterchecks* adotado pela CF de 1988. Vedação da utilização desse mecanismo de controle pelos órgãos legislativos dos Estados-membros. Impossibilidade. Violação do equilíbrio federativo e da separação de Poderes. **Poderes de CPI estadual: ainda que seja omissa a LC 105/2001, podem essas comissões estaduais requerer quebra de sigilo de dados bancários, com base no art. 58, § 3.º, da Constituição**" (ACO 730, Rel. Min. Joaquim Barbosa, j. 22.09.2004, Plenário, *DJ* de 11.11.2005).

Em certa passagem de seu voto, o Relator destaca argumentação do Min. Sepúlveda Pertence no julgamento da **ADI 98** (j. 18.12.1997), que sugere "'... uma terceira modalidade de limitações à autonomia constitucional dos Estados: além dos grandes princípios e das vedações — esses e aqueles, implícitos ou explícitos — hão de acrescentar-se às **normas constitucionais centrais** que, não tendo o alcance dos princípios, nem o conteúdo negativo das vedações, são, não obstante, de **absorção compulsória — com ou sem reprodução expressa — no ordenamento parcial dos Estados e Municípios**'. Entendo que a possibilidade de criação de comissões parlamentares de inquérito seja uma dessas normas de absorção compulsória nos Estados-Membros, destinada a garantir o potencial do poder legislativo em sua função de fiscal da administração".

O tema, amplamente discutido na referida **ACO 730**, cujo resultado foi bastante apertado, por **6 x 5** (*lembrando que a composição, à época, era totalmente distinta da atual*), voltou a ser analisado pelo STF, no julgamento da **ACO 1.271** (conhecida como *mandado de segurança*), tendo havido os votos do Min. Joaquim Barbosa (que concedia a ordem) e do Min. Eros Grau (que a denegava), quando, em 11.03.2010, houve pedido de vista pelo Min. Dias Toffoli, devolvido em 09.05.2011 (cf. *Inf. 578/STF* — **matéria pendente de julgamento pelo STF**).

Na referida ação, a Assembleia Legislativa do Estado do Rio de Janeiro atacava ato do chefe da *Superintendência Regional da Receita Federal*, que, diante de pedido formulado pela "CPI das Milícias", negou o fornecimento de informações fiscais a respeito dos investigados, com base no **dever de sigilo fiscal**, uma vez que as atribuições conferidas pelo art. 58, § 3.º, às CPIs federais não se estenderiam às CPIs no âmbito estadual.

Em **12.02.2014**, contudo, o Tribunal, por unanimidade, julgou prejudicado o pedido formulado na **ACO 1.271**, tendo em vista o encerramento dos trabalhos da CPI, votando, assim, pela **prejudicialidade** da ação por perda superveniente do seu objeto.

O tema, certamente, precisará ser mais bem debatido pela atual composição da Corte. No entanto, entendemos que o voto do Min. Dias Toffoli, apresentado para efeitos meramente históricos (já que se reconheceu a prejudicialidade da ação), poderá servir de segura orientação para decisões futuras.

Entendeu o Ministro que "a quebra de sigilo fiscal pelas comissões parlamentares de inquérito constitui **instrumento inerente ao exercício da função fiscalizadora ínsita aos órgãos legislativos** e, como tal, dela também podem fazer uso as CPIs instituídas pelas Assembleias Legislativas e pela Câmara Distrital, desde que observados, em resumo, os seguintes requisitos:

- deve dar-se mediante deliberação colegiada devidamente fundamentada;
- deve haver pertinência entre o objeto da investigação e as informações requisitadas, sendo necessário que se indique fato concreto que justifique tal medida excepcional;
- a atuação da comissão parlamentar estadual deve restringir-se à área de competência constitucional do Poder Legislativo do Estado, somente sendo investigáveis por ele os fatos que possam ser objeto de disciplina em lei, de controle ou de fiscalização parlamentar estadual;
- os dados obtidos podem ser usados somente no âmbito da investigação que lhe deu causa, devendo haver, obrigatoriamente, a preservação da confidencialidade dos dados fiscais, bancários e telefônicos repassados ao parlamento estadual".

Finalmente, destacamos que, em outra decisão, o Min. Joaquim Barbosa concedeu liminar autorizando a **transferência de informações protegidas por sigilo fiscal** para a CPI no âmbito da Assembleia Legislativa de São Paulo, que investiga supostas irregularidades e fraudes praticadas contra cerca de 3.000 mutuários da Cooperativa Habitacional dos Bancários do Estado de São Paulo — BANCOOP (**MS 29.046**, liminar proferida em 13.08.2010. Referido mandado de segurança, em 04.11.2011, foi julgado prejudicado, haja vista que a CPI encerrou os seus trabalhos).

Essa parece ser a melhor interpretação e na linha do que o STF já vinha decidindo (ACO 730), sob pena de se esvaziar o papel das CPIs estaduais.

■ 9.8.3.16. *Sigilo bancário e as CPIs distritais*

E a discussão em relação às CPIs no âmbito da **Câmara Legislativa do DF?**

Apesar de ter o Distrito Federal a sua autonomia parcialmente tutelada pela União — e já discutimos a sua amplitude enquanto verdadeiro ente federativo —, parece, sim, razoável, que o mesmo entendimento que se dê aos Estados seja estendido para o DF, até porque, muito embora a sua posição particular na Federação, o DF se aproxima muito mais dos Estados que dos Municípios (por exemplo, cf. art. 32, § 2.º, que faz coincidir as eleições do Executivo Distrital com a dos Estados-Membros, e art. 32, § 3.º, que determina a aplicação do art. 27 — que trata dos Estados —, aos Deputados Distritais).

Além do mais, o DF tem representação na Federação, já que elegerá 3 Senadores da República (art. 46).

■ 9.8.3.17. *Sigilo bancário e as CPIs municipais*

E as CPIs no âmbito da **Câmara dos Vereadores, podem quebrar sigilo bancário?**

Poderíamos considerar outros argumentos, como *o risco de abuso por parte das referidas CPIs*, sustentado por alguns autores. Porém, preferimos ficar com uma argumentação puramente jurídica e técnica.

Aqui — e o tema da *disclosure* ainda precisa ser mais bem debatido pelo STF —, entendemos, contudo, que a Câmara dos Vereadores, apesar de poder instaurar CPI, seguindo o modelo federal, **não terá, por si, o poder de quebra do sigilo bancário**.

Não estamos dizendo que a CPI não poderá investigar, até porque é função do Legislativo a fiscalização e o controle da administração pública.

Estamos sugerindo que, na hipótese de quebra de sigilo bancário no âmbito da CPI municipal, tenha de haver **autorização judicial**.

E não há problema em diferenciar os Legislativos de nossa Federação, já que, no Brasil, vigora aquilo que a doutrina denominou **federalismo assimétrico** (cf. *item 7.3.2.3*), ocupando o Município uma posição bastante particular.

Como se sabe, apesar de ser integrante da Federação, e isso não se discute (arts. 1.º e 18, *caput*), a posição dos Municípios não se confunde com a dos Estados e a do DF.

Os Municípios **não elegem Senador** e, assim, não têm uma representação direta na Federação.

Ainda, o Município, dentro da ideia de autogoverno, **não tem Judiciário** próprio, apesar de existir, naturalmente, a prestação jurisdicional nas comarcas e seções judiciárias.

Por esse motivo, ou seja, por ter uma posição bastante particular na Federação, sustentamos que as Câmaras Legislativas de Municípios, apesar de poderem instaurar CPIs, não poderão, por ato próprio, determinar a quebra de sigilo bancário.

Mas é possível essa distinção?

Acesse também a videoaula pelo link: somos.in/DCE25098

De acordo com o Min. Joaquim Barbosa, os **poderes instrutórios não são extensíveis às CPIs municipais**. Isso porque se trata, "... no modelo de separação de poderes da Constituição Federal, de uma excepcional derrogação deste poder para dar a uma casa legislativa poderes jurisdicionais, posto que instrutórios. Essa transferência de poderes jurisdicionais não se pode dar no âmbito do município, exatamente porque o município não dispõe de jurisdição nem de poder jurisdicional, a transferir, na área da CPI, do Judiciário ao Legislativo" (voto na ACO 730, p. 82).

Concordamos com a conclusão, mas o nosso fundamento não é, exclusivamente, o fato de inexistir um Judiciário municipal, e sim a situação do Município na Federação, **especialmente por não ter representação no Senado Federal**.

Também não aceitando a quebra do sigilo bancário por CPI municipal, lembramos Eugênio Pacelli: "ao parlamento municipal não se deve mesmo reconhecer o poder de quebra de sigilo, exatamente em razão da posição que referidos entes (Municípios) ocupam na distribuição do Poder Público. Veja-se, por exemplo, a ampla limitação legiferante dos municípios (restrita às questões de interesse local), e, também, a inexistência de foros privativos, na Constituição da República, para os respectivos parlamentares (vereadores). Ora, sendo assim, não faria sentido permitir a eles poderes superiores às próprias prerrogativas".[24]

Tudo o que foi dito encontra fundamento na **ACO 730** e em parte do julgamento da **ACO 1.271** que, infelizmente, diante do encerramento da CPI, foi julgada **prejudicada**, sem a oportunidade de um melhor debate sobre a matéria e perante distinta composição. Para sabermos a posição dos atuais Ministros, teremos que aguardar o julgamento futuro sobre o tema **(matéria pendente)**.

Resumindo o atual entendimento: os Municípios podem criar CPIs que, contudo, diferentemente das dos Estados e do DF, não poderão, por si, quebrar sigilo bancário.

■ 9.8.4. Comissão mista

São formadas por Deputados e Senadores para apreciar, dentre outros e em especial, os assuntos que devam ser examinados em **sessão conjunta** pelo Congresso Nacional.

Devemos lembrar importante **comissão mista permanente** que é a **comissão mista do orçamento**, cujas finalidades estão expressas no art. 166, § 1.º, da CF/88.

■ 9.8.5. Comissão representativa

A comissão representativa apresenta a peculiaridade de constituir-se somente durante o **recesso parlamentar** (período fora da **sessão legislativa**, prevista no art. 57, *caput*).

A representatividade será do Congresso Nacional, sendo a comissão eleita pela Câmara dos Deputados e pelo Senado Federal na **última sessão legislativa ordiná-**

---

24 E. P. de Oliveira, *Curso de processo penal*, 12. ed., p. 347.

ria do período legislativo, com atribuições definidas no regimento comum, cuja composição deverá refletir, na medida do possível, a proporcionalidade da representação partidária (art. 58, § 4.º).

A redação do art. 58, § 4.º, aparece um pouco truncada, devendo ser interpretada da seguinte forma: a **sessão legislativa** é uma só e vai, na redação conferida ao art. 57, *caput*, pela EC n. 50/2006, de **2 de fevereiro a 17 de julho** e de **1.º de agosto a 22 de dezembro**. Cada sessão legislativa **(anual)** tem **dois períodos legislativos**, ou seja, um no primeiro semestre, quando será eleita a **comissão representativa** para o primeiro recesso do ano, que acontece de 18 a 31 de julho, e outro no segundo período da sessão legislativa (segundo semestre), momento em que se elegerá nova comissão representativa para o segundo recesso, que irá de 23 de dezembro a 1.º de fevereiro do ano seguinte.

■ 9.9. IMUNIDADES PARLAMENTARES

■ 9.9.1. Aspectos introdutórios

Imunidades parlamentares são **prerrogativas** inerentes à função parlamentar, garantidoras do exercício do mandato, com plena liberdade. Não se trata de direito pessoal ou subjetivo do Parlamentar, na medida em que, como se disse, decorre do efetivo exercício da função parlamentar. Assim, não podemos confundir prerrogativa com privilégio.

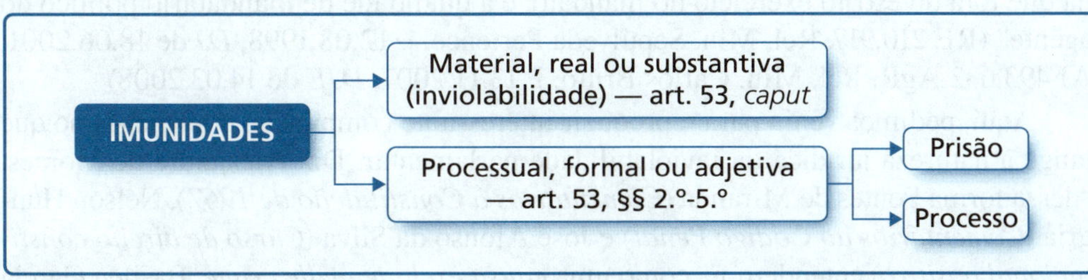

Referidas prerrogativas, como veremos, dividem-se em dois tipos: a) **imunidade material, real** ou **substantiva** (também denominada **inviolabilidade**), implicando a exclusão da prática de crime, bem como a inviolabilidade civil, pelas opiniões, palavras e votos dos parlamentares (art. 53, *caput*); b) **imunidade processual, formal** ou **adjetiva**, trazendo regras sobre prisão e processo criminal dos parlamentares (art. 53, §§ 2.º a 5.º, da CF/88).

Assim, importante notar que, em sua essência, as aludidas prerrogativas atribuídas aos parlamentares, em virtude da função que exercem, tradicionalmente previstas em nossas Constituições, com algumas exceções nos movimentos autoritários, reforçam a democracia, uma vez que os parlamentares podem livremente expressar suas opiniões, palavras e votos, bem como estar garantidos contra prisões arbitrárias, ou mesmo rivalidades políticas.

As regras sobre imunidades parlamentares sofreram importantes alterações com o advento da **EC n. 35, de 20.12.2001** (SF, PEC n. 2-A/1995 e CD PEC n. 610/98, com parecer favorável da CCJ n. 1.461, de 12.12.2001, Rel. Sen. José Fogaça), e passam a ser analisadas notadamente em relação ao processo criminal.[25]

9.9.2. Imunidade parlamentar federal

Nesse tópico, após a introdução e pequena sistematização do assunto, concentraremos a apresentação em relação às imunidades dos parlamentares federais, quais sejam, dos **Deputados Federais** e dos **Senadores da República**, de acordo com as regras fixadas na **EC n. 35/2001**, que alterou a redação do art. 53 da CF/88.

9.9.2.1. Imunidade material ou inviolabilidade parlamentar (art. 53, "caput")

Prevista no art. 53, *caput*, a **imunidade material** garante que os parlamentares federais são invioláveis, **civil** e **penalmente**, por quaisquer de suas **opiniões**, **palavras** e **votos**, desde que proferidos em razão de suas funções parlamentares, no exercício e relacionados ao mandato (trata-se de manifestações que possuem **nexo de causalidade** com a atividade parlamentar), não se restringindo ao âmbito do Congresso Nacional. Assim, mesmo que um parlamentar esteja fora do Congresso Nacional, mas exercendo sua função parlamentar federal, em qualquer lugar do território nacional estará resguardado, não praticando qualquer crime por sua opinião, palavra ou voto.[26]

Segundo o STF, "... a inviolabilidade alcança toda manifestação do congressista onde se possa identificar um laço de implicação recíproca entre o ato praticado, ainda que fora do estrito exercício do mandato, e a qualidade de mandatário político do agente" (RE 210.917, Rel. Min. Sepúlveda Pertence, j. 12.08.1998, *DJ* de 18.06.2001; AI 493.632-AgR, Rel. Min. Carlos Britto, j. 13.11.2007, *DJE* de 14.03.2008).

Aqui, pedimos vênia para reproduzir interessante compilação doutrinária no que tange à natureza jurídica da inviolabilidade parlamentar. Diz Alexandre de Moraes: "dessa forma Pontes de Miranda (*Comentários à Constituição de 1967*), Nélson Hungria (*Comentários ao Código Penal*) e José Afonso da Silva (*Curso de direito constitucional positivo*) entendem-na como uma *causa excludente de crime*; Basileu Garcia (*Instituições de direito penal*), como *causa que se opõe à formação do crime*; Damá-

---

[25] Convém salientar, a título de curiosidade, que a referida **PEC** teve início no Senado Federal, sendo substancialmente alterada na Câmara dos Deputados. A nova redação dada pela CD foi aprovada em dois turnos no SF por unanimidade (74 votos em primeiro turno — 18.12.2001, e 67 votos em segundo turno — 19.12.2001), tendo sido promulgada em 20.12.2001. Assim, ao que se percebe, através do **Requerimento n. 758/2001**, de autoria do Senador Ramez Tebet, solicitando a dispensa de interstício e prévia distribuição de avulsos do parecer sobre a matéria, foi alterado o calendário regimental de tramitação da **PEC**. Em virtude do novo regime, em 17.12.2001, o Senador Jefferson Péres (PDT-AM) ajuizou no STF o MS 24.154-3, com pedido de liminar, contra ato da Presidência do Senado Federal, alegando que os prazos regimentais de tramitação da PEC foram desrespeitados. O Ministro Relator Nelson Jobim negou seguimento ao referido MS entendendo tratar-se de matéria *interna corporis*, não podendo o Judiciário apreciá-la.

[26] Nesse sentido posicionou-se o STF, analisando as novas regras da EC n. 35/2001, cf. **Inq. 1.710/DF**, Rel. Min. Sydney Sanches, *Inf. 258/STF*, 25.02.2002 a 1.º.03.2002. Cf., ainda, **Pet 7.174**, j. 10.03.2020, *DJE* de 28.09.2020.

sio de Jesus (*Questões criminais*), *causa funcional de isenção de pena*;[27] Aníbal Bruno (*Direito penal*), *causa pessoal e funcional de isenção de pena*; Heleno Cláudio Fragoso (*Lições de direito penal*), *causa de irresponsabilidade*; José Frederico Marques (*Tratado de direito penal*), *causa de incapacidade penal por razões políticas*".[28]

Não importa, pois, qual a denominação que se dê; o importante é saber que a imunidade material (inviolabilidade) **impede que o parlamentar seja condenado**, já que há ampla descaracterização do tipo penal, **irresponsabilizando-o penal, civil, política e administrativamente (disciplinarmente)**. Trata-se de **irresponsabilidade geral**, desde que, é claro, tenha ocorrido o fato em razão do exercício do mandato e da função parlamentar.[29]

A **imunidade material**, mantida pela **EC n. 35/2001**, é sinônimo de **democracia**, representando a garantia de o parlamentar não ser perseguido ou prejudicado em razão de sua atividade na tribuna, na medida em que assegura a independência nas manifestações de pensamento e no voto.

E que fique claro: **sustentamos** que a imunidade parlamentar não é absoluta, assim como nenhum direito fundamental é absoluto. Em nosso entender, portanto, em situações excepcionalíssimas, determinadas opiniões, palavras e votos proferidos podem até caracterizar a prática de crime, já que o direito brasileiro não tolera o denominado *hate speech* (cf. *item 14.10.5.1*).

Mas **cuidado:** essa nossa opinião ainda não foi enfrentada pelo STF, e, assim, atenção para as provas de concursos. Os precedentes do STF no sentido de não se reconhecer a imunidade material são em situações desvinculadas da atividade parlamentar.

Conforme anotou o Min. Celso de Mello, "a cláusula de inviolabilidade constitucional, que impede a responsabilização penal e/ou civil do membro do Congresso

---

[27] Damásio assevera que o *caput* do art. 53 da CF/88 "... prevê a imunidade parlamentar material ou penal em relação aos denominados delitos de opinião, segundo a qual, aplicada a teoria da imputação objetiva, a conduta do Senador ou Deputado Federal, constitucionalmente permitida, e o resultado eventualmente produzido são atípicos" (Damásio de Jesus, *Imunidade parlamentar processual — nova trapalhada legislativa,* São Paulo: Complexo Jurídico Damásio de Jesus, fev. 2002, disponível em: <www.damasio.com.br/novo/html/frame_artigos.htm>).

[28] Alexandre de Moraes, *Direito constitucional*, p. 371.

[29] "A **imunidade material** prevista no art. 53, *caput*, da CF ('Os Deputados e Senadores são invioláveis por suas opiniões, palavras e votos') **alcança a responsabilidade civil decorrente dos atos praticados por parlamentares no exercício de suas funções**. É necessário, entretanto, analisar-se caso a caso as circunstâncias dos atos questionados para verificar a **relação de pertinência com a atividade parlamentar**. Com esse entendimento, o Tribunal deu provimento a recurso extraordinário para restabelecer a sentença de 1.º grau que, nos autos de **ação de indenização por danos morais** movida contra deputada federal, determinara a extinção do processo sem julgamento de mérito devido à vinculação existente entre o ato praticado e a função parlamentar de fiscalizar o poder público (tratava-se, na espécie, de divulgação jornalística da *notitia criminis* apresentada pela deputada ao Procurador-Geral de Justiça do Estado do Rio de Janeiro contra juiz estadual por suposto envolvimento em fraude no INSS)" (RE 210.917-RJ, Rel. Min. Sepúlveda Pertence, 12.08.1998, *Inf. 118/STF*, 10 a 14.08.1998).

Nacional, por suas palavras, opiniões e votos, também abrange, sob seu manto protetor, (1) as entrevistas jornalísticas, (2) a transmissão, para a imprensa, do conteúdo de pronunciamentos ou de relatórios produzidos nas Casas Legislativas e (3) as declarações feitas aos meios de comunicação social, eis que tais manifestações — **desde que vinculadas ao desempenho do mandato** — qualificam-se como natural projeção do exercício das atividades parlamentares. Doutrina. Precedentes" (**Inq. 2.874** — trecho da ementa).

E um outro ponto: é possível que determinado comportamento esteja acobertado pela imunidade material (criminal) mas que, por outro lado, caracterize-se como **abuso de prerrogativa** e, assim, venha a ensejar, **no âmbito da Casa Legislativa**, a **perda do mandato** por **quebra de decoro parlamentar** (art. 55, II).

Para exemplificar, podemos citar alguns comportamentos de determinados deputados federais durante a votação da autorização para instauração do processo de *impeachment* contra a ex-Presidente Dilma Rousseff (17.04.2016).

Nesse sentido, bem disse o Min. Barroso: "a imunidade cível e penal do parlamentar federal tem por objetivo viabilizar o pleno exercício do mandato. O excesso de linguagem pode configurar, em tese, **quebra de decoro**, a ensejar o **controle político**" (Pet 5.647, j. 22.09.2015, *DJE* de 26.11.2015).

■ *9.9.2.2. Imunidade formal ou processual*

A imunidade formal ou processual está relacionada à **prisão** dos parlamentares, bem como ao **processo** a ser instaurado contra eles. Devemos, então, saber quando os parlamentares poderão ser presos, bem como se será possível instaurar processo contra eles.

■ *9.9.2.2.1. Imunidade formal ou processual para a prisão (art. 53, § 2.º). Perspectivas em razão do julgamento da AP 470 — "mensalão"*

Os parlamentares passam a ter imunidade formal para a prisão a partir do momento que são **diplomados** pela Justiça Eleitoral, portanto, antes de tomarem **posse** (que seria o ato público e oficial mediante o qual o Senador ou Deputado se investiria no mandato parlamentar). A **diplomação** nada mais é que um atestado garantindo a regular eleição do candidato. Ocorre antes da posse, configurando o **termo inicial** para a atribuição da **imunidade formal para a prisão.**[30]

Nesse sentido, expresso é o art. 53, § 2.º, da CF/88, na redação determinada pela **EC n. 35/2001**: "desde a **expedição do diploma**, os membros do Congresso Nacional não poderão ser **presos**, salvo em **flagrante de crime inafiançável**. Nesse caso,

---

[30] Nesses termos, para ilustrar, lembramos o art. 4.º do Regimento Interno do Senado Federal, que estabelece: "A **posse, ato público através do qual o Senador se investe no mandato**, realizar-se-á perante o Senado, durante reunião preparatória, sessão ordinária ou extraordinária, **precedida da apresentação à Mesa do diploma expedido pela Justiça Eleitoral**, o qual será publicado no *Diário do Congresso Nacional*" (destacamos).

os autos serão remetidos dentro de vinte e quatro horas à Casa respectiva, para que, pelo voto da maioria de seus membros, resolva sobre a prisão".

Isso posto, passamos a esquematizar melhor as regras sobre a **prisão** dos **parlamentares federais**, que poderá ser **processual** (art. 53, § 2.º), também chamada de **cautelar**, ou somente em razão de **sentença judicial definitiva transitada em julgado**.

Deixando claro, não se caracterizando a hipótese de prisão processual ou cautelar, a **única** forma de prisão do parlamentar será em razão de **sentença penal transitada em julgado e contra a qual não caibam mais recursos**; nesse caso, sob pena de se violar o **princípio da presunção de inocência** (art. 5.º, LVII, da CF/88), segundo o qual "ninguém será considerado culpado até o **trânsito em julgado** de **sentença penal condenatória**".

Em relação à necessidade do trânsito em julgado, destacamos a ampla discussão do tema pela Corte e, depois de idas e vindas, em votação novamente apertada, a expressa declaração de **constitucionalidade** do **art. 283, do CPP**, à luz do **art. 5.º, LVII, da CF/88**, no sentido de não se admitir a execução provisória de acórdão penal condenatório proferido em grau recursal, ainda que sujeito a recurso especial ou extraordinário (**ADCs 43, 44 e 54**, Pleno, 6 x 5, j. 07.11.2019 — pendente a publicação do acórdão — cf. *item 14.10.28.6* deste nosso estudo).

Na linha da **tese vencedora**, o Min. Celso de Mello julgou procedentes os pedidos deduzidos nas referidas ações declaratórias de constitucionalidade, "reafirmando, assim, no que concerne à interpretação do art. 283 do CPP, na redação dada pela Lei n. 12.403/2011, a tese segundo a qual a execução provisória (ou prematura) da sentença penal condenatória (...) revela-se frontalmente incompatível com o direito fundamental do réu de ser presumido inocente até que sobrevenha o **trânsito em julgado de sua condenação criminal**, tal como expressamente assegurado pela própria Constituição da República (CF, art. 5.º, LVII)".

O **Pacote Anticrime** (Lei n. 13.964/2019), em sua versão final, ratifica e reforça a necessidade do trânsito em julgado ao alterar a redação do art. 283 do CPP.

Retomando a análise dos parlamentares federais, conforme vimos, a Constituição admite tanto a prisão cautelar como a em razão do trânsito em julgado. No tocante à primeira, qual seja, a **prisão processual**, haveria violação ao **princípio da presunção de inocência**?

Não. Muito embora se reconheça o caráter excepcional da prisão processual, a Constituição, em seu art. 5.º, LXI, expressamente a admite, ao estabelecer que "ninguém será preso senão em **flagrante delito** ou por **ordem escrita e fundamentada de autoridade judiciária** competente, salvo nos casos de *transgressão militar* ou *crime propriamente militar*, definidos em lei", bem como, ao prescrever, na *vigência do estado de defesa*, a possibilidade de decretação da prisão por crime contra o Estado pelo *executor da medida*, que deverá comunicá-la imediatamente ao juiz competente, que a relaxará, se não for legal, facultado ao preso requerer exame de corpo de delito à autoridade policial (art. 136, § 3.º, I).

A) PRISÃO PROCESSUAL DOS PARLAMENTARES FEDERAIS

De acordo com a doutrina, a **prisão processual** divide-se em três: a) prisão em flagrante; b) prisão preventiva; c) prisão temporária.

Os parlamentares federais só poderão ser **cautelarmente** presos e colocados no cárcere na hipótese de **flagrante de crime inafiançável**.

Estamos diante daquilo que o Min. Celso de Mello denominou "estado de relativa incoercibilidade pessoal dos congressistas (*freedom from arrest*), que só poderão sofrer prisão provisória ou cautelar numa **única e singular hipótese**: situação de flagrância em crime inafiançável" (Inq. 510/DF, Rel. Min. Celso de Mello, j. 1.º.02.1991, Plenário).

Nessa hipótese, de acordo com o art. 53, § 2.º, os autos deverão ser remetidos à Casa Parlamentar respectiva no prazo de **24 horas**, para que, pelo voto da **maioria absoluta** de seus membros (*quorum* qualificado, cf. *Inf. STF 28/96*), **resolva sobre a prisão**.

Convém destacar que a votação dos congressistas não mais será secreta, conforme regra anterior à EC n. 35/2001, e sim pelo **voto aberto**, implementando-se, por meio dessa nova sistemática, a transparência que deve sempre imperar nesse tipo de deliberação.

A aprovação pela Casa, dessa forma, é **condição necessária** para a manutenção da prisão em flagrante delito de crime inafiançável (prisão processual ou cautelar) já realizada.

Portanto, se a Casa parlamentar decidir pela não manutenção do cárcere, a prisão deverá ser imediatamente "relaxada" (trata-se de decisão política e discricionária do Parlamento, que poderá assim resolver mesmo na hipótese de não se verificar qualquer ilegalidade, o que nos permite afirmar que a regra do art. 53, § 2.º, deve ser tida como especial em relação à regra geral do art. 5.º, LXV, da CF/88, que exige o requisito da ilegalidade para o relaxamento da prisão).[31]

Por outro lado, se a Casa mantiver a prisão em flagrante, conforme estabelece o art. 306, § 1.º, do CPP, em até 24 horas, os autos deverão ser encaminhados ao **STF** (no caso de parlamentares federais — art. 53, § 1.º, c/c o art. 102, I, "b", da CF/88), para que, então, sejam cumpridas as regras do **art. 310 do CPP**, com a importante novidade trazida pelo **Pacote Anticrime** (Lei n. 13.964/2019), que estabeleceu a garantia da **audiência de custódia**. Vejamos: "após receber o auto de prisão em flagrante, no prazo máximo de até 24 horas após a realização da prisão, o juiz deverá promover **audiência de custódia** com a presença do acusado, seu advogado constituído ou membro da Defensoria Pública e o membro do Ministério Público, e, nessa audiência, o juiz deverá, fundamentadamente:

- relaxar a prisão ilegal; ou
- converter a prisão em flagrante em preventiva, quando presentes os requisitos constantes do art. 312 deste Código, e se revelarem inadequadas ou insufi-

---

31 **Art. 5.º, LXV, da CF/88:** "a prisão **ilegal** será imediatamente **relaxada** pela autoridade judiciária".

cientes as medidas cautelares diversas da prisão (**ADI 5.526**, cf. *itens 9.9.2.2.3* e *9.11.7*); ou

- conceder liberdade provisória, com ou sem fiança".

B) PRISÃO DE PARLAMENTAR EM RAZÃO DE SENTENÇA JUDICIAL TRANSITADA EM JULGADO

Finalmente, temos de tratar da prisão em caso de **sentença judicial transitada em julgado**, tema que ganhou repercussão com o julgamento do "mensalão" **(AP 470)** e que deve ser analisado juntamente com a regra contida no **art. 55, § 2.º**, da CF/88, que cuida da perda do mandato.

Em um primeiro momento, em relação à **perda do mandato**,[32] por 5 x 4, no julgamento da **AP 470** (mensalão), em **17.12.2012**, o STF entendeu ser **automática** em razão da condenação criminal transitada em julgado ("... todos os condenados por **mais de 4 anos de reclusão** ou cuja condenação diga respeito a **ato de improbidade administrativa** — o que ocorre nos **crimes contra a administração pública**, tais como **peculato** e **corrupção passiva**, deve implicar **automaticamente a perda dos mandatos eletivos**" — *Notícias STF*, 17.12.2012), aplicando-se a regra do art. 15, III, e afastando-se a incidência do art. 55, § 2.º.[33]

CUIDADO: em **08.08.2013**, mudando esse entendimento, agora por **6 x 4**, no julgamento da **AP 565** (não votou o Min. Fux, impedido, em razão de ter apreciado o caso concreto quando era Min. do STJ), com a participação no julgamento de 2 novos Ministros que não haviam votado no caso do "mensalão" (Min. Barroso e Min. Teori Zavascki), o STF passou a estabelecer que a **perda do mandato de parlamentar condenado não é automática**, devendo ser observada a regra do **art. 55, § 2.º**, CF/88 (cf. *item 9.11.4*).

Por sua vez, no tocante à **prisão em razão da sentença judicial transitada em julgado** (ou seja, quando não mais couberem recursos), o Tribunal entendeu que as penas impostas poderão ser executadas imediatamente.

Em **13.11.2013**, também analisando a AP 470, o STF admitiu a **decretação parcial de trânsito em julgado**, nas partes do acórdão que não mais admitissem recurso, considerando os seus capítulos autonomamente. Dessa forma, resolvendo questão de ordem, a Corte:

- **decretou**, por unanimidade, "**o trânsito em julgado e determinar a executoriedade imediata dos capítulos autônomos do acórdão condenatório**, não impugnados por embargos infringentes, considerados os estritos limites do recurso";
- por maioria, **excluiu** "da execução imediata do acórdão as condenações já impugnadas por meio de embargos infringentes, considerados os estritos limites de cada recurso, por ainda pender o respectivo exame de admissibilidade";

---

32 Para aprofundamento, remetemos o nosso querido leitor para o *item 9.11.4*.

33 **AP 470**, Rel. Min. Joaquim Barbosa, j. 17.12.2012, Plenário, *DJE* de 22.04.2013.

- por maioria, **admitiu** "o trânsito em julgado e a execução imediata da pena em relação aos réus cujos segundos embargos declaratórios já teriam sido julgados nesta sessão. No tocante ao trânsito em julgado parcial do acórdão, à luz dos capítulos autônomos nele existentes, prevaleceu o voto do Ministro Joaquim Barbosa";
- por consequência, **certificou** o trânsito em julgado, conforme o caso, independentemente de publicação do acórdão;
- **determinou** fossem lançados os nomes dos réus no rol dos culpados, bem como "expedidos mandados de prisão, para fins de cumprimento da pena privativa de liberdade, no regime inicial legalmente correspondente ao *quantum* da pena transitada em julgado, nos termos do art. 33, § 2.º, do CP" (*Inf. n. 728/STF*).

Por todo o exposto, as regras sobre a prisão dos parlamentares federais podem ser assim resumidas:

- **regra geral antes do trânsito em julgado da sentença penal condenatória:** os parlamentares federais **não** poderão ser presos, seja a **prisão penal processual** (também denominada prisão **provisória** ou **cautelar**, englobando aí a prisão temporária, em flagrante delito de crime **afiançável** e a preventiva),[34] seja a **prisão civil** (art. 5.º, LXVII);[35]
- **única exceção à regra geral:** a única hipótese em que será permitida a prisão do parlamentar federal, antes do trânsito em julgado da sentença penal condenatória e desde a expedição do diploma, será em caso de **flagrante de crime inafiançável**;[36]
- **flagrante de crime inafiançável:** mesmo nessa hipótese, de acordo com o art. 53, § 2.º, os autos deverão ser remetidos à Casa Parlamentar respectiva (por

---

[34] Cabe alertar que, a partir do advento das **Leis ns. 11.689/2008** e **11.719/2008**, as outras duas modalidades de *prisão cautelar* previstas na redação original do Código de Processo Penal, quais sejam, a *prisão por sentença condenatória recorrível* (art. 393, I, do CPP, revogado) e a *prisão por pronúncia* (art. 585 do CPP, revogado), **deixaram de existir**. Nesse sentido, reforça o **art. 283 do CPP**, na redação dada pela **Lei n. 12.403/2011** e mais ainda na redação trazida pela **Lei n. 13.964/2019**: "Ninguém poderá ser preso senão em flagrante delito ou por ordem escrita e fundamentada da autoridade judiciária competente, em decorrência de prisão cautelar ou em virtude de condenação criminal transitada em julgado".

[35] Art. 5.º, LXVII — "não haverá prisão civil por dívida, salvo a do responsável pelo inadimplemento voluntário e inescusável de **obrigação alimentícia** e a do **depositário infiel**". Cabe alertar que o STF entende não mais cabível a prisão civil do depositário infiel (Pacto de São José da Costa Rica — tese da **supralegalidade** — cf. discussão no *item 9.14.5.2.3* e **SV 25/2009-STF:** "É ilícita a prisão civil de depositário infiel, qualquer que seja a modalidade do depósito").

[36] Confiram-se os incisos XLII, XLIII e XLIV do art. 5.º da CF/88: "XLII — a prática do **racismo** constitui **crime inafiançável** e imprescritível, sujeito à pena de reclusão, nos termos da lei; XLIII — a **lei** considerará **crimes inafiançáveis** e insuscetíveis de graça ou anistia a prática da **tortura**, o **tráfico ilícito de entorpecentes e drogas afins**, o **terrorismo** e os **definidos como crimes hediondos**, por eles respondendo os mandantes, os executores e os que, podendo evitá-los, se omitirem; XLIV — constitui crime **inafiançável** e imprescritível a **ação de grupos armados, civis ou militares, contra a ordem constitucional e o Estado Democrático**" (destacamos).

exemplo, sendo Deputado Federal, para a Câmara dos Deputados), no **prazo de 24 horas**, para que, pela **maioria absoluta de seus membros** (*quorum* qualificado, cf. *Inf. STF 28/96*) e pelo **voto aberto, decida sobre a prisão**;

- **prisão em caso de sentença judicial transitada em julgado (STF):** evoluindo a decisão proferida no julgamento do "mensalão", **AP 470** (decisões em 17 e 21.12.2012), pela qual se reconhecia a perda automática do mandato (art. 15, III), o STF, em momento seguinte **(08.08.2013)**, no julgamento da **AP 565**, passou a estabelecer que a **perda do mandato de parlamentar condenado não é automática**, devendo ser observada a regra do **art. 55, § 2.º**, CF/88 (cf. *item 9.11.4*).

■ 9.9.2.2.2. *Prisão preventiva de parlamentar? Precedente da 2.ª Turma do STF. Dúvida manifestada pela 1.ª Turma do STF. Inexistência de apreciação do Pleno. Inafiançabilidade legal em razão de excepcionalidade de caso concreto decorrente de "absoluta anomalia institucional, jurídica e ética". "Derrotabilidade da regra" contida no art. 53, § 2.º, CF/88. Perspectivas para o julgamento da Pet 9.218 (pendente)*

A 2.ª Turma do STF, ao referendar decisão proferida pelo Min. Teori Zavascki na **AC 4.039**, admitiu a **prisão cautelar** do Senador da República D. do A. G.,[37] tendo em vista a presença dos **requisitos de prisão preventiva** (j. 25.11.2015, *DJE* de 13.05.2016. Essa interessante decisão de 39 laudas pode ser encontrada em *Notícias STF*, 25.11.2015. O acórdão, já publicado, não estava disponível porque a ação corre em segredo de justiça — acesso em 16.07.2016).

Conforme noticiado, os autos relatam esquema que supostamente envolveria um Senador da República, o seu assessor parlamentar, um advogado e um banqueiro, "com o objetivo de tentar dissuadir o ex-diretor Internacional da Petrobras N. C. de firmar acordo de colaboração premiada junto ao Ministério Público Federal nas investigações decorrentes da operação **Lava-Jato**. Tal esquema, segundo relata o MPF, envolveria desde o pagamento de ajuda financeira no valor de R$ 50 mil mensais à família de N. C. e o pagamento de R$ 4 milhões em honorários ao advogado (...) por parte do banqueiro (...), até a promessa de suposta influência junto ao Poder Judiciário para a concessão de liberdade a N. C., de forma a facilitar eventual fuga do ex-diretor da Petrobras para a Espanha, país do qual também tem cidadania. Ainda segundo os autos, as reuniões dos investigados para tratar da questão da colaboração premiada de N. C. foram gravadas pelo filho do ex-diretor da Petrobras, e os vídeos, bem como conversas trocadas por *e-mail* e por aplicativo de celular, foram encaminhados ao MPF" (*Notícias STF*, 25.11.2015).

---

[37] No dia de sua prisão cautelar, em 25.11.2015, o Senador da República era líder do governo. Em 19.02.2016, em razão de conversão da prisão preventiva em medidas cautelares alternativas, veio a ser solto. Em 10.05.2016, perdeu o mandato por **quebra de decoro parlamentar**, por tentar obstruir os trabalhos da Operação Lava-Jato, conforme condenação do Senado Federal imposta nos termos da **Res. n. 21/2016**. Esse foi o 3.º Senador cassado durante a vigência da CF/88.

A situação concreta não se enquadra nas hipóteses de crime definido pela Constituição como inafiançável, mas em **situação de inafiançabilidade decorrente de previsão legal**.

A regra já vista está no art. 53, § 2.º, da CF/88, que admite a prisão de parlamentar federal na hipótese de flagrante de crime inafiançável. Ou seja, não é qualquer tipo de prisão, mas apenas a prisão em **flagrante**. E não é qualquer crime, mas apenas os crimes **inafiançáveis**.

A situação concreta não envolvia crime inafiançável, já que a imputação era relacionada a organização criminosa, que, todos sabem, à época dos fatos, não era enquadrada pela Constituição ou pela lei como inafiançável.

Devemos lembrar, a título de atualização, que o **Pacote Anticrime** (Lei n. 13.964/2019) enquadrou o crime de organização criminosa como hediondo, **quando direcionado à prática de crime hediondo ou equiparado** (art. 1.º, parágrafo único, V, da Lei n. 8.072/90).

No caso em exame, não se tratava de crime hediondo. Na prática, contudo, o STF entendeu que a inafiançabilidade decorreria da situação concreta e nos termos da lei. Vejamos.

De acordo com o **art. 324, IV, do CPP**, **não será**, igualmente, **concedida fiança** quando presentes os motivos que autorizam a decretação da **prisão preventiva** (art. 312, CPP[38]), no caso concreto, a sua decretação como garantia da instrução criminal e das investigações.

Assim, se "não será concedida a fiança", entendeu o STF, estaria configurada a situação de inafiançabilidade (lembrando que o art. 53, § 2.º, da CF/88 fala em flagrante de crime inafiançável). Não se trata, na hipótese, de crime inafiançável, mas de situação de inafiançabilidade decorrente da lei.

---

[38] Devemos alertar que o Pacote Anticrime (Lei n. 13.964/2019) trouxe importantes formalidades em relação à prisão preventiva, que **não pode mais ser decretada de ofício pelo juiz**, devendo haver requerimento do Ministério Público, do querelante ou do assistente, ou por representação da autoridade policial (art. 311, CPP), salvo a exceção trazida no art. 316 do CPP. Além disso, o art. 312 do CPP, na nova redação, estabelece que a **prisão preventiva** poderá ser decretada como garantia da ordem pública, da ordem econômica, por conveniência da instrução criminal ou para assegurar a aplicação da lei penal, quando houver prova da existência do crime e indício suficiente de autoria **e de perigo gerado pelo estado de liberdade do imputado**. Nesse sentido, o art. 312, § 2.º, do CPP exige a **motivação** e **demonstração dos requisitos** (fundamentação), além da existência concreta de fatos **novos** ou **contemporâneos** que justifiquem a aplicação da medida adotada. Seguindo a lógica introduzida pelo **art. 489, § 1.º, do CPC/2015**, o legislador do Pacote Anticrime explicita a necessidade de **fundamentação** de toda e qualquer decisão judicial, seja ela interlocutória, sentença ou acórdão (**cf. art. 315, § 2.º, CPP**), além da necessidade de revisão periódica, a cada **90 dias**, da manutenção da prisão preventiva, sempre mediante **decisão fundamentada**, sob pena de tornar a prisão ilegal e, então, abrir a possibilidade para a concessão de ordem em *habeas corpus* (art. 316, parágrafo único, CPP). Neste particular, o STF estabeleceu que "a inobservância do prazo nonagesimal do art. 316 do CPP **não implica automática revogação da prisão preventiva**, devendo o juízo competente ser instado a reavaliar a legalidade e a atualidade de seus fundamentos" (**SL 1.395 MC Ref**, Rel. Min. Luiz Fux, j. em 14 e 15.10.2020).

Acesse também a videoaula pelo link: somos.in/DCE25098

Dessa forma, tendo a Turma identificado o **estado de flagrância** na prática do crime de organização criminosa, por se tratar de **crime permanente** (art. 2.º, *caput* e § 1.º, da Lei n. 12.850/2013), e a situação de **inafiançabilidade** decorrente de hipóteses de decretação da **prisão preventiva** (art. 324, IV, c/c o art. 312 do CPP), a Corte entendeu como configurada a situação de "flagrante de crime inafiançável" (art. 53, § 2.º, da CF/88).

Seja por essa perspectiva, seja por uma outra no sentido de se sustentar a "derrotabilidade da regra" contida no art. 53, § 2.º, da CF/88, diante da situação de excepcionalidade e anormalidade, bem como de outros princípios constitucionais, autorizada estaria a prisão preventiva do parlamentar (art. 312 do CPP).

Em seu voto, o Min. Zavascki cita o precedente firmado no **HC 89.417** (j. 22.08.2006), impetrado em razão da denominada *Operação Dominó* e tendo em vista a prisão preventiva do então Presidente da Assembleia Legislativa de Rondônia (deputado estadual que goza das mesmas prerrogativas de imunidade dos parlamentares federais — art. 27, § 1.º, da CF/88), em face de reconhecido "estado de flagrância" e "inafiançabilidade" decorrente da excepcionalidade do caso concreto que investigava esquema envolvendo 23 dos 24 parlamentares estaduais da Assembleia Legislativa do Estado.

Diante dessa situação excepcionalíssima e pouco comum, indagou a Min. Cármen Lúcia: "como se cogitar, então, numa situação de **absoluta anomalia institucional**, **jurídica** e **ética** que os membros daquela Casa poderiam decidir livremente sobre a prisão de um de seus membros, aplicando a norma constitucional, máximo quando ele é tido como 'o chefe indiscutível da organização criminosa que coordena as ações do grupo e cobra dos demais integrantes o cumprimento das tarefas que lhes são repassadas?'".

Na ementa desse precedente, certamente paradigma para decisão proferida no caso específico da AC 4.039, estabelece-se: "os elementos contidos nos autos impõem interpretação que considere mais que a regra proibitiva da prisão de parlamentar, isoladamente, como previsto no art. 53, § 2.º, da Constituição da República. Há de se buscar interpretação que conduza à aplicação efetiva e eficaz do sistema constitucional como um todo. **A norma constitucional que cuida da imunidade parlamentar e da proibição de prisão do membro de órgão legislativo não pode ser tomada em sua literalidade, menos ainda como regra isolada do sistema constitucional.** Os princípios determinam a interpretação e aplicação corretas da norma, sempre se considerando os fins a que ela se destina. A Assembleia Legislativa do Estado de Rondônia, composta de 24 deputados, dos quais, 23 estão indiciados em diversos inquéritos, afirma **situação excepcional** e, por isso, **não se há de aplicar a regra constitucional do art. 53, § 2.º, da Constituição da República, de forma isolada e insujeita aos princípios fundamentais do sistema jurídico vigente**" (HC 89.417).

A Min. Cármen Lúcia, agora nesse outro caso, afirmando que a necessidade de prisão se imporia para resguardar o estado de direito, alertou: o "crime não vencerá a Justiça". "Um aviso aos navegantes dessas águas turvas de corrupção e iniquidades:

criminosos não passarão a navalha da desfaçatez e da confusão entre imunidade e impunidade e corrupção. Em nenhuma passagem, a Constituição Federal permite a impunidade de quem quer que seja", apontou (*Notícias STF*, de 25.11.2015).

CUIDADO: devemos deixar anotado que, em momento seguinte, a **1.ª Turma** do STF apreciou novo pedido de **prisão preventiva** de parlamentar federal por situações gravíssimas descritas nos autos. Contudo, naquele momento, sinalizou "dúvida razoável, na hipótese, acerca da presença dos requisitos do art. 53, § 2.º da Constituição, para fins de decretação da prisão preventiva" (**Ag. Reg. no 3.º Ag. Reg. na AC 4.327**, j. 26.09.2017).

Apesar de ainda não haver manifestação específica da matéria pelo **Pleno** do STF (pendente – *vide* discussão abaixo na **Pet 9.218**), entendemos possível a leitura do art. 53, § 2.º, à luz de outros preceitos constitucionais e, assim, diante de situações muito específicas, de **"superlativa excepcionalidade"**, admitir, no extremo, a prisão preventiva de parlamentar, afastando-se, assim, a literalidade do dispositivo em análise, que estabelece apenas a possibilidade de **prisão cautelar em razão de flagrante delito de crime inafiançável**.

Conforme anotou o Min. Teori Zavascki em outro contexto, essa "excepcionalidade da regra geral da custódia cautelar em detrimento de parlamentar já foi objeto de interpretação no STF (HC 89.417), não em função de sua literalidade ou como regra isolada no sistema constitucional, mas **de acordo com os fins a que ela se destina**, em conformidade com a **aplicação efetiva e eficaz do sistema constitucional como um todo**" (**HC 138.316**, j. 04.11.2016, fls. 4 da decisão monocrática).

Não é possível que a imunidade parlamentar sirva para acobertar a prática de crimes em total desvirtuamento do mandato, conforme se observou nas circunstâncias dos precedentes indicados, tanto do HC 89.417 (1.ª T. — composição diversa da atual —, j. 22.08.2006, 3 x 2) como da AC 4.039 (1.ª T., j. 25.11.2015, 3 x 2).

Devemos destacar a decisão proferida pelo Min. Barroso na **Pet 9.218**, em situação envolvendo parlamentar que **"escondeu maços de dinheiro em suas vestes íntimas"** durante a realização de busca e apreensão, havendo "indícios de participação do Senador, integrante da comissão parlamentar responsável pela execução orçamentária e financeira das medidas relacionadas à Covid-19, em organização criminosa voltada ao desvio de valores destinados à saúde do Estado de Roraima".

Não se estava diante de hipótese de prisão em flagrante delito de crime inafiançável, apesar de presentes os requisitos da preventiva.

Contudo, conforme observou Barroso, "persiste fundada dúvida sobre a legitimidade de decretação de **prisão preventiva de parlamentar federal**, já que, no julgamento da ADI 5.526 (Red. p/ acórdão Min. Alexandre de Moraes, j. 11.10.2017), 5 Ministros manifestaram-se de modo expressamente desfavorável a essa possibilidade.[39] Diante da não configuração de situação de flagrância e da fundada dúvida

[39] Conforme observou Barroso, "especialmente com a aposentadoria do Ministro Celso de Mello, tem-se que somente quatro Ministros atualmente na Corte, entre os quais me incluo, manifestaram-

sobre a possibilidade de decretação de prisão preventiva, impõe-se o **afastamento do Senador da função parlamentar**, de modo a impedir que se utilize de seu cargo para dificultar as investigações ou para, ainda mais grave, persistir no cometimento de delitos", devendo haver controle político dessa decisão pelo voto da maioria absoluta do Senado Federal (aplicação analógica do art. 53, § 2.º) (**j. 15.10.2020** — pendente). Conforme se observa em nota e no vídeo na plataforma, infelizmente não tivemos a apreciação do Pleno sobre a possibilidade de decretação de prisão preventiva de Parlamentar federal.[40]

Um ponto, contudo, parece certo: conforme se observa no item seguinte, o STF, no julgamento da **ADI 5.526**, estabeleceu a necessidade de se encaminhar à Casa Legislativa a que pertencer o parlamentar a decisão pela qual se aplique **medida cautelar diversa da prisão** do art. 319 do CPP, sempre que a execução desta impossibilitar, direta ou indiretamente, o exercício regular de mandato parlamentar, prescrevendo, então, a **aplicação analógica do art. 53, § 2.º, CF**.

Dessa forma, se o STF entendeu a necessidade de controle político posterior para as hipóteses de imposição de medidas cautelares diversas da prisão, no caso de decretação de **prisão preventiva**, que seria mais grave (no caso da construção feita pela 2.ª T. do STF, lembrando não haver ainda posição do Plenário sobre essa possibilidade), a lógica deveria ser, também, a apreciação pela Casa Legislativa no prazo de 24 horas, por voto aberto e maioria absoluta (apesar de não concordarmos com esse entendimento firmado no referido julgamento).

Esse tema foi judicializado na **ADPF 497** envolvendo parlamentares estaduais, e referida ação foi indeferida liminarmente por não preencher o requisito da subsidiariedade, já que a matéria era discutida em ADIs com medidas cautelares já decididas e negadas (j. 20.09.2019).

Em referidas ações, o STF, por **6 x 5**, negou medidas cautelares nas **ADIs 5.823, 5.824 e 5.825**, prevalecendo o entendimento de que as regras da Constituição Federal relativas à imunidade dos deputados federais são **aplicáveis aos deputados estaduais**, e, portanto, poderia o Parlamento estadual sustar decisões judiciais de natureza criminal, precárias e efêmeras, cujo teor resulte em afastamento ou limitação da função parlamentar, aplicando-se o art. 53, § 2.º, CF/88,

---

-se claramente pela possibilidade de decretação da prisão preventiva. Desse modo, diante da **dúvida fundada** sobre a legitimidade da decretação da segregação provisória de parlamentares, **em respeito ao colegiado desta Corte, deixo de decretar a prisão preventiva e examino a necessidade de imposição de outras medidas cautelares**" (fls. 21, da decisão proferida em 15.10.2020).

[40] Na medida em que o investigado **requereu licença do cargo de Senador pelo prazo de 121 dias**, tendo sido deferido pelo Presidente da Casa, houve a **convocação do suplente**, não podendo haver desistência do pedido, na forma do art. 43, § 3.º c/c art. 45, *RISF*). Como o afastamento temporário cumpria os objetivos da medida imposta, o Min. Barroso suspendeu os efeitos de sua decisão, subsistindo a cautelar "no que diz respeito à proibição de contato — pessoal, telefônico, telemático ou de qualquer outra natureza — com os demais investigados e testemunhas no Inq. 4852". Assim, infelizmente, não tivemos uma apreciação do tema pelo Pleno, como era o esperado (decisão em 20.10.2020).

conforme decidiu o STF no caso dos parlamentares federais no julgamento da **ADI 5.526** (j. 08.05.2019, mérito pendente, assim como a publicação do acórdão no fechamento desta edição — cf. *Inf. 939/STF*).

■ *9.9.2.2.3. Outras medidas cautelares diversas da prisão (art. 319, CPP) e a necessidade de controle político (aplicação analógica do art. 53, § 2.º, CF/88) — ADI 5.526*

Conforme vimos, a regra geral do art. 53, § 2.º, tem sido analisada diante de ocorrências muito particulares e, de acordo com os precedentes citados no item anterior, encontramos situações de afastamento de sua literalidade para se admitir, em casos excepcionalíssimos, a prisão preventiva de parlamentar federal.

Agora, surge uma questão: seria possível, também, a aplicação de **outras medidas cautelares diversas da prisão**, descritas no art. 319 do CPP?

Conforme estudamos no *item 9.11.7*, em 05.05.2016, o **Pleno**, por unanimidade, referendou decisão do Min. Teori Zavascki que determinou a suspensão do então Presidente da Câmara dos Deputados, Eduardo Cunha, do exercício do mandato de deputado federal e, por consequência, da função de Presidente da Câmara dos Deputados. Neste caso, estamos diante de exemplo de provimento cautelar, diverso da prisão, determinando a suspensão do exercício do mandato, com o objetivo de garantir a aplicação da lei penal, a investigação ou a instrução criminal e evitar a prática de infrações penais (art. 282, c/c o art. 319, VI, do CPP).

Lembramos que referida decisão foi cumprida normalmente pela Câmara dos Deputados, não havendo nenhum questionamento pelos integrantes da Casa do povo (**AC 4.070 Ref**, Pleno, j. 05.05.2016, *DJE* de 21.10.2016).

Em julgamento seguinte, agora envolvendo Senador da República denunciado pela suposta prática de corrupção passiva e por tentativa de embaraçar investigação a envolver organização criminosa, por 3 x 2, a **1.ª T. do STF** restabeleceu as medidas cautelares diversas da prisão que em caso concreto haviam sido determinadas pelo relator originário, Min. Luiz Edson Fachin, e posteriormente revogadas pelo Min. Marco Aurélio, consistentes em: (i) suspensão do exercício das funções parlamentares ou de qualquer outra função pública; (ii) proibição de contatar qualquer outro investigado ou réu no conjunto dos feitos em tela; e (iii) proibição de se ausentar do País, devendo entregar seus passaportes. Além disso, também por maioria, a Turma acrescentou a medida cautelar diversa de prisão, prevista no art. 319, V, do Código de Processo Penal, de recolhimento domiciliar no período noturno (**Ag. Reg. no 3.º Ag. Reg. na AC 4.327**, j. 26.09.2017).

De modo inusitado e totalmente criticável, porém, muito embora se tratasse de decisão judicial explícita, o Senado Federal decidiu descumprir referida medida, sustentando que o acatamento da imposição de medida cautelar diversa da prisão dependeria de deliberação da Casa, tendo em vista a aplicação analógica do art. 53, § 2.º, CF/88.

Assim, instaurou formalmente o procedimento de análise da decisão judicial da 1.ª T. do STF (**Ofício n. 70/2017-SF**). Depois de muito debate entre os parlamentares, inclusive com argumentos no sentido de não se poder descumprir a decisão judicial, os Senadores da República, apoiados no *Parecer n. 577/2017*, da Advocacia do Senado Federal, entenderam pela aplicação analógica do art. 53, § 2.º, CF/88, e, então, depois de adiamento, marcaram para o dia 17.10.2017 a apreciação da decisão da 1.ª T. do STF, que aplicou as medidas cautelares diversas da prisão ao Senador A. N.

Diante dessa lamentável decisão do Senado — e dizemos lamentável pois a maneira de se atacar a decisão judicial imposta pela 1.ª T. do STF seria mediante a interposição de recurso no próprio STF e não o simples e irresponsável descumprimento da decisão, a Min. Presidente do STF, com urgência, diante da crise institucional que se instalava, pautou o julgamento da **ADI 5.526**, que tramitava no STF desde 16.05.2016 e que tinha por objeto justamente essa questão envolvendo a possibilidade ou não de aplicação de medida cautelar diversa da prisão e a necessidade ou não de controle político posterior.

O STF, então, no dia 11.10.2017, portanto, uma semana antes da data que havia sido fixada para a análise pelo Senado Federal da medida tomada pela 1.ª Turma nos autos da AC 4.327, estabeleceu duas importantes teses:

- **medidas cautelares diversas da prisão (10 x 1):** "o Poder Judiciário dispõe de competência para impor, por autoridade própria, as medidas cautelares a que se refere o art. 319 do Código de Processo Penal";
- **necessidade de controle político (aplicação analógica do art. 53, § 2.º — 6 x 5):** "o Tribunal, também por votação majoritária, deliberou que se encaminhará à Casa Legislativa a que pertencer o parlamentar, para os fins a que se refere o art. 53, § 2.º, da Constituição, a decisão pela qual se aplique medida cautelar, **sempre que a execução desta impossibilitar, direta ou indiretamente, o exercício regular de mandato parlamentar**" (**ADI 5.526**, Pleno, STF, j. 11.10.2017, *DJE* de 07.08.2018, pendente o julgamento dos embargos de declaração).

Decidida a questão pelo Pleno do STF — agora no sentido de necessidade de apreciação pela Casa Legislativa federal, mantida a sessão para apreciação do afastamento do Senador da República para o dia 17.10.2017, duas importantes decisões judiciais foram proferidas para definir que a **votação pelo Senado Federal** deveria ser **aberta**, **ostensiva** e **nominal**.[41]

O Senado Federal, por 44 x 26 (lembrando a necessidade de no mínimo 41 votos, qual seja, a maioria absoluta), rejeitou a decisão da 1.ª T. do STF, permitindo, então, o imediato retorno do Senador para o exercício de suas funções.

[41] No dia 13.10.2017, o juiz federal do DF Márcio L. C. Freitas, no julgamento da Ação Popular n. 42371-03.2017.4.01.3400, deferiu liminar estabelecendo que a votação pelo Senado Federal deveria ser **aberta**. Em igual sentido, no mesmo dia em que a votação aconteceria, qual seja, em 17.10.2017, o Min. Alexandre de Moraes decretou (a partir da redação dada pela EC n. 35/2001) a não recepção do art. 291, I, "c", da Resolução do Senado Federal 93, de 1970 (Regimento Interno), e, liminarmente, determinou ao Presidente do Senado Federal a integral aplicação do § 2.º do art. 53 da Constituição da República Federativa do Brasil, com a realização de **votação aberta, ostensiva e nominal** em relação às medidas cautelares aplicadas pela 1.ª Turma do Supremo Tribunal Federal ao Senador da República Aécio Neves.

A partir do entendimento firmado no julgamento da ADI 5.526, no sentido de que a decisão judicial depende de apreciação pela Casa Legislativa no prazo de 24 horas, por voto aberto e por maioria absoluta, naturalmente, a decisão do Senado Federal no caso em análise deverá ser acatada sem qualquer questionamento jurídico, diferentemente das críticas que lançamos anteriormente no sentido do descumprimento da decisão da 1.ª Turma do STF.

Apesar dessa posição adotada pela maioria do STF, por um placar extremamente apertado, 6 x 5, deixamos o nosso entendimento no sentido de que não nos parece adequada a interpretação dada pela Corte de se aplicar o art. 53, § 2.º, que, conforme vimos, exige o controle político **apenas no caso de prisão em flagrante de crime inafiançável**.

Esse tema ainda poderá ser rediscutido em relação ao art. 27, § 1.º, da CF/88, no sentido de saber se a necessidade de controle político para assegurar a aplicação de medidas cautelares diversas da prisão deve ou não ser estendida aos parlamentares estaduais e do DF e, assim, no fundo, deliberar a Corte sobre a amplitude do referido art. 27, § 1.º.

Conforme já destacamos, o STF, em 08.05.2019, em votação apertada, por **6 x 5**, negou medidas cautelares nas **ADIs 5.823, 5.824 e 5.825**, prevalecendo o entendimento de que as regras da Constituição Federal relativas à imunidade dos deputados federais são aplicáveis aos deputados estaduais, e, portanto, poderia o Parlamento estadual sustar decisões judiciais de natureza criminal, precárias e efêmeras, cujo teor resulte em afastamento ou limitação da função parlamentar, aplicando-se o art. 53, § 2.º, da CF/88, conforme decidiu o STF no caso dos parlamentares federais no julgamento da **ADI 5.526** (mérito pendente, assim como a publicação do acórdão no fechamento desta edição — cf. *Inf. 939/STF*).

9.9.2.2.4. *Imunidade formal ou processual para o processo (art. 53, §§ 3.º a 5.º)*

As regras sobre a **imunidade formal** para o **processo criminal** dos parlamentares sofreram profundas alterações pela **EC n. 35/2001**, mitigando a amplitude dessa "garantia".

Antes da aludida reforma, os parlamentares não podiam ser processados sem a prévia licença da Casa, que, em muitos casos, não era deferida, ocasionando situações de verdadeira **impunidade**.

Conforme ponderou o Senador José Fogaça, relator do *Parecer n. 1.461/2001*, da Comissão de Constituição, Justiça e Cidadania do SF, "a alteração do instituto da imunidade parlamentar é passo imprescindível para a recuperação do prestígio do Poder Legislativo" (*DSF* de 13.12.2001, p. 30789-30790).

De acordo com a nova regra, então, oferecida a denúncia, o Ministro do STF poderá recebê-la **sem a prévia licença da Casa Parlamentar**. Assim, como já era permitido, poderão ser instaurados inquéritos policiais e processos de natureza civil, disciplinar ou administrativa, além do oferecimento da denúncia criminal. A novidade, como visto, reside no fato de que, oferecida a denúncia, poderá ela ser recebida no STF **sem a prévia licença da Casa respectiva**.

Pois bem, após o recebimento da denúncia contra o Senador ou Deputado, **por crime ocorrido após a diplomação**, o STF dará ciência à Casa respectiva, que, por **iniciativa de partido político** nela representado e pelo voto da **maioria absoluta** (*quorum* qualificado) de seus membros, poderá, até a decisão final, **sustar o andamento da ação**.

O **pedido de sustação** será apreciado pela Casa respectiva no prazo improrrogável de 45 dias do seu recebimento pela Mesa Diretora, sendo que a sustação do processo **suspende a prescrição** enquanto durar o mandato (cf. art. 53, §§ 3.º e 5.º).

Afinal de contas, o pedido de sustação poderá implementar-se até a **decisão final da ação penal movida contra o parlamentar** (art. 53, § 3.º), ou **no prazo improrrogável de 45 dias contados do seu recebimento pela Mesa Diretora** (art. 53, § 4.º)? As duas disposições devem ser harmonizadas, ou seja, a Casa respectiva tem até o final da ação penal para decidir, pelo *quorum* da **maioria absoluta** de seus membros, se suspende ou não a aludida ação penal. O pedido de sustação, pelo partido político, na respectiva Casa representado, poderá implementar-se logo após a ciência dada pelo STF ou em período subsequente, não havendo prazo certo para tanto, já que, como visto, a **Casa** terá até o trânsito em julgado da sentença final proferida na ação penal para sustá-la. Apesar de não haver prazo certo, contudo, o período durante o qual a ação tramita (até o seu trânsito em julgado) deverá ser respeitado. O único prazo fixado é o de **45 dias** contado do recebimento, pela Mesa Diretora, do pedido de sustação efetuado pelo partido político. Esse prazo, sim, de 45 dias, é **improrrogável**.[42]

Assim, de acordo com a nova regra trazida pela **EC n. 35/2001**:

- **não há mais necessidade de prévio pedido de licença para se processar parlamentar federal no STF**, podendo, no máximo, a Casa legislativa, por iniciativa de partido político nela representado e pelo voto da maioria de seus membros, **sustar o andamento da ação penal de crime ocorrido após a diplomação**. Isso significa dizer que ainda há imunidade para o processo criminal contra o parlamentar, só que de maneira mitigada, já que, para o seu implemento, ela dependerá de ação da Casa, e não de sua inação, como se verificava antes. Conforme argumentou José Fogaça, "... não se elimina a possibilidade de o parlamento sustar um processo criminal contra um de seus membros quando verificar que esse está carregado de um viés exclusivamente político, mas não se permite a impunidade pelo simples fato de não haver decisão" (*DSF* de 13.12.2001, p. 30789-30790);
- **não há mais imunidade processual em relação a crimes praticados antes da diplomação.** Diferentemente das regras fixadas para crimes praticados após a diplomação, pela nova sistemática não haverá necessidade de o STF dar ciência à respectiva Casa de ação penal de crime praticado **antes da diplomação**. Nessas hipóteses, por conseguinte, **não poderá**, também, a respectiva Casa, por

[42] Nesse sentido, harmonizando as duas disposições, cf. José Afonso da Silva, *Curso de direito constitucional positivo*, 20. ed., p. 533.

iniciativa de partido político nela representado e pelo voto da maioria de seus membros, **sustar o andamento da aludida ação.**[43]

Essa última situação, que era uma realidade quando da promulgação da EC n. 35/2001, perde sentido com o novo entendimento estabelecido pelo STF em relação à prerrogativa de foro, já que o STF só julgará **crimes cometidos durante o exercício do cargo e relacionados às funções desempenhadas** (**AP 937 QO**, j. 03.05.2018 — cf. *item 9.9.2.3.5*).

Por fim, imagine-se a situação de ter havido sustação do processo em crime praticado **após a diplomação**, em concurso de agentes por parlamentar e outro indivíduo que não goze da referida imunidade. Nesses casos, o **STF**, por motivo de conveniência, decidiu pelo **desmembramento do processo** (art. 80 do CPP), em razão da diferença do regime de prescrição, visto estar suspenso somente o prazo prescricional em relação ao parlamentar (cf. STF, Inq. 1.107/MA, Rel. Min. Octavio Gallotti).

■ *9.9.2.3. Prerrogativa de foro ("foro privilegiado") (art. 53, § 1.º)*

■ *9.9.2.3.1. Cancelamento da S. 394/STF*

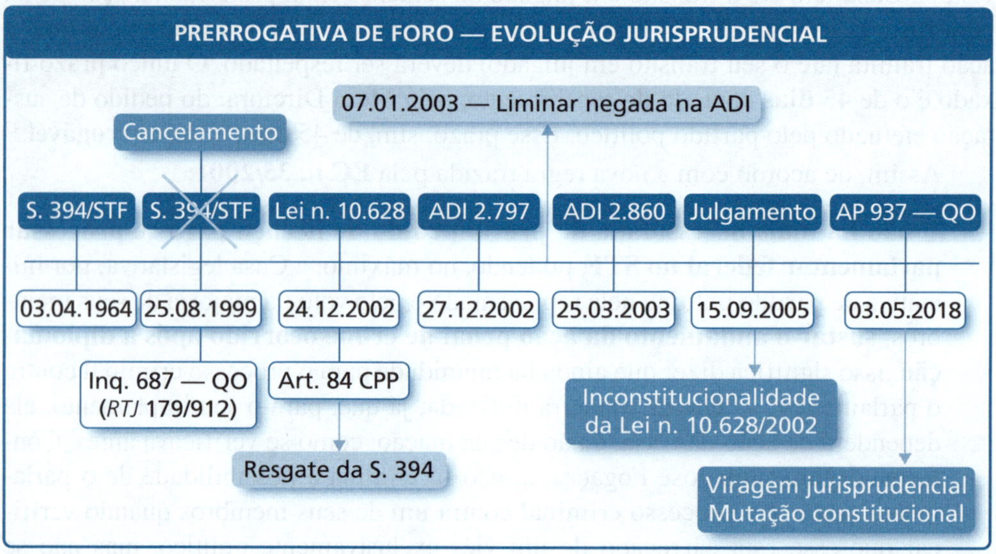

[43] Nesse sentido, o posicionamento do STF, interpretando as novas regras da EC n. 35/2001, de **aplicação imediata**, inclusive aos casos de licenças negadas na vigência do regime anterior: "Tendo em conta que com a superveniência da EC 35/2001 ficou eliminada a exigência de licença prévia da Casa respectiva para instauração de processos contra membros do Congresso Nacional por fatos **não cobertos pela imunidade material**, o Tribunal, resolvendo questão de ordem, e dando pela aplicabilidade imediata da referida norma aos casos pendentes, declarou prejudicado o pedido de licença prévia para o prosseguimento de ação penal proposta contra deputado federal e, em consequência, determinou o término da suspensão do curso da prescrição dos fatos a ele imputados, a partir da publicação da mencionada emenda. O Tribunal declarou, ainda, a validade do oferecimento da denúncia e da notificação para defesa prévia, praticados anteriormente à posse do indiciado no cargo de Deputado Federal pelo juízo então competente..." (**Inq. 1.566/AC**, Rel. Min. Sepúlveda Pertence, *Inf. 257/STF,* 18 a 22.02.2002). Nesse sentido, cf., ainda, ***Inf. 265 e 266/STF***.

Na vigência da Constituição de 1946, o STF editou a **S. 394**, com a seguinte redação: "cometido o crime durante o exercício funcional, prevalece a competência especial por prerrogativa de função, ainda que o inquérito ou a ação penal sejam iniciados após a cessação daquele exercício" (aprovada em 03.04.1964).

No julgamento da questão de ordem no Inq 687, contudo, o STF determinou o **cancelamento** da referida Súmula. Isso porque, conforme se sustentou, "a tese consubstanciada nessa Súmula não se refletiu na Constituição de 1988, ao menos às expressas, pois, no art. 102, I, 'b', estabeleceu competência originária do Supremo Tribunal Federal, para processar e julgar 'os membros do Congresso Nacional', nos crimes comuns", não contemplando, portanto, os "ex-membros do Congresso Nacional".

Ficou claro no julgamento que "a prerrogativa de foro visa a garantir o exercício do cargo ou do mandato, e não a proteger quem o exerce. Menos ainda quem deixa de exercê-lo. Aliás, a prerrogativa de foro perante a Corte Suprema, como expressa na Constituição brasileira, mesmo para os que se encontram no exercício do cargo ou mandato, não é encontradiça no Direito Constitucional Comparado. Menos, ainda, para ex-exercentes de cargos ou mandatos. Ademais, as prerrogativas de foro, pelo privilégio, que, de certa forma, conferem, não devem ser interpretadas ampliativamente, numa Constituição que pretende tratar igualmente os cidadãos comuns, como são, também, os ex-exercentes de tais cargos ou mandatos" (**Inq. 687 QO**, j. 25.08.1999).

Nesse sentido e pelas razões expostas, preferimos utilizar a expressão "prerrogativa de foro" à expressão "foro privilegiado", pois, no fundo, não se pode pensar o instituto como um privilégio de determinada pessoa, mas, de maneira precisa, como uma prerrogativa decorrente do (efetivo) exercício da função.

Toda definição de competência para o julgamento dos tribunais está na Constituição, podendo se reconhecer, então, um inegável **postulado de reserva constitucional de competência originária**. Assim, para se ter um exemplo, o STF julga tudo, mas somente aquilo que está expressamente previsto no art. 102 da CF/88. O STJ julga o que está no art. 105. A Justiça Federal, no art. 109. A Justiça do Trabalho, no art. 114 etc.

Dessa forma, a ampliação de competência originária dos tribunais não poderá ser implementada por lei, mas, no caso, por reforma constitucional ou eventual processo informal de mudança (mutação constitucional).

Para ilustrar esse entendimento, lembramos a aprovação da **Lei n. 10.628, de 24.12.2002**, que, introduzida no final do mandato de diversos Parlamentares, "ressuscitou" a já banida e execrada regra da *perpetuatio jurisdictionis* após o término do mandato das autoridades. Em nosso entender, a nova regra, retrógrada, ao manter o foro privilegiado para os crimes praticados durante o mandato, é flagrantemente inconstitucional, já que veiculada por lei ordinária e não por emenda constitucional, ferindo, desta feita, o princípio da separação de Poderes.

Acesse também a videoaula pelo link: somos.in/DCE25098

Tendo por objeto a referida lei, foram propostas a **ADI 2.797**, ajuizada em 27.12.2002 pela *Associação Nacional dos Membros do MP* (*CONAMP*), e que teve seu pedido de liminar negado pelo STF (07.01.2003), e a **ADI 2.860**, proposta pela *Associação dos Magistrados Brasileiros* (*AMB*), distribuída por prevenção, em 25.03.2003, àquela primeira ajuizada pela CONAMP.

Por maioria de votos (7 x 3), em 15.09.2005, o Plenário do Supremo declarou a inconstitucionalidade do foro especial para ex-ocupantes de cargos públicos e/ou mandatos eletivos.

Posteriormente, em *17.05.2012*, os **embargos declaratórios** opostos pelo Procurador-Geral da República na ADI 2.797 foram **acolhidos**, por maioria, pelo Plenário, para assentar que os efeitos da declaração de inconstitucionalidade dos §§ 1.º e 2.º do art. 84 do CPP, inseridos pelo art. 1.º da Lei n. 10.628/2002, terão **eficácia a partir de 15.09.2005**. "Na espécie, alegava-se que a norma declarada inconstitucional teria vigido por 3 anos — com alterações nas regras de competência especial por prerrogativa de função quanto às ações de improbidade, inquéritos e ações penais — a exigir fossem **modulados** os efeitos do julgado. Destacou-se a necessidade de se preservar a validade dos atos processuais praticados no curso das mencionadas ações e inquéritos contra ex-ocupantes de cargos públicos e de mandatos eletivos julgados no período de **24.12.2002**, data de vigência da Lei n. 10.628/2002, até a data da declaração de sua inconstitucionalidade, **15.09.2005** (*vide* quadro acima). Pontuou-se que inúmeras ações foram julgadas com fundamento na Lei n. 10.628/2002 e, por segurança jurídica, necessário adotar-se a **modulação**, assegurada a eficácia *ex nunc*, nos termos do **art. 27 da Lei n. 9.868/99**. Asseverou-se que os **processos ainda em tramitação não teriam sua competência deslocada para esta Corte**" (*Inf. 666/STF* — grifamos).

■ *9.9.2.3.2. Caso "Gulliver". "Ciranda dos processos". "Valsa processual". AP 333 (j. 05.12.2007)*

Neste item, propomos a análise da seguinte questão: o ato de **renúncia** de parlamentar constitui gesto legítimo para afastar a prerrogativa de foro?

Para tanto, lembramos o polêmico caso decorrente da **renúncia** do ex-Deputado Federal R. C. L. (PSDB-PB), que, nos autos da **AP 333**, estava sendo acusado do crime de homicídio qualificado, na modalidade tentada, contra o ex-Governador da Paraíba, Tarcísio Burity, por ter, consoante narra a denúncia, efetuado disparos de arma de fogo em um restaurante de João Pessoa (de nome "Gulliver" e, por isso, ter ficado conhecido o caso por este nome).

De acordo com o relatório da referida ação penal, ao tempo dos fatos, o denunciado (R. C. L.) era Governador do Estado da Paraíba. Por esse motivo, a denúncia foi oferecida perante o STJ (art. 105, I, "a").

R. C. L., nas eleições de 1994, elege-se Senador da República, e nas duas eleições que se seguiram, Deputado Federal, sendo que o seu último mandato terminaria em 31.12.2010.

Assim, sendo ele **parlamentar federal**, nos termos do art. 53, § 1.º, já estudado, expedido o diploma, a competência para julgar R. C. L. passou a ser do **STF** (muito embora ao tempo dos fatos — 05.11.1993 — fosse Governador da Paraíba).

Durante a ação penal (tendo sido a denúncia recebida em 2002), houve amplo direito de defesa, e se tentou ouvir uma testemunha por mais de 1 ano.

Em 31.10.2007, faltando 5 dias para o início do julgamento, já marcado pelo STF, R. C. L. renunciou ao mandato de Deputado Federal (legislatura 2007-2010).

A polêmica se instaurara. Não sendo mais Deputado Federal, ou seja, passando a ser uma pessoa comum, o STF deixava de ser competente, segundo a orientação firmada a partir do cancelamento da S. 394 e, também, ao se declarar inconstitucional a Lei n. 10.628/2002?

O tema se mostrou bastante complicado, tanto é que a votação estava empatada em 4 x 4. Parte dos ministros entendia que a renúncia caracterizava "evidente propósito de frustrar o julgamento pelo STF", verdadeiro **"abuso de direito"**, e outros 4 achavam que a renúncia tinha sido legítima.

Ao final, em 05.12.2007, por 7 x 4, os Ministros entenderam que a competência do Supremo cessava ao ter R. C. L. deixado de ser Deputado Federal, mesmo na hipótese de renúncia. Como afirmou Celso de Mello, invocando o princípio do **juiz natural**, a renúncia é inquestionável. "Foi recebida e gerou efeitos, antes do julgamento final do processo em curso, sendo um desses efeitos a cessação da competência do STF para julgá-lo" (*Notícias STF*, 05.12.2007).

Por esse motivo, passando a ser pessoa comum, sem prerrogativa de foro, os autos foram remetidos para o **Juízo Criminal da Comarca de João Pessoa**.

Dada a importância do tema, pedimos vênia para transcrever a ementa do referido acórdão, que deixa claro, também, o afastamento da competência do júri quando o acusado tem prerrogativa de foro:

> "EMENTA: Ação penal. Questões de ordem. Crime doloso contra a vida imputado a parlamentar federal. Competência do STF *versus* competência do tribunal do júri. **Norma constitucional especial**. Prevalência. Renúncia ao mandato. Abuso de direito. Não reconhecimento. Extinção da competência do STF para julgamento. Remessa dos autos ao juízo de primeiro grau. 1. O réu, na qualidade de detentor do mandato de parlamentar federal, detém prerrogativa de foro perante o STF, onde deve ser julgado pela imputação da prática de crime doloso contra a vida. 2. A norma contida no art. 5.º, XXXVIII, da CR, que garante a instituição do júri, cede diante do disposto no art. 102, I, 'b', da Lei Maior, definidor da competência do STF, dada a especialidade deste último. Os crimes dolosos contra a vida estão abarcados pelo conceito de crimes comuns. Precedentes da Corte. 3. **A renúncia do réu produz plenos efeitos no plano processual, o que implica a declinação da competência do STF para o juízo criminal de primeiro grau**. Ausente o abuso de direito que os votos vencidos vislumbraram no ato. 4. Autos encaminhados ao juízo atualmente competente" (**AP 333**, Rel. Min. Joaquim Barbosa, j. 05.12.2007, *DJE* de 11.04.2008).

Como se verifica, os autos iniciaram a sua tramitação no STJ (Governador de Estado), tendo sido remetidos para o STF (SF e CD) e, agora, para a Justiça Comum.

Essa situação, bastante criticada, foi denominada pelo Ministro Gilmar Mendes **"ciranda dos processos"**, levando-o inclusive a repensar um eventual e futuro resgate da atualmente cancelada S. 394 do STF (cf. *Notícias STF*, 1.º.07.2008 — *íntegra da entrevista coletiva*). Em outra oportunidade, o Min. Joaquim Barbosa denominou esse "vai e volta" de **"valsa processual"**.

■ 9.9.2.3.3. Renúncia ao mandato. Manutenção da competência do STF. Abuso de direito. Fraude processual inaceitável: AP 396 (j. 28.10.2010)

O tema da prerrogativa de foro veio a ser reanalisado pelo STF em outro caso polêmico: a **AP 396**, julgada em **28.10.2010**.

De acordo com as *informações públicas contidas no site do STF*, apurava-se suposto esquema a caracterizar os crimes de **formação de quadrilha** e **peculato**, envolvendo, dentre outros, o ex-Deputado Federal N. D. (PMDB-RO) (*Inf. 606/STF* e *Notícias STF*, 28.10.2010).

No caso em análise, o *MP do Estado de Rondônia* instaurou "... procedimento investigatório a partir de representações em que se questionava a licitude de contrato publicitário firmado entre a Assembleia Legislativa local e determinada empresa. No decorrer das apurações, o *parquet* constatara a existência de suposto esquema criminoso — engendrado para desviar dinheiro daquela Casa Legislativa — no qual o réu, na qualidade de diretor financeiro da Assembleia Legislativa, teria assinado vários cheques e os repassado, por mais de 2 anos, à mencionada empresa de publicidade a pretexto de pagamento pelos serviços, sequer prestados. Em razão disso, o Procurador-Geral de Justiça do Ministério Público daquela unidade federativa oferecera denúncia contra o parlamentar e outros 7 corréus por formação de quadrilha e peculato, em concurso material e de pessoas. Após o recebimento da inicial acusatória pela Corte de origem, o réu fora empossado Deputado Federal e o processo, **desmembrado, remetido ao STF**, que assim o mantivera e afirmara a validade dos atos judiciais praticados anteriormente à diplomação e à posse do parlamentar federal" (*Inf. 606/STF*).

Muito embora a decisão proferida no caso do "mensalão" no sentido de julgamento de todos os corréus em um mesmo processo **(Inq. 2.245)**, a regra que o STF vem adotando é, havendo prerrogativa de foro de um dos envolvidos, o **desmembramento** do processo, com base na **conveniência da instrução** e na **racionalização dos trabalhos**.

No caso em referência, a denúncia foi oferecida em **24.06.1999** pelo Procurador-Geral de Justiça do Estado de Rondônia, porque ainda não havia a prerrogativa de foro. Contudo, em **03.01.2005**, N. D. tomou posse como Deputado Federal, para exercício do mandato na *Legislatura 2003-2007*, quando, então, por esse motivo, o juiz da 3.ª Vara Criminal da Comarca de Porto Velho (RO) determinou o **desmembramento** dos autos, com a **remessa** do processo para o **STF**, em razão da prerrogativa de foro.

A ação foi distribuída, no STF, em **16.08.2005** e, às vésperas do julgamento — **27.10.2010** —, o Deputado Federal **renunciou** ao mandato, sendo que o crime prescreveria no dia **04.11.2010**.

Eis o cronograma dos fatos:

- **24.06.1999** — oferecimento de denúncia na comarca de Porto Velho;
- **03.01.2005** — posse como Deputado Federal;
- **16.08.2005** — a ação é distribuída no STF;
- **22.10.2010** — inclusão do feito em pauta é publicada no *DJE*;
- **27.10.2010** — o Deputado Federal renuncia ao mandato;
- **28.10.2010** — o STF resolve questão de ordem e reconhece a subsistência da competência da Corte mesmo diante da hipótese de renúncia ao mandato;
- **04.11.2010** — haveria a prescrição do crime.

Revendo o julgamento proferido no caso do ex-Deputado Federal R. C. L. (AP 333), no qual o STF, por 7 x 4, entendia que a renúncia (no caso, faltando 5 dias para o julgamento) era válida e, assim, cessaria a competência do STF, por **8 x 1**, modificando o seu entendimento, **decidiu**, em 28.10.2010, **julgar a ação (AP 396)**, mantendo a sua competência, mesmo não sendo mais o réu parlamentar, e condenando-o à pena de reclusão de 13 anos, 4 meses e 10 dias, em regime inicialmente fechado, além de 66 dias-multa, pelos crimes de formação de quadrilha (art. 288, CP) e peculato (art. 312, CP).

Temos, assim, um **novo entendimento do STF**, que, a nosso ver, mostra-se **muito acertado**.

Dentre os vários argumentos expendidos pelos Ministros para se manter a competência do STF, a renúncia, às vésperas do julgamento, caracterizou-se como **"fraude processual inaceitável"**, frustrando a atuação jurisdicional do Estado e tornando, assim, o STF **refém** da opção do réu. Sustentou-se, ainda, tratar-se a atitude de verdadeiro **abuso de direito**. "A Constituição garante a imunidade, mas não a impunidade." A fraude à lei mostra-se, ainda, "eticamente pouco sustentável", não podendo o STF aceitar a "... manipulação de instâncias para efeito de prescrição", citando-se, por fim, a afirmação de Ulpiano, segundo a qual "não se pode tirar proveito da própria torpeza".[44]

▪ 9.9.2.3.4. *Nova tentativa de fixação de tese de julgamento sobre a prerrogativa de foro. Inexistência de fraude processual e abuso de direito. Afastamento do risco de prescrição da pena em abstrato: AP 536 (j. 27.03.2014)*

O tema sobre a manutenção da competência do STF em caso de renúncia ao mandato de parlamentar federal foi retomado no julgamento da **AP 536** (27.03.2014, *DJE* de 12.08.2014).

De acordo com os autos, "o ex-parlamentar e outros réus foram denunciados pelo Procurador-Geral da República pela suposta prática dos crimes de peculato e lavagem de dinheiro, em concurso material e em concurso de pessoas. Houve o desmembramen-

[44] *Notícias STF*, 28.10.2010 — publicado o acórdão (**AP 396**, Rel. Min. Cármen Lúcia, j. 28.10.2010, Plenário, *DJE* de 28.04.2011), houve a interposição de embargos de declaração, rejeitados por unanimidade em 13.12.2012, *DJE* de 08.02.2013. Interpostos segundos embargos, também não foram conhecidos e, em 26.06.2013, certificou-se o trânsito em julgado, expedindo-se o competente mandado de prisão (**AP 396-ED-ED**, Rel. Min. Cármen Lúcia, j. 26.6.2013, Plenário, *DJE* de 30.09.2013).

to do processo no Supremo e a AP 536 passou a tramitar apenas contra E. A., por ele ser deputado federal à época. A denúncia foi recebida pelo Supremo no dia 3 de dezembro de 2009. Posteriormente, o réu foi interrogado e as testemunhas de acusação e defesa foram ouvidas. Em 7 de fevereiro em 2014, o Procurador-Geral da República apresentou alegações finais e, reiterando os termos da denúncia, pediu a aplicação de uma pena de 22 anos de prisão. No dia 19 de fevereiro de 2014, o réu comunicou ao Supremo que havia renunciado ao mandato de deputado" (*Notícias do STF* de 27.03.2014).

Nesse caso concreto, o STF entendeu não ter havido fraude processual e abuso de direito e, assim, determinou, depois de mais de 9 anos de tramitação do feito, a sua **remessa** para o juízo de primeiro grau.

Diferentemente do entendimento firmado na AP 396, houve o afastamento do risco de prescrição da pena em abstrato e não se reconheceu, como dissemos, a caracterização de abuso de direito.

Propôs, então, o Min. Roberto Barroso, Relator, a definição de um critério geral mais objetivo para o reconhecimento da fraude em casos futuros, sustentando a aplicação analógica do art. 55, § 4.º, CF/88, e, portanto, o marco temporal do recebimento da denúncia. Muito embora acompanhado por outros 3 Ministros, **infelizmente, no referido julgado, não houve maioria absoluta para a definição do marco temporal, deixando a Corte essa fixação para outro momento**.

■ *9.9.2.3.5. Viragem jurisprudencial. Novo entendimento da Corte. Mutação constitucional: AP 937 QO (j. 03.05.2018)*

O tema da **prerrogativa de foro** voltou a ser analisado pelo STF na apreciação da questão de ordem na **AP 937**, suscitada pelo Min. Barroso, Relator, em 15.02.2017 (*DJE* de 20.02.2017). Vejamos a **cronologia dos fatos** para, em seguida, descrever a nova posição da Corte, estabelecendo marcante viragem jurisprudencial (mutação constitucional):

- **Eleições municipais de 2008:** suposta prática de crime;
- **Outubro de 2008:** o suposto autor do crime foi reeleito Prefeito de município do Rio de Janeiro;
- **1.º.01.2009:** assume a Prefeitura;
- **30.01.2013:** recebimento de denúncia pelo TRE do RJ, pela suposta prática do crime de captação ilícita de sufrágio. Porém, como já havia encerrado o mandato de Prefeito, o TRE anulou o recebimento da denúncia e declinou a competência em favor do Juízo da 256.ª Zona Eleitoral do Rio de Janeiro;
- **14.04.2014:** Juízo eleitoral de 1.ª instância recebe a denúncia;
- **Outubro/2014:** o ex-Prefeito é eleito suplente de Deputado Federal pelo Rio de Janeiro;
- **10.02.2015:** diplomado Deputado Federal, em razão de afastamento de Deputados de seu partido;

- **14.04.2016:** deixa o cargo de Deputado Federal, em razão do retorno dos Deputados que haviam sido afastados;
- **19.04.2016:** assume novamente como Deputado Federal, em razão do afastamento do titular;
- **13.09.2016:** assume **definitivamente** como Deputado Federal, em razão da perda de mandato do titular;
- **1.º.01.2017:** renúncia ao mandato de Deputado Federal para assumir como Prefeito de município do Rio de Janeiro (terceiro mandato);
- **15.02.2017:** o Relator da AP 937 **suscita questão de ordem** a ser apreciada pelo Pleno do STF, sustentando, diante da "disfuncionalidade do foro por prerrogativa de função", a possiblidade de conferir interpretação restritiva às normas constitucionais que disciplinam o assunto;
- **31.05.2017:** iniciado o julgamento pelo **Pleno do STF**, o Min. Relator lança tese propondo interpretação restritiva às normas constitucionais que tratam sobre a prerrogativa de foro, limitando as competências jurisdicionais aos crimes cometidos durante o exercício do cargo e relacionados às funções desempenhadas por parlamentares federais;
- **1.º.06.2017 — 29.09.2017 (pedido de vista e devolução dos autos para julgamento):** após o voto do Min. Marco Aurélio, acompanhando em parte o Ministro Relator, e os votos das Ministras Rosa Weber e Cármen Lúcia (Presidente), acompanhando o Ministro Relator, pediu vista dos autos o Min. Alexandre de Moraes (**4 Ministros** — o Relator e mais três Ministros sustentando as teses lançadas);
- **23.11.2017 — 27.03.2018 (pedido de vista e devolução dos autos):** após o voto-vista do Min. Alexandre de Moraes, acompanhando, em parte, o Relator, nos termos de seu voto, e após os votos dos Mins. Edson Fachin, Luiz Fux e Celso de Mello, acompanhando integralmente o Relator, pediu vista dos autos o Min. Dias Toffoli. Dentre os 8 votos já computados, 6 sustentavam integralmente as teses lançadas (o Relator e outros 5 Ministros);
- **02.05.2018:** após os votos dos Mins. Dias Toffoli e Ricardo Lewandowski, acompanhando em parte o Relator, nos termos de seus votos, o julgamento foi suspenso;
- **03.05.2018:** O Tribunal, por maioria e nos termos do voto do Relator, tendo o Min. Dias Toffoli reajustado o seu voto, resolveu questão de ordem no sentido de confirmar as teses lançadas (6 Ministros acompanharam integralmente as duas teses) e, por consequência, determinou o retorno dos autos para o juízo eleitoral da 1.ª instância, aplicando já o novo entendimento.

Observando a cronologia dos fatos acima descritos, o suposto delito teria sido cometido em 2008, quando o réu disputou a Prefeitura de determinado município do Rio de Janeiro, tendo sido a ação penal proposta em razão de indicada, e ainda a ser apurada, prática do crime de captação ilícita de sufrágio — corrupção eleitoral (art.

299 do Código Eleitoral). Como foi eleito, o caso começou a ser julgado pelo Tribunal Regional Eleitoral do Rio de Janeiro.

Nesse sentido, descreve o Min. Barroso, de acordo com a denúncia, nas eleições municipais de 2008, o réu teria angariado votos para se eleger Prefeito, por meio da entrega de notas de R$ 50,00 e da distribuição de carne aos eleitores (fls. 2-A/2-D). O Tribunal Regional Eleitoral (TRE) recebeu a denúncia em 30.01.2013 (fls. 329/331). No entanto, com o encerramento do mandato do réu como Prefeito, o Tribunal Regional Eleitoral declinou de sua competência em favor do Juízo da 256.ª Zona Eleitoral do Rio de Janeiro (fls. 355). Na sequência, o TRE, em sede de *habeas corpus*, anulou o recebimento da denúncia e os atos posteriores, já que, à época, o acusado "já não ocupava o cargo que lhe deferia foro por prerrogativa de função" (fls. 443/449). O Juízo eleitoral de 1.ª instância proferiu, então, nova decisão de recebimento da denúncia em 14.04.2014 (fls. 452/456) e realizou a instrução processual, com a oitiva das testemunhas e o interrogatório do réu (*descrição apresentada em decisão proferida pelo Relator na AP 937, afetando a questão ao Pleno do STF, j. 15.02.2017*).

Em momento seguinte, o réu foi diplomado Deputado Federal, em razão de ser 1.º Suplente e ter ocorrido o afastamento dos Deputados eleitos. Nesse sentido, os autos foram remetidos para o STF. Quase um ano depois, ele teve que se afastar, pois os Deputados eleitos reassumiram os cargos. Em seguida, assumiu em definitivo, pois foi declarada a perda do mandato do titular.

Finalmente, novamente eleito Prefeito de mesma cidade do Rio de Janeiro (3.º mandato, não consecutivo), renunciou ao mandato de Deputado Federal para assumir a Prefeitura em 1.º.01.2017.

Na medida em que os autos ainda estavam no STF, o Min. Barroso, Relator, **suscitou a questão de ordem** para enfrentar o tema da **prerrogativa de foro**. Descrevendo uma problemática, qual seja, o que chamou de **"disfuncionalidade prática do regime de foro"**, sustentou a necessidade de se repensar o instituto, seja por alteração constitucional (lembramos que o Senado Federal aprovou a **PEC 10/2013**), seja por drástica mudança de interpretação constitucional (mutação constitucional), a partir de três razões:

- **razões filosóficas:** "trata-se de uma reminiscência aristocrática, não republicana, que dá privilégio a alguns, sem um fundamento razoável";
- **razões estruturais:** "Cortes Constitucionais, como o STF, não foram concebidas para funcionarem como juízos criminais de 1.º grau, nem têm estrutura para isso. O julgamento da Ação Penal 470 (conhecida como Mensalão) ocupou o Tribunal por um ano e meio, em 69 sessões";
- **razões de justiça:** "o foro por prerrogativa é causa frequente de impunidade, porque dele resulta maior demora na tramitação dos processos e permite a manipulação da jurisdição do Tribunal".

No dia 03.05.2018, 6 Ministros aderiram integralmente às seguintes teses, estabelecendo que a nova linha interpretativa (inegável viragem jurisprudencial, a partir de mutação constitucional) deva ser **aplicada imediatamente aos processos em curso**, com a ressalva de todos os atos praticados e decisões proferidas pelo STF e pelos demais juízos com base na jurisprudência anterior, conforme precedente firmado na Questão de Ordem no Inquérito 687 (Rel. Min. Sydney Sanches, j. 25.08.1999). Vejamos:

- "o foro por prerrogativa de função aplica-se apenas aos crimes cometidos durante o exercício do cargo e relacionados às funções desempenhadas"; e
- "após o final da instrução processual, com a publicação do despacho de intimação para apresentação de alegações finais, a competência para processar e julgar ações penais não será mais afetada em razão de o agente público vir a ocupar outro cargo ou deixar o cargo que ocupava, qualquer que seja o motivo".

Cabe lembrar que o Min. Barroso, em 19.12.2017, antes mesmo desse desfecho dado pelo Pleno, tendo em vista o que chamou de "improbabilidade de reversão da orientação" que já havia se firmado e que já contava com o apoio de 8 Ministros (já que o caso específico se enquadrava também na linha do entendimento firmado pelos Mins. Alexandre de Moraes e Marco Aurélio), no julgamento do **Inq. 3.026, monocraticamente, declinou a competência remetendo os autos do inquérito para a primeira instância**, já que determinado Deputado Federal estava "sendo investigado pela prática, em tese, de crimes contra a Administração Pública cometidos durante o exercício da presidência da Câmara de Vereadores de Natal, entre 2005 e 2006" e, portanto, por supostos crimes sem nenhuma relação com a função parlamentar desempenhada.

Para ele, o caso específico (Inq. 3.026) retratava a mencionada **"disfuncionalidade"** do sistema: "o processo já tramitou em quatro jurisdições: no Supremo Tribunal Federal, no Tribunal de Justiça do Estado, na primeira instância da justiça estadual e encontra-se de volta ao STF".

Conforme observou — e entendemos interessante descrever a problemática da questão e a nova orientação que está sendo sedimentada na Corte, "a restrição do foro aqui proposta — como a restrição do foro em geral — resolve, sobretudo, os problemas que ele acarreta para o Supremo Tribunal Federal. Dentre eles, a **politização indevida da Corte**, a criação de **tensões com o Congresso Nacional** e o **desprestígio junto à sociedade**, por se tratar de uma competência que ele **exerce mal**. Há uma visão atrasada que ainda prevalece em alguns espaços da vida brasileira de que quanto mais competências se têm, maior a quantidade de poder. Nesta visão, o poder não é uma forma de fazer o bem e promover justiça, mas um instrumento para proteger os amigos e perseguir os inimigos. Já é boa hora de se superarem os ciclos do atraso institucional e existencial no Brasil".

Mas alertou a inegável e problemática **disfunção**: "a restrição do foro **não resolve** o problema da **impunidade** entre nós. Quanto a esta, além de fatores superestruturais, como a cultura da desigualdade, a seletividade do sistema e a crença de que a criminalidade do colarinho branco não tem grande gravidade, é preciso enfrentar um sistema processual penal obsoleto, baseado no oficialismo e na cultura da procrastinação, voltada a prolongar indefinidamente os processos, seja no cível, seja no crime. **O Poder Judiciário, no Brasil, acaba sendo o refúgio dos que não têm razão** (...)" (fls. 5 da decisão).

Conforme vimos, a nova linha interpretativa estabelecida pelo Pleno do STF no julgamento da questão de ordem na AP 937 deve se **aplicar imediatamente aos processos em curso**, com a ressalva de todos os atos praticados e decisões proferidas pelo STF e pelos demais juízos com base na jurisprudência anterior, conforme precedente firmado na Questão de Ordem no Inq. 687 (Rel. Min. Sydney Sanches, j. 25.08.1999).

Esse entendimento, que sofreu críticas por parte da doutrina em razão de alegada **violação à garantia do juiz natural**, já é realidade incontornável no STF e tem motivado, por parte dos Ministros, a imediata remessa de processos criminais e inquéritos para os juízes de 1.ª instância nos termos da tese fixada, destacando-se, por exemplo: as ações penais n. 607, 907, 928, 945, 956, 970, 991, 1.004 e os inquéritos n. 3.611, 3.850, 4.125, 4.306, 4.510, entre tantos outros.

Destacamos importante crítica feita pelos Mins. Dias Toffoli e Gilmar Mendes no sentido de se estender o novo entendimento para todas as autoridades, pois não faria sentido que a nova interpretação valesse apenas para 513 Deputados e 81 Senadores, quando, em verdade, como se sabe, mais de 50.000 autoridades ostentam a prerrogativa, muitas vezes estabelecida em Constituições estaduais, que têm fixado a prerrogativa para Procuradores de Estado, Secretários, Defensores Públicos etc.

Diante dessa situação, no dia 09.05.2018, o Min. Dias Toffoli encaminhou à Min. Cármen Lúcia, Presidente do STF, o **Ofício n. 10/2018-GMDT**, propondo a edição de duas súmulas vinculantes, com a seguinte redação (**PSV 131/2018**):

- "**Súmula Vinculante n. (x):** A competência por prerrogativa de foro, prevista na Constituição Federal para agentes públicos dos Poderes Legislativo, Executivo e Judiciário e do Ministério Público, compreende exclusivamente os crimes praticados no exercício e em razão do cargo ou da função pública";
- "**Súmula Vinculante n. (xx):** São inconstitucionais normas de Constituições Estaduais e da Lei Orgânica do Distrito Federal que contemplem hipóteses de prerrogativa de foro não previstas expressamente na Constituição Federal, vedada a invocação de simetria".

Conforme observou, a prerrogativa de foro constitui exceção ao princípio republicano e, assim, disse o Ministro, deve ser interpretada restritivamente. Nesse sentido, faz total sentido seguir a linha do decidido pela Corte na AP 937 QO e restringir a prerrogativa em relação aos crimes cometidos durante o exercício do cargo e relacionados a funções desempenhadas.

Essa observação está perfeita, até porque não se pode pensar a prerrogativa relacionada à pessoa, mas, por outro, à função desempenhada. Por esse motivo, preferimos a expressão "prerrogativa de foro" à "foro privilegiado", pois, como se disse, não se pode pensar o instituto como um privilégio de alguém, mas, em verdade, como uma prerrogativa que decorra do **efetivo** exercício da função.

A partir do **silêncio eloquente** sobre a prerrogativa de foro no art. 27, § 1.º, CF/88 (que manda aplicar aos parlamentares estaduais as regras sobre imunidades previstas para os parlamentares federais, não falando nada sobre foro), tem razão ao afirmar que a competência para legislar sobre direito processual é da União e não dos Estados e do DF, sustentando, assim, a inconstitucionalidade dessas disposições.

Em nossa opinião, o STF já poderia ter definido o tema no dia da votação do precedente em análise, conforme proposto pelos Mins. Dias Toffoli e Gilmar Mendes. Infelizmente, contudo, teremos que aguardar a solução a ser dada em processos isolados, bem como no julgamento da referida proposta de súmula vinculante, não se tendo perspectivas de quando serão apreciadas (pendentes).

Finalmente, a decisão do STF orientará a linha restritiva de interpretação dada ao instituto. Pioneiramente, logo após a decisão do STF, 2 dias depois!, o Min. Luis Felipe Salomão do STJ, **monocraticamente**, determinou a baixa dos autos para a 1.ª instância em que figurava como réu o Governador de Estado por suposta prática de crimes de responsabilidade de Prefeito e, portanto, sem relação com o cargo de Governador (**AP 866/STJ**, j. 07.05.2018 — acolhida pelo Órgão Especial em 20.06.2018).

Destacamos, ainda, decisão restritiva proferida pelo STJ, enaltecendo a **contemporaneidade** e a **pertinência temática** para se estabelecer a prerrogativa de foro. Assim, mesmo no caso de reeleição, o STJ entendeu que a competência deveria ser do juízo de 1.ª instância para crime cometido durante o mandato anterior (fazendo valer, inclusive, a regra da **unidade de legislatura**, destacando o **isolamento dos mandatos** para se aplicar a interpretação estabelecida pelo STF (**QO na AP 874-DF**, Rel. Min. Nancy Andrighi, Corte Especial, por maioria, j. 15.05.2019).

No fundo, o STJ não adentrou na discussão da tese 2 fixada pelo STF, que estabeleceu, de modo claro, um verdadeiro "**marco temporal** uniforme e objetivo de *perpetuatio jurisdictionis* que se aplica a todos os casos de investidura ou desinvestidura de cargo com foro privilegiado, independentemente de abuso processual" (voto do Min. Barroso, fls. 826 do acórdão publicado na AP 937 QO).

Resgatemos, novamente, a tese 2 estabelecida pelo STF: "após o **final da instrução processual, com a publicação do despacho de intimação para apresentação de alegações finais**, a competência para processar e julgar ações penais **não será mais afetada** em razão de o agente público vir a ocupar **outro** cargo ou **deixar o cargo** que ocupava, qualquer que seja o motivo".

E se for **reeleito** e a apuração do fato criminoso praticado durante o exercício do primeiro mandato e relacionado à função já estiver em fase avançada, ou seja, a ação penal já estiver em fase posterior ao final da instrução processual, com a publicação do despacho de intimação para apresentação de alegações finais, nesse caso, haveria *perpetuatio jurisdictionis*?

Pela tese 2 fixada pelo STF, **apesar de não ter descrito essa situação de reeleição**, parece que sim.

A situação fática da discussão do STJ é muito particular (réu no 4.º mandato de Governador — 2.ª reeleição, sendo discutido fato criminoso supostamente praticado no 2.º mandato — 1.ª reeleição, com intervalo de exercício de cargo de Senador da República).

Em certa medida, parece que o STF, na tese 2 fixada na AP 937 QO, resgata alguma lógica da cancelada **S. 394**, claro que bem diferente, pois o marco temporal é bem mais avançado. Pensamos, contudo, que melhor seria a observância da contemporaneidade e pertinência temática, ou seja, findo o mandato, finda a prerrogativa, salvo em caso de fraude processual — renúncia, quando, então, faria sentido adotar um marco temporal.

Conforme se observa, a proposta de súmula vinculante encaminhada não entra nessa questão de definição de marco temporal em razão de o agente público vir a ocupar outro cargo ou deixar o cargo que ocupava, ou, ainda, vir a ser reeleito. Certamente, um tema que irá mobilizar novamente a Corte.

E qual o motivo de estarmos nesta nova edição do livro resgatando esse tema da prerrogativa de foro?

Certamente o tema será novamente apreciado pelo STF diante das novidades introduzidas pela **Nova Lei de Abuso de Autoridade** (Lei n. 13.869/2019), que ampliou, significativamente, os tipos penais, explicitando os sujeitos do crime.

Referida lei define os crimes de abuso de autoridade, cometidos por agente público, servidor ou não, que, no exercício de suas funções ou a pretexto de exercê-las, abuse do poder que lhe tenha sido atribuído.

É sujeito ativo do crime de abuso de autoridade qualquer **agente público**, servidor ou não, da administração direta, indireta ou fundacional de qualquer dos Poderes da União, dos Estados, do Distrito Federal, dos Municípios e de Território, compreendendo, mas não se limitando a:

- servidores públicos e militares ou pessoas a eles equiparadas;
- membros do Poder Legislativo;
- membros do Poder Executivo;
- membros do Poder Judiciário;
- membros do Ministério Público;
- membros dos tribunais ou conselhos de contas.

Reputa-se agente público, para os efeitos da Lei n. 13.869/2019, todo aquele que exerce, ainda que transitoriamente ou sem remuneração, por eleição, nomeação, designação, contratação ou qualquer outra forma de investidura ou vínculo, mandato, cargo, emprego ou função em órgão ou entidade abrangidos pelo *caput* do art. 2.º dessa lei.

Nesse sentido, esperamos que o STF decida com rapidez a **PSV n. 131/2018**, analisando, também, a questão do marco temporal objetivo (que não está na proposta).

9.9.2.4. *Foro por prerrogativa de função e jurisdições de categorias diversas — a discussão sobre o desmembramento*

As prerrogativas de foro são definidas pela Constituição em relação às autoridades no exercício efetivo da função. Assim, de acordo com o entendimento fixado pela Corte, por exemplo e conforme visto, um ex-parlamentar não teria mais a referida prerrogativa com o término do seu mandato ou nas citadas hipóteses de fraude.

Contudo, em razão de **circunstâncias especiais** a serem apreciadas, demonstradas e justificadas em cada caso concreto, lembrando que, nos termos do art. 78, III, do CPP, no concurso de jurisdições de diversas categorias, predominará a de maior graduação, poder-se-á deliberar no sentido do julgamento conjunto de todos os corréus (cf. *Inf. 673/STF*).

Esse entendimento, negando o desmembramento, foi o que se verificou no julgamento do "mensalão" (**Inq. 2.245** e correspondente **AP 470**), no qual, dos 38 réus, apenas 3 eram parlamentares, e, diante dessa circunstância, decidiu a Corte, em razão da prerrogativa, no sentido da competência do STF para o julgamento de **todos**[45] os réus. Vejamos:

> "Questão de ordem. Inquérito. Desmembramento. Art. 80 do CPP. Critério subjetivo afastado. Critério objetivo. **Inadequação ao caso concreto**. Manutenção integral do inquérito sob julgamento da Corte. Rejeitada a proposta de adoção do critério subjetivo para o desmembramento do inquérito, nos termos do art. 80 do CPP, resta o critério objetivo, que, por sua vez, é **desprovido de utilidade no caso concreto**, em face da **complexidade do feito**. Inquérito não desmembrado. Questão de ordem resolvida no sentido da **permanência**, sob a jurisdição do **STF**, de **todas** as pessoas denunciadas" (**Inq 2.245-QO-QO**, Rel. Min. Joaquim Barbosa, j. 06.12.2006, Plenário, *DJ* de 09.11.2007, e entendimento mantido na solução de questão de ordem que se colocou na correspondente **AP 470**, em 02.08.2012 — cf. outros detalhes do tema no *item 10.4.14.4*).

Devemos deixar claro, contudo, que o **desmembramento** é a **regra**. Somente em situações **excepcionalíssimas** é que deve haver o julgamento conjunto no Tribunal com jurisdição de maior graduação. (Remetemos o nosso ilustre leitor para o *item 10.4.14.4*, no qual desenvolvemos a matéria e trazemos importante tentativa de *roteirização* proposta pelo Min. Roberto Barroso no julgamento do **Inq 3.515 AgR/SP**, Rel. Min. Marco Aurélio, j. 13.02.2014, Plenário, *DJE* de 25.02.2014.)

▪ *9.9.2.5. Outras garantias*

- **sigilo de fonte:** de acordo com o art. 53, § 6.º, e conforme já estabelecido antes do advento da **EC n. 35/2001**, "os Deputados e Senadores não serão obrigados a **testemunhar** sobre informações recebidas ou prestadas em razão do exercício do mandato, nem sobre as pessoas que lhes confiaram ou deles receberam informações";
- **incorporação às Forças Armadas de Deputados e Senadores:** "a incorporação às Forças Armadas de Deputados e Senadores, embora militares e ainda que em tempo de guerra, **dependerá de prévia licença da Casa respectiva**" (art. 53, § 7.º, mantida a referida garantia na **EC n. 35/2001**);

---

[45] Interessante anotar que o STF, em 15.08.2012, **acolheu** preliminar de **cerceamento de defesa** suscitada pelo Defensoria Pública Federal pela falta de intimação de advogado constituído, anulando o processo a partir da defesa prévia e determinando o **desmembramento** do feito, com a remessa dos autos para a justiça de primeira instância, para dar andamento à persecução penal (*Inf. 675/STF*).

- **imunidades durante a vigência de estado de sítio e de defesa:** como regra geral, durante a vigência desses estados de anormalidade, os parlamentares não perdem as imunidades. Apenas durante o **estado de sítio** as imunidades poderão ser **suspensas**, mediante o voto de 2/3 dos membros da Casa respectiva, nos casos de atos praticados fora do recinto do Congresso, que sejam incompatíveis com a execução da medida (art. 53, § 8.º, regra essa mantida pela **EC n. 35/2001**).

9.9.2.6. As imunidades parlamentares podem ser renunciadas?

Imaginem vocês, candidatos que se preparam para concursos públicos, que, em determinado momento, o examinador formule as seguintes questões:

- José da Silva, deputado federal, no exercício do mandato, portanto, após a diplomação, comete um crime. Recebida a denúncia no STF, após ser dada ciência ao Parlamento há **sustação do andamento da ação**. O deputado, inconformado com a acusação, faz questão de ser processado, para provar a sua inocência. Que deverá fazer? Como as imunidades parlamentares dizem respeito ao cargo que ocupa e não à pessoa, a única maneira que o parlamentar encontrará para provar a sua inocência será esperar o término do mandato, ou renunciar de imediato, para que perca, então, a imunidade;
- José da Silva, deputado federal, na tribuna, em empolgante discurso, declara que o governo federal desviou verba do erário público, de forma irregular. Em meio à empolgação, diz ter dados seguros e, inclusive, diz renunciar às suas imunidades para provar que fala a verdade. Isso é possível? Não, na medida em que as imunidades são irrenunciáveis. Caso fale isso, podemos encarar como mera demagogia política!

Portanto, devemos observar, mais uma vez, que as **imunidades parlamentares são irrenunciáveis** por decorrerem da função exercida, e não da figura do parlamentar.

Assinalou Celso de Mello que "o instituto da imunidade parlamentar atua, no contexto normativo delineado por nossa Constituição, como condição e garantia de **independência do Poder Legislativo**, seu real destinatário, em face dos outros poderes do Estado. Estende-se ao congressista, embora **não** constitua uma prerrogativa de ordem subjetiva deste. Trata-se de **prerrogativa de caráter institucional**, inerente ao Poder Legislativo, que só é conferida ao parlamentar '*ratione muneris*', em função do cargo e do mandato que exerce. É por essa razão que **não se reconhece ao congressista**, em tema de imunidade parlamentar, **a faculdade de a ela renunciar**. Trata-se de garantia institucional deferida ao Congresso Nacional. **O congressista, isoladamente considerado, não tem, sobre ela, qualquer poder de disposição**" (*Inq. 510/DF*, Rel. Min. Celso de Mello, j. 1.º.02.1991, Plenário, *RTJ* 135/509).

9.9.2.7. As imunidades parlamentares estendem-se aos suplentes?

As imunidades parlamentares são prerrogativas que decorrem do efetivo exercício da função parlamentar. Não são garantias da pessoa, mas prerrogativas do cargo. Assim, as imunidades, inclusive a prerrogativa de foro, **não** se estendem aos suplentes, a não ser que assumam o cargo ou estejam em seu efetivo exercício (cf. Inqs. 2.453-AgR, 2.421-AgR e 2.800).

9.9.3. Parlamentares estaduais e do DF

Aos **Deputados Estaduais** (cf. art. 27, § 1.º) serão aplicadas as **mesmas regras** previstas na Constituição Federal sobre sistema eleitoral, inviolabilidade, **imunidades**, remuneração, perda de mandato, licença, impedimentos e incorporação às Forças Armadas.

Todo esse entendimento deve ser aplicado em relação aos Deputados Distritais, na medida em que o art. 32, § 3.º, CF/88 determina a aplicação das regras do art. 27.

O STF, por 6 x 5, negou medidas cautelares nas **ADIs 5.823, 5.824** e **5.825**, nas quais se discute a extensão a deputados estaduais das imunidades formais prescritas para os parlamentares federais, tendo prevalecido o entendimento de que as regras da Constituição Federal relativas à imunidade dos deputados federais são aplicáveis aos deputados estaduais (j. 08.05.2019 — mérito pendente).

9.9.4. Parlamentares municipais

De acordo com o art. 29, VIII, como já visto, os Municípios reger-se-ão por lei orgânica, que deverá obedecer, dentre outras regras, à da **inviolabilidade dos Vereadores por suas opiniões, palavras e votos no exercício do mandato e na circunscrição do Município**.

Ou seja, o Vereador Municipal somente terá **imunidade material** (excluindo-se a responsabilidade penal e a civil), desde que o ato tenha sido praticado *in officio* ou *propter officium* (devendo haver, assim, **pertinência** com o exercício do mandato) e na **circunscrição municipal**, não lhe tendo sido atribuída a imunidade formal ou processual. Nesse sentido, precisas são as palavras do Min. Celso de Mello:

> "EMENTA: 1. A garantia constitucional da **imunidade parlamentar em sentido material** (CF, art. 29, VIII, c/c o art. 53, *caput*) **exclui a responsabilidade penal** (e também **civil**) do membro do Poder Legislativo (Vereadores, Deputados e Senadores), por manifestações, orais ou escritas, desde que **motivadas pelo desempenho do mandato (prática *in officio*)** ou **externadas em razão deste (prática *propter officium*)**. Tratando-se de Vereador, a inviolabilidade constitucional que o ampara no exercício da atividade legislativa estende-se às opiniões, palavras e votos por ele proferidos, **mesmo fora do recinto da própria Câmara Municipal**, desde que **nos estritos limites territoriais do Município a que se acha funcionalmente vinculado**. Precedentes. AI 631.276/SP, Rel. Min. CELSO DE MELLO, *v.g.*). 3. Essa prerrogativa político-jurídica — que protege o parlamentar (como os Vereadores, p. ex.) em tema de responsabilidade penal — incide, de maneira ampla, nos casos em que as declarações contumeliosas tenham sido proferidas no recinto da Casa legislativa, notadamente da tribuna parlamentar, hipótese em que será absoluta a inviolabilidade constitucional. Doutrina. Precedentes" (**AI 818.693**, Rel. Min. Celso de Mello, decisão monocrática, j. 1.º.08.2011, *DJE* de 03.08.2011. No mesmo sentido, cf. HC 74.201, j. 12.11.1996).

Reafirmando o entendimento, o STF estabeleceu que a locução *no exercício do mandato* "deve prestigiar as diferentes vertentes da atuação parlamentar, dentre as quais se destaca a fiscalização dos outros Poderes e o debate político. Embora indesejáveis, as ofensas pessoais proferidas no âmbito da discussão política, respeitados os limites trazidos pela própria Constituição, não são passíveis de reprimenda judicial. Imunidade que se caracteriza como **proteção adicional à liberdade de expressão**, visando a assegurar a fluência do debate público e, em última análise, a própria democracia. A ausência de controle judicial não imuniza completamente as manifestações dos parlamentares, que podem ser repreendidas pelo Legislativo" (**RE 600.063**, j. 25.02.2015, *DJE* de 15.05.2015).

Além disso, nos termos do art. 29, IX, a lei orgânica também deverá observar as proibições e incompatibilidades, no exercício da vereança, similares, no que couber, ao disposto na CF para os membros do Congresso Nacional e na Constituição do respectivo Estado, para os membros da Assembleia Legislativa.

■ 9.10. INCOMPATIBILIDADES E IMPEDIMENTOS DOS PARLAMENTARES FEDERAIS

Em decorrência de sua nobre função, aos parlamentares é vedado o exercício de algumas atividades, bem como determinados comportamentos, desde a **expedição do diploma** e, posteriormente, após tomarem **posse**. Os Deputados e Senadores **não poderão**, enuncia o art. 54, I e II, da CF/88:

I — DESDE A EXPEDIÇÃO DO DIPLOMA	■ firmar ou manter contrato com pessoa jurídica de direito público, autarquia, empresa pública, sociedade de economia mista ou empresa concessionária de serviço público, salvo quando o contrato obedecer a cláusulas uniformes; ■ aceitar ou exercer cargo, função ou emprego remunerado, inclusive os de que sejam demissíveis *ad nutum*, nas entidades constantes da alínea anterior.
II — DESDE A POSSE	■ ser proprietários, controladores ou diretores de empresa que goze de favor decorrente de contrato com pessoa jurídica de direito público, ou nela exercer função remunerada; ■ ocupar cargo ou função de que sejam demissíveis *ad nutum*, nas entidades referidas no inciso I, "a"; ■ patrocinar causa em que seja interessada qualquer das entidades a que se refere o inciso I, "a"; ■ ser titulares de mais de um cargo ou mandato público eletivo.

■ 9.11. PERDA DO MANDATO DO DEPUTADO OU SENADOR

■ 9.11.1. Hipóteses de perda do mandato e suas peculiaridades

O art. 55 da CF/88 estabelece que perderá o mandato o parlamentar federal:

HIPÓTESES DE PERDA DO MANDATO (ART. 55)	PECULIARIDADES
I — quando o parlamentar infringir qualquer das proibições estabelecidas no art. 54 (quadro anterior);	§ 2.º a perda do mandato será **decidida** pela **Câmara dos Deputados ou pelo Senado Federal**, por **maioria absoluta**, mediante provocação da respectiva Mesa ou de partido político representado no Congresso Nacional, assegurada ampla defesa.

II — cujo procedimento for declarado incompatível com o **decoro parlamentar**;	§ 1.º É incompatível com o **decoro parlamentar**, além dos casos definidos no regimento interno, o abuso das prerrogativas asseguradas a membro do Congresso Nacional ou a percepção de vantagens indevidas. Nesta hipótese, de acordo com o § 2.º do art. 55, a **perda do mandato** será **decidida** pela **Câmara dos Deputados ou pelo Senado Federal**, por **maioria absoluta**, mediante provocação da respectiva Mesa ou de partido político representado no Congresso Nacional, assegurada ampla defesa.
III — que deixar de comparecer, em cada sessão legislativa, à terça parte das sessões ordinárias da Casa a que pertencer, salvo licença ou missão por esta autorizada;	§ 3.º a perda do mandato será **declarada** pela **Mesa da Casa respectiva**, de ofício ou mediante provocação de qualquer de seus membros, ou de partido político representado no Congresso Nacional, assegurada ampla defesa.
IV — que **perder** ou tiver **suspensos** os **direitos políticos** (Obs.: sabemos ser, na vigência da CF/88, **vedada a cassação de direitos** políticos. Porém, o art. 15 da CF/88 estabelece hipóteses de **perda** e **suspensão**);	§ 3.º a perda do mandato será **declarada** pela **Mesa da Casa respectiva**, de ofício ou mediante provocação de qualquer de seus membros, ou de partido político representado no Congresso Nacional, assegurada ampla defesa.
V — quando o decretar a **Justiça Eleitoral**, nos casos previstos nesta Constituição;	§ 3.º a perda do mandato será **declarada** pela **Mesa da Casa respectiva**, de ofício ou mediante provocação de qualquer de seus membros, ou de partido político representado no Congresso Nacional, assegurada ampla defesa.
VI — que sofrer condenação criminal em sentença transitada em julgado.	§ 2.º a perda do mandato será **decidida** pela **Câmara dos Deputados ou pelo Senado Federal**, por **maioria absoluta**, mediante provocação da respectiva Mesa ou de partido político representado no Congresso Nacional, assegurada ampla defesa.

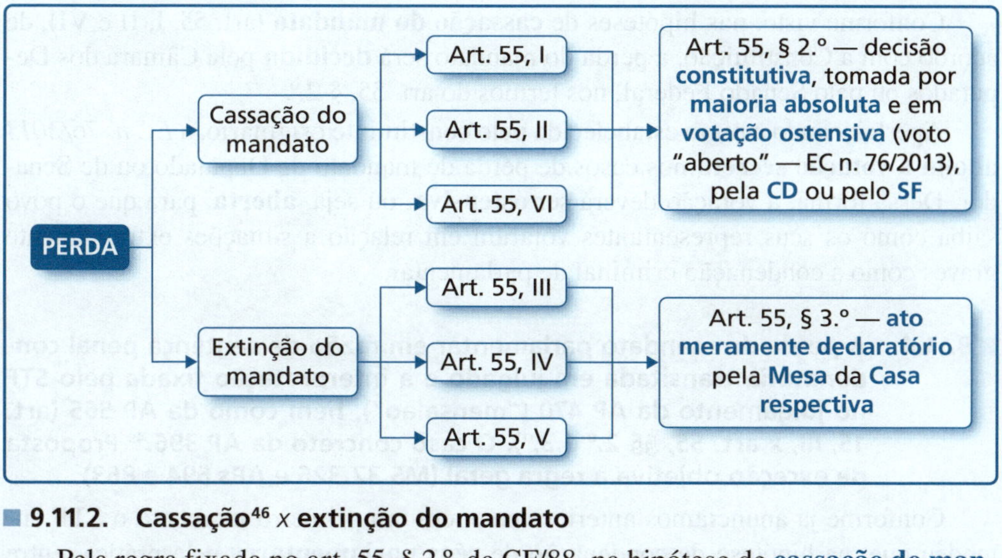

▪ 9.11.2. Cassação[46] *x* extinção do mandato

Pela regra fixada no art. 55, § 2.º, da CF/88, na hipótese de **cassação do mandato**, a sua perda será **decidida** pela **Câmara dos Deputados** ou pelo **Senado Federal**, por **maioria absoluta**, mediante provocação da respectiva Mesa ou de

[46] Deve-se deixar claro que estamos falando em *cassação do **mandato***, e não em *cassação de direitos políticos*, esta expressamente inadmitida na Constituição, cujo art. 15 prescreve somente as hipóteses de *perda* ou de *suspensão* de *direitos políticos*.

partido político representado no Congresso Nacional, assegurada ampla defesa. Em se tratando de **extinção**, por outro lado (art. 55, § 3.º), a perda será **declarada** pela **Mesa da Casa respectiva**, de ofício ou mediante provocação de qualquer de seus membros, ou de partido político representado no Congresso Nacional, assegurada ampla defesa.

Dessa forma, na primeira situação (cassação — **decisão** — pela Casa), o provimento político terá natureza **constitutiva**. Na segunda (extinção — **declaração** — pela Mesa), a natureza será **declaratória**.

Cassação do mandato, ensina José Afonso da Silva,[47] "é a **decretação** da **perda** do mandato por ter seu titular incorrido em falta funcional definida em lei e punida com esta sanção". **Extinção do mandato**, por seu turno, define-se como "o **perecimento** do mandato pela ocorrência de fato ou ato que torna automaticamente **inexistente a investidura eletiva**, tal como a morte, a renúncia, o não comparecimento a certo número de sessões expressamente fixado (desinteresse, que a Constituição eleva à condição de renúncia), perda ou suspensão dos direitos políticos". Nesse caso, trata-se de provimento meramente **declaratório**, pois a Mesa apenas reconhece (por declaração) a ocorrência do fato ou ato do **perecimento do mandato**.[48]

■ 9.11.3. Votação aberta na hipótese de cassação do mandato: aprovação da "PEC do voto aberto" (EC n. 76/2013). Avanço democrático

Conforme visto, nas hipóteses de **cassação do mandato** (art. 55, I, II e VI), de acordo com a Constituição, a perda do mandato será **decidida** pela Câmara dos Deputados ou pelo Senado Federal, nos termos do art. 55, § 2.º.

Aperfeiçoando a regra estabelecida pelo constituinte originário, a *EC n. 76/2013* **aboliu a votação secreta** nos casos de perda de mandato de Deputado ou de Senador. Dessa forma, a votação deverá ser **ostensiva**, ou seja, **aberta**, para que o povo saiba como os seus representantes votaram em relação a situações extremamente graves como a condenação criminal de parlamentar.

■ 9.11.4. A perda do mandato parlamentar em razão de sentença penal condenatória transitada em julgado e a interpretação fixada pelo STF no julgamento da AP 470 ("mensalão"), bem como da AP 565 (art. 15, III, *x* art. 55, §§ 2.º e 3.º). O caso concreto da AP 396.[49] Proposta de exceção objetiva à regra geral (MS 32.326 e APs 694 e 863)

Conforme já anunciamos anteriormente, em um primeiro momento o STF entendeu que, na hipótese de condenação de **réus parlamentares** pela prática, entre

---

47 José Afonso da Silva, *Comentário contextual à Constituição,* 8. ed., p. 429.

48 José Afonso da Silva, *Comentário contextual à Constituição,* 8. ed., p. 429.

49 Sobre o assunto, sugerimos **vídeo** por nós gravado à época dos fatos, em 03.09.2013, devendo ser atualizado com a informação da aprovação da "PEC do voto aberto", promulgada como **EC n. 76/2013**: *Perda do Mandato Parlamentar — caso Natan Donadon — Mensalão — PEC do Voto Aberto*, em nossa página: <https://www.youtube.com/pedrolenzaoficial>.

outros, de **crimes contra a Administração Pública**, tendo em vista tratar-se de conduta juridicamente incompatível com os deveres inerentes ao cargo, impunha-se "a perda do mandato como medida adequada, necessária e proporcional" (**AP 470**, j. 17.12.2013).[50]

Evoluindo, contudo, a Corte mudou o entendimento e passou a reconhecer a especialidade do art. 55, § 2.º, no sentido de a perda do cargo depender de decisão da Casa (**AP 565**, j. 08.08.2013).

A) AP 470 — "mensalão" — j. 17.12.2012 (primeira orientação, superada em momento seguinte)

O tema precisava ser esclarecido pela Suprema Corte, que o fez, em um **primeiro momento**, em julgamento apertado, por **5 x 4**, ao decidir que os três Deputados Federais condenados **na AP 470** ("mensalão") e que ainda exerciam o mandato, quais sejam, João Paulo Cunha (PT/SP), Pedro Henry (PP/MT) e Valdemar Costa Neto (PR/SP), perderiam, **automaticamente**, os seus mandatos com o **trânsito em julgado** da **sentença penal condenatória**.

A decisão, muito embora tenha sido proferida pela maioria exigida, deu-se sem estar completo o Plenário da Corte.

O Min. Teori Albino Zavascki, apesar de já ter tomado posse em **29.11.2012**, em razão da vaga deixada pelo Ministro Cezar Peluso, aposentado em setembro ao completar 70 anos, não participou do referido julgamento.

Ainda, no momento da decisão (17.12.2012), encontrava-se também em aberto a vaga do Min. Ayres Britto, aposentado compulsoriamente desde 17.11.2012, nos termos do Decreto Presidencial de 14.11.2012, e que veio a ser preenchida somente com a indicação e posse do Min. Luís Roberto Barroso em 26.06.2013.

Portanto, 9 Ministros, naquele momento, resolveram a questão. Estando empatado em 4 x 4 (no sentido ou não da perda automática do mandato, em razão da sentença penal condenatória transitada em julgado), o Min. Celso de Mello, em 17.12.2012, proferiu o voto de desempate, determinando a aplicação do art. 55, § 3.º, da CF/88, que apenas atribui ao Parlamento o poder de **declarar** a perda do mandato, e não o de **decidir** sobre a sua concretização, afastando-se, assim, a regra contida no art. 55, § 2.º.

De acordo com a sua decisão, "... todos os condenados por **mais de 4 anos de reclusão** ou cuja condenação diga respeito a **ato de improbidade administrativa** — o que ocorre nos crimes contra a administração pública, tais como peculato e corrupção passiva, deve implicar **automaticamente a perda dos mandatos eletivos**. E, neste caso, a perda deve ocorrer, no entender do ministro Celso de Mello, mesmo que a pena seja inferior a quatro anos, como no crime de peculato, punido com penas que vão de 2 a 12 anos de reclusão. Já quanto aos demais casos, isto é, em condena-

[50] A discussão surgiu em relação aos **parlamentares federais**. Houve **unanimidade** no sentido da decretação da perda de mandato eletivo do réu que exercia mandato de prefeito (José Borba, então prefeito de Jandaia do Sul, no Paraná). Dessa forma, ficou estabelecido que a regra da **cassação imediata de mandatos** incide, por inteiro, em relação aos ocupantes dos cargos eletivos do Executivo: Presidente da República, os Governadores de Estado e do Distrito Federal, bem como os Prefeitos.

ções por tempo inferior e por delitos de menor potencial ofensivo, caberá à Câmara, no entendimento do ministro Celso de Mello, deliberar sobre a perda ou não do mandato, conforme previsto no parágrafo 2.º do artigo 55 da Constituição Federal" (*Notícias STF*, 17.12.2012).

Cabe observar que, além desses argumentos trazidos pelo Min. Celso de Mello, o STF estabeleceu que, uma vez **transitado em julgado o processo** (*Inf. 693/STF*):

- por unanimidade, ficam **suspensos os direitos políticos de todos os réus condenados**, com base no **art. 15, III**, da CF;
- por maioria, fica **decretada a perda de mandato eletivo** dos Deputados Federais acusados na ação penal;
- as hipóteses de perda ou suspensão de direitos políticos previstas no art. 15 da CF são taxativas;
- o Poder Legislativo pode decretar a perda de mandato de Deputado Federal ou Senador, com fundamento em perda ou suspensão de direitos políticos, bem assim em condenação criminal transitada em julgado (CF, art. 55, IV e VI). Essa previsão constitucional, contudo, **vincula-se aos casos em que a sentença condenatória não decretar a perda de mandato**, em razão de não estarem presentes os requisitos legais (CP, art. 92, I, "a" e "b", e parágrafo único),[51] ou alguma legislação especial, como a Nova Lei de Abuso de Autoridade — art. 4.º, III e parágrafo único[52]), ou por ter sido proferida anteriormente à expedição do diploma, com o trânsito em julgado ocorrente em momento posterior;
- não se aplica o art. 55 da CF (juízo político), uma vez que a **perda de mandato eletivo** caracteriza-se como **efeito irreversível da sentença condenatória**;
- de acordo com o art. 55, § 3.º, introduzido pela EC n. 35/2001, estabeleceu-se a possibilidade de **suspensão do processo**, com o objetivo de se evitar que o parlamentar seja submetido a perseguição política. Na medida em que essa situação não se verificou, o feito poderia seguir o seu trâmite regular;

---

[51] **Art. 92 do CP:** "São também efeitos da condenação: I — a perda de cargo, função pública ou mandato eletivo: *a)* quando aplicada **pena privativa de liberdade** por tempo **igual** ou **superior a 1 (um) ano**, nos **crimes praticados com abuso de poder ou violação de dever para com a Administração Pública**; *b)* quando for aplicada **pena privativa de liberdade** por tempo **superior a 4 (quatro) anos** nos demais casos; (...) Parágrafo único. Os **efeitos** de que trata este artigo **não são automáticos**, devendo ser **motivadamente declarados na sentença**".

[52] Em se tratando de aplicação da **Nova Lei de Abuso de Autoridade** (Lei n. 13.869/2019), o art. 4.º, III, define serem **efeitos da condenação a perda do cargo, do mandato ou da função pública**. Esses efeitos, contudo, são **condicionados** à ocorrência de **reincidência em crime de abuso de autoridade**, não sendo automáticos, devendo ser **declarados motivadamente na sentença** (art. 4.º, parágrafo único, da Lei n. 13.869/2019). Cabe observar que, em alguns crimes, por outro lado, o efeito da perda decorre automaticamente da sentença, por exemplo, nos **crimes de tortura**, já que, segundo o art. 1.º, § 5.º, da Lei n. 9.455/97, a condenação acarretará a perda do cargo, função ou emprego público e a interdição para seu exercício pelo dobro do prazo da pena aplicada. Não é o caso dos crimes previstos na Lei de Abuso de Autoridade.

■ os réus cometeram **crimes contra a Administração Pública** quando no exercício do cargo, a revelar conduta **incompatível** com o exercício de mandato eletivo.

Ressalte-se que esse **primeiro entendimento** sobre a perda automática do mandato não refletia a jurisprudência do STF que, de modo instável (lembrando que o placar foi fixado por **5 x 4**), modificou-se sem a composição completa da Corte.

Isso porque, conforme se observa pelos precedentes indicados abaixo, o STF **entendia** ser a regra do **art. 55, § 2.º**, da CF/88 **especial** sobre a regra geral do art. 15, III (nesse sentido, preciso o voto do Min. Dias Toffoli, apesar de vencido, nesse primeiro momento, proferido no julgamento do "mensalão"):

- **MS 21.443/DF** (j. 22.04.1992): não obstante a decisão tenha analisado uma situação concreta de falta de decoro parlamentar (art. 55, II), assim definiu o Min. Paulo Brossard: "observadas as formalidades constitucionalmente enunciadas, a decisão, da Câmara ou do Senado, poderá ser discutível, poderá ser injusta, poderá ser desacertada, mas será definitiva e irrecorrível; será insuscetível de revisão judicial. Porque a Constituição deu à Câmara e só à Câmara, ao Senado e só ao Senado, a competência para decidir algo que à Câmara e ao Senado diz respeito".
- **RE 179.502** (j. 31.05.1995): apesar de ser a questão diferente, na linha do voto do Min. Relator Moreira Alves, pelo princípio da especialidade, a regra do art. 55, VI e § 2.º, deveria prevalecer sobre a regra geral do art. 15, III (*lex speciali derrogat lex generali*). Nesse sentido, bastante elucidativo o voto do Min. Celso de Mello.

Esse entendimento, que então **prevalecia** no STF, superado naquele primeiro momento da análise da AP 470, parecia seguir a *ratio* da regra prevista pela *Assembleia Nacional Constituinte* que acolheu, por 407 votos (16 contrários e 6 abstenções, de um total de 429), a **Emenda n. 1.895 — Modificativa** do texto do "Centrão" (de autoria do Constituinte **Antero de Barros**, destacada pelo Constituinte Fernando Lyra), para fixar, com precisão, a regra especial do art. 55, §§ 2.º e 3.º, sendo que, no caso, como explicou o Constituinte Nelson Jobim, teria o objetivo de, em relação à condenação criminal (embora estivessem preocupados, na discussão, com os **crimes de menor potencial ofensivo**, reconheça-se), entregar a decisão, que seria política, ao Plenário das Casas respectivas, não sendo a perda do mandato automática.[53]

O STF, contudo, de modo explícito, definiu **posicionamento**, estabelecendo interpretação harmonizadora dos dispositivos em antinomia (arts. 15, III, e 55, VI, § 2.º) a partir do substrato axiológico de normas constitucionais (**ética** e **moralidade na administração pública**, **isonomia** e **princípio republicano**).

B) AP 565 — MUDANÇA DE ENTENDIMENTO — aplicação da regra especial do art. 55, § 2.º — a perda do mandato depende de deliberação da Casa — j. 08.08.2013

---

53 Cf. *Ata da 224.ª Sessão da Assembleia Nacional Constituinte*, em 14.03.1988, publicada em 15.03.1988, p. 215-216 <http://www.senado.gov.br/publicacoes/anais/constituinte/N015.pdf>.

CUIDADO: em momento seguinte, como se apontou, no julgamento da **AP 565**, em **08.08.2013**, agora com os votos do Min. Teori Zavascki e do Min. Luís Roberto Barroso, por 6 x 4 (o Min. Fux não votou porque se declarou impedido, pois já havia julgado o caso concreto quando era Ministro do STJ), o STF decidiu **que a perda do mandato parlamentar não é automática e depende de manifestação da Casa**, declarando a regra do art. 55, § 2.º, **especial** em relação à geral contida no art. 15, III.

Ainda, ficou estabelecido que a perda do mandato a ser **decidida** pela Casa não impediria o réu parlamentar de cumprir a pena imposta. Assim, a Corte, reconhecendo o não cabimento de qualquer outro recurso, certificou o trânsito em julgado, determinou fosse lançado o nome dos réus no rol dos culpados e expediu os competentes mandados de prisão.

C) AP 396 e a EC n. 76/2013 (fruto da aprovação da "PEC do voto aberto") — histórica primeira votação aberta

Pois bem, diante desse novo posicionamento, qual seja, o de que a perda do mandato não é automática, em outro caso, envolvendo a condenação de Deputado Federal à pena de mais de 13 anos de reclusão, em regime fechado, por formação de quadrilha e peculato (**AP 396**, N. D.), diante da *Representação n. 20/2013*, levou-se à Câmara dos Deputados a discussão sobre a perda do mandato parlamentar.

Em **28.08.2013**, a Casa **manteve** o mandato do deputado federal que cumpria pena. Isso mesmo, estávamos diante da estranha situação de se ter um deputado federal mantido no cargo e cumprindo pena em regime fechado.[54]

Essa situação gerou a revolta da sociedade e, sem dúvida, serviu para a mobilização do Congresso Nacional.

Procurando "escutar a voz das ruas", o Parlamento passou a analisar duas propostas de emenda: **a)** "PEC do voto aberto" (pois, naquele momento, a votação ainda era secreta); **b)** PEC que estabelece a perda imediata do mandato de parlamentar condenado por crimes contra a Administração Pública.

A primeira foi aprovada e promulgada como **EC n. 76/2013**. A segunda, até o fechamento desta edição, ainda estava sendo discutida no Parlamento (*matéria pen-*

[54] Registraram-se 233 votos pela cassação, 131 pela manutenção e 41 abstenções, faltando, assim, 24 votos para a perda do mandato. Curiosamente, apesar de registrada a presença de quase 460 deputados, apenas 405 votaram, muitos se retirando do plenário de votação! Conforme decidiu o Presidente da Câmara dos Deputados, Henrique Alves, "tendo em vista a rejeição do parecer da Comissão de Constituição e Justiça e de Cidadania, que opinava pela procedência da Representação, esta Presidência dará consequência à decisão do Plenário. Todavia, uma vez que, **em razão do cumprimento da pena em regime fechado**, o Deputado Natan Donadon encontra-se impossibilitado de desempenhar suas funções, considero-o afastado do exercício do mandato e determino a convocação do suplente imediato, em caráter de substituição, pelo tempo que durar o impedimento do titular. Acrescente-se que a representação da Câmara dos Deputados não pode permanecer desfalcada indefinidamente, assim como a sociedade e o Estado de Rondônia não podem ficar privados de um de seus representantes" (<http://www2.camara.leg.br/a-camara/presidencia/noticias/presidente-convoca-suplente-do-deputado-natan-donadon>, acesso em 02.02.2014).

dente), apesar dos avanços trazidos pela **Nova Lei de Abuso de Autoridade** (Lei n. 13.869/2019).

Em se tratando de aplicação da Nova Lei de Abuso de Autoridade (Lei n. 13.869/2019), apenas para destacar, o art. 4.º, III, define serem **efeitos da condenação** a perda do cargo, do mandato ou da função pública. Esses efeitos, contudo, são **condicionados à ocorrência de reincidência em crime de abuso de autoridade**, não sendo automáticos, **devendo ser declarados motivadamente na sentença** (art. 4.º, parágrafo único, da Lei n. 13.869/2019).

Voltando aos efeitos práticos da aprovação da "PEC do voto aberto", em 12.02.2014, em nova votação e à luz da regra introduzida pela EC n. 76/2013, a Câmara dos Deputados **cassou**, por 467 votos favoráveis e 1 abstenção, o mandato do Deputado Federal N. D., assumindo, assim, de modo definitivo o seu suplente.

A sociedade presenciou a **histórica primeira votação aberta** na Câmara dos Deputados, "corrigindo" o dito "erro político" cometido na primeira votação (pelo voto fechado) que o manteve no cargo (*Agência Câmara Notícias*).

Esse novo julgamento teve por objeto a **Rep. 22/2013**, apresentada pelo Partido Socialista Brasileiro (PSB) e que apontou dois motivos para a **quebra do decoro** (art. 55, II — portanto, outro fundamento): a) ter o deputado votado no processo de perda do seu próprio mandato, violando o regimento interno (art. 180, § 6.º); b) ter saído, nas dependências externas da Câmara, "algemado e transportado de camburão do serviço penitenciário para o Presídio da Papuda, em Brasília", o que afetaria a imagem da Casa.

D) MS 32.326 e APs 694 e 863 — proposta de exceção objetiva à regra geral — j. 02.09.2013, 02.05.2017 e 23.05.2017

Conforme se observou, a regra geral é a contida no art. 55, VI e § 2.º, que estabelece a necessidade de **decisão** da Casa Legislativa, **por voto aberto**, para deliberação sobre a perda do mandato em razão de condenação criminal em sentença transitada em julgado.

Estabelecida a regra, vamos imaginar uma situação específica para, então, enunciar a exceção objetiva, constitucionalmente descrita: suponha que a condenação criminal tenha fixado pena privativa de liberdade, em **regime inicial fechado**, por período de tempo que seja superior ao restante do mandato, ou que, por estar encarcerado, o parlamentar deixe de comparecer, por impossibilidade física já que está preso!, à terça parte das sessões ordinárias da Casa a que pertencer, ou, ainda, por essas razões, que o seu afastamento ultrapasse 120 dias o período da sessão legislativa.

Nesses casos, parece ter razão a proposta sugerida pelo **Min. Barroso** em decisão monocrática proferida no **MS 32.326** (j. 02.09.2013), que serviu de paradigma para novos pronunciamentos da 1.ª Turma do STF no julgamento da **AP 694** (Rel. Min. Rosa Weber, j. 02.05.2017) e da **AP 863** (Rel. Min. Edson Fachin, j. 23.05.2017), que estabeleceu a perda automática do mandato como resultado direto e inexorável da condenação.

Apesar de se tratar de decisão monocrática, seguida de decisão de uma das Turmas do STF **e não do Plenário**, sem dúvida, estamos diante de exceção objetiva bastante convincente.

Conforme estabeleceu o Min. Barroso, "a Constituição prevê, como regra geral, que cabe a cada uma das Casas do Congresso Nacional, respectivamente, a **decisão** sobre a perda do mandato de Deputado ou Senador que sofrer condenação criminal transitada em julgado. Esta regra geral, no entanto, não se aplica em caso de condenação em **regime inicial fechado, por tempo superior ao prazo remanescente do mandato parlamentar**. Em tal situação, a perda do mandato se dá **automaticamente**, por força da **impossibilidade jurídica e física de seu exercício**. Como consequência, quando se tratar de Deputado cujo prazo de prisão em regime fechado exceda o período que falta para a conclusão de seu mandato, **a perda se dá como resultado direto e inexorável da condenação**, sendo a decisão da Câmara dos Deputados **vinculada** e **declaratória**" (MS 32.326, decisão monocrática proferida em 02.09.2013, fls. 17 da decisão).

E, ainda, "de acordo com a legislação em vigor e a interpretação judicial que lhe tem sido dada, o preso em **regime aberto** e **semiaberto** pode ser **autorizado à prestação de trabalho externo**, independentemente do cumprimento mínimo de 1/6 da pena. Este tem sido o entendimento pacífico do STJ, podendo-se citar, exemplificativamente, os acórdãos proferidos no HC 251.107 e no HC 255.781 (...). Por outro lado, no tocante ao preso em **regime fechado**, a Lei de Execuções Penais (arts. 36 e 37) não apenas **restringe** o trabalho externo como exige o cumprimento mínimo de **1/6 da pena**. Reiterando: o preso em regime fechado tem **restrições severas ao trabalho externo**, além de não poder prestá-lo antes do cumprimento do sexto inicial da pena. Disso resulta que o condenado em regime inicial fechado, cujo período remanescente de mandato seja inferior a 1/6 (um sexto) da pena a que foi condenado — isto é, ao tempo mínimo que terá de permanecer necessariamente na penitenciária (LEP, art. 87) —, não pode conservar o mandato. É que, nessa situação, verifica-se uma **impossibilidade jurídica** e **física** para o exercício do mandato. Jurídica, porque uma das condições mínimas exigidas pela Constituição para o exercício do mandato é o comparecimento às sessões da Casa (CF, arts. 55, III, e 56, II). E física, porque ele simplesmente não tem como estar presente ao local onde se realizam os trabalhos e, sobretudo, as sessões deliberativas da Casa Legislativa" (fls. 15 e 16).

Essa orientação, conforme já mencionamos, foi adotada em momento seguinte pela 1.ª Turma do STF, que reconheceu hipóteses de afastamento por mais de 120 dias da sessão legislativa. Vejamos os julgados:

- **AP 694:** "desmembramento da operação Sanguessuga, da Polícia Federal, na qual foi revelado um esquema criminoso, atuando em diversos estados, para o desvio de recursos públicos por meio da aquisição superfaturada, por prefeituras, de veículos — especialmente ambulâncias — e equipamentos médicos, com licitações direcionadas para favorecer" determinado o grupo. "Segundo a acusação, caberia ao deputado federal apresentar emendas ao orçamento geral da União, destinadas a municípios das regiões norte e nordeste do Estado do Rio de Janeiro, para beneficiar as empresas do grupo." Referido deputado foi condenado a 12 anos, 6 meses e 6 dias de reclusão, em regime inicial fechado, mais 374 dias-multa pelos crimes de corrupção passiva e lavagem de dinheiro (*Notícias STF* de 02.05.2017).

▪ **AP 863:** de acordo com a denúncia do Ministério Público Federal, o deputado federal P. M. "atuou na lavagem de dinheiro desviado de obras públicas e fez remessas ilegais ao exterior, por meio de doleiros. O deputado, conforme a acusação, participou de esquema de cobrança de propinas na Prefeitura de São Paulo, em 1997 e 1998, que continuou a contar com seu envolvimento direto nos anos seguintes". A 1.ª T. do STF condenou o deputado, pelo crime de lavagem de dinheiro, a 7 anos, 9 meses e 10 dias de reclusão, em regime inicial fechado, mais 248 dias-multa (*Notícias STF* de 23.05.2017).

Em ambos os casos, a Corte entendeu a aplicação do art. 55, § 3.º. Assim, a perda do mandato deverá ser **declarada** pela **Mesa da Casa** e não decidida pelo plenário. Trata-se de provimento meramente declaratório sem a possibilidade de contestação da decisão judicial.

Apesar da autonomia do Parlamento para levar a questão à Mesa, em razão do seu próprio direito de agenda e da separação de poderes, sustentamos que, em caso de demora desarrazoada, o STF poderá fixar prazo para a implementação da decisão judicial com as consequências de seu eventual e criticável descumprimento.

Por todo o exposto, podemos esquematizar as seguintes situações nas quais a condenação criminal, como exceção à regra geral, ensejará a perda automática do mandato, havendo a necessidade de mera **declaração da Mesa** para a concretização da medida:

- sentença penal condenatória transitada em julgado impondo o cumprimento da pena em regime inicial fechado por prazo superior ao período remanescente do mandato (considerando, inclusive, a eventual possibilidade de progressão de regime depois de cumprido 1/6 da pena). Nesta hipótese, estaremos diante de impossibilidade jurídica e física para o exercício do mandato;
- todos os casos de prisão em regime fechado que leve o parlamentar a deixar de comparecer, em cada sessão legislativa, à terça parte das sessões ordinárias da Casa a que pertencer (art. 55, III);
- todas as situações em que a condenação criminal impuser ao parlamentar o afastamento por prazo superior a 120 dias (art. 56, II).

De fato e conforme já alertado, estamos diante de tema ainda não apreciado pelo Pleno do STF, mas que, sem dúvida, pela razoabilidade da proposta, tende a ser admitido como verdadeira exceção objetiva à regra geral já estudada. Vamos acompanhar (pendente).

9.11.5. É possível a renúncia do cargo por parlamentar submetido a processo que vise ou possa levá-lo à perda do mandato?

Sim, é possível a **renúncia de parlamentar** submetido a processo que vise ou possa levá-lo à perda do mandato. **Todavia**, nessa hipótese, a EC de Revisão n. 6/94, constitucionalizando o previsto no art. 1.º e seu parágrafo único do Decreto Legislativo n. 16, de 24.03.1994 (art. 55, § 4.º, da CF/88), veio disciplinar que a aludida renúncia **terá seus efeitos suspensos** até as deliberações finais descritas nos §§ 2.º e 3.º do art. 55. Assim, nos termos do decreto, a renúncia "... fica sujeita à **condição sus-**

pensiva, só produzindo efeitos se a decisão final não concluir pela perda do mandato". **No caso de ter sido a decisão final pela perda do mandato**, o parágrafo único do aludido decreto legislativo dispõe que a **declaração de renúncia será arquivada**, não produzindo efeitos no sentido de que já terá sido declarada a perda do mandato.

9.11.6. Perda do mandato nas hipóteses de infidelidade partidária

O art. 22-A da Lei n. 9.096/95, introduzido pela Lei n. 13.165/2015 (*minirreforma eleitoral*), na linha da jurisprudência tanto do TSE como do STF, consagrou a regra da "**fidelidade partidária**" ao estabelecer que perderá o mandato o detentor de cargo eletivo que se desfiliar, **sem justa causa**, do partido pelo qual foi eleito.

Conforme aprofundamos no *item 18.5* (e remetemos o nosso querido leitor para esse capítulo), mudar de partido (sem justa causa) caracteriza desvio ético-político e gera desequilíbrio no Parlamento. É fraude contra a vontade do povo e, assim, desde que não se consiga demonstrar a justa causa, ensejará a **perda do mandato**.

Devemos alertar, segundo o entendimento firmado, que essa hipótese vale **apenas para o sistema proporcional** (eleição de deputados federais, estaduais, distritais e vereadores), não se aplicando aos que foram eleitos pelo sistema majoritário (Chefes de Executivo e Senadores), entendimento esse, inclusive, consagrado na **S. 67/TSE**, de 10.05.2016.

A regra da perda do mandato nas hipóteses de infidelidade partidária apresenta exceções previstas tanto na **EC n. 91/2016**, que estabeleceu inegável "janela partidária constitucional", na **EC n. 97/2017**, que, ao introduzir o § 5.º ao art. 17 da CF/88, facultou ao eleito, em caso de o partido não preencher os requisitos previstos no art. 17, § 3.º, a possibilidade de filiação, sem perda do mandato, como na Lei n. 9.096/95, e que são estudadas no *item 18.5*.

9.11.7. Suspensão do exercício do mandato de parlamentar eleito (AC 4.070)

Em 05.05.2016, o Pleno do STF, por unanimidade, referendou decisão do Min. Teori Zavascki que determinou a **suspensão** do então Presidente da Câmara dos Deputados, Eduardo Cunha, do **exercício do mandato de deputado federal** e, por consequência, da **função de Presidente da Câmara dos Deputados**.

Trata-se de situação extraordinária e sem previsão expressa na Constituição, que prevê, apenas, a **perda do mandato** nas hipóteses já estudadas do art. 55.

Estamos diante de provimento cautelar, diverso da prisão, determinando a **suspensão do exercício do mandato**, com o objetivo de garantir a aplicação da lei penal, a investigação ou a instrução criminal e evitar a prática de infrações penais (art. 282, c/c o art. 319, VI, do CPP).

Em momento seguinte, o STF estabeleceu, por 6 x 5, que, na hipótese de imposição de medida cautelar diversa da prisão (art. 319, CPP), a Casa Legislativa a que pertencer o parlamentar, para os fins a que se refere o art. 53, § 2.º, da Constituição, deverá deliberar, por voto aberto e por maioria absoluta, sobre referida decisão judi-

Acesse também a videoaula pelo link: somos.in/DCE25098

cial, sempre que a sua execução impossibilitar, direta ou indiretamente, o exercício regular de mandato parlamentar (**ADI 5.526**, Pleno, STF, j. 11.10.2017, aguardando o julgamento dos embargos de declaração — pendente — cf. *item 9.9.2.2.3*).

Conforme se observa, não se trata de hipótese de vacância do cargo na Mesa Diretora, e, por isso, a função de Presidente da Câmara dos Deputados passou a ser exercida, nos termos regimentais, pelo Primeiro Vice-Presidente, o Deputado Federal Waldir Maranhão, que, em 09.05.2016, protagonizou medida extremamente criticada de, por ato próprio e unilateral, **anular** a sessão plenária realizada nos dias 15, 16 e 17 de abril de 2016 da Câmara, que autorizou a instauração do processo de *impeachment* contra a ex-Presidente Dilma Rousseff, solicitando a devolução dos autos do processo, que já se encontravam no Senado Federal.

A medida se mostrou tão **teratológica** que o deputado, no mesmo dia, voltou atrás e **revogou** a própria decisão, que, como se disse, contrariou a maioria dos 367 votos a favor (contra 137) que já haviam se manifestado no procedimento de impedimento.

Entendemos que, estando o Presidente da Câmara suspenso de suas funções por decisão do STF, em caso de necessidade de substituição na forma do art. 80, não poderia o Primeiro Vice-Presidente da Câmara (o então Dep. Waldir Maranhão) em exercício assumir, mas, sim, sucessivamente, o Presidente do Senado Federal e o do STF, como manda a Constituição.

Diante dessa situação, em 07.07.2016, o então Presidente da Câmara, que estava afastado de suas funções em razão da decisão do STF, **renunciou à função de Presidente da Casa** (não ao cargo de deputado federal), e, por isso, em 14.07.2016 veio a ser eleito, em segundo turno, o novo Presidente, Deputado Rodrigo Maia, com 285 votos a seu favor, contra 170 do segundo colocado, para terminar o mandato do referido primeiro biênio (mandato tampão — art. 57, § 4.º).

Como é do conhecimento público, a Câmara dos Deputados, nos termos da **Res. n. 18/2016** (a partir da Representação n. 1/2015), declarou a perda do mandato do então Deputado Federal Eduardo Cunha por conduta incompatível com o decoro parlamentar, com fundamento no inciso II do art. 55 da Constituição Federal, combinado com o art. 240 do *Regimento Interno da Câmara dos Deputados*, aprovado pela Res. n. 17/89, e o inciso V do art. 4.º do *Código de Ética e Decoro Parlamentar da Câmara dos Deputados*.

Nesse sentido, em razão de não mais ostentar a condição de parlamentar federal, o STF deixou de ter competência para apreciar as ações que envolviam o ex-Deputado Eduardo Cunha.

■ 9.12. HIPÓTESES EM QUE NÃO HAVERÁ A PERDA DO MANDATO DO DEPUTADO OU SENADOR E OUTRAS REGRAS

O art. 56 da CF/88 enumera as hipóteses em que o Deputado ou Senador **não perderá o mandato**, quais sejam:

- **quando investido nos cargos de:** Ministro de Estado, Governador de Território, Secretário de Estado, do Distrito Federal, de Território, de Prefeitura de Capital ou chefe de missão diplomática temporária (art. 56, I);

- **quando licenciado pela respectiva Casa por:** motivo de doença (art. 56, II, 1.ª parte);
- **quando licenciado pela respectiva Casa para:** tratar, sem remuneração, de interesse particular, desde que, neste caso, o afastamento não ultrapasse **120 dias** por sessão legislativa (art. 56, II, 2.ª parte).

Algumas outras regras também foram estabelecidas, concernentes a temas correlatos às regras acima expostas. Vejamo-las:

- **nos casos de vaga, investidura em funções previstas no art. 56, I, ou licença superior a 120 dias:** haverá convocação do suplente para assumir o mandato (art. 56, § 1.º);
- **ocorrendo vaga, não havendo suplente e faltando mais de 15 meses para o término do mandato:** será feita nova eleição para preencher a vaga (art. 56, § 2.º);
- **nas hipóteses de investidura nos cargos de Ministro de Estado, Governador de Território, Secretário de Estado, do Distrito Federal, de Território, de Prefeitura de Capital ou chefe de missão diplomática temporária (art. 56, I):** o Deputado ou Senador poderá optar pela remuneração do mandato;
- **haverá perda das imunidades parlamentares no caso de investidura nos cargos acima apontados?** Sabemos que, por força do art. 56, I, o parlamentar federal não perderá o mandato. No entanto, **perderá (ou melhor, ficarão suspensas) as imunidades parlamentares**, de acordo, inclusive, com o art. 102, § 1.º, do *RISTF*, que **cancelou** a Súmula 4, a qual dizia o contrário. **Assim, apesar de não perder o mandato, as imunidades parlamentares ficarão suspensas;**[55]
- **e a prerrogativa de foro em matéria penal subsiste se o parlamentar estiver afastado nas hipóteses do art. 56, por exemplo, no caso de estar investido no cargo de Ministro de Estado?** Conforme visto, os parlamentares não perdem o mandato (art. 56, I), mas ficam com as imunidades suspensas.

Devemos alertar que, em 19.10.2005, o Pleno do STF adotou o entendimento de que, nessa última hipótese, estaria preservada a garantia constitucional da prerrogativa de foro em matéria penal (MS 25.579-MC).

Contudo, esse entendimento deve se adequar ao estabelecido na **AP 937 QO** (j. 03.05.2018): a) o STF só será competente para julgar a ação penal se se demonstrar que se trata de crime cometido durante o exercício do cargo parlamentar e relacionado às funções desempenhadas; b) "após o final da instrução processual, com a publicação do despacho de intimação para apresentação de alegações finais, a competência para processar e julgar ações penais não será mais afetada em razão de o agente público vir a ocupar outro cargo ou deixar o cargo que ocupava, qualquer que seja o motivo".

---

55 "O deputado afastado de suas funções para exercer cargo no Poder Executivo não tem imunidade parlamentar. Com esse entendimento, a Turma indeferiu *habeas corpus* em que se pretendia o trancamento da ação penal instaurada contra deputado estadual que, à época dos fatos narrados na denúncia, encontrava-se investido no cargo de secretário de Estado. Precedente citado: Inquérito 104-RS (*RTJ* 99/477). HC 78.093-AM, Rel. Min. Octavio Gallotti, 11.12.98" (*Inf. 135/STF*).

9.13. PROCESSO LEGISLATIVO

9.13.1. Considerações introdutórias

O processo legislativo consiste nas regras procedimentais, constitucionalmente previstas, para a elaboração das espécies normativas, regras estas a serem criteriosamente observadas pelos "atores" envolvidos no processo.[56]

Nesse sentido é que o art. 59 da CF/88 estabelece que o processo legislativo envolverá a elaboração das seguintes espécies normativas:

- emendas à Constituição;
- leis complementares;
- leis ordinárias;
- leis delegadas;
- medidas provisórias;
- decretos legislativos;
- resoluções.

Regulamentando o parágrafo único do art. 59 da CF/88, a **LC n. 95/98**, alterada pela **LC n. 107/2001**, dispôs sobre as técnicas de elaboração, redação, alteração das leis, bem como sua consolidação, e de outros atos normativos.

A importância fundamental de estudarmos o processo legislativo de formação das espécies normativas é sabermos o correto trâmite a ser observado, sob pena de ser inconstitucional a futura espécie normativa.

Quando estudamos as regras sobre **controle de constitucionalidade**, apontamos que as espécies normativas podem apresentar tanto vício formal (subjetivo ou objetivo) como vício material a ensejar a inconstitucionalidade. O **vício formal**, como apontado, diz respeito ao processo de formação da lei (processo legislativo), cuja mácula pode estar tanto na fase de iniciativa (vício formal subjetivo) como nas demais fases do processo de formação da lei (vício formal objetivo, por exemplo, desrespeito ao *quorum* de votação). Já o **vício material** refere-se ao conteúdo da espécie normativa, à matéria por ela tratada.

Em decorrência de todos esses detalhes é que se estabelece um *controle prévio* ou *preventivo*, realizado não só pelo Legislativo (Comissões de Constituição e Justiça) como, também, pelo Executivo (por meio do veto), sem falar, é claro, do *controle repressivo*, ou *posterior*, cujo objeto é a lei ou ato normativo (já constituídos), sendo realizado pelo sistema difuso ou concentrado (lembrar que o controle de constitucionalidade no Brasil é **jurisdicional misto**).

Outro ponto importante relacionado ao processo legislativo das espécies elencadas no art. 59, **com exceção das medidas provisórias (inciso V)**, foi introduzido pela **EC n. 95/2016**, que instituiu o "**Novo Regime Fiscal**" no âmbito dos Orçamentos

---

[56] José Afonso da Silva define o **processo legislativo** como "um conjunto de atos preordenados visando à criação de normas de direito. Esses atos são: *a*) iniciativa legislativa; *b*) emendas; *c*) votação; *d*) sanção e veto; *e*) promulgação e publicação" (*Curso de direito constitucional positivo*, p. 458).

Fiscal e da Seguridade Social da **União** e que vigorará por 20 exercícios financeiros, nos termos dos arts. 107 a 114 do ADCT.

Segundo a mensagem do Executivo, o objetivo primordial da reforma foi "reverter, no horizonte de médio e longo prazo, o quadro de agudo desequilíbrio fiscal em que nos últimos anos foi colocado o Governo Federal" (*EMI n. 83/2016 MF MPDG*). Assim, para cada exercício, foram estabelecidos **limites** individualizados para as **despesas primárias** dos Poderes, MPU, CNMP e DPU (como se disse, no âmbito dos Orçamentos Fiscal e da Seguridade Social da **União** e não dos outros entre federativos).

Nesse sentido, o art. 114, ADCT, introduzido, estabelece que a **tramitação** de proposição elencada no *caput* do art. 59 da Constituição Federal, ressalvada a referida no seu inciso V, quando acarretar **aumento de despesa** ou **renúncia de receita**, será **suspensa por até 20 dias**, a requerimento de **1/5** dos membros da Casa, nos termos regimentais, para análise de sua compatibilidade com o Novo Regime Fiscal.

Finalmente, para descrever o processo legislativo e suas diversas etapas, didaticamente, começaremos pelo processo de **elaboração das leis ordinárias**, por ser o mais complexo de todos, juntamente com o processo de **elaboração das leis complementares**, cujas diferenças, como veremos, são poucas. Posteriormente, quando estivermos tratando das demais espécies normativas, apontaremos as peculiaridades que as individualizam.

■ 9.13.2. Esquema do processo legislativo das leis ordinárias e complementares

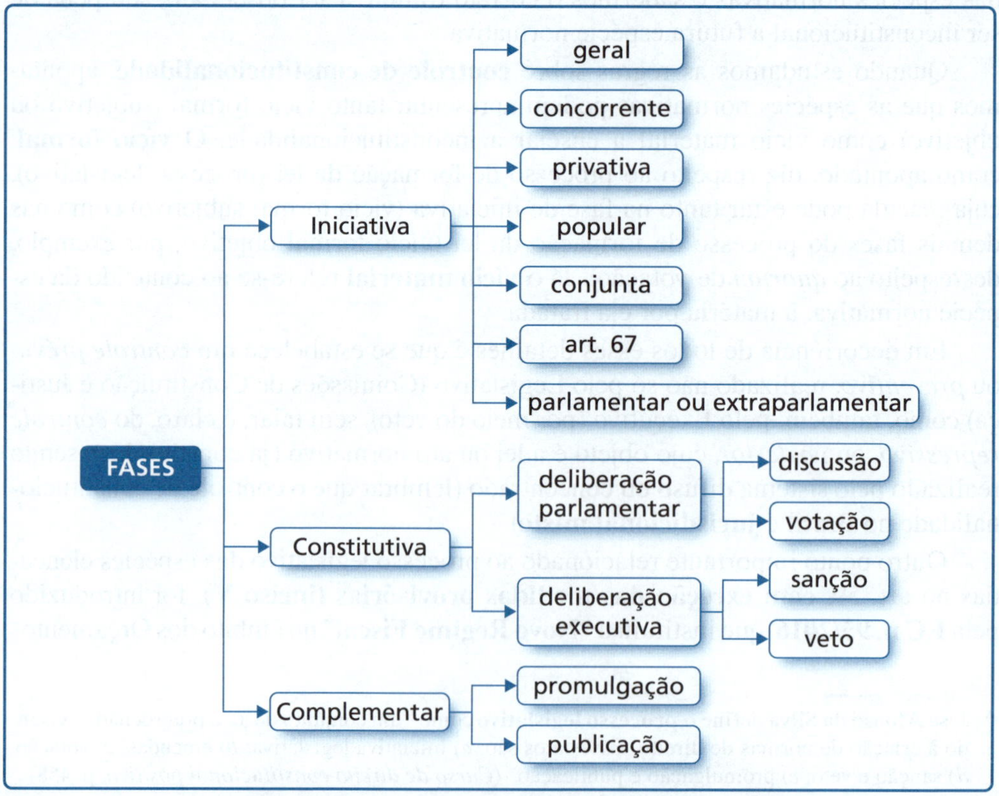

9.13.3. Fase de iniciativa

A primeira fase do processo legislativo é a **fase de iniciativa**, *deflagradora*, *iniciadora*, *instauradora* de um procedimento que deverá culminar, desde que preenchidos todos os requisitos e seguidos todos os trâmites, com a formação da espécie normativa.

Buscando critérios classificatórios, dividimos as hipóteses de iniciativa em: **geral, concorrente, privativa, popular, conjunta, do art. 67 e a parlamentar ou extraparlamentar**.

9.13.3.1. Regra geral para a iniciativa

De maneira ampla, a CF atribui competência às seguintes pessoas e aos órgãos, conforme prevê o art. 61, *caput* **(iniciativa geral)**:

- qualquer Deputado Federal ou Senador da República;
- Comissão da Câmara dos Deputados, do Senado Federal ou do Congresso nacional;
- Presidente da República;
- Supremo Tribunal Federal;
- Tribunais Superiores;
- Procurador-Geral da República;
- cidadãos.

9.13.3.2. Iniciativa concorrente

A **iniciativa concorrente** refere-se à competência atribuída pela Constituição a mais de uma pessoa ou órgão para deflagrar o processo legislativo. Como exemplo podemos lembrar a iniciativa para elaborar leis complementares e ordinárias, concedida a qualquer **membro ou Comissão da Câmara**, **Senado** ou **Congresso**, ao **Presidente da República** e aos **cidadãos**.

Outro exemplo de iniciativa concorrente a ser lembrado, e que será estudado oportunamente, diz respeito à alteração da Constituição por meio de emendas constitucionais (cf. art. 60, I, II e III).

9.13.3.3. Iniciativa "privativa" (reservada ou exclusiva)

Algumas leis são de **iniciativa privativa** de determinadas pessoas ou órgãos, só podendo o processo legislativo ser deflagrado por eles, sob pena de se configurar **vício formal de iniciativa**, caracterizador da inconstitucionalidade do referido ato normativo.

Muito embora a Constituição fale em competência privativa, melhor seria dizer, em muitas das hipóteses, **competência exclusiva** (ou **reservada**), em razão da marca de sua **indelegabilidade**, como se percebe a seguir.

9.13.3.3.1. Iniciativa reservada ao Presidente da República

Como exemplo, temos o art. 61, § 1.º, que estabelece como **leis de iniciativa privativa do Presidente da República** as que:

- **fixem ou modifiquem:** os efetivos das Forças Armadas;[57]
- **disponham sobre:** *a*) criação de cargos, funções ou empregos públicos na administração direta e autárquica ou aumento de sua remuneração; *b*) organização administrativa e judiciária, matéria tributária e orçamentária, serviços públicos e pessoal da administração dos Territórios; *c*) servidores públicos da União e Territórios, seu regime jurídico, provimento de cargos, estabilidade e aposentadoria;[58] *d*) organização do Ministério Público e da Defensoria Pública da União, bem como normas gerais para a organização do Ministério Público e da Defensoria Pública dos Estados, do Distrito Federal e dos Territórios;[59] *e*) criação e extinção de Ministérios e órgãos da Administração Pública, observado o disposto no art. 84, VI (nova redação determinada pela **EC n. 32, de 11.09.2001**); *f*) militares das Forças Armadas, seu regime jurídico, provimento de cargos, promoções, estabilidade, remuneração, reforma e transferência para a reserva.[60]

Outro exemplo interessante de iniciativa reservada ao Presidente da República está previsto na **EC n. 95/2016**, que instituiu o **"Novo Regime Fiscal"** no âmbito dos *Orçamentos Fiscal e da Seguridade Social da* ***União*** e que vigorará por 20 exercícios financeiros, nos termos dos arts. 107 a 114 do ADCT.

A forma de correção do limite de gastos está descrita no art. 107, § 1.º, I e II. O art. 108 do ADCT, contudo, autoriza a **alteração do método de correção** dos limites a partir do 10.º exercício da vigência do regime fiscal, mediante **lei complementar** de **iniciativa reservada ao Presidente da República**, lembrando estar admitida apenas uma alteração por mandato presidencial.

9.13.3.3.2. Iniciativa reservada aos Governadores dos Estados e do DF e aos Prefeitos — simetria com o modelo federal

As hipóteses previstas na Constituição Federal de iniciativa reservada do Presidente da República, pelos **princípios da simetria** e da **separação de Poderes**, devem ser observadas em âmbito estadual, distrital e municipal, ou seja, referidas matérias terão de ser iniciadas pelos Chefes do Executivo (Governadores dos Estados e do DF e Prefeitos), sob pena de se configurar **inconstitucionalidade formal subjetiva**.

---

57 Como exemplo, destacamos a **Lei n. 12.918/2013**, de **iniciativa da ex-Presidente Dilma Rousseff**, que modificou os efetivos do Exército (art. 142), em tempo de paz.

58 Alínea "c" com redação determinada pela EC n. 18/98.

59 Apesar de essa matéria (art. 61, § 1.º, II, "d") ter sido definida como hipótese de competência privativa do **Presidente da República**, o constituinte originário de 1988 estabeleceu exceção a essa regra, no art. 128, § 5.º, em que atribuiu competência concorrente também ao **Procurador-Geral da República** para dispor sobre a **organização do Ministério Público da União**, como apontaremos adiante no *item 9.13.3.7.1*.

60 Alínea "f" acrescentada pela EC n. 18/98.

Assim, está **errado** dizer que o Presidente da República terá iniciativa privativa (mais tecnicamente *reservada*) para dispor sobre a criação de cargos, funções ou empregos públicos na administração direta e autárquica ou o aumento de sua remuneração, em todas as unidades da Federação. A sua atribuição, conforme visto, restringe-se ao **âmbito federal** (art. 61, § 1.º, II, "a"), sendo, em cada unidade federativa, a iniciativa do **respectivo** Chefe do Poder Executivo.

Essa dúvida deixa de existir em relação às outras hipóteses do art. 61, § 1.º, II, na medida em que nas alíneas "b" e "c" já há indicação expressa da União e dos Territórios (que, aliás, são uma extensão da União, não podendo ser definidos como unidade federativa).

Naturalmente, a regra da simetria não incidirá em situações que foram estabelecidas apenas para a União Federal, como é o exemplo acima citado do *Novo Regime Fiscal* introduzido pela EC n. 95/2016 e que foi instituído apenas no âmbito dos Orçamentos Fiscal e da Seguridade Social da **União**.

■ 9.13.3.3.3. *Iniciativa reservada do Judiciário*

A CF/88, no **art. 96, II**, dispõe serem de iniciativa privativa (reservada ou exclusiva) do STF, Tribunais Superiores e Tribunais de Justiça as matérias de seu interesse exclusivo.

Além disso, há previsão no **art. 93** para a elaboração de lei complementar, de iniciativa do STF, que disporá sobre o **Estatuto da Magistratura**.

Em relação ao tema, destacamos a **EC n. 73/2013**, que criou os Tribunais Regionais Federais das 6.ª, 7.ª, 8.ª e 9.ª Regiões, introduzindo o § 11 ao art. 27 do ADCT.

A necessidade de se aumentar por emenda decorre da regra contida no art. 27, § 6.º, do ADCT, que criou, em 1988, os atuais 5 TRFs.

Contra referida emenda, foi ajuizada a **ADI 5.017** pela *Associação Nacional dos Procuradores Federais (ANPAF)* e, em **18.07.2013**, o Min. Joaquim Barbosa concedeu liminar, **suspendendo os seus efeitos** (*pendente de apreciação pelo Pleno*).

Dentre os argumentos expostos, está o **suposto vício formal por violação ao art. 96, II, "c" e "d"**, reconhecido em sede de liminar e com fundamento em alguns precedentes, como ADI 3.930, ADI 2.966 etc. (esses precedentes tratam de matérias de iniciativa de lei reservada ao Governador do Estado e que foram objeto de PEC estadual).

Contudo, com o máximo respeito, não nos parece haver relação entre a jurisprudência pacífica do STF em aplicar a simetria aos projetos de lei de iniciativa do Chefe do Poder Executivo (art. 61, §§ 1.º e 2.º), com o tema objeto da ADI 5.017, qual seja, a alteração da Constituição por emenda para criação de tribunais inferiores.

Nesse sentido, destacamos a EC 45/2004, que criou o CNJ (apesar de não ser tribunal inferior é órgão do Poder Judiciário — art. 92, I-A), bem como extinguiu os tribunais de alçada. Ainda, a EC 24/99 pôs fim aos juízes classistas. Todas, nesses pontos, foram declaradas constitucionais pelo STF.

O constituinte originário fixou os legitimados para reforma da Constituição, indicados no art. 60, I, II e III, e os limites materiais nas cláusulas pétreas, não se podendo criar mais um limite a partir do art. 96, II. Resta aguardar a decisão da Corte, lembrando a importância da criação desses novos TRFs para eficiência da Justiça Federal no Brasil.

■ 9.13.3.3.4. *Iniciativa reservada aos Tribunais de Contas*

O **art. 73** da CF/88 estabelece que o **TCU** exerce, no que couber, as atribuições previstas no **art. 96**.

Nos termos do art. 96, portanto, compete ao TCU propor ao Poder Legislativo **(iniciativa reservada)** projetos de lei referentes às matérias ali indicadas, por exemplo, a criação e a extinção de cargos e a remuneração dos seus serviços auxiliares, bem como a fixação do subsídio de seus membros.

Esse entendimento deve ser estendido, também, às demais Cortes de Contas, e, nesse caso, o projeto de lei tem de ser encaminhado pelo respectivo Tribunal, sob pena de vício formal (art. 75, *caput*, da CF/88).

■ 9.13.3.3.5. *Assuntos exclusivos da Câmara dos Deputados e do Senado Federal*

O **art. 51, IV**, estatui ser competência privativa (exclusiva) da Câmara dos Deputados dispor sobre sua organização, funcionamento, polícia, criação, transformação ou extinção dos cargos, empregos e funções de seus serviços, e a **iniciativa de lei** para a fixação da respectiva remuneração, observados os parâmetros previstos na lei de diretrizes orçamentárias.

Idêntica é a previsão constante do **art. 52, XIII**, em relação ao Senado Federal.

■ 9.13.3.3.6. *Podemos falar em iniciativa reservada de matéria tributária?*

Não.

O art. 61, § 1.º, II, "b", da CF/88 determina serem de iniciativa reservada do Presidente da República as leis que disponham sobre "organização administrativa e judiciária, **matéria tributária** e orçamentária, serviços públicos e pessoal da administração dos **Territórios**".

Assim, o STF entende que a exclusividade para iniciar o processo legislativo sobre matéria tributária refere-se às leis dos **Territórios Federais** e não às dos demais entes federativos. Sustentamos, inclusive, que seria possível **iniciativa popular sobre matéria tributária**, desde que observadas as formalidades do art. 61, § 2.º.

Nessa linha, o *leading case*: "a Constituição de 1988 admite a **iniciativa parlamentar** na instauração do processo legislativo em tema de **direito tributário**. A iniciativa reservada, por constituir matéria de direito estrito, não se presume e nem comporta interpretação ampliativa, na medida em que, por implicar limitação ao poder de instauração do processo legislativo, deve necessariamente derivar de norma constitucional explícita e inequívoca. O ato de legislar sobre direito tributário, ainda que para conceder benefícios jurídicos de ordem fiscal, não se equipara, especialmente para os fins de instauração do respectivo processo legislativo, ao ato de legislar sobre o orçamento do Estado" (**ADI 724-MC**, Rel. Min. Celso de Mello, j. 07.05.1992, *DJ* de 27.04.2001).

Esse entendimento tem sido **reafirmado** pela Corte Suprema: "as leis em **matéria tributária** enquadram-se na regra de iniciativa geral, que autoriza a qualquer parlamentar — deputado federal ou senador — apresentar projeto de lei cujo conteúdo consista em **instituir**, **modificar** ou **revogar tributo**. (...) Não há, no texto constitucional em vigor, qualquer mandamento que determine a iniciativa exclusiva do chefe do Executivo quanto aos tributos. Não se aplica à matéria nenhuma das alíneas do inciso II do § 1.º do art. 61, tampouco a previsão do art. 165. Como já decidiu diversas vezes este Tribunal, a regra do **art. 61, § 1.º, II, 'b'**, concerne tão somente aos **Territórios**. A norma não reserva à iniciativa privativa do presidente da República toda e qualquer lei que cuide de tributos, senão **apenas a matéria tributária dos Territórios**. Também **não incide**, na espécie, o **art. 165 da CF**, uma vez que a restrição nele **prevista limita-se** às leis orçamentárias **plano plurianual**, **lei de diretrizes orçamentárias** e **lei orçamentária anual** e não alcança os diplomas que aumentem ou reduzam exações fiscais. Ainda que acarretem diminuição das receitas arrecadadas, as leis que concedem benefícios fiscais tais como isenções, remissões, redução de base de cálculo ou alíquota não podem ser enquadradas entre as leis orçamentárias a que se referem o art. 165 da CF" (**ARE 743.480-RG**, Rel. Min. Gilmar Mendes, j. 10.10.2013, Pleno, *DJE* de 20.11.2013, **Tema 682**. Cf., também, **ADI 3.796**, j. 08.03.2017).

■ 9.13.3.3.7. *Iniciativa do processo legislativo de matérias pertinentes ao Plano Plurianual, às Diretrizes Orçamentárias e aos Orçamentos Anuais*

Nos termos do **art. 165, I, II e III**, da CF/88, leis de **iniciativa do Poder Executivo** estabelecerão o plano plurianual, as diretrizes orçamentárias e os orçamentos anuais.

Decidiu o STF: "competência exclusiva do Poder Executivo iniciar o processo legislativo das matérias pertinentes ao Plano Plurianual, às Diretrizes Orçamentárias e aos Orçamentos Anuais. Precedentes: ADI n. 103 e ADI n. 550" (ADI 1.759-MC, Rel. Min. Néri da Silveira, j. 12.03.1998, *DJ* de 06.04.2001).

■ 9.13.3.3.8. *Pode o legitimado exclusivo ser compelido a deflagrar processo legislativo?*

De modo geral, o STF entendeu que não poderá o legitimado exclusivo ser "forçado" a deflagrar o processo legislativo, já que a fixação da competência reservada traz, implicitamente, a **discricionariedade** para decidir o momento adequado de encaminhamento do projeto de lei.[61]

Havendo prazo fixado na Constituição (ex.: art. 35, § 2.º, do ADCT), ou em emenda (ex.: art. 5.º da EC n. 42/2003), naturalmente o legitimado exclusivo poderá ser compelido a encaminhar o projeto de lei.

Por certo, poderá ser reconhecida a inconstitucionalidade por omissão na hipótese de não regulamentação de artigos da Constituição de eficácia limitada e desde que observado o critério da razoabilidade.

---

[61] Nesse sentido, "... tratando-se de projeto de lei de iniciativa privativa do Chefe do Poder Executivo, não pode o Poder Legislativo assinar-lhe prazo para o exercício dessa prerrogativa sua..." (ADI 546, Rel. Min. Moreira Alves, j. 11.03.1999, *DJ* de 14.04.2000). Cf., também, ADI 2.734-MC/ES, Rel. Min. Moreira Alves, j. 26.02.2003, e ADI 106-RO, Rel. orig. Min. Carlos Velloso, red. p/ acórdão Min. Gilmar Mendes, j. 10.10.2002 (*Inf. 285/STF*).

■ 9.13.3.3.9. *Cabe emenda parlamentar em projetos de iniciativa reservada?*

O texto de 1988 restituiu aos parlamentares boa parte do poder de emenda que lhes havia sido retirado pelo regime (ditatorial) anterior.

Nos termos do **art. 63, I** e **II**, não será admitido aumento da despesa prevista **a)** nos projetos de iniciativa exclusiva do Presidente da República, ressalvado o disposto no art. 166, §§ 3.º e 4.º; **b)** nos projetos sobre organização dos serviços administrativos da Câmara dos Deputados, do Senado Federal, dos Tribunais Federais e do Ministério Público. *A contrario sensu*, então, será admitido o poder de emenda parlamentar.

Dessa forma, de modo geral, entende o STF que cabe emenda parlamentar desde que respeitados os seguintes requisitos:

- os dispositivos introduzidos por emenda parlamentar não podem estar destituídos de **pertinência temática** com o projeto original;
- os dispositivos introduzidos por emenda parlamentar **não podem acarretar aumento de despesa** ao projeto original.

Assim, cabe emenda parlamentar nas hipóteses de **lei de iniciativa exclusiva do Presidente da República**, desde que haja pertinência temática e, por regra, não acarrete aumento de despesas.

Excepcionalmente, contudo, nos projetos orçamentários de iniciativa exclusiva do Presidente da República, admitem-se emendas parlamentares mesmo que impliquem aumento de despesas (art. 63, I, c/c o art. 166, §§ 3.º e 4.º):

- ao **projeto de lei do orçamento anual** ou aos **projetos que o modifiquem** e desde que: **a)** sejam compatíveis com o plano plurianual e com a lei de diretrizes orçamentárias; **b)** indiquem os recursos necessários, admitidos apenas os provenientes de anulação de despesa, excluídas as que incidam sobre dotações para pessoal e seus encargos; serviço da dívida; transferências tributárias constitucionais para Estados, Municípios e Distrito Federal; **c)** sejam relacionadas com a correção de erros ou omissões ou com os dispositivos do texto do projeto de lei;
- ao **projeto de lei de diretrizes orçamentárias**, desde que as emendas parlamentares que acarretem aumento sejam compatíveis com o plano plurianual.

Avançando, nos termos do art. 63, II, também cabem emendas parlamentares, desde que haja pertinência temática e não acarretem aumento de despesas, aos projetos sobre organização dos serviços administrativos da Câmara dos Deputados (art. 51, IV — Resolução), do Senado Federal (art. 52, XIII — Resolução), dos Tribunais Federais (arts. 61, *caput*, e 96, II) e do Ministério Público (arts. 61, *caput*; 127, § 2.º; e 128, § 5.º).

Nesse sentido, "art. 34, § 1.º, da Lei estadual do Paraná n. 12.398/98, com redação dada pela Lei estadual n. 12.607/99. (...) **Inconstitucionalidade formal caracterizada**. Emenda parlamentar a projeto de iniciativa exclusiva do Chefe do Executivo que resulta em aumento de despesa afronta os arts. 63, I, c/c 61, § 1.º, II, 'c', da Constituição Federal" (ADI 2.791, Rel. Min. Gilmar Mendes, j. 16.08.2006, *DJ* de 24.11.2006).[62]

[62] Cf. os seguintes precedentes: ADI 766-MC/RS (*DJU* de 25.05.1994); ADI 822/RS (*DJU* de

Finalmente, cabe alertar que, se for apresentada **emenda** a projeto de iniciativa reservada que não tenha observado o requisito da pertinência temática com o projeto original e/ou que acarrete aumento de despesa, eventual **sanção presidencial não convalidará o vício formal** caracterizador da inconstitucionalidade da lei.[63]

▪ 9.13.3.3.10. *As regras de iniciativa reservada previstas na CF/88 devem ser observadas em relação às normas fruto da manifestação do poder constituinte derivado decorrente?*

O STF tem entendido que as normas originárias das Constituições dos Estados ou da Lei Orgânica do DF, mas desde que **pela primeira vez**, podem tratar de normas que são de iniciativa reservada, como, para se ter um exemplo, normas que seriam de iniciativa reservada ao Chefe do Executivo simétricas àquelas elencadas no art. 61, § 1.º, I e II.

Dessa forma, superando a sua jurisprudência, o STF pacificou que "as regras de iniciativa reservada previstas na Carta da República não se aplicam às **normas originárias das constituições estaduais** ou da **Lei Orgânica do Distrito Federal**" (**ADI 1.167**, Rel. Min. Dias Toffoli, j. 19.11.2014, Plenário, *DJE* de 10.02.2015).

Conforme estudamos no *item 4.5.3*, o *poder constituinte derivado decorrente* dos Estados e do DF manifesta-se tanto de **modo inicial**, elaborando, pela primeira vez, a Constituição Estadual ou a Lei Orgânica do DF — e por isso também denominado **"instituidor"** ou **"institucionalizador"** —, como de **modo revisional**, modificando o texto da Constituição estadual ou da Lei Orgânica do DF — e, por isso, chamado de **segundo grau**.

O entendimento da Corte no sentido de não haver a exigência de se observar a regra da iniciativa reservada refere-se ao **poder constituinte derivado decorrente inicial**, ou seja, aquele que elabora a Constituição do Estado ou a Lei Orgânica do DF **pela primeira vez** (cf. **ADI 2.581**, Rel. p/ o ac. Min. Marco Aurélio, j. 16.08.2007, Plenário, *DJE* de 15.08.2008). Nesse caso, enfatizamos, não estará caracterizada qualquer violação à regra da iniciativa reservada.

▪ 9.13.3.3.11. *As regras de iniciativa reservada previstas na CF/88 devem ser observadas, enquanto limites, pelo poder constituinte derivado reformador (PEC)?*

Não.

Entendemos que as únicas limitações que devem ser observadas em relação às emendas constitucionais são os já estudados limites ao poder de reforma.

06.06.1997); ADI 805/RS (*DJU* de 12.03.1999); ADI 2.322-MC/AL, Rel. Min. Moreira Alves, j. 23.05.2001; ADI 1.954/RO, Rel. Min. Carlos Velloso, j. 27.05.2004; ADI 2.079, Rel. Min. Maurício Corrêa, j. 29.04.2004, *DJ* de 18.06.2004.

[63] Cf. ADI 1.070-MC, Rel. Min. Celso de Mello, *DJ* de 15.09.1995; e ADI 700, Rel. Min. Maurício Corrêa, j. 23.05.2001, *DJ* de 24.08.2001.

Assim, as matérias de iniciativa reservada ao Presidente da República (art. 61, § 1.º, II) podem ser tratadas por emendas constitucionais. Foi o que se verificou com a **EC n. 73/2013** (cf. *item 9.13.3.3.3*) ou, para se ter um outro importante exemplo, a **EC n. 74/2013**, que estabeleceu a autonomia da Defensoria Pública da União (cf. aprofundamento no *item 12.5.5*).

No caso específico das PECs, o constituinte permitiu a reforma da Constituição não apenas em razão de proposta encaminhada pelo Presidente da República, mas, indistintamente e de modo concorrente, por todos os indicados no art. 60, I, II e III. Assim, não encontramos fundamento na Constituição para se sustentar, em relação a determinadas matérias, a competência exclusiva do Presidente da República.

■ *9.13.3.3.12. Sanção presidencial convalida vício de iniciativa?*

Não.

Muito embora a regra contida na S. 5/STF, de 13.12.1963 ("a sanção do projeto supre a falta de iniciativa do Poder Executivo"), pode-se dizer que o seu conteúdo está **superado** desde o advento da EC n. 1/69 (art. 57, parágrafo único — cf. **Rp 890**, *RTJ* 69/625), bem como insubsistente em razão da CF/88 (**ADI 1.381-MC**, Rel. Min. Celso de Mello, j. 07.12.1995, Plenário, *DJ* de 06.06.2003.

Portanto, **sanção presidencial não convalida vício de iniciativa**. Trata-se de vício formal insanável, incurável.[64]

■ *9.13.3.4. Iniciativa popular*

■ *9.13.3.4.1. Aspectos gerais*

O art. 14, *caput*, da CF/88 prevê que a soberania popular será exercida pelo sufrágio universal e pelo voto direto e secreto, com valor igual para todos, e, nos termos da lei, mediante plebiscito, referendo e **iniciativa popular**.

Trata-se de novidade introduzida pela CF/88, a exemplo do art. 71 da Carta italiana de 1948, estabelecendo a possibilidade de o eleitorado nacional deflagrar processo legislativo de **lei complementar** ou **ordinária**, mediante proposta de, no mínimo, 1% de todo o eleitorado nacional, distribuído por pelo menos cinco Estados e, em cada um deles com não menos do que 3/10% dos seus eleitores (art. 61, § 2.º, c/c o art. 14, III, da CF/88 e Lei n. 9.709/98).

---

64 "Regime jurídico dos servidores públicos estaduais. Aposentadoria e vantagens financeiras. **Inconstitucionalidade formal. Vício que persiste, não obstante a sanção do respectivo projeto de lei**. Precedentes. Dispositivo legal oriundo de emenda parlamentar referente aos servidores públicos estaduais, sua aposentadoria e vantagens financeiras. Inconstitucionalidade formal em face do disposto no artigo 61, § 1.º, II, 'c', da Carta Federal. **É firme na jurisprudência do Tribunal que a sanção do projeto de lei não convalida o defeito de iniciativa**" (ADI 700, Rel. Min. Maurício Corrêa, j. 23.05.2001, *DJ* de 24.08.2001). Nesse sentido, cf., ainda: ADI 2.417, Rel. Min. Maurício Corrêa, *DJ* de 05.12.2003, e ADI 1.963-MC, Rel. Min. Maurício Corrêa, *DJ* de 07.05.1999.

Portanto, a iniciativa popular caracteriza-se como uma forma direta de exercício do poder (que emana do povo — art. 1.º, parágrafo único), sem o intermédio de representantes, através de apresentação de projeto de lei, dando-se início ao processo legislativo de formação da lei.[65]

O que deve ficar claro é que o aludido instituto serve apenas para dar o "*start*", ou seja, tão só para deflagrar o processo legislativo, sendo que o Parlamento poderá rejeitar o projeto de lei ou, ainda, o que é pior, emendá-lo, desnaturando a essência do instituto. No mesmo sentido e pela mesma lógica, aprovado pelo parlamento o projeto de iniciativa popular, o Presidente da República poderá vetá-lo.

Poderíamos pensar que, havendo qualquer modificação, a lei aprovada tenha de passar por referendo popular, mas não é, infelizmente, a tese que vigora.

Esquematizando as regras para a iniciativa popular previstas no art. 61, § 2.º, da CF/88, temos:

- **iniciativa?:** popular;
- **de que forma?:** apresentação de projeto de lei **ordinária** ou **complementar** à **Câmara dos Deputados**;[66 e 67]
- **como deve ser apresentado o projeto de lei?:** o projeto de lei deve ser **subscrito** por, no mínimo, **1%** do eleitorado nacional;
- **como deve estar disposto esse "1% do eleitorado nacional"?:** 1% do eleitorado nacional deve estar distribuído por, pelo menos, **5** Estados e, em cada Estado, não pode haver menos que **3/10%** dos seus eleitores, subscrevendo o projeto de lei.

Para se ter uma noção do número necessário, em *dezembro de 2019* o eleitorado nacional, informado pelo TSE, era de **147.870.154** eleitores. Portanto, o número para a iniciativa popular seria de, pelo menos, **1.478.702**, obedecendo-se, ainda, às regras expostas na Constituição de percentual mínimo por Estado.

Manoel Gonçalves Ferreira Filho, diante desse rigorismo procedimental e numérico, qualifica a iniciativa popular como **"instituto decorativo"**.[68]

O art. 13, § 1.º, da Lei n. 9.709/98, no mesmo sentido do que já dizia o art. 252, VIII, do Regimento Interno da Câmara dos Deputados, dispõe que o projeto de lei de

---

65 O art. 13 da Lei n. 9.709/98, que regulamentou o art. 14 da CF/88, em seus parágrafos estabelece que o **projeto de lei de iniciativa popular** deverá circunscrever-se a um só assunto, não podendo ser rejeitado por vício de forma, cabendo à Câmara dos Deputados, por seu órgão competente, providenciar a correção de eventuais impropriedades de técnica legislativa ou de redação. Por fim, o art. 14 dispõe que, sendo verificado pela Câmara dos Deputados o cumprimento das exigências estabelecidas no artigo anterior (art. 13) e respectivos parágrafos, será dado seguimento à iniciativa popular, consoante as normas do Regimento Interno da Câmara dos Deputados.

66 Nada mais natural que a apresentação do aludido projeto de lei à Câmara dos Deputados, onde se concentram os representantes do povo, de acordo com o art. 45, *caput*.

67 Cf. discussão sobre iniciativa popular em PEC, em matérias de iniciativa reservada e outros detalhes abaixo.

68 Manoel Gonçalves Ferreira Filho, *Do processo legislativo*, p. 203.

iniciativa popular deverá circunscrever-se a **um só assunto**, isso para facilitar a coleta de assinaturas e a exata compreensão do que se está assinando.

O art. 13, § 2.º, da Lei n. 9.709/98 prevê que o projeto de lei de iniciativa popular não poderá ser rejeitado por vício de forma, cabendo à Câmara dos Deputados, que é a Casa iniciadora (sendo o Senado Federal a Casa revisora), por seu órgão competente, providenciar a correção de eventuais impropriedades de técnica legislativa ou de redação, sendo que o art. 14 estabelece que a Câmara dará seguimento à iniciativa popular consoante as normas do Regimento Interno.

Para aprofundar o assunto, o(a) amigo(a) concurseiro(a) poderá analisar o art. 252 do Regimento Interno da Câmara dos Deputados, bem como os arts. 24, II, "c"; 91, II; 105, IV, e 171, § 3.º, do Regimento Interno do Senado Federal.

■ 9.13.3.4.2. *Existe algum exemplo de lei fruto de iniciativa popular?*

Surge o grande questionamento: o Brasil tem tradição em projetos de iniciativa popular? Há alguma lei que teve a iniciativa popular nos termos do art. 61, § 2.º, da CF/88?

Existem somente *quatro* projetos de lei de iniciativa popular aprovados (com algumas observações, abaixo, sobre se, de fato, foram em sua essência de iniciativa popular), apresentados a seguir em ordem cronológica de aprovação:

- **Lei n. 8.930/94:** conhecido como o **Projeto de Iniciativa Popular Glória Perez**, em razão do homicídio de sua filha, o documento reuniu mais de 1 milhão e 300 mil assinaturas, culminando com a modificação da Lei de Crimes Hediondos. Cabe alertar, contudo, que, na prática, esse projeto foi encaminhado pelo Presidente da República, pela Mensagem n. 571, de 08.09.1993, que, autonomamente, já teria iniciativa para deflagrar o processo legislativo. No site da Câmara dos Deputados, o projeto aparece como sendo de coautoria do Executivo e da Iniciativa Popular. No site do Senado Federal, contudo, na tramitação legislativa aparece como sendo somente do Executivo;
- **Lei n. 9.840/99:** conhecido como **"captação de sufrágio"**, buscou, nos termos de sua justificativa, "... dar mais condições para que a Justiça Eleitoral possa coibir com mais eficiência o crime de compra de votos de eleitores" (*DCD*, 15.09.1999, p. 41598). Iniciou-se com o lançamento do projeto "Combatendo a corrupção eleitoral", em fevereiro de 1997, pela Comissão Brasileira de Justiça e Paz (CBJP), com o apoio da Conferência Nacional dos Bispos do Brasil (CNBB), sendo apoiada a iniciativa por mais de 60 entidades.

Até 10.08.1999 tinha sido subscrito o projeto de iniciativa popular por **952.314** eleitores, sendo entregue ao Presidente da Câmara dos Deputados. O tempo era muito curto, pois se queria aprovar a nova regra para já ser aplicada nas eleições do ano 2000 e, ainda, faltavam votos para alcançar o percentual constitucional (à época, correspondente a 1 milhão e 60 mil assinaturas).

Diante dessa situação, faltando assinaturas e existindo o real risco de eventual questionamento de sua validação técnica, o projeto foi subscrito pelo *Deputado Albérico Cordeiro* e outros 59 parlamentares, sendo aprovado em tempo recorde e passando as suas regras a ser aplicadas já a partir das eleições de 2000 (o Presidente da República sancionou a lei em 28.09.1999, que foi publicada no *DOU* de 29.09.1999, portanto um dia antes do prazo fatal para a sua aplicação no pleito de 1.º de outubro de 2000 — *vide* art. 16 da CF/88).[69]

■ **Lei n. 11.124/2005:** conhecida como **"fundo nacional para moradia popular"**, a lei dispõe sobre o *Sistema Nacional de Habitação de Interesse Social* (SNHIS), cria o *Fundo Nacional de Habitação de Interesse Social* (FNHIS) e institui o Conselho Gestor do FNHIS.

Trata-se do **primeiro projeto de iniciativa popular da história brasileira** apresentado à Câmara dos Deputados (lembrar que o instituto da iniciativa popular foi introduzido pela CF/88) — PL n. 2.710/92-CD, que tramitou por mais de 13 anos. "O principal objetivo do Fundo é somar e articular todos os recursos para ações em habitação nos três níveis de governo — federal, estaduais e municipais —, e direcioná-los para atender as famílias de baixa renda."[70]

A Comissão de Constituição e Justiça, durante a tramitação do referido projeto de lei, que culminou na aprovação da Lei n. 11.124/2005, chegou a discutir eventual vício formal de iniciativa na medida em que, em tese, o dispositivo legal contém normas sobre *Administração Pública, criação de órgãos, atribuição de competências, gestão de recursos* etc., o que poderia levar ao entendimento de que só ao Presidente da República caberia iniciar o aludido processo legislativo, nos termos do art. 61, § 1.º, II, "a" e "e".

Esse entendimento literal **não** nos parece o mais correto, como veremos a seguir, especialmente diante do sentido maior de titularidade do poder pelo povo, que elege o Presidente da República, à luz da interpretação sistemática do texto.

No entanto, esse tema ainda não foi enfrentado pelo STF e, de modo geral, para as provas preambulares, não vem sendo aceito o instituto da iniciativa popular em matérias de iniciativa **reservada** ou **exclusiva**.

■ **LC n. 135/2010 ("Ficha Limpa"):** muito embora tenha sido iniciada a discussão a partir de projeto originário do Executivo (*PLP 168/93*), o *Projeto de Lei Complementar n. 518/2009 (Câmara dos Deputados)* foi encaminhado por diversos Deputados Federais, apoiado por 1 milhão e 700 mil assinaturas, com o objetivo de tramitar como projeto de iniciativa popular. Assim, puramente, não foi um projeto exclusivamente de iniciativa popular, mas, sim, teve ampla aceitação da sociedade.

---

69 Para uma análise mais aprofundada do assunto, cf. o completíssimo *Direito eleitoral brasileiro*, 3. ed., de Thales Tácito Pontes Luz de Pádua Cerqueira, p. 1147 e s.

70 Cf. <www.cidades.gov.br/index.php?option=content&task=view&id=498&Itemid=0>.

9.13.3.4.3. Conclusões iniciais

Por todo o exposto, percebe-se que a **experiência brasileira** é muito **tímida**. Reconhecemos que os requisitos rígidos contribuem para essa situação (Manoel Gonçalves Ferreira Filho, como vimos, fala em **"instituto decorativo"**). Contudo, na prática, temos certeza de que o instituto consagra a soberania popular e serve, ao menos, de **pressão** para que o Congresso Nacional priorize as matérias, mesmo quando o projeto é encampado por algum Parlamentar ou outro órgão que tenha a possibilidade da iniciativa legislativa.

Essa realidade, que demonstra a pouca participação popular nos projetos de lei, vem sendo, entretanto, discutida no Congresso Nacional, e há vários projetos no sentido de facilitar e viabilizar a *democracia participativa*, como a **PEC n. 2/99**, que diminui o percentual das assinaturas para 0,5% do eleitorado nacional, o **PL 4.764/2009**, que admite a assinatura digital (eletrônica) para o envio das propostas, o **PL 7.003/2010**, que possibilita o uso de urnas eletrônicas para a coleta das assinaturas, entre tantos outros.

Buscando minimizar essa realidade, tanto na Câmara como no Senado, já existem *Comissões Participativas*, destacando-se:

- **Comissão de Legislação Participativa (art. 32, XII, do *RICD*):** possui, como campo temático ou área de atividade: *a*) sugestões de iniciativa legislativa apresentadas por associações e órgãos de classe, sindicatos e entidades organizadas da sociedade civil, exceto partidos políticos; *b*) pareceres técnicos, exposições e propostas oriundas de entidades científicas e culturais e de qualquer das entidades mencionadas na alínea "a" desse inciso;
- **Comissão de Direitos Humanos e Legislação Participativa (art. 102-E do *RISF*):** compete opinar sobre: I — sugestões legislativas apresentadas por associações e órgãos de classe, sindicatos e entidades organizadas da sociedade civil, exceto partidos políticos com representação política no Congresso Nacional; II — pareceres técnicos, exposições e propostas oriundas de entidades científicas e culturais e de qualquer das entidades mencionadas no inciso I.

9.13.3.4.4. Iniciativa popular de "PEC"?

Conquanto desejável, o sistema brasileiro **não** admitiu **expressamente** a iniciativa popular para propostas de emendas à Constituição (PEC), apesar de entendermos perfeitamente **cabível**, como se verá abaixo.

Ao contrário, de modo expresso, o exercício do poder constituinte derivado reformador foi direcionado para o rol de legitimados previsto no art. 60, I, II e III, da CF/88, consagrando a denominada **iniciativa concorrente**.

Diante disso, Mônica de Melo sustenta que "... projeto de lei de iniciativa popular não pode alterar normas constitucionais, uma vez que o instrumento próprio é a emenda constitucional, que possui iniciativa própria e diferenciada das outras espécies".[71]

No entanto, **com o máximo respeito**, ousamos discordar, apontando para uma linha mais ampla da regra prevista no art. 61, § 2.º.

Valemo-nos, para tanto, da interpretação sistemática, destacando o art. 1.º, parágrafo único, que permite o exercício do poder de forma **direta** pelo próprio povo, e o art. 14, III, ao estabelecer que a **soberania popular** será exercida mediante a **iniciativa popular**.

Nesse sentido, José Afonso da Silva pondera que a iniciativa popular para PEC pode vir a ser reconhecida "... com base em normas gerais e princípios fundamentais da Constituição", apesar de não estar esse tipo de iniciativa popular "... especificamente estabelecido para emendas constitucionais como o está para as leis (art. 61, § 2.º)".[72]

E complementa afirmando que o instituto da iniciativa popular para PEC "... vai depender do desenvolvimento e da prática da democracia participativa que a Constituição alberga como um de seus princípios fundamentais".[73]

Cabe alertar, para termos exemplos, que, dos 26 Estados + o DF, **18**, portanto mais da metade, admitem, de **forma declarada** e **expressa** (*vide* quadro a seguir), a iniciativa popular para encaminhamento de PEC.

Alguns Municípios também admitem o encaminhamento de emendas por iniciativa popular (apenas para ilustrar, confira o art. 5.º, § 1.º, II, da Lei Orgânica do Município de São Paulo).

Como exemplo de *proposta de emenda popular* podemos citar a PEC n. 3/98 (aprovada como EC n. 31/2005) à Constituição do Estado do **Pará**, que, de maneira inédita, suspendeu a **restrição** do passe livre às pessoas portadoras de deficiência nos transportes públicos rodoviários e aquaviários, intermunicipais e municipais, no Pará, modificando o art. 249, VI, "a", da Constituição do Estado.[74]

Quadro Comparativo das Constituições Estaduais

ESTADOS DA FEDERAÇÃO	PREVISÃO EXPRESSA DE INICIATIVA POPULAR DE "PEC" NA CONSTITUIÇÃO ESTADUAL? SIM	PREVISÃO EXPRESSA DE INICIATIVA POPULAR DE "PEC" NA CONSTITUIÇÃO ESTADUAL? NÃO
Acre	▪ art. 53, III, da Constituição Estadual	
Alagoas	▪ art. 85, IV, da Constituição Estadual	
Amapá	▪ arts. 103, IV, e 110 da Constituição Estadual	
Amazonas	▪ art. 32, IV, da Constituição Estadual	
Bahia	▪ art. 31 da Constituição Estadual	
Ceará		▪ não há previsão expressa na Constituição

[71] Mônica de Melo, *Plebiscito, referendo e iniciativa popular*: mecanismos constitucionais de participação popular, p. 194.

[72] José Afonso da Silva, *Curso de direito constitucional positivo*, 24. ed., p. 64.

[73] José Afonso da Silva, *Curso de direito constitucional positivo*, 24. ed., p. 63.

[74] Cf., ainda, o art. 8.º, parágrafo único, da Constituição do Estado do Pará.

DF	■ art. 70, III, da Lei Orgânica do DF	
Espírito Santo	■ art. 62, III, da Constituição Estadual	
Goiás	■ art. 19, IV, da Constituição Estadual	
Maranhão		■ não há previsão expressa na Constituição
Mato Grosso		■ não há previsão expressa na Constituição
Mato Grosso do Sul		■ não há previsão expressa na Constituição
Minas Gerais		■ não há previsão expressa na Constituição
Pará	■ art. 8.º, parágrafo único, da Constituição Estadual	
Paraíba	■ art. 62, IV — acrescentado pela EC n. 2/93 (Constituição Estadual)	
Paraná		■ não há previsão expressa na Constituição
Pernambuco	■ art. 17, III, da Constituição Estadual	
Piauí		■ não há previsão expressa na Constituição
Rio de Janeiro	■ art. 111, IV — acrescentado pela EC n. 56/2013 (Constituição Estadual)	
Rio Grande do Norte	■ art. 45, III — acrescentado pela EC n. 13/2014 (Constituição Estadual)	
Rio Grande do Sul	■ art. 58, IV, da Constituição Estadual	
Rondônia		■ não há previsão expressa na Constituição
Roraima	■ art. 39, IV, da Constituição Estadual	
Santa Catarina	■ art. 49, IV, da Constituição Estadual	
São Paulo	■ art. 22, IV, da Constituição Estadual	
Sergipe	■ art. 56, IV, da Constituição Estadual	
Tocantins		■ não há previsão expressa na Constituição

Canotilho, analisando a Constituição de Portugal, observa que "a iniciativa popular é um **procedimento democrático** que consiste em facultar ao povo (a uma percentagem de eleitores ou a um certo número de eleitores) a **iniciativa de uma proposta tendente à adoção de uma norma constitucional** ou legislativa".[75]

Parece uma linha bastante interessante de se pensar, especialmente se se fizer uma **interpretação sistemática** da Constituição, lembrando que a titularidade do poder pertence ao **povo**, nos termos do art. 1.º, parágrafo único, da CF/88, e que a **soberania popular** é exercida pelo plebiscito, pelo referendo e pela **iniciativa popular**.

Realizando pesquisa na jurisprudência do STF, encontramos apenas um único caso em que se analisava a possibilidade de PEC de iniciativa popular em âmbito estadual, qual seja, o questionamento da constitucionalidade dos arts. 103, IV, e 110 da Constituição do Amapá, na **ADI 825-1**.

Felizmente, seguindo a proposta doutrinária que sustentamos há tempo, a Corte entendeu ser possível a alteração da Constituição estadual por emenda de iniciativa popular.

---

[75] J. J. Gomes Canotilho, *Direito constitucional e teoria da Constituição*, 7. ed., p. 295.

O STF, em 25.10.2018, por 6 x 4, prescreveu que a iniciativa popular de emenda à Constituição do Estado "é compatível com a Constituição da República, nomeadamente o parágrafo único do art. 1.º, os incisos II e III do art. 14 e o inciso XV do art. 49. Na democracia, além dos mecanismos tradicionais por meio dos representantes eleitos, há os de participação direta com projeto de iniciativa popular. A Constituição amapaense densifica a ampliação daquilo que a CF não prevê expressamente. Trata-se de certa democratização no processo de reforma das regras constitucionais estaduais. No tocante à simetria, revelou não ser obstativa ante a ausência de regra clara que afaste a faculdade de o estado aumentar os mecanismos de participação direta" (*Inf. 921/STF*).

■ 9.13.3.4.5. Cabe iniciativa popular de matérias reservadas à iniciativa exclusiva de outros titulares?

De modo geral, não se admite a iniciativa popular para matérias em relação às quais a Constituição fixou determinado titular para deflagrar o processo legislativo (iniciativa exclusiva ou reservada).

Como todos sabem, existe previsão de iniciativa reservada (exclusiva) para o Presidente da República (art. 61, § 1.º); o Poder Judiciário (ex., art. 93); as Mesas da Câmara e do Senado (arts. 51, IV, e 52, XIII) etc.

O único questionamento que vem surgindo é quanto à possibilidade ou não de iniciativa popular em matérias de **iniciativa reservada do Presidente da República** (em relação aos outros titulares, a dúvida estaria afastada).

Temos um exemplo concreto: conforme vimos, a Comissão de Constituição e Justiça, durante a tramitação do projeto de lei que culminou na aprovação da **Lei n. 11.124/2005** (de iniciativa popular), chegou a discutir eventual vício formal de iniciativa tendo em vista que a matéria tratada, nos termos do art. 61, § 1.º, II, "a" e "e", seria de competência exclusiva, portanto, indelegável, do Presidente da República.

O entendimento da CCJ, tanto da CD como do SF, foi o de que não haveria vício de iniciativa. Isso porque o processo legislativo teria sido instaurado por iniciativa popular, lembrando que todo poder emana do povo, que o exerce diretamente ou por meio de seus representantes.

Parece-nos bastante sedutora essa tese. Vamos aguardar, contudo, eventual manifestação do STF sobre o assunto.

Para as provas, especialmente as preambulares, temos visto o entendimento de que, genericamente, não caberia iniciativa popular em matérias de iniciativa reservada. Não encontramos nenhuma prova que tenha feito pergunta no sentido de iniciativa popular em caso de iniciativa reservada do Presidente da República.

José Afonso da Silva, expressamente, ao falar sobre a iniciativa popular, observa que se trata de "... iniciativa legislativa que ingressa no campo das **iniciativas concorrentes**. **Não** se admite iniciativa legislativa popular em **matéria reservada** à iniciativa exclusiva de outros titulares...".[76]

[76] José Afonso da Silva, *Comentário contextual à Constituição*, p. 449.

Fica o tema para ser discutido...

■ 9.13.3.4.6. O Parlamento tem legitimidade para desconstruir uma proposta de iniciativa popular?

- "10 medidas contra a corrupção"
- http://www.dezmedidas.mpf.mp.br
- MS 34.530 STF
- PL 4.850/2016

■ 9.13.3.4.7. Iniciativa popular e as espécies normativas: esquematização

Neste tópico, procuramos sistematizar o cabimento de iniciativa popular em relação às espécies normativas do art. 59. Então vejamos:

ESPÉCIE NORMATIVA	CABE INICIATIVA POPULAR?
Emendas à Constituição	■ apesar de não haver previsão expressa na CF/88, **admite-se**, desde que se faça a já comentada e discutida **interpretação sistemática** do texto
Leis complementares	■ a CF expressamente **admite** nos termos do art. 61, § 2.º
Leis ordinárias	■ a CF expressamente **admite** nos termos do art. 61, § 2.º
Leis delegadas	■ **não se admite**, já que a delegação, nos termos do art. 68, deve ser solicitada pelo Presidente da República e concedida, por meio de **resolução**, pelo Congresso Nacional ao Presidente da República e somente a ele
Medidas provisórias	■ **não se admite**, já que a titularidade para a edição de MP é exclusiva do Chefe do Executivo nos casos de relevância e urgência e nos termos do art. 62 da CF/88
Decretos legislativos	■ **não se admite**, já que o decreto legislativo é o instrumento pelo qual o Congresso Nacional materializa as suas competências exclusivas previstas no art. 49 da CF/88
Resoluções	■ **não se admite**, já que a resolução é o instrumento pelo qual se instrumentalizam as atribuições da CD, do SF ou algumas comuns fixadas no regimento interno do Congresso Nacional

■ 9.13.3.4.8. Iniciativa popular em âmbito estadual e municipal

A iniciativa popular em **âmbito estadual** está prevista no art. 27, § 4.º, que transfere a sua regulamentação para lei. Apenas a título de ilustração, a Constituição do Estado de São Paulo regulamenta a matéria em seu art. 24, § 3.º, trazendo diversas regras.

O art. 29, XIII, da CF/88 fixa as regras para a iniciativa popular em **âmbito municipal**, dispondo **de modo diferente** da iniciativa popular em âmbito federal. Vejamos: "iniciativa popular de projetos de lei de interesse específico do Município, da cidade ou de bairros, através de manifestação de, pelo menos, **5% do eleitorado**".

■ 9.13.3.5. Iniciativa conjunta: ainda persiste, tendo em vista a Reforma da Previdência (EC n. 41/2003)?

Na hipótese de **iniciativa conjunta**, existe uma presunção de **consenso de vontades**, estabelecendo a CF competência para que diversas pessoas, **juntas**, deflagrem o processo legislativo.

Acesse também a videoaula pelo link: somos.in/DCE25098

Como exemplo, lembramos a inovação introduzida pela EC n. 19/98, que determinou a iniciativa conjunta para a elaboração de lei que fixasse o subsídio dos Ministros do STF, **teto máximo previsto no art. 37, XI**.

Referido teto máximo, correspondente ao subsídio dos Ministros do STF, deveria, de acordo com a **regra anterior**, ser fixado por lei federal, ordinária (art. 47 da CF/88), a ser editada pelo Congresso Nacional, de **iniciativa conjunta** do Presidente da República, do Presidente da Câmara dos Deputados, do Presidente do Senado Federal e do Presidente do STF (art. 48, XV).

A **EC n. 41/2003**, em contrapartida, afastou a regra da iniciativa conjunta, como se verá no próximo item, prevendo o novo procedimento de **iniciativa exclusiva do STF** para se deflagrar o processo legislativo que fixa o subsídio dos Ministros do STF — teto do funcionalismo (art. 48, XV, c/c o art. 96, II, "b").

■ 9.13.3.6. *Iniciativa para fixação do subsídio dos Ministros do STF — teto do funcionalismo — art. 48, XV, c/c o art. 96, II, "b"*

Conforme visto no item anterior, a **Reforma da Previdência** (EC n. 41/2003) trouxe **nova regra** no tocante à iniciativa do projeto de lei para a fixação do subsídio dos Ministros do STF.

De acordo com o art. 96, II, "b", a iniciativa de projeto de lei fixando a remuneração dos serviços auxiliares e dos juízos que lhes forem vinculados, bem como a fixação do subsídio de seus membros e dos juízes, inclusive dos tribunais inferiores, onde houver, cabe aos **Tribunais**.

Assim, a iniciativa do projeto de lei (ordinária), que deverá ser analisado pelo Congresso Nacional (art. 48, XV), para a fixação do teto do funcionalismo (subsídio mensal dos Ministros do STF), cabe ao **STF** (atualmente, a matéria está disciplinada na Lei n. 13.752/2018, que fixou o valor em **R$ 39.293,32**, devendo ser observado o disposto no art. 169 da CF/88).

■ 9.13.3.7. *Algumas peculiaridades a serem observadas*

■ 9.13.3.7.1. *Organização do Ministério Público*

Quando descrevemos as hipóteses de iniciativa privativa, lembramos o art. 61, § 1.º, que trata das matérias de competência privativa do Presidente da República.

Apesar dessa previsão expressa, no tocante à **iniciativa para apresentação de projeto de lei complementar de organização do Ministério Público da União** (art. 61, § 1.º, II, "d"), a CF/88 estabeleceu competência **"concorrente"** entre o **Presidente da República** e o **Procurador-Geral da República**, conforme pode ser observado pela leitura do art. 128, § 5.º. Assim, a matéria sobre a organização do Ministério Público da União terá iniciativa legislativa concorrente do Presidente da República com o Procurador-Geral da República. Nesse caso José Afonso da Silva chega a falar de uma espécie de **"iniciativa compartilhada"**.[77]

[77] José Afonso da Silva, *Comentário contextual à Constituição*, p. 449.

Tendo em conta a necessária **observância compulsória** pelos Estados-Membros e pelo DF das regras básicas de processo legislativo federal, também em âmbito estadual e distrital dever-se-á observar a regra da **iniciativa compartilhada**.

Assim, no **âmbito estadual**, concorrem para legislar, mediante **lei complementar**, sobre **normas específicas** de organização, atribuições e estatuto do respectivo Ministério Público local, o Governador do Estado e o Procurador-Geral de Justiça, lembrando serem de iniciativa reservada do Presidente da República as leis que disponham sobre **normas gerais** (no caso, a **Lei n. 8.625/93 — Lei Orgânica Nacional do Ministério Público — LONMP** — cf. art. 61, § 1.º, II, "d" — parte final).[78]

Em igual medida, em **âmbito distrital**, em face da regra do art. 21, XIII (que confere competência à União para organizar e manter o MP do DF e dos Territórios), e a do art. 128, I (que aloca o MP do DF e dos Territórios como ramo do MP da União), a iniciativa da lei complementar será **compartilhada** entre o **Presidente da República** e o **Procurador-Geral da República**, perante o Congresso Nacional (e **não** entre o Governador do DF e o Procurador-Geral de Justiça, conforme se observa em âmbito estadual). Nesse sentido, o art. 2.º, parágrafo único, da Lei n. 8.625/93 estabelece que a organização, as atribuições e o estatuto do Ministério Público do Distrito Federal e Territórios serão objeto da **Lei Orgânica do Ministério Público da União** (no caso, a **LC n. 75/93**. Nesse sentido, **RE 262.178**, Rel. Min. Sepúlveda Pertence, voto, *DJ* de 24.11.2000).

Finalmente, no tocante ao **Ministério Público junto ao Tribunal de Contas**, por entender o STF que se trata de **Ministério Público especial (art. 130)**, não integrante do MP comum, a iniciativa de lei sobre a sua organização será privativa da respectiva **Corte de Contas**.

■ *9.13.3.7.2. Proposta pela maioria absoluta dos membros de qualquer das Casas do Congresso Nacional (art. 67 — regra da irrepetibilidade)*

O **art. 67** da CF/88 dispõe que a matéria constante de projeto de lei rejeitado somente poderá constituir objeto de novo projeto, na mesma sessão legislativa, mediante proposta da **maioria absoluta dos membros** de qualquer das Casas do Congresso Nacional.

Trata-se da denominada **regra da irrepetibilidade dos projetos rejeitados na mesma sessão legislativa**, cuja origem remonta ao art. 40 da Constituição de 1891.

Como veremos, deflagrado o processo legislativo, se na fase de *discussão e votação* o projeto de lei **não** for aprovado, ou mesmo se vetado e mantido o veto pelo Parlamento (o que corresponderia a uma não aprovação), como **regra geral** só poderá ser reapresentado na sessão legislativa seguinte (lembrar que a sessão legislativa é o período anual em que os parlamentares se reúnem em Brasília, cf. o art. 57, *caput*).

[78] "A atribuição, exclusivamente ao Chefe do Poder Executivo estadual, da iniciativa do projeto de Lei Orgânica do Ministério Público, por sua vez, configura violação ao art. 128, § 5.º, da Constituição Federal, que faculta tal prerrogativa aos Procuradores-Gerais de Justiça" (ADI 852, Rel. Min. Ilmar Galvão, *DJ* de 18.10.2002).

Acesse também a videoaula pelo link: somos.in/DCE25098

No entanto, através da proposta da **maioria absoluta dos membros** de qualquer das Casas do Congresso Nacional, o projeto de lei poderá ser reapresentado na mesma sessão legislativa, surgindo, assim, uma nova hipótese de **iniciativa para o processo legislativo**.

Algumas questões podem ser levantadas:

■ **e se o novo projeto de lei, cuja iniciativa seguiu o procedimento do art. 67, for novamente rejeitado? Poderá a matéria ser reapresentada, na forma do art. 67, na mesma sessão legislativa, por uma segunda vez?**

Parece-nos que **sim**. Não há, pelo menos do ponto de vista da regra do art. 67, uma limitação de quantidade de vezes para a reapresentação do projeto. O único requisito que se fixa é o *quorum* qualificado da maioria absoluta, surgindo, pois, uma exceção à regra da irrepetibilidade dos projetos rejeitados.

■ **e em relação às matérias de iniciativa reservada ou exclusiva?**

Conforme vimos, algumas matérias são de iniciativa *privativa* (ou melhor, **exclusiva** ou **reservada**) de determinadas pessoas ou órgãos, só podendo o processo legislativo ser deflagrado por elas, sob pena de se configurar **vício formal de iniciativa**, caracterizador da inconstitucionalidade do referido ato normativo.

Dessa maneira, como a matéria só poderá ser encaminhada pelo titular da iniciativa reservada, entendemos que a regra do art. 67 **não** poderá ser aplicada.

Em **matérias de iniciativa reservada**, portanto, o projeto de lei rejeitado **só poderá ser reapresentado na sessão legislativa seguinte**, pois não se conseguiria o *quorum* qualificado da maioria absoluta, sob pena de se caracterizar vício formal de inconstitucionalidade por violação à regra da irrepetibilidade.

Nesse caso, então, pode-se afirmar que a **regra da irrepetibilidade é absoluta**.

■ **e em relação às matérias constantes de projeto de lei rejeitado pelo CN, poderá o Presidente da República veicular a mesma matéria por MP?**

Entendemos que **não**, pois estaria sendo violada a regra do art. 67 e o princípio da separação de Poderes e integridade da ordem democrática. A única forma de reapresentar matéria constante de projeto de lei rejeitado seria somente mediante proposta da maioria absoluta dos membros de qualquer das Casas do Congresso Nacional.

■ **e em relação à MP que veicule matéria constante de outra MP anteriormente rejeitada pelo CN?**

Também entendemos que **não** poderá o Presidente apresentar nova MP constante de outra MP anteriormente rejeitada, sob pena de se violar a regra do art. 67.[79]

---

[79] Em relação a estes dois últimos assuntos, cf. ADI 2.010-MC, Rel. Min. Celso de Mello, j. 30.09.1999, *DJ* de 12.04.2002.

■ 9.13.3.7.3. *Iniciativa parlamentar ou extraparlamentar*

Essa classificação é pouco cobrada nos concursos, mas convém explicá-la, a fim de evitar surpresas no dia das provas. Segundo Alexandre de Moraes, "diz-se **parlamentar** a prerrogativa que a Constituição confere a todos os membros do Congresso Nacional (Deputados Federais/Senadores da República) de apresentação de projetos de lei. Diz-se, por outro lado, iniciativa **extraparlamentar** àquela conferida ao Chefe do Poder Executivo, aos Tribunais Superiores, ao Ministério Público e aos cidadãos (iniciativa popular de lei)".[80]

■ 9.13.4. Fase constitutiva

Nessa segunda fase do processo legislativo, teremos a conjugação de vontades, tanto do Legislativo (deliberação parlamentar — discussão e votação) como do Executivo (deliberação executiva — sanção ou veto).

■ 9.13.4.1. *Deliberação parlamentar — discussão e votação*

Como regra geral, em decorrência do **bicameralismo federativo**, tratando-se de processo legislativo de lei federal, sempre haverá a apreciação de duas Casas: a **Casa iniciadora** e a **Casa revisora**. Assim, para que o projeto de lei seja apreciado pelo Chefe do Executivo, necessariamente, deverá ter sido, previamente, apreciado e aprovado pelas duas Casas — a Câmara dos Deputados e o Senado Federal.

■ 9.13.4.1.1. *O projeto começa na Câmara ou no Senado?*

Para solucionar essa questão, o art. 64, *caput,* é expresso ao delimitar que a discussão e votação dos projetos de lei de iniciativa do **Presidente da República**, do **Supremo Tribunal Federal** e dos **Tribunais Superiores** terão início na Câmara dos Deputados. A esse rol acrescentaríamos os projetos de **iniciativa concorrente dos Deputados** ou de **Comissões da Câmara**, os de iniciativa do **Procurador-Geral da República** e, naturalmente, os de **iniciativa popular** (art. 61, § 2.º), que, como já visto, também terão início na **Câmara dos Deputados**, sendo esta, portanto, a *Casa iniciadora* e o Senado Federal, em todas essas hipóteses lembradas, a *Casa revisora.*

Perante o **Senado Federal** são propostos somente os projetos de lei de iniciativa dos **Senadores** ou de **Comissões do Senado**, funcionando, nesses casos, a Câmara dos Deputados como Casa revisora.

■ 9.13.4.1.2. *Apreciação pelas Comissões*

Iniciado o processo legislativo, o projeto de lei passa à apreciação pelas Comissões.

Basicamente, o projeto deverá ser visto, em primeiro lugar, por uma **comissão temática**, que analisará a **matéria** da proposição, e, em seguida, pela **Comissão de Constituição e Justiça**, que examinará, dentre outros aspectos, a sua **constitucionalidade** (cf., por exemplo, a previsão dessa ordem nos termos do art. 53 do *RICD*).

---

[80] *Direito constitucional*, 9. ed., p. 513.

Quando envolver *aspectos financeiros ou orçamentário público,* depois da comissão temática e antes da CCJ, o projeto será apreciado pela *Comissão de Finanças e Tributação*, para o exame da compatibilidade ou adequação orçamentária (art. 53 do *RICD*).

É de observar que essa nova regra, qual seja, a CCJ apreciar o projeto depois da Comissão temática (matéria), foi introduzida pela *Resolução n. 10/91* ao *RICD*.

Conforme anotou Casseb, "é importante notar que a ordem atual da participação das comissões que comporta, em primeiro lugar, o exame dos projetos pelas comissões temáticas e depois pela Comissão de Constituição e Justiça decorreu da necessidade de se eliminar uma considerável falha do procedimento antigo. No período em que a CCJC atuava antes das comissões temáticas, verificou-se que a análise da constitucionalidade das proposições restava prejudicada, pois os projetos sofriam grandes modificações promovidas pelas comissões técnicas. Esse fato provocou a reformulação e o aperfeiçoamento da ordem de tramitação, haja vista que a avaliação realizada pela CCJC acontece após a atuação das comissões que examinam o mérito dos projetos".[81]

Além disso, sob o aspecto da operacionalidade, muitas matérias que eram apreciadas pela CCJ, quando pela **regra anterior** ela se manifestava antes da Comissão temática, não vinham a ser aprovadas, levando a um desperdício de tempo e acúmulo de atividades daquela Comissão.

Portanto, em nosso entender, muito bem-vinda a modificação regimental.

Lembramos que as comissões, em razão da matéria de sua competência, poderão, além de discutir e emitir pareceres sobre o projeto de lei, aprová-los, desde que, na forma do regimento interno da Casa, haja dispensa da competência do plenário **(delegação *interna corporis*)** e inexista, também, interposição de **recurso de 1/10 dos membros da Casa**, hipótese em que será inviável a votação do projeto de lei pela comissão temática (art. 58, § 2.º, I), sendo esta, necessariamente, transferida para o plenário da Casa.

Para se ter um exemplo, o art. 24, II, do *RICD* deixa claro que **não** poderão ser objeto de aprovação nas comissões temáticas (em razão da matéria), afetando-os ao Plenário, ou seja, não poderão ser objeto de delegação *interna corporis*, os projetos:

- de lei complementar;
- de código;
- de iniciativa popular;
- de Comissão;
- relativos a matéria que não possa ser objeto de delegação, consoante o § 1.º do art. 68 da Constituição Federal;
- oriundos do Senado, ou por ele emendados, que tenham sido aprovados pelo Plenário de qualquer das Casas;

81 P. A. Casseb, *Processo legislativo*: atuação das comissões permanentes e temporárias, p. 322-323.

- que tenham recebido pareceres divergentes;
- em regime de urgência;
- e poderíamos acrescentar, por exemplo, as propostas de emenda à Constituição (PEC), que exigem *quorum* de 3/5 dos membros, em cada Casa e em 2 turnos (art. 60, § 2.º, da CF/88).

Na hipótese de apreciação pelo Plenário, o parecer das **Comissões Temáticas** é **opinativo**, já que a matéria será ainda discutida e votada. Contudo, o parecer da *CCJ* quanto à constitucionalidade ou juridicidade da matéria será **terminativo**, assim como o da *Comissão de Finanças e Tributação*, quando de sua manifestação sobre a adequação financeira ou orçamentária da proposição, salvo provimento de **recurso** a ser apreciado preliminarmente pelo Plenário, nos termos regimentais.

9.13.4.1.3. Processos de votação

A votação poderá ser **ostensiva**, adotando-se o *processo simbólico* ou o *nominal*, e **secreta**, por meio do *sistema eletrônico* ou de *cédulas*.

No processo **simbólico**, que será utilizado na votação das proposições em geral, os parlamentares das respectivas Casas, para aprovar a matéria, permanecerão sentados, levantando-se apenas os que votarem pela rejeição.

Regimentalmente, se for requerida **verificação da votação**, será ela repetida pelo **processo nominal**.

Segundo o art. 186 do *RICD*, o **processo nominal** (pelo sistema eletrônico de votos) será utilizado:

- nos casos em que seja exigido *quorum* especial de votação;
- por deliberação do Plenário, a requerimento de qualquer Deputado;
- quando houver pedido de verificação de votação, respeitado o que prescreve o § 4.º do artigo anterior;
- nos demais casos expressos neste Regimento.

Por sua vez, o art. 188 do *RICD* estabelece que a votação por **escrutínio secreto** far-se-á pelo sistema eletrônico, nos seguintes casos:

- deliberação, durante o estado de sítio, sobre a suspensão de imunidades de Deputado, nas condições previstas no § 8.º do art. 53 da Constituição Federal;

- por decisão do Plenário, a requerimento de um décimo dos membros da Casa ou de Líderes que representem este número, formulado antes de iniciada a Ordem do Dia;
- para eleição do Presidente e demais membros da Mesa Diretora, do Presidente e Vice-Presidentes de Comissões Permanentes e Temporárias, dos membros da Câmara que irão compor a Comissão Representativa do Congresso Nacional e dos 2 (dois) cidadãos que irão integrar o Conselho da República e nas demais eleições;
- no caso de pronunciamento sobre a perda de mandato de Deputado ou suspensão das imunidades constitucionais dos membros da Casa durante o estado de sítio. **CUIDADO:** muito embora o *RICD* tenha sofrido modificação pela Res. n. 47/2013 para se ajustar à **EC n. 76/2013**, que **aboliu a votação secreta** nos casos de **perda do mandato de Deputado ou Senador**, entendemos que esse dispositivo regimental, mantido na referida atualização, não mais encontra fundamento na Constituição.[82]

A **votação secreta** realizar-se-á pelo sistema eletrônico, salvo nas eleições em que se implementará por meio de **cédulas**.

9.13.4.1.4. A Casa revisora

Rejeitado o projeto na **Casa Iniciadora**, será arquivado. Contudo, se **aprovado** (seja pelas Comissões Temáticas, nas hipóteses permitidas, seja pelo plenário da Casa), ele seguirá para a **Casa revisora**, passando, também, pelas Comissões, e, ao final, a Casa revisora poderá **aprová-lo, rejeitá-lo** ou **emendá-lo**:

- **aprovado** o projeto de lei pela Casa revisora, *em um só turno de discussão e votação* (regra geral para leis ordinárias e complementares), será ele enviado para **sanção** ou **veto** do Chefe do Executivo;
- **rejeitado** o projeto de lei, ou seja, caso a Casa revisora não o aprove, será ele **arquivado**, só podendo ser reapresentado na mesma sessão legislativa (anual), mediante proposta da *maioria absoluta dos membros de qualquer das Casas do Congresso Nacional* (art. 67), ou, sem essa formalidade, se a reapresentação for na sessão legislativa seguinte;
- **emendado**, vale dizer, na hipótese de ter sido alterado o projeto inicial, a **emenda**, e somente o que foi modificado, deverá ser apreciada pela Casa iniciadora (art. 65, parágrafo único, da CF/88), sendo vedada a apresentação de emenda à emenda **(subemenda)**.

---

[82] Referida **Res. n. 47/2013** inseriu o inciso V ao § 2.º do art. 188, *RICD*, para deixar explícita a vedação de escrutínio secreto na **deliberação** sobre a decretação de perda de mandato nas hipóteses dos incisos I, II e VI do art. 55 da Constituição Federal. Com o máximo respeito, se há proibição de **deliberação** por escrutínio secreto, no mesmo sentido, deveria haver proibição de **pronunciamento** sobre a perda do mandato por escrutínio secreto. Nesse caso, para que houvesse adequação à **EC n. 76/2013**, entendemos que a votação deveria ser ostensiva (aberta) para essa hipótese do art. 188, IV, do *RICD* (*alteração regimental pendente*).

Nessa hipótese, se a Casa iniciadora aceitar a emenda introduzida pela Casa revisora, assim seguirá o projeto para a deliberação executiva.

Contudo, se a Casa iniciadora rejeitar a emenda, o projeto, em sua redação original, que havia sido estabelecida pela Casa iniciadora, assim seguirá para a apreciação executiva.

Daí poder-se afirmar que no processo legislativo de elaboração de leis no sistema brasileiro haverá **predominância da Casa iniciadora sobre a revisora**.

Posteriormente, havendo aprovação do projeto de lei, este será encaminhado para o **autógrafo**, ou seja, a reprodução de todo trâmite legislativo e o conteúdo final do projeto aprovado e/ou emendado, para posterior sanção ou veto presidencial, promulgação (no caso de emendas à Constituição) ou à outra Casa.

9.13.4.1.5. *Espécies de emendas*

De acordo com o art. 118 do *RICD*, as emendas serão *supressivas*, *aglutinativas*, *substitutivas*, *modificativas* ou *aditivas*:

- **supressiva:** é a que manda erradicar qualquer parte de outra proposição;
- **aglutinativa:** é a que resulta da fusão de outras emendas, ou destas com o texto, por transação tendente à aproximação dos respectivos objetos;
- **substitutiva:** é a apresentada como sucedânea a parte de outra proposição, denominando-se "substitutiva" quando a alterar, substancial ou formalmente, em seu conjunto; considera-se formal a alteração que vise exclusivamente ao aperfeiçoamento da técnica legislativa;
- **modificativa:** é a que altera a proposição sem a modificar substancialmente;
- **aditiva:** é a que se acrescenta a outra proposição;
- **de redação:** a modificativa que visa sanar vício de linguagem, incorreção de técnica legislativa ou lapso manifesto.

9.13.4.1.6. *Algumas outras regras fundamentais*

- **emendas a projeto de lei:** regra geral, conforme visto, é perfeitamente possível a inclusão de emendas ao projeto de lei. No entanto, distanciando-se dessa regra, não será admitida emenda a projeto de lei que aumente a despesa prevista nos projetos de iniciativa exclusiva do Presidente da República (ressalvado o disposto no art. 166, §§ 3.º e 4.º) (cf. *item 9.13.3.3.9*), bem como nos projetos sobre a organização dos serviços administrativos da Câmara dos Deputados, do Senado Federal, dos Tribunais Federais e do Ministério Público (art. 63, I e II);
- **processo legislativo sumário ou regime de urgência constitucional:** o Presidente da República, nos projetos de sua iniciativa, poderá solicitar **urgência** na apreciação a ser realizada pelos congressistas. Como visto, a discussão iniciar-se-á na Câmara dos Deputados (art. 64, *caput*), devendo ser apreciada em 45 dias. Seguirá, então, para o Senado Federal, que também terá o prazo de 45 dias para apreciar a matéria. Em caso de emenda pelo Senado, sua apreciação será

feita no prazo de 10 dias pela Câmara dos Deputados (art. 64, §§ 1.º a 3.º), vedando-se, é claro, como já visto, qualquer subemenda. Percebe-se, então, que o **procedimento sumário** tem prazo de, no máximo, **100 dias** (45 dias em cada Casa + 10 dias em caso de emenda do Senado Federal a ser apreciada pela Câmara dos Deputados).

Lembramos que os referidos prazos **não** correm durante o período de **recesso** do Congresso Nacional (**recesso**, recorde-se, é o período fora da sessão legislativa ordinária e que vai, consoante a nova regra trazida pela **EC n. 50/2006** — que modificou o art. 57, *caput* — de **18 a 31 de julho** e de **23 de dezembro até 1.º de fevereiro** do ano seguinte) nem se aplicam aos projetos de **código** (art. 64, § 4.º).

Outra regra importante é a prevista no art. 64, § 2.º, na redação determinada pela **EC n. 32/2001**, segundo a qual, tramitando um processo sob o **regime de urgência**, se a Câmara dos Deputados e o Senado Federal não se manifestarem sobre a proposição, cada qual sucessivamente, em até **45 dias**, **sobrestar-se-ão** todas as demais deliberações legislativas da respectiva Casa, com exceção das que tenham prazo constitucional determinado (como exemplo, o prazo fixado para a apreciação das **medidas provisórias**, determinado na CF/88, em **60 dias**, prorrogáveis por mais **60 dias**, nos termos do art. 62, § 3.º), até que se ultime a votação.

Além dos projetos de iniciativa do Presidente da República, quando há solicitação de tramitação urgente, há, ainda, previstos na Constituição Federal, os casos de apreciação de **atos de outorga ou renovação de concessão, permissão ou autorização para serviços de radiodifusão sonora e de sons e imagens**, que também são projetos que tramitam sob o regime de urgência (cf. art. 223, § 1.º), seguindo os prazos do art. 64, §§ 2.º e 4.º.

Por fim, apenas esclarecemos que, além dos casos dos projetos que tramitam sob o **regime de urgência**, constitucionalmente previstos e acima comentados, há hipóteses às quais, **regimentalmente**, se estabelece a possibilidade de requerer urgência na votação de determinadas matérias. No entanto, nessas situações, a previsão é **regimental** e **não constitucional** (cf. arts. 336 do RISF e 152 do RICD), seguindo-se as peculiaridades de cada regimento interno.

Lembramos, ainda, a previsão de **regime de urgência** também em **legislação infraconstitucional**, como, para se ter um exemplo, é o caso da tramitação de decreto legislativo (art. 49, II, CF/88) para o Congresso Nacional autorizar o trânsito ou permanência de forças estrangeiras no território nacional (art. 3.º, II, da **LC n. 90/97**).

■ 9.13.4.2. *Deliberação executiva — sanção e veto*

Terminada a fase de discussão e votação, aprovado o projeto de lei, deverá ele ser encaminhado para a apreciação do Chefe do Executivo. Recebendo o projeto de lei, o Presidente da República o **sancionará** ou o **vetará**.

■ 9.13.4.2.1. *Sanção*

Em caso de **concordância**, de **aquiescência**, o Presidente da República **sancionará o projeto de lei**. Sanção é o mesmo que **anuência**, **aceitação**, sendo esse o momento em que o projeto de lei se transforma em lei, já que, como se verá, o que se promulga é a lei.

A **sanção** poderá ser **expressa** ou **tácita**.

Sanção expressa é quando o Chefe do Executivo deliberadamente manifesta a sua concordância. Contudo, na *sanção tácita*, recebido o projeto, se ele não se manifestar no prazo de 15 dias úteis, o seu silêncio importará sanção. É o famoso "quem cala, consente", ou seja, ficando silente, é como se o Chefe do Executivo não discordasse do projeto encaminhado pelo Legislativo.

Conforme vimos, **sanção presidencial não convalida vício formal subjetivo de iniciativa**, ou seja, em se tratando, por exemplo, de projeto cuja iniciativa seja reservada ao Presidente da República e encaminhada por um Deputado, a sanção não corrige o vício, que é insanável (cf. *item 9.13.3.3.12*).

E qual o **prazo** para o Presidente sancionar o projeto de lei?

Apesar de não haver previsão expressa, sabendo que o Chefe do Executivo tem 15 dias úteis para vetar o projeto de lei e que o seu silêncio importará sanção, temos de afirmar que o prazo para sancioná-lo será, também, de **15 dias úteis**.

Convém alertar que nem todos os projetos são sancionáveis.

Nos termos do art. 48, dispensa-se a sanção e, portanto, não há que se falar em veto, nos projetos que versam sobre as matérias estabelecidas nos arts. **49** (*competência exclusiva do Congresso Nacional*), **51** (*competência privativa da CD*), **52** (*competência privativa do SF*) e, ainda, nas propostas de emenda à Constituição **(PEC)**.

O instituto da sanção e, portanto, o momento de deliberação executiva deverão implementar-se mesmo em caso de projeto de iniciativa do Presidente que não tenha sido alterado pelo Parlamento.

Parece razoável imaginar que também nos projetos de lei de sua iniciativa o Presidente possa, agora, em fase mais madura do procedimento, vetá-lo, devendo, assim, ser, necessariamente, aberta a fase de deliberação executiva, até porque o art. 66, *caput*, é categórico ao afirmar que a Casa na qual tenha sido concluída a votação (*e não distingue o tipo de iniciativa*) **enviará** o projeto de lei ao Presidente da República, que, aquiescendo, o sancionará.

■ 9.13.4.2.2. *Regras gerais sobre o veto*

Em caso de **discordância**, poderá o Presidente da República **vetar** o projeto de lei, total ou parcialmente, observadas as seguintes regras:

- **prazo para vetar:** 15 dias úteis, contados da data do recebimento;
- **tipos de veto:** total ou parcial. Ou se veta todo o projeto de lei (veto total), ou somente parte dele. O veto parcial só abrangerá **texto integral de artigo, de parágrafo, de inciso ou de alínea**. Assim, pode-se afirmar que **não** existe **veto de palavras**, o que poderia alterar, profundamente, o sentido do texto. Na hipótese de veto parcial, haverá análise pelo Congresso Nacional apenas da parte vetada, o que significa que a parte não vetada, que será promulgada e

Acesse também a videoaula pelo link: somos.in/DCE25098

publicada, poderá entrar em vigor em momento anterior à referida parte vetada (veto parcial), se este vier a ser derrubado;

- **motivos do veto:** vetando o projeto de lei, total ou parcialmente, o Presidente da República deverá comunicar ao Presidente do Senado Federal os **motivos do veto** no prazo de **48** horas. Poderá o Presidente da República vetar o projeto de lei se entendê-lo **inconstitucional** (veto jurídico), ou **contrário ao interesse público** (veto político);
- **características do veto:** o veto é sempre **expresso**, conforme visto. Assim, não existe veto tácito, devendo ser **motivado** e por **escrito**. O veto é sempre **supressivo**, não podendo adicionar. Além disso, o veto é **superável** ou **relativo**, pois poderá ser "derrubado" pelo Parlamento. Podemos afirmar, também, que o veto é **irretratável**, pois, vetando e encaminhando os motivos para o Senado Federal, o Presidente da República não poderá retratar-se;
- **veto sem motivação:** se o Presidente da República simplesmente vetar, sem explicar os motivos de seu ato, estaremos diante da **inexistência** do veto, portanto, o veto sem motivação expressa produzirá os mesmos efeitos da sanção (no caso, tácita);
- **silêncio do Presidente da República:** conforme vimos, recebido o projeto de lei e quedando-se inerte, o silêncio do Presidente importará sanção, ou seja, estaremos diante da chamada **sanção tácita**.

Sancionado o projeto de lei, passará ele para a próxima fase, da **promulgação** e **publicação**.

Existindo **veto**, este será, **necessariamente**, apreciado em **sessão conjunta** da Câmara e do Senado, dentro de **30 dias** a contar de seu recebimento.[83] Pelo voto da **maioria absoluta** dos Deputados e Senadores, em **votação ostensiva** (votação pública, ou seja, voto "aberto"), o veto poderá ser rejeitado (afastado), produzindo os mesmos efeitos que a sanção (art. 66, § 4.º, da CF/88). (Lembramos que a **EC n. 76/2013** aboliu a votação secreta para essa hipótese).

Sendo *derrubado o veto*, a lei deverá ser enviada ao Presidente da República para promulgação dentro do prazo de 48 horas. Se este não o fizer, caberá ao Presidente do Senado a promulgação, e, se este não o fizer em igual prazo, caberá ao Vice-Presidente do Senado fazê-lo (art. 66, §§ 5.º e 7.º, da CF/88). Aqui, o texto não prevê alternativa. Reforçando o comando, a regra diz que **caberá** ao Vice-Presidente do Senado **fazê-lo**.

Na hipótese de o *veto* ser *mantido*, o projeto será arquivado, aplicando-se a regra contida no art. 67, que consagra a **regra da irrepetibilidade** (cf. *item 9.13.3.7.2*).

[83] Esgotado sem deliberação o referido prazo de 30 dias a contar de seu recebimento, o veto será colocado na ordem do dia da sessão imediata, sobrestadas as demais proposições, até sua votação final (cf. art. 66, § 6.º, na redação determinada pela **EC n. 32/2001**).

■ 9.13.4.2.3. Os vetos devem ser apreciados na ordem cronológica de sua comunicação ao Congresso Nacional? (MS 31.816 — "royalties" do pré-sal)

Questão interessante diz respeito à obrigatoriedade de análise dos vetos em sua ordem cronológica de comunicação ao Congresso Nacional.

Não há dúvida, e já sinalizamos, de que a **análise** do veto é **obrigatória** pelo Congresso Nacional, de acordo com a literalidade do art. 66, § 4.º, da CF/88.

A **dúvida** surge quanto ao Parlamento ter discricionariedade para "escolher" a matéria que lhe seja mais conveniente, lembrando que o art. 66, § 6.º, estabelece que, esgotado o prazo de 30 dias para análise do veto sem deliberação, **será colocado na ordem do dia da sessão imediata**, sobrestadas as demais proposições, até sua votação final.

Para responder a essa questão, vamos analisar o caso concreto envolvendo o julgamento dos **MS 31.816** e **31.814**, impetrados no STF em 13.12.2012 por parlamentares federais contra o ato da Mesa Diretora do Congresso Nacional, que, acolhendo *requerimento conjunto de urgência n. 12/2012*, tornou iminente a possibilidade de apreciação do *veto parcial n. 38/2012*, que foi aposto pela Presidente da República ao *Projeto de Lei n. 2.565/2011* e que veio a ser convertido na **Lei n. 12.734/2012**.

Referido ato normativo determina novas regras de distribuição entre os entes da Federação dos *royalties* e da participação especial devidos em função da exploração de petróleo, gás natural e outros hidrocarbonetos fluidos, buscando, ainda, aprimorar o marco regulatório sobre a exploração desses recursos no regime de partilha.

Alegava-se violação à regra da Constituição que fixa o prazo de 30 dias para a apreciação, bem como, em sugerido "estelionato regimental", afronta aos arts. 104[84] e 105[85] do *Regimento Interno do Congresso Nacional* (Regimento Comum: Resolução n. 1/70-CN).

No primeiro caso, como existiam mais de 3.000 vetos para serem apreciados, concordamos com a tese, entendendo haver afronta à ordem de apresentação, pois a Constituição estabeleceu que o primeiro veto desse volume acumulado, ainda pendente, deveria ser apreciado em 30 dias, sob pena de ser colocado na ordem do dia, sobrestadas as demais proposições.

No segundo argumento, a análise do veto em relação à nova forma de distribuição dos *royalties* violaria a regra regimental por não ter sido constituída comissão mista de Deputados e Senadores para elaborar relatório sobre o veto presidencial.

---

84 **Art. 104 do *RICN*:** "Comunicado o veto ao Presidente do Senado, este convocará sessão conjunta, a realizar-se dentro de 72 (setenta e duas) horas, para dar conhecimento da matéria ao Congresso Nacional, designação da **Comissão Mista** que deverá relatá-lo e estabelecimento do calendário de sua tramitação. § 1.º O prazo de que trata o § 4.º do art. 66 da Constituição será contado a partir da sessão convocada para conhecimento da matéria. § 2.º A Comissão será composta de 3 (três) Senadores e 3 (três) Deputados, indicados pelos Presidentes das respectivas Câmaras, integrando-a, se possível, os Relatores da matéria na fase de elaboração do projeto".

85 **Art. 105 do *RICN*:** "A Comissão Mista terá o prazo de 20 (vinte) dias, contado da data de sua constituição, para apresentar seu relatório".

Em **17.12.2012**, o Min. Luiz Fux concedeu, **monocraticamente**, liminar, determinando à Mesa Diretora do Congresso Nacional que se abstivesse de deliberar acerca do veto parcial n. 38/2012 antes que se procedesse à análise de todos os vetos pendentes (mais de 3.000, alguns sem apreciação há mais de 10 anos!), com prazo expirado até a data daquela decisão, em **ordem cronológica de recebimento da respectiva comunicação**, observadas as regras regimentais pertinentes.

Referida decisão, "ante a manifesta contrariedade ao **Estado de Direito** (art. 1.º, *caput*, da CF/88) e à proteção das **minorias parlamentares**", flexibilizava a jurisprudência do STF, que não admite o controle judicial de questões *interna corporis*.

Contra a liminar concedida pelo Min. Fux, foi interposto **agravo regimental** (o CPC/2015 fala em agravo interno), julgado em **27.02.2013** pelo Plenário, que, por 6 x 4, cassou-a nos termos da divergência aberta pelo Min. Teori Zavascki. Assim, permitiu-se ao Congresso Nacional, **pelo menos por enquanto**, analisar os vetos de acordo com a sua liberdade política e conveniência. O Min. Lewandowski destacou o denominado **"poder de agenda"**, no sentido de se assegurar ao Congresso Nacional a autonomia para escolher as matérias que considere relevantes do ponto de vista político, social, cultural, econômico e jurídico para o País.

Tendo em vista a apreciação pelo Congresso Nacional do veto, rejeitando-o, referido mandado de segurança, que buscava impedir a violação da ordem de apreciação, perdeu o seu objeto e, assim, nos termos do art. 21, IX, do *RISTF*, foi julgado **prejudicado**.

Deixamos consignado que, em nosso entender, a regra da Constituição é firme e determina a apreciação do veto em 30 dias, sob pena de sobrestamento das demais proposições (art. 66, §§ 4.º e 6.º). Não se pode esvaziar essa regra clara e extremamente importante. O Congresso, mais uma vez, criou nefasto e inconcebível **"costume inconstitucional"** de não apreciar os vetos, alguns, conforme visto, há mais de 10 anos aguardando análise.

Ao julgar prejudicado o mandado de segurança, perdeu o STF a oportunidade de adotar o mesmo entendimento firmado na **ADI 4.029** (cf. *item 9.14.4.3*), qual seja, modulando os efeitos da decisão, a partir de sua decisão de mérito, de modo enérgico, determinar a obrigatoriedade de apreciação dos vetos no prazo improrrogável de 30 dias, sob pena de sobrestamento das demais proposições.

▪ 9.13.4.2.4. *Procedimento de apreciação dos vetos presidenciais (Res. n. 1/2015-CN)*

O contexto da aprovação da **Res. n. 1/2015** (*DOU*, de 12.03.2015), que **altera o procedimento de apreciação dos vetos presidenciais** ao modificar o *Regimento Comum do Congresso Nacional* (Res. n. 1/70), foi marcado pela necessidade de regras mais efetivas e céleres.

Conforme observou o então presidente do Senado Federal, Renan Calheiros, "a modernidade, a racionalidade e a própria sociedade não aceitam mais métodos jurássicos de votação de vetos, com sessões que duram até 19 horas, como já aconteceu.

O tumulto passa a ser uma opção política e o Congresso não pode ficar exposto a isso" (*Notícias CD, 10.02.2015 — 21h29*).

Além da modernização e celeridade do procedimento, a alteração buscou adequar o processo de análise às regras introduzidas pela EC n. 76/2013, que definiu a votação aberta (ostensiva), nos termos do art. 66, § 4.º, CF/88.

Entre as regras contidas no regramento, destacamos:

- **votação nominal e apuração eletrônica:** a votação do veto será **nominal** e ocorrerá por meio de cédula com identificação do parlamentar e que permita a **apuração eletrônica**, da qual constarão todos os vetos incluídos na Ordem do Dia, agrupados por projeto. Inegavelmente, o modelo eletrônico é muito mais eficiente do que as cédulas de papel;
- **destaques individuais ou conexos e apreciação eletrônica:** até o início da Ordem do Dia, poderá ser apresentado destaque de dispositivos individuais ou conexos para apreciação no painel eletrônico, a requerimento de líderes, que independerá de aprovação pelo Plenário, observados rígida proporcionalidade e importantes limites fixados na referida Resolução. Intimidam-se, assim, as combatidas manobras de obstrução;
- **discussão em globo:** além de agilizar a votação, a nova regra **limita o tempo de discussão das matérias**, o que, também, busca eliminar as manobras políticas no sentido de se adiar o enfrentamento de temas polêmicos.

9.13.4.2.5. *Regras específicas sobre o veto*

- ***Riders*:** a figura dos *riders* surgiu quando não havia o instituto do veto parcial. Notadamente nas **leis orçamentárias**, os parlamentares faziam inserir matérias impertinentes, muitas de interesses particulares e sem qualquer relação com as finanças. Assim, como se tinha que aprovar as leis orçamentárias, os *riders*, ou seja, essas **"caudas orçamentárias"** ou **"pingentes"** eram aprovados, sem a possibilidade de excluí-los, já que não havia o veto parcial.

Segundo Manoel Gonçalves Ferreira Filho, a grande *virtude* do *veto parcial* é "... permitir separar o joio do trigo, ou seja, excluir da lei o inconveniente sem fulminar todo o texto".

Contudo, continua, quando não havia veto parcial nos regimes, especialmente os presidencialistas, "... surgiu a prática condenável de os parlamentares inserirem nos projetos de orçamento **disposições parasitárias**, muitas vezes sem nenhuma relação com as finanças públicas, disposições que seriam vetadas se objeto de proposições isoladas".[86]

Portanto, o **veto parcial** surge como indispensável **técnica** para a **superação** dos inconvenientes ***riders***.

---

[86] M. G. Ferreira Filho, *Do processo legislativo*, 6. ed., p. 156-158.

No Brasil, durante o Império, prevaleceu o entendimento de aceitação apenas do veto total e, assim, situações impertinentes de *riders* nas leis orçamentárias. Em âmbito federal, o **veto parcial** veio a ser introduzido apenas pela **EC n. 1/26**, lembrando que alguns Estados, como o da Bahia, já o previam um pouco antes em suas Constituições estaduais.

- ***pocket veto*:** estamos diante daquilo que a doutrina denominou **veto absoluto**. Segundo José Afonso da Silva, "sua utilização impede que se alcance a conclusão da medida proposta, como aquele dos tribunos da plebe da Roma antiga. Hoje, está em desuso, mas existe no *Conselho de Segurança da ONU* — trata-se do já referido *pocket veto* nos EUA. Vetada absolutamente a matéria, não comporta mais discussão, valendo como rejeição definitiva pelo tempo constitucionalmente estipulado. A matéria só poderá ser objeto de deliberação através de nova iniciativa, verificados os requisitos para que essa possa ocorrer".[87]

O **veto absoluto** caracterizava-se como um fortalecimento demasiado do Executivo e, assim, verdadeiro instrumento de defesa, já que, ao vetar o projeto, estando o Parlamento em recesso, o projeto não seria devolvido e, então, terminaria no "bolso" do Executivo.

Pocket, do inglês, significa "bolso". Assim, é o "veto de bolso", no sentido de não se conseguir analisá-lo (já que ele ficaria "embolsado", por impossibilidade de análise pelo Parlamento).

O direito brasileiro **não adotou** o *pocket veto*. Conforme visto, todo veto deverá, **necessariamente**, ser analisado pelo Parlamento, inclusive com previsão do prazo de 30 dias e, esgotado sem apreciação esse prazo, a sua colocação na ordem do dia da sessão imediata, sobrestando-se as demais proposições, até sua votação final (art. 66, §§ 4.º e 6.º).

Ainda, a ausência de sanção também não significará o "engavetamento" do projeto, visto que o silêncio do Presidente não caducará o projeto, mas, de maneira bastante adequada, importará sanção.

9.13.5. Fase complementar — promulgação e publicação

A fase final ou complementar do processo legislativo pode ser bipartida na promulgação e na publicação da lei. Vejamo-las:

9.13.5.1. Promulgação

A promulgação nada mais é que um atestado da existência válida da lei e de sua executoriedade. Apesar de ainda não estar em vigor e não ser eficaz, pelo ato da promulgação certifica-se o nascimento da lei. José Afonso da Silva aponta que "o ato de promulgação tem, assim, como conteúdo a presunção de que a lei promulgada é válida, executória e potencialmente obrigatória".[88]

---

87 J. A. da Silva, *Processo constitucional de formação das leis*, p. 219.

88 *Curso de direito constitucional positivo*, p. 461.

Indagamos: o que se promulga, a lei ou o projeto de lei? Seguindo os ensinamentos de José Afonso da Silva, o que se promulga e publica é a **lei**, ou seja, no momento da promulgação o projeto de lei já se transformou em lei. Apesar de alguns entendimentos em contrário, para as provas objetivas dos concursos, adotar o posicionamento de que o projeto de lei vira lei com a **sanção** presidencial ou com a **derrubada do veto** pelo voto da maioria absoluta dos Deputados e Senadores, nos termos do art. 66, § 4.º.

Tanto é que o art. 66, § 7.º, fala, expressamente, em **promulgação** da **lei**, e não do projeto de lei.

Em regra, então, a lei deverá ser promulgada pelo Presidente da República. Se no prazo de 48 horas não houver promulgação, nas hipóteses do art. 66, §§ 3.º (sanção tácita) e 5.º (derrubada do veto pelo Congresso), a lei será promulgada pelo Presidente do Senado Federal e, se este não o fizer em igual prazo, caberá ao Vice-Presidente do Senado Federal fazê-lo, obrigatoriamente, sob pena de responsabilidade (art. 66, § 7.º).

■ 9.13.5.2. *Publicação*

Promulgada a lei, deverá ser publicada, ato pelo qual se levará ao conhecimento de todos o conteúdo da inovação legislativa. A publicação implementa-se pela inserção do texto da lei no *Diário Oficial*, devendo ser determinada por quem a promulgou.

Com a publicação, tem-se o estabelecimento do momento em que o cumprimento da lei deverá ser exigido.

Como regra geral, a lei começa a vigorar em todo o País **45 dias** depois de oficialmente publicada (art. 1.º, *caput,* da *LINDB — Lei de Introdução às Normas do Direito Brasileiro*).[89] Havendo disposição expressa em contrário, prevalecerá sobre a regra geral (ex.: "Esta lei entra em vigor na data de sua publicação").

Nos **Estados estrangeiros**, a obrigatoriedade da lei brasileira, quando admitida, inicia-se **3 meses** depois de oficialmente publicada.

Algumas exceções à regra geral também foram previstas na Constituição nos arts. 150, III, "b", e 195, § 6.º.

O período que vai da publicação da lei à sua vigência chama-se ***vacatio legis***.

Finalmente, grande importância deve ser atribuída ao ato da publicação, no sentido de que ninguém poderá escusar-se de cumprir a lei alegando o seu desconhecimento. A publicação enseja, portanto, a presunção de conhecimento da lei por todos (art. 3.º da LINDB).

■ 9.14. ESPÉCIES NORMATIVAS

Como pudemos perceber no início deste capítulo, o processo legislativo compreenderá a elaboração das seguintes espécies normativas: **emendas à Constituição, leis**

[89] Conforme já alertamos em outra passagem desta obra, o *Decreto-lei n. 4.657/42* introduziu em nosso ordenamento a então denominada *LICC — Lei de Introdução ao Código Civil*, que, à época, já extrapolava o direito civil, seja por regular a validade, eficácia, vigência, interpretação, revogação das normas, seja por definir conceitos amplos, como o ato jurídico perfeito, a coisa julgada, o direito adquirido, seja, de modo geral, por apresentar um inegável caráter universal, aplicando-se

complementares, leis ordinárias, leis delegadas, medidas provisórias, decretos legislativos e resoluções.

Importante notar a inexistência de hierarquia entre as espécies normativas, com exceção das emendas constitucionais, que têm a capacidade de produzir normas de caráter constitucional, como veremos.

Nesse sentido é que cada espécie normativa atuará dentro de sua parcela de competência. Por exemplo, se houver atuação de lei ordinária em campo reservado à lei complementar, estaremos diante de invasão de competência, surgindo, então, um vício formal, caracterizador da inconstitucionalidade.

Apesar disso, Temer adverte que existe, de fato, um **escalonamento de normas**, chegando a surgir, em determinadas situações, uma verdadeira relação hierárquica. Isso não se observa em relação às espécies normativas apontadas, mas pode ser verificado nos seguintes exemplos lembrados pelo autor: "A lei se submete à Constituição, o regulamento se submete à lei, a instrução do Ministro se submete ao decreto, a resolução do Secretário de Estado se submete ao decreto do Governador, a portaria do chefe de seção se submete à resolução secretarial".[90]

Vejamos cada uma das espécies normativas apontadas no art. 59 da CF/88.

9.14.1. Emenda constitucional

Quando estudamos a teoria do **poder constituinte**, verificamos que as **emendas constitucionais** são fruto do trabalho do *poder constituinte derivado reformador*, por meio do qual se altera o trabalho do poder constituinte originário, pelo acréscimo, modificação ou supressão de normas.

Ao contrário do constituinte originário, que é juridicamente ilimitado, o poder constituinte derivado é condicionado, submetendo-se a algumas limitações, expressamente previstas, ou decorrentes do sistema. Trata-se das limitações **expressas** ou **explícitas** (*formais* ou *procedimentais, circunstanciais* e *materiais*) e das **implícitas**.

Assim, o "produto" da PEC, isto é, a matéria introduzida, se houver perfeita adequação aos limites indicados, incorporar-se-á ao texto originário, tendo, portanto, *força normativa de Constituição.*

O veículo, contudo, a PEC aprovada, o instrumento para essa modificação, que se concretiza em uma *emenda à Constituição*, analisada sob o aspecto formal, poderá ser confrontada perante a CF/88.

aos demais "ramos" do direito. Por esse motivo, a **Lei n. 12.376/2010** passou a denominá-la **Lei de Introdução às Normas do Direito Brasileiro (LINDB)**, mantendo intacto o seu conteúdo. Conforme observa Carlos Roberto Gonçalves, "trata-se de um conjunto de **normas sobre normas**, visto que disciplina as próprias normas jurídicas, determinando o seu modo de aplicação e entendimento no tempo e no espaço. Ultrapassa ela o âmbito do direito civil, pois enquanto o **objeto** das leis em geral é o comportamento humano, o da Lei de Introdução é a **própria norma**, visto que disciplina a sua elaboração e vigência, a sua aplicação no tempo e no espaço, as suas fontes etc. Contém normas de **sobredireito** ou de apoio, sendo considerada um **Código de Normas**, por ter a lei como tema central" (*Direito civil esquematizado*, v. 1, 2012, p. 53).

[90] *Elementos de direito constitucional*, p. 144.

EC — CONSTITUIÇÃO RÍGIDA — PODER CONSTITUINTE DERIVADO REFORMADOR — LIMITAÇÕES AO PODER DE REFORMA

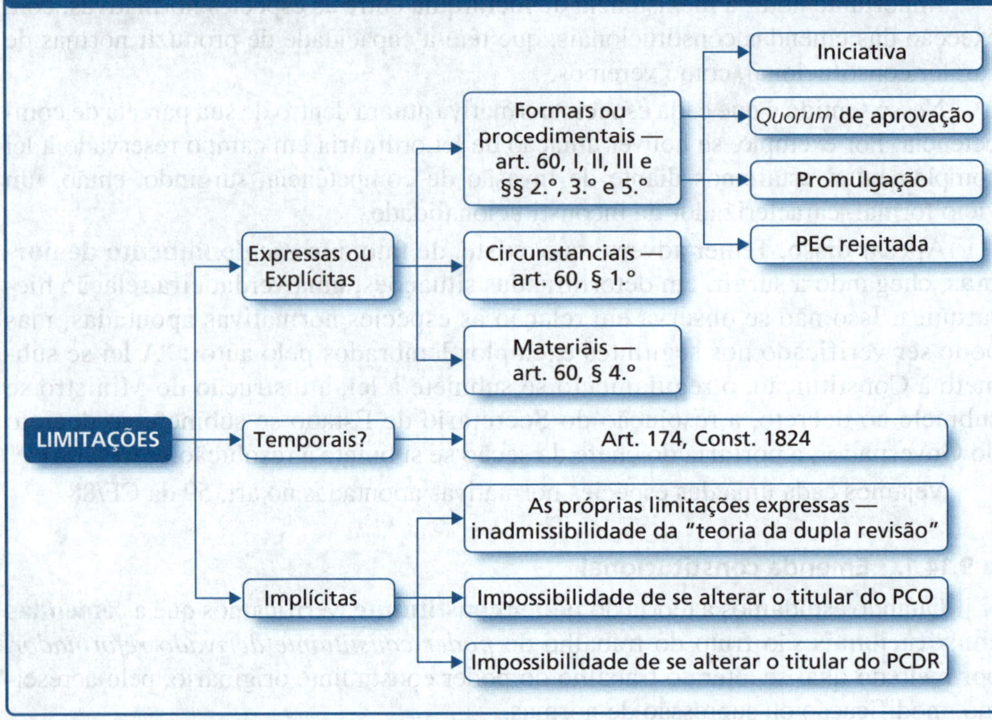

■ *9.14.1.1. Limitações formais ou procedimentais (art. 60, I, II, III, e §§ 2.º, 3.º e 5.º)*

■ **Iniciativa (art. 60, I, II e III):** trata-se de **iniciativa privativa** e **concorrente** para alteração da Constituição. Havendo proposta de emenda por qualquer pessoa diversa daquelas taxativamente enumeradas, estaremos diante de vício formal subjetivo, caracterizador da inconstitucionalidade. Nesse sentido é que a CF só poderá ser emendada mediante proposta:

- de 1/3, no mínimo, dos membros da Câmara dos Deputados ou do Senado Federal;
- do Presidente da República;
- de mais da metade das Assembleias Legislativas das unidades da Federação (no caso, as Assembleias Legislativas dos 26 Estados-Membros, mas incluindo-se, também, a Câmara Legislativa do Distrito Federal), manifestando-se, cada uma delas, pela **maioria relativa** de seus membros.

Isso posto, surge uma pergunta: pode haver emenda parlamentar em PEC? Exemplificando, vamos imaginar que o Presidente da República tenha encaminhado uma PEC, na forma do art. 60, II. Poderá essa proposta sofrer emenda parlamentar?

O entendimento é que **sim**, desde que respeitado o *quorum* constitucional, ou seja, desde que a emenda apresentada tenha sido subscrita por no mínimo 1/3 dos parlamentares e não incida nas vedações constitucionais (nesse sentido, cf. art. 202, § 3.º, do *RICD* e art. 356, parágrafo único, do *RISF*).

■ ***Quorum* de aprovação (art. 60, § 2.º):** a proposta de emenda será discutida e votada em cada Casa do Congresso Nacional, em **2 turnos**, considerando-se aprovada se obtiver, em ambos, **3/5** dos votos dos respectivos membros. Diferente é o processo legislativo de formação da lei complementar e da lei ordinária, que deverá ser discutido e votado em um único turno de votação (art. 65, *caput*), tendo por *quorum* a maioria absoluta (art. 69) e a maioria relativa (art. 47), respectivamente.[91]

No tocante ao processo legislativo, interessante notar que o texto aprovado por uma Casa não pode ser modificado pela outra sem que a matéria volte para a apreciação da Casa iniciadora. O Congresso Nacional tem utilizado a técnica da PEC Paralela, ou seja, a parte da PEC que não foi modificada é promulgada e a parte modificada volta para reanálise, e como se fosse uma nova EC, para a Casa iniciadora. A não observância desse requisito formal caracterizará o vício de inconstitucionalidade (cf. discussão na ADI 2.135-MC, Rel. p/ o acórdão Min. Ellen Gracie, j. 02.08.2007, *Inf. 474/STF*. Em 03.09.2020, a Min. Cármen Lúcia, julgando o mérito, confirmou a inconstitucionalidade do *caput* do art. 39 da CF/88, vislumbrando não somente a apreciação em um único turno (já que a PEC havia sido rejeitada em primeiro turno e, então, reproposta), como, também, a proibição de repropositura na mesma sessão legislativa (irrepetibilidade, conforme art. 60, § 5.º). O julgamento foi suspenso — **matéria pendente de apreciação**).

■ **Promulgação (art. 60, § 3.º):** outra imposição formal é que a promulgação da emenda seja realizada pelas **Mesas da Câmara dos Deputados** e do **Senado Federal**, com o seu respectivo **número de ordem**. O número de ordem nada mais é do que o numeral indicativo da quantidade de vezes que a Constituição foi alterada (pelo poder constituinte derivado) desde a sua promulgação. Lembramos que, iniciado o processo de alteração do texto constitucional através de emenda, discutido, votado e aprovado, em cada casa, em **2** turnos de votação, o projeto será encaminhado diretamente para promulgação, **inexistindo sanção ou veto presidencial**. Após promulgada, o Congresso Nacional publica a emenda constitucional.

■ **Proposta de emenda rejeitada ou havida por prejudicada (art. 60, § 5.º):** a matéria constante de proposta de emenda rejeitada ou havida por prejudicada não pode ser objeto de nova apresentação na mesma sessão legislativa. Trata-se de regra diferente da prevista para as leis complementares e ordinárias, em relação às quais é permitido o oferecimento de novo projeto de lei (quando rejeitado) na mesma ses-

[91] Em relação à reforma no âmbito estadual, assim se manifestou o STF: "Processo de reforma da Constituição estadual — Necessária observância dos requisitos estabelecidos na CF (art. 60, §§ 1.º a § 5.º) — **Impossibilidade constitucional de o Estado-membro, em divergência com o modelo inscrito na Lei Fundamental da República, condicionar a reforma da Constituição estadual à aprovação da respectiva proposta por 4/5 da totalidade dos membros integrantes da Assembleia Legislativa** — Exigência que virtualmente esteriliza o exercício da função reformadora pelo Poder Legislativo local — A questão da autonomia dos Estados-membros (CF, art. 25) — Subordinação jurídica do poder constituinte decorrente às limitações que o órgão investido de funções constituintes primárias ou originárias estabeleceu no texto da Constituição da República (...)" (**ADI 486**, Rel. Min. Celso de Mello, j. 03.04.1997, Plenário, *DJ* de 10.11.2006).

são legislativa, mediante proposta da **maioria absoluta** dos membros de qualquer das Casas do Congresso (art. 67).

■ *9.14.1.2. Limitações circunstanciais (art. 60, § 1.º)*

Em determinadas circunstâncias, o constituinte originário vedou a alteração do texto original, em decorrência da gravidade e anormalidade institucionais. Nesses termos, a CF não poderá ser emendada na vigência de:

- ■ intervenção federal;
- ■ estado de defesa;
- ■ estado de sítio.

■ *9.14.1.3. Limitações materiais (art. 60, § 4.º)*

O poder constituinte originário também estabeleceu algumas vedações materiais, ou seja, definiu um núcleo *intangível*, comumente chamado pela doutrina de **cláusulas pétreas**. Nesse sentido (e inovando o disposto no art. 50, § 1.º, da Constituição de 1967, que previa como "cláusulas pétreas" apenas a *Federação* e a *República*), não será objeto de deliberação a proposta de emenda tendente a abolir:

- ■ a forma federativa de Estado;
- ■ o voto direto, secreto, universal e periódico;
- ■ a separação dos Poderes;
- ■ os direitos e garantias individuais.

A) Reforma da Previdência

Nesse sentido, a **Reforma da Previdência** (EC n. 41/2003) foi amplamente discutida, em especial, dentre vários pontos, a mudança nas regras de transição para a aposentadoria (discutida na ADI 3.104, proposta pela CONAMP) e a taxação dos inativos e pensionistas (discutida na ADI 3.105, proposta pela CONAMP, e na ADI 3.099, proposta pelo PDT).

Segundo o STF, não há direito adquirido a regime jurídico, assim como, em tese, seria possível tratar de matéria definida pela Constituição como cláusula pétrea desde que não a tenda a abolir, dentro de critérios de razoabilidade e proporcionalidade.

B) Atribuição de competência estadual para legislar sobre direito penal

De acordo com o art. 22, I, compete privativamente à União legislar sobre **direito penal**. Portanto, eventual lei estadual, distrital ou municipal nesse sentido seria inconstitucional (vício formal).

A única exceção que existe atualmente, nos termos da Constituição, dá-se no caso de a União, por meio de **lei complementar**, autorizar os Estados a legislarem sobre direito penal. Contudo, na hipótese, a autorização deverá restringir-se a **questões específicas** (art. 22, parágrafo único).

Como bem anotaram Estefam e Gonçalves,[92] valendo-se das lições de *Luiz Vicente Cernicchiaro* e *Paulo José da Costa*, diante de autorização expressa da União por lei complementar, os Estados e o Distrito Federal, ao exercerem a atribuição normativa, estão **proibidos de** "... **disciplinar temas fundamentais de Direito Penal**, notadamente aqueles ligados à Parte Geral. A lei local, ainda, deverá manter-se em **harmonia com a federal**, estabelecendo-se entre ambas uma relação de regra e exceção, cumprindo que esta seja plenamente justificada diante de **peculiaridades regionais**. Os Estados e o Distrito Federal poderão apenas, a pretexto de regular temas específicos, definir condutas como infrações penais e impor-lhes a respectiva pena, **sem jamais afrontar a lei federal**, inovando apenas no que se refere às suas **particularidades**".

Lembrando que ainda não se fez uso dessa prerrogativa, os autores destacam interessante exemplo trazido por *Cernicchiaro*: "na década de 1980, ocorreu, em Goiás, a contaminação de pessoas com material radioativo (o Césio-137), resultando na necessidade de armazenamento e enterramento do 'lixo atômico' encontrado. Esse fato, de efeito local, poderia ser objeto da legislação estadual de cunho penal, visando a eliminar novos riscos de contato humano".

Finalmente, surge a pergunta: EC que transfira a competência da União para os Estados para legislar sobre direito penal viola cláusula pétrea? O tema ainda não foi discutido pelo STF, mas entendemos que seria perfeitamente possível. Em relação à forma federativa, a nosso ver, não tenderia a aboli-la, mas a fortalecê-la, já que aumentaria a competência estadual. A questão, agora de natureza política e social — e não mais técnica —, seria a análise da conveniência social, especialmente pela dificuldade de se ter a informação sobre os diversos tipos penais que poderiam surgir (*estamos amadurecendo esse assunto e aguardarmos críticas e sugestões*).

C) Redução da maioridade penal de 18 para 16 anos (art. 228 da CF/88)

Esse tema foi enfrentado neste estudo no *item 19.9.15* e concluímos ser **possível**, sim, a redução da maioridade penal de 18 para 16 anos, uma vez que o texto apenas não admite a proposta de emenda (PEC) que tenda a abolir o *direito e garantia individual*. Isso não significa, como já interpretou o STF, que a matéria não possa ser modificada. O que não se admite é reforma que tenda a abolir, repita-se, tais direitos, dentro de um parâmetro de razoabilidade.

Reduzindo de 18 para 16 anos o direito à inimputabilidade, tido como garantia fundamental, ele não deixará de existir, e eventual modificação encontrará, inclusive, coerência com a responsabilidade política de poder exercer a capacidade eleitoral ativa (direito de eleger) a partir dos 16 anos.

■ 9.14.1.4. *Limitações temporais?*

As **limitações temporais**, na história constitucional brasileira, foram previstas apenas na Constituição do Império, de 1824, **não se verificando nas que se segui-**

[92] André Estefam e Victor Eduardo Rios Gonçalves, *Direito penal esquematizado:* parte geral, 3. ed., p. 115-116.

ram. Trata-se de previsão de prazo durante o qual fica **vedada** qualquer alteração da Constituição. O exemplo único é o art. 174 da citada Constituição Política do Império, que permitia a reforma da Constituição somente após 4 anos de sua vigência.

Assim, **não há limitação expressa temporal** prevista na CF/88. Convém lembrar que a regra do art. 3.º do ADCT (poder constituinte derivado revisor), que determinou a revisão constitucional após 5 anos contados da promulgação da Constituição, pelo voto da maioria absoluta dos membros do Congresso Nacional, em sessão unicameral, **não configurou nenhuma limitação temporal ao poder de reforma**, mas apenas a **previsão de prazo para a malfeita revisão constitucional já esgotada**. Durante esse período de pelo menos 5 anos, como se sabe, a Constituição, observados os limites já expostos, poderia, como foi (*vide* **ECs ns. 1 a 4**), ser reformada por emendas constitucionais, através da manifestação do poder constituinte derivado reformador.

■ *9.14.1.5. Limitações implícitas*

Até agora, estudamos as limitações expressas, explicitamente estabelecidas pelo constituinte originário de 1988.

Indagamos, aprofundando a discussão: seria possível, por exemplo, através de emenda constitucional, revogar expressamente o art. 60, § 4.º, I, e, em um segundo momento, dizer que a *forma de Estado* não é mais a **Federação**, passando o Brasil a se constituir em um **Estado unitário**? Trata-se da teoria da **dupla revisão**, defendida por *Jorge Miranda*, segundo a qual em um primeiro momento se revoga uma cláusula pétrea, para, em seguida, modificar aquilo que a cláusula pétrea protegia.[93]

Apesar de o entendimento exposto ser defendido por renomados juristas estrangeiros e pátrios, como o Professor Manoel Gonçalves Ferreira Filho,[94] orientamos para as provas de concursos públicos o posicionamento adotado pela grande maioria dos doutrinadores nacionais, estabelecendo a total **impossibilidade** da teoria da **dupla revisão**, na medida em que existem **limitações implícitas**, decorrentes do sistema, conforme expõe Michel Temer: "as *implícitas* são as que dizem respeito à forma de criação de norma constitucional bem como as que impedem a pura e simples supressão dos dispositivos atinentes à intocabilidade dos temas já elencados (art. 60, § 4.º, da CF)".[95]

Portanto, as **limitações expressas** já apontadas caracterizam-se como a primeira **limitação implícita** ou **inerente**.

Outras duas limitações implícitas apontadas pela doutrina são a **impossibilidade de se alterar tanto o titular do poder constituinte originário** como o **titular do poder constituinte derivado reformador**.

---

93 Jorge Miranda, *Manual de direito constitucional*, p. 181 e s.

94 Verificar interessante estudo em "Significação e alcance das 'cláusulas pétreas'" (*RDA* 202/11-17, out./dez. 1995), defendendo a teoria da **dupla revisão**, especialmente por entender que o constituinte de 1987/1988 foi investido de poderes especiais por força da Emenda n. 26/85 à Constituição de 1967. Confira, ainda, Manoel G. Ferreira Filho, *Do processo legislativo*, cit., p. 145.

95 Michel Temer, *Elementos de direito constitucional*, 19. ed., p. 145.

9.14.1.6. *Tratados e convenções internacionais sobre direitos humanos e a sua equivalência com as emendas constitucionais — EC n. 45/2004*

Nos termos do § 3.º do art. 5.º, introduzido pela **EC n. 45/2004**, e esse tema será aprofundado no *item 9.14.5.2.2*, os tratados e convenções internacionais sobre **direitos humanos** que forem aprovados, em cada Casa do Congresso Nacional, em dois turnos, por três quintos dos votos dos respectivos membros serão equivalentes às **emendas constitucionais**.

Como exemplo, destacamos o **Decreto Legislativo n. 186, de 09.07.2008**, que aprova o texto da *Convenção sobre os Direitos das Pessoas com Deficiência* e de seu *Protocolo Facultativo*, assinados em Nova York, em 30 de março de 2007, promulgada pelo **Decreto n. 6.949, de 25.08.2009**, tendo sido, assim, incorporado ao ordenamento jurídico brasileiro com o *status* de norma constitucional.

Outro exemplo de tratado internacional de direitos humanos incorporado na forma do art. 5.º, § 3.º, CF/88, e, portanto, com *status* constitucional, é o **Tratado de Marraqueche**, que busca facilitar o acesso a obras publicadas às pessoas cegas, com deficiência visual ou com outras dificuldades para ter acesso ao texto impresso, celebrado em 28.06.2013, e que entrou em vigor **no plano internacional** em **setembro de 2016**, a partir da adesão do Canadá, o 20.º Estado-parte, conforme determina o art. 18 do tratado. No tocante ao direito brasileiro, o Tratado foi aprovado pelo Congresso Nacional por meio do Decreto Legislativo n. 261/2015, tendo sido promulgado pelo Decreto presidencial n. 9.522, de 08.10.2018.

9.14.2. Lei complementar e lei ordinária

9.14.2.1. *Semelhanças*

O processo legislativo de constituição das leis complementares e ordinárias foi exaustivamente analisado quando expusemos a teoria do processo legislativo, constituindo-se, basicamente, em três fases distintas, a saber: **fase de iniciativa** (deflagra-se o processo legislativo); **fase constitutiva** (em que ocorre a *deliberação parlamentar*, pela discussão e votação, bem como a *deliberação executiva*, manifestando-se o Chefe do Executivo pela sanção ou veto) e a **fase complementar** (promulgação e publicação). Como regra geral, por meio das leis editar-se-ão normas gerais e abstratas, regulamentando as normas constitucionais.

9.14.2.2. *Diferenças*

Existem duas grandes diferenças entre a lei complementar e a ordinária, uma do ponto de vista material e outra do ponto de vista formal.

9.14.2.2.1. *Aspecto material*

As hipóteses de regulamentação da Constituição por meio de **lei complementar** estão **taxativamente** previstas no Texto Maior. Sempre que o constituinte originário (ou até mesmo o derivado reformador, conforme previsto, por exemplo, nos arts. 146-A e 202, assim como poderia ter sido trazido pelo derivado revisor) quiser que determinada matéria seja regulamentada por lei complementar, expressamente, assim o requererá.

As hipóteses que serão regulamentadas por lei complementar foram **predeterminadas**, conforme se observa pelo quadro comparativo no final deste capítulo, onde reunimos todas as hipóteses previstas na CF/88. Desde já, como exemplos, citamos os arts. 7.º, I; 14, § 9.º; 18, §§ 2.º, 3.º e 4.º; 21, IV; 22, parágrafo único; 23, parágrafo único; 25, § 3.º.

Em relação às **leis ordinárias**, o campo material por elas ocupado é **residual**, ou seja, tudo o que não for regulamentado por lei complementar, decreto legislativo (art. 49 — matérias de competência exclusiva do Congresso Nacional) e resoluções (arts. 51 e 52 — matérias de competência privativa, respectivamente, da Câmara dos Deputados e do Senado Federal).

9.14.2.2.2. Aspecto formal

No tocante ao **aspecto formal**, a grande diferença entre lei complementar e lei ordinária está no ***quorum* de aprovação** do respectivo projeto de lei. Enquanto a **lei complementar** é aprovada pelo *quorum* de **maioria absoluta**, as **leis ordinárias** o serão pelo *quorum* **de maioria simples** ou **relativa**.[96] Então vejamos:

LEI COMPLEMENTAR	MAIORIA ABSOLUTA (art. 69)
LEI ORDINÁRIA	MAIORIA SIMPLES ou RELATIVA (art. 47)

Resta saber qual a diferença entre maioria absoluta e maioria simples. Nos dois casos, busca-se a *maioria*, só que, para o *quorum* de **maioria absoluta**, a *maioria* será dos **componentes**, do total de membros integrantes da Casa (sempre um número fixo), enquanto para a **maioria simples** a *maioria* será dos presentes à reunião ou sessão que, naquele dia de votação, compareceram.

Valendo-nos do direito tributário para melhor explicar, fazemos uma analogia: a "*alíquota*" (maioria) será sempre a mesma. O que muda é a "*base de cálculo*", ou seja: a) **maioria absoluta:** busca-se saber a **maioria** (*alíquota*) dos **componentes** (*base de cálculo*); b) **maioria simples:** busca-se saber a **maioria** (*alíquota*) dos **presentes** (*base de cálculo*).

E como achar a maioria, a "alíquota"? A maioria será sempre metade mais um para números pares e o primeiro número inteiro superior à metade para números ímpares.[97] Vejamos alguns exemplos:

- 100 → 51 (100 ÷ 2 = 50 → 50 + 1 = 51);
- 51 → 26 (51 ÷ 2 = 25, 5 → o primeiro número inteiro superior à metade = 26);

[96] Obs.: a doutrina prefere a utilização da nomenclatura **maioria simples** a **maioria relativa**.

[97] Precisa a explicação do Ministro Luiz Gallotti, ao relatar acórdão proferido pelo Pleno do STF em 26.11.1969: "Ementa: (...) Maioria Absoluta. Sua definição, como significando **metade mais um**, serve perfeitamente quando o total é **número par**. Fora daí, temos que recorrer à **verdadeira definição**, a qual, como advertem Scialoja e outros, deve ser esta, que serve, **seja par ou ímpar o total: maioria absoluta é o número imediatamente superior à metade**. Assim, maioria absoluta de quinze são oito, do mesmo modo que, de onze (número de Juízes do Supremo Tribunal), são seis, e sobre isso não se questiona nem se duvida aqui..." (RE 68.419/MA, Rel. Min. Luiz Gallotti, *DJ* de 15.05.1970, p. 1981, *RF* 235/72, Tribunal Pleno).

- 50 → 26 (também 26, pois: 50 ÷ 2 = 25 → 25 + 1 = 26);
- 81 → 41 (81 ÷ 2 = 40, 5 → o primeiro número inteiro superior à metade = 41 → obs.: 81 é o número de Senadores da República);[98]
- 513 → 257 (513 ÷ 2 = 256, 5 → o primeiro número inteiro superior à metade = 257 → obs.: 513 é o número de Deputados Federais, de acordo com o art. 1.º da Lei Complementar n. 78, de 30.12.1993).

Para finalizar devemos lembrar uma pequena regra prevista no art. 47, que diz: "salvo disposição constitucional em contrário, as deliberações de cada Casa e de suas Comissões serão tomadas por **maioria** dos votos, presente a **maioria absoluta de seus membros**". Trata-se do *quorum* para a aprovação da **lei ordinária**, qual seja, o da **maioria simples**. No entanto, deverá estar presente na sessão de votação, pelo menos, a **maioria absoluta** dos membros. Trata-se do *quorum* de **instalação da sessão de votação**. Presente o *quorum* de instalação da sessão (que é de maioria absoluta), aí sim poder-se-á realizar a votação, que se dará pelo *quorum* da maioria simples, vale dizer, dos presentes àquela sessão.

Exemplificando: imaginem que em determinada Casa existam 100 Deputados (número dos componentes). Deve-se votar um projeto de lei ordinária, cujo *quorum* é o da maioria simples. Assim, para iniciar a votação, de acordo com o art. 47, deve estar presente, pelo menos, a maioria absoluta dos membros (*quorum* de instalação da sessão). A votação só começa se estiverem presentes, no exemplo criado, 51 Deputados. Imaginem que naquele dia compareceram 60. Podemos iniciar a votação? Sim, já que presente a maioria absoluta dos membros (pelo menos 51). Qual será o *quorum* de aprovação se comparecerem 60 àquela sessão? Ter-se-á aprovação se pelo menos 31 disserem sim!

Então, podemos afirmar que o *quorum* de **votação** (ou, melhor dizendo, de **instalação da sessão de votação**) é o **mesmo** tanto para a **lei ordinária** como para a **lei complementar**. A grande diferença (além do aspecto material já estudado), analisando o aspecto **formal**, reside no *quorum* de **aprovação:** *a*) lei ordinária — **maioria simples** (no exemplo 31); *b*) lei complementar — **maioria absoluta** (no exemplo 51). Vejamos o quadro analisando um parlamento hipotético com **100 componentes**, para aprovação de lei ordinária e complementar, sendo que naquele dia compareceram 60 pessoas:

PARLAMENTO HIPOTÉTICO (100 componentes. Naquele dia compareceram 60 dos 100)	
LEI ORDINÁRIA	**LEI COMPLEMENTAR**
■ *Quorum* de instalação da sessão de **votação** — pelo menos **51 (maioria absoluta)**. Como vieram, na hipótese, 60, podemos começar a votar	■ *Quorum* de instalação da sessão de **votação** — pelo menos **51 (maioria absoluta)**. Como vieram, na hipótese, 60, podemos começar a votar
■ *Quorum* de **aprovação — 31 (maioria simples)**. Maioria dos presentes (60)	■ *Quorum* de **aprovação — 51 (maioria absoluta)**. Maioria dos componentes (100)

[98] Conforme estabelece o art. 46, § 1.º, cada Estado e o Distrito Federal elegerão três Senadores. Como existem 26 Estados-Membros e o Distrito Federal, então (26 + 1) × 3 = 81.

Conforme observou José Afonso da Silva, "a maioria simples pressupõe deliberação única, a prática de um ato simples de homologação, de aprovação, de referendo, de escolha, de sorte que valem os votos positivos ou negativos, não se levando em consideração os votos brancos e as abstenções, nem os votos nulos".[99]

9.14.2.3. Existe hierarquia entre lei complementar e lei ordinária?

NÃO.

Essa matéria é muito discutida na doutrina, e há opiniões contrárias e fortes argumentos nos dois sentidos.[100] Valendo-nos de interessante compilação realizada por Alexandre de Moraes[101] concernente aos juristas que entendem haver hierarquia da lei complementar sobre a lei ordinária (e o próprio autor se enquadra nesse grupo), podemos citar Manoel Gonçalves Ferreira Filho, Haroldo Valadão, Pontes de Miranda, Wilson Accioli, Nelson Sampaio, Geraldo Ataliba, dentre outros. A lei complementar apresenta-se como um *tertium genus*, localizada entre a Constituição e a lei ordinária. A hierarquia se dá em decorrência do *quorum* mais qualificado e das hipóteses taxativas de previsão da lei complementar.

Por outro lado, o autor lembra nomes como os de Celso Bastos, Michel Temer, aos quais acrescentamos Luiz Alberto David Araujo, Vidal Serrano Nunes Júnior, Leda Pereira Mota, Celso Spitzcovsky, dentre outros, no sentido de inexistir hierarquia entre lei complementar e lei ordinária, na medida em que ambas encontram o seu **fundamento de validade** na Constituição, existindo, como observou Temer, "âmbitos materiais diversos atribuídos pela Constituição a cada qual destas espécies normativas".[102]

Posicionamo-nos também pela **inexistência de hierarquia entre as duas espécies normativas**, pois admitir isso seria o mesmo que entender que uma lei municipal é hierarquicamente inferior a uma lei federal. Têm-se, na verdade, âmbitos diferenciados de atuação, atribuições diversas, de acordo com as regras definidas na Constituição.

Nessa linha da inexistência de hierarquia entre LC e LO, a EC n. 45/2004, modificando a competência do STF e do STJ, estabeleceu, como nova hipótese de cabimento de *recurso extraordinário*, quando a decisão recorrida "julgar válida lei **local** contestada em face de lei **federal**". No fundo, percebe-se, também aqui, que o problema é de competência constitucional, e não de hierarquia de normas.

A tendência da jurisprudência do STF era nesse sentido **(inexistência de hierarquia entre lei complementar e lei ordinária)**, destacando-se vários **precedentes**:

---

[99] José Afonso da Silva, *Comentário contextual à Constituição*, p. 46. Nesse particular agradeço ao *Professor Jorge Hélio Chaves de Oliveira*, de Fortaleza, pela sugestão em fazer essa importante ressalva.

[100] Cf. Sergio Reginaldo Bacha, *Constituição Federal*: leis complementares e leis ordinárias — hierarquia?, passim.

[101] *Direito constitucional*, p. 511-512.

[102] *Direito constitucional*, p. 148.

RE 457.884-AgR, Rel. Min. Sepúlveda Pertence, j. 21.02.2006, *DJ* de 17.03.2006; RE 419.629, Rel. Min. Sepúlveda Pertence, j. 23.05.2006, *DJ* de 30.06.2006; AI 637.299-AgR, Rel. Min. Celso de Mello, j. 18.09.2007, *DJ* de 05.10.2007. Cf., também, *Inf. 459/STF.*

Finalmente, o **STF** se posicionou no sentido da **inexistência de hierarquia** entre lei complementar e lei ordinária, o que estudaremos no *item 19.2.5.1*, remetendo o nosso ilustre leitor para o aprofundamento (cf. RE 419.629, 377.457 e 381.964).

▪ 9.14.2.4. *É possível a ampliação das hipóteses de reserva de lei complementar no âmbito dos demais entes federativos para além daquelas previstas expressamente na CF/88 e de reprodução obrigatória?*

NÃO.

A pergunta que lançamos neste item poderia ter sido formulada da seguinte maneira: é possível a exigência de lei complementar em matérias que a Constituição Federal não prescreveu? Ou, ainda: o poder constituinte derivado decorrente estadual poderia inovar além das hipóteses previstas na CF/88 em relação à exigência de lei complementar para regulamentar a Constituição?

Conforme estabeleceu o Pleno do STF, "a criação de reserva de lei complementar, com o fito de mitigar a influência das maiorias parlamentares circunstanciais no processo legislativo referente a determinadas matérias, decorre de **juízo de ponderação específico realizado pelo texto constitucional**, fruto do **sopesamento** entre o **princípio democrático**, de um lado, e a **previsibilidade e confiabilidade necessárias à adequada normatização de questões de especial relevância econômica, social ou política**, de outro".

Conforme vimos, "a aprovação de leis complementares depende de **mobilização parlamentar mais intensa** para a criação de maiorias consolidadas no âmbito do Poder Legislativo, bem como do **dispêndio de capital político e institucional que propicie tal articulação**, processo esse que nem sempre será **factível** ou mesmo **desejável** para a atividade legislativa ordinária, diante da realidade que marca a sociedade brasileira — plural e dinâmica por excelência — e da necessidade de tutela das minorias, que nem sempre contam com representação política expressiva".

Apesar da **inexistência de hierarquia entre lei complementar e lei ordinária** (STF, RE 509.300 AgR-EDv), conforme já explicamos, deve ser reconhecido o inegável **processo legislativo qualificado** da **lei complementar**, qual seja, previsão expressa e formal de suas hipóteses na Constituição Federal (ADI 789) e necessidade de maioria absoluta para sua aprovação (art. 69, CF/88).

Sendo assim, "a ampliação da reserva de lei complementar, para além daquelas hipóteses demandadas no texto constitucional, portanto, **restringe indevidamente o arranjo democrático-representativo desenhado pela Constituição Federal**, ao permitir que Legislador estadual crie, por meio do exercício do seu poder constituinte decorrente, **óbices procedimentais** — como é o quórum qualificado — para a discussão de matérias estranhas ao seu interesse ou cujo processo legislativo, pelo seu objeto, deva ser mais célere ou responsivo aos ânimos populares" (**ADI 5.003**, Pleno, j. 05.12.2019, *DJE* de 19.12.2019. Nesse sentido da violação ao princípio da simetria ao se ampliarem as hipóteses de lei complementar, cf. ADI 2.872, Pleno, 1.º.08.2011).[103]

9.14.3. Lei delegada

A lei delegada caracteriza-se como exceção ao **princípio da indelegabilidade de atribuições**, na medida em que a sua elaboração é antecedida de delegação de atribuição do Poder Legislativo ao Executivo, através da chamada delegação *externa corporis*.

Vimos que o Legislativo pode delegar o poder de elaborar as regras tanto internamente, ou seja, para as **Comissões temáticas**, nos termos regimentais e se não houver recurso para o Plenário (art. 58, § 2.º, I), e essa é a denominada **delegação *interna corporis***, como também externamente, para outro Poder, e essa será a **delegação *externa corporis***, tendo-se como bom exemplo a **lei delegada**.

A espécie normativa em análise será elaborada pelo **Presidente da República**, após prévia solicitação ao Congresso Nacional, delimitando o assunto sobre o qual pretende legislar. Trata-se da primeira fase do processo legislativo de elaboração da lei delegada, denominada **iniciativa solicitadora**.

A solicitação será submetida à apreciação do Congresso Nacional, que, no caso de aprovação, tomará a forma de **resolução** (art. 68, § 2.º), especificando o conteúdo da delegação e os termos de seu exercício.

Lembramos que determinadas matérias não poderão ser delegadas (princípio da indelegabilidade de atribuições). A Constituição, em seu art. 68, § 1.º, veda a delegação:

- de atos da **competência exclusiva** do Congresso Nacional (art. 49);
- dos de **competência privativa** da Câmara dos Deputados ou do Senado Federal (arts. 51 e 52);
- das matérias reservadas à **lei complementar** (ver quadro comparativo no final deste capítulo);
- de **legislação sobre**: I — organização do Poder Judiciário e do Ministério Público, carreira e garantia de seus membros; II — nacionalidade, cidadania, direitos individuais, políticos e eleitorais; III — planos plurianuais, diretrizes orçamentárias e orçamentos.

Havendo exorbitância nos limites da delegação legislativa (ou seja, caso o Presidente da República elabore a lei delegada além do limite fixado na resolução con-

[103] No caso concreto, o STF considerou inconstitucionais dispositivos da Constituição do Estado de Santa Catarina que demandavam "edição de lei complementar para o tratamento **(i)** do regime jurídico único dos servidores estaduais e diretrizes para a elaboração de planos de carreira; **(ii)** da organização da Polícia Militar e do Corpo de Bombeiros Militar e do regime jurídico de seus servidores; **(iii)** da organização do sistema estadual de educação; e **(iv)** do plebiscito e do referendo — **matérias para as quais a Constituição Federal não demandou tal espécie normativa**".

gressual), caberá ao **Congresso Nacional** sustar o aludido ato normativo, por meio de **decreto legislativo**, realizando, desta feita, controle repressivo de constitucionalidade (art. 49, V). Em nosso entender, essa sustação opera efeito *ex nunc*, ou seja, a partir de então, especialmente em razão da natureza jurídica normativa do decreto legislativo a ser editado pelo CN.[104]

Por meio da resolução, que especificará o conteúdo e os termos de seu exercício, o Congresso Nacional determinará se haverá ou não a apreciação do projeto de lei delegada (elaborada pelo Presidente da República) pelo Congresso Nacional. Havendo apreciação, o Congresso Nacional a fará em **votação única**, sendo vedada qualquer emenda (art. 68, § 3.º).

Podemos, então, reconhecer tanto a *delegação típica* como a *delegação atípica*:

- **delegação típica:** não haverá apreciação pelo Congresso Nacional. Este autoriza a delegação ao Presidente da República, que irá elaborar, promulgar e fazer publicar a lei delegada;
- **delegação atípica:** nessa hipótese, haverá apreciação pelo Congresso Nacional, em votação única e vedada qualquer emenda. Segundo Manoel Gonçalves Ferreira Filho, nesse caso, temos uma "inversão do processo de elaboração de leis ordinárias", chegando a afirmar que o Congresso Nacional "sancionará" o projeto elaborado pelo Chefe do Executivo.[105]

Concordamos com esta observação já que, na *delegação atípica*, o Presidente é quem elaborará o ato normativo, cabendo ao Congresso Nacional, em análise posterior, aceitá-lo (e, nesse caso, seria a aquiescência política, aproximando-se da ideia de "sanção") ou rejeitá-lo (o que corresponderia ao "veto"), mas, claro, com todas as particularidades da tramitação do projeto de lei delegada.

Nos dois casos (havendo ou não apreciação do projeto pelo Congresso), entendemos **dispensáveis** a sanção e o veto presidenciais, pois seria ilógico o veto de projeto elaborado pelo próprio Presidente se não vai haver eventual alteração na redação original, já que é "vedada qualquer emenda".

Elaborada a lei delegada (aprovada, quando solicitada na resolução a apreciação parlamentar — art. 68, § 3.º), o Presidente da República a promulgará, determinando a sua publicação no órgão oficial.

Importante ressaltar que, mediante resolução, transfere-se apenas, e **temporariamente**, competência para legislar sobre determinadas matérias, **permanecendo** a **titularidade** da aludida competência com o **Legislativo**, que poderá, mesmo tendo havido delegação ao Presidente, legislar sobre a mesma matéria.

---

[104] Cf. ADI 748-MC, Rel. Min. Celso de Mello, j. 1.º.07.1992, Plenário, *DJ* de 06.11.1992. O efeito de eventual controle judicial de constitucionalidade por meio de ADI, por outro lado, produziria, por regra, efeito *ex tunc*, em razão da declaração de **nulidade** do ato normativo, qual seja, a lei delegada.

[105] M. G. Ferreira Filho, *Do processo legislativo*, 6. ed., p. 236.

Entendemos, também, que, muito embora tenha havido delegação legislativa pelo CN ao Presidente da República, este não estará obrigado a efetivar a elaboração do referido ato normativo, tendo total discricionariedade.

Por fim, constata-se a pouca utilização do instituto da lei delegada pelo Presidente da República,[106] tendo em vista tanto o seu poder de iniciativa como, principalmente em termos de "agilidade" e efetividade normativa, a previsão da **medida provisória**. É o nosso próximo item de estudo.

9.14.4. Medida provisória

9.14.4.1. Aspectos iniciais

A medida provisória, prevista no art. 62 da atual Constituição, substituiu o antigo **decreto-lei**[107] (art. 74, "b", c/c os arts. 12 e 13 da Constituição de 1937; arts. 49, V, e 58 da Constituição de 1967 e arts. 46, V, e 55 da Constituição de 1967, na redação dada pela EC n. 1/69), recebendo forte influência dos *decreti-legge* da Constituição italiana, de 27 de dezembro de 1947, cujo art. 77 permite a sua adoção *in casi straordinari di necessità e d'urgenza*.

No entanto, o modelo italiano é bem diverso do brasileiro, já que na Itália o sistema de governo é o **parlamentar**, e o art. 77 da citada Constituição estabelece que o "Governo" (Gabinete, por intermédio do Primeiro-Ministro) adotará o "provimento provisório com força de lei" *sob* sua **responsabilidade política**.

Eis a grande peculiaridade do sistema italiano, muito bem percebida por Temer, que indaga: o que acontece se a medida provisória não for aprovada pelo Parlamento italiano? "O Gabinete (Governo) cai", explica o professor, diferente da nossa Constituição, que "... **não** prevê a **responsabilidade política** do Presidente da República no caso de não aprovação da *medida provisória*".[108] Nesse sentido, inquestionável a sua melhor adequação ao sistema de governo parlamentar.[109]

---

[106] Para se ter ideia, na vigência da CF/88 foram elaboradas apenas duas leis delegadas, quais sejam, as de ns. 12 e 13, respectivamente datadas de 07.08.1992 e 27.08.1992.

[107] O art. 25, § 2.º, do ADCT estabelece: "Os decretos-leis editados entre 3 de setembro de 1988 e a promulgação da Constituição serão convertidos, nesta data, em medidas provisórias, aplicando-se-lhes as regras estabelecidas no art. 62, parágrafo único".

[108] Michel Temer, *Elementos de direito constitucional*, p. 151-152 (grifamos).

[109] Pinto Ferreira, nesse sentido, com propriedade observa que "as **medidas provisórias** são **mais específicas do regime parlamentarista**, em que o gabinete é uma dependência do corpo legislativo, podendo tal gabinete **cair em face de desacordo com este**. No regime presidencialista, o chefe do Executivo não está sujeito a censura que provoque a sua demissão, e assim a **medida provisória é uma forma de concentração do poder no Executivo**" (*Curso de direito constitucional*, p. 337 — grifamos). Nesse mesmo sentido, Bulos observa que "o tempo mostrou que a realidade italiana diverge da brasileira. Na Itália, o sistema de governo é o parlamentar. Quando ocorrem crises legislativas, o modo de solucioná-las é dissolver a Câmara dos Deputados ou promover a queda do Gabinete. Nesse país, tais crises são desencadeadas pelo impasse entre o Executivo e o Legislativo, motivando rejeições, como aquela que provocou a derrocada de um dos gabinetes do Primeiro-Ministro Fanfani. **Daí a medida provisória ajustar-se às Conveniências do Parlamentarismo,**

A medida provisória é adotada pelo Presidente da República, por ato **monocrático**, **unipessoal**, sem a participação do Legislativo, chamado a discuti-la somente em momento posterior, quando já adotada pelo Executivo, com força de lei e produzindo os seus efeitos jurídicos.[110]

Observa-se, nessa primeira abordagem, que a medida provisória foi estabelecida pela CF/88 com a esperança de corrigir as distorções verificadas no regime militar, que abusava de sua função atípica legiferante por intermédio do decreto-lei.

A experiência brasileira mostrou, porém, a triste alteração do verdadeiro sentido de utilização das medidas provisórias, trazendo insegurança jurídica, verdadeira "ditadura do executivo", governando por inescrupulosas "penadas", em situações muitas das vezes pouco urgentes e nada relevantes.[111]

Nesse sentido, cabe referir que, quando da aprovação da **EC n. 32/2001**, que será comentada a seguir, no período entre 05.10.1988 e 20.09.2001, já havia sido editado e reeditado o assustador número de **6.130** medidas provisórias, chegando algumas delas a levar quase **sete anos** sem aprovação (por exemplo, a **MP n. 2.096/89**, dispondo sobre os títulos da dívida pública, de responsabilidade do Tesouro Nacional, convertida na Lei n. 10.179, de 06.02.2001, tendo por MP originária a de n. 470, de 11.04.1994, que tramitou por longos **2.493 dias**).

Assim, até o advento da **EC n. 32/2001**, constatava-se a total desvirtuação do instituto da medida provisória, admitindo-se, com o consentimento do STF e do próprio Congresso Nacional, a **reedição das medidas provisórias**, mantendo-se os efeitos de lei a partir da primeira edição, desde que **não** houvesse expressa rejeição pelo Congresso Nacional e fosse dentro do seu antigo prazo de eficácia de 30 dias **(SV 54/STF)**.[112] Tratava-se de entendimento totalmente contrário ao preceituado no art. 62

jamais ao sistema presidencial. Nos países de estrutura parlamentar, como a Alemanha, a França e a Itália, a espécie normativa participa de um contexto político-constitucional diverso do brasileiro" (Uadi Lammêgo Bulos, *Constituição Federal anotada*, p. 737 — grifamos).

110 Conforme recorda José Afonso da Silva, "as *medidas provisórias* não constavam da enumeração do art. 59 como objeto do processo legislativo, e não tinham mesmo que constar, porque sua formação não se dá por processo legislativo. São simplesmente editadas pelo Presidente da República. A redação final da Constituição não as trazia nessa enumeração. Um gênio qualquer, de mau gosto, ignorante, e abusado, introduziu-as aí, indevidamente, entre a aprovação do texto final (portanto depois do dia 22.9.88) e a promulgação-publicação da Constituição no dia 5.10.88" (*Curso de direito constitucional positivo*, 17. ed., p. 524).

111 Em rigorosa crítica, Márcia Maria Corrêa de Azevedo observa que "as medidas provisórias representam o câncer que consome, lenta e gradualmente, a saúde de nossa democracia. Como o vírus maligno, de fora, estranho, que veio instalar-se num organismo já meio fraco, debilitado, encontrando então ambiente apropriado para desenvolver-se, modificar o núcleo de células sadias, alterando a estrutura do *DNA*, reproduzindo-se de modo descontrolado e violento, ocupando todo o espaço da vida sadia, da normalidade. Tem até nome de vírus — *provvedimenti provvisori (com* (sic) *forza di lege)*" (*Prática do processo legislativo*, p. 178).

112 **SV 54/STF:** "A medida provisória não apreciada pelo Congresso Nacional podia, até a EC n. 32/2001, ser reeditada dentro do seu prazo de eficácia de 30 dias, mantidos os efeitos de lei desde a primeira edição" (fruto de conversão da S. 651/STF).

da CF/88, por nós refutado na 2.ª edição deste trabalho, acompanhando diversos doutrinadores de renome, porém indicado a ser observado nos concursos públicos em razão do posicionamento do STF.[113]

Nesse contexto é que, após a sua tramitação por mais de seis longos anos, em **05.09.2001**, foi votada e aprovada, em segundo turno, a **PEC n. 1-B, de 1995** (n. 472/97, na Câmara dos Deputados), com parecer favorável, sob n. 729/01, da Comissão de Constituição, Justiça e Cidadania do Senado Federal (*DSF* de 09.08.2001, fls. 15939-40), tendo sido **promulgada** pelas Mesas da Câmara dos Deputados e do Senado Federal, **em 11.09.2001, a EC n. 32/2001**, trazendo limites à edição das medidas provisórias e entrando em vigor na data de sua publicação — **12.09.2001**.

■ 9.14.4.2. *O processo de criação das medidas provisórias de acordo com a EC n. 32/2001*

Nos termos do art. 62, *caput*, da CF/88, em caso de **relevância e urgência**, o **Presidente da República** poderá adotar medidas provisórias com **força de lei**, devendo submetê-las de imediato ao Congresso Nacional. Assim, a MP individualiza-se por nascer apenas pela manifestação exclusiva do Chefe do Executivo, que a publica no *DOU*. Vejamos, pois, com atenção, o processo de criação da MP, esquematizando a matéria de acordo com as novas regras fixadas na **EC n. 32/2001**:

■ **legitimado para a edição da MP:** o Presidente da República (competência **exclusiva**, marcada por sua **indelegabilidade**, art. 84, XXVI, da CF);[114]

[113] Roque Antonio Carrazza, com a perspicácia de sempre, entende inadmissível a reedição de medida provisória, em qualquer hipótese, havendo ou não expressa rejeição pelo Congresso Nacional. Isso porque, "... do contrário, estaríamos aceitando, em detrimento do *princípio da tripartição das funções do Estado*, que o Presidente da República, por meio da reiteração de medidas provisórias, pode, a seu critério, legislar, passando ao largo do Congresso Nacional. Depois, os próprios requisitos de urgência e relevância desapareceriam, na prática..." (*Curso de direito constitucional tributário*, 16. ed., p. 243 e nota 37). Entendendo inadmissível a MP em qualquer hipótese, cf., ainda, Hugo de Brito Machado, Efeitos da medida provisória rejeitada, *RT* 700/46, e Paulo de Barros Carvalho, *Curso de direito tributário*, 13. ed., p. 64. Sobre o posicionamento do STF, admitindo a reedição da MP, desde que não haja expressa rejeição pelo CN **(rejeição tácita)**, cf. ADI 1.250-9/DF, Rel. Min. Moreira Alves, *DJ* 1, de 06.09.1995, p. 28252; ADI 293-7/600/DF, Pleno, medida liminar, Rel. Min. Sepúlveda Pertence, e ADI 295-3, Rel. Min. Carlos Velloso.

[114] Desde que as Constituições Estaduais e as Leis Orgânicas do DF e Municípios reproduzam todas as diretrizes básicas fixadas na CF/88 sobre o processo legislativo das medidas provisórias (STF, Pleno, ADI 822-MC/RS, Rel. Min. Sepúlveda Pertence, *DJ* de 12.03.1993, p. 3557, *Ement.* v. 01695-02, p. 243), entendemos possível a edição de MPs pelos chefes dos Executivos estaduais, distrital e municipais. Cf. STF, Pleno, ADI 812-9/TO, na qual o relator, Ministro Moreira Alves, reconhece a inexistência de "... proibição de os Estados-membros adotarem a figura da medida provisória...". Cf., ainda, de maneira expressa e consagrando o posicionamento pela possibilidade de adoção pelos Chefes do Executivo, desde que se respeitem as regras federais, pelo princípio da simetria, bem como a necessidade de expressa previsão nas Constituições estaduais e leis orgânicas, **ADI 2.391/SC**, Rel. Min. Ellen Gracie, 16.08.2006 (*Inf. 436/STF*). Conforme *Notícias STF*, 16.08.2006 — 19h10, "Ellen Gracie citou o voto do relator da ADI n. 425, ministro Maurício Corrêa (aposentado), ao

- **pressupostos constitucionais:** relevância e urgência. Os requisitos conjugam-se;[115]
prazo de duração da MP: pela nova regra, uma vez adotada a MP pelo **Presidente da República**, ela vigorará pelo prazo de **60 dias**, prorrogável, de acordo com o art. 62, § 7.º, uma vez por igual período (novos 60 dias), contados de sua **publicação** no *Diário Oficial*. Nos termos do art. 62, § 4.º, contudo, referido **prazo** será **suspenso** durante os períodos de **recesso parlamentar**. Para exemplificar, imagine-se que determinada MP tenha sido publicada em 5 de julho de determinado ano. Nessa hipótese, ela produzirá efeitos até 17 de julho, já que, pela regra fixada pela **EC n. 50/2006** — que modificou a redação do art. 57, *caput* — em **18 de julho**, inaugura-se o primeiro **recesso parlamentar** (art. 57, *caput*). Suspenso o prazo durante o aludido período de recesso (de 18 a 31 de julho), voltará ele a fluir após o término do recesso parlamentar, qual seja, no exemplo dado, em 1.º de agosto, pelo prazo **restante** (já que se trata de suspensão e não de interrupção de prazo).
Significa um retrocesso, pois, de acordo com a regra anterior, antes do advento da EC n. 32/2001, adotada a MP pelo Presidente da República e estando o Congresso Nacional em recesso, proceder-se-ia à sua convocação extraordinária no prazo de 5 dias. Segundo a nova regra, ao que se percebe, na redação dada ao **art. 62, § 4.º**, acrescentado, o referido prazo fica **suspenso** durante o período de recesso do Congresso Nacional. Em contrapartida, amenizando a falta de previsão expressa de convocação extraordinária para o caso de adoção de MP, a EC n. 32/2001 estabeleceu que, em eventual **convocação extraordinária**, havendo medidas provisórias em vigor na data de sua convocação, serão elas automaticamente incluídas na pauta de convocação (art. 57, § 8.º);
- **prorrogação do prazo da MP por novos 60 dias:** como visto, adotada a MP pelo Presidente da República, ela produzirá efeitos por **60 dias**, devendo ser submetida de imediato ao Congresso Nacional. No entanto, findo esse prazo inicial, contado da data de sua publicação, e não tendo sido encerrada a votação nas duas Casas do Congresso Nacional, o prazo inicial de 60 dias será

afirmar que o § 1.º, do art. 25, da Constituição Federal reservou aos Estados 'as competências que não lhes sejam vedadas por esta Constituição'. Quis o constituinte que as unidades federadas pudessem adotar o modelo do processo legislativo admitido para a União, uma vez que nada está disposto, no ponto, que lhes seja vedado". Na doutrina, cf. Roque Carrazza, *Curso de direito constitucional tributário*, p. 240, nota 34.

[115] Como observa Alexandre de Moraes, fundando-se em posicionamento da Corte Suprema, "... os requisitos de *relevância* e *urgência*, em regra, somente deverão ser analisados, primeiramente, pelo próprio Presidente da República, no momento da edição da medida provisória, e, posteriormente, pelo Congresso Nacional, que poderá deixar de convertê-la em lei, por ausência dos pressupostos constitucionais. Excepcionalmente, porém, quando presente desvio de finalidade ou abuso de poder de legislar, por flagrante inocorrência da urgência e relevância, poderá o Poder Judiciário adentrar a esfera discricionária do Presidente da República, garantindo-se a supremacia constitucional" (*Direito constitucional*, 9. ed., p. 540). Cf.: STF, Pleno, ADI 162-MC/DF (*DJU* de 19.09.1997), ADI 1.753-MC/DF, Rel. Min. Sepúlveda Pertence, 16.04.1998 etc. Sobre o controle jurisdicional, cf. *itens 6.7.1.2.5*, *6.7.1.2.10* e *6.7.1.2.16*.

prorrogado por **novos 60 dias**, uma única vez, totalizando o prazo de **120 dias**, quando então, se não for convertida em lei, a MP **perderá a eficácia desde a sua edição**;

- **eficácia da MP:** o art. 62, § 3.º, da CF/88 estabelece que as medidas provisórias, ressalvado o disposto nos §§ 11 e 12, perderão eficácia, **desde a edição**, se não forem convertidas em lei no prazo de **60 dias**, prorrogável, nos termos do § 7.º, uma vez por igual período **(novos 60 dias)**, devendo o Congresso Nacional disciplinar, por **decreto legislativo**, as relações jurídicas delas decorrentes; ou seja, não sendo a MP apreciada no referido prazo de 60 dias prorrogáveis por novos 60 dias, ela perderá a sua eficácia desde a sua edição, operando efeitos *ex tunc*, confirmando a sua **efemeridade** e **precariedade**;
- **tramitação:** adotada a MP pelo Presidente da República, será submetida, de imediato, ao Congresso Nacional, cabendo, de acordo com o art. 62, §§ 5.º e 9.º, da CF/88, a uma **comissão mista de Deputados e Senadores** examiná-la e sobre ela emitir parecer, apreciando os seus **aspectos constitucionais** (inclusive os pressupostos de relevância e urgência) e de **mérito**, bem como a sua **adequação financeira** e **orçamentária** e o cumprimento, pelo Presidente da República, da exigência contida no art. 2.º, § 1.º, da Res. n. 1/2002-CN, qual seja, no dia da publicação da MP no *DOU* ter enviado o seu texto ao Congresso Nacional, **acompanhado da respectiva mensagem e de documento expondo a motivação do ato**. Posteriormente, a MP, com o parecer da comissão mista, passará à apreciação pelo **plenário** de cada uma das Casas. O **processo de votação**, como visto e inovando, será em **sessão separada**, e não mais conjunta, tendo início na **Câmara dos Deputados**, sendo o **Senado Federal** a Casa revisora. O art. 8.º da **Resolução n. 1/2002-CN**, substituindo as regras contidas na Resolução n. 1/89-CN,[116] estabeleceu que o plenário de cada uma das Casas decidirá, em **apreciação preliminar**, o atendimento ou não dos **pressupostos constitucionais de relevância e urgência**, bem como a sua **adequação financeira e orçamentária**, antes do exame de mérito, sem a necessidade de interposição de recurso, para, ato contínuo, se for o caso, deliberar sobre o mérito. Isso porque, se o plenário da Câmara dos Deputados ou do Senado Federal decidir no sentido do não atendimento dos pressupostos constitucionais ou pela inadequação financeira ou orçamentária da medida provisória, esta será arquivada;
- **regime de urgência constitucional:** o art. 62, § 6.º, da CF/88 dispõe que, se a medida provisória não for apreciada em até **45 dias** contados de sua **publicação**, entrará em **regime de urgência**, subsequentemente, em cada uma das Casas do Congresso Nacional, ficando **sobrestadas**, até que se ultime a votação, todas as demais deliberações legislativas da Casa em que estiver tramitando. É de observar que o então Presidente da CD, Michel Temer, anunciou uma nova interpretação, orientando que a pauta não ficaria travada em relação a matérias

[116] De acordo com o art. 20 da **Res. n. 1/2002-CN**, às MPs em vigor na data da publicação da Emenda Constitucional n. 32, de 2001, aplicar-se-ão os procedimentos previstos na Resolução n. 1, de 1989-CN.

que não podem, em tese, ser objeto de MP. Contra esse entendimento, em 18.03.2009, foi impetrado o **MS 27.931**, tendo sido negada a liminar. Depois de mais de 8 anos, em 29.06.2017, a Corte confirmou que **não haverá travamento de pauta** em relação à tramitação de PEC, dos projetos de LC, de decreto legislativo, de resolução e, até mesmo, tratando-se de projetos de lei ordinária, daqueles que veiculem temas pré-excluídos do âmbito de incidência das medidas provisórias (CF, art. 62, § 1.º, I, II e IV);

- **reedição de medida provisória:** inovando, o § 10 do art. 62 da CF/88, acrescentado pela EC n. 32/2001, estabelece ser **vedada** a reedição de medida provisória, na **mesma sessão legislativa**, expressamente **rejeitada** pelo Congresso Nacional, ou que tenha **perdido a sua eficácia por decurso de prazo**, ou seja, não tenha sido apreciada pelo Congresso Nacional no prazo de 60 dias, prorrogável por novos 60 dias, contados de sua publicação (ADIs 5.709, 5.716 e 5.717, j. 27.03.2019, tendo havido modulação dos efeitos da decisão no julgamento dos embargos declaratórios — j. 24.08.2020, destacando-se o *leading case* estabelecido na ADI 293, j. 06.06.1990. Cf., ainda, ADI 6.062 e ADIs 2.984 e 3.964). Nesse sentido, "é inconstitucional medida provisória **ou lei decorrente de conversão de medida provisória** cujo conteúdo normativo caracterize reedição, **na mesma sessão legislativa**, de medida provisória anterior rejeitada, de eficácia exaurida por decurso do prazo ou que ainda não tenha sido apreciada pelo Congresso Nacional dentro do prazo estabelecido pela Constituição Federal" (**ADI 5.709**, Rel. Min. Rosa Weber, *DJE* 27.06.2019). Pela redação dada ao referido dispositivo legal, contudo, na **sessão legislativa seguinte**, permitir-se-á a reedição da aludida medida provisória, subsistindo a criticada técnica de reedição das medidas provisórias, que, infelizmente, agora conta até com permissivo constitucional expresso.

▪ 9.14.4.3. *Parecer prévio pela comissão mista e a inconstitucionalidade dos arts. 5.º, "caput", e 6.º, "caput" e §§ 1.º e 2.º, da Res. n. 1/2002-CN. As novas regras sobre a tramitação das medidas provisórias durante a vigência da Emergência em Saúde Pública e do estado de calamidade pública decorrente da Covid-19*

Conforme já estudamos nos *itens 6.6.5.3* e *6.7.1.6.2*, a Res. n. 1/2002-CN, integrante do *Regimento Comum*, dispôs sobre a apreciação, pelo Congresso Nacional, de medidas provisórias adotadas pelo Presidente da República, com força de lei, nos termos do art. 62 da Constituição Federal. Os seus arts. 5.º, *caput*, e 6.º, *caput*, e §§ 1.º e 2.º, permitiam que o parecer da comissão mista fosse emitido por relator ou relator revisor designado. Esse procedimento vinha sendo adotado na apreciação de várias medidas provisórias, até como um mecanismo de funcionalidade do procedimento. O STF, contudo, declarou-o **inconstitucional**, nulificando referidos arts. 5.º, *caput*, e 6.º, *caput*, e §§ 1.º e 2.º, da Res. n. 1/2002-CN.

Isso porque o **art. 62, § 9.º, da CF/88**, que deve ser interpretado restritivamente, prescreve ser atribuição da **comissão mista** de Deputados e Senadores (e não de relator designado) **examinar** as medidas provisórias e sobre elas **emitir parecer**, de caráter **opinativo**, antes de serem **apreciadas**, em **sessão separada**, pelo **plenário** de cada uma das Casas do Congresso Nacional.

Dessa forma, o procedimento estabelecido na Res. n. 1/2002-CN, que permite a emissão de parecer por meio de relator nomeado, e não pela comissão mista, é **inconstitucional**.

Apesar de referido parecer ser **opinativo**, isso não quer dizer que possa o Parlamento violar a regra contida no art. 62, § 9.º, da CF/88. Se eventualmente não houver apreciação pela **comissão mista**, significa que a MP foi rejeitada por não apreciação, perdendo a sua eficácia desde a sua edição (art. 62, § 3.º, da CF/88).

Consoante ficou assentado na ementa do acórdão, "as comissões mistas e a magnitude das funções das mesmas no processo de conversão de medidas provisórias decorrem da **necessidade**, imposta pela Constituição, de assegurar uma reflexão mais detida sobre o ato normativo primário emanado pelo Executivo, evitando que a apreciação pelo Plenário seja feita de maneira inopinada, percebendo-se, assim, que o **parecer** desse colegiado representa, em vez de formalidade desimportante, uma **garantia de que o Legislativo fiscalize o exercício atípico da função legiferante pelo Executivo**. O art. 6.º da Resolução 1 de 2002 do Congresso Nacional, que permite a emissão do parecer por meio de relator nomeado pela Comissão Mista, diretamente ao Plenário da Câmara dos Deputados, é **inconstitucional**" (**ADI 4.029**, Rel. Min. Luiz Fux, j. 08.03.2012, Plenário, *DJE* de 27.06.2012).

Surgia, então, a dúvida. Se o procedimento contido na Res. 1/2002-CN, que permitia a emissão de parecer por relator designado, foi declarado **inconstitucional**, o que fazer em relação a todas as medidas provisórias que foram convertidas em lei sem a emissão de parecer pela comissão mista, nos termos do art. 62, § 9.º, da CF/88?

Em tese, seriam todas inconstitucionais. Para evitar essa situação de **insegurança jurídica** e diante do **excepcional interesse social**, a Corte determinou a aplicação do art. 27 da Lei n. 9.868/99 (**modulação** dos efeitos da decisão), declarando a inconstitucionalidade do procedimento fixado na Res. n. 1/2002-CN, **a partir da decisão proferida** na **ADI 4.029** — efeito *ex nunc* (j. 08.03.2012).

Dessa forma, o modelo de apreciação da medida provisória fixado na resolução do Congresso Nacional foi declarado **"ainda constitucional"** até o julgamento da referida ADI 4.029 e, a partir de então, o STF declarou inconstitucional qualquer inobservância ao art. 62, § 9.º, da CF/88, ficando, por consequência, **preservadas a validade** e **a eficácia** de todas as medidas provisórias convertidas em lei até aquela data, bem como daquelas que estavam tramitando no Legislativo nos termos do procedimento fixado nos arts. 5.º, *caput*, e 6.º, *caput*, e §§ 1.º e 2.º, da Res. n. 1/2002-CN.

Um alerta final: o Ato Conjunto das Mesas da Câmara dos Deputados e do Senado Federal n. 1/2020 dispôs sobre a apreciação, pelo Congresso Nacional, de medidas provisórias editadas durante a vigência da Emergência em Saúde Pública e do estado de calamidade pública decorrente da Covid-19, ainda pendentes de parecer da Comissão Mista a que se refere o art. 62, § 9.º, da Constituição Federal.

De acordo com a nova regra, enquanto durar a Emergência em Saúde Pública de Importância Nacional e o estado de calamidade pública decorrente da Covid-19 as medidas provisórias serão instruídas perante o Plenário da Câmara dos Deputados e do Senado Federal, **ficando excepcionalmente autorizada a emissão de parecer em substituição à Comissão Mista por parlamentar de cada uma das Casas designado na forma regimental**. Discutimos na plataforma a constitucionalidade dessa regra.

■ 9.14.4.4. *Medidas a serem adotadas pelo Congresso Nacional*

Tentando aclarar ainda mais a sistemática trazida pela EC n. 32/2001, podemos fixar que, adotada a MP pelo Presidente da República, o Congresso Nacional poderá tomar as seguintes medidas:

- **aprovação sem alteração;**
- **aprovação com alteração;**
- **não apreciação (rejeição tácita);**
- **rejeição expressa.**

■ 9.14.4.4.1. *Aprovação sem alteração*

De acordo com o art. 12 da **Res. n. 1/2002-CN**, diferentemente do que dispunha a regra anterior, "aprovada a medida provisória, **sem alteração de mérito**, será o seu texto promulgado pelo **Presidente da Mesa do Congresso Nacional** para publicação, no Diário Oficial da União". Cabe lembrar que, nos termos do art. 57, § 5.º, da CF/88, a Mesa do Congresso Nacional será presidida pelo **Presidente do Senado Federal**. Assim, conclui-se que o Presidente do Senado Federal, que exerce a função de Presidente da Mesa do CN, será o responsável pela promulgação do texto.

■ 9.14.4.4.2. *Aprovação com alteração*

Disciplinando a regra anterior, a Resolução n. 1/89 do Congresso Nacional, alterada pela de n. 2/89, regulamentando a matéria, previu a possibilidade de apresentação de emendas ao texto da medida provisória, originalmente expedida pelo Presidente da República.

Essa regra foi mantida na **Res. n. 1/2002-CN**. Dentro da nova sistemática, havendo emendas **(matérias correlatas ao conteúdo da medida provisória)**, o *projeto de lei de conversão* apreciado por uma das casas deverá ser apreciado pela outra (tendo em vista a votação agora em **sessão separada pelo plenário de cada uma das Casas**), devendo ser, posteriormente, nos termos das regras para o processo legislativo comum, levado à apreciação do Presidente da República para sancionar ou vetar o **projeto de lei de conversão**, e, em caso de sanção ou derrubada do veto, promulgação e publicação pelo próprio Presidente da República.

No tocante à matéria alterada (diferente do texto original da medida provisória), os efeitos decorrentes desse ponto específico deverão ser regulamentados por **decreto legislativo**, perdendo a medida provisória, no ponto em que foi alterada, a eficácia desde a sua edição, como previsto no art. 62, § 3.º, da CF/88.

Acesse também a videoaula pelo link: somos.in/DCE25098

O art. 62, § 12, acrescentado pela **EC n. 32/2001**, estabelece que, aprovado o projeto de lei de conversão alterando o texto original da medida provisória, esta continuará integralmente em vigor até que seja sancionado ou vetado o projeto. Trata-se de verdadeira aberração jurídica, já que, se houve projeto de lei de conversão alterando o texto original da emenda, a manutenção desse texto até que o projeto seja sancionado ou vetado (pelo Chefe do Executivo) conserva em vigor dispositivo com força de lei (a medida provisória) contrário à manifestação do Parlamento, que, expressamente, o refutou. Assim, entre o período que medeia o projeto de lei de conversão e a sua sanção ou veto pelo Presidente da República, estaremos diante de ato com força normativa já execrado pelo Legislativo. Sobre a não edição do decreto legislativo *vide* item seguinte.

Essa possibilidade de aprovar a medida provisória **com alteração**, apesar da proibição contida no art. 4.º, § 4.º, da Res. n. 1/2002, não impediu uma prática que se tornou, infelizmente, corriqueira, qual seja, a **impertinente** inserção de **conteúdo estranho ao texto original** no projeto de lei de conversão.

Essas emendas parlamentares **sem pertinência temática** e **estranhas** à medida provisória foram chamadas de **"jabuti"** ou **"contrabando legislativo"**.[117]

No julgamento da **ADI 5.127**, a Suprema Corte entendeu violar "a Constituição da República, notadamente o princípio democrático e o devido processo legislativo (arts. 1.º, *caput*, parágrafo único, 2.º, *caput*, 5.º, *caput*, e LIV, CRFB), a prática da inserção, mediante emenda parlamentar no processo legislativo de conversão de medida provisória em lei, **de matérias de conteúdo temático estranho ao objeto originário da medida provisória**".

Contudo, em atenção ao princípio da segurança jurídica (arts. 1.º e 5.º, XXXVI, da CF), foram mantidas hígidas todas as leis de conversão fruto dessa prática e promulgadas até a data do referido julgamento, reconhecendo a Corte a modulação dos efeitos da decisão (Rel. Min. Rosa Weber, Rel. p/ o acórdão Min. Edson Fachin, j. 15.10.2015, *DJE* de 11.05.2016).

■ *9.14.4.4.3. Não apreciação (rejeição tácita)*

A não apreciação da medida provisória no prazo de **60 dias** contados de sua publicação implicará a sua prorrogação por mais **60 dias**, como visto. Desse modo, após o período de **120 dias**, não havendo apreciação pelo Congresso Nacional, a medida provisória **perderá a eficácia desde a sua edição (rejeição tácita)**, operando efeitos retroativos, *ex tunc*, devendo o Congresso Nacional disciplinar as relações jurídicas dela decorrentes por **decreto legislativo** (art. 62, §§ 3.º, 4.º e 7.º).

---

[117] Marco Aurélio Marrafon, Ilton Norberto Robl Filho, *Controle de constitucionalidade no projeto de lei de conversão de medida provisória em face dos "contrabandos legislativos"*: salvaguarda do Estado Democrático de Direito, p. 238-239.

Conforme já se observava na redação anterior, ao contrário do que acontecia com o extinto *decreto-lei*, a EC n. 32/2001 não mais permite a aprovação por **decurso de prazo**. De fato é o que se percebe pela nova redação dada ao citado art. 62, § 3.º, ou seja, a não deliberação no prazo legal acarreta a rejeição da medida provisória, que perde a eficácia desde a sua edição.

No entanto, de maneira totalmente contrária aos interesses da sociedade, resgatando as mazelas do extinto decreto-lei, o § 11 do art. 62, na nova redação, estabelece que se não for editado o **decreto legislativo** para regulamentar as relações jurídicas decorrentes da medida provisória que perdeu a sua eficácia por ausência de apreciação, até **60 dias após a sua perda de eficácia**,[118] "as relações jurídicas constituídas e decorrentes de atos praticados durante sua vigência **conservar-se-ão por ela regidas**"; ou seja, não sendo editado o decreto legislativo pelo Congresso Nacional, valerão as regras da medida provisória para regulamentar as relações jurídicas constituídas e decorrentes de atos praticados durante o período em que a MP produzia efeitos. Ora, se a perda dos efeitos é *ex tunc*, como afirmar que as relações jurídicas **conservar-se-ão regidas** pela extinta MP? *Data maxima venia*, trata-se de verdadeiro resgate do autoritário **decreto-lei**, que permitia a sua aprovação por decurso de prazo. Aqui se diz que a não apreciação (decurso de prazo) implica a perda da eficácia *ex tunc*. Mas, inexistindo o decreto legislativo, as relações serão regidas pela extinta medida provisória! Com o devido respeito, muito embora tenhamos a missão de dizer o que o examinador dos concursos possa perguntar em uma primeira fase, não deixamos de declarar a nossa repulsa por essa nova sistemática, totalmente inconstitucional e arbitrária. De acordo com a justificação do **Projeto de Resolução n. 5 — CN** (*DCN*, 03.10.2001, p. 19989), por outro lado, o objeto dessa regra é "evitar vácuo jurídico (...) evidenciado na prática recente".

Apenas para sistematizar algo que já foi dito, indaga-se: é permitida a reedição de medida provisória que tenha perdido a sua eficácia por decurso de prazo, ou seja, não tenha sido apreciada pelo Congresso Nacional no prazo de 60 dias prorrogáveis por outros 60 dias?

O art. 62, § 10, da CF/88 estabelece ser **vedada** a reedição, na mesma sessão legislativa, de medida provisória que tenha sido rejeitada ou que tenha **perdido sua eficácia por decurso de prazo**. Então, pela nova regra, a reedição da aludida MP não será permitida na mesma sessão legislativa, isto é, de acordo com o art. 57, *caput*, na redação dada pela EC n. 50/2006, no período durante o qual o Congresso Nacional, anualmente, reúne-se em Brasília e que vai de **2 de fevereiro a 17 de julho** e de **1.º de agosto a 22 de dezembro**. Na sessão legislativa seguinte, abre-se a possibilidade de reedição da MP.

[118] O que se pode entender da redação é que os 60 dias contam-se após a **rejeição expressa**, ou **perda da eficácia da MP**. Neste último caso, como a MP só perde a eficácia após 120 dias (60 dias prorrogáveis por mais 60 dias), a referida regra só valerá após **180 dias** (120 dias para perda da eficácia somados aos novos 60 dias). No primeiro caso, o prazo de 60 dias conta-se da **rejeição expressa**, durante o prazo de 120 dias.

■ 9.14.4.4.4. Rejeição expressa

O Congresso Nacional também poderá **expressamente** deixar de converter a medida provisória em lei, devendo disciplinar os efeitos dela decorrentes por meio de **decreto legislativo**.

Reforçando a crítica por nós já manifestada, o novo art. 62, § 11, diz que se não for editado o decreto legislativo até **60 dias** da rejeição da medida provisória, a qual, como referido, perde a eficácia desde a sua edição, as relações jurídicas constituídas e decorrentes de atos praticados durante a sua vigência conservar-se-ão por ela (pela medida provisória **rejeitada**) regidas.

Retomando os argumentos expendidos no item anterior, trata-se de regra até mais abrangente que o execrado e ditatorial decreto-lei da Constituição anterior, que permitia a aprovação por decurso de prazo. Se o Congresso Nacional **rejeitou** a MP, expressamente, como admitir que, inexistindo o decreto legislativo, as regras fixadas pela MP continuem a disciplinar as relações jurídicas dela decorrentes? Não se pode aceitar essa situação.

Outra pergunta que se faz: a reedição de MP expressamente rejeitada pelo Congresso Nacional é permitida?

Como visto no item anterior, o art. 62, § 10, estabelece ser **vedada** a **reedição, na mesma sessão legislativa**, de medida provisória que tenha sido **rejeitada** ou que tenha perdido sua eficácia por decurso de prazo.

Logo, *a contrario sensu*, pela literalidade da EC n. 32/2001, na **sessão legislativa seguinte** seria permitida a reedição da MP, mesmo se expressamente rejeitada na sessão legislativa anterior. Em nosso entender, essa interpretação não seria a melhor. Restará ao STF declarar inconstitucional esse "*Frankenstein* jurídico", conforme era o entendimento na sistemática anterior, na medida em que o Pretório Excelso, antes do advento da EC n. 32/2001, vedava a reedição de MP quando houvesse **expressa rejeição** pelo Congresso Nacional (cf. ADI 1.250-9/DF, Rel. Min. Moreira Alves, *DJ* 1, de 06.09.1995, p. 28252; ADI 293-7/600/DF, Pleno, medida liminar, Rel. Min. Sepúlveda Pertence; e ADI 295-3, Rel. Min. Carlos Velloso). Os precedentes já apreciados pela Corte em relação à nova regra tratam apenas de casos de reedição de medida provisória na **mesma sessão legislativa**, que, conforme vimos, está expressamente **vedada** pelo art. 62, § 10 (**ADI 6.062**, j. 1.º.08.2019, *DJE* de 29.11.2019, resgatando as ADIs 5.709, 5.716, 5.717 e 5.727 e o *leading case* estabelecido na ADI 293, j. 06.06.1990).

■ 9.14.4.5. Impacto da medida provisória sobre o ordenamento jurídico

Publicada a medida provisória e tendo ela força de lei, as demais normas do ordenamento, que com ela sejam incompatíveis, terão a sua **eficácia suspensa**. Rejeitada a medida provisória, a lei que teve a sua eficácia suspensa volta a produzir efeitos **(lembrando que não foi revogada pela medida provisória)**. Aprovada e convertida em lei, a **nova lei** (fruto da conversão) revogará a lei anterior, se com ela incompatível, ou se tratar inteiramente de matéria de que tratava a lei anterior.[119]

---

[119] Como disse Michel Temer, "a edição da medida provisória **paralisa temporariamente a eficácia**

Novamente, em razão do objetivo deste trabalho, que é ajudar os ilustres candidatos a vencer as dificuldades dos concursos públicos, lembramos a criticada redação dada ao art. 62, § 11, da CF/88, que traz uma exceção aos casos que tenham sido atingidos pela medida provisória. Embora a rejeição da MP, como visto, implique o restabelecimento da norma anterior, tendo em conta a sua desconstituição com efeitos retroativos, desde que não tenha sido "... editado o **decreto legislativo** a que se refere o § 3.º até **60 dias** após a rejeição ou perda de eficácia de medida provisória, as relações jurídicas constituídas e decorrentes de atos praticados durante sua vigência conservar-se-ão por ela regidas". Mais uma vez expressamos o nosso repúdio a essa regra, alertando os candidatos a concursos públicos da sua existência!

■ 9.14.4.6. *Pode o Presidente da República retirar da apreciação do Congresso Nacional medida provisória já editada?*

A partir do momento que o Presidente da República edita a MP, ele não mais tem controle sobre ela, já que, **de imediato**, deverá submetê-la à análise do Congresso Nacional, não podendo retirá-la de sua apreciação.

Por outro lado, conquanto contrariando a nossa posição, devemos alertar para a "... orientação assentada no STF no sentido de que, não sendo dado ao Presidente da República retirar da apreciação do Congresso Nacional medida provisória que tiver editado, é-lhe, no entanto, possível ab-rogá-la por meio de nova medida provisória, valendo tal ato pela simples suspensão dos efeitos da primeira, efeitos esses que, todavia, o Congresso poderá ver restabelecidos, mediante a rejeição da medida ab-rogatória..." (ADI 1.315-MC/DF, Rel. Min. Ilmar Galvão, *DJ* de 25.08.1995, p. 26022, *Ement.* v. 01797-02, p. 293, Pleno).

■ 9.14.4.7. *Pode o Presidente do Congresso Nacional devolver MP liminarmente e de ofício, sem iniciar o procedimento previsto na Constituição?*

Estamos diante de comportamento político que, apesar de não encontrar fundamento na Constituição, já foi verificado 4 vezes na vigência do atual texto.

O Presidente da Mesa do Congresso Nacional, considerando a prerrogativa prevista no art. 48, XI, do *Regimento Interno do Senado Federal*, que atribuiu ao Presidente o dever de "impugnar as proposições contrárias à Constituição, às leis ou ao Regimento", para se ter o exemplo mais recente, encaminhou ao Presidente da República a Mensagem n. 40 (CN), de 12.06.2020, devolvendo a MP n. 979/2020, que dispunha sobre a designação de dirigentes *pro tempore* para as instituições federais de ensino durante o período da emergência de saúde pública de importância internacional decorrente da pandemia da Covid-19, sob o fundamento de afrontar a gestão

---

da lei que versava a mesma matéria. Se a medida provisória for aprovada, se opera a revogação. Se, entretanto, a medida provisória for rejeitada, restaura-se a eficácia da norma anterior. Isto porque, com a rejeição, o Legislativo expediu ato volitivo consistente em repudiar o conteúdo daquela medida provisória, tornando subsistente anterior vontade manifestada de que resultou a lei antes editada" (*Elementos de direito constitucional*, p. 153).

democrática do ensino público e a autonomia administrativa das universidades (arts. 206, VI, e 207, CF/88).

Não concordamos com esse procedimento, que não encontra fundamento na Constituição. Em nosso entender, deveria o Presidente do Congresso Nacional ter iniciado o procedimento e, então, o Parlamento ter rejeitado a MP, que, de fato, era flagrantemente inconstitucional. Deixar essa discricionariedade para o Presidente do Congresso Nacional pode ensejar decisões políticas e crise entre os Poderes.

No caso concreto, o Presidente da República acabou cedendo ao mecanismo de "freios e contrapesos" e editou uma segunda MP, de n. 981, revogando a MP 979, que já havia sido objeto da **ADI 6.458**, que, naturalmente, foi extinta por perda do objeto.

Além desse episódio, esse procedimento já havia ocorrido 3 vezes:

- "... a primeira delas após o então presidente José Sarney ter editado a MP 33/89, que exonerava, a partir de 1.º de março de 1989, os servidores da administração federal admitidos sem concurso público e que não tinham adquirido estabilidade".
- "Em 2008, o senador Garibaldi Alves também decidiu devolver ao governo a MP 446/08, que alterava as regras para concessão e renovação do Certificado de Entidade Beneficente de Assistência Social. O argumento era que não estariam presentes os requisitos de urgência e relevância para a edição da medida.
- Em 2015, o senador Renan Calheiros devolveu a medida provisória 669/15, que definia regras sobre a desoneração da folha de pagamento das empresas. Renan argumentou à época que 'aumentar impostos por medida provisória' e 'sem a mínima discussão com o Congresso Nacional, é apequenar o Parlamento, é diminuir e desrespeitar suas prerrogativas institucionais e o próprio Estado Democrático de Direito'" (Da Redação/WS — Notícias *site* Câmara dos Deputados, 12.06.2020 — 10:51, atualizada às 15:10).

9.14.4.8. *Limitação material à edição de medidas provisórias, de acordo com a EC n. 32/2001*

A **EC n. 32/2001** trouxe algumas novidades em relação aos limites materiais de edição das medidas provisórias, notadamente na redação dada aos §§ 1.º e 2.º do art. 62.

Assim, é expressamente **vedada** a edição de medidas provisórias sobre matérias relativas:

- à nacionalidade, cidadania, direitos políticos, partidos políticos e direito eleitoral;
- a direito penal, processual penal e processual civil;
- à organização do Poder Judiciário e do Ministério Público, à carreira e à garantia de seus membros;
- a planos plurianuais, diretrizes orçamentárias, orçamento e créditos adicionais e suplementares, ressalvado o previsto no art. 167, § 3.º.[120]

---

[120] A título de exemplo, a primeira medida provisória editada após o advento das novas regras trazidas pela **EC n. 32, de 11.09.2001**, foi a **MP n. 1, de 19.09.2001**, abrindo crédito extraordinário em

A) MP pode ser editada para a abertura de crédito extraordinário?

A regra é que a MP não pode tratar de matéria orçamentária. Contudo, como se verifica na parte final do art. 62, § 1.º, I, "d", ressalva-se a utilização de MP para a **abertura de crédito extraordinário**, mas desde que se observe o art. 167, § 3.º.

Trata-se daquilo que vem sendo chamado pela jurisprudência do STF de **limites constitucionais à atividade legislativa excepcional do Poder Executivo na edição de MP para a abertura de crédito extraordinário**.

Portanto, de acordo com o art. 167, § 3.º, a abertura de crédito extraordinário somente será admitida para atender a despesas **imprevisíveis** e **urgentes**, como as decorrentes de **guerra**, **comoção interna** ou **calamidade pública**, observado o disposto no art. 62.

Interessante deixarmos a informação de que a situação específica em análise dos créditos extraordinários a que se refere o § 3.º do art. 167 foi destacada como uma das hipóteses que não se enquadram dentro do limite de gastos fixados pelo *Novo Regime Fiscal* introduzido pela **EC n. 95/2016**.

B) É possível o controle jurisdicional de medida provisória que abre crédito extraordinário?

Conforme já estudado,[121] revisando o conceito de lei de efeito concreto (ADI 4.048 e 4.049), o STF tem admitido o controle dos requisitos de **imprevisibilidade** e **urgência** para a edição de MP que abre crédito extraordinário.

Isso porque o art. 167, § 3.º, ao dispor que a abertura de crédito extraordinário somente será admitida para atender a despesas **imprevisíveis** e **urgentes**, como as decorrentes de **guerra**, **comoção interna** ou **calamidade pública**, não obstante estabeleça um rol exemplificativo do que venha a ser "despesas imprevisíveis e urgentes", há uma indiscutível **densificação normativa** dos referidos requisitos, podendo, então, o STF realizar o controle:

> "EMENTA: Ao contrário do que ocorre em relação aos requisitos de relevância e urgência (art. 62), que se submetem a uma ampla margem de discricionariedade por parte do Presidente da República, os requisitos de imprevisibilidade e urgência (art. 167, § 3.º) recebem densificação normativa da Constituição. Os conteúdos semânticos das expressões 'guerra', 'comoção interna' e 'calamidade pública' constituem vetores para a interpretação/aplicação do art. 167, § 3.º, c/c o art. 62, § 1.º, inciso I, alínea d, da Constituição..." (ADI 4.048-MC, Rel. Min. Gilmar Mendes, j. 14.05.2008, *DJE* de 22.08.2008. No mesmo sentido: ADI 4.049-MC, Rel. Min. Carlos Britto, j. 05.11.2008, *Inf. 527/STF*) **(matéria pendente de julgamento no STF)**.[122]

---

favor do Ministério da Integração Nacional, no valor de R$ 154.000.000,00, nos termos do art. 167, § 3.º, citado. Como se percebe, as medidas provisórias após a EC n. 32/2001 vêm recebendo um novo número, iniciando-se pela acima referida, de n. 1, em ordem crescente, para se diferenciarem das MPs em tramitação e produzidas antes da novel emenda.

[121] Cf. *itens 6.7.1.2.5*, *6.7.1.2.10* e *6.7.1.2.16*.

[122] Em dois julgamentos (**ADI 4.048** e **ADI 4.049**), houve entendimento no sentido da **prejudicialidade** das ações por **perda superveniente do objeto**. Isso porque, nos termos do art. 167, § 2.º, os

C) Outras vedações

A regra trazida na EC n. 32/2001 **veda** ainda, expressamente, a edição de medida provisória:

- que vise à detenção ou sequestro de bens, de poupança popular ou qualquer outro ativo financeiro;[123]
- reservada à lei complementar (lembrem que o aspecto material da lei complementar foi taxativo e expressamente previsto na Constituição Federal e, no tocante ao aspecto formal, o *quorum* de maioria absoluta);
- já disciplinada em projeto de lei aprovado pelo Congresso Nacional e pendente de sanção ou veto do Presidente da República.

No tocante à **matéria tributária**, a EC n. 32/2001 estabelece a seguinte regra (art. 62, § 2.º):

- medida provisória que implique **instituição** ou **majoração** de **impostos**, exceto os previstos nos arts. 153, I, II, IV, V, e 154, II, só produzirá efeitos no exercício financeiro seguinte se houver sido convertida em lei até o último dia daquele em que foi editada.

Essa nova redação, apesar de contrariar renomada parte da doutrina,[124] não altera o posicionamento do STF, que entende ser perfeitamente possível a regulamentação de matéria tributária através de medida provisória, exceto nas hipóteses em que a Constituição exige lei complementar, por exemplo, o art. 146, devendo, contudo, ser observado o princípio da **anterioridade tributária**[125] (art.

---

créditos extraordinários abertos ou já tinham sido utilizados ou perderam a sua vigência. De todo modo, podemos afirmar a mudança da orientação da Corte de acordo com os julgamentos proferidos nas cautelares, no sentido de se permitir o controle judicial dos requisitos das medidas provisórias que abrem crédito extraordinário.

123 Apenas para se ter um exemplo em nosso passado, lembramos a MP n. 168, de 15.03.1990 **(Plano Collor)**.

124 José Afonso da Silva é expresso ao dizer que o Presidente da República não poderá regulamentar matéria tributária através de MP "... porque o sistema tributário não permite legislação de urgência, já que a lei tributária material não é aplicável imediatamente, por regra, porquanto está sujeita ao princípio da anterioridade (art. 150, III, 'b')" (*Curso de direito constitucional positivo*, p. 465). Em argumentação bastante sedutora e completa, o Professor Roque Carrazza declara inadmitir a utilização das MPs para criar ou aumentar tributos, cabendo tal tarefa somente à lei ordinária e, em poucos casos, à complementar. A medida provisória, segundo o ilustre jurista, "... brota de chofre, no silêncio dos gabinetes, da vontade isolada e, por vezes, *imperial* do Chefe do Executivo. Se porventura, medida provisória pudesse criar ou aumentar tributos, que seria da *estrita legalidade*, da *segurança jurídica*, da *não surpresa* dos contribuintes?" (*Curso de direito constitucional tributário*, p. 255-256). No entanto, muito embora entendamos ser incabível a criação ou o aumento de tributos por MP, orientamos os candidatos para que **adotem a posição do STF**, agora corroborada no **art. 62, § 2.º, da CF/88**.

125 Cf.: ADI 1.667-MC/DF, Rel. Min. Ilmar Galvão, *DJ* de 21.11.1997, p. 60586, ADI 1.135-9/DF, Rel. p/ acórdão Min. Sepúlveda Pertence, *DJ* de 05.12.1997, p. 63903. E, ainda, RE 146.733-SP; RE

150, III, "b") e, nas hipóteses cabíveis, o **princípio da carência**, fixado no art. 150, III, "c" (EC n. 42/2003).

Em relação a este princípio, todavia, a EC n. 32/2001 trouxe uma novidade. O STF posicionava-se no sentido de tomar por base a data da primeira edição da medida provisória, a fim de ver preenchido o requisito do art. 150, III, "b", ou do art. 195, § 6.º, tendo em vista que havia entendimento no sentido de que a medida provisória não apreciada pelo Congresso Nacional podia (até o advento da referida EC n. 32/2001) ser reeditada dentro do seu prazo de eficácia de 30 dias, mantidos os efeitos de lei desde a primeira edição (cf. **SV 54/2016** e entendimento firmado: ADI 1.617-MS, Rel. Min. Octavio Gallotti, *DJ* de 15.08.1997, e ADI 1.610-DF, Rel. Min. Sydney Sanches; RE 221.856-PE, Rel. Min. Carlos Velloso, 2.ª Turma, j. 25.05.1998).

Com a redação dada ao art. 62, § 2.º, excepcionando a regra geral exposta pelos julgados do STF, em se tratando da espécie tributária denominada **imposto**, com exceção daqueles que dispensam respeito ao princípio da anterioridade tributária (art. 150, § 1.º, c/c os arts. 153, I, II, IV, V, e 154, II), a sua instituição ou majoração, por **medida provisória**, só produzirá efeitos no exercício financeiro seguinte (art. 150, III, "b") se a aludida MP tiver sido convertida em lei até o último dia do exercício financeiro em que foi editada.

Outro limite previsto pela EC n. 32/2001 vem disciplinado na redação dada ao **art. 246 da CF/88**, agora redigido nos seguintes termos:

> "Art. 246. É vedada a adoção de medida provisória na **regulamentação** de artigo da Constituição cuja **redação** tenha sido **alterada** por **meio de emenda** promulgada entre 1.º de janeiro de 1995 até a promulgação desta emenda, inclusive".

Trata-se de mais um **retrocesso** trazido pela nova sistemática das medidas provisórias, beneficiando, claramente, o governo e mostrando que o Congresso Nacional cedeu e muito nesse mau acordo político.

Isso porque a vedação de regulamentação de artigo da Constituição alterado por emenda, de acordo com a redação dada ao art. 246 da CF/88, não abrange as que forem promulgadas após o dia **11.09.2001**. Pela nova regra, retrógrada, enfatize-se, as MPs não poderão regulamentar artigos da Constituição que tenham sido alterados por emenda constitucional no período de **1.º.01.1995** a **11.09.2001**. Todo artigo da Constituição que for alterado antes ou depois desse período poderá ser regulamentado por MP. Naturalmente, interpretando a literalidade do dispositivo, mesmo durante referido período, antes ou depois, os artigos da Constituição que não forem alterados por emenda (e, claro, desde que não haja qualquer vedação constitucional — limites materiais) poderão ser regulamentados por MP.

138.284-CE; RE 197.790-MG e RE 181.664-RS, RE 232.805-MG, Rel. Min. Maurício Corrêa; RE 236.885-BA, Rel. Min. Sydney Sanches; RE 247.235-MG, Rel. Min. Octavio Gallotti; RE 266.752-RN, Rel. Min. Marco Aurélio; RE 267.285-MG, Rel. Min. Ilmar Galvão; RE 269.423-BA, Rel. Min. Nelson Jobim, ADI 1.417-MC etc.

Além desses limites, podemos destacar, muito embora não estejam previstos expressamente na **EC n. 32/2001**, os seguintes, impossibilitando a regulamentação por medida provisória das:

- **matérias que não podem ser objeto de delegação legislativa** (art. 68, § 1.º, pela própria natureza do ato que reforça o princípio da indelegabilidade de atribuições);
- **matérias reservadas às resoluções e aos decretos legislativos**, por serem de competência das Casas ou do próprio Congresso Nacional.

Por fim, em relação aos limites materiais, selecionamos, ainda, algumas situações nas quais já havia expressa vedação de regulamentação por medida provisória:

- **art. 25, § 2.º, da CF/88:** "Cabe aos Estados explorar diretamente, ou mediante concessão, os serviços locais de gás canalizado, na forma da lei, **vedada a edição de medida provisória para a sua regulamentação**";
- **art. 225, § 1.º, III:** "as medidas provisórias não podem veicular norma que altere espaços territoriais especialmente protegidos, sob pena de ofensa ao art. 225, inc. III, da Constituição da República" (**ADI 4.717**, Pleno, j. 05.04.2018);
- **art. 73 do ADCT:** acrescentado pela ECR n. 1/94, que já teve a sua **eficácia exaurida**, vedando a regulação do Fundo Social de Emergência, criado inicialmente para os exercícios financeiros de 1994 e 1995, por medida provisória;
- **art. 2.º da EC n. 8/95:** veda a adoção de medida provisória para regulamentar o disposto no inciso XI do art. 21 da CF/88;[126]
- **art. 3.º da EC n. 9/95:** veda a adoção de medida provisória na regulamentação da matéria prevista nos incisos I a IV e nos §§ 1.º e 2.º do art. 177 da CF/88.

9.14.4.9. O que acontecerá com as medidas provisórias editadas em data anterior à EC n. 32/2001?

O art. 2.º da **EC n. 32/2001** estabeleceu que "as medidas provisórias editadas em data anterior à da publicação desta emenda continuam em vigor até que medida provisória ulterior as revogue explicitamente ou até deliberação definitiva do Congresso Nacional".

Isso significa que todas as medidas provisórias anteriores à publicação da EC n. 32/2001, caso não sejam derrubadas pelo Congresso, ou o Executivo deixe de revogá-las "explicitamente", diz o texto (entendemos, também, a revogação tácita como aplicável ao caso), continuarão em vigor, implicando a **indesejável perpetuação**. Resta ao Judiciário apreciar a nova sistemática, afastando-a, pois, assim permanecendo, ter-se-á, mais uma vez e disfarçadamente, uma aprovação por decurso de prazo. Conforme já declarado por alguns parlamentares, é humanamente impossível

[126] Art. 21, XI: "explorar, diretamente ou mediante autorização, concessão ou permissão, os serviços de telecomunicações, nos termos da lei, que disporá sobre a organização dos serviços, a criação de um órgão regulador e outros aspectos institucionais".

apreciar todas as medidas provisórias, o que implica, pela regra definida, a sua **vigência indeterminada**.[127]

Não podemos deixar de consignar o nosso repúdio a essa nova regra, que, de certa forma, implica a perpetuação das medidas provisórias em vigor antes da publicação da aludida emenda constitucional.

Como o texto diz **publicação**, não podemos confundir o termo final com a **promulgação**. Como se sabe, a EC n. 32/2001 foi **promulgada** em **11.09.2001**, e **publicada** em **12.09.2001** (*DOU* de 12.09.2001, p. 1, col. 1), este último, portanto, o termo final para a verificação das medidas provisórias em vigor.

Por fim, cumpre lembrar que, embora as regras sobre a apreciação pelo Congresso Nacional das MPs estejam contidas na **Res. n. 1/2002-CN**, de acordo com o seu art. 20, às medidas provisórias em vigor na data da publicação da EC n. 32/2001 aplicar-se-ão os procedimentos previstos na **Res. n. 1/89-CN**, alterada pela **Res. n. 2/89-CN**.

■ 9.14.5. Decreto legislativo

■ *9.14.5.1. Aspectos gerais*

O decreto legislativo, uma das espécies normativas previstas no art. 59 (inciso VI), é o instrumento normativo por meio do qual serão materializadas as **competências exclusivas do Congresso Nacional**, alinhadas nos incisos I a XVII do art. 49 da CF/88.[128] As regras sobre o seu procedimento vêm contempladas nos Regimentos Internos das Casas ou do Congresso.

Além das matérias do art. 49 da CF/88, o Congresso Nacional deverá regulamentar, por decreto legislativo, os efeitos decorrentes da medida provisória não convertida em lei. Essa regra vem agora expressamente prevista no art. 62, § 3.º, da CF/88, introduzido pela **EC n. 32/2001**.

Deflagrado o processo legislativo, ocorrerá a discussão no Congresso, e, havendo aprovação do projeto (pela maioria simples — art. 47), passa-se, imediatamente, à promulgação, realizada pelo **Presidente do Senado Federal**, que determinará a sua publicação. **Não** existe manifestação do Presidente da República, sancionando ou vetando, pela própria natureza do ato (pois versa sobre matérias de competência exclusiva do Congresso, conferindo subjetividade ao regulamentar o art. 49), bem como em virtude de expressa previsão constitucional (art. 48, *caput*).

---

[127] O Senador Roberto Requião observa, tecendo severas críticas ao aludido dispositivo: "como este Congresso não tem capacidade física, e a maioria do Governo pode obstruir, com a facilidade com que obstrui — quando deseja — a tramitação no Congresso, isso significa que essas medidas todas prolatadas até a publicação desse diploma legislativo que estamos discutindo estão automaticamente eternizadas, perenizadas, sem que o Congresso possa estabelecer, como disse o Senador Amir Lando, a sua capacidade de ser um contrapeso do processo..." (*DSF* de 06.09.2001, p. 20963).

[128] Para as provas, sugerimos uma leitura atenta dos referidos incisos.

■ 9.14.5.2. *Breves notas sobre o processo de formação dos tratados internacionais e a novidade trazida pela EC n. 45/2004*

■ 9.14.5.2.1. *Tratados e convenções internacionais gerais*

Dentre as várias hipóteses previstas no art. 49 da CF/88, destaca-se a **competência exclusiva** do Congresso Nacional, materializada, como visto, por meio de **decreto legislativo**, para "resolver definitivamente sobre tratados, acordos ou atos internacionais que acarretem encargos ou compromissos gravosos ao patrimônio nacional" (art. 49, I — *com alta incidência de questionamento nos concursos públicos*).

Deixamos bem claro que a análise do referido instituto tem por objetivo único esclarecer como se aperfeiçoa a formação dos tratados internacionais e como estes passam a integrar o ordenamento jurídico brasileiro. Não se tem a intenção de trazer em pauta as várias teorias e discussões travadas entre os internacionalistas, mesmo porque fugiria por completo do objetivo da presente proposta.

Basicamente são duas as possíveis formas por meio das quais se origina um tratado internacional: *a*) pela aprovação do texto por uma instância de organização internacional, ou *b*) pela assinatura de um documento por sujeitos de direito internacional público. Normalmente, tem-se: **negociação**, **conclusões** e **assinatura** do tratado. Nos dizeres de Flávia Piovesan, "a assinatura do tratado, via de regra, indica tão somente que o tratado é autêntico e definitivo". E prossegue a autora lembrando a Convenção de Viena, fixando, em linhas gerais, que "o consentimento do Estado em obrigar-se por um tratado pode ser expresso mediante a assinatura, troca de instrumentos constituintes do tratado, ratificação, aceitação, aprovação ou adesão, ou através de qualquer outro meio acordado (arts. 11 a 17 da Convenção)".[129]

Em relação ao Brasil, como deflui da análise do **art. 84, VIII**, da CF/88, é de **competência privativa** do **Presidente da República** "celebrar tratados, convenções e atos internacionais, sujeitos a referendo do Congresso Nacional". Essa regra deve ser associada, como vimos acima, ao **art. 49, I**, da CF/88, que estabelece como de **competência exclusiva** do Congresso Nacional, materializada através da elaboração de **decreto legislativo** (art. 59, VI, da CF/88), resolver, definitivamente, sobre tratados, acordos ou atos internacionais que acarretem encargos ou compromissos gravosos ao patrimônio nacional.

Assim, primeiro há a **celebração do tratado, convenção ou ato internacional** pelo Presidente da República (art. 84, VIII), para, depois e internamente, o Parlamento decidir sobre a sua viabilidade, conveniência e oportunidade.[130] Desta feita, concordando o Congresso Nacional com a celebração do ato internacional, elabora-se o **decreto legislativo**, que é o instrumento adequado para **referendar** e **aprovar** a decisão do Chefe do Executivo, dando-se a este "carta branca" para **ratificar** a

---

[129] Flávia Piovesan, *Direitos humanos e o direito constitucional internacional,* p. 77.

[130] Diferentemente do Brasil, é interessante lembrar alguns Estados nos quais a prerrogativa de decidir definitivamente sobre tratados internacionais atribuída ao Parlamento fica condicionada à aprovação do povo (participação popular por intermédio do processo), através do plebiscito ou *referendum*. Como exemplo, ressalta-se a União Europeia, quando da elaboração do **Tratado de Maastricht**.

assinatura já depositada, ou, ainda, **aderir**, se já não o tiver feito. **Ratificar** significa **confirmar** perante a ordem internacional que aquele Estado, definitivamente, obriga-se perante o pacto firmado. Tecnicamente, a **ratificação** não é ato do Parlamento, mas de competência privativa do Chefe do Executivo, típico ato de direito internacional público. A **troca** (geralmente nos acordos bilaterais) ou o **depósito** (em regra, nos multilaterais, no órgão responsável pela custódia, como, *verbi gratia,* a ONU, a OEA...) do aludido instrumento de ratificação asseguram a obrigatoriedade do Estado no âmbito internacional.[131]

A próxima etapa, portanto, com o objetivo de que o tratado se **incorpore** por definitivo ao **ordenamento jurídico interno**, é a fase em que o Presidente da República, mediante **decreto**, **promulga** o texto, **publicando-o**, em **português**, em órgão da imprensa oficial, dando-se, pois, ciência e publicidade da ratificação da assinatura já lançada, ou, caso esta não se tenha externado, da adesão a determinado tratado ou convenção de direito internacional. Como assinala Mirtô Fraga, "o decreto do Presidente da República atestando a existência da nova regra e o cumprimento das formalidades requeridas para que ela se concluísse, com a ordem de ser cumprida tão inteiramente como nela se contém, confere-lhe (ao tratado) força executória, e a publicação exige sua observância por todos: Governo, particulares, Judiciário".[132]

De acordo com o posicionamento do STF, a expedição, pelo Presidente da República, do referido **decreto**, acarreta três efeitos básicos que lhe são inerentes: *a*) a **promulgação** do tratado internacional; *b*) a **publicação** oficial de seu texto; e *c*) a **executoriedade** do ato internacional, que passa, então, e somente então, a vincular e a obrigar no plano do direito positivo interno. Referido ato normativo integra o ordenamento jurídico interno com caráter de **norma infraconstitucional**, situando-se nos mesmos planos de validade, eficácia e autoridade em que se posicionam as leis ordinárias (guardando, dessa forma, estrita relação de **paridade normativa** com as referidas **leis ordinárias**),[133] podendo, por conseguinte, ser revogado (*ab-rogação* ou

[131] Deve-se deixar bem claro que o instrumento da **ratificação** tem sentido técnico entre os internacionalistas, indicando, perante a comunidade internacional, que o País aceita as regras fixadas no tratado internacional, obrigando-se aos seus vetores. Muitas vezes, o ato do Congresso Nacional, prévio, de **referendo, aprovação** do instrumento assinado, é também denominado **ratificação**, devendo o candidato ficar atento nas provas e concursos para saber de qual dos institutos a questão está tratando. Cuida-se de ratificação *lato sensu*, no sentido de confirmação do ato pelo Parlamento. Não tem o sentido técnico empregado pela doutrina internacionalista. Cf. interessante descrição da sistemática de incorporação dos tratados internacionais no ordenamento brasileiro em Valério de Oliveira Mazzuoli, *Direitos humanos & relações internacionais*, p. 65 e s., e *Tratados internacionais*, p. 37 e s.

[132] Mirtô Fraga, *O conflito entre tratado internacional e a norma de direito interno*, p. 69.

[133] Esse entendimento foi consagrado pelo STF no julgamento do **RE 80.004-SE**, *DJ* de 29.12.1977, p. 9433, *RTJ* 83/809, Rel. p/ acórdão Min. Cunha Peixoto (*Inf. 73/STF — DJ* de 30.05.1997), e reiterado no julgamento da **ADI 1.480-DF**, Rel. Min. Celso de Mello, no julgamento pelo Pleno do pedido de medida cautelar (j. 04.09.1997, *DJ* de 18.05.2001, p. 429). **Em relação à natureza dos tratados sobre direitos humanos, em razão do § 3.º do art. 5.º, trazido pela EC n. 45/2004**, confira estudo no *item 9.14.5.2.3* que propugna por uma tese de **supralegalidade** ou mesmo **constitucionalidade**.

derrogação) por norma posterior, bem como ser questionada a sua constitucionalidade perante os tribunais, de forma concentrada ou difusa.[134]

Constata-se, pois, que o sistema constitucional brasileiro **não** exige, para efeito de executoriedade doméstica dos tratados internacionais, a edição de lei formal distinta (visão **dualista extremada** ou **radical**), satisfazendo-se com a adoção de *iter procedimental* complexo, que compreende a **aprovação congressional** e a **promulgação executiva do texto convencional**. Isso quer dizer que o Brasil adotou o princípio do **dualismo moderado**.

Podemos, então, resumir o trâmite de integração da norma internacional no direito interno a quatro fases distintas, a saber:

- **celebração do tratado internacional** (negociação, conclusão e assinatura) pelo **Órgão do Poder Executivo** (ou posterior adesão [terceira etapa], art. 84, VIII — Presidente da República);
- **aprovação** (**referendo** ou **"ratificação"** ***lato sensu***), pelo Parlamento, do tratado, acordo ou ato internacional, por intermédio de **decreto legislativo**, resolvendo-o definitivamente (Congresso Nacional — art. 49, I);
- **troca** ou **depósito** dos instrumentos de **ratificação** (ou **adesão**, caso não tenha tido prévia celebração) pelo **Órgão do Poder Executivo** em âmbito internacional;
- **promulgação** por **decreto presidencial**, seguida da **publicação** do texto em português no *Diário Oficial*. Neste momento o **tratado, acordo ou ato internacional adquire executoriedade no plano do direito positivo interno**, guardando estrita relação de **paridade normativa** com as **leis ordinárias** (salvo nas hipóteses em que o tratado ou convenção internacional versar sobre direitos humanos e tiver sido incorporado(a) com a natureza supralegal ou constitucional (cf. art. 5.º, § 3.º, e discussão no *item 9.14.5.2.3*).

Na observação precisa de Louis Henkin, "... o poder de celebrar tratados — como é concebido e como de fato se opera — é uma autêntica expressão do constitucionalismo; claramente ele estabelece a sistemática de '*checks and balances*'. Ao atribuir o poder de celebrar tratados ao Presidente, mas apenas mediante o referendo do legislativo, busca-se limitar e descentralizar o poder de celebrar tratados, prevenindo o abuso desse poder. Para os constituintes, o motivo principal da instituição de uma particular forma de '*checks and balances*' talvez fosse o de proteger o interesse de alguns Estados, mas o resultado foi o de evitar a concentração do poder de celebrar tratados no Executivo, como era então a experiência europeia".[135]

---

[134] Cf.: **STF, ADI 1.480-3**, Rel. Min. Celso de Mello: medida liminar apreciada em 04.09.1997 e julgamento final do processo, sem apreciação do mérito, em 26.06.2001 (*DJ* de 08.08.2001), em virtude de perda superveniente do objeto do referido processo de controle abstrato de constitucionalidade (cf. ***Inf. 236/STF***, 06 a 10.08.2001).

[135] Louis Henkin, *Constitutionalism, democracy and foreign affairs*, NY: Columbia University Press, 1990, p. 59, apud Flávia Piovesan, *Direitos humanos e o direito constitucional internacional*, p. 80-81.

9.14.5.2.2. *Tratados e convenções internacionais sobre direitos humanos (EC n. 45/2004)*

Conforme mencionado no *item 6.7.1.2.7* (estudo sobre o objeto da ADI), retomamos a importante discussão sobre a inserção, pela **EC n. 45/2004**, do § 3.º ao art. 5.º da CF/88, nos seguintes termos: "os tratados e convenções internacionais[136] sobre **direitos humanos** que *forem* aprovados, **em cada Casa do Congresso Nacional**, em **dois turnos**, por **três quintos dos votos dos respectivos membros**, serão equivalentes às **emendas constitucionais**".

Zulaiê Cobra, em seu parecer sobre a Reforma, pondera que, "buscando efetividade da prestação jurisdicional, acolhemos também sugestão do Ministro Celso de Mello... no sentido da outorga explícita de hierarquia constitucional aos tratados celebrados pelo Brasil, em matéria de direitos humanos, à semelhança do que estabelece a Constituição argentina... com a reforma de 1994 (art. 75, n. 22), introdução esta no texto constitucional que afastará a discussão em torno do alcance do art. 5.º, § 2.º".[137]

Entendemos que a nova regra não é inconstitucional e não fere nem mesmo os limites implícitos do poder de reforma, destacando-se, nesse sentido, o **Decreto n. 6.949, de 25.08.2009**, que promulga a *Convenção sobre os Direitos das Pessoas com Deficiência,* e de seu *Protocolo Facultativo,* assinados em Nova York, em 30 de março de 2007, que já havia sido aprovada pelo **Decreto Legislativo n. 186/2008**, tendo sido incorporada ao ordenamento jurídico brasileiro com o *status* de **norma constitucional**.

Conforme vimos, outro exemplo de tratado internacional de direitos humanos incorporado na forma do art. 5.º, § 3.º, CF/88, e, portanto, com *status* constitucional, é o **Tratado de Marraqueche**, que busca facilitar o acesso a obras publicadas às pessoas cegas, com deficiência visual ou com outras dificuldades para ter acesso ao texto impresso, celebrado em 28.06.2013, e que entrou em vigor **no plano internacional** em **setembro de 2016**, a partir da adesão do Canadá, o 20.º Estado-parte, conforme determina o art. 18 do tratado. No tocante ao direito brasileiro, o Tratado foi aprovado pelo Congresso Nacional por meio do Decreto Legislativo n. 261/2015, tendo sido promulgado pelo Decreto presidencial n. 9.522, de 08.10.2018.

---

[136] Como bem observou Pedro Dallari, "muito embora o dispositivo mencione 'tratados e convenções internacionais', a doutrina, a prática e mesmo a *Convenção de Viena sobre o Direito dos Tratados* entendem a fórmula como redundante, já que, independentemente da denominação que tenha cada documento (tratado, convenção, acordo, pacto, carta, lei uniforme, protocolo, estatuto, concordata etc.), o vocábulo 'tratado' se aplica a todo acordo internacional concluído por escrito entre Estados ou organizações internacionais e que seja destinado a produzir efeitos jurídicos. Observe-se que a própria Constituição brasileira não é de forma alguma homogênea a esse respeito: o art. 49, I, faz referência a tratados e acordos; o art. 84, VIII, a tratados e convenções; o § 2.º do art. 5.º, o art. 102, III, 'b', o art. 105, III, 'a', o art. 109, III, e o § 5.º acrescido ao mesmo art. 109, apenas a tratados; e o art. 178, apenas a acordos" (Pedro Bohomoletz de Abreu Dallari, Tratados internacionais na Emenda Constitucional n. 45, in André Ramos Tavares, Pedro Lenza, Pietro de Jesús Lora Alarcón (coord.), *Reforma do Judiciário*, p. 83).

[137] Petrônio Calmon Filho (org.), *Reforma constitucional do Poder Judiciário*, São Paulo: Instituto Brasileiro de Direito Processual, jan. 2000 (*Cadernos IBDP*: Propostas legislativas: 1), p. 70.

Esquematizando, podemos afirmar, então, conforme já exposto, que:

- **tratados e convenções internacionais sobre direitos humanos e desde que aprovados por 3/5 dos votos de seus membros, em cada Casa do Congresso Nacional e em 2 turnos de votação (cf. art. 60, § 2.º, e art. 5.º, § 3.º):** equivalem a **emendas constitucionais**, guardando, desde que observem os "limites do poder de reforma", estrita relação de paridade com as *normas constitucionais*;
- **tratados e convenções internacionais sobre direitos humanos aprovados pela regra anterior à Reforma e desde que não confirmados pelo *quorum* qualificado:** malgrado posicionamento pessoal deste autor, já exposto, para as provas, seguindo o entendimento do STF, terão natureza **supralegal** (cf. *item 9.14.5.2.3*);[138]
- **tratados e convenções internacionais de outra natureza:** têm força de lei ordinária.

Dessa maneira, deverão surgir duas espécies do gênero *tratados* e *convenções internacionais*: **a)** aqueles sobre direitos humanos e **b)** aqueloutros que não disponham sobre direitos humanos. Os primeiros se dividem em: **a.1)** tratados sobre *direitos humanos* aprovados pelo *quorum* e observância de turnos das emendas constitucionais, tendo a equivalência destas; e **a.2)** os que não seguiram essa formalidade, sendo, segundo o STF, supralegais.

Flávia Piovesan identificou uma clara relação entre a **redemocratização do Estado brasileiro**, a partir de 1985, e o **processo de incorporação de relevantes instrumentos de proteção aos direitos humanos**.

Em valiosa compilação, a ilustre colega observa que "... a partir da Carta de 1988 foram ratificados pelo Brasil: *a*) a Convenção Interamericana para Prevenir e Punir a Tortura, em 20 de julho de 1989; *b*) a Convenção contra a Tortura e outros Tratamentos Cruéis, Desumanos ou Degradantes, em 28 de setembro de 1989; *c*) a Convenção sobre os Direitos da Criança, em 24 de setembro de 1990; *d*) o Pacto Internacional dos Direitos Civis e Políticos, em 24 de janeiro de 1992; *e*) o Pacto Internacional dos Direitos Econômicos, Sociais e Culturais, em 24 de janeiro de 1992; *f*) a Convenção Americana de Direitos Humanos, em 25 de setembro de 1992; *g*) a Convenção Interamericana para Prevenir, Punir e Erradicar a Violência contra a Mulher, em 27 de novembro de 1995; *h*) o Protocolo à Convenção Americana referente à Abolição da Pena de Morte, em 13 de agosto de 1996; *i*) o Protocolo à Convenção Americana referente aos Direitos Econômicos, Sociais e Culturais (Protocolo de San Salvador), em 21 de agosto de 1996; *j*) o Estatuto de Roma, que cria o Tribunal Penal Interna-

[138] Flávia Piovesan entende que referidos tratados teriam caráter de norma constitucional (Reforma do Judiciário e direitos humanos, in André Ramos Tavares, Pedro Lenza e Pietro de Jesús Lora Alarcón (coord.), *Reforma do Judiciário,* p. 67). José Carlos Francisco também sustenta a constitucionalidade, até porque, quando o constituinte quis afastar a recepção automática com caráter de norma constitucional, manifestou-se expressamente, como fez com as súmulas preexistentes, nos termos do art. 8.º da EC n. 45 (Bloco de constitucionalidade e recepção dos tratados internacionais, in *Reforma do Judiciário*, p. 99).

cional, em 20 de junho de 2002; *k*) o Protocolo Facultativo à Convenção sobre a Eliminação de todas as formas de Discriminação contra a Mulher, em 28 de junho de 2002; e *l*) os dois Protocolos Facultativos à Convenção sobre os Direitos da Criança, referentes ao envolvimento de crianças em conflitos armados e à venda de crianças e prostituição e pornografia infantis, em 24 de janeiro de 2004. A estes avanços, soma-se o reconhecimento da jurisdição da Corte Interamericana de Direitos Humanos, em dezembro de 1998".[139]

Qual a natureza jurídica desses tratados e convenções que tratam de direitos humanos anteriores à EC n. 45/2004?

Diferentemente da regra da Constituição da Argentina, que é expressa em afirmar que os tratados anteriores sobre direitos humanos passam a ter, com a Reforma de 1994, hierarquia constitucional, a regra brasileira foi omissa.

Entendemos que o Congresso Nacional poderá (e, querendo atribuir natureza constitucional, deverá) **confirmar** os tratados sobre direitos humanos pelo *quorum* qualificado das emendas e, somente se observada essa formalidade, e desde que respeitados os *limites do poder de reforma das emendas*, é que se poderá falar em tratado internacional de "natureza constitucional", ampliando os direitos e garantias individuais do art. 5.º da Constituição.

E qual a diferença entre os *tratados* e *convenções internacionais sobre direitos humanos* aprovados (ou confirmados) em cada Casa do Congresso, em dois turnos, por 3/5 dos votos dos respectivos membros e aqueles, também sobre direitos humanos, que não seguiram a aludida formalidade?

A diferença estará no procedimento da **denúncia** (ato de retirada do tratado). Enquanto aqueles que seguiram um procedimento mais solene dependem de **prévia autorização** do Congresso Nacional, também em dois turnos, por 3/5 dos votos dos respectivos membros, em cada uma de suas Casas, os outros (nos mesmos termos daqueles que não dispõem sobre direitos humanos) poderão ser denunciados normalmente pelo Executivo, sem a prévia autorização do Congresso Nacional.

Nesse sentido, também, Piovesan, que os classifica (os tratados sobre **direitos humanos**) em: **a)** *material e formalmente constitucionais* (aqueles que equivalem às emendas constitucionais em razão do procedimento de incorporação mais solene) e **b)** *materialmente constitucionais*, que, apesar de tratarem de **direitos humanos**, não passaram pelo procedimento mais solene.[140]

Para a ilustre Procuradora do Estado de São Paulo, os *tratados material e formalmente constitucionais* **não podem ser objeto de denúncia unilateral pelo Executivo**, já que "... os direitos neles enunciados receberam assento no texto constitucional não apenas pela matéria que veiculam, mas pelo grau de legitimidade popular

---

139 Flávia Piovesan, Reforma do Judiciário e direitos humanos, p. 67.

140 Para a autora, mesmo os materialmente constitucionais (sem as formalidades das emendas), como tratam de direitos humanos, pelo art. 5.º, § 2.º, teriam natureza constitucional (Flávia Piovesan, Reforma do Judiciário e direitos humanos, p. 67). Mas, como visto, esse entendimento não é aceito pelo STF. Portanto, **cuidado** nas provas, especialmente as preambulares!

contemplado pelo especial e dificultoso processo de sua aprovação, concernente à maioria de três quintos dos votos dos membros, em cada Casa do Congresso Nacional, em dois turnos de votação. Ora, se tais direitos internacionais passaram a compor o quadro constitucional, não só no campo material, mas também formal, não há como admitir que um ato isolado e solitário do Poder Executivo subtraia tais direitos do patrimônio popular — ainda que a possibilidade de denúncia esteja prevista nos próprios tratados de direitos humanos ratificados... É como se o Estado houvesse renunciado a esta prerrogativa de denúncia, em virtude da 'constitucionalização formal' do tratado no âmbito jurídico interno".[141]

E qual seria o procedimento para a aprovação pelo *quorum* qualificado das emendas?

A nosso ver, pela regra do art. 49, I (que não poderá ser desprezada), continua sendo o **decreto legislativo** o ato pelo qual o Congresso Nacional, no procedimento de incorporação dos tratados internacionais, resolve definitivamente sobre os tratados e convenções internacionais referentes a direitos humanos. Veja que a nova regra não diz que o procedimento deverá ser o das emendas, mas que, cumpridas as formalidades, **equivalerão** às emendas.

A única diferença está na possibilidade (e veja que há uma permissão, e não um dever para o Congresso Nacional) de se atribuir caráter de emenda constitucional aos tratados e convenções sobre direitos humanos, mas somente se observadas as formalidades fixadas no art. 5.º, § 3.º.

Perceba que o texto diz: "os tratados e convenções internacionais sobre direitos humanos que **forem** aprovados em cada Casa do Congresso Nacional, em dois turnos, por três quintos dos votos dos respectivos membros, serão equivalentes às emendas constitucionais", significando que poderemos deparar com aprovação sem as aludidas formalidades e, aí, segundo o STF, referidos tratados terão natureza *supralegal*.

Por fim, conforme já analisado no *item 6.7.1.3*, ampliando o conceito de "bloco de constitucionalidade", passamos a ter, com a Reforma, um outro *parâmetro constitucional de confronto*, quais sejam, os tratados e convenções internacionais com "força" de norma constitucional. Assim, perfeitamente possível que uma lei seja declarada **inconstitucional** por ferir referido tratado internacional sobre direitos humanos, que tenha sido aprovado, em cada Casa do Congresso Nacional, em 2 turnos, por 3/5 dos votos dos respectivos membros, já que equivalerão às emendas constitucionais.

Para todos os casos, entendemos ainda prevalecer a afirmação exarada por Araujo e Nunes Júnior em relação à regra anterior: "o reconhecimento da inconstitucionalidade do decreto legislativo que ratifica um tratado internacional não torna o ajuste internacional nulo, mas apenas exclui o Brasil de seu cumprimento, sujeitando-o, no entanto, a sanções internacionais decorrentes do descumprimento".[142]

---

[141] Flávia Piovesan, Reforma do Judiciário e direitos humanos, p. 67.

[142] Araujo e Nunes Júnior, *Curso de direito constitucional*, p. 34.

■ 9.14.5.2.3. *A "supralegalidade" dos tratados e convenções internacionais sobre direitos humanos*

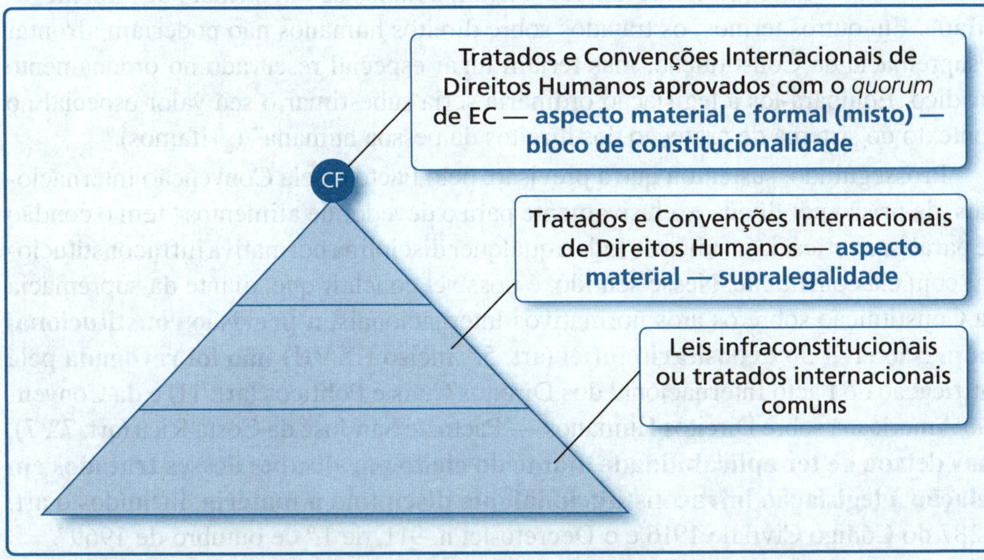

O STF decidiu a matéria em dois recursos extraordinários **(RE 466.343 e RE 349.703)** buscando enfrentar a constitucionalidade da prisão civil para o inadimplente em contratos de alienação fiduciária em garantia.[143]

De acordo com o voto[144] do Min. Gilmar Mendes, os tratados e convenções internacionais sobre direitos humanos poderiam, seguindo a doutrina, ter o seguinte *status normativo*:

- **natureza supraconstitucional** (*Celso Duvivier de Albuquerque Mello*);
- **caráter constitucional** (*Antônio Augusto Cançado Trindade* e *Flávia Piovesan*);
- ***status* de lei ordinária** (*RE 80.004/SE, Rel. Min. Xavier de Albuquerque,* DJ *de 29.12.1977*);
- **caráter supralegal** (*art. 25 da Constituição da Alemanha; art. 55 da Constituição da França; art. 28 da Constituição da Grécia e a posição firmada pelo Ministro Gilmar Mendes em referido voto*).

Em seu voto, o Min. Gilmar Mendes, acompanhando o voto do relator, acrescentou os seguintes fundamentos: "(...) parece mais consistente a interpretação que atribui a característica de **supralegalidade** aos tratados e convenções de direitos humanos.

[143] Art. 4.º do Decreto-lei n. 911/69: "Se o bem alienado fiduciariamente não for encontrado ou não se achar na posse do devedor, o credor poderá requerer a conversão do pedido de busca e apreensão, nos mesmos autos, em ação de depósito, na forma prevista no Capítulo II, do Título I, do Livro IV, do Código de Processo Civil".

[144] Cf. íntegra do voto do Ministro Gilmar Mendes no RE 466.343, em *Notícias STF*, 22.11.2006 — 20h35.

Essa tese pugna pelo argumento de que os tratados sobre direitos humanos seriam **infraconstitucionais**, porém, diante de seu caráter especial em relação aos demais atos normativos internacionais, também seriam dotados de um atributo de **supralegalidade**. Em outros termos, os tratados sobre direitos humanos não poderiam afrontar a supremacia da Constituição, mas teriam lugar especial reservado no ordenamento jurídico. Equipará-los à legislação ordinária seria subestimar o seu valor especial no contexto do sistema de proteção dos direitos da pessoa humana" (grifamos).

Prosseguindo, sustentou que a previsão, pelo Pacto e pela Convenção internacionais, da prisão por dívida exclusivamente para o devedor de alimentos "tem o condão de paralisar a eficácia jurídica de toda e qualquer disciplina normativa infraconstitucional com ela conflitante. Nesse sentido, é possível concluir que, diante da supremacia da Constituição sobre os atos normativos internacionais, **a previsão constitucional da prisão civil do depositário infiel** (art. 5.º, inciso LXVII) **não foi revogada** pela ratificação do Pacto Internacional dos Direitos Civis e Políticos (art. 11) e da Convenção Americana sobre Direitos Humanos — Pacto de San José da Costa Rica (art. 7.º, 7), **mas deixou de ter aplicabilidade diante do efeito paralisante desses tratados em relação à legislação infraconstitucional que disciplina a matéria**, incluídos o art. 1.287 do Código Civil de 1916 e o Decreto-lei n. 911, de 1.º de outubro de 1969".

Concluindo, afirmou que a prisão civil do devedor-fiduciante afronta o **princípio da proporcionalidade**, na medida em que existem outros meios "processuais-executórios postos à disposição do credor-fiduciário para a garantia do crédito, bem como em razão de o DL 911/69, na linha do que já considerado pelo relator, ter instituído uma ficção jurídica ao equiparar o devedor-fiduciante ao depositário, em ofensa ao princípio da reserva legal proporcional" (*Inf. 449/STF*).

O STF, por 5 x 4, em **03.12.2008**, no julgamento do **RE 466.343**, decidiu que os tratados e convenções internacionais sobre direitos humanos, se não incorporados na forma do art. 5.º, § 3.º (quando teriam natureza de norma constitucional), têm natureza de normas **supralegais**, paralisando, assim, a eficácia de todo o ordenamento infraconstitucional em sentido contrário.[145]

Embora sedutora a tese e, sem dúvida, fortalecedora do princípio da **dignidade da pessoa humana**, o grande problema parece-nos justificar (especialmente diante da redação conferida ao § 3.º do art. 5.º pela EC n. 45/2004) a possibilidade de "paralisar" a eficácia das leis contrárias aos tratados ou convenções sobre direitos humanos, mas que encontrariam suporte de validade na própria Constituição, que continua estabelecendo, ao lado da prisão do devedor de alimentos, a do depositário infiel (remetemos o amigo leitor para o *item 6.7.1.2.7*).

Finalmente, destaca-se a **SV 25/2009**: "é **ilícita** a prisão civil de depositário infiel, qualquer que seja a modalidade do depósito".

---

145 Cf. ***Inf. n. 531/STF***, assim como **RE 349.703** e, no julgamento do **HC 87.585**, o **cancelamento da S. 619/STF** ("A prisão do depositário judicial pode ser decretada no próprio processo em que se constituiu o encargo, independentemente da propositura de ação de depósito").

■ 9.14.6. Resolução

Por meio das resoluções regulamentar-se-ão as matérias de competência privativa da Câmara dos Deputados (art. 51), do Senado Federal (art. 52) e algumas de competência do Congresso Nacional, fixadas, além das poucas hipóteses constitucionais, regimentalmente.

Assim, os Regimentos Internos determinam as regras sobre o processo legislativo. De modo geral, deflagrado o processo legislativo na forma do Regimento, a discussão dar-se-á nas respectivas Casas, ou seja, em se tratando de projeto de resolução da Câmara dos Deputados, apenas nessa Casa; quando for projeto do Senado Federal, **unicameralmente**, na referida Casa e, na hipótese de resolução do Congresso Nacional, a tramitação será **bicameral**.

Uma vez aprovado (**maioria simples** — art. 47), passa-se à promulgação, que será realizada pelo Presidente da Casa (Câmara ou Senado) e, no caso de resolução do Congresso, pelo Presidente do Senado Federal. Os mencionados Presidentes determinarão a publicação.

Além da previsão regimental de matérias a serem regulamentadas por **resoluções**, assim como aquelas dos arts. 51 e 52 da CF/88, destacamos outras hipóteses constitucionais:

- **art. 68, § 2.º:** o Congresso Nacional delegará competência ao Presidente da República para elaborar a **lei delegada** por meio de **resolução**;
- **art. 155, § 1.º, IV:** o Senado Federal, por meio de **resolução**, fixará as **alíquotas máximas** do imposto sobre transmissão *causa mortis* e doação, de quaisquer bens ou direitos, a ser instituído pelos Estados e pelo DF;
- **art. 155, § 2.º, IV:** o Senado Federal, por meio de **resolução** de iniciativa do Presidente da República ou de 1/3 dos Senadores, aprovada pela maioria absoluta de seus membros, estabelecerá as alíquotas aplicáveis às operações e prestações, interestaduais e de exportação;
- **art. 155, § 2.º, V, "a":** faculta-se ao Senado Federal estabelecer **alíquotas mínimas** nas operações internas, mediante **resolução** de **iniciativa** de **1/3** e aprovada pela **maioria absoluta** de seus membros em relação ao imposto a ser instituído pelos Estados e pelo DF sobre operações relativas à circulação de mercadorias e sobre prestações de serviços de transporte interestadual e intermunicipal e de comunicação **(ICMS)**, ainda que as operações e as prestações se iniciem no exterior;
- **art. 155, § 2.º, V, "b":** faculta-se, também, ao Senado Federal fixar **alíquotas máximas** nas mesmas operações para resolver conflito específico que envolva interesse de Estados, mediante **resolução** de iniciativa da **maioria absoluta** e aprovada por **2/3** de seus membros.

Também, e pelos mesmos motivos apontados quando definimos o decreto legislativo, **não** haverá manifestação presidencial sancionando ou vetando o projeto de resolução (art. 48).

CUIDADO: devemos relembrar, em relação às hipóteses dos **arts. 51, IV**, e **52, XIII**, que cada Casa não pode mais, de acordo com a regra fixada pela EC n. 19/98, dispor mediante resolução sobre a **remuneração dos cargos, empregos e funções de seus serviços**, tendo, apenas, **a iniciativa reservada** para o encaminhamento de **projeto de lei**, que, no caso, deverá ser sancionado pelo Presidente da República.

Já que falamos em decreto legislativo, resta observar que, enquanto as resoluções podem instrumentalizar matérias de competência da CD, do SF ou do CN, os decretos legislativos só servirão para regulamentar as matérias de competência exclusiva do CN, indicadas no art. 49 da CF/88.

9.14.7. Quadro comparativo das espécies normativas

ESPÉCIES NORMATIVAS	LOCALIZAÇÃO E ALGUMAS CARACTERÍSTICAS
Emendas à Constituição	**Art. 60:** *quorum*: 3/5, em cada Casa, em dois turnos de votação
Lei Complementar	**Art. 69:** *quorum*: maioria absoluta. Hipóteses **taxativamente previstas** nos arts. 7.º, I; 14, § 9.º; 18, §§ 2.º, 3.º e 4.º; 21, IV; 22, parágrafo único; 23, parágrafo único; 25, § 3.º; 37, XIX; 40, § 1.º, II; 40, §§ 4.º-A, 4.º-B e 4.º-C (EC n. 103/2019); 41, § 1.º, III; 43, § 1.º; 45, § 1.º; 49, II; 59, parágrafo único; 79, parágrafo único; 84, XXII; 93, *caput*; 100, § 15; 121, *caput*; 128, §§ 4.º e 5.º; 129, VI e VII; 131, *caput*; 134, § 1.º; 142, § 1.º; 146; 146-A, *caput*; 148; 153, VII; 154, I; 155, § 1.º, III; 155, XII; 156, III; 156, § 3.º; 161; 163; 165, § 9.º; 166, §§ 6.º e 11; 168; 169, *caput* e §§ 2.º, 3.º e 4.º; 184, § 3.º; 192, *caput*; 195, § 11; 198, § 3.º; 201, § 1.º; 202, §§ 1.º, 4.º, 5.º e 6.º; 231, § 6.º, todos da CF/88. E arts. 29, §§ 1.º e 2.º; 34, §§ 7.º, 8.º, e 9.º; 79; 91 e 108, parágrafo único, do ADCT
Lei ordinária	**Art. 47:** *quorum:* maioria simples, desde que presente a maioria absoluta dos membros
Lei delegada	**Art. 68:** elaborada pelo Presidente da República, após delegação do Congresso Nacional, mediante resolução
Medida provisória	**Art. 62:** elaborada pelo Presidente da República, tem força de lei. Ressalvado o disposto nos §§ 11 e 12, perde a eficácia desde a sua edição se não for convertida em lei no prazo de **60 dias** prorrogável, uma única vez, por **novos 60 dias**, caso não tenha encerrado a votação nas duas Casas do Congresso Nacional (cf. art. 62, §§ 3.º e 7.º, na redação determinada pela EC n. 32/2001)
Decreto Legislativo	**Art. 49:** competência exclusiva do Congresso Nacional; art. 62, § 3.º, da CF/88, na redação determinada pela EC n. 32/2001: disciplina os efeitos decorrentes da medida provisória não convertida em lei e que perdeu a sua eficácia desde a sua edição
Resoluções	**Art. 51:** competência privativa da Câmara **Art. 52:** competência privativa do Senado **Art. 68, § 2.º:** delegação do CN ao PR para elaborar lei delegada **Previsões regimentais:** matérias a serem regulamentadas por resoluções do SF, da CD ou do CN **EXCEÇÃO:** arts. 51, IV, e 52, XIII, as Casas têm iniciativa reservada para o encaminhamento de **projeto de lei ordinária** para fixação da remuneração dos cargos, empregos e funções de seus serviços (não se trata, portanto, de projeto de resolução!)

9.15. FUNÇÃO FISCALIZATÓRIA EXERCIDA PELO LEGISLATIVO E O TRIBUNAL DE CONTAS

Conforme já estudamos, além da função típica de legislar, ao **Legislativo** também foi atribuída função **fiscalizatória**.

Sabemos que, de modo geral, todo **Poder** deverá manter, de forma integrada, sistema de **controle interno de fiscalização** (cf. art. 74, *caput*).

Em relação ao Legislativo, além do controle interno (inerente a todo Poder), também realiza **controle externo**, através da fiscalização contábil, financeira, orçamentária, operacional e patrimonial da União e das entidades da Administração direta (pertencentes ao Executivo, Legislativo e Judiciário) e indireta, levando em consideração a legalidade, legitimidade, economicidade, aplicação das subvenções e renúncia de receitas (art. 70, *caput*).

A CF/88 consagra, pois, um sistema harmônico, integrado e sistêmico de perfeita convivência entre os **controles internos** de cada Poder e o **controle externo** exercido pelo Legislativo, com o **auxílio** do Tribunal de Contas (art. 74, IV).

Esse sistema de **atuação conjunta** é reforçado pela regra contida no art. 74, § 1.º, na medida em que os responsáveis pelo controle interno, ao tomarem conhecimento de qualquer irregularidade ou ilegalidade, dela deverão dar ciência ao TCU, sob pena de **responsabilidade solidária**.

Também deverá prestar contas "qualquer pessoa física ou jurídica, pública ou privada, que utilize, arrecade, guarde, gerencie ou administre dinheiro, bens e valores públicos ou pelos quais a União responda, ou que, em nome desta, assuma obrigações de natureza pecuniária" (art. 70, parágrafo único, com a redação determinada pela EC n. 19/98).

Portanto, o controle externo será realizado pelo **Congresso Nacional**, auxiliado pelo **Tribunal de Contas**, cujas competências estão expressas no art. 71.

■ 9.15.1. Tribunal de Contas da União

■ *9.15.1.1. Composição e características*

O Tribunal de Contas da União, integrado por **9 Ministros**, tem **sede** no **Distrito Federal**, quadro próprio de pessoal e "jurisdição" em todo o território nacional, exercendo, no que couber, as atribuições previstas no art. 96.

Malgrado tenha o art. 73 da CF falado em "jurisdição" do Tribunal de Contas, devemos alertar que essa denominação está totalmente **equivocada**. Isso porque o Tribunal de Contas é **órgão técnico** que, além de emitir pareceres, exerce outras atribuições de fiscalização, de controle e, de fato, também a de "julgamento" (tanto é que o Min. Ayres Britto chega a falar em **"judicatura de contas"** — ADI 4.190). **Porém**, o Tribunal de Contas não exerce jurisdição no sentido próprio da palavra, na medida em que **inexiste** a "definitividade jurisdicional". É por esse motivo que reputamos não adequada a expressão "jurisdição" contida no art. 73.

No caso de auxílio no *controle externo*, os atos praticados são de **natureza** meramente **administrativa**, podendo ser acatados ou não pelo Legislativo. Em relação às outras atribuições, o Tribunal de Contas também decide **administrativamente**, não produzindo nenhum ato marcado pela definitividade ou fixação do direito no caso concreto, no sentido de afastamento da pretensão resistida. O Tribunal de Contas, portanto, **não é órgão do Poder Judiciário** (não está elencado no art. 92), nem mesmo **do Legislativo**.

Segundo asseverou o Min. Celso de Mello, "os Tribunais de Contas ostentam posição eminente na estrutura constitucional brasileira, **não se achando subordinados, por qualquer vínculo de ordem hierárquica, ao Poder Legislativo**, de que **não** são órgãos delegatários nem organismos de mero assessoramento técnico. A

competência institucional dos Tribunais de Contas não deriva, por isso mesmo, de delegação dos órgãos do Poder Legislativo, mas **traduz emanação que resulta, primariamente, da própria Constituição da República**" (ADI 4.190, j. 10.03.2010).

Como visto e deixando mais claro, o Tribunal de Contas, apesar de autônomo **(autonomia institucional)**, sem nenhum vínculo de subordinação ao Legislativo, em determinadas atribuições é auxiliar desse Poder. A fiscalização em si, no caso do *controle externo*, é realizada pelo Legislativo. O Tribunal de Contas, como órgão auxiliar, apenas emite pareceres técnicos nessa hipótese.

Finalmente, é de alertar que as Cortes de Contas (todas elas em seus âmbitos) gozam das prerrogativas da **autonomia** e do **autogoverno**, o que inclui a **iniciativa reservada** para "instaurar processo legislativo que pretenda alterar sua organização e seu funcionamento, como resulta da interpretação sistemática dos arts. 73, 75 e 96" da CF/88 (ADI 4.418-MC, j. 06.10.2010; ADI 1.994, j. 24.05.2006; e ADI 5.323, j. 11.04.2019).

Por exemplo, compete ao **TCU**, nos termos do art. 96, propor ao Poder Legislativo **(iniciativa reservada)** projetos de lei para a criação e a extinção de cargos e a remuneração dos seus serviços auxiliares, bem como a fixação do subsídio de seus membros.

■ *9.15.1.2. Atribuições constitucionais do TCU*

As atribuições constitucionais estão elencadas no art. 71 da CF/88, de imprescindível leitura para as provas de concursos, destacando-se ser competência do TCU:

- **apreciar** as **contas** prestadas anualmente pelo **Presidente da República**, mediante parecer prévio, que deverá ser elaborado em 60 dias a contar de seu recebimento;
- **julgar** as **contas** dos **administradores** e **demais responsáveis** por dinheiros, bens e valores públicos da administração direta e indireta, incluídas as fundações e sociedades instituídas e mantidas pelo Poder Público federal e as contas daqueles que derem causa a perda, extravio ou outra irregularidade de que resulte prejuízo ao erário público;
- **apreciar**, para fins de registro, a **legalidade** dos **atos** de **admissão de pessoal**, a qualquer título, na administração direta e indireta, incluídas as fundações instituídas e mantidas pelo Poder Público, **excetuadas** as nomeações para cargo de provimento em comissão, bem como a das concessões de aposentadorias, reformas e pensões, ressalvadas as melhorias posteriores que não alterem o fundamento legal do ato concessório;
- **realizar**, por iniciativa própria, da Câmara dos Deputados, do Senado Federal, de Comissão técnica ou de inquérito, **inspeções e auditorias** de natureza contábil, financeira, orçamentária, operacional e patrimonial, nas unidades administrativas dos Poderes Legislativo, Executivo e Judiciário, bem como demais entidades referidas no inciso II do art. 71;
- **fiscalizar** as **contas nacionais das empresas supranacionais** de cujo capital social a União participe, de forma direta ou indireta, nos termos do tratado constitutivo;
- **fiscalizar** a **aplicação de quaisquer recursos repassados pela União** mediante convênio, acordo, ajuste ou outros instrumentos congêneres, a Estado, ao Distrito Federal ou a Município;

- **prestar** as **informações** solicitadas pelo Congresso Nacional, por qualquer de suas Casas ou por qualquer das respectivas Comissões, sobre a fiscalização contábil, financeira, orçamentária, operacional e patrimonial e sobre resultados de auditorias e inspeções realizadas;
- **aplicar** aos responsáveis, em caso de ilegalidade de despesa ou irregularidade de contas, as **sanções previstas em lei**, como, entre outras cominações, **multa** proporcional ao dano causado ao erário;
- **assinar prazo** para que o órgão ou entidade adote as providências necessárias ao exato **cumprimento da lei**, se verificada **ilegalidade**;
- **sustar**, se não atendida, a **execução do ato impugnado**, comunicando a decisão à Câmara dos Deputados e ao Senado Federal;
- **representar** ao Poder competente sobre **irregularidades** ou **abusos apurados**.

Em relação a essas atribuições, estabelece o art. 71, § 4.º, que o TCU encaminhará ao Congresso Nacional, **trimestral** e **anualmente**, um *relatório* de suas atividades.

■ *9.15.1.3. "Apreciar as contas" x "julgar as contas" (art. 71, I e II)*

TRIBUNAL DE CONTAS DA UNIÃO	
■ **aprecia** as contas	■ Presidente da República
■ **julga** (administrativamente) as contas	■ dos administradores e demais responsáveis por recursos públicos ■ daqueles que derem causa a perda, extravio ou outra irregularidade de que resulte prejuízo ao erário público

Devemos deixar bem claro que o **julgamento** das contas dos Chefes dos Executivos não é feito pelo Tribunal de Contas, mas, conforme visto, pelo respectivo **Poder Legislativo**. O Tribunal de Contas apenas **aprecia** as contas, mediante parecer prévio conclusivo, que deverá ser elaborado em 60 dias a contar de seu recebimento.

Nesse sentido, o **art. 49, IX**, da CF/88 estabelece ser competência **exclusiva** do *Congresso Nacional* **julgar** anualmente as **contas** prestadas pelo **Presidente da República** e apreciar os relatórios sobre a execução dos planos de governo. Portanto, quem julga as contas é o Poder Legislativo de cada ente federativo. Confira:

JULGAMENTO DAS CONTAS — CONTROLE EXTERNO	
■ Presidente da República	■ Congresso Nacional
■ Governador de Estado	■ Assembleia Legislativa
■ Governador do DF	■ Câmara Legislativa do DF
■ Prefeito	■ Câmara Municipal

TRIBUNAL DE CONTAS
■ Apoio técnico
■ Parecer prévio

Por sua vez, o art. 71, II, dá total autonomia para o TCU **julgar** — e agora percebam que o verbo é "julgar" — e não "apreciar" — as contas dos **administradores** e **demais responsáveis** por dinheiros, bens e valores públicos da administração direta e indireta, incluídas as fundações e sociedades instituídas e mantidas pelo Poder Público **federal** e as **contas** daqueles que **derem causa a perda, extravio ou outra irregularidade** de que **resulte prejuízo ao erário público**.

Nessa hipótese, assinalou o STF: "... o exercício da competência de julgamento pelo Tribunal de Contas não fica subordinado ao crivo posterior do Poder Legislativo", tendo o TCU total autonomia (cf. ADI 3.715-MC). Por se tratar de decisão administrativa, naturalmente, o entendimento a ser firmado pelo TCU poderá ser discutido no Judiciário (art. 5.º, XXXV).

■ 9.15.1.4. Recursos repassados pela União: remessa necessária de recursos x recursos repassados pela União (art. 71, VI)

De acordo com o art. 71, VI, compete ao **Tribunal de Contas da União** fiscalizar a aplicação de **quaisquer recursos repassados pela União** mediante convênio, acordo, ajuste ou outros instrumentos congêneres, a Estado, ao Distrito Federal ou a Município.

Assim, como bem diferenciou o Min. Lewandowski, "enquanto a **remessa necessária** abrange recursos que, embora arrecadados pela União, **pertencem** às respectivas unidades federativas, o **repasse definido no art. 71, VI**, da Constituição Federal, cuida de **recursos pertencentes à União**" (**MS 28.584 AgR**, 2.ª T., j. 28.10.2019, *DJE* de 18.11.2019, fls. 3).

Para exemplificar, destacamos o art. 21, XIV, na redação dada pela EC n. 104/2019: compete à União organizar e **manter** a polícia civil, a polícia penal, a polícia militar e o corpo de bombeiros militar do Distrito Federal, bem como prestar assistência financeira ao Distrito Federal para a execução de serviços públicos, por meio de fundo próprio.

Referido fundo foi instituído pela Lei n. 10.633/2002. Na medida em que os recursos destinados ao Fundo Constitucional do Distrito Federal pertencem aos **cofres federais** (Tesouro Nacional), "a competência para fiscalizar a aplicação dos recursos da União repassados ao FCDF é do **Tribunal de Contas da União — TCU**" e não do Tribunal de Contas do Distrito Federal (**MS 28.584 AgR**, 2.ª T., j. 28.10.2019, *DJE* de 18.11.2019).

Esse entendimento segue a mesma lógica do estabelecido pelo Plenário em relação aos **recursos financeiros** oriundos do Fundo Nacional de Assistência Social, repassados aos Estados e Municípios, que, por serem **federais**, são também controlados pelo **TCU** (**ADI 1.934**, j. 07.02.2019).

■ 9.15.1.5. O Tribunal de Contas tem atribuição para exercer controle de constitucionalidade?

Não.

O tema tem gerado muita dúvida, na medida em que o STF, em 13.12.1963, editou a S. 347, com os seguintes dizeres: "o Tribunal de Contas, no exercício de suas atribuições, pode apreciar a constitucionalidade das leis e dos atos do Poder Público".

Conforme aprofundamos no *item 6.4.2.4.3*, a Corte vem fazendo uma profunda releitura da referida súmula, prescrevendo que os ditos "órgãos administrativos autônomos", por exemplo, o TCU, o CNJ e o CNMP, não realizam controle de constitucionalidade, na medida em que não exercem jurisdição, estando esse entendimento consagrado no julgamento da **Pet 4.656** (Pleno, j. 19.12.2016, *DJE* de 04.12.2017).

Com a função constitucional de controlar a **validade de atos administrativos**, referidos órgãos poderão afastar a aplicação de lei ou ato normativo violador da Constituição no caso concreto. Isso, contudo, não se confunde com o controle de constitucionalidade, nem mesmo com o afastamento da norma em abstrato (RMS 8.372/CE, Rel. Min. Pedro Chaves, Pleno, j. 11.12.1961)".[146]

O tema poderá ser aprofundado pelo STF, pois há proposta do Min. Gilmar no sentido de uma **aplicação renovada da S. 347**, nos seguintes termos: "confere aos Tribunais de Contas a possibilidade de **afastar a aplicação** de normas **manifestamente inconstitucionais** quando **já houver entendimento pacificado do STF acerca da inconstitucionalidade chapada, notória ou evidente**, da solução normativa eventualmente em exame" (fls. 27 da decisão monocrática que julgou prejudicado o MS 25.888, j. 14.09.2020, tendo sido interpostos embargos declaratórios, recebidos como agravo interno).

Esse requisito trazido pelo Min. Gilmar Mendes, qual seja, a formal existência do precedente, não parece ter sido exigido pela Corte no julgamento da Pet 4.656, conforme explicamos no *item 6.4.2.4.3* (pendente).

■ *9.15.1.6. Sustação de "atos" e "contratos" administrativos pelo Tribunal de Contas*

A doutrina do *direito administrativo* estabelece, com precisão, a distinção entre **atos** e **contratos administrativos**.

Para Carvalho Filho, o **ato administrativo** pode ser conceituado como "a exteriorização da vontade de agentes da Administração Pública ou de seus delegatários, nessa condição, que, sob regime de direito público, vise à produção de efeitos jurídicos, com o fim de atender ao interesse público".[147]

Já o **contrato administrativo** é o "ajuste firmado entre a Administração Pública e um particular, regulado basicamente pelo direito público, e tendo por objeto uma atividade que, de alguma forma, traduza o interesse público".[148]

Portanto, basicamente, pode-se afirmar que, enquanto o **ato administrativo** se caracteriza como manifestação **unilateral** da administração pública, como a *autori-*

[146] Medida cautelar no **MS 31.923**, decisão monocrática, j. 14.04.2013, fls. 9.

[147] J. S. Carvalho Filho, *Manual de direito administrativo*, 23. ed., p. 109.

[148] J. S. Carvalho Filho, *Manual de direito administrativo*, 23. ed., p. 191.

zação, a *licença*, a *permissão*, o **contrato administrativo** pressupõe **bilateralidade**, a traduzir obrigação de ambas as partes (muito embora as particularidades e a derrogação do direito comum, em razão do interesse público envolvido) como o *contrato de concessão de serviço público* ou o de *fornecimento*.

Isso posto, cabe observar que, no que concerne ao controle realizado pelo TCU, em razão da distinção entre os dois institutos, o constituinte também criou regras específicas.

Diante de **atos administrativos**, verificando o TCU qualquer ilegalidade, deverá assinalar **prazo** para que o órgão ou entidade adote as providências necessárias ao exato cumprimento da lei (art. 71, IX).

Findo o prazo e não solucionada a ilegalidade, nos termos do art. 71, X, competirá ao TCU, *no exercício de sua própria competência*, **sustar** a execução do ato impugnado, comunicando a decisão à Câmara dos Deputados e ao Senado Federal.

Em contrapartida, de acordo com o art. 71, § 1.º, no caso de **contrato administrativo**, o ato de sustação será adotado **diretamente** pelo **Congresso Nacional**, que solicitará, de imediato, ao Poder Executivo as medidas cabíveis.

Contudo, se o Congresso Nacional ou o Poder Executivo, no prazo de 90 dias, não efetivar as medidas previstas, o Tribunal de Contas da União decidirá a respeito (art. 71, § 2.º).

Apesar dessa ideia de atuação subsidiária, como assinalou o STF, "... o Tribunal de Contas da União embora não tenha poder para *anular* ou *sustar* **contratos administrativos** — tem competência, conforme o art. 71, IX, para **determinar** à autoridade administrativa que **promova** a **anulação do contrato** e, se for o caso, da **licitação** de que se originou", sob pena de imediata comunicação ao Congresso Nacional, que deverá tomar as medidas cabíveis (MS 23.550, j. 04.04.2010).

■ 9.15.1.7. *As empresas públicas e as sociedades de economia mista, integrantes da administração indireta, estão sujeitas à fiscalização do Tribunal de Contas?*

Sim.

De acordo com o STF, ao interpretar o art. 71, II, "ao Tribunal de Contas da União compete julgar as contas dos administradores e demais responsáveis por dinheiros, bens e valores públicos da administração direta e indireta, incluídas as fundações e sociedades instituídas e mantidas pelo poder público federal, e as contas daqueles que derem causa a perda, extravio ou outra irregularidade de que resulte prejuízo ao erário (CF, art. 71, II; Lei 8.443/1992, art. 1.º, I). As **empresas públicas** e as **sociedades de economia mista**, integrantes da **administração indireta**, estão sujeitas à fiscalização do Tribunal de Contas, não obstante os seus servidores estarem sujeitos ao regime celetista" (**MS 25.092**, Rel. Min. Carlos Velloso, j. 10.11.2005, *DJ* de 17.03.2006).[149]

[149] Nesse sentido, cf. *Inf. 408/STF*: "... No mérito, afirmou-se que, em razão de a sociedade de econo-

9.15.1.8. *É necessária a observância do devido processo legal em processo administrativo no âmbito do Tribunal de Contas?*

Para responder, transcrevemos a **Súmula Vinculante 3** (30.05.2007): "nos processos perante o Tribunal de Contas da União asseguram-se o contraditório e a ampla defesa quando da decisão puder resultar anulação ou revogação de ato administrativo que beneficie o interessado, excetuada a apreciação da legalidade do ato de concessão inicial de aposentadoria, reforma e pensão".[150]

9.15.1.9. *O Tribunal de Contas pode exigir, por si, a quebra de sigilo bancário?*

O STF, no julgamento do **MS 22.801**, por unanimidade, anulou decisão do TCU "... que **obrigava** o Banco Central a dar acesso irrestrito a informações protegidas pelo sigilo bancário, constantes do *Sisbacen* (Sistema de Informações do Banco Central). (...) Os ministros reafirmaram que toda e qualquer decisão de quebra de sigilo bancário tem de ser **motivada**, seja ela do **Poder Judiciário** ou do **Poder Legislativo** (no caso por meio das CPIs, acrescente-se). Eles ressaltaram, ainda, que o **TCU**, como órgão auxiliar do Congresso Nacional, **não** tem **poder** para **decretar quebra de sigilo**. 'Nós não estamos dizendo que o Banco Central não deva informações ao Poder Legislativo. Ao contrário, nós estamos é afirmando que deve. O que nós estamos aqui decidindo é que uma Câmara do Tribunal de Contas — e o Tribunal de Contas da União **não é o Poder Legislativo** — possa autorizar (ou não) a invasão do *Sisbacen* de forma irrestrita', explicou o relator da matéria, Ministro Carlos Alberto Menezes Direito" (*Notícias STF*, 17.12.2007, 16h21).

Isso porque o sigilo bancário busca proteger a **intimidade** e a **vida privada** (art. 5.º, X), devendo eventual mitigação desses direitos fundamentais ser feita com base na Constituição e na ideia de ponderação.

Avançando, nem mesmo a **LC n. 105/2001**, que trata do assunto, autorizou a mitigação do direito fundamental pelo TCU, o que, em nosso entender, também não poderia, já que estamos diante da regra de **reserva de jurisdição** (cf. discussão nos *itens 9.8.3.14* e *14.10.8*).

Portanto, tanto o TCU como as demais Cortes de Contas, em razão da simetria, **não** têm competência para **decretar a quebra do sigilo bancário**, mesmo diante das atividades que desempenham (cf. MS 22.934).

---

mia mista constituir-se de capitais do Estado, em sua maioria, a lesão ao patrimônio da entidade atingiria, além do capital privado, o erário. Ressaltou-se, ademais, que as entidades da administração indireta não se sujeitam somente ao direito privado, já que seu regime é híbrido, mas também, e em muitos aspectos, ao direito público, tendo em vista notadamente a necessidade de prevalência da vontade do ente estatal que as criou, visando ao interesse público...".

[150] Precedentes: MS 24.268, Rel. Min. Ellen Gracie (Gilmar Mendes, p/ acórdão), *DJ* de 17.09.2004; MS 24.927, Rel. Min. Cezar Peluso, *DJ* de 25.08.2006; RE 158.543, Rel. Min. Marco Aurélio, *DJ* de 06.10.1995; RE 329.001 (AgR), Rel. Min. Carlos Velloso, *DJ* de 23.09.2005; AI 524.143 (AgR), Rel. Min. Sepúlveda Pertence, *DJ* de 18.03.2005.

CUIDADO: um alerta, contudo, deve ser feito em relação à regra geral apresentada: o STF tem sustentado que, em se tratando de **contas públicas**, ante os princípios da publicidade e da moralidade (art. 37, CF), a proteção do direito à intimidade/privacidade tem sido flexibilizada (**MS 33.340**, 1.ª T., Rel. Min. Luiz Fux, j. 26.05.2015, *DJE* de 03.08.2015. Cf., também, **MS 21.729**, Pleno, j. 05.10.1995, e **RHC 133.118**, 2.ª T., Rel. Min. Dias Toffoli, j. 26.09.2017 — *Inf. 879/STF*).

Em relação ao caso específico do TCU, conforme estabeleceu o Min. Fux na ementa do acórdão, "(...) 3. o sigilo de informações necessárias para a preservação da intimidade é relativizado quando se está diante do interesse da sociedade de se conhecer o destino dos **recursos públicos**. 4. Operações financeiras que envolvam recursos públicos não estão abrangidas pelo sigilo bancário a que alude a LC n. 105/2001, visto que as operações dessa espécie estão submetidas aos princípios da administração pública insculpidos no art. 37 da Constituição Federal. Em tais situações, é prerrogativa constitucional do Tribunal [TCU] o acesso a informações relacionadas a operações financiadas com recursos públicos. (...) 7. O Tribunal de Contas da União não está autorizado a, *manu militari*, decretar a quebra de sigilo bancário e empresarial de terceiros, medida cautelar condicionada à prévia anuência do Poder Judiciário, ou, em situações pontuais, do Poder Legislativo. Precedente: MS 22.801, Tribunal Pleno, Rel. Min. Menezes Direito, *DJe* 14.3.2008. 8. *In casu*, contudo, **o TCU deve ter livre acesso às operações financeiras realizadas pelas impetrantes, entidades de direito privado da Administração Indireta submetidas ao seu controle financeiro, mormente porquanto operacionalizadas mediante o emprego de recursos de origem pública. Inoponibilidade de sigilo bancário e empresarial ao TCU quando se está diante de operações fundadas em recursos de origem pública.** Conclusão decorrente do dever de atuação transparente dos administradores públicos em um Estado Democrático de Direito)" (MS 33.340).

■ *9.15.1.10. Teoria dos poderes implícitos e as atribuições do Tribunal de Contas — possibilidade de concessão de medidas cautelares para assegurar o exercício de suas atribuições*

O Min. Celso de Mello, em interessante julgado (cf. *item 3.8*), anotou que a **teoria dos poderes implícitos** decorre de doutrina que, tendo como precedente o célebre caso *McCULLOCH v. MARYLAND* (1819), da Suprema Corte dos Estados Unidos, estabelece que **"... a outorga de competência expressa a determinado órgão estatal importa em deferimento implícito, a esse mesmo órgão, dos meios necessários à integral realização dos fins que lhe foram atribuídos"** (MS 26.547-MC/DF, Rel. Min. Celso de Mello, j. 23.05.2007, *DJ* de 29.05.2007).

Acrescentamos que os meios implicitamente decorrentes das atribuições explicitamente estabelecidas devem passar por uma análise de **razoabilidade** e **proporcionalidade**.

Podemos dar como exemplo de aplicação da **teoria dos poderes implícitos** o reconhecimento, pelo STF, dos poderes do TCU de conceder **medidas caute-**

lares no exercício de suas atribuições explicitamente fixadas no art. 71 da CF/88 (MS 26.547-MC/DF).

■ *9.15.1.11. Situação jurídica acobertada pela autoridade da coisa julgada pode ser desconstituída por decisão ou ato do Tribunal de Contas?*

Não.

Vem decidindo o STF que, havendo coisa julgada, o instrumento específico para a sua eventual desconstituição, nas hipóteses legais, é a **ação rescisória**.

Assim, mesmo que a matéria acobertada pela autoridade da coisa julgada esteja em discordância com entendimento do próprio STF, não tem o Tribunal de Contas competência para lhe alterar o sentido, seja para suprimir como, também, para conceder vantagens, especialmente diante dos "... postulados da **segurança jurídica**, da **boa-fé objetiva** e da **proteção da confiança**, enquanto expressões do Estado Democrático de Direito", que se mostram "impregnadas de elevado conteúdo ético, social e jurídico, projetando-se sobre as relações jurídicas, mesmo as de direito público" (*RTJ* 191/922):

> "EMENTA: Vantagem pecuniária incorporada aos proventos de aposentadoria de servidor público, por força de decisão judicial transitada em julgado: **não pode o Tribunal de Contas, em caso assim, determinar a supressão de tal vantagem**, por isso que a situação jurídica coberta pela **coisa julgada** somente pode ser modificada pela via da **ação rescisória**" (MS 25.460, Rel. Min. Carlos Velloso, j. 15.12.2005, Plenário, *DJ* de 10.02.2006).

> "EMENTA: O Tribunal de Contas da União não dispõe, constitucionalmente, de poder para rever decisão judicial transitada em julgado (*RTJ* 193/556-557) nem para determinar a suspensão de benefícios garantidos por sentença revestida da autoridade da coisa julgada (*RTJ* 194/594), **ainda que o direito reconhecido pelo Poder Judiciário não tenha o beneplácito da jurisprudência prevalecente no âmbito do STF**, pois a '*res judicata*' em matéria civil só pode ser legitimamente desconstituída mediante **ação rescisória**. Precedentes" (MS 28.150 MC/DF, j. 08.09.2009, *DJe* de 16.09.2009).

■ *9.15.1.12. Decisões do Tribunal de Contas com eficácia de título executivo*

De acordo com o art. 71, § 3.º, as decisões do Tribunal de que resulte **imputação de débito** ou **multa** terão eficácia de **título executivo**, devendo a ação ser proposta pelo **ente público beneficiário da condenação**, e não pelo próprio Tribunal de Contas:

> "EMENTA: Tribunal de Contas do Estado do Acre. Irregularidades no uso de bens públicos. Condenação patrimonial. Cobrança. Competência. Ente público beneficiário da condenação. Em caso de multa imposta por Tribunal de Contas estadual aos responsáveis por irregularidades no uso de bens públicos, a ação de cobrança somente pode ser proposta pelo ente público beneficiário da condenação do Tribunal de Contas. Precedente" (RE 510.034-AgR, Rel. Min. Eros Grau, j. 24.06.2008, 2.ª Turma, *DJE* de 15.08.2008).

"EMENTA: Tribunal de Contas do Estado de Sergipe. Competência para executar suas próprias decisões: **impossibilidade**. Norma permissiva contida na Carta estadual. Inconstitucionalidade. As decisões das Cortes de Contas que impõem **condenação patrimonial** aos responsáveis por irregularidades no uso de bens públicos **têm eficácia de título executivo** (CF, art. 71, § 3.º). **Não podem, contudo, ser executadas por iniciativa do próprio Tribunal de Contas, seja diretamente ou por meio do Ministério Público, que atua perante ele.** Ausência de titularidade, legitimidade e interesse imediato e concreto. **A ação de cobrança somente pode ser proposta pelo ente público beneficiário da condenação imposta pelo Tribunal de Contas, por intermédio de seus procuradores que atuam junto ao órgão jurisdicional competente** (*no caso, a AGU ou procuradorias competentes, acrescente-se*). Norma inserida na Constituição do Estado de Sergipe, que permite ao Tribunal de Contas local executar suas próprias decisões (CE, art. 68, XI). Competência não contemplada no modelo federal. Declaração de inconstitucionalidade, *incidenter tantum*, por **violação ao princípio da simetria** (CF, art. 75)" (**RE 223.037**, Rel. Min. Maurício Corrêa, j. 02.05.2002, Plenário, *DJ* de 02.08.2002. No mesmo sentido: **AI 826.676-AgR**, Rel. Min. Gilmar Mendes, j. 08.02.2011, 2.ª Turma, *DJE* de 24.02.2011).

■ 9.15.1.13. *Ao decidir, cabe ao Tribunal de Contas manter o sigilo quanto ao objeto e à autoria da denúncia? (a nova orientação trazida pela Lei n. 13.866/2019)*

Em regra, **NÃO**. Excepcionalmente, contudo, caberá ao Tribunal de Contas manter o sigilo quando **imprescindível à segurança da sociedade e do Estado (Lei n. 13.866/2019)**. Vejamos.

O Tribunal de Contas tem atribuição para investigar, independentemente de provocação, podendo agir, portanto, de ofício. Contudo, contribuindo, o art. 74, § 2.º, da CF/88 estabelece ser **parte legítima** para, na forma da lei, **denunciar irregularidades** ou **ilegalidades** perante o TCU:

- qualquer cidadão;
- partido político;
- associação;
- sindicato.

Assim, indagamos, apresentada a denúncia, o TCU deve manter sigilo sobre a **autoria** dessa denúncia? E sobre o seu **objeto**?

O art. 55, *caput*, e § 1.º, da Lei n. 8.443/92, que dispõe sobre a *Lei Orgânica do Tribunal de Contas da União* e dá outras providências, **tinha** a seguinte redação:

> "Art. 55. No resguardo dos direitos e garantias individuais, o Tribunal dará tratamento sigiloso às denúncias formuladas, até decisão definitiva sobre a matéria.
>
> § 1.º Ao decidir, caberá ao Tribunal **manter ou não o sigilo quanto ao objeto e à autoria da denúncia**."

A questão chegou a ser analisada pelo **STF**, que declarou, incidentalmente, já que em um caso concreto (controle difuso), a **inconstitucionalidade** da **expressão** constante do § 1.º do art. 55 da *Lei Orgânica do Tribunal de Contas da União*, Lei n. 8.443/92, **"manter ou não o sigilo quanto ao objeto e à autoria da denúncia"**, e do contido no *Regimento Interno do TCU*, que, quanto à **autoria** da denúncia, estabelecia que seria mantido o **sigilo**.

Basicamente, o STF, por maioria, entendeu que o denunciado tem o direito de saber quem está apresentando a denúncia para, eventualmente e se for o caso, exercer o seu direito de resposta, proporcional ao agravo, e buscar, até mesmo, reparação por dano material ou moral por violação à honra e à imagem (art. 5.º, V e X); além do que, apenas em situações excepcionais é vedado o direito de se obter informações dos órgãos públicos (art. 5.º, XXXIII) (cf. **MS 24.405**, Rel. Min. Carlos Velloso, j. 03.12.2003, **Plenário**, *DJ* de 23.04.2004).

O Min. Gilmar Mendes, em seu voto, de maneira bastante firme, sustentou que a não identificação daquele que leva a informação dos fatos pode caracterizar práticas abusivas ou até de perseguição, seja por quem denuncia ou até, eventualmente, pelo próprio órgão da administração pública.

E arrematou: "... configura **'covardia republicana'** usar órgãos como o Ministério Público, o Tribunal de Contas, Receita Federal a serviço de partido político. É uma das coisas mais **inescrupulosas** de que se tem notícia. Violenta a ideia de igualdade de oportunidade, violenta aquilo que é mais relevante na democracia".

A partir do julgamento do caso concreto, cumprindo o art. 52, X, o **Senado Federal**, nos termos da **Resolução n. 16/2006**, **suspendeu a execução** da expressão **"manter ou não o sigilo quanto ao objeto e à autoria da denúncia"** constante do *§ 1.º do art. 55 da Lei Federal n. 8.443/92* e do contido no *Regimento Interno do Tribunal de Contas da União*, quanto à **manutenção do sigilo em relação à autoria de denúncia**, em virtude da declaração de inconstitucionalidade em decisão definitiva do STF, nos autos do referido MS 24.405.

CUIDADO: em momento seguinte, após a mencionada decisão do STF e a edição da resolução pelo Senado Federal, que consagravam a regra da **publicidade**, o Parlamento, em verdadeira reação legislativa, mitigou o entendimento da Corte, estabelecendo uma exceção em que deverá prevalecer o sigilo. Vejamos:

> "Art. 55. No resguardo dos direitos e garantias individuais, o Tribunal dará tratamento sigiloso às denúncias formuladas, até decisão definitiva sobre a matéria.
>
> § 3.º Ao decidir, **caberá** ao Tribunal **manter o sigilo** do objeto e da autoria da denúncia quando **imprescindível à segurança da sociedade e do Estado**" (introduzido pela **Lei n. 13.866/2019**).

Observa-se que a restrição introduzida pelo legislador segue a mesma linha do **sigilo** fixado no art. 5.º, XXXIII, da CF/88, qual seja, quando imprescindível à segurança da sociedade e do Estado.

Portanto, a regra geral é a da publicidade, da transparência, do dever de se revelar o objeto e a autoria da denúncia, salvo quando essas informações forem **imprescindíveis à segurança da sociedade e do Estado**.

Para finalizar, um ponto precisa ser mais bem estudado pelo STF e diz respeito à **denúncia anônima**, que, diante do entendimento fixado pelo STF de o denunciante formal **ser identificado**, salvo na hipótese trazida pela Lei n. 13.866/2019 (manutenção do sigilo das informações quando estas forem **imprescindíveis à segurança da sociedade e do Estado**), deve tender a **aumentar**, já que muitos temerão alguma represália ou retaliação na hipótese de revelação do nome do denunciante.

Além daquele que age com covardia e se utiliza dos órgãos para implementar disputas políticas, não podemos nos esquecer do cidadão honesto, correto, que, sem nenhuma outra intenção, simplesmente quer levar ao conhecimento do poder público alguma irregularidade, mas teme a represália.

Em caso similar, mas envolvendo a prática de **crime**, o STF admitiu a denúncia anônima, desde que acompanhada de demais elementos colhidos a partir dela.

Segundo o Min. Toffoli, a partir do julgamento do HC 84.827/TO (Rel. Min. Marco Aurélio, j. 07.08.2007), de fato, o STF "... assentou o entendimento de que é vedada a persecução penal iniciada com base, exclusivamente, em denúncia anônima. Firmou-se a orientação de que a autoridade policial, ao receber uma denúncia anônima, deve antes realizar *diligências preliminares para averiguar se os fatos narrados nessa 'denúncia' são materialmente verdadeiros*, para, só então, iniciar as investigações. 2. No caso concreto, ainda sem instaurar inquérito policial, policiais civis diligenciaram no sentido de apurar a eventual existência de irregularidades cartorárias que pudessem conferir indícios de verossimilhança aos fatos. Portanto, o procedimento tomado pelos policiais está em perfeita consonância com o entendimento firmado no precedente supracitado, no que tange à realização de **diligências preliminares para apurar a veracidade das informações obtidas anonimamente e, então, instaurar o procedimento investigatório propriamente dito**" (HC 98.345, j. 16.06.2010, **1.ª Turma** — e observe-se que não foi pelo *Pleno*).

O Min. Ricardo Lewandowski, em referido julgamento, chegou a estimular a ideia da "denúncia anônima" no sentido de deflagrar **iniciação prévia**, sem, ainda, a abertura de inquérito policial, incentivando a *cidadania participativa no combate ao crime* e, assim, o "direito à proteção contra eventual represália ou retaliação".

O Min. Celso de Mello, outrossim, ao analisar a **denúncia anônima**, que realmente encontra limites no art. 5.º, IV, que **veda o anonimato**, chegou a apontar o exato sentido dessa garantia constitucional: "... nada impede, contudo, que o Poder Público, provocado por **delação anônima** ('disque-denúncia', p. ex.), adote **medidas informais** destinadas a apurar, **previamente**, em **averiguação sumária**, **'com prudência e discrição'**, a possível ocorrência de eventual situação de ilicitude penal, desde que o faça com o **objetivo de conferir a verossimilhança dos fatos nela denunciados**, em ordem a promover, então, **em caso positivo**, a **formal instauração da 'persecutio criminis', mantendo-se, assim, completa desvinculação desse procedimento estatal em relação às peças apócrifas**" (HC 100.042-MC, Rel. Min. Celso de Mello, decisão monocrática, *DJe* de 08.10.2009 e, originariamente, em seu voto no Inq. 1.957, j. 11.05.2005 — grifamos).

Portanto, diante de todas essas manifestações, apesar do entendimento do STF externado no MS 24.405 no sentido de, ao decidir, estar proibido o TCU de **manter o sigilo quanto ao objeto e à autoria da denúncia**, mesmo diante da restrição trazida pela Lei n. 13.866/2019 (manutenção do sigilo quando imprescindível à segurança da sociedade e do Estado), parece-nos que a **denúncia anônima** poderá, também, ser "aproveitada" pelo TCU no cumprimento de sua nobre missão constitucional.

Partindo da *denúncia anônima*, o **TCU poderá adotar**, parafraseando a decisão do Min. Celso de Mello, aqui adaptada, **medidas informais** destinadas a apurar, **previamente**, em **averiguação sumária**, **"com prudência e discrição"**, a possível ocorrência de eventual situação de ilicitude ou ilegalidade, desde que o faça com o **objetivo de conferir a verossimilhança dos fatos nela denunciados**, em ordem a promover, então, **em caso positivo**, a formal instauração do **procedimento administrativo**, mantendo-se, assim, completa desvinculação desse procedimento estatal em relação às peças apócrifas (**matéria pendente de aprofundamento pelo STF**, especialmente pelo **Pleno**).

Esse entendimento fica reforçado no sentido de que, conforme visto, o TCU atua não somente por provocação, mas também de **ofício**, no cumprimento de suas atribuições constitucionais.

Tal proposta de interpretação encontra fundamento, ainda, no art. 13, item 2, da **Convenção das Nações Unidas contra a Corrupção**,[151] ao estabelecer que "cada Estado-Parte adotará medidas apropriadas para garantir que o público tenha conhecimento dos órgãos pertinentes de luta contra a **corrupção** mencionados na presente Convenção, e facilitará o acesso a tais órgãos, quando proceder, para a **denúncia, inclusive anônima**, de quaisquer incidentes que possam ser considerados constitutivos de um delito qualificado de acordo com a presente Convenção".

■ 9.15.1.14. *Ministros do Tribunal de Contas da União*

- ■ **requisitos:** ser brasileiro (nato ou naturalizado); ter mais de **35** e menos de **65** anos de idade; idoneidade moral e reputação ilibada; notórios conhecimentos jurídicos, contábeis, econômicos e financeiros ou de administração pública e mais de **10** anos de exercício de função ou de efetiva atividade profissional que exija os conhecimentos mencionados;
- ■ **escolha:** os Ministros do Tribunal de Contas da União serão nomeados após escolha, que se dará da seguinte forma:

a) 3 (1/3 dos 9) pelo **Presidente da República**, com aprovação do Senado Federal pelo *quorum* da maioria simples (art. 47 da CF/88), sendo 2 alternadamente den-

[151] O **Decreto n. 5.687/2006** promulga a *Convenção das Nações Unidas contra a Corrupção*, adotada pela Assembleia Geral das Nações Unidas em 31.10.2003 e assinada pelo Brasil em 09.12.2003, tendo sido o seu texto aprovado pelo Congresso Nacional por meio do **Decreto Legislativo n. 348/2005**.

tre **auditores** e **membros do Ministério Público junto ao Tribunal**,[152] indicados em lista tríplice;

b) 6 (2/3 dos 9) pelo **Congresso Nacional** (art. 73, § 2.º, I e II).

Assim, embora tenha enfrentado o tema de modo definitivo apenas para o TCE (*vide* **S. 653/STF**),[153] a tendência no STF no que respeita ao **TCU** parece-nos ser a seguinte: dos **9** Ministros:

a) 3 (1/3 dos 9) são escolhidos pelo Presidente da República. Desses três, **1** será de sua livre escolha, **1** dentre auditores (indicados em lista tríplice pelo TCU) e **1** dentre membros do MP junto ao TCU (também a ser escolhido pelo Presidente dentre aqueles da lista tríplice a ser enviada pelo TCU), destacando-se ter o Presidente da República, nessas hipóteses de lista tríplice, total **discricionariedade** para escolher 1 dos 3;

b) 6 (2/3 dos 9), quais sejam, **6** dos **9**, serão indicados pelo Congresso Nacional, nos termos dos Decretos Legislativos ns. 6/93 e 18/94.

Em sede de julgamento liminar, confirmada no julgamento de mérito, o STF entendeu que, à medida que forem abrindo as vagas, aquelas de **origem** deverão ser **preservadas** (por exemplo, aposentando um membro do TCU proveniente do MP, deverá ser indicado um novo membro dentre aqueles da lista tríplice integrada por membros do MP junto ao TCU). Não se trata de mero critério rotativo de escolha, como prescrevem o inciso III do art. 105 da Lei n. 8.443/92 e o inciso III do art. 280 do Regimento Interno do TCU. Trata-se, em verdade, de **composição constitucional definida, fixa e expressa** no art. 73, § 2.º, I e II, da CF;[154]

- **nomeação:** pelo Presidente da República, na dicção do art. 84, XV, observadas as regras de escolha (composição) prescritas no art. 73;
- **garantias:** os Ministros do Tribunal de Contas da União terão as mesmas garantias, prerrogativas, impedimentos, vencimentos e vantagens dos **Ministros do Superior Tribunal de Justiça**, aplicando-se-lhes, quanto à aposentadoria e pensão, as normas constantes do art. 40 (cf. no *item 11.4.2* as discussões sobre a **EC n. 88/2015**);

[152] Luiz A. David Araujo e Vidal S. Nunes Júnior, *Curso de direito constitucional*, p. 281, estabelecem: "Já vimos que há um Ministério Público junto ao Tribunal de Contas da União, que não é o mesmo do art. 128 da Constituição, mas tem os mesmos direitos, vedações e forma de investidura do previsto nesse dispositivo. Sua lei orgânica não é de iniciativa do Procurador-Geral da República, mas do Tribunal de Contas da União, e não será instituída por lei complementar, mas por lei ordinária". Esse tema será mais bem estudado quando tratarmos das **funções essenciais à Justiça** e, em especial, sobre o Ministério Público, no *item 12.2*.

[153] **S. 653/STF:** "No Tribunal de Contas estadual, composto por 7 Conselheiros, 4 devem ser escolhidos pela Assembleia Legislativa e 3 pelo chefe do Poder Executivo estadual, cabendo a este indicar 1 dentre auditores e outro dentre membros do Ministério Público, e um terceiro à sua livre escolha".

[154] Cf. ADI 2.117-MC/DF, Rel. Min. Maurício Corrêa, 03.05.2000 (acórdão, *DJ* de 07.11.2003). Julgamento de mérito confirmando a liminar (unanimidade) proferido em **27.08.2014**, *DJE* de 18.09.2014.

- **auditores:**[155] de acordo com o art. 73, § 4.º, da CF/88, o **auditor**, quando em **substituição** a **Ministro**, terá as mesmas garantias e impedimentos do **titular** e, quando no exercício das **demais atribuições da judicatura**, as de **juiz de Tribunal Regional Federal**.

9.15.2. Distinção entre a atuação do TCU e da CGU: inexistência de invasão de atribuições. Auxílio no controle externo (TCU) *x* controle interno (CGU) — perfeita convivência

Inicialmente, com base na *MP n. 2.143-31/2001*, em 02.04.2001, foi criada a então denominada *Corregedoria-Geral da União (CGU)*, órgão vinculado diretamente à Presidência da República e que, originariamente, tinha por objetivo combater a fraude e a corrupção e promover a defesa do patrimônio público, no âmbito do Poder Executivo Federal.[156]

O *Decreto n. 4.177/2002* integrou a *Secretaria Federal de Controle Interno* e a *Comissão de Coordenação de Controle Interno* à estrutura da então *Corregedoria-Geral da União*, transferindo-lhe, também, as competências de *Ouvidoria-Geral*, à época vinculadas ao Ministério da Justiça.

A *MP n. 103/2003*, por sua vez, convertida na Lei n. 10.683/2003, alterou a denominação do órgão para **Controladoria-Geral da União (CGU)**, passando a denominar o seu titular *Ministro de Estado do Controle e da Transparência*.

O *Decreto n. 8.109/2013*, por sua vez, aprovou a *Estrutura Regimental* e o *Quadro Demonstrativo dos Cargos em Comissão* e das *Funções Gratificadas da Controladoria-Geral da União* e remanejou cargos em comissão.

O art. 17, *caput*, da Lei n. 10.683/2003 estabeleceu a competência da **Controladoria-Geral da União (CGU)**. Embora revogada pela **Lei n. 13.502/2017**, que renomeou o Ministério para **"Transparência e Controladoria-Geral da União"**, foram mantidas as atribuições de controle, nos termos do art. 66, I, da nova lei.

Cabe anotar que a Lei n. 13.502/2017, em momento seguinte, foi revogada pela **Lei n. 13.844/2019**, que transformou o Ministério da Transparência e Controladoria-Geral da União na **Controladoria-Geral da União**. Apesar da alteração, as atribui-

---

155 De acordo com o art. 77, *caput*, da *Lei Orgânica do Tribunal de Contas da União* (Lei n. 8.443/92), os auditores, em número de 3, serão nomeados pelo Presidente da República, dentre os cidadãos que satisfaçam os requisitos exigidos para o cargo de ministro do TCU, mediante concurso público de provas e títulos, observada a ordem de classificação. Ainda, sobre os auditores, no mesmo diploma legal, cf.: **art. 63:** "Os Ministros, em suas ausências e impedimentos por motivo de licença, férias ou outro afastamento legal, serão substituídos, mediante convocação do Presidente do Tribunal, pelos auditores, observada a ordem de antiguidade no cargo, ou a maior idade, no caso de idêntica antiguidade. **§ 1.º** Os auditores serão também convocados para substituir ministros, para efeito de *quorum*, sempre que os titulares comunicarem, ao Presidente do Tribunal ou da Câmara respectiva, a impossibilidade de comparecimento à sessão. **§ 2.º** Em caso de vacância de cargo de ministro, o Presidente do Tribunal convocará auditor para exercer as funções inerentes ao cargo vago, até novo provimento, observado o critério estabelecido no *caput* deste artigo".

156 Cf. <http://www.cgu.gov.br/CGU/Historico/index.asp>.

ções de controle permanecem exatamente as mesmas na forma de seu art. 51, I: "constituem áreas de competência da Controladoria-Geral da União [dentre outras indicadas na lei], providências necessárias à **defesa do patrimônio público, ao controle interno, à auditoria pública, à correição, à prevenção e ao combate à corrupção, às atividades de ouvidoria e ao incremento da transparência da gestão no âmbito da administração pública federal**".

Dessa forma, enquanto o **TCU** é órgão **auxiliar** do **Congresso Nacional** na realização do **controle externo**, a **CGU** é órgão auxiliar do **Executivo Federal** (Presidente da República) no cumprimento de sua missão constitucional de **controle interno** do patrimônio da União e fiscalização dos recursos públicos federais.

Isso posto, trazemos questão interessante que surgiu no STF em relação aos poderes e competências da CGU.

Trata-se do **RMS 25.943/DF** (j. 24.11.2010), interposto contra ato do denominado *Ministro de Estado do Controle e da Transparência*, atualmente Ministro de Estado da Transparência e Controladoria-Geral da União, que, por sorteio, diante da impossibilidade de se analisar todos, selecionou Municípios para auditar e fiscalizar a destinação dos recursos públicos federais, em razão de repasse.

No caso concreto, foi sustentado que, em verdade, a CGU não poderia auditar as contas do Município, já que seria atribuição exclusiva do TCU, nos termos do art. 71, VI, que estabelece ser competência do *Tribunal de Contas da União* fiscalizar a aplicação de quaisquer recursos repassados pela União mediante convênio, acordo, ajuste ou outros instrumentos congêneres, a Estado, ao Distrito Federal ou a Município.

Contudo, o STF, por maioria, entendeu ser perfeitamente possível a convivência do **controle externo**, exercido pelo Congresso Nacional com o auxílio do TCU, com o **controle interno** de cada Poder, sendo, no caso do Executivo federal, implementado com o auxílio da **CGU**, órgão criado com o objetivo de otimizar o cumprimento do art. 70 da CF/88 (cf. *Inf. 610/STF*).

■ 9.15.3. Tribunais de Contas Estaduais e Tribunal de Contas do Distrito Federal

As normas estabelecidas para o Tribunal de Contas da União (TCU) aplicam-se, no que couber e por simetria, à organização, composição e fiscalização dos Tribunais de Contas dos Estados e do Distrito Federal (art. 75, *caput*).

As regras sobre os Tribunais de Contas Estaduais deverão estar previstas na Constituição Estadual, com expressa menção de que o número de **Conselheiros** (e aqui não se fala em Ministros) deverá ser de **7**, regra essa que deverá ser seguida, também, no âmbito do DF.

Nos termos da **Súmula 653** do STF, "no Tribunal de Contas estadual, composto por sete conselheiros, **quatro devem ser escolhidos pela Assembleia Legislativa** e **três pelo Chefe do Poder Executivo estadual**, cabendo a este indicar **um** dentre **auditores** e **outro** dentre **membros do MP especial**, e um **terceiro** à sua **livre escolha**", fazendo interpretação do art. 75, *caput*, que estabeleceu o dever de observância de sua composição, **no que couber**, em relação às regras do TCU, que é composto por 9, e não 7 integrantes.

Convém lembrar que, segundo o art. 235, III, da CF/88, nos **10 primeiros anos da criação de novo Estado, o Tribunal de Contas será inicialmente formado por 3 membros**, nomeados pelo Governador eleito, dentre brasileiros de comprovada idoneidade e notório saber.

Em relação a esse bem delimitado processo de indicações, conforme estabeleceu o STF, "a determinação acerca de qual dos **poderes** tem competência para fazer a escolha dos membros dos tribunais de contas estaduais deve **preceder à escolha da clientela** sobre a qual recairá a nomeação" (**ADI 3.688**, Rel. Min. Joaquim Barbosa, j. 11.06.2007, Plenário, *DJ* de 24.08.2007. No mesmo sentido: ADI 374, Rel. Min. Dias Toffoli, j. 22.03.2012, Plenário; ADI 1.957, Rel. Min. Gilmar Mendes, j. 1.º.09.2010, Plenário).

Assim, das 7 vagas, 4 serão escolhidas pelo Poder Legislativo e 3 pelo Poder Executivo (escolha fundada na **separação de poderes**). Trata-se de verdadeiras **"cadeiras cativas"** no sentido de que, se a vaga que **surge** for de indicação de um Poder, o outro não poderá proceder à escolha para aquela "cadeira" (Joaquim Barbosa em seu voto na ADI 3.688). Só então, superada essa fase, será feita a indicação por cada Poder. A Assembleia Legislativa do Estado escolhe livremente (desde que preenchidos os requisitos) e o Governador do Estado escolhe um entre auditores, o outro entre membros do MP especial e um terceiro de livre escolha (nesse caso, como disse o Min. Marco Aurélio, a escolha é "motivada pela necessidade de conferir *expertise* e independência ao órgão" — RE 717.424).

Esse entendimento no sentido de **prevalência da regra constitucional de escolhas entre os Poderes** é tão firme na jurisprudência da Corte que tem sido reconhecida a possibilidade de o Tribunal de Contas Estadual, nesse **período de transição** pós-CF/88 (já que, no regime anterior, a escolha era feita somente pelo Executivo), **poder ficar sem a presença de membro do Ministério Público de Contas** até que surja a vaga entre os que foram escolhidos pelo Executivo, não podendo retirar o direito de escolha pertencente ao Legislativo.

Nesse sentido, a atual composição do STF se posicionou, muito embora em votação apertada (**5 x 4** — não votaram dois Ministros: a) Min. Roberto Barroso por ter declarado suspeição; b) Min. Joaquim Barbosa, aposentado e sem a indicação de novo Ministro para a sua vaga), no julgamento do **RE 717.424** (j. 21.08.2014).

Como disse o Min. Marco Aurélio em seu voto, "o Supremo, enfrentando o tema em diversos julgamentos, proclamou que **prevalece a regra constitucional de divisão proporcional das indicações entre os Poderes Legislativo e Executivo, e ao inerente critério da 'vaga cativa', sobre a obrigatória indicação de clientelas específicas pelos Governadores**. O Tribunal definiu tratar-se de **regras sucessivas**: *primeiro*, observa-se a proporção de escolhas entre os poderes para, apenas *então*, cumprirem-se os critérios impostos ao Executivo, não havendo exceção a tal sistemática, **nem mesmo em razão da ausência de membro do Ministério Público Especial**. Isso significa que o atendimento da norma quanto à distribuição de cadeiras em favor de auditores e do Ministério Público somente pode ocorrer quando **surgida vaga pertencente ao Executivo**, não se mostrando legítimo sacrifício ao momento e ao espaço de escolha do Legislativo. Nem mesmo a necessidade de equacionar regimes de transição, segundo a jurisprudência do Supremo, justifica o abandono dessa prioridade" (fls. 9 do acórdão).

Ainda, a jurisprudência do STF é firme no sentido de que, conjugando-se o art. 75, *caput*, com o art. 73, § 3.º, da CF/88, os Conselheiros do Tribunal de Contas dos Estados e do DF terão as mesmas garantias, prerrogativas, impedimentos, vencimentos e vantagens dos **Desembargadores dos TJs**, aplicando-se-lhes, quanto à aposentadoria e pensão, as normas constantes do art. 40 (ADI 4.190, j. 10.03.2010).

Finalmente, já alertamos, as Cortes de Contas (todas elas em seus âmbitos) gozam das prerrogativas da **autonomia** e do **autogoverno**, o que inclui a **iniciativa reservada** para "instaurar processo legislativo que pretenda alterar sua organização e seu funcionamento, como resulta da interpretação sistemática dos arts. 73, 75 e 96" da CF/88 (ADI 4.418-MC, j. 06.10.2010; e ADI 1.994, j. 24.05.2006) . Cf., ainda, ADI 4.643, j. 15.05.2019, *DJE* de 03.06.2019.

Assim, por exemplo, compete ao Tribunal de Contas do Estado (art. 96) propor ao respectivo Poder Legislativo **(iniciativa reservada)** projetos de lei para criação e extinção de cargos, remuneração dos seus serviços auxiliares, bem como fixação do subsídio de seus membros.

■ 9.15.4. Tribunais de Contas Municipais

De acordo com o art. 75, *caput*, da CF/88, as normas estabelecidas para o Tribunal de Contas da União (TCU) também se aplicam, no que couber, à organização, composição e fiscalização dos Tribunais e Conselhos de Contas dos Municípios.

A CF/88, em seu art. 31, § 4.º, veda a **criação** de Tribunais, Conselhos ou Órgãos de Contas Municipais. No entanto, e de maneira aparentemente paradoxal, no § 1.º do art. 31 dispõe que o controle externo da Câmara Municipal será exercido com o **auxílio** dos Tribunais de Contas dos Estados ou do **Município ou dos Conselhos ou Tribunais de Contas dos Municípios, onde houver**.

Daí, a única conclusão a que podemos chegar é que, após a promulgação da CF/88, veda-se a criação de Tribunais de Contas Municipais. No entanto, os que existiam à época deverão permanecer em funcionamento. Foi o que aconteceu, por exemplo, com os Tribunais de Contas dos Municípios do Rio de Janeiro (constituído em 23.10.1980) e de São Paulo (TCM/SP, criado pela Lei n. 7.213, de 20.11.1968, composto, a título de curiosidade, por **5** Conselheiros).

Nesse sentido, o STF entendeu como razoável a fixação de 5 Conselheiros para o Tribunal de Contas de Município, nos termos da Constituição Estadual e da Lei Orgânica Municipal, não havendo ofensa ao princípio da simetria, que não exige identidade com a Constituição Federal neste ponto específico.

No caso de São Paulo (e, certamente, o seria para o município do Rio de Janeiro), a Corte sustentou a necessidade de se respeitar a competência municipal para a "fixação dos subsídios dos Conselheiros do Tribunal de Contas municipal, sendo inconstitucional qualquer interpretação que leve à vinculação dos vencimentos dos

Conselheiros do TCM/SP aos dos Conselheiros do TCE/SP ou aos dos Desembargadores do TJ/SP" (**ADIs 346** e **4.776**, j. 03.06.2020).

Alertamos, contudo, que essa nossa perspectiva de "dever" continuar funcionando foi mitigada pelo STF em julgado anterior, que estabeleceu ser **possível a extinção de Tribunal de Contas dos Municípios por emenda constitucional estadual**, transferindo-se as suas competências para o Tribunal de Contas do Estado (**ADI 5.763**, Pleno, j. 26.10.2017, *DJE* de 23.10.2019).

Conforme informado, "os Estados, considerada a existência de tribunal de contas estadual e de tribunais de contas municipais, podem optar por concentrar o exame de todas as despesas em apenas um órgão, sem prejuízo do efetivo controle externo. O meio adequado para fazê-lo é a promulgação de norma constitucional local" (*Inf. 883/STF*).

Os Tribunais de Contas Municipais (onde houver) e Estaduais também auxiliarão o Legislativo (Câmara Municipal) a exercer o controle das contas do Executivo.

Na hipótese de auxílio a ser prestado à Câmara dos Vereadores pelo Tribunal de Contas Estadual, o STF vem considerando a possibilidade de ser instituído no Município um Tribunal de Contas que, embora atue naquele Município específico como Tribunal de Contas, é órgão Estadual. Nesse sentido:

> "EMENTA: Municípios e Tribunais de Contas. A Constituição da República impede que os Municípios criem os seus próprios Tribunais, Conselhos ou órgãos de contas municipais (CF, art. 31, § 4.º), mas permite que os **Estados-membros**, mediante **autônoma deliberação, instituam órgão estadual denominado Conselho ou Tribunal de Contas dos Municípios** (*RTJ* 135/457, Rel. Min. Octavio Gallotti — ADI 445/DF, Rel. Min. Néri da Silveira), incumbido de auxiliar as Câmaras Municipais no exercício de seu poder de controle externo (CF, art. 31, § 1.º). Esses Conselhos ou Tribunais de Contas dos Municípios — embora qualificados como **órgãos estaduais** (CF, art. 31, § 1.º) — **atuam, onde tenham sido instituídos, como órgãos auxiliares e de cooperação técnica das Câmaras de Vereadores**. A prestação de contas desses Tribunais de Contas dos Municípios, que **são órgãos estaduais** (CF, art. 31, § 1.º), há de se fazer, por isso mesmo, perante o Tribunal de Contas do próprio Estado, e não perante a Assembleia Legislativa do Estado-membro. Prevalência, na espécie, da competência genérica do Tribunal de Contas do Estado (CF, art. 71, II, c/c o art. 75)" (ADI 687, Rel. Min. Celso de Mello, j. 02.02.95, Plenário, *DJ* de 10.02.2006).

O controle externo das contas do Prefeito será realizado pela **Câmara Municipal**, auxiliada pelo Tribunal de Contas Municipal — TCM (onde houver) ou pelo Tribunal de Contas Estadual (se inexistir, naquele Município, o municipal) ou por eventual Tribunal de Contas do Município, instituído para funcionar naquela localidade, apesar de órgão estadual.

O Tribunal de Contas (art. 31, § 2.º) emitirá **parecer técnico prévio** sobre as contas prestadas anualmente pelo Prefeito, podendo ser rejeitado pela Câmara Municipal pelo voto de **2/3** de seus membros.

A Corte, em votação bastante apertada (6 x 5), ao analisar a literalidade do art. 31, § 2.º, que estabelece que o parecer prévio emitido pelo Tribunal de Contas "*só deixará de prevalecer*" por decisão de 2/3 do Parlamento, fixou a seguinte **tese** (a partir do que denominou interpretação sistêmica da referida expressão): "O **parecer técnico** elaborado pelo Tribunal de Contas tem **natureza meramente opinativa**, competindo exclusivamente à Câmara de Vereadores o julgamento das contas anuais do Chefe do Poder Executivo local, sendo incabível o julgamento ficto das contas por decurso de prazo" (RE 729.744, Pleno, j. 10.08.2016).

Mas um **ALERTA**: em outro julgado, em momento seguinte, decidiu o STF que, apesar de o parecer técnico elaborado pelo Tribunal de Contas ter natureza meramente opinativa, a sua emissão é **imprescindível**.

A Corte, ao analisar a **expressão** contida na parte final do inciso XII do art. 68 da Constituição do Estado de Sergipe, "que permite que as Câmaras Legislativas apreciem as contas anuais prestadas pelos prefeitos, **independentemente do parecer do Tribunal de Contas do Estado**, caso este não o ofereça em 180 dias a contar do respectivo recebimento", declarou essa dispensa inconstitucional, por ofensa ao art. 31, § 2.º, CF/88.

Conforme informado, o parecer prévio a ser emitido pela Corte de Contas deve ser entendido como **imprescindível**, "só deixando de prevalecer por decisão de 2/3 dos membros da Câmara Municipal" (*Inf. 847/STF*, **ADI 3.077**, Plenário, j. 16.11.2016).

Ainda, o Pleno do STF, por maioria, também estabeleceu que, "para os fins do art. 1.º, I, 'g', da LC n. 64/90, alterado pela LC n. 135/2010, a apreciação das contas de prefeitos, tanto as de **governo** quanto as de **gestão**, será exercida pelas **Câmaras Municipais**, com o auxílio dos Tribunais de Contas competentes, cujo parecer prévio somente deixará de prevalecer por decisão de 2/3 dos vereadores" (RE 848.826, Pleno, j. 10.08.2016).

Assim, explicitando, o controle a ser exercido pelo parlamento deve se dar tanto em relação às *contas de governo* como às *de gestão*. Vejamos a distinção, nos termos do voto do Min. Barroso:

- **Contas de governo:** também denominadas "contas de desempenho" ou "de resultado", relacionam-se ao cumprimento do orçamento dos planos e programas de governo. Referem-se à atuação do chefe do Poder Executivo como **agente político** (*Inf. 834/STF*, pendente a publicação do acórdão);
- **Contas de gestão:** também denominadas "contas de ordenação de despesas", permitem "o exame não dos gastos globais, mas de cada ato administrativo que comporia a gestão contábil, financeira, orçamentária, operacional e patrimonial do ente público quanto à legalidade, à legitimidade e à economicidade". Para o Min. Barroso, o julgamento dessas contas caberia, apenas e de modo definitivo, ao Tribunal de Contas, na forma do art. 71, II. **CUIDADO:** essa proposta, contudo, ficou vencida. Para a maioria da Corte — e assim está estabelecido na tese

de julgamento —, "a **apreciação das contas de prefeitos**, tanto as de **governo** quanto as de **gestão**, será exercida pelas **Câmaras Municipais**, com o auxílio dos Tribunais de Contas competentes, cujo parecer prévio somente deixará de prevalecer por decisão de 2/3 dos vereadores" (*Inf. 834/STF*).

Dessa forma, o parecer negativo do Tribunal de Contas não tem efeito imediato, não é permanente e não vincula o Poder Legislativo no exercício do controle externo das contas do Chefe do Executivo. Trata-se, ao contrário, de manifestação meramente opinativa que impede a caracterização da inelegibilidade introduzia pela "lei da ficha limpa" (art. 1.º, I, "g", da LC n. 64/90), mesmo que o parlamento demore a julgar as contas.

Contudo, conforme ficou ressalvado, "no caso de a câmara municipal aprovar as contas do prefeito, o que se afastaria seria apenas a sua inelegibilidade. Os fatos apurados no processo político-administrativo poderiam dar ensejo à sua responsabilização civil, criminal ou administrativa" (RE 848.826, j. 10.08.2016 — *Inf. 834/STF*).

9.15.5. Ministério Público Especial (art. 130)

E os membros do MP junto ao Tribunal de Contas devem pertencer a carreira específica ou podem ser "aproveitados" da carreira do Ministério Público?

O STF já decidiu que "... somente o **Ministério Público especial** tem legitimidade para atuar junto às Cortes de Contas dos Estados-membros, e que a organização e a composição destas se submetem ao modelo jurídico estabelecido na Constituição Federal, de observância obrigatória pelos Estados-membros..." (**ADI 3.192/ES**, Rel. Min. Eros Grau, j. 24.05.2006, cf. *Inf. 428/STF*). Assim, não se admitiu que membros do MP estadual fossem "aproveitados" para atuar junto ao TCE. Reforçou-se a ideia de estabelecimento de carreira específica do **MP especial** junto ao Tribunal de Contas.

A matéria está bastante pacificada;[157] portanto, pode-se afirmar que os Procuradores das Cortes de Contas são a elas ligados **administrativamente**, não podendo aproveitar os membros do **Ministério Público comum**.

Em interessante julgado, o STF entendeu que "a conversão automática dos cargos de Procurador do Tribunal de Contas dos Municípios para os de Procurador de Justiça — cuja investidura depende de prévia aprovação em concurso público de provas e títulos" ofende os arts. 73, § 2.º, I; 130 e 37, II, da CF/88 (ADI 3.315, Rel. Min. Ricardo Lewandowski, j. 06.03.2008, *DJE* de 11.04.2008).

Interessante destacar, ainda, que, no julgamento da *Consulta n. 0.00.000.000843/2013-39,* formulada pela Associação Nacional do Ministério Público de Contas (AMPCON), o **Conselho Nacional do Ministério Público (CNMP)** entendeu que o **Ministério Público de Contas (MPC)** e seus **membros** estão sujeitos ao seu controle administrativo, financeiro e disciplinar:

[157] Cf. *RTJ* 176/540-541; *RTJ* 176/610-611; *RTJ* 184/924; ADI 263/RO (*DJ* de 22.06.1990); ADI 1.545/SE (*DJ* de 24.10.1997); ADI 3.192/ES (*DJ* de 18.08.2006); *RTJ* 194/504-505; ADI 2.378/GO (*DJ* de 06.09.2007); ADI 1.791/PE (*DJ* de 23.02.2001); ADI 3.160 (25.10.2007, *Inf. 485/STF*).

"Consulta respondida positivamente para reconhecer ao Ministério Público de Contas a **natureza jurídica de órgão do Ministério Público brasileiro** e, em consequência, a competência do CNMP para zelar pelo cumprimento dos deveres funcionais dos respectivos membros e pela garantia da autonomia administrativa e financeira das unidades, controlando os atos já praticados de forma independente em seu âmbito, e adotando medidas tendentes a consolidar a parcela de autonomia de que ainda carecem tais órgãos" (j. 07.08.2013 — *tema pendente de análise pelo STF*).

Apesar da resposta dada pelo CNMP, muito embora tenha sido afirmado que o MPC apresenta natureza jurídica de órgão do MP brasileiro, não poderá haver o aproveitamento de membros de uma carreira na outra, como já vinha decidindo o STF.

A discussão sobre a **natureza jurídica** deverá ser enfrentada pelo STF, destacando que o **art. 130 da CF** estabelece que aos membros do Ministério Público junto aos Tribunais de Contas aplicam-se as disposições da Seção I, do Capítulo IV, do Título IV (arts. 127 a 129), pertinentes a direitos, vedações e forma de investidura, **apesar de o art. 128 não inserir em sua abrangência, ao menos formalmente, o Ministério Público junto ao Tribunal de Contas (MPC)** (*tema pendente*).

Nesse contexto, a partir da decisão acima referida, foi encaminhada ao Senado Federal a **PEC n. 42/2013**, com o objetivo de "incluir o MPC e seus Membros na 'jurisdição' do Conselho Nacional do Ministério Público — CNMP".

CUIDADO: respondendo a Ofício encaminhado pelo relator da matéria no Senado Federal, o CNMP apresentou a **Nota Técnica n. 5/2015** revendo o seu posicionamento e só admitindo a competência do CNMP se houver na referida PEC (e, portanto, a modificação da Constituição) a **inclusão do MPC no art. 128**, deixando claro tratar-se de órgão do Ministério Público e, assim, sujeito ao controle do Conselho (cf. *item 12.2.11*).

9.16. MATERIAL DIGITAL EXCLUSIVO

9

PODER LEGISLATIVO

Download de Questões Modelo Tradicional	Banco de Questões Plataforma	Resolução de Questões Pedro Lenza	Videoaulas
somos.in/DCE25034	somos.in/DCE25035	somos.in/DCE25119	somos.in/DCE25098

10

PODER EXECUTIVO

■ 10.1. NOTAS INTRODUTÓRIAS

Exercendo funções típicas, o órgão executivo, como já visto, pratica atos de chefia de Estado, chefia de governo e atos de administração. **Atipicamente**, o Executivo *legisla*, por exemplo, via medida provisória (art. 62) e *julga*, no "contencioso administrativo", exercido em caso de defesa de multa de trânsito, do IPEM, da SEMAB, TIT etc.

O sistema de governo adotado pela CF/88, mantido pelo plebiscito previsto no art. 2.º do ADCT, é o **presidencialista**, influenciado, historicamente, pela experiência norte-americana. Trata-se, inclusive, de tradição do direito constitucional pátrio, vivenciada durante toda a República, com exceção do período de 1961 a 1963. Como se recorda, a Emenda Constitucional n. 4, de 02.09.1961, à Constituição de 1946, instituiu o **parlamentarismo**, sendo revogada pela Emenda n. 6, de 23.01.1963, restauradora do regime presidencialista, tendo em vista o resultado do **referendo** realizado em 6 de janeiro de 1963, que decidiu pelo retorno ao presidencialismo.

■ 10.2. PRESIDENCIALISMO *VERSUS* PARLAMENTARISMO

No sistema **presidencialista**, as funções de Chefe de Estado e Chefe de Governo encontram-se nas mãos de uma única pessoa, o **Presidente da República**. Já no **parlamentarismo**, a função de Chefe de Estado é exercida pelo **Presidente da República** (República parlamentarista) ou **Monarca** (Monarquia parlamentarista), enquanto a função de Chefe de Governo, pelo **Primeiro-Ministro**, chefiando o Gabinete. Vejamos algumas outras características:

- **presidencialismo:** criação norte-americana; eleição do Presidente da República pelo povo, para mandato determinado; ampla liberdade para escolher os Ministros de Estado, que o auxiliam e podem ser exonerados *ad nutum*, a qualquer tempo;
- **parlamentarismo:** produto de longa evolução histórica; adquiriu os contornos atuais no final do século XIX, recebendo forte influência inglesa; o Primeiro-Ministro, que é quem exerce, de fato, a função de Chefe de Governo, é apontado pelo Chefe de Estado, só se tornando Primeiro-Ministro com a **aprovação do Parlamento**; o Primeiro-Ministro, também, não exerce mandato por prazo determinado, pois poderá ocorrer a queda de governo por dois motivos, a saber:

Acesse também o vídeo sobre o capítulo pelo link: somos.in/DCE25037

se **perder a maioria parlamentar** pelo partido a que pertence, ou através do **voto de desconfiança**; possibilidade de dissolução do Parlamento, declarando-se extintos os mandatos pelo Chefe de Estado e convocando-se novas eleições.

CONCLUSÃO: no presidencialismo fica mais bem caracterizada a separação de funções estatais. Isso porque, diz Michel Temer, "no parlamentarismo verifica-se o deslocamento de uma parcela da atividade executiva para o Legislativo. Nesse particular fortalece-se a figura do *Parlamento* que, além da atribuição de inovar a ordem jurídica em nível imediatamente infraconstitucional, passa a desempenhar, também, função executiva".[1]

Nesse mesmo sentido, José Afonso da Silva, identificando uma nova visão da teoria da separação dos poderes, bem como novas formas de relacionamento entre os órgãos legislativo e executivo e destes com o judiciário, "... prefere falar em *colaboração de poderes*, que é característica do parlamentarismo, em que o governo depende da confiança do Parlamento (Câmara dos Deputados), enquanto, no presidencialismo, desenvolveram-se as técnicas da *independência orgânica* e *harmonia dos poderes*".[2]

■ 10.3. EXECUTIVO MONOCRÁTICO, COLEGIAL, DIRETORIAL E DUAL — CONCEITO

Como anota José Afonso da Silva, "Maurice Duverger mostra que o Executivo reveste na prática formas as mais diversas, encontrando-se *executivo monocrático* (Rei, Imperador, Ditador, Presidente), *executivo colegial* (para ele, é o exercido por dois homens com poderes iguais, como os cônsules romanos), *executivo diretorial* (grupo de homens em *comitê*, como era na Ex-URSS e ainda é na Suíça) e *executivo dual* (próprio do parlamentarismo, um Chefe de Estado e um Conselho de Ministros, ou seja, um indivíduo isolado e um *comitê*)".[3]

Podemos afirmar, então, que o art. 76 da CF/88 consagra a figura, segundo Duverger, de um **executivo monocrático**, na medida em que as funções de Chefe de Estado e de Governo são exercidas por um só indivíduo, no caso o Presidente da República, auxiliado pelos Ministros de Estado.

---

[1] *Elementos de direito constitucional*, p. 156.

[2] *Curso de direito constitucional positivo*, 35. ed., p. 109. Conforme anotou José Afonso da Silva, em outra passagem, o texto de 1988 foi inicialmente aprovado sem a cláusula que está explícita no art. 2.º, que estabelece serem os 3 "poderes" da União "independentes e harmônicos entre si". O motivo, conforme explica, era estar sendo adotado, em um primeiro momento, o parlamentarismo, "... que é um regime mais de colaboração entre poderes que de separação independente". A referida cláusula (de **harmonia** e **independência**), portanto, mostra-se muito mais adequada e conveniente no presidencialismo. "Como, no final, este é que prevaleceu, na Comissão de Redação o Prof. e então Dep. Michel Temer sugeriu a reinserção da regra da harmonia e independência que figura no art. 2.º..." (*Curso de direito constitucional positivo*, 35. ed., p. 106, nota 22).

[3] José Afonso da Silva, *Curso de direito constitucional positivo*, 27. ed., p. 542.

10.4. O PODER EXECUTIVO NA CF/88

10.4.1. O exercício do Poder Executivo no Brasil

10.4.1.1. Âmbito federal

O Poder Executivo no Brasil, estabelece o art. 76, é exercido pelo **Presidente da República**, auxiliado pelos Ministros de Estado.

Como visto, há um acúmulo do exercício das funções de Chefe de Estado e de Governo na figura de uma única pessoa, no caso, o Presidente da República. As regras serão detalhadas individualmente. Antes, porém, teceremos alguns comentários sobre o executivo estadual, distrital, municipal e dos Territórios Federais.

10.4.1.2. Âmbito estadual

Em **âmbito estadual**, o Poder Executivo é exercido pelo Governador de Estado, auxiliado pelos Secretários de Estado, sendo substituído (no caso de impedimento) ou sucedido (no caso de vaga), pelo Vice-Governador, com ele eleito, observando-se algumas outras regras:

- **eleição do Governador e do Vice-Governador de Estado:** será realizada no primeiro domingo de outubro, em primeiro turno, e no último domingo de outubro, em segundo turno, se houver, do ano anterior ao do término do mandato de seus antecessores, e a posse ocorrerá em 1.º de janeiro do ano subsequente, observado, quanto ao mais, o disposto no art. 77 (art. 28, *caput*);
- **mandato:** o mandato é de 4 anos, permitindo-se a reeleição para um único período subsequente (art. 28, *caput*, c/c o art. 14, § 5.º);
- **perda do mandato:** perderá o mandato o Governador que assumir outro cargo ou função na Administração Pública direta ou indireta, ressalvada a posse em virtude de concurso público e observado o disposto no art. 38, I, IV e V (art. 28, § 1.º);
- **subsídios do Governador, Vice-Governador e Secretários de Estado:** o subsídio do Governador, do Vice-Governador e dos Secretários de Estado será fixado por lei de iniciativa da Assembleia Legislativa, observado o que dispõem os arts. 37, XI; 39, § 4.º; 150, II; 153, III; e 153, § 2.º, I (art. 28, § 2.º, acrescentado pela EC n. 19/98).

10.4.1.3. Âmbito distrital

- **eleição:** o art. 32, § 2.º, dispõe que a eleição do Governador e do Vice-Governador do DF, observadas as regras do art. 77, coincidirá com a dos Governadores Estaduais;
- **mandato:** 4 anos, permitindo-se a reeleição para um único período subsequente (art. 32, § 2.º, c/c o art. 14, § 5.º).

10.4.1.4. *Âmbito municipal*

O art. 29, I a III, fixa as seguintes regras sobre o Poder Executivo municipal:

- **eleição:** do Prefeito, do Vice-Prefeito, para mandato de **4** anos, mediante pleito direto e simultâneo realizado em todo o País no primeiro domingo de outubro do ano anterior ao término do mandato dos que devam suceder, aplicadas as regras do art. 77 no caso de Municípios com mais de **200** mil eleitores, sendo permitida a reeleição para um único período subsequente (art. 14, § 5.º);
- **posse:** do Prefeito e do Vice-Prefeito em 1.º de janeiro do ano subsequente ao da eleição;
- **perda do mandato:** perderá o mandato o Prefeito que assumir outro cargo ou função na Administração Pública direta ou indireta, ressalvada a posse em virtude de concurso público e observado o disposto no art. 38, I, IV e V (art. 28, § 1.º — primitivo parágrafo único, transformado em § 1.º pela EC n. 19/98, c/c o art. 29, XIV, inciso renumerado pela EC n. 1/92).

10.4.1.5. *Âmbito dos Territórios Federais*

A direção dos Territórios Federais dar-se-á por Governador, **nomeado** pelo Presidente da República, após aprovação pelo Senado Federal (cf. arts. 33, § 3.º; 52, III, "c"; e 84, XIV).

10.4.2. Atribuições conferidas ao Presidente da República

10.4.2.1. *Regras gerais do art. 84 da CF/88*

O art. 84 atribui ao Presidente da República competências privativas, tanto de natureza de **Chefe de Estado** (representando a República Federativa do Brasil nas relações internacionais e, internamente, sua unidade, previstas nos incisos VII, VIII e XIX[4] do art. 84) como de **Chefe de Governo** (prática de atos de administração e de natureza política — estes últimos quando participa do processo legislativo — conforme se percebe pela leitura das atribuições previstas nos incisos I a VI; IX a XVIII e XX a XXVII).

Em razão da *incidência nos concursos*, sugerimos uma leitura atenta das atribuições previstas no art. 84 da CF/88, que, ao regular a matéria, dispõe ser competência privativa do Presidente da República:

- **I** — nomear e exonerar os Ministros de Estado;
- **II** — exercer, com o auxílio dos Ministros de Estado, a direção superior da administração federal;
- **III** — iniciar o processo legislativo, na forma e nos casos previstos nesta Constituição (cf. art. 61, § 1.º);

[4] Lembramos que não haverá **pena de morte**, salvo em caso de **guerra** declarada, nos termos do art. 84, XIX (art. 5.º, XLVII, "a").

Acesse também a videoaula pelo link: somos.in/DCE25099

▪ **IV** — sancionar, promulgar e fazer publicar as leis, bem como expedir decretos e regulamentos para sua fiel execução;

▪ **V** — vetar projetos de lei, total ou parcialmente (cf. art. 66);

▪ **VI** — dispor, mediante decreto, sobre: **a)** organização e funcionamento da administração federal, quando **não** *implicar aumento de despesa* **nem** *criação ou extinção de órgãos públicos*; **b)** extinção de funções ou cargos públicos, quando **vagos**;

▪ **VII** — manter relações com Estados estrangeiros e acreditar seus representantes diplomáticos;

▪ **VIII** — celebrar tratados, convenções e atos internacionais, sujeitos a **referendo** do Congresso Nacional (cf. art. 49, I);

▪ **IX** — decretar o estado de defesa e o estado de sítio (cf. arts. 136 a 141);

▪ **X** — decretar e executar a intervenção federal (cf. art. 34);

▪ **XI** — remeter mensagem e plano de governo ao Congresso Nacional por ocasião da abertura da sessão legislativa, expondo a situação do País e solicitando as providências que julgar necessárias;

▪ **XII** — conceder indulto e comutar penas, com audiência, se necessário, dos órgãos instituídos em lei;

▪ **XIII** — exercer o comando supremo das Forças Armadas, nomear os Comandantes da Marinha, do Exército e da Aeronáutica, promover seus oficiais-generais e nomeá-los para os cargos que lhes são privativos (cf. art. 142);

▪ **XIV** — nomear, **após aprovação pelo Senado Federal** (*sabatina*), os Ministros do Supremo Tribunal Federal e dos Tribunais Superiores, os Governadores de Territórios, o Procurador-Geral da República, o presidente e os diretores do Banco Central e outros servidores, quando determinado em lei;

▪ **XV** — nomear, observado o disposto no art. 73, os Ministros do Tribunal de Contas da União;

▪ **XVI** — nomear os magistrados, nos casos previstos nesta Constituição, e o Advogado-Geral da União;

▪ **XVII** — nomear membros do Conselho da República, nos termos do art. 89, VII;

▪ **XVIII** — convocar e presidir o Conselho da República e o Conselho de Defesa Nacional;

▪ **XIX** — declarar guerra, no caso de agressão estrangeira, autorizado pelo Congresso Nacional ou referendado por ele, quando ocorrida no intervalo das sessões legislativas, e, nas mesmas condições, decretar, total ou parcialmente, a mobilização nacional;

▪ **XX** — celebrar a paz, autorizado ou com o referendo do Congresso Nacional;

▪ **XXI** — conferir condecorações e distinções honoríficas;

▪ **XXII** — permitir, nos casos previstos em lei complementar, que forças estrangeiras transitem pelo território nacional ou nele permaneçam temporariamente (cf. LC n. 90/97 com as alterações introduzidas pela LC n. 149/2015);

▪ **XXIII** — enviar ao Congresso Nacional o plano plurianual, o projeto de lei de diretrizes orçamentárias e as propostas de orçamento previstos nesta Constituição;

- **XXIV** — prestar, anualmente, ao Congresso Nacional, dentro de 60 dias após a abertura da sessão legislativa, as contas referentes ao exercício anterior;
- **XXV** — prover e extinguir os cargos públicos federais, na forma da lei;
- **XXVI** — editar medidas provisórias com força de lei, nos termos do art. 62;
- **XXVII** — exercer **outras atribuições** previstas nesta Constituição.

10.4.2.2. *Regras específicas decorrentes do art. 84 da CF/88*

Diante dessas informações, surgem duas indagações:

- **as atribuições conferidas ao Presidente da República estão taxativamente previstas no art. 84?**
- **poderiam elas ser delegadas?**

Respondendo à **primeira pergunta**, devemos dizer que o rol do art. 84 é meramente **exemplificativo**, pois, conforme o seu inciso XXVII, compete privativamente ao Presidente da República exercer não só as atribuições definidas nos incisos precedentes bem como **outras** previstas na CF/88.

No tocante à **segunda pergunta**, devemos respondê-la afirmativamente. No entanto, resta observar que o Presidente da República somente poderá delegar as atribuições previstas nos incisos **VI**, **XII** e **XXV**, **primeira parte**, aos **Ministros de Estado**, ao **Procurador-Geral da República** ou ao **Advogado-Geral da União**, devendo todos observar os limites traçados nas respectivas delegações (cf. art. 84, parágrafo único), quais sejam, as atribuições de:

- dispor, mediante decreto, sobre a organização e o funcionamento da administração federal, quando **não implicar aumento de despesa nem criação ou extinção de órgãos públicos**;
- dispor, mediante decreto, sobre a extinção de funções ou de cargos públicos, quando **vagos**;
- conceder **indulto** e **comutar penas**, com audiência, se necessário, dos órgãos instituídos em lei;
- **prover** os **cargos** públicos federais, na forma da lei.

Em relação a esta última atribuição, havendo delegação para prover cargos, a dúvida surge em saber se essa autorização abrangeria, também, a atribuição para **desprover** cargos, praticando-se atos demissionários de servidores públicos.

Por exemplo, indaga-se se seria possível determinado Ministro de Estado, por meio de portaria, havendo delegação nos termos do art. 84, parágrafo único, após procedimento administrativo, no qual se assegurou o devido processo legal, o contraditório e a ampla defesa, aplicar a pena de demissão a servidor público?

Sim.

Conforme anotou o Min. Ayres Britto, "aqui se aplica a regra elementar de que quem tem competência para nomear também tem para **'desnomear'**, chamemos assim, apliquemos o neologismo" (voto no *RMS 24.619*, p. 58). Nesse sentido, pacífica é a jurisprudência do STF:

> "EMENTA: 1. Demissão: ocupante do cargo de Policial Rodoviário Federal: processo administrativo disciplinar que se desenvolveu validamente, assegurados ao acusado o devido processo legal, o contraditório e a ampla defesa. 2. Presidente da República: competência para **prover** cargos públicos (CF, art. 84, XXV, primeira parte), que abrange a de **desprovê-los**, a qual, portanto, é **suscetível de delegação a Ministro de Estado** (CF, art. 84, parágrafo único): validade da Portaria do Ministro de Estado que — à luz do Decreto 3.035/99, cuja constitucionalidade se declara — demitiu o recorrente" (**MS 24.128**, Rel. Min. Sepúlveda Pertence, j. 07.04.2005, Plenário, *DJ* de 1.º.07.2005).[5]

Para se ter um exemplo sobre o tema em análise, destacamos o **Decreto n. 3.035/99** pelo qual o Presidente da República delegou competência para a prática dos atos que menciona aos Ministros de Estado e ao Advogado-Geral da União, e dá outras providências.

Finalmente, por simetria, o mesmo raciocínio deve ser aplicado no **âmbito estadual**. Na medida em que a atribuição para demissão de servidor público estadual é do Governador do Estado, o STF vem admitindo a delegação dessa atribuição para Secretário de Estado. Vejamos:

> "EMENTA: I — Esta Corte firmou orientação no sentido da legitimidade de **delegação** a **Ministro de Estado** da competência do Chefe do Executivo Federal para, nos termos do art. 84, XXV, e parágrafo único, da Constituição Federal, aplicar **pena de demissão a servidores públicos federais**. II — **Legitimidade da delegação a secretários estaduais da competência do Governador do Estado de Goiás para** (...) **aplicar penalidade de demissão aos servidores do Executivo, tendo em vista o princípio da simetria**. Precedentes" (**RE 633.009-AgR**, Rel. Min. Ricardo Lewandowski, j. 13.09.2011, 2.ª T., *DJE* de 27.09.2011).

■ *10.4.2.3. O poder regulamentar e a realidade dos denominados "decretos autônomos"*

Passamos agora, dada a importância, a comentar o **inciso IV** do art. 84, que atribui competência privativa ao Presidente da República para sancionar, promulgar e fazer publicar leis, bem como **expedir decretos e regulamentos para sua fiel execução**.

[5] No mesmo sentido: **RMS 24.079**, Rel. Min. Ellen Gracie, j. 05.02.2002, 1.ª T., *DJ* de 15.03.2002; **RMS 25.367**, Rel. Min. Ayres Britto, j. 04.10.2005, 1.ª T., *DJ* de 21.10.2005; **RMS 24.619**, Rel. Min. Gilmar Mendes, j. 11.10.2011, 2.ª T., *DJE* de 22.11.2011; **AI 725.590-AgR**, Rel. Min. Ellen Gracie, j. 22.02.2011, 2.ª T., *DJE* de 15.03.2011.

Trata-se do poder regulamentar, que se perfaz mediante **decretos regulamentares**. Como regra geral, o Presidente da República materializa as competências do art. 84 por **decretos**. É o instrumento através do qual se manifesta. No tocante às leis, algumas são autoexecutáveis. Outras precisam de regulamento para que seja dado fiel cumprimento aos seus preceitos. Para tanto, são expedidos os **decretos regulamentares**.

Neste ponto, devemos enfrentar questão tormentosa: poderiam existir **decretos autônomos**, independentes de lei preexistente?

Sabe-se que o conteúdo e a amplitude do regulamento devem sempre estar **definidos em lei**, subordinando-se aos preceitos nela previstos. Quando o regulamento extrapolar a lei, padecerá de vício de **legalidade**,[6] podendo, inclusive, o Congresso Nacional sustar os atos normativos do Poder Executivo que exorbitem do poder regulamentar (art. 49, V).

Isso porque, ao contrário da lei, fonte primária do direito, o regulamento se caracteriza como fonte secundária. Outro entendimento feriria o **princípio da legalidade** previsto no art. 5.º, II, da CF/88, bem como o **princípio da separação de Poderes**, previsto no art. 2.º e elevado à categoria de cláusula pétrea (art. 60, § 4.º, III), uma vez que a expedição de normas gerais e abstratas é **função típica do Legislativo**. Quando o constituinte originário atribui função atípica de natureza legislativa ao Executivo, ele o faz de modo expresso, por exemplo, no art. 62 (medidas provisórias).

Apesar de grande parte da doutrina manifestar-se pela **inexistência** de acolhida constitucional dos **regulamentos autônomos**, o STF não desconhece essa realidade e admite, até mesmo, o controle por **ADI genérica**, na hipótese de **decreto autônomo** revestido de **indiscutível conteúdo normativo**.[7]

Entendemos que, a partir do advento da EC n. 32/2001, que modificou a redação dada ao art. 84, VI, da CF/88, passamos a ter exemplos factíveis de **decreto autônomo**. Nesse sentido:

---

6 Nesse sentido, pacífico o entendimento do STF dizendo não caber controle concentrado de constitucionalidade, mas apenas de **legalidade**, de modo difuso. Vejamos a ementa: "Já se firmou o entendimento desta Corte no sentido de que não cabe ação direta de inconstitucionalidade contra norma reguladora de lei que é atacada por ir além do disposto na lei regulamentada ou contra ela, porquanto nesse caso se está diante de **questão de ilegalidade e não de inconstitucionalidade**. Ação de inconstitucionalidade não conhecida, ficando prejudicado o pedido de liminar" (ADI 1.866-DF, Rel. Min. Moreira Alves, *DJ* de 12.02.1999, p. 1, *Ement.* v. 01938-01, p. 27, j. 29.10.1998, Tribunal Pleno).

7 Nesse sentido, podemos citar alguns precedentes nos quais o STF reconheceu a existência de decretos autônomos passíveis de controle por meio de ADI genérica: **ADI 2.439/MS**, *DJU* de 21.03.2002; **ADI 2.155-MC/PR**; **ADI 3.673-MC**, *DJ* de 03.03.2006; **ADI-MC 309**, *DJ* de 14.02.1992; **ADI-MC 519**, *DJ* de 11.10.1991; **ADI-MC 1.590**, *DJ* de 15.08.1997; **ADI 1.396**, *DJ* de 07.08.1998; **ADI-MC 435**, *DJ* de 06.08.1999; **ADI-MC 3.936**, *DJ* de 09.11.2007; **ADI 3.389**, *DJ* de 03.03.2006; **ADI 1.308-RS**, *DJ* de 04.06.2004; **ADI 2.458-AL**, *DJ* de 16.05.2003.

"EMENTA: Ação direta de inconstitucionalidade. Condição. Objeto. Decreto que cria cargos públicos remunerados e estabelece as respectivas denominações, competências e remunerações. **Execução de lei inconstitucional**. Caráter residual de decreto autônomo. Possibilidade jurídica do pedido. Precedentes. **É admissível controle concentrado de constitucionalidade de decreto que, dando execução à lei inconstitucional, crie cargos públicos remunerados e estabeleça as respectivas denominações, competências, atribuições e remunerações. Inconstitucionalidade.** Ação direta. Art. 5.º da Lei 1.124/2000, do Estado do Tocantins. Administração pública. Criação de cargos e funções. Fixação de atribuições e remuneração dos servidores. Efeitos jurídicos delegados a decretos do chefe do Executivo. Aumento de despesas. Inadmissibilidade. Necessidade de lei em sentido formal, de iniciativa privativa daquele. Ofensa aos arts. 61, § 1.º, II, 'a', e 84, VI, 'a', da CF. Precedentes. Ações julgadas procedentes. São inconstitucionais a lei que autorize o chefe do Poder Executivo a dispor, mediante decreto, sobre criação de cargos públicos remunerados, bem como os decretos que lhe deem execução" (ADI 3.232, Rel. Min. Cezar Peluso, j. 14.08.2008, Plenário, *DJE* de 03.10.2008). No mesmo sentido: ADI 3.983 e ADI 3.990. Cf. *Inf. 515/STF.*

10.4.3. Condições de elegibilidade

As condições de elegibilidade definidas pela Constituição de 1988 para o cargo de Presidente e Vice-Presidente da República[8] são:

- ser brasileiro nato (art. 12, § 3.º, I);
- estar no pleno exercício dos direitos políticos (art. 14, § 3.º, II);
- alistamento eleitoral (art. 14, § 3.º, III);
- domicílio eleitoral na circunscrição (art. 14, § 3.º, IV);
- filiação partidária (arts. 14, § 3.º, V, e 77, § 2.º);
- idade mínima de 35 anos (art. 14, § 3.º, VI, "a");
- não ser inalistável nem analfabeto (art. 14, § 4.º);
- não ser inelegível nos termos do art. 14, § 7.º

10.4.4. Processo eleitoral

As regras para a eleição do Presidente e Vice-Presidente da República estão previstas no art. 77 da CF/88.

A data da eleição já está previamente fixada no art. 77, *caput*, na redação determinada pela EC n. 16/97, qual seja, no **primeiro domingo de outubro**, em primeiro turno, e no **último domingo de outubro**, em segundo turno, se houver, do ano anterior ao do término do mandato presidencial vigente.

Não haverá segundo turno se o candidato à Presidência da República (juntamente com o Vice-Presidente) for eleito em primeiro turno, o que se dá quando obtém a **maioria absoluta** de votos, não computados os em branco e os nulos.

8 O art. 77, § 1.º, estabelece que "a eleição do Presidente da República importará a do Vice-Presidente com ele registrado".

Na hipótese de nenhum candidato alcançar maioria absoluta na primeira votação, far-se-á nova eleição no **último domingo de outubro** do ano anterior ao do término do mandato presidencial vigente, concorrendo os dois candidatos mais votados e considerando-se eleito, agora em segundo turno, aquele que obtiver a **maioria** dos votos válidos.[9]

Havendo necessidade de segundo turno, se antes de realizado ocorrer **morte, desistência** ou **impedimento legal de candidato**, convocar-se-á, **dentre os remanescentes**, o de **maior votação** (e não o Vice do referido candidato!). Nesta hipótese, havendo **empate** em segundo lugar, ou seja, se dentre os remanescentes houver dois candidatos com a mesma votação, o desempate será empreendido levando-se em consideração a **idade**, sendo chamado o mais idoso (cf. art. 77, §§ 3.º e 4.º).

10.4.5. Posse e mandato

Eleito o Presidente da República, juntamente com o Vice-Presidente (art. 77, § 1.º), tomarão **posse** em sessão do Congresso Nacional, prestando o compromisso de manter, defender e cumprir a Constituição,[10] observar as leis, promover o bem geral do povo brasileiro, sustentar a união, a integridade e a independência do Brasil (art. 78).

O **mandato** do Presidente da República é de **4 anos**, tendo início em **1.º de janeiro** do ano seguinte ao da sua eleição (art. 82), sendo atualmente, em decorrência da EC n. 16/97, **permitida a reeleição**, para um **único período subsequente**, do Presidente da República, dos Governadores de Estado e do Distrito Federal, dos Prefeitos e de quem os houver sucedido ou substituído no curso dos mandatos (art. 14, § 5.º, na redação determinada pela EC n. 16/97).[11]

---

[9] O art. 77, *caput*, com a redação atribuída pela EC n. 16/97, determinou que a eleição presidencial se faça no **primeiro** e **último domingos de outubro**, em **primeiro** e **segundo turnos** (quando houver segundo turno), do ano anterior ao término do mandato presidencial vigente. Acontece que os parlamentares se esqueceram de alterar, também, o § 3.º do art. 77, que determina que a eleição em **segundo turno** seja feita **vinte dias** após a proclamação do resultado do primeiro turno, na hipótese de nenhum candidato ter alcançado a maioria absoluta na primeira votação. Pois bem, nesse confronto deverá prevalecer a data definida no *caput* do art. 77, na redação dada pela EC n. 16/97 (segundo turno, quando houver, no **último domingo de outubro**), mantendo-se o *quorum* definido no aludido § 3.º, na medida em que se trata de definição posterior, sem ferir qualquer dos limites colocados à manifestação do poder constituinte derivado reformador, que alterou o art. 77.

[10] Como veremos, são crimes de responsabilidade os atos do Presidente da República que atentem contra a CF, nos exatos termos do art. 85, *caput*.

[11] Originalmente, o art. 82 definia o mandato presidencial em **5 anos**. Através da EC de Revisão n. 5, de 07.06.1994, o mandato passou a ser de **4 anos**, sendo, contudo, vedada a reeleição para o período subsequente. Posteriormente, a EC n. 16/97, mantendo o período do mandato em **4 anos**, inovou permitindo a reeleição para um único período subsequente não só para o Presidente da República como também para Governadores e Prefeitos, ou quem os houver sucedido ou substituído no curso dos mandatos.

10.4.6. Impedimento e vacância dos cargos

10.4.6.1. Sucessor e substituto natural do Presidente da República: Vice-Presidente

EXECUTIVO — impedimento e vaga

▫ Art. 79. **Substituirá** o Presidente, no caso de **impedimento**, e **suceder-lhe-á**, no de **vaga**, o Vice-Presidente.

Definitiva
- Cassação
- Renúncia
- Morte

Temporário
- Doença
- Viagem
- Férias

O Presidente da República será **sucedido** pelo Vice-Presidente no caso de **vaga**, ou **substituído**, no caso de **impedimento** (art. 79). A **vacância** nos dá uma ideia de impossibilidade **definitiva** para assunção do cargo (cassação, renúncia ou morte), enquanto a **substituição** tem **caráter temporário** (por exemplo: doença, viagem, férias etc.). Assim, tanto na vacância como no impedimento, o Vice-Presidente assumirá o cargo, na primeira hipótese, até final do mandato e, no caso de impedimento, enquanto este durar.

Na hipótese de **vacância** do cargo de Presidente da República, ou seja, quando o **Vice** assume de modo **definitivo**, **não haverá eleição de novo Vice**. Aquele que foi eleito com o Presidente passa a ser o Presidente de fato e de direito, e, havendo necessidade de sua substituição, deverá ser observada a regra do **art. 80**, qual seja, serão sucessivamente chamados ao exercício da Presidência o Presidente da Câmara dos Deputados, o do Senado Federal e o do Supremo Tribunal Federal.

Podemos afirmar, então, que o **Vice-Presidente da República** aparece como o **sucessor** e o **substituto natural** do Presidente da República e, além de outras atribuições que lhe forem conferidas por **lei complementar**, auxiliará o Presidente, sempre que for por ele convocado para missões especiais (art. 79, parágrafo único).

O art. 77, § 1.º, estabelece que "a eleição do Presidente da República **importará** a do Vice-Presidente **com ele registrado**". Por esse motivo a preocupação normativa de sempre se dar destaque, também, para o Vice, que será eleito juntamente — e aí a noção de **implicabilidade** — com o Presidente. Ao se votar no Presidente, automaticamente estará sendo votado no Vice. Por isso a relevância de sua análise.

Acesse também a videoaula pelo link: somos.in/DCE25099

Analisando as Constituições anteriores, é interessante observar que a figura do Vice-Presidente nem sempre refletiu as disposições fixadas na atual Constituição, assumindo, em alguns momentos, uma posição verdadeiramente **superflua** ou **insignificante**. Vejamos:

- **1891:** o art. 32 estabelecia, influenciado pela Constituição dos Estados Unidos, que o Vice-Presidente da República era Presidente do Senado, onde só tinha voto de qualidade, ou seja, o voto de desempate, também chamado de "voto de minerva".
- **1934 e 1937:** não previram a figura do Vice-Presidente.
- **1946:** restabeleceu o sistema da Constituição de 1891 ao prescrever, em seu art. 61, que o Vice-Presidente da República exerceria as funções de Presidente do Senado Federal, onde só tinha voto de qualidade.
- **1967:** de acordo com o art. 79, § 2.º, o Vice-Presidente exercia as funções de Presidente do Congresso Nacional, tendo somente voto de qualidade, além de outras atribuições que lhe fossem conferidas em lei complementar.
- **EC n. 4/1961:** ao instituir o sistema **parlamentar** de governo, de modo expresso, **extinguiu** o cargo de Vice-Presidente da República (art. 23).
- **EC n. 6/1963:** ao restabelecer o sistema presidencial de governo instituído pela Constituição Federal de 1946, **resgatou** a figura do Vice-Presidente da República (art. 2.º).
- **EC n. 1/1969:** estabeleceu as mesmas regras para o Vice que estão prescritas no art. 79, parágrafo único, da CF/88.
- **1988:** o Vice-Presidente da República, além de outras atribuições que lhe forem conferidas por **lei complementar** (ainda não editada), auxiliará o Presidente, sempre que por ele convocado para missões especiais. Ainda, expressamente, participa do Conselho da República (art. 89) e do Conselho de Defesa Nacional (art. 91). Deve preencher os mesmos requisitos de elegibilidade do Presidente da República (arts. 12, § 3.º, I; 14, § 3.º, II, III, IV, V, VI, "a"; 14, §§ 4.º e 5.º) e será remunerado por subsídio, fixado por decreto legislativo do Congresso Nacional (art. 49, VIII). Há previsão de responsabilização criminal e política, assim como prerrogativa de foro no STF (arts. 102, I, "b", 51, I, e 52, II).

Na história recente do Brasil lembramos, para exemplificar, a **sucessão** (definitiva) do cargo de Presidente da República pelo então Vice-Presidente **José Sarney**, em 15.03.1985, em razão da morte de Tancredo Neves, tendo sido o primeiro Governo Civil após o movimento militar de 1964; a **sucessão** por **Itamar Franco**, em 02.10.1992, empossado em razão da vacância do cargo de Fernando Collor, que, formalmente, renunciou, após a autorização da abertura do processo de *impeachment* pela Câmara dos Deputados, e, em 31.08.2016, a **sucessão** de **Michel Temer** em razão de ter entendido o Senado Federal que a então Presidente da República Dilma Rousseff cometeu crimes de responsabilidade "consistentes em contratar operações de crédito com instituição financeira controlada pela União e editar decretos de crédito suplementar sem a autorização do Congresso Nacional" (61 votos pela condenação contra 20, dos 81 Senadores), impondo-se, então, a sanção de perda do cargo.

10.4.6.2. *Substitutos eventuais ou legais*

Pode haver um **impedimento** temporário tanto do Presidente como do Vice-Presidente da República, quando, por exemplo, ausentarem-se do País.

Ainda, é possível pensar em vaga de ambos os cargos. Imaginemos, em tese, apenas para fins didáticos, uma tragédia, por exemplo, a morte do Presidente e do Vice-Presidente. Nesse caso, os cargos serão declarados **vagos**.

O cargo também será declarado **vago**, tanto do Presidente como do Vice-Presidente, se deixarem de assumi-lo no prazo de **10 dias** contados da data fixada para a **posse**, qual seja, 1.º de janeiro do ano seguinte ao da eleição (art. 82), salvo motivo de força maior (art. 78, parágrafo único, c/c o art. 79, *caput*).

Já estudamos que, ocorrendo *impedimento* ou *vaga* do cargo de Presidente da República, assumirá o Vice-Presidente, de modo temporário ou definitivo, neste caso, completando o mandato (**sucessor**, assumindo a titularidade do cargo).

E em caso de **impedimento**, tanto do Presidente como do Vice-Presidente, ou **vacância** dos respectivos cargos? Quem deverá assumi-los? Por qual período?

De acordo com o **art. 80**, serão **sucessivamente** chamados ao exercício da presidência,[12] nas hipóteses de **impedimento** do Presidente **e** do Vice ou de **vacância** dos **respectivos** cargos:

- o Presidente da Câmara dos Deputados;
- o Presidente do Senado Federal;
- o Presidente do STF.

Trata-se do que poderíamos chamar de **substitutos eventuais** ou **legais**. Havendo impedimento do Presidente e do Vice-Presidente da República, por exemplo, em virtude de viagem de ambos, referidos substitutos eventuais assumem até o motivo do impedimento cessar.

Um exemplo interessante foi a assunção pelo então Presidente do STF, **Min. Marco Aurélio de Mello**, que, de maneira bastante significativa, no exercício da Presidência, sancionou a **Lei n. 10.461/2002**, a qual, modificando a Lei n. 8.977/95 ("Lei do Cabo"), criou a **TV Justiça**, com sede no STF, em Brasília, que entrou no ar em 11.08.2002 e vem prestando relevante papel para toda a sociedade.[13]

Observar, contudo, que a **assunção do cargo** por referidas autoridades (ao contrário do que ocorre no caso da vacância do cargo de Presidente e a sua sucessão pelo

---

[12] Quando dizemos "exercício da Presidência" entenda-se o exercício de todos os atos inerentes à função presidencial. O substituto atua como se fosse o Presidente da República, com todas as atribuições do art. 84.

[13] Até o fechamento desta edição, apenas **7 Ministros Presidentes do STF** assumiram a **Presidência da República** como substitutos eventuais ou legais, na forma do art. 80: **1) Min. José Linhares** (29.10.1945 a 31.01.1946); **2) Min. Moreira Alves** (07.07.1986 a 11.07.1986); **3) Min. Octavio Gallotti** (13.06.1994 a 15.06.1994 e 04.08.1994 a 06.08.1994); **4) Min. Marco Aurélio** (*a)* 15.05.2002 a 21.05.2002; *b)* 04.07.2002 a 05.07.2002; *c)* 25.07.2002 a 27.07.2002; *d)* 20.08.2002 a 21.08.2002; *e)* 31.08.2002 a 09.09.2002); **5) Min. Ricardo Lewandowski** (23.09.2014 a 24.09.2014); **6) Min. Cármen Lúcia** (13.04.2018 a 14.04.2018); **7) Min. Dias Toffoli** (23.09.2018 a 25.09.2018).

Vice, que o assume definitivamente) **será em caráter temporário** (**substitutos eventuais** ou **legais**).

Entendemos, também, que os substitutos eventuais ou legais, já que irão substituir na forma da Constituição o Presidente da República, deverão preencher os mesmos requisitos exigidos para o cargo de Presidente da República, assim como não poderão se enquadrar em nenhuma das proibições constitucionais prescritas para o Presidente da República. Vejamos a tabela:

	NACIONALIDADE	IDADE MÍNIMA (condição de elegibilidade)
PRESIDENTE DA REPÚBLICA (E VICE-PRESIDENTE DA REPÚBLICA)	▪ art. 12, § 3.º, I: brasileiro **nato**	▪ art. 14, § 3.º, VI, "a": **35 anos**
PRESIDENTE DA CÂMARA DOS DEPUTADOS FEDERAIS	▪ art. 12, § 3.º, II: o Deputado Federal, para se eleger, não precisa ser brasileiro nato. Contudo, uma vez eleito, para assumir a **presidência da Casa**, deverá ser brasileiro **nato** (regra expressa)	▪ art. 14, § 3.º, VI, "c": **21 anos** é a idade mínima para se eleger Deputado Federal. Contudo, diante do silêncio constitucional, entendemos que para assumir a **presidência da Casa** deverá ter no mínimo **35 anos**, já que é substituto eventual ou legal do Presidente da República
PRESIDENTE DO SENADO FEDERAL	▪ art. 12, § 3.º, III: o Senador da República, para se eleger, não precisa ser brasileiro nato. Contudo, uma vez eleito, para assumir a **presidência da Casa**, deverá ser brasileiro **nato** (regra expressa)	▪ art. 14, § 3.º, VI, "a": **35 anos** — a previsão constitucional coincide (e de maneira lógica) com a idade mínima para ser Presidente da República
PRESIDENTE DO STF	▪ art. 12, § 3.º, IV: todo Ministro do STF e, assim, o Ministro Presidente, deverá ser brasileiro **nato**	▪ art. 101, *caput*: a idade mínima para ser nomeado Ministro do STF é **35 anos**

Concluindo, os substitutos eventuais ou legais deverão ser **brasileiros natos** (e nesse sentido há regra expressa na Constituição — *vide* tabela acima), bem como ter idade **mínima de 35 anos** (entendimento este, conforme sustentamos, estabelecido por interpretação para o Presidente da Câmara, havendo previsão expressa apenas para os demais).

Ainda, os substitutos eventuais ou legais não poderão assumir a Presidência da República se se enquadrarem em qualquer situação de impedimento de seu exercício fixada pela Constituição para o próprio Chefe do Executivo. Assim, exemplificando, se aqueles indicados no art. 80 forem réus (e observem: réus, não investigados) em ação penal, não poderão assumir a função de Presidente da República (interpretação do art. 86, § 1.º, I, da CF/88), pois, se o fizerem, estarão violando a Constituição.

E vamos além. Como não se sabe o momento em que surgirá a situação de substituição (e, por isso, **substitutos eventuais**), sustentamos que não poderão ocupar a função de Presidente da Câmara, do Senado ou do STF, e, assim, ao se tornarem réus em ação penal, continuarão no cargo (Deputado Federal, Senador da República e Ministro do STF), porém proibidos de exercer a função de Presidente.

Trata-se de interpretação sistemática e finalística da Constituição, não se admitindo que aqueles que estão na linha de substituição do Presidente da República se encontrem potencialmente impedidos, já que a ordem deve ser **sucessiva**. Imaginar, por exemplo, que o primeiro da lista esteja, em tese, impedido significa burlar a Constituição, criando uma inadmitida possibilidade de substituição *per saltum*!

CUIDADO: esse nosso segundo entendimento sobre a impossibilidade de continuarem a exercer a presidência **não foi encampado pelo STF no julgamento da ADPF 402**.

O Min. Marco Aurélio, nos autos da ADPF 402, em 05.12.2016, **monocraticamente**, deferiu liminar para afastar o Presidente do Senado Federal da presidência da Casa (mas não do cargo), por ter se tornado réu no *Inq. 2.593* (j. 1.º.12.2016, por 8 x 3). A decisão, "lamentavelmente", não foi cumprida pelo Senado Federal, afirmando a Mesa Diretora que só a cumpriria depois de eventualmente confirmada pelo Plenário.

Abrindo um parêntese, explicamos o que queremos dizer quando usamos a expressão "lamentavelmente": não estamos discutindo o conteúdo da decisão, mas o comportamento de descumprimento. O inconformismo deve ser apresentado pelos instrumentos do **sistema recursal** e não por um ato de puro arbítrio, sob pena de se violar a separação de poderes.

Nesse sentido, com precisão, observou o Min. Celso de Mello: "no Estado Democrático de direito (...) não há espaço para o voluntário e arbitrário desrespeito ao cumprimento das decisões judiciais, pois a recusa de aceitar o comando emergente dos atos sentenciais, sem justa razão, fere o próprio núcleo conformador e legitimador da separação de poderes, que traduz — vale sempre insistir nessa asserção — dogma essencial inerente à organização do Estado no plano de nosso sistema constitucional" (voto apresentado no referendo na medida cautelar na ADPF 402, fls. 5, j. 07.12.2016, *DJE* de 29.08.2018 — pendente o julgamento de mérito).

Diante dessa situação, 2 dias depois da decisão monocrática do Min. Marco Aurélio que estava sendo desrespeitada pelo Senado Federal, o Pleno do STF, por 6 x 3, nos termos da divergência aberta pelo Min. Celso de Mello, **não referendou** referida medida liminar nesse específico ponto do afastamento.

Conforme ficou assentado pelo Min. Celso de Mello, redator do acórdão, "os substitutos eventuais do Presidente da República a que se refere o art. 80 da Constituição, caso ostentem a posição de réus criminais perante esta Corte Suprema, ficarão unicamente impossibilitados de exercer o ofício de Presidente da República, **embora conservem a titularidade funcional da chefia e direção de suas respectivas Casas**", não se justificando o afastamento cautelar do exercício da presidência (voto do Min. Celso de Mello, ADPF 402, fls. 11).

E como fica no âmbito estadual?

Em caso de impedimento ou de vacância do cargo de Governador de Estado, e diante da não assunção pelo Vice-Governador, serão chamados para governar, seguindo a simetria com o modelo fixado no art. 80:

- Presidente da Assembleia Legislativa;
- Presidente do TJ local.

E no Distrito Federal?

Em caso de impedimento do Governador e do Vice-Governador ou de vacância dos respectivos cargos, serão sucessivamente chamados ao exercício da chefia do Poder Executivo:

- Presidente da Câmara Legislativa do Distrito Federal;
- Presidente do TJ do Distrito Federal e Territórios.

Interessante notar que essa regra está prevista expressamente no art. 93 da Lei Orgânica do DF, com a redação dada pela **Emenda n. 57/2010**, que aprimorou a regra que a *Emenda à LODF n. 37/2002* já havia dado ao art. 94. Isso porque a nova regra retira da linha sucessória de substituição o Vice-Presidente da Câmara Legislativa, seguindo simetricamente a regra do art. 80 da CF/88.

E como seria na hipótese de Municípios?

Em caso de impedimento do Prefeito e do Vice-Prefeito ou de vacância dos respectivos cargos, será chamado para o exercício da Prefeitura:

- Presidente da Câmara Municipal;
- e, em muitos casos, há a previsão de inclusão, na linha sucessória, do Vice-Presidente da Câmara Municipal (por exemplo, em São Paulo, Rio de Janeiro, Belém, Curitiba etc.).

Não nos parece razoável, na hipótese de impedimento do Chefe do Legislativo local ou na situação de não assunção, que o Presidente do TJ assuma, já que não existe Judiciário municipal.

E como seria na hipótese de Governador de Território impedido ou vacância do cargo?

Como já estudamos no *item 7.8.6*, a direção dos Territórios, quando criados, dar-se-á por Governador **nomeado** pelo Presidente da República, após aprovação pelo Senado Federal (art. 84, XIV).

Assim, apesar de não existirem leis disciplinando, entendemos que, nesse caso particular, o Presidente da República deveria nomear outro e, durante o processo, assumiria o Presidente da Câmara Territorial (art. 33, § 3.º — que estabelece: "a lei disporá sobre as eleições para a Câmara Territorial e sua competência deliberativa").

10.4.6.3. *Mandato-tampão: eleição direta e indireta (art. 81)*

Já vimos que os substitutos eventuais ou legais assumem o cargo no caso de **impedimento** do Presidente e do Vice, ou no caso de **vaga** de **ambos** os cargos.

Na primeira hipótese **(impedimento)**, o **afastamento** será apenas **temporário**. Na segunda, porém, no caso de **vaga** de ambos os cargos, esta será **definitiva** e, para não deixar o cargo vazio, duas situações surgem:

- **vacância de ambos os cargos (de Presidente e de Vice) nos 2 primeiros anos do mandato:** de acordo com o art. 81, *caput*, far-se-á eleição **90 dias** depois de aberta a última vaga. Trata-se de **eleição direta**, pelo sufrágio universal e pelo voto direto e secreto, com valor igual para todos;

▪ **vacância nos últimos 2 anos do mandato:** nessa hipótese, a eleição para ambos os cargos será feita **30 dias** depois da última vaga, pelo **Congresso Nacional**, na forma da lei (art. 81, § 1.º).[14] Ou seja, **eleição indireta**! Exceção à regra do art. 14, *caput*, só permitida na medida em que introduzida pelo poder constituinte originário.

Durante o processo eleitoral e de transição, conforme mencionado, o cargo será exercido, temporariamente, pelos substitutos eventuais (art. 80). Após a nova eleição, nas duas situações (eleição quando a vaga se der no primeiro ou no segundo biênio do mandato presidencial) os eleitos (novo Presidente e novo Vice-Presidente da República) deverão apenas completar o período de seus antecessores (art. 81, § 2.º). Trata-se do denominado **"mandato-tampão"**.

E os Estados, podem legislar na hipótese de eleição indireta, definindo o procedimento, mesmo não havendo lei federal sobre o assunto?

O STF, no julgamento de pedido liminar formulado nas ADIs 4.298 e 4.309, assegurou a realização de **eleição indireta** pela Assembleia Legislativa do *Estado do Tocantins*, na medida em que o Governador e o vice foram cassados pelo TSE.

No caso, admitiu que, nos termos da Lei estadual n. 2.154/2009, a **votação** poderia ser **aberta**. O voto secreto é garantia do eleitor. Os parlamentares têm o dever de prestação de contas (princípio da publicidade) e, nesse sentido, reforçaram a ideia de votação aberta (ADI 4.298-MC e ADI 4.309-MC, Rel. Min. Cezar Peluso, j. 07.10.2009, Plenário, *DJE* de 27.11.2009, *Inf. 562/STF*).

O modelo federal, concluíram os Ministros, não é de observância compulsória (ADI 1.057) e, havendo previsão na Constituição estadual, poderia a Assembleia Legislativa local disciplinar a matéria, apesar da regra contida no art. 22, I (que fixa a competência da União para legislar sobre direito eleitoral). Isso porque, segundo o STF, não se trata de lei *materialmente eleitoral*, tendo em vista que apenas regula a sucessão "extravagante" do Chefe do Executivo (ADI 2.709).

É importante observar que, "... embora não deixem de revelar certa *conotação eleitoral*, porque dispõem sobre o procedimento de aquisição eletiva do poder político, **não** haveria como reconhecer ou atribuir características de direito eleitoral *stricto sensu* às normas que regem a *eleição indireta no caso de dupla vacância no último biênio do mandato*. Em última instância, essas leis teriam por objeto **matéria político-administrativa** que demandaria típica decisão do **poder geral de autogoverno**, inerente à **autonomia política dos entes federados**. Em suma, a reserva de lei constante do art. 81, § 1.º, da CF, *nítida e especialíssima exceção ao cânone do exercício direto do sufrágio*, diria respeito *somente ao regime de dupla vacância dos cargos*

[14] De acordo com José Afonso da Silva, "se ocorrer o fato e não houver essa lei, deve-se fazer a eleição com base em regras regimentais (ainda que por analogia), pois o texto constitucional é bastante para a prática do ato. Não se há que embaraçar-se em controvérsias inúteis, quando o sistema constitucional possibilita alcançar o fim pretendido" (*Curso de direito constitucional positivo*, 17. ed., p. 543, nota 5).

de Presidente e Vice-Presidente da República, e, como tal, da óbvia competência da *União*. Por sua vez, considerados o desenho federativo e a **inaplicabilidade do princípio da simetria** ao caso, competiria aos Estados-membros a definição e a regulamentação das normas de substituição de Governador e Vice-Governador. De modo que, **quando**, como na espécie, **tivesse o constituinte estadual reproduzido o preceito constitucional federal**, a **reserva de lei** não poderia deixar de se referir à **competência do próprio ente federado**. No mais, predefinido seu **caráter não eleitoral, não haveria se falar em ofensa ao princípio da anterioridade da lei eleitoral (CF, art. 16)**" (*Inf. 562/STF*).

Apenas para conhecimento, as eleições no Estado do Tocantins foram realizadas no dia **08.10.2009**, em Palmas, pela Assembleia Legislativa, e elegeram Governador e Vice para o exercício do **mandato-tampão** que terminou em 31.12.2010.

Também, interessante lembrar, diante da crise de moralidade que as instituições do **Distrito Federal** protagonizaram em 2010, em razão de escândalos levantados pela investigação da Polícia Federal denominada *Caixa de Pandora* (cf. *item 10.4.12*), a aprovação da **Emenda à Lei Orgânica n. 57, de 29.03.2010**, que, alterando o art. 94, § 1.º, passou a admitir, disciplinando a matéria, **eleição indireta**, pela Câmara Legislativa do DF, quando a vaga dos cargos de Governador e Vice-Governador do Distrito Federal se der nos últimos dois anos do mandato, deixando claro que, nessa hipótese, o novo Governador ou Vice-Governador eleito completará o mandato **(mandato-tampão)**.

10.4.6.4. Ausência do País do Presidente e do Vice-Presidente da República e licença do Congresso Nacional (norma de reprodução obrigatória)

Conforme acabamos de ver, a Constituição estabeleceu mecanismos para evitar a **"acefalia"** do Poder Executivo, seja por meio das atribuições do Vice-Presidente (que assume o cargo de modo temporário ou definitivo), seja na forma do art. 80, pelos Presidentes da CD, do SF ou do STF (de modo temporário).

O Estado não poderá ficar sem o comando no Executivo, tanto é assim que se estabelecem mecanismos de **substituição** e **sucessão**.

Por esse motivo (necessidade de liderança), nos termos do art. 83, o Presidente e o Vice-Presidente da República não poderão, **sem licença do Congresso Nacional**, que se implementa por **decreto legislativo** (art. 49, III, da CF), ausentar-se do País por período **superior** a **15 dias**, sob pena de **perda do cargo**. Se a ausência se der por até 15 dias (já que a regra do art. 83 fala em período que **exceder** a 15 dias), não haverá necessidade de autorização pelo Congresso Nacional.

Naturalmente, durante o período de afastamento, o cargo será ocupado pelo Vice, ou, na forma do art. 80, pelos substitutos eventuais ou legais.

Tanto a previsão de substituição como a necessidade de autorização para o afastamento, bem como a consequência em caso de descumprimento, segundo o STF, são **normas de reprodução obrigatória** que, pela simetria, deverão ser integralmente reproduzidas no âmbito dos demais entes federativos.

Assim, o STF declarou **inconstitucional** dispositivo da *Constituição do Maranhão* que considerava **desnecessária a substituição** do Governador por seu Vice-

-Governador, quando se afastasse do Estado ou do País por até 15 dias (**ADI 3.647**, Rel. Min. Joaquim Barbosa, j. 17.09.2007, *DJE* de 16.05.2008).

Deixar o governo sem comando (já que o dispositivo atacado dispensava o preenchimento do cargo nos primeiros 15 dias) seria criar uma combatida "acefalia" no governo.

Nessa linha, o outro dispositivo que, em razão de reforma à Constituição estadual, retirava a sanção de **perda do cargo** (prevista no art. 83 da CF/88) também foi declarado inconstitucional, pois a referida consequência (perda do cargo) serve para dar sentido e garantia às regras de sucessão e de necessário preenchimento do cargo de Chefe do Poder Executivo.

Finalmente, deve-se deixar claro que a outra regra prevista na Constituição Federal, que exige a autorização política somente na hipótese de afastamento **superior a 15 dias**, é também de **reprodução obrigatória**. Assim, disposição prevista na Constituição Estadual que demanda a autorização parlamentar para o Governador e o Vice-Governador de Estado se ausentar, "em qualquer tempo", do território nacional, ou seja, mesmo antes dos 15 dias, é **inconstitucional**. Conforme se observou, a necessidade de autorização parlamentar somente será devida se o afastamento for **superior a 15 dias** (ADI 5.373-MC, j. 09.05.2019, tendo sido o entendimento confirmado no julgamento de mérito em 24.08.2020, destacando-se os seguintes precedentes: ADIs ns. 678, 703, 738, 743, 775 e 2.453).

▪ 10.4.7. Ministros de Estado

▪ *10.4.7.1. Características gerais e requisitos de investidura no cargo. Poderá haver controle judicial? A questão específica do desvio de finalidade*

Como já visto, os Ministros de Estado são meros auxiliares do Presidente da República no exercício do Poder Executivo e na direção superior da administração federal (arts. 76, 84, II, e 87).

Os Ministros de Estado dirigem Ministérios e são **escolhidos** pelo Presidente da República, que os nomeia, podendo ser exonerados a qualquer tempo, ***ad nutum***, não tendo qualquer estabilidade (art. 84, I). Os requisitos para assumir o cargo de Ministro de Estado, cargo de **provimento em comissão**, são, de acordo com o art. 87, *caput*:

- ser brasileiro, nato ou naturalizado (exceto o cargo de **Ministro de Estado da Defesa**,[15] que, de acordo com a **EC n. 23, de 02.09.1999**, deverá ser preenchido

[15] A Lei Complementar n. 97, de 09.06.1999, dispondo sobre as normas gerais para a organização, o preparo e o emprego das Forças Armadas, estabelece que estas últimas (constituídas pela Marinha, Exército e Aeronáutica) subordinam-se ao **Ministro de Estado da Defesa** (art. 3.º c/c o art. 1.º, *caput*, da lei), que exercerá a **direção superior das Forças Armadas**, assessorado pelo *Conselho Militar de Defesa* (órgão permanente de assessoramento), pelo *Estado-Maior Conjunto das Forças Armadas* e pelos *demais órgãos*, conforme definido em lei (art. 9.º, na redação dada pela LC n. 136/2010). Portanto, nesses termos, a Lei, em seu art. 20, transforma os Ministérios da Marinha, do Exército e da Aeronáutica em Comandos, por ocasião da criação do **Ministério da Defesa**. Esse tema será mais bem estudado no *item 13.6* **(Forças Armadas)**.

por **brasileiro nato**, conforme se observa pelo inciso VII do § 3.º do art. 12, acrescentado pela aludida emenda);

- ter mais de 21 anos de idade;
- estar no exercício dos direitos políticos.

Isso posto, colocamos uma relevante pergunta: **o ato de escolha e nomeação de Ministro de Estado pode ser controlado pelo Poder Judiciário?**

Essa questão ganhou relevância com um fato que gerou bastante polêmica e de conhecimento de todos, qual seja, a nomeação do ex-Presidente da República *Luiz Inácio Lula da Silva*, por meio de Decreto da então Presidente da República Dilma Rousseff, que circulou em uma **edição extra** do *Diário Oficial* de **16.03.2016**, para exercer o cargo de Ministro de Estado Chefe da Casa Civil. Alegava-se que o único objetivo daquela nomeação era o de lhe conferir prerrogativa de foro no STF (art. 102, I, "c", CF/88), retirando os autos do juízo da denominada *Operação Lava-Jato*, sob a responsabilidade do então Juiz Sérgio Moro, em Curitiba.

Referido ato de nomeação e outras questões relacionadas foram judicializados no STF, destacando-se os MS 34.070 e 37.071, as ADPFs 390 e 391 e a Rcl 23.457.

Essa questão de suposto desvio de finalidade também foi levantada durante o governo do Presidente Michel Temer (que sucedeu, de modo definitivo, Dilma Rousseff em razão da condenação desta no processo de *impeachment*), tendo em vista o ato de nomeação de *Moreira Franco* para o cargo de Ministro de Estado (MS 34.609 e 34.615).

Em nosso entender, o ato de escolha, nomeação e exoneração de Ministro de Estado é, de fato, **discricionário**, por se tratar de **cargo de confiança** do Presidente da República, tanto é que são demissíveis *ad nutum*, qual seja, sem qualquer procedimento ou garantia de contraditório.

Dessa forma, haveria, em regra e em tese, apenas a possibilidade de eventual controle judicial sobre os requisitos formais previstos no art. 87, *caput*, da CF/88, ou seja, o controle da legalidade da nomeação e não do mérito da escolha.

Contudo, em se caracterizando **desvio de finalidade** no ato de nomeação (ou seja, ato com finalidade diversa de auxílio do Presidente da República na forma do art. 76 da CF/88), **que não se presume e tem de ser cabalmente demonstrado**, nesse caso específico, entendemos ser possível o controle judicial, já que se trata de ato **nulo** e, então, sob esse aspecto, passível de controle (art. 2.º, "e" e parágrafo único, "e", da Lei n. 4.717/65 — Lei da Ação Popular).

No caso de Lula, essa questão concreta não chegou a ser apreciada pelo STF, na medida em que, tendo em vista o afastamento de Dilma Rousseff decorrente da instalação do processo de *impeachment* no Senado Federal, ela mesma revogou o ato de nomeação, não tendo sido este restabelecido, já que, como todos sabem, em 31.08.2016 houve a sua condenação, com a aplicação da sanção de perda do cargo. Por esse motivo, decidiu o Min. Gilmar Mendes: "tendo em vista a publicação, no *Diário Oficial da União* de 12.5.2016 (Seção 2, p. 1), da exoneração do Ministro de Estado Chefe da Casa Civil da Presidência da República, está **prejudicada** a presente ação mandamental, em razão da perda superveniente de seu objeto (art. 21, IX, do RISTF)" (há agravo interno pendente de julgamento).

No mesmo sentido, os mandados de segurança impetrados contra o ato de nomeação de Moreira Alves foram julgados **prejudicados** por perda superveniente do objeto, em razão de sua exoneração do cargo.

▪ 10.4.7.2. Atribuições dos Ministros de Estado

Competem aos Ministros de Estado, além de outras atribuições estabelecidas na Constituição e na lei, as elencadas no parágrafo único do art. 87 da CF/88:

- exercer a orientação, coordenação e supervisão dos órgãos e entidades da administração federal na área de sua competência e **referendar os atos e decretos assinados pelo Presidente da República**;[16]
- expedir instruções para a execução das leis, decretos e regulamentos;[17]
- apresentar ao Presidente da República relatório anual de sua gestão no Ministério;
- praticar os atos pertinentes às atribuições que lhe forem outorgadas ou delegadas pelo Presidente da República.

Disciplinando a organização da Presidência da República e dos Ministérios, e cumprindo o previsto no **art. 88 da CF**, foi elaborada a Lei n. 9.649/98, parcialmente revogada pela Lei n. 10.683/2003, que foi alterada por diversos outros dispositivos, vindo a ser revogada pela Lei n. 13.502/2017, que foi, por sua vez, revogada pela **Lei n. 13.844/2019**, atualmente a que estabelece a organização básica dos órgãos da

---

[16] Trata-se do *referendo ministerial* dos atos (como as leis, medidas provisórias etc.) e decretos (não só os regulamentares, como também os inominados) assinados pelo Presidente da República. Michel Temer entende que se os atos e decretos presidenciais não forem referendados pelos Ministros de Estado serão **nulos** (*Elementos de direito constitucional*, p. 160). Já José Afonso da Silva sustenta que, mesmo sem o aludido referendo, os atos serão válidos e terão eficácia. Entende este último que, em caso de discordância (e, portanto, falta de referendo), o máximo que pode acontecer é a demissão do Ministro, a pedido ou não (*Curso de direito constitucional positivo*, p. 561-562). Na jurisprudência do STF encontramos apenas uma decisão monocrática do Min. Celso de Mello na linha do sustentado por José Afonso da Silva: a "referenda ministerial" não se qualifica com requisito indispensável de validade dos decretos presidenciais. Estando presente, qualifica-se como "causa geradora de corresponsabilidade político-administrativa" (**MS 22.706-MC**, Rel. Min. Celso de Mello, decisão monocrática, j. 23.01.97, *DJ* 05.02.97). Em relação aos concursos públicos, encontramos apenas uma questão em prova de Juiz do Trabalho da 9.ª Região no ano de 2007, adotando a tese de Temer, qual seja, a sua falta ensejaria a nulidade do ato ou do decreto presidencial.

[17] Deve-se observar que as instruções são atos inferiores às **leis**, aos **decretos** e aos **regulamentos**. As instruções assumem três funções: *a*) **regulamentar as leis**, assemelhando-se, nesse caso, aos *decretos regulamentares presidenciais*, tendo o seu âmbito de validade, contudo, **restrito ao Ministério**. Observar que não existe qualquer óbice no sentido de a referida lei ser regulamentada por decreto presidencial. Aliás, trata-se do modo normal, na medida em que hipótese de competência privativa do Presidente da República, nos exatos termos do art. 84, IV. No entanto, existindo **regulamento presidencial**, não caberá regulamentação da mesma matéria através de **instrução ministerial**. Os Ministros devem restringir-se às matérias que não tenham sido regulamentadas por decreto regulamentar presidencial (nesse caso dispõem sobre o que o decreto regulamentar deixou de disciplinar), ou toda a lei, inexistindo o regulamento presidencial; *b*) **regulamentar decretos**; e *c*) **regulamentos**.

Presidência da República e dos Ministérios, fruto de conversão da MP n. 870, de 1.º.01.2019, o primeiro ato do Governo Jair Bolsonaro.

Em comentário ao referido artigo, Bulos afirmava que "a lei ordinária prevista no art. 88 é *peculiar*, porque adentra na esfera de liberdade do Presidente da República, a quem compete organizar a máquina administrativa *sponte propria*". E já havia dito: "melhor seria deixar a matéria em aberto, como no direito anterior, sem as peias da lei para dispor sobre ministérios".[18]

A **EC n. 32, de 11.09.2001**, alterou a redação do art. 88 da CF, nos seguintes termos: "a lei disporá sobre a **criação** e **extinção** de Ministérios e órgãos da administração pública", **não** mais falando em **estruturação** e **atribuições**.

10.4.7.3. Poderão os Ministros de Estado receber delegação para exercer matéria de competência privativa do Presidente da República?

Como visto (cf. *item 10.4.2.1* e os detalhes da jurisprudência citada), o art. 84 enumera (trata-se de rol meramente exemplificativo) diversas atribuições do Presidente da República, ora com natureza de função de Chefe de Estado, ora com natureza de Chefe de Governo.

O parágrafo único do art. 84 dispõe que o Presidente da República poderá delegar as atribuições mencionadas nos incisos VI, XII e XXV, primeira parte, aos **Ministros de Estado** (bem como ao Procurador-Geral da República e ao Advogado-Geral da União), que deverão observar os limites traçados nas respectivas delegações.

10.4.7.4. Responsabilidade e juízo competente para processar e julgar os Ministros de Estado. A análise do controle político pela Câmara dos Deputados (art. 51, I)

Os Ministros de Estado, sem prejuízo da previsão de outras condutas em legislação federal (cf., por exemplo, a Lei n. 1.079/50), de acordo com a Constituição, cometem crime de responsabilidade nas seguintes situações:

a) quando convocados pela Câmara dos Deputados, pelo Senado Federal ou qualquer de suas Comissões, para prestar, pessoalmente, informações sobre assunto previamente determinado e inerentes às suas atribuições e deixarem de comparecer, salvo justificação adequada (arts. 50, *caput*, e 58, III);

b) quando as Mesas da Câmara dos Deputados ou do Senado Federal encaminharem pedidos escritos de informação aos Ministros de Estado e estes se recusarem a fornecê-las, não atenderem ao pedido no prazo de 30 dias, ou prestarem informações falsas (art. 50, § 2.º);

c) quando praticarem crimes de responsabilidade conexos e da mesma natureza com os crimes de responsabilidade praticados pelo Presidente da República (art. 52, I, c/c o art. 85).

[18] Uadi Lammêgo Bulos, *Constituição Federal anotada*, p. 818.

No caso de **crimes de responsabilidade** praticados **sem** qualquer **conexão** com o Presidente da República e nos **crimes comuns**, os Ministros de Estado serão processados e julgados perante o **STF**, nos exatos termos do art. 102, I, "c". Na hipótese de crimes de responsabilidade conexos com os do Presidente da República o órgão julgador será o **Senado Federal**, nos termos do art. 52, I, e parágrafo único.

E a necessidade de autorização pela Câmara dos Deputados?

O art. 51, I, estabelece ser competência privativa da Câmara dos Deputados autorizar, por 2/3 de seus membros, a instauração de processo contra o Presidente e o Vice-Presidente da República, bem como contra os Ministros de Estado.

O STF interpretou que essa *condição de procedibilidade* ou *admissibilidade do processo* (por crime comum ou por crime de responsabilidade) só será exigida na hipótese de **crime de responsabilidade** praticado por Ministro de Estado **conexo** com aquele praticado pelo Presidente da República.

Assim, em se tratando de *crime comum* ou de *crime de responsabilidade praticado por Ministro de Estado* **sem conexão** *com o praticado pelo Presidente da República*, **não haverá necessidade de autorização pela Câmara dos Deputados**, proibindo-se, portanto, a sua exigência. Nesse sentido, firme a jurisprudência do STF:

> "EMENTA: O processo de *impeachment* dos Ministros de Estado, por **crimes de responsabilidade autônomos, não conexos** com infrações da mesma natureza do Presidente da República, ostenta **caráter jurisdicional**, devendo ser instruído e julgado pelo **STF**. **Inaplicabilidade do disposto nos arts. 51, I e 52, I da Carta de 1988 e 14 da Lei 1.079/1950**, dado que é **prescindível** (ou seja, **dispensada**, acrescente-se) **autorização política da Câmara dos Deputados para a sua instauração**. Prevalência, na espécie, da **natureza criminal** desses processos, cuja apuração judicial está sujeita à **ação penal pública da competência exclusiva do MPF (CF, art. 129, I)**. Ilegitimidade ativa *ad causam* dos cidadãos em geral, a eles remanescendo a faculdade de noticiar os fatos ao *Parquet*" (**Pet 1.954**, Rel. Min. Maurício Corrêa, j. 11.09.2002, Plenário, *DJ* de 1.º.08.2003).[19]

▪ 10.4.8. Conselho da República e Conselho de Defesa Nacional

O **Conselho da República** e o **Conselho de Defesa Nacional** são **órgãos superiores**[20] **de consulta** do **Presidente da República**, por este **convocados** e **presididos**

---

[19] No mesmo sentido, **Pet 1.656**, Rel. Min. Maurício Corrêa, j. 11.09.2002, Plenário, *DJ* de 1.º.08.2003. Ainda: "Em face da interpretação sistemática da Constituição, o requisito de procedibilidade a que alude seu artigo 51, I, se restringe, no tocante aos Ministros de Estado, aos crimes comuns e de responsabilidade **conexos** com os da mesma natureza imputados ao Presidente da República. Questão de ordem em que se rejeita a preliminar da necessidade, no caso, de autorização prévia da Câmara dos Deputados" (**QC 427-QO**, Rel. Min. Moreira Alves, j. 14.03.1990, Plenário, *DJ* 15.10.1993). Cf., também, o mesmo entendimento fixado pelo STF na vigência da Constituição pretérita (**MS 20.422**, Rezek, *DJ* de 29.06.1984).

[20] Interessante observar que o art. 89, *caput*, denominou o *Conselho da República* como "órgão **superior** de consulta", enquanto o art. 91 definiu o *Conselho de Defesa Nacional* como "órgão de con-

(art. 84, XVIII), sendo os seus pareceres e manifestações meramente **opinativos** porque não vinculam as decisões a serem tomadas pelo Chefe do Executivo Federal.

Para aqueles que prestam concursos públicos, a questão mais recorrente em prova sobre esse assunto é aquela que exige o conhecimento dos **integrantes** dos referidos Conselhos e, assim, o seu estudo comparativo, tanto de membros natos (do Executivo e do Legislativo) como, no caso do Conselho da República, de cidadãos. Vejamos:

CONSELHO DA REPÚBLICA ("órgão superior de consulta do Presidente da República, e dele participam" — art. 89)	CONSELHO DE DEFESA NACIONAL ("órgão de consulta do Presidente da República nos assuntos relacionados com a soberania nacional e a defesa do Estado democrático, e dele participam como membros natos" — art. 91)
■ Vice-Presidente da República	■ Vice-Presidente da República
■ Presidente da Câmara dos Deputados	■ Presidente da Câmara dos Deputados
■ Presidente do Senado Federal	■ Presidente do Senado Federal
■ líderes da maioria e da minoria na Câmara dos Deputados	■ *sem correspondência*
■ líderes da maioria e da minoria no Senado Federal	■ *sem correspondência*
■ Ministro da Justiça	■ Ministro da Justiça
■ **6** cidadãos brasileiros natos, com mais de **35** anos de idade, sendo **2** nomeados pelo Presidente da República, **2** eleitos pelo Senado Federal e **2** eleitos pela Câmara dos Deputados, todos com mandato de **3 anos**, vedada a recondução	■ *sem correspondência*
■ "O Presidente da República **poderá convocar Ministro de Estado para participar da reunião** do Conselho, quando constar da pauta questão relacionada com o respectivo Ministério" (art. 90, § 1.º)	■ Ministro de Estado da Defesa[21]
	■ Ministro das Relações Exteriores
	■ Ministro do Planejamento
	■ Comandantes da Marinha, do Exército e da Aeronáutica

■ *10.4.8.1. Conselho da República*

Conforme anota José Afonso da Silva, o **Conselho da República** "foi inspirado no Conselho de Estado instituído nos arts. 144 a 149 da Constituição da República Portuguesa, e **surgiu no bojo da proposta parlamentarista**, que, tendo caído, o deixou de herança dentro do presidencialismo, com certeza para não merecer a menor atenção do Presidente da República, que, no personalismo do sistema, não costuma consultar senão seus próprios botões (às vezes)".[22]

sulta". Apesar dessa omissão (inexistência da palavra "superior"), o Conselho de Defesa Nacional **também** deve ser entendido como órgão **superior** de consulta, em razão de sua função prestada.

21 O inciso V do art. 91, CF/88, foi alterado pela **EC n. 23/99**. A antiga redação dizia: "os Ministros militares". Em razão da criação do **Ministério da Defesa**, introduzido pela aludida Emenda Constitucional, os Ministérios da Marinha, do Exército e da Aeronáutica foram transformados em **Comandos**, subordinando-se todos ao **Ministro de Estado da Defesa**. Por esse motivo foi acrescentado o inciso VIII ao art. 23, CF/88.

22 José Afonso da Silva, *Comentário contextual à Constituição*, 9. ed., p. 506.

A **Lei n. 8.041/90** regula a organização e o funcionamento do Conselho da República, cujas **competências constitucionais** foram definidas no sentido de se **pronunciar** sobre (art. 90, I e II, CF/88):

- a intervenção federal, o estado de defesa e o estado de sítio;
- questões relevantes para a estabilidade das instituições democráticas.

Além dos integrantes já indicados acima, o Presidente da República poderá **convocar** Ministro de Estado para participar da reunião do Conselho da República, quando constar da pauta questão relacionada com o respectivo Ministério (art. 90, § 1.º, CF/88). Neste caso, contudo, o Ministro convocado não terá direito a voto (art. 5.º, parágrafo único, da Lei n. 8.041/90).

Finalmente, além de outras prescrições estabelecidas na referida lei regulamentadora, cabe destacar que a participação no Conselho da República é considerada **atividade relevante** e **não remunerada** (art. 3.º, § 4.º, da Lei n. 8.041/90).

10.4.8.2. Conselho de Defesa Nacional

O **Conselho de Defesa Nacional**, por sua vez, também consoante as lições de José Afonso da Silva, previsto nos arts. 423 e 424 do *Anteprojeto da Comissão Afonso Arinos*, "vem como substituto do famigerado Conselho de Segurança Nacional do regime militar" e é órgão de consulta (superior) do Presidente da República nos assuntos relacionados com a **soberania nacional** e a **defesa do Estado democrático**.[23]

A **lei n. 8.183/91** regula a organização e o funcionamento do Conselho de Defesa Nacional, competindo-lhe, nos termos da Constituição:

- **opinar** nas hipóteses de declaração de guerra e de celebração da paz, bem como sobre a decretação do estado de defesa, do estado de sítio e da intervenção federal;
- **propor** os critérios e as condições de utilização de áreas indispensáveis à segurança do território nacional e **opinar** sobre seu efetivo uso, especialmente na faixa de fronteira[24] e nas relacionadas com a preservação e a exploração dos recursos naturais de qualquer tipo;
- **estudar**, **propor** e **acompanhar** o desenvolvimento de iniciativas necessárias a garantir a independência nacional e a defesa do Estado democrático.

Na mesma linha do previsto para o Conselho da República, a participação, efetiva ou eventual, no Conselho de Defesa Nacional constitui **serviço público relevante**, e seus membros **não poderão receber remuneração** sob qualquer título ou pretexto (art. 7.º da Lei n. 8.183/91).

---

[23] José Afonso da Silva, *Comentário contextual à Constituição*, 9. ed., p. 507.

[24] **Faixa de fronteira**, conforme estabelece o art. 20, § 2.º, da CF/88, corresponde à faixa de até **150 km** de largura, ao longo das fronteiras terrestres, sendo constitucionalmente considerada fundamental para a defesa do território nacional. A sua ocupação e utilização foram reguladas pela Lei n. 6.634/79.

10.4.9. Crimes de responsabilidade

10.4.9.1. Notas introdutórias e natureza jurídica

Os detentores de altos cargos públicos poderão praticar, além dos crimes comuns, os **crimes de responsabilidade**, vale dizer, infrações político-administrativas (crimes, portanto, de natureza **política**), submetendo-se ao processo de *impeachment*.

Historicamente, sob forte influência do modelo norte-americano, previu-se o crime de responsabilidade na Constituição de 1891, sendo originariamente regulamentado pelas Leis ns. 27 e 30, de 1892.

Atualmente, conforme desenvolveremos a seguir, a matéria está prevista na **Lei n. 1.079/50** e nas interpretações sobre o rito do processo de *impeachment* estabelecidas no julgamento de várias ações promovidas durante o procedimento envolvendo Dilma Rousseff, destacando-se: **ADPF 378**, Rel. p/ o ac. Min. Barroso, j. 17.11.2015, *DJE* de 08.03.2016, e embargos declaratórios rejeitados em 16.03.2016, *DJE* de 04.08.2016; **ADI 5.498** (liminar indeferida em 14.04.2016) e os **MS 34.127**, **34.128**, **34.130** e **34.131** (liminares questionando o procedimento indeferidas em 15.04.2016).

Na Constituição Federal de 1988, o **art. 85** prescreve que os **atos do Presidente da República** que **atentarem contra a Constituição** serão considerados **crimes de responsabilidade**. **Exemplifica** como hipóteses de crime de responsabilidade os atos que atentarem contra: *a*) a existência da União; *b*) o livre exercício do Poder Legislativo, do Poder Judiciário, do Ministério Público e dos Poderes constitucionais das unidades da Federação; *c*) o exercício dos direitos políticos, individuais e sociais; *d*) a segurança interna do País; *e*) a probidade na administração; *f*) a lei orçamentária; *g*) o cumprimento das leis e das decisões judiciais.

Por sua vez, o parágrafo único do art. 85 dispõe que referidos crimes serão **definidos** em **lei especial**, que estabelecerá as **normas de processo e julgamento**.

Imprescindível, portanto, a existência de **lei especial** e **nacional** disciplinando as hipóteses de crimes de responsabilidade, lembrando que a regra geral do **princípio da legalidade** deve ser aqui evocada, no sentido de que *nullum crimen, nulla poena sine praevia lege*.

Aliás, o art. 5.º, XXXIX, da CF/88 determina que não há crime sem lei anterior que o defina, nem pena sem prévia cominação legal.

Referida **lei especial** deve ser, necessariamente, votada pelo Congresso Nacional (lei federal), nos termos do art. 22, I, da CF/88.

Conforme decidiu o STF, "a definição das **condutas típicas configuradoras do crime de responsabilidade** e o **estabelecimento de regras que disciplinem o processo e julgamento dos agentes políticos federais, estaduais ou municipais envolvidos** são da **competência legislativa privativa da União** e devem ser tratados em **lei nacional especial** (art. 85 da Constituição da República)" (ADI 2.220, Rel. Min. Cármen Lúcia, j. 16.11.2011, Plenário, *DJE* de 07.12.2011).

Não podemos deixar de lembrar, ainda, a **SV 46/STF**, aprovada na Sessão Plenária de 09.04.2015, fruto de conversão da S. 722/STF (de 26.11.2003): "a definição dos crimes de responsabilidade e o estabelecimento das respectivas normas de processo e julgamento são da **competência legislativa privativa da União**".

Nesse sentido, recepcionada, em grande parte, pela CF/88 (art. 85, parágrafo único), a citada **Lei n. 1.079/50**, estabelecendo normas de processo e julgamento, foi alterada pela **Lei n. 10.028, de 19.10.2000**, que ampliou o rol das infrações político-administrativas, notadamente em relação aos **crimes contra a lei orçamentária**.

Segundo entendeu o STF, "a aplicação **subsidiária** do **Regimento Interno da Câmara dos Deputados** e do **Senado** ao processamento e julgamento do *impeachment* não viola a reserva de lei especial imposta pelo art. 85, parágrafo único, da Constituição, desde que as normas regimentais sejam compatíveis com os preceitos legais e constitucionais pertinentes, limitando-se a disciplinar questões *interna corporis*" (ADPF 378).

Além do Presidente da República (art. 52, I), também poderão ser responsabilizados politicamente e destituídos de seus cargos através do processo de *impeachment*: o Vice-Presidente da República (art. 52, I); os Ministros de Estado, nos crimes conexos com aqueles praticados pelo Presidente da República (art. 52, I); os Ministros do STF (art. 52, II); os membros do Conselho Nacional de Justiça e do Conselho Nacional do Ministério Público (art. 52, II, nos termos da **EC n. 45/2004**); o Procurador-Geral da República (art. 52, II) e o Advogado-Geral da União (art. 52, II), bem como Governadores (*vide* esquema no *item 10.4.14*) e Prefeitos (art. 31 — Câmara dos Vereadores).[25]

▪ *10.4.9.2. Procedimento*

Concentraremos nossa análise no processo de *impeachment* definido na CF para o Presidente da República, seguindo as regras procedimentais descritas na Lei n. 1.079/50.

O STF, ao reanalisar o tema, agora envolvendo a ex-Presidente da República Dilma Rousseff, basicamente **reafirmou** o rito aplicado ao processo de *impeachment* de Fernando Collor (**ADPF 378**, Rel. p/ o ac. Min. Barroso, j. 17.11.2015, *DJE* de 08.03.2016), tendo por premissa a **segurança jurídica** e a manutenção das regras outrora definidas, observando-se algumas particularidades constantes da CF/88, distintas em relação à Constituição de 1946, que era a que vigorava quando foi editada a Lei n. 1.079/50.

[25] Existem, segundo Damásio de Jesus (*Direito penal*, v. 1, p. 219-221), **crimes de responsabilidade próprios** (em sentido estrito, propriamente ditos), previstos no CP (arts. 312 a 326, 150, § 2.º, 300, 301 etc.) e em legislação especial (Dec.-lei n. 201/67 e Lei n. 4.898/65 — lembrando que referida lei foi revogada pela **Lei n. 13.869/2019**, que define os **crimes de abuso de autoridade**); bem como os **crimes de responsabilidade impróprios** (não são crimes, mas **infrações político-administrativas**), previstos nas Leis ns. 1.079/50 e 7.106/83. Devemos salientar que concentraremos a análise sobre os **crimes de responsabilidade impróprios**, vale dizer, sobre as infrações de natureza política, ensejadoras do processo de ***impeachment***. É claro que outras autoridades cometem crimes de responsabilidade. No entanto, trata-se dos de natureza própria (natureza de crime), seguindo as regras do CPP (*vide* arts. 513 e s.) ou legislação especial. *Vide item 10.4.14,* sobre sistematização das regras de competência, bem como questão sobre a responsabilização dos prefeitos.

Para entender o papel de cada uma das Casas nesse procedimento **bifásico**, é fundamental a análise comparativa dos textos constitucionais. Vejamos:

	CONSTITUIÇÃO DE 1946	CONSTITUIÇÃO DE 1988
CÂMARA DOS DEPUTADOS	Art. 59. "Compete privativamente à Câmara dos Deputados: I — a declaração, pelo voto da **maioria absoluta** dos seus membros, da **procedência** ou **improcedência da acusação**, contra o Presidente da República"	Art. 51. "Compete privativamente à Câmara dos Deputados: I — **autorizar**, por **2/3** de seus membros, a instauração de processo contra o Presidente e o Vice-Presidente da República"
SENADO FEDERAL	"Art. 62. Compete privativamente ao Senado Federal: I — **julgar** o Presidente da República nos crimes de responsabilidade; II — **processar** e **julgar** os Ministros do STF e o PGR, nos crimes de responsabilidade"	"Art. 52. Compete privativamente ao Senado Federal: I — **processar** e **julgar** o Presidente e o Vice-Presidente da República nos crimes de responsabilidade"

10.4.9.2.1. *Câmara dos Deputados*

A acusação poderá ser formalizada por qualquer **cidadão** no pleno gozo de seus direitos políticos, devendo a denúncia estar assinada com firma reconhecida e acompanhada dos documentos que a comprovem, ou da declaração de impossibilidade de apresentá-los, com a indicação do local onde possam ser encontrados, além de, se for o caso, rol das testemunhas, em número de, no mínimo, cinco.

Conforme entendeu o STF, antes da apreciação pelo Plenário da Câmara dos Deputados (art. 52, I, da CF/88), de acordo com o art. 19 da Lei n. 1.079/50, assegura-se ao **Presidente da Câmara dos Deputados** a competência para proceder a "... **exame liminar** da idoneidade da denúncia popular, 'que não se reduz à verificação das formalidades extrínsecas e da legitimidade de denunciantes e denunciados, mas se pode estender (...) à **rejeição imediata da acusação patentemente inepta** ou **despida de justa causa**, sujeitando-se ao controle do Plenário da Casa, mediante recurso (...)'" (**MS 20.941-DF**, Sepúlveda Pertence, *DJ* de 31.08.1992).[26]

Esse exame liminar **independe de defesa prévia**, não havendo violação à garantia da ampla defesa e aos compromissos internacionais assumidos pelo Brasil em tema de direito de defesa, e será implementado pelo Presidente da Câmara quando entender conveniente.

Assim, observa-se que foi dado a um único parlamentar, o Presidente da Câma-

---

[26] Cf. **MS 23.885**, Rel. Min. Carlos Velloso, j. 28.08.2002, Plenário, *DJ* de 20.09.2002. **Cuidado:** em relação a crime de responsabilidade supostamente praticado por **Ministro do STF**, a Corte tem entendido que a atribuição para esse **exame liminar**, nos termos do art. 44 da Lei n. 1.079/50, é da **Mesa do Senado Federal** (lembrando que a Câmara dos Deputados não participa do julgamento de crime de responsabilidade praticado por Ministro do STF — cf. art. 51, I (por não haver essa previsão), e art. 52, II, da CF/88), e não do Presidente da Câmara dos Deputados. Nesse sentido, cf. **MS 30.672-AgR**, Rel. Min. Ricardo Lewandowski, j. 15.09.2011, Plenário, *DJE* de 18.10.2011, que analisava o arquivamento liminar pela Mesa do Senado Federal de pedido de instauração de processo de *impeachment* contra o Min. Gilmar Mendes formulado por determinado cidadão.

ra dos Deputados, um **extraordinário poder**: a) competência para definir quando irá apreciar o pedido de *impeachment*; b) em seguida, conforme jurisprudência do STF, o poder de indeferir liminar e monocraticamente o pedido na hipótese de acusação patentemente inepta ou despida de justa causa; c) finalmente, havendo recurso contra essa decisão, em razão do "poder de agenda", o Presidente da Câmara dos Deputados poderá pautar o recurso quando bem entender.

Admitida a acusação, será constituída uma **comissão especial** para emissão de parecer, **não sendo possível a apresentação de candidaturas ou chapas avulsas para sua formação**. Conforme decidiu o STF (ADPF 378), "é incompatível com o art. 58, *caput* e § 1.º, da Constituição que os representantes dos partidos políticos ou blocos parlamentares deixem de ser indicados pelos líderes, na forma do Regimento Interno da Câmara dos Deputados, para serem escolhidos de fora para dentro, pelo Plenário, em violação à autonomia partidária".

A **votação** para **formação** da **comissão especial** somente pode se dar por **voto aberto**, tendo em vista os princípios democrático, representativo e republicano.

Segundo entendimento do STF, "no *impeachment*, **todas as votações devem ser abertas**, de modo a permitir maior **transparência**, **controle dos representantes** e **legitimação do processo**. (...). Além disso, o sigilo do escrutínio é incompatível com a natureza e a gravidade do processo por crime de responsabilidade. Em processo de tamanha magnitude, que pode levar o Presidente a ser afastado e perder o mandato, é preciso garantir o maior grau de transparência e publicidade possível" (ADPF 378 MC, Rel. p/ o ac. Min. Roberto Barroso, j. 16.12.2015, Plenário, *DJE* de 08.03.2016).

Do recebimento da denúncia será notificado o denunciado para manifestar-se, querendo, no prazo de 10 sessões.

Elaborado e votado o parecer da comissão especial (voto aberto), **independentemente do seu conteúdo**, a denúncia será apreciada pelo **Plenário da Câmara**, que poderá autorizar ou não a instauração de processo de *impeachment* contra o Presidente da República. Essa **autorização** depende do quórum constitucional qualificado de **2/3** de seus membros (art. 51, I, da CF/88).

Assim, analisando a mudança de redação dos dispositivos constitucionais de 1946 e 1988, conforme o quadro acima, estabeleceu o STF, seguindo o voto do Min. Barroso, os papéis da Câmara e do Senado: "apresentada denúncia contra o Presidente da República por crime de responsabilidade, compete à Câmara dos Deputados **autorizar** a instauração de processo (art. 51, I, da CF/1988). A Câmara exerce, assim, um juízo eminentemente **político** sobre os fatos narrados, que constitui condição para o **prosseguimento** da denúncia. Ao Senado compete, privativamente, **processar** e **julgar** o Presidente (art. 52, I), locução que abrange a realização de um juízo inicial de **instauração** ou não do processo, isto é, de recebimento ou não da denúncia autorizada pela Câmara" (ementa do acórdão — ADPF 378).

Dessa forma, é o Senado Federal que admite ou não a acusação contra o Presidente da República. A Câmara dos Deputados simplesmente autoriza o procedimento a se desenvolver.

Por esse motivo, para exemplificar, a ex-Presidente Dilma Rousseff apenas foi suspensa de suas funções (em **12.05.2016**, por até 180 dias — art. 86, § 1.º, II) quando o **Senado Federal**, ao receber a denúncia, **instaurou** o processo e não quando a Câmara dos Deputados, em 17.04.2016, autorizou, por 367 votos, contra 137 (e 7 abstenções), a sua instauração.

Em sendo atingido o número mínimo de votos, qual seja, atualmente, **342** (2/3 dos 513 Deputados Federais), a autorização tomará a forma de **resolução** e seguirá para o Senado Federal.

Nesse procedimento de autorização para instauração do processo (seja o liminar pelo seu Presidente, seja aquele realizado pelo Plenário), a Câmara dos Deputados profere **juízo político**, verificando, como anotou o STF, "... se a acusação é consistente, se tem ela base em alegações e fundamentos plausíveis, ou se a notícia do fato reprovável tem razoável procedência, não sendo a acusação simplesmente fruto de quizílias ou desavenças políticas" (**MS 21.564**, Rel. p/ o ac. Min. Carlos Velloso, j. 23.09.1992, Plenário, *DJ* de 27.08.1993).

■ *10.4.9.2.2. Senado Federal*

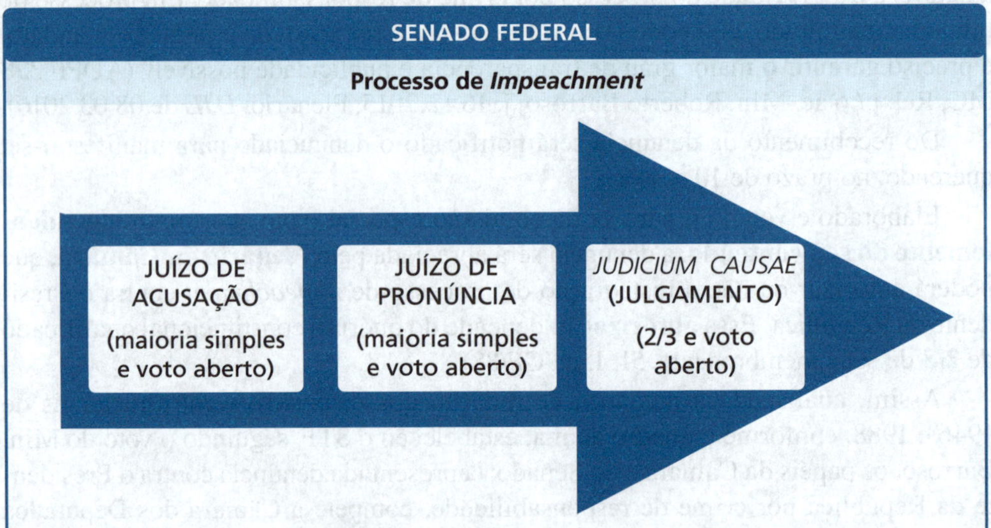

O procedimento no Senado Federal é **trifásico**. Conforme decidiu o STF, "diante da ausência de regras específicas acerca dessas etapas iniciais do rito no Senado, deve-se seguir a mesma solução jurídica encontrada pelo STF no caso Collor, qual seja, a aplicação das regras da Lei n. 1.079/1950 relativas a denúncias por crime de responsabilidade contra Ministros do STF ou contra o PGR (também processados e julgados exclusivamente pelo Senado)" (ADPF 378). Vejamos cada uma dessas etapas:

A) JUÍZO DE ACUSAÇÃO (*judicium accusationis*: maioria simples e voto aberto do Pleno)

Depois de autorizado o processamento pela Câmara dos Deputados, também será constituída uma **comissão especial** no Senado Federal para elaboração de parecer. Independentemente de seu conteúdo, haverá discussão e votação nominal do parecer, pelo **Plenário do Senado Federal**, por voto aberto, em um só turno e por maioria simples (Lei n. 1.079/50, art. 47, 1.ª parte).

Se o Plenário do Senado não admitir a denúncia, dar-se-á a extinção anômala do processo, com o consequente arquivamento dos autos (art. 48 da Lei n. 1.079/50). Por outro lado, aprovado o parecer, reputar-se-á passível de deliberação a denúncia popular oferecida (art. 47 da Lei n. 1.079/50).

Nesse momento o processo está formalmente instaurado no Senado Federal, passando a ser presidido pelo **Presidente do STF**, conforme determina o art. 52, parágrafo único, da CF.

De acordo com o art. 86, § 1.º, II, o Presidente da República ficará **suspenso** de suas funções pelo prazo de até **180 dias**. Trata-se de suspensão **cautelar**, **automática** e **temporária**. Se decorrido esse prazo e o julgamento não estiver concluído, cessará imediatamente o afastamento, sem prejuízo do regular prosseguimento do processo. (Naturalmente, se o julgamento for concluído em prazo menor e não houver a imposição da pena de perda do cargo (condenação), o Presidente da República voltará a exercer as suas funções, podendo, então, ficar afastado por prazo menor que 180 dias.)

Devemos lembrar que, de acordo com o art. 15 da Lei n. 1.079/50, "a denúncia só poderá ser recebida enquanto o denunciado não tiver, por qualquer motivo, deixado definitivamente o cargo". O ex-Presidente Fernando Collor de Mello impetrou mandado de segurança alegando que a renúncia ao cargo extinguiria o processo de *impeachment*. O STF, julgando o aludido MS 21.689-1, por maioria de votos, decidiu que a renúncia ao cargo não extingue o processo quando já iniciado.

B) JUÍZO DE PRONÚNCIA (maioria simples e voto aberto)

Aplicando-se as regras processuais, passa a haver ampla **instrução probatória** para, ao final, o Plenário do Senado Federal, depois de colhidas as provas, discutir e votar o parecer da comissão especial (em um só turno, por voto aberto e maioria simples).

Se o Senado entender que não procede a acusação, o processo será arquivado (art. 55 da Lei n. 1.079/50). Se, por outro lado, o Senado aprovar o parecer, considerar-se-á procedente a acusação (art. 44, 2.ª parte, da Lei n. 1.079/50), passando para a última fase de julgamento.

C) *JUDICIUM CAUSAE* (fase de julgamento: 2/3 e voto aberto)

O julgamento do Presidente da República deverá ser realizado pelo Plenário do Senado Federal, por voto aberto, só sendo admitida a condenação se atingido o quórum constitucional de **2/3** dos 81 Senadores, ou seja, o número mínimo de **54**, que responderão SIM ou NÃO à seguinte pergunta formulada pelo Presidente do STF:

"Cometeu o acusado os crimes que lhe são imputados, e deve ser ele condenado à perda do seu cargo e à inabilitação temporária, por oito anos, para o desempenho de qualquer outra função pública, eletiva ou de nomeação?" (CF, art. 52, parágrafo único; Lei n. 1.079/50, art. 68).

No caso de condenação, as sanções impostas no processo de *impeachment* serão veiculadas por **resolução** do Senado Federal (art. 52, I, CF/88), nos termos da sentença lavrada nos autos da denúncia, que, assinada pelo Presidente do STF (que preside o procedimento) e pelos Senadores (que funcionam como juízes), passará a fazer parte integrante da referida resolução (como exemplo, cf. *Res. n. 101/92* — Collor de Mello — e *Res n. 35/2016* — Dilma Rousseff).

Conforme sustentamos, na sistemática atual, ao contrário do que acontecia com as Leis ns. 27 e 30, de 1892, a condenação pelo crime de responsabilidade implicará a imposição de **duas penas autônomas**: a perda do cargo e a inabilitação para o exercício de função pública por 8 anos, sendo esta última, portanto, não mais acessória, como era antes. Havendo renúncia ao cargo quando já fora instaurado o processo (art. 15 da Lei n. 1.079/50), este deverá seguir até o final, podendo ser aplicada a pena da inabilitação.

Havendo condenação pela prática do crime de responsabilidade, deverá ser aplicada a pena de perda do cargo **com** inabilitação por 8 anos para o exercício de função pública, sem prejuízo das demais sanções judiciais cabíveis (art. 52, parágrafo único, CF/88). Na hipótese de absolvição, naturalmente, não fará sentido impor a pena de inabilitação, que pressupõe a prática do crime.

■ 10.4.9.2.3. Caso Dilma Rousseff: inovação inconstitucional. Fatiamento da votação e das penas

Esse nosso entendimento acima exposto, contudo, não foi verificado no caso do processo de *impeachment* de Dilma Rousseff (**DEN n. 1/2016**).

No dia 30.08.2016, o Senador Humberto Costa (líder da bancada do Partido dos Trabalhadores) apresentou, nos termos do *Requerimento n. 636/2016* e tendo por fundamento o art. 312, II e parágrafo único, do *RISF*, **destaque** (de autoria de líderes partidários e outros) da expressão "*ficando, em consequência, inabilitada para o exercício de qualquer função pública pelo prazo de oito anos*", para que fosse apreciada em separado.

Fazendo uma interpretação ampliada da expressão "proposição" prevista no art. 312 do *RISF*, assim como diante da desnecessidade de aprovação plenária na forma do parágrafo único do art. 312 do *RISF*, introduzido pela *Res n. 8/2016*, o Min. Lewandowski, então Presidente do STF e, portanto, nos termos do art. 52, parágrafo único, da CF/88, Presidente do processo de *impeachment*, baseando-se na *Nota Informativa n. 2.660/2016*, da Consultoria Legislativa do Senado Federal, **acolheu o destaque** e determinou a **votação de modo fatiado**, passando os parlamentares a responder às seguintes indagações (votação realizada em 31.08.2016):

Acesse também a videoaula pelo link: somos.in/DCE25099

- "Cometeu a acusada os crimes de responsabilidade correspondentes à tomada de empréstimos junto à instituição financeira controlada pela União e à abertura de créditos sem autorização do Congresso Nacional, que lhe são imputados, devendo ser condenada à perda do seu cargo?" **SIM:** 61, NÃO: 20, ABST: 0;
- "ficando, em consequência, inabilitada para o exercício de qualquer função pública pelo prazo de oito anos" (votação da expressão destacada): SIM: 42, **NÃO:** 36, ABST: 3.

Na medida em que a Constituição exige o quórum de 2/3 para a condenação, ou seja, **54** votos, apesar de condenada à perda do cargo, Dilma Rousseff não ficou inabilitada para o exercício de função pública (cf. **Res. n. 35/2016**, *DOU*, Edição Extra de 31.08.2016).

O Presidente do Senado Federal, Renan Calheiros, apresentou pronunciamento extremamente comentado à época: "Afastar a Presidente da República é constitucional. Pode afastar na forma da Constituição e da democracia? Pode, mas não é da Constituição inabilitar a Presidente da República como consequência do seu afastamento, não; essa decisão terá que ser tomada aqui, pelo Plenário do Senado Federal. E, no Nordeste, costumam dizer uma coisa com a qual eu não concordo: 'Além da queda, coice.' Nós não podemos deixar de julgar, nós temos que julgar, mas nós não podemos ser maus, desumanos" (133.ª Sessão, Deliberativa Extraordinária, em 31.08.2016, *DSF* de 1.º.09.2016, p. 32-33).

Com o máximo respeito, não concordamos com essa forma de julgamento fatiada! Conforme sustentamos, a condenação pelo crime de responsabilidade implicará a imposição de duas penas autônomas: a perda do cargo e a inabilitação para o exercício de função pública por 8 anos, sendo esta última não mais acessória.

Dizer que não é assessória não significa, em nosso entender, determinar o fatiamento do modo de votação. A literalidade da Constituição é implacável ao afirmar, no parágrafo único do art. 52, que a condenação limita-se à perda do cargo **COM** inabilitação por 8 anos para o exercício de função pública. Nesse sentido, também, a regra contida no *caput* do art. 68 da Lei n. 1.079/50.

Essa nossa interpretação encontra fundamento no precedente firmado no **MS 21.689**, caso Collor de Mello (j. 16.12.1993, *DJ* de 07.04.95), havendo uma curiosidade sobre esse julgado: tendo havido empate em 4 x 4 sobre a possibilidade ou não de se aplicar a pena de inabilitação depois de ter havido a renúncia ao cargo, estando 3 Ministros do STF impossibilitados de votar — Marco Aurélio e Francisco Rezek, por suspeição, e Sydney Sanches, por impedimento —, 3 Ministros do **STJ** foram convocados (José Dantas, Torreão Braz e William Patterson), tendo sido, portanto, o empate da votação resolvido pelos Ministros do STJ convocados.

Esse ponto específico do procedimento de votação certamente poderá ser apreciado pelo STF, provocado a interpretar o parágrafo único do art. 52, CF/88 (cf. MS ns. 34.378, 34.379, 34.385, 34.386, 34.394 e 34.418, *pendentes*).

10.4.9.3. *Crime de responsabilidade: admite-se o controle judicial?*

O Poder Legislativo, seja a Câmara dos Deputados no juízo de autorização, seja o Senado Federal no julgamento de mérito, realiza julgamento de **natureza política**.[27]

Assim, por esse aspecto (mérito), não se admite o controle judicial, sob pena de se violar o princípio da separação de poderes.

O constituinte originário definiu que compete ao **Senado Federal** processar e julgar o Presidente e o Vice-Presidente da República nos crimes de responsabilidade. Assim, admitir a revisão do julgamento de mérito pelo STF significaria inequívoca violação da Constituição.

Entendemos, contudo, que o STF poderá analisar questões procedimentais e de legalidade, como o fez no julgamento da ADPF 378 (cf., ainda, MS 20.941-DF, MS 21.564-DF e MS 21.623-DF).

Mas fica uma observação: parece razoável, em tese, admitir que o STF possa rever eventual imputação totalmente **teratológica** ou **absurda**, como, por exemplo, a afirmação de que o Presidente da República comete crime de responsabilidade por andar de bicicleta pela manhã — exercício matinal ("pedaladas para manter a saúde"). Nesse caso, a imputação não encontra previsão normativa, e a absurda imputação poderia ser corrigida pelo Poder Judiciário. Agora, havendo dúvida e não se tratando de situação teratológica, sobre o fato descrito na denúncia e o seu enquadramento na lei (por exemplo, as chamadas "pedaladas fiscais"), nesse caso, a apreciação deverá ser feita pelo julgador natural, qual seja, o Senado Federal.

10.4.10. Crimes comuns

10.4.10.1. *Conceito e procedimento*

As regras procedimentais para o processamento dos crimes comuns estão previstas na Lei n. 8.038/90 e nos arts. 230 a 246 do *RISTF*.

Da mesma forma como ocorre nos crimes de responsabilidade, após as formalidades já indicadas no *item 10.4.9.2.1*, também haverá um controle político de admissibilidade, a ser realizado pela Câmara dos Deputados, que autorizará ou não o recebimento da denúncia ou queixa-crime pelo STF, através do voto de **2/3** de seus membros (art. 86, *caput*).[28]

[27] Michel Temer observa: "não nos parece que, tipificada a hipótese de responsabilização, o Senado haja de, necessariamente, impor penas. Pode ocorrer que o Senado Federal considere mais conveniente a manutenção do Presidente no seu cargo. Para evitar, por exemplo, a deflagração de um conflito civil; para impedir agitação interna. Para impedir desentendimentos internos, o Senado, diante da circunstância, por exemplo, de o Presidente achar-se em final de mandato, pode entender que não deva responsabilizá-lo" (*Elementos de direito constitucional*, p. 165).

[28] Lembrar que, ao contrário do que ocorre com os crimes de responsabilidade, mesmo que haja autorização pela Câmara, o STF não é obrigado a receber a denúncia ou queixa-crime, sob pena de ferir-se o princípio da tripartição de Poderes.

Importante anotar, segundo decidiu a Corte, que "o juízo político de admissibilidade por dois terços da Câmara dos Deputados em face de acusação contra o Presidente da República, nos termos da norma constitucional aplicável (CRFB, art. 86, *caput*), **precede a análise jurídica pelo Supremo Tribunal Federal**, se assim autorizado for a examinar o recebimento da denúncia, para conhecer e julgar qualquer questão ou matéria defensiva suscitada pelo denunciado" (**Inq. 4.483 — QO**, Plenário, j. 21.09.2017).

Dessa forma, "somente após a autorização da Câmara dos Deputados, o STF determinará, nos termos do art. 4.º da Lei 8.038/90, a notificação do denunciado para, no prazo de 15 dias, apresentar sua resposta à acusação".

Ainda, "não cabendo ao STF proferir juízo de admissibilidade sobre denúncia oferecida contra o presidente da República antes da autorização da Câmara dos Deputados, igualmente não cabe proferir juízo antecipado a respeito de eventuais teses defensivas, cuja ambiência própria é o momento previsto no art. 4.º da Lei 8.038/1990, o qual prevê a apresentação de resposta à acusação após o oferecimento da denúncia" (*Inf. 878/STF*).

Pois bem, admitida a acusação contra o Presidente da República, por 2/3 da Câmara dos Deputados, será ele submetido a julgamento perante o **STF** (crime comum).

A denúncia, nos casos de ação penal pública, será ofertada pelo **Procurador-Geral da República**. Em caso de não ter formado a sua *opinio delicti*, deverá requerer o arquivamento do inquérito policial. Nos casos de crime de ação privada, haverá necessidade de oferta da **queixa-crime** pelo ofendido, ou de quem por lei detenha tal competência.

A expressão "crime comum", segundo posicionamento do STF, abrange "todas as modalidades de **infrações penais**, estendendo-se aos delitos eleitorais, alcançando até mesmo os crimes contra a vida e as próprias contravenções penais".[29]

Recebida a denúncia ou queixa-crime, o Presidente da República ficará suspenso de suas funções por **180 dias**, sendo que, decorrido tal prazo sem o julgamento, voltará a exercê-las, devendo o processo continuar até decisão final (art. 86, § 1.º, I, CF/88).

▪ 10.4.10.2. Imunidade presidencial (irresponsabilidade penal relativa)

De acordo com a regra do **art. 86, § 4.º**, o Presidente da República, durante a vigência do mandato, **não** poderá ser responsabilizado por atos estranhos ao exercício de suas funções.

Dessa forma, ele **só** poderá ser responsabilizado (e entenda-se a responsabilização pela prática de **infração penal comum — ilícitos penais**) por **atos praticados em razão do exercício de suas funções** (*in officio* ou *propter officium*).

Assim, as **infrações penais** praticadas antes do início do mandato ou durante a sua vigência, porém sem qualquer relação com a função presidencial (ou seja, não praticadas *in officio* ou *propter officium*), **não** poderão ser objeto da *persecutio criminis*, que ficará, **provisoriamente**, **inibida**, acarretando, logicamente, a suspensão do curso

[29] Cf. Alexandre de Moraes, baseando-se em jurisprudência do STF (*Direito constitucional*, p. 409).

da prescrição. Trata-se da **irresponsabilidade penal relativa**, pois a imunidade só abrange ilícitos penais praticados antes do mandato, ou durante, sem relação funcional.

No tocante às infrações de natureza **civil**, **política** (*crimes de responsabilidade*), **administrativa**, **fiscal** ou **tributária**, **poderá** o Presidente da República ser responsabilizado, pois a imunidade (irresponsabilidade penal relativa) restringe-se apenas à ***persecutio criminis*** por ilícitos penais que não tenham sido cometidos *in officio* ou *propter officium*, como vimos. Quando praticados em relação à função presidencial, aí sim poderá o Presidente da República sofrer a persecução penal.

Por fim, observar que, oferecida a denúncia no STF, havendo autorização da Câmara, julgando-se procedente o pedido formulado pelo Procurador-Geral da República, a condenação aplicada será a prevista no tipo penal, e não a perda do cargo (como pena principal), que só ocorrerá no caso de crime de responsabilidade.

No caso de crime comum, a perda do cargo dar-se-á por via reflexa, em decorrência da suspensão temporária dos direitos políticos, enquanto durarem os efeitos da sentença criminal condenatória, transitada em julgado.[30]

■ 10.4.11. Prisão

Nos termos do **art. 86, § 3.º**, enquanto não sobrevier sentença condenatória, nas infrações comuns, o Presidente da República não estará sujeito a prisão.

■ 10.4.12. A imunidade formal em relação à prisão (art. 86, § 3.º) e a cláusula de irresponsabilidade penal relativa (art. 86, § 4.º) podem ser estendidas aos demais chefes do Poder Executivo por atos normativos dos respectivos entes federativos?

Não.

Consoante interpretação do STF, as regras sobre a imunidade formal em relação à **prisão** (art. 86, § 3.º), bem como aquelas relacionadas à **imunidade penal relativa** (art. 86, § 4.º), estabelecidas para o Presidente da República, devem ser interpretadas como derrogatórias do direito comum, tendo sido **estabelecidas com exclusividade para o Presidente da República**, **não** podendo ser estendidas aos Governadores de Estado e, no mesmo sentido, ao Governador do DF e Prefeitos por atos normativos próprios, nem mesmo nas Constituições estaduais e nas Leis Orgânicas do DF e dos Municípios.

Esse entendimento está pacificado na jurisprudência do STF, destacando-se o voto do Min. Celso de Mello no *leading case* envolvendo a análise da Constituição do Estado da Paraíba (cf. **ADI 978-PB**, Rel. p/ o ac. Min. Celso de Mello, assim como **ADI 1.028**, j. 19.10.1995, *DJ* de 17.11.1995). (Cf., ainda, **ADI 1.634-MC**, **ADI**

---

30 Exceção a essa regra se dará em relação aos parlamentares federais, por força do art. 55, VI, e § 2.º, cuja perda do mandato será decidida pela Câmara dos Deputados ou pelo Senado Federal. (Fica claro que, por outro lado, em face do art. 15, III, não poderão disputar novas eleições enquanto durarem os efeitos da condenação — "ficha suja". Já para a hipótese do Presidente da República, a perda do cargo será automática, em face da suspensão dos direitos políticos, por força do art. 15, III. Para aprofundamento em relação aos membros do Congresso Nacional, cf. *item 9.11.4*.)

1.021 e **Inq. 3.983**, Rel. Min. Teori Zavascki, j. 03.03.2016, Pleno, *DJE* de 12.05.2016. Em idêntico sentido, cf. **ADI 1.020**, j. 19.10.1995, para a situação particular do DF. Para um amplo debate, cf. **HC 102.732**, Rel. Min. Marco Aurélio, j. 04.03.2010, Plenário, *DJE* de 07.05.2010.)

Dentre os argumentos para a fixação desse entendimento de que as prerrogativas do art. 86, §§ 3.º e 4.º, se asseguram com exclusividade ao Presidente da República, não podendo ser estendidas aos demais Chefes de Executivo, destacam-se (voto do Min. Celso de Mello na ADI 978):

- **princípio republicano:** traduz a ideia de que todo agente público é responsável por seus atos perante a lei;
- **cláusula constitucional exorbitante do direito comum (derrogação do postulado republicano) — necessidade de interpretação de modo estrito:** a flexibilização desse dogma republicano, no caso, a inibição provisória da *persecutio criminis* e a regra específica sobre a prisão, depende de introdução formal pelo poder constituinte originário. Assim, essa norma, que excepciona o direito comum, deve ser interpretada de modo estrito (Inq. 672) e, portanto, não pode ser tida como norma de reprodução obrigatória ou compulsória a ser reproduzida nas Constituições estaduais e nas leis orgânicas do DF e dos Municípios;
- **reserva constitucional da União para legislar sobre direito penal (art. 22, I):** como se sabe, compete à União legislar sobre direito penal. Assim, qualquer garantia ou disposição sobre a matéria que se estabeleça nas Constituições estaduais viola a CF/88;
- **prerrogativas inerentes ao Presidente da República na condição de Chefe de Estado:** "os Estados-membros não podem reproduzir em suas próprias Constituições o conteúdo normativo dos preceitos inscritos no art. 86, §§ 3.º e 4.º, da Carta Federal, pois as prerrogativas contempladas nesses preceitos da Lei Fundamental — por serem unicamente compatíveis com a condição institucional de Chefe de Estado — são apenas extensíveis ao Presidente da República" (ementa ADI 978).

Em virtude desse entendimento firmado pelo STF, para se ter um exemplo de desdobramento, a Câmara Legislativa do DF, envolta em clima de turbulência política, deflagrada pela investigação e pelos fatos levantados pela *Operação Caixa de Pandora*, aprovou a **Emenda à Lei Orgânica n. 57, de 29.03.2010**, revogando os §§ 3.º e 4.º do art. 103, que, "copiando" o art. 86, §§ 3.º e 4.º, da CF/88, conferiam *imunidade formal relativa à prisão* e instituíam *cláusula de irresponsabilidade penal relativa* para o Governador do DF, já declaradas inconstitucionais pelo STF na **ADI 1.020**.

▪ 10.4.13. Outras regras importantes sobre os demais Chefes do Poder Executivo

▪ *10.4.13.1. Os demais entes federativos podem dispor sobre crime de responsabilidade definindo o órgão julgador por ato legislativo próprio?*

A pergunta colocada nesse item busca saber se os Estados-Membros, o DF e os Municípios podem legislar sobre crime de responsabilidade, estabelecendo o órgão julgador.

Não.

Esse tema tem sido muito debatido, na medida em que vários Estados-Membros fixaram, seguindo o modelo federal, o Poder Legislativo local, no caso a Assembleia Legislativa, como o órgão competente para processar e julgar os Governadores por crime de responsabilidade.

Em vários precedentes, o STF entendeu como **inconstitucional** essa previsão, na medida em que a competência para legislar sobre crime de responsabilidade é da União (art. 22, I), que, no caso, o fez, nos termos da Lei n. 1.079/50 (cf. S. 722/STF, convertida na **SV 46**, e ADIs 4.791, 4.792 e 4.800, j. 12.02.2015).

De acordo com o art. 78, § 3.º, da referida lei, os Governadores de Estado serão julgados por um dito "Tribunal Especial", composto de 5 membros do Legislativo e de 5 desembargadores, sob a presidência do Presidente do Tribunal de Justiça local, que terá direito de voto no caso de empate.

■ 10.4.13.2. *Os demais entes federativos podem estabelecer a licença prévia pelo Legislativo local para o julgamento dos Chefes do Executivo? Se sim, o afastamento do cargo seria automático? Resposta: NÃO. Viragem jurisprudencial. Novo entendimento estabelecido na ADI 5.540*

Em outras palavras, o **art. 51, I, da CF/88** pode ser transplantado por **simetria** no âmbito estadual, distrital e municipal?

NÃO.

Trata-se de **norma de reprodução proibida** no âmbito estadual, distrital e municipal, tendo o STF, no julgamento da **ADI 5.540** (j. 03.05.2017), superado o antigo entendimento, segundo o qual se tratava de norma de reprodução facultativa, dentro do âmbito da autonomia federativa.

Deve-se observar que o atual entendimento decorreu de **viragem jurisprudencial**, conforme indicado acima. Anteriormente, havia vários precedentes envolvendo os **Governadores de Estado** e, no caso, o reconhecimento da constitucionalidade de normas estabelecidas nas Constituições estaduais exigindo a autorização prévia de dois terços da Assembleia Legislativa como requisito indispensável para se admitir a acusação nas ações por crimes comum e de responsabilidade **(licença prévia)** contra os Chefes dos Executivos estaduais, destacando-se o *leading case* **HC 41.296** (j. 23.11.1964) e outros julgados já na vigência da CF/88, por exemplo: RE 159.230, Plenário, j. 28.03.1994; HC 80.511, 2.ª T., j. 21.08.2001; e HC 86.015, 1.ª T., j. 16.08.2005, destacando-se, ainda, as ADIs 4.791, 4.792 e 4.800 (j. 12.02.2015).

Observa-se que, em 12.02.2015, no julgamento das referidas ADIs 4.791, 4.792 e 4.800, apesar de naquele momento ter o STF admitido o controle prévio político, o Min. Marco Aurélio ficou vencido e os Mins. Luiz Fux e Roberto Barroso sinalizaram a necessidade de **rever** o entendimento da Corte.

Aliás, o Min. Roberto Barroso reconheceu a constrangedora **inconveniência política** e **moral** da regra da licença prévia, que, naquele momento, era adotada.

Em edições anteriores criticávamos esse entendimento e deixávamos a nossa insatisfação na medida em que, sem dúvida, em muitos casos, o prévio controle político acabava se transformando em verdadeira **blindagem** em razão da pressão política que essas autoridades podem exercer no âmbito do legislativo local.

Ainda, sustentávamos que a previsão da licença prévia não encontrava fundamento na Constituição em relação ao **crime comum** praticado pelo Governador, na medida em que o art. 105, I, da CF/88 não faz essa exigência e, assim, não cabe ao legislador, muito menos o estadual, criar esse requisito de procedibilidade.

Em relação ao **crime de responsabilidade**, sustentávamos a necessidade de **lei federal**, por entendermos tratar-se de regra processual, destacando-se, no caso, a **SV 46**: "a definição dos crimes de responsabilidade e o estabelecimento das respectivas normas de processo e julgamento são da **competência legislativa privativa da União**".

E vejamos mais um bom argumento: no tocante ao tema da licença prévia, o constituinte originário de 1988 estabeleceu a sua exigência para o processo e julgamento dos **parlamentares federais**, extensível aos estaduais, formalidade que veio a ser **abolida pela EC n. 35/2001**. Como não havia previsão dessa exigência para os Governadores, não havia sentido uma emenda constitucional para a hipótese dos Chefes do Poder Executivo. Assim, em nosso entender, a Constituição de 1988 não autoriza a criação dessa exigência por ato normativo estadual, distrital ou local.

Felizmente, conforme apontamos acima, o STF, em 03 e 04.05.2017, **modificou** o seu entendimento, estabelecendo a seguinte tese e que, certamente, ainda será objeto de futura súmula vinculante (vencido o Min. Celso de Mello, que, contudo, deixou claro que, em respeito à regra da colegialidade, seguiria a nova diretriz jurisprudencial): é **inconstitucional** norma da Constituição Estadual que condicione a instauração de ação penal contra o Governador de Estado à autorização prévia da Assembleia Legislativa ou que preveja a suspensão automática do Governador de suas funções pela mera aceitação de denúncia ou queixa-crime. Assim, é **vedado** às unidades federativas instituírem normas que condicionem a instauração de ação penal contra Governador, por crime comum, à prévia autorização da casa legislativa, cabendo ao **STJ** dispor, fundamentadamente, sobre a aplicação de **medidas cautelares penais**, inclusive sobre o afastamento do cargo **(ADIs 5.540 4.798, 4.764 e 4.797)**.[31]

Ou seja, além de se entender que a prerrogativa da necessidade de autorização prévia pelo parlamento é **exclusiva do Presidente da República** (por haver expressa previsão na CF/88 — art. 51, I, derrogatória da regra geral, caracterizando-se, assim, como regra inerente ao exercício da função de **Chefe de Estado**), o afastamento do cargo dos demais Chefes do Poder Executivo (Governadores dos Estados e do DF e Prefeitos) não acontece automaticamente em razão do recebimento da denúncia ou da queixa-crime pelo STJ, devendo haver apreciação judicial específica sobre essa questão.

---

[31] O Plenário do STF, em 09.08.2017, no julgamento das ADIs 4.777, 4.674 e 4.362, reafirmou esse novo entendimento, estabelecendo a seguinte tese: "é vedado às unidades federativas instituírem normas que condicionem a instauração de ação penal contra o Governador, por crime comum, à prévia autorização da casa legislativa, cabendo ao Superior Tribunal de Justiça dispor, fundamentadamente, sobre a aplicação de medidas cautelares penais, inclusive afastamento do cargo".

Como observou o Min. Barroso, o simples recebimento de uma denúncia, um **ato de baixa densidade decisória**, não pode importar o afastamento automático do Governador.

Pode-se dizer ter havido verdadeira **mutação constitucional** na apreciação da tensão entre a **autonomia federativa** e o **princípio republicano**, que é marcado pela temporariedade do mandato e a **responsabilização política dos governantes** (fundamentação do Min. Barroso).

Nesse sentido, não custa lembrar que a **forma republicana** (art. 34, VII, "a"), dentro desse contexto de responsabilidade dos governantes, prescrita como princípio constitucional sensível da República Federativa do Brasil, foi definida pela doutrina (Raul Machado Horta — cf. *item 6.8.5.2*) como norma central ou de reprodução (absorção) obrigatória ou compulsória pelos Estados-Membros.

O Min. Barroso ainda observou terem mudado a **percepção do direito** e a **realidade fática da norma então adotada**, destacando-se, ainda, uma **inaceitável realidade fática**. Vejamos: em razão de levantamento feito junto ao STJ, de **52** pedidos formulados para os parlamentos estaduais para o processamento e julgamento de Governadores (quando ainda vigia a regra da necessidade de autorização prévia), **36** não mereceram nenhuma resposta, **15** foram negados e apenas **1** foi autorizado.

O Min. Lewandowski por sua vez, em seu voto, em interessante constatação, observou que a necessidade de autorização prévia pelo legislativo local fazia sentido antes de 1988, quando a competência para o julgamento dos Governadores era dos TJs locais. A partir da nova Constituição, como a competência passou a ser do STJ (art. 105, I), esse entendimento se mostrou superado.

No dia seguinte ao julgamento da ADI 5.540, no julgamento das ADIs 4.798, 4.764 e 4.797, lembrando ter havido perspectiva de edição de súmula vinculante, os Ministros decidiram que os relatores dos demais casos em tramitação no STF sobre a mesma matéria poderão decidir **monocraticamente**, aplicando a tese firmada.

Assim, destacamos os julgamentos monocráticos nas ADIs 4.781 e 4.790 (Min. Edson Fachin) e nas ADIs 218, 4.799 e 4.806 (Min. Alexandre de Moraes), todas na linha da tese firmada (por isso, amigo leitor, quando estiver estudando esta parte do livro, conferir se já há súmula vinculante sobre a matéria — pendente).

Finalmente, destacamos que tramita no Senado Federal a **PEC 6/2010**, prescrevendo que a instauração de processo criminal contra Governador de Estado ou do DF independe de autorização legislativa. Sem dúvida, um grande avanço para a sociedade, inclusive simbólico, quando se tornar regra constitucional explícita na Constituição do País **(pendente)**.

■ 10.4.14. Sistematização da competência para julgamento das autoridades pela prática de infrações penais comuns e crimes de responsabilidade

Trata-se de competência por **prerrogativa de função**, que deverá ser mais bem estudada em processo penal e de acordo com as perspectivas lançadas pela jurisprudência do STF (cf. AP 937 — QO, por nós explicada no *item 9.9.2.3.5*), assim como o avanço da PEC n. 10/2013, bem como as perspectivas lançadas pela PSV 131/2018 (pendente). Por ora, limitamo-nos a sistematizar o foro competente quando praticado o crime comum ou de responsabilidade por algumas autoridades:

▪ **Presidente e Vice-Presidente da República:** *a*) infração penal comum → STF (art. 102, I, "b"); *b*) crime de responsabilidade → Senado Federal (art. 52, I);

▪ **Ministro de Estado:** *a*) infração penal comum e responsabilidade → STF (art. 102, I, "c"); *b*) crime de responsabilidade conexo com o praticado pelo Presidente da República → Senado Federal (art. 52, I);

▪ **Comandantes da Marinha, do Exército e da Aeronáutica:** *a*) infração penal comum e responsabilidade → STF (art. 102, I, "c"); *b*) crime de responsabilidade conexo com o praticado pelo Presidente da República → Senado Federal (art. 52, I);[32]

▪ **Ministro do STF:** *a*) infração penal comum → STF (art. 102, I, "b"); *b*) crime de responsabilidade → Senado Federal (art. 52, II);

▪ **Membros do Conselho Nacional de Justiça e do Conselho Nacional do Ministério Público:** *a*) infração penal comum → a competência será fixada individualmente, de acordo com o cargo de origem de cada membro dos Conselhos (a PEC Paralela da Reforma do Judiciário, que precisa ainda ser aprovada, estabelece a competência do STF, mas isso, como se disse, depende de aprovação pelo CN); *b*) crime de responsabilidade → Senado Federal (art. 52, II — EC n. 45/2004);

▪ **Procurador-Geral da República:** *a*) infração penal comum → STF (art. 102, I, "b"); *b*) crime de responsabilidade → Senado Federal (art. 52, II);

▪ **Advogado-Geral da União:** *a*) infração penal comum → STF (art. 102, I, "c");[33] *b*) crime de responsabilidade → Senado Federal (art. 52, II);

▪ **Deputados Federais e Senadores:** *a*) infração penal comum, desde a expedição do diploma → STF (arts. 102, I, "b", e 53, § 1.º); *b*) crime de responsabilidade → Casa correspondente (art. 55, § 2.º);

▪ **Membros dos Tribunais Superiores (STJ, TSE, TST e STM), do Tribunal de Contas da União e chefes de missão diplomática de caráter permanente:** infração penal comum e crime de responsabilidade → STF (art. 102, I, "c");

▪ **Desembargadores dos TJs dos Estados e do Distrito Federal; membros dos Tribunais de Contas dos Estados e do Distrito Federal; membros dos TRFs, dos Tribunais Regionais Eleitorais e do Trabalho, membros dos Conselhos ou Tribunais de Contas dos Municípios e do Ministério Público**

---

32 As regras sobre os Comandantes da Marinha, Exército e Aeronáutica foram introduzidas pela **EC n. 23/99**, que alterou, dentre outras, a redação do inciso I do art. 52 e do art. 102, I, "c".

33 "O Tribunal (STF, acrescente-se), por maioria, reconheceu a sua competência para conhecer e julgar queixa-crime contra o **Advogado-Geral da União**, tendo em vista a edição da Medida Provisória n. 2.049-22, de 28.8.2000, que transforma o mencionado cargo de natureza especial em cargo de Ministro de Estado, atraindo, portanto, a incidência do art. 102, I, 'c', da CF ('Art. 102. Compete ao Supremo Tribunal Federal, precipuamente, a guarda da Constituição, cabendo-lhe: I — processar e julgar, originariamente:... *c*) nas infrações penais comuns e nos crimes de responsabilidade, os Ministros de Estado,...') (**Inq. 1.660-QO**, Rel. Min. Sepúlveda Pertence, j. 06.09.2000, Plenário, *DJ* de 06.06.2003)" (cf. *Inf. 201/STF*). Referido *status* de Ministro foi reconhecido em diversos preceitos normativos, estando atualmente previsto no art. 20, VI, da **Lei n. 13.844/2019**: "o Advogado-Geral da União, até que seja aprovada emenda constitucional para incluí-lo no rol das alíneas 'c' e 'd' do inciso I do *caput* do art. 102 da Constituição Federal".

da União que oficiem perante tribunais:[34] infração penal comum e crime de responsabilidade → STJ (art. 105, I, "a");

- **Juízes Federais, incluídos os da Justiça Militar e da Justiça do Trabalho, e membros do MP da União (Federal, do Trabalho, Militar, do DF e Territórios[35] — art. 128, I):** infração penal comum e crime de responsabilidade → TRF da área de jurisdição (art. 108, I, "a"). Importante notar que, se o membro do MP da União atuar perante tribunais, a competência se desloca para o STJ, como visto acima. No entanto, atuando em **primeira instância**, a competência por prerrogativa de função é do **TRF** (cf. HC 73.801/MG, Rel. Min. Celso de Mello, *DJ* de 27.06.1997, p. 30226, 1.ª Turma);
- **Governador de Estado:** *a*) infração penal comum → STJ (art. 105, I, "a"); *b*) crime de responsabilidade → Tribunal Especial, previsto na Lei n. 1.079/50 (lei nacional federal — cf. ADI 2.220);[36]
- **Vice-Governador de Estado:** *a*) infração penal comum → dependerá da Constituição Estadual, sendo, em regra, a competência do TJ (cuidado: *vide* julgamento **ADI 2.553**, indicado a seguir); *b*) crime de responsabilidade → depende de lei federal;
- **Procurador-Geral de Justiça:** *a*) infração penal comum → TJ (art. 96, III); *b*) crime de responsabilidade → Poder Legislativo Estadual (art. 128, § 4.º);
- **Juízes estaduais e do Distrito Federal e Territórios; membros do Ministério Público Estadual:** infração penal comum e crime de responsabilidade → TJ, ressalvada a competência da Justiça Eleitoral, ou seja, crime eleitoral → TRE (art. 96, III);
- **Deputado estadual:** *a*) infração penal comum → depende da CE. No caso de São Paulo, e como regra geral, o TJ (art. 74, I, da CE/SP); *b*) crime de responsabilidade → Poder Legislativo Estadual (Assembleia Legislativa — art. 27, § 3.º, da CF/88);
- **Prefeito:** *a*) infração penal comum → TJ (art. 29, X); *b*) crime de responsabilidade (natureza criminal) → TJ (art. 29, X, c/c o art. 1.º do Decreto-lei n. 201/67); *c*) crime de responsabilidade (natureza de infração político-administrativa) → Câmara dos Vereadores (art. 31, c/c o art. 4.º do Decreto-lei n. 201/67); *d*) crime federal → TRF; *e*) crime eleitoral → TRE.

---

[34] Lembrar que a competência para processar e julgar o Procurador-Geral da República é do STF, por crime comum (art. 102, I, "b") e do Senado Federal, por crime de responsabilidade (art. 52, II).

[35] Nesse sentido, confira interessante julgado do STF que estabelece, tendo em vista o **princípio da especialidade**, a prevalência da regra do art. 108, I, "a", sobre a do art. 96, III, da CF/88, quando se estiver diante de membros do **MP da União** (art. 128, I, "a"-"d"), aplicando-se a regra do art. 96, III, **exclusivamente** aos membros do MP Estadual (competência do TJ local, ressalvada a competência da Justiça Eleitoral). Cf. RE 141.209-SP (*RTJ* 140/683). RE 315.010-DF, Rel. Min. Néri da Silveira, 08.04.2002, e ***Inf. 263/STF*, 2002**.

[36] Utilizando as regras do art. 78, § 3.º, da Lei Federal n. 1.079/50, o julgamento compete a um tribunal formado por 5 membros do Legislativo, 5 Desembargadores, sob a presidência do presidente do TJ local, que terá direito de voto no caso de empate. Nesse Tribunal, a escolha dos membros do Legislativo será feita mediante eleição pela Assembleia e a dos desembargadores, mediante sorteio.

▪ **Presidente da Câmara Municipal:** o § 1.º do art. 29-A, acrescentado pela **EC n. 25/2000**, dispõe que a Câmara Municipal não gastará mais de **70%** de sua **receita** com a **folha de pagamentos**, incluído o gasto com o subsídio de seus Vereadores. O desrespeito a essa regra, conforme o § 3.º do referido artigo, constitui **crime de responsabilidade** do **Presidente da Câmara Municipal**.

CUIDADO: o tema da prerrogativa de foro foi analisado pelo STF no julgamento da **ADI 2.553**, confirmando a sua **excepcionalidade** e, portanto, a impossibilidade de a Constituição Estadual, de forma discricionária, ampliar a prerrogativa de função àqueles não abarcados na Constituição Federal, devendo ser feita uma interpretação restritiva do art. 125, § 1.º, CF/88.

Contudo, em *obiter dictum*, porque o objeto da ação envolvia a previsão em Constituição Estadual de prerrogativa de foro para Procuradores de Estado, Procuradores da Assembleia Legislativa, Defensores Públicos e Delegados de Polícia (e o STF declarou inconstitucional essa previsão), o Min. Alexandre de Moraes, cuja divergência aberta foi seguida pela maioria dos Ministros, fez a proposta de se reconhecer uma **simetria direta e por determinação constitucional** para algumas autoridades (e não mera interpretação, neste caso, vedada, dado o caráter restritivo da matéria).

Assim, além das regras expressas na Constituição Federal e indicadas no quadro acima, "o **vice-governador**, os **secretários de Estado**, o **comandante dos militares estaduais**, por determinação expressa do art. 28, também teriam (segundo afirma), independentemente da Constituição Estadual estabelecer ou não", prerrogativa de foro (fls. 25 do acórdão – *DJE* de 10.09.2020, tendo sido o tema destacado no julgamento de ADIs em face de previsões em Constituições estaduais: Constituições do Pará (ADI 6.501), de Rondônia (ADI 6.508), do Amazonas (ADI 6.515) e de Alagoas (ADI 6.516), Pleno, j. 21.11.2020, *DJE* de 03.12.2020 – referendo de liminar).

Certamente, a matéria deverá ser mais bem analisada pela Corte (digo, em relação a essa proposta de simetria direta!). O que se tem hoje é o entendimento de que a **Constituição estadual não pode ampliar e inovar**. As hipóteses estão indicadas na Constituição Federal, e, em atenção aos **princípios republicano, do juiz natural e da igualdade**, a interpretação da matéria deve ser **restritiva** – nesse sentido, foram propostas 17 ADIs contra regras previstas em Constituições estaduais: ADIs 6.501 (Pará), 6.502 (Pernambuco); 6.504 (Piauí); 6.505 (Rio de Janeiro); 6.506 (Mato Grosso); 6.507 (Mato Grosso do Sul); 6.508 (Rondônia); 6.509 (Maranhão); 6.510 (Minas Gerais); 6.511 (Roraima); 6.512 (Goiás); 6.513 (Bahia); 6.514 (Ceará); 6.515 (Amazonas); 6.516 (Alagoas); 6.517 (São Paulo); e 6.518 (Acre).

Conforme bem sustentou o Min. Barroso, "tanto na **ADI 2.553-MA**, quanto por ocasião do julgamento da **AP 937 QO-RJ**, o STF adotou a premissa de que o foro privilegiado é uma norma de exceção e por isso se deve adotar uma interpretação restritiva em relação a ele" (j. 25.11.2020, *DJE* de 03.12.2020).

▪ *10.4.14.1. Prefeitos Municipais*

No tocante à **competência por prerrogativa de função** dos **Prefeitos Municipais**, convém nos determos um pouco mais na questão, em face de suas especificidades.

O Prefeito, como as demais autoridades públicas analisadas, pode cometer tanto crime **comum** como de **responsabilidade**.

Desde já, como estudamos, e, mais uma vez, valendo-nos das lições de Damásio de Jesus,[37] existem crimes de responsabilidade em **sentido amplo** ("a locução abrange tipos criminais propriamente ditos e fatos que lesam deveres funcionais, sujeitos a sanções políticas") e em **sentido estrito** ("abrange delitos cujos fatos contêm violação dos deveres de cargo ou função, apenados com sanção criminal"), estando estes últimos previstos tanto no CP como em legislação especial.

Destaca-se, então, a existência de **crime de responsabilidade próprio** (ou em **sentido estrito** — constitui **delito**, configurando **infração penal**) e **crime de responsabilidade impróprio (ilícito político-administrativo)**, que, segundo o mestre, trata-se de "crime que não é crime".

Como regra geral, portanto, o Prefeito será julgado pelo **TJ local**, nas hipóteses de **crime comum** (art. 29, X, da CF); pela **Câmara Municipal**, nos **crimes de responsabilidade** (art. 31 da CF); pelo **TRE**, nos **crimes eleitorais**, e pelo **TRF**, nos **crimes federais** (art. 109, IV, da CF). Nesse sentido a **S. 702/STF:** "a competência do **TJ** para julgar Prefeitos restringe-se aos crimes de competência da **Justiça comum estadual**; nos demais casos, a competência originária caberá ao respectivo tribunal de segundo grau". Surgem, contudo, algumas particularidades.

Analisemos, primeiro, os **crimes comuns**:

- **competência originária do TJ:** o STF entendeu que o julgamento poderá dar-se tanto pelo **Plenário** como por **órgão fracionário**, por exemplo, uma das Câmaras Criminais do Tribunal (cf. STF, HC 71.381-5/RS, Rel. Min. Moreira Alves, 1.ª Turma, *DJ* de 1.º.03.1996, p. 5009), ou mesmo pelo **Órgão Especial**, sendo a competência fixada internamente, pelo RI do Tribunal;
- **crimes dolosos contra a vida:** afasta-se a regra geral do art. 5.º, XXXVIII, aplicando-se a do art. 29, X, de maior especialidade. Logo, Prefeitos são julgados perante o **TJ** também nos crimes dolosos contra a vida;
- **crimes comuns tipificados no art. 1.º do Decreto-lei n. 201/67:** competência originária do **TJ**, na medida em que referidas tipificações têm **natureza criminal**. **IMPORTANTE:** o mencionado Decreto-lei foi alterado pela **Lei n. 10.028, de 19.10.2000**, trazendo diversas outras tipificações penais ao art. 1.º, nos incisos XVII a XXIII;
- **crimes funcionais descritos no CP:** cometidos por funcionários públicos no exercício do cargo ou função e descritos, consoante enumeração do Professor Damásio, nos arts. 150, § 2.º; 300; 301; 312 a 326 e 359-A a 359-H, estes últimos acrescentados pela **Lei n. 10.028, de 19.10.2000**, todos do CP. Muito embora se fale em crime de responsabilidade, são tomados em sentido estrito, caracterizando infração penal e, portanto, atraindo a competência do **TJ**, por força do art. 29, X, da CF;

[37] *Direito penal*, v. 1, p. 219-221, e *Phoenix — órgão informativo do Complexo Jurídico Damásio de Jesus*, dez./2000, n. 38 — Ação penal sem crime.

- **abuso de autoridade:** condutas descritas na **Lei n. 13.869/2019** (Nova Lei de Abuso de Autoridade) — **TJ**;
- **crime de Prefeito em detrimento de bens, serviços ou interesses do Município:** a competência é do **TJ**. Como exemplo, lembramos: **a)** o desvio de verba federal repassada ao Município, já que, ainda que proveniente de entidade federal, passou ao **patrimônio da Municipalidade** (RECr 77.893/GO, *DJ* de 24.05.1994, p. 3528); **b)** desvio de verbas federais, repassadas ao Município, em razão de convênio firmado com a União Federal e o INAMPS não constitui crime contra a União ou autarquia federal, mas contra o Município, já que as verbas, uma vez repassadas, passaram a integrar o **patrimônio e receitas do Município**, sendo o Município o sujeito passivo e não a União (*vide* S. 133 do extinto TFR). Consolidando esse entendimento, a **S. 209/STJ:** "compete à Justiça Estadual processar e julgar prefeito por desvio de verba transferida e incorporada ao patrimônio municipal";
- **crime de Prefeito em detrimento de bens, serviços ou interesses da União, empresas públicas e autarquias federais, além da malversação de verbas recebidas da União sob condição e sujeitas à prestação de contas e ao controle do TCU:** a regra, agora, é outra: competência do **TRF**, e não do TJ, de acordo com o art. 109, IV, da CF. Como exemplo, lembramos: **a)** desvio de verbas concedidas a Município pelo Fundo Nacional de Desenvolvimento da Educação (FNDE) sujeitas à prestação de contas ao Ministério da Educação e a julgamento pelo **TCU** (HC 68.967-PR — *DJU* de 16.04.1993); **b)** desvio de verbas públicas federais, oriundas do FUNDEF, FNDE e FPM e sujeitas ao controle do **TCU** (HC 80.867, 18.12.2001); **c)** prática de fraude contra o FGTS em benefício próprio. Nesses termos, a **S. 208/STJ:** "compete à Justiça Federal processar e julgar prefeito municipal por desvio de verba sujeita a prestação de contas perante órgão federal" (cf. HC 68.967-1/PR, Pleno, STF, Rel. Min. Ilmar Galvão). **CUIDADO:** mudança de entendimento no **STJ**. Conforme ficou consignado no julgamento da CC 123.817, "após o julgamento do CC 119.305/SP, a 3.ª Seção desta Corte, **mudando a jurisprudência até então pacificada**, passou a entender ser da competência da **Justiça Federal** a apuração, no âmbito penal, de malversação de verbas públicas oriundas do **FUNDEF, independentemente da complementação de verbas federais,** diante do **caráter nacional da política de educação**, o que evidencia o **interesse da União** na correta aplicação dos recursos" (j. 12.09.2012 — pendente de análise pelo STF);
- **crimes eleitorais:** a competência originária é do **TRE**;
- **ações de natureza civil:** as de natureza civil, vale dizer, quando não se estiver julgando infração criminal praticada pelo Prefeito, não gozam do foro privilegiado do TJ, previsto no art. 29, X, da CF. Assim, as ações populares movidas em face dos Prefeitos, ações civis públicas, ações que julgam responsabilidade civil por atos praticados pelo Prefeito no exercício do cargo, ações envolvendo matéria relativa à improbidade administrativa (Lei n. 8.429/92) **não são apreciadas pelo TJ** em sede de competência originária, devendo ser ajuizadas em **1.º grau de jurisdição**, observadas as regras de organização judiciária.

Em relação à **improbidade administrativa**, contudo, a **Lei n. 10.628/2002**, em nosso entender, de modo inconstitucional, dando nova redação ao art. 84, § 2.º, do CPP, estabeleceu que a ação de improbidade administrativa, de que trata a Lei n. 8.429/92, seria proposta perante o tribunal competente para processar e julgar criminalmente o funcionário ou a autoridade na hipótese de prerrogativa de foro em razão do exercício de função pública, ainda que o inquérito ou a ação judicial fossem iniciados após a cessação do exercício da função pública. Felizmente, de maneira acertada, o **STF declarou inconstitucional** a pretendida regra (cf. discussão no *item 10.4.14.3*).

Vejamos, agora, os **crimes de responsabilidade**, infrações político-administrativas:

- **art. 4.º do Decreto-lei n. 201/67:** julgamento pela **Câmara Municipal**;
- **EC n. 25, de 14.02.2000:** o **Prefeito Municipal** cometerá crime de responsabilidade (infração político-administrativa) caso deixe de efetuar o repasse dos valores para o Poder Legislativo, de acordo com as regras fixadas no art. 29-A, § 2.º, I, II e III, ou seja: **a)** efetuar repasse que supere os limites fixados no art. 29-A; **b)** não enviar o referido repasse até o dia **20** de cada mês; **c)** enviar o repasse a menor em relação à proporção fixada na lei orçamentária. Muito embora referida EC tenha entrado em vigor em **1.º.01.2001**, entendemos necessária a **previsão legal**, tipificando referidas hipóteses, sob pena de se ferir o princípio constitucional do *nullum crimen nulla poena sine praevia lege*. A lei, por todo o exposto, só poderá definir a competência da **Câmara Municipal** para o julgamento da infração político-administrativa, cometida pelo Prefeito Municipal.

10.4.14.2. Vereadores Municipais

Alexandre de Moraes ressalta que "... não existe qualquer possibilidade de criação pelas Constituições Estaduais, nem pelas respectivas leis orgânicas dos municípios, de imunidades formais em relação aos vereadores, e tampouco de ampliação da imunidade material, uma vez que a competência para legislar sobre direito civil, penal e processual é privativa da União, nos termos do art. 22, I, da Constituição Federal."

No tocante à **prerrogativa de foro**, contudo, Moraes, em sede acadêmica, a admite desde que haja expressa, pontual e específica previsão na Constituição estadual, tendo por fundamento o art. 125, § 1.º, da CF/88.[38]

A única exceção a esse entendimento seria a competência do Tribunal do Júri, que não pode ser afastada pelo constituinte estadual, sob pena de se violar a Constituição Federal. Nesse sentido, a **SV 45/STF** (j. 08.04.2015) não permite uma leitura aberta do art. 125, § 1.º, que não deve ser interpretado como "cheque em branco": "a competência constitucional do tribunal do júri prevalece sobre o foro por prerrogativa de função estabelecido exclusivamente pela Constituição Estadual".

Em se tratando de **crimes de responsabilidade** (*infração político-administrativa*), a nosso ver a competência será da **Câmara Municipal**.

Cabe alertar que, em relação aos **crimes comuns** (exceto **dolosos contra a vida**) e de **responsabilidade** (*de natureza criminal*), malgrado o posicionamento de Ale-

[38] *Direito constitucional*, 9. ed., p. 270.

xandre de Moraes admitindo julgamento pelo **TJ**, desde que haja expressa previsão na CE, corroborado por decisão de 1996 da 2.ª Turma do STF,[39] começaram a ser percebidas algumas decisões contrárias no STJ, no sentido de ser privativa da União a competência para legislar sobre processo penal.

Essa tendência, que se observava no âmbito do STJ, agora é realidade no STF. A Corte, por 7 x 2, julgou procedente o pedido formulado na **ADI 2.553** para declarar a inconstitucionalidade do art. 81, IV, da Constituição do Estado do Maranhão, que estabeleceu a prerrogativa de foro para os membros das Procuradorias-Gerais dos Estados, da Assembleia Legislativa e da Defensoria Pública, bem como para os Delegados de Polícia (j. 15.05.2019).

Conforme estabeleceu o Min. Alexandre de Moraes, que abriu a divergência, evoluindo, então, o seu posicionamento doutrinário, as regras especiais sobre prerrogativa de foro, para todos os níveis (federal, estadual, distrital e municipal), estão previstas na Constituição Federal.

Assim, o art. 125, § 1.º, da CF/88 não deve ser interpretado como um "cheque em branco" para o constituinte estadual, sendo inviável a aplicação do princípio da simetria. Dessa forma, a partir do precedente citado, a interpretação no sentido de não se admitir a prerrogativa de foro para os parlamentares municipais parece ser a melhor.

▪ *10.4.14.3. A inconstitucionalidade das regras trazidas pela Lei n. 10.628/2002 em relação à "perpetuatio jurisdictionis" e ao "inusitado foro cível por prerrogativa de função em lei processual penal"*

Como já apontamos neste trabalho, a **Lei n. 10.628, de 24.12.2002**, fixou novas regras de **competência por prerrogativa de função**, alterando a redação do art. 84 do CPP.

Nos termos do *caput* do aludido dispositivo legal, a competência por prerrogativa de função é do STF, do STJ, dos TRFs e TJs dos Estados e do Distrito Federal, relativamente às pessoas que devam responder perante eles por crimes comuns e de responsabilidade.

Até **25.08.1999**, conforme vimos, prevalecia o entendimento no STF exposto na orientação dada pela **Súmula 394**, consagrando o foro especial para ex-ocupantes de cargos públicos: "cometido o crime durante o exercício funcional, prevalece a competência especial por prerrogativa de função, ainda que o inquérito ou a ação penal sejam iniciados após a cessação daquele exercício". No julgamento da questão de ordem no **Inquérito n. 687-SP**, o STF **cancelou a Súmula 394**.

---

39 Cf. HC 74.125-PI, Min. Francisco Rezek, *DJ* de 11.04.1997, p. 12186 (j. 03.09.1996 — 2.ª Turma). Cf., ainda, no âmbito do STJ: "Ementa: *Habeas Corpus* — Tráfico de Entorpecentes — Vereador — Foro Privilegiado — Constituição Estadual do Rio de Janeiro. 1. Não é possível o estabelecimento de foro privilegiado a vereador por legislador estadual, uma vez que a Constituição Federal não autoriza elaborar leis sobre matéria de competência processual-penal. 2. *Habeas corpus* conhecido. Pedido indeferido" (HC 11.939-RJ, *DJ* de 23.10.2000, p. 151, Rel. Min. Gilson Dipp, 5.ª Turma. *Vide*, também, HC 11.749-PI; *HC* — 1999/0120914-5).

A **Lei n. 10.628, de 24.12.2002**, todavia, dando nova redação ao art. 84 do CPP, além de criar uma espécie de *foro cível por prerrogativa de função* em lei processual penal, "ressuscitou" a já banida e execrada regra da *perpetuatio jurisdictionis* após o término do exercício do cargo ou função pública, seja criminal, seja, agora, também, civil, no caso da ação de improbidade administrativa de que trata a Lei n. 8.429/92.

Conforme já estudamos (cf. *item 9.9.2.3*), buscando declarar inconstitucional o novo dispositivo, foram propostas a **ADI 2.797**, ajuizada em 27.12.2002 pela *Associação Nacional dos Membros do MP* (*CONAMP*) e que teve o seu pedido de liminar negado pelo STF (07.01.2003), e a **ADI 2.860**, proposta pela *Associação dos Magistrados Brasileiros* (*AMB*), distribuída por prevenção, em 25.03.2003, àquela primeira ajuizada pela CONAMP.

O STF, em algumas Reclamações, havia determinado a permanência em vigor da nova regra do art. 84 do CPP até o julgamento definitivo das ADIs ajuizadas (Rcl 2.381 AgR/MG, Rel. Min. Carlos Britto, 06.11.2003 e *Inf. 328/STF*).

Apreciando as duas ADIs, a Suprema Corte julgou **inconstitucional** a nova regra. "... Entendeu-se que o § 1.º do art. 84 do CPP, além de ter feito interpretação autêntica da Carta Magna, o que seria reservado à norma de hierarquia constitucional, **usurpou** a competência do STF como guardião da Constituição Federal ao inverter a leitura por ele já feita de norma constitucional, o que, se admitido, implicaria submeter a interpretação constitucional do Supremo ao referendo do legislador ordinário. Considerando, ademais, que o § 2.º do art. 84 do CPP veiculou duas regras — a que estende, à ação de improbidade administrativa, a competência especial por prerrogativa de função para inquérito e ação penais e a que manda aplicar, em relação à mesma ação de improbidade, a previsão do § 1.º do citado artigo —, concluiu-se que a primeira resultaria na criação de nova hipótese de competência originária não prevista no rol taxativo da Constituição Federal, e a segunda estaria atingida por arrastamento. Ressaltou-se, ademais, que a ação de improbidade administrativa é de natureza civil, conforme se depreende do § 4.º do art. 37 da CF, e que o STF jamais entendeu ser competente para o conhecimento de ações civis, por ato de ofício, ajuizadas contra as autoridades para cujo processo penal o seria" (*Inf. 401/STF* e *Notícias STF*, 15.09.2005 — **ADI 2.797** e **ADI 2.860**, Rel. Min. Sepúlveda Pertence, j. 15.09.2005, Plenário, *DJ* de 19.12.2006. No mesmo sentido: Pet 3.030-QO, Rel. Min. Marco Aurélio, j. 23.05.2012, Plenário, *Inf. 667/STF*).

Finalmente, em 17.05.2012, foram **acolhidos** os **embargos declaratórios** opostos pelo Procurador-Geral da República na ADI 2.797, estabelecendo-se que os efeitos da declaração de inconstitucionalidade dos §§ 1.º e 2.º do art. 84 do CPP, inseridos pelo art. 1.º da Lei 10.628/2002, terão **eficácia a partir de 15.09.2005** (ADI 2.797-ED, Rel. p/ o ac. Min. Ayres Britto, j. 17.05.2012, Plenário, *Inf. 666/STF*).

Isso porque, na medida em que a regra trazida pela Lei n. 10.628/2002 vigorou por quase 3 anos (de 24.12.2002, data de sua vigência, até a sua nulificação, em 15.09.2005, quando foram apreciadas as ADIs 2.797 e 2.860), reconheceu-se a necessidade de se **preservar** a validade dos atos praticados com base na referida lei e, assim, adotou-se a técnica da **modulação dos efeitos da decisão**, estabelecendo-se que o efeito da declaração de inconstitucionalidade valeria a partir da decisão (efeito *ex nunc*), ou seja, a partir de 15.09.2005, sem contudo, *em verdadeiro entendimento defensivo*, admitir o deslocamento da competência para o Supremo Tribunal Federal dos processos que ainda estavam em curso.

Em 10.05.2018, o STF, por 10 x 1, reafirmou esse entendimento ao estabelecer que "o foro especial por prerrogativa de função previsto na Constituição Federal em relação às infrações penais comuns não é extensível às ações de improbidade administrativa, de natureza civil" (Pet. 3.240), proibição esta também direcionada ao constituinte estadual (**ADI 4.870**, Pleno, j. 15.12.2020).

▪ 10.4.14.4. Foro por prerrogativa de função e jurisdições de categorias diversas — a discussão sobre o desmembramento

Como se sabe, as prerrogativas de foro são definidas pela Constituição em relação às autoridades no exercício efetivo da função. Assim, de acordo com o entendimento fixado pela Corte, por exemplo, um ex-parlamentar não teria mais a referida prerrogativa com o término do seu mandato (cf. *item 9.9.2.3* e as suas particularidades).

Entretanto, consoante a **S. 704/STF**, "não viola as garantias do juiz natural, da ampla defesa e do devido processo legal a atração por continência ou conexão do processo do corréu ao foro por prerrogativa de função de um dos denunciados". Para se ter um exemplo, imaginemos os crimes de quadrilha, peculato e apropriação indébita imputados a **juiz de direito**, serventuários da Justiça e advogados. Em face dos princípios da conexão e continência e tendo em vista, ainda, a jurisdição de maior graduação (art. 78, III, do CPP), nos termos do **art. 96, III**, da CF/88, dada a presença, entre os acusados, de um juiz de direito, a competência, **de acordo com as circunstâncias do caso** e se assim se **demonstrar** e se **justificar**, será do **TJ** para o julgamento de todos (*vide* vários precedentes: HC 68.846-RJ — *RTJ* 157/563; HC 74.573-RJ — *DJU* de 30.04.1998; Pet 760-DF — *RTJ* 155/722; HC 79.922-RJ).

Esse entendimento de não se adotar a regra (técnica) do desmembramento prevista no art. 80 do CPP[40] foi sustentado, também, no **inquérito** do **"mensalão"** (Inq. 2.245), mantendo-se a investigação contra os denunciados no STF, mesmo não tendo alguns prerrogativa de foro.

Outrossim, no julgamento da correspondente **ação penal** (AP 470 — *"mensalão"*), novamente, o STF, em **02.08.2012**, manteve o entendimento, rejeitando a questão de ordem que retomava o pedido de desmembramento do feito (na medida em que existiam réus que não eram parlamentares; aliás, a grande maioria).[41]

[40] **Art. 80 do CPP:** "Será facultativa a separação dos processos quando as infrações tiverem sido praticadas em circunstâncias de tempo ou de lugar diferentes, ou, quando pelo excessivo número de acusados e para não lhes prolongar a prisão provisória, ou por outro motivo relevante, o juiz reputar conveniente a separação".

[41] Apenas para efeito de informação, anotamos que o STF, em 15.08.2012, **acolheu** uma preliminar de **cerceamento de defesa** suscitada pela Defensoria Pública Federal pela falta de intimação de

Dentre os vários argumentos utilizados pelos Ministros (no sentido do não desmembramento), podemos destacar:

- **devido processo legal** e **duração razoável do processo:** a remessa dos autos a eventual outro juízo provocaria desarrazoada demora no julgamento e, diante da complexidade do feito, aumentaria o risco de se caracterizar a *prescrição da pretensão punitiva*;
- **risco** de, admitido o desmembramento, serem prolatadas **decisões inconciliáveis** e **contraditórias**, especialmente nas hipóteses de crime de quadrilha e de coautoria;
- a situação particular do julgamento do "mensalão", em razão da **complexidade da causa** e do **volume de informações** (38 réus, 234 volumes, 495 apensos, 50.199 páginas, o que se confirmou em razão da necessidade de 53 sessões de julgamento).

Ainda, o STF, **negando o desmembramento**, declarou não ser obrigatório o preenchimento do *princípio do duplo grau de jurisdição* nas causas de sua **competência originária**, prevalecendo a regra da CF/88 inclusive em relação a tratados internacionais de direitos humanos, no caso o Pacto de São José da Costa Rica, que destaca o referido princípio do duplo grau de jurisdição (cf. **RHC 79.785**, Rel. Min. Sepúlveda Pertence, j. 29.03.2000, Plenário, *DJ* de 22.11.2002).

O tema da prerrogativa de foro e o seu desmembramento foi retomado no julgamento do Inq. 3.515 AgR/SP e, de maneira bastante importante, o Min. Roberto Barroso propôs a tentativa de uma **roteirização** e **padronização** diante do reconhecimento de **oscilação** da Corte em definir um critério único para o enfrentamento do tema.

Observou o Min. Roberto Barroso que, nos processos mais antigos, o STF tendia a aplicar isoladamente o art. 80 do CPP, sugerindo uma opção pelo desmembramento por motivo de conveniência para a prestação jurisdicional.

Sem abandonar a regra do art. 80, observou que, nas últimas decisões, a Corte, como indicado nos casos por nós destacados acima, adotou a **regra do desmembramento** e a manutenção do julgamento conjunto apenas como excepcionalidade. Como disse o Min. Roberto Barroso, "nessa linha, o Ministro Ricardo Lewandowski, em suas manifestações mais recentes, tem sustentado que o desmembramento deve ocorrer a menos que 'a conduta dos agentes esteja **imbricada** de tal modo que torne por demais complexo individualizar a participação de cada um dos envolvidos'. De forma ainda mais estrita, o Ministro Marco Aurélio tem se pronunciado pela **necessidade taxativa de desmembramento**, mesmo nos casos de conexão ou continência, o que

---

advogado constituído, anulando o processo a partir da defesa prévia e determinando o **desmembramento** do feito, com a remessa dos autos para a justiça de primeira instância, para dar andamento à persecução penal (*Inf. 675/STF*). O fundamento, contudo, foi diverso e não poderia ter sido diferente a decisão.

é coerente com o entendimento de S. Exa. quanto à improrrogabilidade das hipóteses de competência desta Corte, definidas na Constituição" (fls. 10 do voto).

No julgamento do Inq. 2.288, que originou a AP 536, a **regra** foi também no sentido do **desmembramento**, diante do excessivo número de acusados e de apenas um (no caso, Senador da República) com prerrogativa de foro no STF.

Por todo o exposto, pode-se concluir no sentido da **regra geral do desmembramento**, devendo cada réu ser julgado pelo eventual tribunal competente no caso de ter prerrogativa de foro, ou ser julgado no primeiro grau de jurisdição, se não exercer nenhuma função que enseje esta ou aquela prerrogativa.

Como propôs o Min. Roberto Barroso na ementa de seu voto, "a menos que haja risco de prejuízo relevante para a apuração dos fatos investigados e/ou para a prestação jurisdicional, deve-se proceder ao **desmembramento** de investigação ou processo já instaurado a fim de **limitar** a atuação do Supremo Tribunal Federal aos detentores de foro por prerrogativa de função" (**Inq. 3.515 AgR/SP**, Rel. Min. Marco Aurélio, j. 13.2.2014, *DJE* de 25.02.2014).

Entenderam os Ministros nos debates do julgamento do Inq. 3.515 AgR/SP que a decisão sobre o desmembramento **independe de requerimento do Ministério Público** e deve ser tomada **o quanto antes**, o **mais precoce possível**.

O Min. Teori Zavascki, também reforçando a **regra para o desmembramento**, estabeleceu: "a competência do Supremo é restrita e só em **situações excepcionais**, justificáveis por razões objetivas, é que se instala a competência do Supremo".

Nessas hipóteses de excepcionalidade, diante de **circunstâncias especiais** a serem apreciadas, demonstradas e justificadas em cada caso concreto, necessária será a observância da regra contida no art. 78, III, do CPP, que, como já se disse, no concurso de jurisdições de diversas categorias, predominará a de maior graduação, deliberando-se pelo julgamento conjunto de todos os corréus (cf. *Inf. 673/STF*).

▪ 10.4.14.5. *Distinção entre os regimes de responsabilidade político-administrativa previstos na CF — Pet 3.240 — o reconhecimento do duplo regime sancionatório para os agentes políticos (exceto o Presidente da República)*

Tanto na doutrina como na jurisprudência, muito se discutiu sobre a possibilidade de um duplo regime sancionatório em relação aos agentes políticos (responsabilização por improbidade administrativa — art. 37, § 4.º, da CF/88, com base na Lei n. 8.429/92, e crime de responsabilidade, nos termos da Lei n. 1.079/50).

Superando o entendimento firmado no julgamento da Rcl 2.186, a Corte admitiu tanto o duplo regime sancionatório para os agentes políticos (**com exceção do Presidente da República**) como a definição de que a prerrogativa de foro se restringe às ações penais e não às de improbidade administrativa (Pet 3.240, Pleno, j. 10.05.2018). Vejamos:

- **duplo regime sancionatório:** "os agentes políticos, **com exceção do Presidente da República**, encontram-se sujeitos a um duplo regime sancionatório, de modo que se submetem tanto à responsabilização civil pelos atos de improbidade administrativa, quanto à responsabilização político-administrativa por crimes de responsabilidade. Não há qualquer impedimento à concorrência de esferas de responsabilização distintas, de modo que carece de fundamento constitucional a tentativa de imunizar os agentes políticos das sanções da ação de improbidade administrativa, a pretexto de que estas seriam absorvidas pelo crime de responsabilidade. **A única exceção ao duplo regime sancionatório em matéria de improbidade se refere aos atos praticados pelo Presidente da República, conforme previsão do art. 85, V, da Constituição**";

- **prerrogativa de foro:** "o foro especial por prerrogativa de função previsto na Constituição Federal em relação às infrações penais comuns não é extensível às **ações de improbidade administrativa**, de **natureza civil**. Em primeiro lugar, o foro privilegiado é destinado a abarcar apenas as infrações penais. A suposta gravidade das sanções previstas no art. 37, § 4.º, da Constituição, não reveste a ação de improbidade administrativa de natureza penal. Em segundo lugar, o foro privilegiado submete-se a regime de direito estrito, já que representa exceção aos princípios estruturantes da igualdade e da República. **Não comporta, portanto, ampliação a hipóteses não expressamente previstas no texto constitucional**. E isso especialmente porque, na hipótese, não há lacuna constitucional, mas legítima opção do poder constituinte originário em não instituir foro privilegiado para o processo e julgamento de agentes políticos pela prática de atos de improbidade na esfera civil. Por fim, a fixação de competência para julgar a ação de improbidade no 1.º grau de jurisdição, além de constituir fórmula mais republicana, é atenta às capacidades institucionais dos diferentes graus de jurisdição para a realização da instrução processual, de modo a promover maior eficiência no combate à corrupção e na proteção à moralidade administrativa".

10.5. MATERIAL DIGITAL EXCLUSIVO

10

PODER EXECUTIVO

Download de Questões Modelo Tradicional	Banco de Questões Plataforma	Resolução de Questões Pedro Lenza	Videoaulas
somos.in/DCE25038	somos.in/DCE25039	somos.in/DCE25120	somos.in/DCE25099

11

PODER JUDICIÁRIO

■ 11.1. FUNÇÕES DO PODER JUDICIÁRIO

Como já pudemos observar, o Poder Judiciário tem por **função típica** a **jurisdicional**, inerente à sua natureza. Exerce, ainda, **funções atípicas**, de **natureza executivo-administrativa** (organização de suas secretarias — art. 96, I, "b"; concessão de licença e férias a seus membros, juízes e servidores imediatamente vinculados — art. 96, I, "f"), bem como **funções atípicas** de **natureza legislativa** (elaboração do regimento interno — art. 96, I, "a").

Podemos conceituar a **jurisdição** como "uma das funções do Estado, mediante a qual este se substitui aos titulares dos interesses em conflito para, imparcialmente, buscar a pacificação do conflito que os envolve, com justiça. Essa pacificação é feita mediante a atuação da vontade do direito objetivo que rege o caso apresentado em concreto para ser solucionado; e o Estado desempenha essa função sempre por meio do processo, seja expressando imperativamente o preceito (através de uma sentença de mérito), seja realizando no mundo das coisas o que o preceito estabelece (através da execução forçada)".[1]

■ 11.2. ALGUMAS CARACTERÍSTICAS DA JURISDIÇÃO

Apenas para ilustrar o tema (devendo o estudo mais aprofundado ser buscado nos compêndios de processo e sua teoria geral), trazemos em pauta três características básicas da jurisdição, quais sejam: **lide**, **inércia** e **definitividade**.

Na jurisdição contenciosa, por regra, existirá uma **pretensão resistida**, insatisfeita. A partir do momento que essa pretensão não é pacificamente resolvida pelo suposto causador da insatisfação, quem entender-se lesado poderá "bater" às portas do Judiciário, que, substituindo a vontade das partes, dirimirá o conflito, afastando a resistência e pacificando com justiça.[2]

---

[1] Antônio Carlos de Araujo Cintra, Ada Pellegrini Grinover e Cândido Rangel Dinamarco, *Teoria geral do processo*, p. 129.

[2] Art. 5.º, XXXV: "a lei não excluirá da apreciação do Poder Judiciário lesão ou ameaça a direito". Lembramos que no tocante à **jurisdição voluntária** a doutrina costuma observar que o Estado realiza a **administração pública de interesses privados**. Cintra, Grinover e Dinamarco entendem que, mesmo na jurisdição voluntária, na medida em que se busca a eliminação de situações incertas,

Acesse também o vídeo sobre o capítulo pelo link: somos.in/DCE25041

A segunda característica transparece na máxima *nemo judex sine actore*; *ne procedat judex ex officio*, ou seja, o Judiciário só se manifesta mediante **provocação** (*vide* arts. 2.º do CPC/73 — com correspondência no art. 2.º do CPC/2015 — e 24 do CPP).[3]

Defendemos, contudo, na sociedade moderna, o aumento dos poderes instrutórios do juiz na condução do processo. Isso não significa, segundo já expusemos,[4] o exercício de "... atividade jurisdicional fora dos limites da lei, tomada em sua acepção ampla. A **legalidade** deverá ser sempre observada, podendo o magistrado avançar até os limites tolerados pelo ordenamento jurídico, desde que mantenha inatingível a integridade do *due process of law*".[5]

Por fim, a **definitividade**, na medida em que as decisões jurisdicionais transitam em julgado e, acobertadas pela coisa julgada formal e material, após o prazo para a propositura da ação rescisória, não mais poderão ser alteradas. Ao contrário de alguns países da Europa, no Brasil toda decisão administrativa poderá ser reapreciada pelo Judiciário, não tendo sido conferido ao contencioso administrativo o poder de proferir decisões com força de coisa julgada definitiva.[6]

Diante do exposto, portanto, conclui-se que a jurisdição no Brasil é **una** (ou seja, a definitividade só é dada pelo Judiciário) e **indivisível**, exercida pelo Judiciário nacionalmente (um só poder, materializado por diversos órgãos, federais e estaduais).

---

bem como em face do procedimento verificado (através de petição, resposta, sentença, apelação...), a doutrina mais moderna vem tendendo a afirmar uma tal natureza jurisdicional (*Teoria geral do processo*, p. 156).

3 Existem algumas exceções a essa regra geral, como a possibilidade de concessão do *habeas corpus* de ofício pelo magistrado (art. 654, § 2.º, do CPP).

4 Pedro Lenza, *Teoria geral da ação civil pública*, Revista dos Tribunais, 2003, p. 295-296.

5 Por isso é que, como alerta Dinamarco, "... se de um lado no Estado Moderno não mais se tolera o juiz passivo e espectador, de outro sua participação ativa encontra limites ditados pelo mesmo sistema de **legalidade**. Todo empenho que se espera do juiz no curso do processo e para sua instrução precisa, pois, por um lado, ser conduzido com a consciência dos objetivos e menos apego às formas como tais ou à letra da lei; mas, por outro, com a preocupação pela integridade do *due process of law*, que representa penhor de segurança aos litigantes. É claro que, com certas atitudes menos ortodoxas ou despegadas do texto da lei, o juiz acaba por endereçar os fatos a resultados que não seriam atingidos se sua postura fosse outra e que não costumavam sê-lo antes das inovações que ele põe em prática. São atitudes marcadamente instrumentalistas, das quais significativo exemplo é a já referida *desconsideração da pessoa jurídica*...". O juiz "... age como canal de comunicação entre a nação e o processo e... quando inovar por conta própria, *contra legem* ou fora dos limites tolerados, ele estará agindo sem fidelidade aos objetivos de sua missão e o que pretender impor carecerá de licitude ou mesmo de legitimidade" (C. R. Dinamarco, *A instrumentalidade do processo*, p. 200 — original sem grifos).

6 Art. 5.º, XXXVI: "a lei não prejudicará o direito adquirido, o ato jurídico perfeito e a coisa julgada", combinado com o art. 5.º, XXXV: "a lei não excluirá da apreciação do Poder Judiciário lesão ou ameaça a direito".

11.3. REFORMA DO PODER JUDICIÁRIO — EC N. 45/2004[7]

11.3.1. Histórico de sua tramitação

Antes de iniciarmos a análise das regras específicas sobre o Poder Judiciário convém lembrar a importante aprovação da **Reforma do Poder Judiciário**.

Conforme é de conhecimento de todos, no dia **17.11.2004**, finalmente, após 13 anos de tramitação, foi aprovada a **EC n. 45**.

Na Câmara dos Deputados, apresentada pelo Deputado Hélio Bicudo em 26.03.1992, a Proposta de Emenda à Constituição (PEC) recebeu o n. 96/92. Após vários anos, tendo como última relatora a Deputada Zulaiê Cobra, a referida PEC, aprovada em dois turnos, foi encaminhada para o SF, onde tomou o n. **29/2000**, tendo como primeiro relator o Senador Bernardo Cabral, que emitiu importantes pareceres, ns. 538 e 1.035/2002, ambos aprovados pela CCJC.

Naquele mesmo ano, contudo, a legislatura se encerrou sem a apreciação da matéria em segundo turno, apesar do enorme esforço do Senador Bernardo Cabral, que não foi reeleito. Iniciada a nova legislatura, além de expressivo número de emendas apresentadas no primeiro turno durante a legislatura anterior, a grande renovação da Casa, mais de 50% de sua composição, fez com que o Presidente do SF, José Sarney, com o aval absoluto do plenário, determinasse o retorno da matéria à CCJC para novo parecer, tendo sido designado, então, em 26.06.2003, o Senador José Jorge como o novo relator da Reforma do Judiciário.

No Senado, a partir do ano 2000, 17 PECs sobre o Judiciário tramitaram em conjunto, tendo sido realizadas 14 audiências públicas com a participação de Ministros do STF, Tribunais Superiores, OAB, MP, institutos, como o Instituto Brasileiro de Direito Processual (IBDP) etc. O SF, diante dessa multiplicidade de projetos, transformou as 17 PECs em outras 4, nos termos do **Parecer n. 451, de 2004-CCJ** (*DSF* de 08.05.2004, p. 12728-12912), e Emenda n. 240 da CCJC:

- a de n. 29/2000 foi aprovada, transformando-se na **EC n. 45/2004**, promulgada em 08.12.2004 e publicada em 31.12.2004;
- uma segunda, desmembrando-se da anterior (e por isso denominada *PEC Paralela da Reforma do Poder Judiciário*), levou o n. 29-A/2000, também aprovada em dois turnos no SF. Na medida em que modificou a redação de artigos da originária PEC n. 96/92 da CD, teve de retornar àquela Casa em prestígio ao **princípio do bicameralismo**. Na CD foi reapresentada em **10.01.2005**, tomando o n. **358/2005** para ser discutida e votada em dois turnos e buscando alterar os seguintes dispositivos da CF/88: arts. 21, 22, 29, 48, 93, 95, 96, 98, 102, 103-B, 104, 105, 107, 111-A, 114, 115, 120, 123, 124, 125, 128, 129, 130-A e 134. Acrescenta,

[7] Texto originalmente publicado em Comunidadejuridica.com: informativo eletrônico do Complexo Jurídico Damásio de Jesus, São Paulo, ano II, n. 31, fev. 2005, Seção artigos.

também, os arts. 97-A, 105-A, 111-B e 116-A e dá outras providências. Dentre tantas novidades, a referida **PEC n. 29-A/00-SF (358/05-CD)**, como se disse, **ainda em tramitação:** transfere da União para o DF a defensoria do DF, tornando-a autônoma (nesse sentido, destacamos a **EC n. 69/2012**, que alterou os arts. 21, 22 e 48 da Constituição Federal, para transferir da União para o Distrito Federal as atribuições de organizar e manter a Defensoria Pública do Distrito Federal); dá autonomia também à Defensoria Pública da União (nesses termos, cf. o art. 134, § 3.º, introduzido pela **EC n. 74/2013**);[8] restringe a competência dos TJs para o julgamento de Prefeitos; altera o art. 93; inclui a necessidade de permanência de três anos no cargo para que o magistrado tenha direito à vitaliciedade na função; proíbe a prática de nepotismo nos Tribunais e Juízos; modifica a competência da Justiça Trabalhista, novamente; altera a composição do STM e regras sobre o MP; amplia as competências do STF e STJ; institui a "súmula impeditiva" de recursos, a ser editada pelo STJ e TST; trata da conciliação, mediação e arbitragem etc.;[9]

- uma terceira PEC foi apresentada ao próprio SF, a de n. **26/04-SF**, que, alterando o art. 100 da CF/88, permitia o parcelamento de precatórios (chamados de **títulos sentenciais**) em até 60 parcelas. Nos termos do art. 332 do *RISF*, referida PEC foi **arquivada** ao final da *53.ª Legislatura* (período de 2007 a 2010), já que não apreciada. De toda forma, sobre a matéria, mencionamos a aprovação da **EC n. 62, de 09.12.2009** (PECs ns. 12 e 12-A/2006-SF e PEC n. 351/2009-CD), que altera profundamente o sistema dos precatórios e é por nós comentada no *item 11.12* deste estudo;
- nessa mesma situação de **arquivamento**, encontra-se uma quarta PEC, de n. **27/04-SF**, que autorizava a lei a instituir juizados de instrução criminal para as infrações penais nela definidas.

---

8 Em relação à **defensoria pública**, remetemos o nosso ilustre leitor para o *item 12.5* no qual aprofundamos o tema, dando especial destaque para a **EC n. 80/2014**, que introduziu importantes novidades.

9 Logo após a aprovação da Reforma, vários sites, inclusive o do Senado Federal, divulgaram o que chamaram de Pareceres ns. 1.747 e 1.748/2004 da CCJC. O primeiro fixava a redação da EC n. 45 que seria promulgada e publicada e o segundo foi o projeto que retornou à Câmara. Alguns trabalhos utilizaram aquele texto disponível (o único à época). Acontece que, em virtude de entendimentos entre as Casas, foram procedidos ajustes nos dois pareceres, remanejando-se dispositivos daquele de n. 1.747 para o de n. 1.748, que voltou para a CD. Assim, pedimos que o ilustre colega **tome muito cuidado** com o estudo, destacando-se que, em razão da referida republicação (*DSF*, 09.12.2004, p. 41569-83), foram transferidos para a CD (na PEC n. **358/05-CD**) os seguintes dispositivos constitucionais: arts. 93, III; 102, I, "a"; 102, § 2.º; 104, parágrafo único, I; 107, *caput*; 114, I; 115, *caput*; 125, § 8.º; 103-B, VI e VIII; 111-A, II e § 1.º; e 130-A, § 2.º, IV. Para estudar somente a EC podem acessar o site **<www.planalto.gov.br>**, e cuidado para não ler o texto antigo! Para se ter acesso ao texto que está para ser votado na CD, basta acessar **<www.camara.gov.br>** e, em proposições, fazer a pesquisa selecionando "PEC" e indicando o n. 358/2005. Qualquer coisa, estamos à disposição: pedrolenza@terra.com.br.

11.3.2. Principais alterações

Apresentamos abaixo 28 principais novidades trazidas pela Reforma do Judiciário **(EC n. 45/2004)**, cujo desenvolvimento é abordado ao longo do estudo:

1) a todos, no âmbito judicial e administrativo, são assegurados a razoável duração do processo e os meios que garantam a celeridade de sua tramitação **(art. 5.º, LXXVIII, e art. 7.º da EC n. 45/2004)**. Como bem exposto na *Exposição de Motivos do CPC/2015* (Lei n. 13.105/2015), "a ausência de celeridade, sob certo ângulo, é ausência de Justiça";

2) a previsão de real cumprimento do princípio do acesso à ordem jurídica justa, estabelecendo-se a Justiça itinerante e a sua descentralização, assim como a autonomia funcional, administrativa e financeira da Defensoria Pública Estadual **(arts. 107, §§ 2.º e 3.º; 115, §§ 1.º e 2.º; 125, §§ 6.º e 7.º; 134, § 2.º; 168; e art. 7.º da EC n. 45/2004)**;

3) a possibilidade de se criarem varas especializadas para a solução das questões agrárias. Nessa linha de especialização em prol da efetividade temos sugerido, também, varas especializadas para a área do consumidor, ambiental, coletiva etc. (art. 126, *caput*);

4) a "constitucionalização" dos tratados e convenções internacionais sobre direitos humanos, desde que aprovados pelo *quorum* qualificado das emendas constitucionais **(art. 5.º, § 3.º)**;

5) a submissão do Brasil à jurisdição do Tribunal Penal Internacional (TPI) a cuja criação tenha manifestado adesão **(art. 5.º, § 4.º)**;

6) a federalização de crimes contra direitos humanos, por exemplo, a tortura e o homicídio praticados por grupos de extermínio, mediante incidente suscitado pelo PGR no STJ, objetivando o deslocamento da competência para a Justiça Federal. Busca-se, acima de tudo, adequar o funcionamento do Judiciário brasileiro ao sistema de proteção internacional dos direitos humanos **(art. 109, V-A, e § 5.º)**;

7) a criação do *Conselho Nacional de Justiça*, que passa a ser Órgão do Poder Judiciário, com sede na Capital Federal. Ampliação de hipótese de *impeachment,* por crime de responsabilidade, a ser apurada pelo Senado Federal, abarcando todos os membros do CNJ (e do CNMP). Criação de ouvidorias para o recebimento de reclamações **(arts. 52, II; 92, I-A, e § 1.º; 102, I, "r"; 103-B; e art. 5.º da EC n. 45/2004)**;

8) a previsão de controle do MP por intermédio do *Conselho Nacional do Ministério Público,* assim como a criação de ouvidorias para o recebimento de reclamações **(arts. 52, II; 102, I, "r"; 130-A; e art. 5.º da EC n. 45/2004)**;

9) a ampliação de algumas regras mínimas a serem observadas na elaboração do *Estatuto da Magistratura*, todas no sentido de dar maior produtividade e transparência à prestação jurisdicional, na busca da efetividade do processo, destacando-se: **a)** previsão da exigência de três anos de atividade jurídica para o bacharel em Direito como requisito para o ingresso na carreira da Magistratura (quarentena de entrada); **b)** aferição do merecimento para a promoção conforme o desempenho, levando em conta critérios objetivos de produtividade; **c)** maior garantia ao magistrado, já que a recusa da promoção por antiguidade somente poderá implementar-se pelo voto fundamentado de 2/3 dos membros do Tribunal a que ele estiver vinculado, conforme procedimento próprio e assegurada a ampla defesa; **d)** impossibilidade de promoção do magistrado que, injustificadamente, retiver autos em seu poder além do prazo legal, não podendo devolvê-los ao cartório sem o devido despacho ou decisão; **e)** previsão de cursos oficiais de preparação, aperfeiçoamento e promoção de magistrados, constituindo *etapa obrigatória do processo de vitaliciamento*; **f)** o ato de remoção ou de disponibilidade do magistrado, por interesse público, fundar-se-á em decisão por voto da **maioria absoluta** (e não mais 2/3) do respectivo tribunal ou do Conselho Nacional de Justiça, assegurada ampla defesa (EC n. 103/2019); **g)** na hipótese de processo que tramite sob "segredo de justiça", existindo colisão de dois grandes direitos fundamentais, quais sejam, a preservação do direito à intimidade do interessado no sigilo e o interesse público à informação, parece ter o constituinte reformador dado preferência a este último; **h)** previsão de serem as decisões administrativas dos tribunais tomadas em *sessão pública*; **i)** modificação da sistemática de preenchimento das vagas dos integrantes do Órgão Especial dos Tribunais, sendo metade por antiguidade e a outra metade por eleição pelo Tribunal Pleno; **j)** o fim das férias coletivas nos juízos e tribunais de segundo grau, tornando a atividade jurisdicional *ininterrupta*; **k)** previsão de número de juízes compatíveis com a população; **l)** possibilidade de os servidores receberem delegação para a prática de atos de administração e atos de mero expediente sem caráter decisório; **m)** distribuição imediata dos processos em todos os graus de jurisdição **(art. 93)**;

10) a ampliação da garantia de imparcialidade dos órgãos jurisdicionais por meio das seguintes proibições: **a)** vedação aos juízes de receber, a qualquer título ou pretexto, auxílios ou contribuições de pessoas físicas, entidades públicas ou privadas, ressalvadas as exceções previstas em lei; **b)** instituição da denominada *quarentena de saída*, proibindo membros da magistratura de exercer a advocacia no juízo ou tribunal do qual se afastaram por aposentadoria ou exoneração pelo prazo de 3 anos. A *quarentena* também se aplica aos membros do MP **(arts. 95, parágrafo único, IV e V, e 128, § 6.º)**;

11) a previsão de que as custas e emolumentos sejam destinados exclusivamente ao custeio dos serviços afetos às atividades específicas da Justiça, fortalecendo-a, portanto **(art. 98, § 2.º)**;

12) a regulação do procedimento de encaminhamento da proposta orçamentária do Judiciário e solução em caso de inércia. Proibição de realização de despesas ou assunção de obrigações que extrapolem os limites estabelecidos na lei de diretrizes orçamentárias, exceto se previamente autorizadas, mediante a abertura de créditos suplementares ou especiais **(art. 99, §§ 3.º, 4.º e 5.º)**;

13) a extinção dos Tribunais de Alçada, passando os seus membros a integrar os TJs dos respectivos Estados e uniformizando, assim, a nossa Justiça **(art. 4.º da EC n. 45/2004)**;

14) a transferência de competência do STF para o STJ no tocante à homologação de sentenças estrangeiras e à concessão de *exequatur* às cartas rogatórias **(art. 102, I, "h" (revogada); 105, I, "i", e art. 9.º da EC n. 45/2004)**;

15) a ampliação da competência do STF para o julgamento de recurso extraordinário quando se *julgar válida lei local contestada em face de lei federal*. Muito se questionou sobre essa previsão. Observa-se que está **correta**, uma vez que, no fundo, quando se questiona a aplicação de lei, acima de tudo, tem-se conflito de constitucionalidade, pois é a CF que fixa as regras sobre competência legislativa federativa. Por outro lado, quando se questiona a validade de ato de governo local em face de lei federal, acima de tudo, estamos diante de questão de legalidade a ser enfrentada pelo STJ, como mantido na reforma **(arts. 102, III, "d", e 105, III, "b")**;

16) a criação do requisito da *repercussão geral das questões constitucionais discutidas no caso* para o conhecimento do recurso extraordinário. Essa importante regra vai evitar que o STF julgue brigas particulares de vizinhos como algumas discussões sobre "assassinato" de papagaio ou "furto" de galinha já examinadas pela mais alta Corte **(art. 102, § 3.º)**;

17) a adequação da Constituição, no tocante ao controle de constitucionalidade, ao entendimento jurisprudencial já pacificado no STF, constitucionalizando o efeito dúplice ou ambivalente da ADI e da ADC, assim como o seu efeito vinculante. Ampliação da legitimação para agir. Agora os legitimados da ADC são os mesmos da ADI (e não mais somente os 4 que figuravam no art. 103, § 4.º, *revogado*). Apenas para se adequar ao entendimento do STF e à regra do art. 2.º, IV e V, da Lei n. 9.868/99, fixou-se, expressamente, a legitimação da Câmara Legislativa e do Governador do DF para a propositura de ADI e agora de ADC **(arts. 102, § 2.º; 103, IV e V; revogação do § 4.º do art. 103; e art. 9.º da EC n. 45/2004)**;[10]

18) a ampliação da hipótese de intervenção federal dependendo de provimento de representação do Procurador-Geral da República para, além da já existente ADI Interventiva (art. 36, III, c/c o art. 34, VII), agora, também, objetivando *prover a execução de lei federal* (pressupondo ter havido a sua recusa). A competência, que era do STJ, passa a ser do **STF (art. 34, VI, primeira parte, c/c o art. 36, III; revogação do art. 36, IV; e o art. 9.º da EC n. 45/2004)**;

19) a criação da Súmula Vinculante do STF **(art. 103-A e art. 8.º da EC n. 45/2004)**;

20) a aprovação da nomeação de Ministro do STJ pelo *quorum* de **maioria absoluta** dos membros do SF, equiparando-se ao *quorum* de aprovação para a sabatina dos Ministros do STF, e não mais maioria simples ou relativa, como era antes da Reforma **(art. 104, parágrafo único)**;

---

[10] Muito cuidado em relação ao controle de constitucionalidade, pois, conforme alertamos, o texto primeiramente publicado sobre a reforma, inclusive no site do Senado Federal, ampliava o objeto da ADC, fazendo incluir, além da lei federal, a lei estadual. Essa regra não foi aprovada e, em razão da republicação dos pareceres (*DSF* de 09.12.2004, p. 41569-83), foi transferida para a CD (na PEC n. **358/05-CD** — "PEC Paralela do Judiciário"). Assim, o único objeto de ADC continua sendo a lei federal, nos termos do art. 102, I, "a", não alterado, apesar da modificação do art. 102, § 2.º.

21) a previsão de funcionamento, junto ao STJ: **a)** da Escola Nacional de Formação e Aperfeiçoamento de Magistrados, cabendo-lhe, dentre outras funções, regulamentar os cursos oficiais para o **ingresso** e **promoção** na carreira; **b)** e do Conselho da Justiça Federal como órgão central do sistema e com poderes correcionais, cujas decisões terão caráter vinculante **(art. 105, parágrafo único, I e II)**;

22) no âmbito trabalhista, dentre tantas modificações, podemos destacar: **a)** o aumento da composição do TST de 17 para 27 Ministros, não mais sendo preciso ter de convocar juízes dos TRTs para atuar como substitutos; **b)** em relação ao sistema de composição, reduziram-se as vagas de Ministros do TST oriundos da advocacia e do Ministério Público do Trabalho. Agora eles ocupam somente 1/5, sendo os outros 4/5 preenchidos dentre juízes dos Tribunais Regionais do Trabalho, oriundos da Magistratura da carreira, indicados pelo próprio Tribunal Superior; **c)** fixação do número mínimo de 7 juízes para os TRTs; **d)** modificação da competência da Justiça do Trabalho; **e)** previsão de criação da *Escola Nacional de Formação e Aperfeiçoamento de Magistrados do Trabalho* e do *Conselho Superior da Justiça do Trabalho*, sendo que este último deverá ser instalado no prazo de 180 dias; **f)** a lei criará varas da Justiça do Trabalho, podendo, nas comarcas não abrangidas por sua jurisdição, atribuí-la aos juízes de direito, com recurso para o respectivo Tribunal Regional do Trabalho; **g)** previsão de criação, por lei, do Fundo de Garantia das Execuções Trabalhistas, integrado pelas multas decorrentes de condenações trabalhistas e administrativas oriundas da fiscalização do trabalho, além de outras receitas **(arts. 111, §§ 1.º, 2.º e 3.º (revogados); 111-A; 112; 114; 115; e arts. 3.º, 6.º e 9.º da EC n. 45/2004)**;

23) fixação de novas regras para a Justiça Militar **(art. 125, §§ 3.º, 4.º e 5.º)**;

24) assim como fixado para a Magistratura (art. 99, §§ 3.º a 5.º), regulação do procedimento de encaminhamento da proposta orçamentária do Ministério Público e solução em caso de inércia. Proibição de realização de despesas ou assunção de obrigações que extrapolem os limites estabelecidos na lei de diretrizes orçamentárias, exceto se previamente autorizadas, mediante a abertura de créditos suplementares ou especiais **(art. 127, §§ 4.º, 5.º e 6.º)**;

25) nos mesmos termos da Magistratura, diminuição do *quorum* de votação para a perda da garantia da inamovibilidade de 2/3 para **maioria absoluta (art. 128, § 5.º, I, "b")**;

26) ampliação da garantia de imparcialidade dos membros do MP: **a)** vedação do exercício de atividade político-partidária, sem qualquer exceção; **b)** vedação do recebimento, a qualquer título ou pretexto, de auxílios ou contribuições de pessoas físicas, entidades públicas ou privadas, ressalvadas as exceções previstas em lei; **c)** instituição, conforme já vimos e nos mesmos termos da Magistratura, da denominada *quarentena de saída*, proibindo-os de exercer a advocacia no juízo ou tribunal do qual se afastaram por aposentadoria ou exoneração pelo prazo de 3 anos **(art. 128, § 5.º, II, "e", "f" e § 6.º)**;

27) conforme vimos para a atividade jurisdicional, também no sentido de se dar maior produtividade e transparência no exercício da função, na busca da efetividade do processo, destacam-se, para o MP: **a)** a obrigatoriedade de as funções só poderem ser exercidas por integrantes da carreira, que deverão residir na comarca da respectiva lotação, salvo autorização do chefe da instituição; **b)** a previsão da exigência de 3 anos de atividade jurídica para o bacharel em direito como requisito para o ingresso na carreira do MP (*quarentena de entrada*); **c)** a distribuição imediata dos processos; **d)** e, no que couber, as regras já apresentadas em relação ao art. 93 para a Magistratura **(art. 129, §§ 2.º, 3.º, 4.º e 5.º)**;

28) A EC n. 45/2004 foi promulgada em 8 de dezembro de 2004 e entrou em vigor na data de sua publicação, em 31 de dezembro de 2004 **(art. 10 da EC n. 45/2004)**.

11.3.3. Principais ações diretas e decisões do STF em relação às novidades introduzidas pela EC n. 45/2004 (ordem cronológica de propositura)

No PDF da plataforma on-line, destacamos as principais ações que foram ajuizadas tendo por objeto disposições trazidas pela EC n. 45/2004, para efeito de conhecimento e acompanhamento.

11.4. ESTATUTO DA MAGISTRATURA

11.4.1. Disposições gerais

José Horácio Cintra Gonçalves Pereira identifica que o enorme "... interesse com as atividades do Poder Judiciário (verdadeira preocupação nacional como se fora o único problema a emperrar o progresso do Brasil) decorre, sem dúvida, do fato de a prestação (de serviço) jurisdicional não atender aos anseios da população: em razão da demora dos processos, dos seus entraves burocráticos, da total falta de aparelhamento moderno, do despreparo dos funcionários e juízes (ainda que de alguns poucos, mas com força suficiente para, ao menos, incentivar as críticas), da falta de recursos financeiros. Enfim, uma gama de deficiências sempre detectadas e diagnosticadas...".[11]

A **Reforma do Judiciário** busca encontrar alguns instrumentos para solucionar os problemas apontados. Conforme estabelece o art. 93 da CF/88, amplamente solidificado pela EC n. 45/2004, **lei complementar**, de iniciativa do **STF**, disporá sobre o **Estatuto da Magistratura**,[12] observados os seguintes princípios:

---

[11] José Horácio Cintra Gonçalves Pereira, Poder Judiciário: estatuto da magistratura, in André Ramos Tavares, Pedro Lenza, Pietro de Jesús Lora Alarcón (coord.), *Reforma do Judiciário*, p. 129.

[12] Atualmente, a LC n. 35/79 (LOMAN) vem sendo o norte dessa regulamentação, reconhecendo sua defasagem e constantes litígios sobre a recepção de seus dispositivos, elaborados durante o regime militar. Diante da omissão da Corte em elaborar o anteprojeto da LOMAN, como manda a Constituição em seu art. 93, *caput*, foi elaborada a **Portaria n. 47/2013-STF**, que instituiu a *Comissão de Estudo e Redação de Anteprojeto de Lei Complementar destinada a dispor sobre o Estatuto da Magistratura* no prazo de 90 dias, prazo esse prorrogado por mais 90 dias, nos termos da Portaria n. 23/2013. Destacamos, ainda, a Res. n. 577/2016, que disciplinou a votação da minuta do anteprojeto. Até o fechamento desta edição, com **inaceitável demora** (já se vão mais de 30 anos da promulgação da Constituição), o anteprojeto ainda **não foi encaminhado** para o Parlamento (pendente).

- ingresso na carreira, cujo cargo inicial será o de juiz substituto, mediante concurso público de provas e títulos, com a participação da Ordem dos Advogados do Brasil em todas as fases, exigindo-se do bacharel em direito, no mínimo, 3 anos de atividade jurídica e obedecendo-se, nas nomeações, à ordem de classificação;

Trata-se da denominada **"quarentena de entrada"**. Neste particular, cabe indagar se o período de **3 anos** deverá ser contado apenas após o bacharelado, ou poderá ser computado durante a graduação, por exemplo, por meio de estágio.

Entendemos que se trata, no fundo, de norma **constitucional de eficácia limitada**, já que "depende" de lei complementar infraconstitucional regulando os seus vetores.

Hugo Nigro Mazzilli destaca que, "sem regulamentação, cremos que o requisito de prévio exercício de atividade jurídica **não é autoaplicável**, de maneira que, se vier a ser exigido em editais de concurso, sem anterior regulamentação, poderá ser questionado por meio de mandado de segurança".[13]

Contudo, infelizmente, o STF vem exigindo o requisito da quarentena de entrada, com base, inclusive, em resolução do CNJ.

Segundo entendimento da Corte, a norma impugnada veio atender ao objetivo da EC n. 45/2004 de recrutar, com mais rígidos critérios de seletividade técnico-profissional, os pretendentes às carreiras. Assim, "os 3 anos de atividade jurídica contam-se da **data da conclusão do curso de Direito** e o fraseado 'atividade jurídica' é significante de atividade para cujo desempenho se faz **imprescindível a conclusão de curso de bacharelado em Direito**" (**ADI 3.460/DF**, Rel. Min. Carlos Britto, j. 31.08.2006, *DJ* de 15.06.2007).

De acordo com o art. 23, § 1.º, "a", da **Res. n. 75/CNJ**, a comprovação dos 3 anos deve se dar no momento da **inscrição definitiva**, seguindo a orientação firmada na ADI 3.460.

Nesses termos, o Pleno, ao apreciar a questão novamente, reiterou a orientação firmada no julgamento da ADI 3.460 e fixou a seguinte tese: "a comprovação do triênio de atividade jurídica exigida para o ingresso no cargo de juiz substituto, nos termos do inciso I do art. 93 da Constituição Federal, deve ocorrer **no momento da inscrição definitiva no concurso público**" e não na posse (**RE 655.265**, Rel. orig. Min. Luiz Fux, red. p/ o ac. Min. Edson Fachin, j. 13.04.2016, *DJE* de 08.08.2016).

Diante dessa decisão e da tese firmada, o **Conselho Nacional do Ministério Público — CNMP** considerou **superada** a redação do art. 3.º da Res. n. 40/2009, dada pela **Res. n. 87/2012**, que estabelecia que a comprovação do período de 3 anos de atividade jurídica deveria ser documentada e formalizada para o ato da **posse** do candidato aprovado em todas as fases do concurso público, e não da inscrição definitiva.

A **Res. CNMP n. 141, de 26.04.2016**, revogou a referida Res. n. 87/2012 e resgatou a redação original do art. 3.º da Res. n. 40/2006, voltando a prescrever, agora na linha do decidido pelo STF, que a comprovação do período de 3 anos de atividade

[13] A prática de "atividade jurídica" nos concursos, in André Ramos Tavares, Pedro Lenza, Pietro de Jesús Lora Alarcón (coord.), *Reforma do Judiciário*, p. 155.

jurídica deve se dar no **ato da inscrição definitiva no concurso**, ressalvando que essa nova orientação alcança apenas os concursos públicos abertos após a publicação da referida resolução, que se deu no *Diário Eletrônico do CNMP*, Caderno Processual, de 16.05.2016, p. 12-13.

E o que deve ser entendido por atividade jurídica a ser demonstrada?

De acordo com o art. 59 da Resolução n. 75/2009-CNJ, considera-se atividade jurídica:

- aquela exercida com exclusividade por bacharel em Direito;
- o efetivo exercício de advocacia, inclusive voluntária, mediante a participação anual mínima em cinco atos privativos de advogado (Lei n. 8.906, de 04.07.1994, art. 1.º) em causas ou questões distintas;
- o exercício de cargos, empregos ou funções, inclusive de magistério superior, que exija a utilização preponderante de conhecimento jurídico;
- o exercício da função de conciliador junto a tribunais judiciais, juizados especiais, varas especiais, anexos de juizados especiais ou de varas judiciais, no mínimo de 16 horas mensais e durante 1 ano;
- o exercício da atividade de mediação ou de arbitragem na composição de litígios.

A referida Resolução **veda**, para efeito de comprovação de atividade jurídica, a **contagem do estágio acadêmico** ou **qualquer outra atividade anterior à obtenção do grau de bacharel em Direito**.

Nos termos do art. 59, § 2.º, a comprovação do tempo de atividade jurídica relativa a cargos, empregos ou funções não privativos de bacharel em Direito será realizada mediante **certidão circunstanciada**, expedida pelo órgão competente, indicando as respectivas atribuições e a prática reiterada de atos que exijam a **utilização preponderante de conhecimento jurídico**, cabendo à Comissão de Concurso, em **decisão fundamentada**, analisar a validade do documento.

Ainda, cumpre observar que a Resolução n. 75/2009-CNJ **retrocede** ao não mais considerar como atividade jurídica (apesar de reconhecer como título — art. 67, VI), a conclusão, com frequência e aproveitamento, de **curso de pós-graduação** (assegurando tal reconhecimento para os cursos comprovadamente iniciados anteriormente à referida Resolução — art. 90).

Nesse particular, José Afonso da Silva, em parecer, afirmou que "alunos de cursos jurídicos não exercem atividades jurídicas", mas tão somente "atividade de ensino e aprendizado". Em igual medida, Walber de Moura Agra afirma que "o prazo de três anos de exercício de atividade jurídica é um tempo de maturação, de sedimentação do conhecimento acumulado durante o curso de Direito. Um lapso temporal para que o bacharel possa colocar em prática o que aprendeu durante a sua preparação universitária" (*Notícias STF*, 20.03.2009).

Lembramos, por outro lado, que o art. 2.º da **Resolução n. 40, de 26.05.2009, do CNMP**, ainda admite, como **atividade jurídica** e para o ingresso nas carreiras do Ministério Público, **os cursos de pós-graduação**, regra essa admitida pelo STF como **constitucional**.

Conforme ficou estabelecido, "o sintagma 'atividade jurídica', constante do art. 129, § 3.º, da Constituição da República, **não estabelece hierarquia entre as formas prática e teórica de aquisição de conhecimento**, exigindo apenas atividade que suceda o curso de direito e o pressuponha como condição de possibilidade. Em sua função regulamentadora, o Conselho Nacional do Ministério Público está autorizado a densificar o comando constitucional de exigência de atividade jurídica com cursos de pós-graduação" (**ADI 4.219**, Pleno, j. 05.08.2020, *DJE* de 29.09.2020).

Em nosso entender, contudo, toda essa questão deveria ter sido regulamentada, necessariamente, por **lei complementar do Congresso Nacional, de iniciativa exclusiva do STF** (competência reservada).

- promoção de entrância para entrância, alternadamente, por antiguidade e merecimento, atendidas as seguintes normas: *a*) é obrigatória a promoção do juiz que figure por 3 vezes consecutivas ou 5 alternadas em lista de merecimento; *b*) a promoção por merecimento pressupõe 2 anos de exercício na respectiva entrância e integrar o juiz a primeira quinta parte da lista de antiguidade desta, salvo se não houver com tais requisitos quem aceite o lugar vago;[14]
- aferição do merecimento conforme o desempenho e pelos critérios objetivos de produtividade e presteza no exercício da jurisdição e pela frequência e aproveitamento em cursos oficiais ou reconhecidos de aperfeiçoamento;
- na apuração de antiguidade, o tribunal somente poderá recusar o juiz mais antigo pelo voto fundamentado de 2/3 de seus membros, conforme procedimento próprio, e assegurada ampla defesa, repetindo-se a votação até fixar-se a indicação;
- não será promovido o juiz que, injustificadamente, retiver autos em seu poder além do prazo legal, não podendo devolvê-los ao cartório sem o devido despacho ou decisão;
- o acesso aos tribunais de segundo grau far-se-á por antiguidade e merecimento, alternadamente, apurados na última ou única entrância;
- previsão de cursos oficiais de preparação, aperfeiçoamento e promoção de magistrados, constituindo etapa obrigatória do processo de vitaliciamento a participação em curso oficial ou reconhecido por escola nacional de formação e aperfeiçoamento de magistrados;
- o subsídio dos Ministros dos Tribunais Superiores corresponderá a 95% do subsídio mensal fixado para os Ministros do Supremo Tribunal Federal, e os subsídios dos demais magistrados serão fixados em lei e escalonados, em nível federal e estadual, conforme as respectivas categorias da estrutura judiciária nacional, não podendo a diferença entre uma e outra ser superior a 10% ou inferior a 5%, nem exceder a 95% do subsídio mensal dos Ministros dos Tribunais Superiores, obedecido, em qualquer caso, o disposto nos arts. 37, XI, e 39, § 4.º;

[14] Cf. *Resolução CNJ n. 106*, de 06.04.2010, que dispõe sobre os critérios objetivos para aferição do merecimento para promoção de magistrados e acesso aos Tribunais de 2.º grau.

- a aposentadoria dos magistrados e a pensão de seus dependentes observarão o disposto no art. 40 (sobre o tema, cf. discussão envolvendo a **EC n. 88/2015** no *item 11.4.2*);
- o juiz titular residirá na respectiva comarca, salvo autorização do tribunal;
- o ato de remoção ou de disponibilidade do magistrado, por interesse público, fundar-se-á em decisão por voto da **maioria absoluta** do respectivo tribunal ou do Conselho Nacional de Justiça, assegurada ampla defesa (EC n. 103/2019);
- a remoção a pedido ou a permuta de magistrados de comarca de igual entrância atenderá, no que couber, ao disposto nas alíneas "a", "b", "c" e "e" do inciso II do art. 93 da CF/88;
- todos os julgamentos dos órgãos do Poder Judiciário serão públicos, e fundamentadas todas as decisões, sob pena de nulidade, podendo a lei limitar a presença, em determinados atos, às próprias partes e a seus advogados, ou somente a estes, em casos nos quais a preservação do direito à intimidade do interessado no sigilo não prejudique o interesse público à informação;
- as decisões administrativas dos tribunais serão motivadas e em sessão pública,[15] sendo as disciplinares tomadas pelo voto da maioria absoluta de seus membros;
- nos tribunais com número superior a 25 julgadores, poderá ser constituído órgão especial, com o mínimo de 11 e o máximo de 25 membros, para o exercício das atribuições administrativas e jurisdicionais delegadas da competência do tribunal pleno, provendo-se metade das vagas por antiguidade e a outra metade por eleição pelo tribunal pleno;[16]
- a atividade jurisdicional será ininterrupta, sendo vedadas as férias coletivas nos juízos e tribunais de segundo grau, funcionando, nos dias em que não houver expediente forense normal, juízes em plantão permanente.

A Reforma do Poder Judiciário consagra, portanto, o **princípio da ininterruptabilidade da jurisdição**, não podendo haver supressão dessa regra sequer por Resolução do CNJ, como ficou muito claro com a edição da Resolução n. 28, de 18.12.2006, que revogou a de n. 24/2006, que, por sua vez, ao modificar a de n. 3/2005, objetivava flexibilizar o disposto no art. 93, XII, da CF/88.

Assim, decidiu o STF em sede de medida cautelar: "... As regras legais que estabeleciam que os magistrados gozariam de férias coletivas perderam seu fundamento de validade pela promulgação da Emenda Constitucional n. 45/2004. **A nova norma**

---

15 O STF decidiu pela **desnecessidade de lei complementar para dar efeitos ao art. 93, X, da CF**, em razão de sua **autoaplicabilidade**. Em caso concreto, o Plenário entendeu que a **votação de atos de remoção voluntária de magistrados** por meio de escrutínio secreto é inconstitucional: "(...). **Necessidade** de **motivação expressa, pública** e **fundamentada** das **decisões administrativas dos tribunais**. Regra geral, que também vincula a votação de atos de remoção de magistrados, por força da **aplicação imediata** do art. 93, X, da Constituição" (**MS 25.747**, Rel. Min. Gilmar Mendes, j. 17.05.2012, Plenário, *DJE* de 18.06.2012 — original sem grifos).

16 Cf. a **Resolução CNJ n. 16, de 2 de junho de 2006**, estabelecendo critérios para a composição e eleição do Órgão Especial dos Tribunais e dando outras providências.

constitucional plasmou paradigma para a matéria, contra a qual nada pode prevalecer. Enquanto vigente a norma constitucional, pelo menos em exame cautelar, cumpre fazer prevalecer a **vedação de férias coletivas de juízes e membros dos tribunais de segundo grau**, suspendendo-se a eficácia de atos que ponham em risco a efetividade daquela proibição..." (ADI 3.823-MC, Rel. Min. Cármen Lúcia, j. 06.12.2006, *DJ* de 23.11.2007). Mas cabe observar que o STF, em 02.03.2016, julgou **prejudicada** a referida ADI pela perda superveniente do objeto, em razão de terem sido revogadas as referidas normas (art. 21, IX, do RISTF).

- o número de juízes na unidade jurisdicional será proporcional à efetiva demanda judicial e à respectiva população;
- os servidores receberão delegação para a prática de atos de administração e atos de mero expediente sem caráter decisório;
- a distribuição de processos será imediata, em todos os graus de jurisdição.

Todas essas regras trazidas pela **Reforma do Judiciário** vieram no sentido de dar maior produtividade e transparência à prestação jurisdicional, na busca da efetividade do processo.

11.4.2. A EC n. 88/2015 (fruto da "PEC da Bengala"), a EC n. 103/2019 ("Reforma da Previdência") e as ADIs 5.316, 5.430, 5.486 e 5.490

Como se sabe, existem 3 modalidades de aposentadoria no chamado **Regime Próprio da Previdência Social (RPPS)** dos **servidores titulares de cargos efetivos**, que terá **caráter contributivo e solidário**, mediante contribuição do respectivo ente federativo, de servidores ativos, de aposentados e de pensionistas, observados critérios que preservem o equilíbrio financeiro e atuarial (art. 40, *caput*, na redação dada pela **EC n. 103/2019**), bem como dos **agentes públicos titulares de cargos vitalícios** (magistrados, membros do MP e membros do Tribunal de Contas) (art. 40, § 1.º, I, II e III): **a)** por **incapacidade permanente** para o trabalho, no cargo em que estiver investido, **quando insuscetível de readaptação** (cf. art. 37, § 13), hipótese em que será obrigatória a realização de avaliações periódicas para verificação da continuidade das condições que ensejaram a concessão da aposentadoria, na forma de lei do respectivo ente federativo (a **EC n. 103/2019** — Reforma da Previdência substituiu a *aposentaria por invalidez* pela **aposentadoria por incapacidade permanente**; **b) compulsória**; **c) voluntária** (com ampla modificação trazida pela EC n. 103/2019).

Não estamos aqui considerando o agente público ocupante, exclusivamente, de cargo em comissão declarado em lei de livre nomeação e exoneração, de outro cargo temporário, inclusive mandato eletivo, ou de emprego público, em relação aos quais se aplica o *Regime Geral de Previdência Social* (art. 40, § 13, na redação dada pela EC n. 103/2019, devendo ser consideradas as particularidades dos titulares de mandato eletivo, conforme art. 14 da EC n. 103/2019).

Neste tópico, tratamos apenas da **aposentadoria compulsória** no âmbito do **Regime Próprio da Previdência Social (RPPS)**, que se implementa em razão de **critério** meramente **objetivo**, qual seja, a **idade**. Ao completá-la, o legislador supõe a **invalidez do servidor público**, assumindo a sua **presunção absoluta de incapacidade para o serviço público**.

Importante lembrar que, conforme decidiu o STF, "os **servidores ocupantes de cargo exclusivamente em comissão não se submetem à regra da aposentadoria compulsória** prevista no art. 40, § 1.º, II, da Constituição Federal, a qual atinge apenas os ocupantes de cargo de provimento efetivo, inexistindo, também, qualquer idade limite para fins de nomeação a cargo em comissão" (*tema 763* da repercussão geral, **RE 786.540**, j. 15.12.2016).

Assim, de acordo com o art. 187 da Lei n. 8.112/90, a aposentadoria compulsória será **automática**, e declarada por ato, com vigência a partir do dia imediato àquele em que o servidor atingir a idade-limite de permanência no serviço ativo. Isso significa que o servidor público titular de cargo efetivo, ao completar a idade, **mesmo estando em plena capacidade laboral e sendo contra a sua vontade**, deverá ser forçadamente aposentado, e, por isso, essa modalidade é vulgarmente chamada de **"expulsória"**.

A aposentadoria compulsória por idade foi prevista na Constituição de **1934**, estabelecendo-se a idade de **68 anos**. Esse parâmetro (68 anos) foi repetido na Constituição de **1937**. A primeira a prever os **70 anos** foi a de **1946**, mantida essa idade nos **textos seguintes**, inclusive na redação originária da de **1988**.

Depois de 28 anos de vigência da atual Constituição, fruto da aprovação da PEC n. 42/2003-SF (que tramitou por quase 12 anos!), conhecida como **"PEC da Bengala"**, foi promulgada a **EC n. 88/2015**.

Em sua *justificação*, observa-se que "a expectativa de vida do brasileiro vem aumentando bastante, alterando significativamente o perfil populacional". Assim, mesmo ao completar 70 anos, o servidor continua com plena capacidade produtiva. A aposentadoria precoce confirma que muitos servidores vão para a iniciativa privada, continuam trabalhando e ainda levam a experiência de anos patrocinada pelo Estado, onerando a Previdência em razão da falta de contrapartida.

Diante dessa **nova realidade**, a EC n. 88/2015, mantendo a regra sobre a aposentadoria compulsória (70 anos de idade), permitiu que **lei complementar** estabeleça as condições para que o servidor público se aposente aos **75 anos**. A implementação dessa situação considerando esse novo parâmetro etário **depende**, necessariamente, da edição de **lei complementar**.

O art. 100 do ADCT, contudo, prescreve: "até que entre em vigor a lei complementar de que trata o inciso II do § 1.º do art. 40 da Constituição Federal, os **Ministros do STF**, dos **Tribunais Superiores** e do **Tribunal de Contas da União** aposentar-se-ão, compulsoriamente, aos **75 anos** de idade (e, assim, **não dependendo de lei complementar), nas condições do art. 52 da Constituição Federal**".

A AMB, a ANAMATRA e a AJUFE propuseram a **ADI 5.316** (pendente o julgamento do mérito), atacando alguns dispositivos da EC n. 88/2015 em análise.

Em julgamento de **medida cautelar**, o STF determinou que a dispensa de lei complementar prevista na emenda para as citadas autoridades (o art. 100 do ADCT) **não pode ser estendida a outros agentes públicos até que seja editada a lei complementar a que alude o art. 40, § 1.º, II, da CRFB,** a qual, quanto à magistratura, é a lei complementar de iniciativa do Supremo Tribunal Federal nos termos do art. 93 da CRFB (*Estatuto da Magistratura*).

Ainda, o STF, no julgamento da cautelar na ADI 5.316, determinou a suspensão da tramitação de todos os processos que envolvam a aplicação, a magistrados, do art. 40, § 1.º, II, da CRFB e do art. 100 do ADCT, até o julgamento definitivo da ação direta em análise. Além disso, declararam sem efeito todo e qualquer pronunciamento judicial ou administrativo que afaste, amplie ou reduza a literalidade do comando previsto no art. 100 do ADCT e, com base neste fundamento, assegure a qualquer outro agente público o exercício das funções relativas a cargo efetivo **após ter completado setenta anos de idade**.

Outro ponto extremamente polêmico foi a parte final do art. 100 do ADCT que, apesar de assegurar a aposentadoria compulsória aos 75 anos, determinou que essa nova realidade só poderá ser implementada **nas condições do art. 52 da CF**.

Observar "as condições do art. 52" significa dizer que referidas autoridades, para poderem se aposentar com mais de 70 anos, terão que passar por uma **nova sabatina** (art. 52, III, "a" e "b").

Essa regra de "nova sabatina" foi bastante criticada. A previsão originária, prescrita pelo constituinte originário, estabelece o **controle político (sabatina) apenas** para o **ingresso** no cargo, e não para a sua continuidade, tendo sido criada uma verdadeira condicionante para a aposentadoria.

Em interessante observação, o *Deputado Luiz Antonio Fleury*, no parecer dado perante a CCJ, na PEC n. 457/2005 (número que tomou na Câmara), determinou ser "**incompatível** uma nova aprovação pelo Legislativo Federal de Ministro detentor de cargo vitalício, incongruência de inquestionável ameaça aos princípios republicanos que, além de ferir os preceitos mencionados, traduz na fragilização do Poder Judiciário, até mesmo no que diz respeito à imparcialidade, já que o interessado em permanecer no cargo ficaria **refém** de interesses político-partidários, podendo redundar no comprometimento da liberdade e independência do magistrado".

No julgamento da medida cautelar, o STF determinou a suspensão da aplicação da expressão "nas condições do art. 52 da Constituição Federal" contida no art. 100 do ADCT, por vulnerar as circunstâncias materiais necessárias ao exercício imparcial e independente da função jurisdicional, ultrajando a **separação dos Poderes**, cláusula pétrea inscrita no art. 60, § 4.º, III, da CRFB.

Podemos, então, esquematizar o tema à luz da **EC n. 88/2015** (com as adaptações necessárias decorrentes da **EC n. 103/2019**) e do julgamento da **medida cautelar** na **ADI 5.316** (j. 21.05.2015, *DJE* de 06.08.2015, lembrando que a Corte terá que julgar o mérito da referida ação, sendo que, ao que tudo indica, manterá o entendimento fixado na apreciação da cautelar):

- no **regime próprio da previdência social**, considerando os servidores titulares de cargos **efetivos**, bem como os agentes públicos titulares de cargos **vitalícios**, a aposentadoria compulsória aos **70 anos**, com proventos proporcionais ao tempo de contribuição, continua sendo a **regra geral** (art. 40, § 1.º, II);

- o aumento do limite de idade para **75 anos** depende de **lei complementar** do Congresso Nacional de caráter nacional (tendo em vista a norma constitucional de eficácia limitada introduzida pela EC n. 88/2015);
- a aposentadoria compulsória de magistrados é tema reservado à lei complementar nacional, de iniciativa reservada do STF, nos termos da regra expressa contida no art. 93, VI, da Constituição da República (*Estatuto da Magistratura*), não havendo que se falar em interesse local, ou mesmo em qualquer singularidade que justifique a atuação legiferante estadual em detrimento da uniformização;
- até que entre em vigor a lei complementar para a magistratura (art. 93, VI), os Ministros do STF, dos Tribunais Superiores e do TCU — **e somente eles!**, independentemente da lei complementar nacional, por força do comando trazido pela EC n. 88/2015 — aposentar-se-ão, compulsoriamente, aos **75 anos** de idade, afastando-se a exigência da famigerada nova sabatina, prevista na parte final do art. 100 do ADCT, que teve a sua aplicação suspensa por vulnerar as condições materiais necessárias ao exercício imparcial e independente da função jurisdicional.

De maneira extremamente precipitada, antes mesmo da aprovação da PEC que daria origem à EC n. 88/2015, o Senador José Serra encaminhou o *PLS n. 274/2015*, que veio a ser aprovado no parlamento.

O Presidente da República, no exercício de sua função constitucional, **vetou** integralmente o projeto, sob o fundamento de vício de iniciativa (vício formal subjetivo), por entender que a matéria seria de iniciativa do Presidente da República. O Congresso Nacional, por sua vez, **derrubou o veto**, promulgando e publicando a **LC n. 152/2015**, concretizando a aposentadoria compulsória aos 75 anos para: a) os servidores titulares de cargos efetivos da União, dos Estados, do Distrito Federal e dos Municípios, incluídas suas autarquias e fundações; b) os membros do Poder Judiciário; c) os membros do Ministério Público; d) os membros das Defensorias Públicas; e) os membros dos Tribunais e dos Conselhos de Contas.

Assim, a aposentadoria aos 75 anos passava a ser realidade, mesmo diante de LC com duvidosa constitucionalidade em razão de vício de iniciativa, conforme já sinalizado pelo STF na ADI 5.316.

O tema foi judicializado nas **ADIs 5.430** (AMB) e **5.490** (CONAMP, ANPT e ANPR), nesse último caso atacando-se o art. 2.º, III, da LC n. 152/2015, que dispôs sobre a aposentadoria compulsória por idade, com proventos proporcionais, para os membros do Ministério Público e, então, a sustentada violação ao art. 61, § 1.º, II, "d", c/c arts. 128, § 5.º, e 129, § 4.º, da CF/88.

A linha de argumentação adotada pela Corte no julgamento da cautelar na ADI 5.316 acima exposta orientou o acolhimento pelo STF do pedido formulado em ADI contra dispositivo da Constituição do Estado de Sergipe, que, alterado por emenda, passou a disciplinar a aposentadoria compulsória de servidores públicos estaduais e municipais, inclusive magistrados estaduais (**ADI 5.486**, j. 19.12.2018, *DJE* de 14.02.2019).

No tocante à **ADI 5.490**, o STF julgou **improcedente** o pedido: "A Lei Complementar n. 152/2015 regulamentou o inc. II do § 1.º do art. 40 da Constituição e dispôs sobre a aposentadoria compulsória por idade dos servidores públicos ocupantes de cargos efetivos de todos os entes federativos, dos membros do Poder Judiciário, do

Ministério Público, da Defensoria Pública e dos Tribunais e dos Conselhos de Contas. 3. **Não há reserva de iniciativa para a deflagração do processo legislativo sobre aposentadoria compulsória por idade dos membros do Ministério Público** (§ 4.º do art. 129 e do inc. VI do art. 93 da Constituição da República). 4. O **Supremo Tribunal Federal** decidiu, **em sessão administrativa, não haver vício formal de iniciativa** no Projeto de Lei n. 274/2015, pelo qual originou a Lei Complementar n. 152/2015, por regulamentar norma constitucional com definição preexistente e regramento geral ao regime previdenciário próprio. 5. Ação direta de inconstitucionalidade julgada improcedente" (Pleno, por unanimidade, j. 20.11.2019, *DJE* de 09.12.2019).

■ 11.5. GARANTIAS DO JUDICIÁRIO

As garantias atribuídas ao Judiciário assumem importantíssimo papel no cenário da tripartição de Poderes, assegurando a independência desse órgão, que poderá decidir livremente, sem se abalar com qualquer tipo de pressão que venha dos outros Poderes.

José Afonso da Silva divide tais garantias em:

- **institucionais:** protegem o Judiciário como um todo, como instituição. Dividem-se em: *a*) **garantias de autonomia orgânico-administrativa** e *b*) **garantias de autonomia financeira**;
- **garantias funcionais ou de órgãos:** "... asseguram a independência (vitaliciedade, inamovibilidade e irredutibilidade de subsídios) e a imparcialidade dos **membros** do Poder Judiciário (vedações), previstas, aliás, tanto em razão do próprio titular mas em favor ainda da própria instituição".[17]

Para facilitar o estudo, apresentamos a classificação de modo esquematizado:

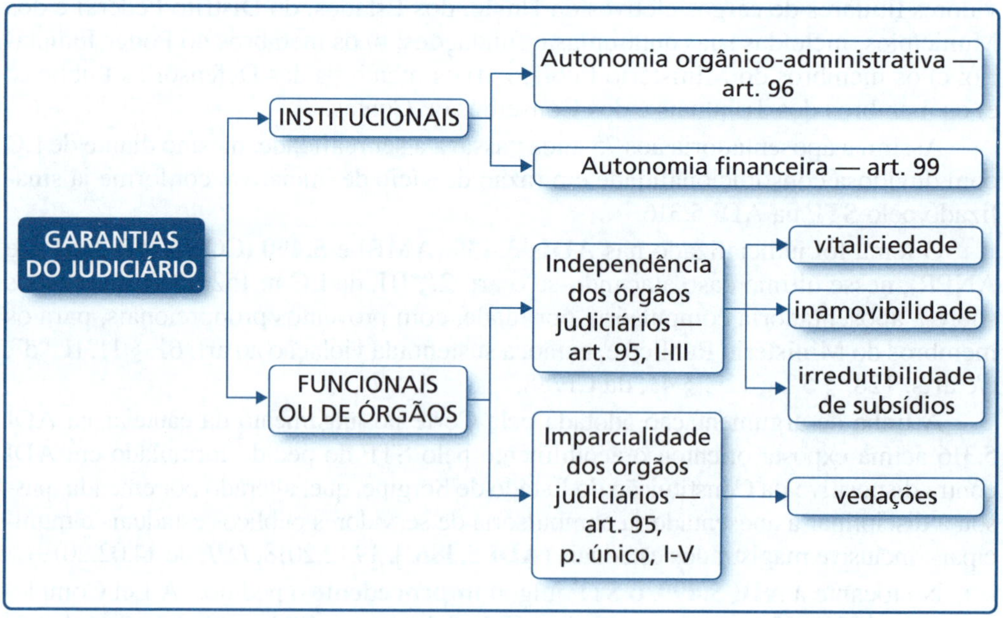

[17] José Afonso da Silva, *Curso de direito constitucional positivo*, p. 502. Obs.: os parênteses foram acrescentados.

11.5.1. Garantias institucionais do Judiciário

11.5.1.1. Garantias de autonomia orgânico-administrativa

A garantia de autonomia orgânico-administrativa manifesta-se na estruturação e funcionamento dos órgãos, na medida em que se atribui aos tribunais a competência para: *a*) eleger **seus órgãos diretivos**, sem qualquer participação dos outros Poderes; *b*) elaborar **regimento interno**; *c*) organizar a **estrutura administrativa interna** de modo geral, como a concessão de férias, licença, dentre outras atribuições.

Em relação à autonomia em questão, sugerimos, para as provas, uma leitura atenta do art. 96 e incisos da CF/88, destacando-se o estudo sobre a **prerrogativa de foro** no *item 11.5.3*.

11.5.1.2. Garantias de autonomia financeira

Estatui o art. 99, *caput*, que ao Poder Judiciário é assegurada, além da já comentada autonomia **administrativa**, também a **autonomia financeira**. Nesse sentido, os tribunais elaborarão suas **propostas orçamentárias** dentro dos limites estipulados conjuntamente com os demais Poderes na lei de diretrizes orçamentárias.

A Constituição prevê regra para o **encaminhamento das propostas orçamentárias**, ouvidos os outros tribunais interessados. Tal procedimento será de competência dos Presidentes do STF e dos Tribunais Superiores, com a aprovação dos respectivos tribunais, no âmbito da União, e dos Presidentes dos Tribunais de Justiça, com a aprovação dos respectivos tribunais, no âmbito dos Estados, do Distrito Federal e dos Territórios (art. 99, §§ 1.º e 2.º).

A **EC n. 45/2004** (art. 99, § 3.º) fixou que, se esses órgãos não encaminharem as respectivas propostas orçamentárias dentro do prazo estabelecido na lei de diretrizes orçamentárias, o Poder Executivo considerará, para fins de consolidação da proposta orçamentária anual, os valores aprovados na lei orçamentária vigente, ajustados de acordo com os limites estipulados na forma do § 1.º do art. 99.

Ainda, se as propostas orçamentárias forem encaminhadas em desacordo com os limites estipulados na forma do § 1.º do art. 99 citado, o Poder Executivo procederá aos ajustes necessários para fins de consolidação da proposta orçamentária anual.

Dentro dessa política, durante a execução orçamentária do exercício, não poderá haver a realização de despesas ou a assunção de obrigações que extrapolem os limites determinados na lei de diretrizes orçamentárias, exceto se previamente autorizadas, mediante a abertura de créditos suplementares ou especiais.

Como garantia assecuratória da autonomia financeira, a CF/88 previu em seu art. 168 que os recursos correspondentes às dotações orçamentárias, compreendidos os créditos suplementares e especiais, destinados aos órgãos dos Poderes Legislativo e **Judiciário**, do Ministério Público e da Defensoria Pública, ser-lhes-ão entregues até o dia **20** de cada mês, **em duodécimos (EC n. 45/2004)**, na forma da lei complementar a que se refere o art. 165, § 9.º.

Por fim, dentro dessa ideia de fortalecimento da autonomia financeira do Judiciário, a *Reforma do Judiciário* fixou que as custas e emolumentos serão destinados exclusivamente ao custeio dos serviços afetos às atividades específicas da Justiça (art. 98, § 2.º).

11.5.2. Garantias funcionais do Judiciário (ou de órgãos)

As **garantias funcionais**, na classificação proposta por José Afonso da Silva, como sistematizado anteriormente, dividem-se em dois grupos: o primeiro engloba as **garantias de independência dos órgãos judiciários** (dos membros, dos magistrados), quais sejam: a **vitaliciedade**, a **inamovibilidade** e a **irredutibilidade de subsídios** (art. 95, I, II e III). O segundo grupo abarca as **garantias de imparcialidade dos órgãos judiciários**, conforme vedações previstas no art. 95, parágrafo único. Vejamo-las.[18]

11.5.2.1. Garantias de independência dos órgãos judiciários

11.5.2.1.1. Vitaliciedade

Prevista no art. 95, I, a **vitaliciedade** significa dizer que o **magistrado** (e, como veremos, os membros do Ministério Público e do Tribunal de Contas) só perderá o cargo (uma vez vitaliciado) por **sentença judicial transitada em julgado**, sendo-lhe asseguradas todas as garantias inerentes ao processo jurisdicional.

Ao contrário dos magistrados, os demais servidores públicos são **estáveis**, ou seja, podem perder o cargo não só por decisão judicial como também por processo administrativo e mediante procedimento de avaliação periódica de desempenho.[19]

---

[18] Convém lembrar, ainda, a **independência jurídica dos juízes**, no sentido de os magistrados não se subordinarem hierarquicamente a qualquer órgão, no desempenho de suas funções. "... o juiz subordina-se somente à lei, sendo inteiramente livre na formação de seu convencimento e na observância dos ditames de sua consciência. A *hierarquia de graus de jurisdição* nada mais traduz do que uma competência de derrogação e nunca uma competência de mando da instância superior sobre a inferior. A independência jurídica, porém, não exclui a atividade censória dos órgãos disciplinares da Magistratura sobre certos aspectos da conduta do juiz" (A. C. de A. Cintra; A. P. Grinover e C. R. Dinamarco, *Teoria geral do processo*, p. 162). Devemos destacar que a ideia de "livre convencimento" foi **abolida** pelo **CPC/2015**, que retirou a palavra "livremente" de sua redação. Isso porque o convencimento tem que ser **motivado, fundamentado**, e não "livre" (cf. art. 489 do *Novo Código*).

[19] Essa matéria deverá ser aprofundada em direito administrativo, mas, desde já, adiantamos algumas regras: a **estabilidade dos servidores** nomeados para cargo de provimento efetivo em virtude de concurso público será adquirida após **3 anos** de efetivo exercício. Uma vez **estável**, o servidor público só perderá o cargo: *a)* em virtude de sentença judicial transitada em julgado; *b)* mediante **processo administrativo** em que lhe seja assegurada ampla defesa; e *c)* mediante procedimento de avaliação periódica de desempenho, na forma de lei complementar, assegurada ampla defesa. Convém reforçar que, na hipótese de **insuficiência de desempenho**, a perda do cargo somente ocorrerá mediante processo administrativo, sendo, é claro, assegurados o contraditório e a ampla defesa (art. 41, § 1.º, I, II e III, c/c o art. 247 da CF/88).

A vitaliciedade, em primeiro grau de jurisdição, só será adquirida após **2 anos** de **efetivo exercício do cargo**, desde que, naturalmente, o magistrado supere o denominado **estágio probatório**. Nos 2 primeiros anos, para o juiz, que ingressou na carreira por meio de concurso de provas e títulos, ocupando o cargo de **juiz substituto** (art. 93, I), a perda do cargo dependerá de deliberação do tribunal a que estiver vinculado (art. 95, I).

Todos os membros dos **tribunais** têm a garantia da vitaliciedade, independentemente da forma de acesso. Mesmo um advogado ou membro do MP que integre a carreira da Magistratura, por exemplo, através da regra do **quinto constitucional** — art. 94 (estudaremos adiante) —, ou o cidadão que preencha os requisitos constitucionais para ser escolhido e nomeado Ministro do STF (art. 101, CF/88), no exato momento da **posse** adquirirão a vitaliciedade, não tendo de passar por qualquer estágio probatório.

Devemos lembrar, ainda, que a regra da **vitaliciedade** (uma vez vitaliciado, o magistrado só perderá o cargo por **sentença judicial transitada em julgado**) apresenta exceções:

- **Ministros do STF:** na hipótese de **crime de responsabilidade** serão julgados pelo **SF** (art. 52, II);
- **Conselheiros do CNJ:** de acordo com o art. 11, § 3.º, do Regimento Interno do *CNJ — Conselho Nacional de Justiça* (art. 103-B da CF/88), os Conselheiros não integrantes das carreiras da Magistratura terão os mesmos direitos, prerrogativas, deveres, impedimentos constitucionais e legais, suspeições e incompatibilidades que regem a carreira da Magistratura, no que couber, enquanto perdurar o mandato (Anexo da Resolução n. 67, de 03.03.2009, que aprovou o novo RI/CNJ). Contudo, o art. 52, II, da CF/88 estabelece que os membros do CNJ também serão julgados pelo **SF** por **crime de responsabilidade**.

Interessante discussão surge em relação à possibilidade de o CNJ declarar a perda do cargo de magistrados vitalícios.

Uma vez vitaliciados, a regra é clara: os magistrados só poderão perder o cargo por **sentença judicial transitada em julgado**. Portanto, na medida em que os atos do CNJ têm natureza administrativa, não nos parece possível haver revisão de vitaliciamento de magistrado pelo Conselho.

Esse entendimento foi externado pelo CNJ no julgamento do **PCA 267**, do Estado do Tocantins, que teve como relator o Conselheiro Paulo Lôbo. Em referido PCA, a OAB/TO pretendia a anulação do *IV Concurso Público para provimento do cargo de juiz de direito substituto do Estado de Tocantins*, realizado em 2004, com 18 vagas disponíveis, e dos respectivos decretos judiciários de nomeação. Alegava que os seis candidatos aprovados que tomaram posse em 2004, do total de 1.600 candidatos de várias unidades da Federação, apresentavam relações diretas com membros do Poder Judiciário do Estado, comprovadas com certidões.

Por unanimidade, o CNJ, **de maneira acertada**, consagrou o entendimento de que não poderia analisar a questão. Isso porque, esclarece o Relator, "... **após a vita-**

liciedade, apenas sentença judicial transitada em julgado pode determinar a perda do cargo, o que subtrairia a competência deste Conselho. Se os juízes não tivessem obtido a vitaliciedade, então a deliberação de tribunal seria de natureza administrativa, o que permitiria a apreciação pelo CNJ da matéria da invalidade do concurso. Todavia, parece-me que a questão da eventual invalidade do concurso, que determinaria a perda dos cargos dos juízes com vitaliciedade, **apenas poderia ser enfrentada em processo judicial**, pois a regra constitucional atraiu para este todos os atos que a antecederam. **A garantia da vitaliciedade é inviolável por decisão administrativa**...".

Em relação ao tema em análise, em aparente contradição ao que expusemos, a 2.ª Turma do STF estabeleceu que "o ato de vitaliciamento tem natureza de **ato administrativo**, e assim se sujeita ao **controle de legalidade** do Conselho Nacional do Ministério Público, por força do art. 130-A, § 2.º, II, da CF/88, cuja previsão se harmoniza perfeitamente com o art. 128, § 5.º, I, 'a', do texto constitucional" (**MS 27.542**, j. 04.10.2017).

Muito embora o julgado esteja relacionado ao Ministério Público e ao CNMP, o tema pode ser aqui estudado, já que o Conselho foi introduzido seguindo a mesma lógica do CNJ, e o disposto no art. 130-A, § 2.º, II, encontra prescrição idêntica àquela do art. 103-B, § 4.º, II (atribuições do CNJ).

Lendo o acórdão do STF, observa-se que a premissa estabelecida pelo Relator foi a de **inexistência de vitaliciamento**, já que, conforme concluído, o impetrante permaneceu no **efetivo exercício** do cargo por aproximadamente 1 ano e 3 meses, portanto, por tempo inferior a 2 anos, não cumprindo, assim, o estágio probatório em razão de suspensão de suas funções.

Os Ministros da 2.ª T. do STF estabeleceram, portanto, a distinção entre lapso temporal de 2 anos e vitaliciamento, este a exigir o formal e efetivo exercício das funções por 2 anos.

Naturalmente, se tivesse sido reconhecido pela Corte o prazo de 2 anos de **efetivo exercício da função**, haveria o vitaliciamento e, então, a **regra constitucional da necessidade de sentença judicial transitada em julgado** deveria ser observada, já que, conforme estudamos no *item 11.13.5.2*, **o CNJ não exerce jurisdição**, sendo órgão de **natureza exclusivamente administrativa**, com competência para o controle da atuação administrativa e financeira do Poder Judiciário e do cumprimento dos deveres funcionais dos juízes, cabendo-lhe, além de outras atribuições que lhe forem conferidas pelo Estatuto da Magistratura, exercer aquelas listadas no art. 103-B, § 4.º, I a VII, da CF/88.

■ *11.5.2.1.2. Inamovibilidade*

Pela regra da **inamovibilidade** (art. 95, II), garante-se ao juiz a impossibilidade de remoção, sem seu consentimento, de um local para outro, de uma comarca para outra, ou mesmo sede, cargo, tribunal, câmara, grau de jurisdição.

Essa regra **não é absoluta**, pois, como estabelece o art. 93, VIII, na redação dada pela EC n. 103/2019, o magistrado poderá ser removido (além de colocado em disponibilidade), por **interesse público**, fundando-se tal decisão por voto da **maioria absoluta** do respectivo tribunal ou do Conselho Nacional de Justiça, assegurada ampla defesa.[20]

A grande questão a ser analisada é se os **juízes substitutos** gozam da garantia da inamovibilidade, ou se, em razão de sua natureza (de substituir), poderão ser removidos de acordo com as necessidades discricionárias apontadas pelos Tribunais.

Tal problemática foi levada ao CNJ (*PCA n. 2008.10.00.001873-3*), que decidiu, no caso concreto, que a prerrogativa da inamovibilidade não se aplica aos juízes substitutos, mesmo que já vitaliciados.

Contra referida decisão do CNJ, foi impetrado, no STF, o **MS 27.958**, julgado em **17.05.2012**.

O Min. Marco Aurélio, **vencido**, apresentou argumentos interessantes, denegando a ordem no mérito "por considerar que a inamovibilidade não guardaria pertinência com o cargo de juiz substituto, haja vista que o juiz seria assim nomeado para atender às necessidades de substituição. Ressaltava que assentar que o juiz substituto gozaria da prerrogativa inerente à inamovibilidade descaracterizaria o próprio cargo por ele ocupado e que eventual abuso do poder se resolveria em outro campo, sendo que cada Estado-membro poderia ter a própria organização judiciária, a limitar a movimentação do juiz substituto" (*Inf. 666/STF*).

Contudo, a maioria dos Ministros (o julgamento foi por **8 x 1**) entendeu, **de maneira acertada**, que a **garantia da inamovibilidade se aplica aos juízes substitutos**. Vejamos:

> "EMENTA: (...). A **inamovibilidade é**, nos termos do art. 95, II, da CF, **garantia de toda a magistratura, alcançando não apenas o juiz titular como também o substituto**. O magistrado só poderá ser removido por designação, para responder por determinada vara ou comarca ou para prestar auxílio, com o seu consentimento, ou, ainda, se o interesse público o exigir, nos termos do inciso VIII do art. 93 do Texto Constitucional" (**MS 27.958**, Rel. Min. Ricardo Lewandowski, j. 17.05.2012, Plenário, *DJE* de 29.08.2012).

O importante contraponto a ser feito em relação ao juiz substituto é o juiz titular, e não o vitalício. Assim, é possível que o juiz seja vitalício e ainda substituto, sem que, mesmo que substituto, deixe de ter a garantia da inamovibilidade.

A Constituição não fez nenhuma exigência em relação à garantia da inamovibilidade, exigindo prazo de 2 anos apenas para a vitaliciedade.

Assim, desde a posse, o juiz substituto deve ter a garantia de não ser removido para fora da *unidade judiciária* em que está formalmente lotado. Trata-se de *unidade de competência judicante*, adstrita a uma base territorial geograficamente determinada e predefinida.

---

20 **Cuidado**, trata-se de regra nova, já que, antes da **EC n. 45/2004**, o *quorum* era de 2/3, e não maioria absoluta, e não se fixava tal competência ao CNJ, que foi criado pela *Reforma do Judiciário*. A **EC n. 103/2019** (Reforma da Previdência), por sua vez, excluiu a possibilidade de decretar a aposentadoria, nos termos prescritos no art. 93, VIII.

Dessa forma, muito embora o "papel" do juiz substituto seja o de substituir, deverá exercer a sua função **dentro da sua circunscrição judiciária**, definida, no âmbito estadual, pelo *Código Judiciário* de cada unidade federativa.

A circunscrição judiciária será constituída da reunião de comarcas contíguas da mesma região, uma das quais será a sua sede, e, assim, a substituição poderá dar-se nas respectivas comarcas.

O que não se pode aceitar é a remoção indistinta do juiz substituto para circunscrições diversas, com o risco de perseguição do magistrado e flagrante violação, inclusive, ao princípio do juiz natural.

Podemos concluir, portanto, que a decisão do STF, ao aceitar a garantia da inamovibilidade para o juiz substituto, prestigia a Constituição, **evitando a sua transformação em juiz itinerante**, bem como eventuais pressões que possa sofrer dos órgãos internos da própria judicatura.

■ *11.5.2.1.3. Irredutibilidade de subsídios*

Previsto no art. 95, III, o subsídio dos magistrados (forma de remuneração, consoante a EC n. 19/98) não poderá ser reduzido, garantindo-se, assim, o livre exercício das atribuições jurisdicionais.[21]

Lembramos que o STF já se pronunciou no sentido de tratar-se de **garantia nominal**, e não real, ou seja, os magistrados não estão livres da corrosão de seus subsídios pela inflação.

Tal como se verifica para os servidores públicos em geral, o subsídio mensal dos membros do Judiciário, incluídas as vantagens pessoais ou de qualquer natureza, não poderão exceder o subsídio mensal, em espécie, dos Ministros do STF. Hão de se observar, outrossim, nos termos da regra trazida pela EC n. 41/2003 **(Reforma da Previdência)**, os denominados subtetos, que, no âmbito do Judiciário estadual e distrital, será o subsídio máximo pago aos Desembargadores do TJ, limitado a 90,25% do subsídio mensal, em espécie, dos Ministros do STF.

Buscando **amenizar** o impacto da Reforma, a **EC n. 47/2005** (que tramitou como a "PEC Paralela da Previdência") acrescentou o § 11 ao art. 37, nos seguintes termos: "**não serão computadas**, para efeito dos limites remuneratórios de que trata o inciso XI do *caput* deste artigo, **as parcelas de caráter indenizatório previstas em lei**" (cf. art. 4.º da EC n. 47/2005).

Em julgamento **liminar** da **ADI 3.854**, o STF diferenciou o **subsídio** máximo da Magistratura estadual, correspondente a 90,25% do subsídio pago aos Ministros

---

[21] Essa garantia não é exclusiva dos magistrados, na medida em que o art. 37, XV, preceitua que o subsídio e os vencimentos dos ocupantes de cargos e empregos públicos são **irredutíveis**, ressalvado o disposto nos incisos XI e XIV do art. 37 e nos arts. 39, § 4.º; 150, II; 153, III; e 153, § 2.º, I. Aos membros do Ministério Público, como veremos, também foi assegurada a aludida garantia (art. 128, § 5.º, I, "c").

do STF, do **teto de remuneração** (subsídio mais alguma vantagem funcional), que, por isonomia à Magistratura federal (art. 93, V), corresponderá a 100% do subsídio mensal dos Ministros do STF.[22]

No julgamento de mérito, a Corte deu interpretação conforme à Constituição ao art. 37, inciso XI (com redação dada pela EC 41/2003) e § 12 (com redação dada pela EC 47/2005), da Constituição Federal, para afastar a submissão dos membros da magistratura estadual à regra do subteto remuneratório (j. 04.12.2020, pendente a publicação do acórdão).

O subsídio, como forma de remuneração, está sujeito a **tributação** (arts. 150, II; 153, III; e 153, § 2.º, I), devendo ser fixado em **parcela única** (art. 37, X e XI, c/c o art. 39, § 4.º) e obedecer ao escalonamento a que se refere o art. 93, V.[23]

▪ *11.5.2.2. Garantias de imparcialidade dos órgãos judiciários*

Aos magistrados foram impostas algumas **vedações**, delimitadas nos incisos do parágrafo único do art. 95. Trata-se de **rol taxativo, exaustivo, por restringir direitos**. Assim, aos juízes é vedado:[24]

- exercer, ainda que em disponibilidade, outro cargo ou função, salvo uma de magistério;[25 e 26]

---

[22] Cf. *item 11.10* deste estudo. O STF, em 08.10.2008, reconheceu conexão entre a **ADI 3.854** e a **ADI 4.014** e, portanto, determinou, na forma do art. 103 do CPC/73 (correspondente ao art. 55, CPC/2015), a reunião dos feitos para tramitação e julgamento conjuntos. A liminar concedida foi confirmada no julgamento de mérito (j. 04.12.2020).

[23] O subsídio dos Ministros dos Tribunais Superiores corresponderá a **95%** do subsídio mensal fixado para os Ministros do STF, e os subsídios dos demais magistrados serão fixados em lei e **escalonados**, em nível federal e estadual, conforme as respectivas categorias da estrutura judiciária nacional, não podendo a diferença entre uma e outra ser superior a **10%** ou inferior a **5%**, nem exceder a **95%** do subsídio mensal dos Ministros dos Tribunais Superiores, obedecido, em qualquer caso, o disposto nos arts. 37, XI, e 39, § 4.º.

[24] "Os impedimentos constitucionais dos juízes consistem em vedações que visam a dar-lhes melhores condições de imparcialidade, representando, assim, uma garantia para os litigantes" (A. C. Cintra, A. P. Grinover e C. R. Dinamarco, *Teoria geral do processo*, p. 165).

[25] Cf. **Resolução CNJ n. 10/2005**, que veda o exercício, pelos integrantes do Poder Judiciário, de funções nos Tribunais de Justiça Desportiva e em suas Comissões Disciplinares (Lei n. 9.615, de 24.03.1998, arts. 52 e 53). Nesse sentido, o STF assim decidiu: "(...) A Resolução n. 10/2005, do Conselho Nacional de Justiça, consubstancia norma proibitiva, que incide, direta e imediatamente, no patrimônio dos bens juridicamente tutelados dos magistrados que desempenham funções na Justiça Desportiva e é caracterizada pela autoexecutoriedade, prescindindo da prática de qualquer outro ato administrativo para que as suas determinações operem efeitos imediatos na condição jurídico-funcional dos Impetrantes. Inaplicabilidade da Súmula n. 266 do Supremo Tribunal Federal. As vedações formais impostas constitucionalmente aos magistrados objetivam, de um lado, **proteger o próprio Poder Judiciário**, de modo que seus integrantes sejam dotados de condições de total **independência** e, de outra parte, **garantir que os juízes dediquem-se, integralmente, às funções inerentes ao cargo**, proibindo que a dispersão com outras atividades deixe em menor valia e cuidado o desempenho da atividade jurisdicional, que é função essencial do Estado e direito funda-

- receber, a qualquer título ou pretexto, custas ou participação em processo;
- dedicar-se à atividade político-partidária;
- receber, a qualquer título ou pretexto, auxílios ou contribuições de pessoas físicas, entidades públicas ou privadas, ressalvadas as exceções previstas em lei **(EC n. 45/2004)**;
- exercer a advocacia no juízo ou tribunal do qual se afastou, antes de decorridos três anos do afastamento do cargo por aposentadoria ou exoneração (**EC n. 45/2004** — a denominada *quarentena de saída*).

11.5.3. Prerrogativa de foro: o magistrado aposentado tem direito a foro especial por prerrogativa de função?

Não.

Conforme esquematizamos no *item 10.4.14*, os magistrados têm prerrogativa de foro na hipótese de crime comum e de responsabilidade, durante o exercício da função judicante.

A grande questão que se coloca é saber se o **magistrado aposentado** continuaria com essa prerrogativa.

- **argumentos pela manutenção da prerrogativa de foro:** em primeiro lugar, na linha do voto do Min. Menezes Direito, o fato concreto que está sendo analisado aconteceu enquanto o magistrado ainda exercia a sua função judicante, portanto, antes da aposentadoria. Enquanto juiz de direito, mesmo aposentado, continua com a **vitaliciedade**, não perdendo o cargo, mantida estaria a prerrogativa de foro. Além do mais, há previsão nesse sentido no art. 48 do *Estatuto de Roma* (TPI). Já o Min. Eros Grau diferenciou a **prerrogativa que decorre da função**, como no caso de mandato eletivo temporário, da **prerrogativa que decorreria do cargo**, no caso do magistrado que é vitalício;
- **argumentos contrários à manutenção da prerrogativa de foro:** lembrando jurisprudência discutida e estudada no *item 9.9.2.3*, findo o exercício da função, a prerrogativa de foro deixa de existir (salvo no caso de *fraude processual*, estudada no referido item). Segundo o Min. Lewandowski, ainda, com base no RE 291.485/RJ "... o foro especial por prerrogativa de função tem por objetivo o resguardo da função pública; que o magistrado, no exercício do ofício judicial, goza da prerrogativa de foro especial, **garantia que está voltada não à pessoa do juiz**, mas aos **jurisdicionados**; e que, não havendo mais o exercício da função judicante, não há de perdurar o foro especial, haja vista que o resguardo dos jurisdicionados, nesse caso, não é mais necessário. Ressaltou, ainda, que o provimento vitalício é o ato que garante a perma-

mental do jurisdicionado. O art. 95, parágrafo único, inc. I, da Constituição da República vinculou-se a uma proibição geral de acumulação do cargo de juiz com qualquer outro, de qualquer natureza ou feição, salvo uma de magistério" (MS 25.938, Rel. Min. Cármen Lúcia, j. 24.04.2008, *DJE* de 12.09.2008).

[26] Sobre o exercício de **atividades do magistério** pelos integrantes da magistratura nacional, cf. **Res. n. 34/2007** do CNJ.

nência do servidor no cargo, aplicando-se apenas aos que integram as fileiras ativas da carreira pública" (*Inf. 495/STF*).

O STF, por maioria, resolveu a questão no julgamento dos **REs 546.609** e **549.560**, reafirmando a orientação jurisprudencial no sentido de que **os magistrados que se aposentam perdem a prerrogativa de foro, mesmo em relação a atos praticados no exercício da função e em virtude desta**, destacando-se os seguintes argumentos:

- "o foro especial por prerrogativa de função teria por objetivo o **resguardo** da **função pública**;
- o magistrado, no exercício do ofício judicante, gozaria da prerrogativa de foro especial, garantia voltada **não à pessoa do juiz**, mas aos **jurisdicionados**; e
- o foro especial, ante a **inexistência do exercício da função, não deveria perdurar**, haja vista que a proteção dos jurisdicionados, nesse caso, não seria mais necessária" (RE 549.560, Rel. Min. Ricardo Lewandowski, j. 22.03.2012, Plenário, *Inf. 659/STF*).

Dessa forma, a aposentadoria do magistrado, ainda que voluntária, enseja o fim da prerrogativa de foro e, portanto, a transferência da competência para o processo e julgamento de eventual ilícito penal para a primeira instância.

Esse mesmo entendimento, em razão da extinção do vínculo funcional e da cessação da investidura no cargo, também deve ser adotado para a hipótese de aplicação de pena disciplinar de **aposentadoria compulsória**, sob pena de se violar o postulado republicano, "que repele privilégios e não tolera discriminações".

Conforme anotou o Min. Celso de Mello, "a prerrogativa de foro é outorgada, constitucionalmente, 'ratione muneris', a significar, portanto, que é unicamente deferida em razão do cargo ou de mandato ainda titularizado por aquele que sofre persecução penal instaurada pelo Estado, sob pena de tal prerrogativa — descaracterizando-se em sua essência mesma — degradar-se à condição de inaceitável privilégio de caráter pessoal" (**AO 1.981**, decisão monocrática, j. 24.11.2017. Cf., também, a nova orientação da Corte sobre a prerrogativa de foro no julgamento da AP 937 QO — *item 9.9.2.3.5*).

■ 11.6. ESTRUTURA DO JUDICIÁRIO

■ 11.6.1. Órgãos de convergência e órgãos de superposição

As regras do Poder Judiciário vêm previstas nos arts. 92 a 126 da CF/88. Conforme esquematizado no item seguinte e constatado pelo organograma do *item 11.6.5*, pode-se afirmar que o **STF** e os Tribunais Superiores **(STJ, TST, TSE e STM)** são **órgãos de convergência**, têm sede na Capital Federal (Brasília) e exercem jurisdição sobre todo o território nacional, nos termos do art. 92, § 2.º, da CF/88.

Denominam-se **órgãos** ou **centros de convergência** visto que, segundo ensina Dinamarco, "cada uma das Justiças especiais da União (Trabalhista, Eleitoral e Militar, acrescente-se), tem por cúpula seu próprio Tribunal Superior, que é o responsável pela última decisão nas causas de competência dessa Justiça — ressalvado o controle de constitucionalidade, que sempre cabe ao Supremo Tribunal Federal. Quanto às causas processadas na Justiça Federal ou nas locais, em matéria infraconstitucional a convergência conduz ao Superior Tribunal de Justiça, que é um dos Tribunais Superiores da União embora não integre Justiça alguma; em matéria constitucional, convergem diretamente ao Supremo Tribunal Federal. Todos os Tribunais Superiores convergem unicamente ao Supremo Tribunal Federal, como órgão máximo da Justiça brasileira e responsável final pelo controle de constitucionalidade de leis, atos normativos e decisões judiciárias".[27]

E quais, então, seriam os denominados pela doutrina **órgãos de superposição**? Na medida em que **não pertencem a nenhuma Justiça**, podemos classificar o **STF** e o **STJ** (Tribunais da União) não só como órgãos de convergência, como já visto, mas, também, como **órgãos de superposição**. Isso porque, embora não pertençam a nenhuma Justiça, as suas decisões se sobrepõem às decisões proferidas pelos órgãos inferiores das Justiças comum e especial. As decisões do **STJ** se sobrepõem àquelas da Justiça Federal comum, da Estadual e daquela do Distrito Federal e Territórios, ao passo que as decisões do STF se sobrepõem a todas as Justiças e Tribunais.

11.6.2. Justiças: comum e especial

Além dos órgãos de superposição (STF e STJ), temos as diversas **Justiças**, divididas em comum e especial (ou especializada).

Justiça comum:

a) *Justiça Federal* (Tribunais Regionais Federais e Juízes Federais — arts. 106 a 110, bem como a criação de Juizados Especiais nos termos da Lei federal n. 10.259/2001 — art. 98, § 1.º, da CF/88);

b) *Justiça do Distrito Federal e Territórios* (Tribunais e Juízes do Distrito Federal e Territórios, organizados e mantidos pela União — arts. 21, XIII, e 22, XVII, que também criará os Juizados Especiais e a Justiça de Paz);

c) *Justiça Estadual comum* (ordinária) (art. 125 — juízos de primeiro grau de jurisdição, incluídos os Juizados Especiais[28] — art. 98, I — e a Justiça de Paz — art. 98, II;[29] bem como os de segundo grau de jurisdição, compostos pelos

---

[27] C. R. Dinamarco, *Instituições de direito processual civil*, v. 1, p. 368.

[28] Lembramos que os Juizados Especiais, providos por juízes togados, ou togados e leigos, são competentes para a **conciliação**, o **julgamento** e a **execução** de **causas cíveis de menor complexidade** e **infrações penais de menor potencial ofensivo**, mediante os procedimentos oral e sumaríssimo, permitidos, nas hipóteses previstas em lei, a transação e o julgamento de recursos por turmas de juízes de primeiro grau. Cf. a **Lei n. 9.099/95** sobre os juizados em âmbito estadual; a **Lei n. 10.259, de 12.07.2001**, que instituiu os **Juizados Especiais Cíveis e Criminais** no âmbito da Justiça Federal, regulamentando o art. 98, § 1.º, da CF/88 e, finalmente, a **Lei n. 12.153, de 22.12.2009**, que dispôs sobre os **Juizados Especiais da Fazenda Pública**.

[29] A **Justiça de Paz**, criada pela União, Distrito Federal, Territórios (quando surgirem) e Estados, será remunerada, composta de **cidadãos** eleitos pelo voto direto, universal e secreto, com mandato de **4** anos e competência para, na forma da lei, **celebrar casamentos**, verificar, de ofício ou em face de

Tribunais de Justiça. Lembrar que a possibilidade de criação dos Tribunais de Alçada, nos termos do art. 96, II, "c", da CF/88, e 108 da LOMN,[30] **não** mais existe em razão do art. 4.º da **EC n. 45/2004**).

■ **Justiça especial:**

a) *Justiça do Trabalho*: composta pelo Tribunal Superior do Trabalho — TST; Tribunais Regionais do Trabalho — TRTs e pelos Juízes do Trabalho (Varas do Trabalho) (arts. 111 a 116);[31]

b) *Justiça Eleitoral*: composta pelo Tribunal Superior Eleitoral — TSE; Tribunais Regionais Eleitorais — TREs, Juízes Eleitorais e Juntas Eleitorais (arts. 118 a 121);

c) *Justiça Militar da União*: Superior Tribunal Militar — STM e, em primeiro grau, monocraticamente pelos Juízes Federais da Justiça Militar (Lei n. 13.774/2018), ou pelo colegiado, no caso, os Conselhos de Justiça, Especial e Permanente, nas sedes das Auditorias Militares (arts. 122 a 124 da CF/88);

d) *Justiça Militar dos Estados, do Distrito Federal e Territórios*:[32] Tribunal de Justiça — TJ, ou Tribunal de Justiça Militar — TJM, nos Estados em que o efetivo militar for superior a 20.000 integrantes e, em primeiro grau, pelos juízes de direito togados (juízes de direito da Justiça Militar Estadual) e pelos Conselhos de Justiça, com sede nas auditorias militares — art. 125, §§ 3.º, 4.º e 5.º — **EC n. 45/2004**).

■ 11.6.3. Competência penal *versus* competência civil

Dentre todas as Justiças acima apontadas, somente a **Justiça do Trabalho não tem competência penal** (julga e concilia apenas dissídios individuais e coletivos oriundos das relações trabalhistas).

Até o advento da **EC n. 45/2004**, as **Justiças Militares** (União, Estados e a do Distrito Federal e Territórios) só tinham competência penal, e não civil, vale dizer, julgavam apenas e tão somente os crimes militares definidos em lei. Os atos disciplinares eram julgados pela Justiça Federal (atos praticados por integrantes das Forças

---

impugnação apresentada, o **processo de habilitação** e exercer **atribuições conciliatórias, sem caráter jurisdicional**, além de outras previstas na legislação. Conforme observou Bulos, "para ser juiz de paz não é necessário conhecimento jurídico, nem nível superior. Trata-se de um *juiz leigo,* não togado, podendo ser qualquer pessoa capaz, dotada de escrúpulo, maturidade e bom senso. Não gozam das garantias da magistratura (art. 95), sendo eleitos pelo voto direto, universal e secreto, dentre cidadãos domiciliados na área de atuação. O mandato é de quatro anos" (*Constituição Federal anotada,* p. 858). Sobre o assunto, cf. *item 11.11* deste estudo.

[30] O **art. 108 da LOMN** (LC n. 35/79) estabelece: "poderão ser criados nos Estados, mediante proposta dos respectivos Tribunais de Justiça, Tribunais inferiores de segunda instância, denominados **Tribunais de Alçada**, observados os seguintes requisitos...".

[31] De acordo com as profundas alterações trazidas pela **EC n. 24, de 09.12.1999** (*DOU* de 10.12.1999).

[32] Cabe alertar que o STF e o STJ não são órgãos da Justiça Militar Estadual. No entanto, poderão julgar, dependendo do assunto, recursos interpostos em face de acórdãos do TJ ou TJM (este quando instalado). Nesse sentido, o **STM não julgará matéria da Justiça Militar Estadual**, já que a sua competência está restrita à Justiça Militar Federal (enquanto instância recursal).

Armadas) ou pelos Juízos da Fazenda Pública (atos praticados por militares estaduais), ou mesmo Justiça comum estadual, quando inexistentes as Varas Especializadas da Fazenda Pública estadual em razão de sua não instituição.

Com o novo § 5.º introduzido pela *Reforma do Judiciário* ao art. 125 da CF/88, a **Justiça Militar Estadual** (e veja, somente a **estadual**, podendo, em nosso entender, ser ampliada para a do **DF e Territórios**), através de seus juízes de direito togados (e não pelos Conselhos, como se verá), passou a ter competência para julgar as ações judiciais contra **atos disciplinares militares**, portanto, de natureza **civil**, e não mais exclusivamente penal, como acontecia antes da Reforma.

As demais, **Federal, Eleitoral, Estaduais** e a do **Distrito Federal e Territórios**, têm tanto competência penal como civil.

11.6.4. Juizados Especiais: algumas particularidades

11.6.4.1. Não cabimento de Recurso Especial para o STJ e o cabimento de Rcl

A **Lei n. 12.153, de 22.12.2009**, dispôs sobre os **Juizados da Fazenda Pública**.[33]

Assim, o **sistema** dos **Juizados Especiais** dos **Estados** e do **Distrito Federal** passou a ser formado pelos:

- **Juizados Especiais Cíveis;**
- **Juizados Especiais Criminais;**
- **Juizados Especiais da Fazenda Pública.**

Em se tratando de **Juizados Especiais**, de acordo com a lei, o segundo grau de jurisdição é exercido pelas **Turmas Recursais**, compostas por três juízes togados, em exercício no primeiro grau de jurisdição, reunidos na sede do Juizado **(Colégio Recursal)** (cf. arts. 41, § 1.º, e 82 da Lei n. 9.099/95).

A Lei n. 12.153/2009 não inova em relação a essa regra, estabelecendo, nos termos de seu art. 17, que as Turmas Recursais do *Sistema dos Juizados Especiais* são compostas por juízes em exercício no primeiro grau de jurisdição, na forma da legislação dos Estados e do Distrito Federal, com mandato de 2 anos, e integradas, preferencialmente, por juízes do Sistema dos Juizados Especiais. A designação dos juízes das Turmas Recursais obedecerá aos critérios de antiguidade e merecimento, não sendo permitida a recondução, salvo quando não houver outro juiz na sede da Turma Recursal.

Por sua vez, a Lei n. 12.665/2012 dispôs sobre a criação de **estrutura permanente** para as **Turmas Recursais dos Juizados Especiais Federais**, criando os respectivos cargos. De acordo com o seu art. 2.º, as Turmas Recursais dos Juizados Es-

---

[33] De acordo com o art. 2.º da Lei n. 12.153/2009, com as **ressalvas** explicitadas (sugerimos uma leitura para as provas!), é de competência dos *Juizados Especiais da Fazenda Pública* processar, conciliar e julgar causas cíveis de interesse dos Estados, do Distrito Federal, dos Territórios e dos Municípios, até o valor de **60 salários mínimos**, podendo ser partes, como réus, os Estados, o Distrito Federal, os Territórios e os Municípios, bem como autarquias, fundações e empresas públicas a eles vinculadas.

peciais Federais das Seções Judiciárias são formadas, cada uma, por 3 juízes federais titulares dos cargos de Juiz Federal de Turmas Recursais e por 1 juiz suplente.

Mais tecnicamente, poderíamos dizer que as Turmas Recursais funcionam como **segunda instância recursal**, podendo ser enquadradas como **órgãos colegiados de primeiro grau**.

Assim, como não se trata de Tribunal, mas de **Turma Recursal**, o STJ firmou o seguinte entendimento na **Súmula 203:** "não cabe recurso especial contra decisão proferida por órgão de segundo grau dos juizados especiais".

Isso porque o art. 105, III, da CF/88 confere competência para o STJ julgar, em **recurso especial**, as causas decididas, em única ou última instância, pelos **TRFs** ou pelos **TJs** dos Estados, do Distrito Federal e Territórios, **não fazendo menção às causas decididas pelas Turmas de Colégio Recursal**, que diferem dos TRFs e TJs.

Avançando, apesar de não caber recurso especial, os Ministros do STF, no julgamento dos EDcl no RE 571.572-8/BA, Rel. Min. Ellen Gracie, *DJ* de 14.09.2009, entenderam que cabe **reclamação**, com fundamento no art. 105, I, "f", para o **STJ**, quando a decisão de Turma Recursal de Juizados Estaduais violar a interpretação da legislação infraconstitucional federal dada pela jurisprudência do STJ (cf. *Inf. 557/STF*).

Alerta-se que, no âmbito dos **juizados estaduais**, ainda não foi criada a *Turma de Uniformização da Jurisprudência*, prevista no *PL n. 16/2007-CD*, realidade, por outro lado, para o âmbito dos **Juizados Federais** (Lei n. 10.259/2001, inclusive com recurso para a referida Corte — art. 14, § 4.º) e, agora, dos **Juizados Especiais da Fazenda Pública** (arts. 18 e 19 da Lei n. 12.153/2009).

Outro entendimento, segundo a Min. Ellen Gracie, levaria a decisões divergentes das proferidas pelo STJ, provocando verdadeira **insegurança jurídica** e **prestação jurisdicional incompleta**.

Nesse sentido, o STJ, em um primeiro momento, editou a **Resolução n. 12/2009**, dispondo, em seu art. 1.º, que as reclamações destinadas a dirimir divergência entre acórdão prolatado por turma recursal estadual e a jurisprudência do STJ, suas súmulas ou orientações decorrentes do julgamento de recursos especiais processados na forma do art. 543-C do Código de Processo Civil ("julgamento por amostragem") serão oferecidas no prazo de **15 dias**, contados da ciência, pela parte, da decisão impugnada, independentemente de preparo.

Essa resolução foi expressamente **revogada** pela **Emenda Regimental n. 22, de 16.03.2016**, considerando o **fluxo volumoso** de Reclamações no STJ envolvendo Juizados Especiais e a decisão da Corte Especial na **Questão de Ordem proferida nos autos do AgRg na Rcl n. 18.506/SP**.

Assim, o tema passou a ser regulamentado pela **Res. n. 3, de 07.04.2016**, nos seguintes termos: "caberá às Câmaras Reunidas ou à Seção Especializada dos **Tribunais de Justiça** a competência para processar e julgar as Reclamações destinadas a dirimir divergência entre acórdão prolatado por Turma Recursal Estadual e do Distrito Federal e a jurisprudência do STJ, consolidada em incidente de assunção de competência e de resolução de demandas repetitivas, em julgamento de recurso especial repetitivo e em enunciados das Súmulas do STJ, bem como para garantir a observância de precedentes".

11.6.4.2. *Cabimento de RE para o STF*

Apesar de não caber recurso especial para o STJ, o STF editou a **Súmula 640**, afirmando a possibilidade do RE: "é cabível **recurso extraordinário** contra decisão proferida por juiz de primeiro grau nas causas de alçada, ou por **turma recursal de juizado especial cível e criminal**".

Perceba que o art. 102, III, diferentemente do art. 105, III, fala em "causa decidida", e não em "causa decidida por tribunal". Assim, englobadas estão as causas decididas por Turma de Colégio Recursal.

Devemos alertar, contudo, que o **Plenário Virtual do STF**, em 19.03.2015, no julgamento de 3 recursos extraordinários com agravo (**ARE 835.833** — responsabilidade pelo inadimplemento de obrigação em contrato privado; **ARE 837.318** — revisão contratual; e **ARE 836.819** — indenização decorrente de acidente de trânsito), estabeleceu **entendimento bastante restritivo** para o conhecimento de recursos extraordinários contra decisões de **juizados especiais cíveis estaduais**. Vejamos a ementa de um desses julgados e que serviu de base para a explicitação da orientação da Corte em relação ao instituto da repercussão geral em recursos dessa natureza (conforme destacou o Min. Teori Zavascki, até 2014, apesar do alto número de REs interpostos, **apenas 9** tiveram a repercussão geral reconhecida):

> "EMENTA: 1. Como é da própria essência e natureza dos Juizados Especiais Cíveis Estaduais previstos na Lei 9.099/95, as causas de sua competência decorrem de controvérsias fundadas em **relações de direito privado, revestidas de simplicidade fática e jurídica**, ensejando pronta solução na instância ordinária. Apenas **excepcionalmente** essas causas são resolvidas mediante aplicação direta de preceitos normativos constitucionais. E mesmo quando isso ocorre, são incomuns e improváveis as situações em que a questão constitucional debatida contenha o requisito da **repercussão geral** de que tratam o art. 102, § 3.º, da Constituição (...). 2. Por isso mesmo, os recursos extraordinários interpostos em causas processadas perante os Juizados Especiais **Cíveis** da Lei 9.099/95 somente podem ser admitidos quando (a) for demonstrado o prequestionamento de matéria constitucional envolvida diretamente na demanda e (b) **o requisito da repercussão geral estiver justificado com indicação detalhada das circunstâncias concretas e dos dados objetivos que evidenciem, no caso examinado, a relevância econômica, política, social ou jurídica**. 3. À falta dessa adequada justificação, aplicam-se ao recurso extraordinário interposto nas causas de Juizados Especiais Estaduais Cíveis da Lei 9.099/95 os efeitos da ausência de repercussão geral..." (ARE 835.833, Rel. Min. Teori Zavascki, j. em 19.03.2015, Plenário, *DJE* de 26.03.2015).

11.6.4.3. *Cabimento de HC e MS contra ato de juizado especial — superação da S. 690/STF*

O STF editou, em sessão plenária de 24.09.2003, a **Súmula 690**: "compete originariamente ao Supremo Tribunal Federal o julgamento de *habeas corpus* contra decisão de turma recursal de juizados especiais criminais".

CUIDADO: em novo julgamento, o STF entendeu por **superada** a Súmula 690, definindo a competência do **TJ local** na hipótese de ***habeas corpus*** contra decisão de turma recursal.

Em relação a este último entendimento firmado na **S. 690 do STF**, o Ministro Marco Aurélio já havia suscitado questão de ordem no julgamento do **HC 83.228**, no sentido de saber se ainda prevalecia tendo em vista a redação conferida ao art. 102, I, "i", pela EC n. 22/99, que fala em ato de **"Tribunal Superior"**. Tinha, pois, por superado o entendimento, no que foi acompanhado pelo Ministro Carlos Velloso. *Em um primeiro momento*, o STF, por maioria, julgou **válida** a interpretação fixada na S. 690 e conheceu do *habeas corpus* (cf. *Infs. STF* ns. 327 e 394 e *Notícias STF*, 1.º.08.2005).

Contudo, *em nova e posterior manifestação sobre a matéria*, o STF, finalmente, concluiu por superada a tese fixada no enunciado da Súmula 690.

Trata-se do julgamento do **HC 86.834**, em **23.08.2006**, no qual, por 8 x 3, o STF, aderindo à tese, então vencida do Min. Marco Aurélio, decidiu como competente o **TJ local** para o julgamento de *habeas corpus* contra decisão de **Turma Recursal**.

"(...) Entendeu-se que, em razão de competir aos tribunais de justiça o processo e julgamento dos juízes estaduais nos crimes comuns e de responsabilidade, ressalvada a competência da Justiça Eleitoral **(CF, art. 96, III)**, a eles deve caber o julgamento de *habeas corpus* impetrado contra ato de turma recursal de juizado especial criminal. Asseverou-se que, em reforço a esse entendimento, tem-se que a competência originária e recursal do STF está prevista na própria Constituição, inexistindo preceito que delas trate que leve à conclusão de competir ao Supremo a apreciação de *habeas corpus* ajuizados contra atos de turmas recursais criminais. Considerou-se que a **EC n. 22/99** explicitou, relativamente à alínea 'i' do inciso I do art. 102 da CF, que cumpre ao Supremo julgar os *habeas corpus* quando o coator for tribunal superior, constituindo paradoxo admitir-se também sua competência quando se tratar de ato de turma recursal criminal, cujos integrantes sequer compõem tribunal..." (HC 86.834/SP, Rel. Min. Marco Aurélio, 23.08.2006, *Inf. 437/STF*).[34]

Essa nova orientação, no que respeita ao *habeas corpus* (e observa-se que o STF decidia **apenas** em relação ao ***habeas corpus***, não chegando a analisar, no precedente citado, a hipótese do *mandado de segurança*), está, de vez, pacificada, destacando-se, por exemplo, as decisões tomadas, monocraticamente, pelo Ministro Gilmar Mendes, nos *Habeas Corpus* ns. 87.835, 89.432, 89.460 e 89.495, declinando competência para o **Tribunal de Justiça**; bem como julgamento proferido pelo Ministro Joaquim Barbosa, ao determinar a remessa do HC 89.923 para o Tribunal de Justiça do Estado de São Paulo. Confira, ainda, no mesmo sentido: HC 85.240, Rel. Min. Carlos Britto, j. 14.02.2008, *DJE* de 19.09.2008; HC 86.026-QO, Rel. Min. Marco Aurélio, j. 26.09.2006, *DJ* de 20.10.2006; HC 89.630-MC/SP, Rel. Min. Celso de Mello, j. 13.09.2006; e, mais recentemente, HC 101.014-MC/MG, Rel. Min. Celso de Mello, j. 07.10.2009, bem como HC 104.893, Rel. Min. Celso de Mello, julgamento monocrático em 06.08.2010.

---

[34] A íntegra do voto do Ministro relator Marco Aurélio, no julgamento do *leading case* **HC 86.834**, pode ser encontrada em *Inf. 440/STF*.

E como fica a solução para o julgamento de mandado de segurança impetrado contra ato dos juízes dos Juizados Especiais cíveis (1.ª instância e Turma Recursal)?

Em determinado julgado, o STF decidiu, diferentemente do que fora firmado em relação ao *habeas corpus*, tendo por base o art. 21, VI, da LC n. 35/79 (*LOMAN — Lei Orgânica da Magistratura Nacional*), ser competente a **própria Turma Recursal de Juizado Especial** para o julgamento de mandado de segurança impetrado contra seus atos, afastando-se a alegada competência originária da Suprema Corte para o julgamento do *writ*, bem como a do Tribunal de Justiça (adotando-se, assim, regra distinta da fixada para o *habeas corpus* (MS 24.691-QO/MG, Rel. orig. Min. Marco Aurélio, Rel. p/ acórdão Min. Sepúlveda Pertence, 04.12.2003, *Inf. 332/STF*). Nesse sentido:

> "EMENTA: Competência: Turma Recursal dos Juizados Especiais: mandado de segurança contra seus próprios atos e decisões: aplicação analógica do art. 21, VI, da LOMAN. **A competência originária para conhecer de mandado de segurança contra coação imputada a Turma Recursal dos Juizados Especiais é dela mesma e não do Supremo Tribunal Federal**" (MS-QO 24.691/MG, Rel. Min. Marco Aurélio, Rel. p/ acórdão Min. Sepúlveda Pertence, Tribunal Pleno, *DJ* de 24.06.2005).

Esse entendimento em relação ao **mandado de segurança**, por unanimidade, veio a ser reafirmado pelo Pleno do STF:

> "EMENTA: As turmas recursais são órgãos recursais ordinários de última instância relativamente às decisões dos juizados especiais, de forma que os juízes dos juizados especiais estão a elas vinculados no que concerne ao reexame de seus julgados. Competente a **turma recursal** para processar e julgar recursos contra decisões de primeiro grau, também o é para processar e julgar o **mandado de segurança substitutivo de recurso**. Primazia da **simplificação do processo judicial** e do **princípio da razoável duração do processo**" (**RE 586.789**, Rel. Min. Ricardo Lewandowski, j. 16.11.2011, Plenário, *DJE* de 27.02.2012).

O art. 21, VI, da LC n. 35/79 (LOMAN) estabelece ser competência privativa dos "Tribunais" julgar, **originariamente**, os **mandados de segurança contra seus atos**, os dos respectivos Presidentes e os de suas Câmaras, Turmas ou Seções.

Assim, o precedente para o *mandado de segurança* se funda na interpretação dada ao art. 21, VI, da LOMAN. E percebam que o dispositivo legal se refere apenas ao **MS**, e não ao ***HC***, motivo pelo qual surgiram regras distintas para cada remédio constitucional.

No STJ, a Min. *Maria Thereza de Assis Moura* assim se posicionou (CC 38.020/STJ): "Na questão de ordem supracitada, o entendimento vencedor considerou que, mesmo estando os membros das Turmas Recursais subordinados administrativamente ao Tribunal respectivo, elas devem ser consideradas como órgãos independentes e de segundo grau de jurisdição. Desta forma, o vínculo administrativo não define a competência do Tribunal para o julgamento do **mandado de segurança** impetrado contra ato de magistrado que atua em Turma Recursal. Pelo contrário, por serem as Turmas Recursais funcionalmente independentes dos Tribunais, a solução foi dada pela interpretação analógica do art. 21, inciso VI, da Lei Complementar n. 35/79, *in verbis*: Art. 21 — Compete aos Tribunais, privativamente: (...) VI — julgar, originariamente, os mandados de segurança contra seus atos, os dos respectivos Presidentes e os de suas Câmaras, Turmas ou Seções".

Essa interpretação foi mantida no julgamento do MS 25.087 ED/SP-STF, Rel. Min. Carlos Britto, 21.09.2006 (*Inf. 441/STF*), determinando a Suprema Corte o encaminhamento dos autos para o tribunal competente, no caso, a **Turma Recursal** (mudando, inclusive, a jurisprudência que, até então, não acolhia a necessidade de indicar o órgão julgador competente).

Pode-se afirmar, portanto, que o STF **não** tem competência originária para o julgamento de **MS** contra ato dos juízes dos Juizados ou das Turmas dos Colégios Recursais dos Juizados Especiais, sobretudo em razão da regra do art. 102, I, "d", que prevê a competência originária do STF **somente** contra atos do Presidente da República, das Mesas da Câmara dos Deputados e do Senado Federal, do Tribunal de Contas da União, do Procurador-Geral da República e do próprio Supremo Tribunal Federal.[35] A competência, como já decidido, para o **mandado de segurança** (e, insisto, segundo o **STF**, apenas para o **MS**, já que a regra do *HC* é outra, no caso, o **TJ**) será da própria **Turma Recursal**. Confira:

> "EMENTA: COMPETÊNCIA — MANDADO DE SEGURANÇA — ATO DE TURMA RECURSAL. O julgamento do **mandado de segurança** contra ato de Turma Recursal cabe à própria **Turma**, **não havendo campo para atuação** quer de **Tribunal de Justiça**, quer do **Superior Tribunal de Justiça**. Precedente: Questão de Ordem no Mandado de Segurança n. 24.691/MG, Plenário, 4 de dezembro de 2003, redator do acórdão Ministro Sepúlveda Pertence..." (AI 666.523 AgR/BA, Rel. Min. Lewandowski, Rel. p/ acórdão Min. Marco Aurélio, j. 26.10.2010, 1.ª Turma, *DJe* de 02.12.2010).

E pacífica é a jurisprudência do **STJ**, materializada na **S. 376**, editada pela *Corte Especial*, em **18.03.2009**, e que tem o seguinte teor: "compete a **Turma Recursal** processar e julgar o **mandado de segurança** contra ato de juizado especial", e, analisando os precedentes, mesmo se o ato coator tiver sido praticado por Juiz da Turma Recursal (cf., no STJ, CC n. 38.020 ou CC n. 39.950). Prevalece, dessa forma, a regra fixada no art. 21, VI, da LOMAN, conforme indicado acima.

O STJ firmou entendimento flexibilizando a regra contida na citada S. 376, na hipótese de discussão *não sobre o mérito da decisão proferida pela Turma Recursal*, mas sobre a **competência** dos Juizados, quando, então, o conflito seria resolvido pelo **TJ** (cf. CC 39.950/BA, Corte Especial, Rel. Min. Castro Filho, Rel. p/ acórdão Min.

---

[35] Cf. MS 25.982, Rel. Min. Eros Grau (*DJ* de 31.05.2006) e 24.205, Rel. Min. Ellen Gracie (*DJ* de 07.06.2002).

Luiz Fux, *DJe* de 06.03.2008 e, seguindo essa mesma linha, por exemplo, o RMS 30.170/SC, 3.ª Turma, j. 05.10.2010, Rel. Min. Nancy Andrighi).

CUIDADO: esse entendimento foi expressamente **afastado** pela 1.ª Turma do STF no julgamento do AI 666.523 AgR/BA, em 26.10.2010, quando, então, de acordo com a ementa citada acima, pacificou-se no STF que a competência será sempre da própria Turma Recursal para julgar mandado de segurança.

Contudo, com o máximo respeito, avançando a regra fixada no *MS 24.691* e agora à luz da tese adotada no *HC 86.834*, não temos por coerente o julgamento de *mandado de segurança* contra ato de Turma Recursal pela própria Turma Recursal, pelo menos, ao que parece, seguindo o mesmo entendimento do HC 86.834.

Não é pelo fato de ser **MS** que o entendimento deva ser diferente do ***HC***, com base, simplesmente, no art. 21, VI, da LOMAN. Ambas são ações constitucionais e buscam o seu fundamento diretamente na Constituição, no caso, para nós, no art. 96, III, e na inexistência de previsão específica para outro Tribunal.

A nosso ver a melhor interpretação é aquela que entende ser competente para o julgamento de mandado de segurança contra ato de juiz de direito do Juizado a Turma do Colégio Recursal. Todavia, contra atos ou decisões das Turmas dos Colégios Recursais dos Juizados Especiais, a competência para o julgamento do MS (e não se está falando em recurso contra o julgamento da Turma Recursal), assim como para o julgamento do HC e desde que **originária**, seria do **TJ local**.[36]

CUIDADO: essa nossa proposta, em relação ao **mandado de segurança, não foi acolhida nem pelo STF nem pelo STJ**. Portanto, para as provas de concursos, adotar o entendimento de que a competência para o julgamento do MS é da própria Turma Recursal. Apenas na hipótese de *HC* é que a competência para o julgamento de ato de Turma Recursal seria do TJ.

Proposta de esquematização da matéria em relação aos Juizados:

- **S. 203/STJ** — "não cabe recurso especial contra decisão proferida por órgão de segundo grau dos juizados especiais". Trata-se, no caso, de decisões das Turmas de Colégio Recursal, que, por não serem Tribunais, não encontram guarida na regra contida no art. 105, III, da CF/88. Cabe, no entanto, até que seja aprovado o *PL 16/2007-CD*, conforme definiu o STF (RE 571.572), **reclamação**, com fundamento no art. 105, I, "f", para o **STJ**, quando a decisão de Turma Recursal de Juizados Estaduais violar a interpretação da legislação infraconstitucional federal dada pela jurisprudência do STJ;
- de decisão de Turma de Colégio Recursal pode caber tanto o HC para o TJ local como, na mesma linha e como interpretamos (*vide* ressalva abaixo), MS a ser julgado pelo TJ local **(competência originária)**. Trata-se de interpretação ampla da regra geral de que o TJ local julga ato de juízes de direito e com fundamento no art. 96, III, da CF/88. Nesse sentido, na medida em que a Turma Recursal é composta por juízes de

[36] Nesse sentido já se manifestou, em voto isolado, o Ministro Marco Aurélio no MS-QO 24.674, j. 04.12.2003, *DJ* de 26.03.2004, e no MS-QO 24.691, j. 04.12.2003, *DJ* de 24.06.2005.

direito, constituindo-se, assim, Órgão Colegiado, justificada está a competência (originária) para o TJ local. **CUIDADO:** esse entendimento em relação ao **mandado de segurança** contraria a S. 376/STJ, bem como o posicionamento do STF, que indicam, como órgão competente, a própria Turma Recursal para o julgamento do mandado de segurança. Assim, em relação ao *habeas corpus*, segundo o STF, a competência para julgar ato da Turma Recursal seria do **TJ** (cf. **HC 86.834**). Contudo, em se tratando de *mandado de segurança*, a competência é da **própria Turma Recursal** (cf. **MS-QO 24.691/MG** — sendo esse o entendimento a ser adotado nas provas de concursos);

- de acórdão do TJ local, se adotarmos o posicionamento fixado no referido *HC*, na hipótese de *habeas corpus* decidido em **única instância** (competência originária, já que o ato atacado é de Turma Recursal, e não em grau de recurso), nos termos do art. 105, II, "a", da CF/88, caberá **ROC — Recurso Ordinário Constitucional** para o **STJ**, quando denegatória a decisão;
- de acórdão do TJ local, na hipótese de *mandado de segurança* decidido em **única** instância (competência originária), e aceita a nossa interpretação no sentido da competência do TJ local — **lembrando que não é essa a adotada pelo STF**, nos termos do art. 105, II, "b", da CF/88 —, caberá **ROC — Recurso Ordinário Constitucional** para o **STJ**, quando denegatória a decisão;
- na medida em que a orientação adotada pelo STF na hipótese de **mandado de segurança** é a competência da própria Turma Recursal, caberá, no máximo, **recurso extraordinário** para o **STF** ou, enquanto não aprovado o *PL n. 16/2007-CD*, citado acima, eventualmente, **reclamação** para o **STJ**;
- **S. 640:** "é cabível **recurso extraordinário** contra decisão proferida por juiz de primeiro grau nas causas de alçada, ou por **turma recursal de juizado especial cível e criminal**". Assim, não confundir RE com as ações constitucionais de MS e HC tratadas nos itens anteriores (ver perspectiva restritiva de cabimento indicada no *item 11.6.4.2* para o conhecimento de recursos extraordinários contra decisões de **juizados especiais cíveis estaduais**);
- contra ato dos Juízes de Direito dos Juizados Especiais (juízos de primeira instância), caberá HC ou MS para a *Turma Recursal*. Nesse sentido, destacamos o **Enunciado n. 62** do *XV Encontro Nacional de Coordenadores de Juizados Especiais do Brasil* (26 a 28.05.2004, Florianópolis — SC): "Cabe exclusivamente às Turmas Recursais conhecer e julgar o mandado de segurança e o *habeas corpus* impetrados em face de atos judiciais oriundos dos Juizados Especiais", assim como a citada S. 376/STJ;
- a mesma interpretação deve ser feita para o julgamento de MS e HC em relação aos Juizados Especiais Cíveis e Criminais no âmbito da Justiça Federal (Lei n. 10.259/2001), destacando que o julgamento de atos das Turmas Recursais, no caso o *habeas corpus*, será realizado não pelo TJ local, mas pelo **TRF** competente. No caso de *mandado de segurança*, conforme vimos e com as discussões que propusemos, o entendimento é o de que seria competente a **própria Turma Recursal**. Finalmente,

em igual sentido, contra ato do Juiz do Juizado Especial Federal poderá caber MS ou HC para a Turma Recursal Federal;

■ **UM ALERTA:** de acordo com a jurisprudência do STF (e contra o nosso entendimento), **não cabe mandado de segurança das decisões interlocutórias exaradas em processos submetidos ao rito da Lei n. 9.099/95**. Isso porque, justificou-se, "a Lei 9.099/95 está voltada à promoção de **celeridade** no processamento e julgamento de causas cíveis de complexidade menor. Daí ter consagrado a regra da **irrecorribilidade das decisões interlocutórias**, inarredável. Não cabe, nos casos por ela abrangidos, aplicação subsidiária do CPC (a decisão foi proferida à luz do CPC/73), sob a forma do agravo de instrumento, ou o uso do instituto do mandado de segurança. Não há afronta ao princípio constitucional da ampla defesa (art. 5.º, LV, da CB), uma vez que decisões interlocutórias podem ser impugnadas quando da interposição de recurso inominado".[37]

■ *11.6.4.4. Ação de indenização em razão do fumo: incompetência dos Juizados — complexidade da causa*

O STF analisou pedido de indenização formulado por ex-fumante que alegava ter fumado cigarros por aproximadamente 44 anos, tornando-se dependente do produto, criticando, inclusive, a propaganda, que seria enganosa.

O Plenário do STF, por votação unânime, entendeu que os juizados especiais **não seriam competentes** para a análise da demanda, tendo em vista a **complexidade da causa**, embora o valor formulado não ultrapassasse o "teto" dos juizados.

Como se sabe, o art. 98, I, CF/88, estabelece que a União, no Distrito Federal e nos Territórios, e os Estados criarão **juizados especiais**, providos por juízes togados, ou togados e leigos, competentes para a conciliação, o julgamento e a execução, além das infrações penais de menor potencial ofensivo, das **causas cíveis de menor complexidade**. Nesse sentido:

> "A excludente da competência dos juizados especiais — complexidade da controvérsia (art. 98 da CF) — há de ser sopesada em face das causas de pedir constantes da inicial, observando-se, em passo seguinte, a defesa apresentada pela parte acionada. Competência. Ação indenizatória. **Fumo. Dependência. Tratamento. Ante as balizas objetivas do conflito de interesses, a direcionarem a indagação técnico-pericial, surge complexidade a afastar a competência dos juizados especiais**" (**RE 537.427**, Rel. Min. Marco Aurélio, j. 14.04.2011, Plenário, *DJE* de 17.08.2011).

■ *11.6.4.5. Juizados e a Lei Maria da Penha*

De modo específico, a **Lei n. 11.340/2006** (*Lei Maria da Penha*), além de outras providências, criou mecanismos para **coibir** a **violência doméstica e familiar con-**

[37] **RE 576.847**, Rel. Min. Eros Grau, j. 20.05.2009, Plenário, *DJE* de 07.08.2009, com repercussão geral. No mesmo sentido: **AI 794.005-AgR**, Rel. Min. Ricardo Lewandowski, j. 19.10.2010, 1.ª T., *DJE* de 12.11.2010 e **RE 650.293-AgR**, Rel. Min. Dias Toffoli, j. 17.04.2012, 1.ª T., *DJE* de 22.05.2012.

tra a mulher, nos termos do *§ 8.º do art. 226* da Constituição Federal, da *Convenção sobre a Eliminação de Todas as Formas de Discriminação contra as Mulheres* e da *Convenção Interamericana para Prevenir, Punir e Erradicar a Violência contra a Mulher*, dispondo sobre a criação dos **Juizados de Violência Doméstica e Familiar contra a Mulher**, bem como alterando o Código de Processo Penal, o Código Penal e a Lei de Execução Penal.

O STF, por unanimidade e nos termos do voto do Relator, em **09.02.2012**, julgou procedente a **ADC 19** para declarar, dentre outros, a constitucionalidade do art. 41 da Lei n. 11.340/2006 (*Lei Maria da Penha*), tendo por fundamento o **princípio da igualdade** e da **proporcionalidade**, bem como o **combate ao desprezo às famílias**, sendo considerada a **mulher** a sua **célula básica**.

Assim, aos **crimes** praticados com **violência doméstica e familiar contra a mulher**, independentemente da pena prevista, **não se aplica a Lei n. 9.099/95** (*Juizados Especiais Cíveis e Criminais*). Assim, conforme anotou o Min. Fux em seu voto, "ao suposto ofensor, não serão conferidos os institutos da suspensão condicional do processo, da transação penal e da composição civil dos danos" (cf. *item 19.9.5*).

▪ 11.6.5. Organograma do Poder Judiciário[38]

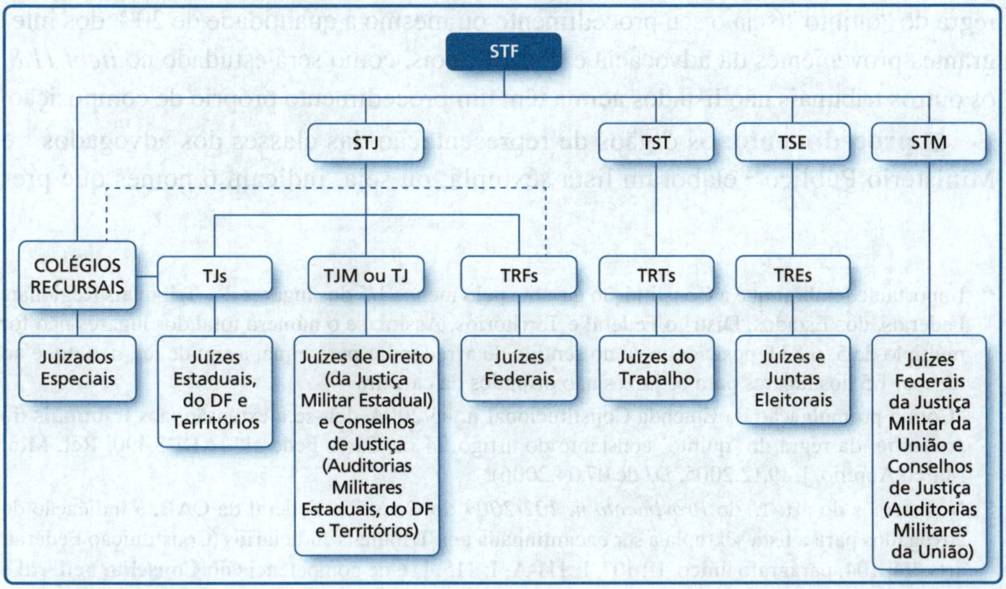

[38] Muito embora o art. 92, I-A, da CF estabeleça ser o *CNJ — Conselho Nacional de Justiça* órgão do Poder Judiciário, na medida em que **não é dotado de qualquer competência jurisdicional**, não foi considerado para a elaboração do Organograma, devendo ser entendido, então, como órgão judiciário mas não jurisdicional, ou, ainda, como **órgão administrativo**, competindo ao Conselho o controle da atuação **administrativa** e **financeira** do Poder Judiciário e do cumprimento dos **deveres funcionais dos juízes**, cabendo-lhe, além de outras atribuições que lhe forem conferidas pelo Estatuto da Magistratura, aquelas disciplinadas no art. 103-B, § 4.º, I-VII, e que serão desenvolvidas no *item 11.13.4*.

■ 11.7. A REGRA DO "QUINTO CONSTITUCIONAL"

O art. 94 da CF/88 estabelece que **1/5 (20%)** dos lugares dos **TRFs**, dos **Tribunais dos Estados** e do **Distrito Federal** e **Territórios** será composto de membros do **Ministério Público**, com mais de **10 anos** de carreira, e de **advogados** de **notório saber jurídico** e de **reputação ilibada**, com mais de **10 anos** de efetiva atividade profissional, indicados em **lista sêxtupla** pelos órgãos de representação das respectivas classes.[39]

Apesar de o art. 94 só se referir explicitamente aos tribunais acima mencionados, a "regra do quinto" está prevista, também, para os **tribunais do trabalho**[40] (arts. 111-A, I; 115, I) e o seu procedimento orienta a composição do **STJ** (art. 104, parágrafo único, lembrando a particularidade de que, nesse caso, os advogados e membros do Ministério Público representam **1/3**, e não 1/5, do Tribunal. Explicitando, a **indicação** é que se dá na **forma** da "regra do quinto", e não a quantidade de Ministros provenientes da advocacia e do Ministério Público que, no caso, implementa-se, se é que assim podemos denominar, de acordo com uma particular regra do "terço" — cf. *item 11.8.2*).

Está **errado**, portanto, dizer que todos os tribunais brasileiros devam observar a regra do "quinto" (seja o seu procedimento ou mesmo a quantidade de 20% dos integrantes provenientes da advocacia e do MP), pois, como será estudado no *item 11.8*, os outros tribunais não listados acima têm um procedimento próprio de composição.

■ **procedimento:** os órgãos de representação das classes dos advogados[41] e Ministério Público[42] elaboram lista sêxtupla, ou seja, indicam 6 nomes que pre-

---

[39] Importante lembrar que a Constituição garante pelo menos 1/5 dos lugares dos Tribunais Regionais Federais, dos Estados, Distrito Federal e Territórios. Assim, se o número total dos lugares não for múltiplo de 5, o STF posicionou-se no sentido de arredondar para cima, a fim de ter, de fato, e ao menos, 1/5 dos lugares para os juízes não oriundos da carreira.

[40] "Com a promulgação da Emenda Constitucional n. 45/2004, deu-se a extensão, aos **tribunais do trabalho**, da regra do 'quinto' constante do artigo 94 da Carta Federal" (ADI 3.490, Rel. Min. Marco Aurélio, j. 19.12.2005, *DJ* de 07.04.2006).

[41] Nos termos do art. 1.º do *Provimento n. 102/2004* do Conselho Federal da OAB, a indicação de advogados para a lista sêxtupla a ser encaminhada aos Tribunais Judiciários (Constituição Federal, arts. 94; 104, parágrafo único, II; 107, I; 111-A, I; 115, I) é de competência do **Conselho Federal** e dos **Conselhos Seccionais da Ordem dos Advogados do Brasil** (cf. art. 51 do *Regulamento Geral do Estatuto da Advocacia e da OAB*; arts. 54, XIII, e 58, XIV, da *Lei n. 8.906/94*).

[42] Em relação ao **MP Estadual**, a lista sêxtupla (para o TJ do Estado) é elaborada pelo **Conselho Superior do MP** (art. 15, I, da Lei n. 8.625/93), órgão formado, nos termos do art. 14, I e II, pelo **Procurador-Geral de Justiça** e pelo **Corregedor-Geral do Ministério Público** (como membros natos) e pelos **Procuradores de Justiça** (último grau da carreira — membros elegíveis) que não estejam afastados. Por outro lado, em relação ao **MP da União** (MPF, MP do Trabalho e MP do DF e Territórios — **excluindo-se o MP Militar**, já que a escolha para o STM se dá pelo Presidente da República — art. 123 da CF/88), a lista sêxtupla será formada pelo

encham os requisitos acima citados. Recebidas as indicações, o tribunal para o qual foram indicados forma lista tríplice (escolhe 3 dos 6). Nos 20 dias subsequentes, o Chefe do Executivo (em se tratando de Tribunal Estadual, o Governador de Estado; na hipótese do TJ do DF e Territórios, o Presidente da República, e para indicação ao TRF, também o Presidente da República) escolherá 1 dos 3 para nomeação.

REGRA DO "QUINTO CONSTITUCIONAL" — ART. 94

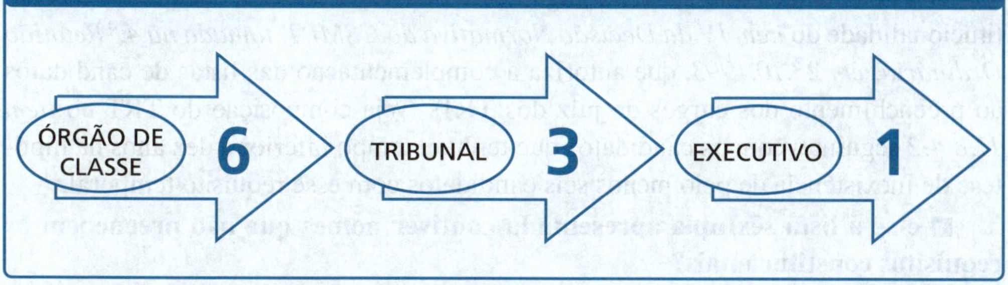

Não nos parece possam as Constituições estaduais estabelecer outras formalidades além das já expressamente previstas no art. 94 da CF, por exemplo, a necessidade de aprovação do escolhido pelo Chefe do Executivo pela "maioria absoluta da Assembleia Legislativa do Estado", conforme estabeleceu o parágrafo único do art. 63 da CE/SP, na redação determinada pela EC n. 25/2008.

O procedimento é bem simples e está regulamentado de modo **exaustivo** pelo art. 94, CF/88: a escolha pelo **órgão de classe** de 6 nomes que preencham os requisitos constitucionais (*lista sêxtupla*); formação de *lista tríplice* pelo **tribunal** (Judiciário) e, dentre os 3, escolha de 1 pelo **Executivo** para nomeação, sem que o nome escolhido (pelo Executivo) tenha de passar por qualquer outro procedimento, como a eventual sabatina do Legislativo **(que não participa do processo de**

Colégio de Procuradores (arts. 53, II; 94, III; e 162, III, da LC n. 75/93), que reúne **todos** os membros das respectivas carreiras do MPU em atividade, tornando, assim, muito mais **democrático** o processo de escolha. Por esse motivo, em **03.09.2008**, a *Associação Nacional dos Membros do Ministério Público (Conamp)* ajuizou a **ADI 4.134**, buscando declarar inconstitucional o procedimento de formação da lista sêxtupla no âmbito estadual, já que com muito menor legitimidade do que o processo de escolha no âmbito do MP da União. Em nossa opinião, tinha razão a *Conamp*. **CONTUDO**, o STF, por unanimidade, julgou improcedente a ADI: "da leitura do art. 94, da Constituição Federal, não se infere hermenêutica que estabeleça os critérios ou delimite o conceito para caracterização do órgão de representação de classe. Desta forma, **a Constituição delegou esta função ao legislador infraconstitucional, a quem cabe definir os órgãos de representação das respectivas classes**. 2. Embora sejam **elegíveis** para integrar o Conselho Superior do Ministério Público, nos termos do art. 14 da Lei n. 8.625/1993, **apenas os Procuradores de Justiça**, a escolha é realizada por meio de eleição em que **votam membros de toda a classe**, o que evidencia a representatividade do órgão" (Pleno, j. 18.10.2019, *DJE* de 02.12.2019).

escolha), não se aplicando, assim, o art. 52, III, da CF à regra do "quinto", nem mesmo por analogia.[43]

Duas importantes questões já foram decididas pelo STF:

- **na hipótese de não existirem membros do MP que preencham os requisitos constitucionais, como compor a lista sêxtupla? "Seria possível compor ou complementar a lista sêxtupla com membros do Ministério Público que ainda não tenham completado 10 anos na carreira?"**

O STF entendeu que **SIM**, no julgamento da **ADI 1.289-EI**, declarando a constitucionalidade do *item IV da Decisão Normativa do CSMPT, tomada na 4.ª Reunião Ordinária, em 23.10.1993*, que autoriza a complementação das listas de candidatos ao preenchimento dos cargos de juiz dos TRTs (veja composição do TRT no *item 11.8.4.2* seguinte) com os candidatos que tenham tempo inferior a dez anos na hipótese de inexistência de pelo menos seis candidatos com esse requisito temporal.[44]

- **e se a lista sêxtupla apresentada contiver nomes que não preenchem os requisitos constitucionais?**

O texto de 1988, em relação aos anteriores, inova ao transferir a **escolha originária** dos nomes, que era dos tribunais, para os órgãos de classe. Como visto, o Tribunal limita-se a reduzir a lista de 6 nomes para 3 e, assim, reduzido ao universo já trazido pelo órgão de classe, encaminhar para o Executivo, que reduzirá de 3 para 1.

Diferentemente da situação particular descrita no julgamento da ADI 1.289-EI, que analisou a inexistência, em dado momento, de integrantes do MP com mais de 10 anos de carreira, indagamos: e se o Tribunal entender que um ou mais nomes da

[43] Nesse particular, o STF acolheu, por unanimidade, ratificando o entendimento firmado no julgamento da medida cautelar (08.10.2008), o pedido formulado na **ADI 4.150**, ajuizada pelo Governador do Estado de São Paulo, para declarar a inconstitucionalidade da expressão "depois de aprovada a escolha pela maioria absoluta da Assembleia Legislativa", incluída no parágrafo único do art. 63 da CE/SP pela EC n. 25/2008 (j. 25.02.2015, *DJE* de 19.03.2015). (Cf. o precedente firmado na **ADI 202**, j. 05.09.1996.)

[44] Gilmar Mendes, relator, fundamentando, dentre outros argumentos, no **"pensamento jurídico do possível"**, pondera: "... cumpre observar que, ao consagrar o critério da lista sêxtupla composta por procuradores que ainda não preenchiam o requisito temporal, no caso de falta de membros habilitados, a resolução referida atendeu a um outro valor, igualmente importante para o texto constitucional: o respeito à liberdade de escolha por parte do Tribunal e do próprio Poder Executivo. Do contrário, restaria prejudicado o equilíbrio que o texto constitucional pretendeu formular para o sistema de escolha: participação da classe na formação da lista sêxtupla; participação do Tribunal na escolha da lista tríplice e participação do Executivo na escolha de um dos nomes. A formação incompleta da lista sêxtupla ou até mesmo o envio de um ou dois nomes que preenchessem todos os requisitos constitucionais acabaria por afetar o modelo original concebido pelo constituinte, reduzindo ou eliminando a participação do Tribunal e do Executivo no processo de escolha" (***Inf. 304*** e transcrição no ***Inf. 306/STF***. Para aprofundamento da temática da *lacuna constitucional e do "pensamento jurídico do possível"* na jurisprudência do STF, cf. *item 3.7.3*).

lista sêxtupla encaminhada pelo órgão de classe não preenchem os requisitos constitucionais, como o notório saber jurídico e a reputação ilibada?

Entregar lista com nome de pessoa que não preenche os requisitos do art. 94 é o mesmo que entregar lista **incompleta**, com menos de 6 nomes.

Nesses termos, o STF entendeu que o Tribunal pode **recusar** a lista sêxtupla "... desde que fundada a recusa em **razões objetivas**, declinadas na motivação da deliberação do órgão competente do colegiado judiciário. Nessa hipótese ao Tribunal envolvido jamais se há de reconhecer o poder de substituir a lista sêxtupla encaminhada pela respectiva entidade de classe por outra lista sêxtupla que o próprio órgão judicial componha, ainda que constituída por advogados componentes de sextetos eleitos pela Ordem para vagas diferentes. A solução harmônica à Constituição é a devolução motivada da lista sêxtupla à corporação da qual emanada, para que a refaça, total ou parcialmente, conforme o número de candidatos desqualificados: dissentindo a entidade de classe, a ela restará questionar em juízo, na via processual adequada, a rejeição parcial ou total do tribunal competente às suas indicações" (**MS 25.624**, Rel. Min. Sepúlveda Pertence, j. 06.09.2006, *DJ* de 19.12.2006).[45]

Nessa linha, a Corte entendeu como justificada a recusa, pelo TJ/SP, de lista sêxtupla encaminhada pela OAB/SP em relação a 2 advogados: **a)** um respondia a processo criminal; **b)** o outro não teria notável saber jurídico, já que havia sido reprovado em 10 concursos para a Magistratura (**Rcl 5.413**, Rel. Min. Menezes Direito, j. 10.04.2008, *DJE* de 23.05.2008).

▪ 11.8. CARACTERÍSTICAS GERAIS DOS ÓRGÃOS DO PODER JUDICIÁRIO

▪ 11.8.1. Supremo Tribunal Federal (STF)

▪ *11.8.1.1. STF — aspectos históricos*

NOMENCLATURA	MOMENTO HISTÓRICO PREPONDERANTE	PERÍODO DE ATIVIDADES
▪ **Casa da Suplicação do Brasil**	▪ Fase colonial	▪ 10.05.1808 até 08.01.1829
▪ **Supremo Tribunal de Justiça**	▪ Império	▪ 09.01.1829 até 27.02.1891
▪ **Supremo Tribunal Federal**	▪ República	▪ 28.02.1891 até os dias atuais

	DISPOSITIVO	NOMENCLATURA	INTEGRANTES	REQUISITOS
ALVARÁ RÉGIO DE 1808	▪ item IV	▪ **Casa da Suplicação do Brasil**	▪ **23**[46]	▪ não há previsão explícita na Constituição de requisitos para investidura

[45] Nesse sentido, cf., ainda, Rcl 5.413, Rel. Min. Menezes Direito, j. 10.04.2008, *DJE* de 23.05.2008.

[46] De acordo com o item IV do *Alvará Régio de 1808*, "a Casa da suplicação do Brasil se comporá além do *Regedor* que eu houver por bem nomear, do *Chanceler da Casa,* de **8** *Desembargadores dos Agravos,* de **1** *Corregedor de Crime da Corte e Casa,* de **1** *Juiz dos Feitos da Coroa e Fazenda,* de **1** *Procurador dos Feitos da Coroa e Fazenda,* de **1** *Corregedor do Civil da Corte,* de **1** *Juiz da Chancellaria,* de **1** *Ouvidor do Crime,* de **1** *Promotor da Justiça* e de mais **6** *Extravagantes*".

CONSTITUIÇÃO DE 1824	■ art. 163	■ **Supremo Tribunal de Justiça**	■ não houve previsão na Constituição ■ a Lei de 18.09.1828 fixou em **17** Juízes Letrados	■ "Juízes Letrados, tirados das Relações por suas antiguidades; e serão condecorados com o Título do Conselho." Não havia previsão de prévia aprovação pelo Senado
CONSTITUIÇÃO DE 1891	■ art. 56	■ **Supremo Tribunal Federal**	■ **15** Juízes ■ o **Decreto n. 19.656/31** reduziu para **11** o número de integrantes	■ cidadãos de **notável saber** e **reputação**, elegíveis para o **Senado**, devendo haver aprovação por este **órgão**. Durante o Governo Provisório de Getúlio Vargas (03.11.1930 a 20.07.1934), os Ministros foram nomeados sem a prévia aprovação do Senado
CONSTITUIÇÃO DE 1934	■ art. 73	■ **Corte Suprema**	■ **11** Ministros, podendo esse número ser elevado por lei até **16**	■ brasileiros **natos** de notável saber **jurídico** e reputação **ilibada** alistados eleitores, não devendo ter, salvo os magistrados, menos de **35**, nem mais de **65** anos de idade, com aprovação do **Senado Federal**
CONSTITUIÇÃO DE 1937	■ art. 97	■ **Supremo Tribunal Federal**	■ **11** Ministros, podendo esse número ser elevado por lei até **16**	■ brasileiros natos de notável saber **jurídico** e reputação **ilibada**, não devendo ter menos de 35, nem mais de **58** anos de idade, com aprovação do **Conselho Federal**. Não havia previsão de aprovação pelo Senado. Assim, vários Ministros foram nomeados sem esse importante controle político
CONSTITUIÇÃO DE 1946	■ art. 98	■ **Supremo Tribunal Federal**	■ **11** Ministros, podendo esse número ser elevado por lei ■ AI n. 2/65 elevou para **16**	■ brasileiros (art. 129, ns. I e II — natos, acrescente-se), maiores de 35 anos, de notável saber **jurídico** e reputação **ilibada**, devendo haver aprovação pelo **Senado Federal**
CONSTITUIÇÃO DE 1967	■ art. 113	■ **Supremo Tribunal Federal**	■ **16** Ministros ■ esse número foi reduzido para **11** Ministros, de acordo com o AI n. 6/69	■ brasileiros natos, maiores de 35 anos, de notável saber **jurídico** e reputação **ilibada**, devendo haver aprovação pelo **Senado Federal**
EC N. 1/69	■ art. 118	■ **Supremo Tribunal Federal**	■ **11** Ministros	■ maiores de 35 anos, de notável saber **jurídico** e reputação **ilibada**, devendo haver aprovação pelo **Senado Federal**
CONSTITUIÇÃO DE 1988	■ art. 101, *caput*	■ **Supremo Tribunal Federal**	■ **11** Ministros	■ cidadãos com mais de 35 e menos de 65 anos de idade, de notável saber **jurídico** e reputação **ilibada**, devendo haver aprovação pela **maioria absoluta** do **Senado Federal**

Antes da vinda da família real para o Brasil, esclarece o Conselheiro Ribas, "competia à Casa de Suplicação (de Lisboa, acrescente-se) interpretar as ordenações, e leis por meio de assentos com força obrigatória. Estes assentos eram tomados na mesa grande por ocasião de dúvida proposta por alguns dos desembargadores, juízes da causa, ou por glosa do chanceler, por entender que a sentença infringia expressamente as ordenações ou o direito".[47]

Passando D. João a residir no Brasil (tendo em vista a transferência da família real em razão da invasão das terras portuguesas por tropas napoleônicas) e, na medida em que, diante dessa situação, encontrava-se interrompida a comunicação com Portugal, o Príncipe Regente, mediante **Alvará Régio de 10.05.1808**, institui a **"Casa da Suplicação do Brasil"**, que se caracterizou como o primeiro órgão de cúpula da Justiça no Brasil, marca da fase colonial.[48]

Durante o regime monárquico, a **Lei de 18.09.1828** criou o **Supremo Tribunal de Justiça** (09.01.1829-27.02.1891), cumprindo a previsão contida no art. 163 da Constituição de 1824, que sucedeu à *Casa da Suplicação do Brasil*.

Em seguida, editado pelo Governo Provisório da República, o **Decreto n. 848, de 11.10.1890**, organizou o **Supremo Tribunal Federal**, órgão de cúpula do Judiciário, nos termos dos arts. 55 e 56 da Constituição Republicana de 1891, efetivamente instalado em 28.02.1891.

A **Constituição de 1934**, por sua vez, alterou a denominação para **Corte Suprema**. A **Carta de 1937** retomou a designação **Supremo Tribunal Federal (STF)**, mantida em todas as Constituições que seguiram, inclusive na de **1988**.

Finalmente, nessa escalada evolutiva, a **Constituição da República de 1988** instituiu o **Superior Tribunal de Justiça** (STJ), instalado em 07.04.1989 (Lei n. 7.746/89), reservando ao **STF** a posição de **órgão de cúpula de todo o Judiciário e, especialmente, de guarda e defesa da Constituição**.[49]

---

[47] A. J. Ribas, *Curso de direito civil brasileiro*, p. 121-122, apud Manoel Justino Bezerra Filho, *Súmulas do STF comentadas*, p. 34.

[48] De acordo com o item I do referido Alvará, a **Casa da Suplicação do Brasil** foi "considerada como **Superior Tribunal de Justiça**, para se **findarem ali todos os pleitos em última instância**, por maior que seja o seu valor, sem que das últimas sentenças proferidas em qualquer das Mesas da sobredita Casa se possa interpor outro recurso que não seja o das revistas nos termos restritos do que se acha disposto nas minhas Ordenações, Leis e mais disposições. E terão os Ministros a mesma alçada que têm os da Casa da Suplicação de Lisboa" (BRASIL. Leis etc. *Coleção das Leis do Brasil de 1808*. Rio de Janeiro: Imprensa Nacional, 1891, p. 23-26).

[49] José Afonso da Silva, já em 1963, propunha a criação de um "Tribunal Superior de Justiça", correspondente ao TSE e TST, atribuindo-lhe parcela da competência que era fixada para o STF (cf. *Do recurso extraordinário no direito processual brasileiro*, p. 455-456). Em 1965, o tema foi discutido na FGV por diversos juristas, tendo sido a ideia adotada na Comissão Afonso Arinos por influência do Professor Miguel Reale. A Constituição, acolhendo a proposta, preferiu batizar o novo tribunal de "Superior Tribunal de Justiça", e não "Tribunal Superior de Justiça", coerentemente, já que, conforme dissemos, o STJ não pertence a qualquer Justiça, sendo, ao lado do STF, órgão de superposição.

■ 11.8.1.2. STF — regras gerais

- **composição:** 11 Ministros;
- **investidura:** o Presidente da República escolhe e indica o nome para assumir a vaga de Ministro do STF, submetendo-o à apreciação do Senado Federal (art. 101, parágrafo único, da CF/88). No Senado Federal, de acordo com o art. 101, II, "j", do *Regimento Interno*, é competência da *Comissão de Constituição, Justiça e Cidadania — CCJ* emitir parecer, em votação secreta, sobre o nome indicado. O processo de aprovação está previsto no art. 383 do *RISF*, e a sua tramitação no âmbito da referida comissão foi disciplinada pelo *Ato n. 1/2007-CCJ*, que estabeleceu duas etapas: **a)** na primeira, o Relator apresentará o relatório à Comissão, com recomendações, se for o caso, para que o indicado apresente informações adicionais; **b)** na segunda, o indicado será submetido à arguição dos membros da CCJ **(sabatina — arguição pública)** e em seguida o relatório será votado. Esse parecer da CCJ é meramente opinativo. Isso porque, posteriormente, nos termos da Constituição (art. 52, III, "a", CF/88), deverá haver **deliberação plenária**, também em **votação secreta**, havendo necessidade da **maioria absoluta** do Senado Federal para a **aprovação**, ou seja, ao menos 41 dos 81 Senadores da República deverão se manifestar favoráveis ao nome da autoridade indicada para ocupar a vaga de Ministro do STF. Finalmente, depois de aprovado o nome pelo Senado Federal, o Presidente da República nomeará o novo Ministro (art. 84, XIV, CF/88), momento em que este será vitaliciado;[50]
- **requisitos para ocupar o cargo de Ministro do STF:** *a)* ser brasileiro nato (art. 12, § 3.º, IV); *b)* ter mais de 35 e menos de 65 anos de idade (art. 101); *c)* ser cidadão (art. 101, estando no pleno gozo dos direitos políticos); *d)* ter notável saber jurídico e reputação ilibada (art. 101);
- **tem de ser jurista o Ministro do STF?:** o art. 56 da Constituição de **1891** falava somente em **notável saber**, sem qualificá-lo. A Constituição de **1934** (art. 74) passou a qualificar o **notável saber** de **jurídico**. Diante da permissão da Constituição de 1891, o STF já chegou a ter Ministro que não era jurista, vale lembrar o médico *Candido Barata Ribeiro*, nomeado pelo Presidente *Floriano Peixoto*, por decreto de 23.10.1893, em razão da vaga ocorrida com o falecimento do Barão de Sobral, tomando posse em 25.11.1893.

O Senado da República, contudo, em sessão secreta de 24.09.1894, negou a aprovação do nome de Barata Ribeiro, nos termos do Parecer da *Comissão de Justiça e Legislação*, que considerou desatendido o requisito de "notável saber jurídico" (*DCN* de 27.09.1894, p. 1136). Assim, Barata Ribeiro deixa o cargo de Ministro do STF em 29.09.1894, tendo ficado por pouco mais de 10 meses (o Ministro que por menos

---

50 A título de curiosidade, meu **amigo e atento** leitor, e isso pode impressionar no exame oral (força e continue estudando!!!), o número de rejeições de nomes ao STF pelo Senado é muito pequeno. Conforme relata Celso de Mello, em interessante e curioso texto, "**na história republicana brasileira**,

Acesse também a videoaula pelo link: somos.in/DCE25100

tempo permaneceu no STF [República], só "perdendo" para o Ministro Herculano de Freitas, que permaneceu por 3 meses e 16 dias).

Portanto, atualmente e desde o parecer de *João Barbalho,* de 1894, passou-se a entender que todo Ministro do STF terá de ser, necessariamente, **jurista**, tendo cursado a faculdade de **direito.**[51]

■ **competências do STF:** *a)* originária (art. 102, I, "a" a "r");[52] *b)* recursal ordinária (art. 102, II); e *c)* recursal extraordinária (art. 102, III).

O STF reconheceu o **princípio da reserva constitucional de competência originária** e, assim, toda a atribuição do STF está explicitada, taxativamente, no art. 102, I, da CF/88 (Pet 1.738 AgR).

Ainda, na hipótese de o STF não conhecer a sua competência originária, deverá, nos termos do art. 113, § 2.º, do CPC/73 (com correspondência no art. 64, § 3.º, CPC/2015), e do art. 21, § 1.º, do *RISTF*, na redação dada pela Emenda Regimental n. 21/2007, **indicar o órgão que repute competente** para o julgamento do feito ajuizado originariamente, atribuição essa autorizada, inclusive, ao Relator monocraticamente (cf. Pet 3.986-AgR/TO, Rel. Min. Ricardo Lewandowski, 25.06.2008, *Inf. 512/STF*).

■ *11.8.1.3. STF — destaques às novidades trazidas pela EC n. 45/2004 ("Reforma do Judiciário")*

■ **homologação de sentenças estrangeiras e concessão de *exequatur* às cartas rogatórias:** transferência de competência do STF para o **STJ** no tocante à

ao longo de 125 anos (1889 a 2014), o **Senado Federal**, durante o governo Floriano Peixoto (1891 a 1894), **rejeitou cinco** (5) indicações presidenciais, **negando aprovação** a atos de nomeação, para o cargo de Ministro do Supremo Tribunal Federal, **das seguintes pessoas:** (1) Barata Ribeiro, (2) Innocêncio Galvão de Queiroz, (3) Ewerton Quadros, (4) Antônio Sève Navarro e (5) Demosthenes da Silveira Lobo". Para se ter um comparativo, continua o ilustre Ministro, "... **nos Estados Unidos da América**, no período compreendido entre 1789 e 2014 (225 anos), o Senado norte-americano **rejeitou 12 (doze) indicações presidenciais** para a Suprema Corte americana" (cf. outras curiosidades in *Notas sobre o Supremo Tribunal (Império e República)*, disponível em: <www.stf.jus.br/portal/cms/verTexto.asp?servico=publicacaoPublicacaoInstitucionalCuriosidade>).

[51] Cf. Uadi Lammêgo Bulos, *Constituição Federal anotada*, p. 868.

[52] Apenas alertamos que a alínea "a" do inciso I do art. 102 foi alterada pela EC n. 3/93. A alínea "c" do inciso I do art. 102 foi alterada pela EC n. 23/99, nos seguintes termos: "nas infrações penais comuns e nos crimes de responsabilidade, os Ministros de Estado **e os Comandantes da Marinha, do Exército e da Aeronáutica**, ressalvado o disposto no art. 52, I, os membros dos Tribunais Superiores, os do Tribunal de Contas da União e os chefes de missão diplomática de caráter permanente". A alínea "i" foi alterada pela EC n. 22/99: "o *habeas corpus*, quando o coator for Tribunal Superior ou quando o coator ou o paciente for autoridade ou funcionário cujos atos estejam sujeitos diretamente à jurisdição do Supremo Tribunal Federal, ou se trate de crime sujeito à mesma jurisdição em uma única instância".

homologação de sentenças estrangeiras e à concessão de *exequatur* às cartas rogatórias (art. 102, I, "h", revogada; art. 105, I, "i", e art. 9.º da EC n. 45/2004).

- **nova hipótese de cabimento do RE:** ampliação da competência do STF para o julgamento de recurso extraordinário quando *julgar válida lei local contestada em face de lei federal*. Muito se questionou sobre essa previsão. Observa-se que está **correta**, uma vez que, no fundo, quando se questiona a aplicação de lei, tem-se, acima de tudo, conflito de constitucionalidade, já que é a CF que fixa as regras sobre competência legislativa federativa. Por outro lado, quando se questiona a validade de ato de governo local em face de lei federal, estamos, acima de tudo, diante de questão de legalidade a ser enfrentada pelo STJ, como mantido na reforma **(arts. 102, III, "d", e 105, III, "b")**.
- **CNJ e CNMP:** em razão da natureza dos institutos e de seus membros, é natural que tenha sido fixada a competência do STF para processar e julgar, originariamente, as ações contra o Conselho Nacional de Justiça e contra o Conselho Nacional do Ministério Público (art. 102, I, "r").
- **repercussão geral:** criação do requisito da repercussão geral das questões constitucionais discutidas no caso para o conhecimento do recurso extraordinário. Essa importante regra vai evitar que o STF julgue brigas particulares de vizinhos, como algumas discussões sobre "assassinato" de papagaio ou "furto" de galinha, já examinadas pela mais alta Corte **(art. 102, § 3.º)**.

A matéria foi regulamentada na **Lei n. 11.418, de 19.12.2006**.

De fato, trata-se de importante instituto seguindo a tendência a erigir o STF a verdadeira **Corte Constitucional** e, também, mais uma das técnicas trazidas pela *Reforma do Judiciário* na tentativa de solucionar a denominada "Crise do STF e da Justiça".

A técnica funciona como verdadeiro **"filtro constitucional"**, permitindo que o STF não julgue processos destituídos de repercussão geral, limitando, dessa forma, o acesso ao Tribunal.

A lei estabeleceu um **critério objetivo**, presumindo-se a repercussão geral sempre que o recurso impugnar decisão contrária a súmula ou jurisprudência dominante do Tribunal.

Além disso, o art. 543-A, § 1.º, do CPC/73 (art. 1.035, § 1.º, CPC/2015) traz um **critério subjetivo** ao estabelecer que, para efeito da repercussão geral, será considerada a existência, ou não, de questões relevantes do ponto de vista econômico, político, social ou jurídico, que ultrapassem os interesses subjetivos da causa.

Trata-se, portanto, de mais um **requisito de admissibilidade do recurso extraordinário** que deverá ser demonstrado pela parte recorrente em **preliminar**.

Em interessante tendência de aproximação do controle difuso aos efeitos do controle concentrado (influência do Ministro Gilmar Mendes), o art. 543-A, § 5.º, do CPC/73, introduzido pela Lei n. 11.418/2006, dispõe que, sendo negada a existência da repercussão geral (do caso concreto, individualizado), **a decisão valerá para todos os recursos sobre matéria idêntica**, que serão indeferidos liminarmente, salvo revisão da tese, tudo nos termos do Regimento Interno do Supremo Tribunal Federal (cf. art. 1.035, § 8.º, CPC/2015).

Parece, então, ser mais uma hipótese de **súmula impeditiva de recurso**, no caso do recurso extraordinário, servindo como "barreira" para o acesso ao STF de todos os casos que tratem da mesma matéria, ou melhor, de recurso com fundamento em idêntica controvérsia.

A possibilidade de manifestação de terceiros estranhos ao processo (*amicus curiae*), ao "pluralizar o debate constitucional", confere maior **efetividade** e **legitimação social** às decisões *erga omnes* do STF (na hipótese de impedir o processamento de outros recursos extraordinários sobre a mesma tese).

O reconhecimento da inexistência da repercussão geral terá de ser manifestado por 2/3 dos Ministros do STF (pelo menos 8 dos 11 Ministros).

Antes de se mandar o processo para análise do Pleno, contudo, proceder-se-á a uma verificação prévia da repercussão geral, por uma das Turmas do STF (5 Ministros).

Assim, na dicção do art. 543-A, § 4.º, do CPC/73, se a Turma decidir pela existência da repercussão geral por, no mínimo, 4 votos, ficará dispensada a remessa do recurso ao Plenário e proceder-se-á à análise do mérito do recurso extraordinário (sem correspondência no CPC/2015).

Por outro lado, se entender a Turma, por menos de 4 votos, que o caso concreto apresenta repercussão geral (ou, ainda, se entender, por consequência, que o caso não tem repercussão geral), essa decisão (sobre a eventual inexistência da repercussão geral) caberá ao Pleno do STF, devendo ser suscitado um *incidente de análise de repercussão geral*, nos termos do Regimento Interno do STF e da Lei n. 11.418/2006, que regulamentou a matéria.

A nosso ver o procedimento deve seguir a linha do incidente de inconstitucionalidade no controle difuso, suscitando-se uma questão de ordem.

Considerando o Pleno que há repercussão geral, ou não, deverá sedimentar a tese em **súmula de repercussão geral**, que, para nós, deve ser oficialmente estabelecida pelo STF e numerada como um novo instituto para, inclusive, orientar o processamento de recursos extraordinários futuros.

Assim, segundo o art. 543-A, § 7.º, do CPC/73, a súmula da decisão sobre a repercussão geral constará de ata, que será publicada no *Diário Oficial* e valerá como acórdão (correspondência idêntica no art. 1.035, § 11, CPC/2015).

Por fim, cumpre destacar importante técnica de julgamento por **amostragem**, sobrestando os demais recursos extraordinários considerados semelhantes.

Isso porque, havendo **multiplicidade de recursos** com fundamento em idêntica controvérsia, caberá ao Tribunal de origem selecionar um ou mais recursos representativos da controvérsia e encaminhá-los ao STF, **sobrestando** os demais até o pronunciamento definitivo da Corte (art. 543-B, § 1.º, do CPC/73 — cf. art. 1.036, § 1.º, CPC/2015).

Negada a existência de repercussão geral, os recursos sobrestados considerar-se-ão automaticamente não admitidos.

Julgado o mérito do recurso extraordinário, os recursos sobrestados serão apreciados pelos Tribunais, Turmas de Uniformização ou Turmas Recursais, que poderão declará-los prejudicados ou retratar-se (perceba-se, assim, o impacto do julgamento do caso individual perante recursos que tenham teses jurídicas já decididas).

Mantida a decisão e admitido o recurso, poderá o STF, nos termos do Regimento Interno, cassar ou reformar, liminarmente, o acórdão contrário à orientação firmada.

Sem dúvida, o instituto da repercussão geral vem-se mostrando uma importante técnica na busca de concretizar o **princípio da efetividade do processo** (art. 5.º, LXXVIII).

■ Repercussão geral: AI 664.567 (*Inf. 472*) e RE 579.431 (*Inf. 510*) — procedimento fixado pelo STF

O STF já estabeleceu alguns procedimentos para a implantação do instituto da repercussão geral, o que passamos a reproduzir:

- "A existência da repercussão geral da questão constitucional suscitada é pressuposto de admissibilidade de todos os recursos extraordinários, inclusive em matéria penal". Assim, embora regulamentado no CPC, o requisito deve ser observado em qualquer RE, tanto em matéria cível como criminal, trabalhista, eleitoral, militar etc.
- "Exige-se preliminar formal de repercussão geral, sob pena de não ser admitido o recurso extraordinário".
- Contudo, "... a exigência da demonstração formal e fundamentada no recurso extraordinário da repercussão geral das questões constitucionais discutidas **só incide quando a intimação do acórdão recorrido tenha ocorrido a partir de 03.05.2007**, data da publicação da Emenda Regimental 21/2007, do *RISTF*" (*Inf. 472/STF*), que regulamentou a matéria.[53]
- Se o RE for anterior à data de 03.05.2007, "a possibilidade de devolução fica condicionada ao reconhecimento da presença da repercussão geral da matéria. Negada a repercussão, recusa-se o recurso extraordinário (§ 3.º do art. 102, da Constituição Federal)".
- "A verificação da existência da preliminar formal é de competência concorrente do Tribunal, Turma Recursal ou Turma de Uniformização de origem e do STF".
- "A análise sobre a existência ou não da repercussão geral, inclusive o reconhecimento de presunção legal de repercussão geral, é de **competência exclusiva** do STF".

[53] Cf. AI 664.567-QO, Rel. Min. Gilmar Mendes, j. 18.06.2007, *DJ* de 06.09.2007. No mesmo sentido: AI 702.088-AgR, Rel. Min. Ricardo Lewandowski, j. 28.10.2008, *DJE* de 21.11.2008.

■ O STF, em importante precedente, regulamentou a aplicação da repercussão geral em relação à jurisprudência já pacificada pela Corte. Nesse sentido, foi "(...) aprovada a proposta de adoção de procedimento específico que autorize a Presidência da Corte a trazer ao Plenário, antes da distribuição do RE, questão de ordem na qual poderá ser reconhecida a repercussão geral da matéria tratada, caso atendidos os pressupostos de relevância. Em seguida, o Tribunal poderá, quanto ao mérito, (a) manifestar-se pela subsistência do entendimento já consolidado ou (b) deliberar pela renovação da discussão do tema. Na primeira hipótese, fica a Presidência autorizada a negar distribuição e a devolver à origem todos os feitos idênticos que chegarem ao STF, para a adoção, pelos órgãos judiciários *a quo*, dos procedimentos previstos no art. 543-B, § 3.º, do CPC/73. Na segunda situação, o feito deverá ser encaminhado à normal distribuição para que, futuramente, tenha o seu mérito submetido ao crivo do Plenário..." (RE 579.431-QO, Rel. Min. Ellen Gracie, j. 11.06.2008, *DJE* de 24.10.2008).

■ 11.8.1.4. *STF — procedimento para deliberação e encaminhamento de solicitações de opiniões consultivas ao Tribunal Permanente de Revisão do Mercosul (TPR)*

O **sistema de solução de controvérsias** no MERCOSUL foi consolidado, em 18.02.2002, com a assinatura do **Protocolo de Olivos**, que criou o **Tribunal Permanente de Revisão (TPR)**, considerando "a necessidade de garantir a correta interpretação, aplicação e cumprimento dos instrumentos fundamentais do processo de integração e do conjunto normativo do MERCOSUL, de forma consistente e sistemática".[54]

De acordo com o art. 4.º do Dec. CMC n. 37/2003, *Regulamento do Protocolo de Olivos para a Solução de Controvérsias (RPO)*, as **opiniões consultivas** poderão ser solicitadas pelos Tribunais Superiores dos Estados-Partes com jurisdição nacional.

Pois bem, nesse sentido, de maneira bastante interessante, o **STF** (no caso, o "Tribunal Superior") **regulamentou o procedimento nos termos da Emenda Regimental n. 48/2012**, que introduziu o art. 7.º, VIII, bem como os arts. 354-H a 354-M, ao *RISTF*.

Trata-se de **procedimento administrativo**, e não jurisdicional, e que poderá ser instaurado pelo juiz da causa ou alguma das partes,[55] deixando clara a regra regimental de que a opinião consultiva emitida pelo TPR **não terá caráter vinculante nem obrigatório**.

A solicitação de opinião consultiva deve originar-se necessariamente de **processo em curso perante o Poder Judiciário brasileiro** e restringe-se exclusivamente à vigência ou interpretação jurídica do *Tratado de Assunção*, do *Protocolo de Ouro Preto*, dos *protocolos e acordos celebrados no âmbito do Tratado de Assunção*, das *Decisões do Conselho do Mercado Comum (CMC)*, das *Resoluções do Grupo Mercado Comum (GMC)* e das *Diretrizes da Comissão de Comércio do Mercosul (CCM)* (art. 354-H, *RISTF*).

54 Cf. <http://www.tprmercosur.org>, acesso em 08.02.2014, bem como, neste trabalho, o *item 21.8.3*.

55 Cf. **Pet 4.383**, Rel. Min. Dias Toffoli, j. 08.10.2013, *DJE* de 10.10.2013.

Uma vez preenchidos os requisitos de admissibilidade, a solicitação será encaminhada ao Tribunal Permanente de Revisão, com cópia para a Secretaria do Mercosul, e para as demais Cortes Supremas dos Estados Partes do Mercosul (art. 354-L, *RISTF*).

11.8.2. Superior Tribunal de Justiça (STJ)

- **composição:** pelo menos 33 Ministros (art. 104);
- **investidura:** os Ministros serão escolhidos e nomeados pelo Presidente da República, após serem sabatinados pelo Senado Federal e aprovados pelo voto da **maioria absoluta** (art. 104, parágrafo único, com a redação determinada pela **EC n. 45/2004**), igualando-se ao *quorum* da sabatina para os Ministros do STF;
- **requisitos para o cargo:** *a*) ser brasileiro nato ou naturalizado; *b*) ter mais de 35 e menos de 65 anos; *c*) ter notável saber jurídico e reputação ilibada (art. 104);
- **composição dos Ministros:** 1/3 dentre juízes dos Tribunais Regionais Federais; 1/3 dentre desembargadores dos Tribunais de Justiça; 1/6 dentre advogados; e 1/6 dentre membros do Ministério Público Federal, Estadual, do Distrito Federal e Territórios, alternadamente;
- **procedimento:** no caso dos juízes dos Tribunais Regionais Federais e dos desembargadores dos Tribunais de Justiça, o STJ elaborará lista tríplice, enviando-a ao Presidente da República, que indicará um e o nomeará após aprovação do Senado Federal. No caso dos advogados e membros do Ministério Público, serão eles indicados na forma das regras para o "quinto constitucional", anteriormente apresentadas, segundo o art. 94 da CF/88, ou seja, o órgão de classe elabora a lista sêxtupla, o STJ escolhe 3 dentre os 6 (lista tríplice) e o Presidente da República escolhe 1 da referida lista formada e o nomeia, depois de aprovada a escolha pela maioria absoluta do Senado Federal (sabatina). Alertamos que, apesar de se determinar a aplicação da regra do art. 94, o **número** de Ministros do STJ provenientes da advocacia e do Ministério Público é de **1/3**, e não 1/5, do Tribunal. Ou seja, o que se observa é apenas o procedimento de escolha, e não o número (que, no caso, não é de 20%, mas de 1/3, o que poderia, então, nesse aspecto, ser denominado regra do "terço");
- **os Ministros oriundos da magistratura (TRFs e TJs) terão de ser egressos da magistratura da carreira?** O STF, por maioria de votos, no julgamento da **ADI. 4.078**, entendeu, em 10.11.2011, que **não**. Ou seja, o STJ escolherá livremente a lista tríplice e poderá incluir juízes dos TRFs ou TJs que ingressaram em referidos tribunais pela regra do quinto constitucional (art. 94 da CF/88). Isso porque, a partir do momento que um advogado ou um membro do MP são investidos no cargo judiciário pela regra do quinto (no TRF ou no TJ), perdem todos os vínculos que anteriormente tinham, passando, então, à **condição de magistrados**, podendo, assim, integrar a lista tríplice. A Constituição, também, não fez qualquer distinção entre magistrados

dos tribunais oriundos da carreira ou que chegaram ao tribunal pela regra do quinto;[56]

■ **esquematização (processo de escolha): quadro comparativo STF x STJ**

STF (ART. 101)	STJ (ART. 104)
■ **Composição:** 11 Ministros	■ **Composição:** no mínimo **33** Ministros • **1/3** dentre juízes dos TRFs; • **1/3** dentre desembargadores dos TJs } **Indicação para escolha:** lista tríplice elaborada pelo próprio STJ • **1/3** { • 1/6 dentre advogados • 1/6 dentre membros do Ministério Público Federal, Estadual, do Distrito Federal e Territórios, alternadamente } **Indicação para escolha:** alternadamente, na forma da regra do "quinto constitucional" — art. 94
■ **Escolha e nomeação:** Presidente da República	■ **Escolha e nomeação:** Presidente da República
■ **Sabatina:** Senado Federal — aprovação da escolha pela maioria absoluta	■ **Sabatina:** Senado Federal — aprovação da escolha pela maioria absoluta (EC n. 45/2004)
■ **Requisitos para o cargo I:** a) ter mais de 35 e menos de 65 anos de idade; b) ter notável saber jurídico e reputação ilibada	■ **Requisitos para o cargo I:** a) ter mais de 35 e menos de 65 anos; b) ter notável saber jurídico e reputação ilibada
■ **Requisitos para o cargo II:** ser brasileiro nato (art. 12, § 3.º, IV)	■ **Requisitos para o cargo II:** ser brasileiro nato ou naturalizado

■ **competência do STJ:** *a*) originária (art. 105, I, "a" até "i"); *b*) recursal ordinária (art. 105, II); e *c*) recursal especial (art. 105, III).

Em relação à competência, destacam-se, conforme visto, as novidades introduzidas pela **EC n. 45/2004**, quais sejam:

a) homologação de sentenças estrangeiras e a concessão de *exequatur* às cartas rogatórias: a competência passou a ser do STJ, tendo sido a matéria regulamentada na **Resolução n. 9, de 04.05.2005/STJ**, até que o *Plenário* da Corte aprove disposições regimentais próprias. Nesse sentido, o art. 960, § 2.º, do CPC/2015 (Novo CPC) estabeleceu que a homologação obedecerá ao que dispuserem os tratados em vigor no Brasil e o *RISTJ*. Feito o pedido pelas vias diplomáticas, homologada a sentença ou concedido o *exequatur* pelo STJ, nos termos do art. 109, X, é da competência do **Juiz Federal** a sua **execução**;

[56] Para se ter um contraponto, o art. 111-A, I e II, estabelece que o **TST** será composto de 1/5 dentre advogados com mais de 10 anos de efetiva atividade profissional e membros do MPT com mais de 10 anos de efetivo exercício, observado o disposto no art. 94, e os demais, qual seja, os outros 4/5, dentre juízes dos TRTs, **oriundos da magistratura da carreira**, indicados pelo próprio Tribunal Superior. No caso do **STJ**, por outro lado e conforme visto, a Constituição não fez essa exigência.

b) preservação da competência para o julgamento de **recurso especial** quando a decisão recorrida julgar válido **ato de governo local** contestado em face de **lei federal**. Perfeita a preservação dessa competência já que, nessa hipótese, no fundo, estamos diante de questão de **legalidade**, e não de constitucionalidade.

■ **Escola Nacional de Formação e Aperfeiçoamento de Magistrados (ENFAM):** a **EC n. 45/2004** (*art. 105, parágrafo único, I*) prescreveu o funcionamento, junto ao STJ, da *Escola Nacional de Formação e Aperfeiçoamento de Magistrados*, cabendo-lhe, dentre outras funções, regulamentar os cursos oficiais para o **ingresso** e **promoção** na carreira. A Escola, com autonomia didática, científica, pedagógica, administrativa e financeira, foi instituída, em **30.11.2006**, por meio da *Resolução n. 3/STJ*, alterada pela *Resolução n. 5/STJ*, de 1.º.07.2008. Nos termos do art. 2.º de referida resolução, destacam-se as seguintes atribuições da Escola:[57]

a) definir as diretrizes básicas para a formação e o aperfeiçoamento de Magistrados;

b) fomentar pesquisas, estudos e debates sobre temas relevantes para o aprimoramento dos serviços judiciários e da prestação jurisdicional;

c) promover a cooperação com entidades nacionais e estrangeiras ligadas ao ensino, pesquisa e extensão;

d) incentivar o intercâmbio entre a Justiça brasileira e a de outros países;

e) promover, diretamente ou mediante convênio, a realização de cursos relacionados com os objetivos da Enfam, dando ênfase à formação humanística (Resolução n. 5/2008);

f) habilitar e fiscalizar, nos termos dos arts. 93, II, "c", e IV, e 105, parágrafo único, da Constituição da República, os cursos de formação para ingresso na magistratura e, para fins de vitaliciamento e promoção na carreira, os de aperfeiçoamento (Resolução n. 5/2008);

g) formular sugestões para aperfeiçoar o ordenamento jurídico;

h) definir as diretrizes básicas e os requisitos mínimos para a realização dos concursos públicos de ingresso na magistratura estadual e federal, inclusive regulamentar a realização de exames psicotécnicos (Resolução n. 5/2008). Lembramos que, de acordo com a **SV 44**, "só por lei se pode sujeitar a exame psicotécnico a habilitação de candidato a cargo público";

i) apoiar, inclusive financeiramente, a participação de magistrados em cursos no Brasil ou no exterior indicados pela Enfam (Resolução n. 5/2008);

j) apoiar, inclusive financeiramente, as escolas da magistratura estaduais e federais na realização de cursos de formação e de aperfeiçoamento (Resolução n. 5/2008).

---

[57] Interessante o conhecimento da Escola e suas atribuições, até porque, pelo mandamento da **Reforma do Judiciário**, e isso já é realidade, os cursos passam a ser **fase de ingresso** para o concurso da magistratura. Nesse sentido, cf. <www.enfam.stj.jus.br>.

Parágrafo único. A Escola Nacional de Formação e Aperfeiçoamento de Magistrados gozará de autonomia didática, científica e pedagógica, bem como de autonomia administrativa e financeira, observado o disposto no § 2.º do art. 3.º desta resolução (Resolução n. 5/2008).

A **ENFAM** "... ocupa-se com a formação intelectual e moral dos juízes, uma formação que compreenda não apenas o entendimento técnico-jurídico, mas também o conhecimento sociológico, humanístico e prático". Assim, dentre os seus **objetivos**, destacam-se:

"**a)** provocar melhoria na seleção de novos juízes;

b) promover a atualização constante dos magistrados;

c) proporcionar formação teórica e prática do operador do Direito;

d) aproximar ainda mais o Judiciário da realidade do cidadão;

e) garantir que os magistrados estejam em permanente formação acadêmica e humanística;

f) cooperar com as escolas federais e estaduais da magistratura no oferecimento e execução de treinamentos e cursos;

g) contribuir para que todas as escolas da magistratura tenham padronização mínima, respeitando as peculiaridades e necessidades de cada Região;

h) facilitar a troca de experiências entre as escolas da magistratura e entre os magistrados;

i) buscar práticas de gestão que permitam a socialização de experiências e de problemas vivenciados pelos magistrados" (cf. <www.enfam.stj.jus.br>).

■ **Conselho da Justiça Federal:** a **EC n. 45/2004** previu, também, o funcionamento, junto ao STJ, do **Conselho da Justiça Federal**, cabendo-lhe exercer, na forma da lei, a supervisão administrativa e orçamentária da Justiça Federal de primeiro e segundo grau, como órgão central do sistema e com poderes correcionais, cujas decisões terão caráter vinculante.

■ 11.8.3. Tribunais Regionais Federais (TRFs) e Juízes Federais

Organizada em dois graus de jurisdição, a Justiça Federal é composta pelos Tribunais Regionais Federais e pelos Juízes Federais; sua competência vem estabelecida nos arts. 108 e 109 da CF/88.

■ **composição dos TRFs:** no mínimo 7 Juízes, recrutados, quando possível, na respectiva região e nomeados pelo Presidente da República, devendo ser observada a regra do "quinto constitucional" do art. 94;

■ **requisitos para o cargo:** *a*) ser brasileiro nato ou naturalizado; *b*) ter mais de 30 e menos de 65 anos de idade.

Em busca da efetividade do processo e do acesso à ordem jurídica justa, a *Reforma do Judiciário* **(EC n. 45/2004)** previu a instalação da Justiça itinerante e descentralização, nos termos dos §§ 2.º e 3.º do art. 107:

- os TRFs instalarão a **Justiça itinerante**, com a realização de audiências e demais funções da atividade jurisdicional, nos limites territoriais da respectiva jurisdição, servindo-se de equipamentos públicos e comunitários;
- os TRFs poderão funcionar **descentralizadamente**, constituindo **Câmaras regionais**, a fim de assegurar o pleno acesso do jurisdicionado à Justiça em todas as fases do processo.

Em relação à competência da Justiça Federal prevista no art. 109, I-XI, da CF/88, um alerta deve ser feito: de acordo com o art. 109, § 3.º, na redação dada pela **EC n. 103/2019** (Reforma da Previdência), lei **poderá** autorizar que as **causas de competência da Justiça Federal** em que forem parte **instituição de previdência social e segurado** possam ser **processadas** e **julgadas** na **Justiça Estadual** quando a **comarca do domicílio do segurado não for sede de vara federal**.

O art. 15 da Lei n. 5.010/66 (na redação dada pela Lei n. 13.876/2019 — com vigência a partir de 1.º.01.2020), regulamentando a matéria, estabelece que o julgamento pela Justiça Estadual será realizado nas causas em que forem parte instituição de previdência social e segurado e que **se referirem a benefícios de natureza pecuniária**, e a Comarca de domicílio do segurado estiver localizada **a mais de 70 km** de Município sede de Vara Federal.

Nessa hipótese, o recurso cabível contra a decisão do juízo estadual será sempre para o **Tribunal Regional Federal** na área de jurisdição do juiz de primeiro grau.

Outro destaque a ser feito é o instituto da **federalização de crimes contra direitos humanos**, por exemplo, tortura e homicídio praticados por grupos de extermínio, mediante **incidente** suscitado pelo **PGR** no **STJ** objetivando o **deslocamento da competência** para a Justiça Federal. Busca-se, acima de tudo, adequar o funcionamento do Judiciário brasileiro ao sistema de proteção internacional dos direitos humanos **(art. 109, V-A, e § 5.º)**.[58]

Finalmente, lembramos que a **EC n. 73/2013** criou os Tribunais Regionais Federais das 6.ª, 7.ª, 8.ª e 9.ª Regiões, introduzindo o § 11 ao art. 27 do ADCT.

A necessidade de se aumentar por emenda decorre da regra contida no art. 27, § 6.º, do ADCT, que estabeleceu, em 1988, os atuais 5 TRFs.

Contra referida emenda, foi ajuizada a **ADI 5.017** pela *Associação Nacional dos Procuradores Federais (ANPAF)* e, em **18.07.2013**, o Min. Joaquim Barbosa concedeu liminar, **suspendendo os seus efeitos** (*pendente de apreciação pelo Pleno* — cf. discussão no *item 9.13.3.3.3*).

11.8.4. Tribunais e Juízes do Trabalho

Como visto, os órgãos da Justiça do Trabalho são o TST, os TRTs e os Juízes do Trabalho,[59] sendo sua competência estabelecida no art. 114, abaixo elencada, lembrando a sua ampla reformulação pela **EC n. 45/2004**.

---

[58] Em relação ao assunto, remetemos o ilustre leitor para o *item 14.10.26,* no qual aprofundamos o tema.

[59] A **EC n. 24/99** extinguiu a representação classista da Justiça do Trabalho, substituindo as **Juntas de**

11.8.4.1. *Tribunal Superior do Trabalho (TST)*

A **EC n. 92/2016** alterou o art. 92 da Constituição Federal, para explicitar o **Tribunal Superior do Trabalho** como órgão do Poder Judiciário (inciso II-A), seguindo a mesma lógica da previsão em relação ao STJ.

Vejamos algumas regras relacionadas ao **TST**:

- **composição: 27** Ministros togados e vitalícios (art. 111-A, *caput*, de acordo com a redação dada pela **EC n. 45/2004**, restabelecendo-se a antiga composição. Como se sabe, a EC n. 24/99 reduziu de 27 para 17 Ministros, acabando com as 10 vagas de Classistas então existentes. A *Reforma do Judiciário* restabelece a composição, deixando de convocar juízes dos TRTs para atuar como substitutos, prática essa condenável);
- **estrutura da composição:** dos **27** Ministros togados e vitalícios, **1/5** será escolhido dentre advogados com mais de 10 anos de efetiva atividade profissional e membros do Ministério Público do Trabalho com mais de 10 anos de efetivo exercício, observado o disposto no art. 94; os demais serão escolhidos dentre juízes dos Tribunais Regionais do Trabalho, oriundos da **Magistratura da carreira**, indicados pelo próprio Tribunal Superior.

Em relação ao sistema de composição, percebe-se a nítida redução das vagas de Ministros do TST oriundos da advocacia e Ministério Público do Trabalho. E mais, como o restante das vagas é preenchido por juízes dos TRTs oriundos da **Magistratura da carreira**, isso significa que juízes dos TRTs que subiram pelo quinto não poderão estar entre esses 4/5 de Ministros do TST, já que, repita-se, o texto fala em juízes dos TRTs *oriundos da Magistratura da carreira*!

- **requisitos para o cargo:** *a*) ser brasileiro nato ou naturalizado; *b*) ter mais de 35 e menos de 65 anos de idade; *c)* possuir notável saber jurídico e reputação ilibada **(EC n. 92/2016)**;
- **sabatina do Senado Federal:** igualando-se ao STF e STJ, a sabatina no Senado passa a ser pela **maioria absoluta**, e não mais maioria simples ou relativa, sendo os Ministros nomeados pelo Presidente da República;
- **competência do TST:** será fixada por lei, nos termos do art. 111-A, § 1.º. A **EC n. 92/2016** explicitou ser competência do TST processar e julgar, originariamente, a **reclamação** para a preservação de sua competência e garantia da autoridade de suas decisões.

Conciliação e Julgamento pelos **Juízes do Trabalho**. A proposta de EC foi apresentada pelo então Senador Gilberto Miranda, em 1995, tendo sido aprovada, com o substitutivo do Senador Jefferson Péres, definitivamente, em 19.05.1999, no Senado, e em 1.º.12.1999, na Câmara. As extintas Juntas de Conciliação e Julgamento, que eram compostas de **1** juiz do trabalho, que a presidia, e **2** juízes classistas temporários (mandato de 3 anos, de acordo com o art. 117, atualmente revogado pela EC n. 24/99), foram substituídas pelos **Juízes do Trabalho** que exercem jurisdição nas **Varas do Trabalho**, em 1.ª instância. As alterações trazidas pela EC n. 24/99 produziram inúmeras modificações na estrutura da Justiça do Trabalho, principalmente em relação à composição dos tribunais.

Funcionarão junto ao TST:

- **Escola Nacional de Formação e Aperfeiçoamento de Magistrados do Trabalho**, cabendo-lhe, dentre outras funções, regulamentar os cursos oficiais para o **ingresso** e **promoção** na carreira;
- **Conselho Superior da Justiça do Trabalho**, cabendo-lhe exercer, *na forma da lei*, a supervisão administrativa, orçamentária, financeira e patrimonial da Justiça do Trabalho de primeiro e segundo grau, como órgão central do sistema, cujas decisões terão efeito vinculante. Nos termos do art. 6.º da **EC n. 45/2004**, referido Conselho será instalado no prazo de 180 dias, cabendo ao Tribunal Superior do Trabalho regulamentar seu funcionamento por resolução, enquanto não promulgada a referida lei.

11.8.4.2. *Tribunais Regionais do Trabalho (TRTs)*

Vejamos algumas regras relacionadas ao **Tribunal Regional do Trabalho**, consoante o fixado pela *EC n. 45/2004*:

- **composição:** os Tribunais Regionais do Trabalho serão compostos de, no mínimo, 7 juízes, recrutados, quando possível, na respectiva região, e nomeados pelo Presidente da República dentre brasileiros com mais de **30** e menos de **65** anos;
- **estrutura da composição:** *a*) **1/5** dentre advogados com mais de 10 anos de efetiva atividade profissional e membros do Ministério Público do Trabalho com mais de 10 anos de efetivo exercício, observado o disposto no art. 94; *b*) os demais, mediante promoção de juízes do trabalho por antiguidade e merecimento, alternadamente.

Em busca da "efetividade do processo" e do "acesso à ordem jurídica justa", a *Reforma do Judiciário* estabeleceu que os TRTs instalarão a **Justiça itinerante**, com a realização de audiências e demais funções de atividade jurisdicional, nos limites territoriais da respectiva jurisdição, servindo-se de equipamentos públicos e comunitários, podendo, ainda, funcionar **descentralizadamente**, constituindo **Câmaras regionais**, a fim de assegurar o pleno acesso do jurisdicionado à Justiça em todas as fases do processo (art. 115, §§ 1.º e 2.º).

11.8.4.3. *Juízes do trabalho — Varas do Trabalho*

Os Juízes do Trabalho exercem jurisdição nas Varas do Trabalho, em 1.ª instância. Estas serão instituídas por lei, podendo, nas comarcas não abrangidas por sua jurisdição, atribuí-la aos juízes de direito, com recurso para o respectivo Tribunal Regional do Trabalho (art. 112 da CF/88, na redação determinada pela EC n. 45/2004). A competência das Varas do Trabalho está delimitada no art. 652 da CLT, ampliado pela **Reforma Trabalhista** (Lei n. 13.467/2017).

11.8.4.4. *Competências da Justiça do Trabalho*

Nos termos do art. 114 da CF/88, introduzido pela EC n. 45/2004, compete à Justiça do Trabalho processar e julgar:

- as ações oriundas da relação de trabalho, abrangidos os entes de direito público externo e da Administração Pública direta e indireta da União, dos Estados, do Distrito Federal e dos Municípios;
- as ações que envolvam exercício do direito de greve;
- as ações sobre representação sindical, entre sindicatos, entre sindicatos e trabalhadores, e entre sindicatos e empregadores;
- os mandados de segurança, *habeas corpus* e *habeas data*, quando o ato questionado envolver matéria sujeita à sua jurisdição;
- os conflitos de competência entre órgãos com jurisdição trabalhista, ressalvado o disposto no art. 102, I, "o";
- as ações de indenização por dano moral ou patrimonial, decorrentes da relação de trabalho;
- as ações relativas às penalidades administrativas impostas aos empregadores pelos órgãos de fiscalização das relações de trabalho;
- a execução, de ofício, das contribuições sociais previstas no art. 195, I, "a", e II, e seus acréscimos legais, decorrentes das sentenças que proferir;
- outras controvérsias decorrentes da relação de trabalho, na forma da lei.

O STF já interpretou algumas das novidades introduzidas pela *Reforma do Judiciário*, motivo pelo qual se mostra importante a sua esquematização:

A) A Justiça do Trabalho não é competente para apreciar as causas instauradas entre o Poder Público e seus servidores, a ele vinculados por típica relação de ordem estatutária ou de caráter jurídico-administrativo

Conforme alertamos, a AJUFE (Associação dos Juízes Federais do Brasil) ajuizou, em 25.01.2005, a **ADI 3.395**, combatendo a nova regra que suprimiu a autonomia da Justiça Federal para julgar ações envolvendo as relações de trabalho dos servidores estatutários. Alegou vício formal no que respeita à tramitação e interpretação conforme.

No julgamento da medida cautelar da ADI 3.395-6, o então Presidente do STF, Ministro Nelson Jobim, concedeu liminar com efeito *ex tunc* para dar interpretação conforme a CF ao inciso I do art. 114, suspendendo, "... 'ad referendum', toda e qualquer interpretação dada ao inciso I do art. 114 da CF, na redação trazida pela EC 45/2004, que inclua, na competência da Justiça do Trabalho, a '... apreciação de causas que sejam instauradas entre o Poder Público e seus servidores, a ele vinculados por típica relação de ordem estatutária ou de caráter jurídico-administrativo'".

Em 05.04.2006, o STF, por maioria, **referendou** a liminar concedida. "Salientou-se, no ponto, a decisão do STF no julgamento da ADI n. 492/DF (*DJU* de 12.03.93), na qual se concluíra pela inconstitucionalidade da inclusão, no âmbito da competência da Justiça do Trabalho, das causas que envolvam o Poder Público e seus servidores estatutários, **em razão de ser estranho ao conceito de relação de trabalho o vínculo jurídico de natureza estatutária existente entre servidores públicos e a Administração**" (*Inf. 422/STF*, *DJ* de 10.11.2006 — Ata n. 37/2006).

No julgamento da **Rcl 6.568**, em 20.05.2009, o STF novamente confirmou o entendimento fixado na ADI 3.395, ao determinar que a apreciação de greve deflagrada por policiais civis do Estado de São Paulo e que estava sendo apreciada pela Justiça do Trabalho (ato da Vice-Presidente Judicial Regimental do TRT da 2.ª Região, nos autos de dissídio coletivo de greve), deveria ser analisada pelo **Tribunal de Justiça** (*Justiça Comum*).

Dessa forma, o STF reforça a ideia de **afastar** "a competência da Justiça do Trabalho para dirimir os conflitos decorrentes das relações travadas entre servidores públicos e entes da Administração à qual estão vinculados" por típica relação de ordem estatutária ou de caráter jurídico-administrativo (sobre a proibição do exercício de greve por policiais civis e servidores que exercem atividade essencial, cf. *item 13.7.9*).

B) Ação de indenização por danos morais e materiais decorrentes de acidente de trabalho — competência da Justiça do Trabalho

A jurisprudência do STF estabeleceu ser competente a **Justiça do Trabalho** para processar e julgar as ações de indenização por danos morais e patrimoniais decorrentes de acidente de trabalho propostas por empregado contra empregador.[60]

Por outro lado, na hipótese de **ações acidentárias** propostas pelo segurado em face do INSS e havendo interesse da União, entidade autárquica ou empresa pública federal, discutindo controvérsia acerca de benefício previdenciário, a competência é da **Justiça comum estadual**, tendo em vista o critério residual de distribuição de competência (S. 501/STF e art. 109, I, da CF/88).

Resta analisar qual seria o momento para aplicar o novo entendimento do STF, já que, antes da EC n. 45/2004, a posição era outra, qual seja, a competência da Justiça Comum.

Segundo o STF, o marco para fixar a (nova) competência da Justiça do Trabalho (art. 87 do CPC/73 — correspondente ao art. 43 do CPC/2015) é a existência ou não de **sentença de mérito**. Havendo sentença de mérito proferida pela Justiça estadual ou federal (art. 109, I), mesmo sem trânsito em julgado, a competência não será deslocada para a Justiça obreira, por uma questão de **política judiciária**, tendo em vista o significativo número de ações que ainda tramitavam, quando do advento da EC n. 45/2004, na Justiça comum (Precedente plenário: **CC 7.204**. Outros precedentes: RE 461.925-AgR, RE 485.636-AgR, RE 486.966-AgR, RE 502.342-AgR, RE 450.504-AgR, RE 466.696-AgR e RE 495.095-AgR. Agravo regimental desprovido).

[60] Cf. os seguintes precedentes: CComp 7.204, Rel. Min. Carlos Britto, *DJ* de 09.12.2005; AI 529.763 (AgR-ED), Rel. Min. Carlos Velloso, *DJ* de 02.12.2005; AI 540.190 (AgR), Rel. Min. Carlos Velloso, *DJ* de 25.11.2005; AC 822 (MC), Rel. Min. Celso de Mello, *DJ* de 20.09.2005. Cf., ainda, *Inf. 394/STF* (CC 7.204 — Rel. Min. Carlos Britto, 29.06.2005).

Nessa linha pacificou o **STJ** na **S. 367**: "a competência estabelecida pela EC n. 45/2004 não alcança os processos já sentenciados" (Corte Especial, j. 19.11.2008, *DJE* de 26.11.2008).

Finalmente, o **STF**, em **02.12.2009**, aprovou a **SV 22**, com o seguinte teor: "a **Justiça do Trabalho** é competente para processar e julgar as ações de indenização por danos morais e patrimoniais decorrentes de acidente de trabalho propostas por empregado contra empregador, **inclusive aquelas que ainda não possuíam sentença de mérito em primeiro grau quando da promulgação da Emenda Constitucional n. 45/04**".

C) Ação de indenização proposta por viúva e filhos de empregado morto em serviço — Justiça do Trabalho

Em um primeiro momento, o **STJ** firmou o entendimento de que a competência seria da Justiça Comum Estadual ou Federal por ter a ação natureza civil, chegando, até, a editar a **S. 366** (Corte Especial, j. 19.11.2008, *DJE* de 26.11.2008).

Contudo, o **STF**, ao julgar o **CC 7.545/SC**, em **03.06.2009**, determinou que a competência era da **Justiça do Trabalho**, na medida em que a origem do direito decorreria das relações de trabalho. Nesse sentido:

> "EMENTA: (...) A competência para julgar ações de indenização por danos morais e materiais decorrentes de acidente de trabalho, após a edição da EC 45/04, é da Justiça do Trabalho. (...) **O ajuizamento da ação de indenização pelos sucessores não altera a competência da Justiça especializada.** A transferência do direito patrimonial em decorrência do óbito do empregado é irrelevante" (**CC 7.545**, Rel. Min. Eros Grau, j. 03.06.2009, Plenário, *DJE* de 14.08.2009).

Em razão desse novo entendimento proferido pelo STF, em 16.09.2009, no julgamento do CC 101.977-SP, o STJ determinou o **cancelamento** da S. 366, adequando-se, assim, ao novo posicionamento da Suprema Corte, intérprete final da Constituição.

Sustentamos que as regras introduzidas pela *Reforma Trabalhista* em relação ao "dano extrapatrimonial" não afastam o entendimento aqui estabelecido, não se podendo, inclusive, impedir a formulação de pedido indenizatório pela viúva e filhos nos termos expostos (cf. arts. 223-A e 223-B da CLT, introduzidos pela Lei n. 13.467/2017).

D) A Justiça do Trabalho não tem competência para julgar ações penais

> "EMENTA: O Tribunal deferiu pedido de liminar formulado em ação direta de inconstitucionalidade ajuizada pelo Procurador-Geral da República para, com efeito *ex tunc*, dar interpretação conforme à Constituição Federal aos incisos I, IV e IX do seu art. 114 no sentido de que neles a Constituição não atribuiu, por si sós, competência criminal genérica à Justiça do Trabalho (...). Entendeu-se que seria incompatível com as garantias constitucionais da legalidade e do juiz natural inferir-se, por meio de interpretação arbitrária e expansiva, competência criminal genérica da Justiça do Trabalho, aos termos do art. 114, I, IV e IX da CF" (ADI 3.684-MC/DF, Rel. Min. Cezar Peluso, 1.º.02.2007).

Mesmo que se fixe a competência para o julgamento de *habeas corpus*, cabe lembrar que é possível a determinação de prisão civil alimentar por decisão do juízo trabalhista, motivo pelo qual se prescreveu o remédio para tutelar a liberdade de ir e vir.

E) Segundo o STJ, a Justiça do Trabalho não tem competência para julgar ação alusiva a relações contratuais de caráter eminentemente civil, diversa da relação de trabalho

Sobre esse tema, a Corte Especial do **STJ** pacificou diversos conflitos de competência nos termos da **S. 363**: "compete à Justiça estadual processar e julgar a ação de cobrança ajuizada por profissional liberal contra cliente" (j. 15.10.2008, *DJE* de 03.11.2008).[61]

O **STF** ainda não analisou com muita profundidade o assunto. Contudo, no julgamento de ação de cobrança de honorários advocatícios de advogada dativa contra o Estado de Minas Gerais, a Corte, por maioria de votos (vencidos o Min. Marco Aurélio e o Min. Ayres Britto), entendeu como competente a **Justiça estadual comum** (**RE 607.520**, Rel. Min. Dias Toffoli, j. 25.05.2011, Plenário, *DJE* 21.06.2011, com *repercussão geral*).

F) Ação possessória decorrente do exercício do direito de greve: Justiça do Trabalho

Muitas vezes quando os bancários realizam greve, têm ocorrido o fechamento das agências e a proibição de clientes e mesmo dos trabalhadores de entrarem nos estabelecimentos ("piquete").

Assim, em razão desses bloqueios, que o próprio movimento grevista vem realizando, alguns bancos propuseram **ações possessórias**, por exemplo, o *interdito proibitório*, em razão, nos termos do art. 932 do CPC/73 (art. 567, CPC/2015), de justo receio de serem molestados na posse (turbação ou esbulho iminente).

A dúvida era saber se a competência seria da Justiça Comum ou do Trabalho. O STF entendeu, partindo do precedente materializado no **CJ 6.959/DF**,[62] como com-

[61] Cf., ainda, no mesmo sentido, julgamento da 4.ª Turma do **TST** — *RR-1001-2006-751-04-00.3*, j. 10.12.2008. O tema é novo e merece um acompanhamento da jurisprudência, especialmente do STF, apesar da decisão proferida no **RE 607.520**, conforme mencionado.

[62] "EMENTA: **Justiça do Trabalho:** Competência: Const., art. 114: ação de empregado contra o empregador, visando a observância das condições negociais da promessa de contratar formulada pela empresa em decorrência da relação de trabalho. 1. Compete à **Justiça do Trabalho** julgar demanda de servidores do Banco do Brasil para compelir a empresa ao cumprimento da promessa de vender-lhes, em dadas condições de preço e modo de pagamento, apartamentos que, assentindo em transferir-se para Brasília, aqui viessem a ocupar, por mais de 5 anos, permanecendo a seu serviço exclusivo e direto. 2. A determinação da competência da Justiça do Trabalho não importa que dependa a solução da lide de questões de direito civil, mas sim, no caso, que a promessa de contratar, cujo alegado conteúdo e o fundamento do pedido, tenha sido feita em razão da relação de emprego, inserindo-se no contrato de trabalho" (CJ 6.959, Rel. Min. Célio Borja, j. 23.05.1990, Plenário, *DJ* de 22.02.1991).

petente a Justiça do Trabalho na medida em que, ainda que a solução dependesse da apreciação de questões de direito civil, o seu fundamento decorre da relação trabalhista e, no caso, do exercício do direito de greve, aplicando-se, por consequência, o disposto no art. 114, II, da CF/88.

Nesse sentido, o STF editou a **SV 23:** "a **Justiça do Trabalho** é competente para processar e julgar **ação possessória** ajuizada em **decorrência do exercício do direito de greve** pelos trabalhadores da iniciativa privada".

G) Súmula Vinculante 53 (j. 18.06.2015)

Após o julgamento do RE 569.056, o STF sedimentou o seguinte entendimento, editando a **SV 53**: "a competência da Justiça do Trabalho prevista no art. 114, VIII, da Constituição Federal, alcança a execução de ofício das contribuições previdenciárias relativas ao objeto da condenação constante das sentenças que proferir e acordos por ela homologados".

▪ 11.8.4.5. *O que aconteceu com os mandatos dos classistas em face da EC n. 24/99?*

O art. 2.º da referida emenda assegura o cumprimento dos mandatos dos então ministros classistas temporários do TST e dos juízes classistas temporários dos TRTs e das extintas JCJ.

Trata-se de dispositivo perfeitamente condizente com os princípios constitucionais, uma vez que se preservam os direitos já adquiridos dos então (à época da promulgação da EC n. 24/99) classistas, devendo estes continuar a exercer a sua função até o término de seu mandato.

▪ 11.8.5. Tribunais e Juízes Eleitorais

Impulsionada pela Revolução de 1930, a **Justiça Eleitoral** foi instituída pelo Código Eleitoral de 1932, passando a estar prevista, pela primeira vez, na Constituição de 1934. A denominada "Constituição polaca" de 1937 (Estado Novo de Getúlio Vargas) a extinguiu, sendo restabelecida pelo Decreto-Lei n. 7.586/45 e mais tarde expressamente assegurada pela Constituição de 1946, quando, então, se manteve em todas as que se seguiram.

Como visto, os órgãos da Justiça Eleitoral são: o **Tribunal Superior Eleitoral** (TSE); os **Tribunais Regionais Eleitorais** (TREs); os **Juízes Eleitorais**; e as **Juntas Eleitorais**.

Cabe lembrar que, como previsto no art. 121, § 2.º, os juízes dos tribunais eleitorais, **salvo motivo justificado**, servirão por **2 anos**, no mínimo, e nunca por mais de dois biênios **consecutivos**, sendo os substitutos escolhidos na mesma ocasião e pelo mesmo processo, em número igual para cada categoria.

Trata-se, portanto, no caso apontado pela Constituição **(juízes dos tribunais eleitorais)**, de **investidura a tempo certo**. Conforme anota José Afonso da Silva, "a Justiça Eleitoral não tem magistrados fixos, próprios. Todos, sejam membros de outros tribunais ou juízos, sejam advogados investidos na função de juiz eleitoral, exercem as funções mediante investidura a prazo certo".[63]

Os membros dos tribunais, os Juízes de Direito e os integrantes das Juntas Eleitorais, no exercício de suas funções, e no que lhes for aplicável, gozarão de **plenas garantias** e serão **inamovíveis**.

11.8.5.1. Tribunal Superior Eleitoral (TSE)

- **composição:** no mínimo, **7** membros (juízes) — art. 119, CF/88;
- **estrutura da composição:** a) **3 juízes** serão eleitos dentre os Ministros do **STF**, pelo voto secreto, pelos próprios membros da Corte Suprema; b) **2 juízes** serão eleitos, também pelo voto secreto, dentre os Ministros do **STJ**, pelos próprios Ministros do STJ; c) **2 outros juízes** serão nomeados pelo Presidente da República, sem haver a necessidade de sabatina pelo Senado Federal, dentre seis **advogados** de notável saber jurídico e idoneidade moral, indicados pelo STF. Trata-se da categoria de **"juristas"**. Como são 2 juízes dentre 6 advogados, para **cada uma das vagas** desses Juízes do TSE (Ministros), o STF elabora uma **lista tríplice** e a encaminha para o Presidente da República que escolhe 1 e nomeia por decreto presidencial (art. 84, XVI);
- **Presidente e Vice-Presidente do TSE:** serão eleitos pelo TSE, dentre Ministros do **STF**;
- **Corregedor Eleitoral do TSE:** será eleito pelo TSE, dentre Ministros do **STJ**.

É de ressaltar que as decisões do **TSE** são **irrecorríveis**, **salvo** as que contrariarem a Constituição e as denegatórias de *habeas corpus* ou mandado de segurança (art. 121, § 3.º).

Prescreve-se, assim, a regra da irrecorribilidade das decisões proferidas pelo órgão de cúpula da Justiça Eleitoral (TSE), só se admitindo a interposição de recurso para o STF nas hipóteses listadas pela Constituição, a saber:

- **decisões do TSE que contrariarem a Constituição:** recorríveis ao STF mediante recurso extraordinário (art. 102, III, "a");
- **decisões do TSE denegatórias de *habeas corpus* ou mandado de segurança (art. 121, § 3.º), decididos em única instância:** recorríveis ao STF mediante recurso ordinário (art. 102, II, *a*).

11.8.5.2. Tribunal Regional Eleitoral (TRE)

Conforme dispõe o art. 120 da CF/88, na Capital de cada Estado e no Distrito Federal haverá um Tribunal Regional Eleitoral.

[63] José Afonso da Silva, *Comentário contextual à Constituição*, 9. ed., p. 599.

- **composição: 7** membros (juízes);
- **estrutura da composição:** *a*) eleição, pelo voto secreto, de **2 juízes** dentre os desembargadores do Tribunal de Justiça; *b*) eleição, pelo voto secreto, de **2 juízes**, dentre juízes de direito, escolhidos pelo Tribunal de Justiça; *c*) de **1 juiz** do TRF com sede na Capital do Estado ou no Distrito Federal, ou, não havendo, de juiz federal, escolhido, em qualquer caso, pelo TRF respectivo; *d*) de **2 juízes**, por nomeação, pelo Presidente da República, dentre **6 advogados** de notável saber jurídico e idoneidade moral, indicados pelo Tribunal de Justiça.

Em relação aos juízes oriundos da **advocacia** (juristas), destacamos a **Res. n. 23.517, de 04.04.2017/TSE**, que dispõe sobre a **lista tríplice** a ser organizada pelos **Tribunais de Justiça**, e não pela OAB,[64] para o preenchimento das vagas de juízes dos TREs, na classe dos **advogados** (juristas).

Muito embora não se aplique a regra do quinto constitucional (e veja, inclusive, que o art. 25, § 2.º, do Código Eleitoral estabelece que a lista não poderá conter, além de nome de Magistrado aposentado, nome de membro do Ministério Público), a regra geral prevista no art. 94 da Constituição em relação à experiência do advogado — **dez anos de efetiva atividade profissional** —, segundo entendem o STF e o TSE, aplica-se de forma complementar à regra do art. 120 da Constituição, sendo, portanto exigida (**RMS 24.334**, Rel. Min. Gilmar Mendes, j. 31.05.2005, 2.ª T., e **RMS 24.232**, Rel. Min. Joaquim Barbosa, j. 29.11.2005, 2.ª T.).

Nesse sentido, o art. 5.º, *caput*, da Res. n. 23.517/2017 determina que, na data em que forem indicados, os advogados deverão estar no exercício da advocacia e possuir 10 anos consecutivos ou não de prática profissional.

- **Presidente e Vice-Presidente do TRE:** serão eleitos pelo TRE, dentre os desembargadores.

Nos termos do art. 121, § 4.º, das decisões dos TREs somente caberá recurso, **para o TSE**, quando:

- forem proferidas contra disposição expressa da Constituição ou de lei. Nesse ponto, deve-se deixar claro que a interposição de recurso contra decisão do TRE que contrariar disposição expressa da Constituição deverá ser para o **TSE** e não para o STF, devendo o art. 121, § 4.º, I, ser interpretado como norma especial, que prevalece sobre a regra geral do art. 102, I, "a";[65]

---

[64] "EMENTA: TRE. Composição. Vaga reservada à classe dos advogados. Participação da OAB no procedimento de indicação. Direito inexistente. Indicação, em lista tríplice, pelo **Tribunal de Justiça**. Art. 120, § 1.º, III, CF" (**MS 21.073**, Rel. Min. Paulo Brossard, j. 24.11.1990, Pleno, e **MS 21.060**, Rel. Min. Sydney Sanches, j. 19.06.1991, Pleno).

[65] Nesse sentido: "contra acórdão de TRE somente cabe recurso para o TSE, **mesmo que nele se discuta matéria constitucional**. É o que se extrai do disposto no art. 121, *caput*, e seu § 4.º, I, da CF de 1988, e nos arts. 22, II, e 276, I e II, do Código Eleitoral (Lei 4.737/65). **No âmbito da Jus-**

- ocorrer divergência na interpretação de lei entre dois ou mais tribunais eleitorais;
- versarem sobre inelegibilidade ou expedição de diplomas nas eleições federais ou estaduais; anularem diplomas ou decretarem a perda de mandatos eletivos federais ou estaduais;
- denegarem *habeas corpus*, mandado de segurança, *habeas data* ou mandado de injunção.

11.8.5.3. *Juízes Eleitorais*

Os **Juízes Eleitorais**, consoante o art. 32 do Código Eleitoral (Lei n. 4.737/65), são os próprios juízes de direito em efetivo exercício e, na falta destes, os seus substitutos legais, da própria organização judiciária do Estado ou do DF, que gozem das prerrogativas do art. 95 da CF/88, cabendo-lhes a jurisdição de cada uma das **zonas eleitorais** em que é dividida a **circunscrição eleitoral** e com as competências expressas no art. 35 do Código Eleitoral (para algumas provas, vale a leitura do referido dispositivo legal. Isso porque certas provas, e aí o candidato atento deve ler os editais, exigem alguns conhecimentos muito específicos!).

Destacamos, por fim, o teor da **S. 368/STJ**: "compete à **Justiça comum estadual** processar e julgar os pedidos de retificação de dados cadastrais da Justiça Eleitoral" (1.ª S., j. 26.11.2008, *DJE* de 03.12.2008).

11.8.5.4. *Juntas Eleitorais*

O art. 121 estatui que lei complementar disporá sobre a organização e competência dos tribunais, dos juízes de direito e das **Juntas Eleitorais**.

As regras estão no *Código Eleitoral*, que, dentre outras particularidades, em seu art. 36 estabelece que as **Juntas Eleitorais** compor-se-ão de 1 *juiz de direito*, que será o presidente, e de *2 ou 4 cidadãos* de notória idoneidade. Os membros das Juntas Eleitorais serão nomeados 60 dias antes da eleição, depois da aprovação do Tribunal Regional, pelo presidente deste, a quem cumpre também designar-lhes a sede. Outrossim, até 10 dias antes da nomeação, os nomes das pessoas indicadas para compor as Juntas serão publicados no órgão oficial do Estado, podendo qualquer partido, no prazo de 3 dias, em petição fundamentada, impugnar as indicações.

Na dicção do art. 40 do Código Eleitoral, recepcionado como lei complementar e regulador da matéria, compete à Junta Eleitoral: **a)** apurar, no prazo de 10 dias, as eleições realizadas nas zonas eleitorais sob a sua jurisdição; **b)** resolver as impugnações e demais incidentes verificados durante os trabalhos da contagem e da apuração; **c)** expedir os boletins de apuração mencionados no art. 178; **d)** expedir diploma aos eleitos para cargos municipais.

---

tiça Eleitoral, somente os acórdãos do TSE é que podem ser impugnados, perante o STF, em recurso extraordinário (arts. 121, § 3.º, e 102, III, da CF)" (**AI 164.491 AgR**, Rel. Min. Sydney Sanches, j. 18.12.95, 1.ª T.).

11.8.5.5. *Competências e atribuições da Justiça Eleitoral*

A Justiça Eleitoral caracteriza-se como uma Justiça singular, pois possui competências/atribuições extremamente diversificadas.

Conforme já anunciamos, de acordo com o art. 121, *caput*, da CF/88, **lei complementar** disporá sobre a **organização** e **competência** dos tribunais, dos Juízes de Direito e das Juntas Eleitorais.

Muito embora a expressa delegação para o legislador infraconstitucional, algumas ações foram delineadas na própria Constituição Federal, destacando-se, dentre outras:

- **art. 14, § 10:** impugnação do mandato eletivo;
- **art. 17, III:** prestação de contas pelos partidos políticos;
- **art. 121, § 4.º, IV:** inelegibilidade ou expedição de diplomas nas eleições federais ou estaduais;
- **art. 121, § 4.º, V:** anulação de diplomas ou decretação da perda de mandatos eletivos federais ou estaduais (cf., também, art. 55, V).

Diante do comando do art. 121, *caput*, da CF/88, o **Código Eleitoral** (Lei n. 4.737/65) foi recepcionado como **lei material complementar** na parte que disciplina a **organização** e a **competência da Justiça Eleitoral**, estando a competência do **TSE** definida em seus arts. 22 e 23, a do **TRE** nos arts. 29 e 30, a dos **Juízes Eleitorais** no art. 35 e a das **Juntas Eleitorais** no art. 40.

Analisando os dispositivos constitucionais e legais (alertando que alguns não foram recepcionados[66]), observam-se as seguintes competências/atribuições da Justiça Eleitoral:

- **competência administrativa:** o Juiz Eleitoral organiza e administra o processo eleitoral, exercendo poder de polícia, independentemente da existência de conflito a ser solucionado;
- **competência jurisdicional:** diversas ações judiciais são julgadas pela Justiça Especializada, destacando-se algumas ações eleitorais específicas, a saber: **a)** ação de impugnação de registro de candidatura (AIRC); **b)** ação de investigação judicial eleitoral (AIJE); **c)** ação de impugnação de mandato eletivo (AIME); **d)** recurso contra diplomação (RCD) etc.;

A Justiça Eleitoral possui tanto competência civil como penal. No tocante à competência **penal**, o STF, por 6 x 5, reafirmando a jurisprudência da Corte, em razão de seu **caráter especializado**, estabeleceu ser competência da **Justiça Eleitoral** julgar os **crimes eleitorais** e os **comuns** que lhe forem **conexos** — inteligência dos

[66] Para aqueles que prestarão provas específicas, imprescindível a leitura do Código Eleitoral, destacando-se o *Código Eleitoral anotado e legislação complementar* publicado pela Coordenadoria de Jurisprudência do Tribunal Superior Eleitoral e que pode ser acessado gratuitamente (*http://www.tse.jus.br/legislacao/codigo-eleitoral*).

arts. 109, IV, e 121 da Constituição Federal, 35, II, do Código Eleitoral e 78, IV, do Código de Processo Penal (**Inq 4.435 AgR-quarto/DF**, Pleno, j. 13 e 14.03.2019).

- **competência consultiva:** essa atribuição se mostra singular no Judiciário brasileiro, já que a legislação permite que se façam consultas à Justiça Eleitoral (TSE), para que se defina em tese uma questão (situações abstratas e impessoais). De acordo com o art. 23, XII, do Código Eleitoral, compete privativamente ao **TSE** responder, sobre **matéria eleitoral**, às **consultas** que lhe forem feitas **em tese** por autoridade com jurisdição federal ou órgão nacional de partido político.

Conforme se interpretou, a resposta dada a consulta em matéria eleitoral, além de não ter efeito vinculante, "não tem natureza jurisdicional, sendo ato normativo em tese, sem efeitos concretos e sem força executiva com referência a situação jurídica de qualquer pessoa em particular".[67]

- **competência normativa:** o **TSE**, por meio de **resoluções**, expedirá instruções para fiel execução do Código Eleitoral (arts. 1.º, parágrafo único, e 23, IX, da Lei n. 4.737/65).

11.8.6. Tribunais e Juízes Militares

Os órgãos da Justiça Militar (*Justiça castrense*), como já visto, previstos no art. 122, I e II, são: o **Superior Tribunal Militar** (STM); os **Tribunais Militares** (TMs) e os **Juízes Militares instituídos por lei**.

Como se sabe, e o tema será retomado em *segurança pública* (cf. *item 13.6*), existem tanto servidores militares federais integrantes das Forças Armadas (Marinha, Exército e Aeronáutica — art. 142, § 3.º) como aqueles militares dos Estados, Distrito Federal e Territórios, que compõem as Forças Auxiliares e reserva do Exército (polícia militar e corpo de bombeiros militar — art. 144, § 6.º).

Assim, de maneira coerente, a CF distingue a **Justiça Militar Federal** (da União) de um lado (art. 124) e a **estadual**, também especializada, de outro (art. 125, §§ 3.º, 4.º e 5.º).

11.8.6.1. Superior Tribunal Militar (STM)

Ao **Superior Tribunal Militar**, além de competência originária, foram estabelecidas atribuições para julgar as apelações e os recursos das decisões proferidas pelos Juízes Federais da Justiça Militar da União ou pelos Conselhos de Justiça (órgãos de primeiro grau de jurisdição) (cf. o organograma, *item 11.6.5*).

Deve-se deixar claro que o **STM não examina matérias provenientes da Justiça Militar Estadual ou Distrital**.

---

[67] **STF:** cf. MS 26.604, Rel. Min. Cármen Lúcia, j. 04.10.2007, Pleno; **TSE:** Ac.-TSE, de 27.11.2012, no REspe 20.680, e de 20.5.2008, no AgR-MS 3710 — *Código Eleitoral anotado e legislação complementar*, cit., comentários ao art. 23, XII.

Dessa forma, apesar de ter a denominação "Superior Tribunal", não atua conforme o STJ, já que, no caso, o STM, além das atribuições originárias, funciona como **tribunal recursal** (para bem entendermos, mantidas todas as particularidades, atua como se fosse um TJ).

Tanto é assim que, na **Justiça Militar da União, não existe órgão intermediário entre a primeira instância** (Auditorias Militares) e o **STM** (conforme visto, órgão recursal).

Abaixo indicamos a evolução do STM e, em seguida, regras sobre a composição atual da Corte:

ATO NORMATIVO	DENOMINAÇÃO	NÚMERO DE MEMBROS	TITULAÇÃO
■ Alvará de 1.º.04.1808 (Príncipe-Regente D. João VI)	■ Conselho do Supremo Militar e de Justiça	■ 15	■ Conselheiros de Guerra ■ Conselheiros do Almirantado ■ Vogais
■ Dec. n. 149, de 18.07.1893	■ Supremo Tribunal Militar	■ 15	■ Ministros
■ Dec. n. 14.450, de 30.10.1920	■ Supremo Tribunal Militar	■ 9	■ Ministros
■ Decreto-lei n. 925, de 02.12.1938	■ Supremo Tribunal Militar	■ 11	■ Ministros
■ Constituição de 1946	■ **Superior** Tribunal Militar	■ 11	■ Ministros
■ AI 2, de 18.09.1946	■ **Superior** Tribunal Militar	■ 15	■ Ministros
■ CF/88	■ **Superior** Tribunal Militar	■ 15	■ Ministros

- **composição:** 15 Ministros vitalícios (art. 123, CF/88);
- **estrutura da composição:** *a*) **3** dentre oficiais-generais da Marinha, da ativa e do posto mais elevado da carreira; *b*) **4** dentre oficiais-generais do Exército, da ativa e do posto mais elevado da carreira; *c*) **3** dentre oficiais-generais da Aeronáutica, da ativa e do posto mais elevado da carreira; e *d*) **5** dentre civis, dos quais **3** serão escolhidos dentre advogados de notório saber jurídico e conduta ilibada, com mais de 10 anos de efetiva atividade profissional, e **2**, por escolha paritária, dentre juízes federais da Justiça Militar e membros do Ministério Público Militar;
- **forma de nomeação:** o Presidente da República aponta a indicação dos 15 Ministros, respeitando-se a proporção acima exposta. A indicação deve ser aprovada pela **maioria simples** do Senado Federal, onde serão sabatinados. Aprovada a indicação, o Presidente da República os nomeará;
- **requisitos:** a CF somente prevê, de forma expressa, requisitos para os Ministros civis, quais sejam: *a*) ser brasileiro, nato ou naturalizado; *b*) ter mais de 35 anos de idade; *c*) para os Ministros civis escolhidos dentre os advogados, ter notório saber jurídico e conduta ilibada, com mais de 10 anos de efetiva ativida-

de profissional; e *d*) para os oficiais-generais a CF prevê o requisito de serem brasileiros natos, de acordo com o art. 12, § 3.º, VI.

11.8.6.2. Justiça Militar da União

11.8.6.2.1. Regras gerais e Circunscrições Judiciárias Militares

Com **competência exclusivamente penal**, incumbe-lhe processar e julgar os **crimes militares definidos em lei**:

- **primeira instância:** julgamento pelos **Conselhos de Justiça Militar (colegiado)** nas hipóteses previstas na lei, ou, monocraticamente, pelo **Juiz Federal da Justiça Militar** em caso de crime militar praticado por **civis** nos casos previstos nos incisos I e III do art. 9.º do Código Penal Militar, e militares, quando estes forem acusados juntamente com os civis no mesmo processo;
- **órgão recursal e de jurisdição superior (competência originária):** julgamento pelo **Superior Tribunal Militar (STM)**.

Nos termos do art. 1.º da **Lei n. 8.457/92**, que *organiza a Justiça Militar da União e regula o funcionamento de seus Serviços Auxiliares*, na redação dada pela **Lei n. 13.774/2018**, são órgãos da Justiça Militar (da União):[68]

- o **Superior Tribunal Militar (STM)**;
- a **Corregedoria da Justiça Militar**;
- o **Juiz-Corregedor Auxiliar**;
- os **Conselhos de Justiça**;
- os **Juízes Federais da Justiça Militar** e os **Juízes Federais substitutos da Justiça Militar**.

Por sua vez, o art. 2.º da referida Lei n. 8.457/92 estabelece que, para efeito de administração da Justiça Militar **em tempo de paz**, o território nacional divide-se em **12 Circunscrições Judiciárias Militares** (embora estejam sendo feitos estudos para uma **necessária** ampliação dessa divisão em virtude, especialmente, da extensão territorial da *12.ª Circunscrição*) abrangendo:

- **1.ª** — Estados do Rio de Janeiro e Espírito Santo;
- **2.ª** — Estado de São Paulo;
- **3.ª** — Estado do Rio Grande do Sul;
- **4.ª** — Estado de Minas Gerais;
- **5.ª** — Estados do Paraná e Santa Catarina;
- **6.ª** — Estados da Bahia e Sergipe;
- **7.ª** — Estados de Pernambuco, Rio Grande do Norte, Paraíba e Alagoas;

---

68 Na vigência do **estado de guerra**, os órgãos da Justiça Militar junto às forças em operações serão: **a)** os Conselhos Superiores de Justiça Militar; **b)** os Conselhos de Justiça Militar; **c)** os juízes federais da Justiça Militar (art. 89 da Lei n. 8.457/92, na redação dada pela Lei n. 13.774/2018).

- **8.ª** — Estados do Pará, Amapá e Maranhão;
- **9.ª** — Estados do Mato Grosso do Sul e Mato Grosso;
- **10.ª** — Estados do Ceará e Piauí;
- **11.ª** — Distrito Federal e Estados de Goiás e Tocantins;
- **12.ª** — Estados do Amazonas, Acre, Roraima e Rondônia.

▪ *11.8.6.2.2. Conselhos de Justiça (julgamento colegiado e por escabinato) e os Juízes Federais da Justiça Militar da União (julgamento monocrático)*

Nas *Circunscrições Judiciárias Militares* existem as correspondentes **Auditorias** (órgãos de primeira instância da Justiça Militar) que têm **jurisdição mista**, cabendo-lhes conhecer dos feitos relativos à Marinha, ao Exército e à Aeronáutica.

Conforme vimos, o julgamento em primeira instância nas referidas Auditorias se dá em **colegiado** e por **escabinato (Conselhos de Justiça)** ou, nas hipóteses trazidas pela Lei n. 13.774/2018, **monocraticamente**, pelos **Juízes Federais da Justiça Militar da União**.

A) CONSELHOS DE JUSTIÇA MILITAR: ESPECIAL E PERMANENTE

Os **Conselhos de Justiça Militar** (colegiado) são compostos de **1 juiz togado** (bacharel em direito que ingressou na carreira mediante concurso público de provas e títulos, com a participação da OAB em todas as fases — art. 93, I, da CF/88) e de **4 juízes leigos** (militares, **sorteados** como se observa abaixo), tendo o valor do voto do togado o mesmo valor do voto dos leigos (escabinato).

Essa **composição plúrima** por juiz togado e juízes leigos (militares) se justifica em razão da necessidade de se harmonizarem os conhecimentos técnicos com a experiência da caserna, tendo como pano de fundo a ideia de **hierarquia** e **disciplina**, base da organização militar.

Os **Conselhos** se dividem em duas espécies, o **Especial** e o **Permanente**, e funcionarão na **sede** das **Auditorias**, salvo casos especiais por motivo relevante de ordem pública ou de interesse da Justiça e pelo tempo indispensável, mediante deliberação do Superior Tribunal Militar.

O **Conselho Especial de Justiça** é constituído pelo **Juiz Federal da Justiça Militar** ou **Juiz Federal substituto da Justiça Militar**, que o **presidirá**, e por **4 juízes militares**, dentre os quais 1 oficial-general ou oficial superior.

Por sua vez, o **Conselho Permanente de Justiça** é constituído pelo **Juiz Federal da Justiça Militar** ou **Juiz Federal substituto da Justiça Militar**, que o **presidirá**, e por **4 juízes militares**, dentre os quais pelo menos 1 oficial superior.

Para efeito de **composição dos Conselhos**, nas respectivas circunscrições judiciárias militares, os comandantes de *Distrito Naval*, *Região Militar* e *Comando Aéreo Regional* organizarão, trimestralmente, relação de todos os oficiais em serviço ativo, com os respectivos postos, antiguidade e local de serviço, publicando-a em boletim e remetendo-a ao juiz competente para que, então, se proceda, nos termos dos arts. 19 a 22 da Lei n. 8.457/92 (na redação dada pela Lei n. 13.774/2018), ao **sorteio**.

O **Conselho Especial** (art. 23 da Lei n. 8.457/92) é **constituído para cada processo** e **dissolvido** após a **conclusão dos seus trabalhos**, reunindo-se, novamente, se sobrevier nulidade do processo ou do julgamento, ou diligência determinada pela instância superior, sendo que os juízes militares que o integrarem serão de **posto superior** ao do **acusado**, ou do **mesmo posto e de maior antiguidade**.

Quanto ao **Conselho Permanente** (art. 24 da Lei n. 8.457/92), uma vez constituído, embora o nome "permanente", funcionará durante **três meses consecutivos**, *coincidindo com os trimestres do ano civil*, podendo o prazo de sua jurisdição ser prorrogado nos casos previstos em lei. O oficial que tiver integrado o Conselho Permanente não será sorteado para o trimestre imediato, salvo se para sua constituição houver insuficiência de oficiais.

O quadro a seguir ajuda a entender a distinção entre os Conselhos:

	CONSELHO ESPECIAL DE JUSTIÇA	CONSELHO PERMANENTE DE JUSTIÇA
CONSTITUIÇÃO	■ Juiz Federal da Justiça Militar ou Juiz Federal substituto da Justiça Militar ■ 4 Juízes Militares, dentre os quais 1 oficial-general ou oficial superior	■ Juiz Federal da Justiça Militar ou Juiz Federal substituto da Justiça Militar ■ 4 Juízes Militares, dentre os quais pelo menos 1 oficial superior
PRESIDÊNCIA DOS CONSELHOS	■ Juiz Federal da Justiça Militar (art. 30, I-A, da Lei n. 8.457/92, introduzido pela Lei n. 13.774/2018)	■ Juiz Federal da Justiça Militar (art. 30, I-A, da Lei n. 8.457/92, introduzido pela Lei n. 13.774/2018)
DURAÇÃO/ FUNCIONAMENTO	■ constituído para cada processo e dissolvido após a conclusão dos trabalhos	■ 3 meses consecutivos, coincidindo com os trimestres do ano civil ■ possibilidade de prorrogação de prazo nos casos previstos em lei
COMPETÊNCIA	■ processar e julgar **oficiais**, exceto oficiais-generais, nos delitos previstos na legislação penal militar ■ a competência para processar e julgar os **oficiais-generais das Forças Armadas**, nos crimes militares definidos em lei, é, de acordo com o art. 6.º, I, "a", da Lei n. 8.457/92, **originária** do **STM**	■ processar e julgar **militares** que **não sejam oficiais**, nos delitos previstos na legislação penal militar ■ **CUIDADO:** conforme veremos na *letra B* abaixo, os **civis**, nos casos previstos nos incisos I e III do art. 9.º do Código Penal Militar, e os **militares**, quando estes forem acusados juntamente com os civis no mesmo processo, serão processados e julgados, **monocraticamente**, pelo **Juiz Federal Militar** (e não mais pelo Conselho, como era antes da nova regra introduzida pela Lei n. 13.774/2018) Obs.: cabe lembrar que, nas hipóteses previstas em lei, os **civis** poderão ser julgados **apenas** pela **Justiça Militar da União** e **jamais** serão julgados pela *Justiça Militar Estadual*, que, em razão de sua competência constitucional (art. 125, § 4.º), só julga militares

B) JUÍZES FEDERAIS DA JUSTIÇA MILITAR E OS JUÍZES FEDERAIS SUBSTITUTOS DA JUSTIÇA MILITAR (Lei n. 13.774/2018)

A Lei n. 13.774/2018, ao alterar a Lei n. 8.457/92, trouxe importante novidade ao estabelecer a competência dos **Juízes Federais da Justiça Militar da União** para processar e julgar **civis**, nos casos previstos nos incisos I e III do art. 9.º do Código Penal Militar, e **militares**, quando estes forem acusados juntamente com os civis no mesmo processo.

Antes dessa alteração normativa, a competência de julgamento era do Conselho de Justiça (escabinato). Conforme se estabeleceu na justificativa do *PL 7.683/2014-*

CD (que foi convertido na Lei n. 13.774/2018), "os civis não estão sujeitos à hierarquia e à disciplina inerentes às atividades da caserna e, consequentemente, não podem continuar tendo suas condutas julgadas por militares" (já que, conforme vimos acima, o Conselho é formado pelo Juiz Federal da Justiça Militar e por 4 Juízes Militares).

Outra importante novidade introduzida pela reforma de 2018 foi o estabelecimento de competência dos Juízes Federais da Justiça Militar para julgar os *habeas corpus*, *habeas data* e mandados de segurança contra ato de autoridade militar praticado em razão da ocorrência de crime militar, exceto o praticado por oficial-general (art. 30, I-C, da Lei n. 8.457/92).

Conforme se justificou na apresentação ao projeto de lei, "essa alteração inaugura a possibilidade do **duplo grau de jurisdição** referente aos remédios constitucionais", que, antes da referida modificação, estavam "inseridos na competência originária do Superior Tribunal Militar".

Finalmente, cabe observar outra novidade introduzida pela Lei n. 13.774/2018, qual seja, a presidência dos Conselhos (colegiado de primeira instância) passou ao Juiz Federal da Justiça Militar, ou seja, deixou de estar nas mãos de um Militar, passando ao Juiz togado, técnico para condução dos trabalhos.

C) RESUMO: regras de competência para o julgamento em 1.ª Instância

Diante do exposto, a partir das novas regras introduzidas pela **Lei n. 13.774/2018**, podemos esquematizar:

- **Conselhos de Justiça:** crimes militares praticados por militares;
- **Juiz Federal da Justiça Militar:** crimes militares previstos nos incisos I e III do art. 9.º do Código Penal Militar praticados por civis;
- **Juiz Federal da Justiça Militar:** militares, quando estes forem acusados juntamente com civis no mesmo processo por crimes militares.

11.8.6.2.3. Hierarquia militar (postos e graduações)

A **hierarquia** e a **disciplina** são a base institucional das **Forças Armadas**, sendo que a autoridade e a responsabilidade são proporcionais ao grau hierárquico, isto é, quanto mais elevado este, maiores serão aquelas.

A **hierarquia militar** é a ordenação da autoridade, em níveis diferentes, dentro da estrutura das Forças Armadas. A ordenação se faz por **postos** ou **graduações** e, dentro de um mesmo posto ou graduação, pela **antiguidade** (no posto ou na graduação):

- **posto:** é o grau hierárquico do **oficial**, conferido por ato do Presidente da República ou do Comandante da Marinha, do Exército ou da Aeronáutica e confirmado em Carta Patente.
- **graduação:** é o grau hierárquico da **praça**, conferido pela autoridade militar competente.

Já a **disciplina** é a rigorosa observância e o acatamento integral das leis, regulamentos, normas e disposições que fundamentam o organismo militar e coordenam seu funcionamento regular e harmônico, traduzindo-se pelo perfeito cumprimento do dever por parte de todos e de cada um dos componentes desse organismo.

A seguir, para conhecimento, reproduzimos os **postos** e **graduações** das Forças Armadas, para que se compreendam, com precisão, as competências dos **Conselhos Especial** e **Permanente de Justiça**. Cabe alertar que os postos de *Almirante*, *Marechal* e *Marechal do Ar* serão providos **somente** em **tempo de guerra**:[69]

	MARINHA	EXÉRCITO	AERONÁUTICA
OFICIAIS-GENERAIS	Almirante	Marechal	Marechal do Ar
	Almirante de Esquadra	General de Exército	Tenente-Brigadeiro
	Vice-Almirante	General de Divisão	Major-Brigadeiro
	Contra-Almirante	General de Brigada	Brigadeiro
OFICIAIS SUPERIORES	Capitão de Mar e Guerra	Coronel	Coronel
	Capitão de Fragata	Tenente-Coronel	Tenente-Coronel
	Capitão de Corveta	Major	Major
OFICIAIS INTERMEDIÁRIOS	Capitão-Tenente	Capitão	Capitão
OFICIAIS SUBALTERNOS	1.º Tenente	1.º Tenente	1.º Tenente
	2.º Tenente	2.º Tenente	2.º Tenente
GRADUADOS (PRAÇAS)	Suboficial	Subtenente	Suboficial
	1.º Sargento	1.º Sargento	1.º Sargento
	2.º Sargento	2.º Sargento	2.º Sargento
	3.º Sargento	3.º Sargento	3.º Sargento
	Cabo	Cabo e Taifeiro-Mor	Cabo e Taifeiro-Mor
	Marinheiro Especializado e Soldado Especializado	Soldado e Taifeiro de 1.ª Classe	Soldado de 1.ª Classe e Taifeiro de 1.ª Classe
	Marinheiro e Soldado Especializado	Soldado-Recruta e Taifeiro de 2.ª Classe	Soldado de 2.ª Classe e Taifeiro de 2.ª Classe
	Marinheiro-Recruta e Recruta		
PRAÇAS ESPECIAIS	Guarda-Marinha	Aspirante a Oficial	Aspirante a Oficial[70]
	Aspirante (Aluno da Escola Naval) e Aluno das instituições de graduação de Oficiais da Marinha	Cadete (Aluno da Academia Militar) e Aluno do Instituto Militar de Engenharia e Aluno das instituições de graduação de Oficiais do Exército	Cadete (Aluno da Academia da Força Aérea) e Aluno do Instituto Tecnológico de Aeronáutica
	Aluno do Colégio Naval	Aluno da Escola Preparatória de Cadetes do Exército	Aluno da Escola Preparatória de Cadetes do Ar
	Aluno de órgão de formação de Oficiais da Reserva	Aluno de órgão de formação de Oficiais da Reserva	Aluno de órgão de formação de Oficiais da Reserva[71]
	Aluno de escola ou centro de formação de Sargentos	Aluno de escola ou centro de formação de Sargentos	Aluno de escola ou centro de formação de Sargentos[72]
	Aprendiz-Marinheiro, Grumete e Aluno de órgão de formação de Praças da Reserva	Aluno de órgão de formação de Praças da Reserva[73]	

[69] O quadro foi construído com base no Anexo I à Lei n. 6.880/80 (*Estatuto dos Militares*), introduzido pela **Lei n. 13.954/2019** e com a indicação dos círculos e escala hierárquica nas Forças Armadas.

[70] Guarda-Marinha e Aspirantes a Oficial frequentam o círculo de Oficiais Subalternos.

11.8.6.2.4. Ministério Público Militar e Defensoria Pública da União

Tanto o Ministério Público como a Defensoria Pública da União[74] mantêm **representantes** junto à Justiça Militar.

Como vimos, o Ministério Público da União compreende, dentre outros, o **Ministério Público Militar** (art. 128, I, "c"). Trata-se de carreira própria e com concurso público específico.

11.8.6.2.5. A Justiça Militar da União julga civil?

A Constituição Federal estabeleceu importante diferenciação: a **Justiça Militar Estadual não julga civil**, mas somente *policial militar* e *bombeiro militar* (regra expressa do art. 125, §§ 3.º, 4.º e 5.º).[75] Por sua vez, a **Justiça Militar da União**, que julga os militares integrantes das Forças Armadas, em certos casos, também poderá julgar o **civil**. Isso porque o art. 124 da CF/88 estabelece competir à Justiça Militar (da União) processar e julgar os **crimes militares definidos em lei**.

De acordo com o art. 9.º, III, do Código Penal Militar (Decreto-lei n. 1.001/69), consideram-se crimes militares, **em tempo de paz**, os crimes praticados por militar da reserva, ou reformado, ou por **civil**, contra as instituições militares, considerando-se como tais não só os compreendidos no inciso I, como também os do inciso II, nos seguintes casos:

- contra o patrimônio sob a administração militar, ou contra a ordem administrativa militar;
- em lugar sujeito à administração militar contra militar em situação de atividade ou assemelhado, ou contra funcionário de Ministério Militar ou da Justiça Militar, no exercício de função inerente ao seu cargo;
- contra militar em formatura, ou durante o período de prontidão, vigilância, observação, exploração, exercício, acampamento, acantonamento ou manobras;
- ainda que fora do lugar sujeito à administração militar, contra militar em função de natureza militar, ou no desempenho de serviço de vigilância, garantia e

---

71 Todos os alunos dessa linha até a linha que antecede Guarda-Marinha e Aspirantes a Oficial do quadro excepcionalmente ou em reuniões sociais têm acesso aos círculos dos Oficiais.

72 Os alunos de escola ou centro de formação de Sargentos excepcionalmente ou em reuniões sociais têm acesso ao círculo dos Suboficiais, Subtenentes e Sargentos.

73 Os alunos dessa linha do quadro frequentam o círculo de Cabos e Soldados.

74 Por esse motivo, o candidato atento tem conhecimento de que, dentre as matérias que constam nos **Editais** para ingresso no **cargo de Defensor Público Federal** da Carreira de *Defensor Público da União*, estão **direito penal militar** e **direito processual penal militar**.

75 "A competência da Justiça Militar Estadual é definida em razão da matéria (crime militar) e da pessoa (policial militar). O policial militar da reserva ou reformado equipara-se ao policial em atividade para fins de aplicação da lei penal militar. A exclusão, demissão ou exoneração do serviço militar não retira a competência da Justiça Militar, desde que o fato tenha sido praticado ao tempo em que o agente era policial militar (art. 5.º do Código Penal Militar). A lei penal militar poderá, nesse caso, alcançar ex-policiais militares" (cf.: <www.tjmsp.jus.br> — institucional — competência).

preservação da ordem pública, administrativa ou judiciária, quando legalmente requisitado para aquele fim, ou em obediência à determinação legal superior.

De acordo com o STF, a interpretação desse dispositivo legal em relação ao civil deve se dar de modo **restritivo**. "A tipificação da conduta de agente civil como crime militar está a depender do 'intuito de atingir, de qualquer modo, a Força, no sentido de impedir, frustrar, fazer malograr, desmoralizar ou ofender o militar ou o evento ou situação em que este esteja empenhado' (**CC 7.040**, Rel. Min. Carlos Velloso, j. 26.09.1996). O cometimento do delito militar por agente civil em tempo de paz se dá em **caráter excepcional**. Tal cometimento se traduz em ofensa àqueles bens jurídicos tipicamente associados à função de natureza militar: defesa da Pátria, garantia dos poderes constitucionais, da Lei e da ordem (art. 142 da CF)".[76]

Esse entendimento, já restritivo, poderá ser revisto pelo STF no julgamento da **ADPF 289**, proposta pela PGR em 15.08.2013, com o pedido de ser reconhecida "**a incompetência da Justiça Militar para julgar civis em tempo de paz** e para que estes crimes sejam submetidos a julgamento pela justiça comum, federal ou estadual".

O Min. Celso de Mello, ao analisar a regulação do tema no **direito comparado**, identificou clara tendência "no sentido da extinção (pura e simples) de tribunais militares em tempo de paz ou, então, da exclusão de civis da jurisdição penal militar: **Portugal** (Constituição de 1976, art. 213, Quarta Revisão Constitucional de 1997), **Argentina** (*Ley Federal* n. 26.394/2008), **Colômbia** (Constituição de 1991, art. 213), **Paraguai** (Constituição de 1992, art. 174), **México** (Constituição de 1917, art. 13) e **Uruguai** (Constituição de 1967, art. 253, c/c *Ley* 18.650/2010, arts. 27 e 28)".

Ainda, destacou relevante sentença da **Corte Interamericana de Direitos Humanos** (*Caso Palamara Iribarne vs. Chile*, de 2005): "determinação para que a República do Chile, adequando a sua legislação interna aos padrões internacionais sobre jurisdição penal militar, adote medidas com o objetivo de impedir, quaisquer que sejam as circunstâncias, que 'um civil seja submetido à jurisdição dos tribunais penais militares (...)' (item n. 269, n. 14, da parte dispositiva, 'Puntos Resolutivos')".

Finalmente, o caso *Ex Parte Milligan* (1866-71 U.S. 1), importante *landmark ruling* da **Suprema Corte dos Estados Unidos da América**. Conforme observou Celso de Mello, a Corte, "ao examinar decisão condenatória motivada por fatos ocorridos no curso da Guerra Civil americana, veio a invalidar tal condenação, que impusera a pena de morte (enforcamento), por traição, a um acusado civil, Lambden P. Milligan, por entender que, mesmo que se tratasse de um crime praticado nas circunstâncias de tempo e de lugar em que ocorrera, ainda assim um civil não poderia ser julgado por uma Corte militar ('*martial court*'), desde que os órgãos judiciários da Justiça comum estivessem funcionando regularmente" (**HC 110.185**, j. 14.05.2013, 2.ª T., fls. 12).

---

[76] **HC 86.216**, Rel. Min. Ayres Britto, j. 19.02.2008, 1.ª T., *DJE* de 24.10.2008. No mesmo sentido: HC 104.619, j. 08.02.2011, 1.ª T.; HC 99.671, j. 24.11.2009, 2.ª T. Cf., ainda, HC 103.318, HC 104.617, HC 104.837, HC 96.083, HC 96.561, HC 90.451 etc.

Resta aguardar como o STF resolverá essa importante questão (julgamento de civis pela Justiça Militar da União) em debate na ADPF 289 (pendente), lembrando que, conforme vimos no *item 11.8.6.2.2*, a Lei n. 13.774/2018, ao alterar a Lei n. 8.457/92, trouxe importante novidade ao estabelecer a competência dos **Juízes Federais da Justiça Militar da União** para processar e julgar, monocraticamente, **civis**, nos casos previstos nos incisos I e III do art. 9.º do Código Penal Militar, e **militares**, quando estes forem acusados juntamente com os civis no mesmo processo, modificando a competência que era do Conselho de Justiça (escabinato).

Conforme se estabeleceu na justificativa do *PL 7.683/2014-CD* (que foi convertido na Lei n. 13.774/2018), "os civis não estão sujeitos à hierarquia e à disciplina inerentes às atividades da caserna e, consequentemente, não podem continuar tendo suas condutas julgadas por militares".

■ 11.8.6.2.6. *E os crimes dolosos contra a vida? Justiça Militar da União: modificações introduzidas pela Lei n. 13.491/2017*

O art. 124 da CF/88 dispõe que à Justiça Militar (da União) compete processar e julgar **os crimes militares definidos em lei**, quais sejam, no **Código Penal Militar** e, a partir da polêmica redação dada pela Lei n. 13.491/2017 ao art. 9.º, II, do CPM, na **legislação penal comum**, nas hipóteses ali fixadas, incluindo, portanto, não apenas o código penal comum como a legislação penal especial (alertamos que a **ADI n. 5.804**, ajuizada pela ADEPOL em 26.10.2017, questiona essa ampliação — pendente).

No tocante ao **crime doloso contra a vida**, se praticado por um **militar** contra outro **militar**, a competência para julgamento, fixada na lei (art. 9.º), será da **Justiça Militar**.

E se a vítima for **civil**? Quem tem competência para o julgamento de crimes dolosos contra a vida?

Nesse caso, admitindo a abertura fixada no art. 124, devemos encontrar a resposta na **lei**.

Isso porque a Constituição, em relação à **Justiça Militar da União**, não definiu qualquer regra. Apenas estabeleceu (art. 124) que a competência será definida **na lei**, colocando-se em dúvida se, de fato, teria o constituinte dado um "cheque em branco" para o legislador.

Antes de responder ao questionamento, devemos trazer uma observação importante: para a **Justiça Militar Estadual**, há regra explícita na **Constituição**: a competência é do Tribunal do Júri se a vítima for civil (art. 125, § 4.º, da CF/88), lembrando que, na hipótese de crime doloso contra a vida praticado por militar contra militar (vítima militar), a competência será da Justiça Militar (cf. *item 11.8.6.3.2*).

Em relação à **Justiça Militar da União**, na redação introduzida pela Lei n. 9.299/96 ao parágrafo único do art. 9.º do CPM, assim como ao art. 82 do CPPM, **inicialmente**, não havia qualquer exceção e, assim, em relação aos crimes de que trata referido artigo, quando **dolosos contra a vida** e cometidos por **militares das Forças Armadas contra**

civil, a competência de julgamento era exclusivamente da justiça comum e sem qualquer exceção, qual seja, do Tribunal do Júri na Justiça Federal comum.[77]

Essa **regra geral foi mantida pela Lei n. 13.491/2017**, ao estabelecer no art. 9.º, § 1.º, do CPM que os crimes de que trata este artigo, quando dolosos contra a vida e cometidos por militares contra civil, serão da competência do Tribunal do Júri.

Mas **CUIDADO:** referido dispositivo, que já havia sido excepcionado pela **Lei n. 12.432/2011**, deve ser agora analisado considerando as **novas exceções** trazidas pela **Lei n. 13.491/2017**.

De acordo com o art. 9.º, § 2.º, do CPM, introduzido pela Lei n. 13.491/2017, os crimes de que trata este artigo, quando **dolosos contra a vida** e cometidos por **militares das Forças Armadas contra civil**, serão da competência da **Justiça Militar da União** (e não do júri!), se praticados no contexto:

- do cumprimento de atribuições que lhes forem estabelecidas pelo Presidente da República ou pelo Ministro de Estado da Defesa;
- de ação que envolva a segurança de instituição militar ou de missão militar, mesmo que não beligerante; ou
- de atividade de natureza militar, de operação de paz, de garantia da lei e da ordem ou de atribuição subsidiária, realizadas em conformidade com o disposto no art. 142 da Constituição Federal e na forma dos seguintes diplomas legais: a) Lei n. 7.565/86 — Código Brasileiro de Aeronáutica; b) LC n. 97/99; c) Decreto-Lei n. 1.002/69 — Código de Processo Penal Militar; e d) Lei n. 4.737/65 — Código Eleitoral.

Nessas situações, que excepcionam a regra geral e que foram introduzidas pela Lei n. 13.491/2017, em se tratando de crime doloso contra a vida cometido por militar das Forças Armadas contra civil, a competência de julgamento para a hipótese de crime doloso contra a vida será da Justiça Militar da União e não do júri.

Como exemplos, podemos pensar na atuação das Forças Armadas na **construção civil** — e isso tem sido muito comum no caso de duplicação de rodovias federais pelo Exército, ou, ainda, no emprego das Forças Armadas na **pacificação de favelas** no Rio de Janeiro (cf. *item 13.6.2*), ou, ainda, no apoio às **ações de defesa civil** com pessoal, material e meios de transporte, inclusive em ações de busca e salvamento.

Dentre outros exemplos, podemos lembrar a atuação das Forças Armadas para o **cumprimento de mandado de prisão** (art. 8.º, "c", do CPM). Em uma situação como essa, havendo crime doloso contra a vida praticado por militar (das Forças Armadas) contra civil, a competência de julgamento será da Justiça Militar.

---

[77] Isso mesmo, trata-se de júri a ser realizado na Justiça Federal (comum). O art. 4.º, *caput*, do Decreto-Lei n. 253/67 estabelece que nos crimes de competência da Justiça Federal, que devem ser julgados pelo Tribunal do Júri, **observar-se-á o disposto na legislação processual**, cabendo a sua presidência ao juiz a que competir o processamento da respectiva ação penal.

Podemos pensar, também, no importante papel atribuído pela lei para, durante as **eleições**, assegurar o cumprimento da lei, garantindo a votação e a apuração (art. 23, XIV, da Lei n. 4.737/65).

Outra exceção, que já era prevista na Lei n. 12.432/2011, é aquela que define a competência da **Justiça Militar da União**, *mesmo na hipótese de crimes dolosos contra a vida cometidos contra civil*, **quando praticados no contexto de ação militar realizada na forma do art. 303 da Lei n. 7.565, de 19.12.1986 — Código Brasileiro de Aeronáutica (CBA)**. Explicamos esse ponto.

O art. 289 do CBA estatui que, na infração aos preceitos do Código ou da legislação complementar, a **autoridade aeronáutica** poderá tomar, dentre várias providências administrativas, as de **detenção**, interdição ou apreensão de aeronave, ou do material transportado, e o art. 303 do CBA estabelece que a **aeronave** poderá ser **detida** pelas autoridades aeronáuticas, fazendárias ou da Polícia Federal, nas seguintes hipóteses:

- se voar no espaço aéreo brasileiro com infração das convenções ou atos internacionais, ou das autorizações para tal fim;
- se, entrando no espaço aéreo brasileiro, desrespeitar a obrigatoriedade de pouso em aeroporto internacional;
- para exame dos certificados e outros documentos indispensáveis;
- para verificação de sua carga no caso de restrição legal (art. 21) ou de porte proibido de equipamento (parágrafo único do art. 21);
- para averiguação de ilícito.

Nessas hipóteses, a autoridade aeronáutica poderá empregar os meios que julgar necessários para compelir a aeronave a efetuar o pouso no aeródromo que lhe for indicado.

Esgotados os meios coercitivos legalmente previstos, a aeronave será classificada como **hostil**, ficando sujeita à **medida de destruição**, após autorização do Presidente da República ou autoridade por ele delegada, qual seja, nos termos do art. 10 do Dec. n. 5.144/2004, o *Comandante da Aeronáutica*.

O art. 5.º, do referido decreto, estabelece que a **medida de destruição** consiste no **disparo de tiros**, feitos pela aeronave de interceptação, com a finalidade de provocar danos e impedir o prosseguimento do voo da aeronave **hostil**, e somente poderá ser utilizada como **último recurso** e após o **cumprimento de todos os procedimentos que previnam a perda de vidas inocentes**, no ar ou em terra.

Essa possibilidade de destruição da aeronave e, assim, como decorrência da medida, a eventual **morte de civis** que estejam a bordo são normas que foram introduzidas pela **Lei n. 9.614/98**, conhecida como **"Lei do Abate"**, havendo ampla regulamentação no citado Dec. n. 5.144/2004.[78]

---

78 A título de curiosidade, o Decreto n. 8.758/2016, diante de preocupações com a **segurança** durante os **Jogos Olímpicos e Paralímpicos Rio 2016**, estabeleceu regras especiais em relação a **aerona-**

Naturalmente, a autoridade responderá por seus atos quando agir com **excesso** ou **abuso de poder** ou com **espírito emulatório**, e, assim, nessas circunstâncias, caracterizado eventual crime doloso contra a vida (no caso, por exemplo, a morte dos tripulantes da aeronave supostamente considerada hostil), a competência para julgamento do militar não será da justiça comum (apesar de civil a vítima), mas da **Justiça Militar**.

Portanto, muito **cuidado** nos termos expostos, **quando praticados no contexto de ação militar realizada na forma do art. 303 da Lei n. 7.565/86 (CBA)**, a Justiça Militar da União será competente para julgar suposto crime doloso contra a vida praticado contra civil.

No caso desse exemplo e no das demais hipóteses destacadas, estamos diante de situação excepcional, qual seja, o afastamento da regra do júri por lei, em razão do comando estabelecido no art. 124, *caput*, da CF, que prescreve ser competência da Justiça Militar da União processar e julgar os crimes definidos **em lei**.

O STF ainda não enfrentou essa questão de modo específico, devendo o debate ser travado no sentido de se admitir efetivamente, como fez a lei, o afastamento da regra do júri com base no "cheque em branco" supostamente prescrito no referido art. 124 da Constituição.

Assim, podemos concluir, de acordo com o prescrito no art. 124 da CF, c/c o art. 9.º do CPM:

- crime doloso contra a vida praticado por militar contra militar: Justiça Militar;
- crime doloso contra a vida praticado por militar das Forças Armadas e a vítima civil — regra geral: a competência será da justiça comum, Tribunal do Júri Federal;
- crime doloso contra a vida cometido por militar das Forças Armadas contra civil, se no contexto dos incisos I a III do § 2.º do art. 9.º do CPP (redação dada pela Lei n. 13.491/2017) — exceções à regra geral: competência da Justiça Militar da União, mesmo se a vítima for civil (havendo dúvida sobre a possibilidade desse afastamento da competência do Tribunal do Júri por lei — o Pleno do STF ainda não analisou essa questão diretamente!).

Devemos lembrar que antes dessa extraordinária ampliação da competência da Justiça Militar da União pela Lei n. 13.491/2017, que potencializou aquela já prescrita pela Lei n. 12.432/2011 (Código Brasileiro de Aeronáutica), havia divergência entre o STF e o STJ de um lado e o STM de outro no tocante à interpretação a ser dada ao parágrafo único do art. 9.º do CPM, trazida pela Lei n. 9.299/96.

De fato, a explicitação introduzida pela Lei n. 9.299/96, que deixou claro naquele primeiro momento, sem nenhuma exceção, que os crimes de que trata o art. 9.º do

ves, dando um conceito bastante amplo para a sua definição: aviões de asas fixas ou rotativas; balões; dirigíveis; planadores; ultraleves; aeronaves experimentais; aeromodelos; aeronaves remotamente pilotadas — ARP; asas-deltas; parapentes e afins. Esse conceito amplo deve ser aplicado **apenas para os fins específicos do referido decreto** e **durante o período dos jogos**.

CPM, quando dolosos contra a vida e cometidos por militares contra civil, eram da competência da justiça comum (Tribunal do Júri), se deu em razão de clamor popular diante de homicídios praticados por militares contra civis durante a década de 90 nos casos "Favela Naval", "Eldorado dos Carajás", "Candelária" e "Vigário Geral" e a partir de CPI que investigava o extermínio de crianças e adolescentes.

Contudo, em decisão proferida pelo **Plenário** do **STM** no julgamento do **Recurso em Sentido Estrito n. 144-54.2014.7.01.0101/RJ** (j. 09.06.2016) e que **reafirmou** o entendimento pacificado do Tribunal Militar (cf. **RC n. 6.348**, j. 12.11.1996; **RSE n. 249-56.2010.7.05.005**, j. 15.09.2011), contrariando as decisões pacificadas no STF e no STJ, estabeleceu-se que a ressalva da competência do júri se a vítima for civil deveria se aplicar **apenas para a Justiça Militar Estadual** nos crimes praticados por militares estaduais. Assim, o art. 9.º, parágrafo único, do CPM, na redação dada pela Lei n. 9.299/96, seria inconstitucional.

Isso porque, conforme afirmado, a EC n. 45/2004 (*Reforma do Judiciário*) fez essa ressalva expressa **apenas** no art. 125, § 4.º, qual seja, em relação aos militares estaduais, não se aplicando, assim, à Justiça Militar da União, mesmo na hipótese de crime doloso contra a vida e vítima civil.

Não nos parecia ser a melhor orientação, contrariando, inclusive, o entendimento do STF e do STJ, conforme afirmado.[79]

Atualmente, conforme visto, nos termos da Lei n. 12.432/2011 e agora, ampliado, pela Lei n. 13.491/2017, as hipóteses de afastamento da regra do júri encontram fundamento legal e não apenas nos termos da interpretação dada à Reforma do Judiciário.

Resta aguardar como a atual composição da Corte Suprema irá analisar esses argumentos sustentados pela Justiça Castrense da União (em relação à EC n. 45/2004) ou se, de fato, admitirá o art. 124 da CF/88 como um verdadeiro "cheque em branco" para o legislador estabelecer a competência da Justiça Militar da União, trazendo, inclusive, ampliação significativa da competência, mesmo em detrimento da regra constitucional do júri (*matéria pendente*).

▪ 11.8.6.2.7. A Lei n. 9.099/95 (que dispõe sobre os Juizados Especiais Cíveis e Criminais e dá outras providências) se aplica no âmbito da Justiça Militar?

De acordo com o art. 90-A da Lei n. 9.099/95, incluído pela Lei n. 9.839/99, as disposições contidas na *Lei dos Juizados Especiais* não se aplicam no âmbito da Justiça Militar.

---

[79] Sustentando a constitucionalidade do art. 9.º, parágrafo único, do CPM: **a) STF** — RE 260.404, Rel. Min. Moreira Alves, j. 22.03.2001, Plenário, *DJ* de 21.11.2003; **b) STJ** — CC 131.899/SP, Rel. Min. Rogerio Schietti Cruz, j. 14.05.2014. Nessa linha, cf. CC 113.020/RS; HC 102.227/ES; CC 35.294/SP; CC 41.057/SP. Na doutrina, cf. Renato Brasileiro de Lima, *Manual de processo penal*, p. 392-393.

Esse entendimento foi **confirmado** pelo STF no julgamento do **HC 99.743** (j. 06.10.2011), no qual se discutia a aplicação do art. 88, II, "a", do *Código Penal Militar*, que exclui a *suspensão condicional da pena* em relação a diversos crimes, como, no caso em análise, o **crime de deserção**, bem como a impossibilidade de serem aplicadas regras mais benéficas da *Lei dos Juizados Especiais*, como a do "*sursis* processual" (art. 89 da Lei n. 9.099/95).

Apesar da fixação desse entendimento no sentido da constitucionalidade de referida exclusão em relação aos militares, restou em aberto se ela se aplica também quando o réu for um **civil**.

Assim, essa discussão se resume à **Justiça Militar da União**, já que, conforme visto, a Justiça Militar Estadual não julga civis.

Em **nosso entender**, o art. 90-A da Lei n. 9.099/95 **não se aplica na hipótese de crime militar cometido, em tempo de paz, por civil**. Ou seja, a regra de afastamento da Lei dos Juizados Especiais só se aplica se o crime for praticado por **militar**.

Isso porque os civis, entendemos, apesar de poderem ser julgados pela Justiça Militar da União, **não** estão sujeitos aos **valores da hierarquia** e **disciplina** (art. 142 da CF/88) e, pois, devem ter direito às **normas penais mais benéficas** previstas na Lei n. 9.099/95.

CUIDADO: o tema ainda não foi analisado pelo STF, que, no HC 99.743 citado, estabeleceu, sem qualquer dúvida, a constitucionalidade do art. 90-A da Lei n. 9.099/95, e, assim, a não aplicação das disposições contidas na *Lei dos Juizados* no âmbito da Justiça Militar quando o crime for praticado por militar (a situação concreta dos autos). Os Ministros Luiz Fux, Ayres Britto e Celso de Mello declararam, em *obiter dictum*, que, se o réu fosse civil, a regra restritiva não deveria ser aplicada **(matéria pendente)**.

■ *11.8.6.2.8. A Justiça Militar da União e a Reforma do Judiciário*

Em relação à primeira etapa da *Reforma do Judiciário*, aprovada como EC n. 45/2004, cabe observar que **nada foi modificado no tocante à estrutura da Justiça Militar da União**.

A *PEC n. 29-A* (*358/05-CD*), contudo, que voltou para a CD e ainda precisa ser apreciada ("*PEC Paralela do Judiciário*"), nos mesmos termos da EC n. 45/2004 (art. 125, § 5.º — julgamento de ações judiciais contra atos disciplinares dos militares **estaduais**), também, **se aprovada**, ampliará a competência da Justiça Militar da **União** para o julgamento de matéria de natureza disciplinar.

Dessa forma, se em provas de concurso perguntarem se a Justiça Militar da União julga matéria não militar (civil ou disciplinar), até o presente momento, a resposta deverá ser **negativa**, já que, enfatize-se, a competência para o julgamento de matéria civil, nas hipóteses elencadas, está restrita à Justiça Militar Estadual e à do DF, por força da novidade trazida pela *Reforma do Judiciário* (EC n. 45/2004). No caso dos Militares das Forças Armadas, em se tratando de matéria *não militar*, a competência continua sendo da **Justiça Federal**.

11.8.6.3. *Justiça Militar dos Estados*

11.8.6.3.1. *Atribuições*

Compete à Justiça Militar dos Estados, que poderá ser criada por lei estadual, mediante proposta do Tribunal de Justiça, processar e julgar os **militares** dos Estados, nos **crimes militares** definidos em **lei**,[80] e as **ações judiciais** contra atos **disciplinares militares, ressalvada a competência do júri quando a vítima for civil**, cabendo ao **tribunal** competente decidir sobre a **perda do posto** e da **patente** dos **oficiais** e da **graduação** das **praças** (art. 125, § 4.º).

Diante dessa regra, percebe-se que a Justiça Militar Estadual não julga civil, já que lhe compete "processar e julgar os **militares**...".

Daí, se um civil praticar o crime de furto em um quartel da Polícia Militar do **Estado**, ele será processado e julgado pela **Justiça comum** e com fundamento no CP e no CPP.

E, então, qual foi a grande novidade trazida pela **EC n. 45/2004**?

Conforme vimos, pela primeira vez, a Justiça Militar dos Estados passa a poder julgar **ato disciplinar**, matéria essa anteriormente afeta às Varas da Fazenda Pública.

Como assinalou Paulo Tadeu Rodrigues Rosa, "a definição de ato disciplinar ensejará várias discussões doutrinárias e jurisprudenciais, mas a princípio poderá ser entendido como sendo o ato administrativo por meio do qual a Administração Pública Militar impõe uma sanção ao militar infrator, que foi acusado da prática de uma transgressão disciplinar, contravenção disciplinar, de natureza leve, média, ou grave, prevista no Regulamento Disciplinar, ou no Código de Ética e Disciplina".[81]

E se o crime praticado for de competência do júri?

Se a **vítima** for **civil**, a competência será do **júri popular**. No entanto, se a vítima for militar, o crime doloso contra a vida, praticado por outro militar estadual, continua sendo da Justiça Militar.

11.8.6.3.2. *Composição e competência*

Em relação à **composição** da **Justiça Militar Estadual**, a **EC n. 45/2004** estabeleceu no art. 125, § 3.º, da CF/88, que a lei estadual poderá criar, mediante proposta do Tribunal de Justiça, a Justiça Militar Estadual, constituída, em primeiro grau, pelos **juízes de direito** e pelos **Conselhos de Justiça** e, em segundo grau, pelo próprio **Tribunal de Justiça (TJ)**, ou por **Tribunal de Justiça Militar (TJM)** nos Estados em que o efetivo militar seja **superior** a **20 mil integrantes** (como em São Paulo, Minas e Rio Grande do Sul).

---

80 Conforme já estudamos no *item 11.8.6.2.6*, a **Lei n. 13.491/2017** ampliou de maneira bastante considerável a competência da Justiça Militar, havendo prescrição de crimes não apenas no Código Penal Militar, como, também, nas circunstâncias ali estabelecidas (art. 9.º, II, "a"-"e", CPM), na legislação penal.

81 Reforma do Poder Judiciário e Justiça Militar, in André Ramos Tavares, Pedro Lenza, Pietro de Jesús Lora Alarcón (coord.), *Reforma do Judiciário*, p. 383.

Do acórdão da decisão do TJM ou TJ caberá recurso para o STJ ou STF, ou para ambos, a depender da matéria. Deve-se deixar bem claro, então, que o STM (Superior Tribunal Militar) não aprecia matéria proveniente da Justiça Militar Estadual, restringindo-se à Justiça Militar Federal.

Percebe-se, assim, que, muito embora mantido o *escabinato* (colegiado formado por juízes togados e leigos com valor de voto igual para todos), materializando verdadeiro juízo hierárquico, há a possibilidade de **julgamento monocrático** na Justiça Militar Estadual.

O § 5.º do art. 125, introduzido pela EC n. 45/2004, dispõe que compete aos **juízes de direito** do juízo militar processar e julgar, **singularmente**, os **crimes militares cometidos contra civis** e as **ações judiciais contra atos disciplinares militares**, cabendo ao **Conselho de Justiça**, sob a **presidência de juiz de direito**, processar e julgar os demais crimes militares.

Ao **Conselho de Justiça Permanente** compete processar e julgar as **Praças** (soldados, cabos, sargentos e subtenentes) e **Praças Especiais** (Aspirante a Oficial e Aluno Oficial) da Polícia Militar e do Corpo de Bombeiros Militar nos crimes militares definidos em lei, enquanto ao **Conselho de Justiça Especial**, os **Oficiais** (tenentes, capitães, majores, tenentes-coronéis e coronéis) da Polícia Militar e do Corpo de Bombeiros Militar nos delitos previstos na legislação penal militar.

Roberto Botelho observa que mesmo antes da Reforma, que fixou a presidência dos Conselhos para o juiz de direito, "... desde aquela época, todas as coletas de oitivas das partes já eram materializadas pelo juiz de direito togado...".[82]

Assim, o **juiz de direito do juízo militar estadual** julgará, singularmente, todo *crime militar cometido (pelo militar)* contra civil, **exceto o crime doloso contra a vida**, já que, nos termos do art. 125, § 4.º, fica ressalvada a competência do **júri** quando a **vítima for civil**, e, como novidade e já estudado, julgará, também, os atos disciplinares *praticados pelos militares*.

Nesses casos de *crimes militares cometidos contra civil* (com a ressalva dos crimes dolosos contra vida), "os militares integrantes dos Conselhos, Especial ou Permanente, não poderão participar dos atos instrutórios. A matéria será analisada exclusivamente pelo Juiz, independentemente do grau hierárquico do militar acusado, praça ou oficial. A competência em atendimento a norma constitucional não mais se estabelece pelo posto ou graduação do agente, mas em razão da vítima ser um civil e suportar uma infração penal em tese praticada por um militar".[83]

Os demais crimes militares definidos em lei serão julgados pelo **Conselho de Justiça**, que, formado pelo **juiz togado** e por **4 juízes militares**, oficiais, sorteados e temporários para o exercício da função específica, será por aquele **(juiz de direito)** presidido.

---

[82] A reforma na Justiça Militar estadual, em face da Emenda Constitucional n. 45, de 2004, in André Ramos Tavares, Pedro Lenza, Pietro de Jesús Lora Alarcón (coord.), *Reforma do Judiciário*, p. 409.

[83] Paulo Tadeu Rodrigues Rosa, Reforma do Poder Judiciário e Justiça Militar, cit., p. 383.

Finalmente, como já referido, na Justiça Militar Estadual, o órgão recursal é o TJ ou TJM (onde houver), com atribuições também originárias, nos termos da lei.

Destacamos a previsão contida no art. 125, § 4.º, da CF/88, que estabelece ser atribuição do **tribunal competente** decidir sobre a **perda** do **posto** e da **patente** dos **oficiais** e da **graduação** das **praças**, remetendo para a discussão no item seguinte.

Por todo o exposto, podemos resumir:

- a Justiça Militar Estadual **não julga civil**, em nenhuma hipótese;
- crime militar definido em lei praticado por militar estadual contra militar — julgamento pela Justiça Militar — *Conselho de Justiça Especial ou Permanente*, sob a presidência do juiz de direito;
- crime militar definido em lei praticado por militar estadual contra civil — Justiça Militar (*juiz de direito*, e não o Conselho — *vide* art. 125, § 5.º), ressalvada a competência do júri popular (se a vítima for civil);
- crime doloso contra a vida praticado por militar contra militar — a competência para processar e julgar é do Conselho de Justiça, presidido pelo juiz de direito da Justiça Militar Estadual;
- o órgão recursal que aprecia a decisão da primeira instância (Auditorias Militares Estaduais), além de possuir competência originária, é o **TJ** ou o **TJM** (onde houver), e não o STM.

▪ *11.8.6.3.3. Aplicação da pena de perda do posto e da patente (oficiais) e da graduação (praças): atribuição exclusiva do Tribunal competente ou possibilidade de ser imposta como pena acessória?*

O art. 102 do *Código Penal Militar (CPM)* estatui que a condenação da **praça** a pena privativa de liberdade, por tempo superior a 2 anos, importa sua **exclusão** das Forças Armadas.

A grande questão que precisamos enfrentar é saber se a perda do **posto** (Oficiais) e da **graduação** (Praças) dos **militares estaduais** depende ou não de **procedimento específico** perante o **Tribunal** competente, ou se pode ser aplicada como pena acessória nos termos do art. 102 do CPM.

Inicialmente, devemos confrontar o dispositivo indicado com o art. 125, § 4.º, da CF/88, e o art. 142, § 3.º, VI e VII. Vejamos:

Art. 102 do CPM	Art. 125, § 4.º, da CF/88	Art. 142, § 3.º, VI e VII, da CF/88
▪ "a condenação da **praça** a pena privativa de liberdade, por tempo superior a 2 anos, importa sua exclusão das Forças Armadas"	▪ "compete à Justiça Militar estadual processar e julgar os militares dos Estados, nos crimes militares definidos em lei e as ações judiciais contra atos disciplinares militares, ressalvada a competência do júri quando a vítima for civil, cabendo ao **tribunal competente** decidir sobre a **perda** do **posto** e da **patente** dos **oficiais** e da **graduação** das **praças**"	▪ "o **oficial** só perderá o **posto** e a **patente** se for julgado **indigno do oficialato ou com ele incompatível**, por decisão de **tribunal militar** de caráter permanente, em tempo de paz, ou de tribunal especial, em tempo de guerra" ▪ "o **oficial** condenado na justiça comum ou militar a **pena privativa de liberdade superior a dois anos**, por sentença **transitada em julgado**, será **submetido ao julgamento previsto no inciso anterior**"

A regra do art. 142, § 3.º, VI e VII, exige **procedimento especial** e **autônomo** por **Tribunal Militar competente** para o reconhecimento da perda do **posto** e da **patente** do **Oficial** que for julgado **indigno do oficialato ou com ele incompatível**.

Ao que se observa, a regra se aplica apenas aos **oficiais**, na medida em que as praças têm graduação, e não posto.

Essa regra se aplica apenas aos Oficiais das Forças Armadas ou deve ser estendida também para os oficiais militares estaduais?

O art. 142, § 3.º, VI e VII, traz regras sobre as Forças Armadas, mas, por força do art. 42, também se aplica aos militares estaduais.

Portanto, a regra de necessidade de decisão de **Tribunal Militar** competente em **processo específico** deve ser estendida também aos **oficiais militares estaduais**.

E como fica a situação das **praças estaduais**?

Como o texto do art. 142, § 3.º, VI e VII, direciona-se apenas aos **oficiais**, tendo em vista que esse dispositivo é aplicado aos **oficiais** militares estaduais, por força do art. 42 da CF/88, para as **praças estaduais** valeria a regra do art. 102 do CPM, e, assim, a exigência de procedimento específico para declaração da perda de cargo por Tribunal Militar não teria de ser observada.

Esse entendimento foi confirmado pelo STF no julgamento do **RE 447.859** (j. 21.05.2015), por "placar" bastante apertado (6 x 5).

Em sentido contrário, contudo, os Ministros vencidos sustentavam que "a **perda de graduação das praças das polícias militares** deve ser **declarada** pelo **tribunal competente** — ou o Tribunal de Justiça ou Tribunal de Justiça Militar onde houver — mediante procedimento específico" (*Notícias STF*, 04.06.2009).

Concordamos com esse entendimento, vencido, que não prevaleceu no STF, especialmente diante da regra explícita do art. 125, § 4.º, da CF/88, que estabelece ser competência do **tribunal competente** decidir sobre a **perda** do **posto** e da **patente** dos **oficiais** e da **graduação** das **praças**. Em nosso entender, essa regra específica (que iguala oficiais e praças no âmbito estadual) afastaria a regra geral do art. 142, § 3.º (que trata apenas de oficiais para o caso das Forças Armadas).

Resumindo:

- **Oficiais das Forças Armadas** (Marinha, Exército e Aeronáutica): o **oficial** só perderá o **posto** e a **patente** se for julgado **indigno do oficialato ou com ele incompatível**, por decisão de **tribunal militar**, exigindo-se **procedimento específico**, não podendo ser aplicada a perda como pena acessória;
- **Praças das Forças Armadas** (Marinha, Exército e Aeronáutica): como a indicação de procedimento específico só se direciona aos oficiais (art. 142, § 3.º, VI e VII), essa exigência da necessidade de decisão por **tribunal militar** não se aplica às praças das Forças Armadas;
- **Militares Estaduais** (PM e Corpo de Bombeiros), **oficiais** ou **praças**: em nosso entender, aplica-se, para ambos, o art. 125, § 4.º, da CF/88, que exige um procedimento específico, perante **Tribunal Militar** competente, devendo ser

afastado o art. 102 do CPM (nesse sentido, existem precedentes do STF).[84] **CONTUDO**, conforme informado, esse entendimento não prevaleceu no julgamento do RE 447.859, tendo o STF firmado a interpretação no sentido de se exigir o processo específico **apenas** para os **oficiais** militares estaduais. Assim, às praças se aplica o art. 102 do CPM.[85]

11.8.6.3.4. Hierarquia militar estadual (postos e graduações da Polícia Militar e do Corpo de Bombeiros Militar)

Conforme visto, a **hierarquia** e a **disciplina** também são a base institucional dos **Militares Estaduais** (PM e Corpo de Bombeiros), sendo que a autoridade e a responsabilidade também aqui estão relacionadas com o grau hierárquico.

A **ordenação** se faz por **postos** (oficiais) ou **graduações** (praças) e, dentro de um mesmo posto ou graduação, pela **antiguidade** (no posto ou na graduação).

Os graus hierárquicos seguem, com algumas particularidades, os do Exército. Não se fala em oficiais generais, **não existindo**, assim, no âmbito dos militares estaduais, *General* e *Marechal*. Abaixo reproduzimos quadro para conhecimento:[86]

	POLÍCIA MILITAR	CORPO DE BOMBEIROS MILITAR
OFICIAIS SUPERIORES	▪ Coronel PM	▪ Coronel BM
	▪ Tenente-coronel PM	▪ Tenente-coronel BM
	▪ Major PM	▪ Major BM
OFICIAIS INTERMEDIÁRIOS	▪ Capitão PM	▪ Capitão BM

[84] "EMENTA: **Praças da Polícia Militar estadual**: **perda** de **graduação**: **exigência de processo específico pelo art. 125, § 4.º, parte final, da Constituição**, não revogado pela Emenda Constitucional 18/98: **caducidade do art. 102 do Código Penal Militar**. O artigo 125, § 4.º, *in fine*, da Constituição, de **eficácia plena e imediata**, subordina a perda de graduação dos praças das polícias militares à **decisão do Tribunal competente**, mediante **procedimento específico**, não subsistindo, em consequência, em relação aos referidos graduados o artigo 102 do Código Penal Militar, que a impunha como pena acessória da condenação criminal a prisão superior a dois anos. A **EC 18/98**, ao cuidar exclusivamente da perda do posto e da patente do oficial (CF, art. 142, VII), **não revogou o art. 125, § 4.º, do texto constitucional originário, regra especial nela atinente à situação das praças**" (**RE 358.961**, Rel. Min. Sepúlveda Pertence, j. 10.02.2004, Pleno, *DJ* de 12.03.2004). Nesse mesmo sentido, cf. **RE 121.533**, Rel. Min. Sepúlveda Pertence, j. 26.04.1990, Pleno, *DJ* de 30.11.1990. **CUIDADO:** entendimento superado no **RE 447.859** (j. 21.05.2015).

[85] Conforme alertamos, esse novo entendimento, firmado pelo STF no julgamento do **RE 447.859**, se deu por votação bastante apertada (6 x 5). O Min. Fux não votou, nem mesmo o Min. Fachin. Assim, temos que acompanhar eventual alteração futura do entendimento que, em nosso entender, seria uma **melhor** interpretação (pendente de manifestação de novos Ministros).

[86] Alertamos que pode haver alguma particularidade em cada Estado, por exemplo, a existência de *Soldado de 1.ª Classe* e de *2.ª Classe*, pedindo, assim, que o nosso ilustre leitor confira de acordo com a necessidade de preparação para eventual concurso específico. Boa sorte!

OFICIAIS SUBALTERNOS	1.º Tenente PM	1.º Tenente BM
	2.º Tenente PM	2.º Tenente BM
PRAÇAS ESPECIAIS	Aspirante a Oficial PM	Aspirante a Oficial BM
	Aluno Oficial PM[87]	Aluno Oficial BM
GRADUADOS (PRAÇAS)	Subtenente PM	Subtenente BM
	1.º Sargento PM	1.º Sargento BM
	2.º Sargento PM	2.º Sargento BM
	3.º Sargento PM	3.º Sargento BM
	Cabo PM	Cabo BM
	Soldado PM	Soldado BM

11.8.6.3.5. *Ministério Público Estadual e Defensoria Pública Estadual (Justiça Militar Estadual)*

Vale observar que tanto o Ministério Público Estadual como a Defensoria Pública Estadual mantêm **representantes** junto à Justiça Militar Estadual.

CUIDADO: em relação ao Ministério Público, contudo, apesar de no âmbito **federal** existir uma carreira própria para atuação perante a **Justiça Militar da União** — o **MPM** (art. 128, I, "c") —, no âmbito **estadual**, seja em primeiro grau (**Auditorias Militares**, que correspondem às Varas na Justiça Comum), seja até mesmo no TJ ou TJM onde houver (SP, MG e RS — art. 125, § 3.º, da CF/88), a atuação dar-se-á por um membro do **MP Estadual**, **não** havendo uma carreira própria e específica de *Ministério Público Militar Estadual*. Trata-se de *Promotoria de Justiça especializada com atuação perante a Auditoria Militar* e o *TJ* ou *TJM* onde houver (SP, MG e RS).

11.8.6.4. *Justiça Militar do Distrito Federal*

Na mesma linha das regras para os Estados-Membros, o art. 36 da Lei n. 11.697/2008 estabelece que a **Justiça Militar do Distrito Federal** será exercida pelo **TJ** em segundo grau e, em primeiro grau, pelo **Juiz de Direito do Juízo Militar** e pelos **Conselhos de Justiça** (*Conselho Permanente de Justiça*, para processar e julgar as *Praças* e *Praças Especiais*, e *Conselho Especial de Justiça*, para processar e julgar os *Oficiais*), tendo por competência o processo e o julgamento dos crimes militares, definidos em lei, praticados por Oficiais, Praças e Praças Especiais da Polícia Militar do Distrito Federal e do Corpo de Bombeiros Militar do Distrito Federal.

---

[87] O *Aluno Oficial* (em algumas escolas militares chamado de *Cadete*), quando se forma, é promovido, por mérito intelectual, a *Aspirante a Oficial*. Ao final do estágio probatório, o *Aspirante a Oficial* é promovido, por merecimento intelectual, a *2.º Tenente*. Para se ter um exemplo, podemos citar, no Estado de São Paulo, o concorrido concurso público de provas e títulos (atualmente VUNESP) para o *Bacharelado* em *Ciências Policiais de Segurança e Ordem Pública — BCPSOP*, na *Academia de Polícia Militar do Barro Branco — APMBB*, estabelecimento de ensino superior, de regime especial, da PMSP, com duração de 4 anos.

Em nosso entender, embora a EC n. 45/2004 tenha se referido (em relação às novidades) somente à Justiça Militar Estadual, as regras apresentadas também valerão para a Justiça Militar do DF, apesar de organizada e mantida pela União.

11.8.7. Tribunais e Juízes dos Estados

Residualmente, compete à **Justiça Estadual** tudo o que não for de competência das Justiças especiais ou especializadas, nem da Justiça Federal.

CUIDADO: um alerta deve ser feito em relação à Justiça Federal. Conforme já dissemos, de acordo com o art. 109, § 3.º, na redação dada pela **EC n. 103/2019** (Reforma da Previdência), lei **poderá** autorizar que as **causas de competência da Justiça Federal** em que forem parte **instituição de previdência social e segurado** possam ser **processadas** e **julgadas** na **Justiça Estadual** quando a **comarca do domicílio do segurado não for sede de vara federal**.

O art. 15 da Lei n. 5.010/66 (na redação dada pela **Lei n. 13.876/2019** — com vigência a partir de 1.º.01.2020), regulamentando a matéria, estabelece que o julgamento pela Justiça Estadual será realizado nas causas em que forem parte instituição de previdência social e segurado e que **se referirem a benefícios de natureza pecuniária**, e a Comarca de domicílio do segurado estiver localizada **a mais de 70 km** de Município sede de Vara Federal.

Nessa hipótese do art. 109, § 3.º, o recurso cabível contra a decisão do juízo estadual será sempre para o **Tribunal Regional Federal** na área de jurisdição do juiz de primeiro grau.

Ainda sobre a competência da Justiça Estadual, devemos destacar a **SV 27/2009** (*DJE* de 23.12.2009): "compete à **Justiça estadual** julgar causas entre consumidor e concessionária de serviço público de telefonia, **quando a ANATEL não seja litisconsorte passiva necessária, assistente, nem opoente**", não se caracterizando, portanto, a regra contida no art. 109, I.

Organiza-se em dois graus de jurisdição ("instâncias"), sendo o **primeiro**, em regra, monocrático, ou seja, o julgamento é realizado por um só juiz (**exceções**: a) Juntas Eleitorais, b) Tribunal do Júri, c) Conselhos de Justiça Militares, d) processo e o julgamento colegiado em primeiro grau de jurisdição de crimes praticados por organizações criminosas — Lei n. 12.694/2012 e o avanço trazido pelo Pacote Anticrime — Lei n. 13.964/2019 etc.),[88] e o **segundo**, normalmente, por órgãos colegiados (veja, contudo, a regra do art. 34 da Lei n. 6.830/80, admitindo, além de embargos de declaração, os "embargos infringentes" em face das decisões proferidas nas execuções fiscais de até 50 ORTN, para *o mesmo juízo singular prolator da decisão*. Lembrar a possibilidade de cabimento de recurso extraordinário contra a aludida decisão que julga os embargos infringentes, desde que esgotada a instância ordinária, nos termos da **S. 640/STF** e *leading case* no RE 136.154-9).

[88] Até o advento da EC n. 24/99, as Juntas de Conciliação e Julgamento também podiam ser citadas nesse rol. A partir da reforma, contudo, tendo sido extinta a representação classista, a jurisdição trabalhista, em primeira instância, é exercida por um juízo monocrático, qual seja, pelo Juiz do Trabalho.

Em relação à regra do julgamento **monocrático** em primeira instância, gostaríamos de trazer mais uma interessante **exceção.**

Trata-se da Lei Estadual de Alagoas n. 6.806/2007, que criou a 17.ª Vara Criminal da Capital, com competência exclusiva para processar e julgar delitos praticados pelo **crime organizado** naquele Estado, com titularidade **coletiva**, sendo composta por 5 Juízes de Direito.

O STF, ao apreciar a matéria, em primeiro lugar, estabeleceu que "os delitos cometidos por organizações criminosas podem submeter-se ao **juízo especializado criado por lei estadual**, porquanto o tema é de **organização judiciária**, prevista em lei editada no âmbito da competência dos Estados-membros (art. 125 da CRFB)". Precedente: ADI 1.218, Pleno, j. 05.09.2002.

Em seguida, a Corte explicitou a **constitucionalidade** da previsão do julgamento colegiado. "Articulou-se possível que lei estadual instituísse órgão jurisdicional colegiado em 1.º grau. Rememoraram-se exemplos equivalentes, como Tribunal do Júri, Junta Eleitoral e Turma Recursal. Analisou-se que a composição de órgão jurisdicional inserir-se-ia na **competência legislativa concorrente** para versar sobre **procedimentos em matéria processual** (CF, art. 24, XI). Assim, quando a norma criasse órgão jurisdicional colegiado, isso significaria que determinados atos processuais seriam praticados mediante a chancela de mais de um magistrado, **questão meramente procedimental**" (*Inf. 668/STF*, **ADI 4.414,** j. 31.05.2012).

Cabe anotar que o STF nulificou diversos outros dispositivos previstos na referida legislação estadual, tendo sido, em seguida, publicada a Lei Estadual n. 7.677/2015 para se adequar ao entendimento da Corte (destacamos, também, em momento anterior a essa segunda lei estadual e posterior à decisão judicial, o advento da Lei Federal n. 12.694/2012, que dispõe sobre o **processo e o julgamento colegiado em primeiro grau de jurisdição de crimes praticados por organizações criminosas**).

De acordo com o art. 1.º da Lei Federal n. 12.694/2012, em processos ou procedimentos que tenham por objeto crimes praticados por **organizações criminosas, o juiz poderá decidir pela formação de colegiado para a prática de qualquer ato processual**, indicando os motivos e as circunstâncias que acarretam risco à sua integridade física em decisão fundamentada, da qual **será dado conhecimento ao órgão correicional.**

O colegiado será formado pelo juiz do processo e por 2 outros juízes escolhidos por sorteio eletrônico dentre aqueles de competência criminal em exercício no primeiro grau de jurisdição, sendo que a competência do colegiado limitar-se-á ao ato para o qual foi convocado.

E qual foi a novidade introduzida pelo Pacote Anticrime em relação à referida lei?

A **Lei n. 13.964/2019** introduziu o art. 1.º-A, prescrevendo que os Tribunais de Justiça e os Tribunais Regionais Federais **poderão instalar**, nas comarcas sedes de Circunscrição ou Seção Judiciária, **mediante resolução, Varas Criminais Colegiadas com competência para o processo e julgamento:**

- de crimes de pertinência a organizações criminosas armadas ou que tenham armas à disposição;
- do crime do art. 288-A do Código Penal; e
- das infrações penais conexas aos crimes a que se referem os incisos I e II do *caput* deste artigo.

A diferença é que agora poderemos ter Varas Criminais Colegiadas **permanentes** e não para a prática de um determinado ato processual apenas. Tanto é que o art. 1.º-A, § 2.º, da Lei n. 12.694/2012, introduzido, estabelece que, ao receber, segundo as regras normais de distribuição, processos ou procedimentos que tenham por objeto os crimes mencionados no *caput* desse artigo, **o juiz deverá declinar da competência e remeter os autos, em qualquer fase em que se encontrem, à Vara Criminal Colegiada de sua Circunscrição ou Seção Judiciária**.

Dessa forma, havendo a Vara Criminal Colegiada criada, não será aplicado o art. 1.º, devendo os crimes ali indicados ser julgados pelo colegiado permanente de 1.ª instância. Não tendo sido criada a Vara Colegiada, o juiz, para os atos específicos e na forma do art. 1.º, continuará podendo decidir pela formação do colegiado.

Outro ponto importante em relação à jurisdição estadual é a expressa possibilidade de lei estadual, mediante proposta do Tribunal de Justiça, criar a **Justiça Militar Estadual** (art. 125, §§ 3.º, 4.º e 5.º), já analisada nos termos da **EC n. 45/2004**.

Por fim, em busca da efetividade do processo e da adequada prestação jurisdicional, a *Reforma do Judiciário* introduziu duas importantes regras (§§ 6.º e 7.º do art. 125):

- a possibilidade de o TJ funcionar **descentralizadamente**, constituindo **Câmaras regionais**, a fim de assegurar o pleno acesso do jurisdicionado à Justiça em todas as fases do processo;
- o dever de instalar a **Justiça itinerante**, com a realização de audiências e demais funções da atividade jurisdicional, nos limites territoriais da respectiva jurisdição, servindo-se de equipamentos públicos e comunitários.

11.8.8. Varas Agrárias e os conflitos fundiários

No tocante à solução de **conflitos fundiários**, o Tribunal de Justiça Estadual proporá a criação de Varas especializadas, com competência exclusiva para questões agrárias (art. 126, *caput*, na redação determinada pela EC n. 45/2004), sendo que, sempre que necessário, far-se-ão presentes no local do litígio. No entanto, havendo fatos que atentem contra a ordem política e social ou em detrimento de bens, serviços e interesses da União ou de suas entidades autárquicas e empresas públicas, assim como outras infrações cuja prática tenha repercussão interestadual ou internacional e exija repressão uniforme, segundo se dispuser em lei, a competência será da **Justiça Federal** (art. 109, I, c/c o art. 144, § 1.º, I).[89]

[89] Nesse sentido, em relação à Justiça Estadual, destacamos: "EMENTA: Conflito de competência. Invasão de terras. Fato não atentatório à ordem política e social. Competência da **Justiça Estadual**.

Em relação aos conflitos fundiários, cumpre ressaltar a existência de Varas especializadas também em âmbito federal, embora ainda não implementadas na maioria dos Estados da Federação.

Dessa maneira, por exemplo, havendo interesse da União, ou, ainda, do INCRA (autarquia federal), a competência será da Justiça Federal.

Procurando a fixação de limites para a identificação das matérias de competência das Varas Agrárias Estaduais, levando em conta interessante compilação de entendimentos doutrinário e jurisprudencial, *Eneas de Oliveira Matos* fixou como de competência de Vara Especializada Estadual as questões agrárias decorrentes e referentes:

- "do domínio, da posse da terra e de direitos de vizinhança em terras rurais; assim, por exemplo, as ações possessórias, reivindicatórias, usucapião, demarcatórias e divisórias;
- à disputa do solo, seus acessórios naturais e benfeitorias; assim, também, as relativas aos direitos reais sobre propriedades rurais, considerada a especificidade da propriedade imobiliária rural;
- do registro público dos imóveis rurais;
- à prática da atividade agrária, assim consideradas as atividades agrárias de produção, as rurais típicas, como de lavoura, pecuária, hortigranjeария, extrativismo animal e vegetal, exploração florestal, exploração florestal atípica, como a agroindústria, atividade agrária de conservação dos recursos naturais renováveis, atividades agrárias de pesquisa e experimentação, e atividades complementares da atividade agrária; excluindo-se as atividades relacionadas com energia hidráulica, exploração de minérios e recursos marítimos;
- dos negócios com os bens agrários e assim dos contratos agrários, incluindo-se as causas referentes ao crédito e fomento da atividade agrária, e as da produção e comercialização de produtos;
- para ações de reparação de dano com origem na atividade agrária".

E concluiu: "estão excluídos, como se pode notar, evidentemente, das Varas Agrárias Estaduais os casos em que há competência em razão da pessoa e em razão da matéria para a Justiça Federal, e também as causas trabalhistas (de competência da Justiça do Trabalho), previdenciárias e tributárias (da Justiça Federal), causas referentes a crimes e contravenções penais (às varas criminais e juizados especiais criminais, destinando-se as Varas Agrárias Estaduais mais para o problema fundiário e de desenvolvimento da atividade agrária) ou, ainda, nas comarcas que, tendo em vista o volume de demandas agrárias, não se justifique a criação de Vara Agrária Estadual, pelo que, nesse caso, deverão ser julgadas perante Vara Cível".[90]

Constituição art. 126. **Inocorrendo atentado à ordem política e social**, mas apenas **conflito fundiário**, embora grave, declara-se a competência da Justiça Estadual" (STJ, 3.ª S., CComp 1.111/RS, Rel. Min. José Cândido de Carvalho Filho, *DJ* de 04.06.1990, p. 5052).

[90] Eneas de Oliveira Matos, Varas Agrárias na Emenda Constitucional 45/2004, in André Ramos Tavares, Pedro Lenza, Pietro de Jesús Lora Alarcón (coord.), *Reforma do Judiciário*, p. 425.

Cabe lembrar que a *Portaria n. 491,* de 11.03.2009 (CNJ), após a Recomendação n. 22/2009, instituiu, no âmbito do Conselho Nacional de Justiça, o **Fórum Nacional para Monitoramento e Resolução dos Conflitos Fundiários Rurais e Urbanos**, com a atribuição de elaborar estudos e propor medidas concretas e normativas para o aperfeiçoamento de procedimentos, o reforço à efetividade dos processos judiciais e a prevenção de novos conflitos.

Em 11.05.2009, ocorreu o *Seminário de Instalação do Fórum Nacional Fundiário*, tendo sido elaboradas propostas de aprimoramento da gestão fundiária no Brasil, destacando-se:

- criação de Varas Agrárias;
- mediação e conciliação dos conflitos agrários;
- combate ao trabalho análogo ao trabalho escravo;
- capacitação de magistrados.

Sem dúvida, a especialização na matéria caracterizará importante ferramenta para a efetividade e, por conseguinte, para o cumprimento de objetivos da *Reforma do Judiciário.*

Segundo Gilmar Mendes, na cerimônia de instalação do *Fórum*: "uma judicialização efetiva, uma resposta no tempo socialmente certo e politicamente adequado 'minimiza, reduz e previne outros conflitos'" (*Notícias STF*, 11.05.2009).

11.8.9. Justiça Estadual é competente para julgar crimes comuns entre silvícolas

Por 6 x 3, o STF entendeu, no julgamento do **RE 419.528**, que "crimes comuns cometidos entre índios serão julgados pela Justiça comum".

Buscava-se apurar a prática dos crimes de ameaça, lesão corporal, constrangimento ilegal e/ou tentativa de homicídio, atribuídos a 3 índios contra uma menina de 15 anos, também de origem indígena.

Conforme o voto do Ministro Cezar Peluso, acompanhando os fundamentos do voto do Ministro Maurício Corrêa, no tocante ao alcance do art. 109, XI, da CF, no julgamento do HC 81.827/MT (*DJU* de 23.08.2002), a competência será da Justiça Federal quando forem veiculadas "... questões ligadas aos **elementos da cultura indígena** e aos **direitos sobre terras**, não abarcando delitos isolados praticados sem nenhum envolvimento com a comunidade indígena (...). Para o Min. Cezar Peluso, a expressão 'disputa sobre direitos indígenas', contida no mencionado inciso XI do art. 109, significa: **a existência de um conflito que, por definição, é intersubjetivo; que o objeto desse conflito sejam direitos indígenas; e que essa disputa envolva a demanda sobre a titularidade desses direitos**. Asseverou, também, estar de acordo com a observação de que o art. 231 da CF se direciona mais para tutela de bens de caráter civil que de bens objeto de valoração estritamente penal". Assim, "o delito comum cometido por índio contra outro índio ou contra um terceiro que não envolva nada que diga singularmente respeito a sua condição de indígena, não guarda essa especificidade que reclama da Constituição a tutela peculiar prevista no art. 231, nem a competência do art. 109, XI". Nessas hipóteses, a competência será da Justiça Estadual (RE 419.528/PR, Rel. orig. Min. Marco Aurélio, Rel. p/ acórdão Min. Cezar Peluso, 03.08.2006 — *Inf. 434/STF*).[91]

11.8.10. Tribunais e Juízes do Distrito Federal e Territórios

Como vimos, a *Justiça do Distrito Federal e Territórios*, formada pelos Tribunais e Juízes do Distrito Federal e Territórios, será **organizada** e **mantida** pela **União** (arts. 21, XIII, 22, XVII; e 33, § 3.º), que também criará os Juizados Especiais e a Justiça de Paz (art. 98, I e II).

Trata-se, portanto, de **leis federais**, alertando-se, contudo, que a **iniciativa** para o encaminhamento dos projetos de lei será **exclusiva** do **TJDFT**, nos termos do **art. 96, II**, da CF/88, destacando-se a **Lei (federal) n. 11.697/2008** (*dispõe sobre a organização judiciária do Distrito Federal e dos Territórios*) e o *projeto de lei* (*federal, encaminhado pelo TJDFT*), dispondo sobre o provimento de mandato eletivo de juiz de paz, já apreciado pelo CNJ no *Parecer de Mérito sobre o Anteprojeto de Lei n. 0005505-50.2011.2.00.0000*.

Ainda, consoante o parágrafo único do art. 110 da CF/88, em relação aos **Territórios**, a jurisdição e as atribuições cometidas aos juízes federais (Justiça Federal comum) caberão aos juízes da justiça local, na forma da lei.

Nesse sentido, em relação ao **Distrito Federal**, *e isso pode ser um detalhe para fazer a diferença nos concursos, cada vez mais exigentes*, como ensina José Afonso da Silva, "... o Poder Judiciário (...), em verdade, não é dele, pois, nos termos do art. 21, XIII, compete à União *organizar* e *manter* o Poder Judiciário *do* Distrito Federal; 'do' no texto constitucional não indica uma relação de pertinência, mas de simples localização, significando aquele que atua no território da unidade federada. Se é à União que cabe organizar e manter, isso significa que o órgão é dela, embora destinado ao Distrito Federal. Nesse particular, a autonomia deste ficou razoavelmente diminuída... uma vez que o Poder Judiciário que nele atua continuará na mesma situação do regime constitucional anterior, tanto que está igualmente previsto que é da

---

[91] Cf., nesse sentido: "O inciso IV do art. 109 da Constituição, ao atribuir competência à Justiça Federal para processar e julgar as infrações penais praticadas em detrimento de interesse da União, não tem a extensão pretendida pelos impetrantes, até porque no cenário desta singular amplitude seria muito difícil excluir alguma infração penal que não fosse praticada em detrimento dos interesses diretos ou indiretos da União. O inciso XI do mesmo artigo confere competência à Justiça Federal para processar e julgar a disputa sobre direitos indígenas, os quais são aqueles indicados no art. 231 da Constituição, abrangendo os elementos da cultura e os direitos sobre terras, não alcançando delitos isolados praticados sem qualquer envolvimento com a comunidade indígena" (HC 75.404, Rel. Min. Maurício Corrêa, j. 27.06.1997, *DJ* de 27.04.2001). No mesmo sentido: RHC 85.737, Rel. Min. Joaquim Barbosa, j. 12.12.2006, *Inf. 452/STF.* No julgamento do HC 91.121 (06.11.2007), o STF entendeu serem da competência da Justiça Federal "somente os processos que versarem sobre questões diretamente ligadas à **cultura indígena**, aos **direitos sobre suas terras**, ou, ainda, a **interesses constitucionalmente atribuíveis à União Federal** competiriam à Justiça Federal. Neste ponto, ordem indeferida por vislumbrar hipótese de incidência da jurisdição da Justiça Federal em face 'da relação com a disputa de terras reivindicadas pela FUNAI e pela União como indígenas'".

competência da União legislar sobre a organização Judiciária do Distrito Federal... (art. 22, XVII)".[92]

Para reforçar a regra acima, citamos o art. 53 da Lei Orgânica do DF (Lei n. 11.697/2008), que estabelece serem Poderes do DF, independentes e harmônicos entre si, o **Executivo** e o **Legislativo**, não incluindo o Poder Judiciário, que, como vimos, é organizado e mantido pela **União**.

Nessa linha, destacamos, finalmente, o art. 98, I e II, da CF, que atribuiu à **União** competência para a criação dos *Juizados Especiais* e da *Justiça de Paz* no Distrito Federal e Territórios.

■ 11.9. PRINCÍPIO DO JUIZ NATURAL E CONVOCAÇÃO DE JUÍZES DE PRIMEIRO GRAU PARA COMPOR ÓRGÃO JULGADOR DE TRIBUNAL

Com certa frequência, especialmente depois de terem sido fixadas *metas* de julgamento em razão da *Reforma do Judiciário*, tem-se visto a convocação de juízes de primeiro grau para atuar em Tribunal, medida essa veementemente questionada, por suposta afronta ao **princípio do juiz natural**.

Basicamente, alega-se violação à regra contida no art. 5.º, XXXVII e LIII, assim como:

- **art. 93, III:** "o acesso aos tribunais de segundo grau far-se-á por antiguidade e merecimento, alternadamente, apurados na última ou única entrância";
- **art. 94:** regra do "quinto constitucional", já estudada e que define a forma de composição dos Tribunais, não havendo previsão de "mera convocação" para atuação em 2.º grau de jurisdição;
- **art. 98, I:** ao tratar dos juizados especiais, admite a composição das *Turmas Recursais* por juízes de 1.º grau e, portanto, a atuação dos juízes de 1.º grau seria constitucionalmente admitida apenas nos Juizados, não havendo previsão para os Tribunais.

A argumentação parece bastante razoável e consistente, mas o STF, diante da ideia de *efetividade e celeridade processual* (art. 5.º, LXXVIII), nessa ponderação de valores, vem fazendo prestigiar a agilidade, até porque, segundo analisado, as convocações estão sendo feitas com base em lei.

No caso concreto do Estado de São Paulo indicado abaixo, com o objetivo de julgar considerável acervo de processos acumulados, nos termos da lei, foram criadas **câmaras extraordinárias**, integradas por juízes de 1.º grau e presididas por um desembargador.

Conforme apurado, "... o sistema de convocação de magistrados de primeiro grau na Justiça paulista seria uma resposta aos comandos emanados da EC 45/2004, tendo sido implantado nos termos da LC estadual 646/90, dela se distinguindo apenas no aspecto de que a convocação dos magistrados de primeiro grau se daria me-

[92] José Afonso da Silva, *Curso de direito constitucional positivo*, 22. ed., p. 632.

diante publicação de edital na imprensa oficial. Acrescentou-se que o Tribunal de Justiça de São Paulo em nada teria inovado quanto a essa prática, tendo em vista que a Justiça Federal também dela faria uso, com base no art. 4.º da Lei 9.788/99 (...), sem que nenhum de seus julgamentos tivesse sido anulado. Observou-se que a integração dos juízes de primeiro grau nas câmaras extraordinárias paulistas se daria de forma aleatória, sendo os recursos distribuídos livremente entre eles, e que as convocações seriam feitas por ato oficial, prévio e público, não havendo se falar em nomeação *ad hoc*. Assim, tais magistrados não constituiriam juízes de exceção" (*Inf. 581/STF* — **HC 96.821**, Rel. Min. Ricardo Lewandowski, j. 08.04.2010, Plenário, *DJE* de 25.06.2010. Em igual sentido, cf. **RE 597.133/RS**, j. 17.11.2010, *Inf. 609/STF*).

Destacou-se, ainda, a previsão do art. 96, I, "a", da CF/88, que permite aos tribunais disporem sobre a competência e o funcionamento dos respectivos órgãos jurisdicionais e administrativos, além da regra, em nosso entender sem o sentido que lhe foi dada, contida no art. 118 da *Lei Orgânica da Magistratura Nacional — LOMAN* (LC n. 35/79).

Finalmente, em verdadeiro sopesamento entre, *apenas para argumentar*, afirmou o STF, o *princípio do juiz natural* e o da *segurança jurídica*, uma vez que existem milhares de decisões já proferidas por juízes convocados em 2.º grau, a Suprema Corte fez prevalecer a **segurança jurídica**.

Com o máximo respeito, não concordamos com essa interpretação, parecendo bem coerente o *voto vencido* do Min. Marco Aurélio, que demonstra o sentido totalmente diverso da previsão de substituição contida no art. 118 da LOMAN.

■ 11.10. MAGISTRATURA — TETO DE SUBSÍDIO *X* TETO DE REMUNERAÇÃO — PODER JUDICIÁRIO — CARÁTER NACIONAL E UNITÁRIO

A **Lei n. 13.752, de 26.11.2018**, fixou o subsídio mensal de Ministro do Supremo Tribunal Federal, e, portanto, o teto do funcionalismo (cf. *item 9.13.3.6*), no valor de **R$ 39.293,32**.

O Presidente do STF, nos termos da **Res. n. 628, de 30.11.2018**, considerando o escalonamento entre os diversos níveis da **Magistratura da União** previsto no art. 93, V, da CF/88 e no § 2.º do art. 1.º da Lei n. 10.474/2002, assim como o prescrito na Portaria Conjunta n. 2/2018, tornou público o subsídio mensal dos Magistrados da **União** com efeitos financeiros a partir de 1.º.01.2019:

MEMBROS DA MAGISTRATURA	SUBSÍDIO
■ Ministro do STF **(teto do funcionalismo)**	**R$ 39.293,32**
■ Ministro de Tribunal Superior	(–5%) R$ 37.328,65
■ Juiz de Tribunal Regional e Desembargador do TJDFT (lembrando que compete à União organizar e manter o Poder Judiciário do DF e dos Territórios)	(–5%) R$ 35.462,22
■ Juiz Federal, Juiz de Vara Trabalhista, Juiz Federal da Justiça Militar e Juiz de Direito	(–5%) R$ 33.689,11
■ Juiz Substituto	(–5%) R$ 32.004,65

Esse escalonamento também vem sendo estabelecido, por ordem constitucional, em âmbito **estadual**, entre uma **entrância** e outra, de acordo com os níveis locais de organização da magistratura e a partir do teto fixado no art. 37, XI, qual seja, o subsídio dos Desembargadores do TJ, que deve corresponder a, no máximo, 90,25% do subsídio mensal, em espécie, dos Ministros do STF (no caso, o valor de **R$ 35.462,22**, ou seja, 90,25% de R$ 39.293,32).

Estamos diante daquilo que o Ministro Sepúlveda Pertence denominou **escalonamento vertical de subsídios de magistrado** (ADI 2.087-MC), nos termos do art. 93, V, que tem a seguinte redação, de acordo com a EC n. 19/98.

O **CNJ**, ao regulamentar a matéria, nos termos do art. 2.º da **Res. n. 13/2006** (regra mantida no art. 1.º, parágrafo único, da **Res. n. 14/2006**), estabeleceu que, nos órgãos do Poder Judiciário dos Estados, o **teto remuneratório** constitucional é o valor do subsídio de Desembargador do Tribunal de Justiça, que não pode exceder a 90,25% do subsídio mensal de Ministro do STF.

A Associação dos Magistrados Brasileiros (AMB) ajuizou a **ADI 3.854**, discutindo as referidas regras fixadas pelo CNJ em relação à remuneração da magistratura estadual.

Em **28.02.2007**, segundo o *extrato da ata*, o STF, por maioria, concedeu a liminar para, dando interpretação conforme a Constituição ao art. 37, XI, e § 12, da CF/88, o primeiro dispositivo na redação da EC n. 41/2003, e o segundo introduzido pela EC n. 47/2005, **excluir a submissão dos membros da magistratura estadual ao subteto de remuneração**, bem como para suspender a eficácia do art. 2.º da Resolução n. 13/2006 e do art. 1.º, parágrafo único, da Resolução n. 14/2006, ambas do CNJ, que fixam, conforme visto, como **limite remuneratório** dos magistrados e servidores dos Tribunais de Justiça, 90,25% do subsídio mensal de Ministro do STF.

De acordo com a decisão do STF, muito embora tenha sido respeitado o teto de subsídio, este não se confunde com o **teto de remuneração**. Isso porque a Constituição não fixou subteto de subsídio para a magistratura federal, que poderá receber, como remuneração, até o teto do funcionalismo. Conforme vimos, o subteto de 90,25% foi fixado apenas para o âmbito estadual (art. 37, XI).

O art. 93, V, por seu turno, não distinguiu a magistratura em dois âmbitos. De acordo com a Constituição, o **Poder Judiciário** tem caráter **nacional** e **unitário** e por esse motivo é que o art. 93, V, tratou de maneira isonômica a magistratura federal e a estadual, que desempenham funções iguais (jurisdicional) e se submetem a um só estatuto, também de âmbito nacional (art. 93, *caput*, e LC n. 35/79).

Portanto, na medida em que o magistrado federal pode receber até o valor de 100% do subsídio do Ministro do STF (em razão de alguma vantagem funcional e por não haver teto de subsídio previsto no art. 37, XI, que se refere apenas aos magistrados estaduais) e pelo fato de o magistrado estadual não poder ser tratado de modo diferente do federal **(magistratura nacional)**, a remuneração do magistrado estadual poderá ser superior ao teto de subsídio (90,25%), mas sempre respeitando o limite do magistrado federal, que é 100% do subsídio do Ministro do STF, qual seja, o teto do funcionalismo (ADI 3.854-MC, Rel. Min. Cezar Peluso, j. 28.02.2007, Plenário, *DJ* de 29.06.2007 — matéria pendente de julgamento).

No julgamento de mérito, o Pleno, por maioria, excluiu a submissão dos membros da magistratura estadual ao subteto de remuneração, confirmando a medida cautelar.

Dessa forma, a Corte deu interpretação conforme à Constituição ao art. 37, inciso XI (com redação dada pela EC 41/2003) e § 12 (com redação dada pela EC 47/2005), da Constituição Federal, para afastar a submissão dos membros da magistratura estadual à regra do subteto remuneratório e declarar a inconstitucionalidade do art. 2.º da Resolução n. 13/2006 e art. 1.º, parágrafo único, da Resolução n. 14, ambas do Conselho Nacional de Justiça (ADIs 3.854 e 4.014, j. 04.12.2020, pendente a publicação do acórdão).

Finalmente, em importante decisão, o STF estabeleceu que, nos casos de autorização constitucional expressa de acumulação de cargos, empregos e funções (e veja que o art. 95, parágrafo único, I, admite a acumulação com o magistério para os magistrados), o teto constitucional de remuneração deverá ser considerado para cada cargo, isoladamente, e não a soma das remunerações (**REs 602.043** e **612.975**, j. 27.04.2017).

■ 11.11. DA JUSTIÇA DE PAZ (ART. 98, II)

■ 11.11.1. Regras gerais

A "Justiça de Paz", prevista nos arts. 161[93] e 162[94] da Constituição do Império de 1824 (juizado eletivo e de conciliação); art. 104, § 4.º, da Constituição de 1934;[95] art. 124, X, da Constituição de 1946;[96] art. 136, § 1.º, da Constituição de 1967;[97] art. 144, § 1.º, da EC n. 1/69;[98] está agora prevista no **art. 98, II, da CF/88**, que determina seja criada, pela União, no DF e Territórios, e pelos Estados, fixando as seguintes características:

[93] *Constituição de 1824*: "Art. 161. Sem se fazer constar que se tem intentado o meio da reconciliação, não se começará processo algum".

[94] *Constituição de 1824*: "Art. 162. Para este fim haverá juízes de paz, os quais serão eletivos pelo mesmo tempo e maneira por que se elegem os vereadores das câmaras. Suas atribuições e distritos serão regulados por lei".

[95] *Constituição de 1934*: "Art. 104, § 4.º Os Estados poderão manter a Justiça de Paz eletiva, fixando-lhe a competência, com ressalva de recurso das suas decisões para a Justiça comum".

[96] *Constituição de 1946*: "Art. 124, X — poderá ser instituída a Justiça de Paz temporária, com atribuição judiciária de substituição, exceto para julgamentos finais ou recorríveis, e competência para a habilitação e celebração de casamentos e outros atos previstos em lei".

[97] *Constituição de 1967*: "Art. 136, § 1.º A lei poderá criar, mediante proposta do Tribunal de Justiça: ... *c*) Justiça de Paz temporária, competente para habilitação e celebração de casamentos e outros atos previstos em lei e com atribuição judiciária de substituição, exceto para julgamentos finais ou irrecorríveis".

[98] *EC n. 1/69*: "Art. 144, § 1.º A lei poderá criar, mediante proposta do Tribunal de Justiça: ... *c*) Justiça de Paz temporária, competente para habilitação e celebração de casamento"

■ **remunerada:** segundo decidiu o STF, "a remuneração dos juízes de paz somente pode ser fixada em **lei de iniciativa exclusiva do TJ do Estado**. A regra constitucional insculpida no art. 98 e seu inciso II, segundo a qual a União, no Distrito Federal e nos Territórios, e os Estados criarão a Justiça de Paz, remunerada, não prescinde (*não dispensa*, acrescente-se) do ditame relativo à competência exclusiva enunciada no mencionado art. 96, II, 'b'. As disposições que atribuem remuneração aos juízes de paz, decorrentes de **emenda parlamentar ao projeto original**, de iniciativa do Tribunal de Justiça estadual, **são incompatíveis com as regras dos arts. 2.º e 96, II, 'b', da CF**, eis que eivadas de **vício de inconstitucionalidade formal**, além de violarem, pela imposição de aumento da despesa, o **princípio da autonomia administrativa e financeira do Poder Judiciário**" (ADI 1.051, Rel. Min. Maurício Corrêa, j. 02.08.95, Plenário, *DJ* de 13.10.95. *No mesmo sentido*: RE 480.328, Rel. Min. Marco Aurélio, j. 02.06.2009, 1.ª Turma, *DJE* de 28.08.2009 e ADI 954, Rel. Min. Gilmar Mendes, j. 24.02.2011, Plenário, *DJE* de 26.05.2011);

■ **remuneração: valor fixo** e **predeterminado**. Conforme estabeleceu o STF, "os juízes de paz, na qualidade de **agentes públicos**, ocupam **cargo** cuja remuneração deve ocorrer com base em valor fixo e predeterminado, e não por participação no que é recolhido aos cofres públicos. Além disso, os juízes de paz **integram o Poder Judiciário** e a eles se impõe a **vedação** prevista no **art. 95, parágrafo único, II**, da Constituição, a qual proíbe a percepção, a qualquer título ou pretexto, de custas ou participação em processo pelos membros do Judiciário" (ADI 954). Entendemos, nesse sentido, nos termos do art. 39, § 4.º, que o juiz de paz deve ser **remunerado exclusivamente** por **subsídio** fixado em **parcela única**, vedado o acréscimo de qualquer gratificação, adicional, abono, prêmio, verba de representação ou outra espécie remuneratória, obedecido, em qualquer caso, o disposto no art. 37, X e XI;[99]

■ composta de cidadãos **eleitos** pelo voto direto, universal e secreto, sendo que o art. 14, § 3.º, VI, "c", estabelece, como condição de elegibilidade, a idade mínima de 21 anos;

■ juiz de paz exercerá **mandato** de 4 anos;

■ terá **competência** para, na forma da lei, celebrar casamentos, verificar, de ofício ou em face de impugnação apresentada, o processo de habilitação e exercer atribuições conciliatórias, **sem caráter jurisdicional**, além de outras previstas na legislação.

[99] Para se ter um exemplo, o anteprojeto de lei que *dispõe sobre o provimento de mandato eletivo de juiz de paz, no âmbito do DF e Territórios*, em seu art. 17, estabelece que "o juiz de paz perceberá **subsídio mensal**, fixado em **parcela única** de **R$ 6.192,03** (seis mil, cento e noventa e dois reais e três centavos), nos termos do art. 39, § 4.º, da Constituição Federal". De maneira **muito mais tímida**, a *Lei mineira n. 13.454/2000* fixa a remuneração mensal em subsídio nos valores de **R$ 263,00** a **R$ 800,00**, de acordo com a lotação do juiz de paz: a) município-sede de comarca (variando da entrância inicial para a final); b) município que não seja sede de comarca; c) distrito judiciário.

O art. 30 do ADCT estabelece que a legislação que criar a Justiça de Paz manterá os atuais juízes de paz até a posse dos novos titulares, assegurando-lhes os direitos e atribuições conferidos a estes, e designará o dia para a eleição prevista no art. 98, II, da Constituição.

Assim, a melhor delimitação do papel da Justiça de Paz deverá vir por meio de lei, seja federal (criada pela União, para o âmbito do DF e Territórios, mediante projeto de lei encaminhado pelo TJDF), seja estadual (disciplinando a Justiça de Paz no respectivo Estado, sendo, também, o projeto de lei encaminhado pelo TJ local), que, como visto, nos termos do art. 98, II, poderá ampliar as atribuições além daquelas fixadas na CF/88.

Poucas são as **leis estaduais** (e no caso no âmbito do **DF** e **Território**, **lei federal**) que dispõem sobre as Justiças de Paz,[100] assim como a jurisprudência do STF sobre a matéria.

Destaca-se, contudo, a **Lei n. 13.454/2000**, do **Estado de Minas Gerais**, que dispôs sobre processo eleitoral, atribuições e competência de juiz de paz.

O Procurador-Geral da República propôs a **ADI 2.938** contra diversos dispositivos da Lei n. 13.454/2000, de Minas Gerais, interpretando o STF, assim, a amplitude deixada à lei estadual, o que, sem dúvida, poderá servir de precedente e parâmetro para as futuras leis estaduais sobre a matéria.

Pedimos vênia para esquematizar as principais conclusões do STF sobre o tema:[101]

A) A eleição do juiz de paz foi incluída no "sistema eleitoral global" da CF/88, tendo em vista a regra do art. 14, § 3.º, V e VI

Exceto quanto ao vocábulo "subsidiária", o STF entendeu constitucionais os arts. 2.º e 3.º da lei estadual, que trazem interessante regulamentação da matéria: "Art. 2.º As eleições para Juiz de Paz serão realizadas simultaneamente com as eleições municipais, na forma estabelecida por esta lei e mediante a aplicação **subsidiária** do Código Eleitoral e da Legislação federal específica. Parágrafo único. O processo eleitoral de que trata este artigo será presidido pelo Juiz Eleitoral competente".

[100] O Presidente do **CNJ**, no uso de suas atribuições, editou a **Recomendação n. 16/2008** (*DJE* de 04.09.2008), recomendando aos **Tribunais de Justiça dos Estados** e do **Distrito Federal e Territórios** que, em observância ao art. 98, II, da CF/88, **no prazo de 1 ano a partir da publicação**, regulamentem a função de juiz de paz, encaminhando proposta de lei à Assembleia Legislativa (e, no caso do DF, ao CN, acrescente-se) que trate: "**1.** Das eleições para a função de juiz de paz, na capital e no interior; **2.** Da remuneração para a função de juiz de paz, na capital e no interior; **3.** Da atuação dos juízes de paz perante as Varas de Família; **4.** Da atuação dos juízes de paz na atividade conciliatória". Até o fechamento desta edição, não se tem conhecimento de novas leis estaduais, além da de Minas Gerais. Diante desse cenário, em **11.04.2017**, foi proposta pela PGR a **ADO 40**, objetivando a fixação de prazo razoável para os TJs deflagrarem o processo legislativo e os Parlamentos deliberarem e aprovarem as leis de criação da Justiça de Paz nos Estados e no DF (pendente).

[101] Cf. *Inf. 391/STF* e *Notícias STF*, 16.06.2005 — 20h11. Para leitura do acórdão, cf. **ADI 2.938**, Rel. Min. Eros Grau, j. 09.06.2005, Plenário, *DJ* de 09.12.2005.

"Art. 3.º O Juiz de Paz é eleito segundo o princípio majoritário, para mandato de quatro anos, pelo voto direto, universal e secreto do eleitorado do distrito ou do subdistrito judiciário respectivo, permitida a reeleição".

B) A filiação partidária é condição compatível com o exercício da Justiça de Paz

O STF considerou constitucional o art. 4.º da lei estadual: "Art. 4.º Os candidatos a Juiz de Paz e seus suplentes serão escolhidos nas mesmas convenções partidárias que deliberarão sobre as candidaturas às eleições municipais, observadas as normas estabelecidas na legislação eleitoral e no estatuto dos respectivos partidos políticos".

Deve, assim, ser obedecido o art. 14 da CF. Portanto, o Estado não pode legislar sobre qualquer outra condição de elegibilidade, haja vista tratar-se de matéria eleitoral e, portanto, de competência da União (art. 22, I).

C) As atividades exercidas pelos Juízes de Paz não podem ter nenhum caráter jurisdicional

C.1) Assim, entendeu (interpretando o art. 15 da lei estadual à luz do art. 98, II, da CF/88) como **atribuições do juiz de paz**:

- arrecadar bens de ausentes ou vagos, até que intervenha a autoridade competente;
- zelar pela observância das normas concernentes à defesa do meio ambiente, tomando as providências necessárias ao seu cumprimento, tendo em vista o disposto no inciso VI dos arts. 23 e 24 da CF/88;
- funcionar como perito em processos, diante da previsão do art. 98, II, que fixa a possibilidade de outorga de outras atribuições;
- nomear escrivão *ad hoc* em caso de arrecadação provisória de bens de ausentes ou vagos.

C.2) Em sentido contrário, entendeu **não serem atribuições** do juiz de paz:

- processar auto de corpo de delito e lavrar auto de prisão, por se tratar de matéria processual penal (art. 22, I);
- prestar assistência ao empregado nas rescisões de contrato de trabalho, por se tratar de matéria trabalhista (art. 22, I).

É de observar, finalmente, que o STF concluiu ser **inconstitucional** a previsão do art. 22 da lei mineira que garante ao juiz de paz o direito a prisão especial, em caso de crime comum, até definitivo julgamento, por ser matéria processual penal de competência da União (art. 22, I).

11.11.2. Os juízes de paz integram o Poder Judiciário?

Essa questão foi amplamente discutida no julgamento da **ADI 954**.[102]

[102] ADI 954, Rel. Min. Gilmar Mendes, j. 24.02.2011, Plenário, *DJE* de 26.05.2011.

Segundo decidiu a Corte, sem o comprometimento, nesse ponto, do Min. Ayres Britto, na linha do voto do Min. Celso de Mello, a **Justiça de Paz** se qualifica como verdadeira **magistratura eletiva**, com competência de **caráter judiciário** (como as atividades conciliatórias), sem, contudo, poder exercer atividades jurisdicionais (a vedação é explícita no art. 98, II).

Assim, a Justiça de Paz não é apenas **órgão do Poder Judiciário**, como também **integra a organização judiciária local** (art. 98, II, c/c os arts. 92, VII, e 125, § 1.º, todos da CF/88, e art. 112, c/c o art. 17, § 5.º, da LC n. 35/79 — *LOMAN*).

De acordo com as várias manifestações dos Ministros, invocando, inclusive, argumentos de autoridade como o magistério de Pontes de Miranda, os **juízes de paz:**

- são componentes de uma **magistratura especial**, **eletiva** e **temporária**;
- não são vitalícios, já que **eleitos** pelo voto direto, universal e secreto, com mandato de 4 anos;
- são **inamovíveis** e gozam da **irredutibilidade** de subsídios;
- estão sujeitos às **vedações** do art. 95, parágrafo único, II, da CF/88, destacando-se, no caso em análise (*Lei estadual mineira n. 10.180/90*), a vedação de receber, a qualquer título ou pretexto, custas ou participação em processo;
- não podem ter mais de 70 anos, salvo nos termos de **lei complementar** a ser editada na forma do art. 40, § 1.º, II (cf. *item 11.4.2* e discussão sobre a **EC n. 88/2015**);
- as **atividades** por eles desenvolvidas qualificam-se como **estatais**;
- ocupam **cargos vinculados ao mandato eletivo** (*a atividade não é de caráter privado*), e, assim, a **remuneração** deve partir dos **cofres públicos**,[103] não se admitindo participação nas custas devidas pelos usuários do serviço (Min. Marco Aurélio).

11.12. DOS PRECATÓRIOS

11.12.1. Regras gerais

Fazemos breve menção aos precatórios, que serão mais bem estudados em processo civil, direito administrativo e direito financeiro.

Lembramos que a matéria foi inicialmente regulamentada no art. 100 da CF/88, sendo alterada pelas **ECs ns. 20/98** (modificação do art. 100 da CF/88), **30/2000** (modificação do art. 100 da CF/88 e acréscimo do art. 78 ao ADCT), **37/2002** (modificação do art. 100 da CF/88 e acréscimo dos arts. 86 e 87 ao ADCT), de maneira

[103] Nesse sentido, o Min. Ayres Britto faz importante distinção entre os **notários** e os **juízes de paz**. Os notários são remunerados por emolumentos porque são delegatários de atividade pública **exercida em caráter privado** (cf. art. 236, CF/88). Por sua vez, os juízes de paz são **agentes públicos** e, assim, integrando a magistratura, estão proibidos de receber, a qualquer título ou pretexto, custas ou participação em processos (voto na ADI 954).

bastante **complexa** e **tormentosa** pela **EC n. 62/2009** (modificação do art. 100 da CF/88 e acréscimo do art. 97 ao ADCT) e pela **EC n. 94/2016** (modificação do art. 100 da CF/88 e acréscimo dos arts. 101 a 105 ao ADCT), tendo sido referidos arts. 101, 102, 103 e 105 do ADCT, alterados pela **EC n. 99/2017**.

De modo sintético, pode-se dizer que o precatório judicial é o instrumento através do qual se cobra um débito do Poder Público. Nos termos do art. 100, *caput*, CF/88, os **pagamentos** devidos pelas Fazendas Públicas Federal, Estaduais, Distrital e Municipais, em virtude de **sentença judiciária**, far-se-ão exclusivamente na ordem cronológica de apresentação dos precatórios e à conta dos créditos respectivos, proibida a designação de casos ou de pessoas nas dotações orçamentárias e nos créditos adicionais abertos para esse fim.[104]

Essa regra, contudo, não se aplica à execução provisória de obrigação de fazer contra a Fazenda Pública. Conforme destacou o Min. Fachin, "inexiste razão para que a obrigação de fazer tenha seu efeito financeiro postergado em função do trânsito em julgado, sob pena de hipertrofiar uma regra constitucional de índole **excepcionalíssima**" (*Inf. 866/STF*).

Assim, a Corte, apreciando o *tema 45* da repercussão geral, por unanimidade, fixou a seguinte tese: "a execução provisória de obrigação de fazer em face da Fazenda Pública não atrai o regime constitucional dos precatórios" (**RE 573.872**, Pleno, Rel. Min. Edson Fachin, j. 24.05.2017).

Para Humberto Theodoro Júnior, o CPC prevê "... um procedimento especial para as execuções por quantia certa contra a Fazenda Pública, o qual não tem a natureza própria de execução forçada, visto que se faz sem penhora e arrematação, vale dizer, sem expropriação ou transferência forçada de bens. Realiza-se por meio de simples requisição de pagamento, feita entre o Poder Judiciário e Poder Executivo, conforme dispõem os arts. 730 e 731 do Código de Processo Civil/73".[105]

Nos termos do revogado CPC/73, proposta a ação executiva ("execução imprópria"), fundada em título executivo judicial ou extrajudicial, a Fazenda Pública era citada para, nos termos do art. 730, opor embargos, no prazo de **30 dias** (o prazo foi alterado de 10 para 30 dias de acordo com o art. 1.º-B da Lei n. 9.494/97, acrescentado pela MP n. 2.180-35, de 24.08.2001, norma essa declarada **constitucional** pelo STF no julgamento da **ADI 2.418** — j. 04.05.2016, *DJE* de 17.11.2016).

Por sua vez, de acordo com o CPC/2015, tanto na execução fundada em título extrajudicial (art. 910) como no cumprimento de sentença contra a Fazenda Pública (arts. 534 e 535), o prazo para a oposição dos embargos ou para a impugnação da execução, respectivamente, continua sendo de **30 dias**.

[104] De acordo com a jurisprudência do STF, "as execuções contra a Fazenda Pública podem ser ajuizadas com base em título executivo extrajudicial", sem que signifique violação ao art. 100, CF/88 (**RE 488.858-AgR**, Rel. Min. Cezar Peluso, j. 18.09.2007, 2.ª T., *DJ* de 11.10.2007).

[105] *Curso de direito processual civil*, 16. ed., v. 2, p. 261.

Não opostos os embargos ou não impugnada a execução; opostos e transitada em julgado a decisão que os rejeitar ou impugnada e rejeitadas as arguições da executada (art. 910, § 1.º, e art. 535, § 3.º, I e II), duas situações poderão ser observadas:

- expedir-se-á, por intermédio do presidente do tribunal competente, **precatório** em favor do exequente, observando-se o disposto na Constituição Federal;
- por ordem do juiz, dirigida à autoridade na pessoa de quem o ente público foi citado para o processo, o pagamento de **obrigação de pequeno valor** será realizado no prazo de 2 meses, contado da entrega da requisição, mediante depósito na agência de banco oficial mais próxima da residência do exequente.

Tratando-se de impugnação parcial, a parte não questionada pela executada será, desde logo, objeto de cumprimento (art. 535, § 4.º, CPC/2015).

O STF declarou **constitucional** a regra do art. 535, § 3.º, II, do CPC/2015 (prazo de 2 meses para o pagamento da obrigação de pequeno valor) e conferiu interpretação conforme à Constituição ao art. 535, § 4.º, do CPC, no sentido de que, para efeito de determinação do regime de pagamento do valor incontroverso, deve ser observado o **valor total da condenação**, conforme tese firmada no **RE n. 1.205.530** (tema 28) (**ADI 5.534**, Pleno, j. 18.12.2020).

Em nosso entender, o trânsito em julgado pressupõe a observância da sistemática da **remessa necessária**, ressalvadas as exceções expressamente previstas no art. 496, §§ 3.º e 4.º, do CPC/2015, caracterizando tal procedimento **condição de eficácia da sentença**.

De acordo com o § 5.º do art. 100 da CF/88, antigo § 1.º, renumerado pela EC n. 62/2009, é **obrigatória** a inclusão, no orçamento das entidades de direito público, de verba necessária ao pagamento de seus débitos oriundos de **sentenças transitadas em julgado**, constantes de precatórios judiciários, apresentados até **1.º de julho**, fazendo-se o **pagamento** até o **final do exercício seguinte**, quando terão seus valores **atualizados monetariamente**.

A **SV 17/2009-STF** pacificou o tema ao estabelecer que, "durante o período previsto no § 1.º do art. 100 da Constituição (atual § 5.º), **não** incidem **juros de mora** sobre os precatórios que nele sejam pagos".

Explicamos: não se pode confundir a necessidade de **"atualização monetária"**, expressamente prevista no art. 100, § 5.º, da Constituição, com a **"não incidência de juros de mora"** estabelecida na SV 17.

Como bem distinguiu o Min. Joaquim Barbosa, enquanto a correção monetária simplesmente recupera a perda do poder aquisitivo da moeda, "os juros moratórios servem de elemento de dissuasão do atraso no cumprimento da obrigação de pagar os valores das condenações judiciais transitadas em julgado" (ARE 638.195).

Assim, **a não incidência de juros de mora** durante o período previsto na SV 17 (qual seja, até o final do exercício financeiro seguinte ao da apresentação, que deve ocorrer até 1.º de julho do exercício anterior, independentemente do momento em que for feito o pagamento — art. 100, § 5.º, CF/88) **justifica-se pelo fato de o devedor não estar em mora** diante da autorização da Constituição.

CUIDADO: devemos alertar que esse entendimento firmado pelo STF na SV 17 **poderá ser revisto** nos termos da proposta de revisão encaminhada pelo Conselho Federal da OAB (**PSV n. 111**, pendente de julgamento).

Em primeiro lugar, o art. 100, § 12, introduzido pela EC n. 62/2009, expressamente admite, a partir da promulgação da referida emenda, além da **atualização** de valores de requisitório, após sua expedição, até o efetivo pagamento, a **incidência de juros** para **compensação da mora** (ou seja, em nosso entender, os juros da mora) (sobre o tema, cf. ADIs 4.357 e 4.425 e discussão no *item 11.12.6*).

Em segundo lugar, o STF, ao julgar o **RE 579.431**, firmou a seguinte tese: "incidem os **juros da mora** no período compreendido entre a data da realização dos cálculos e a da requisição ou do precatório", que, naturalmente, é momento distinto daquele ordinário previsto no art. 100, § 5.º, CF/88 (j. 19.04.2017 — *tema 96* da repercussão geral).

Outro ponto que poderá repercutir sobre a SV 17, justificando a sua revisão, é a introdução do art. 100, § 20, CF/88, pela **EC n. 94/2016**, ao estabelecer que, caso haja precatório com valor superior a 15% do montante dos precatórios apresentados nos termos do referido § 5.º do art. 100, **15%** do valor desse precatório serão pagos até o final do exercício seguinte e o restante em parcelas iguais nos 5 exercícios subsequentes, **acrescidas de juros de mora** e **correção monetária**, ou mediante acordos diretos, perante Juízos Auxiliares de Conciliação de Precatórios, com redução máxima de 40% do valor do crédito atualizado, desde que em relação ao crédito não penda recurso ou defesa judicial e que sejam observados os requisitos definidos na regulamentação editada pelo ente federado.

Nos termos do art. 100, § 6.º, as dotações orçamentárias e os créditos abertos serão consignados diretamente ao Poder Judiciário, cabendo ao Presidente do Tribunal que proferir a decisão exequenda determinar o pagamento integral e autorizar, a requerimento do credor e exclusivamente para os casos de preterimento de seu direito de precedência ou de não alocação orçamentária do valor necessário à satisfação do seu débito, o **sequestro** da quantia respectiva.

Malgrado o entendimento de os bens públicos serem impenhoráveis, a nosso ver, o referido sequestro pode dar-se tanto sobre a quantia indevidamente recebida pelo credor beneficiado como sobre as rendas da Fazenda Pública infratora, segundo decisão do Pleno do STF no julgamento do RE 82.456-RJ, de 07.06.1979 (*RTJSTF* 96/651).

A EC n. 62/2009 mantém a regra introduzida pela EC n. 30/2000 ao determinar (art. 100, § 7.º) que o Presidente do Tribunal competente incorrerá em **crime de responsabilidade** se, por ato comissivo ou omissivo, retardar ou tentar frustrar a liquidação regular de precatórios, **respondendo**, também, perante o **CNJ**.

Identificadas essas regras gerais sobre a matéria, passamos a analisar as formas de pagamentos devidos pelas Fazendas Públicas Federal, Estaduais, Distrital e Municipais, em virtude de sentença judiciária. Vejamos:

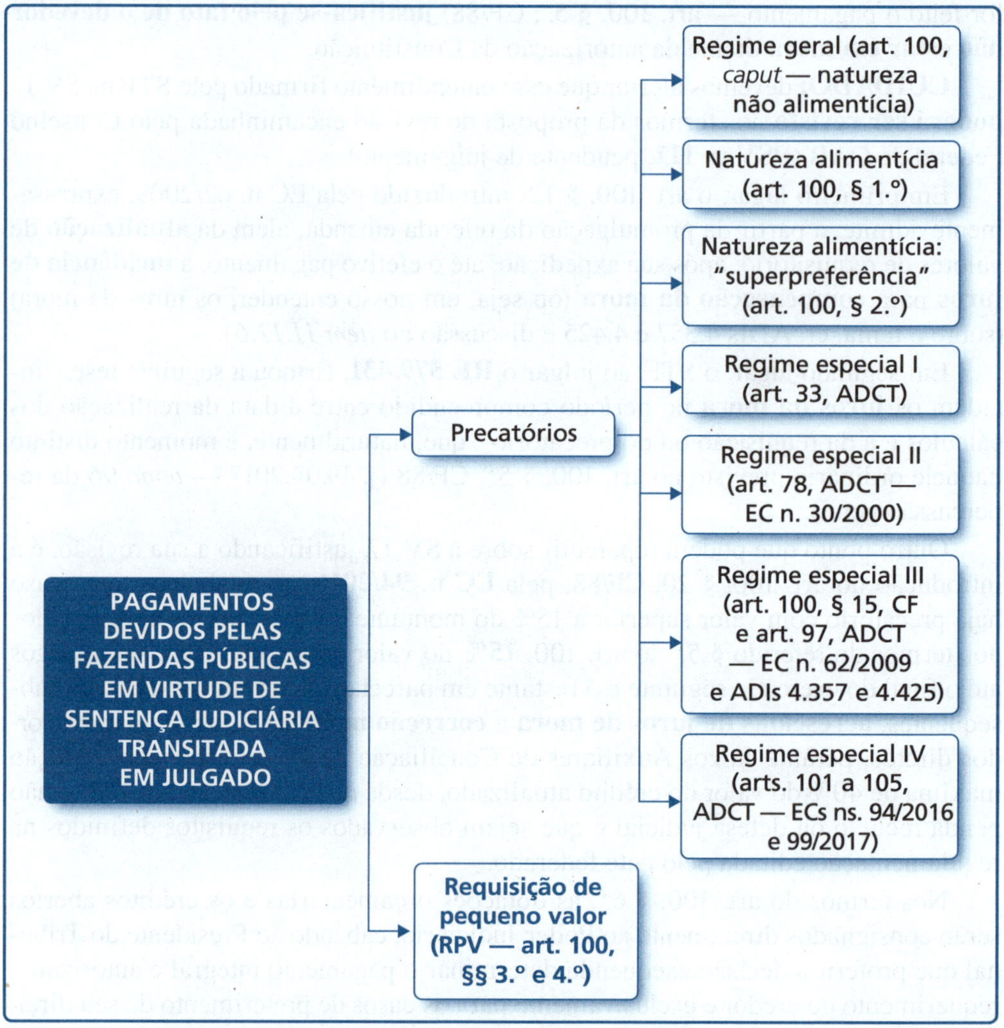

■ 11.12.2. Espécies de precatórios: regra geral (natureza não alimentícia) e os de natureza alimentícia

Existem duas espécies de precatórios, os de **natureza não alimentícia** (regra geral) e os de **natureza alimentícia**. Estes serão pagos preferencialmente (com a **exceção do art. 100, § 2.º**, introduzido pela EC n. 62/2009 e modificado pela EC n. 94/2016), também mediante precatórios, mas obedecendo a uma ordem própria, conforme, inclusive, reforçam a **S. 655/STF**[106] e o art. 6.º, § 1.º, da Lei n. 9.469/97.[107]

---

[106] **S. 655/STF:** "A exceção prevista no art. 100, '*caput*', da Constituição, em favor dos créditos de natureza alimentícia, **não dispensa a expedição de precatório**, limitando-se a isentá-los da observância da ordem cronológica dos precatórios decorrentes de condenações de outra natureza".

[107] **Lei n. 9.469/97:** "Art. 6.º Os pagamentos devidos pela Fazenda Pública federal, estadual ou municipal e pelas autarquias e fundações públicas, em virtude de sentença judiciária, far-se-ão, exclusivamente,

A EC n. 30/2000, ao acrescentar o § 1.º-A ao art. 100 da CF/88, definiu os débitos de natureza alimentícia, **conceito** mantido pela EC n. 62/2009, agora no art. 100, § 1.º, como sendo "... aqueles decorrentes de salários, vencimentos, proventos, pensões e suas complementações, benefícios previdenciários e indenizações por morte ou invalidez, fundadas em responsabilidade civil, em virtude de sentença judicial transitada em julgado".

Interpretou o STF que "a definição contida no § 1.º-A do art. 100 da Constituição Federal (agora § 1.º), de crédito de natureza alimentícia, **não é exaustiva**. (...). Conforme o disposto nos arts. 22 e 23 da Lei n. 8.906/94, os **honorários advocatícios** incluídos na condenação pertencem ao advogado, consubstanciando prestação alimentícia cuja satisfação pela Fazenda ocorre via precatório, observada ordem especial restrita aos créditos de natureza alimentícia (...)" (RE 470.407, Rel. Min. Marco Aurélio, j. 09.05.2006, 1.ª Turma). No mesmo sentido: AI 732.358-AgR, Rel. Min. Ricardo Lewandowski, j. 30.06.2009, 1.ª Turma, *DJE* de 21.08.2009.

Assim, em momento seguinte, a Corte deixou claro que os honorários advocatícios, por serem de titularidade do advogado, são executados **autonomamente**, independentemente do valor principal a ser recebido pelo cliente, não estando a ele vinculados. Reconhecido o caráter **autônomo** e também **alimentar**, a sua execução, quando for o caso de obrigação definida em lei como de pequeno valor, não afronta a regra contida no art. 100, § 8.º, que proíbe o fracionamento dos precatórios (**RE 564.132**, j. 30.10.2014).

Nessa linha das decisões da Corte, destacamos o art. 85, § 14, do CPC/2015, que deixa claro: "os honorários constituem **direito do advogado** e têm **natureza alimentar**, com os mesmos privilégios dos créditos oriundos da legislação do trabalho, sendo vedada a compensação em caso de sucumbência parcial".

Todo esse entendimento está consagrado na **SV 47** (*DJE* de 02.06.2015), ao estabelecer que "os **honorários advocatícios incluídos na condenação** ou **destacados do montante principal** devido ao credor consubstanciam verba de **natureza alimentar** cuja satisfação ocorrerá com a **expedição de precatório** ou **requisição de pequeno valor, observada ordem especial restrita aos créditos dessa natureza**".

CUIDADO: um alerta deve ser feito em relação a esse tema. A **SV 47** fala em "honorários advocatícios incluídos na **condenação**". Assim, o STF tem alguns julgados fazendo a distinção entre **honorários de sucumbência** (em razão da condenação) e **honorários contratuais**, que, com natureza distinta, decorreriam de negócio jurídico firmado entre as partes e não de condenação judicial.

Esse tema ainda precisa ser analisado pelo Pleno do STF (pendente o enfrentamento específico), mas já existem algumas decisões em reclamação constitucional no sentido de não se admitir o tratamento destacado dos honorários contratuais (que não se confundem com os honorários incluídos na condenação), determinando a sua

---

na ordem cronológica da apresentação dos precatórios judiciários e à conta do respectivo crédito. § 1.º É assegurado o direito de preferência aos credores de obrigação de **natureza alimentícia**, obedecida, entre eles, a ordem cronológica de apresentação dos respectivos **precatórios judiciários**".

integração à requisição de pagamento com o valor da dívida e, dessa forma, não se permitindo o fracionamento da execução.[108]

11.12.3. Sistemática da "superpreferência" — art. 100, § 2.º (EC n. 62/2009)

Conforme se apontou, os precatórios de **natureza alimentícia** terão **preferência** sobre todos os demais débitos, **exceto** sobre aqueles mencionados no art. 100, § 2.º.

Esse dispositivo, novidade introduzida pela **EC n. 62/2009** e aprimorada pela **EC n. 94/2016** (que alterou o texto para adequar a regra constitucional ao reconhecimento da inconstitucionalidade declarada pelo STF em relação à redação dada pela EC n. 62/2009, além de ampliar as hipóteses de **"superpreferência"**), estabeleceu que os **débitos de natureza alimentícia** cujos titulares, **originários ou por sucessão hereditária**, tenham **60 anos de idade**, ou sejam **portadores de doença grave**, ou **pessoas com deficiência**, assim definidos na forma da lei, serão pagos com **preferência** sobre todos os demais débitos, até o valor equivalente ao **triplo** fixado em lei para os fins do disposto no § 3.º (débitos de pequeno valor) do art. 100, admitido o **fracionamento** para essa finalidade, sendo que **o restante será pago na ordem cronológica de apresentação do precatório.**

Na redação original introduzida pela EC n. 62/2009, a aferição da idade para fins da preferência se dava "na data de expedição do precatório", não admitindo a "superpreferência", contudo, nas hipóteses em que o credor viesse a completar a idade.

O STF, no julgamento das **ADIs 4.357** e **4.425**, na linha da crítica que já fazíamos em edições anteriores, declarou inconstitucional referida expressão *"na data de expedição do precatório"*, pois, "enquanto baliza temporal para a aplicação da preferência no pagamento de idosos, **ultraja a isonomia** (CF, art. 5.º, *caput*) entre os cidadãos credores da Fazenda Pública, na medida em que discrimina, sem qualquer fundamento, aqueles que venham a alcançar a idade de sessenta anos não na data da expedição do precatório, mas sim posteriormente, enquanto pendente este e ainda não ocorrido o pagamento".[109]

Como se observou, a **EC n. 94/2016**, ao alterar a redação do art. 100, § 2.º, ampliando as hipóteses de "superpreferência" para as pessoas com deficiência, na forma da lei, retirou a referida expressão ("na data da expedição do precatório"), além de deixar claro que as 3 hipóteses apontadas devem ser observadas não apenas em rela-

---

[108] Cf. **RCL 26.243**, Rel. Min. Edson Fachin, julgamento monocrático e final em 30.03.2017, *DJE* de 03.04.2017. Cf., também, concessão de medida acauteladora pela Min. Rosa Weber na **RCL 26.241**, j. 22.03.2017, tendo sido julgada procedente em parte no sentido da ratificação da liminar (j. 07.02.2020). Nesse sentido, cf., ainda, RCL 22.187 e os seguintes precedentes judiciais, tomados em **decisão monocrática**: RCL 27.880/RS, Rel. Min. Edson Fachin, *DJE* de 01.09.2017; RCL 28.030, Rel. Min. Ricardo Lewandowski, *DJE* de 01.09.2017; RCL 28.084, Rel. Min. Gilmar Mendes, *DJE* de 28.08.2017; RCL 28.047, Rel. Min. Dias Toffoli, *DJE* de 28.08.2017; RCL 22.710, Rel. Min. Celso de Mello, *DJE* de 14.08.2017. Conforme dito, contudo, ainda não existe discussão específica e pontual pelo Pleno do STF, apesar da edição da SV 47 (pendente).

[109] ADI 4.357 e ADI 4.425, Rel. p/ o ac. Min. Luiz Fux, j. 13 e 14.03.2013, Plenário, *DJE* de 26.09.2014.

ção aos débitos de natureza alimentícia cujos titulares sejam originários, mas também em relação àqueles que receberam o crédito por **sucessão hereditária**.

Determinou-se (tanto a EC n. 62/2009 como a EC n. 94/2016), portanto, uma preferência sobre aquela que já existia (e por isso denominamos "superpreferência"), ou seja, dentre os **créditos de natureza alimentícia**, aqueles que foram expedidos em uma das três situações indicadas na Constituição terão preferência sobre os demais, também de natureza alimentícia, quais sejam, os créditos, originários ou por sucessão hereditária, cujos titulares:[110]

- tenham **60 anos de idade** ou mais;
- sejam **portadores de doença grave**, na forma da lei; ou
- sejam **pessoas com deficiência**, na forma da lei.

■ 11.12.4. Compensação de precatório com débitos tributários — inconstitucionalidade reconhecida pelo STF (EC n. 62/2009) e disposições estabelecidas pela EC n. 94/2016

Nos termos do art. 100, § 9.º, *introduzido pela EC n. 62/2009*, no momento da expedição dos precatórios, independentemente de regulamentação, deles **deverá** ser abatido, a título de **compensação**, valor correspondente aos **débitos líquidos e certos, inscritos ou não em dívida ativa e constituídos contra o credor original pela Fazenda Pública devedora, incluídas parcelas vincendas de parcelamentos**, *ressalvados* aqueles cuja execução esteja suspensa em virtude de contestação administrativa ou judicial.

Conforme afirmamos em edições anteriores, estávamos diante do instituto da **compensação forçada**, o que desnatura a sua essência, além da problemática de haver contestação do valor a ser supostamente compensado, por exemplo, em razão de eventual prescrição.

O STF, de maneira acertada, declarou **inconstitucional** essa sistemática, especialmente por haver exclusivo proveito da Fazenda Pública. Conforme ficou estabelecido na ementa do acórdão, o regime de compensação dos débitos da Fazenda Pública inscritos em precatórios, previsto nos §§ 9.º e 10 do art. 100 da Constituição Federal, incluídos pela EC n. 62/2009, embaraça a efetividade da jurisdição (CF, art. 5.º, XXXV), desrespeita a coisa julgada material (CF, art. 5.º, XXXVI), vulnera a separação dos poderes (CF, art. 2.º) e ofende a isonomia entre o Poder Público e o particular (CF, art. 5.º, *caput*), cânone essencial do Estado Democrático

[110] O STF declarou **constitucional** essa sistemática da **"superpreferência"**: "o **pagamento prioritário**, até certo limite, de precatórios devidos a titulares idosos ou que sejam portadores de doença grave (ou que sejam pessoas com deficiência, acrescente-se, em razão da ampliação introduzida pela EC n. 94/2016, inexistente à época do julgamento), **promove**, com razoabilidade, a **dignidade da pessoa humana** (CF, art. 1.º, III) e a **proporcionalidade** (CF, art. 5.º, LIV), situando-se dentro da margem de conformação do legislador constituinte para operacionalização da novel preferência subjetiva criada pela EC n. 62/2009" (ADI 4.357 e ADI 4.425).

de Direito (CF, art. 1.º, *caput*) (**ADIs 4.357** e **4.425**). Esse entendimento pela inconstitucionalidade também se aplica aos valores envolvidos que estejam sujeitos ao regime de pagamento por requisição de pequeno valor (**RPV**) (**RE 657.686**, j. 23.10.2014, *DJE* de 05.12.2014).

Cabe observar que o STF, resolvendo questão de ordem suscitada pelo Min. Luiz Fux, **modulou os efeitos da decisão** proferida nas referidas ADIs e, sobre o tema da **compensação** enquanto forma alternativa de pagamento, considerou-a válida somente até a referida data, qual seja, **25.03.2015**, a partir da qual **não será mais possível a quitação de precatórios por tal modalidade**.

Diante dessa decisão, a **EC n. 94/2016**, buscando adequar o novo regime de pagamento de precatórios então introduzido (art. 101, ADCT) ao entendimento do STF no julgamento das mencionadas ADIs, disposição essa mantida pela **EC n. 99/2017**, estabeleceu que, enquanto viger referido regime de pagamento de precatórios, é **facultada** aos **credores** de precatórios, próprios ou de terceiros (e não à Fazenda Pública, como estabelecido no art. 100, § 9.º, declarado inconstitucional), a **compensação** com débitos de natureza tributária ou de outra natureza que, até **25.03.2015** (data fixada pelo STF na modulação), tenham sido inscritos na dívida ativa dos Estados, do Distrito Federal ou dos Municípios, observados os requisitos definidos em lei própria do ente federado.

Os Estados, o Distrito Federal e os Municípios deverão regulamentar nas respectivas leis essa disposição estabelecida no art. 105, *caput*, do ADCT em até 120 dias a partir de 1.º.01.2018. Decorrido esse prazo sem a regulamentação prevista, ficam os credores de precatórios autorizados a exercer a mencionada faculdade.

Em razão de apelo feito pela *Frente Nacional de Prefeitos*, foi introduzido um parágrafo único no art. 105 do ADCT, renumerado para § 1.º pela EC n. 99/2017, explicitando não se aplicar às referidas compensações qualquer tipo de vinculação, como as transferências a outros entes e as destinadas à educação, à saúde e a outras finalidades.

■ 11.12.5. Utilização de precatórios para compra de imóveis públicos

De acordo com o art. 100, § 11, é facultada ao credor, conforme estabelecido em lei da entidade federativa devedora, a entrega de créditos em precatórios para compra de imóveis públicos do respectivo ente federado.

■ 11.12.6. Atualização de valores de requisitórios de acordo com os índices da caderneta de poupança — inconstitucionalidade reconhecida pelo STF

A *EC n. 62/2009* introduziu regra bastante complicada em relação à atualização de valores de requisitórios.

A partir da promulgação da referida EC, a **atualização** de valores de requisitórios, após sua expedição, até o efetivo pagamento, **independentemente de sua natureza**, será feita pelo **índice oficial de remuneração básica da caderneta de poupança**, e, para fins de **compensação da mora**, incidirão **juros simples** no mesmo percentual de juros incidentes sobre a **caderneta de poupança**, ficando **excluída a incidência de juros compensatórios** (art. 100, § 12).

Conforme chegamos a afirmar, essa nova regra **retira** do Poder Judiciário a possibilidade de proceder à efetiva recomposição do valor da moeda com o escopo de preservar o seu poder aquisitivo original. Isso porque atrela, independentemente do valor da inflação, o pagamento à correção da caderneta de poupança.

Ainda, viola o **princípio da isonomia**, pois, se por um lado os **débitos** do poder público são corrigidos pela **poupança**, os seus **créditos**, pela regra atual, são atualizados pela taxa **SELIC**, com correções muito superiores aos índices da poupança.

E, ainda, vislumbramos violação ao **princípio da segurança jurídica** decorrente da **proibição de ofensa à coisa julgada**, pois a nova emenda, delimitando a forma de correção, certamente viola outros critérios de atualização porventura já fixados em sentenças transitadas em julgado.

Toda essa argumentação veio a ser reconhecida pelo STF no julgamento das **ADIs 4.357** e **4.425**, declarando a **inconstitucionalidade** das expressões "índice oficial de remuneração básica da caderneta de poupança" e "independentemente de sua natureza", constantes do § 12, do art. 100 da CF, com a redação dada pela EC n. 62/2009.[111]

Devemos alertar, contudo, que, no julgamento de questão de ordem suscitada pelo Min. Luiz Fux, o STF, **modulando os efeitos da decisão**, conferiu eficácia prospectiva à declaração de inconstitucionalidade dos seguintes aspectos da ADI, fixando como marco inicial a data de conclusão do julgamento da referida questão de ordem **(25.03.2015)** e mantendo-se válidos os precatórios expedidos ou pagos até essa data, a saber:

- "fica mantida a aplicação do índice oficial de remuneração básica da caderneta de poupança (TR), nos termos da Emenda Constitucional n. 62/2009, até 25.03.2015, data após a qual (i) os créditos em precatórios deverão ser corrigidos pelo Índice de Preços ao Consumidor Amplo Especial (IPCA-E) e (ii) os precatórios tributários deverão observar os mesmos critérios pelos quais a Fazenda Pública corrige seus créditos tributários;" e
- "ficam resguardados os precatórios expedidos, no âmbito da administração pública federal, com base nos arts. 27 das Leis n. 12.919/13 e n. 13.080/15, que fixam o IPCA-E como índice de correção monetária".

11.12.7. Cessão dos créditos em precatórios a terceiros e a possibilidade de assunção de débitos diretamente pela União

O credor poderá ceder, total ou parcialmente, seus créditos em precatórios a terceiros, **independentemente da concordância do devedor**, não se aplicando ao cessionário o disposto nos §§ 2.º e 3.º do art. 100, qual seja, a sistemática do privilé-

111 "EMENTA: 5. A **atualização monetária dos débitos fazendários inscritos em precatórios segundo o índice oficial de remuneração da caderneta de poupança viola o direito fundamental de propriedade** (CF, art. 5.º, XXII) na medida em que é manifestamente incapaz de preservar o valor real do crédito de que é titular o cidadão.

gio dos créditos de natureza alimentícia para aqueles com 60 anos de idade ou mais, ou portadores de doença grave, ou pessoas com deficiência, assim definidos na forma da lei, ou a desnecessidade do precatório para as obrigações definidas em lei como de pequeno valor.

A cessão de precatórios somente produzirá **efeitos** após **comunicação**, por meio de petição protocolizada, ao tribunal de origem e à entidade devedora.

Apesar da nova regra, nos termos do art. 5.º da *EC n. 62/2009*, ficam **convalidadas** todas as **cessões** de precatórios **efetuadas antes de sua promulgação**, independentemente da concordância da entidade devedora.

De acordo com o art. 100, § 16, a seu critério exclusivo e na forma da lei, a **União** poderá **assumir débitos**, oriundos de precatórios, de Estados, Distrito Federal e Municípios, refinanciando-os diretamente.

■ 11.12.8. Aferição mensal, em base anual, do comprometimento das receitas correntes líquidas com o pagamento de precatórios e obrigação de pequeno valor (EC n. 94/2016)

De acordo com o art. 100, § 17, CF/88, introduzido pela **EC n. 94/2016**, a União, os Estados, o Distrito Federal e os Municípios aferirão **mensalmente**, em base anual, o comprometimento de suas **respectivas receitas correntes líquidas** com o **pagamento de precatórios** e **obrigações de pequeno valor**.

E o que deve ser entendido como receita corrente líquida?

Entende-se como **receita corrente líquida** o somatório das receitas tributárias, patrimoniais, industriais, agropecuárias, de contribuições e de serviços, de transferências correntes e outras receitas correntes, incluindo as oriundas do § 1.º do art. 20 da Constituição Federal, verificado no período compreendido pelo segundo mês imediatamente anterior ao de referência e os 11 meses precedentes, excluídas as duplicidades, e deduzidas (art. 100, § 18):

- na União, as parcelas entregues aos Estados, ao Distrito Federal e aos Municípios por determinação constitucional;
- nos Estados, as parcelas entregues aos Municípios por determinação constitucional;
- na União, nos Estados, no Distrito Federal e nos Municípios, a contribuição dos servidores para custeio de seu sistema de previdência e assistência social e as receitas provenientes da compensação financeira referida no § 9.º do art. 201 da Constituição Federal.

Caso o montante total de débitos decorrentes de condenações judiciais em precatórios e obrigações de pequeno valor, em período de 12 (doze) meses, ultrapasse a média do comprometimento percentual da receita corrente líquida nos 5 (cinco) anos imediatamente anteriores, a parcela que exceder esse percentual poderá ser financiada, excetuada dos limites de endividamento de que tratam os incisos VI e VII do art. 52 da Constituição Federal e de quaisquer outros limites de endividamento previstos, não se aplicando a esse financiamento a vedação de vinculação de receita prevista no inciso IV do art. 167 da Constituição Federal (art. 100, § 19, CF/88).

■ 11.12.9. Regime especial I: art. 33, ADCT (poder constituinte originário)

Conforme estabelece o art. 33, ADCT, ressalvados os créditos de natureza alimentar, o valor dos precatórios judiciais **pendentes de pagamento na data da promulgação da Constituição**, incluído o remanescente de juros e correção monetária, poderá ser pago em moeda corrente, com atualização, em prestações anuais, iguais e sucessivas, no prazo máximo de **8 anos**, a partir de 1.º de julho de 1989, por decisão editada pelo Poder Executivo até 180 dias da promulgação da Constituição.

Para o cumprimento dessa disposição, poderão as entidades devedoras emitir, em cada ano, no exato montante do dispêndio, títulos da dívida pública não computáveis para efeito do limite global de endividamento.

A grande diferença desse regime especial para os que se seguiram (ECs ns. 30/2000, 62/2009 e 94/2016) foi o modo de sua introdução, qual seja, este do art. 33 do ADCT se implementou pela manifestação do poder constituinte originário.

■ 11.12.10. Regime especial II: art. 78, ADCT (EC n. 30/2000)

A **EC n. 30/2000**, ao acrescentar o **art. 78 ao ADCT**, estabeleceu criticada moratória, que, inclusive, está sendo discutida no STF (**ADIs ns. 2.356** e **2.362**), tendo havido deferimento dos pedidos das medidas cautelares, em **25.11.2010**, suspendendo referido dispositivo até o julgamento final das ADIs (cf. *Inf. 610/STF* — **mérito pendente de julgamento**).

De acordo com a regra, ressalvados os créditos definidos em lei como de pequeno valor, os de natureza alimentícia, os de que trata o art. 33 do ADCT e suas complementações e os que já tiverem os seus respectivos recursos liberados ou depositados em juízo, os precatórios pendentes na data de promulgação da EC n. 30/2000 e os que decorram de ações iniciais ajuizadas até 31 de dezembro de 1999 serão liquidados pelo seu valor real, em moeda corrente, acrescido de juros legais, em prestações anuais, iguais e sucessivas, no prazo máximo de **10 anos**, permitida a cessão dos créditos, bem como a decomposição das parcelas, a critério do credor.

Conforme sustentado pela maioria dos Ministros no julgamento das medidas cautelares, nas ADIs 2.356 e 2.362: "... o Congresso Nacional, ao impor o parcelamento impugnado aos precatórios pendentes de liquidação na data de publicação da referida emenda, incidira em múltiplas transgressões à Constituição, porquanto teria **desrespeitado** a **integridade de situações jurídicas definitivamente consolidadas**, prejudicando, assim, o **ato jurídico perfeito**, a **coisa julgada** e o **direito adquirido**, além de haver violado **o princípio da separação de poderes** e o **postulado da segurança jurídica**" (*Inf. 610/STF* — para leitura completa da ementa e do acórdão, confira a sua publicação no *DJE* de 19.05.2011).

Conforme já afirmamos, há que se diferenciar a moratória introduzida pelo *constituinte originário* (art. 33 do ADCT) daquela instituída pelo *constituinte refor-*

mador, no caso, pela EC n. 30/2000, sendo, assim, mais um argumento para sustentar a liminar deferida, já que, enquanto o primeiro é, do ponto de vista jurídico, incondicionado, o segundo deve observar as cláusulas pétreas.

A título de informação, de acordo com a regra do art. 78, § 3.º, ADCT, **que também está com a sua eficácia suspensa em razão da liminar deferida**, esse prazo máximo de 10 anos citado não se aplica aos precatórios judiciais originários de **desapropriação de imóvel residencial do credor**, desde que comprovadamente **único** à época da imissão na posse, ficando reduzido para **2 anos** (cf. o § 3.º do art. 78 do ADCT).

Referida regra de **parcelamento** pelo prazo de **10 anos** também **não** se aplica, segundo o art. 86 do ADCT, acrescentado pela **EC n. 37/2002**, aos débitos da Fazenda Federal, Estadual, Distrital ou Municipal oriundos de sentenças transitadas em julgado que preencham, **cumulativamente**, as seguintes condições:

- terem sido objeto de emissão de precatórios judiciários;
- terem sido definidos como de **pequeno valor** pela lei de que trata o § 3.º do art. 100 da Constituição Federal ou pelo art. 87 do ADCT;
- estarem, total ou parcialmente, pendentes de pagamento na data da publicação da **EC n. 37/2002**.

Isso significa que referidos débitos deverão ser pagos de acordo com a regra geral prevista no art. 100 da CF/88, na ordem cronológica de apresentação dos respectivos precatórios, com precedência sobre os de maior valor. Excepcionalmente, de acordo com o art. 86, § 2.º, do ADCT, se os débitos ainda não tiverem sido objeto de pagamento **parcial**, nos termos do art. 78 do ADCT, poderão ser pagos em **duas parcelas anuais**, se assim dispuser a lei.

O art. 86, § 3.º, do ADCT, acrescentado pela **EC n. 37/2002**, por seu turno, disciplinando os débitos oriundos das hipóteses definidas no art. 78 do ADCT, determina, de maneira correta, que, observada a ordem cronológica de sua apresentação, **os débitos de natureza alimentícia terão precedência para pagamento sobre todos os demais**.

11.12.11. Regime especial III: art. 100, § 15, da CF/88 e art. 97 do ADCT — inconstitucionalidade reconhecida pelo STF. Modulação dos efeitos da decisão — sobrevida ao regime especial por 5 exercícios financeiros a contar de 1.º.01.2016 (ADIs 4.357 e 4.425-QO, j. 25.03.2015)

Outra novidade (extremamente criticada) introduzida pela *EC n. 62/2009* foi a possibilidade de **lei complementar** estabelecer **regime especial** para pagamento de crédito de precatórios de Estados, Distrito Federal e Municípios, dispondo sobre **vinculações** à **receita corrente líquida** e **forma** e **prazo** de **liquidação**.

Estatui o art. 97, *caput*, do ADCT que até que seja editada a lei complementar de que trata o § 15 do art. 100 da Constituição Federal, os Estados, o Distrito Federal e os Municípios que, na data de publicação da EC n. 62/2009, estejam em **mora** na quitação de **precatórios vencidos**, relativos às suas **administrações direta** e **indireta**, inclusive os emitidos durante o período de vigência do regime especial instituído por este artigo, farão esses pagamentos de acordo com as normas a seguir estabelecidas, sendo inaplicável o disposto no art. 100 da Constituição Federal, exceto em seus §§ 2.º, 3.º, 9.º, 10, 11, 12, 13 e 14, e sem prejuízo dos acordos de juízos conciliatórios já formalizados na data de promulgação da referida Emenda Constitucional.

Por sua vez, o art. 97, § 1.º, I e II, do ADCT faculta ao Chefe do Poder Executivo da entidade federativa devedora optar por duas **formas de pagamento**:

- depósito em **conta especial** do valor referido pelo § 2.º deste artigo; ou
- adoção do **regime especial** pelo prazo de **até 15 anos**, caso em que o percentual a ser depositado na conta especial a que se refere o § 2.º deste artigo corresponderá, anualmente, ao saldo total dos precatórios devidos, acrescido do índice oficial de remuneração básica da **caderneta de poupança** e de **juros simples** no mesmo percentual de juros incidentes sobre a **caderneta de poupança** para fins de compensação da mora, **excluída a incidência de juros compensatórios**, diminuído das amortizações e dividido pelo número de anos restantes no regime especial de pagamento.[112]

Como se vê, além do parcelamento em até 8 anos que já havia sido instituído pelo art. 33 do ADCT e da moratória fixada pela EC n. 30/2000 em até 10 anos (art. 78 do ADCT), a *EC n. 62/2009* estabeleceu **novo** e **desarrazoado parcelamento** de até 15 anos, o que poderia ser caracterizado como o maior e mais desastroso **"calote oficial"** e, ainda, **atrelado a percentuais sobre as receitas correntes líquidas das entidades federativas**, fixados em valores nada razoáveis.

O conceito de **receita corrente líquida** está no art. 97, § 3.º,[113] do ADCT, e, assim, observa-se que quanto mais incompetente for o governante, menor será o volume financeiro para o pagamento dos precatórios.

Para piorar, a esperada observância de pagamento segundo a **ordem cronológica de apresentação dos precatórios** ficou garantida pela *EC n. 62/2009* em apenas **50%** dos valores destinados para o já combatido método de pagamento dos precatórios, o que viola, sem dúvida, o princípio da isonomia.

---

[112] Conforme vimos no *item 11.12.6*, após ter declarado a inconstitucionalidade dessa forma de atualização monetária, o STF modulou os efeitos da decisão proferida nas ADIs 4.357 e 4.425 (efeito *ex nunc*) e manteve a aplicação do índice oficial de remuneração básica da caderneta de poupança (TR), nos termos da EC 62/2009, até **25.03.2015**, data após a qual (i) os créditos em precatórios deverão ser corrigidos pelo Índice de Preços ao Consumidor Amplo Especial (IPCA-E) e (ii) os precatórios tributários deverão observar os mesmos critérios pelos quais a Fazenda Pública corrige seus créditos tributários. Ainda, como desdobramento desse efeito prospectivo, a Corte resguardou os precatórios expedidos, no âmbito da administração pública federal, com base nos arts. 27 das Leis n. 12.919/2013 e n. 13.080/2015, que fixam o IPCA-E como índice de correção monetária.

[113] Art. 97, § 3.º, do ADCT: "Entende-se como **receita corrente líquida**, para os fins de que trata este artigo, o somatório das receitas tributárias, patrimoniais, industriais, agropecuárias, de contribuições e de serviços, transferências correntes e outras receitas correntes, incluindo as oriundas do § 1.º do art. 20 da Constituição Federal, verificado no período compreendido pelo mês de referência e os 11 meses anteriores, excluídas as duplicidades, e deduzidas: I — nos Estados, as parcelas entregues aos Municípios por determinação constitucional; II — nos Estados, no Distrito Federal e nos Municípios, a contribuição dos servidores para custeio do seu sistema de previdência e assistência social e as receitas provenientes da compensação financeira referida no § 9.º do art. 201 da Constituição Federal".

Segundo o Min. Celso de Mello, "a norma consubstanciada no art. 100 da Carta Política (qual seja, acrescente-se, pagamento segundo a *ordem cronológica de apresentação dos precatórios*) traduz um dos mais expressivos postulados realizadores do **princípio da igualdade**, pois busca conferir, na concreção do seu alcance, efetividade à exigência constitucional de tratamento **isonômico** dos credores do Estado..." (ADI 584-MC, Rel. Min. Celso de Mello, *DJ* de 22.05.92).

Os **outros 50%** do dinheiro destinado para o pagamento das dívidas das Fazendas Públicas seriam utilizados, nos termos do art. 97, § 8.º, do ADCT, segundo **opção** a ser exercida pelos Estados, DF ou Municípios devedores, por ato de seu Chefe do Executivo, uma vez que poderão, isolada ou simultaneamente, utilizar os recursos para:

- pagamento dos precatórios por meio do **leilão**;
- pagamento **à vista** de precatórios não quitados na forma do § 6.º e do inciso I do art. 97 do ADCT, em ordem única e crescente de valor por precatório;
- pagamento por **acordo direto com os credores**, na forma estabelecida por lei própria da entidade devedora, que poderá prever criação e forma de funcionamento de câmara de conciliação.

Analisando questão de ordem suscitada pelo Min. Luiz Fux no julgamento das **ADIs 4.357** e **4.425**, em *25.03.2015*, o STF deliberou sobre referidas formas alternativas de pagamento previstas no regime especial:

- consideram-se válidas as compensações, os leilões e os pagamentos à vista por ordem crescente de crédito previstos na EC n. 62/2009, desde que realizados **até 25.03.2015, data a partir da qual não será possível a quitação de precatórios por tais modalidades**;
- decidiram ficar mantida a possibilidade de realização de acordos diretos, observada a ordem de preferência dos credores e de acordo com lei própria da entidade devedora, com redução máxima de 40% do valor do crédito atualizado.

A garantia para o Poder Público está no art. 97, § 13, do ADCT, já que, enquanto Estados, Distrito Federal e Municípios devedores estiverem realizando pagamentos de precatórios pelo regime especial, **não poderão sofrer sequestro de valores**, exceto no caso de não liberação tempestiva dos recursos de que tratam o inciso II do § 1.º e o § 2.º do referido artigo.

O **regime especial de pagamento de precatório** previsto no inciso I do § 1.º do art. 97 vigorará enquanto o valor dos precatórios devidos for **superior** ao valor dos recursos vinculados, nos termos do § 2.º, ou pelo prazo fixo de até 15 anos, no caso da opção prevista no inciso II do § 1.º.

Em edições anteriores, fizemos duras críticas a esse regime "especial" introduzido no art. 97 do ADCT.

Apesar de, em certa medida, a nova emenda ter avançado no sentido de fazer com que muitos governantes comecem a pagar precatórios, saindo de criticada inércia, a reforma, contudo, violou diversos preceitos constitucionais, como a **separação de poderes**, cláusula pétrea, pois, pela nova regra, haverá total desprestígio a decisões judiciais já implementadas, criando **insegurança jurídica** e afronta à **coisa julgada** e ao **direito de propriedade**.

Ainda, a *EC n. 62/2009* afrontou o princípio da **razoável duração do processo** (art. 5.º, LXXVIII), pois estabeleceu uma nova e imoral moratória de famigerados 15 anos.

Por sua vez, a flexibilidade da garantia do pagamento segundo a **ordem cronológica dos precatórios** mostra-se inadequada e temerária, violando direitos e garantias individuais, também cláusulas pétreas.

De modo imoral e irresponsável, a nova emenda **flexibilizou a responsabilidade dos governantes** (e, assim, afrontou um dos princípios sensíveis da Constituição, previsto no art. 34, VII, "a", qual seja, a **República**), desestimulando o pagamento das dívidas das administrações diretas e indiretas e, em afronta à isonomia, criando um mecanismo de tratamento totalmente distinto em relação aos créditos fazendários.

Felizmente, o STF, reconhecendo o disfarçado "calote" oficial, declarou a **inconstitucionalidade do art. 100, § 15**, e de **todo o art. 97 do ADCT**, introduzidos pela EC n. 62/2009 (ADIs 4.357 e 4.425), não mais admitindo referido regime "especial" de pagamento dos precatórios.[114]

Com as nossas críticas, contudo, devemos alertar que o STF, concluindo o julgamento, por maioria e nos termos do voto reajustado do Ministro Luiz Fux (Relator), resolveu **questão de ordem** suscitada e determinou a **modulação dos efeitos da decisão**, dando **sobrevida** ao **regime especial** de pagamento de precatórios instituído pela EC n. 62/2009 por **5 exercícios financeiros a contar de 1.º.01.2016**.

Durante esse período, está mantida a vinculação de percentuais mínimos da receita corrente líquida ao pagamento dos precatórios, bem como as sanções para o caso de não liberação tempestiva dos recursos destinados ao pagamento de precatórios (art. 97, § 10, ADCT).

Finalmente, ao CNJ, além de ter sido atribuída competência para monitorar e supervisionar os pagamentos dos precatórios pelos entes públicos na forma da decisão proferida nas ADIs, foi delegada competência "para que considere a apresentação de proposta normativa que discipline (i) a utilização compulsória de 50% dos recursos da conta de depósitos judiciais tributários para o pagamento de precatórios e (ii) a possibilidade de compensação de precatórios vencidos, próprios ou de terceiros, com o estoque de créditos inscritos em dívida ativa até 25.03.2015, por opção do credor do precatório".

---

[114] "EMENTA: (...). O regime 'especial' de pagamento de precatórios para Estados e Municípios criado pela EC n. 62/2009, ao veicular nova moratória na quitação dos débitos judiciais da Fazenda Pública e ao impor o contingenciamento de recursos para esse fim, viola a cláusula constitucional do Estado de Direito (CF, art. 1.º, *caput*), o princípio da Separação de Poderes (CF, art. 2.º), o postulado da isonomia (CF, art. 5.º), a garantia do acesso à justiça e a efetividade da tutela jurisdicional (CF, art. 5.º, XXXV), o direito adquirido e a coisa julgada (CF, art. 5.º, XXXVI)."

■ 11.12.12. Regime especial IV: arts. 101 a 105, ADCT — ECs ns. 94/2016 e 99/2017

Conforme explicou o Deputado Paulo Teixeira, relator da *PEC n. 74-A/2015*, cuja redação se consolidou na **EC n. 94/2016**, as modificações introduzidas na Constituição em relação a esse **regime especial** tinham por objetivo a adequação ao entendimento fixado pelo STF no julgamento das ADIs 4.357 e 4.425, tanto é que o prazo de sua vigência coincide com a sobrevida dada pela Corte ao regime introduzido pela EC n. 62/2009, nos termos da modulação dos efeitos da decisão (5 exercícios financeiros a contar de 1.º.01.2016 — cf. *item 11.12.11*).

Devemos alertar que a **EC n. 99/2017**, alegando a "dura realidade fiscal dos Estados e Municípios" (Parecer da Comissão Especial da CD, substitutivo da PEC n. 212/2016 do Senado Federal), dilatou referido prazo para 31.12.2024, afrontando, em nosso entender, a decisão judicial estabelecida pelo STF.

De fato, sabemos que o Poder Legislativo pode, por emenda constitucional, superar a jurisprudência da Corte. Contudo, temos dúvidas sobre a constitucionalidade dessa nova prorrogação, constatando que, a todo o momento, a Fazenda Pública não vem honrando com as suas obrigações, tornando o tema do precatório o mais emendado no texto constitucional e, assim, o mais tormentoso.

De todo modo, o regime de pagamentos previsto nos arts. 101 a 105 do ADCT, introduzido pela EC n. 94/2016 e alterado pela EC n. 99/2017, visa à "liquidação de **precatórios em mora** que eram regidos pelo Regime Especial da EC n. 62/2009, e que foram modulados pela decisão do Supremo Tribunal Federal em 25.03.2015" (fls. 2).

De acordo com o art. 101, ADCT, os **Estados**, o **Distrito Federal** e os **Municípios** que, em **25.03.2015**, se encontravam em **mora** no pagamento de seus precatórios quitarão, até **31.12.2024**, seus débitos vencidos e os que vencerão dentro desse período, atualizados pelo Índice Nacional de Preços ao Consumidor Amplo Especial (IPCA-E), ou por outro índice que venha a substituí-lo, depositando mensalmente em conta especial do Tribunal de Justiça local, sob única e exclusiva administração deste, **1/12** do valor calculado percentualmente sobre suas receitas correntes líquidas[115] apuradas no segundo mês anterior ao mês de pagamento, em percentual suficiente para a quitação de seus débitos e, ainda que variável, nunca inferior, em cada exercício, ao percentual praticado na data da entrada em vigor do regime especial a que se refere este artigo, em conformidade com plano de pagamento a ser anualmente apresentado ao Tribunal de Justiça local (redação dada pela EC n. 99/2017).

Enquanto viger o regime especial previsto na EC n. 94/2016, pelo menos **50%** dos recursos que, nos termos do art. 101 do ADCT, forem destinados ao pagamento dos **precatórios em mora** serão utilizados no pagamento segundo a **ordem cronológica de apresentação**, respeitadas as preferências dos créditos alimentares, e, nessas, as relativas à idade, ao estado de saúde e à deficiência, nos termos do § 2.º do art. 100 da Constituição Federal, sobre todos os demais créditos de todos os anos (art. 102, ADCT).

---

[115] O art. 101, § 1.º, ADCT define o conceito de receita corrente líquida.

Essa disposição, inequivocamente, afronta a Constituição, pois garante a observância da ordem cronológica em relação a **apenas** 50% dos recursos destinados ao pagamento dos precatórios em mora. Contudo, conforme já expusemos no *item 11.12.11*, apesar de nulificada pelo STF, essa regra foi preservada por 5 exercícios financeiros a contar de 1.º.01.2016 (modulação dos efeitos da decisão) e, por esse motivo, repetida na EC n. 94/2016.

Conforme sabemos, a **EC n. 99/2017** ampliou esse prazo até **31.12.2024**, o que, certamente, em nosso entender, viola a Constituição (tema pendente de apreciação pelo STF).

A aplicação dos recursos remanescentes, ou seja, os outros 50%, por opção a ser exercida por Estados, Distrito Federal e Municípios, por ato do respectivo Poder Executivo, observada a ordem de preferência dos credores, poderá ser destinada ao pagamento mediante **acordos diretos**, perante Juízos Auxiliares de Conciliação de Precatórios, com redução máxima de 40% do valor do crédito atualizado, desde que em relação ao crédito não penda recurso ou defesa judicial e que sejam observados os requisitos definidos na regulamentação editada pelo ente federado.

A **EC n. 99/2017** acrescentou o § 2.º ao art. 102 do ADCT, estabelecendo que, na vigência do regime especial previsto no art. 101 do ADCT, as preferências relativas à idade, ao estado de saúde e à deficiência serão atendidas até o valor equivalente ao quíntuplo fixado em lei para os fins do disposto no § 3.º do art. 100 da Constituição Federal, admitido o fracionamento para essa finalidade, e o restante será pago em ordem cronológica de apresentação do precatório.

Ainda, seguindo o entendimento fixado pelo STF no julgamento das ADIs 4.357 e 4.425, enquanto viger referido regime de pagamento de precatórios (art. 101, ADCT), é **facultada** aos **credores** de precatórios, próprios ou de terceiros (e não à Fazenda Pública como estabelecido no art. 100, § 9.º, declarado inconstitucional), a **compensação** com débitos de natureza tributária ou de outra natureza que até **25.03.2015** (data fixada pelo STF na modulação dos efeitos da decisão nas referidas ADIs) tenham sido inscritos na dívida ativa dos Estados, do Distrito Federal ou dos Municípios, observados os requisitos definidos em lei própria do ente federado, lembrando que não se aplica a essas compensações qualquer tipo de vinculação, como as transferências a outros entes e as destinadas à educação, à saúde e a outras finalidades (art. 105, ADCT).

A EC n. 99/2017 estabeleceu que os Estados, o Distrito Federal e os Municípios regulamentarão, nas respectivas leis, essa faculdade prescrita no art. 105, ADCT, no prazo de até 120 dias a partir de 1.º de janeiro de 2018. Decorrido esse prazo sem a regulamentação nele prevista, ficam os credores de precatórios autorizados a exercer referida faculdade.

E qual a fonte de recursos para o pagamento dessas dívidas das Fazendas Públicas?

O débito de precatórios será pago com **recursos orçamentários próprios provenientes das fontes de receita corrente líquida referidas no § 1.º do art. 101, ADCT**, e, **adicionalmente**, poderão ser utilizados recursos dos seguintes instrumentos: (art. 101, § 2.º, I a IV, ADCT, introduzido pela EC n. 94/2016 e alterado, com a inclusão do inciso IV, pela EC n. 99/2017):

- **depósitos judiciais e administrativos em dinheiro:** até **75%** dos depósitos judiciais e dos depósitos administrativos em dinheiro referentes a processos judiciais ou administrativos, **tributários** ou **não tributários**, nos quais sejam parte os Estados, o Distrito Federal ou os Municípios, e as respectivas autarquias, fundações e empresas estatais dependentes, mediante a instituição de **fundo garantidor** em montante equivalente a 1/3 dos recursos levantados, constituído pela parcela restante dos depósitos judiciais e remunerado pela taxa referencial do Sistema Especial de Liquidação e de Custódia (Selic) para títulos federais, nunca inferior aos índices e critérios aplicados aos depósitos levantados;
- **demais depósitos judiciais em dinheiro:** até **30%** dos demais depósitos judiciais da localidade sob jurisdição do respectivo Tribunal de Justiça, mediante a instituição de fundo garantidor em montante equivalente aos recursos levantados, constituído pela parcela restante dos depósitos judiciais e remunerado pela taxa referencial do Sistema Especial de Liquidação e de Custódia (Selic) para títulos federais, nunca inferior aos índices e critérios aplicados aos depósitos levantados, destinando-se **a)** no caso do Distrito Federal, 100% desses recursos ao próprio Distrito Federal; **b)** no caso dos Estados, 50% desses recursos ao próprio Estado e 50% aos respectivos Municípios, conforme a circunscrição judiciária onde estão depositados os recursos, e, se houver mais de um Município na mesma circunscrição judiciária, os recursos serão rateados entre os Municípios concorrentes, proporcionalmente às respectivas populações, utilizado como referência o último levantamento censitário ou a mais recente estimativa populacional da Fundação Instituto Brasileiro de Geografia e Estatística (IBGE) (EC n. 99/2017);
- **contratação de empréstimo:** excetuados para esse fim os limites de endividamento de que tratam os incisos VI e VII do *caput* do art. 52 da Constituição Federal e quaisquer outros limites de endividamento previstos em lei, não se aplicando a esses empréstimos a vedação de vinculação de receita prevista no inciso IV do *caput* do art. 167 da Constituição Federal;
- **depósitos em precatórios e requisições diretas de pagamento de obrigações de pequeno valor efetuados até 31.12.2009 e ainda não levantados (fonte adicional introduzida pela EC n. 99/2017):** a totalidade dos depósitos em precatórios e requisições diretas de pagamento de obrigações de pequeno valor efetuados até 31.12.2009 e ainda não levantados, com o cancelamento dos respectivos requisitórios e a baixa das obrigações, assegurada a revalidação dos requisitórios pelos juízos dos processos perante os Tribunais, a requerimento dos credores e após a oitiva da entidade devedora, mantidas a posição de ordem cronológica original e a remuneração de todo o período.

A EC n. 99/2017 inseriu um § 3.º ao art. 101, ADCT, prescrevendo que os recursos adicionais previstos nos incisos I, II e IV do § 2.º do referido artigo serão transferidos **diretamente** pela instituição financeira depositária para a conta especial referida no *caput* do artigo, sob única e exclusiva administração do Tribunal de Justiça local, e essa transferência deverá ser realizada em até **60 dias** contados a partir da entrada em vigor do parágrafo, sob pena de responsabilização pessoal do dirigente da instituição financeira por improbidade.

Outra novidade estabelecida pela EC n. 99/2017 foi a introdução do § 4.º ao art. 101, ADCT, nos seguintes termos: "no prazo de até 6 meses contados da entrada em vigor do regime especial a que se refere este artigo, a União, diretamente, ou por intermédio das instituições financeiras oficiais sob seu controle, disponibilizará aos Estados, ao Distrito Federal e aos Municípios, bem como às respectivas autarquias, fundações e empresas estatais dependentes, **linha de crédito especial para pagamento dos precatórios submetidos ao regime especial de pagamento de que trata este artigo**...", observadas as condições previstas nos incisos I a IV.

Realmente temos muitas dúvidas sobre essas "fórmulas" de captação de recursos, especialmente as duas primeiras, por utilizarem recursos de terceiros para pagamento de dívidas da Fazenda distintas daquela que deu origem ao depósito do dinheiro, além de não se ter a certeza de que, quando for o momento do levantamento do dinheiro, ele ainda estará disponível, por mais que se tenha criado um fundo para essa finalidade. **Em nosso entender, a novidade é flagrantemente inconstitucional!**

Por sua vez, a outra fórmula, qual seja, a possibilidade de empréstimos acima dos limites de endividamento constitucional ou da Lei de Responsabilidade Fiscal, também afronta importantes conquistas de limites de endividamento e pode ser um grande risco para que as Fazendas Públicas continuem gastando errado!

No mesmo sentido, a nova fórmula introduzida pela EC n. 99/2017 (art. 101, § 2.º, IV), muito embora assegure a revalidação dos requisitórios, mostra-se complicada, pois acaba sendo um mecanismo de tomar a receita pelo simples fato de seu não levantamento, sendo que as preocupações já apresentadas para os incisos I e II devem também ser aqui consideradas.

A primeira "fórmula" está sendo questionada no STF na **ADI 5.679**, ajuizada pela PGR em 24.03.2017.

Conforme se sustentou em bem fundamentada petição inicial, "destinar recursos de terceiros, depositados em conta à disposição do Judiciário, à revelia deles, para custeio de despesas ordinárias do Executivo e para pagamento de dívidas da fazenda pública estadual com outras pessoas constitui apropriação do patrimônio alheio, com interferência na relação jurídica civil do depósito e no direito fundamental de propriedade dos titulares dos valores depositados" (fls. 7).[116]

[116] Dentre outros argumentos, a PGR sustenta que há flagrante violação às cláusulas pétreas da Constituição (art. 60, § 4.º, III e IV), destacando-se os seguintes dispositivos que estariam sendo violados: (i) art. 2.º, por afronta à divisão de funções; (ii) art. 5.º, *caput*, e art. 170, II, por ofensa ao direito fundamental de propriedade dos titulares de depósitos; (iii) art. 5.º, XXXV, por violação do direito fundamental de acesso à justiça; (iv) art. 5.º, LIV, por violação do princípio do devido pro-

Ao apreciar o pedido de cautelar, o Min. Barroso salientou a presunção qualificada de constitucionalidade das emendas constitucionais, em razão do seu quórum qualificado para aprovação. Assim, observou que o requerente não demonstrou que o fundo idealizado seria incapaz de assegurar a solvabilidade do sistema, não se demonstrando, também, o risco real para o levantamento dos valores pelos particulares no momento cabível, mantendo, então, o modelo prescrito na reforma constitucional.

Apesar desse entendimento, em 07.06.2017, por meio de decisão monocrática, o Relator deferiu parcialmente a cautelar para o fim de manter a EC n. 94/2016, mas conferir-lhe interpretação conforme à Constituição, a fim de "explicitar, com efeitos vinculantes e gerais, que a utilização dos recursos pelos Estados deve observar as seguintes condições: (i) prévia constituição do fundo garantidor, (ii) destinação exclusiva para quitação de precatórios em atraso até 25.3.2015, e (iii) exigência de que os pertinentes valores sejam transpostos das contas de depósito diretamente para contas vinculadas ao pagamento de precatórios, sob a administração do Tribunal competente, afastando-se o trânsito de tais recursos pelas contas dos Tesouros estaduais e municipais" (ADI 5.679, fls. 12 da decisão, *DJE* de 09.06.2017, pendente a apreciação da liminar pelo Pleno do STF, assim como o julgamento de mérito da ação).

Finalmente, devemos observar que a EC n. 99/2017 explicitou algumas questões a serem observadas na vigência do regime especial previsto no art. 101, ADCT, destacando-se o tratamento diferenciado em relação às preferências relativas à idade, ao estado de saúde e à deficiência (art. 102, § 2.º, ADCT), bem como a vedação de novas desapropriações pelos Estados, pelo Distrito Federal e pelos Municípios, cujos estoques de precatórios ainda pendentes de pagamento, incluídos os precatórios a pagar de suas entidades da administração indireta, sejam superiores a 70% das respectivas receitas correntes líquidas, excetuadas as desapropriações para fins de necessidade pública nas áreas de saúde, educação, segurança pública, transporte público, saneamento básico e habitação de interesse social (art. 103, parágrafo único, ADCT).

■ 11.12.13. Requisição de pequeno valor (RPV): exceção à regra geral do precatório

Introduzida pela EC n. 20/98 e, depois, pela EC n. 30/2000, mantida nas ECs ns. 62/2009 e 94/2016, o constituinte reformador trouxe exceção à regra geral da expedição de precatórios constante do art. 100, *caput* e § 1.º.

Nos termos do art. 100, §§ 3.º e 8.º, da CF/88, a obrigatoriedade da expedição de precatório para o pagamento das dívidas públicas **não se aplica** aos pagamentos de **obrigações** definidas em **lei** como de **pequeno valor** que as Fazendas referidas devam fazer em virtude de sentença judicial transitada em julgado, sendo, contudo, **vedada** a expedição de precatórios complementares ou suplementares de valor pago, bem como o fracionamento, repartição ou quebra do valor da execução para fins de enquadramento de parcela do total em montante que seria considerado de "pequeno valor".

cesso legal substantivo; (iv) art. 5.º, LXXVII, por desrespeito à duração razoável do processo.

Conforme decidiu o STF, "não viola o art. 100, § 4.º (agora § 8.º, com a EC n. 62/2009), da CF (...) o fracionamento do valor da execução em parcelas controversa e incontroversa sem que isso implique alteração do regime de pagamento, que é definido pelo valor integral da obrigação (...). Asseverou-se que a vedação prevista no § 4.º (§ 8.º, acrescente-se) do art. 100, da CF não teria ocorrido no caso e que a obrigatoriedade de sentença transitada em julgado (CF, art. 100, § 1.º — § 5.º com a EC n. 62/2009) fora observada, uma vez que da parte incontroversa não cuidará a sentença dos embargos à execução", sendo, assim, possível a expedição de dois precatórios, um relativo à parte incontroversa e outro, posterior, quando for definido o valor referente à parte controversa (*Inf. 430/STF*, **RE 484.770/RS**, Rel. Min. Sepúlveda Pertence, 06.06.2006).

Entendeu, também, o STF que "... é possível o fracionamento de execução de sentença para expedição de requisição de pequeno valor, quando tratar-se de **litisconsórcio facultativo ativo** e não de ação coletiva intentada por legitimado extraordinário ou substituto processual. Precedentes" (RE 459.506-AgR, Rel. Min. Eros Grau, j. 12.06.2007, 2.ª T., *DJ* de 17.08.2007). No mesmo sentido: RE 501.840-AgR, Rel. Min. Ellen Gracie, j. 15.09.2009, 2.ª T., *DJE* de 09.10.2009, bem como o posicionamento firmado pelo Pleno do STF no julgamento do **RE 568.645**, j. 24.09.2014, *DJE* de 13.11.2014. Como a matéria teve repercussão geral reconhecida, a decisão proferida pela Corte produziu reflexos em relação a pelo menos 1.085 processos que estavam sobrestados — cf. *Notícias STF* de 24.09.2014.

Ainda, admitiu o STF, sem que se caracterizasse violação ao art. 100, § 8.º, da Constituição Federal, a execução individual de sentença condenatória genérica proferida contra a Fazenda Pública em ação coletiva visando à tutela de direitos individuais homogêneos (**ARE 925.754 RG**, Rel. Min. Teori Zavascki, j. 17.12.2015, Pleno, *DJE* de 03.02.2016).

Outro ponto importante foi o reconhecimento da desvinculação entre o débito principal de uma condenação e os **honorários advocatícios** (que possuem caráter alimentar), devendo ser considerados autônomos para efeito da proibição do art. 100, § 8.º, CF/88 (**RE 564.132**, Rel. p/ o ac. Min. Cármen Lúcia, j. 30.10.2014, Pleno, *DJE* de 10.02.2015).

E o que deve ser entendido como obrigação de pequeno valor?

Para os fins do disposto no § 3.º do art. 100 e, assim, a conceituação de **"pequeno valor"**, as entidades de direito público poderão fixar, **por leis próprias** e, portanto, **valores distintos** a cada uma delas, segundo as diferentes **capacidades econômicas**, sendo o **mínimo igual ao valor do maior benefício do regime geral de previdência social** (art. 100, § 4.º).[117]

---

[117] Para se ter um exemplo, o art. 1.º da **Lei n. 10.099/2000**, dando nova redação ao art. 128 da Lei n. 8.213/91, regulamentando o disposto no **art. 100, § 3.º, da CF**, definiu **obrigações de pequeno valor, para a Previdência Social**, como aquelas demandas judiciais que tiverem por objeto o reajuste ou a concessão de benefícios regulados na referida Lei n. 8.213/91, que dispõe sobre os Planos de Benefí-

Dessa forma, a União, por lei federal, definirá o conceito de obrigação de pequeno valor, assim como cada Estado, o DF e cada Município da Federação.

Conforme vimos em nota anterior, por regra geral, no âmbito da **União**, a **Lei n. 10.259/2001** definiu como de "pequeno valor" a obrigação de até **60 salários mínimos**.

E como ficou em relação aos demais entes federativos?

De acordo com o art. 87 do ADCT **(EC n. 37/2002)**, para efeito do que dispõem o § 3.º do art. 100 da Constituição Federal e o art. 78 do ADCT, **serão considerados de pequeno valor, até que se dê a publicação oficial das respectivas leis definidoras pelos entes da Federação**, observado o disposto no § 4.º do art. 100 da Constituição Federal, os débitos ou obrigações consignados em precatório judiciário, que tenham valor igual ou inferior a:

- **40 salários mínimos** para Estados e para o Distrito Federal;
- **30 salários mínimos** para Municípios.

Nesse sentido, o STF entendeu que essa definição de "pequeno valor" "... tem caráter **transitório** e abre margem para que as entidades de direito público (...) disponham livremente sobre a matéria, de acordo com sua capacidade orçamentária" (*Inf. 350/STF*, ADI 2.868/PI). Isso porque esse valor provisório permanece até que o ente federativo legisle e defina o que, para a sua realidade, deve ser entendido como de pequeno valor.

Nessa linha, o art. 100, § 4.º, dispõe que as entidades de direito público definirão, **por leis próprias**, o conceito de "pequeno valor" segundo as suas **capacidades econômicas**. Contudo, deverão, nos termos da novidade introduzida pela EC n. 62/2009, obedecer ao **valor mínimo**, qual seja, o **valor do maior benefício do regime geral da previdência social**.[118]

---

cios da Previdência Social e dá outras providências, cujos valores de execução não sejam superiores a **R$ 5.180,25** por autor, podendo, por opção de cada um dos exequentes, ser quitadas no prazo de até **60 dias**, após a intimação do trânsito em julgado da decisão, **sem necessidade da expedição de precatório**. Outro exemplo foi trazido pela **Lei n. 10.259/2001**, que instituiu os **Juizados Especiais Cíveis e Criminais no âmbito da Justiça Federal**. De acordo com essa lei, compete ao Juizado Especial Cível Federal processar, conciliar e julgar causas de competência da Justiça Federal até o valor de **60 salários mínimos**, considerado **"pequeno valor"**, para efeitos do § 3.º do art. 100 da CF/88, devendo ser pago independentemente de expedição de precatório, mediante mera **requisição judicial** (arts. 3.º, *caput*, e 17 da Lei n. 10.259/2001). No âmbito dos **Juizados Especiais da Fazenda Pública**, que têm por competência processar, conciliar e julgar as causas cíveis de interesse dos Estados, do Distrito Federal, dos Territórios e dos Municípios, até o valor de 60 salários mínimos, até que se dê a publicação das leis definindo o conceito de *obrigação de pagar quantia certa de pequeno valor*, consideram-se como tal **40 salários mínimos**, quanto aos **Estados** e ao **Distrito Federal**, e **30 salários mínimos**, quanto aos **Municípios** (art. 13, § 3.º, da Lei n. 12.153/2009).

118 Nesse sentido de **piso mínimo**, cf. decisão da Min. Rosa Weber ao deferir, em parte, o pedido de liminar para suspender, até o julgamento de mérito, a eficácia do art. 1.º da Lei n. 1.879/2014 do Município de Américo de Campos/SP, *ad referendum* do Tribunal Pleno, que havia definido como de pequeno valor as obrigações de até R$ 1.950,00, portanto, bem inferior ao piso (**ADPF 370**, j.

A título de curiosidade, a partir de **1.º.01.2020**, o salário de benefício foi fixado no valor máximo de **R$ 6.101,06** (cf. Portaria ME n. 914, de 13.01.2020, *DOU* de 14.01.2020).

Dessa forma, a definição se dará por lei específica de cada ente federativo, entre o mínimo (maior benefício do regime geral da previdência social) e o teto (40 salários mínimos para os Estados e o DF e 30 salários mínimos para os Municípios). A necessidade de interpretar o art. 87 do ADCT como **teto** e não como piso é fundamental, pois, do contrário, leis poderiam fixar quantias elevadas e desproporcionais, desvirtuando a regra geral do precatório.

Para se ter um exemplo, a Lei n. 5.250/2002 do Estado do Piauí definiu como de pequeno valor as obrigações de até 5 salários mínimos (lembrando que o piso mínimo previsto no art. 100, § 4.º, CF/88 foi introduzido pela EC n. 62/2009, portanto, em momento seguinte).

O Pleno do STF, ao apreciar a já citada **ADI 2.868**, também antes do piso estabelecido pela EC n. 62/2009, admitiu a "possibilidade de fixação, pelos Estados-membros, de valor referencial inferior ao do art. 87 do ADCT" (j. 02.06.2004).

Naturalmente, a definição do "pequeno valor" deverá ser condizente com a **capacidade econômica** de cada ente federativo, à luz da proporcionalidade e razoabilidade, devendo ser observado o piso mínimo prescrito no art. 100, § 4.º, CF/88, que, conforme visto, introduzido pela EC n. 62/2009, estabeleceu inegável **critério objetivo**.

E por quanto tempo o art. 87 do ADCT vigorará, já que, como se disse, referida norma deve ser entendida como transitória?

Nos termos de sua própria prescrição, a definição de obrigação de "pequeno valor" estabelecida na Constituição deverá valer **até que se dê a publicação oficial das respectivas leis por cada um dos entes da Federação**.

E se os entes da Federação não legislarem?

Nesse caso, de acordo com a regra do art. 87 do ADCT, estabelecida pela **EC n. 37/2002**, o conceito de "pequeno valor" para o pagamento mediante RPV será o ali prescrito, qual seja, o valor igual ou inferior a 40 salários mínimos perante a Fazenda dos Estados e do DF e igual ou inferior a 30 salários mínimos perante a Fazenda dos Municípios. Ou seja, a transitoriedade se eternizará.

Diante desse quadro e da inércia de vários entes da Federação, a **EC n. 62/2009** fixou o **prazo** de **180 dias** para que as entidades de direito público definam, por **leis próprias**, o conceito de débito de pequeno valor (art. 97, § 12, ADCT).

Findo esse prazo, pensamos que não mais poderão legislar sobre o assunto. Trata-se, portanto, de prazo peremptório, pois, do contrário, não haveria sentido a sua prescrição no art. 97, § 12, ADCT, introduzido **7 anos** depois da regra do art. 87, ADCT.

27.09.2016). Em 28.09.2020, o Pleno, por unanimidade, referendou a liminar e julgou o mérito nos seguintes termos, declarando a inconstitucionalidade da referida lei municipal: "desde a promulgação da EC 62/2009, o teto das obrigações de pequeno valor **não pode ser inferior** à importância correspondente **ao maior benefício do regime geral de previdência social** (art. 100, § 4.º, da Lei Maior). Precedente: **ADI 5.100**" (*DJE* de 06.10.2020).

Ou seja, a EC n. 37/2002, para evitar o vácuo, estabeleceu provisoriamente o valor, determinando que houvesse a definição de acordo com a capacidade econômica de cada um. Como depois de 7 anos a imensa maioria dos entes federativos não legislou, a EC n. 62/2009 admitiu essa possibilidade por mais **180 dias**. Ao final, inexistindo lei, não poderia mais haver essa definição (contudo, o que se observa, em razão da crise financeira que passa o país, é uma corrida normativa para o estabelecimento de valores muito aquém do definido na Constituição, pois, como se disse, para essas hipóteses, dispensa-se o precatório).

Esse nosso entendimento, apesar de haver divergência na doutrina, se sustenta na própria redação do art. 97, § 12, ADCT (EC n. 62/2009). Vejamos: **se a lei** a que se refere o § 4.º do art. 100 **não estiver publicada** em até 180 dias contados da data de publicação dessa Emenda Constitucional, **será considerado**, para os fins referidos, em relação a Estados, Distrito Federal e Municípios devedores, **omissos na regulamentação**, o valor de a) 40 salários mínimos para Estados e para o Distrito Federal; b) 30 (trinta) salários mínimos para Municípios.

Ao afirmar **"será considerado"**, não mais se permitirá a sua alteração por lei, pois não faria sentido, se a provisoriedade fosse a regra, ter sido fixado um prazo de 180 dias para fazer o que o art. 87 do ADCT (EC n. 37/2002) já admitia.

Finalmente, temos que fazer mais uma observação: o art. 97 do ADCT foi declarado inconstitucional pelo STF no julgamento das ADIs 4.357 e 4.425. Contudo, a Corte **modulou** os efeitos dessa decisão e deu sobrevida ao referido dispositivo por 5 exercícios financeiros a contar de 1.º.01.2016.

Assim, sustentamos que, ao final desse período, o art. 97, § 12, ADCT deixará de produzir efeitos, passando, então, a valer o entendimento que prevalecia antes do seu advento, qual seja, a regra do art. 87. Nesse momento, se nenhuma outra emenda for aprovada tratando sobre o assunto, os demais entes voltarão a ter a possibilidade de definir, por leis próprias, o conceito de "pequeno valor" para o pagamento de seus débitos sem a necessidade de expedição de precatório. Realmente, um grande tema a ser enfrentado pelo STF (no caso, cf. **ADI 5.440**, pendente).[119]

■ 11.12.14. Débitos das entidades da administração indireta: precatórios?

A aplicação da regra do precatório para o pagamento de débitos das **entidades da administração indireta** vem gerando muita discussão. Por esse motivo, resolvemos analisar as várias hipóteses, buscando organizar a matéria. Vejamos.

■ *11.12.14.1. Pessoas jurídicas da administração indireta de direito público*

Conforme anotou José dos Santos Carvalho Filho, "o sistema do precatório é

[119] A jurisprudência do **TST** é pacífica ao estabelecer que o prazo de **180 dias** é **peremptório** (cf. RR-351-96.2013.5.15.0123, Rel. Min. Augusto César Leite de Carvalho, j. 10.08.2016, 6.ª T., e várias decisões no ano de 2017, como: RR-522-75.2012.5.15.0127, j. 22.03.2017, Rel. Min. José Roberto Freire Pimenta, 2.ª T.; RR-28-91.2013.5.15.0123, j. 29.03.2017, Rel. Min. Walmir Oliveira da Costa, 1.ª T. etc.).

aplicável apenas à Fazenda Pública (art. 100, CF), e no sentido desta evidentemente **não se incluem pessoas administrativas de direito privado**, como as empresas públicas e sociedades de economia mista...".[120]

Dessa forma, dentro da ideia de "Fazenda Pública" o autor insere, naturalmente, "as demais entidades administrativas com tal qualificação, como é o caso das autarquias e das fundações públicas de natureza autárquica".[121]

▪ *11.12.14.2. Pessoas jurídicas da administração indireta de direito privado: atividades sujeitas a monopólio x atividades em regime de concorrência*

Essa distinção doutrinária, contudo, não era o entendimento inicial do STF. Como alerta Carvalho Filho, apesar da regra contida no art. 173, § 1.º, II (que encarrega à lei o estabelecimento do estatuto jurídico da empresa pública, da sociedade de economia mista e de suas subsidiárias que explorem atividade econômica de produção ou comercialização de bens ou de prestação de serviços, dispondo sobre a **sujeição ao regime jurídico próprio das empresas privadas**, inclusive quanto aos direitos e obrigações civis, comerciais, trabalhistas e tributários), **em um primeiro momento**, não se fazendo nenhuma distinção entre aquelas que exercem atividades sujeitas a **monopólio** e aqueloutras que executam atividades em **regime de concorrência**, o entendimento do STF era no sentido de se aplicar a regra do precatório, **indistintamente**.

A Corte entendia, como anota Di Pietro, **de modo genérico**, que "... os bens das empresas estatais de direito privado **prestadoras de serviço público** são impenhoráveis, aplicando-se à entidade o regime dos precatórios previsto no art. 100 da Constituição Federal (...). Portanto, são bens públicos de uso especial não só os bens das autarquias e das fundações públicas, como também os das entidades de direito privado prestadoras de serviços públicos, desde que afetados diretamente a essa finalidade...".[122]

Pedimos vênia, dada a complexidade e importância da matéria, para destacar alguns julgados delimitando essa **orientação inicial** (e genérica) do STF:

> "EMENTA: Distinção entre empresas estatais prestadoras de serviço público e empresas estatais que desenvolvem atividade econômica em sentido estrito. (...). As sociedades de economia mista e as empresas públicas que explorem atividade econômica em sentido estrito estão sujeitas, nos termos do disposto no § 1.º do artigo 173 da Constituição do Brasil, ao regime jurídico próprio das empresas privadas. (...). O § 1.º do artigo 173 da Constituição do Brasil **não se aplica às empresas públicas, sociedades de economia mista e entidades (estatais) que prestam serviço público**" (ADI 1.642, Rel. Min. Eros Grau, j. 03.04.2008, *DJE* de 19.09.2008).

> "EMENTA: À Empresa Brasileira de Correios e Telégrafos, pessoa jurídica equiparada à Fazenda Pública, é aplicável o privilégio da impenhorabilidade de seus bens, rendas e serviços. Recepção do artigo 12 do Decreto-lei n. 509/69 e não incidência da restrição

[120] José dos Santos Carvalho Filho, *Manual de direito administrativo*, 22. ed., p. 485-486.

[121] José dos Santos Carvalho Filho, *Manual de direito administrativo*, 22. ed., p. 1057.

[122] Maria Sylvia Zanella Di Pietro, *Direito administrativo*, 22. ed., p. 461-462.

contida no artigo 173, § 1.º, da Constituição Federal, que submete a empresa pública, a sociedade de economia mista e outras entidades que explorem atividade econômica ao regime próprio das empresas privadas, inclusive quanto às obrigações trabalhistas e tributárias. **Empresa pública que não exerce atividade econômica e presta serviço público da competência da União Federal e por ela mantido**. Execução. **Observância ao regime de precatório**, sob pena de vulneração do disposto no artigo 100 da Constituição Federal" (**RE 220.906**, Rel. Min. Maurício Corrêa, j. 16.11.2000, *DJ* de 14.11.2002. No mesmo sentido: RE 407.099, Rel. Min. Carlos Velloso, j. 22.06.2004, *DJ* de 06.08.2004; RE 230.161-AgR, j. 17.04.2001, *DJ* de 10.08.2001).

CUIDADO: essa questão voltou a ser discutida pelo **STF** no julgamento do **RE 599.628**, no qual, por 7 x 3, definiu-se que a **Eletronorte** (*Centrais Elétricas do Norte do Brasil S/A*), **empresa de economia mista**, por atuar em um **regime de concorrência** e tendo por **objetivo distribuir lucros aos seus acionistas**, não se enquadra no precedente anterior do RE 220.906 (ECT) e, assim, **não se sujeita ao regime de precatórios** (j. 25.05.2011).

Referido caso citado, o da *ECT*, caracterizava-se como hipótese de **monopólio estatal** e de **atuação exclusiva** por parte da *Empresa Brasileira de Correios e Telégrafos*.

No novo precedente, qual seja, no da *Eletronorte*, por sua vez, o modelo de geração e fornecimento de energia admite a **livre-iniciativa** e a **concorrência** e, por isso, deve ser tratado de maneira diversa.

Explicamos: quando o Estado busca o lucro como objetivo principal, no modelo concorrencial, e não se tratando de atividade sujeita a monopólio, dentro da ideia de isonomia com a iniciativa privada (modelo concorrencial), deve despir-se das garantias do pagamento por meio de precatório, que, nos termos do art. 100, *caput*, da CF/88, restringe-se, nesse sentido, aos pagamentos devidos pelas Fazendas Públicas.

Diante do exposto, pedimos vênia para transcrever a ementa do julgamento, alertando os leitores para essa importante distinção feita pelo STF entre modelo concorrencial e atividade sujeita a monopólio (com o destaque para o voto do Min. Marco Aurélio que declarou não aceitar o pagamento por precatório em nenhuma hipótese):

"EMENTA: Os **privilégios da Fazenda Pública são inextensíveis às sociedades de economia mista que executam atividades em regime de concorrência ou que tenham como objetivo distribuir lucros aos seus acionistas**. Portanto, a empresa Centrais Elétricas do Norte do Brasil S.A. (ELETRONORTE) não pode se beneficiar do sistema de pagamento por precatório de dívidas decorrentes de decisões judiciais (art. 100 da Constituição)" (**RE 599.628**, Rel. p/ o ac. Min. Joaquim Barbosa, j. 25.05.2011, Plenário, *DJE* de 17.10.2011, com repercussão geral).

Por outro lado, apenas para deixar bem claro, "as sociedades de economia mista prestadoras de serviço público de atuação própria do Estado e de **natureza não concorrencial** submetem-se ao regime de precatório". Nesses termos, a 2.ª Turma do STF "afirmou que sociedade de economia mista prestadora de serviços de abastecimento de água e saneamento que prestasse serviço público primário e em regime de exclusividade — o qual corresponderia à própria atuação do Estado, sem obtenção de lucro e de capital social majoritariamente estatal — teria direito ao processamento da execução por meio de precatório" (**RE 852.302**, Rel. Min. Dias Toffoli, j. 15.12.2015, 2.ª T., *Inf. 812/STF*).

Em outro interessante precedente, o STF analisou a validade da penhora em bens de pessoa jurídica de direito privado, **realizada anteriormente à sucessão desta pela União**. Tratava-se do caso específico da *Rede Ferroviária Federal S/A (RFFSA)*, sucedida pela União nos termos da Lei n. 11.483/2007.

O Tribunal, ao julgar o caso específico, por unanimidade e nos termos do voto do Relator, apreciando o *tema 355* da repercussão geral, fixou a seguinte tese: "É válida a penhora em bens de pessoa jurídica de direito privado, realizada **anteriormente** à sucessão desta pela União, não devendo a execução prosseguir mediante precatório" (**RE 693.112**, j. 09.02.2017).

A distinção entre atividades sujeitas a monopólio e aquelas em regime de concorrência foi novamente reconhecida pelo Pleno do STF: "é aplicável o regime de precatórios às sociedades de economia mista prestadoras de serviço público próprio do Estado e de natureza não concorrencial" (**ADPF 387**, Rel. Min. Gilmar Mendes, j. 23.03.2017, *DJE* de 25.10.2017).

▪ *11.12.14.3. Autarquias profissionais (autarquias corporativas ou corporações profissionais): fiscalizam o exercício de profissões (exceto a OAB)*

Conforme decidiu o STF, os **conselhos de fiscalização profissional** (conselhos de classe, como CREA, CRM, CRO etc., **exceto a OAB**, que será tratada no item seguinte) são classificados como **autarquias (especiais ou *sui generis*** — apesar de certo "desconforto" do Min. Barroso em assumir esse entendimento — voto oral proferido no julgamento do RE 938.837, j. 19.04.2017, criticando o "excesso de publicização e oficialismo da vida no Brasil"**)**, não se confundindo com a noção de Fazenda Pública, devendo ser **criados por lei** e ostentando **personalidade jurídica de direito público**, com autonomia administrativa e financeira, exercendo, portanto, **atividade tipicamente pública** (arts. 5.º, XIII, e 21, XXIV), no caso, a **fiscalização do exercício profissional** (**RE 539.224**, j. 22.05.2012, 1.ª T.).

Por esse motivo, submetem-se às regras do **concurso público** para a contratação de seus servidores, nos termos do art. 37, II, CF/88 (**RE 611.947 AgR**, j. 04.10.2011, 2.ª T.), e têm o dever de **prestar contas ao TCU** (**MS 22.643**, j. 06.08.1998, Pleno).

Ainda, o **serviço de fiscalização de profissões regulamentadas**, atividade típica de Estado, que abrange o *poder de polícia*, de *tributar* (anuidades cobradas pelas entidades, caracterizando, portanto, o instituto da parafiscalidade[123]) e de *punir*, **não pode ser delegado a entidades privadas**, sob pena de se violar os arts. 5.º,

---

[123] Conforme tese fixada pelo STF, "é inconstitucional, por ofensa ao **princípio da legalidade tributária**, lei que delega aos conselhos de fiscalização de profissões regulamentadas a competência de fixar ou majorar, **sem parâmetro legal**, o valor das contribuições de interesse das categorias profissionais e econômicas, usualmente cobradas sob o título de anuidades, vedada, ademais, a atualização desse valor pelos conselhos em percentual superior aos índices legalmente previstos" (RE 838.284 e RE 704.292, Rel. Min. Dias Toffoli, j. 19.10.2016).

XIII, 22, XVI, 21, XXIV, 70, parágrafo único, 149 e 175, CF/88 (**ADI 1.717**, Rel. Min. Sydney Sanches, j. 07.11.2002, Pleno, *DJ* de 28.03.2003).[124]

Isso posto, pergunta-se: diante de todas as regras estabelecidas pela jurisprudência da Suprema Corte, qual o entendimento em relação aos pagamentos devidos pelos referidos conselhos de fiscalização profissional em virtude de sentença judiciária transitada em julgado?

O Pleno do STF, por maioria, vencido o Ministro Edson Fachin (Relator), apreciando o *tema 877* da repercussão geral, fixou a seguinte tese sobre a matéria: **"os pagamentos devidos, em razão de pronunciamento judicial, pelos Conselhos de Fiscalização não se submetem ao regime de precatórios"** (**RE 938.837**, Pleno STF, j. 19.04.2017, *DJE* de 25.09.2017).[125]

Os conselhos, "por não terem orçamento ou receberem aportes da União, não estão submetidos às regras constitucionais do capítulo de finanças públicas (arts. 163 a 169 da Constituição), o que inviabiliza sua submissão ao regime de precatórios". Nesse sentido, "a **inexistência de orçamento** inviabiliza o cumprimento de uma série de regras dos precatórios, como a exigência de dotações orçamentárias específicas para este fim ou a consignação direta de créditos ao Poder Judiciário. Frisou, ainda, que, caso se entenda que os conselhos integram o conceito de fazenda pública, possíveis débitos dessas entidades autárquicas seriam automaticamente estendidos à fazenda pública federal", o que ensejaria um grave problema (*Notícias STF* de 19.04.2017 e fls. 26 e 27 do acórdão).

Muito embora o STF tenha reconhecido a natureza de autarquia (no caso, especial), **os conselhos de fiscalização profissional não podem ser confundidos com a Fazenda Pública** e, assim, não haveria a possibilidade de interpretação extensiva da regra do precatório prevista no art. 100, CF/88, até porque essa modalidade de pagamento afronta a eficácia imediata das decisões judiciais transitadas em julgado, além de limitar o direito do credor, já que, como todos sabem, o regime de precatórios se mostra totalmente ineficaz, inaugurando uma insuportável "via-crúcis" para o recebimento dos créditos.

A expressão em destaque foi trazida pelo Min. Ayres Britto, ao prescrever que "a **via-crúcis do precatório** passou a conhecer uma nova estação, a configurar arrevesada espécie de terceiro turno processual-judiciário, ou, quando menos, processual-administrativo, com a agravante da não participação da contraparte privada. É como dizer: depois de todo um demorado processo judicial em que o administrado vê reconhecido seu direito de crédito contra a Fazenda Pública (muitas vezes de natureza alimentícia), esta poderá frustrar a satisfação do crédito afinal reconhecido" (**ADI**

---

[124] Por esse motivo, o Pleno do STF declarou inconstitucional o art. 58, *caput* e §§ 1.º a 8.º, com exceção do § 3.º, que foi tido como prejudicado nos termos da apreciação do pedido da medida cautelar, todos da **Lei n. 9.649/98**.

[125] Esse, sem dúvida, o *leading case* sobre a matéria, ou seja, a primeira vez que a Corte enfrentou a discussão sobre a aplicação ou não da regra do precatório (nesse sentido de não ter o STF analisado o assunto, nem mesmo na ADI 1.717, cf. **Rcl 4.645**, Plenário, j. 03.11.2011).

4.357, j. 14.03.2013, fls. 35 do acórdão).

Diante do exposto e nos termos da decisão do STF proferida no **RE 938.837**, a cobrança de débitos dos referidos conselhos de fiscalização profissional deverá se implementar pela regra geral, no caso, pelo **cumprimento de sentença**, não se lhe aplicando o instituto do precatório.

▪ *11.12.14.4. O caso específico da Ordem dos Advogados do Brasil (OAB)*

Conforme interpretou o STF, a **OAB** não se sujeita aos ditames impostos à administração pública direta e indireta, não se caracterizando, portanto, como entidade da administração indireta da União (**ADI 3.026**, Rel. Min. Eros Grau, j. 08.06.2006).

Assim, "a OAB não está sujeita a controle da Administração", sendo uma entidade **autônoma** e **independente**.

Segundo entendeu a Corte, a OAB é um **"serviço público independente"**, "categoria ímpar no elenco das personalidades jurídicas existentes no direito brasileiro" (para aprofundamento em relação ao tema, cf. *item 12.4.1.3*).

Em razão de todas essas características definidas pelo STF no julgamento da referida ADI 3.026, que inclusive a **distinguiu dos demais *conselhos de fiscalização profissional***, apesar de o STF não ter, no julgamento do RE 938.837, tratado sobre o caso específico da OAB (cf. *item 11.12.14.3*, acima), também entendemos não haver a aplicação ao regime de precatórios.

A OAB, além de não se enquadrar como entidade da administração indireta — e esse entendimento jurisprudencial do STF já seria suficiente para afastar a regra do precatório —, também não tem orçamento e não recebe aportes da União, o que enseja a não submissão às regras constitucionais do capítulo de finanças públicas (arts. 163 a 169 da CF/88).

▪ 11.12.15. Intervenção federal ou estadual e não pagamento de precatórios

O desatendimento de um precatório (ordem judicial) por parte do Poder Público devedor poderá ensejar a intervenção **federal** nos Estados e DF, ou Municípios localizados em Territórios Federais, ou **estadual** em seus Municípios, por preencher os requisitos dos arts. 34, VI, e 35, IV, respectivamente, da Constituição Federal. Mas, observe-se, a nosso ver essa situação só se configurará quando não houver inclusão no orçamento da verba específica, já que, sendo esta incluída, caberá o sequestro da quantia necessária à satisfação do débito e não, desde logo, a intervenção executiva.

No entanto, malgrado nosso entendimento, o STF, indeferindo pedido de intervenção, decidiu "... não configurado o descumprimento voluntário ou injustificado da decisão judicial por parte do Estado de São Paulo, haja vista a inexistência de recursos financeiros para tanto" (cf. *Inf. 296/STF*, fev./2003). Nesse sentido, caminha a jurisprudência do STF que deveria, agora, com o mínimo exigido pela *EC n. 62/2009*, ser modificada:

"EMENTA: O descumprimento **voluntário** e **intencional** de decisão transitada em julgado configura **pressuposto indispensável** ao acolhimento do pedido de intervenção federal. A ausência de voluntariedade em não pagar precatórios, consubstanciada na insuficiência de recursos para satisfazer os créditos contra a Fazenda Estadual no prazo previsto no § 1.º (atual § 5.º, acrescente-se) do artigo 100 da Constituição da República, não legitima a subtração temporária da autonomia estatal, mormente quando o ente público, apesar da exaustão do erário, vem sendo zeloso, na medida do possível, com suas obrigações derivadas de provimentos judiciais. Precedentes" (**IF 1.917-AgR**, Rel. Min. Presidente Maurício Corrêa, j. 17.03.2004, *DJ* de 03.08.2007).

"EMENTA: Precatórios judiciais. Não configuração de atuação **dolosa** e **deliberada** do Estado de São Paulo com finalidade de não pagamento. Estado sujeito a quadro de múltiplas obrigações de idêntica hierarquia. **Necessidade de garantir eficácia a outras normas constitucionais, como, por exemplo, a continuidade de prestação de serviços públicos**. A intervenção, como medida extrema, deve atender à máxima da proporcionalidade. Adoção da chamada relação de precedência condicionada entre princípios constitucionais concorrentes" (**IF 298**, Rel. p/ o ac. Min. Gilmar Mendes, j. 03.02.2003, *DJ* de 27.02.2004).

"EMENTA: INTERVENÇÃO FEDERAL. Pagamento de precatório judicial. Descumprimento voluntário e intencional. **Não ocorrência.** Inadimplemento devido a **insuficiência transitória de recursos financeiros**. Necessidade de manutenção de serviços públicos essenciais, garantidos por outras normas constitucionais. Precedentes. Não se justifica decreto de intervenção federal por não pagamento de precatório judicial, quando o fato não se deva a omissão voluntária e intencional do ente federado, mas a insuficiência temporária de recursos financeiros" (**IF 5.101, IF 5.105, IF 5.106, IF 5.114**, Rel. Min. Cezar Peluso, j. 28.03.2012, Plenário, *DJE* de 06.09.2012 e *Inf. 660/STF*).

11.13. CONSELHO NACIONAL DE JUSTIÇA

11.13.1. Aspectos gerais e composição do CNJ

Conforme explica Ricardo Chimenti, "a Constituição Federal de 1967, na redação que lhe foi dada pela Emenda Constitucional 07, de 13.04.1977, trazia o **Conselho Nacional da Magistratura** como órgão do Poder Judiciário. O órgão era composto por **sete ministros do C. Supremo Tribunal Federal**, escolhidos pelos próprios ministros, e sua atribuição era nitidamente **correcional** dos atos praticados pelos Magistrados em geral (arts. 112 e 120 da CF/1967, na redação da EC 07/1977). A Constituição Federal de 1988 **aboliu** o Conselho Nacional da Magistratura e garantiu o autogoverno dos tribunais, os quais passaram a ter competência exclusiva para processar e julgar seus Magistrados em casos de infrações disciplinares (ressalvada a possibilidade de o sancionado buscar respaldo nas vias judiciais)".[126]

[126] Ricardo Cunha Chimenti, in André Ramos Tavares, Pedro Lenza, Pietro de Jesús Lora Alarcón (coord.), *Reforma do Judiciário*, p. 139.

A **Reforma do Judiciário** (EC n. 45/2004), por sua vez, institui o **Conselho Nacional de Justiça**, composto de **15 membros**, com mandato de 2 anos, admitida uma recondução, tendo sido instalado em **14.06.2005**.

Desses 15 membros, 9 pertencem à Magistratura, sendo, dentre os 6 externos, 2 do MP, 2 advogados e 2 cidadãos. Ou, ainda, 9 pertencem ao Judiciário, 4 às funções essenciais (2 membros do MP e 2 da Advocacia) e 2 à sociedade (cidadãos).

Assim, nos termos do art. 103-B, compõem o CNJ:

- o Presidente do Supremo Tribunal Federal **(EC n. 61/2009)**;
- um Ministro do Superior Tribunal de Justiça, indicado pelo respectivo tribunal;
- um Ministro do Tribunal Superior do Trabalho, indicado pelo respectivo tribunal;
- um desembargador de Tribunal de Justiça, indicado pelo Supremo Tribunal Federal;
- um juiz estadual, indicado pelo Supremo Tribunal Federal;
- um juiz de Tribunal Regional Federal, indicado pelo Superior Tribunal de Justiça;
- um juiz federal, indicado pelo Superior Tribunal de Justiça;
- um juiz de Tribunal Regional do Trabalho, indicado pelo Tribunal Superior do Trabalho;
- um juiz do trabalho, indicado pelo Tribunal Superior do Trabalho;
- um membro do Ministério Público da União, indicado pelo Procurador-Geral da República;
- um membro do Ministério Público estadual, escolhido pelo Procurador-Geral da República dentre os nomes indicados pelo órgão competente de cada instituição estadual;
- dois advogados, indicados pelo Conselho Federal da Ordem dos Advogados do Brasil;
- dois cidadãos, de notável saber jurídico e reputação ilibada, indicados um pela Câmara dos Deputados e outro pelo Senado Federal.

A seguir, para facilitar a visualização e memorização, apresentamos quadro a demonstrar que dos 15 integrantes:

- **STF** — indica 2, além do Ministro Presidente, membro **nato**, totalizando 3 Conselheiros;
- **STJ** — indica 3;
- **TST** — indica 3;
- **PGR** — indica 2 (sendo que o membro do MPE deverá ser escolhido dentre os nomes indicados pelo órgão competente de cada instituição estadual);
- **CFOAB** — indica 2;
- **CD** — indica 1;
- **SF** — indica 1.

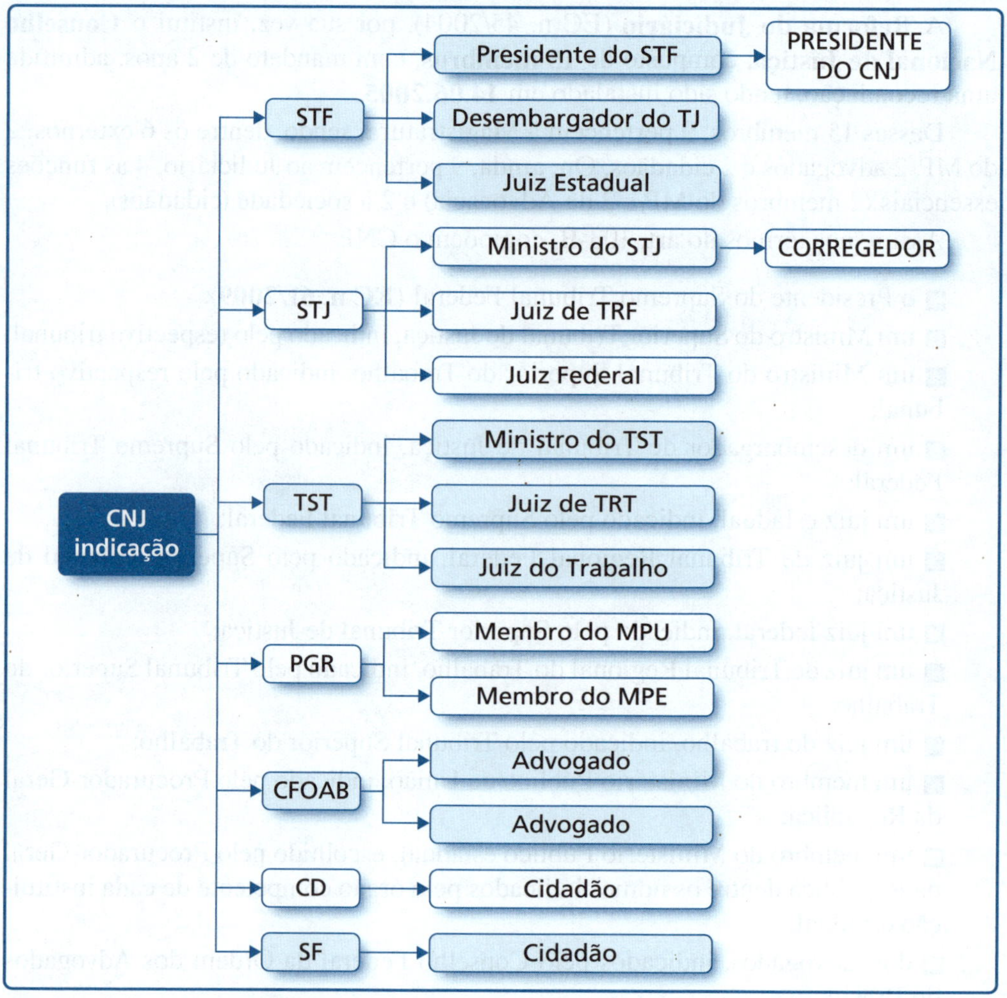

■ 11.13.2. Aperfeiçoamento do CNJ: EC n. 61/2009

A **EC n. 61, de 11.11.2009**, buscou aperfeiçoar o CNJ.

Ao modificar o art. 103-B, I, deixou claro que o CNJ é composto, dentre os seus 15 membros, não por um Ministro do STF (como dizia a redação original da EC n. 45/2004), mas pelo Ministro **Presidente** do STF.

Essa correção, qual seja, o Membro do CNJ não ser qualquer um dos 11 Ministros do STF, mas o seu Presidente (membro nato), prestigia a agilidade na prestação jurisdicional, pois evita que, supostamente, se o indicado para o CNJ não for o Presidente do STF, fiquem 2 Ministros excluídos da distribuição dos processos (na hipótese, o Presidente do STF pela Suprema Corte e o indicado para o CNJ em relação ao Conselho — art. 103-B, § 1.º — em sua **redação original**), o que redundaria na complicada situação de apenas 9 efetivos julgadores no STF.

Transforma-se o Presidente do STF em um **membro nato** do CNJ, não tendo de ser sabatinado pelo Senado Federal, como se exigia anteriormente.

O art. 103-B, § 2.º, disciplina que apenas os **demais** membros do Conselho serão nomeados pelo Presidente da República, depois de aprovada a escolha pela **maioria absoluta** do **Senado Federal** (sabatina). Assim, os Ministros do STJ, TST, enfim, todos os **demais** membros, exceto o Ministro Presidente do STF, enfatize-se, continuam sendo sabatinados pelo SF e nomeados pelo Presidente da República.

Ainda, a EC n. 61/2009 estabeleceu, nos termos do art. 103-B, § 1.º, que o **Conselho** será **presidido** pelo **Presidente do STF** e, nas suas ausências e impedimentos, pelo **Vice-Presidente do STF**, e não mais por um Conselheiro por ele indicado, conforme constava na redação original do art. 23, I, do *RI/CNJ*.[127]

Dessa forma, sendo ocupada a presidência do CNJ por um Ministro do STF, na nova redação, pelo Ministro Presidente do STF, membro nato, a lógica é que a sua substituição (em caso de ausência, impedimento, afastamento, licença etc.) seja pelo Vice-Presidente do STF, e não por outro membro do CNJ, deixando a Presidência sempre atrelada ao órgão de cúpula do Judiciário, qual seja, o STF, e, assim, mantendo o caráter institucional da direção do CNJ (cf. MS 28.003, j. 08.02.2012, Plenário).

Outro ponto coerente da **EC n. 61/2009** foi a retirada do texto da restrição de idade para a composição do CNJ que, na redação original, trazida pela EC n. 45/2004, fixava idade mínima de 35 anos e máxima de 66 anos.

Agora, **não há mais nenhuma restrição**, exceto, é claro, aquela estabelecida para a ocupação originária de cada cargo. O objetivo é adequar-se à fixação de ser o Presidente do Conselho o Ministro Presidente do STF, pois é possível que este ocupe a presidência com mais de 66 anos, o que, pela redação original, o impediria de ocupar o CNJ. Ademais, conforme visto, os membros do CNJ exercem funções temporárias (mandato de 2 anos, admitida uma recondução). Nesse sentido, a **Reforma do Judiciário** não fixou limite mínimo ou máximo de idade para os membros do CNMP (art. 130-A).

Por fim, a **EC n. 61/2009** retira a previsão de que o Ministro do STF, que presidiria o Conselho, votaria apenas em caso de empate (*voto de minerva*) — antiga redação

[127] Cabe observar que a *Emenda Regimental n. 1, de 09.03.2010*, alterou o *RI/CNJ* para se adequar à regra introduzida pela EC n. 61/2009. Assim, de acordo com a nova redação dada ao Regimento Interno: "Art. 23. Os Conselheiros serão substituídos em suas eventuais ausências e impedimentos: I — o **Presidente do Conselho** (que é o Min. Presidente do STF, acrescente-se), pelo **Vice-Presidente do Supremo Tribunal Federal**" (nos exatos termos da regra prevista no art. 103-B, § 1.º, da CF/88). Porém, o art. 23, § 1.º, do *RI/CNJ* estabelece que, no caso de ausência ou impedimento do Presidente do Conselho **e do seu substituto, o Vice-Presidente do STF**, substituirá o Presidente o **Conselheiro** por ele **indicado**. Com o máximo respeito, entendemos que essa regra de substituição em caso de impedimento do substituto do Presidente, que é o Vice-Presidente do STF (e, conforme visto, nem sequer faz parte da composição do CNJ), **viola** a Constituição. A intenção da reforma, buscando manter o caráter institucional da direção, a nosso ver, foi deixar a **presidência do CNJ** "nas mãos" de **Ministro do STF**, mesmo no caso de substituição, o que não se verificará na hipótese indicada na nova redação dada ao art. 23, § 1.º, do *RI/CNJ*.

do art. 103-B, § 1.º, deixando essa matéria mais bem acomodada no **Regimento Interno do CNJ**, conforme consta em seu art. 5.º (*Res. n. 67, de 03.03.2009*, que aprova o Regimento Interno do Conselho Nacional de Justiça e dá outras providências).

■ 11.13.3. Inexistência de regulamentação (critérios objetivos) para a indicação dos membros do CNJ

O constituinte reformador não previu um procedimento formal para a escolha dos membros do CNJ, nem mesmo regras específicas dos requisitos dos que serão indicados. A EC n. 45/2004 trouxe regras apenas sobre quem indica, mas não como indica e quais os critérios.

Consoante o que escrevemos em relação ao CNMP, por outro lado, cf. *item 12.2.10.4*, o art. 130-A, § 1.º, determinou que os membros do *Conselho Nacional do Ministério Público* oriundos do Ministério Público serão indicados pelos respectivos Ministérios Públicos, **na forma da lei**, no caso, da **Lei n. 11.372/2006**, existindo, assim, **critérios mais objetivos e predefinidos** (lembrando que essa definição de critérios, contudo, restringiu-se apenas aos membros do CNMP oriundos do Ministério Público).

Referida regulamentação não se direciona ao CNJ. Parece-nos prudente, contudo, que seja adotada também para a escolha dos membros do *Conselho Nacional de Justiça* oriundos do Ministério Público, especialmente em razão de seu caráter democrático, na medida em que se prevê a elaboração de lista tríplice por meio de participação dos membros da carreira em **processo eletivo** (cf. *itens 12.2.10.2* e *12.2.10.3*).

Retomando em relação ao Conselho Nacional de Justiça, o art. 103-B, XI, dispõe que o membro do Ministério Público estadual integrante do CNJ será escolhido pelo Procurador-Geral da República **dentre os nomes indicados pelo órgão competente de cada instituição estadual**. Mas de que forma se dá essa indicação?

Esse procedimento ainda não foi regulamentado por lei. Há, contudo, a edição do **Ofício CNPG-PRES n. 14/2011**, de lavra do senhor Presidente do *Conselho Nacional dos Procuradores-Gerais do Ministério Público dos Estados e da União*, que adota as regras de formação da lista tríplice por eleição e todo o procedimento previsto para o CNMP nos termos da citada Lei n. 11.372/2006.

Para os demais membros do CNJ, não existem critérios normativos específicos.

Cabe destacar, em relação às vagas ocupadas por **desembargador do TJ** e por **juiz estadual**, sem haver critério objetivo, a edição da **Res. n. 503/2013-STF**, que estabeleceu um denominado "procedimento de escolha e indicação". Na verdade, e temos que reconhecer a definição de mecanismos de maior transparência, referida resolução prevê a publicação de edital e outras formas de comunicação fazendo **"convite"** para o encaminhamento de **currículos** dos interessados que serão colocados, pela Presidência, à disposição dos Ministros da Corte para a escolha em Sessão Administrativa, devendo a lista estar, também, à disposição do público.

Entendemos extremamente interessante a regulamentação do procedimento de escolha, ao menos com requisitos gerais mínimos, o que poderia ser feito por lei do Congresso Nacional.

Finalmente, na medida em que os membros do CNJ (exceto o Presidente do STF) serão **sabatinados** pelo Senado Federal, o art. 5.º da **Res. n. 7/SF-2005** estabelece que as indicações de nomes deverão ser acompanhadas de amplos esclarecimentos sobre o candidato e instruídas com os seguintes documentos, o que sinaliza, ao menos, algum parâmetro mínimo para a indicação:

- *curriculum vitae* do indicado no qual conste, detalhadamente, sua qualificação, formação acadêmica e experiência profissional;
- informação do indicado de que não é cônjuge, companheiro ou parente, em linha reta ou colateral, até terceiro grau, inclusive, de membro ou servidor do Poder ou instituição responsável por sua indicação, salvo, no caso de servidor, se for ocupante de cargo de provimento efetivo e, observada esta condição, não servir junto à autoridade a que esteja vinculado pelo parentesco mencionado;
- declaração sobre eventual cumprimento de sanções criminais ou administrativo-disciplinares, bem como acerca da existência de procedimentos dessa natureza instaurados contra o indicado;
- declaração do indicado de que não é membro do Congresso Nacional, do Poder Legislativo dos Estados, do Distrito Federal ou dos Municípios, ou cônjuge, companheiro ou parente, em linha reta ou colateral, até o terceiro grau, inclusive, de membro desses Poderes.

11.13.4. O CNJ é constitucional?

O STF, em diversos momentos, pronunciou-se pela impossibilidade da instituição do **controle externo da Magistratura** em âmbito estadual, sob pena de se configurar afronta à cláusula pétrea da **separação de Poderes**, de que são corolários o **autogoverno** dos Tribunais e a sua **autonomia administrativa, financeira e orçamentária** (arts. 96, 99 e parágrafos, e 168 da Carta Magna), como se depreende pelo julgamento do Pleno na **ADI 135/PB**, Rel. Min. Octavio Gallotti, j. em 21.11.1996, que considerou inconstitucional o artigo da Constituição do Estado da Paraíba que previa a criação do **Conselho Estadual de Justiça** como órgão de controle da atividade administrativa e do desempenho dos deveres funcionais do Poder Judiciário.

Esse *leading case* serviu de paradigma para outros julgamentos no mesmo sentido, todos declarando a inconstitucionalidade das Constituições Estaduais do Pará e do Mato Grosso, as quais instituíam, em âmbito estadual, o **controle externo do Judiciário**, por órgão de composição mista, respectivamente, nas **Adis 137-0/PA e 98-5/MT**.

Em 24.09.2003, o STF consagrou referido entendimento na **S. 649**, que tem o seguinte teor: "é inconstitucional a criação, por Constituição estadual, de órgão de controle administrativo do Poder Judiciário do qual participem representantes de outros Poderes ou entidades".

Observa-se, então, que o STF repudia não só a interferência de outros Poderes ou entidades no controle do Judiciário como, também, qualquer atividade externa que atente contra a garantia de **autogoverno** dos Tribunais e a **autonomia adminis-**

trativa, financeira e orçamentária, prescritas nos arts. 96, 99 e parágrafos, e 168 da CF, que, segundo fixou a Suprema Corte, **são corolários do princípio da separação de Poderes, erigido, conforme já exposto, à categoria de cláusula pétrea pelo poder constituinte originário no art. 60, § 4.º, III, que nem sequer admite qualquer proposta tendente a aboli-lo**.

Assim, malgrado esses pronunciamentos terem sido enunciados em apreciação do trabalho do **poder constituinte derivado decorrente** (o poder que os Estados-Membros têm de elaborar as suas próprias Constituições — art. 25 da CF c/c o art. 11 do ADCT), pela análise dos referidos votos, parecia que o mesmo entendimento poderia ser proferido em sede da efetiva manifestação do **poder constituinte derivado reformador**.

Embora muitas possam ser as propostas para o necessário **Conselho Nacional da Magistratura** (no caso, a *Reforma do Judiciário* vai preferir a nomenclatura **Conselho Nacional de Justiça — CNJ**), o que deve ser observado é a preservação das garantias de **autogoverno** e **autonomia financeira, administrativa e orçamentária** do Poder Judiciário, sob pena de se configurar emenda **tendente a abolir a separação de Poderes**, vedando-se, desta feita, a participação dos membros dos outros Poderes no controle da Magistratura.[128]

Ives Gandra da Silva Martins anotou que, "... mais do que uma questão de inconstitucionalidade — a meu ver, fere o § 4.º, inciso III, do artigo 60, todo o artigo 103-B da EC n. 45 no que concerne à participação de outros polos — trata-se de questão de incompatibilidade, esta transposição de um modelo de controle parlamentar para um país de perfil presidencial. É tornar um Poder Técnico, como é o Judiciário, em poder controlado politicamente, ou seja, sujeito a interpretações próprias de opções e oportunidades políticas, mais do que de soluções exclusivamente técnicas".[129]

Em **09.12.2004** foi ajuizada a **ADI 3.367** pela AMB — Associação dos Magistrados Brasileiros, questionando a constitucionalidade do CNJ por afronta aos arts. 2.º e 18 da CF/88, além de vício formal. Em **13.04.2005**, o STF, por unanimidade, afastou o vício formal de inconstitucionalidade, como também não conheceu da ação quanto ao § 8.º do art. 125. No mérito, o Tribunal, por maioria (7 x 4), julgou totalmente improcedente a ação, **considerando constitucional o Conselho Nacional de**

[128] Conforme acentuado pelo **IBDP** em sede de conclusões, em primoroso trabalho de acompanhamento da **Reforma do Judiciário**, a **oposição**, na Câmara dos Deputados, considera **inaceitável a composição do Conselho Nacional da Magistratura** da maneira como apresentada na PEC, reivindicando a sua **formação** preponderantemente por **pessoas alheias à Magistratura**, a fim de dar-lhe verdadeira feição de **controle externo**, uma das razões, segundo o relatório do IBDP, que impediu a sua apreciação definitiva no ano de 1999. No entanto, como já exposto, o modelo vindicado pela oposição seria, fatalmente, declarado inconstitucional pelo STF, só se podendo falar em verdadeiro controle externo através da manifestação do poder constituinte originário, elaborando uma nova Constituição, este sim, ilimitado juridicamente, soberano na tomada de suas decisões, incondicionado. (Cf. conclusões do IBDP, in *Reforma constitucional do Poder Judiciário* (org. Petrônio Calmon Filho), São Paulo: IBDP, v. 1, p. 169.)

[129] A Reforma do Judiciário, in André Ramos Tavares, Pedro Lenza, Pietro de Jesús Lora Alarcón (coord.), *Reforma do Judiciário*, p. 193.

Justiça (*vide Inf. 383/STF*). O Conselho foi instalado no dia **14.06.2005**, com a solenidade de posse de seus 15 integrantes.

A presença de não magistrados, segundo o STF, não viola a cláusula pétrea inserta no art. 60, § 4.º, III, e art. 2.º da CF/88 (separação de Poderes): "(...) Subsistência do núcleo político do princípio, mediante **preservação da função jurisdicional, típica do Judiciário, e das condições materiais do seu exercício imparcial e independente** (...)".[130] Nesse particular, asseverou o Min. Relator: "pode ser que tal presença seja capaz de erradicar um dos mais evidentes males dos velhos organismos de controle, em qualquer país do mundo: o **corporativismo**, essa moléstia institucional que obscurece os procedimentos investigativos, debilita as medidas sancionatórias e desprestigia o Poder" (grifamos — *Notícias STF*, 13.04.2005 — 21h08).

Ainda, na linha da constitucionalidade do CNJ, podemos lembrar: **a)** o CNJ integra o Judiciário (art. 92, I-A) e, com isso, afasta-se a combatida ideia de controle externo; **b)** em sua composição, os integrantes da Magistratura superam a maioria absoluta (em um total de 9, dentre 15 — art. 103-B, I-XIII); **c)** possibilidade de revisão das decisões do CNJ pelo STF (art. 102, I, "r").

■ 11.13.5. Atribuições do CNJ e o controle de suas decisões pelo STF (limites?)

■ *11.13.5.1. Regras gerais*

Nos termos do art. 103-B, § 4.º, compete ao Conselho o controle da **atuação administrativa** e **financeira** do Poder Judiciário e do **cumprimento dos deveres funcionais dos juízes**, cabendo-lhe, além de outras atribuições que lhe forem conferidas pelo **Estatuto da Magistratura**:

- zelar pela autonomia do Poder Judiciário e pelo cumprimento do Estatuto da Magistratura, podendo expedir atos regulamentares, no âmbito de sua competência, ou recomendar providências;
- zelar pela observância do art. 37 e apreciar, de ofício ou mediante provocação, a legalidade dos atos administrativos praticados por membros ou órgãos do Poder Judiciário, podendo desconstituí-los, revê-los ou fixar prazo para que se adotem as providências necessárias ao exato cumprimento da lei, sem prejuízo da competência do Tribunal de Contas da União;
- receber e conhecer das reclamações contra membros ou órgãos do Poder Judiciário, inclusive contra seus serviços auxiliares, serventias e órgãos prestadores de serviços notariais e de registro que atuem por delegação do Poder Público ou oficializados, sem prejuízo da competência disciplinar e correcional dos tribunais, podendo avocar processos disciplinares em curso e *determinar a remoção ou a disponibilidade e aplicar outras sanções administrativas, assegurada ampla defesa* (**EC n. 103/2019** — Reforma da Previdência);
- representar ao Ministério Público, no caso de crime contra a Administração Pública ou de abuso de autoridade;

[130] **ADI 3.367**, Rel. Min. Cezar Peluso, j. 13.04.2005, *DJ* de 22.09.2006.

- rever, de ofício ou mediante provocação, os processos disciplinares de juízes e membros de tribunais julgados há menos de um ano;
- elaborar semestralmente relatório estatístico sobre processos e sentenças prolatadas, por unidade da Federação, nos diferentes órgãos do Poder Judiciário. Dentro dessa perspectiva estabelecida na Constituição Federal, o art. 1.069 do **CPC/2015** estabelece que o CNJ promoverá, periodicamente, pesquisas estatísticas para avaliação da efetividade das normas previstas no novo Código;
- elaborar relatório anual, propondo as providências que julgar necessárias, sobre a situação do Poder Judiciário no País e as atividades do Conselho, o qual deve integrar mensagem do Presidente do Supremo Tribunal Federal a ser remetida ao Congresso Nacional, por ocasião da abertura da sessão legislativa.

Os **diversos tipos de processos** poderão ser **registrados** observando-se (art. 43 do RICNJ) as seguintes **classes processuais**: Inspeção; Correição; Sindicância; Reclamação Disciplinar; Processo Administrativo Disciplinar; Representação por Excesso de Prazo; Avocação; Revisão Disciplinar; Consulta; Procedimento de Controle Administrativo; Pedido de Providências; Arguição de Suspeição e Impedimento; Acompanhamento de Cumprimento de Decisão; Comissão; Restauração de Autos; Reclamação para Garantia das Decisões; Ato Normativo; Nota Técnica; Termo de Compromisso; Convênios e Contratos; Parecer de Mérito sobre Anteprojeto de Lei.

Assim, pode-se afirmar que o CNJ busca contribuir para que a **prestação jurisdicional seja efetiva**, zelando, nos termos do art. 37, pela observância dos princípios da **legalidade**, **impessoalidade**, **moralidade**, **publicidade** e **eficiência**.

Conforme disponibilizado no site do CNJ, o trabalho compreende:

- "planejamento estratégico e proposição de políticas judiciárias;
- modernização tecnológica do Judiciário;
- ampliação do acesso à justiça, pacificação e responsabilidade social;
- garantia de efetivo respeito às liberdades públicas e execuções penais".

As atribuições acima expostas e contidas no art. 103-B, § 4.º, foram bem esquematizadas no site do CNJ. Vejamos:

- "**política judiciária:** zelar pela autonomia do Poder Judiciário e pelo cumprimento do Estatuto da Magistratura, expedindo atos normativos e recomendações;
- **gestão:** definir o planejamento estratégico, os planos de metas e os programas de avaliação institucional do Poder Judiciário;
- **prestação de serviços ao cidadão:** receber reclamações, petições eletrônicas e representações contra membros ou órgãos do Judiciário, inclusive contra seus serviços auxiliares, serventias e órgãos prestadores de serviços notariais e de registro que atuem por delegação do poder público ou oficializado;
- **moralidade:** julgar processos disciplinares, assegurada ampla defesa, podendo determinar a remoção ou a disponibilidade e aplicar outras sanções administrativas, assegurada a ampla defesa (redação adaptada pelo autor em razão da promulgação da **EC n. 103/2019** — Reforma da Previdência);

▪ **eficiência dos serviços judiciais:** melhores práticas e celeridade: elaborar e publicar semestralmente relatório estatístico sobre movimentação processual e outros indicadores pertinentes à atividade jurisdicional em todo o País".

▪ *11.13.5.2. O CNJ não exerce função jurisdicional*

Observa-se, portanto, que o CNJ **não exerce função jurisdicional** e os seus atos poderão ser revistos pelo STF, orientação essa firmada no julgamento da **ADI 3.367:**

> "Poder Judiciário. Conselho Nacional de Justiça. **Órgão de natureza exclusivamente administrativa.** Atribuições de controle da **atividade administrativa, financeira e disciplinar da magistratura.** Competência relativa apenas aos órgãos e juízes situados, hierarquicamente, abaixo do STF. **Preeminência deste, como órgão máximo do Poder Judiciário, sobre o Conselho, cujos atos e decisões estão sujeitos a seu controle jurisdicional.** Inteligência dos arts. 102, *caput*, inc. I, letra r, e 103-B, § 4.º, da CF. **O Conselho Nacional de Justiça não tem nenhuma competência sobre o STF e seus ministros, sendo esse o órgão máximo do Poder Judiciário nacional, a que aquele está sujeito**" (ADI 3.367, Rel. Min. Cezar Peluso, j. 13.04.2005, *DJ* de 22.09.2006 — grifamos).

Dessa forma, por estarem as atribuições do CNJ restritas ao controle da atuação administrativa, financeira e disciplinar dos órgãos do Poder Judiciário a ele sujeitos, pode-se afirmar ser o CNJ um **órgão meramente administrativo (do Judiciário)**.

▪ *11.13.5.3. O CNJ tem atribuição para exercer o controle de constitucionalidade?*

Não.

O tema tem gerado muita dúvida, na medida em que o STF, em 13.12.1963, editou a S. 347, com os seguintes dizeres: "o Tribunal de Contas, no exercício de suas atribuições, pode apreciar a constitucionalidade das leis e dos atos do Poder Público".

Conforme aprofundamos no *item 6.4.2.4.3*, a Corte vem fazendo uma profunda releitura da referida súmula, prescrevendo que os ditos "órgãos administrativos autônomos", sendo o CNJ um exemplo, assim como o CNMP e o TCU, não realizam controle de constitucionalidade, na medida em que não exercem jurisdição, estando esse entendimento consagrado no julgamento da **Pet 4.656** (Pleno, j. 19.12.2016, *DJE* de 04.12.2017).

Com a função constitucional de controlar a **validade de atos administrativos**, referidos órgãos poderão afastar a aplicação de lei ou ato normativo violador da Constituição no caso concreto. Isso, contudo, não se confunde com o controle de constitucionalidade, nem mesmo com o afastamento da norma em abstrato (RMS 8.372/CE, Rel. Min. Pedro Chaves, Pleno, j. 11.12.1961)".[131]

A Min. Cármen Lúcia, por sua vez, na *266.ª Sessão Ordinária do CNJ*, realizada em 20.02.2018, explicitou a matéria, sendo muito firme com os Conselheiros: "o CNJ

[131] Medida cautelar no **MS 31.923**, decisão monocrática, j. 14.04.2013, fls. 9.

foi criado (...) como órgão administrativo. Não declara a inconstitucionalidade de norma nenhuma. O que nós decidimos — e aqui foi citado como precedente — foi que, se o fundamento da nomeação de um servidor no caso da Paraíba é uma lei em desrespeito à Constituição, determinamos que o **ato administrativo**, que é da competência do Conselho, deixe de existir ou seja desfeito porque ou eu aplico a lei e desrespeito a Constituição, ou eu aplico a Constituição quando o art. 103-B, § 4.º, prevê expressamente que o CNJ zela administrativamente. Isto aqui não é órgão judicial, não exerce jurisdição e não faz controle de constitucionalidade. Simples assim. E esta é uma matéria consolidada, explicitada, reiterada..."[132]

O tema poderá ser aprofundado pelo STF, pois há proposta do Min. Gilmar no sentido de uma **aplicação renovada da S. 347**, nos seguintes termos: "confere aos Tribunais de Contas a possibilidade de **afastar a aplicação** de normas **manifestamente inconstitucionais** quando **já houver entendimento pacificado do STF acerca da inconstitucionalidade chapada, notória ou evidente**, da solução normativa eventualmente em exame" (fls. 27 da decisão monocrática que julgou prejudicado o MS 25.888, j. 14.09.2020, tendo sido interpostos embargos declaratórios, recebidos como agravo interno).

Esse requisito trazido pelo Min. Gilmar Mendes, qual seja, a formal existência do precedente, não parece ter sido exigido pela Corte no julgamento da Pet 4.656, conforme explicamos no *item 6.4.2.4.3* (pendente).

■ 11.13.5.4. STF: órgão de cúpula jurisdicional e órgão de cúpula administrativa, financeira e disciplinar (amplitude)

O **STF**, por sua vez, além de ser **órgão de cúpula jurisdicional e nacional do Judiciário brasileiro**, apresenta-se, a partir da EC n. 45/2004, também, como **órgão de cúpula administrativa, financeira e de controle do cumprimento dos deveres funcionais dos juízes (disciplinar)**, já que, nos termos do art. 102, I, "r", todas as decisões do CNJ serão passíveis de revisão pelo STF.

Resta saber qual a amplitude de análise pelo STF. Poderá haver revisão do mérito administrativo?

O tema precisa ser mais bem definido. Uma constatação, contudo, já é certa, qual seja, não poder funcionar o STF como mera sede recursal dos atos do CNJ. Segundo o Min. Sepúlveda Pertence, busca-se "**não converter a Corte, por meio do mandado de segurança, em verdadeira instância ordinária de revisão de toda e qualquer decisão do Conselho**" (MS 26.710-QO/DF e MS 26.749-QO/DF, Rel. Min. Sepúlveda Pertence, 02.08.2007, *Inf. 474/STF*) (**matéria pendente de julgamento pelo STF**, apesar de ambos os MSs com pedido de desistência homologado).

Aliás, de acordo com o art. 115, § 6.º, do *RICNJ*, dos atos e decisões do Plenário do Conselho não cabe recurso **(na sede administrativa)**, e sim **revisão** pelo STF (art. 102, I, "r", da CF/88), conforme visto. Nesse sentido, o art. 106 do *RICNJ*, na redação

[132] Transcrição da manifestação da Ministra na sessão. O precedente citado refere-se à Pet 4.656, acima indicada.

dada pela *Emenda Regimental n. 1/2010*, estabelece: "o CNJ determinará à autoridade recalcitrante, sob as cominações do disposto no artigo anterior, o imediato cumprimento de decisão ou ato seu, quando impugnado perante outro juízo **que não o STF**"; mas, retome-se, qual a amplitude dessas revisões?

Parece ter razão o Min. Gilmar Mendes, em voto monocrático, quando afirma que "a ordem constitucional assegura ao Conselho Nacional de Justiça espectro de poder suficiente para o exercício de suas competências (art. 103-B, CF/88), não podendo esta Corte substituí-lo no exame discricionário dos motivos determinantes de suas decisões, quando estas não ultrapassem os limites da **legalidade** e da **razoabilidade**". Assim, referidos limites podem, nessa primeira análise, orientar a atuação do STF no cumprimento da competência fixada no art. 102, I, "r" (**MS 26.209/DF**, Rel. Min. Gilmar Mendes, j. 23.10.2006, *DJ* de 27.10.2006, tendo sido negado seguimento ao MS e, em consequência, prejudicado o pedido de medida liminar. Houve interposição de agravo regimental a que se negou provimento).

■ 11.13.5.5. A competência do STF para processar e julgar as ações contra o CNJ

O art. 102, I, "r", CF/88 estabelece a competência originária do STF para processar e julgar as ações contra o CNJ (e contra o CNMP).

Em nosso entender, essa competência da Suprema Corte deve estar intimamente relacionada à **qualidade** do referido ato administrativo, devendo haver **inovação** na ordem jurídica.

Nesse sentido, se o CNJ não inovar a ordem jurídica, o ato do CNJ, que nada decidiu, não poderia ser passível de ataque, não se admitindo o STF como mera instância ordinária revisora de todas as decisões administrativas do CNJ, sob pena de se caracterizar **acesso *per saltum* à Suprema Corte** e combatida **supressão de instância** (cf. MS 27.026, MS 28.133-AgR, MS 28.549-AgR, MS 27.148-AgR, MS 28.202-AgR, MS 29.118-AgR e MS 32.729).

CUIDADO: o Pleno do STF modificou esse entendimento, definindo a seguinte tese: "nos termos do artigo 102, inciso I, 'r', da Constituição Federal, é competência **exclusiva** do Supremo Tribunal Federal processar e julgar, originariamente, **todas** as ações ajuizadas contra decisões do Conselho Nacional de Justiça e do Conselho Nacional do Ministério Público proferidas no exercício de suas competências constitucionais, respectivamente, previstas nos artigos 103-B, § 4.º, e 130-A, § 2.º, da Constituição Federal" (ADI 4.412, Pet 4.770 e Rcl 33.459, j. 18.11.2020, pendente a publicação do acórdão).

Conforme se noticiou, "prevaleceu o entendimento de que a missão constitucional dos conselhos, órgãos de controle do Judiciário e do Ministério Público, ficaria comprometida caso suas decisões, **que têm eficácia nacional**, fossem revistas pelos mesmos órgãos que estão sob sua supervisão e fiscalização. A maioria dos ministros considera que os conselhos constitucionais foram inseridos na estrutura do Judiciário e do Ministério Público com a competência expressa de controlar a atuação administrativa, financeira e disciplinar de seus membros, e seria inviável submeter o controle jurisdicional de suas decisões nesse campo a outro órgão que não o Supremo" (*Notícias STF* de 18.11.2020).

■ 11.13.6. O CNJ tem controle da função jurisdicional do Judiciário?

Ou, em outras palavras, pode o CNJ rever as decisões dos magistrados no âmbito do processo?

Não. Como visto, a competência do CNJ restringe-se ao **âmbito administrativo**, não podendo adentrar na análise dos atos jurisdicionais, nem rever o conteúdo da decisão judicial. Para tanto, a parte deve valer-se dos meios processuais estabelecidos pelo sistema recursal.

Nesse sentido, posiciona-se o STF: "(...) Conselho Nacional de Justiça: competência restrita ao controle de atuação administrativa e financeira dos órgãos do Poder Judiciário a ele sujeitos" (MS 25.879-AgR, Rel. Min. Sepúlveda Pertence, j. 23.08.2003, *DJ* de 08.09.2006).

Ou, ainda: "(...) não se desconhece que o Conselho Nacional de Justiça — embora incluído na estrutura constitucional do Poder Judiciário — qualifica-se como órgão de caráter administrativo, **não dispondo de atribuições institucionais que lhe permitam exercer fiscalização da atividade jurisdicional dos magistrados e Tribunais** (...)" (*CNJ — Natureza Jurídica — Controle da Função Jurisdicional — Inadmissibilidade* — MS 27.148-MC/DF, Rel. Min. Celso de Mello, j. 16.05.2008, *DJE* de 26.05.2008 — íntegra no *Inf. 507/STF.*) (A liminar foi confirmada na decisão monocrática proferida em 20.05.2010, *DJE* de 26.05.2010 — íntegra no *Inf. 589/STF.*)

■ 11.13.7. Corregedoria Nacional de Justiça e Ministro-Corregedor do CNJ

A Corregedoria Nacional de Justiça, órgão do CNJ, será dirigida pelo Corregedor Nacional de Justiça.

O art. 103-B, § 5.º, dispõe que o **Ministro do STJ** exercerá a função de **Ministro-Corregedor** e ficará excluído da distribuição de processos no âmbito de seu Tribunal, competindo-lhe, além das **atribuições** que lhe forem conferidas pelo Estatuto da Magistratura, as seguintes:

- receber as reclamações e denúncias, de qualquer interessado, relativas aos magistrados e aos serviços judiciários;
- exercer funções executivas do Conselho, de inspeção e de correição geral;
- requisitar e designar magistrados, delegando-lhes atribuições, e requisitar servidores de juízos ou tribunais, inclusive nos Estados, Distrito Federal e Territórios.

■ 11.13.8. O CNJ, no exercício de suas atribuições correcionais, atua originariamente (primariamente) e concorrentemente com as Corregedorias dos tribunais

Cabe lembrar a edição da **Res. n. 135, de 13.07.2011**, do **CNJ**, que dispõe sobre a *uniformização de normas relativas ao procedimento administrativo disciplinar* aplicável aos magistrados, acerca do rito e das penalidades, além de dar outras providências.

Em 16.08.2011, foi ajuizada a **ADI 4.638**, pela **Associação dos Magistrados Brasileiros (AMB)**, questionando diversos dispositivos do ato.

Entre tantas discussões, está a suposta colisão entre a **atribuição correcional do CNJ** e a **atuação das corregedorias locais dos Tribunais**.

Em 19.12.2011, o Min. Marco Aurélio deferiu, em parte, o pedido de medida liminar e, dentre vários assuntos, deu interpretação conforme ao art. 12, *caput*, da referida resolução para estabelecer a **competência subsidiária** do CNJ em âmbito disciplinar (*Notícias STF*, da referida data).

O art. 12, *caput*, da Res. n. 135/2011/CNJ prescreve que, para os **processos administrativos disciplinares e para a aplicação de quaisquer penalidades previstas em lei**, é competente o **Tribunal** a que pertença ou esteja subordinado o Magistrado, **sem prejuízo da atuação do Conselho Nacional de Justiça**.

O Plenário do STF, por **6 x 5**, em 02.02.2012, **não referendou** a citada **liminar** concedida pelo ministro Marco Aurélio, que havia suspendido a vigência do referido dispositivo.

Dessa forma, de acordo com a decisão, a regra do art. 12 da Res. n. 135/2011/CNJ é **autoaplicável** e, portanto, o **CNJ**, no exercício de suas **atribuições correcionais**, atua **originariamente (primariamente)** e **concorrentemente** com as Corregedorias dos tribunais, podendo, assim, instaurar, independentemente da atuação das Corregedorias locais, procedimentos administrativos disciplinares aplicáveis aos magistrados, bem como, após o devido processamento e observado o contraditório e a ampla defesa, aplicar as penalidades previstas na lei.[133]

▪ 11.13.9. Prerrogativa de foro

Outra regra interessante está prevista no **art. 52, II**, modificado pela EC n. 45/2004, que amplia as hipóteses de julgamento de **crime de responsabilidade** pelo **SF**, fazendo incluir os membros do Conselho Nacional de Justiça.

Então, se perguntarem se um juiz estadual ou um cidadão podem cometer crime de responsabilidade, a resposta será afirmativa desde que seja membro do Conselho Nacional de Justiça.

E as infrações penais comuns?

A EC n. 45/2004 **não** estabeleceu nenhuma regra. Quando aprovada a "**PEC Paralela da Reforma do Judiciário**" (PEC n. 29-A/2000-SF e PEC n. 358/2005-CD), a competência passará a ser do STF (nova redação a ser dada ao art. 102, I, "b").

Diante do atual silêncio, então, que órgão teria competência para processar e julgar a infração penal comum praticada por membro do CNJ?

A infração penal comum, eventualmente praticada por membro do CNJ, será apurada seguindo a **regra individual**, inclusive de prerrogativa de função se houver, de cada membro. Assim, se, supostamente, o ato for praticado por Ministro do STJ,

---

[133] A **ADI 4.638** trata de vários assuntos contidos na citada Res. n. 135/CNJ. Destacamos apenas a questão concreta do art. 12. Sugerimos a leitura de referida resolução e as informações sobre o resultado do julgamento em *Infs. 653* e *654/STF* e *Notícias STF* de 08.02.2012 (o acórdão com 487 fls. foi publicado no *DJE* de 30.10.2014).

a competência será do STF (art. 102, I, "c"), se por Juiz de Direito Estadual, do TJ, art. 96, III, com a ressalva do crime eleitoral etc. (cf. esquematização no *item 10.4.14*).

11.13.10. Outras regras sobre o CNJ

Sem ter a previsão de participação como membros, o art. 103-B, § 6.º, dispõe que junto ao Conselho oficiarão o **Procurador-Geral da República** e o **Presidente do Conselho Federal da OAB**.

Nesse particular, consoante decidiu o STF, "... ainda que disponha o art. 103-B, § 6.º, da Constituição Federal que 'junto ao Conselho oficiarão o Procurador-Geral da República e o Presidente do Conselho Federal da Ordem dos Advogados do Brasil', **a ausência destes às sessões do Conselho não importa em nulidade das mesmas**" (MS 25.879-AgR, Rel. Min. Sepúlveda Pertence, j. 23.08.2006, *DJ* de 08.09.2006).

Como maneira de cumprir todas as atribuições previstas, o art. 103-B, § 7.º, estabelece que a União, inclusive no DF e nos Territórios, criará **ouvidorias de justiça**, competentes para receber **reclamações** e **denúncias** de qualquer interessado contra membros ou órgãos do Poder Judiciário, ou contra seus serviços auxiliares, representando diretamente ao Conselho Nacional de Justiça.

O Conselho, com sede na Capital Federal (Brasília), foi alocado como **órgão do Poder Judiciário** (art. 92, I-A) e tem atuação em todo o território nacional.

Sobre importante desdobramento do princípio do contraditório e da ampla defesa no tocante à intimação pessoal de terceiros em PCAs, cf. *item 14.10.29.5*.

Por fim, no exercício de suas atribuições constitucionais, o CNJ vem editando resoluções, sendo que algumas já foram reconhecidas pelo STF como **atos normativos primários**, procedendo-se à inovação da ordem jurídica a partir de parâmetros constitucionais e, assim, sobre elas, admitindo-se a possibilidade de controle concentrado de constitucionalidade por meio de ADI genérica (cf. *item 6.7.1.2.17*).

11.14. SÚMULA VINCULANTE

11.14.1. Duas realidades: a morosidade da Justiça e as teses jurídicas repetitivas

A **morosidade da Justiça**, amplamente conhecida e criticada, apresenta-se como uma das grandes mazelas do Judiciário deste começo de novo século.

No Tribunal de Justiça de São Paulo, para se ter um exemplo, convivia-se com um inconcebível "tempo morto" de até 5 anos para distribuir um único recurso de apelação, apesar de a tese decidida pelo juízo monocrático (e aguardando distribuição para nova apreciação pelo Tribunal) já estar pacificada no STF.

Sem dúvida, a divergência jurisprudencial, atrelada ao sistema recursal pátrio, bem como as diversas causas repetidas em que a Fazenda Pública figura como parte, vem contribuindo para agravar a chamada **"crise da Justiça"**.

A súmula vinculante, como se verá, em nosso entender, sem dúvida contribui para, ao lado de tantas outras técnicas, buscar realizar o comando fixado no art. 5.º, LXXVIII, também introduzido pela Reforma do Poder Judiciário e, na mesma medida, estabelecer a segurança jurídica, prestigiando o princípio da isonomia, já que a lei deve ter aplicação e interpretação uniformes.

Nesse sentido, o art. 926, CPC/2015 (Lei n. 13.105/2015), estabeleceu que os tribunais devem uniformizar sua jurisprudência e mantê-la **estável, íntegra** e **coerente**. Sem dúvida, o legislador conferiu um sentido bastante técnico a esses **vetores principiológicos** a partir de uma concepção de **dignidade da pessoa humana**, considerando os princípios da **segurança jurídica**, da **proteção da confiança** e da **isonomia** (art. 927, § 4.º, CPC/2015) (cf. *item 6.6.5.6*).

11.14.2. As "famílias" do direito

Em importante obra, René David procurou agrupar os direitos em **"famílias"** como técnica "... para facilitar, reduzindo-os a um número restrito de tipos, a apresentação e a compreensão dos diferentes direitos do mundo contemporâneo".[134]

Assim, é possível identificar: **a)** família romano-germânica; **b)** família da *common law*; **c)** família dos direitos socialistas; **d)** *outras acepções da ordem social e do direito*, sendo, segundo René David, o direito muçulmano, o direito da Índia, os direitos do Extremo Oriente e os direitos da África e de Madagascar.

Essa divisão em *famílias*, muito embora a sua utilidade, vem sendo posta em dúvida, sobretudo pelos processualistas, tendo em vista as diferenças entre os vários sistemas processuais.

Apesar da crítica, podemos valer-nos de dois grandes "modelos" para o estudo da súmula vinculante: **a)** modelo do direito codificado continental (*civil law*); **b)** modelo do precedente judicial anglo-saxão (*common law*).

Como anotou Tavares, "há uma radical oposição e (aparente) incompatibilidade entre os modelos mencionados. Realmente, enquanto o *modelo codificado* (caso brasileiro) atende ao pensamento abstrato e dedutivo, que estabelece premissas (normativas) e obtém conclusões por processos lógicos, tendendo a estabelecer normas gerais organizadoras, o modelo jurisprudencial (caso norte-americano, em parte utilizado como fonte de inspiração para criação de institutos no Direito brasileiro desde a I República) obedece, ao contrário, a um raciocínio mais concreto, preocupado apenas em resolver o caso particular (pragmatismo exacerbado). Este modelo do *common law* está fortemente centrado na primazia da decisão judicial (*judge made law*). É, pois, um sistema nitidamente *judicialista*. Já o direito codificado, como se sabe, está baseado, essencialmente, na lei...".[135]

E continua Tavares: "o chamado *precedente* (*stare decisis*) utilizado no modelo judicialista, é o *caso já decidido*, cuja decisão primeira sobre o tema (*leading case*) atua como fonte para o estabelecimento (indutivo) de diretrizes para os demais casos a serem julgados. Esse precedente, como o princípio jurídico que lhe servia de pano de fundo, haverá de ser seguido nas posteriores decisões como paradigma (ocorrendo, aqui, portanto, uma aproximação com a ideia de súmula vinculante brasileira)".[136]

---

[134] René David, *Os grandes sistemas do direito contemporâneo*, p. 17.

[135] André Ramos Tavares, *Nova lei da súmula vinculante*: estudos e comentários à Lei 11.417 de 19.12.2006, p. 20.

[136] André Ramos Tavares, *Nova lei da súmula vinculante*, p. 21.

11.14.3. Influência do *stare decisis* da família da *common law*

Podemos afirmar, então, que, embora com as suas particularidades, o instituto do *stare decisis* influenciou a criação da súmula vinculante do direito brasileiro.

Segundo Agra, "... o sistema do *Common Law*, de tradição anglo-saxônica, onde prepondera o *stare decisis* (*et quieta non movere*), o precedente judiciário é fonte de direito, isto é, detém valor normativo".[137]

Fala-se, então, em "*stare decisis et quieta non movere*", ou seja, "mantenha-se a decisão e não se perturbe (se altere) o que foi decidido", apesar de o precedente não ser de aplicação absoluta.[138]

Nesse sentido, para evitar o risco da instabilidade (já que os juízes poderiam decidir de maneira divergente, criando várias leis contraditórias), estabeleceu-se o instituto dos **precedentes**, devendo todos os demais juízes julgar conforme o decidido no caso concreto e pelo órgão hierárquico superior.

Anotam Sormani e Santander ao analisar o caso particular do sistema norte-americano, que "... a descentralização do Judiciário, própria do federalismo, e a importância atribuída às decisões judiciais por força do *judicial review* exigiram para a funcionalidade do sistema a adoção do efeito vinculante aos precedentes judiciais".[139]

11.14.4. Influência da Alemanha e da Áustria

Podemos asseverar, ainda, que a súmula vinculante também encontra antecedentes na Alemanha, cujo sistema concentrado de controle de constitucionalidade já havia influenciado o estabelecimento da ação declaratória de constitucionalidade introduzida pela EC n. 3/93.

Na lição de Gilmar Mendes, o § 31, ns. 1 e 2, da Lei do *Bundesverfassungsgericht* confere **força de lei e efeito vinculante** às decisões do Tribunal. A vinculação também decorre da Lei Fundamental.[140]

---

137 Walber de Moura Agra, *A reconstrução da legitimidade do Supremo Tribunal Federal*: densificação da jurisdição constitucional brasileira, p. 122-123.

138 Roger Stiefelmann Leal, comparando o efeito vinculante e o *stare decisis*, observa que "... o efeito vinculante impõe liame de caráter obrigatório, paranormativo, aos órgãos e poderes que se aplica. No caso do *stare decisis*, embora se fale em vinculação dos precedentes (*binding precedents*), aos juízes inferiores se reconhecem mecanismos para sua insubordinada superação (*overruling*). Assim, cabe aos demais órgãos do Poder Judiciário, mediante técnicas decisórias específicas — tais como a superação antecipada (*antecipatory overruling*) ou superação implícita — desgarrarem-se dos precedentes da Suprema Corte e decidirem casos de maneira diversa" (p. 117). Nessa mesma linha de superação do precedente pelo *trial judge*, citando Charles D. Cole, cf. M. A. B. Muscari, *Súmula vinculante*: um estudo à luz da Emenda Constitucional 45, p. 84. Nessa linha, segundo Silvio Nazareno Costa, o precedente pode ser afastado pelo juiz na hipótese em que a sua aplicação acarrete "clara injustiça", ou implique "incompatibilidade legal absoluta (na hipótese de precedente baseado em lei revogada ou modificada)", ou "constitua irracionalidade evidente" (*Súmula vinculante*, p. 10).

139 A. Sormani; N. L. Santander, *Súmula vinculante*, p. 41.

140 Gilmar Ferreira Mendes, *Jurisdição constitucional*: o controle abstrato de normas no Brasil e na Alema-

Em igual medida, destacamos o art. 140, n. 7, da Constituição da Áustria, que fixa o efeito vinculante em relação aos demais órgãos do Poder Judiciário e administrativos.

▪ 11.14.5. A influência do direito português

Usando a expressão "força obrigatória geral", o art. 282, n. 1, da Constituição portuguesa de 1976 consagra a ideia de **vinculação geral** e de **força de lei** (semelhante à lei) decorrente das decisões do Tribunal Constitucional no controle abstrato, o que, sem dúvida, também influenciou o direito brasileiro.[141]

▪ 11.14.6. A evolução do "direito sumular" no Brasil (fase colonial — influência do direito português)

Pode-se afirmar que, na fase colonial, as Ordenações Afonsinas não conheceram nenhum instituto de vinculação, que somente apareceu, em 1521, com as Ordenações Manuelinas (Liv. V, Tít., 58, § 1.º) por meio da instituição dos **"assentos"**.

As Ordenações Filipinas, aperfeiçoando, criaram o instituto dos **"Assentos da Casa de Suplicação"**, com força vinculativa (Liv. I, Tít. 5, § 5.º).

Como sustenta Cármen Lúcia, "os antecedentes portugueses do Direito brasileiro é que por primeiro dão notícia dos *assentos*, que eram firmados pela Casa da Suplicação, nos termos das Ordenações Manuelinas, com a finalidade precípua de extinguir dúvidas jurídicas suscitadas em causas submetidas a julgamento. As soluções dadas aos casos que se constituíssem objeto de dúvida por aquela Casa e definidas nos *assentos* convertiam-se em normas, tendo sido adotada essa figura pelas Ordenações Filipinas. Se entre os juízes da Casa de Suplicação não se chegasse a uma deliberação quanto à dúvida, em razão de sua extensão a todos eles, a matéria seria encaminhada para a solução do Rei, que a sanaria mediante lei, alvará ou decreto".[142]

Em seguida, a denominada **"Lei da Boa Razão"**, de **18.08.1769**, excluiu a possibilidade de *assentos* pelos Tribunais do Rio de Janeiro e da Bahia.

O Príncipe Regente D. João, mediante **Alvará Régio de 10.05.1808**, por seu turno, instituiu a "Casa da Suplicação do Brasil", restabelecendo a prática dos assentos.

▪ 11.14.7. A evolução do "direito sumular" no Brasil (após a independência)

A **Lei n. 5, de 20.10.1823**, manteve em vigor as Ordenações Filipinas.

---

nha, p. 277-287. Sobre a influência da Constituição de Weimar no surgimento do controle abstrato, cf. Ives Gandra da Silva Martins e Gilmar Ferreira Mendes (coord.), *Ação declaratória de constitucionalidade*, p. 59 e s. Sobre o efeito vinculante no modelo germânico, cf. *Ação declaratória*..., cit., p. 100-101. Destacamos, ainda, a tendência alemã a atribuir o efeito vinculante não só ao dispositivo da sentença como, também, aos ***fundamentos determinantes*** (*tragende Gründe*) (*Ação declaratória*..., cit., p. 100).

141 Nesse sentido, cf. Canotilho, *Direito constitucional e teoria da Constituição*, 7. ed., p. 1009-1012.

142 C. L. A. Rocha, Sobre a súmula vinculante, p. 53. Cf., ainda, Jorge Miranda, *Manual de direito constitucional*, t. 6, p. 252-276.

Posteriormente, a **Lei n. 18, de 18.09.1828**, criou o **Supremo Tribunal de Justiça** (09.01.1829 — 27.02.1891) e, em seu art. 19, estabeleceu interessante procedimento para a uniformização da legislação.[143]

O **Decreto Legislativo n. 2.684, de 23.10.1875**, regulamentado pelo **Decreto n. 6.142, de 10.03.1876**, deu **força de lei**, no Império, aos **assentos** da *Casa da Suplicação* de Lisboa, bem como competência para o *Supremo Tribunal de Justiça* tomar outros, também **com força de lei**, até que fossem derrogados pelo Poder Legislativo.

A **Constituição da República** (1891) extinguiu, definitivamente, a prática dos assentos, apesar da posterior previsão dos **prejulgados** no CPC/39 (art. 861) e no art. 902 da CLT/43 (cujo § 4.º determinava que, uma vez estabelecido o prejulgado pela *Câmara de Justiça do Trabalho*, os Conselhos Regionais do Trabalho, as Juntas de Conciliação e Julgamento e os Juízes de Direito investidos da jurisdição da Justiça do Trabalho ficavam obrigados a respeitá-lo).

Por influência do então Ministro do STF **Victor Nunes Leal**, instituiu-se a **Súmula da Jurisprudência Predominante do Supremo Tribunal Federal**, por intermédio de Emenda Regimental de 28.03.1963, aprovando-se, em 13.12.1963, os primeiros 370 enunciados.

Segundo relatou em palestra proferida em Belo Horizonte em 12.08.1964, a súmula atende a vários objetivos: "é um sistema oficial de referência dos precedentes judiciais, mediante a simples citação de um número convencional; distingue a jurisprudência firme da que se acha em vias de fixação; atribui à jurisprudência firme consequências processuais específicas para abreviar o julgamento dos casos que se repetem e exterminar as protelações deliberadas".[144]

Ainda, como bem anota, "... razões pragmáticas, inspiradas no princípio da igualdade, aconselham que a jurisprudência tenha relativa estabilidade. Os pleitos iguais, dentro de um contexto social e histórico, não devem ter soluções diferentes. A opinião leiga não compreende a contrariedade dos julgados, nem o comércio jurídico a tolera, pelo natural anseio de segurança".[145]

Cabe alertar, no entanto, que referidas súmulas não têm caráter vinculante, mas, simplesmente, persuasivo.

Posteriormente, nessa escalada evolutiva, destaca-se a instituição do **Superior Tribunal de Justiça** (STJ) pela CF/88, instalado em 07.04.1989 (Lei n. 7.746/89) e, nos mesmos termos do STF, com a possibilidade de editar súmulas orientando o posicionamento do Tribunal em relação a determinados assuntos, sem, contudo, caráter vinculante.

Finalmente, a **EC n. 45/2004** introduziu no direito brasileiro a **súmula vinculante**, que foi regulamentada pela **Lei n. 11.417, de 19.12.2006**.

---

143 "Art. 19. O Tribunal Supremo de Justiça enviará todos os anos ao Governo uma relação das causas, que foram revistas, indicando os pontos sobre que a experiência tiver mostrado vício, ineficiência da legislação, as suas lacunas e incoerências, **para o Governo propor ao Corpo Legislativo, a fim de se tomar a resolução que for conveniente**."

144 V. N. Leal, Atualidades do Supremo Tribunal, *RF* 208/17.

145 V. N. Leal, Atualidades do Supremo Tribunal, *RF* 208/16.

11.14.8. Prenúncios da súmula vinculante em âmbito constitucional

A valorização substancial dos precedentes, em âmbito constitucional, decorre do **efeito vinculante** em relação aos órgãos do Poder Judiciário e à Administração Pública tendo em vista a declaração de constitucionalidade ou inconstitucionalidade (em razão do caráter dúplice ou ambivalente das ações constitucionais) proferida no controle concentrado (art. 102, § 2.º, da CF/88 e art. 28, parágrafo único, da Lei 9.868/99 — Rcl — Agr-QO 1.880-SP, Rel. Min. Maurício Corrêa, 06.11.2002, e *Inf. 289/STF*, 2002).

Essa tendência é resgatada pelo legislador da **Reforma do Judiciário** ao ampliar o efeito vinculante que já era previsto na ADC para a ADI, modificando a redação do art. 102, § 2.º, nos seguintes termos:

> "as decisões definitivas de mérito, proferidas pelo Supremo Tribunal Federal, nas ações diretas de inconstitucionalidade e nas ações declaratórias de constitucionalidade produzirão eficácia contra todos e efeito vinculante, relativamente aos demais órgãos do Poder Judiciário e à administração pública direta e indireta, nas esferas federal, estadual e municipal".

11.14.9. Prenúncios da súmula vinculante no âmbito do direito processual civil

Alfredo Buzaid apresentou, seguindo o exemplo do art. 861 do Código de 1939, a figura dos **assentos vinculantes** no Projeto de Código de Processo Civil, na década de 1970.

Como se sabe, no CPC/73 ("Código Buzaidiano"), a ideia não foi aceita, limitando-se o Código, em seu art. 476, a tratar "da uniformização da jurisprudência".

Entretanto, especialmente por meio das chamadas minirreformas ao Código Buzaidiano de 1973, o legislador **aumentou o poder decisório dos relatores** e a "vinculação" sugestiva decorrente de posicionamentos já sumulados e pacificados nos tribunais superiores, o que se observava, dentre outros, pelos seguintes artigos do revogado CPC/73: 120, parágrafo único; 285-A, *caput*; 475, § 3.º; 475-L, § 1.º; 741, parágrafo único;[146] 479; 481, parágrafo único; 518, § 1.º; 544, §§ 3.º e 4.º; 555, § 1.º; 557, *caput*; e 557, § 1.º-A.

Essa orientação foi mantida e potencializada no CPC/2015, cujo art. 926 estabeleceu ser dever dos tribunais uniformizar a sua jurisprudência e mantê-la **estável**, **íntegra** e **coerente** (para uma análise dessa inegável valorização dos precedentes e sua correspondência com o CPC/73, cf. *item 6.6.5.6*).

11.14.10. Os contornos da súmula vinculante na EC n. 45/2004

O art. 103-A traz as seguintes regras quanto à **súmula vinculante:**

---

[146] O STF, no julgamento da **ADI 2.418**, por 10 x 1, vencido o Min. Marco Aurélio, julgou improcedentes os pedidos nela formulados e, assim, declarou a **constitucionalidade** do parágrafo único do art. 741 e do § 1.º do art. 475-L, ambos do CPC/73, bem como dos correspondentes dispositivos do CPC/2015, o art. 525, § 1.º, III e §§ 12 e 14, e o art. 535, § 5.º. No mesmo sentido, manifestou-se a Corte em plenário virtual, por 9 x 2, no julgamento da **ADI 3.740** (j. 20.09.2019 a 26.09.2019).

"Art. 103-A. O Supremo Tribunal Federal poderá, de ofício ou por provocação, mediante decisão de **dois terços** dos seus membros, após reiteradas decisões sobre matéria constitucional, aprovar súmula que, a partir de sua publicação na imprensa oficial, terá efeito vinculante em relação aos demais órgãos do Poder Judiciário e à administração pública direta e indireta, nas esferas federal, estadual e municipal, bem como proceder à sua revisão ou cancelamento, na forma estabelecida em lei.

§ 1.º A súmula terá por objetivo a **validade**, a **interpretação** e a **eficácia** de normas determinadas, acerca das quais haja *controvérsia atual entre órgãos judiciários ou entre esses e a administração pública que acarrete* **grave insegurança jurídica** e **relevante multiplicação de processos sobre questão idêntica**.

§ 2.º Sem prejuízo do que vier a ser estabelecido em lei, a **aprovação**, **revisão** ou **cancelamento** de súmula poderá ser provocada por aqueles que podem propor a **ação direta de inconstitucionalidade**.

§ 3.º Do ato administrativo ou decisão judicial que contrariar a súmula aplicável ou que indevidamente a aplicar, caberá **reclamação** ao Supremo Tribunal Federal que, julgando-a procedente, anulará o ato administrativo ou cassará a decisão judicial reclamada, e determinará que outra seja proferida com ou sem a aplicação da súmula, conforme o caso".

O instituto da **súmula vinculante**, inicialmente estendido para os Tribunais Superiores (arts. 105-A e 112-A), foi retirado pela CCJ do Senado, permanecendo a regra exclusivamente para o **STF**. A matéria que voltou para a CD ("PEC Paralela do Judiciário") fixa a possibilidade de edição de **súmula impeditiva de recurso**, mas este é outro tema que ainda depende de aprovação em 2 turnos pela Câmara dos Deputados.

Podemos, então, esquematizar, em ordem crescente de "vinculação", as modalidades de súmulas que o direito brasileiro atualmente consagra:

- **súmula persuasiva:** súmula sem vinculação, indicando simplesmente o entendimento pacificado do tribunal sobre a matéria. Atualmente, todos os tribunais a estabelecem. O impacto, no entanto, é meramente processual e indicativo, por exemplo, o julgamento monocrático pelo relator nos tribunais (art. 557, § 1.º-A, do CPC/73, com correspondência no art. 932, IV e V, CPC/2015);
- **súmula impeditiva de recursos:** introduzida pela **Lei n. 11.276, de 07.02.2006**, nos termos do art. 518, § 1.º, do CPC/73, determina mais um *requisito de admissibilidade* do recurso de **apelação**, qual seja, a sentença de primeira instância não estar em conformidade com súmula do STJ ou do STF. Se a decisão estiver nos termos de seu sentido exato, todo e qualquer recurso ficará "barrado". Como visto, a "PEC Paralela de Reforma do Poder Judiciário", que ainda precisa ser aprovada, prevê a súmula impeditiva de recursos para o STJ e o TST, o que ampliará a regra que hoje se limita ao recurso de apelação. Ainda, devemos observar que, no CPC/2015 (art. 1.011, I, c/c o art. 932, IV), a admissibilidade negativa é transferida para o Relator no Tribunal, e não mais para o juízo *a quo* que proferiu a sentença, podendo decidir monocraticamente (no Novo Código, não há mais juízo de admissibilidade pelo juiz que proferiu a sentença — art. 1.010, § 3.º). Nesse sentido, o Relator poderá negar provimento ao recurso que for contrário a súmula do STF ou do STJ; acórdão proferido pelo STF ou

STJ em julgamento de recursos repetidos; incidente firmado em incidente de resolução de demandas repetitivas ou assunção de competência;

- **súmula de repercussão geral (também impeditiva de recurso):** como vimos, o art. 102, § 3.º, da CF/88 foi regulamentado pela Lei n. 11.418/2006, que, acrescentando o art. 543-A do CPC/73, estabeleceu (§ 7.º) a **súmula de repercussão geral**, que também será **impeditiva de recurso** (mas restrita ao recurso extraordinário), já que, uma vez firmada a tese de que o fundamento jurídico não apresenta repercussão geral, nenhum recurso extraordinário será conhecido, devendo ser considerado automaticamente não admitido. Essa perspectiva foi mantida no CPC/2015 (arts. 1.035 e 1.036);
- **súmula vinculante:** introduzida pela EC n. 45/2004 — instrumento exclusivo do STF, o enunciado de súmula vinculante, uma vez editado, produz efeitos de vinculação para os demais órgãos do Poder Judiciário e para a Administração Pública. A medida foi regulamentada pela Lei n. 11.417/2006.

11.14.11. As regras trazidas pela Lei n. 11.417, de 19.12.2006 — súmula vinculante

11.14.11.1. Competência

O **STF**, de ofício ou mediante provocação, é o **exclusivo** tribunal competente para a edição, a revisão e o cancelamento de enunciado de súmula vinculante.

11.14.11.2. Objeto

O enunciado da súmula terá por objeto a validade, a interpretação e a eficácia de normas determinadas.

11.14.11.3. Requisitos para a edição

Devem existir reiteradas decisões sobre **matéria constitucional** em relação a normas acerca das quais haja, entre órgãos judiciários ou entre estes e a Administração Pública, controvérsia atual que acarrete grave insegurança jurídica e relevante multiplicação de processos sobre idêntica questão.

11.14.11.4. Legitimados a propor a edição, a revisão ou o cancelamento de enunciado de súmula vinculante

Como vimos, além de o **STF** poder, **de ofício**, editar, rever ou cancelar súmula vinculante, o processo poderá ser, também, iniciado mediante **provocação**.

O art. 103-A, § 2.º, da CF/88 dispõe que, **sem prejuízo do que vier a ser estabelecido em lei**, a aprovação, revisão ou cancelamento de súmula poderá ser **provocada** por aqueles que podem propor a ação direta de inconstitucionalidade (ADI), ou seja, aqueles previstos no art. 103, I a IX, CF/88, que são os mesmos que podem propor a ADC, a ADPF e a ADO.

Nesse sentido, a **Lei n. 11.417/2006** previu tanto os **legitimados autônomos** como os **incidentais**.

De forma **autônoma**, sem a necessidade de ter um processo em andamento, são legitimados (cf. o art. 3.º da Lei n. 11.417/2006) os mesmos da **ADI**, previstos no art. 103 da CF/88 (CF, art. 103-A, § 2.º), bem como, e acrescentando, o **Defensor Público-Geral da União** e os **Tribunais Superiores**, os **TJs dos Estados** ou do **DF e Territórios**, os **TRFs**, os **TRTs**, os **TREs** e os **Tribunais Militares**.

De modo interessante, o legislador ampliou os legitimados da ADI, incluindo o Defensor Público-Geral da União e os tribunais, todos! Mas cuidado: quando falamos "tribunais", são apenas aqueles estabelecidos como **órgãos do Poder Judiciário** (art. 92, CF/88), não incluindo, portanto, os Tribunais de Contas (da União, dos Estados e dos Municípios, esses onde houver, conforme o art. 31, § 1.º).

Os **Municípios** também passaram a ter legitimação ativa, porém como **legitimados incidentais**. Isso porque, conforme o art. 3.º, § 1.º, da lei, os Municípios só poderão propor a edição, a revisão ou o cancelamento de enunciado de súmula vinculante **incidentalmente** ao curso de processo em que sejam parte, o que, contudo, **não autoriza a suspensão dos referidos processos.**[147]

Também pensamos, apesar do silêncio normativo, que a jurisprudência estabelecida pelo STF sobre a necessidade de demonstrar **pertinência temática** também deva aqui ser observada como **requisito formal** (art. 103, IV, V e IX, CF/88 e, em relação aos legitimados ampliados pela lei, os tribunais, assim como os Municípios — proposta pendente de apreciação pelo STF). Isso porque os efeitos da edição, revisão ou cancelamento da súmula vinculante aproximam-se dos efeitos do julgamento da ação direta de inconstitucionalidade.

Finalmente, cabe alertar que, conforme tem decidido o STF, até dentro da ideia de estabilidade da jurisprudência (art. 926, *caput*, CPC) e em respeito aos princípios da segurança jurídica, da proteção da confiança e da isonomia (art. 927, § 4.º, CPC/2015), para se admitir a revisão ou o cancelamento de súmula vinculante já editada, é necessária a evidenciação de uma ou mais situações específicas, a saber:

- superação da jurisprudência pelo próprio STF;
- alteração legislativa; ou
- modificação substantiva de contexto político, econômico ou social.

Consequentemente, "o mero descontentamento ou divergência quanto ao conteúdo de verbete vinculante não propicia a reabertura das discussões que lhe originaram a edição e cujos fundamentos já foram debatidos à exaustão por esta Suprema Corte" (cf. *PSV 13* — SV 11; *PSV 54* — SV 25 e *PSV 58* — SV 5).

---

[147] Segundo o *Relatório n. 1/2006 da Comissão Mista Especial para a Reforma do Judiciário*, "esse tratamento diferenciado se dá porque há o risco de inviabilização dos trabalhos do STF se for aberta a possibilidade de propositura de medidas autônomas por municípios (mais de 5.000, atualmente) (...). Neste caso, a autorização legal para que requeiram incidentalmente a edição de súmulas vinculantes, cria um filtro, e não os alija totalmente do processo". Apenas a título de curiosidade, lembramos que, segundo o *Censo 2016* (IBGE), o Brasil tem **5.570** municípios.

11.14.11.5. Procedimento

O procedimento de edição, revisão ou cancelamento de enunciado de súmula com efeito vinculante obedecerá, subsidiariamente, além das regras contidas na CF/88 e na **Lei n. 11.417/2006**, ao disposto no **Regimento Interno do STF**.

Para tanto, a **Emenda Regimental n. 46/2011** acresceu os arts. 354-A a 354-G ao *RISTF*, regulamentando o procedimento, que passamos a reproduzir.

Observamos que a edição, a revisão e o cancelamento de súmula vinculante seguem um **rito próprio** e **específico**, não se admitindo a interposição de recurso extraordinário para esse fim, nem mesmo a utilização da ADI ou da ADPF.

Isso não impede que a Suprema Corte, a partir de certo julgamento, proponha, **preenchidos os requisitos constitucionais**, a edição, a revisão ou o cancelamento de determinado enunciado.

O art. 354-E do *RISTF* permite que a proposta de edição, revisão ou cancelamento de súmula vinculante **verse** sobre **questão com repercussão geral reconhecida**, caso em que poderá ser apresentada por qualquer Ministro logo após o julgamento de mérito do processo, para deliberação imediata do Tribunal Pleno na mesma sessão.

Pois bem, avançando o regramento regimental, recebendo a proposta de edição, revisão ou cancelamento de súmula vinculante, a Secretaria Judiciária a autuará e registrará ao **Presidente**, para apreciação, no prazo de 5 dias, quanto à **adequação formal da proposta**.

Dispõe o art. 3.º, § 2.º, da Lei n. 11.417/2006, que, no procedimento de edição, revisão ou cancelamento de enunciado da súmula vinculante, o relator poderá admitir, por **decisão irrecorrível**, a **manifestação de terceiros** *(amicus curiae)* na questão, nos termos do *Regimento Interno do Supremo Tribunal Federal*.

De acordo com o art. 354-B do *RISTF*, verificado o atendimento dos requisitos formais, a Secretaria Judiciária publicará **edital** no sítio do Tribunal e no *Diário da Justiça Eletrônico*, para **ciência** e **manifestação** de **interessados** no prazo de 5 dias, encaminhando a seguir os autos ao **Procurador-Geral da República** para manifestação, salvo, conforme estabelece o art. 2.º, § 2.º, da Lei n. 11.417/2006, nas propostas que houver formulado.

Devolvidos os autos com a manifestação do Procurador-Geral da República, o Presidente submeterá as manifestações e a proposta de edição, revisão ou cancelamento de súmula aos Ministros da *Comissão de Jurisprudência*, em meio eletrônico, para que se manifestem no prazo comum de 15 dias; decorrido o prazo, a proposta, com ou sem manifestação, será submetida, também por meio eletrônico, aos demais Ministros, pelo mesmo prazo comum, sendo que, ao final, o Presidente submeterá a proposta à deliberação do Tribunal Pleno, mediante inclusão em pauta.

A edição, a revisão e o cancelamento de enunciado de súmula, com efeito vinculante, dependerão de decisão tomada por pelo menos **2/3** dos membros do STF, em sessão plenária, manifestando-se no mesmo sentido pelo menos 8 dos 11 Ministros.

No prazo de 10 dias após a sessão em que editar, rever ou cancelar enunciado de súmula com efeito vinculante, o STF fará publicar, em seção especial do *Diário da Justiça Eletrônico* e do *Diário Oficial da União*, o enunciado respectivo.

O teor da proposta de súmula aprovada, que deve constar do acórdão, conterá cópia dos debates que lhe deram origem, integrando-o, e constarão das publicações dos julgamentos no *Diário da Justiça Eletrônico*.

Nos termos do art. 6.º da Lei n. 11.417/2006, a **proposta** de edição, revisão ou cancelamento de enunciado de súmula vinculante não autoriza a suspensão dos processos em que se discuta a mesma questão.

Por derradeiro, a proposta de edição, revisão ou cancelamento de súmula tramitará sob a forma eletrônica, e as informações correspondentes ficarão disponíveis aos interessados no sítio do STF.

■ 11.14.11.6. Efeitos da súmula

A partir da **publicação** do enunciado da súmula na Imprensa Oficial, ela terá **efeito vinculante** em relação aos **demais órgãos do Poder Judiciário** e à **Administração Pública direta e indireta, nas esferas federal, estadual, distrital e municipal**.

Assim, a vinculação repercute somente em relação ao **Poder Executivo** e aos **demais órgãos do Poder Judiciário**, não atingindo o Legislativo no exercício de sua função típica de legislar (nem o Executivo ao exercer a função atípica normativa, quando, por exemplo, edita medida provisória), sob pena de se configurar o **"inconcebível fenômeno da fossilização da Constituição"**, conforme anotado pelo Ministro Peluso na análise dos efeitos da ADI (**Rcl 2.617** e *item 6.7.1.8*), nem mesmo em relação ao próprio STF, sob pena de se inviabilizar, como visto, a possibilidade de revisão e cancelamento de ofício e, portanto, a adequação da súmula à evolução social.

Esclarecemos que, no tocante ao **Legislativo**, parece razoável imaginar a vinculação no concernente ao exercício de sua função atípica jurisdicional e, claro, se houve alguma interpretação pela Suprema Corte em termos de procedimento.

A ideia central é permitir que o Legislativo possa ter liberdade para o exercício de sua função típica normativa.

Por sua vez, no que respeita ao **STF**, quando dizemos que não haverá vinculação, estamos querendo explicitar a possibilidade de a Corte poder rever o enunciado. Mas, claro, até que isso aconteça, o entendimento materializado na súmula continuará sendo aplicado. Não parece razoável que um Ministro, monocraticamente, deixe de aplicar a súmula até que ela venha a ser modificada ou cancelada.

Finalmente, um tema bastante interessante foi decidido pelo STF no que se refere a súmula vinculante que contenha **matéria penal**.

Na opinião de alguns Ministros, se o tema fixado na súmula vinculante tratar de matéria penal e for estabelecida interpretação menos benéfica, deveria ser aplicado o princípio da irretroatividade. Assim, por exemplo, o Min. Celso de Mello entendeu que determinado Tribunal estadual, que apreciava **fato** ocorrido antes da edição de certa súmula vinculante, não estava vinculado ao seu conteúdo, já que fora estabelecida interpretação mais gravosa (cf. voto **vencido** proferido na Rcl 7.358/STF).

Em certo sentido, chegou a sustentar que a súmula vinculante seria como um "ato normativo", e, nesse sentido, deveria ser aplicado o art. 5.º, XL, que assegura que a "lei" penal não retroagirá, salvo para beneficiar o réu.

CUIDADO: esse **entendimento**, contudo, **não vingou no STF**.

De acordo com a Corte, a regra a ser aplicada é a do art. 103-A, *caput*, que diz que a súmula vinculante aprovada, ou a que venha a ser modificada ou cancelada, terá efeito vinculante a partir de sua **publicação na Imprensa Oficial**.

Isso significa que, se um Tribunal de segundo grau estiver analisando um recurso, ou o juízo monocrático decidindo determinada questão em relação a **fato** praticado em momento **anterior à edição da súmula vinculante**, deverá, **necessariamente, aplicar o entendimento firmado na referida súmula**, mesmo que se trate de **matéria penal** e de **interpretação menos benéfica**. Nesse sentido, confira:

> "EMENTA: (...). Com efeito, a tese de que o julgamento dos recursos interpostos contra decisões proferidas antes da edição da súmula não deve obrigatoriamente observar o enunciado sumular (após sua publicação na Imprensa Oficial), *data venia*, não se mostra em consonância com o disposto no art. 103-A, *caput*, da Constituição Federal, que impõe o **efeito vinculante a todos os órgãos do Poder Judiciário, a partir da publicação da súmula na Imprensa Oficial**. Desse modo, o acórdão do Tribunal de Justiça do Estado de São Paulo, proferido em 10 de setembro de 2008, ao não considerar recepcionada a regra do art. 127 da LEP, afrontou a *Súmula Vinculante 09*"[148] (**Rcl 7.358**, Rel. Min. Ellen Gracie, j. 24.02.2011, Plenário, *DJE* de 03.06.2011).[149]

Deixamos claro que a vinculação se dá a partir da **publicação** da súmula vinculante na Imprensa Oficial, conforme visto. Assim, todas as decisões judiciais **que vierem a ser proferidas** a partir de sua publicação, ou os atos administrativos, também após a edição e publicação da súmula vinculante, deverão respeitar o entendimento firmado, sob pena do cabimento de **reclamação**.

Nesse ponto, naturalmente, **não caberá reclamação** (apesar de outros instrumentos serem adequados, como o recurso extraordinário, o mandado de segurança etc.) se a **decisão judicial** ou o **ato administrativo** que se pretende atacar for **anterior** à edição da **súmula vinculante**.

E cuidado, não basta, para vincular, que exista súmula que, por ser persuasiva, tem natureza meramente processual e não constitucional. A súmula, a propósito, para vincular e permitir o ajuizamento de reclamação no caso de sua contrariedade, negativa de vigência ou aplicação indevida, terá de ser **vinculante**, observando-se todo o procedimento e as formalidades estudados.

---

[148] Conforme apontamos no *item 11.14.12*, a partir da publicação da Lei n. 12.433/2011, entendemos indispensável a revisão ou o cancelamento da referida *SV 9/STF* **(matéria pendente)**.

[149] Dentre outros precedentes, cf. **Rcl 6.541** e **Rcl 6.856**, Rel. Min. Ellen Gracie, j. 25.06.2009, Plenário, *DJE* de 04.09.2009.

■ 11.14.11.7. Modulação dos efeitos

Na mesma linha da regra da modulação dos efeitos da decisão prevista no art. 27 da Lei n. 9.868/99 (ADI), o art. 4.º da Lei n. 11.417/2006 estabelece que a súmula com efeito vinculante tem **eficácia imediata**, mas o Supremo Tribunal Federal, por decisão de 2/3 dos seus membros, poderá restringir os efeitos vinculantes ou decidir que só tenha eficácia a partir de outro momento, tendo em vista **razões de segurança jurídica** ou de **excepcional interesse público**.

■ 11.14.11.8. Revogação ou modificação da lei em que se fundou a edição de enunciado de súmula vinculante

Vimos que, revogada ou modificada a lei em que se fundou a edição de enunciado de súmula vinculante, o STF, de ofício ou por provocação, procederá à sua **revisão** ou **cancelamento**, conforme o caso.

Para se ter um exemplo, entendemos que a **SV 9/STF**, tendo em vista a modificação do art. 127 da LEP (Lei n. 7.210/84) pela Lei n. 12.433/2011, precisa passar, necessariamente, por um processo de revisão ou cancelamento, já que não mais se conforma ao conteúdo da nova regra (cf. discussão no *item 11.14.12*) **(matéria pendente)**.

■ 11.14.11.9. Da reclamação

Da decisão judicial ou do ato administrativo que contrariar enunciado de súmula vinculante, negar-lhe vigência ou aplicá-lo indevidamente caberá **reclamação**[150] ao STF, sem prejuízo dos recursos ou outros meios admissíveis de impugnação.

Como já referimos, **não caberá reclamação** (apesar de, repetimos, haver outros instrumentos adequados, como o recurso extraordinário, o mandado de segurança etc.) se a **decisão judicial** ou o **ato administrativo** que se pretende atacar for **anterior** à edição da **súmula vinculante**. Isso porque a **vinculação** se dará a partir da **publicação** da súmula vinculante na Imprensa Oficial.

Em se tratando de **omissão** ou **ato** da **Administração Pública**, o uso da reclamação só será admitido **após o esgotamento das vias administrativas** (art. 7.º, § 1.º, da Lei n. 11.417/2006). Trata-se de instituição, por parte da lei, de *contencioso administrativo atenuado* ou de *curso forçado* e *sem violar o princípio do livre acesso ao Judiciário* (art. 5.º, XXXV), na medida em que o que se **veda** é somente o **ajuizamento da reclamação** e não de qualquer outra medida cabível, como a ação ordinária, o mandado de segurança etc.

Julgando procedente a reclamação, o STF anulará o ato administrativo ou cassará a decisão judicial impugnada, determinando que outra seja proferida com ou sem aplicação da súmula, dependendo do caso.

■ 11.14.11.10. Responsabilidade do administrador público

Nos termos do *art. 64-B da Lei n. 9.784/99*, introduzido pela Lei n. 11.417/2006, acolhida pelo STF a reclamação fundada em violação de enunciado da súmula vin-

[150] Sobre a **natureza jurídica** do instituto da reclamação, cf. *item 6.7.1.18.2*.

culante, dar-se-á ciência à autoridade prolatora e ao órgão competente para o julgamento do recurso, que deverão adequar as futuras decisões administrativas em casos semelhantes, sob pena de responsabilização pessoal nas esferas **cível, administrativa** e **penal**.

O objetivo é muito claro, qual seja, como diagnosticado, diminuir a presença da Fazenda Pública como parte em processos jurisdicionais idênticos cuja tese jurídica já tenha sido decidida pelo STF, com efeito vinculante.

■ *11.14.11.11. Responsabilidade dos magistrados?*

A lei que disciplinou o instituto da súmula vinculante, Lei n. 11.417/2006, não fixou, ao menos explicitamente, nenhuma sanção aplicável aos juízes em caso de descumprimento de súmula vinculante, garantindo-se, como anotou o Ministro Marco Aurélio, "a liberdade do magistrado de apreciar os elementos para definir se a conclusão do processo deve ser harmônica ou não com o verbete".[151]

Tal liberdade não significa, contudo, que o magistrado jamais poderá ser responsabilizado em caso do seu descumprimento.

Isso porque, se o desrespeito ao efeito vinculante da súmula for **infundado** e **reiterado, doloso** e **desproporcional**, entendemos que poderá caracterizar-se violação aos **deveres funcionais**, viabilizando-se, assim, a abertura do competente **procedimento administrativo disciplinar** com possíveis aplicações das penalidades legais.

De acordo com o art. 2.º do *Código de Ética da Magistratura*,[152] impõe-se ao magistrado a primazia pelo respeito à Constituição da República e às leis do País, buscando o fortalecimento das instituições e a plena realização dos valores democráticos.

Como se sabe, tanto a Constituição como a Lei n. 11.417/2006 estabelecem que, a partir de sua publicação na imprensa oficial, a **súmula vinculará os órgãos do Poder Judiciário**.

Em igual medida, o art. 35, I, da *LC n. 35/79* (LOMAN) estabelece serem deveres do magistrado **cumprir** e fazer cumprir, com independência, serenidade e **exatidão**, as **disposições legais** e os atos de ofício.

Ainda, podemos destacar o art. 143, CPC/2015, ao estabelecer que o juiz responderá, civil e regressivamente, por perdas e danos quando, no exercício de suas funções, proceder com **dolo** ou **fraude** (no mesmo sentido, art. 49, I, da LOMAN).

Essa questão da responsabilidade do magistrado chegou a ser "ventilada" no STF após analisar diversos *habeas corpus* contra decisões do **STM** que, contrariando entendimento da Corte, ou seja, de que a competência é da Justiça Federal, continuava a aceitar a competência da Justiça Castrense (Militar) para processar e julgar civis denunciados pelo crime de falsificação da Carteira de Habilitação Naval (CIR) ou habilitação de arrais-amador.

---

[151] *Notícias STF*, 08.02.2007.

[152] Aprovado na 68.ª Sessão Ordinária do CNJ, do dia 06.08.2008, nos autos do Processo n. 200820000007337.

Conforme noticiado, os Ministros que compõem a 2.ª Turma do STF sugeriram que o Min. Celso de Mello elaborasse *Proposta de Súmula Vinculante* (PSV) refletindo o entendimento pacificado, embora não sumulado, de **incompetência da Justiça Militar**.[153]

O Min. Gilmar Mendes, não obstante tenha expressado a sua resistência para a edição de súmulas vinculantes em matéria penal **(apesar de possíveis)**, sustentou, para o referido caso, a sua adoção, especialmente diante do risco de **prescrição** em razão da **demora** no julgamento (em função do indevido encaminhamento dos autos para julgamento perante o STM e, posteriormente, a remessa para a Justiça Federal) e, assim, a consequente **impunidade**.

Em 16.10.2014, o STF aprovou a **SV 36**, com a seguinte redação: "compete à **Justiça Federal comum** processar e julgar **civil** denunciado pelos crimes de falsificação e de uso de documento falso quando se tratar de falsificação da Caderneta de Inscrição e Registro (CIR) ou de Carteira de Habilitação de Amador (CHA), **ainda que expedidas pela Marinha do Brasil**" (*DJE* de 24.10.2014).

A partir de sua edição, conforme assinalou o Min. Lewandowski, "... o **descumprimento** de uma **súmula vinculante** de forma **infundada** e **sem justificação** pode ensejar a **responsabilização do magistrado**, porque é um **ato de insubordinação**" (*Notícias STF*, 13.09.2011).

11.14.12. As súmulas vinculantes (a de número 30 com a publicação suspensa) editadas pelo STF

Apresentamos, no material digital exclusivo, PDF com as súmulas vinculantes editadas pelo STF, as quais, em razão de sua importância, deverão ser consideradas para as provas de concursos.

11.14.13. Aspectos conclusivos

A súmula vinculante introduzida pela *Reforma do Judiciário* mostra-se totalmente **constitucional**. Não há falar em engessamento do Judiciário, na medida em que está **prevista a revisão e o cancelamento dos enunciados editados**.

No mais, há de se notar que o STF só editará súmula em relação a matérias e assuntos específicos (conveniência política) e desde que sejam observados os requisitos do art. 2.º, § 1.º, da Lei n. 11.417/2006: que o enunciado da súmula tenha por objeto a validade, a interpretação e a eficácia de normas determinadas, acerca das quais haja, entre órgãos judiciários ou entre estes e a Administração Pública, **controvérsia atual que acarrete grave insegurança jurídica e relevante multiplicação de processos sobre idêntica questão**.

---

[153] Apenas para conhecimento da matéria, estabeleceu o STF: "Competência — Justiça Militar *versus* Justiça Federal *stricto sensu* — Crime de falso — Carteira de habilitação naval de natureza civil. A competência para julgar processo penal a envolver a falsificação de carteira de habilitação naval de natureza civil é da **Justiça Federal**, sendo titular da ação o MPF" (**HC 90.451**, Rel. Min. Marco Aurélio, j. 05.08.2008, *DJE* de 03.10.2008). No mesmo sentido: HC 109.544-MC, HC 106.171, HC 104.619, HC 104.804, HC 104.617, HC 103.318, HC 96.561, HC 96.083, HC 110.237 etc.

No choque entre dois grandes valores fundamentais de igual hierarquia ("colisão de direitos fundamentais"), parece ser mais condizente, diante da realidade forense pátria, a garantia da **segurança jurídica** e do **princípio da igualdade substancial ou material**, em vez da liberdade irrestrita do magistrado nas causas já decididas e pacificadas no STF, "desafogando", por consequência, o Poder Judiciário das milhares de causas repetidas.

Conforme apontado no relatório da *CCJ* do SF, "parece-nos evidente que a súmula vinculante tende a promover os princípios da igualdade e da segurança jurídica, pois padronizará a interpretação das normas, evitando-se as situações propiciadas pelo sistema vigente, em que pessoas em situações fáticas e jurídicas absolutamente idênticas se submetem a decisões judiciais diametralmente opostas, o que prejudica em maior medida aqueles que não têm recursos financeiros para arcar com as despesas processuais de fazer o processo chegar ao Supremo Tribunal Federal, onde a tese que lhe beneficiaria fatalmente seria acolhida".

Deve-se deixar bem claro, também, que a PEC, nesses moldes aprovada, não fere a regra do art. 60, § 4.º, III (**cláusula pétrea** da Separação de Poderes). Isso porque a limitação do *poder de reforma* não se restringe à impossibilidade de alteração da matéria definida pela doutrina como "cláusula pétrea". A regra deve ser lida no sentido de ser vedada não a reforma, mas a reforma "tendente a abolir".

Reforçada, então, estará a regra da "separação de Poderes" mitigada, nos exatos termos de interferência de um órgão em outro, sem, é claro, esgotar a autonomia natural ("freios e contrapesos").

Finalmente, nos termos do art. 8.º da EC n. 45/2004, cabe observar que as súmulas que estavam em vigor na data da publicação da EC (quais sejam, as de ns. 1-736) somente produzirão efeito vinculante após sua **confirmação** por 2/3 dos membros do STF e publicação na imprensa oficial.

As súmulas editadas a partir da EC n. 45/2004 ou continuarão a ser meramente **persuasivas** ou serão **vinculantes**. Para que sejam vinculantes, deverão passar pelo procedimento diferenciado definido na lei regulamentadora. Por questões de organização, deverão as súmulas vinculantes, como vem sendo feito e já indicamos, receber uma nova e distinta numeração, iniciando-se pela de n. 1.

■ 11.15. EXTINÇÃO DOS TRIBUNAIS DE ALÇADA

■ 11.15.1. Histórico nas Constituições

Fazendo uma breve análise, percebe-se que as Constituições de **1824** e de **1891** nada falaram sobre "Tribunais de Alçada" ou sobre "alçada".

A de **1934**, em seu art. 104, § 7.º, estabeleceu que "os Estados poderão criar Juízes com investidura limitada a certo tempo e competência para julgamento das causas de pequeno valor, preparo das excedentes da sua **alçada** e substituição dos Juízes vitalícios".

A Constituição de **1937**, nos termos de seu art. 106, com praticamente a mesma redação, determinou que "os Estados poderão criar Juízes com investidura limitada no tempo e competência para julgamento das causas de pequeno valor, preparo das que excederem da sua **alçada** e substituição dos Juízes vitalícios".

De maneira bastante explícita, pela primeira vez, a de **1946**, em seu art. 124, II, permitiu aos Estados a criação de **Tribunais de Alçada** inferiores aos Tribunais de Justiça.

A de **1967**, por seu turno, fixou as regras no art. 136, § 1.º, "a", e § 3.º: "... § 1.º A lei poderá criar, mediante proposta do Tribunal de Justiça: *a*) Tribunais inferiores de segunda instância, com **alçada** em causas de valor limitado, ou de espécies, ou de umas e outras; (...) § 3.º Compete privativamente ao Tribunal de Justiça processar e julgar os membros do **Tribunal de Alçada** e os Juízes de inferior instância, nos crimes comuns e nos de responsabilidade, ressalvada a competência da Justiça Eleitoral, quando se tratar de crimes eleitorais".[154]

Por derradeiro, a **CF/88** fixou, nos termos do art. 96, II, "c", competir privativamente ao Tribunal de Justiça propor ao Legislativo respectivo, observado o disposto no art. 169, a "criação ou extinção dos tribunais inferiores".

No art. 96, III, estabeleceu-se que "o acesso aos tribunais de segundo grau far-se-á por antiguidade e merecimento, alternadamente, apurados na última entrância ou, onde houver, no **Tribunal de Alçada**, quando se tratar de promoção para o Tribunal de Justiça, de acordo com o inciso II e a classe de origem".

■ 11.15.2. O surgimento dos Tribunais de Alçada nos Estados

Percebia-se que, "no maior Tribunal de Apelação do País, em São Paulo, que contava à época com 25 Desembargadores, o número de feitos ascendeu a mais de 6.000, mais do dobro dos julgados pelo Supremo Tribunal Federal. Com base nisso, o *Deputado Plínio Barreto* propôs uma emenda que permitisse aos Estados a criação de Tribunais de Alçada inferior".[155]

Nesse sentido, diante do permissivo do art. 124, II, da CF/46, pioneiramente, com o objetivo de desafogar o TJ, criou-se, por intermédio da Lei estadual n. 1.162, de 31 de julho de 1951, o Tribunal de Alçada de São Paulo, instalado no dia 11 de agosto[156] de 1951.

---

[154] Com um texto muito parecido, também o art. 144, § 1.º, "a", e § 3.º, na redação dada pela EC n. 1/69. Na primeira regra estabelece que os Tribunais de Alçada deverão observar o prescrito na Lei Orgânica da Magistratura Nacional. A redação da segunda regra é praticamente a mesma, só alterando a parte final.

[155] Site do 1.º TAC/SP: <www.ptac.sp.gov.br/historico.htm>, acessado em 1.º.02.2005.

[156] Interessante a data — **11 de agosto**. Apenas por **curiosidade** (*e acho, sim, que esse tipo de informação pode fazer a diferença em banca oral*), por meio da **Lei de 11 de agosto de 1827** foram criados dois cursos de *Ciências Jurídicas e Sociais*, um na cidade de *São Paulo* e outro na de *Olinda*. O art. 1.º da referida lei estabelece que durante 5 anos e em 9 cadeiras serão ensinadas as seguintes matérias: ***a*) 1.º ano:** *1.ª Cadeira*: Direito natural, público, análise de Constituição do Império, Direito das gentes e diplomacia; ***b*) 2.º ano:** *1.ª Cadeira*: continuação das matérias do ano antecedente; *2.ª Cadeira*: Direito público eclesiástico; ***c*) 3.º ano:** *1.ª Cadeira*: Direito pátrio civil; *2.ª Cadeira*: Direito pátrio criminal com a teoria do processo criminal; ***d*) 4.º ano:** *1.ª Cadeira*: Continuação do direito pátrio civil; *2.ª Cadeira*: Direito mercantil e marítimo; ***e*) 5.º ano:** *1.ª Cadeira*: Economia política; *2.ª Cadeira*: Teoria e prática do processo adotado pelas leis do

"A denominação Tribunal de Alçada foi inspirada na organização judiciária portuguesa, como explicou o Ministro Mário Guimarães em sua obra *O juiz e a função jurisdicional*, ao observar que assim se chamavam os Tribunais volantes que existiam em Portugal, que, regulados pelas Ordenações Afonsinas, circulavam pelas províncias distribuindo justiça".[157]

O advento da indústria automobilística, aliado ao grande crescimento da sociedade a partir da década de 1960, fez surgir a necessidade de se criarem outros tribunais.

A Lei estadual (SP) n. 9.125, de 19.11.1965, determinou o desdobramento do Tribunal de Alçada da seguinte maneira: **a)** 1.º TAC; **b)** TACRIM (1967); **c)** 2.º TAC (1972). Assim, até 1972, conviviam o TJ, o TAC e o TACRIM, já que a divisão do único Tribunal de Alçada Cível se consolidou em 1972.

Nos outros Estados, observamos o surgimento dos Tribunais de Alçada de Minas Gerais (1965), Paraná (1970), Rio Grande do Sul (1971) e Rio de Janeiro (antigo da Guanabara).

Na data da promulgação da **EC n. 45/2004**, contudo, restavam apenas os Tribunais de Alçada de São Paulo (1.º TAC, 2.º TAC e TACRIM) e o do Paraná.

11.15.3. A EC n. 45/2004

O art. 4.º da EC n. 45/2004 assim estabeleceu:

> "Art. 4.º Ficam **extintos** os tribunais de Alçada, onde houver, passando os seus membros a **integrar os Tribunais de Justiça dos respectivos Estados**, respeitadas a antiguidade e classe de origem.
>
> Parágrafo único. No prazo de cento e oitenta dias, contado da promulgação desta Emenda, os Tribunais de Justiça, por ato administrativo, promoverão a integração dos membros dos tribunais extintos em seus quadros, fixando-lhes a competência e remetendo, em igual prazo, ao Poder Legislativo, proposta de alteração da organização e da divisão judiciária correspondentes, assegurados os direitos dos inativos e pensionistas e o aproveitamento dos servidores no Poder Judiciário estadual".

No tocante ao Estado de São Paulo, Roberto Solimene anota, em interessante e completo estudo, que "... Órgão Especial do Tribunal de Justiça, em 29 de dezembro, publicou a **Resolução n. 194/2004**, cujo artigo 1.º declarou integrados no Tribunal de Justiça 'os Juízes dos extintos Tribunais de Alçada', 'no cargo de Desembargador, mediante apostilamento dos títulos', ato este posterior, veiculado no *Diário Oficial da Justiça* de 5 de janeiro de 2005 (p. 3), sem prejuízo da remessa de projeto de lei à Assembleia Legislativa, em que também se indicava a necessidade de criação de 22 novos cargos de desembargador, mais 836 cargos de assistentes jurídicos e 28 de

Império. (*Fonte*: BRASIL. Leis etc. Collecção das leis do Imperio do Brazil de 1827. Rio de Janeiro: Typographia Nacional, 1878, p. 5-7.)

157 Site do 2.º TAC/SP: <www.stac.sp.gov.br/historico.htm>, acessado em 1.º.02.2005.

escreventes, com o fito de dar imediata vazão dos 195.475 processos que aguardavam distribuição no TJ e 289.003 nas casas extintas".[158]

Em relevante crítica, o autor observa que, "de acordo com o artigo 3.º, da já mencionada Resolução n. 194/2004, haverá concurso de remoção interna dos atuais desembargadores paulistas e somente depois é que os Juízes dos Tribunais extintos escolherão as Câmaras que passarão a integrar, sendo plausível a chance de alguém, que ao longo de muitos anos trabalhou com determinada matéria, passar a julgar processos, daqui por diante, de outra completamente diferente (...). Desperdício de conhecimento e dificuldades de adaptação, afirmam muitos".[159]

Resta aguardar. Parece-nos que, apesar do "gigantismo" em que se transforma a estrutura do Tribunal de Justiça de São Paulo, a reforma é bem-vinda. E vejam que interessante: as necessidades que justificaram e motivaram o surgimento dos Tribunais de Alçada — *agilização da prestação jurisdicional, desafogamento dos Tribunais de Justiça, eficácia na distribuição da Justiça* — são as mesmas para a sua extinção. No mínimo curioso... mas deixemos isso de lado!

■ 11.16. MATERIAL DIGITAL EXCLUSIVO

11

PODER JUDICIÁRIO

Download de Questões Modelo Tradicional	Banco de Questões Plataforma	Resolução de Questões Pedro Lenza	Videoaulas
somos.in/DCE25042	somos.in/DCE25043	somos.in/DCE25121	somos.in/DCE25100

[158] Roberto Solimene, A extinção dos Tribunais de Alçada e a Emenda 45, in André Ramos Tavares, Pedro Lenza, Pietro de Jesús Lora Alarcón (coord.), *Reforma do Judiciário*, p. 169. Sobre a constitucionalidade da extinção dos Tribunais de Alçada, cf. interessante parecer de Clèmerson Merlin Clève, Extinção dos Tribunais de Alçada: constitucionalidade pela via da reforma constitucional no plano federal. Devida reinclusão na proposta de Emenda à Constituição n. 29, de 2000, que veicula a Reforma do Poder Judiciário, in *Reforma...*, cit., p. 159.

[159] Roberto Solimene, A extinção dos Tribunais de Alçada e a Emenda 45, p. 169.

12 FUNÇÕES ESSENCIAIS À JUSTIÇA

■ 12.1. NOÇÕES INTRODUTÓRIAS

Com o objetivo de dinamizar (ou viabilizar) a atividade jurisdicional, a Constituição institucionalizou atividades profissionais (públicas e privadas), atribuindo-lhes o *status* de **funções essenciais à Justiça**, tendo estabelecido suas regras nos arts. 127 a 135 da CF/88 e que serão estudadas a seguir:

- **Ministério Público** (arts. 127 a 130);
- **Advocacia Pública** (arts. 131 e 132);
- **Advocacia** (art. 133);
- **Defensoria Pública** (art. 134).

■ 12.2. MINISTÉRIO PÚBLICO

■ 12.2.1. Histórico

■ *12.2.1.1. Origens remotas*

Há muita divergência doutrinária sobre o surgimento do Ministério Público, chegando alguns a apontar a sua forma inicial há mais de quatro mil anos, na figura do *magiaí*, funcionário real no *Egito Antigo*, que tinha o dever de proteger os cidadãos do bem e reprimir, castigando, os "rebeldes".

Outros, ainda, identificam o surgimento do Ministério Público na *Antiguidade Clássica*, na *Idade Média* ou até no *direito canônico*.

Divergências à parte, a maioria da doutrina aceita, com mais tranquilidade, o seu surgimento na figura dos **Procuradores do Rei** do *direito francês* (*Ordenança* de 25.03.1302, de Felipe IV, "o Belo", Rei da França), que prestavam o mesmo juramento dos juízes no sentido de estarem proibidos de exercer outras funções e patrocinar outras causas, senão as de interesse do Rei.

Como bem expõe Mazzilli, "a Revolução Francesa estruturou mais adequadamente o Ministério Público, enquanto instituição, ao conferir garantias a seus integrantes. Foram, porém, os textos napoleônicos que instituíram o Ministério Público que a França veio a conhecer na atualidade. Inegável é a influência da doutrina francesa na

Acesse também o vídeo sobre o capítulo pelo link: somos.in/DCE25045
Acesse também a videoaula pelo link: somos.in/DCE25101

história do Ministério Público, tanto que, mesmo entre nós, ainda se usa frequentemente a expressão *parquet*, para referir-se à instituição".[1]

Não obstante a influência francesa, temos de ressaltar a importância do **direito português** sobre a origem do Ministério Público no Brasil, notadamente as *Ordenações Afonsinas* (1447), *Manuelinas* (1514) e *Filipinas* (1603).

Conforme anotam Araujo e Nunes Jr., "no Brasil, fazendo menção ao *Procurador dos Feitos da Coroa* e ao *Promotor de Justiça*, o Alvará de 7 de março de 1609, que criou o Tribunal de Relação da Bahia, foi a primeira legislação a abordar a função de Ministério Público".[2]

Passemos, então, a analisar a evolução do Ministério Público especialmente nas Constituições brasileiras, destacando-se, no quadro abaixo, a sua previsão "topológica" (em termos de disposição no texto constitucional), chegando ao *coroamento* na CF/88, pela qual se instituiu total **desvinculação** dos Poderes, declarando ser **instituição permanente, essencial à função jurisdicional do Estado**, incumbindo-lhe a **defesa** da **ordem jurídica**, do **regime democrático** e dos **interesses sociais e individuais indisponíveis**, com **autonomia funcional**, **administrativa** e **financeira**.

CONSTITUIÇÕES	PREVISÃO TOPOLÓGICA
■ 1824	■ **não fez menção ao MP**, mas apenas ao *Procurador da Coroa e Soberania Nacional*
■ 1891	■ **previsão muito tímida**, disciplinando apenas regras para a designação do PGR, dentre membros do STF e, assim, a alocação dentro do *título* do **Poder Judiciário**
■ 1934	■ posicionamento **fora dos Poderes**, adquirindo *status* constitucional e estabelecido como **órgão de cooperação nas atividades governamentais**
■ 1937	■ retrocesso durante o período ditatorial. Tratamento esparso e vago com algumas regras sobre o PGR no *capítulo* do **Poder Judiciário**
■ 1946	■ redemocratização. Avanço. Previsão em **título especial e próprio**, distinto dos Poderes e, assim, não estando atrelado a nenhum deles
■ 1967	■ novamente a previsão do MP, retrocedendo o texto anterior que lhe dava *título especial*, foi estabelecida no capítulo do **Poder Judiciário**
■ EC n. 1/69	■ alterando o texto anterior, houve o posicionamento do MP no capítulo do **Poder Executivo**
■ 1988	■ o MP chega fortalecido no novo ordenamento, ganhando previsão em título próprio, **desatrelado dos Poderes** e como uma das **funções essenciais à Justiça**

1 H. N. Mazzilli, *Introdução ao Ministério Público*, p. 38. Sobre a expressão *parquet*, que, do francês, significa **assoalho**, Mazzilli observa que o seu uso entre nós "... provém da tradição francesa, assim como *magistrature débout* (magistratura de pé) e *les gens du roi* (as pessoas do rei). Os *procuradores do rei*, antes de adquirirem condição de magistrados e terem assento a seu lado, no estrado, tiveram assento sobre o assoalho da sala de audiências" (op. cit., p. 38, nota 3). Assim, enquanto a *magistratura de pé* pode ser a origem do Ministério Público, ela não se confundia com a *magistratura sentada*, quais sejam, os magistrados da época.

2 L. A. D. Araujo, V. S. Nunes Jr., *Curso de direito constitucional*, 13. ed., p. 409.

12.2.1.2. Constituição de 1824

Apesar de não haver menção ao Ministério Público no texto do Império, o seu art. 48 fez a previsão do **Procurador da Coroa e Soberania Nacional**, que tinha a atribuição de **acusação** nos crimes que não pertencessem à Câmara dos Deputados.

Durante o Império, contudo, algumas leis fizeram referência mais específica ao *Promotor Público*, destacando-se, dentre outros:

- **1830** — *Código Criminal*: no art. 132, falava-se em atribuição de **acusação** do **Promotor** para os crimes ali especificados;
- **1832** — *Código do Processo Criminal*: em diversas passagens se fez previsão do **Promotor Público**. Dentre outras atribuições, no seu art. 37, § 1.º, estava prevista a de denunciar os crimes públicos e policiais e acusar os delinquentes perante os jurados, assim como os crimes de reduzir à escravidão pessoas livres, cárcere privado, homicídio, ou a tentativa dele, ou ferimentos, com as qualificações dos arts. 202, 203 e 204 do Código Criminal; e roubos, calúnias, injúrias contra o Imperador, membros da Família Imperial, contra a Regência e cada um de seus membros, contra a Assembleia Geral e contra cada uma das Câmaras.

12.2.1.3. Constituição de 1891

Antes mesmo da Constituição de 1891, a partir da *Proclamação da República*, o **Decreto n. 848, de 11.10.1890**, ao organizar a *Justiça Federal*, fez menção ao **Ministério Público**, pela primeira vez, como **instituição**. Vejamos:

- **1890** — *art. 22 do Decreto n. 848*: ao tratar do *Ministério Público*, destacou a atuação do **Procurador-Geral da República**, competindo-lhe: **a) exercer a ação pública e promovê-la** até o final em todas as causas da competência do Supremo Tribunal; **b)** funcionar como **representante da União**, e em geral oficiar e "dizer de direito" em todos os feitos submetidos à jurisdição do Supremo Tribunal; **c)** velar pela execução das leis, decretos e regulamentos que devem ser aplicados pelos juízes federais; **d)** defender a jurisdição do Supremo Tribunal e a dos demais juízes federais; **e)** fornecer instruções e conselhos aos procuradores seccionais e resolver consultas destes, sobre matéria concernente ao exercício da Justiça Federal.

A **Constituição de 1891**, por sua vez, de maneira muito tímida, tratou do Procurador-Geral da República, na *Seção III* do *Título I*, que disciplinava o **Poder Judiciário**.

Essa previsão topológica tinha uma razão de ser. De acordo com o art. 58, § 2.º, o *Procurador-Geral da República* era designado pelo Presidente da República **dentre os membros do Supremo Tribunal Federal**.

De modo geral, as atribuições do **PGR** deveriam ser definidas na **lei**, havendo apenas uma previsão na Constituição, qual seja, a possibilidade de requerer, de ofício e a qualquer tempo, a **revisão criminal** (art. 81).

■ *12.2.1.4. Constituição de 1934*

Na **Constituição de 1934**, o Ministério Público adquire verdadeiro ***status* constitucional**, não tendo sido a sua previsão atrelada ao Judiciário (conforme o texto de 1891), mas como **órgão de cooperação nas atividades governamentais** (*Seção I* do *Capítulo VI* do *Título I*), destacando-se as seguintes regras (arts. 95 a 98):

- **Organização por lei:** o Ministério Público era organizado na *União*, no *Distrito Federal* e nos *Territórios* por **lei federal**, e, nos *Estados*, pelas **leis locais**.
- **PGR — nomeação sem a necessidade de fazer parte do Judiciário:** o *Chefe do MPF* nos Juízos comuns era o *Procurador-Geral da República*, de **nomeação do Presidente da República**, com *aprovação do Senado Federal* **(sabatina)** dentre cidadãos com os requisitos estabelecidos para os *Ministros da Corte Suprema*.
- **Remuneração e demissão *ad nutum*:** em termos de remuneração, o PGR tinha os mesmos vencimentos dos **Ministros da Corte Suprema**, sendo, porém, **demissível *ad nutum***.
- **Chefes do Ministério Público no Distrito Federal e nos Territórios:** referidos Chefes eram de *livre nomeação do Presidente da República* dentre juristas de **notável saber e reputação ilibada**, alistados eleitores e maiores de 30 anos, com os vencimentos dos Desembargadores.
- **Concurso público e estabilidade:** os membros do Ministério Público Federal que serviam nos Juízos comuns eram nomeados mediante **concurso** e só perdiam os cargos, nos termos da lei, por **sentença judiciária**, ou **processo administrativo**, no qual lhes era assegurada ampla defesa.
- **Comunicação de decisão ao Senado Federal na hipótese de inconstitucionalidade:** o PGR tinha, ainda, a atribuição de, quando a Corte Suprema declarasse inconstitucional qualquer dispositivo de lei ou ato governamental, comunicar a decisão ao **Senado Federal** para os fins do art. 91, n. IV, e bem assim à autoridade legislativa ou executiva de que tivesse emanado a lei ou o ato.
- **ADI interventiva:** conforme já estudamos, a ADI interventiva surgiu no texto de 1934, tendo por exclusivo legitimado o **PGR**.
- **Outras atribuições:** de modo geral, as atribuições do Ministério Público estavam previstas em **lei**. Houve, contudo, além das já mencionadas: **a)** a possibilidade de requerer a revisão dos processos findos em matéria criminal, inclusive os militares e eleitorais; **b)** a competência para interpor recurso extraordinário na Corte Suprema contra as causas decididas pelas Justiças locais em única ou última instância quando ocorresse diversidade de interpretação definitiva da lei federal entre Cortes de Apelação de Estados diferentes, inclusive do Distrito Federal ou dos Territórios, ou entre um destes Tribunais e a Corte Suprema, ou outro Tribunal federal.
- **Impedimentos dos Procuradores-Gerais:** os Chefes do Ministério Público na União e nos Estados não podiam exercer nenhuma outra função pública, **salvo o magistério** e os **casos previstos na Constituição**, sob pena de perda do cargo.
- **Previsão de MP Militar e Eleitoral:** o Ministério Público, nas Justiças Militar e Eleitoral, era organizado por leis especiais, e tinha na Justiça Eleitoral as incompatibilidades que referidas leis especiais prescrevessem.

■ **Regra do "quinto constitucional":** nos termos do art. 104, § 6.º, da Constituição, na composição dos **Tribunais superiores** eram reservados lugares, correspondentes a **1/5** do número total, para serem preenchidos por advogados, ou **membros do Ministério Público** de notório merecimento e reputação ilibada, escolhidos de lista tríplice, organizada na forma do § 3.º.

■ *12.2.1.5. Constituição de 1937*

Durante a **Ditadura de Getúlio Vargas** houve total retrocesso em relação ao Ministério Público enquanto instituição, havendo tratamento esparso e vago na Constituição, destacando-se:

■ **Procurador-Geral da República:** o PGR era o Chefe do Ministério Público Federal e funcionava junto ao STF (a previsão topológica foi dentro do *capítulo* do "Poder Judiciário"). O PGR era de **livre nomeação** e **demissão do Presidente da República**, devendo recair a escolha em pessoa que reunisse os requisitos exigidos para Ministro do Supremo Tribunal Federal.

■ **Recurso ordinário:** houve a previsão de o Ministério Público poder interpor **recurso ordinário** nas hipóteses de decisões de última ou única instância denegatórias de *habeas corpus*.

■ **Regra do "quinto constitucional":** na composição dos *Tribunais superiores*, **1/5** dos lugares era preenchido por advogados ou **membros do Ministério Público**, de notório merecimento e reputação ilibada, organizando o Tribunal de Apelação uma lista tríplice.

■ **Representação da Fazenda Pública:** o art. 109, parágrafo único, estabeleceu que a lei regularia a competência e os recursos nas ações para a **cobrança da dívida ativa da União**, podendo cometer ao **Ministério Público dos Estados** a função de **representar em Juízo a Fazenda Federal**.

■ **Crime comum e de responsabilidade:** a Carta estabeleceu que o **PGR** seria processado e julgado pelo STF nas hipóteses de crime comum e de responsabilidade.

■ *12.2.1.6. Constituição de 1946*

Com a redemocratização o Ministério Público ganha especial destaque na **Constituição de 1946**, disciplinado em **título especial** (o *Título III*, separado dos Poderes e tratando, exclusivamente, da carreira do MP). São as seguintes e principais regras:

■ **Tribunal Federal de Recursos (TFR) e "regra do terço" (art. 103, *caput*):** o **TFR**, com sede na Capital federal, era composto de 9 Juízes, nomeados pelo Presidente da República, depois de aprovada a escolha pelo **Senado Federal**, sendo 2/3 entre magistrados e 1/3 entre advogados e **membros do Ministério Público**, com os requisitos do art. 99.

■ **Regra do "quinto constitucional" em âmbito estadual (art. 124, V):** na composição de qualquer **Tribunal estadual, 1/5** dos lugares era preenchido por advogados e **membros do Ministério Público**, de notório merecimento e reputação ilibada, com dez anos, pelo menos, de prática forense. Para cada vaga, o Tribunal, em sessão e escrutínio secretos, votava lista tríplice. Escolhido um membro do Ministério Público, a vaga seguinte era preenchida por advogado;

■ **MPU organizado por lei (art. 125):** a organização do Ministério Público da União, junto à Justiça Comum, à Militar, à Eleitoral e à do Trabalho se dava por meio de **lei**. Posteriormente, a *EC n. 16/65* estabeleceu que a lei organizaria o Ministério Público da União junto aos órgãos judiciários federais.

■ **PGR — Chefe do MPF (art. 126):** o PGR era o Chefe do Ministério Público federal. O Procurador, nomeado pelo Presidente da República, depois de aprovada a escolha pelo **Senado Federal**, dentre cidadãos com os requisitos indicados no artigo 99, era **demissível *ad nutum***.

■ **Representação da União (art. 126, parágrafo único):** a **União** era **representada em Juízo** pelos **Procuradores da República**, podendo a lei cometer esse encargo, nas Comarcas do interior, ao **Ministério Público local**.

■ **Regra do concurso público e as garantias da estabilidade e da inamovibilidade (art. 127):** os membros do Ministério Público da União, do Distrito Federal e dos Territórios ingressavam nos cargos iniciais da carreira mediante concurso. Após **2 anos** de exercício, não podiam ser demitidos senão por **sentença judiciária** ou **mediante processo administrativo**, sendo-lhes facultada a ampla defesa. Outra garantia era a **inamovibilidade**, a não ser mediante representação motivada do Chefe do Ministério Público, com fundamento em conveniência do serviço.

■ **MP em âmbito estadual — carreira (art. 128):** nos Estados, o Ministério Público será também organizado em carreira, observados os preceitos do art. 127 e mais o princípio de **promoção** de entrância a entrância.

■ **EC n. 16/65:** referida emenda trouxe importantes previsões, por exemplo: **a)** conforme já estudado no capítulo sobre *controle*, referida emenda instituiu, pela primeira vez no direito brasileiro, o sistema de controle concentrado, por meio de representação a ser ajuizada exclusivamente pelo Procurador-Geral da República; a antiga "regra do terço" para a composição foi alterada em relação ao TFR. Pela nova regra, o TFR passou a ser composto de 13 juízes, nomeados pelo Presidente da República, depois de aprovada a escolha pelo Senado Federal, sendo 8 dentre magistrados e **5** dentre advogados e **membros do Ministério Público**, todos com os requisitos do art. 99.

■ **Crime comum (STF) e de responsabilidade (Senado Federal):** inovando, mantendo a previsão de julgamento do PGR por crime comum no STF (art. 101, I, "b"), a Constituição estabeleceu que o julgamento por crime de responsabilidade seria de competência do Senado Federal (art. 62, II).

■ *12.2.1.7. Constituição de 1967*

De modo geral, todas as regras estabelecidas no texto de 1946 foram repetidas na Constituição de 1967, como as referentes ao *concurso público*, *estabilidade*, *inamovibilidade* etc.

O art. 138, § 2.º, conservou a previsão de que a União seria representada em Juízo pelos **Procuradores da República**, podendo a lei cometer esse encargo, nas Comarcas do interior, ao **Ministério Público local**.

A grande distinção foi a alocação topográfica, com inegável retrocesso, já que não mais prevista a carreira do MP em título especial e exclusivo.

A Constituição de 1967 inseriu o Ministério Público **dentro do capítulo do Poder Judiciário**, na *Seção IX* do *Capítulo VIII*.

■ *12.2.1.8. Emenda Constitucional n. 1/69*

A **EC n. 1/69** manteve o Ministério Público atrelado aos Poderes. Contudo, em vez de inseri-lo em seção dentro do capítulo do Judiciário, como fazia a Constituição de 1967, fixou a carreira do MP no **capítulo do Poder Executivo** (*Seção VIII* do *Capítulo VII*), tendo referida alocação permanecido na **EC n. 7/77**.

Basicamente, todas as regras em relação ao *concurso público*, *estabilidade*, *inamovibilidade*, *Chefia do MPF pelo PGR*, *participação no TFR*, *"regra do quinto"* etc. foram preservadas.

A **representação judicial da União** também continuou nas mãos do Ministério Público Federal (cf. **Lei n. 1.341/51** — *Lei Orgânica do Ministério Público da União*, que veio a ser substituída pela LC n. 75/93), sendo que o art. 95, § 2.º, da EC n. 1/69 expressamente disciplinou que, nas comarcas do interior, a **União** poderia ser **representada** pelo **Ministério Público estadual**.

A EC n. 1/69, em seu art. 94, estabeleceu, ainda, que **lei** organizaria o **MPU** junto aos juízes e tribunais federais, bem como o **MP Estadual** seria organizado em carreira por **lei estadual**.

Mantendo essa regra de organização do MP Estadual por **lei estadual**, a **EC n. 7/77 inovou** ao prescrever que **lei complementar federal**, de iniciativa do Presidente da República, estabeleceria **normas gerais** a serem adotadas na organização do **Ministério Público Estadual**.

A título de informação, referida regulamentação se deu pela **LC n. 40, de 14.12.1981**, lembrando que, com a promulgação do texto de 1988, o entendimento a que se chegou foi no sentido de **não mais se exigir** para referida regulamentação a modalidade de **lei complementar**, em razão da **falta de previsão** no art. 61, § 1.º, II, "d".

Isso porque, do ponto de vista *material*, e já estudamos esse assunto no *capítulo sobre o processo legislativo* (cf. *item 9.14.2.2.1*), toda vez que o constituinte quiser que a matéria seja regulamentada por lei complementar, deverá fazer **pedido expresso**. Não havendo declarada previsão e não sendo hipótese das outras espécies normativas, pelo campo residual, chegou-se à conclusão de que a matéria deve ser regulamentada por *lei ordinária*.

Nesse sentido, a **Lei n. 8.625, de 12.02.1993**, instituiu a *Lei Orgânica Nacional do Ministério Público* **(LONMP)** e dispôs sobre **normas gerais para a organização do Ministério Público dos Estados**, além de dar outras providências.[3]

■ *12.2.1.9. Constituição de 1988*

O texto de 1988 consagrou a evolução do Ministério Público, separando-o dos Poderes e o alocando no capítulo que trata das *funções essenciais à Justiça* (*Seção I* do *Capítulo IV* do *Título IV*).

Em verdadeira **consagração**, o MP foi elevado à posição de **instituição permanente** e **desatrelado**, de vez, **da representação judicial da União**, tanto é que, de maneira categórica e enérgica, o art. 129, IX, expressamente **vedou** a **representação judicial e a consultoria jurídica de entidades públicas**, ficando essa atribuição nas mãos da advocacia pública.

A CF/88, em seu art. 131, *caput*, fez a previsão expressa da **Advocacia-Geral da União**, instituição que, **diretamente** ou por meio de **órgão vinculado**, passou a **representar a União**, **judicial** e **extrajudicialmente**, cabendo-lhe, nos termos da **lei complementar** que dispuser sobre sua organização e funcionamento, as atividades de **consultoria** e **assessoramento jurídico** do **Poder Executivo**.

Cabe observar, apesar das novas regras, que, por força do **art. 29, *caput*, do ADCT**, a **representação judicial da União** manteve-se **afeta ao Ministério Público Federal** até o advento da **LC n. 73/93**.

■ 12.2.2. Definição e investidura ("quarentena de entrada")

De acordo com o art. 127, *caput*, da CF/88, o **Ministério Público** é instituição **permanente, essencial à função jurisdicional do Estado**, incumbindo-lhe a **defesa da ordem jurídica, do regime democrático** e dos **interesses sociais e individuais indisponíveis**.[4]

Regulamentando a CF/88, foram editados os seguintes diplomas legais:

- **Lei n. 8.625, de 12.02.1993:** Lei Orgânica Nacional do Ministério Público, dispondo sobre normas gerais para a organização do Ministério Público dos Estados (iniciativa reservada ao Presidente da República, na forma da parte final do art. 61, § 1.º, II, "d", CF/88);

[3] Para aprofundamento da matéria e críticas à escolha "inadequada" da lei ordinária, cf. H. N. Mazzilli, *Regime jurídico do Ministério Público*, Cap. 6, passim, e **RE 262.178-DF**, *Inf. 211/STF.*

[4] Esse dispositivo constitucional foi copiado no art. 176 do CPC/2015, sem correspondência no CPC/73. Essa transposição das regras constitucionais para o CPC/2015 reflete a importante perspectiva, já anunciada em seu art. 1.º, de estar o processo civil **ordenado, disciplinado** e **interpre-**

- **Lei Complementar n. 75, de 20.05.1993:** Lei Orgânica do Ministério Público da União (de caráter federal e não nacional, como a Lei Orgânica **Nacional** do Ministério Público), dispondo sobre a organização, atribuição e estatuto do Ministério Público da União (Ministério Público Federal — arts. 37-82; Ministério Público Militar — arts. 116-148; Ministério Público do Trabalho — arts. 83-115 e Ministério Público do Distrito Federal e Territórios — arts. 149-181, todos independentes entre si);[5]
- **Leis complementares estaduais:** cada Estado elabora a sua. Assim, de acordo com o edital do concurso público estadual, o candidato atento deverá estudar a **respectiva lei orgânica**.

Significando importante garantia constitucional, as funções do Ministério Público só poderão ser exercidas por **integrantes da carreira**, que deverão residir na comarca da respectiva lotação, salvo autorização do chefe da instituição.

Nos termos do art. 129, § 3.º, da CF/88, o **ingresso** na carreira do Ministério Público far-se-á mediante concurso público de provas e títulos, assegurada a **participação da Ordem dos Advogados do Brasil** em sua **realização**, exigindo-se do bacharel em direito, no mínimo, **3 anos de atividade jurídica** e observando-se, nas nomeações, a ordem de classificação.

Em relação à necessária participação da OAB, o **Conselho Nacional do Ministério Público — CNMP**, no exercício de sua competência fixada no art. 130-A, § 2.º, I, da Constituição Federal, em conformidade com a decisão plenária proferida na 24.ª Sessão Ordinária, realizada no dia 13.12.2016, nos autos da Proposição n. 1.00223/2015-06, **aprovou** o **Enunciado n. 11**, com aplicação a partir de sua publicação, que se implementou no *DECNMP* de 1.º.02.2017, nos seguintes termos: "é **obrigatória** a participação da Ordem dos Advogados do Brasil em **todas** as fases de concurso para ingresso no Ministério Público, inclusive na apreciação de eventuais recursos apreciados pela respectiva banca, sob pena de **nulidade** de todas as fases posteriores à comprovada ausência de participação".

Já em relação à *quarentena de entrada*, conforme já explicamos no *item 11.4.1*, o **CNMP** alinhou-se ao decidido pelo STF no **RE n. 655.265** (que reafirmou os termos da ADI n. 3.460) e, assim, pela **Res. CNMP n. 141/2016**, revogou a Res. n. 87/2012 e resgatou a redação original do art. 3.º da Res. n. 40/2006, voltando a prescrever que a **comprovação do período de 3 anos de atividade jurídica** deve se dar no **momento da inscrição definitiva no concurso** e não no da posse.

---

tado conforme os **valores e as normas fundamentais estabelecidos na Constituição da República Federativa do Brasil**.

[5] Os artigos citados referem-se à Lei Orgânica do Ministério Público da União, **LC n. 75/93**, que dispõe sobre a organização, as atribuições e o estatuto do MPU.

■ 12.2.3. Organização do Ministério Público na CF/88 — art. 128, I e II, e MP Eleitoral

■ *12.2.3.1. Organização do Ministério Público da União e Estadual*

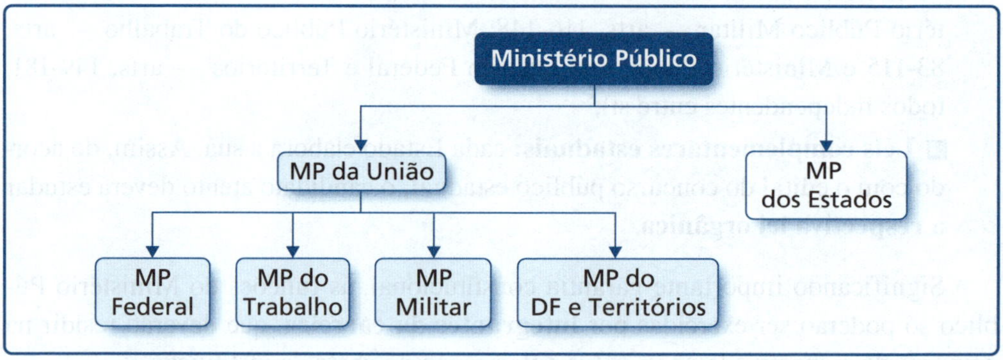

Como se vê, o art. 128, I, tratou do **MP da União**, enquanto o art. 128, II, do **MP dos Estados**.

No mesmo sentido em que no organograma do Judiciário se fala em "justiça comum" e "justiça especializada", também aqui se observa um Ministério Público que atua na "justiça comum", no caso, tanto a Federal (**MPF** — art. 109, nas matérias de competência da Justiça Federal) como a Estadual **(MP Estadual)**, bem como aquele que atua perante os ramos especializados da Justiça Federal, quais sejam, o **MPT**, o **MPM** e também na **Justiça Eleitoral**, com as suas particularidades, como se verá no *item* seguinte.

Cumpre notar que, apesar de no âmbito **federal** existir uma carreira própria do Ministério Público para atuação perante a **Justiça Militar da União**, qual seja, o **MPM** (art. 128, I, "c"), no âmbito **estadual**, seja em primeiro grau (**Auditorias Militares**, que correspondem às Varas na Justiça Comum), seja no TJ ou no TJM onde houver (SP, MG e RS — art. 125, § 3.º, da CF/88), a atuação dar-se-á por membro do **MP Estadual, não havendo uma carreira própria e específica** de *Ministério Público Militar Estadual*. Trata-se de *Promotoria de Justiça especializada* com atuação perante a Auditoria Militar.

Por sua vez, não obstante haja ampla aproximação entre Estados e o DF, a previsão do **MP do DF e dos Territórios** como ramo do MP da União se justifica já que, segundo o art. 21, XIII, ele será organizado e mantido pela **União**.

■ *12.2.3.2. MP Eleitoral*

O **MP Eleitoral** não tem estrutura própria, e a sua formação, como se percebe pelo quadro abaixo, é **mista**, sendo composto de membros do Ministério Público Federal **(MPF)** e do Ministério Público Estadual **(MPE)**.

MINISTÉRIO PÚBLICO ELEITORAL		
Órgãos do MPE	**Grau de jurisdição**	**Matéria de competência originária**
■ Procurador-Geral Eleitoral (PGR) ■ Vice-Procurador-Geral Eleitoral (integram o **MPF**)	■ TSE	■ Eleição presidencial
■ Procuradores Regionais Eleitorais (integram o **MPF**)	■ TREs ■ Juízes auxiliares[6]	■ Eleições federais, estaduais e distritais
■ Promotores Eleitorais (integram o **MP Estadual**)	■ Juízes eleitorais ■ Juntas eleitorais[7]	■ Eleições municipais

Observa-se que não há na Constituição a previsão da carreira específica do *Ministério Público Eleitoral*. Aliás, o texto, além de ser silente no art. 128, não tratou do assunto em nenhuma passagem da Carta.

Diante dessa lacuna e da importância da **função eleitoral do MP**, vozes na doutrina sustentam, com razão, a criação, por emenda, de uma *carreira própria do MP Eleitoral* que, no caso, pertenceria ao ramo do **MPU**, modificando, portanto, o art. 128.

Luiz Carlos dos Santos Gonçalves, com precisão, observa que "... a importância que as questões eleitorais têm ganhado na sociedade brasileira serve de contínua recomendação para que essa **nova instituição** seja criada. Seria um **novo ramo** do Ministério Público da União, tendo em vista o **caráter federal** de que se reveste toda a Justiça e o Direito Eleitoral".[8]

Portanto, podemos falar que a **função eleitoral**, desempenhada pelo Ministério Público, tem **natureza federal** e é o que se depreende do art. 78 da LC n. 75/93 ao dispor que as **funções eleitorais do Ministério Público Federal** perante os **Juízes** e **Juntas Eleitorais** serão exercidas pelo **Promotor Eleitoral**, que é integrante do **MP Estadual**.

---

6 Nos termos do art. 96, § 3.º, da Lei n. 9.504/97 (*que estabelece normas para as eleições*), os Tribunais Eleitorais designarão 3 **juízes auxiliares** para a apreciação das reclamações ou representações que lhes forem dirigidas. Como referidas medidas são dirigidas aos Tribunais Eleitorais, a atuação ministerial se implementa pelo *Procurador Regional Eleitoral*. Os recursos contra as decisões dos *juízes auxiliares* serão julgados pelo Plenário do Tribunal.

7 Nos termos do art. 118, IV, da CF/88, as **Juntas Eleitorais** são **órgãos da Justiça Eleitoral**. De acordo com o art. 36 do *Código Eleitoral* (Lei n. 4.737/65), compor-se-ão as Juntas Eleitorais de **1 juiz de direito**, que será o *presidente*, e de **2** ou **4 cidadãos de notória idoneidade**, devendo os seus membros ser nomeados 60 dias antes da eleição, depois de aprovação do *Tribunal Regional*, pelo presidente deste, a quem cumpre também designar-lhes a sede. Ainda, estabelece o art. 40 do *Código Eleitoral* ser **competência** das Juntas Eleitorais: **I** — apurar, no prazo de 10 dias, as eleições realizadas nas zonas eleitorais sob a sua jurisdição; **II** — resolver as impugnações e demais incidentes verificados durante os trabalhos da contagem e da apuração; **III** — expedir os boletins de apuração mencionados no art. 178; **IV** — expedir diploma aos eleitos para cargos municipais. Assim, defendendo o *regime democrático*, em todos esses atos, temos a participação do **MP Eleitoral** (trata-se de função do MPF, portanto, federal, exercida pelo MP Estadual).

8 L. C. dos S. Gonçalves, *Direito eleitoral*, p. 8 (original sem grifos).

Diante desse regramento, conclui Gonçalves que, "quando atuam como órgãos eleitorais, os **Promotores de Justiça** o fazem como **Ministério Público Federal**, estando sujeitos à legislação que rege o *parquet* federal".[9]

Nesse sentido, o art. 72 da LC n. 75/93 estabeleceu ser competência do **Ministério Público Federal** o exercício, no que couber, perante a Justiça Eleitoral, das funções do Ministério Público, atuando em **todas as fases e instâncias do processo eleitoral**.

Ou seja, também em primeira instância a lei fixou que a atribuição é do MPF, sendo que, por expressa previsão normativa (art. 78), essa função é **exercida pelo MP Estadual**.

Nesse sentido, o art. 79 da LC n. 75/93 (regra declarada **constitucional** pelo STF no julgamento da **ADI 3.802**) estabelece que o Promotor Eleitoral será o membro do Ministério Público local que oficie junto ao Juízo incumbido do serviço eleitoral de cada Zona. Na inexistência de Promotor que oficie perante a Zona Eleitoral, ou havendo impedimento ou recusa justificada, o Chefe do Ministério Público local indicará ao Procurador Regional Eleitoral o substituto a ser designado.

Conforme interpretou o STF, "o fato de o promotor eleitoral (membro do MP Estadual) ser designado pelo Procurador Regional Eleitoral (membro do MPF) **não viola a autonomia administrativa do Ministério Público estadual**. Apesar de haver a participação do Ministério Público dos Estados na composição do Ministério Público Eleitoral — cumulando o membro da instituição as duas funções —, ambas **não se confundem**, haja vista possuírem conjuntos diversos de atribuições, cada qual na esfera delimitada pela Constituição Federal e pelos demais atos normativos de regência. A **subordinação hierárquico-administrativa** — não funcional — do **promotor eleitoral** é estabelecida em relação ao **Procurador Regional Eleitoral**, e não em relação ao Procurador-Geral de Justiça. Ante tal fato, nada mais lógico que o ato formal de 'designação' do promotor eleitoral seja feito pelo **superior na função eleitoral**, e não pelo superior nas funções comuns".

A regra de designação do Promotor Eleitoral — "ato de natureza complexa, resultando da **conjugação de vontades** tanto do Procurador-Geral de Justiça — que indicará o membro do Ministério Público estadual — quanto do Procurador Regional eleitoral — a quem competirá o ato formal de designação" — **não ofende a autonomia do Ministério Público estadual**, "já que não incide sobre a esfera de atribuições do *parquet* local, mas sobre **ramo diverso da instituição** — o Ministério Público Eleitoral, não interferindo, portanto, nas atribuições ou na organização do ministério público estadual" (ementa da ADI 3.802, j. 10.03.2016, *DJE* de 14.11.2016).

O art. 37, I, da LC n. 75/93, na mesma linha, prescreve que o *Ministério Público Federal* exercerá as suas funções nas causas de competência dos **Tribunais** e **Juízes Eleitorais**.

[9] L. C. dos S. Gonçalves, op. cit., p. 9.

12.2.4. Chefe do Ministério Público

12.2.4.1. Procurador-Geral da República

O **Ministério Público da União** tem por chefe o **Procurador-Geral da República**, nomeado pelo Presidente da República (art. 84, XIV), dentre **integrantes da carreira**, maiores de **35 anos**, após a aprovação prévia, por **voto secreto**, em arguição pública, de seu nome pela **maioria absoluta** dos membros do **Senado Federal** (art. 52, III, "e"), para mandato de **2 anos**,[10] permitida **mais de uma recondução**, sem qualquer limite (art. 128, § 1.º). Para cada nova recondução o procedimento e os requisitos deverão ser observados, já que a recondução é uma nova nomeação.

Conforme se observa pela regra constitucional (art. 128, § 1.º), a **escolha** do **PGR não depende de formação de lista tríplice**, diferente do que ocorre para a escolha do Procurador-Geral de Justiça dos Ministérios Públicos dos Estados e do Distrito Federal e Territórios (art. 128, § 3.º).

Apesar de não haver a previsão da regra da lista tríplice como procedimento para a escolha do PGR pelo Presidente da República, essa vinha sendo, desde 2001, uma **tradição**, quando o então Presidente Lula indicou para chefia do MPU o Dr. Cláudio Fontelles, integrante da lista tríplice elaborada pela Associação Nacional dos Procuradores da República (ANPR), a partir de votação perante os membros da carreira.

Em 25.09.2019, contudo, **rompendo a informal tradição da lista tríplice**, o Presidente Jair Bolsonaro **ignorou** os nomes encaminhados pela ANPR e nomeou para PGR, após a sua aprovação, em votação secreta, pelo Plenário do Senado Federal, por 68 votos a favor, 10 contrários e 1 abstenção, o Dr. Augusto Aras (MSF 53/2019).

Apesar de a Constituição não exigir o procedimento da lista tríplice, pensamos que a tradição se mostrava bastante adequada e representativa da vontade da carreira, apesar de críticas como aquelas lançadas pelo próprio Augusto Aras de que a implementação da lista tríplice gerava uma negativa politização do procedimento, levando os aspirantes à PGR a fazer campanhas políticas e promessas corporativas (entrevista ao *CONJUR*, 12.05.2019, 7h00).

E como se dá a destituição do Procurador-Geral da República?

O Procurador-Geral da República poderá ser **destituído** pelo próprio Presidente da República, dependendo, contudo, de prévia autorização da **maioria absoluta** do Senado Federal (art. 128, § 2.º — novidade, já que, anteriormente, a escolha e a exoneração davam-se *ad nutum* pelo Presidente da República). A regra aqui é diferente da dos Estados e do DF e Territórios, pois o Chefe do MPU (PGR) poderá ser destituído pelo próprio **Executivo**, após prévia autorização do Legislativo. Os Chefes dos MPs dos Estados e do DF e Territórios (Procurador-Geral de Justiça) são destituídos pelo próprio **Legislativo** na forma da lei complementar respectiva (art. 128, § 4.º), e **não** pelo Executivo.

---

[10] José Afonso da Silva ensina não se tratar, em realidade, de "mandato". Segundo o mestre, "... esse tipo de 'mandato' é, na realidade, mera **investidura a tempo certo**, por isso mesmo é que pode ser interrompida antes de terminar o prazo, embora não ao inteiro alvedrio da autoridade nomeante..." (art. 128, §§ 2.º e 5.º — *Curso de direito constitucional positivo*, 22. ed., p. 583).

Em relação ao **subsídio do Procurador-Geral da República** de que tratam os arts. 37, XI; 39, § 4.º; 127, § 2.º; e 128, § 5.º, I, "c", da CF/88, a **Lei n. 13.753/2018**, nos mesmos termos e limites da Lei n. 13.752/2018 (que fixou os subsídios dos Ministros do STF — teto do funcionalismo), estabeleceu que o subsídio mensal do Procurador-Geral da República corresponderá a **R$ 39.293,32**, correndo as despesas resultantes da aplicação da lei à conta das dotações orçamentárias consignadas ao Ministério Público da União, devendo ser observado o art. 169 da CF/88 e a LC n. 101/2000.

A título de curiosidade, indicamos abaixo a evolução dos valores: tendo em vista o aumento de 5% fixado pela Lei n. 12.042/2009, a partir de 1.º.09.2009, o subsídio mensal do PGR passou a ser de **R$ 25.725,00**, prevendo-se, na referida lei, um novo aumento de 3,88% a partir de 1.º.02.2010, quando atingiu o valor de **R$ 26.723,13**.

Finalmente, as **Leis ns. 12.770/2012** e **13.092/2015** estabeleceram novos valores para o subsídio do Procurador-Geral da República, estando o atual determinado na Lei n. 13.753/2018, conforme já vimos:

- **R$ 28.059,29**: a partir de 1.º.01.2013;
- **R$ 29.462,25**: a partir de 1.º.01.2014;
- **R$ 33.763,00**: a partir de 1.º.01.2015;
- **R$ 39.293,32**: a partir de 1.º.01.2019.

12.2.4.2. *Procurador-Geral de Justiça dos Estados e do Distrito Federal e Territórios*

Os **Ministérios Públicos dos Estados** e do **Distrito Federal e Territórios** formarão **lista tríplice** dentre **integrantes da carreira**, na forma da **lei respectiva**, para escolha de seus **Procuradores-Gerais**, que serão nomeados pelo Chefe do Poder Executivo (Governador para os Estados e *Presidente da República* para o chefe do MP do DF e Territórios) para mandato de 2 anos, permitida **uma única recondução**. O Chefe do Ministério Público, nesta hipótese, designa-se **Procurador-Geral de Justiça — PGJ** (art. 128, § 3.º).

Em relação ao **Procurador-Geral de Justiça dos Estados**, o art. 9.º da Lei n. 8.625/93 determina que a lista tríplice será formada pelo próprio MP, na forma da lei respectiva de cada Estado, mediante voto plurinominal de todos os integrantes da carreira.[11] A destituição do PGJ dos Estados será implementada pela **Assembleia Legislativa local**, por deliberação de sua **maioria absoluta**, na forma da lei orgânica do respectivo Ministério Público.[12]

---

[11] Para se ter um exemplo, no Estado de São Paulo, a matéria vem disciplinada no art. 10 da LC n. 734/93, que estabelece a nomeação do Procurador-Geral de Justiça pelo Chefe do Executivo (Governador de Estado), dentre os Procuradores de Justiça integrantes da lista tríplice, que será formada pelos Procuradores de Justiça mais votados em eleição, mediante voto obrigatório, secreto e plurinominal de todos os membros do MP do quadro ativo da carreira.

[12] No Estado de São Paulo, o art. 18 da LC n. 734/93 estabelece que, após a aprovação da destituição, o Colégio de Procuradores de Justiça, diante da comunicação da Assembleia Legislativa, declarará

Já em relação ao **Procurador-Geral de Justiça do DF e Territórios**, o art. 2.º, parágrafo único, da Lei n. 8.625/93 dispõe que a organização, atribuições e estatuto do MP do DF e Territórios serão objeto da Lei Orgânica do MP da União, qual seja, da LC n. 75/93.

Essa vinculação à União é natural, visto que, a teor dos arts. 21, XIII, e 22, XVII, da CF/88, compete à União organizar e manter o MP do DF e Territórios.

O art. 156, *caput*, da LC n. 75/93 estatui que o Procurador-Geral de Justiça do DF e Territórios será nomeado pelo **Presidente da República** (e não Governador do DF ou de Territórios) dentre integrantes de lista tríplice elaborada pelo Colégio de Procuradores e Promotores de Justiça, para mandato de 2 anos, permitida **uma** recondução, precedida de nova lista tríplice.

Concorrerão à lista tríplice os membros do MP do Distrito Federal com mais de 5 anos de exercício nas funções da carreira e que não tenham sofrido, nos últimos 4 anos, condenação definitiva ou não estejam respondendo a processo penal ou administrativo.

Em relação à destituição, o art. 128, § 4.º, da CF/88 estabelece que o PGJ do DF e Territórios será destituído por deliberação da maioria absoluta do Poder Legislativo, **na forma da lei complementar**. A LC é a de n. 75/93, que, em seu art. 156, § 2.º, dispõe: "o Procurador-Geral poderá ser destituído, antes do término do mandato, por deliberação da **maioria absoluta do Senado Federal**, mediante representação do Presidente da República". **Cuidado:** não é pela Câmara Legislativa do DF, e sim, enfatize-se, pela maioria absoluta do SF!

Cabe alertar, contudo, que, para o grande mestre José Afonso da Silva, a destituição do PGJ do DF e Territórios "... depende de deliberação do Poder Legislativo que, como órgão da União, é o **Congresso Nacional**", não aceitando somente uma das Casas, que, conforme apontado, é o Senado Federal.

Dessa forma, para as provas, é importante saber essa renomada opinião, mas, na medida em que o art. 128, § 4.º, da CF/88 estabelece que o procedimento de destituição implementar-se-á **nos termos da lei complementar**, que, no caso, é a de n. 75/93, orientamos adotar a regra de seu art. 156, § 2.º, qual seja, como visto, o PGJ do DF e Territórios será destituído pela **maioria absoluta do Senado Federal**.

Por fim, uma dúvida pode surgir. E em caso de vacância do cargo, o novo Procurador-Geral assume pelo tempo que resta para completar os 2 anos (mandato-tampão) ou cumpre um novo "mandato" de 2 anos completos?

O novo Procurador-Geral deve cumprir os 2 anos, vale dizer, um **novo período completo de 2 anos**, já que, segundo José Afonso da Silva, não se trata de mandato, mas sim de **investidura a tempo certo**. E o STF já decidiu que: "por ofensa ao § 3.º do art. 128 da CF — que fixa em dois anos o mandato dos Procuradores-Gerais dos

---

vago o cargo de Procurador-Geral de Justiça e cientificará, imediatamente, o Conselho Superior do MP para que, caso não tenha baixado as normas regulamentadoras para elaboração da lista tríplice, de acordo com o art. 10 da referida LC, expeça-as, nos termos da aludida normatização.

Ministérios Públicos dos Estados e do Distrito Federal —, o Tribunal, julgando procedente a ação direta ajuizada pelo Procurador-Geral da República, declarou, na Lei Orgânica do Ministério Público do Estado da Bahia (LC estadual n. 11/96), a inconstitucionalidade das disposições que previam, no caso de vacância do cargo de Procurador-Geral de Justiça, a eleição e nomeação de novo Procurador-Geral para que completasse o período restante do mandato de seu antecessor. ADI 1.783-BA, Rel. Min. Sepúlveda Pertence, 11.10.2001 (ADI 1.783)" (*Inf. 245/STF*, de 08 a 12.10.2001).

Outra questão já decidida pelo STF está relacionada à impossibilidade de se exigir prévia aprovação da indicação do nome do **PGJ** pela maioria absoluta do Legislativo local, sob pena de ferir o art. 128, § 3.º, da CF/88, que traz como única exigência a lista tríplice, na forma da lei, devendo o Chefe do Executivo nomear um dentre os integrantes da lista (cf. ADI 1.228-MC/AP, *DJU* de 02.06.1995; ADI 1.506-SE, *DJU* de 12.11.1999; ADI 1.962-RO, Rel. Min. Ilmar Galvão, 08.11.2001, e, mais recentemente, **ADI 3.727**, Rel. Min. Ayres Britto, j. 12.05.2010, Plenário, *DJE* de 11.06.2010).

■ *12.2.4.3. Procurador-Geral do Trabalho*

Nos termos dos arts. 87 e 88 da LC n. 75/93 (*que dispõe sobre a organização, as atribuições e o Estatuto do Ministério Público da União*), o **Procurador-Geral do Trabalho** será o Chefe do Ministério Público do Trabalho, nomeado pelo **PGR**, dentre membros da Instituição, com **mais de 35 anos de idade** e **de 5 anos na carreira**, integrante de **lista tríplice** escolhida mediante voto plurinominal, facultativo e secreto, pelo ***Colégio de Procuradores***,[13] para um mandato de **2 anos**, permitida **uma recondução**, observado o mesmo processo. Caso não haja número suficiente de candidatos com mais de 5 anos na carreira, poderá concorrer à lista tríplice quem contar mais de 2 anos na carreira.

A sua **exoneração**, antes do término do mandato, será proposta ao **PGR** pelo ***Conselho Superior***,[14] mediante deliberação obtida com base em **voto secreto** de **2/3** de seus integrantes.

■ *12.2.4.4. Procurador-Geral da Justiça Militar*

Já os arts. 120 e 121 da LC. n. 75/93 prescrevem que o **Procurador-Geral da Justiça Militar** será o Chefe do Ministério Público Militar, nomeado pelo **PGR**,

[13] De acordo com o art. 93 da LC n. 75/93, o **Colégio de Procuradores do Trabalho**, *presidido* pelo *Procurador-Geral do Trabalho*, é **integrado** por **todos os membros da carreira em atividade no Ministério Público do Trabalho**.

[14] De acordo com o art. 95, da LC n. 75/93, o **Conselho Superior do Ministério Público do Trabalho**, *presidido* pelo *Procurador-Geral do Trabalho*, tem a seguinte composição: **I** — o **Procurador-Geral do Trabalho** e o **Vice-Procurador-Geral do Trabalho**, que o integram como membros natos; **II** — **4 Subprocuradores-Gerais do Trabalho**, eleitos para um mandato de 2 anos, pelo *Colégio de Procuradores do Trabalho*, mediante voto plurinominal, facultativo e secreto, permitida uma reeleição; **III** — **4 Subprocuradores-Gerais do Trabalho**, eleitos para um mandato de 2 anos, por seus *pares*, mediante voto plurinominal, facultativo e secreto, permitida uma reeleição.

dentre integrantes da Instituição, também com **mais de 35 anos de idade e de 5 anos na carreira**, escolhidos em **lista tríplice** mediante voto plurinominal, facultativo e secreto, pelo ***Colégio de Procuradores***,[15] para um mandato de **2 anos**, permitida **uma recondução**, observado o mesmo processo. Caso não haja número suficiente de candidatos com mais de 5 anos na carreira, poderá concorrer à lista tríplice quem contar mais de 2 anos na carreira.

A sua **exoneração** antes do término do mandato será proposta ao **PGR** pelo ***Conselho Superior***,[16] mediante deliberação obtida com base em **voto secreto** de **2/3** de seus integrantes.

■ 12.2.4.5. *Procurador-Geral Eleitoral*

Conforme vimos, o art. 73 da LC n. 75/93 consigna que o **Procurador-Geral Eleitoral** é o próprio **PGR** que exerce as funções do Ministério Público nas causas de competência do **TSE**.

Por sua vez, o Vice-Procurador-Geral Eleitoral será designado pelo Procurador-Geral Eleitoral, que o substituirá em seus impedimentos e exercerá o cargo em caso de vacância, até o provimento definitivo.

Ainda, além do Vice-Procurador-Geral Eleitoral, o Procurador-Geral Eleitoral poderá designar, **por necessidade de serviço**, membros do *Ministério Público Federal* para **oficiarem**, com sua aprovação, perante o **TSE**.

■ 12.2.4.6. *Procurador Regional Eleitoral*

Incumbe ao Procurador-Geral Eleitoral (que é o PGR, reforçamos) designar o **Procurador Regional Eleitoral** em cada Estado e no Distrito Federal, juntamente com o seu **substituto**, dentre os *Procuradores Regionais da República* no Estado e no Distrito Federal, ou, onde não houver, dentre os Procuradores da República vitalícios, para **mandato de 2 anos**, podendo ser **reconduzido uma vez**.

Na prática, buscando dar maior legitimidade — apesar da inexistência de previsão normativa —, vêm sendo realizadas eleições no âmbito do **MPF** para a escolha dos 2 nomes (candidatos a *Procurador Regional Eleitoral* e o seu *substituto*) e, normalmente, sem ter essa obrigação, o PGR vem escolhendo os integrantes da *chapa* mais votada.

De acordo com o art. 76, § 2.º, da LC n. 75/93, o *Procurador Regional Eleitoral* poderá ser **destituído**, antes do término do mandato, por **iniciativa** do **Procurador-**

[15] De acordo com o art. 126 da LC n. 75/93, o **Colégio de Procuradores da Justiça Militar**, *presidido* pelo *Procurador-Geral da Justiça Militar*, é **integrado** por **todos os membros da carreira em atividade no Ministério Público da Justiça Militar**.

[16] De acordo com o art. 128 da LC n. 75/93, o **Conselho Superior do Ministério Público Militar**, *presidido* pelo *Procurador-Geral da Justiça Militar*, tem a seguinte composição: **I** — o **Procurador-Geral da Justiça Militar** e o **Vice-Procurador-Geral da Justiça Militar**; **II** — os **Subprocuradores-Gerais da Justiça Militar**.

-Geral Eleitoral, anuindo a **maioria absoluta** do **Conselho Superior do Ministério Público Federal**.[17]

Compete ao **Procurador Regional Eleitoral** exercer as funções do Ministério Público nas causas de competência do **Tribunal Regional Eleitoral** respectivo, além de **dirigir**, no **Estado**, as **atividades do setor**.

Nesse sentido, a **Res. n. 30/2008** do *Conselho Nacional do Ministério Público (CNMP)*, traçando parâmetros para a indicação e a designação de membros do Ministério Público para exercer função eleitoral em **1.º grau**, estabeleceu competir tal atribuição ao **Procurador Regional Eleitoral**, com base em **indicação** do **Chefe do Ministério Público local**, qual seja, com base na indicação do *Procurador-Geral de Justiça* **(PGJ)**.

Conforme visto, essa incumbência conferida ao Procurador Regional Eleitoral de designar os membros do Ministério Público estadual que atuarão junto à Justiça Eleitoral, na forma do **art. 79 da LC n. 75/93**, foi declarada **constitucional** pelo STF no julgamento da **ADI 3.802** (j. 10.03.2016, *DJE* de 14.11.2016).

Finalmente, cumpre observar que o *Procurador-Geral Eleitoral* poderá designar, por **necessidade de serviço**, outros membros do **MPF** para oficiar, sob a **coordenação do Procurador Regional**, perante os **TREs**.

■ *12.2.4.7. Novas perspectivas em relação à nomeação do PGR*

A **"PEC Paralela do Judiciário"** (PEC n. 358/2005, que voltou à CD, já aprovada, como 29-A, no SF), modificando o art. 128, § 1.º, explicita que o **PGR** deva ser oriundo do **MPF** (tendo em vista as atribuições especializadas dos MPs do Trabalho e Militar e a atuação limitada a uma unidade da Federação do MP do DF e Territórios) e permite, diferentemente da regra atual, apenas **uma recondução**.

Essa informação é importante para as provas (oral e escrita — para demonstrar conhecimento), **mas ainda depende de aprovação em 2 turnos da CD**.

■ *12.2.4.8. PGR e conflito negativo de atribuição entre órgãos do Ministério Público*

Em caso concreto, instaurou-se conflito negativo de atribuições entre o Ministério Público Estadual e o Ministério Público Federal para a apuração de crime contra o mercado de capitais (art. 27-E da Lei n. 6.385/76).

Diante do impasse, foi proposta pelo Ministério Público Estadual ação civil originária no STF, objetivando resolver de quem seria a atribuição. A Corte, contudo,

---

[17] De acordo com o art. 54 da LC n. 75/93, o **Conselho Superior do Ministério Público Federal**, *presidido* pelo *PGR*, tem a seguinte composição: **I — Procurador-Geral da República** e o **Vice-Procurador-Geral da República**, que o integram como membros natos; **II — 4 Subprocuradores-Gerais da República** eleitos, para mandato de 2 anos, na forma do art. 53, III, permitida uma reeleição; **III — 4 Subprocuradores-Gerais da República** eleitos, para mandato de dois anos, por seus *pares*, mediante voto plurinominal, facultativo e secreto, permitida uma reeleição.

resolvendo questão de ordem, não conheceu da ação e remeteu os autos ao **PGR** por entender ser deste a competência para apreciar o referido conflito. Conforme se estabeleceu, o STF não poderia julgar essa questão por inexistir previsão nas alíneas do art. 102, I, CF/88, sustentando-se, para essa questão, ser o PGR "órgão nacional do ministério público", com o que, como veremos, não concordamos.

Conforme decidiu a Corte, o conflito seria incapaz de comprometer o pacto federativo e, então, afastando a aplicação do art. 102, I, "f", seguindo precedentes (ACO 924/PR, ACO 1.394/RN, Pet 4.706/DF e Pet 4.863/RN, j. 19.05.2016), foi proposta a seguinte tese de julgamento pelo Min. Barroso: "cabe ao Procurador-Geral da República a apreciação de conflitos de atribuição entre órgãos do Ministério Público" (fls. 9), sem se fazer nenhuma distinção entre Ministério Público Federal e estadual. Ou seja, pela tese estabelecida, o conflito entre ministérios públicos de estados diferentes seria resolvido pelo PGR!, que, como todos sabem, é o chefe do MPU e não dos Ministérios Públicos dos Estados, em sentido extremamente complicado e, em nosso entender, flagrantemente inconstitucional.

Com o máximo respeito, **não concordamos com esse entendimento**, pois, da maneira como decidido, haverá **nulificação da autonomia institucional dos ministérios públicos estaduais** (nesse sentido, vencidos os Mins. Marco Aurélio e Celso de Mello, tendo o Min. Lewandowski sugerido a futura revisão da tese definida — cf. **ACO 1.567-QO/SP**, Rel. Min. Dias Toffoli, j. 17.08.2016, *DJE* de 1.º.08.2017).

Com precisão, disse o Min. Celso de Mello: "a orientação que se firmou no Plenário desta Egrégia Corte Suprema ostenta (...) a marca da **inconstitucionalidade**, pois estabelece um **indesejável vínculo de subordinação institucional dos Ministérios Públicos locais ao eminente Chefe do Ministério Público da União**, em clara e frontal transgressão ao princípio da autonomia constitucional do Ministério Público dos Estados-membros" (fls. 6).

■ 12.2.5. Princípios institucionais

■ *12.2.5.1. Regras gerais*

O art. 127, § 1.º, da CF/88 prevê como princípios institucionais do Ministério Público a *unidade*, a *indivisibilidade* e a *independência funcional*.

- **unidade:** sob a égide de um só Chefe, o Ministério Público deve ser visto como uma instituição única, sendo a divisão existente meramente **funcional**. Importante notar, porém, que a unidade se encontra dentro de cada órgão, não se falando em unidade entre o Ministério Público da União (qualquer deles) e o dos Estados, nem entre os ramos daquele;
- **indivisibilidade:** corolário do princípio da unidade, em verdadeira relação de logicidade, é possível que um membro do Ministério Público substitua outro, dentro da mesma função, sem que, com isso, exista alguma implicação prática. Isso porque quem exerce os atos, em essência, é a instituição "Ministério Público", e não a pessoa do Promotor de Justiça ou Procurador;
- **independência funcional:** trata-se de autonomia de convicção, na medida em que os membros do Ministério Público não se submetem a nenhum poder hierár-

quico no exercício de seu mister, podendo agir, no processo, da maneira que melhor entenderem. A hierarquia existente restringe-se às questões de caráter administrativo, materializada pelo Chefe da Instituição, mas nunca, como dito, de caráter funcional. Tanto é que o art. 85, II, da CF/88 considera **crime de responsabilidade** qualquer ato do Presidente da República que atentar contra o livre exercício do Ministério Público.

■ 12.2.5.2. O Ministério Público estadual pode postular autonomamente perante o STF, assim como apresentar sustentação oral, sem que se exija a ratificação pelo PGR?

O STF analisou, em um primeiro momento, a legitimidade autônoma ou não do **MP Estadual** para o ajuizamento de **reclamação constitucional** perante o STF (art. 102, I, "l", da CF/88), nos autos da **Rcl 7.358**, na qual se analisava o suposto descumprimento da *Súmula Vinculante 9* pelo TJ/SP.[18]

A discussão surgiu a partir do voto da Rel. Min. Ellen Gracie que, em razão do art. 46 da LC n. 75/93, entendeu que o PGR teria a atribuição exclusiva para atuação perante o STF.

O citado art. 46 determina ser incumbência do *Procurador-Geral da República* exercer as funções do Ministério Público junto ao STF, manifestando-se previamente em todos os processos de sua competência.

Contudo, o Min. Marco Aurélio, em divergência, sustentou que, como o MP Estadual havia atuado na 1.ª e na 2.ª instâncias, não teria sentido retirar a atribuição para o ajuizamento de *reclamação* do *parquet* estadual.

Ao final, referida *questão de ordem* foi resolvida por 6 x 4, concluindo o STF, nos termos da divergência aberta, pelo reconhecimento da legitimidade **autônoma** do MP Estadual para a propositura de **reclamação** perante o STF, sem a necessidade de requerimento junto ao PGR, que, no caso, atuaria não como parte, mas como *custos legis* (lembramos que o Novo CPC não usa mais a expressão "fiscal da lei", prevista no art. 83, *caput*, do revogado CPC/73, passando a falar em "fiscal da ordem jurídica").[19]

Outro argumento trazido pelo Min. Cezar Peluso foi a constatação de que o art. 46 da LC n. 75/93, que determina ser incumbência do *Procurador-Geral da República* exercer as funções do Ministério Público junto ao STF, encontra-se dentro de seção que trata apenas do MPF, não se podendo, assim, exigir a aplicação da referida regra quando o MP Estadual for parte (Rcl 7.358).

Alertamos que esse entendimento firmado para o MP Estadual não deve ser aplicado em relação aos ramos do MPU (*MPF, MPT, MPM* e *MP do DF e Territó-*

---

18 Confira comentários à referida súmula no *item 11.14.12*.

19 Nesse mesmo sentido, cf.: **Rcl 7.101**, Rel. Min. Cármen Lúcia, j. 24.02.2011, Plenário, *DJE* de 09.08.2011; **Rcl 7.358**, Rel. Min. Ellen Gracie, j. 24.02.2011, Plenário, *DJE* de 03.06.2011. *Em sentido contrário*, em nosso entender **superado** em razão dos precedentes citados, cf.: Rcl 4.453-MC-AgR-AgR/SE, j. 04.03.2009, *DJE* de 26.03.2009, assim como Rcl 6.541 e Rcl 6.856. Reconhecendo a **autonomia institucional do MP Estadual** (não subordinado ao PGR), cf. importante decisão proferida pelo Min. Celso de Mello (**Rcl 7.245**, j. 02.08.2010, *DJE* de 05.08.2010).

rios), cujo Chefe é o **PGR** (art. 128, § 1.º, CF/88). Vejamos decisão expressa em relação ao MPT:

> "EMENTA: **Ausência de legitimidade do MPT para atuar perante a Suprema Corte. Atribuição privativa do Procurador-Geral da República.** (...) Incumbe ao Procurador-Geral da República exercer as funções do Ministério Público junto ao STF, nos termos do art. 46 da LC 75/93. Existência de precedentes do Tribunal em casos análogos. O exercício das **atribuições do MPT** se **circunscreve aos órgãos da Justiça do Trabalho**, consoante se infere dos arts. 83, 90, 107 e 110 da LC 75/93. Agravo regimental interposto pelo MPT contra decisão proferida em reclamação ajuizada nesta Casa. Processo que não está sujeito à competência da Justiça do Trabalho, mas sim do próprio STF, motivo por que **não pode o MPT nele atuar, sob pena de usurpação de atribuição conferida privativamente ao Procurador-Geral da República**" (**Rcl 4.453-MC-AgRAgR** e **Rcl 4.801-MC-AgR**, Rel. Min. Ellen Gracie, j. 04.03.2009, Plenário, *DJE* de 26.03.2009).[20]

Finalmente, em momento seguinte, a Corte **ampliou o entendimento** exposto acima (em relação à reclamação constitucional) e deixou claro que "o Procurador-Geral da República não dispõe de poder de ingerência na esfera orgânica do *Parquet* estadual, pois lhe incumbe, unicamente, por expressa definição constitucional (art. 128, § 1.º), a Chefia do Ministério Público da União. **O Ministério Público de estado-membro não está vinculado, nem subordinado, no plano processual, administrativo e/ou institucional, à Chefia do Ministério Público da União**, o que lhe confere ampla possibilidade de postular, **autonomamente**, perante o STF, em **recursos** e **processos** nos quais o próprio Ministério Público estadual seja um dos sujeitos da relação processual", podendo, inclusive, promover sustentação oral (**RE 593.727**, j. 14.05.2015).

■ 12.2.6. Princípio do promotor natural

Além de ser julgado por órgão independente e pré-constituído, o acusado também tem o direito e a garantia constitucional de somente ser processado por um órgão independente do Estado, **vedando-se**, por consequência, a **designação arbitrária**, inclusive, de **promotores *ad hoc*** ou **por encomenda** (art. 5.º, LIII, e art. 129, I, c/c o art. 129, § 2.º).[21]

Na doutrina o tema foi bastante debatido, chegando alguns autores a defendê-lo antes mesmo da atual Constituição, destacando-se, pioneiramente, Hugo Nigro Mazzilli, Jaques de Camargo Penteado, Clóvis A. Vidal de Uzeda e Paulo Cesar Pinheiro Carneiro.

---

[20] No mesmo sentido, cf.: Rcl 4.980-MC-AgR, Rcl 5.543-AgR, Rcl 4.931-AgR, Rcl 5.079-AgR, Rcl 5.304-ED, Rcl 6.482-MC-AgR-AgR, Rcl 5.381-ED, Rcl 4.091-AgR, Rcl 4.592-AgR, Rcl 4.787-AgR, Rcl 4.924-AgR, Rcl 4.989-AgR, Rcl 7.931-AgR. Ainda, Rcl 7.318-AgR, Rel. Min. Dias Toffoli, j. 23.05.2012, Plenário, *DJE* de 26.10.2012, e Rcl 6.239-AgR-AgR, Rel. p/ o ac. Min. Rosa Weber, j. 23.05.2012, Plenário etc.

[21] Cf. Hugo Nigro Mazzilli, *Regime jurídico do Ministério Público*, p. 148.

A CF/1988 assegura que ninguém será **processado** nem sentenciado senão pela autoridade competente (art. 5.º, LIII).

Depois de muito debate, a Suprema Corte aceitou a ideia de *promotor natural*, recomendando-se a discussão no *leading case*, que foi o **HC 67.759**.

Em referido julgamento, o Min. Celso de Mello estabeleceu que "o postulado do Promotor Natural, que se revela imanente ao sistema constitucional brasileiro, repele, a partir da **vedação de designações casuísticas** efetuadas pela **Chefia da Instituição**, a figura do **acusador de exceção**. Esse princípio consagra uma **garantia de ordem jurídica**, destinada tanto a **proteger o membro do Ministério Público**, na medida em que lhe assegura o exercício pleno e independente do seu ofício, quanto a tutelar **a própria coletividade**, a quem se reconhece o direito de ver atuando, em quaisquer causas, apenas o Promotor cuja intervenção se justifique a partir de critérios abstratos e predeterminados, estabelecidos em lei. A **matriz constitucional** desse princípio assenta-se nas cláusulas da **independência funcional** e da **inamovibilidade** dos membros da Instituição. O postulado do Promotor Natural limita, por isso mesmo, o poder do Procurador-Geral que, embora expressão visível da unidade institucional, não deve exercer a Chefia do Ministério Público de modo hegemônico e incontrastável" (**HC 67.759**, Rel. Min. Celso de Mello, j. 06.08.92, Plenário, *DJ* de 1.º.07.93).

Em outro julgado, o Min. Celso de Mello, de maneira interessante, asseverou que "a consagração constitucional do princípio do Promotor Natural significou o banimento de 'manipulações casuísticas ou designações seletivas efetuadas pela Chefia da Instituição' (*HC 71.429/SC*), em ordem a fazer suprimir, de vez, a figura esdrúxula do 'acusador de exceção' (*HC 67.759/RJ*). O legislador constituinte, ao proceder ao **fortalecimento institucional do Ministério Público**, buscou alcançar duplo objetivo: (*a*) instituir, em favor de qualquer pessoa, a garantia de **não sofrer arbitrária persecução penal instaurada por membro do Ministério Público designado 'ad hoc'** e (*b*) tornar mais intensas as prerrogativas de **independência funcional** e de **inamovibilidade** dos integrantes do 'Parquet'. A garantia da independência funcional, viabilizada, dentre outras, pela prerrogativa da inamovibilidade, reveste-se de caráter tutelar. É de ordem institucional (CF, art. 127, § 1.º) e, nesse plano, acentua a posição autônoma do Ministério Público em face dos Poderes da República, com os quais não mantém vínculo qualquer de subordinação hierárquico-administrativa" (**HC 102.147**, Rel. Min. Celso de Mello, decisão monocrática, j. 16.12.2010, *DJE* de 03.02.2011).

Buscando sistematizar, a doutrina avança e, conforme ensina Carneiro, a garantia do promotor natural passa, necessariamente, por **quatro exigências básicas**:

- "pessoa investida no cargo de promotor;
- existência de órgão de execução;
- lotação por titularidade e inamovibilidade do promotor do órgão de execução, ressalvadas as hipóteses legais de substituição e remoção;
- definição em lei das atribuições do cargo".[22]

---

22 P. C. P. Carneiro, *O Ministério Público no processo civil e penal — promotor natural*: atribuição e conflito, 6. ed., p. 96.

Nelson Nery Junior, por seu turno, partindo da ideia de **promotor natural**, ao tratar das **equipes especializadas de investigação** do Ministério Público observa que "... criadas com o objetivo de melhor distribuir a promoção da justiça pelo *Parquet*, são salutares e devem ser mantidas. Entretanto, seus componentes deverão ser Promotores de Justiça com cargo fixo e com atribuições designadas na lei, de sorte a respeitar-se o princípio do promotor natural e a garantia da inamovibilidade de que goza o membro do Ministério Público. Entender-se o contrário, retirando do órgão do *Parquet* atribuição para funcionar na equipe especializada, seria o mesmo que negar-lhe a inamovibilidade, garantida pela Constituição Federal. Os promotores de justiça de equipes especializadas não podem ser designados e removidos ao alvitre do Procurador-Geral de Justiça".[23]

Veja, finalmente, lembrando que o tema deverá ser aprofundado nos livros de *direito penal* e *processual penal*, interessante aplicação do **princípio do promotor natural na jurisprudência do STF**:

A) Pedido de arquivamento dos autos do inquérito policial por um promotor de justiça e oferta da denúncia por outro

"EMENTA: (...) Crime de homicídio qualificado. Alegação de violação ao princípio do promotor natural e de ausência de justa causa para o oferecimento da denúncia. Inexistência de constrangimento ilegal. Nenhuma afronta ao princípio do promotor natural há no **pedido de arquivamento dos autos do inquérito policial** por um promotor de justiça e na **oferta da denúncia por outro**, indicado pelo Procurador-Geral de Justiça, após o Juízo local ter considerado improcedente o pedido de arquivamento. A **alegação de falta de justa causa para o oferecimento da primeira denúncia foi repelida pelo Tribunal de Justiça estadual**, sendo acatada tão somente a tese de sua inépcia. Não se pode trancar a segunda denúncia, quando descritos, na ação penal, comportamentos típicos, ou seja, quando factíveis e manifestos os indícios de autoria e materialidade delitivas. (...)" (**HC 92.885**, Rel. Min. Cármen Lúcia, j. 29.04.2008, *DJE* de 20.06.2008).

B) Ocorrência de opiniões colidentes manifestadas, em momentos sucessivos, por procuradores de justiça oficiantes no mesmo procedimento recursal

Em outro interessante julgado, o STF teve de enfrentar a seguinte situação: após interposição do recurso em sentido estrito, determinado procurador de justiça emitiu parecer pela **impronúncia**. Contudo, na sessão de julgamento, outro procurador de justiça se manifestou pelo **improvimento** do recurso e **confirmação da sentença de pronúncia**.

Diante disso, o STF admitiu a ocorrência de opiniões colidentes nos seguintes termos:

[23] N. Nery Junior, *Princípios do processo na Constituição Federal*, 9. ed., p. 168-169.

> "EMENTA: (...). Ocorrência de opiniões colidentes manifestadas, em momentos sucessivos, por procuradores de justiça oficiantes no mesmo procedimento recursal. Possibilidade jurídica dessa divergência opinativa. Pronunciamentos que se legitimam em face da **autonomia intelectual** que qualifica a atuação do membro do Ministério Público. Situação que não traduz ofensa ao postulado do promotor natural. Significado dos princípios constitucionais da **unidade** e da **indivisibilidade** do Ministério Público. 'Habeas corpus' parcialmente conhecido e, nessa parte, indeferido" (**HC 102.147**, Rel. Min. Celso de Mello, decisão monocrática, j. 16.12.2010, *DJE* de 03.02.2011).

Deve-se deixar claro que o STF **não** passou a admitir a imotivada designação de promotores para atuarem, por encomenda, em casos específicos.

Na parte conclusiva de seu voto, o Min. Celso de Mello observa que o *princípio do Promotor Natural* **impede** o **arbitrário afastamento** do membro do Ministério Público do desempenho de suas atribuições nos procedimentos em que ordinariamente oficie (ou em que deva oficiar), exceto:

- "por relevante motivo de interesse público";
- "por impedimento ou suspeição";
- "por razões decorrentes de férias ou de licença".

C) Designação, pelo Procurador-Geral de Justiça, de outro promotor, com a concordância do promotor de justiça titular, para funcionar em feito determinado, de atribuição daquele

O art. 10, IX, "f", da Lei n. 8.625/93 (*LONMP*) estabelece ser competência do Procurador-Geral de Justiça designar membros do Ministério Público para assegurar a continuidade dos serviços, em caso de *vacância*, *afastamento temporário*, *ausência*, *impedimento* ou *suspeição* de titular de cargo, ou com **consentimento deste**.

Nesta última hipótese ("consentimento deste"), o art. 24 da *LONMP* estabelece que o Procurador-Geral de Justiça poderá, com a concordância do Promotor de Justiça titular, designar outro Promotor para funcionar em feito determinado, de atribuição daquele.

Diante do que foi amplamente exposto, entendemos conveniente que esse ato de designação seja **motivado** e dentro de **critérios de razoabilidade**, reprimindo substituições imotivadas ou por inaceitável e combatida encomenda.

Assim, parece correta a decisão do STF que validou a substituição de promotor titular, recém-promovido para determinada promotoria, em razão da **complexidade do feito**, com 14 volumes e diversos incidentes, e pelo fato de o indicado ter atuado como promotor de justiça originário/natural do caso quando exercia as suas atribuições na referida comarca do julgamento:

> "EMENTA: (...). No caso, a designação prévia e motivada de um promotor para atuar na sessão de julgamento do Tribunal do Júri da Comarca de Santa Izabel do Pará se deu em virtude de **justificada solicitação do promotor titular daquela localidade**, tudo em estrita observância aos artigos 10, inc. IX, alínea 'f', parte final, e 24, ambos da Lei n. 8.625/93. Ademais, o **promotor designado já havia atuado no feito quando do exercício de suas atribuições na Promotoria de Justiça da referida comarca**" (**HC 103.038**, Rel. Min. Joaquim Barbosa, j. 11.10.2011, 2.ª Turma, *DJE* de 27.10.2011).

D) Propositura da ação penal nos casos previstos no art. 105, I, "a", da CF/88, pelo Procurador-Geral da República perante o STJ. Possibilidade de delegação dessa competência a Subprocurador-Geral da República

Esse tema é muito interessante, e o STF chegou a analisar se seria possível atribuir ao PGR atuação perante outros tribunais, que não a Suprema Corte, por meio de ato infraconstitucional.

Ao que se percebe pela análise do caso concreto, a atribuição ao PGR para a propositura da ação penal perante o STJ nas hipóteses do art. 105, I, "a", deu-se nos termos do art. 48, II, da LC n. 75/93, assim como a possibilidade de delegação dessa atribuição, nos termos do parágrafo único do referido art. 48.

Dessa forma, diante da previsão normativa, a legitimidade *ad processum* do **PGR** para subscrever a denúncia em ação penal originária perante o STJ dar-se-á para processar e julgar, nos crimes comuns, os Governadores dos Estados e do Distrito Federal, e, nestes e nos de responsabilidade, os desembargadores dos TJs dos Estados e do Distrito Federal, os membros dos TCs dos Estados e do Distrito Federal, os dos TRFs, dos TREs e do Trabalho, os membros dos Conselhos ou TCs dos Municípios e os do MPU que oficiem perante tribunais.

A constitucionalidade dessa atribuição foi discutida nos autos da **ADI 2.913**, ajuizada, à época, pelo então PGR Cláudio Fonteles.

Entre os argumentos expostos, estava a previsão de atuação do PGR somente perante o STF, conforme arts. 36, III; 102, I, "b", e 102, VI, todos da CF/88.

Alegava-se que eventual fixação de atribuição para atuar perante outro tribunal que não o STF deveria dar-se por meio de explícita previsão constitucional ou por emenda à Constituição, conforme os termos da EC n. 45/2004 que estabeleceu a competência do PGR para o ajuizamento do **IDC** (*Incidente de Deslocamento de Competência*) perante o **STJ** (art. 109, § 5.º, da CF/88).

Contudo, em referido julgamento, o STF, por maioria, entendeu ser perfeitamente possível a ampliação de atribuições do PGR nos termos do **art. 128, § 5.º, da CF/88**, qual seja, por meio de **lei complementar**, notadamente, pela **LC n. 75/93**, que *dispõe sobre a organização, as atribuições e o estatuto do Ministério Público da União.*

Assim, de acordo com o art. 48, II, parágrafo único da referida LC n. 75/93, incumbe ao **Procurador-Geral da República** propor perante o **STJ** a ação penal, nos casos previstos no art. 105, I, "a", da CF/88, podendo tal competência ser delegada a Subprocurador-Geral da República.

Confira a decisão do STF que, por 7 x 2, reconheceu a constitucionalidade do art. 48, II, parágrafo único, da LC n. 75/93:

> "EMENTA: (...). AMPLIAÇÃO DE ATRIBUIÇÕES POR LEI COMPLEMENTAR. CONSTITUCIONALIDADE. 1. São constitucionais o inc. II e o parágrafo único do art. 48 da LC n. 75/93, que atribuem ao PGR a competência para propor, no STJ, a ação penal prevista no art. 105, I, 'a', da Constituição da República, além de permitirem a delegação dessa competência a Subprocurador-Geral da República. 2. ADI julgada improcedente" (**ADI 2.913**, Rel. p/ o ac. Min. Cármen Lúcia, j. 20.05.2009, Plenário, *DJE* de 24.06.2011). Cf., também, **HC 84.630**, Rel. Min. Sepúlveda Pertence, j. 15.12.2005, 1.ª Turma, *DJ* de 25.08.2006. No mesmo sentido, cf.: HC 84.468 e HC 84.488, Rel. Min. Cezar Peluso, 1.ª Turma, STF, j. 07.02.2006.

12.2.7. Garantias do Ministério Público

12.2.7.1. Garantias institucionais

12.2.7.1.1. Autonomia funcional

A **autonomia funcional**, inerente à Instituição como um todo e abrangendo todos os órgãos do Ministério Público, está prevista no art. 127, § 2.º, da CF/88, no sentido de que, ao cumprir os seus deveres institucionais, o membro do Ministério Público não se submeterá a nenhum outro "poder" (Legislativo, Executivo ou Judiciário), órgão, autoridade pública etc. Deve obediência, apenas, à Constituição, às leis e à sua própria consciência.

12.2.7.1.2. Autonomia administrativa

A **autonomia administrativa** consiste na capacidade de direção de si próprio, autogestão, autoadministração, um governo de si. Assim, o Ministério Público poderá, observado o disposto no art. 169, propor ao Poder Legislativo a criação e extinção de seus cargos e serviços auxiliares, provendo-os por concurso público de provas ou de provas e títulos, a política remuneratória e os planos de carreira, enfim, sua organização e funcionamento (cf. art. 127, § 2.º).[24]

12.2.7.1.3. Autonomia financeira

Pela garantia institucional da **autonomia financeira**, ao Ministério Público assegurou-se a capacidade de elaborar sua proposta orçamentária dentro dos limites estabelecidos na lei de diretrizes orçamentárias, podendo, autonomamente, administrar os recursos que lhe forem destinados (cf. art. 127, § 3.º).

Assim como fixado para a Magistratura e já estudado (art. 99, §§ 3.º, 4.º e 5.º), a **EC n. 45/2004** regulamentou o procedimento de encaminhamento da proposta orçamentária do Ministério Público e solução em caso de inércia. Proibiu, outrossim, a realização de despesas ou a assunção de obrigações que extrapolem os limites fixados na lei de diretrizes orçamentárias, exceto se previamente autorizadas, mediante a abertura de créditos suplementares ou especiais **(art. 127, §§ 4.º, 5.º e 6.º)**.

12.2.7.2. Garantias dos membros do Ministério Público

12.2.7.2.1. Vitaliciedade

Adquire-se a **vitaliciedade** após a transcorrência do **período probatório**, ou seja, 2 anos de efetivo exercício do cargo, tendo sido admitido na carreira mediante aprovação em concurso de provas e títulos (art. 128, § 5.º, I, "a"). A garantia da vitaliciedade assegura ao membro do Ministério Público a **perda** do cargo somente por **sentença judicial transitada em julgado**.[25]

---

[24] O § 2.º do art. 127 teve a sua redação alterada pela EC n. 19/98.

[25] "A vitaliciedade vale muito mais que a mera estabilidade, antes concedida, porque condiciona a perda do cargo à existência de sentença judicial que a imponha; enquanto a estabilidade limita-se a garantir a realização de regular processo administrativo (LOMP, art. 38, inc. I)" (Antônio C. de Araújo Cintra et al., *Teoria geral do processo*, p. 215).

12.2.7.2.2. *Inamovibilidade*

Em razão da garantia da **inamovibilidade**, o membro do Ministério Público não poderá ser **removido** ou **promovido**, unilateralmente, sem a sua autorização ou solicitação. Excepcionalmente, contudo, por motivo de **interesse público**, mediante decisão do órgão colegiado competente do Ministério Público (no caso, o **Conselho Superior do Ministério Público**[26]), por voto da **maioria absoluta** de seus membros, desde que lhe seja assegurada ampla defesa, poderá vir a ser removido do cargo ou função (art. 128, § 5.º, I, "b", modificado pela EC n. 45/2004).

12.2.7.2.3. *Irredutibilidade de subsídios*

É assegurada ao membro do Ministério Público (art. 128, § 5.º, I, "c", da CF/88) a garantia da **irredutibilidade de subsídio**, fixado na forma do art. 39, § 4.º, e ressalvado o disposto nos arts. 37, X e XI; 150, II; 153, III; 153, § 2.º I. Como vimos ao comentar a irredutibilidade dos magistrados, o subsídio dos membros do Ministério Público não poderá ser reduzido, lembrando que está assegurada a irredutibilidade nominal, não se garantindo a corrosão inflacionária.[27]

12.2.7.3. *Impedimentos imputados aos membros do Ministério Público (vedações)*

De acordo com os arts. 128, § 5.º, II, § 6.º; e 129, IX, os membros do Ministério Público não poderão:

- receber, a qualquer título e sob qualquer pretexto, honorários, percentagens ou custas processuais;
- exercer a advocacia.[28]

Em relação ao exercício da advocacia devemos observar que essa proibição **não é absoluta**.

O art. 29, § 3.º, do ADCT estabeleceu que o membro do Ministério Público poderia **optar pelo regime anterior**, no que respeita às **garantias** e **vantagens**, desde

[26] Cf., também, art. 15, VIII, da Lei n. 8.625/93 (ao dispor sobre normas gerais para a organização do Ministério Público dos Estados) e art. 211 da Lei Complementar n. 75/93 (que dispõe sobre a organização, atribuições e o Estatuto do Ministério Público da União).

[27] Como já vimos, essa garantia também abrange os magistrados (art. 95, III) e ocupantes de cargos e empregos públicos, na medida em que o art. 37, XV, estabelece que o subsídio e os vencimentos dos ocupantes de cargos e empregos públicos são **irredutíveis**, ressalvado o disposto nos incisos XI e XIV do art. 37 e nos arts. 39, § 4.º; 150, II; 153, III; e 153, § 2.º, I.

[28] *Vide* art. 28, II, da Lei n. 8.906, de 04.07.1994 (Estatuto da Advocacia e a OAB). "A sadia proibição de exercer a advocacia vem da legislação paulista. A experiência, que sobreviveu em vários Estados, mostrou que o promotor-advogado falha na devida dedicação à sua nobre função pública e comumente dá preponderância aos interesses da banca, além de perder a indispensável imparcialidade. Aqueles que clandestinamente continuarem advogando incorrem em grave falta funcional" (A. C. A. Cintra, A. P. Grinover, C. R. Dinamarco, *Teoria geral do processo*, p. 216).

que admitido **antes da promulgação da Constituição**, observando-se, quanto às **vedações**, a **situação jurídica na data desta**.

Resta investigar, então, como era o regime anterior, quando da promulgação do texto, em relação à referida vedação:

a) Ministério Público Estadual: por expressa previsão do art. 24, § 2.º, da LC n. 40/81, os membros do *MP Estadual* estavam expressamente **proibidos** de advogar;

b) Ministério Público do Distrito Federal e dos Territórios: o art. 60 da LC n. 40/81 determinava aplicar-se à organização do *Ministério Público do Distrito Federal e dos Territórios*, no que coubesse, as normas constantes na referida Lei. Assim, no caso, aplicando-se a vedação constante do art. 24, § 2.º, em relação aos membros do MP Estadual, pode-se concluir que os membros do *MP do DF e dos Territórios* também estavam proibidos de advogar;

c) Ministério Público Federal, da Justiça do Trabalho e junto à Justiça Militar: os dispositivos normativos que disciplinavam a carreira do **MPU** (Lei n. 1.341/51 — *Lei Orgânica do Ministério Público da União*, que veio a ser substituída pela LC n. 75/93 e Lei n. 6.788/80; Decreto n. 40.359/56 — *MPT* e Decreto n. 73.173/73 — *MPM*) não traziam essa expressa vedação, exceto na hipótese de contrariar os interesses da União ou da Fazenda Nacional.

Podemos afirmar, então, que a vedação não era em relação a todo o Ministério Público, mas apenas para o **MP Estadual** e para o **MP do DF e dos Territórios**.

Portanto, os membros do **MPU** junto à Justiça Comum **(MPF)**, à Militar **(MPM)** e à do Trabalho **(MPT)**, com a exceção dos integrantes do *MP do DF e dos Territórios*, podiam advogar, já que não havia expressa vedação.

Cabe referir, conforme os *considerandos* da **Res. n. 16/2006 do CNMP**, "que o Supremo Tribunal Federal já havia decidido, em abril de 1987, que a proibição de advogar, nos termos da Lei Complementar n. 40/81 e Decreto-lei n. 2.627/85, aplicava-se, integralmente, aos membros do Ministério Público do Distrito Federal e Territórios, inexistindo, no caso, violação de direito adquirido, uma vez que não há direito adquirido a regime jurídico (AgRg 117.625-3, Rel. Ministro Moreira Alves)".

O tema, por sua vez, foi regulamentado pelo CNMP, nos termos da citada Res. n. 16/2006 (ao dar nova redação ao art. 1.º da Res. n. 8/2006): "somente poderão exercer a advocacia com respaldo no § 3.º do art. 29 do ADCT da Constituição de 1988, os membros do **Ministério Público da União** que integravam a carreira na data da sua promulgação e que, desde então, permanecem regularmente inscritos na Ordem dos Advogados do Brasil. O exercício da advocacia, para os membros do *Ministério Público do Distrito Federal e Territórios* está, incondicionalmente, vedado, desde a vigência do artigo 24, § 2.º, da Lei Complementar n. 40/81", além, é claro, conforme visto, da proibição em relação aos membros do *Ministério Público Estadual*.

É de lembrar que, na dicção do art. 2.º da Res. n. 8/CNMP, além dos impedimentos e vedações previstos na legislação que regula o exercício da advocacia pelos membros do Ministério Público, quando puderem advogar, estes não poderão fazê-lo nas causas em que, por força de lei ou em face do interesse público, esteja prevista a atuação do Ministério Público, por qualquer dos seus órgãos e ramos (Ministérios Públicos dos Estados e da União).

Finalmente — e o tema será aprofundado quando tratarmos da AGU —, no **regime jurídico anterior**, os **membros do MPF** exerciam, além de outras atribuições, a **representação judicial da União**.

Com o novo texto, os membros do MPF ficaram proibidos de representar a União, mas, por força do art. 29, *caput*, do ADCT, eles continuaram, temporariamente, a exercer a advocacia, representando judicialmente a União, até que fosse editada a **Lei Complementar n. 73/93**.

- participar de sociedade comercial, na forma da lei;
- exercer, ainda que em disponibilidade, qualquer outra função pública, salvo uma de magistério;

No julgamento da **ADPF 388**, em 09.03.2016 (*DJE* de 1.º.08.2016), o STF estabeleceu interpretação conforme à Constituição no sentido de que membros do Ministério Público não podem ocupar cargos públicos, fora do âmbito da Instituição, salvo cargo de professor e funções de magistério, declarando a inconstitucionalidade da Res. n. 72/2011 do CNMP, e determinando a exoneração dos ocupantes de cargos em desconformidade com a interpretação fixada, no prazo de até 20 dias após a publicação da ata de julgamento.

O caso concreto se referia à nomeação de Procurador de Justiça do Estado da Bahia que ingressou na carreira depois da CF/88, para o cargo de Ministro da Justiça.

Em razão desse entendimento, o CNMP editou a **Res. n. 144/2016** (*DECNMP* de 06.07.2016), revogando expressamente a Res. CNMP n. 72/2011 e restaurando a vigência dos arts. 2.º, 3.º e 4.º da Res. n. 5/2006. Essa vedação não alcança os membros do MP que integravam o *Parquet* em 5 de outubro de 1988 e que tenham manifestado a opção pelo regime anterior.

- exercer atividade político-partidária; sem qualquer exceção, nos termos da restrição trazida pela **EC n. 45/2004**, ao alterar a redação do art. 128, § 5.º, II, "e" (cf. Res. n. 5/2006 do CNMP);

A Res. TSE n. 22.095/2005 (*DJ* de 24.10.2005, p. 89, nos termos da Res. TSE n. 22.045/2005) previu ser imediata a aplicação da EC n. 45/2004 e sem ressalvas, abrangendo aqueles que adentraram nos quadros do Ministério Público tanto antes quanto depois da referida emenda à Constituição. Também o art. 13 da Res. TSE n. 22.156/2006 estabeleceu que os magistrados, os membros dos Tribunais de Contas e os do **Ministério Público** devem filiar-se a partido político e afastar-se **definitivamente** de suas funções até 6 meses antes das eleições.

Em sentido contrário, porém, destacamos julgado do **TSE (decisão monocrática** do Min. Cezar Peluso) que entendeu pela não aplicação da regra da EC n. 45/2004, que veda o exercício de atividade político-partidária aos membros do MP, por força do **art. 29, § 3.º, do ADCT**, àqueles que ingressaram na carreira antes da promulgação da CF/88.

Destacamos o caso particular do **RO 1.070**, requerido por *Fernando Capez* no TSE, que confirmou a sua candidatura pela coligação PSDB/PFL em eleição na qual obteve 95.101 votos no pleito de 2006 para o exercício do mandato de Deputado Estadual (SP).[29]

Contra referido acórdão, foi interposto, em 14.10.2008, pelo Ministério Público Eleitoral, o **RE 594.154**. Tendo em vista que o mandato de deputado estadual a que se referia a candidatura impugnada iniciou-se em 1.º.01.2007 e teve fim em 31.12.2010, o recurso perdeu seu objeto, sendo, portanto, julgado prejudicado (art. 21, IX, do *RISTF*). Fernando Capez foi reeleito para nova legislatura, com término previsto para 31.12.2014.

Ainda, é de mencionar o interessante caso da Promotora de Justiça licenciada Maria do Carmo, que, considerada inelegível, teve seu registro de candidatura indeferido pela Justiça Eleitoral, pois, apesar de estar tentando a reeleição, encontraria vedação no art. 128, § 5.º, II.

Contudo, tendo participado das eleições municipais de 2008 para a Prefeitura de *Santarém* (PA), obteve 77.458 votos, que equivalem a 52,81% dos votos válidos. O STF, por 6 x 4, deu provimento ao **RE 597.994** interposto e validou o registro de sua candidatura, estabelecendo, assim, um interessante precedente:

> "Não há, efetivamente, direito adquirido do membro do Ministério Público a candidatar-se ao exercício de novo mandato político. O que socorre a recorrente é o **direito, atual** — não adquirido no passado, mas atual — **a concorrer a nova eleição e ser reeleita**, afirmado pelo artigo 14, § 5.º, da Constituição do Brasil. Não há contradição entre os preceitos contidos no § 5.º do artigo 14 e no artigo 128, § 5.º, II, 'e', da Constituição do Brasil. (...)" (RE 597.994, Rel. p/ o ac. Min. Eros Grau, j. 04.06.2009, *DJE* de 28.08.2009).

- receber, a qualquer título ou pretexto, auxílios ou contribuições de pessoas físicas, entidades públicas ou privadas, ressalvadas as exceções previstas em lei;
- exercer a advocacia no juízo ou tribunal do qual se afastou, antes de decorridos **3 anos** do afastamento do cargo por aposentadoria ou exoneração (*quarentena*), nos termos do art. 128, § 6.º, introduzido pela EC n. 45/2004;
- exercer a representação judicial e a consultoria jurídica de entidades públicas.

12.2.7.4. *Abrangência das garantias e impedimentos*

As garantias e vedações apresentadas não têm aplicação integral, na medida em que o art. 29, § 3.º, do ADCT prevê a possibilidade de opção pelo regime anterior, no tocante às **garantias** e **vantagens**, na hipótese de o membro do Ministério Público

[29] Cf., também, RO 999/TSE, que serviu de precedente para o voto monocrático do Ministro Peluso, com certa particularidade, qual seja, o membro do MP já ser Deputado Federal quando do advento da EC n. 45/2004 e ter feito a opção do art. 29, § 3.º, do ADCT em outubro de 1988. No caso indicado (RO 1.070 — Fernando Capez), a manifestação pelo regime anterior se deu em 28.03.2006, e à época da promulgação da EC n. 45/2004 o recorrente exercia a função de promotor de justiça.

ter sido admitido antes da promulgação da Constituição, observando-se, quanto às **vedações**, a situação jurídica na data da aludida promulgação.[30]

Assim, ou o membro do Ministério Público escolhia submeter-se às novas regras traçadas pela CF/88 (por nós já apontadas as garantias e vedações), ou escolhia o regime jurídico anterior, em que existia a regra do *concurso público*, da *estabilidade* (podendo ser demitidos ou por sentença judiciária, ou em virtude de processo administrativo em que se lhes facultasse a ampla defesa) e da *inamovibilidade*, a não ser mediante representação do Procurador-Geral, com fundamento em conveniência do serviço (art. 138, § 1.º, da Constituição de 1967).

12.2.8. Funções institucionais do Ministério Público

As funções institucionais do Ministério Público estão contempladas no art. 129 da CF/88. Trata-se de rol meramente **exemplificativo**, uma vez que seu inciso IX estabelece que compete, ainda, ao Ministério Público exercer outras funções que lhe forem conferidas, desde que compatíveis com sua finalidade. Assim, suas funções podem ser exemplificadas como segue:

- titularidade e monopólio da ação penal pública, na forma da lei, com a única exceção prevista no art. 5.º, LIX, que admite ação privada nos crimes de ação pública, se esta não for intentada no prazo legal (sem, contudo, observe-se, retirar a titularidade da ação penal pública do Ministério Público);[31]

A partir desse dispositivo constitucional, gostaríamos de destacar importante questão envolvendo a **pena de multa** imposta em condenação criminal e a legitimidade e competência de sua execução.

O **art. 51 do CP** foi alterado duas vezes. Em sua **redação original**, dada pela **Lei n. 7.209/84**, havia a previsão de conversão da pena de multa em pena de detenção, quando o condenado solvente deixasse de pagá-la ou frustrasse a sua execução.

A **Lei n. 9.268/96**, contudo, afastou essa possibilidade de conversão e estabeleceu que, transitada em julgado a sentença condenatória, a multa seria considerada dívida de valor.

---

[30] "... com isso, só para os novos integrantes da Instituição prevalece o veto aos afastamentos indiscriminados e por tempo indeterminado, para prestar serviços de qualquer natureza a órgãos do Poder Executivo. O Ministério Público não será uma Instituição realmente independente e dotada de toda a desejável postura altaneira, enquanto tais ligações não tiverem fim" (A. C. A. Cintra, A. P. Grinover, C. R. Dinamarco, *Teoria geral do processo*, p. 216).

[31] Evocando os princípios da **dignidade da pessoa humana** (art. 1.º, III), da **igualdade substancial** (art. 5.º, I), do **dever da lei de punir qualquer discriminação atentatória dos direitos e liberdades fundamentais** (art. 5.º, XLI), bem como a regra do art. 226, § 8.º, da CF/88, segundo a qual o Estado assegurará a assistência à família na pessoa de cada um dos que a integram, criando **mecanismos para coibir a violência no âmbito de suas relações**, o STF, dando interpretação conforme a Constituição aos arts. 12, I, e 16 da Lei n. 11.340/2006 (*Lei Maria da Penha*), estabeleceu que a ação penal para a apuração dos delitos de lesão corporal leve e culposa domésticos contra a mulher **independem de representação da vítima**. Trata-se, portanto, de **ação penal pública incondicionada** (cf. **ADC 19** e **ADI 4.424**, Rel. Min. Marco Aurélio, j. 09.02.2012, Plenário, *Inf. 654/STF*, bem como *item 19.9.5*).

A grande questão a resolver era saber o legitimado para essa execução e a competência de sua execução.

Apesar de grande divergência doutrinária, o **STJ** editou a **S. 521**, com o seguinte teor: "a legitimidade para a execução fiscal de multa pendente de pagamento imposta em sentença condenatória é **exclusiva** da **Procuradoria da Fazenda Pública**" (3.ª Seção, j. 25.03.2015, *DJe* 06.04.2015).

A matéria foi questionada no STF, que **afastou** o entendimento firmado na S. 521/STJ (que prescrevia a exclusividade da Procuradoria da Fazenda Pública). Vejamos as teses do julgamento pelo STF: "(i) O **Ministério Público** é o órgão legitimado para promover a execução da pena de multa, perante a **Vara de Execução Criminal**, observado o procedimento descrito pelos artigos 164 e seguintes da Lei de Execução Penal; (ii) Caso o titular da ação penal, devidamente intimado, não proponha a execução da multa no prazo de 90 (noventa) dias, o Juiz da execução criminal dará ciência do feito ao órgão competente da Fazenda Pública (Federal ou Estadual, conforme o caso) para a respectiva cobrança na própria Vara de Execução Fiscal, com a observância do rito da Lei 6.830/1980" (**ADI 3.150**, j. 12 e 13.12.2018, *DJE* de 06.08.2019, Rel. Min. Barroso, na linha do voto proferido na 12.ª Questão de Ordem na AP 470 — *mensalão*).

Estabelecia-se, assim, a **legitimação prioritária do MP perante a Vara de Execuções Penais**, afinal, "a Lei n. 9.268/1996, ao considerar a multa penal como dívida de valor, **não retirou dela o caráter de sanção criminal**, que lhe é inerente por força do art. 5.º, XLVI, 'c'", e a **subsidiária da Fazenda Pública**, na **Vara de Execução Fiscal**, se o MP não atuasse em prazo razoável fixado em 90 dias.

A **Lei n. 13.964/2019** (Pacote Anticrime), por sua vez, modificou novamente o art. 51 do CP, deixando expressa a competência do juiz da execução penal. Vejamos: "**transitada em julgado** a sentença condenatória, **a multa será executada perante o juiz da execução penal** e será considerada **dívida de valor**, aplicáveis as normas relativas à dívida ativa da Fazenda Pública, inclusive no que concerne às causas interruptivas e suspensivas da prescrição".

Portanto, muito embora tenha sido dito que a multa será considerada dívida de valor, **ela não perde a sua essência de sanção criminal** (art. 5.º, XLVI, "c"). A alteração normativa, ao explicitar a competência da Vara de Execução Criminal, sinaliza a intenção do legislador em se fixar a **competência exclusiva do Ministério Público**, não havendo espaço, ao que parece nessa nossa primeira interpretação, para a atuação subsidiária da Fazenda Pública (tema pendente de apreciação pelo STF), até porque a única exceção trazida pelo constituinte à titularidade e monopólio da ação penal pública foi a regra expressa no art. 5.º, LIX, e não a generalização a permitir o estabelecimento da tese da subsidiariedade.

No fechamento desta edição, ainda não se tinha apreciação formal do Pleno do STF sobre o tema (pendente). Contudo, em julgamento monocrático, o Min. Barroso decidiu pelo arquivamento de execuções penais em curso em razão de o sentenciado ter aderido a parcelamento administrativo que, naquele momento, vinha sendo cumprido. Nesse sentido, "em caso de eventual inadimplemento, será ajuizada a respectiva execução fiscal no juízo cível" pela PGFN. Essa a particularidade do caso, qual seja, a **existência do parcelamento administrativo** (apesar de, nos itens 2 e 3 da ementa, Barroso ainda estabelecer o MP como legitimado prioritário — Vara de Execução Penal (12.ª QO na AP 470) — e a Fazenda Pública como legitimado subsidiário — Vara de Execução Fiscal (EPs 11, 12, 17 e 20, j. 16.10.2020).

De tudo o que foi dito, um ponto é certo: seja a partir do julgamento da **ADI 3.150**, seja mais ainda agora com o **Pacote Anticrime**, a **S. 521/STJ deverá ser cancelada**.

- zelar pelo efetivo respeito dos Poderes Públicos e dos serviços de relevância pública aos direitos assegurados na Constituição, promovendo as medidas necessárias a sua garantia;
- promover o inquérito civil e a ação civil pública, para a proteção do patrimônio público e social, do meio ambiente e de outros interesses difusos e coletivos.[32] Lembrar que a legitimação acima referida para a ação civil pública não

---

[32] Para uma sistematização dos conceitos sobre a **tutela dos interesses metaindividuais**, cf. Pedro Lenza, *Teoria geral da ação civil pública*, p. 40-112. Sobre o assunto, a **S. 643/STF, de 24.09.2003:** "o Ministério Público tem legitimidade para promover ação civil pública cujo fundamento seja a ilegalidade de reajuste de **mensalidades escolares**". Ainda: **a)** o STF entendeu ter o MP legitimidade para "propor ação civil pública em defesa de beneficiários do Seguro **DPVAT**, que supostamente teriam direito a diferenças de indenizações pagas em valor inferior ao previsto no art. 3.º da Lei 6.194/74" (*Tema 471 da Repercussão Geral*). Isso porque, "a tutela dos direitos e interesses de beneficiários do seguro DPVAT, **nos casos de indenização paga, pela seguradora, em valor inferior ao determinado no art. 3.º da Lei n. 6.914/1974**, reveste-se de relevante natureza social **(interesse social qualificado)**, de modo a conferir legitimidade ativa ao Ministério Público para defendê-los em juízo mediante ação civil coletiva" (**RE 631.111**, Rel. Min. Teori Zavascki, j. 06 e 07.08.2014, Plenário, *DJE* de 30.10.2014). Em razão desse entendimento, em 27.05.2015, o STJ **cancelou** a S. 470; **b) S. 329/STJ, de 02.08.2006:** "o Ministério Público tem legitimidade para propor ação civil pública em defesa do **patrimônio público**", "hipótese em que age como **substituto processual de toda a coletividade** e, consequentemente, na defesa de autêntico interesse **difuso**, habilitação que, de resto, não impede a iniciativa do próprio ente público na defesa de seu patrimônio, caso em que o Ministério Público intervirá como fiscal da lei, pena de nulidade da ação (art. 17, § 4.º, da Lei 8.429/1992)" (RE 208.790, j. 27.09.2000); **c)** "O **Ministério Público** tem legitimidade para promover **ação civil pública** sobre **direitos individuais homogêneos** quando presente o **interesse social**. No caso, Ministério Público estadual ajuizara ação civil pública em torno de certame para diversas categorias profissionais de determinada prefeitura, em que asseverara que a pontuação adotada privilegiaria candidatos os quais já integrariam o quadro da Administração Pública Municipal — v. *Informativo 545*. Salientou-se que a matéria cuidada na ação proposta teria a relevância exigida a justificar a legitimidade do Ministério Público estadual" (**RE 216.443/MG**, rel. orig. Min. Menezes Direito, red. p/ o acórdão Min. Marco Aurélio, 28.08.2012); **d)** Nesse sentido, do reconhecimento de **interesse social qualificado** a legitimar o MP para a proteção de direitos individuais homogêneos em ações coletivas, destacamos, além das hipóteses elencadas acima, os seguintes julgados e temas: **d.1) AI 637.853 AgR/SP:** contratos vinculados ao Sistema Financeiro da Habitação; **d.2) AI 606.235 AgR/DF:** contratos de *leasing*; **d.3) RE 475.010 AgR/RS:** interesses previdenciários de trabalhadores rurais; **d.4) RE 328.910 AgR/SP:** aquisição de imóveis em loteamentos irregulares; **d.5) RE 514.023 AgR/RJ:** diferenças de correção monetária em contas vinculadas ao FGTS; **d.6)** "O Ministério Público é parte legítima para ajuizamento de ação civil pública que vise o fornecimento de remédios a portadores de certa doença" (RE 605.533, j. 15.08.2018, Pleno). O reconhecimento da legitimação ativa, segundo o Relator, se justificaria no sentido de que "o pedido

impede a dos outros legitimados, conforme se observa pelo art. 5.º da Lei n. 7.347/85 (Lei da Ação Civil Pública);

- promover a ação de inconstitucionalidade ou representação para fins de intervenção da União e dos Estados, nos casos previstos na Constituição;
- defender judicialmente os direitos e interesses das populações indígenas;
- expedir notificações nos procedimentos administrativos de sua competência, requisitando informações e documentos para instruí-los, na forma da lei complementar respectiva;
- exercer o controle externo da atividade policial, na forma da lei complementar mencionada no art. 128;
- requisitar diligências investigatórias e a instauração de inquérito policial, indicados os fundamentos jurídicos de suas manifestações processuais;
- exercer outras funções[33] que lhe forem conferidas, desde que compatíveis com sua finalidade, sendo-lhe vedada a representação judicial e a consultoria jurídica de entidades públicas.

Conforme já mencionamos, referido rol do art. 129, em razão dessa cláusula de encerramento, é meramente **exemplificativo**.

Para se ter um exemplo de ampliação legal, que poderá gerar algum debate, destacamos a **Lei n. 13.532/2017**, que alterou o Código Civil, prescrevendo, expressamente, a **legitimação ativa do Ministério Público** para demandar a **exclusão do herdeiro** ou **legatário** em um dos casos de **indignidade** descritos na lei, qual seja, quando houverem sido autores, coautores ou partícipes de homicídio doloso, ou tentativa deste, contra a pessoa de cuja sucessão se tratar, seu cônjuge, companheiro, ascendente ou descendente (art. 1.814, I, CC).

Conforme observa Carlos Roberto Gonçalves, a indignidade pode ser caracterizada como "uma **sanção civil** que acarreta a perda do direito sucessório",[34] devendo ser declarada por sentença, em ação específica a ser ajuizada no prazo decadencial de 4 anos, contados da abertura da sucessão (art. 1.815, CC).

---

abrange não só a situação de uma pessoa, mas também a dos demais portadores de doença considerada grave". Evidenciou-se "o interesse social que legitima a intervenção e a ação em juízo do Ministério Público, a defesa de direitos impregnados de transindividualidade ou de direitos individuais homogêneos, notadamente aqueles de caráter indisponível, porque revestidos de inegável relevância social, como sucede, de modo bastante particularmente expressivo, com o **direito à saúde**, que traduz prerrogativa jurídica de índole eminentemente constitucional" (Inf. 911/STF); **d.7)** "o Ministério Público tem legitimidade para a propositura de ação civil pública em defesa de direitos sociais relacionados ao FGTS" (**RE 643.978**, Pleno, j. 09.10.2019, *DJE* de 25.10.2019).

[33] A **Res. n. 118/2014-CNMP** (*DOU* de 27.01.2015), de modo bastante avançado, dispõe sobre a **Política Nacional de Incentivo à Autocomposição no âmbito do Ministério Público**. De acordo com o seu art. 1.º, parágrafo único, ao Ministério Público brasileiro incumbe implementar e adotar mecanismos de **autocomposição**, como a **negociação**, a **mediação**, a **conciliação**, o **processo restaurativo** e as **convenções processuais**, bem assim prestar atendimento e orientação ao cidadão sobre tais mecanismos.

[34] Carlos Roberto Gonçalves, *Direito civil esquematizado*, 3, 4. ed., 2017, p. 897.

Apesar de alguns autores sustentarem o caráter privado da ação de exclusão do indigno e o reflexo de sua propositura na intimidade do núcleo familiar, além dos explícitos aspectos de direitos patrimoniais, parece-nos possível sustentar que as hipóteses do art. 1.814, I, CC (atentado contra a vida do *de cujus*) caracterizam situações suficientes para a atuação do **Ministério Público** na **defesa da ordem jurídica** e, assim, do **interesse público**, perspectiva essa já vislumbrada antes da referida modificação do Código Civil pela Lei n. 13.532/2017, conforme se observa pela leitura do Enunciado n. 116 da *I Jornada de Direito Civil*, promovida em Brasília pelo Centro de Estudos Judiciários — CEJ, do Conselho da Justiça Federal — CJF, nos dias 12 e 13 de setembro de 2002.

Devemos ainda ressaltar que as funções institucionais do Ministério Público só podem ser exercidas por integrantes da carreira, que deverão residir na comarca da respectiva lotação, **salvo autorização do Chefe da Instituição**.

Seguindo a regra adotada para a Magistratura, pela *Reforma do Judiciário*, o ingresso na carreira do Ministério Público far-se-á mediante concurso público de provas e títulos, assegurada a participação da Ordem dos Advogados do Brasil em sua realização, **exigindo-se do bacharel em direito, no mínimo, 3 anos de atividade jurídica** e observando-se, nas nomeações, a ordem de classificação (cf. Resoluções ns. 14/2006,[35] 24/2007, 40/2009, 57/2010 e 87/2012 do CNMP, bem como análise no *item 11.4* deste estudo).

Outrossim, em nítida aproximação com a carreira da Magistratura, o art. 129, § 4.º, dispõe que, no que couber, aplica-se ao Ministério Público o disposto no art. 93 (tema já estudado no *item 11.4*).

Finalmente, na busca da celeridade processual (art. 5.º, LXXVIII), o art. 129, § 5.º, estabelece que a distribuição de processos no Ministério Público será imediata.

■ 12.2.9. A teoria dos "poderes implícitos" e o poder de investigação criminal pelo MP. A investigação criminal não é exclusividade da polícia (devendo ser observados alguns parâmetros)

Conforme estudamos no *item 3.8* deste trabalho, segundo a teoria dos **poderes implícitos**, quando o texto constitucional outorga competência explícita a determinado órgão estatal, implicitamente, pode-se interpretar, dentro de um contexto de **razoabilidade** e **proporcionalidade**, que a esse mesmo órgão tenham sido dados os meios necessários para a efetiva e completa realização dos fins atribuídos.

[35] Nos termos do art. 17, § 1.º, da Res. n. 14, de 06.11.2006, "a prova preambular **não poderá ser formulada com base em entendimentos doutrinários divergentes ou jurisprudência não consolidada dos tribunais**. As opções consideradas corretas deverão ter embasamento na legislação, em súmulas ou jurisprudência dominante dos Tribunais Superiores". Nesse sentido, também, a Res. n. 75/2009 do CNJ. Muito bem-vinda a regra que fortalece o que temos dito a todos os "concurseiros" do Brasil: fiquem atentos à jurisprudência dos Tribunais. Leiam informativos e notícias dos Tribunais. Esta é a nossa "luta" constante em manter o "nosso" **Esquematizado** sempre atualizado.

A grande questão que se coloca, então, é saber se o **poder de investigação** seria exclusivo da polícia.

Em julgado pioneiro, a **2.ª Turma do STF**, ao analisar a temática dos **poderes investigatórios do MP**, entendeu que a denúncia poderia ser fundamentada em peças de informação obtidas pelo próprio *Parquet*, não havendo necessidade de prévio inquérito policial.

Nesse sentido, não se reconheceu violação ao art. 144, § 1.º, I e IV, que, segundo o STF, deve ser harmonizado com as funções atribuídas ao MP, nos termos do art. 129, I, VI, VIII, IX, da CF/88. A **atuação do MP**, dessa forma, **aperfeiçoaria a persecução penal** (RE 535.478, 2.ª T., Rel. Min. Ellen Gracie, j. 28.10.2008, *DJE* de 21.11.2008).[36]

O Min. Gilmar Mendes, por seu turno, em julgado posterior, também da 2.ª Turma, **reafirmou** ser legítimo o poder de investigação pelo MP (art. 129, CF/88; art. 5.º, CPP; art. 8.º, LC n. 75/93), devendo, contudo, haver **vigilância** e **controle** (o que se verifica mesmo em relação à atividade exercida pela Polícia).

No caso concreto, estabeleceu alguns **condicionamentos**: "a atuação do *Parquet* deve ser, necessariamente, **subsidiária**, ocorrendo, apenas, quando não for possível, ou recomendável, se efetivem pela própria polícia, em hipóteses específicas, quando, por exemplo, se verificarem situações de lesão ao patrimônio público, de excessos cometidos pelos próprios agentes e organismos policiais (*v.g.* tortura, abuso de poder, violências arbitrárias, concussão, corrupção), de intencional omissão da Polícia na apuração de determinados delitos ou se configurar o deliberado intuito da própria corporação policial de frustrar, em função da qualidade da vítima ou da condição do suspeito" (**RHC 97.926**, Rel. Min. Gilmar Mendes, j. 02.09.2014, 2.ª T., *DJE* de 29.09.2014).

Quando prolatadas referidas decisões pela 2.ª Turma/STF, ainda não havia decisão final e **específica** do **Pleno** sobre essa importante questão dos poderes de investigação do MP de modo exclusivo, e não complementar a eventual prova produzida pela Polícia. Existem diversas ações diretas no STF aguardando o julgamento de mérito (cf., por exemplo, as ADIs 2.943, 3.309, 3.317, 3.318, 3.329, 3.337 e 3.806 — pendentes) e que, certamente, seguirão o entendimento firmado no **RE 593.727**, esse último decidido pelo Pleno, que afirmou a seguinte tese:[37]

> "o Ministério Público dispõe de competência para promover, **por autoridade própria**, e por prazo razoável, investigações de natureza penal, desde que respeitados os direitos e garantias que assistem a qualquer indiciado ou a qualquer pessoa sob investigação do Estado, observadas, sempre, por seus agentes, as hipóteses de reserva constitucional de jurisdição e, também, as prerrogativas profissionais de que se acham investidos, em nosso País, os Advogados (Lei n. 8.906/94, art. 7.º, notadamente os incisos I, II, III, XI,

[36] No mesmo sentido, cf.: **HC 91.661**, Rel. Min. Ellen Gracie, j. 10.03.2009, 2.ª T., *DJE* de 03.04.2009; **HC 89.837**, Rel. Min. Celso de Mello, j. 20.10.2009, 2.ª T., *DJE* de 20.11.2009; **HC 93.930**, Rel. Min. Gilmar Mendes, j. 07.12.2010, 2.ª T., *DJE* de 03.02.2011.

[37] Recomendamos a leitura do **HC 84.548**, j. 04.03.2015, Pleno, *DJE* de 10.04.2015, envolvendo fatos relacionados ao homicídio do então prefeito de Santo André (SP), Celso Daniel, e o tema da investigação pelo MP.

> XIII, XIV[38] e XIX), sem prejuízo da possibilidade — sempre presente no Estado Democrático de Direito — do permanente controle jurisdicional dos atos, necessariamente documentados (SV 14), praticados pelos membros dessa Instituição" (**RE 593.727**, j. 14.05.2015, *DJE* de 08.09.2015).

A cláusula que outorga ao MP o monopólio da ação penal pública e o controle externo sobre a atividade policial legitimaria referido entendimento no sentido de se reconhecer o poder investigatório do MP, destacando-se:

- o MP não poderá presidir o inquérito policial, função precípua da autoridade policial;
- a função investigatória do MP deve ser tida como **excepcional** e não uma atividade ordinária;
- essa excepcionalidade legitima a atuação do *Parquet* em casos de abuso de autoridade, prática de delito por policiais, crimes contra a Administração Pública, inércia dos organismos policiais ou procrastinação indevida no desempenho de investigação penal;
- deve haver a fiscalização (por parte do Poder Judiciário) da legalidade dos atos investigatórios, assim como o estabelecimento de exigências de caráter procedimental e a observância dos direitos e garantias assegurados a toda pessoa sob investigação — inclusive em matéria de preservação da integridade de prerrogativas profissionais dos advogados (cf. **Inf. 785/STF**).

Em nosso entender, a posição fixada mostra-se bastante razoável, na medida em que não se pode inferir que haja exclusividade na investigação criminal da polícia. Quando o art. 144, § 1.º, IV, dispõe ser *exclusividade* da polícia federal exercer as funções de polícia judiciária da União, o texto objetivou afastar essa atividade de outros órgãos **policiais**.

A possibilidade de investigação pelo MP, conforme apontado, decorreria de sua atribuição de promover, privativamente, a ação penal pública, na forma da lei (art. 129, I), assim como das atribuições estabelecidas nos incisos VI e VIII do art. 129 da CF/88, apresentando-se como atividade totalmente compatível com as suas finalidades institucionais. Resta aguardar se o Plenário do STF vai seguir esse entendimento no julgamento das ADIs mencionadas (e nos parece que sim).

Todo esse entendimento não deve sofrer nenhuma alteração mesmo com o advento da **Lei n. 12.830/2013**, que dispôs sobre a investigação criminal conduzida pelo Delegado de Polícia.

---

38 Nesse sentido, extremamente importante a alteração trazida pela **Lei n. 13.245/2016**, que, modificando o art. 7.º, XIV, do Estatuto da Ordem dos Advogados do Brasil, deixou claro que entre os direitos dos advogados está o de examinar, **em qualquer instituição responsável por conduzir investigação**, e não apenas na repartição policial, os **autos de flagrante** e de **investigações de qualquer natureza**, findos ou em andamento, ainda que conclusos à autoridade, podendo copiar peças e tomar apontamentos, em meio físico ou digital.

Finalmente, para efeito de aprofundamento, cf. a **Res. n. 181/CNMP, de 07.08.2017**, que, considerando o disposto nos arts. 127, *caput*, e 129, I, II, VIII e IX, CF/88, bem como no art. 8.º da LC n. 75/93 e no art. 26 da Lei n. 8.625/93, dispôs sobre **instauração e tramitação do procedimento investigatório criminal a cargo do Ministério Público**.

Referida resolução, que expressamente revogou a anterior, que tratava sobre o mesmo assunto (Res. n. 13/2006), foi objeto de questionamento no STF (**ADIs ns. 5.790** e **5.793**). Diante dos argumentos apresentados, o CNMP, considerando as preocupações externadas pela Associação dos Magistrados Brasileiros e pelo Conselho Federal da Ordem dos Advogados do Brasil nas referidas ações, tendo em vista a decisão plenária proferida pelo Conselho nos autos da Proposição n. 1.00927/2017-69, julgada na 23.ª Sessão Ordinária, realizada no dia 12.12.2017, editou a **Res. n. 183, de 24.01.2018**, revogando diversos dispositivos da referida Res. n. 181/2017. Apesar dessa tentativa de adequação, as ações diretas de inconstitucionalidade seguem e serão apreciadas pelo STF, que terá de analisar a questão levantada no parecer da PGR em relação à perda superveniente de objeto da ação tendo em vista o advento da Lei n. 13.964/2019 (Pacote Anticrime) (pendente).

■ 12.2.10. Conselho Nacional do Ministério Público

■ *12.2.10.1. Regras gerais e composição*

O **art. 130-A**, introduzido pela **EC n. 45/2004** e regulamentado pela **Lei n. 11.372/2006**, prevê a criação do **Conselho Nacional do Ministério Público**, composto de **14 membros** nomeados pelo **Presidente da República**, depois de aprovada a escolha pela **maioria absoluta** do **Senado Federal**, para um mandato de **2 anos**, admitida **uma recondução**, sendo:

- o Procurador-Geral da República, que o preside, parecendo razoável, assim como entendemos em relação ao Ministro Presidente do STF no tocante ao CNJ, que o PGR deve ser considerado **membro nato** do CNMP, não havendo sentido a sua sabatina pelo Senado Federal (aplicação analógica do art. 103-B, § 2.º, e discussão no *item 11.13.4*);
- quatro membros do Ministério Público da União, assegurada a representação de cada uma de suas carreiras;
- três membros do Ministério Público dos Estados;
- dois juízes, indicados um pelo Supremo Tribunal Federal e outro pelo Superior Tribunal de Justiça;
- dois advogados, indicados pelo Conselho Federal da Ordem dos Advogados do Brasil;
- dois cidadãos de notável saber jurídico e reputação ilibada, indicados um pela Câmara dos Deputados e outro pelo Senado Federal.

Os membros do Conselho oriundos do Ministério Público serão indicados pelos respectivos Ministérios Públicos, na forma da lei.

Conforme indicado acima, a regulamentação do art. 130-A se deu pela **Lei n. 11.372/2006**.

■ *12.2.10.2. Escolha dos membros do Ministério Público da União*

Apenas recordando, dispõe o art. 128, I, "a"-"d", que o **MPU** se divide em *Ministério Público Federal* **(MPF)**, *Ministério Público do Trabalho* **(MPT)**, *Ministério Público Militar* **(MPM)** e *Ministério Público do Distrito Federal e Territórios* **(MPDFT)**.

Nos termos do art. 1.º, *caput*, da Lei n. 11.372/2006, os membros do CNMP oriundos do Ministério Público da União (MPU) serão escolhidos pelo Procurador-Geral de **cada um dos ramos**, a partir de lista tríplice composta de membros com mais de 35 anos de idade, que já tenham completado mais de 10 anos na respectiva Carreira.

Essas listas tríplices serão elaboradas pelos respectivos **Colégios de Procuradores** do **MPF**, do **MPT** e do **MPM**, e pelo **Colégio de Procuradores e Promotores de Justiça** do **MPDFT**.

O nome escolhido pelo Procurador-Geral de cada um dos ramos será encaminhado ao Procurador-Geral da República, que o submeterá à aprovação do **Senado Federal** (*sabatina*), pela **maioria absoluta** e para um **mandato de 2 anos**, admitida **uma recondução**.

■ *12.2.10.3. Escolha dos 3 membros do Ministério Público dos Estados*

De acordo com o art. 2.º da Lei n. 11.372/2006, os membros do CNMP oriundos dos **Ministérios Públicos dos Estados** serão indicados pelos respectivos **Procuradores-Gerais de Justiça**, a partir de lista tríplice elaborada pelos integrantes da carreira de cada instituição, composta de membros com mais de 35 anos de idade, que já tenham completado mais de 10 anos na respectiva carreira.

Os Procuradores-Gerais de Justiça dos Estados, em **reunião conjunta** especialmente convocada e realizada para esse fim, formarão lista com os 3 nomes indicados para as vagas destinadas a membros do Ministério Público dos Estados, a ser submetida à aprovação do Senado Federal, para, também, sabatina pela **maioria absoluta** de seus membros, para **mandato de 2 anos**, admitida **uma recondução**.

■ *12.2.10.4. A sabatina no Senado Federal e a falta de critérios para a indicação dos demais membros do Conselho que não os oriundos da carreira do Ministério Público*

Os nomes indicados, na conformidade do quadro a seguir, deverão, com exceção do PGR (em nossa interpretação, membro nato), passar por uma **sabatina** no **Senado Federal** e, se aprovados pela **maioria absoluta** de seus membros, serão **nomeados pelo Presidente da República** (art. 84, XIV e XXVII, c/c o art. 130-A, *caput*).

O procedimento da sabatina está regulamentado pela **Res. n. 7/2005-SF**, que define as normas para a apreciação das indicações.

De acordo com o seu art. 2.º, todos os indicados serão sabatinados pela *Comissão de Constituição, Justiça e Cidadania*, em datas a serem fixadas pelo seu Presidente, observando-se os prazos regimentais, o qual **opinará** pela *aprovação* ou *rejeição* da indicação e, em seguida, submeterá a indicação à **decisão do Plenário**.

Como se disse, pela regra constitucional, o nome indicado deverá ter a aprovação da **maioria absoluta dos membros do Senado Federal** (Plenário).

Havendo rejeição de qualquer nome pelo Plenário do Senado Federal será oficiado à autoridade máxima do órgão ou instituição competente para a indicação, a fim de que novo nome seja apresentado no prazo improrrogável de 15 dias.

Os **critérios** para a escolha dos membros que compõem o CNMP foram regulamentados **apenas** para os **membros do Conselho oriundos do Ministério Público** (cf. art. 130-A, § 1.º, da CF/88 e Lei n. 11.372/2006).

Inexiste, contudo, critério normativo para a indicação dos demais membros que não sejam os oriundos do Ministério Público, no caso pelo STF, STJ, CFOAB, CD e SF (*vide* quadro *infra*).

Entendemos imprescindível haver uma definição normativa da indicação de todos os membros, especialmente em razão da importância que referido Conselho vem assumindo.

De toda forma, as indicações de nomes deverão ser acompanhadas de amplos esclarecimentos sobre o candidato e instruídas com os seguintes documentos **(art. 5.º da Res. n. 7/SF-2005)**:

- *curriculum vitae* do indicado no qual conste, detalhadamente, sua qualificação, formação acadêmica e experiência profissional;
- informação do indicado de que não é cônjuge, companheiro ou parente, em linha reta ou colateral, até o terceiro grau, inclusive, de membro ou servidor do Poder ou instituição responsável por sua indicação, salvo, no caso de servidor, se for ocupante de cargo de provimento efetivo e, observada esta condição, não servir junto à autoridade a que esteja vinculado pelo parentesco mencionado;
- declaração sobre eventual cumprimento de sanções criminais ou administrativo-disciplinares, bem como acerca da existência de procedimentos dessa natureza instaurados contra o indicado;
- declaração do indicado de que não é membro do Congresso Nacional, do Poder Legislativo dos Estados, do Distrito Federal ou dos Municípios, ou cônjuge, companheiro ou parente, em linha reta ou colateral, até o terceiro grau, inclusive, de membro desses Poderes.

12.2.10.5. *Esquematização gráfica sobre a indicação dos membros do CNMP*

O quadro abaixo esquematiza a **indicação dos membros** que compõem o Conselho Nacional do Ministério Público, destacando-se as seguintes regras:

■ **art. 103-A, I:** será presidido pelo PGR;

■ **art. 103-A, § 3.º:** escolherá um Corregedor Nacional dentre os membros do Ministério Público;

■ **art. 130-A, § 4.º:** o Presidente do Conselho Federal da Ordem dos Advogados do Brasil, muito embora **não seja membro do CNMP**, oficiará junto ao Conselho.

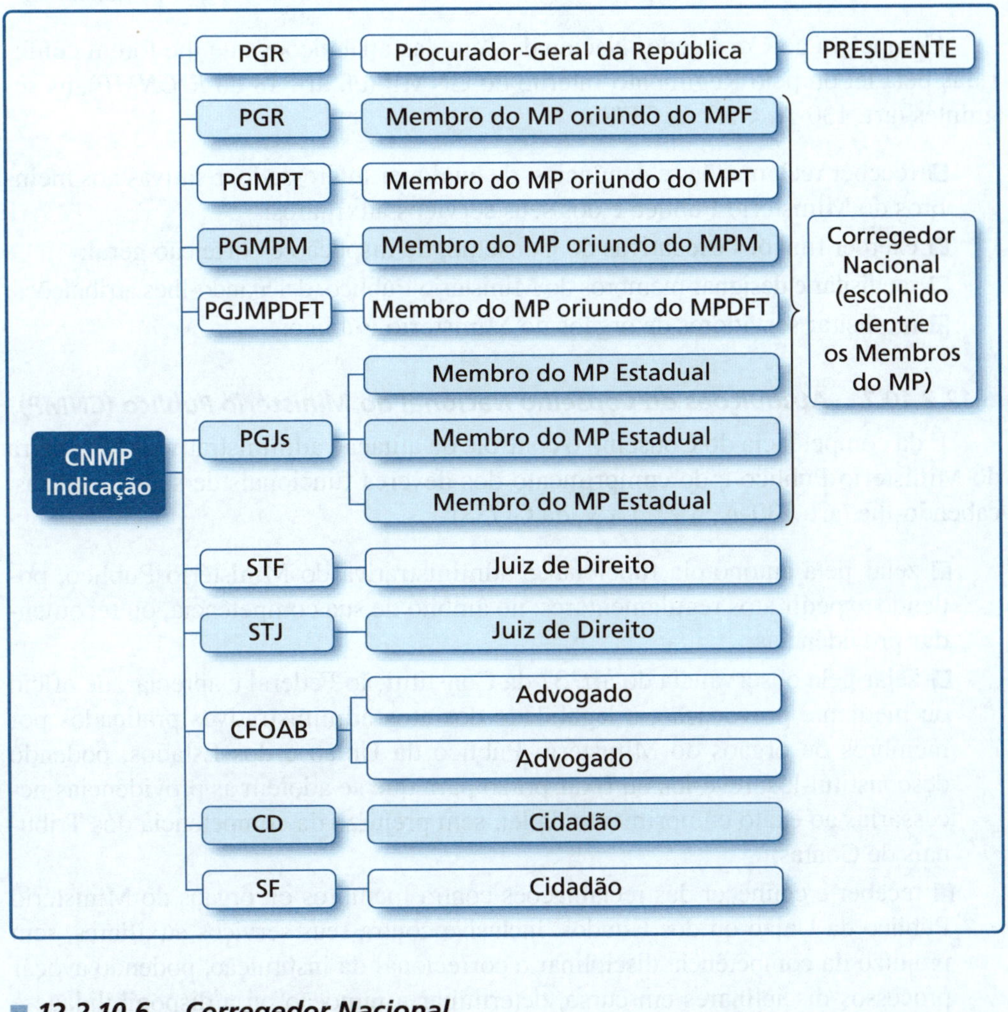

■ *12.2.10.6. Corregedor Nacional*

O **Corregedor Nacional** será eleito pelo **Conselho** dentre os **membros do Ministério Público que o integram**, observando-se as seguintes regras (art. 17 do *RICNMP* — Res. n. 92/2013):

■ **mandato:** 2 anos, **vedada a recondução;**

■ **eleição:** pelo **voto secreto**, na sessão imediatamente posterior à vacância do cargo, sendo eleito o candidato escolhido pela **maioria absoluta**. Não sendo alcançada a maioria absoluta, os dois candidatos mais votados concorrerão em segundo escrutínio, proclamando-se vencedor, em caso de empate, o mais antigo no Conselho;

- **posse:** imediatamente após a proclamação do resultado da eleição;
- **mandato:** expirará juntamente com seu mandato de Conselheiro;
- **funções:** serão exercidas pelo Corregedor Nacional em regime de **dedicação exclusiva**, ficando afastado do órgão do Ministério Público a que pertence.

Competem ao Corregedor Nacional, além das atribuições que lhe forem conferidas pela lei ou pelo Regimento Interno do CNMP (cf. art. 18 do *RICNMP*), as seguintes (art. 130-A, § 3.º, da CF/88):

- receber reclamações e denúncias, de qualquer interessado, relativas aos membros do Ministério Público e dos seus serviços auxiliares;
- exercer funções executivas do Conselho, de inspeção e correição geral;
- requisitar e designar membros do Ministério Público, delegando-lhes atribuições;
- requisitar servidores de órgãos do Ministério Público.

12.2.10.7. *Atribuições do Conselho Nacional do Ministério Público (CNMP)*

É da competência do Conselho o controle da atuação administrativa e financeira do Ministério Público e do cumprimento dos deveres funcionais de seus membros, cabendo-lhe (art. 130-A, § 2.º, I a V, da CF/88):

- zelar pela autonomia funcional e administrativa do Ministério Público, podendo expedir atos regulamentares, no âmbito de sua competência, ou recomendar providências;
- zelar pela observância do art. 37 da Constituição Federal e apreciar, de ofício ou mediante provocação, a legalidade dos atos administrativos praticados por membros ou órgãos do Ministério Público da União e dos Estados, podendo desconstituí-los, revê-los ou fixar prazo para que se adotem as providências necessárias ao exato cumprimento da lei, sem prejuízo da competência dos Tribunais de Contas;
- receber e conhecer das reclamações contra membros ou órgãos do Ministério Público da União ou dos Estados, inclusive contra seus serviços auxiliares, sem prejuízo da competência disciplinar e correcional da instituição, podendo avocar processos disciplinares em curso, determinar a remoção ou a disponibilidade e aplicar outras sanções administrativas, assegurada ampla defesa (**EC n. 103/2019**);
- rever, de ofício ou mediante provocação, os processos disciplinares de membros[39] do Ministério Público da União ou dos Estados julgados há menos de 1 ano;

[39] Cabe alertar que a 1.ª T. do STF entendeu que "a competência revisora conferida ao Conselho Nacional do Ministério Público (CNMP) limita-se aos processos disciplinares instaurados contra os **membros do Ministério Público da União ou dos Estados** (inciso IV do § 2.º do art. 130-A da

- elaborar relatório anual, propondo as providências que julgar necessárias sobre a situação do Ministério Público no País e as atividades do Conselho, o qual deve integrar a mensagem prevista no art. 84, XI.

Interessante destacar o **Enunciado n. 8, de 04.04.2014, do CNMP**, afastando a atuação do Conselho em relação a questões de **caráter meramente individual**, tendência essa também verificada no CNJ e por orientação do STF.

Nesse sentido, ficou expresso não caber "ao Conselho Nacional do Ministério Público o exame de pretensões que ostentem natureza meramente individual, que não ultrapassem o interesse subjetivo das partes envolvidas, mostrando-se desprovidas de repercussão geral para a sociedade ou para o Ministério Público".

Pelo enunciado, "pressupõe-se a repercussão geral da demanda que esteja relacionada a função eminentemente institucional do Ministério Público ou que tenha natureza disciplinar dos seus membros".

O referido enunciado, buscando afastar qualquer surpresa, já que se tratava de alteração da orientação estabelecida até então, determinou que a sua aplicação somente se daria para os feitos protocolizados no Conselho após a sua publicação, que ocorreu no *DOU* de 02.05.2014.

■ *12.2.10.8. Pode o CNMP fixar novo teto remuneratório dos membros e servidores do Ministério Público diferente do estabelecido na CF/88?*

Não.

A Res. n. 15, de 04.12.2006, do CNMP alterou o teto remuneratório dos membros do MP de 90,25% para 100% do subsídio de Ministros do STF.

O PGR ajuizou a **ADI 3.831** atacando a referida Res. n. 15/2006 do CNMP, que, conforme visto, alterando os arts. 1.º e 2.º da Res. n. 9/2006 e o art. 2.º da Res. n. 10/2006, ambas do CNMP, equiparava o teto remuneratório dos membros e servidores do Ministério Público da União e dos Estados aos dos Ministros do STF.

Em julgamento cautelar, o STF entendeu que a Res. n. 15/2006 citada, "... a princípio, ofende os arts. 37, X, XI, § 12, e 130-A, § 2.º, todos da CF, porquanto não observa o princípio da legalidade específica para a definição dos valores a serem pagos a título de remuneração ou subsídio dos agentes públicos, bem como extrapola os limites tanto de subsídio e remuneração previstos para os membros e servidores do Ministério Público dos Estados — 90,25% do subsídio mensal, em espécie, dos Ministros do STF — quanto de competência do CNMP" (ADI 3.831-MC/DF, Rel. Min. Cármen Lúcia, 15.12.2006 — *Inf. 452/STF*).

CR), **não sendo possível a revisão de processo disciplinar contra servidores**. (...). A CR resguardou o CNMP da possibilidade de se tornar instância revisora dos processos administrativos disciplinares instaurados nos órgãos correcionais competentes contra servidores auxiliares do Ministério Público em situações que não digam respeito à atividade-fim da própria instituição" (**MS 28.827**, Rel. Min. Cármen Lúcia, j. 28.08.2012, 1.ª T., *DJE* de 09.10.2012).

A Suprema Corte, em **04.06.2007**, tendo em vista a revogação da Res. n. 15/2006, pela Res. n. 17/2007, declarou prejudicada a ADI.

12.2.10.9. *O CNMP tem competência para realizar controle de constitucionalidade no exercício de suas atribuições?*

Não!

Em interessante decisão, a 1.ª Turma do STF estabeleceu entendimento que veio a ser confirmado pelo Pleno em momento seguinte. Vejamos:

> "O Conselho Nacional do Ministério Público não ostenta competência para efetuar controle de constitucionalidade de lei, posto consabido tratar-se de órgão de natureza administrativa, cuja atribuição adstringe-se ao controle da legitimidade dos atos administrativos praticados por membros ou órgãos do Ministério Público federal e estadual (art. 130-A, § 2.º, da CF/88). Precedentes (MS 28.872 AgR/DF, Rel. Min. Ricardo Lewandowski, Tribunal Pleno; AC 2.390 MC-REF, Rel. Min. Cármen Lúcia, Tribunal Pleno; MS 32.582 MC, Rel. Min. Celso de Mello; ADI 3.367/DF, Rel. Min. Cezar Peluso, Tribunal Pleno)" (**MS 27.744**, j. 14.04.2015, *DJE* de 08.06.2015).

O Pleno do STF, no julgamento de questão específica envolvendo ato do CNJ, estabeleceu que os ditos "órgãos administrativos autônomos" (CNJ, CNMP e TCU), com a função constitucional de controlar a **validade de atos administrativos**, poderão **afastar a aplicação** de lei ou ato normativo violador da Constituição (**Pet 4.656**, j. 19.12.2016, *DJE* de 04.12.2017).

Isso, contudo, não se confunde com o controle de constitucionalidade, nem mesmo com o afastamento da norma em abstrato! (para aprofundamento do tema, cf. *item 6.4.2.4.3*).

12.2.10.10. *Outras regras*

O Presidente do Conselho Federal da Ordem dos Advogados do Brasil terá assento e voz no Plenário, podendo se fazer representar em suas sessões por membro da Diretoria do Conselho Federal da entidade (art. 4.º, parágrafo único, do *RICNMP*).

Leis da União e dos Estados criarão ouvidorias do Ministério Público, competentes para receber reclamações e denúncias de qualquer interessado contra membros ou órgãos do Ministério Público, inclusive contra seus serviços auxiliares, representando diretamente ao Conselho Nacional do Ministério Público.

Destacamos, ainda, a competência do **Senado Federal** para processar e julgar os membros do Conselho nos **crimes de responsabilidade** e a competência (**exclusiva** – cf. ADI 4.412, Pet 4.770 e Rcl 33.459, j. 18.11.2020, e *item 11.13.5.5*) do **STF** para julgar as **ações** contra o Conselho (arts. 52, II, e 102, I, "r").

Finalmente, em relação às **infrações penais comuns**, assim como já visto em relação ao CNJ, a **competência** será fixada **individualmente**, de acordo com o cargo de origem de cada membro do Conselho, lembrando que a *PEC Paralela da Reforma do Judiciário* **(PEC n. 358/2005)**, que precisa ainda ser aprovada, estabelece a competência do STF, mas isso, como se disse, depende de aprovação pelo CN.

■ 12.2.11. Ministério Público junto ao Tribunal de Contas (art. 130)

O **art. 130** estatui que aos membros do Ministério Público junto aos Tribunais de Contas aplicam-se as disposições pertinentes a **direitos**, **vedações** e **forma de investidura** estabelecidas para o Ministério Público, como instituição, aqui já estudadas por nós.

Referida instituição será organizada por **lei orgânica própria** e de **iniciativa do Tribunal de Contas**, sendo materializada por meio de **lei ordinária**.

Diferentemente, apenas para fazer o contraponto, o art. 128, § 5.º, estatui que **leis complementares** (e não leis ordinárias) da União e dos Estados, cuja iniciativa é **facultada** aos respectivos Procuradores-Gerais (e já vimos que também e facultativamente ao Presidente da República — art. 61, § 1.º, II, "d" — cf. *item 9.13.3.7.1*), estabelecerão a organização, as atribuições e o estatuto de cada Ministério Público.

Portanto, o Ministério Público junto ao Tribunal de Contas está estruturalmente ligado ao Tribunal de Contas da União ou do Estado (ou do Município, onde houver), e não ao Ministério Público da União, ou dos Estados ou do Distrito Federal e Territórios, devendo ser entendido como uma **instituição autônoma**.[40]

De acordo com o que já estudamos, "o **Ministério Público especial** junto aos Tribunais de Contas — que configura uma indiscutível realidade constitucional — qualifica-se como órgão estatal dotado de identidade e de fisionomia próprias que o tornam inconfundível e inassimilável à instituição do Ministério Público comum da União e dos Estados-membros. Não se reveste de legitimidade constitucional a participação do Ministério Público comum perante os Tribunais de Contas dos Estados, pois essa participação e atuação acham-se constitucionalmente reservadas aos membros integrantes do Ministério Público especial, a que se refere a própria Lei Fundamental da República (art. 130). O preceito consubstanciado no art. 130 da Constituição reflete uma solução de compromisso adotada pelo legislador constituinte brasileiro, que preferiu não outorgar, ao Ministério Público comum, as funções de atuação perante os Tribunais de Contas, optando, ao contrário, por atribuir esse relevante encargo a agentes estatais qualificados, deferindo-lhes um *status* jurídico especial e ensejando-lhes, com o reconhecimento das já mencionadas garantias de ordem subjetiva, a possibilidade de atuação funcional exclusiva e independente perante as Cortes de Contas" (**ADI 2.884**, Rel. Min. Celso de Mello, *DJ* de 20.05.2005 — cf., também, **ADI 3.192**, Rel. Min. Eros Grau, j. 24.05.2006, *DJ* de 18.08.2006).

---

[40] Nesse sentido manifestou-se o STF ao analisar dispositivos da Lei n. 8.443/92: "... O Ministério Público junto ao TCU não dispõe de fisionomia institucional própria e, não obstante as expressivas garantias de ordem subjetiva concedidas aos seus Procuradores pela própria Constituição (art. 130), encontra-se consolidado na *intimidade estrutural* dessa Corte de Contas, que se acha investida — até mesmo em função do poder de autogoverno que lhe confere a Carta Política (art. 73, *caput*, *in fine*) — da prerrogativa de fazer instaurar o processo legislativo concernente à sua organização, à sua estruturação interna, à definição do seu quadro pessoal e à criação dos cargos respectivos" (STF, Pleno, ADI 798-1-DF, Rel. Min. Celso de Mello, *DJ* de 19.10.1994).

Conforme já destacamos no *item 9.15.5*, no julgamento da *Consulta n. 0.00.000.000843/2013-39*, formulada pela Associação Nacional do Ministério Público de Contas (AMPCON), o **Conselho Nacional do Ministério Público (CNMP)** entendeu que o **Ministério Público de Contas (MPC)** e seus **membros** estão sujeitos ao seu controle administrativo, financeiro e disciplinar:

> "Consulta respondida positivamente para reconhecer ao Ministério Público de Contas a **natureza jurídica de órgão do Ministério Público brasileiro** e, em consequência, a competência do CNMP para zelar pelo cumprimento dos deveres funcionais dos respectivos membros e pela garantia da autonomia administrativa e financeira das unidades, controlando os atos já praticados de forma independente em seu âmbito, e adotando medidas tendentes a consolidar a parcela de autonomia de que ainda carecem tais órgãos" (j. 07.08.2013 — *tema pendente de análise pelo STF*).

Apesar da resposta dada pelo CNMP, muito embora tenha sido afirmado que o MPC apresenta natureza jurídica de órgão do MP brasileiro, não poderá haver o aproveitamento de membros de uma carreira na outra, como já vinha decidindo o STF.

Cabe lembrar que essa decisão proferida pelo CNMP serviu, entre outros fundamentos, para o encaminhamento da **PEC n. 42/2013-SF** (*pendente*), que propõe a alteração do art. 130-A para deixar claro que o MPC e os seus membros se sujeitam ao controle do CNMP.

CUIDADO: o então Senador da República Pedro Taques, relator da PEC, encaminhou ofício ao CNMP solicitando a manifestação sobre a referida proposta de alteração da Constituição.

Diante desse requerimento, o Conselho editou a *Nota Técnica n. 5, de 28.01.2015 (DOU de 25.02.2015* — processo n. NT 0.00.000.000008/2014-80*)*, **revendo** a decisão proferida em 2013 que estabelecia estar o Ministério Público de Contas sujeito à competência do CNMP, seguindo, inclusive, a nota técnica PGR/SRI n. 004/2013, de 28.10.2013, emitida pelo PGR, todas no sentido de expressar a contrariedade à alteração da Constituição nos termos da referida proposta que não altera a redação do art. 128.

O CNMP, contudo, deixa clara, na *nota técnica*, a possibilidade de "manifestação favorável **caso o Ministério Público de Contas seja plena e expressamente integrado ao regime constitucional previsto para o Ministério Público**, com a sua **inclusão nos segmentos previstos no art. 128 da Constituição**, inclusive com o acréscimo de parágrafos para explicitar a sua organização, o seu funcionamento e a sua forma de escolha e destituição das suas chefias, além da previsão de lei complementar instituindo-lhe um estatuto, em que seja assegurada a sua autonomia funcional, administrativa, orçamentária, financeira e disciplinar, sem qualquer submissão ao Tribunal de Contas junto ao qual atue".

Esse tema ainda depende de uma apreciação mais aprofundada pelo Pleno do STF. Há relevante decisão monocrática do Min. Fux, **reconsiderando** decisão que não admitia a legitimação ativa em ADI ajuizada pela Associação Nacional do Ministério Público de Contas — AMPCON por entendê-la como representante apenas de fração ou parcela da categoria profissional dos membros do Ministério Público (destacando-se ADI 591, ADIs 832-MC, 846-MC e ADI 1.297, Rel. Min. Moreira Alves), **para passar a admitir a referida associação como entidade de classe de âmbito nacional**.

A reconsideração destacou o **precedente** estabelecido no julgamento da medida cautelar na **ADI 5.442** ("os membros do Ministério Público junto ao Tribunal de Contas integram carreira autônoma" – Pleno, mérito pendente) e o **parecer da PGR** na ADI 5.117 ("o Supremo Tribunal Federal decidiu que membros do Ministério Público junto aos Tribunais de Contas integram carreira autônoma, que **não se confunde com a dos demais integrantes das Cortes de Contas, tampouco com a dos membros do Ministério Público comum**. Precedente: ADI 328/SC". Portanto, "a Associação Nacional do Ministério Público de Contas possui legitimidade ativa para ajuizar ação direta de inconstitucionalidade com intuito de defender interesses institucionais da carreira de **procurador de contas**. Precedente: ADI 5.442-MC/SC) (**ADI 5.117**, j. 28.11.2017, com reconsideração em agravo interno em 28.04.2019).

Em conclusão, os precedentes indicados reforçam nova orientação do **CNMP** no sentido de **não sujeitar os Procuradores de Contas** (membros do Ministério Público junto ao Tribunal de Contas) **ao seu controle**.

■ 12.3. ADVOCACIA PÚBLICA

■ 12.3.1. A distorção corrigida pela EC n. 19/98

O texto de 1988 abre uma seção própria, dentro do capítulo *das funções essenciais à Justiça*, para tratar da **advocacia pública** e **explicita** regras para a *Advocacia-Geral da União*, *Procuradoria-Geral da Fazenda Nacional* e *Procuradorias dos Estados* e do *Distrito Federal*.

O constituinte originário denominou **equivocadamente** a *Seção II* do *Capítulo IV* do *Título IV*, em sua redação original, ao se referir apenas a *Advocacia-Geral da União*.

Isso porque, além de a *Seção* conter informações sobre os *Procuradores dos Estados* e do *Distrito Federal*, o entendimento de **advocacia pública** deve englobar, naturalmente, os advogados das **autarquias** e **fundações**.

Tanto é assim que o art. 29, *caput*, do ADCT estabeleceu que, enquanto não aprovadas as leis complementares relativas ao Ministério Público e à Advocacia-Geral da União, o **Ministério Público Federal**,[41] a **Procuradoria-Geral da Fazen-**

[41] Como visto, não se pode esquecer que essa **previsão de advocacia** por parte dos **membros do MPF** foi **temporária**, até a edição da **lei complementar**, já que, antes do surgimento da Advocacia-Geral da União, essa atribuição, no regime anterior, ficava ao encargo do Ministério Público (cf. *item 12.2.7.3*). Nesse sentido, o art. 29, § 2.º, do ADCT estabeleceu que aos atuais Procuradores da República, nos termos da lei complementar, será **facultada** a opção, de **forma irretratável**, entre

da Nacional, as **Consultorias Jurídicas dos Ministérios**, as **Procuradorias** e **Departamentos Jurídicos de autarquias federais** com representação própria e os membros das **Procuradorias das Universidades fundacionais públicas** continuariam a exercer suas atividades na área das respectivas atribuições.

Essa distorção veio a ser corrigida pela **EC n. 19/98**, que alterou o nome da referida Seção para **Advocacia Pública**, de maneira acertada, agora.

Não houve previsão explícita de *Procuradorias Municipais*, podendo, naturalmente e desde que observadas as regras constitucionais, a matéria ser tratada nas Constituições Estaduais, Leis Orgânicas e legislação própria.[42]

■ 12.3.2. Atribuições e prerrogativas dos ocupantes dos cargos das carreiras jurídicas da advocacia pública (regras gerais)

Diante da timidez do constituinte de 1988 em relação à *Seção* da *Advocacia* (timidez perto do detalhamento da *Seção* que tratou do *Ministério Público*), muitas regras foram destinadas ao *legislador infraconstitucional*, motivo por que os *concurseiros* deverão estudar, de modo aprofundado, as leis orgânicas de cada carreira, sobretudo, no âmbito da *Administração Federal* (direta, autárquica e fundacional) (área jurídica) as de:

- **Advogado da União;**
- **Procurador da Fazenda Nacional;**
- **Procurador Federal;**
- **Procurador do Banco Central do Brasil.**

O capítulo XV da **Lei n. 13.327/2016** (arts. 27 a 39), de leitura obrigatória para os que prestam os concursos públicos para as carreiras jurídicas da advocacia pública, estabeleceu importantes conquistas sobre **subsídio**, recebimento de **honorários advocatícios de sucumbência**, **atribuições** e **prerrogativas**, fortalecendo-as institucionalmente.

Referida lei, que determinou a aplicação de suas regras não apenas para os ocupantes dos cargos acima, como também para aqueles dos quadros suplementares em extinção previstos no art. 46 da MP n. 2.229-43/2001, estabeleceu importantes atribuições (art. 37) e prerrogativas (art. 38), que deverão ser lidas, respeitadas as atribuições próprias de cada um dos cargos.

No tocante às **prerrogativas** dos ocupantes dos citados cargos, sem prejuízo daquelas previstas em outras normas, o art. 38 da lei estabeleceu as seguintes:

---

as carreiras do **Ministério Público Federal** e da **Advocacia-Geral da União**, situação essa regulamentada no art. 61 da LC n. 73/93 e no art. 282 da LC n. 75/93.

42 Conforme anotou André Ramos Tavares, a *procuradoria municipal* "... não foi contemplada pela Constituição como instituição obrigatória (até rendendo-se à realidade de municípios que não teriam como arcar com um quadro de advogados públicos permanentes)" (*Curso de direito constitucional*, 8. ed., p. 1.356).

- receber **intimação pessoalmente**, mediante carga ou remessa dos autos, em qualquer processo e grau de jurisdição, nos feitos em que tiver que oficiar, admitido o encaminhamento eletrônico na forma de lei;
- **requisitar** às autoridades de segurança auxílio para sua própria proteção e para a proteção de testemunhas, de patrimônio e de instalações federais, no exercício de suas funções, sempre que caracterizada ameaça, na forma estabelecida em portaria do Advogado-Geral da União;
- **não ser preso ou responsabilizado** pelo descumprimento de determinação judicial no exercício de suas funções;
- somente ser preso ou detido por ordem escrita do juízo criminal competente, ou em flagrante de **crime inafiançável**, caso em que a autoridade policial lavrará o auto respectivo e fará imediata comunicação ao juízo competente e ao Advogado-Geral da União, sob pena de nulidade;
- ser recolhido a **prisão especial** ou a **sala especial de Estado Maior**, com direito a privacidade, e ser recolhido em **dependência separada** em estabelecimento de cumprimento de pena **após sentença condenatória transitada em julgado**;
- ser ouvido, como **testemunha**, em dia, hora e local previamente ajustados com o magistrado ou a autoridade competente;
- ter o mesmo **tratamento protocolar** reservado aos magistrados e aos demais titulares dos cargos das funções essenciais à justiça;
- ter **ingresso e trânsito livres**, em razão de serviço, em qualquer recinto ou órgão público, sendo-lhe exigida somente a apresentação da carteira de identidade funcional;
- usar as **insígnias** privativas do cargo.

■ 12.3.3. O advogado público pode exercer a advocacia fora das atribuições do respectivo cargo?

Em âmbito constitucional, nada consta. Assim, **cabe às leis de organização de cada carreira disciplinar a matéria**.

A título de informação, as duas únicas previsões constitucionais proibindo a advocacia *fora das atribuições institucionais* foram estabelecidas para a **defensoria pública** (que, apesar de ser *pública*, não pode ser colocada no conceito de *advocacia pública*, pois não atua em nome de ente estatal, mas do hipossuficiente — cf. art. 134, § 1.º) e para o **Ministério Público**, com as ressalvas já apresentadas (art. 128, § 5.º, II, "b", da CF/88 e art. 29, *caput* e § 2.º, do ADCT, bem como o *item 12.2.7.3*), que também está longe de ser alocado como *advocacia pública*, especialmente em razão do alargamento de suas funções no novo ordenamento, da sua evolução e de sua consagração como instituição permanente e verdadeiro **advogado da sociedade**.

Portanto, teoricamente, e **desde que não haja proibição legal** (visto que não houve previsão constitucional), os **advogados públicos** poderão advogar fora das atribuições institucionais desde que **não violem os interesses da pessoa de direito**

público em relação à qual pertençam. Assim, resta investigar o que disciplinou a lei para cada carreira. Vejamos:

ADVOGADOS PÚBLICOS	PODEM EXERCER A ADVOCACIA FORA DAS ATRIBUIÇÕES INSTITUCIONAIS?
ADVOGADOS DA UNIÃO	■ NÃO ■ art. 28, I, da LC n. 73/93
PROCURADORES DA FAZENDA NACIONAL	■ NÃO ■ os *Procuradores da Fazenda Nacional* são considerados **membros** da Advocacia-Geral da União ■ arts. 2.º, § 5.º, e 28, I, da LC n. 73/93
PROCURADORES FEDERAIS	■ NÃO ■ os *Procuradores Federais* são advogados públicos **vinculados** à *Advocacia-Geral da União* ■ arts. 2.º, § 3.º, 17 e 28, I, da LC n. 73/93 ■ art. 38, § 1.º, I, da **MP n. 2.229-43**, de 06.09.2001 (em vigor por força do art. 2.º da EC n. 32/2001)
PROCURADORES DO BANCO CENTRAL DO BRASIL	■ NÃO ■ os *Procuradores do Banco Central* são advogados públicos **vinculados** à *Advocacia-Geral da União* ■ arts. 2.º, § 3.º, 17 e 28, I, da LC n. 73/93 ■ art. 17-A, I, da **Lei n. 9.650/98** (incluído pela MP n. 2.229-43, de 06.09.2001, em vigor por força do art. 2.º da EC n. 32/2001)
PROCURADORES DOS ESTADOS	■ DEPENDE ■ conforme visto, como não há previsão constitucional, a definição ficou ao encargo das Constituições Estaduais e leis orgânicas. Não havendo proibição, poderão advogar
PROCURADORES DO DF	■ SIM ■ **não há vedação**, seja na Lei Orgânica do DF, seja na LC n. 395/2001 (lei distrital que organiza a Procuradoria-Geral do Distrito Federal) ■ **cuidado:** o art. 28, III, do *Estatuto da Advocacia* (Lei n. 8.906/94) estabelece que a advocacia é **incompatível**, mesmo em causa própria, em relação aos **ocupantes de cargos ou funções de direção** em Órgãos da Administração Pública direta ou indireta, em suas fundações e em suas empresas controladas ou concessionárias de serviço público
PROCURADORES DE MUNICÍPIOS	■ DEPENDE ■ conforme visto, como não há previsão constitucional, a definição ficou ao encargo das Constituições Estaduais e leis orgânicas. Não havendo proibição, poderão advogar

■ 12.3.4. Assessoramento, amplitude vinculativa dos pareceres jurídicos e a responsabilização dos advogados públicos

Oswaldo Aranha Bandeira de Mello classifica os pareceres em *facultativos*, *obrigatórios* e *vinculantes*:[43]

■ **parecer facultativo:** "consiste em opinião emitida por solicitação de órgão ativo ou de controle, **sem que qualquer norma jurídica determine sua solicitação**, como preliminar à emanação do ato que lhe é próprio. Por outro lado, fica

[43] O. A. B. de Mello, *Princípios gerais de direito administrativo*, 3. ed., p. 584.

a seu critério adotar, ou não, o pensamento do órgão consultivo. Consiste, destarte, em exercício de poder **discricionário** quanto ao **pedido**, e à **efetivação** do ato relativamente ao **parecer**. Este, portanto, externamente, não tem relevância jurídica, **salvo se o ato a ele se reportar**". Ou seja, o parecer só integrará a decisão se for indicado como seu fundamento, passando, então, a corresponder à própria motivação;

- **parecer obrigatório:** "consiste em opinião emitida por solicitação de órgão ativo ou de controle, **em virtude de preceito normativo que prescreve sua solicitação**, como preliminar à emanação do ato que lhe é próprio. Constituem a consulta e o parecer fases necessárias do procedimento administrativo. (...). O ato praticado sem dito pronunciamento estará eivado de vício de nulidade, por desrespeito a solenidade essencial. A obrigação, entretanto, é só de pedir o parecer, jamais de segui-lo, de emanar o ato ativo ou de controle segundo sua manifestação. O desrespeito ao parecer não invalida o ato; poderá, quando muito, se injustificável a orientação em contrário, sujeitar o órgão ativo ou de controle às consequências de responsabilidade administrativa, após regular apuração";
- **parecer conforme ou vinculante:** "é o que a Administração Pública **não só deve pedir** ao órgão consultivo, como **deve segui-lo** ao praticar ato ativo ou de controle. Encerra regime de exceção, e só se admite quando expressamente a lei ou o regulamento dispõem nesse sentido. O ato levado a efeito em desconformidade com o parecer se tem como **nulo**". Como exemplo, podemos citar a decisão da administração sobre o pedido de **aposentadoria por incapacidade permanente para o trabalho** (antes da **EC n. 103/2019** – Reforma da Previdência – era denominada *aposentadoria por invalidez*), no cargo em que estiver investido, **quando insuscetível de readaptação**, que tem de seguir exatamente a conclusão do médico oficial. (A nova redação dada ao art. 40, § 1.º, I, CF/88, pela EC n. 103/2019, na hipótese de incapacidade permanente para o trabalho, estabelece ser obrigatória a realização de **avaliações periódicas** para verificação da continuidade das condições que ensejaram a concessão da aposentadoria, na forma de lei do respectivo ente federativo, o que fortalece ainda mais a importância do parecer conforme ou vinculante).

A **advocacia pública**, vale repetir, de modo geral, tem tanto o papel de **representação judicial** como de **consultoria** e **assessoramento** dos entes e entidades da administração direta e indireta.

Em relação ao **assessoramento**, importante distinção foi feita pelo Min. Joaquim Barbosa no tocante à vinculação ou não dos **pareceres jurídicos** e da **responsabilização** do advogado público. Vejamos:[44]

- **consulta facultativa:** "... a autoridade **não se vincula** ao parecer proferido, sendo que seu poder de decisão não se altera pela manifestação do órgão consultivo";

[44] Cf. **MS 24.631**, Rel. Min. Joaquim Barbosa, j. 09.08.2007, Plenário, *DJ* de 1.º.02.2008.

- **consulta obrigatória:** "... a autoridade administrativa **se vincula** a emitir o **ato** tal como submetido à **consultoria**, com parecer favorável ou contrário, e se pretender praticar ato de forma diversa da apresentada à consultoria, deverá submetê-lo a novo parecer";
- **obrigação de decidir à luz de parecer vinculante em razão de previsão legal:** "... essa manifestação de teor jurídico deixa de ser meramente opinativa e o administrador não poderá decidir senão **nos termos da conclusão do parecer** ou, então, não decidir";
- **responsabilização:** "(...) II. No caso de que cuidam os autos, o parecer emitido pelo impetrante não tinha caráter vinculante. Sua aprovação pelo superior hierárquico não desvirtua sua **natureza opinativa**, nem o torna parte de ato administrativo posterior do qual possa eventualmente decorrer dano ao erário, mas apenas incorpora sua fundamentação ao ato. III. Controle externo: É lícito concluir que é **abusiva a responsabilização do parecerista** à luz de uma alargada relação de causalidade entre seu parecer e o ato administrativo do qual tenha resultado dano ao erário. **Salvo demonstração de culpa ou erro grosseiro, submetida às instâncias administrativo-disciplinares ou jurisdicionais próprias, não cabe a responsabilização do advogado público pelo conteúdo de seu parecer de natureza meramente opinativa...**".

Assim, em referido precedente (que data de 09.08.2007), o Min. Relator entendeu que, sendo o parecer **opinativo**, não haverá vinculação do advogado público.

Porém, lendo o acórdão, afirma Joaquim Barbosa que se o parecer for **vinculante** há **"partilha do poder decisório"** (...) "e assim, em princípio, o parecerista pode vir a ter que responder conjuntamente com o administrador, **pois ele é também administrador nesse caso**" (fls. 285 e 286 do acórdão — grifamos).

Com o máximo respeito, na linha da manifestação de Carlos Britto no mesmo acórdão, não concordamos que o parecerista, pelo simples fato de atuar no processo administrativo, se transforme em administrador.

Ainda, em razão das garantias de independência que devem ser asseguradas aos advogados públicos para que não sofram pressões políticas, a nosso ver essa responsabilização não pode ser automática.

Em nosso entender, e a matéria precisa ser mais bem definida pelo STF, a responsabilização dependeria de demonstração de erro grosseiro, falta grave, má-fé, sob pena de se esvaziar a amplitude que devem ter os pareceres jurídicos das consultorias.

Para Di Pietro, a responsabilização "... não se justifica se o parecer estiver adequadamente fundamentado; a simples diferença de opinião — muito comum na área jurídica — não pode justificar a responsabilização do consultor. Não é por outra razão que o parecer isoladamente não produz qualquer efeito jurídico; em regra, ele é meramente opinativo".[45]

[45] M. S. Z. Di Pietro, *Direito administrativo*, 23. ed., p. 231.

Nesse sentido, existe importante precedente do STF, anterior ao julgamento do referido MS 24.631, pelo qual a Corte **não admite a automática responsabilização solidária do advogado público ao emitir parecer jurídico**, o que parece ser, naturalmente, o melhor entendimento **(matéria pendente de aprofundamento pelo STF):**

> "EMENTA: (...). Advogado de empresa estatal que, chamado a opinar, oferece parecer sugerindo contratação direta, sem licitação, mediante interpretação da lei das licitações. Pretensão do Tribunal de Contas da União em responsabilizar o advogado solidariamente com o administrador que decidiu pela contratação direta: **impossibilidade**, dado que o **parecer não é ato administrativo**, sendo, quando muito, **ato de administração consultiva**, que visa a **informar**, **elucidar**, **sugerir** providências administrativas a serem estabelecidas nos atos de administração ativa (...). II — O advogado somente será civilmente responsável pelos danos causados a seus clientes ou a terceiros, se decorrentes de **erro grave, inescusável, ou de ato ou omissão praticado com culpa, em sentido largo:** Cód. Civil, art. 159; Lei 8.906/94, art. 32. III — Mandado de Segurança deferido" (**MS 24.073**, Rel. Min. Carlos Velloso, j. 06.11.2002, Plenário, *DJ* de 31.10.2003).

Nesse sentido, o art. 28 da LINDB (Decreto-Lei n. 4.657/42, introduzido pela Lei n. 13.655/2018), estabelece que o agente público responderá pessoalmente por suas decisões ou opiniões técnicas em caso de **dolo** ou **erro grosseiro**.

De acordo com o regulamento desse dispositivo, "considera-se **erro grosseiro** aquele manifesto, evidente e inescusável praticado com culpa grave, caracterizado por ação ou omissão com elevado grau de negligência, imprudência ou imperícia" (art. 12, § 1.º, do Decreto n. 9.830/2019).

A responsabilização pela opinião técnica não se estende de forma automática ao decisor que a adotou como fundamento de decidir e somente se configurará se estiverem presentes elementos suficientes para o decisor aferir o dolo ou o erro grosseiro da opinião técnica ou se houver conluio entre os agentes (art. 12, § 6.º, do Decreto n. 9.830/2019).

Um alerta deve ser feito. O STF discutiu a "responsabilização de agentes públicos pela prática de atos relacionados com as medidas de **enfrentamento da pandemia do novo coronavírus e aos efeitos econômicos e sociais dela decorrentes**", fixando as seguintes **teses**:

■ "1. Configura erro grosseiro o ato administrativo que ensejar violação ao direito à vida, à saúde, ao meio ambiente equilibrado ou impactos adversos à economia, por inobservância: (i) de normas e critérios científicos e técnicos; ou (ii) dos princípios constitucionais da precaução e da prevenção. 2. A autoridade a quem compete decidir deve exigir que as opiniões técnicas em que baseará sua decisão tratem expressamente: (i) das normas e critérios científicos e técnicos aplicáveis à matéria, tal como estabelecidos por organizações e entidades internacional e nacionalmente reconhecidas; e (ii) da observância dos princípios constitucionais da precaução e da prevenção, sob pena de se tornarem corresponsáveis por eventuais violações a direitos" (**ADI 6.421 MC**, rel. Min. Roberto Barroso, julgamento em 20 e 21.5.2020).

Acesse também a videoaula pelo link: somos.in/DCE25101

12.3.5. *Contempt of Court*: a multa do art. 14, parágrafo único, do CPC/73 e os advogados públicos — ADI 2.652. CPC/2015 — avanço na linha da decisão do STF

O art. 14, parágrafo único, do CPC/73, introduzido pela Lei n. 10.358, de 27.12.2001, buscou estabelecer mecanismos para evitar o *contempt of court* (bem diferente do sistema norte-americano, que inspirou a regra).

No fundo, procura-se encontrar uma forma de fazer cumprir, com exatidão, os provimentos mandamentais e não criar embaraços à efetivação de provimentos judiciais, de natureza antecipatória ou final.

Para tanto, optou-se pela possibilidade de o juiz fixar **multa**, de até 20% do valor da causa, em caso de violação do art. 14, V, do CPC/73, que, contudo, **não será aplicada aos advogados**.

A dúvida consistia em saber se a não aplicação da multa se restringia aos advogados que se sujeitam exclusivamente ao Estatuto da OAB, ou também aos advogados públicos, até porque a literalidade da redação dava a entender que a regra era exclusiva dos advogados não públicos. Confira:

> "Art. 14, V: São deveres das partes e de todos aqueles que de qualquer forma participam do processo: cumprir com exatidão os **provimentos mandamentais** e **não criar embaraços** à efetivação de provimentos judiciais, de natureza antecipatória ou final.
> Parágrafo único. **Ressalvados os advogados que se sujeitam exclusivamente aos estatutos da OAB**, a violação do disposto no inciso V deste artigo constitui ato atentatório ao exercício da jurisdição, podendo o juiz, sem prejuízo das sanções criminais, civis e processuais cabíveis, aplicar ao responsável **multa** em montante a ser fixado de acordo com a gravidade da conduta e não superior a **20%** do valor da causa; não sendo paga no prazo estabelecido, contado do trânsito em julgado da decisão final da causa, a multa será inscrita sempre como dívida ativa da União ou do Estado".

A falta de uma *vírgula* depois da palavra "ressalvados" dava a entender que seriam apenas os *advogados que se sujeitam exclusivamente aos estatutos da OAB*, lembrando que os **advogados públicos** se sujeitam às suas leis orgânicas e, também, mas não somente, aos estatutos da OAB.

Todavia, o STF deu interpretação conforme a Constituição, sem redução de texto, e fixou que a ressalva do art. 14, parágrafo único, do CPC/73 "... alcança todos os advogados, com esse título atuando em juízo, independentemente de estarem sujeitos também a outros regimes jurídicos" (*Inf. 307/STF*). Nesse sentido:

> "EMENTA: Impugnação ao parágrafo único do art. 14 do CPC/73, na parte em que ressalva 'os advogados que se sujeitam exclusivamente aos estatutos da OAB' da imposição de *multa por obstrução à Justiça*. Discriminação em relação aos **advogados vinculados a entes estatais, que estão submetidos a regime estatutário próprio da entidade**. Violação ao **princípio da isonomia** e ao da **inviolabilidade no exercício da profissão**. Interpretação adequada, para afastar o injustificado *discrímen*. Ação direta de inconstitucionalidade julgada procedente para, sem redução de texto, dar interpretação ao parágrafo único do art. 14 do CPC/73 conforme a CF e declarar que a **ressalva contida na parte**

inicial desse artigo alcança todos os advogados, com esse título atuando em juízo, independentemente de estarem sujeitos também a outros regimes jurídicos".[46]

Esse correto entendimento estabelecido pelo STF está preservado e explicitado no **CPC/2015** (Lei n. 13.105/2015). De acordo com o art. 77, § 6.º, aos advogados públicos ou privados e aos membros da Defensoria Pública e do Ministério Público não se aplica o disposto nos §§ 2.º a 5.º, devendo eventual responsabilidade disciplinar ser apurada pelo respectivo órgão de classe ou corregedoria, ao qual o juiz oficiará.

■ 12.3.6. Pareceres e Súmula da Advocacia-Geral da União

As autoridades públicas devem atuar para aumentar a **segurança jurídica** na aplicação das normas, inclusive por meio de regulamentos, súmulas administrativas e respostas a consultas (**art. 30 da LINDB** — Decreto-Lei n. 4.657/42, introduzido pela Lei n. 13.655/2018).

O art. 39 da LC n. 73/93, por sua vez, considera **privativo** do Presidente da República o direito de submeter assuntos ao exame do Advogado-Geral da União, inclusive para seu **parecer**.

Os pareceres do Advogado-Geral da União são por ele submetidos à aprovação do Presidente da República (arts. 39 a 44 da LC n. 73/93):

- **parecer aprovado e publicado juntamente com o despacho presidencial:** "vincula a Administração Federal, cujos órgãos e entidades ficam obrigados a lhe dar fiel cumprimento";
- **parecer aprovado, mas não publicado:** "obriga apenas as repartições interessadas, a partir do momento em que dele tenham ciência";
- **pareceres emitidos pela Consultoria-Geral da União:** "consideram-se, igualmente, pareceres do Advogado-Geral da União, aqueles que, emitidos pela Consultoria-Geral da União, sejam por ele aprovados e submetidos ao Presidente da República";
- **pareceres das Consultorias Jurídicas:** "aprovados pelo Ministro de Estado, pelo Secretário-Geral e pelos titulares das demais Secretarias da Presidência da República ou pelo Chefe do Estado-Maior das Forças Armadas, obrigam, também, os respectivos órgãos autônomos e entidades vinculadas";
- **súmula da Advocacia-Geral da União:** "súmula da Advocacia-Geral da União tem caráter obrigatório quanto a todos os órgãos jurídicos enumerados nos arts. 2.º e 17 da LC n. 73/93". De acordo com o art. 43, § 2.º, da LC n. 73/93, no início de cada ano, os enunciados existentes devem ser consolidados e publicados no Diário Oficial da União.

Essas regras previstas na LC n. 73/93 foram repetidas nos arts. 20 a 23 do **Decreto n. 9.830/2019**, que regulamentou o art. 30 da LINDB.

---

[46] **ADI 2.652**, Rel. Min. Maurício Corrêa, j. 08.05.2003, Plenário, *DJ* de 14.11.2003. O tema foi revisto e **confirmado** pelo STF no julgamento das **Rcl 5.133** e **7.181** (j. 20.05.2009, Pleno).

12.3.7. Advocacia-Geral da União

12.3.7.1. Regras gerais

Antes das novas regras trazidas pela CF/88 (*vide item 12.2.1.8*), a **representação judicial da União** (administração direta) competia ao **Ministério Público Federal**, podendo, por força da EC n. 1/69, a União ser representada pelo **Ministério Público estadual** nas comarcas do interior.

Por sua vez, o **Decreto n. 93.237/86** regulava as atividades de **advocacia consultiva** da União, no Poder Executivo, tendo sido a **Consultoria-Geral da República** erigida à instância máxima das atividades de **consultoria** e **assessoramento** jurídicos da Administração Federal.

Nesses termos, o art. 3.º do referido Decreto **estabelecia** que a **Advocacia Consultiva da União** compreendia: **a)** a Consultoria-Geral da República; **b)** a Procuradoria-Geral da Fazenda Nacional, no Ministério da Fazenda; **c)** as Consultorias Jurídicas dos demais Ministérios, do Estado-Maior das Forças Armadas, da Secretaria de Planejamento da Presidência da República e da Secretaria de Administração Pública da Presidência da República; **d)** as Procuradorias-Gerais ou os departamentos jurídicos das autarquias; **e)** os órgãos jurídicos das empresas públicas, sociedades de economia mista, fundações sob supervisão ministerial e demais entidades controladas, direta ou indiretamente, pela União.

Com a promulgação da Constituição de 1988, a **Advocacia-Geral da União** (AGU), cujo **ingresso** nas classes iniciais das carreiras far-se-á mediante **concurso público de provas e títulos**, passou a ser a instituição que, **diretamente** ou por meio de **órgão vinculado**, representa a União, **judicial** e **extrajudicialmente**, cabendo-lhe, nos termos da lei complementar[47] que dispuser sobre sua organização e funcionamento, as atividades de **consultoria** e **assessoramento jurídico** do **Poder Executivo** (art. 131, *caput*).[48]

Devemos observar, conforme já tanto mencionado, que, por força do art. 29, *caput*, do ADCT, o **MPF** continuou **representando a União** até a aprovação da **LC n. 73/93** (que institui a *Lei Orgânica da Advocacia-Geral da União*), devendo os Procuradores da República optar, de forma **irretratável**, entre as carreiras do **MPF** e da **AGU** (cf. art. 29, § 2.º, do ADCT; art. 61 da LC n. 73/93 e art. 282 da LC n. 75/93).

Deve-se deixar bem claro que a **representação judicial** e **extrajudicial** é da **União**, englobando, assim, os seus diversos órgãos, em **quaisquer dos Poderes**. Por exemplo, o CNJ, órgão do Poder Judiciário (art. 92, I-A), será representado pela **AGU** nas ações originárias que tramitam no STF.[49]

---

[47] Trata-se da Lei Complementar n. 73, de 10.02.1993, que institui a **Lei Orgânica da Advocacia-Geral da União** e dá outras providências.

[48] Entendemos que essa representação da União se implementa não apenas no plano interno mas, também, no **internacional**, por exemplo, nos processos em que o Brasil é parte perante a **Corte Interamericana de Direitos Humanos**.

[49] Nesse sentido, cf. os agravos regimentais nos MS 25.962, 28.499, 28.805 e 30.736, j. 11.04.2013.

Por outro lado, as atividades de **consultoria** e **assessoramento jurídico** foram previstas **apenas** para o **Poder Executivo**. Vejamos o quadro para facilitar a memorização:

■ representação **judicial** e **extrajudicial**	■ diversos órgãos dos Poderes Executivo, Legislativo e Judiciário **(UNIÃO)**
■ **consultoria** e **assessoramento jurídico**	■ apenas do **Poder Executivo**

■ *12.3.7.2. Órgãos da Advocacia-Geral da União*

Os **Órgãos da Advocacia-Geral da União** estão previstos no art. 2.º da LC n. 73/93, e as suas características deverão ser aprofundadas pelos *ilustres leitores* que se preparam para os respectivos cargos (analisando, portanto, detidamente, a *Lei Orgânica da Advocacia-Geral da União*).

Para efeito deste estudo, limitamo-nos a destacar os referidos órgãos:

ÓRGÃOS DE DIREÇÃO SUPERIOR	■ Advogado-Geral da União ■ Procuradoria-Geral da União ■ Procuradoria-Geral da Fazenda Nacional ■ Consultoria-Geral da União ■ Conselho Superior da Advocacia-Geral da União ■ Corregedoria-Geral da Advocacia da União
ÓRGÃOS DE EXECUÇÃO	■ Procuradorias Regionais da União ■ Procuradorias Regionais da Fazenda Nacional ■ Procuradorias da União nos Estados e no Distrito Federal e as Procuradorias Seccionais destas ■ Procuradorias da Fazenda Nacional nos Estados e no Distrito Federal e as Procuradorias Seccionais destas ■ Consultoria da União ■ Consultorias Jurídicas nos Ministérios
ÓRGÃO DE ASSISTÊNCIA DIRETA E IMEDIATA AO ADVOGADO-GERAL DA UNIÃO	■ Gabinete do Advogado-Geral da União
ÓRGÃOS VINCULADOS	■ Procuradorias e Departamentos Jurídicos das autarquias e fundações públicas

■ *12.3.7.3. Advogado-Geral da União*

O **Chefe** da Advocacia-Geral da União é o **Advogado-Geral da União (AGU)**, em relação ao qual temos as seguintes regras:

- ■ **nomeação:** o AGU é de **livre nomeação** pelo **Presidente da República** (art. 84, XVI);
- ■ **exoneração:** por ser o cargo de **livre nomeação** pelo Presidente da República, trata-se de **cargo de confiança** e, portanto, também de **livre exoneração**. Assim, pode-se afirmar que o AGU é **demissível *ad nutum***;
- ■ **requisitos:** o AGU será escolhido dentre cidadãos maiores de **35 anos**, de **notável saber jurídico** e **reputação ilibada**;

- **poderá ser estranho à carreira:** por ser de **livre nomeação**, o **AGU** poderá ser **estranho** à **carreira da advocacia pública**, o que, em nosso entender, não parece ser a melhor solução;
- ***status* de Ministro de Estado:** de acordo com o art. 20, VI, da Lei n. 13.844/2019, o **AGU** é considerado **Ministro de Estado** até que seja aprovada emenda constitucional para incluí-lo no rol das alíneas "c" e "d" do inciso I do *caput* do art. 102 da Constituição Federal;[50]
- **infrações penais comuns:** o AGU, por ser considerado **Ministro de Estado** (art. 20, VI, da Lei n. 13.844/2019), será julgado pelo **STF** nas infrações penais comuns;
- **crime de responsabilidade:** o AGU será processado e julgado nos crimes de responsabilidade pelo **Senado Federal** (art. 52, II);
- **delegação de atribuições do Chefe do Executivo:** de acordo com o art. 84, parágrafo único, da CF/88, o Presidente da República poderá delegar as atribuições mencionadas nos incisos VI, XII e XXV, primeira parte (do referido art. 84), além dos Ministros de Estado e do Procurador-Geral da República, para o **Advogado-Geral da União**, devendo ser observados os limites traçados nas respectivas delegações;
- **direito de "manifestação" no controle concentrado de constitucionalidade:** em razão da importância do assunto, desenvolvemos a discussão no *item 12.3.7.4* abaixo, chegando à conclusão de que o AGU não tem necessariamente de defender a lei quando o STF apreciar a inconstitucionalidade, em tese, de norma legal ou ato normativo. O dever que o texto lhe impõe é de **manifestação**, mitigando-se, assim, a sua função de "defensor *legis*", que passa a ser repensada à luz de um conceito mais amplo, de "*custos constitutionis*";
- **supervisão do Presidente da República:** o art. 3.º, § 1.º, da LC n. 73/93 estabelece que o Advogado-Geral da União é o mais elevado órgão de assessoramento jurídico do Poder Executivo, submetido à **direta**, **pessoal** e **imediata** supervisão do Presidente da República.

12.3.7.4. O caso particular do "direito de manifestação" do AGU no controle concentrado de constitucionalidade (art. 103, § 3.º)

De acordo com o art. 103, § 3.º, da CF/88, quando o STF apreciar a inconstitucionalidade, em tese, de norma legal ou ato normativo, citará, previamente, o Advogado-Geral da União, que **defenderá** o ato ou texto impugnado.

A grande questão que se coloca é se, de fato, o AGU tem o dever de "defender" o texto impugnado, ou se há alguma flexibilidade na literalidade da norma.

Como já indicamos no capítulo sobre "controle" (*item 6.7.1.15*), a jurisprudência do STF sofreu importante evolução:

---

50 Nesse sentido, também se posicionou o STF no julgamento do **Inq. 1.660-QO**, Rel. Min. Sepúlveda Pertence, j. 06.09.2000, Plenário, *DJ* de 06.06.2003.

■ **ADI 72** — *j. 22.03.90*: enfrentado o tema, o STF posicionou-se, em um primeiro momento, como sendo obrigatória a defesa da lei por parte do AGU:[51]

> "EMENTA: Ação Direta de Inconstitucionalidade. Advogado-Geral da União: **Indeclinabilidade** da defesa da lei ou ato normativo impugnado (cf. art. 103, par. 3.). Erigido **curador da presunção da constitucionalidade da lei**, ao Advogado-Geral da União, ou quem lhe faça as vezes, **não cabe admitir a invalidez da norma impugnada**, incumbindo-lhe sim, para satisfazer requisitos de validade do processo da ação direta, **promover-lhe a defesa**, veiculando os argumentos disponíveis".

■ **ADI 1.616** — *j. 24.05.2001*: a jurisprudência do STF começa a evoluir, permitindo que o AGU deixe de defender o texto impugnado se já houver manifestação (precedente) do STF:[52]

> "EMENTA: (...) 4. O *munus* a que se refere o imperativo constitucional (CF, artigo 103, § 3.º) deve ser entendido com temperamentos. O Advogado-Geral da União **não está obrigado a defender tese jurídica se sobre ela esta Corte já fixou entendimento pela sua inconstitucionalidade** (...)".

■ **ADI 3.916-QO** — *j. 07.10.2009*: a matéria veio a ser rediscutida e em **maior profundidade**. O Tribunal, por maioria, **rejeitou** a questão de ordem no sentido de suspender o julgamento para determinar ao Advogado-Geral da União que necessariamente apresentasse defesa da lei impugnada, nos termos do art. 103, § 3.º, da CF/88, vencidos os Ministros Marco Aurélio (suscitante) e Joaquim Barbosa. Com base na **interpretação sistemática**, o STF entendeu que o AGU tem o **direito de manifestação**, não necessariamente a favor da lei, mas na **defesa da Constituição** e, assim, dos **interesses da União** (art. 131). Ademais, uma questão prática pesou para esse entendimento, qual seja, a **inexistência de sanção** prevista na Constituição em caso de não ser defendida a lei, inclusive de caráter processual, já que, mesmo que o AGU não se manifeste a favor da lei, essa sua atitude não acarretaria a nulidade processual ou o impedimento de julgamento da matéria.

Coletando passagens do julgamento, de fato, o AGU tem a atribuição de exercer o papel de **contraditor do processo objetivo**, mas, como visto, não se lhe pode causar um **constrangimento** se a sua convicção jurídica for outra.

---

51 No mesmo sentido, cf. **ADI 242**, Rel. Min. Paulo Brossard, j. 20.10.1994, Plenário; **ADI 3.522**, Rel. Min. Marco Aurélio, j. 20.10.1994, Plenário; **ADI 1.254-AgR**, Rel. Min. Celso de Mello, j. 14.08.1996, Plenário; **ADI 1.434-MC**, Rel. Min. Celso de Mello, j. 29.08.1996, Plenário (sustentando, inclusive, que essa atuação processual plenamente vinculada, no sentido de assumir, "na condição de garante e curador da presunção de constitucionalidade, a defesa **irrestrita** da validade jurídica da norma impugnada", seria, inclusive, um mecanismo de se assegurar o postulado do contraditório, no processo de controle abstrato de constitucionalidade).

52 No mesmo sentido: **ADI 2.101**, Rel. Min. Maurício Corrêa, j. 18.04.2001, Plenário; **ADI 3.121**, Rel. Min. Joaquim Barbosa, j. 17.03.2011, Plenário; **ADI 4.270**, Rel. Min. Joaquim Barbosa, j. 14.03.2012, Plenário.

Para o Min. Ayres Britto, "... a Advocacia-Geral da União defenderá o ato ou o texto impugnado quando possível, quando viável".

A tese a favor da **liberdade de atuação** fica muito mais evidente quando se tratar de *vício formal de inconstitucionalidade*, pois, nesse caso, não poderia o AGU funcionar como advogado de lei inconstitucional, já que, em essência, deve-se pautar pela **defesa da Constituição**.

Segundo a Min. Cármen Lúcia, a expressão "defenderá" prevista no art. 103, § 3.º, deve ser interpretada como a **manifestação** na qual se apresentará a *argumentação que lhe parecer mais adequada*.

Nesse sentido, o art. 8.º da Lei n. 9.868/99 dispõe que, decorrido o prazo das informações, serão ouvidos, sucessivamente, o Advogado-Geral da União e o Procurador-Geral da República, que deverão **manifestar-se**, cada qual, no prazo de 15 dias, não se referindo, a lei, ao conteúdo dessa manifestação. Trata-se, frisamos, do *direito de manifestação*.

Ainda, para o Min. Ayres Britto, "... não se pode constranger o Advogado-Geral da União a ponto de, para defender o ato atacado, **agredir a própria Constituição**; ou seja, ele sairá em defesa da lei menor e em combate da Lei Maior, porque há situações em que a inconstitucionalidade é patente, é evidente".

Assim, dada a gravidade que é a retirada de uma lei do ordenamento por ato jurisdicional contra ato legislativo, cujos "atores" foram diretamente escolhidos pelo povo, de fato, o **contraditor** é o **Advogado-Geral da União**.

Conforme visto, porém, se já houver pronunciamento do STF, ou se a defesa da lei acabar violando a Constituição, parece razoável a interpretação do STF de que tem o AGU o **direito de manifestação**, não precisando passar pelo constrangimento de defender o ato normativo contrário à Constituição.

ADI 3.413 — *j. 1.º.06.2011*: nesse outro julgamento, posterior, portanto, à questão de ordem na ADI 3.916 (que avançou ao consagrar o denominado "direito de manifestação" do AGU), a ementa do acórdão foi explícita ao estabelecer o dever de defender o texto impugnado, mesmo tendo sido a justificativa do AGU com base em precedentes da Corte, na linha da ADI 1.616. Conforme se observa, o Relator foi o Min. Marco Aurélio, vencido na citada ADI 3.916, em que se firmou o posicionamento mais aberto:[53]

> "Consoante dispõe a norma imperativa do § 3.º do art. 103 da CF, **incumbe** ao Advogado-Geral da União **a defesa do ato ou texto impugnado na ação direta de inconstitucionalidade**, não lhe cabendo emissão de simples parecer, a ponto de vir a concluir pela pecha de inconstitucionalidade".

Diante do exposto, entendemos que o STF deveria enfrentar o tema na composição atual, para se ter um posicionamento mais firme. Para esquematizar melhor a matéria, transcrevemos as 3 situações apontadas em entrevista concedida pelo Advogado-Geral da União, Luís Inácio Lucena Adams, nas quais, segundo a sua opinião

[53] No mesmo sentido: **ADIs 2.376**, **2.906** e **3.674**, Rel. Min. Marco Aurélio, j. 1.º.06.2011, Plenário.

(institucional), haveria o afastamento da regra rígida de se defender o texto impugnado — art. 103, § 3.º, CF/88 (lembrando que o Min. Marco Aurélio é categórico em não aceitar qualquer ressalva):

- **existência de posicionamento anterior do Supremo sobre o tema:** "é comum acontecer nos casos de guerra fiscal. O Supremo tem reiteradamente decidido que leis que concedem benefícios fiscais nos estados têm que ter a aprovação do Confaz — Conselho Nacional de Política Fazendária. Se não tiver, é inconstitucional. Isso autoriza o Advogado-Geral a não defender a lei. Nesse caso, o próprio Estado se faz presente como *amicus curiae*";
- **sobreposição de competência normativa:** "quando um Estado aprova uma lei sobre assunto em que a competência concorrente é da União. Se o Estado avançar sobre a competência da União, temos de fazer a opção. Há ocasiões em que não há como defender as duas normas";
- **interpretação da lei conforme a Constituição sem redução de texto:** "ou seja, quando há mais de uma forma de se interpretar uma lei. Aí a AGU faz a opção quanto ao lado em que vai atuar, porque a lei não vai ser eliminada do mundo jurídico".[54]

12.3.7.5. *Procuradoria-Geral da Fazenda Nacional*

A Constituição estabeleceu que, na **execução da dívida ativa de natureza tributária**, a **representação da União** caberá à **Procuradoria-Geral da Fazenda Nacional (PGFN)**.

Dessa forma, com o novo ordenamento, a PGFN deixou de ter vinculação exclusiva com o Ministério da Fazenda, passando a ser **órgão de direção superior** da nascente **Advocacia-Geral da União**, e se subordinando **direta, técnica** e **juridicamente** ao **Advogado-Geral da União** (art. 2.º, I, "b", e § 1.º, da LC n. 73/93).

À *Procuradoria-Geral da Fazenda Nacional* **compete** especialmente (arts. 12 e 13 da LC n. 73/93):[55]

- apurar a liquidez e certeza da dívida ativa da União de natureza tributária, inscrevendo-a para fins de cobrança, **amigável** ou **judicial**;
- representar privativamente a União, na **execução de sua dívida ativa de caráter tributário**;

---

54 Entrevista concedida pelo AGU Luís Inácio Lucena Adams (28.07.2013): <http://www.conjur.com.br/2013-jul-28/entrevista-luis-inacio-lucena-adams-advogado-geral-uniao>, acesso em 30.01.2014.

55 Para aprofundamento da matéria, até o *fechamento desta edição*, vigoravam as regras sobre competência da PGFN contidas, também, nos seguintes dispositivos: **a)** Decreto-lei n. 147/67; **b)** art. 9.º do Anexo I do Decreto n. 7.482/2011, que aprova a estrutura regimental e o quadro demonstrativo dos cargos em comissão e das funções gratificadas do Ministério da Fazenda e reproduz o texto do art. 1.º do anexo do *Regimento Interno da Procuradoria-Geral da Fazenda Nacional*, aprovado pela Portaria MF n. 36/2014.

- examinar previamente a legalidade dos contratos, acordos, ajustes e convênios que interessem ao **Ministério da Fazenda**, inclusive os referentes à dívida pública externa, e promover a respectiva rescisão por via administrativa ou judicial;
- representar a União nas causas de **natureza fiscal**;
- desempenhar as atividades de **consultoria** e **assessoramento jurídicos** no âmbito do **Ministério da Fazenda** e seus órgãos autônomos e entes tutelados.

12.3.7.6. *Procuradoria-Geral Federal*

Em relação à representação judicial e extrajudicial das **autarquias**[56] e **fundações públicas federais**, foi instituída a **Procuradoria-Geral Federal**, que está **vinculada** à **Advocacia-Geral da União** (art. 9.º, *caput*, da Lei n. 10.480/2002 e arts. 2.º, § 3.º, e 17 da LC n. 73/93).

Com **autonomia administrativa** e **financeira**, aos órgãos jurídicos das autarquias e das fundações públicas compete:

- exercer a sua representação judicial e extrajudicial;
- prestar as respectivas atividades de consultoria e assessoramento jurídicos;
- promover a apuração da liquidez e certeza dos créditos, de qualquer natureza, inerentes às suas atividades, inscrevendo-os em dívida ativa, para fins de cobrança amigável ou judicial.

12.3.7.7. *Procuradoria-Geral do Banco Central*

No caso particular do *Banco Central do Brasil*, muito embora seja a instituição uma autarquia, houve regramento **específico** e previsão de **carreira própria** a ser organizada também por **ato normativo**.

Trata-se da **Procuradoria-Geral do Banco Central**, que faz parte da estrutura administrativa do *Banco Central do Brasil* e está em igual sentido **vinculada** à **Advocacia-Geral da União** (arts. 2.º, § 3.º, e 17 da LC n. 73/93). É responsável, com **exclusividade**, por sua assessoria jurídica e representação judicial e extrajudicial, nos termos do art. 4.º da Lei n. 9.650/98 (cf. arts. 164 e 192 da CF/88).

12.3.7.8. *A prerrogativa da intimação pessoal dos advogados públicos e a regra no CPC/2015*

As legislações específicas, de modo geral, estabelecem a prerrogativa da **intimação pessoal** dos advogados públicos:

- **art. 38 da LC n. 73/93:** "as intimações e notificações são feitas nas pessoas do **Advogado da União** ou do **Procurador da Fazenda Nacional** que oficie nos respectivos autos";

---

[56] Destacamos a **S. 644/STF**: "Ao titular do cargo de Procurador de autarquia não se exige a apresentação de instrumento de mandato para representá-la em juízo".

- **art. 17 da Lei n. 10.910/2004:** "nos processos em que atuem em razão das atribuições de seus cargos, os ocupantes dos cargos das carreiras de **Procurador Federal** e de **Procurador do Banco Central do Brasil** serão intimados e notificados pessoalmente";
- **art. 25 da Lei n. 6.830/80:** "Na execução fiscal, qualquer intimação ao **representante judicial da Fazenda Pública** será feita pessoalmente".

O **CPC/2015** incorporou a regra das legislações específicas, deixando claro a prerrogativa da intimação pessoal em seu art. 183, *caput* e § 1.º: "a União, os Estados, o Distrito Federal, os Municípios e suas respectivas autarquias e fundações de direito público gozarão de prazo em dobro para todas as suas manifestações processuais, cuja contagem terá início a partir da **intimação pessoal**", que será feita "por carga, remessa ou meio eletrônico".

Essa norma deixa claro que a prerrogativa da intimação pessoal deverá ser observada **em todos os graus de jurisdição**, inclusive nos tribunais superiores.

Esse entendimento está explícito no art. 38, I, da **Lei n. 13.327/2016**: "são prerrogativas dos ocupantes dos cargos de que trata este Capítulo, sem prejuízo daquelas previstas em outras normas, receber intimação pessoalmente, mediante carga ou remessa dos autos, em qualquer processo e grau de jurisdição, nos feitos em que tiver que oficiar, admitido o encaminhamento eletrônico na forma de lei".

■ *12.3.7.9. A obrigatoriedade de intimação pessoal dos ocupantes de cargo de Procurador Federal, prevista no art. 17 da Lei n. 10.910/2004, aplica-se ao rito dos Juizados Especiais Federais?*

NÃO.

De fato, o art. 17 da Lei n. 10.910/2004 estabelece que, nos processos em que atuem em razão das atribuições de seus cargos, os **ocupantes dos cargos das carreiras de Procurador Federal e de Procurador do Banco Central do Brasil** serão **intimados e notificados pessoalmente**.

Apesar dessa regra geral explícita, em situação concreta, o STF **afastou** a sua aplicação ao rito dos Juizados Especiais, sob pena de se violar a oralidade e a agilidade na solução dos conflitos (princípio da especialidade).

A decisão foi tomada, por maioria, no julgamento do **ARE 648.629** (j. 24.04.2013), no qual o INSS atacava decisão de Turma Recursal dos Juizados Especiais Federais do Estado do Rio de Janeiro que considerou intempestiva a interposição de recurso específico.

A maioria dos Ministros reconheceu, portanto, a total validade do *Enunciado n. 39 das Turmas Recursais*, que traz a seguinte interpretação: "a obrigatoriedade de intimação pessoal dos ocupantes de cargo de Procurador Federal, prevista no art. 17 da Lei 10.910/2004, **não é aplicável ao rito dos Juizados Especiais Federais**".

Na prática, contudo, devemos reconhecer que toda essa discussão está perdendo o seu sentido em razão do processo eletrônico.

■ 12.3.7.10. *Advogados públicos no âmbito da Administração Federal gozam de 30 ou de 60 dias de férias?*

30 dias.

Antes da promulgação da CF/88, o art. 1.º da Lei n. 2.123/53 (*procuradores das autarquias federais*) e o art. 17, parágrafo único, da Lei n. 4.069/62 — apesar de vetado, mantido em razão da derrubada pelo parlamento (*demais membros do Serviço* ***Jurídico*** *da União*), prescreviam as mesmas atribuições, impedimentos e prerrogativas (a primeira lei) e os mesmos vencimentos, gratificações e vantagens (a segunda lei) dos membros do MPU (a primeira), dos Procuradores da República (a segunda).

Assim, não havia dúvida, como os membros do MPU gozavam, e ainda gozam, de 60 dias de férias anuais, que os referidos advogados públicos também fizessem jus ao mesmo direito.

O art. 18 da Lei n. 9.527/97, contudo, de modo explícito, **revogou** os mencionados dispositivos normativos, sendo que o seu art. 5.º, *caput*, estabeleceu: "aos servidores ocupantes de cargo efetivo de advogado, assistente jurídico, procurador e demais integrantes do Grupo Jurídico, da Administração Pública Federal direta, autárquica, fundacional, empresas públicas e sociedades de economia mista serão concedidos **30 dias de férias anuais**, a partir do **período aquisitivo de 1997**".

A tese que se sustentava era que as leis anteriores à Constituição teriam sido recepcionadas com o *status* de lei complementar e, assim, a mencionada lei ordinária não poderia ter revogado o direito às férias de 60 dias.

Esse tema foi enfrentado em dois momentos pelo STF, inicialmente pela 2.ª Turma e depois pelo Plenário (recurso extraordinário com repercussão geral):

- **RE 539.370** (Rel. Min. Gilmar Mendes, j. 30.11.2010, **2.ª T.**, *DJE* de 04.03.2011): a Corte, analisando a carreira da *Procuradoria da Fazenda Nacional*, entendeu que a **lei ordinária poderia ter revogado** referidos atos normativos anteriores à nova Constituição, na medida em que a exigência de lei complementar, prevista no art. 131, CF/88, foi direcionada apenas para *organização* e *funcionamento* da AGU, não alcançando os direitos e garantias dos advogados públicos a serem tratados como **regime jurídico dos servidores** que, no caso, são veiculados por lei ordinária, já que não exigida a lei complementar nos termos do art. 61, § 1.º, II, "c". No mais, não há direito adquirido a regime jurídico, conforme tanto já manifestou a Corte — para se ter um exemplo, cf. RE 345.458;
- **RE 602.381** (Rel. Min. Cármen Lúcia, j. 20.11.2014, Plenário, *DJE* de 04.02.2015): nesse outro precedente, agora analisado pelo **Pleno** do STF, a decisão se deu em relação à carreira dos *Procuradores Federais*. Em igual sentido, entendeu o STF que a lei ordinária teria validamente revogado os atos normativos editados antes do advento da nova Constituição, que os recepcionou com o *status* de lei ordinária, declarando, assim, o direito às férias de **30 dias**.

O STF, no julgamento do **RE 594.481**, fixou a seguinte tese: "os Procuradores da Fazenda Nacional **não** possuem direito a férias de 60 (sessenta) dias, nos termos da legislação constitucional e infraconstitucional vigentes" (j. 20.04.2020).

Em relação à carreira dos *Advogados da União*, muito embora o tema ainda não tenha sido enfrentado de modo específico pelo STF (pendente), também entendemos que deva ser reconhecido o direito de 30 dias, e não o de 60, a partir do advento do art. 5.º da Lei n. 9.527/97 que revogou o art. 1.º da Lei n. 2.123/53 e o art. 17, parágrafo único, da Lei n. 4.069/62, não recepcionados com natureza de lei complementar.

Lembramos que o art. 26 da LC n. 73/93 — *Lei Orgânica da Advocacia-Geral da União* (que não se aplicou de imediato em razão da regra específica prevista nos dois diplomas produzidos antes de 1988), a partir da revogação expressa pela Lei n. 9.527/97, passou a dispor inteiramente sobre a matéria, sendo que, no caso, remete para a **Lei n. 8.112/90**, cujo art. 77 estabelece o prazo de **30 dias** de férias anuais, devendo ser pago ao servidor, conforme art. 76 da lei, por ocasião das férias e independentemente de solicitação, um adicional correspondente a 1/3 da remuneração do período das férias (a lei, no fundo, reflete o direito assegurado nos arts. 39, §§ 3.º e 7.º, XVII, CF/88).

O mesmo entendimento deve ser feito para os *Procuradores do Banco Central*, especialmente por não ter a Lei n. 9.650/98 estabelecido regra distinta, aplicando, assim, a **regra geral para os servidores estatutários federais**, no caso, o citado art. 77 da Lei n. 8.112/90.

Apenas a título de informação, lembramos que **membros do Ministério Público** e **magistrados**, apesar da polêmica e discussão sobre a matéria, **ainda gozam de férias anuais de 60 dias** (art. 51, da Lei n. 8.625/93 — *LONMP*; art. 220, da LC n. 75/93 e art. 66 da LC n. 35/79 — *LOMAN*).

Não nos parece possam os referidos atos normativos ser declarados inconstitucionais sob o fundamento da isonomia em relação às carreiras da advocacia pública. Trata-se, em verdade, de política legislativa e que **depende de lei** para modificar o atual regime. A eventual insatisfação ao direito hoje assegurado aos membros do Ministério Público e aos magistrados deve ser discutida no **plano político**, e não judicial, dependente, necessariamente, insistimos, de **lei específica**.

Da mesma forma, o pedido de aumento de 30 para 60 dias pelos advogados públicos não pode ser deferido pelo Poder Judiciário, **nem mesmo à luz do princípio da isonomia**, pois, no caso, não cabe ao Poder Judiciário legislar sobre o assunto, sob pena de violar o princípio da separação de poderes (art. 37, X e XIII, da CF/88).

Aliás, entendemos que a tese jurídica materializada na S. 339 (editada em 13.12.1963), convertida na **SV 37**, pode ser aqui aplicada em relação à equiparação de direitos entre carreiras distintas: "não cabe ao Poder Judiciário, **que não tem função legislativa**, aumentar vencimentos de servidores públicos sob o fundamento de isonomia" (conversão em 16.10.2014).[57]

---

57 Nesse sentido, a 2.ª T. do STF já se manifestou no julgamento do **RE 345.458**, Rel. Min. Ellen Gracie, j. 1.º.02.2005, 2.ª T, *DJE* de 11.03.2005.

12.3.8. Procuradoria-Geral dos Estados e do Distrito Federal

12.3.8.1. Estrutura unitária (unicidade da representação judicial e da consultoria jurídica dos Estados e do Distrito Federal)

A **representação judicial** e a **consultoria jurídica** das respectivas unidades federadas serão exercidas pelos **Procuradores dos Estados** e do **Distrito Federal**, organizados em **carreira**, cujo ingresso dependerá de **concurso público de provas e títulos**, com a **participação da Ordem dos Advogados do Brasil** em todas as suas fases (art. 132).

Dessa forma, a organização da Procuradoria deverá implementar-se dentro de uma **estrutura unitária**, cabendo, com **exclusividade**, aos Procuradores, formalmente constituídos e por concurso público, as atividades de **representação judicial** (salvo eventual impedimento de todos os procuradores) e **consultoria jurídica** (salvo a possibilidade de **eventual** contratação de **pareceres jurídicos** em caso específico e em razão de **notoriedade** de jurista na matéria).

A **única** exceção a essa regra no tocante à administração direta está contida no art. 69 do ADCT, que **permite** aos Estados manter **consultorias jurídicas separadas** de suas Procuradorias-Gerais ou Advocacias-Gerais, **desde que, na data da promulgação da Constituição, tenham órgãos distintos para as respectivas funções**.

A regra, contudo, é a exclusividade da representação e consultoria pelos Procuradores do Estado ou do DF.

Ao tratar do assunto, com precisão, o Min. Ayres Britto, partindo da análise dos arts. 131 e 132 da CF/88, observa que "a simples comparação entre os mencionados dispositivos revela que, no âmbito do **Poder Executivo**, as atividades de **consultoria** e **assessoramento jurídico** são **exclusivamente confiadas pela Constituição Federal aos Procuradores de Estado**, com organização em **carreira** e **ingresso por concurso de provas e títulos**, exigida ainda a participação da Ordem dos Advogados do Brasil em todas as suas fases. Isso como condição de **qualificação técnica** e **independência funcional**. Independência e qualificação que hão de presidir a atuação de quem desenvolve as atividades de orientação e representação jurídica, tão necessárias ao regular funcionamento do Poder Executivo. Tudo sob critérios de **absoluta tecnicalidade**, portanto, até porque tais atividades são constitucionalmente categorizadas como 'funções essenciais à Justiça' (Capítulo IV do Título IV da CF). Essa **exclusividade** dos Procuradores de Estado para a **atividade de consultoria** e **representação jurídica**, entendidas aqui como assessoramento e procuratório judicial, é **incompatível com a natureza dos cargos em comissão**, que se definem como da estrita confiança da autoridade nomeante, matéria já devidamente examinada pelo Supremo Tribunal Federal nas ADIs 1.557, da relatoria da ministra Ellen Gracie; 881-MC, da relatoria do ministro Celso de Mello; e 1.679, da relatoria do ministro Gilmar Mendes".[58]

[58] **ADI 4.261**, Rel. Min. Ayres Britto, j. 02.08.2010, Plenário, *DJE* de 20.08.2010. Nesse sentido, cf. **ADI 145**, j. 20.06.2018. Reafirmando a jurisprudência, cf. ADIs 4.449, 5.215 e 5.262, j. 27 e 28.03.2019.

Avançando e até destoando do entendimento estabelecido pelo STF, a nosso ver nada impediria que o Estado, simetricamente à regra contida no art. 131, fizesse a previsão, por lei, de **procuradores autárquicos** e de **fundações públicas** em âmbito estadual ou no DF, para a representação judicial e extrajudicial das **autarquias** e **fundações públicas estaduais**, podendo ser considerados **vinculados** à Procuradoria do Estado, claro, sempre por concurso público. Sustentamos a criação da carreira de **advogados públicos** da **administração indireta estadual**, e isso decorreria de **opção política**, devendo estar vinculados à Procuradoria-Geral do Estado ou do DF. Esse tema foi decidido pelo STF no **RE 558.258**, e nesse sentido posicionou-se a 1.ª Turma, acompanhando o voto do Min. Lewandowski (j. 09.11.2010, *DJE* de 18.03.2011).

CUIDADO: o STF, contudo, vem adotando um posicionamento mais restritivo. No precedente anterior (ADI 4.261), o Pleno, nos termos do voto do Relator, havia percebido uma distinção entre a redação dada ao art. 131 e ao art. 132, não havendo, neste, a indicação de órgãos vinculados.

Essa orientação foi explicitada pela Corte no julgamento da **ADI 145** (20.06.2018): "a Constituição Federal estabeleceu um modelo de exercício exclusivo, pelos Procuradores do Estado e do Distrito Federal, de toda a atividade jurídica das unidades federadas estaduais e distrital — **o que inclui as autarquias e as fundações** —, seja ela consultiva ou contenciosa. A previsão constitucional, também conhecida como princípio da unicidade da representação judicial e da consultoria jurídica dos estados e do Distrito Federal, estabelece competência funcional exclusiva da procuradoria-geral do estado. A exceção prevista no art. 69 do ADCT deixou evidente que, após a Constituição de 1988, não é mais possível a criação de órgãos jurídicos distintos da Procuradoria-Geral do Estado, sendo admitida apenas a manutenção daquelas consultorias jurídicas já existentes quando da promulgação da Carta".

■ 12.3.8.2. *Nomeação e destituição do Procurador-Geral pelo Governador*

O **Procurador-Geral do Estado** é o chefe da carreira, não havendo, no entanto, previsão constitucional sobre o processo de sua **nomeação** e **destituição**.

O texto também não traz regras sobre o processo de nomeação e destituição do **Procurador-Geral do Distrito Federal**.

Daí o entendimento do STF de que ficou ao encargo do legislador local fixar os procedimentos nas Constituições Estaduais e na Lei Orgânica do DF, especialmente em razão da **autonomia federativa** e diante da capacidade de auto-organização (cf. **ADI 4.898**, j. 04.10.2019, *DJE* de 21.10.2019).

Em razão da **simetria**, porém, determinou a Corte que as Constituições locais **não podem subtrair do Governador a prerrogativa de nomear** e **exonerar, livremente, o Procurador-Geral do Estado**. Trata-se, portanto, de **cargo de confiança**, ou seja, de **cargo em comissão**, podendo, pois, o Procurador-Geral ser **demitido *ad nutum***.

Apesar de haver entendimento anterior por parte da Suprema Corte no sentido de que a Constituição estadual poderia estabelecer que a escolha pelo Governador se desse *dentre membros da carreira* (não sendo essência do cargo em comissão a inexistência de qualquer limite — cf. **ADI 2.581**, j. 16.08.2007 — e veja que, nesse caso, a regra foi introduzida pelo poder constituinte derivado decorrente inicial — responsável pela elaboração da primeira Constituição do Estado e não a sua alteração por emenda), o entendimento **modificado** e **atual** do STF é o de que **não pode haver como limitação o requisito de o advogado ser integrante da carreira da Procuradoria** para ser nomeado Procurador-Geral previsto na Constituição Estadual por emenda parlamentar, pois "a jurisprudência do STF considera de observância obrigatória pelos Estados-Membros a disciplina constante do art. 61, § 1.º, II, 'c', da Constituição Federal, que determina serem de iniciativa privativa do Presidente da República as leis que disponham sobre servidores públicos da União e Territórios, seu regime jurídico, provimento de cargos, estabilidade e aposentadoria, regra que também se aplica ao processo de reforma das constituições estaduais" (**ADI 5.211**, j. 18.10.2019).

Isso porque, tem decidido a Corte, para esses temas previstos no art. 61, § 1.º, II, que **nem mesmo a emenda à Constituição Estadual poderia servir como mecanismo para "driblar" a previsão de iniciativa reservada ao Governador de Estado** (ADI 3.930).

Apesar desse entendimento, conforme já expusermos em relação ao AGU, pensamos que a melhor regra seria aquela segundo a qual a escolha do Procurador-Geral do Estado deveria ser dentre membros da carreira.

Contudo, conforme explicamos, de acordo com o entendimento estabelecido na ADI 5.211 (que distinguiu a situação de primeira constituição estadual e emenda seguinte, vencido nesse ponto o Min. Celso de Mello, que aplicava a conclusão firmada na ADI 4.898, tendo sido o julgamento realizado em **sessão virtual**, com críticas trazidas pelo Min. Marco Aurélio), deve-se seguir simetricamente o procedimento para a escolha do AGU, regrado no art. 131, § 1.º, qual seja, trata-se de **cargo de livre nomeação e exoneração pelo Chefe do Executivo**.

E não poderia, também, a Constituição Estadual, ou a Lei Orgânica do DF, prescrever que a destituição dependesse de prévia autorização do Legislativo local:

> "EMENTA: (...) A Constituição do Estado do Mato Grosso, ao condicionar a destituição do Procurador-Geral do Estado à autorização da Assembleia Legislativa, ofende o disposto no art. 84, XXV, e art. 131, § 1.º da CF/1988. Compete ao chefe do Executivo dispor sobre as matérias exclusivas de sua iniciativa, não podendo tal prerrogativa ser estendida ao Procurador-Geral do Estado (...). O cargo de Procurador-Geral do Estado é de livre nomeação e exoneração pelo Governador do Estado, que pode escolher o Procurador-Geral entre membros da carreira ou não. Precedentes" (**ADI 291**, Rel. Min. Joaquim Barbosa, j. 07.04.2010, Plenário, *DJE* de 10.09.2010).

■ *12.3.8.3. Garantias e impedimentos dos Procuradores do Estado e do DF*

Conforme visto, a Constituição foi bastante tímida ao tecer as regras sobre os Procuradores dos Estados e do DF. Podemos esquematizar como segue:

- **estabilidade:** aos Procuradores do Estado e do Distrito Federal, nos termos do art. 132, parágrafo único (*acrescentado pela EC n. 19/98*) é assegurada **estabilidade** (*e não vitaliciedade*) após **3 anos** (*e não 2 anos*) de efetivo exercício, mediante avaliação de desempenho perante os órgãos próprios, após relatório circunstanciado das corregedorias. Lembrar que, antes da aludida alteração, a estabilidade dos Procuradores era atingida após **2 anos** de efetivo exercício. De maneira correta, o art. 28 da *EC n. 19/98* assegurou e manteve o prazo de 2 anos aos servidores que se encontravam em estágio probatório quando da promulgação da EC n. 19, sem prejuízo da avaliação especial de desempenho por comissão instituída para tal finalidade (art. 41, § 4.º);

- **remuneração:** a Constituição assegura aos Procuradores de Estado e do DF a remuneração exclusivamente por **subsídio**, bem como a sua **irredutibilidade** (art. 135, c/c o art. 39, § 4.º, da CF/88). Nos termos do art. 37, XV, o subsídio e os vencimentos dos ocupantes de cargos e empregos públicos são **irredutíveis**, ressalvado o disposto nos incisos XI (qual seja, **subteto**, limitado a 90,25% do subsídio mensal de Ministro do STF) e XIV (do art. 37) e nos arts. 39, § 4.º, 150, II, 153, III, e 153, § 2.º, I;
- **inamovibilidade?:** conforme decidiu o STF, "a garantia da inamovibilidade é conferida pela Constituição Federal *apenas* aos *Magistrados*, aos *membros do Ministério Público* e aos *membros da Defensoria Pública*, **não podendo ser estendida aos Procuradores do Estado**" (**ADI 291**, Rel. Min. Joaquim Barbosa, j. 07.04.2010, Plenário, *DJE* de 10.09.2010);
- **prerrogativa de foro:** em um primeiro momento, a jurisprudência do STF se consolidou no sentido de se admitir que as Constituições estaduais pudessem, de modo claro, direto e específico, sem a possibilidade de delegação para o legislador infraconstitucional, estabelecer regras sobre a prerrogativa de foro, tendo por fundamento o art. 125, § 1.º, CF/88 (cf.: ADI 3.140, j. 10.05.2007, Plenário; HC 103.803, Rel. Min. Teori Zavascki, j. 1.º.07.2014, Plenário). Nesse sentido, **desde que houvesse expressa previsão na Constituição estadual**, o STF reconhecia a prerrogativa de foro para os Procuradores de Estado e do DF. **CUIDADO:** esse entendimento, contudo, foi alterado no julgamento da **ADI 2.553**, em 15.05.2019. Por 7 X 2, o STF passou a entender que o art. 125, § 1.º, CF/88, não pode ser um "cheque em branco" para o constituinte estadual. Como a Constituição Federal estabelece regras sobre a prerrogativa de foro em todos os níveis da federação (federal, estadual, distrital e municipal), os Estados não podem disciplinar a matéria em sua Constituição estadual. Assim, concluiu a Corte que Procuradores de Estado, Procuradores da Assembleia Legislativa, Defensores Públicos e Delegados de Polícia **não** têm prerrogativa de foro no Tribunal de Justiça local;
- **independência funcional?:** o STF **não** a aceitou no julgamento da **ADI 470** (j. 1.º.07.2002), entendendo ser inerente a outras categorias, como o Ministério Público. A decisão é anterior à nova composição e **poderia ser repensada** em uma tentativa de flexibilização. Em julgamento mais recente, na **ADI 4.261**, j. 02.08.2010, no voto do Min. Ayres Britto (*vide* passagem no *item 12.3.8.1*, acima), Relator, sustentou a ideia de independência funcional **(tema pendente de explicitação)**;

- **intimação pessoal:** de acordo com o art. 183, *caput* e § 1.º, CPC/2015, "a União, os Estados, o Distrito Federal, os Municípios e suas respectivas autarquias e fundações de direito público gozarão de prazo em dobro para todas as suas manifestações processuais, cuja contagem terá início a partir da **intimação pessoal**", que será feita "por carga, remessa ou meio eletrônico";
- **exercício da advocacia fora das atribuições institucionais:** como não há previsão constitucional, a definição ficou ao encargo das Constituições Estaduais e da Lei Orgânica do DF. Não havendo proibição, poderão advogar. Assim, a análise deverá ser feita de acordo com cada regra estadual (dependendo da prova que forem enfrentar) e, no caso do DF, no *fechamento desta edição*, não havia proibição aos seus Procuradores, que, por consequência, podiam advogar, mas, é claro, desde que não contrariassem os interesses do DF.

12.3.9. Procuradoria-Geral dos Municípios

Já mencionamos que não houve previsão explícita de *Procuradorias Municipais*, podendo, naturalmente e **desde que observadas as regras constitucionais**, a matéria ser tratada nas Constituições Estaduais, Leis Orgânicas e legislação própria.

André Ramos Tavares ensina que a *procuradoria municipal* "... não foi contemplada pela Constituição como instituição obrigatória (até rendendo-se à realidade de municípios que não teriam como arcar com um quadro de advogados públicos permanentes)".[59]

Não há previsão constitucional proibindo ou permitindo os *Procuradores dos municípios* de advogar fora das atribuições institucionais. Assim, essa definição ficará ao encargo das Constituições Estaduais e das leis orgânicas. **Não havendo proibição, poderão advogar.**

Apesar dessa falta de previsão explícita, o STF entendeu que os **Procuradores Municipais** estão sujeitos ao **teto do funcionalismo**, tendo sido fixada a seguinte tese da repercussão geral (tema 510): "a expressão 'Procuradores', contida na parte final do inciso XI do art. 37 da Constituição da República, compreende os Procuradores Municipais, uma vez que estes se inserem nas Funções Essenciais à Justiça, estando, portanto, submetidos ao teto de noventa inteiros e vinte e cinco centésimos por cento (90,25% acrescente-se) do subsídio mensal, em espécie, dos Ministros do Supremo Tribunal Federal", destacando-se os seguintes pontos da ementa:

- "os Procuradores Municipais integram a categoria da **Advocacia Pública** inserida pela Constituição da República dentre as cognominadas Funções Essenciais à Justiça, na medida em que também atuam para a preservação dos direitos fundamentais e do Estado de Direito;
- o teto de remuneração fixado no texto constitucional teve como escopo, no que se refere ao *thema decidendum*, preservar as Funções Essenciais à Justiça de qualquer contingência política a que o Chefe do Poder Executivo está sujeito,

[59] A. R. Tavares, *Curso de direito constitucional*, 8. ed., p. 1.356.

razão que orientou a aproximação dessas carreiras do teto de remuneração previsto para o Poder Judiciário;

- os Procuradores do Município, consectariamente, devem se submeter, no que concerne ao teto remuneratório, ao subsídio dos desembargadores dos Tribunais de Justiça estaduais, como impõe a parte final do art. 37, XI, da Constituição da República;
- o termo "Procuradores", na axiologia desta Corte, compreende os procuradores autárquicos, além dos procuradores da Administração Direta, o que conduz que a mesma *ratio legitima*, por seu turno, a compreensão de que os procuradores municipais, também, estão abrangidos pela referida locução. Precedentes de ambas as Turmas desta Corte: RE 562.238 AgR, Rel. Min. Teori Zavascki, Segunda Turma, *DJe* 17.04.2013; RE 558.258, Rel. Min. Ricardo Lewandowski, Primeira Turma, *DJe* 18.03.2011" (**RE 663.696**, j. 28.02.2019).

■ 12.3.10. Advocacia pública e os honorários de sucumbência no CPC/2015

De acordo com o art. 85, § 19, do CPC/2015, "os **advogados públicos** perceberão honorários de sucumbência, **nos termos da lei**".

Trata-se de tema bastante polêmico, introduzido por emenda da Câmara dos Deputados e não afastado pelo Senado Federal, e sobre o qual ainda estamos refletindo.

Conforme anotou Cassio Scarpinella Bueno, "para evitar a flagrante inconstitucionalidade do dispositivo — remuneração de servidores públicos, aí incluídos advogados públicos, é tema que demandaria iniciativa legislativa do Chefe do Executivo Federal, Estadual e Municipal, consoante o caso (art. 61, § 1.º, II, 'a', da CF) — importa entender a previsão inócua. Inócua porque ela, na verdade, só pode ser compreendida no sentido literal da remissão que faz. Que há ou que haverá uma lei (federal, estadual ou municipal, consoante o caso) que trata do assunto, lei esta que não é — nem pode ser, sob pena de incidir no vício anunciado — o novo CPC".[60]

Nesse contexto, o art. 29 da **Lei n. 13.327/2016** estabeleceu que os **honorários advocatícios de sucumbência** das causas em que forem parte a União, as autarquias e as fundações públicas federais pertencem originariamente aos ocupantes dos cargos de que trata este Capítulo (advocacia pública federal).

Referida regra foi questionada em mais de 20 ADIs, e o STF entendeu ser **constitucional** a percepção de honorários por advogados públicos, devendo, contudo, ser observado o **teto remuneratório** estabelecido pelo art. 37, XI, da Constituição, destacando-se 5 razões de decidir:

- "os honorários de sucumbência constituem vantagem de natureza remuneratória, por serviços prestados com eficiência no desempenho da função pública;
- os titulares dos honorários sucumbenciais são os profissionais da advocacia, seja pública ou privada;

[60] Cassio Scarpinella Bueno, *Novo Código de Processo Civil anotado*, p. 102.

- o art. 135 da CF, ao estabelecer que a remuneração dos procuradores estaduais se dá mediante subsídio, é compatível com o regramento constitucional referente à advocacia pública;
- a CF não institui incompatibilidade relevante que justifique vedação ao recebimento de honorários por advogados públicos, à exceção da magistratura e do Ministério Público;
- a percepção cumulativa de honorários sucumbenciais com outras parcelas remuneratórias impõe a observância do teto remuneratório estabelecido constitucionalmente no art. 37, XI" (**ADI 6.135** e *Inf.* 995/STF, j. 19.10.2020, e **ADI 6.053**, j. 22.06.2020).

Para administração e gestão dos honorários advocatícios foi criado pela lei o **Conselho Curador dos Honorários Advocatícios (CCHA)**, vinculado à Advocacia-Geral da União, composto por 1 representante de cada uma das carreiras mencionadas nos incisos I a IV do art. 27 da referida lei.

12.4. ADVOCACIA

A Constituição traz diversas prescrições sobre a classe de **advogados**, a **OAB** e o **Conselho Federal**, destacando-se as seguintes:

- **art. 5.º, LXIII:** o preso será informado de seus direitos, entre os quais o de permanecer calado, sendo-lhe assegurada a assistência da família e de advogado;
- **art. 93, I:** participação da OAB em todas as fases do concurso público para ingresso na carreira da magistratura;
- **art. 94:** regra do quinto constitucional, pela qual advogados passam a integrar alguns dos tribunais do Judiciário brasileiro (TRFs — art. 107, I; TJs; TJDFT; TST — art. 111-A, I; TRT — art. 115, I);
- **art. 103, VII:** legitimidade do Conselho Federal da OAB para propositura das ações de controle concentrado: ADI, ADC, ADPF e ADO;
- **art. 103-B, XII:** 2 advogados, indicados pelo Conselho Federal da OAB, integram o CNJ;
- **art. 103-B, § 6.º:** o Presidente do Conselho Federal da OAB oficia junto ao CNJ;
- **art. 104, parágrafo único, II:** 1/6 dos Ministros do STJ será escolhido dentre advogados, na forma da Constituição;
- **art. 119, II:** 2 Ministros do TSE serão escolhidos dentre advogados, na forma da Constituição;
- **art. 120, § 1.º, III:** 2 juízes do TRE serão escolhidos dentre advogados, na forma da Constituição;
- **art. 123, parágrafo único, I:** 3, dentre os 15 Ministros vitalícios do STM, serão escolhidos dentre advogados, na forma da Constituição;
- **art. 129, § 3.º:** participação da OAB na realização do concurso público de provas e títulos para o ingresso na carreira do Ministério Público;

■ **art. 130-A, V:** 2 advogados, indicados pelo Conselho Federal da OAB, integram o CNMP;

■ **art. 130-A, § 4.º:** o Presidente do Conselho Federal da OAB oficiará junto ao CNMP;

■ **art. 132:** participação da OAB em todas as fases do concurso público de provas e títulos para a carreira de Procuradores dos Estados e do Distrito Federal;

■ **art. 133:** o **advogado**[61] é **indispensável à administração da justiça**, sendo inviolável por seus atos e manifestações no exercício da profissão, nos limites da lei;

■ **art. 235, V, "b":** composição do Tribunal de Justiça nos 10 primeiros anos de criação de novo Estado-membro.

A leitura do art. 133 permite a extração de duas regras: ***a*) indispensabilidade do advogado**, que, contudo, não é absoluta. Vejamos alguns exemplos de dispensa de advogado: impetração de *habeas corpus*; revisão criminal; ajuizamento de ação nos denominados Juizados de "Pequenas Causas" — Juizados Especiais Cíveis e Criminais (em âmbito estadual, nas causas com valor de até 20 salários mínimos — art. 9.º, *caput*, da Lei n. 9.099/95 e, conforme a Lei n. 10.259, de 12.07.2001, que instituiu os Juizados Especiais Cíveis e Criminais no âmbito da Justiça Federal, nas causas cíveis de até 60 salários mínimos, de acordo com a **possibilidade** de dispensa prevista no art. 10 da referida lei); na Justiça do Trabalho etc.;[62] ***b*) imunidade do advogado**, que também não é irrestrita, devendo obedecer aos limites **definidos na lei** (Estatuto da OAB — Lei n. 8.906/94) e restringir-se, como prerrogativa, às manifestações durante o exercício da atividade profissional de advogado.[63]

Requisitos para a inscrição na OAB, como advogado: *a*) capacidade civil; ***b*)** diploma ou certidão de graduação em Direito, obtido em instituição de ensino oficialmente autorizada e credenciada; ***c*)** título de eleitor e quitação do serviço militar,

---

[61] De acordo com a lei, o exercício da atividade de advocacia no território brasileiro e a denominação de advogado são privativos dos inscritos na OAB. A **atividade de advocacia** é exercida (seguindo as regras do Estatuto e do regime próprio de cada carreira) pelos integrantes da Advocacia-Geral da União, Procuradoria da Fazenda Nacional, Defensoria Pública e das Procuradorias e Consultorias Jurídicas dos Estados, do Distrito Federal, dos Municípios e das respectivas entidades de administração indireta e fundacional (art. 3.º do Estatuto da OAB). **CUIDADO:** uma questão importante deve ser acompanhada: o **tema 936** da repercussão geral discute se a exigência de **inscrição** de **advogado público** nos **quadros da OAB** para o exercício de suas funções públicas encontra ou não fundamento na Constituição (*leading case*: **RE 609.517**, decisão pela existência de repercussão geral em 03.03.2017, *DJE* de 16.03.2017, pendente o julgamento de mérito). O tema ainda está sendo discutido na **ADI 5.334**, proposta pela PGR em 19.06.2015 (pendente). Em relação à Defensoria Pública, cf. a discussão e o nosso entendimento no *item 12.5.6.5*.

[62] Observar, contudo, serem **nulos** os atos privativos de advogado praticados por pessoa não inscrita na OAB, bem como os atos praticados por advogado impedido, suspenso, licenciado, ou que passar a exercer atividade incompatível com a advocacia (art. 4.º do Estatuto da OAB).

[63] As regras definidas no *Estatuto da Advocacia e a OAB*, seu *Regulamento Geral* e *Código de Ética e Disciplina da OAB* deverão ser estudadas para enfrentar as questões do **Exame de Ordem Unificado**.

se brasileiro; ***d)*** aprovação em Exame de Ordem; ***e)*** não exercer atividade incompatível com a advocacia; ***f)*** idoneidade moral; e ***g)*** prestar compromisso perante o Conselho (cf. art. 8.º do Estatuto da OAB).

Destaque deve ser dado à **Lei n. 13.245/2016**, que assegurou importantes conquistas, notadamente: a) o direito do advogado de examinar, **em qualquer instituição responsável por conduzir investigação**, e não apenas na repartição policial, mesmo sem procuração, exceto nas hipóteses de sigilo, os **autos de flagrante** e de **investigações de qualquer natureza**, findos ou em andamento, ainda que conclusos à autoridade, podendo copiar peças e tomar apontamentos, em meio físico ou digital; b) o direito de **assistir seus clientes investigados** durante a apuração de infrações (art. 7.º, XIV e XXI e §§ 10 a 12, da Lei n. 8.906/94).

Lembramos, também, a **Lei n. 13.363/2016**, que alterou a Lei n. 8.906/94 (Estatuto da Advocacia), e a Lei n. 13.105/2015 (CPC), para estipular direitos e garantias para a advogada gestante, lactante, adotante ou que der à luz e para o advogado que se tornar pai (recomendando a sua leitura para as provas e concursos).

Finalmente, importante destaque deve ser feito em relação à **Lei de Abuso de Autoridade** (Lei n. 13.869/2019), que acrescentou o art. 7.º-B à Lei n. 8.906/94 (Estatuto da Advocacia), para definir como crime a violação de direitos ou prerrogativas do advogado previstos nos incisos II, III, IV e V do *caput* do art. 7.º. Referido dispositivo havia sido vetado pelo Presidente da República, mas o veto foi rejeitado pelo Congresso Nacional.

■ 12.4.1. A advocacia à luz da jurisprudência do STF

O STF interpretou diversos dispositivos do Estatuto da OAB (Lei n. 8.906/94) e da instituição no julgamento das ADIs 1.105, 1.127, 1.194, 2.522, 3.168, 3.541; ADI 3.026; RE 595.332; RE 603.583; SVs 5 e 47. Passaremos a analisá-los.

■ *12.4.1.1. ADIs 1.105 e 1.127*[64]

■ *12.4.1.1.1. A exegese fixada pelo STF*

■ Art. 1.º São atividades privativas de advocacia: I — a postulação a **qualquer** órgão do Poder Judiciário e **aos juizados especiais**.

A alegação de inconstitucionalidade da expressão "aos juizados especiais" foi julgada **prejudicada** tendo em vista a superveniência do art. 9.º da Lei n. 9.099/95, que permite que a parte demande sem advogado nas causas de até 20 salários mínimos.

Contudo, o STF julgou procedente o pedido para declarar a **inconstitucionalidade** da expressão **"qualquer"**, já que a presença dos advogados, como vimos, em certos atos, pode ser dispensada (ex.: juizados especiais, Justiça do Trabalho, impetração do *habeas corpus* e ações revisionais).

[64] Cf. *Inf. 427/STF* e *Notícias STF*, 17.05.2006 — 20h59.

▪ Art. 2.º O advogado é indispensável à administração da justiça. (...) § 3.º No exercício da profissão, o advogado é inviolável por seus atos e manifestações, nos limites desta Lei.

O STF declarou **constitucional** a regra, com fundamento no art. 133 da CF/88, que também remete à lei (ao Estatuto) os limites da referida inviolabilidade.

▪ Art. 7.º São direitos do advogado: (...) § 2.º O advogado tem imunidade profissional, não constituindo injúria, difamação **ou desacato** puníveis qualquer manifestação de sua parte, no exercício de sua atividade, em juízo ou fora dele, sem prejuízo das sanções disciplinares perante a OAB, pelos excessos que cometer.

O STF declarou a **inconstitucionalidade** da expressão **"ou desacato"**. Ou seja, no exercício da profissão, **o advogado pode ser processado por desacato praticado contra funcionário público**. Segundo o STF, tal prerrogativa, ou seja, não responder, criminalmente, o advogado pela prática de desacato, criaria desigualdade entre o juiz e o advogado, retirando do juiz a autoridade indispensável à condução do processo. Veja, também, que o texto do referido § 2.º não menciona o crime de *calúnia*. Assim, o advogado pode ser processado quando caluniar alguém, imputando-lhe falsamente fato definido como crime.

A título de curiosidade e informação, em bem fundamentado voto proferido pelo Min. Ribeiro Dantas da 5.ª T. do STJ, **em um primeiro momento**, realizando **controle de convencionalidade**, passou a ser entendido que o art. 331 do CP, que prevê a figura típica do desacato, estaria com a sua **eficácia normativa "paralisada"** por não se adequar ao prescrito no **art. 13 do Pacto de São José da Costa Rica**, que estipula mecanismos de proteção à **liberdade de pensamento** e de **expressão**. Descrito como um tipo penal "anacrônico", estabeleceu-se que a criminalização do desacato estaria "na contramão do humanismo, porque ressalta a preponderância do Estado — personificado em seus agentes — sobre o indivíduo" (REsp 1.640.084-SP/STJ, 5.ª T., j. 15.12.2016, *DJE* de 1.º.02.2017).

Contudo, em momento seguinte, a **3.ª Seção do STJ**, por 6 x 2, pacificou o entendimento, definindo que **desacato continua a configurar crime**. O STJ tem 6 Turmas e 3 Seções. Cada Seção reúne Ministros de 2 Turmas especializadas, e, no caso, a 3.ª Seção tem competência para matéria penal, reunindo os Ministros das 5.ª e 6.ª Turmas (nesse sentido do afastamento tanto da inconstitucionalidade como da inconvencionalidade do crime de desacato, cf. HC 379.269 — STJ e HC 141.949 — STF).

Finalmente, o Pleno do STF, ao enfrentar o tema, inclusive à luz da Convenção Americana de Direitos Humanos, estabeleceu a seguinte tese: **"foi recepcionada pela Constituição de 1988 a norma do art. 331 do Código Penal, que tipifica o crime de desacato"** (**ADPF 496**, j. 22.06.2020, *DJE* de 24.09.2020, pendente o julgamento dos embargos de declaração)

Conforme se estabeleceu, "de acordo com a jurisprudência da Corte Interamericana de Direitos Humanos e do Supremo Tribunal Federal, **a liberdade de expressão não é um direito absoluto** e, em casos de grave abuso, faz-se legítima a utilização do direito penal para a proteção de outros interesses e direitos relevantes. (...). A criminalização do desacato não configura tratamento privilegiado ao agente estatal, mas proteção da função pública por ele exercida. Dado que os agentes públicos em geral estão mais expostos ao escrutínio e à crítica dos cidadãos, **deles se exige maior tolerância à reprovação e à insatisfação**, limitando-se o crime de desacato a **casos graves e evidentes de menosprezo à função pública**" (ementa).

■ Art. 7.º São direitos do advogado: (...) II — ter respeitada, em nome da liberdade de defesa e do sigilo profissional, a inviolabilidade de seu escritório ou local de trabalho, de seus arquivos e dados, de sua correspondência e de suas comunicações, inclusive telefônicas ou afins, salvo caso de **busca ou apreensão determinada por magistrado e acompanhada de representante da OAB** (redação **anterior** à Lei n. 11.767, de 07.08.2008 — *vide* comentário abaixo).

O STF declarou, analisando a redação anterior à Lei n. 11.767/2008, **constitucional**, nos termos do art. 5.º, XII, da CF/88, seja a possibilidade de busca e apreensão em escritório de advocacia, seja a necessidade, nesta hipótese, de acompanhamento de representante da OAB. Naturalmente, se, após ser solicitada, expressamente e em caráter confidencial, a indicar o representante, não o fizer, poderá o Judiciário implementar a busca e apreensão sem que isso gere ilicitude da prova resultante da apreensão.

Cabe alertar que a **Lei n. 11.767/2008** alterou o inciso II do art. 7.º, que passou a ter a seguinte redação: "... a inviolabilidade de seu escritório ou local de trabalho, bem como de seus instrumentos de trabalho, de sua correspondência escrita, eletrônica, telefônica e telemática, desde que relativas ao exercício da advocacia".

Por sua vez, o art. 7.º, § 6.º, do Estatuto da Advocacia estabelece que, presentes indícios de autoria e materialidade da prática de crime por parte de **advogado**, a autoridade judiciária competente poderá decretar a quebra da inviolabilidade de que trata o inciso II do *caput* do art. 7.º, em decisão motivada, expedindo mandado de busca e apreensão, específico e pormenorizado, a ser cumprido na presença de representante da OAB, sendo, em qualquer hipótese, vedada a utilização dos documentos, das mídias e dos objetos pertencentes a clientes do advogado averiguado, bem como dos demais instrumentos de trabalho que contenham informações sobre clientes.

Tal ressalva, contudo, não se estende a clientes do advogado averiguado que estejam sendo formalmente investigados como seus partícipes ou coautores pela prática do mesmo crime que deu causa à quebra da inviolabilidade.

■ Art. 7.º São direitos do advogado: (...) IV — ter a presença de representante da OAB, quando preso em flagrante, por motivo ligado ao exercício da advocacia, para lavratura do auto respectivo, sob pena de nulidade e, nos demais casos, a comunicação expressa à seccional da OAB.

O STF julgou **constitucional** a necessidade de representante da OAB para a prisão em flagrante de advogado por motivo ligado ao exercício da advocacia. No entanto, os Ministros fizeram constar que a prisão em flagrante é válida se a OAB, devidamente comunicada, não encaminhar representante em tempo hábil e razoável.

■ Art. 7.º São direitos do advogado: (...) V — não ser recolhido preso, antes de sentença transitada em julgado, senão em sala de Estado-Maior, com instalações e comodidades condignas, **assim reconhecidas pela OAB**, e, na sua falta, em prisão domiciliar.

O STF declarou a **inconstitucionalidade** da expressão "assim reconhecidas pela OAB", já que, embora **firmado o direito** de ser recolhido preso em **sala de Estado-Maior**,[65] *antes de sentença transitada em julgado*, na prática quem deve reconhecer se as instalações e comodidades são condignas é o **Estado**, e não a OAB. Isso porque a administração de estabelecimentos prisionais constitui prerrogativa do Poder Público, e não da OAB.

■ Art. 7.º São direitos do advogado: (...) IX — sustentar oralmente as razões de qualquer recurso ou processo, nas sessões de julgamento, após o voto do relator, em instância judicial ou administrativa, pelo prazo de quinze minutos, salvo se prazo maior for concedido.

O inciso foi declarado **inconstitucional** por violar o princípio do devido processo legal, assim como pelo fato de o contraditório ser estabelecido entre as partes, e não entre estas e o juiz.

■ Art. 7.º São direitos do advogado: (...) § 3.º O advogado somente poderá ser preso em flagrante, por motivo de exercício da profissão, em caso de crime inafiançável, observado o disposto no inciso IV deste artigo.

O STF julgou improcedente o pedido sobre esse ponto, entendendo **constitucional** a prerrogativa de só ser preso em flagrante, por motivo da profissão, nas hipóteses de crime inafiançável e tendo a necessidade de um representante da OAB para a lavratura do flagrante.

■ Art. 7.º São direitos do advogado: (...) § 4.º O Poder Judiciário e o Poder Executivo devem instalar, em todos os juizados, fóruns, tribunais, delegacias de polícia e presídios, salas especiais permanentes para os advogados, com uso **e controle** assegurados à OAB.

O STF julgou parcialmente o pedido de inconstitucionalidade nesse ponto, entendendo **inconstitucional** a expressão "e controle". Assim, é dever do Judiciário e do Executivo a instalação, em todos os juizados, fóruns, tribunais, delegacias de polícia e presídios, de salas especiais permanentes para os advogados; porém, o controle não será da OAB, e sim da Administração Pública, já que se trata de utilização de bem público.

■ Art. 28. A advocacia é incompatível, mesmo em causa própria, com as seguintes atividades: (...) II — membros de órgãos do Poder Judiciário, do Ministério Público, dos tribunais e conselhos de contas, dos juizados especiais, da justiça de paz, juízes classistas, bem como de todos os que exerçam função de julgamento em órgãos de deliberação coletiva da administração pública direta e indireta.

O STF julgou parcialmente procedente o pedido e, dando interpretação conforme a Constituição, excluiu da proibição do art. 28, II, do Estatuto da Advocacia os

---

65 Sobre o tema, cf. aprofundamento no *item 12.4.1.1.3*.

juízes eleitorais e seus **suplentes**, que poderão continuar advogando. Deve-se destacar que a afronta é em relação aos arts. 119, II, e 120, § 1.º, III. Assim, podem continuar advogando os juízes eleitorais e suplentes que forem advogados (tendo em vista que a Justiça Eleitoral tem uma composição mista). Isso porque a Justiça Eleitoral não os absorve de modo integral, nem lhes exige exclusividade.

■ Art. 50. Para os fins desta Lei, os Presidentes dos Conselhos da OAB e das Subseções podem **requisitar** cópias de peças de autos e documentos a qualquer tribunal, magistrado, cartório e órgão da Administração Pública direta, indireta e fundacional.

O Plenário, dando interpretação conforme a Constituição e sem redução de texto, estabeleceu que a "requisição" de cópias deve ser motivada e compatível com as finalidades da lei. Além disso, a OAB deve responsabilizar-se pelos custos e preservar sempre os documentos que estejam cobertos por sigilo.

Finalmente, e para facilitar a vida dos ilustres bacharéis que vão enfrentar o **Exame de Ordem**, observamos que o acórdão da **ADI 1.127**, depois de 4 anos do julgamento, foi publicado e, assim, chegou o momento de sedimentar a matéria:[66]

■ *12.4.1.1.2. Quadro-resumo*

VAMOS DECORAR
■ o advogado é indispensável à administração da Justiça. Sua presença, contudo, pode ser **dispensada** em certos atos jurisdicionais; ■ a imunidade profissional é **indispensável** para que o advogado possa exercer condigna e amplamente seu múnus público; ■ a **inviolabilidade** do escritório ou do local de trabalho é consectário da inviolabilidade assegurada ao advogado no exercício profissional; ■ a presença de representante da OAB em caso de prisão em flagrante de advogado constitui garantia da **inviolabilidade** da atuação profissional. A cominação de nulidade da prisão, caso não se faça a comunicação, configura sanção para tornar efetiva a norma; ■ a prisão do advogado em **sala do Estado-Maior** é garantia suficiente para que fique provisoriamente detido em condições compatíveis com o seu múnus público; ■ a administração de estabelecimentos prisionais e congêneres constitui uma prerrogativa indelegável do **Estado**; ■ a sustentação oral pelo advogado, após o voto do Relator, **afronta** o devido processo legal, além de poder causar tumulto processual, uma vez que o contraditório se estabelece entre as partes; ■ a imunidade profissional do advogado **não** compreende o **desacato**, pois conflita com a autoridade do magistrado na condução da atividade jurisdicional; ■ o múnus constitucional exercido pelo advogado justifica a garantia de somente ser preso em **flagrante** e na hipótese de **crime inafiançável**; ■ o controle das salas especiais para advogados é prerrogativa da **Administração forense**; ■ a incompatibilidade com o exercício da advocacia **não** alcança os **juízes eleitorais** e seus **suplentes**, em face da composição da Justiça eleitoral estabelecida na Constituição; ■ a requisição de cópias de peças e documentos a qualquer tribunal, magistrado, cartório ou órgão da Administração Pública direta, indireta ou fundacional pelos Presidentes do Conselho da OAB e das Subseções deve ser **motivada**, compatível com as finalidades da lei e precedida, ainda, do recolhimento dos respectivos custos, não sendo possível a requisição de documentos cobertos pelo **sigilo**.

[66] Cf. **ADI 1.127**, Rel. p/ o ac. Min. Ricardo Lewandowski, j. 17.05.2006, Plenário, *DJE* de 11.06.2010. Para quem se animar, o acórdão tem **201 páginas** — o quadro resumo é a Ementa do acórdão.

12.4.1.1.3. Sala de Estado-Maior

Para iniciarmos uma análise mais detida sobre o assunto, devemos, novamente, ler o art. 7.º, V, da Lei n. 8.906/94 (Estatuto da Advocacia): "são direitos do advogado: não ser recolhido preso, **antes de sentença transitada em julgado**, senão em **sala de Estado-Maior**, com instalações e comodidades condignas, *assim reconhecidas pela OAB*, e, **na sua falta**, em **prisão domiciliar**".

Conforme vimos, no julgamento da **ADI 1.127**, o STF estabeleceu que o dever de certificar se *as instalações e comodidades da sala de Estado-Maior são condignas* é do **Estado**, e não da OAB, declarando, assim, a inconstitucionalidade da expressão "*assim reconhecidas pela OAB*".

A leitura do texto parece não deixar qualquer dúvida em relação à regra da **prisão especial do advogado antes do trânsito em julgado da sentença penal condenatória** (quando, então, depois do trânsito em julgado, não mais haverá a prerrogativa): ou a prisão se dará em sala de Estado-Maior ou a prisão será domiciliar. Não há outra alternativa pela "letra da lei".

Isso posto, surge a *primeira pergunta*: **o que é sala de Estado-Maior?**

Não houve previsão normativa. O STF, contudo, em recorrente precedente, estabeleceu a seguinte definição:

> "Por Estado-Maior se entende o grupo de oficiais que assessoram o Comandante de uma organização militar (Exército, Marinha, Aeronáutica, Corpo de Bombeiros e Polícia Militar); assim sendo, 'sala de Estado-Maior' é o **compartimento de qualquer unidade militar** que, ainda que potencialmente, possa por eles ser utilizado para exercer suas funções. A distinção que se deve fazer é que, enquanto uma **'cela'** tem como finalidade típica o aprisionamento de alguém — e, por isso, de regra, contém **grades** —, uma **'sala'** apenas ocasionalmente é destinada para esse fim. De outro lado, deve o local oferecer **'instalações e comodidades condignas'**, ou seja, condições adequadas de **higiene e segurança**" (**Rcl 4.535**, Rel. Min. Sepúlveda Pertence, j. 07.05.2007, Plenário, *DJ* de 15.06.2007).

Em momento seguinte, o Min. Dias Toffoli, por sua vez, nos autos das **Rcls 5.826** e **8.853** (que foram julgadas improcedentes — j. 18.03.2015), durante a instrução, solicitou informações sobre o tema ao **Ministro de Estado da Defesa**, que apresentou os seguintes **esclarecimentos** (transcritos no voto do Min. Toffoli):

- **Conceito de sala de Estado-Maior:** "não existe, em nosso regimento, uma definição exata do que seja sala de Estado-Maior, contudo aglutinando os costumes da lide castrense e alicerçado na definição de Estado-Maior, ou seja 'Estado-Maior — Órgão composto de pessoal militar qualificado, que tem por finalidade assessorar o comandante no exercício do comando' — *glossário das Forças Armadas MD35-G-01* (4.ª Ed./2007), pode-se dizer que **'sala de Estado-Maior' é um compartimento de qualquer unidade militar que possa ser utilizado pelo Estado-Maior para exercer suas funções**";
- **Como os militares tratam a questão (ofícios pelos quais se solicitam locais com salas de Estado-Maior para receberem advogados presos preventiva-**

mente, tendo em vista o que reza o estatuto da classe)?: "no que tange a essa questão, informo que nas instalações militares não existem compartimentos que ofereçam ambientes adequados para o recebimento de pessoas com as qualificações citadas. Quando ocorre a prisão de oficial, o usual é a separação de uma sala, onde são colocados meios mínimos, para que o militar permaneça durante o cumprimento da sanção disciplinar".

Estabelecido o conceito, lançamos uma *segunda pergunta*: **como tem sido a interpretação da Suprema Corte em relação à regra contida no Estatuto da Advocacia?**

Analisando a jurisprudência do STF, observamos que o tema tem recebido várias interpretações, inclusive no sentido da **não aplicação da citada literalidade do Estatuto da Advocacia**, que estabelece uma **regra** (*prisão em sala de Estado-Maior*) e uma única **alternativa** no caso de sua falta (*prisão domiciliar*).

Como observou a Min. Rosa Weber na apreciação de pedido de liminar na **Rcl 18.023** (j. 21.08.2014), excepcionando a literalidade do art. 7.º, V, da Lei n. 8.906/94, "não exclui a possibilidade de acomodação do acusado em cárcere separado dos demais presos, quando **não se afigurar recomendável a prisão domiciliar e não existir Sala de Estado-Maior** na localidade" (Rcl 15.755/GO, Rel. Min. Luiz Fux, *DJE* de 04.6.2013). No mesmo sentido: Rcl 15.815/PB, Rel. Min. Luiz Fux, *DJE* de 14.6.2013; Rcl 17.143/RJ, Rel. Min. Roberto Barroso, *DJE* de 05.05.2014; e Rcl 17.635/RJ, Rel. Min. Roberto Barroso, *DJE* de 05.05.2014).

E concluiu: "ademais, o recolhimento de advogado em Sala de Estado-Maior, até o trânsito em julgado da condenação, comporta **interpretação**. Já se entendeu que o recolhimento em sala, com ou sem grades, na **Polícia Militar** atendia ao requerido (*v.g.*: HC 99.439 e Reclamação 5.192), e até mesmo que o recolhimento em **cela individual em ala reservada de presídio federal se mostrava hábil a tanto** (Reclamação 4.733). Na esteira da Reclamação 6.387, penso que o essencial é que o local ofereça **instalações e comodidades condignas** (Reclamação 4.535 e 6.387), por certo consideradas as limitações decorrentes da prisão do agente, como na hipótese".

Ainda sobre o tema, mas de modo mais amplo, em outro julgado, o Min. Gilmar Mendes sustentou que a regra contida no art. 7.º, V, do Estatuto da Advocacia teria sido **revogada** pela **Lei n. 10.258/2001** que, ao alterar o art. 295 do CPP, definiu em seus parágrafos que a prisão especial poderá se dar em cela distinta do mesmo estabelecimento prisional (**tese essa acolhida pela 2.ª T., STF, no julgamento da Rcl 14.267**, j. 05.08.2014, *DJE* de 30.10.2014).

O grande problema desse entendimento firmado pela 2.ª T., STF, é que ele viola a posição firmada pelo Plenário da Corte no julgamento de questão de ordem na ADI 1.127, que afastou a referida tese da revogação, vencidos apenas os Ministros Joaquim Barbosa e Cezar Peluso (j. 17.05.2006). Por esse motivo, entendemos que essa sugerida nova interpretação — revogação ou não da prerrogativa exclusiva do advogado pela Lei n. 10.258/2001 — deveria ter sido afetada ao Plenário para que, então, pudesse, na nova composição, reanalisar a matéria (*pendente nova apreciação pelo Pleno*).

Em nosso entendimento, essa flexibilização que vem sendo dada à literalidade da regra contida no Estatuto da OAB **extrapola** os limites da lei.

Concordamos que a *prisão domiciliar* pode não ser conveniente em situações concretas de envolvimento do advogado na prática de crimes. Contudo, a solução deveria ser no sentido de obrigar o Estado a ter as referidas salas de Estado-Maior, e **não**, de modo mais simplório, reservar uma cela especial para o advogado, muitas vezes, em presídios normais.

Em nossa opinião, muito embora o próprio *Estatuto da Advocacia* preveja a igualdade de tratamento entre magistrados e advogados, e àqueles se aplica a regra do CPP (art. 295, VI), parece ter sido estabelecido pelo legislador uma prerrogativa especial exclusiva do advogado e que, na prática, não tem sido observada nos precedentes citados.

Nessa linha, além dos casos já destacados, lembramos que, em outros julgados, não tão desproporcionais como a violação da literalidade do art. 7.º, V, da Lei n. 8.906/94, alguns Ministros estão afirmando que a expressão é **anacrônica** e que não haveria mais, fisicamente, sala de Estado-Maior no Brasil, bastando, conforme Ayres Britto, a existência de uma "... sala **em unidade castrense**, com condições condignas de comodidade" (cf. Rcls 5.826 e 8.853, voto proferido em 19.08.2010).[67]

■ *12.4.1.2. ADIs 1.194, 2.522, 3.168 e 3.541*

■ Os atos e contratos constitutivos de pessoas jurídicas, sob pena de nulidade, só podem ser admitidos a registro, nos órgãos competentes, quando visados por advogados — ADI 1.194

Segundo o STF, "... referida norma visa à proteção e segurança dos atos constitutivos das pessoas jurídicas, salvaguardando-os de eventuais prejuízos decorrentes de irregularidades cometidas por profissionais estranhos ao exercício da advocacia, além de minimizar a possibilidade de enganos ou fraudes" (*Inf. 445*).

■ Honorários de advogado empregado — disponibilidade — ADI 1.194

Ao analisar o art. 21, *caput*, e parágrafo único, da Lei n. 8.906/94, o STF entendeu "... ser possível haver estipulação em contrário entre a parte e o seu patrono quanto aos honorários de sucumbência, haja vista tratar-se de direito disponível" (*Infs. 445 e 547/STF*).

[67] Nessa data, houve pedido de vista do Min. Dias Toffoli. O mérito, contudo, não foi apreciado, por entender, a maioria da Corte, não se tratar de hipótese para o cabimento da reclamação (j. 18.03.2015). Devemos aguardar novo pronunciamento do Pleno para enfrentar a discussão sobre a revogação ou não do art. 7.º, V, da Lei n. 8.906/94 pela Lei n. 10.258/2001 (*pendente*). Em seu voto, em *obiter dictum*, o Min. Dias Toffoli ponderou: "assim, penso, em conformidade com o que igualmente expôs o ilustre Procurador-Geral da República, que tal como se dá em relação aos Magistrados e Membros do Ministério Público, na hipótese de **prisão provisória**, devem ser asseguradas aos advogados instalações condignas com o seu grau, **sejam elas em estabelecimento castrense ou não**, dotadas de conforto mínimo e instalações sanitárias adequadas, em ambiente que não seja guarnecido com grades e outros dispositivos ostensivos de contenção, que eventualmente se equiparem a uma cela. Com isso, certamente, estará atendida a *ratio* da lei e assegurada aos integrantes da advocacia, se provisoriamente presos, dignidade idêntica àquela desfrutada pelas mais altas autoridades da República".

■ O advogado não está obrigado a pagar contribuição sindical — ADI 2.522

O art. 47 do Estatuto da OAB, Lei n. 8.906/94, estabelece que o pagamento da contribuição anual à OAB **isenta** os inscritos nos seus quadros do pagamento obrigatório da contribuição sindical.

O STF entendeu **constitucional** a regra. Dentre os argumentos apontados, destaca-se o reconhecimento de ter o *Estatuto da Advocacia* atribuído à OAB a "função tradicionalmente desempenhada pelos sindicatos, ou seja, a defesa dos direitos e interesses coletivos ou individuais da categoria", amparando todos os inscritos, não apenas os empregados. Nesse sentido, "não há como traçar relação de igualdade entre os sindicatos de advogados e os demais. As funções que deveriam, em tese, ser por eles desempenhadas foram atribuídas à Ordem dos Advogados" (ADI 2.522, j. 08.06.2006).

Essa decisão, contudo, fez sentido por 12 anos. Isso porque, em **29.06.2018**, a Corte, por 6 x 3, a partir do dispositivo constitucional prescrito no art. 8.º, V ("ninguém será obrigado a filiar-se ou a manter-se filiado a sindicato"), declarou serem "compatíveis com a Constituição Federal os dispositivos da Lei 13.467/2017 (Reforma Trabalhista) que **extinguiram a obrigatoriedade da contribuição sindical** e condicionaram o seu pagamento à **prévia e expressa autorização dos filiados**" (ADI 5.794 e ADC 55 — cf. arts. 578, 579, 582 e 587 da CLT).

■ É constitucional a regra do art. 10 da Lei n. 10.259/2001 (Lei dos Juizados Especiais Federais Cíveis e Criminais), que dispensa a presença do advogado nos processos cíveis — ADI 3.168

O art. 10 da Lei n. 10.259/2001 (Lei dos Juizados Especiais Federais Cíveis e Criminais) estabelece que as partes poderão designar, por escrito, representantes para a causa, advogado ou não.

O STF entendeu **constitucional** a regra, "... seja porque se trata de exceção à indispensabilidade de advogado legitimamente estabelecida em lei, seja porque o dispositivo visa ampliar o acesso à justiça". Essa regra, todavia, vale só para os **processos cíveis**, já que, "... no que respeita aos processos criminais, considerou-se que, em homenagem ao princípio da ampla defesa, seria imperativo o comparecimento do réu ao processo devidamente acompanhado de profissional habilitado a oferecer-lhe **defesa técnica** de qualidade — advogado inscrito nos quadros da OAB ou defensor público".

Ainda, o entendimento pela possibilidade de se dispensar advogado deve restringir-se ao processo cível, pois, por outro argumento, deve-se observar o art. 68 da Lei n. 9.099/95, de aplicação subsidiária (art. 1.º da Lei n. 10.259/2001), "... que determina a imprescindibilidade da presença de advogado nas causas criminais" (*Inf. 430/STF*).

■ Advocacia e atividade policial — ADI 3.541

A lei estabelece ser incompatível a advocacia, mesmo em causa própria, com as atividades ocupantes de cargos ou funções vinculados direta ou indiretamente a **atividade policial de qualquer natureza** (art. 28, V, da Lei n. 8.906/94).

O STF entendeu como **constitucional** essa regra: "a vedação do exercício da atividade de advocacia por aqueles que desempenham, direta ou indiretamente, serviço de caráter policial, prevista no art. 28, V, da Lei 8.906/1994, não se presta para fazer qualquer distinção qualificativa entre a **atividade policial** e a **advocacia**. Cada qual presta serviços imensamente relevantes no âmbito social, havendo, inclusive, previsão expressa na Carta Magna a respeito dessas atividades. O que pretendeu o legislador foi estabelecer **cláusula de incompatibilidade de exercício simultâneo** das referidas atividades, por entendê-lo prejudicial ao cumprimento das respectivas funções. Referido óbice não é inovação trazida pela Lei 8.906/1994, pois já constava expressamente no anterior Estatuto da OAB, Lei n. 4.215/1963 (art. 84, XII). Elegeu-se critério de diferenciação compatível com o princípio constitucional da isonomia, ante as peculiaridades inerentes ao exercício da profissão de advogado e das atividades policiais de qualquer natureza" (**ADI 3.541**, Rel. Min. Dias Toffoli, j. 12.02.2014, Plenário, *DJE* de 24.03.2014).

■ 12.4.1.3. OAB — "serviço público independente"— ADI 3.026

Conforme interpretou o STF, a **OAB** não se sujeita aos ditames impostos à administração pública direta e indireta, não se caracterizando, portanto, como entidade da administração indireta da União (**ADI 3.026**, Rel. Min. Eros Grau, j. 08.06.2006).

Assim, "a OAB não está sujeita a controle da Administração", sendo uma entidade **autônoma** e **independente**. Aliás, essa não vinculação formal e material mostra-se necessária, já que, de acordo com o art. 44, I, da Lei n. 8.906/94 (*Estatuto da Advocacia*), a Ordem dos Advogados do Brasil, serviço público, dotada de personalidade jurídica e forma federativa, tem por finalidade:

- defender a Constituição, a ordem jurídica do Estado democrático de direito, os direitos humanos, a justiça social, e pugnar pela boa aplicação das leis, pela rápida administração da justiça e pelo aperfeiçoamento da cultura e das instituições jurídicas;
- promover, com exclusividade, a representação, a defesa, a seleção e a disciplina dos advogados em toda a República Federativa do Brasil.

Observa-se, ainda, que a Constituição não traz nenhuma regra específica sobre os demais *conselhos de fiscalização profissional* ou os seus profissionais. Contudo, em relação à classe de advogados, à OAB e ao Conselho Federal, confirmando não estar esse serviço voltado exclusivamente a finalidades corporativas, mas, também, a **finalidades institucionais**, a Constituição estabelece diversas prescrições, já apontadas no *item 12.4*.

Retomando o julgado em análise (ADI 3.026), segundo ficou assentado, "a OAB ocupa-se de atividades atinentes aos advogados, que exercem função constitucionalmente privilegiada, na medida em que são indispensáveis à administração da Justiça (art. 133 da CB/88). É entidade cuja finalidade é afeita a atribuições, interesses e seleção de advogados. Não há ordem de relação ou dependência entre a OAB e qualquer órgão público. A Ordem dos Advogados do Brasil, cujas características são autonomia e independência, não pode ser tida como congênere dos demais órgãos de fiscalização profissional. A OAB não está voltada exclusivamente a finalidades corporativas. Possui finalidade institucional".

E qual seria a natureza jurídica da OAB?

Segundo entendeu a Corte, a OAB é um **"serviço público independente"**, "categoria ímpar no elenco das personalidades jurídicas existentes no direito brasileiro". Cabe lembrar que, de acordo com o art. 45, § 5.º, da Lei n. 8.906/94, a OAB, por constituir serviço público, goza de **imunidade tributária total** em relação a seus **bens, rendas** e **serviços.**

De acordo com o voto do Min. Ayres Britto na ADI 3.026, "a OAB não se integra nos órgãos e entes da Administração Pública (...) —, por isso mesmo, ela não se submete à direção superior do Presidente da República, nem pela supervisão, coordenação, orientação dos Ministros de Estado. Seu patrimônio não é do Estado — pelo menos não é do Estado pessoa jurídica —, seus cargos e empregos não são criados por lei, não são modificados por lei, não são extintos por lei" (p. 565).

Conforme esclareceu a Corte em momento seguinte, "a imunidade tributária gozada pela Ordem dos Advogados do Brasil é da espécie **recíproca** (CF, 150, VI, 'a'), na medida em que a OAB desempenha atividade própria de Estado". Esse entendimento deve ser aplicado também para as **Caixas de Assistências dos Advogados**, na medida em que "prestam serviço público delegado, possuem *status* jurídico de ente público e não exploram atividades econômicas em sentido estrito com intuito lucrativo" (**RE 405.267**, j. 06.09.2018, *DJE* de 18.10.2018).

Dessa forma, por todas essas características definidas pelo STF, que inclusive a **distinguiu dos demais *conselhos de fiscalização profissional***, "**incabível** a exigência de **concurso público** para admissão dos contratados sob o regime trabalhista pela OAB" (ADI 3.026) e **inexistente** o dever de **licitar** e de **prestar contas ao TCU**.[68]

Conforme já alertamos (apesar de não ter havido análise pelo STF sobre esse tema específico — cf. *item 11.12.14.4*), os pagamentos devidos, em razão de pronunciamento judicial, pela OAB **não se submetem ao regime de precatórios** (para

---

[68] Essa a orientação a ser adotada nas provas de concursos. Contudo, caber alertar que essa interpretação fixada pelo STF gerou críticas por parte da **doutrina**. Por todos, conforme observou Di Pietro, "com essa decisão, a OAB passa a ser considerada como pessoa jurídica de direito público no que esta tem de vantagens (como todos os privilégios da Fazenda Pública, como imunidade tributária, prazos em dobro, prescrição quinquenal etc.), mas não é considerada pessoa jurídica de direito público no que diz respeito às restrições impostas aos entes da Administração Pública direta e indireta (como licitação, concurso público, controle). A **decisão é absolutamente inaceitável** quando se considera que a OAB, da mesma forma que as demais entidades profissionais, desempenha atividade típica do Estado (**poder de polícia**, no qual se insere o poder disciplinar) e, portanto, função administrativa descentralizada pelo Estado (...). O acórdão do Supremo Tribunal Federal, com todo o respeito que é devido à instituição, criou uma fórmula mágica para subtrair a OAB do alcance das normas constitucionais pertinentes à Administração Pública indireta, quando essas normas imponham ônus ou restrições, sem, no entanto, retirar-lhe os privilégios próprios das demais pessoas jurídicas de direito público" (*Direito administrativo*, 26. ed., p. 493 — original sem grifos). Ainda, devemos destacar que, em 07.11.2018 (TC 015.720/2018-7), o **TCU** reformou o seu entendimento (que havia sido firmado no Acórdão n. 1.765/2003-TCU-Plenário), passando a reconhecer o necessário controle das contas da OAB. Por se tratar de mudança de posicionamento, fixou-se uma espécie de modulação dos efeitos da decisão para 2021, referente às contas do ano 2020. Sem dúvida o tema será levado ao STF, que, conforme visto, não reconheceu o dever de prestar contas ao TCU, seja no precedente firmado em 2006 (ADI 3.026), seja em sua reafirmação em 2018 (RE 405.267) (pendente).

aprofundar a matéria em relação aos demais conselhos de fiscalização como CREA, CRM, CRO etc., cf. *item 11.12.14.3*).

Finalmente, retomando a ADI 3.026, além de ter afastado a regra do concurso público (já que o STF entendeu como constitucional o disposto no art. 79, *caput*, do Estatuto, que determina a **aplicação do regime trabalhista**), o Pleno assegurou, também, a validade da indenização prevista no art. 79, § 1.º, do Estatuto.

Referido dispositivo concedeu aos servidores da OAB, sujeitos ao regime da Lei n. 8.112/90,[69] o direito de opção pelo regime trabalhista, no prazo de 90 dias a partir da vigência da lei, sendo assegurado aos optantes o pagamento de **indenização**, quando da aposentadoria, correspondente a 5 vezes o valor da última remuneração.

Aqueles que não optassem pelo regime trabalhista, nos termos do art. 79, § 2.º, do Estatuto, seriam posicionados no **quadro em extinção**, assegurado o direito adquirido ao regime legal anterior.

O STF entendeu que "... a previsão de indenização seria razoável porque destinada a compensar, aos optantes pelo regime celetista, a perda de eventuais direitos e vantagens até então integrados ao patrimônio dos funcionários, e que o dispositivo estatuiu disciplina proporcional e consoante os princípios da igualdade e isonomia. Além disso, o preceito já teria produzido efeitos, devendo ser preservadas as situações constituídas por questões de segurança jurídica e boa-fé" (*Inf. 430/STF*).

■ 12.4.1.4. Competência da Justiça Federal para processar e julgar as ações em que a OAB figure na relação processual (RE 595.332)

O STF, por unanimidade e nos termos do voto do Relator, apreciando o *tema 258* da repercussão geral, em 31.08.2016, fixou a seguinte tese: "compete à **Justiça Federal** processar e julgar ações em que a Ordem dos Advogados do Brasil, quer mediante o Conselho Federal, quer seccional, figure na relação processual". O caso concreto tratava da **cobrança de anuidades de inscrito inadimplente**.

Estabeleceu a Corte que "a OAB, sob o ângulo do **conselho federal** ou das **seccionais**, não seria associação, pessoa jurídica de direito privado, em relação à qual é vedada a interferência estatal no funcionamento (CF, art. 5.º, XVIII). Consubstanciaria órgão de classe, com disciplina legal — Lei 8.906/94 —, cabendo-lhe impor contribuição anual e exercer atividade fiscalizadora e censória". Poderia ser definida, então, como "**autarquia corporativista**, o que atrairia, a teor do art. 109, I, da CF, a competência da justiça federal para o exame de ações — de qualquer natureza — nas quais ela integrasse a relação processual. Assim, seria impróprio estabelecer distinção em relação aos demais conselhos existentes" (*Inf. 837/STF*).

---

69 **Como assim "servidores da OAB sujeitos ao regime da Lei n. 8.112/90"?** Explicamos: a OAB foi criada pelo art. 17 do Dec. n. 19.408/30 e o seu primeiro estatuto só veio a ser elaborado em 1963 pela Lei n. 4.215. O art. 148 desse dispositivo determinou aos funcionários da OAB a aplicação do regime legal do **Estatuto dos Funcionários Públicos Civis da União e leis complementares**. Tratava-se da Lei n. 1.711/52 que veio a ser revogada pela Lei n. 8.112/90. Conforme visto, a Lei n. 8.906/94 determinou, para esses sujeitos ao regime da **Lei n. 8.112/90**, a opção pelo regime trabalhista, ou, não optando, o posicionamento no quadro em extinção, assegurado o direito adquirido ao regime legal anterior.

12.4.1.5. Constitucionalidade do Exame de Ordem: vitória para os bacharéis em direito e conquista da sociedade (RE 603.583)

Como se sabe, o art. 8.º, IV, do Estatuto da Advocacia (Lei n. 8.906/94) exige a **aprovação em Exame de Ordem** para **inscrição** como **advogado**.

A "OAB", por sua vez, além de "controlar" a inscrição como advogado do bacharel em direito, participa dos concursos públicos para o ingresso nas carreiras da magistratura, do MP, das procuradorias dos Estados e do DF, das Defensorias Públicas, podendo, ainda, ajuizar a ADI e outras ações constitucionais, indicar membros e participar do CNJ, bem como do CNMP.

Diante dessa exigência, muitos bacharéis em direito começaram a se insurgir, e alguns conseguiram decisões judiciais favoráveis, afastando a exigência do *Exame de Ordem*, sob o fundamento dos *princípios da dignidade da pessoa humana*, da *igualdade* e do *livre exercício de qualquer ofício, trabalho ou profissão* (art. 5.º, XIII).

Em **14.12.2009**, os Ministros do STF decidiram haver repercussão geral no **RE 603.583**, que questionava a obrigatoriedade do Exame da OAB para que bacharéis em Direito pudessem exercer a advocacia.

Conforme se observa no *site* do STF, basicamente, o recorrente alegava, em referido RE, "... ofensa aos artigos 1.º, II, III e IV; 3.º, I, II, III e IV; 5.º, II e XIII; 84, IV; 170; 193; 205; 207; 209, II; e 214, IV e V, da Constituição Federal. Inicialmente, afirmava não haver pronunciamento do STF quanto à constitucionalidade do *Exame de Ordem*. Sustentava, em síntese: 1) caber apenas às instituições de ensino superior certificar se o bacharel é apto para exercer as profissões da área jurídica; 2) que a sujeição dos bacharéis ao referido exame viola o direito à vida e aos princípios da dignidade da pessoa humana, da igualdade, do livre exercício das profissões, da presunção de inocência, do devido processo legal, do contraditório e da ampla defesa, bem assim que representa censura prévia ao exercício profissional".

Em **26.10.2011**, contudo, o STF, por unanimidade, julgou **constitucional** referida exigência.

Nos termos da linha de argumentação, o PGR declarou que "'a liberdade profissional não confere um direito subjetivo ao efetivo exercício de determinada profissão, podendo a lei exigir qualificações e impor condições para o exercício profissional', ressaltou. De acordo com o Procurador-Geral, 'no caso da advocacia, diante da **essencialidade da atividade do advogado para a própria prestação jurisdicional**, parece muito consistente a opção do Poder Legislativo no sentido de estabelecer a aprovação do *Exame de Ordem* como condição para o exercício profissional'" (*Notícias STF*, 26.10.2011).

Assim, parece razoável, segundo o STF, o preenchimento da referida exigência normativa, até porque, nos termos do **art. 22, XVI**, compete privativamente à União legislar sobre **as condições para o exercício das profissões**.

Dessa forma, temos de reconhecer que o *Exame de Ordem* surge como um verdadeiro "concurso", nos mesmos moldes e **dificuldades** dos concursos públicos em geral e prestados pelos bacharéis em direito.

Por mais que pareça estranho dizer, diante da opção política do legislador que entendeu necessário o *Exame de Ordem*, não há dúvida de que referida decisão do

STF caracteriza-se como **vitória para os bacharéis em direito**, além, é claro, de uma **conquista da sociedade**.

Isso porque a formação do estudante de Direito terá de ser extremamente séria, devendo o aluno se preparar durante os 5 anos de sua graduação.

Indiscutivelmente, as universidades passarão a ser mais cobradas e deverão entregar um **serviço de melhor qualidade**, **adequado** e **suficiente** para que o exame seja enfrentado e superado.

As faculdades que não conseguirem aprovar terão de rever as suas metodologias e aprimorar a formação dos seus alunos.

A decisão do STF, sem dúvida e insistimos, pode ser definida como inegável vitória dos bacharéis em Direito, que deverão receber um ensino adequado e suficiente para o exercício, com autonomia e segurança, da nobre função de advogado, **indispensável para a administração da justiça** (art. 133 da CF/88).

Parece, ainda, razoável a ponderação do Min. Fux no sentido de **aperfeiçoamento do Exame**, abrindo-o para outros segmentos da sociedade, até porque os concursos em geral têm a participação de outros órgãos ou entidades que exercem importante fiscalização.

Nessa linha, bem-vinda a proposta do **PL 1.284/2011-CD**, que determina a **obrigatoriedade** de **participação ativa** de **representantes do Ministério Público Federal** e **Estadual**, da **Defensoria Pública da União**, dos **Estados** e do **Distrito Federal** e de **representantes de entidade representativa de bacharéis** em todas as fases de elaboração, aplicação e correção das provas do *Exame de Ordem* da Ordem dos Advogados do Brasil.

Bacharéis comemorem... A **advocacia** acaba de ser **valorizada**...

■ *12.4.1.6. Súmula Vinculante 5/STF x Súmula 343/STJ*

Vamos analisar, inicialmente, a redação de cada uma das súmulas que, como se verá, estão em **contradição**, devendo, naturalmente, prevalecer o entendimento firmado na **SV 5/STF**:

SÚMULA VINCULANTE 5/STF	SÚMULA 343/STJ
■ A falta de **defesa técnica** por advogado no *processo administrativo disciplinar* **não** ofende a Constituição ■ Aprovação: Sessão Plenária de 07.05.2008	■ É **obrigatória** a presença de advogado em **todas as fases** do *processo administrativo disciplinar* ■ Julgamento: 3.ª Seção, em 12.09.2007

O que o STF firmou não é que a **falta de defesa** não ofende a Constituição, mas que a falta de defesa **técnica**, por **advogado**, não ofende a Constituição, no **processo administrativo disciplinar**.

Dessa forma, fica a critério do servidor, no processo administrativo, contratar ou não advogado para a sua defesa, lembrando que a decisão administrativa poderá ser revista pelo Poder Judiciário.

De fato, muito embora essa possibilidade de revisão judicial, temos questionado o acerto da referida súmula vinculante, especialmente nas situações específicas de

sanção disciplinar, considerando a prescrição do art. 5.º, LV, CF/88, que assegura aos **acusados** em geral o contraditório e ampla defesa, esta, certamente, com o seu desmembramento da noção de defesa técnica.

Tendo em vista que a SV 5 foi editada no ano de 2008, 3 anos depois, o Conselho Federal da OAB instaurou no STF proposta de cancelamento da referida súmula vinculante (PSV 58). Em 30.11.2016, a Corte, por 6 x 5, rejeitou tal proposta de cancelamento — e observem o placar extremamente apertado, lembrando a necessidade de no mínimo 8 (2/3 dos Ministros) para o cancelamento do verbete!

Assim, mantida a SV 5, temos que reconhecer que a interpretação estabelecida pelo STJ está **superada**, devendo haver o cancelamento da S. 343.

■ *12.4.1.7. Súmula Vinculante 47/2015*

Conforme vimos ao tratar sobre o tema "precatórios" (*item 11.12*), o STF estabeleceu que a definição, prevista na Constituição Federal, de crédito de natureza alimentícia **não é exaustiva** (RE 470.407, Rel. Min. Marco Aurélio, j. 09.05.2006, 1.ª T.).

Como exemplo, destacamos o art. 85, § 14, do CPC/2015 (Lei n. 13.105/2015) ao prescrever que os **honorários** constituem **direito do advogado** e têm **natureza alimentar**, com os mesmos privilégios dos créditos oriundos da legislação do trabalho, sendo vedada a compensação em caso de sucumbência parcial.

Esse entendimento está consagrado na **SV 47** (*DJE* de 02.06.2015), nos seguintes termos: "os **honorários advocatícios** incluídos na **condenação** ou **destacados do montante principal** devido ao credor consubstanciam verba de **natureza alimentar** cuja satisfação ocorrerá com a **expedição de precatório** ou **requisição de pequeno valor, observada ordem especial restrita aos créditos dessa natureza**".

CUIDADO: um alerta deve ser feito em relação a esse tema. A **SV 47** fala em "honorários advocatícios incluídos na **condenação**". Assim, o STF tem alguns julgados fazendo a distinção entre **honorários de sucumbência** (em razão da condenação) e **honorários contratuais**, que, com natureza distinta, decorreriam de negócio jurídico firmado entre as partes e não de condenação judicial.

Esse tema ainda precisa ser analisado pelo Pleno do STF (pendente o enfrentamento específico), mas já existem algumas decisões em reclamação constitucional no sentido de não se admitir o tratamento destacado dos honorários contratuais (que não se confundem com os honorários incluídos na condenação), determinando a sua integração à requisição de pagamento com o valor da dívida e, dessa forma, não se permitindo o fracionamento da execução.[70]

[70] Cf. **RCL 26.243**, Rel. Min. Edson Fachin, julgamento monocrático e final em 30.03.2017, *DJE* de 03.04.2017. Cf., também, concessão de medida acauteladora pela Min. Rosa Weber na **RCL 26.241**, j. 22.03.2017, tendo sido julgada procedente em parte no sentido da ratificação da liminar (j. 07.02.2020). Nesse sentido, cf., ainda, RCL 22.187 e os seguintes precedentes judiciais, tomados em **decisão monocrática**: RCL 27.880/RS, Rel. Min. Edson Fachin, *DJE* de 01.09.2017; RCL 28.030, Rel. Min. Ricardo Lewandowski, *DJE* de 01.09.2017; RCL 28.084, Rel. Min. Gilmar Mendes, *DJE* de 28.08.2017; RCL 28.047, Rel. Min. Dias Toffoli, *DJE* de 28.08.2017; RCL 22.710, Rel.

12.5. DEFENSORIA PÚBLICA[71]

12.5.1. "Ondas renovatórias" (4.ª e 5.ª ondas?). Global Access to Justice Project

Cappelletti e Garth produziram interessante ensaio para o Projeto de Florença, buscando "... delinear o surgimento e desenvolvimento de uma abordagem nova e compreensiva dos problemas" de acesso à "ordem jurídica justa" (Kazuo Watanabe).[72]

No referido estudo, os autores observam que o processo evolutivo dos instrumentos destacados para solucionar a problemática do acesso efetivo à justiça, nos países do Ocidente, está sedimentado em **3 grandes ondas renovatórias**, cada qual, do seu modo, tentando solucionar a problemática de acesso à ordem jurídica justa.

Conforme os autores, *e retomaremos a análise no item 14.10.21* deste estudo, a **primeira grande onda** teve início em 1965, concentrando-se na assistência judiciária. A **segunda** referia-se às "... reformas tendentes a proporcionar representação jurídica para os interesses 'difusos', especialmente nas áreas da proteção ambiental e do consumidor". O **terceiro movimento** ou **onda** foi pelos autores chamado de "enfoque de acesso à justiça", reproduzindo e buscando as experiências anteriores, mas indo além, tentando "... atacar as barreiras ao acesso de modo mais articulado e compreensivo".[73]

Podemos afirmar, portanto, que o estudo da **defensoria pública e da garantia constitucional da assistência jurídica integral e gratuita** encontra fundamento, em um primeiro momento, na perspectiva da **primeira onda renovatória** de Cappelletti e Garth. A evolução do papel desempenhado pela instituição, sem dúvida, passa pelos novos movimentos de superação dos obstáculos de acesso à denominada ordem jurídica justa, especialmente com o reconhecimento da legitimação ativa para a propositura da ação civil pública e a interessante perspectiva da Defensoria Pública como ***custos vulnerabilis***, conforme estudaremos a seguir.

Novas perspectivas surgem, propondo alguns autores a 4.ª e a 5.ª ondas. Destacam-se as contribuições que serão trazidas pelo **Global Access to Justice Project**, que tem o objetivo de "identificar, mapear e analisar essas tendências emergentes, realizando uma nova pesquisa global" que se "revela oportuna e eclética, adotando uma abordagem teórica e geográfica abrangente no mapeamento e estudo do diversificado movimento mundial de acesso à justiça na África, Ásia, Oriente Médio, América Latina, América do Norte, Europa e Oceania" (cf.: <http://www.globalaccesstojustice.com> e o vídeo na plataforma).

Min. Celso de Mello, *DJE* de 14.08.2017. Conforme dito, contudo, ainda não existe discussão específica e pontual pelo Pleno do STF, apesar da edição da SV 47 (pendente).

[71] Este estudo sobre a **Defensoria Pública** teve por base o nosso trabalho "Assistência jurídica, integral e gratuita e o fortalecimento da defensoria pública na reforma do judiciário", in André Ramos Tavares, Pedro Lenza, Pietro de Jesús Lora Alarcón (coord.), *Reforma do Judiciário*, p. 489.

[72] M. Cappelletti e B. Garth, *Acesso à justiça*, p. 8 (tradução e revisão de Ellen Gracie Northfleet do original *Access to Justice*: the worldwide movement to make rights effective. A general report, Milano: Giuffrè, 1978). Em outro estudo, Cappelletti também discorre sobre as **3 ondas renovatórias** (cf. M. Cappelletti, Accesso alla giustizia come programma di riforma e come metodo di pensiero, *Revista do Curso de Direito da Universidade Federal de Uberlândia* 12/309-21, passim, especialmente a partir da p. 316).

[73] M. Cappelletti e B. Garth, Accesso alla giustizia, p. 31.

12.5.2. Assistência jurídica integral e gratuita — aspectos gerais e evolução constitucional. Acesso à justiça como elemento instrumental de concretização do mínimo existencial (Barcellos)

Luís Roberto Barroso, ao apresentar a dissertação de mestrado de Ana Paula de Barcellos, sintetiza as conclusões da autora em relação à dignidade da pessoa humana: "a) os princípios, a despeito de sua indeterminação, possuem sempre um conteúdo básico; b) no tocante ao princípio da **dignidade da pessoa humana**, esse núcleo é representado pelo **mínimo existencial**, conjunto de prestações materiais essenciais sem as quais o indivíduo se encontrará abaixo da linha da dignidade; c) tal mínimo existencial deve ser dotado de eficácia jurídica positiva ou simétrica, isto é as prestações que o compõem poderão ser exigidas de forma direta, mediante tutela específica".[74]

Barcellos, nesse sentido, em sede conclusiva de seu trabalho, apresenta uma **proposta de concretização do mínimo existencial** tendo em conta a Constituição de 1988 e os aspectos práticos decorrentes da eficácia jurídica mencionada, identificando **4 elementos** a integrar "uma estrutura lógica e de fácil demonstração", sendo "... três materiais e um instrumental, a saber: a **educação fundamental**, a **saúde básica**, a **assistência aos desamparados** e o **acesso à Justiça**. Repita-se, ainda uma vez, que esses quatro pontos correspondem ao **núcleo da dignidade da pessoa humana** a que se reconhece eficácia jurídica positiva e, a *fortiori*, o *status* de direito subjetivo exigível diante do Poder Judiciário".[75]

O **elemento instrumental** é o que nos interessa em termos específicos de acesso à justiça e no contexto do estudo da Defensoria Pública, destacando-se o seu papel e a sua evolução constitucional, intimamente atrelados à evolução do direito fundamental de acesso à ordem jurídica justa, instrumento de concretização do mínimo existencial.

Nesse sentido, o art. 5.º, LXXIV, da CF/88 dispõe que o Estado prestará **assistência jurídica integral e gratuita** aos que comprovarem insuficiência de recursos.

No Brasil, a **assistência judiciária** só adquiriu *status* de **garantia constitucional** expressa a partir do advento da Constituição de 1934, art. 113, n. 32, com a seguinte redação: "a União e os Estados concederão aos necessitados *assistência judiciária*, criando, para esse efeito, órgãos especiais, e assegurando a isenção de emolumentos, custas, taxas e selos".

Tal **direito e garantia individual** foi, porém, retirado do texto de 1937, reaparecendo na Constituição de 1946, em seu art. 141, § 35: "o poder público, na forma que a lei estabelecer, concederá *assistência judiciária* aos necessitados", bem como na de 1967 (art. 150, § 32) e na EC n. 1/69 (art. 153, § 32): "será concedida *assistência judiciária* aos necessitados, na forma da lei".

Finalmente, conforme já indicado, a regra é aprimorada pelo inciso LXXIV do art. 5.º da CF/88 e, acompanhando essa evolução do direito fundamental à assistência

[74] Prefácio na obra de Ana Paula de Barcellos, *A eficácia jurídica dos princípios constitucionais*.

[75] Ana Paula de Barcellos, *A eficácia jurídica dos princípios constitucionais*, p. 287-288 e 289-333.

jurídica integral e gratuita, de maneira bastante importante, o texto de 1988 **consagra**, pela primeira vez em sede constitucional, a instituição da **Defensoria Pública** alocando-a como **uma das funções essenciais à Justiça**.[76]

Confrontando os textos, percebe-se uma clara e importante distinção terminológica entre a **assistência judiciária** prevista nas Constituições de 1934, 1946, 1967 e EC n. 1/69 e a atual prescrição, esta muito mais ampla, da garantia de **assistência jurídica integral e gratuita**.

De acordo com a observação de Barbosa Moreira, "a grande novidade trazida pela Carta de 1988 consiste em que, para ambas as ordens de providências, o campo de atuação já não se delimita em função do atributo 'judiciário', mas passa a compreender tudo que seja 'jurídico'. A mudança do adjetivo qualificador da 'assistência', reforçada pelo acréscimo 'integral', importa notável ampliação do universo que se quer cobrir. Os necessitados fazem jus agora à dispensa de pagamentos e à prestação de serviços não apenas na esfera *judicial*, mas em todo o campo dos atos jurídicos. Incluem-se também na franquia: a instauração e movimentação de processos administrativos, perante quaisquer órgãos públicos, em todos os níveis; os atos notariais e quaisquer outros de natureza jurídica, praticados extrajudicialmente; a prestação de serviços de consultoria, ou seja, de informação e aconselhamento em assuntos jurídicos".[77]

■ 12.5.3. Regras gerais e abrangência da Defensoria Pública

Compete à União, aos Estados e ao Distrito Federal legislar concorrentemente **(competência concorrente)** sobre *assistência jurídica* e *defensoria pública* (art. 24, XIII). Isso significa que a **União** legislará sobre **normas gerais** e os **Estados**, bem como o **Distrito Federal**, sobre regras **específicas**.

Nos termos do art. 134, § 1.º (antigo parágrafo único renumerado pela **EC n. 45/2004**), **lei complementar** organizará a Defensoria Pública da União e do Distrito Federal e dos Territórios e prescreverá normas gerais (art. 24, XIII) para sua organização nos Estados, em cargos de carreira, providos, na classe inicial, mediante concurso público de provas e títulos, assegurada a seus integrantes a garantia da inamovibilidade e vedado o exercício da advocacia fora das atribuições institucionais.

Por seu turno, o art. 61, § 1.º, II, "d", da CF/88 prevê serem de **iniciativa exclusiva do Presidente da República** (portanto indelegável) as leis que disponham sobre a

---

[76] Conforme observou Jorge Bheron Rocha em interessante trabalho sobre a evolução normativa da Defensoria Pública, "no Brasil, intentando fazer cumprir o objetivo de redução das desigualdades e erradicação da pobreza (art. 3.º, III, CRFB), garantindo, a todos, o acesso à justiça (art. 5.º, XXXV, CRFB), como forma de construir uma sociedade livre, justa e solidária (art. 3.º, I, CRFB), independente de origem, cor, raça, posição social, gênero ou orientação sexual, convicção filosófica, política ou religiosa, idade, entre outros (art. 3.º, IV, CRFB), é que o constituinte originário erigiu em favor dos necessitados (art. 5.º, LXXIV, CRFB) uma Instituição especialmente dedicada à sua orientação, defesa e promoção jurídicas: a Defensoria Pública (art. 134, *caput*, CRFB)" (*O histórico do arcabouço normativo da Defensoria Pública*: da assistência judiciária à assistência defensorial internacional, p. 266).

[77] J. C. Barbosa Moreira, O direito à assistência jurídica: evolução no ordenamento brasileiro de nosso tempo, *RePro* 67/130.

organização da Defensoria Pública da União, bem como **normas gerais** para a organização da Defensoria Pública dos **Estados**, do **Distrito Federal** e dos **Territórios**.

Devemos analisar essa previsão expressa com a introdução pela EC n. 80/2014 do art. 134, § 4.º, CF/88, que determina a aplicação, no que couber, do art. 93 e do art. 96, II.

Este tema será enfrentado pelo STF. Há proposta doutrinária no sentido do total afastamento da iniciativa exclusiva do Presidente da República em razão do advento da EC n. 80/2014, que teria, segundo sustentado, derrogado, tacitamente, nesse ponto, o art. 61, § 1.º, II, "d".[78]

Muito embora bastante interessante a tese apresentada no parecer de Sarmento, temos certa dificuldade em admitir a revogação do art. 61, § 1.º, II, "d", até porque o art. 134, § 4.º, manda aplicar o art. 93 "no que couber", nada dizendo sobre o art. 61, § 1.º, II, "d".

Também não entendemos possível a iniciativa do Defensor Público-Geral Federal, conforme sustenta o professor, para edição de normas gerais para as defensorias estaduais e do DF, em razão da autonomia assegurada às Defensorias pelas reformas constitucionais.

Nesse sentido, Caio Paiva também manifesta crítica a esse ponto do parecer, qual seja, "a possibilidade de o Defensor Público-Geral Federal, que não tem qualquer vínculo administrativo nem ascendência hierárquica com as Defensorias dos estados e do Distrito Federal, iniciar processo legislativo com o objetivo de alterar as normas gerais da Lei Orgânica Nacional da Defensoria Pública (LC 80/1994)".[79]

Pensamos que a aplicação analógica do art. 128, § 5.º, CF/88, que fala em concorrência entre o Chefe do Poder Executivo e o Chefe da carreira, poderia ser uma solução interessante, especialmente diante dessa perspectiva de aproximação entre a Defensoria Pública e o Ministério Público em razão da EC n. 80/2014. A proposta de concorrência seria para as regras específicas de cada Defensoria, mas, no tocante às normas gerais para tratar sobre a sua organização nos Estados e no DF, pelos motivos expostos, não se poderia admitir a iniciativa do Defensor Público-Geral Federal, ficando, nesse ponto específico, até eventual modificação da Constituição, ainda nas mãos do Presidente da República a iniciativa do projeto de lei complementar. Vejamos:

- **lei complementar federal organizando a Defensoria Pública da União ("normas específicas sobre a DPU"):** iniciativa concorrente ou compartilhada entre o Defensor Público-Geral Federal e o Presidente da República (arts. 61, § 1.º, II, "d";

[78] Cf. Daniel Sarmento, Dimensões constitucionais da Defensoria Pública da União, p. 39-44. Parecer jurídico, disponível em: <http://www.anadef.org.br/images/Anexos_pdfs/Parecer_ANADEF_Daniel_Sarmento_1.pdf>. Acesso em: 14.03.2018.

[79] Conforme afirma Caio Paiva, "para contornar este impasse, entendo que um projeto de lei assinado por todos os defensores públicos-gerais possa ser apresentado diretamente no Congresso Nacional para alterar normas gerais aplicáveis a todas as defensorias públicas, configurando aqui, portanto, uma espécie de legitimidade privativa coletiva, para a qual o Colégio Nacional de Defensores Públicos-Gerais (Condege) pode exercer importante atividade de coordenação" (EC 80/2014 dá novo perfil constitucional à Defensoria Pública, *Revista Consultor Jurídico*, 06.10.2015, 14h26).

134, § 1.º, e aplicação analógica, por força da EC n. 80/2014, do art. 128, § 5.º);[80]

- **lei complementar federal organizando a Defensoria Pública dos Territórios Federais:** iniciativa concorrente ou compartilhada entre o Presidente da República e o Defensor Público-Geral Federal (arts. 21, XIII; 61, § 1.º, II, "d"; 134, § 1.º, e aplicação analógica, por força da EC n. 80/2014, do art. 128, § 5.º);
- **lei complementar nacional estabelecendo as disposições gerais a todas as Defensorias, bem como as normas gerais para organização da Defensoria Pública nos Estados e no DF:** iniciativa reservada do Presidente da República (arts. 61, § 1.º, II, "d", e 134, § 1.º);
- **lei complementar estadual dispondo sobre matérias institucionais em relação à Defensoria Pública Estadual:** iniciativa concorrente ou compartilhada entre o Governador de Estado e o Defensor Público-Geral Estadual (art. 134, §§ 1.º, 2.º e 4.º, e, por simetria, o art. 61, § 1.º, II, "d", c/c o art. 128, § 5.º);
- **lei complementar distrital dispondo sobre matérias institucionais em relação à Defensoria Pública do Distrito Federal:** iniciativa concorrente ou compartilhada entre o Governador do Distrito Federal e o Defensor Público-Geral do Distrito Federal (art. 134, §§ 1.º, 2.º, 3.º e 4.º, e, por simetria, o art. 61, § 1.º, II, "d", c/c o art. 128, § 5.º. Lembramos que a EC n. 69/2012 transferiu da União para o Distrito Federal as atribuições de organizar e manter a Defensoria Pública do Distrito Federal);
- **normas relacionadas à aplicação, no que couber, das matérias do art. 96, II:** trata-se de lei ordinária dispondo sobre a criação e a extinção de cargos, remuneração dos seus serviços auxiliares e dos órgãos que lhes forem vinculados, bem como a fixação do subsídio dos Defensores Públicos, devendo ser a iniciativa do projeto de lei reservada aos Defensores Públicos-Gerais de cada Defensoria Pública, no seu âmbito federativo (art. 134, § 4.º, CF/88).

O tema em análise está em discussão no STF e a tese lançada pelo PGR na petição inicial da **ADI 5.662** (pendente) traz solução interessante e nos termos do que sustentamos. Vejamos: "o art. 61, § 1.º, II, 'd', da CR, embora reserve ao Presidente da República a iniciativa de leis que disponham sobre a organização da Defensoria Pública da União e normas gerais para organização da DP dos estados e do Distrito Federal, não exclui a iniciativa privativa dos defensores públicos gerais para leis que disponham sobre organização, atribuição e estatuto correspondente, observado o regramento geral

[80] Nesse nosso mesmo sentido, apesar de divergências doutrinárias apresentadas por outros autores, também sustentam Diogo Esteves e Franklyn Silva: "entendemos que a Emenda Constitucional n. 80/2014 não é capaz de alterar (revogar) a realidade até então consubstanciada no art. 61, § 1.º, II, 'd', da CRFB, que confere ao Presidente da República a iniciativa de leis referentes à organização da Defensoria Pública da União, bem como normas gerais para a organização da Defensoria Pública dos Estados, do Distrito Federal e dos Territórios. O conteúdo normativo do *caput* do art. 93 da Constituição Federal não possui equivalência total com o regime da Defensoria Pública, não podendo ele ser plenamente adaptado por meio da norma de extensão da parte final do art. 134, § 4.º, da CRFB, já que sua incidência só ocorre 'no que couber'" (*Princípios institucionais da Defensoria Pública*, 3. ed., *Kindle Locations* 4143-4148).

definido pela lei nacional de normas gerais da defensoria pública (da LC n. 80/94). Não há contradição entre o art. 61, § 1.º, II, 'd', da CR, com a iniciativa privativa das defensorias públicas estaduais para leis que disponham sobre matérias institucionais (CR, art. 134, §§ 1.º, 2.º e 4.º), à semelhança do Ministério Público. A iniciativa presidencial exclusiva reserva-se para a lei nacional de normas gerais de organização da defensoria pública dos estados e do Distrito Federal, incumbindo aos defensores públicos gerais a das leis que minudenciarão organização, atribuições e estatuto das defensorias públicas dos estados" (petição inicial, fls. 7 e 8, ajuizada em 24.02.2017).

Avançando o estudo sobre as regras gerais, o art. 48, IX, por sua vez, determina que o Congresso Nacional, com a sanção do Presidente da República, disporá sobre a organização **administrativa** e **judiciária** da Defensoria Pública da **União** e dos **Territórios** (redação dada pela **EC n. 69/2012**).

Não podemos nos esquecer dos arts. 21, XIII, e 22, XVII, ambos também com a redação dada pela *EC n. 69/2012*, que transferiu da União para o Distrito Federal as atribuições de organizar e manter a sua Defensoria Pública.

A **EC n. 74/2013** explicitou a autonomia da Defensoria Pública do DF (que já havia sido estabelecida no art. 2.º da EC n. 69/2012) e, inovando, assegurou a autonomia para a Defensoria Pública da União.

Por sua vez, a **EC n. 80/2014** alterou drasticamente as regras sobre a Defensoria Pública elevando-a, como se verá melhor a seguir (cf. *item 12.5.6*), à condição de carreira totalmente desvinculada das demais indicadas na Constituição como *funções essenciais à Justiça*.

Destacamos, ainda, a **LC n. 80/94** (alterada pela LC n. 98/99 e pela LC n. 132/2009, devendo ser interpretada à luz da EC n. 69/2012),[81] que organiza a Defensoria Pública da União e dos Territórios, prescrevendo normas gerais para a sua organização nos Estados e no Distrito Federal, em cargos de carreira, providos, na classe inicial, mediante concurso público de provas e títulos, assegurada a seus integrantes a garantia da inamovibilidade e vedado o exercício da advocacia fora das atribuições institucionais.[82]

[81] Para aqueles que forem prestar o concurso de Defensor, indispensável a sua leitura. Os concursos específicos exigem o conhecimento das regras lá contidas. Outrossim, aqueles que forem prestar concurso para Defensorias Estaduais, deverão ter conhecimento das leis complementares de cada Estado, bem como da lei complementar do Distrito Federal. Muito embora a LC n. 80/94 estabeleça a organização da Defensoria Pública do DF, devemos interpretar essa disposição à luz da **EC n. 69/2012**, que transferiu da União para o Distrito Federal as atribuições de organizar e manter a Defensoria Pública do Distrito Federal. Nesse sentido, o art. 2.º da EC n. 69/2012: "sem prejuízo dos preceitos estabelecidos na Lei Orgânica do Distrito Federal, aplicam-se à Defensoria Pública do Distrito Federal os mesmos princípios e regras que, nos termos da Constituição Federal, regem as Defensorias Públicas dos Estados". Portanto, devemos entender, a partir da EC n. 69/2012, que a lei complementar nacional estabelece as normas gerais não apenas para os Estados, como também para a Defensoria Pública do Distrito Federal.

[82] Destacamos a Defensoria Pública do Rio de Janeiro, pioneira no Brasil e na América Latina (1954). Em seguida, a do Rio Grande do Sul (1968) e Mato Grosso do Sul (1982), sendo que, após a EC n. 45/2004, os Estados estão paulatinamente implantando as suas defensorias e, com isso, fortalecendo a carreira.

A teor do art. 2.º da referida LC, a Defensoria Pública **abrange**, procurando harmonizar-se[83] com as novidades introduzidas pela **EC n. 69/2012** (que transferiu da União para o Distrito Federal as atribuições de organizar e manter a Defensoria Pública do Distrito Federal):

- Defensoria Pública da União;
- Defensoria Pública dos Territórios;
- Defensoria Pública dos Estados;
- Defensoria Pública do Distrito Federal.

O art. 14 da LC n. 80/94 estabelece que a Defensoria Pública da União atuará nos Estados, no Distrito Federal e nos Territórios, junto às Justiças Federal, do Trabalho, Eleitoral, Militar, Tribunais Superiores e instâncias administrativas da União.

Assim, percebe-se que nos Estados teremos tanto a Defensoria Pública da União (restringindo a sua atuação nos graus e instâncias administrativas federais) como a dos Estados. No âmbito do Distrito Federal, também a Defensoria Pública da União e a do Distrito Federal, organizada e mantida pelo próprio DF, bem como, nos Territórios, a da União, além da dos Territórios (quando criados), organizada e mantida, contudo, neste último caso, pela União (EC n. 69/2012, arts. 21, XIII, e 22, XVII).

Finalmente, devemos fazer uma importante pergunta: **existe Defensoria Pública municipal?**

Não!

Assim como não há MP e Judiciário municipais, não se admite, nos termos da Constituição, a criação de uma Defensoria Pública municipal. Na verdade, existem núcleos da Defensoria Pública, tanto a Federal como a Estadual, nos Municípios.[84]

■ 12.5.4. O fortalecimento da Defensoria Pública pela EC n. 45/2004 (Reforma do Judiciário), bem como pelas ECs ns. 69/2012 e 74/2013: autonomia funcional, administrativa e financeira

A **EC n. 45/2004** fortaleceu as Defensorias Públicas Estaduais ao constitucionalizar a autonomia funcional e administrativa e fixar competência para proposta orçamentária, nos termos do § 2.º, inserido no art. 134: "às Defensorias Públicas Estaduais são asseguradas autonomia funcional e administrativa e a iniciativa de sua

[83] Conforme o art. 3.º da **EC n. 69/2012**, o Congresso Nacional e a Câmara Legislativa do Distrito Federal, imediatamente após a promulgação da referida emenda e de acordo com suas competências, instalarão comissões especiais destinadas a elaborar, em 60 dias, os projetos de lei necessários à adequação da legislação infraconstitucional à matéria nela tratada.

[84] Alertamos que tramita no STF a **ADPF 279**, tendo por objeto leis do município de Diadema (SP) que tratam da prestação do serviço de assistência jurídica e da Defensoria Pública (pendente). Em sede doutrinária, refutando a possibilidade de criação de defensorias municipais e analisando o referido caso concreto, cf. Maurilio Casas Maia, *RT* 987/127.

proposta orçamentária dentro dos limites estabelecidos na lei de diretrizes orçamentárias e subordinação ao disposto no art. 99, § 2.º".

O então Senador Bernardo Cabral, primeiro relator da Reforma, em seu parecer observou que "a atribuição da autonomia funcional e administrativa às Defensorias Públicas, e o poder de iniciativa de sua proposta orçamentária, conferirá a essas instituições uma importante desvinculação do Poder Executivo, com o qual não guardam qualquer relação de afinidade institucional, além de propiciar um fortalecimento da instituição e da consequente atuação institucional".

Referida autonomia financeira é consolidada pela nova regra do art. 168 da CF/88,[85] na medida em que, conforme também observou Bernardo Cabral, passa a existir "... previsão de repasse direto do duodécimo orçamentário até o dia 20 de cada mês. A negativa desse repasse configura descumprimento de ordem constitucional e, portanto, crime de responsabilidade, pela letra do art. 85 da Constituição Federal".

Partindo da incontestável premissa da autonomia funcional e administrativa da Defensoria Pública, além da iniciativa de sua proposta orçamentária, o STF, no julgamento da **ADPF 339**, estabeleceu a seguinte tese: "é dever constitucional do Poder Executivo o repasse, sob a forma de duodécimos e até o dia 20 de cada mês (art. 168 da CRFB/88), da integralidade dos recursos orçamentários destinados a outros Poderes e órgãos constitucionalmente autônomos, como o Ministério Público e a **Defensoria Pública**, conforme previsão da respectiva Lei Orçamentária Anual" (Rel. Min. Fux, j. 18.05.2016, *DJE* de 1.º.08.2016).

Nesse sentido, **afastando** a divergência aberta pelo Min. Gilmar Mendes, que admitia o corte ou contingenciamento no orçamento das Defensorias Públicas nas hipóteses de frustração de receita, por entender que os repasses devem ser feitos "nos limites do financeiramente possível", a maioria do STF, no julgamento da **ADPF 384**, por outro lado, reafirmou o entendimento de que, mesmo em contextos de frustação na arrecadação, como, por exemplo, durante a pandemia da Covid-19, "a retenção do repasse de duodécimos por parte do Poder Executivo configura **ato abusivo e atentatório à ordem constitucional brasileira**" (Pleno, 7 x 3, j. 06.08.2020, *DJE* de 08.10.2020. Em igual sentido, **ADPF 504**, Plenário, Sessão Virtual de 9.10.2020 a 19.10.2020).

Neste último precedente, conforme assinalou a Min. Rosa Weber, Relatora, o "desenho de **autonomia financeira** é voltado para a proteção da interferência indevida do Chefe do Poder Executivo em outros Poderes e órgãos (ou instituições) de Estado. Desse modo, o **argumento de contingenciamento de gastos públicos não pode ser usado como instrumento de barganha política** contra outros poderes e instituições, sob pena de deturpação e captura do Estado de Direito" (ADPF 504, fls. 10 do voto).

---

85 "Art. 168. Os recursos correspondentes às dotações orçamentárias, compreendidos os créditos suplementares e especiais, destinados aos órgãos dos Poderes Legislativo e Judiciário, do Ministério Público e da **Defensoria Pública**, ser-lhes-ão entregues até o dia 20 de cada mês, **em duodécimos**, na forma da lei complementar a que se refere o art. 165, § 9.º" (original sem grifos).

Ainda, "o afastamento da incidência da regra constitucional do art. 168 da Constituição e dos precedentes judiciais afirmados poderia ocorrer apenas na hipótese de **causa excepcional**. Essa causa de exceção consiste na configuração da situação de **frustração de receita líquida arrecada pelo ente federado**, de modo a impossibilitar o cumprimento das obrigações financeiras e orçamentárias", sob pena de se caracterizar ingerência indevida do Executivo (fls. 13 do voto).

Isso posto, um alerta em relação a essa evolução deve ser feito: o constituinte reformador se "esqueceu" de fixar as referidas regras para as **Defensorias Públicas da União e do Distrito Federal**. Essa situação **seria** corrigida pela "PEC Paralela da Reforma do Poder Judiciário", que, "atrasada", ainda tramita.

A **EC n. 69/2012**, por sua vez, com atraso de quase 8 anos (já que o assunto deveria ter sido introduzido pela *Reforma do Judiciário*), finalmente, transferiu, agora formal e oficialmente, da União para o Distrito Federal, as atribuições de **organizar** e **manter** a Defensoria Pública do DF.

Anteriormente, segundo o art. 21, XIII, em sua redação original, a Defensoria Pública do DF era organizada e mantida pela União, assim como ainda acontece com o Poder Judiciário, o Ministério Público, a Polícia Civil, a polícia penal (EC n. 104/2019), a Polícia Militar e o Corpo de Bombeiros Militar do Distrito Federal (art. 21, XIV).

No tocante à Defensoria Pública do DF, todavia, na prática, essa situação **nunca** se observou. Ou seja, a União, até o advento da EC n. 69/2012, não tinha, ainda, criado a Defensoria Pública do DF.

O serviço de assistência judiciária era exemplarmente prestado pelo **Centro de Assistência Judiciária do Distrito Federal (CEAJUR-DF)**, criado, em 1987, pelo Governo do Distrito Federal.

Dessa forma, a EC n. 69/2012 corrige a distorção de manter o órgão de assistência sob a organização da União para adequar-se à situação prática que já se observava e, assim, fortalecer a Defensoria Pública do DF.

Nesse sentido, o art. 2.º da EC n. 69/2012 estatui que, sem prejuízo dos preceitos estabelecidos na Lei Orgânica do Distrito Federal, **aplicam-se à Defensoria Pública do Distrito Federal** os mesmos **princípios** e **regras** que, nos termos da Constituição Federal, regem as Defensorias Públicas dos Estados.

Portanto, também à Defensoria Pública do Distrito Federal são asseguradas **autonomia funcional** e **administrativa** e a **iniciativa de sua proposta orçamentária** dentro dos limites previstos na lei de diretrizes orçamentárias e subordinação ao disposto no art. 99, § 2.º.

Toda essa evolução está consagrada na **EC n. 74/2013**, que acrescenta o § 3.º ao art. 134, para deixar claro que às **Defensorias Públicas da União** e do **Distrito Federal** aplica-se o disposto no art. 134, § 2.º, ou seja, a já citada autonomia funcional e administrativa, bem como a iniciativa de proposta orçamentária, inicialmente asseguradas para a Defensoria Pública Estadual.

Pois bem, diante do incontestável reconhecimento de **autonomia funcional, administrativa e financeira da defensoria pública estadual, do DF e da União** (ECs ns. 45/2004, 69/2012 e 74/2013), não se admite a sua vinculação a quaisquer dos Poderes. Assim, estabelecer que a defensoria pública é integrante do Poder Executivo, ou subordinada ao Governador de Estado, ou integrante de determinada Secretaria do governo, tudo isso **afronta a Constituição**. Vejamos:

> "EMENTA: A EC 45/2004 outorgou expressamente autonomia funcional e administrativa às defensorias públicas estaduais, além da iniciativa para a propositura de seus orçamentos (art. 134, § 2.º): donde, ser inconstitucional a norma local que estabelece a vinculação da Defensoria Pública a Secretaria de Estado. A norma de autonomia inscrita no art. 134, § 2.º, da CF pela EC 45/2004 é de **eficácia plena e aplicabilidade imediata**, dado ser a Defensoria Pública um instrumento de efetivação dos direitos humanos" (**ADI 3.569**, Rel. Min. Sepúlveda Pertence, j. 02.04.2007. No mesmo sentido: **ADI 4.056**, rel. Min. Ricardo Lewandowski, j. 07.03.2012, Plenário; **ADI 3.965**, Rel. Min. Cármen Lúcia, j. 07.03.2012, Plenário).

Nesse sentido da **autonomia constitucional da Defensoria**, o STF vem nulificando expressões de leis estaduais que submetam a Defensoria Pública a atos do governador, por ofensa aos arts. 24, XIII e § 1.º, e 134, CF/88, ou medidas que lhe retirem a autonomia, como a redução unilateral pelo Poder Executivo do orçamento proposto dentro das regras constitucionais, ou a ausência de repasse de duodécimos orçamentários, ou, ainda, a ausência de participação da Defensoria no processo de formulação de lei orçamentária (cf. ADI 5.286, ADI 5.287, ADPF 339 e ADI 5.381, j. 18.05.2016).

12.5.5. Autonomia da Defensoria Pública da União — DPU. Constitucionalidade da EC n. 74/2013. A pretensão formulada na ADI 5.296 (10.04.2015) mostra-se totalmente infundada

Conforme já pudemos observar, a **EC n. 45/2004** (*Reforma do Poder Judiciário*) estabeleceu as autonomias funcional e administrativa e a iniciativa de sua proposta orçamentária dentro dos limites estabelecidos na lei de diretrizes orçamentárias apenas em relação às **Defensorias Públicas Estaduais**.

Inegavelmente, dado o **caráter nacional e uno da instituição**, organizada em cada ente federativo à luz da **simetria**, bem como a necessidade de se estabelecer um tratamento **isonômico** entre as defensorias nos âmbitos federal, estadual e distrital, houve um grave erro cometido pelo constituinte reformador ao tratar, na EC n. 45/2004, apenas da Defensoria Pública Estadual.

Na busca de sua correção, algumas medidas foram implementadas: **a)** nova proposta de emenda durante a votação da *Reforma do Judiciário*, corrigindo a imperfeição; **b)** ajuizamento da ADI 4.282 (pela *Associação Nacional dos Defensores Públicos da União — ANDPU*), com o pedido de interpretação conforme a Constituição para se reconhecer a autonomia da Defensoria como um todo, e não apenas a estadual; **c)** em momento seguinte, de modo mais efetivo, a aprovação de emendas constitucionais.

Como se sabe, e na ordem apresentada, a primeira tentativa de correção do "erro" foi a apresentação, pelo Senado Federal, da **PEC 29-A**, já aprovada naquela Casa e que, ainda, tramita na Câmara dos Deputados desde o ano de 2005 (como **PEC 358**), conhecida como *PEC Paralela da Reforma do Poder Judiciário* e que fixa, de modo natural e correto, a autonomia para as Defensorias Públicas do DF e da União.

Diante da brutal demora em se aprovar o texto, bem como da inexistência de julgamento da citada ADI 4.282, novas propostas de emendas à Constituição, tratando o tema de modo isolado, foram aprovadas, destacando-se a **EC n. 69/2012**, que deu autonomia para a Defensoria Pública do DF e a **EC n. 74/2013**, que fixou, em igual amplitude, autonomia para a Defensoria Pública da União.

Inusitadamente, no dia **10 de abril de 2015**, portanto quase 2 anos após a promulgação da **EC n. 74/2013** (que se deu em 06.08.2013), e com infundado pedido de liminar, a então Presidente da República, Dilma Rousseff, ajuizou a **ADI 5.296**, requerendo fosse declarada a inconstitucionalidade da emenda, com fundamento em dois esdrúxulos argumentos: **a)** vício formal por suposta violação à regra da iniciativa reservada ao Presidente da República (art. 61, § 1.º, II, "c" — iniciativa para dispor sobre o regime jurídico dos servidores públicos da União); **b)** por consequência, violação à cláusula pétrea da separação de poderes (art. 60, § 4.º, III).

Inegavelmente, com o máximo respeito, **os argumentos são totalmente insustentáveis**.

Em primeiro lugar, conforme já tivemos a oportunidade de estabelecer ao analisar a EC n. 73/2013, que criou os Tribunais Regionais Federais das 6.ª, 7.ª, 8.ª e 9.ª Regiões, introduzindo o § 11 ao art. 27 do ADCT (*item 9.13.3.3.3*), em discussão na ADI 5.017 (pendente), não se pode fazer qualquer relação entre o princípio da simetria a ser observado nos âmbitos estadual, distrital e municipal, com a manifestação do poder constituinte derivado reformador a alterar a Constituição Federal.

As matérias de **iniciativa reservada** estabelecidas para o Presidente da República, por simetria, devem ser observadas pelos demais Chefes do Poder Executivo, mas não em relação ao processo de reforma da Constituição da República.

De fato, conforme consolidou o STF, para esses temas previstos no art. 61, § 1.º, II, nem mesmo a emenda à Constituição **Estadual** poderia servir como mecanismo para "driblar" a previsão da iniciativa reservada ao Governador de Estado (nesse sentido, cf. o voto do Min. Marco Aurélio na ADI 3.930).

Também pudemos expor que essa regra veio a ser flexibilizada pelo STF no sentido de não haver a exigência de se observar a regra da iniciativa reservada quando estivermos diante da manifestação do **poder constituinte derivado decorrente inicial**, ou seja, aquele que elabora a Constituição do Estado ou a Lei Orgânica do DF **pela primeira vez** (cf. **ADI 2.581**, Rel. p/ o ac. Min. Marco Aurélio, j. 16.08.2007, Plenário, *DJE* de 15.08.2008. No mesmo sentido: **ADI 1.167**, Rel. Min. Dias Toffoli, j. 19.11.2014, Plenário, *DJE* de 10.02.2015 — cf. *item 9.13.3.3.10*).

Dessa forma, o STF apenas enfrentou a questão envolvendo a legislação estadual (e, em outros julgados, legislações municipais) e as emendas introduzidas no plano estadual para a alteração da Constituição estadual (nesse sentido, todos os precedentes citados na ADI 5.296, a saber: ADIs 3.930, 2.966, 1.381, 3.295, 4.154, 2.420 e 637).

O dever de se observar simetricamente as regras estabelecidas no art. 61, § 1.º, II, decorre da disposição contida no art. 25, *caput*, ao prever que os Estados organizam-se e regem-se pelas Constituições e leis que adotarem, **observados os princípios da Constituição Federal** (no mesmo sentido, no âmbito do Distrito Federal, conforme art. 32, § 3.º, bem como para os Municípios, em razão do art. 29, *caput*).

Assim, no momento do ajuizamento da referida ADI 5.296 (10.04.2015), não havia nenhum precedente da Corte que tivesse reconhecido o sugerido *vício formal subjetivo de inconstitucionalidade* para as hipóteses de emendas à Constituição **Federal** que veiculam matérias de iniciativa reservada ao Presidente da República. Aliás, a pretensão formulada, inegavelmente, está **destituída de fundamento**, mostra-se **infundada, viola a regra expressa do art. 60, I, da CF/88**, além de **alterar a verdade dos fatos**, no caso, como se disse, a **jurisprudência do STF** que, ao contrário do afirmado na petição inicial, **não tem nenhuma relação com a hipótese da EC n. 74/2013**, sem contar o **retrocesso** em termos da efetiva proteção aos necessitados.

Em relação à manifestação do poder constituinte derivado reformador, conforme já estudamos, novamente exemplificando, a EC n. 45/2004, que criou o CNJ (apesar de não ser tribunal inferior, é órgão do Poder Judiciário — art. 92, I-A), bem como extinguiu os tribunais de alçada, não foi nulificada pelo STF. Ainda, a EC n. 24/99, que pôs fim aos juízes classistas, também não foi declarada inconstitucional pela Corte. Aliás, em nenhum momento houve qualquer discussão sobre esse aspecto (vício formal) em relação à EC n. 45/2004, também de iniciativa parlamentar, ao estabelecer a autonomia da defensoria pública estadual.

O poder constituinte originário fixou os legitimados para reforma da Constituição, indicados no art. 60, I, II e III (iniciativa concorrente, e não exclusiva do Presidente da República), bem como os limites materiais fixados nas cláusulas pétreas, não se podendo criar outros limites que não esses explicitados. Como se disse e sustentamos, o art. 61, § 1.º, II, "c", **não está direcionado às emendas constitucionais no plano federal**.

Consequentemente, não teria sentido o argumento de violação à cláusula pétrea da separação de poderes.

E mais, estabelecer outras restrições significaria impedir a atualização do texto no contexto da **evolução social** e, assim, "petrificar" a Constituição, oficializando uma nefasta ditadura de um exclusivo legitimado (no caso, o Presidente da República) para os temas ali previstos no art. 61, § 1.º, II.

Além de toda essa argumentação, que já seria suficiente para total improcedência da ADI 5.296, a reforma introduzida pela EC n. 74/2013 não tem nada a ver com "servidores públicos da União e Territórios, seu regime jurídico, provimento de cargos, estabilidade e aposentadoria" (art. 61, § 1.º, II, "c"). A previsão da autonomia da Defensoria Pública da União vem ao encontro da realização do direito fundamental de acesso à ordem jurídica justa e do tratamento nacional e uno da instituição, dentro de uma perspectiva de isonomia e de concretização de direitos fundamentais.

Diante do incontestável reconhecimento de autonomia funcional, administrativa e financeira da defensoria pública estadual, do DF e da União (ECs ns. 45/2004,

69/2012 e 74/2013), **não se admite a sua vinculação a quaisquer dos Poderes** (as disposições são de eficácia plena e aplicabilidade imediata). Estabelecer que a defensoria pública é integrante ou subordinada ao Poder Executivo, diante das regras introduzidas, significa afrontar a Constituição e regredir em termos do direito fundamental de proteção aos necessitados.

Por todo o exposto, os argumentos lançados na ADI não só são destituídos de fundamentos (insubsistentes) como estão na contramão dos **documentos internacionais**, por exemplo, a *Resolução n. 2.821/2014 da OEA*, que recomenda aos Estados a concessão, aos defensores públicos, de independência e autonomia funcional, financeira e/ou orçamentária e técnica (item 5), como destacado por **Daniel Sarmento** em bem fundamentado parecer dado no sentido da constitucionalidade da EC n. 74/2013.[86]

Nesse sentido, em 18.05.2016, o STF, por 9 x 2, indeferiu o pedido de medida cautelar, nos termos do voto da Relatora (*DJE* de 11.11.2016). Finalmente, em **04.11.2020**, o Tribunal, por maioria de 9 x 1, julgou improcedente o pedido formulado na ação direta, mantendo a constitucionalidade da EC n. 74/2013, tendo em vista a inexistência de vício de iniciativa parlamentar da PEC, já que, no caso, a regra de iniciativa reservada ao Presidente da República prevista no art. 61, § 1.º, não se aplicava à iniciativa de PEC no plano federal.

Conforme enfatizou a ministra, se não fosse esse entendimento, "37 emendas constitucionais de origem parlamentar versando sobre matérias de iniciativa do Poder Executivo ou do Judiciário, 'algumas de caráter estrutural do sistema político jurídico brasileiro atual e inquestionável relevância (reforma previdenciária, reforma do Poder Judiciário, ajuste fiscal etc.), poderiam ter a sua constitucionalidade legitimamente desafiada, com consequências políticas, jurídicas e econômicas imponderáveis'" (*Notícias STF* de 06.11.2020, *DJE* de 26.11.2020).

■ 12.5.6. As profundas alterações introduzidas pela EC n. 80/2014

■ *12.5.6.1. Visão topológica*

Partindo das prescrições estabelecidas pelas ECs ns. 45/2004, 69/2012, 74/2013, podemos dizer que a **EC n. 80/2014** introduziu profundas alterações em relação à Defensoria Pública, trazendo avanços extraordinários e a consolidação de seu reconhecimento constitucional como **"metagarantia"**.[87] A prestação de assistência aos necessitados e vulneráveis não deve ser vista como "favor", mas direito da sociedade e dever do Estado.

[86] Para leitura do relevante trabalho de Sarmento, cf. <http://www.anadef.org.br/images/042015/Parecer_Autonomia_DPU_Daniel_Sarmento.pdf>, acesso em 08.01.2017.

[87] Adriana Fagundes Burger, Patrícia Kettermann e Sérgio Sales Pereira Lima (Org.), *Defensoria Pública [recurso eletrônico]*: o reconhecimento constitucional de uma metagarantia, passim, acesso em 20.04.2015.

O mais importante, nos parece, diz respeito à sua previsão "topológica", no capítulo IV, do título IV, da Constituição, agora em **seção separada própria** e **exclusiva**. Antes da EC n. 80/2014, a Defensoria Pública estava alocada na mesma sessão da Advocacia, conforme se observa abaixo:

REDAÇÃO ORIGINAL (CF/88)	REDAÇÃO DADA PELA EC N. 80/2014
TÍTULO IV CAPÍTULO IV — Das funções essenciais à Justiça ■ Seção I — Do Ministério Público ■ Seção II — Da Advocacia Pública ■ Seção III — Da Advocacia e da Defensoria Pública	TÍTULO IV CAPÍTULO IV — Das funções essenciais à Justiça ■ Seção I — Do Ministério Público ■ Seção II — Da Advocacia Pública ■ Seção III — Da Advocacia ■ **Seção IV — Da Defensoria Pública**

Podemos dizer, então, que, a partir do advento da EC n. 80/2014, quatro passam a ser as funções essenciais à Justiça, com regras próprias e muito bem delimitadas, o que, então, permite-nos afirmar que a Defensoria Pública está, agora, do ponto de vista institucional, desvinculada da Advocacia.

■ 12.5.6.2. *Instituição permanente e essencial à função jurisdicional do Estado*

De acordo com o art. 134, *caput*, na redação dada pela EC n. 80/2014, a Defensoria Pública é **instituição permanente, essencial à função jurisdicional do Estado, incumbindo-lhe**, nos termos do inciso LXXIV do art. 5.º da Constituição Federal, de forma **integral** e **gratuita**, **como expressão e instrumento do regime democrático**, fundamentalmente e em prol dos necessitados:

- ■ a **orientação jurídica**;
- ■ a **promoção dos direitos humanos**;
- ■ a **defesa**, em todos os graus, **judicial e extrajudicial**, dos direitos individuais e coletivos.

■ 12.5.6.3. *Princípios institucionais da Defensoria Pública*

De acordo com o art. 134, § 4.º, da CF/88, introduzido pela EC n. 80/2014, constitucionalizando o que já constava do art. 3.º, da LC n. 80/94, são **princípios institucionais** da Defensoria Pública a **unidade**, a **indivisibilidade** e a **independência funcional**, aplicando-se também, no que couber, e aqui a importante novidade, o disposto no **art. 93** e no **inciso II do art. 96** desta Constituição Federal.

Essa nova previsão tem redação idêntica àquela fixada pelo constituinte originário para o Ministério Público nos termos do **art. 127, § 1.º**, e, assim, as perspectivas lançadas no *item 12.2.5.1* podem ser aqui aplicadas.

As regras contidas nos arts. 93 e 96, II, também dão a dimensão atribuída pela EC n. 80/2014 para a Defensoria Pública.

12.5.6.4. Número de defensores públicos na unidade jurisdicional

Na "justificação" da *PEC 247/2013*, foi considerado importante estudo, de recomendável leitura, especialmente pelos governantes, realizado pela *Associação Nacional dos Defensores Públicos — ANADEP* em conjunto com o *Instituto de Pesquisa Econômica Aplicada — IPEA*, com o apoio e a colaboração do *Ministério da Justiça*, denominado **"Mapa da Defensoria Pública no Brasil"**. Conforme destacado no trabalho, no Brasil, havia "8.489 cargos criados de defensor público dos Estados e do Distrito Federal, dos quais **apenas** 5.054 estão providos (59%). Esses 5.054 defensores públicos se desdobram para cobrir **28%** das comarcas brasileiras, ou seja, na grande maioria das comarcas, o Estado acusa e julga, mas não defende os mais pobres. Na Defensoria Pública da União a situação não é diversa: São 1.270 cargos criados e apenas 479 efetivamente providos, para atender 58 sessões judiciárias de um total de 264, o que corresponde a uma cobertura de 22%".[88]

Nesse contexto, de acordo com o art. 98, *caput*, do ADCT, também introduzido pela EC n. 80/2014, seguindo a mesma redação que foi dada pela EC n. 45/2004 em relação ao número de juízes, está estabelecido que o número de defensores públicos na unidade jurisdicional será proporcional à efetiva **demanda** pelo serviço da Defensoria Pública e à respectiva **população**. Com isso, assegura-se a eficaz prestação do serviço de assistência, de modo efetivo, e pela carreira da Defensoria Pública.

Para se cumprir essa previsão, foi estabelecido o prazo de **8 anos** a partir do advento da referida emenda, quando, então, a União, os Estados e o Distrito Federal deverão contar com defensores públicos em **todas** as unidades jurisdicionais, observadas as regras acima mencionadas.

Durante esse período, a lotação dos defensores públicos ocorrerá, prioritariamente, atendendo as regiões com maiores índices de exclusão social e adensamento populacional.

Assim, ao final desse período de 8 anos, não mais fará sentido o Estado continuar fazendo convênios com a OAB e outras instituições, já que, de modo muito claro, esse "serviço" de assistência foi fixado para ser prestado pela **carreira da Defensoria Pública**, havendo o dever da realização de concurso público para o cumprimento da meta de defensores proporcional à efetiva **demanda** pelo serviço da Defensoria Pública e à respectiva **população**.

---

[88] O estudo é do ano de 2013 (os dados analisados na pesquisa foram coletados entre os meses de setembro/2012 e fevereiro/2013). Para relatório completo: <http://www.anadep.org.br/wtksite/mapa_da_defensoria_publica_no_brasil_impresso_.pdf>, acesso em 20.04.2015. Os números devem ser acompanhados e servem de importante trincheira de batalha na consolidação dessa carreira tão importante para o país (estima-se que, segundo os dados do IBGE/2010, 82% dos brasileiros — com renda de até 3 salários mínimos, ao menos em tese, dependem do trabalho desses **combatentes, vocacionados** e **incansáveis** advogados).

■ 12.5.6.5. *O defensor público, uma vez nomeado e tendo tomado posse, tem o dever de continuar inscrito nos quadros da OAB?*

Como todos sabem, o advogado é indispensável à administração da justiça, sendo inviolável por seus atos e manifestações no exercício da profissão, **nos limites da lei** (art. 133 da CF/88).

Já tivemos a oportunidade de destacar que a presença do advogado pode ser dispensada como se observa, para se ter exemplos, nos juizados especiais (art. 20 da Lei n. 9.099/95 e art. 10 da Lei n. 10.259/2001), para a impetração do *habeas corpus*, na Justiça do Trabalho, para a propositura de ações revisionais, nas hipóteses da SV 5 etc.

Assim, diante da omissão constitucional sobre a necessidade de o defensor público continuar inscrito nos quadros da OAB, entendemos que a resposta à pergunta formulada deverá ser dada pelo legislador, considerando as disposições constitucionais, especialmente a EC n. 80/2014. Vejamos as regras previstas na legislação infraconstitucional para, em seguida, expor o nosso ponto de vista diante da reforma constitucional:

- **art. 3.º, § 1.º, da Lei n. 8.906/94** (*Estatuto da Advocacia*): exercem atividade de advocacia, **sujeitando-se ao regime desta lei**, *além do regime próprio* a que se subordinem, os integrantes, dentre os ali indicados, da **Defensoria Pública**;
- **arts. 26 e 71 da LC n. 80/94** (*em relação à Defensoria Pública da União e à dos Territórios, não havendo previsão para a dos Estados e, em razão do art. 2.º da EC n. 69/2012, também sem nenhuma previsão para a Defensoria Pública do DF*): o candidato, **no momento da inscrição, deve possuir registro na Ordem dos Advogados do Brasil**, ressalvada a situação dos proibidos de obtê-la, e comprovar, no mínimo, dois anos de prática forense, devendo indicar sua opção por uma das unidades da federação onde houver vaga;
- **art. 4.º, § 6.º, da LC n. 80/94** (*introduzido pela LC n. 132/2009*): a **capacidade postulatória** do Defensor Público decorre **exclusivamente** de sua **nomeação** e **posse** no **cargo público**.

Essa perspectiva de expressa **distinção** entre a **advocacia** e a **Defensoria Pública** também foi observada em vários dispositivos do **CPC/2015**, destacando-se: arts. 3.º, § 3.º; 11, parágrafo único; 72, parágrafo único; 77, § 6.º; 78, *caput*; 144, III e § 1.º; 156, § 2.º; todo Título VII do Livro III (arts. 185 a 187); 207, parágrafo único; 220, § 1.º; 230; 234, *caput*; 250, IV; 272, § 6.º; 287, parágrafo único, II; 289; 334, § 9.º; 341, parágrafo único; 360, IV; 362, § 2.º; 425, VI; 610, § 2.º; 695, § 4.º; 733, § 2.º; 784, IV; e 1.003.

Uma observação importante ainda deve ser feita: a regra legal acima exposta, que exige o registro na OAB no momento da inscrição no concurso (arts. 26 e 71 da LC n. 80/94), está direcionada apenas para a Defensoria Pública da União e a dos Territórios. Em relação à Defensoria Pública dos Estados e à do DF (art. 2.º da EC n. 69/2012), não houve previsão de regra geral para essa matéria. Assim, essa questão deverá ser regulamentada em cada lei complementar local, com as observações que faremos a seguir, à luz da EC n. 80/2014.

Em um primeiro momento, até a 21.ª edição deste nosso trabalho, no tocante às Defensorias Públicas da União e a dos Territórios, sustentávamos que a melhor forma de se harmonizar todos os dispositivos destacados, considerando a regra da lei orgânica, seria no sentido de que o **registro na OAB** deveria ser considerado **requisito** para a **inscrição no concurso público**, demonstrando, então, ser o candidato advogado. Uma vez aprovado no certame, em razão de sua **nomeação** e **posse no cargo**, passaria o defensor a ter capacidade postulatória **independentemente de inscrição nos quadros da OAB**, ficando, então, **dispensado de continuar vinculado à Ordem dos Advogados**.

A regra do art. 4.º, § 6.º, da LC n. 80/94, ao usar a palavra **"exclusivamente"**, dispensou a necessidade de continuar inscrito nos quadros da OAB, obrigação esta que deve ser entendida apenas como **requisito de capacitação profissional** para a mera inscrição no certame.

A partir da 22.ª edição, fizemos uma outra reflexão à luz da **EC n. 80/2014**. Como se sabe, a reforma constitucional **desvinculou**, de vez, a Defensoria Pública da Advocacia, tanto que agora estão em **seções separadas**, conforme visto acima. Ousamos afirmar que, do ponto de vista constitucional, a distância em que se encontra a carreira do Ministério Público da Advocacia (seção I e III do capítulo IV do Título IV) é a mesma entre a Defensoria Pública e a Advocacia (seção I e IV do capítulo IV do Título IV). Conforme dissemos, a partir da EC n. 80/2014, as 4 funções essenciais à Justiça estão tratadas de modo individual e distinto.

A maior aproximação ou não, em termos de requisitos, dependerá da prescrição normativa que, conforme visto, estabeleceu que a **capacidade postulatória** do Defensor Público decorre **exclusivamente** de sua **nomeação** e **posse** no **cargo público**.

Assim, se o Defensor Público pode o mais, que é exercer a sua atividade sem estar inscrito nos quadros da OAB, **mudamos o nosso entendimento** e passamos a sustentar que a EC n. 80/2014 **revogou** os arts. 26 e 71 da LC n. 80/94. Assim, mesmo sabendo que referidos dispositivos só se aplicavam para a DPU e a Defensoria dos Territórios, pensamos que essa exigência fere a Constituição Federal. Não haveria sentido exigir o registro na OAB se, depois da posse, esse registro não terá mais razão de ser, já que a capacidade postulatória, segundo a regra do art. 4.º, § 6.º, da LC n. 80/94, decorrerá **exclusivamente** da nomeação e posse no cargo.

Essa questão específica de desnecessidade de continuar inscrito nos quadros da OAB foi apreciada pelo STJ. Citando o precedente da 5.ª Turma no RHC 61.848, que reconheceu a distinção entre advogados públicos e defensores públicos, por **unanimidade**, os Ministros do Superior Tribunal de Justiça estabeleceram que, apesar da grande semelhança, há inúmeras diferenças entre a atividade de defensor e a dos advogados: "a carreira está sujeita a regime próprio e a estatutos específicos; submetem-se à fiscalização disciplinar por órgãos próprios, e não pela OAB; necessitam aprovação prévia em concurso público, sem a qual, ainda que se possua inscrição na Ordem, não é possível exercer as funções do cargo, além de não haver necessidade da apresentação de instrumento do mandato em sua atuação". Estabelecendo um necessário diálogo das fontes, os Ministros não afastaram totalmente a aplicação do Estatuto da Advocacia, dada a similitude das atividades, mas fizeram prevalecer a legislação especial — lei orgânica, sobre o Estatuto (**REsp 1.710.155**, 2.ª T., j. 1.º.03.2018 – cf. julgamento monocrático Min. Og Fernandes, REsp 1.638.836,j. 28.06.2019).

O STJ não analisou a questão específica do registro no momento da inscrição no certame, mas pensamos que, assim como para se tomar posse como Magistrado ou membro do MP não se exige o registro na OAB, não se pode exigir, a partir da EC n. 80/2014, esse requisito para a carreira da Defensoria Pública. Não estamos de pronto afastando o requisito da quarentena de entrada previsto no art. 93, I, que poderá ser exigido, mas dependerá de expressa previsão nas leis orgânicas, conforme falaremos a seguir no *item 12.5.10*. Estamos afastando a exigência de registro nos quadros da OAB.

Essa questão será decidida pelo STF (pendente). A **ADI 4.636**, já com parecer da PGR (11.05.2012, petição 24.383) no sentido da não necessidade de inscrição na OAB do Defensor Público depois da nomeação e posse no cargo, tem por objeto o art. 4.º, § 6.º, da LC n. 80/94; por sua vez, a **ADI 5.334** discute a constitucionalidade do art. 3.º, § 1.º, da Lei n. 8.906/94, analisando a necessidade de os advogados públicos e defensores permanecerem inscritos nos quadros da OAB. O parecer da PGR é também no sentido da não ingerência da OAB nas carreiras de advogados públicos e defensores, pois, no caso, a disciplina deveria se dar exclusivamente nas leis complementares (parecer apresentado em 08.08.2017); finalmente, devemos acompanhar o julgamento do **RE 1.240.999** (repercussão geral reconhecida em 20.12.2019), que analisará o tema 1.074: "exigência de inscrição de Defensor Público nos Quadros da Ordem dos Advogados do Brasil para o exercício de suas funções públicas".

Iniciado o julgamento da **ADI 4.636**, 9 Ministros se manifestaram no sentido de dar interpretação conforme à Constituição ao art. 3.º, § 1.º, da Lei n. 8.906/94, declarando **inconstitucional** qualquer interpretação que resulte no condicionamento da capacidade postulatória dos membros da Defensoria Pública à inscrição dos Defensores Públicos na Ordem dos Advogados do Brasil. No dia 19.06.2020, **apesar de já termos 9 Ministros decidindo a questão**, pediu vista dos autos o Ministro Dias Toffoli (pendente).

Por sua vez, no julgamento do **RE 1.240.999**, também tivemos o alinhamento de 9 Ministros no sentido da **inconstitucionalidade** da exigência de inscrição do Defensor Público nos quadros da Ordem dos Advogados do Brasil (tema 1.074 da repercussão geral) e, apesar da maioria já formada, o pedido de vista pelo Min. Dias Toffoli (Sessão Virtual de 02.10.2020 a 09.10.2020 — pendente).

Com o máximo respeito, deixamos a nossa **crítica** a pedido de vista quando já formada densa maioria, apesar de sabermos que os Ministros que já votaram podem mudar o seu voto até o julgamento final, embora pouco provável!

Finalmente, diante dessa argumentação decorrente da interpretação que se deu em razão da separação trazida pela EC n. 80/2014, entendemos que deveria ter sido modificado, também, o art. 94 da CF/88, quando define as regras para o **"quinto constitucional"** para que se permita, sem nenhum tipo de retaliação política, a efetiva participação de defensores que deixaram de estar inscritos nos quadros da OAB.

Sem dúvida, estamos diante de relevante problemática a ser enfrentada pela doutrina e pelo STF.

12.5.7. A Defensoria Pública como cláusula pétrea

REDAÇÃO ORIGINAL NA CF/88	REDAÇÃO DADA PELA EC N. 80/2014
Art. 134. A Defensoria Pública é instituição essencial à função jurisdicional do Estado, incumbindo-lhe a orientação jurídica e a defesa, em todos os graus, dos necessitados, na forma do art. 5.º, LXXIV. Art. 5.º, LXXIV — o Estado prestará assistência jurídica integral e gratuita aos que comprovarem insuficiência de recursos.	Art. 134. A Defensoria Pública é instituição **permanente**, essencial à função jurisdicional do Estado, incumbindo-lhe, **como expressão e instrumento do regime democrático, fundamentalmente**, a orientação jurídica, **a promoção dos direitos humanos** e a defesa, em todos os graus, **judicial e extrajudicial, dos direitos individuais e coletivos, de forma integral e gratuita,** aos necessitados, na forma do inciso LXXIV do art. 5.º desta Constituição Federal.

Conforme se observa, a **EC n. 80/2014**, ao modificar a redação do art. 134, *caput*, CF/88, além de reproduzir os dispositivos do art. 5.º, LXXIV (direito fundamental de assistência jurídica integral e gratuita aos que comprovarem insuficiência de recursos), deixou claro que a **Defensoria Pública**, além de ser essencial à função jurisdicional do Estado, é instituição **permanente**.

Dentro da perspectiva de aproximação com a Magistratura e o Ministério Público, a EC n. 80/2014 introduziu para a Defensoria Pública a caracterização que já estava prevista para o MP desde a promulgação da Constituição Federal de 1988 (art. 127 — **"instituição permanente, essencial à função jurisdicional do Estado"**).

O art. 1.º da LC n. 80/94, a partir da redação dada pela **LC n. 132/2009**, já tratava a Defensoria Pública como **instituição permanente e essencial à função jurisdicional do Estado**. Mas foi a **EC n. 80/2014** que, acertadamente, explicitou essa definição na Constituição.

No tocante à aproximação dos modelos, não havia a necessidade de se reproduzir referida disposição também para a Magistratura, pois, como sabemos, o art. 60, § 4.º, III, prescreve a **separação de poderes** como **cláusula pétrea**.

Se existe uma instituição permanente e essencial à função jurisdicional do Estado, destinada a assegurar o cumprimento do direito fundamental previsto no art. 5.º, LXXIV, este reconhecido como cláusula pétrea, parece natural que se entenda também à Defensoria Pública a qualidade de cláusula pétrea e limite material protegido pela Constituição.

Portanto, não se admitirá proposta de emenda tendente a abolir, ou mesmo enfraquecer, ou esvaziar a Defensoria Pública.[89]

[89] Conforme anotou Haman Tabosa, "querer alterar essa opção, deturpá-la ou mesmo olvidá-la, representa um golpe contra a ordem constitucional, não havendo outro caminho senão o de se dar cumprimento à ordem emanada da Carta Magna, consistente no enfrentamento do problema da precariedade da assistência jurídica estatal, estruturando-se adequadamente a Instituição Defensoria Pública para que funcione a contento, não se permitindo que essas pessoas, humildes, continuem sendo mal informadas, mal orientadas ou mesmo enganadas em seus direitos em razão da ausência de cobertura institucional na maior parte deste país" (Defensoria Pública é cláusula pétrea da Constituição, *Revista Consultor Jurídico*, 21.05.2012, 14h32).

Diogo e Franklyn trazem importante contribuição: "na verdade, para os carentes e necessitados, que compõem a grande maioria da sociedade brasileira, a Defensoria Pública funciona como instrumento de concretização de todos os direitos e liberdades constitucionais. Tanto que a própria existência constitucional da Defensoria Pública restou expressamente associada pelo art. 134 da CRFB ao direito fundamental à assistência jurídica estatal gratuita".[90]

E concluem: "por constituir garantia instrumental que materializa todos os direitos fundamentais e assegura a própria dignidade humana, a Defensoria Pública deve ser considerada requisito necessário ou indispensável do sistema constitucional moderno, integrando o conteúdo material da cláusula pétrea estabelecida no art. 60, § 4.º, IV, da CRFB".[91]

Diante dessa perspectiva, sustentamos que as disposições previstas no art. 134, CF/88, devem ser reconhecidas como **normas de reprodução obrigatória** ou **compulsória** no âmbito estadual e distrital e, assim, não poderá haver nenhum desvirtuamento por parte do constituinte estadual da previsão constitucional da Defensoria Pública como instituição **permanente**, **essencial à função jurisdicional do Estado**, incumbindo-lhe, como expressão e instrumento do regime democrático, fundamentalmente, a orientação jurídica, a promoção dos direitos humanos e a defesa, em todos os graus, judicial e extrajudicial, dos direitos individuais e coletivos, de forma integral e gratuita, aos necessitados, na forma do inciso LXXIV do art. 5.º da Constituição Federal.

12.5.8. Princípio do defensor público natural

Além de as partes serem julgadas por órgão independente e pré-constituído, o acusado tem o direito e a garantia constitucional de somente ser processado por um órgão independente do Estado, **vedando-se**, por consequência, a **designação arbitrária**, inclusive, de **promotores *ad hoc*** ou **por encomenda** (art. 5.º, LIII, e art. 129, I, c/c o art. 129, § 2.º).

Nesse sentido, de maneira bastante adequada, assegura-se aos **necessitados**, assim considerados na forma do inciso LXXIV do art. 5.º da Constituição Federal, o direito de serem patrocinados por **defensor *público* natural** (art. 4.º-A, IV, da LC n. 80/94, introduzido pela LC n. 132/2009), investido na carreira por concurso público de provas e títulos.

Assim, referidos **concursos públicos** para o preenchimento dos cargos de **defensores públicos** de todo o Brasil devem ser implementados, evitando que os convênios com a OAB continuem sendo um fator impeditivo do cumprimento desse

90 Diogo Esteves e Franklyn Roger Alves Silva, *Princípios institucionais da Defensoria Pública*, 3. ed., *Kindle Locations* 3198-3200.

91 Op. cit., *Kindle Locations* 3207-3210.

mandamento constitucional,[92] especialmente, conforme vimos, com o advento da **EC n. 80/2014**, que fixou o prazo de **8 anos** para que a União, os Estados e o Distrito Federal passem a contar com defensores públicos em todas as unidades jurisdicionais, em número proporcional à efetiva demanda pelo serviço da Defensoria Pública e à respectiva população.

Se não admite a contratação temporária de juízes de direito, ou convênios para acusação, naturalmente a sociedade não pode aceitar que a orientação jurídica e a defesa dos **necessitados**, em todos os graus, na forma do art. 5.º, LXXIV, sejam implementadas mediante convênio ou contratação temporária. A Constituição exige que esse "serviço" de assistência jurídica, integral e gratuita, seja prestado por defensores públicos investidos em cargos de carreira e providos por **concurso público** de provas e títulos e com a participação da Ordem dos Advogados do Brasil.

■ 12.5.9. Garantias dos membros da Defensoria Pública

Os arts. 43, 88 e 127 da LC n. 80/94, ampliando a regra constitucional explícita estabelecida no art. 134, § 1.º, asseguram, como garantias dos membros da Defensoria Pública:

- a independência funcional no desempenho de suas atribuições;
- a inamovibilidade;
- a irredutibilidade de vencimentos;
- a estabilidade.

[92] "Lei 8.742, de 30-11-2005 do Estado do Rio Grande do Norte, que 'dispõe sobre a contratação temporária de advogados para o exercício da função de defensor público, no âmbito da Defensoria Pública do Estado'. A Defensoria Pública se revela como instrumento de democratização do acesso às instâncias judiciárias, de modo a efetivar o valor constitucional da universalização da justiça (inciso XXXV do art. 5.º da CF/1988). Por desempenhar, com **exclusividade**, um mister estatal genuíno e essencial à jurisdição, a Defensoria Pública não convive com a possibilidade de que seus agentes sejam recrutados em caráter precário. Urge estruturá-la em **cargos** de **provimento efetivo** e, mais que isso, cargos de **carreira**. A estruturação da Defensoria Pública em cargos de carreira, providos mediante **concurso público de provas e títulos**, opera como garantia da independência técnica da instituição, a se refletir na boa qualidade da assistência a que fazem jus os estratos mais economicamente débeis da coletividade" (**ADI 3.700**, Rel. Min. Ayres Britto, j. 15.10.2008, Plenário, *DJE* de 06.03.2009). *Em igual sentido*, destaca-se a complicada realidade do **Estado de Santa Catarina**, cujo art. 104 da Constituição fez a previsão de Defensoria Pública a ser exercida por *Defensoria Dativa* e *Assistência Judiciária Gratuita*, nos termos da LC estadual n. 155/97, que estabeleceu **convênio com a seccional da OAB/SC** para prestação dos serviços de "defensoria pública dativa". Naturalmente, o STF declarou inconstitucional essa previsão e, modulando os efeitos da decisão, determinou a implementação da **carreira**, por **concurso público**, como determina a Constituição, dentro do prazo de 1 ano a contar da decisão (**ADI 3.892** e **ADI 4.270**, Rel. Min. Joaquim Barbosa, j. 14.03.2012, Plenário, *DJE* de 25.09.2012). Para mais detalhes, cf. *item 12.5.13.14*.

A) Independência funcional no desempenho de suas atribuições

Assim como já estudamos em relação ao Ministério Público, a independência funcional assegura aos membros da Defensoria Pública a autonomia de convicção no exercício de suas funções, devendo, naturalmente, observar a lei e a sua missão institucional, qual seja, a assistência jurídica integral e gratuita aos que comprovarem insuficiência de recursos.

B) Inamovibilidade

O art. 134, § 1.º, CF/88, assegura aos integrantes da carreira, expressamente, a **inamovibilidade**. Essa garantia, contudo, não é absoluta, na medida em que o defensor poderá ser removido a pedido ou por permuta, sempre entre membros da mesma categoria da carreira e, também, **compulsoriamente**, na forma da lei complementar que prevê, para a aplicação da penalidade, a necessidade de prévio parecer do Conselho Superior, assegurando-se a ampla defesa em processo administrativo disciplinar.

Os arts. 50, § 4.º, e 95, § 4.º, da LC n. 80/94 estabelecem que a remoção compulsória será aplicada sempre que a falta praticada, pela sua gravidade e repercussão, tornar incompatível a permanência do faltoso no órgão de atuação de sua lotação.

Isso não significa a possibilidade de remoção por motivo político ou por perseguição. A garantia da inamovibilidade assegura a livre atuação do defensor público, inclusive a garantia de não ser removido em razão da propositura de ações que possam incomodar determinados setores ou grupos.

Nesse sentido, o reconhecimento da legitimação ativa para a propositura da ação civil pública exige a sedimentação da garantia da inamovibilidade, pois, certamente, em razão de sua amplitude, os efeitos da decisão poderão "incomodar" determinados grupos ou pessoas. A garantia da inamovibilidade encontra complemento na independência funcional e, portanto, a sua preservação mostra-se extremamente importante para o cumprimento das funções da Defensoria.

C) Irredutibilidade de vencimentos

A Constituição assegura aos defensores públicos a remuneração exclusivamente por **subsídio**, bem como a sua **irredutibilidade** (art. 135, c/c o art. 39, § 4.º).

Nesse sentido, na dicção do art. 37, XV, o subsídio e os vencimentos dos ocupantes de cargos e empregos públicos são **irredutíveis**, ressalvado o disposto nos incisos XI (qual seja, **subteto**, limitado a **90,25%** do subsídio mensal de Ministro do STF) e XIV (do art. 37) e nos arts. 39, § 4.º, 150, II, 153, III, e 153, § 2.º, I.

A título de informação, observando-se o subteto constitucional, cabe destacar que a **Lei n. 13.412/2016** valorizou a carreira ao fixar o valor do subsídio dos membros da **Defensoria Pública da União** com real equivalência (ao menos progressiva) ao dos membros do MPU e da Magistratura Federal, evitando-se, assim, que se percam defensores por questões remuneratórias, como, infelizmente, se observava, apesar de se ter a convicção de que as carreiras são (*ou deveriam ser*) preenchidas por candidatos vocacionados.

D) Estabilidade

A Constituição Federal não fez nenhuma previsão em relação a outras garantias, exceto a da inamovibilidade (art. 134, § 1.º).

Nesse sentido, os arts. 43, 88 e 127 da LC n. 80/94 estabeleceram que o defensor público goza da **estabilidade**. Veja, o texto fala em estabilidade e não em vitaliciedade.

A vitaliciedade está prevista expressamente na Constituição Federal para os membros da magistratura (art. 95, I) e do MP (art. 128, § 5.º, I, "a") e significa que, uma vez vitaliciado (após 2 anos e não 3 anos, como é a estabilidade), a perda do cargo dependerá de sentença judicial transitada em julgado.

As reformas constitucionais, apesar da aproximação das carreiras, não fizeram previsão explícita da vitaliciedade para os defensores públicos, aplicando-se, assim, diante do comando da lei complementar, a regra geral prevista no art. 41, CF/88, que estabelece serem **estáveis** após **3 anos** de efetivo exercício os **servidores** nomeados para cargo de provimento efetivo em virtude de concurso público, podendo perder o cargo:

- em virtude de sentença judicial transitada em julgado;
- mediante processo administrativo em que lhe seja assegurada ampla defesa;
- mediante procedimento de avaliação periódica de desempenho, na forma de lei complementar, assegurada ampla defesa.

A jurisprudência do STF, antes da EC n. 80/2014, confirmou esse entendimento, que, conforme vimos, está explícito na LC n. 80/94. A Constituição do Estado do Rio de Janeiro estabeleceu que o defensor público, após dois anos de exercício na função, não perderia o cargo senão por sentença judicial transitada em julgado.

Essa questão foi levada ao STF, que julgou ser **inconstitucional** a referida previsão (cf. ADI 230/RJ, Rel. Min. Cármen Lúcia, j. 1.º.02.2010, *DJE* de 30.10.2014).

Não estamos propondo aqui a prevalência da lei complementar federal sobre a Constituição do Estado-Membro. Diante do comando fixado no art. 134, § 1.º, CF/88, a fixação dessas garantias implementar-se-á por lei complementar, no caso, a LC n. 80/94, que assegurou a **estabilidade** e não a vitaliciedade.

■ 12.5.10. É possível o reconhecimento da garantia da vitaliciedade para os membros da Defensoria Pública?

Entendemos que sim, mas em apenas duas hipóteses:

- **necessária alteração da LC n. 80/94;**
- **nova reforma constitucional.**

Conforme desenvolvemos em **parecer jurídico** solicitado em 2015 por 19 candidatos aprovados na fase oral do V Concurso Público para provimento de vagas e formação de cadastro de reserva no cargo de Defensor Público Federal de Segunda Categoria da carreira de Defensor Público Federal da Defensoria Pública da União

(DPU) — e ali se discutia a exigência de 3 anos como atividade jurídica depois de formado para o ingresso na carreira —, a grande problemática é saber quais dispositivos do art. 93 da CF/88 se aplicam para a Defensoria Pública.[93]

No caso da **vitaliciedade**, muito embora a previsão expressa para a magistratura esteja no art. 95, I, o **art. 93, IV**, estabelece a previsão de cursos oficiais de preparação, aperfeiçoamento e promoção de magistrados, constituindo etapa obrigatória do **processo de vitaliciamento** a participação em curso oficial ou reconhecido por escola nacional de formação e aperfeiçoamento de magistrados.

E qual o motivo de estarmos falando do art. 93 e sua eventual aplicação para a carreira da Defensoria Pública?

Conforme escrevemos no referido parecer jurídico, o art. 134, § 4.º, ao prescrever serem os princípios institucionais da Defensoria Pública a unidade, a indivisibilidade e a independência funcional, manda aplicar, **no que couber**, o disposto no **art. 93** e no inciso II do art. 96 da Constituição Federal.

Nesse sentido, temos que investigar a amplitude da expressão "no que couber" para, em seguida, analisar se o art. 93, IV, deve ou não ser aplicado e, então, se aplicado, reconhecer a garantia da vitaliciedade.

A expressão "no que couber" pode ser encontrada na Constituição de 1967 e na EC n. 1/69 (não nas anteriores), assim como em alguns dispositivos da CF/88. Não se trata, portanto, de novidade trazida pela EC n. 80/2014.

Muitos dos dispositivos da CF/88 que utilizam a expressão estão em um sentido já atribuído pelo STF de "no que for aplicável" (AP 470 QO-oitava). Assim, a aplicação dependerá da análise das regras e das particularidades da instituição.

A aplicação da disposição em razão da expressão não poderá simplesmente ser transplantada friamente e em sua integralidade. Deverá, acima de tudo, verificar se haverá ou não violação da natureza jurídica do órgão ou de suas características.

Em caso semelhante ao da Defensoria Pública, está a regra prevista no art. 129, § 4.º, que também manda aplicar ao MP, **no que couber**, o disposto no art. 93 (EC n. 45/2004).

Para se ter um exemplo, observamos que, em relação ao MP, há uma disposição que também está prevista no art. 129, § 3.º, qual seja, a necessidade de se observar a chamada "quarentena de entrada", que, por sinal, coincide com aquela fixada para a Magistratura no art. 93, I.

Por esse motivo, José Afonso da Silva entende que o art. 93, I, **não se aplica ao MP**, pois, no caso, existe uma prescrição **específica** cobrindo todo o assunto na Constituição. Coincidentemente, as regras são idênticas. Mas poderiam ser diferentes...

---

[93] A tese que sustentamos no referido parecer veio a ser, em momento seguinte, reconhecida pela 2.ª Turma do STJ, no julgamento do **REsp 1.676.831** (j. 05.09.2017), estabelecendo que a aplicação do art. 93, I, CF/88, que exige 3 anos de atividade jurídica, no tocante à DPU — que era o caso específico dos autos, depende de modificação expressa do art. 26, § 1.º, da LC n. 80/94. Assim, Resolução do Conselho Superior da DPU em sentido diverso não pode prevalecer sobre a lei complementar. "A exigência de requisito do cargo público e a sua imposição em concurso público devem estar previstas em lei em sentido formal e no respectivo edital."

Em suas palavras, diante da regra contida no art. 129, § 4.º ("Aplica-se ao Ministério Público, no que couber, o disposto no art. 93"), "podemos fazer um exercício de experimentação para verificar, em geral, o que cabe e o que não cabe. Desde logo, já se pode dizer que, dos incisos do art. 93, não se aplicam: (a) o inciso I, sobre ingresso na carreira, porque dessa matéria já cuidou expressamente o § 3.º do artigo em comentário (art. 129)...".[94] Assim, para Silva, havendo disciplina própria sobre o assunto, haverá o afastamento da regra contida no art. 93, I. Havendo silêncio, se não conflitar, estará configurada a hipótese de sua aplicação.

Isso posto, observamos que, no tocante às garantias da Defensoria Pública, o constituinte originário estabeleceu apenas a da **inamovibilidade**, delegando para **lei complementar** a definição das demais (redação original do art. 134, *caput*, transformado em § 1.º pela EC n. 45/2004). As ECs ns. 69/2012, 74/2013 e 80/2014 mantiveram a regra original de deixar a definição ao legislador complementar.

Assim, surge a questão: o que deve ser aplicado à Defensoria Pública do art. 93, já que o art. 134, § 4.º, determina a aplicação de tudo aquilo que couber? Ou seja, como deve ser lida a expressão "no que couber"? Entendemos que a disposição prevista na lei complementar, diante do comando do art. 134, § 1.º, deverá prevalecer sobre os dispositivos do art. 93, CF/88.

No caso, como há previsão da garantia da **estabilidade** e não da vitaliciedade, a lei complementar deve prevalecer, afastando-se o art. 93, IV, CF/88.

Portanto, a única forma de se assegurar a garantia da vitaliciedade considerando a atual redação das disposições constitucionais seria se houvesse **modificação da lei complementar** que não afrontaria o disposto no art. 41, CF/88.[95]

Isso porque, em nosso entender, o constituinte originário delegou ao legislador a definição das garantias, sendo que, a partir da EC n. 80/2014, que introduziu o art. 134, § 4.º, admitiu-se a aplicação do art. 93, IV, "no que couber". Ou seja, se a lei complementar assegurar a garantia da vitaliciedade, a regra especial do art. 134, § 4.º, que difere os defensores públicos dos demais servidores públicos, impedirá eventual argumentação de violação ao art. 41 (que assegura a garantia da estabilidade para os servidores públicos).

E qual o motivo de não terem nem o constituinte originário, nem o reformador e nem mesmo a lei já assegurado a garantia da vitaliciedade?

---

94 José Afonso da Silva, *Comentário contextual à Constituição*, 9. ed., Malheiros, 2014, p. 616.

95 Parcela da doutrina institucional entende que a EC n. 80/2014 já teria introduzido a garantia da vitaliciedade. Nesse sentido, dentre outros, o Defensor Público de Fortaleza Jorge Bheron Rocha. Com o máximo respeito, não concordamos com esse posicionamento, devendo haver, em nosso entender, alteração formal da LC n. 80/94, ou, como se verá em seguida, nova emenda constitucional. Contudo, a necessidade de se assegurar a vitaliciedade se mostra urgente e muito bem colocada por Bheron, ao afirmar que a vitaliciedade é uma garantia em prol da finalidade de atuação dos Defensores, "que pode se dar de forma ainda mais desembaraçada frente aos obstáculos da promoção do acesso à Justiça" (O histórico do arcabouço normativo da Defensoria Pública: da assistência judiciária à assistência defensorial internacional, p. 306).

Talvez, pensamos, para se avaliar o desenvolvimento da carreira, que só veio a ser prevista expressamente pela primeira vez na CF/88. O momento político não sinalizava, naquele momento, a conveniência da garantia da vitaliciedade.

Hoje, contudo, em razão de todo desenvolvimento da carreira e das novas perspectivas que se colocam, sem dúvida, parece ser o momento de se aproximar, de vez, a Defensoria Pública da Magistratura e do Ministério Público. É o que abordaremos no item seguinte.

Naturalmente, essa modificação também poderia se implementar por **emenda constitucional**[96] e, quem saiba, já seja o momento de se prescrever expressamente para a Defensoria as mesmas garantias e disposições asseguradas para os membros da Magistratura e do Ministério Público.

12.5.11. A Defensoria Pública como "custos vulnerabilis" (Maurilio Casas Maia): origem histórica. Atuação da Defensoria Pública além das situações de vulnerabilidade meramente econômico-financeira. Perspectiva de contraponto à atuação do Ministério Público como fiscal da ordem jurídica. Paridade de armas entre acusação pública e defesa pública

Toda essa evolução apresentada no item anterior faz com que novas perspectivas sejam lançadas em relação à atuação da Defensoria Pública, bem como às garantias da carreira, vislumbrando-se, cada vez mais, a efetiva e real aproximação com a Magistratura e o Ministério Público.

De início, parece interessante apresentarmos, no tocante ao **histórico de surgimento da carreira**, a evolução no Estado do Rio de Janeiro, que foi o pioneiro na implantação da Defensoria Pública no Brasil, servindo de modelo, inclusive, para a elaboração da LC n. 80/94.

Em primoroso trabalho, Diogo Esteves e Franklyn Silva observam que, "assim como no Distrito Federal (posteriormente, Estado da Guanabara), também no antigo Estado do Rio de Janeiro (toda área geográfica do atual Estado, exceto a cidade do Rio de Janeiro), a Defensoria Pública se manteve originalmente **inserida dentro da carreira do Ministério Público**, sendo a assistência aos necessitados prestada por integrantes do *parquet*".[97]

---

96 Nesse sentido, admitindo a garantia da vitaliciedade **apenas** em razão de alteração da Constituição por emenda e não por lei complementar, Diogo e Franklyn observam: "... a vitaliciedade encontra-se prevista no art. 95, I, da CRFB, que elenca as garantias dos membros do Poder Judiciário. Ocorre que o art. 134, § 4.º, determina que sejam aplicados em relação à Defensoria Pública apenas os arts. 93 e 96, II, da CRFB, nada dispondo acerca do art. 95. Com isso, a despeito dos esforços hermenêuticos para assegurar a ampliação das garantias dos membros da Defensoria Pública, o Poder Constituinte derivado não estendeu aos Defensores Públicos a vitaliciedade prevista para os magistrados" (*Princípios institucionais da Defensoria Pública*, 2. ed., p. 623).

97 Diogo Esteves e Franklyn Roger Alves Silva, *Princípios institucionais da Defensoria Pública*, p. 60. Explicando melhor, o mencionado Distrito Federal corresponde à área da cidade do Rio de Janeiro, quando era a capital, tendo sido transformado em Estado da Guanabara com inauguração de

Exatamente isso! A Defensoria Pública surge atrelada ao Ministério Público, na mesma carreira do Ministério Público. No Distrito Federal, transformado no Estado da Guanabara, o art. 2.º da Lei n. 216/48 estabelecia que "a carreira do Ministério Público compreende os cargos de **Defensor Público**, Promotor Substituto, Promotor Público e Curador, providos o primeiro mediante concurso de títulos e provas e os demais por promoção". Ou seja, a entrada na carreira se dava no cargo de Defensor Público e a evolução para o cargo de Promotor.

Por sua vez, no antigo Estado do Rio de Janeiro (o atual Estado exceto a cidade do Rio de Janeiro), os autores observam que, "paralelamente ao modelo de Defensoria Pública implementado no Distrito Federal e mantido, posteriormente, pelo Estado da Guanabara, foi (...) desenvolvido modelo autônomo de assistência judiciária". A Lei estadual n. 2.188/54 criou 6 cargos isolados de Defensores Públicos, inseridos na estrutura administrativa da Procuradoria-Geral de Justiça. Em momento seguinte, a Lei estadual n. 5.111/62 atribuiu "aos integrantes do Ministério Público o patrocínio gratuito, nos feitos cíveis e criminais, dos juridicamente necessitados. Por intermédio da referida norma, foi criado, no antigo Estado do Rio de Janeiro, o 'Quadro do Ministério Público' que, à época, era constituído de duas letras, 'A' e 'B'. A letra 'A' correspondia ao Ministério Público, em sentido estrito, a letra 'B' correspondia à assistência judiciária".[98]

Essa visão histórica nos permite duas observações interessantes: a) a primeira diz respeito à possível lógica pensada pelo legislador em colocar o Ministério Público de defesa como fase inicial da carreira do Ministério Público e como antecedente à posição do Ministério Público de acusação. Em conversa telefônica com o vocacionado e combatente Defensor Público do Estado do Amazonas, **Maurilio Casas Maia**, ele sugere que a opção se mostra extremamente prudente, pois, para acusar, o membro do MP teria que já ter passado e "sentido na pele" as mazelas e dificuldades da defesa; b) a segunda nos permite afirmar que a tendência de aproximação entre a Defensoria Pública e o MP que hoje se observa remonta ao seu surgimento histórico na experiência do Rio de Janeiro.

Pois bem, estabelecida essa marcação histórica, passamos a perceber, nitidamente, que a Defensoria Pública, no exercício de suas atribuições, não se limita apenas à proteção daqueles que se encontram em vulnerabilidade econômico-financeira.

De acordo com o art. 4.º, XI, da LC n. 80/94, dentre as funções institucionais da Defensoria Pública, dentre outras, está a de exercer a defesa dos interesses individuais e coletivos da criança e do adolescente, do idoso, da pessoa portadora de necessidades especiais, da mulher vítima de violência doméstica e familiar e de **outros**

Brasília em 21.04.1960. Por sua vez, o Estado do Rio de Janeiro se refere a toda área exceto a da cidade do Rio de Janeiro. Conforme explicamos no *item 7.7.1*, o art. 8.º da LC n. 20/74 implementou a fusão entre o Estado da Guanabara e o do Rio de Janeiro, fazendo surgir o que hoje conhecemos por Estado do Rio de Janeiro.

98 Op. cit., p. 59-60. Sobre a evolução histórica, confira, também, o site da Defensoria Pública do Rio de Janeiro: <http://www.defensoria.rj.def.br/Institucional/historia>.

grupos sociais vulneráveis que mereçam proteção especial do Estado. Assim, fica claro que a vulnerabilidade não se resume ao aspecto financeiro.

Bheron observa que, "desta forma, não há razão para dividir as funções da Defensoria Pública em típicas e atípicas, uma vez que a atuação da instituição está sempre *tipicamente* ligada à presença de alguma **vulnerabilidade** coletiva ou individualmente considerada, sob o prisma econômico, jurídico, circunstancial ou organizacional".[99]

Nesse sentido, destacamos importante definição da expressão "necessitados" estabelecida pelo Min. Herman Benjamin, ao analisar a legitimidade da Defensoria Pública para a propositura de ação civil pública, antes, inclusive, da EC n. 80/2014. Vejamos:

> "Por espelhar e traduzir exemplarmente as marcas identificadoras do *Welfare State*, que está baseado nos princípios da solidariedade, da dignidade da pessoa humana e da efetiva igualdade de oportunidades, **inclusive de acesso à Justiça**, a Defensoria Pública — instituição altruísta por excelência — é essencial à função jurisdicional do Estado, nos termos do art. 134, *caput*, da Constituição Federal (...). A **expressão 'necessitados'** (art. 134, *caput*, da Constituição), que qualifica, orienta e enobrece a atuação da Defensoria Pública, deve ser entendida, no campo da Ação Civil Pública, **em sentido amplo**, de modo a incluir, ao lado dos estritamente carentes de recursos financeiros — os miseráveis e pobres —, **os hipervulneráveis** (isto é, **os socialmente estigmatizados ou excluídos, as crianças, os idosos, as gerações futuras**), enfim **todos aqueles** que, como indivíduo ou classe, por conta de sua real debilidade perante abusos ou arbítrio dos detentores de poder econômico ou político, **'necessitem' da mão benevolente e solidarista do Estado para sua proteção**, mesmo que contra o próprio Estado. Vê-se, então, que a partir da ideia tradicional da instituição forma-se, no *Welfare State*, um **novo e mais abrangente círculo de sujeitos salvaguardados processualmente**, isto é, adota-se uma compreensão de *minus habentes* impregnada de significado social, organizacional e de dignificação da pessoa humana" (**REsp 1.264.116**, 2.ª T., STJ, Rel. Min. Herman Benjamin, j. 18.10.2011, *DJE* de 13.04.2012, fls. 7 do acórdão).

A partir dessa noção ampliada do termo "necessitados", Bheron identifica 3 grandes modelos de atuação da Defensoria Pública. Conforme observa, "a Defensoria Pública atua, assim, como ***amicus vulnerabilis*** — amigo dos vulneráveis, nomenclatura genérica que abarca em si diversas formas de atuação da Instituição":

- **procurador judicial dos vulneráveis (*attornato ad vulnerable*):** "quando lhes representa judicialmente no uso da capacidade postulatória, comparecendo o beneficiário em nome próprio aos autos, constituindo o atuar mais comum da instituição";
- **legitimado extraordinário (*amicus communitas*):** "quando atua em nome próprio, mas em defesa de interesses e direitos de indivíduos e grupos vulneráveis, como na ação civil pública para proteção de direitos difusos";

[99] Jorge Bheron Rocha, *Legitimidade da Defensoria Pública para ajuizar ação civil pública tendo por objeto direitos transindividuais*, nota do autor, p. 19-20.

- **guardião das vulnerabilidades** — ***custos vulnerabilis***: "quando atua em nome próprio em razão de **missão institucional** de promoção dos direitos humanos, assim na atuação como assistente ou interveniente em processo civil ou penal que esteja em causa demanda que pode ter cunho coletivo ou também exclusivamente individual, mas **relacionado à dignidade humana e aos direitos fundamentais da pessoa**, como atuação paralela, complementar ou suplementar ao advogado constituído".[100]

Há, ainda, o uso da expressão ***amicus communitas*** proposta por Daniel Gerhard e Maurilio Casas Maia, ao reconhecerem que a Defensoria Pública também atua na defesa "das comunidades mais estigmatizadas socialmente — *v.g.*, as comunidades dos presídios, das favelas, dos ocupantes irregulares de propriedades" etc. O por eles denominado Defensor-Hermes é "o mensageiro, o garantidor da representatividade de interesses minoritários e renegados".[101]

Conforme bem estabelecem, "a vocação defensorial é contramajoritária e de reforço democrático. Trata-se de impedir que a voz da sociedade, com sua maioria dominante, sufoque os interesses e os direitos fundamentais das comunidades minoritárias e do indivíduo injustamente afrontado em seus direitos fundamentais seja pelo discurso do ódio ou do medo".[102]

Já a noção de ***custos vulnerabilis*** deve ser creditada a Maurilio Casas Maia[103] ao estabelecer a atuação em nome dos **"vulneráveis sociais"**, que não se resumem aos necessitados apenas sob o viés financeiro. Segundo observa, essa vulnerabilidade pode ter caráter ampliado, como o organizacional ou geográfico, identificando que a Constituição catalogou diversos segmentos de necessitados e socialmente mais vulneráveis, como os consumidores, as crianças, os idosos, as pessoas com deficiência etc.[104]

Realmente, o tema é novo e ainda em construção. Muito ainda deverá ser desenvolvido e pensado, seja em sede doutrinária (acadêmica), como jurisprudencial. Nesse sentido, cautelosamente, Diogo e Franklyn fazem questionamentos provocativos, buscando fomentar o debate. Reconhecendo tratar-se de "sedutora corrente doutrinária", os autores temem o que chamam de **autoritarismo** ou **paternalismo estatal** em relação a essa nova perspectiva de atuação da Defensoria Pública, fazendo algumas indagações, dentre as quais se destacam: quais os tipos de deficiência processual que admitiriam a participação institucional? Qual deve ser a extensão da atuação? Deve haver aquiescência por parte do vulnerável para a atuação da

---

[100] Jorge Bheron Rocha, *Legitimidade da Defensoria Pública para ajuizar ação civil pública tendo por objeto direitos transindividuais*, nota do autor, p. 20.

[101] Daniel Gerhard, Maurilio Casas Maia, O Defensor-Hermes, o *amicus communitas*: a representação democrática dos necessitados de inclusão discursiva, p. 11-12.

[102] Op. cit., p. 12.

[103] Maurilio Casas Maia, *Custos vulnerabilis* constitucional: o Estado Defensor entre o REsp 1.192.577-RS e a PEC 4/2014, p. 56.

[104] Maurilio Casas Maia, A Defensoria Pública no novo Código de Processo Civil (NCPC): Primeira análise, *RePro* 265/327.

Defensoria? E no caso de choque de vulnerabilidade, qual deve ser o critério considerado para escolha a ser feita?[105]

Entendemos a proposta bastante interessante e, certamente, um relevante contraponto à atuação Ministério Público, remontando à origem histórica da Defensoria Pública do Rio de Janeiro. Nessa perspectiva, Rosa e Bheron propõem a análise sob a perspectiva da **paridade de armas** entre as partes, reconhecendo, inclusive, uma possível vulnerabilidade jurídica. Não admitir a atuação da Defensoria como *custos vulnerabilis* seria, na visão dos autores, "manter a lógica autoritária pró-acusação".[106]

Devemos, contudo, pensar o limite e a amplitude dessa atuação, que, sem dúvida, encontra fundamento normativo: a) na **Constituição**, ao atribuir à Defensoria Pública a missão de defesa dos necessitados (art. 134, *caput*); b) na **LC n. 80/94**, que fixa a atribuição de defesa dos grupos sociais vulneráveis (art. 4.º, XI); e c) no **CPC/2015**, que estabelece um papel bastante interessante de atuação da Defensoria Pública ao lado do Ministério Público. Vejamos:

- **art. 138:** atuação como ***amicus curiae***, apresentando a visão institucional;
- **art. 139, X:** o juiz dirigirá o processo conforme as disposições do CPC/2015, incumbindo-lhe, quando se deparar com **diversas demandas individuais repeti-**

[105] Diogo Esteves e Franklyn Roger Alves Silva, *Princípios institucionais da Defensoria Pública*, p. 428-429. Júlio Camargo de Azevedo, por sua vez, apresenta 5 problemas envolvendo a atuação da Defensoria como *custos vulnerabilis*: **a) terminologia:** não gosta do uso do latim, sustentando não ser conveniente incentivar uma atuação em contraponto ao papel do Ministério Público. Ainda, critica o incentivo a uma postura institucional paternalista ou assistencialista. Por tudo isso, prefere a expressão "intervenção em favor de vulneráveis"; **b) fundamentos filosóficos e jurídicos:** entende que a vulnerabilidade deve ser pensada a partir de um ideal de justiça pelo reconhecimento, superando a noção de igualdade distributiva. Ainda, o fundamento para essa atuação não seria o art. 554, § 1.º, CPC/2015, mas os arts. 3.º, IV, e 134, *caput*, CF/88; as 100 regras de Brasília sobre acesso à justiça das pessoas em condições de vulnerabilidade; o art. 4.º, XI, LC 80/94 e outros fundamentos em outros diplomas; **c) forma interventiva:** sugere o abandono do que chama de "perfil institucional paternalista-assistencialista em relação às pessoas e grupos vulneráveis", impondo-se a observância de 3 garantias fundamentais — reconhecimento, inclusão e participação; **d) natureza jurídica:** o autor não acha conveniente a criação de uma nova categoria para descrever a atuação da Defensoria, preferindo que "a natureza jurídica da intervenção defensorial em favor de grupos vulneráveis deva ser circunstancial"; **e) critério para intervenção:** o autor critica a inexistência de critério objetivo para a atuação da Defensoria. Essa subjetividade pode levar a um fator de desigualdade especialmente diante do elevado número de grupos vulneráveis para além da vulnerabilidade socioeconômica. Qual grupo deverá ser prestigiado pela instituição? E, se houver conflito, qual deverá ceder? Para exemplificar essa complexidade, o autor lembra os seguintes grupos vulneráveis, sem ser exaustivo: "pessoas com deficiência, mulheres, idosos, crianças e adolescentes, afrodescendentes, quilombolas, indígenas, população LGBT, pessoas em situação de rua, enfermos, consumidores, migrantes refugiados, encarcerados e egressos do sistema prisional" etc. (Júlio Camargo de Azevedo, *Prática cível para Defensoria Pública*, p. 293-309).

[106] Conforme sustentam, exige-se, "para a consecução plena do princípio do contraditório, que exista uma real, substancial e efetiva igualdade de tratamento entre as posições assumidas pela acusação e pela defesa durante todas as fases do processo penal, o que inclui, sem qualquer dúvida, o julgamento perante os órgãos colegiados" (Alexandre Morais da Rosa e Jorge Bheron Rocha, A Defensoria como *player* garantidor do contraditório e da ampla defesa, *Revista Consultor Jurídico,* 14.10.2017, 8h00).

tivas, oficiar o Ministério Público, a **Defensoria Pública** e, na medida do possível, outros legitimados a que se referem o art. 5.º da Lei n. 7.347/85 e o art. 82 da Lei n 8.078/90, para, se for o caso, promover a propositura da ação coletiva respectiva;

- **art. 554, § 1.º:** no caso de ação possessória em que **figure no polo passivo grande número de pessoas**, serão feitas a citação pessoal dos ocupantes que forem encontrados no local e a citação por edital dos demais, determinando-se, ainda, a intimação do Ministério Público e, se envolver pessoas em situação de **hipossuficiência econômica**, da **Defensoria Pública**;
- **art. 565, § 2.º:** no **litígio coletivo pela posse de imóvel**, quando o esbulho ou a turbação afirmado na petição inicial houver ocorrido há **mais de ano e dia**, o juiz, antes de apreciar o pedido de concessão da medida liminar, deverá designar audiência de mediação, a realizar-se em até 30 dias, devendo intimar o Ministério Público para comparecer à audiência, bem como a **Defensoria Pública** sempre que houver **parte beneficiária de gratuidade da justiça**;
- **art. 947, § 1.º:** legitimação ativa da **Defensoria Pública** para requerer a instauração de **incidente de assunção de competência** quando o julgamento de recurso, de remessa necessária ou de processo de competência originária envolver **relevante questão de direito**, com **grande repercussão social**, sem repetição em múltiplos processos;[107]
- **art. 977, III:** legitimação ativa da **Defensoria Pública**, ao lado do Ministério Público, para instaurar o **incidente de resolução de demandas repetitivas**.

Diante dessas perspectivas, Scarpinella Bueno, ao tratar sobre a Defensoria Pública e o grande mérito do art. 134, CF/88, que consagrou a necessária *institucionalização* da função, "permitindo uma maior racionalização na atividade de *conscientização* e de *tutela jurídica* da população carente", entende correto "admitir **ampla participação da Defensoria Pública** nos processos jurisdicionais, individuais e coletivos, reconhecendo-lhe como **missão institucional** também a de atuar como ***custos vulnerabilis*** para promover a tutela jurisdicional adequada dos interesses que lhe são confiados, desde o modelo constitucional, **similarmente à atuação do Ministério Público na qualidade de *custos legis*** ou, como pertinentemente prefere o CPC de 2015 (art. 178), **fiscal da ordem jurídica**"[108]

O tema em análise, como se disse, deverá ser evoluído e construído ao lado da cada vez maior afirmação institucional da Defensoria Pública.

[107] Neste ponto, observa Cassio Scarpinella Bueno: "sobre a legitimidade do Ministério Público e da Defensoria Pública, entendo que o § 1.º do art. 947 merece ser interpretado amplamente para admitir que a legitimidade daqueles órgãos dê-se tanto quando atuam como *parte* (em processos coletivos, portanto) como também quando o Ministério Público atuar na qualidade de fiscal da ordem jurídica e **a intervenção da Defensoria justificar-se na qualidade de *custos vulnerabilis***. É interpretação que se harmoniza com a que proponho para o inciso III do art. 977 com relação ao incidente de resolução de demandas repetitivas" (*Manual de direito processual civil*, vol. único, 4. ed., p. 719).

[108] Op. cit., p. 69.

Observamos que, até o fechamento desta edição, não temos, por parte do STF, nenhum caso de explícito e categórico reconhecimento de atuação da Defensoria Pública como *custos vulnerabilis*.[109]

Há, contudo, interessante julgado proferido pela 2.ª Turma do STF que admitiu a impetração de ***habeas corpus* coletivo** para determinar "a substituição da prisão preventiva pela domiciliar — sem prejuízo da aplicação concomitante das medidas alternativas previstas no art. 319 do CPP — de todas as mulheres presas, gestantes, puérperas, ou mães de crianças e deficientes sob sua guarda, nos termos do art. 2.º do ECA e da Convenção sobre Direitos das Pessoas com Deficiências (Decreto Legislativo 186/2008 e Lei 13.146/2015), relacionadas no referido processo pelo DEPEN e outras autoridades estaduais, enquanto perdurar tal condição, excetuados os casos de crimes praticados por elas mediante violência ou grave ameaça, contra seus descendentes ou, ainda, em situações excepcionalíssimas, as quais deverão ser devidamente fundamentadas pelos juízes que denegarem o benefício" (**HC 143.641**, j. 20.02.2018. Cf. o desdobramento dessa decisão judicial no campo normativo — **Lei n. 13.769/2018**, que estabeleceu a substituição da prisão preventiva por prisão domiciliar da mulher gestante ou que for mãe ou responsável por crianças ou pessoas com deficiência).

Nesse caso concreto, em razão de **pedido expresso da Defensoria Pública do Ceará**, muito bem fundamentado e reiterado nos autos, seguido de outro for-

---

[109] No fechamento desta edição, contudo, existem 2 interessantes precedentes determinando a atuação da Defensoria Pública como *custos vulnerabilis* em sede de Tribunal de Justiça: **a) TJ/AM — autos n. 4002158-79.2017.8.04.0000:** o Des. Ernesto Anselmo Queiroz Chíxaro determinou a intimação pessoal do Defensor Público-Geral do Amazonas, "na condição de 'custos vulnerabilis' (e não de representante processual-postulatório), para fins de **apresentação de sua posição institucional de defesa dos direitos humanos dos vulneráveis** (art. 134, CF e art. 4.º, XI, LC n. 80/94) e para manifestação em prazo similar ao Ministério Público, considerando-se, porém, a prerrogativa de contagem dobrada de prazo (LC n. 80/1994, art. 128, I)" (decisão proferida em 15.08.2017, sendo que, em momento seguinte, o mesmo Desembargador proferiu decisão no mesmo sentido, nos autos n. 4002077-67.2016.8.04.00000 — 21.02.2018); **b) TJ/SP — AI n. 2146744-37.2017.8.26.0000:** trata-se de ação civil pública ajuizada pelo MP de São Paulo objetivando a retirada de famílias de determinada área de alto risco, imprópria para o assentamento humano. Na medida em que o número de pessoas se mostrava extremamente alto para composição da lide, com a problemática de formação de litisconsórcio multitudinário, o Tribunal, em sede recursal, determinou a intimação da Defensoria Pública como representante processual e *custos vulnerabilis*, aplicando-se o art. 554, § 1.º, CPC, devendo representar os interesses dos ditos **"hipervulneráveis organizacionais"**. Vejamos: "a Defensoria Pública, respeitando sua independência funcional e opção técnica, 'in casu', em princípio, deve assumir duplo papel, isto é, de representante legal dos substituídos, em legitimação extraordinária, e 'custos vulnerabilis', devendo sempre ser ouvida depois das partes e antes de qualquer medida judicial. A participação do Ministério Público do Estado de São Paulo a este título, isto é, em favor das famílias envolvidas, é insuficiente e, até certo ponto, certamente, colidente com os interesses de parte dos moradores, que possivelmente não vão querer sair de suas casas" (decisão proferida em 04.12.2017). Para aprofundamento, as decisões podem ser lidas em reportagem de Pedro Canário: *Revista Consultor Jurídico*, 27.02.2018, 14h24. Cf., ainda, importante trabalho monográfico, Edilson Santana Gonçalves Filho, Jorge Bheron Rocha e Maurilio Casas Maria, *Custos vulnerabilis*: a Defensoria Pública e o (re)equilíbrio nas relações político-jurídicas dos vulneráveis, *passim*.

mulado pela **Defensoria Pública do Estado do Paraná** para integrar a lide como *custos vulnerabilis* ou, subsidiariamente, como *amicus curiae*, o Relator, Min. Lewandowski, admitiu o ingresso das referidas Defensorias na condição de **assistentes**, aplicando-se, por analogia, o art. 121 do CPC/2015. Dentre outras medidas, determinou, ainda, a intimação do Defensor Público-Geral Federal para que esclarecesse sobre o seu eventual interesse em atuar no feito (decisão de 29.06.2017, *DJE* de 1.º.08.2017).

Diante da manifestação positiva da DPU, aduzindo a essencialidade de sua participação, seja pelos reflexos em relação ao grupo vulnerável, seja pela *expertise* nos temas em discussão, em decisão proferida em 17.08.2017 (*DJE* de 21.08.2017), o Min. Lewandowski, "por se tratar de ação de caráter nacional", tendo como parâmetro a **aplicação analógica do art. 12, IV, da Lei n. 13.300/2016 — Lei do Mandado de Injunção**, reconheceu a legitimação ativa da Defensoria Pública da União como impetrante do *habeas corpus* coletivo, declarando os impetrantes originários como assistentes, "em condição análoga à atribuída às demais Defensorias Públicas atuantes no feito".

Em momento seguinte, em despacho de 19.12.2017 (*DJE* de 1.º.02.2018), foi proferida decisão genérica admitindo o ingresso no feito de todas as Defensorias Públicas que viessem a requerer a sua admissão nos autos, na condição de ***amici curiae***. Percebam, no primeiro momento se falou em **"assistentes"**; no momento seguinte, em *amici curiae*, sendo essa a natureza jurídica manifestada no voto do Min. Lewandowski, na decisão proferida em 20.02.2018.

O **STJ**, por sua vez, de modo muito emblemático, em decisão proferida por sua 2.ª Seção, por unanimidade, acolheu embargos de declaração para admitir a DPU como *custos vulnerabilis* exatamente como tem sido aqui sustentado (**EDcl no REsp 1.712.163-SP**, Rel. Min. Moura Ribeiro, Segunda Seção, j. 25.09.2019, *DJe* 27.09.2019).

Destacamos, ainda, o papel da Defensoria Pública para a adequada resolução dos **litígios estruturais**: "é preciso que a decisão de mérito seja construída em **ambiente colaborativo e democrático**, mediante a efetiva compreensão, participação e consideração dos fatos, argumentos, possibilidades e limitações do Estado em relação aos anseios da sociedade civil adequadamente representada no processo, por exemplo, pelos *amici curiae* e pela Defensoria Pública na função de ***custos vulnerabilis***, permitindo-se que processos judiciais dessa natureza, que revelam as mais profundas mazelas sociais e as mais sombrias faces dos excluídos, sejam utilizados para a construção de caminhos, pontes e soluções que tencionem a resolução definitiva do conflito estrutural em sentido amplo" (**REsp 1.854.842**, Rel. Min. Nancy Andrighi, 3.ª T., j. 02.06.2020. Veja, também, STJ, Pet no **HC 568.693**, decisão monocrática, Rel. Min. Sebastião Reis Júnior, j. 01.04.2020).

De fato, estamos diante de grande tema a ser evoluído e necessária definição da natureza jurídica dessa nova perspectiva de atuação, reconhecendo, sem dúvida, a sua importância.

12.5.12. Expressa previsão de notificação da Defensoria Pública da União nas hipóteses de retirada compulsória do migrante ou do visitante (Lei de Migração — Lei n. 13.445/2017)

Conforme desenvolvemos no *item 16.7*, a **repatriação**, a **deportação** e a **expulsão** serão feitas para o país de nacionalidade ou de procedência do migrante ou do visitante, ou para outro que o aceite, em observância aos tratados dos quais o Brasil seja parte.

A Lei de Migração (Lei n. 13.445/2017) **obrigou a notificação da DPU**, o que, certamente, significa um importante avanço, devendo a instituição criar estrutura para a nova demanda, implementando os mecanismos de divulgação dessa garantia ao **migrante** ou **visitante**. Vejamos:

- **repatriação:** a Defensoria Pública da União será notificada, preferencialmente por via eletrônica, no caso do § 4.º do art. 49 ou quando a repatriação imediata não seja possível (art. 49, § 2.º);
- **deportação:** na medida em que os procedimentos conducentes à deportação devem respeitar o contraditório e a ampla defesa e a garantia de recurso com efeito suspensivo, a Defensoria Pública da União deverá ser notificada, preferencialmente por meio eletrônico, para **prestação de assistência ao deportando em todos os procedimentos administrativos de deportação**. A ausência de manifestação da Defensoria Pública da União, desde que prévia e devidamente notificada, não impedirá a efetivação da medida de deportação (art. 51);
- **expulsão:** no processo de expulsão serão garantidos o contraditório e a ampla defesa. A Defensoria Pública da União será notificada da instauração de processo de expulsão, se não houver defensor constituído (art. 58, *caput* e § 1.º).

Apesar de a lei sugerir a **notificação compulsória da Defensoria** em **todos** os procedimentos das referidas medidas de retirada compulsória, exceto se já houver defensor constituído, criando certa **presunção legal de hipossuficiência**, entendemos que essa obrigatoriedade de notificação deverá se dar **apenas** nos casos de **migrante** ou **visitante necessitados**, na forma do inciso LXXIV do art. 5.º da Constituição Federal.

Essa perspectiva parece encontrar fundamento na seção II do capítulo I da Lei de Migração (Lei n. 13.445/2017), que garante ao migrante, no território nacional, em condição de igualdade com os nacionais, a inviolabilidade do direito à vida, à liberdade, à igualdade, à segurança e à propriedade, bem como, dentre outros direitos, o amplo acesso à justiça e à assistência jurídica integral gratuita aos que comprovarem **insuficiência de recursos**.

12.5.13. Algumas questões já decididas pela jurisprudência do STF e do STJ

12.5.13.1. A indispensabilidade do concurso público para ingresso na carreira

O art. 134, § 1.º (renumerado pela **EC n. 45/2004**), estabelece a **necessidade** de **concurso público de provas e títulos** para o **ingresso** na carreira, devendo apenas ser observado o art. 22 do ADCT, que assegura aos defensores públicos investidos na função até a data de instalação da Assembleia Nacional Constituinte o direito de opção pela carreira, independentemente, **para essa situação específica**, da forma de investidura,[110] com a observância das garantias e vedações previstas no referido art. 134, § 1.º, da Constituição.

Com base nessas regras, qualquer outra forma de investidura na carreira sem concurso público deverá ser refutada, sendo inconstitucionais as leis que assim estabelecerem (cf. arts. 5.º, *caput*; 37, *caput*, II e V, e precedentes do *STF*: ADI 1.267/AP, Rel. Min. Eros Grau, 30.09.2004 (*Inf. 363/STF*); ADI 1.219-MC/PB (*DJU* de 31.03.1995); ADI 2.125-MC/DF (*DJU* de 29.09.2000); ADI 1.500/ES (*DJU* de 16.08.2002); ADI 2.229/ES, Rel. Min. Carlos Velloso, 09.06.2004) etc.

■ 12.5.13.2. *Servidor público processado, civil ou criminalmente, em razão de ato praticado no "exercício regular" de suas funções tem direito à "assistência judiciária" do Estado? Essa atribuição pode ser destinada à Defensoria Pública Estadual?*

O STF entendeu, ao apreciar o art. 45 da CE/RS ("o servidor público processado, civil ou criminalmente, em razão de ato praticado no exercício regular de suas funções terá direito à assistência judiciária do Estado"), que referida regra "... **não** viola a CF, uma vez que apenas outorga, de forma ampla, um direito funcional de proteção do servidor que, agindo regularmente no exercício de suas funções, venha a ser processado civil ou criminalmente...".

Contudo, "... em relação à alínea *a* do Anexo II da Lei Complementar gaúcha 10.194, de 30 de maio de 1994, que definia como atribuição da **Defensoria Pública estadual** a assistência judicial aos servidores processados por ato praticado em razão do exercício de suas atribuições funcionais, o STF (...) considerou-se que **a norma ofendia o art. 134 da CF**, haja vista alargar as atribuições da Defensoria Pública estadual, extrapolando o modelo institucional preconizado pelo constituinte de 1988 e comprometendo a sua finalidade constitucional específica". Nesse ponto, "... por maioria, atribuiu-se o efeito dessa decisão a partir do dia 31.12.2004, a fim de se evitar prejuízos desproporcionais decorrentes da nulidade *ex tunc*, bem como permitir que o legislador estadual disponha adequadamente sobre a matéria" (**ADI 3.022/RS**, Rel. Min. Joaquim Barbosa, *DJ* de 18.08.2004 — *Inf. 355/STF*).

Assim, a chamada "assistência judiciária", em razão de ato praticado no **exercício regular** de suas funções, está reconhecida pelo STF, mas desde que prestada pelo

---

[110] "Este Tribunal, interpretando o art. 22 do ADCT, entendeu que servidores investidos na função de defensor público até a data em que foi instalada a Assembleia Nacional Constituinte têm **direito à opção pela carreira, independentemente da forma da investidura originária, desde que cumpridos os requisitos definidos pelo texto constitucional**. Precedentes. As Constituições estaduais não podem ampliar a excepcionalidade admitida pelo art. 22 do ADCT da CF/1988" (**ADI 3.603**, Rel. Min. Eros Grau, j. 30.08.2006, Plenário, *DJ* de 02.02.2007). No mesmo sentido: ADI 1.199, ADI 112, ADI 175, RE 161.712-ED, AI 407.683-AgR etc.

Procurador de Estado,[111] e não pelo Defensor Público estadual, sob pena de violar a **finalidade constitucional específica** da Defensoria, que é a prestação da assistência jurídica integral e gratuita **aos que comprovarem insuficiência de recursos**.

A título de conhecimento, cabe lembrar que o **Pacote Anticrime** (Lei n. 13.964/2019) prescrevia a **atuação preferencial da Defensoria Pública** para a defesa de **servidores vinculados às instituições dispostas no art. 144 da Constituição Federal** que figurassem como investigados em inquéritos policiais, inquéritos policiais militares e demais procedimentos extrajudiciais, cujo objeto fosse a investigação de fatos relacionados ao **uso da força letal praticados no exercício profissional**, de forma consumada ou tentada, incluindo as situações dispostas no art. 23 do Código Penal, caso o investigado não constituísse defensor depois de intimado.

O art. 14-A, § 3.º, CPP, **vetado**, prescrevia, ainda, que, nos locais em que a Defensoria Pública não estivesse instalada, a União ou a Unidade da Federação correspondente à respectiva competência territorial do procedimento instaurado deveria disponibilizar profissional para acompanhamento e realização de todos os atos relacionados à defesa administrativa do investigado.

Os §§ 3.º a 5.º do art. 14-A, CPP, introduzidos pela Lei n. 13.964/2019, contudo, foram **vetados** pelo Presidente da República (*Mensagem 726/2019*), tendo sido apresentadas as seguintes razões, na linha da jurisprudência acima citada: "a propositura legislativa, ao prever que os agentes investigados em inquéritos policiais por fatos relacionados ao uso da força letal praticados no exercício profissional serão defendidos prioritariamente pela Defensoria Pública e, nos locais em que ela não tiver instalada, a União ou a Unidade da Federação correspondente deverá disponibilizar profissional, **viola** o disposto no **art. 5.º, inciso LXXIV**, combinado com o **art. 134**, bem como os **arts. 131 e 132**, todos da Constituição da República, que confere à Advocacia-Geral da União e às Procuradorias dos Estados e do Distrito Federal, também Função Essencial à Justiça, a representação judicial das respectivas unidades federadas, e destas competências constitucionais deriva a competência de representar judicialmente seus agentes públicos, em consonância com a jurisprudência do Supremo Tribunal (*v.g.* ADI 3.022)".

A regra acima indicada do art. 14-A, CPP (que foi direcionada para os servidores vinculados às instituições dispostas no art. 144 da Constituição Federal), foi reproduzida, nos mesmos termos, assim como os vetos apresentados nas mesmas condições e sob as mesmas fundamentações, no **art. 16-A do CPPM**, para os casos em que **servidores das polícias militares e dos corpos de bombeiros militares**, assim como **servidores militares vinculados às instituições dispostas no art. 142 da Constituição Federal, desde que os fatos investigados digam respeito a missões para a Garantia da Lei e da Ordem**, figurarem como investigados em inquéritos policiais militares e demais procedimentos extrajudiciais, cujo objeto for a investiga-

[111] Até porque é o Procurador do Estado quem tem a função de representar o Estado e, assim, se no exercício regular de direito, parece razoável que o Estado tenha o interesse de "defender" o ato praticado por seu servidor, que, no fundo, acaba sendo um ato inerente ao próprio Estado.

ção de fatos relacionados ao uso da força letal praticados no exercício profissional, de forma consumada ou tentada, incluindo as situações dispostas nos arts. 42 a 47 do Decreto-Lei n. 1.001, de 21 de outubro de 1969 (Código Penal Militar).

Naturalmente, se o servidor comprovar "insuficiência de recursos", poderá requerer o patrocínio da Defensoria. O que não se admite é a generalização da regra para todo servidor público conforme objetivava a lei.

■ 12.5.13.3. *Prazo em dobro e intimação pessoal: prerrogativas da Defensoria Pública. A questão da regra do prazo em dobro para o processo penal. "Lei ainda constitucional"*

Nos termos dos arts. 44, I; 89, I; e 128, I, da LC n. 80/94, é prerrogativa dos membros da Defensoria Pública receber **intimação pessoal** em qualquer processo e grau de jurisdição,[112] contando-se-lhes em **dobro todos os prazos, regra esta também prevista no CPC/2015 (art. 186, *caput* e § 1.º).**[113]

Para o **processo civil**, a regra não sofreu nenhuma repreensão por parte do STF, até porque há equivalente para o MP e a Fazenda Pública nos termos do art. 188 do CPC/73 (o CPC/2015 estabeleceu para o MP — art. 180, para a Advocacia Pública — art. 183 e para a Defensoria Pública — art. 186, a **regra** do **prazo em dobro** para **todas as manifestações processuais**, não se falando mais em prazo em quádruplo para contestar, conforme previsto no art. 188 do CPC/73).

Mas, para o **processo penal**, no que tange ao **prazo em dobro**, na medida em que o MP não goza de tal prerrogativa, questionou-se se, de fato, a regra poderia ser estabelecida para a Defensoria Pública quando atua como defensora de acusação formulada pelo MP, especialmente em face dos princípios da isonomia e do devido processo legal.

O STF, ao examinar o tema do **prazo em dobro para o processo penal**, entendeu que referida regra é constitucional até que a Defensoria Pública efetivamente se instale. Trata-se do que já estudamos e chamamos de "lei ainda constitucional", ou "lei em trânsito para a inconstitucionalidade", ou "inconstitucionalidade progressiva" (*item 6.7.1.6*, em que analisamos o precedente do **HC 70.514**).

Assim, o prazo em dobro para o processo penal só valerá enquanto a Defensoria Pública ainda não estiver eficazmente organizada. Quando tal se verificar, a regra tornar-se-á **inconstitucional**.

---

112 A prerrogativa da intimação pessoal foi reconhecida pelo STF inclusive para a intimação de acórdão proferido em *habeas corpus* pelo STJ — *Inf. 276/STF*, tendo sido citados os seguintes precedentes: HC 79.954-SP (*DJU* de 28.04.2000); HC 80.103-RJ (*DJU* de 25.08.2000); HC 80.104-RJ (*DJU* de 15.03.2002). HC 81.958-RJ, Rel. Min. Maurício Corrêa, 06.08.2002. **Em sentido contrário:** HC 77.385-MG (*DJU* de 07.05.1999) e HC 68.884-PR (*DJU* de 05.03.1993). HC 79.866-RS, Rel. Min. Maurício Corrêa, 28.03.2000. Há precedentes das Turmas do STF, no sentido de que a não observância da prerrogativa da intimação pessoal da Defensoria Pública deve ser suscitada na **primeira oportunidade a falar nos autos**, sob pena de **preclusão** (cf. HC 133.476, Rel. Min. Teori Zavascki, 2.ª T., j. 14.06.2016; HC 102.077/SP, Rel. Min. Roberto Barroso, 1.ª T., *DJE* de 1.º.04.2014).

113 Em relação ao rito específico dos Juizados, confira regras apresentadas no *item 6.7.1.6.1.1*.

Isso significa que referida regra poderá ser **"ainda constitucional"** em determinado Estado, que está implementando a Defensoria, mas inconstitucional em outro, que já eficazmente instalou a Defensoria.

12.5.13.4. *As prerrogativas do prazo em dobro e da intimação pessoal valem para Procuradores do Estado no exercício da assistência judiciária, como foi o caso de São Paulo?*

Conforme vimos, os arts. 44, I; 89, I; e 128, I, da LC n. 80/94 fixaram como prerrogativa dos membros da Defensoria Pública receber **intimação pessoal** em qualquer processo e grau de jurisdição, contando-se-lhes em **dobro todos os prazos**, regra também prevista no CPC/2015 (art. 186, *caput* e § 1.º).

O art. 5.º, § 5.º, da Lei n. 1.060/50 (acrescentado pela Lei n. 7.871/89), por sua vez, estabeleceu que nos Estados onde a assistência judiciária seja organizada e por eles mantida, o Defensor Público, **ou quem exerça *cargo* equivalente**, será intimado pessoalmente de todos os atos do processo, em ambas as instâncias, contando-se-lhes em dobro todos os prazos.

Assim, o STF decidiu que "aos procuradores dos Estados no exercício de assistência judiciária é reconhecida a prerrogativa do recebimento de intimação pessoal em qualquer processo e grau de jurisdição (art. 128, I, da LC 80/94), porquanto investidos na função de defensor público" (*Inf. 251/STF*).[114]

12.5.13.5. *As prerrogativas do prazo em dobro e da intimação pessoal valem para os advogados dativos?*

O candidato estudioso e os advogados devem ficar bem atentos neste ponto, em relação aos advogados dativos, na medida em que inexiste **vínculo estatal**, diferentemente do que acontece com os Procuradores do Estado ou com quem exerce cargo (público) equivalente.

Pedimos vênia, aqui, para transcrever texto publicado no *Inf. 219/STF* que reproduz o entendimento do STF em um primeiro momento: "**não** se estendem aos **defensores dativos** as prerrogativas processuais da intimação pessoal e do prazo em dobro asseguradas aos **defensores públicos em geral** e aos **profissionais que atuam nas causas patrocinadas pelos serviços estaduais de assistência judiciária** (Lei n. 7.871/89 e LC 80/94) (...). Precedentes citados: Pet 932-SP (*DJU* de 14.09.1994) e AG 166.716-RS (*DJU* de 25.05.1995). CR (AgRg-AgRg) 7.870 — Estados Unidos da América, Rel. Min. Carlos Velloso, 07.03.2001. (CR-7870)".

No STJ, a 3.ª Seção e as 3.ª, 4.ª, 5.ª e 6.ª Turmas assim se posicionaram, mas apenas em relação ao **prazo em dobro:** "a contagem em dobro dos prazos processuais, prevista no art. 5.º, § 5.º, da Lei n. 1.060/50, somente é aplicável nos feitos em que

---

[114] Cf. precedentes citados: HC 73.310-SP (*DJU* de 17.05.1999) e HC 79.867-RS (*DJU* de 20.10.2000). HC 81.342-SP, Rel. Min. Nelson Jobim, 20.11.2001. Em relação aos Juizados Especiais, cf. *itens 12.3.7.9* e *12.5.13.6*.

atue *Defensor Público ou integrante do serviço estatal de assistência judiciária*, **não se incluindo nessa condição o defensor dativo e o advogado particular, mandatário de beneficiário da justiça gratuita**".

No tocante à **intimação pessoal em matéria penal**, cuidado! A regra é nova, superando o entendimento anterior do STF. Mas, vejam, em relação, somente, à intimação pessoal.

Para saber se o dativo tem direito à intimação pessoal, devemos analisar qual o momento do ato. Se a intimação se deu antes da **Lei n. 9.271/96**, que incluiu o § 4.º no art. 370 do CPP, vale a regra citada no *Inf. 219/STF*, qual seja, a **inexistência** do direito à intimação pessoal para o dativo. Por outro lado, se a intimação se deu após o advento da referida lei, o dativo deve ser intimado **pessoalmente**.[115]

"A partir da edição da Lei 9.271/96, que incluiu o § 4.º ao art. 370 do CPP, os defensores nomeados, dentre os quais se inclui o **defensor dativo**, passaram também a possuir a **prerrogativa da intimação pessoal**. Com base nesse entendimento, a Turma, por maioria, indeferiu *habeas corpus* em que se pretendia a anulação de ação penal, em virtude da ausência de intimação pessoal de defensor dativo para o julgamento de apelação. Sustentava-se, na espécie, a obrigatoriedade dessa intimação, sob o argumento de que a Lei 1.060/50 não fez distinção entre defensores dativo e público. Considerando que, no caso, a intimação do defensor dativo da pauta de julgamento da apelação ocorrera via publicação no *Diário de Justiça*, em data anterior ao advento da mencionada Lei 9.271/96, entendeu-se incidente o princípio do *tempus regit actum*, a afastar a exigência legal. Vencido o Min. Marco Aurélio, que, tendo em conta a peculiaridade da inexistência, à época, de defensoria pública no Estado de São Paulo, deferia o *writ* para tornar insubsistente o julgamento da apelação, determinando que outro se realizasse com a intimação pessoal do defensor dativo, ao fundamento de que a Lei 1.060/50 previa não só a intimação do próprio defensor público, como também daquele que atuasse em sua substituição. Precedente citado: HC 89.315/SP (*DJU* de 13.10.2006). **HC 89.710/SP**, Rel. Min. Cármen Lúcia, 12.12.2006" (*Inf. 452/STF*).

Assim, como anota o Ministro Lewandowski, no precedente da matéria **(HC 89.315)**, "... com o advento da Lei n. 9.271/96, que incluiu o § 4.º ao art. 370 do CPP, tornou-se obrigatória a intimação pessoal dos defensores nomeados, sejam eles defensores públicos, procuradores da assistência judiciária ou defensores dativos" (j. 19.09.2006, *DJ* de 13.10.2006).

Resumindo, ao **advogado dativo**, de acordo com o entendimento do STF:

- **não** há a prerrogativa do prazo em dobro;
- em relação à **intimação pessoal em matéria penal**, depende do momento do ato (*tempus regit actum*). Se a intimação se deu antes da Lei n. 9.271/96, que incluiu o § 4.º ao art. 370 do CPP, **não** há a prerrogativa da intimação pessoal para o dativo;[116]

---

[115] Art. 370, § 4.º: "A intimação do Ministério Público e do defensor nomeado será pessoal".

[116] Nesse sentido: "não é nulo o julgamento de apelação sem a intimação pessoal de defensor dativo, nos casos anteriores à entrada em vigor da Lei 9.271/1996" (RHC 88.512, Rel. Min. Cezar Peluso, j. 09.03.2010, 2.ª Turma, *DJE* de 23.04.2010).

- contudo, se a intimação está sendo realizada (em matéria penal) **após** o advento da Lei n. 9.271/96, o advogado dativo deve ser intimado pessoalmente, nos termos do art. 370, § 4.º, do CPP.

12.5.13.6. *As prerrogativas do prazo em dobro e intimação pessoal para a Defensoria Pública aplicam-se ao rito especial dos Juizados?*

NÃO.

Em observância aos princípios da **celeridade**, **isonomia** e **especialidade**, a *Turma Nacional de Uniformização de Jurisprudência dos Juizados Especiais Federais junto ao Conselho da Justiça Federal* entendeu que o prazo em dobro para a Defensoria Pública não se aplica ao rito dos juizados especiais.[117]

"No pedido de uniformização, a Turma Nacional não acatou a tese da DPU relativa ao prazo privilegiado, considerando que o fato de a Lei Complementar conferir a prerrogativa de prazo em dobro para os defensores públicos não autoriza a Turma Nacional a privilegiá-los no âmbito dos Juizados Especiais Federais, uma vez que os Juizados são guiados pelo princípio da isonomia entre as partes. O art. 9.º da Lei n. 10.259/2001, que instituiu os Juizados Especiais Federais, diz que nenhuma pessoa jurídica de Direito Público goza de prazos privilegiados".[118]

O STF, por seu turno, em relação à intimação pessoal, já se posicionou: "é **dispensável**, no âmbito dos juizados especiais, a intimação pessoal das partes, inclusive do representante do Ministério Público e defensores nomeados, bastando que a mesma se faça pela imprensa oficial. Afasta-se, dessa forma, o § 4.º do art. 370 do CPP, para a aplicação, com base no **princípio da especialidade**, do § 4.º do art. 82 da Lei 9.099/95 ('as partes serão intimadas da data da sessão de julgamento pela imprensa')...".[119]

Nessa linha, o art. 7.º da **Lei n. 12.153, de 22.12.2009**, que institui os **Juizados Especiais da Fazenda Pública**, estabelece que **não haverá prazo diferenciado** para

[117] O art. 14, *caput*, da Lei n. 10.259/2001 (que dispõe sobre a instituição dos Juizados Especiais Cíveis e Criminais no âmbito da Justiça Federal) estabelece que caberá pedido de uniformização de interpretação de lei federal quando houver divergência entre decisões sobre questões de direito material proferidas por Turmas Recursais na interpretação da lei. O Regimento Interno da *Turma Nacional de Uniformização da Jurisprudência dos Juizados Especiais Federais* está disciplinado na **Res. n. 22/2008-CJF**. Referida resolução pode ser encontrada no site do Conselho da Justiça Federal: <http://www2.cjf.jus.br/jspui/handle/1234/3835>.

[118] *Notícias STJ*, 24.11.2004, relatando o desfecho do Processo n. 2003.40.00.706363-7. O referido recurso foi julgado em 31.08.2004, tendo sido interposto recurso para o STJ e o STF. Assim, devemos acompanhar, já que se trata de decisão da *Turma de Uniformização de Jurisprudência dos Juizados Federais,* e não de decisão pacificada dos Tribunais Superiores. Provavelmente referido recurso especial não será conhecido, tendo em vista o teor da **S. 203/STJ** (com a redação fixada no julgamento do AgRg no Ag 400.076-BA, na sessão de 23.05.2002): "não cabe recurso especial contra decisão proferida por órgão de segundo grau dos juizados especiais". Em relação ao RExtr, o STF já se posicionou sobre a questão da intimação pessoal; vamos aguardar em relação ao prazo em dobro.

[119] *Inf. 362/STF,* 20-24.09.2004. Precedentes citados: HC 71.642/AP (*DJU* de 21.10.1994); HC 81.281/MS (*DJU* de 22.03.2002); HC 81.446/RJ (*DJU* de 10.05.2002).

a prática de qualquer ato processual pelas pessoas jurídicas de direito público, inclusive a interposição de recursos, devendo a citação para a audiência de conciliação ser efetuada com antecedência mínima de 30 dias.

■ *12.5.13.7. Como ficou a prerrogativa do prazo em dobro e da intimação pessoal no CPC/2015? Houve previsão explícita para os escritórios de prática jurídica das faculdades de direito reconhecidas na forma da lei e para as entidades que prestam assistência jurídica gratuita em razão de convênios firmados com a Defensoria Pública?*

Conforme vimos, de acordo com o art. 186 do CPC/2015, a Defensoria Pública goza de prazo em **dobro** para todas as suas manifestações processuais, tendo início com a **intimação pessoal do defensor público** por carga, remessa ou meio eletrônico (art. 183, § 1.º).

Importante inovação está prevista no art. 186, § 4.º, ao estabelecer, sob a perspectiva da isonomia, que a prerrogativa do **prazo em dobro** aplica-se também aos **escritórios de prática jurídica das faculdades de direito** reconhecidas na forma da lei e às **entidades que prestam assistência jurídica gratuita em razão de convênios firmados com a Defensoria Pública.**[120]

Veja que a regra introduzida estende **apenas** a prerrogativa do **prazo em dobro**, não fazendo distinção entre faculdades de direito **públicas** ou **privadas.**

■ *12.5.13.8. Defensor público pode exercer a advocacia fora de suas atribuições institucionais?*

NÃO.

De acordo com o art. 134, § 1.º, lei complementar organizará a Defensoria Pública da União e do Distrito Federal e dos Territórios e prescreverá normas gerais para sua organização nos Estados, em cargos de carreira, providos, na classe inicial, mediante concurso público de provas e títulos, assegurada a seus integrantes a garantia da inamovibilidade e **vedado o exercício da advocacia fora das atribuições institucionais.**[121]

[120] Conforme anotou Scarpinella Bueno, "a previsão de convênios com a Ordem dos Advogados do Brasil para este fim, constante do Projeto do Senado, acabou sendo eliminada na última etapa dos trabalhos legislativos" (in: *Novo Código de Processo Civil anotado,* p. 160).

[121] "Por entender caracterizada a ofensa ao art. 134 da CF, que veda aos membros da Defensoria Pública o desempenho de atividades próprias da advocacia privada, o Tribunal julgou procedente pedido formulado em ação direta proposta pelo Procurador-Geral da República para declarar a inconstitucionalidade do art. 137 da Lei Complementar 65/2003, do Estado de Minas Gerais, que permite que os defensores públicos exerçam a advocacia fora de suas atribuições institucionais até que sejam fixados os subsídios dos membros da carreira. Afastou-se, ainda, o argumento de se inferir, da interpretação sistemática do art. 134 c/c o art. 135 e o § 4.º do art. 39, da CF, que o exercício da advocacia pelos defensores públicos estaria proibido apenas após fixação dos respectivos subsídios, visto que tal assertiva conduziria à conclusão de que a vedação trazida pelo art. 134, texto normativo constitucional originário, teria sido relativizada com a EC 19/98, que introduziu o

Resumindo, o defensor público só pode advogar para cumprir a sua missão constitucional, que é a prestação da assistência jurídica integral e gratuita aos que comprovem insuficiência de recursos.

E como ficam os defensores públicos investidos na função até a data de instalação da Assembleia Nacional Constituinte? Em relação a eles, também, está vedada a advocacia fora de suas atribuições institucionais, nos termos do **art. 22 do ADCT**, que assegura a opção pela carreira da Defensoria desde que se observem as **garantias** e **vedações** previstas no art. 134, § 1.º, da Constituição. Como vedação, portanto, está a proibição de prestar o serviço de advocacia fora dos ditames constitucionais.

■ *12.5.13.9. Inconstitucionalidade progressiva — art. 68 do CPP — "lei ainda constitucional"*

Conforme vimos ao estudar o assunto (*item 6.7.1.6.1.2*), a atribuição de legitimidade ao MP para o ajuizamento de ação civil *ex delicto*, em tese, violaria a finalidade específica da Defensoria Pública, que tem a missão constitucional de defesa dos necessitados, na forma da lei.

A Defensoria Pública, no entanto, em muitos Estados, ainda está em vias de efetiva implementação.

Assim, o STF vem decidindo, de maneira acertada, que o art. 68 do CPP é uma lei **"ainda constitucional"** e que está **em trânsito, progressivamente, para a inconstitucionalidade**, à medida que as Defensorias Públicas forem, **efetiva** e **eficazmente**, sendo instaladas.[122]

Vale dizer, instalada eficazmente a Defensoria, a ação não mais poderá ser ajuizada pelo MP, devendo ser assumida pelo defensor, inclusive, em nossa opinião, em processos que estiverem em curso.

■ *12.5.13.10. A Defensoria Pública pode propor ação civil pública?*

SIM.

A Lei n. 11.448, de 15.01.2007, ao alterar o art. 5.º da Lei n. 7.347/85 (Lei da Ação Civil Pública — LACP), legitimou a **Defensoria Pública** para o ajuizamento da ação civil pública.

A ampliação da legitimação ativa foi questionada no STF pela CONAMP, na **ADI 3.943**, por supostamente contrariar o art. 5.º, LXXIV, e o art. 134, *caput*, da Constituição Federal, em sua redação original, antes da EC n. 80/2014.

---

art. 135 e o § 4.º do art. 39. Asseverou-se, ainda, a vigência da Lei Complementar 80/94 — que organiza a Defensoria Pública da União, do DF e dos Territórios e prescreve normas gerais para sua organização nos Estados-membros — que também prevê a aludida vedação. ADI 3.043/MG, Rel. Min. Eros Grau, 26.04.2006" (*Inf. 424/STF*).

[122] Nesse sentido: "esta Corte firmou entendimento segundo o qual o Ministério Público do Estado de São Paulo tem legitimidade para ajuizar ação em favor dos hipossuficientes até que a Defensoria Pública estadual tenha plena condição de exercer seu múnus" (**RE 432.423**, Rel. Min. Gilmar Mendes, *DJ* de 07.10.2005). Cf., ainda, RE 135.328 e RE 147.776.

Acesse também a videoaula pelo link: somos.in/DCE25101

A ação foi proposta em 16.08.2007 e julgada em 07.05.2015, praticamente 8 anos depois.

A Corte, por unanimidade (8 x 0), julgou **improcedente** o pedido, declarando, assim e acertadamente, a **constitucionalidade** da Lei n. 11.448/2007.

Devemos lembrar que a LC n. 132/2009 introduziu importantes regras à LC n. 80/94, reforçando e ampliando a atribuição destinada à Defensoria Pública para a propositura da ação civil pública (cf. art. 1.º — cuja redação agora está no art. 134, *caput*, da CF/88, introduzido pela EC n. 80/2014; art. 4.º, VII, VIII e XI; art. 15-A; art. 106-A etc.).

Em sustentação oral por nós realizada em nome da *Associação Nacional dos Defensores Públicos — ANADEP*, apresentamos uma preliminar de prejudicialidade da ADI por não ter havido o aditamento da petição inicial em razão do advento da referida lei complementar que, em nosso entender, revogou o art. 5.º, II, da LACP, mas essa tese só foi admitida pelo Ministro Teori Zavascki.

No mérito, na linha do que defendemos, a Corte reconheceu com muita propriedade a legitimação da Defensoria Pública, seja pelo contexto do processo coletivo e das novas perspectivas lançadas pelas necessidades da sociedade de massa, seja em razão da regra do **art. 129, § 1.º**, da CF/88, ao prescrever que a legitimação do Ministério Público para o ajuizamento de ações civis (e, no caso, da *ação civil pública para proteção do patrimônio público e social, do meio ambiente e de outros interesses difusos e coletivos* — art. 129, III, da CF/88) **não impede a de terceiros**, nas mesmas hipóteses, segundo o disposto na **Constituição** e na **lei**.

E foi em razão dessa abertura (não exclusividade do Ministério Público) que o legislador, de maneira acertada, prescreveu a legitimação ativa também para a Defensoria Pública: o art. 5.º da Lei da Ação Civil Pública estabelece uma legitimação **extraordinária** (haverá substituição da coletividade), **autônoma** (a presença do legitimado ordinário quando identificado é totalmente dispensada), **concorrente** (em relação aos representantes adequados entre si que concorrem em igualdade para a propositura da ação civil pública) e **disjuntiva** (qualquer legitimado poderá propor a ação sem a anuência, intervenção ou autorização dos demais, sendo o litisconsórcio eventualmente formado sempre facultativo).

Não haveria sentido prever a possibilidade de defesa individual ("atomizada") e não a admitir de modo coletivo ("molecularizada"), com todas as vantagens do processo coletivo. Como se sabe, essa ampliação agora está expressa na Constituição, no art. 134, *caput*, na redação bastante adequada trazida pela EC n. 80/2014 (não estamos sugerindo uma suposta constitucionalidade superveniente em razão da EC n. 80/2014 na medida em que a redação original dava guarida às regras trazidas pela lei ao se remeter ao art. 5.º, LXXIV, que assegura a assistência jurídica **integral**, abarcando, então, a tutela coletiva).

O Ministro Teori Zavascki, bem como os Ministros Lewandowski e Barroso chegaram a apontar os parâmetros estabelecidos no art. 5.º, LXXIV, que estabelece ser dever do Estado prestar a assistência jurídica, **integral** e gratuita aos que **comprovarem insuficiência de recursos**. Assim, não poderia a Defensoria Pública defender **apenas** interesses de pessoas que não necessitam dos seus serviços por poderem contratar um advogado.

Apesar desse limite, não haveria qualquer problema em se propor a ação civil pública e, **reflexamente**, o seu **resultado** também beneficiar os que não são necessitados.

Nesse sentido, destacamos o art. 4.º, VII, da LC n. 80/94 (introduzido pela LC n. 132/2009), ao estabelecer ser **função institucional da defensoria pública**, entre outras, a de promover **ação civil pública** e todas as espécies de ações capazes de propiciar a adequada tutela dos direitos difusos, coletivos ou individuais homogêneos **quando o resultado da demanda puder beneficiar grupo de pessoas hipossuficientes.**[123]

Essa situação, sem dúvida, será observada especialmente quando o objetivo da demanda for **interesse ou direito difuso**, assim entendido, para efeitos do Código de Defesa do Consumidor, os **transindividuais**, de **natureza indivisível**, de que sejam **titulares pessoas indeterminadas** e ligadas por **circunstâncias de fato** (art. 81, parágrafo único, I, do CDC).

Como exemplo, imaginemos que a Defensoria Pública firme um termo de ajustamento de conduta com uma empresa de ônibus para que o ponto final da linha seja próximo da penitenciária, e não a 5 km de distância. Esse acordo beneficiará não só hipossuficientes, mas, também, todos que pegarem aquela linha de ônibus. A extensão é uma decorrência da indivisibilidade do objeto da demanda. Não significa estar a Defensoria litigando em nome de não necessitados.

Podemos pensar, ainda, em um termo de ajustamento de conduta visando facilitar a gratuidade do transporte público para as pessoas com deficiência física. Ainda, uma ação civil pública objetivando a melhoria de posto de saúde, ou a manutenção do FIES (em um contexto de proteção ao direito fundamental à educação), ou a suspensão do aumento da passagem de ônibus em determinado município, ou a ação contra uma empresa poluente, com o objetivo de proteção ambiental, ou uma ação objetivando a garantia de fornecimento de água para uma comunidade inteira, ou, ainda, para garantia aos presos de determinada região de condições adequadas de higiene, limpeza, alimentação etc.[124]

Em todas essas situações, o resultado da demanda, além de beneficiar pessoas hipossuficientes, também poderá produzir efeitos em relação àqueles que não são necessitados. Estamos diante daquilo que a doutrina norte-americana chamou de *free rider*, ou seja, o "carona",[125] que **também** se beneficiará com o resultado da demanda.

---

[123] Devemos estar sempre preocupados com o aforismo que se tornou um alerta quando se trata da problemática do *acesso à Justiça*: "In England, Justice is open to all, like the Ritz Hotel" — "Na Inglaterra, a Justiça está aberta a todos, como o Ritz Hotel" — hotel de luxo (James Mathew 1830-1908, citado em R. E. Megarry Miscellany-at-Law, 1955).

[124] Para aprofundamento dos exemplos, sugerimos a análise dos *I* e *II Relatórios Nacionais de Atuações Coletivas da Defensoria Pública*, elaborados pela Associação Nacional dos Defensores Públicos — ANADEP (2013 e 2015).

[125] Como bem lembrou Benjamin, a ideia do "carona" (*free rider*) quer significar a situação em que

Essa **consequência prática** não afronta a Constituição mas, como visto, decorre da natureza jurídica do objeto (indivisibilidade dos direitos ou interesses difusos).

Nesse sentido decidiu o STF no julgamento do **RE 733.433**, ou seja, mesmo que a tutela coletiva possa, eventualmente, atingir pessoas não necessitadas, desde que estejam presentes interesses da população necessitada, a Defensoria Pública será legitimada. Naturalmente, a execução individual da sentença coletiva pela Defensoria só poderá ser realizada em nome de pessoas hipossuficientes.

Dessa forma, no referido julgado, o Tribunal, apreciando o *tema 607* da repercussão geral, firmou a seguinte tese: "a Defensoria Pública tem legitimidade para a propositura da ação civil pública em ordem a promover a tutela judicial de direitos difusos e coletivos de que sejam titulares, em tese, pessoas necessitadas" (ARE 690.838, reautuado como RE 733.433, Rel. Min. Dias Toffoli, j. 04.11.2015, *DJE* de 07.04.2016).

■ *12.5.13.11. O Defensor Público pode receber honorários advocatícios? Como ficou no CPC/2015?*

Além das proibições decorrentes do exercício de cargo público, aos **membros** da Defensoria Pública é **vedado**, segundo a lei orgânica, **receber**, a qualquer título e sob qualquer pretexto, **honorários**, percentagens ou custas processuais, em razão de suas atribuições.

Porém, nos termos do art. 4.º, XXI, da LC n. 80/94, introduzido pela LC n. 132/2009, são funções institucionais da Defensoria Pública, dentre outras, executar e receber as **verbas sucumbenciais** decorrentes de sua atuação, **inclusive quando devidas por quaisquer entes públicos**, reservando-as a **fundos** geridos pela Defensoria Pública e destinados, exclusivamente, ao aparelhamento da Defensoria Pública e à capacitação profissional de seus membros e servidores.

Cabe alertar que, no dia **03.03.2010**, a Corte Especial do **STJ** editou a **Súmula 421**, que tem o seguinte teor: "os honorários advocatícios **não são devidos** à Defensoria Pública quando ela atua **contra a pessoa jurídica de direito público à qual pertença**".

Com todo o respeito, não concordamos com essa orientação, especialmente porque, em razão das reformas constitucionais (ECs ns. 45/2004, 69/2012 e 74/2013), as Defensorias Públicas passaram a ter ampla autonomia funcional, administrativa e financeira.

---

alguém "... sem qualquer esforço pessoal, é beneficiado — reflexa e gratuitamente — de atividade alheia. Veja-se a hipótese de algumas pessoas, todas morando às margens de um lago, que resolvem investir maciçamente na sua despoluição. No instante em que suas águas cristalinas estejam de volta, ninguém pode impedir que outros cidadãos (os moradores das ruas interiores) passem a ser beneficiados — reflexa e gratuitamente — pelo esforço daquele grupo de cidadãos operosos. A se negar o benefício a um cidadão apenas — provocando-se nova poluição, por exemplo — todos sofrem concomitantemente, a mesma exclusão" (cf., Richard B. Mckenzie e Gordon Tullock, *Modern political economy*: an introduction to economics, New York, McGraw Hill Book Company, New York, 1978, p. 448, apud A. H. de V. Benjamin e (Coord.), *Dano ambiental*: prevenção, reparação e repressão, p. 61).

A regra da LC n. 80/94 parece bastante razoável sobretudo porque os honorários advocatícios, que são devidos em razão da condenação nas verbas sucumbenciais, não sairão de "um bolso" para voltar para "o mesmo bolso". A destinação do dinheiro será para **fundos** geridos pela Defensoria Pública e destinados, exclusivamente, ao seu aparelhamento e à capacitação profissional de seus membros e servidores.

Portanto, mais uma vez, não concordamos com a posição do STJ. Essa nossa crítica ganha força a partir de importante decisão proferida pelo Pleno do STF, que reconheceu, expressamente, a possibilidade de honorários advocatícios em favor da DPU, mesmo na hipótese de ação promovida em face da União (**AR 1.937 AgR**, j. 30.06.2017).

Esse entendimento encontra fundamento na incontestável premissa e reconhecimento da autonomia funcional e administrativa da Defensoria Pública, além da iniciativa de sua proposta orçamentária, conforme decidiu o STF no julgamento da **ADPF 339**, estabelecendo a seguinte tese: "é dever constitucional do Poder Executivo o repasse, sob a forma de duodécimos e até o dia 20 de cada mês (art. 168 da CRFB/88), da integralidade dos recursos orçamentários destinados a outros Poderes e órgãos constitucionalmente autônomos, como o Ministério Público e a **Defensoria Pública**, conforme previsão da respectiva Lei Orçamentária Anual" (Rel. Min. Fux, j. 18.05.2016, *DJE* de 1.º.08.2016).

Finalmente, conforme já alertamos (*item 12.3.10*), o art. 85, § 19, do **CPC/2015**, estabelece que "os **advogados públicos** perceberão honorários de sucumbência, **nos termos da lei**".

De acordo com o art. 3.º, § 1.º, da Lei n. 8.906/94 (*Estatuto da Advocacia*), exercem atividade de advocacia, sujeitando-se ao regime desta lei, **além do regime próprio a que se subordinem**, os integrantes da Advocacia-Geral da União, da Procuradoria da Fazenda Nacional, da **Defensoria Pública** e das Procuradorias e Consultorias Jurídicas dos Estados, do Distrito Federal, dos Municípios e das respectivas entidades de administração indireta e fundacional.

A regra do CPC/2015, portanto, reforça o entendimento exposto, já que a nova lei processual delega a previsão e regulamentação para a **lei**, no caso, o art. 4.º, XXI, da **LC n. 80/94**.

■ *12.5.13.12. O Defensor Público tem poder de requisição?*

A questão foi examinada pelo STF no julgamento da **ADI 230/RJ** (Rel. Min. Cármen Lúcia, j. 1.º.02.2010, *DJE* de 30.10.2014), relativa à Constituição do Estado do Rio de Janeiro, que estabelecia ser **prerrogativa** do Defensor Público **requisitar**, *administrativamente, de autoridade pública e dos seus agentes ou de entidade particular: certidões, exames, perícias, vistorias, diligências, processos, documentos, informações, esclarecimentos e providências, necessários ao exercício de suas atribuições.*

Essa previsão, aliás, está explicitada em diversas passagens da **LC n. 80/94**, destacando-se:

- **art. 8.º, XVI:** atribuição do Defensor Público-Geral Federal;

- **art. 8.º, XIX:** atribuição do Defensor Público-Geral Federal — nesse ponto avançando ao se referir à requisição de força policial;
- **art. 44, X:** prerrogativa dos membros da Defensoria Pública da União;
- **art. 56, XVI:** atribuição do Defensor Público-Geral do Distrito Federal e dos Territórios;
- **art. 89, X:** prerrogativa dos membros da Defensoria Pública do Distrito Federal e dos Territórios;
- **art. 128, X:** prerrogativa dos membros da Defensoria Pública do Estado.

O STF, contudo, ao analisar a Constituição do Estado do Rio de Janeiro, entendeu ser o referido poder de requisição **inconstitucional** por estarem sendo conferidas "... ao defensor público prerrogativas que implicariam, além de interferência em outros poderes, prejuízo na paridade de armas que deve haver entre as partes" (*Inf. 573/STF*), havendo "exacerbação das prerrogativas asseguradas aos demais advogados".

Conforme noticiado, "seguiu-se um debate sobre a interpretação conforme, com a preocupação de não se criar um 'superadvogado', com 'superpoderes', o que quebraria a igualdade com outros advogados, que precisam ter certos pedidos deferidos pelo Judiciário" (*Notícias STF*, 1.º.02.2010).

Essa deve ser a tendência para a solução dos dispositivos da LC n. 80/94 que fixam a prerrogativa de requisição no mesmo sentido.

▪ *12.5.13.13. Defensores Públicos têm prerrogativa de foro por eventual crime praticado?*

NÃO.

O STF, por 7 X 2, julgou procedente o pedido formulado na **ADI 2.553** para declarar a inconstitucionalidade do art. 81, IV, da Constituição do Estado do Maranhão, que estabeleceu a prerrogativa de foro para os membros das Procuradorias Gerais dos Estados, da Assembleia Legislativa e da Defensoria Pública, bem como para os Delegados de Polícia (j. 15.05.2019).

Conforme estabeleceu o Ministro Relator Alexandre de Moraes, que abriu a divergência, as regras especiais sobre prerrogativa de foro, para **todos os níveis** (federal, estadual, distrital e municipal), estão previstas na **Constituição Federal**. Não se pode, portanto, interpretar o art. 125, § 1.º, como um "cheque em branco" para o constituinte estadual, sendo, portanto, inviável a aplicação do princípio da simetria.

Esse entendimento foi **reafirmado** pelo STF, que referendou as medidas cautelares concedidas em quatro ADIs para suspender os dispositivos das Constituições do Pará (ADI 6.501), de Rondônia (ADI 6.508), do Amazonas (ADI 6.515) e de Alagoas (ADI 6.516) "que atribuem foro por prerrogativa de função a autoridades não listadas na Constituição Federal, como Defensores Públicos e Procuradores Estaduais" (Pleno, j. 21.11.2020 – *Notícias STF* de 24.11.2020).

Um ponto deve ser destacado: no julgamento da ADI 2.553, **em *obiter dictum***, já que não era o objeto da referida ADI, em seu voto que abriu a divergência, o Min.

Alexandre de Moraes sugeriu o reconhecimento da prerrogativa de foro para o vice-governador, os secretários de Estado e o comandante dos militares estaduais, por **determinação expressa do art. 28**, independentemente de previsão na Constituição Estadual (pendente uma análise mais detida pela Corte).

■ 12.5.13.14. *A Defensoria Pública Estadual e a Distrital podem atuar nos Tribunais Superiores?*

SIM.

A questão foi discutida pelo STF, que entendeu **não** haver **exclusividade** da Defensoria Pública da União de atuação em Tribunais Superiores, como, no caso, no STJ.[126]

Isso porque, nos termos do art. 106, *caput*, e parágrafo único, da LC n. 80/94, a **Defensoria Pública do Estado** prestará assistência jurídica aos necessitados, em **todos os graus de jurisdição e instâncias administrativas do Estado**, competindo-lhe interpor recursos aos Tribunais Superiores, quando cabíveis.

Esse entendimento, bem como a previsão normativa, encontram fundamento no art. 134, *caput*, que não faz qualquer distinção entre a Defensoria Pública da União e as dos Estados e do DF, quando lhes incumbe a atuação em **todos os graus**, judicial e extrajudicialmente.

■ 12.5.13.15. *É constitucional a imposição por ato normativo da obrigatoriedade de convênio a ser firmado entre a Defensoria Pública e a OAB, para a prestação da assistência jurídica integral e gratuita?*

NÃO.

De acordo com a decisão do STF, "é **inconstitucional** toda norma que, impondo a Defensoria Pública Estadual, para prestação de serviço jurídico integral e gratuito aos necessitados, a obrigatoriedade de assinatura de convênio exclusivo com a Ordem dos Advogados do Brasil, ou com qualquer outra entidade, viola, por conseguinte, a autonomia funcional, administrativa e financeira daquele órgão público" (**ADI 4.163**, Rel. Min. Cezar Peluso, j. 29.02.2012, Plenário, *DJE* de 1.º.03.2013).

No mais, é de destacar, na linha dos argumentos expostos pelos Ministros, que a **regra** primordial para a prestação dos serviços de assistência, haja vista ser atividade estatal, essencial e permanente, é a do **concurso público**, admitindo-se a situação dos não concursados em caráter **excepcional** e de modo **temporário**.

Assim, está autorizada, sem obrigatoriedade, necessidade ou exclusividade, a celebração, pela Defensoria, a seu critério e em virtude de sua autonomia administrativa e funcional, de convênio com a OAB.

Não se pode confundir tal autorização com a prestação dos serviços exclusivamente em razão de convênio firmado com a OAB.

[126] HC 92.399, Rel. Min. Ayres Britto, j. 29.06.2010, 1.ª Turma, *DJE* de 27.08.2010.

Em caso concreto, no Estado de Santa Catarina, a assistência era prestada pelo intitulado serviço de "defensoria pública dativa", não se utilizando da parceria de forma suplementar ou para suprir eventuais carências, já que a carreira não estava instituída.

Diante dessa situação extrema, o STF, no julgamento das **ADIs 3.892** e **4.270** (j. 14.03.2012), nulificou as leis estaduais que davam amparo a essa sistemática, admitindo a continuidade dos serviços que estavam sendo prestados pelo prazo máximo de 1 ano da data do julgamento da ação (*modulação dos efeitos da decisão*), sendo que, ao final, deveria estar em funcionamento órgão estadual de defensoria pública, estruturado de acordo com a Constituição e em estrita observância à LC n. 80/94.[127]

■ 12.6. MATERIAL DIGITAL EXCLUSIVO

12

FUNÇÕES ESSENCIAIS À JUSTIÇA

Download de Questões Modelo Tradicional	Banco de Questões Plataforma	Resolução de Questões Pedro Lenza	Videoaulas
somos.in/DCE25046	somos.in/DCE25047	somos.in/DCE25122	somos.in/DCE25101

[127] Cabe lembrar que o **Edital n. 1/2012**, publicado em 09.10.2012, abriu inscrições para o *1.º Concurso Público de Provas e Títulos para ingresso na carreira de Defensor Público do Estado de Santa Catarina*, para o provimento de cargos da Classe inicial da Carreira de Defensor Público do Estado de Santa Catarina — Terceira Categoria, homologado em 15.03.2013. Ainda, interessante acompanhar a **Rcl 16.034** ajuizada em 17.07.2013 pela *Associação Nacional dos Defensores Públicos (ANADEP)*, em que se alega descumprimento de decisão da Suprema Corte, pois a lei complementar estadual fez previsão de apenas 60 cargos para uma demanda total de 509 cargos necessários no Estado, de acordo com estudo constante do *Mapa da Defensoria Pública do Brasil*, elaborado pelo *Instituto de Pesquisa Econômica Aplicada (IPEA)*. O Rel. Min. Celso de Mello, em 19.12.2013, negou o pedido de liminar (*DJE* de 03.02.2014).

13

DEFESA DO ESTADO E DAS INSTITUIÇÕES DEMOCRÁTICAS

■ 13.1. SISTEMA CONSTITUCIONAL DAS CRISES[1]

■ 13.1.1. Noções introdutórias

Destacam-se no tema da "defesa do Estado e das instituições democráticas" dois grupos: **a)** instrumentos (medidas excepcionais) para manter ou restabelecer a ordem nos momentos de anormalidades constitucionais, instituindo o **sistema constitucional de crises**, composto pelo **estado de defesa** e pelo **estado de sítio** (legalidade extraordinária); **b)** defesa do País ou sociedade, através das **Forças Armadas** e da **segurança pública**.

A **defesa do Estado** pode ser entendida como: **a)** defesa do território nacional contra eventuais invasões estrangeiras (arts. 34, II, e 137, II); **b)** defesa da soberania nacional (art. 91); **c)** defesa da Pátria (art. 142).[2]

A **defesa das instituições democráticas** caracteriza-se como o equilíbrio da ordem constitucional, não havendo preponderância de um grupo sobre outro, mas, em realidade, o **equilíbrio entre os grupos de poder**. Se a competição entre os grupos sociais extrapola os limites constitucionais, teremos o que a doutrina denomina *situação de crise*.[3]

Assim, ocorrendo qualquer violação da normalidade constitucional, surge o denominado **sistema constitucional das crises**, definido por Aricê Amaral Santos como "... o conjunto ordenado de normas constitucionais que, informadas pelos princípios da **necessidade** e da **temporariedade**, têm por objeto as situações de crises e por finalidade a **mantença** ou o **restabelecimento da normalidade constitucional**".[4]

José Afonso da Silva observa que o sistema constitucional das crises fixa "... normas que visam à estabilização e à defesa da Constituição contra processos violentos de mudança ou perturbação da ordem constitucional, mas também à defesa do Estado

[1] Sobre o **sistema constitucional das crises**, há um interessante trabalho de Olavo Augusto Vianna Alves Ferreira, apresentado na PUC-SP, em 2008, como tese de doutorado e publicado pela Editora Método (*Sistema constitucional das crises:* restrições a direitos fundamentais, passim).

[2] Cf. José Afonso da Silva, *Comentário contextual à Constituição*, 2. ed., p. 617.

[3] José Afonso da Silva, *Comentário contextual à Constituição*, cit.

[4] Aricê Moacyr Amaral Santos, *O estado de emergência*, p. 32 (grifamos).

Acesse também o vídeo sobre o capítulo pelo link: somos.in/DCE25049
Acesse também a videoaula pelo link: somos.in/DCE25102

quando a situação crítica derive de guerra externa. Então, a legalidade normal é substituída por uma **legalidade extraordinária**, que define e rege o estado de exceção".[5]

Celso de Mello, por sua vez, observa que "esse sistema de legalidade extraordinária investe o Presidente da República no exercício dos **poderes de crise** (definido anteriormente pelo autor como 'limitações constitucionais às liberdades públicas'), taxativamente enumerados no texto constitucional".[6]

Diante das crises, portanto, existem mecanismos constitucionais para o restabelecimento da normalidade, quais sejam, a possibilidade de decretação do estado de defesa, do estado de sítio e o papel das Forças Armadas e das forças de segurança pública (Título V da CF/88).

Referidos mecanismos devem, contudo, como apontou Aricê Amaral Santos, respeitar o princípio da **necessidade**, sob pena de configurar **arbítrio** e verdadeiro **golpe de estado**, bem como o princípio da **temporariedade**, sob pena de configurar verdadeira **ditadura**.

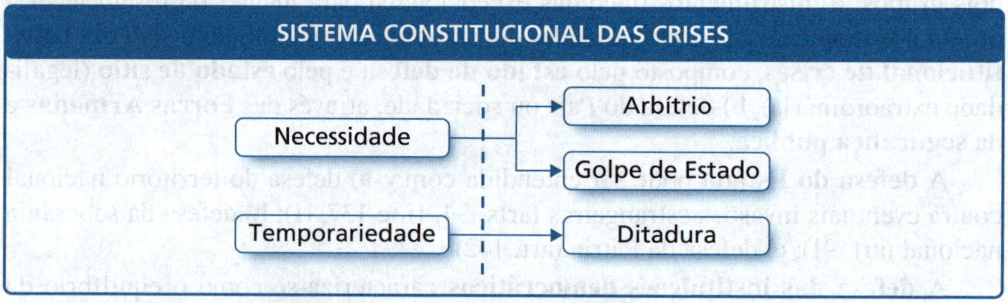

Walter Claudius Rothenburg, por sua vez, em importante estudo, destaca **características dos estados de exceção constitucional** e que serão observadas nos *itens 13.2*, *13.3* e *13.4* deste nosso estudo, destacando-se:[7]

- **excepcionalidade:** a decretação dos estados de defesa e de sítio deve se dar em último caso, quando não existirem outras medidas mais adequadas e menos gravosas para enfrentar a crise;
- **taxatividade:** os pressupostos materiais para a decretação devem ser apenas aqueles indicados na Constituição;
- **temporariedade (transitoriedade):** a legalidade extraordinária não pode ser perpetuada no tempo;
- **determinação geográfica:** deve haver determinação do espaço de atuação das medidas restritivas, não apenas em relação ao estado de defesa (em razão de sua própria definição — "locais restritos e determinados") como também em

[5] José Afonso da Silva, *Comentário contextual à Constituição*, p. 617-618.

[6] José Celso de Mello Filho, *Constituição Federal anotada*, p. 383.

[7] Walter Claudius Rothenburg, Comentários aos arts. 136 a 141, in Canotilho, Mendes, Sarlet e Streck, *Comentários à Constituição do Brasil*, p. 1568-1574.

relação ao estado de sítio, pois as medidas deverão se circunscrever às "áreas abrangidas", mesmo nas hipóteses de decretação de estado de sítio nos casos de "comoção grave de repercussão nacional" — art. 138, *caput*;

- **sujeição a controles:** "o controle decorre do caráter excepcional das medidas, da proteção aos direitos afetados e do inter-relacionamento dos Poderes de Estado (separação de poderes)";
- **publicidade:** a regra é a publicidade, seguindo, inclusive, a exigência da comunidade internacional, prevista, por exemplo, no art. 4.º, n. 3, do *Pacto Internacional de Direitos Civis e Políticos* (ONU, 1966);
- **regramento constitucional:** qualificação especial a dar maior segurança às situações de legalidade extraordinária;
- **proporcionalidade:** "essas situações de crise grave justificam-se apenas excepcionalmente, na proporção justamente necessária para debelar as causas e restabelecer a normalidade".

A história denuncia, infelizmente, situações de abuso, arbítrio, golpe, ditadura, como, por exemplo, durante o "Estado Novo" de Getúlio Vargas (Carta de 1937), no governo da ditadura militar de 1964 até o seu fim, com a Constituição de 1988, e, durante o período ditatorial, pela utilização do AI-5, momentos em que se decretou estado de sítio e de guerra sem qualquer observância aos princípios da necessidade e temporariedade.

13.1.2. Constitucionalismo brasileiro: quadro descritivo

Indicamos abaixo a evolução do instituto das crises nas Constituições brasileiras para, em seguida, analisar a problemática do controle judicial.

CONSTITUIÇÃO	COMENTÁRIOS
1824	■ **art. 148:** competia privativamente ao **Poder Executivo** empregar a Força Armada de Mar e Terra como bem lhe parecesse conveniente à Segurança e defesa do Império ■ **art. 179, XXXIV e XXXV:** em razão de ato especial do **Poder Legislativo**, nos casos de rebelião, ou invasão de inimigos, pedindo a segurança do Estado, poderiam ser **dispensadas**, por tempo determinado, **algumas das formalidades que garantem a liberdade individual**. Não estando reunida a Assembleia, e correndo a Pátria perigo iminente, poderia o **Governo** tomar essa providência, como medida provisória, e indispensável, suspendendo-a imediatamente ao cessar a necessidade urgente, que a motivou. Ao final, deveria prestar contas, prescrevendo-se a **responsabilização por abusos praticados**
1891	■ **art. 34, n. 21:** estabelecia a competência do **Congresso Nacional** para decretar o estado de sítio (a EC n. 3/26 alterou para n. 20) na emergência de agressão por forças estrangeiras ou de comoção interna ■ **art. 80, § 1.º:** não se achando reunido o Congresso Nacional e correndo a Pátria iminente perigo, a decretação poderia ser realizada pelo **Poder Executivo federal** (art. 48, n. 15), com o posterior controle pelo Congresso Nacional (havendo expressa responsabilização pelos abusos cometidos pelas autoridades — art. 80, § 4.º)

1934	▪ **art. 56, § 13:** alterando a regra das Constituições anteriores, a competência para decretar o estado de sítio ("na iminência de agressão estrangeira, ou na emergência de insurreição armada") era privativa do **Presidente da República**, na forma do art. 175, § 7.º, depois de autorização do Poder Legislativo, que também realizava posterior controle político (art. 40, "d" e "j"). Estando em recesso, a competência para autorizar ("aquiescência prévia") era da Seção permanente do Senado Federal, havendo posterior controle pelo Congresso Nacional ▪ **art. 175, § 13:** prescrevia a responsabilização civil ou criminal do Presidente da República e demais autoridades pelos abusos cometidos
1937	▪ **art. 74, "k":** competência privativa do **Presidente da República** para decretar o estado de emergência e o estado de guerra (no "caso de ameaça externa ou iminência de perturbações internas ou existências de concerto, plano ou conspiração, tendente a perturbar a paz pública ou pôr em perigo a estrutura das instituições, a segurança do Estado ou dos cidadãos" — art. 166, *caput*) ▪ **art. 166, parágrafo único:** refletindo o estado ditatorial que se estabelecia naquele momento, em razão de criticável concentração do Poder Executivo e do Poder Legislativo nas mãos do Presidente da República, **dispensava-se a autorização** do Parlamento nacional para a instituição das medidas extraordinárias, **vedando-se**, também, a possibilidade de o Parlamento **suspender** o estado de emergência ou o estado de guerra declarado pelo Presidente da República ▪ **art. 167:** cessados os motivos que determinaram a declaração do estado de emergência ou do estado de guerra, o Presidente da República deveria comunicar à Câmara dos Deputados as medidas tomadas durante o período de vigência de um ou de outro. Na hipótese de a Câmara dos Deputados não aprovar as medidas, deveria promover a responsabilidade do Presidente da República. **Contudo**, este tinha o direito de apelar da deliberação da Câmara para o pronunciamento do País, **mediante a dissolução desta realização de novas eleições** ▪ **art. 169:** permitia o brutal e ditatorial afastamento das imunidades parlamentares por ato exclusivo do Presidente da República ▪ **art. 186:** declarou em todo o País o estado de emergência. Esse estado de exceção **permanente** só veio a ser suspenso em 30.11.1945, pela Lei Constitucional n. 16
1946	▪ **art. 206, I e II:** era atribuição do **Congresso Nacional** decretar o estado de sítio nos casos de comoção intestina grave ou de fatos que evidenciassem estar a comoção a irromper e de guerra externa ▪ **art. 208:** no intervalo das sessões legislativas, era da competência exclusiva do **Presidente da República** a decretação ou a prorrogação do estado de sítio, havendo posterior controle político pelo Congresso Nacional
1967	▪ **art. 83, XIV:** competência do **Presidente da República** para decretar o estado de sítio nos casos de grave perturbação da ordem ou ameaça de sua irrupção ou de guerra, com controle político posterior pelo Congresso Nacional (art. 153, I e II e §§ 1.º e 2.º) ▪ **art. 154, *caput*:** durante a vigência do estado de sítio e sem prejuízo das medidas previstas no art. 151, o Congresso Nacional, mediante lei, poderia determinar a suspensão de garantias constitucionais
EC n. 1/69	▪ **art. 81, XVI:** manteve a competência do **Presidente da República** para decretação do estado de sítio nos casos de grave perturbação da ordem ou ameaça de sua irrupção ou de guerra (art. 155, I e II), com o controle político pelo Congresso Nacional

EC n. 11/78	▪ **art. 81, XVI:** competência privativa do **Presidente da República** para: **a)** determinar **medidas de emergência** (art. 155, *caput*): "para preservar ou, prontamente, restabelecer, em locais determinados e restritos a ordem pública ou a paz social, ameaçadas ou atingidas por calamidades ou graves perturbações que não justifiquem a decretação dos estados de sítio ou de emergência". Essas medidas de emergência encontram correspondência com o **estado de defesa** previsto na **CF/88** **b)** decretar o **estado de sítio** (art. 156): "no caso de guerra ou a fim de preservar a integridade e a independência do País, o livre funcionamento dos Poderes e de suas instituições, quando gravemente ameaçados ou atingidos por fatores de subversão" **c)** decretar o **estado de emergência** (art. 158): "quando forem exigidas **providências imediatas**, em caso de guerra, bem como para impedir ou repetir as atividades subversivas a que se refere o art. 156" ▪ OBS.: para todas as hipóteses havia previsão de controle político pelo Congresso Nacional
1988	▪ **art. 84, IX:** competência privativa do **Presidente da República** para decretação dos estados de defesa e de sítio, com controle político pelo Congresso Nacional (art. 49, IV) e comentários nos itens seguintes

▪ 13.1.3. Controle judicial

A instituição da **legalidade extraordinária** ou **excepcional** implementa-se por **ato político** do Poder Executivo (art. 84, IX) e o seu controle parlamentar é, de fato, também político (art. 49, IV — **decreto legislativo** do Congresso Nacional no exercício de sua competência exclusiva).

A questão que se coloca é em relação ao **controle judicial**. O quadro abaixo, que complementa o anterior, destaca a sua previsão ou restrição ao longo da história de nosso país. Ao final, como se verá, concluiremos no sentido da **possibilidade do controle judicial em relação às medidas de restrição implantadas, assim como aos aspectos do seu cabimento**. Vejamos:

CONSTITUIÇÃO	COMENTÁRIOS
1824 (HC 300)	▪ conforme vimos no quadro anterior, havia previsão de responsabilização apenas pelos **abusos** cometidos durante os estados de emergência (art. 179, XXXV) ▪ conveniência e oportunidade política da decretação: no julgamento do **HC 300** (27.04.1892), o STF, por maioria (10 x 1), entendeu **impossível** o **controle judicial** do **mérito administrativo**. Tratava-se de *habeas corpus* impetrado pelo advogado Rui Barbosa em favor do Senador Almirante Eduardo Wandenkolk e outros militares indiciados por crimes de sedição e conspiração contra o Presidente da República, Marechal Floriano Peixoto. Os pacientes alegaram **inconstitucionalidade do estado de sítio** e a ilegalidade das prisões determinadas pelo governo, teses não admitidas pela Corte. Vejamos: **a)** "não é da índole do Supremo Tribunal Federal envolver-se nas funções políticas do Poder Executivo ou Legislativo" **b)** "ainda quando na situação criada pelo estado de sítio estejam ou possam estar envolvidos alguns direitos individuais, esta circunstância **não habilita o Poder Judicial a intervir para nulificar as medidas de segurança decretadas pelo Presidente da República**, visto ser impossível isolar esses direitos da **questão política** que os envolve e compreende, salvo se unicamente tratar-se de punir os **abusos** dos agentes subalternos na execução das mesmas medidas, porque a esses agentes não se estende a necessidade do voto político do Congresso"

1891 (HC 3.527) (EC de 03.09.1926)	◼ **HC 3.527 (j. 15.04.1914):** neste precedente, a impetração do *habeas corpus* se deu em favor de Eduardo de Macedo Soares e outros presos acusados de crime político na vigência do estado de sítio. Os pacientes alegavam que o estado de sítio estaria em desacordo com os requisitos exigidos no art. 80 da Constituição Federal de 1891. O Tribunal, por maioria, conheceu do pedido e declarou-se incompetente para conceder o *habeas corpus*. Nos "considerandos" da decisão, prescreve-se: "o Judiciário, em regra, só julga os efeitos ou fatos decorrentes de atos dos dois outros poderes, porventura lesivos dos direitos individuais, e **jamais os motivos ou razões, pelas quais foram tais atos adotados ou postos em execução**" (nessa linha, cf., também, o julgamento do **HC 3.536**) ◼ **art. 60, § 5.º** (introduzido pela EC de 03.09.1926): "nenhum recurso judiciário é permitido, para a justiça federal ou local, contra a intervenção nos Estados, a **declaração do estado de sítio** e a verificação de poderes, o reconhecimento, a posse, a legitimidade e a perda de mandato dos membros do Poder Legislativo ou Executivo, federal ou estadual; **assim como, na vigência do estado de sítio, não poderão os tribunais conhecer dos atos praticados em virtude dele pelo Poder Legislativo ou Executivo**"
1934	◼ **art. 68:** "é vedado ao Poder Judiciário conhecer de questões exclusivamente políticas" (cf., também, art. 18 das disposições transitórias)
1937	◼ **art. 94:** "é vedado ao Poder Judiciário conhecer de questões exclusivamente políticas" ◼ **art. 170:** "durante o estado de emergência ou o estado de guerra, dos atos praticados em virtude deles não poderão conhecer os Juízes e Tribunais"
1946	◼ **art. 215:** "a inobservância de qualquer das prescrições dos arts. 206 a 214 tornará ilegal a coação e permitirá aos pacientes recorrerem ao Poder Judiciário"
1967	◼ **art. 156:** "a inobservância de qualquer das prescrições relativas ao estado de sítio tornará ilegal a coação e permitirá ao paciente recorrer ao Poder Judiciário"
EC n. 1/69	◼ **art. 181:** aprovou e excluiu da apreciação judicial os atos praticados pelo Comando Supremo da Revolução de 31 de março de 1964
AI n. 5/68	◼ **art. 11:** excluiu de qualquer apreciação judicial todos os atos praticados de acordo com referido e brutal Ato Institucional e seus Atos Complementares, bem como os respectivos efeitos
1988	◼ não há vedação explícita para o controle judicial

Em razão do prescrito no art. 5.º, XXXV, CF/88, que consagra a inafastabilidade da jurisdição (garantia essa assegurada a partir da Constituição de 1946), entendemos que o Poder Judiciário poderá reprimir abusos e ilegalidades cometidos durante o estado de crise constitucional por meio, por exemplo, do mandado de segurança, do *habeas corpus* ou de qualquer outra medida jurisdicional cabível.

A grande questão que se coloca, partindo do quadro acima, é saber se, **à luz da CF/88**, poderia haver **controle judicial** do **mérito político da decretação** (supondo o Poder Legislativo ter aprovado o estado de defesa instituído e autorizado o pedido para decretação do estado de sítio).

Como anota Alexandre de Moraes, valendo-se das lições de Manoel Gonçalves Ferreira Filho, em relação "... à análise do mérito discricionário do Poder Executivo (no caso do Estado de Defesa) e desse juntamente com o Poder Legislativo (no caso do Estado de Sítio), a doutrina dominante entende **impossível**, por parte do Poder Judiciário, a análise da conveniência e oportunidade política para a decretação".[8]

Contudo, em casos excepcionais, caracterizado o **abuso de direito** ou o **desvio de finalidade**, sustentamos a **possibilidade de controle judicial** em relação aos requisitos constitucionais para a decretação.

Olavo Ferreira justifica: "ato que afeta direitos fundamentais não é imune à sindicabilidade jurisdicional, sob pena de afronta ao princípio da supremacia da Constituição, ao Estado Democrático de Direito, à força normativa da Constituição, violação ao princípio da inafastabilidade do controle jurisdicional, ao direito fundamental à efetivação da Constituição e ao parágrafo 3.º do artigo 136 da Constituição".[9]

Nesse sentido também aponta Walter Claudius Rothenburg em relação a **excessos**, bem como aos **requisitos constitucionais**: "devem verificar-se aqui os aspectos da **proporcionalidade**, segundo a análise da doutrina e jurisprudências alemãs: **adequação** (as medidas restritivas devem ser capazes de alcançar os objetivos previstos), **necessidade ou exigibilidade** (não deve haver outro meio que atinja, com menor sacrifício e maior eficácia, os objetivos previstos) e **proporcionalidade em sentido estrito** (deve ser razoável, proporcionada, a restrição imposta, em relação aos objetivos previstos)". Para o autor o controle poderia se dar por meio de ADI (considerando o decreto como norma abstrata, geral e impessoal), ou mesmo mandado de segurança no STF. Não se reconhecendo caráter suficientemente genérico ao decreto, a solução seria a ADPF.[10]

Apesar de o STF não ter apreciado o tema na vigência da atual Constituição (até porque essas situações de legalidade extraordinária não foram verificadas), parece-nos possa a Corte seguir o entendimento firmado em relação ao controle dos requisitos constitucionais de relevância e urgência para edição de medida provisória. No julgamento da **ADI 4.029**, a Suprema Corte entendeu possível o controle judicial, desde que o exame seja feito *cum grano salis*, parcimônia e em hipóteses excepcionais. Nesses termos, certamente, o Poder Judiciário poderá controlar eventual **abuso de poder** ou **desvio de finalidade**.

■ 13.2. ESTADO DE DEFESA (CF/88)

■ 13.2.1. Hipóteses de decretação do estado de defesa

As hipóteses em que se poderá decretar o **estado de defesa**, em correspondência com as medidas de emergência introduzidas pela EC n. 11/78 do direito constitucional anterior, estão, de forma taxativa, previstas no art. 136, *caput*, da CF/88, quais sejam: para preservar (e nesse caso seria preventivo) ou prontamente restabelecer

---

8 Alexandre de Moraes, *Direito constitucional*, 30. ed., p. 829.

9 Olavo A. V. A. Ferreira, *Sistema constitucional das crises*..., p. 200.

10 Walter Claudius Rothenburg, Comentários aos arts. 136 a 141, in Canotilho, Mendes, Sarlet e Streck, *Comentários à Constituição do Brasil*, p. 1573-4. De modo interessante, o autor admite o controle por outros órgãos ou instrumentos, como o **Tribunal de Contas**, **CPIs** e **ação popular**.

(sendo nessa hipótese repressivo), em locais restritos e determinados, a **ordem pública** ou a **paz social ameaçadas** por grave e iminente **instabilidade institucional** ou atingidas por **calamidades de grandes proporções na natureza**.

13.2.2. Procedimento e regras gerais

- **Titularidade:** o Presidente da República (art. 84, IX, c/c o art. 136), mediante **decreto**, pode, ouvidos o Conselho da República e o Conselho de Defesa Nacional, decretar estado de defesa.
- **Conselho da República e Defesa Nacional:** como órgãos de consulta, são previamente ouvidos, porém suas opiniões **não** possuem caráter vinculativo, ou seja, o Presidente da República, mesmo diante de um parecer opinando pela desnecessidade de decretação, poderá decretar o estado de defesa.
- **O decreto que instituir o estado de defesa deverá determinar:** *a*) o tempo de duração; *b*) a área a ser abrangida **(locais restritos e determinados)**; *c*) as medidas coercitivas que devem vigorar durante a sua vigência.
- **Tempo de duração:** máximo de **30 dias** prorrogados por mais **30 dias**, uma única vez.
- **Medidas coercitivas:** a) restrições (não supressão) aos direitos de **reunião, sigilo de correspondência, sigilo de comunicação telegráfica** e **telefônica** e à garantia prevista no art. 5.º, LXI, ou seja, **prisão** somente em flagrante delito ou por ordem escrita e fundamentada da autoridade judicial competente; b) ocupação e uso temporário de bens e serviços públicos, na hipótese de calamidade pública, respondendo a União pelos danos e custos decorrentes.
- **Prisão por crime contra o Estado:** como exceção ao art. 5.º, LXI, a prisão poderá ser determinada pelo executor da medida (não pela autoridade judicial competente). O juiz competente, imediatamente comunicado, poderá relaxá-la. Tal comunicação deverá vir acompanhada do estado físico e mental do detido no momento de sua autuação. Referida ordem de prisão não poderá ser superior a **10 dias**, facultando-se ao preso requerer o exame de corpo de delito à autoridade policial.
- **Incomunicabilidade do preso:** é vedada.

13.2.3. Controle exercido sobre a decretação do estado de defesa ou sua prorrogação

- **Controle político imediato:** nos termos do art. 136, §§ 4.º a 7.º, será realizado pelo **Congresso Nacional**. Decretado o estado de defesa ou sua prorrogação, o Presidente da República, dentro de 24 horas, submeterá o ato com a respectiva justificação ao Congresso Nacional, que decidirá pela **maioria absoluta** de seus membros e mediante **decreto legislativo** (art. 49, IV, da CF/88) sobre sua aprovação ou suspensão. Se o Congresso Nacional estiver em recesso, será convocado pelo **Presidente do Senado Federal** (art. 57, § 6.º, I, da CF/88), **extraordinariamente**, no prazo de 5 dias, e deverá apreciar o decreto dentro de 10 dias contados de seu recebimento, devendo continuar funcionando enquanto vigorar o estado de defesa. Se o Congresso rejeitar o decreto, o estado de defesa cessará **imediatamente**.

- **Controle político concomitante:** nos termos do art. 140, a Mesa do Congresso Nacional, ouvidos os líderes partidários, designará Comissão composta de 5 de seus membros para **acompanhar e fiscalizar a execução das medidas referentes ao estado de defesa**.
- **Controle político sucessivo (ou a *posteriori*):** nos termos do art. 141, parágrafo único, logo que cesse o estado de defesa, as medidas aplicadas em sua vigência serão relatadas pelo Presidente da República, em mensagem ao Congresso Nacional, com especificação e justificação das providências adotadas, com relação nominal dos atingidos e indicação das restrições aplicadas.

  Prestadas as informações e não aceitas pelo Congresso Nacional, entende José Afonso da Silva parecer ficar "... caracterizado algum crime de responsabilidade do presidente, especialmente o atentado a direitos individuais — pelo que pode ser ele submetido ao respectivo processo, previsto no art. 86 e regulado na Lei 1.079/50".[11]
- **Controle jurisdicional imediato:** de acordo com os termos expostos no *item 13.1.3*, sustentamos, nos limites ali fixados, a possibilidade de controle judicial do ato político da decretação nas hipóteses de **abuso de direito** ou **desvio de finalidade**, devendo o controle ser feito *cum grano salis*, parcimônia e em hipóteses excepcionais (tema polêmico, com divergência doutrinária e ausência de análise específica pelo STF).
- **Controle jurisdicional concomitante:** na vigência do estado de defesa, conforme o art. 136, § 3.º, haverá controle pelo Judiciário da prisão efetivada pelo executor da medida. A prisão ou detenção de qualquer pessoa, também, não poderá ser superior a 10 dias, salvo quando autorizada pelo Poder Judiciário.

  A nosso ver, também e conforme já exposto, qualquer lesão ou ameaça a direito, nos termos do art. 5.º, XXXV, não poderá deixar de ser apreciada pelo Poder Judiciário, claro, observados os limites constitucionais das permitidas restrições a direitos (art. 136, § 1.º). Parece, assim, que o Judiciário poderá reprimir abusos e ilegalidades cometidos durante o estado de crise constitucional por meio, por exemplo, do mandado de segurança, do *habeas corpus* ou de qualquer outra medida jurisdicional cabível.
- **Controle jurisdicional sucessivo (ou a *posteriori*):** consoante o art. 141, *caput*, cessado o estado de defesa, cessarão também seus efeitos, sem prejuízo da **responsabilidade** pelos ilícitos cometidos por seus executores ou agentes.

■ 13.3. ESTADO DE SÍTIO (CF/88)

■ 13.3.1. Hipóteses de decretação do estado de sítio

As hipóteses em que poderá ser decretado o **estado de sítio** estão, de forma taxativa, previstas no art. 137, *caput*, da CF/88:

[11] José Afonso da Silva, *Comentário contextual à Constituição*, p. 621.

- comoção grave de repercussão **nacional** (se fosse de repercussão **restrita** e em **local determinado**, seria hipótese, primeiro, de decretação de estado de defesa);
- ocorrência de fatos que comprovem a ineficácia de medida tomada durante o estado de defesa (portanto, pressupõe-se situação de maior gravidade);
- declaração de estado de guerra ou resposta a agressão armada estrangeira.

13.3.2. Procedimento e abrangência

Assim como no estado de defesa, quem **decreta** o estado de sítio é o **Presidente da República** (art. 84, IX, c/c o art. 137), após prévia oitiva do Conselho da República e do Conselho de Defesa Nacional (pareceres não vinculativos).

No entanto, para a decretação do estado de sítio ou sua prorrogação, ao contrário do que ocorre com o estado de defesa, deverá haver, relatando os motivos determinantes do pedido, **prévia** solicitação pelo Presidente da República de **autorização** do Congresso Nacional, que se manifestará pela **maioria absoluta** de seus membros, mediante **decreto legislativo** (art. 49, IV, c/c o art. 137, parágrafo único).

O controle político prévio, se negativo, será vinculante, e o Presidente da República não poderá decretar o estado de sítio por aquele motivo, sob pena de responsabilidade. Por outro lado, se o Congresso Nacional autorizar, com discricionariedade política, o Presidente da República poderá ou não decretar o estado de sítio.

Neste último caso, o **decreto do estado de sítio** indicará sua **duração**, as **normas necessárias a sua execução** e **as garantias constitucionais que ficarão suspensas**, e, **depois de publicado**, o Presidente da República designará o **executor das medidas específicas** e as **áreas abrangidas** (art. 138, *caput*).

Dessa forma, a **designação das áreas abrangidas** dar-se-á **depois** de **publicado o decreto do estado de sítio**, não necessariamente tendo de abranger, portanto, toda a área geográfica do território nacional, apesar de se ter, como uma das hipóteses, a comoção grave de **repercussão nacional**.

A **duração** do estado de sítio, no caso de comoção grave de repercussão nacional ou da ineficácia das medidas tomadas durante o estado de defesa (art. 137, I), não poderá ser superior a **30 dias**, podendo ser prorrogada, sucessivamente (não há limites), enquanto perdurar a situação de anormalidade, sendo que cada prorrogação também não poderá ser superior a **30 dias**.

No caso de declaração de estado de guerra ou resposta a agressão armada estrangeira (art. 137, II), enquanto perdurar a guerra ou a agressão armada estrangeira.

13.3.3. Medidas coercitivas

Nas hipóteses do art. 137, I (comoção grave de repercussão nacional ou ineficácia das medidas tomadas durante o estado de defesa), só poderão ser tomadas contra as pessoas as seguintes **medidas coercitivas** (art. 139, I a VII):

- obrigação de permanência em localidade determinada;
- detenção em edifício não destinado a acusados ou condenados por crimes comuns;

- restrições (não supressões) relativas à inviolabilidade da correspondência, ao sigilo das comunicações, à prestação de informações e à liberdade de imprensa, radiodifusão e televisão, na forma da lei (desde que liberada pela respectiva Mesa, não se inclui a difusão de pronunciamentos de parlamentares efetuados em suas Casas Legislativas);
- suspensão da liberdade de reunião;
- busca e apreensão em domicílio;
- intervenção nas empresas de serviços públicos;
- requisição de bens.

Em relação à decretação de estado de sítio na hipótese do art. 137, II, qual seja, no caso de declaração de estado de guerra ou resposta a agressão armada estrangeira, em tese, qualquer garantia constitucional poderá ser suspensa, desde que: **a)** tenham sido observados os princípios da **necessidade** e da **temporariedade** (enquanto durar a guerra ou resposta a agressão armada estrangeira); **b)** tenha havido prévia autorização por parte do Congresso Nacional; **c)** nos termos do art. 138, *caput*, tenham sido indicadas no decreto do estado de sítio a sua duração, as normas necessárias a sua execução e as garantias constitucionais que ficarão suspensas.[12]

13.3.4. Controle exercido sobre a decretação do estado de sítio

- **Controle político prévio:** tendo em vista a maior gravidade do estado de sítio, o controle realizado pelo **Congresso Nacional** será **prévio**, ou seja, o Presidente da República, para a sua decretação ou prorrogação, depende de prévia e expressa autorização do Congresso Nacional. Se o Congresso rejeitar o pedido, o Presidente da República, agora vinculado, não poderá decretar o estado de sítio. Se o fizer, sem dúvida, cometerá crime de responsabilidade. Estando o Congresso Nacional em recesso, haverá convocação extraordinária, pelo **Presidente do Senado Federal** (art. 57, § 6.º, I, da CF/88). Decretado o estado de sítio, nos termos do art. 138, § 3.º, o Congresso Nacional permanecerá em funcionamento até o término das medidas coercitivas.
- **Controle político concomitante:** a Mesa do Congresso Nacional, ouvidos os líderes partidários, designará Comissão composta de 5 de seus membros para **acompanhar e fiscalizar a execução das medidas referentes ao estado de sítio** (art. 140).
- **Controle político sucessivo (ou a *posteriori*):** logo que cesse o estado de sítio, as medidas aplicadas em sua vigência serão relatadas pelo Presidente da República, em mensagem ao Congresso Nacional, com especificação e justificação das providências adotadas, com relação nominal dos atingidos e indicação das restrições aplicadas (art. 141, parágrafo único).

[12] Cf. Luiz Alberto David Araujo e Vidal Serrano Nunes Júnior, *Curso de direito constitucional*, p. 315.

- Conforme visto para o estado de defesa, prestadas as informações e não aceitas pelo Congresso Nacional, parece ficar caracterizada a prática do crime de responsabilidade.
- **Controle jurisdicional imediato:** tal como anotado para o estado de defesa, o juízo de conveniência para a decretação do estado de sítio, por regra, cabe ao Presidente da República, que deverá solicitar prévia autorização ao Congresso Nacional. Contudo, de acordo com os termos expostos no *item 13.1.3*, sustentamos, nos limites ali fixados, a possibilidade de controle judicial do ato político da decretação, nas hipóteses de **abuso de direito** ou **desvio de finalidade**, devendo o controle ser feito *cum grano salis*, parcimônia e em hipóteses excepcionais (tema polêmico, com divergência doutrinária e ausência de análise específica pelo STF).
- **Controle jurisdicional concomitante:** qualquer lesão ou ameaça a direito, abuso ou excesso de poder durante a sua execução não poderão deixar de ser apreciados pelo Poder Judiciário, observados, é claro, os limites constitucionais da "legalidade extraordinária", seja por via do mandado de segurança, seja por meio de *habeas corpus* ou de qualquer outro remédio.
- **Controle jurisdicional sucessivo (ou a *posteriori*):** cessado o estado de sítio, cessarão também seus efeitos, sem prejuízo da **responsabilidade** pelos ilícitos cometidos por seus executores ou agentes (art. 141, *caput*).

13.4. DISPOSIÇÕES COMUNS AOS ESTADOS DE DEFESA E DE SÍTIO

Em se tratando de **medidas excepcionais**, somente poderão ser adotadas dentro dos limites constitucionais, nas hipóteses expressamente previstas, enfim, somente durante a chamada **crise constitucional**.[13] "Em outras palavras (concluem Araujo e Nunes Júnior), se medidas de exceção forem aplicadas em tempos de normalidade democrática, a Constituição estará sendo violada, configurando-se autêntico golpe de estado".[14]

Decretado o estado de defesa ou o estado de sítio, haverá o controle político concomitante (art. 140 da CF/88).

Por razões óbvias, cessado o estado de defesa ou o estado de sítio, cessarão também os seus efeitos, sem prejuízo da responsabilidade pelos ilícitos cometidos por seus executores ou agentes.

Dada a gravidade das medidas (por restringirem direitos constitucionais), logo que cesse o estado de defesa ou o estado de sítio, o Presidente da República terá de prestar contas, respondendo por abusos e arbítrios.

---

13 A gravidade é tamanha que, na vigência de intervenção federal, estado de defesa e estado de sítio, a Constituição Federal **não** poderá ser **emendada** (art. 60, § 1.º).

14 Luiz Alberto David Araujo e Vidal Serrano Nunes Júnior, *Curso de direito constitucional*, p. 311.

■ 13.5. QUADRO COMPARATIVO ENTRE O ESTADO DE DEFESA E O ESTADO DE SÍTIO (CF/88)

	ESTADO DE DEFESA (ART. 136)	ESTADO DE SÍTIO (ART. 137, I)	ESTADO DE SÍTIO (ART. 137, II)
HIPÓTESES DE CABIMENTO	■ ordem pública ou paz social ameaçadas por grave e iminente instabilidade institucional ■ ordem pública ou paz social atingidas por calamidades de grandes proporções na natureza	■ comoção grave de **repercussão nacional** ■ ocorrência de fatos que comprovem a **ineficácia** de medida tomada durante o estado de defesa	■ declaração de estado de guerra ■ resposta a agressão armada estrangeira
ÁREAS ABRANGIDAS	■ locais **restritos** e **determinados**	■ âmbito **nacional** — especificado após a decretação (art. 138, *caput*)	■ âmbito **nacional** — especificado após a decretação (art. 138, *caput*)
DECRETAÇÃO	■ exclusivamente pelo Presidente da República (art. 84, IX)	■ *idem*	■ *idem*
ÓRGÃOS DE CONSULTA DO PRESIDENTE DA REPÚBLICA	■ Conselho da República (art. 90, I) ■ Conselho de Defesa Nacional (art. 91, II) ■ os pareceres não são vinculativos ■ a oitiva dos Conselhos é prévia	■ *idem*	■ *idem*
CONTEÚDO DO DECRETO INTERVENTIVO	■ tempo de sua duração ■ áreas a serem abrangidas **(indicadas já no decreto)** ■ medidas coercitivas a vigorarem, nos termos e limites da lei	■ tempo de sua duração ■ as normas necessárias a sua execução ■ as garantias constitucionais que ficarão suspensas, **só podendo ser tomadas as medidas previstas taxativamente no art. 139, I-VII** ■ **depois de publicado o decreto**, o Presidente da República designará o executor das medidas específicas e as **áreas abrangidas**	■ tempo de sua duração ■ as normas necessárias a sua execução ■ as garantias constitucionais que ficarão suspensas, em tese, **qualquer garantia**, desde que sejam respeitados os princípios da necessidade e da temporariedade, bem como os limites constitucionais ■ **depois de publicado o decreto**, o Presidente da República designará o executor das medidas específicas e as **áreas abrangidas**
TEMPO DE DURAÇÃO	■ máximo de 30 dias, podendo ser prorrogado por novo período de no máximo 30 dias **uma única vez** (art. 136, § 2.º)	■ máximo de 30 dias, podendo ser prorrogado por novos períodos de até 30 dias, quantas vezes se mostrar necessário ■ a cada nova prorrogação, todo o procedimento deverá ser observado, como se fosse um novo decreto	■ o tempo necessário da guerra ■ o tempo necessário para repelir agressão armada estrangeira

PROCEDIMENTO	■ diante da hipótese de cabimento, o Presidente da República ouve os Conselhos (parecer não vinculativo) e, com discricionariedade política, decreta ou não o estado de defesa para **posterior** controle político do Congresso Nacional	■ estando diante da hipótese de cabimento, o Presidente da República ouve os Conselhos (parecer não vinculativo) e solicita **prévia** autorização do CN ■ ao solicitar autorização para decretar o estado de sítio ou a sua prorrogação, relatará os motivos determinantes do pedido, devendo o CN decidir por **maioria absoluta** ■ autorizado, com discricionariedade política, o Presidente poderá decretar ou não o estado de sítio ■ persistindo as situações de anormalidade, todo o procedimento deverá ser repetido ■ negada a autorização, o Presidente da República, agora vinculado, não poderá decretar o estado de sítio tendo por fundamento o motivo levado à consulta, sob pena de cometer crime de responsabilidade	■ *idem* procedimento do art. 137, I (estado de sítio)
MEDIDAS COERCITIVAS — RESTRIÇÕES A DIREITOS E GARANTIAS	■ restrições (não supressão — art. 136, § 1.º, I) aos direitos de reunião (art. 5.º, XVI); sigilo de correspondência (art. 5.º, XII); sigilo de comunicação telegráfica e telefônica (art. 5.º, XII) ■ ocupação e uso temporário de bens e serviços públicos, na hipótese de calamidade pública, respondendo a União pelos danos e custos decorrentes (art. 136, § 1.º, II) ■ restrição à garantia prevista no art. 5.º, LXI, ou seja, prisão somente em flagrante delito ou por ordem escrita e fundamentada da autoridade judicial competente, já que poderá haver prisão por crime contra o Estado determinada pelo executor da medida (art. 136, § 3.º, I-IV) ■ a incomunicabilidade do preso é **vedada**	■ **art. 139, I a VII** ■ obrigação de permanência em localidade determinada (art. 5.º, XV) ■ detenção em edifício não destinado a acusados ou condenados por crimes comuns (art. 5.º, LXI) ■ restrições relativas às seguintes inviolabilidades: **a)** da correspondência (art. 5.º, XII) **b)** ao sigilo das comunicações (art. 5.º, XII, — *exceto* a difusão de pronunciamentos parlamentares — parágrafo único do art. 139) **c)** à prestação de informações e à liberdade de imprensa, radiodifusão e televisão, na forma da lei (art. 220 — *exceto* a difusão de pronunciamentos parlamentares — parágrafo único do art. 139) **d)** suspensão da liberdade de reunião (art. 5.º, XVI) **e)** busca e apreensão em domicílio (art. 5.º, XI) **f)** intervenção nas empresas de serviços públicos **g)** requisição de bens (art. 5.º, XXV)	■ em tese, qualquer garantia constitucional poderá ser suspensa, desde que: a) tenham sido observados os princípios da necessidade e da temporariedade (enquanto durar a guerra ou resposta a agressão armada estrangeira); b) tenha havido prévia autorização por parte do Congresso Nacional; c) nos termos do art. 138, *caput*, tenham sido indicadas, no decreto do estado de sítio, a sua duração, as normas necessárias a sua execução e as garantias constitucionais que ficarão suspensas

CONTROLE POLÍTICO	■ **imediato:** logo após a decretação do estado de defesa ou sua prorrogação (art. 136, §§ 4.º a 7.º) ■ **concomitante:** nos termos do art. 140, por Comissão do CN — durante a vigência do estado de anormalidade ■ **sucessivo (ou a *posteriori*):** nos termos do art. 141, parágrafo único, logo que cesse o estado de defesa, as medidas aplicadas em sua vigência serão relatadas pelo Presidente da República, em mensagem ao Congresso Nacional, que apreciará sua legalidade e constitucionalidade, podendo, em caso de abuso, ocorrer a prática de crime de responsabilidade	■ **prévio:** o Presidente da República, para a decretação, depende de prévia e expressa autorização do Congresso Nacional ■ **concomitante:** *idem* estado de defesa (art. 140) ■ **sucessivo (ou a *posteriori*):** *idem* estado de defesa (art. 141, parágrafo único)	■ *idem* controle indicado para o estado de sítio (art. 137, I)
CONTROLE JURÍDICO	■ **imediato:** de acordo com o termos expostos no *item 13.1.3*, sustentamos, nos limites ali fixados, a possibilidade de controle judicial do ato político da decretação nas hipóteses de **abuso de direito** ou **desvio de finalidade**, devendo o controle ser feito *cum grano salis*, parcimônia e em hipóteses excepcionais (tema polêmico, com divergência doutrinária e ausência de análise específica pelo STF) ■ **concomitante:** na vigência do estado de defesa, nos termos do art. 136, § 3.º, haverá controle, pelo Judiciário, da prisão efetivada pelo executor da medida. Outrossim, qualquer lesão ou ameaça a direito não poderá deixar de ser apreciada pelo Poder Judiciário (art. 5.º, XXXV), observados, é claro, os limites constitucionais (art. 136, § 1.º). Possibilidade de impetração de mandado de segurança, *habeas corpus* ou qualquer outra medida jurisdicional cabível ■ **sucessivo (ou *a posteriori*):** nos termos do art. 141, *caput*, cessado o estado de defesa, cessarão também seus efeitos, sem prejuízo da **responsabilidade** pelos ilícitos cometidos por seus executores ou agentes	■ **imediato:** tal como anotado para o estado de defesa, o juízo de conveniência para a decretação do estado de sítio, por regra, cabe ao Presidente da República, que deverá solicitar **prévia** autorização ao Congresso Nacional. Contudo, de acordo com os termos expostos no *item 13.1.3*, sustentamos, nos limites ali fixados, a possibilidade de controle judicial do ato político da decretação, nas hipóteses de **abuso de direito** ou **desvio de finalidade**, devendo o controle ser feito *cum grano salis*, parcimônia e em hipóteses excepcionais (tema polêmico, com divergência doutrinária e ausência de análise específica pelo STF) ■ **concomitante:** qualquer lesão ou ameaça a direito, abuso ou excesso de poder durante a sua execução não poderão deixar de ser apreciados pelo Poder Judiciário (art. 5.º, XXXV), observados, é claro, os limites constitucionais da "legalidade extraordinária", seja por via do mandado de segurança, seja por meio do *habeas corpus*, ou de qualquer outro remédio ■ **sucessivo (ou *a posteriori*):** *idem* estado de defesa (art. 141, *caput*)	■ *idem* controle indicado para o estado de sítio (art. 137, I)

FUNCIONAMENTO DO CN	■ o CN deverá continuar funcionando enquanto vigorar o estado de defesa (art. 136, § 6.º)	■ o CN permanecerá em funcionamento até o término das medidas coercitivas (art. 138, § 3.º)	■ *idem* estado de sítio — art. 137, I (art. 138, § 3.º)
VIOLAÇÃO DOS LIMITES CONSTITUCIONAIS	■ possibilidade de se configurar **crime de responsabilidade** (art. 85 da CF), sem prejuízo da responsabilidade pelos ilícitos cometidos por seus executores ou agentes, além de responsabilidade civil, penal e administrativa	■ *idem*	■ *idem*
IMUNIDADES PARLAMENTARES	■ subsistirão, **não** havendo previsão de suspensão (art. 53, § 8.º)	■ subsistirão, **podendo ser suspensas** mediante o voto de 2/3 dos membros da Casa respectiva, nos casos de atos praticados fora do recinto do CN, que sejam incompatíveis com a execução da medida (art. 53, § 8.º)	■ *idem* (situação prevista: estado de sítio — art. 137, I)
CONVOCAÇÃO EXTRAORDINÁRIA DO CN	■ Presidente do **SF** (art. 57, § 6.º, I)	■ *idem*	■ *idem*

■ 13.6. FORÇAS ARMADAS

■ 13.6.1. Regras gerais

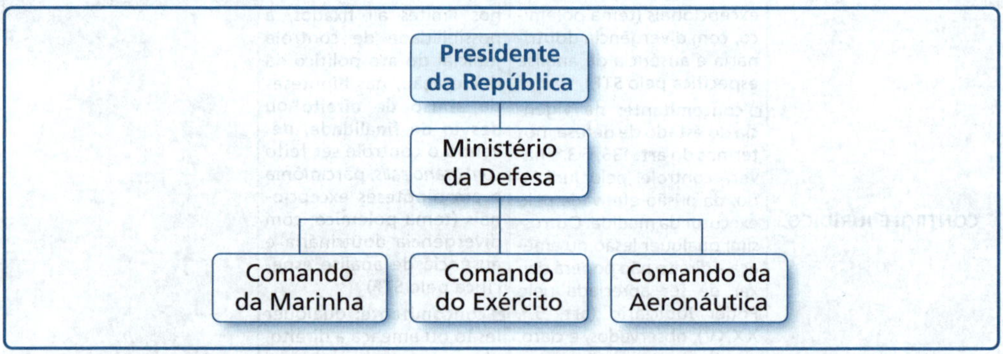

A **Marinha**, o **Exército** e a **Aeronáutica** constituem as **Forças Armadas**, sendo consideradas **instituições nacionais permanentes e regulares**, destinadas à **defesa da Pátria**,[15] à **garantia dos poderes constitucionais** e, por **iniciativa de qualquer destes**, da **lei** e da **ordem**.[16]

15 Uma curiosidade: o Decreto de 28.03.2016 passou a denominar *Edifício Defensores da Pátria* o edifício sede do Ministério da Defesa.

16 Interessante notar que a Constituição do Império, de 1824, fala somente em **forças do mar** e da **terra**. Isso porque, cabe lembrar, o avião só irá surgir na primeira década do século XX.

As Forças Armadas organizam-se com base na **hierarquia** e na **disciplina**, sob a autoridade e comando supremos do **Presidente da República**, que tem por atribuições nomear os comandantes da Marinha, do Exército e da Aeronáutica, promover seus oficiais-generais e nomeá-los para os cargos que lhes são privativos (art. 84, XIII, na redação determinada pela EC n. 23, de 02.09.1999).

De acordo com o art. 5.º, *caput* e § 1.º, da LC n. 97/99, os cargos de Comandante da Marinha, do Exército e da Aeronáutica são privativos de oficiais-generais do último posto da respectiva Força, sendo assegurada aos referidos Comandantes **precedência hierárquica** sobre os demais oficiais-generais das três Forças Armadas.

Assim, os superiores hierárquicos e o Presidente da República, como **chefe maior**, com base na **hierarquia** e na **disciplina**, poderão aplicar sanções disciplinares de natureza administrativa.

Conforme escrevemos no *capítulo 11*, a **hierarquia** e a **disciplina** são a base institucional das **Forças Armadas**, sendo que a autoridade e a responsabilidade crescem com o grau hierárquico.

A **hierarquia militar**[17] é a ordenação da autoridade, em níveis diferentes, dentro da estrutura das Forças Armadas. A ordenação se faz por **postos** ou **graduações** e, dentro de um mesmo posto ou graduação, pela **antiguidade** (no posto ou na graduação):

- **posto:** é o grau hierárquico do **oficial**, conferido por ato do Presidente da República ou do Comandante da Marinha, do Exército ou da Aeronáutica e confirmado em Carta Patente;
- **graduação:** é o grau hierárquico da **praça**, conferido pela autoridade militar competente.

Por sua vez, a **disciplina** é a rigorosa observância e o acatamento integral das leis, regulamentos, normas e disposições que fundamentam o organismo militar e coordenam seu funcionamento regular e harmônico, traduzindo-se pelo perfeito cumprimento do dever por parte de todos e de cada um dos componentes desse organismo.

Os membros das Forças Armadas, conforme estabelece o art. 142, § 3.º, são denominados **militares**, aplicando-se-lhes, além das regras que vierem previstas em lei, as seguintes disposições (incisos I a X, com alguns destaques apresentados nos itens seguintes):[18]

- as patentes, com prerrogativas, direitos e deveres a elas inerentes, são conferidas pelo Presidente da República e asseguradas em plenitude aos oficiais da ativa, da reserva ou reformados, sendo-lhes privativos os títulos e postos militares e, juntamente com os demais membros, o uso dos uniformes das Forças Armadas;

---

[17] Para conhecimento da **hierarquia militar** nas Forças Armadas, cf. *item 11.8.6.2.3*.

[18] Para as provas, sugerimos uma leitura atenta dos aludidos dispositivos. Notadamente em relação à discussão sobre a **perda do posto** e da **patente** (art. 142, § 3.º, VI e VII), assim como da **graduação**, indispensável a leitura do *item 11.8.6.3.3*. Interessante, ainda, para aprofundamento, a leitura dos *itens 11.8.6* e seguintes, que tratam da **Justiça Militar** e explicam detalhes sobre as **Forças Armadas**.

- o militar em atividade que tomar posse em cargo ou emprego público civil permanente, **ressalvada a hipótese prevista no art. 37, XVI, "c"**, será transferido para a reserva, nos termos da lei **(EC n. 77/2014)**;
- o militar da ativa que, de acordo com a lei, tomar posse em cargo, emprego ou função pública civil temporária, não eletiva, ainda que da administração indireta, **ressalvada a hipótese prevista no art. 37, XVI, "c"**, ficará agregado ao respectivo quadro e somente poderá, enquanto permanecer nessa situação, ser promovido por antiguidade, contando-se-lhe o tempo de serviço apenas para aquela promoção e transferência para a reserva, sendo depois de dois anos de afastamento, contínuos ou não, transferido para a reserva, nos termos da lei **(EC n. 77/2014)**;
- ao militar são proibidas a sindicalização e a greve;
- o militar, enquanto em serviço ativo, não pode estar filiado a partidos políticos;
- o oficial só perderá o posto e a patente se for julgado indigno do oficialato ou com ele incompatível, por decisão de tribunal militar de caráter permanente, em tempo de paz, ou de tribunal especial, em tempo de guerra;
- o oficial condenado na justiça comum ou militar a pena privativa de liberdade superior a dois anos, por sentença transitada em julgado, será submetido ao julgamento previsto no inciso anterior;
- aplica-se aos militares o disposto no art. 7.º, incisos VIII, XII, XVII, XVIII, XIX e XXV, e no art. 37, incisos XI, XIII, XIV e XV, **bem como, na forma da lei e com prevalência da atividade militar, no art. 37, XVI, "c" (EC n. 77/2014)**;[19]
- a lei disporá sobre o ingresso nas Forças Armadas, os limites de idade, a estabilidade e outras condições de transferência do militar para a inatividade, os direitos, os deveres, a remuneração, as prerrogativas e outras situações especiais dos militares, consideradas as peculiaridades de suas atividades, inclusive aquelas cumpridas por força de compromissos internacionais e de guerra.

13.6.2. Emprego das Forças Armadas para a Garantia da Lei e da Ordem (GLO). As Forças Armadas não assumem o papel de poder moderador na hipótese de conflito entre poderes

Conforme vimos no item anterior, o art. 142, *caput*, CF/88, estabelece que as **Forças Armadas**, constituídas pela Marinha, pelo Exército e pela Aeronáutica, são instituições nacionais permanentes e regulares, organizadas com base na hierarquia e na disciplina, sob a autoridade suprema do Presidente da República, e **destinam-se à**:

[19] A **Lei n. 13.109/2015** dispõe sobre a licença à gestante e à adotante, as medidas de proteção à maternidade para militares grávidas e a licença-paternidade, no **âmbito das Forças Armadas**. Por sua vez, a **Lei n. 13.717/2018**, corrigindo a omissão do Estatuto da Primeira Infância (Lei n. 13.257/2016), alterou o art. 6.º da referida Lei n. 13.109/2015, prescrevendo que, pelo nascimento de filho, adoção ou obtenção de guarda judicial para fins de adoção, o militar terá **licença-paternidade de 20 dias consecutivos** (e não mais 5), **vedada a prorrogação**.

- defesa da Pátria;
- garantia dos poderes constitucionais;
- e, **por iniciativa de qualquer destes** (poderes constitucionais), **da lei e da ordem**.

Observa-se, portanto, que **o papel primordial e essencial das Forças Armadas não é cuidar de segurança pública**, atribuição esta destinada, como competência primária, às **forças de segurança pública**, previstas nos art. 144 (polícias ostensiva e de investigação).

Excepcionalmente, contudo, de forma **subsidiária** e **eventual**, a Constituição admite o emprego das Forças Armadas para atuar também em segurança pública, conforme se observa na parte final do art. 142, *caput*, regulamentado pela **LC n. 97/99** e de acordo com o **Decreto n. 3.897/2001**,[20] mas **jamais para a sua atuação como poder moderador na hipótese de conflito entre os poderes** (**MI 7.311**, j. 10.06.2020).

Conforme prescreve o art. 15, § 2.º, da LC n. 97/99, a atuação das Forças Armadas na **garantia da lei e da ordem — GLO —**, por **iniciativa de quaisquer dos poderes constitucionais**, ocorrerá de acordo com as diretrizes baixadas em ato do Presidente da República, **após esgotados os instrumentos destinados à preservação da ordem pública e da incolumidade das pessoas e do patrimônio, relacionados no art. 144 da Constituição Federal**.

Considerar-se-ão esgotados os instrumentos relacionados no art. 144 da Constituição Federal quando, em determinado momento, forem eles formalmente reconhecidos pelo respectivo Chefe do Poder Executivo Federal ou Estadual como **indisponíveis**, **inexistentes** ou **insuficientes** ao desempenho regular de sua missão constitucional (art. 15, § 3.º, da LC n. 97/99).

Nesta hipótese, após mensagem do Presidente da República, serão ativados os órgãos operacionais das Forças Armadas, que desenvolverão, de **forma episódica**, em **área previamente estabelecida** e por **tempo limitado**, as ações de caráter preventivo e repressivo necessárias para assegurar o resultado das operações na garantia da lei e da ordem (art. 15, § 4.º, da LC n. 97/99).

Determinado o emprego das Forças Armadas na garantia da lei e da ordem, caberá à **autoridade competente**, mediante ato formal, **transferir o controle operacional dos órgãos de segurança pública necessários ao desenvolvimento das ações para a autoridade encarregada das operações**, a qual deverá constituir um centro de coordenação de operações, composto por representantes dos órgãos públicos sob seu controle operacional ou com interesses afins (art. 15, § 4.º, da LC n. 97/99).

Devemos deixar claro que o *emprego das Forças Armadas para a garantia da lei e da ordem* não se confunde com o estado de defesa, o estado de sítio e a interven-

[20] O Ministério da Defesa, nos termos da *Portaria Normativa n. 186/MD*, de 31.01.2014, publicou o **Manual de GLO**, objetivando padronizar as rotinas e servir de instrumento educativo e de doutrinação para as forças preparadas para atuar nas Operações de Garantia da Lei e da Ordem (Op GLO).

Acesse também a videoaula pelo link: somos.in/DCE25102

ção federal (esta prescrita, inclusive, para "pôr termo a grave comprometimento da ordem pública", conforme o art. 34, IV, CF/88, dispositivo que fundamentou, para se ter um exemplo, o **Decreto n. 9.288/2018**, pelo qual se decretou a intervenção federal no Estado do Rio de Janeiro — cf. *item 7.12.1.6*). As operações caracterizam-se como de **"não guerra"**, não se aplicando os procedimentos de controle específicos e inerentes a referidos instrumentos de legalidade extraordinária.

Entendemos, contudo, que o decreto presidencial que autoriza o emprego das Forças Armadas para a garantia da lei e da ordem (GLO) poderá ser controlado politicamente (decreto legislativo do Congresso Nacional, na forma do art. 49, V) ou judicialmente (mandado de segurança a ser impetrado no STF).

Como exemplos de emprego das Forças Armadas para garantia da lei e da ordem (GLO), o *Manual de GLO* — Portaria Normativa n. 186/MD/2014 —, que não tem força normativa, já que "confeccionado por assessores civis e militares com o objetivo de padronizar as rotinas e servir de instrumento educativo e de doutrinação", em seu *item 4.4.3*, apresenta as seguintes possíveis ações a serem executadas:

- assegurar o funcionamento dos serviços essenciais sob a responsabilidade do órgão paralisado;
- controlar vias de circulação;
- desocupar ou proteger as instalações de infraestrutura crítica, garantindo o seu funcionamento;
- garantir a segurança de autoridades e de comboios;
- garantir o direito de ir e vir da população;
- impedir a ocupação de instalações de serviços essenciais;
- impedir o bloqueio de vias vitais para a circulação de pessoas e cargas;
- permitir a realização de pleitos eleitorais;
- prestar apoio logístico aos órgãos de segurança pública (OSP) ou outras agências;
- proteger locais de votação;
- realizar a busca e apreensão de armas, explosivos etc.; e
- realizar policiamento ostensivo, estabelecendo patrulhamento a pé e motorizado.

Desde sua regulamentação pela LC n. 97/99, entre 2010 e dezembro de 2020 (esta edição foi fechada no dia 08.01.2021), o emprego das Forças Armadas para a garantia da lei e da ordem já foi utilizado 143 vezes.

Na plataforma, você encontra as missões que foram deflagradas de 1992 a 2019. Ao ler a descrição, você poderá, pelos exemplos, entender como o instituto vem sendo aplicado (fonte: Ministério da Defesa – quadro atualizado até 03.12.2020).[21]

[21] Cf.: <https://www.gov.br/defesa/pt-br/arquivos/exercicios_e_operacoes/glo/2-tabelas-glo_atualizada_em_dez_20.pdf>.

Finalmente, devemos destacar a profunda alteração em relação à competência da Justiça Militar da União, introduzida pela **Lei n. 13.491/2017**, ao estabelecer que, nas hipóteses dos crimes tratados pelo art. 9.º do CPM, quando dolosos contra a vida e cometidos por militares das Forças Armadas contra civil, se no contexto de atividade de garantia da lei e da ordem, além de outras situações descritas na lei, será da competência da Justiça Militar da União e não do júri (cf. *item 11.8.6.2.6*).

■ 13.6.3. Acumulação de cargos (ECs n. 77/2014 e n. 101/2019)

A **EC n. 77/2014** alterou os incisos II, III e VIII do § 3.º do art. 142 da Constituição Federal, para estender aos **profissionais de saúde das Forças Armadas** a possibilidade de acumulação de cargo a que se refere o **art. 37, XVI, "c"**, na forma da lei e com **prevalência da atividade militar**.

Referida emenda vem corrigir a distorção estabelecida pela EC n. 18/98, que proibiu a acumulação de cargos por parte desses profissionais.

Dessa forma, a EC n. 77/2014, ao permitir que os profissionais de saúde das Forças Armadas acumulem cargos na forma do **art. 37, XVI, "c"**, resgata a **isonomia** outrora existente nesse ponto da acumulação de cargos entre os servidores civis e militares e, acima de tudo, **evita** que esses profissionais **abandonem** as Forças Armadas em busca de melhores condições.

Como bem ficou assinalado no *Parecer n. 736/2013-CCJ*, "ante a dificuldade de prover remuneração equiparada à ofertada pela iniciativa privada, que inclusive admite a multiplicidade de vínculos empregatícios, temos que a proposta em apreço servirá para compensar tal defasagem e colaborará para **manter** nos quadros das Forças Armadas profissionais de escol, que nelas ingressam por **rigorosa seleção** e se dedicam de **forma sacerdotal** ao serviço da Pátria".

Nessa perspectiva de valorização, destacamos importante decisão do STF segundo a qual, nos casos de autorização constitucional expressa de acumulação de cargos, empregos e funções, o teto constitucional de remuneração deverá ser considerado para cada cargo, isoladamente, e não a soma das remunerações (**REs 602.043** e **612.975**, Pleno, j. 27.04.2017).

Isso posto, indagamos: **a distorção corrigida pela EC n. 77/2014 direcionou-se apenas aos militares das Forças Armadas, ou também aos militares estaduais?**

De acordo com o art. 42, *caput*, CF/88, os membros das Polícias Militares e Corpos de Bombeiros Militares, instituições organizadas com base na hierarquia e disciplina, são militares dos Estados, do Distrito Federal e dos Territórios.

O § 1.º deste art. 42 determina a aplicação, dentre outras, das disposições contidas no art. 142 e, portanto, da regra sobre a acumulação de cargos.

Portanto, não havia dúvida em se admitir a acumulação de dois cargos ou empregos de profissionais de saúde, com profissões regulamentadas também para os militares estaduais.

E qual foi a novidade trazida pela EC n. 101/2019?

De acordo com o art. 42, § 3.º, aplica-se aos **militares dos Estados, do Distrito Federal e dos Territórios** o disposto no **art. 37, inciso XVI**, com prevalência da atividade militar. Ou seja, não apenas a regra contida na alínea "c" do inciso XVI do art. 37, que é a regra para as Forças Armadas, mas todas as alíneas, tendo sido esta segunda reforma muito mais abrangente, portanto.

Mas algo tem que ser dito: essa ampliação trazida pela EC n. 101/2019 não poderá ser estendida para as Forças Armadas em razão da regra especial do art. 142, § 3.º, II, devendo ser admitida apenas para os militares estaduais, do DF e dos Territórios.

13.6.4. *Habeas corpus* e punições disciplinares militares

Caracterizando exceção expressa ao art. 5.º, LXVIII, com base no **princípio da hierarquia**, não caberá *habeas corpus* em relação a eventuais punições disciplinares militares (art. 142, § 2.º), vedação essa permitida, visto que introduzida pelo poder constituinte originário, que, como já referimos, **do ponto de vista jurídico**, é incondicionado, ilimitado e soberano na tomada de suas decisões, podendo, inclusive, trazer exceções às regras gerais.

Cabe observar, contudo, seguindo a jurisprudência do STF, a possibilidade de impetração de *habeas corpus* para análise, pelo Judiciário, dos **pressupostos de legalidade** (hierarquia, poder disciplinar, ato ligado à função e pena suscetível de ser aplicada disciplinarmente — HC 70.648, Rel. Min. Moreira Alves), excluídas as questões do mérito da sanção administrativa (cf., por exemplo, RE 338.840-RS, Rel. Min. Ellen Gracie, 19.08.2003).

Nesse sentido: "A **legalidade** da imposição de punição constritiva da liberdade, em procedimento administrativo castrense, pode ser discutida por meio de *habeas corpus*. Precedentes" (RHC 88.543, Rel. Min. Ricardo Lewandowski, j. 03.04.2007, *DJ* de 27.04.2007).

13.6.5. Serviço militar obrigatório

A **prestação do serviço militar** é **obrigatória**,[22] ficando as mulheres e os eclesiásticos isentos de tal compulsoriedade em tempos de paz, sujeitando-se, porém, a outros encargos que a lei lhes atribuir.

Apesar de obrigatória, alegando-se imperativo de consciência, decorrente de crença religiosa, convicção filosófica ou política **(direito de escusa de consciência)**, às Forças Armadas competirá, na forma da lei, atribuir serviço alternativo em tempo de **paz** (art. 5.º, VIII, c/c o art. 143, §§ 1.º e 2.º).[23]

---

[22] O brasileiro que **não se apresentar para a seleção** na data prevista para a fixação do contingente de sua classe ou que, tendo-o feito, **ausentar-se** sem a ter completado, será considerado **refratário** (art. 24 da Lei n. 4.375, de 17.08.1964). Já o convocado selecionado e designado para incorporação, ou matrícula, que não se apresentar à Organização Militar que lhe for designada dentro do prazo marcado, ou que, tendo-o feito, ausentar-se antes do ato oficial de incorporação ou matrícula, será declarado **insubmisso** (art. 25 da referida lei). O que abandona o serviço militar é considerado **desertor**.

[23] De acordo com o art. 3.º, § 2.º, da **Lei n. 8.239/91**, entende-se por Serviço Militar Alternativo o exercício de atividades de caráter administrativo, assistencial, filantrópico ou mesmo produtivo, em substituição às atividades de caráter essencialmente militar. O art. 3.º, § 3.º, da referida lei, por seu

Havendo recusa da prestação alternativa nos termos da Lei n. 8.239/91, ter-se-á por sanção a declaração da **perda**[24] **dos direitos políticos** (art. 15, IV, da CF/88).

■ 13.6.6. Leis de iniciativa reservada ao Presidente da República (art. 61, § 1.º, I e II, "f")

Conforme já estudado, as leis que fixem ou modifiquem os efetivos das Forças Armadas,[25] bem como as que disponham sobre os seus militares, seu regime jurídico, provimento de cargos, promoções, estabilidade, remuneração, reforma e transferência para reserva, serão de **iniciativa privativa (exclusiva)** do Presidente da República.[26]

■ 13.6.7. As praças prestadoras de serviço militar inicial podem receber abaixo do salário mínimo?

SIM.

Nos termos do art. 142, § 3.º, VIII, aplica-se aos militares o disposto no art. 7.º, VIII, XII, XVII, XVIII, XIX e XXV, e no art. 37, XI, XIII, XIV e XV, bem como, na forma da lei e com **prevalência da atividade militar**, no art. 37, XVI, "c" **(EC n. 77/2014)**.

Não houve a previsão explícita da garantia do salário mínimo, constante do art. 7.º, IV e VII.

Diante dessa situação, o STF teve de enfrentar a constitucionalidade ou não do art. 18, § 2.º, da **MP n. 2.215-10**, de 31.08.2001 (com vigência determinada pelo art. 2.º da EC n. 32/2001), que exclui da garantia do salário mínimo as praças prestadoras de serviço militar inicial e as praças especiais, exceto o Guarda-Marinha e o Aspirante-a-Oficial.

Em diversos julgados, o STF apontou as particularidades do regime dos militares: "Constitucional. Serviço militar obrigatório. Soldo. Valor inferior ao salário mí-

turno, fixa que o Serviço Alternativo será prestado em organizações militares da ativa e em órgãos de formação de reservas das Forças Armadas ou em órgãos subordinados aos Ministérios Civis, mediante convênios entre estes e os Ministérios Militares, desde que haja interesse recíproco e, também, sejam atendidas as aptidões do convocado. Ao final do período de atividade previsto no § 2.º do art. 3.º da lei, será conferido **Certificado de Prestação Alternativa ao Serviço Militar Obrigatório**, com os mesmos efeitos jurídicos do **Certificado de Reservista** (art. 4.º).

24 Conforme estudamos no *item 17.4.3.1*, alertamos que a maioria dos autores de direito eleitoral vem estabelecendo a **recusa** como situação de **suspensão**, e não perda de direitos políticos, nos termos da **literalidade** do art. 4.º, § 2.º, da Lei n. 8.239/91.

25 José Afonso da Silva entende que a fixação ou modificação dar-se-á em tempo de paz, pois, "em tempo de guerra, não se cuidará propriamente de efetivos, mas de **mobilização nacional**, compreendida a convocação de reservistas e de outras forças militares, o que se faz por decreto do Presidente da República (art. 84, XIX)" (*Curso de direito constitucional positivo,* p. 655 — destacamos).

26 Art. 61, § 1.º, I e II, "f" (alínea "f" acrescentada pela EC n. 18/98). Como exemplo de modificação das Forças Armadas (no caso o Exército), destacamos a **Lei n. 12.918/2013**, de iniciativa da então **Presidente da República Dilma Rousseff**.

nimo. Violação aos arts. 1.º, III, 5.º, *caput*, e 7.º, IV, da CF. Inocorrência. RE desprovido. A Constituição Federal não estendeu aos militares a garantia de remuneração não inferior ao salário mínimo, como o fez para outras categorias de trabalhadores. **O regime a que se submetem os militares não se confunde com aquele aplicável aos servidores civis, visto que têm direitos, garantias, prerrogativas e impedimentos próprios.** Os cidadãos que prestam serviço militar obrigatório exercem um **múnus público** relacionado com a defesa da soberania da pátria. A obrigação do Estado quanto aos conscritos limita-se a fornecer-lhes as condições materiais para a adequada prestação do serviço militar obrigatório nas Forças Armadas" (RE 570.177, Rel. Min. Ricardo Lewandowski, j. 30.04.2008, *DJE* de 27.06.2008. Também: RE 551.453, RE 551.608, RE 551.713, RE 551.778, RE 555.897, RE 556.233, RE 556.235, RE 557.542, RE 557.606, RE 557.717, RE 558.279).

Nesse sentido, o STF editou a **Súmula Vinculante 6/2008**, com o seguinte teor: "não viola a Constituição o estabelecimento de remuneração inferior ao salário mínimo para as praças prestadoras de serviço militar inicial".

13.6.8. Editais de concurso podem estabelecer limite de idade para o ingresso nas Forças Armadas?

De acordo com o inciso X do § 3.º do art. 142 da CF/88, a **lei** disporá sobre o ingresso nas Forças Armadas, os **limites de idade**, a estabilidade e outras condições de transferência do militar para a inatividade, os direitos, os deveres, a remuneração, as prerrogativas e outras situações especiais dos militares, consideradas as peculiaridades de suas atividades, inclusive aquelas cumpridas por força de compromissos internacionais e de guerra.

Referido inciso ainda não foi regulamentado durante a vigência do texto de 1988. Aponta-se que a Lei n. 6.880/80 — *Estatuto dos Militares* — teria sido recepcionada para tratar da matéria.

Contudo, alguns dispositivos do mencionado *Estatuto* foram questionados perante a CF/88 e, assim, discutida a recepção, dentre eles, do art. 10, que tem a seguinte redação: "o ingresso nas Forças Armadas é facultado, mediante incorporação, matrícula ou nomeação, a todos os brasileiros que preencham os requisitos estabelecidos em lei e nos **regulamentos** da Marinha, do Exército e da Aeronáutica".

Tendo em vista a falta de regulamentação específica por meio de lei, os **Editais** de concurso (regulamentos) sempre definiram regras para o ingresso nas Forças Armadas, inclusive o limite de idade.

O tema foi discutido no STF em razão da interposição do **RE 600.885** pela União, que contestou decisão do TRF 4 que entendeu como flagrantemente inconstitucional regra de edital de concurso que limitou em 24 anos a idade para ingresso nas Forças Armadas.

O STF, na linha do voto da Rel. Min. Cármen Lúcia, definiu que a fixação do limite de idade tem de ser por **lei**, em sentido formal, nos exatos termos da literalidade do art. 142, § 3.º, X, da CF/88, não se admitindo a definição dos preceitos por regulamento, como são os *editais de concursos*.

Todavia, na linha da decisão proferida pelo Min. Gilmar Mendes, como já se havia passado mais de 20 anos, buscando evitar a insegurança jurídica, especialmente diante de vários concursos que já tinham sido realizados, admitiram-se a recepção do art. 10 da Lei n. 6.880/80 (com a sua alusão aos Editais e demais atos administrativos) e a sua manutenção no ordenamento até **31.12.2011**, fazendo-se "apelo" para que o Congresso legislasse, modulando-se, assim, *pro futuro*, os efeitos da não recepção.

Em razão de **novo pedido**, o STF prorrogou a modulação dos efeitos da declaração de não recepção até **31.12.2012**, sem admitir, porém, nova postergação. Dessa forma, a partir de **1.º.01.2013**, a fixação de **limite de idade** deverá ser, necessariamente, por **lei em sentido formal**, não se admitindo nenhuma restrição por meio dos editais de concursos **(legalidade específica)**.

Finalmente, foram acolhidos *embargos de declaração* interpostos para deixar expresso que a modulação da declaração de não recepção da expressão "nos regulamentos da Marinha, do Exército e da Aeronáutica" do art. 10 da Lei n. 6.880/1980 **não alcança** os candidatos que obtiveram provimento jurisdicional para continuar no concurso, mesmo com idade acima dos limites previstos nos editais e regulamentos. Ou seja, aqueles que conseguiram, judicialmente, afastar as limitações de idade estabelecidas nos regulamentos estão assegurados (**RE 600.885-ED**, Rel. Min. Cármen Lúcia, j. 29.06.2012, Plenário, *DJE* de 12.12.2012).

■ 13.6.9. "Princípio da insignificância" e crimes militares: o caso concreto de posse de reduzida quantidade de substância entorpecente. Princípio da especialidade. Afastamento da Lei de Drogas

O **princípio da insignificância** ou **delito de bagatela** vem sendo discutido nos Tribunais, devendo ser aprofundado nos livros de *direito penal*.

Partindo da ideia de **intervenção mínima do Estado em matéria penal**, funciona como **fator de descaracterização material da tipicidade penal** e vem sendo aceito pelo **STF** em diversas situações (com outras tantas exclusões), podendo ser resumido os seus principais **vetores** na seguinte formulação de lavra do Min. Celso de Mello:

> "EMENTA: (...) O **princípio da insignificância** — que deve ser analisado em conexão com os **postulados da fragmentariedade** e da **intervenção mínima do Estado em matéria penal** — tem o sentido de **excluir** ou de **afastar** a própria **tipicidade penal**, examinada na perspectiva de seu **caráter material**." Tal postulado "... considera necessária, na aferição do relevo material da tipicidade penal, a presença de certos **vetores**, tais como:
>
> - mínima ofensividade da conduta do agente;
> - nenhuma periculosidade social da ação;
> - reduzidíssimo grau de reprovabilidade do comportamento;
> - inexpressividade da lesão jurídica provocada".

> Ainda, continua Celso de Mello, o **princípio da insignificância** "... apoiou-se, em seu processo de formulação teórica, no reconhecimento de que o caráter subsidiário do sistema penal reclama e impõe, em função dos próprios objetivos por ele visados, a **intervenção mínima do Poder Público**. O POSTULADO DA INSIGNIFICÂNCIA E A FUNÇÃO DO DIREITO PENAL: '*DE MINIMIS, NON CURAT PRAETOR*'. O sistema jurídico há de considerar a relevantíssima circunstância de que a privação da liberdade e a restrição de direitos do indivíduo somente se justificam quando estritamente necessárias à própria proteção das pessoas, da sociedade e de outros bens jurídicos que lhes sejam essenciais, notadamente naqueles casos em que os valores penalmente tutelados se exponham a dano, efetivo ou potencial, impregnado de significativa lesividade. O direito penal não se deve ocupar de **condutas** que produzam **resultado cujo desvalor** — por não importar em lesão significativa a bens jurídicos relevantes — **não** represente, por isso mesmo, **prejuízo importante**, seja ao titular do bem jurídico tutelado, seja à integridade da própria ordem social..." (**HC 84.687**, Rel. Min. Celso de Mello, j. 26.10.2004, 2.ª Turma, *DJ* de 27.10.2006).

Pois bem, resta saber se a posse de quantidade reduzida de entorpecente em lugar sujeito à administração militar, no caso analisado, de 0,1 g de maconha, permite seja adotada a tese da bagatela.

Muito embora existam diversos precedentes no sentido de se aplicar o princípio da insignificância aos crimes militares (HC 87.478, HC 92.634, RHC 89.624, HC 93.822 etc.), o STF firmou **novo** entendimento pela sua **não aplicabilidade**, fazendo prevalecer a regra contida no art. 290 do CPM.

Dessa forma, no embate entre a regra específica do Código Penal Militar e a previsão mais branda do art. 28 da Lei n. 11.343/2006 (*Lei de Drogas*), entendeu o STF prevalecer a primeira, diante do **princípio da especialidade**.

ART. 290 DO CÓDIGO PENAL MILITAR	ART. 28 DA LEI N. 11.343/2006
■ "Receber, preparar, produzir, vender, fornecer, ainda que gratuitamente, ter em depósito, transportar, trazer consigo, **ainda que para uso próprio**, guardar, ministrar ou entregar de qualquer forma a **consumo substância entorpecente**, ou que determine dependência física ou psíquica, em **lugar sujeito à administração militar**, sem autorização ou em desacordo com determinação legal ou regulamentar: Pena — reclusão, até cinco anos."	■ "Quem adquirir, guardar, tiver em depósito, transportar ou trouxer consigo, para **consumo pessoal**, drogas sem autorização ou em desacordo com determinação legal ou regulamentar será submetido às seguintes penas: I — advertência sobre os efeitos das drogas; II — prestação de serviços à comunidade; III — medida educativa de comparecimento a programa ou curso educativo."

A decisão foi apertada — por 6 x 4 —, no julgamento do **HC 103.684/DF** (Rel. Min. Ayres Britto, j. 21.10.2010, Plenário, *DJE* de 13.04.2011), no qual se discutia o caso de um **militar** surpreendido com pequena quantidade de maconha no *Hospital Geral de Brasília* (HGB), que é um estabelecimento militar.

De modo geral, assentou-se que a prática da conduta prevista no citado art. 290 do CPM "... **ofenderia** as **instituições militares**, a **operacionalidade** das **Forças**

Armadas, além de violar os **princípios da hierarquia** e da **disciplina** na própria interpretação do tipo penal. Asseverou-se que a circunstância de a Lei n. 11.343/2006 ter atenuado o rigor na disciplina relacionada ao usuário de substância entorpecente não repercutiria no âmbito de consideração do art. 290 do CPM, **não havendo que se cogitar de violação ao princípio fundamental da dignidade da pessoa humana**. Salientou-se, ademais, que lei posterior apenas revoga anterior quando expressamente o declare, seja com ela incompatível, ou regule inteiramente a matéria por ela tratada. Concluiu-se não incidir qualquer uma das hipóteses à situação em tela, já que **o art. 290 do CPM seria norma especial**. Em seguida, reputou-se **inaplicável**, no âmbito do tipo previsto no art. 290 do CPM o **princípio da insignificância**. No ponto, após discorrer que o referido postulado tem como vetores **a mínima ofensividade da conduta do agente**, a **nenhuma periculosidade social da ação**, o **reduzido grau de reprovabilidade do comportamento** e a **inexpressividade da lesão jurídica provocada**, concluiu-se que o entorpecente no interior das organizações militares assumiria enorme **gravidade**, em face do **perigo** que acarreta, uma vez que seria utilizado, no serviço, armamento de alto poder ofensivo, o que afetaria, diretamente, a operacionalidade da tropa e a segurança dos quartéis, independentemente da quantidade da droga encontrada, e agrediria, dessa forma, os valores básicos das instituições militares..." (**HC 94.685/CE**, Rel. Min. Ellen Gracie, 11.11.2010, *Inf. 608/STF*).

CUIDADO: o tema discutido envolvia **militar**. Contudo, imaginando a eventual possibilidade de crime praticado por *civil* (art. 9.º, III, do *Código Penal Militar* — e o tema está em discussão no STF na **ADPF 289** — cf. *item 11.8.6.2.5*), sustentamos que o entendimento seria outro, até porque a ideia de **hierarquia** e **disciplina** deve ser analisada em relação aos **militares**. *O tema não foi discutido pelo STF* **(matéria pendente)**. Também estamos pensando como a *posse de maconha por civil em ambiente militar* (caso concreto dos referidos autos) poderia caracterizar eventual crime militar, por isso a imaginação em tese da discussão.[27] Finalmente, lembramos que, se caracterizado, o julgamento seria apenas pela **Justiça Militar da União**, já que a Justiça Militar Estadual não julga civis (art. 125, § 5.º, da CF/88).

■ 13.6.10. A criminalização da "pederastia" ainda se justifica no Código Penal Militar? (ADPF 291)

O art. 235 do Código Penal Militar (CPM) define o crime de "***Pederastia** ou outro ato de libidinagem*" nos seguintes termos: "praticar, ou permitir o militar que com ele se pratique ato libidinoso, **homossexual ou não**, em lugar sujeito a administração militar".

Esse tema foi enfrentado pelo STF no julgamento da **ADPF 291**. Na petição inicial, a PGR sustenta que o crime de pederastia está inserido em um contexto de "**criminalização da homossexualidade** enquanto prática imoral, socialmente indesejável e atentatória contra os bons costumes".

---

[27] Aguardamos eventual sugestão ou indicação de precedente, agradecendo a contribuição do nosso ilustre leitor. Fique à vontade para encaminhar mensagem para o e-mail: pedrolenza@terra.com.br.

Isso se confirma na exposição de motivos do CPM: "inclui-se entre os crimes sexuais nova figura: a pederastia ou outro ato de libidinagem, quando a sua prática se der em lugar sujeito à administração militar. É a maneira de tornar mais severa a repressão contra o mal, onde os regulamentos disciplinares se revelarem insuficientes".

A Corte entendeu que "a criminalização de atos libidinosos praticados por militares em ambientes sujeitos à administração militar **justifica-se**, em tese, para a proteção da **hierarquia e da disciplina castrenses** (art. 142 da Constituição). **No entanto, não foram recepcionadas pela Constituição de 1988** as expressões **'pederastia ou outro'** e **'homossexual ou não'**, contidas, respectivamente, no *nomen iuris* e no *caput* do art. 235 do Código Penal Militar, mantido o restante do dispositivo. Não se pode permitir que a lei faça uso de expressões pejorativas e discriminatórias, ante o reconhecimento do direito à liberdade de orientação sexual como liberdade existencial do indivíduo. Manifestação inadmissível de intolerância que atinge grupos tradicionalmente marginalizados" (ADPF 291, Rel. Min. Roberto Barroso, j. 28.10.2015, Plenário, *DJE* de 11.05.2016).[28]

■ 13.6.11. Criação do Ministério da Defesa pela EC n. 23/99

Como já referimos em notas anteriores, a EC n. 23, de 02.09.1999, criou o **Ministério da Defesa**.

Com a sua previsão, os Ministérios da Marinha, do Exército e da Aeronáutica foram transformados em **Comandos** (art. 20 da LC n. 97, de 09.06.1999,[29] que, expressamente, revoga a LC n. 69, de 23.07.1991), passando os ex-Ministros a intitularem-se **Comandantes** das respectivas Forças Armadas, sendo que os cargos de Comandante da Marinha, do Exército e da Aeronáutica são privativos de oficiais-generais do último posto da respectiva Força.

O Presidente da República, na condição de Comandante Supremo das Forças Armadas, será assessorado, no que concerne ao *emprego de meios militares*, pelo **Conselho Militar de Defesa**[30] e, no que concerne aos *demais assuntos pertinentes à área militar*, pelo **Ministro de Estado da Defesa**[31] (art. 2.º da LC n. 97/99).

As Forças Armadas (Marinha, Exército e Aeronáutica) são subordinadas ao Ministro de Estado da Defesa (que exerce a **direção superior** das Forças Armadas), dispondo de estruturas próprias. Cada qual, conforme visto, terá, singularmente, um **Comandante**, indicado pelo Ministro de Estado da Defesa e nomeado pelo Presidente da República, o qual, no âmbito de suas atribuições, exercerá a direção e a gestão da respectiva Força (arts. 3.º e 4.º da LC n. 97/99).

---

[28] Em relação ao reconhecimento da união homoafetiva pelo STF, cf. *item 19.9.2* (ADI 4.277 e ADPF 132).

[29] A LC n. 97/99 foi modificada pela LC n. 117/2004 e pela LC n. 136/2010.

[30] O **Conselho Militar de Defesa** é composto pelos Comandantes da Marinha, do Exército e da Aeronáutica (lembrar que os respectivos Ministérios foram transformados em Comandos, com a criação do **Ministério da Defesa** pela **EC n. 23/99**) e pelo Chefe do Estado-Maior Conjunto das Forças Armadas, tendo por integrante e Presidente o Ministro de Estado da Defesa.

[31] Como já vimos, o **Ministério da Defesa** foi criado pela EC n. 23/99.

Por fim, lembramos que, nos termos do art. 12, § 3.º, VII, CF/88, o Ministro de Estado da Defesa deverá, dentre os requisitos previstos no art. 87, ser **brasileiro nato**, não estando este pressuposto estabelecido para os demais Ministros de Estado.

■ 13.7. SEGURANÇA PÚBLICA

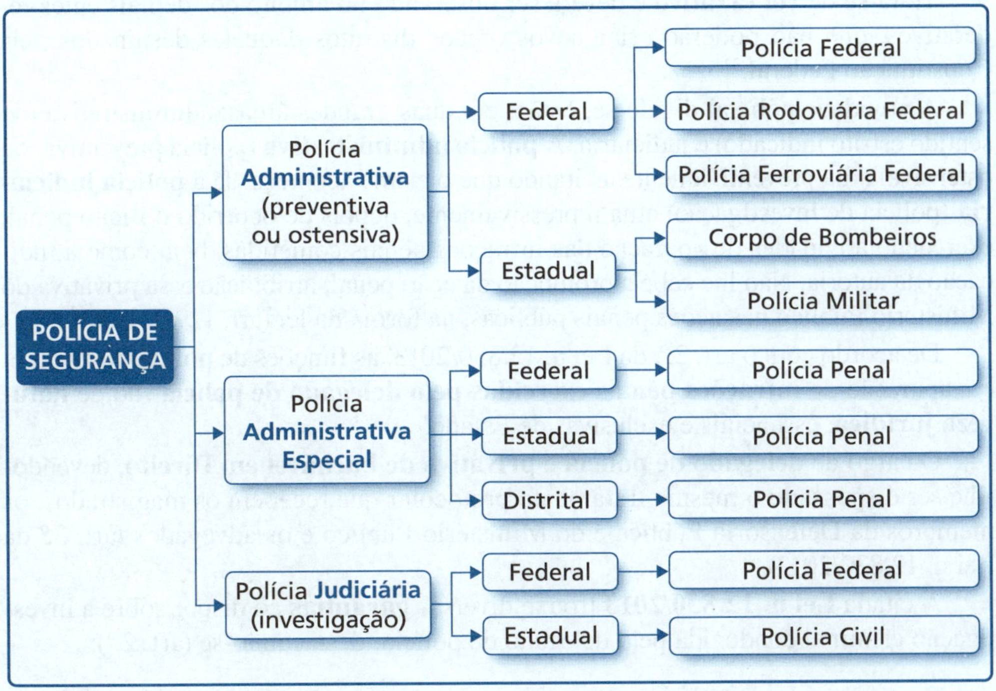

■ 13.7.1. Aspectos gerais

Para Maria Sylvia Zanella Di Pietro, adotando um conceito moderno, "o poder de polícia é a **atividade do Estado consistente em limitar o exercício dos direitos individuais em benefício do interesse público**".[32]

Assim, podemos distinguir **a)** polícia administrativa *lato sensu*; **b)** polícia de segurança, dividida esta em polícia administrativa (preventiva, que não deve confundir-se com a ideia de poder de polícia *lato sensu* do Estado) e polícia judiciária. Concentraremos a análise na **polícia de segurança.**

O objetivo fundamental da **segurança pública**, dever do Estado, direito e responsabilidade de todos, é a **preservação da ordem pública** e da **incolumidade das pessoas** e do **patrimônio** e se implementa por meio dos seguintes **órgãos** (art. 144, I a VI, CF/88):

- **polícia federal;**
- **polícia rodoviária federal;**

[32] *Direito administrativo*, p. 94.

- **polícia ferroviária federal;**
- **polícias civis;**
- **polícias militares e corpos de bombeiros militares;**
- **polícias penais federal, estaduais e distrital (EC n. 104/2019).**

Trata-se de **rol taxativo** e deverá ser observado no âmbito dos demais entes federativos, que não poderão criar novos órgãos distintos daqueles designados pela Constituição Federal.[33]

A atividade policial divide-se, então, em duas grandes áreas: administrativa (no sentido estrito indicado) e judiciária. A **polícia administrativa** (polícia preventiva, ou ostensiva) atua preventivamente, evitando que o crime aconteça. Já a **polícia judiciária** (polícia de investigação) atua repressivamente, depois de ocorrido o ilícito penal, exercendo atividades de apuração das infrações penais cometidas, bem como a indicação da autoria. Não lhe cabe a promoção da ação penal, atribuição essa privativa do Ministério Público nas ações penais públicas, na forma da lei (art. 129, I, CF/88).

De acordo com o art. 2.º, da Lei n. 12.830/2013, as funções de **polícia judiciária** e a apuração de **infrações penais exercidas pelo delegado de polícia** são de **natureza jurídica**, essenciais e exclusivas de Estado.

O cargo de **delegado de polícia** é **privativo de bacharel em Direito**, devendo-lhe ser dispensado o mesmo tratamento protocolar que recebem os magistrados, os membros da Defensoria Pública e do Ministério Público e os advogados (art. 3.º da Lei n. 12.830/2013).

A citada **Lei n. 12.830/2013** trouxe diversas **garantias** ao dispor sobre a investigação criminal conduzida pelo delegado de polícia, destacando-se (art. 2.º):

- ao delegado de polícia, na qualidade de autoridade policial, cabe a condução da investigação criminal por meio de inquérito policial ou outro procedimento previsto em lei, que tem como objetivo a apuração das circunstâncias, da materialidade e da autoria das infrações penais;[34]
- durante a investigação criminal, cabe ao delegado de polícia a requisição de perícia, informações, documentos e dados que interessem à apuração dos fatos;

---

[33] "Os Estados-membros, assim como o Distrito Federal, **devem seguir o modelo federal**. O art. 144 da Constituição aponta os órgãos incumbidos do exercício da segurança pública. Entre eles não está o Departamento de Trânsito. Resta pois **vedada aos Estados-Membros a possibilidade de estender o rol**, que esta Corte já firmou ser *numerus clausus*, para alcançar o Departamento de Trânsito" (**ADI 1.182**, voto do Rel. Min. Eros Grau, j. 24.11.2005, Plenário, *DJ* de 10.03.2006. No mesmo sentido: *ADI 2.827*, Rel. Min. Gilmar Mendes, j. 16.09.2010, Plenário, *DJE* de 06.04.2011; *ADI* 236, Rel. Min. Octavio Gallotti, j. 07.05.1992, Plenário, *DJ* de 1.º.06.2001).

[34] A **Lei n. 13.432/2017** dispôs sobre o exercício da profissão de **detetive particular**, admitindo a sua **colaboração** com a **investigação policial em curso** desde que expressamente **autorizado** pelo seu contratante, ficando, contudo, o aceite da colaboração a **critério do delegado de polícia**, que poderá admiti-la ou rejeitá-la a qualquer tempo (art. 5.º). Sobre o tema, *cf. item 14.10.29.3*, deixando expresso que a lei, acertadamente, **veda** ao detetive particular participar diretamente de diligências policiais (art. 10, IV).

- o inquérito policial ou outro procedimento previsto em lei em curso somente poderá ser avocado ou redistribuído por superior hierárquico, mediante **despacho fundamentado**, por **motivo de interesse público** ou nas **hipóteses de inobservância dos procedimentos previstos em regulamento da corporação que prejudique a eficácia da investigação**;
- a remoção do delegado de polícia dar-se-á somente por **ato fundamentado**. Sem dúvida, importante previsão da lei;
- o indiciamento, **privativo do delegado de polícia**, dar-se-á por ato fundamentado, mediante análise técnico-jurídica do fato, que deverá indicar a autoria, materialidade e suas circunstâncias.

Todas essas regras estão sendo discutidas no STF no julgamento conjunto das ADIs 5.043, 5.059 e 5.073 (*pendentes*):

- **ADI 5.043** — ajuizada pela *PGR*, objetiva seja declarado que o poder de investigação não é exclusivo da autoridade policial (sobre o tema, cf. *item 12.2.9* e julgamento plenário do **RE 593.727** em 14.05.2015);
- **ADI 5.059** — ajuizada pela *Associação Nacional das Operadoras Celulares (ACEL)*, questiona o § 2.º, do art. 2.º, da citada lei, sustentando que, ao possibilitar ao delegado requisitar, durante a investigação criminal, perícia, informações, documentos e dados que interessem à apuração dos fatos, haveria afronta aos incisos X e XII do art. 5.º da CF;
- **ADI 5.073** — ajuizada pela *Confederação Brasileira de Trabalhadores Policiais Civis (COBRAPOL)*, requer seja declarada a inconstitucionalidade de toda lei por haver alteração da natureza das funções exercidas pelo delegado de polícia.

Devemos acompanhar a evolução da jurisprudência da Corte, destacando-se, desde já, o entendimento firmado na **ADI 5.508** no sentido de que "o delegado de polícia pode formalizar acordos de **colaboração premiada**, na fase de inquérito policial, respeitadas as prerrogativas do Ministério Público, o qual deverá se manifestar, sem caráter vinculante, previamente à decisão judicial" (art. 4.º, §§ 2.º e 6.º, da Lei n. 12.850/2013).

Tem razão José Afonso da Silva ao afirmar que "**segurança pública** não é só repressão e não é problema apenas de polícia, pois a Constituição, ao estabelecer que a segurança é dever do Estado, direito e responsabilidade de todos (art. 144), acolheu a concepção do *I Ciclo de Estudos sobre Segurança* (realizado em out./1985, acrescente-se), segundo o qual é preciso que a questão da segurança seja discutida e assumida como **tarefa** e **responsabilidade permanente** de **todos, Estado** e **população**. Daí decorre também a aceitação de outras teses daquele certame, tal como a de que 'se faz necessária uma nova concepção de ordem pública, em que a colaboração e a integração comunitária sejam os novos e importantes referenciais'; e a de que '(...) a amplitude da missão de manutenção da ordem pública, o combate à criminalidade deve ser inserido no contexto mais abrangente e importante da proteção da população', o que requer a adoção de outro princípio ali firmado, de acordo com o qual é preciso 'adequar a Polícia às condições e exigências de uma sociedade democrática, aperfeiçoando a formação profissional e orientando-a para a obediência aos preceitos legais de respeito aos direitos do cidadão, independentemente de sua condição social'".[35]

Finalmente, a Constituição fez a previsão de verdadeira **lei orgânica** dos órgãos de segurança pública ao estabelecer que a lei disciplinará a organização e o funcionamento dos órgãos responsáveis pela segurança pública, de maneira a garantir a **eficiência de suas atividades** (art. 144, § 7.º).

A matéria foi disciplinada pela **Lei n. 13.675/2018**, que institui o Sistema Único de Segurança Pública (Susp) e cria a Política Nacional de Segurança Pública e Defesa Social (PNSPDS), com a finalidade de preservação da ordem pública e da incolumidade das pessoas e do patrimônio, por meio de atuação conjunta, coordenada, sistêmica e integrada dos órgãos de segurança pública e defesa social da União, dos Estados, do Distrito Federal e dos Municípios, em articulação com a sociedade.

13.7.2. Cooperação entre a União e os Estados-Membros e o DF e a Força Nacional de Segurança Pública

Com o objetivo de minimizar os efeitos danosos à população causados, por exemplo, pelas "greves" (visto que inadmitidas) em setores essenciais, como o da polícia militar, o Presidente da República adotou a MP n. 2.205, de 10.08.2001, convertida na Lei n. 10.277, de 10.09.2001, e que, posteriormente, foi revogada, passando a matéria a ser disciplinada pela **Lei n. 11.473, de 10.05.2007**.

De acordo com o novo dispositivo legal, a União poderá firmar **convênio** com os Estados-Membros e o Distrito Federal para executar atividades e serviços imprescindíveis à **preservação da ordem pública** e da **incolumidade das pessoas e do patrimônio**.[36]

Referida **cooperação federativa** compreende operações conjuntas, transferências de recursos e desenvolvimento de atividades de capacitação e qualificação de profissionais, no âmbito da **Força Nacional de Segurança Pública**, sendo que as atividades terão caráter consensual e serão desenvolvidas sob a coordenação conjunta da União e do ente federativo que firmar o convênio.

Sublinhamos, nessa linha de medidas, o **Decreto n. 5.289, de 29.11.2004**, que, disciplinando a organização e o funcionamento da Administração Pública federal, desenvolveu um programa de cooperação federativa denominado **Força Nacional de Segurança Pública**, em atenção ao **princípio da solidariedade federativa** (arts. 144 e 241 da CF/88).

---

[35] *Comentário contextual à Constituição*, 8. ed., p. 650.

[36] O art. 3.º da referida lei considera **atividades e serviços imprescindíveis à preservação da ordem pública e da incolumidade das pessoas e do patrimônio: I)** o policiamento ostensivo; **II)** o cumprimento de mandados de prisão; **III)** o cumprimento de alvarás de soltura; **IV)** a guarda, a vigilância e a custódia de presos; **V)** os serviços técnico-periciais, qualquer que seja sua modalidade; **VI)** o registro e a investigação de ocorrências policiais; **VII)** as atividades relacionadas à segurança dos grandes eventos; **VIII)** as atividades de inteligência de segurança pública; **IX)** a coordenação de ações e operações integradas de segurança pública; **X)** o auxílio na ocorrência de catástrofes ou desastres coletivos, inclusive para reconhecimento de vitimados; e **XI)** o apoio às atividades de conservação e policiamento ambiental.

A Força Nacional de Segurança Pública poderá ser empregada em qualquer parte do território nacional, mediante **solicitação expressa** do respectivo **Governador de Estado**, do **Distrito Federal** ou de **Ministro de Estado** (Decreto n. 7.957/2013) e atuará somente em atividades de **policiamento ostensivo** (preventivo) destinadas à preservação da ordem pública e da incolumidade das pessoas e do patrimônio.

Essa possibilidade de emprego da Força Nacional de Segurança Pública por **ato unilateral de Ministro de Estado** e sem a anuência do Governador — introduzida pelo Decreto n. 7.957/93, que alterou a redação original do art. 4.º do Decreto n. 5.289/2004 — parece contrariar a autonomia federativa dos Estados-membros (e do DF), bem como o princípio da solidariedade federativa (art. 241, CF/88).

Nesse sentido, o Pleno do STF referendou "decisão que concedeu medida cautelar em ação cível originária para ordenar à União que retire dos municípios de Prado e Mucuri o contingente da Força Nacional de Segurança Pública mobilizado pela Portaria 493/2020", expedida pelo Ministro de Estado da Justiça e Segurança Pública e sem a formal e expressa solicitação/concordância do Governador do Estado da Bahia (**ACO 3.427 Ref-MC/BA**, rel. Min. Edson Fachin, j. em 24.09.2020 — mérito pendente).

Finalmente, o contingente mobilizável da Força Nacional de Segurança Pública será composto por servidores que tenham recebido do Ministério da Justiça treinamento especial para atuação conjunta, integrantes das polícias federais e dos órgãos de segurança pública dos Estados que tenham aderido ao programa de cooperação federativa.

"Inspirada nas forças de paz da Organização das Nações Unidas (ONU), a Força Nacional de Segurança Pública foi criada pelo governo federal para apoiar os estados em momentos de crise"[37] (cf. diversas missões já realizadas no *Portal do Ministério da Justiça* — www.mj.gov.br).

13.7.3. BEPE — Batalhão Especial de Pronto Emprego

Com o objetivo de destacar o assunto para os *ilustres candidatos aos concursos ligados à área de segurança pública*, lembramos que em setembro de 2008 iniciaram-se as atividades do **BEPE — Batalhão Especial de Pronto Emprego**, localizado em Luziânia (GO), região do entorno do DF.

> "O Batalhão Especial de Pronto Emprego (BEPE) é um novo setor especializado da *Força Nacional de Segurança Pública* para o treinamento de policiais, que poderão atuar de forma imediata em situações de grave crise. Pela proposta, cada estado deve ceder os policiais por um ano, que retornarão aos locais de origem com todo o equipamento utilizado durante a capacitação, inclusive viaturas, armas letais e não letais, coletes e capacetes balísticos de última geração. A iniciativa visa disseminar tecnologia de ponta e conhecimento com foco principal na preservação da vida e no respeito aos Direitos Humanos".

[37] Cf. *Notícias MJ*, 02.06.2006.

"A diferença entre o BEPE e as ações regulares da Força Nacional é, principalmente, o tempo de resposta às demandas dos estados e a permanência. Quando há o pedido de auxílio à Força Nacional, o Ministério da Justiça tem que convocar homens já treinados que retornaram aos estados de origem. Da requisição dos policias até a chegada no local da crise, são necessários alguns dias. Com o BEPE, os homens já estarão aquartelados e poderão se deslocar rapidamente" (cf. *Notícias MJ,* 24.11.2008, 18h30).

13.7.4. UPPs — Unidades de Polícia Pacificadora (RJ)

Vários modelos de políticas buscam a redução da violência, seja no Brasil, seja no mundo, associados ou não a intervenções sociais.

As UPPs, implantadas no final de 2008, não são um novo órgão, mas, basicamente, uma política de segurança estabelecida pelo Estado do Rio de Janeiro, buscando a **retomada de territórios antes controlados por criminosos** e, assim, sob o controle estatal, o restabelecimento da paz e da tranquilidade públicas ameaçadas.[38]

13.7.5. Polícias da União

Os órgãos que compõem a polícia no âmbito federal são: **polícia federal, polícia rodoviária federal** e **polícia ferroviária federal** e **polícia penal federal.**

13.7.5.1. Polícia Federal (PF)

A **polícia federal**, fundada na hierarquia e na disciplina, é integrante da estrutura básica do Ministério da Justiça e será instituída por lei como órgão **permanente**, **organizado** e **mantido pela União**. Estruturada em **carreira**, destina-se a:

- apurar **infrações penais** contra a **ordem política**[39] e **social** ou em detrimento de **bens, serviços** e **interesses** da **União** ou de suas **entidades autárquicas** e **empresas públicas**, assim como outras infrações cuja prática tenha repercussão **interestadual** ou **internacional** e exija **repressão uniforme**, segundo se dispuser em lei;[40]

---

[38] Alguma outra informação pode ser obtida em: <www.upp.rj.gov.br>.

[39] Interessante observar que o constituinte utilizou a expressão ordem **política**, e não ordem **pública** como consta do *caput* do art. 144.

[40] Nessas hipóteses, de acordo com a **Lei n. 10.446/2002**, ampliada pelas Leis ns. 12.894/2013, 13.124/2015 e 13.642/2018, poderá o **Departamento de Polícia Federal do Ministério da Justiça**, sem prejuízo da responsabilidade dos órgãos de segurança pública arrolados no art. 144 da CF/88, em especial das polícias militares e civis dos Estados, proceder à investigação, **dentre outras**, das seguintes infrações penais: **sequestro, cárcere privado e extorsão mediante sequestro** (arts. 148 e 159 do CP), se o agente foi impelido por motivação política ou quando praticado em razão da função pública exercida pela vítima; **formação de cartel** (incisos I, "a", II, III e VII do art. 4.º da Lei n. 8.137/90); relativas à **violação a direitos humanos**, que a República Federativa do Brasil se comprometeu a reprimir em decorrência de tratados internacionais de que seja parte; **furto, roubo ou receptação de cargas**, inclusive bens e valores, transportadas em operação interestadual ou internacional, quando houver indícios da atuação de quadrilha ou bando em mais de um Estado da Federação; falsificação, corrupção, adulteração ou alteração de produto destinado a fins **terapêuti-**

- prevenir e reprimir o **tráfico ilícito de entorpecentes e drogas afins**, o **contrabando** e o **descaminho**, sem prejuízo da ação fazendária e de outros órgãos públicos nas respectivas áreas de competência;
- exercer as funções de **polícia marítima**, **aeroportuária** e de **fronteiras**;
- exercer, com exclusividade, as funções de **polícia judiciária da União**.

A **Carreira Policial Federal** é composta pelos seguintes **cargos**:

- Delegado de Polícia Federal;
- Perito Criminal Federal (áreas 1 a 18);
- Escrivão de Polícia Federal;
- Papiloscopista Policial Federal;
- Agente de Polícia Federal.

Todos esses **cargos** são de **nível superior** e o ingresso ocorrerá sempre na terceira classe, mediante **concurso público**, de **provas** ou de **provas e títulos**, exigido o **curso superior completo**, em nível de graduação, observados os requisitos fixados na legislação pertinente (art. 2.º da Lei n. 9.266/96).[41]

Apesar de todos os cargos integrarem a mesma carreira e serem de nível superior, há diferença remuneratória em relação aos chamados **EPAs** (escrivães, papiloscopistas e agentes) e que tem gerado eterna tensão política entre os seus integrantes. Vejamos (Leis ns. 12.775/2012 e 13.034/2014):

---

cos ou **medicinais** e venda, inclusive pela internet, depósito ou distribuição do produto **falsificado, corrompido, adulterado** ou **alterado** (art. 273 do Decreto-Lei n. 2.848, de 7 de dezembro de 1940 — Código Penal); furto, roubo ou dano contra **instituições financeiras**, incluindo agências bancárias ou caixas eletrônicos, quando houver indícios da atuação de associação criminosa em **mais de um Estado da Federação**; quaisquer crimes praticados por meio da rede mundial de computadores que difundam **conteúdo misógino**, definidos como aqueles que propagam o ódio ou a aversão às mulheres. Trata-se de **rol exemplificativo** previsto no art. 1.º da lei, já que, conforme o seu parágrafo único, atendidos os pressupostos do *caput*, o Departamento de Polícia Federal procederá à apuração de **outros casos**, desde que tal providência seja **autorizada ou determinada pelo Ministro de Estado da Justiça**. A atribuição para a polícia federal apurar infrações penais nas hipóteses fixadas na lei independe da competência para o julgamento do crime, que poderá, inclusive, ser estadual.

41 Essa disposição foi introduzida pela Lei n. 13.034/2014, fruto de conversão da MP n. 650/2014. Na Mensagem n. 184, encaminhada pelo Presidente da República ao Congresso Nacional, encontramos a lógica dessa previsão que, aparentemente, não trazia novidades, já que, desde 1996, para todos os cargos da carreira policial, exigia-se o nível superior. Vejamos: "a proposta busca **registrar** em texto legal que todos os **cargos** da **Carreira Policial** são de **nível superior**. Tal questão se refere mais especificamente aos cargos de **Agente de Polícia Federal, Escrivão de Polícia Federal** e **Papiloscopista Policial Federal**, para os quais, desde a edição da Lei n. 9.266, de 15 de março de 1996, é exigido curso superior para ingresso. Entretanto, os cargos se mantêm legalmente como sendo de nível intermediário. O Decreto-Lei n. 2.320, de 26 de janeiro de 1987, que tratou do ingresso nas categorias funcionais da Carreira Policial Federal dispôs, em seu art. 2.º, que 'as categorias funcionais de Escrivão de Polícia Federal, Agente de Polícia Federal e Papiloscopista Policial Federal são classificadas como categorias de nível médio'. Esta situação não foi alterada em legislação posterior que reestruturou a Carreira Policial Federal, a supracitada Lei n. 9.266, de 1996".

CARGO	CLASSE	VALOR DO SUBSÍDIO A PARTIR DE 1.º.01.2015
DELEGADO DE POLÍCIA FEDERAL PERITO CRIMINAL FEDERAL	■ especial	■ R$ 22.805,00
	■ primeira	■ R$ 20.256,59
	■ segunda	■ R$ 17.330,34
	■ terceira	■ R$ 16.830,85
ESCRIVÃO DE POLÍCIA FEDERAL PAPILOSCOPISTA POLICIAL FEDERAL AGENTE DE POLÍCIA FEDERAL	■ especial	■ R$ 13.756,93
	■ primeira	■ R$ 10.965,77
	■ segunda	■ R$ 9.132,61
	■ terceira	■ R$ 8.702,20

No final de 2014, tivemos a introdução de novas regras em relação ao cargo de **delegado de polícia federal**, destacando-se a previsão explícita de que os seus ocupantes exercem função de **natureza jurídica**. Assim, ao menos nos termos da "letra da lei",[42] os integrantes dos demais cargos não estão autorizados a exercer funções dessa natureza (sem dúvida, trata-se de inegável conquista dos delegados de polícia, frustrando expectativas dos integrantes dos demais cargos da carreira policial).[43]

Em razão dessa previsão (exercício de função de natureza jurídica), houve a **ampliação de requisitos mínimos** para o ingresso no cargo de **delegado de polícia federal**: o concurso público, que é privativo de bacharel em direito, será de provas **e** títulos, com a participação da **OAB** e passou a exigir **3 anos** de **atividade jurídica** ou **policial**, comprovados no ato de **posse** (esse modelo de *quarentena de entrada* já havia sido introduzido para os cargos de juiz de direito e membro do Ministério Público pela EC n. 45/2004 — *Reforma do Poder Judiciário*).

Outro ponto de definição foi em relação ao **cargo de Diretor-Geral da Polícia Federal**. Até o advento da MP n. 657/2014, convertida na Lei n. 13.047/2014, referido cargo era de livre nomeação e exoneração pelo Presidente da República. Assim, diante da inexistência de explicitação dos requisitos, a Polícia Federal já teve como Diretor-Geral **militares**. Após o regime ditatorial, somente em 1986 a Polícia Federal teve um diretor civil que, no caso, era da Polícia Civil de São Paulo (Romeu Tuma). O primeiro integrante da própria carreira e, no caso, delegado de polícia federal, foi

---

[42] Estamos nos referindo à MP n. 657/2014, convertida na Lei n. 13.047/2014, que introduziu novas regras à Lei n. 9.266/96 que reorganiza as classes da Carreira Policial Federal.

[43] Em outubro de 2014, em oposição à **MP n. 657**, a *Federação Nacional dos Policiais Federais (FENAPEF)* anunciou paralisação de escrivães, papiloscopistas e agentes (os EPAs). Conforme noticiado à época, "em tramitação no Congresso, a MP 657 (que foi convertida na Lei n. 13.047/2014, acrescente-se) foi recebida pela categoria como uma reedição da **PEC-37**, que dá poderes exclusivos à Polícia para realizar investigações criminais, limitando o poder do Ministério Público e alimentando o corporativismo dentro da PF" (Notícia de 21.10.2014, em <http://fenapef.org.br/fenapef/noticia/index/45446>, acesso em 08.01.2015). Em 21.10.2014, a Min. Assusete Magalhães, do STJ, nos autos da **Pet 10.484** (2014/0108388-0), reforçou a proibição de paralização da categoria, reiterando decisão liminar proferida em 13.05.2014, aumentando o valor da multa, fixada a título de *astreintes*, de R$ 200.000,00 para R$ 500.000,00 por dia de descumprimento.

Amaury Aparecido Galdino, em 1992. Entre 1993 e 1995, tivemos, novamente, um militar (o Coronel Wilson Brandi Romão). A partir de 1995, até o advento da referida lei no final de 2014, mesmo sem a previsão normativa, na prática, todos os diretores-gerais foram escolhidos dentre delegados de polícia federal.[44]

Depois de quase 20 anos, essa praxe de escolha virou **regra normativa**. De acordo com o art. 2.º-C, da Lei n. 9.266/96 (introduzido pela Lei n. 13.047, de 02.12.2014), o cargo de **Diretor-Geral**, nomeado pelo Presidente da República, é **privativo** de **delegado de Polícia Federal** integrante da **classe especial**.[45]

■ *13.7.5.2. Polícia Rodoviária Federal (PRF)*

A **polícia rodoviária federal**, órgão **permanente**, organizado e mantido pela União e estruturado em carreira, destina-se, na forma da lei, ao **patrulhamento ostensivo** das **rodovias federais**. Não exerce, portanto, funções de polícia judiciária, visto que exclusividade da **polícia federal** (art. 144, § 1.º, IV).

O cargo de Policial Rodoviário Federal é regido pelo Regime Jurídico Único dos Servidores Públicos da União (Lei n. 8.112/90) e pela Lei n. 9.654/98, com as suas alterações. A Lei n. 12.775/2012, dando nova redação à Lei n. 9.654/98 (que cria a carreira), estabeleceu que, a partir de 1.º.01.2013, o cargo de Policial Rodoviário Federal passa a ser de **nível superior**, estando a carreira estruturada nas seguintes classes: terceira, segunda, primeira e especial, na forma do Anexo I-A, observada a correlação disposta no Anexo II-A.

---

44 Informações retiradas da *Revista Prima*, da Associação Nacional dos Delegados de Polícia Federal (ADPF), n. 79/80, jul.-dez. 2014, p. 55. Observamos que a *OAB São Paulo*, à época da MP n. 657, lançou nota apoiando, em sua integralidade, as novidades. Por outro lado, o MPF apresentou Nota Técnica da 7.ª Câmara de Coordenação e Revisão sobre referida MP expressando explícito posicionamento contrário à sua aprovação (confira os dois documentos em: <http://www.conjur.com.br/2014-nov-12/mp-delegados-policia-federal-opoe-promotores-advocacia>, acesso em 08.01.2015).

45 Cabe observar que, até o fechamento desta edição, ainda **não havia regra explícita** sobre o **prazo** do **mandato** do Delegado-Geral, o **processo oficial de escolha** e a **forma de sua destituição**. Diante dessa realidade, os **Delegados de Polícia Federal**, reunidos no **VI Congresso Nacional dos Delegados de Polícia Federal**, convocado pela *Associação Nacional dos Delegados de Polícia Federal — ADPF*, realizado em Vitória e Vila Velha, no Espírito Santo, nos dias 02 a 05.04.2014, com o propósito de discutir "Os desafios da Polícia Federal para o enfrentamento ao Crime Organizado", **elaboraram 15 propostas** em uma **declaração pública de encerramento** e que foram encaminhadas ao Presidente da República, destacando-se, sobre o tema em análise, a de n. 5, nos seguintes termos: "Os Delegados de Polícia Federal irão eleger seu Diretor-Geral, cargo privativo de Delegado de Polícia Federal posicionado na última classe da carreira, que passará a ser denominado 'Delegado-Geral de Polícia Federal', por votação direta e secreta, mediante processo eleitoral conduzido pela Associação Nacional dos Delegados de Polícia Federal, cuja lista tríplice será encaminhada ao Ministro da Justiça e dele para a Presidência da República para indicação. O prazo do mandato do Delegado-Geral, o processo oficial de escolha e a forma de destituição serão previstos em lei". Até que haja alguma definição normativa, a classe vem tentando instituir esse modelo de **participação na escolha**, como se verifica, para se ter um exemplo, em outras carreiras, no âmbito do Ministério Público. Nesse sentido, no final de 2014, os delegados federais, por iniciativa da *Associação Nacional dos Delegados de Polícia Federal (ADPF)* e da *Federação Nacional dos Delegados de Polícia Federal (FENADEPOL)*, formaram uma **lista tríplice informal** e a encaminharam ao Ministério da Justiça e à Presidência da República.

Compete à **Polícia Rodoviária Federal** realizar atividades de natureza policial envolvendo fiscalização, patrulhamento e policiamento ostensivo, atendimento e socorro às vítimas de acidentes rodoviários e demais atribuições relacionadas com a área operacional do *Departamento de Polícia Rodoviária Federal*, estando as competências descritas nos seguintes dispositivos (e que remetemos os nossos ilustres leitores, especialmente aqueles que prestam esse concurso público específico):

- Art. 20 do **Código de Trânsito Brasileiro** — Lei n. 9.503/97;
- **Decreto n. 1.655/95;**
- **Regimento Interno**, aprovado pela Portaria Ministerial n. 3.741/2004.

13.7.5.3. Polícia Ferroviária Federal (PFF)

A **polícia ferroviária federal**, por seu turno, também órgão **permanente**, organizado e mantido pela União e estruturado em carreira, destina-se, na forma da lei, ao **patrulhamento ostensivo** das **ferrovias federais**.

Historicamente, podemos lembrar, durante o Império, a edição do Decreto n. 641/1852 que instituiu a então denominada **"Polícia dos Caminhos de Ferro"**.

Observamos, contudo, mesmo diante do explícito comando constitucional (art. 144, § 3.º), a **inexistência de plano de carreira**.

Em 2011, foi editada a Portaria do Ministro da Justiça n. 2.158, com o objetivo de analisar alternativas para implementação do disposto no § 8.º do art. 29 da revogada Lei n. 10.683/2003 (pela Lei n. 13.502/2017), elaborar plano de trabalho e efetuar as recomendações aos órgãos competentes.

Até o fechamento desta edição, contudo, a perspectiva lançada para se implementar e resgatar a *polícia dos trilhos* ainda não era realidade. Como bem observou Cláudio Pereira de Souza Neto, "o que há, na prática, é apenas a segurança patrimonial exercida pelas próprias empresas concessionárias de serviço ferroviário".[46]

Essa complicada realidade foi agravada em razão das incertezas trazidas pela **MP n. 821/2018**, que, ao criar o **Ministério Extraordinário da Segurança Pública**, desvinculou a Polícia Rodoviária Federal do Ministério da Justiça, situação essa mantida em sua lei de conversão (de acordo com o art. 68-A, II, "b", da Lei n. 13.502/2017, inserido pela **Lei de conversão n. 13.690/2018**, que mantinha a regra da desvinculação).

A situação foi novamente alterada pela **Lei n. 13.844/2019**, que revogou a Lei n. 13.502/2017 e, ao estabelecer a organização básica dos órgãos da Presidência da República e dos Ministérios, **juntou as duas pastas**, transformando o Ministério da

[46] Comentário ao art. 144, in: J. J. Gomes Canotilho e outros, *Comentários à Constituição do Brasil*, p. 1.588. Interessante texto sobre o histórico das ferrovias no Brasil, do seu auge à sua decadência, verificada no período de 1980 a 1992, até o processo de **desestatização** da Rede Ferroviária Federal S.A. — RFFSA (Lei n. 8.987/95), pode ser lido em <http://www1.dnit.gov.br/ferrovias/historico.asp>, acesso em 1.º.05.2015.

Justiça e o Ministério da Segurança Pública no **Ministério da Justiça e Segurança Pública** (arts. 19, IX, e 57, V, da Lei n. 13.844/2019), tendo como Ministro o ex-Juiz da denominada *operação lava-jato*, Sérgio Moro, tendo sido exonerado pelo Decreto de 24.04.2020 (acompanhar **Pet 8.802** – pendente).

■ *13.7.5.4. Polícia Penal Federal (PPF)*

A **polícia penal federal** foi criada pela **EC n. 104/2019** e, vinculada ao órgão administrador do sistema penal federal, no caso, o Departamento Penitenciário Nacional – DEPEN (cf. arts. 71 e 72 da Lei n. 7.210/84 – LEP), a ela cabe a segurança dos estabelecimentos penais (cf. *item 13.7.11*).

■ 13.7.6. Polícias dos Estados

A **segurança pública** em nível estadual foi atribuída às **polícias civis**, às **polícias militares** e ao **corpo de bombeiros** e às polícias penais (EC n. 104/2019), organizados e mantidos pelos Estados (ao contrário da regra fixada para o Distrito Federal, que são organizados e mantidos pela União — art. 21, XIV).

Apesar dessa regra de organização e manutenção estadual, deverão ser observadas as **normas gerais federais** (da União) sobre organização, efetivos, material bélico, garantias, convocação, mobilização, inatividades e pensões (EC n. 103/2019) das polícias militares e corpos de bombeiros militares, além daquelas sobre organização, garantias, direitos e deveres das polícias civis (arts. 22, XXI, e 24, XVI).

Os integrantes das **polícias civis** devem ser reconhecidos como servidores estaduais civis (arts. 39 a 41) enquanto, por outro lado, os das **polícias militares** e os dos **corpos de bombeiros militares**, como servidores militares dos Estados (art. 42).

■ *13.7.6.1. Polícia civil estadual*

As **polícias civis** são dirigidas por **delegados de polícia de carreira**, incumbindo-lhes, ressalvada a competência da União (polícia federal), as funções de **polícia judiciária** e a **apuração de infrações penais**, exceto as militares.

De acordo com a Constituição, as polícias civis estaduais subordinam-se aos Governadores dos Estados (art. 144, § 6.º).

■ *13.7.6.2. Nos Municípios em que o Departamento de Polícia Civil não contar com servidor de carreira para o desempenho das funções de delegado de polícia de carreira, o atendimento nas delegacias de polícia poderá ser realizado por subtenente ou sargento da polícia militar?*

O STF entendeu que a polícia de investigação só pode ser exercida pela **polícia civil**, e não pela PM, sob pena de se caracterizar desvio de função: "Constitucional. Administrativo. Decreto n. 1.557/2003 do Estado do Paraná, que atribui a subtenentes ou sargentos combatentes o atendimento nas delegacias de polícia, nos municípios que não dispõem de servidor de carreira para o desempenho das funções de delegado de polícia. Desvio de função. Ofensa ao art. 144, *caput*, inc. IV e V e §§ 4.º e 5.º, da Constituição da República. Ação direta julgada procedente" (ADI 3.614, Rel. p/ o acórdão Min. Cármen Lúcia, j. 20.09.2007, *DJ* de 23.11.2007).

13.7.6.3. Polícia judiciária dos Estados — discussão sobre a escolha do diretor-geral da Polícia Civil. Superação do entendimento firmado na ADI 132? Reconstrução jurisdicional da própria teoria do federalismo (ADI 3.062). Análise da ADI 3.038 e da ADI 3.077 (resgate da tese firmada na ADI 132)

A investigação e a apuração de infrações penais (exceto militares e aquelas de competência da polícia federal), ou seja, o exercício da **polícia judiciária**, em âmbito estadual, couberam às **polícias civis**, dirigidas por **delegados de polícia de carreira** (art. 144, § 4.º).

Nesse ponto específico, o STF discutiu a regra contida no art. 6.º, parágrafo único, "a", da *Lei estadual de Goiás n. 11.438/91*, que restringiu a escolha, pelo Governador, do diretor-geral da Polícia Civil aos *delegados de carreira* **da classe mais elevada**.[47]

A ação foi proposta pela PGR, que "sustentava que a inclusão da expressão **'da classe mais elevada'** (...) contrariaria o artigo 144, § 4.º, da Constituição Federal, segundo o qual as polícias civis devem ser dirigidas por **'delegados de polícia de carreira'**. De acordo com a inicial, 'a Constituição Federal não traz esta limitação, prevendo, apenas, que as polícias civis serão dirigidas por delegados de carreira'" (*Notícias STF*, 09.09.2010).

O STF, por maioria, vencido o Min. Dias Toffoli, que seguia entendimento então prevalente, firmado na *ADI 132* (j. 30.04.2003), que declarava inconstitucional dispositivo semelhante constante da Constituição do Estado de Rondônia, **evoluiu a jurisprudência** e **modificou o seu posicionamento**, passando a entender que o Estado, ao disciplinar o assunto, tem competência legislativa para **estabelecer um requisito a mais**, ou seja, além da regra mínima prevista no art. 144, § 4.º, que exige ser o diretor integrante da respectiva **carreira**, que tenha **experiência** e, portanto, o cargo em comissão, de acordo com a referida regra estadual, deva ser preenchido por delegado da carreira **da classe mais elevada**, escolhido pelo Governador do Estado, prestigiando, dessa forma, a **autonomia político-institucional da Federação**.

Assim, "mencionou-se que a Constituição não poderia deixar de pressupor que a **carreira** significaria **experiência** e **profissionalização do serviço público**. Aduziu-se que o STF vem possibilitando uma verdadeira *reconstrução jurisdicional da própria teoria do federalismo*, **afastando** aquela anterior subordinação dos Estados-membros e dos Municípios ao denominado '*standard federal*' tão excessivamente centralizador da CF/69, na qual estabelecida uma concentração espacial do poder político na esfera da União. Tendo isso em conta, ressaltou-se que a **federação bra-**

---

47 **Lei n. 11.438/91/GO:** "Art. 6.º Fica criado o cargo de Diretor-Geral da Polícia Civil, de provimento em comissão. Parágrafo único. O Diretor-Geral da Polícia Civil, com atribuições definidas em Decreto: *a*) é nomeado e exonerado pelo Governador dentre os delegados de polícia de carreira, **da classe mais elevada**, de conformidade com o art. 123 da Constituição Estadual".

sileira fora uma construção artificial e que caberia a esta Corte auxiliar na arquitetura dessa autonomia estadual" (**ADI 3.062**, Rel. Min. Gilmar Mendes, j. 09.09.2010, Plenário, *DJE* de 12.04.2011, *Inf. 599/STF*).

Dessa forma, conforme fixado no *item 6* da ementa do referido acórdão, o critério estabelecido de se exigir, também, que o delegado geral seja da classe mais elevada da carreira de delegado de polícia "não só se coaduna com a exigência constitucional como também a reforça, por subsidiar o adequado exercício da função e valorizar os quadros da carreira".

Apesar de estar claro esse **novo** e **melhor** entendimento firmado pelo STF na referida ADI 3.062, inclusive com o voto do Min. Marco Aurélio, tendo a Corte superado a posição estabelecida na ADI 132, deixamos a **informação** de julgamento posterior sobre o mesmo tema (**ADI 3.038**, Rel. Min. Marco Aurélio, j. 11.12.2014, Plenário, *DJE* de 12.02.2015), envolvendo o art. 106, § 1.º, da Constituição do Estado de Santa Catarina que, em sua redação original, exigia que o delegado de polícia, para ser indicado como Diretor-Geral, estivesse no final da carreira. Na redação posterior, também analisada pelo STF, dada pela EC n. 18/99, a Constituição do referido Estado passou a estabelecer que a escolha se daria entre os delegados de polícia, sem usar o qualificativo "de carreira" e o requisito a mais de estar no "final da carreira".

A **ementa** de referido julgado afirma ser inconstitucional a exigência de estar o delegado no último nível da organização policial.

Contudo, lendo o acórdão, **essa questão não foi analisada pelo STF**, pois, o que se verificou foi apenas a indicação da interpretação conforme a Constituição (ser delegado de carreira).

Esse novo julgamento, depois de mais de 11 anos de tramitação da ação, durou menos de **2 minutos**! Isso mesmo, 2 minutos e sem a manifestação de qualquer outro Ministro. Portanto, não houve debate. Entendemos, então, que a ementa do acórdão não reflete o posicionamento da Corte firmado na ADI 3.062.

Pensamos que a melhor interpretação é no sentido de que os entes federativos teriam **liberdade** para, partindo de um ***standard*** **mínimo** e de **necessária observância** (a escolha tem que se dar entre delegados de polícia **de carreira** e que ingressaram por **concurso público** — art. 144, § 4.º), criar **mais um requisito** tido como razoável **(ADI 3.062)**, qual seja, que a escolha tenha que se dar em relação aos delegados integrantes do mais alto nível da carreira.

Nesse sentido de ampliação de requisitos, destacamos a **Lei Federal n. 13.047, de 02.12.2014**, que estabeleceu que o cargo de Diretor-Geral a ser nomeado pelo Chefe do Poder Executivo deve ser privativo de delegado de polícia integrante da **classe especial** (a lei trata tanto da polícia federal — e, no caso, a nomeação dar-se-á pelo Presidente da República, como da polícia do DF, hipótese em que a nomeação será feita pelo Governador do Distrito Federal).

CUIDADO: apesar desse nosso entendimento e dos precedentes da Corte, devemos alertar que o STF, no julgamento do art. 127, § 1.º, da Constituição do Estado de Sergipe (que estabelecia que a Superintendência da Polícia Civil seria exercida por delegado de polícia integrante da **classe final** da respectiva carreira), deu interpretação conforme o art. 144, § 4.º, da Constituição da República "para circunscrever a escolha do Superintendente da Polícia Civil, pelo Governador do Estado, a delegados ou delegadas de polícia da carreira, **independentemente do estágio de sua progressão funcional**" (**ADI 3.077**, Pleno, j. 16.11.2016, *DJE* de 1.º.08.2017).

■ 13.7.6.4. Polícia ostensiva ou preventiva dos Estados — PM e Corpo de Bombeiros Militares

Já a polícia ostensiva e a preservação da ordem pública **(polícia administrativa)** ficaram a cargo das **polícias militares**, forças auxiliares e reserva do Exército.[48]

Aos **corpos de bombeiros militares**, também considerados forças auxiliares e reserva do Exército, além das atribuições definidas em lei (por exemplo, prevenção e extinção de incêndios, proteção, busca e salvamento de vidas humanas, prestação de socorro em casos de afogamento, inundações, desabamentos, acidentes em geral, catástrofes e calamidades públicas etc.), incumbe a execução de atividades de defesa civil.

Tanto as polícias civis, as polícias penais (EC n. 104/2019), como as polícias militares e o corpo de bombeiros **subordinam-se** aos Governadores dos Estados, do Distrito Federal e dos Territórios (art. 144, § 6.º).

Apenas para explicitar, devemos destacar que os **militares** são não só os integrantes das **Forças Armadas** (*Marinha, Exército e Aeronáutica* — art. 142), mas também os integrantes das **Forças Auxiliares e reserva do Exército** (*polícias militares* e *corpos de bombeiros militares* — art. 42, *caput*, c/c o art. 144, § 6.º). Os primeiros estão organizados em **nível federal** (como vimos, as **Forças Armadas** são instituições **nacionais**), enquanto os membros das polícias militares e dos corpos de bombeiros militares, instituições organizadas, também, com base na hierarquia e disciplina, em **nível estadual**, **distrital** ou dos **Territórios**.

Não obstante a **EC n. 18/98** tenha procurado tratar separadamente os **militares das Forças Armadas** e os **militares dos Estados, do DF e dos Territórios**, o art. 42, § 1.º, estabelece que se aplicam a estes últimos, além do que vier a ser fixado em lei, as disposições do art. 14, § 8.º; do art. 40, § 9.º; e do art. 142, §§ 2.º e 3.º,[49] cabendo à **lei estadual específica** dispor sobre as matérias do art. 142, § 3.º, X, sendo as patentes dos oficiais conferidas pelos respectivos governadores.

---

[48] Segundo Paulo Tadeu Rodrigues Rosa, "isso significa que em caso de estado de emergência ou estado de sítio, ou em decorrência de uma guerra, os integrantes destas corporações poderão ser requisitados pelo Exército para exercerem funções diversas da área de segurança pública" (cf. <www.militar.com.br/legisl/artdireitomilitar/ano2003/pthadeu/forcaspoliciais-sistemaconstitucional.htm>). No referido *site* (<www.militar.com.br>, no item "direito militar"), o autor, que é juiz federal da Justiça Militar da União no Estado de Minas Gerais, traz vários artigos de altíssimo conteúdo sobre questões relacionadas à Justiça Militar. Para os concursos, especialmente aqueles mais específicos, vale conferir! Cf., ainda, os sites do TJM de São Paulo e Minas Gerais, respectivamente: <www.tjmsp.jus.br> e <www.tjmmg.jus.br>.

[49] Sobre a questão específica de aplicação da pena de perda do posto e da patente (oficiais) e da graduação (praças), cf. discussão no *item 11.8.6.3.3*. Ainda, recomendamos a leitura de todo o *item 11.8.6* para aprofundamento em relação aos Militares.

Em relação à definição específica da **remuneração** (art. 142, § 3.º, X), entendeu o STF que o **impedimento** constante no art. 13, § 4.º, da Constituição de 1967, na redação dada pela EC n. 1/69, que proibia o pagamento de remuneração aos militares estaduais (e do DF) superior à fixada para os postos e graduações correspondentes no Exército, **não foi mantido na Constituição de 1988**. Assim, a remuneração poderá ser superior e, ainda, no caso, se superior, esse parâmetro remuneratório não poderá servir de fundamento para a equiparação remuneratória.

Como bem definiu o STF, "o **art. 37, XIII**, da CF/88 **coíbe a vinculação ou equiparação de quaisquer espécies remuneratórias no âmbito do serviço público**. Destarte, a pretensão dos recorrentes se afigura evidentemente incompatível com a Constituição Federal de 1988, uma vez que importa a equiparação de vencimentos entre os integrantes das Forças Armadas e os militares do Distrito Federal. Precedentes de ambas as Turmas em casos idênticos: ARE 652.202-AgR, Rel. Min. ROSA WEBER, 1.ª T., *DJE* de 17.09.2014; ARE 651.415-AgR, Rel. Min. GILMAR MENDES, 2.ª T., *DJE* de 25/4/2012" (**ARE 665.632**, Rel. Min. Teori Zavascki, j. 16.04.2015, Plenário, *DJE* de 28.04.2015).

■ *13.7.6.5. Polícia penal estadual (EC N. 104/2019)*

A **polícia penal estadual** foi criada pela **EC n. 104/2019** e, vinculada ao órgão administrador do sistema penal de cada Estado, a ela cabe a segurança dos estabelecimentos penais (cf. *item 13.7.11*).

■ 13.7.7. Polícias do Distrito Federal

SUBORDINAÇÃO	ORGANIZAÇÃO E MANUTENÇÃO
■ Governador do DF (art. 144, § 6.º)	■ União (art. 21, XIV)

↓ SISTEMA HÍBRIDO

Conforme já explicitamos, o **art. 32, § 4.º**, declara inexistirem polícia civil, polícia penal (EC n. 104/2019), política militar e corpo de bombeiros militar pertencentes ao Distrito Federal, devendo lei federal dispor sobre a sua **utilização** pelo Governo do Distrito Federal.

Tais instituições, embora **subordinadas** ao **Governador do Distrito Federal** (art. 144, § 6.º), são **organizadas** e **mantidas** diretamente pela **União** (regra essa reforçada pela redação conferida ao **art. 21, XIV**, pela EC n. 19/98 e preservada na EC n. 104/2019, que criou as polícias penais).

Consagra-se, dessa forma, um **regime jurídico híbrido**, particular aos integrantes da polícia civil, da polícia penal (EC n. 104/2019), da polícia militar e do corpo de bombeiros militar do DF. Referidos organismos estão sujeitos à disciplina fixada em **lei federal**, editada pelo Congresso Nacional, e não pela Câmara Legislativa do DF, concernente aos vencimentos de seus membros.[50]

Esse entendimento está consagrado na **Súmula Vinculante 39/STF**, que tem a seguinte redação: "compete privativamente à **União** legislar sobre vencimentos dos membros das polícias civil e militar e do corpo de bombeiros militar do Distrito Federal" (aprovada em **11.03.2015**, fruto de conversão da S. 647/STF, com a inclusão da expressão "e do corpo de bombeiros militar", *DJE* de 20.03.2015. Com o advento da **EC n. 104/2019**, referida súmula vinculante deverá ser atualizada para fazer ali constar, também, a **polícia penal**).

Conforme visto no item anterior, a lei (no caso, **federal**) poderá estabelecer remuneração superior para os militares do DF em relação aos militares das Forças Armadas e, no caso, em razão da proibição de vinculação ou equiparação de quaisquer espécies remuneratórias pela CF/88 (art. 37, XIII), os integrantes dessas últimas não poderão pleitear judicialmente a equiparação remuneratória (**ARE 665.632**, j. 16.04.2015).

Por serem organizados e **mantidos** pela **União**, o controle das contas deve ser feito pelo **TCU**, e não pelo TCDF.

Nesse sentido, o STF, ao analisar o caso específico do *Fundo Constitucional do Distrito Federal*, que tem por finalidade prover os recursos necessários à organização e manutenção da polícia civil, da polícia penal (EC n. 104/2019), da polícia militar e do corpo de bombeiros militar do DF, bem como assistência financeira para execução de serviços públicos de saúde e educação, consoante disposto no inciso XIV do art. 21 da Constituição Federal (recursos pertencentes aos **cofres federais** (Tesouro Nacional), estabeleceu que "a competência para fiscalizar a aplicação dos recursos da União repassados ao FCDF é do **Tribunal de Contas da União — TCU**", e não ao Tribunal de Contas do Distrito Federal (**MS 28.584 AgR**, 2.ª T., j. 28.10.2019, *DJE* de 18.11.2019). Esse entendimento segue a mesma lógica do fixado pelo Plenário em relação aos **recursos financeiros** oriundos do Fundo Nacional de Assistência Social, repassados aos Estados e Municípios, que, por serem **federais**, são também controlados pelo **TCU** (ADI 1.934, j. 07.02.2019).

Finalmente, questão interessante foi resolvida pelo STF envolvendo o art. 7.º, I e III, da **Lei Distrital n. 3.669/2005**,[51] que, ao criar a *Carreira de Atividades Peniten-*

---

[50] Nesse sentido, cf. *RTJ* 153/116, Rel. Min. Marco Aurélio; *RTJ* 165/500-501, Rel. Min. Sepúlveda Pertence; ADI 1.475/DF, Rel. Min. Octavio Gallotti; ADI 2.102/DF, Rel. Min. Sepúlveda Pertence; RE 207.440/DF, Rel. Min. Sydney Sanches; RE 207.627-ED/DF, Rel. Min. Néri da Silveira; RE 209.161/DF, Rel. Min. Moreira Alves; RE 215.828/DF, Rel. Min. Sydney Sanches; RE 218.479/DF, Rel. Min. Moreira Alves; RE 221.693/DF, Rel. Min. Néri da Silveira, *DJU* de 13.06.2000; RE 241.494/DF, Rel. Min. Octavio Gallotti; SS 846-AgR/DF, Rel. Min. Sepúlveda Pertence, e, ainda, *Infs. 207* e *278/STF*.

[51] De acordo com a lei distrital: "Art. 7.º São atribuições gerais do **Técnico Penitenciário**, além de outras decorrentes do seu exercício: **I** — exercer, operacionalizar tarefas de atendimento, serviço de vigilância, custódia, guarda, assistência e orientação de pessoas recolhidas aos estabelecimentos penais do Distrito Federal (...); **III** — organizar, protocolar, preparar, expedir e arquivar documentos, promover controle de pessoal, tramitar processos e expedientes dos estabelecimentos penais".

ciárias, estabeleceu atribuições de **administração penitenciária**, como a de *guarda dos estabelecimentos prisionais*, para o cargo criado de **técnico penitenciário**.

Diante da regra contida no art. 21, XIV, **na redação anterior à trazida pela EC n. 104/2019**, discutiu-se se a atividade de *carceragem de presídios* seria ou não atividade ligada à *segurança pública* e, nesse caso, de iniciativa reservada ao *Congresso Nacional*.

Nesse primeiro momento, o STF, no julgamento da **ADI 3.916** (Rel. Min. Eros Grau, j. 03.02.2010), entendeu que as atividades criadas pela lei distrital para os Técnicos Penitenciários poderiam ser disciplinadas no âmbito do DF, por se tratar **não** de atividades específicas ligadas à polícia civil (*segurança pública*), mas de **direito penitenciário**, cuja competência é **concorrente** entre o DF, no caso, e a União, nos termos do art. 24, I.

Em nosso sentir, essa interpretação estabelecida pelo STF está **superada** a partir do advento da **EC n. 104/2019**, que criou a **polícia penal distrital**, com atribuição para a segurança dos estabelecimentos penais (cf. *item 13.7.11* e eventual nova manifestação do STF – pendente).

13.7.8. Polícias dos Territórios

Embora os Territórios sejam uma descentralização administrativa da União, integrando-a, a EC n. 19/98, alterando a redação do art. 21, XIV, da CF/88 (situação essa **não modificada pela EC n. 104/2019**, que criou as **polícias penais** federal, estaduais e distrital), não mais previu para a União (pelo menos expressamente) a atribuição de organização e manutenção das **polícias civil** e **militar**, e **do corpo de bombeiros dos Territórios**, endereçando referida regra **apenas** e **exclusivamente** ao Distrito Federal. Resta aguardar como os tribunais interpretarão a proposital exclusão dos Territórios da redação dada ao inciso XIV do art. 21, que conferia à União o dever de organizar e manter as referidas polícias dos Territórios, o que, dada a natureza destes, de autarquias federais — uma *longa manus* da União —, continuarão, em nossa análise, sendo organizados e mantidos pela União.

Por fim, entendendo tratar-se de tema muito específico, mas procurando cumprir os objetivos deste trabalho, destacamos o **art. 31 da EC n. 19/98**, aperfeiçoado pela **EC n. 79/2014**[52] e ampliado pela **EC n. 98/2017**. Esta última alterou novamente

[52] Conforme se observa pela **"justificação"** da **PEC 111/2011**, convertida na **EC n. 74/2014**, "embora editadas a EC n. 19/98, e a n. 60/2009, estas não se revelaram suficientes para regularizar todas as situações que envolvem o pessoal contratado pelos ex-Territórios, principalmente porque os dispositivos constitucionais não fizeram referência expressa aos **servidores municipais contratados até 04 de outubro de 1988**, como também não contemplaram **aqueles que trabalharam no período de instalação dos Estados de Roraima e Amapá**". Esse período, que compreende a criação pela Constituição Federal de 1988 até a efetiva instalação do Estado, foi definido pelo STF como sendo de **5 anos** a contar da promulgação da CF/88. Vejamos: "Servidores públicos do extinto Território Federal do Amapá: reclamação trabalhista: ilegitimidade passiva do Estado do Amapá: responsabilidade total da União pelos encargos financeiros decorrentes das despesas de pessoal do novo Estado federado **até o final dos cinco anos de sua instalação** (CF, art. 235, IX e ADCT, art. 14, § 2.º)" (**RE 396.547**, Rel. Min. Sepúlveda Pertence, j. 08.03.2005, 1.ª T., *DJ* de 1.º.04.2005).

o art. 31 da EC n. 19/98 para prever a inclusão, em quadro em extinção da administração pública federal, de servidor público, de integrante da carreira de policial, civil ou militar, e de pessoa que haja mantido relação ou vínculo funcional, empregatício, estatutário ou de trabalho com a administração pública dos ex-Territórios ou dos Estados do Amapá ou de Roraima, inclusive suas prefeituras, na fase de instalação dessas unidades federadas, e dá outras providências.

■ 13.7.9. Policiais civis e militares: direito de greve (?) e anistia (?)

■ *13.7.9.1. Direito de greve?*

NÃO.

Conforme vimos, nos termos do art. 142, § 3.º, IV, ao **militar** são proibidas a sindicalização e a greve.

Assim, os membros das **Forças Armadas** (Marinha, Exército e Aeronáutica), bem como os **militares dos Estados, do DF e dos Territórios** (membros das Polícias Militares e Corpos de Bombeiros Militares — art. 42, § 1.º, que determina a aplicação do art. 142, § 3.º), estão **proibidos** de exercer o direito de greve, confirmando, então, que referido direito fundamental não é absoluto.

E os integrantes da polícia civil, poderiam exercer o direito de greve?

Em tese, por serem servidores públicos (e não militares), poderiam, aplicando-se o art. 37, VII, especialmente diante das decisões proferidas pelo STF nos MIs 670, 708 e 712, o qual, adotando a posição **concretista geral**, assegurou o direito de greve a todos os servidores públicos, determinando a aplicação da lei do setor privado, qual seja, a Lei n. 7.783/89, até que a matéria seja regulamentada por lei ordinária específica.

CONTUDO, em momento seguinte, e restringindo a decisão tomada nos referidos mandados de injunção, o STF entendeu que alguns serviços públicos, em razão de sua **essencialidade** para a sociedade, deverão ser prestados em sua **totalidade**, como é o caso do **serviço de segurança pública**, determinando a aplicação da vedação para os militares e, assim, proibindo, o seu exercício pelas polícias civis. Vejamos a ementa do julgado:

> EMENTA: "Os servidores públicos são, seguramente, titulares do direito de greve. Essa é a regra. Ocorre, contudo, que entre os serviços públicos há alguns que a coesão social impõe sejam prestados plenamente, em sua totalidade. Atividades das quais dependam a manutenção da ordem pública e a segurança pública, a administração da Justiça — onde as carreiras de Estado, cujos membros exercem atividades indelegáveis, inclusive as de exação tributária — e a saúde pública não estão inseridos no elenco dos servidores alcançados por esse direito. **Serviços públicos desenvolvidos por grupos armados: as atividades desenvolvidas pela polícia civil são análogas, para esse efeito, às dos militares, em relação aos quais a Constituição expressamente proíbe a greve** (art. 142, § 3.º, IV)" (**Rcl 6.568**, Rel. Min. Eros Grau, j. 20.05.2009, Plenário, *DJE* de 25.09.2009. No mesmo sentido, cf. **Rcl 11.246-AgR**, Rel. Min. Dias Toffoli, j. 27.02.2014, Plenário, *DJE* de 02.04.2014).

Acesse também a videoaula pelo link: somos.in/DCE25102

Nessa mesma linha o Min. Peluso se pronunciou ao cassar, em sede da **AC 3.034**, decisão de Desembargador do TJDFT que permitiu o exercício de greve pelos policiais civis (**matéria pendente de apreciação** pelo Pleno do STF). Em suas palavras, "... a interpretação unitária da Constituição me leva, junto com o eminente Relator no seu belo voto (*refere-se à Rcl 6.568, acrescente-se*), a concluir que **os policiais não têm direito de greve**, assim como não o têm outras categorias, sobre as quais não quero manifestar-me na oportunidade, porque seria impertinente. E não o têm, porque lhes incumbem, nos termos do art. 144, *caput*, dois **valores incontornáveis da subsistência de um Estado: segurança pública** e a **incolumidade das pessoas e dos bens**. Ora, é inconcebível que a Constituição tutele estas condições essenciais de sobrevivência, de coexistência, de estabilidade de uma sociedade, de uma nação, permitindo que os responsáveis pelo resguardo desses valores possam, por exemplo, entrar em greve, reduzindo seu efetivo a vinte por cento" (**AC 3.034**, Rel. Cezar Peluso, j. 16.11.2011, *decisão monocrática da Presidência*, *DJE* de 23.11.2011).

Cabe ainda lembrar que, em momento seguinte, a Corte, por 6 x 3, reafirmou esse entendimento ao apreciar o *tema 541* da repercussão geral, fixando a seguinte tese: "o exercício do direito de greve, sob qualquer forma ou modalidade, é vedado aos policiais civis e a todos os servidores públicos que atuem diretamente na área de segurança pública" (**ARE 654.432**, Pleno, Rel. Min. Alexandre de Moraes, j. 05.04.2017).[53]

Mas, se o direito de greve está vedado, como poderão os policiais civis reivindicar os seus direitos?

O Min. Barroso sustentou a possibilidade de os sindicatos acionarem o Poder Judiciário para a realização de mediação, na forma do **art. 165, CPC/2015**, proposta esta materializada no item 2 da tese de julgamento. Vejamos: "é obrigatória a participação do Poder Público em mediação instaurada pelos órgãos classistas das carreiras de segurança pública, nos termos do art. 165 do CPC, para vocalização dos interesses da categoria".

---

[53] Muito embora o voto do Rel. Min. Edson Fachin admitisse o exercício do direito fundamental de greve por parte dos policiais civis, a divergência aberta pelo Min. Alexandre de Moraes prevaleceu, reafirmando a sua impossibilidade. Em seu voto, o Ministro não justifica essa vedação nos termos da aplicação analógica do art. 142, § 3.º, IV, mas em razão de interpretação conjunta dos arts. 9.º, § 1.º, 37, VII, e 144. Além da vedação constitucional à presença de armas para o exercício do **direito de reunião** (art. 5.º, XVI), lembrando que os policiais civis dispõem do porte de arma por 24 horas, Moraes observa que, enquanto as Forças Armadas são o braço armado do Estado para a segurança nacional, "**a carreira policial é o braço armado do Estado** responsável pela garantia da **segurança interna**, **ordem pública** e **paz social**. E o Estado não faz greve. O Estado em greve é anárquico. A Constituição não permite". Além desses argumentos, Moraes observa que, diferentemente de outras atividades, como aquelas das áreas de saúde e educação, no tocante à segurança pública inexistem atividades paralelas na iniciativa privada (voto no ARE 654.432).

■ 13.7.9.2. *Lei poderá conceder anistia a policiais civis ou militares (PM e Corpo de Bombeiros) em relação a eventuais crimes praticados e infrações disciplinares conexas decorrentes de participação em movimentos reivindicatórios?*

A **anistia** caracteriza-se como uma espécie de clemência, de indulgência, de perdão do Estado, que, motivado por razões políticas, renuncia ao seu direito de punir em relação a delito cometido no passado.

Deve-se deixar claro que a anistia não abole o crime (*abolitio criminis*), já que só será aplicada a **fatos passados**, estando, pois, fixada como uma das **causas extintivas de punibilidade** (art. 107, II, do CP).

De acordo com o art. 5.º, XLIII, da CF/88, a lei considerará crimes inafiançáveis e insuscetíveis de graça ou **anistia** a prática da **tortura**, o **tráfico ilícito de entorpecentes e drogas afins**, o **terrorismo** e os definidos como **crimes hediondos**, por eles respondendo os mandantes, os executores e os que, podendo evitá-los, se omitirem.

O art. 21, XVII, da CF/88, por sua vez, define que a competência para conceder **anistia** é da **União**, cabendo ao **Congresso Nacional**, por meio de **lei** e com a sanção do Presidente da República, dispor sobre a matéria (art. 48, VIII), regra essa completada pelo art. 22, I, que estabelece ser competência da União legislar sobre **direito penal**.

Diante dessas premissas, lembramos duas **leis federais** que concederam **anistia** aos **policiais e bombeiros militares** de determinados Estados, por terem participado de **movimentos reivindicatórios**.

A **Lei federal n. 12.191/2010** (art. 2.º), e a **Lei federal n. 12.505/2011** (art. 2.º), ampliada pela **Lei federal n. 13.293/2016**, estabeleceram que a anistia abrange não só os **crimes** definidos no **Código Penal Militar**, e na Lei de Segurança Nacional (Lei n. 7.170/83), como também as **infrações disciplinares conexas**, *não incluindo os crimes definidos no Código Penal e nas leis penais especiais.*

Fica claro, então, que a intenção do legislador, por meio de **ato normativo federal**, foi não só **perdoar** eventuais **crimes militares** praticados, como o *motim* (art. 149 do CPM[54]), a *deserção* (art. 187 do CPM[55]), a *desobediência* (art. 301 do CPM[56]) etc., **como também** — e o texto é expresso — supostas **infrações administrativas**, decorrentes de **transgressões disciplinares**, **impossibilitando**, pois, a imposição e a aplicação de **punições disciplinares** previstas nos *Regulamentos* das Forças.

---

[54] **Art. 149 do CPM:** "Reunirem-se militares ou assemelhados: I — agindo contra a ordem recebida de superior, ou negando-se a cumpri-la; II — recusando obediência a superior, quando estejam agindo sem ordem ou praticando violência; III — assentindo em recusa conjunta de obediência, ou em resistência ou violência, em comum, contra superior; IV — ocupando quartel, fortaleza, arsenal, fábrica ou estabelecimento militar, ou dependência de qualquer deles, hangar, aeródromo ou aeronave, navio ou viatura militar, ou utilizando-se de qualquer daqueles locais ou meios de transporte, para ação militar, ou prática de violência, em desobediência a ordem superior ou em detrimento da ordem ou da disciplina militar" **(motim)**.

[55] **Art. 187 do CPM:** "Ausentar-se o militar, sem licença, da unidade em que serve, ou do lugar em que deve permanecer, por mais de oito dias" **(deserção)**.

[56] **Art. 301 do CPM:** "Desobedecer a ordem legal de autoridade militar" **(desobediência)**.

A primeira lei está sendo discutida no STF na **ADI 4.377** e a segunda na **ADI 4.869**, não havendo, ainda, decisão pela Corte **(matéria pendente)**.

Não resta dúvida de que a **anistia** estabelecida pela lei federal pode alcançar a **infração penal militar**, não havendo, para a hipótese, a fixação de iniciativa reservada ao Presidente da República, já que não consta tal matéria no rol do art. 61, § 1.º, I e II, da CF/88.

A questão que precisa ser decidida é se a lei federal poderia tratar de anistia a **infrações disciplinares**, supostamente praticadas por **militares estaduais**.

De acordo com o **parecer da PGR** na ADI 4.377 (apresentado em 19.03.2010), no tocante a servidores estaduais, sugere-se a necessidade de se aplicar o art. 61, § 1.º, II, "c" e "f", que, conforme vem entendendo o STF, determina a iniciativa exclusiva dos Governadores de Estado para disciplinar a matéria (imaginando que nas alíneas se enquadraria a *anistia de infrações disciplinares de servidores estaduais*), sob pena de se ferir o **princípio federativo** e o **princípio da divisão funcional do poder**, bem como o dito "princípio da reserva de administração" (ADI 1.440).

Ainda, continua a PGR, se formos analisar a questão do ponto de vista das **infrações disciplinares** supostamente praticadas pelos **servidores estaduais militares**, outros argumentos poderiam ser lançados, **fortalecendo a ideia da necessidade de lei estadual e de iniciativa reservada ao Governador de cada Estado**, destacando-se:

- **art. 144, § 6.º:** estabelece que polícias militares e os corpos de bombeiros militares, forças auxiliares e reserva do Exército, **subordinam-se**, juntamente com polícias civis e as polícias penais (EC n. 104/2019), aos **Governadores** dos **Estados**. Assim, a análise de conveniência da anistia em relação às supostas *infrações disciplinares* (e não se está falando dos crimes) deveria partir do Chefe do Executivo;
- **art. 22, XXI:** a competência da **União** restringe-se às **normas gerais** de organização, efetivos, material bélico, garantias, convocação, mobilização, inatividades e pensões (EC n. 103/2019) das polícias militares e corpos de bombeiros militares;
- **art. 42, § 1.º:** aplicam-se aos militares dos Estados, além do que vier a ser fixado em lei, dentre outras, as disposições do art. 142, § 3.º, IV **(proibição da sindicalização e da greve)**, cabendo à **lei estadual específica** dispor sobre as matérias do art. 142, § 3.º, X (**direitos** e **deveres** dos militares estaduais).

Um ponto não gera nenhuma dúvida, qual seja, a perfeita possibilidade de **lei federal** estabelecer a **anistia de crimes**, inclusive de supostos crimes militares previstos no *Código Penal Militar*.

No tocante às supostas **infrações disciplinares** praticadas por servidores estaduais (militares estaduais, ou até mesmo policiais civis estaduais), temos imaginado que, muito embora se reconheça a competência estadual para a matéria, **desde que por lei de iniciativa reservada ao Chefe do Executivo**, parece razoável sustentar,

em concorrência, a possibilidade de ser concedida anistia (para as referidas infrações disciplinares), **também** por lei federal do Congresso Nacional.

Isso porque, como as infrações decorrentes dos movimentos reivindicatórios caracterizam-se, em tese, como crimes e, em sendo essas infrações disciplinares conexas com referidos ilícitos, parece lógico reconhecer não somente a competência estadual como **também** a da União, estabelecendo-se, então, um sentido mais **amplo** para o instituto da **anistia**. Vejamos:

> "EMENTA: Anistia a funcionários civis e a elementos da força pública estadual. 1. **No direito brasileiro, a palavra 'anistia' foi ampliada de sua acepção clássica e etimológica, para abranger também o cancelamento de débitos fiscais e de faltas disciplinares.** Não há cláusula na constituição que impeça ao legislativo estadual regular os casos de anistia de penas disciplinares impostas aos servidores públicos, embora aplicada pelo executivo dentro da lei" (**RP 696**, Rel. Min. Aliomar Baleeiro, j. 06.10.1966, Plenário, *DJ* de 15.06.1967. Na vigência da CF/88, cf.: **ADI 104**, Rel. Min. Sepúlveda Pertence, j. 04.06.2007, Plenário, *DJ* de 24.08.2007).

Não estamos defendendo que o ato normativo federal (ou mesmo estadual) possa assegurar ao militar a sindicalização e a "greve", o que, inquestionavelmente, seria (flagrantemente) inconstitucional, por afronta ao art. 142, § 3.º, IV.

Também não estamos propondo que os policiais civis tenham o direito de greve, até porque o STF, apreciando o *tema 541* da repercussão geral, fixou a tese segundo a qual "o exercício do direito de greve, sob qualquer forma ou modalidade, é vedado aos policiais civis e a todos os servidores públicos que atuem diretamente na área de segurança pública" (**ARE 654.432**, Pleno, j. 05.04.2017, reafirmando o entendimento fixado na **Rcl 6.568**, segundo o qual, por se tratar de atividades análogas às dos militares, não se estendeu aos policiais civis o direito de greve que havia sido fixado aos servidores públicos em geral no julgamento dos MIs 670, 708 e 712 (cf. *item 14.11.5.7*).

CONTUDO, diante de movimentos reivindicatórios, não podemos, especialmente dentro do Estado Democrático de Direito, impedir que o Estado **perdoe** (por ato de clemência) os atos praticados, **seja por lei federal** em que se conceda a **anistia** (em seu sentido mais amplo proposto e, pois, abrangendo os **crimes** e **infrações disciplinares conexas** — art. 48, VIII, **não** se exigindo a iniciativa reservada ao Chefe do Executivo), **seja por lei estadual**, *cancelando (extinguindo) as infrações disciplinares* **(anistia administrativa)** e, assim, dispondo sobre os seus servidores, civis e militares (regime jurídico), **devendo, nesse caso da competência estadual, referida lei ser de iniciativa reservada dos Governadores de Estado** (já que o Estado não pode legislar sobre anistia — art. 21, XVII, sendo, então, o **fundamento** para a **clemência** outro, qual seja, os arts. 61, § 1.º, II, "c" e "f").

No sentido da necessidade de iniciativa reservada aos Governadores em âmbito estadual, vem se pronunciando o STF:

"EMENTA: (...) Lei estadual que concede 'anistia' administrativa a servidores públicos estaduais que interromperam suas atividades — paralisação da prestação de serviços públicos. A jurisprudência desta Corte é firme no sentido de que cabe ao **chefe do Poder Executivo deflagrar o processo legislativo** referente a lei de criação de cargos, funções ou empregos públicos na administração direta e autárquica ou aumento de sua remuneração, bem assim disponha sobre regime jurídico e provimento de cargos dos servidores públicos. Aplica-se aos Estados-membros o disposto no art. 61, § 1.º, II, da CF. Precedentes. **Inviável o projeto de lei de iniciativa do Poder Legislativo que disponha a propósito servidores públicos — 'anistia' administrativa, nesta hipótese — implicando aumento de despesas para o Poder Executivo**" (**ADI 341**, Rel. Min. Eros Grau, j. 14.04.2010, Plenário, *DJE* de 11.06.2010).[57]

Finalmente, estendendo a argumentação, além da perspectiva mais ampla do instituto da anistia, havendo decisão política no sentido da clemência (perdão), o ato poderia abranger não apenas os **crimes**, mas também as **infrações disciplinares conexas**, na medida em que, quando a conduta praticada estiver tipificada em lei como crime ou contravenção penal, não se caracterizará transgressão disciplinar (*vide*, nesse sentido, o art. 14, § 1.º, do Dec. n. 4.346/2002, que *aprova o Regulamento Disciplinar do Exército — R 4 — e dá outras providências*).

Propomos, então, a esquematização da matéria:

- a anistia (perdão, clemência) em relação a crimes deverá ser por lei federal;
- o ato político federal poderá dar um sentido mais amplo ao termo "anistia", englobando também as infrações disciplinares conexas. No caso de lei federal e adotando o sentido amplo do "perdão", não haverá afronta à regra da iniciativa reservada ao Governador (Chefe do Poder Executivo);
- por sua vez, concorrentemente, as leis estaduais poderão conceder a anistia administrativa aos servidores estaduais em relação às infrações disciplinares conexas (não por crimes). Nesse caso, a iniciativa do projeto de lei terá de ser do Governador do Estado, pois disciplinará sobre o regime jurídico dos servidores estaduais.

Essa parece ser uma solução em relação às leis que concedem a anistia, seja para os supostos crimes, seja para as infrações disciplinares conexas decorrentes de participação em movimentos reivindicatórios (**matéria pendente** de definição pelo STF no julgamento das ADIs 4.377 e 4.869).

13.7.10. A extinção da pena de prisão disciplinar para as polícias militares e os corpos de bombeiros militares dos Estados, dos Territórios e do Distrito Federal (Lei n. 13.967/2019)

O art. 5.º, LXI, CF/88, estabelece que ninguém será **preso** senão em **flagrante delito** ou por **ordem escrita e fundamentada de autoridade judiciária competen-**

[57] Nesse sentido, cf. **ADI 2.364-MC**, Rel. Min. Celso de Mello, Pleno, j. 1.º.02.2001, *DJ* de 14.12.2001, confirmando a liminar deferida em 30.05.1996 (**depois de 18 anos**!) e a manutenção do entendimento no julgamento de mérito em 17.10.2018, *DJE* de 07.03.2019, bem como o julgamento de mérito da **ADI 1.440**, Rel. Min. Teori Zavascki, j. 15.10.2014, Pleno, *DJE* de 06.11.2014.

te, salvo nos casos de **transgressão militar** ou **crime propriamente militar**, **definidos** em **lei**.

Portanto, como regra geral, a prisão ou será em flagrante delito ou dependerá de ordem escrita e fundamentada de autoridade **judiciária** competente.

Existem exceções a essa regra geral para a hipótese de prisão?

Sim e estão indicadas no próprio dispositivo. Sustentamos que, por se tratar de direito e garantia fundamental, o afastamento da regra geral só poderia mesmo ter sido introduzido pelo constituinte originário, que estabeleceu 2 exceções, quais sejam, os casos **definidos em lei** de:

- **transgressão militar** ou;
- **crime propriamente militar**.

Existe uma outra exceção que não será aqui tratada, que é aquela prevista no art. 136, § 3.º, I, qual seja, na vigência do **estado de defesa**, a **prisão por crime contra o Estado**, determinada pelo **executor da medida**, e que será por este **comunicada imediatamente ao juiz competente**, que a relaxará, se não for legal, facultado ao preso requerer exame de corpo de delito à autoridade policial. A Constituição deixa claro que a prisão ou detenção de qualquer pessoa não poderá ser superior a 10 dias, salvo quando autorizada pelo Poder Judiciário.

Como exemplo de prisão em caso de crime propriamente militar na forma da lei, destacamos o art. 18 do Código de Processo Penal Militar. Vejamos: "**independentemente de flagrante delito**, o indiciado poderá ficar **detido**, durante as **investigações policiais**, até 30 dias, **comunicando-se a detenção à autoridade judiciária competente**. Esse prazo poderá ser prorrogado, por mais 20 dias, pelo comandante da Região, Distrito Naval ou Zona Aérea, mediante solicitação fundamentada do encarregado do inquérito e por via hierárquica".

Analisamos, agora, a outra exceção, qual seja, a da **prisão disciplinar na hipótese de transgressão militar**, que não é tratada pelo Código Penal Militar (de acordo com o art. 19 do CPM, referida lei **não** compreende as infrações dos regulamentos disciplinares).

Destacamos, então, o Decreto-Lei n. 667/69, que reorganiza as Polícias Militares e os Corpos de Bombeiros Militares dos Estados, dos Territórios e do Distrito Federal, e dá outras providências.

O art. 18 do referido decreto-lei, recepcionado com o *status* de lei ordinária, foi alterado pela Lei n. 13.967/2019, que **extinguiu a pena de prisão disciplinar para as polícias militares e os corpos de bombeiros militares dos Estados, dos Territórios e do Distrito Federal**, nos seguintes termos: "as polícias militares e os corpos de bombeiros militares serão regidos por **Código de Ética e Disciplina**, aprovado por **lei estadual** ou **federal para o Distrito Federal**, **específica**, que tem por finalidade definir, especificar e classificar as transgressões disciplinares e estabelecer normas relativas a sanções disciplinares, conceitos, recursos, recompensas, bem como regulamentar o processo administrativo disciplinar e o funcionamento do Conselho de Ética e Disciplina Militares, observados, dentre outros, os seguintes princípios:

- dignidade da pessoa humana;
- legalidade;
- presunção de inocência;
- devido processo legal;
- contraditório e ampla defesa;
- razoabilidade e proporcionalidade;
- **vedação de medida privativa e restritiva de liberdade**."

Assim, muito embora a Constituição tenha autorizado a prisão disciplinar nos casos de transgressão militar, ela o fez **nos termos da lei** (art. 5.º, LXI, CF/88). Portanto, a lei poderia tanto estabelecer a medida privativa ou restritiva de liberdade, conforme antes da alteração trazida pela Lei n. 13.967/2019, como vedá-la. Por se tratar de garantia constitucional, o constituinte não proibiu a vedação, deixando ao encargo da decisão política do parlamento o seu estabelecimento ou não.

Em nossa opinião, a Lei Federal n. 13.967/2019, que estabeleceu a **vedação**,[58] não é inconstitucional por violar a autonomia federativa dos Estados, ou seja, não está invadindo a competência dos Estados-Membros. Isso porque o art. 22, XXI, CF/88, estabelece ser competência privativa da União legislar sobre **normas gerais de garantias** das polícias militares e dos corpos de bombeiros militares. A vedação de medida privativa e restritiva de liberdade, não temos dúvida, caracteriza-se como norma geral de garantia.

A opção do legislador foi estabelecer a **vedação apenas para os militares estaduais, os dos Territórios e os do DF**, estando ainda **admitida** a prisão disciplinar no âmbito das **Forças Armadas**.

Em nossa opinião, contudo, muito embora o tema não tenha sido enfrentado pelo STF no julgamento da **ADI 3.340** (a Corte não conheceu da ação, mas vale a leitura dos votos e dos debates apresentados — j. 03.11.2005), entendemos que a autorização genérica do art. 47 da Lei n. 6.880/80 (Estatuto dos Militares), que remete aos **regulamentos disciplinares das Forças Armadas a especificação e classificação das contravenções ou transgressões disciplinares, viola o art. 5.º, LXI**, que exige **lei formal** para a definição de **prisão** nas hipóteses de transgressão militar ou crime propriamente militar. Isso porque a expressão "definidos em lei" no aludido dispositivo constitucional está no plural, referindo-se tanto à definição das hipóteses de "transgressão militar", como as de "crime propriamente militar".[59]

---

[58] Quando do encaminhamento do PL n. 7.645/2014-CD, que seria convertido na lei em análise, na justificativa, observou-se que a extinção da prisão disciplinar já era uma realidade perante os militares estaduais de Minas Gerais (Lei estadual n. 14.310/2002), observando-se "uma disciplina fortalecida e os valores hierárquicos consolidados".

[59] Entendemos que o *Regulamento Disciplinar da Marinha* (aprovado pelo Decreto n. 88.545/83) e o da *Aeronáutica* (aprovado pelo Decreto n. 76.322/75), anteriores ao advento da atual Constituição de 1988, foram recepcionados com o *status* de **lei ordinária** e, portanto, estaria de acordo com o art. 5.º, LXI, CF/88. O problema em relação ao Exército é que o seu regulamento, aprovado pelo

Uma dúvida final surge: essa proibição direcionada aos militares estaduais, dos Territórios e do DF já vale desde a vigência da Lei n. 13.967/2019?

De acordo com a nova redação dada ao art. 18 do Decreto-Lei n. 667/69, as polícias militares e os corpos de bombeiros militares serão regidos por Código de Ética e Disciplina, aprovado por **lei estadual** ou **federal** para o Distrito Federal (lei federal e não distrital, tendo em vista a regra do art. 21, XIII, CF/88), **específica**, que tem por finalidade definir, especificar e classificar as transgressões disciplinares e estabelecer normas relativas a sanções disciplinares, conceitos, recursos, recompensas, bem como regulamentar o processo administrativo disciplinar e o funcionamento do Conselho de Ética e Disciplina Militares.

A Lei n. 13.967/2019 fixou o **prazo de 12 meses** para que os Estados e o Distrito Federal regulamentem e implementem a referida lei (que entrou em vigor na data de sua publicação). Apesar desse prazo, a **extinção** da pena de prisão disciplinar para as polícias militares e os corpos de bombeiros militares dos Estados, dos Territórios e do Distrito Federal é **imediata** e, portanto, não mais se admitem a manutenção ou a imposição de **medida privativa e restritiva de liberdade sob pena de se caracterizar ilegalidade (ou até abuso de poder) a justificar a concessão de *habeas corpus* sempre que referidos militares sofrerem ou se acharem ameaçados de sofrer violência ou coação em sua liberdade de locomoção em razão de eventual prisão disciplinar imposta** (art. 5.º, LXVIII).

A vedação ao cabimento do *habeas corpus* em relação a **punições disciplinares militares** prevista no art. 142, § 2.º, aplicável aos militares dos Estados, do Distrito Federal e dos Territórios por força do art. 42, § 1.º, não poderá ser observada nessa hipótese de inequívoca **ilegalidade**, conforme jurisprudência da Corte que admite a impetração de *habeas corpus* para que seja examinada a ocorrência dos quatro pressupostos de legalidade dessas transgressões (a hierarquia, o poder disciplinar, o ato ligado à função e a pena susceptível de ser aplicada disciplinarmente) (HC 70.648, RHC 88.543 e o RE 338.840).

13.7.11. Polícias penais federal, estadual e distrital (EC n. 104/2019)

A **EC n. 104/2019** criou as **polícias penais federal, estaduais e distrital** (e não municipal), enquadrando-as como um dos **órgãos de segurança pública** (art. 144, VI).

Conforme ficou estabelecido, às polícias penais, vinculadas ao órgão administrador do sistema penal da unidade federativa a que pertencem, cabe a **segurança dos estabelecimentos penais** (art. 144, § 5.º-A), sendo que o preenchimento do seu quadro de servidores será feito, **exclusivamente**, por meio de **concurso público** e por meio da **transformação dos cargos isolados**, dos **cargos de carreira** dos atuais **agentes penitenciários** e dos **cargos públicos equivalentes** (art. 4.º, EC n. 104/2019).

Decreto n. 4.346/2002, foi promulgado já na vigência do texto de 1988, tendo por fundamento normativo o art. 47 do Estatuto dos Militares. Por esse motivo, questionamos a constitucionalidade da prisão disciplinar no âmbito do Exército.

O objetivo da alteração constitucional foi **fortalecer a carreira dos agentes penitenciários**, a segunda profissão mais perigosa do mundo, conforme consta na justificação da *PEC 16/2016-SF*, ao se trazer informações da Organização Internacional do Trabalho – OIT, destacando-se, ainda, ocupar o Brasil o 4.º lugar no "*ranking* de nações com maior número de presos, atrás apenas dos EUA, China e Rússia".

Outro ponto destacado na PEC foi a quantidade de presos: "segundo o Anuário Brasileiro de Segurança Pública, havia, em 2014, cerca de 608 mil presos no Brasil, sendo 580 mil no sistema penitenciário e 28 mil sob custódia das polícias. Estima-se, no entanto, que haja somente 65 mil agentes penitenciários no País". No fechamento desta edição, o *Banco Nacional de Monitoramento de Prisões – BNMP 2.0*, do CNJ, indicava o impressionante número de **883.214 pessoas privadas de liberdade**.[60]

Nesse contexto, atrelado à caracterização do sistema penitenciário nacional como **"estado de coisas inconstitucional"** (ADPF 347, *cf. item 6.3.5*), justificou-se, na PEC apresentada, a transformação dos agentes penitenciários em polícias penais, com a valorização da carreira.

E qual a consequência imediata em se definir a atribuição da polícia penal como a responsável para a segurança dos estabelecimentos penais?

A garantia de que os policiais militares e civis e demais órgãos de segurança não serão desviados de suas funções essenciais para fazer a segurança dos estabelecimentos penais, bem como as atividades de guarda e escolta de presos.

E qual a natureza jurídica das atividades desempenhadas pelas polícias penais?

Conforme vimos, de acordo com o art. 144, § 5.º-A, às **polícias penais**, vinculadas ao órgão administrador do sistema penal da unidade federativa a que pertencem, **cabe a segurança dos estabelecimentos penais**.

A proposta original estabelecia a possibilidade de "outras atribuições definidas em lei específica de iniciativa do Poder Executivo". Como essa redação não foi aprovada e o texto constitucional limitou-se à atribuição da **segurança dos estabelecimentos penais**, entendemos que a lei infraconstitucional não poderá ampliar além da regra constitucional, observando a sua literalidade.

Por isso, concordamos com o parecer da CCJ do Senado Federal ao afirmar que "a criação de órgãos com atribuição de vigilância penitenciária justifica-se pela especificidade dessa atividade, que **nada tem a ver com o policiamento ostensivo, a cargo das polícias militares, ou com a apuração da autoria e materialidade de infrações penais, a cargo das polícias civis**".

A manutenção da **disciplina do estabelecimento penal**, conforme se estabelece na Lei de Execuções Penais, que já era atribuição dos agentes penitenciários, agora policiais penais, parece estar enquadrada na regra constitucional que fala em preservação da segurança dos estabelecimentos penais, buscando-se, naturalmente, ao manter a ordem e disciplina, evitar a prática de crime.

[60] Disponível em: <https://portalbnmp.cnj.jus.br/#/estatisticas>. Acesso em: 12.11.2020.

Essa atribuição preventiva, contudo, não se confunde com o policiamento ostensivo atribuído, de forma geral e ampla, aos policiais militares, corpos de bombeiros militares e às polícias federal, rodoviária federal e ferroviária federal, na medida em que não há a atribuição de se evitar de modo geral e abstrato a prática de crime, mas, conforme visto, a atuação pontual de "segurança dos estabelecimentos penais". Por esse motivo propusemos a criação de uma **terceira categoria**, com atribuição específica e pontual que estamos chamando de **polícia administrativa especial de segurança de estabelecimento penal**, conforme estabelecido no quadro do *item 13.7*.

Essa nossa solução encontra fundamento na própria distinção de atribuições estabelecida no § 4.º (polícia de investigação), no 5.º (polícia preventiva) e no novo § 5.º-A (polícia administrativa especial).

E o transporte de presos, seria atribuição das polícias penais?

Entendemos que **sim**, especialmente se pensarmos o transporte como uma extensão do estabelecimento penal. O policial penal não está buscando evitar um crime de modo genérico, mas, acima de tudo, cuidar da segurança da extensão do estabelecimento penal "móvel".

Nesse sentido, apesar de estabelecerem uma proposta de atribuição de polícia ostensiva – que não concordamos pelas razões expostas (e a doutrina ainda irá avaliar melhor o tema – pendente), Hoffman e Roque afirmam: "merece registro a celeuma acerca da atribuição para realizar a escolta de presos. A polêmica decorre do vácuo legislativo, porquanto nem a Constituição nem lei federal estabelecem de maneira expressa essa competência. Contudo, majoritariamente, já se entendia se tratar de missão da atual Polícia Penal, e não da Polícia Militar, pois **o transporte de custodiados não configura policiamento ostensivo de prevenção genérica de crimes**, sendo atividade ínsita à custódia de encarcerados para prover a **segurança exclusivamente no trajeto dos presos**. Por isso mesmo, o Regimento Interno do Departamento Penitenciário Nacional prevê a escolta como uma de suas tarefas".[61]

Conforme estabelece a Constituição, haverá polícia penal em âmbito **federal**, **estadual** e **distrital**. No âmbito estadual e distrital, as polícias militares e os corpos de bombeiros militares, forças auxiliares e reserva do Exército subordinam-se, juntamente com as polícias civis e as **polícias penais estaduais e distrital**, aos Governadores dos Estados, do Distrito Federal e dos Territórios, lembrando que, muito embora atrelada ao Governador do DF, a polícia penal distrital será **organizada e mantida pela União**, confirmando a autonomia parcialmente tutelada do DF pela União, conforme já se observou em relação à polícia civil, à polícia militar e ao corpo de militar do Distrito Federal, ao Poder Judiciário e ao Ministério Público do Distrito Federal e dos Territórios, todos organizados e mantidos pela União (art. 21, XII e XIV).

Vamos aguardar a evolução do instituto e, por ter o constituinte criado uma **carreira específica** para cuidar da **segurança dos estabelecimentos penais**, devendo

[61] Henrique Hoffmann e Fábio Roque, Polícia penal é novidade no sistema de segurança pública, *Revista Consultor Jurídico*, 12.12.2019, 6h01.

ser preenchido o quadro de seus servidores **exclusivamente** por **concurso público** (claro, além do aproveitamento dos atuais agentes penitenciários), entendemos que não há mais espaço para a contratação temporária ou terceirização para prestação do serviço por empresa privada.

Parece ter razão a descrição trazida pelo Serviço de Comunicação Social do Departamento Penitenciário Nacional (Ministério da Justiça e Segurança Pública) na data da promulgação da EC n. 104/2019: "o policial penal tem mais uma garantia para realizar com eficiência suas atribuições e coibir a interligação das informações dos criminosos intra e extramuros. Os servidores prisionais se encarregam de várias ações, muitas vezes de caráter coercivo, como o levantamento de dados, a realização de revistas no interior das dependências prisionais (celas, pátio de sol, pátio de visita), realização de revista pessoal, escoltas, monitoramento dos visitantes, recaptura de presos, intervenções em motins e rebeliões, guarda do perímetro e muralhas prisionais, ou quaisquer outras atividades que auxiliem as demais forças na prevenção e combate ao crime e, consequentemente, às organizações criminosas" (Notícia de 04.12.2019, 19h41).

■ 13.8. POLÍCIAS DOS MUNICÍPIOS

Os Municípios poderão constituir **guardas municipais** destinadas à proteção de seus bens, serviços e instalações, **conforme dispuser a lei** (art. 144, § 8.º).

Regulamentando a Constituição, a **Lei n. 13.022/2014** dispôs sobre o **Estatuto Geral das Guardas Municipais**, tendo sido a referida norma questionada no STF na **ADI 5.156**, ajuizada em 20.08.2014, mas que não foi conhecida em razão do reconhecimento pelo STF da ilegitimidade ativa para propor a arguição (j. 29.05.2020 — com agravo interno não provido em 20.10.2020).

Duas questões deveriam ser enfrentadas pelo STF: a) a lei indicada no art. 144, § 8.º, é lei federal ou se refere à lei de cada município, à luz do interesse local (discussão sobre suposto vício formal)?; b) em sendo lei federal, as regras fixadas no estatuto extrapolam ou não a "vocação constitucional específica" das guardas municipais, de proteção de bens, serviços e instalações dos Municípios?

Como bem anotou José Afonso da Silva, "os constituintes recusaram várias propostas no sentido de instituir alguma forma de polícia municipal. Com isso, **os Municípios não ficaram com qualquer responsabilidade específica pela segurança pública**. Ficaram com a responsabilidade por ela na medida em que, sendo entidades estatais, não podem eximir-se de ajudar os Estados no cumprimento dessa função. Contudo, **não se lhes autorizou a instituição de órgão policial de segurança, e menos ainda de polícia judiciária**. A Constituição apenas lhes reconheceu a faculdade de constituir *Guardas Municipais* destinadas à proteção de seus bens, serviços e instalações, conforme dispuser a lei. Aí, certamente, está uma área que é de segurança pública: assegurar a **incolumidade do patrimônio municipal**, que envolve bens de uso comum do povo, bens de uso especial e bens patrimoniais, **mas não é de polícia ostensiva, que é função da Polícia Militar**. Por certo que **não lhe cabe qualquer atividade de polícia judiciária e de apuração de infrações penais**, que a Constituição atribui com **exclusividade à Polícia Civil** (art. 144, § 4.º), sem possibilidade de delegação às Guardas Municipais".[62]

Em nosso entender, a lei indicada no art. 144, § 8.º, deve ser entendida como lei federal a estabelecer as diretrizes, as disposições e normas gerais. Isso porque, a instituição, em si, das Guardas Municipais dar-se-á por **lei específica de cada Município**, conforme, inclusive, deixa claro o art. 6.º do *Estatuto da Guarda Municipal*.

Em relação às competências (geral e específicas) previstas no art. 5.º do estatuto, a sua interpretação deverá sempre levar em conta os parâmetros constitucionais de proteção dos bens, serviços e instalações do Município. Por isso, parece ter razão o parecer da PGR que sustenta a inconstitucionalidade dos incisos VI, XIII e XVII do art. 5.º da Lei n. 13.022/2014 (atribuem às guardas municipais, em caráter primário, exercício de competências municipais de trânsito; atendimento de ocorrências emergenciais ou de pronto atendimento; auxílio na segurança de grandes eventos e proteção de autoridades e dignitários).

Em relação às competências de trânsito, admitíamos apenas aquelas que pudessem ter alguma relação com a proteção de bens, serviços e instalações.

O STF, contudo, por **6 x 5**, entendeu que **poder de polícia** não se confunde com **segurança pública**, e, assim, o seu exercício (poder de polícia, deixe-se claro) "não é prerrogativa exclusiva das entidades policiais, a quem a Constituição outorgou, com exclusividade, no art. 144, apenas as funções de promoção da segurança pública".

"A **fiscalização do trânsito**, com aplicação das sanções administrativas legalmente previstas, embora possa se dar ostensivamente, constitui **mero exercício de poder de polícia**, não havendo, portanto, óbice ao seu exercício por entidades não policiais."

Dessa forma, na medida em que a Constituição "não impede que a guarda municipal exerça funções **adicionais** à de proteção dos bens, serviços e instalações do Município", a Corte firmou a seguinte tese: **"é constitucional a atribuição às guardas municipais do exercício de poder de polícia de trânsito, inclusive para imposição de sanções administrativas legalmente previstas"** (**RE 658.570**, Rel. orig. Min. Marco Aurélio, red. p/ o acórdão Min. Roberto Barroso, j. 06.08.2015, *DJe* de 30.09.2015).

Do ponto de vista prático, então, as guardas municipais poderão, em razão da competência para fiscalizar o trânsito, lavrar auto de infração de trânsito e impor multas.

A definição das demais disposições da regra contida no art. 144, § 8.º, CF/88 será dada pelo STF, tendo em vista a propositura do **RE 608.588**, com repercussão geral reconhecida (pendente).

---

[62] José Afonso da Silva, *Comentário contextual à Constituição*, 9. ed., p. 653.

13.9. SEGURANÇA VIÁRIA. CARREIRA DOS AGENTES DE TRÂNSITO. EC N. 82/2014

13.9.1. Tramitação da EC n. 82/2014

A **EC n. 82/2014** é fruto da aprovação da PEC n. 55/2011-CD que, no Senado Federal, tramitou como PEC n. 77/2013.

Em seu texto original, a PEC n. 55/2011, apresentada por 177 Deputados Federais, sob a liderança do Deputado Hugo Motta, dava nova redação ao § 8.º do art. 144 para disciplinar a carreira dos *agentes de fiscalização e controle de trânsito* responsáveis pelo policiamento de trânsito em âmbito exclusivamente *municipal*.

A justificativa se dava em razão da inegável alocação dos Municípios como principais gestores do trânsito a partir do advento Código Brasileiro de Trânsito (CTB — Lei n. 9.503/97, destacando-se o seu art. 24).[63]

Contudo, na *Comissão Especial* destinada a emitir parecer sobre referida PEC, o Relator, Deputado Efraim Filho, concluiu ser necessário modificar **drasticamente** a proposta encaminhada, estabelecendo a competência também para os Estados-membros e o DF e ampliando a perspectiva da **segurança viária** não somente para **fiscalização** e **controle**, como, também, para **educação** e **engenharia de trânsito**.

Assim, foi apresentada **emenda substitutiva global** da referida PEC, contemplando as **duas** situações apontadas.

13.9.2. A segurança viária é questão de saúde pública

A **primeira alteração**, qual seja, a ampliação da competência para os Estados e o DF, além dos Municípios, é justificada por considerar a **violência no trânsito** questão de **saúde pública**.

A ONU, partindo de estudo da Organização Mundial da Saúde (OMS), editou, em 02.03.2010, a Res. n. 64/255 (*Improving global road safety*)[64] que define o período de 2011 a 2020 como a **"Década de Ações para a Segurança no Trânsito"**.

De acordo com os dados trazidos no parecer da Comissão Especial, a violência no trânsito é uma das maiores causas de mortes, principalmente entre os jovens. "De acordo com dados de 2011 do IBGE, no Brasil ocorrem 45 mil mortes/ano em consequência de acidentes de trânsito, e o Ministério da Saúde tem um gasto esti-

[63] De acordo com o art. 1.º da Res. n. 296/CONTRAN (que revogou a Res. n. 106/CONTRAN, considerada esta de n. 106 na justificativa de apresentação da PEC), "integram o SNT (*Sistema Nacional de Trânsito*) os órgãos e entidades **municipais** executivos de trânsito e rodoviário que disponham de estrutura organizacional e capacidade instalada para o exercício das atividades e competências legais que lhe são próprias, sendo estas no mínimo as de: engenharia de tráfego; fiscalização e operação de trânsito; educação de trânsito; coleta, controle e análise estatística de trânsito, e disponha de Junta Administrativa de Recursos de Infrações — JARI".

[64] Confira: <http://www.un.org/Docs/journal/asp/ws.asp?m=A/RES/64/255>.

mado em R$ 200 milhões por internações decorrentes destes acidentes. O quadro preocupa a Previdência Social, que teme ter de arcar com os custos de uma geração de jovens aposentados por invalidez. O Instituto Nacional de Seguridade Social (INSS) gasta atualmente mais de R$ 8 bilhões por ano com as despesas decorrentes de acidentes de trânsito no país."

Portanto, a **responsabilidade pela segurança viária**, conforme anotado na PEC e realidade com a **EC n. 82/2014**, deve ser **partilhada** entre os Estados, DF e Municípios, competindo aos respectivos órgãos ou entidades executivos e seus agentes de trânsito, que deverão estar estruturados em carreira, na forma da lei.

Concordamos com Julyver Modesto de Araujo ao afirmar que a EC n. 82/2014 "falhou ao deixar de lado a menção aos órgãos e entidades da **União**, que igualmente **fazem parte do Sistema Nacional de Trânsito** (cuja composição encontra-se no artigo 7.º do CTB);[65] embora a Polícia Rodoviária Federal já conste do rol de órgãos de Segurança Pública (inciso II do *caput* do artigo 144 da CF), o fato é que existem competências atribuídas ao órgão ou entidade executivo rodoviário (artigo 21 do CTB), diretamente ligadas à **segurança viária**, como a fiscalização em rodovias federais, exercida pelo DNIT — Departamento Nacional de Infraestrutura de Transportes e, subsidiariamente, pela ANTT — Agência Nacional de Transportes Terrestres (nos termos da Resolução do Conselho Nacional de Trânsito n. 289/2008)".[66]

■ 13.9.3. Tripé da segurança viária

A **segunda alteração** estabeleceu com muita clareza o que podemos chamar de **"tripé da segurança viária"**. De acordo com o art. 144, § 10, CF/88, introduzido pela EC n. 82/2014, a **segurança viária**, exercida para a **preservação da ordem pública** e da **incolumidade das pessoas e do seu patrimônio nas vias públicas**, compreende a **educação, engenharia** e **fiscalização de trânsito**, além de outras atividades previstas em lei, que assegurem ao cidadão o direito à **mobilidade urbana eficiente**. Em razão dessa cláusula de encerramento com a indicação de "outras atividades previstas em lei", trata-se de *standard* mínimo a ser observado:

---

65 **Art. 7.º da Lei n. 9.503/97:** "Compõem o **Sistema Nacional de Trânsito** os seguintes órgãos e **entidades**: I — o Conselho Nacional de Trânsito — CONTRAN, coordenador do Sistema e órgão máximo normativo e consultivo; II — os Conselhos Estaduais de Trânsito — CETRAN e o Conselho de Trânsito do Distrito Federal — CONTRANDIFE, órgãos normativos, consultivos e coordenadores; III — os órgãos e entidades executivos de trânsito da União, dos Estados, do Distrito Federal e dos Municípios; IV — os órgãos e entidades executivos rodoviários da União, dos Estados, do Distrito Federal e dos Municípios; V — a Polícia Rodoviária Federal; VI — as Polícias Militares dos Estados e do Distrito Federal; e VII — as Juntas Administrativas de Recursos de Infrações — JARI".

66 Julyver Modesto de Araujo, *Emenda constitucional dos agentes de trânsito*, in: <http://www.ctbdigital.com.br>, comentários ao art. 7.º, acesso em 10.01.2015.

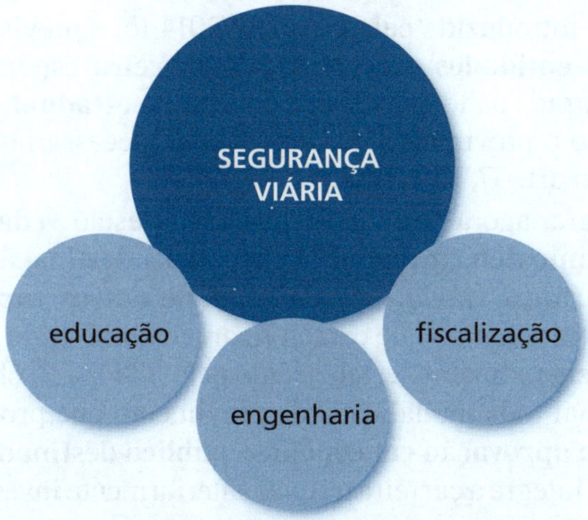

Nesse sentido, como bem apresentado no Parecer n. 230/2014 da CCJ no Senado Federal, por seu Relator, o Senador Vital do Rêgo, "ao incluir a educação e a engenharia de trânsito, ao lado da fiscalização, no âmbito de atuação dos órgãos ou entidades executivos de trânsito, a proposição adota **conceito atual e abrangente**, que favorecerá a **prevenção de acidentes e não apenas a punição de infratores**".

■ 13.9.4. Segurança viária: questão a ser tratada de forma indissociável da segurança pública

De acordo com o introduzido art. 144, § 10, *caput*, a **segurança viária** deverá ser exercida para a **preservação da ordem pública** e da **incolumidade das pessoas** e do seu **patrimônio** nas **vias públicas**.

Por estar inserida como parágrafo do art. 144, a segurança viária deverá ser tratada no **contexto** da **segurança pública**, estabelecida pela Constituição como dever do Estado, e não só direito, mas, também, **responsabilidade** de **todos**.

Nesse sentido, Julyver Modesto de Araujo reconhece a necessidade de **participação social** para o trânsito mais seguro. E continua: diferente do prescrito no art. 1.º, § 2.º, do Código de Trânsito Brasileiro — Lei n. 9.503/97 ("o trânsito, em condições seguras, é um direito de todos e **dever** dos órgãos e entidades componentes do Sistema Nacional de Trânsito, a estes cabendo, no âmbito das respectivas competências, adotar as medidas destinadas a assegurar esse direito"), a segurança viária, dever do Estado, é direito e, também, **responsabilidade de todos**.[67]

[67] Julyver Modesto de Araujo, *Emenda constitucional dos agentes de trânsito*, in: <http://www.ctbdigital.com.br>, comentários ao art. 7.º, acesso em 10.01.2015.

13.9.5. A carreira específica de agentes de trânsito

Outra novidade introduzida pela EC n. 82/2014 foi a previsão, **ao lado dos respectivos órgãos ou entidades executivos**, da **carreira específica** de **agentes de trânsito** a ser estruturada na forma da lei e em âmbito **estadual**, do **Distrito Federal** e municipal, devendo o provimento no cargo se dar, necessariamente, por **concurso público**, na forma do art. 37, II, CF/88.

Com a nova regra, agora de modo muito claro, estão **vedadas** as hipóteses de **contratação por tempo determinado**,[68] bem como a **destinação de servidores públicos, para a segurança viária, provenientes de outros cargos ou carreiras** (e que exercem **função diversa**), o que caracterizaria o **combatido "desvio de função"** e, assim, afronta ao entendimento estabelecido pelo STF na S. 685, convertida na **SV 43**: "é inconstitucional toda modalidade de provimento que propicie ao servidor investir-se, **sem prévia aprovação em concurso público destinado ao seu provimento**, em cargo que não integra a carreira na qual anteriormente investido" (j. 08.04.2015, *DJE* de 17.04.2015).

Ainda, em razão da emenda substitutiva global aprovada, conforme visto acima, também não se pode confundir a carreira específica de **agentes de trânsito** com a de **guardas municipais** que continuam destinados à proteção de bens, serviços e instalações dos Municípios, **conforme dispuser a lei** (art. 144, § 8.º).

A lei, no caso e conforme visto, é a de número **13.022/2014**, que dispôs sobre o ***Estatuto Geral das Guardas Municipais*** e cujo art. 5.º, VI, estabeleceu ser **competência específica** das guardas municipais, respeitadas as competências dos órgãos federais e estaduais, exercer as **competências de trânsito** que lhes forem conferidas, nas vias e logradouros municipais, nos termos da Lei n. 9.503, de 23 de setembro de 1997 (Código de Trânsito Brasileiro), ou de forma concorrente, mediante convênio celebrado com órgão de trânsito estadual ou municipal.

Nesse ponto, conforme vimos e dando uma interpretação diversa daquela que sustentávamos, o STF, por 6 x 5, entendeu ser **"constitucional a atribuição às guardas municipais do exercício de poder de polícia de trânsito, inclusive para imposição de sanções administrativas legalmente previstas"**, mesmo diante da EC n. 82/2014, que fez a previsão da carreira específica dos agentes de trânsito.

---

[68] A **Lei n. 8.745/93** dispõe sobre a **contratação, por tempo determinado**, para atender a **necessidade temporária de excepcional interesse público**, nos termos do inciso IX do art. 37 da Constituição Federal. O STF tem feito interpretação bastante **restritiva** para a contratação temporária, prestigiando, naturalmente, a regra do concurso público. Como bem delimitado pela Corte, para que se considere válida a contratação por tempo determinado (temporária) é preciso que: "a) os casos excepcionais estejam previstos em lei; b) o prazo de contratação seja predeterminado; c) a necessidade seja temporária; d) o interesse público seja excepcional; e) a necessidade de contratação seja indispensável, sendo vedada a contratação para os serviços ordinários permanentes do Estado, e que devam estar sob o espectro das contingências normais da Administração" (**RE 658.026**, Rel. Min. Dias Toffoli, j. 09.04.2014, Plenário, *DJE* de 31.10.2014, com repercussão geral. Cf., ainda: **ADI 2.229**, Rel. Min. Carlos Velloso, j. 09.06.2004, Plenário e **ADI 3.430**, Rel. Min. Ricardo Lewandowski, j. 12.08.2009, Plenário).

Isso porque "o Código de Trânsito Brasileiro, observando os parâmetros constitucionais, estabeleceu a competência comum dos entes da federação para o exercício da fiscalização de trânsito. Dentro de sua esfera de atuação, delimitada pelo CTB, os Municípios podem determinar que o **poder de polícia** que lhe compete seja exercido pela guarda municipal. O art. 144, § 8.º, da CF, não impede que a guarda municipal exerça funções **adicionais** à de proteção dos bens, serviços e instalações do Município. Até mesmo instituições policiais podem cumular funções típicas de segurança pública com exercício de poder de polícia. **Entendimento que não foi alterado pelo advento da EC n. 82/2014**" (RE 658.570, cf. *item 13.7.10*).

Entendemos que a nova **carreira específica de agente de trânsito** criada pela EC n. 82/2014 não afastará a atividade de **policiamento ostensivo de trânsito** que já vem sendo implementada pela **polícia militar** e com muita eficiência. Vejam que o art. 144, § 10, II, introduzido, trata da nova carreira de agente de trânsito **ao lado e sem a substituição** dos respectivos **órgãos ou entidades executivos**.[69]

---

[69] Nesse sentido, destacamos importantes argumentos trazidos por Julyver Modesto de Araujo, pedindo desculpas pela longa, mas importante, transcrição: "não haverá qualquer mudança, concernente às competências das Polícias Militares, que são igualmente responsáveis pela segurança pública, nos Estados e Distrito Federal, com a missão constitucional de **polícia ostensiva e preservação da ordem pública** (art. 144, § 5.º, da CF). O fato de se reconhecer a carreira dos agentes de trânsito, nos Estados e nos Municípios (e acrescentaríamos, no âmbito do DF), **não invalidará a atuação das Polícias Militares, na fiscalização de trânsito**, que continua sendo concomitante ao trabalho dos agentes de trânsito próprios de cada órgão ou entidade executivo de trânsito e rodoviário, nos termos de convênio firmado, como estabelece o **art. 23, III, do CTB**. Importante destacar que a atividade de **policiamento ostensivo de trânsito** continua sendo de **exclusividade** das **Polícias Militares**, como conceitua o Anexo I do CTB: '*função exercida pelas Polícias Militares com o objetivo de prevenir e reprimir atos relacionados com a segurança pública e de garantir obediência às normas relativas à segurança de trânsito, assegurando a livre circulação e evitando acidentes*' e de acordo com o art. 2.º, item 27, do Decreto federal n. 88.777/83 (R-200) — Regulamento para as Polícias Militares e Corpos de Bombeiros Militares, que assim dispõe: '***Policiamento Ostensivo*** *— Ação policial, exclusiva das Polícias Militares em cujo emprego o homem ou a fração de tropa engajados sejam identificados de relance, quer pela farda quer pelo equipamento, ou viatura, objetivando a manutenção da ordem pública... São tipos desse policiamento, a cargo das Polícias Militares ressalvadas as missões peculiares das Forças Armadas, os seguintes: — ostensivo geral, urbano e rural; —* ***de trânsito****...*'. É fato que, embora a nomenclatura 'policiamento ostensivo de trânsito' seja utilizada pela legislação infraconstitucional mencionada, como indicativo da função exercida pelas Polícias Militares, a inclusão do § 10 no artigo 144 passou a reconhecer a incidência do trabalho dos agentes de trânsito (estaduais e municipais) no campo da segurança pública, especificamente para **garantir o direito ao trânsito seguro**; isto significa que a PM continua exercendo a prevenção criminal, por meio da sua ostensividade, e a repressão imediata dos crimes constatados (inclusive para os delitos ocorridos na utilização da via pública); por outro lado, não caberá aos agentes de trânsito invadirem a competência constitucional das Polícias Militares, não lhes cabendo ações próprias de polícia, como a busca pessoal ou veicular, à procura de armas e drogas (a qual tem como base o Código de Processo Penal, em seu art. 244, quando fundada suspeita), ou a 'perseguição' ou prisão a criminosos (ressalvada a possibilidade de qualquer um do povo prender quem esteja em situação de flagrante delito, nos termos do artigo 301 do CPP)" (idem).

13.10. MATERIAL DIGITAL EXCLUSIVO

13

DEFESA DO ESTADO E DAS INSTITUIÇÕES DEMOCRÁTICAS

Download de Questões Modelo Tradicional	Banco de Questões Plataforma	Resolução de Questões Pedro Lenza	Videoaulas
somos.in/DCE25050	somos.in/DCE25051	somos.in/DCE25123	somos.in/DCE25102

14

DIREITOS E GARANTIAS FUNDAMENTAIS

■ 14.1. LOCALIZAÇÃO

A CF/88, em seu Título II, classifica o gênero **direitos e garantias fundamentais** em importantes grupos, a saber:

- direitos e deveres individuais e coletivos;
- direitos sociais;
- direitos de nacionalidade;
- direitos políticos;
- partidos políticos.

Iniciamos o estudo pelos **direitos e deveres individuais e coletivos**, lembrando, desde já, como manifestou o STF, corroborando a doutrina mais atualizada, que os direitos e deveres individuais e coletivos não se restringem ao art. 5.º da CF/88, podendo ser encontrados ao longo do texto constitucional,[1] expressos ou decorrentes do regime e dos princípios adotados pela Constituição, ou, ainda, decorrentes dos tratados e convenções internacionais de que o Brasil seja parte.

■ 14.2. EVOLUÇÃO DOS DIREITOS FUNDAMENTAIS ("GERAÇÕES" OU "DIMENSÕES" DE DIREITOS)

GERAÇÕES/DIMENSÕES DE DIREITOS FUNDAMENTAIS

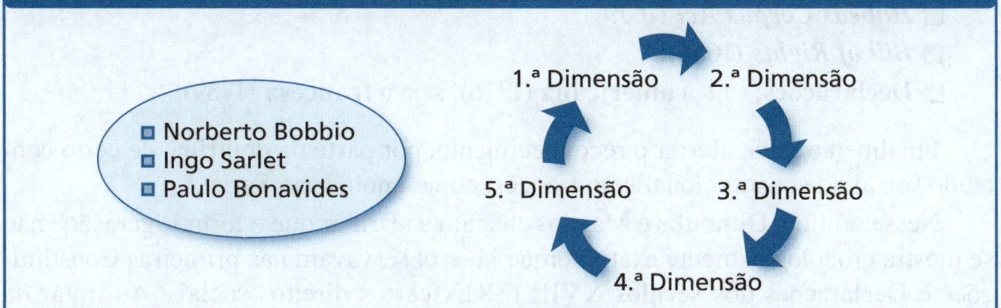

[1] O relator, Ministro Sydney Sanches — medida cautelar, *RTJ* 150/68 —, no julgamento da **ADI 939-7/DF**, entendeu tratar-se de cláusula pétrea a garantia constitucional prevista no art. 150, III, "b", declarando que a EC n. 3/93, ao pretender subtraí-la da esfera protetiva dos destinatários da norma, estaria ferindo o limite material previsto no art. 60, § 4.º, IV, da CF/88.

Acesse também o vídeo sobre o capítulo pelo link: somos.in/DCE25053
Acesse também a videoaula pelo link: somos.in/DCE25103

Dentre vários critérios, costuma-se classificar os direitos fundamentais em **gerações de direitos**, ou, como prefere a doutrina mais atual, **"dimensões"** dos direitos fundamentais, por entender que uma nova "dimensão" não abandonaria as conquistas da "dimensão" anterior e, assim, esta expressão se mostraria mais adequada no sentido de proibição de evolução reacionária.

Em um primeiro momento, partindo dos lemas da *Revolução Francesa* — **liberdade, igualdade** e **fraternidade**, anunciavam-se os direitos de 1.ª, 2.ª e 3.ª dimensão e que iriam evoluir segundo a doutrina para uma 4.ª e 5.ª dimensão.

■ 14.2.1. Direitos fundamentais da 1.ª dimensão

Os **direitos humanos da 1.ª dimensão** marcam a passagem de um Estado autoritário para um Estado de Direito e, nesse contexto, o respeito às **liberdades individuais**, em uma verdadeira perspectiva de absenteísmo estatal.

Seu reconhecimento surge com maior evidência nas primeiras Constituições escritas, e podem ser caracterizados como frutos do pensamento liberal-burguês do século XVIII.

Tais direitos dizem respeito às **liberdades públicas** e aos **direitos políticos**, ou seja, **direitos civis** e **políticos** a traduzir o valor **liberdade**.

Conforme anota Bonavides, "os direitos de primeira geração ou direitos de liberdades têm por titular o **indivíduo**, são **oponíveis** ao Estado, traduzem-se como faculdades ou atributos da pessoa e ostentam uma subjetividade que é seu traço mais característico; enfim, são **direitos de resistência** ou de **oposição** perante o Estado".[2]

Alguns documentos históricos são marcantes para a configuração e emergência do que os autores chamam de direitos humanos de 1.ª geração (séculos XVII, XVIII e XIX), destacando-se:

- **Magna Carta de 1215**, assinada pelo rei "João Sem Terra";
- **Paz de Westfália** (1648);
- ***Habeas Corpus Act*** (1679);
- ***Bill of Rights*** (1688);
- **Declarações**, seja a **americana** (1776), seja a **francesa** (1789).

Finalmente, cabe alertar o reconhecimento, por parte da doutrina, de certo conteúdo social no constitucionalismo francês, como anota Ingo Sarlet.[3]

Nesse sentido, Dimoulis e Martins chegam a afirmar que o termo "geração" não se mostra cronologicamente exato porque já se observavam nas primeiras Constituições e Declarações dos séculos XVIII e XIX certos direitos sociais. Ao tratar da *Declaração francesa,* destacam a "... garantia à assistência aos necessitados como uma 'dívida sagrada' da sociedade e o direito de acesso à educação (arts. 21 e 22). E

[2] P. Bonavides, *Curso de direito constitucional*, 25. ed., p. 563-564 — original sem grifos.

[3] I. W. Sarlet, *A eficácia dos direitos fundamentais*, 10. ed., p. 46.

a Constituição brasileira do Império de 1824 incluía entre os direitos fundamentais dois direitos sociais, os 'socorros públicos' e a 'instrução primária' gratuita (art. 179, XXXI e XXXII), ambos direitos sociais e diretamente inspirados na Declaração francesa...".[4]

■ 14.2.2. Direitos fundamentais da 2.ª dimensão

O fato histórico que inspira e impulsiona os **direitos humanos de 2.ª dimensão** é a **Revolução Industrial europeia**, a partir do século XIX.

Em decorrência das péssimas situações e condições de trabalho, eclodem movimentos como o **cartista, na Inglaterra**, e a **Comuna de Paris (1848)**, na busca de reivindicações trabalhistas e normas de assistência social.

O início do século XX é marcado pela Primeira Grande Guerra e pela fixação de **direitos sociais**.

Essa perspectiva de evidenciação dos **direitos sociais, culturais e econômicos**, bem como dos **direitos coletivos**, ou de **coletividade**, correspondendo aos direitos de **igualdade** (substancial, real e material, e não meramente formal), mostra-se marcante em alguns documentos, destacando-se:

- Constituição do **México**, de 1917;
- Constituição de **Weimar**, de 1919, na Alemanha, conhecida como a *Constituição da primeira república alemã*;
- **Tratado de Versalhes**, 1919 (OIT);
- no Brasil, a **Constituição de 1934** (lembrando que nos textos anteriores também havia alguma previsão).

Bonavides observa que essas Constituições "passaram primeiro por um ciclo de baixa normatividade ou tiveram eficácia duvidosa, em virtude de sua própria natureza de direitos que exigem do Estado determinadas prestações materiais nem sempre resgatáveis por exiguidade, carência ou limitação essencial de meios e recursos" (aquilo que hoje se fala em **"reserva do possível"**, acrescente-se).

E continua o mestre: "de juridicidade questionada nesta fase, foram eles remetidos à chamada esfera programática, em virtude de não conterem para sua concretização aquelas garantias habitualmente ministradas pelos instrumentos processuais de proteção aos direitos da liberdade. Atravessaram, a seguir, uma crise de observância e execução, cujo fim parece estar perto, desde que recentes Constituições, inclusive a do Brasil, formularam o preceito de aplicabilidade imediata dos direitos fundamentais".[5]

■ 14.2.3. Direitos fundamentais da 3.ª dimensão

Os **direitos fundamentais da 3.ª dimensão** são marcados pela alteração da sociedade por profundas mudanças na comunidade internacional (sociedade de massa,

[4] D. Dimoulis, L. Martins, *Teoria geral dos direitos fundamentais*, p. 35.

[5] P. Bonavides, *Curso de direito constitucional*, 25. ed., p. 564.

crescente desenvolvimento tecnológico e científico), identificando-se profundas alterações nas relações econômico-sociais.

Novos problemas e preocupações mundiais surgem, tais como a necessária noção de **preservacionismo ambiental e as dificuldades para proteção dos consumidores**, só para lembrar aqui dois candentes temas. **O ser humano é inserido em uma coletividade e passa a ter direitos de solidariedade** ou **fraternidade**.[6]

Os direitos da 3.ª dimensão são direitos transindividuais, isto é, direitos que vão além dos interesses do indivíduo; pois são concernentes à proteção do **gênero humano**, com altíssimo teor de **humanismo** e **universalidade**.

Segundo Bonavides,[7] a teoria de **Karel Vasak** identificou, em rol exemplificativo, os seguintes direitos de 3.ª dimensão:

- direito ao **desenvolvimento**;
- direito à **paz** (lembrando que Bonavides classifica, atualmente, o direito à paz como da **5.ª dimensão** — cf. *item 14.2.5*);
- direito ao **meio ambiente**;
- direito de **propriedade** sobre o **patrimônio comum da humanidade**;
- direito de **comunicação**.

14.2.4. Direitos fundamentais da 4.ª dimensão

Na orientação de **Norberto Bobbio**, essa dimensão de direitos decorreria dos avanços no campo da **engenharia genética**, ao colocarem em risco a própria existência humana, em razão da manipulação do patrimônio genético. Para o mestre italiano: "... já se apresentam novas exigências que só poderiam chamar-se de direitos de **quarta geração**, referentes aos efeitos cada vez mais traumáticos da pesquisa biológica, que permitirá manipulações do patrimônio genético de cada indivíduo".[8]

Por outro lado, **Bonavides** afirma que "a **globalização política** na esfera da normatividade jurídica introduz os direitos da **quarta dimensão**, que, aliás, correspondem à derradeira fase de institucionalização do Estado social", destacando-se os direitos a:

- **democracia** (direta);
- **informação**;
- **pluralismo**.

Assim, para Bonavides, os direitos da 4.ª dimensão decorrem da **globalização dos direitos fundamentais**, o que significa **universalizá-los** no **campo institucional**.

Ingo Sarlet afirma que "a proposta do Prof. Bonavides, comparada com as posições que arrolam os direitos contra a manipulação genética, mudança de sexo etc.,

---

6 Norberto Bobbio, em sua obra *A era dos direitos*, na nota 9 da parte introdutória, elenca preciosa literatura sobre os direitos humanos de terceira geração, enquanto "novos direitos".

7 P. Bonavides, *Curso de direito constitucional*, 25. ed., p. 569.

8 *A era dos direitos*, p. 6.

como integrando a quarta geração, oferece nítida vantagem de constituir, de fato, uma nova fase no reconhecimento dos direitos fundamentais, qualitativamente diversa das anteriores, já que não se cuida apenas de vestir com roupagem nova reivindicações deduzidas, em sua maior parte, dos clássicos direitos de liberdade".[9]

14.2.5. Direitos fundamentais da 5.ª dimensão

Conforme já dissemos, o **direito à paz** foi classificado por **Karel Vasak** como de 3.ª dimensão.

Bonavides, contudo, entende que o direito à paz deva ser tratado em dimensão autônoma, chegando a afirmar que a paz é axioma da **democracia participativa**, ou, ainda, **supremo direito da humanidade**.[10]

14.3. DIFERENCIAÇÃO ENTRE DIREITOS E GARANTIAS FUNDAMENTAIS

O art. 5.º, como vimos, trata dos direitos e deveres individuais e coletivos, espécie do gênero direitos e garantias fundamentais (Título II). Assim, apesar de referir-se, de modo expresso, apenas a direitos e deveres, também consagrou as garantias fundamentais. Resta diferenciá-los.

Um dos primeiros estudiosos a enfrentar esse tormentoso tema foi o sempre lembrado Rui Barbosa, que, analisando a Constituição de 1891, distinguiu "as disposições meramente *declaratórias*, que são as que imprimem existência legal aos direitos reconhecidos, e as disposições *assecuratórias*, que são as que, em defesa dos *direitos*, limitam o poder. Aquelas instituem os *direitos*, estas as *garantias*; ocorrendo não raro juntar-se, na mesma disposição constitucional, ou legal, a fixação da garantia, com a declaração do direito".[11]

Assim, os **direitos** são bens e vantagens prescritos na norma constitucional, enquanto as **garantias** são os instrumentos através dos quais se assegura o exercício dos aludidos direitos (preventivamente) ou prontamente os repara, caso violados.

Já a diferença entre **garantias fundamentais** e **remédios constitucionais** é que estes últimos são espécie do gênero garantia. Isso porque, uma vez consagrado o direito, a sua garantia nem sempre estará nas regras definidas constitucionalmente como remédios constitucionais (ex.: *habeas corpus*, *habeas data* etc.). Em determinadas situações a garantia poderá estar na própria norma que assegura o direito. Vejamos dois exemplos:

- é inviolável a liberdade de consciência e de crença, sendo assegurado o livre exercício dos cultos religiosos — art. 5.º, VI **(direito)**, garantindo-se na forma da lei a proteção aos locais de culto e suas liturgias **(garantia)**;

---

[9] I. W. Sarlet, *A eficácia dos direitos fundamentais*, 10. ed., p. 51.

[10] P. Bonavides, *Curso de direito constitucional*, 25. ed., p. 593.

[11] Rui Barbosa, *República*: teoria e prática (textos doutrinários sobre direitos humanos e políticos consagrados na primeira Constituição da República. Seleção e coordenação de Hilton Rocha), Petrópolis: Vozes, apud José Afonso da Silva, *Curso de direito constitucional positivo*, p. 360.

- direito ao juízo natural **(direito)** — o art. 5.º, XXXVII, veda a instituição de juízo ou tribunal de exceção **(garantia)**.

■ 14.4. CARACTERÍSTICAS DOS DIREITOS E GARANTIAS FUNDAMENTAIS

Lembrando breve caracterização feita por David Araujo e Serrano Nunes Júnior,[12] os direitos fundamentais têm as seguintes características:

- **historicidade:** possuem caráter histórico, nascendo com o Cristianismo, passando pelas diversas revoluções e chegando aos dias atuais;
- **universalidade:** destinam-se, de modo indiscriminado, a todos os seres humanos. Como aponta Manoel Gonçalves Ferreira Filho, "... a ideia de se estabelecer por escrito um rol de direitos em favor de indivíduos, de direitos que seriam superiores ao próprio poder que os concedeu ou reconheceu, não é nova. Os **forais**, as **cartas de franquia** continham enumeração de direitos com esse caráter já na Idade Média...";[13]

FORAIS/CARTAS DE FRANQUIA	DECLARAÇÕES DE DIREITOS
■ Voltam-se para determinadas categorias ou grupos particularizados de homens. ■ Reconhecem direitos a **alguns** homens por serem de tal corporação ou pertencerem a tal valorosa cidade.	■ Destinam-se ao homem, ao cidadão, em abstrato. ■ Reconhecem direitos a **todos** os homens por serem homens — em razão da **natureza**.

- **limitabilidade:** os direitos fundamentais não são absolutos **(relatividade)**, havendo, muitas vezes, no caso concreto, confronto, conflito de interesses. A solução ou vem discriminada na própria Constituição (ex.: direito de propriedade *versus* desapropriação), ou caberá ao intérprete, ou magistrado, no caso concreto, decidir qual direito deverá prevalecer, levando em consideração a regra da **máxima observância dos direitos fundamentais envolvidos**, conjugando-a com a sua **mínima restrição**;
- **concorrência:** podem ser exercidos cumulativamente, quando, por exemplo, o jornalista transmite uma notícia (direito de informação) e, ao mesmo tempo, emite uma opinião (direito de opinião);
- **irrenunciabilidade:** o que pode ocorrer é o seu não exercício, mas nunca a sua renunciabilidade.

José Afonso da Silva ainda aponta as seguintes características:[14]

- **inalienabilidade:** como são conferidos a todos, são indisponíveis; não se pode aliená-los por não terem conteúdo econômico-patrimonial;
- **imprescritibilidade:** "... prescrição é um instituto jurídico que somente atinge, coarctando, a exigibilidade dos direitos de caráter patrimonial, não a exigi-

[12] *Curso de direito constitucional*, p. 67-71, passim.

[13] *Curso de direito constitucional*, p. 282.

[14] *Curso de direito constitucional positivo*, 17. ed., p. 185.

bilidade dos direitos personalíssimos, ainda que não individualistas, como é o caso. Se são sempre exercíveis e exercidos, não há intercorrência temporal de não exercício que fundamente a perda da exigibilidade pela prescrição".

■ 14.5. ABRANGÊNCIA DOS DIREITOS E GARANTIAS FUNDAMENTAIS

O art. 5.º, *caput,* da CF/88 estabelece que todos são iguais perante a lei, sem distinção de qualquer natureza, garantindo-se aos **brasileiros** e aos **estrangeiros residentes no País** a inviolabilidade do direito à vida, à liberdade, à igualdade, à segurança e à propriedade, nos termos dos seus 78 incisos e parágrafos. Trata-se de um rol meramente **exemplificativo**, na medida em que os direitos e garantias expressos na Constituição não excluem outros decorrentes do regime e dos princípios por ela adotados, ou dos tratados internacionais em que a República Federativa do Brasil seja parte (§ 2.º).

Esse tema ganha bastante relevância com o § 3.º do art. 5.º da CF/88, acrescentado pela **EC n. 45/2004** e que foi muito discutido nos *itens 6.7.1.2.7* e *9.14.5.2.2*, aos quais remetemos o leitor (Art. 5.º, § 3.º — "Os tratados e convenções internacionais sobre direitos humanos que forem aprovados, em cada Casa do Congresso Nacional, em dois turnos, por três quintos dos votos dos respectivos membros, serão equivalentes às emendas constitucionais").

O *caput* do art. 5.º faz referência expressa somente a brasileiros (natos ou naturalizados, já que não os diferencia) e a estrangeiros residentes no País. Contudo, a esses destinatários expressos, a doutrina e o STF vêm acrescentando, mediante interpretação sistemática, os estrangeiros não residentes (por exemplo, turistas), os apátridas e as pessoas jurídicas.

Nada impediria, portanto, que um estrangeiro, de passagem pelo território nacional, ilegalmente preso, impetrasse *habeas corpus* (art. 5.º, LXVIII) para proteger o seu direito de ir e vir. Deve-se observar, é claro, se o direito garantido não possui alguma especificidade, como ação popular, que só pode ser proposta pelo **cidadão**.

■ 14.6. A APLICABILIDADE DAS NORMAS DEFINIDORAS DOS DIREITOS E GARANTIAS FUNDAMENTAIS

Nos termos do art. 5.º, § 1.º, as normas definidoras dos direitos e garantias fundamentais têm **aplicação imediata**.

Já estudamos no *item 5.8* que o termo "aplicação" **não** se confunde com "aplicabilidade", na teoria de José Afonso da Silva, que classifica as normas de eficácia **plena** e **contida** como tendo "aplicabilidade" **direta** e **imediata**, e as de eficácia **limitada** como possuidoras de aplicabilidade **mediata** ou **indireta**.

Na lição de José Afonso da Silva, ter **aplicação** *imediata* significa que as normas constitucionais são "dotadas de todos os meios e elementos necessários à sua pronta incidência aos fatos, situações, condutas ou comportamentos que elas regulam. A regra é que as normas definidoras de *direitos e garantias individuais* (direitos de 1.ª dimensão, acrescente-se) sejam de *aplicabilidade imediata*. Mas aquelas definidoras de *direitos sociais, culturais e econômicos* (direitos de 2.ª dimensão, acrescente-se) nem sempre o são, porque não raro dependem de providências ulteriores que lhes completem a eficácia e possibilitem sua aplicação".[15]

Assim, "por regra, as normas que consubstanciam os *direitos fundamentais democráticos e individuais* são de *aplicabilidade imediata*, enquanto as que definem os *direitos sociais* tendem a sê-lo também na Constituição vigente, mas algumas, especialmente as que mencionam uma lei integradora, são de *eficácia limitada e aplicabilidade indireta*".[16]

Como exemplo de norma definidora de direito e garantia fundamental que depende de lei, podemos citar o **direito de greve** dos servidores públicos, previsto no art. 37, VII, ou o da **aposentadoria especial**, garantido nos termos do art. 40, § 4.º, devendo ser observadas as regras trazidas pela Reforma da Previdência (**EC n. 103/2019**).

Então, qual seria o sentido dessa regra inscrita no art. 5.º, § 1.º?

José Afonso da Silva explica: "*em primeiro lugar*, significa que elas são aplicáveis até onde possam, até onde as instituições ofereçam condições para seu atendimento. *Em segundo lugar*, significa que o Poder Judiciário, sendo invocado a propósito de uma **situação concreta** nelas garantida, não pode deixar de aplicá-las, conferindo ao interessado o direito reclamado, segundo as instituições existentes".[17]

Nesse sentido, diante de omissão de **medida** para tornar efetiva norma constitucional, a CF/88 trouxe duas importantes novidades, quais sejam, a **ação direta de inconstitucionalidade por omissão — ADO** (regulamentada pela Lei n. 12.063/2009 e por nós comentada no *item 6.7.4*) e o **mandado de injunção — MI** (art. 5.º, LXXI, regulamentado pela Lei n. 13.300/2016 e estudado no *item 14.11.5*).

Em relação a esses dois remédios para combater a "síndrome de inefetividade" das normas constitucionais de eficácia limitada, o STF tende a consolidar o entendimento de que, em se tratando de "Poder" omisso na elaboração de medida para tornar efetiva a norma constitucional, a ADO restringir-se-ia a um mero apelo, constituindo-o em mora, enquanto o MI, por seu turno, seria o importante instrumento de **concretização** dos direitos fundamentais, como vem sendo percebido na jurisprudência do STF (cf. *item 14.11.5.7 e a relevante perspectiva trazida pela* **SV 33/2014**), bem como consagrado na lei que regulamentou o mandado de injunção (Lei n. 13.300/2016), dando-se, assim, exato sentido ao art. 5.º, § 1.º, que fala em **aplicação imediata**.

Devemos destacar, contudo, em relação à efetividade da ADO, que sempre se mostrou mais tímida em relação ao MI, que o STF vem adotando medidas mais enérgicas no sentido de concretizar, na mesma linha do MI, o direito fundamental, além, é claro, constituir em mora o Poder omisso. Ou seja, supre a omissão, até que o Poder omisso normatize, evitando-se, assim, o vácuo legislativo (cf. tendências trazidas nos julgamentos das **ADOs 24, 25 e 26** – *item 6.7.4.9.2*).

---

[15] *Comentário contextual à Constituição*, p. 408.

[16] *Comentário contextual à Constituição*, p. 408.

[17] *Comentário contextual à Constituição*, p. 409.

■ 14.7. A TEORIA DOS QUATRO *STATUS* DE JELLINEK

Várias teorias tentam explicar o papel desempenhado pelos direitos fundamentais. Dentre outros estudos, destacamos a **teoria dos quatro *status* de Jellinek**, que, apesar de elaborada no final do século XIX, ainda se mostra muito atual.

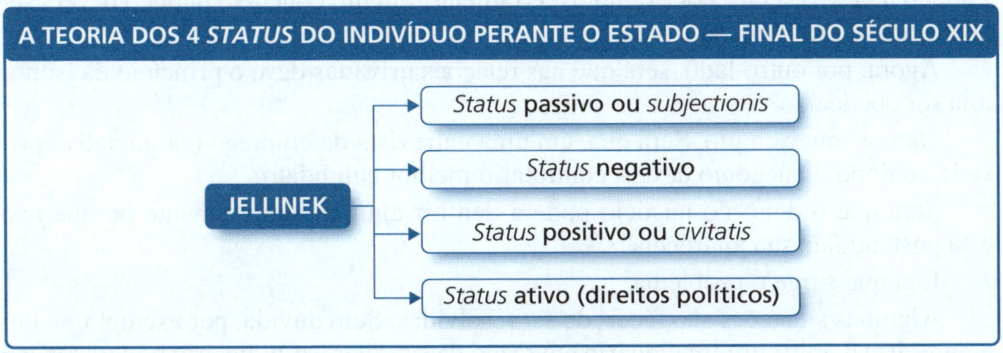

- **_status_ passivo ou _subjectionis_:** o indivíduo se encontra em posição de subordinação aos poderes públicos, vinculando-se ao Estado por mandamentos e proibições. O indivíduo aparece como detentor de **deveres** perante o Estado;
- **_status_ negativo:** o indivíduo, por possuir personalidade, goza de um espaço de **liberdade** diante das ingerências dos Poderes Públicos. Nesse sentido, podemos dizer que a autoridade do Estado se exerce sobre homens livres;
- **_status_ positivo ou _status civitatis_:** o indivíduo tem o direito de exigir que o Estado atue **positivamente**, realizando uma prestação a seu favor;
- **_status_ ativo:** o indivíduo possui competências para influenciar a formação da vontade do Estado, por exemplo, pelo exercício do direito do voto (exercício de **direitos políticos**).

■ 14.8. EFICÁCIA HORIZONTAL DOS DIREITOS FUNDAMENTAIS

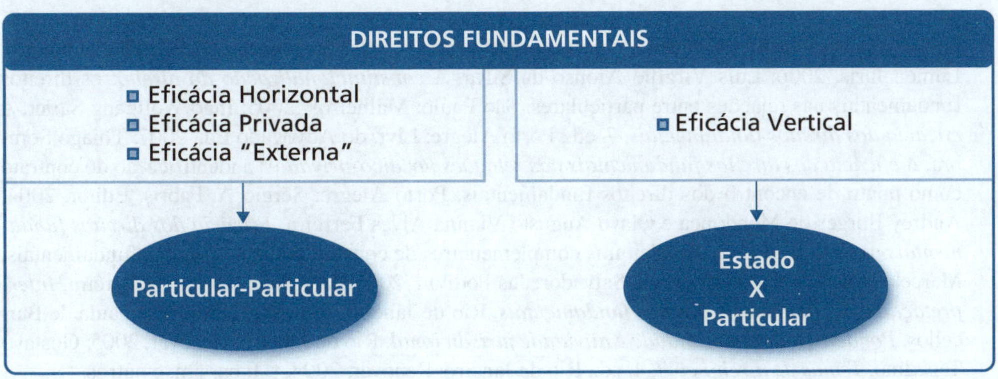

14.8.1. Aspectos gerais

O tema da **eficácia horizontal dos direitos fundamentais**, também denominado pela doutrina eficácia **privada** ou **externa** dos direitos fundamentais, surge como importante contraponto à ideia de eficácia **vertical** dos direitos fundamentais.[18]

A aplicação dos direitos fundamentais nas relações entre o particular e o Poder Público não se discute. Por exemplo, certamente, em um concurso público deverá ser obedecido o princípio da isonomia.

Agora, por outro lado, será que nas relações privadas deve o princípio da isonomia ser obedecido?

Damos um exemplo. Será que, em uma entrevista de emprego (na iniciativa privada), o dono do negócio deverá contratar o melhor candidato?

Será que o dono do negócio poderá demitir alguém simplesmente porque não está gostando de sua aparência?

É aí que surge o problema.

Algumas situações são fáceis de ser resolvidas. Sem dúvida, por exemplo, se um empresário demitir um funcionário em razão de sua "cor", o Judiciário poderá (ou até "deverá") reintegrar o funcionário, já que o ato motivador da demissão, além do triste e inaceitável crime praticado, fere, frontalmente, o princípio da **dignidade da pessoa humana**, fundamento da República Federativa do Brasil e **princípio-matriz** de todos os direitos fundamentais (art. 1.º, III, da CF/88).

14.8.2. Teorias da eficácia indireta (mediata) ou direta (imediata)

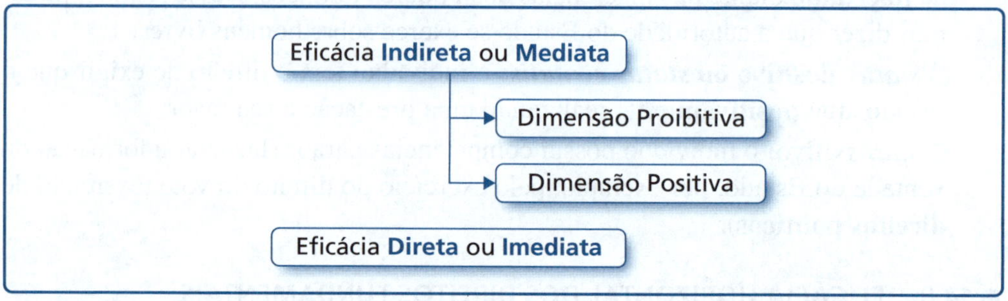

[18] Sobre o tema, cf. Daniel Sarmento, *Direitos fundamentais e relações privadas*, 2. ed., Rio de Janeiro: Lumen Juris, 2006; Luís Virgílio Afonso da Silva, *A constitucionalização do direito*: os direitos fundamentais nas relações entre particulares. São Paulo: Malheiros, 2005; Ingo Wolfgang Sarlet, *A eficácia dos direitos fundamentais*, 7. ed., Porto Alegre: Livr. do Advogado Ed., 2007; Thiago Sombra, *A eficácia dos direitos fundamentais nas relações jurídico-privadas*: a identificação do contrato como ponto de encontro dos direitos fundamentais, Porto Alegre: Sérgio A. Fabris, Editor, 2004; Andrey Borges de Mendonça e Olavo Augusto Vianna Alves Ferreira, *Eficácia dos direitos fundamentais nas relações privadas*: leituras complementares de constitucional — direitos fundamentais, Marcelo Novelino Camargo (org.), Salvador: Jus Podivm, 2006; Jane Reis Gonçalves Pereira, *Interpretação constitucional e direitos fundamentais*, Rio de Janeiro: Renovar, 2006; Ana Paula de Barcellos, *Ponderação, racionalidade e atividade jurisdicional*, Rio de Janeiro: Renovar, 2005; Gustavo Tepedino, *Temas de direito civil*, 4. ed., Rio de Janeiro: Renovar, 2004, t. I, passim, e outros.

Nesse sentido, cogitando da aplicação dos direitos fundamentais às relações privadas, duas teorias podem ser destacadas:[19]

- **eficácia indireta ou mediata:** os direitos fundamentais são aplicados de maneira reflexa, tanto em uma dimensão **proibitiva** e voltada para o legislador, que não poderá editar lei que viole direitos fundamentais, como, ainda, **positiva**, voltada para que o legislador implemente os direitos fundamentais, ponderando quais devam aplicar-se às relações privadas;
- **eficácia direta ou imediata:** alguns direitos fundamentais podem ser aplicados às relações privadas sem que haja a necessidade de "intermediação legislativa" para a sua concretização.

14.8.3. Eficácia "irradiante" dos direitos fundamentais

Podemos afirmar que importante consequência da **dimensão objetiva** dos direitos fundamentais é a sua **"eficácia irradiante"** (Daniel Sarmento), seja para o Legislativo ao elaborar a lei, seja para a Administração Pública ao "governar", seja para o Judiciário ao resolver eventuais conflitos.

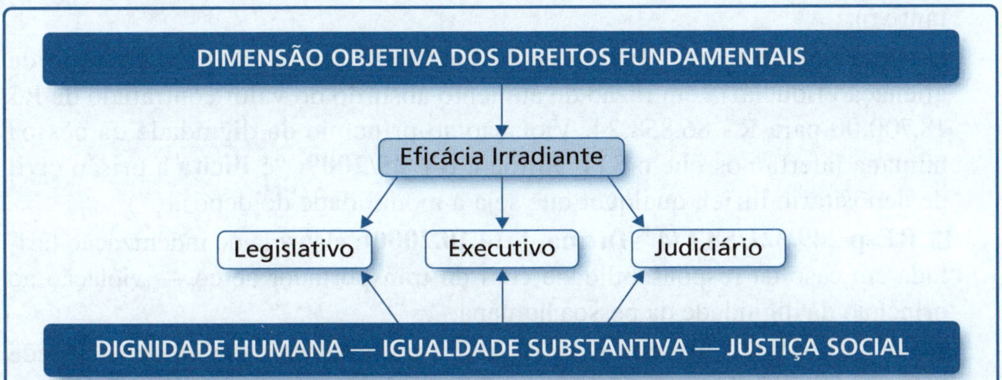

14.8.4. Alguns precedentes

Abaixo, resumidamente, trazemos alguns precedentes nos quais o Judiciário entendeu razoável a aplicação dos direitos fundamentais às relações privadas.

- **RE 160.222-8 (1.ª Turma, j. 11.04.1995):** referido recurso foi julgado prejudicado em razão do reconhecimento da extinção da punibilidade pela ocorrência da prescrição da pretensão punitiva, não se podendo analisar o

[19] Propondo um modelo mais flexível, buscando romper a dicotomia entre a eficácia direta e a indireta, **conciliando** as citadas construções teóricas, indicamos a leitura da tese de livre-docência de Virgílio Afonso da Silva, defendida no ano de 2004 na USP (cf. *A constitucionalização do direito*, cit., especialmente o seu cap. 7).

suposto crime de "constrangimento ilegal" em razão de revista íntima em mulheres em fábrica de *lingerie*. Nas palavras do Relator, Min. Sepúlveda Pertence, "lamento que a irreversibilidade do tempo corrido faça impossível enfrentar a relevante questão de direitos fundamentais da pessoa humana, que o caso suscita, e que a radical contraposição de perspectivas entre a sentença e o recurso, de um lado, e o exacerbado privalismo do acórdão, de outro, tornaria fascinante" (fls. 11 do acórdão). Sobre o tema da **"revista íntima"**, cf. informações sobre a **Lei n. 13.271/2016**, no *item 14.10.8.2* deste estudo;

- **RE 158.215-4 (2.ª Turma, j. 30.04.1996):** entenderam-se violados o princípio do devido processo legal e o da ampla defesa na hipótese de exclusão de associado de cooperativa sem direito a defesa;
- **RE 161.243-6 (2.ª Turma, j. 29.10.1996):** discriminação de empregado brasileiro em relação ao francês na empresa "Air France", mesmo realizando atividades idênticas. Determinação de observância do princípio da isonomia;
- **RE 175.161-4 (2.ª Turma, j. 15.12.1998):** contrato de consórcio que prevê devolução nominal de valor já pago em caso de desistência — violação ao princípio da razoabilidade e proporcionalidade (devido processo legal substantivo);
- **HC 12.547/STJ (4.ª Turma, j. 1.º.06.2000):** prisão civil em contrato de alienação fiduciária em razão de aumento absurdo do valor contratado de R$ 18.700,00 para R$ 86.858,24. Violação ao princípio da dignidade da pessoa humana (alertamos que o STF editou a **SV 25/2009:** "é **ilícita** a prisão civil de depositário infiel, qualquer que seja a modalidade do depósito");
- **REsp 249.321/STJ (4.ª Turma, j. 14.10.2000):** cláusula de indenização tarifada em caso de responsabilidade civil do transportador aéreo — violação ao princípio da dignidade da pessoa humana;
- **RE 201.819 (2.ª Turma, j. 11.10.2005):** exclusão de membro de sociedade sem a possibilidade de sua defesa — violação do devido processo legal, contraditório e ampla defesa (Gilmar Mendes).

Este último caso parece-nos ser o início de forte tendência que surge no âmbito do STF para a aplicação da teoria da **eficácia direta dos direitos fundamentais às relações privadas**.

Conforme voto do Ministro Gilmar Mendes, divergindo da relatora, Ministra Ellen Gracie, "esse caráter público ou geral da atividade parece decisivo aqui para **legitimar a aplicação direta dos direitos fundamentais** concernentes ao devido processo legal, ao contraditório e à ampla defesa (art. 5.º, LIV e LV, da CF) ao processo de exclusão de sócio de entidade".[20]

[20] Assim, indispensável a leitura do referido voto, que pode ser encontrado em ***Inf. 405/STF***.

■ 14.8.5. Brevíssima conclusão

COLISÃO		
■ Autonomia da vontade ■ Livre-iniciativa ■ Art. 1.º, IV ■ Art. 170, *caput*	X	■ Dignidade da pessoa humana ■ Máxima efetividade dos direitos fundamentais ■ Art. 1.º, III ■ Art. 5.º, § 1.º

Diante do exposto, sem dúvida, cresce a **teoria da aplicação direta dos direitos fundamentais às relações privadas** ("eficácia horizontal"), especialmente diante de atividades privadas que tenham certo "caráter público", por exemplo, em escolas (matrículas), clubes associativos, relações de trabalho etc.

Nessa linha, poderá o magistrado deparar-se com inevitável colisão de direitos fundamentais: o princípio da **autonomia da vontade privada** e o da **livre-iniciativa** de um lado (arts. 1.º, IV, e 170, *caput*); o da **dignidade da pessoa humana** e o da **máxima efetividade dos direitos fundamentais** (art. 1.º, III) de outro.

Diante dessa "colisão", indispensável será a **"ponderação de interesses"**[21] à luz da razoabilidade e da concordância prática ou harmonização. Não sendo possível a harmonização, o Judiciário terá de avaliar qual dos interesses deverá prevalecer.

■ 14.9. DEVERES FUNDAMENTAIS

Além dos *direitos fundamentais*, desenvolvem-se estudos sobre os **deveres fundamentais**, chegando alguns a sustentar uma nova **"Era dos Deveres Fundamentais"** (no Brasil, dentre outros, Carlos Rátis).

Dessa forma, diante da vida em sociedade, devemos pensar, também, a necessidade de serem observados os **deveres**, pois muitas vezes o **direito** de um indivíduo depende do **dever** do outro em não violar ou impedir a concretização do referido direito.

Dimoulis e Martins tratam do assunto, e procuraremos esquematizar o pensamento dos autores, identificando os seguintes **deveres fundamentais**:[22]

- **dever de efetivação dos direitos fundamentais:** sobretudo os *direitos sociais* e *garantias das instituições públicas e privadas*. Estamos diante da necessidade de atuação positiva do Estado, passando-se a falar em um Estado que tem o **dever** de realizar os direitos, aquela ideia de Estado prestacionista;
- **deveres específicos do Estado diante dos indivíduos:** como exemplo, os autores citam o dever de indenizar o condenado por erro judiciário, o que se dará por atuação e dever das autoridades estatais;

[21] Sobre a ponderação de interesses, cf. Daniel Sarmento, *A ponderação de interesses na Constituição Federal*, passim.

[22] D. Dimoulis, L. Martins, *Teoria geral dos direitos fundamentais*, p. 76-80.

- **deveres de criminalização do Estado:** a Constituição determina que o Poder Legislativo edite atos normativos para implementar os comandos, como no caso do art. 5.º, XLIII, devendo haver a normatização do crime de tortura;
- **deveres dos cidadãos e da sociedade:** como exemplos, os autores citam o dever do *serviço militar obrigatório* (art. 143 da CF) e a *educação* enquanto *dever do Estado e da família* (art. 205);
- **dever de exercício do direito de forma solidária e levando em consideração os interesses da sociedade:** como exemplo, os autores citam o *direito de propriedade* que deve ser exercido *conforme a sua função social* (art. 5.º, XXIII, da CF);
- **deveres implícitos:** segundo Dimoulis, "existem tantos deveres implícitos quantos direitos explicitamente declarados", consistindo referidos deveres em ação ou omissão. E conclui no sentido de que "o direito de uma pessoa pressupõe o *dever de todas as demais* (quando se aceita a tese do efeito horizontal direto) *e, sobretudo, das autoridades do Estado*".[23]

14.10. DIREITOS INDIVIDUAIS E COLETIVOS

Dado o objetivo principal deste trabalho, qual seja, ferramenta para ajudar o candidato em concursos públicos, provas e mesmo na vida profissional, restringimo-nos a tecer breves comentários sobre os direitos individuais e coletivos, caso contrário abandonaríamos o nosso escopo.

14.10.1. Direito à vida (art. 5.º, *caput*)

14.10.1.1. Aspectos gerais

O direito à vida, previsto de forma genérica no art. 5.º, *caput*, abrange tanto o direito de não ser morto, de não ser privado da vida, portanto, o direito de continuar vivo, como também o direito de ter uma vida digna.

Em decorrência do seu **primeiro desdobramento** (direito de não se ver privado da vida de modo artificial), encontramos a proibição da **pena de morte**, salvo em caso de guerra declarada, nos termos do art. 84, XIX. Assim, mesmo por emenda constitucional é vedada a instituição da pena de morte no Brasil, sob pena de se ferir a cláusula pétrea do art. 60, § 4.º, IV.

Também, entendemos que o *poder constituinte originário* não poderia ampliar as hipóteses de pena de morte (nem mesmo uma nova Constituição) tendo em vista o **princípio da continuidade** e **proibição ao retrocesso**. Isso quer dizer que os direitos fundamentais conquistados não podem retroceder.

Afastamo-nos, portanto, da ideia de *onipotência do poder constituinte*.

Canotilho observa que o poder constituinte "... é estruturado e obedece a padrões e modelos de conduta **espirituais**, **culturais**, **éticos** e **sociais** radicados na

[23] D. Dimoulis, L. Martins, *Teoria geral dos direitos fundamentais*, p. 79.

consciência jurídica geral da comunidade e, nesta medida, considerados como 'vontade do povo'". Fala, ainda, na necessidade de observância dos **princípios de Justiça** (suprapositivos e supralegais) e, também, dos **princípios de direito internacional** (princípio da independência, princípio da autodeterminação, princípio da observância de direitos humanos — neste último caso de vinculação jurídica, chegando a doutrina a propor uma juridicização e evolução do poder constituinte).[24]

Toda essa argumentação reforça-se a partir da assinatura de diversos documentos internacionais, destacando-se:

- **Declaração Universal dos Direitos Humanos (1948):** "todo homem tem direito à vida, à liberdade e à segurança pessoal" (art. III);
- **Pacto Internacional sobre Direitos Civis e Políticos (1966):** "o direito à vida é inerente à pessoa humana. Este direito deverá ser protegido pela lei. Ninguém poderá ser arbitrariamente privado de sua vida" (parte III, art. 6.º);[25]
- **Segundo Protocolo Facultativo ao Pacto Internacional sobre Direitos Civis e Políticos com vistas à Abolição da Pena de Morte (1989):** "nenhum indivíduo sujeito à jurisdição de um Estado-Parte no presente Protocolo será executado. Os Estados-Partes devem tomar as medidas adequadas para abolir a pena de morte no âmbito da sua jurisdição" (art. 1.º, 1 e 2).[26]

Quanto ao **segundo desdobramento**, ou seja, o direito a uma **vida digna**, a Constituição garante as necessidades vitais básicas do ser humano e proíbe qualquer tratamento indigno, como a tortura, penas de caráter perpétuo, trabalhos forçados, cruéis etc.

A análise do **direito à vida** e seus desdobramentos enaltece aquilo que tem sido denominado pela doutrina **"desacordo moral razoável"** e que tem levado a amplas discussões (cf. *item 3.7.5*).

---

[24] J. J. Gomes Canotilho, *Direito constitucional e teoria da Constituição*, 7. ed., p. 81. Cf., ainda, J. H. Meirelles Teixeira, *Curso de direito constitucional*, 1991, p. 213.

[25] De acordo com o item 2 desse art. 6.º da parte III, **nos países em que a pena de morte não tenha sido abolida**, esta poderá ser imposta **apenas** nos casos de **crimes mais graves**, em conformidade com legislação vigente na época em que o crime foi cometido e que não esteja em conflito com as disposições do Pacto, nem com a Convenção sobre a Prevenção e a Punição do Crime de Genocídio. Poder-se-á aplicar essa pena apenas em decorrência de **sentença transitada em julgado** e proferida por **tribunal competente**. Conforme anota *Fábio Konder Comparato*, a admissão da pena de morte representa um **compromisso provisório** entre os Estados que ainda a mantêm e os que já a aboliram, "resquício de um passado em que a punição criminal exercia unicamente uma função retributiva, segundo a exata correspondência entre crime e castigo, própria da lei de talião" (*A afirmação histórica dos direitos humanos*, 7. ed., p. 309). Lembramos, conforme se observa neste tópico, que o *Segundo Protocolo Facultativo do Pacto Internacional* objetivou a **abolição** da pena capital.

[26] Não é admitida qualquer reserva ao referido Protocolo, exceto a formulada no momento da ratificação ou adesão que preveja a aplicação da **pena de morte em tempo de guerra** em virtude de condenação por infração penal de natureza militar de gravidade extrema, cometida durante referido período de crise (art. 2.º, 1).

Isso porque há **inexistência de consenso** em relação a temas polêmicos e com entendimentos antagônicos e diametralmente opostos e que se fundam em conclusão racional, por exemplo, a interrupção da gravidez. Assumir uma das posições significa negar a outra, e essa realidade é marca de uma sociedade plural, característica das democracias modernas (posições religiosas, morais, filosóficas etc.).

De todo modo, destacamos, a seguir, alguns temas importantes:

- células-tronco embrionárias (ADI 3.510);
- interrupção da gravidez nos casos de gestação de feto anencéfalo (ADPF 54);
- interrupção voluntária da gestação no primeiro trimestre (HC 124.306);
- distanásia, eutanásia, suicídio assistido e ortotanásia.

14.10.1.2. *Células-tronco embrionárias*

O STF definiu o **conceito de vida** no julgamento da **ADI 3.510** que tratava da análise do art. 5.º da Lei n. 11.105/2005 (*Lei de Biossegurança*).

Em 20.04.2007 foi realizada a primeira **audiência pública** à luz da Lei n. 9.868/99, objetivando **pluralizar o debate** e dar **maior legitimidade** à decisão.[27]

Os argumentos do PGR eram no sentido de que a *Lei de Biossegurança* violava o **direito à vida** e a **dignidade da pessoa humana**, sendo que a vida humana começa a partir da *fecundação*.

Desde o ajuizamento da ADI (03.05.2005) até a solução final (29.05.2008) foram mais de 3 anos, e o STF concluiu, por votação bastante apertada, **6 x 5**, que as pesquisas com célula-tronco embrionária, nos termos da lei, não violam o direito à vida.

Os Ministros vencidos propunham a observância de *outras condicionantes* além daquelas do art. 5.º da Lei, ingerência que chegou a ser considerada indevida, sob pena de se violar o princípio da separação de "poderes".

O Ministro Relator, Carlos Ayres Britto, entendeu tratar-se de um "bem concatenado bloco normativo" fixado pela lei, destacando-se o procedimento: **a)** para fins de pesquisa e terapia; **b)** somente em relação às células-tronco embrionárias; **c)** apenas aquelas fertilizadas *in vitro*; **d)** embriões inviáveis ou congelados há pelo menos 3 anos; **e)** consentimento dos genitores; **f)** controle por comitê de ética em pesquisa; **g)** proibição da comercialização.

Além disso, segundo interpretação do Relator, o texto, ao tratar de "dignidade da pessoa humana" (art. 1.º, III), "direitos da pessoa humana" (art. 34, VII, "b"), "livre exercício dos direitos... individuais" (art. 85, III), "direitos e garantias individuais" (art. 60, § 4.º, IV), estaria se referindo a direitos do indivíduo-pessoa, já nascido (cf. *Inf. 508/STF*).

Nesse ponto, deixamos, com o máximo respeito, a nossa **crítica**, pois não nos parece tenha o texto se omitido de destinar esses direitos e garantias ao nascituro, que,

[27] Cf. P. Häberle, *Hermenêutica constitucional*: a sociedade aberta dos intérpretes da Constituição: contribuição para a interpretação pluralista e "procedimental" da Constituição, 1997, passim.

segundo o Relator, de fato, tem proteção legal, por exemplo, no art. 2.º do CC; no art. 9.º, § 7.º, da Lei de Transplantes (Lei n. 9.434/97); nos arts. 124-126 do CP (aborto).

Segundo o Relator, o **zigoto** seria o embrião em estágio inicial, pois ainda destituído de cérebro. A vida humana começaria com o surgimento do cérebro, que, por sua vez, só apareceria depois de introduzido o embrião no útero da mulher. Assim, antes da introdução no útero não se teria cérebro e, portanto, sem cérebro, não haveria vida.

A constatação de que a vida começa com a existência do cérebro (segundo o STF e sem apresentar qualquer análise axiológica ou filosófica) estaria estabelecida, também, no art. 3.º da Lei de Transplantes, que prevê a possibilidade de retirada de tecidos, órgãos ou partes do corpo humano destinados a transplante ou tratamento depois da morte desde que se constate a **morte encefálica**. Logo, para a lei, o fim da vida dar-se-ia com a morte cerebral, e, novamente, sem cérebro, não haveria vida. Portanto, nessa linha, o conceito de vida estaria ligado (segundo o STF) ao surgimento do cérebro.

Outro argumento utilizado foi a ideia de **dignidade da pessoa humana** e **paternidade responsável**, lembrando o art. 226, § 7.º.

De fato, o Estado não pode, constitucionalmente, restringir a quantidade de filhos por casal. A Constituição, contudo, determina o dever de orientação em relação ao **planejamento familiar**.

Nesse sentido, o item 7.3 do *Relatório da Conferência Internacional sobre População e Desenvolvimento* (**Conferência do Cairo**, realizada entre 5 e 13.09.1994), apesar da forte resistência de setores conservadores traz as seguintes disposições sobre os direitos de reprodução e saúde reprodutiva: "os direitos de reprodução abrangem certos direitos humanos já reconhecidos em leis nacionais, em documentos internacionais sobre direitos humanos e em outros documentos de acordos. Esses direitos se baseiam no reconhecido direito básico de **todo casal** e de **todo indivíduo** de **decidir livre e responsavelmente** sobre o **número**, o **espaçamento** e a **oportunidade de seus filhos** e de ter a **informação** e os **meios de assim o fazer**, e o **direito de gozar do mais alto padrão de saúde sexual e de reprodução**. Inclui também seu direito de tomar decisões sobre a reprodução, livre de discriminação, coerção ou violência, conforme expresso em documentos sobre direitos humanos. No exercício desse direito, devem levar em consideração as necessidades de seus filhos atuais e futuros e suas responsabilidades para com a comunidade. A promoção do exercício responsável desses direitos por todo indivíduo deve ser a base fundamental de políticas e programas de governos e da comunidade na área da saúde reprodutiva, inclusive o planejamento familiar...".

Dessa forma, afirmou o Ministro Relator da ADI 3.510, se não se define o número de filhos, feita a fertilização *in vitro*, o casal pode optar pela quantidade de embriões a serem introduzidos no útero. Se eventualmente não quiserem introduzir todos, os embriões poderão ser congelados.

E se o casal não tiver como congelar (até porque isso gera custo)? Respondeu outro Ministro, indagando: serão os embriões jogados como lixo hospitalar? Então, que se admita a pesquisa, dentro dos critérios éticos fixados na lei e consagrando a ideia de uma **sociedade fraterna** (preâmbulo e art. 3.º, I, além da ideia de direitos de *3.ª dimensão*), objetivando a cura das pessoas com doenças degenerativas (e nos parece, nesse ponto, bastante acertada a decisão).

Outros argumentos poderiam ser mencionados, como o **direito à saúde** (arts. 196-200) e o **incentivo ao desenvolvimento e à pesquisa científica** (arts. 218-219).

■ *14.10.1.3. Interrupção da gravidez nos casos de gestação de feto anencéfalo*

Desconsiderando os aspectos moral, ético ou religioso, tecnicamente, em relação à **interrupção da gravidez de feto anencéfalo**,[28] desde que se comprove, por laudos médicos, com 100% de certeza, que o feto não tem cérebro e não há perspectiva de sobrevida (situação não imaginada na década de 1940 — quando o Código Penal foi elaborado — e, atualmente, totalmente viável em razão da **evolução tecnológica**), nessa linha de desenvolvimento, o **STF**, para seguir a lógica do julgamento anterior (célula-tronco), teria de autorizar a possibilidade de antecipação terapêutica do parto.

Esse tema, como todos sabem, foi enfrentado pela Corte no julgamento da **ADPF 54**, ajuizada pela *Confederação Nacional dos Trabalhadores na Saúde — CNTS*.

Conforme anotou o Min. Marco Aurélio em seu voto, "não se coaduna com o **princípio da proporcionalidade** proteger apenas um dos seres da relação, privilegiar aquele que, no caso da anencefalia, **não tem sequer expectativa de vida extrauterina**, aniquilando, em contrapartida, os direitos da mulher, impingindo-lhe sacrifício desarrazoado. A imposição estatal da manutenção de gravidez cujo resultado final será irremediavelmente a morte do feto vai de encontro aos princípios basilares do sistema constitucional, mais precisamente à **dignidade da pessoa humana**, à **liberdade**, à **autodeterminação**, à **saúde**, ao **direito de privacidade**, ao **reconhecimento pleno dos direitos sexuais e reprodutivos de milhares de mulheres**. O ato de obrigar a mulher a manter a gestação, colocando-a em uma espécie de **cárcere privado em seu próprio corpo**, desprovida do mínimo essencial de **autodeterminação** e **liberdade**, assemelha-se à **tortura** ou a um sacrifício que não pode ser pedido a qualquer pessoa ou dela exigido".

Dessa forma, em **12.04.2012**, por maioria de votos, o Plenário do STF, enaltecendo o direito à dignidade da pessoa humana, à liberdade no campo sexual, à autonomia, à privacidade, à integridade física, psicológica e moral e à saúde (arts. 1.º, III; 5.º, *caput* e incisos II, III e X; e 6.º, *caput*, da CF/88), julgou procedente o pedido formulado para declarar a inconstitucionalidade de interpretação segundo a qual a interrupção da gravidez de feto anencéfalo é conduta tipificada nos arts. 124, 126 e 128, I e II, todos do Código Penal (cf. *Inf. 661/STF*).

---

[28] Conforme bem colocou o Min. Marco Aurélio em seu voto, no julgamento da ADPF 54, diante de risco de referência às nefastas práticas nazistas, "apesar de alguns autores utilizarem expressões 'aborto eugênico ou eugenésico' ou 'antecipação eugênica da gestação', **afasto-as**, considerado o indiscutível viés ideológico e político impregnado na palavra eugenia".

A partir dessa decisão proferida em sede de ADPF, portanto com efeitos *erga omnes* e vinculante, o **Conselho Federal de Medicina** editou a **Res. n. 1.989/2012**, dispondo sobre o **diagnóstico de anencefalia** para a antecipação terapêutica do parto, considerando este o pressuposto fático fundamental para a realização do procedimento.

De acordo com o art. 2.º da referida resolução, o diagnóstico de anencefalia será feito por **exame ultrassonográfico** realizado **a partir da 12.ª semana de gestação** e deve conter: I — duas fotografias, identificadas e datadas: uma com a face do feto em posição sagital; a outra, com a visualização do polo cefálico no corte transversal, demonstrando a ausência da calota craniana e de parênquima cerebral identificável; II — laudo assinado por dois médicos, capacitados para tal diagnóstico.

Concluído o diagnóstico de anencefalia, o médico deve prestar à gestante todos os esclarecimentos que lhe forem solicitados, garantindo a ela o **direito de decidir livremente sobre a conduta a ser adotada**, sem impor sua autoridade para induzi-la a tomar qualquer decisão ou para limitá-la naquilo que decidir. Se a opção for pela interrupção, a realização do procedimento independerá de autorização do Estado.

■ *14.10.1.4. Interrupção voluntária da gestação no primeiro trimestre (STF, 1.ª T., HC 124.306)*

Conforme já destacamos, **o direito à vida não é absoluto**, seja pelo próprio comando constitucional que admite a pena de morte no caso de guerra declarada, nos termos do art. 84, XIX (art. 5.º, XLVII, "a"), seja em razão de interpretações já fixadas pela Corte no julgamento da ADPF 54 (interrupção da gravidez de feto com anencefalia) e da ADI 3.510 (pesquisa com células-tronco embrionárias).

Nesse sentido, a legislação infraconstitucional, que nesse ponto nunca foi questionada, prescreveu duas hipóteses em que o aborto não foi considerado crime, estabelecendo, portanto, **causas especiais de exclusão de ilicitude** (*aborto legal*):

- **aborto necessário ou terapêutico (art. 128, I):** não se pune o aborto praticado por médico se não há outro meio de salvar a vida da gestante;
- **aborto sentimental ou humanitário (art. 128, II):** não se pune o aborto praticado por médico se a gravidez resulta de estupro e o aborto é precedido de consentimento da gestante ou, quando incapaz, de seu representante legal.

O Código Penal, ao tratar da tipificação do crime de aborto, não fez nenhuma distinção em relação ao **momento da gestação** para a caracterização do delito, exigindo apenas a constatação da gravidez (havendo, inclusive, amplo debate em relação à definição do seu início) e a sua interrupção, nas hipóteses descritas nos arts. 124 a 127 do CP.

Essa questão, depois de quase 80 anos, veio a ser apreciada pela 1.ª Turma do STF, que, por 4 x 1, conferiu interpretação conforme à Constituição aos arts. 124 a 126 do Código Penal para **excluir do seu âmbito de incidência a interrupção voluntária da gestação efetivada no primeiro trimestre**. Os Ministros entenderam que a criminalização, nessa hipótese, viola diversos direitos fundamentais da mulher, bem como o princípio da proporcionalidade, nos temos do voto do Min. Barroso (**HC 124.306**, j. 29.11.2016, *DJE* de 17.03.2017).

Em relação aos **direitos fundamentais**, a 1.ª Turma do STF, por maioria, entendeu ser a criminalização incompatível com:

- **direitos sexuais e reprodutivos da mulher:** "que não pode ser obrigada pelo Estado a manter uma gestação indesejada";
- **autonomia da mulher:** "que deve conservar o direito de fazer suas escolhas existenciais";
- **integridade física e psíquica da gestante:** "que é quem sofre, no seu corpo e no seu psiquismo, os efeitos da gravidez; e a igualdade da mulher, já que homens não engravidam e, portanto, a equiparação plena de gênero depende de se respeitar a vontade da mulher nessa matéria".

No tocante ao **princípio da proporcionalidade**, Sua Excelência estabeleceu os seguintes argumentos em relação à tipificação penal:

- **medida de duvidosa adequação para proteger o bem jurídico que pretende tutelar (vida do nascituro):** "por não produzir impacto relevante sobre o número de abortos praticados no país, apenas impedindo que sejam feitos de modo seguro";
- **meios mais eficazes e menos lesivos do que a criminalização para que o Estado evite a ocorrência dos abortos:** no caso o Min. Barroso destaca a educação sexual, a distribuição de contraceptivos e o amparo à mulher que deseja ter o filho mas se encontra em condições adversas;
- **desproporcionalidade em sentido estrito da medida:** "por gerar custos sociais (problemas de saúde pública e mortes) superiores aos seus benefícios".

Por sua vez, a Min. Rosa Weber, em seu substancioso voto, observou que, "no contexto atual normativo, a questão do aborto deve avançar na agenda interpretativa para colocar em pauta não apenas o direito à privacidade da mulher ou a perspectiva de saúde da mulher, por fatores médicos, mas colocar o aborto como uma **questão do direito da mulher**, na acepção reprodutiva e sexual, e do direito de liberdade, autonomia e igualdade, por conseguinte, de escolha, em face do direito à tutela do nascituro" (HC 124.306, fls. 39 do acórdão).

Outro ponto destacado no voto do Ministro Barroso foi "o **impacto da criminalização sobre as mulheres pobres**. É que o tratamento como crime, dado pela lei penal brasileira, impede que estas mulheres, que não têm acesso a médicos e clínicas privadas, recorram ao sistema público de saúde para se submeterem aos procedimentos cabíveis. Como consequência, multiplicam-se os casos de automutilação, lesões graves e óbitos".

Conforme levantamento feito pelo Min. Barroso, "praticamente nenhum país democrático e desenvolvido do mundo trata a interrupção da gestação durante o primeiro trimestre como crime, aí incluídos Estados Unidos, Alemanha, Reino Unido, Canadá, França, Itália, Espanha, Portugal, Holanda e Austrália".

Em relação à experiência da **jurisprudência comparada**, vale a pena destacar o julgamento proferido pela Suprema Corte dos Estados Unidos em ***Roe vs. Wade***, tendo a decisão afetado a normatização de 46 Estados daquele país.

Tratava-se da legislação do Estado do Texas, que permitia o aborto apenas para salvar a vida da mulher gestante. Contudo, por 7 x 2, seguindo o voto proferido pelo *Justice Blackmun*, a Corte admitiu a possibilidade de interrupção da gravidez até o primeiro trimestre, tendo por fundamento o **direito à privacidade da mulher** e a **interpretação dada à 14.ª emenda**, assegurando-lhe a decisão sobre a continuidade ou não da gestação, tal como reconhecido no caso *Griswold vs. Connecticut*.[29]

Mas um alerta deve ser feito, como bem estabeleceu o Min. Barroso em premissa de seu raciocínio: "o aborto é uma prática que se deve procurar evitar, pelas complexidades físicas, psíquicas e morais que envolve. Por isso mesmo, é papel do Estado e da sociedade atuar nesse sentido, mediante oferta de **educação sexual, distribuição de meios contraceptivos e amparo à mulher que deseje ter o filho e se encontre em circunstâncias adversas**. Portanto, ao se afirmar aqui a incompatibilidade da criminalização com a Constituição, não se está a fazer a defesa da disseminação do procedimento. Pelo contrário, o que ser pretende é que ele seja raro e seguro" (HC 124.306, fls. 13 do acórdão).

Nesse sentido, Daniel Sarmento afirma que a interrupção voluntária da gravidez não deve ser tratada como método anticoncepcional, devendo ser criados "mecanismos extrapenais para evitar a sua banalização (...) relacionados à educação sexual, ao planejamento familiar e ao fortalecimento da rede de proteção social voltada para a mulher".[30]

Diante do exposto, um esclarecimento final, a partir da seguinte indagação: **a interrupção voluntária da gestação no primeiro trimestre deixou de ser considerada crime no direito brasileiro?**

Não!

Estamos diante de questão incidental decidida pela 1.ª Turma do STF como fundamento para a concessão de *habeas corpus* de ofício para o afastamento de prisão

---

[29] *Roe vs. Wade 410 U.S. 113 (1973).* No caso, a Corte estabeleceu as seguintes regras: **a) primeiro trimestre:** o aborto é de livre escolha da gestante; **b) segundo trimestre:** o aborto é permitido, mas o Estado poderá regulamentar o seu exercício, objetivando proteger a saúde da gestante; **c) terceiro trimestre:** o aborto está proibido, na medida em que, nessa fase da gestação, há total possibilidade de vida extrauterina, tendo sido reconhecida como exceção a intervenção para preservação da vida ou da saúde da gestante. Para outros aspectos, mas reafirmando o direito ao aborto, cf. *Planned Parenthood v. Casey 505 U.S. 833 (1992)* — neste primeiro caso, apesar de ter sido mantido o direito ao aborto, o critério temporal foi revisto, passando a se analisar aspectos de viabilidade fetal, e, também, *Whole Woman's Health vs. Hellerstedt 579 U.S. (2016).*

[30] Daniel Sarmento, Legalização do aborto e Constituição, in *Livres e iguais:* estudos de direito constitucional, p. 137.

preventiva e, portanto, sem caráter vinculante (não tendo havido, inclusive, a determinação de trancamento da ação penal por atipicidade).

O afastamento da caracterização do crime nas hipóteses definidas em referido julgado (primeiro trimestre da gestação) depende de apreciação em ADPF pelo Pleno do STF ou a partir de alteração normativa pelo Congresso Nacional a introduzir, se for o caso e houver vontade política, mais uma hipótese de aborto legal (pendente). O tema, contudo, se mostra extremamente polêmico e delicado.

■ *14.10.1.5. Distanásia, eutanásia, suicídio assistido e ortotanásia*

Dentro da ideia de vida digna e do direito de viver com dignidade, surge a problemática do **direito de dispor sobre a própria vida** e de **"morrer com dignidade"** (tema, inclusive, que está sendo discutido no *Projeto de Novo Código Penal* — pendente), remetendo à análise dos seguintes institutos: distanásia, eutanásia, suicídio assistido e ortotanásia. Vejamos:

- ■ **distanásia:** também conhecida como "obstinação terapêutica" (*l'acharnement thérapeutique* — Jean Robert Debray), enseja uma **morte lenta** e com **intenso sofrimento**.

Isso se deve ao impressionante avanço tecnológico da medicina, que permite o excessivo **prolongamento da morte** (e do **sofrimento**) em detrimento da **vida digna**, especialmente nos casos de pacientes terminais.

Conforme afirmou Debora Diniz, a obstinação terapêutica se caracteriza por um excesso de medidas "que impõem sofrimento e dor à pessoa doente, cujas ações médicas não são capazes de modificar o quadro mórbido".[31]

Leo Pessini, por sua vez, observa que o termo *distanásia* "também pode ser empregado como sinônimo de **tratamento inútil**. Trata-se da atitude médica que, visando salvar a vida do paciente terminal, submete-o a grande sofrimento. Nesta conduta não se **prolonga** a vida propriamente dita, mas o **processo de morrer**. No mundo europeu fala-se de 'obstinação terapêutica', nos Estados Unidos de 'futilidade médica' (*medical futility*). Em termos mais populares a questão seria colocada da seguinte forma: até que ponto se deve prolongar o processo do morrer quando não há mais esperança de reverter o quadro? Manter a pessoa 'morta-viva' interessa a quem?".[32]

Destacamos, ainda, a exposição de motivos da **Res. n. 1.805/2006** do Conselho Federal de Medicina (que permite ao médico limitar ou suspender procedimentos e tratamentos que prolonguem a vida do doente em fase terminal, de enfermidade grave e incurável, respeitada a vontade da pessoa ou de seu representante legal), no ponto em que realça a definição do termo **obstinação terapêutica** trazida por Jean Robert Debray em seu livro *L'acharnement thérapeutique*: "'Comportamento médi-

---

[31] Debora Diniz, Quando a morte é um ato de cuidado, in Daniel Sarmento e Flávia Piovesan (org.), *Nos limites da vida*, Lumen Juris, 2007, p. 295.

[32] Leo Pessini, Distanásia: até quando investir sem agredir?, p. 31.

co que consiste em utilizar **procedimentos terapêuticos cujos efeitos são mais nocivos do que o próprio mal a ser curado**. Inúteis, pois a cura é impossível e os benefícios esperados são menores que os inconvenientes provocados'. Essa batalha fútil, travada em nome do caráter sagrado da vida, parece negar a própria vida humana naquilo que ela tem de mais essencial: a **dignidade**".

■ **eutanásia:** por alguns chamada de "morte serena", "morte doce", "boa morte", consiste em abreviar a vida de doente incurável e terminal, procurando diminuir a sua dor ou sofrimento.

Conforme explicam Barroso e Martel, a eutanásia pode ser definida como a "ação médica intencional de apressar ou provocar a morte — com exclusiva finalidade benevolente — de pessoa que se encontre em situação considerada irreversível e incurável, consoante os padrões médicos vigentes, e que padeça de intensos sofrimentos físicos e psíquicos".[33]

Os autores ainda estabelecem três espécies do instituto: **a) eutanásia voluntária:** "quando há expresso e informado consentimento"; **b) eutanásia não voluntária:** "quando se realiza sem o conhecimento da vontade do paciente", por exemplo, no caso de pacientes incapazes; **c) eutanásia involuntária:** "quando é realizada contra a vontade do paciente. No que toca à eutanásia involuntária, há um relevante e adequado consenso jurídico quanto ao seu caráter criminoso".[34]

Atualmente, não tendo ainda o STF apreciado a matéria, a **eutanásia** enseja a prática do crime previsto no art. 121, § 1.º, CP, qual seja, **homicídio privilegiado**, já que praticado por **motivo de relevante valor moral** e, por esse motivo, a prescrição normativa da **causa de diminuição de pena**. Alguns autores o denominam **"homicídio por piedade"**.

Nesse sentido, o item 39 da *Exposição de Motivos do Código Penal* estabelece que, "por 'motivo de relevante valor social ou moral', o projeto entende significar o motivo que, em si mesmo, é aprovado pela moral prática, como, por exemplo, a compaixão ante o irremediável sofrimento da vítima (caso do homicídio eutanásico)".

Não se pode confundir o conceito acima definido de eutanásia, por alguns denominado **eutanásia ativa** (ou em sentido estrito), "consistente na ação deliberada de matar, por exemplo, ministrando algum medicamento, ou mediante a supressão de um tratamento já iniciado", com a **eutanásia passiva**, essa consistente na "omissão de algum tratamento que poderia assegurar a continuidade da vida, caso ministrado".[35]

■ **suicídio assistido:** nesse caso, a pessoa em estágio terminal é assistida para implementação da morte, praticando ela mesma todos os atos que levarão à sua morte.

---

33 Luís Roberto Barroso e Letícia de Campos Velho Martel, A morte como ela é: dignidade e autonomia individual no final da vida, *Revista Consultor Jurídico*, 11.07.2012.

34 Op. cit., nota de rodapé 6.

35 Ingo Wolfgang Sarlet et al., *Curso de direito constitucional*, 4. ed., p. 415-416.

Debora Diniz observa que em muitos casos a pessoa que quer pôr termo ao sofrimento não tem condições de se suicidar em razão de sua debilidade. Assim, "foram desenvolvidos mecanismos para garantir que apertando um botão de uma máquina, por exemplo, seja acionado um dispositivo para injetar o medicamento", no caso, letal.[36]

- **ortotanásia**: "trata-se da morte em seu tempo adequado, não combatida com os métodos extraordinários e desproporcionais utilizados na distanásia, nem apressada por ação intencional externa, como na eutanásia. É uma aceitação da morte, pois permite que ela siga seu curso. É prática 'sensível ao **processo de humanização da morte**, ao alívio das dores e não incorre em prolongamentos abusivos com aplicação de meios desproporcionados que imporiam sofrimentos adicionais'".[37]

Dentro dessa perspectiva, apesar das divergências de nomenclatura na doutrina, parece possível fazer a seguinte distinção: **a) eutanásia ativa indireta:** os mecanismos de sustentação artificial da vida são retirados, como, por exemplo, o desligamento de aparelhos; **b) eutanásia passiva:** não se inicia uma ação médica. A morte, nesses casos, virá naturalmente, diante da omissão.

Conforme anotam Canotilho e Vital Moreira, "jurídico-constitucionalmente, não existe o direito à eutanásia ativa, concebido como direito de exigir de um terceiro a provocação da morte para atenuar sofrimentos ('morte doce'), pois o respeito pela vida alheia não pode isentar os "homicidas por piedade" (cfr., porém, as especificidades do crime de 'homicídio a pedido da vítima' tipificado no art. 134 do CP). Relativamente à **ortotanásia ('eutanásia ativa indireta')** e **eutanásia passiva** — o direito de se opor ao prolongamento artificial da própria vida — em caso de doença incurável ('testamento biológico', 'direito de viver a morte'), podem-se justificar regras especiais quanto à organização dos cuidados e acompanhamento de doenças em fase terminal ('direito de morte com dignidade'), mas não se confere aos médicos ou pessoal de saúde qualquer direito de abstenção de cuidados em relação aos pacientes...".[38]

O tema se mostra bastante polêmico e está em discussão. A ideia de **bom senso**, **prudência** e **razoabilidade** deve ser considerada, deixando claro não haver, ao menos explicitamente, qualquer vedação constitucional ao dito "direito de morrer com dignidade" (Sarlet).

Finalmente, conforme já sinalizamos, deve ser destacada a **Res. n. 1.805/2006** do Conselho Federal de Medicina, que permite ao médico limitar ou suspender procedimentos e tratamentos que prolonguem a vida do **doente em fase terminal**, de **enfermidade grave** e **incurável**, respeitada a vontade da pessoa ou de seu representante legal, garantindo-lhe os cuidados necessários para aliviar os sintomas que levam ao sofrimento.

---

36 Op. cit., p. 299.

37 Luís Roberto Barroso e Letícia de Campos Velho Martel, op. cit.

38 J. J. Gomes Canotilho e Vital Moreira, *Constituição da República Portuguesa anotada*, p. 450.

Apesar de todas essas perspectivas, entendemos que a decisão individual terá de ser respeitada. A fé e a esperança não podem ser menosprezadas e, portanto, a frieza da definição não conseguirá explicar e convencer os milagres da vida. A Constituição garante, ao menos, apesar de ser o Estado laico, o amparo ao sentimento de esperança e fé que, muitas vezes, dá sentido a algumas situações incompreensíveis da vida.

■ 14.10.2. Princípio da igualdade (art. 5.º, *caput*, I)

■ *14.10.2.1. Aspectos gerais*

O art. 5.º, *caput,* consagra serem todos iguais perante a lei, sem distinção de qualquer natureza.

Deve-se, contudo, buscar não somente essa aparente igualdade formal (consagrada no *liberalismo clássico*), mas, principalmente, a **igualdade material**.

Isso porque, no *Estado social* ativo, efetivador dos direitos humanos, imagina-se uma igualdade mais real perante os bens da vida, diversa daquela apenas formalizada em face da lei.

Essa busca por uma **igualdade substancial**, muitas vezes idealista, reconheça-se, eterniza-se na sempre lembrada, com emoção, *Oração aos Moços*, de Rui Barbosa, inspirada na lição secular de Aristóteles, devendo-se *tratar igualmente os iguais e desigualmente os desiguais na medida de suas desigualdades*.

Em diversas hipóteses a própria Constituição se encarrega de aprofundar a regra da **isonomia material: a)** art. 3.º, I, III e IV; **b)** art. 4.º, VIII; **c)** art. 5.º, I, XXXVII, XLI e XLII; **d)** art. 7.º, XX, XXX,[39] XXXI, XXXII e XXXIV; **e)** art. 12, §§ 2.º e 3.º; **f)** art. 14, *caput*; **g)** art. 19, III; **h)** art. 23, II e X; **i)** art. 24, XIV; **j)** art. 37, I e VIII; **k)** art. 43, *caput*; **l)** art. 146, III, "d" (EC n. 42/2003 — Reforma Tributária); **m)** art. 150, II; **n)** art. 183, § 1.º, e art. 189, parágrafo único; **o)** art. 203, IV e V; **p)** art. 206, I; **q)** art. 208, III; **r)** art. 226, § 5.º; **s)** art. 231, § 2.º etc.

Em outras, é o próprio constituinte quem estabelece as desigualdades, por exemplo, em relação à igualdade entre homens e mulheres em direitos e obrigações, nos termos da Constituição, destacando-se as seguintes diferenciações: **a)** art. 5.º, L (*condições às presidiárias para que possam permanecer com os seus filhos durante o período de amamentação*); **b)** art. 7.º, XVIII e XIX (*licença-maternidade* e *licença-paternidade*); **c)** art. 143, §§ 1.º e 2.º (*serviço militar obrigatório*); **d)** art. 40, III, e art. 201, § 7.º, I e II (*regras sobre aposentadoria* — **EC n. 103/2019**).

---

[39] Nesse sentido, a **S. 683/STF**: "o limite de idade para a inscrição em concurso público só se legitima em face do art. 7.º, XXX, da Constituição, quando possa ser justificado pela natureza das atribuições do cargo a ser preenchido" (cf., também, o *tema 646* da repercussão geral — **ARE 678.112**). No mesmo sentido, o art. 27, *caput*, da Lei n. 10.741/2003 **(Estatuto do Idoso)**, nos seguintes termos: "na admissão do idoso em qualquer trabalho ou emprego, é vedada a discriminação e a fixação de limite máximo de idade, inclusive para concursos, ressalvados os casos em que a natureza do cargo o exigir". Sobre o Estatuto, cf. interessante e muito didática obra de Luiz Eduardo Alves de Siqueira, *Estatuto do Idoso de A a Z*, passim.

Além dessas e de outras hipóteses expressamente previstas na CF/88, a grande dificuldade consiste em saber até que ponto a desigualdade não gera inconstitucionalidade.

Celso Antônio Bandeira de Mello parece ter encontrado parâmetros sólidos e coerentes em sua clássica monografia sobre o tema do **princípio da igualdade**, na qual fala em três questões a serem observadas, a fim de se verificar o respeito ou desrespeito ao aludido princípio. O desrespeito a qualquer delas leva à inexorável ofensa à isonomia. Resta, então, enumerá-las: "a) a primeira diz com o elemento tomado como fator de desigualação; b) a segunda reporta-se à correlação lógica abstrata existente entre o fator erigido em critério de *discrímen* e a disparidade estabelecida no tratamento jurídico diversificado; c) a terceira atina à consonância desta correlação lógica com os interesses absorvidos no sistema constitucional e destarte juridicizados".[40]

14.10.2.2. "Separate but equal" e "Treatment as an equal" (Brown v. Board of Education)

Destacamos, antes das ações afirmativas, a perspectiva do ***separate but equal***, que vigorou durante muito tempo nos Estados Unidos e consistia na separação (*separate*) de brancos e negros, porém, assegurando uma prestação de serviços idêntica (*equal*). Assim, por exemplo, existiam escolas para negros e escolas para brancos, mas, embora separados, a qualidade de ensino deveria ser igual. O mesmo acontecia em relação ao transporte, ou seja, vagões para brancos e vagões para negros. Como a qualidade dos serviços era a mesma, não se vislumbrava violação à isonomia, muito embora a segregação.

Esse entendimento foi estabelecido pela Suprema Corte dos Estados Unidos no precedente *Plessy v. Ferguson*, 163 U.S. 537, em 18.05.1896. O Estado da Louisiana (Estados Unidos) promulgou uma lei que exigia vagões de trens separados para negros e brancos. Em 1892, *Homer Adolph Plessy* — que na descrição do julgado foi "definido" como sendo 7/8 caucasiano, aqui no sentido de "raça branca", e 1/8 de "raça negra" — sentou-se em um vagão apenas para "brancos" em um trem da Louisiana. Houve pedido para se mudar para o vagão destinado aos "negros". Diante de sua recusa, ele foi preso e retirado do trem.

Por 7 x 1, a Suprema Corte dos Estados Unidos entendeu que essa segregação imposta pela lei nos Estados do Sul não violava a 14.ª Emenda à Constituição americana, por não significar inferioridade dos afro-americanos, tratando-se de questão meramente política.

Em momento seguinte, sob forte influência do Chief Justice Earl Warren, nomeado por Eisenhower, a Suprema Corte dos Estados Unidos, por 9 x 0, no famoso caso *Brown v. Board of Education* (347 U.S. 483, 1954) proferiu decisão histórica, verdadeiro marco no movimento de direitos civis, declarando ser inconstitucional

---

40 Celso Antônio Bandeira de Mello, *Conteúdo jurídico do princípio da igualdade*, p. 21, e desenvolvimento, p. 23-43.

a segregação racial entre estudantes brancos e negros nas escolas públicas do país por violar a cláusula de proteção de iguais prevista na 14.ª emenda, revertendo, assim, o citado entendimento que até então vigorava desde 1896 (*Plessy v. Ferguson*, 163 U.S. 537).

Houve muita resistência para o cumprimento da decisão, assim como a alegação de que esta não teria disciplinado o modo de sua execução, o que ensejou a necessidade de uma nova explicitação pela Corte (caso *Brown II*), pela qual se ordenou a implementação da **proibição de segregação** da forma mais rápida possível. Como essa decisão ensejou forte reação contrária e resistência (o fenômeno do ***backlash*** — cf. *item 1.7*), podemos dizer que a Corte exerceu, na sistematização proposta por Luís Roberto Barroso,[41] um sugerido **papel iluminista** (cf. *item 1.6.4* deste nosso estudo).

Essa nova perspectiva do ***treatment as an equal*** estimulou a implementação das ações afirmativas para afastar o sentimento de discriminação que vigorou por muitos anos. Atualmente, contudo, as próprias ações afirmativas estão sendo revistas, no sentido de que a igualdade já está assegurada de modo substancial, não havendo mais necessidade de interferência do Estado.

■ 14.10.2.3. Ações afirmativas — três importantes precedentes da Suprema Corte

Esses critérios podem servir de parâmetros para a aplicação das denominadas **discriminações positivas**, ou ***affirmative actions***,[42] tendo em vista que, segundo David Araujo e Nunes Júnior, "... o constituinte tratou de proteger certos grupos que, a seu entender, mereceriam tratamento diverso. Enfocando-os a partir de uma realidade histórica de marginalização social ou de hipossuficiência decorrente de outros fatores, cuidou de estabelecer **medidas de compensação**, buscando concretizar, ao menos em parte, uma igualdade de oportunidades com os demais indivíduos, que não sofreram as mesmas espécies de restrições".[43]

Passamos a destacar importantes precedentes estabelecidos pelo STF.

A) COTAS RACIAIS

Em primeiro lugar, lembramos, em **26.04.2012**, o julgamento das **cotas raciais**, notadamente a discussão travada na **ADPF 186**, que considerou **constitucional** a política de cotas étnico-raciais para seleção de estudantes da Universidade de Brasília (UnB) (para um outro precedente, cf. julgamento do **RE**

---

[41] Luís Roberto Barroso, Contramajoritário, representativo e iluminista: os papéis das Supremas Cortes e Tribunais Constitucionais nas democracias contemporâneas, p. 39-50.

[42] Cf. interessante trabalho de Paulo Lucena de Menezes, *A ação afirmativa (*affirmative action*) no direito norte-americano*, passim, esp. p. 147-154 para o ordenamento brasileiro, e, também, o do Ministro do STF Joaquim Barbosa, intitulado *Ação afirmativa & princípio constitucional da igualdade*: o direito como instrumento de transformação social — a experiência dos EUA, passim.

[43] *Curso de direito constitucional*, 6. ed., 2002, p. 93 (original sem grifos).

597.285 que discute o sistema de cotas adotado pela Universidade Federal do Rio Grande do Sul).

Conforme ponderou o Min. Lewandowski, relator do caso, "as experiências submetidas ao crivo desta Suprema Corte têm como propósito a correção de desigualdades sociais, historicamente determinadas, bem como a promoção da diversidade cultural na comunidade acadêmica e científica. No caso da Universidade de Brasília, a reserva de 20% de suas vagas para estudantes negros e de 'um pequeno número' delas para 'índios de todos os Estados brasileiros', pelo **prazo de 10 anos**, constitui providência adequada e proporcional ao atingimento dos mencionados desideratos. Dito de outro modo, a política de ação afirmativa adotada pela UnB não se mostra desproporcional ou irrazoável, afigurando-se, também sob esse ângulo, compatível com os valores e princípios da Constituição" (fls. 46-47 de seu voto).

Ainda, o STF declarou o reconhecimento da proclamação na Constituição da **igualdade material**, sendo que, para assegurá-la, "o Estado poderia lançar mão de políticas de cunho universalista — a abranger número indeterminado de indivíduos — mediante **ações de natureza estrutural**; ou de **ações afirmativas** — a atingir **grupos sociais determinados** — por meio da atribuição de certas vantagens, por **tempo limitado**, para permitir a **suplantação de desigualdades ocasionadas por situações históricas particulares**. Certificou-se que a adoção de políticas que levariam ao afastamento de perspectiva meramente formal do princípio da isonomia integraria o cerne do conceito de democracia. Anotou-se a superação de concepção estratificada da igualdade, outrora definida apenas como direito, sem que se cogitasse convertê-lo em possibilidade" (*Inf. 663/STF*).

A partir desse julgamento, devemos destacar, em momento seguinte, a aprovação da **Lei n. 12.990/2014** que reserva aos negros **20%** das vagas oferecidas nos **concursos públicos** para provimento de cargos efetivos e empregos públicos no âmbito da **administração pública federal, das autarquias, das fundações públicas, das empresas públicas e das sociedades de economia mista controladas pela União**, pelo prazo de **10 anos** (art. 6.º).

Cabe lembrar que, em 08.06.2017, o STF, por unanimidade, julgou procedente o pedido formulado na **ADC 41** para declarar a integral constitucionalidade da referida Lei n. 12.990/2014, fixando a seguinte tese de julgamento: "é constitucional a reserva de 20% das vagas oferecidas nos concursos públicos para provimento de cargos efetivos e empregos públicos no âmbito da administração pública direta e indireta. **É legítima a utilização, além da autodeclaração, de critérios subsidiários de heteroidentificação**, desde que respeitada a dignidade da pessoa humana e garantidos o contraditório e a ampla defesa".

Na medida em que a legislação é explícita ao estabelecer a reserva de vagas apenas no âmbito do Poder Executivo Federal, muitos vêm discutindo a extensão dessas regras para o âmbito dos demais entes federativos e, ainda, para os concursos realizados no Judiciário e no Legislativo.

Procurando minimizar essa polêmica, em **18.03.2015**, levando em consideração a decisão firmada na **ADPF 186**, bem como a **Lei n. 12.990/2014** e o **Estatuto da**

Igualdade Racial (Lei n. 12.288/2010), o presidente do STF e do CNJ, Min. Lewandowski, assinou atos normativos instituindo a reserva de vagas dentro do limite fixado na citada Lei n. 12.990/2014, qual seja, **10 anos** a partir de sua publicação, para os concursos de provimento de cargos efetivos nos âmbitos do STF **(Res. n. 548/2015)** e do CNJ **(IN n. 63/2015)**.

Durante a solenidade, o Min. Lewandowski afirmou que em breve o CNJ analisaria a implantação das regras para os concursos públicos de todo o Judiciário brasileiro. Conforme afirmou, "'o que o Supremo Tribunal Federal faz hoje é um primeiro passo, mas **que em breve deverá ser estendido, por meio de decisão do Conselho Nacional de Justiça, para toda a magistratura**', afirmou durante a cerimônia. O presidente do STF destacou que segundo dados do último censo realizado pelo IBGE, em toda a magistratura brasileira figuram apenas 1,4% de negros" (*Notícias STF de 18.03.2015*).

Em curto espaço de tempo, o **CNJ** editou a **Res. n. 203/2015**, dispondo sobre a reserva aos negros, no âmbito do Poder Judiciário, de 20% das vagas oferecidas nos concursos públicos para provimento de cargos efetivos e de ingresso na magistratura.

Nesse mesmo sentido, com certa demora, já que a lei data de 2014, o **CNMP** editou a **Res. n. 170/2017**, também dispondo sobre a reserva aos negros do mínimo de 20% das vagas oferecidas nos concursos públicos para provimento de cargos do Conselho Nacional do Ministério Público e do Ministério Público brasileiro, bem como de ingresso na carreira de membros dos órgãos enumerados no art. 128, incisos I e II, da Constituição Federal.

B) PROUNI

Em segundo lugar, dentro dessa ideia de **política de cotas** e diante de toda a problemática gerada por outras iniciativas, o Governo Federal, através da **MP n. 213**, de 10.09.2004, instituiu o **PROUNI — Programa Universidade para Todos**, que foi regulamentado pelo Decreto n. 5.493/2005. A Medida Provisória n. 213 foi objeto das ADIs 3.314 e 3.379, apensadas à **ADI 3.330**, e, posteriormente, convertida na **Lei n. 11.096/2005**.

O art. 1.º da Lei, ao instituir o PROUNI, dispõe tratar-se de programa destinado à concessão de bolsas de estudo integrais e parciais de 50% ou de 25% para estudantes de cursos de graduação e sequenciais de formação específica, em instituições privadas de ensino superior, com ou sem fins lucrativos.

O art. 2.º destina a bolsa para: **a)** estudante que tenha cursado o ensino médio completo em escola da rede pública ou em instituições privadas na condição de bolsista integral; **b)** estudante portador de deficiência, nos termos da lei; **c)** professor da rede pública de ensino, para os cursos de licenciatura, normal superior e pedagogia, destinados à formação do magistério da educação básica, independentemente da renda a que se referem os §§ 1.º e 2.º do art. 1.º desta Lei.

Por maioria de votos, o STF, em **03.05.2012**, julgou **constitucional** o **PROUNI**, como importante **fator de inserção social** e cumprimento do art. 205 da CF/88, que estatui ser a educação direito de todos e **dever** do Estado e da família.

Ainda, o programa encontra-se em sintonia com diversos dispositivos da Constituição que estabelecem a **redução de desigualdades sociais**.

Não se poderia sustentar violação ao *princípio da autonomia universitária*, previsto no art. 207 da CF/88, na medida em que a adesão ao programa é **facultativa** (art. 5.º, *caput*, da Lei n. 11.096/2005).

Também, não se acatou a argumentação de violação ao princípio da livre-iniciativa (art. 170, parágrafo único), tendo em vista "a ociosidade de vagas nas instituições de ensino superior, a favorecer a manutenção de suas atividades, frente aos benefícios tributários de que passariam a usufruir" (*Inf. 664/STF*).

No mais, a isonomia substancial mostra-se fortalecida, uma vez que o programa permite o cumprimento da regra contida no art. 206, I: **princípio da igualdade de condições para o acesso e permanência na escola**.

C) LEI MARIA DA PENHA

Finalmente, destacamos decisão do STF pela qual se adotaram interpretações mais protetivas às mulheres em relação a dispositivos da Lei n. 11.340/2006 **(Lei Maria da Penha)**, em nítida **ação afirmativa com o objetivo de intimidar a prática de violência doméstica**.

O Tribunal, por unanimidade e nos termos do voto do Relator, em **09.02.2012**, julgou procedente a **ADC 19**, para declarar a constitucionalidade dos arts. 1.º, 33 e 41 da Lei n. 11.340/2006 (*Lei Maria da Penha*), tendo por fundamento o **princípio da igualdade**, bem como o **combate ao desprezo às famílias**, sendo considerada a **mulher** a sua **célula básica**.

Na mesma assentada, por maioria e nos termos do voto do Relator, o STF julgou procedente a **ADI 4.424**, para, dando interpretação conforme os arts. 12, I, e 16, ambos da Lei n. 11.340/2006 (*Lei Maria da Penha*), declarar a **natureza incondicionada** da **ação penal** em caso de **crime de lesão, pouco importando a extensão desta, praticado contra a mulher no ambiente doméstico** (cf. *item 19.9.5*).

■ *14.10.2.4. Ações afirmativas — indicação de Ministros para o STF*

Temos, ainda, 2 exemplos de **ações afirmativas**, quais sejam, a indicação de uma **mulher** e de um **negro** para o STF, isso depois de mais de 200 anos e 289 Ministros nomeados (quantidade até o fechamento desta edição), considerando que o STF tem a sua origem histórica no início do século XIX (*Casa da Suplicação do Brasil* — ainda na fase colonial, em 10.05.1808, e *Supremo Tribunal de Justiça*, em 09.01.1829 — *vide item 11.8.1*).

Como se sabe, *Ellen Gracie Northfleet* foi a **primeira mulher** a integrar o STF, tendo tomado posse em 14.12.2000. Conforme asseverou o Ministro Celso de Mello, "o ato de escolha da Ministra Ellen Gracie para o Supremo Tribunal Federal — **além** de expressar a celebração de um novo tempo — teve o significado de verdadeiro rito de passagem, **pois inaugurou**, de modo positivo, na história judiciária do Brasil, uma clara e irreversível transição para um modelo social **que repudia a**

discriminação de gênero, ao mesmo tempo **em que consagra a prática afirmativa e republicana da igualdade**".[44]

Em relação à indicação de um **Ministro negro**, conforme noticiado pelo STF, "o presidente da República, Luiz Inácio Lula da Silva, pretende indicar um ministro negro para uma das próximas vagas que abrirão para o Supremo Tribunal Federal. A informação foi dada na manhã de hoje (7/4/03) pela secretária Especial de Políticas e Promoção da Igualdade Racial, Matilde Ribeiro, ao presidente do Supremo Tribunal Federal, ministro Marco Aurélio, com quem esteve em audiência. A secretária disse que conversou com Marco Aurélio sobre **ações afirmativas**, e declarou, após o encontro: 'Estamos vivendo um período bastante positivo em que este governo está, de fato, sendo propositivo e indicando pessoas que não tiveram acesso ao poder, considerando que o nosso país é bastante discriminatório e racista'. A secretária afirmou também que o debate desse tema 'deve ser aprofundado'".[45]

Essa pretensão do Presidente Lula, como todos sabem, foi confirmada pela indicação do *Ministro Joaquim Barbosa*, que, juntamente com Cezar Peluso e Carlos Britto, tomou posse no STF em 25.06.2003.

■ 14.10.2.5. Congeneridade

Outro assunto causou muita polêmica, a qual foi vivenciada pelos amigos do Distrito Federal.

O **art. 49 da Lei n. 9.394/96** (*que estabelece as diretrizes e bases da educação nacional*) prescreve que as instituições de educação superior aceitarão a transferência de alunos regulares, para cursos afins, na hipótese de existência de vagas e **mediante processo seletivo**.

O parágrafo único do aludido dispositivo, por seu turno, prescreve que as **transferências *ex officio*** dar-se-ão na forma da **lei**.

A **Lei n. 9.536/97** regulamenta o assunto. O seu art. 1.º prevê que a transferência *ex officio* será efetivada, *entre instituições vinculadas a qualquer sistema de ensino*, **em qualquer época do ano** e **independentemente da existência de vaga**, quando se tratar de servidor público federal civil ou militar estudante, ou seu dependente estudante, se requerida por motivo de comprovada **remoção** ou **transferência de ofício**, que acarrete mudança de domicílio para o Município onde se situe a instituição recebedora, ou para localidade mais próxima desta, não se aplicando essa regra quando o interessado na transferência se deslocar para assumir cargo efetivo em razão de concurso público, cargo comissionado ou função de confiança.

Em virtude dessa regra e de *Parecer AGU/RA 02/2004*, o Conselho Universitário da Universidade de Brasília (UnB) decidiu **suspender o vestibular para o curso**

---

44 José Celso de Mello Filho, *Notas sobre o Supremo Tribunal (Império e República)*, 4. ed., 2014, p. 23. Lembramos um fato insólito: com a indicação da primeira mulher ao cargo de Ministro do STF, a Corte teve que passar por uma reforma para construir um **banheiro feminino** ao lado do plenário!

45 *Notícias STF*, 07.04.2003 — 16h59: "Lula pretende indicar negro para o Supremo, diz secretária ao presidente do STF" (<www.stf.gov.br>).

de Direito tamanha a quantidade de pedidos de transferência, sobretudo de filhos de militares. A situação se agrava haja vista ser a Capital Federal, sem dúvida, um grande centro de concentração do oficialato militar.

Diante de toda essa polêmica, foi proposta a **ADI 3.324**, pelo PGR, questionando a aludida sistemática, especialmente a transferência de militares e dependentes estudantes em universidades particulares para públicas.

O Plenário do STF, por unanimidade, julgou procedente, em parte, a Ação Direta de Inconstitucionalidade, acompanhando o voto do relator, Ministro Marco Aurélio, "que decidiu dar ao artigo 1.º da Lei 9.536/1997 *interpretação conforme à Constituição Federal*, de modo a autorizar a transferência obrigatória desde que a instituição de destino seja *congênere* à de origem, ou seja, de pública para pública ou de privada para privada" (j. 16.12.2004).

"O Ministro Gilmar Mendes, que também acompanhou o voto do relator, disse que 'o critério da congeneridade é estritamente proporcional ao caso porque garante o ingresso *ex officio*, como garante a integridade da autonomia universitária, além de preservar minimamente o interesse daqueles que não são servidores públicos civis ou militares ou seus dependentes, ou seja, a grande maioria da população brasileira'" (*Notícias STF*, 16.12.2004 — 18h34).

Em relação ao *servidor público federal civil*, cabe destacar, no mesmo sentido do julgamento da ADI 3.324, o art. 99 da Lei n. 8.112/90, que garante a "matrícula em instituição de ensino congênere".[46]

A orientação firmada na ADI 3.324 tem sido aplicada em diversas decisões da Corte, sejam colegiadas ou monocráticas, inclusive em **reclamações constitucionais** em razão do efeito vinculante da ação direta.[47]

Destacando voto do Min. Teori Zavascki na Rcl 11.920, o Min. Celso de Mello, no julgamento da **Rcl 23.849**, explicitou o critério da congeneridade das instituições de ensino: "de instituição **particular** para instituição **particular** ou, então, de instituição **pública** para instituição **pública**, sendo **indiferente**, neste último caso, que se trate de **instituição federal, estadual, distrital** ou **municipal**". Tratava-se de matrícula na Faculdade de Direito da *USP* (de natureza pública estadual) de aluna oriunda da *UNIRIO* (de natureza pública federal), em razão de manter união estável com integrante das Forças Armadas transferido *ex officio* do Rio de Janeiro para São Paulo, em razão de interesse da Administração Pública (j. 16.06.2016).

Mas uma pergunta prática deve ser feita: e se na localidade de transferência do servidor público por interesse da administração inexistir instituição de ensino congênere?

---

46 Na linha do julgado na ADI 3.324, fundamentando-se no **critério da congeneridade**, cf. Rcl 4.036-MC/RJ.

47 Reafirmando a regra da congeneridade, cf.: Rcl 3.480, Rcl 6.425, Rcl 7.483, Rcl 11.920, RE 575.830 etc. Muito embora alguns Ministros tenham falado em "princípio" da congeneridade (Ayres Britto na ADI 3.324, Dias Toffoli no AI 857.375 e Gilmar Mendes na Rcl 3.665), em verdade, trata-se de **regra** a ser observada.

O **STJ** vinha admitindo uma **exceção** à referida **regra da congeneridade** (universidade pública para pública ou privada para privada), qual seja, "se não houver curso correspondente em estabelecimento congênere no local da nova residência ou em suas imediações, **hipótese em que deve ser assegurada a matrícula em instituição não congênere**" (AgRg no REsp 1.161.861-RS, *DJE* de 04.02.2010, e AgRg no REsp 1.335.562-RS, Rel. Min. Arnaldo Esteves Lima, j. 06.11.2012).

Essa particularidade (*inexistência de curso correspondente em estabelecimento congênere no local da nova residência ou em suas imediações*) **não** foi apreciada pelo STF no julgamento da ADI 3.324 (precedente) e em outros julgados sobre a matéria.

Em momento seguinte, contudo, a Corte, apreciando o *tema 57* da repercussão geral, fixou a seguinte tese: "é constitucional a previsão legal que assegure, na hipótese de transferência *ex officio* de servidor, a matrícula em instituição pública, **se inexistir instituição congênere à de origem**" (**RE 601.580**, j. 19.09.2018), enaltecendo o direito à educação.

■ 14.10.2.6. Foro da residência da mulher no revogado CPC/73. Novas regras trazidas pelo CPC/2015 (foro de domicílio do guardião de filho incapaz) e pela Lei n. 13.894/2019 (foro do domicílio da vítima de violência doméstica e familiar, nos termos da Lei Maria da Penha)

O STF, em discutível decisão, analisando a regra contida no art. 100, I, do revogado CPC/73, que determinava ser competente o foro da residência da mulher para a ação de separação dos cônjuges e a conversão desta em divórcio, e para a anulação de casamento, entendeu não haver afronta ao princípio da igualdade entre homens e mulheres (art. 5.º, I, CF/88), nem mesmo à isonomia entre os cônjuges (art. 226, § 5.º, da CF/88), declarando, naquele momento, a sua recepção pela Constituição (**RE 227.114**, Rel. Min. Joaquim Barbosa, j. 22.11.2011, 2.ª T., *DJE* de 16.02.2012).

O **CPC/2015**, por sua vez, modificando a regra do CPC/73, deixou de prever o foro privilegiado da residência da mulher, passando a estabelecer, como premissa, a vulnerabilidade do guardião e do filho incapaz (conjuntamente considerados).

Pela nova regra contida no **art. 53, I, CPC/2015**, para a ação de divórcio, separação, anulação de casamento e reconhecimento ou dissolução de união estável, era competente o **foro de domicílio do guardião de filho incapaz**. Caso não houvesse filho incapaz, o do último domicílio do casal. Se nenhuma das partes residisse no antigo domicílio do casal, o do réu.

Em momento seguinte, a **Lei n. 13.894/2019** alterou referida regra processual, passando a estabelecer a competência do **foro do domicílio da vítima de violência doméstica e familiar**, nos termos da Lei n. 11.340/2006 (Lei Maria da Penha) (art. 53, I, "d", do CPC/2015).

Conforme se observa, o legislador silenciou sobre a preferência de domicílio. Antes do advento da referida lei, havia consenso em se afirmar que as alíneas "a" – "c" do art. 53, I, CPC/2015, estavam previstas em ordem preferencial.

Com a nova regra, contudo, pensamos que a alínea "d" (foro de domicílio da vítima de violência doméstica e familiar) passa a ter preferência sobre as demais, que incidirão somente se não observada a situação de vítima de violência doméstica e familiar.

■ *14.10.2.7. Art. 384 da CLT: obrigatoriedade de intervalo de 15 minutos para as mulheres antes de hora extra. Revogação expressa pela Lei n. 13.467/2017 (Reforma Trabalhista)*

Antes de sua revogação expressa pela Lei n. 13.467/2017 (**Reforma Trabalhista**), o tema da isonomia entre homens e mulheres (art. 5.º, I) foi retomado na discussão sobre a recepção ou não do **art. 384 da CLT**, que, tratando da proteção do trabalho da **mulher**, estabeleceu, para a hipótese de prorrogação do horário normal, a **obrigatoriedade** de **descanso de 15 minutos, no mínimo**, antes do início do período extraordinário.

Analisando os artigos da Carta Magna, não há qualquer regra expressa sobre a hipótese tratada na CLT, que destinava a proteção **exclusivamente** para a **mulher**. Encontramos apenas a previsão genérica do art. 7.º, XX, que assegura a proteção do mercado de trabalho da **mulher**, mediante incentivos **específicos**, nos termos da **lei**.

Essa garantia **exclusiva da trabalhadora mulher**, muito embora polêmica diante do princípio da isonomia, desde 17.11.2008, já vinha sendo reconhecida pelo **TST** desde o julgamento de questão de ordem resolvida pelo Pleno em recurso de revista **(TST-IIN-RR-1.540/2005-046-12-00.5)**.

O **STF**, por maioria apertada (5 x 4), referendou esse entendimento, **reconhecendo a recepção do art. 384 da CLT** no julgamento do **RE 658.312** (j. 27.11.2014, *DJE* de 03.09.2015).

Para o Min. Dias Toffoli, Relator, dois foram os argumentos a ensejar o tratamento desigual entre os gêneros: **a)** existência de componente orgânico e biológico a justificar a desigualação, inclusive diante de menor resistência física da mulher; **b)** existência de componente social justificado pela dita dupla jornada da mulher, no lar e no ambiente de trabalho.

Contra essa decisão foram interpostos embargos declaratórios, sustentando a nulidade do julgamento por ausência de intimação dos defensores do embargante. O Pleno, em 05.08.2015, acolhendo o pedido, conferiu efeito modificativo e anulou o acórdão, determinando a inclusão em pauta para novo julgamento.

Antes deste novo julgamento, contudo, a **Reforma Trabalhista revogou expressamente o art. 384 da CLT** (art. 5.º da Lei n. 13.467/2017), deixando claro, portanto, não ser mais obrigatória a concessão desse intervalo para a mulher.

Em edições anteriores, diante da nova posição que, **felizmente**, a mulher vem adquirindo na sociedade, sustentávamos a revogação do dispositivo ou a sua ampliação, em igualdade, para os homens trabalhadores.

Superada essa questão em relação à distinção entre o homem e a mulher, um ponto final precisa ser colocado: diante da revogação expressa do art. 384 da CLT, essa garantia, que era assegurada ao **empregado menor de 18 anos**, nos termos do art. 413, parágrafo único, da CLT, **também deixou de ser obrigatória**. Em nosso entender, o legislador poderia ter sido mais cauteloso em relação a esse ponto específico, pois, pensamos, havia razoabilidade em se assegurar essa garantia para o menor de 18 anos.

■ 14.10.3. Princípio da legalidade (art. 5.º, II)

O princípio da legalidade surgiu com o Estado de Direito, opondo-se a toda e qualquer forma de poder autoritário, antidemocrático.

Esse princípio já estava previsto no art. 4.º da Declaração dos Direitos do Homem e do Cidadão. No direito brasileiro vem contemplado nos arts. 5.º, II; 37; e 84, IV, da CF/88.

O inciso II do art. 5.º estabelece que "ninguém será obrigado a fazer ou deixar de fazer alguma coisa senão em virtude de lei". Mencionado princípio deve ser lido de forma diferente para o **particular** e para a **administração**. Vejamos:

No âmbito das **relações particulares**, pode-se fazer tudo o que a lei não proíbe, vigorando o princípio da **autonomia da vontade**, lembrando a possibilidade de ponderação desse valor com o da **dignidade da pessoa humana** e, assim, a aplicação horizontal dos direitos fundamentais nas relações entre particulares, conforme estudado.

Já no que tange à **administração**, esta só poderá fazer o que a lei permitir. Deve andar nos "trilhos da lei", corroborando a máxima do direito inglês: *rule of law, not of men*. Trata-se do **princípio da legalidade estrita**, que, por seu turno, **não é absoluto!** Existem algumas restrições, como as medidas provisórias, o estado de defesa e o estado de sítio, já analisados por nós neste trabalho.

■ 14.10.4. Proibição da tortura (art. 5.º, III)

Ninguém será submetido a tortura nem a tratamento desumano ou degradante, sendo que a lei considerará crime inafiançável a prática da tortura **(art. 5.º, XLIII, CF/88)**. A **Lei n. 9.455/97** integrou a referida norma constitucional, definindo os crimes de tortura. Por sua vez, a **Lei n. 12.847/2013**, além de instituir o *Sistema Nacional de Prevenção e Combate à Tortura*, criou o *Comitê Nacional de Prevenção e Combate à Tortura* e o *Mecanismo Nacional de Prevenção e Combate à Tortura*.

■ *14.10.4.1. Algemas*

Conforme jurisprudência do STF, "o uso legítimo de **algemas** não é arbitrário, sendo de natureza excepcional, a ser adotado nos casos e com as finalidades de impedir, prevenir ou dificultar a fuga ou reação indevida do preso, desde que haja fundada suspeita ou justificado receio de que tanto venha a ocorrer, e para evitar agressão do preso contra os próprios policiais, contra terceiros ou contra si mesmo.

O emprego dessa medida tem como balizamento jurídico necessário os princípios da proporcionalidade e da razoabilidade" (HC 89.429, Rel. Min. Cármen Lúcia, j. 22.08.2006, *DJ* de 02.02.2007).

Nesse sentido, destacamos a **SV 11/2008**, com a seguinte redação: "só é lícito o uso de algemas em casos de resistência e de fundado receio de fuga ou de perigo à integridade física própria ou alheia, por parte do preso ou de terceiros, justificada a excepcionalidade por escrito, sob pena de responsabilidade disciplinar, civil e penal do agente ou da autoridade e de nulidade da prisão ou do ato processual a que se refere, sem prejuízo da responsabilidade civil do Estado".

Referida súmula vinculante "prescrevendo" regras em relação ao uso de algemas foi aprovada pelo STF quando ainda não havia normatização geral sobre a matéria pelo Congresso Nacional.

No momento de sua adoção, destacamos a existência do art. 199 da Lei n. 7.210/84 (LEP), ao estabelecer que o emprego de algemas será disciplinado por **decreto federal**, havendo, em termos normativos, a Lei n. 11.689, de 09.06.2008, que disciplina o seu uso **apenas** para as hipóteses do **plenário do júri**. Conforme se observa, a **SV 11/STF** foi aprovada em momento seguinte, qual seja, em 13.08.2008.

Com atraso de mais de 30 anos, atendendo ao comando da LEP, foi editado o **Decreto n. 8.858/2016**, que disciplinou o uso de algemas, partindo das seguintes **diretrizes**:

- dignidade da pessoa humana (art. 1.º, III, CF/88);
- proibição de submissão a tratamento desumano e degradante (art. 5.º, III, CF/88);
- Regras de Bangkok (Resolução n. 2010/16, de 22.07.2010, das Nações Unidas sobre o tratamento de mulheres presas e medidas não privativas de liberdade para mulheres infratoras);
- Pacto de San José da Costa Rica (que determina o tratamento humanitário dos presos e, em especial, das mulheres em condição de vulnerabilidade).

O art. 2.º do decreto copia as disposições da SV 11, sem contudo prescrever consequências em caso de seu descumprimento.

Por sua vez, o art. 3.º do decreto veda o uso de algemas em mulheres presas em qualquer unidade do sistema penitenciário nacional durante o trabalho de parto, no trajeto da parturiente entre a unidade prisional e a unidade hospitalar e após o parto, durante o período em que se encontrar hospitalizada.

Sinceramente temos dúvidas, apesar do grande avanço trazido pelo decreto, se a disposição prevista no art. 199 da LEP, que delega ao **decreto** a regulamentação sobre o uso de algemas, foi recepcionada pela CF/88.

Em nosso entender, de acordo com o art. 22, I, haveria a necessidade de lei (nacional) em sentido formal para tratar sobre o assunto e não de decreto do Executivo.

Nesse sentido, a **Lei n. 13.434/2017**, ao acrescentar o parágrafo único ao art. 292 do CPP, parece ter substituído o art. 3.º do decreto. Confira: "é vedado o uso de algemas em mulheres grávidas durante os atos médico-hospitalares preparatórios para a realização do parto e durante o trabalho de parto, bem como em mulheres durante o período de puerpério imediato".

Por todo o exposto, não restam dúvidas que a **SV 11/STF continua válida e aplicável**, em qualquer das hipóteses em que se possa pensar:

- **o art. 199 da LEP foi recepcionado e, portanto, o decreto é válido:** a SV 11 continua válida no ponto em que estabelece consequências em caso de seu descumprimento, quais sejam: a) responsabilidade disciplinar, civil e penal do agente ou da autoridade; b) nulidade da prisão ou do ato processual a que se refere; c) responsabilidade civil do Estado;
- **o art. 199 da LEP não foi recepcionado pela CF/88, pois haveria a necessidade de lei formal:** nessa hipótese, além da regra sobre o uso de algemas no júri (Lei n. 11.689/2008), há apenas a Lei n. 13.434/2017 tratando sobre um único assunto: regras em relação às mulheres grávidas. Assim, a SV 11/STF estaria com a sua validade total, já que não teria sido derrogada pelo decreto presidencial.

Sobre o tema, vale lembrar que o art. 17 da **Lei n. 13.869/2019** (Lei de Abuso de Autoridade) tinha a seguinte redação: "Submeter o preso, internado ou apreendido ao **uso de algemas** ou de qualquer outro objeto que lhe restrinja o movimento dos membros, quando manifestamente não houver resistência à prisão, internação ou apreensão, ameaça de fuga ou risco à integridade física do próprio preso, internado ou apreendido, da autoridade ou de terceiro".

Referido dispositivo foi vetado pelo Presidente da República, com as seguintes razões: "A propositura legislativa, ao tratar de forma genérica sobre a matéria, gera insegurança jurídica por encerrar tipo penal aberto e que comporta interpretação. Ademais, há ofensa ao princípio da intervenção mínima, para o qual o Direito Penal só deve ser aplicado quando estritamente necessário, além do fato de que **o uso de algemas já se encontra devidamente tratado pelo Supremo Tribunal Federal, nos termos da Súmula Vinculante n. 11**, que estabelece parâmetros e a eventual responsabilização do agente público que o descumprir" (Mensagem n. 406/2019).

Analisando a redação da SV n. 11 e a do artigo vetado, observa-se um conteúdo muito próximo. Em nossa opinião, não é papel do Poder Judiciário legislar. Nesse sentido, os motivos do veto quando afirmam que o tema já está disciplinado não se sustentam, já que é o Parlamento o órgão que tem a função típica de normatizar.

■ *14.10.4.2. Lei da Anistia*

Outro tema importante diz respeito à análise da recepção da chamada **Lei da Anistia** (Lei n. 6.683/79) pelo novo ordenamento, levado ao STF pela OAB na **ADPF**

153, que pretendia fosse anulado o perdão dado aos policiais e militares acusados de praticar atos de tortura, durante o regime militar, e que encontrava respaldo no art. 1.º da referida lei, com a seguinte redação:

> "É **concedida anistia** a todos quantos, no período compreendido entre 02.09.61 e 15.08.79, cometeram crimes políticos ou conexos com estes, crimes eleitorais, aos que tiveram seus direitos políticos suspensos e aos **servidores da Administração Direta e Indireta, de fundações vinculadas ao poder público, aos Servidores dos Poderes Legislativo e Judiciário, aos Militares** e aos dirigentes e representantes sindicais, punidos com fundamento em Atos Institucionais e Complementares".

O STF, por **7 x 2**, entendeu como não admitida a revisão jurisdicional da *Lei da Anistia*, sustentando ter sido "... uma **decisão política** assumida naquele momento — o momento da transição conciliada de 1979. A Lei n. 6.683 é uma **lei-medida**, não uma regra para o futuro, dotada de abstração e generalidade. Há de ser **interpretada a partir da realidade no momento em que foi conquistada**. A Lei n. 6.683/1979 precede a *Convenção das Nações Unidas contra a Tortura e Outros Tratamentos ou Penas Cruéis, Desumanos ou Degradantes* — adotada pela Assembleia Geral em 10.12.1984, vigorando desde 26.06.1987 — e a Lei n. 9.455, de 07.04.1997, que define o crime de tortura; e o preceito veiculado pelo art. 5.º, XLIII, da Constituição — que declara insuscetíveis de graça e anistia a prática da tortura, entre outros crimes — não alcança, por impossibilidade lógica, anistias anteriormente à sua vigência consumadas. **A Constituição não afeta leis-medida que a tenham precedido**" (ADPF 153).

14.10.5. Liberdade da manifestação de pensamento (art. 5.º, IV e V)

A Constituição assegurou a liberdade de manifestação do pensamento, vedando o anonimato. Caso durante a manifestação do pensamento se cause dano material, moral ou à imagem, assegura-se o direito de resposta, proporcional ao agravo, além da indenização.

Tem razão Ingo Sarlet ao afirmar que a regra contida no referido **art. 5.º, IV**, CF/88, estabelece uma espécie de **"cláusula geral"** que, em conjunto com outros dispositivos, asseguram a **liberdade de expressão** nas suas diversas manifestações:

- liberdade de manifestação do pensamento (incluindo a liberdade de opinião);
- liberdade de expressão artística;
- liberdade de ensino e pesquisa;
- liberdade de comunicação e de informação (liberdade de "imprensa");
- liberdade de expressão religiosa.[48]

[48] Ingo Sarlet, *Curso de direito constitucional*, 2. ed., p. 452 e 454.

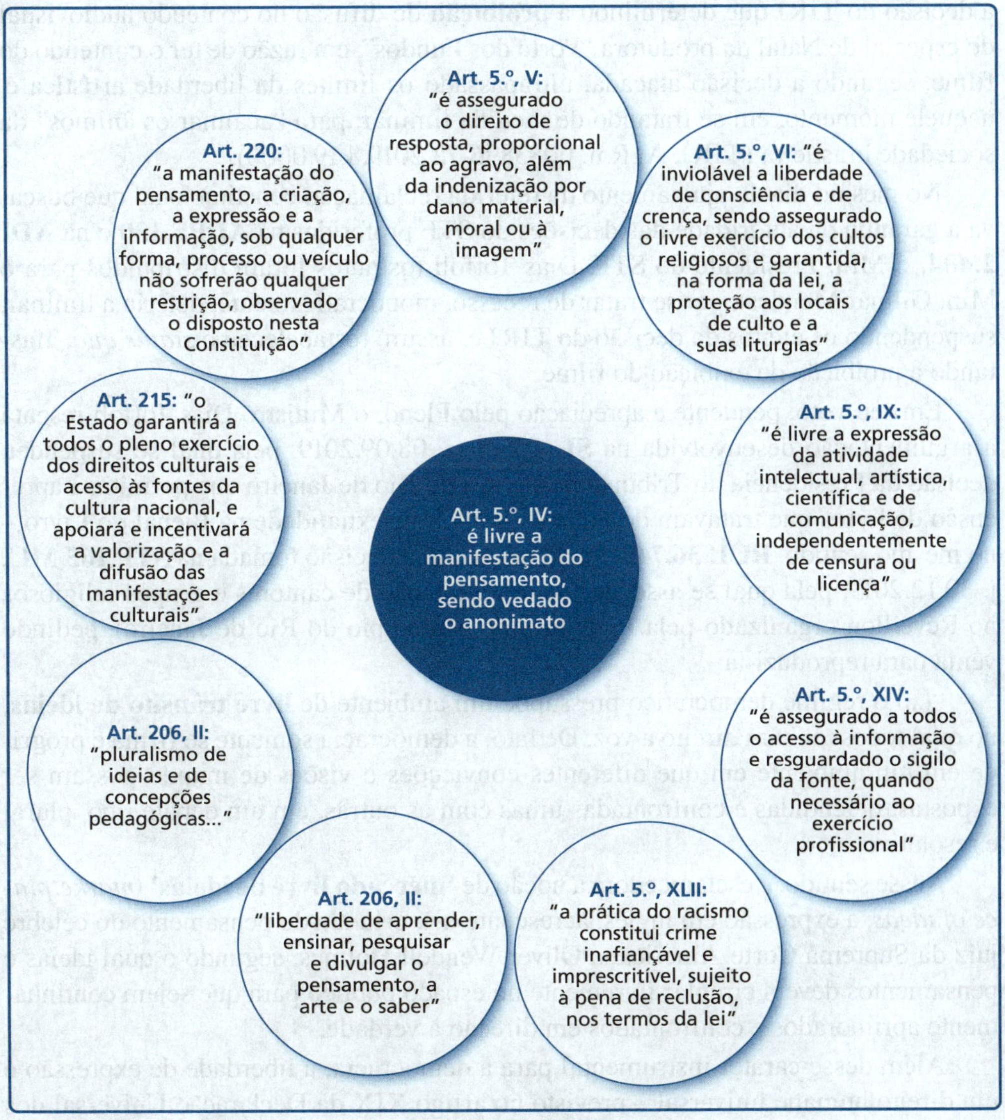

Isso posto, nessa parte, passamos a tecer alguns comentários pontuais, destacando precedentes do STF, lembrando que os temas da divisão apontada acima serão estudados em tópicos próprios. Vejamos.

■ *14.10.5.1. Liberdade de expressão e a problemática do "hate speech". "Posição de preferência" da liberdade de expressão.*

A garantia da **liberdade de expressão** tem sido objeto de instigantes discussões no âmbito do STF e, certamente, deverá ser amplamente analisada no julgamento da **RCL 38.782**, ajuizada em 09.01.2020 por Netflix (plataforma de *streaming*), contra a decisão do TJRJ que determinou a **proibição** de difusão do conteúdo audiovisual do especial de Natal da produtora "Porta dos Fundos", em razão de ter o conteúdo do filme, segundo a decisão atacada, ultrapassado os limites da liberdade artística e, naquele momento, em se tratando de medida liminar, para "acalmar os ânimos" da sociedade brasileira (TJRJ, AgR n. 0083896-72.2019.8.19.0000).

No mesmo dia do ajuizamento da referida reclamação constitucional que buscava a garantia da autoridade das decisões do STF proferidas na **ADPF 130** e na **ADI 2.404**, o Min. Presidente do STF, Dias Toffoli (os autos foram distribuídos para o Min. Gilmar Mendes), por se tratar de recesso, monocraticamente, deferiu a liminar, suspendendo os efeitos da decisão do TJRJ e, assim, restabeleceu o *status quo*, afastando a proibição de exibição do filme.

Em seu voto, pendente a apreciação pelo Pleno, o Ministro Dias Toffoli resgata a argumentação desenvolvida na **SL 1.248** (j. 08.09.2019, pela qual se suspendeu decisão da Presidência do Tribunal de Justiça do Rio de Janeiro que permitia a apreensão de livros que tratavam do tema da homotransexualidade na Bienal do Livro – no mesmo sentido, **RCL 36.742**, tendo orientado a decisão tomada na **STP 165 MC**, j. 30.12.2019, pela qual se assegurou a apresentação de cantores e grupos religiosos no Réveillon organizado pela Prefeitura do Município do Rio de Janeiro), pedindo vênia para reproduzi-la:

"(...) o regime democrático pressupõe um ambiente de **livre trânsito de ideias**, no qual todos tenham direito a voz. De fato, a democracia somente se firma e progride em um ambiente em que diferentes convicções e visões de mundo possam ser expostas, defendidas e confrontadas umas com as outras, em um debate rico, plural e resolutivo.

Nesse sentido, é esclarecedora a noção de **'mercado livre de ideias'** (*marketplace of ideas*, a expressão em inglês, acrescente-se), oriunda do pensamento do célebre juiz da Suprema Corte Americana Oliver Wendell Holmes, segundo o qual ideias e pensamentos devem circular livremente no espaço público para que sejam continuamente aprimorados e confrontados em direção à verdade.

Além desse caráter instrumental para a democracia, a liberdade de expressão é um direito humano universal – previsto no artigo XIX da Declaração Universal dos Direitos Humanos, de 1948 –, sendo condição para o exercício pleno da cidadania e da autonomia individual.

(...).

O Supremo Tribunal Federal tem construído uma **jurisprudência** consistente em defesa da liberdade de expressão: declarou a inconstitucionalidade da antiga lei de imprensa, por possuir preceitos tendentes a restringir a liberdade de expressão de diversas formas (**ADPF 130**, *DJe* de 06.11.2009); afirmou a constitucionalidade das manifestações em prol da legalização da maconha, tendo em vista o direito de reunião e o direito à livre expressão de pensamento (**ADPF 187**, *DJe* de 29.05.2014); dispensou diploma para o exercício da profissão de jornalismo, por força da estreita vinculação entre essa atividade e o pleno exercício das liberdades de expressão e de informação (**RE 511.961**, *DJe* de 13.11.2009); determinou, em ação de minha relatoria, que a classificação indicativa das diversões públicas e dos programas de rádio e TV, de competência da União, tenha natureza meramente indicativa, não podendo ser confundida com licença prévia (**ADI 2.404**, *DJe* de 1.º.08.2017) — para citar apenas alguns casos".

Isso posto, indagamos: **a partir das colocações expostas, podemos afirmar que o direito brasileiro e a jurisprudência do STF adotaram o entendimento de que a garantia da liberdade de expressão abrange o *hate speech*?**

NÃO.

A problemática do ***hate speech*** (*discurso do ódio*) evidencia-se em precedentes da Suprema Corte dos Estados Unidos ao fazer interpretações da primeira emenda à Constituição (*first amendment*), que assegurou a **liberdade de expressão** nos seguintes termos: "Congress shall make no law (...) **abridging** the freedom of speech, or of the press" ("o Congresso não pode elaborar nenhuma lei **limitando — cerceando** a liberdade de expressão ou de imprensa").

Conforme anotou Daniel Sarmento em trabalho de fôlego (produzido durante a sua estadia como *visiting scholar* na Universidade de Yale — EUA, durante o primeiro semestre de 2006), a análise do *hate speech* está relacionada à **liberdade de expressão** e às "manifestações de **ódio, desprezo** ou **intolerância** contra determinados **grupos**, motivadas por preconceitos ligados à etnia, religião, gênero, deficiência física ou mental e orientação sexual, dentre outros fatores...".[49]

Em suas conclusões, o Brasil, inclusive o nosso STF, **não** adotou o entendimento de que a garantia da liberdade de expressão abrangeria o *hate speech*. Ou seja, muito embora a **"posição de preferência"**[50] que o direito fundamental da **liberdade de expressão** adquire no Brasil (com o seu especial significado para um país que vivenciou atrocidades a direitos fundamentais durante a ditadura),

[49] Daniel Sarmento, A liberdade de expressão e o problema do "hate speech", in: *Livres e iguais*: estudos de direito constitucional, p. 208.

[50] Conforme estabeleceu Barroso, "... as liberdades de informação e de expressão servem de fundamento para o exercício de outras liberdades, o que justifica uma **posição de preferência** — ***preferred position*** — em relação aos direitos fundamentais individualmente considerados. Tal posição, consagrada originariamente pela Suprema Corte americana, tem sido reconhecida pela jurisprudência do Tribunal Constitucional espanhol e pela do Tribunal Constitucional Federal alemão. Dela deve resultar a **absoluta excepcionalidade da proibição prévia de publicações**, reservando-se essa medida aos raros casos em que não seja possível a composição posterior do dano que eventualmente seja causado aos direitos da personalidade. A opção pela composição posterior tem a inegável vantagem de não sacrificar totalmente nenhum dos valores envolvidos, realizando a ideia de **ponderação**" (Luís Roberto Barroso, *Colisão entre liberdade de expressão e direitos da personalidade. Critérios de Ponderação. Interpretação Constitucionalmente adequada do Código Civil e da Lei de Imprensa*. In: <http://www.migalhas.com.br/arquivo_artigo/art_03-10-01.htm##LS>, acesso em 1.º.01.2015). (Cf., ainda, do mesmo autor, Liberdade de expressão *versus* direitos da personalidade. Colisão de direitos fundamentais e critérios de ponderação. In: *Temas de direito constitucional*, t. III, p. 79-130, esp. 105-106).

assim como em outros países, a **liberdade de expressão não é absoluta**, encontrando restrições "voltadas ao combate do preconceito e da intolerância contra minorias estigmatizadas".[51]

Mas o autor alerta: "... num país como o nosso, em que a cultura da liberdade de expressão ainda não deitou raízes, há que se ter cautela e equilíbrio no percurso deste caminho, para que os nobres objetivos de promoção da tolerância e de defesa dos direitos humanos dos excluídos não resvalem para a perigosa tirania do politicamente correto".[52]

Para tanto, o modelo de solução parece ser, conforme sugere e com o qual concordamos, o da **ponderação**, pautada pelo **princípio da proporcionalidade** e a ser analisado no caso concreto, como se observou, para se ter um exemplo, no julgamento da ADPF 130 (não recepção da lei de imprensa).[53]

Ainda, outra orientação importante sobre o tema é a de que eventual **restrição prévia** à **liberdade de expressão** somente seria admitida por meio de **decisão judicial** e "em hipóteses **absolutamente excepcionais**... em favor da tutela de direitos ou outros bens jurídicos contrapostos".[54]

No tocante à limitação legislativa **prévia** à *liberdade de expressão*, muito embora o voto condutor proferido pelo Min. Ayres Britto no julgamento da ADPF 130, negando-a, **em outro julgado**, que entendeu como inconstitucional a exigência do diploma de jornalismo para o exercício da profissão, estabeleceu o Min. Gilmar Mendes, no item 6 da ementa do acórdão: "as liberdades de expressão e de informação e, especificamente, a liberdade de imprensa, somente podem ser restringidas pela **lei** em **hipóteses excepcionais**, sempre em razão da **proteção de outros valores e interesses constitucionais igualmente relevantes, como os direitos à honra, à imagem, à privacidade e à personalidade em geral**. Precedente do STF: ADPF n. 130, Rel. Min. Carlos Britto" (RE 511.961, j. 17.06.2009).

Essa limitação, conforme sustenta Sarmento, deve se dar "de forma geral e abstrata, desde que respeitados os 'limites dos limites' dos direitos fundamentais, notadamente o princípio da proporcionalidade".[55]

Nessa mesma linha sugerida por Sarmento, Ingo Sarlet estabelece: "doutrina e jurisprudência, notadamente o STF, embora adotem a **tese da posição preferencial da liberdade de expressão**, admitem **não se tratar de direito absolutamente infenso a limites e restrições**, desde que eventual restrição tenha **caráter excepcional**, seja promovida por **lei** e/ou **decisão judicial** (visto que vedada toda e qualquer censura administrativa) e tenha por fundamento a **salvaguarda da dignidade da pessoa**

[51] Daniel Sarmento, op. cit., p. 262.

[52] Op. cit., p. 262.

[53] Op. cit., p. 257.

[54] Daniel Sarmento, comentário ao art. 5.º, IV, in: J. J. Gomes Canotilho, Gilmar F. Mendes, Ingo W. Sarlet e Lenio L. Streck, *Comentários à Constituição do Brasil*, p. 257.

[55] Idem.

humana (que aqui opera simultaneamente como limite e limite aos limites de direitos fundamentais) e de **direitos e bens jurídicos-constitucionais individuais e coletivos fundamentais**, observados os critérios da **proporcionalidade** e da **preservação do núcleo essencial dos direitos em conflito**".[56]

Essa perspectiva em relação à *liberdade de expressão*, para se ter um exemplo, verifica-se no art. 19[57] da Lei n. 12.965/2014 (conhecida como "marco civil da *internet*") que assegurou a liberdade de expressão na rede mundial de computadores, salvo **ordem judicial específica**, com exceção apenas aos conteúdo de nudez ou de atos sexuais de caráter privado (art. 21).[58]

Destacamos, também, a Lei Geral de Proteção de Dados Pessoais (LGPD), que dispõe sobre o tratamento de dados pessoais, inclusive nos meios digitais, por pessoa natural ou por pessoa jurídica de direito público ou privado, com o objetivo de proteger os direitos fundamentais de liberdade e de privacidade e o livre desenvolvimento da personalidade da pessoa natural (Lei n. 13.709/2018).

■ *14.10.5.2. Ainda a problemática do "hate speech" (discursos de incitação ao ódio). Liberdade de expressão e a prática do crime de racismo: precedente histórico na jurisprudência do STF — HC 82.424. A liberdade de expressão não é um direito fundamental absoluto*

Conforme vimos, muito embora a "posição de preferência" que pode ser reconhecida na doutrina e jurisprudência em relação à **liberdade de expressão**, esse direito fundamental não é absoluto.

Em caso concreto, discutia-se a prática ou não de crime de racismo cometido por escritor e editor de **livros** por suposta discriminação contra os judeus (art. 5.º, XLII) ao pregar ideias antissemitas, preconceituosas e discriminatórias. Absolvido em primeira instância, a 3.ª Câmara Criminal do TJRS, por unanimidade, reformou a sentença e o condenou. Impetrado HC no STJ, a ordem foi denegada. Houve nova impetração de *habeas corpus* no STF, ora em análise **(HC 82.424)**.

O STF, por **8 x 3**, em julgamento finalizado em 17.09.2003, manteve a condenação imposta pelo TJRS por crime de racismo, flexibilizando a amplitude da liberda-

[56] Ingo W. Sarlet, *Curso de direito constitucional*, 2. ed., p. 470.

[57] **Art. 19, *caput*, da Lei n. 12.965/2014:** "Com o intuito de **assegurar a liberdade de expressão e impedir a censura**, o provedor de aplicações de *internet* somente poderá ser responsabilizado civilmente por danos decorrentes de conteúdo gerado por terceiros se, **após ordem judicial específica**, não tomar as providências para, no âmbito e nos limites técnicos do seu serviço e dentro do prazo assinalado, tornar indisponível o conteúdo apontado como infringente, ressalvadas as disposições legais em contrário".

[58] **Art. 21, *caput*, da Lei n. 12.965/2014:** "O provedor de aplicações de *internet* que disponibilize conteúdo gerado por terceiros será responsabilizado subsidiariamente pela violação da intimidade decorrente da divulgação, sem autorização de seus participantes, de imagens, de vídeos ou de outros materiais contendo **cenas de nudez** ou de **atos sexuais de caráter privado** quando, após o recebimento de notificação pelo participante ou seu representante legal, deixar de promover, de forma diligente, no âmbito e nos limites técnicos do seu serviço, a indisponibilização desse conteúdo".

de de expressão. Em razão da importância do tema (o Min. Marco Aurélio, que ficou vencido e defendeu a tese da liberdade de expressão, definiu o julgamento como **um dos mais importantes da Corte** desde a sua chegada há 13 anos), pedimos vênia para transcrever a ementa:

> "1. Escrever, editar, divulgar e comerciar livros 'fazendo apologia de ideias preconceituosas e discriminatórias' contra a comunidade judaica (Lei n. 7.716/89, art. 20, na redação dada pela Lei n. 8.081/90) constitui **crime de racismo** sujeito às cláusulas de inafiançabilidade e imprescritibilidade (CF, art. 5.º, XLII). (...). 10. A edição e publicação de obras escritas veiculando ideias antissemitas, que buscam resgatar e dar credibilidade à concepção racial definida pelo regime nazista, negadoras e subversoras de fatos históricos incontroversos como o **holocausto**, consubstanciadas na pretensa inferioridade e desqualificação do povo judeu, equivalem à incitação ao *discrimen* com acentuado conteúdo racista, reforçadas pelas consequências históricas dos atos em que se baseiam. (...). 15. (...). Jamais podem se apagar da memória dos povos que se pretendam justos os **atos repulsivos** do passado que permitiram e incentivaram o ódio entre iguais por motivos raciais de torpeza inominável. 16. A ausência de prescrição nos crimes de racismo justifica-se como alerta grave para as gerações de hoje e de amanhã, para que se impeça a reinstauração de velhos e ultrapassados conceitos que a consciência jurídica e histórica não mais admitem" (**HC 82.424**, Rel. p/ o ac. Min. Presidente Maurício Corrêa, j. 17.09.2003, Plenário, *DJ* de 19.03.2004).

A maioria dos Ministros, apesar de pequenas distinções metodológicas, justificou os seus votos com base na ideia de **ponderação (sopesamento)** entre a **liberdade de expressão e a liberdade de imprensa** de um lado e a **dignidade da pessoa humana e o direito à honra** de outro. Nesse sentido, destacamos novamente a ementa do julgamento:

> "13. **Liberdade de expressão**. Garantia constitucional que **não se tem como absoluta**. Limites morais e jurídicos. O direito à livre expressão não pode abrigar, em sua abrangência, manifestações de conteúdo imoral que implicam ilicitude penal. 14. **As liberdades públicas não são incondicionais**, por isso devem ser exercidas de maneira harmônica, observados os limites definidos na própria Constituição Federal (CF, artigo 5.º, § 2.º, primeira parte). O preceito fundamental de liberdade de expressão não consagra o 'direito à incitação ao racismo', dado que um direito individual não pode constituir-se em salvaguarda de condutas ilícitas, como sucede com os delitos contra a honra. **Prevalência dos princípios da dignidade da pessoa humana e da igualdade jurídica**" (HC 82.424).

Sem discutir a problemática sobre a possibilidade de sopesamento da dignidade da pessoa humana, *Virgílio Afonso da Silva* apresenta críticas à metodologia da decisão. Para o autor, como já existe a previsão de **mediação normativa** — no caso, a criminalização da prática de racismo prevista na lei —, **não haveria sentido falar-se em colisão de direitos fundamentais**. A escolha já foi feita pelo legislador ao prestigiar a dignidade da pessoa humana contra a liberdade de expressão. Portanto, o autor sugere que o modelo da decisão não foi o mais adequado. No caso, eventual discordância sobre o acerto ou não do legislador ao fazer a escolha deveria ser analisada em **incidente de inconstitucionalidade**, sustentando-se a invalidade da tipificação penal da manifestação racista (esse raciocínio, ainda que não tenha expressado, parece ter sido o adotado pelo Min. Marco Aurélio, vencido no julgamento).[59]

O entendimento de que **a liberdade de expressão não é um direito fundamental absoluto** foi reafirmado em julgamento proferido pela 2.ª Turma do STF, que analisou situação concreta de líder de determinada religião que publicou na *internet* vídeos e *posts* de conteúdo religioso discriminatório, ofendendo autoridades públicas e seguidores de crenças religiosas diversas.

Conforme ficou sedimentado, "a incitação ao ódio público contra quaisquer denominações religiosas e seus seguidores não está protegida pela cláusula constitucional que assegura a liberdade de expressão". Isso porque "**o exercício da liberdade religiosa e de expressão não é absoluto**, pois deve respeitar restrições previstas na própria Constituição. Nessa medida, os postulados da igualdade e da dignidade pessoal dos seres humanos constituem limitações externas à liberdade de expressão, que não pode e não deve ser exercida com o propósito subalterno de veicular práticas criminosas tendentes a fomentar e a estimular situações de intolerância e de ódio público" (**RHC 146.303**, STF, 2.ª T., j. 06.03.2018, *Inf. 893/STF*).

■ 14.10.5.3. *Delação anônima*

Em interessante julgado, o Min. Celso de Mello aduziu não ser possível a utilização da denúncia anônima, pura e simples, para a instauração de procedimento investigatório, por violar a vedação ao anonimato, prevista no art. 5.º, IV.

Em seu voto ele declara que "(...) os escritos anônimos **não** podem justificar, só por si, desde que isoladamente considerados, a imediata instauração da *persecutio criminis*, eis que peças apócrifas não podem ser incorporadas, formalmente, ao processo, salvo quando tais documentos forem produzidos pelo acusado, ou, ainda, quando constituírem, eles próprios, o corpo de delito (como sucede com bilhetes de resgate no delito de extorsão mediante sequestro, ou como ocorre com cartas que evidenciem a prática de crimes contra a honra, ou que corporifiquem o delito de ameaça ou que materializem o *crimen falsi,* p. ex.). Nada impede, contudo, que o Poder Público (...) provocado por **delação anônima** — tal como ressaltado por Nélson Hungria, na lição cuja passagem reproduzi em meu voto — adote **medidas informais** destinadas a apurar, previamente, em **averiguação sumária**, com **prudência** e **discrição**, a possível ocorrência de eventual situação de ilicitude penal, desde que o faça com o objetivo de conferir a **verossimilhança** dos fatos nela denunciados, em ordem a promover, então, em caso positivo, a formal instauração da *persecutio criminis*, mantendo-se, assim, completa desvinculação desse procedimento estatal em relação às peças apócrifas" (Inq. 1.957, Rel. Min. Carlos Velloso, voto do Min. Celso de Mello, j. 11.05.2005 — grifamos).[60]

---

[59] Virgílio Afonso da Silva, *A constitucionalização do direito*: os direitos fundamentais nas relações entre particulares, p. 167-170.

[60] No mesmo sentido: **HC 95.244**, Rel. Min. Dias Toffoli, j. 23.03.2010, Primeira Turma, *DJE* de 30.04.2010; **HC 84.827**, Rel. Min. Marco Aurélio, j. 07.08.2007, Primeira Turma, *DJ* de 23.11.2007.

Deixamos claro que referida decisão não afasta a importância e a constitucionalidade da delação anônima que, inclusive, vem sendo relevante instrumento para que a autoridade tome conhecimento do fato criminoso, bem como forte arma no combate à corrupção.

No último caso, destacamos o art. 13, item 2, da **Convenção das Nações Unidas contra a Corrupção**,[61] ao estabelecer que "cada Estado-Parte adotará medidas apropriadas para garantir que o público tenha conhecimento dos órgãos pertinentes de luta contra a **corrupção** mencionados na presente Convenção, e facilitará o acesso a tais órgãos, quando proceder, para a **denúncia, inclusive anônima**, de quaisquer incidentes que possam ser considerados constitutivos de um delito qualificado de acordo com a presente Convenção".

■ 14.10.5.4. *"Marcha da maconha"*

Ressaltamos a importante decisão do STF sobre a constitucionalidade da **"marcha da maconha"**, que consistia em eventos nos quais havia manifestação no sentido da descriminalização da droga (no caso, a maconha).

O STF, em 15.06.2011, por 8 x 0, no julgamento da **ADPF 187**, considerou legítimo o movimento, encontrando respaldo nos direitos fundamentais de **livre manifestação do pensamento** (art. 5.º, IV) e de **reunião** (art. 5.º, XVI), assegurando, inclusive, o **direito das minorias** (função contramajoritária da Corte).

Ainda, a manifestação evidenciava a "interconexão entre as **liberdades constitucionais de reunião** — direito-meio — e de **manifestação do pensamento** — direito-fim" (*Inf. 631/STF*).

De acordo com o entendimento do STF, "**a mera proposta de descriminalização de determinado ilícito penal não se confundiria com ato de incitação à prática do crime,**[62] **nem com o de apologia de fato criminoso.**[63] Concluiu-se que a defesa, em espaços públicos, da legalização das drogas ou de proposta abolicionista a outro tipo penal, não significaria ilícito penal, mas, ao contrário, representaria o **exercício legítimo do direito à livre manifestação do pensamento, propiciada pelo exercício do direito de reunião**" (*Inf. 631/STF*).

Assim, foi dada interpretação conforme à Constituição, com efeito vinculante, ao art. 287 do CP, afastando qualquer interpretação que caracterizasse a criminalização da manifestação de pensamento no sentido da descriminalização das drogas, mesmo que em eventos públicos.

---

[61] O **Decreto n. 5.687/2006** promulga a *Convenção das Nações Unidas contra a Corrupção*, adotada pela Assembleia Geral das Nações Unidas em 31.10.2003 e assinada pelo Brasil em 09.12.2003, tendo sido o seu texto aprovado pelo Congresso Nacional por meio do **Decreto Legislativo n. 348/2005**.

[62] **Art. 286 do CP. Incitação ao crime:** "Incitar, publicamente, a prática de crime".

[63] **Art. 287 do CP. Apologia de crime ou criminoso:** "fazer, publicamente, apologia de fato criminoso ou de autor de crime".

O Min. Luiz Fux, contudo, estabeleceu interessantes parâmetros, tais como:

- a **reunião** deve ser **pacífica**, sem armas, previamente noticiada às autoridades públicas quanto à data, ao horário, ao local e ao objetivo, e sem incitação à violência;
- **não se pode admitir a incitação, incentivo ou estímulo** ao **consumo** de entorpecentes na sua realização;
- naturalmente, **não poderá haver consumo de entorpecentes** na ocasião da manifestação ou evento público;
- nas manifestações, está **proibida a participação de crianças e adolescentes**.

Cabe lembrar que o STF, em outra oportunidade, no julgamento da **ADI 4.274**, ao analisar o art. 33, § 2.º, da Lei n. 11.343/2006,[64] também seguiu o mesmo entendimento firmado na ADPF 187, dando interpretação conforme à Constituição para "**excluir** qualquer significado que ensejasse a proibição de manifestações e debates públicos acerca da descriminalização ou da legalização do uso de drogas ou de qualquer substância que leve o ser humano ao entorpecimento episódico, ou então viciado, das suas faculdades psicofísicas" e, claro, dentro dos limites já colocados no julgamento anterior (cf. *Inf. 649/STF*, j. 23.11.2011).

Na verdade, o posicionamento do STF encontra fundamento nas **garantias** dos **direitos à informação** e de **liberdade de expressão**, viabilizados pelo **direito de reunião** e como **emanação** da **dignidade da pessoa humana**, da **democracia** e da **cidadania**.

Finalmente, devemos ficar atentos: a **tipicidade** do porte de droga para **consumo pessoal** (art. 28 da Lei n. 11.343/2006) está em debate no STF e pendente de julgamento (**RE 635.659**, com repercussão geral — tema 506).

■ *14.10.5.5. Liberdade de manifestação do pensamento e de expressão, pigmentações de caráter permanente (tatuagem) e o concurso público*

O tema foi apreciado pelo STF na situação concreta de um candidato a soldado da Polícia Militar de São Paulo que foi eliminado por possuir tatuagem na perna (*tribal*, medindo 14 por 13 cm, como consta dos autos).

O STF, por maioria, apreciando o *tema 838* da repercussão geral, fixou as seguintes teses: "(*i*) os requisitos do edital para o ingresso em cargo, emprego ou função pública devem ter por fundamento lei em sentido formal e material; (*ii*) os editais de concurso público não podem estabelecer restrição a pessoas com tatuagem, salvo situações excepcionais em razão de conteúdo que viole valores constitucionais" (**RE 898.450**, Plenário, Rel. Min. Luiz Fux, j. 17.08.2016, *DJE* de 31.05.2017).

Conforme prescreveu o Min. Fux em seu voto, "as pigmentações de caráter permanente inseridas voluntariamente em partes dos corpos dos cidadãos configuram

[64] **Art. 33, § 2.º, da Lei n. 11.343/2006:** "induzir, instigar ou auxiliar alguém ao uso indevido de droga".

instrumentos de exteriorização da liberdade de manifestação do pensamento e de expressão, valores amplamente tutelados pelo ordenamento jurídico brasileiro (CRFB/88, art. 5.º, IV e IX)". Assim, "o Estado não pode desempenhar o papel de adversário da liberdade de expressão, incumbindo-lhe, ao revés, assegurar que minorias possam se manifestar livremente".

Cabe alertar, contudo, conforme ficou consignado, que algumas situações podem justificar a inaptidão do candidato para determinada função pública, mas, para tanto, deve haver razoabilidade na vedação. De acordo com o voto do Min. Fux, "tatuagens que representem, *verbi gratia*, obscenidades, ideologias terroristas, discriminatórias, que preguem a violência e a criminalidade, discriminação de raça, credo, sexo ou origem, temas inegavelmente contrários às instituições democráticas, podem obstaculizar o acesso a uma função pública e, eventual restrição nesse sentido não se afigura desarrazoada ou desproporcional" (fls. 17 do acórdão).

■ 14.10.6. Liberdade de consciência, crença e culto (art. 5.º, VI a VIII)

■ *14.10.6.1. Regras gerais*

Assegura-se a inviolabilidade da **liberdade de consciência** e de **crença**, sendo assegurado o livre exercício dos **cultos religiosos** e garantida, na forma da lei, a proteção aos locais de culto e a suas liturgias.

Ninguém será privado de direitos por motivo de crença religiosa ou de convicção filosófica ou política, salvo se as invocar para eximir-se de obrigação legal a todos imposta (como o serviço militar obrigatório, nos termos do art. 143, §§ 1.º e 2.º) e recusar-se a cumprir prestação alternativa, fixada em lei.

Na jurisprudência do STF, o tema passou a ser analisado quando se questionou sobre a obrigatoriedade ou não da expressão "*sob a proteção de Deus*" no preâmbulo das Constituições estaduais.

Como se sabe, desde o advento da República (Decreto n. 119-A, de 07.01.1890), há separação entre Estado e Igreja, sendo o Brasil um país **leigo**, **laico** ou **não confessional**, não existindo, portanto, nenhuma religião oficial da República Federativa do Brasil. Apesar dessa realidade, a CF/88 foi promulgada "*sob a proteção de Deus*", conforme se observa no preâmbulo do texto de 1988.

Todas as Constituições pátrias, exceto as de 1891 e 1937, invocaram a "*proteção de Deus*" quando promulgadas. Em âmbito estadual essa realidade se repetiu, com exceção do Estado do **Acre**. Referida omissão foi objeto de questionamento no STF pelo Partido Social Liberal. O STF, definindo a questão, além de estabelecer e declarar a **irrelevância jurídica do preâmbulo**, assinalou que a invocação da "*proteção de Deus*" **não é norma de reprodução obrigatória** na Constituição Estadual (ADI 2.076-AC, Rel. Min. Carlos Velloso).[65]

O preâmbulo não tem relevância jurídica, não tem força normativa, não cria direitos ou obrigações, não tem força obrigatória; serve, apenas, como **norte interpre-**

[65] Em momento posterior, cabe lembrar que a **EC n. 19/2000** à Constituição do Acre **acrescentou**, independentemente da decisão da Corte, a **expressão *sob a proteção de Deus***.

tativo das normas constitucionais. Por essas características e, ainda, por ser o Estado brasileiro laico, podemos afirmar que a invocação à divindade não é de reprodução obrigatória nos preâmbulos das Constituições Estaduais e leis orgânicas do DF e dos Municípios. Conforme aprofundamos no *item 3.10.1.3*, o Brasil é um país **leigo, laico** ou **não confessional, lembrando que Estado laico não significa Estado ateu**.[66]

Partindo dessa interpretação, o art. 5.º, VI, da CF/88 enaltece o **princípio da tolerância** e o **respeito à diversidade**.

Anota José Afonso da Silva que "na liberdade de crença entra a *liberdade de escolha* da religião, a *liberdade de aderir* a qualquer seita religiosa, a *liberdade* (ou o *direito*) de *mudar de religião*, mas também compreende a liberdade de *não aderir a religião alguma*, assim como a *liberdade de descrença*, a *liberdade de ser ateu* e de exprimir o agnosticismo".[67]

Para se ter um exemplo interessante dessa noção trazida por José Afonso da Silva, o STF, no julgamento da **ADO 26**, (em conjunto com o **MI 4.733)**, de maneira inovadora, por 8 X 3, reconheceu o "**estado de mora inconstitucional** do Congresso Nacional na implementação da prestação legislativa destinada a cumprir o **mandado de incriminação** a que se referem os incisos **XLI** e **XLII** do art. 5.º da Constituição, para efeito de proteção penal aos integrantes do grupo LGBT". Assim, diante da existência de **omissão normativa inconstitucional do Poder Legislativo da União**, a Corte **cientificou o Congresso Nacional**, constituindo-o em mora formal e enquadrou a **homofobia** e a **transfobia** como **crime de racismo**.

A referida repressão penal à prática da homotransfobia, **contudo**, conforme se fixou na tese de julgamento, "**não alcança nem restringe ou limita o exercício da liberdade religiosa**, qualquer que seja a denominação confessional professada, a cujos fiéis e ministros (sacerdotes, pastores, rabinos, mulás ou clérigos muçulmanos e líderes ou celebrantes das religiões afro-brasileiras, entre outros) é assegurado o direito de pregar e de divulgar, livremente, pela palavra, pela imagem ou por qualquer outro meio, o seu pensamento e de externar suas convicções de acordo com o que se contiver em seus livros e códigos sagrados, bem assim o de ensinar segundo sua orientação doutrinária e/ou teológica, podendo buscar e conquistar prosélitos e praticar os atos de culto e respectiva liturgia, independentemente do espaço, público ou privado, de sua atuação individual ou coletiva, **desde que tais manifestações não configurem discurso de ódio**, assim entendidas aquelas exteriorizações que incitem a discriminação, a hostilidade ou a violência contra pessoas em razão de sua orientação sexual ou de sua identidade de gênero".

O tema é extremamente palpitante e vários outros desdobramentos podem ser estudados, destacando-se:

---

[66] Chamamos a atenção que a separação entre o Estado e a igreja foi prescrita de modo **atenuado** pelo constituinte originário, conforme comentamos no *item 7.3.4.2.6* (cf., além do preâmbulo, os arts. 5.º, VI, VII e VIII; 19, I; 143, § 1.º; 150, VI, "a"; 210, § 1.º; 213 e 226, § 2.º, CF/88).

[67] José Afonso da Silva. *Comentário contextual à Constituição*, 5. ed., p. 94.

- **ensino religioso nas escolas;**
- **feriados religiosos;**
- **casamento perante autoridades religiosas;**
- **transfusão de sangue nas Testemunhas de Jeová;**
- **curandeirismo;**
- **fixação de crucifixos em repartições públicas;**
- **imunidade religiosa;**
- **guarda sabática;**
- **a expressão "Deus seja louvado" nas cédulas de real;**
- **sacrifício ritual de animais em cultos de religiões de matriz africana.**

14.10.6.2. Ensino religioso nas escolas

O art. 210, § 1.º, estabelece que o ensino religioso, de **matrícula facultativa**, constituirá disciplina dos horários normais das **escolas públicas de ensino fundamental**.

Dessa forma, a escola não poderá reprovar aluno pelo fato de não frequentar a aula de ensino religioso, já que este será de matrícula **facultativa** e, a nosso ver, muito embora o texto fale apenas em "escola pública", em razão da natureza do ensino, entendemos que essa interpretação também poderá ser aplicada às particulares.

Esse importante tema do ensino religioso nas escolas públicas foi apreciado pelo STF no julgamento da **ADI 4.439** (j. 27.09.2017), que tinha por objeto o art. 33, *caput* e §§ 1.º e 2.º, da Lei n. 9.394/96 (*Lei de Diretrizes e Bases da Educação – LDB*) e o art. 11, § 1.º, do acordo firmado entre o Brasil e a Santa Sé, aprovado pelo DL n. 698/2009 e promulgado pelo Decreto n. 7.107/2010. Vejamos:

ENSINO RELIGIOSO	
Art. 33, *caput* e §§ 1.º e 2.º, da Lei n. 9.394/96	**Art. 11, § 1.º, do acordo firmado entre o Brasil e a Santa Sé, aprovado pelo DL n. 698/2009 e promulgado pelo Decreto n. 7.107/2010**
■ matrícula facultativa ■ parte integrante da formação básica do cidadão ■ constitui disciplina dos horários normais das escolas públicas de ensino fundamental ■ deve ser assegurado o respeito à **diversidade cultural religiosa do Brasil** ■ **vedam-se** quaisquer formas de **proselitismo** ■ os sistemas de ensino regulamentarão os **procedimentos** para a definição dos **conteúdos** do ensino religioso e estabelecerão as **normas** para a **habilitação** e **admissão dos professores** ■ os sistemas de ensino **ouvirão entidade civil**, constituída pelas diferentes denominações religiosas, para a definição dos conteúdos do ensino religioso	■ a República Federativa do Brasil, em observância ao **direito de liberdade religiosa**, da **diversidade cultural** e da **pluralidade confessional** do País, respeita a importância do ensino **religioso** em vista da formação integral da pessoa ■ o ensino religioso, católico e de outras confissões religiosas, de **matrícula facultativa** ■ constitui disciplina dos horários normais das escolas públicas de ensino fundamental ■ assegura-se o **respeito à diversidade cultural religiosa do Brasil**, em conformidade com a Constituição e as outras leis vigentes, sem qualquer forma de discriminação

A Corte, por **6 x 5**, julgou **improcedente** o pedido formulado na **ADI 4.439**, estabelecendo que o **ensino religioso** nas escolas públicas de ensino fundamental, que constituirá disciplina dos horários normais, **poderá ter natureza confessional**, na medida em que a sua matrícula é **facultativa**, nos termos do referido art. 210, § 1.º, CF/88.

O Min. Alexandre de Moraes, responsável pela lavratura do acórdão, já que abriu a divergência, deixou claro que a voluntariedade do ensino religioso enseja "um **direito subjetivo individual** e não (...) um dever imposto pelo Poder Público" (fls. 5 e 9 do seu voto).

Assim, o Estado, "observado o binômio *Laicidade do Estado* (CF, art. 19, I)/ *Consagração da Liberdade religiosa* (CF, art. 5.º, VI) e o *princípio da igualdade* (CF, art. 5.º, *caput*), deverá atuar na regulamentação do cumprimento do preceito constitucional previsto no art. 210, § 1.º, autorizando na rede pública, em **igualdade de condições**, o oferecimento de **ensino confessional das diversas crenças**, mediante requisitos formais e objetivos previamente fixados pelo Ministério da Educação" (fls. 23 do acórdão).

O Min. Gilmar Mendes, por sua vez, sustentou que "neutralidade estatal não é o mesmo que indiferença (...). Ainda que o Estado seja laico, a religião foi e continua sendo importante para a formação da sociedade brasileira (...). A proposta de ensino não confessional retira o sentido da norma constitucional" (*Inf. 878/STF* — ADI 4.439). Assim, pode ser afirmado que a "neutralidade no ensino religioso não existe. O que deve existir é o respeito às diferenças" (*Inf. 879/STF*).

O Min. Dias Toffoli, por sua vez, observou que "o modelo de laicidade adotado no Brasil, portanto, compreende uma **abstenção por parte do Estado**, pois obsta que o Poder Público favoreça corporações religiosas, prejudique indivíduos em decorrência de suas convicções e impeça a liberdade de expressão religiosa. Mas abrange **também**, por expressa previsão constitucional, **condutas positivas** que o Poder Público deve tomar para assegurar a liberdade religiosa" (fls. 5 do seu voto) e, no caso, um exemplo dessas condutas positivas é a previsão de ensino religioso nas escolas públicas, claro, conforme vimos, de **matrícula facultativa**.

Dias Toffoli sustenta, ainda, que a harmonia entre o **ensino religioso**, a **laicidade do Estado** e o **direito fundamental de liberdade de crença** encontra respaldo nos seguintes **aspectos** (do ensino religioso):

- **matrícula facultativa:** esse ponto específico parece ser o argumento central para o reconhecimento da constitucionalidade das leis em análise;
- **pluralidade e diversidade;**
- **conteúdo programático:** será estabelecido em parceria com a sociedade civil, inclusive com a participação das diferentes denominações religiosas;
- **respeito à diversidade cultural do país;**
- **vedação a quaisquer formas de proselitismo.**

Lembramos, finalmente, o voto do Min. Barroso, que, apesar de vencido (a decisão foi por 6 x 5), estabeleceu importantes questões e condutas a serem observadas no tocante à facultatividade da matrícula:

- "não se deve permitir a matrícula automática de todos os alunos no ensino religioso, exigindo-se manifestação de vontade para que seja incluído na matéria;

- os alunos que optarem por não cursarem a disciplina ensino religioso deverão ter alternativas pedagógicas de modo a atingir a carga mínima anual de 800 horas, exigida pelo art. 24 da LDB;
- o ensino religioso deve ser ministrado em aula específica, vedado o ensino transversal da matéria;
- os alunos que escolherem cursar ensino religioso devem ter reconhecido o direito de se desligarem a qualquer tempo" (fls. 24 de seu voto).

14.10.6.3. *Feriados religiosos*

Lembramos que, quando da vinda do Papa Bento XVI, no ano de 2007, para o Brasil, pretendia-se declarar *11 de maio*, dia da **canonização** de Frei Galvão, **feriado religioso**.

A matéria foi bastante discutida no Congresso Nacional e, ao final, a Lei n. 11.532, de 25.10.2007, sem conotação religiosa, acabou instituindo o dia 11 de maio como o *Dia Nacional do Frei Sant'Anna Galvão*, passando referida data a constar oficialmente no **calendário histórico-cultural brasileiro**, mas não se reconhecendo, em razão da laicidade, o feriado religioso. E como ficam os feriados religiosos que já constam de nosso calendário? A única resposta para esse questionamento é afirmar o seu caráter **histórico-cultural**.

14.10.6.4. *Casamento perante autoridades religiosas*

O casamento é civil e gratuita a celebração (art. 226, § 1.º).

O casamento religioso tem efeito civil, nos termos da lei (art. 226, § 2.º).

Portanto, se, conforme visto, não existe religião oficial e se a liberdade de crença religiosa está assegurada, podemos afirmar que o casamento em **centro espírita** ou mesmo em **templo, catedral, sinagoga, terreiro, casa religiosa**, enfim, o casamento celebrado por **líder de qualquer religião ou crença** tem o mesmo efeito civil do casamento realizado na religião católica, aplicando-se, por consequência, o art. 226, § 2.º.

O STF ainda não enfrentou o tema. Contudo, há importantes julgados proferidos por Tribunais de Justiça, como o da Bahia (MS 34.739-8/2005) e o do Rio Grande do Sul (AC 70003296555, 8.ª C. Cív., Rel. Des. Rui Portanova, j. 27.06.2002) no sentido de dar o correto efeito civil.

14.10.6.5. *Transfusão de sangue nas Testemunhas de Jeová*

Conforme informado em seu site oficial, as testemunhas de Jeová estão presentes em 240 países e territórios autônomos, com cerca de 8,5 milhões de praticantes.[68]

As testemunhas de Jeová adoram ao único Deus apresentado pela Bíblia, que é chamado de Jeová, sendo esta "a mensagem inspirada de Deus para os humanos".

[68] <https://pt.wikipedia.org/wiki/Testemunhas_de_Jeová>, acesso em 08.01.2018.

Apesar de acreditarem tanto no "Velho Testamento" como no "Novo Testamento", não se consideram fundamentalistas.

Tendo sempre por base a Bíblia, **não aceitam a transfusão de sangue**, mesmo em situações de risco de vida. Essa recusa não configura demonstração de desejo suicida (já que não refutam o tratamento médico alternativo) ou cura pela fé. Em seu site oficial, explicam: "isso é mais uma questão **religiosa** do que médica. Tanto o Velho como o Novo Testamento claramente nos ordenam a nos **abster de sangue** (Gênesis 9:4; Levítico 17:10; Deuteronômio 12:23; Atos 15:28, 29). Além disso, para Deus, o sangue representa a **vida**. (Levítico 17:14). Então, nós evitamos tomar sangue **por qualquer via** não só em obediência a Deus, mas também por respeito a ele como Dador da vida".[69]

Isso posto, surge a questão: o médico, diante de iminente risco de vida, tem o dever de fazer a transfusão de sangue ou deve respeitar a vontade manifesta da testemunha de Jeová e, assim, implementar apenas os métodos alternativos de tratamento **sem sangue**, mesmo que possam levar à morte?

Estamos diante da concorrência entre dois direitos fundamentais de igual hierarquia: o **direito à vida** e à **liberdade religiosa**, sendo que, como se sabe, nenhum deles é absoluto.

Luís Roberto Barroso, ao tratar sobre o tema em interessante parecer jurídico,[70] observa que a **dignidade humana** apresenta duas perspectivas que se complementam:

- **dignidade como autonomia:** "tutela a capacidade de autodeterminação e a responsabilidade moral do indivíduo por suas escolhas, notadamente as de caráter existencial, dentre as quais se inclui a liberdade religiosa";
- **dignidade como heteronomia:** "envolve a imposição de padrões sociais externos ao indivíduo, o que, no caso concreto, significa a proteção objetiva da vida humana, mesmo contra a vontade do titular do direito".[71]

Apesar de se completarem, entende ser "possível afirmar a **predominância** da ideia de **dignidade como autonomia**, o que significa dizer que, como regra, devem **prevalecer as escolhas individuais**. Para afastá-las, impõe-se um especial ônus argumentativo".[72]

E conclui: "é legítima a recusa de tratamento que envolva a transfusão de sangue, por parte das testemunhas de Jeová. Tal decisão funda-se no exercício de **liberdade religiosa**, direito fundamental **emanado da dignidade da pessoa humana**, que assegura a todos o direito de fazer suas **escolhas existenciais**. Prevalece, assim,

---

69 <https://www.jw.org/pt/testemunhas-de-jeova/perguntas-frequentes/por-que-testemunhas-jeova-nao-transfusao-sangue/>, acesso em 08.01.2018.

70 Luís Roberto Barroso, Legitimidade da recusa de transfusão de sangue por testemunhas de Jeová, dignidade humana, liberdade religiosa e escolhas existenciais, p. 437-478.

71 Op. cit., p. 463-464.

72 Luís Roberto Barroso, op. cit., p. 477.

nesse caso, a dignidade como **expressão da autonomia privada**, não sendo permitido ao Estado impor procedimento médico recusado pelo paciente. Em nome do direito à saúde ou do direito à vida, o Poder Público não pode destituir o indivíduo de uma liberdade básica, por ele compreendida como expressão de sua dignidade".[73]

Barroso deixa claro que o **exercício válido da autonomia privada** depende de um **"consentimento genuíno"**, devendo estar presentes os seguintes aspectos: **a) sujeito do consentimento:** a manifestação deverá ser implementada pelo titular do direito fundamental, manifestando-se de maneira válida e inequívoca, devendo ser civilmente capaz e ter o discernimento da escolha. Fala em consentimento inequívoco, sendo, no caso, personalíssimo, expresso e atual; **b) o consentimento deverá ser livre:** não se admitem influências externas para a tomada de decisão; **c) o consentimento terá que ser informado:** aquele que irá consentir deverá ter real consciência das consequências de sua decisão.[74]

Finalmente, uma questão problemática deve ser destacada: qual deve ser a compreensão em relação à necessidade de transfusão de sangue em **menores** sob risco de vida? Há pareceres de Celso Bastos,[75] Álvaro Villaça[76] e Nelson Nery[77] reconhecendo o direito de os pais ou responsáveis legais tomarem decisões médicas relativamente aos seus filhos.

Apesar dos fortíssimos argumentos de autoridade, em relação a esse ponto específico **(menores)** ainda estamos meditando e avaliando até que ponto se poderia reconhecer essa decisão por parte de terceiros diante do efetivo risco de vida. Pedimos vênia aos nossos leitores, ao menos por enquanto, para, ainda, não acompanhar a proposta de Bastos, Villaça e Nery no tocante a menores que não podem exprimir o seu dito **"consentimento genuíno"**, admitindo que, talvez, a situação de **"menores amadurecidos"**, que são aqueles que têm total discernimento de suas decisões, possa ter uma solução diversa, necessitando, neste caso específico, de decisão judicial.

Nessas hipóteses de menores que não podem exprimir o seu dito "consentimento genuíno", o médico terá o dever de realizar **todos os tratamentos alternativos sem sangue** e, apenas depois de esgotadas todas as possibilidades, no limite da morte/vida, havendo estrita necessidade e única possibilidade, poderá, se for o caso, realizar o procedimento de transfusão, hipótese em que, por esse raciocínio, não responderia o médico pelo crime de constrangimento ilegal (art. 146, § 3.º, I, CP).

Nesse sentido de não admitir a **recusa terapêutica** pelo menor ou seus representantes, também, a **Res. n. 2.232/2019 do Conselho Federal de Medicina**, que a

---

[73] Idem.

[74] Op. cit., p. 467-468.

[75] Celso Ribeiro Bastos, *Direito de recusa de pacientes, de seus familiares ou dependentes, às transfusões de sangue, por razões científicas e convicções religiosas,* parecer jurídico.

[76] Álvaro Villaça Azevedo, *Autonomia do paciente e direito de escolha de tratamento médico sem transfusão de sangue, mediante os atuais preceitos civis e constitucionais brasileiros.*

[77] Nelson Nery Junior, *Escolha esclarecida de tratamento médico por pacientes testemunhas de Jeová como exercício harmônico de direitos fundamentais.*

admite apenas no caso de paciente maior de idade, capaz, lúcido, orientado e consciente no momento da decisão.

De fato, o tema é extremamente polêmico e, sem dúvida, dividirá o STF em hipótese de eventual e futuro enfrentamento. Ainda estamos meditando sobre este assunto específico dos menores e abertos a críticas, sugestões e informações para, se for o caso, evoluir a matéria.

Finalmente, cabe destacar que, em 11.09.2019, a PGR ajuizou no STF a **ADPF n. 618** requerendo seja excluída a interpretação de que os médicos devem realizar transfusão de sangue mesmo contra a vontade prévia (por meio de diretivas antecipadas) ou atual dos pacientes **maiores** e **capazes**, que, por motivo de convicção pessoal, opõem-se ao tratamento. Conforme se observa, a análise da questão envolvendo menores não será nessa ação apreciada pelo STF.

■ 14.10.6.6. Curandeirismo

O art. 284 do Código Penal tipifica o exercício do **curandeirismo**, que é crime contra a *saúde pública*:

- prescrevendo, ministrando ou aplicando, habitualmente, qualquer substância;
- usando gestos, palavras ou qualquer outro meio;
- fazendo diagnósticos.

O tema ainda não chegou ao STF, mas, conforme vem sendo decidido por alguns tribunais estaduais, em casos concretos e específicos, não estará configurado o crime se a promessa de cura decorrer de crença religiosa e dentro de um contexto individual de razoabilidade.

■ 14.10.6.7. Crucifixos em repartições públicas

Outro ponto bastante polêmico foi a questão dos **crucifixos** em repartições públicas. Como admiti-los diante da regra de ser o Brasil um país leigo, laico ou não confessional? A única "saída", que vem sendo adotada por algumas decisões envolvendo o Poder Judiciário (cf. Pedidos de Providências ns. 1.344, 1.345, 1.346 e 1.362/CNJ, j. 29.05.2007), é a ideia de se tratar de **símbolo cultural**, e não religioso.

O entendimento, reconhecemos, não se mostra convincente, tanto é assim que uma das determinações do *Presidente do TJ/RJ*, em sua posse em 03.02.2009, foi a retirada dos crucifixos e a desativação da capela.

Ainda, também em contraposição ao decidido pelo CNJ, o *Conselho da Magistratura do TJRS*, no julgamento do processo n. 0139-11/000348-0, em 06.03.2012, determinou fossem retirados os crucifixos e símbolos das dependências do TJRS.

Contra essa decisão, foram instaurados no **CNJ** o PP 0001058-48.2012.2.00.0000 e o PCA 0001418-80.2012.2.00.0000, objetivando a decretação de nulidade e, por consequência, a desconstituição do referido ato administrativo.

Evocando os precedentes firmados em 2007, o Rel. Conselheiro Emmanoel Campelo julgou monocraticamente os pedidos, reformando a decisão do Conselho Superior da Magistratura do Tribunal de Justiça do Estado do Rio Grande do Sul e, assim, permitindo crucifixos nas salas de audiência (j. 05.05.2016).

Conforme sustentou, "(...) a presença de crucifixo ou símbolos religiosos em um tribunal não exclui ou diminui a garantia dos que praticam outras crenças, também não afeta o Estado laico, porque não induz nenhum indivíduo a adotar qualquer tipo de religião, como também não fere o direito de quem quer seja. Assim, entendo que os símbolos religiosos podem compor as salas do Poder Judiciário, sem ferir a liberdade religiosa, e que não se pode impor a sua retirada de todos os tribunais, indiscriminadamente. Por isso, merece reparo a decisão do Conselho Superior da Magistratura do Tribunal de Justiça do Estado do Rio Grande do Sul que determinou, de forma discriminatória, a retirada dos Crucifixos" (essa decisão monocrática, tendo por fundamento os precedentes de 2007, transitou em julgado em razão de inexistência de impugnação).

Finalmente, lembramos que ainda não temos decisão do STF sobre o tema específico dos crucifixos (pendente).

■ *14.10.6.8. Imunidade religiosa*

Contempla o art. 150, VI, "b", a denominada **imunidade religiosa** ao estabelecer, sem prejuízo de outras garantias asseguradas ao contribuinte, a vedação à União, aos Estados, ao Distrito Federal e aos Municípios de instituir **impostos** sobre templos de qualquer culto (*assunto que deve ser aprofundado em direito tributário*).

Essa regra se mostra de grande relevância, pois impede que o Estado utilize, eventualmente, de seu poder de tributar para *embaraçar o funcionamento dos cultos religiosos ou igrejas* (art. 19, I).

Conforme estabeleceu o STF, "a imunidade prevista no art. 150, VI, 'b', CF, deve abranger não somente os prédios destinados ao culto, mas, também, o patrimônio, a renda e os serviços 'relacionados com as finalidades essenciais das entidades nelas mencionadas'. O § 4.º do dispositivo constitucional serve de vetor interpretativo das alíneas 'b' e 'c' do inciso VI do art. 150 da CF..." (RE 325.822, Rel. p/ o ac. Min. Gilmar Mendes, j. 15.12.2002, Plenário, *DJ* de 14.05.2004).

Isso posto, surge a questão: **a maçonaria tem imunidade tributária religiosa? Não.**

Decidiu o Min. Ricardo Lewandowski, acompanhado pela unanimidade dos Ministros do STF, que "... a maçonaria é uma ideologia de vida e **não uma religião**, assim, a entidade não poderia ser isenta de pagar o IPTU. Segundo ele, a prática maçom não tem dogmas, não é um credo, é uma **grande família**. 'Ajudam-se mutuamente aceitando e pregando a ideia de que o homem e a humanidade são passíveis de melhoria, aperfeiçoamento. Como se vê é uma grande confraria que antes de mais nada prega e professa uma filosofia de vida, apenas isso', disse" (*Notícias STF*, 13.04.2010. Cf., também, *Inf. 582/STF* — **RE 562.351**, Rel. Min. Ricardo Lewandowski, j. 04.09.2012, 1.ª T., *DJE* de 14.12.2012).

■ *14.10.6.9. Guarda sabática*

Outro ponto polêmico é a obrigatoriedade ou não de o Estado ter de **designar data alternativa** para a realização de **concursos públicos** quando a data da prova tiver sido fixada em dias que devam ser guardados, como acontece com os **Adventistas do Sétimo Dia** (*sábado* — dia de repouso e de culto) e com os **Judeus** (*Shabat* — do pôr do sol da sexta-feira até o pôr do sol do sábado).

Em um primeiro momento, o STF enfrentou a questão no julgamento da **STA 389**, que buscava a suspensão do Exame Nacional do Ensino Médio (ENEM) marcado para os dias 5 e 6 de dezembro de 2009.

A Corte, por maioria, manteve a data da prova e não fixou dia alternativo, até porque, no edital, havia a possibilidade de pedido de "atendimento a necessidades especiais", além do que a prova poderia ser realizada no mesmo dia, após as 18h, caso em que deveriam os candidatos que guardam os sábados, contudo, apresentar-se com os demais, ficando isolados e aguardando para a realização da prova.

Essa tem sido a "saída" de alguns concursos que permitem a realização da prova após as 18h do sábado, mas exigem que os candidatos permaneçam isolados e no local, devendo apresentar-se no dia marcado para todos (para se ter um exemplo, o vestibular da *Universidade do Estado do Amazonas — UEA*, 2012, organizado pela VUNESP, estabeleceu essa regra de **"confinamento"**).

Há interessante parâmetro normativo trazido pela **Lei n. 13.796/2019**, que acrescentou o art. 7.º-A à *Lei de Diretrizes e Bases da Educação Nacional (Lei n. 9.394/96)*, para fixar, em virtude de **escusa de consciência**, **prestações alternativas** à aplicação de **provas** e à **frequência a aulas** realizadas em **dia de guarda religiosa**.[78]

O STF, por 7 X 4, apreciando o **tema 386** da repercussão geral, enfrentando o tema do **concurso público**, fixou a seguinte tese sobre a matéria: "nos termos do artigo 5.º, VIII, da Constituição Federal é possível a realização de etapas de concurso público em datas e horários distintos dos previstos em edital, por candidato que invoca escusa de consciência por motivo de crença religiosa, desde que presentes a **razoabilidade da alteração**, a **preservação da igualdade entre todos os candidatos** e que **não acarrete ônus desproporcional à Administração Pública**, que deverá **decidir de maneira fundamentada**" (**RE 611.874**, j. 26.11.2020).

O Colegiado também analisou a invocação da **escusa de consciência** por servidores públicos, firmando a seguinte tese: "nos termos do artigo 5.º, VIII, da Constituição Federal é possível à Administração Pública, **inclusive durante o estágio probatório**, estabelecer **critérios alternativos** para o regular exercício dos deveres funcionais inerentes aos cargos públicos, em face de **servidores** que invocam **escusa**

[78] O tema da **prestação alternativa** em razão de **escusa de consciência** foi levado ao STF de modo pontual na **ADI 3.714**, ajuizada em 20.04.2006 pela Confederação Nacional dos Estabelecimentos de Ensino (Confenen), contra a Lei paulista n. 12.142/2005, que assegurava a "guarda sabática" se houvesse alegação de motivo de crença religiosa (apesar de referida lei ter sido totalmente vetada pelo Governador do Estado de São Paulo, a Assembleia Legislativa derrubou o veto, restabelecendo o ato normativo que foi objeto da ADI). Em 20.02.2019, o Min. Alexandre de Moraes negou seguimento à ação em razão do advento da mencionada Lei n. 13.796/2019.

de consciência por motivos de crença religiosa, desde que presentes a **razoabilidade da alteração, não se caracterize o desvirtuamento do exercício de suas funções e não acarrete ônus desproporcional à Administração Pública**, que deverá **decidir de maneira fundamentada**" (**ARE 1.099.099**, j. 26.11.2020, o **tema 1.021** da repercussão geral).

■ *14.10.6.10. A expressão "Deus seja louvado" nas cédulas de real*

Em ação civil pública ajuizada pelo MPF/SP em face da União e do BACEN, pretende-se a condenação dos réus à obrigação de fazer consubstanciada na retirada da expressão **"Deus seja louvado"** das cédulas de dinheiro nacional.

O pedido foi julgado improcedente em primeira instância e confirmado em grau de recurso pela 6.ª T. do TRF3.[79]

O tema é bastante interessante. Entendemos que, muito embora o Brasil seja um país laico, isso não significa um Estado ateu. O que se exige do Estado brasileiro e decorre da noção de laicidade (contraposta ao laicismo — cf. *item 3.10.1.3*) é a neutralidade, o respeito ao pluralismo, e não a atitude de intolerância e de hostilidade.

■ *14.10.6.11 Sacrifício ritual de animais em cultos de religiões de matriz africana*

A Lei estadual n. 12.131/2004, do Rio Grande do Sul, acrescentou o parágrafo único ao art. 2.º da Lei n. 11.915/2003 (Código Estadual de Proteção aos Animais), prescrevendo a exclusão de responsabilidade administrativa na hipótese de abate de animais em cultos religiosos.

Segundo decidiu o STF, não se trata de excludente de ilicitude penal (que seria competência da União – art. 22, I), mas, por outro lado, **excludente de responsabilidade administrativa** em norma estadual de proteção ao meio ambiente e à fauna (art. 24, VI).

Por se tratar de matéria de **competência concorrente** entre a União e os Estados, a inexistência de lei federal (norma geral) sobre a matéria, legitimou a normatização estatal (art. 24, §§ 1.º ao 4.º).

Isso porque a Lei de Crimes Ambientais (Lei federal n. 9.605/98) não tratou sobre os aspectos de rituais religiosos, abrindo, então, a possibilidade de normatização por lei estadual diante da omissão do Congresso Nacional.

Conforme ficou estabelecido, "as regras federais foram editadas em contexto alheio aos cultos religiosos, voltando-se à tutela da fauna silvestre, especialmente em atividades de caça".

A Corte destacou, ainda, a regra contida no art. 215, § 1.º, CF/88, segundo a qual o Estado protegerá as manifestações das culturas populares, indígenas e afro-brasileiras, e das de outros grupos participantes do processo civilizatório nacional.

---

[79] Autos de primeira instância n. 0019890-16.2012.4.03.6100 — sentença proferida em 22.05.2013; no Tribunal, em 14.12.2017, foi confirmada a sentença, indeferindo o pleito ministerial e, portanto, mantida a expressão "Deus seja louvado" nas cédulas de dinheiro nacional — Acórdão 22.806/2017. Ainda não temos decisão do STF sobre a matéria (pendente).

Finalmente, "a Corte entendeu que admitir a prática de imolação não significa afastar o amparo aos animais estampado no art. 225, § 1.º, VII, da CF. Deve-se evitar que a tutela de um valor constitucional relevante aniquile o exercício de um direito fundamental, revelando-se desproporcional impedir todo e qualquer sacrifício religioso quando diariamente a população consome carnes de várias espécies".

Diante de todo o exposto, o STF, por maioria, fixou-se a seguinte tese: "é constitucional a lei de proteção animal que, a fim de resguardar a liberdade religiosa, permite o sacrifício ritual de animais em cultos de religiões de matriz africana" (**RE 494.601**, j. 28.03.2019).

■ *14.10.6.12. Aspectos conclusivos*

Dentro de uma ideia de **bom senso**, **prudência** e **razoabilidade**, a Constituição assegura a todos o direito de aderir a qualquer crença religiosa, ou recusá-las, ou, ainda, de seguir qualquer corrente filosófica, ou de ser ateu e exprimir o agnosticismo, garantindo a liberdade de descrença ou a mudança da escolha já feita.

Portanto, não podemos discriminar ou reprimir. O preconceito deve ser afastado, a sociedade tem de conviver e se harmonizar com as escolhas antagônicas sem que o radicalismo egoísta suplante a liberdade constitucionalmente assegurada.

■ 14.10.7. Liberdade de atividade intelectual, artística, científica ou de comunicação. Indenização em caso de dano (art. 5.º, IX e X)

É livre a expressão da atividade intelectual, artística, científica e de comunicação, independentemente de censura ou licença.

Veda-se a censura de natureza política, ideológica e artística (art. 220, § 2.º), porém, apesar da liberdade de expressão acima garantida, lei federal deverá regular as diversões e os espetáculos públicos, cabendo ao Poder Público informar sobre a natureza deles, as faixas etárias a que não se recomendem, locais e horários em que sua apresentação se mostre inadequada.

Deverá, outrossim, estabelecer os meios legais que garantam à pessoa e à família a possibilidade de se defenderem de programas ou programações de rádio e televisão que contrariem o disposto no art. 221, bem como da propaganda de produtos, práticas e serviços que possam ser nocivos à saúde e ao meio ambiente (art. 220, § 3.º, I e II).

Se, durante as manifestações acima expostas, houver violação da intimidade, vida privada, honra e imagem de pessoas, será assegurado o direito a indenização pelo dano material ou moral decorrente da violação (art. 5º, X), destacando-se a **Lei n. 13.188/2016**, que disciplina o exercício do direito de resposta ou retificação do ofendido em matéria divulgada, publicada ou transmitida por veículo de comunicação social.

Selecionamos temas importantes já apreciados pelo STF:

■ **ADPF 130 — "Lei de Imprensa"** — *j. 30.04.2009*: o STF entendeu que a Lei de Imprensa (Lei n. 5.250/67) não foi recepcionada pelo novo ordenamento, uma vez que marcada por aspectos não democráticos.

■ **ADI 4.451 — "Lei Eleitoral sobre o Humor"** — *j. 02.09.2010*: o STF entendeu, referendando a liminar do Min. Ayres Britto, que o art. 45, II e III, e §§ 4.º e 5.º, da Lei n. 9.504/97 (*Lei das Eleições*) violam a **liberdade de imprensa**, visto que o **humor** pode ser considerado **imprensa**. Referidos dispositivos afrontam, também, a **plena liberdade de informação jornalística**, nos termos do **art. 220, § 1.º**, da CF/88. Ainda, a manifestação, mesmo que seja pelo humor, não pode ser restringida, já que ela instrumentaliza e permite o direito de crítica, de opinião. Referida liminar foi referendada pelo STF em 21.06.2018.

■ **ADI 4.815 — "Biografias não autorizadas":** ação movida pela *Associação Nacional dos Editores de Livros (ANEL)*. O Tribunal, por unanimidade e nos termos do voto da Relatora, em 10.06.2015, julgou procedente o pedido para dar interpretação conforme à Constituição aos artigos 20 e 21 do Código Civil, sem redução de texto, para, em consonância com os **direitos fundamentais à liberdade de pensamento e de sua expressão, de criação artística, de produção científica, de liberdade de informação e de proibição de censura** (CF, arts. 5.º, IV, V, IX, X e XIV; e 220), declarar **inexigível** o **consentimento** de **pessoa biografada** relativamente a obras biográficas literárias ou audiovisuais, sendo por igual desnecessária autorização de pessoas retratadas como coadjuvantes (ou de seus familiares, em caso de pessoas falecidas). Ainda, reafirmando o **direito à inviolabilidade da intimidade**, da **privacidade**, da **honra** e da **imagem da pessoa**, nos termos do art. 5.º, X, CF/88, deixou claro que em caso de transgressão haverá o direito de resposta proporcional ao agravo e o dever de indenizar, podendo-se pensar, em último caso, também na responsabilidade penal, nos termos da lei.

■ **ARE 833.248 — "Direito ao Esquecimento":** o STF vai analisar o denominado "direito ao esquecimento" na esfera civil, discutindo a possibilidade de serem reavivados fatos criminosos do passado e que já teriam sido esquecidos pela sociedade. No caso concreto, em 2004, o programa "Linha Direta Justiça", da TV Globo, veiculou informações sobre homicídio praticado em 1958 e que, à época, teve grande repercussão social. Discute-se a colisão entre os princípios constitucionais da liberdade de expressão e do direito à informação com aqueles que protegem a dignidade da pessoa humana e a inviolabilidade da honra e da intimidade.

Em outra frente, o STF apreciará o **RE 1.010.606**, com repercussão geral reconhecida, tendo que se pronunciar sobre a seguinte controvérsia: o direito ao esquecimento com base no princípio da dignidade da pessoa humana, inviolabilidade da honra e direito à privacidade x liberdade de expressão e de imprensa e direito à informação (audiência pública realizada em 12.06.2017 — julgamento pendente).

■ 14.10.8. Inviolabilidade da intimidade, vida privada, honra e imagem das pessoas (art. 5.º, X)

De acordo com o art. 5.º, X, são invioláveis a intimidade, a vida privada, a honra e a imagem das pessoas, assegurado o direito a indenização pelo dano material ou moral decorrente de sua violação.

■ *14.10.8.1. Sigilo bancário*

Passemos a analisar o importante tema da **intimidade** e da **vida privada** e a **quebra de sigilo bancário**.

Conforme afirmou a Min. Ellen Gracie, "o chamado sigilo fiscal (e, naturalmente, o mesmo deve ser entendido para o sigilo bancário, acrescente-se), nada mais é que um desdobramento do direito à intimidade e à vida privada" (HC 87.654, j. 07.03.2006). Falemos, então, sobre o sigilo bancário.

O STF, **em um primeiro momento**, determinou a necessidade de **autorização judicial** para a quebra do sigilo bancário no julgamento do **RE 389.808** (Rel. Min. Marco Aurélio, j. 15.12.2010, Plenário, *DJE* de 10.05.2011).

A discussão surgiu em razão de comunicado feito pelo *Banco Santander* a determinada empresa, informando que a Delegacia da Receita Federal do Brasil, partindo de *mandado de procedimento fiscal* e com base na LC n. 105/2001, havia solicitado àquela instituição financeira a entrega de informações sobre movimentação bancária da empresa durante o período de 1998 a julho de 2001.

Diante dessa notícia, a empresa buscou o Judiciário e, após várias medidas, a decisão final coube ao STF, que, no caso concreto, estabeleceu a necessidade de **autorização judicial** para a quebra de sigilo bancário, por se tratar de verdadeira **cláusula de reserva de jurisdição**, não tendo, portanto, o Fisco esse poder.

Em seu voto, o Min. Celso de Mello sustentou a ideia de um verdadeiro "**'estatuto constitucional do contribuinte'** — consubstanciador de direitos e limitações **oponíveis ao poder impositivo** do Estado", destacando-se, no caso, o **direito à intimidade** e à **privacidade**.

CUIDADO: em **momento seguinte**, o Pleno do STF, por **9 x 2**, **mudou o entendimento** sobre a situação específica envolvendo a **Receita Federal**: não se trata de situação de quebra de sigilo, mas, no fundo, de **transferência de sigilo da órbita bancária para a fiscal**, para que a administração tributária possa, então, cumprir o comando previsto no art. 145, § 1.º, CF/88.

Nesse sentido, a Corte, por maioria e nos termos do voto do Relator, apreciando o *tema 225* da repercussão geral, firmou a seguinte **tese:** "o art. 6.º da LC n. 105/2001 não ofende o direito ao sigilo bancário, pois realiza a **igualdade** em relação aos cidadãos, por meio do **princípio da capacidade contributiva**, bem como estabelece **requisitos objetivos e o translado do dever de sigilo da esfera bancária para a fiscal**" (**RE 601.314**, j. 24.02.2016, *DJE* de 16.09.2016).

Esse entendimento foi confirmado no julgamento das **ADIs 2.390**, **2.386**, **2.397** e **2.859** (j. 24.02.2016, *DJE* de 21.10.2016).

A Corte destacou que "os Estados-Membros e os Municípios somente poderiam obter as informações previstas no art. 6.º da LC n. 105/2001, **uma vez regulamentada a matéria de forma análoga ao Decreto n. 3.724/2001**, observados os seguintes parâmetros: a) pertinência temática entre a obtenção das informações bancárias e o tributo objeto de cobrança no procedimento administrativo instaurado; b) prévia notificação do contribuinte quanto à instauração do processo e a todos os demais atos, garantido o mais amplo acesso do contribuinte aos autos, permitindo-lhe tirar cópias, não apenas de documentos, mas também de decisões; c) sujeição do pedido de acesso a um superior hierárquico; d) existência de sistemas eletrônicos de segurança que fossem certificados e com o registro de acesso; e, finalmente, e) estabelecimento de mecanismos efetivos de apuração e correção de desvios" (*Inf. 815/STF*).

A partir da regra contida no **art. 198, § 3.º, I, do CTN**, destacamos o entendimento, tanto do STF como do STJ, no sentido de se reconhecer a **licitude** do "compartilhamento promovido pela Receita Federal dos dados bancários por ela obtidos a partir de permissivo legal, com a **Polícia** e com o **Ministério Público**, ao término do procedimento administrativo fiscal, quando **verificada a prática, em tese, de infração penal**" (ARE 929.356, ARE 998.818, ARE 953.058 e RE 1.043.002 AgR — STF e, no STJ, AgRg no REsp 1.601.127-SP, j. 20.09.2018).

Também nessa linha de mitigação da necessidade de autorização judicial, deve ser destacado, considerando **não ser absoluta a inviolabilidade dos sigilos bancário e fiscal**, o STF tem sustentado que, em se tratando de **contas públicas**, ante os princípios da **publicidade** e da **moralidade** (art. 37, CF), a proteção do direito à intimidade/privacidade tem sido flexibilizada (**MS 33.340**, 1.ª T., Rel. Min. Luiz Fux, j. 26.05.2015, *DJE* de 03.08.2015. Cf., também, **MS 21.729**, Pleno, j. 05.10.1995, e **RHC 133.118**, 2.ª T., Rel. Min. Dias Toffoli, j. 26.09.2017 — *Inf. 879/STF*).

Conforme estabeleceu o Min. Fux, "o sigilo de informações necessárias para a preservação da intimidade é **relativizado** quando se está diante do interesse da sociedade de se conhecer o destino dos recursos públicos. Operações financeiras que envolvam **recursos públicos** não estão abrangidas pelo sigilo bancário a que alude a LC 105/2001, visto que as operações dessa espécie estão submetidas aos **princípios da administração pública insculpidos no art. 37 da CF**. Em tais situações, é prerrogativa constitucional do Tribunal (TCU) o acesso a informações relacionadas a operações financiadas com recursos públicos" (MS 33.340).

A partir dos precedentes citados, o Min. Dias Toffoli concluiu em outro julgado: "há que se reconhecer ao **Ministério Público** o poder de requisitar os registros de operações financeiras referentes a recursos públicos movimentados a partir de conta corrente da municipalidade para apuração de ilícitos penais que os envolvam". Esse poder de requisição "compreende, por extensão, o acesso aos registros das operações bancárias realizadas por particulares, a partir das verbas públicas creditadas naquela conta. De nada adiantaria permitir ao Ministério Público requisitar diretamente os registros das operações feitas na conta bancária da municipalidade e negar-lhe o principal: o acesso ao real destino dos recursos públicos, a partir do exame de operações bancárias sucessivas (*v.g.*, desconto de cheque emitido pela Municipalidade na boca do caixa, seguido de transferência a particular do valor sacado). Entendimento em sentido diverso implicaria o esvaziamento da própria finalidade do **princípio da publicidade**, que é permitir o **controle da atuação do administrador público e do emprego de verbas públicas**" (**RHC 133.118**, 2.ª T., j. 26.09.2017, *DJE* de 09.03.2018).

Em seguida, a Corte evoluiu de modo genérico em relação à possibilidade de transferência do sigilo para os órgãos de persecução penal (**Ministério Público** e **Autoridades Policiais**). Vejamos:

"1. É **constitucional** o compartilhamento dos **relatórios de inteligência financeira da UIF** (Unidade de Inteligência Financeira, acrescente-se) e da íntegra do **procedimento fiscalizatório da Receita Federal do Brasil**, que define o lançamento do tributo, com os **órgãos de persecução penal para fins criminais**, **sem a obri-**

gatoriedade de prévia autorização judicial, devendo ser resguardado o sigilo das informações em procedimentos formalmente instaurados e sujeitos a posterior controle jurisdicional. 2. O compartilhamento pela UIF e pela RFB, referente ao item anterior, deve ser feito unicamente por meio de **comunicações formais**, com garantia de sigilo, certificação do destinatário e estabelecimento de instrumentos efetivos de apuração e correção de eventuais desvios" (**RE 1.055.941**, Rel. Min. Dias Toffoli, 04.12.2019 — Tema 990 da repercussão geral).

Assim, podemos esquematizar:

- **possibilidade de quebra do sigilo bancário**: o Poder Judiciário e as CPIs (federais, estaduais e distritais), que têm poderes de investigação próprios das autoridades judiciais (não incluindo aqui as CPIs municipais, conforme explicitado no item 9.8.3.17).
- **contas públicas — conhecimento do destino de recursos públicos — relativização da regra geral**: "o sigilo de informações necessário à preservação da intimidade é relativizado quando há interesse da sociedade em conhecer o destino dos recursos públicos". Nesse sentido, o STF admitiu o conhecimento de informações diretamente, tanto por parte do **TCU** (MS 33.340) como pelo **Ministério Público** (RHC 133.118).
- **transferência de sigilo da órbita bancária para a fiscal (a Administração Tributária, cumprindo o comando previsto no art. 145, § 1.º, da CF/88, tem poderes para requisitar, por ato próprio, o envio de informações bancárias, desde que na forma do art. 6.º da LC n. 105/2001, o que deve ser entendido como translado do dever de sigilo da esfera bancária para a fiscal)**: "o art. 6.º da LC n. 105/2001 não ofende o direito ao sigilo bancário, pois realiza a igualdade em relação aos cidadãos, por meio do princípio da capacidade contributiva, bem como estabelece requisitos objetivos e o translado do dever de sigilo da esfera bancária para a fiscal" (**RE 601.314**, Pleno, j. 24.02.2016, *DJE* de 16.09.2016). Nessa linha, na mesma data, o julgamento das ADIs 2.390, 2.386, 2.397 e 2.859.
- **transferência de informações para os órgãos de persecução penal para fins criminais, devendo ser mantido o sigilo:** "1. É **constitucional** o compartilhamento dos **relatórios de inteligência financeira da UIF** (Unidade de Inteligência Financeira, acrescente-se) e da íntegra do **procedimento fiscalizatório da Receita Federal do Brasil**, que define o lançamento do tributo, com os **órgãos de persecução penal para fins criminais**, **sem a obrigatoriedade de prévia autorização judicial**, devendo ser resguardado o sigilo das informações em procedimentos formalmente instaurados e sujeitos a posterior controle jurisdicional. 2. O compartilhamento pela UIF e pela RFB, referente ao item anterior, deve ser feito unicamente por meio de **comunicações formais**, com garantia de sigilo, certificação do destinatário e estabelecimento de instrumentos efetivos de apuração e correção de eventuais desvios" (**RE 1.055.941**, Rel. Min. Dias Toffoli, 04.12.2019 — Tema 990 da repercussão geral — pendente a publicação do acórdão).

■ 14.10.8.2. *Proibição da revista íntima (Lei n. 13.271/2016)*

De acordo com a **Lei n. 13.271/2016**, as empresas privadas, os órgãos e entidades da administração pública, direta e indireta, estão **proibidos** de adotar qualquer prática de **revista íntima** de suas **funcionárias** e de **clientes** do **sexo feminino**.

A justificação do *Projeto de Lei da Câmara (PLC) n. 583/2007*, de autoria da Deputada Federal Alice Portugal, funda-se na *luta das mulheres brasileiras por igualdade*, caracterizando-se como uma das várias *reivindicações femininas*, tendo por fundamento o **art. 5.º, X, CF/88 (intimidade)**.

Muito embora extremamente relevante o objetivo da referida norma, temos de lembrar que a Lei n. 9.799/99, ao introduzir o **art. 373-A, VI**, na **CLT**, já vedava expressamente ao empregador ou preposto proceder a revistas íntimas nas **empregadas** ou **funcionárias**. Ampliando essa garantia, a **Reforma Trabalhista** (Lei n. 13.467/2017) estabeleceu constituir objeto ilícito de convenção coletiva ou de acordo coletivo de trabalho, exclusivamente, a supressão ou a redução, dentre outros, do direito previsto no art. 373-A (cf. art. 611-B, XXX, da CLT).

A Justiça do Trabalho, de maneira correta, também já havia consagrado que essa garantia não era exclusiva das mulheres — empregadas ou funcionárias (dentre vários, por exemplo, RR 1498-85.2011.5.02.0319, Rel. Min. Maurício Godinho Delgado, 3.ª T., *DEJT* de 17.10.2014), na medida em que a **proteção da intimidade** deve ser observada independentemente do sexo ou mesmo da opção sexual, destacando-se:

- a dignidade da pessoa humana;
- a igualdade material entre homens e mulheres (art. 5.º, *caput*);
- a prescrição de que "ninguém será submetido (...) a tratamento desumano e degradante" (art. 5.º, III).

Assim, entendemos que, 17 anos depois, a lei poderia ter sido mais abrangente. Esse **"encurtamento" normativo**, contudo, não impedirá que a proteção da intimidade em seu sentido mais amplo e nos termos expostos continue sendo respeitada.

O poder fiscalizatório (ou poder de controle) do empregador, que deve assumir os riscos do seu negócio, não pode superar a dignidade dos trabalhadores (seres humanos), havendo outros meios de controle que não a vexatória e combatida revista íntima.

Finalmente, deve-se mencionar que **o art. 3.º da lei**, que **admitia** a **revista íntima** em **ambientes prisionais** e sob **investigação policial** nos casos previstos em lei e que prescrevia que seria realizada unicamente por funcionários servidores femininos, foi **vetado**.

Em suas razões ao veto (mensagem 146, de 15.04.2016), a Presidente da República observa que o dispositivo caracterizaria hipótese de contrariedade ao interesse público, apresentando a seguinte justificativa: "a redação do dispositivo possibilitaria interpretação no sentido de ser permitida a revista íntima nos estabelecimentos prisionais. Além disso, permitiria interpretação de que quaisquer revistas seriam realizadas unicamente por servidores femininos, tanto em pessoas do sexo masculino quanto do feminino".

Alertamos, em sentido diverso, para a existência de julgados no **STJ** prestigiando a **segurança pública**: "o direito à intimidade (...) não pode servir de escudo protetivo para a prática de ilícitos penais, como o tráfico de entorpecentes no interior de estabelecimentos prisionais, notadamente quando, em casos como o presente, há razoabilidade e proporcionalidade na revista íntima, realizado por agente do sexo feminino e sem qualquer procedimento invasivo (precedente)" (HC 328.843/SP, Rel. Min. Felix Fischer, 5.ª T., *DJe* de 09.11.2015).

Esse entendimento do STJ em relação à revista íntima em ambientes prisionais, contudo, sofre forte **resistência** por parte dos **movimentos de direitos humanos**, por se caracterizar ato **vexatório**, **cruel**, **desumano** e **degradante**.

Lembramos o caso **"Complexo Penitenciário de Curado, em Pernambuco"**, pelo qual a Corte Interamericana de Direitos Humanos determinou, pela Resolução de 22.05.2014, que o Brasil elimine a prática de revistas humilhantes que afetem a intimidade e a dignidade dos visitantes.[80]

Entendemos que o veto aposto ao art. 3.º da lei federal em análise sinaliza essa **tendência** a **não se admitir a revista íntima em estabelecimentos prisionais**, havendo, inclusive, projeto de lei tramitando nesse sentido no Congresso Nacional (PLS n. 480/2013) e algumas leis estaduais já aprovadas, como a Lei n. 15.552/2014 do Estado de São Paulo.

Outros métodos de controle e de fiscalização em razão da necessidade de segurança nos estabelecimentos prisionais, diversos e distintos da revista íntima,[81] devem ser priorizados, em respeito à dignidade da pessoa humana, como, a exemplo do que prescreve a lei paulista, a revista mecânica (e não íntima), por meio da utilização de equipamentos capazes de garantir segurança ao estabelecimento prisional, tais como: "*scanners* corporais, detectores de metal, aparelhos de raios X, outras tecnologias que preservem a integridade física, psicológica e moral do visitante revistado".

O tema, sem dúvida, merecerá apreciação mais detida pelo STF (*pendente*).

■ 14.10.8.3. Gravação clandestina x interceptação telefônica: análise à luz de alguns aspectos trazidos pela Lei n. 13.432/2017 (detetive particular) e das novidades do Pacote Anticrime (Lei n. 13.964/2019)

Nesse tópico, vamos tratar sobre a captação ambiental realizada por um dos interlocutores (aqui chamada de gravação "clandestina") e sobre a captação ambiental oficial, realizada com autorização judicial.

---

[80] Caio Paiva e Thimotie Aragon Heemann, *Jurisprudência internacional de direitos humanos*, p. 289-290. Conforme anotam os autores, "o *Complexo Prisional de Curado* já contou com a atuação do *Programa Defensoria Sem Fronteiras*, uma força-tarefa das Defensorias dos Estados e da União para atuar em causas mais sensíveis aos direitos humanos, como é a questão do encarceramento em massa".

[81] Para se ter um exemplo, a Lei paulista n. 15.552/2014 considera revista íntima todo procedimento que obrigue o visitante a: despir-se, fazer agachamentos ou dar saltos e submeter-se a exames clínicos invasivos.

Em relação à primeira, a doutrina faz importante distinção entre a chamada gravação clandestina feita por um dos interlocutores e a interceptação telefônica, também analisada à luz do art. 5.º, XII. Vejamos:

GRAVAÇÃO CLANDESTINA	INTERCEPTAÇÃO TELEFÔNICA
■ a captação e a gravação da conversa são feitas por um dos interlocutores, sem o conhecimento do outro, destacando-se 3 situações mais comuns: **a) gravação pessoal:** ocorre, por exemplo, quando alguém realiza a gravação com um gravador no bolso ou celular, mas sem o conhecimento do outro **b) gravação clandestina telefônica:** a captação se dá em relação à conversa telefônica. Naturalmente, poderíamos pensar também em conversa via Skype, WhatsApp etc. **c) gravação clandestina ambiental:** a conversa é realizada em um ambiente que não o telefone, por exemplo, em um espaço aberto, ou mesmo uma repartição pública, sendo captada e gravada por um dos interlocutores sem o conhecimento do outro	■ a captação e a gravação da conversa são feitas sem que os interlocutores, nenhum deles, tenha conhecimento. Para a validade da prova colhida, a Constituição exige **ordem judicial**, nas hipóteses e na forma que a lei estabelecer, para fins de investigação criminal ou instrução processual penal (art. 5.º, XII, CF/88)

A **gravação clandestina feita por um dos interlocutores**, apesar de alguns sustentarem violação à intimidade e à privacidade (art. 5.º, X), tem sido assegurada pelo STF, devendo, naturalmente, a sua captura observar os princípios constitucionais e os limites da lei.

Nesse sentido, tem decidido a Corte: "a gravação de conversa telefônica feita por um dos interlocutores, sem conhecimento do outro, quando ausente causa legal de sigilo ou de reserva da conversação não é considerada prova ilícita" (**AI 578.858-AgR**, Rel. Min. Ellen Gracie, j. 04.08.2009, 2.ª T., *DJE* de 28.08.2009. Cf., ainda, RE 630.944-AgR, j. 25.10.2011, 2.ª T.). Destacamos, também, interessante decisão que admite como prova a conversa gravada por um dos interlocutores, ainda que com a ajuda de um repórter (cf. RE 453.562-AgR, Rel. Min. Joaquim Barbosa, j. 23.09.2008, 2.ª T., *DJE* de 28.11.2008).

Esse tema está intimamente ligado à regulamentação do exercício da profissão de **detetive particular** ou **detetive profissional** pela **Lei n. 13.432/2017**, que o define como "o profissional que, habitualmente, por conta própria ou na forma de sociedade civil ou empresarial, planeje e execute coleta de dados e informações de **natureza não criminal**, com conhecimento técnico e utilizando recursos e meios tecnológicos permitidos, visando ao esclarecimento de assuntos de interesse privado do contratante".

Muito embora a lei restrinja a atuação do detetive particular para questões não criminais, curiosa e antagonicamente, o art. 5.º permite a sua **colaboração** com **investigação policial em curso**, desde que expressamente autorizado pelo contratante (mediante contrato formal de prestação de serviços) e mediante necessário aceite a critério discricionário do delegado de polícia, a quem cabe, na qualidade de autoridade policial, a condução da investigação criminal por meio de inquérito policial ou outro procedimento previsto em lei, que tenha como objetivo a apuração das circunstâncias, da materialidade e da autoria das infrações penais (art. 2.º, § 1.º, da Lei n.

12.830/2013). Aliás, a lei estabelece ser vedado ao detetive particular participar diretamente de diligências policiais (art. 10, IV, da Lei n. 13.432/2017).

Diante do exposto, com o advento da Lei n. 13.432/2017, que assegurou de vez o reconhecimento da profissão de detetive particular (apesar de já haver jurisprudência antiga do STF nesse sentido — RE 84.955, j. 23.05.1978, assim como a Portaria n. 397/2002 do Ministério do Trabalho — CBO/2002, código 3518-05, que descrevia a atividade), parece-nos que a gravação clandestina poderá ser realizada com o auxílio desse profissional, ou mesmo, em determinadas circunstâncias, desde que não se viole a intimidade, pelo detetive, que, mediante contrato formal e escrito, estará atuando como *longa manus* do contratante (vamos imaginar a fotografia tirada pelo detetive em um *shopping center*, ou mesmo na rua).

Naturalmente, o detetive não poderá realizar a interceptação telefônica na hipótese de nenhum dos interlocutores ter conhecimento da gravação. Como se disse, essa gravação depende de autorização judicial (art. 5.º, XII, CF/88). Além disso, de acordo com o art. 10 da Lei n. 9.296/96, constitui **crime** realizar interceptação de comunicações telefônicas, de informática ou telemática, promover escuta ambiental ou quebrar segredo da Justiça, sem autorização judicial ou com objetivos não autorizados em lei (redação dada pela **Lei n. 13.869/2019** — *Lei de Abuso de Autoridade*).

Essa nossa proposta de legitimação de atuação do detetive particular, que, conforme dissemos, seria uma *longa manus* do contratante, em uma análise inicial permanece, mesmo com a criminalização trazida pelo *Pacote Anticrime* (Lei n. 13.964/2019), ao inserir o art. 10-A na Lei n. 9.296/96. Isso porque o art. 10-A, § 1.º, estabelece que não haverá crime se a captação for realizada por um dos interlocutores, que, no caso, poderia se valer dos serviços (regulamentados e previstos na lei) do detetive particular.

Finalmente, devemos destacar a novidade trazida pelo Pacote Anticrime em relação à escuta ambiental oficial (art. 8.º-A da Lei n. 9.296/96):

"Art. 8.º-A. Para **investigação** ou **instrução criminal**, poderá ser **autorizada pelo juiz**, a **requerimento da autoridade policial** ou do **Ministério Público**, a **captação ambiental de sinais eletromagnéticos, ópticos ou acústicos**, quando:

I — a prova não puder ser feita por outros meios disponíveis e igualmente eficazes; e

II — houver elementos probatórios razoáveis de autoria e participação em infrações criminais cujas penas máximas sejam superiores a 4 (quatro) anos ou em infrações penais conexas.

§ 1.º O requerimento deverá descrever circunstanciadamente o local e a forma de instalação do dispositivo de captação ambiental.

§ 2.º (VETADO).

§ 3.º A captação ambiental **não poderá exceder o prazo de 15 (quinze) dias, renovável** por decisão judicial por iguais períodos, se comprovada a indispensabilidade do meio de prova e quando presente atividade criminal permanente, habitual ou continuada.

§ 4.º (VETADO).

§ 5.º Aplicam-se subsidiariamente à captação ambiental as regras previstas na legislação específica para a interceptação telefônica e telemática."

14.10.9. Inviolabilidade domiciliar (art. 5.º, XI)

14.10.9.1. Regras constitucionais

"A casa é asilo inviolável do indivíduo, ninguém nela podendo penetrar **sem o consentimento** do morador, salvo em caso de flagrante delito ou desastre, ou para prestar socorro, ou, durante o dia, por determinação judicial"; ou seja, sem o consentimento do morador só poderá nela penetrar:

- **por determinação judicial:**[82] somente durante o **dia**;
- **em caso de flagrante delito, desastre, ou para prestar socorro:** poderá penetrar sem o consentimento do morador, durante o **dia** ou à **noite**, não necessitando de determinação judicial.

O que deve ser entendido por dia ou noite? Concordamos com Alexandre de Moraes que o melhor critério seria conjugar a definição de parte da doutrina (das 6 às 18h) com a posição de Celso de Mello, que utiliza um critério físico-astronômico: a **aurora** e o **crepúsculo**.[83]

E o que devemos entender por casa? Segundo a doutrina e a jurisprudência, "casa" abrange não só o domicílio, mas também o escritório, oficinas, garagens etc. (*RT* 467/385), ou, até, os quartos de hotéis. Vejamos:

> "Para os fins da proteção jurídica a que se refere o art. 5.º, XI, da Constituição da República, o conceito normativo de 'casa' revela-se abrangente e, por estender-se a qualquer aposento de habitação coletiva, desde que ocupado (CP, art. 150, § 4.º, II), compreende, observada essa específica limitação espacial, os quartos de hotel (...)" (RHC 90.376, Rel. Min. Celso de Mello, j. 03.04.2007, *DJ* de 18.05.2007 — cf., também, o voto de Sua Excelência no HC 82.788, j. 12.04.2005).

Cabe lembrar, ainda, que o STF, ao julgar o *tema 280* da repercussão geral, firmou a seguinte tese: "a entrada forçada em domicílio sem mandado judicial só é lícita, **mesmo em período noturno**, quando amparada em **fundadas razões, devidamente justificadas *a posteriori***, que indiquem que dentro da casa ocorre situação de flagrante delito, sob pena de responsabilidade disciplinar, civil e penal do agente ou da autoridade, e de nulidade dos atos praticados" (**RE 603.616**, j. 05.11.2015, *DJE* de 10.05.2016).

Na situação concreta, por indicação do motorista que levava o restante da droga em caminhão interceptado em rodovia federal, foram encontrados 8,5 kg de cocaína no veículo estacionado na garagem da casa do recorrente, e, assim, por entender a

---

[82] Frise-se: **ordem judicial**, não cabendo determinação de autoridade administrativa, ou policial.

[83] Alexandre de Moraes, *Direito constitucional*, p. 72.

hipótese de **crime permanente** (art. 33 da "Lei de Drogas" — Lei n. 11.343/2006), caracterizou-se a situação de flagrante, nos termos da Constituição. Tal entendimento (reconhecimento do flagrante nos crimes permanentes) poderá ser aplicado, também, para se ter outros exemplos, nos casos de extorsão mediante sequestro e de cárcere privado.

A necessidade de justificação formal *a posteriori* apresentando as **fundadas razões** (cf. a expressão do art. 240, § 1.º, CPP) para o ingresso na *casa* admite, naturalmente, o controle judicial (destacando-se, também, em relação a eventual prisão em flagrante, a realidade da **audiência de custódia**) e foi fortalecida, nos termos das manifestações dos Ministros Lewandowski (fls. 29 do acórdão) e Fux (fls. 38), pelo conteúdo da tese firmada na **SV 11**, que prevê essa formalidade no caso do uso de algemas.

■ *14.10.9.2. O caso específico da "Lei do Mosquito"*

De acordo com o art. 1.º, § 1.º, IV, da **Lei n. 13.301/2016** ("Lei do Mosquito"), na situação de iminente perigo à saúde pública pela presença do mosquito transmissor do *vírus da dengue*, do *vírus chikungunya* e do *vírus da zika*, a autoridade máxima do Sistema Único de Saúde — SUS de âmbito federal, estadual, distrital e municipal fica autorizada a determinar e executar, dentre outras **medidas necessárias** ao controle das doenças causadas pelos referidos vírus, nos termos da Lei n. 8.080/90 e demais normas aplicáveis, enquanto perdurar a Emergência em Saúde Pública de Importância Nacional — ESPIN, o **ingresso forçado nos imóveis públicos e particulares**.

De modo pontual, o legislador admite a referida medida, inclusive, se for o caso, com o auxílio de autoridade policial ou da Guarda Municipal (art. 3.º, § 1.º, da lei), em apenas três situações específicas: **abandono**, **ausência** ou **recusa** de pessoa que possa permitir o acesso de agente público, regularmente designado e identificado, quando se mostre essencial para a contenção das doenças.

Nesses casos, o agente público competente deverá emitir **relatório circunstanciado** no local, constando as condições encontradas, as medidas sanitárias adotadas para o controle do vetor e da eliminação de criadouros do mosquito transmissor, as recomendações a serem observadas pelo responsável e as medidas adotadas para restabelecer a segurança do imóvel. Naturalmente, poderá haver controle judicial em eventual caso de abuso por parte do Estado.

A grande questão que se coloca é saber se a situação descrita de ingresso forçado viola ou não a Constituição.

Em nosso entender, a lei em análise deve ser tida, nessa situação específica do estudo, como **constitucional**, apesar de não se encontrar nas ressalvas explícitas previstas no art. 5.º, XI, CF/88, já que não se trata de determinação judicial, flagrante delito, desastre ou prestação de socorro.

O fundamento para o afastamento do art. 5.º, XI **(inviolabilidade domiciliar)**, que não é um direito absoluto, decorre da ponderação a ser realizada à luz de outros preceitos, como o **direito à vida** (art. 5.º, *caput*) e o **direito à saúde** (art. 196), caracterizando-se as medidas específicas previstas na lei como **adequadas**, **necessárias** e **proporcionais em sentido estrito**.

Finalmente, nas hipóteses da lei e conforme exposto, naturalmente, o agente público **não responderá** pelo crime de violação de domicílio previsto no art. 150 do CP.

■ 14.10.10. Sigilo de correspondência e comunicações (art. 5.º, XII)

"É inviolável o sigilo da correspondência e das comunicações telegráficas, de dados e das comunicações telefônicas, salvo, no último caso, por ordem judicial, nas hipóteses e na forma que a lei estabelecer para fins de investigação criminal ou instrução processual penal.":

Conforme se observa, além da proteção ao **sigilo da correspondência**, há proteção ao sigilo de 3 formas de **comunicações**, com ressalva expressa apenas em relação a uma delas:

- **telegráfica** — sem ressalva expressa;
- **de dados** — sem ressalva expressa;
- **telefônica** — com ressalva expressa, exigindo **ordem judicial** e nas hipóteses e na forma que a **lei** estabelecer para fins de investigação criminal ou instrução processual penal (cf. Lei n. 9.296/96).

Isso posto, destacamos alguns pontos específicos:

- **sigilo de correspondência:** como regra, o sigilo de correspondência é inviolável, salvo nas hipóteses de decretação de estado de defesa e de sítio, quando poderá ser restringido (arts. 136, § 1.º, I, "b", e 139, III). Cumpre observar, também, que esse direito não é absoluto e poderia, de acordo com a circunstância do caso concreto, ser afastado, por exemplo, na interceptação de uma carta enviada por sequestradores. A suposta prova ilícita convalida-se em razão do exercício da legítima defesa;
- **sigilo das comunicações telegráficas:** também inviolável, salvo nas hipóteses de decretação de estado de defesa e de sítio, que poderá ser restringido (arts. 136, § 1.º, I, "c", e 139, III) ou em razão de eventual ponderação a ser feita no caso concreto;
- **sigilo bancário (comunicação de dados bancários):** no tocante ao **sigilo bancário**, o art. 38 (parcialmente recepcionado) da Lei n. 4.595/64, que foi recepcionada pela CF/88 com *status* de lei complementar (art. 192, *caput*), permitia a quebra do sigilo bancário por: autorização judicial, determinação de CPI (art. 58, § 3.º), agentes fiscais tributários do Ministério da Fazenda e dos Estados e autoridade fiscal, havendo interpretação no sentido de se admitir, também, por requisição do Ministério Público (art. 129, VI), para objeto de investigação criminal, entendimento esse superado pela jurisprudência do STF, conforme se observa abaixo. Referido art. 38 foi expressamente **revogado** pela **LC n. 105, de 10.01.2001**, que passou a disciplinar as regras sobre o sigilo das operações de instituições financeiras. O art. 6.º da LC n. 105/2001 permitiu às autoridades e agentes fiscais tributários da União, dos Estados,

do Distrito Federal e dos Municípios **examinar** documentos, livros e registros de instituições financeiras, inclusive os referentes a contas de depósitos e aplicações financeiras, **quando houver processo administrativo instaurado ou procedimento fiscal em curso e tais exames sejam considerados indispensáveis** pela autoridade administrativa competente, devendo o resultado dos exames, as informações e os documentos ser **conservados em sigilo, observada a legislação tributária. Mencionada regra foi regulamentada pelo Decreto n. 3.724, de 10.01.2001**, cujo art. 1.º, § 1.º, estabelece que o procedimento de fiscalização somente terá início por força de ordem específica, denominada **Mandado de Procedimento Fiscal (MPF)**, instituído em ato da Secretaria da Receita Federal, ressalvado o disposto nos §§ 3.º e 4.º do aludido artigo. O art. 4.º, § 1.º, do decreto estabelece, ainda, que a requisição será formalizada mediante documento denominado **Requisição de Informações sobre Movimentação Financeira (RMF)** e será dirigida, conforme o caso, ao: **a)** Presidente do Banco Central do Brasil, ou a seu preposto; **b)** Presidente da Comissão de Valores Mobiliários, ou a seu preposto; **c)** presidente de instituição financeira, ou entidade a ela equiparada, ou a seu preposto; **d)** gerente de agência. Conforme visto, o STF entendeu como constitucional essa disposição por se tratar, em verdade, não de quebra, mas de **transferência de sigilo** da órbita bancária para a fiscal, havendo o dever de o fisco manter o sigilo (cf. **ADIs 2.390**, **2.386**, **2.397** e **2.859**; **RE 601.314**, todos julgados em 24.02.2016);

■ **quebra de sigilo e Ministério Público:** na Comissão Parlamentar Mista de Inquérito — CPMI dos Correios, o STF considerou *ilegal* o pedido de quebra feito diretamente pelo MP. Assim, estabeleceu que a prova utilizada pelo MP tem de vir de CPI ou de autorização do juiz (Inq. 2.245, Rel. Min. Joaquim Barbosa, j. 28.08.2007, *DJ* de 09.11.2007 — dada a sua importância, recomendamos a leitura). **Contudo**, conforme estabelece a jurisprudência do STF, "o sigilo de informações necessárias para a preservação da intimidade é **relativizado** quando se está diante do interesse da sociedade de se conhecer o destino dos **recursos públicos**. Operações financeiras que envolvam **recursos públicos** não estão abrangidas pelo sigilo bancário a que alude a LC 105/2001, visto que as operações dessa espécie estão submetidas aos **princípios da administração pública insculpidos no art. 37 da CF**" (MS 33.340 — cf. *item 14.10.8.1* e **RHC 133.118**, 2.ª T., j. 26.09.2017, *DJE* de 09.03.2018).

Nessa linha, a Corte evoluiu de modo genérico em relação à possibilidade de transferência do sigilo para os órgãos de persecução penal (**Ministério Público** e **Autoridades Policiais**): "1. É **constitucional** o compartilhamento dos **relatórios de inteligência financeira da UIF** (Unidade de Inteligência Financeira, acrescente-se) e da íntegra do **procedimento fiscalizatório da Receita Federal do Brasil**, que define o lançamento do tributo, com os **órgãos de persecução penal para fins criminais, sem a obrigatoriedade de prévia autorização judicial**, devendo ser resguardado o sigilo das informações em procedimentos formalmente instaurados e sujeitos a posterior controle jurisdicional. 2. O compartilhamento pela UIF e pela RFB, referente ao item anterior, deve ser feito unicamente por meio de **comunicações formais**, com garantia de sigilo, certificação do destinatário e estabelecimento de instrumentos efetivos de apuração e correção de eventuais desvios" (**RE 1.055.941**, Rel. Min. Dias Toffoli, 04.12.2019 — Tema 990 da repercussão geral).

■ **sigilo fiscal (comunicação de dados):** no tocante ao **sigilo fiscal**, faculta-se à administração tributária identificar, respeitados os direitos individuais e nos termos da lei, o patrimônio, os rendimentos e as atividades econômicas do contribuinte (art. 145, § 1.º). Assim, deve haver expressa individualização do investigado e do objeto da investigação e a indispensabilidade dos dados em poder da Receita Federal. O **art. 198, CTN**, em sua redação original, vedava a divulgação, para qualquer fim, por parte da Fazenda Pública ou de seus funcionários, de qualquer informação, obtida em razão do ofício, sobre a situação econômica ou financeira dos sujeitos passivos ou de terceiros e sobre a natureza e o estado dos seus negócios ou atividades, havendo necessidade de autorização judicial. Essa regra foi alterada pela **LC n. 104/2001**, que passou a admitir um **intercâmbio de informação sigilosa**, mediante solicitações de autoridade administrativa no interesse da Administração Pública, desde que seja comprovada a instauração regular de processo administrativo, no órgão ou na entidade respectiva, com o objetivo de investigar o sujeito passivo a que se refere a informação, pela prática de infração administrativa. Conforme observações feitas acima sobre o sigilo bancário, o STF entendeu como **constitucional** a referida lei complementar por se tratar de transferência de sigilo e o dever de sua manutenção, havendo procedimento formal específico e responsabilidades na hipótese de eventual vazamento das informações (**ADIs 2.390**, **2.386**, **2.397** e **2.859**);

■ **sigilo das comunicações telefônicas:** a quebra será permitida nas hipóteses e na forma que a lei estabelecer e para fins de investigação criminal ou instrução processual penal. Assim, o procedimento deverá seguir as regras traçadas pela Lei n. 9.296/96, sob pena de constituir prova obtida por meio ilícito (art. 5.º, LVI);[84]

■ **gravação clandestina:** conforme vimos anteriormente, a gravação clandestina (pessoal, telefônica ou ambiental) não se confunde com a interceptação telefônica. No caso da gravação clandestina, esta é feita por um dos interlocutores sem o conhecimento do outro, enquanto na intercepção telefônica a gravação é feita por um terceiro sem que os interlocutores, nenhum deles, tenham conhecimento. Neste último caso (interceptação) é indispensável a ordem judicial, na forma da lei, e para fins de investigação criminal ou instrução processual penal. Por outro lado, em relação à gravação clandestina, instituto relacionado ao inciso X do art. 5.º e não ao inciso XII em estudo, o STF tem admitido a prova dela decorrente como **lícita**, desde que ausente causa legal de sigilo ou de reserva da conversação (AI 578.858-AgR e RE 630.944-AgR). Avançando, o **Pacote Anticrime** (Lei n. 13.964/2019), explicitou a possibilidade de captação ambiental de sinais eletromagnéticos, ópticos ou acústicos

---

[84] "Crimes de rufianismo e favorecimento da prostituição. Interceptação telefônica realizada pela Polícia Militar. Nulidade. Não ocorrência. Medida executada nos termos da Lei 9.296/96 (requerimento do Ministério Público e deferimento pelo juízo competente). **Excepcionalidade do caso:** suspeita de envolvimento de autoridades policiais da delegacia local" (**HC 96.986**, Rel. Min. Gilmar Mendes, j. 15.05.2012, 2.ª T., *DJE* de 14.09.2012).

para investigação ou instrução criminal, a ser autorizada pelo juiz, a requerimento da autoridade policial ou do Ministério Público (art. 8.º-A, da Lei n. 9.296/96), bem como deixou claro que não há crime se a captação é realizada por um dos interlocutores (art. 10-A, da Lei n. 9.296/96);

■ ***habeas corpus*:** "O *habeas corpus* é medida idônea para impugnar decisão judicial que autoriza a quebra de sigilos fiscal e bancário em procedimento criminal, haja vista a possibilidade destes resultarem em constrangimento à liberdade do investigado (...)" (AI 573.623, Rel. Min. Gilmar Mendes, j. 31.10.2006, *Inf. 447/STF*);

■ **comunicações em meios eletrônicos:** a garantia constitucional da inviolabilidade abrange, naturalmente, as comunicações privadas também em meios eletrônicos, pela internet, pelos tradicionais *e-mails* ou ainda pelos meios de comunicações proporcionados pelas redes sociais, como *direct message* (DM), no Twitter, Instagram Direct, conversas privadas por meio de WhatsApp, Facebook etc. No caso, destacamos a regulamentação da matéria no denominado **marco civil da internet**, qual seja, a **Lei n. 12.965/2014**, que estabeleceu princípios, garantias, direitos e deveres para o uso da internet no Brasil e determinou as diretrizes para atuação da União, dos Estados, do Distrito Federal e dos Municípios em relação à matéria. Destacamos, também, a Lei Geral de Proteção de Dados Pessoais (LGPD), que dispõe sobre o tratamento de dados pessoais, inclusive nos meios digitais, por pessoa natural ou por pessoa jurídica de direito público ou privado, com o objetivo de proteger os direitos fundamentais de liberdade e de privacidade e o livre desenvolvimento da personalidade da pessoa natural (Lei n. 13.709/2018).

■ 14.10.11. Liberdade de profissão (art. 5.º, XIII)

A Constituição assegura a liberdade do exercício de qualquer trabalho, ofício ou profissão, atendidas as qualificações profissionais que a **lei estabelecer**. Trata-se de norma constitucional de **eficácia contida**, podendo a legislação infraconstitucional limitar o seu alcance, fixando condições ou requisitos para o pleno exercício da profissão.

Mas qual o limite para a atuação restritiva/controladora do legislador? Vamos a alguns exemplos:

■ **exame de ordem:** o art. 8.º, IV, da Lei n. 8.906/94, exige a aprovação como um dos requisitos essenciais para que o bacharel em direito possa inscrever-se junto à OAB como advogado. O STF considerou **constitucional** essa exigência (cf. **RE 603.583,** Rel. Min. Marco Aurélio, j. 26.10.2011, Plenário, *DJE* de 25.05.2012, com repercussão geral e *item 12.4.1.5* deste trabalho);

■ **diploma de jornalista para o exercício da profissão:** em **17.06.2009**, por 8 x 1, o STF **derrubou esse requisito** (cf. RE 511.961, Rel. Min. Gilmar Mendes, j. 17.06.2009, Plenário, *DJE* de 13.11.2009 e *item 19.7.1*). Cabe observar que tramita no Senado Federal a **PEC n. 33/2009**, que, com algumas ressalvas, passa a exigir o diploma de jornalista (**matéria pendente** — no momento da leitura, checar se referida PEC foi aprovada);

- **exercício da profissão de músico:** o STF entendeu inconstitucional a exigência de inscrição em conselho de fiscalização, deixando claro que essa necessidade apenas será razoável quando houver **potencial lesivo na atividade**. **A regra, portanto, é a liberdade**, e, ademais, a atividade de músico encontra garantia na liberdade de expressão, enquanto manifestação artística (cf. **RE 414.426**, Rel. Min. Ellen Gracie, j. 1.º.08.2011, Plenário, *DJE* de 10.10.2011).

Os precedentes citados nos permitem afirmar que a jurisprudência do STF admite a regulamentação normativa de atividades que possam trazer **danos** a terceiros, ou, em outras palavras, atividades profissionais cuja falta de técnica traga o risco de "atingir negativamente a esfera pública de outros indivíduos ou de valores ou interesses da própria sociedade" (Min. Alexandre de Moraes, **ADI 3.870**, j. 27.09.2019, p. 16). Nessas situações, a lei poderá disciplinar, restritivamente, impondo regras ao exercício da profissão.

Um alerta: conforme observa Moraes em seu voto, "a legitimidade da atuação legislativa no campo do **exercício do trabalho** deve ser restrita apenas ao indispensável para viabilizar a proteção de outros bens jurídicos de interesse público igualmente resguardados pela própria Constituição, como a **segurança**, a **saúde**, a **ordem pública**, a **incolumidade das pessoas e do patrimônio**, a **proteção especial da infância** e **outros**. Somente quando a execução individual de determinada atividade puder implicar **risco a algum desses valores**, imprescindíveis para o bem-estar da coletividade, é que o legislador estará autorizado a **restringir** a liberdade de trabalho".

Finalmente, dentre tantos outros julgados, destacamos, *especialmente para as provas da importante carreira da defensoria pública*, aquele segundo o qual o STF analisou a suposta prática do *delito de exercício ilegal da profissão* por parte de **"flanelinhas"**, denunciados com base no art. 47 da Lei das Contravenções Penais, por não preencherem as condições estabelecidas na Lei n. 6.242/75, que, regulamentando o exercício da profissão de guardador e lavador autônomo de veículos automotores, exige o registro na Delegacia Regional do Trabalho competente.

Conforme entendeu a 2.ª T. do STF, a não observância da "disposição legal pelos pacientes não gerou lesão relevante ao bem jurídico tutelado pela norma, bem como não revelou elevado grau de reprovabilidade, razão pela qual é aplicável, à hipótese dos autos, o **princípio da insignificância**", levando ao reconhecimento do **crime de bagatela**. Assim, a ordem foi concedida para cassar o acórdão do STJ (HC 239.643) que determinou o prosseguimento da ação penal e restabelecer a sentença de primeiro grau que rejeitou a denúncia, em face da atipicidade da conduta imputada (**HC 115.046**, j. 19.03.2013).

14.10.12. Liberdade de informação (art. 5.º, XIV e XXXIII)

É assegurado a todos o acesso à informação e resguardado o sigilo da fonte, quando necessário ao exercício profissional. Trata-se do direito de informar e de ser informado.

Completando tal direito fundamental, o art. 5.º, XXXIII, estatui que todos têm direito a receber dos órgãos públicos informações de seu interesse particular, ou de interesse coletivo ou geral, que serão prestadas no prazo da lei, sob pena de responsabilidade, **ressalvadas aquelas cujo sigilo seja imprescindível à segurança da sociedade e do Estado**.

Conforme observou o Min. Fachin, "o direito à **publicidade** viabiliza o acesso à **informação pública**, direito que é corolário da **liberdade de expressão**. A **publicidade** é a **regra**, o **sigilo**, a **excepcional exceção**. Quanto maior for o sigilo, mais completas devem ser as justificativas para que, em nome da proteção da sociedade e do Estado, tais movimentações se realizem" (**ADPF 129**, Pleno, 6 x 5, j. 05.11.2019, destacando os seguintes precedentes: ADPF 33; SS 3.902; o MS 28.178; o Comentário Geral n. 34 do Comitê de Direitos Humanos e os casos Hertel v. Suíça e Magyar Jelinki Bizttság v. Hungria da Corte Europeia de Direitos Humanos).

E continuou: "os tratados internacionais e a própria Constituição Federal convergem no sentido de se reconhecer não apenas a ampla liberdade de acesso às informações públicas, corolário, como visto, do direito à liberdade de expressão, mas também a possibilidade de restringir o acesso, desde que **(i)** haja previsão legal; **(ii)** destine-se a proteger a intimidade e a segurança nacional; e **(iii)** seja necessária e proporcional".

Regulando o acesso a informações previsto no art. 5.º, XXXIII, destacamos a **Lei n. 12.527, de 18.11.2011**.[85]

Dentro do tema da liberdade de informação, pedimos vênia para citar interessante decisão do Ministro Gilmar Mendes — envolvendo a exigência do **exame psicotécnico** em concursos públicos, lembrando que, de acordo com a **SV 44**, "só por lei se pode sujeitar a exame psicotécnico a habilitação de candidato a cargo público" (j. 08.04.2015):

> "... Trata-se de recurso extraordinário interposto com fundamento no art. 102, III, 'a', da Constituição Federal, contra acórdão assim ementado: 'Administrativo. Constitucional. Concurso público. Exame psicotécnico. Sigilo e irrecorribilidade do resultado. 1. A Constituição afasta de pronto o caráter sigiloso das decisões administrativas, em primeiro lugar porque a todos é assegurado o direito de exigir do órgão público o esclarecimento de situação de interesse pessoal, além do que é assegurada qualquer informação que seja do exclusivo interesse do cidadão, salvo quando o sigilo seja imprescindível à segurança da sociedade e do Estado... A possibilidade de interpretação errônea de dados psicológicos, eis que a Psicologia não é uma ciência absoluta em termos de fixação dos aspectos inerentes à personalidade e condições emocionais do indivíduo, não

[85] "**Transparência** — Em sessão administrativa realizada no dia 22 de maio de 2012, os ministros do STF decidiram divulgar na *internet* a remuneração paga a ministros e servidores da Corte. A decisão atendeu ao comando da Lei de Acesso à Informação (Lei 12.527/2011), que entrou em vigor em 16 de maio de 2012" (*Notícias STF,* 04.01.2013). Analisando a matéria, "o Tribunal, apreciando o *tema 483 da repercussão geral*, por unanimidade e nos termos do voto do Relator, deu provimento a recurso extraordinário, fixando-se a tese de que é legítima a publicação, inclusive em sítio eletrônico mantido pela Administração Pública, dos nomes dos seus servidores e do valor dos correspondentes vencimentos e vantagens pecuniárias". A privacidade ficaria mitigada por se tratar de agente público, visando à eficiência (cf. **ARE 652.777**, j. 23.04.2015, *DJE* de 1.º.07.2015).

permite a ausência de possibilidade de reapreciação dos atos administrativos'. Alega-se violação aos artigos 1.º; 2.º; 5.º, XXXV, LIV, LV, LXIX; 18; 37, *caput* e I; e, 93, IX, da Carta Magna. Esta Corte firmou entendimento segundo o qual o exame psicotécnico não pode ter critério sigiloso, sob pena de infringir o princípio da publicidade. Nesse sentido o RE 342.074, 2.ª T., Rel. Maurício Corrêa, *DJ* 17.09.2002, assim ementado: 'EMENTA: Agravo regimental em recurso extraordinário. Constitucional. Concurso público. Exame psicotécnico. Exame psicotécnico com caráter eliminatório. Avaliação realizada com base em critérios não revelados. Ilegitimidade do ato, pois impede o acesso ao Poder Judiciário, para conhecer de eventual lesão ou ameaça de direito ocasionada pelos critérios utilizados. Agravo regimental a que se nega provimento'. No mesmo sentido o RE 243.926, 1.ª T., Rel. Moreira Alves, *DJ* 16.05.2000. Assim, nego seguimento ao recurso (art. 557, *caput*, do CPC/73). Publique-se. Brasília, 24 de novembro de 2003. Ministro Gilmar Mendes, Relator" (RE 348.494, *DJ* de 11.12.2003, p. 51).

Por fim, como será comentado adiante, a garantia da liberdade de informação é complementada pelo direito de obtenção de certidões fixado no art. 5.º, XXXIV, "b".

14.10.13. Liberdade de locomoção (art. 5.º, XV)

De acordo com o art. 5.º, XV, é **livre** a **locomoção** no **território nacional** em **tempo de paz**, podendo qualquer pessoa, nos termos da lei, nele entrar, permanecer ou dele sair com seus bens.

Durante o **estado de defesa**, contudo, o decreto poderá estabelecer **restrição ao direito de reunião**, ainda que exercida no seio das associações.

Por sua vez, no caso **estado de sítio** decretado com fundamento no art. 137, I, poderão ser tomadas contra as pessoas as medidas de **obrigação de permanência em localidade determinada** (art. 139, I); **detenção** em edifício não destinado a acusados ou condenados por crimes comuns (art. 139, II); **suspensão da liberdade de reunião** (art. 139, IV).

Já na hipótese de declaração de estado de guerra ou resposta a agressão armada estrangeira (hipóteses de decretação de estado de sítio – art. 137, II), a liberdade de locomoção também poderá ser restringida ou suspensa (art. 138, *caput*).

Finalmente, cabe lembrar a garantia constitucional do *habeas corpus* que será concedido sempre que alguém sofrer ou se achar ameaçado de sofrer **violência** ou **coação** em sua **liberdade de locomoção**, por **ilegalidade** ou **abuso de poder** (art. 5.º, LXVIII).

14.10.14. Direito de reunião (art. 5.º, XVI)

O **direito de reunião** está assegurado a **todos**, e, muito embora seja um direito pessoal, o seu **exercício** se dá de **modo coletivo** (havendo uma finalidade comum entre os participantes a atraí-los), devendo ser observados os seguintes **requisitos constitucionais**:

- **reunião pacífica:** conforme anotou António Francisco de Sousa, "o caracter pacífico equivale ao estado de tranquilidade ou de ausência de desordem e de perturbação, em termos que não ponham em causa a ordem e a segurança públicas e que garantam aos demais participantes e ao público em geral condições de exercício em liberdade dos seus direitos. Assim, o carácter pacífico não implica a ausência de pequenas perturbações que possam ser consideradas aceitáveis, toleráveis ou mesmo 'naturais' nos ajuntamentos de (muitas) pessoas";[86]

■ **sem armas:** isso quer dizer, "vedação à reunião de bandos armados com intenções belicosas, porque só se admitem reuniões com fins pacíficos". E continua José Afonso da Silva: "mas não quer isto dizer que a autoridade possa submeter todos os participantes, ou qualquer deles, à revista, para verificar ou não a existência de armas. 'Sem armas' significa sem armas brancas ou de fogo que denotem, a um simples relance de olhos, atitudes belicosas ou sediciosas".[87] Entendemos que o termo "armas" tem um sentido amplo, englobando não apenas a arma de fogo e a arma branca como também a utilização de instrumentos que, desvirtuados de sua função, possam trazer risco para os participantes da reunião ou para o patrimônio público ou privado, como, por exemplo, um taco de beisebol, barras de ferro, correntes etc.;

■ **em locais abertos ao público:** a previsão de reuniões em locais abertos ao público (logradouros públicos ou, por exemplo, um estádio de futebol) não exclui as reuniões privadas, que devem ser entendidas como "amparadas por outros direitos fundamentais, como a inviolabilidade do lar ou a liberdade de associação em cuja sede se realizem".[88] Diferente da Constituição anterior, que permitia à lei designar o local da reunião, a CF/88 assegurou a **liberdade de escolha do local da manifestação**, havendo apenas a proibição de frustrar outra reunião anteriormente convocada para o mesmo local;

■ **independentemente de autorização:** a exigência de prévia e formal autorização esvaziaria o direito fundamental de reunião que está intimamente ligado à liberdade de expressão;

■ **desde que não frustre outra reunião anteriormente convocada para o mesmo local:** o direito fundamental de um grupo não pode ser frustrado pela manifestação de grupo com ideias diametralmente opostas ou conflitantes. Aliás, o Estado tem o dever (de prestação) de assegurar e proteger os manifestantes, impedindo, inclusive, que um grupo entre em choque com o outro. Conforme anotou Paulo Branco, reconhecendo certo grau de *eficácia horizontal do direito de reunião*, "mesmo sendo reunião aberta ao público, nela não se há de exigir que sejam ouvidas ideias contrárias ao objetivo da manifestação". Citando caso da Corte Europeia de Direitos Humanos, assentou que "numa democracia o direito de contramanifestar não pode ter tal extensão a ponto de inibir o exercício do direito de manifestação";[89]

---

86 António Francisco de Sousa, Liberdade de reunião e de manifestação no estado de direito, *Direitos Fundamentais e Justiça*, p. 31.

87 José Afonso da Silva, *Comentário contextual à Constituição*, 9. ed., p. 116.

88 José Afonso da Silva, *Comentário contextual à Constituição*, 9. ed., p. 117.

89 Paulo Gustavo Gonet Branco, Comentário a art. 5.º, XVI, in *Comentários à Constituição do Brasil*, p. 307.

- **sendo apenas exigido prévio aviso à autoridade competente:** nesse sentido, o exercício do direito não está condicionado a um pedido de autorização ou a uma licença prévia. Basta comunicar para que o Estado possa assegurar os meios indispensáveis para a realização do direito, organizando o trânsito, mandando reforço policial e garantindo a ordem.

CUIDADO: o tema do **aviso prévio** foi apreciado pelo STF em caso concreto envolvendo determinada marcha organizada por sindicato, associação e partido político contra a transposição do Rio São Francisco na BR-101 **sem a formal e prévia comunicação à autoridade competente**.

O Pleno do STF, por 6 X 5, afastou a multa que havia sido confirmada pelo TRF5 por não ter havido formal aviso prévio. Segundo Fachin, que abriu a divergência, "**a inexistência de notificação não torna a reunião ilegal**. Numa democracia, o espaço público não é só de circulação, mas de participação" (**RE 806.339**, j. 15.12.2020, julgamento virtual, 6 X 5, pendente a publicação do acórdão).

O Min. Barroso "seguiu a divergência entendendo que **a eventual ausência de prévio aviso** para o exercício do direito de reunião **não transforma a manifestação em ato ilícito** e que o Poder Público pode legitimamente impedir o bloqueio integral de via pública para assegurar o direito de locomoção de todos" (*Notícias STF* de 19.12.2018).

Conforme observou Fachin, diante da estreita vinculação entre o **direito de reunião** e a **liberdade de expressão**, e tendo em vista a primazia desta, não se pode "interpretar a exigência de prévio aviso como condicionante ao exercício do direito" (de reunião).

Nesse sentido, foi feita a proposta da seguinte tese: "a exigência constitucional de aviso prévio relativamente ao direito de reunião é satisfeita com a veiculação de informação que permita ao poder público zelar para que seu exercício se dê de forma pacífica ou para que não frustre outra reunião no mesmo local".

Nesse contexto, António Francisco de Sousa sedimenta que "o tema da liberdade de reunião e de manifestação é, sem dúvida, um dos temas centrais do Estado de direito democrático, pois é através do exercício desta liberdade que os cidadãos podem exprimir livremente a sua opinião, criticar o poder, fazer exigências, enfim, erguer a voz contra a injustiça e a opressão. **Sem liberdade de reunião e de manifestação não há verdadeira democracia:** diz-me que liberdade de reunião e de manifestação praticas no teu país e dir-te-ei que democracia alcançaste".[90]

Celso de Mello, em interessante julgado que entendeu como inadequada, desnecessária e desproporcional a proibição, pelo Decreto distrital n. 20.098/99, de manifestações públicas que utilizem carros, aparelhos e objetos sonoros na Praça dos Três Poderes, Esplanada dos Ministérios, Praça do Buriti e vias adjacentes, prescreveu: "a liberdade de reunião traduz meio vocacionado ao exercício do direito à livre expressão das ideias, configurando, por isso mesmo, um precioso instrumento de concreti-

[90] António Francisco de Sousa, Liberdade de reunião e de manifestação no estado de direito, *Direitos Fundamentais e Justiça*, p. 28.

zação da liberdade de manifestação do pensamento, nela incluído o insuprimível **direito de protestar**" (**ADI 1.969**, j. 28.06.2007, Plenário, *DJ* de 31.08.2007).

José Afonso da Silva, por seu turno, destaca que: a liberdade de reunião caracteriza-se como verdadeira **"liberdade-condição"**, "porque, sendo um direito em si, constitui também **condição** para o exercício de outras liberdades: de manifestação do pensamento, de expressão de convicção filosófica, religiosa, científica e política e de locomoção (liberdade de ir, vir e ficar)".[91]

Nesse sentido, podemos citar a discussão sobre a **"marcha da maconha"** (cf. *item 14.10.5.4*), que o STF analisou no julgamento da **ADPF 187** e da **ADI 4.224**.

Conforme visto, o direito de reunião, neste importante precedente, caracterizou-se como "direito-meio" para se viabilizar a manifestação do pensamento no sentido da descriminalização da droga, claro, dentro dos limites que a Corte fixou e já foram apontados no referido item, ao qual remetemos nosso ilustre leitor para leitura.

Finalmente, é de lembrar que, ainda que exercido no seio das associações, o **direito de reunião** poderá ser **restringido** na vigência de estado de defesa (art. 136, § 1.º, I, "a") e a liberdade de reunião suspensa durante o estado de sítio (art. 139, IV).

■ 14.10.15. Direito de associação (art. 5.º, XVII, XVIII, XIX, XX e XXI)

A liberdade de associação para fins lícitos, vedada a de caráter paramilitar, é **plena**. Portanto, ninguém poderá ser compelido a associar-se e, uma vez associado, será livre, também, para decidir se permanece associado ou não.

A criação de associações e, na forma da lei, a de cooperativas independem de autorização, sendo vedada a interferência estatal em seu funcionamento. Têm elas autonomia para formular seus estatutos.

A única forma de se dissolver compulsoriamente uma associação já constituída será mediante **decisão judicial transitada em julgado**, na hipótese de finalidade ilícita.

Também a suspensão de suas atividades se dará por decisão judicial, não sendo necessário aguardar o trânsito em julgado; pode-se implementá-la por meio de provimentos antecipatórios ou cautelares.

Quando **expressamente autorizadas**, as entidades associativas têm legitimidade para representar seus filiados judicial ou extrajudicialmente, podendo, como substitutas processuais, defender, em nome próprio, o direito alheio de seus associados.

Conforme estabeleceu o STF, a simples previsão estatutária de autorização geral para a associação é **insuficiente** para lhe conferir legitimidade ativa para a defesa de seus associados. Assim, tem sido exigida a **declaração expressa** "manifestada por **ato individual do associado** ou por **assembleia geral da entidade**. Por conseguinte, somente os associados que apresentaram, na data da propositura da ação de conhecimento, autorizações individuais expressas à associação, podem executar título judicial proferido em ação coletiva" (**RE 573.232**, Rel. p/ o ac. Min. Marco Aurélio, j. 14.05.2014, Plenário, *DJE* de 19.09.2014).

---

91 José Afonso da Silva, *Comentário contextual à Constituição*, 9. ed., p. 116.

Nesse sentido, o Pleno do STF, apreciando o *tema 499* da repercussão geral, por maioria, declarando a **constitucionalidade do art. 2.º-A da Lei n. 9.494/97**, fixou a seguinte tese: "a eficácia subjetiva da coisa julgada formada a partir de ação coletiva, de rito ordinário, ajuizada por associação civil na defesa de interesses dos associados, somente alcança os filiados, residentes no âmbito da jurisdição do órgão julgador, que o fossem em momento anterior ou até a data da propositura da demanda, constantes da relação jurídica juntada à inicial do processo de conhecimento" (**RE 612.043**, Rel. Min. Marco Aurélio, Plenário, j. 10.05.2017, *DJE* de 06.10.2017).

O Relator, no referido julgado, sustentou tratar-se de **representação processual** (art. 5.º, XXI) e não de substituição processual, como ocorre no art. 8.º, III, CF em relação aos sindicatos. Por isso, "a enumeração dos associados até o momento imediatamente anterior ao do ajuizamento se presta à observância do princípio do devido processo legal, inclusive sob o enfoque da razoabilidade. Por meio dela, presente a relação nominal, é que se viabilizam o direito de defesa, o contraditório e a ampla defesa" (fls. 4 do voto).

■ 14.10.16. Direito de propriedade (art. 5.º, XXII, XXIII, XXIV, XXV e XXVI)

Como regra geral, assegura-se o direito de propriedade, que deverá atender à sua função social, nos exatos termos dos arts. 182, § 2.º, e 186 da CF/88.

Esse direito **não é absoluto**, visto que a propriedade poderá ser desapropriada por necessidade ou utilidade pública e, desde que esteja cumprindo a sua função social, será paga justa e prévia indenização em dinheiro (art. 5.º, XXIV). Por outro lado, caso a propriedade não esteja atendendo a sua função social, poderá haver a chamada **desapropriação-sanção** pelo Município com pagamentos em títulos da dívida pública (art. 182, § 4.º, III) ou com títulos da dívida agrária, pela União Federal, para fins de reforma agrária (art. 184), não abrangendo, nesta última hipótese de desapropriação para fins de reforma agrária, a pequena e média propriedade rural, assim definida em lei, e não tendo o seu proprietário outra, e a propriedade produtiva (art. 185, I e II).

No tocante à propriedade urbana, a desapropriação-sanção é a última medida, já que, primeiro, procede-se ao parcelamento ou edificação compulsórios e, em seguida, à imposição de IPTU progressivo no tempo, para, só então, passar-se à desapropriação-sanção.

Importante destacar, embora matéria a ser indagada normalmente nas provas de tributário, que até o advento da **EC n. 29/2000**, que deu nova redação ao § 1.º do art. 156, acrescentando-lhe dois incisos, o STF admitia a progressividade do IPTU **exclusivamente** para a hipótese do art. 182, § 4.º, II, entendimento esse, inclusive, pacificado na **S. 668/STF**: "é inconstitucional a lei municipal que tenha estabelecido, **antes da Emenda Constitucional 29/2000**, alíquotas progressivas para o IPTU, salvo se destinada a assegurar o cumprimento da função social da propriedade urbana".[92]

[92] O *leading case* foi o RE 153.771-MG, Rel. Min. Moreira Alves, 20.11.1996, *DJ* de 05.09.1997 e *Inf. STF 54/96*: "EMENTA: IPTU. Progressividade. No sistema tributário nacional é o IPTU inequivocamente um imposto real. Sob o império da atual Constituição, não é admitida a progressividade fiscal do IPTU, quer com base exclusivamente no seu artigo 145, § 1.º, porque esse imposto tem

Com a nova redação conferida ao art. 156, § 1.º, I e II, pela EC n. 29/2000, sem prejuízo da progressividade no tempo a que se refere o art. 182, § 4.º, II, o **IPTU** poderá ser **progressivo** em razão do **valor do imóvel** (*progressividade fiscal* — art. 145, § 1.º, c/c o art. 156, § 1.º, I) e ter **alíquotas diferentes** de acordo com a **localização** e o **uso do imóvel**, dependendo, para esta última hipótese (art. 156, § 1.º, II), de caráter nitidamente *extrafiscal*, da **edição de plano diretor** estabelecendo as exigências fundamentais de ordenação da cidade.

Nessa linha, convém verificar a nova redação conferida ao art. 153, § 4.º, I, pela **Reforma Tributária** (EC n. 42/2003), explicitando a progressividade do ITR.

O direito de propriedade, ainda, poderá ser restringido através de **requisição**, no caso de iminente perigo público, podendo a autoridade competente usar da propriedade particular, assegurada ao proprietário indenização ulterior, se houver dano.

Lembramos, também, as limitações administrativas, as servidões e a expropriação. Neste último caso, as **propriedades rurais** e **urbanas** de qualquer região do País onde forem localizadas **culturas ilegais de plantas psicotrópicas** ou a **exploração de trabalho escravo**, na forma da lei, serão **expropriadas** e destinadas à **reforma agrária** e a **programas de habitação popular, sem qualquer indenização ao proprietário e sem prejuízo de outras sanções previstas em lei**, observado, no que couber, o disposto no art. 5.º. Ainda, todo e qualquer **bem de valor econômico** apreendido em decorrência do tráfico ilícito de entorpecentes e drogas afins e da exploração de trabalho escravo será **confiscado** e reverterá a **fundo especial com destinação específica**, na forma da lei (cf. **art. 243**, CF/88, na redação dada pela **EC n. 81/2014**).

Em relação à **natureza jurídica da responsabilidade** do proprietário de terras nas quais fora localizada cultura ilegal de plantas psicotrópicas, o STF, por unanimidade e nos termos do voto do Relator, apreciando o *tema 399* da repercussão geral, fixou a seguinte tese: "a expropriação prevista no art. 243 da Constituição Federal pode ser afastada, desde que o proprietário comprove que não incorreu em culpa, ainda que *in vigilando* ou *in eligendo*" (**RE 635.336**, Pleno, j. 14.12.2016).

No caso, a expropriação pode ser caracterizada como espécie de **confisco constitucional** e tem **caráter sancionatório**, tendo sido afastada, portanto, apesar do amplo debate, a responsabilidade puramente objetiva.

---

caráter real que é incompatível com a progressividade decorrente da capacidade econômica do contribuinte, quer com arrimo na conjugação desse dispositivo constitucional (genérico) com o artigo 156, § 1.º (específico). A interpretação sistemática da Constituição conduz inequivocamente à conclusão de que o IPTU com finalidade extrafiscal a que alude o inciso II do § 4.º do artigo 182 é a explicitação especificada, inclusive com limitação temporal, do IPTU com finalidade extrafiscal aludido no artigo 156, I, § 1.º. Portanto, é inconstitucional qualquer progressividade, em se tratando de IPTU, que não atenda exclusivamente ao disposto no artigo 156, § 1.º, aplicado com as limitações expressamente constantes dos §§ 2.º e 4.º do artigo 182, ambos da Constituição Federal. Recurso extraordinário conhecido e provido, declarando-se inconstitucional o subitem 2.2.3 do setor II da Tabela III da Lei 5.641, de 22.12.89, no município de Belo Horizonte". Na doutrina, o ilustríssimo **Carrazza** já defendia, mesmo antes da EC n. 29/2000, a progressividade do IPTU (cf. *Curso de direito constitucional tributário*, 16. ed., p. 90-98).

Conforme sustentado pelo Relator, Min. Gilmar Mendes, "a própria menção à aplicabilidade do art. 5.º remete a um mínimo de proteção do proprietário não culpado pelo ilícito. Concluiu que a **responsabilidade** do proprietário, embora **subjetiva**, é **bastante próxima da objetiva**. Dessa forma, a função social da propriedade impõe ao proprietário o dever de zelar pelo uso lícito de seu terreno, ainda que não esteja na posse direta. **Entretanto, esse dever não é ilimitado, e somente se pode exigir do proprietário que evite o ilícito quando evitá-lo esteja razoavelmente ao seu alcance**. Ou seja, o proprietário pode afastar sua responsabilidade se demonstrar que não incorreu em culpa, que foi esbulhado ou até enganado por possuidor ou detentor" (*Inf. 851/STF*).

Cabe alertar que, "segundo o relator, em caso de condomínio, havendo boa-fé de apenas alguns dos proprietários, a sanção deve ser aplicada e ao proprietário inocente cabe buscar reparação dos demais".

Por fim, a garantia assegurada à pequena propriedade rural, assim definida em lei, desde que trabalhada pela família, no sentido de não ser objeto de penhora para pagamento de débitos decorrentes de sua atividade produtiva, dispondo a lei sobre os meios de financiar o seu desenvolvimento.

Para as provas de concursos, especialmente em matéria de *direito administrativo*, sugerimos um estudo mais aprofundado do tema **desapropriação** e suas diversas modalidades. Nesse sentido, regulamentando os arts. 182 e 183 da CF/88, foi elaborada a **Lei n. 10.257, de 10.07.2001**, denominada **Estatuto da Cidade**, que trouxe profundas inovações a respeito da matéria, refletindo inclusive no campo do direito civil, processual civil, na Lei de Improbidade Administrativa e na Lei da Ação Civil Pública, para citar alguns exemplos. Dessa forma, sugerimos uma leitura atenta do referido dispositivo legal na preparação dos candidatos (obs.: a lei pode ser obtida no site <www.planalto.gov.br>).

■ 14.10.17. Direito de herança e estatuto sucessório (art. 5.º, XXX e XXXI)

Como corolário do direito de propriedade, o art. 5.º, XXX, garante o **direito de herança**.

Ensina Maria Helena Diniz que "o objeto da sucessão *causa mortis* é a herança, dado que, com a abertura da sucessão, ocorre a mutação subjetiva do patrimônio do *de cujus*, que se transmite aos seus herdeiros, os quais se sub-rogam nas relações jurídicas do defunto, tanto no ativo como no passivo até os limites da herança".[93]

O Ministro Maurício Corrêa observou que "... a Constituição garante o direito de herança, mas a forma como esse direito se exerce é matéria regulada por normas de direito privado" (ADI 1.715-MC/DF, *DJ* de 30.04.2004, p. 27). De fato, sobre esse assunto, remetemos o leitor para os compêndios de direito civil.

Por fim, a Constituição traz regra específica no art. 5.º, XXXI, sobre a *sucessão de bens de estrangeiros situados no País*, que será regulada pela lei brasileira em

[93] *Curso de direito civil*, 2002, v. 6, p. 36.

benefício do *cônjuge* ou dos *filhos brasileiros*, **sempre que não lhes seja mais favorável a lei pessoal do *de cujus***.

Ou seja, conforme anotou Celso de Mello, "a sucessão de estrangeiro domiciliado no Brasil reger-se-á, como é óbvio, pela lei brasileira (critério do *jus domicilii*). Contudo, se a lei nacional do *de cujus* estrangeiro, aqui domiciliado, for mais favorável ao cônjuge supérstite ou aos filhos brasileiros, aplicar-se-á aquele ordenamento jurídico (critério do *jus patriae*). De outro lado, não sendo, o *de cujus*, estrangeiro domiciliado no Brasil, nem o seu estatuto pessoal mais favorável ao cônjuge ou aos filhos brasileiros, reger-se-á a sucessão dos bens aqui localizados pelo direito brasileiro (critério do *forum rei sitae*)... Isso significa que, em nosso direito, prevalece, como regra geral, o *princípio da unidade da sucessão ou do estatuto sucessório*. Os diversos elementos ou circunstâncias de conexão, já referidos, de natureza pessoal (*jus domicilii* e *jus patriae*) e real (*forum rei sitae*), tornam possível solucionar o problema dos conflitos de leis no espaço, ensejando, dessa forma, a aplicação do estatuto jurídico pertinente".[94]

■ 14.10.18. Propriedade intelectual (art. 5.º, XXVII, XXVIII e XXIX)

Os incisos em referência garantem o **direito de propriedade intelectual**, quais sejam, a **propriedade industrial** e os **direitos do autor**. A Constituição os define da seguinte maneira:[95]

- aos autores pertence o direito exclusivo de utilização, publicação ou reprodução de suas obras, transmissível aos herdeiros pelo tempo que a lei fixar;
- são assegurados, nos termos da lei: *a*) a proteção às participações individuais em obras coletivas e à reprodução da imagem e voz humanas, inclusive nas atividades desportivas; *b*) o direito de fiscalização do aproveitamento econômico das obras que criarem ou de que participarem aos criadores, aos intérpretes e às respectivas representações sindicais e associativas;
- a lei assegurará aos autores de inventos industriais privilégio temporário para sua utilização, bem como proteção às criações industriais, à propriedade das marcas, aos nomes de empresas e a outros signos distintivos, tendo em vista o interesse social e o desenvolvimento tecnológico e econômico do País.

■ 14.10.19. Defesa do consumidor (art. 5.º, XXXII)

Sem dúvida foi a **Constituição portuguesa** de 1976 que, de maneira pioneira, acolheu diversas normas de proteção aos consumidores. Essa realidade reflete, acima de tudo, a recente preocupação do Estado com os problemas da sociedade de massa, especialmente a partir do Estado Social de Direito.[96]

[94] José Celso de Mello Filho, *Constituição Federal anotada*, p. 374, comentários ao art. 153, § 33.

[95] *Vide* Lei n. 9.279/96 (propriedade industrial) e Lei n. 9.610, de 19.02.1998 (direitos autorais).

[96] Nesse sentido, cf. os arts. 52.º, 3, "a"; 60.º; 81.º, "i", e 99.º, "e", da **Constituição da República Por-**

A **Constituição espanhola**, na mesma linha, buscando inspiração nas disposições da portuguesa, também, de modo amplo, tratou da proteção dos consumidores no art. 51:1.

Influenciada por ambas (portuguesa e espanhola), a Constituição Federal de 1988 assegurou **regras protetivas para o consumidor**, destacando-se os seguintes dispositivos legais:

- **Art. 5.º, XXXII:** "O Estado promoverá, na forma da lei, a defesa do consumidor".
- **Art. 24:** "Compete à União, aos Estados e ao Distrito Federal legislar concorrentemente sobre: (...) VIII — responsabilidade por dano ao meio ambiente, **ao consumidor**, a bens e direitos de valor artístico, estético, histórico, turístico e paisagístico".
- **Art. 129:** "São funções institucionais do Ministério Público: (...) III — promover o inquérito civil e a ação civil pública, para a proteção do patrimônio público e social, do meio ambiente e de outros interesses difusos e coletivos".
- **Art. 150, § 5.º:** "A lei determinará medidas para que os consumidores sejam esclarecidos acerca dos impostos que incidam sobre mercadorias e serviços".[97]
- **Art. 170:** "A ordem econômica, fundada na valorização do trabalho humano e na livre-iniciativa, tem por fim assegurar a todos existência digna, conforme os ditames da justiça social, observados os seguintes princípios: (...) V — **defesa do consumidor**".
- **Art. 48 (ADCT):** "O Congresso Nacional, dentro de cento e vinte dias da promulgação da Constituição, elaborará **código de defesa do consumidor**".

Conforme aponta José Afonso da Silva, muito embora reconheça a Constituição portuguesa como a pioneira no estabelecimento das regras protetivas dos consumidores, "(...) as constituições brasileiras, desde 1946, inscreveram um dispositivo que poderia servir de base à proteção do consumidor, se fosse eficaz. Referimo-nos à *repressão ao abuso de poder econômico*, que, na Constituição de 1988, aparece com enunciado menos eficaz ainda, porque o fez depender da lei. Esta é que 'reprimirá o abuso do poder econômico que vise à dominação dos mercados, à eliminação da concorrência e ao aumento arbitrário dos lucros' (art. 173, § 4.º)".[98]

Em relação à previsão contida na CF/88, concordamos com José Afonso da Silva que a sua inserção entre os direitos fundamentais erigiu os consumidores à categoria

tuguesa de 02.04.1976 (revista pelas Leis Constitucionais ns. 1/82, 1/89, 1/92, 1/97, 1/01 e 1/04). A íntegra da Constituição portuguesa pode ser consultada no site <http://www.tribunalconstitucional.pt/tc/crp.html>.

97 Esse direito fundamental dos consumidores foi regulamentado nos termos da **Lei n. 12.741/2012**. De acordo com o seu art. 1.º, emitidos por ocasião da venda ao consumidor de mercadorias e serviços, em todo o território nacional, deverá constar, dos documentos fiscais ou equivalentes, a informação do valor aproximado correspondente à totalidade dos tributos federais, estaduais e municipais, cuja incidência influi na formação dos respectivos preços de venda.

98 *Curso de direito constitucional positivo*, 23. ed., 2004, p. 262.

de **titulares de direitos constitucionais fundamentais**. Conjugando essa previsão à do art. 170, V, que eleva a **defesa do consumidor à condição de princípio da ordem econômica**, "(...) tem-se o relevante efeito de legitimar todas as medidas de intervenção estatal necessárias a assegurar a proteção prevista. Isso naturalmente abre larga brecha na economia de mercado, que se esteia, em boa parte, na liberdade de consumo, que é a outra face da liberdade do tráfico mercantil fundada na pretensa lei da oferta e da procura (...)".[99]

No tocante ao direito brasileiro, os conceitos gerais de **consumidor** e **fornecedor** e a noção de **produto** e **serviço**, atendendo aos preceitos constitucionais, foram regulados pelo **Código de Proteção e Defesa do Consumidor**, Lei n. 8.078, de 11.09.1990, inegável **microssistema** das **relações de consumo**. Excepcionalmente, contudo, desde que não haja conflito, havendo espaço, aplicar-se-ão as regras do Código Civil e de legislações extravagantes pertinentes à matéria.

O **atual Código Civil**, Lei n. 10.406, de 10.01.2002 (*DOU* de 11.01.2002), que entrou em vigor em **12.01.2003** (*vacatio legis* de 1 ano, de acordo com o seu art. 2.044), por seu turno, reafirmou a sua aplicação **subsidiária** no tocante às relações de consumo. Para se ter um exemplo, destacamos o art. 593: "a prestação de serviço, que não estiver sujeita às leis trabalhistas ou ***à lei especial*** (no caso, exemplifique-se, o CDC), reger-se-á pelas disposições deste Capítulo".

O art. 1.º do CDC estabelece que as normas de proteção e defesa do consumidor são de **ordem pública** e **interesse social**. Por consequência, conforme anotam Nery Junior e Rosa Maria de Andrade Nery, "(...) o juiz deve apreciar de ofício qualquer questão relativa às relações de consumo, já que não incide nesta matéria o princípio dispositivo. Sobre elas não se opera a preclusão e as questões que delas surgem podem ser decididas e revistas a qualquer tempo e grau de jurisdição".[100]

Por fim, cabe referir que o **STF** decidiu que as **relações de consumo de natureza bancária** ou **financeira** estão protegidas pelo **Código de Defesa do Consumidor**. "Entendeu-se não haver conflito entre o regramento do sistema financeiro e a disciplina do consumo e da defesa do consumidor, haja vista que, nos termos do disposto no art. 192 da CF, a exigência de lei complementar refere-se apenas à regulamentação da estrutura do sistema financeiro, **não abrangendo os encargos e as obrigações impostos pelo CDC às instituições financeiras, relativos à exploração das atividades dos agentes econômicos que a integram — operações bancárias e serviços bancários —, que podem ser definidos por lei ordinária**" (ADI 2.591/DF, Rel. orig. Min. Carlos Velloso, Rel. p/ ac. Min. Eros Grau, j. 07.06.2006, *Inf. 430/STF*).

---

[99] *Curso de direito constitucional positivo*, p. 261-262.

[100] *Leis civis comentadas*, p. 181, comentários ao art. 1.º do CDC. **Cuidado:** àqueles que estudam para provas que exigem o conhecimento das regras específicas do CDC, como é o concurso para a Procuradoria da República, indispensável a leitura minuciosa da lei, assim como dos livros específicos sobre o assunto. Nesse sentido, cf. o programa para provimento de cargos de Procurador da República aprovado pela Res. CSMPF n. 93, de 04.09.2007, no qual o grupo II trata da matéria de "direito do consumidor".

Contudo, no tocante ao **transporte aéreo**, o entendimento foi no sentido do **afastamento do CDC**, tendo o STF, apreciando o *tema 210* da repercussão geral, fixado a seguinte tese: "nos termos do art. 178 da Constituição da República, as normas e os tratados internacionais limitadores da responsabilidade das transportadoras aéreas de passageiros, especialmente as Convenções de Varsóvia e Montreal, têm **prevalência em relação ao Código de Defesa do Consumidor**" (**RE 636.331**, j. 25.05.2017, *DJE* de 13.11.2017).

14.10.20. Direito de petição e obtenção de certidões (art. 5.º, XXXIV)

Assegura-se a todos, independentemente do pagamento de taxas:

- o **direito de petição** aos Poderes Públicos em defesa de direito ou contra ilegalidade ou abuso de poder;
- a **obtenção de certidões** em repartições públicas, para defesa de direitos e esclarecimento de situações de interesse pessoal.

Vislumbrado na Magna Carta de 1215, o **direito de petição** nasceu por meio do *right of petition*, na Inglaterra, consolidando-se no *Bill of Rights* de 1689. Consistia, nesse primeiro momento, no simples direito de o Grande Conselho, depois o Parlamento, pedir que o Rei sancionasse as leis. Fortaleceu-se na Constituição francesa de 1791 ao se ampliarem os peticionários e o objeto da petição.

Segundo José Afonso da Silva, "o direito de petição define-se 'como o direito que pertence a uma pessoa de invocar a atenção dos poderes públicos sobre uma questão ou situação', seja para denunciar uma lesão concreta, e pedir a reorientação da situação, seja para solicitar uma modificação do direito em vigor no sentido mais favorável à liberdade... Há, nele, uma dimensão coletiva consistente na busca ou defesa de direitos ou interesses gerais da coletividade".[101]

Esse direito pode ser exercido por qualquer pessoa, física ou jurídica, nacional ou estrangeira, e independe do pagamento de taxas.

Na Constituição anterior (1967 e EC n. 1/69) vinha atrelado ao *direito de representação*, que não mais se repete na de 1988. Parece-nos, no entanto, que o constituinte teve a intenção de unir os dois direitos, até porque a *representação* se manifesta por intermédio de uma *petição*.

Muito embora a **Lei n. 4.898/65** (*Lei de Abuso de Autoridade*, que regulamentava de modo formal e específico o direito de representação) tenha sido **revogada** pela **Lei n. 13.869/2019** (*Nova Lei de Abuso de Autoridade*), que, por sua vez, não tratou sobre o direito de representação, entendemos que o instituto deve ser extraído da própria Constituição.

Dentre alguns dispositivos normativos, podemos lembrar, ainda, o art. 4.º-A da **Lei n. 13.608/2018** ("Disque-Denúncia"), introduzido pela **Lei n. 13.964/2019** ("Pacote Anticrime"): "a União, os Estados, o Distrito Federal e os Municípios e suas

---

[101] *Curso de direito constitucional positivo*, 23. ed., p. 441.

autarquias e fundações, empresas públicas e sociedades de economia mista manterão unidade de ouvidoria ou correição, para assegurar a **qualquer pessoa o direito de relatar informações sobre crimes contra a administração pública**, **ilícitos administrativos** ou **quaisquer ações ou omissões lesivas ao interesse público**").

Trata-se de instituto introduzido por influência do direito americano ("**whistleblower**" — ou seja, o "assoprador de apito", que procura fazer "barulho" e chamar a atenção das autoridades quando se está diante de irregularidade) e que trouxe instrumentos para **estimular** o encaminhamento de informações para as autoridades, apesar de previsto de maneira muito tímida e aberta, ao mesmo tempo em que procura **proteger** o informante.[102]

Como forma de estímulo, de acordo com o art. 4.º-C, § 3.º, da Lei n. 13.608/2018, quando as informações disponibilizadas resultarem em recuperação de produto de crime contra a administração pública, poderá ser fixada **recompensa** em favor do **informante** em **até 5% do valor recuperado**. O mecanismo de recompensa tem dado muito certo nos Estados Unidos.

A novidade introduzida pelo Pacote Anticrime foi tímida, mas pensamos ser um bom exemplo de instrumento para o exercício do direito de petição/representação.

Portanto, o objetivo do direito de petição nada mais é que, em **nítido exercício das prerrogativas democráticas**, levar ao conhecimento do Poder Público a informação ou notícia de um ato ou fato ilegal, abusivo ou contra direitos, para que este tome as medidas necessárias.

Diferentemente do direito de ação, não tem o peticionário de demonstrar lesão ou ameaça de lesão a interesse, pessoal ou particular. Trata-se de nítida participação política por intermédio de um processo.

Embora a Constituição não fixe nenhuma sanção em caso de negativa ou omissão, parece-nos perfeitamente cabível a utilização do *mandado de segurança* para a obtenção de algum pronunciamento do Poder Público.

Enfim, **não** se pode confundir *direito de petição* com a necessidade de preenchimento da *capacidade postulatória* para a obtenção de pronunciamento judicial a respeito da pretensão formulada (salvo as exceções permitidas pelo ordenamento, como no *habeas corpus*), conforme muito bem vem destacando a jurisprudência do STF. Nesse sentido, o Ministro Celso de Mello observa que "... ninguém, ordinariamente, pode postular em juízo sem a assistência de Advogado, a quem compete, nos termos da lei, o exercício do *jus postulandi*. A exigência de capacidade postulatória constitui indeclinável pressuposto processual de natureza subjetiva, essencial à válida formação da relação jurídico-processual. São nulos de pleno direito os atos processuais, que, privativos de Advogado, venham a ser praticados por quem não dispõe de capacidade postulatória. O direito de petição qualifica-se como prerrogativa de extração constitucional assegurada à generalidade das pessoas pela Carta Política

102 Fox Richard G., Protecting the whistleblower, *Adelaide Law Review*, Vol. 15, Issue 2 (1993), p. 137-164.

(art. 5.º, XXXIV, 'a'). Traduz direito público subjetivo de índole essencialmente democrática. O direito de petição, contudo, não assegura, por si só, a possibilidade de o interessado — que não dispõe de capacidade postulatória — ingressar em juízo, para, independentemente de Advogado, litigar em nome próprio ou como representante de terceiros..." (AR 1.354 AgR/BA, *DJ* de 06.06.1997, p. 24873).

Em relação ao direito de **obtenção de certidões**, também independentemente do pagamento de taxa, o art. 1.º da Lei n. 9.051/95 dispõe que "as certidões para a defesa de direitos e esclarecimentos de situações, requeridas aos órgãos da administração centralizada ou autárquica, às empresas públicas, às sociedades de economia mista e às fundações públicas da União, dos Estados, do Distrito Federal e dos Municípios, deverão ser expedidas no **prazo** improrrogável de **quinze dias**, contado do registro do pedido no órgão expedidor".

Parece razoável o art. 2.º da referida lei ao estabelecer que, "nos requerimentos que objetivam a obtenção das certidões a que se refere esta lei, deverão os interessados fazer constar esclarecimentos relativos aos fins e razões do pedido". Condenável, portanto, o pedido genérico de certidão, devendo o interessado discriminar o objeto de seu interesse.

Registrado o pedido de certidão, e não atendido de forma ilegal ou por abuso de poder, o remédio cabível será o **mandado de segurança**, e não o *habeas data*. Trata-se de direito líquido e certo de obter certidões expedidas pelas repartições públicas, seja para a defesa de direitos, seja para esclarecimento de situações de interesse pessoal, próprio ou de terceiros. Como exemplo, o direito de o funcionário público obter certidão perante a autoridade administrativa para requerer a sua aposentadoria. Havendo negativa, o remédio cabível será o **mandado de segurança**, e não o *habeas data*.

Por fim, inegável que o direito de certidão não é absoluto, podendo ser negado em caso de o sigilo ser imprescindível à segurança da sociedade ou do Estado. Nesse sentido, regulando o art. 23 da Lei n. 8.159/91, destaca-se o Decreto n. 7.845/2012.

14.10.21. Princípio da inafastabilidade da jurisdição (art. 5.º, XXXV)

O **princípio da inafastabilidade da jurisdição** é também nominado **direito de ação**, ou **princípio do livre acesso ao Judiciário**, ou, como assinalou Pontes de Miranda, **princípio da ubiquidade da Justiça**.

O inciso XXXV do art. 5.º da CF/88 estabelece que a lei não excluirá da apreciação do Poder Judiciário lesão ou ameaça a direito.

Criticamos essa **forma indireta** de apresentação da garantia ao direito à jurisdição ("a lei não excluirá da apreciação do Poder Judiciário lesão ou ameaça a direito"), que, provavelmente, foi adotada como reação a atos arbitrários que, aproveitando a inexistência de prescrição constitucional expressa (lembrar que referido direito só adquiriu o *status* de preceito constitucional com a Constituição de 1946), muitas vezes, por intermédio de lei ou decreto-lei, excluíam da apreciação do Poder Judiciário lesão a direito.

Muito melhor seria se referido princípio fosse prescrito na **forma direta**, como se verifica, dentre outras, nas Constituições da Itália, Alemanha, Portugal, Espanha, na Declaração Universal dos Direitos Humanos etc.

Conforme já observamos, apesar dessa crítica terminológica, o inciso XXXV do art. 5.º da CF/88 veio sedimentar o entendimento amplo do termo "direito", dizendo que a lei não excluirá da apreciação do Poder Judiciário lesão ou ameaça a **direito**, não mais restringindo a sua amplitude, como faziam as Constituições anteriores, ao "direito individual" (*vide* arts. 141, § 4.º, da CF/46; 150, § 4.º, da Constituição de 1967; 153, § 4.º, da EC n. 1/69; 153, § 4.º, na redação determinada pela EC n. 7/77). A partir de 1988, passa a se assegurar, de forma expressa e categórica, em nível constitucional, a proteção de direitos, sejam eles **privados**, **públicos** ou **transindividuais** (difusos, coletivos ou individuais homogêneos).[103]

Prefere-se, ainda, seguindo a doutrina mais abalizada, a expressão **"acesso à ordem jurídica justa"** a **"acesso à Justiça"** ou **"ao Judiciário"**.

Isso porque, segundo a feliz distinção de Watanabe, "a problemática do acesso à Justiça não pode ser estudada nos acanhados limites do acesso aos órgãos judiciais já existentes. Não se trata apenas de possibilitar o acesso à Justiça enquanto instituição estatal, e sim de viabilizar o *acesso à ordem jurídica justa*".[104]

Nesse sentido, Cappelletti e Garth produziram interessante ensaio para o "Projeto de Florença", ao qual já nos referimos nesta obra, identificando três grandes **ondas renovatórias** no processo evolutivo de **acesso à ordem jurídica justa**. A **primeira onda** teve início em 1965, concentrando-se na assistência judiciária.[105] A **segunda** referia-se às "... reformas tendentes a proporcionar representação jurídica para os interesses 'difusos', especialmente nas áreas da proteção ambiental e do consumidor". O **terceiro movimento ou onda** foi pelos autores chamado de "enfoque de acesso à justiça", reproduzindo as experiências anteriores, mas indo além, buscando "... atacar as barreiras ao acesso de modo mais articulado e compreensivo".[106]

As expressões "lesão" e "ameaça a direito" garantem o livre acesso ao Judiciário para postular tanto a tutela jurisdicional **preventiva** como a **repressiva**.

Apesar de ter por destinatário principal o legislador (que ao elaborar a lei não poderá criar mecanismos que impeçam ou dificultem o acesso ao Judiciário), também se direciona a todos, de modo geral.

Não se confunde com o **direito de petição** (já visto no art. 5.º XXXIV, "a"), este um direito de **participação política**, não sendo necessário demonstrar qualquer interesse processual ou lesão a direito pessoal. "Enquanto o direito de ação é um direito

---

[103] Nesse sentido, confira Pedro Lenza, *Teoria geral da ação civil pública*, p. 133-134.

[104] K. Watanabe, Acesso à justiça e sociedade moderna, in A. P. Grinover (coord.), *Participação e processo*, p. 128. Em estudo anterior Watanabe já havia sacramentado a expressão **ordem jurídica justa** (K. Watanabe, Assistência judiciária e o juizado de pequenas causas, in Kazuo Watanabe [et al.], *Juizado Especial de Pequenas Causas*: Lei 7.244, de 7 de novembro de 1984, p. 161).

[105] Interessante a **S. 667/STF, 24.09.2003**: "viola a garantia constitucional de acesso à jurisdição a taxa judiciária calculada sem limite sobre o valor da causa".

[106] Mauro Cappelletti e Bryant Garth, *Acesso à justiça*, p. 31.

público subjetivo, pessoal, portanto, salvo nos casos dos direitos difusos e coletivos, onde os titulares são indetermináveis e indeterminados, respectivamente, o direito de petição, por ser político, é impessoal, porque dirigido à autoridade para noticiar a existência de ilegalidade ou abuso de poder, solicitando as providências cabíveis".[107]

Em decorrência do princípio em análise, **não** mais se admite no sistema constitucional pátrio a chamada **jurisdição condicionada** ou **instância administrativa de curso forçado**, tal como se verificava no art. 153, § 4.º, da EC n. 1/69, na redação dada pela EC n. 7, de 13.04.1977.[108] Para ingressar ("bater às portas") no poder judiciário não é necessário, portanto, o prévio esgotamento das vias administrativas.

Exceção a essa regra, a esse direito e garantia individual (cláusula pétrea), só admissível se introduzida pelo poder constituinte originário, como acontece com a **Justiça desportiva** (art. 217, §§ 1.º e 2.º).[109]

Como veremos ao estudar o ***habeas data***, situação semelhante também foi prevista pela Lei n. 9.507/97. Remetemos o leitor para o referido estudo (*item 14.11.6* deste capítulo), onde expomos nosso entendimento sobre esse ponto específico da matéria.

Também destacamos o art. 7.º, § 1.º, da Lei n. 11.417/2006 **(súmula vinculante)** ao estabelecer que "contra omissão ou ato da administração pública, o uso da reclamação só será admitido após esgotamento das vias administrativas".

Trata-se, conforme anotamos no *item 11.14.11.9*, de instituição, por parte da lei, de *contencioso administrativo atenuado* e sem violar o princípio do livre acesso ao Judiciário (art. 5.º, XXXV), na medida em que o que se veda é somente o ajuizamento da reclamação, e não de qualquer outra medida cabível, como a ação ordinária, o mandado de segurança etc.

Outro tema interessante já enfrentado pelo STF diz respeito à exigibilidade de prévio requerimento administrativo como condição para o regular exercício do direito de ação, a fim de que se postule judicialmente a **concessão de benefício previdenciário**.

Em razão da definição de parâmetros muito particulares, pedimos vênia para esquematizar as principais regras definidas pela Corte no julgamento do **RE 631.240** (Rel. Min. Roberto Barroso, j. 03.09.2014, *DJE* de 10.11.2014):

- "a instituição de **condições** para o regular exercício do direito de ação é compatível com o art. 5.º, XXXV, da Constituição. Para se caracterizar a presença de

---

[107] Nelson Nery Junior, *Princípios do processo civil na Constituição Federal*, p. 92.

[108] "A lei não poderá excluir da apreciação do Poder Judiciário qualquer lesão de direito individual. O ingresso em juízo poderá ser condicionado a que se exauram previamente as vias administrativas, desde que não exigida garantia de instância, nem ultrapassado o prazo de cento e oitenta dias para a decisão sobre o pedido" (art. 153, § 4.º, da CF/69).

[109] "O Poder Judiciário só admitirá ações relativas à disciplina e às competições desportivas após esgotarem-se as instâncias da justiça desportiva, reguladas em lei. A justiça desportiva terá o prazo máximo de sessenta dias, contados da instauração do processo, para proferir decisão final." Findo tal prazo, perfeitamente possível o ingresso no Judiciário, mesmo sem decisão final.

interesse em agir, é preciso haver **necessidade de ir a juízo**. A concessão de benefícios previdenciários depende de requerimento do interessado, não se caracterizando ameaça ou lesão a direito antes de sua apreciação e indeferimento pelo INSS, ou se excedido o prazo legal para sua análise";

- essa exigência de **prévio requerimento administrativo** "não deve prevalecer quando o entendimento da Administração for notório e reiteradamente contrário à postulação do segurado", bem como nas hipóteses de "revisão, restabelecimento ou manutenção de benefício anteriormente concedido, considerando que o INSS tem o dever legal de conceder a prestação mais vantajosa possível", podendo, então, "o pedido ser formulado diretamente em juízo — salvo se depender da análise de matéria de fato ainda não levada ao conhecimento da Administração".

Em razão da prolongada oscilação da jurisprudência sobre o assunto, o STF estabeleceu uma **fórmula de transição** para as ações em curso e ajuizadas até a conclusão do referido julgamento (03.09.2014):

- "**(i)** caso a ação tenha sido ajuizada no âmbito de Juizado Itinerante, a ausência de anterior pedido administrativo não deverá implicar a extinção do feito;
- **(ii)** caso o INSS já tenha apresentado contestação de mérito, está caracterizado o interesse em agir pela resistência à pretensão".

Não sendo o caso das hipóteses estabelecidas acima, o STF determinou o **sobrestamento** das ações para as seguintes **providências**:

- "o autor será intimado a dar entrada no pedido administrativo em 30 dias, sob pena de extinção do processo";
- "comprovada a postulação administrativa, o INSS será intimado a se manifestar acerca do pedido em até 90 dias, prazo dentro do qual a Autarquia deverá colher todas as provas eventualmente necessárias e proferir decisão";
- "se o pedido for acolhido administrativamente ou não puder ter o seu mérito analisado devido a razões imputáveis ao próprio requerente, extingue-se a ação. Do contrário, estará caracterizado o interesse em agir e o feito deverá prosseguir".

Por fim, a permissibilidade conferida pela **Lei n. 9.307/96** (Lei da Arbitragem), com as profundas **ampliações** introduzidas pela **Lei n. 13.129/2015**, para as pessoas capazes de contratar valerem-se da **arbitragem (de direito ou de equidade)** para dirimir litígios relativos a **direitos patrimoniais disponíveis**.

A citada Lei n. 13.129/2015, apesar de existirem algumas poucas leis esparsas e pontuais sobre o tema, consolidou, de modo bastante avançado, a possibilidade de a **administração pública direta e indireta** utilizar-se da arbitragem para dirimir conflitos relativos a direitos patrimoniais **disponíveis**. A autoridade ou o órgão competente da administração pública direta para a celebração de convenção de arbitragem é a que teria a atribuição para a realização de acordos ou transações. Em atenção ao art. 37, *caput*, CF/88 (princípio da legalidade), a arbitragem que envolva a administração pública será sempre **de direito** e respeitará o princípio da publicidade.

Submetendo a solução do litígio a juízo arbitral, mediante **convenção de arbitragem**, assim entendida a *cláusula compromissória* e o *compromisso arbitral*, não se abre mão do direito de ação; apenas se autoriza a opção por uma **jurisdição privada**.

"O que não se pode tolerar por flagrante inconstitucionalidade é a exclusão, pela lei, da apreciação de lesão a direito pelo Poder Judiciário, que não é o caso do juízo arbitral. O que se exclui pelo compromisso arbitral é o acesso à via judicial, mas não à jurisdição. Não se poderá ir à justiça estatal, mas a lide será resolvida pela justiça arbitral. Em ambas há, por óbvio, a atividade jurisdicional".[110]

Lembrar que a arbitragem não é obrigatória, mas facultativa (fica a cargo das partes escolher quem deve solucionar a lide — juiz estatal ou privado), e, mesmo havendo a sua escolha, o art. 32 da Lei n. 9.307/96 admite seja **declarada a nulidade da sentença arbitral** por decisão do **Judiciário** nos casos previstos na lei.

■ 14.10.22. Limites à retroatividade da lei (art. 5.º, XXXVI)

Como regra, conferindo **estabilidade às relações jurídicas**, o constituinte originário dispôs que a lei não prejudicará o **direito adquirido**, o **ato jurídico perfeito** e a **coisa julgada**.[111]

O art. 6.º da *LINDB — Lei de Introdução às Normas do Direito Brasileiro* (Decreto-lei n. 4.657/42) assim define os institutos:

- **direito adquirido:** direito que o seu titular, ou alguém por ele, possa exercer, como aquele cujo começo do exercício tenha termo prefixo, ou condição preestabelecida inalterável, a arbítrio de outrem;
- **ato jurídico perfeito:** ato já consumado segundo a lei vigente ao tempo em que se efetuou;
- **coisa julgada:** decisão judicial de que não caiba mais recurso.

No tocante ao **direito adquirido**, como já comentamos ao tratar da teoria do poder constituinte, não se poderá alegá-lo em face da manifestação do poder constituinte originário, uma vez que este é incondicionado e ilimitado juridicamente. No entanto, em se tratando de manifestação do poder constituinte derivado reformador, em virtude do limite material da cláusula pétrea prevista no art. 60, § 4.º, IV, entendemos que os direitos adquiridos deverão ser preservados.[112] Não se pode confundir

---

[110] Nelson Nery Junior, *Princípios do processo civil na Constituição Federal*, p. 80.

[111] "O respeito ao direito adquirido, com a consequente proibição da retroatividade da norma legal, é um verdadeiro instrumento de **paz social, impeditivo do arbítrio e do abuso de poder por parte do detentor deste**" (Carlyle Popp, A retroatividade das normas constitucionais e os efeitos da Constituição Federal sobre os direitos adquiridos. Revista de Informação Legislativa, Brasília, ano 29, n. 113, p. 88, jan./mar. 1992).

[112] "Os vencimentos, a remuneração, as vantagens e os adicionais, bem como os proventos de aposentadoria que estejam sendo percebidos em desacordo com a Constituição serão imediatamente reduzidos aos limites dela decorrentes, não se admitindo, neste caso, invocação de direito adquirido ou percepção de excesso a qualquer título" (art. 17, *caput*, do ADCT). Assim, entendemos que a **Reforma da Previdência** feriu o direito adquirido ao estabelecer contribuição previdenciária dos inativos e pensionistas e ao mudar as regras de transição de aposentadoria dos ocupantes de cargos

"direito adquirido" com mera "expectativa de direito". Celso de Mello fala, de maneira interessante, em **"ciclos de formação"**: "a questão pertinente ao reconhecimento, ou não, da consolidação de situações jurídicas definitivas há de ser examinada em face dos ciclos de formação a que esteja eventualmente sujeito o processo de aquisição de determinado direito. Isso significa que a superveniência de ato legislativo, em tempo oportuno — vale dizer, enquanto ainda não concluído o ciclo de formação e constituição do direito vindicado — constitui fator capaz de impedir que se complete, legitimamente, o próprio processo de aquisição do direito (*RTJ* 134/1112 — *RTJ* 153/82 — *RTJ* 155/621 — *RTJ* 162/442, *v.g.*), inviabilizando, desse modo, ante a existência de mera 'spes juris', a possibilidade de útil invocação da cláusula pertinente ao direito adquirido" (**RE 322.348-AgR/SC**, Rel. Min. Celso de Mello).

Nesse sentido, em várias oportunidades, consolidou-se a jurisprudência do STF pela inexistência de direito adquirido a regime jurídico instituído por lei para os funcionários públicos (ADI 255/DF, Rel. Min. Ellen Gracie, *DJ* de 02.05.2003; RE 368.715/MS — AgRg, Rel. Min. Ellen Gracie, *DJ* de 22.08.2003; RE 340.896/SC, Moreira Alves, *DJ* de 19.12.2002; RE 346.655/PR, Rel. Min. Moreira Alves, *DJ* de 08.11.2002).

O STF entendeu perfeitamente possível que a lei traga novas regras e preserve a mera expectativa de direito em benefício de cidadãos, por exemplo, o parágrafo único do art. 1.º da Lei estadual n. 200/74 (SP), que, ao revogar a legislação que concedia benefício de complementação de aposentadoria, ressalvou os direitos dos empregados admitidos até a data de sua vigência. Nesse sentido, a **S. 654/STF**: "a garantia da irretroatividade da lei, prevista no art. 5.º, XXXVI, da Constituição da República, não é invocável pela entidade estatal que a tenha editado".

Lembramos, ainda, no tocante ao direito penal, do **princípio da retroatividade da lei mais benéfica**, previsto no art. 5.º, XL, da CF.

No que tange ao **ato jurídico perfeito**, destacamos a **Súmula Vinculante 1:** "ofende a garantia constitucional do ato jurídico perfeito a decisão que, **sem ponderar as circunstâncias do caso concreto**, desconsidera a validez e a eficácia de acordo constante de termo de adesão instituído pela Lei Complementar n. 110/2001" (30.05.2007).

Assim, os acordos feitos com base na LC n. 110/2001 estão mantidos (tendo em vista o princípio constitucional do ato jurídico perfeito), não se podendo presumir, para todos os casos, aplicando-se regra em abstrato, que tenha havido vício de consentimento em algum dos elementos formadores da vontade do trabalhador comum ao assinar o acordo com a CEF em relação aos expurgos inflacionários do FGTS.[113]

---

efetivos que entraram no serviço público até 16.12.1998. No entanto, o STF, por 7 votos a 4, considerou constitucional a cobrança de inativos e pensionistas instituída no art. 4.º da EC n. 41/2003, mas desde que incidente somente sobre a parcela dos proventos e pensões que exceder o teto estabelecido no art. 5.º da EC n. 41/2003 (cf. *Inf. 357/STF*).

[113] A LC n. 110/2001, em seu art. 4.º, autoriza, em caso de adesão facultativa do trabalhador ao termo de adesão (acordo) firmado com a CEF, o crédito, nas contas vinculadas do FGTS, do percentual de **16,64%** equivalente ao período de 1.º.12.1988 a 28.02.1989 e do percentual de 44,80% equivalente ao mês de abril/1990. De modo geral, contudo, há várias decisões judiciais que fixaram para janeiro/1989 o percentual de **42,72%**. Assim, o objetivo dos trabalhadores era conseguir a diferença entre o percentual do acordo (administrativo) e o que vem sendo fixado por quem fez a opção pela via judi-

Finalmente (cf. *item 6.7.1.17.4.4*), analisando o instituto da coisa julgada, em **situação excepcionalíssima**, o **STF** afastou a alegação de segurança jurídica (coisa julgada) para fazer valer o *direito fundamental de que toda pessoa tem de conhecer as suas origens* **("princípio" da busca da identidade genética)**, especialmente se, à época da decisão que se procura rescindir, não se pôde fazer o exame de DNA.

A decisão foi tomada, em **02.06.2011**, por **7 x 2**, no julgamento do **RE 363.889**, concedendo à recorrente o direito de, depois de mais de 10 anos, voltar a pleitear, perante o suposto pai, a realização do **exame de DNA**, tendo em vista que, na primeira decisão, muito embora beneficiária da assistência judiciária, a recorrente não podia arcar com as custas para realização do exame genético e o Estado se recusou em implementá-la, caracterizando-se, então, **circunstâncias alheias à sua vontade** (no referido item, cf. discussões envolvendo a decisão proferida pela 3.ª T. do **STJ**, no julgamento do **REsp 1.562.239/MS**, em 09.05.2017, que inadmitiu a desconstituição da coisa em razão de a recusa ter sido injustificada, caracterizando conduta manifestamente contrária à boa-fé objetiva).

14.10.23. Princípio do promotor natural (art. 5.º, LIII)

Já foi visto neste estudo que o acusado tem o direito e a garantia constitucional de somente ser processado por um órgão independente do Estado, **vedando-se**, por consequência, a **designação arbitrária**, inclusive, de **promotores *ad hoc*** ou ***por encomenda*** (art. 5.º, LIII, e art. 129, I, c/c o art. 129, § 2.º).

O STF aceitou a ideia de *promotor natural* no julgamento do **HC 67.759** (*leading case*).

Para aprofundamento, remetemos o nosso querido leitor para o *item 12.2.6* da presente obra.

14.10.24. Princípio do juiz natural ou legal (art. 5.º, XXXVII e LIII)

A Constituição estabelece que não haverá juízo ou tribunal de exceção, não podendo ninguém ser processado nem **sentenciado** *senão* pela **autoridade competente**.

Segundo a doutrina, "o conteúdo jurídico do princípio pode ser resumido na inarredável necessidade de **predeterminação do juízo competente**, quer para o processo, quer para o julgamento, proibindo-se qualquer forma de designação de tribunais para casos determinados. Na verdade, o princípio em estudo é um **desdobramento** da regra da **igualdade**. Nesse sentido Pontes de Miranda aponta que a 'proibição dos tribunais de exceção representa, no direito constitucional contemporâneo, *garantia constitucional*: é direito ao juízo legal comum', indicando vedação à discriminação de pessoas ou casos para efeito de submissão a juízo ou tribunal que não o recorrente por todos os indivíduos".[114]

---

cial (cf. *Enunciado n. 21 das Turmas Recursais dos Juizados Especiais Federais*). Entretanto, como visto, sem a análise do caso concreto, não se pode simplesmente desconsiderar o acordo, sob pena de violar, entre outros, o princípio do **ato jurídico perfeito**. Sobre o assunto, *vide Inf. 381/STF*.

[114] L. A. D. Araujo e V. Serrano Nunes Júnior, *Curso de direito constitucional*, 2002, p. 141.

Nery, em interessante estudo, caracteriza a garantia do juiz natural como **tridimensional**:

- "não haverá juízo ou tribunal *ad hoc*, isto é, tribunal de exceção;
- todos têm o direito de submeter-se a julgamento (civil ou penal) por juiz competente, pré-constituído na forma da lei;
- o juiz competente tem de ser imparcial".[115]

Assim, o que se veda é a designação ou criação, por deliberação legislativa ou outra, de tribunal (de exceção) para julgar, através de processo (civil, penal ou administrativo), determinado caso, tenha ele já ocorrido ou não, irrelevante a já existência de tribunal,[116] não abrangendo na aludida proibição a **Justiça especializada**, nem tampouco **tribunais de ética**, como o da OAB, cujas decisões administrativas (disciplinares) poderão ser revistas pelo Judiciário.

Acrescentamos, ainda, que a **prerrogativa de foro** não afronta o princípio do juiz natural ou legal (*gesetzlicher Richter*). No mesmo sentido, nas hipóteses de competência relativa, por convenção das partes e dentro dos limites legais, não há nenhuma vedação em relação aos **foros de eleição**. Conforme vimos (*item 14.10.21*), também não se caracteriza nenhuma violação ao princípio do juiz natural a instituição do **juízo arbitral**.

Outro ponto bastante polêmico, especialmente depois de terem sido fixadas *metas* de julgamento em razão da *Reforma do Judiciário*, tem sido a convocação de juízes de primeiro grau para atuar em Tribunal.

A argumentação de afronta ao **princípio do juiz natural** é bem razoável e consistente (cf. arts. 93, III, 94 e 98, I), mas o STF, diante da ideia de *efetividade e celeridade processual* (art. 5.º, LXXVIII), nessa ponderação de valores, vem fazendo prestigiar a agilidade, até porque, segundo analisado, as convocações estão sendo feitas com base em lei (cf. *item 11.9* e *Inf. 581/STF* — **HC 96.821**, Rel. Min. Lewandowski, j. 08.04.2010, Plenário, *DJE* de 25.06.2010).

Com o justo objetivo de garantir a segurança dos magistrados, resta alertar sobre a inconveniência e inconstitucionalidade de adoção da figura do **"juiz sem rosto"**, motivada, à época da discussão, pela onda de violência e assassinatos de juízes das execuções criminais de São Paulo e Espírito Santo, defendendo a omissão dos nomes dos juízes durante a tramitação do processo e na sentença.

Com todo o respeito, a figura do "juiz sem rosto" implica inconteste afronta à garantia do juiz natural, direito fundamental consagrado no Estado Democrático de Direito.[117]

---

[115] Nelson Nery Junior, *Princípios do processo civil na Constituição Federal*, 7. ed., p. 66-67.

[116] Nelson Nery Junior, *Princípios do processo civil na Constituição Federal*, p. 61.

[117] Conforme lembra Alexandre de Moraes, em audiência com o Ministro Marco Aurélio do STF, "... há uma decisão da Corte Interamericana de Direitos Humanos entendendo a medida como inconstitucional quando foi adotada pelo governo do Peru. E a ideia não é possível porque não identifica

Por fim, destacamos a importante novidade introduzida pela **EC n. 45/2004** ao estabelecer que "o Brasil se submete à jurisdição de Tribunal Penal Internacional a cuja criação tenha manifestado adesão" (art. 5.º, § 4.º).

A nova regra, sem dúvida, surge em total consonância e em fortalecimento ao **princípio do juiz natural**.

Consoante assinalou Luiz Flávio Gomes, "o TPI terá uma grande vantagem em relação aos atuais Tribunais (*ad hoc*) criados pelo Conselho de Segurança da ONU, que é constituído de quinze membros (15 países, dos 189 que a integram). Terá legitimidade, força moral e poder jurídico, o que não ocorre hoje com os Tribunais em funcionamento que estão julgando os crimes ocorridos na antiga Iugoslávia, Ruanda etc. Esses Tribunais satisfazem o senso de justiça, sinalizam oposição clara às arbitrariedades e atrocidades cometidas em praticamente todo o planeta, porém, não são Cortes predeterminadas em lei nem constituídas previamente (viola-se, assim, o princípio do juiz natural). A criação do TPI, dessa forma, significa respeito à garantia do princípio do juiz natural, que possui duas dimensões: *a*) juiz previamente previsto em lei ou Constituição (juiz competente); *b*) proibição de juízos ou tribunais de exceção, isto é, *ad hoc* (cfr. CF, art. 5.º, XXXVII e LIII)".[118]

■ 14.10.25. Tribunal Penal Internacional — "TPI" (art. 5.º, § 4.º — EC n. 45/2004)

Como acabamos de assinalar, a **Reforma do Judiciário** estabeleceu a submissão do Brasil à jurisdição do **Tribunal Penal Internacional** a cuja criação tenha **manifestado adesão**.[119]

Já dispunha o art. 7.º do ADCT da CF/88 que o Brasil lutaria em defesa da formação de um **tribunal internacional dos direitos humanos**.

O **Estatuto de Roma**, que cria o **Tribunal Penal Internacional**, foi aprovado em 17.07.1998. O Brasil assinou o aludido estatuto em 07.02.2000 e o Congresso Nacional o aprovou, por meio do Decreto Legislativo n. 112, em 06.06.2002, promulgado, em 26.09.2002, pelo Decreto presidencial n. 4.388. A *carta de ratificação* fora depositada em 20.06.2002, entrando em vigor em 1.º.07.2002. Para o Brasil, internacionalmente (art. 126), passou a vigorar em 1.º de setembro de 2002.

---

a pessoa ou o órgão julgador". Renato Nalini, presente à referida audiência, também se mostrou contra a técnica do "juiz sem rosto". "A ideia, segundo Nalini, não é compatível com nada do que o direito brasileiro produziu até o momento. 'Temos é que equipar o Estado e tranquilizar o juiz para que ele continue a decidir de acordo com a Lei, a Constituição e a sua consciência'" (*Notícias STF*, 19.03.2003, in <www.stf.gov.br>).

[118] Luiz Flávio Gomes, Está nascendo o primeiro Tribunal Penal Internacional, *Jus Navigandi*, Teresina, ano 6, n. 56, abr. 2002, disponível em: <http://www1.jus.com.br/doutrina/texto.asp?id=2920>, acesso em: 2 fev. 2005. Para uma profunda crítica, inclusive em relação à inconstitucionalidade da EC n. 45/2004 nesse ponto, cf.: Dimitri Dimoulis, O art. 5.º, § 4.º, da Constituição Federal: dois retrocessos políticos e um fracasso normativo, in André Ramos Tavares, Pedro Lenza, Pietro de Jesús Lora Alarcón (coord.), *Reforma do Judiciário*, p. 107.

[119] Cf. o site do "TPI": <www.icc-cpi.int>.

O "TPI" será uma instituição permanente, com jurisdição sobre as pessoas responsáveis pelos crimes de maior gravidade com alcance internacional (fixados nos termos do Estatuto), e será **complementar** às jurisdições penais nacionais (art. 1.º do Estatuto).

Consagra-se, dessa forma, o **princípio da complementaridade**, preservando-se o sistema jurídico interno, na medida em que o "TPI" só exercerá jurisdição em caso de incapacidade ou omissão dos Estados.

Em respeito à soberania nacional (art. 1.º, I), há sérias dúvidas sobre a aplicação, por exemplo, do art. 77, 1, "b", do Estatuto, que prevê a *prisão perpétua*, em contraposição ao art. 5.º, XLVII, "b", da CF/88. Se nem mesmo por *emenda constitucional* se poderia instituir a pena de caráter perpétuo (art. 60, § 4.º, IV), o que dizer por tratado sobre direitos humanos que terá, no máximo, a teor do art. 5.º, § 3.º, equivalência às emendas se aprovado, em cada Casa do Congresso Nacional, em dois turnos, por 3/5 dos votos dos respectivos membros?[120]

Outros vários pontos polêmicos precisam ser resolvidos pelo STF, como a previsão de reexame de questões já decididas pelo TPI (art. 17 do *Estatuto de Roma*), em afronta à coisa julgada, direito fundamental previsto na CF/88.

Outrossim, a distinção que deve ser feita entre **extradição** e **entrega** (*surrender*) ao TPI.

Em nosso entender, existiriam, basicamente, 3 jurisdições: **a)** a **brasileira**, cujos órgãos estão previstos no art. 92; **b)** a do **TPI** em relação à qual o Brasil a ela se submete; e **c)** a de **Tribunais estrangeiros**, cujas decisões deverão passar por um processo de homologação da sentença, já que estrangeira, e concessão de *exequatur* às cartas rogatórias.

Esse processo de homologação não deverá ser observado em relação às decisões do TPI, porque o Brasil a elas se submete. Ainda, a entrega de brasileiro ou estrangeiro para o TPI não seguirá o mesmo procedimento da extradição, pois a **entrega** será para julgamento em Tribunal a cuja jurisdição o Brasil se submete.

Contudo, alguns limites deverão existir, como a questão da comutação da pena, não se admitindo, por exemplo, a prisão perpétua etc., tema a ser resolvido pelo STF na **Pet 4.625**, interposta pelo TPI em 16.07.2009, e que requer a eventual prisão e **entrega** do Presidente do Sudão, caso ele entre no território brasileiro, acusado de ter *cometido crimes contra a humanidade* e de *guerra*.[121]

---

[120] Pelo afastamento da prisão perpétua, cf. Fábio Ramazzini Bechara, *Tribunal Penal Internacional e o princípio da complementaridade*, São Paulo: Complexo Jurídico Damásio de Jesus, dez. 2003, disponível em: <www.damasio.com.br/novo/html/frame_artigos.htm>. Sobre a relativa aceitação de outros tribunais internacionais (que não de natureza criminal), na medida em que, pela **EC n. 45/2004**, haveria "... a presunção de que a submissão à jurisdição a qualquer Corte judiciária internacional tenha que necessariamente decorrer de disposição da Constituição...", como expresso no art. 5.º, § 4.º, cf. Pedro Bohomoletz de Abreu Dallari, Tratados internacionais na Emenda Constitucional n. 45, in André Ramos Tavares, Pedro Lenza, Pietro de Jesús Lora Alarcón (coord.), *Reforma do Judiciário*, p. 83.

[121] Leia a interessante íntegra do voto do Min. Celso de Mello em *Notícias STF*, 30.07.2009.

De acordo com o art. 3.º do Estatuto, o Tribunal tem sede em *Haia*, Países Baixos ("o Estado anfitrião"), podendo funcionar em outro local sempre que se entender conveniente e nos termos do Estatuto.

O art. 86 consagra o **princípio da cooperação** na medida em que os Estados-partes deverão **cooperar** plenamente com o Tribunal no inquérito e no procedimento contra crimes da competência deste.

Por fim, cabe destacar que a competência do Tribunal restringir-se-á aos crimes mais graves que afetem a comunidade internacional no seu conjunto.

O art. 5.º do Estatuto estabelece que o Tribunal terá competência para julgar os seguintes crimes:

- de genocídio;
- contra a humanidade;
- de guerra;
- de agressão.

O tema deverá ser aprofundado em compêndios de direitos humanos e em obras de direito penal e processual penal, imaginando os questionamentos nos concursos estarem mais nessas áreas do que na constitucional!

14.10.26. Federalização dos crimes contra direitos humanos (art. 109, V-A e § 5.º — EC n. 45/2004) — Incidente de deslocamento de competência — IDC

Como sabemos, a **dignidade da pessoa humana** é **fundamento** da República Federativa do Brasil (art. 1.º, III), que, em suas relações internacionais, rege-se, dentre outros, pelos princípios **da prevalência dos direitos humanos**, do **repúdio ao terrorismo** e ao **racismo** e pela **cooperação entre os povos para o progresso da humanidade** (art. 4.º, II, VIII e IX).

Os **direitos da pessoa humana**, nos termos do art. 34, VII, "b", foram erigidos a **princípios sensíveis**, a ensejar até mesmo a intervenção federal nos Estados que os estiverem violando.

Outrossim, nos termos do art. 21, I, a União é que se responsabiliza, em nome da República Federativa do Brasil, pelas regras e preceitos fixados nos tratados internacionais. Assim, na hipótese de descumprimento e afronta a direitos humanos no território brasileiro, a única e exclusiva responsável, no plano internacional, será a União, não podendo invocar a cláusula federativa, nem mesmo "lavar as mãos" dizendo ser problema do Estado ou do Município. Isso não é aceito no âmbito internacional.

Acontece que, na maioria dos casos, antes da **Reforma do Judiciário**, a União não tinha competência para apurar, processar e julgar tais crimes.

Essa problemática foi muito bem apontada pela *Associação Nacional dos Procuradores da República — ANPR*, que apresentou importantes sugestões aos membros da Comissão de Reforma, após avaliar o relatório do Deputado Aloysio Nunes Ferreira.

Conforme sugerido pela *ANPR*, "... é a União, na qualidade de ente federado com personalidade jurídica na esfera internacional, que tem o poder de contrair obrigações jurídicas internacionais em matéria de direitos humanos, mediante a ratificação de tratados. Consequentemente, a sistemática de monitoramento e fiscalização de tais obrigações recai na pessoa jurídica da União. Deste modo, por coerência, há de caber à União a responsabilidade para apurar, processar e julgar casos de violação de direitos humanos, uma vez que, por comandos internacionais, obrigou-se a fazer valerem tais direitos em todo o território nacional. Daí a imperiosidade de se atribuir à Justiça Federal competência para o julgamento das violações mais sérias aos direitos humanos".[122]

Adequando o funcionamento do Judiciário brasileiro ao sistema de proteção internacional dos direitos humanos, a **EC n. 45/2004** fez a seguinte previsão:

> "Art. 109. Aos juízes federais compete processar e julgar:
>
> (...)
>
> V-A — as **causas relativas a direitos humanos** a que se refere o § 5.º deste artigo;
>
> (...)
>
> § 5.º Nas hipóteses de **grave violação de direitos humanos**, o **Procurador-Geral da República**, com a finalidade de **assegurar o cumprimento de obrigações decorrentes de tratados internacionais de direitos humanos dos quais o Brasil seja parte**, poderá suscitar, perante o **Superior Tribunal de Justiça**, em qualquer fase do inquérito ou processo, **incidente de deslocamento de competência para a Justiça Federal**" (original sem grifos).

Segundo o **STJ** (na decisão proferida no IDC 2), o deslocamento da competência do juízo estadual para o federal vai depender do preenchimento dos seguintes **pressupostos**:

- existência de grave violação a direitos humanos;
- risco de responsabilização internacional decorrente do descumprimento de obrigações jurídicas assumidas em tratados internacionais;
- incapacidade das instâncias e autoridades locais em oferecer respostas efetivas.

Ainda, conforme ficou anotado na ementa do acórdão do IDC 5, "o incidente de deslocamento de competência não pode ter o caráter de *prima ratio*, de primeira providência a ser tomada em relação a um fato (por mais grave que seja). Deve ser utilizado em **situações excepcionalíssimas**, em que efetivamente demonstrada a sua necessidade e a sua imprescindibilidade, ante provas que revelem descaso, desinteresse, ausência de vontade política, falta de condições pessoais e/ou materiais das instituições — ou de uma ou outra delas — responsáveis por investigar, processar e punir os responsáveis pela grave violação a direito humano, em levar a cabo a responsabilização dos envolvidos na conduta criminosa, até para não se esvaziar a competência da Justiça Estadual e inviabilizar o funcionamento da Justiça Federal".

Dessa forma, a fixação da competência da Justiça Federal parece-nos muito bem-vinda e acertada. O grande problema está no procedimento de deslocamento de competência da Justiça Estadual (ou Distrital) para a Federal.

---

[122] *Boletim dos Procuradores da República*, n. 14, jun. 1999, in <www.anpr.org.br/boletim/boletim14/reforma.htm>.

Perceba-se que isso acontecerá somente se o **PGR**, e exclusivamente ele, conseguir demonstrar que no âmbito Estadual ou Distrital está havendo *descumprimento de obrigações decorrentes de tratados internacionais de direitos humanos dos quais o Brasil seja parte* e, por consequência, *grave violação de direitos humanos*. Mas o que é grave violação de direitos humanos? E mais, sabendo que se trata de incidente de deslocamento de competência, nitidamente será fixado o Tribunal após a ocorrência do fato, em desrespeito ao princípio do juiz natural, já estudado (art. 5.º, XXXVII e LIII).

Nesse sentido, uma outra redação, vaga e indeterminada, ainda em tramitação na Câmara (que pode ser aqui aproveitada), já tinha sido objeto de críticas do *Deputado Jarbas Lima*: "a norma proposta rompe, nesse passo, com a melhor tradição democrática de nossas cartas constitucionais, cria insegurança jurídica e, o que é mais grave, consagra juízos de exceção na medida em que atribui a determinada autoridade ou órgão, de forma discricionária, a escolha do juízo ou tribunal para, caso a caso, julgar um ou mais processos dados".[123]

No Relatório já citado, a ANPR assim se manifestou: "tal indeterminação de critérios para o deslocamento de competência, e, no mínimo, as candentes dúvidas quanto à constitucionalidade da proposta (à luz dos incs. XXXVII e LIII do art. 5.º, CF, c/c o art. 60, § 4.º, IV) trazem a probabilidade de que, se aprovada tal proposta, a CF será, no tocante a essa matéria, alterada inocuamente, perdendo-se uma oportunidade ímpar de o Brasil adotar uma solução mais efetiva para o gravíssimo quadro de desrespeito sistemático aos direitos humanos".[124]

Em referido relatório, levando em consideração as diversas convenções sobre direitos humanos de que o País já é parte, destacando, ainda, o reconhecimento da competência obrigatória da Corte Interamericana de Direitos Humanos,[125] a aludida

[123] Trata-se de proposta original do Executivo que, como se sabe, foi modificada por meio do Substitutivo do Deputado Aloysio Nunes, que deu a redação final que ora se critica. O texto modificado acrescentava dois incisos ao art. 109, nos seguintes termos: "Art. 109. (...) XII — os crimes praticados em detrimento de bens ou interesses sob a tutela de órgão federal de proteção dos direitos humanos; XIII — as causas civis ou criminais nas quais órgão federal de proteção dos direitos humanos ou o Procurador-Geral da República manifeste interesse".

[124] *Boletim dos Procuradores da República*, n. 14, jun. 1999, in <www.anpr.org.br/boletim/boletim14/reforma.htm>.

[125] Pelo Decreto n. 678/92, foi promulgada a Convenção Americana sobre Direitos Humanos (*Pacto de São José da Costa Rica*), de 22 de novembro de 1969. O Congresso Nacional, por seu turno, aprovou, pelo Decreto-lei n. 89/98, solicitação de reconhecimento da competência obrigatória da *Corte Interamericana de Direitos Humanos*, em todos os casos relativos à interpretação ou aplicação da Convenção, de acordo com o previsto no art. 62 daquele instrumento. A Declaração de aceitação da competência obrigatória da *Corte Interamericana de Direitos Humanos* foi depositada junto à Secretaria-Geral da OEA em 10 de dezembro de 1998. Por tudo isso, o Decreto presidencial n. 4.463/2002, nos termos de seu art. 1.º, reconheceu como obrigatória, de pleno direito e por prazo indeterminado, **a competência da Corte Interamericana de Direitos Humanos em todos os casos relativos à interpretação ou aplicação da Convenção Americana de Direitos Humanos** (*Pacto de São José da Costa Rica*), sob reserva de reciprocidade e para fatos posteriores a 10 de dezembro de 1998.

Associação chegou a propor uma nova redação, definindo, previamente, o que entenderia por hipóteses de **grave violação de direitos humanos** e, também, permitindo que a lei ordinária, no futuro, em face de novas convenções que viessem a ser celebradas, estabelecesse outras hipóteses de crimes contra direitos humanos. Haveria, dessa forma, total respeito ao juiz natural.

Apenas para exemplificar, o que poderá servir de norte para a interpretação dos estudiosos, foram considerados, pela ANPR, crimes contra direitos humanos os seguintes delitos:

- tortura;
- homicídio doloso praticado por agente de quaisquer dos entes federados no exercício de suas funções ou por grupo de extermínio;
- crimes praticados contra as comunidades indígenas ou seus integrantes;
- homicídio doloso, quando motivado por preconceito de origem, raça, sexo, opção sexual, cor, religião, opinião política, idade ou quaisquer outras formas de discriminação, ou quando decorrente de conflitos fundiários de natureza coletiva;
- uso, intermediação e exploração de trabalho escravo ou de crianças e adolescentes, em quaisquer das formas previstas em tratados internacionais.

Tirando todos esses detalhes e desde que o STF não conteste a constitucionalidade da nova regra, concordamos inteiramente com Piovesan nos seguintes termos: "para os Estados, ao revés, cujas instituições mostrarem-se falhas ou omissas, restará configurada a hipótese de deslocamento de competência para a esfera federal, o que:

a) **assegurará maior proteção à vítima;**

b) **estimulará melhor funcionamento das instituições locais** em casos futuros;

c) gerará a expectativa de **resposta efetiva das instituições federais**;

d) se ambas as instituições — estadual/federal — mostrarem-se falhas ou omissas, daí, sim, será **acionável a esfera internacional** — contudo, com a possibilidade de, ao menos, dar-se a chance à União de responder ao conflito, esgotando-se a responsabilidade primária do Estado (o que ensejaria a responsabilidade subsidiária da comunidade internacional). Isto equacionará, ademais, a posição da União no contexto de responsabilidade internacional em matéria de direitos humanos".[126]

Finalmente, informamos (até o fechamento desta edição), os julgamentos de mérito dos *IDCs* ns. 1 (*negado*), 2 (*acolhido*), 3 (*acolhido em parte*) e 5 (*acolhido*):

■ **IDC 1/PA — assassinato de Dorothy Stang:** superando a preliminar que discutia a constitucionalidade da nova regra, a 3.ª Seção do STJ "... indeferiu o pedido no incidente de deslocamento de competência para a Justiça Federal do processo e julgamento do crime de assassinato da religiosa *Irmã Dorothy Stang*, ocorrido em

[126] Flávia Piovesan, Reforma do Judiciário e direitos humanos, in André Ramos Tavares, Pedro Lenza, Pietro de Jesús Lora Alarcón (coord.), *Reforma do Judiciário*, p. 67.

Anapu-PA, por considerar descabível a avocatória ante a **equivocada** presunção vinculada, mormente pela mídia, de haver, por parte dos órgãos institucionais da segurança e judiciário do Estado do Pará, **omissão** ou **inércia** na condução das investigações do crime e sua efetiva punição pela grave violação dos direitos humanos, em prejuízo ao princípio da autonomia federativa (EC n. 45/2004)" (3.ª Seção, Rel. Min. Arnaldo Esteves Lima, j. 08.06.2005, *DJ* de 10.10.2005);

■ **IDC 2/DF — assassinato de Manoel Bezerra de Mattos Neto:** "... o advogado e vereador pernambucano Manoel Bezerra de Mattos Neto foi assassinado em 24.01.2009, no Município de Pitimbu/PB, depois de sofrer diversas ameaças e vários atentados, em decorrência, ao que tudo leva a crer, de sua **persistente e conhecida atuação contra grupos de extermínio** que agem impunes há mais de uma década na divisa dos Estados da Paraíba e de Pernambuco, entre os Municípios de Pedras de Fogo e Itambé". No caso concreto, o STJ entendeu preenchidos os requisitos para o deslocamento, especialmente a omissão e "incapacidade das instâncias e autoridades locais em oferecer respostas efetivas". Assim, determinou o **deslocamento** de competência para **a Justiça Federal** no Estado da Paraíba, devendo a ação ser distribuída ao Juízo Federal Criminal com jurisdição no local do fato principal (3.ª Seção, Rel. Min. Laurita Vaz, j. 27.10.2010 — *DJe* de 22.11.2010);

■ **IDC 3/GO — suspeita de atuação, em Goiânia, de grupo de extermínio com a suposta participação de policiais militares na prática dos crimes de homicídio e de tortura:** o STJ determinou o deslocamento de competência para a Justiça Federal de dois inquéritos policiais e de um procedimento inquisitivo envolvendo policiais militares que teriam supostamente cometido graves violações aos direitos humanos no estado de Goiás. Assim, "o Colegiado determinou a transferência imediata à Polícia Federal, sob a fiscalização do Ministério Público Federal e sob a jurisdição do juízo federal criminal, do inquérito policial envolvendo o desaparecimento de Célio Roberto; do procedimento inquisitivo que trata do crime de tortura contra Michel Rodrigues da Silva; e do inquérito policial que apura o desaparecimento de Pedro Nunes da Silva e Cleiton Rodrigues" (*Notícias STJ de 10.12.2014*) (3.ª Seção, Rel. Min. Jorge Mussi, j. 10.12.2014, *DJE* de 02.02.2015);

■ **IDC 5/PE — morte do promotor Thiago Faria Soares:** de acordo com os itens 8 e 9 da ementa, há "indicativos de que o assassinato provavelmente resultou da ação de grupos de extermínio que atuam no interior do Estado de Pernambuco (como tantos outros que ocorreram na região conhecida como 'Triângulo da Pistolagem', situada no agreste pernambucano), bem como ao certo e notório conflito institucional que se instalou, inarredavelmente, entre os órgãos envolvidos com a investigação e a persecução penal dos ainda não identificados autores do crime noticiado. A falta de entendimento operacional entre a Polícia Civil e o Ministério Público estadual ensejou um conjunto de falhas na investigação criminal que arrisca comprometer o resultado final da persecução penal, com possibilidade, inclusive, de gerar a impunidade dos mandantes e dos executores do citado crime de homicídio" (3.ª Seção, Rel. Min. Rogerio Schietti Cruz, j. 13.08.2014, *DJE* de 1.º.09.2014).

14.10.27. Tribunal do Júri (art. 5.º, XXXVIII)

A CF/88 reconhece a instituição do júri, com a organização que lhe der a lei, assegurando: a) a plenitude de defesa; b) o sigilo das votações; c) a soberania dos veredictos; d) a competência para o julgamento dos crimes dolosos contra a vida.

Essa regra de **competência**, contudo, **não é absoluta**. Isso porque, sempre que houver instituição de competência especial por prerrogativa de função no texto maior (CF/88), haverá afastamento da norma geral. É o que acontece nos arts. 29, X (Prefeito julgado pelo TJ); 96, III (Juízes e Promotores — TJ); 102, I, "b" e "c" (o crime comum engloba o crime doloso contra a vida); 105, I, "a", e 108, I.

Fazemos, então, amigo, "guerreiro" que se prepara para os "concursos da vida", uma pergunta: será que a Constituição de um Estado pode retirar competência do Tribunal do Júri na hipótese de prática de crime doloso contra a vida fora das exceções previstas na própria CF? Ou seja, será que a Constituição de um Estado pode atribuir, por exemplo, competência para o TJ julgar Vereador pela prática de crime doloso contra a vida (homicídio), sabendo que a CF não traz essa exceção à regra geral do art. 5.º, XXXVIII? A resposta é negativa, e o STF já pacificou o entendimento no enunciado da **S. 721**, convertida na **SV 45** (j. 08.04.2015), nos seguintes termos: "a competência constitucional do tribunal do júri prevalece sobre o foro por prerrogativa de função estabelecido exclusivamente pela Constituição Estadual".

Caso o crime doloso contra a vida tenha sido praticado em coautoria, tendo um dos réus foro por prerrogativa de função e o outro não, haverá separação dos processos; aquele que não tem a prerrogativa, certamente, deverá ser julgado pelo Tribunal do Júri.

14.10.28. Segurança jurídica em matéria criminal (art. 5.º, XXXIX a LXVII) e a teoria dos mandados expressos de criminalização à luz dos direitos fundamentais

Nesta parte do trabalho limitamo-nos a transcrever os direitos previstos, de maneira sistematizada, na medida em que o questionamento, em maior profundidade, aparece nas provas de **direito penal** e **direito processual penal**; remetemos, pois, os candidatos para os livros especializados nesses assuntos.

No tocante à matéria criminal, destacamos a importante criação, no âmbito do STF, de um **Núcleo de Acompanhamento de Ações Penais originárias**.

Segundo Gilmar Mendes, a ideia "... é exatamente evitar que exista demora na tramitação dos processos, principalmente nas fases em que são 'utilizados' juízes federais para auxiliar na instrução do processo, ouvindo réus e testemunhas. A ação penal do **mensalão** foi um exemplo disso, salientou. Houve um acompanhamento rigoroso, e os interrogatórios acabaram acontecendo de forma bastante célere, lembrou" (*Notícias STF*, 1.º.07.2008 — 17h40).

Nessa linha, *Luiz Carlos dos Santos Gonçalves* procura, em vez de caminhar para uma proposta muitas vezes de abolição penal e que poderíamos chamar de **direito penal mínimo**, ou, no extremo oposto, acolher a ideia de um **direito penal**

máximo, o faz dentro de uma perspectiva moderna e "antenado" com a ideia de uma **Constituição Social**, desenvolvendo a tendência para o **direito penal proporcional**.

Em suas conclusões, observa o autor que "entre os desafios para a implementação dos direitos fundamentais encontra-se o **uso proporcional do Direito Penal**: de adversárias daqueles direitos, viram-se as sanções penais alçadas a instrumento necessário para sua proteção. Esta transposição não foi retilínea, nem está acabada. A busca por um Direito Penal Proporcional, que não descure das garantias fundamentais das pessoas investigadas, acusadas e sancionadas, nem deixe à míngua vítimas de graves ofensas a direitos, é incessante. O caminho que se apresenta para este fim é o da exegese constitucional, de onde se pode haurir a normativa que há de dirigir a atuação do Estado".[127]

■ 14.10.28.1. *Legalidade e anterioridade da lei penal incriminadora. Irretroatividade da lei penal "in pejus" (art. 5.º, XXXIX e XL)*

O art. 5.º, XXXIX, consagra a regra do *nullum crimen nulla poena sine praevia lege*. Assim, de uma só vez, assegura tanto o **princípio da legalidade** (ou reserva legal), na medida em que não há crime sem **lei** que o defina, nem pena sem cominação **legal**, como o **princípio da anterioridade**, visto que não há crime sem lei **anterior** que o defina, nem pena sem **prévia** cominação legal.

Por sua vez, a regra do inciso XL do art. 5.º consagra, duplamente, a:

- **irretroatividade da lei penal *in pejus*;**
- **retroatividade da lei penal mais benéfica.**

A) Irretroatividade da lei penal *in pejus*

Para se ter um **exemplo** importante da regra da irretroatividade da lei penal menos benéfica, o STF discutia a constitucionalidade do art. 2.º da Lei de Crimes Hediondos que, em sua redação original, **determinava** o cumprimento da pena **integralmente** no *regime fechado*.

Em um caso concreto **(HC 82.959)**, entendeu que a proibição da progressão violaria o princípio da **individualização da pena**, garantido no art. 5.º, XLVI.

O STF passou, então, a **admitir a progressão**, aplicando a Lei de Execuções Penais (antes de sua alteração pelo Pacote Anticrime), desde que, entre outros requisitos, fosse cumprido pelo menos **1/6** da pena ("até que **norma legal específica** venha a ser editada. Norma que, agora sim, cuide de forma **particularizada** o tema da progressão no regime de cumprimento de pena pela prática de crime hediondo. Isto, lógico, desde que também sejam preenchidos os requisitos subjetivos que a própria lei já estabelece, o que será analisado, *in concreto*, pelo Juízo da execução" — voto do Min. Carlos Britto, fls. 712 do acórdão).

Posteriormente, a **Lei n. 11.464/2007**, norma legal específica, alterou o art. 2.º da Lei de Crimes Hediondos e passou a exigir o requisito temporal de **2/5**, se **primá-**

[127] Luiz Carlos dos Santos Gonçalves, *Mandados expressos de criminalização e a proteção de direitos fundamentais na Constituição brasileira de 1988*, p. 305.

Acesse também a videoaula pelo link: somos.in/DCE25103

rio, ou **3/5**, se **reincidente** (lembrando que, em momento seguinte, a **Lei n. 13.709/2018** estabeleceu uma **progressão especial** no caso de mulher gestante ou que for mãe ou responsável por crianças ou pessoas com deficiência, devendo ser observados, cumulativamente, os requisitos do art. 112, § 3.º, da LEP, dentre os quais o cumprimento de ao menos **1/8** da pena no regime anterior e o Pacote Anticrime — **Lei n. 13.964/2019** alterou profundamente a questão da progressão ao dar nova redação ao art. 112 da LEP).

Voltando ao caso em análise, naquele momento (antes das alterações trazidas pelo Pacote Anticrime), a dúvida consistia em saber se deveria ser aplicada a Lei de Crimes Hediondos (1/6) ou a *novatio legis* (2/5, se primário, ou 3/5, se reincidente). A resposta vai depender do momento em que o crime foi praticado e se já vigorava ou não a nova lei. Assim, se o crime foi praticado antes da Lei n. 11.464/2007, aplica-se 1/6, já que a *novatio legis* se implementou *in pejus*. Se, porém, o crime foi praticado já na vigência da nova lei, aplica-se 2/5 ou 3/5.

Isso porque, 1/6 é menor que 2/5, que é menor que 3/5 e, então, a nova lei sobreveio de forma menos benéfica (como se percebe, trata-se de tese interessante a ser adotada nas provas da **defensoria pública**).

Apenas para compreender bem a análise "matemática" (e aqui eu falo com os ilustres leitores que não gostam muito das "exatas" — porque sei que engenheiros, contadores e tantos "guerreiros" das áreas "não jurídicas" estão lendo o trabalho — o que muito me honra), vou socorrer-me do "MMC" e, assim, comparar as frações sob um múltiplo comum. Vejamos:

1/6	<	2/5	<	3/5
↕		↕		↕
5/30	<	12/30	<	18/30

Destacamos a **SV 26/2009**, transcrita abaixo e que passa a ser um interessante exemplo prático para a aplicação do **princípio da irretroatividade da lei menos benéfica**:

> "Para efeito de progressão de regime no cumprimento de pena por crime hediondo, ou equiparado, o juízo da execução observará a **inconstitucionalidade** do art. 2.º da Lei n. 8.072, de 25 de julho de 1990, sem prejuízo de avaliar se o condenado preenche, ou não, os requisitos objetivos e subjetivos do benefício, podendo determinar, para tal fim, de modo fundamentado, a realização de exame criminológico".

Cabe lembrar que o entendimento acima exposto foi consagrado na **S. 471/STJ**: "os condenados por crimes hediondos ou assemelhados cometidos **antes** da vigência da Lei n. 11.464/2007 sujeitam-se ao disposto no art. 112 da Lei n. 7.210/1984 (Lei de Execução Penal) para a progressão de regime prisional", bem como em diversos precedentes do STF, como no RE 579.167/AC (j. 16.05.2013).

Em momento seguinte, o STF declarou, incidentalmente, com efeito *ex nunc*, a inconstitucionalidade da regra fixada pela Lei n. 11.464/2007 ao art. 2.º, § 1.º, da Lei de Crimes Hediondos.

Vamos lembrar como era a redação original e como ficou com a nova lei:

REDAÇÃO ORIGINAL DA LEI N. 8.072/90	REDAÇÃO DADA PELA LEI N. 11.464/2007
"Art. 2.º, § 1.º A pena por crime previsto neste artigo será cumprida **integralmente** em regime fechado".	"Art. 2.º, § 1.º A pena por crime previsto neste artigo será cumprida **inicialmente** em regime fechado".

Ou seja, o STF, ao enfrentar o tema, decidiu que a obrigatoriedade de imposição do regime inicial fechado, fora das regras do Código Penal, é **inconstitucional** por violar o **princípio da individualização da pena** (art. 5.º, XLVI). A definição do regime inicial de cumprimento de pena deve ser **justificada** e **declarada** pelo magistrado em cada caso concreto, ainda que se trate de crime hediondo ou equiparado (art. 33 c/c o art. 59, do CP).

Esse entendimento foi firmado no julgamento do **HC 111.840** (Pleno, j. 27.06.2012) e em outros precedentes (no mesmo sentido, cf. HC 113.442, 2.ª T., j. 25.06.2013, HC 107.084, Rel. Min. Teori Zavascki, j. 24.09.2013, 2.ª T., *DJE* de 08.10.2013 etc.).

Finalmente, o STF consolidou esse entendimento no julgamento do **ARE 1.052.700**, estabelecendo a seguinte tese: "É **inconstitucional** a fixação *ex lege*, com base no art. 2.º, § 1.º, da Lei 8.072/1990, do **regime inicial fechado**, devendo o julgador, quando da condenação, ater-se aos parâmetros previstos no artigo 33 do Código Penal" (j. 02.11.2017, *DJE* de 1.º.02.2018).

E quais foram as alterações trazidas pelo Pacote Anticrime (Lei n. 13.964/2019)?

Em inegável reação legislativa à jurisprudência da Corte, que não admite a fixação de regime de cumprimento de pena inicial fechado *ex lege* e de forma abstrata, o Pacote Anticrime criou hipótese de início de cumprimento de pena em regime fechado e, para piorar, em regime prisional de segurança máxima, havendo situação em que se proibiu, inclusive, a progressão. Vejamos:

Art. 14 do Pacote: "A Lei n. 12.850, de 2 de agosto de 2013 (define organização criminosa), passa a vigorar com as seguintes alterações:

"Art. 2.º ....

§ 8.º As **lideranças de organizações criminosas armadas** ou que tenham **armas à disposição** deverão iniciar o cumprimento da pena em **estabelecimentos penais de segurança máxima** (cf. Lei n. 11.671/2008, com as alterações trazidas pelo Pacote).

§ 9.º O condenado expressamente em sentença por integrar organização criminosa ou por crime praticado por meio de organização criminosa **não poderá progredir de regime de cumprimento de pena ou obter livramento condicional ou outros benefícios prisionais** se houver elementos probatórios que indiquem a manutenção do vínculo associativo." (NR)

Ainda estamos meditando sobre o assunto, mas entendemos, em um primeiro momento, que haveria violação ao princípio da individualização da pena nessa previsão genérica e abstrata (vamos aguardar a evolução do tema – pendente).

Finalmente, deixamos registrada a necessidade de se saber a nova forma de progressão prevista no art. 112 da LEP.

B) Retroatividade da lei penal mais benéfica

Agora, passamos a analisar a segunda hipótese, qual seja, a regra da ***retroatividade da lei penal mais benéfica***.

Como se sabe, a **Lei n. 12.015/2009**, ao modificar os arts. 213 e 214 do Código Penal, deixou de fazer distinção entre crimes de *estupro* e *atentado violento ao pudor*, **unificando** os dois crimes no art. 213, podendo, assim, o estupro, na nova regra, ser praticado por homem ou mulher **(crime comum)**.

Em suma, o estupro está caracterizado na hipótese de se *constranger alguém, mediante violência ou grave ameaça, a ter conjunção carnal ou a praticar ou permitir que com ele se pratique outro ato libidinoso.*

Não se trata de *abolitio criminis*, porque as condutas do crime de *atentado violento ao pudor*, apesar de revogado o art. 214 do CP, continuam previstas no crime de estupro (agora no art. 213 do CP). A conduta, portanto, continua sendo punida.

Contudo, o STF vem aceitando a tese da **continuidade delitiva** por ter a nova lei **unificado** os arts. 213 e 214 do CP em um mesmo tipo e, assim, vale a nova regra já que mais benéfica. Nesse sentido:

> "EMENTA: AÇÃO PENAL. Estupro e atentado violento ao pudor. **Mesmas circunstâncias de tempo, modo e local.** Crimes da mesma espécie. **Continuidade delitiva**. Reconhecimento. **Possibilidade**. Superveniência da Lei n. 12.015/09. **Retroatividade da lei penal mais benéfica**. Art. 5.º, XL, da Constituição Federal. HC concedido. Concessão de ordem de ofício para fins de progressão de regime. A edição da Lei n. 12.015/09 torna possível o reconhecimento da continuidade delitiva dos antigos delitos de estupro e atentado violento ao pudor, quando praticados nas **mesmas circunstâncias de tempo**, **modo** e **local** e contra a **mesma vítima**" (HC 86.110, Rel. Min. Cezar Peluso, j. 02.03.2010, 2.ª Turma, *DJE* de 23.04.2010).[128]

■ *14.10.28.2. Práticas discriminatórias, crimes inafiançáveis e insuscetíveis de graça ou anistia e crimes inafiançáveis e imprescritíveis (art. 5.º, XLI a XLIV)*

■ **discriminação atentatória dos direitos e liberdades fundamentais:** será punida pela lei;

■ **prática do racismo:** crime inafiançável e imprescritível, sujeito à pena de reclusão, nos termos da lei;

[128] No mesmo sentido: **HC 102.199**, Rel. Min. Gilmar Mendes, j. 21.08.2010, 2.ª T, *DJE* de 24.09.2010; **HC 96.818**, Rel. Min. Joaquim Barbosa, j. 10.08.2010, 2.ª Turma, *DJE* de 17.09.2010; **HC 102.355**, Rel. Min. Ayres Britto, j. 04.05.2010, 1.ª Turma, *DJE* de 28.05.2010.

- **crimes inafiançáveis e insuscetíveis de graça ou anistia:**[129] prática da tortura, tráfico ilícito de entorpecentes e drogas afins, terrorismo[130] e os definidos como crimes hediondos, por eles respondendo os mandantes, os executores e os que, podendo evitá-los, se omitirem;
- **crime inafiançável e imprescritível:** ação de grupos armados, civis ou militares, contra a ordem constitucional e o Estado Democrático.

As regras constitucionais acima expostas deverão ser estudadas nos livros de *direito penal* e *direito processual penal*, destacando-se as novidades introduzidas pelo Pacote Anticrime (Lei n. 13.964/2019).

Fazemos, contudo, destaque para o julgamento da **ADO 26** em conjunto com o **MI 4.733**, pelos quais o STF reconheceu o estado de **mora inconstitucional do Congresso Nacional** na implementação da prestação legislativa destinada a cumprir o **mandado de incriminação a que se referem os incisos XLI e XLII do art. 5.º da Constituição**, para efeito de **proteção penal aos integrantes do grupo LGBT**, fixando a seguinte tese:

> "Até que sobrevenha lei emanada do Congresso Nacional destinada a implementar os mandados de criminalização definidos nos incisos XLI e XLII do art. 5.º da Constituição da República, as condutas homofóbicas e transfóbicas, reais ou supostas, que envolvem aversão odiosa à orientação sexual ou à identidade de gênero de alguém, por traduzirem expressões de racismo, compreendido este em sua dimensão social, ajustam-se, por identidade de razão e mediante adequação típica, aos preceitos primários de incriminação definidos na Lei n. 7.716, de 08/01/1989, constituindo, também, na hipótese de homicídio doloso, circunstância que o qualifica, por configurar motivo torpe (Código Penal, art. 121, § 2.º, I, *in fine*)" (j. 13.06.2019, *DJE* de 06.10.2020).

Muito embora a decisão da criminalização das condutas decorra de **interpretação conforme à Constituição**, "em face dos mandados constitucionais de incriminação inscritos nos incisos XLI e XLII do art. 5.º da Carta Política, para enquadrar a homofobia e a transfobia, qualquer que seja a forma de sua manifestação, nos diversos tipos penais definidos na Lei n. 7.716/89, até que sobrevenha legislação autônoma, editada pelo Congresso Nacional", parece-nos que estaria sendo criado um novo tipo penal e, por isso, a dificuldade de se sustentar, apesar da maioria formada de oito Ministros, a observância ao princípio da **estrita legalidade penal** já estudado (art. 5.º, XXXIX, CF/88). Essa nossa crítica deve ser mantida, mesmo que se esteja diante

[129] Cf., no *item 21.4.2*, aprofundamento destacando o entendimento do STF no sentido de ter o novo ordenamento recepcionado a *Lei n. 6.683/79*, a chamada **"Lei de Anistia"** (ADPF 153, Rel. Min. Eros Grau, j. 29.04.2010, Plenário, *DJE* de 06.08.2010).

[130] A **Lei n. 13.260/2016** regulamenta o disposto no inciso XLIII do art. 5.º da Constituição Federal, disciplinando o terrorismo, tratando de disposições investigatórias e processuais e reformulando o conceito de organização terrorista. De acordo com o seu art. 2.º, o **terrorismo** consiste na prática por um ou mais indivíduos dos atos previstos no referido artigo, por **razões** de xenofobia, discriminação ou preconceito de raça, cor, etnia e religião, quando cometidos com a **finalidade** de provocar terror social ou generalizado, **expondo a perigo** pessoa, patrimônio, a paz pública ou a incolumidade pública.

de interpretação conforme, pois, no caso, pensamos que o STF "legislou" criando um novo tipo penal.

Pensamos que, superada a nossa visão sobre a reserva legal, afinal foram oito Ministros nesse sentido, ao menos seja observada a garantia constitucional da **irretroatividade da lei penal** (art. 5.º, XL — "a lei penal não retroagirá, salvo para beneficiar o réu"), especialmente porque a criminalização decorreu de ativismo judicial a suprir a declarada omissão normativa (inconstitucional) do Congresso Nacional, que não implementou "a prestação legislativa destinada a cumprir o mandado de incriminação a que se referem os incisos XLI e XLII do art. 5.º da Constituição, para efeito de proteção penal aos integrantes do grupo LGBT" (pendente o julgamento dos embargos declaratórios).

■ *14.10.28.3. Regras constitucionais sobre as penas (art. 5.º, XLV a XLVIII)*

- **a pena é personalíssima:** nenhuma pena passará da pessoa do condenado, podendo a obrigação de reparar o dano e a decretação do perdimento de bens, nos termos da lei, ser estendidas aos sucessores e contra eles executadas, até o limite do valor do patrimônio transferido;
- **tipos de pena:** a lei regulará a **individualização da pena** e adotará, entre outras, as seguintes: a) privação ou restrição da liberdade; b) perda de bens; c) multa; d) prestação social alternativa; e) suspensão ou interdição de direitos;
- **vedação das penas:** a) de morte, salvo em caso de guerra declarada, nos termos do art. 84, XIX; b) de caráter perpétuo; c) de trabalhos forçados; d) de banimento; e) cruéis;

No tocante à **proibição de pena de caráter perpétuo**, o art. 75 do CP prescreve que o tempo de cumprimento das penas privativas de liberdade não pode ser superior a **40 anos**. Trata-se de redação dada pela **Lei n. 13.964/2019** (Pacote Anticrime), que aumentou o tempo máximo de 30 para 40 anos.

Segundo afirmou o Min. Alexandre de Moraes, que presidiu a *Comissão de Notáveis* instituída para elaborar proposta legislativa de "combate à criminalidade organizada, em especial relacionada ao combate ao tráfico de drogas e armas" (Ato da Presidência da Câmara dos Deputados, de 10.10.2017), conforme consta da Justificação do *Projeto de Lei n. 10.372/2018-CD*, "impõe-se a atualização do limite máximo de cumprimento das penas à atual expectativa de vida dos brasileiros, muito superior àquela existente quando promulgado o Código Penal, que estabeleceu o prazo máximo de cumprimento em trinta anos (art. 55 da redação original e art. 75 da atual Parte Geral, com a redação determinada pela Lei n. 7.209/84). De fato, segundo dados oficiais do Instituto Brasileiro de Geografia e Estatística, de 1940 a 2016, a expectativa de vida cresceu exponencialmente, passando de 45,5 anos para 75,8 anos (Tabela 2 da Tábua completa de mortalidade para o Brasil — 2016 — disponível do *site* oficial do IBGE)".

- **cumprimento da pena:** em estabelecimentos distintos, de acordo com a natureza do delito, a idade e o sexo do apenado.

Como desdobramento da regra constitucional, destacamos o art. 21 da **Lei n. 13.869/2019** (Lei de Abuso de Autoridade), que prescreve o seguinte crime: "manter presos de ambos os sexos na mesma cela ou espaço de confinamento".

■ 14.10.28.4. *Direitos assegurados aos presos (art. 5.º, XLIX, L, LXII, LXIII e LXIV)*

- **respeito à integridade física e moral:** se a disposição contida no art. 5.º, III ("ninguém será submetido a tortura nem a tratamento desumano ou degradante"), tem um sentido geral, o direito previsto no art. 5.º, XLIX, tem um destinatário certo e específico, no caso, o **preso**. Isso posto, passamos a ilustrar o tema destacando três importantes decisões.

No julgamento do **RE 841.526**, com repercussão geral (j. 30.03.2016, *DJE* de 1.º.08.2016), o Pleno do STF firmou a seguinte tese: **"em caso de inobservância do seu dever específico de proteção previsto no art. 5.º, XLIX, da Constituição Federal, o Estado é responsável pela morte de detento"**. Neste caso, deverá haver, naturalmente, a demonstração de **nexo de causalidade** entre o resultado morte e a omissão do Estado. Conforme anotou o Min. Fux na ementa do acórdão, **afastando a "teoria do risco integral"**, "o dever constitucional de proteção ao detento somente se considera violado quando possível a atuação estatal no sentido de garantir os seus direitos fundamentais, pressuposto inafastável para a configuração da **responsabilidade civil objetiva** estatal, na forma do artigo 37, § 6.º, da Constituição Federal". Assim, exemplificando, poderá haver responsabilidade do Estado inclusive no caso de **suicídio de preso** sob sua custódia, desde que se demonstre que o detento já havia tentado se suicidar outras vezes e/ou que vinha praticando atos que sinalizavam um comportamento suicida, tornando, então, o evento previsível e com a necessidade de atuação estatal.

Outro importante julgado foi o **RE 592.581**, no qual o Pleno do STF, apreciando o *tema 220* da repercussão geral, assentou a seguinte tese: "é lícito ao Judiciário impor à Administração Pública obrigação de fazer, consistente na promoção de medidas ou na execução de obras emergenciais em estabelecimentos prisionais para dar efetividade ao postulado da dignidade da pessoa humana e assegurar aos detentos o respeito à sua integridade física e moral, nos termos do que preceitua o art. 5.º, XLIX, da Constituição Federal, não sendo oponível à decisão o argumento da reserva do possível nem o princípio da separação dos poderes" (j. 13.08.2015, *DJE* de 1.º.02.2016).

Finalmente, o Pleno, apreciando o *tema 365* da repercussão geral, fixou a seguinte tese: "considerando que é dever do Estado, imposto pelo sistema normativo, manter em seus presídios os **padrões mínimos de humanidade** previstos no ordenamento jurídico, é de sua responsabilidade, nos termos do art. 37, § 6.º da Constituição, a obrigação de **ressarcir os danos, inclusive morais**, comprovadamente causados aos detentos em decorrência da falta ou insuficiência das condições legais de encarceramento" (**RE 580.252**, j. 16.02.2017).

Assim, de maneira bastante interessante, a Corte entendeu que, não sendo assegurado o mínimo existencial, não se poderia sustentar a aplicação da cláusula da reserva financeira do possível para o Estado deixar de indenizar.

A pretensão de obter dano moral decorrente da **excessiva população carcerária** e da **falta de condições mínimas de saúde e higiene verificada nos presídios do Estado de Mato Grosso do Sul** sustentou-se na inequívoca demonstração "da precariedade do sistema penitenciário estadual, que lesou direitos fundamentais do recorrente, quanto à dignidade, intimidade, higidez física e integridade psíquica" (*Inf. 854/STF*).[131]

- **presidiárias:** garantia de condições para que possam permanecer com seus filhos durante o período de amamentação;
- **comunicação imediata da prisão e o local onde se encontre:** ao juiz competente, à família do preso ou à pessoa por ele indicada;
- **informação ao preso de seus direitos:** dentre os quais o de permanecer calado, sendo-lhe assegurada a assistência da família e de advogado;
- **identificação dos responsáveis por sua prisão ou por seu interrogatório policial.**

14.10.28.5. Regras sobre extradição (art. 5.º, LI e LII)

- **brasileiro nato:** nunca será extraditado;
- **brasileiro naturalizado:** será extraditado: a) em caso de crime comum, praticado **antes** da naturalização, ou b) de comprovado envolvimento em tráfico ilícito de entorpecentes e drogas afins, na forma da lei, praticado **antes** ou **depois** da naturalização;
- **estrangeiros:** poderão ser extraditados, exceto em caso de crime político ou de opinião.

Remetemos o nosso ilustre leitor para o *capítulo 16*, no qual fazemos estudo aprofundado dos institutos em análise, diferenciando-os de asilo político, expulsão, deportação e banimento.

---

[131] Os Mins. Roberto Barroso, Luiz Fux e Celso de Mello, **vencidos**, adotaram a **remição de pena** como forma de indenização. A tese proposta pelo Min. Barroso foi a seguinte (lembrando que prevaleceu na Corte o reconhecimento da indenização em dinheiro!): "O Estado é civilmente responsável pelos danos, inclusive morais, comprovadamente causados aos presos em decorrência de violações à sua dignidade, provocadas pela superlotação prisional e pelo encarceramento em condições desumanas ou degradantes. Em razão da natureza estrutural e sistêmica das disfunções verificadas no sistema prisional, **a reparação dos danos morais deve ser efetivada preferencialmente por meio não pecuniário**, consistente na **remição de um dia de pena por cada três a sete dias de pena cumprida em condições atentatórias à dignidade humana**, a ser postulada perante o juízo da execução penal. Subsidiariamente, caso o detento já tenha cumprido integralmente a pena ou não seja possível aplicar-lhe a remição, a ação para ressarcimento dos danos morais será fixada em pecúnia pelo juízo cível competente".

■ 14.10.28.6. *Presunção de inocência (não culpabilidade) (art. 5.º, LVII). Análise da execução provisória de acórdão penal condenatório proferido em grau recursal, ainda que sujeito a recurso especial ou extraordinário*

Ninguém será considerado **culpado** até o trânsito em julgado de sentença penal condenatória. Assim, nada mais natural que a **inversão do ônus da prova**, ou seja, a inocência é presumida, cabendo ao MP ou à parte acusadora (na hipótese de ação penal privada) provar a culpa. Caso não o faça, a ação penal deverá ser julgada improcedente.

Nesse contexto, a título de contraponto, cabe lembrar o art. 20, n. 5, do Decreto-lei n. 88/37, que, de maneira esdrúxula, prescrevia: "**presume-se provada a acusação, cabendo ao réu prova em contrário**, sempre que tenha sido preso com arma na mão, por ocasião de insurreição armada, ou encontrado com instrumento ou documento do crime".

Conforme observou o Min. Celso de Mello em relação ao tema, "nenhuma acusação penal se presume provada. Não compete, ao réu, demonstrar a sua inocência. Cabe, ao contrário, ao Ministério Público, comprovar, de forma inequívoca, para além de qualquer dúvida razoável, a culpabilidade do acusado. Já não mais prevalece, em nosso sistema de direito positivo, a regra, que, em dado momento histórico do processo político brasileiro (Estado Novo), criou, para o réu, com a falta de pudor que caracteriza os regimes autoritários, a obrigação de o acusado provar a sua própria inocência (Decreto-lei n. 88, de 20.12.37, art. 20, n. 5)" (**HC 83.947**, Rel. Min. Celso de Mello, j. 07.08.2007, 2.ª T., *DJE* de 1.º.02.2008).

Em relação ao tema, Bechara e Campos anotam: "melhor denominação seria **princípio da não culpabilidade**. Isso porque a Constituição Federal não presume a inocência, mas declara que ninguém será considerado **culpado** antes de sentença condenatória transitada em julgado".[132]

Como reflexo, destacamos a abolição do lançamento do nome do acusado no rol dos culpados quando da pronúncia.

Consoante anotado pelos ilustres professores, "... tem-se uma hipótese de antecipação dos efeitos da condenação transitada em julgado, contudo, a mitigação do princípio da presunção de inocência é justificada pelo princípio do *favor rei* ou *favor libertatis*, igualmente de índole constitucional".[133]

Isso posto, surge a pergunta: **é possível a execução provisória de acórdão penal condenatório proferido em grau recursal, ainda que sujeito a recurso especial ou extraordinário?**

---

[132] Fábio Ramazzini Bechara e Pedro Franco de Campos, Princípios constitucionais do processo penal: questões polêmicas, São Paulo: Complexo Jurídico Damásio de Jesus, jan. 2005 — disponível em: <www.damasio.com.br/novo/html/frame_artigos.htm>.

[133] Princípios constitucionais..., cit.

Acesse também a videoaula pelo link: somos.in/DCE25103

Em um primeiro momento, já na vigência da CF/88, o STF **reconheceu** a **possibilidade** de execução provisória da pena privativa de liberdade. Nesse sentido: **HC 68.726** (Pleno, j. 28.06.1991 — *leading case*), HC 69.964 (j. 18.12.1992), HC 72.366 (j. 13.09.1995), HC 73.968 (j. 14.05.1996), HC 74.983 (j. 30.06.1997) etc.

Havendo coerência com a tese firmada nos referidos precedentes, foram editadas pelo Supremo Tribunal Federal as Súmulas 716[134] e 717.[135]

Essa jurisprudência tradicional da Corte, contudo, veio a ser **alterada** em festejada viragem jurisprudencial. Por 7 x 4, estabeleceu-se novo entendimento no sentido de que a **execução da pena privativa de liberdade antes do trânsito em julgado da sentença condenatória contraria o art. 5.º, LVII, da Constituição** (**HC 84.078**, Pleno, Rel. Min. Eros Grau, j. 05.02.2009), tendo ficado **ressalvada** a eventual possibilidade de **prisão cautelar do réu**, nas hipóteses do CPP.

Contudo, **em momento seguinte**, em decisão bastante polêmica e criticada pela doutrina, o **STF**, pelo mesmo placar de 7 x 4, **mudou novamente o seu entendimento** e **resgatou a jurisprudência tradicional**, nos seguintes termos: "a execução provisória de acórdão penal condenatório proferido em grau de apelação, ainda que sujeito a recurso especial ou extraordinário, não compromete o princípio constitucional da presunção de inocência afirmado pelo artigo 5.º, LVII da Constituição Federal" (**HC 126.292**, Pleno, Rel. Min. Teori Zavascki, j. 17.02.2016, *DJE* de 17.05.2016).

Conforme anotou o Min. Teori Zavascki, "ressalvada a estreita via da revisão criminal, é, portanto, **no âmbito das instâncias ordinárias que se exaure a possibilidade de exame de fatos e provas** e, sob esse aspecto, a própria fixação da responsabilidade criminal do acusado. É dizer: **os recursos de natureza extraordinária** não configuram desdobramentos do duplo grau de jurisdição, porquanto não são recursos de ampla devolutividade, já que **não se prestam ao debate da matéria fático-probatória**. Noutras palavras, com o julgamento implementado pelo Tribunal de apelação, ocorre espécie de preclusão da matéria envolvendo os fatos da causa. Os recursos ainda cabíveis para instâncias extraordinárias do STJ e do STF — recurso especial e extraordinário — têm, como se sabe, âmbito de cognição estrito à matéria de direito. Nessas circunstâncias, tendo havido, em segundo grau, um juízo de incriminação do acusado, fundado em fatos e provas insuscetíveis de reexame pela instância extraordinária, parece inteiramente justificável a relativização e até mesmo a própria inversão, para o caso concreto, do princípio da presunção de inocência até então observado. Faz sentido, portanto, negar efeito suspensivo aos recursos extraordiná-

---

[134] **S. 716/STF:** "Admite-se a progressão de regime de cumprimento da pena ou a aplicação imediata de regime menos severo nela determinada, **antes do trânsito em julgado da sentença condenatória**" (aprovada na sessão plenária de 24.09.2003).

[135] **S. 717/STF:** "Não impede a progressão de regime de execução da pena, fixada em **sentença não transitada em julgado**, o fato de o réu se encontrar em prisão especial" (aprovada na sessão plenária de 24.09.2003).

rios, como o fazem o art. 637 do Código de Processo Penal e o art. 27, § 2.º, da Lei 8.038/90".[136]

Na linha do decidido, o Min. Relator ainda lembrou o entendimento do STF sobre a LC n. 135/2010 — **"Lei da Ficha Limpa"** —, que considerou constitucional a hipótese de inelegibilidade antes do trânsito em julgado da sentença criminal nas hipóteses nela previstas, quando proferida por órgão colegiado (cf. *item 17.4.2*).

Ainda, além de analisar o direito comparado no sentido da tese fixada, constatou-se a utilização de recursos com propósitos meramente protelatórios para o STF ou o STJ, buscando a configuração da prescrição da pretensão punitiva ou executória e, assim, a necessidade de **ponderar o princípio da presunção de inocência à luz da efetividade da função jurisdicional penal**.

Finalmente, em situações excepcionais, sustentou-se, conforme já se mencionou, a possibilidade de requerer o efeito suspensivo aos recursos, procurando suspender a execução provisória da pena, bem como a impetração de *habeas corpus*, objetivando corrigir eventual violação a direitos do acusado.

O Min. Barroso, por sua vez, em seu voto proferido no **HC 126.292** (fls. 27-54), justificou a prisão antes do trânsito em julgado levando em consideração três **fundamentos jurídicos**:

- **culpabilidade x prisão:** "a Constituição brasileira não condiciona a prisão — mas sim a culpabilidade — ao trânsito em julgado da sentença penal condenatória. O pressuposto para a privação de liberdade é a **ordem escrita e fundamentada da autoridade judiciária competente**, e não sua irrecorribilidade. Leitura sistemática dos incisos **LVII** e **LXI** do art. 5.º da Carta de 1988";
- **ponderação do princípio da presunção de inocência com outros princípios constitucionais colidentes:** "a presunção de inocência é princípio (e não regra) e, como tal, pode ser aplicada com maior ou menor intensidade, quando ponderada com outros princípios ou bens jurídicos constitucionais colidentes. No caso específico da condenação em segundo grau de jurisdição, na medida em que já houve demonstração segura da responsabilidade penal do réu e finalizou-se a apreciação de fatos e provas, o princípio da presunção de inocência adquire menor peso ao ser ponderado com o interesse constitucional na efetividade da lei penal (CF/1988, arts. 5.º, *caput* e LXXVIII e 144)";
- **esgotamento das instâncias ordinárias:** "com o acórdão penal condenatório proferido em grau de apelação esgotam-se as instâncias ordinárias e a execução da pena passa a constituir, em regra, exigência de ordem pública, necessária para assegurar a credibilidade do Poder Judiciário e do sistema penal. A mesma lógica se aplica ao julgamento por órgão colegiado, nos casos de foro por prerrogativa".

136 Voto do Min. Relator Teori Zavascki no **HC 126.292**, fls. 8-9. Observamos que o art. 27, § 2.º, da Lei n. 8.038/90 foi revogado pelo **CPC/2015**, que continua prescrevendo a regra no sentido de que o recurso especial e o extraordinário são dotados de efeito meramente devolutivo e não suspensivo, apesar de ser expressamente possível a concessão deste último na forma do art. 1.029, § 5.º.

Barroso, ainda, destacou **três fundamentos pragmáticos** a reforçar a tese da possibilidade de execução da pena após a condenação em segundo grau:

- "permite tornar o sistema de justiça criminal mais funcional e equilibrado, na medida em que coíbe a infindável interposição de recursos protelatórios e favorece a valorização da jurisdição criminal ordinária;
- diminui o grau de seletividade do sistema punitivo brasileiro, tornando-o mais republicano e igualitário, bem como reduz os incentivos à criminalidade de colarinho branco, decorrente do mínimo risco de cumprimento efetivo da pena; e
- promove a quebra do paradigma da impunidade do sistema criminal, ao evitar que a necessidade de aguardar o trânsito em julgado do recurso extraordinário e do recurso especial impeça a aplicação da pena (pela prescrição) ou cause enorme distanciamento temporal entre a prática do delito e a punição, sendo certo que tais recursos têm ínfimo índice de acolhimento".

Referida tese vencedora no **HC 126.292** foi confirmada no julgamento de **medida cautelar** nas **ADCs 43** e **44**, nas quais se requeria a declaração de constitucionalidade do **art. 283 do CPP**, que tinha a seguinte redação dada pela Lei n. 12.403/2011 (antes da alteração trazida pelo Pacote Anticrime): "ninguém poderá ser preso senão em flagrante delito ou por ordem escrita e fundamentada da autoridade judiciária competente, **em decorrência de sentença condenatória transitada em julgado** ou, no curso da investigação ou do processo, em virtude de prisão temporária ou prisão preventiva".

Basicamente, toda a linha de argumentação exposta no HC 126.292 foi mantida na apreciação da medida cautelar.

O Min. Barroso explicitou que a presunção de inocência é princípio e não regra, podendo, então, ser ponderada com outros princípios e valores previstos na Constituição, destacando-se a tensão entre o **direito à liberdade** e a **pretensão punitiva do Estado**. "O peso da presunção da inocência ou não culpabilidade, após a condenação em segundo grau de jurisdição, fica muito mais leve, muito menos relevante, em contraste com o peso do interesse estatal de que os culpados cumpram pena em tempo razoável. Desse modo, o estado de inocência vai-se esvaindo à medida que a condenação se vai confirmando" (*Inf. 842/STF*).

A argumentação no sentido de que nas instâncias extraordinárias não se discutem fatos e provas foi retomada, destacando-se a necessidade de demonstração da **repercussão geral das questões constitucionais** debatidas no recurso extraordinário (art. 102, § 3.º, CF/88).

Assim, por maioria, vencidos os Ministros Marco Aurélio (Relator), Rosa Weber, Lewandowski e Celso de Mello, que deferiam a medida cautelar para só admitir a prisão depois do trânsito em julgado, e em parte o Min. Dias Toffoli, que acolhia o pedido sucessivo para determinar a suspensão de execução provisória da pena de réu cuja culpa estivesse sendo analisada pelo STJ, os outros 6 Ministros indeferiram a medida cautelar, dando interpretação conforme à Constituição ao art. 283 do CPP, para **permitir a execução provisória da pena depois da decisão condenatória de**

segundo grau e antes do trânsito em julgado da sentença, salvo atribuição expressa de efeito suspensivo ao recurso cabível (**ADCs 43** e **44**, medida cautelar, j. 05.10.2016, *DJE* de 07.03.2018).

Conforme ficou estabelecido na ementa do acórdão relatado pelo Min. Edson Fachin, "no âmbito criminal, a possibilidade de atribuição de efeito suspensivo aos recursos extraordinário e especial detém caráter excepcional **(art. 995 e art. 1.029, § 5.º, ambos do CPC c/c art. 3.º e 637 do CPP)**, normativa compatível com a regra do art. 5.º, LVII, da Constituição da República. Efetivamente, o acesso individual às instâncias extraordinárias visa a propiciar a esta Suprema Corte e ao Superior Tribunal de Justiça exercer seus papéis de estabilizadores, uniformizadores e pacificadores da interpretação das normas constitucionais e do direito infraconstitucional. **Inexiste antinomia entre a especial regra que confere eficácia imediata aos acórdãos somente atacáveis pela via dos recursos excepcionais e a disposição geral que exige o trânsito em julgado como pressuposto para a produção de efeitos da prisão decorrente de sentença condenatória a que alude o art. 283 do CPP**" (ADCs 43 e 44).

Nesse sentido, em 10.11.2016, o STF, por 6 x 4, em **Plenário virtual**, entendeu, no julgamento do **ARE 964.246**, estar diante de reafirmação da jurisprudência (HC 126.292 e ADCs 43 e 44) e, ao apreciar o *tema 925* da repercussão geral, estabeleceu a seguinte tese: "a execução provisória de acórdão penal condenatório proferido em grau recursal, ainda que sujeito a recurso especial ou extraordinário, não compromete o princípio constitucional da presunção de inocência afirmado pelo artigo 5.º, inciso LVII, da Constituição Federal" (*DJE* de 25.11.2016).

A crítica que fizemos na 21.ª edição deste nosso trabalho em relação ao julgamento em plenário virtual (no sentido de inexistir entendimento prevalecente no STF a justificar o plenário virtual) deixou de ter sentido, pois, em julgamento de ampla repercussão envolvendo o ex-Presidente da República Lula, agora em **Plenário físico** e não virtual, o **STF**, por **6 x 5** (vencidos, em menor extensão, os Mins. Gilmar Mendes e Dias Toffoli no sentido de se aguardar a decisão do STJ, e, em maior extensão, os Mins. Ricardo Lewandowski, Marco Aurélio e Celso de Mello, concedendo a ordem para impedir a prisão antes do trânsito em julgado da sentença penal condenatória), **manteve o entendimento firmado nos precedentes anteriores** (HC 126.292, ADCs 43 e 44 — medida cautelar e ARE 964.246), negando o *habeas corpus* e permitindo, então, a execução provisória de acórdão penal condenatório proferido em segundo grau de jurisdição, ainda que sujeito a recurso especial ou extraordinário, entendendo não haver comprometimento do princípio constitucional da presunção de inocência afirmado pelo art. 5.º, LVII, da Constituição Federal (**HC 152.752**, j. 05.04.2018).

Avançando a evolução jurisprudencial, o STF alterou novamente o seu entendimento no julgamento de mérito das ações declaratórias.

Em relação à necessidade do trânsito em julgado, destacamos a ampla discussão do tema pela Corte e, depois de idas e vindas, em votação novamente apertada, a expressa declaração de **constitucionalidade** do **art. 283, CPP**, à luz do **art. 5.º, LVII, CF/88**, no sentido de não se admitir a execução provisória de acórdão penal condenatório proferido em grau recursal, ainda que sujeito a recurso especial ou extraordinário (**ADCs 43, 44 e 54**, Pleno, 6 x 5, j. 07.11.2019, *DJE* de 12.11.2020).

Na linha da **tese vencedora**, o Min. Celso de Mello julgou procedentes os pedidos deduzidos nas referidas ações declaratórias de constitucionalidade, "reafirmando, assim, no que concerne à interpretação do art. 283 do CPP, na redação dada pela Lei n. 12.403/2011, a tese segundo a qual a execução provisória (ou prematura) da sentença penal condenatória (...) revela-se frontalmente incompatível com o direito fundamental do réu de ser presumido inocente até que sobrevenha o **trânsito em julgado de sua condenação criminal**, tal como expressamente assegurado pela própria Constituição da República (CF, art. 5.º, LVII)".

A nova redação dada pelo Pacote Anticrime ao art. 283 reforça o entendimento da Corte:

REDAÇÃO DADA PELA LEI N. 12.403/2011	REDAÇÃO DADA PELA LEI N. 13.964/2019
Art. 283. Ninguém poderá ser preso senão em flagrante delito ou por ordem escrita e fundamentada da autoridade judiciária competente, em decorrência de sentença condenatória transitada em julgado ou, no curso da investigação ou do processo, em virtude de prisão temporária ou prisão preventiva.	Art. 283. Ninguém poderá ser preso senão em flagrante delito ou por ordem escrita e fundamentada da autoridade judiciária competente, em decorrência de **prisão cautelar** ou **em virtude de condenação criminal transitada em julgado.**

Vejamos, agora, a evolução da jurisprudência da Corte:

PRECEDENTES	DATA DO JULGAMENTO	PLACAR	É cabível a execução provisória de acórdão penal condenatório ainda que sujeito a REsp e RE?
▪ **HC 68.726** — *leading case*	▪ 28.06.1991	▪ 8 x 0	▪ SIM
▪ **HC 84.078** — viragem jurisprudencial	▪ 05.02.2009	▪ 7 x 4	▪ NÃO
▪ **HC 126.292** — depois de 7 anos, restabeleceu-se o entendimento anterior	▪ 17.02.2016	▪ 7 x 4	▪ SIM
▪ **ADCs 43 e 44** — medida cautelar	▪ 05.10.2016	▪ 6 x 5	▪ SIM
▪ **ARE 964.246**	▪ 10.11.2016	▪ 6 x 4	▪ SIM
▪ **HC 152.752** — caso "Lula"	▪ 05.04.2018	▪ 6 x 5	▪ SIM
▪ **ADCs 43, 44 e 54** — nova viragem jurisprudencial	▪ 07.11.2019	▪ 6 x 5	▪ NÃO

A partir dessa nova viragem jurisprudencial, a regra prevista no art. 116, III, do CP, introduzida pelo Pacote Anticrime, que traz mais uma causa de suspensão da prescrição, mostra-se, apesar de tímida, bem-vinda. Entendemos tímida pois ela se **limita** à hipótese de inadmissibilidade dos recursos.

Em 28.10.2019, e veja que, em data anterior ao julgamento das ADCs, que ocorreu em 07.11.2019, o Min. Dias Toffoli encaminhou ao Congresso Nacional (Ofício n. 407/2019-CD e Ofício n. 408/2019-SF) **sugestão de alteração legislativa do CP** no sentido de se impedir o transcurso do prazo prescricional "enquanto pendente de julgamento os recursos especial ou extraordinário ou os respectivos agravos em recurso especial ou extraordinário", sem a limitação de serem ou não admitidos os recursos (regra restritiva que vingou no Pacote Anticrime).

Outro ponto a ser observado é o **movimento de reversão legislativa** (ativismo congressual), buscando superar a apertada decisão final do STF, seja por alteração legislativa (PLS 166/2018), seja por alteração da Constituição (PEC 199/2019-CF), para se admitir a execução da pena após decisão do Tribunal (cf. aprofundamento do tema no vídeo na plataforma *on-line* no início deste item) (pendente).

Finalmente, lembramos que o **Pacote Anticrime**, nas hipóteses de competência do **Tribunal do Júri**, admite a **execução provisória da pena** como regra no caso de condenação a uma **pena igual ou superior a 15 anos de reclusão** (art. 492, I, "e", CPP), destacando-se as exceções estabelecidas no art. 492, §§ 3.º ao 6.º, CPP.

■ 14.10.28.7. *Regras sobre a prisão (art. 5.º, LXI, LXV, LXVI, LXVII)*

- **prisão:** somente em flagrante delito ou por ordem escrita e fundamentada de autoridade judiciária competente, salvo nos casos de transgressão militar ou crime propriamente militar, definidos em lei (art. 5.º, LXI);

Portanto, como regra geral, a prisão ou será em flagrante delito ou dependerá de ordem escrita e fundamentada de autoridade **judiciária** competente.

Existem exceções a essa regra geral para a hipótese de prisão?

Sim. Duas estão indicadas no próprio art. 5.º, LXI, e uma terceira no art. 136, § 3.º, I, II e III. Sustentamos que, por se tratar de direito e garantia fundamental, o afastamento da regra geral só poderia mesmo ter sido introduzido pelo constituinte originário, que estabeleceu 3 exceções, quais sejam, os casos **definidos em lei** de **transgressão militar**[137] ou **crime propriamente militar** e a hipótese de determinação da **prisão por crime contra o Estado**, determinada pelo **executor da medida** durante a vigência do estado de defesa.

Nesse caso (art. 136, § 3.º, I), a **prisão por crime contra o Estado** será **comunicada imediatamente pelo executor da medida ao juiz competente**, que a relaxará, se não for legal, facultado ao preso requerer exame de corpo de delito à autoridade policial. A Constituição deixa claro, ainda, que a prisão ou detenção de qualquer pessoa nessa hipótese não poderá ser superior a dez dias, salvo quando autorizada pelo Poder Judiciário.

---

[137] Lembramos que a Lei n. 13.967/2019 alterou o art. 18 do Decreto-Lei n. 667/69, para **extinguir a pena de prisão disciplinar** para as polícias militares e os corpos de bombeiros militares dos Estados, dos Territórios e do Distrito Federal. Por outro lado, a prisão disciplinar no âmbito das Forças Armadas ainda persiste (cf. discussão no *item 13.7.10*).

- **prisão ilegal:** será imediatamente **relaxada** pela autoridade judiciária;
- **admissão pela lei de liberdade provisória, com ou sem fiança:** ninguém será levado à prisão ou nela mantido;
- **prisão civil:** não é admitida, salvo a do responsável pelo *inadimplemento voluntário e inescusável de obrigação alimentícia* e a do *depositário infiel*.

CUIDADO: em relação à prisão civil e conforme já estudamos (*item 9.14.5.2.3*), o STF entendeu que **não cabe mais a prisão do depositário infiel**.

Por 5 x 4, em **03.12.2008**, no julgamento do **RE 466.343**, o STF decidiu que os tratados e convenções internacionais sobre direitos humanos, se não incorporados na forma do art. 5.º, § 3.º (quando teriam natureza de norma constitucional), têm natureza de normas **supralegais**, paralisando, assim, a eficácia de todo o ordenamento infraconstitucional em sentido contrário.

Como se sabe, o Brasil é signatário de tratados internacionais que não mais estabelecem prisão do depositário infiel.

Sobre o tema, decidiu o Min. Gilmar Mendes, "... **a previsão constitucional da prisão civil do depositário infiel** (art. 5.º, inciso LXVII, que ainda persiste, acrescente-se) **não foi revogada** pela ratificação do Pacto Internacional dos Direitos Civis e Políticos (art. 11) e da Convenção Americana sobre Direitos Humanos — Pacto de San José da Costa Rica (art. 7.º, 7), **mas deixou de ter aplicabilidade diante do efeito paralisante desses tratados em relação à legislação infraconstitucional que disciplina a matéria**, incluídos o art. 1.287 do Código Civil de 1916 (e agora o Novo CC, acrescente-se) e o Decreto-lei n. 911, de 1.º de outubro de 1969" (*Inf. 449/STF*).

Pondo fim a qualquer discussão, o STF editou a **SV 25/2009**: "é **ilícita** a prisão civil de depositário infiel, qualquer que seja a modalidade do depósito".

■ 14.10.28.8. Audiências de custódia ou de apresentação

As chamadas **"audiências de custódia"** (ou de **apresentação**) caracterizam-se como procedimento pelo qual toda pessoa presa em flagrante delito, independentemente da motivação ou natureza do ato, seja obrigatoriamente apresentada, em até 24 horas da comunicação do flagrante, à autoridade judicial competente, e ouvida sobre as circunstâncias em que se realizou sua prisão ou apreensão.

A previsão no direito brasileiro encontra-se no **art. 7.º, item 5**, da **Convenção Americana sobre Direitos Humanos** (*Pacto de São José da Costa Rica*), promulgada pelo Decreto n. 678/92, nos seguintes termos: "toda pessoa presa, detida ou retida deve ser conduzida, **sem demora**, à presença de um juiz ou outra autoridade autorizada por lei a exercer funções judiciais e tem o direito de ser julgada em prazo razoável ou de ser posta em liberdade, sem prejuízo de que prossiga o processo. Sua liberdade pode ser condicionada a garantias que assegurem o seu comparecimento em juízo".

Como vigora no STF o entendimento de que os tratados e convenções internacionais de direitos humanos incorporados sem as formalidades do art. 5.º, § 3.º, têm natureza de **supralegalidade**, toda eventual legislação em sentido contrário encontra-se com a sua eficácia paralisada.

A garantia constitucional do *habeas corpus*, intimamente ligada à liberdade de locomoção e prevista no CPP, seria outro fundamento normativo. Conforme afirmou o Min. Fux, "*o habeas corpus ad subjiciendum*, em sua origem remota, consistia na determinação do juiz de apresentação do preso para aferição da legalidade da sua prisão, o que ainda se faz presente na legislação processual penal **(art. 656 do CPP)**".

Nesse contexto, o Provimento Conjunto n. 3/2015 do TJ e da Corregedoria Geral da Justiça do Estado de São Paulo estabeleceu a sua necessidade, tendo sido questionado pela ADEPOL Brasil no STF.

A Corte, então, no julgamento da **ADI 5.240**, entendeu que o direito convencional de apresentação do preso ao juiz, assim como o art. 656 do CPP, regulamentam a matéria, e, portanto, o provimento citado não inova, mas, simplesmente, regulamenta o Pacto de São José da Costa Rica e o Código de Processo Penal (j. 20.08.2015, *DJE* de 1.º.02.2016).

O **"Projeto Audiência de Custódia"** foi implantado em **fevereiro de 2015** por iniciativa do Presidente do CNJ e do STF, Min. Ricardo Lewandowski, e, conforme noticiado, com a sua adoção em todos os Estados brasileiros e na Justiça Federal, o "país já economizou R$ 4 bilhões, levando em conta as mais de 40 mil pessoas que não foram indevidamente recolhidas à prisão e os 68 presídios que deixaram de ser construídos para abrigar a população carcerária que vinha crescendo de forma exponencial. A expectativa é que a economia anual chegue a R$ 13,9 bilhões", além, naturalmente, da proteção dos direitos fundamentais das pessoas submetidas a prisões (cf. *Notícias STF* de 13.07.2016).

Em um primeiro momento, cabe anotar a regulamentação do instituto pela **Res. n. 213/2015 do CNJ** (que entrou em vigor em 1.º.02.2016), enquanto pendente a discussão do **PLS n. 554/2011** no Senado Federal.

Referido projeto de lei foi absorvido pelo substitutivo do chamado Pacote Anticrime, que, em sua proposta original, não tratava da audiência de custódia.

Aprovada, a **Lei n. 13.964/2019** fez a previsão da **audiência de custódia** em dois momentos: arts. 287 e 310, ambos do CPP, nos seguintes termos:

- **art. 287, CPP:** "se a infração for inafiançável, a falta de exibição do mandado não obstará a prisão, e o preso, em tal caso, será **imediatamente apresentado** ao juiz que tiver expedido o mandado, para a **realização de audiência de custódia**;
- **art. 310, CPP:** "após receber o auto de prisão em flagrante, no prazo máximo de até 24 horas após a realização da prisão, o juiz deverá promover **audiência de custódia** com a presença do acusado, seu advogado constituído ou membro da Defensoria Pública e o membro do Ministério Público, e, nessa audiência, o juiz deverá, fundamentadamente: I — relaxar a prisão ilegal; ou II — converter a prisão em flagrante em preventiva, quando presentes os requisitos constantes do art. 312 deste Código, e se revelarem inadequadas ou insuficientes as medidas cautelares diversas da prisão; ou III — conceder liberdade provisória, com ou sem fiança".

Além das regras introduzidas pela Lei n. 13.964/2019 nos §§ 1.º a 3.º, o art. 310, § 4.º, estabeleceu situação de ilegalidade da prisão: "transcorridas **24 horas** após o decurso do prazo estabelecido no *caput* deste artigo, **a não realização de audiência de custódia sem motivação idônea ensejará** também a **ilegalidade da prisão**, a ser relaxada pela autoridade competente, sem prejuízo da possibilidade de imediata decretação de prisão preventiva".

O Min. Fux, contudo, concedeu medida cautelar requerida para suspender a eficácia do artigo 310, § 4.°, do CPP, na redação introduzida pela Lei n. 13.964/2019, no julgamento da **ADI 6.305**, ajuizada pela CONAMP (**j. 22.01.2020** – pendente a ratificação da liminar pelo Pleno, assim como o julgamento de mérito), apresentando os seguintes argumentos:

- **não razoabilidade da ilegalidade da prisão se não realizada a audiência de custódia no prazo de 24hs:** "esse ponto desconsidera dificuldades práticas locais de várias regiões do país, especialmente na região Norte, bem como dificuldades logísticas decorrentes de operações policiais de considerável porte, que muitas vezes incluem grande número de cidadãos residentes em diferentes estados do país. A categoria aberta 'motivação idônea', que excepciona a ilegalidade da prisão, é demasiadamente abstrata e não fornece baliza interpretativa segura aos magistrados para a aplicação do dispositivo".

■ *14.10.28.9. Identificação criminal (art. 5.°, LVIII)*

O civilmente identificado **não** será submetido a identificação criminal (pelo processo datiloscópico, se possível, e pela juntada aos autos da folha de antecedentes — art. 6.°, VIII, do CPP), salvo nas hipóteses previstas em lei (art. 5.°, LVIII). Nesse sentido, acompanhamos a posição do Professor Damásio, que entende que a Súmula 568 do STF foi cancelada, só se procedendo à identificação criminal se não tiver sido realizada a civil, ou em casos excepcionais, como a falta de apresentação do documento, rasuras, indícios de falsificação etc.[138]

A **Lei n. 12.037, de 1.°.10.2009**, que regulamentou a matéria, abarcando a regra geral da **não identificação criminal** (processo datiloscópico e fotográfico) do civilmente identificado, alinhou as hipóteses em que, mesmo ao civilmente identificado, se procederá à identificação criminal. Isso ocorrerá, segundo a lei, de acordo com seu art. 3.°, quando:

- o documento apresentar rasura ou tiver indício de falsificação;
- o documento apresentado for insuficiente para identificar cabalmente o indiciado;
- o indiciado portar documentos de identidade distintos, com informações conflitantes entre si;
- a identificação criminal for essencial às investigações policiais, segundo despacho da autoridade judiciária competente, que decidirá de ofício ou mediante representação da autoridade policial, do Ministério Público ou da defesa;

[138] Damásio E. de Jesus, *Código de Processo Penal anotado*, p. 10, comentário ao art. 6.°, VIII.

- constar de registros policiais o uso de outros nomes ou diferentes qualificações;
- o estado de conservação ou a distância temporal ou da localidade da expedição do documento apresentado impossibilite a completa identificação dos caracteres essenciais.

Para as provas de penal e processo penal, os candidatos deverão estudar as novidades trazidas pelo Pacote Anticrime nos arts. 7.º-A e 7.º-C da lei.

14.10.28.10. *Ação penal privada subsidiária da pública (art. 5.º, LIX)*

A ação penal pública é **privativa** do Ministério Público (art. 129, I). Trata-se de princípio **absoluto**. No entanto, havendo **inércia** do Ministério Público (seja pelo não oferecimento de denúncia, seja pelo não requerimento de arquivamento do inquérito policial, ou mesmo pela falta de requisição de novas diligências no prazo legal), será admitida ação privada, porém sem retirar o caráter de privatividade da ação penal pública do Ministério Público (*vide* arts. 5.º, LIX, da CF e 29 do CPP. Cf., ainda, Inq. 172-SP — *RTJ* 112/474; HC 67.502-RJ — *RTJ* 130/1084; HC 74.276-RS e *Inf. 43/STF*, 1996).

Evocando os princípios da **dignidade da pessoa humana** (art. 1.º, III), da **igualdade substancial** (art. 5.º, I), do **dever da lei de punir qualquer discriminação atentatória dos direitos e liberdades fundamentais** (art. 5.º, XLI), bem como a regra do art. 226, § 8.º, da CF/88, segundo a qual o Estado assegurará a assistência a família na pessoa de cada um dos que a integram, criando **mecanismos para coibir a violência no âmbito de suas relações**, o STF, dando interpretação conforme a Constituição aos arts. 12, I, e 16 da Lei n. 11.340/2006 (*Lei Maria da Penha*), estabeleceu que a ação penal para a apuração dos delitos de lesão corporal leve e culposa domésticos contra a mulher **independem de representação da vítima**. Trata-se, portanto, de **ação penal pública incondicionada** (cf. **ADC 19** e **ADI 4.424**, Rel. Min. Marco Aurélio, j. 09.02.2012, Plenário, *Inf. 654/STF*, bem como *item 19.9.5*).

14.10.29. Devido processo legal, contraditório e ampla defesa (art. 5.º, LIV e LV)

14.10.29.1. *Aspectos gerais*

Ninguém será privado da liberdade ou de seus bens sem o devido processo legal. Corolário a esse princípio, asseguram-se aos litigantes, em processo judicial ou administrativo, e aos acusados em geral o contraditório e ampla defesa, com os meios e recursos a ela inerentes.

Em razão do objetivo deste nosso estudo, destacamos as súmulas vinculantes já editadas pelo STF em relação ao tema:

- **SV 3/STF:** "nos processos perante o Tribunal de Contas da União asseguram-se o contraditório e a ampla defesa quando da decisão puder resultar anulação ou revogação de ato administrativo que beneficie o interessado, excetuada a apreciação da legalidade do ato de concessão inicial de aposentadoria, reforma e pensão".
- **SV 5/STF:** "a falta de defesa técnica por advogado no processo administrativo disciplinar não ofende a Constituição" (mantida por 6 x 5 após proposta de can-

celamento apresentada pelo Conselho Federal da OAB — *PSV 58*, j. 30.11.2016 — cf. *item 12.4.1.6*).

■ **SV 14/STF:** "é direito do defensor, no interesse do representado, ter acesso amplo aos elementos de prova que, já documentados em procedimento investigatório realizado por órgão com competência de polícia judiciária, digam respeito ao exercício do direito de defesa".

Esse entendimento, em nosso entender, deve ser ampliado em razão da alteração do art. 7.º, XIV, do Estatuto da Advocacia pela **Lei n. 13.245/2016**, ao afirmar que entre os direitos dos advogados está o de examinar, **em qualquer instituição responsável por conduzir investigação**, e não apenas em órgão com competência de polícia judiciária, os **autos de flagrante** e de **investigações de qualquer natureza**, findos ou em andamento, ainda que conclusos à autoridade, podendo copiar peças e tomar apontamentos, em meio físico ou digital.

■ **SV 21/STF:** "é inconstitucional a exigência de depósito ou arrolamento prévios de dinheiro ou bens para admissibilidade de recurso administrativo".

■ **SV 28/STF:** "é inconstitucional a exigência de depósito prévio como requisito de admissibilidade de ação judicial na qual se pretenda discutir a exigibilidade de crédito tributário". Referido depósito prévio, além de violar o art. 5.º, LV, afrontaria, também, o art. 5.º, XXXV, que trata do princípio da inafastabilidade.

E como esses princípios devem ser analisados no inquérito policial?

Referido procedimento não caracteriza, ainda, a acusação. Fala-se em **indiciado**, já que o inquérito policial é mero **procedimento administrativo** que busca colher provas sobre o fato infringente da norma e sua autoria.

Como se observa, o inquérito policial é definido como um *procedimento* administrativo e não um *processo* administrativo, não se destinando a decidir nenhum litígio. Por esse motivo, por sua natureza e finalidade, a sua **natureza inquisitiva**.

Nesse sentido, destaca-se a jurisprudência do STF: "o inquérito policial é peça meramente informativa, não suscetível de contraditório, e sua eventual irregularidade não é motivo para decretação de nulidade da ação penal" (**HC 83.233**, Rel. Min. Nelson Jobim, j. 04.11.2003, 2.ª T. Em igual sentido: HC 99.936, j. 24.11.2009, 2.ª T.).

Contudo, conforme anotaram Bechara e Campos, "muito embora não se fale na incidência do princípio durante o inquérito policial, é possível visualizar alguns atos típicos de contraditório, os quais não afetam a natureza inquisitiva do procedimento. Por exemplo, o interrogatório policial e a nota de culpa durante a lavratura do auto de prisão em flagrante".[139]

Destaca-se, então, interessante entendimento da Corte: "inaplicabilidade da garantia constitucional do contraditório e da ampla defesa ao inquérito policial, que não é processo, porque não destinado a decidir litígio algum, ainda que na esfera administrativa; existência, não obstante, de **direitos fundamentais do indiciado** no curso do inquérito, entre os quais o de fazer-se assistir por advogado, o de não se incrimi-

[139] Fábio Ramazzini Bechara, Pedro Franco de Campos, Princípios constitucionais..., cit.

nar e o de manter-se em silêncio (HC 82.354, Rel. Min. Sepúlveda Pertence, j. 10.08.2004, 1.ª T. Cf., também, RE 481.955-AgR, rel. Min. Cármen Lúcia, j. 10.05.2011, 1.ª T.).

Essa preocupação foi observada pelo legislador, que, ao acrescentar o inciso XXI ao art. 7.º do Estatuto da Advocacia pela Lei n. 13.245/2016, assegurou, entre os **direitos dos advogados**, o de **assistir** seus clientes investigados durante a apuração de infrações, sob pena de nulidade absoluta do respectivo interrogatório ou depoimento e, subsequentemente, de todos os elementos investigatórios e probatórios dele decorrentes ou derivados, direta ou indiretamente, podendo, inclusive, no curso da respectiva apuração, apresentar razões e quesitos.

Finalmente, pelo exposto, conforme tem entendido o STF, "ofende a garantia constitucional do contraditório fundar-se a condenação exclusivamente em elementos informativos do inquérito policial não ratificados em juízo" (*Inf. 366/STF*, HC 84.517/SP, Rel. Min. Sepúlveda Pertence, j. 19.10.2004. Precedentes citados: HC 74.368/MG, *DJU* de 28.11.1997, e HC 81.171/DF, *DJU* de 07.03.2003).

■ *14.10.29.2. Interrogatório por videoconferência (on-line)*

A possibilidade de se implementar o interrogatório por videoconferência está relacionada à aplicação do princípio da proporcionalidade a resolver a colisão entre dois direitos fundamentais, quais sejam, a **ampla defesa e o direito de presença**, de um lado, e a **segurança e ordem pública**, a ensejar a **eficiência**, de outro.

Nessa linha, "o que deve autorizar o uso da técnica, contudo, é o fundado receio de comprometimento da eficiência do processo, seja por razões de segurança ou ordem pública, seja porque o processo guarda certa complexidade, e a participação à distância resulte necessária para evitar o atraso no seu andamento".[140]

O STJ havia pacificado entendimento pela aceitação do interrogatório on-line: "Recurso ordinário em *habeas corpus*. Processual penal. Interrogatório realizado por meio de sistema de **videoconferência** ou **teleaudiência** em *real time*. Cerceamento de defesa. Nulidade, para cujo reconhecimento faz-se necessária a ocorrência de efetivo prejuízo, não demonstrado, no caso" (RHC 15.558/SP, 5.ª Turma, Rel. Min. José Arnaldo da Fonseca, *DJ* de 11.10.2004. Nesse sentido, cf. STJ, RHC 6.272/SP, *RT* 742/579, e RHC 8.742-SP).

No Estado de São Paulo, a **Lei n. 11.819/2005** dispunha sobre a implantação de aparelhos de videoconferência para interrogatório e audiências de presos a distância. Essa lei foi declarada **inconstitucional** no julgamento do **HC 90.900**, por entender o STF a caracterização de vício formal orgânico, pois, no caso, a competência para legislar sobre processo (e não se trata de procedimento segundo a maioria da Corte) é do Congresso Nacional, por lei federal — art. 22, I (e não 24, XI).

Atualmente, a matéria está regulamentada na **Lei n. 11.900/2009**, pela qual o interrogatório do réu preso por sistema de **videoconferência** ou **outro recurso tecnológico de transmissão de sons e imagens em tempo real** passa a ser a **exceção**,

[140] Fábio Ramazzini Bechara, Pedro Franco de Campos, Princípios constitucionais..., cit.

podendo ser realizado pelo juiz, por decisão fundamentada, de ofício ou a requerimento das partes e desde que a medida seja necessária para atender a uma das seguintes finalidades:

- prevenir risco à segurança pública, quando exista fundada suspeita de que o preso integre organização criminosa ou de que, por outra razão, possa fugir durante o deslocamento;
- viabilizar a participação do réu no referido ato processual quando haja relevante dificuldade para seu comparecimento em juízo, por enfermidade ou outra circunstância pessoal;
- impedir a influência do réu no ânimo de testemunha ou da vítima, desde que não seja possível colher o depoimento destas por videoconferência, nos termos do art. 217 do Código de Processo Penal;
- responder a gravíssima questão de ordem pública.

Segundo o Deputado Otávio Leite (PSDB-RJ), o projeto, agora convertido na citada Lei n. 11.900/2009, vai representar uma **economia anual da ordem de R$ 1 bilhão aos cofres públicos**. "Em São Paulo, a média de gastos por semana é de R$ 17 milhões. Se formos transferir esses gastos, a nação gasta R$ 1,5 bilhão em recursos humanos e materiais só para a remoção de presos..." (*Folha Online*, 09.12.2008 — 20h49).

Resta aguardar como o STF se posicionará sobre a matéria, que, em nosso entender, mostra-se **adequada** e dentro da **realidade da sociedade moderna**, sendo, ainda, a nova sistemática prevista como **exceção** à regra geral, que assegura o direito de audiência e de presença (participação) (pendente).

Não se discute mais o vício formal, pois, de modo acertado, agora se trata de lei federal. O que poderia ser levantado como tese de defesa seria eventual vício material, no sentido de violação ao direito de presença/participação, como desdobramento do contraditório e da ampla defesa, na linha do que ficou estabelecido pelo STF no julgamento do **HC 88.914** (j. 14.08.2007) e abaixo graficamente representado.

Deixamos a observação final de incentivo da audiência por videoconferência nas hipóteses do art. 52 da LEP, trazida pelo Pacote Anticrime:

"Art. 52. A prática de fato previsto como crime doloso constitui falta grave e, quando ocasionar subversão da ordem ou disciplina internas, sujeitará o preso provisório, ou condenado, nacional ou estrangeiro, sem prejuízo da sanção penal, ao regime disciplinar diferenciado, com as seguintes características: VII — participação em audiências judiciais **preferencialmente por videoconferência**, garantindo-se a participação do defensor no mesmo ambiente do preso."

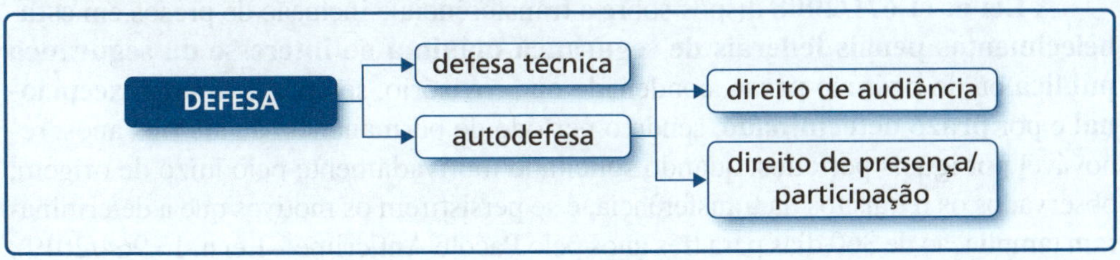

■ 14.10.29.3. *A investigação criminal defensiva e as perspectivas trazidas pela Lei n. 13.432/2017 à luz do contraditório e da ampla defesa*

O tema em análise deve ser aprofundado em processo penal. Trazemos, contudo, breve provocação sobre a perspectiva de implementação da chamada **investigação criminal defensiva**, que consistiria na possibilidade de o acusado, em qualquer fase da persecução penal, inclusive na fase inquisitiva, realizar, por ato próprio, diligências investigativas, tendo por objetivo a sua defesa.

Entendemos que a concretização desse moderno instituto poderia ser extraída da perspectiva da "paridade de armas", do contraditório e da ampla defesa.

Não existe a expressa previsão do instituto no direito brasileiro. Há, contudo, a sua prescrição no *projeto de reforma do Código de Processo Penal*, nos seguintes termos (PLS 156/2009, tendo recebido na Câmara dos Deputados o n. 8.045/2010): "é facultado ao investigado, por meio de seu advogado, de defensor público ou de outros mandatários com poderes expressos, **tomar a iniciativa de identificar fontes de prova em favor de sua defesa**, podendo inclusive entrevistar pessoas" (art. 13, *caput*).

Até que seja aprovada referida proposta de reforma do CPP, entendemos que a **Lei n. 13.432/2017**, que dispôs sobre o exercício da profissão de **detetive particular** (ou **profissional**), trouxe importante avanço em relação ao tema.

De acordo com o seu art. 5.º, o **detetive particular** pode **colaborar** com **investigação policial em curso**, desde que expressamente **autorizado** pelo **contratante**, ficando o aceite da colaboração a **critério do delegado de polícia**, que poderá admiti-la ou rejeitá-la a qualquer tempo.

O texto fala apenas em "colaboração". Entendemos possível essa colaboração tanto pela vítima como pela defesa, caracterizando, então, uma modalidade de **investigação criminal defensiva**.

A lei traz algumas formalidades, como a necessidade de contrato de prestação de serviços, assim como vedações, destacando-se a **impossibilidade de o detetive particular participar diretamente de diligências policiais** (art. 10, IV).

Finalmente, pensamos, apesar da literalidade do art. 5.º, parágrafo único, da Lei n. 13.432/2017, estabelecendo a faculdade de aceite por parte do Delegado de Polícia, que a defesa poderá implementar as investigações para sua defesa, **tendo como fundamento o contraditório e a ampla defesa**.

■ 14.10.29.4. *Transferência e inclusão de presos em estabelecimentos penais federais de segurança máxima*

A **Lei n. 11.671/2008** dispôs sobre a transferência e inclusão de presos em **estabelecimentos penais federais de segurança máxima** no **interesse da segurança pública** ou do **próprio preso**, condenado ou provisório, sempre de **modo excepcional** e por **prazo determinado**, sendo o período de permanência de até três anos, renovável por iguais períodos, quando solicitado motivadamente pelo juízo de origem, observados os requisitos da transferência, e se persistirem os motivos que a determinaram (ampliação de 360 dias para três anos pelo Pacote Anticrime – Lei n. 13.964/2019).

De acordo com a lei, são **legitimados** para requerer o processo de transferência, *cujo início se dá com a admissibilidade pelo juiz da origem da necessidade da transferência do preso para estabelecimento penal federal de segurança máxima*, a **autoridade administrativa**, o **Ministério Público** e o **próprio preso**.

A admissão do preso, condenado ou provisório, dependerá de **decisão prévia e fundamentada do juízo federal competente**, após receber os autos de transferência enviados pelo juízo responsável pela execução penal ou pela prisão provisória.

A lei determina ainda, por regra, que, antes da transferência, sejam ouvidos, no prazo de 5 dias cada, quando não requerentes, a **autoridade administrativa**, o **Ministério Público** e a **defesa**, bem como o **Departamento Penitenciário Nacional (DEPEN)**, ao qual é facultado indicar o estabelecimento penal federal mais adequado.

Havendo **extrema necessidade**, contudo, o **juiz federal** poderá autorizar a **imediata transferência** do preso e, após a instrução dos autos, na forma do § 2.º, do art. 5.º, da Lei n. 11.671/2008, decidir pela manutenção ou revogação da medida adotada (art. 5.º, § 6.º).

Essa oitiva postergada, desde que fundamentada, não viola, segundo o STF, o devido processo legal, a ampla defesa, a individualização da pena e a dignidade da pessoa humana.[141]

Finalmente, cabe observar que o Pacote Anticrime — Lei n. 13.964/2019, introduziu o art. 11-A à referida Lei n. 11.671/2008, prescrevendo que as decisões relativas à transferência ou à prorrogação da permanência do preso em estabelecimento penal federal de segurança máxima, à concessão ou à denegação de benefícios prisionais ou à imposição de sanções ao preso federal poderão ser tomadas por **órgão colegiado de juízes**, na forma das normas de organização interna dos tribunais.

■ 14.10.29.5. Art. 98 do antigo Regimento Interno do CNJ: necessidade de intimação pessoal de terceiros que demonstrem interesse jurídico nos procedimentos de controle administrativo (PCAs). Correção no novo RI

O art. 98 do **antigo** *Regimento Interno do Conselho Nacional de Justiça — RICNJ* (Res. n. 2/2005) estabelecia que, em *procedimento de controle dos atos administrativos* (PCAs) praticados por membros ou órgãos do Poder Judiciário, o Relator determinaria a oitiva da autoridade que praticou o ato impugnado e, **por edital**, dos eventuais beneficiários de seus efeitos, no prazo de 15 dias.

O STF declarou, *incidentalmente*, em caso concreto, a inconstitucionalidade de referido dispositivo, que aceitava a intimação por edital, por ofender o art. 5.º, LV, da CF.

Tratava-se de MS impetrado contra ato do CNJ que havia anulado o *III Concurso das Serventias Extrajudiciais do Estado de Rondônia*. "Ressaltou-se que, veiculada a classificação dos candidatos mediante edital, os impetrantes passaram a ter situação jurídica constituída que somente poderia ser afastada, presente o regular processo administrativo, se cientificados do pleito de irresignação de certos

[141] Nesse sentido, cf. **HC 115.539**, Rel. Min. Luiz Fux, j. 03.09.2013, Plenário, *DJe* de 17.09.2013.

candidatos, para, querendo, oferecerem impugnação. Aduziu-se que, **conhecidos os beneficiários do ato**, deveria ocorrer a **ciência respectiva**, não podendo esta se verificar de **forma ficta**, ou seja, por **edital**. Esclareceu-se que os beneficiários do ato não teriam sequer conhecimento da existência do processo no CNJ, não lhes competindo acompanhar a vida administrativa deste último, inclusive o que lançado em edital cuja veiculação se mostrou estritamente interna. Assentou-se que se deveria conferir a eficácia própria ao art. 100 do *RICNJ* a preceituar a aplicabilidade, no que couber, da Lei 9.784/99 que prevê a **necessária intimação dos interessados** (artigos 3.º, II; 26, §§ 3.º e 4.º, e 28)" (**MS 25.962**, Rel. Min. Marco Aurélio, j. 23.10.2008, *Inf. 525/STF*).

Nesse sentido, de maneira interessante, o **novo** Regimento Interno do CNJ (Resolução n. 67, de 03.03.2009), em seu art. 94, dispõe que o Relator, nos PCAs, ao determinar a notificação da autoridade que praticou o ato impugnado e dos **eventuais interessados** em seus efeitos, no prazo de 15 dias, poderá estabelecer as formas e os meios de **notificação pessoal** a estes últimos, sendo a utilização do **edital** apenas quando dirigida a eventuais interessados **não identificados, desconhecidos** ou com **domicílio não informado** nos autos.

■ *14.10.29.6. Ordem de apresentação das alegações finais – direito fundamental do contraditório e ampla defesa*

O STF, por maioria de votos, decidiu que "em ações penais com réus colaboradores e não colaboradores, é direito dos delatados apresentarem as alegações finais **depois** dos réus que firmaram acordo de colaboração. Prevaleceu o entendimento de que, como os interesses são conflitantes, a concessão de prazos sucessivos, a fim de possibilitar que o delatado se manifeste por último, assegura o direito fundamental da ampla defesa e do contraditório" (*Notícias STF*, HC 166.373, j. 02.10.2019, pendente o julgamento para definição da tese de julgamento — que tem repercussão geral, para o dia 20.03.2020 — acompanhar).

■ 14.10.30. Devido processo legal substantivo ou material (arts. 5.º, LV, e 3.º, I)

Segundo ensina Olavo Ferreira, "o princípio do devido processo legal tem duas facetas: 1) formal e 2) material. Esta segunda encontra fundamento nos artigos 5.º, inciso LV, e 3.º, inciso I, da Constituição Federal. Do devido processo legal substancial ou material são extraídos os princípios da razoabilidade e proporcionalidade. Não há repercussão prática na discussão sobre a origem do princípio da razoabilidade e da proporcionalidade, considerando-se que os mesmos têm *status* constitucional, e diante de tal situação todos os atos infraconstitucionais devem com eles guardar relação de compatibilidade, sob pena de irremissível inconstitucionalidade, reconhecida no controle difuso ou concentrado ... A razoabilidade e proporcionalidade das leis e atos do Poder Público são inafastáveis, considerando-se que o Direito tem conteúdo justo".[142]

[142] O devido processo legal substantivo e o Supremo Tribunal Federal nos 15 anos da Constituição

Como parâmetro, devem ser observados três importantes requisitos:[143]

- **necessidade:** por alguns denominada **exigibilidade**, a adoção da medida que possa restringir direitos só se legitima se indispensável para o caso concreto e não se puder substituí-la por outra menos gravosa;
- **adequação:** também denominada **pertinência** ou **idoneidade**, quer significar que o meio escolhido deve atingir o objetivo perquirido;
- **proporcionalidade em sentido estrito:** em sendo a medida necessária e adequada, deve-se investigar se o ato praticado, em termos de realização do objetivo pretendido, supera a restrição a outros valores constitucionalizados. Podemos falar em máxima efetividade e mínima restrição.

14.10.31. Provas ilícitas (art. 5.º, LVI)

As provas obtidas por meios ilícitos são inadmissíveis no processo.[144] Desse princípio decorre também o de que as provas derivadas de provas obtidas por meios ilícitos também estarão maculadas pelo vício da ilicitude, sendo, portanto, inadmissíveis **(teoria dos frutos da árvore envenenada)**.

Conforme aponta Alexandre de Moraes, citando jurisprudência do STF, "a regra deve ser a inadmissibilidade das provas obtidas por meios ilícitos, que só excepcionalmente deverão ser admitidas em juízo, em respeito às liberdades públicas e ao princípio da dignidade humana na colheita de provas e na própria persecução penal do Estado".[145]

Essa convalidação da prova ilícita implementa-se em razão da legítima defesa e pode ser pensada na interceptação de uma carta de sequestrador, na gravação de uma triste e covarde cena de babá "espancando" uma criança etc.

14.10.32. Publicidade dos atos processuais e dever de motivação das decisões judiciais (arts. 5.º, LX, e 93, IX). Perspectivas do CPC/2015

Dentre vários outros instrumentos garantidores da **imparcialidade do juiz**, mesmo com o aumento de seus poderes instrutórios, está o dever de **motivar** as decisões jurisdicionais.

Federal, in André Ramos Tavares, Olavo A. V. Alves Ferreira, Pedro Lenza (coord.), in *Constituição Federal*: 15 anos: mutação e evolução, comentários e perspectivas, p. 103. Na jurisprudência do STF, cf. RE 197.917/SP, Rel. Min. Maurício Corrêa, *Inf. 341/STF*.

[143] Cf. *item 3.6.8* deste nosso estudo e art. 156, I, do *Código de Processo Penal*, introduzido pela Lei n. 11.690/2008.

[144] Mirabete divide as provas em: a) **provas ilícitas:** "... as que contrariam as normas de Direito Material, quer quanto ao meio ou quanto ao modo de obtenção"; b) **provas ilegítimas:** "... as que afrontam normas de Direito Processual, tanto na produção quanto na introdução da prova no processo". E conclui pela total inadmissibilidade, tanto no processo penal como no civil, das provas ilícitas e ilegítimas (*Processo penal*, p. 252).

[145] *Direito constitucional*, p. 116.

O art. 93, IX, da CF/88, na redação estabelecida pela **EC n. 45/2004**, determina que "todos os julgamentos dos órgãos do Poder Judiciário serão **públicos**, e **fundamentadas** todas as decisões, sob pena de **nulidade**, podendo a lei limitar a presença, em determinados atos, às próprias partes e a seus advogados, ou somente a estes, **em casos nos quais a preservação do direito à intimidade do interessado no sigilo não prejudique o interesse público à informação**".

Essa parte final do dispositivo disciplina o denominado **segredo de justiça**, que, pela *Reforma do Judiciário*, foi limitado. Isso porque o direito subjetivo das partes e advogados à intimidade somente estará garantido **se não prejudicar o interesse público à informação**.

Complementando a garantia geral do dever de motivação e publicidade das decisões, o art. 5.º, LX, da CF/88 estabelece que *a lei só poderá restringir a publicidade dos atos processuais quando a defesa da intimidade ou o interesse social o exigirem*. Assim, totalmente aceitáveis as regras fixadas, por exemplo, nos arts. 189 e 368 do CPC/2015 e 20 do CPP.

Por sua vez, o dever de motivar as decisões judiciais (cf. arts. 11, 371 e 489 do CPC/2015; CPP, art. 381, III, e o destaque para o art. 315, § 2.º, CPP, introduzido pelo Pacote Anticrime – Lei n. 13.964/2019, que reproduziu o art. 489, § 1.º, CPC/2015 etc.) deve ser entendido, numa visão moderna do direito processual, não somente como garantia das partes. Isso porque, em virtude da **função política da motivação das decisões**, pode-se afirmar que os seus destinatários "... não são apenas as partes e o juiz competente para julgar eventual recurso, mas *quisquis de populo*, com a finalidade de aferir-se em concreto a imparcialidade do juiz e a legalidade de justiça das decisões".[146]

Conforme anota Streck, a substituição da expressão "o juiz apreciará **livremente** a prova" (art. 131, CPC/73) pela "o juiz apreciará a prova" (art. 371, CPC/2015), sem a palavra "livremente", tem um significado muito grande no sentido de combate ao "voluntarismo judicial" e em busca da concretização de uma jurisprudência íntegra e coerente (art. 926, CPC/2015).[147]

O art. 489, § 1.º, CPC/2015, estabelece parâmetros mínimos e de qualidade para que a **decisão judicial** (e o texto fala em "decisão judicial", e não apenas "sentença") seja considerada fundamentada.[148]

---

[146] A. C. de A. Cintra, A. P. Grinover e C. R. Dinamarco, *Teoria geral do processo*, 12. ed., p. 69. Nesse sentido, ainda, J. C. Barbosa Moreira, A motivação das decisões judiciais como garantia inerente ao Estado de Direito, in *Temas de direito processual — 2.ª série*, p. 86 e s., e M. Taruffo, *La motivazione della sentenza civile*, p. 405 e s.

[147] Lenio Luiz Streck, Novo CPC terá mecanismos para combater decisionismos e arbitrariedades?, *Revista Consultor Jurídico*, 18.12.2014, p. 6.

[148] **Art. 489, § 1.º, CPC/2015:** "não se considera fundamentada qualquer decisão judicial, seja ela interlocutória, sentença ou acórdão, que: I — se limitar à indicação, à reprodução ou à paráfrase de ato normativo, sem explicar sua relação com a causa ou a questão decidida; II — empregar conceitos jurídicos indeterminados, sem explicar o motivo concreto de sua incidência no caso;

Conforme destacou Gonçalves, "ao indicar os elementos da sentença, o legislador foi particularmente cuidadoso quanto à exigência de **fundamentação**. No CPC de 1973, ela também é indispensável, pois se trata de exigência constitucional. Mas o § 1.º do art. 489 do CPC de 2015 enumera, em seis incisos, hipóteses em que não se considera fundamentada, não apenas a sentença, mas qualquer decisão judicial. A solução do legislador foi aqui bastante engenhosa, pois seria difícil indicar quais as exigências para que a decisão se considere fundamentada, sendo mais fácil enumerar as situações em que ela não será reputada como tal".[149]

Essas disposições introduzidas pelo CPC/2015 certamente deverão estimular a rediscussão sobre a **técnica de motivação da decisão "*per relationem*"** ou **"por remissão"** admitida pelo STF e tida como compatível com a disposição do art. 93, IX, CF/88 (cf. AI 734.689-AgR/DF, Rel. Min. Celso de Mello; ARE 657.355-AgR/SP, Rel. Min. Luiz Fux; HC 54.513/DF, Rel. Min. Moreira Alves; RE 585.932-AgR/RJ, Rel. Min. Gilmar Mendes etc.). Nesse sentido, vejamos destaque indicado pelo Min. Celso de Mello no julgamento do **MS 34.615** (j. 14.02.2017), já na vigência do CPC/2015:

> "Reveste-se de plena legitimidade jurídico-constitucional a utilização, pelo Poder Judiciário, da **técnica da motivação 'per relationem'**, que se mostra compatível com o que dispõe o art. 93, IX, da Constituição da República. A remissão feita pelo magistrado — referindo-se, expressamente, aos fundamentos (de fato e/ou de direito) que deram suporte a anterior decisão (ou, então, a pareceres do Ministério Público, ou, ainda, a informações prestadas por órgão apontado como coator) — constitui meio apto a promover a formal incorporação, ao ato decisório, da motivação a que o juiz se reportou como razão de decidir. Precedentes" (AI 825.520-AgR-ED/SP, Rel. Min. Celso de Mello).

Finalmente, encontrando total consonância com a Constituição, o art. 11 do CPC/2015, mais amplo que o art. 165 do CPC/73, estabelece a regra geral: "todos os julgamentos dos órgãos do Poder Judiciário serão **públicos**, e **fundamentadas todas as decisões, sob pena de nulidade**".

■ 14.10.33. Assistência jurídica integral e gratuita (art. 5.º, LXXIV)

O art. 5.º, LXXIV, dispõe que o Estado prestará **assistência jurídica integral** e **gratuita** aos que comprovarem insuficiência de recursos.

Esse direito e garantia fundamental instrumentaliza-se por meio da **Defensoria Pública**, instituição permanente, essencial à função jurisdicional do Estado, incum-

III — invocar motivos que se prestariam a justificar qualquer outra decisão; IV — não enfrentar todos os argumentos deduzidos no processo capazes de, em tese, infirmar a conclusão adotada pelo julgador; V — se limitar a invocar precedente ou enunciado de súmula, sem identificar seus fundamentos determinantes nem demonstrar que o caso sob julgamento se ajusta àqueles fundamentos; VI — deixar de seguir enunciado de súmula, jurisprudência ou precedente invocado pela parte, sem demonstrar a existência de distinção no caso em julgamento ou a superação do entendimento".

[149] Marcus Vinícius Rios Gonçalves, *Direito processual civil esquematizado*, 5. ed., p. 65.

bindo-lhe, como expressão e instrumento do regime democrático, fundamentalmente, a orientação jurídica, a promoção dos direitos humanos e a defesa, em todos os graus, judicial e extrajudicial, dos direitos individuais e coletivos, de forma integral e gratuita, aos necessitados, na forma do citado inciso LXXIV do art. 5.º da Constituição Federal (art. 134, *caput*, da CF/88).

A instituição é fortalecida pela **EC n. 45/2004**, que assegura às Defensorias Públicas Estaduais autonomia funcional e administrativa e fixa competência para proposta orçamentária, conforme o § 2.º, inserido no art. 134, com a seguinte redação: "às Defensorias Públicas Estaduais são asseguradas autonomia funcional e administrativa e a iniciativa de sua proposta orçamentária dentro dos limites estabelecidos na lei de diretrizes orçamentárias e subordinação ao disposto no art. 99, § 2.º".

Em igual sentido, a **EC n. 69/2012** altera os arts. 21, 22 e 48 da Constituição Federal, para transferir da União para o Distrito Federal as atribuições de organizar e manter a **Defensoria Pública do Distrito Federal**. De acordo com o art. 2.º da referida emenda constitucional, aplicam-se à Defensoria Pública do Distrito Federal os mesmos princípios e regras que, nos termos da Constituição Federal, regem as Defensorias Públicas dos Estados.

Por sua vez, a **EC n. 74/2013** determinou a aplicação do citado art. 134, § 2.º (autonomia funcional e administrativa e a iniciativa de sua proposta orçamentária), às **Defensorias Públicas da União** e do **Distrito Federal**. Assim, inovou em relação à primeira e explicitou em relação à segunda o que já havia sido assegurado pela EC n. 69/2012.

Finalmente, a **EC n. 80/2014**, de maneira impressionante e histórica, aloca a defensoria pública em **seção própria** do capítulo IV, do Título IV, da Constituição, desvinculando-a da seção que trata da advocacia privada.

Remetemos o leitor atento para o *item 12.5*, onde estudamos com maior detença o assunto. Esse tema é de fundamental importância àqueles que se concentram para concursos de Defensor Público. Vamos em frente...

14.10.34. Erro judiciário (art. 5.º, LXXV)

O Estado indenizará o condenado por erro judiciário, assim como o que ficar preso além do tempo fixado na sentença.

Prepondera o entendimento de que "o Estado não é civilmente responsável pelos atos do Poder Judiciário, senão nos casos expressamente declarados em lei" (STF, *RDA* 114/298; *RT* 150/363; *RTJ* 64/689), vale dizer, nas hipóteses prescritas no art. 49 da Lei Complementar n. 35/79,[150] no art. 133 do CPC/73[151] e no art.

[150] "Art. 49. Responderá por perdas e danos o magistrado, quando: I — no exercício de suas funções, proceder com dolo ou fraude; II — recusar, omitir ou retardar, sem justo motivo, providência que deva ordenar de ofício, ou a requerimento das partes. Parágrafo único. Reputar-se-ão verificadas as hipóteses previstas no inciso II somente depois que a parte, por intermédio do escrivão, requerer ao magistrado que determine a providência, e este não lhe atender o pedido dentro de 10 (dez) dias."

[151] Dispõe de forma idêntica ao art. 49 da LC n. 35/79, acima citado. No CPC/2015, a regra está contida no art. 143.

630 do CPP,[152] tendo sido o § 2.º deste último, na opinião deste autor, a despeito de posicionamentos em contrário,[153] revogado por falta de compatibilização com o art. 5.º, LXXV, da CF/88, que tornou incondicional a indenização por **erro judiciário**.[154]

Nelson Nery Junior observa: "Mais específica do que a garantia de indenização da CF, art. 37, § 6.º, aqui foi adotada a responsabilidade objetiva fundada na *teoria do risco integral*, de sorte que não pode invocar-se nenhuma causa de exclusão do dever de o Estado indenizar quando ocorrer o erro judiciário ou a prisão por tempo além do determinado na sentença"[155] (nessa linha, cf. RE 505.393, Rel. Min. Sepúlveda Pertence, j. 26.06.2007, *DJ* de 05.10.2007).

■ 14.10.35. Gratuidade das certidões de nascimento e de óbito (art. 5.º, LXXVI)

O art. 5.º, LXXVI, estatui serem gratuitos para os reconhecidamente pobres, na forma da lei, o *registro civil de nascimento* e a *certidão de óbito*.

O art. 236, por seu turno, fixa que os serviços notariais e de registro são exercidos em *caráter privado*, por delegação do Poder Público, observando-se a regra específica do art. 32 do ADCT.

---

[152] "Art. 630. O tribunal, se o interessado o requerer, poderá reconhecer o direito a uma justa indenização pelos prejuízos sofridos. § 1.º Por essa indenização, que será liquidada no juízo cível, responderá a União, se a condenação tiver sido proferida pela justiça do Distrito Federal ou de Território, ou o Estado, se o tiver sido pela respectiva justiça. § 2.º A indenização não será devida: a) se o erro ou a injustiça da condenação proceder de ato ou falta imputável ao próprio impetrante, como a confissão ou a ocultação de prova em seu poder; b) se a acusação houver sido meramente privada."

[153] "... o texto constitucional é linear, não condicionado, ao contrário do § 2.º do artigo 630 do Código de Processo Penal. De qualquer maneira, é possível excluir-se a verba *quando o dano decorre de ato do próprio réu da ação penal*, surgindo apenas o conflito da alínea 'b' do § 2.º do artigo 630 com os novos ares constitucionais..." (j. 25.05.2004, Rel. Min. Marco Aurélio — AI 462.831/RJ).

[154] Cf. Damásio E. de Jesus, *Código de Processo Penal anotado*, 18. ed., p. 487, comentários ao art. 630 do CPP. Sobre a responsabilidade do Estado no caso de **erro judiciário**, cf. interessante acórdão do STJ: "Ementa: Direito constitucional e administrativo. Responsabilidade objetiva. Prisão ilegal. Danos morais. 1. O Estado está obrigado a indenizar o particular quando, por atuação dos seus agentes, pratica contra o mesmo **prisão ilegal**. 2. Em caso de prisão indevida, o fundamento indenizatório da responsabilidade do Estado deve ser enfocado sobre o prisma de que a entidade estatal assume o dever de respeitar, integralmente, os direitos subjetivos constitucionais assegurados ao cidadão, especialmente, o de ir e vir. 3. O Estado, ao prender indevidamente o indivíduo, atenta contra os direitos humanos e provoca dano moral ao paciente, com reflexos em suas atividades profissionais e sociais. 4. A indenização por danos morais é uma recompensa pelo sofrimento vivenciado pelo cidadão, ao ver, publicamente, a sua honra atingida e o seu direito de locomoção sacrificado. **5. A responsabilidade pública por prisão indevida, no direito brasileiro, está fundamentada na expressão contida no art. 5.º, LXXV, da CF.** 6. Recurso especial provido" (REsp 220.982/RS (1999/0057692-6), *DJ* de 03.04.2000, p. 116, Rel. Min. José Delgado, data da decisão: 22.02.2000, 1.ª Turma).

[155] *Código de Processo Civil comentado*, p. 83.

Dada a importância do tema, destacamos o julgamento **RE 842.846**, no qual se fixou a seguinte tese: "o Estado responde, objetivamente, pelos atos dos tabeliães e registradores oficiais que, no exercício de suas funções, causem dano a terceiros, assentado o dever de regresso contra o responsável, nos casos de dolo ou culpa, sob pena de improbidade administrativa" (j. 27.02.2019, *DJE* de 13.08.2019).

Como se sabe, nos termos do art. 236, § 3.º, o ingresso na atividade notarial e de registro depende de **concurso público** de provas e títulos, não se permitindo que qualquer serventia fique vaga, sem abertura de concurso de provimento ou de remoção, por mais de 6 meses.

Essa regra vem motivando vários candidatos a prestar o difícil concurso público para o exercício da atividade notarial e de registro.

Em relação à gratuidade das aludidas certidões, resta saber se seria somente para os reconhecidamente pobres ou para todos.

Os arts. 1.º, 3.º e 5.º da Lei n. 9.534/97, alterando o art. 30 da Lei n. 6.015/73 (Registros Públicos); acrescentando um inciso VI ao art. 1.º da Lei n. 9.265/96; e alterando o art. 45 da Lei n. 8.935/94, respectivamente, ao considerar como ato necessário ao exercício da cidadania, estabeleceu serem **gratuitos os assentos do registro civil de nascimento e o de óbito, bem como a primeira certidão respectiva**.

Percebe-se que a lei não fez nenhuma restrição, abrangendo os reconhecidamente pobres ou não, ou seja, ampliativamente, estende-se a todos, brasileiros e, inclusive, estrangeiros, pobres ou não.

Referido dispositivo foi questionado perante o STF: "O Tribunal, por maioria, deferiu o pedido de liminar em ação declaratória de constitucionalidade promovida pelo Procurador-Geral para, com eficácia *ex nunc* e efeito vinculante, suspender, até decisão final da ação, a prolação de qualquer decisão, assim como os efeitos de todas as decisões não transitadas em julgado e de todos os atos normativos que digam respeito à legitimidade constitucional, eficácia e aplicação dos arts. 1.º, 3.º e 5.º da Lei n. 9.534/97, que prevê a gratuidade do registro civil de nascimento, do assento de óbito, bem como da primeira certidão respectiva. Considerou-se inexistir conflito da Lei 9.534/97 com os arts. 5.º, LXXVI, e 236 da CF, dado que *o inciso LXXVI do art. 5.º da CF, ao assegurar a gratuidade desses atos aos reconhecidamente pobres, determina o mínimo a ser observado pela lei, não impedindo que esta garantia seja ampliada, e, também, pelo fato de que os atos relativos ao nascimento e ao óbito são a base para o exercício da cidadania, sendo assegurada pela CF a gratuidade de todos os atos necessários ao seu exercício (CF, art. 5.º, LXXVII)*. Salientou-se, ainda, que os oficiais exercem um serviço público, prestado mediante delegação, não havendo direito constitucional a percepção de emolumentos por todos os atos praticados, mas apenas o recebimento, de forma integral, da totalidade dos emolumentos que tenham sido fixados..." (*Inf. 171/STF*).

Ao final, o STF julgou o mérito, tanto da **ADI 1.800** como da **ADC 5**, e, nas duas, declarou constitucional a Lei n. 9.534/97, que isenta a todos, **independentemente de sua condição ou situação econômica**, do pagamento dos emolumentos devidos pela expedição de registro civil de nascimento e de óbito, bem como a primeira certidão respectiva.[156]

■ 14.10.36. Gratuidade nas ações de *habeas corpus* e *habeas data* (art. 5.º, LXXVII)

O art. 5.º, LXXVII, prevê serem gratuitas as ações de *habeas corpus* e *habeas data*, e, na forma da lei, os atos necessários ao exercício da cidadania.

A nosso ver o constituinte deveria, de modo expresso, ter estendido esse benefício também às outras ações constitucionais.

Em relação aos atos necessários ao exercício da cidadania, o art. 1.º da Lei n. 9.265/96, que regulamenta o aludido direito fundamental, prescreve como gratuitos os seguintes atos:

- os que capacitam o cidadão ao exercício da soberania popular, a que se reporta o art. 14 da Constituição;
- aqueles referentes ao alistamento militar;
- os pedidos de informações ao Poder Público, em todos os seus âmbitos, objetivando a instrução de defesa ou a denúncia de irregularidades administrativas na órbita pública;
- as ações de impugnação de mandato eletivo por abuso do poder econômico, corrupção ou fraude;
- quaisquer requerimentos ou petições que visem as garantias individuais e a defesa do interesse público;
- o registro civil de nascimento e o assento de óbito, bem como a primeira certidão respectiva (acrescentado pelo art. 3.º da Lei n. 9.534/97 — cf. comentários ao inciso LXXVI do art. 5.º, *supra*, e o julgamento final da constitucionalidade definitiva deste artigo — ADI 1.800-DF e ADC 5-DF);
- o requerimento e a emissão de documento de identificação específico, ou segunda via, para pessoa com transtorno do espectro autista (dispositivo incluído pela **Lei n. 13.977/2020**, que instituiu, além de dar outras providências, a *Carteira de Identificação da Pessoa com Transtorno do Espectro Autista — Ciptea*; conhecida como "Lei Romeo Mion", filho do apresentador Marcos Mion, perso-

[156] **Cuidado:** esse tema deve ser acompanhado por aqueles que prestam concursos para o exercício da atividade notarial e de registro! "Atividade notarial. Natureza. Lei n. 9.534/97. Registros públicos. Atos relacionados ao exercício da cidadania. Gratuidade. Princípio da proporcionalidade. Violação não observada. Precedentes. Improcedência da ação. A atividade desenvolvida pelos titulares das serventias de notas e registros, embora seja análoga à atividade empresarial, sujeita-se a um regime de direito público. Não ofende o princípio da proporcionalidade lei que isenta os 'reconhecidamente pobres' do pagamento dos emolumentos devidos pela expedição de registro civil de nascimento e de óbito, bem como a primeira certidão respectiva" (**ADI 1.800**, Rel. p/ o acórdão Min. Ricardo Lewandowski, j. 11.06.2007, *DJ* de 28.09.2007). Em igual sentido, na linha da constitucionalidade, a **ADC 5**, Rel. p/ o acórdão Min. Ricardo Lewandowski, j. 11.06.2007, *DJ* de 05.10.2007.

nalidade pública e ativista pela causa do autismo, que realiza, junto com sua esposa Suzana Gullo, um trabalho muito bonito de luta, de inclusão, beneficiando milhares de pessoas).

14.10.37. Celeridade processual (art. 5.º, LXXVIII)

14.10.37.1. Aspectos gerais

Atualmente, muito se fala na busca da **efetividade do processo** em prol de sua missão social de eliminar conflitos e fazer justiça.

Em outro estudo[157] observamos que, "em algumas situações, contudo, a demora, causada pela duração do processo e sistemática dos procedimentos, pode gerar total inutilidade ou ineficácia do provimento requerido. Conforme constatou Bedaque, 'o tempo constitui um dos grandes óbices à efetividade da tutela jurisdicional, em especial no processo de conhecimento, pois para o desenvolvimento da atividade cognitiva do julgador é necessária a prática de vários atos, de natureza ordinatória e instrutória. Isso impede a imediata concessão do provimento requerido, o que pode gerar risco de inutilidade ou ineficácia, visto que muitas vezes a satisfação necessita ser imediata, sob pena de perecimento mesmo do direito reclamado'".[158]

Nesse sentido, a **EC n. 45/2004**, ampliando os direitos e garantias fundamentais, estabeleceu, no art. 5.º, LXXVIII, que a todos, no âmbito **judicial** e **administrativo**, são assegurados a **razoável duração do processo**[159] e os **meios que garantam a celeridade de sua tramitação**.

Trata-se, sem dúvida, de garantia não só restrita a **brasileiros natos** ou **naturalizados** e a **estrangeiros residentes no País**, mas que abarca também — corroborando entendimento do STF e da doutrina, interpretando o *caput* do art. 5.º da CF/88, que proclama a igualdade de **todos** perante a lei e, aqui tomado por analogia — os

[157] Pedro Lenza, *Teoria geral da ação civil pública*, p. 318.

[158] J. R. dos S. Bedaque, *Tutela cautelar e tutela antecipada:* tutelas sumárias e de urgência (tentativa de sistematização), p. 15. Conforme observa em seguida o ilustre professor, "o simples fato de o direito permanecer insatisfeito durante todo o tempo necessário ao desenvolvimento do processo cognitivo já configura dano ao seu titular. Além disso, acontecimentos podem também se verificar nesse ínterim, colocando em perigo a efetividade da tutela jurisdicional. Esse quadro representa aquilo que a doutrina identifica como o *dano marginal*, causado ao agravado pela duração do processo". E completa: "... com o objetivo de evitar o dano marginal causado pelo processo, existe a possibilidade de sumarização da atividade cognitiva, tornando admissível a tutela jurisdicional mediante conhecimento não exauriente" (p. 19-20).

[159] A Deputada Zulaiê Cobra, em seu relatório à **PEC n. 96-A/92** (Reforma do Judiciário), destacou: "também procurando combater a morosidade da Justiça, introduzimos, como princípio de ordem processual, o direito à razoável duração do processo, fazendo aditar inciso ao art. 5.º da Constituição Federal. Trata-se de direito consagrado pelas Constituições de Portugal (art. 20, n. 4) e do México (art. 17), tendo a AMB e a OAB sugerido sua adoção" (in Petrônio Calmon Filho (org.), *Reforma constitucional do Poder Judiciário*, p. 70).

estrangeiros não residentes (por exemplo, de passagem, a turismo), os **apátridas** e as **pessoas jurídicas**.

A **prestação jurisdicional dentro de um prazo razoável** e **efetivo** já vinha prevista, como direito fundamental do ser humano, dentre outros dispositivos, nos arts. 8.º, 1.º, e 25, 1.º, da *Convenção Americana sobre Direitos Humanos* **(Pacto de São José da Costa Rica)**.[160]

Resta não se conformar com a aludida previsão, já que, como o comando determina, são assegurados **os meios que garantam a celeridade da tramitação do processo**.

Como sinalizou Grinover, "esses meios devem ser inquestionavelmente oferecidos **pelas leis processuais**, de modo que a **reforma infraconstitucional fica umbilicalmente ligada à constitucional**, derivando de ordem expressa da Emenda n. 45/2004. Trata-se, portanto, de fazer com que a legislação processual ofereça soluções hábeis à desburocratização e simplificação do processo, para garantia da celeridade de sua tramitação".[161]

Dentro dessa perspectiva, em **15.12.2004**, foi assinado pelos Presidentes do Executivo, da Câmara dos Deputados, do Senado Federal e do STF, ou seja, pelos Presidentes dos três Poderes, o **I Pacto Republicano**, por um *Judiciário mais Rápido e Republicano*, buscando implementar a *Reforma do Poder Judiciário*, destacando-se *11 compromissos fundamentais* no combate à morosidade processual.[162]

Em **13.04.2009**, considerando que o primeiro pacto "... permitiu a **colaboração efetiva** dos três Poderes na realização de indispensáveis reformas processuais e atualização de normas legais"; considerando que a efetividade das medidas adotadas indica que tais compromissos devem ser reafirmados e ampliados para fortalecer a proteção aos **direitos humanos**, a **efetividade da prestação jurisdicional**, o **acesso universal à Justiça** e também o **aperfeiçoamento do Estado Democrático de Direito e das instituições do Sistema de Justiça**, os Presidentes dos Poderes assinaram o **II Pacto Republicano de Estado** *por um Sistema de Justiça mais Acessível, Ágil e Efetivo*.[163]

Até o fechamento desta edição, o **III Pacto Republicano** ainda não havia sido assinado formalmente pelos Presidentes dos três Poderes, apesar de sugerido e lançado pelo Min. Peluso, em 1.º.02.2011, na solenidade de abertura do *Ano Judiciário de 2011*.

[160] Adotada, no âmbito da Organização dos Estados Americanos, em 22.11.1969. Entrou em vigor, internacionalmente, em 18.07.1978 (art. 74, § 2.º), tendo o Governo brasileiro depositado a **carta de adesão** à Convenção em 25.09.1992, e o Decreto federal n. 678, de 06.11.1992, *DOU* de 09.11.1992, p. 15562, determinou o seu cumprimento no País. Nesse particular, a partir da **Reforma do Judiciário** (*EC n. 45/2004*), os tratados e convenções internacionais sobre direitos humanos ganham maior relevância, já que, desde que aprovados, em cada Casa do Congresso Nacional, em dois turnos, por 3/5 dos votos dos respectivos membros, serão equivalentes às emendas constitucionais, ou seja, terão *status* de norma constitucional.

[161] Ada Pellegrini Grinover, A necessária reforma infraconstitucional, in André Ramos Tavares, Pedro Lenza, Pietro de Jesús Lora Alarcón (coord.), *Reforma do Judiciário*, p. 501.

[162] A íntegra desses compromissos pode ser consultada em *Notícias STF*, 15.12.2004 — 20h40.

[163] O **II Pacto Republicano** pode ser acessado em *Notícias STF*, 13.04.2009 — 18h.

Encontra-se em tramitação no Congresso Nacional a denominada **"PEC dos Recursos"**, com redação sugerida pelo Min. Peluso e que tomou o número **15/2011-SF**,[164] a qual, dentro do contexto de eficiência, "propõe a imediata execução das decisões judiciais, logo após o pronunciamento dos tribunais de segunda instância (Tribunais de Justiça e Tribunais Regionais Federais). Não haverá alteração nas hipóteses de admissibilidade dos recursos extraordinário (para o STF) e especial (para o STJ), mas ela não impedirá o trânsito em julgado da decisão contra a qual se recorre. A PEC acaba com o efeito suspensivo aos recursos, facultando ao ministro relator, se for o caso, pedir preferência no julgamento" (*Notícias STF*, 21.03.2011).

De acordo com a redação da referida PEC, criam-se **ações rescisórias extraordinária** e **especial**, em substituição aos recursos extraordinário e especial **(matéria pendente)**.

Finalmente, destacamos o **Novo Código de Processo Civil** (Lei n. 13.105/2015) com importantes instrumentos de celeridade e grandes avanços.

■ *14.10.37.2. Celeridade do processo e crimes praticados contra os idosos*

O art. 94 do **Estatuto do Idoso** (Lei n. 10.741/2003) estabelece que aos crimes previstos na referida Lei, cuja pena máxima privativa de liberdade não ultrapasse 4 anos, **aplica-se o procedimento previsto na Lei n. 9.099/95** (Juizados) e, subsidiariamente, no que couber, as disposições do Código Penal e do Código de Processo Penal.

Esse dispositivo foi questionado na **ADI 3.096**, ajuizada pelo PGR, e entendeu o STF que a aplicação da Lei n. 9.099/95 é apenas em relação aos aspectos processuais, buscando, na ideia de efetividade do processo, que este termine mais rapidamente, até porque a vítima é um idoso:

> "EMENTA: (...). Art. 94 da Lei n. 10.741/2003: interpretação conforme à Constituição do Brasil, com redução de texto, para suprimir a expressão 'do Código Penal e'. Aplicação **apenas do procedimento sumaríssimo previsto na Lei n. 9.099/95:** benefício do idoso com a celeridade processual. **Impossibilidade de aplicação de quaisquer medidas despenalizadoras e de interpretação benéfica ao autor do crime.** 3. Ação direta de inconstitucionalidade julgada parcialmente procedente para dar interpretação conforme à Constituição do Brasil, com redução de texto, ao art. 94 da Lei n. 10.741/2003" (ADI 3.096, Rel. Min. Cármen Lúcia, j. 16.06.2010, Plenário, *DJE* de 03.09.2010).

■ *14.10.37.3 Sistema de justiça multiportas ("The Multi-Door Courthouse" – Frank E. A. Sander)*

Não obstante a realidade de concentração de soluções de conflitos pelo Poder Judiciário (Justiça estatal) — e, portanto, toda a preocupação das reformas com a efetividade e eficiência do processo —, passam-se a estimular instrumentos não ape-

[164] Confira o texto apresentado em: <http://legis.senado.gov.br/mate-pdf/88428.pdf>.

nas jurisdicionais, como, também, consensuais, em um verdadeiro **sistema multiportas de justiça** (*the multi-door Courthouse*).

Essa expressão deve ser atribuída ao Professor da Universidade de Harvard **Frank E. A. Sander**, que aceitou o convite do então Presidente da Suprema Corte dos EUA para apresentar um trabalho sobre **resolução de conflitos** na Pound Conference que aconteceu no ano de 1976 em St. Paul, Minessota (EUA).

O trabalho foi originalmente intitulado "Varieties of Dispute Processing"[165] e, somente depois, a partir de artigo publicado pela *ABA — American Bar Association* (a Ordem dos Advogados dos EUA), que descreveu a ideia central da palestra como *multi-door Courthouse*, é que o autor assumiu e adotou a referida nomenclatura.

A tese central da proposta reside em afirmar que o Poder Judiciário não é a única ou a melhor forma de resolução de conflitos. Existem várias outras e uma delas é a mais eficiente e mais adequada.

A expressão quer descrever o saguão do Fórum com várias portas para a soluções de conflitos, seja a judicial, é claro, mas, também, ao lado desta, os meios alternativos, destacando-se a arbitragem, a mediação, a conciliação, a figura do *ombudsman*, a negociação, entre tantas outras.

A grande **dificuldade** reside em estabelecer o critério para a escolha da melhor alternativa, considerando a sua natureza, a relação entre os litigantes, o tamanho e complexidade da disputa, os custos envolvidos etc.[166]

O CPC de 2015, de modo tímido se comparado com o modelo norte-americano, prescreveu importantes disposições nesse sentido de um *sistema multiportas de justiça*, destacando-se os arts. 3.º, 42, 139, V, 154, VI e parágrafo único, 165 a 175, 190 e 221, parágrafo único, assim como a Resolução n. 125/2010 do CNJ (texto consolidado a partir das Emendas ns. 01/2013 e 02/2016 e amplificado pelas Resoluções ns. 290/2019 e 326/2020).

Essa preocupação no sentido de se desestimular e enfraquecer a cultura do litígio judicial — e, claro, na linha das alterações à **Lei da Arbitragem** trazidas pela Lei n. 13.129/2015, bem como nos termos da **Lei de Mediação** (Lei n. 13.140/2015), como meio de solução de controvérsias entre particulares e sobre a autocomposição de conflitos no âmbito da administração pública —, **toda essa nova perspectiva**

[165] Frank E. A. Sander, Varieties of dispute processing, in: Leo A. Levin & Russell R. Wheeler (eds.), *The Pound conference*: perspectives on justice in the future (1979). O objetivo da **Pound Conference** era ampliar a discussão sobre o tema da resolução de conflitos, superando a reação negativa por parte da Administração de Justiça dos EUA ao trabalho apresentado pelo Professor **Roscoe Pound** em 1906 ("The causes of popular dissatisfaction with the administration of justice" (cf. Frank Sander; Mariana Hernandez Crespo. A dialogue between professors Frank Sander and Mariana Hernandez Crespo: exploring the evolution of the multi-door courthouse, p. 669).

[166] Frank E. A. Sander, *The multi-door Courthouse*, 3 Barrister (1976), p. 20 e 40. Em momento seguinte, o autor expandiu o estudo sobre a temática: Frank E.A. Sander, Stephen B. Goldberg, Fitting the forum to the fuss: A user-friendly guide to selecting an ADR procedure e Frank E.A. Sander; Lukasz Rozdeiczer, Matching Cases and Dispute Resolution Procedures: Detailed Analysis Leading to a Mediation-Centered Approach.

(estímulo aos **meios alternativos de solução de conflitos** e constante preocupação com a **promoção da autocomposição**), **passa** a ser uma **realidade nos documentos legislativos mais recentes**, destacando-se:

- **Lei n. 13.964/2019 (Pacote Anticrime):** introduz o acordo de não persecução penal – ANPP (art. 28-A, CPP) e o acordo de não persecução cível — ANPC (art. 17, § 1.º, da Lei n. 8.429/92);
- **Lei n. 13.988, de 14.04.2020:** estabelece os requisitos e as condições para que a União, as suas autarquias e fundações, e os devedores ou as partes adversas realizem transação resolutiva de litígio relativo à cobrança de créditos da Fazenda Pública, de natureza tributária ou não tributária;
- **Lei n. 13.994, de 24.04.2020**: altera a Lei n. 9.099/95 para possibilitar a **conciliação não presencial** no âmbito dos Juizados Especiais Cíveis;
- **Lei n. 14.112, de 24.12.2020 (Nova Lei de Falências):** estabelece dentre os **deveres** do **administrador judicial**, sob a fiscalização do juiz e do Comitê, na recuperação judicial e na falência, o de **estimular**, sempre que possível, a **conciliação**, a **mediação** e **outros métodos alternativos de solução de conflitos relacionados à recuperação judicial e à falência**, **respeitados os direitos de terceiros**, na forma do § 3.º do art. 3.º do CPC/2015 (art. 22, I, "j", da Lei n. 11.101/2005, introduzido pela Lei n. 14.112/2020).

Conforme observa Marcelo Sacramone, dadas as particularidades da matéria falimentar, "tais formas de autocomposição devem ser incentivadas pelo administrador judicial durante todo o procedimento como meio de auxiliar a negociação entre os agentes e de facilitar a obtenção dos objetivos dos procedimentos de recuperação de empresas e de falência. **O estímulo não significa, entretanto, imposição**. A autocomposição tem como pressuposto a própria vontade das partes em se submeter ao procedimento, pelo que o administrador judicial deve respeitar essa manifestação e não poderá impor a conciliação ou mediação, sob pena de perder sua equidistância entre as partes".[167]

Outro ponto importante estabelecido pela Nova Lei de Falências, além da prescrição de conciliações e mediações antecedentes e incidentais nos processos de recuperação judicial (arts. 20-A a 20-D, introduzidos na Lei n. 11.101/2005), é o reconhecimento da **eficácia da convenção de arbitragem** mesmo diante do processamento da recuperação judicial ou da decretação da falência (art. 6.º, § 9.º, da Lei n. 11.101/2005, introduzido pela Lei n. 14.112/2020).

Sacramone explica que a previsão formal e expressa do referido dispositivo consagra a corrente segundo a qual as ações ilíquidas promovidas em face do falido **não** serão atraídas pelo juízo universal e indivisível, devendo o art. 76 ser "interpretado em conjunto com o art. 6.º, § 1.º" ("exceção legal à indivisibilidade do juízo falimentar"). Essa interpretação jurisprudencial, agora normatizada, também "foi consagra-

[167] Marcelo Sacramone, *Comentários à lei de recuperação de empresa e falência*, 2.ª edição, 2021, comentários ao art. 22, I, "j", no prelo e gentilmente cedidos os originais pelo autor.

da ao se garantir a eficácia da convenção de arbitragem tanto na falência quanto na recuperação judicial. Mesmo decretada a falência do devedor, os procedimentos arbitrais poderão ser instalados em face da Massa Falida, não sendo, portanto, de competência absoluta a apuração do Juízo indivisível falimentar".[168]

■ 14.11. REMÉDIOS CONSTITUCIONAIS

■ 14.11.1. Os remédios constitucionais nas Constituições brasileiras — quadro esquematizado

Objetivamos neste item apresentar, esquematicamente, a evolução histórica dos **remédios constitucionais** nas Constituições brasileiras, para, nos itens seguintes, fazermos um estudo de cada um deles.

Dessa maneira, mediante "visualização comparativa", procuramos facilitar o entendimento histórico de algumas situações, por exemplo, o motivo de ter-se desenvolvido, no Brasil, a "teoria brasileira do *habeas corpus*", já que à época do texto de 1891 só existia, como remédio, o "HC".

Para o ilustre leitor, amigo e guerreiro "concurseiro", sem dúvida, o quadro abaixo mostra-se bastante importante no processo de memorização comparativa, facilitando, assim, o enfrentamento das provas, nas quais, cada vez mais, tem-se percebido esse formato de questão.

REMÉDIO CONSTITUCIONAL	PREVISÃO NAS CONSTITUIÇÕES BRASILEIRAS
Habeas Corpus	■ **1891:** art. 72, § 22 ■ **EC n. 1/26:** restrição à "Teoria Brasileira do HC" ■ **1934:** art. 113, n. 23 ■ **1937:** art. 122, n. 16 ■ **1946:** art. 141, § 23 ■ **1967:** art. 150, § 20 ■ **AI-5, de 13.12.1968:** restrição da amplitude do HC ■ **EC n. 1/69:** art. 153, § 20 ■ **1988:** art. 5.º, LXVIII
Mandado de Segurança	■ **1934:** art. 113, n. 33 ■ **1937:** não houve previsão ■ **1946:** art. 141, § 24 ■ **1967:** art. 150, § 21 ■ **EC n. 1/69:** art. 153, § 21 ■ **1988:** art. 5.º, LXIX
Mandado de Segurança Coletivo	■ **1988:** art. 5.º, LXX
Mandado de Injunção	■ **1988:** art. 5.º, LXXI
Habeas Data	■ **1988:** art. 5.º, LXXII
Ação Popular	■ **1934:** art. 113, n. 38[167] ■ **1937:** não houve previsão ■ **1946:** art. 141, § 38 ■ **1967:** art. 150, § 31 ■ **EC n. 1/69:** art. 153, § 31 ■ **1988:** art. 5.º, LXXIII

[168] *Op. cit.*, comentários ao art. 76.

14.11.2. *Habeas corpus* (art. 5.º, LXVIII)

14.11.2.1. Regras gerais

Historicamente, o *habeas corpus* foi a primeira garantia de direitos fundamentais, concedida por "*João Sem Terra*", monarca inglês, na Magna Carta, em 1215, e formalizada, posteriormente, pelo *Habeas Corpus Act*, em 1679.

No Brasil, a primeira manifestação do instituto deu-se em 1821, através de um alvará emitido por Dom Pedro I, pelo qual se assegurava a liberdade de locomoção. A terminologia "*habeas corpus*" só apareceria em 1830, no Código Criminal.

Foi garantido constitucionalmente a partir de 1891, permanecendo nas Constituições subsequentes, inclusive na de 1988, que, em seu art. 5.º, LXVIII, estabelece:

> "conceder-se-á *habeas corpus* sempre que alguém sofrer ou se achar ameaçado de sofrer violência ou coação em sua **liberdade de locomoção**, por ilegalidade ou abuso de poder".

O *habeas corpus* foi inicialmente utilizado como remédio para garantir não só a liberdade física como também os demais direitos que tinham por pressuposto básico a locomoção. Tratava-se da chamada "teoria brasileira do *habeas corpus*", que perdurou até o advento da Reforma Constitucional de 1926, impondo o exercício da garantia somente para os casos de lesão ou ameaça de lesão à **liberdade de ir e vir**.

O autor da ação constitucional de *habeas corpus* recebe o nome de **impetrante**; o indivíduo em favor do qual se impetra, **paciente** (podendo ser o próprio impetrante), e a autoridade que pratica a ilegalidade ou abuso de poder, **autoridade coatora** ou **impetrado**.

O impetrante, portanto, poderá ser qualquer pessoa física (nacional ou estrangeira) em sua própria defesa, em favor de terceiro, podendo ser o Ministério Público ou mesmo pessoa jurídica (mas, é claro, em favor de pessoa física). Já o magistrado, na qualidade de Juiz de Direito, no exercício da atividade jurisdicional, a Turma Recursal, o Tribunal poderão **concedê-lo de ofício**, em exceção ao *princípio da inércia do órgão jurisdicional*. Mas **cuidado:** o Juiz de Direito, o Desembargador, os Ministros, quando não estiverem exercendo a atividade jurisdicional, **impetrarão**, e não concederão de ofício, naturalmente, o *habeas corpus*, já que atuando como pessoa comum.

Referida ação pode ser formulada **sem advogado**, não tendo de obedecer a nenhuma formalidade processual ou instrumental, sendo, por força do art. 5.º, LXXVII, **gratuita**.

Pode o HC ser impetrado para trancar ação penal ou inquérito policial, bem como em face de particular, como no clássico exemplo de hospital psiquiátrico que priva o paciente de sua liberdade de ir e vir, ilegalmente, atendendo a pedidos desumanos de filhos ingratos que abandonam seus pais.

---

[169] Conforme explicamos no *item 14.11.7.1*, muito embora prevista uma chamada "ação popular" no art. 157 da Constituição de 1824, em razão de naturezas jurídicas distintas, consideramos como sendo a **Constituição de 1934** a que, pela primeira vez, constitucionalizou a **ação popular**, que já era prevista na *Lei n. 4.717, de 29.06.1965*, ainda em vigor.

14.11.2.2. Esquematização da evolução histórica do "HC" no constitucionalismo brasileiro

DISPOSITIVO	CONTEÚDO/CARACTERÍSTICA
Decreto n. 114, de 23.05.1821	Antes da Constituição de 1824, referido decreto fixava providências para a garantia da liberdade individual, *proibindo prisões arbitrárias* (Alvará de D. Pedro I).
Constituição de 1824	**Não** havia previsão **expressa** da garantia do HC na Constituição do Império de 1824. Muito embora **não** houvesse previsão expressa da garantia do HC, a Constituição de 1824 tutelou a liberdade de locomoção (art. 179, VI, VIII e IX) e também *vedou* qualquer hipótese de *prisão arbitrária*.
Código Criminal, de 16.12.1830 (arts. 183-188)	Pela primeira vez no ordenamento jurídico brasileiro tivemos a previsão expressa da terminologia *Habeas Corpus*.
Código de Processo Criminal de Primeira Instância (Lei n. 127, de 29.11.1832, arts. 340-345)	Previsão expressa da garantia do HC.
Lei n. 2.033, de 20.09.1871 (art. 18)	Ampliou ao assegurar a impetração de HC também para beneficiar estrangeiros.
Constituição de 1891 (art. 72, § 22)	Pela primeira vez tivemos a constitucionalização do HC: "Dar-se-á o *habeas corpus* sempre que o indivíduo sofrer ou se achar em iminente perigo de sofrer violência ou coação por ilegalidade ou abuso de poder".
EC n. 1, de 03.09.1926, à CF/1891 (restrição da "Teoria Brasileira do HC": nova redação ao art. 72, § 22, restringindo o remédio à liberdade de locomoção)	"Dar-se-á o *habeas corpus* sempre que alguém sofrer ou se achar em iminente perigo de sofrer violência por meio de prisão ou constrangimento ilegal em sua **liberdade de locomoção**."
Constituição de 1934 (art. 113, n. 23)	"Dar-se-á *habeas corpus* sempre que alguém sofrer, ou se achar ameaçado de sofrer violência ou coação **em sua liberdade**, por ilegalidade ou abuso de poder. Nas transgressões disciplinares não cabe o *habeas corpus*." Também restrito à **liberdade de locomoção**, embora não expressa, já que é na CF/34 que surge, pela primeira vez, o **mandado de segurança individual**.
Constituição de 1937 (art. 122, n. 16)	"Dar-se-á *habeas corpus* sempre que alguém sofrer ou se achar na iminência de sofrer violência ou coação ilegal, na sua **liberdade de ir e vir**, salvo nos casos de punição disciplinar."
Constituição de 1946 (art. 141, § 23)	"Dar-se-á *habeas corpus* sempre que alguém sofrer ou se achar ameaçado de sofrer violência ou coação em sua **liberdade de locomoção**, por ilegalidade ou abuso de poder. Nas transgressões disciplinares, não cabe o *habeas corpus*."
Constituição de 1967 (art. 150, § 20) (redação idêntica à da CF/46)	"Dar-se-á *habeas corpus* sempre que alguém sofrer ou se achar ameaçado de sofrer violência ou coação em sua **liberdade de locomoção**, por ilegalidade ou abuso de poder. Nas transgressões disciplinares não caberá *habeas corpus*."
AI-5, de 13.12.1968 (art. 10) (perdurou até a sua revogação pela EC n. 11, de 17.10.1978)	"Fica suspensa a garantia de *habeas corpus*, nos casos de crimes políticos, contra a segurança nacional, a ordem econômica e social e a economia popular."
EC n. 1/69 (art. 153, § 20) (redação idêntica à da Const./67)	"Dar-se-á *habeas corpus* sempre que alguém sofrer ou se achar ameaçado de sofrer violência ou coação em sua **liberdade de locomoção**, por ilegalidade ou abuso de poder. Nas transgressões disciplinares não caberá *habeas corpus*."

Constituição de 1988 (art. 5.º, LXVIII)	"Conceder-se-á *habeas corpus* sempre que alguém sofrer ou se achar ameaçado de sofrer violência ou coação em sua **liberdade de locomoção**, por ilegalidade ou abuso de poder."
Constituição de 1988 (art. 142, § 2.º)	"Não caberá *habeas corpus* em relação a punições disciplinares militares."

14.11.2.3. Competência

O órgão competente para apreciar a ação de *habeas corpus* será determinado de acordo com a autoridade coatora, e a Constituição prevê algumas situações atribuindo previamente a competência a tribunais, em razão do paciente:

- **art. 102, I, "d"**: competência originária do **STF** para processar e julgar *habeas corpus*, quando o paciente for qualquer das pessoas referidas nas alíneas anteriores, quais sejam: *a*) alínea "b" — Presidente da República, Vice-Presidente da República, membros do Congresso Nacional, Ministros do STF e o Procurador-Geral da República; *b*) alínea "c"[170] — Ministros de Estado, Comandantes da Marinha, Exército e Aeronáutica, membros dos Tribunais Superiores, do TCU e chefes de missão diplomática de caráter permanente;
- **art. 102, I, "i"**:[171] competência originária do **STF** para processar e julgar *habeas corpus*, quando o coator for Tribunal Superior ou quando o coator ou o paciente for autoridade ou funcionário cujos atos estejam sujeitos diretamente à jurisdição do STF, ou se trate de crime sujeito à mesma jurisdição em uma única instância (STF);
- **art. 102, II, "a"**: compete ao **STF** julgar, em **recurso ordinário**, *habeas corpus* decidido em única instância pelos Tribunais Superiores, se denegatória a decisão;
- **art. 105, I, "c"**:[172] competência originária do **STJ** para processar e julgar *habeas corpus*, quando o coator ou paciente for qualquer das pessoas mencionadas na alínea "a",[173] ou quando o coator for tribunal sujeito à jurisdição do STJ, ou quando o coator for Ministro de Estado ou Comandante da Marinha, do Exército ou da Aeronáutica, ressalvada a competência da Justiça Eleitoral;
- **art. 105, II, "a"**: compete ao **STJ** julgar, em **recurso ordinário**, os *habeas corpus* decididos em única ou última instância pelos TRFs ou pelos Tribunais dos Estados, do Distrito Federal e Territórios, quando a decisão for **denegatória**;

---

170 Redação determinada pela EC n. 23, de 02.09.1999.

171 Redação determinada pela EC n. 22, de 18.03.1999.

172 Redação determinada pela EC n. 23, de 02.09.1999.

173 Governadores dos Estados e do Distrito Federal, Desembargadores dos Tribunais de Justiça dos Estados e do Distrito Federal, os membros dos Tribunais de Contas dos Estados e do Distrito Federal, os dos Tribunais Regionais Federais, dos Tribunais Regionais Eleitorais e do Trabalho, os membros dos Conselhos ou Tribunais de Contas dos Municípios e os do Ministério Público da União que oficiem perante tribunais.

- **art. 108, I, "d":** compete aos **TRFs** processar e julgar, originariamente, os *habeas corpus*, quando a autoridade coatora for juiz federal;
- **art. 108, II:** compete aos **TRFs** julgar, em grau de recurso, as causas decididas pelos juízes federais e pelos juízes estaduais no exercício da competência federal da área de sua jurisdição;
- **art. 109, VII:** aos **juízes federais** compete processar e julgar os *habeas corpus*, em matéria criminal de sua competência ou quando o constrangimento provier de autoridade cujos atos não estejam diretamente sujeitos a outra jurisdição;
- **art. 121, §§ 3.º e 4.º, V, combinado com o art. 105, I, "c":** Justiça Eleitoral.

■ *14.11.2.4. Espécies*

O *habeas corpus* será **preventivo** quando alguém se achar **ameaçado** de sofrer violência ou coação em sua liberdade de locomoção, por ilegalidade ou abuso de poder (a restrição à locomoção ainda não se consumou). Nessa situação poder-se-á obter um **salvo-conduto** para garantir o livre trânsito de ir e vir.

Quando a constrição ao direito de locomoção já se consumou, estaremos diante do *habeas corpus* **liberatório** ou **repressivo**, para cessar a violência ou coação.

■ *14.11.2.5. Punições disciplinares militares*

O art. 142, § 2.º, estabelece não caber *habeas corpus* em relação a punições disciplinares militares. Trata-se da impossibilidade de se analisar o mérito de referidas punições, não abrangendo, contudo, os **pressupostos de legalidade** (hierarquia, poder disciplinar, ato ligado à função e pena suscetível de ser aplicada disciplinarmente — HC 70.648, Moreira Alves, e, ainda, RE 338.840-RS, Rel. Min. Ellen Gracie, 19.08.2003).

Essa regra também se aplica aos militares dos Estados, do Distrito Federal e dos Territórios, por força do art. 42, § 1.º, na redação dada pela EC n. 18/98.

■ *14.11.2.6. "Habeas corpus" impetrado em face de ato da "Turma Recursal" — competência do TJ — superada a S. 690/STF*

Conforme vimos no *item 11.6.4* (remetendo o ilustre leitor para a importante discussão lá travada), em se tratando de **Juizados Especiais**, o segundo grau de jurisdição é exercido pelas **Turmas Recursais**, compostas por 3 juízes togados, em exercício no primeiro grau de jurisdição, reunidos na sede do Juizado **(Colégio Recursal)** (cf. arts. 41, § 1.º, e 82 da Lei n. 9.099/95).

Mais tecnicamente, poderíamos dizer que as Turmas Recursais funcionam como **segunda instância recursal**, podendo ser enquadradas como **órgãos colegiados de primeiro grau**.

Assim, o STF entendeu **superada** a S. 690, definindo a competência **originária** do **TJ local** para o julgamento de *habeas corpus* contra decisão de turma recursal de juizados especiais criminais (HC 86.834/SP, Rel. Min. Marco Aurélio, j. 23.08.2006, *Inf. 437/STF*).

■ 14.11.2.7. *"Habeas corpus" e trancamento do processo de "impeachment"?*

Conforme afirmou o STF, de maneira correta, **o *habeas corpus* não é instrumento adequado para o trancamento de processo de *impeachment*.**

Isso porque o remédio constitucional em análise não se destina à defesa de direitos desvinculados da liberdade de locomoção, "como é o caso do processo de *impeachment* pela prática de crime de responsabilidade, que configura sanção de índole político-administrativa, não pondo em risco a liberdade de ir, vir e permanecer do Presidente da República" (HC 70.055/DF, Rel. Ilmar Galvão, Tribunal Pleno, *DJ* de 16.04.1993, e entendimento reafirmado no HC 134.315 AgR/DF, Rel. Min. Teori Zavascki, j. 16.06.2016).

■ 14.11.2.8. *"Habeas corpus" coletivo: perspectivas lançadas a partir do julgamento do HC 143.641 (20.02.2018)*

Analisando o histórico do surgimento das ações constitucionais, observa-se que não se tem a previsão, em nenhum momento, da figura do *habeas corpus* coletivo, inclusive em sede infraconstitucional.

Em 20.02.2018, contudo, a 2.ª Turma do STF, no julgamento do **HC 143.641**, por votação unânime, entendeu cabível a **impetração coletiva de *habeas corpus*** e, por maioria, concedeu a ordem para **determinar** a **substituição da prisão preventiva pela domiciliar** — sem prejuízo da aplicação concomitante das medidas alternativas previstas no art. 319 do CPP — de **todas as mulheres presas, gestantes, puérperas ou mães de crianças e deficientes sob sua guarda**, nos termos do art. 2.º do ECA e da Convenção sobre Direitos das Pessoas com Deficiência (Decreto Legislativo n. 186/2008 e Lei n. 13.146/2015), relacionadas no processo pelo DEPEN e outras autoridades estaduais, enquanto perdurar tal condição, **excetuados os casos de crimes praticados por elas mediante violência ou grave ameaça, contra seus descendentes ou, ainda, em situações excepcionalíssimas, as quais deverão ser devidamente fundamentadas pelos juízes que denegarem o benefício** (a **Lei n. 13.769/2018** positivou esse entendimento ao acrescentar o art. 318-A do CPP, sem, contudo, prescrever, de modo expresso, a última exceção, o que, certamente, levará ao debate doutrinário e jurisprudencial no sentido de se estar diante de silêncio eloquente ou não — tema pendente).

A Turma, ainda, **estendeu** a ordem, **de ofício**, às **demais mulheres** presas, gestantes, puérperas ou mães de crianças e de pessoas com deficiência, bem assim às adolescentes sujeitas a medidas socioeducativas em idêntica situação no território nacional, observadas as restrições previstas acima.

Sendo a detida tecnicamente reincidente, explicitou a Corte, "o juiz deverá proceder em atenção às circunstâncias do caso concreto, mas sempre tendo por norte os princípios e as regras acima enunciadas, observando, ademais, a diretriz de excepcionalidade da prisão. Se o juiz entender que a prisão domiciliar se mostra inviável ou inadequada em determinadas situações, poderá substituí-la por medidas alternativas arroladas no já mencionado art. 319 do CPP".

Dentre os argumentos fixados pelo Min. Relator Ricardo Lewandowski para o conhecimento do *habeas corpus* coletivo e concessão da ordem, podemos destacar:

- **relações de massa exigem tutela adequada coletiva:** "existência de relações sociais massificadas e burocratizadas, cujos problemas estão a exigir soluções a partir de remédios processuais coletivos, especialmente para coibir ou prevenir lesões a direitos de grupos vulneráveis";
- **resgate histórico da "teoria brasileira do *habeas corpus*":** "conhecimento do *writ* coletivo homenageia nossa tradição jurídica de conferir a maior amplitude possível ao remédio heroico, conhecida como doutrina brasileira do *habeas corpus*";
- **o magistrado pode conceder de ofício ordem de *habeas corpus* (art. 654, § 2.º, CPP):** "entendimento que se amolda ao disposto no art. 654, § 2.º, do Código de Processo Penal — CPP, o qual outorga aos juízes e tribunais competência para expedir, de ofício, ordem de *habeas corpus*, quando no curso de processo, verificarem que alguém sofre ou está na iminência de sofrer coação ilegal";
- **possibilidade de extensão da ordem de *habeas corpus* (art. 580, CPP):** "compreensão que se harmoniza também com o previsto no art. 580 do CPP, que faculta a extensão da ordem a todos que se encontram na mesma situação processual";
- **razoável duração do processo e efetividade da prestação jurisdicional:** "tramitação de mais de 100 milhões de processos no Poder Judiciário, a cargo de pouco mais de 16 mil juízes, a qual exige que o STF prestigie remédios processuais de natureza coletiva para emprestar a máxima eficácia ao mandamento constitucional da razoável duração do processo e ao princípio universal da efetividade da prestação jurisdicional";
- **aplicação analógica da lei do mandando de injunção:** "a legitimidade ativa do *habeas corpus* coletivo, a princípio, deve ser reservada àqueles listados no art. 12 da Lei 13.300/2016, por analogia ao que dispõe a legislação referente ao mandado de injunção coletivo";
- **calamidade do sistema penitenciário brasileiro:** "comprovação nos autos de existência de situação estrutural em que mulheres grávidas e mães de crianças (entendido o vocábulo aqui em seu sentido legal, como a pessoa de até 12 anos de idade incompletos, nos termos do art. 2.º do Estatuto da Criança e do Adolescente — ECA) estão, de fato, cumprindo prisão preventiva em situação degradante, privadas de cuidados médicos pré-natais e pós-parto, inexistindo, outrossim berçários e creches para seus filhos". Dentro dessa perspectiva, poderíamos destacar o denominado **"estado de coisas inconstitucional"** reconhecido pelo STF no julgamento da ADPF 347 (cf. *item 6.3.5*);
- **"cultura do encarceramento":** "que se evidencia pela exagerada e irrazoável imposição de prisões provisórias a mulheres pobres e vulneráveis, em decorrência de excessos na interpretação e aplicação da lei penal, bem assim da processual penal, mesmo diante da existência de outras soluções, de caráter humanitário, abrigadas no ordenamento jurídico vigente";
- **incapacidade do Estado brasileiro em se garantir direitos mínimos:** "quadro fático especialmente inquietante que se revela pela incapacidade de o Estado brasileiro garantir cuidados mínimos relativos à maternidade, até mesmo às mu-

lheres que não estão em situação prisional, como comprova o 'caso Alyne Pimentel', julgado pelo Comitê para a Eliminação de todas as Formas de Discriminação contra a Mulher das Nações Unidas";

- **art. 227, CF/88:** "cuidados com a mulher presa que se direcionam não só a ela, mas igualmente aos seus **filhos**, os quais sofrem injustamente as consequências da prisão, em flagrante contrariedade ao art. 227 da Constituição, cujo teor determina que se dê prioridade absoluta à concretização dos direitos destes";
- **direitos fundamentais:** diversos dispositivos da Constituição Federal podem ser lembrados, destacando-se: **art. 5.º, II** — ninguém será submetido a tortura nem a tratamento desumano ou degradante; **art. 5.º, XLI** — a lei punirá qualquer discriminação atentatória dos direitos e liberdades fundamentais; **art. 5.º, XLV** — nenhuma pena passará da pessoa do condenado (...); **art. 5.º, L** — às presidiárias serão asseguradas condições para que possam permanecer com seus filhos durante o período de amamentação; **art. 5.º, XLVIII** — a pena será cumprida em estabelecimentos distintos, de acordo com a natureza do delito, a idade e o sexo do apenado; **art. 5.º, XLIX** — é assegurado aos presos o respeito à integridade física e moral;
- **Organização das Nações Unidas:** "tanto o *Objetivo de Desenvolvimento do Milênio n. 5* (melhorar a saúde materna) quanto o *Objetivo de Desenvolvimento Sustentável n. 5* (alcançar a igualdade de gênero e empoderar todas as mulheres e meninas), ambos da Organização das Nações Unidas, ao tutelarem a saúde reprodutiva das pessoas do gênero feminino, corroboram o pleito formulado na impetração";
- **Regras de Bangkok:** "incidência de amplo regramento internacional relativo a Direitos Humanos, em especial das *Regras de Bangkok*, segundo as quais deve ser priorizada solução judicial que facilite a utilização de alternativas penais ao encarceramento, principalmente para as hipóteses em que ainda não haja decisão condenatória transitada em julgado";
- **Estatuto da Primeira Infância:** "quadro descrito nos autos que exige o estrito cumprimento do Estatuto da Primeira Infância, em especial da nova redação por ele conferida ao art. 318, IV e V, do Código de Processo Penal";
- **proteção de grupos hipossuficientes:** "acolhimento do *writ* que se impõe de modo a superar tanto a arbitrariedade judicial quanto a sistemática exclusão de direitos de grupos hipossuficientes, típica de sistemas jurídicos que não dispõem de soluções coletivas para problemas estruturais".

Dentre outros argumentos para o conhecimento do *habeas corpus* coletivo, a Turma destacou, ainda, interessante **precedente da Suprema Corte da Argentina** envolvendo a situação de condições insalubres das pessoas presas — **caso Verbitsky** — no qual também se admitiu a tutela molecularizada a partir de construção jurisprudencial, pois, também lá, inexiste previsão normativa explícita da modalidade coletiva do remédio.

Conforme destacado pelo Min. Lewandowski, "a Suprema Corte argentina recorreu não apenas aos princípios constitucionais da **dignidade da pessoa humana** e do **acesso universal à Justiça**, como também ao **direito convencional**, sobretudo às

Regras Mínimas das Nações Unidas para o Tratamento de Presos, de maneira a fundamentar a decisão a que chegou, na qual determinou tanto aos tribunais que lhe são hierarquicamente inferiores quanto aos Poderes Executivo e Legislativo a tomada de **medidas para sanar a situação de inconstitucionalidade e inconvencionalidade a que estavam sujeitos os presos**" (fls. 17 de seu voto).

A **impetração coletiva do *habeas corpus*** vem encontrando vozes também na doutrina pátria. Sarmento, Borges e Gomes, em parecer elaborado em nome da *Clínica de Direitos Fundamentais da UERJ* por solicitação da Defensoria Pública do Rio de Janeiro,[174] observam que "o instrumento processual do *habeas corpus* **deve ter amplitude correspondente às situações de ofensa ou de ameaça à liberdade de ir e vir** sobre as quais pretende incidir. Se a ofensa à liberdade for meramente individual, a impetração de *habeas corpus* individual será suficiente. No entanto, **para ofensas ao direito de locomoção que apresentarem perfil coletivo, o ajuizamento de *habeas corpus* coletivo** é a providência que mais realiza o direito à efetiva tutela jurisdicional".[175]

Bheron, em igual sentido, vem admitindo a impetração de *habeas corpus* coletivo. Conforme estabelece, "observada a normatividade constitucional de defesa dos direitos coletivos e promoção coletiva de direitos, e o necessário diálogo com as demais ações constitucionais também expressamente previstas, como a ação civil pública, o mandado de segurança e as disposições do novo Código de Processo Civil, verificamos a perfeita possibilidade de identificação ou habilitação de pacientes por meio de pedido de extensão da medida cautelar (artigo 580, CPP) realizado apenas no curso do processo, do julgamento ou da execução da sentença (artigo 259, CPP), **podendo a concessão se dar de forma geral**, fixando **condições de natureza objetiva**, que caracterizem o direito e o seu titular, de forma a dar um **tratamento isonômico** para as diversas pessoas que se encontram na mesma posição jurídica, além da **economicidade** ao **evitar a multiplicação de processos**, o que culminaria numa maior lentidão e elevação de custos".[176]

[174] A Defensoria Pública do Estado do Rio de Janeiro consulta acerca da admissibilidade do remédio de *habeas corpus* coletivo no ordenamento jurídico brasileiro. Trata-se de situação concreta de impetração de HC coletivo "em favor de **todas as pessoas** que se encontrem trabalhando informalmente como guardadores de veículos na comarca de Volta Redonda-RJ, popularmente conhecidos como **'flanelinhas'**, a fim de que não fossem removidos, conduzidos ou autuados pela suposta prática de exercício ilegal da profissão, o que vinha ocorrendo naquela localidade, sob a equivocada invocação da prática da contravenção penal capitulada no art. 47 do Decreto-Lei n. 3.688/41. A ordem pleiteada foi concedida em 1.ª instância, em decisão mantida pela 2.ª Turma Recursal Criminal do Conselho Recursal dos Juizados Cíveis e Especiais do TJ/RJ. Contra este acórdão, o Ministério Público do Estado do Rio de Janeiro interpôs o **RE 855.810**, distribuído à relatoria do Ministro Dias Toffoli, por meio do qual sustenta, dentre outras teses, a inadmissibilidade da impetração de *habeas corpus* coletivo". Em julgamento monocrático, o Min. Dias Toffoli, evocando o precedente do HC Coletivo histórico e o primeiro admitido no Brasil — HC 143.641 —, negou seguimento ao referido recurso extraordinário, decisão confirmada pelo Pleno no julgamento de agravo interno (2.ª T., STF, j. 28.08.2018).

[175] Daniel Sarmento, Ademar Borges e Camilla Gomes, *O cabimento do* habeas corpus *coletivo na ordem constitucional brasileira*, p. 21.

[176] Jorge Bheron Rocha, *Habeas corpus* coletivo: uma proposta de superação do prisma individualista, p. 4.

Essa perspectiva da **efetividade do processo coletivo** sustentamos em nossa dissertação de mestrado, pedindo vênia para aqui retomar.[177]

O processo, quando tomado em sua perspectiva instrumental, deve adequar-se ao tipo de litígio que se objetiva tutelar, rompendo com as retrógradas perspectivas individualistas da *fase conceitual* (escopo estritamente jurídico), na busca da efetivação do direito substancial, analisado sob sua perspectiva externa, diante de seus valores sociais e políticos.

Fala-se, então, na almejada busca e implementação da *tutela jurisdicional adequada*. O estudo da *tutela jurisdicional* traz consigo a análise do processo sob a perspectiva de quem tem razão. Segundo Bedaque, a tutela jurisdicional "é o estudo da técnica processual a partir do seu resultado e em função dele".[178] Assim, na análise da efetividade do processo, destaca-se o qualificativo *adequada* da tutela jurisdicional, disponibilizando-se instrumentos aptos à satisfação dos interesses processualizados, devendo haver nítida harmonia e correlação entre o objeto litigioso e o instrumento necessário à pacificação social. Portanto, em consonância com a perspectiva social e política do processo, Bedaque volta a conceituar a tutela jurisdicional como "o conjunto de medidas estabelecidas pelo legislador processual a fim de conferir efetividade a uma situação da vida amparada pelo direito substancial".[179]

A grandeza do processualista moderno, portanto, está na capacidade de conseguir adequar a ciência processual às transformações ocorridas na sociedade, devendo a perspectiva individualista da *fase conceitual* ceder lugar à nova realidade eminentemente **crítica** e preocupada com os **resultados práticos do processo** e a **utilidade das decisões**.

A sociedade de massa requer um instrumental adequado aos seus anseios e necessidades, devendo-se repensar, por conseguinte, diversos institutos processuais, além, é claro, de estimular a construção de um **novo processo coletivo**, com regras próprias e adequadas. Nas palavras de Cappelletti, "os direitos e os deveres não se apresentam mais, como nos Códigos tradicionais, de inspiração individualística-liberal, como direitos e deveres essencialmente individuais, mas metaindividuais e coletivos".[180]

---

177 Pedro Lenza, *Teoria geral da ação civil pública*, 3. ed., p. 326-330.

178 José Roberto dos Santos Bedaque, *Direito e processo*, p. 26. Dinamarco, em razão do caráter abstrato do direito de ação, fala em uma *escalada de intensidade* até o atingimento final da almejada tutela jurisdicional efetiva. E explica: "Existe, como se vê, uma escalada de intensidade entre os poderes e faculdades de que o Estado municia as pessoas para a defesa judicial de seus interesses, de modo que: a) todos têm a faculdade de ingressar em juízo, independentemente de terem o direito alegado e mesmo de serem amparados pelas condições da ação; b) tem o poder de exigir o provimento jurisdicional final quem estiver amparado pelas condições da ação, quer tenha ou não o direito subjetivo material alegado; c) só tem direito à tutela jurisdicional quem reunir as condições e ainda desfrutar do direito subjetivo material alegado (no processo de conhecimento, fará jus à sentença favorável)" (C. R. Dinamarco, *Execução civil*, p. 371).

179 J. R. dos S. Bedaque, op. cit., p. 31.

180 Mauro Cappelletti, Formações sociais e interesses coletivos diante da justiça civil, *RePro* 5/133. Com precisão, em texto clássico e consagrado sobre a matéria, Barbosa Moreira observa que "as

Reforçando o acima exposto, a técnica deve encontrar o seu espaço e medida adequados, a fim de servir de instrumento à realização do direito material, implementando aquilo que Watanabe denominou de *instrumentalidade substancial do processo.*

A experiência adquirida pela *geração anterior de processualistas*, preocupada com a construção dogmática da ciência processual, responsável pela consolidação do direito processual como verdadeira ciência autônoma, tendo por grande representante Alfredo Buzaid, conforme identifica Barbosa Moreira, não deve ser totalmente esquecida ou desprezada pela *geração atual*, na qual o mestre carioca, conforme ele mesmo diz, enquadra-se. A atual geração de processualistas deve se valer da experiência anterior (*fase autonomista ou conceitual*, marca principal da *geração buzaidiana*) e, não a renegando, aperfeiçoá-la, em verdadeiro sentido de *complementação.* A técnica, segundo a tendência da moderna geração de processualistas brasileiros, será, então, utilizada como instrumento a serviço de "valores mais elevados", destacando-se o *processo de resultados.*[181]

Diante do exposto e nos termos dos argumentos lançados, entendemos perfeitamente cabível a impetração de ***habeas corpus* coletivo**, esperando que a decisão da Corte no **HC 143.641** sirva de estímulo para que o legislador regulamente de vez esse instrumento, fundamental para efetiva proteção de direitos da sociedade de massa.

A título de informação e nessa linha de reflexo da decisão judicial no âmbito legislativo, conforme já destacamos (e esse tema deverá ser aprofundado nos livros de *direito penal* e *direito processual penal*), o Congresso Nacional aprovou a **Lei n. 13.769/2018** para estabelecer a substituição da prisão preventiva por prisão domiciliar da mulher gestante ou que for mãe ou responsável por crianças ou pessoas com deficiência (cf. art. 318-A do CPP).

Enquanto o Parlamento não materializa o *habeas corpus* coletivo em esperada lei formal, partindo do precedente em análise (**HC 143.641**, reconhecido como "via processual legítima, racional, adequada e isonômica na tutela do direito à liberdade ambulatorial"), a 2.ª T. do STF vem admitindo o seu cabimento, destacando-se o extraordinário e combativo papel desempenhado pelas Defensorias Públicas:

- **HC 143.988:** ordem concedida para "determinar que as unidades de execução de medida socioeducativa de internação de adolescentes não ultrapassem a capa-

---

armas do arsenal jurídico herdado de outros tempos" mostram-se pouco eficazes diante dos novos conflitos da sociedade de massa. "Torna-se indispensável um trabalho de adaptação, que afeiçoe às realidades atuais o instrumento forjado nos antigos moldes; ou antes, em casos extremos, um esforço de imaginação criadora, que invente novas técnicas para a tutela efetiva de interesses cujas dimensões extravasam o quadro bem definido das relações interindividuais" (A ação popular do direito brasileiro como instrumento de tutela jurisdicional dos chamados "interesses difusos", *Temas de direito processual*, p. 110).

181 A fixação e a identificação de *duas gerações de processualistas* devem-se a Barbosa Moreira. Cf. o seu discurso de posse na *Academia Brasileira de Letras Jurídicas*, proferido em 07.04.1992 e publicado em Duas gerações de processualistas brasileiros, *Temas de direito processual*. 5.ª série, p. 243-249, passim, esp. p. 246-247.

cidade projetada de internação prevista para cada unidade, nos termos da impetração e extensões" (2.ª T., j. 24.08.2020, *DJE* de 04.09.2020);

- **HC 165.704:** ordem concedida para determinar a substituição da prisão cautelar por domiciliar dos pais e responsáveis por crianças menores de 12 anos e pessoas com deficiência, desde que cumpridos os requisitos previstos no artigo 318 do CPP e outras condicionantes" (2.ª T., j. 20.10.2020);
- **HC 172.136:** ordem concedida para assegurar a todos os detentos do país o direito à saída da cela por no mínimo 2 horas por dia para banho de sol (2.ª T., j. 10.10.2020, *DJE* de 01.12.2020).
- **HC 188.820:** medida liminar deferida pelo Min. Fachin para "determinar que os magistrados do país reavaliem a situação de pessoas encarceradas nos termos da Recomendação n. 62/2020 do Conselho Nacional de Justiça (CNJ), enquanto durar o estado de calamidade pública decorrente da pandemia da Covid-19" (referendo da liminar pela 2.ª T. do STF marcado para o dia 05.02.2021).

14.11.3. Mandado de segurança (art. 5.º, LXIX)

14.11.3.1. Introdução

O mandado de segurança, criação brasileira, é uma ação constitucional de natureza civil, qualquer que seja a do ato impugnado, seja ele administrativo, seja ele jurisdicional, criminal, eleitoral, trabalhista etc.

Restringido o alcance da "teoria brasileira do *habeas corpus*" pela reforma constitucional de 1926, sob forte influência da doutrina e jurisprudência da época, que buscavam nas ações possessórias instrumentos para suprir a lacuna deixada pela aludida reforma, o mandado de segurança é constitucionalizado em 1934, sendo introduzido na Carta Maior e permanecendo nas posteriores, com exceção da de 1937. Suas regras gerais foram regulamentadas pela Lei n. 1.533, de 31.12.1951 e outros tantos dispositivos, estando, atualmente, disciplinado na **Lei n. 12.016, de 07.08.2009**, objeto de vários questionamentos nas ADIs 4.296 e 4.403, esta última julgada improcedente **(matéria pendente)**.

Podemos, pois, identificar como fonte imediata de inspiração do mandado de segurança, no direito brasileiro, a "teoria brasileira do *habeas corpus*", podendo ser destacado, ainda, o art. 13 da Lei n. 221/1894 (ação anulatória de atos da Administração) e o instituto dos interditos possessórios.

Indiretamente, no direito estrangeiro, cumpre mencionar o *habeas corpus* e os *writs* do direito anglo-americano, bem como o *juicio de amparo* do direito mexicano.[182]

[182] José da Silva Pacheco, *Mandado de segurança e outras ações constitucionais típicas*, 4. ed., p. 124-148. Destaca o autor, na **Inglaterra**, "... *a*) o *mandamus*, para mandar a autoridade que não observou a norma obrigatória a cumpri-la; *b*) o *proibition*, para obstar que a autoridade pratique uma ilegalidade ou viole uma regra de direito; *c*) o *certiorari*, para anular ato ilegal; *d*) o *quo warranto*, para conferir a legalidade da investidura em um cargo público; e *e*) o *habeas corpus*, para impedir a prisão ou detenção ilegal". Nos **EUA**, além dos *writs* já citados, o *mandatory injunction* (para praticar o ato) e *prohibitory injunction* (para não praticar o ato) (op. cit., p. 131-132). No **México**, lembra que o *juicio de amparo*, no início, servia para "... conhecer reclamações contra os atos

14.11.3.2. *Esquematização da evolução histórica do "MS" no constitucionalismo brasileiro*[183]

DISPOSITIVO	CONTEÚDO/CARACTERÍSTICA
Constituição de 1934 (art. 113, n. 23)	"Dar-se-á mandado de segurança para defesa do direito, **certo e incontestável**, ameaçado ou violado por ato manifestamente **inconstitucional** ou **ilegal** de qualquer autoridade. O processo será o mesmo do *habeas corpus*, devendo ser sempre ouvida a pessoa de direito público interessada. O mandado não prejudica as ações petitórias competentes." (regulamentação pela Lei n. 191, de 16.01.1936)
Constituição de 1937	**Não** havia previsão expressa da garantia do "MS" na Constituição de **1937**. A doutrina e a jurisprudência, contudo, encontravam na *Lei n. 191/36* os instrumentos contra os atos ilegais e violadores de direito individual.
Constituição de 1946 (art. 141, § 24)	"Para proteger direito **líquido e certo** não amparado por *habeas corpus*, conceder-se-á mandado de segurança, seja qual for a autoridade responsável pela **ilegalidade** ou **abuso de poder.**"
Constituição de 1967 (art. 150, § 21)	"Conceder-se-á mandado de segurança para proteger direito **individual líquido e certo** não amparado por *habeas corpus*, seja qual for a autoridade responsável pela **ilegalidade** ou **abuso de poder.**"
EC n. 1/69 (art. 153, § 21) (redação idêntica à da Const./67)	"Conceder-se-á mandado de segurança para proteger direito **individual líquido e certo** não amparado por *habeas corpus*, seja qual for a autoridade responsável pela **ilegalidade** ou **abuso de poder.**"
Constituição de 1988 (art. 5.º, LXIX)	"Conceder-se-á mandado de segurança para proteger **direito líquido e certo**, não amparado por *habeas corpus* ou *habeas data*, quando o responsável pela **ilegalidade** ou **abuso de poder** for autoridade pública ou agente de pessoa jurídica no exercício de atribuições do Poder Público."

14.11.3.3. *Abrangência*

O constituinte de 1988 assim o definiu: "conceder-se-á mandado de segurança para proteger **direito líquido e certo**, **não** amparado por *habeas corpus* ou *habeas data*, quando o responsável pela **ilegalidade ou abuso de poder** for autoridade pública ou agente de pessoa jurídica no exercício de atribuições do Poder Público" (art. 5.º, LXIX).

Dessa forma, excluindo a proteção de direitos inerentes à **liberdade de locomoção** e ao **acesso ou retificação de informações** relativas à pessoa do impetrante, constantes de registros ou bancos de dados de entidades governamentais ou de caráter público, através do mandado de segurança busca-se a invalidação de atos de autoridade ou a supressão dos efeitos da omissão administrativa, geradores de lesão a direito líquido e certo, por ilegalidade ou abuso de poder.

---

do Poder Executivo e do Legislativo... Visava, de início, ao controle da constitucionalidade das leis e atos administrativos, mas depois estendeu-se, também, ao controle da legalidade dos atos de todas as autoridades, até mesmo as judiciárias" (op. cit., p. 133-138). Cf., ainda, comparando o MS brasileiro com o *juicio de amparo*, Héctor Fix Zamudio, Alejandro Ríos Espinoza, Niceto Alcalá-Zamora, *Tres estudios sobre el mandato de seguridad brasileño*, passim.

[183] Interessante notar que é no texto de 1988 que, além da exceção do "HC", pela primeira vez se faz exceção também ao *habeas data*. O motivo é simples: o **"HD"** surge pela primeira vez, como já visto, no texto de 1988.

■ 14.11.3.4. Direito líquido e certo

O direito líquido e certo é aquele que pode ser demonstrado de plano mediante prova pré-constituída, sem a necessidade de dilação probatória. Trata-se de direito "manifesto na sua existência, delimitado na sua extensão e apto a ser exercitado no momento da impetração".[184]

Importante lembrar a correção feita pela doutrina em relação à terminologia empregada pela Constituição, na medida em que todo direito, se existente, já é líquido e certo. Os fatos é que deverão ser líquidos e certos para o cabimento do *writ*.[185]

■ 14.11.3.5. Ilegalidade ou abuso de poder

O cabimento do mandado de segurança dá-se quando perpetrada **ilegalidade ou abuso de poder** por autoridade pública ou agente de pessoa jurídica no exercício de atribuições do Poder Público.

Quanto a esses dois requisitos pondera Michel Temer, com precisão: "O mandado de segurança é conferido aos indivíduos para que eles se defendam de atos ilegais ou praticados com *abuso de poder*. Portanto, tanto os atos vinculados quanto os atos discricionários são atacáveis por mandado de segurança, porque a Constituição Federal e a lei ordinária, ao aludirem a *ilegalidade*, estão se referindo ao *ato vinculado*, e ao se referirem a *abuso de poder* estão se reportando ao *ato discricionário*".[186]

■ 14.11.3.6. Legitimidade ativa e passiva

O **legitimado ativo, sujeito ativo, impetrante** é o detentor de "direito líquido e certo não amparado por *habeas corpus* ou *habeas data*". Assim, dentro do rol "detentor de direito líquido e certo" incluem-se: pessoas físicas (brasileiras ou não, residentes ou não, domiciliadas ou não), jurídicas, órgãos públicos despersonalizados, porém com capacidade processual (Chefias dos Executivos, Mesas do Legislativo), universalidades de bens e direitos (espólio, massa falida, condomínio), agentes políticos (governadores, parlamentares), o Ministério Público etc.

Já o **legitimado passivo, sujeito passivo, impetrado** é a autoridade coatora, responsável pela ilegalidade ou abuso de poder, autoridade pública ou agente de pessoa jurídica no exercício de atribuições do Poder Público.

De acordo com o art. 6.º, § 3.º, da Lei n. 12.016/2009, considera-se autoridade coatora aquela que tenha praticado o ato impugnado ou da qual emane a ordem para a sua prática.

---

184 Hely Lopes Meirelles, *Mandado de segurança, ação popular, ação civil pública, mandado de injunção, "habeas corpus"*, p. 34-35.

185 "A atual expressão *direito líquido e certo* substitui a precedente, da legislação criadora do mandado de segurança, *direito certo e incontestável*. Nenhuma satisfaz. Ambas são impróprias e de significação equívoca (...). O direito, quando existente, é sempre líquido e certo; os fatos é que podem ser imprecisos e incertos, exigindo comprovação e esclarecimentos para propiciar a aplicação do Direito invocado pelo postulante" (H. L. Meirelles, *Mandado de segurança...*, cit., p. 34).

186 *Elementos de direito constitucional*, p. 179.

Equiparam-se às autoridades os representantes ou órgãos de partidos políticos e os administradores de entidades autárquicas, bem como os dirigentes de pessoas jurídicas ou as pessoas naturais no exercício de atribuições do poder público, somente no que disser respeito a essas atribuições (art. 1.º, § 1.º).

A lei deixa claro que não cabe mandado de segurança contra os atos de gestão comercial praticados pelos administradores de empresas públicas, de sociedade de economia mista e de concessionárias de serviço público (art. 1.º, § 2.º).

14.11.3.7. Competência

A **competência** para processar e julgar o mandado de segurança dependerá da categoria da autoridade coatora e sua sede funcional, sendo definida nas leis infraconstitucionais, bem como na própria CF.

No tocante à competência do mandado de segurança contra atos e omissões de Tribunais, observa Moraes: "o Supremo Tribunal Federal carece de competência constitucional originária para processar e julgar mandado de segurança impetrado contra qualquer ato ou omissão de Tribunal Judiciário, tendo sido o art. 21, VI, da Lei Orgânica da Magistratura Nacional (Loman) inteiramente recepcionado. Por essa razão, a jurisprudência do Supremo é pacífica em reafirmar a competência dos próprios Tribunais para processarem e julgarem os mandados de segurança impetrados contra seus atos e omissões".[187] O mesmo se aplica ao STJ, conforme a Súmula 41. Cf., ainda, a Súmula 624/STF ("não compete ao Supremo Tribunal Federal conhecer originariamente de mandado de segurança contra atos de outros tribunais").

14.11.3.8. Algumas outras observações

O mandado de segurança pode ser **repressivo** de ilegalidade ou abuso de poder já praticados, ou **preventivo**, quando estivermos diante de ameaça a violação de direito líquido e certo do impetrante. Muitas vezes, para evitar o perecimento do objeto, o impetrante poderá solicitar concessão de liminar.

Nos termos do art. 7.º, III, da Lei n. 12.016/2009, ao despachar a inicial, o juiz ordenará que se suspenda o ato que deu motivo ao pedido, quando houver fundamento relevante e do ato impugnado puder resultar a ineficácia da medida, caso seja finalmente deferida, sendo facultado exigir do impetrante caução, fiança ou depósito, com o objetivo de assegurar o ressarcimento à pessoa jurídica.

Nos termos do art. 7.º, § 2.º, da referida lei, não será concedida medida liminar que tenha por objeto a compensação de créditos tributários, a entrega de mercadorias e bens provenientes do exterior, a reclassificação ou equiparação de servidores públicos e a concessão de aumento ou a extensão de vantagens ou pagamento de qualquer natureza.

O prazo para impetração do mandado de segurança, de acordo com o art. 23 da lei, é de **120 dias**, contado da ciência, pelo interessado, do ato a ser impugnado.

[187] Alexandre de Moraes, *Direito constitucional*, p. 157-158.

Analisando a lei anterior (art. 18 da revogada Lei n. 1.533/51), que também fazia previsão do prazo decadencial de 120 dias, o STF já havia se posicionado, considerando perfeitamente possível o estabelecimento de **prazo decadencial** pela lei do mandado de segurança, mesmo porque o que se opera é a extinção do prazo para impetrar o *writ,* e não a extinção do próprio direito subjetivo, que poderá ser amparado por qualquer outro meio ordinário de tutela jurisdicional (*vide* STF, RMS 21.362, 14.04.1992, *DJU* de 26.06.1992, e S. 632/STF).

A jurisprudência vem consagrando determinadas posições em relação ao mandado de segurança, tendo sido algumas incorporadas na lei.

Não havendo previsão normativa, ou até contrariando os arts. 485, § 4.º,[188] e 487, III, "c",[189] do CPC/2015, o Pleno do STF, em caso específico, entendeu que "o **impetrante pode desistir de mandado de segurança a qualquer tempo**, mesmo que proferida decisão de mérito a ele favorável, e sem anuência da parte contrária", mas desde que não tenha havido trânsito em julgado da decisão. Dentre os argumentos está a possibilidade de discussão do direito nas vias ordinárias, além de se ter a segurança de se coibir a má-fé com os instrumentos próprios.

Outro fundamento a confirmar a possibilidade de desistência de mandado de segurança após decisão de mérito foi o reconhecimento de que o *writ*, "enquanto ação constitucional, com base em alegado direito líquido e certo frente a ato ilegal ou abusivo de autoridade, não se revestiria de lide, em sentido material" (**RE 669.367**, Rel. orig. Min. Luiz Fux, red. p/ o acórdão Min. Rosa Weber, j. 02.05.2013, Pleno, *DJE* de 30.10.2014).

14.11.4. Mandado de segurança coletivo (art. 5.º, LXX)

14.11.4.1. Regras gerais

A grande diferença entre o mandado de segurança individual e o coletivo (este criado pela CF/88) reside em seu **objeto** e na **legitimação ativa**. As ponderações sobre "direito líquido e certo", "ilegalidade e abuso de poder", "legitimação passiva", "campo residual", já analisadas quando tratamos do mandado de segurança individual, deverão ser aqui adotadas no estudo do mandado de segurança coletivo. Passemos, então, às regras específicas sobre o objeto (coletivo *lato sensu*) e sobre a legitimação ativa, que, como veremos, operar-se-á por substituição processual.

14.11.4.2. Objeto, legitimidade ativa e objetivos

14.11.4.2.1. Objeto

Com o mandado de segurança coletivo, visa-se a proteção de direito líquido e certo, não amparado por *habeas corpus* ou *habeas data* (campo residual), contra atos ou omissões ilegais ou com abuso de poder de autoridade, buscando a preservação

[188] **Art. 485, § 4.º, CPC/2015:** "Oferecida a contestação, o autor não poderá, sem o consentimento do réu, desistir da ação".

[189] **Art. 487, III, "c", CPC/2015:** "Haverá resolução de mérito quando o juiz homologar a renúncia à pretensão formulada na ação ou na reconvenção".

(preventivo) ou reparação (repressivo) de interesses transindividuais, sejam os **individuais homogêneos**, sejam **coletivos**.

O art. 21, parágrafo único, da Lei n. 12.016/2009, na linha do que já conceituava o CDC, define:

- **individuais homogêneos:** assim entendidos, para efeito desta lei, os decorrentes de origem comum e da atividade ou situação específica da totalidade, ou de parte dos associados ou membros do impetrante;
- **coletivos:** assim entendidos, para efeito desta lei, os transindividuais, de natureza indivisível, de que seja titular grupo ou categoria de pessoas ligadas entre si ou com a parte contrária por uma relação jurídica básica.

14.11.4.2.2. *Legitimidade ativa*

O mandado de segurança coletivo pode ser impetrado por (art. 5.º, LXX):

- partido político com representação no Congresso Nacional;
- organização sindical, entidade de classe ou associação, desde que estejam legalmente constituídas e em funcionamento há pelo menos 1 ano, em defesa dos interesses de seus membros ou associados.[190]

14.11.4.2.2.1. *Partidos políticos*

No tocante aos **partidos políticos**, bastará a existência de um único parlamentar na Câmara ou Senado, filiado ao partido, para que se configure a "representação no Congresso Nacional".

A questão discutida é: os partidos políticos poderão representar somente seus filiados e na defesa de, apenas, direitos políticos? Entendemos que não, podendo defender qualquer direito inerente à sociedade, pela própria natureza do direito de representação previsto no art. 1.º, parágrafo único.

CUIDADO: essa, todavia, não é a orientação adotada pelo STJ,[191] em nosso entender, *data venia*, restritiva do previsto na CF, burlando o objetivo maior de defesa da sociedade, já que o constituinte originário não previu outra limitação à atuação dos partidos políticos a não ser a representação no Congresso Nacional. Conforme

---

[190] Cf. Súmulas 629 e 630/STF: "a impetração de mandado de segurança coletivo por entidade de classe em favor dos associados independe da autorização destes" (S. 629/STF); "a entidade de classe tem legitimação para o mandado de segurança ainda quando a pretensão veiculada interesse apenas a uma parte da respectiva categoria" (S. 630/STF). Nesse sentido, o art. 21 da Lei n. 12.016/2009: "O mandado de segurança coletivo pode ser impetrado por partido político com representação no Congresso Nacional, na defesa de seus interesses legítimos relativos a seus integrantes ou à finalidade partidária, ou por organização sindical, entidade de classe ou associação legalmente constituída e em funcionamento há, pelo menos, 1 (um) ano, em defesa de direitos líquidos e certos da totalidade, ou de parte, dos seus membros ou associados, na forma dos seus estatutos e desde que pertinentes às suas finalidades, dispensada, para tanto, autorização especial".

[191] "Quando a Constituição autoriza um partido político a impetrar mandado de segurança coletivo, só pode ser no sentido de defender os seus filiados e em questões políticas, ainda assim, quando autorizado

estabelece o art. 21 da Lei n. 12.016/2009 o mandado de segurança coletivo pode ser impetrado por **partido político** com representação no Congresso Nacional na defesa de seus interesses legítimos relativos:

- **a seus integrantes; ou**
- **à finalidade partidária.**

14.11.4.2.2.2. *Organizações sindicais, entidades de classe e associações*

Já as **organizações sindicais**, **entidades de classe** e **associações** deverão preencher os seguintes requisitos constitucionais:

- estar legalmente constituídas;
- atuar na defesa dos interesses dos seus membros ou associados.

O requisito de **estarem em funcionamento há pelo menos 1 ano** é **exclusivo** das **associações**, não sendo exigida referida pré-constituição ânua para os partidos políticos, organizações sindicais e entidades de classe.

"Tratando-se de mandado de segurança coletivo impetrado por sindicato, é indevida a exigência de um ano de constituição e funcionamento, porquanto **esta restrição destina-se apenas às associações**, nos termos do art. 5.º, LXX, 'b', *in fine*, da CF..." (RE 198.919-DF, Rel. Min. Ilmar Galvão, 15.06.1999, *Inf. 154/STF*).

Acompanhando jurisprudência do STF, entendemos que não há necessidade de autorização específica dos membros ou associados, desde que **haja previsão expressa no estatuto social**.

Ao se referir à defesa dos interesses dos membros ou associados, a Constituição determinou a necessária existência de **pertinência temática** do objeto da ação coletiva com os objetivos institucionais do sindicato, entidade de classe ou associação.

Cuida-se de verdadeira **substituição processual** (legitimação extraordinária) das entidades representando direitos alheios de seus associados.

Por fim, tendo em vista a relevância da matéria, destaca-se (*Inf. 431/STF*): "concluído julgamento de uma série de recursos extraordinários nos quais se discutia sobre o âmbito de incidência do inciso III do art. 8.º da CF/88 ('ao sindicato cabe a defesa dos direitos e interesses coletivos ou individuais da categoria, inclusive em questões judiciais e administrativas') (...), conheceu dos recursos e lhes deu provimento para reconhecer que o referido dispositivo assegura **ampla legitimidade ativa *ad causam* dos sindicatos como substitutos processuais das categorias que representam na defesa de direitos e interesses coletivos ou individuais de seus integrantes**" (RE 193.503/SP, RE 193.579/SP, RE 208.983/SC, RE 210.029/RS,

---

por lei ou pelo estatuto. Impossibilidade de dar a um partido político legitimidade para vir a Juízo defender 50 milhões de aposentados, que não são, em sua totalidade, filiados ao partido e que não autorizaram o mesmo a impetrar mandado de segurança em nome deles" (STJ, MS 197/DF, 20.08.1990, *RSTJ*, 12/215).

RE 211.874/RS, RE 213.111/SP, RE 214.668/ES, Rel. orig. Min. Carlos Velloso, Rel. p/ acórdão Min. Joaquim Barbosa, 12.06.2006).

■ *14.11.4.2.3. Objetivos*

Os dois objetivos buscados com a criação do mandado de segurança coletivo, no entender de Michel Temer, são:[192]

- fortalecimento das organizações classistas;
- "pacificar as relações sociais pela solução que o Judiciário dará a situações controvertidas que poderiam gerar milhares de litígios com a consequente desestabilização da ordem social".

■ 14.11.5. Mandado de injunção (art. 5.º, LXXI)

■ *14.11.5.1. Aspectos gerais*

A Constituição dispõe que se concederá mandado de injunção sempre que a falta de norma regulamentadora torne inviável o exercício dos direitos e liberdades constitucionais e das prerrogativas inerentes à nacionalidade, à soberania e à cidadania.

Trata-se, assim como o mandado de segurança coletivo e o *habeas data*, de remédio constitucional **introduzido** pelo **constituinte originário de 1988**.

Os dois requisitos constitucionais para o mandado de injunção são, portanto:

- norma constitucional de **eficácia limitada**, prescrevendo **direitos, liberdades constitucionais** e **prerrogativas** inerentes à nacionalidade, à soberania e à cidadania;
- falta de norma regulamentadora, tornando inviável o exercício dos direitos, liberdades e prerrogativas acima mencionados (omissão).

Dessa forma, tal como a *ADO — ação direta de inconstitucionalidade por omissão* (já estudada no *item 6.7.4*), o mandado de injunção surge para "curar" uma "doença" denominada **síndrome de inefetividade das normas constitucionais**, vale dizer, normas constitucionais que, de imediato, no momento em que a Constituição entra em vigor (ou diante da introdução de novos preceitos por emendas à Constituição, ou na hipótese do art. 5.º, § 3.º), não têm o condão de produzir todos os seus efeitos, necessitando de ato normativo integrativo e infraconstitucional.

Trata-se, portanto, de normas constitucionais de **eficácia limitada, aplicabilidade mediata e reduzida**, dividindo-se em dois grupos: *a) normas de eficácia limitada, declaratórias de princípios institutivos ou organizativos*: normalmente criam órgãos (arts. 91, 125, § 3.º, 131...); *b) normas declaratórias de princípios programáticos*: veiculam programas a serem implementados pelo Estado (ex.: arts. 196, 215, 218, *caput*...).

Dentre as várias distinções, Dirley da Cunha Júnior, em importante monografia sobre o tema das omissões do Poder Público, observa que "o mandado de injunção

[192] *Elementos de direito constitucional*, p. 203.

foi concebido como instrumento de controle concreto ou incidental de constitucionalidade da omissão, voltado à tutela de direitos subjetivos. Já a ação direta de inconstitucionalidade por omissão foi ideada como instrumento de controle abstrato ou principal de constitucionalidade da omissão, empenhado na defesa objetiva da Constituição. Isso significa que o mandado de injunção é uma ação constitucional de *garantia individual*, enquanto a ação direta de inconstitucionalidade por omissão é uma ação constitucional de *garantia da Constituição*".[193]

Contudo, partindo dessa precisa constatação lembrada por Dirley, temos de trazer uma informação importante. Depois de mais de 27 anos de vigência da CF/88, fruto do *II Pacto Republicano de Estado por um Sistema de Justiça mais Acessível, Ágil e Efetivo*, assinado em abril de 2009 pelos então Presidentes da República, Luiz Inácio Lula da Silva, do Senado Federal, José Sarney, da Câmara dos Deputados, Michel Temer, e do STF, Min. Gilmar Mendes, que coordenou o grupo dos representantes do Poder Judiciário no *Comitê Executivo do Pacto*, também integrado pelo Min. Teori Zavascki, finalmente, foi editada a **Lei n. 13.300, de 23.06.2016 (LMI)**, que disciplina o processo e o julgamento dos **mandados de injunção individual** e **coletivo**, nos termos do inciso **LXXI** do **art. 5.º** da **Constituição Federal**.

Muito embora não previsto expressamente na Constituição, o STF já admitia o MI coletivo, à semelhança do MS coletivo, havendo, agora, previsão explícita na lei. Nessa linha, o art. 14 da LMI determina a aplicação subsidiária das normas do mandado de segurança (individual e coletivo — Lei n. 12.016/2009) e do CPC.

E, então, a informação importante: ao tratar dos efeitos da decisão, o legislador manteve a concepção inicial apontada por Dirley da Cunha Júnior, ao afirmar que a decisão terá eficácia subjetiva limitada às partes, mas **inovou**, ampliando, prescrevendo, também, a possibilidade de eficácia *ultra partes* ou *erga omnes*, como se verá a seguir.

■ *14.11.5.2. Omissão total ou parcial*

Partindo do texto constitucional, o art. 2.º da Lei n. 13.300/2016 estabelece que será concedido mandado de injunção sempre que a falta **total** ou **parcial** de norma regulamentadora torne inviável o exercício dos direitos e liberdades constitucionais e das prerrogativas inerentes à nacionalidade, à soberania e à cidadania.

A **omissão** é **total** quando a **inércia** é **absoluta**, ou seja, o preceito constitucional de eficácia limitada não foi disciplinado. Por sua vez, considera-se **parcial** a regulamentação quando forem **insuficientes** as normas editadas pelo órgão legislador competente.

Como exemplo de **omissão total**, podemos citar o **art. 37, VII**, da CF/88, que assegura o direito de greve ao servidor público, a ser exercido nos termos e nos limites definidos em lei específica. Até hoje essa lei não foi editada! Muito embora exis-

[193] Dirley da Cunha Júnior, *Controle das omissões do Poder Público*, p. 553.

ta de projeto de lei no Senado objetivando regulamentar a Constituição **(PLS n. 710/2011)**, estamos diante de inequívoca e criticável *inertia deliberandi* a caracterizar a omissão constitucional e, portanto, o cabimento das ações de controle.

Por sua vez, como exemplo de **omissão parcial** destacamos a regulamentação do **art. 7.º, IV**, que assegura o direito ao salário mínimo. Certamente, o valor estabelecido não é suficiente para atender todas as necessidades previstas na Constituição. Isso quer dizer que o legislador infraconstitucional regulamentou de modo insuficiente.

■ *14.11.5.3. Legitimidade ativa*

A) Mandado de injunção individual

São legitimados ativos para o **mandado de injunção individual**, como **impetrantes**, as **pessoas naturais** ou **jurídicas** que se afirmam titulares dos direitos e liberdades constitucionais e das prerrogativas inerentes à nacionalidade, à soberania e à cidadania.

E pessoa jurídica de direito público, pode impetrar o MI?

Trata-se de situação **distinta** daquela do *MI coletivo* estudada abaixo. Nesta hipótese da pergunta, a pessoa jurídica de direito público impetraria o MI em seu próprio nome e tendo por fundamento a falta de norma da Constituição que inviabilize, **para a entidade de direito público**, o exercício de direitos, liberdades e prerrogativas inerentes à nacionalidade, à soberania e à cidadania.

Embora exista decisão não admitindo a legitimação ativa da pessoa jurídica de direito público para a impetração do MI (MI 537/SC, *DJ* de 11.09.2001), o STF parece ter superado esse entendimento anterior, nos termos do **MI 725**.

No caso concreto, entendeu o STF, nos termos do voto do relator, Min. Gilmar Mendes, tendo por fundamento o "recurso de amparo" do direito ibero-americano, que "não se deve negar aos municípios, peremptoriamente, a titularidade de direitos fundamentais (...) e a eventual possibilidade das ações constitucionais cabíveis para a sua proteção". Assim, destacando que as pessoas jurídicas de direito público podem ser titulares de direitos fundamentais, "parece bastante razoável a hipótese em que o município, diante de omissão legislativa inconstitucional impeditiva do exercício desse direito, se veja compelido a impetrar mandado de injunção" (cf. *Inf. 466/STF* — j. 10.05.2007, *DJ* de 28.05.2007).

A previsão ampla de **"pessoas jurídicas"** como impetrantes no art. 3.º da LMI parece legitimar esse entendimento do STF.

B) Mandado de injunção coletivo

Por sua vez, são legitimados ativos para a impetração do **mandando de injunção coletivo**, como **impetrantes:**

- **Ministério Público:** quando a tutela requerida for especialmente relevante para a defesa da ordem jurídica, do regime democrático ou dos interesses sociais ou individuais indisponíveis;

- **partido político com representação no Congresso Nacional:** para assegurar o exercício de direitos, liberdades e prerrogativas de seus integrantes ou relacionados com a finalidade partidária;
- **organização sindical, entidade de classe ou associação legalmente constituída e em funcionamento há pelo menos 1 ano:** para assegurar o exercício de direitos, liberdades e prerrogativas em favor da totalidade ou de parte de seus membros ou associados, na forma de seus estatutos e desde que pertinentes a suas finalidades, dispensada, para tanto, autorização especial;
- **Defensoria Pública:** quando a tutela requerida for especialmente relevante para a promoção dos direitos humanos e a defesa dos direitos individuais e coletivos dos necessitados, na forma do inciso LXXIV do art. 5.º da Constituição Federal.

Observa-se, portanto, que a LMI (art. 12, I a IV) **amplia** a previsão dos legitimados ativos para a promoção do mandado de injunção coletivo em comparação à legislação que disciplina o mandado de segurança coletivo (art. 21 da Lei n. 12.016/2009), em relação ao Ministério Público e à Defensoria Pública.

14.11.5.4. *Legitimidade passiva*

O mandado de injunção individual ou coletivo deverá ser impetrado contra o **Poder**, o **órgão** ou a **autoridade** com **atribuição para editar a norma regulamentadora**.

A petição inicial deverá preencher os requisitos estabelecidos pela lei processual e indicará, além do órgão impetrado, a **pessoa jurídica** que ele **integra** ou aquela a que está **vinculado** (art. 4.º da LMI).

No caso de normas de iniciativa reservada, como, por exemplo, aquelas previstas no art. 61, § 1.º, em relação ao Presidente da República, o mandado de injunção deverá ser impetrado **também** em face do titular da referida iniciativa reservada, pois é ele que deve deflagrar (dar início) o processo legislativo, não podendo o Congresso Nacional atuar sem a sua provocação formal, sob pena de inconstitucionalidade do eventual ato normativo a ser editado (*vício formal propriamente dito subjetivo*).

14.11.5.5. *Competência*

A competência vem prevista na própria Constituição nos arts. 102, I, "q", 102, II, "a", 105, I, "h", 121, § 4.º, V, e 125, § 1.º:

- **102, I, "q":** compete ao **STF**, precipuamente, a guarda da Constituição, cabendo-lhe processar e julgar, originariamente, o mandado de injunção, quando a elaboração da norma regulamentadora for atribuição do Presidente da República, do Congresso Nacional, da Câmara dos Deputados, do Senado Federal, das Mesas de uma dessas Casas Legislativas, do Tribunal de Contas da União, de um dos Tribunais Superiores ou do próprio STF;

■ **102, II, "a":** compete ao **STF** processar e julgar em **recurso ordinário** o mandado de injunção decidido em única instância pelos Tribunais Superiores, se denegatória a decisão;

■ **105, I, "h":** compete ao **STJ** processar e julgar, originariamente, o mandado de injunção, quando a elaboração da norma regulamentadora for atribuição de órgão, entidade ou autoridade federal, da administração direta ou indireta, excetuados os casos de competência do STF e dos órgãos da Justiça Militar, da Justiça Eleitoral, da Justiça do Trabalho e da Justiça Federal;

■ **121, § 4.º, V:** competência atribuída ao **TSE** para julgar em grau de recurso mandado de injunção denegado pelo TRE;

■ **125, § 1.º:** estabelece que os Estados organizarão sua Justiça, observados os princípios estabelecidos na CF, sendo a competência dos tribunais definida na **Constituição do Estado**. Para se ter um exemplo, no Estado de São Paulo, o julgamento de mandado de injunção contra atos omissivos de autoridades estaduais e municipais é da competência originária do TJ (art. 74, V, da CE/SP — *vide RJTJSP* 176/92).

■ *14.11.5.6. Procedimento*

A petição inicial deverá preencher os requisitos estabelecidos pela lei processual e indicará, conforme vimos, além do órgão impetrado, a pessoa jurídica que ele integra ou aquela a que está vinculado.

Quando não for transmitida por meio eletrônico, a petição inicial e os documentos que a instruem serão acompanhados de tantas vias quantos forem os impetrados. Em se tratando de peticionamento eletrônico, não faz sentido a contrafé, pois, naturalmente, o impetrado terá acesso a todo o conteúdo da impetração.

Quando o documento necessário à prova do alegado encontrar-se em repartição ou estabelecimento público, em poder de autoridade ou de terceiro, havendo recusa em fornecê-lo por certidão, no original ou em cópia autêntica, será ordenada, a pedido do impetrante, a exibição do documento no prazo de 10 dias, devendo, nesse caso, ser juntada cópia à segunda via da petição.

Se a recusa em fornecer o documento for do impetrado, a ordem será feita no próprio instrumento da notificação.

Recebida a petição inicial, será ordenada:

■ a notificação do impetrado sobre o conteúdo da petição inicial, devendo-lhe ser enviada a segunda via apresentada com as cópias dos documentos, a fim de que, no prazo de 10 dias, preste informações;

■ a ciência do ajuizamento da ação ao órgão de representação judicial da pessoa jurídica interessada, devendo ser-lhe enviada cópia da petição inicial, para que, querendo, ingresse no feito.

A **petição inicial** será desde logo indeferida quando a **impetração** for **manifestamente incabível** ou **manifestamente improcedente**.

Da decisão de relator que indeferir a petição inicial, prescreve a lei, caberá **agravo**, em 5 dias, para o órgão colegiado competente para o julgamento da impetração.

Muito embora a lei do mandado de injunção seja posterior ao CPC/2015 e, ainda, legislação especial sobre o tema, dúvida surgirá se o prazo deve ser mesmo de 5 dias (úteis) ou se deverá ser aplicada a regra do art. 1.070, c/c o art. 1.021, do Código de Processo Civil, que estabelece o prazo de 15 dias úteis. Isso porque o art. 1.070 do CPC/2015 estabelece ser de 15 dias o prazo para a interposição de qualquer agravo, previsto em lei ou em regimento interno de tribunal, contra decisão de relator ou outra decisão unipessoal proferida em tribunal.

Findo o prazo para apresentação das informações, será ouvido o Ministério Público, que opinará em 10 dias, após o quê, com ou sem parecer, os autos serão conclusos para decisão.

■ *14.11.5.7. Efeitos da decisão*

No que respeita aos efeitos da decisão, várias posições já foram sustentadas pela doutrina e pela jurisprudência e, ainda, inovando, agora, nos termos da lei regulamentadora (Lei n. 13.300/2016), destacando-se os seguintes posicionamentos:

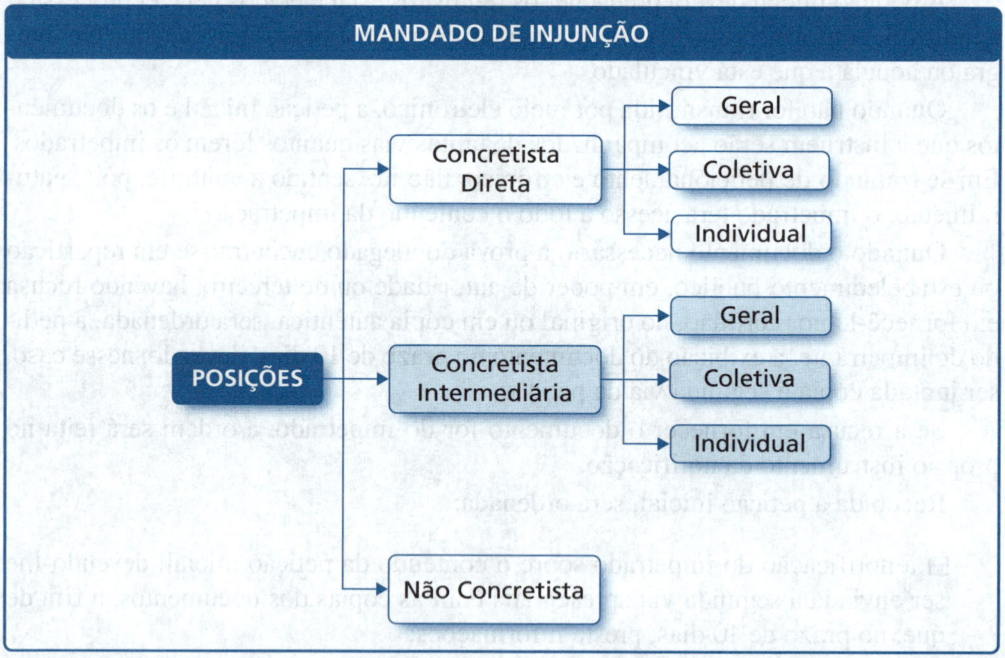

■ **posição concretista direta:** a concessão da ordem no MI "concretiza" o direito diretamente, independentemente de atuação do órgão omisso, até que a norma constitucional venha a ser regulamentada. A decisão vale ou para todos (*geral*) e, nesse caso, terá efeitos *erga omnes*, ou para um grupo, classe ou categoria de pessoas (*coletivo*), ou apenas para o impetrante, pessoa natural ou jurídica (*individual*);

- **posição concretista intermediária:** julgando procedente o mandado de injunção, o Judiciário fixa ao órgão omisso prazo para elaborar a norma regulamentadora. Findo o prazo e permanecendo a inércia, o direito passa a ser assegurado para todos (*geral*), para grupo, classe ou categoria de pessoas (*coletivo*) ou apenas para o impetrante, pessoa natural ou jurídica (*individual*);
- **posição não concretista:** a decisão apenas decreta a mora do Poder, órgão ou autoridade com atribuição para editar a norma regulamentadora, reconhecendo-se formalmente a sua inércia.

A posição **não concretista** foi a dominante no STF por muito tempo (*vide* MI 107 e MI 20).

Esse posicionamento sofreu as nossas críticas, na medida em que se tornaria inviável o exercício de direitos fundamentais na persistência da inércia normativa. A providência jurisdicional, nesses termos, mostrava-se **inócua**.

Avançando, o STF adotou em alguns casos a **posição concretista individual intermediária**, que correspondia à do Ministro Néri da Silveira, qual seja, fixar um prazo e comunicar ao órgão omisso para que elaborasse a norma naquele período. Decorrido *in albis* o prazo fixado, o autor passaria a ter o direito pleiteado (efeitos *inter partes*). (*Vide* MI 232-1-RJ, *RDA* 188/155.)

Posteriormente, em 30.08.2007, por unanimidade, o Pleno do STF, evoluindo o entendimento da Corte, acompanhou o voto do Ministro relator, Marco Aurélio, para deferir ao impetrante o direito à aposentadoria especial, aplicando-se ao servidor público, no que coubesse, as regras do regime geral da previdência social sobre aposentadoria especial, nos termos do art. 57 da Lei n. 8.213/91.[194] Passava o STF a adotar a **posição concretista direta individual**.

No julgamento do **MI 695/MA**, que questionava a mora do Legislativo em regulamentar o art. 7.º, XXI, da CF/88 (*aviso prévio proporcional*), o STF reconheceu que, "... não fosse o pedido da inicial, limitado a requerer a comunicação ao órgão competente para a imediata regulamentação da norma, seria talvez a **oportunidade de reexaminar a posição do Supremo em relação à natureza e à eficácia do mandado de injunção, nos termos do que vem sendo decidido no MI 670/ES**" (*v. Inf. 430/STF* e MI 695/MA, Rel. Min. Sepúlveda Pertence, j. 1.º.03.2007, *Inf. 457/STF*).[195]

---

[194] Em igual sentido, cf. **MI 758**, Rel. Min. Marco Aurélio, j. 1.º.07.2008, *DJE* de 26.09.2008. Cf., também, **MI 1.616**, Rel. Min. Celso de Mello, j. 04.11.2009, *DJE* de 11.11.2009, por este autor impetrado em nome da classe dos Auditores-Fiscais da Receita Federal do Brasil — AFRFB, autoridades fazendárias, fiscais e aduaneiras **(MI Coletivo)**. Em relação ao **tema da aposentadoria especial do servidor público**, após **reiteradas decisões** sobre essa matéria constitucional (cf., por exemplo, MI 721, MI 795, MI 788, MI 925, MI 1.328, MI 1.527, MI 2.120, MI 1.785, MI 4.158 AgR-segundo, MI 1.596 AgR, MI 3.215 AgR-segundo), o **STF** aprovou a *PSV n. 45* e, assim, editou, em 09.04.2014, a **SV 33**, com o seguinte teor: "aplicam-se ao servidor público, no que couber, as regras do regime geral da previdência social sobre aposentadoria especial de que trata o artigo 40, § 4.º, inciso III da Constituição Federal, **até a edição de lei complementar específica**" (*DJE* de 24.04.2014).

[195] Em relação ao tema, em momento seguinte, o STF julgou procedente o pedido formulado em várias impetrações para reconhecer a mora e garantir a concretização do direito previsto na Constituição

Na linha desse novo entendimento da Corte, destacamos, ainda, o julgamento dos **MIs 670, 708 e 712**, ajuizados, respectivamente, pelo Sindicato dos Servidores Policiais Civis do Estado do Espírito Santo (Sindpol), pelo Sindicato dos Trabalhadores em Educação do Município de João Pessoa (Sintem) e pelo Sindicato dos Trabalhadores do Poder Judiciário do Estado do Pará (Sinjep), buscando assegurar o direito de greve para seus filiados, tendo em vista a inexistência de lei regulamentando o art. 37, VII, da CF/88.

O STF, em importante decisão, por unanimidade, declarou a omissão legislativa e, por maioria, determinou a aplicação, no que coubesse, da lei de greve vigente no setor privado (Lei n. 7.783/89).

A aplicação da lei não se restringiu aos impetrantes, mas a todo o funcionalismo público (sobre o exercício do direito de greve pelos **policiais civis**, **não reconhecido** em momento seguinte pelo **STF**, cf. *item 13.7.9*). Assim, pode-se afirmar que o STF consagrou, em referido julgamento e de modo excepcional para aquele momento da jurisprudência, a **posição concretista geral**.[196]

Conforme anotou Gilmar Mendes, "o Tribunal adotou, portanto, uma moderada *sentença de perfil aditivo*, introduzindo modificação substancial na técnica de decisão da ação direta de inconstitucionalidade por omissão".[197]

Em relação ao tema da greve no funcionalismo público, importante deixar registrada a tese firmada pelo STF ao apreciar o **tema 531** da repercussão geral: "a administração pública deve proceder ao desconto dos dias de paralisação decorrentes do exercício do direito de greve pelos servidores públicos, em virtude da suspensão do vínculo funcional que dela decorre, permitida a compensação em caso de acordo. O desconto será, contudo, incabível se ficar demonstrado que a greve foi provocada por conduta ilícita do Poder Público" (**RE 693.456**, Plenário, 27.10.2016).

E qual foi a posição escolhida pelo legislador ao regulamentar a ação constitucional do mandando de injunção?

O art. 8.º da LMI estabelece que, reconhecido o estado de mora legislativa, será deferida a injunção para: a) determinar prazo razoável para que o impetrado promova a edição da norma regulamentadora; b) estabelecer as condições em que se dará o exercício dos direitos, das liberdades ou das prerrogativas reclamados ou, se for o caso, as condições em que poderá o interessado promover ação própria visando a exercê-los, caso não seja suprida a mora legislativa no prazo determinado. Esse prazo será dispensado quando comprovado que o impetrado deixou de atender, em mandado de injunção anterior, ao prazo estabelecido para a edição da norma.

O legislador optou, portanto, como **regra**, pela **posição concretista intermediária**, **individual** ou **coletiva**, autorizando a lei a adoção da posição concretista intermediária geral. Vejamos as posições adotadas:

---

e para o caso concreto (**MIs 943**, **1.010**, **1.074** e **1.090**, j. 22.06.2011). A matéria foi regulamentada pela **Lei n. 12.506/2011** (cf. discussão no *item 3.7.2.1*).

[196] Cf. MI 712, Rel. Min. Eros Grau, MI 708, Rel. Min. Gilmar Mendes, e MI 670, Rel. p/ o acórdão Min. Gilmar Mendes, j. 25.10.2007, *Inf. 485/STF*.

[197] *Tratado de direito constitucional*, v. 1, p. 313.

■ **concretista:** segue a linha da jurisprudência do STF, concretizando o direito fundamental.

■ **intermediária:** o legislador foi mais conservador do que vinham sendo as decisões da Corte, que eram diretas e não davam essa "chance" ao impetrado. Referida posição nos parece extremamente equilibrada e melhor, pois dará ao Poder, órgão ou autoridade omissos a possibilidade de suprir a omissão, e, só então, mantida a mora, incidirá a decisão judicial concretizando o direito fundamental.

■ **individual ou coletiva (regra):** de acordo com o art. 9.º, *caput*, a **decisão** terá eficácia subjetiva limitada às partes. No mandado de injunção coletivo, a sentença fará coisa julgada limitadamente às pessoas integrantes da coletividade, do grupo, da classe ou da categoria substituídos pelo impetrante. Estabelece ainda a lei que, transitada em julgado a decisão, seus efeitos poderão ser estendidos aos casos análogos por decisão monocrática do relator (art. 9.º, § 2.º, LMI).

■ **concretista intermediária geral (possibilidade):** de maneira **inovadora** em relação à jurisprudência do STF que prevalecia quando do advento da regulamentação do mandado de injunção, poderá ser conferida eficácia *ultra partes* ou *erga omnes* à decisão, quando isso for inerente ou indispensável ao exercício do direito, da liberdade ou da prerrogativa objeto da impetração (art. 9.º, § 1.º, da LMI). Conforme anotou o Min. Teori Zavascki, trata-se de "eficácia natural da sentença", que não se confunde com a coisa julgada.[198]

■ **eficácia temporal limitada:** na hipótese de inércia normativa do impetrado, a decisão judicial concretizadora produzirá efeitos até o advento da norma regulamentadora. Naturalmente, se esta for editada antes da decisão, restará prejudicada a impetração, caso em que o processo será extinto sem resolução de mérito.

■ **norma regulamentadora superveniente:** produzirá efeitos *ex nunc* em relação aos beneficiados por decisão transitada em julgado, salvo se a aplicação da norma editada lhes for mais favorável.

■ **coisa julgada *secundum eventum probationis*:** o indeferimento do pedido por **insuficiência de prova** não impede a renovação da impetração fundada em outros elementos probatórios.

■ **ação de revisão (a cláusula *rebus sic stantibus*):** sem prejuízo dos efeitos já produzidos, a decisão poderá ser revista, **a pedido de qualquer interessado**, quando sobrevierem relevantes modificações das circunstâncias de fato ou de direito, devendo essa ação de revisão observar, no que couber, o procedimento estabelecido na referida lei. Não se trata de ação rescisória, mas de revisão da decisão proferida. Talvez, aqui, aproximando a ação de revisão da ação de alimentos, possamos falar que a decisão na ação de MI transita em julgado, mas é dada com a cláusula *rebus sic stantibus*.

198 Cf. o discurso de Sua Excelência proferido na cerimônia oficial de sanção da lei (*Notícias STF*, 23.06.2016). Tratamos desse tema em nossa tese de doutorado (Pedro Lenza, *Coisa julgada "erga omnes"*..., item 1.3).

14.11.5.8. *Especificidades do MI coletivo*

Os direitos, as liberdades e as prerrogativas protegidos por mandado de injunção coletivo são os pertencentes, indistintamente, a uma **coletividade indeterminada de pessoas** ou **determinada** por **grupo**, **classe** ou **categoria**.

Influenciado pela regra constante do art. 104 do CDC, o art. 13, parágrafo único, da LMI prescreve que o mandado de injunção coletivo não induz litispendência em relação aos individuais, mas os efeitos da coisa julgada **não beneficiarão** o impetrante que não requerer a **desistência da demanda individual** no prazo de 30 dias a contar da ciência comprovada da impetração coletiva.

A **ciência** há de ser eficaz e sempre nos autos da ação individual. Na prática, reconhece-se que, tendo em vista a grande dificuldade de se saber se existem ações em face do impetrado, essa notícia normalmente será trazida por este último, abrindo-se, então, a possibilidade de o autor individual, intimado, exercer uma espécie de *right to opt in* (requerendo a suspensão da ação individual), ou *opt out* (exclusão da extensão subjetiva *in utilibus* do julgado coletivo), caso prossiga em sua ação individual.

14.11.6. *Habeas data* (art. 5.º, LXXII)

14.11.6.1. *Aspectos gerais*

Introduzido pela CF/88, conceder-se-á ***habeas data***:

- para assegurar o conhecimento de informações relativas à pessoa do impetrante, constantes de registros ou bancos de dados de entidades governamentais ou de caráter público;
- para a retificação de dados, quando não se prefira fazê-lo por processo sigiloso, judicial ou administrativo.

A garantia constitucional do *habeas data*, regulamentada pela Lei n. 9.507, de 12.11.1997, destina-se a disciplinar o direito de acesso a informações, constantes de registros ou bancos de dados de entidades governamentais ou de caráter público, para **conhecimento ou retificação** (tanto informações erradas como imprecisas, ou, apesar de corretas e verdadeiras, desatualizadas), todas referentes a **dados pessoais**, concernentes à **pessoa do impetrante**.[199]

Essa garantia não se confunde com o direito de obter certidões (art. 5.º, XXXIV, "b"), ou informações de interesse particular, coletivo ou geral (art. 5.º, XXXIII). Havendo recusa no fornecimento de certidões (para a defesa de direitos ou esclarecimento de situações de interesse pessoal, próprio ou de terceiros), ou informações de terceiros, o remédio próprio é o **mandado de segurança**, e não o *habeas data*. Se o pedido for para assegurar o conhecimento de informações relativas à **pessoa do impetrante**, aí sim o remédio será o *habeas data*.

A sutileza da primeira distinção foi muito bem apreendida por Michel Temer: "O *habeas data* também não pode ser confundido com o direito à obtenção de certi-

199 Cf. art. 7.º, I a III, da Lei n. 9.507/97.

dões em repartições públicas. Ao pleitear certidão, o solicitante deve demonstrar que o faz para defesa de direitos e esclarecimentos de situações de interesse pessoal (art. 5.º, XXXIV, 'b'). No *habeas data* basta o simples desejo de conhecer as informações relativas à sua pessoa, independentemente da demonstração de que elas se prestarão à defesa de direitos".[200]

■ *14.11.6.2. Legitimidade ativa e passiva*

Qualquer pessoa, física ou jurídica, poderá ajuizar a ação constitucional de *habeas data* para ter acesso às informações a seu respeito.

O **polo passivo** será preenchido de acordo com a natureza jurídica do banco de dados. Em se tratando de registro ou banco de dados de **entidade governamental**, o sujeito passivo será a pessoa jurídica componente da administração direta e indireta do Estado. Na hipótese de registro ou banco de dados de **entidade de caráter público**, a entidade que não é governamental, mas, de fato, privada, figurará no polo passivo da ação.

O art. 1.º, parágrafo único, da Lei n. 9.507/97 considera de caráter público "todo registro ou banco de dados contendo informações que sejam ou que possam ser transmitidas a terceiros ou que não sejam de uso privativo do órgão ou entidade produtora ou depositária das informações".

Assim, perfeitamente possível enquadrarmos as empresas privadas de serviço de proteção ao crédito (SPC) no polo passivo na ação de *habeas data*. Aliás, o art. 43, § 4.º, do Código de Defesa do Consumidor (Lei n. 8.078/90) estabelece que "os bancos de dados e cadastros relativos a consumidores, os serviços de proteção ao crédito e congêneres são considerados **entidades de caráter público**".

■ *14.11.6.3. Procedimento*

Acompanhando posição do antigo TFR (HD 7-DF, 16.03.1989, *DJU* de 15.05.1989), do STJ (materializada em sua Súmula 2), bem como do STF (RHD 22-8-DF), o art. 8.º da lei regulamentadora exige prova da recusa de informações pela autoridade, sob pena de, inexistindo pretensão resistida, a parte ser julgada carecedora da ação, por falta de interesse processual.[201]

O art. 21 da lei do *habeas data*, em cumprimento ao dispositivo constitucional constante do art. 5.º, LXXVII, previu serem **gratuitos** o procedimento administrativo para acesso a informações e retificação de dados e para anotações de justificação, bem como a ação de *habeas data*.

---

[200] *Elementos de direito constitucional*, p. 212.

[201] "À vista do disposto na Lei n. 9.507/97, que regula o direito de acesso a informações e disciplina o rito processual do *habeas data*, tal ação só tem cabimento diante da recusa ao acesso às informações e da recusa em fazer-se a retificação ou anotação no cadastro do interessado (art. 8.º, parágrafo único). Desse modo, a Turma negou provimento ao recurso pela falta de interesse de agir do recorrente, já que, no caso, não houve uma pretensão resistida. Precedente citado: RHD 22-DF (*DJU* de 27.9.91). RHD 24-DF, Rel. Min. Maurício Corrêa, 28.11.97" (*Inf. 94/STF*).

■ *14.11.6.4. Competência*

As regras sobre competência estão previstas na Constituição e no art. 20 da Lei n. 9.507/97:

- **art. 102, I, "d":** competência originária do **STF** para processar e julgar o *habeas data* contra atos do Presidente da República, das Mesas da Câmara dos Deputados e do Senado Federal, do Tribunal de Contas da União, do Procurador-Geral da República e do próprio STF;
- **art. 102, II, "a":** compete ao **STF** julgar em recurso ordinário o *habeas data* decidido em única instância pelos Tribunais Superiores, se denegatória a decisão;
- **art. 105, I, "b":**[202] compete ao **STJ** processar e julgar, originariamente, os *habeas data*, contra ato do Ministro de Estado, dos Comandantes da Marinha, do Exército e da Aeronáutica, ou do próprio tribunal;
- **art. 108, I, "c":** competência originária dos **TRFs** para processar e julgar os *habeas data* contra ato do próprio tribunal ou do juiz federal;
- **art. 109, VIII:** aos **juízes federais** compete processar e julgar os *habeas data* contra ato de autoridade federal, excetuados os casos de competência dos tribunais federais;
- **art. 121, § 4.º, V:** competência atribuída ao **TSE** para julgar em grau de recurso *habeas data* denegado pelo TRE;
- **art. 125, § 1.º:** em relação aos Estados a competência será definida pela **Constituição Estadual** (art. 74, III, da CE/SP).

■ 14.11.7. Ação popular (art. 5.º, LXXIII)

■ *14.11.7.1. Aspectos gerais*

Não obstante a Constituição de 1824 falasse em ação popular (art. 157),[203] parece que esta se referia a certo caráter disciplinar ou mesmo penal. Desse modo, concordamos com Mancuso, ao sustentar que a Constituição de 1934 foi "o primeiro texto constitucional que lhe deu guarida".[204]

Elevada ao nível constitucional em **1934**, retirada da Constituição de 1937, retornou na de 1946 e permanece até os dias atuais, prevista no art. 5.º, LXXIII, da CF/88:[205]

---

[202] Conforme redação determinada pela **EC n. 23, de 02.09.1999**.

[203] "Art. 157. Por suborno, peita, peculato, e concussão haverá contra eles **ação popular**, que poderá ser intentada dentro de ano e dia pelo próprio queixoso, ou por qualquer do Povo, guardada a ordem do Processo estabelecida na Lei."

[204] Rodolfo de Camargo Mancuso, *Ação popular*, 4. ed., p. 52. Cf. interessante evolução histórica do instituto trazida por José Afonso da Silva, *Ação popular constitucional*, p. 28-39.

[205] A Lei n. 4.717, de 29.06.1965, recepcionada pela CF/88, regulamenta a ação popular. A história do Direito romano guarda a **origem** da ação popular. Cabe relembrar que, sem constituir instrumento de participação política, a Constituição do Império de 1824 previa, em sentido amplo, a **ação penal popular** nas hipóteses de *suborno, peita, peculato* ou *concussão*, nos termos do art. 157 e conforme visto acima.

"qualquer cidadão é parte legítima para propor ação popular que vise a anular ato lesivo ao patrimônio público ou de entidade de que o Estado participe, à moralidade administrativa, ao meio ambiente e ao patrimônio histórico e cultural, ficando o autor, salvo comprovada má-fé, isento de custas judiciais e do ônus da sucumbência".

Assim como o voto, a iniciativa popular, o plebiscito e o referendo, a **ação popular**, corroborando o preceituado no art. 1.º, parágrafo único, da CF/88, constitui importante instrumento da democracia direta e participação política. Busca-se a proteção da *res publica*, ou, utilizando uma nomenclatura mais atualizada, tem por escopo a proteção dos interesses difusos.[206]

■ 14.11.7.2. Esquematização da evolução histórica da "ação popular" no constitucionalismo brasileiro

DISPOSITIVO	CONTEÚDO/CARACTERÍSTICA
Constituição de 1934 (art. 113, n. 38)	"Qualquer **cidadão** será parte legítima para pleitear a declaração de nulidade ou anulação dos **atos lesivos** do patrimônio da União, dos Estados ou dos Municípios."
Constituição de 1937	**Não** houve previsão expressa da ação popular.
Constituição de 1946 (art. 141, § 38)	"Qualquer **cidadão** será parte legítima para pleitear a anulação ou a declaração de nulidade de **atos lesivos** do patrimônio da União, dos Estados, dos Municípios, das entidades autárquicas e das sociedades de economia mista."
Constituição de 1967 (art. 150, § 31)	"Qualquer **cidadão** será parte legítima para propor ação popular que vise a anular **atos lesivos** ao patrimônio de entidades públicas."
EC n. 1/69 (art. 153, § 21) (redação idêntica à da Const./67)	"Qualquer **cidadão** será parte legítima para propor ação popular que vise a anular **atos lesivos** ao patrimônio de entidades públicas."
Constituição de 1988 (art. 5.º, LXXIII) (ampliação de seu objeto)	"Qualquer **cidadão** é parte legítima para propor ação popular que vise a anular **ato lesivo** ao patrimônio público ou de entidade de que o Estado participe, à **moralidade administrativa, ao meio ambiente e ao patrimônio histórico e cultural, ficando o autor, salvo comprovada má-fé, isento de custas judiciais e do ônus da sucumbência.**" (cf. *Lei n. 4.717, de 29.06.1965*)

■ 14.11.7.3. Requisitos

Deve haver **lesividade**:

[206] Ada Pellegrini Grinover, com a maestria que lhe é peculiar, observava que "a ação popular garante, em última análise, o **direito democrático de participação do cidadão na vida pública**, baseando-se **no princípio da legalidade dos atos administrativos** e no conceito de que a **coisa pública é patrimônio do povo**; já nesse ponto nota-se um estreito parentesco com as ações que visam à tutela jurisdicional dos interesses difusos, vistas como expressão de participação política e como meio de apropriação coletiva de bens comuns" (A tutela jurisdicional dos interesses difusos, *Revista de Processo,* São Paulo, n. 14-15, p. 38, abr./set. 1979). Ver ainda, pioneiramente atribuindo à ação popular o enfoque de **tutela jurisdicional de interesses difusos**, José Carlos Barbosa Moreira, Ação popular do direito brasileiro como instrumento de tutela jurisdicional dos chamados "interesses difusos", in *Temas de direito processual,* p. 110-123.

- ao patrimônio público ou de entidade de que o Estado participe (entendam-se entidades da administração direta, indireta, incluindo portanto as entidades paraestatais, como as empresas públicas, sociedades de economia mista..., bem como toda pessoa jurídica subvencionada com dinheiro público);[207]
- à moralidade administrativa;
- ao meio ambiente;
- ao patrimônio histórico e cultural.

Por lesividade deve-se entender, também, ilegalidade, pois, como assinalou Temer, "embora o texto constitucional não aluda à ilegalidade, ela está sempre presente nos casos de lesividade ao patrimônio público".[208]

Apesar dessa constatação no que tange ao **patrimônio público**, resta indagar se o binômio **lesividade/ilegalidade** deve sempre estar presente como requisito para a propositura da ação popular. Embora reconheça dificuldade, José Afonso da Silva observa: "na medida em que a Constituição amplia o âmbito da ação popular, a tendência é a de erigir a lesão, em si, à condição de motivo autônomo de nulidade do ato". Essa autonomia do requisito da **lesividade** fica mais evidente em relação à **moralidade administrativa**, na medida em que não é meramente subjetiva nem puramente formal, tendo "... conteúdo jurídico a partir de regras e princípios da Administração".[209]

Nesse sentido, Mancuso defende que a Constituição erigiu a **moralidade administrativa** a **fundamento autônomo** para a propositura da ação popular. Em suas palavras, "... se a causa da ação popular for um ato que o autor reputa ofensivo à moralidade administrativa, sem outra conotação de palpável lesão ao erário, cremos que em princípio a ação poderá vir a ser acolhida, em restando provada tal pretensão...".[210]

Outro requisito, como veremos, diz respeito à legitimidade ativa, que pertence apenas ao **cidadão**.

14.11.7.4. Legitimidade ativa e passiva

Somente poderá ser autor da ação popular o **cidadão**, assim considerado o brasileiro nato ou naturalizado, desde que esteja no pleno gozo de seus direitos políticos, provada tal situação (e como requisito essencial da inicial) pelo título de eleitor, ou documento que a ele corresponda (art. 1.º, § 3.º, da Lei n. 4.717/65).

Assim, excluem-se do polo ativo os estrangeiros, os apátridas, as pessoas jurídicas (*vide* Súmula 365 do STF) e mesmo os brasileiros que estiverem com os seus direitos políticos suspensos ou perdidos (art. 15 da CF/88).

---

207 *Vide* art. 1.º, *caput*, da Lei da Ação Popular.

208 *Elementos de direito constitucional*, p. 200.

209 José Afonso da Silva, *Curso de direito constitucional positivo*, 20. ed., p. 462.

210 Rodolfo de Camargo Mancuso, *Ação popular...*, 4. ed., p. 100. Em igual sentido, após interessante análise, cf. André Ramos Tavares, *Curso de direito constitucional*, p. 683 e s. Cf., ainda, Clóvis Beznos, *Ação popular e ação civil pública*, p. 45, e Luiz Alberto David Araujo e Vidal Serrano Nunes Junior, *Curso de direito constitucional*, 6. ed., p. 167.

Entendemos que aquele entre 16 e 18 anos de idade, que tem título de eleitor, pode ajuizar a ação popular sem a necessidade de assistência, porém, **sempre por advogado** (capacidade postulatória). Nesse sentido:

> "A Constituição da República estabeleceu que o *acesso à justiça* e o *direito de petição* são direitos fundamentais (art. 5.º, XXXIV, 'a', e XXXV), porém estes não garantem a quem não tenha capacidade postulatória litigar em juízo, ou seja, é **vedado o exercício do direito de ação sem a presença de um advogado**, considerado 'indispensável à administração da justiça' (art. 133 da Constituição da República e art. 1.º da Lei n. 8.906/94), com as **ressalvas legais**. (...) Incluem-se, ainda, no rol das exceções, as ações protocoladas nos juizados especiais cíveis, nas causas de valor até vinte salários mínimos (art. 9.º da Lei n. 9.099/95) e as ações trabalhistas (art. 791 da CLT), **não fazendo parte dessa situação privilegiada a ação popular**" (AO 1.531-AgR, voto da Min. Cármen Lúcia, j. 03.06.2009, Plenário, *DJE* de 1.º.07.2009).

Teoricamente, se houver reciprocidade (art. 12, § 1.º), o português poderá ajuizar a ação popular. Na prática, contudo, como existe vedação da Constituição de Portugal, não seria possível, pois não há como estabelecer a reciprocidade.

No **polo passivo**, de acordo com o art. 6.º da lei, que é extremamente minucioso, figurarão o agente que praticou o ato, a entidade lesada e os beneficiários do ato ou contrato lesivo ao patrimônio público.

O art. 6.º, § 3.º, da lei permite que a pessoa jurídica de direito público ou de direito privado, cujo ato seja objeto de impugnação, abstenha-se de contestar o pedido ou atue ao lado do autor, desde que isso se afigure útil ao interesse público, a juízo do respectivo representante legal ou dirigente.

O Ministério Público, **parte pública autônoma**, funciona como fiscal da lei (de modo mais abrangente, o art. 179, *caput*, do CPC/2015, fala em "fiscal da **ordem jurídica**"), mas se o autor popular desistir da ação poderá (entendendo presentes os requisitos) promover o seu prosseguimento (art. 9.º da lei).

■ 14.11.7.5. Competência

■ 14.11.7.5.1. Regra geral — juízo de primeiro grau

As regras de competência dependerão da origem do ato ou omissão a serem impugnados. Para exemplificar, se o patrimônio lesado for da União, competente será a Justiça Federal (*vide* art. 5.º da lei), e assim por diante.

Cabe alertar que "a competência para julgar ação popular contra ato de qualquer autoridade, até mesmo do Presidente da República, é, **em regra**, do juízo competente de primeiro grau. Precedentes. Julgado o feito na primeira instância, se ficar configurado o impedimento de mais da metade dos desembargadores para apreciar o recurso voluntário ou a remessa obrigatória, ocorrerá a competência do Supremo Tribunal Federal, com base na letra 'n' do inciso I, segunda parte, do artigo 102 da Constituição Federal" (AO 859-QO, Rel. Min. Ellen Gracie, *DJ* de 1.º.08.2003).

Assim, pode ser que, fugindo à regra geral da competência do juízo de primeiro grau, caracterize-se a competência **originária** do **STF** para o julgamento da ação

Acesse também a videoaula pelo link: somos.in/DCE25103

popular, como nas hipóteses das alíneas "f"[211] e "n"[212] do art. 102, I, da CF/88, quais sejam, respectivamente:

- as causas e os conflitos entre a União e os Estados, a União e o Distrito Federal, ou entre uns e outros, inclusive as respectivas entidades da administração indireta;
- a ação em que todos os membros da magistratura sejam direta ou indiretamente interessados, e aquela em que mais da metade dos membros do tribunal de origem estejam impedidos ou sejam direta ou indiretamente interessados.

14.11.7.5.2. SEBRAE — competência da Justiça comum

Segundo compilado no *Inf. 447/STF*, "compete à Justiça Comum o julgamento de causas que envolvam o SEBRAE", e não à Justiça Federal. Isso porque "... entendeu-se que o referido ente não corresponde à noção constitucional de autarquia, a qual deve ser criada por lei específica (CF, art. 37, XIX) e não na forma de sociedade civil, com personalidade de direito privado, como no caso. Ademais, asseverou-se que o disposto no art. 20, 'c', da mencionada Lei 4.717/65 não transformou em autarquia as entidades de direito privado que recebem e aplicam contribuições parafiscais, mas apenas as incluiu no rol de proteção da ação popular. Precedente citado: RE 336.168/SC (*DJU* de 14.05.2004)" (**RE 414.375/SC**, Rel. Min. Gilmar Mendes, 31.10.2006).

14.11.7.5.3. Ação popular contra o CNMP — incompetência do STF

O STF "... não conheceu de ação popular ajuizada por advogado contra o Conselho Nacional do Ministério Público — CNMP, na qual se pretendia a nulidade de decisão, por este proferida pela maioria de seus membros, que prorrogara o prazo concedido, pela Resolução 5/2006, aos membros do Ministério Público ocupantes de outro cargo público, para que estes retornassem aos órgãos de origem. Entendeu-se que a alínea 'r', do inciso I, do art. 102 da CF ('Art. 102. Compete ao Supremo Tribunal Federal... I — processar e julgar, originariamente:... *r*) as ações contra o... Conselho Nacional do Ministério Público;'), introduzida pela EC 45/2004, refere-se a ações contra os respectivos colegiados e não aquelas em que se questiona a responsabilidade pessoal de um ou mais conselheiros, caso da ação popular. Salientou-se, tendo em conta o que disposto no art. 6.º, § 3.º, da Lei 4.717/65 (Lei da Ação Popular), que o CNMP, por não ser pessoa jurídica, mas órgão colegiado da União, nem estaria legitimado a integrar o polo passivo da relação processual da ação popular.

---

[211] Cf. julgamento da ação popular que buscava atacar decreto presidencial que demarcou área indígena denominada **Raposa Serra do Sol** (Rcl 3.813/RR, Rel. Min. Carlos Britto, j. 28.06.2006. Precedentes citados: ACO 359 QO/SP, *DJU* de 11.03.1994; Rcl 424/RJ, *DJU* de 06.09.96; Rcl 2.833/RR, *DJU* de 05.08.2005 e Rcl 3.331/RR, ***Inf. 433/STF***). Ainda, cf. ACO 622, ação popular que buscava declarar a nulidade da *Res. n. 507/2001*, da Assembleia Legislativa do Estado do Rio de Janeiro, pela qual se instituiu CPI para apurar as causas do **acidente da plataforma P-36 da Petrobras**, localizada na Bacia de Campos.

[212] Cf. indicação no *Inf. 443/STF*.

Asseverou-se, no ponto, que, ainda que se considerasse a menção ao CNMP como válida à propositura da demanda contra a União, seria imprescindível o litisconsórcio passivo de todas as pessoas físicas que, no exercício de suas funções no colegiado, tivessem concorrido para a prática do ato, ou seja, os membros que compuseram a maioria dos votos da decisão impugnada. Por fim, ressaltando a jurisprudência da Corte no sentido de, tratando-se de ação popular, admitir sua competência originária somente no caso de incidência da alínea 'n' do inciso I do art. 102, da CF ou de a lide substantivar conflito entre a União e Estado-membro, concluiu-se que, mesmo que emendada a petição inicial no tocante aos sujeitos passivos da lide e do pedido, não seria o caso de competência originária" (Pet 3.674 QO/DF, Rel. Min. Sepúlveda Pertence, j. 04.10.2006, *Inf. 443/STF*).

■ 14.11.7.5.4. *Incompetência originária do STF e indicação do órgão competente*

Aproveitamos a análise do precedente anterior[213] para discutir se o STF deveria, além de reconhecer a sua incompetência originária, remeter os autos ao juízo competente.

Como se sabe, o STF reconheceu o **princípio da reserva constitucional de competência originária**, e, assim, toda a atribuição do STF está explicitada, taxativamente, no art. 102, I, da CF/88, pedindo-se vênia para transcrever o importante precedente:

"O regime de direito estrito, a que se submete a definição dessa competência institucional, tem levado o STF, por efeito da **taxatividade do rol constante da Carta Política**, a afastar, do âmbito de suas atribuições jurisdicionais originárias, o processo e o julgamento de causas de natureza civil que não se acham inscritas no texto constitucional (ações populares, ações civis públicas, ações cautelares, ações ordinárias, ações declaratórias e medidas cautelares), mesmo que instauradas contra o Presidente da República ou contra qualquer das autoridades, que, em matéria penal (CF, art. 102, I, *b* e *c*), dispõem de prerrogativa de foro perante a Corte Suprema ou que, em sede de mandado de segurança, estão sujeitas à jurisdição imediata do Tribunal (CF, art. 102, I, *d*). Precedentes" (Pet 1.738-AgR, Rel. Min. Celso de Mello, j. 1.º.09.1999, *DJ* de 1.º.10.1999).

Partindo dessa premissa, resta analisar se o STF deve ou não indicar o órgão que repute competente, na hipótese de não reconhecer a sua competência originária.

Após longa discussão, com argumentos interessantes trazidos pelo Min. Lewandowski, o STF entendeu, nos termos do art. 113, § 2.º, do CPC/73 e do art. 21, § 1.º, do *RISTF*, na redação dada pela Emenda Regimental n. 21/2007, que é atribuição do STF **indicar o órgão que repute competente** para o julgamento do

213 No mesmo sentido, cf.: AO 1.137 AgR/DF (*DJU* de 19.08.2005); AO 1.139 AgR/DF (*DJU* de 19.08.2005); MS 25.087/SP (*DJU* de 11.05.2007); MS 26.006 AgR/DF (*DJE* de 15.02.2008); Pet 3.986 AgR/TO, Rel. Min. Ricardo Lewandowski, 25.06.2008 (*Inf. 512/STF*).

feito ajuizado originariamente, atribuição essa autorizada, inclusive, ao Relator monocraticamente (cf. Pet 3.986 AgR/TO, Rel. Min. Ricardo Lewandowski, j. 25.6.2008, *Inf. 512/STF*).

■ *14.11.7.6. Outras regras*

Desde que presentes os requisitos legais (*periculum in mora* e *fumus boni iuris*), é possível a concessão de liminar, podendo a ação popular ser tanto **preventiva**, visando evitar atos lesivos, como **repressiva**, buscando o ressarcimento do dano, a anulação do ato, a recomposição do patrimônio público lesado, indenização etc.

A coisa julgada se opera *secundum eventum litis*, ou seja, se a ação for julgada **procedente ou improcedente por ser infundada**, produzirá efeito de coisa julgada oponível *erga omnes*. No entanto, se a improcedência se der por deficiência de provas, haverá apenas a coisa julgada formal, podendo qualquer cidadão intentar outra ação com idêntico fundamento, valendo-se de nova prova (art. 18 da lei), já que não terá sido analisado o mérito.

Julgada improcedente a ação (arts. 485 e 487 do CPC/2015), só produzirá efeitos depois de passar pelo duplo grau obrigatório de jurisdição. Julgada procedente, a apelação será recebida no seu duplo efeito: devolutivo e suspensivo (art. 19 da lei).

O autor da ação popular é isento de custas judiciais e do ônus da sucumbência, salvo comprovada má-fé.

■ 14.12. MATERIAL DIGITAL EXCLUSIVO

14
DIREITOS E GARANTIAS FUNDAMENTAIS

Download de Questões Modelo Tradicional	Banco de Questões Plataforma	Resolução de Questões Pedro Lenza	Videoaulas
somos.in/DCE25054	somos.in/DCE25055	somos.in/DCE25124	somos.in/DCE25103

15
DIREITOS SOCIAIS

■ 15.1. ASPECTOS GERAIS

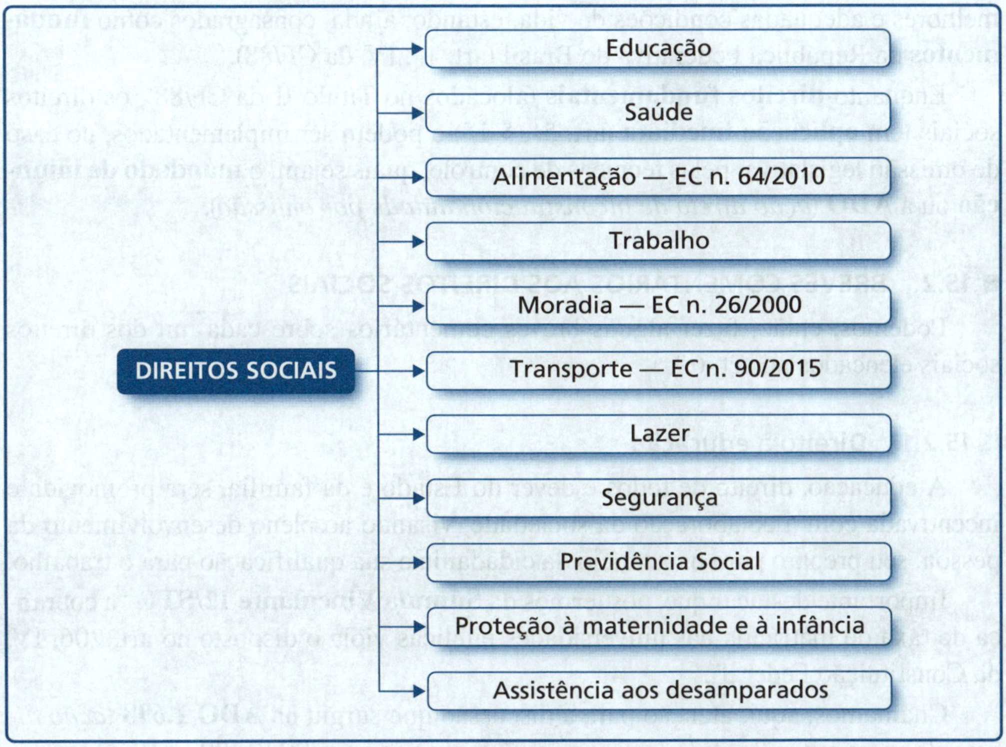

Nos termos do art. 6.º, na redação dada pelas ECs ns. 26/2000, 64/2010 e 90/2015, são **direitos sociais** a educação, a saúde, a alimentação, o trabalho, a moradia, o transporte, o lazer, a segurança, a previdência social, a proteção à maternidade e à infância, a assistência aos desamparados, na forma desta Constituição.

Trata-se de desdobramento da perspectiva de um **Estado Social de Direito**, tendo como documentos marcantes a Constituição mexicana de 1917, a de Weimar, na Alemanha, de 1919, e, no Brasil, a de 1934.

Acesse também o vídeo sobre o capítulo pelo link: somos.in/DCE25057

Sem dúvida, os direitos sociais previstos no art. 6.º caracterizam-se como o conteúdo da ordem social, que aparece bem delimitada em um título próprio da Constituição e que será estudada no *capítulo 19*.

Segundo José Afonso da Silva, os **direitos sociais** "disciplinam situações subjetivas pessoais ou grupais de caráter concreto", sendo que "os **direitos econômicos** constituirão pressupostos da existência dos direitos sociais, pois sem uma política econômica orientada para a intervenção e participação estatal na economia não se comporão as premissas necessárias ao surgimento de um regime democrático de conteúdo tutelar dos fracos e dos mais numerosos".[1]

Assim, os **direitos sociais**, direitos de **segunda dimensão**, apresentam-se como **prestações positivas** a serem implementadas pelo Estado (Social de Direito) e tendem a concretizar a perspectiva de uma **isonomia substancial** e **social** na busca de melhores e adequadas condições de vida, estando, ainda, consagrados como **fundamentos** da República Federativa do Brasil (art. 1.º, IV, da CF/88).

Enquanto **direitos fundamentais** (alocados no Título II da CF/88), os direitos sociais têm **aplicação imediata** (art. 5.º, § 1.º) e podem ser implementados, no caso de omissão legislativa, pelas técnicas de controle, quais sejam, o **mandado de injunção** ou a **ADO** (*ação direta de inconstitucionalidade por omissão*).

■ 15.2. BREVES COMENTÁRIOS AOS DIREITOS SOCIAIS

Podemos, então, fazer alguns breves comentários sobre cada um dos direitos sociais elencados no art. 6.º:

■ 15.2.1. Direito à educação

A educação, direito de todos e dever do Estado e da família, será promovida e incentivada com a colaboração da sociedade, visando ao pleno desenvolvimento da pessoa, seu preparo para o exercício da cidadania e sua qualificação para o trabalho.

Importante destacar que, nos termos da **Súmula Vinculante 12/STF**, "a cobrança de taxa de matrícula nas universidades públicas viola o disposto no art. 206, IV, da Constituição Federal".

Chamamos, aqui, atenção para a discussão que surgiu na **ADO 1.698** (*ação direta de inconstitucionalidade por omissão*), ajuizada em 29.10.1997 pelos partidos políticos PT, PC do B e PDT, e que veio a ser decidida pelo STF depois de **12 anos de tramitação**.

Os partidos requeriam a declaração de inconstitucionalidade em razão da inércia governamental na área da educação, pedindo o reconhecimento de que o Governo estava sendo omisso na erradicação do analfabetismo e, assim, que se fixasse o prazo de 30 dias para a adoção de medidas efetivas.

[1] José Afonso da Silva, *Comentário contextual à Constituição*, 5. ed., p. 183.

O STF, por maioria, vencido o Min. Marco Aurélio, apesar de reconhecer que muito ainda precisa ser feito em relação à educação no Brasil, julgou **improcedente** o pedido. Vejamos:

> "... 1. Dados do recenseamento do Instituto Brasileiro de Geografia e Estatística demonstram redução do índice da população analfabeta, complementado pelo aumento da escolaridade de jovens e adultos. 2. **Ausência de omissão por parte do Chefe do Poder Executivo federal** em razão do elevado número de programas governamentais para a área de educação. 3. A edição da Lei n. 9.394/96 (*Lei de Diretrizes e Bases da Educação Nacional*) e da Lei n. 10.172/2001 (*Aprova o Plano Nacional de Educação*) demonstra atuação do Poder Público dando cumprimento à Constituição. 4. Ação direta de inconstitucionalidade por omissão improcedente" (ADI 1.698, Rel. Min. Cármen Lúcia, j. 25.02.2010, Plenário, *DJE* de 16.04.2010).

15.2.2. Direito à saúde

A saúde é direito de todos e dever do Estado, garantido mediante **políticas sociais** e **econômicas** que visem à redução do risco de doença e de outros agravos e ao acesso universal e igualitário às ações e serviços para sua promoção, proteção e recuperação.

São de **relevância pública** as ações e serviços de saúde, cabendo ao Poder Público dispor, nos termos da lei, sobre sua regulamentação, fiscalização e controle, devendo sua execução ser feita diretamente ou através de terceiros e, também, por pessoa física ou jurídica de direito privado (art. 197).

Como se sabe, a doutrina aponta a **dupla vertente** dos direitos sociais, especialmente no tocante à saúde, que ganha destaque, enquanto direito social, no texto de 1988: **a) natureza negativa:** o Estado ou o particular devem abster-se de praticar atos que prejudiquem terceiros; **b) natureza positiva:** fomenta-se um Estado prestacionista para implementar o direito social.

15.2.3. Direito à alimentação

De acordo com a *justificação* da *PEC n. 21/2001-SF*, "o **direito à alimentação** foi reconhecido pela *Comissão de Direitos Humanos da ONU*, em 1993, em reunião realizada na cidade de Viena. Integrada por 52 países, e contando com o voto favorável do Brasil, registrando apenas um voto contra (EUA), a referida Comissão da ONU com essa decisão histórica enriqueceu a Carta dos Direitos de 1948, colocando em primeiro lugar, entre os direitos do cidadão, a alimentação" (cf. art. XXV da *Declaração Universal dos Direitos Humanos* de 1948).

Antes mesmo da **EC n. 64/2010**, que introduziu o **direito à alimentação** como **direito social**, a **Lei n. 11.346/2006**, regulamentada pelo Dec. n. 7.272/2010, já havia criado o *Sistema Nacional de Segurança Alimentar e Nutricional — SISAN* com vistas a assegurar o **direito humano à alimentação adequada**.

O art. 2.º da referida lei define a **alimentação adequada** como **direito fundamental do ser humano**, inerente à **dignidade da pessoa humana** e **indispensável** à realização dos direitos consagrados na Constituição Federal, devendo o poder público adotar as políticas e ações que se façam necessárias para promover e garantir a segurança alimentar e nutricional da população.

Assim, muito bem-vinda a previsão constitucional da *alimentação* como direito social, apesar do atraso, diga-se de passagem.

15.2.4. Direito ao trabalho

Trata-se, sem dúvida, de relevante instrumento para implementar e assegurar a todos uma **existência digna**, como estabelece o art. 170, *caput*. O Estado deve fomentar uma política econômica não recessiva, tanto que, dentre os princípios da ordem econômica, sobressai a **busca do pleno emprego** (art. 170, VIII). Aparece como **fundamento** da República (art. 1.º, IV), e a **ordem econômica**, conforme os ditames da justiça social, funda-se na **valorização do trabalho humano** e na **livre-iniciativa**.

15.2.5. Direito à moradia

O direito à moradia foi previsto de modo expresso como direito social pela **EC n. 26/2000**.

Apesar dessa incorporação tardia ao texto, desde a promulgação da Constituição o direito de moradia já estava amparado, pois, na dicção do art. 23, IX, todos os entes federativos têm competência administrativa para **promover programas de construção de moradias e melhoria das condições habitacionais e de saneamento básico**.

Também, partindo da ideia de dignidade da pessoa humana (art. 1.º, III), direito à intimidade e à privacidade (art. 5.º, X) e de ser a casa asilo inviolável (art. 5.º, XI), não há dúvida de que o direito à moradia busca consagrar o direito à habitação digna e adequada, tanto é assim que o art. 23, X, estabelece ser atribuição de todos os entes federativos combater as causas da pobreza e os fatores de marginalização, promovendo a integração social dos setores desfavorecidos.

Parece-nos, também, que a Lei n. 8.009/90, que dispõe sobre a **impenhorabilidade do bem de família**, encontra fundamento no art. 6.º da CF/88.

Entre as ressalvas da referida lei, ou seja, não proteção mesmo em se tratando do único bem imóvel, está a figura do **fiador** em contrato de aluguel (art. 3.º, VII).

Levada a questão ao STF, por 7 x 3, em **08.02.2006**, entenderam os Ministros que "o único imóvel (bem de família) de uma pessoa que assume a condição de fiador em contrato de aluguel **pode ser penhorado**, em caso de inadimplência do locatário", e, assim, não violando o direito de moradia enquanto direito fundamental (RE 407.688; AI 576.544-AgR-AgR).

Isso porque, fortalecendo o entendimento, nos termos do direito de liberdade, ninguém é obrigado a ser fiador; mas, assumindo esse encargo, terá de arcar com responsabilidades.

Ainda, a ressalva constante do art. 3.º, IV, da Lei n. 8.009/90 (não aplicação da regra da impenhorabilidade para a cobrança de impostos, predial ou territorial, taxas e contribuições devidas em função do imóvel familiar) também é **constitucional**, segundo a interpretação do STF, não violando o direito à moradia, nem mesmo o direito de propriedade.

No caso, entendeu-se que "... não haveria que se falar em impenhorabilidade do imóvel, uma vez que o pagamento de contribuição condominial (obrigação *propter rem*) é essencial à conservação da propriedade, isto é, à garantia da subsistência individual e familiar — dignidade da pessoa humana. Asseverou-se que a relação condominial tem natureza tipicamente de uma **relação de comunhão de escopo**, na qual os interesses dos contratantes são paralelos e existe identidade de objetivos, em contraposição à de intercâmbio, em que cada parte tem por fim seus próprios interesses, caracterizando-se pelo vínculo sinalagmático" (*Inf. 455/STF* — RE 439.003, Rel. Min. Eros Grau, j. 06.02.2007, *DJ* de 02.03.2007).

■ 15.2.6. Direito ao transporte

O transporte está intimamente ligado à noção de **mobilidade das pessoas** e apresenta-se como **direito-meio** para a implementação de vários outros direitos fundamentais (e sociais), como a educação, a saúde, a alimentação, o lazer, o direito de ir e vir etc. (justificação apresentada no encaminhamento da PEC n. 90/2011).

Dessa forma, o transporte, especialmente o público, cumpre uma inegável **função social** e se apresenta como fundamental para aqueles que não possuem meios próprios de locomoção, constituindo-se como "elemento de vital importância para assegurar as condições necessárias para uma **vida digna**" (parecer CCJC/CD).

A dura realidade de muitas cidades denuncia o colapso do modelo atual, havendo muitos que não conseguem arcar com as tarifas e, assim, não conseguem voltar para suas casas depois do trabalho, ou que passam várias horas do dia em deslocamento seja para o trabalho ou mesmo escola.

Assim, a introdução do transporte como direito social significa importante passo para que sejam encontradas novas fontes de financiamento para a criação de um novo modelo digno e com possibilidade de acesso a todos.

■ 15.2.7. Direito ao lazer

Na lição de José Afonso da Silva, "lazer e recreação são funções urbanísticas, daí por que são manifestações do direito urbanístico. Sua natureza social decorre do fato de que constituem prestações estatais que interferem com as condições de trabalho e com a qualidade de vida, donde sua relação com o direito ao meio ambiente sadio e equilibrado. 'Lazer' é entrega à ociosidade repousante. 'Recreação' é entrega ao divertimento, ao esporte, ao brinquedo. Ambos se destinam a refazer as forças depois da labuta diária e semanal. Ambos requerem lugares apropriados, tranquilos, repletos de folguedos e alegrias".[2]

Por fim, cabe lembrar que o art. 217, § 3.º, estabelece ser dever do Poder Público incentivar o lazer como **forma de promoção social**.

---

2 José Afonso da Silva, *Comentário contextual à Constituição,* p. 186-187.

15.2.8. Direito à segurança

O direito à segurança também aparece no *caput* do art. 5.º. Porém, a previsão no art. 6.º tem sentido diverso daquela no art. 5.º. Enquanto lá está ligada à ideia de garantia individual, aqui, no art. 6.º, aproxima-se do conceito de **segurança pública**, que, como dever do Estado, aparece como direito e responsabilidade de todos, sendo exercida, nos termos do art. 144, *caput*, para a preservação da ordem pública e da incolumidade das pessoas e do patrimônio.

15.2.9. Direito à previdência social

Conforme anotou José Afonso da Silva, **previdência social** "é um conjunto de direitos relativos à seguridade social. Como manifestação desta, a previdência tende a ultrapassar a mera concepção de instituição do Estado-providência (*Welfare State*), sem, no entanto, assumir características socializantes — até porque estas dependem mais do regime econômico do que do social".[3]

15.2.10. Proteção à maternidade e à infância

15.2.10.1. Regras gerais

Partindo do art. XXV da *Declaração Universal dos Direitos Humanos*, de 1948, o texto de 1988 consagrou a **proteção à maternidade** como indiscutível **direito social**.

A proteção à **maternidade** aparece tanto com natureza de **direito previdenciário** (art. 201, II) como de **direito assistencial** (art. 203, I).

A teor do **art. 201, II**, a proteção à maternidade deverá ser atendida pela **previdência social**, sendo um dos objetivos da assistência social.

Cabe registrar que essa desoneração do empregador já havia sido assegurada anteriormente pela Lei n. 6.136/74, caracterizando importante **conquista** no sentido da não discriminação entre o homem e a mulher no momento da contratação.

O art. 7.º estabeleceu a licença à gestante (inciso XVIII) como um dos direitos dos trabalhadores, assim como a licença-paternidade (inciso XIX).

De modo específico, a **Lei n. 13.363/2016** alterou a Lei n. 8.906/94 (Estatuto da Advocacia) e a Lei n. 13.105/2015 (CPC), para estipular direitos e garantias para a **advogada** gestante, lactante, adotante ou que der à luz e para o **advogado** que se tornar pai (recomendada a sua leitura para as provas e concursos).

Por sua vez, o § 3.º do art. 39, CF/88, garantiu a licença-gestante à servidora pública e a licença-paternidade ao servidor.

A Constituição determinou, ainda, que a licença à gestante será de **120 dias**, sendo a licença-paternidade de **5 dias** (até que a lei venha a disciplinar o disposto no art. 7.º, XIX, da Constituição — art. 10, § 1.º, do ADCT).

Os prazos para a licença à gestante de 120 dias e para a licença-paternidade de 5 dias também foram estabelecidos para os **servidores públicos** nos arts. 207 e 208 da Lei n. 8.112/90.

[3] José Afonso da Silva, *Comentário contextual à Constituição*, p. 187.

A Lei n. 11.770/2008, que instituiu o **Programa Empresa Cidadã**, regulamentada pelo Dec. n. 7.052/2009, permitiu a prorrogação da licença-maternidade por 60 dias, mediante incentivos fiscais às empresas, totalizando, assim, o período de 180 dias.

Essa novidade, contudo, mostra-se **tímida** e **discriminatória**, pois, de acordo com o art. 5.º, *caput*, da lei, restringe-se à pessoa jurídica tributada com base no **lucro real**, não atingindo, portanto, a maioria das empresas, nem mesmo aquelas optantes pelo Simples, além de depender da vontade do empresário de aderir ao programa.

Em igual sentido, referida lei autorizou a administração pública direta, indireta e fundacional a instituir programa que garanta a prorrogação da licença-maternidade para suas servidoras, consolidando-se tal previsão, no âmbito federal, nos termos do Decreto n. 6.690/2008.

Posteriormente, a Lei n. 13.257/2016 **(Estatuto da Primeira Infância)** ampliou, expressamente, o mencionado Programa Empresa Cidadã para a **licença-paternidade**, estabelecendo a possibilidade de sua prorrogação por 15 dias, além dos 5 já estabelecidos no ADCT, podendo chegar, assim, a 20 dias. Essa prorrogação, contudo, depende da formal adesão da pessoa jurídica ao programa e de requerimento do beneficiário, não sendo, portanto, automática.

A prorrogação está garantida, naturalmente, na mesma proporção, à empregada e ao empregado que adotar ou obtiver guarda judicial para fins de adoção de criança.

De modo coerente, o Decreto n. 8.737/2016 instituiu o Programa de Prorrogação da Licença-Paternidade para os servidores regidos pela Lei n. 8.112/90.

E os militares?

A Lei n. 13.109/2015 dispõe sobre a licença à gestante e à adotante, as medidas de proteção à maternidade para militares grávidas e a licença-paternidade, no âmbito das Forças Armadas. O silêncio da Lei n. 13.257/2016 veio a ser corrigido pela Lei n. 13.716/2018. De acordo com a nova redação dada ao art. 6.º, pelo nascimento de filho, adoção ou obtenção de guarda judicial para fins de adoção, o **militar** terá licença-paternidade de **20 dias consecutivos**, vedada a prorrogação.

Lembramos, ainda, a **Lei n. 13.301/2016** ("Lei do Mosquito"), cujo art. 18, § 3.º, estabelecia a licença-maternidade de **180 dias** no caso das mães de crianças acometidas por sequelas neurológicas decorrentes de doenças transmitidas pelo *Aedes aegypti*. Em nosso entender, não fazia sentido a previsão do prazo dilatado **apenas** para as crianças com sequelas (microcefalia) decorrentes de doenças transmitidas pelo *Aedes aegypti*. E as outras síndromes? A lógica do prazo de 180 dias é para o cuidado maior com a criança, e, assim, entendemos que o Judiciário poderia corrigir essa distorção, tendo como parâmetro a lei em análise (referido art. 18 da Lei n. 13.301/2016 foi revogado pela **Lei n. 13.985/2020**, que instituiu, deixando novamente a nossa crítica já lançada, a pensão especial destinada a crianças com Síndrome Congênita do Zika Vírus, nascidas entre 1.º.01.2015 e 31.12.2019, beneficiárias do Benefício de Prestação Continuada — BPC de que trata o art. 20 da Lei n. 8.742/93).

Por isso, parece-nos fundamental a aprovação da PEC n. 30-A/2007, apensada à PEC n. 515/2010, que aumenta a licença à gestante para **180 dias**.

Cumpre, por fim, assinalar que a **proteção à infância** tem natureza **assistencial** (art. 203, I e II), havendo expressa previsão de proteção à criança, ao adolescente e ao jovem nos termos do art. 227, com a redação dada pela **EC n. 65/2010** (destacamos a Lei n. 12.852/2013, que instituiu o *Estatuto da Juventude* e dispôs sobre os direitos dos jovens, os princípios e diretrizes das políticas públicas de juventude e o Sistema Nacional de Juventude — SINAJUVE, bem como a Lei n. 13.257/2016, que *instituiu o Estatuto da Primeira Infância*).

■ *15.2.10.2. Licença adotante x licença gestante*

No âmbito do **direito do trabalho** as conquistas asseguradas à **licença adotante** foram mais efetivas do que no âmbito estatutário.

Em um primeiro momento, a Lei n. 10.421/2002 introduziu o art. 392-A na CLT, assegurando à empregada que adotar ou obtiver guarda judicial para fins de adoção de criança a licença-maternidade nos termos do art. 392. Essa garantia, contudo, foi prevista de forma escalonada, de acordo com a idade da criança.

Depois de muita luta, finalmente, a Lei n. 12.010/2009 (Lei Nacional da Adoção) igualou os prazos da licença adotante e da licença gestante, independentemente da idade da criança adotada, revogando a regra de escalonamento prevista no art. 392-A da CLT.

A **Reforma Trabalhista**, por sua vez, ao introduzir o art. 611-B, XXX, da CLT, estabeleceu constituir objeto ilícito de convenção coletiva ou de acordo coletivo de trabalho, exclusivamente, a supressão ou a redução, dentre outros direitos, da regra prescrita no referido art. 392-A da CLT.

Essas conquistas do direito do trabalho, contudo, não foram observadas no âmbito do *Estatuto dos Servidores Públicos Federais*, cujo art. 210 (Lei n. 8.112/90) fixava a licença adotante em prazo menor em relação à licença gestante, fruto de maternidade biológica, estabelecendo, ainda, criticável escalonamento de acordo com a idade da criança (90 dias se a criança adotada tivesse menos de 1 ano e 30 dias no caso de adoção ou guarda judicial de criança com mais de 1 ano de idade, assim como respectivas prorrogações de 45 e 15 dias).

Dessa forma, enquanto as contratações regidas pela CLT asseguravam a igualdade entre a licença adotante e a licença gestante (e suas prorrogações), independentemente da idade da criança adotada, no âmbito das contratações com vínculo estatutário o prazo era distinto!

Essa disparidade foi questionada no STF, que, no julgamento do **RE 778.889**, por 8 x 1, estabeleceu a seguinte tese ao julgar o *tema 782* da repercussão geral: "os prazos da **licença adotante** não podem ser inferiores aos prazos da **licença gestante**, o mesmo valendo para as respectivas prorrogações. Em relação à licença adotante, não é possível fixar prazos diversos em função da idade da criança adotada" (j. 10.03.2016, Plenário, *DJE* de 1.º.08.2016).

Recomendamos a leitura do brilhante voto do **Min. Relator Luís Roberto Barroso** que, de maneira bastante acertada, declara **inconstitucional** o art. 210 da Lei n. 8.112/90 e os §§ 1.º e 2.º do art. 3.º da Res./CJF n. 30/2008, firmando o seguinte entendimento:

Acesse também a videoaula pelo link: somos.in/DCE25104

■ **abrangência:** "a licença-maternidade prevista no artigo 7.º, XVIII, da Constituição abrange tanto a licença gestante quanto a licença adotante, ambas asseguradas pelo prazo mínimo de 120 dias. Interpretação sistemática da Constituição à luz da **dignidade da pessoa humana**, da **igualdade entre filhos biológicos e adotados**, da doutrina da *proteção integral*, do princípio da **prioridade e do interesse superior do menor**";

■ **grupo vulnerável e fragilizado:** as crianças adotadas necessitam de "esforço adicional da família para sua adaptação, para a criação de laços de afeto e para a superação de traumas": "princípio da proporcionalidade como vedação à proteção deficiente";

■ **impossibilidade de conferir proteção inferior às crianças mais velhas:** "quanto mais velha a criança e quanto maior o tempo de internação compulsória em instituições, maior tende a ser a dificuldade de adaptação à família adotiva": "princípio da proporcionalidade como vedação à proteção deficiente";

■ **dignidade e autonomia da mulher para eleger os seus projetos de vida:** "dever reforçado do Estado de assegurar-lhe condições para compatibilizar maternidade e profissão, em especial quando a realização da maternidade ocorre pela via da adoção, possibilitando o resgate da convivência familiar em favor de menor carente": "ônus assumido pelas famílias adotantes, que devem ser encorajadas";

■ **mutação constitucional:** "alteração da realidade social e nova compreensão do alcance dos direitos do menor adotado. Avanço do significado atribuído à licença parental e à igualdade entre filhos, previstas na Constituição. Superação de antigo entendimento do STF" (para conhecimento do entendimento superado, cf. RE 197.807, j. 30.05.2000).

■ 15.2.11. Assistência aos desamparados

O direito social de assistência aos desamparados é materializado pelo art. 203, ao estatuir que a assistência social será prestada a quem dela necessitar, **independentemente de contribuição à seguridade social**.

Além disso, conforme o disposto no art. 204, as ações governamentais na área da assistência social serão realizadas com recursos do orçamento da seguridade social, previstos no art. 195, além de outras fontes.

Sem dúvida, dentro da ideia de Estado prestacionista, ações afirmativas deverão ser implementadas.

■ 15.3. "PEC DA FELICIDADE" — PEC N. 513/2010-CD E PEC N. 19/2010-SF

Devemos deixar consignada a previsão de importantes PECs, tanto na Câmara dos Deputados (Deputada Manuela D'Ávila) como no Senado (Senador Cristovam Buarque), apresentadas conjuntamente na busca de aperfeiçoamento do art. 6.º, que passará a ter a seguinte redação:

> "Art. 6.º São direitos sociais, **essenciais à busca da felicidade**, a educação, a saúde, a alimentação, o trabalho, a moradia, o transporte, o lazer, a segurança, a previdência

social, a proteção à maternidade e à infância, a assistência aos desamparados, na forma desta Constituição".

As PECs em comentário visam proteger não a felicidade em seu aspecto *subjetivo*, o que significaria a busca de sentimentos muito particulares, mas, notadamente, o **aspecto objetivo** da felicidade que, segundo as propostas, pode ser normatizado no sentido de que a concretização dos direitos sociais leva a um estado geral (coletivo) de felicidade.

De acordo com as justificativas, "há **felicidade coletiva** quando são adequadamente observados os itens que tornam mais feliz a sociedade, ou seja, justamente os direitos sociais — uma sociedade mais feliz é uma sociedade mais bem desenvolvida, em que todos tenham acesso aos básicos serviços públicos de saúde, educação, previdência social, cultura, lazer, dentre outros".

Em suas justificativas, os parlamentares lembram que a felicidade, enquanto direito, encontra-se positivada em diversos documentos, por exemplo:

- **Declaração de Direitos da Virgínia (EUA, 1776):** outorgava-se aos homens o direito de buscar e conquistar a felicidade;
- **Declaração dos Direitos do Homem e do Cidadão (França, 1789):** "primeira noção coletiva de felicidade, determinando-se que as reivindicações dos indivíduos sempre se voltarão à felicidade geral";
- **Preâmbulo da Carta Francesa de 1958:** "consagra a adesão do povo francês aos Direitos Humanos consagrados na Declaração de 1789, dentre os quais se inclui, à toda a evidência, a felicidade geral ali preconizada";
- **Reino do Butão:** "estabelece, como indicador social, um *Índice Nacional de Felicidade Bruta (INFB)*, mensurado de acordo com indicadores que envolvem bem-estar, cultura, educação, ecologia, padrão de vida e qualidade de governo, determinando o artigo 9.º daquela Constituição o dever do Estado de promover as condições necessárias para o fomento do INFB";
- **Constituição do Japão:** o art. 13 "determina que todas as pessoas têm direito à busca pela felicidade, desde que isso não interfira no bem-estar público, devendo o Estado, por leis e atos administrativos, empenhar-se na garantia às condições por atingir a felicidade";
- **Carta da Coreia do Sul:** o art. 10 estabelece que "todos têm direito a alcançar a felicidade, atrelando esse direito ao dever do Estado em confirmar e assegurar os direitos humanos dos indivíduos".

Assim, muito importante a previsão e esperamos que o Congresso Nacional aprove a referida PEC.

Nessa linha, não podemos deixar de mencionar decisão proferida em 21.02.2006 pelo Juiz **Guilherme de Macedo Soares**, que, dentre outros argumentos, tendo por fundamento a **"felicidade"**, reconheceu a *união estável* entre pessoas do mesmo sexo.

Em suas palavras, "que fique claro que a felicidade aqui tratada não é aquela que não tem parâmetros, que invade a esfera jurídica do próximo ou até mesmo do Estado. Não, refiro-me àquela a que todos nós temos direito de ter e de buscar. **O ser humano não pode ser digno, ser livre, se não é feliz**" (argumentos da decisão).

■ 15.4. DIREITOS RELATIVOS AOS TRABALHADORES[4]

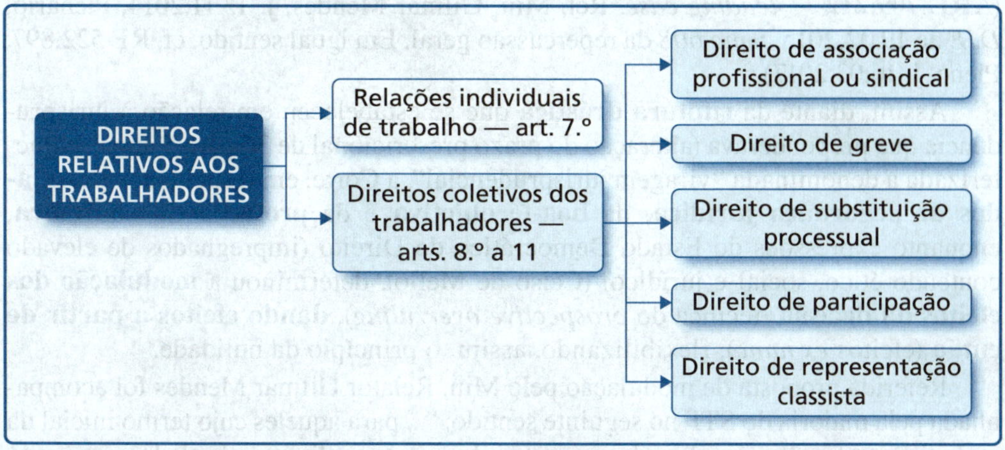

■ 15.4.1. Direitos sociais individuais dos trabalhadores

O art. 7.º estabelece um rol de direitos sociais dos **trabalhadores urbanos** e **rurais** (art. 7.º, *caput*), assim como dos **avulsos** (art. 7.º, XXXIV) e dos **domésticos**, cujos direitos foram profundamente ampliados pela **EC n. 72/2013** (art. 7.º, parágrafo único).

Cabe lembrar, ainda, que, nos termos do art. 39, § 3.º, aplica-se aos **servidores ocupantes de cargo público** o disposto no art. 7.º, IV, VII, VIII, IX, XII, XIII, XV, XVI, XVII, XVIII, XIX, XX, XXII e XXX, podendo a lei estabelecer requisitos diferenciados de admissão quando a natureza do cargo o exigir.

Assim, pedimos vênia para transcrever os direitos sociais individuais dos trabalhadores:

- relação de emprego protegida contra despedida arbitrária ou sem justa causa, nos termos de lei complementar,[5] que preverá indenização compensatória, dentre outros direitos;
- seguro-desemprego, em caso de desemprego involuntário;
- fundo de garantia do tempo de serviço;

CUIDADO: o STF, por maioria (7 x 3), alterando a jurisprudência que vigorava por mais de 20 anos (RE 134.328, RE 116.761 e RE 120.189) estabeleceu que o **prazo prescricional** para a cobrança judicial de valores devidos, pelos empregados e pelos tomadores de serviço, ao **Fundo de Garantia do Tempo de Serviço — FGTS**,

---

[4] Remetemos o ilustre leitor para o aprofundamento da matéria nos livros de **direito e processo do trabalho**, até porque foge do nosso objetivo abordar em detalhes os referidos temas.

[5] Cf. art. 10, I e II, ADCT e LC n. 146/2014.

é de **5 anos**, observado o limite de **2 anos** após a extinção do contrato de trabalho para o ajuizamento da ação **(art. 7.º, XXIX, CF/88)**, e não mais de 30 anos, conforme o entendimento anterior, declarando a inconstitucionalidade dos arts. 23, § 5.º, da Lei n. 8.036/90 e 55 do Regulamento do FGTS aprovado pelo Decreto n. 99.684/90 (**ARE 709.212 —** *leading case*, Rel. Min. Gilmar Mendes, j. 13.11.2014, Plenário, *DJE* de 19.02.2015, *tema 608* da repercussão geral. Em igual sentido, cf. RE 522.897, Pleno, j. 16.03.2017).

Assim, diante da **ruptura drástica** que se estabeleceu em relação à jurisprudência que preponderava (alteração do prazo prescricional de 30 para 5 anos), caracterizada a denominada "viragem jurisprudencial", a Corte, em respeito aos **postulados da segurança jurídica**, da **boa-fé objetiva** e da **proteção da confiança**, enquanto expressões do Estado Democrático de Direito (impregnados de elevado conteúdo ético, social e jurídico) (Celso de Mello), determinou a **modulação dos efeitos da decisão** (técnica do *prospective overruling*), **dando efeitos a partir de então** (efeitos *ex nunc*), flexibilizando, assim, o princípio da nulidade.

Referida proposta de modulação pelo Min. Relator Gilmar Mendes foi acompanhada pela maioria do STF no seguinte sentido: "... para aqueles cujo termo inicial da prescrição ocorra após a data do presente julgamento, aplica-se, desde logo, o prazo de 5 anos. Por outro lado, para os casos em que o prazo prescricional já esteja em curso, aplica-se o que ocorrer primeiro: 30 anos, contados do termo inicial, ou 5 anos, a partir desta decisão. Assim se, na presente data, já tenham transcorrido 27 anos do prazo prescricional, bastarão mais 3 anos para que se opere a prescrição, com base na jurisprudência desta Corte até então vigente. Por outro lado, se na data desta decisão tiverem decorrido 23 anos do prazo prescricional, ao caso se aplicará o novo prazo de 5 anos, a contar da data do presente julgamento" (fls. 29-30 do voto em ARE 709.212).

Em razão desse entendimento, de maneira coerente, o **TST** editou a **Res. 198/2015**, modificando o conteúdo da **S. 362**,[6] que incorporou integralmente o entendimento do STF (diferentemente do TST, o *STJ*, até o fechamento desta edição, ainda não havia alterado a *S. 210*, que, em nosso entender, encontra-se superada).

Em *obiter dictum*, porque esse não era o objeto da demanda, a Corte sinalizou também pela aplicação da **prescrição quinquenal** quando a cobrança do FGTS for feita pelo próprio Fundo. Entendeu-se tratar-se o FGTS de norma acessória ao salário e resultante da relação de trabalho (dela decorrente), tendo inegável índole social e trabalhista.

■ salário mínimo, fixado em lei, nacionalmente unificado, capaz de atender a suas necessidades vitais básicas e às de sua família com moradia, alimentação,

[6] **S. 362/TST:** "FGTS. PRESCRIÇÃO: I — Para os casos em que a ciência da lesão ocorreu a partir de 13.11.2014 (*data do novo entendimento do STF, acrescente-se*), é quinquenal a prescrição do direito de reclamar contra o não recolhimento de contribuição para o FGTS, observado o prazo de 2 anos após o término do contrato; II — Para os casos em que o prazo prescricional já estava em curso em 13.11.2014, aplica-se o prazo prescricional que se **consumar primeiro**: 30 anos, contados do termo inicial, ou 5 anos, a partir de 13.11.2014 (STF-ARE-709.212/DF)" (redação dada pela Res. n. 198/2015).

educação, saúde, lazer, vestuário, higiene, transporte e previdência social, com reajustes periódicos que lhe preservem o poder aquisitivo, sendo vedada sua vinculação para qualquer fim.

Buscando atingir os objetivos constitucionais, destacamos a **Lei n. 12.382/2011**, que dispôs sobre o valor do salário mínimo em 2011 e a sua **política de valorização** de longo prazo, até 2015.

De acordo com o seu art. 3.º, os reajustes e aumentos fixados na forma do art. 2.º serão estabelecidos **pelo Poder Executivo**, por meio de **decreto**, nos termos da referida Lei, que divulgará a cada ano os valores mensal, diário e horário do salário mínimo.

Contra essa sistemática normativa de divulgação oficial do valor do salário mínimo por decreto presidencial, foi ajuizada a ADI 4.568, sustentando-se a necessidade de lei em sentido formal, a ser editada anualmente.

Em 03.11.2011, por 8 x 2, o STF declarou constitucional o procedimento determinado na lei:

> "EMENTA: (...). A exigência constitucional de lei formal para fixação do valor do salário mínimo está atendida pela Lei 12.382/2011. A utilização de decreto presidencial, definida pela Lei 12.382/2011 como instrumento de anunciação e divulgação do valor nominal do salário mínimo de 2012 a 2015, não desobedece o comando constitucional posto no inciso IV do art. 7.º da CB. A Lei 12.382/2011 definiu o valor do salário mínimo e sua política de afirmação de novos valores nominais para o período indicado (arts. 1.º e 2.º). **Cabe ao presidente da República, exclusivamente, aplicar os índices definidos legalmente para reajuste e aumento e divulgá-los por meio de decreto, pelo que não há inovação da ordem jurídica nem nova fixação de valor**" (**ADI 4.568**, Rel. Min. Cármen Lúcia, j. 03.11.2011, Plenário, *DJE* de 30.03.2012).

Em seguida, mantendo a mesma linha da legislação anterior, a **Lei n. 13.152/2016** também delineou **política de valorização do salário mínimo** e dos **benefícios** pagos pelo Regime Geral de Previdência Social — **RGPS**, para vigorar entre **2016** e **2019**, prescrevendo não apenas reajustes para preservação do poder aquisitivo como, também, percentuais para refletir aumento real.

É de referir, ainda, a definição firme fixada pelo STF na **Súmula Vinculante 4**: "salvo nos casos previstos na Constituição, o salário mínimo não pode ser usado como indexador de base de cálculo de vantagem de servidor público ou de empregado, nem ser substituído por decisão judicial".

- piso salarial proporcional à extensão e à complexidade do trabalho;

Muito embora a vedação constante do art. 7.º, IV, explicitada na citada Súmula Vinculante 4/STF, a Suprema Corte fez importante distinção entre o **salário mínimo** e o **piso salarial**.

Este último vem sendo fixado em valores distintos, seja em relação a categorias, seja em relação aos trabalhadores ou servidores dos Estados ou do DF.

Destacamos a **LC n. 103/2000** que, em razão da regra contida no art. 22, parágrafo único, da CF/88, **autorizou** os **Estados** e o **DF** a instituir, **mediante lei de**

iniciativa do Poder Executivo, o **piso salarial** de que trata o art. 7.º, V, da Constituição Federal, para os **empregados** que **não tenham piso salarial definido em lei federal, convenção ou acordo coletivo de trabalho.**

Há, inclusive, decisão do STF afirmando que, se já houver lei federal, convenção ou acordo coletivo de trabalho, não terá o Estado competência para tratar do assunto, nem mesmo no sentido de se estabelecer um piso regional maior.[7]

De acordo com a referida *lei complementar federal*, não obstante o piso salarial possa ser estendido aos empregados domésticos, a autorização não poderá ser exercida: *a*) no segundo semestre do ano em que se verificar eleição para os cargos de Governador dos Estados e do Distrito Federal e de Deputados Estaduais e Distritais; *b*) em relação à remuneração de servidores públicos municipais.

Confira interessante julgado, aprofundando o instituto do *piso salarial*:

"... A lei questionada **não viola o princípio do pleno emprego**. Ao contrário, a instituição do piso salarial regional visa, exatamente, **reduzir as desigualdades sociais**, conferindo proteção aos trabalhadores e assegurando a eles melhores condições salariais. **Não viola o poder normativo da Justiça do Trabalho** (art. 114, § 2.º, da Lei Maior) o fato de a lei estadual não ter excluído dos seus efeitos a hipótese de piso salarial determinado em dissídio coletivo. A lei atuou nos exatos contornos da autorização conferida pela delegação legislativa. A lei impugnada realiza materialmente o **princípio constitucional da isonomia**, uma vez que o tratamento diferenciado aos trabalhadores agraciados com a instituição do **piso salarial regional visa reduzir as desigualdades sociais**. A LC federal 103/2000 teve por objetivo maior assegurar àquelas classes de trabalhadores menos mobilizadas e, portanto, com menor capacidade de organização sindical, um patamar mínimo de salário. A fim de manter-se o **incentivo à negociação coletiva** (art. 7.º, XXVI, CF/1988), **os pisos salariais regionais somente serão estabelecidos por lei naqueles casos em que não haja convenção ou acordo coletivo de trabalho.** As entidades sindicais continuarão podendo atuar nas negociações coletivas, desde que respeitado o patamar mínimo legalmente assegurado. A parte final do parágrafo único do art. 2.º da LC 459/2009 (estadual, acrescente-se), ao determinar a participação do 'Governo do Estado de Santa Catarina' nas negociações entre as entidades sindicais de trabalhadores e empregadores para atualização dos pisos salariais fixados na referida lei complementar, **ofende o princípio da autonomia sindical** (art. 8.º, I, CF/1988) e **extrapola os contornos da competência legislativa delegada pela União.** As negociações coletivas devem ocorrer com a participação dos representantes dos empregadores e dos trabalhadores, sem intromissão do governo **(prin-**

[7] **Art. 1.º da Lei n. 5.627/2009, do Estado do Rio de Janeiro:** "No Estado do Rio de Janeiro, o piso salarial dos empregados, integrantes das categorias profissionais abaixo enunciadas, que não o tenham definido em lei federal, convenção ou acordo coletivo de trabalho **que o fixe a maior**, será de: (...)". Analisando esse dispositivo, decidiu o STF: "... A expressão 'que o fixe a maior' contida no *caput* do art. 1.º da Lei estadual 5.627/2009 tornou os valores fixados na lei estadual aplicáveis, *inclusive*, aos trabalhadores com pisos salariais estabelecidos em lei federal, convenção ou acordo coletivo de trabalho inferiores a esse. **A inclusão da expressão extrapola os limites da delegação legislativa advinda da LC 103/2000, violando, assim, o art. 22, I e parágrafo único, da CF, por invadir a competência da União para legislar sobre direito do trabalho**" (**ADI 4.391**, Rel. Min. Dias Toffoli, j. 02.03.2011, Plenário, *DJE* de 20.06.2011). Devemos informar que a referida Lei Estadual n. 5.627/2009 foi revogada pela Lei n. 5.950/2011-RJ, estando atualmente a matéria regulada pela Lei n. 6.402/2013-RJ.

cípio da negociação livre). Ao criar mecanismo de participação estatal compulsória nas negociações coletivas, o Estado de Santa Catarina legisla sobre 'direito coletivo do trabalho', não se restringindo a instituir o piso salarial previsto no inciso V do art. 7.º da CF" (**ADI 4.364**, Rel. Min. Dias Toffoli, j. 02.03.2011, Plenário, *DJE* de 16.05.2011).[8]

- irredutibilidade do salário, salvo o disposto em convenção ou acordo coletivo;
- garantia de salário, nunca inferior ao mínimo, para os que percebem remuneração variável;
- décimo terceiro salário com base na remuneração integral ou no valor da aposentadoria;
- remuneração do trabalho noturno superior à do diurno;
- proteção do salário na forma da lei, constituindo crime sua retenção dolosa;
- participação nos lucros, ou resultados, desvinculada da remuneração, e, excepcionalmente, participação na gestão da empresa, conforme definido em lei;
- salário-família pago em razão do dependente do trabalhador de baixa renda nos termos da lei (redação dada pela Emenda Constitucional n. 20, de 1998);
- duração do trabalho normal não superior a oito horas diárias e quarenta e quatro semanais, facultada a compensação de horários e a redução da jornada, mediante acordo ou convenção coletiva de trabalho (*vide* Decreto-lei n. 5.452, de 1943). Destacamos em vídeo a questão durante a pandemia da Covid-19 — **ADI 6.363**;
- jornada de seis horas para o trabalho realizado em turnos ininterruptos de revezamento, salvo negociação coletiva;
- repouso semanal remunerado, preferencialmente aos domingos;
- remuneração do serviço extraordinário superior, no mínimo, em cinquenta por cento à do normal (*vide* Decreto-lei n. 5.452, art. 59, § 1.º);
- gozo de férias anuais remuneradas com, pelo menos, um terço a mais do que o salário normal;
- licença à gestante, sem prejuízo do emprego e do salário, com a duração de 120 dias (cf. Lei n. 11.770/2008, que admite a prorrogação da licença por mais 60 dias — e acompanhem a tramitação da *PEC n. 30-A/2007*, que aumenta a licença à gestante para 180 dias);
- licença-paternidade, nos termos fixados em lei, atualmente de 5 dias, de acordo com o art. 10, § 1.º, ADCT (cf. alteração da Lei n. 11.770/2008 pela Lei n. 13.257/2016 — *Estatuto da Primeira Infância*, que admite a prorrogação da licença-paternidade por mais 15 dias);
- proteção do mercado de trabalho da mulher, mediante incentivos específicos, nos termos da lei;

[8] Para aprofundamento do assunto, cf. interessante voto proferido pelo Min. Gilmar Mendes: **ADPF 151-MC**, Rel. p/ o ac. Min. Gilmar Mendes, j. 02.02.2011, Plenário, *DJE* de 06.05.2011 **(mérito da matéria pendente de julgamento)**.

- aviso prévio proporcional ao tempo de serviço, sendo no mínimo de trinta dias, nos termos da lei;

Vale lembrar a publicação da **Lei n. 12.506/2011**, regulamentando o **aviso prévio proporcional** (art. 7.º, XXI, da CF/88), que será concedido na proporção de **30 dias** aos empregados que contem até **1 ano** de serviço na **mesma** empresa, sendo acrescidos **3 dias** por **ano** de serviço prestado na **mesma** empresa, até o **máximo de 60 dias**, perfazendo um total de até **90 dias** (quando, para essa hipótese, terá o empregado de ter trabalhado, na mesma empresa, por 21 anos — todo desdobramento dessa nova regra deverá dar-se nos livros de *direito do trabalho*).

- redução dos riscos inerentes ao trabalho, por meio de normas de saúde, higiene e segurança;
- adicional de remuneração para as atividades penosas, insalubres ou perigosas, na forma da lei;
- aposentadoria;
- assistência gratuita aos filhos e dependentes desde o nascimento até cinco anos de idade em creches e pré-escolas (redação dada pela Emenda Constitucional n. 53, de 2006);
- reconhecimento das convenções e acordos coletivos de trabalho;

O STF estabeleceu que a situação de assimetria de poder presente nas relações individuais de trabalho deve ser vista de modo mitigado no âmbito do **direito coletivo do trabalho**. Assim, afastando a regra contida no art. 477, § 2.º, CLT, prestigiando a **"autonomia coletiva da vontade"** e a **"autocomposição dos conflitos trabalhistas"** (art. 7.º, XXVI, CF), entendeu a Corte que "a transação extrajudicial que importa rescisão do contrato de trabalho, em razão de adesão voluntária do empregado a **plano de dispensa incentivada**, enseja **quitação ampla e irrestrita de todas as parcelas objeto do contrato de emprego**, caso essa condição tenha constado expressamente do acordo coletivo que aprovou o plano, bem como dos demais instrumentos celebrados com o empregado" (**RE 590.415/SC**, Rel. Min. Roberto Barroso, Pleno, j. 30.04.2015, *DJE* de 29.05.2015. Referida tese foi mantida e reafirmada no julgamento dos embargos de declaração, que também não acolheu o pleito de modulação dos efeitos da decisão — j. 03.03.2016)[9] (sobre o tema e no sentido de se prestigiar a convenção coletiva e o acordo coletivo de trabalho, cf. art. 611-A, CLT, introduzido pela **Reforma Trabalhista**).

- proteção em face da automação, na forma da lei;

---

[9] Em interessante crítica, **Marcos Scalercio**, juiz do Trabalho do TRT da 2.ª Região, em mensagem de *e-mail* a este autor (28.02.2016), observa que a decisão da Suprema Corte contraria a **OJ n. 270 da SDI-1 do TST**, que **não permite a quitação geral**, tendo em vista o entendimento de que os **direitos trabalhistas** são **indisponíveis** e **irrenunciáveis**. Sustenta, ainda, que a admissão da quitação plena, conforme decidido pelo STF, **ofende o direito fundamental de livre acesso ao Poder Judiciário**, em razão de afastar do empregado a possibilidade de reclamar perante a Justiça Especializada.

Acesse também a videoaula pelo link: somos.in/DCE25104

- seguro contra acidentes do trabalho, a cargo do empregador, sem excluir a indenização a que este está obrigado, quando incorrer em dolo ou culpa;
- ação, quanto aos créditos resultantes das relações de trabalho, com prazo prescricional de cinco anos para os trabalhadores urbanos e rurais, até o limite de dois anos após a extinção do contrato de trabalho (redação dada pela Emenda Constitucional n. 28, de 2000);
- proibição de diferença de salário, de exercício de funções e de critério de admissão por motivo de sexo, idade, cor ou estado civil;
- proibição de qualquer discriminação no tocante a salário e critérios de admissão do trabalhador portador de deficiência;
- proibição de distinção entre trabalho manual, técnico e intelectual ou entre os profissionais respectivos;
- proibição de trabalho noturno, perigoso ou insalubre a menores de dezoito e de qualquer trabalho a menores de dezesseis anos, salvo na condição de aprendiz, a partir de quatorze anos (redação dada pela EC 20/98, que elevou a idade para 16 anos, tendo o STF declarado **constitucional** a disposição, nos termos dos arts. 227 e 3.º, IV, CF/88 e diversos instrumentos convencionais no plano internacional, destacando-se a Convenção 138 da OIT — Convenção sobre Idade Mínima de Admissão ao Emprego, 1973, e a Convenção 182 da OIT — Convenção sobre a Proibição das Piores Formas de Trabalho Infantil, 1999, ambas formalmente incorporadas ao direito positivo brasileiro. Perante a Organização das Nações Unidas — ONU, o Brasil assumiu o compromisso de erradicar todas as formas de trabalho infantil até 2025 — Meta 8.7 da Agenda 2030 para o Desenvolvimento Sustentável — cf. **ADI 2.096**, Rel. Min. Celso de Mello, julgamento virtual em 09.10.2020);
- igualdade de direitos entre o trabalhador com vínculo empregatício permanente e o trabalhador avulso;
- são assegurados à categoria dos trabalhadores domésticos os direitos previstos nos incisos IV, VI, VII, VIII, X, XIII, XV, XVI, XVII, XVIII, XIX, XXI, XXII, XXIV, XXVI, XXX, XXXI e XXXIII e, atendidas as condições estabelecidas em lei e observada a simplificação do cumprimento das obrigações tributárias, principais e acessórias, decorrentes da relação de trabalho e suas peculiaridades, os previstos nos incisos I, II, III, IX, XII, XXV e XXVIII, bem como a sua integração à previdência social **(EC n. 72/2013** e **LC n. 150/2015)**.

15.4.2. Direitos sociais coletivos dos trabalhadores (arts. 8.º a 11)

Os **direitos sociais coletivos** são aqueles exercidos pelos trabalhadores, coletivamente ou no interesse de uma coletividade, e podem ser classificados em:

- **direito de associação profissional ou sindical;**
- **direito de greve;**
- **direito de substituição processual;**
- **direito de participação;**
- **direito de representação classista.**

■ 15.4.2.1. *Direito de associação profissional ou sindical*

Nos termos do art. 8.º, *caput*, é livre a associação profissional ou sindical, observando-se as seguintes regras:

- a lei não poderá exigir autorização do Estado para a fundação de sindicato, ressalvado o registro no órgão competente, vedadas ao Poder Público a interferência e a intervenção na organização sindical;
- é vedada a criação de mais de uma organização sindical, em qualquer grau, representativa de categoria profissional ou econômica, na mesma base territorial, que será definida pelos trabalhadores ou empregadores interessados, não podendo ser inferior à área de um Município;

Nesse sentido, registramos entendimento fixado pelo STF na **Súmula 677**: "até que lei venha a dispor a respeito, **incumbe ao Ministério do Trabalho proceder ao registro das entidades sindicais e zelar pela observância do princípio da unicidade**" (Plenário, 24.09.2003, *DJ* de 09.10.2003).

Apesar de entendimento contrário já manifestado pela 1.ª T. (RE 370.834)[10], a necessidade de registro no Ministério do Trabalho tem sido a orientação da Corte. Conforme observou o Min. Gilmar Mendes, "a jurisprudência desta Corte é no sentido de que a Constituição Federal exige o registro sindical no órgão competente com a finalidade de proteger o **princípio da unicidade sindical**", que não admite a sobreposição, ou seja, a existência de mais de uma entidade representativa da categoria na mesma base territorial (**ARE 725.060 AgR-ED**, 2.ª T., j. 29.11.2019, destacando-se os seguintes precedentes: **RE 740.434 AgR**, 1.ª T., j. 19.02.2019, *DJE* de 05.04.2019; **RCL 4.990 AgR**, Rel. Min. Ellen Gracie, Tribunal Pleno, j. 04.03.2009, *DJE* 27.03.2009).

- ao sindicato cabe a defesa dos direitos e interesses coletivos ou individuais da categoria, inclusive em questões judiciais ou administrativas;
- a assembleia geral fixará a contribuição que, em se tratando de categoria profissional, será descontada em folha, para custeio do sistema confederativo da representação sindical respectiva, independentemente da contribuição prevista em lei;
- ninguém será obrigado a filiar-se ou a manter-se filiado a sindicato;

A partir desse dispositivo constitucional que consagra a **liberdade de sindicalização**, o STF, por 6 x 3, declarou serem "compatíveis com a Constituição Federal os dispositivos da Lei 13.467/2017 (Reforma Trabalhista) que **extinguiram a obrigatoriedade da contribuição sindical** e condicionaram o seu pagamento à **prévia e expressa autorização dos filiados**" (**ADI 5.794** e **ADC 55** — cf. arts. 578, 579, 582 e 587 da CLT).

[10] Vejamos a ementa: "a legitimidade de sindicato para atuar como substituto processual no mandado de segurança coletivo pressupõe tão somente a existência jurídica, ou seja, o registro no cartório próprio, sendo indiferente estarem ou não os estatutos arquivados e registrados no Ministério do Trabalho" (RE 370.834, Rel. Min. Marco Aurélio, j. 30.08.2011, 1.ª Turma, *DJE* de 26.09.2011).

- é obrigatória a participação dos sindicatos nas negociações coletivas de trabalho;
- o aposentado filiado tem direito a votar e ser votado nas organizações sindicais;
- é vedada a dispensa do empregado sindicalizado a partir do registro da candidatura a cargo de direção ou representação sindical e, se eleito, ainda que suplente, até um ano após o final do mandato, salvo se cometer falta grave nos termos da lei.

Finalmente, o art. 8.º, parágrafo único, prescreve que as disposições deste artigo aplicam-se à organização de **sindicatos rurais** e de **colônias de pescadores**, atendidas as condições que a lei estabelecer.

■ *15.4.2.2. Direito de greve*

Apesar de as **Constituições de 1824**, **1891** e **1934** não terem feito nenhuma previsão sobre o direito de greve, o Código Penal de 1890 (Império) tipificava o referido instituto como crime (arts. 204 a 206).

Nessa linha, a **Constituição de 1937** declarou a **greve** e o ***lockout*** como **recursos antissociais nocivos ao trabalho e ao capital e incompatíveis com os superiores interesses da produção nacional**. Como consequência, a **CLT**, que foi elaborada na vigência da referida Carta (1.º.05.1943), prescreveu penalidades em razão do exercício de greve (arts. 723 e 724, que vieram a ser revogados pela Lei n. 9.842/99).

Por outro lado, a **Constituição de 1946**, avançando, em seu art. 158, **reconheceu**, expressamente, o **direito de greve**, sendo o seu exercício regulamentado em lei, no caso, em um primeiro momento, o Decreto-lei n. 9.070/46, muito mais simbólico do que efetivo.

A segunda lei de greve, mais concreta, levou quase 20 anos para ser elaborada, no caso, a **Lei n. 4.330/64**, posteriormente revogada pela **Lei n. 7.783/89**, editada, como se observa, já na vigência da CF/88 e a atual lei a disciplinar a matéria.

A **Constituição de 1967**, por sua vez, assegurou aos trabalhadores o direito de greve (art. 158, XXI). Contudo, **proibiu**, expressamente, **a greve nos serviços públicos e atividades essenciais**, definidas em lei (art. 157, § 7.º), situações essas mantidas na **EC n. 1/69**.

Finalmente, a **Constituição de 1988** manteve o direito de greve para os trabalhadores em geral (art. 9.º) e, **pela primeira vez**, fez expressa previsão desse direito para os **servidores públicos** (art. 37, VII). No primeiro caso, a garantia está materializada em norma de **eficácia contida**, já que o § 1.º do art. 9.º prescreve que a lei definirá os serviços ou atividades essenciais e disporá sobre o atendimento das necessidades inadiáveis da comunidade, reduzindo, assim, a sua amplitude (cf. Lei n. 7.783/89); no segundo, em norma de **eficácia limitada**, pois o seu exercício se dará nos termos e nos limites definidos em **lei específica**, ainda não editada pelo Congresso Nacional.

De acordo com o art. 9.º, CF/88, assegura-se o **direito de greve**, competindo aos trabalhadores decidir sobre a oportunidade de exercê-lo e sobre os interesses que devam por meio dele defender, lembrando que, conforme assentou o STF, "**a simples adesão à greve não constitui falta grave**" (**S. 316**, aprovada em 13.12.1963).

A lei definirá os serviços ou atividades essenciais e disporá sobre o atendimento das necessidades inadiáveis da comunidade, sendo que os abusos cometidos sujeitam os responsáveis às penas da lei (cf. **Lei n. 7.783/89**).

Como estudado no *item 14.11.5.7,* uma vez que ainda não foi disciplinado o direito de greve dos servidores públicos (art. 37, VII), o STF, no julgamento conjunto dos MIs ns. 670, 708 e 712, determinou a aplicação da lei da iniciativa privada (a citada Lei n. 7.783/89) até que a matéria seja regulamentada pelo Congresso Nacional (j. 25.10.2007).

CUIDADO: entendeu o STF (cf. *item 13.7.9*) que alguns **serviços públicos**, em razão de sua **essencialidade** para a sociedade, deverão ser prestados em sua **totalidade**, como é, no caso, o **serviço de segurança pública**. De acordo com o entendimento da Corte, "as atividades desenvolvidas pela polícia civil são **análogas**, para esse efeito, às dos militares, em relação aos quais a Constituição expressamente proíbe a greve (art. 142, § 3.º, IV)", proibindo, assim, o seu exercício pelas polícias civis (cf. **Rcl 6.568**, Rel. Min. Eros Grau, j. 20.05.2009, Plenário, *DJE* de 25.09.2009).

O STF, em momento seguinte, por 6 x 3, **reafirmou** esse entendimento ao apreciar o *tema 541* da repercussão geral, fixando a seguinte tese: "o exercício do direito de greve, sob qualquer forma ou modalidade, é **vedado aos policiais civis e a todos os servidores públicos que atuem diretamente na área de segurança pública**" (**ARE 654.432**, Pleno, Rel. Min. Alexandre de Moraes, j. 05.04.2017).

E você deve estar se perguntando: mas, se o direito de greve está vedado, como poderão os policiais civis e os servidores públicos que atuem diretamente na área de segurança pública reivindicar os seus direitos?

Conforme já discutimos esse tema no *item 13.7.9*, a Corte estabeleceu o seguinte entendimento no julgado em análise: "é obrigatória a participação do Poder Público em mediação instaurada pelos órgãos classistas das carreiras de segurança pública, nos termos do art. 165 do CPC, para vocalização dos interesses da categoria" (ARE 654.432).

Já em relação aos **servidores públicos**, o STF firmou a seguinte tese ao apreciar o *tema 531* da repercussão geral (apesar de estarmos tratando sobre os trabalhadores urbanos e rurais, parece-nos importante deixar aqui anotado, tendo em vista que o entendimento segue a linha do que vem sendo decidido também para os trabalhadores da iniciativa privada e nos termos da lei específica): "a administração pública deve proceder ao desconto dos dias de paralisação decorrentes do exercício do direito de greve pelos **servidores públicos**, em virtude da **suspensão do vínculo funcional** que dela decorre, permitida a compensação em caso de **acordo**. O desconto será, contudo, incabível se ficar demonstrado que a greve foi provocada por **conduta ilícita** do Poder Público" (**RE 693.456**, j. 27.10.2016).

Finalmente, como alertamos no *item 11.8.4.4*, o STF editou a **SV 23/2009**, com o seguinte teor: "a **Justiça do Trabalho** é competente para processar e julgar **ação possessória** ajuizada em **decorrência do exercício do direito de greve** pelos trabalhadores da iniciativa privada".

15.4.2.3. Direito de substituição processual

Conforme indicamos, nos termos do art. 8.º, III, ao sindicato cabe a defesa dos direitos e interesses coletivos ou individuais da categoria, inclusive em questões judiciais ou administrativas.

Em *Plenário Virtual*, o STF reafirmou o seu entendimento no sentido de estabelecer que "os sindicatos possuem ampla legitimidade extraordinária para defender em juízo os direitos e interesses coletivos ou individuais dos integrantes da categoria que representam, inclusive nas liquidações e execuções de sentença, independentemente de autorização dos substituídos" (RE 883.642, j. 19.06.2015, destacando-se o seguinte precedente: **RE 210.029**, Rel. p/ o ac. Min. Joaquim Barbosa, j. 12.06.2006, Plenário, *DJ* de 17.08.2007).

15.4.2.4. Direito de participação

É assegurada a participação dos trabalhadores e empregadores nos colegiados dos órgãos públicos em que seus interesses profissionais ou previdenciários sejam objeto de discussão e deliberação (art. 10).

15.4.2.5. Direito de representação classista

Nas empresas de mais de **200 empregados**, é assegurada a eleição de um representante destes com a finalidade exclusiva de promover-lhes o entendimento direto com os empregadores (art. 11), tendo sido a matéria regulamentada nos arts. 510-A a 510-D, da CLT, introduzidos pela **Reforma Trabalhista** (Lei n. 13.467/2017).

15.5. "METODOLOGIA *FUZZY*" E "CAMALEÕES NORMATIVOS" NA PROBLEMÁTICA DOS DIREITOS SOCIAIS, CULTURAIS E ECONÔMICOS (CANOTILHO)[11]

Como se sabe, os **direitos sociais, culturais e econômicos** são denominados direitos de **segunda dimensão** e, para sua implementação, exigem uma **prestação estatal**, o que, certamente, demandará **gasto público**.

Surge, então, o problemático dilema entre a efetivação de determinados direitos sociais e a alocação dos recursos financeiros que são **finitos**, ou seja, demandam escolhas a serem implementadas por meio das políticas públicas.

Conforme anotou o Min. Celso de Mello, "essa relação dilemática (...) conduz os Juízes deste Supremo Tribunal a proferir decisão que se projeta no contexto das denominadas **'escolhas trágicas'** (GUIDO CALABRESI e PHILIP BOBBITT, 'Tragic Choices', 1978, W. W. Norton & Company), que nada mais exprimem senão o estado de **tensão dialética** entre a **necessidade estatal de tornar concretas e reais as ações e prestações de saúde em favor das pessoas**, de um lado, e as **dificuldades**

---

[11] As expressões são de Canotilho, em trabalho elaborado para o *Colóquio de Madrid* sobre os direitos econômicos, sociais e culturais, realizado entre 22 e 26 de abril de 1996. Para leitura do referido estudo, cf. J. J. Gomes Canotilho, "Metodologia fuzzy" e "camaleões normativos" na problemática atual dos direitos econômicos, sociais e culturais, in *Estudos sobre direitos fundamentais*, p. 97-113.

governamentais de viabilizar a alocação de recursos financeiros, sempre tão dramaticamente escassos, de outro" (voto — SL 47-AgR/PE, j. 17.03.2010).

A dificuldade intensifica-se quando se resolve enfrentar a problemática dos **direitos sociais** que exigem, como visto, a **prestação estatal**, pois, como diz Canotilho, os juristas não têm a sua exata dimensão, desprezando a necessidade de **análise econômica do direito**.

Em suas palavras, "como todos sabem, *fuzzy* significa em inglês 'coisas vagas', 'indistintas', indeterminadas. Por vezes, o estilo 'fuzzysta' aponta para o estilo do indivíduo. Ligeiramente embriagado. Ao nosso ver, paira sobre a dogmática e sobre a teoria jurídica dos direitos econômicos, sociais e culturais a carga metodológica da 'vagueza', 'indeterminação' e 'impressionismo' que a *teoria da ciência* vem apelidando, em termos caricaturais, sob a designação de 'fuzzysmo' ou 'metodologia fuzzy'. Em abono da verdade, este peso retórico é hoje comum a quase todas as ciências sociais. Em toda a sua radicalidade, a **censura do 'fuzzysmo', lançada aos juristas**, significa basicamente que **eles não sabem o que estão a falar, quando abordam os complexos problemas dos direitos econômicos, sociais e culturais**".[12]

Ainda, em aprofundada crítica, Canotilho denuncia a indeterminação normativa dos direitos sociais que vai repercutir na instável definição das políticas públicas. E explica, "... mesmo nos estritos parâmetros jurídico-dogmáticos, os direitos sociais aparecem envoltos em quadros pictóricos onde o recorte jurídico cede o lugar a nebulosas normativas. É aqui que surge o **'camaleão normativo'**. A expressão não é nossa. Foi utilizada pelo conhecido constitucionalista alemão J. Isensee, há mais de quinze anos. Com ela, pretendia o Autor significar a **instabilidade** e **imprecisão normativa** de um ***sistema jurídico aberto*** — como o dos direitos sociais — quer a conteúdos normativos imanentes ao sistema (*system-immanente*), quer a conteúdos normativos transcendentes ao mesmo sistema (*system-transcendente*). Esta indeterminação normativa explicaria, em grande medida, a confusão entre *conteúdo* de um direito, juridicamente definido e determinado, e *sugestão de conteúdo*, sujeita a modelações político-jurídicas cambiantes".[13]

Essa problemática dos direitos sociais vem sendo analisada pelo STF, que ainda precisa delimitar, com mais precisão, os seus parâmetros[14] **(matéria pendente)**. Em vários precedentes, o Tribunal já enfrentou o dilema, destacando-se dois importantes critérios de solução:

- **proibição da evolução reacionária;**
- **integridade e intangibilidade do núcleo consubstanciador do "mínimo existencial".**

---

[12] J. J. Gomes Canotilho, *Estudos sobre direitos fundamentais*, p. 99 — original sem grifos.

[13] J. J. Gomes Canotilho, *Estudos sobre direitos fundamentais*, p. 100-101 — original sem grifos.

[14] Sugerimos a leitura do voto do Min. Gilmar Mendes na **SL 47 AgR**, j. 17.03.2010, estabelecendo diversos **parâmetros** para **solução judicial dos casos concretos que envolvem direito à saúde**, bem como a confirmação da responsabilidade solidária dos entes da Federação em matéria de saúde e, diante da não comprovação de grave lesão à ordem, à economia, à saúde e à segurança pública, a determinação de política pública pelo Poder Judiciário, em razão da possibilidade de ocorrência de dano inverso.

15.5.1. Princípio do não retrocesso social ou da proibição da evolução reacionária. Interpretação a ser dada à EC n. 86/2015 (fruto da "PEC do Orçamento Impositivo") e perspectivas lançadas pela EC n. 95/2016

Já vimos que, dentro de uma realidade de **Estado Social de Direito**, estabelece-se um comportamento positivo para a implementação dos direitos sociais, irradiando essa orientação para a condução das políticas públicas, para a atuação do legislador e para o julgador no caso de solução de conflitos.

Assim, o **administrador**, dentro da ideia da **reserva do possível**, deve implementar as políticas públicas.

O **legislador**, ao regulamentar os direitos, deve respeitar o seu **núcleo essencial**, dando as condições para a implementação dos direitos constitucionalmente assegurados.

E o **Judiciário** deve corrigir eventual distorção para se assegurar a preservação do núcleo básico que qualifica o **mínimo existencial**.

Ainda, nesse mesmo contexto, deve ser observado o **princípio da vedação ao retrocesso**, isso quer dizer, uma vez concretizado o direito, ele não poderia ser diminuído ou esvaziado, consagrando aquilo que a doutrina francesa chamou de *effet cliquet*.

Entendemos que nem a lei poderá retroceder, como, em igual medida, o poder de reforma, uma vez que a emenda à Constituição deve resguardar os direitos sociais já consagrados.

Segundo anotou Canotilho, "o princípio da democracia econômica e social aponta para a **proibição de retrocesso social**. A ideia aqui expressa também tem sido designada como **proibição de 'contrarrevolução social'** ou **da 'evolução reacionária'**. Com isto quer dizer-se que os direitos sociais e econômicos (ex.: direito dos trabalhadores, direito à assistência, direito à educação), uma vez alcançados ou conquistados, passam a constituir, simultaneamente, uma **garantia institucional** e um **direito subjectivo**".[15]

Nesse contexto, devemos destacar a aprovação da denominada "PEC do Orçamento Impositivo", transformada na **EC n. 86/2015**.

Estabelece-se uma necessidade de se observar um **gasto mínimo federal** em **saúde** de 15% da receita corrente líquida do respectivo exercício financeiro (art. 198, § 2.º, I), valor esse a ser cumprido progressivamente e de modo escalonado dentro de 5 anos de sua promulgação, na forma do art. 2.º da EC n. 86/2015.

Devemos alertar, contudo, que o art. 3.º da **EC n. 95/2016**, que instituiu o **"Novo Regime Fiscal"** no âmbito dos Orçamentos Fiscal e da Seguridade Social da **União**, revogou o mencionado art. 2.º da EC n. 86/2015, que fazia a previsão desse aumento escalonado até atingir os mencionados 15%.

Pela nova regra (art. 110, ADCT), na vigência do regime fiscal introduzido, as **aplicações mínimas** em ações e serviços públicos de saúde equivalerão:

---

[15] J. J. G. Canotilho, *Direito constitucional e teoria da Constituição*, 6. ed., p. 468.

- **no exercício de 2017:** às aplicações mínimas calculadas nos termos do inciso I do § 2.º do art. 198 (15%), não mais se tendo de aguardar o escalonamento introduzido pelo art. 2.º da EC n. 86/2015; e
- **nos exercícios posteriores:** aos valores calculados para as aplicações mínimas do exercício imediatamente anterior, corrigidos pela variação do Índice Nacional de Preços ao Consumidor Amplo — IPCA, publicado pelo Instituto Brasileiro de Geografia e Estatística, ou de outro índice que vier a substituí-lo, para o período de doze meses encerrado em junho do exercício anterior a que se refere a lei orçamentária (tudo na forma do art. 107, § 1.º, II, ADCT).

Essa regra, na linha da anterior, também fixa um **piso**, ou seja, um **mínimo** a ser **investido** em **saúde** e **educação**, que foi assegurado em razão de **emenda modificativa** apresentada durante a tramitação da PEC, já que a redação original encaminhada pelo Presidente da República não fazia distinção e colocava tudo dentro do limite de gastos. A modificação do texto original da PEC apresenta mudança significativa, pois, fixado o mínimo, os governantes poderão — e é o que se espera — **ampliar os investimentos** nessas áreas fundamentais para o crescimento de um país.

Élida Graziane Pinto e Ingo Sarlet, contudo, analisando as disposições da EC n. 86/2015, apontavam, em interessante estudo, que referida proposta significava um claro **retrocesso**, já que os valores eram menores do que os estabelecidos pela EC n. 29/2000, quando era aplicado o valor de 14% da receita corrente líquida federal, caracterizando, assim, uma inaceitável perda de 0,8%.

Os autores propunham, então, conforme temos defendido em relação à EC n. 95/2016, que o regime previsto na EC n. 86/2015 fosse interpretado como um **piso**, e não o teto de gasto em saúde (e educação, acrescente-se). Além de sustentarem que as ações de saúde devem assegurar a garantia de um **mínimo existencial**, dentro de um contexto de **proibição de proteção insuficiente**, propõem o **dever de progressividade na matéria**. Assim, "faz sentido também seja considerado **retrocesso** vedado constitucionalmente, além da extinção do arranjo protetivo do direito, a **estagnação imotivada**, bem como a interpretação restritiva que retire a possibilidade fática e jurídica de o direito fundamental à saúde ser realizado em caráter progressivo".[16]

15.5.2. "Judicialização da saúde": fornecimento de medicamentos

Em relação aos temas da **judicialização da saúde e do fornecimento de medicamentos**, três recursos extraordinários com repercussão geral reconhecida (RG) devem ser destacados, estando, ainda, no fechamento dessa edição, um deles pendente de julgamento (pauta marcada para 11.03.2020). Vejamos:

[16] Élida Graziane Pinto e Ingo Wolfgang Sarlet, Regime previsto na EC 86/2015 deve ser piso, e não o teto de gasto em saúde, *Revista Consultor Jurídico* de 24.03.2015, p. 4, acesso em 08.05.2015.

- **RE 855.178** (tema 793 da RG): à luz dos arts. 2.º e 198 da Constituição Federal, há responsabilidade solidária entre os entes federados pela promoção dos atos necessários à concretização do direito à saúde, tais como o fornecimento de medicamentos e o custeio de tratamento médico adequado aos necessitados? **SIM**;
- **RE 657.718** (tema 500 da RG): à luz dos arts. 1.º, III; 6.º; 23, II; 196; 198, II e § 2.º; e 204 da Constituição Federal, deve o Estado ser obrigado a fornecer medicamento não registrado na Agência Nacional de Vigilância Sanitária — ANVISA? Como **regra geral, não**. Contudo, o STF estabeleceu três situações nas quais se reconhece essa obrigação – vide tese descrita a seguir;
- **RE 566.471** (tema 6 da RG): à luz dos arts. 2.º; 5.º; 6.º; 196; e 198, §§ 1.º e 2.º, da Constituição Federal, há obrigatoriedade de o Estado fornecer medicamento de alto custo a portador de doença grave que não possui condições financeiras para comprá-lo? Conforme noticiado, o "Estado não é obrigado a fornecer medicamentos de alto custo solicitados judicialmente, quando não estiverem previstos na relação do Programa de Dispensação de Medicamentos em Caráter Excepcional, do Sistema Único de Saúde (SUS). As situações excepcionais ainda serão definidas na formulação da tese de repercussão geral" (pendente).

Apesar de grande discussão, há posicionamento do STF no sentido da **responsabilidade solidária dos entes federativos em matéria de saúde** (o tratamento médico adequado aos necessitados deve ser entendido como um dos deveres do Estado, podendo o polo passivo da demanda ser integrado por qualquer um dos referidos entes federativos, isolada ou conjuntamente), merecendo atenção os seguintes preceitos normativos:

- **art. 23, II, da CF/88:** estabelece ser **competência comum** da **União**, dos **Estados**, do **Distrito Federal** e dos **Municípios** cuidar da saúde e assistência pública, da proteção e garantia das pessoas portadoras de deficiência;
- **art. 195, *caput*, da CF/88:** o financiamento do SUS, além de outras fontes, se implementa com recursos da seguridade social provenientes dos orçamentos da União, dos Estados, do DF e dos Municípios (nesse sentido, cf. **SS 3.355**, j. 17.03.2010).
- **art. 7.º, XI, da Lei n. 8.080/90:** as ações e serviços públicos de saúde e os serviços privados contratados ou conveniados que integram o Sistema Único de Saúde (SUS) são desenvolvidos de acordo com as diretrizes previstas no art. 198 da Constituição Federal, obedecendo ainda, dentre outros princípios, à **conjugação dos recursos financeiros, tecnológicos, materiais e humanos** da **União**, dos **Estados**, do **Distrito Federal** e dos **Municípios** na prestação de serviços de assistência à saúde da população.

Nesse sentido, o STF, por maioria, fixou a seguinte tese de repercussão geral (**tema 793**): "os entes da federação, em decorrência da **competência comum**, são **solidariamente responsáveis nas demandas prestacionais na área da saúde**, e diante dos critérios constitucionais de descentralização e hierarquização, compete à autoridade judicial direcionar o cumprimento conforme as regras de repartição de competências e determinar o ressarcimento a quem suportou o ônus financeiro" (**RE 855.178**, j. 23.05.2019, *pendente* a publicação do acórdão).

Em relação ao fornecimento de medicamentos não registrados na Agência Nacional de Vigilância Sanitária — ANVISA, o STF, apreciando o **tema 500** da repercussão geral, fixou a seguinte tese (**RE 657.718**, j. 22.05.2019, *pendente* a publicação do acórdão):

- "1. O Estado não pode ser obrigado a fornecer medicamentos experimentais.
- 2. A ausência de registro na ANVISA impede, **como regra geral**, o fornecimento de medicamento por decisão judicial.
- 3. É possível, **excepcionalmente**, a concessão judicial de medicamento sem registro sanitário, em caso de **mora irrazoável** da ANVISA em apreciar o pedido (prazo superior ao previsto na Lei n. 13.411/2016), quando preenchidos três requisitos: (i) a existência de pedido de registro do medicamento no Brasil (salvo no caso de medicamentos órfãos para doenças raras e ultrarraras); (ii) a existência de registro do medicamento em renomadas agências de regulação no exterior; e (iii) a inexistência de substituto terapêutico com registro no Brasil.
- 4. As ações que demandem fornecimento de medicamentos sem registro na ANVISA deverão necessariamente ser propostas em face da **União**".

O julgamento dos referidos recursos certamente impactará a discussão da **PSV 4/2008** (*proposta de súmula vinculante*), encaminhada pelo **Defensor Público-Geral Federal**[17] e que tem a seguinte proposta de redação:

- "a responsabilidade solidária dos Entes Federativos no que concerne ao fornecimento de medicamento e tratamento médico ao carente, comprovada a necessidade do fármaco ou da intervenção médica, restando afastada, por outro lado, a alegação de ilegitimidade passiva corriqueira por parte das Pessoas Jurídicas de Direito Público";
- "a possibilidade de bloqueio de valores públicos para o fornecimento de medicamento e tratamento médico ao carente, comprovada a necessidade do fármaco ou da intervenção médica, restando afastada, por outro lado, a alegação de que tal bloqueio fere o artigo 100, *caput* e § 2.º da Constituição de 1988".

Referida *proposta de súmula vinculante* está **sobrestada**, aguardando o julgamento final do **RE 566.471/RN**, que teve a repercussão geral reconhecida, suspendendo milhares de processos, conforme indicamos acima **(pendente a fixação da tese de julgamento)**.

[17] Querido leitor, àquele que se prepara para os **concursos da defensoria pública**, o tema ganha importante relevância.

■ 15.6. MATERIAL DIGITAL EXCLUSIVO

15

DIREITOS SOCIAIS

Download de Questões Modelo Tradicional — somos.in/DCE25058

Banco de Questões Plataforma — somos.in/DCE25059

Resolução de Questões Pedro Lenza — somos.in/DCE25125

Videoaulas — somos.in/DCE25104

16

NACIONALIDADE

■ 16.1. CONCEITO

Nacionalidade pode ser definida como o vínculo jurídico-político que liga um indivíduo a determinado Estado, fazendo com que esse indivíduo passe a integrar o povo desse Estado e, por consequência, desfrute de direitos e se submeta a obrigações.

■ 16.1.1. Definições correlatas

- ■ **povo:** conjunto de pessoas que fazem parte do Estado — o seu elemento humano —, unido ao Estado pelo vínculo jurídico-político da nacionalidade;
- ■ **população:** conjunto de **residentes** no **território**, sejam eles **nacionais** ou **estrangeiros** (bem como os **apátridas** ou ***heimatlos***);
- ■ **nação:** conjunto de pessoas ladeadas pela mesma língua, cultura, costumes, tradições, adquirindo **identidade sociocultural**, tendo consciência e sentimento da mesma, na medida em que partilham dos mesmos valores culturais e espirituais que os une;
- ■ **nacionalidade:** como vimos, é o **vínculo jurídico-político** que liga um indivíduo a determinado Estado, fazendo com que esse indivíduo passe a integrar o povo desse Estado e, por consequência, desfrute de direitos e se submeta a obrigações. Como diria Pontes de Miranda, a nacionalidade faz da pessoa um dos **elementos componentes da dimensão pessoal do Estado**;
- ■ **cidadania:** tem por pressuposto a nacionalidade (que é mais ampla que a cidadania), caracterizando-se como a **titularidade** de direitos políticos de votar e ser votado.[1] O **cidadão**, portanto, nada mais é que o nacional (brasileiro nato ou naturalizado) que goza de direitos políticos.

---

1 "*Cidadania*... qualifica os participantes da vida do Estado, é atributo das pessoas integradas na sociedade estatal, atributo político decorrente do direito de participar no governo e direito de ser ouvido pela representação política... Nacionalidade é conceito mais amplo do que cidadania, e é pressuposto desta, uma vez que só o titular da nacionalidade brasileira pode ser cidadão" (José Afonso da Silva, *Curso de direito constitucional positivo*, p. 305).

***Acesse também o vídeo sobre o capítulo pelo link:* somos.in/DCE25061**

■ 16.2. ESPÉCIES DE NACIONALIDADE E CRITÉRIOS PARA A SUA AQUISIÇÃO

A doutrina costuma distinguir a nacionalidade em duas espécies: a) **primária** ou **originária** (involuntária); b) **secundária** ou **adquirida** (voluntária).

A **nacionalidade primária** é imposta, de maneira unilateral, independentemente da vontade do indivíduo, pelo Estado, no momento do **nascimento**. Falamos em involuntariedade porque, de maneira soberana, cada país estabelece as regras ou critérios para a outorga da nacionalidade aos que nascerem sob o seu governo.

Alguns adotam o critério do ***ius sanguinis***, ou seja, o que interessa para a aquisição da nacionalidade é o sangue, a filiação, a ascendência, pouco importando o local onde o indivíduo nasceu. (Em geral o critério do *ius sanguinis* é utilizado por países de emigração, a fim de se manter o vínculo com os descendentes, como ocorre com a maior parte dos países europeus.)

Outros adotam o critério do ***ius solis***, ou **critério da territorialidade**, vale dizer, o que importa para a definição e aquisição da nacionalidade é o **local do nascimento**, e não a descendência. (Esse critério é normalmente utilizado pelos países de imigração, a fim de que os descendentes dos imigrantes, que venham a nascer no solo do novo país, sejam nacionais desse novo país, e não do de origem, o que ocorreria se o critério fosse o do sangue.)

Já a **nacionalidade secundária** é aquela que se adquire por vontade própria, depois do nascimento, normalmente pela **naturalização**, que poderá ser requerida tanto pelos **estrangeiros** como pelos ***heimatlos* (apátridas)**, ou seja, aqueles indivíduos que não têm pátria alguma. O estrangeiro, dependendo das regras de seu país, poderá ser enquadrado na categoria de **polipátrida** (**multinacionalidade** — ex.: filhos de italiano — critério do sangue — nascidos no Brasil — critério da territorialidade).

Surge, então, o chamado **conflito de nacionalidade:** a) **positivo** — polipátrida (multinacionalidade) e b) **negativo** — apátrida, intolerável, especialmente diante do art. XV da Declaração Universal dos Direitos Humanos (1948),[2] que assegura a toda pessoa o direito a uma nacionalidade, proibindo que seja arbitrariamente dela privada, ou impedida de mudá-la.

A **Lei de Migração** (Lei n. 13.445/2017) define o **apátrida** como a "pessoa que não seja considerada como nacional por nenhum Estado, segundo a sua legislação, nos termos da Convenção sobre o Estatuto dos Apátridas, de 1954, promulgada pelo Decreto n. 4.246/2002, ou assim reconhecida pelo Estado brasileiro" (art. 1.º, § 1.º, VI).

Referida legislação, na linha dos documentos internacionais, incentiva a denominada **"redução da apatridia"**, prescrevendo normas de **proteção** ao apátrida.

Durante a tramitação do processo de reconhecimento da condição de apátrida, incidem todas as **garantias** e **mecanismos protetivos** e de **facilitação da inclusão social** relativos à Convenção sobre o Estatuto dos Apátridas de 1954, promulgada

[2] Adotada e proclamada pela Res. n. 217 A (III) da Assembleia Geral das Nações Unidas, em 10.12.1948.

Acesse também a videoaula pelo link: somos.in/DCE25105

pelo Decreto n. 4.246/2002, à Convenção relativa ao Estatuto dos Refugiados, promulgada pelo Decreto n. 50.215/61, e à Lei n. 9.474/97.

O processo de reconhecimento da condição de apátrida será iniciado por meio da solicitação do interessado apresentada ao Ministério da Justiça e Segurança Pública ou às unidades da Polícia Federal, devendo ser instruída com cópias dos documentos de que o solicitante dispuser, sem prejuízo de diligências realizadas perante órgãos e instituições nacionais ou internacionais a fim de comprovar as alegações (art. 96, §§ 2.º e 3.º, do Decreto n. 9.199/2017).

O solicitante de reconhecimento da condição de apátrida fará jus à autorização provisória de residência, demonstrada por meio de protocolo, até a obtenção de resposta ao seu pedido.

■ 16.3. BRASILEIRO NATO

Como regra geral prevista no art. 12, I, o Brasil, país de imigração, adotou o critério do *ius solis*. Essa regra, porém, é atenuada em diversas situações, ou "temperada" por outros critérios, como veremos. Lembrar que o art. 12, I, traz hipóteses taxativas de previsão de aquisição da nacionalidade brasileira. Assim, serão brasileiros natos:

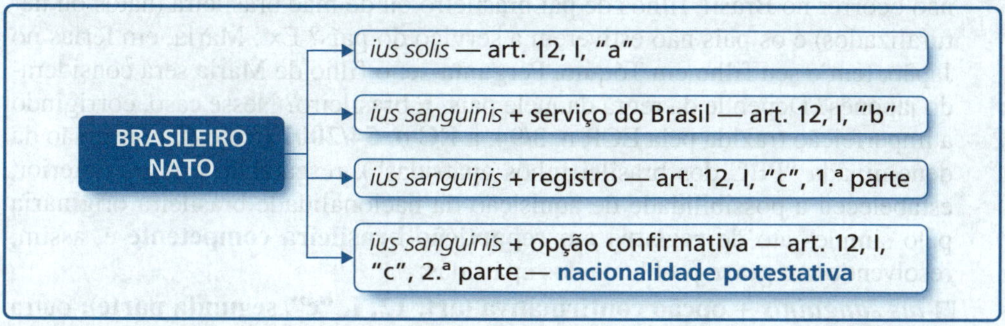

- ■ ***ius solis* (art. 12, I, "a"):** qualquer pessoa que nascer no **território brasileiro**[3] (República Federativa do Brasil), mesmo que seja filho de pais estrangeiros. Os pais estrangeiros, no entanto, não podem estar a serviço de seu país. Se estiverem, o que podemos afirmar é que o indivíduo que nasceu em território brasileiro não será brasileiro nato. Se será nacional de seu país, não sabemos. Devemos analisar, e sempre, as regras do direito estrangeiro;
- ■ ***ius sanguinis* + serviço do Brasil (art. 12, I, "b"):** e se o nascimento se der fora do Brasil? Serão considerados brasileiros natos os que, mesmo tendo nasci-

[3] No território nacional se incluem: "... 1) as terras delimitadas pelas fronteiras geográficas, como rios, lagos, baías, golfos, ilhas, bem como o espaço aéreo e o mar territorial, formando o território propriamente dito; 2) os navios e aeronaves de guerra onde quer que se encontrem; 3) os navios mercantes brasileiros em alto-mar ou de passagem em mar territorial estrangeiro; 4) as aeronaves civis brasileiras em voo sobre o alto-mar ou de passagem sobre águas territoriais ou espaços aéreos estrangeiros" (Dardeau de Carvalho, *Nacionalidade e cidadania*, p. 57, apud José Afonso da Silva, *Curso de direito constitucional positivo*, p. 290).

do no estrangeiro, sejam filhos de pai ou mãe brasileiros e qualquer deles (o pai, a mãe, ou ambos) esteja a serviço da República Federativa do Brasil (administração direta ou indireta);

Interessante observar que o art. 12, I, "b", estabelece como premissa o pai **ou** a mãe ser **brasileiro** e não exige que seja brasileiro nato. Assim, entendemos que, como a regra geral estabelece a impossibilidade de se estabelecer distinções entre brasileiros natos e naturalizados (art. 12, § 2.º, cf. *item 16.6*), o filho, brasileiro **nato**, poderá ser tanto de pai brasileiro, seja nato ou naturalizado, como de mãe brasileira nata ou mesmo naturalizada.

Segundo anotam Mendes, Coelho e Branco, "a expressão *a serviço do Brasil* há de ser entendida não só como a atividade diplomática afeta ao Poder Executivo, mas também como qualquer função associada às atividades da União, dos Estados ou dos Municípios ou de suas autarquias. Rezek observa que configura 'a serviço do Brasil', para os fins da norma constitucional, o serviço prestado a organização internacional de que a República faça parte, independentemente de o agente ter sido designado ou não pelos órgãos governamentais brasileiros".[4]

- ***ius sanguinis* + registro (art. 12, I, "c", primeira parte):** e se o nascimento não ocorrer no Brasil, filhos de pai brasileiro ou de mãe brasileira (natos ou naturalizados) e os pais não estiverem a serviço do país? Ex.: Maria, em férias no Japão, tem o seu filho em Tóquio. Pergunta-se: o filho de Maria será considerado japonês? Depende da regra daquele país. E brasileiro? Nesse caso, corrigindo a imperfeição trazida pela ECR n. 3/94, a **EC n. 54/2007** (fruto de conversão da denominada "PEC dos brasileirinhos apátridas"), resgatando a regra anterior, estabeleceu a possibilidade de aquisição da nacionalidade brasileira originária pelo simples ato de **registro em repartição brasileira competente** e, assim, resolvendo um grave problema dos apátridas;
- ***ius sanguinis* + opção confirmativa (art. 12, I, "c", segunda parte):** outra possibilidade de aquisição da nacionalidade brasileira, mantida pela **EC n. 54/2007**, dá-se quando o filho de pai brasileiro ou de mãe brasileira (natos ou naturalizados), que não estejam a serviço do Brasil, vier a residir no Brasil e **optar**, em qualquer tempo, **depois de atingida a maioridade**, pela nacionalidade brasileira. Trata-se da chamada **nacionalidade potestativa**, uma vez que a aquisição depende da exclusiva vontade do filho.[5]

"Optar" significa abrir mão de eventual outra nacionalidade pela brasileira. Nesse sentido, o art. 63 da Lei n. 13.445/2017 estabelece que o filho de pai ou de mãe brasileiro nascido no exterior **e que não tenha sido registrado em repartição consular** poderá, a qualquer tempo, promover **ação de opção de nacionalidade**, de

[4] *Curso de direito constitucional*, 3. ed., p. 718.

[5] A aquisição da nacionalidade dá-se no momento da fixação da residência no País; este o fato gerador da nacionalidade. No entanto, esta fica sujeita à opção confirmativa. Assim, a condição de brasileiro nato fica suspensa até a implementação da condição. Nesse sentido, cf. José Afonso da Silva, *Curso de direito constitucional positivo*, p. 293.

competência da **Justiça Federal**, conforme visto (art. 109, X, CF/88), prescrevendo-se, ainda, que o órgão de registro deve informar periodicamente à autoridade competente os dados relativos à opção de nacionalidade, conforme regulamento.

■ 16.4. BRASILEIRO NATURALIZADO

■ 16.4.1. Noções introdutórias: procedimento

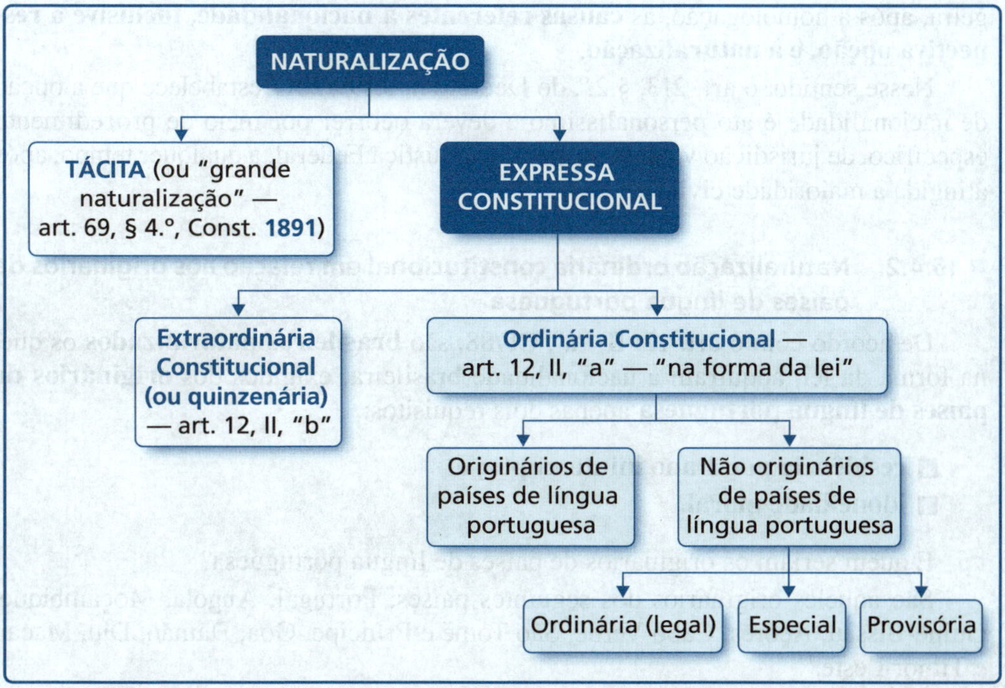

Como forma de aquisição da **nacionalidade secundária**, a Constituição prevê o processo de naturalização, que dependerá tanto da manifestação de vontade do interessado como da aquiescência estatal, que, através de ato de soberania, de forma discricionária, poderá ou não atender à solicitação do estrangeiro ou apátrida.

Dessa maneira, não mais se prevê a naturalização tácita (grande naturalização), como aconteceu na vigência da Constituição de 1891.[6] A CF/88 somente estabeleceu a **naturalização expressa**, que se divide em **ordinária constitucional** e **extraordinária constitucional (quinzenária)**.

O pedido de naturalização será apresentado e processado na forma prevista pelo órgão competente do Poder Executivo, sendo cabível recurso em caso de denegação. A naturalização produzirá efeitos após a publicação no Diário Oficial do ato de na-

[6] Lembramos o art. 69, § 4.º, da Constituição de 1891, que dizia: "São cidadãos brasileiros: os estrangeiros que, achando-se no Brasil aos 15 de novembro de 1889, não declararem, dentro de seis meses depois de entrar em vigor a Constituição, o ânimo de conservar a nacionalidade de origem".

turalização. No prazo de até 1 ano após a concessão da naturalização, deverá o naturalizado comparecer perante a Justiça Eleitoral para o devido cadastramento.

No curso do processo de naturalização, o naturalizando poderá requerer a tradução ou a adaptação de seu nome à língua portuguesa, devendo ser mantido cadastro com o nome traduzido ou adaptado associado ao nome anterior.

Finalmente, cabe lembrar que o **art. 109, X, CF/88** estabelece ser competência dos juízes federais processar e julgar os crimes de ingresso ou permanência irregular de estrangeiro, a execução de carta rogatória, após o *exequatur*, e de sentença estrangeira, após a homologação, as **causas referentes à nacionalidade, inclusive a respectiva opção, e à naturalização**.

Nesse sentido, o art. 213, § 2.º, do Decreto n. 9.199/2017 estabelece que a opção de nacionalidade é ato personalíssimo e deverá ocorrer por meio de procedimento específico, de jurisdição voluntária, perante a Justiça Federal, a qualquer tempo, após atingida a maioridade civil.

16.4.2. Naturalização ordinária constitucional em relação aos originários de países de língua portuguesa

De acordo com o art. 12, II, "a", CF/88, são **brasileiros naturalizados** os que, na forma da lei, adquiram a nacionalidade brasileira, exigidos dos **originários de países de língua portuguesa** apenas dois requisitos:

- **residência por 1 ano ininterrupto; e**
- **idoneidade moral.**

E quem seriam os originários de países de língua portuguesa?

São aqueles originários dos seguintes países: Portugal, Angola, Moçambique, Guiné-Bissau, Açores, Cabo Verde, São Tomé e Príncipe, Goa, Damão, Diu, Macau e Timor-Leste.[7]

Aos **portugueses**, além dessa possibilidade de naturalização, foi expressamente estabelecida na Constituição a garantia da reciprocidade (art. 12, § 1.º), caso não optem pelo processo de naturalização (cf. *item 16.5*).

16.4.3. Naturalização ordinária legal

Conforme visto, são brasileiros naturalizados os que, **na forma da lei**, adquiram a nacionalidade brasileira. A regulamentação desse dispositivo se deu nos termos do art. 65 da Lei de Migração — Lei n. 13.445/2017 —, que prevê as seguintes **condições**:

- ter capacidade civil, segundo a lei brasileira;
- ter residência em território nacional, pelo prazo mínimo de 4 anos;[8]

---

[7] José Afonso da Silva, *Curso de direito constitucional positivo*, 17. ed., p. 332.

[8] Esse prazo será **reduzido** para, no mínimo, **1 ano** se o naturalizando preencher **quaisquer** das seguintes condições: ter filho brasileiro; ter cônjuge ou companheiro brasileiro e não estar dele separado legalmente ou de fato no momento de concessão da naturalização; haver prestado ou poder prestar

- comunicar-se em língua portuguesa, consideradas as condições do naturalizando; **e**
- não possuir condenação penal ou estar reabilitado, nos termos da lei.

16.4.4. Naturalização especial

A **naturalização especial** poderá ser concedida ao estrangeiro que se encontre **em uma** das seguintes situações (art. 68 da Lei n. 13.445/2017):

- ser cônjuge ou companheiro, há mais de 5 anos, de integrante do Serviço Exterior Brasileiro em atividade ou de pessoa a serviço do Estado brasileiro no exterior; **ou**
- ser ou tenha sido empregado em missão diplomática ou em repartição consular do Brasil por mais de 10 anos ininterruptos.

Enquadrando-se em uma das situações acima, o naturalizando deverá preencher os seguintes requisitos para que possa ser concedida a naturalização especial (art. 69 da Lei n. 13.445/2017):

- ter capacidade civil, segundo a lei brasileira;
- comunicar-se em língua portuguesa, consideradas as condições do naturalizando; **e**
- não possuir condenação penal ou estar reabilitado, nos termos da lei.

16.4.5. Naturalização provisória

A **naturalização provisória** poderá ser concedida ao migrante criança ou adolescente que tenha fixado residência em território nacional **antes de completar 10 anos de idade** e deverá ser requerida por intermédio de seu representante legal, sendo **convertida em definitiva** se o naturalizando expressamente assim o requerer no **prazo de 2 anos após atingir a maioridade** (art. 70 da Lei n. 13.445/2017).

Essa hipótese, denominada pela doutrina **"radicação precoce"**, era expressamente prevista no art. 140, II, "b", 1, da Constituição de 1967 e no art. 145, II, "b", 2, da EC n. 1/69, além de estar também descrita no art. 115, § 2.º, I, do revogado Estatuto dos Estrangeiros (Lei n. 6.815/80). A única diferença era que a idade de radicação no Brasil era 5 e não 10 anos, como na nova lei.

16.4.6. Naturalização extraordinária ou quinzenária

Prevista no art. 12, II, "b", CF/88 e no art. 67 da Lei n. 13.445/2017, a **naturalização extraordinária** ou **quinzenária** dar-se-á quando os estrangeiros, de **qualquer nacionalidade**, residentes na República Federativa do Brasil **há mais de 15 anos**[9] **ininterruptos**[10] e **sem condenação penal**, requisitarem a nacionalidade brasileira.

---

serviço relevante ao Brasil, avaliado na forma disposta em regulamento; ou recomendar-se por sua capacidade profissional, científica ou artística, também avaliada na forma disposta em regulamento.

[9] Inicialmente se previa o prazo de **30 anos**, que foi diminuído para **15** pela EC de Revisão n. 3/94.

[10] Conforme decidiu o STF, "a ausência temporária não significa que a residência não foi contínua,

A naturalização extraordinária é "intransferível", vale dizer, só a adquire aquele que preencher os requisitos constitucionais. Como muito bem lembra José Afonso da Silva, "a naturalização não importa a aquisição da nacionalidade brasileira pelo cônjuge e filhos do naturalizado, nem autoriza estes a entrar ou radicar-se no Brasil, sem que satisfaçam as exigências legais".[11]

16.4.7. Conclusão de curso superior: ainda subsiste com a revogação do Estatuto dos Estrangeiros?

Tanto a CF/67 (art. 140, II, "b", 1 e 2) como a EC n. 1/69 (art. 145, II, "b", 2) faziam expressa previsão de duas outras formas de naturalização: a) radicação precoce; e b) conclusão de curso superior.

A Constituição de 1988, contudo, não mais as estabeleceu, tendo delegado ao **legislador** a competência para a definição de outras hipóteses além das expressamente previstas.

Antes do advento da Lei de Migração, apesar de o texto constitucional de 1988 não mais tratar, expressamente, das aludidas hipóteses de naturalização, elas ainda **subsistiam**, encontrando o seu fundamento constitucional no art. 12, II, "a", primeira parte, qual seja, os que, **na forma da lei** (no caso, da revogada Lei n. 6.815/80), se naturalizarem brasileiros. Nesse caso, o Estatuto dos Estrangeiros, em seus arts. 115, § 2.º, I e II, e 116, descrevia as hipóteses de naturalização por **radicação precoce** e **conclusão de curso superior**.

Com a revogação expressa da Lei n. 6.815/80 pela Lei n. 13.445/2017, a denominada *Lei de Migração* **manteve apenas a hipótese de naturalização em razão de "radicação precoce"**, sendo que, conforme visto acima, aumentou a idade para fixar residência em território nacional antes de completar **10 anos** (e não 5, como era no Estatuto dos Estrangeiros), deixando, portanto, de ser tão "precoce" e, então, passando a ser denominada **naturalização provisória**, já que, para ser convertida em definitiva, dependerá de requerimento expresso do naturalizando no prazo de até 2 anos após atingir a maioridade (art. 70, parágrafo único, da Lei n. 13.445/2017).

Nesse sentido, a naturalização em razão de conclusão de curso superior não mais encontra fundamento legal e, portanto, com o advento da Lei de Migração, deixou de existir.

16.5. QUASE NACIONALIDADE — PORTUGUESES — ART. 12, § 1.º — RECIPROCIDADE

Os **portugueses**, como originários de país de língua portuguesa, enquadram-se na regra do art. 12, II, "a", ou seja, podem naturalizar-se brasileiros, bastando que tenham residência por um ano ininterrupto e idoneidade moral.

---

pois há que distinguir entre residência contínua e permanência contínua" (Pleno, Ag. 32.074-DF, Rel. Min. Hermes Lima, j. 04.02.1965).

[11] *Curso de direito constitucional positivo*, p. 295.

Outrossim, temos a hipótese dos portugueses com residência permanente no Brasil que queiram continuar com a nacionalidade portuguesa (estrangeiros) e não façam a opção pela naturalização brasileira.

Havendo **reciprocidade** em favor de brasileiros, serão atribuídos aos portugueses com residência permanente no Brasil os mesmos **direitos** inerentes aos brasileiros, salvo os casos em que houver expressa vedação constitucional.

Observar que os portugueses não perdem a sua cidadania. Continuam sendo portugueses, estrangeiros, portanto, no Brasil, mas podendo exercer os direitos conferidos aos brasileiros, desde que não sejam vedados (ex.: art. 12, § 3.º) e haja, como visto, a reciprocidade para brasileiros em Portugal.

Trata-se da chamada **cláusula de reciprocidade** (*do ut des*), assegurada pelo *Tratado de Amizade, Cooperação e Consulta, entre a República Federativa do Brasil e a República Portuguesa*, celebrado em Porto Seguro em 22.04.2000 **(Decreto n. 3.927, de 19.09.2001)**.

O STF confirma a importância do referido acordo bilateral entre Brasil e Portugal: "a norma inscrita no art. 12, § 1.º, da Constituição da República — que contempla, em seu texto, hipótese excepcional de **quase nacionalidade** — não opera de modo imediato, seja quanto ao seu conteúdo eficacial, seja no que se refere a todas as consequências jurídicas que dela derivam, pois, para incidir, além de supor o pronunciamento aquiescente do Estado brasileiro, fundado em sua própria soberania, depende, ainda, de requerimento do súdito português interessado, a quem se impõe, para tal efeito, a obrigação de **preencher os requisitos estipulados pela Convenção sobre Igualdade de Direitos e Deveres entre brasileiros e portugueses**" (Ext 890, Rel. Min. Celso de Mello, j. 05.08.2004, *DJ* de 28.10.2004).

■ 16.6. A LEI PODERÁ ESTABELECER DISTINÇÕES ENTRE BRASILEIROS NATOS E NATURALIZADOS?

■ 16.6.1. Regra geral

De maneira coerente com o **princípio da igualdade** (isonomia), a CF vedou qualquer possibilidade de se estabelecer por lei distinção entre brasileiros natos e naturalizados, ressalvados os casos previstos pela própria Constituição (art. 12, § 2.º), quais sejam: arts. 5.º, LI; 12, § 3.º; 12, § 4.º, I; 89, VII; e 222.

■ 16.6.2. Hipóteses taxativas de exceção à regra geral

■ *16.6.2.1. Extradição*

De acordo com o art. 81 da Lei n. 13.445/2017, a **extradição** é a **medida de cooperação internacional** entre o Estado brasileiro e outro Estado pela qual se **concede** ou **solicita** a entrega de pessoa sobre quem recaia condenação criminal definitiva ou para fins de instrução de processo penal em curso.

Segundo Accioly, Nascimento e Silva e Casella, "extradição é o ato mediante o qual um estado entrega a outro estado indivíduo acusado de haver cometido crime de certa gravidade ou que já se acha condenado por aquele, após haver-se certificado de que os direitos humanos do extraditando serão garantidos. A instituição da extradição tem por objetivo principal evitar, mediante a cooperação internacional, que um indivíduo deixe de pagar pelas consequências de crime cometido. Atualmente, a extradição procura garantir ao acusado um julgamento justo, de conformidade com o art. XIX da *Declaração Universal dos Direitos Humanos*, segundo o qual 'Todo homem acusado de um ato delituoso tem o direito de ser presumido inocente até que a sua culpabilidade tenha sido provada de acordo com a lei, em julgamento público no qual lhe tenham sido asseguradas todas as garantias necessárias a sua defesa'".[12]

Dessa forma, podemos identificar tanto a *extradição ativa* como a *passiva*.

- **extradição ativa:** "ocorre quando o Estado brasileiro requer a Estado Estrangeiro a entrega de pessoa sobre quem recaia condenação criminal definitiva ou para fins de instrução de processo penal em curso" (art. 278, *caput*, do Decreto n. 9.199/2017);
- **extradição passiva:** "ocorre quando o Estado estrangeiro solicita ao Estado brasileiro a entrega de pessoa que se encontre no território nacional sobre quem recaia condenação criminal definitiva ou para fins de instrução de processo penal em curso" (art. 266, *caput*, do Decreto n. 9.199/2017).

16.6.2.1.1. Extradição ativa

A **extradição ativa** (aquela em que o **Estado brasileiro solicita** a Estado estrangeiro a entrega de indivíduo) será requerida por via diplomática ou pelas autoridades centrais designadas para esse fim (cf. **Ext 1.011**, Rel. Min. Eros Grau, decisão monocrática, j. 10.10.2005, *DJ* de 25.10.2005).

O STF, portanto, não tem papel ativo nesse processo de extradição e, assim, no caso, as autoridades centrais designadas não precisam de autorização da Corte para pedir a extradição.

Esse entendimento foi confirmado pelo Min. Joaquim Barbosa no caso do ex-diretor do Banco do Brasil Henrique Pizzolato, condenado no processo do mensalão (AP 470) e que estava foragido, tendo sido preso na Itália em 05.02.2014.

Ficou acertado que o pedido de extradição ativa seria providenciado pela PGR ao Ministério da Justiça, que tomaria as medidas cabíveis, tendo em vista que as relações extradicionais se estabelecem entre o Brasil e a Itália, nos termos de tratado bilateral assinado entre os dois países.

Feito o pedido de extradição pelo governo brasileiro, em um primeiro momento, a primeira instância da Justiça italiana (*Corte de Bolonha*) o negou, sob o fundamento de falta de estrutura dos presídios brasileiros. Em 12.02.2015, contudo, a *Corte de Cassação de Roma* autorizou a extradição, revertendo a decisão anterior. O *Ministro da Justiça da Itália*, em 24.04.2015, decidiu no sentido do envio de Pizzolato para o Brasil. Estando tudo certo para a extradição, a sua defesa apresentou recurso para o *Tribunal Administrativo Regional — TAR de Roma* contra o ato do Ministro da Justiça

[12] H. Accioly, G. E. do Nascimento e Silva e P. B. Casella, *Manual de direito internacional público*, 17. ed., p. 499.

italiano, requerendo que o cumprimento da pena fosse na Itália. Rejeitado o recurso (j. 04.06.2015), o *Conselho de Estado da Itália* adiou novamente o envio para se ter certeza das condições dos presídios, preservando a integridade física e moral do extraditando. Finalmente, convencida com os documentos apresentados, a Itália extraditou Pizzolato ao Brasil, aonde chegou na manhã do dia 23.10.2015.

■ 16.6.2.1.2. *Extradição passiva: brasileiro nato x brasileiro naturalizado*

De acordo com o art. 5.º, LI, o **brasileiro nato** nunca poderá ser extraditado (estamos nos referindo à extradição passiva[13]). Já o **naturalizado** poderá ser extraditado em duas situações:

- **crime comum:** o naturalizado poderá ser extraditado somente se praticou o crime comum **antes** da naturalização;
- **tráfico ilícito de entorpecentes e drogas afins:** no caso de comprovado envolvimento em tráfico ilícito de entorpecentes e drogas afins, **na forma da lei**, o brasileiro naturalizado poderá ser extraditado, não importando o momento da prática do fato típico, seja antes, seja depois da naturalização.

Estamos diante do **princípio geral de inextraditabilidade do brasileiro**. Contudo, em relação ao **naturalizado**, foram estabelecidas duas exceções:

- "a primeira, de **eficácia plena e aplicabilidade imediata**, se a naturalização é posterior ao crime comum pelo qual procurado";
- "a segunda (de **eficácia limitada, aplicabilidade mediata e reduzida**, acrescente-se), no caso de naturalização anterior ao fato, se se cuida de tráfico de entorpecentes: aí, porém, admitida, não como a de qualquer estrangeiro, mas, sim, **'na forma da lei'**, e por **'comprovado envolvimento'** no crime: a essas exigências de caráter excepcional não basta a concorrência dos requisitos formais de toda extradição, quais sejam, a dúplice incriminação do fato imputado e o juízo estrangeiro sobre a seriedade da suspeita. (...); para a extradição do brasileiro naturalizado antes do fato, porém, que só a autoriza no caso de seu 'comprovado envolvimento' no tráfico de drogas, a Constituição impõe à lei ordinária a criação de um procedimento específico, que comporte a cognição mais ampla da acusação na medida necessária à aferição da concorrência do pressuposto de mérito, a que excepcionalmente subordinou a procedência do pedido extraditório: por isso, a norma final do art. 5.º, LI, CF, não é regra de eficácia plena, nem de aplicabilidade imediata" (Ext 541 — Rel. p/ o ac. Min. Sepúlveda Pertence, j. 07.11.1991, Plenário, *DJ* de 18.12.1992 e Ext 934-QO, Rel. Min. Eros Grau, j. 09.09.2004, Plenário, *DJ* de 12.11.2004).

[13] Naturalmente, a **extradição ativa**, ou seja, quando o requerimento de entrega é feito pelo Estado brasileiro ao Estado estrangeiro, não está vedada na Constituição. Assim, se um brasileiro nato comete um crime no Brasil e, tendo sido condenado, foge para outro país, pelo direito brasileiro o pedido de extradição de lá para cá não está proibido.

A regra segundo a qual o **brasileiro nato** nunca poderá ser extraditado decorre da ideia de **soberania**, preservação da jurisdição nacional, incluindo "a eventual parcialidade dos tribunais estrangeiros e as condições das instituições penais de inúmeros países".

Contudo, afirmam Accioly, Nascimento e Silva e Casella: "... parece-nos inadmissível que indivíduos acusados de crimes hediondos, como sequestro, tráfico de entorpecentes, estupro, limpeza étnica, genocídio e crimes contra a humanidade, possam merecer proteção de seu país".[14]

O **naturalizado**, por sua vez, e conforme vimos, poderá ser extraditado se praticou crime comum antes da naturalização, ou, no caso de tráfico ilícito de entorpecentes e drogas afins, se praticado antes ou depois da naturalização.

O **estrangeiro** só **não** poderá ser extraditado por **crime político** ou de **opinião** (art. 5.º, LII).

■ 16.6.2.1.3. *Extradição passiva: regras procedimentais*

O procedimento da **extradição passiva** (aquela pela qual **Estado estrangeiro** solicita ao Estado brasileiro a entrega de determinada pessoa acusada ou já condenada por ter cometido crime) está previsto, basicamente, na **Lei de Migração (Lei n. 13.445/2017)**, que deverá adequar-se ao balizamento dos incisos **LI** e **LII** do **art. 5.º da Constituição Federal**.

Quando mais de um Estado requerer a extradição da mesma pessoa pelo mesmo fato, terá preferência o pedido daquele em cujo território a infração foi cometida. Em caso de crimes diversos, terá preferência, sucessivamente:

- o Estado requerente em cujo território tenha sido cometido o crime mais grave, segundo a lei brasileira;
- o Estado que em primeiro lugar tenha pedido a entrega do extraditando, se a gravidade dos crimes for idêntica;
- o Estado de origem, ou, em sua falta, o domiciliar do extraditando, se os pedidos forem simultâneos.

De acordo com o **art. 83** da Lei n. 13.445/2017, são condições para concessão da extradição: **a)** ter sido o crime cometido no **território do Estado requerente** ou serem aplicáveis ao extraditando as leis penais desse Estado; **b)** estar o extraditando respondendo a processo investigatório ou a processo penal ou ter sido condenado pelas autoridades judiciárias do Estado requerente a pena privativa de liberdade.

---

[14] H. Accioly, G. E. do Nascimento e Silva e P. B. Casella, *Manual de direito internacional público*, 17. ed., p. 501. Importante notar que o **Tribunal Penal Internacional — TPI**, lembrando que o Brasil se submete a sua jurisdição (art. 5.º, § 4.º), adota um **regime diferenciado**, mais abreviado, que a doutrina vem denominando **entrega** (*surrender*), não se confundindo com a extradição (cf. *item 14.10.25* e Valerio de O. Mazzuoli, *Curso de direito internacional público*, 2. ed., p. 603 e 740, bem como Marcelo D. Varella, *Direito internacional público*, p. 185). O tema está para ser resolvido pelo STF na **Pet 4.625**, interposta pelo TPI em 16.07.2009, que requer a eventual prisão e entrega do Presidente do Sudão, acusado de ter cometido crimes contra a humanidade e de guerra, caso ele entre no território brasileiro **(matéria pendente)**.

Assim, a **extradição passiva** poderá ter tanto **caráter instrutório** como **executório**. No primeiro caso (*extradição instrutória*), desde que exista ordem de prisão emanada de autoridade competente do Estado requerente, admite-se a extradição mesmo diante da mera existência de procedimento persecutório instaurado no exterior.[15] Na segunda hipótese (*extradição executória*), o pedido de extradição pressupõe a existência de sentença penal condenatória (Ext 652, Rel. Min. Celso de Mello, j. 13.06.1996, Plenário, *DJE* de 21.11.2008).

Em termos procedimentais, o art. 89 da Lei de Migração estabelece que o pedido de extradição originado de Estado estrangeiro será recebido pelo órgão competente do Poder Executivo e, após exame da presença dos pressupostos formais de admissibilidade exigidos nessa lei ou em tratado, encaminhado à **autoridade judiciária competente**, no caso, o **STF**.

Não preenchidos os pressupostos referidos, o pedido será arquivado mediante decisão fundamentada, sem prejuízo da possibilidade de renovação do pedido, devidamente instruído, uma vez superado o óbice apontado.

Nesse sentido, nenhuma extradição será concedida sem prévio pronunciamento do **Supremo Tribunal Federal** sobre sua legalidade e procedência, não cabendo recurso da decisão.

Essa regra da lei simplesmente obedece ao comando constitucional, já que, de acordo com o art. 102, I, "g", da CF/88, a **competência** para **julgar** originariamente a **extradição** solicitada por Estado estrangeiro é do **STF**. A partir da edição da *Emenda Regimental n. 45/2011*, que alterou os arts. 6.º, I, "f", e 9.º, I, "h", do RI/STF, a atribuição deixou de ser do Plenário e passou a ser das **Turmas** (conforme já apontamos, dentro da ideia de efetividade do processo e racionalização, observa-se, cada vez mais, a ampliação da competência das Turmas).

Ao receber o pedido, o relator designará dia e hora para o interrogatório do extraditando e, conforme o caso, nomear-lhe-á curador ou advogado, se não o tiver.

A defesa, a ser apresentada no prazo de 10 dias contado da data do interrogatório, versará sobre a identidade da pessoa reclamada, defeito de forma de documento apresentado ou ilegalidade da extradição.

Não estando o processo devidamente instruído, o Tribunal, a requerimento do órgão do Ministério Público Federal correspondente, poderá converter o julgamento em diligência para suprir a falta.

Julgada procedente a extradição e autorizada a entrega pelo órgão competente do Poder Executivo, será o ato comunicado por via diplomática ao Estado requerente, que, no prazo de 60 dias da comunicação, deverá retirar o extraditando do território

---

15 Também no sentido de não se exigir sentença penal condenatória para o acolhimento do pedido de extradição, no direito norte-americano, podemos lembrar o instituto do ***indictment***, que se equipara à **pronúncia** do direito brasileiro. O STF tem entendido esse ato formal como **suficiente** para se legitimar o pedido de *extradição passiva instrutória* (cf. o precedente no julgamento da **Ext 280**, Rel. Min. Adaucto Cardoso, j. 26.03.1969, Plenário, *DJ* de 12.09.1969, reafirmado em outros tantos julgados, como na **Ext 1.069**, j. 09.08.2007).

nacional, sob pena de, não cumprido o prazo de retirada, ser o extraditando posto em liberdade, sem prejuízo de outras medidas aplicáveis.

Negada a extradição em fase judicial, não se admitirá novo pedido baseado no mesmo fato.

■ 16.6.2.1.4. *Extradição passiva: necessidade de prisão do extraditando?*

De acordo com o art. 208 do RI/STF, não terá andamento o pedido de extradição sem que o extraditando seja **preso** e colocado à disposição do Tribunal.

Referida prisão caracterizava-se como um **pressuposto do processo de extradição**, não se confundindo com as prisões cautelares do CPP. Tratava-se de prisão a ser **decretada** pelo **Ministro Relator**[16] do processo extradicional que tramita de modo originário no **STF**, no caso, nos termos do art. 5.º, LXI, da CF/88, a **autoridade judiciária competente** e tinha por objetivo assegurar a execução de eventual ordem de extradição (Ext 579-QO, Rel. Min. Celso de Mello, j. 1.º.07.1993, Plenário, *DJ* de 10.09.1993).

Contudo, entendemos que a Lei de Migração **revogou** essa compulsoriedade de prisão para o processamento da extradição.

De acordo com o art. 86 da referida Lei n. 13.445/2017, o STF, ouvido o Ministério Público, **poderá** autorizar prisão albergue ou domiciliar **ou determinar que o extraditando responda ao processo de extradição em liberdade**, com retenção do documento de viagem ou outras medidas cautelares necessárias, até o julgamento da extradição ou a entrega do extraditando, se pertinente, considerando a situação administrativa migratória, os antecedentes do extraditando e as circunstâncias do caso.

Conforme já introduzido no art. 82 do revogado *Estatuto dos Estrangeiros* (Lei n. 6.815/80) pela **Lei n. 12.878/2013**, a **Lei de Migração** manteve a **possibilidade** de **prisão cautelar para fins de extradição**.

Assim, **em caso de urgência**, o Estado interessado na extradição poderá, previamente ou conjuntamente com a formalização do pedido extradicional, requerer, por **via diplomática** ou **por meio de autoridade central do Poder Executivo**, **prisão cautelar** com o objetivo de assegurar a executoriedade da medida de extradição que, após exame da presença dos pressupostos formais de admissibilidade exigidos na lei ou em tratado, deverá representar à autoridade judicial competente, ouvido previamente o Ministério Público Federal (art. 84, *caput*, da Lei n. 13.445/2017).

■ 16.6.2.1.5. *Extradição passiva: vedações legais*

De acordo com o art. 82 da Lei n. 13.445/2017, **não se concederá a extradição** quando:

- o indivíduo cuja extradição é solicitada ao Brasil for brasileiro nato;

[16] Devemos alertar que o **art. 81 da revogada Lei n. 6.815/80**, em sua redação original, que estabelecia a atribuição do Ministro da Justiça para ordenar a prisão do extraditando, colocando-o à disposição do Supremo Tribunal Federal, **não foi recepcionado pela CF/88**, na medida em que, conforme se apontou, cabe ao **Ministro Relator do STF** decretar a prisão.

- o fato que motivar o pedido não for considerado crime no Brasil ou no Estado requerente, devendo, portanto, ser respeitado o **princípio da dupla tipicidade**. Ou seja, o fato **tem** de ser considerado **crime** tanto no **Brasil** como no **Estado requerente**, interessando a conduta praticada mesmo que não haja identidade de designação formal do tipo penal.[17] Assim, por exemplo, se a conduta não é considerada crime no Brasil, por se tratar de conduta lícita, ou mesmo mera contravenção penal, vedada estará a extradição para o Estado estrangeiro;
- o Brasil for competente, segundo suas leis, para julgar o crime imputado ao extraditando;
- a lei brasileira impuser ao crime pena de prisão inferior a 2 anos;
- o extraditando estiver respondendo a processo ou já houver sido condenado ou absolvido no Brasil pelo mesmo fato em que se fundar o pedido;
- a punibilidade estiver extinta pela prescrição, segundo a lei brasileira ou a do Estado requerente. Ou seja, para que possa ser autorizada a extradição é indispensável a observância do **princípio da dupla punibilidade**;
- o fato constituir crime político[18] ou de opinião;
- o extraditando tiver de responder, no Estado requerente, perante tribunal ou juízo de exceção; ou
- o extraditando for beneficiário de refúgio, nos termos da Lei n. 9.474/97, ou de asilo territorial.

■ 16.6.2.1.6. *Extradição passiva: vedações legais em relação à entrega do extraditando*

De acordo com o art. 96 da Lei n. 13.445/2017, **não será efetivada a entrega do extraditando** sem que o Estado requerente assuma o compromisso de:

- não submeter o extraditando a prisão ou processo por fato anterior ao pedido de extradição (**princípio da especialidade** ou do **efeito limitativo da extradição**,[19]

[17] "Extradição e dupla tipicidade. A possível diversidade formal concernente ao *nomen juris* das entidades delituosas não atua como causa obstativa da extradição, desde que o fato imputado constitua crime sob a dupla perspectiva dos ordenamentos jurídicos vigentes no Brasil e no Estado estrangeiro que requer a efetivação da medida extradicional. O **postulado da dupla tipicidade** — por constituir requisito essencial ao atendimento do pedido de extradição — **impõe que o ilícito penal atribuído ao extraditando seja juridicamente qualificado como crime tanto no Brasil quanto no Estado requerente**. O que realmente importa, na aferição do postulado da dupla tipicidade, é a presença dos **elementos estruturantes do tipo penal** (*essentialia delicti*), tais como definidos nos preceitos primários de incriminação constantes da legislação brasileira e vigentes no ordenamento positivo do Estado requerente, **independentemente da designação formal por eles atribuída aos fatos delituosos**" (**Ext 953**, Rel. Min. Celso de Mello, j. 28.09.2005, Plenário, *DJ* de 11.11.2005).

[18] O STF poderá deixar de considerar crime político o atentado contra chefe de Estado ou quaisquer autoridades, bem como crime contra a humanidade, crime de guerra, crime de genocídio e terrorismo (art. 82, § 4.º, da Lei n. 13.445/2017).

[19] "O **postulado da especialidade**, precisamente em função das razões de ordem político-jurídica que justificam a sua formulação e previsão em textos normativos, assume inegável sentido tutelar,

que não é absoluto diante da possibilidade de haver **pedido de extensão** pelo Estado estrangeiro e com ele o Brasil **expressamente concordar**);

- computar o tempo da prisão que, no Brasil, foi imposta por força da extradição **(detração penal)**;
- comutar a pena corporal, perpétua ou de morte[20] em pena privativa de liberdade, respeitado o limite máximo de cumprimento de **40 anos** (a Lei n. 13.964/2019 — *Pacote Anticrime*, alterou o art. 75, *caput*, do CP, para aumentar de 30 para 40 anos o tempo **máximo** de cumprimento das penas privativas de liberdade no direito brasileiro);
- não entregar o extraditando, sem consentimento do Brasil, a outro Estado que o reclame;
- não considerar qualquer motivo político para agravar a pena; e
- não submeter o extraditando a tortura ou a outros tratamentos ou penas cruéis, desumanos ou degradantes.

16.6.2.1.7. *Extradição passiva: e se o extraditando for casado ou viver em união estável com pessoa de nacionalidade brasileira ou tiver filho brasileiro? Haverá óbice, por esse motivo, ao pedido de extradição?*

Não.

Essa dúvida surge em razão da tentativa de se aplicar por analogia a regra explícita prevista no art. 55, II, "a" e "b", da Lei n. 13.445/2017 (na mesma linha do revogado art. 75, II, "a" e "b", da Lei n. 6.815/80), que impede a **expulsão** (e, veja, o texto fala em **expulsão**, e não em extradição) quando o expulsando tiver filho brasileiro que esteja sob sua guarda ou dependência econômica ou socioafetiva ou tiver pessoa brasileira sob sua tutela; ou cônjuge ou companheiro residente no Brasil, sem discriminação alguma, reconhecido judicial ou legalmente (cf. discussão no *item 16.7.3*).

Conforme estabeleceu a Corte, "não impede a extradição a circunstância de ser o extraditando casado com brasileira ou ter filho brasileiro" **(S. 421/STF)**. Esse entendimento, firmado em 1964, ainda persiste no Plenário do STF. Vejamos:

> "A existência de relações familiares, a comprovação de vínculo conjugal e/ou a convivência *more uxorio* do extraditando com pessoa de nacionalidade brasileira constituem fatos destituídos de relevância jurídica para efeitos extradicionais, não impedindo, em consequência, a efetivação da extradição. (...) **Não obsta a extradição o fato de o súdito estrangeiro ser casado ou viver em união estável com pessoa de nacionalidade brasileira, ainda que, com esta, possua filho brasileiro**. A Súmula 421/STF revela-se compatível com a vigente Constituição da República, pois, em tema de **cooperação in-**

pois **destina-se a proteger**, na concreção do seu alcance, **o súdito estrangeiro** contra a instauração de persecuções penais eventualmente arbitrárias. *Convenção Europeia sobre Extradição* (Art. 14) e *Tratado de Extradição Brasil-Suíça* (Art. V). Magistério da doutrina" (**Ext 571 — extensão**, Rel. Min. Celso de Mello, j. 07.06.1995, Plenário, *DJ* de 04.08.1995).

[20] Em nosso entender, salvo na hipótese de **pena de morte em caso de guerra declarada**, nos termos do art. 84, XIX, por se tratar da única exceção constitucional.

> **ternacional na repressão a atos de criminalidade comum**, a existência de vínculos conjugais e/ou familiares com pessoas de nacionalidade brasileira não se qualifica como causa obstativa da extradição" (**Ext 1.201**, Rel. Min. Celso de Mello, j. 17.02.2011, Plenário, *DJE* de 15.03.2011. No mesmo sentido, cf. Exts 510, 669, 804, 839, 1.039, 1.252, 1.255, 1.343, 1.497 etc.).

Na vigência da **Lei de Migração**, a 1.ª Turma do STF, nos termos da S. 421/STF, manteve o entendimento da jurisprudência pacífica da Corte no sentido de não se impedir a extradição na existência de casamento ou união estável do extraditando, ou mesmo filhos, não se admitindo a aplicação analógica do art. 55, II, "a" e "b", que deve se restringir à hipótese de expulsão (**Ext. 1.511**, j. 05.12.2017).

■ 16.6.2.1.8. *Extradição passiva: entendendo o STF pela procedência do pedido de extradição, o Presidente da República será obrigado a extraditar o requisitado?*

Não. O Presidente da República terá **discricionariedade**.

A **Lei de Migração**, assim como o revogado *Estatuto dos Estrangeiros*, estabeleceram alguns parâmetros para a decisão do Presidente da República, e, assim, presentes os requisitos legais acima expostos (e que vedam a extradição), ele poderia (deveria!) **negá-la**, até diante da ideia de **soberania**, fundamento da República Federativa do Brasil (art. 1.º, I).

Outro ponto mais problemático seria o seguinte: e se não presentes os requisitos legais que vedam a extradição, nesse caso, conforme indagado acima, poderia o Presidente da República ir contra a decisão do STF que a autorizou?

A questão foi amplamente examinada na **Ext 1.085**, julgada em 18.11.2009 pelo STF,[21] na qual se discutiu o pedido de extradição formulado pelo governo da Itália contra nacional italiano, o ex-ativista *Cesare Battisti*, que havia sido condenado à pena de prisão perpétua pela prática de quatro homicídios naquele país, quando era integrante do grupo guerrilheiro *Proletários Armados pelo Comunismo (PAC)*.

Battisti fugiu da Itália, foi para a França, depois veio para o Brasil, onde conseguiu a condição de **refugiado**.

Nos termos do art. 1.º da Lei n. 9.474/97, será reconhecido como refugiado todo indivíduo que:

- ■ devido a fundados temores de perseguição por motivos de raça, religião, nacionalidade, grupo social ou opiniões políticas, encontre-se fora de seu país de nacionalidade e não possa ou não queira acolher-se à proteção de tal país;
- ■ não tendo nacionalidade e estando fora do país onde antes teve sua residência habitual, não possa ou não queira regressar a ele, em função das circunstâncias descritas no inciso anterior;

---

[21] Cf. *Notícias do STF* (18.11.2009 e 16.12.2009), bem como *Informativos* (558, 567 e 568). Ainda, cf. o acórdão com densas discussões em **686 páginas** (só de acórdão!): **Ext 1.085**, Rel. Min. Cezar Peluso, j. 16.12.2009, Plenário, *DJE* de 16.04.2010.

- devido a grave e generalizada violação de direitos humanos, é obrigado a deixar seu país de nacionalidade para buscar refúgio em outro país.

Diante do pedido de extradição, em 2007 Battisti foi recolhido preso, e a questão passou a ser examinada pela Corte.

Resolvendo questão preliminar, o STF analisou "... a concessão do *status* de refugiado ao extraditando pelo Ministro da Justiça, concluindo pela ilegalidade e pela ineficácia desse ato. Asseverou que, não obstante a Corte, em princípio e incidentalmente, houvesse declarado, no julgamento da Ext 1.008/Governo da Colômbia (*DJE* de 17.8.2007), a constitucionalidade do art. 33 da Lei n. 9.474/97 ('o reconhecimento da condição de refugiado obstará o seguimento de qualquer pedido de extradição baseado nos fatos que fundamentaram a concessão de refúgio'), e independentemente da estima do acerto, ou não, dessa decisão, destacou que ficariam por esclarecer as condições em que a outorga de refúgio extinguiria o processo de extradição. No ponto, ressaltou que, apesar de reconhecido, naquele julgado, o **caráter político-administrativo** da decisão concessiva de refúgio, revendo os termos e o alcance da lei, à luz sistêmica da ordem jurídica, aduziu que tal afirmação não poderia ser entendida em acepção demasiado estrita, nem que o fato de o poder ou dever de outorga ser atribuição reservada à competência própria da União, por representar o país nas relações internacionais, lhe subtrairia, de forma absoluta, os respectivos atos jurídico-administrativos ao ordinário controle jurisdicional de legalidade (*judicial review*)" (*Inf. 558/STF*).

Superada essa questão, em votação apertada (5 x 4, não estando presente toda a composição da Corte, o que, em tese, significa que o entendimento ainda pode ser revisto em julgamentos futuros), o STF decidiu que os atos praticados por *Cesare Battisti* não tiveram conotação política (pois, se fosse outro o entendimento, a extradição estaria inviabilizada pelo art. 5.º, LII) e, então, deferiu o pedido formulado pelo governo italiano.

Segundo decidiram os Ministros, "**não configura crime político**, para fim de obstar o acolhimento de pedido de extradição, homicídio praticado por membro de organização revolucionária clandestina, em plena **normalidade institucional** de Estado Democrático de Direito, sem nenhum propósito político imediato ou conotação de reação legítima a regime opressivo" (*item 3 da Ementa*).

Logo, declarou o STF que os crimes praticados eram de natureza **comum**, não estavam prescritos e não havia nenhuma violação ao *Estatuto dos Estrangeiros*, bem como ao *Tratado de Extradição* firmado entre Brasil e Itália, tudo na linha do voto do Min. Cezar Peluso, relator.

Continuando o julgamento, também pela mesma votação apertada de 5 x 4, o STF, em um primeiro momento, proclamou o resultado no sentido de o Presidente da República não estar obrigado a proceder à extradição (entrega), podendo decidir, nos termos do art. 84, VII, de modo *discricionário*.

Contudo, em **16.12.2009**, o Plenário do STF, apreciando questão de ordem apresentada pelo governo italiano em relação ao voto do Min. Eros Grau, **retificou**

a **proclamação do resultado**, determinando, agora por votação **majoritária**, que o Presidente deve decidir a extradição com base no tratado bilateral com a Itália e na lei.

Assim, o Presidente da República não está vinculado à decisão do STF. Porém, deve observar os termos do *direito convencional*, **não** sendo, portanto, nesse ponto, **discricionário** o seu ato, porque, repita-se, **balizado pelas disposições do tratado**.

Nesse sentido, conforme o voto do Min. Eros Grau: "2. Ao Supremo Tribunal Federal cabe processar e julgar, originariamente, a extradição solicitada por Estado estrangeiro (art. 102, I, 'g', da Constituição do Brasil). Lê-se na ementa da **Extradição 272**, relator o ministro Victor Nunes Leal, o seguinte: 'Extradição, *a)* o deferimento ou recusa da extradição é direito inerente à soberania. *b)* A efetivação, pelo governo, da entrega de extraditando, autorizada pelo Supremo Tribunal, depende do direito internacional convencional'. No voto que então proferiu, o ministro Victor Nunes Leal observou: 'Mesmo que o Tribunal consinta na extradição — por ser regular o pedido —, surge outro problema, que interessa particularmente ao Executivo: saber se ele está obrigado a efetivá-la. Parece-me que essa obrigação só existe nos limites do direito convencional, porque não há, como diz Mercier, 'um direito internacional geral de extradição'''.[22]

Esse parece ser, em sede doutrinária, o entendimento de Rezek: "fundada em promessa de reciprocidade, a demanda extradicional abre ao governo brasileiro a perspectiva de uma *recusa sumária*, cuja oportunidade será mais tarde examinada. Apoiada, **porém**, que se encontre em **tratado**, o pedido **não comporta semelhante recusa**. Há, neste passo, um **compromisso** que ao governo brasileiro incumbe **honrar**, sob pena de ver colocada em causa sua **responsabilidade internacional**. É claro, não obstante, que o compromisso tão somente priva o governo de qualquer arbítrio, determinando-lhe que submeta ao Supremo Tribunal Federal a demanda, e obrigando-o a efetivar a extradição pela corte entendida legítima, desde que o Estado requerente se prontifique, por seu turno, ao atendimento dos requisitos de *entrega* do extraditando...".[23]

O ex-Presidente da República *Luiz Inácio Lula da Silva*, no final de seu mandato, no dia **30.12.2010**,[24] com base em *parecer* da AGU, decidiu não extraditar *Battisti*, segundo nota lida pelo então Ministro das Relações Exteriores, *Celso Amorim*:

> "O Presidente da República tomou hoje a decisão de não conceder extradição ao cidadão italiano Cesare Battisti, com base em parecer da Advocacia-Geral da União. O parecer considerou atentamente todas as cláusulas do Tratado de Extradição entre o Brasil e a Itália, em particular a disposição expressa na letra 'f', do item 1, do artigo 3 do Tratado, que cita, entre as **motivações** para a não extradição, a **condição pessoal do extraditando**. Conforme se depreende do próprio Tratado, esse tipo de juízo não cons-

[22] Texto publicado na *Revista Consultor Jurídico*, em 29.12.2009, disponível em: <www.conjur.com.br>.

[23] Francisco Rezek, *Direito internacional:* curso elementar, p. 204.

[24] A decisão do STF foi proferida em *16.12.2009*. O acórdão, publicado em *16.04.2010*. O ato do ex-Presidente, somente em *30.12.2010*. Curiosamente, levou-se **8 meses** para deliberar!

tituí afronta de um Estado ao outro, uma vez que situações particulares ao indivíduo podem gerar riscos, a despeito do caráter democrático de ambos os Estados. Ao mesmo tempo, o Governo brasileiro manifesta sua profunda estranheza com os termos da nota da Presidência do Conselho dos Ministros da Itália, de 30 de dezembro de 2010, em particular com a impertinente referência pessoal ao Presidente da República".

Diante desse fato, a defesa de *Battisti*, em 03.01.2011, durante o recesso, requereu a imediata expedição de **alvará de soltura**, e, em contrapartida, o governo italiano, no dia seguinte, peticionou no sentido da manutenção da prisão e que a decisão fosse tomada pelo Pleno e não monocraticamente.

Dessa maneira, o STF teve de julgar a **Rcl 11.243**, ajuizada pela República italiana, em razão de decisão do Chefe do Executivo brasileiro, que, ao negar o pedido de extradição, estaria, conforme sustentado, supostamente violando a decisão proferida na *Ext 1.085*.

Em 09.06.2011, por 6 x 3, a Corte entendeu tratar-se de **ato de governo**, marcado pela **ampla discricionariedade** (ao decidir pela não extradição nos termos do tratado), e, assim, verdadeiro **ato de soberania nacional**:

> "(...). No campo da **soberania**, relativamente à extradição, é assente que o ato de entrega do extraditando é exclusivo, da **competência indeclinável do presidente da República**, conforme consagrado na Constituição, nas leis, nos tratados e na própria decisão do Egrégio STF na Ext 1.085. **O descumprimento do Tratado, em tese, gera uma lide entre Estados soberanos, cuja resolução não compete ao STF**, que não exerce soberania internacional, máxime para impor a vontade da República italiana ao chefe de Estado brasileiro, cogitando-se de mediação da Corte Internacional de Haia, nos termos do art. 92 da Carta das Nações Unidas de 1945" (**Rcl 11.243**, Rel. p/ o ac. Min. Luiz Fux, j. 08.06.2011, Plenário, *DJE* de 05.10.2011).

Finalmente, deve ser destacado que, dentro dessa perspectiva, a negativa de extradição por ato político e discricionário do Presidente da República não gera direito adquirido à não extradição. Nada impede que o Chefe do Executivo (e seria mais comum diante de um novo Presidente), em momento seguinte, modifique o seu entendimento, reexaminando a conveniência e oportunidade da permanência (cf. **Rcl 29.066**, Min. Luiz Fux, j. 12.1.2.2018).

Dentro dessa perspectiva, em **14.12.2018**, o então Presidente da República, Michel Temer, determinou a extradição de Cesare Battisti.

Em 12.01.2019, finalmente, Battisti foi preso em Santa Cruz de La Sierra, na Bolívia. O Governo italiano resolveu mandar um avião diretamente da Itália para pegá-lo. Com isso, sem ter entrado novamente no Brasil, o Governo italiano não precisou assumir o compromisso de comutação da pena de prisão perpétua a ele imposta na Itália, lembrando que, no Brasil, com o Pacote Anticrime, limitada a 40 anos de privação de liberdade (art. 75, CP). Apesar de nunca ter assumido durante todo o seu julgamento perante a Justiça brasileira, o procurador-geral de Milão, Francesco Greco, declarou que ele admitiu "suas responsabilidades".

■ 16.6.2.2. *Cargos privativos de brasileiros natos*

O art. 12, § 3.º, da CF/88 estabelece que alguns cargos serão ocupados somente por brasileiros natos, fazendo expressa diferenciação em relação aos brasileiros naturalizados, fato esse perfeitamente possível, já que introduzido pelo poder constituinte originário. Assim, são privativos de brasileiro nato os cargos:

- de Presidente e Vice-Presidente da República;
- de Presidente da Câmara dos Deputados;
- de Presidente do Senado Federal;
- de Ministro do STF;
- da carreira diplomática;
- de oficial das Forças Armadas;
- de Ministro de Estado da Defesa.[25]

■ 16.6.2.3. *Atividade nociva ao interesse nacional*

De acordo com o art. 12, § 4.º, I, somente o **brasileiro naturalizado** poderá perder a nacionalidade em virtude de atividade nociva ao interesse nacional.

■ 16.6.2.4. *Conselho da República*

Como já vimos, dentre os componentes do Conselho da República (art. 89), órgão superior de consulta do Presidente da República, além do Vice-Presidente da República, do Presidente da Câmara dos Deputados, do Presidente do Senado Federal, dos líderes da maioria e da minoria na Câmara dos Deputados, dos líderes da maioria e da minoria no Senado Federal, do Ministro da Justiça, dele participam:

- **seis cidadãos brasileiros natos**, com mais de **35 anos de idade**, sendo **2** nomeados pelo Presidente da República, **2** eleitos pelo Senado Federal e **2** eleitos pela Câmara dos Deputados, todos com mandato de 3 anos, vedada a recondução.

■ 16.6.2.5. *Propriedade de empresa jornalística e de radiodifusão sonora e de sons e imagens*

Pela redação original, antes da reforma trazida pela **EC n. 36, de 28 de maio de 2002**, a propriedade de empresa jornalística e de radiodifusão sonora e de sons e imagens era, **por regra geral**, privativa de pessoas físicas (brasileiros natos ou naturalizados há mais de 10 anos), vedando-se a participação de pessoa jurídica no capital social da empresa. Excepcionalmente, contudo, **sem qualquer direito a voto** e limitada a **30% do capital social**, permitia-se a participação de *partido político* e de *sociedades cujo capital pertencesse exclusiva e nominalmente a brasileiros*.

Com a nova redação conferida ao art. 222, *caput*, da CF/88 **pela EC n. 36/2002**, a propriedade de empresa jornalística e de radiodifusão sonora e de sons e imagens é privativa:

---

[25] O inciso VII do § 3.º do art. 12 da CF/88 foi introduzido pela **EC n. 23, de 02.09.1999**.

- de **brasileiros natos**; ou
- de **brasileiros naturalizados há mais de 10 anos**; ou
- de **pessoas jurídicas** constituídas sob as leis brasileiras e que tenham sede no País.

Percebe-se, desta feita, mais uma das hipóteses em que há expressa distinção constitucional entre brasileiro nato e naturalizado.

Remetemos o nosso querido leitor para o *item 19.7.3*, no qual tratamos do importante tema da **comunicação social**, tendo em vista as novidades trazidas pela **EC n. 36/2002**.

16.7. MEDIDAS DE RETIRADA COMPULSÓRIA: REPATRIAÇÃO, DEPORTAÇÃO E EXPULSÃO

A retirada compulsória de migrante ou visitante deverá **observar** o disposto na Lei n. 9.474/97 e as disposições legais, tratados, instrumentos e mecanismos que tratem da proteção aos **apátridas** ou de outras **situações humanitárias**, destacando-se, na forma da **Lei de Migração**, as seguintes medidas:

- **repatriação;**
- **deportação;**
- **expulsão.**

A repatriação, a deportação e a expulsão serão feitas para o **país de nacionalidade** ou de **procedência** do **migrante** ou do **visitante**, ou para **outro que o aceite**, em observância dos tratados dos quais o Brasil seja parte.

Nos casos de **deportação** ou **expulsão**, o chefe da unidade da Polícia Federal poderá representar perante o juízo federal, respeitados, nos procedimentos judiciais, os direitos à ampla defesa e ao devido processo legal.

De acordo com o art. 61 da Lei de Migração, **não** se procederá à repatriação, à deportação ou à expulsão **coletivas**, ou seja, aquelas que não individualizam a situação migratória irregular de cada pessoa.

Ainda, não se procederá à repatriação, à deportação ou à expulsão de nenhum indivíduo quando subsistirem razões para acreditar que a medida poderá colocar em risco sua vida ou integridade pessoal.

Finalmente, cabe observar que a lei **obrigou à notificação da DPU** nos procedimentos das medidas de retirada compulsória (arts. 49, § 2.º; 51 e 58, § 1.º, da Lei n. 13.445/2017), o que, certamente, significa um importante avanço, devendo a instituição criar estrutura para a nova demanda, implementando os mecanismos de divulgação dessa garantia para o **migrante** ou **visitante necessitados**, na forma do inciso LXXIV do art. 5.º da Constituição Federal (cf. discussão no *item 12.5.9*).

16.7.1. Repatriação

A **repatriação** consiste em **medida administrativa de devolução** de **pessoa** em situação de **impedimento** ao país de procedência ou de nacionalidade.

Será feita imediata comunicação do ato fundamentado de repatriação à empresa transportadora e à autoridade consular do país de procedência ou de nacionalidade do migrante ou do visitante, ou a quem o representa.

Veda-se, contudo, a aplicação da medida de repatriação à pessoa:

- em situação de refúgio ou de apatridia, de fato ou de direito;
- ao menor de 18 anos desacompanhado ou separado de sua família, exceto nos casos em que se demonstrar favorável para a garantia de seus direitos ou para a reintegração a sua família de origem;
- a quem necessite de acolhimento humanitário;
- em qualquer caso, para país ou região que possa apresentar risco à vida, à integridade pessoal ou à liberdade da pessoa.

Condições específicas de repatriação podem ser definidas por regulamento ou tratado, observados os princípios e as garantias previstos na Lei de Migração.

16.7.2. Deportação

O **art. 5.º, XV**, da CF/88 estabelece ser livre a locomoção no território nacional em tempo de paz, podendo qualquer pessoa, **nos termos da lei**, nele **entrar, permanecer** ou dele **sair** com seus bens. Assim, a **permanência irregular** ou **clandestina** justifica a deportação.

Nesse sentido, a **deportação** caracteriza-se como uma medida decorrente de **procedimento administrativo**, devendo ser respeitado o contraditório, a ampla defesa e a garantia de recurso com efeito suspensivo, consistente na **retirada compulsória de pessoa** que se encontre em **situação migratória irregular em território nacional**.

De acordo com o art. 53 da Lei n. 13.445/2017, não se procederá à deportação se a medida configurar extradição não admitida pela legislação brasileira.

A deportação será precedida de **notificação pessoal ao deportando**, da qual constem, expressamente, as irregularidades verificadas e prazo para a regularização não inferior a 60 dias, podendo ser prorrogado, por igual período, por despacho fundamentado e mediante compromisso de a pessoa manter atualizadas suas informações domiciliares. Referido prazo poderá ser reduzido nos casos que se enquadrem no inciso IX do art. 45 da Lei de Migração.

Referida notificação não impede a livre circulação em território nacional, devendo o deportando informar seu domicílio e suas atividades. Ainda, quando implementada, a deportação não exclui eventuais direitos adquiridos em relações contratuais ou decorrentes da lei brasileira.

Vencido o prazo sem que se regularize a situação migratória, a deportação poderá ser executada.

A **saída voluntária** de pessoa notificada para deixar o País equivale ao cumprimento da notificação de deportação para todos os fins.

Em se tratando de **apátrida**, o procedimento de deportação dependerá de prévia autorização da autoridade competente.

Finalmente, eventual *habeas corpus* a ser impetrado contra o ato de deportação será de competência da **Justiça Federal de primeira instância**, na dicção do **art. 109, VII**, da CF/88, e não do STF, já que não estarão configuradas as hipóteses do art. 102, I, "d" e "i", **salvo** se se caracterizar **extradição indireta**. Isso porque, de acordo com o art. 53 da Lei n. 13.445/2017, como visto, **não se procederá à deportação se esta implicar extradição inadmitida pela lei brasileira.**[26]

■ 16.7.3. Expulsão

A **expulsão** consiste em **medida administrativa** de **retirada compulsória** de **migrante** ou **visitante do território nacional**, conjugada com o **impedimento de reingresso** por prazo determinado (art. 54 da Lei n. 13.445/2017), devendo-se garantir, no processo de expulsão, o **contraditório** e a **ampla defesa**. A existência de processo de expulsão não impede a saída voluntária do expulsando do País.

Poderá dar causa à expulsão a condenação com **sentença transitada em julgado** relativa à prática de:

- crime de genocídio, crime contra a humanidade, crime de guerra ou crime de agressão, nos termos definidos pelo Estatuto de Roma do Tribunal Penal Internacional, de 1998, promulgado pelo Decreto n. 4.388/2002; ou
- crime comum doloso passível de pena privativa de liberdade, consideradas a gravidade e as possibilidades de ressocialização em território nacional.

Caberá à **autoridade competente** resolver sobre a expulsão, a duração do impedimento de reingresso e a suspensão ou a revogação dos efeitos da expulsão, observado o disposto na Lei n. 13.445/2017.

O processamento da expulsão em caso de crime comum não prejudicará a progressão de regime, o cumprimento da pena, a suspensão condicional do processo, a comutação da pena ou a concessão de pena alternativa, de indulto coletivo ou individual, de anistia ou de quaisquer benefícios concedidos em igualdade de condições ao nacional brasileiro.

O prazo de vigência da medida de impedimento vinculada aos efeitos da expulsão será proporcional ao prazo total da pena aplicada e nunca será superior ao dobro de seu tempo.

Regulamento definirá procedimentos para apresentação e processamento de pedidos de suspensão e de revogação dos efeitos das medidas de expulsão e de impedimento de ingresso e permanência em território nacional, devendo dispor, ainda, sobre condições especiais de autorização de residência para viabilizar medidas de ressocialização a migrante e a visitante em cumprimento de penas aplicadas ou executadas em território nacional.

Diferentemente da **extradição passiva**, que se funda na prática de delito **fora do território nacional**, a hipótese de **expulsão** dar-se-á quando o delito ou infra-

---

[26] Cf. **HC 54.718**, Plenário do STF, j. 15.12.1976, e **HC 87.007-MC**, Rel. Min. Celso de Mello, decisão monocrática, j. 26.10.2005, *DJ* de 08.11.2005.

ção for cometido **dentro do território nacional**, caracterizando-se como verdadeiro instrumento coativo de retirada do estrangeiro do território pátrio, nas hipóteses descritas na lei (art. 22, XV, da Constituição Federal). A expulsão, portanto, prescinde de (dispensa) provocação da autoridade estrangeira, ao contrário do que ocorre com a extradição.

O art. 55 da Lei n. 13.445/2017 **veda** a expulsão quando:

- a medida configurar extradição inadmitida pela legislação brasileira;
- o expulsando tiver filho brasileiro que esteja sob sua guarda ou dependência econômica ou socioafetiva ou tiver pessoa brasileira sob sua tutela;
- o expulsando tiver cônjuge ou companheiro residente no Brasil, **sem discriminação alguma**, reconhecido judicial ou legalmente;
- o expulsando tiver ingressado no Brasil até os 12 anos de idade, residindo desde então no País;
- o expulsando for pessoa com mais de 70 anos que resida no País há mais de 10, considerados a gravidade e o fundamento da expulsão.

Quanto à expressa literalidade do art. 75, § 1.º, da **revogada** Lei n. 6.815/80, no sentido de **não obstar a expulsão** se o **filho** fosse concebido ou tivesse nascido **após** a prática do delito ensejador da medida de expulsão, de modo geral o **STF**, na vigência da lei antiga (muito embora se reconhecesse interpretação mais flexível no **STJ** à luz dos arts. 227 e 229 da CF/88, do *Estatuto da Criança e do Adolescente* e do Decreto n. 99.710/90, que promulga a *Convenção sobre os Direitos da Criança*),[27] vinha adotando a **posição mais restritiva**, expressa no texto legal.[28]

Em edições anteriores à nova Lei de Migração (Lei n. 13.445/2017), vislumbrávamos, **contudo**, a possibilidade (necessidade!) de modificação da jurisprudência da Corte, estando o tema pendente de análise no **RE 608.898**.

Isso porque, de acordo com o precedente citado do STJ, segundo o Min. Teori Zavascki, "a proibição de expulsão de estrangeiro que tenha filho brasileiro objetiva

---

[27] A partir do julgamento do **HC 31.449**, o **STJ** vem adotando **interpretação sistemática** do referido art. 75, § 1.º, da Lei n. 6.815/80, em face da CF, do ECA e da Convenção sobre os Direitos da Criança: "EMENTA: (...). 1. A regra do art. 75, II, *b*, da Lei 6.815/80 deve ser interpretada sistematicamente, levando em consideração, especialmente, os princípios da CF/88, da Lei 8.069/90 (ECA) e das convenções internacionais recepcionadas por nosso ordenamento jurídico. 2. **A proibição de expulsão de estrangeiro que tenha filho brasileiro objetiva resguardar os interesses da criança, não apenas no que se refere à assistência material, mas à sua proteção em sentido integral, inclusive com a garantia dos direitos à identidade, à convivência familiar, à assistência pelos pais**. 3. Ordem concedida" (Rel. Min. Teori Albino Zavascki, j. 12.05.2004). Nesse sentido, cf. HC 88.882/STJ e AgRg no HC 115.603/STJ.

[28] Nesse sentido: "A existência de filha brasileira só constitui causa impeditiva da expulsão de estrangeiro, quando sempre a teve sob sua guarda e dependência econômica, **mas desde que a tenha reconhecido antes do fato que haja motivado a expedição do decreto expulsório**" (**HC 82.893**, Rel. Min. Cezar Peluso, j. 17.12.2004, Plenário, *DJ* de 08.04.2005). No mesmo sentido: HC 110.849, j. 10.04.2012, 2.ª T.; HC 100.793, j. 02.12.2010, Plenário; HC 97.095, j. 19.08.2010, Plenário; HC 85.203, j. 06.08.2009, Plenário etc.

resguardar os **interesses da criança**, não apenas no que se refere à assistência material, mas à sua **proteção** em sentido **integral**, inclusive com a garantia dos **direitos à identidade**, à **convivência familiar**, à **assistência pelos pais**".

Dessa forma, para nós, seriam causas obstaculizadoras da expulsão, também, a existência de nascituro ou mesmo o nascimento de filho após a prática do delito. Temos de aguardar a análise do STF em relação a esse tema tão importante, que envolve o reconhecimento ou não do **vínculo de afetividade** como causa autônoma e impeditiva do ato de expulsão.[29]

Essa nossa orientação encontra fundamento **na nova legislação** (Lei de Migração) que, felizmente, evoluindo, não estabeleceu as restrições do revogado "Estatuto dos Estrangeiros" — Lei n. 6.815/80) — cf. art. 55, II, "a", da Lei n. 13.445/2017.

Nesse sentido, destacamos liminar deferida monocraticamente pelo Min. Marco Aurélio no julgamento do **HC 148.558** (j. 07.12.2017) pela qual se **afastou qualquer condicionante cronológica quanto ao nascimento de filhos no país**, bastando a existência de descendente brasileiro que esteja sob a guarda ou dependência econômica ou socioafetiva do estrangeiro para impedir a expulsão (no mesmo sentido, cf. liminar deferida em 02.04.2018 no julgamento do HC 150.343 — nos dois casos, mérito pendente).

Finalmente, em relação à existência de **cônjuge** (ou **companheiro**, agora na nova lei), já na vigência da lei anterior revogada (art. 75, II, "a", da Lei n. 6.815/80) sustentávamos uma interpretação mais ampla, abrangendo, naturalmente, a preservação das entidades familiares fundadas também em **uniões estáveis hétero** ou **homoafetivas**. O art. 55, II, "b", proíbe qualquer tipo de discriminação.

16.7.4. Banimento: existe expulsão ou banimento de brasileiros?

Não. Isso porque o envio compulsório de brasileiros ao estrangeiro, que caracterizaria a **pena de banimento**, é inadmitido pelo ordenamento jurídico pátrio (art. 5.º, XLVII, "d", da Constituição Federal).

16.8. ASILO POLÍTICO E REFÚGIO (DIREITO DE PERMANECER NO BRASIL)

Se por um lado vimos os mecanismos de entrega, agora a análise se dá no que respeita ao **direito de permanecer no Brasil**, seja em razão das regras decorrentes de **tratados**, seja pelo **asilo político** ou **refúgio**.

Cabe observar que o **visto** é o documento que dá a seu titular **expectativa** de ingresso em território nacional, sendo concedido por embaixadas, consulados-gerais, consulados, vice-consulados e, quando habilitados pelo órgão competente do Poder Executivo, por escritórios comerciais e de representação do Brasil no exterior. Ex-

[29] Nesse sentido, destacamos liminar concedida pelo Min. Celso de Mello, em 27.11.2012, no julgamento do **HC 114.901**, fundada no dever constitucional de **preservar a unidade** e de **proteger a integridade da entidade familiar**, mesmo que não fundada no casamento.

cepcionalmente, os vistos diplomático, oficial e de cortesia poderão ser concedidos no Brasil (art. 6.º e 7.º da Lei n. 13.445/2017).[30]

A República Federativa do Brasil rege-se nas suas relações internacionais, dentre outros, pelo princípio de concessão de **asilo político**, regulado em diversos tratados dos quais o Brasil é signatário (art. 4.º, X).

Segundo Rezek, **asilo político** "... é o acolhimento, pelo Estado, de estrangeiro perseguido alhures — geralmente, mas não necessariamente, em seu próprio país patrial —, por causa de dissidência política, de delitos de opinião, ou por crimes que, relacionados com a segurança do Estado, não configuram quebra do direito penal comum".[31]

O art. XIV — I da *Declaração Universal dos Direitos Humanos* (1948) estabelece que "toda pessoa vítima de perseguição tem o direito de procurar e de gozar **asilo** em outros países". No entanto, esclarece, em seu item II, que mencionado direito não poderá ser invocado em caso de perseguição legitimamente motivada por crimes de direito comum ou por atos contrários aos propósitos ou princípios das Nações Unidas. Nessa mesma linha, o art. 7.º do *Pacto de São José da Costa Rica* prescreve que o direito de receber asilo em território estrangeiro se restringe às hipóteses de **perseguição por delitos políticos ou comuns conexos com os delitos políticos**.

O **asilo político**, que constitui ato **discricionário do Estado**, poderá ser **diplomático** ou **territorial** e será outorgado como instrumento de **proteção à pessoa**.

- **asilo diplomático:** concedido ao estrangeiro pela autoridade diplomática brasileira no exterior, ficando protegido, por exemplo, na Embaixada, no Consulado, em navio, aeronave, acampamento militar etc.;
- **asilo territorial:** concedido ao estrangeiro no âmbito espacial da soberania estatal;

A **Lei de Migração**, além de prescrever que a saída do asilado do País sem prévia comunicação implica renúncia ao asilo, **veda** (proíbe) a sua concessão a quem tenha cometido:

- crime de genocídio;
- crime contra a humanidade;
- crime de guerra;
- crime de agressão, nos termos do Estatuto de Roma do Tribunal Penal Internacional, de 1998, promulgado pelo Decreto n. 4.388/2002.

O **asilo político** não se confunde com o **refúgio**. Enquanto o **asilo político** relaciona-se ao **indivíduo perseguido**, o **refúgio** decorre de um abalo maior das

[30] De acordo com o art. 12 da Lei n. 13.445/2017, ao solicitante que pretenda **ingressar** ou **permanecer** em território nacional poderá ser concedido **visto**: I — de visita; II — temporário; III — diplomático; IV — oficial; V — de cortesia.

[31] Francisco Rezek, *Direito internacional público:* curso elementar, p. 221.

estruturas de determinado país e que, por esse motivo, possa gerar vítimas em potencial.

A regulamentação do refúgio e a definição de mecanismos para a implementação do Estatuto dos Refugiados de 1951, mesmo com o advento da Lei de Migração (Lei n. 13.445/2017), continua sendo implementada por legislação específica, no caso a Lei n. 9.474/97, cujas normas deverão ser observadas (arts. 2.º e 121 da Lei n. 13.445/2017).

O **refúgio** é solicitado ao *Comitê Nacional para os Refugiados*, que funciona no Ministério da Justiça e está regulamentado na Lei n. 9.474/97, que dispõe, em seu art. 1.º, ser reconhecido como refugiado todo indivíduo que:

- devido a fundados temores de perseguição por motivos de raça, religião, nacionalidade, grupo social ou opiniões políticas, encontre-se fora de seu país de nacionalidade e não possa ou não queira acolher-se à proteção de tal país;
- não tendo nacionalidade e estando fora do país onde antes teve sua residência habitual, não possa ou não queira regressar a ele, em função das circunstâncias descritas no inciso anterior;
- devido a grave e generalizada violação de direitos humanos, é obrigado a deixar seu país de nacionalidade para buscar refúgio em outro país.

16.9. PERDA DA NACIONALIDADE

16.9.1. Hipóteses de perda da nacionalidade

As hipóteses de perda da nacionalidade estão **taxativamente** previstas na CF/88, nos incisos I e II do § 4.º do art. 12. Assim, os pressupostos para declaração da perda da nacionalidade são:

- cancelamento da **naturalização** por sentença judicial, em virtude de atividade nociva ao interesse nacional (art. 12, § 4.º, I);
- aquisição de outra nacionalidade (art. 12, § 4.º, II).

Apesar da previsão constitucional, na linha de documentos internacionais, a Lei de Migração estabelece que o risco de geração de situação de apatridia será levado em consideração antes da efetivação da perda da nacionalidade (art. 75, parágrafo único).

16.9.1.1. Cancelamento da naturalização

O pressuposto para o cancelamento da naturalização está previsto na CF/88 **(atividade nociva ao interesse nacional)**, bem como o seu instrumento (cancelamento através de **sentença judicial transitada em julgado**). O procedimento, por sua vez, está disciplinado nos arts. 24 a 34 da Lei n. 818, de 18.09.1949 (instaurado o inquérito para apurar se houve prática de atividade nociva ao interesse nacional, após tomar vistas, o órgão do Ministério Público Federal poderá oferecer denúncia, instaurando o processo judicial de cancelamento. A decisão que concluir pelo cancelamento da naturalização terá efeitos *ex nunc*, ou seja, o indivíduo só perde a naturalização a partir da sentença).

Devemos aclarar que o processo de **cancelamento da naturalização** atingirá somente o brasileiro **naturalizado**, e não o nato, que, como veremos, só poderá perder a nacionalidade na hipótese de aquisição de outra nacionalidade (salvo os permissivos constitucionais).

A regra contida no art. 12, § 4.º, I, foi discutida pelo STF em interessante caso.

Tratava-se do **RMS 27.840**, em que austríaco naturalizado brasileiro (portanto, *brasileiro naturalizado*, e não *nato*) buscava rever **ato administrativo** editado pelo *Ministro da Justiça*, pelo qual se cancelou a referida naturalização, cujo pedido havia sido instruído com documentos falsos, já que se apurou que ele tinha condenação criminal anterior à naturalização.

O Min. Lewandowski negou provimento ao recurso, sustentando que o cancelamento administrativo se deu diante da possibilidade que a Administração tem de rever os seus atos quando eivados de vício insanável (S. 473/STF) e, ainda, nos termos do art. 112, §§ 2.º e 3.º,[32] da Lei n. 6.815/80, na medida em que a discussão não analisava o crime, mas a falsidade da documentação apresentada, qual seja, a **fraude**.

Contudo, o STF, por maioria, decidiu que, de acordo com a literalidade do art. 12, § 4.º, I, a perda da nacionalidade, mesmo diante das circunstâncias do caso, somente poderá ser verificada por **sentença judicial transitada em julgado**, e não por ato administrativo.

Isso porque, para a Min. Cármen Lúcia, Relatora, seguida pela maioria dos Ministros, muito embora os §§ 2.º e 3.º do art. 112 da Lei n. 6.815/80 tivessem sido recepcionados pela CF/88, o **Decreto Legislativo n. 274/2007**, que aprova o texto da *Convenção para a Redução dos Casos de Apatridia*, celebrada em 30 de agosto de 1961, **revogou-os** (lembramos também que a Lei n. 6.815/80 foi integralmente revogada pela Lei de Migração).

Assim, na medida em que a referida Convenção prevê a perda da nacionalidade somente por decisão de "Tribunal" ou "órgão independente", e como no Brasil não existem os ditos "órgãos independentes" na estrutura administrativa, a única forma de perda da nacionalidade seria por **sentença judicial transitada em julgado**.

■ 16.9.1.2. Aquisição de outra nacionalidade

Também perderá a nacionalidade (e aqui a terminologia utilizada é nacionalidade, e não naturalização) o brasileiro nato ou naturalizado que, voluntariamente, **adquirir outra nacionalidade**.

[32] **Art. 112, § 2.º:** "Verificada, a qualquer tempo, a falsidade ideológica ou material de qualquer dos requisitos exigidos neste artigo ou nos arts. 113 e 114 desta Lei, será declarado nulo o ato de naturalização sem prejuízo da ação penal cabível pela infração cometida. **§ 3.º** A declaração de nulidade a que se refere o parágrafo anterior processar-se-á administrativamente, no Ministério da Justiça, de ofício ou mediante representação fundamentada, concedido ao naturalizado, para defesa, o prazo de quinze dias, contados da notificação".

Ao contrário do cancelamento da naturalização em virtude de atividade nociva ao interesse nacional, a perda da nacionalidade em decorrência da aquisição de outra dar-se-á após procedimento administrativo em que seja assegurada a ampla defesa, por **decreto do Presidente da República** (art. 23 da Lei n. 818/49).

A ECR n. 3/94, alterando a redação do art. 12, § 4.º, II, estabeleceu duas hipóteses em que a aquisição de outra nacionalidade (dupla nacionalidade) não implicará a perda da brasileira. São elas:

- **reconhecimento de nacionalidade originária pela lei estrangeira:** trata-se do reconhecimento da nacionalidade originária, ou seja, aquela adquirida com o nascimento (primária). Ex.: o indivíduo que nasceu no território brasileiro, filho de italianos que estavam em férias no Brasil (obs.: não se encontravam a serviço da Itália), será brasileiro nato (art. 12, I, "a" — *ius solis*) e poderá adquirir a nacionalidade italiana (*ius sanguinis*) sem perder a brasileira;
- **imposição de naturalização pela norma estrangeira:** o brasileiro residente em Estado estrangeiro que, como condição para sua permanência naquele país (por motivo de trabalho, exercício profissional), ou para o exercício de direitos civis (herança, por exemplo), tiver, por imposição da norma estrangeira, de se naturalizar não perderá a nacionalidade brasileira.

Para ilustrar o assunto, destacamos o julgamento inédito realizado pela 1.ª Turma do STF ao apreciar o pedido de extradição de brasileira nata acusada de ter assassinado o marido norte-americano no estado de Ohio, em 2007, e ter retornado ao Brasil após o suposto crime (os fatos a seguir expostos foram retirados do voto do Min. Barroso no julgamento do MS 33.864 e das informações veiculadas na imprensa).

A extraditanda, que nasceu no Rio de Janeiro, e, portanto, pelo critério do *ius solis*, era brasileira nata, mudou-se para os EUA no ano de 1990, onde se casou com um médico de Nova York, tendo, então, conseguido o *green card*, qual seja, a licença de residência permanente para viver e trabalhar no país.

Em 1999, portanto, 9 anos depois, ainda casada com o primeiro marido, a brasileira, por livre e espontânea vontade, **optou** pela nacionalidade americana, declarando "renunciar e abjurar fidelidade a qualquer Estado ou soberania".

Alguns anos depois, em 2005, a extraditanda, divorciada do primeiro marido, casou-se novamente com um veterano das guerras do Afeganistão e do Iraque, major da Força Aérea norte-americana, considerado um herói nacional. Em 2007, o corpo desse seu segundo marido foi encontrado com perfurações de balas nas costas e na cabeça. Coincidentemente, na mesma época dos fatos, a extraditanda voltou para o Brasil e passou a ser a principal suspeita para a polícia americana.

Na medida em que a extraditanda renunciou à nacionalidade brasileira ao adotar a cidadania norte-americana em 1999 em razão do casamento (nacionalidade secundária) e pela opção formal de abrir mão da brasileira, não se enquadrando, portanto, nas exceções constitucionais acima expostas, **ela perdeu a nacionalidade brasileira**.

Por esse motivo, o Ministro da Justiça, nos termos da **Portaria n. 2.465/2013**, formalmente, **declarou a perda da nacionalidade**, nos termos do art. 12, § 4.º, II, da Constituição, por ter adquirido outra nacionalidade e não se encontrar nas exceções constitucionais.

Esse ato do Ministro da Justiça foi questionado tanto no STJ como no STF, que, ao final, entendeu-o legítimo e nos termos da Constituição (**MS 33.864**, 1.ª T., Rel. Min. Barroso, j. 19.04.2016).

Assim, atendidos os requisitos formais e legais previstos na Lei n. 6.815/80 (aplicável à época do julgamento, já que a Lei de Migração só entrou em vigor em 21.11.2017, qual seja, 180 dias após a sua publicação oficial — art. 125 da Lei n. 13.445/2017) e no Tratado de Extradição Brasil-Estados Unidos, presentes os pressupostos materiais (a dupla tipicidade e punibilidade de crime comum praticado por estrangeiro), **a extradição foi deferida**, exigindo-se do Estado requerente os seguintes compromissos: "(i) não executar pena vedada pelo ordenamento brasileiro, pena de morte ou de prisão perpétua (art. 5.º, XLVII, 'a' e 'b', da CF); (ii) observar o tempo máximo de cumprimento de pena possível no Brasil, 30 (trinta) anos (art. 75, do CP)[33]; e (iii) detrair do cumprimento de pena eventualmente imposta o tempo de prisão para fins de extradição por força deste processo" (**Ext. 1.462**, 1.ª T., Rel. Min. Barroso, j. 28.03.2017, *DJE* de 29.06.2017).

O trânsito em julgado da referida decisão, após a interposição de recursos, ocorreu em outubro de 2017, viabilizando, assim, a entrega da acusada para o Governo norte-americano, fato que ocorreu em 17.01.2018, mediante o compromisso formal de serem observadas as imposições estabelecidas pela decisão do STF, agora explicitadas no art. 96 da Lei de Migração, em vigor (lembramos que o Estado de Ohio nos EUA admite tanto a prisão perpétua como a pena de morte e por isso a preocupação do Brasil em acompanhar o desenrolar do processo para verificar o cumprimento do compromisso assumido).

Essa decisão do STF se mostra extremamente relevante já que se trata do primeiro caso de extradição de brasileiro nato que perdeu a nacionalidade em razão de ter adquirido outra fora das hipóteses admitidas pela Constituição (art. 12, § 4.º, II, "a" e "b"). Assim, no momento da extradição, a acusada não mais ostentava a nacionalidade brasileira, não se aplicando, dessa forma, o art. 5.º, LI, CF/88.

■ 16.10. REAQUISIÇÃO DA NACIONALIDADE BRASILEIRA PERDIDA

Cancelada a naturalização por sentença judicial, em virtude de atividade nociva ao interesse nacional (art. 12, § 4.º, I), ou perdida a nacionalidade (primária ou secundária) em decorrência da aquisição de outra nacionalidade fora dos permissivos constitucionais (art. 12, § 4.º, II), seria possível readquiri-las?

[33] Devemos lembrar que a **Lei n. 13.964/2019** ("Pacote Anticrime" – aperfeiçoa a legislação penal e processual penal), alterou o art. 75 do CP para estabelecer que o tempo de cumprimento das penas privativas de liberdade não pode ser superior a **40 anos**.

- **cancelamento da naturalização:** não poderá readquiri-la, a não ser mediante **ação rescisória**, nunca por meio de um novo processo de naturalização, sob pena de contrariedade ao texto constitucional;
- **aquisição de outra nacionalidade:** o revogado art. 36 da Lei n. 818/49 pela Lei de Migração previa a possibilidade de reaquisição por decreto presidencial, se o ex-brasileiro estivesse domiciliado no Brasil. Entendemos, contudo, que tal dispositivo só teria validade se a reaquisição não contrariasse os dispositivos constitucionais e, ainda, se existissem elementos que atribuíssem nacionalidade ao interessado.[34]

Essa nossa preocupação, apresentada ao analisar o agora revogado art. 36 da Lei n. 818/49, ainda persiste, pensamos, com a entrada em vigor da Lei de Migração (Lei n. 13.445/2017), que traz a seguinte regra em seu art. 76: "o brasileiro que, em razão do previsto no inciso II do § 4.º do art. 12 da Constituição Federal, houver perdido a nacionalidade, uma vez **cessada a causa**, poderá readquiri-la ou ter o **ato que declarou a perda revogado, na forma definida pelo órgão competente do Poder Executivo**".

Apesar dessa nossa crítica, essa matéria foi regulamentada no art. 254 do Decreto n. 9.199/2017:

- **cessação da causa:** cessada a causa da perda de nacionalidade, o interessado, por meio de requerimento endereçado ao Ministro da Justiça e Segurança Pública, poderá pleitear a sua reaquisição, que ficará condicionada à comprovação de que possuía a nacionalidade brasileira; e à comprovação de que a causa que deu razão à perda da nacionalidade brasileira cessou. O decreto regulamentar deixa claro ainda que a cessação da causa da perda da nacionalidade brasileira poderá ser demonstrada por meio de ato do interessado que represente pedido de renúncia da nacionalidade então adquirida;
- **revogação do ato que declarou a perda:** o ato que declarou a perda da nacionalidade poderá ser revogado por decisão do Ministro de Estado da Justiça e Segurança Pública caso seja constatado que estava presente uma das exceções previstas nas alíneas "a" e "b" do inciso II do § 4.º do art. 12 da Constituição Federal.

O art. 254, § 7.º, do Decreto n. 9.199/2017, apesar de nossa crítica, estabelece que o deferimento do requerimento de reaquisição ou a revogação da perda importará o restabelecimento da **nacionalidade originária brasileira**.

[34] José Afonso da Silva (*Curso de direito constitucional positivo*, p. 207) sugere apenas as regras do art. 36 da Lei n. 818/49 — e certamente a lógica seria a mesma em relação à Lei n. 13.445/2017 — que revogou referida Lei n. 818/49 — e ao seu regulamento, qual seja, o art. 254 do Decreto n. 9.199/2017. E observa: "... a reaquisição da nacionalidade opera a partir do decreto que a conceder, não tendo efeito retroativo, mas o readquirente recupera a condição que perdera: se era brasileiro nato, voltará a ser brasileiro nato; se naturalizado, retomará essa qualidade" (op. cit., 17. ed., p. 335). Já Alexandre de Moraes entende que a reaquisição só se dará através do processo de naturalização, tornando-se, inclusive o ex-brasileiro nato, agora, naturalizado (*Direito constitucional*, p. 213-214).

■ 16.11. MATERIAL DIGITAL EXCLUSIVO

16

NACIONALIDADE

Download de Questões Modelo Tradicional

somos.in/DCE25062

Banco de Questões Plataforma

somos.in/DCE25063

Resolução de Questões Pedro Lenza

somos.in/DCE25126

Videoaulas

somos.in/DCE25105

17

DIREITOS POLÍTICOS

■ 17.1. NOÇÕES INTRODUTÓRIAS

■ 17.1.1. Democracia semidireta ou participativa

Os **direitos políticos** nada mais são que instrumentos por meio dos quais a CF garante o exercício da **soberania popular**, atribuindo poderes aos cidadãos para interferirem na condução da coisa pública, seja direta, seja indiretamente.[1]

De modo geral podemos classificar os regimes democráticos em três espécies: ***a*) democracia direta**, em que o povo exerce por si o poder, sem intermediários, sem representantes; ***b*) democracia representativa**, na qual o povo, soberano, elege representantes, outorgando-lhes poderes, para que, em nome deles e para o povo, governem o país; e ***c*) democracia semidireta** ou **participativa**, um "sistema híbrido", uma democracia representativa, com peculiaridades e atributos da democracia direta, a qual, conforme observação de Mônica de Melo, constitui um mecanismo capaz de propiciar, "além da participação direta, concreta do cidadão na democracia representativa, controle popular sobre os atos estatais".[2]

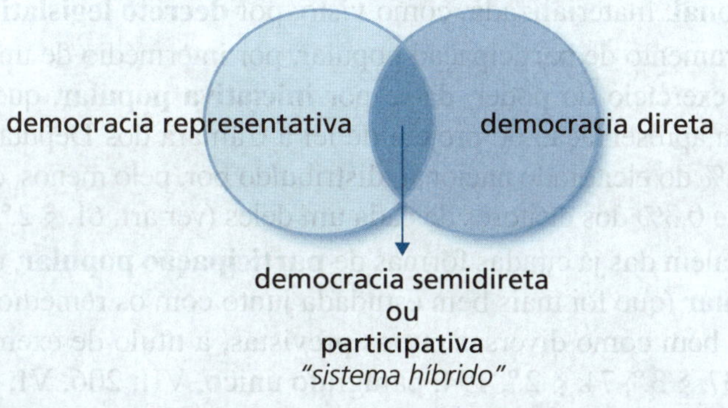

[1] Clássica é a sempre lembrada definição de Pimenta Bueno, para quem os **direitos políticos** são "prerrogativas, atributos, faculdades, ou poder de intervenção dos cidadãos ativos no governo de seu país, intervenção direta ou indireta, mais ou menos ampla, segundo a intensidade do gozo desses direitos. São o *Jus Civitatis*, os direitos cívicos, que se referem ao Poder Público, que autorizam o cidadão ativo a participar na formação ou exercício da autoridade nacional, a exercer o direito de vontade ou eleitor, os direitos de deputados ou senador, a ocupar cargos políticos e a manifestar suas opiniões sobre o governo do Estado" (*Direito público brasileiro e análise da Constituição do Império*, p. 458).

[2] *Revista da PGE/SP*, n. 336, dez. 1993.

Acesse também o vídeo sobre o capítulo pelo link: somos.in/DCE25065

A **democracia participativa** ou **semidireta** assimilada pela CF/88 (arts. 1.º, parágrafo único, e 14) caracteriza-se, portanto, como a base para que se possa, na atualidade, falar em **participação popular no poder por intermédio de um processo**, no caso, o exercício da soberania, que se instrumentaliza por meio do plebiscito, referendo, iniciativa popular, bem como pelo ajuizamento da ação popular.

Passemos, então, a conceituar cada um dos institutos da **democracia direta** (soberania popular). Comecemos diferenciando *plebiscito* de *referendo.*

Ao diferenciar os institutos, procuramos apontar os pontos de aproximação (semelhanças) e os pontos de distinção (diferenças). A semelhança entre eles reside no fato de ambos serem formas de consulta ao povo para que delibere sobre matéria de acentuada relevância, de natureza constitucional, legislativa ou administrativa.

A diferença está no **momento da consulta**: *a*) no plebiscito, a consulta é prévia, sendo convocado com anterioridade ao ato legislativo ou administrativo, cabendo ao povo, por meio do voto, aprovar ou denegar o que lhe tenha sido submetido à apreciação. Ou seja, primeiro consulta-se o povo, para depois, só então, a decisão política ser tomada, ficando o governante condicionado ao que for deliberado pelo povo; *b*) por outro lado, no *referendum*, primeiro se tem o ato legislativo ou administrativo, para, só então, submetê-lo à apreciação do povo, que o ratifica (confirma) ou o rejeita (afasta).

O art. 3.º da Lei n. 9.709/98 estabelece que nas questões de relevância nacional, de competência do Poder Legislativo ou do Poder Executivo, e no caso do § 3.º do art. 18 da CF, o plebiscito e o referendo são convocados mediante **decreto legislativo**, por proposta de 1/3, no mínimo, dos membros que compõem qualquer das Casas do Congresso Nacional. Recorde-se, por fim, que a competência para **autorizar** referendo e **convocar** plebiscito, de acordo com o art. 49, XV, da CF/88, é **exclusiva** do **Congresso Nacional**, materializada, como visto, por **decreto legislativo**.

O outro instrumento de participação popular, por intermédio de um processo, de forma direta, no exercício do poder, dá-se por **iniciativa popular**, que consiste, em âmbito federal, na apresentação de projeto de lei à Câmara dos Deputados, subscrito por, no mínimo, 1% do eleitorado nacional, distribuído por, pelo menos, cinco Estados, com não menos de 0,3% dos eleitores de cada um deles (ver art. 61, § 2.º, da CF/88).[3]

Finalmente, além das já citadas formas de **participação popular**, podemos lembrar a **ação popular** (que foi mais bem estudada junto com os remédios constitucionais — Cap. 14), bem como diversas outras previstas, a título de exemplo, nos arts. 10; 11; 31, § 3.º; 37, § 3.º; 74, § 2.º; 194, parágrafo único, VII; 206, VI; 216, § 1.º etc., todos da CF/88.

■ 17.1.2. Plebiscito *versus* referendo: experiências na história brasileira

Surge então a importante pergunta: há alguma experiência de **plebiscito** ou de **referendo** na **história das eleições no Brasil**?

---

[3] Remetemos o nosso querido leitor para o *item 9.13.3.4*, no qual o instituto da **iniciativa popular** é aprofundado.

■ 17.1.2.1. *Referendo para manutenção ou não do regime parlamentarista (1963)*

Em um primeiro momento, lembramos a **EC n. 4, de 02.09.1961**, à Constituição de 1946, que, em seu art. 25, fixou a possibilidade de lei complementar "... dispor sobre a realização de 'plebiscito' que decida sobre a manutenção do sistema parlamentar ou volta ao sistema presidencial, devendo, em tal hipótese, fazer-se a 'consulta plebiscitária' nove meses antes do termo do atual período presidencial".

Determinou-se, então, a realização do denominado "plebiscito" para o ano de 1965, com o objetivo de saber se o sistema de governo parlamentar deveria ser mantido ou se o sistema presidencial seria retomado.

Parece-nos que se tratava, em essência, de **referendo**, uma vez que, depois de já tomado o ato (a instituição do **parlamentarismo** no Brasil), proceder-se-ia à consulta popular para confirmar ou afastar tal decisão.

Essa situação foi reconhecida pela **LC n. 2, de 16.09.1962**, que, antecipando a consulta popular, em seu art. 2.º, estabeleceu que "a Emenda Constitucional n. 4, de 2 de setembro de 1961, será submetida a ***referendum*** popular no dia 6 de janeiro de 1963", completando em seus parágrafos: "proclamado pelo Superior Tribunal Eleitoral o resultado, o Congresso organizará, dentro do prazo de 90 (noventa) dias, o sistema de governo na base da opção decorrente da consulta" (ou seja, a consulta vincula a decisão a ser tomada). Em seguida estabeleceu: "terminado esse prazo, se não estiver promulgada a emenda revisora do parlamentarismo ou instituidora do presidencialismo, continuará em vigor a Emenda Constitucional n. 4, de 2 de setembro de 1961, ou voltará a vigorar em sua plenitude a Constituição Federal de 1946, conforme o resultado da consulta popular".

Portanto, com todo o respeito a eventual entendimento contrário, a nosso ver, o primeiro **referendo** realizado no Brasil foi o do dia 6 de janeiro de 1963, em que foi decidido o retorno ao sistema presidencial.

■ 17.1.2.2. *Plebiscito para a escolha entre a forma (república ou monarquia constitucional) e sistema de governo (presidencialismo ou parlamentarismo) (1993)*

Posteriormente, tivemos o primeiro **plebiscito** no Brasil, com data inicial prevista para 7 de setembro de 1993, nos termos do art. 2.º do ADCT, antecipada para 21 de abril de 1993 pela EC n. 2/92. O **resultado** todos já conhecem — a manutenção da **república constitucional** e do **sistema presidencialista de governo**.

■ 17.1.2.3. *Referendo para a manifestação do eleitorado sobre a manutenção ou rejeição da proibição da comercialização de armas de fogo e munição em todo o território nacional (2005)*

Chegamos ao **referendo** sobre o **desarmamento**, de 23 de outubro de 2005.

O art. 35 da Lei n. 10.826/2003 (conhecida como **Estatuto do Desarmamento**) proibiu a comercialização de armas de fogo e munição em todo o território nacional, salvo para os casos previstos em legislação própria e para os integrantes das entidades relacionadas no art. 6.º da Lei.

Tal proibição, contudo, a teor do art. 35, § 1.º, para entrar em vigor **dependia** de aprovação mediante **referendo popular**, autorizado, nos termos do art. 49, XV, da Constituição Federal, pelo Congresso Nacional, mediante o **Decreto Legislativo n. 780/2005**.

O TSE, nos termos da Lei n. 9.709/98, organizou o referendo para consultar o eleitorado sobre a comercialização de armas de fogo e munição no território nacional, tendo sido realizado em **23 de outubro de 2005**, e com a seguinte questão: "o comércio de armas de fogo e munição deve ser proibido no Brasil?".

Se a maioria simples do eleitorado nacional se manifestasse afirmativamente ("SIM") à questão proposta, a vedação constante do Estatuto do Desarmamento entraria em vigor na data de publicação do resultado do referendo pelo Tribunal Superior Eleitoral.

Como todos sabem, após a apuração dos votos do aludido referendo, segundo dados oficiais do TSE, o **"NÃO"** recebeu 59.109.265 votos (63,94%) e o "SIM", 33.333.045 votos (36,06%). Foram registrados 1.329.207 (1,39%) votos em branco e 1.604.307 (1,68%) votos nulos. Dos 122.042.825 eleitores, compareceram às urnas 95.375.824 (78,15%). A abstenção foi de 26.666.791 (21,85%). Assim, o **comércio de armas de fogo e munição**, nos termos da lei e por força do referendo, continua **permitido** no Brasil.

Concordamos com Jorge Hélio ao afirmar que, "da mesma forma que se dá nas eleições convencionais, nas quais o eleitorado escolhe os chefes do Poder Executivo e os membros do Poder Legislativo, nos âmbitos federal, estadual, distrital e municipal, o voto será obrigatório no referendo vindouro para os maiores de 18 e com menos de 70 anos, alfabetizados. Os analfabetos, os maiores de 70 anos e aqueles com idades entre 16 e 17 anos, desde que alistados eleitoralmente, votarão se assim quiserem. Para este grupo de pessoas, o voto é facultativo, como reza o art. 14, § 1.º, da Constituição".[4]

■ *17.1.2.4. Referendo no Estado do Acre para decidir sobre o fuso horário (2010)*

O **Decreto Legislativo n. 900/2009** convocou, com fundamento no art. 49, XV, c/c o parágrafo único do art. 1.º e o art. 14, II, da CF/88, **referendo** a ser realizado no Estado do Acre, que teve a hora legal alterada pela **Lei n. 11.662/2008** para menos 1 hora em relação a Brasília (reduzindo, assim, de 4 para 3 os fusos horários no Brasil), para consultar o eleitorado do Estado sobre a conveniência e a oportunidade da referida alteração.

O eleitorado foi chamado a responder "Sim" ou "Não" à seguinte questão: "Você é a favor da recente alteração do horário legal promovida no seu Estado?"

Com 56,87% dos votos, os eleitores do Acre decidiram pelo retorno do fuso horário antigo, de duas horas de diferença em relação a Brasília. A **Lei n. 12.876/2013**,

[4] Jorge Hélio Chaves de Oliveira, Olhar jurídico, Fortaleza, 14 set. 2005. Disponível em: <http://www.noolhar.com/colunas/olharjuridico/514990.html>. Acesso em: 20.09.2005.

prestigiando a vontade popular, restabeleceu, formalmente, os 4 fusos horários para o território brasileiro.[5]

■ 17.1.2.5. *Plebiscitos no Estado do Pará para decidir sobre a formação dos Estados do Carajás e do Tapajós (2011)*

O **Decreto Legislativo n. 136/2011** dispôs sobre a realização de plebiscito para a criação do **Estado do Carajás**, nos termos do inciso XV do art. 49 da Constituição Federal, enquanto, por sua vez, o **Decreto Legislativo n. 137/2011** convocou plebiscito sobre a criação do **Estado do Tapajós**, objetivando o processo de *desmembramento formação* em relação ao atual **Estado do Pará**.

Em ambos os casos, mais de 66% dos votos válidos refletiram a vontade da maioria **contra** a criação dos novos Estados (cf. *itens 7.5.1.2* e *7.5.1.6*).

■ 17.1.3. O resultado do plebiscito ou do referendo pode ser modificado por lei ou emenda à Constituição?

Essa pergunta é interessante! Em outras palavras, proclamado o resultado do plebiscito ou do referendo, poderia o legislador contrariar a manifestação popular editando lei ou emenda à Constituição (EC) em sentido contrário?

Exemplificando: tendo o povo confirmado, pelo voto, ser contra a proibição do porte de armas, poderia o legislador editar uma lei em sentido contrário? Essa lei teria validade?

Ou, ainda, tendo o povo manifestado em plebiscito a preferência pelo *presidencialismo*, poderia uma emenda à Constituição instituir o *parlamentarismo* no Brasil?

Entendemos que tanto a lei como a EC seriam flagrantemente **inconstitucionais**. Isso porque, uma vez manifestada a vontade popular, esta passa a ser vinculante, não podendo ser desrespeitada. No caso, seus dispositivos seriam inconstitucionais por violarem o art. 14, I ou II, c/c o art. 1.º, parágrafo único, qual seja, o **princípio da soberania popular**.

Assim sendo, parece-nos possível concluir que a **democracia direta prevalece sobre a democracia representativa**.

A única maneira de modificar a vontade popular seria mediante uma nova consulta ao povo, a ser convocada ou autorizada por **decreto legislativo** do Congresso Nacional (art. 49, XV).

[5] Até 1913, o Brasil possuía apenas 1 fuso horário. O **Decreto n. 2.784/1913** dividiu o território do país, no que diz respeito à **hora legal**, em 4 fusos distintos. A citada Lei n. 11.662/2008 reduziu para 3 fusos, retirando o Acre e a Amazônia ocidental do 4.º fuso (que foi extinto). Após manifestação popular no Estado do Acre, a Lei n. 12.876/2013 restabeleceu os 4 fusos originários, tendo como parâmetro o meridiano de *Greenwich*. A citada Lei n. 11.662/2008, de autoria do então Senador Tião Viana (PT-AC), que depois veio a se tornar governador do Estado, reduziu de 2 para 1 hora a diferença em relação ao horário oficial de Brasília, sob o fundamento de sugeridos prejuízos econômicos, sociais e culturais, especialmente durante a vigência do horário de verão, quando a diferença passava a ser de três horas. Conforme visto, atualmente a diferença (fora do horário de verão) é de 2 horas.

Cumpre alertar, contudo, que o decreto legislativo dependeria de provocação do legislador, seja por meio de lei (no caso do porte de armas), seja por meio de nova emenda (no caso do sistema de governo). Nessas hipóteses, a lei ou emenda deveria prever a futura convocação pelo Congresso Nacional do novo plebiscito.

O presente tema se mostra extremamente relevante, pois a PEC n. 20-A/95 institui o parlamentarismo (e é objeto de discussão pelo STF no MS 22.972 — *pendente*), assim como a PEC n. 9/2016, tendo o tema sido reavivado no contexto da crise política que passou o país durante o *impeachment* de Dilma Rousseff.

■ 17.1.4. Quadro comparativo: plebiscito *versus* referendo

	CONCEITO	CONGRESSO NACIONAL (Competência Exclusiva)	INSTRUMENTO PARA CONVOCAR PLEBISCITO E AUTORIZAR REFERENDO	PRINCIPAL DIFERENÇA — Momento da Consulta
PLEBISCITO	■ consulta formulada ao povo, efetivando-se em relação àqueles que tenham capacidade eleitoral ativa, para que deliberem sobre matéria de acentuada relevância, de natureza constitucional, legislativa ou administrativa	■ art. 49, XV — **convoca** plebiscito	■ decreto legislativo	■ **prévia** — o plebiscito é convocado com anterioridade a ato legislativo ou administrativo, cabendo ao povo, pelo voto, aprovar ou denegar o que lhe tenha sido submetido
REFERENDO	■ consulta formulada ao povo, efetivando-se em relação àqueles que tenham capacidade eleitoral ativa, para que deliberem sobre matéria de acentuada relevância, de natureza constitucional, legislativa ou administrativa	■ art. 49, XV — **autoriza** referendo	■ decreto legislativo	■ **posterior** — o referendo é convocado com posterioridade a ato legislativo ou administrativo, cumprindo ao povo a respectiva ratificação ou rejeição

■ 17.1.5. Outros institutos de democracia semidireta ou participativa: *recall* e veto popular

Outros institutos de democracia semidireta poderiam ser mencionados, como o *recall* e o veto popular, não adotados, porém, pelo constituinte de 1988:

- ■ ***recall*:** com a sua origem nos EUA, o *recall* seria um mecanismo de **revogação popular do mandato eletivo**, por exemplo, em razão de não cumprimento de promessas de campanha. José Afonso da Silva denomina **"revocação popular"**, definindo-a como um "instituto de natureza política pelo qual os eleitores, pela via eleitoral, podem revocar mandatos populares";[6]

[6] José Afonso da Silva, *Poder constituinte e poder popular*, p. 21.

- **veto popular:** instrumento pelo qual o povo poderia vetar projetos de lei, podendo arquivá-los, mesmo contra a vontade do Parlamento. Segundo Agra, "a diferença entre o *veto popular* e o plebiscito é que, *naquele*, o seu uso se *restringiria a projetos de leis que estivessem tramitando no Congresso Nacional*, manifestando-se a população contra a sua aprovação, e este se refere a qualquer propositura que a população tenha interesse que passe a integrar o ordenamento jurídico, independentemente de sua tramitação no Congresso Nacional".[7]

17.1.6. Democracia contemporânea: novas perspectivas (Luís Roberto Barroso)

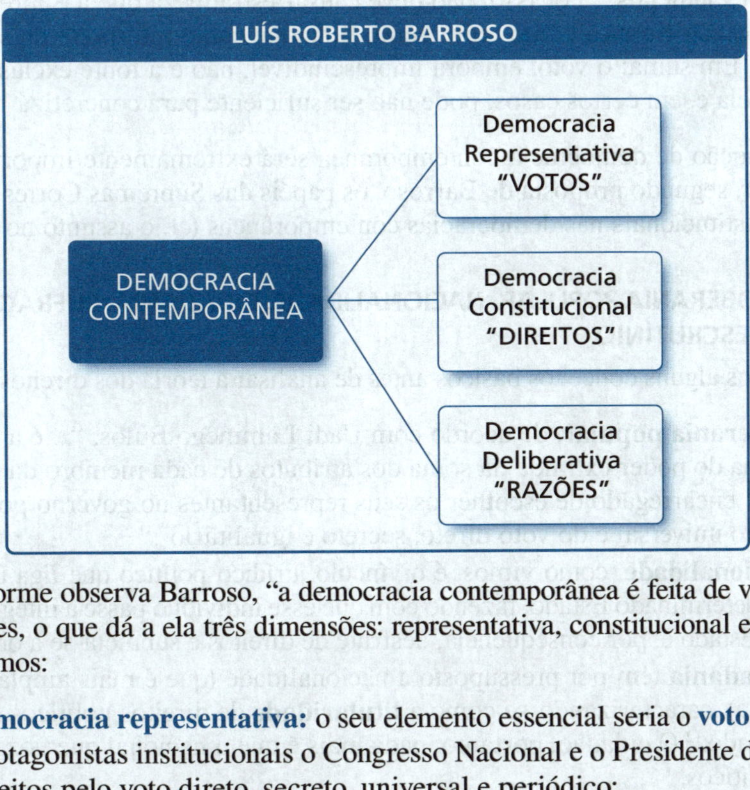

Conforme observa Barroso, "a democracia contemporânea é feita de votos, direitos e razões, o que dá a ela três dimensões: representativa, constitucional e deliberativa".[8] Vejamos:

- **democracia representativa:** o seu elemento essencial seria o **voto popular** e os protagonistas institucionais o Congresso Nacional e o Presidente da República, eleitos pelo voto direto, secreto, universal e periódico;
- **democracia constitucional:** o seu componente nuclear é o **respeito aos direitos fundamentais**, que deverão ser assegurados mesmo contra a vontade das maiorias políticas. Nesse sentido, observa Barroso, "o árbitro final das tensões entre vontade da maioria e direitos fundamentais e, portanto, protagonista institucional desta dimensão da democracia, é a **Suprema Corte**";[9]

---

7 Walber de Moura Agra, *Curso de direito constitucional*, 5. ed., p. 297.

8 Luís Roberto Barroso, Contramajoritário, representativo e iluminista..., p. 158.

9 Op. cit., p. 158-159.

■ **democracia deliberativa:** o seu componente essencial é "o oferecimento de **razões**, a discussão de ideias, a troca de argumentos. A democracia já não se limita ao momento do voto periódico, mas é feita de um **debate público contínuo que deve acompanhar as decisões políticas relevantes**. O **protagonista** da democracia deliberativa é a **sociedade civil**, em suas diferentes instâncias, que incluem o movimento social, imprensa, universidades, sindicatos, associações e cidadãos comuns. Embora o oferecimento de razões também possa ser associado aos Poderes Legislativo e Executivo, o fato é que eles são, essencialmente, o *locus* da vontade, da decisão política. No universo do oferecimento de razões, merecem destaque os órgãos do Poder Judiciário: a motivação e a argumentação constituem matéria-prima da sua atuação e fatores de legitimação das decisões judiciais.[10] Por isso, não deve causar estranheza que a Suprema Corte, por exceção e nunca como regra geral, funcione como intérprete do sentimento social. Em suma: o voto, embora imprescindível, não é a fonte exclusiva da democracia e, em certos casos, pode não ser suficiente para concretizá-la".

Essa noção de democracia contemporânea será extremamente importante para se justificar, segundo proposta de Barroso, os papéis das Supremas Cortes e dos Tribunais Constitucionais nas democracias contemporâneas (cf. o assunto no *item 1.6*).

■ 17.2. SOBERANIA POPULAR, NACIONALIDADE, CIDADANIA, SUFRÁGIO, VOTO E ESCRUTÍNIO

Vejamos alguns conceitos básicos antes de analisar a teoria dos direitos políticos:

■ **Soberania popular**, de acordo com Uadi Lammêgo Bulos, "... é a qualidade máxima do poder extraída da soma dos atributos de cada membro da sociedade estatal, encarregado de escolher os seus representantes no governo por meio do sufrágio universal e do voto direto, secreto e igualitário".[11]

■ **Nacionalidade**, como vimos, é o vínculo jurídico-político que liga um indivíduo a determinado Estado, fazendo com que esse indivíduo passe a integrar o povo desse Estado e, por consequência, desfrute de direitos e submeta-se a obrigações.

■ **Cidadania** tem por pressuposto a nacionalidade (que é mais ampla que a cidadania), caracterizando-se como a **titularidade** de direitos políticos de votar e ser votado.[12] O cidadão, portanto, nada mais é que o nacional que goza de direitos políticos.

■ **Sufrágio** é o direito de votar e ser votado.

---

[10] Em relação ao assunto, confira no *item 1.6.4* a identificação dos papéis das Cortes e, nesse ponto, em especial, o **papel representativo**, também a partir das lições de Luís Roberto Barroso.

[11] *Constituição Federal anotada*, p. 423.

[12] "*Cidadania* ... qualifica os participantes da vida do Estado, é atributo das pessoas integradas na sociedade estatal, atributo político decorrente do direito de participar no governo e direito de ser ouvido pela representação política ... Nacionalidade é conceito mais amplo do que cidadania, e é pressuposto desta, uma vez que só o titular da nacionalidade brasileira pode ser cidadão" (José Afonso da Silva, *Curso de direito constitucional positivo*, p. 305).

■ **Voto** é o ato por meio do qual se exercita o sufrágio, ou seja, o direito de votar e ser votado.

■ **Escrutínio** é o modo, a maneira, a forma pela qual se exercita o voto (público ou secreto).

■ 17.3. DIREITO POLÍTICO POSITIVO (DIREITO DE SUFRÁGIO)

Como núcleo dos direitos políticos tem-se o direito de sufrágio, que se caracteriza tanto pela **capacidade eleitoral ativa** (direito de votar, capacidade de ser eleitor, alistabilidade) como pela **capacidade eleitoral passiva** (direito de ser votado, elegibilidade).

■ 17.3.1. Capacidade eleitoral ativa

O exercício do sufrágio ativo dá-se pelo **voto**, que pressupõe: *a*) alistamento eleitoral na forma da lei (título eleitoral); *b*) nacionalidade brasileira (não podem alistar-se como eleitores os estrangeiros — art. 14, § 2.º); *c*) idade mínima de 16 anos (art. 14, § 1.º, II, "c"); e *d*) não ser conscrito[13] durante o serviço militar obrigatório.

Em relação ao **título de eleitor**, a Lei n. 12.034/2009 introduziu o art. 91-A à Lei n. 9.504/97 estabelecendo que no momento da votação, além da exibição do respectivo título, o eleitor deveria apresentar documento de identificação com fotografia.

A matéria foi questionada no STF por meio da **ADI 4.467** e, às vésperas das eleições de 2010, a Corte, por maioria, entendeu que a necessidade de *dupla identificação* violaria os princípios da proporcionalidade e razoabilidade.

Bastaria a apresentação de documento oficial com foto para o exercício da *capacidade eleitoral ativa*, não sendo o título documento de apresentação obrigatória.

No mérito, a ação foi julgada procedente, confirmando a medida cautelar para "atribuir interpretação conforme à Constituição aos arts. 91-A da Lei n. 9.504/1997 e 47, § 1.º, da Res.-TSE n. 23.218/2010, no sentido de que a ausência do título de eleitor no momento da votação não constitui, por si só, óbice ao exercício do sufrágio" (ADI 4.467, Rel. Min. Rosa Weber, j. 19.10.2020, *DJE* de 29.10.2020).

Esse entendimento foi tomado **mesmo diante da nova regra da biometria**, pois situações podem ainda exigir a identificação por documento com foto, como a inexistência de eleitor cadastrado (a meta da Justiça Eleitoral para a biometria é 2022); inviabilidade técnica do sistema no momento da votação ou impossibilidade de leitura das informações datiloscópicas do eleitor (impressão digital); excepcionalidade das eleições, como no caso das eleições municipais de 2020 em razão da pandemia da Covid-19.

---

[13] Conscritos são os convocados, ou melhor, os recrutados, para o serviço militar obrigatório. No caso de se engajarem no serviço militar permanente não são conscritos, e, em decorrência, José Afonso da Silva observa que "... soldados engajados, cabos, sargentos, suboficiais e oficiais das Forças Armadas e Polícias Militares são obrigados a se alistarem como eleitores" (*Curso de direito constitucional positivo*, p. 306).

Assim, o alistamento eleitoral e o voto são, de acordo com o art. 14, § 1.º, I e II, "a", "b" e "c":

OBRIGATÓRIOS	■ maiores de 18 e menores de 70 anos de idade.
FACULTATIVOS	■ maiores de 16 e menores de 18 anos de idade; ■ analfabetos; ■ maiores de 70 anos de idade.

O voto é direto, secreto, universal, periódico, livre, personalíssimo e com valor igual para todos:

- **direto**, no sentido de que o cidadão vota diretamente no candidato, sem intermediário. Excepcionalmente, porém, existe uma única hipótese de **eleição indireta** no Brasil, já estudada no capítulo sobre o Poder Executivo (art. 81, § 1.º), qual seja, quando vagarem os cargos de Presidente e Vice-Presidente da República nos últimos 2 anos do mandato. Nessa situação excepcional, a eleição para ambos os cargos será feita pelo **Congresso Nacional**, na forma da lei;
- **secreto**, na medida em que não se dá publicidade da opção do eleitor, mantendo-a em sigilo absoluto;

Nesse contexto, discutiu-se se essa regra explícita do **voto secreto** (prevista no art. 14, *caput*) estender-se-ia, também, para a votação no **Parlamento**.

De maneira interessante, decidiu o STF que as deliberações parlamentares devem pautar-se pelo **princípio da publicidade**, a traduzir dogma do **regime constitucional democrático**. "(...) A cláusula tutelar inscrita no art. 14, *caput*, da Constituição tem por destinatário específico e exclusivo o **eleitor comum**, no exercício das prerrogativas inerentes ao ***status activae civitatis***. Essa norma de garantia não se aplica, contudo, ao membro do Poder Legislativo nos procedimentos de votação **parlamentar**, em cujo âmbito prevalece, como regra, o **postulado da deliberação ostensiva ou aberta**. (...) A votação pública e ostensiva nas Casas Legislativas constitui um dos instrumentos mais significativos de **controle** do poder estatal pela sociedade civil" (ADI 1.057-MC, Rel. Min. Celso de Mello, j. 20.04.94, *DJ* de 06.04.2001).

Nesse contexto, destacamos a **EC n. 76/2013**, que **aboliu** a **votação secreta** nos casos de perda do mandato de Deputado ou Senador (art. 55, § 2.º) e de apreciação do veto (art. 66, § 4.º). Muitas outras situações, contudo, continuam com o voto secreto (cf. *item 9.5*), o que, em nosso entender, viola o dever de prestação de contas dos representantes do povo **(princípio da publicidade)**.

- **universal**, visto que o seu exercício **não está ligado a nenhuma condição discriminatória**, como aquelas de ordem econômica (ter ou não certa renda), intelectual (ser ou não alfabetizado), as concernentes a nome, família, sexo, cor, religião. O voto no Brasil, portanto, **não** é restrito, por não ser censitário (qualificação econômica) nem capacitário (capacitações especiais, notadamente de natureza intelectual);

- **periódico**, já que a democracia representativa prevê e exige mandatos por prazo determinado;
- **livre**, pois o eleitor pode escolher o seu candidato, ou, se preferir, anular o voto ou depositar a cédula em branco na urna. A obrigatoriedade está em comparecer às urnas, depositar a cédula ou, quando admitido, votar na urna eletrônica e assinar a folha de votação;
- **personalíssimo**, pois é vetada a votação por procurador. O voto é exercido pessoalmente pelo cidadão, identificado pelo título eleitoral. Buscando reforçar essa garantia de ser o voto personalíssimo, implantou-se no Brasil um procedimento de **recadastramento biométrico**, sob o fundamento de revisões do eleitorado, com vistas à atualização do cadastro eleitoral (cf. Resolução-TSE n. 23.335/2011);
- **com valor igual para todos**, decorrente do princípio *one man one vote* — "um homem um voto", o voto deve ter valor igual para todos, independentemente da cor, sexo, situação econômica, social, intelectual etc. (voto igualitário).

Uma questão importante deve ser acompanhada. A Lei n. 13.165/2015 **(Reforma Eleitoral)** introduziu o art. 59-A na Lei n. 9.504/97 (Lei das Eleições), nos seguintes termos: "no processo de votação eletrônica, a urna imprimirá o registro de cada voto, que será depositado, de forma automática e sem contato manual do eleitor, em local previamente lacrado. Parágrafo único. O processo de votação não será concluído até que o eleitor confirme a correspondência entre o teor de seu voto e o **registro impresso** e exibido pela urna eletrônica".

O art. 12 da *Reforma Eleitoral*, por sua vez, determinou a implantação desse processo de votação eletrônica com **impressão do registro do voto** (art. 59-A da Lei n. 9.504/97), até a primeira eleição geral subsequente.

Esses dispositivos foram **vetados** pela então Presidente Dilma Rousseff, alegando o alto impacto financeiro (cerca de um bilhão e oitocentos milhões de reais!), sem a sua estimativa, nem a comprovação da adequação orçamentária (*Mensagem n. 358/2015*).

O Parlamento, por sua vez, **derrubou o veto**, e, assim, essas regras (voto eletrônico, registrado em papel, com a formal confirmação do eleitor) passaram a ser realidade.

Contudo, o STF, em 06.06.2018, por 8 x 2, deferiu a medida cautelar, com efeitos *ex tunc*, para **suspender a eficácia** do art. 59-A da Lei n. 9.504/97, incluído pelo art. 2.º da Lei n. 13.165/2015, tendo havido a sua confirmação no julgamento final de mérito (**ADI 5.889**, Pleno, j. 16.09.2020, *DJE* de 05.10.2020).

Além do risco de identificação do eleitor com a possível quebra do sigilo do voto e, por consequência, da liberdade de voto, o Relator destacou o sucesso do uso de urnas eletrônicas, além da "ausência de indícios de fraude generalizada ou de mau funcionamento do sistema a justificar a implantação do voto impresso".

Finalmente, lembramos que o constituinte originário, elevando à categoria de **cláusulas pétreas**, inadmitiu qualquer proposta de emenda à Constituição tendente a abolir o **voto direto, secreto, universal** e **periódico** (art. 60, § 4.º, II). Muito embora haja previsão constitucional do voto obrigatório nas hipóteses previstas na Constituição, **a obrigatoriedade do voto não é cláusula pétrea**, podendo ser aprovada emenda constitucional tornando-o facultativo. Conforme visto, a cláusula pétrea é o voto direto, secreto, universal e periódico e não o voto obrigatório.

■ 17.3.2. Capacidade eleitoral passiva

A capacidade eleitoral passiva nada mais é que a possibilidade de eleger-se, concorrendo a um mandato eletivo. O direito de ser votado, no entanto, só se torna absoluto se o eventual candidato preencher todas as **condições de elegibilidade** para o cargo ao qual se candidata e, ainda, não incidir em nenhum dos impedimentos constitucionalmente previstos, quais sejam, os **direitos políticos negativos**, que veremos mais adiante.

■ *17.3.2.1. Condições de elegibilidade*

O art. 14, § 3.º, estabelece como condições de elegibilidade, na forma da lei:

- nacionalidade brasileira;
- pleno exercício dos direitos políticos;
- alistamento eleitoral;
- domicílio eleitoral na circunscrição;
- filiação partidária;[14]
- idade mínima de acordo com o cargo ao qual se candidata.

No tocante ao requisito da idade,[15] essa condição de elegibilidade inicia-se aos 18 anos, terminando aos 35 anos, como se observa pelas regras abaixo transcritas:

- **18 anos** para Vereador;
- **21 anos** para Deputado Federal, Deputado Estadual ou Distrital, Prefeito, Vice-Prefeito e Juiz de paz;
- **30 anos** para Governador e Vice-Governador de Estado e do Distrito Federal;
- **35 anos** para Presidente, Vice-Presidente da República e Senador.

■ 17.4. DIREITOS POLÍTICOS NEGATIVOS

Ao contrário dos direitos políticos positivos, os direitos políticos negativos individualizam-se ao definirem formulações constitucionais restritivas e impeditivas das atividades político-partidárias, privando o cidadão do exercício de seus direitos polí-

[14] O STF irá decidir sobre a possibilidade de **candidaturas avulsas** para pleitos **majoritários**, apreciando a eventual viabilidade de registro de candidatura desvinculada de filiação partidária (cf. ARE 1.054.490, tema 974 da repercussão geral — matéria pendente).

[15] De acordo com o art. 11, § 2.º, da Lei n. 9.504/97 (na redação dada pela Lei n. 13.165/2015 — "**Reforma Eleitoral**"), a idade mínima constitucionalmente estabelecida como condição de elegibilidade é, em regra, verificada tendo por referência a **data da posse**, salvo quando fixada em 18 anos (no caso, para *Vereadores* — art. 14, § 3.º, VI, "d", da CF/88), hipótese em que será aferida na data-limite para o pedido de registro.

ticos, bem como impedindo-o de eleger um candidato (capacidade eleitoral ativa) ou de ser eleito (capacidade eleitoral passiva). Comecemos pelas **inelegibilidades** para depois analisarmos as situações em que os **direitos políticos ficam suspensos ou são perdidos** (privação dos direitos políticos).

■ 17.4.1. Inelegibilidades

As inelegibilidades são as circunstâncias (constitucionais ou previstas em lei complementar) que impedem o cidadão do exercício total ou parcial da capacidade eleitoral passiva, ou seja, da capacidade de eleger-se.

Restringem, portanto, a elegibilidade do cidadão,[16] visando proteger a probidade administrativa, a moralidade para o exercício do mandato, considerada a vida pregressa do candidato e a normalidade e legitimidade das eleições contra a influência do poder econômico ou o abuso do exercício de função, cargo ou emprego na administração direta ou indireta (art. 14, § 9.º).

As inelegibilidades estão previstas tanto na **CF** (art. 14, §§ 4.º a 8.º), normas essas que independem de regulamentação infraconstitucional, já que de eficácia plena e aplicabilidade imediata, como em **lei complementar**, que poderá estabelecer outros casos de inelegibilidade e os prazos de sua cessação,[17] dividindo-se em dois grandes grupos:

- **absolutas:** impedimento eleitoral para qualquer cargo eletivo, taxativamente previstas na CF/88;
- **relativas:** impedimento eleitoral para algum cargo eletivo ou mandato, em função de situações em que se encontre o cidadão candidato, previstas na CF/88 — art. 14, §§ 5.º a 8.º — ou em lei complementar — art. 14, § 9.º.

■ *17.4.1.1. Inelegibilidades absolutas*

De acordo com o art. 14, § 4.º, são **absolutamente inelegíveis**, ou seja, não podem exercer a capacidade eleitoral passiva, em relação a qualquer cargo eletivo, o:

- **inalistável** (quem não pode ser eleitor não pode eleger-se). Os **estrangeiros**[18] e, durante o serviço militar obrigatório, os **conscritos** não podem alistar-se como eleitores. Portanto, são considerados **inalistáveis**. Lembramos que o alistamento eleitoral é indiscutível condição de elegibilidade;

---

[16] Não confundir **inelegibilidade** com **inalistabilidade** ou **incompatibilidade**. Vejamos: *a*) inelegibilidade → obsta a elegibilidade; *b*) inalistabilidade → impede o exercício da capacidade eleitoral ativa (direito de ser eleitor); *c*) incompatibilidade → já eleito, impede-se o exercício do mandato.

[17] *Vide* **LC n. 64/90**, alterada pela LC n. 81/94, bem como pela LC n. 135/2010 ("Lei da Ficha Limpa").

[18] Na lapidar lição de José Afonso da Silva, "os estrangeiros não adquirem *direitos políticos*, só atribuídos a brasileiros natos e naturalizados. Portanto, não são alistáveis eleitores nem, por consequência, podem votar ou ser votados (art. 14, § 2.º). Por isso também é que não podem ser membros de partidos políticos, que é uma prerrogativa da cidadania" (*Curso de direito constitucional positivo*, 17. ed., p. 340-341).

- **analfabeto** (o analfabeto tem direito à alistabilidade e, portanto, direito de votar, mas não pode ser eleito, pois não possui capacidade eleitoral passiva).

17.4.1.2. *Inelegibilidades relativas*

O relativamente inelegível, em razão de algumas situações, não pode eleger-se para determinados cargos, podendo, porém, candidatar-se e eleger-se para outros, sob os quais não recaia a inelegibilidade. A inelegibilidade nesses casos dá-se, conforme as regras constitucionais, em decorrência da **função** exercida, de **parentesco**, ou **se o candidato for militar**, bem como em virtude das situações previstas em **lei complementar** (art. 14, § 9.º).

17.4.1.2.1. *Inelegibilidade relativa em razão da função exercida (por motivos funcionais)*

17.4.1.2.1.1. *Inelegibilidade relativa em razão da função exercida para um terceiro mandato sucessivo*

O Presidente da República, os Governadores de Estado e do Distrito Federal, os Prefeitos e quem os houver sucedido ou substituído no curso dos mandatos **não** poderão ser reeleitos para um **terceiro mandato sucessivo**.

A regra trazida pela EC n. 16/97, alterando a redação do **art. 14, § 5.º**, permite a **reeleição** dos Chefes dos Executivos Federal, Estadual, Distrital e Municipal (Presidente da República, Governadores de Estado, Governador do Distrito Federal e Prefeitos) e quem os houver sucedido ou substituído no curso dos mandatos, para **um único período subsequente**. Isso nos permite concluir que a inelegibilidade surge somente para um terceiro mandato, **subsequente** e **sucessivo**.

Nada impediria, pela regra atual, que o ex-Presidente da República Fernando Henrique Cardoso, reeleito para um segundo mandato (1999-2002), já que permitida a reeleição para um único período subsequente, após intervalo de uma legislatura (o mandato do Presidente Luiz Inácio Lula da Silva — 2003-2006), se candidatasse e se reelegesse para um terceiro mandato (2007-2010), porém, como visto, não sucessivo (como todos sabem, o Presidente Luiz Inácio Lula da Silva foi reeleito para um novo mandato subsequente).

Por fim, ressaltamos decisão do TSE, em resposta à **Consulta n. 689/2000**, indagando se os vices podem ser candidatos à sucessão do titular reeleito, uma vez que este não pode mais ser candidato a um terceiro mandato sucessivo. A resposta a essa consulta gerou a **Res. n. 20.889/01/TSE** (*DJ* 1, de 14.12.2001, p. 205), pela qual fica estabelecido que o vice, tendo ou não sido reeleito, se sucedeu o titular, poderá candidatar-se à reeleição por um período subsequente. No entanto, para candidatar-se a cargo diverso, deverá observar as regras do art. 1.º, § 2.º, da LC n. 64/90. Do ponto de vista político, para se ter um exemplo, essa decisão beneficiou o então Governador do Estado de São Paulo, Geraldo Alckmin, mesmo já tendo, no primeiro mandato, substituído Mário Covas, assumindo como governador interino e, no segundo, como Governador, após a morte de Covas.

Esse entendimento foi mantido pelo STF no julgamento da **RE 366.488**, Rel. Carlos Velloso (04.10.2005), nos seguintes termos: "EMENTA: CONSTITUCIONAL. ELEITORAL. VICE-GOVERNADOR ELEITO DUAS VEZES CONSECUTIVAS: EXERCÍCIO DO CARGO DE GOVERNADOR POR SUCESSÃO DO TITULAR: REELEIÇÃO: POSSIBILIDADE. CF, art. 14, § 5.º. I. Vice-governador eleito duas vezes para o cargo de vice-governador. No segundo mandato de vice, sucedeu o titular. Certo que, no seu primeiro mandato de vice, teria substituído o governador. Possibilidade de reeleger-se ao cargo de governador, porque o exercício da titularidade do cargo dá-se mediante eleição ou por sucessão. **Somente quando sucedeu o titular é que passou a exercer o seu primeiro mandato como titular do cargo.** II. Inteligência do disposto no § 5.º do art. 14 da Constituição Federal. III. RE conhecido e improvido".

■ 17.4.1.2.1.2. *A figura do denominado "prefeito itinerante" ou "prefeito profissional"*

O denominado **"prefeito itinerante"** ou **"prefeito profissional"** é aquele que, reeleito em um mesmo Município, na medida em que inelegível para o terceiro mandato consecutivo, transfere o seu domicílio eleitoral para município diverso buscando afastar a inelegibilidade estabelecida no art. 14, § 5.º, da CF/88.

Durante muito tempo, o **TSE** admitiu essa situação, com algumas ressalvas (municípios com territórios limítrofes, a pressupor microrregião eleitoral única ou resultantes de desmembramento, incorporação ou fusão), mas, no julgamento do *Recurso Especial Eleitoral n. 32.507*, em 17.12.2008, a Corte Eleitoral **mudou o seu entendimento**, passando a não mais aceitar essa situação, mesmo se observados os prazos de desincompatibilização, domicílio eleitoral, filiação partidária etc. Vejamos:

> "EMENTA: RECURSO ESPECIAL. ELEIÇÕES 2008. REGISTRO CANDIDATURA. PREFEITO. CANDIDATO À REELEIÇÃO. TRANSFERÊNCIA DE DOMICÍLIO PARA OUTRO MUNICÍPIO. **FRAUDE CONFIGURADA**. VIOLAÇÃO DO DISPOSTO NO § 5.º DO ART. 14 DA CB. IMPROVIMENTO. 1. Fraude consumada mediante o desvirtuamento da faculdade de transferir-se domicílio eleitoral de um para outro Município, de modo a ilidir-se a incidência do preceito legal disposto no § 5.º do art. 14 da CB. 2. Evidente **desvio da finalidade do direito à fixação do domicílio eleitoral**. 3. Recurso a que se nega provimento" (**RESPE 32.507**, Rel. Min. Eros Grau, j. 17.12.2008).

O tema chegou a ser discutido pelo STF no julgamento do **RE 637.485**, que, em 1.º.08.2012, manteve o novo entendimento firmado no TSE, não admitindo o terceiro mandato consecutivo, **mesmo na hipótese de municípios distintos**.

O Min. Gilmar Mendes, Relator, "assentou, sob o regime de repercussão geral, que: a) o art. 14, § 5.º, da CF interpretar-se-ia no sentido de que a **proibição da segunda reeleição seria absoluta e tornaria inelegível para determinado cargo de Chefe do Poder Executivo o cidadão que já cumprira 2 mandatos consecutivos (reeleito uma única vez) em cargo da mesma natureza, ainda que em ente da federação diverso**; e b) as decisões do TSE que acarretassem **mudança de jurispru-**

dência no curso do pleito eleitoral ou logo após o seu encerramento **não se aplicariam imediatamente ao caso concreto** e somente teriam eficácia sobre outras situações em pleito eleitoral posterior".

Assim, a proibição de reeleições sucessivas ao cargo de Prefeito encontrava fundamento no **princípio republicano**, em respeito à **temporariedade** e à **alternância no exercício do poder**. Contudo, ficou clara a possibilidade de, observada a regra da desincompatibilização 6 meses antes de novo pleito, esse Prefeito, reeleito, sair candidato a **outros** cargos, no caso os de Presidente da República, Governador de Estado, Governador do DF, Deputado federal ou estadual, Vereador, mas não, como se viu, ao de Prefeito, mesmo que para município diverso.

Reconhecendo tratar-se de **substancial alteração da jurisprudência do TSE** (o que o Min. Gilmar Mendes denominou "viragem jurisprudencial"), o STF resolveu **modular** os efeitos da decisão, no sentido da técnica da aplicabilidade prospectiva das decisões, tendo em vista os **princípios da segurança jurídica**, da **anterioridade eleitoral** (art. 16, CF/88) e da **confiança**, "a fim de proteger a estabilização das expectativas de todos aqueles que, de alguma forma, participassem dos prélios eleitorais" (*Inf. 673/STF*).

Conforme decidiu o STF, a **proibição da figura do "prefeito itinerante"** passa a ser o **novo entendimento**, aplicável, no entanto, a partir de 2012.

■ 17.4.1.2.1.3. *Inelegibilidade relativa em razão da função para concorrer a outros cargos*

O art. 14, § 6.º, estabelece que, para concorrer a outros cargos, o Presidente da República, os Governadores de Estado e do Distrito Federal e os Prefeitos devem renunciar aos respectivos mandatos até **6 meses** antes do pleito.

Trata-se do instrumento da **desincompatibilização**, através do qual o candidato (cidadão) se desvencilha de alguma circunstância que o impede de exercer a sua capacidade eleitoral passiva, ou seja, de eleger-se para determinado cargo.

Resta saber se a expressão "outros cargos" se aplica somente a cargos diversos (diferentes, "outros"), ou se engloba, também, a reeleição para o mesmo cargo, por exemplo, a reeleição do Presidente da República. Teria ele de renunciar 6 meses antes do pleito para concorrer ao mesmo cargo?

Entendemos que sim, pela própria natureza e finalidades das inelegibilidades, quais sejam, a proteção da probidade administrativa, a moralidade para o exercício do mandato, contra a influência do poder econômico ou o abuso do exercício de função, cargo ou emprego na administração (art. 14, § 9.º).[19]

CUIDADO: esse não é o entendimento do STF, que se manifestou no sentido de que a **desincompatibilização** deve dar-se somente para a candidatura a **outros cargos, diversos, diferentes. Para a reeleição, os Chefes do Executivo não precisam, portanto, renunciar 6 meses antes do pleito.**[20]

[19] Este também é o posicionamento de Luiz Alberto David Araujo e Vidal Serrano Nunes Júnior (*Curso de direito constitucional*, p. 163).

[20] Sendo o STF o guardião da Constituição, este deve ser o posicionamento a ser adotado em provas

Finalmente, em relação aos vices, a mencionada regra da desincompatibilização não incide, na medida em que não são mencionados no art. 14, § 6.º, a não ser que tenham, nos 6 meses anteriores ao pleito, sucedido ou substituído os titulares.

■ *17.4.1.2.2. Inelegibilidade relativa em razão do parentesco*

A ideia da **inelegibilidade relativa em razão do parentesco**, conforme anotou o STF, deve ser interpretada "... de maneira a dar eficácia e efetividade aos postulados **republicanos** e **democráticos** da Constituição, **evitando-se a perpetuidade ou alongada presença de familiares no poder**" (RE 543.117-AgR, Rel. Min. Eros Grau, j. 24.06.2008, *DJE* de 22.08.2008).

Como regra, então, de acordo com o art. 14, § 7.º, são **inelegíveis**, no **território da circunscrição do titular**, o cônjuge e os parentes consanguíneos ou afins, até o segundo grau ou por adoção, do:

- Presidente da República;
- Governador de Estado, Território ou Distrito Federal;
- Prefeito;
- ou quem os haja substituído dentro dos 6 meses anteriores ao pleito, salvo se já titular de mandato eletivo e candidato à reeleição.

O STF, em 07.04.2003, por maioria de votos, ficando vencido o Ministro Moreira Alves, estabeleceu: "cônjuge e parentes do chefe do Poder Executivo: elegibilidade para candidatar-se à sucessão dele, quando o titular, causador da inelegibilidade, pudesse, ele mesmo, candidatar-se à reeleição, mas se tenha afastado do cargo até seis meses antes do pleito" (**RE 344.882**, Rel. Min. Sepúlveda Pertence, Plenário, *DJ* de 06.08.2004).

Nesse sentido, a **S. 6/TSE**, atualizada: "são inelegíveis para o cargo de Chefe do Executivo o cônjuge e os parentes indicados no § 7.º do art. 14 da CF, do titular do mandato, salvo se este, reelegível, tenha falecido, renunciado ou se afastado definitivamente do cargo até 6 meses antes do pleito" (*DJE* de 24.06.2016).

Ainda, nos termos da **SV 18/2009**, pacificou o STF que "a dissolução da sociedade ou do vínculo conjugal, no curso do mandato, não afasta a inelegibilidade prevista no § 7.º do artigo 14 da Constituição Federal". Buscava-se, acima de tudo, evitar a possibilidade de se fraudar ou burlar a regra constitucional da inelegibilidade, em razão de separações, por vezes, fictícias.

Os precedentes que deram origem à súmula vinculante tratavam apenas de separações de fato, mas **não** em virtude do evento **morte**, situação não analisada pela Corte quando de sua edição.

Em momento seguinte, a amplitude da SV 18/STF veio a ser explicitada pelo STF. Inicialmente, a 2.ª Turma, no julgamento do **AC 3.298-AgR** (Rel. Min. Teori Zavascki, j. 24.04.2013), afastou a sua aplicação diante das particularidades do caso.

---

objetivas. Nas provas subjetivas, o candidato poderá expor os dois pontos de vista, justificar e posicionar-se adotando um. Cf. a posição do STF na **ADI 1.805-MC/DF, Rel. Min. Néri da Silveira, 26.03.1998**, *Inf. 104/STF*, Brasília, 23 a 27.03.1998.

Na situação concreta, o Prefeito do **Município de Pombal/PB** havia falecido há mais de 1 ano antes do término de seu mandato, tendo sido sucedido pelo Vice. Na eleição subsequente, de 2008, a ex-cônjuge do Prefeito falecido foi eleita Chefe do Executivo do mesmo município. No curso do primeiro mandato, a viúva constituiu novo núcleo familiar, com novo casamento civil e religioso e com filhos dessa nova união. No pleito seguinte, candidatou-se e foi eleita em 2012. Em consulta respondida no mesmo ano, o TSE entendeu que não haveria violação ao art. 14, § 7.º. Contudo, em razão de impugnação da candidatura pela coligação adversária, a Justiça Eleitoral decidiu pela inelegibilidade. Contra essa decisão do TSE foi interposto recurso extraordinário e, também, medida cautelar diretamente no STF para se dar o efeito suspensivo (requerendo o afastamento excepcional das Súmulas 634 e 635/STF). Em janeiro de 2013, o Min. Lewandowski, no exercício da presidência, determinou a manutenção da prefeita eleita no cargo. Contra essa decisão foi interposto o agravo regimental. No referido julgamento, cautelarmente, a 2.ª T. do STF confirmou a manutenção da prefeita no cargo por vislumbrar o afastamento da SV 18.

Posteriormente, essa tese vencedora proferida na medida cautelar veio a ser **ratificada** pelo **Plenário** do STF quando do julgamento do referido recurso extraordinário interposto contra acórdão do TSE que havia indeferido o registro da candidatura. Segundo estabeleceu a Corte, "o que orientou a edição da Súmula Vinculante 18 e os recentes precedentes do STF foi a preocupação de inibir que a **dissolução fraudulenta** ou **simulada** de **sociedade conjugal** seja utilizada como mecanismo de burla à norma da inelegibilidade reflexa prevista no § 7.º do art. 14 da Constituição. Portanto, **não atrai a aplicação do entendimento constante da referida súmula a extinção do vínculo conjugal pela morte de um dos cônjuges**" (**RE 758.461**, Rel. Min. Teori Zavascki, j. 22.05.2014, Plenário, *DJE* de 30.10.2014 — *tema 678* da repercussão geral/STF).

■ *17.4.1.2.3. Militares*

Prevê expressamente o art. 14, § 8.º, que o militar **alistável** é **elegível**. Para tanto, deverá atender às seguintes condições:

- **menos de 10 anos de serviço:** deverá afastar-se da atividade;
- **mais de 10 anos de serviço:** será agregado pela autoridade superior e, se eleito, passará automaticamente, no ato da diplomação, para a **inatividade**.

Esses dispositivos foram interpretados pelo STF no julgamento do **RE 279.469**.

No caso concreto, determinado militar, com **menos de 10 anos de serviço**, portanto, enquadrado na hipótese do **art. 14, § 8.º, I**, após ter o seu registro de candidatura deferido, foi **demitido** pelo governador do Estado do Rio Grande do Sul.

Contra referido ato coator, o militar impetrou mandado de segurança e o TJ/RS **anulou** a demissão *ex officio*.

O Estado do Rio Grande do Sul, por sua vez, interpôs recurso extraordinário e o STF, ao final, por maioria de votos, **deu provimento ao recurso, restabelecendo a demissão do militar**.

Para o STF, os militares devem ser diferenciados de acordo com o tempo de serviço.

Na hipótese de contar com **menos de 10 anos de serviço**, embora o texto diga apenas que o militar deverá **afastar-se**, esse afastamento deve ser entendido como **definitivo**.

Assim, ao se candidatar a cargo eletivo, o militar com menos de 10 anos será **excluído do serviço ativo** mediante **demissão** ou **licenciamento *ex officio*** e o consequente **desligamento da organização** a que estiver vinculado.

No entanto, se o militar contar com **mais de 10 anos de serviço** (art. 14, § 8.º, II), será **agregado** (afastado temporariamente) pela autoridade superior e, se **eleito**, passará automaticamente, no ato da diplomação, para a **inatividade**.

Nesse sentido, pedimos vênia para transcrever a ementa do referido acórdão:

> "EMENTA: SERVIDOR PÚBLICO. Militar alistável. Elegibilidade. Policial da Brigada Militar do Rio Grande do Sul, com **menos de 10 (dez) anos de serviço**. Candidatura a mandato eletivo. **Demissão oficial por conveniência do serviço**. Necessidade de **afastamento definitivo**, ou **exclusão do serviço ativo**. Pretensão de reintegração no posto de que foi exonerado. Inadmissibilidade. Situação diversa daquela ostentada por militar com mais de 10 (dez) anos de efetivo exercício. Mandado de segurança indeferido. Recurso extraordinário provido para esse fim. Interpretação das disposições do art. 14, § 8.º, I e II, da CF. Voto vencido. **Diversamente do que sucede ao militar com mais de dez anos de serviço, deve afastar-se definitivamente da atividade, o servidor militar que, contando menos de dez anos de serviço, pretenda candidatar-se a cargo eletivo**" (**RE 279.469**, Rel. p/ o ac. Min. Cezar Peluso, j. 16.03.2011, Plenário, *DJE* de 20.06.2011).

■ *17.4.1.2.4. Inelegibilidades previstas em lei complementar*

De acordo com o art. 14, § 9.º, da CF/88, **lei complementar** estabelecerá **outros casos de inelegibilidade** e os **prazos de sua cessação**, a fim de que sejam protegidos os preceitos da:

- probidade administrativa;
- moralidade para o exercício de mandato, considerada a vida pregressa do candidato;
- normalidade e legitimidade das eleições contra a influência do poder econômico ou o abuso do exercício de função, cargo ou emprego na administração direta ou indireta.

Assim, segundo regra explícita na Constituição, o instrumento para o estabelecimento de outros casos de inelegibilidade só poderá ser a **lei complementar**, no caso a **LC n. 64/90**, sob pena de incorrermos em inconstitucionalidade (formal).

Outrossim, na medida em que se trata de **restrições a direitos fundamentais**, somente novas **inelegibilidades relativas** poderão ser definidas, já que as **absolutas** só se justificam quando previstas pela CF e, em nosso entender, pelo poder constituinte originário, sob pena de se ferirem direitos e garantias individuais (art. 60, § 4.º, IV).

Podemos distinguir, portanto, do ponto de vista formal, o procedimento para a disciplina dos **requisitos de elegibilidade** e, em outro sentido, as situações de **inelegibilidade**, o que bem anota o STF:

> "O domicílio eleitoral na circunscrição e a filiação partidária, constituindo condições de elegibilidade (CF, art. 14, § 3.º), revelam-se passíveis de válida disciplinação mediante simples **lei ordinária**. Os requisitos de **elegibilidade** não se confundem, no plano jurídico-conceitual, com as hipóteses de **inelegibilidade**, cuja definição — além das situações já previstas diretamente pelo próprio texto constitucional (CF, art. 14, §§ 5.º a 8.º) — só pode derivar de norma inscrita em **lei complementar** (CF, art. 14, § 9.º)" (ADI 1.063-MC).

Dois importantes precedentes merecem menção, consagrando o entendimento de **dispensa** de lei complementar por **não** se tratar de hipótese de inelegibilidade:

- **Captação de sufrágio:** "Art. 41-A da Lei n. 9.504/97. Captação de sufrágio. As sanções de cassação do registro ou do diploma previstas pelo art. 41-A da Lei n. 9.504/97 **não constituem novas hipóteses de inelegibilidade**" (ADI 3.592);
- **Proibição de inauguração de obra três meses antes do pleito:** "(...) O preceito inscrito no art. 77 da Lei federal n. 9.504 visa a coibir abusos, conferindo igualdade de tratamento aos candidatos, sem afronta ao disposto no art. 14, § 9.º, da Constituição do Brasil. A alegação de que o artigo impugnado violaria o princípio da isonomia improcede..." (ADI 3.305).

Lembramos, ainda, em relação às inelegibilidades, as novidades introduzidas pela **LC n. 135/2010** ("Lei da Ficha Limpa"), consideradas **constitucionais** pelo STF no julgamento conjunto das **ADCs 29** e **30** e da **ADI 4.578**. É o que desenvolvemos a seguir.

17.4.2. Candidatos com "ficha suja": inelegibilidade?

Conforme acabamos de estudar, uma das hipóteses de **inelegibilidade relativa** decorre de **lei complementar** nos termos do § 9.º do art. 14, que pedimos, novamente, vênia para reproduzir:

> "Lei complementar estabelecerá outros casos de inelegibilidade e os prazos de sua cessação, a fim de proteger a **probidade administrativa**, a **moralidade** para o exercício do mandato, considerada a **vida pregressa do candidato**, e a normalidade e legitimidade das eleições contra a influência do poder econômico ou o abuso do exercício de função, cargo ou emprego na administração direta ou indireta".

Deve-se, pois, analisar o sentido da expressão **"vida pregressa do candidato"**.

Para tanto consultamos a **LC n. 64/90**, com regras importantes trazidas pela **LC n. 135, de 04.06.2010** ("Lei da Ficha Limpa"), que, prescrevendo importantes inovações e avanços, "representa um marco histórico no fortalecimento de nossas instituições democráticas, (...) erigindo um sólido **Estatuto da Moralidade do Processo Eleitoral**, na feliz expressão cunhada pelo eminente Ministro (...) Joaquim Barbosa" (Min. Fux, fls. 1 e 3 do voto proferido no RE 929.670).

Antes das modificações, para que se caracterizasse uma das hipóteses de inelegibilidade era necessário que houvesse sentença negativa **transitada em julgado**.

Ainda à luz da regra antiga, que exigia expressamente o trânsito em julgado, em 26.06.2008, a **AMB** — Associação dos Magistrados Brasileiros propôs a **ADPF 144** contra a interpretação do TSE, sustentando ser desnecessário o **trânsito em julgado** da ação para que se caracterizasse a inelegibilidade.

Segundo a AMB, a Justiça Eleitoral deveria reconhecer a inelegibilidade pelo simples fato de haver ação judicial proposta em face do candidato a demonstrar atitude ímproba e imoral.

Em 06.08.2008, no entanto, por 9 x 2 e depois de quase 8 horas de julgamento, o STF negou o pedido da AMB.

Ao entender que o art. 14, § 9.º, não é autoaplicável (Enunciado n. 13 da Súmula do TSE), reconheceu o STF que, necessariamente, será a lei complementar que disciplinará as hipóteses de inelegibilidade.

A simples "ficha suja", o mero apontamento e desenvolvimento de uma ação judicial, sem o trânsito em julgado, **não era suficiente**, portanto, para caracterizar a inelegibilidade.

CUIDADO: inovando, a referida **LC n. 135/2010** passou a definir, com mais precisão, o conceito de **vida pregressa do candidato**, dando maior "peso" a eventual "ficha suja".

Dentre as novidades, podemos citar a hipótese de inelegibilidade não somente no caso de decisão transitada em julgado por crime praticado, como, também, em razão de decisão proferida, na hipótese dos crimes elencados, por **órgão judicial colegiado**, mesmo que ainda **não tenha ocorrido o trânsito em julgado**.

A LC n. 135/2010, inovando, tornou **inelegível** aquele que for condenado, em decisão transitada em julgado ou **proferida por órgão colegiado da Justiça Eleitoral**, por corrupção eleitoral, por captação ilícita de sufrágio, por doação, captação ou gastos ilícitos de recursos de campanha ou por conduta vedada aos agentes públicos em campanhas eleitorais que impliquem cassação do registro ou do diploma.

A grande questão inicial era saber se as novidades deveriam ser aplicadas imediatamente, no caso, às eleições de 2010, alegando alguns candidatos violação ao **princípio da anualidade eleitoral**, ou seja, ao art. 16 da CF/88, ao estabelecer que a lei que altera o processo eleitoral entra em vigor na data de sua publicação, não se aplicando à eleição que ocorra em até 1 ano da data de sua vigência.

Em seguida, definido o momento de sua aplicação, a outra discussão envolvia a análise da **constitucionalidade ou não** da denominada **"Lei da Ficha Limpa"**.

A) Necessidade de se observar o art. 16 da CF/88

Em relação à primeira preocupação, chegamos a sustentar, em edições anteriores, que as hipóteses de inelegibilidade relativa ampliadas pela "Lei da Ficha Limpa" não se caracterizavam como processo eleitoral, mas, de fato, como **norma eleitoral material**, não influenciando o processo eleitoral, e, portanto, de aplicação imediata (nesse sentido, cf. CTA n. 112.026/DF — TSE, 10.06.2010).

Isso porque, na linha do que já havia decidido o STF, os seus preceitos (cf. ADI 3.345, Min. Celso de Mello, j. 25.08.2005):

- **não rompem a igualdade de participação dos partidos e candidatos;**
- **não afetam a normalidade das eleições;**
- **não perturbam o pleito;**
- **não ensejam alteração motivada por propósito casuístico.**

O TSE decidiu, também, que a LC n. 135/2010 se aplicava a situações anteriores, por não constituir pena (CTA n. 114.709/DF, j. 17.06.2010).

Em 25.08.2010, o TSE, no julgamento do RO 4.336-27, confirmou a **aplicação imediata** da nova regra e a possibilidade de retroagir, atingindo candidatos condenados por órgão colegiado antes de sua vigência.

CUIDADO: esse não foi o entendimento firmado pelo STF, que, conforme veremos, determinou a necessidade de se observar o art. 16 da CF/88.

Diante das decisões da Corte eleitoral no referido caso, a matéria foi parar no STF, que, em sua primeira análise, em razão de empate em 5 x 5, no julgamento do **RE 631.102**, em 27.10.2010, não resolveu a questão da regra do art. 16 (no momento do julgamento, o STF era integrado por 10 Ministros, tendo em vista a aposentadoria do Min. Eros Grau, que se implementou em 02.08.2010, aguardando-se a escolha de um novo Ministro).

A Corte, à época, não utilizou a previsão do chamado *voto de qualidade*, que seria a opção para o Ministro Presidente resolver a pendência. Ainda, como não se atingiu o *quorum* do art. 97 (maioria absoluta, ou seja, no mínimo 6 votos), aplicando-se analogicamente o art. 205, parágrafo único, II, do RI/STF, a lei continuou com a sua presunção de constitucionalidade, prevalecendo, então, a decisão do TSE.

Em 02.02.2011, a então Presidente da República Dilma Rousseff indicou o 11.º Ministro do STF, **Luiz Fux**, para ocupar a vaga decorrente da aposentadoria do Min. Eros Grau e, então, com 11 Ministros, a questão podia, finalmente, ser resolvida.

Deixamos a nossa crítica em razão da **demora** na nomeação, acarretando a realização das eleições de outubro/2010 sem a definição dessa questão extremamente importante.

Enfim, em **23.03.2011**, o STF determinou, por 6 x 5, agora no julgamento do **RE 633.703**, o **afastamento** da incidência da LC n. 135/2010 para as eleições já ocorridas em 2010 e as anteriores, bem como para os mandatos em curso, sob pena de se violar o art. 16 da CF/88, que, consagrando o princípio da **anterioridade eleitoral**, assegura o **devido processo legal eleitoral**.

Segundo a Corte, o art. 16 tem por escopo evitar mudanças no sistema eleitoral, garantindo a **igualdade de chances** no pleito eleitoral e, nesse sentido, a **proteção das minorias partidárias**.

A aplicação do art. 16, direito fundamental, caracteriza-se como verdadeira **cláusula pétrea**, não cabendo ao Judiciário, nesse contexto, analisar a moralidade da legislação. Trata-se, em essência, de **"barreira objetiva contra abusos e desvios da maioria"**.

Nas palavras do Min. Gilmar Mendes, o art. 16 estabelece verdadeira "garantia fundamental do cidadão-eleitor, do cidadão-candidato e dos partidos políticos (...) oponível, inclusive, em relação ao exercício do poder constituinte derivado". Dessa forma, na medida em que a LC n. 135/2010 interferiu "... em fase específica do processo eleitoral — fase pré-eleitoral —, a qual se iniciaria com a escolha e a apresentação de candidaturas pelos partidos políticos e encerrar-se-ia até o registro das candidaturas na Justiça Eleitoral", não poderia ser aplicada às eleições de 2010 (cf. *Inf. 620/STF* e **RE 633.703**, Rel. Min. Gilmar Mendes, j. 23.03.2011, Plenário, *DJE* de 17.11.2011).

Resolvida a primeira questão, isto é, a aplicação do art. 16, restava analisar a constitucionalidade material da **"Lei da Ficha Limpa"**.

B) Constitucionalidade material da "Lei da Ficha Limpa"

Em nosso entender, a **LC n. 135/2010** encontra total respaldo no art. 14, § 9.º, definindo o conceito de **"vida pregressa do candidato"** e, assim, opta por inadmitir aqueles que possam colocar em risco a probidade e a moralidade administrativa, em verdadeira consagração ao **princípio da precaução**, do **Estado Democrático de Direito** e da **República**, esta última enquadrada como princípio sensível da Constituição.

Nesse sentido, o STF, em 16.02.2012, por maioria, no julgamento conjunto das **ADCs 29** e **30** e da **ADI 4.578**, entendeu que a *Lei da Ficha Limpa* é **constitucional** e pode ser aplicada, inclusive, a atos e fatos ocorridos anteriormente à sua edição, tendo sido observada já nas eleições de 2012.

Dentre os vários aspectos do acórdão de **375 páginas** (e que vale a leitura!), podemos destacar o reconhecimento da observância das exigências de moralidade e probidade no tocante à vida pregressa, bem como a *interpretação conforme a Constituição* das alíneas "e" e "l" do inciso I do art. 1.º da LC n. 64/90, na redação dada pela LC n. 135/2010, para **admitir** a redução de tempo que transcorreu entre a condenação e o seu trânsito em julgado do prazo de 8 anos de inelegibilidades após o cumprimento da pena **(detração)**.

Devemos destacar que o julgamento do STF em relação ao art. 283 do CPP, no sentido de se exigir o **trânsito em julgado** para a execução de **acórdão penal condenatório proferido em grau recursal**, não altera a tese estabelecida para a Lei da Ficha Limpa (**ADCs 43, 44 e 54**, Pleno, 6 x 5, j. 07.11.2019, *DJE* de 12.11.2020 — cf. *item 14.10.28.6* deste nosso estudo).

C) A inelegibilidade prevista no art. 22, XIV, "d", da LC n. 64/90 não constitui sanção e, assim, a maior restrição trazida pela "Lei da Ficha Limpa" (LC n. 135/2010) pode ser aplicada a situações pretéritas, não caracterizando a inadmissível retroatividade máxima (cf. item 4.9). Trata-se de "retroatividade inautêntica" ou "retrospectividade"

No julgamento do **RE 929.670**, o STF analisou a situação concreta de vereador **condenado** por **abuso de poder econômico** e **compra de votos** em relação a fatos ocorridos em 2004, nos autos de representação eleitoral, e que, de acordo com a regra original estabelecida no art. 1.º, I, "d", da LC n. 64/90, ficou inelegível por 3 anos (*Notícias STF de 04.10.2017*).

Cumprido o prazo, nas eleições de 2008, ele concorreu e foi eleito para mais um mandato na Câmara de Vereadores do município. No pleito de 2012, contudo, o seu registro foi indeferido porque a "Lei da Ficha Limpa" (que passou a vigorar efetivamente para aquele pleito) aumentou de 3 para 8 anos o prazo de inelegibilidade previsto no art. 1.º, I, "d", da LC n. 64/90. Ou seja, apesar de ter sido admitida a sua candidatura no pleito de 2008, em razão da entrada em vigor da LC n. 135/2010, que aumentou o prazo para 8 anos, considerando a condenação em 2004, em 2012, pela nova lei, ele ainda seria inelegível.

O STF, por maioria apertada de **6 x 5**, entendeu válida a aplicação da nova regra em relação a **situações anteriores** ao aumento do prazo trazido pela LC n. 135/2010 ("Lei da Ficha Limpa").

Conforme observou o Min. Fux, que abriu a divergência, "a extensão dos prazos de inelegibilidade do art. 22, XIV, da Lei da Ficha Limpa, **justamente porque não versa sanção**, não revela ofensa à retroatividade máxima, de ordem a fulminar a coisa julgada, mesmo após o exaurimento dos 3 anos inicialmente consignados na decisão judicial passada em julgado que reconhece a prática de poder político ou econômico (reconhecimento este que, aí sim, faz exsurgir a inelegibilidade). Trata-se, em vez disso, de exemplo acadêmico de **retroatividade inautêntica** (ou **retrospectividade**)" (fls. 41 de seu voto).

Ainda, deixou claro que **"a inelegibilidade consubstancia requisito negativo de adequação do indivíduo ao regime jurídico do processo eleitoral"**, não se podendo falar em caráter sancionatório ou punitivo das referidas hipóteses de inelegibilidade veiculadas pela LC n. 64/90 (fls. 44 do voto).

E em sede conclusiva observou: "a decisão que reconhece a inelegibilidade somente produzirá seus efeitos na esfera jurídico-eleitoral do condenado se este vier a formalizar registro de candidatura em eleições vindouras, ou em recurso contra a expedição do diploma, em se tratando de inelegibilidades infraconstitucionais supervenientes" (fls. 17 do voto).

Nesse sentido, o STF, por maioria, fixou a tese de repercussão geral nos seguintes termos: "a condenação por abuso de poder econômico ou político em ação de investigação judicial eleitoral transitada em julgado, *ex vi* do art. 22, XIV, da LC n. 64/90, em sua redação primitiva, é apta a atrair a incidência da inelegibilidade do art. 1.º, I, 'd', na redação dada pela LC n. 135/2010, aplicando-se a todos os processos de registro de candidatura em trâmite" (**RE 929.670**, j. 1.º.03.2018, tendo sido rejeitada a proposta de modulação dos efeitos da decisão, formulada pelo Min. Ricardo Lewandowski).

Esse entendimento consagra a linha de interpretação que se espera em relação às regras trazidas pela LC n. 135/2010. Conforme observou o Min. Fux, "não podemos transigir com tentativas obtusas de implodir, pela via hermenêutica, os propósitos **republicanos** e **moralizadores**, nortes da edição da Lei da Ficha Limpa, que propugnam por **ética** e **transparência** na gestão da **coisa pública** e observância à **legitimidade** e à **lisura das eleições**" (fls. 5 do voto).

■ 17.4.3. Privação dos direitos políticos — perda e suspensão

Já vimos as regras que restringem a **elegibilidade** do cidadão, tornando-o inelegível, absoluta ou relativamente. Agora, verificaremos as situações que privam o cidadão dos direitos políticos de votar e ser votado, tanto definitivamente (perda) como de modo temporário (suspensão).[21] Em **nenhuma hipótese**, ressalte-se, será permitida a **cassação de direitos políticos**.

■ *17.4.3.1. Perda dos direitos políticos (arts. 15, I e IV, e 12, § 4.º, II, da CF/88)*

- **Cancelamento da naturalização por sentença transitada em julgado:** em decorrência do cancelamento da naturalização, o indivíduo voltará à condição de estrangeiro, não mais podendo se alistar como eleitor (art. 14, § 2.º) nem eleger-se, uma vez que deixa de ostentar a nacionalidade brasileira (art. 14, § 3.º, I).
- **Recusa de cumprir obrigação a todos imposta ou prestação alternativa:** o art. 5.º, VIII, estabelece, como regra, que ninguém será privado de direitos por motivo de crença religiosa ou de convicção filosófica ou política. No entanto, se as invocar para eximir-se de obrigação legal a todos imposta (ex.: serviço militar obrigatório — cf. art. 143) e recusar-se a cumprir a prestação alternativa, fixada em lei, terá, como sanção, a declaração da perda de seus direitos políticos. Sobre essa hipótese, alertamos que a maioria dos autores de direito eleitoral vem entendendo como situação de **suspensão**, e não de perda de direitos políticos, nos termos da literalidade do art. 4.º, § 2.º, da Lei n. 8.239/91.

Apenas nos alinhamos ao conceito de *perda*, com José Afonso da Silva, já que para readquirir os direitos políticos a pessoa precisará tomar a decisão de prestar o serviço alternativo, não sendo o vício suprimido por decurso de prazo.

- **Perda da nacionalidade brasileira em virtude de aquisição de outra:** embora não conste dos incisos do art. 15 da CF, mediante interpretação sistemática pode-se elencar o descrito no art. 12, § 4.º, II, da CF como mais uma hipótese constitucionalmente prevista de **perda dos direitos políticos**. Isso porque a **nacionalidade brasileira é pressuposto para a aquisição de direitos políticos**. Perdendo a nacionalidade brasileira e adquirindo outra, o ex-brasileiro passa a ser **estrangeiro** e, como vimos, os estrangeiros, bem como os conscritos, durante o serviço militar obrigatório (só para lembrar o candidato atento e estudioso!), são **inalistáveis** (quem não pode ser eleitor não pode eleger-se). O alistamento eleitoral, como vimos, é indiscutível condição de elegibilidade. Assim e por todo o exposto, como o estrangeiro **não adquire direitos políticos**, exclusivos de

[21] "O cidadão pode, excepcionalmente, ser privado, *definitivamente* ou *temporariamente*, dos direitos políticos, o que importará, como efeito imediato, na perda da cidadania política. Deixa, imediatamente, de ser eleitor, se já o era, ou se torna inalistável como eleitor, com o que, por consequência, fica privado da elegibilidade e de todos os direitos fundados na qualidade de eleitor" (José Afonso da Silva, *Curso de direito constitucional positivo*, p. 335).

Acesse também a videoaula pelo link: somos.in/DCE25106

brasileiros natos ou naturalizados, a perda da nacionalidade gera a indiscutível perda dos direitos políticos, outrora existentes.

■ 17.4.3.2. Suspensão dos direitos políticos (arts. 15, II, III e V, e 55, II, e § 1.º, da CF/88; art. 17.3 do Dec. n. 3.927/2001 c/c o art. 1.º, I, "b", da LC n. 64/90)

- ■ **incapacidade civil absoluta:** como só se pode suspender aquilo que já existia, deve-se partir do pressuposto de que o indivíduo tinha direitos políticos e estes foram suspensos. Então, somente nos casos de interdição é que se poderia falar em suspensão de direitos políticos;
- ■ **condenação criminal transitada em julgado:** observar que os direitos políticos ficam **suspensos** enquanto durarem os efeitos da condenação;

Em relação à hipótese em análise, o STF estabeleceu a seguinte interpretação: "1. A regra de suspensão dos direitos políticos prevista no art. 15, III, é **autoaplicável**, pois trata-se de consequência imediata da sentença penal condenatória transitada em julgado. 2. A autoaplicação **independe da natureza da pena imposta**. 3. A opção do legislador constituinte foi no sentido de que os condenados criminalmente, com trânsito em julgado, enquanto durar os efeitos da sentença condenatória, não exerçam os seus direitos políticos". Assim, "a **suspensão de direitos políticos** prevista no art. 15, III, da Constituição Federal aplica-se no caso de **substituição da pena privativa de liberdade pela restritiva de direitos"** (**RE n. 601.182**, tema 370 da repercussão geral, Pleno, j. 08.05.2019, *DJE* de 02.10.2019).

- ■ **improbidade administrativa nos termos do art. 37, § 4.º:** os atos de improbidade administrativa, portanto, importarão a **suspensão dos direitos políticos**, bem como a perda da função pública, a indisponibilidade dos bens e o ressarcimento ao erário, na forma e gradação previstas em lei. Observar que a declaração da improbidade terá de ser via processo judicial, não podendo dar-se através de mero processo administrativo. Segundo *José Afonso da Silva*, "a improbidade diz respeito à prática de ato que gere prejuízo ao erário público em proveito do agente. Cuida-se de uma imoralidade administrativa qualificada pelo dano ao erário e correspondente vantagem ao ímprobo. O ímprobo administrativo é o devasso da Administração pública";[22]
- ■ **exercício assegurado pela cláusula de reciprocidade (art. 12, § 1.º):** na dicção do art. 17.3 do Decreto n. 3.927/2001 (*Promulga o Tratado de Amizade, Cooperação e Consulta, entre a República Federativa do Brasil e a República Portuguesa, celebrado em Porto Seguro em 22 de abril de 2000*), "o gozo de direitos políticos no Estado de residência importa na suspensão do exercício dos mesmos direitos no Estado da nacionalidade". Assim, o gozo dos direitos políticos em Portugal (por brasileiro) importará na suspensão do exercício dos mesmos direitos no Brasil;

[22] *Curso de direito constitucional positivo*, 17. ed., p. 386.

■ **art. 55, II, e § 1.º, c/c o art. 1.º, I, "b", da LC n. 64/90:** procedimento do Deputado ou Senador declarado incompatível com o decoro parlamentar — inelegibilidade por 8 anos (art. 1.º, I, "b", da LC n. 64/90).

■ 17.4.4. Reaquisição dos direitos políticos perdidos ou suspensos

Perdido o direito político, na hipótese de cancelamento da naturalização por **sentença transitada em julgado**, a reaquisição só se dará por meio de **ação rescisória**.

Se a hipótese for a **perda** por recusa de cumprir obrigação a todos imposta ou prestação alternativa, a reaquisição dar-se-á quando o indivíduo, a qualquer tempo, **cumprir a obrigação devida**.

Todavia, se a **perda** se der em virtude de **aquisição de outra nacionalidade**, a Lei de Migração (Lei n. 13.445/2017) estabelece a seguinte regra: "o brasileiro que, em razão do previsto no inciso II do § 4.º do art. 12 da Constituição Federal, houver perdido a nacionalidade, uma vez **cessada a causa**, poderá readquiri-la ou ter o **ato que declarou a perda revogado, na forma definida pelo órgão competente do Poder Executivo**".

O art. 254 do Decreto n. 9.199/2017 regulamentou a matéria, estabelecendo em seu § 7.º que o deferimento do requerimento de reaquisição ou a revogação da perda importará no restabelecimento da nacionalidade originária brasileira (confira nossas críticas no *item 16.10*).

No tocante às hipóteses de **suspensão**, a reaquisição dos direitos políticos dar-se-á quando cessarem os motivos que a determinaram.

■ 17.5. SERVIDOR PÚBLICO E EXERCÍCIO DO MANDATO ELETIVO

De acordo com o **art. 38** da CF, na redação dada pelas EC ns. 19/98 e 103/2019, ao servidor público da administração direta, autárquica e fundacional, no **exercício de mandato eletivo**, aplicam-se as seguintes disposições:

- tratando-se de mandato eletivo federal, estadual ou distrital, ficará **afastado** de seu cargo, emprego ou função;
- investido no mandato de **Prefeito**, será **afastado** do cargo, emprego ou função, sendo-lhe **facultado optar pela sua remuneração**;
- investido no mandato de **Vereador**, havendo compatibilidade de horários, perceberá as vantagens de seu cargo, emprego ou função, sem prejuízo da remuneração do cargo eletivo, e, não havendo compatibilidade, será aplicada a norma do inciso anterior;
- em qualquer caso que exija o afastamento para o exercício de mandato eletivo, seu tempo de serviço será contado para todos os efeitos legais, exceto para promoção por merecimento;
- na hipótese de ser segurado de regime próprio de previdência social, permanecerá filiado a esse regime, no ente federativo de origem.

17.6. MATERIAL DIGITAL EXCLUSIVO

17

DIREITOS POLÍTICOS

Download de Questões Modelo Tradicional	Banco de Questões Plataforma	Resolução de Questões Pedro Lenza	Videoaulas
somos.in/DCE25066	somos.in/DCE25067	somos.in/DCE25127	somos.in/DCE25106

18

PARTIDOS POLÍTICOS E O FINANCIAMENTO DAS CAMPANHAS ELEITORAIS

■ 18.1. CONCEITO

Partido político pode ser conceituado como uma "... organização de pessoas reunidas em torno de um mesmo programa político com a finalidade de assumir o poder e de mantê-lo ou, ao menos, de influenciar na gestão da coisa pública através de críticas e oposição".[1]

Para José Afonso da Silva, partido político "... é uma agremiação de um grupo social que se propõe organizar, coordenar e instrumentar a vontade popular com o fim de assumir o poder para realizar seu programa de governo. No dizer de Pietro Virga: 'são associações de pessoas com uma ideologia ou interesses comuns, que, mediante uma organização estável (*Partei-Apparati*), miram exercer influência sobre a determinação da orientação política do país'".[2]

■ 18.2. REGRAS CONSTITUCIONAIS

Dentre os fundamentos da República Federativa do Brasil está o **pluralismo político** (art. 1.º, V). De acordo com o art. 17, *caput*, consagra-se a **liberdade de organização partidária**, visto ser livre a criação, a fusão, a incorporação e a extinção dos partidos políticos.

Não se trata de liberdade partidária absoluta, uma vez que deverão ser resguardados a soberania nacional, o regime democrático, o pluripartidarismo, os direitos fundamentais da pessoa humana e observados os seguintes preceitos:

- caráter nacional;
- proibição de recebimento de recursos financeiros de entidade ou governo estrangeiros ou de subordinação a estes;
- prestação de contas à Justiça Eleitoral;
- funcionamento parlamentar de acordo com a lei;
- vedação da utilização pelos partidos políticos de organização paramilitar.

Assegura-se aos partidos políticos **autonomia** para definir sua estrutura interna e estabelecer regras sobre escolha, formação e duração de seus órgãos permanentes

[1] Celso Ribeiro Bastos, *Curso de direito constitucional*, p. 275.

[2] *Curso de direito constitucional positivo*, 17. ed., p. 395.

Acesse também o vídeo sobre o capítulo pelo link: somos.in/DCE25069

e provisórios e sobre sua organização e funcionamento e para adotar os critérios de escolha e o regime de suas coligações nas eleições majoritárias, **vedada a sua celebração nas eleições proporcionais**, sem obrigatoriedade de vinculação entre as candidaturas em âmbito nacional, estadual, distrital ou municipal, devendo seus estatutos estabelecer normas de disciplina e fidelidade partidária.

Um exemplo dessa autonomia foi expressado pela Corte no julgamento da cautelar na **ADI 2.530** (mérito pendente), pelo qual se suspendeu a previsão legal da denominada **"candidatura nata"**. Nessa decisão, o STF, "... por maioria, deferiu medida liminar em ação direta ajuizada pelo Procurador-Geral da República para suspender, até decisão final da ação, o § 1.º do art. 8.º da Lei n. 9.504/97, que assegura aos detentores de mandato de Deputado Federal, Estadual ou Distrital, ou de Vereador, e aos que tenham exercido esses cargos em qualquer período da legislatura que estiver em curso, o registro de candidatura para o mesmo cargo pelo partido a que estejam filiados. Considerou-se que a norma atacada ofende, à primeira vista, o **princípio da autonomia dos partidos políticos**, previsto no art. 17, § 1.º, da CF (...). Os Ministros Ellen Gracie e Maurício Corrêa deferiram a cautelar com fundamento mais extenso, qual seja, a aparente ofensa ao princípio da igualdade entre os detentores de mandato eletivo e os integrantes do partido. Vencido o Min. Ilmar Galvão, que indeferia a medida liminar, por entender que o referido dispositivo estabelece a conciliação entre a autonomia dos partidos e o direito do filiado que, abandonando sua vida profissional, se dedica ao exercício de mandatos" (*Inf. 265/STF*, j. 24.04.2002).

A **constituição** dos partidos políticos consolida-se na forma da lei civil, perante o **Serviço de Registro Civil de Pessoas Jurídicas** competente do **local de sua sede** (art. 8.º da Lei n. 9.096/95, na redação dada pela **Lei n. 13.877/2019**) e, posteriormente, já tendo adquirido a personalidade jurídica, formaliza-se com o registro de seus estatutos perante o TSE

Não obstante haja a necessidade de registro perante o TSE, órgão de natureza pública, essa formalidade não atribui a mesma natureza aos partidos políticos, já que sua constituição não obedece às regras básicas de constituição da pessoa jurídica de direito público, quais sejam, a criação por lei e a inexigência de registro de seus instrumentos constitutivos.

Definitivamente, os partidos políticos são verdadeiras **instituições, pessoas jurídicas de direito privado**, na medida em que a sua constituição se dá de acordo com a **lei civil**, no caso a Lei de Registros Públicos (Lei n. 6.015/73).[3]

[3] José Afonso da Silva, partilhando desse entendimento, percebe certa dificuldade em reconhecer qualquer outra natureza política aos partidos políticos que não a de **pessoa jurídica de direito privado**, especialmente diante do fato de serem organizações associativas formadas pela adesão voluntária de particulares e destinadas não propriamente a realizar fins públicos, mas fins **políticos**. "Os partidos somente prestam serviços públicos quando no exercício das funções governamentais, mas aí não são senão instrumentos da prestação desses serviços, que não são deles, mas do Estado, dos órgãos governamentais, que, com eles, não se confundem" (*Curso de direito constitucional positivo*, cit., 17. ed., p. 404 — grifamos). O art. 1.º da Lei n. 9.096/95 expressamente declara o partido político como **pessoa jurídica de direito privado**, não se equiparando às entidades paraestatais (art. 1.º, parágrafo único, da referida lei, incluído pela Lei n. 13.488/2017).

Essa regra é corroborada pelos arts. 45 e 985 do Código Civil de 2002, que, trazendo disposições gerais, fixa o início da existência legal das **pessoas jurídicas de direito privado** com a inscrição do ato constitutivo no respectivo registro, precedida, quando necessário, de autorização ou aprovação do Poder Executivo, averbando-se no registro todas as alterações por que passar o ato constitutivo. O art. 120 da Lei de Registros Públicos, lei especial, estabelece os requisitos específicos.

Vale lembrar que o ato do TSE que analisa o pedido de registro partidário **não tem caráter jurisdicional**, mas, conforme asseverou o STF, tem natureza **meramente administrativa**. Por esse motivo, o STF entendeu que, em razão da inexistência do caráter jurisdicional contra a decisão do TSE, não caberia a interposição de recurso extraordinário (RE 164.458-AgR, Rel. Min. Celso de Mello, j. 27.04.1995, *DJ* de 02.06.1995).

É de observar, também, que os partidos políticos, uma vez constituídos e com registro perante o TSE, terão **direito** a recursos do fundo partidário e acesso gratuito ao rádio e à televisão (direito de antena), na forma da lei, **desde que preencham os requisitos introduzidos pela EC n. 97/2017**, que alterou a redação do art. 17, § 3.º, CF/88.

Finalmente, lembramos que os partidos políticos serão beneficiados pela **imunidade tributária** prevista no art. 150, VI, "c", da CF, nos seguintes termos: "Sem prejuízo de outras garantias asseguradas ao contribuinte, é vedado à União, aos Estados, ao Distrito Federal e aos Municípios, instituir imposto sobre o **patrimônio, renda ou serviços dos partidos políticos, inclusive suas fundações**".

■ 18.3. FUNDO PARTIDÁRIO E ACESSO GRATUITO AO RÁDIO E À TELEVISÃO — DIREITO DE ANTENA (EC N. 97/2017)

Conforme vimos, os partidos políticos, uma vez constituídos e com registro perante o TSE, terão **direito** a recursos do **fundo partidário** e **acesso gratuito ao rádio e à televisão (direito de antena)**, na forma da lei, **desde que preencham os requisitos introduzidos pela EC n. 97/2017**, que alterou a redação do art. 17, § 3.º, CF/88.

Em um primeiro momento, o STF, ao julgar as ADIs 1.351 e 1.354, entendeu inconstitucionais os dispositivos da Lei n. 9.096/95 (Lei dos Partidos Políticos) que instituíram a chamada **"cláusula de barreira"**, a qual "restringia o direito ao funcionamento parlamentar, o acesso ao horário gratuito de rádio e televisão e a distribuição dos recursos do Fundo Partidário", declarando inconstitucionais diversos dispositivos que procuravam condicionar "... o funcionamento parlamentar a determinado desempenho eleitoral, conferindo, aos partidos, diferentes proporções de participação no Fundo Partidário e de tempo disponível para a propaganda partidária ('direito de antena'), conforme alcançados, ou não, os patamares de desempenho impostos para o funcionamento parlamentar".

Contrariando essa perspectiva inicial, a chamada **minirreforma eleitoral** (Lei n. 13.165/2015) alterou os critérios para distribuição dos horários reservados à propaganda eleitoral (art. 47, § 2.º, I e II), **restringindo o direito das minorias**.

Em momento seguinte, diante das novas regras, **superando** o entendimento inicial, o STF, por 6 x 3, julgou improcedente o pedido formulado, declarando, portanto, a **constitucionalidade** dos referidos dispositivos.

Conforme se estabeleceu, dentre outros objetivos, a norma impugnada teria o papel de **desestimular** "a criação de legendas de ocasião, isto é, partidos políticos criados sem nenhuma motivação ideológica, com o único escopo de angariar tempo de propaganda eleitoral" (**ADI 5.491**, j. 25.08.2016, *DJE* de 06.09.2017).

Esses requisitos normativos foram endurecidos pela **EC n. 97/2017**, que dificultou ainda mais a manutenção dos partidos políticos pequenos ou ditos "nanicos".

De acordo com a nova redação dada ao art. 17, § 3.º, CF/88, **somente terão direito** a recursos do fundo partidário e acesso gratuito ao rádio e à televisão, **na forma da lei**, os partidos políticos que, **alternativamente**:

- obtiverem, nas eleições para a Câmara dos Deputados, no mínimo, **3%** dos votos válidos, distribuídos em pelo menos 1/3 das unidades da Federação, com um mínimo de **2%** dos votos válidos em cada uma delas; ou
- tiverem elegido pelo menos **15** Deputados Federais distribuídos em pelo menos 1/3 das unidades da Federação.

Essa rígida **"cláusula de barreira"**, contudo, somente será aplicada a partir das eleições de **2030**, prescrevendo a EC n. 97/2017 **regras de transição**, de acordo com o seu art. 3.º, parágrafo único, que estabelece ter acesso aos recursos do fundo partidário e à propaganda gratuita no rádio e na televisão os partidos políticos que:

- **na legislatura seguinte às eleições de 2018:** a) obtiverem, nas eleições para a Câmara dos Deputados, no mínimo, **1,5%** dos votos válidos, distribuídos em pelo menos 1/3 das unidades da Federação, com um mínimo de **1%** dos votos válidos em cada uma delas; **ou** b) tiverem elegido pelo menos **9** Deputados Federais distribuídos em pelo menos 1/3 das unidades da Federação;
- **na legislatura seguinte às eleições de 2022:** a) obtiverem, nas eleições para a Câmara dos Deputados, no mínimo, **2%** dos votos válidos, distribuídos em pelo menos 1/3 das unidades da Federação, com um mínimo de **1%** dos votos válidos em cada uma delas; **ou** b) tiverem elegido pelo menos **11** Deputados Federais distribuídos em pelo menos 1/3 das unidades da Federação;
- **na legislatura seguinte às eleições de 2026:** a) obtiverem, nas eleições para a Câmara dos Deputados, no mínimo, **2,5%** dos votos válidos, distribuídos em pelo menos 1/3 das unidades da Federação, com um mínimo de **1,5%** dos votos válidos em cada uma delas; **ou** b) tiverem elegido pelo menos **13** Deputados Federais distribuídos em pelo menos 1/3 das unidades da Federação.

18.4. COLIGAÇÕES PARTIDÁRIAS: EVOLUÇÃO JURISPRUDENCIAL E REFORMAS CONSTITUCIONAIS (ECS NS. 52/2006 E 97/2017)

18.4.1. Regras gerais

A **coligação partidária** decorre da **faculdade** para a **celebração de alianças entre dois ou mais partidos** (acordo de vontades), dentro da mesma circunscrição, com o objetivo de escolherem candidatos para a disputa das eleições (art. 6.º da Lei n. 9.504/97 — Lei das Eleições).

De acordo com a **Lei das Eleições**, a coligação terá denominação própria, que poderá ser a junção de todas as siglas dos partidos que a integram, sendo a ela atribuídas as **prerrogativas e obrigações de partido político** no que se refere ao processo eleitoral, e devendo **funcionar como um só partido** no relacionamento com a Justiça Eleitoral e no trato dos interesses interpartidários (art. 6.º, § 1.º).

Como consequência, o partido político coligado somente possui legitimidade para atuar de forma isolada no processo eleitoral quando questionar a validade da própria coligação, durante o período compreendido entre a data da convenção e o termo final do prazo para a impugnação do registro de candidatos (art. 6.º, § 4.º).

A seguir descrevemos a evolução do tema, devendo já deixar consignado que a **EC n. 97/2017** alterou profundamente a temática para **vedar, expressamente, a celebração de coligações partidárias nas eleições proporcionais**, mantendo essa faculdade apenas para as eleições majoritárias.

Passamos, então, a descrever o tema, destacando-se a sua importância em razão da evolução jurisprudencial e normativa (ECs ns. 52/2006 e 97/2017).

■ 18.4.2. Primeiro momento — a consagração da regra da verticalização das coligações partidárias pelo TSE

Retomando a regra do art. 17, I, da CF/88, que prevê a observância do preceito do **caráter nacional** dos partidos políticos, muita discussão surgiu em torno da decisão do TSE que determinou a **verticalização das coligações partidárias** para as eleições de 2002 (cf. art. 4.º, § 1.º, da Instrução Normativa n. 55/TSE, de 26.02.2002 — Res. n. 20.993/2002 e **Res. n. 21.002/2002**, tendo em vista a **Consulta n. 715/021**).[4]

Isso porque, ao interpretar o art. 6.º, *caput*, da Lei n. 9.504/97,[5] o TSE entendeu que a circunscrição maior (**federal** — candidatos à Presidência da República) engloba a menor (**estadual** — Governador, Senadores, Deputados Federais e Estaduais).

---

[4] **CTA n. 715:** Consulta formulada pelos Deputados Federais Miro Teixeira, José Roberto Batochio, Fernando Coruja e Pompeo de Mattos, considerando o que dispõe o art. 6.º da Lei n. 9.504/97, nos seguintes termos: "Pode um determinado partido político (partido A) celebrar coligação para eleição de Presidente da República com alguns outros partidos (partido B, C e D) e, ao mesmo tempo, celebrar coligação com terceiros partidos (E, F e G, que também possuem candidato à Presidência da República) visando à eleição de Governador de Estado da Federação? **Resposta:** EMENTA: Consulta. Coligações. Os partidos políticos que ajustarem coligação para eleição de presidente da República **não** poderão formar coligações para eleição de governador de Estado ou do Distrito Federal, senador, deputado federal e deputado estadual ou distrital com outros partidos políticos que tenham, isoladamente ou em aliança diversa, lançado candidato à eleição presidencial. Consulta respondida negativamente". Para efeito de atualização, devemos lembrar que a **EC n. 97/2017** vedou as coligações partidárias nas **eleições proporcionais** a partir de 2020.

[5] "Art. 6.º É facultado aos partidos políticos, **dentro da mesma circunscrição**, celebrar coligações para eleição majoritária, proporcional, ou para ambas, podendo, neste último caso, formar-se mais de uma coligação para a eleição proporcional dentre os partidos que integram a coligação para o pleito majoritário." Conforme visto na nota de rodapé acima, referido dispositivo deverá ser lido considerando a **EC n. 97/2017**, que vedou as coligações partidárias nas **eleições proporcionais** a partir de 2020.

De maneira bastante interessante, em seu voto à Consulta n. 715, a Ministra Ellen Gracie, retomando o entendimento firmado na Consulta n. 382-TSE (Rel. Min. Néri da Silveira) e na Consulta n. 738, que consagrou o princípio da **simetria entre candidaturas majoritárias e proporcionais**, com propriedade, asseverou: "... o âmbito de validade da restrição a que corresponde a cláusula — **dentro da mesma circunscrição** — deve ser entendido como o espaço maior, aquele em que se dá a eleição nacional. As coligações que neste patamar se formarem condicionam e orientam as que forem propostas para o âmbito dos estados-membros". Qualquer outro entendimento, completa, levaria "... a situações de **bicefalia**, ou, se preferirem, de **esquizofrenia partidária**, no nível estadual. Ou então, pior ainda, levariam a indesejáveis **dissidências regionais em relação aos partidos**, os quais, na forma da Constituição Federal, têm caráter nacional (art. 17, I)".

A regra do caráter nacional dos partidos políticos, conclui, "... sinaliza no sentido da **coerência partidária** e no da **consistência ideológica das agremiações e das alianças** que se venham a formar, com inegável **aperfeiçoamento do sistema político-partidário**".

Assim, os partidos políticos, para a coligação nas eleições estaduais, deverão obedecer, tendo em vista a também denominada **"teoria dos conjuntos"** (circunscrição maior absorvendo a menor), aos mesmos termos dos acordos nacionais fixados para as eleições presidenciais.

Apenas se alerta que referida regra da verticalização **não** se aplica às eleições municipais, já que, nessas hipóteses, não há simultaneidade de circunscrições. Isso porque a eleição municipal ocorre em momento diverso dos demais pleitos, caracterizando-se no jargão eleitoral, conforme lembrou o Ministro Nelson Jobim, uma "eleição solteira" (voto em CTA n. 715/2002).

Alerta-se, ainda, que, em segunda apreciação sobre o assunto, ao responder a diversas consultas (*vide*, *v. g.*, as de ns. 745/DF, 758/DF, 759/DF, 760/DF, 762/DF e 766/DF), o Ministro relator, Fernando Neves, refletindo o entendimento do TSE, **flexibilizou** as alianças para os partidos que não apresentem candidatos à presidência: "Consulta — Partido que não lançou candidato à eleição presidencial, isoladamente ou em coligação — Coligações — Possibilidades. 1. Partido político que não esteja disputando a eleição presidencial, isoladamente ou em coligação, pode, em Estados diversos e no Distrito Federal, celebrar coligações para as eleições majoritárias estaduais, com diferentes partidos que estejam disputando a eleição presidencial, com diferentes candidatos. 2. A coligação formada para disputar a eleição presidencial pode ser dividida e os partidos que a componham disputar, em grupos ou isoladamente, a eleição para governador. 3. Os partidos ou coligações não estão obrigados a lançar candidatos a todos os cargos em disputa" (CTA n. 762, Res. n. 21.048/TSE).

Devemos lembrar que a **EC n. 97/2017** vedou a realização de coligações partidárias nas **eleições proporcionais** a partir de 2020.

18.4.3. Ataques à regra da verticalização das coligações partidárias fixada pelo TSE e o destaque para o art. 16, CF/88 (cláusula constitucional da anualidade)

A regra da **verticalização das coligações partidárias** (circunscrição federal em relação à estadual e distrital) imposta pelo TSE sofreu, contudo, três importantes "ataques":

- foi questionada no STF (ADIs 2.628-3, de 14.03.2002; e 2.626-7, de 12.03.2002, Rel. Min. Sydney Sanches);
- ensejou a elaboração de projeto de decreto legislativo do CN objetivando suspender a aludida decisão do TSE que determinou a vinculação das coligações partidárias federais e estaduais;
- motivou a elaboração da PEC n. 4/02-SF (PEC n. 548/02-CD), pretendendo alterar o § 1.º do art. 17.

O STF, por maioria, **não conheceu das duas ADIs**, entendendo "... que o dispositivo impugnado limitou-se a dar interpretação ao art. 6.º da Lei n. 9.504/97, caracterizando-se, portanto, como ato normativo secundário de natureza interpretativa, de modo que os eventuais excessos do poder regulamentar da Resolução em face da Lei n. 9.504/97 não revelariam inconstitucionalidade, mas sim eventual ilegalidade frente à Lei ordinária regulamentada, sendo indireta, ou reflexa, a alegada ofensa à CF, cuja análise é incabível em sede de controle abstrato de normas" (*Inf. 264/STF*, **15 a 19.04.2002**).

O projeto de decreto legislativo, após ser considerado inconstitucional pelo Presidente da CD, restou prejudicado por 263 votos a 152.

A **PEC n. 4/2002** foi aprovada em segundo turno no SF. Encaminhada para a CD, recebeu o n. **548/2002**, tendo sido, em 13.02.2004, apresentado o Parecer da CCJR do relator, Deputado José Ivo Sartori, pela **admissibilidade**. Em **08.02.2006**, o Plenário da CD aprovou, em segundo turno, a referida PEC, **acabando com a obrigatoriedade da verticalização das coligações partidárias em campanhas eleitorais**. A PEC só foi promulgada como **EC n. 52** em **08.03.2006**, portanto, um mês após a sua aprovação, com a seguinte redação conferida ao art. 17, § 1.º, da CF/88:

> "Art. 17. (...) § 1.º É assegurada aos partidos políticos autonomia para definir sua estrutura interna, organização e funcionamento e para adotar os critérios de escolha e o regime de suas coligações eleitorais, **sem obrigatoriedade de vinculação entre as candidaturas em âmbito nacional, estadual, distrital ou municipal**, devendo seus estatutos estabelecer normas de disciplina e fidelidade partidária".[6]

O art. 2.º da EC n. 52/2006 determinou a sua aplicação às eleições que ocorreram no ano de 2002, já finda! Sem dúvida, o objetivo dessa remissão era fazer com

[6] Lembramos que a **EC n. 97/2017** alterou o art. 17, § 1.º, CF/88, para **vedar as coligações partidárias nas eleições proporcionais** a partir das eleições de **2020**.

que a nova regra, supostamente direcionada para as eleições de 2002, já se aplicasse para as eleições de 2006.

A demora em promulgar a referida PEC, já aprovada, certamente deveu-se ao temor da regra fixada no art. 16 da CF/88 e abaixo comentada.

Isso porque se vislumbrava a possibilidade de o TSE mudar o entendimento firmado em 2002, revendo a Resolução TSE n. 21.002/02, em razão de nova consulta formulada por Ronaldo Nóbrega Medeiros, Secretário-Geral da Comissão Executiva Nacional do Partido Social Liberal **(CTA n. 1.185/2005 e Res. n. 22.161)**.

Entretanto, em **03.03.2006**, o TSE, por 5 x 2, manteve o entendimento de 2002, reforçando a regra da **verticalização das coligações partidárias** para as eleições de 2006.

Sem outra alternativa, as Mesas da CD e do SF promulgaram, como visto, em **08.03.2006**, a **EC n. 52**.

Primeira questão: a nova regra é constitucional?

Em nosso entender, a **EC n. 52/2006** viola a cláusula pétrea do **direito e garantia individual** de terem os partidos políticos **caráter nacional, coerência partidária e consistência ideológica**, bem como o **princípio da segurança jurídica**, já que inova violando a regra do devido processo eleitoral.

Segunda questão: sendo considerada constitucional, a nova regra poderia ter sido aplicada às eleições de 2006?

Entendemos que **não**, pois, ao ser promulgada e publicada, a **EC n. 52/2006** suplantou a Res. n. 21.002/2002, afastando, expressamente, a regra da obrigatoriedade da verticalização das coligações partidárias.

Trata-se, portanto, sem dúvida, de **lei nova que altera o processo eleitoral**. Assim, nos termos do **art. 16 da CF/88**, a nova regra, que entrou em vigor na data de sua publicação **(09.03.2006)**, não poderia ser aplicada à eleição que ocorresse até um ano da data de sua vigência **(09.03.2007)**.

O art. 16 da CF/88, reforçado pela regra que lhe foi conferida pela **EC n. 4/94**, consagra, de vez e claramente, a **cláusula constitucional da anualidade**, caracterizadora da segurança jurídica do processo eleitoral, evitando, assim, surpresas, tanto para o cidadão e eleitor como para o interessado em se candidatar.

Sepúlveda Pertence, ao comentar o art. 16 da CF/88, observou tratar-se de "... inovação salutar inspirada na preocupação de qualificada estabilidade e lealdade do devido processo eleitoral: nele a preocupação é especialmente de **evitar que se mudem as regras do jogo que já começou**, como era frequente, com os sucessivos 'casuísmos', no regime autoritário decaído" (voto em Consulta n. 715/TSE).

Celso de Mello, em igual sentido, em outro julgado, destacou a importância da regra do art. 16 da CF/88, mesmo antes de sua nova redação fortalecida pela EC n. 4/94: "... A norma inscrita no art. 16 da Carta Federal, consubstanciadora do princípio da anterioridade da lei eleitoral, foi enunciada pelo constituinte com o declarado propósito de **impedir a deformação do processo eleitoral mediante alterações casuisticamente nele introduzidas**, aptas a romperem a igualdade de participação dos que nele atuem como protagonistas principais: as agremiações partidárias e os próprios candidatos..." (STF, Pleno, ADI 353-MC/DF — *DJ* 1, de 12.02.1993, p. 1450).

Deve-se ressaltar que, no caso de lei definindo regras para a hipótese da **eleição indireta** *no regime de dupla vacância dos cargos de Presidente e Vice-Presidente da República* (art. 81, § 1.º), não há falar em necessidade de observar o art. 16, já que, conforme interpretou o STF no julgamento das ADIs 4.298 e 4.309 (07.10.2009), não se cuida de lei *materialmente eleitoral*, mas de lei que trata de "... **matéria político-administrativa** que demandaria típica decisão do **poder geral de autogoverno**, inerente à **autonomia política dos entes federados**" (*Inf. 562/STF* — cf. *item 10.4.6.3*).

■ 18.4.4. Ataques à regra da EC n. 52/2006, que expressamente acabou com a obrigatoriedade da verticalização das coligações partidárias. Mantida a verticalização para as eleições de 2006 (anualidade eleitoral — art. 16 da CF). A EC n. 52/2006 entrou em vigor na data de sua publicação, mas somente pôde ser aplicada às eleições que ocorreram até um ano da data de sua vigência

Conforme visto, o objetivo explícito da EC n. 52/2006 foi sepultar, de vez, a regra da obrigatoriedade das coligações partidárias, já que, ao modificar o art. 17, § 1.º, da CF/88, assegurou aos partidos políticos autonomia para definir sua estrutura interna, organização e funcionamento, e para adotar os critérios de escolha e o regime de suas coligações eleitorais, **sem obrigatoriedade de vinculação entre as candidaturas em âmbito nacional, estadual, distrital ou municipal**, devendo seus estatutos estabelecer normas de disciplina e fidelidade partidária.

Buscando afastar essa nova prescrição trazida pela EC n. 52/2006, três medidas foram tomadas por aqueles que eram favoráveis à preservação da regra da verticalização das coligações partidárias:

■ **MS 25.811** — ajuizado em 27.01.2006 pelo Deputado Federal Miro Teixeira, ainda durante a tramitação do processo legislativo, buscava suspender a votação da referida PEC n. 548-B/2002, que objetivava o fim da verticalização das coligações políticas e viria a ser transformada na EC n. 52/2006.

O Ministro Cezar Peluso julgou **prejudicado** o referido MS, uma vez que veio a ser apreciado somente quando a PEC já havia se transformado em EC n. 52/2006. Consoante estudado no *item 6.4.1.3* deste trabalho, o controle prévio ou preventivo realizado pelo parlamentar para assegurar o *devido processo legislativo* de formação da lei visa, exclusivamente, "trancar" o andamento do processo legislativo. Quando o projeto se transforma em espécie normativa, perde utilidade o mandado de segurança, devendo a norma produzida ser atacada mediante controle difuso ou concentrado, posterior e repressivo.

Outro ponto a justificar o não conhecimento do MS foi o fato de o STF ter mantido a regra da verticalização no julgamento da ADI 3.685, como se verá a seguir, só que, dando interpretação conforme o art. 16 da CF/88, tendo em vista o princípio da anualidade.

■ **ADI 3.685** — ajuizada em **09.03.2006**, pelo Conselho Federal da OAB, objetivava reconhecer a inconstitucionalidade da nova regra por violação ao art. 16 da CF/88;

■ **ADI 3.686** — ajuizada em **09.03.2006**, pela Associação Nacional dos Membros do Ministério Público (CONAMP), também pretendia a declaração de inconstitucionalidade da EC n. 52/2006, aduzindo diversos argumentos.[7]

O STF, em um primeiro momento, tendo em vista a conexão da ADI 3.686 com a de n. 3.685, determinou o julgamento conjunto das ações.

Em 15.03.2006, porém, a Ministra Relatora, Ellen Gracie, entendeu que, em relação à ação ajuizada pela CONAMP, não se reconhecia a necessária **pertinência temática** entre os fins institucionais da Associação de Classe do MP e o alcance da norma impugnada, qual seja, a EC n. 52/2006. Assim, **negou seguimento à ADI 3.686**.[8]

Restou o julgamento da **ADI 3.685**, ajuizada pela OAB, que restringia o pedido à violação do art. 16 da CF/88, não trazendo questionamentos sobre a matéria de fundo.

Em nosso entender, a EC n. 52/2006 deveria ter sido reconhecida como totalmente inconstitucional, já que violou a cláusula pétrea do direito e garantia individual, do **caráter nacional** dos partidos políticos e da segurança jurídica — art. 60, § 4.º, IV, c/c os arts. 17, I; 16; e 5.º, *caput*, todos da CF/88.

Contudo, por 9 x 2, o STF manteve a inovação introduzida pela EC n. 52/2006, mas, tendo em conta o chamado **"princípio" (mais tecnicamente, verdadeira "regra") da anualidade**, previsto expressamente no art. 16 da CF/88, e buscando evitar

---

7 A petição da CONAMP continha **98 páginas** e sustentava a inconstitucionalidade com base em denso parecer do promotor *Thales Tácito Pontes Luz de Pádua Cerqueira*, destacando-se 3 teses: "**a)** artigo 16 da CF/88 como cláusula pétrea — vedação material implícita ao Poder Constituinte Derivado Reformador (**democracia** como princípio político-constitucional); **b)** artigo 16 da CF/88 como cláusula pétrea — vedação explícita ao Poder Constituinte Derivado Reformador (artigo 60, § 4.º, IV, CF/88); **c)** artigo 16 da CF/88 e a aplicação e vigência das normas no tempo (antinomia ou conflito de leis no tempo). Inexistência de hierarquia entre normas constitucionais. Aplicação da nova regra somente nas eleições gerais/Presidencial de 2010".

8 A Assembleia Legislativa do Rio de Janeiro (Alerj), por outro lado, ajuizou, em 16.03.2006, a **ADPF 89**, buscando defender a regra trazida pela EC n. 52/2006 e a sua compatibilidade com o art. 16 da CF/88. Em seu pedido requereu que o STF determinasse a todos os juízes e tribunais que interpretassem o *caput* do art. 6.º da Lei federal n. 9.504/97 (Lei Eleitoral — coligações) no sentido de serem livres as coligações partidárias, apontando, assim, como preceito fundamental violado, o parágrafo único do art. 1.º da CF/88 (a titularidade do poder pertence ao povo). Em **29.03.2006**, a Ministra relatora também **negou seguimento à aludida ADPF**, com a seguinte decisão: "(...) desponta-se, portanto, como real objeto da ADPF ora analisada, o próprio teor da EC 52/06, ato normativo plenamente examinável por meio de ADI ou de ADC. De fato, no julgamento da ADI n. 3.685, de minha relatoria, ocorrido na sessão de 22/03/06, o plenário desta corte, dando interpretação conforme à Constituição, fixou o entendimento de que a nova regra que extingue a chamada verticalização (CF, art. 17, § 1.º) somente poderá ser aplicada, nos termos do art. 16 da CF, após o transcurso de um ano da data de sua vigência. Conforme dispõe o art. 4.º, § 1.º, da L. 9.882/99, 'não será admitida ADPF quando houver qualquer outro meio eficaz de sanar a lesividade'. Assim, sendo a pretensão da presente ADPF a busca da declaração de constitucionalidade da imediata aplicação da EC 52/06, mostra-se manifestamente incabível a via eleita, motivo pelo qual a ela nego seguimento, nos termos do art. 21, § 1.º, do *RISTF*. Publique-se".

o **atalhamento da Constituição**,[9] a Corte estabeleceu que **a nova disposição não poderia ser aplicada às eleições de 2006**.

Nesse sentido, reconheceu que "a emenda violou a Constituição Federal e julgou procedente o pedido formulado para declarar a inconstitucionalidade da expressão 'aplicando-se às eleições que ocorrerão no ano de 2002', contida no artigo 2.º da emenda atacada. A Ministra também deu interpretação conforme à Constituição à parte remanescente da emenda, no sentido de que as novas regras sejam aplicadas somente após um ano da data de sua vigência" (*Notícias STF*, 22.03.2006. Cf. **ADI 3.685**, Rel. Min. Ellen Gracie, j. 22.03.2006, *DJ* de 10.08.2006).

■ 18.4.5. EC n. 97/2017: alteração da Constituição Federal para se vedar as coligações partidárias nas eleições proporcionais, admitindo-as apenas, como faculdade, para as eleições majoritárias

EC n. 52/2006	EC n. 97/2017
Art. 17, § 1.º, CF/88: É assegurada aos partidos políticos autonomia para definir sua estrutura interna,	**Art. 17, § 1.º, CF/88:** É assegurada aos partidos políticos autonomia para definir sua estrutura interna **e estabelecer regras sobre escolha, formação e duração de seus órgãos permanentes e provisórios e sobre sua**
organização e funcionamento e para adotar os critérios de escolha e o regime de suas coligações eleitorais,	organização e funcionamento e para adotar os critérios de escolha e o regime de suas coligações **nas eleições majoritárias, vedada a sua celebração nas eleições proporcionais,**
sem obrigatoriedade de vinculação entre as candidaturas em âmbito nacional, estadual, distrital ou municipal, devendo seus estatutos estabelecer normas de disciplina e fidelidade partidária.	sem obrigatoriedade de vinculação entre as candidaturas em âmbito nacional, estadual, distrital ou municipal, devendo seus estatutos estabelecer normas de disciplina e fidelidade partidária.

Conforme se observa no quadro acima, a **EC n. 97/2017** altera a Constituição Federal para **vedar as coligações partidárias nas eleições proporcionais** a partir de **2020** (art. 17, § 1.º, CF/88, c/c o art. 2.º da emenda).

Essa vedação, deixamos claro, direciona-se expressamente e com exclusividade às eleições que são regidas pelo sistema proporcional, mantida a sua faculdade para o sistema majoritário.

O **sistema proporcional** é o estabelecido para a eleição de deputados federais, estaduais, distritais e vereadores, enquanto o **majoritário** é o adotado nas eleições para Presidente da República, Governadores de Estados e do DF, Prefeitos e Senadores da República.

No **sistema proporcional**, nem sempre o candidato mais votado levará a vaga, pois deverá ser observado o quociente eleitoral e quociente partidário. De modo diverso, no **sistema majoritário**, a vaga ficará com o mais votado.

O Código Eleitoral define quociente eleitoral e quociente partidário em seus arts. 106 e 107, nos seguintes termos:

9 Sobre a proibição do "atalhamento constitucional", cf. *item 6.7.1.10* deste estudo.

- **quociente eleitoral:** será obtido dividindo-se o número de **votos válidos** apurados pelo **número de lugares** a preencher em cada circunscrição eleitoral, desprezada a fração se igual ou inferior a meio, equivalente a um, se superior (art. 106);
- **quociente partidário:** será obtido a partir da divisão do número de votos válidos dados sob a mesma legenda pelo quociente eleitoral, definindo-se, assim, o número de lugares para cada partido (art. 107, devendo ser interpretado com a novidade trazida pela EC n. 97/2017, que proibiu as coligações partidárias nas eleições proporcionais).

Dessa forma, conforme explica José Afonso da Silva, "feitas as operações supraindicadas, ficar-se-á sabendo quantos candidatos elegeu cada partido. Acontece que podem sobrar lugares a serem preenchidos, em consequência de **restos de votos** em cada legenda não suficientes, *de per si*, para fazer mais um eleito. Há vários métodos para a distribuição dos lugares restantes entre os partidos que concorrem à eleição. Para solucionar esse problema da **distribuição dos restos** ou das **sobras** o Direito Brasileiro adotou o método da **maior média**",[10] nos termos do art. 109 do Código Eleitoral, para o qual remetemos o nosso leitor.

A nova regra, introduzida pela **EC n. 97/2017** — que veda as coligações partidárias nas eleições proporcionais —, ensejará o fortalecimento dos partidos maiores e o enfraquecimento dos menores ou tidos como "nanicos". Isso porque, na medida em que está vedada a realização de coligações partidárias nas eleições proporcionais, haverá muita dificuldade para a efetiva eleição dos candidatos, já que o número de votos válidos a serem computados dificilmente atingirá o quociente partidário (salvo algumas exceções decorrentes de candidatos "puxadores de votos", como pessoas famosas, personalidades, atores, apresentadores etc.). Essa situação sofre agravamento em razão da pouca visibilidade que esses partidos terão no horário gratuito, já que terão poucos segundos de aparição.

18.5. FIDELIDADE PARTIDÁRIA

O tema da fidelidade partidária é extremamente relevante e decorre de uma análise sistemática da Constituição. Em um primeiro momento, não havia lei disciplinando o assunto, e, então, diante dessa lacuna, o TSE normatizou por meio de resolução.

Parte da doutrina e alguns parlamentares sustentavam que o TSE, ao legislar, teria usurpado competência legislativa e, acima de tudo, criado mais uma hipótese de perda de mandato não expressa no art. 55 da CF.

Apesar da excelência dos argumentos, sustentamos que as regras definidas pela Corte Eleitoral por meio de resolução encontram fundamento no **art. 55, V**, que estabelece a perda do mandato "quando o decretar a Justiça Eleitoral, nos casos previstos nesta Constituição".

Posteriormente, o tema veio a ser regulamentado pela **Lei n. 13.165/2015 (minirreforma eleitoral)**.

10 José Afonso da Silva, *Comentário contextual à Constituição*, 9. ed., p. 396.

Acesse também a videoaula pelo link: somos.in/DCE25107

18.5.1. Sistema proporcional

Em relação ao **sistema proporcional** (eleição de deputados federais, estaduais, distritais e vereadores), o STF, em 03 e 04.10.2007, julgando os **MS 26.602**, **26.603** e **26.604**, resolveu a matéria e estabeleceu que a fidelidade partidária deve ser respeitada pelos candidatos eleitos.

Dessa forma, teoricamente, aquele que mudar de partido **(transferência de legenda)** sem motivo justificado **perderá o cargo eletivo**.

Isso porque reconheceu o STF o caráter eminentemente partidário do sistema proporcional e as inter-relações entre o eleitor, o partido político e o representante eleito.

Mudar de partido caracteriza desvio ético-político e gera desequilíbrio no Parlamento. É fraude contra a vontade do povo.

No caso dos referidos mandados de segurança, deixamos claro novamente, o STF os apreciou somente em relação aos mandatos eletivos sob as regras do **sistema proporcional** (deputados e vereadores). Nesse sentido, seguindo o julgamento pelo TSE na **CTA n. 1.398**, o STF fixou a data de **27.03.2007** como o marco a partir do qual qualquer eleito (pelo sistema proporcional) que mudar de partido, sem justo motivo, estará violando as regras de fidelidade partidária.

Em complemento ao tema, cabe observar decisão bastante complexa proferida pelo STF em relação à transferência ou não do direito de sucessão ao novo partido em razão de mudança **por justa causa**, na hipótese de **superveniente vacância**, no caso concreto, em razão de morte do parlamentar eleito.

A situação concreta envolvia a mudança de partido pelo então Deputado Federal *Clodovil Hernandez*, famoso estilista, tendo sido reconhecida a justa causa pelo TSE.

Com a morte de Clodovil, surgiu a questão de saber se o suplente deveria ser do partido pelo qual ele foi eleito ou do novo partido que o recebeu em virtude da mudança por justa causa.

A questão foi resolvida pelo Pleno no julgamento do **MS 27.938**, nos seguintes termos:

> "EMENTA: CONSTITUCIONAL. ELEITORAL. FIDELIDADE PARTIDÁRIA. TROCA DE PARTIDO. JUSTA CAUSA RECONHECIDA. POSTERIOR VACÂNCIA DO CARGO. MORTE DO PARLAMENTAR. SUCESSÃO. LEGITIMIDADE. O reconhecimento da justa causa para transferência de partido político afasta a perda do mandato eletivo por infidelidade partidária. **Contudo, ela não transfere ao novo partido o direito de sucessão à vaga.** Segurança denegada" (MS 27.938, Rel. Min. Joaquim Barbosa, j. 11.03.2010, Plenário, *DJE* de 30.04.2010).

Conforme anotou o Min. Joaquim Barbosa, "como a troca de partidos não é submetida ao crivo do eleitor, o **novo vínculo** de fidelidade partidária **não recebe legitimidade democrática** inequívoca para a sua perpetuação e, assim, **não há a transferência da vaga à nova sigla**".

18.5.2. Sistema majoritário

O **TSE**, no julgamento da **CTA 1.407**, entendeu, em um primeiro momento, que também para os cargos eletivos pelo sistema majoritário incidiria a regra de perda do cargo para o eleito infiel (salvo, claro, justa causa). Para esses cargos, a data-marco foi **16.10.2007**, ou seja, qualquer eleito pelo sistema majoritário (Chefes de Executivo e Senadores) que mudasse de partido a partir de referida data perderia o cargo, salvo justo motivo.

Esse entendimento foi confirmado pela Corte Eleitoral na **Res. n. 22.610/2007** que disciplinou o processo de perda de cargo eletivo, bem como o de justificação de desfiliação partidária.

O STF definiu como competente a Justiça Eleitoral para dispor sobre o tema da perda de mandato, tendo em vista o seu **poder regulamentar** (ADI 3.999 e ADI 4.086, Rel. Min. Joaquim Barbosa, j. 12.11.2008, *DJE* de 17.04.2009).

CONTUDO, em momento seguinte, outro ponto diverso foi trazido na **ADI 5.081**, proposta pelo PGR: a Justiça Eleitoral teria legitimidade para estender a regra da fidelidade partidária aos candidatos eleitos pelo sistema majoritário (Chefes do Executivo e Senadores da República)?

NÃO.

Nesse sentido, em **27.05.2015**, a Corte, por unanimidade, fixou a seguinte tese: "a perda do mandato em razão da mudança de partido **não se aplica aos candidatos eleitos pelo sistema majoritário**, sob pena de violação da soberania popular e das escolhas feitas pelo eleitor".

De acordo com o item 3 da ementa do voto do Min. Barroso, "o sistema majoritário, adotado para a eleição de Presidente, Governador, Prefeito e Senador, tem lógica e dinâmica diversas da do sistema proporcional. **As características do sistema majoritário, com sua ênfase na figura do candidato, fazem com que a perda do mandato, no caso de mudança de partido, frustre a vontade do eleitor e vulnere a soberania popular** (CF, art. 1.º, par. ún., e art. 14, *caput*)". Assim, **a perda de mandato por troca de partido não se aplica ao sistema majoritário**.

Esse entendimento agora está explícito na **S. 67/TSE:** "a perda do mandato em razão da desfiliação partidária não se aplica aos candidatos eleitos pelo sistema majoritário" (j. 10.05.2016, *DJE* de 24, 27 e 28.06.2016).

■ 18.5.3. Resolução do TSE x Minirreforma Eleitoral (Lei n. 13.165/2015). Aspectos sobre a justa causa para desfiliação partidária e o caso específico do sistema majoritário

O processo de perda de cargo eletivo, bem como de justificação de desfiliação partidária, foi, **inicialmente**, estabelecido na **Res. n. 22.610/2007** do TSE, com a redação dada pela **Res. n. 22.733/2008**, também do TSE, mas sem a sua aplicação para os candidatos eleitos pelo sistema majoritário.

A ação tramitará perante o TSE para pedidos relativos a mandato federal e, nos demais casos, perante o TRE do respectivo Estado.

Segundo a Resolução, considera-se **justa causa**:

- incorporação ou fusão do partido;
- criação de novo partido;

- mudança substancial ou desvio reiterado do programa partidário;
- grave discriminação pessoal.

Em momento seguinte, a **Lei n. 13.165/2015**, ao introduzir o art. 22-A na Lei n. 9.096/95, passou a prever, expressamente, regras sobre **"fidelidade partidária"**, ao estabelecer que perderá o mandato o detentor de cargo eletivo que se desfiliar, **sem justa causa**, do partido pelo qual foi eleito.

Para a **nova regra** (art. 22-A, parágrafo único, da Lei n. 9.096/95), consideram-se **justa causa** para a desfiliação partidária **somente** as seguintes hipóteses:

- mudança substancial ou desvio reiterado do programa partidário;
- grave discriminação política pessoal; e
- mudança de partido efetuada durante o período de 30 dias que antecede o prazo de filiação exigido em lei para concorrer à eleição, **majoritária** ou **proporcional**, ao término do mandato vigente.

As duas primeiras já estavam previstas na resolução do TSE, tendo sido criada uma **nova**, qual seja, uma **"janela"** admitindo expressamente a **mudança de partido** nesse único período de 30 dias antes do prazo que a lei exige para a filiação partidária. No caso, o art. 9.º da Lei n. 9.504/97, na redação dada pela **Lei n. 13.488/2017**, estabelece que, para concorrer às eleições, o candidato deverá possuir **domicílio eleitoral** na respectiva circunscrição pelo prazo de **6 meses** e estar com a filiação deferida pelo partido no mesmo prazo de **6 meses** (alterando a regra introduzida pela minirreforma eleitoral — Lei n. 13.165/2015, que exigia o cumprimento do prazo de 1 ano para o domicílio eleitoral).

A "incorporação ou fusão do partido" e a "criação de novo partido" deixaram de se caracterizar como justa causa para a nova legislação, pois, naturalmente, agora, com a normatização pelo Congresso Nacional, não se mostra adequado aplicar, também, a antiga Res. n. 22.610/TSE.

Essa mudança na regra do jogo foi questionada no STF na **ADI 5.398**, e o Min. Barroso, em 09.11.2015, concedeu liminar, *ad referendum* do Plenário, para determinar a devolução do prazo integral de 30 dias para detentores de mandatos eletivos filiarem-se aos novos partidos registrados no TSE imediatamente antes da entrada em vigor da Lei n. 13.165/2015 (liminar referendada pelo Pleno em 09.05.2018, pendente a apreciação de mérito).

Conforme alegado na ADI pela Requerente, *Rede Sustentabilidade*, até então, valia a regra da Resolução n. 22.610/2007 do TSE, que incluía a criação de novo partido entre as hipóteses de justa causa. Ao julgar a **Consulta 755-35**, por sua vez, o TSE confirmou o seu entendimento, qual seja, o período de 30 dias, a partir do registro do novo partido, como prazo razoável para a migração de detentores de mandato.

A "janela" que antes era admitida para troca de partidos sem a perda do mandato sempre que fosse criado novo partido e dentro de 30 dias agora passou a ser apenas nessa única hipótese de mudança de partido efetuada durante o período de 30 dias que antecede o prazo de filiação exigido na lei, no caso, o art. 9.º da Lei n. 9.504/97.

A mudança das regras do jogo, de fato, conforme sustenta o Ministro, são se mostra razoável, havendo forte plausibilidade jurídica na alegação de inconstitucionalidade, por violação ao princípio da segurança jurídica, ao direito adquirido e às legítimas expectativas, inclusive confirmadas na referida consulta ao TSE.

No momento em que foi editada a lei, três partidos tinham acabado de ser registrados no TSE: Rede Sustentabilidade, Partido Novo e Partido da Mulher Brasileira. Com a nova regra, esses novos partidos recém-criados não poderiam receber parlamentares de outros partidos, sob pena de perda de mandato, pois a permitida "janela" de 30 dias, que até então se admitia ("criação de novo partido"), deixou de ser contemplada pela nova lei como hipótese de justa causa para troca de partido.

Finalmente, um ponto tem de ser observado em relação ao **sistema majoritário**. Conforme alertamos e inclusive agora está pacificado na **S. 67/TSE**, que foi editada em 2016, portanto já na vigência da Lei n. 13.165/2015, a perda do mandato em razão da desfiliação partidária **não se aplica aos candidatos eleitos pelo sistema majoritário**.

Assim, se a perda do mandato **não se aplica ao sistema majoritário**, não nos parece lógico ter o legislador estabelecido como justa causa para mudança de partido, sem a perda do mandato, aquela efetuada durante o período de 30 dias que antecede o prazo de filiação exigido em lei para concorrer à eleição majoritária (art. 22-A, parágrafo único, III, da Lei n. 9.096/95) (tema pendente de apreciação pelo STF).

■ 18.5.4. EC n. 91/2016 ("Janela Partidária Constitucional") e Minirreforma Eleitoral ("Janela Partidária Legal")

Conforme já tivemos a oportunidade de observar, a **EC n. 91/2016** não altera formalmente nenhum artigo da Constituição, nem introduz disposição na Carta. No caso, estamos diante de uma norma constitucional que está fora do texto, mas, que, naturalmente, pelo conceito de "bloco de constitucionalidade", tem, inegavelmente, caráter constitucional.

Pois bem, referida reforma constitucional passou a admitir, expressamente, mais uma "janela" a permitir a mudança de partido, sem a perda do mandato, estabelecendo ser facultado ao detentor de mandato eletivo desligar-se do partido pelo qual foi eleito nos **30 dias seguintes à promulgação desta Emenda Constitucional**, sem prejuízo do mandato, não sendo essa desfiliação considerada para fins de distribuição dos recursos do Fundo Partidário e de acesso gratuito ao tempo de rádio e televisão.

Assim, diferente da "janela" introduzida no art. 22-A, parágrafo único, III, da Lei n. 9.096/95 (pela Lei n. 13.165/2015), que é **permanente** e vale para as eleições futuras (observadas as regras que estabelece), a "janela" prevista na EC n. 91/2016 é **temporária**, porque apenas para o período que definiu, qual seja, nos 30 dias seguintes à sua promulgação (18.02.2016).

■ 18.5.5. EC n. 97/2017 (nova "Janela Partidária Constitucional")

Conforme estudamos no *item 18.3*, a **EC n. 97/2017** estabeleceu requisitos bem rígidos para que os partidos políticos tenham direito a **recursos do fundo partidário** e **acesso gratuito ao rádio e à televisão** (direito de antena), exigindo, alternativamente:

- a obtenção, nas eleições para a Câmara dos Deputados, de no mínimo **3%** dos votos válidos, distribuídos em pelo menos 1/3 das unidades da Federação, com um mínimo de **2%** dos votos válidos em cada uma delas; **ou**
- a eleição de pelo menos **15** Deputados Federais distribuídos em pelo menos 1/3 das unidades da Federação.

Essas regras, contudo, deverão ser observadas somente a partir das eleições de **2030** (art. 3.º da emenda), tendo sido estabelecidos **requisitos gradativos** a serem observados na forma do parágrafo único do art. 3.º da emenda.

A nova **janela partidária constitucional** está descrita no art. 17, § 5.º, nos seguintes termos: "ao eleito por partido que não preencher os requisitos previstos no § 3.º deste artigo é assegurado o mandato e facultada a filiação, **sem perda do mandato**, a outro partido que os tenha atingido, não sendo essa filiação considerada para fins de distribuição dos recursos do fundo partidário e de acesso gratuito ao tempo de rádio e de televisão".

Muito embora a regra da possibilidade de mudança de partido sem a sanção de perda do mandato tenha sido estabelecida expressamente apenas para as rígidas hipóteses descritas no art. 17, § 3.º, devemos lembrar, conforme visto acima, que essa exigência só passará a valer a partir de 2030.

Diante dessa longa dilação de prazo, pensamos que a autorização para a mudança de partido sem a sanção da perda do mandato deverá ser assegurada também se não forem atingidas as disposições escalonadas previstas no art. 3.º, parágrafo único, da emenda.

Esse tema, certamente, ainda será apreciado pelo STF, já que a nova janela partidária constitucional não fez qualquer menção a esse período de 13 anos entre a vigência da EC n. 97/2017 e o momento em que as regras do art. 17, § 3.º, passarão a ser exigidas (pendente).

■ 18.6. A VAGA DECORRENTE DO LICENCIAMENTO DE TITULARES DE MANDATO PARLAMENTAR DEVE SER OCUPADA PELOS SUPLENTES DAS COLIGAÇÕES OU DOS PARTIDOS?

O STF, no julgamento dos **MS 30.260** e **30.272**, em 27.04.2011, por 10 x 1, entendeu que a vaga decorrente do licenciamento de titulares de mandato parlamentar, no caso para assumirem cargos de secretarias de Estado, deverá ser ocupada pelos **suplentes das coligações**, e não dos partidos.

Pode-se afirmar, então, que, se houve formação de coligação, o que é **opcional** e encontra fundamento na Constituição (art. 17, § 1.º), a vaga de suplência pertente a esta, e não ao partido político.

A **suplência** no caso das coligações também não se confunde com a **infidelidade**, já que esta se caracteriza como **deslealdade ao partido político** e **fraude ao eleitor**, conforme visto, sendo que, no entanto, o candidato eleito por coligação acaba se beneficiando da referida aliança.

Nesse sentido, como definido pelo STF, o que pedimos vênia para transcrever em razão da clareza,[11] "as **coligações** são conformações políticas decorrentes da aliança partidária formalizada entre dois ou mais partidos políticos para concorrerem, de forma unitária, às eleições proporcionais[12] ou majoritárias. Distinguem-se dos partidos políticos que as compõem e a eles se sobrepõem, temporariamente, adquirindo capacidade jurídica para representá-los".

"A figura jurídica derivada dessa coalizão transitória não se exaure no dia do pleito ou, menos ainda, apaga os vestígios de sua existência quando esgotada a finalidade que motivou a convergência de vetores políticos: eleger candidatos. Seus efeitos projetam-se na definição da ordem para ocupação dos cargos e para o exercício dos mandatos conquistados."

"A **coligação assume** perante os demais partidos e coligações os órgãos da Justiça Eleitoral e, também, os eleitores, **natureza de superpartido**; ela formaliza sua composição, registra seus candidatos, apresenta-se nas peças publicitárias e nos horários eleitorais e, a partir dos votos, forma quociente próprio, que não pode ser assumido isoladamente pelos partidos que a compunham nem pode ser por eles apropriado."

"O **quociente partidário para o preenchimento de cargos vagos é definido em função da coligação**, contemplando seus candidatos mais votados, independentemente dos partidos aos quais são filiados. Regra que deve ser mantida para a convocação dos suplentes, pois eles, como os eleitos, formam lista única de votações nominais que, em ordem decrescente, representa a vontade do eleitorado."

"A sistemática estabelecida no ordenamento jurídico eleitoral para o preenchimento dos cargos disputados no sistema de eleições proporcionais é declarada no momento da diplomação, quando são ordenados os candidatos eleitos e a ordem de sucessão pelos candidatos suplentes. **A mudança dessa ordem atenta contra o ato jurídico perfeito e desvirtua o sentido e a razão de ser das coligações.**"

"Ao se coligarem, os partidos políticos aquiescem com a possibilidade de distribuição e rodízio no exercício do poder buscado em conjunto no processo eleitoral."

■ 18.7. FINANCIAMENTO DAS CAMPANHAS ELEITORAIS — ADI 4.650, ADI 5.394 (ASPECTOS DA MINIRREFORMA ELEITORAL DE 2015 — LEI N. 13.165) E ADI 5.494 (PERSPECTIVAS A PARTIR DA MINIRREFORMA ELEITORAL DE 2017 — LEI N. 13.488)

Pela regra que era prevista na Lei das Eleições, as **pessoas jurídicas** podiam doar até **2%** do seu faturamento bruto do ano anterior à eleição (art. 81, § 1.º, da Lei n. 9.504/97, que veio a ser revogado pela Lei n. 13.165/2015).

Criticava-se o uso e influência do poder econômico sobre o político.

---

[11] Trata-se de transcrição das ementas dos referidos julgados: **MS 30.260** e **MS 30.272**, Rel. Min. Cármen Lúcia, j. 27.04.2011, Plenário, *DJE* de 30.08.2011.

[12] Conforme já estudamos, a **EC n. 97/2017** alterou a Constituição Federal para vedar as coligações partidárias nas **eleições proporcionais** a partir das eleições de **2020**.

O Conselho Federal da OAB ajuizou em 05.09.2011 a **ADI 4.650**, questionando as regras sobre doações privadas para campanhas eleitorais e partidos políticos e, assim, atacando dispositivos da *Lei das Eleições* (Lei n. 9.504/97) e *Lei dos Partidos Políticos* (Lei n. 9.096/95), que regulam as contribuições de pessoas jurídicas e pessoas físicas para as campanhas eleitorais.

Ilustrando a questão, em seu voto, destaca o Min. Fux: "em 2002 foram gastos no país R$ 798 milhões em campanhas eleitorais, e em 2012, o valor foi de R$ 4,5 bilhões — um crescimento de 471%. O gasto *per capita* do Brasil com campanhas supera o de países como França, Alemanha e Reino Unido, e como proporção do PIB, é maior do que os EUA. Em 2010, o valor médio gasto por um deputado federal eleito no Brasil chegou a R$ 1,1 milhão, e um senador, R$ 4,5 milhões. Esses recursos, por sua vez, são doados por um universo pequeno de empresas — os dez maiores doadores correspondem a 22% do total arrecadado" (*Notícias STF, 11.12.2013*).

E afirma: "**o exercício de direitos políticos é incompatível com as contribuições políticas de pessoas jurídicas.** Uma empresa pode até defender causas políticas, como direitos humanos, mas há uma grande distância para isso justificar sua participação no processo político, investindo valores vultosos em campanhas", contrariando, assim, a essência do regime democrático (idem).

Pois bem, o STF, em 17.09.2015, por maioria e nos termos do voto do Ministro Relator, julgou procedente em parte o pedido formulado na ADI em referência para declarar a **inconstitucionalidade dos dispositivos legais que autorizavam as contribuições de pessoas jurídicas às campanhas eleitorais**, vencidos, em menor extensão, os Ministros Teori Zavascki, Celso de Mello e Gilmar Mendes, que davam interpretação conforme, nos termos do voto reajustado do Ministro Teori Zavascki. O Tribunal rejeitou a modulação dos efeitos da declaração de inconstitucionalidade por não ter alcançado o número de votos exigido pelo art. 27 da Lei n. 9.868/99. Consequentemente, **a decisão aplicou-se às eleições de 2016 e seguintes, a partir da Sessão de Julgamento, independentemente da publicação do acórdão**. Com relação às **pessoas físicas**, as contribuições ficam reguladas pela **lei** em vigor.

Em razão dessa decisão, duas questões podem ser observadas depois da publicação da chamada **minirreforma eleitoral** (Lei n. 13.165/2015): a) financiamento de campanha por pessoa jurídica; b) financiamento de campanha por pessoa física.

Em relação ao **financiamento por pessoa jurídica**, o projeto de lei o admitia *(art. 24, XII e §§ 2.º e 3.º, bem como arts. 24-A e 24-B, todos da Lei n. 9.504/97, inseridos pelo art. 2.º da proposta legislativa aprovada pelo parlamento).*

Contudo, a ex-Presidente da República Dilma Rousseff **vetou** essa possibilidade, com a seguinte justificativa: a possibilidade de doações e contribuições por pessoas jurídicas a partidos políticos e campanhas eleitorais, que seriam regulamentadas por esses dispositivos, **violaria a igualdade política** e os **princípios republicano** e **democrático**, como decidiu o STF na ADI 4.650 (*Mensagem n. 358/2015*).

Em relação à **segunda questão**, a minirreforma eleitoral estabelece que as **pessoas físicas** poderão fazer doações em **dinheiro** ou **estimáveis em dinheiro** para campanhas eleitorais, obedecido o disposto na referida lei. Em tese, a decisão do STF delegou para o legislador essa definição.

Acontece que o julgamento da ADI 4.650 se deu em 17.09.2015, antes, portanto, da minirreforma eleitoral, Lei n. 13.165, de 29.09.2015.

Em seu art. 28, § 12 (Lei n. 9.504/97, na redação introduzida pela minirreforma), os valores transferidos pelos partidos políticos **oriundos de doações** serão registrados na prestação de contas dos candidatos como transferência dos partidos e na prestação de contas dos partidos, como transferência aos candidatos, **sem individualização dos doadores**.

O STF, por unanimidade e nos termos do voto do Relator, no julgamento da **ADI 5.394**, em 12.11.2015, deferiu **medida cautelar** para **suspender**, até o julgamento final da ação, a **eficácia** da expressão "sem individualização dos doadores", introduzida pela reforma, conferindo, ainda, efeitos *ex tunc* à decisão (*DJE* de 10.11.2016, mérito pendente).

Em nosso entender, acertada a decisão da Corte ao proibir as criticáveis **"doações ocultas"**, dificultando a prestação e o controle de contas, em total desrespeito à sociedade e ao postulado da transparência. Nas palavras do Min. Teori Zavascki, relator, "ao determinar que as doações feitas a candidatos por intermédio de partidos sejam registradas sem a identificação dos doadores originários, a norma institui uma **metodologia contábil diversionista**, estabelecendo uma verdadeira **cortina de fumaça** sobre as declarações de campanha e positivando um **controle de fantasia**. Pior, premia um comportamento elusivo dos participantes do processo eleitoral e dos responsáveis pela administração dos gastos de campanha. Isso atenta contra todo um bloco de princípios constitucionais que estão na medula do sistema democrático de representação popular" (*Notícias STF, 12.11.2015*).

Em 22.03.2018, o STF, por maioria e nos termos do voto do Relator, julgou procedente o pedido, para declarar a inconstitucionalidade da expressão "sem individualização dos doadores", constante da parte final do § 12 do art. 28 da Lei n. 9.504/97, acrescentada pela Lei n. 13.165/2015, confirmando, assim, a liminar deferida. De maneira acertada, a **Lei n. 13.877/2019**, na linha da decisão da Corte, alterou a redação do referido § 12 do art. 28 da Lei n. 9.504/97, retirando a referida expressão.

■ 18.8. MATERIAL DIGITAL EXCLUSIVO

18

PARTIDOS POLÍTICOS E O FINANCIAMENTO DAS CAMPANHAS ELEITORAIS

Download de Questões Modelo Tradicional — somos.in/DCE25070

Banco de Questões Plataforma — somos.in/DCE25071

Resolução de Questões Pedro Lenza — somos.in/DCE25128

Videoaulas — somos.in/DCE25107

19 ORDEM SOCIAL

19.1. ASPECTOS GERAIS

19.1.1. Valores da ordem social: base e objetivo

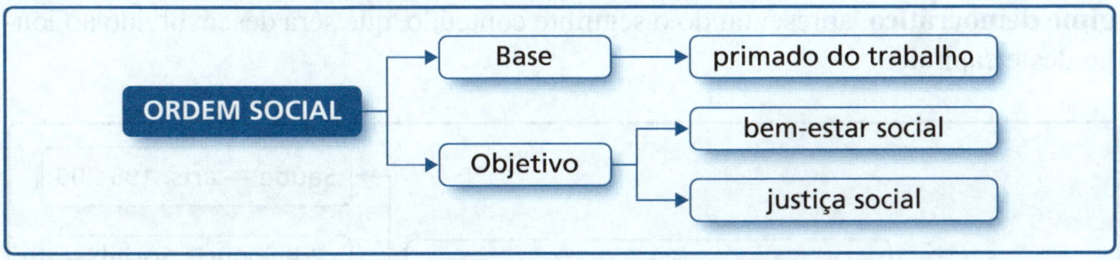

A ideia de **constituição social** está materializada no Título VIII da CF/88, que trata da **ordem social**.

Nos termos do art. 193, a ordem social tem como **base o primado do trabalho** e como **objetivo, o bem-estar** e a **justiça sociais**, estabelecendo perfeita harmonia com a *ordem econômica,* que se funda, também, a teor do art. 170, *caput*, na valorização do trabalho humano e na livre-iniciativa. A ordem econômica tem por fim (objetivo), em igual medida, assegurar a todos existência digna, conforme os ditames da justiça social.

Segundo José Afonso da Silva, "ter como *objetivo* o bem-estar e a justiça sociais quer dizer que as relações econômicas e sociais do país, para gerarem o bem-estar, hão de propiciar trabalho e condição de vida, material, espiritual e intelectual, adequada ao trabalhador e sua família, e que a riqueza produzida no país, para gerar justiça social, há de ser equanimemente distribuída"[1]

O Estado exercerá a função de planejamento das políticas sociais. A **EC n. 108/2020** assegurou, na forma da lei, a **participação da sociedade** nos processos de **formulação**, de **monitoramento**, de **controle** e de **avaliação** dessas políticas (art. 193, parágrafo único).

De maneira acertada, referida reforma explicitou as regras de **transparência** e **controle** ao prescrever, como obrigação, o **dever** de a União, os Estados, o Distrito

1 José Afonso da Silva, *Comentário contextual à Constituição*, 4. ed., p. 758.

Acesse também o vídeo sobre o capítulo pelo link: somos.in/DCE25073

Federal e os Municípios **disponibilizarem** suas informações e dados contábeis, orçamentários e fiscais, conforme periodicidade, formato e sistema estabelecidos pelo órgão central de contabilidade da União, de forma a garantir a rastreabilidade, a comparabilidade e a publicidade dos dados coletados, os quais deverão ser divulgados em meio eletrônico de amplo acesso público (art. 163-A, CF/88).

19.1.2. Conteúdo da ordem social

De acordo com o art. 6.º da CF/88 (ECs ns. 26/2000, 64/2010 e 90/2015), o ser humano apresenta-se como destinatário dos direitos sociais, quais sejam: a educação, a saúde, a alimentação, o trabalho, a moradia, o transporte, o lazer, a segurança, a previdência social, a proteção à maternidade e à infância e a assistência aos desamparados.

Nesse contexto, com razão, anota José Afonso da Silva[2] que, juntamente com o título dos direitos fundamentais, a ordem social forma o **núcleo substancial do regime democrático**, apresentando o seguinte conteúdo, que será desenvolvido ao longo deste capítulo:

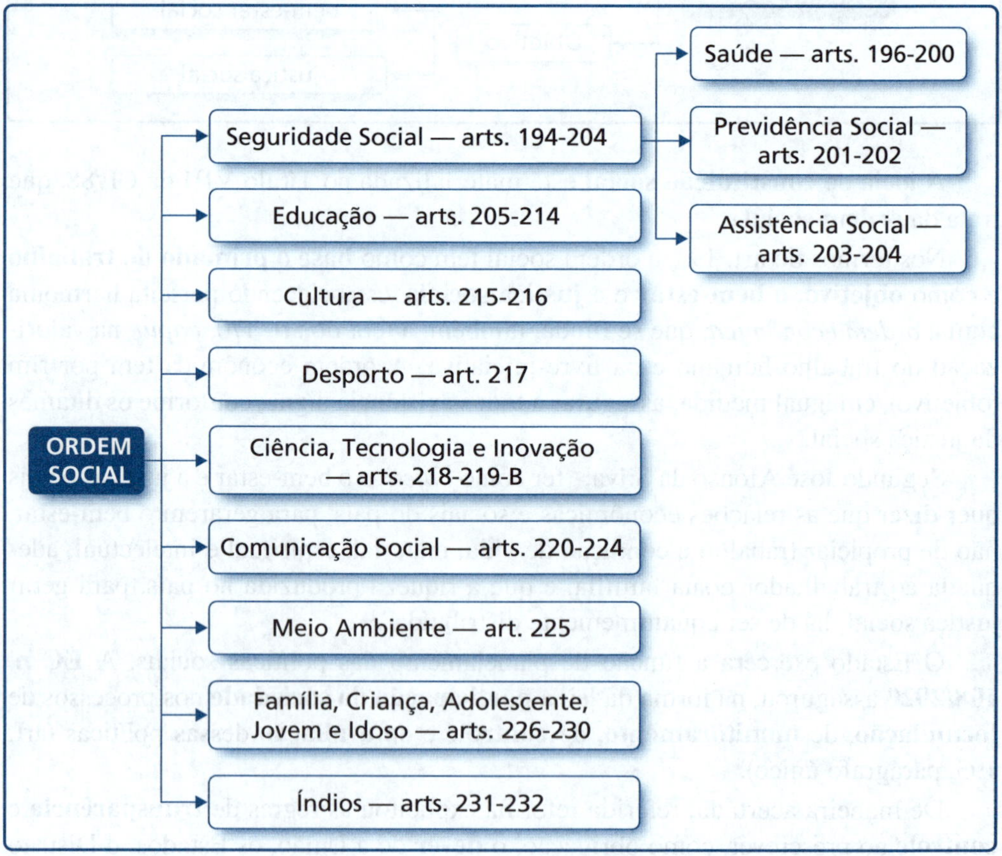

2 José Afonso da Silva, *Curso de direito constitucional positivo*, 29. ed., p. 828.

De fato, concordamos com o autor ao reconhecer que nem todos os temas englobados pelo título da ordem social apresentam o referido conteúdo típico, por exemplo, *ciência, tecnologia e inovação*, *meio ambiente* e sobretudo *índios*, que serão tratados dentro de um contexto bastante alargado de ordem social, simplesmente pela conveniência didática da sequência apresentada pela Constituição.

■ 19.2. SEGURIDADE SOCIAL

A **seguridade social** compreende um conjunto integrado de ações de iniciativa dos Poderes Públicos e da sociedade, destinadas a assegurar os direitos relativos à **saúde**, à **previdência** e à **assistência social** (art. 194, *caput*), sobressaindo os seus princípios orientadores e as formas de seu financiamento, que passam a ser indicados.[3]

■ 19.2.1. Princípios orientadores da organização da seguridade social

Dispõe o art. 194, parágrafo único, que compete ao Poder Público, nos termos da lei, organizar a seguridade social, com base nos seguintes objetivos:

- universalidade da cobertura e do atendimento;
- uniformidade e equivalência dos benefícios e serviços às populações urbanas e rurais;
- seletividade e distributividade na prestação dos benefícios e serviços;
- irredutibilidade do valor dos benefícios;
- equidade na forma de participação no custeio;
- diversidade da base de financiamento, identificando-se, em **rubricas contábeis específicas para cada área**, as receitas e as despesas vinculadas a ações de **saúde, previdência** e **assistência social**, preservado o caráter contributivo da previdência social (**EC n. 103/2019**);
- caráter democrático e descentralizado da administração, mediante gestão quadripartite, com participação dos trabalhadores, dos empregadores, dos aposentados e do Governo nos órgãos colegiados.

■ 19.2.2. Financiamento da seguridade social

Na dicção do art. 195 da CF/88, a **seguridade social** será **financiada** por **toda a sociedade**, de forma direta e indireta, nos termos da lei, mediante recursos provenientes dos orçamentos da União, dos Estados, do Distrito Federal e dos Municípios, e das seguintes contribuições sociais:

- **do empregador, da empresa e da entidade a ela equiparada na forma da lei, incidentes sobre:** *a*) a folha de salários e demais rendimentos do trabalho pagos ou creditados, a qualquer título, à pessoa física que lhe preste serviço, mesmo sem vínculo empregatício; *b*) a receita ou o faturamento; *c*) o lucro;

[3] Sugerimos aos candidatos o aprofundamento das regras sobre saúde, previdência e assistência social nos livros de Direito Previdenciário.

- **do trabalhador e dos demais segurados da previdência social**, podendo ser adotadas alíquotas progressivas de acordo com o valor do salário de contribuição, não incidindo contribuição sobre aposentadoria e pensão concedidas pelo Regime Geral de Previdência Social (**EC n. 103/2019**);
- **sobre a receita de concursos de prognósticos;**
- **do importador de bens ou serviços do exterior, ou de quem a lei a ele equiparar.**

Estamos diante de regras de custeio de toda a seguridade social, incluindo, conforme vimos, saúde, previdência e assistência social.

O STF interpretou de maneira ampla a destinação do dever de custeio da seguridade social, e, nesse particular, cumpre distinguir a imunidade prevista no art. 155, § 3.º, da CF/88.

Redação anterior à dada pela EC n. 33/2001: "À exceção dos impostos de que tratam o inciso II do *caput* deste artigo e o art. 153, I e II, nenhum outro **tributo** poderá incidir sobre operações relativas a energia elétrica, serviços de telecomunicações, derivados de petróleo, combustíveis e minerais do País".

Redação dada pela Emenda Constitucional n. 33/2001: "À exceção dos impostos de que tratam o inciso II do *caput* deste artigo e o art. 153, I e II, nenhum outro **imposto** poderá incidir sobre operações relativas a energia elétrica, serviços de telecomunicações, derivados de petróleo, combustíveis e minerais do País".

Muitos poderiam cogitar que, antes da redação dada pela EC n. 33/2001 ao art. 155, § 3.º, a imunidade estabelecida para as operações relativas a energia elétrica, serviços de telecomunicações, derivados de petróleo, combustíveis e minerais do País, por falar o texto em **tributo**, e não em **imposto**, abarcaria, também, as contribuições para o financiamento da seguridade social.

Todavia, entendeu o STF que não, devendo o referido art. 155, § 3.º, harmonizar-se com o art. 195, *caput*:

> "'COFINS. PIS. Distribuidoras de derivados de petróleo, mineradores, distribuidoras de energia elétrica e executoras de serviços de telecomunicações. O Supremo Tribunal Federal (sessão do dia 1.º-7-99), concluindo o julgamento dos Recursos Extraordinários ns. 205.355 (Ag.Rg); 227.832; 230.337; e 233.807, Rel. Min. Carlos Velloso, abrangendo as contribuições representadas pela COFINS, pelo PIS e pelo FINSOCIAL sobre as operações relativas a energia elétrica, a serviços de telecomunicações, e a derivados de petróleo, combustíveis e minerais, entendeu que, sendo elas contribuições sociais sobre o faturamento das empresas, destinadas ao financiamento da seguridade social, nos termos do art. 195, *caput*, da Constituição Federal, não lhes é aplicável a imunidade prevista no art. 155, § 3.º, da Lei Maior' (RE 224.964, Rel. Min. Ilmar Galvão, julgamento em 9-11-99, *DJ*, 04.02.2000). No mesmo sentido: RE 144.971-DF" (RE 230.337, Rel. Min. Carlos Velloso, j. 1.º.07.1999, *DJ* de 28.06.2002).

Nessa linha, destacamos a **S. 659/STF**: "É legítima a cobrança da COFINS, do PIS e do FINSOCIAL sobre as operações relativas a energia elétrica, serviços de telecomunicações, derivados de petróleo, combustíveis e minerais do país" (Sessão Plenária de 24.09.2003).

19.2.3. Competência discriminada (lei ordinária) e competência residual (lei complementar)

As formas de custeio previstas no art. 195, I-IV, materializam-se por **lei ordinária** e no exercício da denominada **competência discriminada** da União. Isso porque, conforme entendimento do STF, não se aplica a regra do art. 146, III, "a" (que exige LC para a modalidade **imposto** de tributo), nem a regra do art. 195, § 4.º, que trata de outras fontes de custeio da seguridade social.

Já para a instituição de outras fontes de custeio destinadas a garantir a manutenção ou expansão da seguridade social, obedecido o art. 154, I, e nos termos do art. 195, § 4.º, indispensável será a **lei complementar**. Trata-se da denominada **competência residual** da União. Nesse sentido:

> "SEBRAE. Contribuição de Intervenção no Domínio Econômico. Lei n. 8.029, de 12.04.1990, art. 8.º § 3.º. Lei n. 8.154, de 28.12.1990. Lei n. 10.668, de 14.05.2003. CF, art. 146, III; art. 149; art. 154, I; art. 195, § 4.º As contribuições do art. 149, CF, contribuições sociais, de intervenção no domínio econômico e de interesse de categorias profissionais ou econômicas, posto estarem sujeitas à lei complementar do art. 146, III, CF, isto não quer dizer que deverão ser instituídas por lei complementar. **A contribuição social do art. 195, § 4.º, CF, decorrente de 'outras fontes', é que, para a sua instituição, será observada a técnica da competência residual da União:** CF, art. 154, I, *ex vi* do disposto no art. 195, § 4.º" (RE 396.266, Rel. Min. Carlos Velloso, j. 26.11.2003, *DJ* de 27.02.2004).

19.2.4. Inconstitucionalidade do art. 3.º, § 1.º, da Lei n. 9.718/98 (PIS/PASEP e COFINS). EC n. 20/98 — impossibilidade do fenômeno da "constitucionalidade superveniente"

Como se sabe, o art. 3.º, § 1.º, da Lei n. 9.718/98 ampliou a base de cálculo da COFINS e do PIS/PASEP ao dar um novo conceito a **faturamento**, diferentemente do que estabelecia a redação original do art. 195, I, da CF/88, tudo como se percebe pelo quadro abaixo.

REDAÇÃO ORIGINAL DADA AO ART. 195, I, DA CF/88: FINANCIAMENTO DA SEGURIDADE SOCIAL MEDIANTE AS SEGUINTES CONTRIBUIÇÕES	CONCEITO DE FATURAMENTO DADO PELO ART. 2.º DA LC N. 70/91	AMPLIAÇÃO DA BASE DE CÁLCULO DA COFINS E DO PIS/PASEP PELO ART. 3.º, § 1.º, DA LEI N. 9.718/98	REDAÇÃO DADA AO ART. 195, I, DA CF/88 PELA EC N. 20/98: FINANCIAMENTO DA SEGURIDADE SOCIAL MEDIANTE AS SEGUINTES CONTRIBUIÇÕES
I — dos empregadores, incidente sobre a folha de salários, o **faturamento** e o lucro;	Art. 2.º A contribuição de que trata o artigo anterior será de 2% e incidirá sobre o **faturamento** mensal, assim considerada **a receita bruta das vendas de mercadorias, de mercadorias e serviços e de serviço de qualquer natureza.**	Art. 3.º O **faturamento** a que se refere o artigo anterior corresponde à receita bruta da pessoa jurídica. § 1.º Entende-se por receita bruta a **totalidade das receitas auferidas pela pessoa jurídica**, sendo irrelevantes o tipo de atividade por ela exercida e a classificação contábil adotada para as receitas.	I — do empregador, da empresa e da entidade a ela equiparada na forma da lei, incidentes sobre: a) a folha de salários e demais rendimentos do trabalho pagos ou creditados, a qualquer título, à pessoa física que lhe preste serviço, mesmo sem vínculo empregatício; b) a **receita** ou o faturamento; c) o lucro.

Assim, o art. 3.º, § 1.º, da Lei n. 9.718/98, ao ampliar o conceito de faturamento, extrapolou, criando uma figura sem fundamento no original art. 195, I, já que estabelecia uma ideia de receita. Sob esse aspecto, referida lei "nasceu morta", viciada, sem fundamento na Constituição.

Trata-se de nulidade absoluta, ou seja, vício congênito, que não pode ser convalidado. Dessa forma, mesmo com o advento da EC n. 20/98 (*DOU* de 16.12.1998), posterior à Lei n. 9.718/98 (*DOU* de 28.11.1998), que passaria a dar sustentáculo ao novo conceito de faturamento, não se pode aceitar a correção do vício de inconstitucionalidade, uma vez que, conforme estudado, o STF, como regra geral, **não aceita o fenômeno da constitucionalidade superveniente**. Nesse sentido:

> "Constitucionalidade superveniente — Artigo 3.º, § 1.º, da Lei n. 9.718, de 27 de novembro de 1998 — Emenda Constitucional n. 20, de 15 de dezembro de 1998. O sistema jurídico brasileiro não contempla a figura da constitucionalidade superveniente. Tributário — Institutos — Expressões e vocábulos — Sentido. A norma pedagógica do artigo 110 do Código Tributário Nacional ressalta a impossibilidade de a lei tributária alterar a definição, o conteúdo e o alcance de consagrados institutos, conceitos e formas de direito privado utilizados expressa ou implicitamente. Sobrepõe-se ao aspecto formal o princípio da realidade, considerados os elementos tributários. Contribuição Social — PIS — Receita Bruta — Noção — Inconstitucionalidade do § 1.º do artigo 3.º da Lei n. 9.718/98. A jurisprudência do Supremo, ante a redação do artigo 195 da Carta Federal anterior à Emenda Constitucional n. 20/98, consolidou-se no sentido de tomar as expressões receita bruta e faturamento como sinônimas, jungindo-as à venda de mercadorias, de serviços ou de mercadorias e serviços. É inconstitucional o § 1.º do artigo 3.º da Lei n. 9.718/98, no que ampliou o conceito de receita bruta para envolver a totalidade das receitas auferidas por pessoas jurídicas, independentemente da atividade por elas desenvolvida e da classificação contábil adotada" (RE 346.084, Rel. Min. Marco Aurélio, j. 09.11.2005, *DJ* de 1.º.09.2006). No mesmo sentido: RE 390.840, Rel. Min. Marco Aurélio, j. 09.11.2005, *DJ* de 15.08.2006; RE 357.950, j. 09.11.2005, *DJ* de 15.08.2006.

19.2.5. Cobrança da Contribuição para o Financiamento da Seguridade Social (COFINS) para sociedades civis de profissões regulamentadas

19.2.5.1. Inexistência de hierarquia entre LC e LO

O tema é muito interessante, não só em razão dos aspectos financeiros que envolve, mas, especialmente, ao nosso objetivo neste trabalho — analisar se há ou não hierarquia entre lei complementar e lei ordinária.[4]

O art. 6.º, II, da LC n. 70/91 estabeleceu a **isenção** da **COFINS** para as sociedades civis prestadoras de serviços de profissão legalmente regulamentada.

Por sua vez, o art. 56 da Lei n. 9.430/96 revogou a referida isenção: "As sociedades civis de prestação de serviços de profissão legalmente regulamentada passam a

4 Assim, muito cuidado aqueles que vão prestar concurso para PFN.

contribuir para a seguridade social com base na receita bruta da prestação de serviços, observadas as normas da Lei Complementar n. 70, de 30 de dezembro de 1991".

Assim, grande questão se colocou: poderia uma lei ordinária revogar artigo de lei complementar?

Duas correntes surgiram. A primeira entendia que LO não poderia revogar artigo de LC, tendo em vista o **princípio da hierarquia** entre LC e LO e, ainda, o critério da **impossibilidade de lei geral posterior revogar lei especial anterior**. Na linha da hierarquia das normas, várias decisões do STJ caminharam nesse sentido (cf., por exemplo: AgREsp 253.984/RS, *DJ* de 18.09.2000, REsp 221.710/RJ, *DJ* de 18.02.2002), tendo sido, inclusive, em 14.05.2003 (*DJ* de 02.06.2003) editada a **S. 276/STJ**: "As sociedades civis de prestação de serviços profissionais são isentas da Cofins, irrelevante o regime tributário adotado".

No STF, contudo, a tendência era diferente. No julgamento do RE 419.629, a 1.ª Turma entendeu que não existe hierarquia entre LC e LO, mas, em realidade, âmbito material a ser regulamentado. Algumas matérias são regulamentadas por LC. Assim, se uma LO tratar do assunto, ela será inconstitucional por violar a própria regra de competência da CF/88.

No caso concreto da isenção da COFINS, conforme visto anteriormente no *item 19.2.3*, o STF entendeu que a regulamentação das matérias do art. 195, I-IV, materializa-se por **lei ordinária** e no exercício da denominada **competência discriminada** da União, não se aplicando, assim, a regra do art. 146, III, "a" (que exige LC para a modalidade **imposto** de tributo), nem a regra do art. 195, § 4.º, que trata de outras fontes de custeio da seguridade social, na denominada **competência residual** da União.

Dessa maneira, a isenção conferida por LC poderia ter sido estabelecida por LO. Vale dizer, a LC n. 70/91 tem forma de LC, mas **essência**, "alma", de LO. Logo, por ter *status* de LO, a revogação da isenção concedida poderia ter sido, como foi, veiculada por LO. Vejamos:

> "Contribuição social (CF, art. 195, I): legitimidade da revogação pela L. 9.430/96 da isenção concedida às sociedades civis de profissão regulamentada pela Lei Complementar 70/91, dado que essa lei, **formalmente complementar**, é, com relação aos dispositivos concernentes à contribuição social por ela instituída, **materialmente ordinária**; ausência de violação ao princípio da hierarquia das leis, cujo respeito exige seja observado o âmbito material reservado às espécies normativas previstas na Constituição Federal. Precedente: ADC 1, Moreira Alves, *RTJ* 156/721" (RE 457.884-AgR, Rel. Min. Sepúlveda Pertence, j. 21.02.2006, *DJ* de 17.03.2006). No mesmo sentido: RE 419.629, Rel. Min. Sepúlveda Pertence, j. 23.05.2006, *DJ* de 30.06.2006; AI 637.299-AgR, Rel. Min. Celso de Mello, j. 18.09.2007, *DJ* de 05.10.2007. Cf., também, *Inf. 459/STF*.

O STF consagrou, portanto, a tese da inexistência de hierarquia entre LC e LO. No fundo, o conflito supostamente existente será de **competência constitucional**. Eventual LO que trate de assunto reservado a LC será inconstitucional não por violar a LC em si, mas por violar a própria CF/88.

De todo o exposto, diante da posição firmada pelo STF, julgando a **AR 3.761-PR**, na sessão de **12.11.2008**, a Primeira Seção do **STJ** deliberou pelo **cancelamento** da **S. 276** e, em momento seguinte, editou a **S. 508** com os seguintes dizeres: "a isenção da COFINS concedida pelo art. 6.º, II, da LC n. 70/91 às sociedades civis de prestação de serviços profissionais foi **revogada** pelo art. 56 da Lei n. 9.430/96" (j. 26.03.2014, *DJE* de 30.03.2014).

19.2.5.2. A questão da modulação dos efeitos da decisão pelo STF

Destacamos os julgamentos dos **REs 377.457** e **381.964**, nos quais se discutia o tema da revogação da isenção. Como o STF entendeu pela constitucionalidade da cobrança, restou a questão sobre conceder ou não a modulação dos efeitos da decisão.

Como se sabe, nos termos do art. 27 da Lei n. 9.868/99, ao declarar a inconstitucionalidade de lei ou ato normativo, e tendo em vista **razões de segurança jurídica** ou de **excepcional interesse social**, poderá o STF, por maioria de 2/3 (pelo menos 8 Ministros) de seus membros, restringir os efeitos daquela declaração ou decidir que ela só tenha eficácia a partir de seu trânsito em julgado ou de outro momento que venha a ser fixado.

Não há dúvida de que o STF pode, por analogia, aplicar referida regra também ao controle difuso, até porque a tese julgada passa a servir de parâmetro para outros recursos extraordinários já interpostos e sobrestados (art. 543-B, § 3.º, do CPC, com correspondência mais ampliada nos arts. 1.039 e 1.040, CPC/2015).

Contudo, em **17.09.2008**, o STF não aceitou a modulação dos efeitos da decisão. A votação ficou empatada em 5 x 5 e, portanto, não se conseguiu o número mínimo de 8 Ministros para se aplicar a modulação dos efeitos da decisão.

Parece-nos que as críticas feitas por alguns Ministros que defendiam a modulação são muito pertinentes, especialmente por ter vigorado, por 5 longos anos, uma **súmula do STJ** (a de n. 276, como visto acima) fixando uma posição completamente oposta a essa nova do STF.

Segundo sustentou o Min. *Menezes Direito*, essa divergência de julgamentos "pode gerar uma insegurança jurídica e consequências terrificantes". Em igual sentido, o Min. *Celso de Mello*, em face do tempo durante o qual perdurou o entendimento firmado na S. 276/STJ, argumentou: "esse longo período consolidou justas expectativas no espírito dos contribuintes, incutindo neles a confiança da plena regularidade da sua conduta, que se pautou segundo os cânones estabelecidos no enunciado" (*Notícias STF,* 17.09.2008).

O Min. *Cezar Peluso*, no entanto, "... rejeitou a modulação por não ver densidade jurídica que justificasse a tese. 'Não podemos baratear o uso analógico da modulação, sob o risco de ter de modular toda a alteração feita sobre o entendimento dos tribunais'. Ele defendeu que as decisões da Corte têm de sinalizar para o contribuinte que ele leve a sério suas obrigações tributárias" (*Notícias STF,* 17.09.2008).

Assim, por 8 x 2 (no mérito — lembrando que 5 x 5 foi a discussão sobre a modulação ou não da cobrança), entendeu o STF que os **profissionais liberais** (sociedades civis de prestação de serviços legalmente regulamentados) estão obrigados a recolher a Cofins, não tendo havido a modulação dos efeitos da decisão.[5]

■ 19.3. EDUCAÇÃO

Conforme prescrito na Constituição, a educação, **direito de todos e dever do Estado e da família**, será promovida e incentivada com a colaboração da sociedade, visando ao pleno desenvolvimento da pessoa, seu preparo para o exercício da cidadania e sua qualificação para o trabalho (art. 205).

Nesse sentido, ensina José Afonso da Silva, "a educação, como processo de reconstrução da experiência, é um atributo da pessoa humana, e, por isso, tem que ser **comum a todos**. É essa concepção que a Constituição agasalha nos arts. 205 a 214, quando declara que ela é um direito de todos e dever do Estado. Tal concepção importa elevar a educação à categoria de **serviço público essencial**, que ao Poder Público impende possibilitar a todos — daí a preferência constitucional pelo ensino público, pelo quê a iniciativa privada, nesse campo, embora livre, é meramente secundária e condicionada (arts. 209 e 213)".[6]

Nesse contexto, a **EC n. 108/2020** ampliou os princípios que regem o ensino, destacando-se a garantia do direito à educação e à aprendizagem **ao longo da vida** (art. 206, IX, CF/88).

■ 19.3.1. *Homeschooling* (RE 888.815)

Remetemos o nosso querido leitor para discutirmos a temática do *homeschooling* na plataforma, tendo a informação de que o STF fixou a seguinte tese sobre a matéria: "não existe direito público subjetivo do aluno ou de sua família ao **ensino domiciliar**, inexistente na legislação brasileira" (*tema 822* da repercussão geral — **RE 888.815**, j. 12.09.2018).

■ 19.3.2. FUNDEB — Aspectos gerais — ECs ns. 53/2006 e 108/2020

A EC n. 14/96 criou o *FUNDEF — Fundo de Manutenção e Desenvolvimento do Ensino Fundamental e de Valorização do Magistério*, com prazo para vigorar por 10 anos e, assim, com término em 2006.

Com o fim do *FUNDEF*, a **EC n. 53/2006** instituiu o **FUNDEB** (*Fundo de Manutenção e Desenvolvimento da **Educação Básica** e de Valorização dos Profissio-*

[5] A última esperança estava na **ADI 4.071**, proposta pelo PSDB, que, além da questão de mérito, pedia a modulação dos efeitos. Contudo, em **10.10.2008**, o Min. Menezes Direito **extinguiu** a ação, justificando que a matéria já havia sido inteiramente julgada pelo Plenário do STF nos referidos mandados de segurança (*REs ns. 377.457* e *381.964*).

[6] José Afonso da Silva, *Comentário contextual à Constituição*, 9. ed., p. 800.

Acesse também a videoaula pelo link: somos.in/DCE25108

nais da Educação), tornando o fundo mais abrangente e com prazo de duração de 14 anos, com início em 2007 e término em 31.12.2020.

E por que o **FUNDEB** criado pela EC n. 53/2006 era mais abrangente que o **FUNDEF**?

Enquanto o **FUNDEF** (*Fundo de Manutenção e Desenvolvimento do* **Ensino Fundamental** *e de Valorização do Magistério*) buscava o aperfeiçoamento apenas do **ensino fundamental**, o **FUNDEB** ampliou os mecanismos de financiamento da **educação básica**, na medida em que, além de cobrir o ensino fundamental, passava a abranger, também, a educação infantil (creche e pré-escola) e o ensino médio.

Nos termos do art. 21 da Lei n. 9.394/96 (que estabelece as diretrizes e bases da educação nacional), a **educação escolar** compõe-se de: **a)** educação básica, composta por educação infantil, ensino fundamental e ensino médio; **b)** educação superior.

A educação básica tem por finalidade desenvolver o educando, assegurar-lhe a formação comum indispensável para o exercício da cidadania e fornecer-lhe meios para progredir no trabalho e em estudos posteriores (art. 22 da lei).

Finalmente, a **EC n. 108/2020** tornou o **FUNDEB**, agora conhecido como **"novo FUNDEB"**, **permanente**, não mais estabelecendo prazo de vigência. Apesar desta nova regra (ser o fundo permanente), o art. 60-A, ADCT, estabelece que os critérios de distribuição da complementação da União e dos fundos a que se refere o inciso I do *caput* do art. 212-A da Constituição Federal serão **revistos** em seu sexto ano de vigência e, a partir dessa primeira revisão, **periodicamente**, a cada 10 anos.

O novo FUNDEB, que entrou em vigor em 01.01.2021, apresenta-se mais "robusto e com critérios mais eficientes de distribuição dos recursos", destacando-se as seguintes e principais inovações (conforme destacado no Parecer n. 185/2020 ao Projeto de Lei n. 4.372, de 2020, que pedimos vênia para abaixo reproduzir):

- "Ampliação da complementação da União dos atuais 10% para 23% do total dos recursos dos fundos estaduais, conforme indicado;
- Coexistência no Fundo de três modelos para distribuição da complementação da União, de forma que cada um deles atende a objetivos específicos, com vistas a corrigir distorções que existem no atual Fundeb;
- Prioridade para a educação infantil, etapa da educação na qual será obrigatoriamente aplicada a metade dos recursos da parcela da complementação da União denominada Valor Anual Total por Aluno (VAAT);
- Fiscalização e controle interno, externo e social dos recursos, com fortalecimentos dos conselhos;
- Valorização dos profissionais da educação, com aumento para, no mínimo, 70% dos recursos do Fundo reservado para o pagamento de sua remuneração (anteriormente, essa reserva era de 60%);
- Ação redistributiva dos sistemas de ensino em relação às suas escolas, de forma a reduzir as desigualdades dentro de cada rede;
- Avaliação do Fundo no sexto ano de vigência, e depois a cada dez anos;

■ Criação de mecanismo para distribuição de 10 pontos percentuais da conta municipal do Imposto sobre Circulação de Mercadorias e Serviços (ICMS) para incentivar a coordenação federativa e a melhoria da gestão e dos resultados de aprendizagem nas redes de ensino;

■ Vedação de utilização dos recursos de manutenção e desenvolvimento de ensino (MDE) para pagamento de aposentadorias e pensões."

A **Lei n. 14.113, de 25.12.2020**, regulamentou o Fundo de Manutenção e Desenvolvimento da Educação Básica e de Valorização dos Profissionais da Educação (Fundeb), de que trata o art. 212-A da Constituição Federal, revogando dispositivos da Lei n. 11.494/2007.

19.3.3. Quadro esquematizado da educação escolar

Acrescentamos, para facilitar o estudo, quadro ilustrativo da **educação escolar**, destacando o direcionamento do **FUNDEB** para toda a educação básica e não nos restringindo ao ensino fundamental:[7]

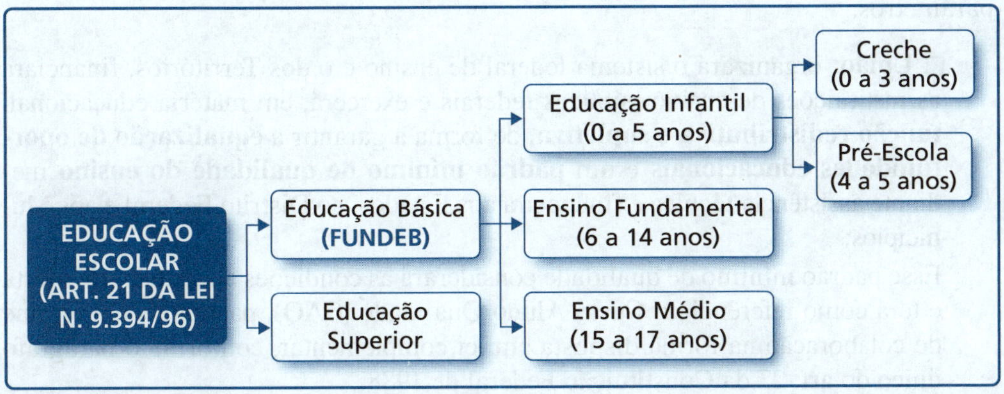

A educação, **direito de todos e dever do Estado e da família**, será promovida e incentivada com a colaboração da sociedade, visando ao pleno desenvolvimento da pessoa, seu preparo para o exercício da cidadania e sua qualificação para o trabalho.

O **dever do Estado** com a educação será efetivado mediante a garantia de (art. 208, CF/88):

7 As idades indicadas no quadro estão nos termos da **Lei n. 11.274, de 06.02.2006**, que, ao modificar o art. 32 da Lei n. 9.394/96, determinou a ampliação da duração do ensino fundamental obrigatório para **9 anos**, gratuito na escola pública e iniciando aos 6 anos de idade. Contudo, conforme o art. 5.º da Lei n. 11.274/2006, os Municípios, os Estados e o Distrito Federal teriam até **2010** para implementar a obrigatoriedade da duração de 9 anos para o ensino fundamental e a abrangência da pré-escola. Nesse sentido, até 2010 as idades indicadas poderiam variar de 0-3 anos (creche); 4-6 anos (pré-escola); 7-14 anos (ensino fundamental) e 15-17 anos (ensino médio).

- educação básica obrigatória e gratuita dos 4 aos 17 anos de idade, assegurada inclusive sua oferta gratuita para todos os que a ela não tiveram acesso na idade própria;
- progressiva universalização do ensino médio gratuito;
- atendimento educacional especializado aos portadores de deficiência, preferencialmente na rede regular de ensino;
- educação infantil, em creche e pré-escola, às crianças até 5 anos de idade;[8]
- acesso aos níveis mais elevados do ensino, da pesquisa e da criação artística, segundo a capacidade de cada um;
- oferta de ensino noturno regular, adequado às condições do educando;
- atendimento ao educando, em todas as etapas da educação básica, por meio de programas suplementares de material didático-escolar, transporte, alimentação e assistência à saúde.

A União, os Estados, o Distrito Federal e os Municípios organizarão, de modo a assegurar a universalização do ensino obrigatório, os seus sistemas de ensino em **regime de colaboração**, estabelecendo a Constituição (art. 211) os seguintes parâmetros:

- **União:** organizará o sistema federal de ensino e o dos Territórios, financiará as instituições de ensino públicas federais e exercerá, em matéria educacional, **função redistributiva** e **supletiva**, de forma a garantir a **equalização de oportunidades educacionais** e um **padrão mínimo de qualidade do ensino** mediante assistência técnica e financeira aos Estados, ao Distrito Federal e aos Municípios;

  Esse padrão mínimo de qualidade considerará as condições adequadas de oferta e terá como referência o Custo Aluno Qualidade (CAQ), pactuados em regime de colaboração na forma disposta em lei complementar, conforme o parágrafo único do art. 23 da Constituição Federal de 1988.
- **Municípios:** atuarão **prioritariamente** no ensino fundamental e na educação infantil;
- **Estados e o Distrito Federal:** atuarão **prioritariamente** no ensino fundamental e médio.

A dificuldade de vagas em **creches** próximas à residência ou local de trabalho tem sido um tema recorrente no Judiciário. Enquanto direito fundamental de segunda dimensão, existem importantes decisões do STF no sentido de se tratar de **dever do Estado** (prestação positiva), afastando-se a alegação da cláusula de "reserva do possível" para a não atuação municipal (art. 208, IV, c/c o art. 211, § 3.º), inclusive com a possibilidade de aplicação de multa diária até o cumprimento da obrigação de im-

[8] A redução de 6 para 5 anos se deu pela EC n. 53/2006. Somente quase 10 anos depois é que o ECA veio a ser atualizado nos termos da Lei n. 13.306/2016.

plementação da matrícula (cf. **ARE 639.337-AgR/SP**, 2.ª T., j. 23.08.2011, tendo sido o entendimento reafirmado no **RE 956.475**, j. 12.05.2016, Min. Celso de Mello).

19.3.4. Fim (progressivo) da DRU para a educação e as ECs ns. 59/2009, 68/2011, 93/2016 e 103/2019

O art. 2.º da Lei n. 4.320/64 prevê que a Lei do Orçamento conterá a discriminação da **receita** e **despesa** de forma a evidenciar a política econômico-financeira e o programa de trabalho do governo, obedecidos os princípios da unidade, universalidade e anualidade.

Observa-se, assim, um alto grau de vinculação no orçamento brasileiro, como as transferências constitucionais, seguridade social, manutenção e desenvolvimento do ensino etc.

De acordo com o art. 76 do ADCT, contudo, na redação dada pela EC n. 68/2011, foi retomado o mecanismo de se **Desvincular Recursos da União** (DRU): "são desvinculados de órgão, fundo ou despesa, até **31.12.2015**, **20%** da arrecadação da União de impostos, contribuições sociais e de intervenção no domínio econômico, já instituídos ou que vierem a ser criados até a referida data, seus adicionais e respectivos acréscimos legais".

A EC n. 93/2016, por sua vez, alterou a redação do *caput* do art. 76, prorrogando a DRU e aumentando o seu percentual, nos seguintes termos: "são desvinculados de órgão, fundo ou despesa, até **31.12.2023**, **30%** da arrecadação da União relativa às contribuições sociais, sem prejuízo do pagamento das despesas do Regime Geral da Previdência Social, às contribuições de intervenção no domínio econômico e às taxas, já instituídas ou que vierem a ser criadas até a referida data".

O objetivo da **DRU** é "... dar uma maior flexibilidade à alocação dos recursos públicos e não significa elevação das receitas disponíveis para o governo federal. Além disso, não afeta as transferências constitucionais para Estados e municípios, cuja principal fonte de receita é o IPI e o Imposto de Renda, uma vez que a desvinculação é feita após os cálculos das transferências". As suas finalidades podem ser: **a)** permitir a alocação mais adequada de recursos orçamentários; **b)** não permitir que determinados itens de despesas fiquem com excesso de recursos vinculados, ao mesmo tempo que outras áreas apresentam carência de recursos; **c)** permitir o financiamento de despesas incomprimíveis sem endividamento adicional de União" (*www.planejamento.gov.br*).

Excetua-se da aludida desvinculação a arrecadação da contribuição social do **salário-educação** a que se refere o art. 212, § 5.º.

Muito embora a EC n. 93/2016, diferentemente da EC n. 68/2011 (cf. art. 76, § 1.º, ADCT, agora revogado), tenha também estabelecido a desvinculação de receitas dos Estados, Distrito Federal e Municípios, dentre outras, houve a **preservação** dos recursos destinados ao financiamento das ações e serviços públicos de saúde e **à manutenção e desenvolvimento do ensino** de que tratam, respectivamente, os incisos II e III do § 2.º do art. 198 e o art. 212 da Constituição Federal.

A **EC n. 59/2009**, por sua vez, inovou ao acabar com a DRU — Desvinculação de Receitas da União — para a **educação**. Essa desvinculação, como se observava da redação conferida ao § 3.º do art. 76 do ADCT, dar-se-ia de modo **gradativo**: "para efeito do cálculo dos recursos para **manutenção e desenvolvimento do ensino** de que trata o art. 212 da Constituição, o percentual referido no *caput* deste artigo será de 12,5% no exercício de 2009, 5% no exercício de 2010, e nulo no exercício de 2011".

Nesse sentido, a **EC n. 68/2011**, ao dar nova redação ao art. 76, § 3.º, do ADCT, estabeleceu que, para efeito do cálculo dos recursos para manutenção e desenvolvimento do ensino de que trata o art. 212 da Constituição Federal, o percentual referido no *caput* será **nulo**, confirmando, portanto, a previsão fixada pela EC n. 59/2009, situação esta mantida na **EC n. 93/2016**.

Assim, segundo noticiado, "a previsão é que com a extinção da desvinculação, a Educação recebesse em 2009 cerca de R$ 4 bilhões, de um total previsto de R$ 41 bilhões. Em 2010, o fim da DRU para a educação representará injeção de novos R$ 8 bilhões para o ensino" (*Notícias STF*, 11.11.2009).

Não parece que isso seja suficiente para resolver o grave problema de educação no Brasil, porém é uma garantia de que os governantes aplicarão um valor mínimo nesse tema essencial para o crescimento do País. Naturalmente que os orçamentos deverão preocupar-se além desse mínimo.

A Reforma da Previdência trazida pela **EC n. 103/2019**, por sua vez, criou mais uma exceção: "a desvinculação de que trata o *caput* não se aplica às receitas das contribuições sociais destinadas ao custeio da seguridade social".

Outro ponto de suma importância trazido pela EC n. 59/2009 foi o aumento da escolaridade obrigatória.

Agora, o dever do Estado com a educação será efetivado mediante a garantia de educação básica obrigatória e gratuita dos **4** aos **17 anos** de idade, assegurada inclusive sua oferta gratuita para todos os que a ela não tiveram acesso na idade própria (art. 208, I).

Essa **extensão** da **garantia da obrigatoriedade do ensino** (que antes da EC n. 59/2009 era apenas para o ensino fundamental) deverá ser implementada progressivamente, até **2016**, nos termos do Plano Nacional de Educação, com apoio técnico e financeiro da União.

Para alcançar esse objetivo, agora o art. 211, § 4.º, passa a incluir a **União** no regime de colaboração, responsabilidade essa que não poderia ficar só com os Estados e Municípios: na organização de seus sistemas de ensino, a União, os Estados, o Distrito Federal e os Municípios definirão **formas de colaboração**, de forma a assegurar a **universalização**, a **qualidade** e a **equidade** do ensino obrigatório (EC n. 108/2020).

A distribuição dos recursos públicos assegurará prioridade ao atendimento das necessidades do **ensino obrigatório**, no que se refere a **universalização**, **garantia de padrão de qualidade e equidade**, nos termos do plano nacional de educação que passou a ter duração **decenal** (art. 214, *caput*).

■ 19.4. CULTURA

Assim como a educação, também este importante tema da **cultura** está em processo de análise e desenvolvimento. Novamente, pedimos escusas ao nosso ilustre leitor, concentrando-nos nas novidades introduzidas pelas ECs ns. 48/2005 e 71/2012.

■ 19.4.1. Plano Nacional de Cultura (EC n. 48/2005)

O art. 215 da CF/88 consagra como direito fundamental o **princípio da cidadania cultural** ao prescrever que o Estado garantirá a todos o **pleno exercício dos direitos culturais** e o **acesso às fontes da cultura nacional**, e apoiará e incentivará a **valorização** e a **difusão das manifestações culturais**.

E os parágrafos do art. 215 estabelecem que o Estado protegerá as manifestações das culturas populares, indígenas, afro-brasileiras e as de outros grupos participantes do processo civilizatório nacional, e que a lei disporá sobre a fixação de datas comemorativas de alta significação para os diferentes segmentos étnicos nacionais.

O art. 216 da CF/88, por sua vez, define a amplitude do conceito de **patrimônio cultural** como os bens de natureza material e imaterial, tomados individualmente ou em conjunto, portadores de referência à identidade, à ação, à memória dos diferentes grupos formadores da sociedade brasileira, nos quais se incluem as formas de expressão; os modos de criar, fazer e viver; as criações científicas, artísticas e tecnológicas; as obras, objetos, documentos, edificações e demais espaços destinados às manifestações artístico-culturais; os conjuntos urbanos e sítios de valor histórico, paisagístico, artístico, arqueológico, paleontológico, ecológico e científico.

A Constituição, no entanto, deixou de prever expressamente, a exemplo do que se fixou no art. 214 no que tange à educação, um **plano nacional de cultura**, situação essa agravada pela falta de prioridade dos governantes em relação a tão importante direito fundamental.

Durante a tramitação do projeto, o então Senador Hélio Costa lembra interessante frase do ex-Ministro da Cultura da França *Jacques Lang*: "as únicas coisas no mundo que deveriam ter subsídios governamentais são a cultura e a agricultura, porque os alimentos para a alma são tão necessários quanto os alimentos para o corpo" (*DSF* de 02.06.2005, p. 17142).

Ao comentar sobre a necessidade de um **plano nacional de cultura**, o Senador Marcelo Crivella sinalizou que se tratava "... de uma iniciativa do Governo Federal da maior relevância. Estamos sendo aculturados por potências estrangeiras hegemônicas, porque não temos ainda, neste País, um plano nacional que valorize a nossa cultura, que destine recursos suficientes e que organize desde os nossos sites antropológicos, onde estão (*sic*) a história dos nossos ancestrais, até mesmo uma organização consistente, um arcabouço completo da nossa cultura, das nossas festas, da nossa música, da nossa poesia, dos nossos quadros, principalmente da nossa história, para que os brasileiros não cometam os erros do passado. O Plano Nacional de Cultura é fundamental tanto no seu conselho gestor como no seu fundo. É um momento importante em que o Congresso Nacional e o Senado Federal dão uma manifestação concisa, definitiva para que fique valorizada e preservada para as futuras gerações a cultura do nosso povo..." (*DSF* de 02.06.2005, p. 17142).

Na *justificativa* da proposição, estabelece-se, com propriedade, que a Cultura "... é um vetor indispensável do desenvolvimento socioeconômico de qualquer país. É ela, em última instância, o elemento definidor da identidade nacional em um mundo pretensamente 'sem barreiras', em virtude do processo de globalização" (*DSF* de 07.08.2003, p. 22449).

Nesse contexto, positivamente, o Congresso Nacional aprovou a **EC n. 48**, de 10.08.2005, prescrevendo que a lei estabelecerá o **Plano Nacional de Cultura**, de duração **plurianual**, visando ao **desenvolvimento cultural do País** e à **integração das ações do Poder Público** que conduzem à:

- defesa e valorização do patrimônio cultural brasileiro;
- produção, promoção e difusão de bens culturais;
- formação de pessoal qualificado para a gestão da cultura em suas múltiplas dimensões;
- democratização do acesso aos bens de cultura;
- valorização da diversidade étnica e regional.

Segundo José Afonso da Silva, "o direito à cultura é um direito constitucional que exige ação positiva do Estado, cuja realização efetiva postula uma política cultural oficial. A ação cultural do Estado há de ser ação afirmativa que busque realizar a igualação dos socialmente desiguais, para que todos, igualmente, aufiram os benefícios da cultura".[9]

Sem dúvida, portanto, a **EC n. 48/2005** significa avanço em prol da efetivação desse importante valor constitucional e direito fundamental chamado **cultura**. Esperamos, apenas, que o **plano nacional de cultura** se efetive, encontrando o seu espaço e prioridade nos planos de governo, sem prejuízo do andamento das demais políticas públicas e implementação de outros tantos programas prometidos, como o da **educação**, o da **erradicação da pobreza** e, de modo geral, **os direitos civis**, **políticos**, **sociais** e **econômicos**. Resta, com esperança, aguardar e cobrar atitude positiva de nossos governantes, colocando em prática real e efetivamente o importante e necessário **plano nacional de cultura**.

19.4.2. Sistema Nacional de Cultura (EC n. 71/2012)

Com o objetivo de efetivar as políticas públicas envolvendo a cultura no Brasil, a **EC n. 71/2012** previu mais um instrumento de aperfeiçoamento, assim como já se observara com a criação do *Plano Nacional de Cultura* (EC n. 48/2005).

---

[9] José Afonso da Silva, *Comentário contextual à Constituição*, p. 802.

Trata-se da instituição do denominado **Sistema Nacional de Cultura**, que será organizado em regime de **colaboração**, de forma **descentralizada** e **participativa**, estabelecendo-se um processo de gestão e promoção conjunta de políticas públicas de cultura, democráticas e permanentes, pactuadas entre os entes da Federação e a sociedade, tendo por objetivo promover o desenvolvimento humano, social e econômico com pleno exercício dos direitos culturais.

De acordo com o art. 216-A, § 1.º, o *Sistema Nacional de Cultura* fundamenta-se na política nacional de cultura e nas suas diretrizes, estabelecidas no *Plano Nacional de Cultura*, e rege-se pelos seguintes princípios:

- diversidade das expressões culturais;
- universalização do acesso aos bens e serviços culturais;
- fomento à produção, difusão e circulação de conhecimento e bens culturais;
- cooperação entre os entes federados, os agentes públicos e privados atuantes na área cultural;
- integração e interação na execução das políticas, programas, projetos e ações desenvolvidas;
- complementaridade nos papéis dos agentes culturais;
- transversalidade das políticas culturais;
- autonomia dos entes federados e das instituições da sociedade civil;
- transparência e compartilhamento das informações;
- democratização dos processos decisórios com participação e controle social;
- descentralização articulada e pactuada da gestão, dos recursos e das ações;
- ampliação progressiva dos recursos contidos nos orçamentos públicos para a cultura.

Caberá a **lei federal** dispor sobre a regulamentação do Sistema Nacional de Cultura, bem como de sua articulação com os demais sistemas nacionais ou políticas setoriais de governo, sendo que os Estados, o Distrito Federal e os Municípios organizarão seus respectivos sistemas de cultura em **leis próprias**.

■ 19.5. DESPORTO

■ 19.5.1. Desporto em sentido amplo

O desporto está previsto em sentido amplo no texto de 1988, não se restringindo somente ao esporte, mas englobando também a ideia de **recreação, lazer, divertimento**, uma vez que o Poder Público incentivará o lazer como forma de **promoção social** (art. 217, § 3.º).

Cabe lembrar, conforme já visto, que o *lazer* está arrolado no art. 6.º como **direito social**, apresentando íntima relação com a ideia de qualidade de vida.[10]

---

[10] Remontando à frase do poeta romano *Juvenal* (com o novo significado que tomou ao longo do

Araujo e Nunes Júnior, ao discorrerem sobre o desporto, afirmam que "os direitos sociais objetivam a formação do ser humano integral: agente da sociedade, das relações de trabalho, construtor do mundo moderno e, ao mesmo tempo, um ser relacional, humano, que, desse modo, deve integrar sua vida com o lazer, o convívio familiar e a prática desportiva. Assim, o desporto, quer como forma de lazer, quer como parte da atividade educativa, quer ainda em caráter profissional, foi incorporado ao nosso sistema jurídico no patamar de norma constitucional".[11]

19.5.2. Modalidades de desporto

Nos termos do art. 217, *caput,* I a IV, da CF/88, bem como dos arts. 1.º e 3.º da Lei n. 9.615/98 (**Lei Pelé**, que *institui normas gerais sobre desporto e prevê outras providências*), o desporto pode ser reconhecido em qualquer das seguintes manifestações:

- **desporto formal:** regulado por normas nacionais e internacionais e pelas regras de prática desportiva de cada modalidade, aceitas pelas respectivas entidades nacionais de administração do desporto;
- **desporto não formal:** caracterizado pela liberdade lúdica de seus praticantes. *Lúdico*, segundo o dicionário *Aurélio,* pode ser definido como *referente a, ou que tem o caráter de jogos, brinquedos e divertimentos*;[12]
- **desporto educacional:** praticado nos sistemas de ensino e em formas assistemáticas de educação, evitando a seletividade e a hipercompetitividade de seus praticantes, com a finalidade de alcançar o desenvolvimento integral do indivíduo e a sua formação para o exercício da cidadania e a prática do lazer;
- **desporto de participação:** chamado de *amador*, é aquele praticado de modo voluntário, compreendendo as modalidades desportivas praticadas com a finalidade de contribuir para a integração dos praticantes na plenitude da vida social, na promoção da saúde e educação e na preservação do meio ambiente. O dever do Estado concerne à preservação de parques, áreas verdes, praias, lagos, com o objetivo de facilitar a prática desse *desporto de lazer*;
- **desporto de rendimento:** praticado segundo normas gerais da *Lei Pelé* e regras de prática desportiva, nacionais e internacionais, com a finalidade de obter resultados e integrar pessoas e comunidades do País e estas com as de outras nações. Trata-se do desporto de competição, podendo ser organizado e praticado de modo *profissional* ou *não profissional*, tendo a Constituição determinado o tratamento diferenciado entre um e outro (art. 217, III, da CF/88);

---

tempo), amigo concurseiro, ***"mens sana in corpore sano"*** (mente sã em corpo são). Continue na luta, mas na luta estratégica, e tentando não perder a qualidade de vida, direito fundamental previsto na CF/88 (sabemos que é difícil, mas conte conosco! ***Carpe Diem*** — *desfrute o momento*, procure encontrar prazer nessa fase de preparação, pois ela passará e tudo vai dar certo!).

11 Luiz Alberto David Araujo e Vidal Serrano Nunes Júnior, *Curso de direito constitucional*, 10. ed., p. 493.

12 Aurélio Buarque de Holanda Ferreira. *Novo Aurélio século XXI:* o dicionário da língua portuguesa, p. 1238.

- **desporto de rendimento profissional:** caracterizado pela remuneração pactuada em contrato formal de trabalho entre o atleta e a entidade de prática desportiva, inclusive podendo a remuneração ser por meio de patrocínio;
- **desporto de rendimento não profissional:** identificado pela liberdade de prática e pela inexistência de contrato de trabalho, permitindo o recebimento de incentivos materiais e de patrocínio.

19.5.3. Papel do Estado e das entidades dirigentes e associações na promoção do desporto

Ao **Estado** é atribuído o dever de **fomentar** as práticas desportivas formais e não formais (art. 217, *caput*, da CF/88). Fomentar deve ser entendido com o significado de estimular, facilitar, desenvolver. Trata-se de direito (subjetivo) de cada um.

Se, por um lado, o papel do Estado é de fomento, por outro, o papel de **prestação** foi atribuído às **entidades desportivas dirigentes** e **associações** com autonomia para sua **organização** e **funcionamento** (art. 217, I), significando importante desdobramento da regras contidas nos arts. 5.º, XVII, e 8.º da CF/88.

19.5.4. Destinação dos recursos públicos para o desporto

A destinação de **recursos públicos** para a promoção do desporto deverá ser (art. 217, II):

- **prioritária:** para o desporto educacional;
- **em casos específicos:** para o desporto de alto rendimento, nesse caso, lembrando que o desporto de alto rendimento pode ser classificado em profissional e não profissional e, ainda, na medida em que o tratamento entre eles deverá ser diferenciado (art. 217, III), parece que a priorização deve ser direcionada ao desporto não profissional.

Nesse contexto, vejamos a decisão do STF sobre o assunto: "1. É inconstitucional a lei complementar distrital que cria programa de incentivo às atividades esportivas mediante concessão de benefício fiscal às pessoas jurídicas, contribuintes do IPVA, que patrocinem, façam doações e investimentos em favor de atletas ou pessoas jurídicas. 2. O ato normativo atacado faculta a vinculação de receita de impostos, vedada pelo artigo 167, inciso IV, da CB/88. Irrelevante se a destinação ocorre antes ou depois da entrada da receita nos cofres públicos. 3. Ação Direta de Inconstitucionalidade julgada procedente para declarar a inconstitucionalidade da vinculação do imposto sobre propriedade de veículos automotores — IPVA, contida na LC 26/97 do Distrito Federal" (ADI 1.750, Rel. Min. Eros Grau, j. 20.09.2006, *DJ* de 13.10.2006).

19.5.5. Manifestações desportivas de "criação nacional"

Assegura o art. 217, IV, a **proteção** e o **incentivo** às manifestações desportivas de **criação nacional**.

Conforme anota José Afonso da Silva, *criação nacional* "... não significa que seja de invenção brasileira, mas que seja prática desportiva que já se tenha incorporado aos hábitos e costumes nacionais".[13]

■ 19.5.6. Justiça Desportiva

■ *19.5.6.1. Regras gerais, natureza jurídica e composição*

Prevista nos §§ 1.º e 2.º do art. 217, a **Justiça Desportiva não integra o Poder Judiciário**, portanto não está arrolada no art. 92 da CF/88. Trata-se de **órgão administrativo**.

A Justiça Desportiva tem a atribuição de julgar, exclusivamente, as questões relacionadas à **disciplina** e às **competições desportivas**.

Nos termos do art. 50, *caput*, da Lei n. 9.615/98 (*Lei Pelé*), na redação dada pela Lei n. 12.395/2011, a organização, o funcionamento e as atribuições da Justiça Desportiva, *limitadas ao processo e julgamento das infrações disciplinares e às competições desportivas*, serão definidos nos Códigos de Justiça Desportiva, facultando-se às ligas constituírem seus próprios órgãos judicantes desportivos, com atuação restrita às suas competições.

Compete às entidades de **administração do desporto** (federação e confederação) promover o **custeio** do funcionamento dos órgãos da Justiça Desportiva que atuem junto a si (*Lei Pelé*, art. 50, § 4.º).

Quanto aos órgãos integrantes da Justiça Desportiva, estabelece o art. 52 da *Lei Pelé* que são autônomos e independentes das referidas entidades de administração do desporto de cada sistema, compondo-se de:

- **Superior Tribunal de Justiça Desportiva:** funcionando junto às entidades nacionais de administração do desporto;
- **Tribunais de Justiça Desportiva:** funcionando junto às entidades regionais da administração do desporto;
- **Comissões Disciplinares:** com competência para processar e julgar as questões previstas nos Códigos de Justiça Desportiva.

■ *19.5.6.2. Instância administrativa de curso forçado: exceção ao princípio do acesso incondicionado ao Poder Judiciário. Necessidade de esgotamento das vias administrativas*

A Constituição instituiu verdadeira **condição de procedibilidade** para a apreciação jurisdicional das questões relativas à disciplina e às competições desportivas, uma vez que o Poder Judiciário só admitirá ações de tal natureza após **esgotarem-se as instâncias da Justiça Desportiva**, que terá prazo máximo de **60 dias**, contados da instauração do processo administrativo, para proferir decisão final.

---

13 José Afonso da Silva, *Comentário contextual à Constituição*, 4. ed., p. 817.

Acesse também a videoaula pelo link: somos.in/DCE25108

Trata-se da instauração da denominada *instância administrativa de curso forçado*. Findo tal prazo, "abrem-se as portas" para o Poder Judiciário, mesmo que o julgamento pela Justiça Desportiva ainda não tenha terminado.

Indagação importante que se coloca é se o Poder Judiciário pode apreciar qualquer questão antes de se instaurar o processo administrativo ou durante os 60 primeiros dias contados de sua instauração.

De modo geral, o constituinte originário estabeleceu expressa exceção ao princípio da inafastabilidade (art. 5.º, XXXV), não podendo o Judiciário apreciar nenhuma questão relacionada à *disciplina* e às *competições desportivas* antes de se instaurar o processo administrativo ou, uma vez iniciado o julgamento administrativo, durante os 60 primeiros dias contados de sua instauração.

Entretanto, inaugurado o processo administrativo, parece-nos perfeitamente possível o Judiciário analisar questões relacionadas à legalidade ou à constitucionalidade, ou seja, se alguma regra procedimental ou de direito constitucional está sendo violada pela Justiça Desportiva. O mérito do julgamento, contudo, está restrito a uma análise inicial e dentro do prazo de 60 dias a contar da instauração do processo na Justiça Desportiva.

O objetivo da regra é evitar tumulto durante determinada competição desportiva.

■ 19.5.6.3. *Questões trabalhistas: competência da Justiça do Trabalho*

Como se verificou, a competência da *Justiça Desportiva*, que não integra o Poder Judiciário e, assim, instaura o processo em inegável contencioso administrativo, é somente para as **questões relativas à disciplina** e às **competições desportivas**.

Portanto, a competência para apreciar e julgar questões **trabalhistas** que decorram do contrato formal de trabalho entre o atleta e a entidade de prática desportiva (desporto profissional) será da **Justiça do Trabalho**.[14]

A nova regra fixada pela CF/88 (arts. 114, I, e 217, § 1.º) e pela Lei n. 9.615/98 (art. 50, *caput*) prevalece sobre a regra **anterior**, prevista na Constituição de 1967 e no art. 29 da **revogada** Lei n. 6.354/76, que exigia o prévio esgotamento das vias administrativas, pela Justiça Desportiva, antes de se ingressar com a demanda na Justiça do Trabalho para tratar de causas oriundas da relação de trabalho.

O citado art. 50 da Lei n. 9.615/98, na redação dada pela Lei n. 12.395/2011, como visto, estabelece que a organização, o funcionamento e as atribuições da Justiça Desportiva limitam-se, **exclusivamente**, ao processo e julgamento das **infrações disciplinares** e às **competições desportivas**, conforme delimitação pelos Códigos de Justiça Desportiva.

---

[14] Cf. TST-RR-643.344/2000, *DJ* de 12.09.2003, 3.ª Turma, Min. Relator Carlos Alberto Reis de Paula; TST-AIRR-738.470/2001, *DJ* de 06.09.2001, 3.ª Turma, Min. Relator Carlos Alberto Reis de Paula; TST-AIRR-1562/1998-065-01-40.8, *DJ* de 11.10.2007, 2.ª Turma, Min. Relator Renato de Lacerda Paiva; AIRR-448/2002-011-09-40, *DJ* de 07.12.2007, Min. Barros Levenhagen.

19.5.6.4. *Vedação do exercício de funções na Justiça Desportiva por integrantes do Poder Judiciário*

A **Res. n. 10/2005-CNJ**, considerando que os integrantes do Poder Judiciário estão submetidos ao art. 95, parágrafo único, I, da CF/88 (que veda aos juízes, ainda que em disponibilidade, o exercício de outro cargo ou função, salvo uma de magistério), e, ainda, de acordo com o regime disciplinar estipulado nos arts. 35 e seguintes da LC n. 35/79 (*LOMAN*), vedou o exercício, pelos integrantes do Poder Judiciário, de funções nos Tribunais de Justiça Desportiva e em suas Comissões Disciplinares.

Referida resolução determinou aos membros do Poder Judiciário que exerciam funções nos Tribunais de Justiça Desportiva e em suas Comissões Disciplinares que se desligassem dos respectivos órgãos até o dia 31.12.2005.

Segundo noticiado, de acordo com o então Corregedor Nacional de Justiça, Ministro Antonio de Pádua Ribeiro, em 2005 eram cerca de 100 magistrados que atuavam na Justiça Desportiva: "Para o ministro, não é permitido ao desembargador o exercício de cargo de direção ou cargo técnico de sociedade civil, associação ou fundação de qualquer natureza ou finalidade. Essa, como argumentou em seu voto, é a forma que a sociedade encontrou de assegurar a independência e o cumprimento, pelo magistrado, de seus deveres e funções, com presteza, correção e pontualidade" (*Notícias STF*, 23.12.2005).

Contra a Res. n. 10/2005-CNJ foi impetrado o **MS 25.938**, buscando torná-la "sem efeito" para os impetrantes. A liminar foi indeferida, e a PGR opinou pela extinção do mandado de segurança, sem julgamento de mérito, com base na Súmula 266 do STF.

Entendemos que agiu corretamente o CNJ ao **proibir** que os juízes de direito integrem os quadros da Justiça Desportiva. De um lado, em face da explícita vedação contida no art. 95, parágrafo único, I, de outro, diante da ideia de efetividade e eficiência na prestação jurisdicional, como determina o art. 5.º, LXXVIII (EC n. 45/2004).

Seguindo essa tendência, declarou o STF **constitucional** a Res. n. 10/2005-CNJ e, portanto, a proibição do exercício de funções pelos magistrados no TJD e em suas Comissões Disciplinares (**MS 25.938**, Rel. Min. Cármen Lúcia, j. 24.04.2008, *DJE* de 12.09.2008).

19.5.7. Bingos e a questão específica das loterias como serviço público (competência administrativa)

Os bingos foram previstos, entre outras normas, pela Lei n. 9.615/98 (*Lei Pelé*). Por sua vez, a Lei n. 9.981/2000 revogou a autorização de bingos a partir de 31.12.2001. Assim, todas as casas de bingos deixaram de ter autorização legal para continuar em funcionamento.

Em razão dessa realidade, muitas *leis estaduais* passaram a disciplinar o assunto. Entendeu o STF, contudo, que é **competência privativa da União** legislar sobre bingos, nos termos do **art. 22, XX**, que dispõe sobre sistemas de **consórcios** e **sorteios**. Para o STF, a expressão *sorteios* abrange os jogos de azar, loterias e similares, e, assim, os Estados-Membros, o DF e os Municípios não poderiam legislar sobre bingos, ainda que de maneira concorrente. Todas as casas de bingo perderam o sustentáculo legal para continuar abertas, e, até que a União legisle sobre o assunto, a tendência é o fechamento daquelas que estiverem funcionando exclusivamente com base em lei estadual, distrital ou municipal.

Nesse sentido, o STF editou a **Súmula Vinculante 2**: "*É inconstitucional a lei ou ato normativo estadual ou distrital que disponha sobre sistemas de consórcios e sorteios, inclusive bingos e loterias*" (Sessão Plenária de 30.05.2007).

Uma distinção, contudo, foi estabelecida pelo STF 13 anos depois: "os estados-membros detêm **competência administrativa para explorar loterias**. A competência da União para legislar exclusivamente sobre sistemas de consórcios e sorteios, inclusive loterias, não obsta a **competência material** para a exploração dessas atividades pelos entes estaduais ou municipais" (**ADPFs 492 e 493**, j. 30.09.2020, *Inf.* 993/STF — ver, também, ADI 4.986).

Segundo o Min. Gilmar Mendes, a exploração de loterias tem **natureza de serviço público**, e, assim, "a legislação federal não pode impor a qualquer ente federativo 'restrição à exploração de serviço público para além daquela já prevista no texto constitucional (artigo 175)'. Segundo ele, os dispositivos questionados nas ADPFs esvaziam a **competência subsidiária** dos Estados para a prestação dos serviços públicos que não foram expressamente reservadas no texto constitucional à exploração pela União (artigo 25, parágrafo 1º)" (*Notícias STF*, 30.09.2020).

▪ 19.6. CIÊNCIA, TECNOLOGIA E INOVAÇÃO (EC N. 85/2015)

▪ 19.6.1. Perspectivas introduzidas pela EC n. 85/2015

A **EC n. 85, de 26.02.2015**, reforça a necessidade de valorização da **ciência**, da **tecnologia** e da **inovação**, com destaque para essa última.

A sua origem se deu em razão dos estudos e debates que surgiram durante a discussão, na Comissão Especial, para a apreciação do *PL n. 2.177/2011-CD*, que propõe a criação do *Código Nacional de Ciência, Tecnologia e Inovação* com vistas à capacitação e ao alcance da autonomia tecnológica e ao desenvolvimento industrial do País.

A introdução da palavra **"inovação"** abre perspectivas importantes para o aperfeiçoamento no ambiente econômico, buscando novos produtos, processos, serviços e soluções e, assim, uma arrancada em nome da prosperidade, popularizando e incentivando a ciência.

A alteração da Constituição traz importantes avanços, destacando-se:

- ampliação das entidades que poderão receber apoio financeiro do Poder Público (art. 213, § 2.º);
- incentivo à cooperação entre órgãos dos setores público e privado, estimulando o intercâmbio de conhecimentos, inclusive com atuação no exterior;
- facilitação para o remanejamento de recursos financeiros por ato do próprio Poder Executivo, sem a necessidade da prévia autorização legislativa (art. 167, § 5.º);

- ciência, tecnologia, pesquisa e inovação são atribuições de todos os entes federativos, que deverão implementá-las de modo cooperativo, tendo em vista o equilíbrio do desenvolvimento e do bem-estar em âmbito nacional (art. 23, V, CF/88).

19.6.2. O papel do Estado

Acompanhando a tendência (e necessidade) mundial, o art. 218, *caput*, na redação dada pela **EC n. 85/2015**, estabelece que o Estado *promoverá* e *incentivará*:

- **o desenvolvimento científico;**
- **a pesquisa;**
- **as capacitações científica e tecnológica;**
- **a inovação.**

Promover deve ser entendido como o dever do Estado de, por si, realizar as tarefas derivadas da ciência, da tecnologia e da inovação, destacando-se aqui o papel das Universidades, instituições de educação profissional e tecnológica e institutos de pesquisa.

Para esse fim, em 15.03.1985, foi criado, pelo Decreto n. 91.146, o *Ministério da Ciência e Tecnologia*, posteriormente melhor denominado *Ministério da Ciência, Tecnologia e Inovação (MCTI)*, órgão da administração direta, que tem como área de competência os seguintes assuntos, nos termos do art. 1.º do Anexo I do Decreto n. 5.886/2006:

- política nacional de pesquisa científica, tecnológica e inovação;
- planejamento, coordenação, supervisão e controle das atividades da ciência e tecnologia;
- política de desenvolvimento de informática e automação;
- política nacional de biossegurança;
- política espacial;
- política nuclear; e
- controle da exportação de bens e serviços sensíveis.

Incentivar, por sua vez, significa que o Estado deverá estimular a produção científica, a pesquisa, as capacitações científica e tecnológica, a inovação, e, para tanto, deverá estabelecer incentivos, inclusive para as instituições privadas.

19.6.3. Modalidades de pesquisa e o tratamento prioritário do Estado

O art. 218, §§ 1.º e 2.º, prevê duas espécies de pesquisa: a pesquisa *científica básica* e a *pesquisa tecnológica*.

Com a inovação introduzida pela **EC n. 85/2015**, não apenas a pesquisa científica básica, mas, agora, também, a tecnológica, receberão **tratamento prioritário do Estado**, tendo em vista o bem público e o progresso da ciência, tecnologia e inovação.

De acordo com o art. 218, § 2.º, a pesquisa tecnológica voltar-se-á preponderantemente para a solução dos problemas brasileiros e para o desenvolvimento do sistema produtivo nacional e regional.

19.6.4. Apoio e incentivo do Estado

O Estado **apoiará** a **formação de recursos humanos** nas áreas de ciência, pesquisa, tecnologia e inovação, inclusive por meio do apoio às atividades de extensão tecnológica, e concederá, aos que delas se ocupem, meios e condições especiais de trabalho **(EC n. 85/2015)**.

Como desdobramento dessa política de incentivos, determina o art. 218, § 4.º, que a **lei**[15] apoiará e estimulará as empresas que invistam em pesquisa, criação de tecnologia adequada ao País, formação e aperfeiçoamento de seus recursos humanos e que pratiquem sistemas de remuneração que assegurem ao empregado, desvinculada do salário, participação nos ganhos econômicos resultantes da produtividade de seu trabalho.

Nessa linha de apoio e incentivo, e para a capacitação tecnológica, excepcionando a regra geral do art. 167, IV, o art. 218, § 5.º, faculta aos **Estados** e ao **Distrito Federal** (e o constituinte não estendeu essa faculdade aos Municípios e à União) vincular parcela de sua receita orçamentária a entidades públicas de fomento ao ensino e à pesquisa científica e tecnológica.[16]

O Estado estimulará a articulação entre entes, tanto públicos quanto privados, nas diversas esferas de governo.

Dessa forma, as atividades de pesquisa, de extensão e de estímulo e fomento à inovação realizadas por **universidades** e/ou por **instituições de educação profissional e tecnológica** poderão receber **apoio financeiro do Poder Público** (art. 213, § 2.º).

Destacamos essa importante novidade introduzida pela **EC n. 85/2015** que estendeu e ampliou para outras entidades a possibilidade de apoio financeiro do Poder Público, não mais restrito às atividades universitárias de pesquisa e extensão.

Nessa linha, o art. 167, § 5.º, introduzido pela EC n. 85/2015, trazendo maior liberdade, estabelece que a transposição, o remanejamento ou a transferência de recursos de uma categoria de programação para outra poderão ser admitidos, no âmbito das atividades de ciência, tecnologia e inovação, com o objetivo de viabilizar os resultados de projetos restritos a essas funções, mediante **ato do Poder Executivo, sem necessidade da prévia autorização legislativa prevista no inciso VI do referido artigo**.

Ainda, o Estado promoverá e incentivará a **atuação no exterior** das instituições públicas de ciência, tecnologia e inovação, com vistas à execução das atividades ligadas a ciência, tecnologia e inovação.

Apesar de toda essa perspectiva trazida pela EC n. 85/2015, não podemos deixar de destacar o importante papel que já vem sendo desempenhado pelo CNPq, FAPESP e tantos outros órgãos e instituições de fomento e que, certamente, poderão implementar as suas atividades.

---

[15] Cf. Leis ns. 8.248/91, 8.387/91, 9.257/96, 8.661/93 e 10.637/2002; Decreto n. 6.262/2007 etc.

[16] Cf. interessante julgado do STF: "Dispositivo da Constituição estadual que, ao destinar 2% da receita tributária do Estado de Mato Grosso à mencionada entidade de fomento científico, o fez nos limites do art. 218, § 5.º, da Carta da República, o que evidencia a improcedência da ação nesse ponto" (ADI 550, Rel. Min. Ilmar Galvão, j. 29.08.2002, *DJ* de 18.10.2002).

■ 19.6.5. Estado Social de Direito: concepção social do mercado

O art. 219 da CF/88 estatui que o **mercado interno** integra o **patrimônio nacional** e será incentivado de modo a viabilizar o desenvolvimento cultural e socioeconômico, o bem-estar da população e a autonomia tecnológica do País, nos termos de lei federal.

A previsão do *mercado interno* enquanto *patrimônio nacional* afasta, assim, a ideia liberal clássica e consagra uma perspectiva de Estado Social de Direito, fixando uma **concepção social do mercado**.

O Estado estimulará a formação e o fortalecimento da inovação nas empresas, bem como nos demais entes, públicos ou privados, a constituição e a manutenção de parques e polos tecnológicos e de demais ambientes promotores da inovação, a atuação dos inventores independentes e a criação, absorção, difusão e transferência de tecnologia.

Nessa linha, a EC n. 85/2015 trouxe importantes novidades ao explicitar a ideia de **cooperação** e **colaboração**:

- **cooperação:** a União, os Estados, o Distrito Federal e os Municípios poderão firmar instrumentos de cooperação com órgãos e entidades **públicos** e com entidades **privadas**, inclusive para o **compartilhamento** de recursos humanos especializados e capacidade instalada, para a execução de projetos de pesquisa, de desenvolvimento científico e tecnológico e de inovação, mediante contrapartida financeira ou não, assumida pelo ente beneficiário, na forma da lei;
- **colaboração:** o *Sistema Nacional de Ciência, Tecnologia e Inovação* será organizado em regime de **colaboração** entre entes, tanto **públicos** quanto privados, com vistas a promover o desenvolvimento científico e tecnológico e a inovação.

■ 19.6.6. O destaque para a biotecnologia

Ligada à tecnologia está a **biotecnologia** e todo o seu desdobramento, como a pesquisa com células-tronco embrionárias, a criação de organismos vivos ou geneticamente modificados, a clonagem (reprodutiva ou terapêutica), que deverá estar intimamente ligada à **ética**.

Na linha do que Norberto Bobbio chamou de **direitos fundamentais de 4.ª geração (ou dimensão)** (cf. *item 14.2* deste estudo), destacamos o julgamento da ADI 3.510,[17] declarando o STF a constitucionalidade do art. 5.º da Lei de Biossegurança (Lei n. 11.105/2005) no tocante à pesquisa com células-tronco embrionárias (cf. *item 14.10.1*).

■ 19.7. COMUNICAÇÃO SOCIAL

O capítulo da *comunicação social* aparece com destaque no texto de 1988 (regulado, pela primeira vez, em capítulo específico e autônomo), marcando um momento histórico, qual seja, a redemocratização do País após mais de 20 anos de ditadura, com fortes restrições às liberdades democráticas e de imprensa.

---

[17] ADI 3.510, Rel. Min. Carlos Britto, j. 28 e 29.05.2008, *Inf. 508/STF*.

Resgatamos a redação dada ao art. 399 do *Anteprojeto da Comissão Afonso Arinos,* que, embora não aprovado, parece orientar a interpretação do Capítulo V do Título VIII da CF/88, colaborando para o conceito de **comunicação social:** "o sistema de comunicação social compreende a imprensa, o rádio e a televisão e será regulado por lei, atendendo à sua função social e ao respeito à verdade, à livre circulação e à difusão universal da informação, à compreensão mútua entre os indivíduos e aos fundamentos éticos da sociedade".

Considerando a liberdade de comunicação, o pensamento e as informações podem ser exteriorizados por diferentes **meios de comunicação**, como, entre outros, o veículo impresso (livros, jornais, periódicos) ou o de radiodifusão sonora e de sons e imagens.

Conforme veremos, nos termos do art. 220, § 6.º, a publicação em **veículo impresso de comunicação** independe de licença de autoridade.

Já os serviços de **radiodifusão sonora e de sons e imagens** serão explorados diretamente pela União, ou mediante autorização, concessão ou permissão (arts. 21, XII, "a", e 223).

Focaremos a análise nos veículos impressos e de *radiodifusão sonora e de sons e imagens.* Porém, é natural que se entenda que a previsão constitucional da comunicação social é concernente à manifestação do pensamento, à criação, à expressão e à informação, **sob qualquer forma, processo ou veículo**, lembrando que as únicas restrições que poderão sofrer vêm contidas na Constituição.

Assim, a liberdade de comunicação social se implementa, como já se disse, por qualquer forma, tais como o jornal, a revista, o periódico, o rádio, a TV, o fax, o telefone, a Internet, *shows*, teatro etc.

Não se trata de liberdade irresponsável, visto que, enfatize-se, a comunicação social não sofrerá limitação, exceto, naturalmente, aquelas previstas na própria Constituição e que serão estudadas neste capítulo.

■ 19.7.1. Princípios orientadores da comunicação social

As diversas formas de comunicação social regem-se pelos seguintes princípios:

- **inexistência de restrição:** a manifestação do pensamento, a criação, a expressão e a informação, sob qualquer forma, processo ou veículo, não sofrerão restrição, observado o disposto na Constituição (liberdade de comunicação social). Isso significa, como já se disse, que só poderão ser restringidas nos termos e limites fixados na Constituição;
- **plena liberdade de informação jornalística:** nenhuma lei conterá dispositivo que possa constituir embaraço à plena liberdade de informação jornalística em qualquer veículo de comunicação social, observado o disposto no art. 5.º, IV (liberdade de pensamento, vedado o anonimato); V (direito de resposta proporcional ao agravo e indenização por dano material, moral ou à imagem); IX (proibição da censura); X (inviolabilidade da intimidade, vida privada, honra e imagem, assegurando-se o direito à indenização); XIII (liberdade de exercício de qualquer trabalho, ofício ou profissão); e XIV (liberdade de informar e ser informado).

Em interessante discussão, o MPF ajuizou *ação civil pública* perante a União, com a finalidade de extinguir a exigência de registro ou de inscrição no Ministério do Trabalho para o exercício da profissão de jornalista.

O juiz da 16.ª Vara Cível Federal de São Paulo/Capital julgou parcialmente procedente o pedido e determinou que, em todo o País, não mais se exigisse o diploma de jornalismo para o exercício da profissão. Referida decisão foi reformada pela 4.ª Turma do TRF-3. Diante desse fato, o MPF interpôs *recurso extraordinário* sustentando que o Decreto-lei n. 972/69, que estabelece requisitos para o exercício da profissão de jornalista, não teria sido recepcionado, especialmente diante da regra dos arts. 5.º, XIII, e 220, *caput*, e § 1.º, portanto foi revogado.

Buscando dar efeito suspensivo ao referido RE, o MPF ajuizou ação cautelar **(AC 1.406)** com o objetivo de "garantir efetividade ao recurso extraordinário interposto e evitar a ocorrência de graves prejuízos àqueles indivíduos que estavam a exercer a atividade jornalística, independentemente de registro no Ministério do Trabalho ou de diploma de curso superior específico". O Min. Relator, Gilmar Mendes, deferiu a medida cautelar, que foi referendada pelo Pleno, dando efeito suspensivo ao **RE 511.961** e, assim, permitindo que qualquer pessoa desempenhe a atividade de jornalista sem a necessidade de apresentação do diploma.

Em **17.06.2009**, por 8 x 1, o STF **derrubou a exigência de diploma para o exercício da profissão de jornalista**, sustentando tratar-se de profissão diferenciada por sua estreita vinculação ao pleno exercício das liberdades de expressão e de informação. Em outras palavras, "o jornalismo é a própria manifestação e difusão do pensamento e da informação de forma contínua, profissional e remunerada" (**RE 511.961**, Rel. Min. Gilmar Mendes, j. 17.06.2009, Plenário, *DJE* de 13.11.2009).

Resta observar que tramita no Senado Federal a **PEC n. 33/2009**, que, com algumas ressalvas, passa a exigir o diploma de jornalista **(matéria pendente)**. Assim, no momento da leitura, checar se referida PEC foi aprovada.

- **Vedação à censura:** é vedada toda e qualquer censura de natureza política, ideológica e artística (cf., ainda, art. 5.º, IX).
- **Regulação estatal sobre as diversões e espetáculos:** compete à *lei federal*[18] regular as diversões e espetáculos públicos, cabendo ao Poder Público informar sobre a natureza destes, as faixas etárias a que não se recomendem, locais e horá-

[18] "Não se compreende, no rol de competências comuns da União, dos Estados, do Distrito Federal e dos Municípios, *ut* art. 23 da CF, a matéria concernente à disciplina de 'diversões e espetáculos públicos', que, a teor do art. 220, § 3.º, I, do Diploma Maior, compete à **lei federal** regular, estipulando-se, na mesma norma, que 'caberá ao poder público informar sobre a natureza deles, as faixas etárias a que não se recomendem, locais e horários em que sua apresentação se mostre inadequada'. (...) Ao **Município** fica reservada a competência, *ut* art. 30, I, da Lei Maior, para exercer **poder de polícia** quanto às diversões públicas, no que concerne à localização e autorização de funcionamento de estabelecimentos que se destinem a esse fim" (RE 169.247, Rel. Min. Néri da Silveira, j. 08.04.2002, *DJ* de 1.º.08.2003).

rios em que sua apresentação se mostre inadequada, estabelecendo-se, ainda, mecanismos de controle de defesa pessoal e familiar de programas ou programações de rádio e televisão que contrariem o disposto no art. 221, bem como da propaganda de produtos, práticas e serviços que possam ser nocivos à saúde e ao meio ambiente (arts. 220, § 3.º, I e II, e 21, XVI).

Sobre esse importante assunto, o STF analisou a constitucionalidade do art. 254 do *Estatuto da Criança e do Adolescente* **(ECA)**, que caracteriza como **infração administrativa** a transmissão, por meio de rádio ou televisão, de espetáculo *em horário diverso do autorizado* **ou** *sem aviso de sua classificação*, estabelecendo pena de multa, podendo, ainda, em caso de reincidência, a autoridade judiciária determinar a suspensão da programação da emissora por até dois dias.

Em 31.08.2016, por maioria e nos termos do voto do Relator, o Tribunal julgou procedente o pedido formulado na **ADI 2.404** para declarar a **inconstitucionalidade** da expressão "em horário diverso do autorizado", contida no referido art. 254 da Lei n. 8.069/90. Dessa forma, assegurou-se liberdade para se definir a programação a ser exibida, havendo, contudo, a obrigatoriedade de se divulgar a classificação indicativa realizada pelo Poder Público.

- **Regulação estatal em relação ao tabaco, bebidas alcoólicas, agrotóxicos, medicamentos e terapias:** a propaganda comercial sobre esses produtos estará sujeita a restrições legais, nos termos do inciso II do § 3.º do art. 220, e conterá, sempre que necessário, advertência sobre os malefícios decorrentes de seu uso (cf. Lei n. 9.294/96).[19]
- **Vedação de monopólio ou oligopólio na comunicação social:** os meios de comunicação social não podem, direta ou indiretamente, ser objeto de monopólio ou oligopólio (cf. art. 173, § 4.º), assegurando-se, assim, a multiplicidade de agentes de informação e, portanto, o acesso mais igualitário à informação.
- **Publicação de veículo impresso de comunicação:** independe de licença de autoridade.
- **Produção e programação das emissoras de rádio e TV:** sofrerão controle de qualidade por parte do Estado, devendo respeitar a cultura nacional e regional, bem como os valores éticos e sociais da pessoa e da família.
- **Propriedade de empresa jornalística e de radiodifusão sonora e de sons e imagens:** privativa de brasileiros natos ou naturalizados há mais de dez anos, ou de pessoas jurídicas constituídas sob as leis brasileiras e que tenham sede no País, observando-se as regras do art. 222 (cf. *item 19.7.3*).

[19] "Constitucional. Lei federal. Restrições ao uso e à propaganda de produtos fumígenos, bebidas alcoólicas, etc. Impugnação do dispositivo que define o que é bebida alcoólica para os fins de propaganda. Alegada discriminação legal quanto às bebidas com teor alcoólico inferior a treze graus *Gay Lussac*. A subtração da norma do corpo da lei implica em atuar este Tribunal como legislador positivo, o que lhe é vedado. Matéria para ser dirimida no âmbito do Congresso Nacional" (ADI 1.755, Rel. Min. Nelson Jobim, j. 15.10.1998, *DJ* de 18.05.2001).

- **Serviço de radiodifusão sonora e de sons e imagens:** compete ao Poder Executivo outorgar e renovar a sua concessão, permissão e autorização, observado o princípio da complementaridade dos sistemas privado, público e estatal e havendo, ainda, controle pelo Congresso Nacional (art. 223, §§ 1.º a 5.º).

19.7.2. Princípios a orientar a produção e a programação das emissoras de rádio e TV

A produção e a programação das emissoras de rádio e televisão atenderão aos seguintes princípios (art. 221):

- preferência a finalidades educativas, artísticas, culturais e informativas;
- promoção da cultura nacional e regional e estímulo à *produção independente* que objetive sua divulgação;
- regionalização da produção cultural, artística e jornalística, conforme percentuais estabelecidos em lei;
- respeito aos valores éticos e sociais da pessoa e da família.

19.7.3. Propriedade de empresa jornalística e de radiodifusão sonora e de sons e imagens

Segundo a redação original do art. 222 da CF/88 **antes** da reforma trazida pela **EC n. 36/2002**, a propriedade de empresa jornalística e de radiodifusão sonora e de sons e imagens era, por regra geral, privativa de pessoas físicas (brasileiros natos ou naturalizados há mais de 10 anos), vedando-se a participação de pessoa jurídica no capital social da empresa. Excepcionalmente, *sem qualquer direito a voto e limitada a 30% do capital social*, permitia-se a participação de *partido político* e de *sociedades* cujo capital pertencesse exclusiva e nominalmente a brasileiros.

De acordo com a nova redação conferida ao art. 222, *caput*, pela **EC n. 36/2002**, a propriedade de empresa jornalística e de radiodifusão sonora e de sons e imagens é privativa:

- de **brasileiros natos**; ou
- de **brasileiros naturalizados há mais de dez anos**; ou
- de **pessoas jurídicas** constituídas sob as leis brasileiras e que tenham sede no País.

O art. 222, § 1.º, inovando, dispôs que pelo menos **70% do capital total** e do **capital votante** das empresas jornalísticas e de radiodifusão sonora e de sons e imagens deverá pertencer, direta ou indiretamente (nesse caso por intermédio de pessoa jurídica constituída sob as leis brasileiras e que tenha sede no País), a brasileiros natos ou naturalizados há mais de dez anos, que exercerão obrigatoriamente a gestão das atividades e estabelecerão o conteúdo da programação.

Dessa forma, como anotou o então Senador Romeu Tuma na complementação do Parecer n. 242/2002 da CCJ (*análise da emenda de redação n. 3*), pela regra estão

"... abrangidos o volume de ações com direito a voto (ordinárias) e o volume de ações sem direito a voto (preferenciais)".[20]

A **participação de capital estrangeiro**, de acordo com o art. 222, § 4.º, da CF/88, será disciplinada por **lei**. Conferindo eficácia a esse dispositivo constitucional, o art. 2.º, *caput*, da Lei n. 10.610, de 20.12.2002 (*fruto da conversão da MP n. 70/2002* e conhecida como *Lei do Capital Estrangeiro*), estabeleceu que a participação de estrangeiros ou de brasileiros naturalizados há menos de dez anos no capital social de empresas jornalísticas e de radiodifusão **não poderá exceder a 30%** do **capital total** e do **capital votante** dessas empresas, e somente ocorrerá de **forma indireta**, por intermédio de pessoa jurídica constituída sob as leis brasileiras e que tenha sede no País.

Nesse contexto, ao permitir a participação das pessoas jurídicas no capital social, inclusive de capital estrangeiro, dentro dos limites fixados, a nova regra, rompendo com a estrutura familiar reinante, atende às necessidades de **capitalização das empresas**, especialmente no atual momento de crise do setor, que necessita, cada vez mais, de investimentos expressivos em tecnologias altamente sofisticadas (por exemplo, a *TV digital*).

Garantindo a proposta de **"alteração controlada"** e a **cultura nacional**, o art. 222, § 2.º, determina que a responsabilidade editorial e as atividades de seleção e direção da programação veiculada são privativas de brasileiros natos ou naturalizados há mais de dez anos, em qualquer meio de comunicação social, sendo nulo de pleno direito, nos termos do art. 6.º, § 1.º, da Lei n. 10.610/2002, qualquer acordo, ato, contrato ou outra forma de avença que, direta ou indiretamente, de direito ou de fato, atente contra a regra constitucional.

De acordo com o art. 222, § 3.º, os **meios de comunicação social eletrônica** (radiodifusão sonora e de sons e imagens), independentemente da tecnologia utilizada para a prestação do serviço, deverão observar os princípios enunciados no art. 221, na forma de lei específica, que também garantirá a prioridade de profissionais brasileiros na execução de produções nacionais.

Nessa política, toda alteração de controle acionário das empresas (ver art. 222, § 1.º) deverá ser comunicada ao **Congresso Nacional**. O parágrafo único do art. 3.º da Lei n. 10.610/2002 dispõe que a comunicação ao Congresso Nacional de alteração de controle societário de empresas de radiodifusão será de responsabilidade do órgão competente do Poder Executivo, e a comunicação de alterações de controle societário de empresas jornalísticas será de responsabilidade dessas empresas.

---

[20] Cf. **Parecer CCJ n. 242/02**, *DSF* de 11.04.2002, p. 4066-99. Na votação em primeiro turno, o então Senador José Fogaça, autor da referida Emenda de Redação n. 3, destacou: "... no que tange ao capital social da empresa, há uma necessidade de respeitar os 70% para o capital de brasileiros natos ou naturalizados há mais de 10 anos, assegurando que este mínimo seja absoluta e rigorosamente respeitado" (*DSF* de 09.05.2002, p. 7594).

■ 19.7.4. Serviços de radiodifusão sonora (rádio) e de sons e imagens (TV)

■ *19.7.4.1. Diferenciação entre os serviços de telecomunicação e de radiodifusão (EC n. 8/95)*

Não se pode imaginar um país sem avanços no campo da telecomunicação, a qual, para evitar o caos, precisa de regramento, seja no plano interno, seja no internacional.

Nos termos do art. 4.º do *Código Brasileiro de Telecomunicações (CBT)*, aprovado pela Lei n. 4.117, de 27 de agosto de 1962, constituem **serviços de telecomunicações** a transmissão, emissão ou recepção de símbolos, caracteres, sinais, escritos, imagens, sons ou informações de qualquer natureza, por fio, rádio, eletricidade, meios óticos ou qualquer outro processo eletromagnético. Telegrafia é o processo de telecomunicação destinado à transmissão de escritos, pelo uso de um código de sinais. Telefonia, por sua vez, é o processo de telecomunicação destinado à transmissão da palavra falada ou de sons.

A redação original da CF/88, em seu art. 21, XI e XII, "a", dava tratamento idêntico aos serviços de **telecomunicação** e de **radiodifusão**, estes últimos considerados espécies do gênero telecomunicação.

A **EC n. 8/95**, objetivando a privatização dos serviços de telefonia e transmissão de dados, então explorados pela *TELEBRÁS* e pela *EMBRATEL*, alterou a redação dada aos incisos XI e XII, "a", do art. 21, diferenciando os serviços de **telecomunicação** dos de **radiodifusão**.

REDAÇÃO ORIGINAL DO TEXTO DE 1988	REDAÇÃO CONFERIDA PELA EC N. 8/95
Art. 21. Compete à União:	Art. 21. Compete à União:
XI — explorar, diretamente ou mediante <u>concessão</u> a **empresas sob controle acionário estatal**, os serviços telefônicos, telegráficos, de transmissão de dados e demais serviços públicos de telecomunicações, assegurada a prestação de serviços de informações por entidades de direito privado através da rede pública de telecomunicações explorada pela União;	XI — explorar, diretamente ou mediante <u>autorização</u>, <u>concessão</u> ou <u>permissão</u>, os serviços de **telecomunicações**, nos termos da lei, que disporá sobre a organização dos serviços, a criação de um órgão regulador e outros aspectos institucionais;
XII — explorar, diretamente ou mediante autorização, concessão ou permissão: *a)* os serviços de radiodifusão sonora, e de sons e imagens e **demais** serviços de telecomunicações;	XII — explorar, diretamente ou mediante autorização, concessão ou permissão: *a)* os serviços de radiodifusão sonora, e de sons e imagens;

Em razão da nova regra, foi editada a Lei n. 9.472/97 (*Lei Geral de Telecomunicações — LGT*), que dispõe sobre a organização dos serviços de **telecomunicações** e a criação e funcionamento de um órgão regulador, a Agência Nacional de Telecomunicações **(ANATEL)**.

Por sua vez, os serviços de **radiodifusão** continuam sob a administração do Poder Executivo (*Ministério das Comunicações*) e regulados pela Lei n. 4.117/62 (*Código Brasileiro de Telecomunicações — CBT*).[21]

[21] Nos termos do art. 211 da Lei n. 9.472/97, a outorga dos serviços de *radiodifusão sonora e de sons e imagens* fica **excluída da jurisdição da ANATEL**, permanecendo no âmbito de competências do

Nos termos do art. 6.º, "d", do *CBT*, os serviços de radiodifusão, destinados a serem recebidos *direta* e *livremente* (e também gratuitamente) pelo público em geral, compreendem os de **radiodifusão sonora (rádio)** e de **sons e imagens (TV)**.[22] Trata-se da denominada "comunicação eletrônica", que deve ter finalidade educativa, artística, cultural e informativa, sendo considerada de interesse nacional.

Por fim, destacamos o *Decreto n. 5.820/2006*, que dispõe sobre a implantação do SBTVD-T,[23] estabelece diretrizes para a transição do sistema de transmissão analógica para o sistema de transmissão digital do serviço de radiodifusão de sons e imagens e do serviço de retransmissão de televisão, entre outras providências.

O período de transição do sistema de transmissão analógica para o digital foi fixado, nos termos do art. 10 do referido decreto, em **10 anos**, contados a partir de sua publicação (*DOU* de 30.06.2006).

■ *19.7.4.2. Concessão, permissão e autorização*

O art. 223, *caput*, reforça a regra fixada no art. 21, XII, "a", e estabelece, conforme já visto, que cabe ao Poder Executivo **outorgar** e **renovar concessão, permissão** e **autorização** para o serviço de radiodifusão sonora e de sons e imagens (TV), observado o **princípio da complementaridade** dos sistemas privado, público e estatal.

A outorga para a prestação dos serviços de radiodifusão poderá ser estabelecida em caráter **comercial, educativo** ou **comunitário** (neste caso atendendo somente determinada comunidade de bairro e/ou vila).

Conforme ressalta José Afonso da Silva, "... no caso da **concessão**, o ato de outorga e de sua renovação se efetiva por meio de um *contrato administrativo*, pelo qual o serviço de radiodifusão, destinado a ser recebido direta e livremente pelo público em geral, é delegado pelo Presidente da República em nome da União (concedente) a uma pessoa jurídica (concessionária), que o executará em seu próprio nome, por sua conta e risco, por prazo determinado. A **permissão**, que também se realiza por um contrato de natureza precária, é o meio pelo qual o Presidente da República outorga a uma pessoa física ou jurídica o serviço de radiodifusão limitado ao serviço de radioamador (...) e que não visem a qualquer objetivo pecuniário ou comercial (...). A **autorização** também é ato unilateral e precário pelo qual o Presidente da República outorga os serviços de radiodifusão de caráter local. As concessões, permissões e autorizações não têm caráter de exclusividade e se restringem, quando envolvem a utilização de radiofrequência, ao respectivo uso, sem limitação do direito, que assiste à União, de executar diretamente serviço idêntico".[24]

Poder Executivo, devendo a Agência elaborar e manter os respectivos planos de distribuição de canais, considerando, inclusive, os aspectos concernentes à evolução tecnológica.

[22] O serviço de **TV a Cabo** tem regramento próprio nos termos da Lei n. 8.977/95.

[23] *Sistema Brasileiro de* ***Televisão Digital*** *Terrestre* — conjunto de padrões tecnológicos a serem adotados para transmissão e recepção de sinais digitais terrestres de radiodifusão de sons e imagens.

[24] José Afonso da Silva, *Comentário contextual à Constituição*, 4. ed., p. 830-831.

■ 19.7.4.3. *Prazo da concessão ou permissão e da autorização*

O prazo da **concessão** ou **permissão** será de **10 anos** para as emissoras de **rádio** e de **15 anos** para as de **televisão**, podendo ser renovado por igual período e desde que cumpridos os preceitos fixados nas leis do setor (art. 223, § 5.º).

A **autorização**, por seu turno, na medida em que se trata de ato unilateral e precário, não se submete a prazo, podendo ser cancelada unilateralmente e a qualquer tempo.

■ 19.7.4.4. *Outorga e renovação (da concessão ou permissão e da autorização)*

Como vimos, o ato de outorga (inicial) ou renovação (para quem já é titular) de *concessão*, *permissão* ou *autorização* para o serviço de radiodifusão sonora e de sons e imagens é de competência do **Poder Executivo**.

- **Concessão ou permissão:** para a outorga, verifica-se tanto um *controle prévio*, já que o ato de outorga pelo Presidente da República dependerá de anterior escolha por meio de procedimento licitatório, como, ainda, um *controle posterior e sucessivo*, pelo Congresso Nacional (art. 223, §§ 1.º a 5.º).[25]

Assim, para a concessão ou permissão, o Congresso Nacional apreciará o ato no prazo do art. 64, §§ 2.º e 4.º, a contar do recebimento da mensagem, uma vez que o ato de outorga ou renovação somente produzirá efeitos legais após deliberação do Congresso Nacional.

O titular de contrato administrativo de concessão ou permissão tem direito à renovação. Trata-se de **direito condicionado**, visto que, consoante o art. 67, parágrafo único, da Lei n. 4.117/62, o direito à renovação decorre do cumprimento pela empresa de seu contrato de **concessão** ou **permissão**, das exigências legais e regulamentares, bem como das finalidades educacionais, culturais e morais a que se obrigou, e de persistirem a possibilidade técnica e o interesse público em sua existência.

A garantia do direito à renovação materializa-se no art. 223, § 2.º, ao estabelecer que a *não renovação* da **concessão** ou **permissão** dependerá da aprovação de, no mínimo, **2/5 do Congresso Nacional**, em **votação nominal**.

---

[25] Conforme se verifica no site do **Ministério das Comunicações** (<http://www.mc.gov.br>, no ícone *radiodifusão — perguntas frequentes*), no tocante à radiodifusão **comercial**, "há 2 modos de conceder a outorga de serviços de radiodifusão sonora e de sons e imagens (televisão): permissão e concessão. A **permissão** é utilizada para a outorga de serviço de radiodifusão de caráter local e é assinada pelo Ministro das Comunicações. Já a **concessão** é utilizada para a outorga de serviços de caráter regional e é de responsabilidade do Presidente da República". Como muito bem anotam Leda Pereira Mota e Celso Spitzcovsky, "... nossa melhor doutrina tem entendido que as diferenças entre permissões e concessões não mais existiriam na medida em que ao prever expressamente prazos para as permissões a Constituição retirou-lhes o caráter de precariedade que lhes é característico". Essa impressão, continuam, é reforçada pelo art. 175, parágrafo único, que estabelece o caráter especial das empresas concessionárias e permissionárias de serviços públicos, precedido, acrescente-se, sempre de licitação (*Curso de direito constitucional*, p. 265-266).

De acordo com o art. 4.º da Lei n. 5.785/72, na redação dada pela Lei n. 13.424/2017, as entidades que desejarem a renovação do prazo de concessão ou permissão de serviços de radiodifusão deverão dirigir requerimento ao órgão competente do Poder Executivo durante os 12 meses anteriores ao término do respectivo prazo da outorga.

Caso expire a outorga de radiodifusão sem decisão sobre o pedido de renovação, o serviço será mantido em funcionamento em caráter precário, destacando-se que as entidades com o serviço em funcionamento em caráter precário mantêm as mesmas condições dele decorrentes.

As entidades que não apresentarem pedido de renovação no prazo indicado serão notificadas pelo órgão competente do Poder Executivo para que se manifestem no prazo de 90 dias, contado da data da notificação.

Na hipótese de não serem observadas as exigências legais e regulamentares afetas à renovação, o órgão competente do Poder Executivo manifestar-se-á pela perempção e submetê-la-á ao Congresso Nacional, na forma estabelecida no § 2.º do art. 223 da Constituição Federal e com as suas formalidades.

Reforçando as garantias, o cancelamento da **concessão** ou **permissão**, antes do vencimento do prazo, dependerá de **decisão judicial**, assegurando, assim, a liberdade de imprensa e evitando, por consequência, perseguição ou pressão políticas.

▪ **Autorização:** na medida em que o art. 223, § 3.º, não se refere ao ato de autorização, segundo argumenta José Afonso da Silva, a sua outorga, "... dado seu caráter precário e seu objeto de pequena monta", não está sujeita ao controle pelo Congresso Nacional. Tanto é assim, que, conforme visto, a autorização, por ser ato unilateral e precário, não se submete a prazo, podendo ser cassada a qualquer momento.

Nesse sentido, o STF, ao analisar pedido de autorização para a distribuição de sinal de televisão por cabo (TV a cabo), entendeu que a **autorização** (veja, não é concessão nem permissão) é ato precário e, assim, está sujeita à discricionariedade da Administração Pública: "Pedido de autorização para operar distribuição de sinais de televisão a cabo. Supremacia do interesse público sobre o privado. **Autorização**. Ato de **natureza precária**. Necessidade de preenchimento de requisitos objetivos e **subjetivos (conveniência e oportunidade)**. Ausência de direito subjetivo da recorrente" (RMS 22.665, Rel. p/ o acórdão Min. Nelson Jobim, j. 14.03.2006, *DJ* de 04.08.2006).

▪ *19.7.4.5. Sistema Brasileiro de Televisão Digital Terrestre (SBTVD-T): consignação de mais um canal de radiofrequência às concessionárias e "autorizadas" dos serviços públicos de radiodifusão de sons e imagens, sem apreciação do Congresso Nacional*

O Decreto n. 5.820/2006 dispôs sobre a implantação do **Sistema Brasileiro de Televisão Digital Terrestre — SBTVD-T**, além de estabelecer diretrizes para a **transição** do sistema de transmissão **analógica** para o sistema de transmissão **digital** do serviço de radiodifusão de sons e imagens e do serviço de retransmissão de televisão.

Questão polêmica surgiu em razão de haver o Presidente da República consignado mais um canal para as concessionárias e "autorizadas", sem o controle político pelo Congresso Nacional, como determina o art. 223 da CF/88 (art. 7.º do Dec. n. 5.820/2006).

O STF, em importante decisão, reconheceu que não haveria nenhuma afronta à Constituição, pois, no caso, não se tratava de nova concessão, mas apenas de uso "dobrado" dos canais para que fosse possível a transição entre os dois sistemas.

Esclareceu o Min. Ayres Britto que, "... diante da evolução tecnológica, e para a instituição no país da tecnologia digital de transmissão de sons e imagens, sem interrupção da transmissão de sinais analógicos, fez-se imprescindível a **consignação temporária** de mais um canal às atuais concessionárias do serviço de radiodifusão de sons e imagens. Isso para que veiculassem, **simultaneamente**, a **mesma programação** nas tecnologias **analógica** e **digital**. Tratou-se de um ato do Presidente da República com o objetivo de manter um serviço público adequado, tanto no que se refere à sua atualidade quanto no tocante à sua continuidade. Ato por isso mesmo serviente do princípio constitucional da **eficiência** no âmbito da Administração Pública. 5. A televisão digital, comparativamente com a TV analógica, não consiste em novo serviço público. Cuida-se da mesma transmissão de sons e imagens por meio de ondas radioelétricas. Transmissão que passa a ser digitalizada e a comportar **avanços tecnológicos**, mas sem perda de identidade jurídica. **Os dispositivos impugnados na ação direta não autorizam, explícita ou implicitamente, o uso de canais complementares ou adicionais para a prática da multiprogramação, pois objetivam, em verdade, 'permitir a transição para a tecnologia digital sem interrupção da transmissão de sinais analógicos'** (*caput* do art. 7.º do Decreto 5.820/2006)".[26]

■ 19.7.5. Conselho de Comunicação Social: órgão auxiliar do CN

O art. 224, decorrente do art. 403 do *Anteprojeto da Comissão Afonso Arinos*, estabeleceu que o Congresso Nacional instituiria, como **órgão auxiliar** das questões referentes à **comunicação social**, e na forma da lei, o **Conselho de Comunicação Social**.

Regulamentando o art. 224, a Lei n. 8.389, de 30.12.1991, fixou que o Conselho seria eleito em até 60 dias após a sua publicação e instalado em até 30 dias após a eleição do referido Conselho.

Com atraso de mais de 10 anos, em 05.06.2002, foram eleitos os 13 membros do Conselho (8 representantes ligados à comunicação social e 5 da sociedade civil — ver art. 4.º da lei), órgão não deliberativo, que tem a atribuição de **auxiliar o Congresso Nacional**, realizando estudos, pareceres e outras recomendações que lhe forem encaminhadas sobre as matérias relacionadas à comunicação social, buscando, por consequência, garantir o cumprimento da **função social** de toda empresa jornalística e de radiodifusão sonora e de sons e imagens.

[26] Cf. **ADI 3.944**, Rel. Min. Ayres Britto, j. 05.08.2010, *DJE* de 30.09.2010.

19.7.6. Direito de antena e a EC n. 97/2017

A previsão da comunicação social, sem dúvida, assegura o denominado **direito de antena**.

Segundo Bulos, na **Espanha** e na **Alemanha** o direito de antena seria a prerrogativa que as empresas de comunicação têm para poder funcionar e difundir a comunicação. Em **Portugal**, é o direito de resposta e réplica política. "No **Brasil**, *direito de antena* é a possibilidade de captar ou transmitir informações por meio de ondas mecânicas ou eletromagnéticas. Por meio de ondas mecânicas, a comunicação se propaga diretamente pelo ar, como no caso dos alto-falantes, colocados nos locais de uso comum do povo (praças, bairros e centros comunitários etc.). Já por intermédio das ondas eletromagnéticas, o ato de comunicar adquire dimensões elevadas, pois ocorre a junção de um componente elétrico com outro magnético, conduzindo muita informação ao mesmo tempo (rádios, televisões). A Constituição de 1988 consagrou normas relacionadas diretamente ao *direito de antena*".[27]

Assim, exemplificando, o direito assegurado aos partidos políticos de **acesso gratuito ao rádio e à televisão** na forma da lei (art. 17, § 3.º) pode ser qualificado como uma das facetas do direito de antena, lembrando que a **EC n. 97/2017** estabeleceu rígidos requisitos para o seu exercício, seguindo a tendência estabelecida pela minirreforma eleitoral (Lei n. 13.165/2015), tida pelo STF como constitucional no julgamento da ADI 5.491 (cf. *item 18.3*).

19.7.7. Lei de Imprensa — ADPF 130

Cabe anotar que, no julgamento da **ADPF 130**, por maioria, em 30.04.2009, o STF declarou que a Lei de Imprensa (Lei n. 5.250/67) é incompatível com a atual ordem constitucional, tendo, portanto, sido **revogada** pelo novo ordenamento. Nesse sentido:

> "A plena liberdade de imprensa é um patrimônio imaterial que corresponde ao mais eloquente atestado de evolução político-cultural de todo um povo. Pelo seu reconhecido condão de vitalizar por muitos modos a Constituição, tirando-a mais vezes do papel, a Imprensa passa a manter com a democracia a mais entranhada relação de mútua dependência ou retroalimentação. Assim visualizada como verdadeira irmã siamesa da democracia, a imprensa passa a desfrutar de uma liberdade de atuação ainda maior que a liberdade de pensamento, de informação e de expressão dos indivíduos em si mesmos considerados. O § 5.º do art. 220 apresenta-se como norma constitucional de concretização de um pluralismo finalmente compreendido como fundamento das sociedades autenticamente democráticas; isto é, o pluralismo como a virtude democrática da respeitosa convivência dos contrários. A imprensa livre é, ela mesma, plural, devido a que são constitucionalmente proibidas a oligopolização e a monopolização do setor (§ 5.º do art. 220 da CF). A proibição do monopólio e do oligopólio como novo e autônomo fator de contenção de abusos do chamado 'poder social da imprensa'" (ADPF 130, Rel. Min. Carlos Britto, j. 30.04.2009, Plenário, *DJE* de 06.11.2009).

[27] Uadi Lammêgo Bulos, *Curso de direito constitucional*, p. 1316-1317.

■ 19.7.8. "Lei Eleitoral sobre o Humor" e a problemática das "fake news"

O art. 45, II e III, da Lei n. 9.504/97 (*Lei das Eleições*) estabeleceu que, a partir de 1.º de julho do ano da eleição, é vedado às emissoras de rádio e televisão, em sua programação normal e noticiário:

- usar trucagem, montagem ou outro recurso de áudio ou vídeo que, de qualquer forma, degradem ou ridicularizem candidato, partido ou coligação, ou produzir ou veicular programa com esse efeito;
- veicular propaganda política ou difundir opinião favorável ou contrária a candidato, partido, coligação, a seus órgãos ou representantes.

O § 4.º do art. 45, introduzido pela Lei n. 12.034/2009, conceitua **trucagem** como "todo e qualquer efeito realizado em áudio ou vídeo que degradar ou ridicularizar candidato, partido político ou coligação, ou que desvirtuar a realidade e beneficiar ou prejudicar qualquer candidato, partido político ou coligação".

Por sua vez, o § 5.º do mesmo artigo, também introduzido pela Lei n. 12.034/2009, estatui que a **montagem** é "toda e qualquer junção de registros de áudio ou vídeo que degradar ou ridicularizar candidato, partido político ou coligação, ou que desvirtuar a realidade e beneficiar ou prejudicar qualquer candidato, partido político ou coligação".

A questão foi posta no STF na **ADI 4.451**. Em *02.09.2010*, a Corte entendeu, referendando a liminar do Min. Ayres Britto, que o art. 45, II e III, e §§ 4.º e 5.º violam a **liberdade de imprensa**, já que o **humor** pode ser considerado **imprensa**.

Referidos dispositivos afrontam, também, a **plena liberdade de informação jornalística**, nos termos do **art. 220, § 1.º**, da CF/88. Ainda, a manifestação, mesmo que seja pelo humor, não pode ser restringida, já que instrumentaliza e permite o **direito de crítica** e de **opinião**.

Naturalmente, eventual abuso poderá ser reparado pelo Judiciário por caracterizar os crimes de calúnia, injúria ou difamação, à luz do Código Penal.

Cabe lembrar que o STF, em 21.06.2018, julgou procedente o pedido formulado na ação direta, para declarar a inconstitucionalidade do art. 45, II e III, da Lei n. 9.504/97, bem como, por arrastamento, do § 4.º e do § 5.º do mesmo artigo, confirmando os termos da medida liminar concedida.

Como bem colocado pelo Relator, "não se ignora a possibilidade de riscos impostos pela comunicação de massa ao processo eleitoral — como o fenômeno das **'fake news'** —, porém se revela constitucionalmente inidôneo e realisticamente falso assumir que o debate eleitoral, ao perder em liberdade e pluralidade de opiniões, ganharia em lisura ou legitimidade. Ao contrário, o combate às 'fake news' dá-se pelos meios legais e pela boa imprensa, que rapidamente podem levar a correta notícia à população. A censura prévia desrespeita diretamente o princípio democrático, pois a liberdade política termina e o poder público tende a se tornar mais corrupto e arbitrário quando pode usar seus poderes para silenciar e punir seus críticos" (*Inf. 907/STF*).

19.8. MEIO AMBIENTE

19.8.1. Conceito de meio ambiente

Alguns autores chegam a criticar a expressão "meio ambiente", alegando suposta redundância, uma vez que a expressão "meio" já estaria englobada pela palavra "ambiente"; portanto, seriam sinônimas.[28]

Contudo, observa José Afonso da Silva que "... a expressão *meio ambiente* se manifesta mais rica de sentido (como conexão de valores) do que a simples palavra *ambiente*. Esta exprime o conjunto de elementos; aquela expressa o resultado da interação desses elementos. O *conceito de meio ambiente* há de ser, pois, globalizante, abrangente de toda a natureza original e artificial, bem como os bens culturais correlatos, compreendendo, portanto, o solo, a água, o ar, a flora, as belezas naturais, o patrimônio histórico, artístico, turístico, paisagístico e arqueológico".

E conclui: "O meio ambiente é, assim, a interação do conjunto de elementos naturais, artificiais e culturais que propiciem o desenvolvimento equilibrado da vida em todas as suas formas. A integração busca assumir uma concepção unitária do ambiente compreensiva dos recursos naturais e culturais".[29]

Cabe salientar, ainda, que o **preservacionismo ambiental** caracteriza-se como direito humano de **terceira dimensão**, estando o ser humano inserido na coletividade e, assim, titular dos direitos de **solidariedade**.

19.8.2. Aspectos do meio ambiente

Conforme proposto, reconhecendo o **caráter unitário** do conceito de meio ambiente, do ponto de vista didático, propomos a identificação de quatro importantes aspectos, focando aspectos específicos:

- **Meio ambiente natural ou físico:** nos termos do art. 3.º, I, da Lei n. 6.938/81 (que dispõe sobre a *Política Nacional do Meio Ambiente*), pode ser definido como *o conjunto de condições, leis, influências e interações de ordem física, química e biológica, que permite, abriga e rege a vida em todas as suas formas*. Em outras palavras, o meio ambiente natural ou físico é constituído pelo solo, água, ar atmosférico, energia, flora, fauna, ou seja, a correlação entre os seres vivos e o meio em que vivem (cf. art. 225, *caput*, e § 1.º, I e VII).
- **Meio ambiente cultural:** aponta a história e a cultura de um povo, as suas raízes e identidade, sendo integrado pelo patrimônio histórico, artístico, arqueológico, paisagístico e turístico (cf. arts. 225, *caput*, 215 e 216).
- **Meio ambiente artificial ou humano:** materializa-se no espaço urbano construído, destacando-se as edificações (*espaço urbano fechado*) e também os equipamentos públicos, como as ruas, espaços livres, parques, áreas verdes, praças etc. (*espaço urbano aberto*) (cf., entre outros, os arts. 225, *caput*, 5.º, XXIII, 182 e s. etc.).

[28] Cf. Ramón Martín Mateo, *Derecho ambiental*, p. 71.

[29] José Afonso da Silva, *Direito ambiental constitucional*, p. 2.

- **Meio ambiente do trabalho:** espécie do meio ambiente artificial, ganha destaque, e, tratado em categoria autônoma, caracteriza-se como o local em que o trabalhador exerce a sua atividade. Nos termos do art. 200, VIII, é atribuição do Sistema Único de Saúde a colaboração com a proteção do meio ambiente, nele compreendido o do trabalho. Assim, a proteção encontra fundamento também nos direitos ligados à saúde, uma vez que é indispensável que se garantam aos trabalhadores condições de salubridade e segurança (cf. arts. 196 e s. e 7.º da CF/88).

19.8.3. Direitos humanos, direito ao desenvolvimento e direito a um meio ambiente sadio e ecologicamente equilibrado para as presentes e futuras gerações

19.8.3.1. A problemática

Fazendo um resgate histórico, encontramos certa preocupação com o meio ambiente desde o **direito romano**, em especial quanto à limpeza das águas, ao barulho, à fumaça e à preservação de áreas plantadas.

É pertinente afirmar, contudo, que essa preocupação se restringia a questões de **direito imobiliário**, intrinsecamente atreladas a uma perspectiva **econômica**.

As modernas noções de preservacionismo ambiental, direito ambiental, bem como a sua necessária conscientização, surgem em meados do século XX, sob outra perspectiva.

Segundo Guido Fernando Silva Soares,[30] a consciência da necessidade de proteção do meio ambiente decorre:

- dos problemas advindos com o crescimento caótico das atividades industriais;
- do consumismo desenfreado em âmbito local e mundial;
- de uma filosofia imediatista pelo desenvolvimento a qualquer preço;
- da inexistência de uma preocupação inicial com as repercussões causadas ao meio ambiente pela atividade econômica;
- da assunção de que os recursos naturais seriam infinitos, inesgotáveis e recicláveis por mecanismos automáticos incorporados à natureza (meados do século XIX) — Revolução Industrial.

Surge, então, a temática da inter-relação entre o direito ao meio ambiente sadio e ecologicamente equilibrado e o direito ao desenvolvimento.

O argumento falacioso e político, expressado pelos países desenvolvidos, "sugerindo" que os países em desenvolvimento diminuam as atividades potencialmente degradantes ao meio ambiente para se tornarem santuários da humanidade, deve ser afastado. É o que passamos a estudar.

---

30 Guido F. S. Soares, *As responsabilidades no direito internacional do meio ambiente* — tese para professor titular de Direito Internacional Público da Faculdade de Direito da USP, p. 35.

Tentaremos estabelecer um equilíbrio entre os **direitos humanos**, o **direito ao desenvolvimento** e o **direito a um meio ambiente sadio e ecologicamente equilibrado** para as presentes e futuras gerações.[31]

Isso porque, consoante o art. 1.º da *Declaração sobre o Direito ao Desenvolvimento das Nações Unidas*, adotada pela Res. n. 41/128 da Assembleia Geral das Nações Unidas, de 04.12.1986, o direito ao desenvolvimento é um *direito inalienável* de toda pessoa humana e de todos os povos, em virtude do qual estão habilitados a participar do desenvolvimento econômico, social, cultural e político, a ele contribuir e dele desfrutar, garantindo-se a plena realização dos direitos humanos e das liberdades fundamentais.[32]

Conclui-se, então, que o direito ao desenvolvimento deve observar a questão ambiental. A CF/88 (art. 170, *caput*, e VI) estabelece que a **ordem econômica**, fundada na valorização do trabalho humano e na livre-iniciativa, tem por fim assegurar a todos existência digna, conforme os ditames da justiça social, observados, dentre outros princípios, o da **defesa do meio ambiente**, inclusive mediante tratamento diferenciado de acordo com o impacto ambiental dos produtos e serviços e de seus processos de elaboração e prestação.

Nesse contexto, o art. 4.º, I, da Lei n. 6.938/81 já havia previsto que a *Política Nacional do Meio Ambiente* visará à compatibilização do desenvolvimento econômico-social com a preservação da qualidade do meio ambiente e do equilíbrio ecológico.

■ *19.8.3.2. Sustentabilidade: solução para a problemática*

A **sustentabilidade** apresenta-se como a chave mestra para a solução desse aparente conflito de valores constitucionalizados, seja mediante a garantia do direito ao desenvolvimento, seja prestigiando a preservação do ser humano e seus direitos fundamentais.[33]

Com precisão, observa Édis Milaré: "É por isso que hoje se fala com tanta insistência em **desenvolvimento sustentado ou ecodesenvolvimento**, cuja característica consiste na possível conciliação entre o **desenvolvimento**, a **preservação ecológica** e a **melhoria da qualidade de vida do homem**. É falso o dilema 'ou desenvolvimento ou meio ambiente', na medida em que, sendo uma fonte de recursos para o outro,

---

[31] Cf. importante trabalho de A. A. Cançado Trindade, Meio ambiente e desenvolvimento: formulação, natureza jurídica e implementação do direito ao desenvolvimento como um direito humano, *Boletim da Sociedade Brasileira de Direito Internacional*, p. 49-76. Sobre essa problemática, cf., ainda, A. A. Cançado Trindade, A. Kiss, Two major challenges of our time: human rights and the environment, *Boletim da Sociedade Brasileira de Direito Internacional*, n. 81/83, p. 147-150, e D. McGoldrick, Sustainable development and human rights: an integrated conception, *International and Comparative Law Quarterly*, v. 45, p. 796-818, out. 1996.

[32] Sobre esta ideia cf. J. A. C. Salcedo, El derecho al desarrollo como derecho de la persona humana, *Revista Española de Derecho Internacional*, p. 119-125.

[33] Surge, então, a construção do **princípio do desenvolvimento sustentável**, consagrado inclusive internacionalmente, destacando-se, dentre outros diplomas, as declarações de *Estocolmo* (princípios 8.º e 18) e do *Rio de Janeiro* (princípios 3.º e 4.º). Cf., ainda, **ADI 3.540-MC**, Rel. Min. Celso de Mello, j. 1.º.09.2005, *DJ* de 03.02.2006.

devem harmonizar-se e complementar-se. Compatibilizar meio ambiente e desenvolvimento significa considerar os problemas ambientais dentro de um processo contínuo de planejamento, atendendo-se adequadamente às exigências de ambos e observando-se as suas inter-relações particulares a cada contexto sociocultural, político, econômico e ecológico dentro de uma dimensão tempo/espaço. Em outras palavras, isto significa dizer que a política ambiental não deve constituir em obstáculo ao desenvolvimento...".[34]

Ressaltamos, então, a regra do art. 225, *caput*, da CF/88: **todos** têm direito ao meio ambiente ecologicamente equilibrado, bem de uso comum do povo e essencial à sadia qualidade de vida, impondo-se ao Poder Público e à coletividade o dever de defendê-lo e preservá-lo para as presentes e futuras gerações. Eis aqui a consagração do **desenvolvimento sustentável**.

■ 19.8.4. A proteção ambiental no constitucionalismo brasileiro

A análise do constitucionalismo brasileiro nos permite afirmar que foi somente no texto de 1988 que se estabeleceu, de maneira específica e global, a proteção ao meio ambiente.

Na lição de Milaré, "*a*) desde a Constituição de 1934, todas mantiveram a proteção do patrimônio histórico, cultural e paisagístico do país; *b*) houve constante indicação no texto constitucional da *função social da propriedade* (1934, art. 115; 1946, arts. 147 e 148; 1967, art. 157, III, e § 8.º; 1969, arts. 160, III, e 163), solução que não tinha em mira — ou era insuficiente para — proteger efetivamente o patrimônio ambiental; *c*) jamais se preocupou o legislador constitucional em proteger o meio ambiente de forma específica e global, mas, sim, dele cuidou de maneira diluída e mesmo casual, referindo-se separadamente a alguns de seus elementos integrantes (florestas, caça, pesca), ou então disciplinando matérias com ele indiretamente relacionadas (mortalidade infantil, saúde, propriedade)".[35]

- **Constituição de 1824:** estabeleceu a proibição de trabalho, cultura, indústria ou comércio que se opusessem à segurança e saúde dos cidadãos (art. 179, XXIV).
- **Constituição de 1891:** competência privativa do Congresso Nacional para legislar sobre terras e minas de propriedade da União (art. 34, n. 29).

---

[34] E. Milaré, Tutela jurisdicional do meio ambiente, *RT* 676/49-50. Nesse mesmo sentido, afirma Francisco José Marques Sampaio: "Verificam-se, nas diversas áreas de atuação e expansão do conhecimento, esforços redobrados no sentido de se desenvolverem novos métodos de compatibilizar as necessidades e atividades humanas com a manutenção do equilíbrio ecológico, a conservação da natureza e a preservação da saúde das populações. No campo das ciências químicas, físicas e biológicas é notório o esforço empreendido por cientistas de muitos países para lograr êxito na árdua tarefa de inventar tecnologias capazes de alterar os sistemas produtivos, de modo que se tornem menos agressivos ao meio ambiente e capazes de contribuir para a verdadeira criação do chamado desenvolvimento econômico autossustentado, o ecodesenvolvimento" (O dano ambiental e a responsabilidade, *RDA* 185/41).

[35] E. Milaré, *Direito do ambiente*, p. 211.

■ **Constituição de 1934:** fixou a competência concorrente entre União e Estados para proteger as belezas naturais e os monumentos de valor histórico ou artístico, podendo impedir a evasão de obras de arte (arts. 10, III, e 148). Previu, ainda, ser competência privativa da União legislar sobre bens do domínio federal, riquezas do subsolo, mineração, metalurgia, águas, energia hidrelétrica, florestas, caça e pesca e a sua exploração (art. 5.º, XIX, "j").

■ **Constituição de 1937:** nos termos do art. 134, os monumentos históricos, artísticos e naturais, assim como as paisagens ou os locais particularmente dotados pela natureza, gozam da proteção e dos cuidados especiais da Nação, dos Estados e dos Municípios. Os atentados contra eles cometidos serão equiparados aos cometidos contra o patrimônio nacional. Fixou, ainda, ser competência privativa da União legislar sobre os bens do domínio federal, minas, metalurgia, energia hidráulica, águas, florestas, caça e pesca e sua exploração (art. 16, XIV), podendo os Estados legislar, respeitadas as regras da lei federal, sobre questões específicas (art. 18, "a").

■ **Constituição de 1946:** nos termos do art. 175, as obras, monumentos e documentos de valor histórico e artístico, bem como os monumentos naturais, as paisagens e os locais dotados de particular beleza, estavam sob a proteção do Poder Público. Manteve a competência da União para legislar sobre as riquezas do subsolo, mineração, metalurgia, águas, energia elétrica, floresta, caça e pesca (art. 5.º, XV, "l").

■ **Constituição de 1967:** nos termos do art. 172, tendo fixado o amparo à cultura como dever do Estado, estavam sob a proteção especial do Poder Público os documentos, as obras e os locais de valor histórico ou artístico, os monumentos e as paisagens naturais notáveis, bem como as jazidas arqueológicas. Foi mantida a competência da União para legislar sobre jazidas, minas e outros recursos minerais; metalurgia; florestas, caça e pesca (art. 8.º, XVII, "h").

■ **EC n. 1/69 (alterando a Constituição de 1967):** manteve a linha do texto emendado, utilizando pela primeira vez o vocábulo "ecológico".[36]

■ **Constituição de 1988:** foi o primeiro texto a trazer, de modo específico e global, inclusive em capítulo próprio, regras sobre o meio ambiente, além de outras garantias previstas de modo esparso na Constituição, destacando-se os seguintes arts.: 5.º, LXXIII (*instrumento de tutela ambiental*); 20, II a XI, e § 1.º (*bens da União*); 23, I, II, III, IV, VI, VII, IX e XI (*competência administrativa, comum, cumulativa ou paralela, atribuída em relação aos quatro entes federativos: União, Estados, DF e Municípios*); 24, VI, VII, VIII e XII (*competência legislativa concorrente*); 26, I, II e III (*bens dos Estados*); 30, VIII e IX (*competência privativa enumerada*); 91, § 1.º, III (*atribuição do*

---

[36] "Art. 172. A lei regulará, mediante prévio levantamento **ecológico**, o aproveitamento agrícola de terras sujeitas a intempéries e calamidades. O mau uso da terra impedirá o proprietário de receber incentivos e auxílios do Governo."

Conselho Nacional de Defesa); 129, III (*função institucional do MP para a promoção do inquérito civil e o ajuizamento da ACP*); 170, VI (*princípio da ordem econômica*); 174, § 3.º (*organização da atividade garimpeira e cooperativas*); 176, § 1.º (*recursos minerais e potenciais de energia hidráulica*); 186, II (*função social da propriedade rural*); 200, VIII (*meio ambiente do trabalho*); 216, V (*patrimônio cultural brasileiro*); 220, § 3.º, II (*comunicação social e proteção ambiental*); 225 (*proteção, de modo específico e global, do meio ambiente*), 231, §§ 1.º e 3.º (*índios*) etc.

19.8.5. Natureza jurídica do meio ambiente e a justiça distributiva entre as presentes e futuras gerações

O art. 225, *caput*, preceitua que **todos** têm direito ao meio ambiente ecologicamente equilibrado, bem de uso comum do povo e essencial à sadia qualidade de vida, impondo-se ao **Poder Público** e à **coletividade** o dever de defendê-lo e preservá-lo para as presentes e futuras gerações.

O dever de preservação será por parte do Estado e da coletividade, uma vez que o meio ambiente não é um bem privado ou público, mas **bem de uso comum do povo**.

Podemos sustentar que o meio ambiente é bem de fruição geral da coletividade, de natureza difusa e, assim, caracterizado como ***res omnium* — coisa de todos**, e não como *res nullius*, como advertiu Sérgio Ferraz.[37] Trata-se de direito que, apesar de pertencer a cada indivíduo, é de todos ao mesmo tempo e, ainda, das futuras gerações.

Como corretamente nota Cristiane Derani,[38] o texto de 1988 inova ao estabelecer uma **justiça distributiva entre as gerações** (ou **redistribuição** entre as gerações), visto que as gerações do presente não poderão utilizar o meio ambiente sem pensar no futuro das gerações posteriores, bem como na sua sadia qualidade de vida, intimamente ligada à preservação ambiental.

19.8.6. Incumbência do Poder Público

Para assegurar a efetividade do direito a um **meio ambiente ecologicamente equilibrado** para as presentes e futuras gerações, incumbe ao Poder Público (art. 225, § 1.º, I a VII):

- **Preservar e restaurar os processos ecológicos essenciais:** processos vitais para a manutenção dos ecossistemas.
- **Prover o manejo ecológico das espécies e ecossistemas.**
- **Preservar a diversidade e a integridade do patrimônio genético do País.**
- **Fiscalizar as entidades dedicadas à pesquisa e à manipulação de material genético.**

[37] Sérgio Ferraz, Responsabilidade civil por dano ecológico, *RDP* 49-50/35.

[38] Cristiane Derani, *Direito ambiental econômico*, p. 267-268.

■ **Espaços territoriais especialmente protegidos:** definir, em todas as unidades da Federação, espaços territoriais e seus componentes a serem especialmente protegidos, sendo a alteração e a supressão permitidas somente através de **lei**,[39] vedada qualquer utilização que comprometa a integridade dos atributos que justifiquem sua proteção. O art. 225, § 4.º, estabelece alguns espaços territoriais e os qualifica como patrimônio nacional.

■ **EIA/RIMA:** exigir, na forma da lei, para instalação de obra ou atividade potencialmente causadora de significativa degradação do meio ambiente, estudo prévio de impacto ambiental, a que se dará publicidade. O estudo de impacto ambiental (*EIA*) será realizado por equipe multidisciplinar habilitada, que apresentará um relatório de impacto ambiental (*RIMA*) (cf. Res. CONAMA[40] n. 1/86).[41]

■ **Controle estatal:** controlar a produção, a comercialização e o emprego de técnicas, métodos e substâncias que comportem risco para a vida, a qualidade de vida e o meio ambiente.

■ **Educação ambiental:** promover a educação ambiental em todos os níveis de ensino e a conscientização pública para a preservação do meio ambiente.

■ **Fauna e flora:** proteger a fauna e a flora, vedadas, na forma da lei, as práticas que coloquem em risco sua função ecológica, provoquem a extinção de espécies ou submetam os animais a crueldade.

■ 19.8.7. Crueldade contra animais?

COLISÃO	
■ Proteção da manifestação cultural ■ Art. 215, *caput*, e § 1.º	■ Proibição de tratamento cruel aos animais ■ Art. 225, § 1.º, VII

[39] Conforme estabeleceu o STF, "... somente a **alteração** e a **supressão** do regime jurídico pertinente aos espaços territoriais especialmente protegidos qualificam-se, por efeito da cláusula inscrita no art. 225, § 1.º, III, da Constituição, como matérias sujeitas ao **princípio da reserva legal**. É lícito ao **Poder Público** — qualquer que seja a dimensão institucional em que se posicione na estrutura federativa (União, Estados-membros, Distrito Federal e Municípios) — **autorizar, licenciar ou permitir a execução de obras e/ou a realização de serviços no âmbito dos espaços territoriais especialmente protegidos**, desde que, além de observadas as restrições, limitações e exigências abstratamente estabelecidas em lei, não resulte comprometida a integridade dos atributos que justificaram, quanto a tais territórios, a instituição de regime jurídico de proteção especial (CF, art. 225, § 1.º, III)" (cf. **ADI 3.540-MC**, Rel. Min. Celso de Mello, j. 1.º.09.2005, *DJ* de 03.02.2006).

[40] **CONAMA** — Conselho Nacional do Meio Ambiente, é um órgão colegiado de caráter normativo, deliberativo e consultivo do Ministério do Meio Ambiente e foi instituído pela Lei n. 6.938/81, regulamentada pelo Decreto n. 99.274/90 e integra a estrutura do Sistema Nacional do Meio Ambiente — SISNAMA (cf. <http://www.mma.gov.br/port/conama/index.cfm>).

[41] "Ação direta de inconstitucionalidade. Artigo 182, § 3.º, da Constituição do Estado de Santa Catarina. Estudo de impacto ambiental. Contrariedade ao artigo 225, § 1.º, IV, da Carta da República. A norma impugnada, ao dispensar a elaboração de estudo prévio de impacto ambiental no caso de áreas de florestamento ou reflorestamento para fins empresariais, cria exceção incompatível com o disposto no mencionado inciso IV do § 1.º do artigo 225 da Constituição Federal" (ADI 1.086, Rel. Min. Ilmar Galvão, j. 07.06.2001, *DJ* de 10.08.2001).

Importante tema que se coloca refere-se à suposta colisão entre a proteção da manifestação cultural (art. 215, *caput*, e § 1.º) e a proibição de tratamento cruel aos animais (art. 225, § 1.º, VII). Abordaremos, então, quatro interessantes questões: **a)** farra do boi; **b)** rinhas ou brigas de galo; **c)** rodeios de animais; **d)** vaquejada; **e)** animais em circo.

19.8.7.1. *Farra do boi*

A **farra do boi** pode ser caracterizada como um antigo costume ibérico, transportado para o arquipélago de Açores e trazido para o Estado de Santa Catarina, no Brasil (Florianópolis e todo o litoral), por imigrantes daquela região.

Chegou a ter inspiração religiosa, normalmente praticada durante a quaresma e culminando na Páscoa, aparecendo o boi como protagonista em encenações sobre a *Paixão de Cristo*. A "farra do boi" já foi vista também como entretenimento, alegando alguns uma suposta tradição cultural. O boi fica sem comer por dias e depois é solto e perseguido nas ruas da cidade. Existem relatos de maus-tratos contra os animais.

O STF entendeu **inconstitucional** a "farra do boi", pois a crueldade praticada contra os animais não teria como fazer prevalecer uma suposta tradição cultural.

> "EMENTA: Costume — Manifestação cultural — Estímulo — Razoabilidade — Preservação da fauna e da flora — Animais — Crueldade. A obrigação de o Estado garantir a todos o pleno exercício de direitos culturais, incentivando a valorização e a difusão das manifestações, não prescinde da observância da norma do inciso VII do artigo 225 da Constituição Federal, no que **veda prática que acabe por submeter os animais à crueldade**. Procedimento discrepante da norma constitucional denominado 'farra do boi'" (RE 153.531, Rel. p/ o acórdão Min. Marco Aurélio, j. 03.06.1997, *DJ* de 13.03.1998 — grifo nosso).

19.8.7.2. *Rinhas ou brigas de galo*

As **rinhas** ou **brigas de galo** podem ser conceituadas como a realização de atividades denominadas "esportivas", em recintos próprios e fechados (*rinhadeiros*) e, por isso, tendo sido utilizada a expressão "competição galística" (ADI 1.856, Rel. Min. Celso de Mello). Aves das *raças combatentes* são colocadas para se enfrentar.

Também quanto a essas manifestações, entendeu o STF que se tratava de violação ao art. 225, § 1.º, VII, por submeter os animais a crueldade.

> "EMENTA: Inconstitucionalidade. Ação direta. Lei n. 7.380/98, do Estado do Rio Grande do Norte. Atividades esportivas com aves das raças combatentes. 'Rinhas' ou 'Brigas de galo'. Regulamentação. Inadmissibilidade. Meio ambiente. Animais. **Submissão a tratamento cruel.** Ofensa ao art. 225, § 1.º, VII, da CF. Ação julgada procedente. Precedentes. É inconstitucional a lei estadual que autorize e regulamente, sob título de práticas ou atividades esportivas com aves de raças ditas combatentes, as chamadas 'rinhas' ou 'brigas de galo'" (ADI 3.776, Rel. Min. Cezar Peluso, j. 14.06.2007, *DJ* de 29.06.2007).[42]

[42] Em igual sentido, cf. **ADI 1.856**, Rel. Min. Celso de Mello, j. 26.05.2011, Plenário, *DJE* de 14.10.2011; **ADI 2.514**, j. 29.06.2005, *DJ* de 09.12.2005; **ADI 1.856**, j. 03.09.98, *DJ* de 22.09.2000.

19.8.7.3. *Rodeios de animais*

Nos termos do art. 1.º, parágrafo único, da Lei n. 10.519/2002, "consideram-se **rodeios** de animais as atividades de montaria ou de cronometragem e as provas de laço, nas quais são avaliados a habilidade do atleta em dominar o animal com perícia e o desempenho do próprio animal".

Enfrentando outros temas, o Des. Castilho Barbosa, do TJ/SP, explicou: "**vaquejada** — quando peões seguram fortemente o animal pela cauda para ser contido na fuga; ***calf roping*** — bezerros, com quarenta dias de vida, são tracionados no sentido contrário em que correm, erguidos e lançados violentamente ao solo, em prática que além de causar lesões pode levá-los à morte, e ***team roping*** ou **laçada dupla** — prática em que um peão laça a cabeça de um garrote, enquanto outro laça as pernas traseiras, na sequência o animal é esticado, ocasionando danos na coluna vertebral e lesões orgânicas" (AGRV 419.225.5/5, de 30.01.2007).

Nesse sentido, as atividades vêm sendo permitidas, desde que não configurem crueldade aos animais.

> "EMENTA: Agravo de Instrumento — Interposição contra decisão proferida em Primeiro Grau e que deferiu medida liminar em ação civil pública — Inconformismo — Admissibilidade em parte — Possibilidade da realização do rodeio e, nele, da 'montaria'; proibida, no entanto, a utilização de sedém, peiteiros, choques elétricos ou mecânicos e esporas; e as práticas de 'Vaquejada', 'calf roping' e 'team roping' — Entendimento jurisprudencial sobre o tema — Recurso parcialmente provido, sem prejuízo de eventual perda do objeto do presente agravo" (AGRV 419.225.5/5, de 30.01.2007).

A grande questão que se coloca, portanto, é a prática **de maus-tratos** e **crueldade** contra os animais. Desde que não haja atos de **flagelação** aos animais, as festas de rodeio e de peão vêm sendo admitidas pelos Judiciários locais (devendo ser destacada a posição do STF em relação à **vaquejada** — cf. item seguinte, **ADI 4.983**).

O **STF** ainda não enfrentou a questão específica sobre os **rodeios**, estando pendente de julgamento a **ADI 3.595**, ajuizada pelo Governador de São Paulo com pedido de liminar, contra o *Código de Proteção aos Animais do Estado* (Lei estadual n. 11.977/2005), que, entre outros pontos, **proibiu**, nesse Estado, as provas de rodeio e de espetáculos que envolvam o uso de instrumentos que induzam o animal a se comportar de forma não natural.

A **Lei n. 10.519/2002** traz regras sobre a realização de rodeios, buscando evitar apetrechos técnicos utilizados nas montarias que impliquem crueldade aos animais. Já a **Lei n. 10.220/2001** institui normas gerais relativas à atividade de peão de rodeio, equiparando-o a atleta profissional.

Por sua vez, o art. 32 da **Lei n. 9.605/98** (*que dispõe sobre as sanções penais e administrativas derivadas de condutas e atividades lesivas ao meio ambiente, e dá outras providências*) considera crime, a que se comina pena de detenção, de três meses a um ano, e multa, praticar ato de abuso, maus-tratos, ferir ou mutilar animais silvestres, domésticos ou domesticados, nativos ou exóticos.

Sobre o tema registramos, e aqui deixamos o nosso abraço para os amigos da região, que a **Lei n. 12.489/2011** confere ao Município de Barretos, no Estado de São Paulo, o título de **Capital Nacional do Rodeio**. A título de curiosidade e informação, por sua vez, a **Lei n. 13.922/2019** institui o **Dia Nacional do Rodeio**, que será comemorado todo dia 4 de outubro de cada ano.

■ *19.8.7.4. O julgamento específico da vaquejada — ADI 4.983 (j. 06.10.2016) e a EC n. 96/2017*

Em âmbito estadual (Ceará), a Lei n. 15.299/2013 regulamentou a **vaquejada** como **atividade desportiva** e **cultural**, definindo-a como "evento de natureza competitiva, no qual uma dupla de vaqueiro a cavalo persegue animal bovino, objetivando dominá-lo", devendo a competição "ser realizada em espaço físico apropriado, com dimensões e formato que propiciem segurança aos vaqueiros, animais e ao público" (art. 2.º e § 2.º).

Muito embora referida legislação tenha estabelecido a obrigação de os organizadores da vaquejada adotarem **medidas de proteção** à saúde e à integridade física do público, dos vaqueiros **e dos animais**, assim como outras disposições de proteção e inibição a maus-tratos, o STF, em julgamento bastante apertado **(6 x 5)**, a declarou **inconstitucional**.

Conforme ficou estabelecido na ementa do acórdão, de Relatoria do Min. Marco Aurélio, "a obrigação de o Estado garantir a todos o pleno exercício de direitos culturais, incentivando a valorização e a difusão das manifestações, não prescinde da observância do disposto no inciso VII do artigo 225 da Carta Federal, o qual **veda prática que acabe por submeter os animais à crueldade**. Discrepa da norma constitucional a denominada vaquejada" (**ADI 4.983**, Pleno, Rel. Min. Marco Aurélio, j. 06.10.2016, *DJE* de 27.04.2017).

Conforme observou o Min. Marco Aurélio em seu voto, de acordo com o que se descreveu na inicial em relação aos ditos "dados empíricos evidenciados pelas pesquisas", o objetivo da vaquejada é "a derrubada do boi pelos vaqueiros, o que fazem em arrancada, puxando-o pelo rabo. Inicialmente, o animal é enclausurado, açoitado e instigado a sair em disparada quando da abertura do portão do brete. Conduzido pela dupla de vaqueiros competidores vem a ser agarrado pela cauda, a qual é torcida até que caia com as quatro patas para cima e, assim, fique finalmente dominado" (fls. 12 do acórdão).

Destaca ainda que "o autor juntou laudos técnicos que demonstram as consequências nocivas à saúde dos bovinos decorrentes da tração forçada no rabo, seguida da derrubada, tais como fraturas nas patas, ruptura de ligamentos e de vasos sanguíneos, traumatismos e deslocamento da articulação do rabo ou até o arrancamento deste, resultando no comprometimento da medula espinhal e dos nervos espinhais, dores físicas e sofrimento mental. Apresentou estudos no sentido de também sofrerem lesões e danos irreparáveis os cavalos utilizados na atividade: tendinite, tenossinovite, exostose, miopatias focal e por esforço, fraturas e osteoartrite társica" (fls. 12 do acórdão).

Acesse também a videoaula pelo link: somos.in/DCE25108

Assim, mesmo que presente a manifestação cultural (e essa realidade advinda da população rural não é negada — Min. Fachin, fls. 15 do acórdão, que fazia distinção com a "farra do boi" e a "rinha de galos", essas duas, em sua visão, consideradas práticas de crueldade), conforme destacou o Min. Marco Aurélio, "verificada situação a implicar inequívoca crueldade contra animais, há de se interpretar, no âmbito da ponderação de direitos, normas e fatos de forma **mais favorável à proteção ao meio ambiente**, demostrando-se preocupação maior com a manutenção, em prol dos cidadãos de hoje e de amanhã, das condições ecologicamente equilibradas para uma vida mais saudável e segura" (fls. 12 do acórdão).

Por sua vez, conforme observou o Min. Barroso, "a Constituição e a jurisprudência do Supremo Tribunal Federal não impedem que manifestações culturais envolvam animais. O que elas **vedam** são **manifestações culturais de entretenimento que submetam animais a crueldade**. Em certos casos será possível, por meio de regulamentação, impedir a imposição desse tipo de sofrimento grave. O controle e o uso de animais por humanos podem ser compatíveis com a garantia de um tratamento minimamente decente a eles. Mas no caso da vaquejada, infelizmente, isso não é possível sem descaracterização dos elementos essenciais da prática" (fls. 55 do acórdão).

A partir dessa interpretação estabelecida pelo STF, até porque bastante apertada e em tema que dividiu a Corte (6 x 5), vários movimentos se seguiram no sentido de modificar, **pela via legislativa**, a interpretação estabelecida, até porque, como se sabe, o efeito vinculante da decisão proferida em controle concentrado (ADI) não vincula o Poder Legislativo na sua função típica de legislar, sob pena de "fossilização" da Constituição (cf. *item 6.7.1.8*).

Dessa forma, o Congresso Nacional editou a **EC n. 96/2017**, acrescentando o § 7.º ao art. 225, nos seguintes termos: "para fins do disposto na parte final do inciso VII do § 1.º deste artigo, **não se consideram cruéis** as práticas desportivas que utilizem animais, **desde que sejam manifestações culturais**, conforme o § 1.º do art. 215 desta Constituição Federal, **registradas como bem de natureza imaterial integrante do patrimônio cultural brasileiro**, devendo ser regulamentadas por **lei específica** que assegure o bem-estar dos animais envolvidos".

Destaca-se, também, a **Lei n. 13.364/2016**, alterada pela Lei n. 13.873/2019, que "reconhece o rodeio, a vaquejada e o laço, bem como as respectivas expressões artísticas e esportivas, como manifestações culturais nacionais; eleva essas atividades à condição de bens de natureza imaterial integrantes do patrimônio cultural brasileiro; e dispõe sobre as modalidades esportivas equestres tradicionais e sobre a proteção ao bem-estar animal".

Estamos diante de nítida situação de **superação legislativa da jurisprudência da Corte** ("mutação constitucional pela via legislativa" ou "reversão legislativa da jurisprudência da Corte"), tema que já foi analisado pelo STF no julgamento da **ADI 5.105** (cf. *itens 1.6 e 6.7.1.8*).

Restará ao STF apreciar a validade da EC n. 96/2017, que, "escancaradamente", estabeleceu que **não se consideram cruéis** as **práticas desportivas** que utilizem animais, **desde que sejam manifestações culturais registradas como bem de na-**

tureza imaterial integrante do patrimônio cultural brasileiro e regulamentadas por **lei específica** que assegure o bem-estar dos animais envolvidos.

Pelo comando do constituinte reformador, diferente da tese fixada pelo STF no julgamento da ADI 4.983, bastaria o mero "registro" e a sua regulamentação por lei específica para se afastar a crueldade. **Será que esta foi a melhor escolha política?**

Com o máximo respeito, entendemos que não! Essa definição, contudo, dependerá de manifestação do STF (pendente), tendo sido ajuizadas novas ações: **a) questionando leis estaduais regulamentadoras da prática da vaquejada e que foram editadas antes da reforma constitucional:** ADIs 5.710, 5.711 e 5.713;[43] **b) questionando diretamente a EC n. 96/2017:** ADIs 5.728 e 5.772 (esta última tem por objeto não apenas a EC n. 96/2017, mas, também, a expressão "vaquejada" constante nas Leis ns. 13.364/2016 e 10.220/2001).

■ 19.8.7.5. *Animais em circo*

■ 19.8.7.5.1. *A origem do circo — breve nota*[44]

Muito se discute sobre a origem do circo ou, melhor dizendo, da **arte circense**, chegando alguns a apontar as suas raízes na Grécia antiga ou até mesmo no Egito, servindo o espetáculo para marcar a volta da guerra e, assim, trazendo animais exóticos para demonstrar a grandiosidade das batalhas e a distância percorrida pelos generais.

Outros atribuem o surgimento do circo à China, destacando-se as acrobacias humanas.

Lembramos, ainda, o desenvolvimento da arte circense no Império Romano, como o *Circo Máximo de Roma* e o *Coliseu*.

A ideia do circo moderno, com o picadeiro, a cobertura de lona, as arquibancadas, deve-se a *Philip Astley*, da Inglaterra.

No Brasil, há alguns registros de surgimento do circo no final do século XVIII e da ideia de circo moderno no século XIX, incentivado pelo desenvolvimento econômico, posteriormente.

Hoje se fala em um **"circo contemporâneo"**, ou o **"novo circo"**, enaltecendo a figura do homem e **excluindo a participação de animais**.

---

[43] Em 02.03.2018, o Min. Marco Aurélio reconheceu a **perda do objeto** das ADIs 5.711 e 5.713 tendo em vista a alteração superveniente do parâmetro de controle, em razão do advento da EC n. 96/2017, ficando, assim, em virtude do novo tratamento dado à vaquejada, prejudicada a análise das ações. Como ele mesmo tranquilizou, contudo, sem a necessidade de se superar a jurisprudência atual no sentido da perda do objeto (nesse sentido, cf. *item 6.7.1.2.13*), a questão central será enfrentada pela Corte: "o Tribunal tem encontro marcado com a controvérsia, presente a formalização das ações diretas de ns. 5.728 e 5.772 (...)", pelas quais se questiona a compatibilidade da EC n. 96/2017 com a Constituição.

[44] Breve nota apresentada, conforme parecer do Deputado Federal Antônio Carlos Biffi, ao PL n. 7.291/2006, em 20.12.2007, na Comissão de Educação e Cultura (CEC) da Câmara dos Deputados.

■ 19.8.7.5.2. *O adestramento de animais em circos*

No tocante aos animais, muito se discute sobre eventual crueldade.

Como anotou o *Deputado Federal Antônio Carlos Biffi* em seu parecer, "para realizar tarefas como dançar, andar de bicicleta, tocar instrumentos, pular em argolas (com ou sem fogo), cumprimentar a plateia, entre outras proezas, os animais são submetidos a treinamento que, regularmente, envolve chicotadas, choques elétricos, chapas quentes, correntes e outros meios que os violentam. A alimentação e o descanso desses animais são, muitas vezes, inadequados e insuficientes. Há ainda uma perversidade adicional gerada pela presença de carnívoros nos espetáculos circenses — é comum que cães e gatos vivos sejam fornecidos a eles como alimentação, muitas vezes trocados por ingressos pelos moradores da localidade onde se encontra o circo".[45]

Segundo relata o *Deputado Federal Jorge Pinheiro*, ao analisar o **PL n. 7.291/2006**, que tramita na CD, "vários circos famosos internacionalmente — como o *Circo Soleil* do Canadá e o *Circo Oz* da Austrália — **não utilizam animais em seus espetáculos** e, inclusive, a *Escola Nacional de Circos* se manifestou a favor do projeto de lei proibindo animais em circos no Estado do Rio de Janeiro. No Brasil, o *Circo Popular do Brasil*, além de outros cinco circos, apresentam apenas espetáculos com humanos. A apresentação de animais nos espetáculos circenses em nada contribui à educação ambiental da população, visto que o comportamento apresentado não se assemelha ao comportamento natural desses animais, inclusive expondo-os ao ridículo. Mesmo alguns empresários de circo reconhecem que há uma tendência mundial de desvalorização de animais como atração circense e que o 'circo do futuro' valorizará mais o artista".[46]

■ 19.8.7.5.3. *O fim dos animais em circos significaria o fim da cultura circense?*

Por todo o exposto, não nos parece que o uso de animais seja essencial para que o circo cumpra o seu relevante papel para a cultura de nosso país.

Em um primeiro momento, a utilização dos animais nos circos tenderia mais a caracterizar a crueldade do que o fortalecimento da cultura.

Muitos incidentes com animais de circos já foram relatados. Há notícias de maus-tratos e abandono de animais, bem como de tragédias, como, em 09.04.2000, a morte de um menino de 6 anos por leões do *Circo Vostok* em Jaboatão dos Guararapes/PE, levando a sociedade a se revoltar e ao encaminhamento de projetos de lei no sentido de proibir a utilização de animais nos circos.

Alguns Estados, como São Paulo, Rio de Janeiro, Pernambuco, assim como vários Municípios, já proibiram a participação de animais em espetáculos circenses.

Proibir a utilização de animais em circo não significará o fim da arte, da cultura circense, que tem muito a oferecer, como a apresentação dos malabaristas, dos trape-

---

45 PL n. 7.291/2006, em 20.12.2007, apresentado na Comissão de Educação e Cultura (CEC) da Câmara dos Deputados.

46 Comissão de Meio Ambiente e Desenvolvimento Sustentável (CMADS) — Parecer do Relator, 15.12.2006.

zistas, dos engolidores de fogo, dos mágicos, dos palhaços e de tantos, homens e mulheres, artistas que fazem da arte a sua vida e lutam para encantar, alegrar e estimular o sonho e o imaginário.

Assim, preserva-se a cultura, e, ao mesmo tempo, ao não se admitir o emprego de animais em circos, garante-se a proibição de crueldade, harmonizando os preceitos constitucionais.

19.8.8. Importação de pneus usados — ADPF 101

O STF, julgando a **ADPF 101**, declarou que a legislação que **proíbe** a importação de pneus usados é **constitucional** (cf. *Infs. 538* e *552/STF*).

Os fundamentos utilizados pela Suprema Corte foram:

- proteção à saúde;
- meio ambiente ecologicamente equilibrado;
- soberania nacional;
- defesa do meio ambiente;
- princípios internacionais decorrentes de tratados de proteção ambiental.

19.8.9. Exploração de recursos minerais

Aquele que explorar recursos minerais fica obrigado a recuperar o meio ambiente degradado, de acordo com solução técnica exigida pelo órgão público competente, na forma da lei.

Conforme anota Paulo Affonso Leme Machado, "foi um avanço considerável — e a nível da maior lei do país — considerar induvidosamente a atividade minerária ou a mineração como atividade degradadora do ambiente pelo só fato dessa atividade existir. Há, contudo, três formas de degradação diferentes que podem advir da mineração: a **primeira**, poderá ser evitada antes do licenciamento da lavra e/ou da pesquisa, através do estudo de impacto ambiental; a **segunda**, poderá ser combatida durante o funcionamento da atividade de lavra e/ou pesquisa; e a **terceira**, a de que cuida a Constituição: a **recomposição**. A norma constitucional não eliminou as duas fases apontadas, mas mostrou que toda atividade de mineração importa em necessidade de uma atividade de recuperação".[47]

A exploração, ainda nos termos do art. 225, *caput*, terá de ser **sustentável** para evitar o esgotamento dos recursos minerais, inclusive para as gerações futuras.

19.8.10. Responsabilidade por danos ambientais

As condutas e atividades consideradas lesivas ao meio ambiente sujeitarão os infratores, pessoas **físicas** ou **jurídicas**, a sanções **penais** e **administrativas**, independentemente da obrigação de **reparar os danos causados** (art. 225, § 3.º).

---

[47] Paulo A. L. Machado, *Direito ambiental brasileiro*, 6. ed., p. 41-42.

■ **Responsabilidade criminal:** influenciado pelo art. 45, § 3.º, da Constituição espanhola, o constituinte de 1988 erigiu o meio ambiente a bem jurídico-penal autônomo, prevendo a responsabilização criminal em razão dos crimes ecológicos. Nesse sentido, o princípio da reserva legal deverá ser respeitado, destacando-se a Lei n. 9.605/98. Outro ponto bastante interessante foi o estabelecimento de **responsabilidade penal**[48] da **pessoa jurídica.**[49 e 50]

■ **Responsabilidade administrativa:** diante da violação de normas administrativas, foram estabelecidas sanções também de natureza administrativa, como multa, interdição da atividade, advertência, suspensão de benefícios etc.

■ **Responsabilidade civil:** todo dano ambiental, de qualquer natureza (contratual, extracontratual, que decorra de ato ilícito ou mesmo lícito), deverá ser indenizado. Trata-se de **responsabilidade objetiva e integral** (cf. art. 21, XXIII,

---

48 Sobre o tema da **responsabilidade penal**, cf. Luiz Regis Prado, *Crimes contra o ambiente*, passim, e *Direito penal ambiental:* problemas fundamentais, passim. Ainda nesse contexto, cf. Ivette Senise Ferreira, *Tutela penal do patrimônio cultural*, passim.

49 Deixando-se anotada a existência de dois precedentes nos quais o STF já havia vislumbrado a possibilidade de **responsabilização penal da pessoa jurídica**, nos termos do art. 225, § 3.º, da CF/88 (cf. *RE 473.045* e *HC 88.544*), em momento seguinte, no julgamento do **RE 548.181**, a primeira turma do STF, por maioria de votos (3 X 2), explicitamente, reconheceu a possibilidade de se processar penalmente a pessoa jurídica, no caso, a **Petrobras**, mesmo não tendo sido admitida a ação penal contra pessoas físicas ocupantes de cargo de presidência ou de direção. De acordo com a denúncia oferecida pelo MPF/PR, tratava-se de rompimento de duto em uma refinaria situada no município de Araucária (em 16.07.2000) e que teria levado ao derramamento de 4 milhões de litros de óleo cru, poluindo os rios Barigui, Iguaçu e áreas ribeirinhas *(Notícias STF, 06.08.2013).* Conforme informado, "**é admissível a condenação de pessoa jurídica pela prática de crime ambiental, ainda que absolvidas as pessoas físicas ocupantes de cargo de presidência ou de direção do órgão responsável pela prática criminosa**. Com base nesse entendimento, a Primeira Turma, por maioria, conheceu, em parte, de recurso extraordinário e, nessa parte, deu-lhe provimento para cassar o acórdão recorrido. Neste, a imputação aos dirigentes responsáveis pelas condutas incriminadas (Lei 9.605/1998, art. 54) teria sido excluída e, por isso, trancada a ação penal relativamente à pessoa jurídica. (...) No mérito, anotou-se que a tese do STJ, no sentido de que a persecução penal dos entes morais somente se poderia ocorrer se houvesse, concomitantemente, a descrição e imputação de uma ação humana individual, sem o que não seria admissível a responsabilização da pessoa jurídica, **afrontaria o art. 225, § 3.º, da CF**. Sublinhou-se que, ao se condicionar a imputabilidade da pessoa jurídica à da pessoa humana, estar-se-ia quase que a subordinar a responsabilização jurídico-criminal do ente moral à efetiva condenação da pessoa física. Ressaltou-se que, ainda que se concluísse que o legislador ordinário não estabelecera por completo os critérios de imputação da pessoa jurídica por crimes ambientais, não haveria como pretender transpor o paradigma de imputação das pessoas físicas aos entes coletivos" (**RE 548.181**, Rel. Min. Rosa Weber, j. 06.08.2013, 1.ª T., *Inf. 714/STF*).

50 De acordo com a **Lei n. 9.605/98: "Art. 21.** As **penas** aplicáveis isolada, cumulativa ou alternativamente às **pessoas jurídicas**, de acordo com o disposto no art. 3.º, são: I — multa; II — restritivas de direitos; III — prestação de serviços à comunidade". "**Art. 22.** As penas restritivas de direitos da **pessoa jurídica** são: I — suspensão parcial ou total de atividades; II — interdição temporária de estabelecimento, obra ou atividade; III — proibição de contratar com o Poder Público, bem como dele obter subsídios, subvenções ou doações".

"d", da CF/88 e art. 14, § 1.º, da Lei n. 6.938/81)[51] em razão do **dano ecológico**, independentemente de culpa, bastando a prova do dano e do nexo de causalidade. Tendo em vista a natureza do dano ambiental, há a preferência pela tutela específica e reposição do *statu quo ante*.[52]

19.8.11. Ecossistemas especialmente protegidos e erigidos à categoria de patrimônio nacional

De acordo com o art. 225, § 4.º, são patrimônio nacional, e sua utilização far-se-á, na forma da lei, dentro de condições que assegurem a preservação do meio ambiente, inclusive quanto ao uso dos recursos naturais:

- Floresta Amazônica brasileira
- Mata Atlântica
- Serra do Mar
- Pantanal Mato-Grossense
- Zona Costeira

Em entendimento fixado pelo STF, "a norma inscrita no art. 225, § 4.º, da Constituição deve ser interpretada de modo harmonioso com o sistema jurídico consagrado pelo ordenamento fundamental, notadamente com a cláusula que, proclamada pelo art. 5.º, XXII, da Carta Política, garante e assegura o **direito de propriedade** em todas as suas projeções, inclusive aquela concernente à compensação financeira devida pelo Poder Público ao proprietário atingido por atos imputáveis à atividade estatal".[53]

19.8.12. Os "Soldados da Borracha" e a EC n. 78/2014

De acordo com o art. 54, ADCT, os **seringueiros** recrutados nos termos do Decreto-Lei n. 5.813/43, e amparados pelo Decreto-Lei n. 9.882/46, receberão, **quando carentes**, pensão mensal vitalícia no valor de **2 salários mínimos**.

O benefício[54] é estendido aos seringueiros que, atendendo a apelo do governo brasileiro, contribuíram para o **esforço de guerra**, trabalhando na **produção de bor-**

---

[51] "Art. 14, § 1.º Sem obstar a aplicação das penalidades previstas neste artigo, é o poluidor obrigado, **independentemente da existência de culpa**, a indenizar ou reparar os danos causados ao meio ambiente e a terceiros, afetados por sua atividade. O Ministério Público da União e dos Estados terá legitimidade para propor ação de responsabilidade civil e criminal, por danos causados ao meio ambiente."

[52] Nesse sentido, cf. o nosso *Teoria geral da ação civil pública*, 2. ed., p. 353 e s.

[53] RE 134.297, Rel. Min. Celso de Mello, j. 13.06.95, *DJ* de 22.09.1995 (*RTJ* 158/205). Cf., ainda, RE 267.817, *RTJ* 184/322; RE 471.110-AgR, Rel. Min. Sepúlveda Pertence, j. 14.11.2006, *DJ* de 07.12.2006; RE 300.244, Rel. Min. Moreira Alves, j. 20.11.2001, *DJ* de 19.12.2001, e RE 349.184, *DJ* de 07.03.2003.

[54] Conforme anotou Érica Paula Barcha Correia, referido benefício tem **natureza indenizatória, e não previdenciária**. Segundo ensina, "na realidade, há um ressarcimento por dano considerado constitucionalmente e não provisão indicada legalmente para cobertura de contingências. O pagamento pelo Instituto Nacional do Seguro Social, neste caso, é meramente operacional, não trazendo qualquer mudança na natureza jurídica do instituto" (in: J. J. Gomes Canotilho, Gilmar F. Mendes, Ingo W. Sarlet, Lenio L. Streck, *Comentários à Constituição do Brasil*, p. 2.231).

racha, na **Região Amazônica**, durante a **2.ª Guerra Mundial**. Por esse motivo, foram apelidados **"Soldados da Borracha"**.

A **concessão dos benefícios**, que são transferíveis aos dependentes reconhecidamente carentes, está disciplinada na **Lei n. 7.986/89**. De acordo com o seu art. 3.º, na redação dada pela Lei n. 9.711/98, a comprovação da efetiva prestação de serviços, inclusive mediante justificação administrativa ou judicial, só produzirá efeito quando baseada em início de prova material, **não sendo admitida prova exclusivamente testemunhal**, vedação essa tida pelo STF como constitucional (**ADI 2.555**, Rel. Min. Ellen Gracie, j. 03.04.2003, Plenário, *DJ* de 02.05.2003).

Durante a constituinte, discutiu-se a possibilidade de se dar aos seringueiros um tratamento isonômico em relação aos *ex-combatentes de guerra* que passaram a ter muitos outros direitos e foram, esses últimos, equiparados a 2.º Tenente das Forças Armadas para efeito de pagamento de pensão.

Essa perspectiva, contudo, não foi alcançada. Observa-se um grande distanciamento entre as duas categorias e, assim, iniciou-se outra longa discussão com o objetivo de se "minorar os problemas vividos por aqueles que, com grande sacrifício pessoal, trabalhando sob as mais difíceis condições, deram um esforço gigantesco para a derrota do nazifascismo, garantindo às forças aliadas o fornecimento de uma das mais importantes matérias-primas no esforço de guerra, a borracha" (Parecer da CCJ, Rel. Sen. Aníbal Diniz).

Nesse contexto, foi aprovada a **EC n. 78/2014** estabelecendo que os seringueiros de que trata o art. 54 do ADCT receberão **indenização**, em **parcela única**, no valor de **R$ 25.000,00**. Essa indenização somente se estende aos dependentes dos seringueiros que, na data de entrada em vigor da referida emenda constitucional (*exercício financeiro seguinte ao de sua publicação*), detenham a condição de dependentes na forma do § 2.º do art. 54 do ADCT, devendo o valor de R$ 25.000,00 ser rateado entre os pensionistas na proporção de sua cota-parte na pensão.

■ 19.8.13. Terras devolutas

■ *19.8.13.1. Classificação dos bens públicos: as terras devolutas enquanto bens dominicais*

No tocante à destinação, os bens públicos podem ser classificados em:

- **Bens de uso comum do povo ou do domínio público:** destinados à utilização geral e igualitária pelos indivíduos, independem de consentimento individualizado pelo Poder Público para a sua utilização e podem ser assim exemplificados: rios, mares, estradas, ruas e praças. Por regra, a sua utilização é gratuita, mas há exemplo de exigência de contraprestação pelo Poder Público, como no caso dos pedágios nas rodovias (art. 99, I, do CC).
- **Bens de uso especial ou do patrimônio administrativo:** são aqueles utilizados pela Administração Pública para a execução de serviços públicos e adminis-

trativos, tais como os edifícios ou terrenos destinados a serviço ou estabelecimento da administração federal, estadual, territorial ou municipal, inclusive os de suas autarquias (art. 99, II, do CC).

- **Bens dominicais ou do patrimônio disponível:** constituem o patrimônio das pessoas jurídicas de direito público, como objeto de direito pessoal, ou real, de cada uma dessas entidades (art. 99, III, do CC), e **não** se encontram **afetados** a nenhuma finalidade específica, isto é, não são de uso comum do povo nem de uso especial. Como exemplo, destacamos as **terras devolutas** e todas aquelas que não tenham nenhuma destinação pública específica, os prédios públicos desativados, os terrenos de marinha etc.

Feito esse breve apontamento (que deverá ser aprofundado nos livros de *direito administrativo* — no capítulo sobre *bens públicos*), interessa-nos, dentro da ideia de meio ambiente, analisar a questão particular sobre as **terras devolutas**.

19.8.13.2. Titularidade

Na época do Brasil colônia, todas as terras descobertas eram públicas e pertenciam a Portugal, que, por sua vez, trespassou parte delas para os colonizadores, mediante as concessões de sesmarias, que deveriam ser demarcadas e cultivadas, sob pena de *comisso*, ou seja, retorno das terras para a Coroa. Dessa forma, tanto as terras que caíram em *comisso* como as que nunca foram trespassadas e, assim, não fixadas como de domínio privado nem tinham destinação específica no domínio público foram consideradas **devolutas**.

Proclamada a **independência**, as terras devolutas passaram a integrar o patrimônio público do **Império**.

Em seguida, nos termos do art. 64 da Constituição de 1891 **(República)**, as terras devolutas foram transferidas para os **Estados-Membros**, ficando com a União somente a porção do território indispensável à defesa das fronteiras, fortificações, construções militares e estradas de ferro federais. Alguns Estados, por sua vez, transferiram, ao longo do tempo, parcela das terras devolutas para os seus **Municípios**.

Na Constituição de 1988, parte das terras devolutas que já tinham sido destinadas aos Estados **reverteu ao domínio público federal**, uma vez que (art. 20, II) são bens da **União** as **terras devolutas** indispensáveis à defesa das fronteiras, das fortificações e construções militares, das vias federais de comunicação e à **preservação ambiental**, definidas em lei.

Podemos, assim, afirmar que as terras devolutas, desde a Constituição de 1891, por regra, pertencem aos **Estados-Membros**, excetuando-se aquelas que, conforme visto, são indispensáveis à defesa das fronteiras, das fortificações e construções militares, das vias federais de comunicação e à preservação ambiental, definidas em lei (art. 20, II, c/c o art. 26, IV).

Segundo Hely Lopes Meirelles, **terras devolutas** "... são todas aquelas que, pertencentes ao domínio público de qualquer das entidades estatais, não se acham utilizadas pelo Poder Público, nem destinadas a fins administrativos específicos. São bens públicos patrimoniais ainda não utilizados pelos respectivos proprietários".[55]

■ *19.8.13.3. Terras devolutas ou arrecadadas pelo Estado necessárias à proteção dos ecossistemas naturais — indisponibilidade*

Nos termos dos arts. 100 e 101 do Código Civil, os **bens públicos de uso comum do povo** e os de **uso especial** são **inalienáveis**, enquanto conservarem a sua qualificação, na forma que a lei determinar. Por sua vez, os **bens públicos dominicais** podem ser **alienados**, observadas as exigências da lei.

Diante do exposto, teoricamente, as terras devolutas, por serem bens públicos dominicais, poderiam ser alienadas.

Contudo, as **terras devolutas ou arrecadadas pelos Estados** (art. 26, IV), por ações discriminatórias, **necessárias à proteção dos ecossistemas naturais**, foram declaradas **indisponíveis** pela Constituição (art. 225, § 5.º), **não** podendo, portanto, ser **alienadas**. O constituinte, nesse caso particular, colocou-as sob o mesmo regime jurídico dos bens de uso comum do povo e de uso especial (art. 100 do CC).

Para José Afonso da Silva, "a regra não abrange nem as terras devolutas da União, nem as dos Municípios, embora a destes até devesse abranger. A indisponibilidade constitucionalmente estabelecida depende de verificação de sua necessidade para a proteção indicada e significa — verificado esse pressuposto inclusive na via judicial — que a alienação e mesmo a simples legitimação de posse dessas terras são nulas".[56]

■ 19.8.14. Localização das usinas nucleares: necessidade de lei federal

Para serem instaladas, as usinas que operam com reator nuclear deverão ter a sua **localização** definida em **lei federal** (art. 225, § 6.º, CF/88).

Essa regra complementa a fixada no art. 21, XXIII, "a", que exige aprovação e autorização, pelo **Congresso Nacional** (art. 49, XIV), para o funcionamento das usinas nucleares e somente para fins pacíficos, bem como o art. 22, XXVI, que estabelece ser competência privativa da União legislar sobre atividades nucleares de qualquer natureza.

Assim, toda e qualquer lei estadual, distrital ou municipal, inclusive Constituição estadual, ou Lei Orgânica, que vedar ou autorizar a instalação de usina nuclear em determinada região será inconstitucional por invadir a competência da União.

Nesse sentido, a Corte estabeleceu ser inconstitucional norma estadual que disponha sobre a implantação de instalações industriais destinadas à produção de energia nuclear no âmbito espacial do território estadual (**ADI 330**, Plenário, Sessão Virtual de 02.10.2020 a 09.10.2020 — um detalhe: muito embora a medida cautelar tenha sido deferida 2 meses depois de distribuída a ação, o julgamento final de mérito só foi acontecer 30 anos depois!).

[55] Hely Lopes Meirelles, *Direito administrativo brasileiro*, 30. ed., p. 531.

[56] José Afonso da Silva, *Comentário contextual à Constituição*, 4. ed., p. 850.

19.9. FAMÍLIA, CRIANÇA, ADOLESCENTE, JOVEM E IDOSO

19.9.1. Família: conceito de entidade familiar

A **família** é a **base da sociedade** e terá **especial proteção** do Estado[57] (art. 226).

O conceito de família foi ampliado pelo texto de 1988, visto que, para efeito de proteção pelo Estado, foi reconhecida como **entidade familiar** também a **união estável** entre o homem e a mulher, devendo a lei facilitar sua conversão em casamento.

A Lei n. 8.971/94 citava o termo **companheiros**; a Lei n. 9.278/96 disciplinava a situação dos **conviventes**. O Novo Código Civil abriu um título próprio para a **união estável**, tratando dos companheiros e reconhecendo, nos termos do art. 1.723, *caput*, como entidade familiar, a união estável entre o homem e a mulher, configurada na convivência pública, contínua e duradoura e estabelecida com o objetivo de constituição de família.

Para parte da doutrina, o Código Civil revogou as outras duas leis e, ao fazê-lo, retrocedeu ao desigualar o casamento e as uniões estáveis para efeitos de sucessão (art. 1.790).

Essa distinção, em tese, atingiria também, negativamente, a união estável entre pessoas do mesmo sexo, que veio a ser reconhecida pelo STF, como se observa no item seguinte.

A questão foi analisada pelo STF no julgamento do **RE 878.694**, que trata da união de casal heteroafetivo, e do **RE 646.721**, que aborda a sucessão em determinada relação homoafetiva.

A Corte, apreciando o *tema 498* da repercussão geral, por maioria, reconheceu, de forma incidental, a **inconstitucionalidade do art. 1.790 do CC/2002**, fixando a seguinte tese (tanto para relação hétero como homoafetiva): "é inconstitucional a distinção de regimes sucessórios entre cônjuges e companheiros prevista no art. 1.790 do CC/2002, devendo ser aplicado, tanto nas hipóteses de casamento quanto nas de união estável, o regime do art. 1.829 do CC/2002" (j. 10.05.2017).

Aprimorando o sistema anterior, que só reconhecia a sociedade biparental (filhos de pai e mãe, tanto que as mães solteiras eram extremamente marginalizadas), fundado em ultrapassado modelo patriarcal e hierarquizado (Código Civil de 1916), a Constituição de 1988 reconheceu a **família monoparental**.

Nesse sentido, nos termos do art. 226, § 4.º, entende-se também como entidade familiar a comunidade formada por qualquer dos pais e seus descendentes.

---

[57] "A Lei n. 8.560/92 expressamente assegurou ao *Parquet*, desde que provocado pelo interessado e diante de evidências positivas, a possibilidade de intentar a ação de **investigação de paternidade**, legitimação essa decorrente da proteção constitucional conferida à família e à criança, bem como da **indisponibilidade** legalmente atribuída ao reconhecimento do estado de filiação. Dele decorrem direitos da personalidade e de caráter patrimonial que determinam e justificam a necessária atuação do Ministério Público para assegurar a sua efetividade, sempre em defesa da criança, na hipótese de não reconhecimento voluntário da paternidade ou recusa do suposto pai" (**RE 248.869**, Rel. Min. Maurício Corrêa, j. 07.08.2003, *DJ* de 12.03.2004).

O Estado, então, deverá assegurar proteção especial para as mães solteiras, os pais solteiros, a comunidade de pai ou mãe separados ou divorciados e eventuais filhos, as famílias instituídas por inseminação artificial, produção independente etc.

Prioriza-se, portanto, a **família socioafetiva** à luz da **dignidade da pessoa humana**, com destaque para a **função social da família**, consagrando a igualdade absoluta entre os cônjuges (art. 226, § 5.º)[58] e os filhos (art. 227, § 6.º).[59]

Destacamos que o STF estabeleceu que a existência de paternidade socioafetiva **não exime de responsabilidade os pais biológicos**, fixando-se a seguinte tese: "a paternidade socioafetiva, declarada ou não em registro público, não impede o reconhecimento do vínculo de filiação concomitante baseado na origem biológica, com os efeitos jurídicos próprios" (**RE 898.060**, Pleno, j. 22.09.2016), devendo o tema ser aprofundado nas obras de direito civil.

■ 19.9.2. União homoafetiva (união estável entre pessoas do mesmo sexo)

Carlos Roberto Gonçalves observa que vários são os requisitos para a configuração da **união estável**, sejam eles de *ordem subjetiva* ("*a*) convivência *more uxorio*; b) *affectio maritalis*: ânimo ou objetivo de constituir família") e de *ordem objetiva* ("*a*) **diversidade de sexos** — requisito que não mais se sustenta; *b*) notoriedade; *c*) estabilidade ou duração prolongada; *d*) continuidade; *e*) inexistência de impedimentos matrimoniais; e *f*) relação monogâmica").[60]

Sobre o requisito da **"diversidade de sexos"**, contudo, conforme anota o autor, "por se tratar de modo de constituição de família que se assemelha a casamento, apenas com a diferença de não existir a formalidade da celebração, entendia-se, **até recentemente**, que a união estável só poderia decorrer de relacionamento entre pessoas de sexo diferente. A doutrina **considerava** da essência do casamento a heterossexualidade e classificava na categoria de ato inexistente a união entre pessoas do mesmo sexo. (...). A matéria **ficava** assim excluída do âmbito do direito de família, gerando apenas efeitos de caráter obrigacional".

E completa: "aos poucos, no entanto, eminentes doutrinadores começaram a colocar em evidência, **com absoluta correção**, a necessidade de atribuir verdadeiro **estatuto de cidadania às uniões estáveis homoafetivas**. Na jurisprudência, o Tribunal de Justiça do Rio Grande do Sul passou a reconhecer a união entre homossexuais como possível de ser abarcada dentro do conceito de entidade familiar, sob a forma de união estável homoafetiva, ao fundamento de que 'a ausência de lei específica sobre o tema não implica ausência de direito, pois existem mecanismos para suprir as lacunas legais, aplicando-se aos casos concretos a analogia, os costumes e os princípios gerais de direito, em consonância com os preceitos constitucionais (art. 4.º da LINDB)'".

---

58 Art. 226, § 5.º: "Os direitos e deveres referentes à sociedade conjugal são exercidos igualmente pelo homem e pela mulher".

59 Art. 227, § 6.º: "Os filhos, havidos ou não da relação do casamento, ou por adoção, terão os mesmos direitos e qualificações, proibidas quaisquer designações discriminatórias relativas à filiação".

60 Carlos Roberto Gonçalves, *Direito civil brasileiro*, v. VI, p. 539-540.

Não temos dúvida de que o direito tem de evoluir para disciplinar a realidade social das uniões homoafetivas, assegurando o direito de herança, previdência, propriedade, sucessão e, sem dúvida, de acordo com a evolução da sociedade e o controle estatal, inclusive e naturalmente com a participação do Ministério Público, de adoção de crianças (cf. *item 19.9.14.4*) e qualquer outro direito assegurado à união estável como entidade familiar.

Parece, então, que a **união homoafetiva**, à luz da **dignidade da pessoa humana** (art. 1.º, III — regra-matriz dos direitos fundamentais), do **direito à intimidade** (art. 5.º, X), da **não discriminação**, enquanto objetivo fundamental do Estado (art. 3.º, IV), da **igualdade** em relação ao tratamento dado à união estável entre um homem e uma mulher (art. 5.º, *caput*), deva ser considerada **entidade familiar** e, assim, ter o tratamento e **proteção especial** por parte do Estado, exatamente como vem sendo conferido à união estável entre um homem e uma mulher.

Conforme argumenta Maria Berenice Dias, mostra-se "... impositivo reconhecer a existência de um gênero de união estável que comporta mais de uma espécie: união estável heteroafetiva e união estável homoafetiva. **Ambas merecem ser reconhecidas como entidade familiar**. Havendo convivência duradoura, pública e contínua entre duas pessoas, estabelecida com o objetivo de constituição de família, mister reconhecer a existência de uma união estável. Independente do sexo dos parceiros, fazem jus à mesma proteção...".[61]

O STF, em decisão histórica, no julgamento da **ADI 4.277** e da **ADPF 132**, em 05.05.2011, reconheceu como constitucional a união estável entre pessoas do mesmo sexo, tendo sido dada **interpretação conforme à Constituição** para excluir qualquer significado do art. 1.723 do CC[62] que impeça o reconhecimento da união entre pessoas do mesmo sexo como entidade familiar (Rel. Min. Ayres Britto, j. 05.05.2011, Plenário, *DJE* de 14.10.2011).

Como desdobramento desse julgamento, considerando o entendimento firmado pelo STJ no **REsp 1.183.378/RS** (j. 25.10.2011), que decidiu **inexistirem** óbices legais à celebração de casamento entre pessoas de mesmo sexo, o **CNJ** editou a **Res. n. 175/2013**, que veda às autoridades competentes a recusa de habilitação, celebração de casamento civil ou de conversão de união estável em casamento entre pessoas de mesmo sexo, sob pena de imediata comunicação ao respectivo juiz corregedor para as providências cabíveis.[63]

19.9.3. Reconhecimento de união estável e de relação homoafetiva concomitantes para fins de rateio de pensão por morte

Um tema deve ser acompanhado: o STF analisa a possibilidade de reconhecimento de união estável e de relação homoafetiva concomitantes para fins de **rateio**

---

61 Maria Berenice Dias, *União homossexual*: o preconceito e a justiça, p. 97.

62 **Art. 1.723 do CC:** "É reconhecida como entidade familiar a união estável entre o homem e a mulher, configurada na convivência pública, contínua e duradoura e estabelecida com o objetivo de constituição de família".

63 Em relação ao registro da união estável prevista nos arts. 1.723 a 1.727 do CC, mantida entre o homem e a mulher, ou entre **duas pessoas do mesmo sexo**, cf. **Provimento n. 37/2014-CNJ**.

de pensão por morte (**uniões estáveis simultâneas**). Como a questão da união estável entre pessoas do mesmo sexo já é uma realidade reconhecida pela Corte (vide item anterior), o grande ponto a saber é se a **monogamia** deve ser tida como requisito indispensável e estruturante da união estável.

Na data do fechamento desta edição, o placar do STF estava em 5 x 3 no sentido de se admitir o rateio, tendo havido pedido de vista do Min. Dias Toffoli (**RE 1.045.273**, j. 25.09.2019, pendente).

Para o Min. Relator Alexandre de Moraes, acompanhado de outros dois Ministros, "na verdade, o que se pede é o reconhecimento retroativo da **bigamia** para fins de rateio da pensão por morte", possibilidade esta **não prevista no ordenamento jurídico brasileiro**. Conforme sustenta, a existência de declaração judicial definitiva de uma união estável, por si só, impede o reconhecimento de outra união concomitante e paralela, "seja essa união heteroafetiva ou homoafetiva" (Notícias STF, 25.09.2019).

Por sua vez, o Min. Edson Fachin abriu a divergência (acompanhado por outros quatro Ministros), para permitir o **rateio da pensão por morte**: "prevalece o entendimento de que não se trata de uma discussão de Direito de Família ou Cível, mas meramente de Direito Previdenciário pós-morte. Fachin lembrou que a Lei n. 8.213/91 (Regime Geral da Previdência Social) reconhece não só o cônjuge, mas também o companheiro e a companheira como dependente para efeitos jurídicos previdenciários. O ministro observou que, **embora haja jurisprudência rejeitando efeitos previdenciários a uniões estáveis concomitantes**, entende ser **possível a divisão da pensão por morte, desde que haja boa-fé objetiva**, ou seja, a circunstância de que a pessoa não sabia que seu companheiro tinha outra união simultânea" (Notícias STF, 25.09.2019).

■ 19.9.4. Transexualidade: transgêneros e o direito de alteração no registro civil

Conforme noticiado pelo Professor Cassettari, Roberto Farina foi o primeiro médico brasileiro a realizar, em 1971, a **cirurgia de transgenitalismo**. Em razão de seu ato, foi condenado em primeira instância a 2 anos de reclusão por ter causado, no entendimento do juiz, lesão corporal grave. No tribunal, veio a ser absolvido. Esse motivo, como narra o professor, fez com que muitos fossem realizar cirurgias no exterior, até que a Res. CFM n. 1.482/97 autorizou, em caráter experimental e nos seus termos, a realização da cirurgia no Brasil. Pela Res. CFM n. 1.652/2002 a cirurgia deixou de ser feita em caráter experimental, estando, atualmente, disciplinada na **Res. n. 1.955/2010**.[64]

A **Res. n. 1.955/2010** do Conselho Federal de Medicina estabeleceu regras e procedimentos para a **cirurgia de transgenitalismo**, revogando a anterior, que disciplinava o assunto, Res. CFM n. 1.652/2002.

Nos termos dos *considerandos* desta última, destacamos que o paciente transexual é "... portador de **desvio psicológico permanente de identidade sexual**, com rejeição do fenótipo e tendência à automutilação e/ou autoextermínio".

---

[64] Christiano Cassettari, *Elementos de direito civil*, 4. ed., p. 69.

Segundo a Organização Mundial de Saúde (OMS), o **"transexualismo"** é reconhecido como uma **patologia** (*CID-10 F64.0*),[65] podendo ser conceituado como a vontade de viver e ser aceito como membro do sexo oposto, acompanhado, geralmente, do desejo de fazer com que o corpo seja o mais próximo daquele que se sonha, seja por cirurgia, seja por tratamento hormonal.[66] Fixa-se, ainda, o prazo de dois anos de continuidade do desejo de mudança de sexo e que não haja sintoma de qualquer outro transtorno mental. Isso quer dizer que a pessoa nasce com características físicas de um sexo, mas pensa e se comporta como uma pessoa do sexo oposto, não se confundindo o transexualismo com a homossexualidade. A alma, a essência, é de um sexo, mas o corpo físico e indesejado é do outro sexo.

A definição de **"transexualismo"** obedecerá (cf. o *art. 3.º da Res. CFM n. 1.955/2010*), no mínimo, aos seguintes critérios:

- desconforto com o sexo anatômico natural;
- desejo expresso de eliminar os genitais, perder as características primárias e secundárias do próprio sexo e ganhar as do sexo oposto;
- permanência desses distúrbios de forma contínua e consistente por, no mínimo, dois anos;
- **ausência de transtornos mentais.**

Pode ser tanto a transformação do fenótipo masculino em feminino **(neocolpovulvoplastias)**, com bons resultados cirúrgicos, do ponto de vista estético ou funcional, como do fenótipo feminino em masculino **(neofaloplastias)**. Neste último caso, segundo a literatura médica, ainda há dificuldades técnicas para a obtenção de bom resultado, seja no aspecto estético, seja no funcional.

Assim, por todo o exposto, várias decisões de tribunais estaduais e também do STJ (**SE 2.149**, Min. Barros Monteiro, *DJ* de 11.12.2006) vêm reconhecendo, com base nos princípios da **dignidade da pessoa humana** (art. 1.º, III); **proibição de discriminação por motivo de sexo** (art. 3.º, IV); **intimidade, vida privada e honra** (art. 5.º, X); **direito à saúde** (arts. 196 e s., especialmente o art. 199, § 4.º) etc.; o apoio do Estado para a mudança de sexo, **inclusive pelo SUS**, e, ainda, a autorização para mudança de nome e sexo no registro civil (adequando-se, assim, o documento formal à aparência do registrando e evitando, por consequência, constrangimento).

No STF, em decisão monocrática, a Ministra Ellen Gracie concedeu pedido de Suspensão de Tutela Antecipada **(STA 185)**, requerida pela União, contra ato da 3.ª

---

[65] Disponível em: <http://www.who.int/classifications/icd/en/GRNBOOK.pdf>. Conforme expomos em seguida, em interessante decisão, o Min. Barroso desconstitui a noção de patologia e define o transexualismo como uma **condição social** (RE 845.779). De fato, essa tem sido uma tendência entre os estudiosos do assunto.

[66] Nesse sentido de não se exigir a necessidade da cirurgia de transgenitalismo manifesta-se, com a maioria, o Professor *Ítalo José Rebouças de Oliveira*, a quem agradecemos o debate e troca de ideias sobre o tema, em razão de *live* realizada por este autor no *Periscope* na data de 05.01.2017.

Turma do TRF-4 que confirmou decisão de juízo de primeira instância, determinando que o SUS realizasse todas as cirurgias de transgenitalização (12.12.2007), fundamentando a sua decisão no argumento de que a decisão repercutiria sobre a programação orçamentária federal e, assim, geraria impacto nas finanças públicas.

Em momento seguinte, a Portaria n. 1.707/2008 do Ministério da Saúde **instituiu**, no âmbito do Sistema Único de Saúde **(SUS)**, o **processo transexualizador**, com previsão de ser implantado nas unidades federadas, respeitadas as competências das três esferas de gestão. Consequentemente, a **suspensão de tutela antecipada** (STA 185) em análise, bem como o agravo regimental interposto, foram julgados **prejudicados** pela perda superveniente do objeto (art. 21, IX, RISTF). Atualmente, o processo está disciplinado na Portaria n. 2.803/GM/MS/2013.

Entendemos que o SUS tem o **dever** de arcar com os custos de referida cirurgia. Dessa forma, não temos dúvida em afirmar que o Estado deverá reconhecer como **entidade familiar** aquela em que se tenha um transexual como membro, assegurando todos os direitos já defendidos para a união estável homoafetiva.

Nesse caso do transexual, uma vez realizada a cirurgia, se uma pessoa que era do fenótipo masculino se transformou em mulher, reconhecida a mudança de sexo inclusive no registro civil, parece-nos que poderá casar-se com um homem, e aqui teríamos um perfeito casamento.

A matéria será discutida a fundo pelo STF. Trata-se do *tema 778* da repercussão geral (**RE 845.779**, com potencialidade de se atingir cerca de 1.000 processos sobrestados), no qual se discute a "possibilidade de uma pessoa, considerados os direitos da personalidade e a dignidade da pessoa humana, ser **tratada socialmente** como se pertencesse a sexo diverso do qual se identifica e se apresenta publicamente".

No caso concreto, uma pessoa do sexo masculino, transexual feminino, foi constrangida por funcionário de um *shopping center* em Florianópolis quando estava utilizando o banheiro feminino.

Em seu voto, de maneira interessante, o Min. Barroso busca **desconstituir a noção de patologia**: "a verdade é que não se trata de uma doença, mas de uma condição pessoal, e, logo, não há que se falar em cura. O indivíduo nasceu assim e vai morrer assim. Vale dizer: nenhum tipo ou grau de repressão vai mudar a natureza das coisas. Destratar uma pessoa por ser transexual, isto é, por uma condição inata, é como discriminar alguém por ser negro, judeu, índio ou *gay*. É simplesmente injusto, quando não perverso" (fls. 6 de suas *anotações para o voto oral* no citado RE 845.779).

E propõe a seguinte tese, calcada basicamente na noção de **dignidade da pessoa humana** e **dever** constitucional do Estado Democrático de **proteção das minorias marginalizadas e estigmatizadas da sociedade:** "os transexuais têm direito a serem tratados socialmente de acordo com a sua identidade de gênero, inclusive na utilização de banheiros de acesso público" (acompanhado pelo Min. Fachin, que, inclusive, aumentou a condenação do *shopping* na indenização por danos morais. Em 19.11.2015, houve pedido de vista do Min. Fux — pendente).

Ainda, destacamos o julgamento da **ADI 4.275**, ajuizada no ano de 2009 pela Procuradoria-Geral da República, requerendo o reconhecimento do direito de os transgêneros alterarem o seu nome e sexo no registro civil, **mesmo sem a cirurgia de transgenitalização**, propondo, então, a interpretação conforme à Constituição do art. 58 da Lei n. 6.015/73 (lei de registros públicos), no sentido de que o termo "apelido público notório" englobe, também, o **nome social**.

O STF, em 1.º.03.2018, por 6 x 4, julgou procedente a ação para dar interpretação conforme a Constituição e o Pacto de São José da Costa Rica ao art. 58 da Lei n. 6.015/73, de modo a reconhecer aos transgêneros que assim o desejarem, **independentemente da cirurgia de transgenitalização**, ou da **realização de tratamentos hormonais ou patologizantes**, o direito à **substituição de prenome e sexo diretamente no registro civil, não havendo a necessidade de ordem judicial**, consagrando-se, portanto, a autodeclaração de gênero.

Conforme se estabeleceu, "o direito à igualdade sem discriminações abrange a identidade ou a expressão de gênero. A identidade de gênero é manifestação da própria personalidade da pessoa humana e, como tal, **cabe ao Estado apenas o papel de reconhecê-la, nunca de constituí-la**. A pessoa não deve provar o que é, e o Estado não deve condicionar a expressão da identidade a qualquer tipo de modelo, ainda que meramente procedimental" (*Inf. 892/STF*, pendente a publicação do acórdão).

Ficou estabelecida, ainda, a proibição de exigência de requisitos como maioridade, certidões médicas ou psicológicas, depoimentos de testemunhas etc., assegurando que os pedidos estejam baseados unicamente no consentimento livre e informado pelo solicitante.

O procedimento deve ser célere e confidencial, não se admitindo seja a alteração averbada à margem no assentamento de nascimento.

Conforme observou o Min. Celso de Mello, a inexistência de prévio controle judicial "encontra solução na própria lei dos registros públicos, uma vez que, se surgir situação objetiva que possa eventualmente caracterizar **prática fraudulenta** ou **abusiva**, caberá ao oficial do registro civil das pessoas naturais a instauração do **processo administrativo de dúvida**" (*Notícias STF* de 1.º.03.2018).

O entendimento firmado na ADI 4.275 orientou o julgamento do RE 670.422, estabelecendo a Corte a seguinte tese de julgamento:

- "i) O transgênero tem direito fundamental subjetivo à alteração de seu prenome e de sua classificação de gênero no registro civil, não se exigindo, para tanto, nada além da manifestação de vontade do indivíduo, o qual poderá exercer tal faculdade tanto pela via judicial como diretamente pela via administrativa;
- ii) Essa alteração deve ser averbada à margem do assento de nascimento, vedada a inclusão do termo 'transgênero';
- iii) Nas certidões do registro não constará nenhuma observação sobre a origem do ato, vedada a expedição de certidão de inteiro teor, salvo a requerimento do próprio interessado ou por determinação judicial;
- iv) Efetuando-se o procedimento pela via judicial, caberá ao magistrado determinar de ofício ou a requerimento do interessado a expedição de mandados específicos para a alteração dos demais registros nos órgãos públicos ou priva-

dos pertinentes, os quais deverão preservar o sigilo sobre a origem dos atos" (j. 15.08.2018).

Outra informação interessante foi a decisão unânime do **Conselho Pleno da OAB** no sentido de se permitir que advogados e advogadas travestis e transexuais usem o **nome social** no registro da OAB. Essa decisão foi tomada no dia 17.05.2016, *Dia Internacional contra a Homofobia*, sendo a primeira certidão reconhecendo o nome social ao lado do nome civil expedida em 09.01.2017, pela Seção de São Paulo da OAB.

Ainda, assim como alguns decretos estaduais (por exemplo, o Decreto n. 55.588/2010, do Estado de São Paulo), destacamos o **Decreto Federal n. 8.727/2016**, que dispõe sobre o uso do **nome social** e o reconhecimento da **identidade de gênero** de pessoas travestis e transexuais no âmbito da administração pública federal direta, autárquica e fundacional.

Devemos acompanhar o tema porque, com fundamento no art. 49, V, CF/88, alguns parlamentares apresentaram à Câmara dos Deputados o **Projeto de Decreto Legislativo n. 395/2016**, objetivando **sustar** o referido decreto presidencial. Trata-se de típico exemplo de controle posterior ou repressivo de constitucionalidade realizado pelo Poder Legislativo, sustentando haver a necessidade de lei federal para tratar sobre o assunto. Em nosso entender, o ato presidencial não se enquadra nas hipóteses do art. 49, V, já que não se trata de decreto regulamentar, nem de lei delegada.

Referido decreto, em nosso entender, tem caráter normativo primário e, assim, apresenta-se como verdadeiro **decreto autônomo** nos termos do art. 84, VI. Não trata de normatização do direito civil, mas de clara definição de procedimentos no âmbito da administração federal. Não altera o registro civil, mas apenas dispõe sobre o uso do nome social ("designação pela qual a pessoa travesti ou transexual se identifica e é socialmente reconhecida") e o reconhecimento da identidade de gênero ("dimensão da identidade de uma pessoa que diz respeito à forma como se relaciona com as representações de masculinidade e feminilidade e como isso se traduz em sua prática social, sem guardar relação necessária com o sexo atribuído no nascimento"). Sem dúvida, um grande tema para ser acompanhado.

No sentido da decisão do STF no julgamento da referida ADI 4.275, destacamos, ainda, a **Portaria PGR/MPU n. 7/2018**, que dispõe sobre o **uso do nome social** pelas pessoas transgênero usuárias dos serviços, pelos membros, servidores, estagiários e trabalhadores terceirizados, no âmbito do Ministério Público da União.

Finalmente, lembramos importante resposta a consulta formulada ao TSE em relação à expressão "cada sexo" contida no art. 10, § 3.º, da Lei n. 9.504/97, que estabelece normas para as eleições.

Segundo se estabeleceu, "a expressão 'cada sexo' mencionada no art. 10, § 3.º, da Lei n. 9.504/97 refere-se ao **gênero**, e não ao sexo biológico, de forma que tanto os homens como as mulheres transexuais e travestis podem ser contabilizados nas respectivas **cotas** de candidaturas masculina ou feminina. Para tanto, devem figurar como tal nos requerimentos de alistamento eleitoral, nos termos estabelecidos pelo art. 91, *ca-*

put, da Lei das Eleições, haja vista que a verificação do gênero para o efeito de registro de candidatura deverá atender aos requisitos previstos na Res. TSE n. 21.538/2003 e demais normas de regência" (**CTA n. 0604054-58.2017.6.00.0000**, j. 1.º.03.2018).

Ainda, decidiu a Corte Eleitoral na referida consulta, embora devam os candidatos se registrar na Justiça Eleitoral com o nome civil, poderão concorrer com o **nome social**, indicado com exclusividade nas urnas eletrônicas.

■ 19.9.5. O enquadramento da homofobia e da transfobia como crimes de racismo pelo STF (ADO 26 e MI 4.733)

O STF, no julgamento da **ADO 26** (em conjunto com o **MI 4.733**), de maneira inovadora, por 8 X 3, reconheceu o "**estado de mora inconstitucional** do Congresso Nacional na implementação da prestação legislativa destinada a cumprir o **mandado de incriminação** a que se referem os incisos **XLI** e **XLII** do art. 5.º da Constituição, para efeito de proteção penal aos integrantes do grupo LGBT".

Assim, diante da existência de **omissão normativa inconstitucional do Poder Legislativo da União**, a Corte **cientificou o Congresso Nacional**, constituindo-o em mora formal, e enquadrou a homofobia e a transfobia como crime de racismo, estabelecendo a seguinte tese:

- "Até que sobrevenha lei emanada do Congresso Nacional destinada a implementar os mandados de criminalização definidos nos incisos XLI e XLII do art. 5.º da Constituição da República, as **condutas homofóbicas e transfóbicas**, reais ou supostas, que envolvem aversão odiosa à orientação sexual ou à identidade de gênero de alguém, por traduzirem expressões de **racismo**, compreendido este em sua **dimensão social**, ajustam-se, por identidade de razão e mediante adequação típica, aos preceitos primários de incriminação definidos na **Lei n. 7.716, de 08.01.1989**, constituindo, também, na hipótese de **homicídio doloso**, circunstância que o qualifica, por configurar **motivo torpe** (Código Penal, art. 121, § 2.º, I, *in fine*);"
- "O conceito de racismo, compreendido em sua dimensão social, projeta-se para além de aspectos estritamente biológicos ou fenotípicos, pois resulta, enquanto manifestação de poder, de uma construção de índole histórico-cultural motivada pelo objetivo de justificar a desigualdade e destinada ao controle ideológico, à dominação política, à subjugação social e à negação da alteridade, da dignidade e da humanidade daqueles que, por integrarem grupo vulnerável (LGBTI+) e por não pertencerem ao estamento que detém posição de hegemonia em uma dada estrutura social, são considerados estranhos e diferentes, degradados à condição de marginais do ordenamento jurídico, expostos, em consequência de odiosa inferiorização e de perversa estigmatização, a uma injusta e lesiva situação de exclusão do sistema geral de proteção do direito, vencido o Ministro Marco Aurélio, que não subscreveu a tese proposta. Não participaram, justificadamente, da fixação da tese, os Ministros Roberto Barroso e Alexandre de Moraes. Plenário, 13.06.2019."

■ 19.9.6. A união estável pode ser reconhecida em relação a uma menor de 14 anos estuprada que veio a se casar com o agressor, para efeitos de extinção de punibilidade quando era admitida (antes da revogação do art. 107, VII, do CP)?

Conforme noticiado pelo STF, de acordo com os autos do **RE 418.376**, "... o réu estuprou uma sobrinha aos nove anos de idade e com ela manteve relações sexuais até os doze anos, quando a engravidou. A partir daí, os dois passaram a viver maritalmente e a defesa de J. A. F. M. alega que ficou configurada a chamada união estável" (*Notícias STF*, 09.02.2006 — 19h05).

Configurada a união estável, tendo em vista que o fato ocorreu quando ainda vigorava o art. 107, VII, do CP (que **prescrevia** a extinção da punibilidade pelo casamento do agente com a vítima, nos crimes contra os costumes, definidos nos Capítulos I, II e III do Título VI da Parte Especial),[67] propunha-se a sentença absolutória.

O STF, no entanto, por 6 votos a 3, entendeu não se aplicar a extinção da punibilidade em razão da gravidade do crime, com **violência presumida**, dadas as circunstâncias de a vítima ser menor de 14 anos e o Estado ter o dever de coibir a violência no âmbito das relações familiares (art. 226, § 8.º) e, ainda, o dever de proteger as crianças, os adolescentes e os jovens (art. 227, *caput*). Por isso, a relação não poderia caracterizar-se como união estável.

Devemos lembrar que a Lei n. 12.015/2009 passou a denominar **"estupro de vulnerável"** (art. 217-A, CP) a hipótese em que a conjunção carnal ou a prática de outro ato libidinoso se verificar com **vítima menor de 14 anos**, lembrando, também, que a lei estabeleceu como novo regime de apuração do crime de estupro a ação penal pública (condicionada ou incondicionada), situação que não admite a renúncia ou perdão tácitos, exclusivos da ação privada (cf. art. 225, CP). Dessa forma, o exemplo trazido serve para mostrar o posicionamento do Estado no que respeita às relações familiares.

Diante da previsão explícita no tipo penal da **idade da vítima** (menor de 14 anos), perde sentido a discussão sobre a sua maturidade ou o seu consentimento para a prática do ato, destacando-se, nesse sentido e na linha da proteção constitucional, a **S. 593/STJ**: "o crime de estupro de vulnerável se configura com a conjunção carnal ou prática de ato libidinoso com menor de 14 anos, **sendo irrelevante eventual consentimento da vítima para a prática do ato, sua experiência sexual anterior ou existência de relacionamento amoroso com o agente**" (3.ª S., j. 25.10.2017, *DJE* de 06.11.2017).

■ 19.9.7. Família: assistência e proteção contra a violência doméstica. As particularidades da denominada Lei Maria da Penha (ADC 19 e ADI 4.424)

O Estado assegurará a **assistência** à família na pessoa de cada um dos que a integram, criando mecanismos para **coibir a violência** no âmbito de suas relações (art. 226, § 8.º).

---

[67] O art. 107, VII, do CP foi **revogado** pela **Lei n. 11.106/2005**.

Percebam que essa proteção, **dever do Estado**, refere-se ao conceito amplo de entidade familiar, abrangendo, também, toda forma de união estável, e não somente a mulher, mas também o homem, filhos e quaisquer de seus integrantes.

Avançando, de modo específico, a **Lei n. 11.340/2006** (*Lei Maria da Penha*), além de dar outras providências, criou mecanismos para **coibir a violência doméstica e familiar contra a mulher**, em consonância com o *§ 8.º do art. 226* da Constituição Federal, com a *Convenção sobre a Eliminação de Todas as Formas de Discriminação contra as Mulheres* e com a *Convenção Interamericana para Prevenir, Punir e Erradicar a Violência contra a Mulher*, dispondo sobre a criação dos **Juizados de Violência Doméstica e Familiar contra a Mulher**, bem como alterando o Código de Processo Penal, o Código Penal e a Lei de Execução Penal.

De acordo com o art. 5.º da Lei n. 11.340/2006, configura violência doméstica e familiar contra a mulher qualquer ação ou omissão baseada no gênero que lhe cause morte, lesão, sofrimento físico, sexual ou psicológico e dano moral ou patrimonial:

- no âmbito da **unidade doméstica**, compreendida como o espaço de convívio permanente de pessoas, com ou sem vínculo familiar, inclusive as esporadicamente agregadas;
- no âmbito da **família**, compreendida como a comunidade formada por indivíduos que são ou se consideram aparentados, unidos por laços naturais, por afinidade ou por vontade expressa;
- em **qualquer relação íntima de afeto**, na qual o agressor conviva ou tenha convivido com a ofendida, **independentemente de coabitação**.

No sentido dessa última disposição, destacamos a **S. 600/STJ**: "para a configuração da violência doméstica e familiar prevista no art. 5.º da Lei n. 11.340/2006 (Lei Maria da Penha) **não se exige a coabitação entre autor e vítima**" (3.ª S., j. 22.11.2017, *DJE* de 27.11.2017).

A lei deixa claro, ainda, que as relações pessoais enunciadas no seu art. 5.º e acima transcritas **independem de orientação sexual**, sendo que a violência doméstica e familiar contra a mulher constitui uma das formas de **violação dos direitos humanos**.

O STF, por unanimidade e nos termos do voto do Relator, em **09.02.2012**, julgou procedente a **ADC 19** para declarar a **constitucionalidade** dos arts. 1.º,[68]

---

[68] **Art. 1.º da Lei n. 11.340/2006:** "Esta Lei cria mecanismos para coibir e prevenir a violência doméstica e familiar contra a mulher, nos termos do § 8.º do art. 226 da Constituição Federal, da Convenção sobre a Eliminação de Todas as Formas de Violência contra a Mulher, da Convenção Interamericana para Prevenir, Punir e Erradicar a Violência contra a Mulher e de outros tratados internacionais ratificados pela República Federativa do Brasil; dispõe sobre a criação dos Juizados de Violência Doméstica e Familiar contra a Mulher; e estabelece medidas de assistência e proteção às mulheres em situação de violência doméstica e familiar".

33[69] e 41[70] da Lei n. 11.340/2006 (*Lei Maria da Penha*), tendo por fundamento o **princípio da igualdade**, bem como o **combate ao desprezo às famílias**, sendo considerada a **mulher** a sua **célula básica**.

O Tribunal, ainda, na mesma assentada, por maioria e também nos termos do voto do Relator, julgou procedente a **ADI 4.424** para, dando interpretação conforme aos arts. 12, I,[71] e 16,[72] ambos da Lei n. 11.340/2006 (*Lei Maria da Penha*), declarar a **natureza incondicionada** da **ação penal** em caso de **crime de lesão, pouco importando a extensão desta, praticado contra a mulher no ambiente doméstico**.

O então Presidente do STF, Min. Cezar Peluso, ficou **vencido** ao sustentar que a autonomia da mulher, mesmo que vítima de violência, deveria prevalecer sobre a dignidade da pessoa humana.

Em suma, de acordo com o STF, os crimes de lesão corporal, ainda que leve ou culposa, praticados **contra a mulher** no **âmbito doméstico e familiar**, são de **ação penal pública incondicionada** (entendimento esse reafirmado pela Corte no julgamento do ARE 773.765 RG/PR, Rel. Min. Gilmar Mendes, j. 04.04.2014, *DJE* de 28.04.2014).

Vejamos cada um desses itens.

■ *19.9.7.1. Lei Maria da Penha: instrumento de proteção efetiva dos direitos fundamentais*

Determinou-se que, "ao criar mecanismos específicos para coibir e prevenir a violência doméstica contra a mulher e estabelecer medidas especiais de proteção, assistência e punição, tomando como base o gênero da vítima, o legislador teria utilizado meio adequado e necessário para fomentar o fim traçado pelo referido preceito constitucional. Aduziu-se **não ser desproporcional ou ilegítimo o uso do sexo como critério de diferenciação, visto que a mulher seria eminentemente vulne-**

---

69 **Art. 33 da Lei n. 11.340/2006:** "Enquanto não estruturados os Juizados de Violência Doméstica e Familiar contra a Mulher, as varas criminais acumularão as competências cível e criminal para conhecer e julgar as causas decorrentes da prática de violência doméstica e familiar contra a mulher, observadas as previsões do Título IV desta Lei, subsidiada pela legislação processual pertinente. Parágrafo único. Será garantido o direito de preferência, nas varas criminais, para o processo e o julgamento das causas referidas no *caput*".

70 **Art. 41 da Lei n. 11.340/2006:** "Aos crimes praticados com violência doméstica e familiar contra a mulher, independentemente da pena prevista, não se aplica a Lei n. 9.099, de 26 de setembro de 1995".

71 **Art. 12, I, da Lei n. 11.340/2006:** "Em todos os casos de violência doméstica e familiar contra a mulher, feito o registro da ocorrência, deverá a autoridade policial adotar, de imediato, os seguintes procedimentos, sem prejuízo daqueles previstos no Código de Processo Penal: I — ouvir a ofendida, lavrar o boletim de ocorrência e tomar a representação a termo, se apresentada".

72 **Art. 16 da Lei n. 11.340/2006:** "Nas ações penais públicas condicionadas à representação da ofendida de que trata esta Lei, só será admitida a renúncia à representação perante o juiz, em audiência especialmente designada com tal finalidade, antes do recebimento da denúncia e ouvido o Ministério Público".

rável no tocante a constrangimentos físicos, morais e psicológicos sofridos em âmbito privado" (*Inf. 654/STF*).

A *Lei Maria da Penha* segue tendência do *novo direito civil constitucional* de se estabelecer o regramento não em código único, mas em destacados **microssistemas**, como o *ECA*, o *Estatuto do Idoso* etc., na linha do preconizado pelo **princípio da proibição de proteção insuficiente dos direitos fundamentais**.

Nesse sentido de ampla proteção e de se coibir a violência doméstica e familiar contra a mulher, nos termos do citado art. 226, § 8.º, CF/88, e de documentos internacionais, como a *Convenção sobre a Eliminação de Todas as Formas de Discriminação contra as Mulheres* e a *Convenção Interamericana para Prevenir, Punir e Erradicar a Violência contra a Mulher*, o **STJ** editou a **S. 589**: "é inaplicável o princípio da insignificância nos crimes ou contravenções penais praticados contra a mulher no âmbito das relações domésticas" (3.ª S., j. 13.09.2017, *DJE* de 18.09.2017).

■ 19.9.7.2. Não aplicação da Lei n. 9.099/95 (Juizados Especiais Cíveis e Criminais)

O STF declarou constitucional o art. 41 da Lei n. 11.340/2006, confirmando a regra segundo a qual aos crimes praticados com **violência doméstica e familiar contra a mulher**, independentemente da pena prevista, **não se aplica a Lei n. 9.099/95**, adequando-se esse entendimento aos **princípios da igualdade** e da **proporcionalidade**.

Como decorrência desse entendimento, o **STJ** editou a **S. 536**: "a suspensão condicional do processo e a transação penal não se aplicam na hipótese de delitos sujeitos ao rito da Lei Maria da Penha" (3.ª S., j. 10.06.2015, *DJE* de 15.06.2015).

■ 19.9.7.3. Constitucionalidade das regras até que sejam estruturados os "Juizados de Violência Doméstica e Familiar contra a Mulher"

Avançando, a Corte entendeu constitucional a previsão de criação dos *Juizados de Violência Doméstica e Familiar contra a Mulher* e, dessa forma, enquanto não estruturados, a previsão de serem acumuladas nas varas criminais as competências cível e criminal para conhecer e julgar as causas decorrentes da prática de violência doméstica e familiar contra a mulher.

Isso porque a lei facultou a sua criação (arts. 14, *caput*, e 29). No mais, trata-se de matéria de direito processual civil de competência da União, nos termos do art. 22, I, da CF/88.

Em conclusão sobre esse ponto, "por meio do referido art. 33, a *Lei Maria da Penha* não criaria varas judiciais, não definiria limites de comarcas e não estabeleceria o número de magistrados a serem alocados nos *Juizados de Violência Doméstica e Familiar*. Apenas **facultaria** a criação desses juizados e **atribuiria** ao juízo da vara criminal a **competência cumulativa de ações cíveis e criminais envolvendo violência doméstica contra a mulher**, haja vista a necessidade de conferir **trata-**

mento uniforme, **especializado** e **célere**, em todo o território nacional, às causas sobre a matéria" (*Inf. 654/STF*).

■ *19.9.7.4. Crime de lesão corporal praticado mediante violência doméstica e familiar contra a mulher: ação penal pública incondicionada*

Evocando os princípios da **dignidade da pessoa humana** (art. 1.º, III), da **igualdade substancial** (art. 5.º, I), do **dever da lei de punir qualquer discriminação atentatória dos direitos e liberdades fundamentais** (art. 5.º, XLI), bem como a regra do art. 226, § 8.º, da CF/88, segundo a qual o Estado assegurará a assistência à família na pessoa de cada um dos que a integram, criando **mecanismos para coibir a violência no âmbito de suas relações**, o STF, dando interpretação conforme a Constituição, estabeleceu que a ação penal para a apuração dos delitos domésticos de lesão corporal leve e culposa contra a mulher **independem de representação da vítima**. Trata-se de **ação penal pública incondicionada**.[73]

A proteção constitucional perderia o seu sentido se, "verificada a agressão com lesão corporal leve, pudesse ela, depois de acionada a autoridade policial, recuar e retratar-se em audiência especificamente designada com essa finalidade, fazendo-o antes de recebida a denúncia. Dessumiu-se que deixar a mulher — autora da representação — decidir sobre o início da persecução penal significaria desconsiderar a assimetria de poder decorrente de relações histórico-culturais, bem como outros fatores, tudo a contribuir para a diminuição de sua proteção e a prorrogar o quadro de violência, discriminação e ofensa à dignidade humana. Implicaria relevar os graves impactos emocionais impostos à vítima, impedindo-a de romper com o estado de submissão" (*Inf. 654/STF*).

Seguindo esse entendimento, a orientação agora também está pacificada no **STJ**: "a ação penal relativa ao crime de lesão corporal resultante de violência doméstica contra a mulher é pública incondicionada" (**S. 542**, 3.ª S., j. 26.08.2015, *DJE* de 31.08.2015).

Em face do exposto, o ditado popular tem de ser revisto: **em briga de marido e mulher, o Estado, tomando conhecimento da lesão corporal (leve ou culposa) mediante violência doméstica e familiar contra a mulher, deve meter a colher**!

Finalmente, a *Lei Maria da Penha* determinou, em seu art. 41, a não aplicação das regras da Lei n. 9.099/95. Portanto, a **necessidade** de **representação** para crimes fixados em **outros diplomas legais**, como o Código Penal, ainda **persiste**. Dessa forma, exemplificando, nas hipóteses do CP, ainda se mostra indispensável a representação da vítima, como no crime de ameaça e nos cometidos contra a dignidade sexual.

---

[73] Como se verificou, o art. 41 da Lei n. 11.340/2006 estatuiu que, aos crimes praticados com **violência doméstica e familiar contra a mulher**, independentemente da pena prevista, não se aplica a Lei n. 9.099/95. Assim, **não se aplica o art. 88 da Lei n. 9.099/95**, que estabelece depender de representação a ação penal relativa aos crimes de lesões corporais leves e lesões culposas.

19.9.8. Casamento: regras gerais; gratuidade da celebração; efeito civil; liberdade de crença (centro espírita, candomblé, umbanda etc.)

O **casamento** é **civil** e é **gratuita** a **celebração** (art. 226, § 1.º).

Deve-se deixar claro que a gratuidade é da **celebração**, não alcançando, assim, o procedimento de habilitação para o casamento (arts. 1.525 a 1.532 do Código Civil e arts. 67 a 69 da *Lei dos Registros Públicos* (*Lei n. 6.015/73*), salvo quando se estiver diante de *reconhecidamente pobres*.

O art. 1.512, parágrafo único, do Código Civil estabelece que a habilitação para o casamento, o registro e a primeira certidão serão **isentos de selos**, **emolumentos** e **custas**, para as pessoas cuja **pobreza** for **declarada**, sob as penas da lei.

O casamento religioso tem efeito civil, nos termos da lei (art. 226, § 2.º).

Nesse contexto, destacamos importante discussão decorrente do direito fundamental da liberdade de crença, culto e organização religiosa (art. 5.º, VI a VIII).

Conforme já estudamos, desde o advento da República vigora em nosso país a separação entre Estado e Igreja, inexistindo religião oficial da República Federativa do Brasil.

Portanto, se não há religião oficial e se a liberdade de crença religiosa está assegurada, indagamos se o casamento em **centro espírita** ou mesmo em **templo, catedral, sinagoga, terreiro, casa religiosa**, enfim, o casamento celebrado por **líder de qualquer religião** ou **crença** teria o mesmo efeito civil do casamento realizado na religião católica, aplicando-se, por consequência, o art. 226, § 2.º.

O STF ainda não apreciou o tema, mas existem importantes julgados proferidos por Tribunais de Justiça.

Em primeiro lugar, destacamos julgado proferido pelo **TJ/BA** que garante o mesmo efeito estabelecido para o casamento religioso (da religião católica) ao casamento realizado em centro espírita, prestigiando a **dignidade da pessoa humana** e a **liberdade religiosa**:

> "EMENTA: (...). O casamento realizado num Centro Espírita, perante a autoridade reconhecida pela comunidade, tem validade jurídica e se equipara ao casamento celebrado perante autoridade pública, devendo ser registrado no registro próprio, observados os requisitos legais para o casamento" (MS n. 34.739-8/2005 — 10.03.2006).[74]

Em igual sentido, a decisão proferida pelo **TJ/RS**:

> "Nesse particular, entendo, primeiro, que o casamento no candomblé ou na umbanda tem o mesmo valor dos casamentos realizados nas religiões católicas e israelitas. Não devemos valorar mais os pactos realizados em grandes sinagogas ou catedrais pomposas, pelo fato de o casamento ter sido realizado em terreiros. Em todas essas cerimônias, o que está em questão, antes de mais nada é a fé que cada um dos parceiros tem numa força

[74] Agradecemos ao Dr. Yure Ubaldino Rocha Soares pelo envio do Acórdão. Para conhecer o parecer favorável do MP, cf. José Edivaldo Rocha Rotondano, O Ministério Público entende que casamento em centro espírita pode ter efeitos civis. *Jus Navigandi*, Teresina, ano 10, n. 914, 3 jan. 2006. Disponível em: <http://jus2.uol.com.br/pecas/texto.asp?id=666>. Acesso em: 08.02.2008.

sobrenatural. Além disso, vale também, a confiança nos padres, pais de santo, rabinos e pastores, legítimos representantes das entidades dignas de fé de cada um. Enfim, mais do que um frio e burocrático casamento civil, a relevância do casamento religioso centra-se em valores transcendentes que o direito deve aprender a reconhecer seus efeitos" (TJ/RS, AC 70003296555, 8.ª C. Cív., Rel. Des. Rui Portanova, j. 27.06.2002).

19.9.9. Divórcio: forma de dissolução do casamento civil à luz da EC n. 66/2010 e do CPC/2015

O casamento civil, na **redação original** do art. 226, § 6.º, da CF/88, podia ser dissolvido pelo divórcio, após: **a)** prévia separação judicial por mais de 1 ano nos casos expressos em lei; ou **b)** comprovada separação de fato por mais de 2 anos.

Durante muito tempo, apenas o casamento com vínculo indissolúvel tinha a proteção por parte do Estado. Essa situação foi modificada pela EC n. 9/77 (*estabelecia-se como requisito a prévia separação judicial por mais de 3 anos*) e depois regulamentada pela Lei n. 6.515/77 (*Lei do Divórcio*), estando a **dissolução do casamento** estabelecida no art. 226, § 6.º, da CF/88, como **direito fundamental da pessoa humana**.

Perceba-se que a literalidade da Constituição prevê o divórcio apenas para o **casamento civil**, e não para a união estável, a qual, reconhecida, por ser união de fato, sustentam os autores, pode ser "dissolvida" por situação fática ou acordo entre os conviventes.

O Novo CPC, contudo, avançando, prescreveu amplo tratamento para o reconhecimento ou a dissolução da união estável, nivelando-a ao casamento (cf. arts. 53, I; 73, § 3.º; 189, II; 319, II; 600, parágrafo único; 620, II; **693**; 732; 733 e 1.048, § 3.º).

Outro ponto que se analisava era se a lei poderia estabelecer algum outro requisito para a conversão da separação em divórcio além do lapso temporal (alertando que a exigência de cumprimento de prazo era na **regra antiga**!).

É de mencionar o caso particular do art. 36, II, da Lei n. 6.515/77 (Lei do Divórcio), que permite contestação em ação de conversão de separação em divórcio ou divórcio direto alegando o *descumprimento das obrigações assumidas pelo requerente na separação*.

O STF enfrentou o tema e entendeu que referido dispositivo não foi recepcionado pela CF/88. Assim, foi **revogado**, uma vez que a Constituição só exigia, como exclusivo requisito para conversão da separação em divórcio, o **lapso temporal** (cf. **RE 387.271**, j. 08.08.2007, *DJE* de 1.º.02.2008).

Toda essa discussão sobre o lapso temporal como requisito para o divórcio deixa de ter sentido diante da promulgação da **EC n. 66/2010**, fruto da denominada "PEC do Amor", como fora apelidada, no Senado Federal, a **PEC n. 28/2009**.

Agora, pela **nova regra** contida no art. 226, § 6.º, o **casamento civil pode ser dissolvido pelo divórcio**; não há previsão de cumprimento de lapso temporal como requisito.

O divórcio, portanto, tendo em vista que a emenda entrou em vigor na data de sua publicação, poderá ser **imediatamente** implementado. Assim, **em nosso enten-**

der, a EC n. 66/2010 **revogou** toda legislação infraconstitucional que ainda fazia menção à **ação de separação judicial**. Dessa forma, nesse ponto, o Código Civil está revogado (cf. arts. 1.572 e segs. do CC).[75]

E o que fez o CPC/2015? Ao tratar, em um muito bem-vindo capítulo próprio sobre as *ações de família*, o CPC/2015, inusitadamente, em seu art. 693, resgatou a já revogada ação de separação. Trata-se de disposição polêmica e que foi introduzida na última etapa do processo legislativo.

Em nosso entender, a nova regra está eivada de **vício congênito de inconstitucionalidade**. Estamos diante de ato nulo e que não encontra fundamento de validade na atual Constituição que, a partir da EC n. 66/2010, não mais prevê a ação de separação.

Nessa linha, como bem esclareceu Flávio Tartuce, "... não vige mais o sistema bifásico de extinção da sociedade conjugal e do casamento. As ações em curso de separação judicial, sejam consensuais ou litigiosas, em regra, devem ser extintas sem julgamento do mérito, por impossibilidade jurídica superveniente do pedido, salvo se já houver sentença prolatada. **Esse entendimento deve ser reafirmado, mesmo diante da emergência do Novo Código de Processo Civil.** No máximo, aplicando-se os princípios processuais da economia e da fungibilidade, pode o juiz da causa dar oportunidade para que as partes envolvidas adaptem o seu pedido, da separação judicial para o divórcio".[76]

Devemos destacar, contudo, **apesar de o STF ainda não ter apreciado a matéria**, a existência de decisões do **STJ** admitindo, **mesmo após a EC n. 66/2010**, a **separação judicial**. Vejamos: "1. A **separação** é modalidade de extinção da sociedade conjugal, pondo fim aos deveres de coabitação e fidelidade, bem como ao regime de bens, podendo, todavia, ser revertida a qualquer momento pelos cônjuges (Código Civil, arts. 1571, III e 1.577). O **divórcio**, por outro lado, é forma de dissolução do vínculo conjugal e extingue o casamento, permitindo que os ex-cônjuges celebrem novo matrimônio (Código Civil, arts. 1571, IV e 1.580). São **institutos diversos**, com consequências e regramentos jurídicos distintos. **2. A Emenda Constitucional n.º 66/2010 não revogou os artigos do Código Civil que tratam da separação judicial**" (REsp 1.247.098, 4.ª T., j. 14.03.2017, *DJE* de 16.05.2017).

De maneira categórica, pedimos vênia para transcrever a ementa de julgado proferido pela 3.ª Turma do **STJ**:

---

[75] Nesse sentido, por todos, cf. Fernanda Tartuce, *Processo civil aplicado ao direito de família*, p. 224 e segs. Há corrente doutrinária ainda aceitando o cabimento da ação de separação judicial.

[76] Flávio Tartuce, *O novo CPC e o direito civil:* impactos, diálogos e interações, p. 385. O entendimento firmado por Fernanda Tartuce, antes do CPC/2015, no sentido de não mais existir a ação de separação judicial — *vide* nota anterior, persiste diante do Novo CPC (informação confirmada por *DM — direct message* via *Twitter*, em 18.05.2015). Nessa mesma linha, cf. interessante trabalho de Lenio Streck, Por que é inconstitucional "repristinar" a separação judicial no Brasil, *Revista Consultor Jurídico — CONJUR,* de 18.11.2015 — 8h — acesso em 18.05.2015.

"1. A dissolução da sociedade conjugal pela separação não se confunde com a dissolução definitiva do casamento pelo divórcio, pois versam acerca de institutos autônomos e distintos. 2. A Emenda à Constituição n. 66/2010 apenas excluiu os requisitos temporais para facilitar o divórcio. 3. O constituinte derivado reformador não revogou, expressa ou tacitamente, a legislação ordinária que cuida da separação judicial, que remanesce incólume no ordenamento pátrio, conforme previsto pelo Código de Processo Civil de 2015 (arts. 693, 731, 732 e 733 da Lei n. 13.105/2015). **4. A opção pela separação faculta às partes uma futura reconciliação e permite discussões subjacentes e laterais ao rompimento da relação.** 5. A possibilidade de eventual arrependimento durante o período de separação preserva, indubitavelmente, a autonomia da vontade das partes, princípio basilar do direito privado. 6. O atual sistema brasileiro se amolda ao **sistema dualista opcional** que não condiciona o divórcio à prévia separação judicial ou de fato" (REsp 1.431.370/SP, 3.ª T., Rel. Min. Ricardo Villas Bôas Cueva, por unanimidade, j. 15.08.2017, *DJE* de 22.08.2017).

Lembramos, finalmente, que as novidades trazidas pela **Lei n. 11.441/2007** ao revogado CPC/73, possibilitando a realização de inventário, partilha, separação consensual e divórcio consensual pela via administrativa ("simplificação de procedimentos"), foram preservadas pelo CPC/2015 — arts. 610, 611 e 733, com as nossas críticas em relação à separação.

■ 19.9.10. Liberdade para o planejamento familiar: dignidade da pessoa humana e paternidade responsável

Nos termos do art. 226, § 7.º, fundado nos princípios da **dignidade da pessoa humana** e da **paternidade responsável**, o **planejamento familiar** é de livre decisão do casal, competindo ao Estado propiciar recursos educacionais e científicos para o exercício desse direito, **vedada qualquer forma coercitiva por parte de instituições oficiais ou privadas.**

A teor do art. 2.º da Lei n. 9.263/96 (*que regula o § 7.º do art. 226 da CF/88*), entende-se por planejamento familiar "... o conjunto de ações de regulação da fecundidade que garanta direitos iguais de constituição, limitação ou aumento da prole pela mulher, pelo homem ou pelo casal".

Nesse sentido, citamos duas ações do Estado:

- ■ **distribuição de preservativos:** não só no *carnaval*, mas durante todo o ano, o que materializa o comando do art. 226, § 7.º;
- ■ **distribuição da "pílula do dia seguinte":** ação nova que gerou muita polêmica no carnaval de 2008. "A pílula anticoncepcional de emergência (*levonorgestrel 0,75 mg*), também conhecida como *pílula do dia seguinte*, é um recurso anticoncepcional importante para evitar uma gravidez indesejada, após uma relação sexual desprotegida. (...) Não é abortiva, pois não interrompe uma gravidez estabelecida e seu uso deve se dar antes da gravidez. Os vários estudos disponíveis atestam que ela atua impedindo o encontro do espermatozoide com o óvulo, seja inibindo a ovulação, seja espessando o muco cervical ou alterando a capaci-

tação dos espermatozoides. Portanto, o seu mecanismo de ação é basicamente o mesmo dos outros métodos anticoncepcionais hormonais (pílulas e injetáveis). (...) É um direito assegurado pela Constituição Federal e pela Lei n. 9.263/96, que regulamenta o planejamento familiar, o acesso das pessoas às informações, métodos e técnicas para a concepção e para a anticoncepção, cientificamente aceita e que não coloquem em risco a vida e a saúde das pessoas" (*Nota Técnica do Ministério da Saúde*).

■ 19.9.11. Criança, adolescente e jovem (EC n. 65/2010)

A Constituição de 1988 avança na proteção à criança, ao adolescente e ao jovem **(EC n. 65/2010)**, fixando diversos direitos fundamentais.

Cabe alertar que o *Capítulo VII* do Título VIII da CF/88, em sua redação original, tratava da proteção da *família*, da *criança*, do *adolescente* e do *idoso*.

Observava-se um "salto" da adolescência para a condição de idoso, havendo, assim, preocupante lacuna de proteção estatal (ao menos em termos de previsão constitucional e até de políticas públicas) em relação a representativa parte da população, que são os **jovens**.

Segundo o *Parecer* da Comissão especial destinada a analisar a *PEC n. 138/2003*, que "dispõe sobre a proteção dos direitos econômicos, sociais e culturais da juventude" e que veio a ser transformada, com modificações, na **EC n. 65/2010**, os **jovens** representam (dados de 2009) quase **50 milhões de brasileiros**, com idade entre 15 e 29 anos, sendo que, nesse universo, cerca de 34 milhões estão entre os 15 e 24 anos.

A Constituição fazia alguma previsão em relação aos jovens, só que muito tímida:

- **art. 24, XV:** "compete à União, aos Estados e ao Distrito Federal legislar concorrentemente sobre proteção à infância e à **juventude**";
- **art. 7.º, XXXIII:** "são direitos dos trabalhadores urbanos e rurais, além de outros que visem à melhoria de sua condição social, proibição de trabalho noturno, perigoso ou insalubre a menores de **18** e de qualquer trabalho a menores de **16** anos, salvo na condição de aprendiz, a partir de quatorze anos";
- **art. 14, § 1.º, II, "c":** "o alistamento eleitoral e o voto são facultativos para os maiores de 16 e menores de 18 anos";
- **art. 60, § 4.º, do ADCT:** "para efeito de distribuição de recursos dos Fundos a que se refere o inciso I do *caput* deste artigo, levar-se-á em conta a totalidade das matrículas no ensino fundamental e considerar-se-á para a educação infantil, para o ensino médio e para a educação de **jovens** e adultos 1/3 (um terço) das matrículas no primeiro ano, 2/3 (dois terços) no segundo ano e sua totalidade a partir do terceiro ano".

Havia, também, a existência de uma **Secretaria Nacional de Juventude**, vinculada à *Secretaria-Geral da Presidência da República*, e o **Conselho Nacional de**

Juventude, nos termos da Lei n. 11.129/2005, implementado pela Lei n. 11.692/2008, que passou a reger o *Programa Nacional de Inclusão de Jovens — Projovem*.

Apesar dessas medidas, a previsão constitucional, repetimos, era muito **tímida** em relação à proteção **específica** dos **jovens**.

Foi nesse contexto que se promulgou a **EC n. 65/2010**, buscando, então, incentivar as atuações governamentais de apoio ao jovem, nessa fase tão difícil de sua vida, de transição entre a adolescência e a vida adulta, marcada por muitas incertezas e dificuldades.

De acordo com o Relatório da CCJ no SF, *Parecer n. 297/2009*, nessa fase "... também se encontra a parte da população nacional atingida pelos piores índices de desemprego, evasão escolar e mortes por homicídio, sem falar dos problemas relativos à sexualidade, ao abuso de drogas e ao envolvimento com a criminalidade. Não amparados por serviços diferenciados e eficientes de apoio educacional, psicológico e médico, esses jovens vivenciam diariamente os **conflitos inerentes à transição da adolescência para a vida adulta**. Experimentam, nessa fase, via de regra, a saída da escola e da casa dos pais, a procura de trabalho, a prestação do serviço militar, o casamento e a constituição de uma nova família. Passam, portanto, de um estado de indefinição e dependência a outro de responsabilidade e autonomia, sem vislumbrar a presença do Estado em seu horizonte".

A proteção às crianças e aos adolescentes já era reforçada pela *Convenção sobre os Direitos da Criança*[77] e pelo *Estatuto da Criança e do Adolescente* (Lei n. 8.069/90[78]) e, agora, a proteção aos **jovens** está prevista na Constituição pela **EC n. 65/2010**, devendo, na dicção do art. 227, § 8.º, I, II, ser editado o **Estatuto da Juventude**, destinado a regular os direitos dos jovens, bem como pelo **Plano Nacional de Juventude**, de duração decenal, visando à articulação das várias esferas do poder público para a execução de políticas públicas.

Nesse sentido, cumprindo o comando constitucional, a **Lei n. 12.852/2013** instituiu o *Estatuto da Juventude* e dispôs sobre os *direitos dos jovens*, os *princípios e diretrizes das políticas públicas de juventude* e o *Sistema Nacional de Juventude (SINAJUVE)*.

---

[77] Adotada pela Res. L. 44 (XLIV) da *Assembleia Geral das Nações Unidas* em 20.11.89, aprovada pelo DL n. 28, de 14.09.90, e promulgada pelo Dec. n. 99.710, de 21.11.90, tendo sido ratificada pelo Brasil em 24.09.90.

[78] Destacamos importante previsão estabelecida pela **Lei n. 13.106/2015**, que alterou referido Estatuto (art. 243) para tornar crime vender, fornecer, servir, ministrar ou entregar bebida alcoólica a criança ou a adolescente. Ainda, não podemos nos esquecer da **Lei n. 13.431/2017**, que normatiza e organiza o sistema de garantia de direitos **da criança e do adolescente vítima ou testemunha de violência**, cria mecanismos para prevenir e coibir a violência, nos termos do art. 227 da Constituição Federal, da Convenção sobre os Direitos da Criança e seus protocolos adicionais, da Resolução n. 20/2005 do Conselho Econômico e Social das Nações Unidas e de outros diplomas internacionais, e estabelece medidas de assistência e proteção à criança e ao adolescente em situação de violência, lembrando que a sua *vacatio legis* é de 1 ano a contar de sua publicação oficial (*DOU* de 05.04.2017).

Para efeitos conceituais, de acordo com o *Estatuto da Criança e do Adolescente* (art. 2.º) e com a *Lei n. 12.852/2013* (art. 1.º, § 1.º, na linha do que já estabelecia o art. 2.º da Lei n. 11.692/2008), considera-se:

- **criança:** a pessoa até *12 anos* de idade incompletos. O Estatuto da Primeira Infância (Lei n. 13.257/2016) considera **primeira infância** o período que abrange os **primeiros 6 anos completos** ou **72 meses** de vida da criança;
- **adolescente:** a pessoa entre *12 e 18 anos* de idade;[79]
- **jovem:** as pessoas com idade entre *15 e 29 anos* de idade.

É dever da **família**, da **sociedade** e do **Estado**, colocando-os a salvo de toda forma de negligência, discriminação, exploração, violência, crueldade e opressão, **assegurar** à criança, ao adolescente e ao jovem **(EC n. 65/2010)**, com absoluta **prioridade**, o direito (art. 227, *caput*):

- à vida;
- à saúde;
- à alimentação;
- à educação;
- ao lazer;
- à profissionalização;
- à cultura;
- à dignidade;
- ao respeito;
- à liberdade;
- à convivência familiar e comunitária.

[79] O Estatuto estabelece, ainda, que existirão casos **expressos** em lei disciplinando a sua excepcional aplicação às pessoas entre 18 e 21 anos de idade. Nesse sentido: "Mas, a questão que ora se enfrenta diz respeito ao efeito da superveniência da maioridade penal do socioeducando no curso da medida socioeducativa que lhe foi imposta. É evidente que a aplicação do ECA estará sempre dependente da idade do agente no momento do fato (art. 104, parágrafo único). Contudo, afirmar que, atingindo a maioridade, a medida deve ser extinta é fazer 'tábula rasa' do Estatuto. Isso porque esta seria inócua para aqueles que cometeram atos infracionais com mais de dezessete anos. Com efeito, no limite, adotada a tese de defesa, poder-se-ia admitir medidas socioeducativas com duração de apenas um dia, hipótese, *data venia*, incompatível com os seus objetivos. (...) A manutenção do infrator, maior de dezoito e menor de vinte e um anos, sob o regime do ECA, em situações excepcionais, taxativamente enumeradas, longe de afigurar-se ilegal, tem como escopo, exatamente, protegê-lo dos rigores das sanções de natureza penal, tendo em conta a sua inimputabilidade, e reintroduzi-lo paulatinamente na vida da comunidade. O Juízo da Infância e Juventude, no caso sob exame, agiu corretamente ao determinar a progressão de regime do paciente, mantendo-o, todavia, nessa situação de semiliberdade, ainda que completados os dezoito anos, em atenção ao que dispõe o art. 121 do ECA, bem assim aos princípios de brevidade, excepcionalidade e respeito à condição peculiar de pessoa em desenvolvimento, que regem o instituto da internação" (**HC 90.129**, Min. Ricardo Lewandowski, j. 10.04.2007, *DJ* de 18.05.2007).

O Estado promoverá programas de assistência integral à saúde da criança, do adolescente e do jovem, admitida a participação de entidades não governamentais e obedecendo aos seguintes preceitos:

- **recursos públicos:** aplicação de percentual dos recursos públicos destinados à saúde na assistência materno-infantil;
- **portadores de deficiência:** criação de programas de prevenção e atendimento especializado para os portadores de deficiência física, sensorial ou mental, bem como de integração social do adolescente e do jovem portador de deficiência, mediante o treinamento para o trabalho e a convivência, e a facilitação do acesso aos bens e serviços coletivos, com a eliminação de obstáculos arquitetônicos e de todas as formas de discriminação.

19.9.12. Criança, adolescente e jovem: proteção especial. Avanços trazidos pelo Estatuto da Primeira Infância (Lei n. 13.257/2016)

O art. 227, § 3.º, assegura à criança, ao adolescente e ao jovem direito à **proteção especial**, que abrangerá:

- **proibição** de trabalho noturno, perigoso ou insalubre a menores de 18 anos;
- idade mínima de 14 anos para admissão ao trabalho, que deverá ser na condição de **aprendiz** até os 16 anos (art. 7.º, XXXIII);
- **garantia** de direitos previdenciários e trabalhistas;
- **garantia** de acesso do trabalhador adolescente e jovem à escola **(EC n. 65/2010)**;
- **garantia** de pleno e formal conhecimento da atribuição de ato infracional, igualdade na relação processual e defesa técnica por profissional habilitado, segundo dispuser a legislação tutelar específica;
- **obediência** aos princípios de brevidade, excepcionalidade e respeito à condição peculiar de pessoa em desenvolvimento quando da aplicação de qualquer medida privativa da liberdade;
- **estímulo** do Poder Público, por meio de assistência jurídica, incentivos fiscais e subsídios, nos termos da lei, ao acolhimento, sob a forma de guarda, de criança ou adolescente órfão ou abandonado (**família substituta** da família natural — arts. 28 e s. do ECA);
- **programas** de prevenção e atendimento especializado à criança, ao adolescente e ao jovem **(EC n. 65/2010)** dependente de entorpecentes e drogas afins.

Como desdobramento dessa proteção especial por parte do Estado, o art. 227, § 4.º, estabelece que a lei **punirá** severamente o abuso, a violência e a exploração sexual da criança e do adolescente, e em reforço da garantia de proteção às crianças e aos adolescentes e atendimento dos direitos, o constituinte determina a observância do art. 204 — garantia de recursos orçamentários.

Importante lembrar, assim como já fizemos menção ao Estatuto da Juventude, a Lei n. 13.257/2016, que instituiu o **Estatuto da Primeira Infância**, estabelecendo princípios e diretrizes para a formulação e a implementação de políticas públicas para a primeira infância em atenção à especificidade e à relevância dos primeiros anos de vida no desenvolvimento infantil e no desenvolvimento do ser humano.

Para os efeitos desta lei, considera-se **primeira infância** o período que abrange os **primeiros 6 anos completos** ou **72 meses** de vida da criança.

A prioridade absoluta em assegurar os direitos da criança, do adolescente e do jovem, nos termos do art. 227 da Constituição Federal e do art. 4.º da Lei n. 8.069/90 (ECA), implica o **dever do Estado** de estabelecer políticas, planos, programas e serviços para a primeira infância que atendam às especificidades dessa faixa etária, visando a garantir seu desenvolvimento integral.

As políticas públicas voltadas ao atendimento dos direitos da criança na primeira infância serão elaboradas e executadas de forma a:

- atender ao interesse superior da criança e à sua condição de sujeito de direitos e de cidadã;
- incluir a participação da criança na definição das ações que lhe digam respeito, em conformidade com suas características etárias e de desenvolvimento;
- respeitar a individualidade e os ritmos de desenvolvimento das crianças e valorizar a diversidade da infância brasileira, assim como as diferenças entre as crianças em seus contextos sociais e culturais;
- reduzir as desigualdades no acesso aos bens e serviços que atendam aos direitos da criança na primeira infância, priorizando o investimento público na promoção da justiça social, da equidade e da inclusão sem discriminação da criança;
- articular as dimensões ética, humanista e política da criança cidadã com as evidências científicas e a prática profissional no atendimento da primeira infância;
- adotar abordagem participativa, envolvendo a sociedade, por meio de suas organizações representativas, os profissionais, os pais e as crianças, no aprimoramento da qualidade das ações e na garantia da oferta dos serviços;
- articular as ações setoriais com vistas ao atendimento integral e integrado;
- descentralizar as ações entre os entes da Federação;
- promover a formação da cultura de proteção e promoção da criança, com apoio dos meios de comunicação social.

19.9.13. Alienação parental

A **Lei n. 12.318/2010** dispôs sobre a **alienação parental**, tema que deverá ser aprofundado no *direito civil*.

De acordo com o seu art. 2.º, considera-se ato de alienação parental a interferência na formação psicológica da criança ou do adolescente promovida ou induzida por um dos genitores, pelos avós ou pelos que tenham a criança ou o adolescente sob a sua autoridade, guarda ou vigilância para que **repudie** genitor ou que cause **prejuízo** ao estabelecimento ou à manutenção de **vínculos** com este (nesse mesmo sentido, classificando a alienação parental como **violência psicológica**, cf. art. 4.º, II, "b", da Lei n. 13.431/2017).

A lei, de maneira interessante, enumera formas de alienação parental, além dos atos assim declarados pelo juiz ou constatados por perícia, praticados diretamente ou com auxílio de terceiros:

- realizar campanha de desqualificação da conduta do genitor no exercício da paternidade ou maternidade;
- dificultar o exercício da autoridade parental;
- dificultar contato da criança ou adolescente com genitor;
- dificultar o exercício do direito regulamentado de convivência familiar;
- omitir deliberadamente a genitor informações pessoais relevantes sobre a criança ou adolescente, inclusive escolares, médicas e alterações de endereço;
- apresentar falsa denúncia contra genitor, contra familiares deste ou contra avós, para obstar ou dificultar a convivência deles com a criança ou adolescente;
- mudar o domicílio para local distante, sem justificativa, visando dificultar a convivência da criança ou adolescente com o outro genitor, com familiares deste ou com avós.

Dessa forma, a prática de ato de alienação parental fere o **direito fundamental da criança ou adolescente à convivência familiar saudável**, prejudica as relações de **afeto** com o genitor e com o grupo familiar, constitui **abuso moral** contra a criança ou adolescente e **descumprimento dos deveres inerentes à autoridade parental ou decorrentes de tutela ou guarda**.

19.9.14. Adoção

19.9.14.1. Regras gerais sobre adoção

Nos termos do art. 227, § 5.º, a **adoção** será **assistida pelo Poder Público**, na forma da lei, que estabelecerá casos e condições de sua efetivação por parte de estrangeiros, estando a matéria disciplinada especialmente na *Lei Nacional da Adoção* **(Lei n. 12.010/2009)**.

A adoção obedecerá a processo judicial, e os seus efeitos, por regra, só começam a partir do **trânsito em julgado** da sentença, **exceto** se o adotante vier a **falecer** no curso do procedimento, caso em que terá força retroativa à data do óbito.

Respeitando a **dignidade da pessoa humana**, o art. 227, § 6.º, da CF/88 dispõe que os filhos, havidos ou não da relação do casamento, ou por adoção, terão os mesmos direitos e qualificações, inclusive sucessórios, proibidas quaisquer designações discriminatórias relativas à filiação.

Nesse sentido, o STF, no julgamento do **RE 778.889**, por 8 x 1, estabeleceu a seguinte tese ao julgar o *tema 782* da repercussão geral: "os prazos da **licença adotante** não podem ser inferiores aos prazos da **licença gestante**, o mesmo valendo para as respectivas prorrogações. Em relação à licença adotante, não é possível fixar prazos diversos em função da idade da criança adotada" (j. 10.03.2016, *DJE* de 1.º.08.2016. Cf. *item 15.2.10.2*).

Esse tratamento não discriminatório deverá ser observado, também, se a adoção for realizada por entidade familiar constituída por **união estável**.

■ 19.9.14.2. Abertura da sucessão antes do advento da Constituição Federal de 1988. Inaplicabilidade do art. 227, § 6.º. Posição do STF na AR 1.811

A importante conquista estabelecida no **art. 227, § 6.º**, CF/88, que assegura a impossibilidade de qualquer tratamento discriminatório entre **filhos biológicos** (frutos ou não da relação de casamento) ou **adotivos**, foi analisada pelo STF no julgamento da **AR 1.811** (j. 03.04.2014).

Em um primeiro momento, a 1.ª Turma do STF negou a uma filha adotiva o direito a herança relacionado à sucessão que se deu em 1980. Entenderam os Ministros que esta deveria ser regida pela lei vigente à época, que, no caso, fazia distinção em relação aos filhos adotivos (RE 231.223).

Proposta a ação rescisória, objetivava a filha adotiva a desconstituição da coisa julgada firmada no primeiro julgamento, requerendo, então, a aplicação da regra contida na Constituição de 1988 (art. 227, § 6.º), que teria confirmado o disposto no art. 51 da Lei n. 6.515/77, que não previa qualquer discriminação.

O STF, **contudo**, por maioria (6 x 3), entendeu que o art. 51 da Lei n. 6.515/77 (não discriminatório) teria como destinatários **apenas** os filhos **biológicos**, e **não** os **adotivos**, que, no caso, eram disciplinados pelo art. 377 do CC/1916 (discriminatório) e que veio a ser revogado **apenas** com a promulgação da CF/88. Assim ficou estabelecida a ementa:

> "EMENTA: (...). A sucessão regula-se por lei vigente à data de sua abertura, não se aplicando a sucessões verificadas antes do seu advento a norma do art. 227, § 6.º, da Carta de 1988. Precedente: RE n. 163.167/SC, 1.ª T., Relator Min. Ilmar Galvão, *DJ* de 08.09.95" (**AR 1.811**, Rel. p/ o ac. Min. Dias Toffoli, j. 03.04.2014, Plenário, *DJE* de 29.10.2014).

Com o máximo respeito, entendemos que a divergência tinha razão, nos termos do voto do Min. Cezar Peluso, acompanhado por Ayres Britto e Cármen Lúcia. Os Ministros vencidos sustentavam que todas as normas, inclusive as do CC/1916, seriam inconstitucionais por afrontar o **princípio da isonomia**, que, naturalmente, era assegurado na Constituição anterior. A atual Constituição apenas teria explicitado uma regra que já deveria estar reconhecida.

Abominamos qualquer tipo de discriminação e entendemos que a Corte teria elementos para aferir esse vício de inconstitucionalidade de norma anterior à CF/88 perante a Constituição que vigia à época de sua aplicação, tanto que essa falta de compatibilização é um dos fatores para se reconhecer a não recepção do ato normativo e, portanto, a sua revogação (cf. *item 4.8.1*).

Quem sabe, no futuro, possa a Corte **rever** esse posicionamento que acabou, na prática, gerando discriminação entre os filhos já que, inegavelmente, a convivência entre eles continuará durante a vigência do texto de 1988. Partindo da premissa (para nós, falsa) de que o art. 227, § 6.º, CF/88, não se aplica para situações que se consumaram antes de 1988, nas hipóteses de leis discriminatórias em relação a filhos biológicos ou adotivos, ficamos imaginando duas adoções, uma antes de 1988, sem eventual determinado direito, e outra, já na vigência da Constituição, com o reconhecimento desse direito! Inegavelmente, um complicado paradoxo.

▪ 19.9.14.3. Adoção internacional

A **adoção internacional**, regulada pelo ECA (e não pelo CC, a teor dos arts. 51 e 52 do ECA) e, também, pela *Convenção Relativa à Proteção e Cooperação Internacional em Matéria de Adoção Internacional* (Dec. n. 3.087/99), caracteriza-se como o **único modo de colocação em família substituta estrangeira**. Interpretando o art. 31 do ECA, parece constituir medida excepcional, e, assim, caminha a doutrina e a jurisprudência no sentido de **preferir** a adoção por brasileiro ou estrangeiro residente no País àquela para fora do Brasil (internacional).[80] De qualquer forma, acima de tudo, no caso concreto, deverá o juiz observar o interesse do adotando.

▪ 19.9.14.4. Adoção por casal homoafetivo ou transexual

Conforme já verificamos, admitimos a proteção, por parte do Estado, da entidade familiar formada pela união homoafetiva ou por casal transexual.

Desde que haja minucioso estudo psicossocial por equipe multidisciplinar e reconhecimento pelo juiz, sempre buscando o melhor para o adotando, parece-nos possível a adoção por casal homoafetivo (ou transexual), consoante entendeu o TJ/RJ: "a afirmação de homossexualidade do adotante, preferência individual constitucionalmente garantida, não pode servir de empecilho à adoção de menor, se não demonstrada ou provada qualquer manifestação ofensiva ao decoro e capaz de deformar o caráter do adotado..." (AC 14.332/98, 9.ª C. Cív., Rel. Des. Jorge de Miranda Magalhães, *DORJ* de 28.04.1999).

Em outro caso, dentre tantos já apreciados pelo Judiciário brasileiro, o MP do Paraná questionou o pedido de adoção feito por casal homoafetivo, já que a criança era menor de 12 anos e, assim, não poderia exprimir e opinar sobre a sua vontade. Ainda, discutiu o sexo do menor.

O **TJPR**, de maneira interessante, negou o pedido feito pelo MP. Vejamos a ementa do acórdão: "APELAÇÃO CÍVEL. ADOÇÃO POR CASAL HOMOAFETIVO. SENTENÇA TERMINATIVA. QUESTÃO DE MÉRITO E NÃO DE CONDIÇÃO DA AÇÃO. HABILITAÇÃO DEFERIDA. **LIMITAÇÃO QUANTO AO SEXO E À IDADE DOS ADOTANDOS EM RAZÃO DA ORIENTAÇÃO SEXUAL DOS ADOTANTES. INADMISSÍVEL.** AUSÊNCIA DE PREVISÃO LEGAL. APELO CONHECIDO E PROVIDO. 1. Se as uniões homoafetivas já são reconhecidas como entidade familiar, com origem em um vínculo afetivo, a merecer tutela legal, não há

80 Nesse sentido, cf. **REsp 196.406**, Rel. Min. Ruy Rosado de Aguiar, j. 09.03.1999.

razão para limitar a adoção, criando obstáculos onde a lei não prevê. 2. Delimitar o sexo e a idade da criança a ser adotada por casal homoafetivo é transformar a sublime relação de filiação, sem vínculos biológicos, em ato de caridade provido de obrigações sociais e totalmente desprovido de amor e comprometimento".

Contra essa decisão, foi interposto recurso extraordinário para o STF. A Min. Cármen Lúcia negou seguimento ao recurso por estar o acórdão recorrido em harmonia com o entendimento firmado pela Corte na ADI 4.277 e na ADPF 132 (**RE 846.102**, j. 05.03.2015, *DJE* de 18.03.2015).[81]

19.9.15. Direito de ação de investigação de paternidade: a problemática da submissão coercitiva ao exame de DNA

Não resta dúvida de que a Constituição assegura como direito fundamental a ação de investigação de paternidade, uma vez que a família é a base da sociedade e tem especial proteção do Estado.

A questão que se coloca é se seria admitida a condução coercitiva para o exame de DNA.

Por regra, o STF entende que "discrepa, a mais não poder, de garantias constitucionais implícitas e explícitas — preservação da **dignidade humana**, da **intimidade**, da **intangibilidade do corpo humano**, do império da lei e da inexecução específica e direta de obrigação de fazer — provimento judicial que, em ação civil de investigação de paternidade, implique determinação no sentido de o réu ser conduzido ao laboratório, 'debaixo de vara', para coleta do material indispensável à feitura do exame **DNA**. A recusa resolve-se no plano jurídico-instrumental, consideradas a dogmática, a doutrina e a jurisprudência, no que voltadas ao deslinde das questões ligadas à prova dos fatos" (HC 71.373, Rel. Min. Marco Aurélio, j. 10.11.1994, *DJ* de 22.11.1996).

A inadmissibilidade da submissão coercitiva ao exame de DNA é a **regra**. Contudo, em outro julgado, o Pleno do STF determinou a realização (contra a vontade da suposta mãe) do exame de DNA na placenta da cantora mexicana *Gloria Trevi*, cujo filho teria sido, conforme acusado, fruto de estupro ocorrido nas dependências da Polícia Federal.

No caso concreto, os Ministros entenderam que o interesse público prevaleceu sobre o particular da suposta mãe: "Coleta de material biológico da placenta, com propósito de se fazer exame de DNA, para averiguação de paternidade do nascituro, embora a oposição da extraditanda. (...) Bens jurídicos constitucionais como 'moralidade administrativa', 'persecução penal pública' e 'segurança pública' que se acrescem — como bens da comunidade, na expressão de Canotilho — ao direito fundamental à honra (CF, art. 5.º, X), bem assim direito à honra e à imagem de policiais federais acusados de estupro da extraditanda, nas dependências da Polícia Federal, e direito à imagem da própria instituição, em confronto com o alegado direito da recla-

[81] Em 16.08.2010, o Min. Marco Aurélio negou seguimento ao **RE 615.261** que tratava do mesmo assunto. O fundamento, contudo, foi processual, pelo fato de não ter o Tribunal do Paraná discutido a questão à luz do art. 226 da CF.

mante à intimidade e a preservar a identidade do pai de seu filho" (**Rcl 2.040-QO**, Rel. Min. Néri da Silveira, em j. 21.02.2002, *DJ* de 27.06.2003).

Esse segundo julgado está na linha do que defendeu Alexandre de Moraes ao criticar a regra geral adotada pelo STF no sentido da prevalência do direito da intimidade e intangibilidade do corpo humano.

Segundo o ilustre autor, enaltecendo os princípios da **relatividade dos direitos e garantias fundamentais, convivência das liberdades públicas, concordância das normas constitucionais**, há importante decisão trazida por *Francisco Llorente*, do Supremo Tribunal Constitucional espanhol, "... que entendeu que os direitos constitucionais à intimidade e à integridade física não podem converter-se em previsão que consagre a impunidade, com desconhecimento das obrigações e deveres resultantes de uma conduta que teve uma íntima relação com o respeito a possíveis vínculos familiares (*Derechos fundamentales y principios constitucionales*. Barcelona: Ariel, 1995, p. 152 e 178)".[82]

Finalmente, conforme já estudado no *item 6.7.1.17.4.4*, analisando o instituto da coisa julgada, em **situação excepcionalíssima**, o **STF** afastou a alegação de segurança jurídica (coisa julgada) para fazer valer o *direito fundamental que toda pessoa tem de conhecer as suas origens* **("princípio" da busca da identidade genética)**, especialmente se, à época da decisão que se procura rescindir, não se pôde fazer o exame de **DNA**.

A decisão foi tomada, em **02.06.2011**, por **7 x 2**, no julgamento do **RE 363.889**, concedendo à recorrente o direito de, depois de mais de 10 anos, voltar a pleitear, perante o suposto pai, a realização do **exame de DNA**, tendo em vista que, na primeira decisão, embora beneficiária da assistência judiciária, a recorrente não podia arcar com as custas para realização do exame genético e o Estado se recusou em implementá-la, caracterizando-se, então, **circunstâncias alheias à sua vontade** (no referido item, cf. discussões envolvendo a decisão proferida pela 3.ª T. do **STJ**, no julgamento do **REsp 1.562.239/MS**, em 09.05.2017, que inadmitiu a desconstituição da coisa em razão de a recusa ter sido injustificada, caracterizando conduta manifestamente contrária à boa-fé objetiva).

Cabe destacar, no caso do precedente do STF, o **voto vencido** do **Min. Marco Aurélio**, que, dentre outros aspectos, apontou a inexistência de efeito prático da decisão que acabava de ser tomada, na medida em que, como afirmou, "o demandado (suposto pai) não pode ser obrigado a fazer o exame de DNA", realçando que a negativa de realização do exame não leva à **presunção absoluta** de que é verdadeiramente o pai.

■ 19.9.16. Portadores de deficiência

■ *19.9.16.1. Proteção constitucional*

A proteção e o amparo aos portadores de deficiência apareceram em sede constitucional somente com EC n. 12/78, projeto de autoria do Deputado Federal Thales Ramalho.

---

82 Alexandre de Moraes, *Direito constitucional*, 22. ed., p. 821.

Na Constituição de 1988, essa preocupação é encontrada em vários dispositivos, a saber:

- **art. 7.º, XXXI:** é direito dos trabalhadores urbanos e rurais a proibição de qualquer discriminação no tocante a salário e critérios de admissão do trabalhador portador de deficiência;
- **art. 23, II:** é competência comum da União, dos Estados, do Distrito Federal e dos Municípios cuidar da saúde e assistência pública, da proteção e garantia das pessoas portadoras de deficiência;
- **art. 24, XIV:** compete à União, aos Estados e ao Distrito Federal legislar concorrentemente sobre proteção e integração social das pessoas portadoras de deficiência;
- **art. 37, VIII:** a lei reservará percentual dos cargos e empregos públicos para as pessoas portadoras de deficiência e definirá os critérios de sua admissão;
- **art. 40, § 4.º, I:** garantia de direito à aposentadoria especial para os servidores portadores de deficiência, nos termos definidos em lei complementar;
- **art. 201, § 1.º:** garantia de direito à aposentadoria especial para os beneficiários do regime geral de previdência social, nos termos definidos em lei complementar, nos termos da EC n. 103/2019;
- **art. 203, IV:** a assistência social será prestada a quem dela necessitar, independentemente de contribuição à seguridade social, e tem por objetivo, dentre outros, a habilitação e reabilitação das pessoas portadoras de deficiência e a promoção de sua integração à vida comunitária;
- **art. 203, V:** a assistência social será prestada a quem dela necessitar, independentemente de contribuição à seguridade social, e tem por objetivo, dentre outros, a garantia de um salário mínimo de benefício mensal à pessoa portadora de deficiência que comprove não possuir meios de prover à própria manutenção ou de tê-la provida por sua família, conforme dispuser a lei;[83]
- **art. 208, III:** o dever do Estado com a educação será efetivado mediante a garantia de atendimento educacional especializado aos portadores de deficiência, preferencialmente na rede regular de ensino;
- **art. 227, § 1.º, II:** o Estado promoverá programas de assistência integral à saúde da criança, do adolescente e do jovem, admitida a participação de entidades não governamentais, mediante políticas específicas e obedecendo, dentre outros preceitos, à criação de programas de prevenção e atendimento especializado para as pessoas portadoras de deficiência física, sensorial ou mental, bem como de integração social do adolescente e do jovem portador de deficiência, mediante o treinamento para o trabalho e a convivência, e a facilitação do aces-

[83] A título de informação, cabe observar que o STF, apreciando o *tema 173* da repercussão geral, fixou a seguinte tese: "os **estrangeiros residentes no País** são beneficiários da assistência social prevista no artigo 203, V, da Constituição Federal, uma vez atendidos os requisitos constitucionais e legais" (**RE 587.970**, Rel. Min. Marco Aurélio, j. 19 e 20.04.2017).

so aos bens e serviços coletivos, com a eliminação de obstáculos arquitetônicos e de todas as formas de discriminação;

- **art. 227, § 2.º:** a lei disporá sobre normas de construção dos logradouros e dos edifícios de uso público e de fabricação de veículos de transporte coletivo, a fim de garantir acesso adequado às pessoas portadoras de deficiência;
- **art. 244:** a lei disporá sobre a adaptação dos logradouros, dos edifícios de uso público e dos veículos de transporte coletivo atualmente existentes a fim de garantir acesso adequado às pessoas portadoras de deficiência, conforme o disposto no art. 227, § 2.º.

19.9.16.2. *Convenções internacionais sobre direitos humanos com "status" constitucional*

Ampliando as garantias constitucionais acima expostas, conforme já tão apontado neste trabalho, destacamos o **Decreto Legislativo n. 186/2008**, que aprova o texto da *Convenção sobre os Direitos das Pessoas com Deficiência* e de seu *Protocolo Facultativo*, assinados em Nova York, em 30 de março de 2007, promulgados pelo **Decreto n. 6.949, de 25.08.2009**, tendo sido, assim, incorporado ao ordenamento jurídico brasileiro com o *status* de **norma constitucional** (art. 5.º, § 3.º, da CF/88).

Em seu preâmbulo estabelece-se que a **"deficiência"** é um **conceito em evolução** e que resulta da **interação** entre *pessoas com deficiência* e as barreiras devidas às *atitudes* e ao *ambiente* que impedem a plena e efetiva participação dessas pessoas na sociedade em igualdade de oportunidades com as demais pessoas.

De acordo com o art. 2.º, para os propósitos da Convenção, "**'discriminação por motivo de deficiência'** significa qualquer diferenciação, exclusão ou restrição baseada em deficiência, com o propósito ou efeito de impedir ou impossibilitar o reconhecimento, o desfrute ou o exercício, em igualdade de oportunidades com as demais pessoas, de todos os direitos humanos e liberdades fundamentais nos âmbitos político, econômico, social, cultural, civil ou qualquer outro. Abrange todas as formas de discriminação, inclusive a recusa de adaptação razoável".

Destacam-se, ainda, como **princípios** da Convenção:

- o respeito pela dignidade inerente, a autonomia individual, inclusive a liberdade de fazer as próprias escolhas, e a independência das pessoas;
- a não discriminação;
- a plena e efetiva participação e inclusão na sociedade;
- o respeito pela diferença e pela aceitação das pessoas com deficiência como parte da diversidade humana e da humanidade;
- a igualdade de oportunidades;
- a acessibilidade;
- a igualdade entre o homem e a mulher;
- o respeito pelo desenvolvimento das capacidades das crianças com deficiência e pelo direito das crianças com deficiência de preservar sua identidade.

Outro ponto a ser destacado é o art. 30.3 da referida Convenção, que estabelece o seguinte comando: "os Estados Partes **deverão** tomar todas as providências, em conformidade com o direito internacional, para assegurar que a legislação de proteção dos direitos de propriedade intelectual não constitua barreira excessiva ou discriminatória ao acesso de pessoas com deficiência a bens culturais".

Em razão desse dispositivo, o Brasil, internamente, instituiu a *Lei Brasileira de Inclusão da Pessoa com Deficiência* **(Estatuto da Pessoa com Deficiência)**, destinada a assegurar e a promover, em condições de igualdade, o exercício dos direitos e das liberdades fundamentais por pessoa com deficiência, **visando à sua inclusão social e cidadania** (Lei n. 13.146/2015).

O seu art. 68 estabelece que o poder público deve adotar mecanismos de incentivo à produção, à edição, à difusão, à distribuição e à comercialização de **livros** em **formatos acessíveis**, inclusive em **publicações da administração pública** ou **financiadas com recursos públicos**, com vistas a garantir à pessoa com deficiência o direito de acesso à leitura, à informação e à comunicação.

Além disso, nos editais de compras de livros, inclusive para o abastecimento ou a atualização de acervos de bibliotecas em todos os níveis e modalidades de educação e de bibliotecas públicas, o poder público deverá adotar cláusulas de impedimento à participação de editoras que não ofertem sua produção também em formatos acessíveis.

Complementando essa garantia assegurada no *Estatuto da Pessoa com Deficiência*, em 28.06.2013 o Brasil assinou o **Tratado de Marraqueche** "para facilitar o acesso a obras publicadas às pessoas cegas, com deficiência visual ou com outras dificuldades para ter acesso ao texto impresso".

Esse tratado, que entrou em vigor **no plano internacional** em **setembro de 2016**, a partir da adesão do Canadá, o 20.º Estado parte, conforme determina o seu art. 18, foi **incorporado na forma do art. 5.º, § 3.º, CF/88**, e, portanto, tem *status* constitucional. No tocante ao direito brasileiro, o Tratado foi aprovado pelo Congresso Nacional por meio do Decreto Legislativo n. 261/2015, tendo sido promulgado pelo Decreto presidencial n. 9.522, de 08.10.2018.

Entendemos que a *Lei Brasileira de Inclusão da Pessoa com Deficiência* (Estatuto da Pessoa com Deficiência) e o *Tratado de Marraqueche* não se excluem. Muito pelo contrário, se complementam. O fato de o Estado brasileiro já ter normas mais protetivas não inviabiliza a convivência dos diplomas.

Jamais poderá se sustentar que o **tratado** — que possui *status* constitucional e tem uma previsão de proteção menor (apenas analisando essa situação em tese e para argumentar) — teria revogado o **estatuto**. Nada impede que um documento de maior hierarquia fixe um patamar mínimo de proteção e este seja **ampliado** por lei.

■ *19.9.16.3. Outras proteções infraconstitucionais*

O citado **Estatuto da Pessoa com Deficiência** (Lei n. 13.146/2015) também estabelece a **obrigatoriedade** de atendimento educacional **especializado** e **inclusivo** aos **portadores de deficiência** (nesse sentido, o art. 24 da Convenção, com caráter constitucional), não só como **responsabilidade** e **dever** do Estado como, também, das **instituições privadas**, proibindo a cobrança de valores adicionais de qualquer natureza em suas mensalidades, anuidades e matrículas (art. 28, § 1.º, do estatuto).

O STF, no julgamento da **ADI 5.357**, entendeu ser **constitucional** a previsão desse **dever** também para as **instituições privadas**, afirmando que a regra do art. 208, III, não afasta a responsabilidade de as escolas privadas promoverem a inserção das pessoas com deficiência e as medidas de adaptação, sem o repasse de qualquer ônus financeiro (j. 09.06.2016, *DJE* de 07.03.2017).

Em seu voto, o Min. Fachin observa: "à escola não é dado escolher, segregar, separar, mas é seu dever ensinar, incluir, conviver".

A **inclusão social do deficiente** está estabelecida como **garantia constitucional**, lembrando, dentre os objetivos fundamentais da República Federativa do Brasil, a construção de uma sociedade livre, justa e **solidária, não se admitindo** a **intolerância**, o **ódio** e **qualquer forma de discriminação**.

Ainda, em termos normativos, lembramos as **Leis ns. 7.853/89** e **10.098/2000 (Lei da Acessibilidade)**, uma vez que, conforme visto, a Constituição estabelece expressa previsão de proteção para a criança, o adolescente e o jovem (art. 227, § 1.º, II, da CF/88).

A **Lei n. 11.982/2009** incluiu um parágrafo único no art. 4.º da Lei n. 10.098/2000, o qual prescreve, de maneira bastante interessante, que os parques de diversões, públicos e privados, devem adaptar, no mínimo, 5% de cada brinquedo e equipamento e identificá-lo para possibilitar sua utilização por pessoas com deficiência ou com mobilidade reduzida, tanto quanto tecnicamente possível.

Por sua vez, a **Lei n. 13.825/2019** acrescentou novas regras à Lei n. 10.098/2000, para estabelecer a obrigatoriedade de disponibilização, em eventos públicos e privados, de **banheiros químicos acessíveis** a pessoas com deficiência ou com mobilidade reduzida.

A **Lei n. 13.835/2019** alterou a referida *Lei da Acessibilidade* para assegurar às pessoas com deficiência visual o direito de receber cartões de crédito e de movimentação de contas bancárias com as informações vertidas em caracteres de identificação tátil em braile.

A **Lei n. 13.370/2016** altera o § 3.º do art. 98 da Lei n. 8.112/90 para estender o direito a horário especial ao servidor público federal que tenha cônjuge, filho ou dependente com deficiência de qualquer natureza, revogando a exigência de compensação de horário.

A **Lei n. 13.409/2016** altera a Lei n. 12.711/2012 para dispor sobre a reserva de vagas para pessoas com deficiência nos cursos técnico de nível médio e superior das instituições federais de ensino.

▪ 19.9.17. Inimputabilidade penal

Nos termos do art. 228 da CF/88, são penalmente inimputáveis os menores de **18 anos**, sujeitos às normas da legislação especial.

Muito se cogita a respeito da redução da maioridade penal, de 18 para 16 anos. Para tanto, o instrumento necessário seria uma **emenda à Constituição** e, portanto, manifestação do poder constituinte derivado reformador, limitado juridicamente.

Neste ponto, resta saber: eventual EC que reduzisse, por exemplo, de 18 para 16 anos, a maioridade penal violaria a cláusula pétrea do direito e garantia individual (art. 60, § 4.º, IV)?

Embora parte da doutrina assim entenda,[84] para nós é **possível** a redução de 18 para 16 anos, uma vez que apenas não se admite a proposta de emenda (PEC) tendente a abolir direito e garantia individual. Isso não significa, como já interpretou o STF, que a matéria não possa ser modificada.

Reduzindo a maioridade penal de 18 para 16 anos, o direito à inimputabilidade, visto como garantia fundamental, não deixará de existir.

A sociedade evoluiu, e, atualmente, uma pessoa com 16 anos de idade tem total consciência de seus atos, tanto é que exerce os direitos de cidadania, podendo propor a ação popular e votar. Portanto, em nosso entender, eventual PEC que reduza a maioridade penal de 18 para 16 anos é totalmente constitucional. O limite de 16 anos já está sendo utilizado e é fundamentado no parâmetro do exercício do direito de votar e à luz da razoabilidade e maturidade do ser humano.

Observa Manoel Gonçalves Ferreira Filho: "timbra o texto, no art. 228, em consagrar a inimputabilidade penal do menor de dezoito anos. É incoerente esta previsão se se recordar que o direito de votar — a maioridade política — pode ser alcançado aos dezesseis anos...".[85]

19.9.18. Dever de reciprocidade entre pais e filhos

Segundo a proposta elaborada pela *Comissão Afonso Arinos*, o art. 229 traz importante **regra da vida**: os pais têm o dever de assistir, criar e educar os filhos menores, e os filhos maiores têm o dever de ajudar e amparar os pais na velhice, carência ou enfermidade.

19.9.19. Idosos

19.9.19.1. Princípios da solidariedade e proteção à luz da "reserva do possível"

À luz dos **princípios da solidariedade** e **proteção**, a **família**, a **sociedade** e o **Estado** têm o dever de **amparar as pessoas idosas**, assegurando sua participação na comunidade, defendendo sua dignidade e bem-estar e garantindo-lhes o direito à vida[86] (art. 230).

---

[84] Nesse sentido, ver René Ariel Dotti, *Curso de direito penal*: parte geral, p. 412-413, e José Afonso da Silva, *Comentário contextual à Constituição*, 4. ed., p. 862-863.

[85] M. G. Ferreira Filho, *Curso de direito constitucional*, 32. ed., p. 373.

[86] Especialmente para as provas de MP, cf. interessante *Cartilha do Idoso*. Disponível em: <http://www.mpdft.gov.br/Cartilha_Idoso>.

O envelhecimento é um direito personalíssimo e a sua proteção, um direito social, sendo obrigação do Estado garantir à pessoa idosa a proteção à vida e à saúde, mediante a efetivação de políticas sociais públicas que permitam um envelhecimento saudável e em condições de dignidade.

Nesse contexto, os programas de amparo aos idosos serão executados **preferencialmente** em seus **lares**.

A Lei n. 8.842/94 (*Política Nacional do Idoso*) e a Lei n. 10.741/2003 (*Estatuto do Idoso*) consideram **idoso** toda pessoa com idade igual ou superior a **60 anos**, tendo a **Lei n. 13.466/2017** assegurado **prioridade especial** aos **maiores de 80 anos**, atendendo-se suas necessidades sempre **preferencialmente** em relação aos demais idosos, destacando-se os casos de *atendimento de saúde*, exceto em caso de emergência, ou de *tramitação de processos judiciais*.

A velhice (idade avançada – idosos) tem proteção como direito previdenciário (art. 201, I) e como direito assistencial (art. 203, I e V).

Porém, como anotam Mendes, Coelho e Branco, as políticas públicas de proteção ao idoso devem conciliar-se com os recursos orçamentários (art. 117 do *Estatuto do Idoso*). "Noutras palavras, em que pesem as generosas promessas desse *Estatuto*, aqui, como em tudo o que diz respeito à efetivação de direitos sociais, reina, impiedosa, a **reserva do possível**".[87]

▪ *19.9.19.2. Idoso e transporte público: "constitucionalismo fraternal" ou "altruístico" — "ações distributivistas e solidárias" — "direito fraternal"*

A regra do art. 230, § 2.º, garante aos **maiores de 65 anos** a gratuidade dos transportes coletivos urbanos. Em nosso entender, trata-se de **norma de eficácia plena**, que, portanto, independe de complementação infraconstitucional.

Tal previsão constitucional é disciplinada pelo art. 39 do *Estatuto do Idoso*, que assegura aos maiores de 65 anos de idade a gratuidade dos transportes coletivos públicos urbanos e semiurbanos, exceto nos serviços seletivos e especiais, quando prestados paralelamente aos serviços regulares, dispositivo declarado **constitucional** pelo STF (**ADI 3.768**, Rel. Min. Cármen Lúcia, j. 19.09.2007, *DJ* de 26.10.2007).

Nesse caso concreto, o Min. Carlos Ayres Britto observou que a relatora havia retratado "o advento de um novo **constitucionalismo fraternal** ou, como dizem os italianos, **'altruístico'**, com **ações distributivistas e solidárias**". Segundo ele, "não se trata de um direito social, mas de um **direito fraternal** para amainar direitos tradicionalmente negligenciados" (*Notícias STF,* 19.09.2007 — 20h50).

▪ *19.9.19.3. Celeridade do processo e crimes praticados contra os idosos*

Conforme já estudamos no *item 14.10.37.2,* o art. 94 do **Estatuto do Idoso** (Lei n. 10.741/2003) estabelece que aos crimes previstos na referida Lei, cuja pena máxi-

---

[87] G. F. Mendes, I. M. Coelho, P. G. G. Branco, *Curso de direito constitucional*, p. 1308.

ma privativa de liberdade não ultrapasse 4 anos, **aplica-se o procedimento previsto na Lei n. 9.099/95** (Juizados) e, subsidiariamente, no que couber, as disposições do Código Penal e do Código de Processo Penal.

Esse dispositivo foi questionado na **ADI 3.096**, ajuizada pelo PGR, e entendeu o STF que a aplicação da Lei n. 9.099/95 é apenas em relação aos **aspectos processuais**, buscando, na ideia de efetividade do processo, que este termine mais rapidamente, até porque a vítima é idosa (Rel. Min. Cármen Lúcia, j. 16.06.2010, Plenário, *DJE* de 03.09.2010).

19.9.19.4. *Estelionato contra idoso*

A **Lei n. 13.228/2015** alterou o Código Penal e estabeleceu uma **causa de aumento de pena** para o **crime de estelionato**, quando for **cometido contra idoso**, aplicando-se a pena em dobro (art. 171, § 4.º).

Na *justificação* do projeto de lei aponta-se a **fragilidade** dos idosos que são vítimas de quadrilhas especializadas, que se valem dessa **condição de vulnerabilidade** da vítima para tirar proveito.

Conforme visto, o conceito de idoso — para complementar a prescrição do Código Penal — é dado pelo *Estatuto do Idoso*, qual seja, toda pessoa com idade igual ou superior a 60 anos.

Em nosso entender, por força do art. 5.º, XL, CF/88 — a lei penal não retroagirá, salvo para beneficiar o réu —, a nova regra não poderá ser aplicada em relação a crimes praticados antes de sua vigência, salvo, pensamos, nas hipóteses de continuidade delitiva, nos termos da S. 711/STF ("a lei penal mais grave aplica-se ao crime continuado ou ao crime permanente, se a sua vigência é anterior à cessação da continuidade ou da permanência").

19.10. ÍNDIOS

19.10.1. Os índios no constitucionalismo brasileiro

Analisando as Constituições brasileiras, percebe-se que foi somente na de **1934** que apareceu pela primeira vez a proteção aos índios, naquele texto denominados **silvícolas**.

Como já visto no *item 2.6.5*, a Constituição de 1934 inaugura a ideia de **Constituição social**, sofrendo forte influência da *Constituição de Weimar*, da Alemanha, de 1919, evidenciando-se, assim, os direitos de segunda dimensão sob a perspectiva do Estado Social de Direito (democracia social).

A proteção aos silvícolas foi mantida nos textos que seguiram (1937, 1946, 1967, EC n. 1/69), atingindo ampla previsão na CF/88,[88] que substituiu a expressão "silvícola" ("aquele que nasce ou vive na selva; selvagem" — *Dicionário Aurélio*) por **índios**.[89]

---

88 Cf. os seguintes artigos: 20, XI; 22, XIV; 49, XVI; 109, XI; 129, V; 176, § 1.º; 210, § 2.º; 215, § 1.º; 231; 232 e 67 do ADCT.

89 O art. 3.º, I, do *Estatuto do Índio* (Lei n. 6.001, de 19.12.1973) considera as expressões **índio** ou

■ 19.10.2. Proteção das "minorias nacionais" e a importância da "terra"

Em relação à proteção das minorias, conforme se observa no site da PGR, sobressai o importante papel da *6.ª Câmara de Coordenação e Revisão do Ministério Público Federal*, órgão setorial de coordenação, de integração e de revisão do exercício funcional dos Procuradores da República, no tocante aos temas relativos aos *povos indígenas* e *outras minorias étnicas*, tendo especial atenção:

- os **quilombolas**;[90]
- as **comunidades extrativistas**;
- as **comunidades ribeirinhas** e os **ciganos**.

> "Todos esses grupos têm em comum um modo de vida tradicional distinto da sociedade nacional de grande formato. De modo que o grande desafio para a 6.ª CCR, e para os Procuradores que militam em sua área temática, é assegurar a pluralidade do Estado brasileiro na perspectiva **étnica** e **cultural**, tal como constitucionalmente determinada".[91]

Nesse contexto, a **terra** adquire um particular significado como instrumento de consagração do direito fundamental da **moradia** (art. 6.º da CF/88) e, assim, da **dignidade da pessoa humana**, fundamento da República Federativa do Brasil (art. 1.º, III).

Segundo assentou o Min. Ayres Britto, no julgamento da **ACO 312**, a **terra**, para o índio, "... não é um objeto redutível à pecúnia e passível de transação, a terra para os índios é um **totem horizontal**, é um **espírito protetor**, é um **ente**, mantendo com ele, o índio, uma **relação umbilical**, porque ela carrega consigo, a terra indígena, essa noção de atemporalidade, porque nela, para o índio, estão presentes a **ancestralidade**, a **coetaneidade** e a **posteridade**" (fls. 185 do acórdão, j. 02.05.2012).

O STF, em momento seguinte, no julgamento da **ADI 4.269**, em 18.10.2017, conferiu ao art. 4.º, § 2.º, da Lei n. 11.952/2009 interpretação conforme à Constituição, sem redução de texto, a fim de se afastar qualquer sentido de regularização

---

silvícola sinônimas, definindo-os como "... todo indivíduo de origem e ascendência pré-colombiana que se identifica e é identificado como pertencente a um **grupo étnico** cujas características culturais o distinguem da sociedade nacional". Por sua vez, nos termos do art. 3.º, II, **comunidade indígena** ou **grupo tribal** caracteriza-se como "... um conjunto de famílias ou comunidades índias, quer vivendo em estado de completo isolamento em relação aos outros setores da comunhão nacional, quer em contatos intermitentes ou permanentes, sem contudo estarem neles integrados".

90 O art. **68 do ADCT** estabelece que aos **remanescentes das comunidades dos quilombos** que estejam ocupando suas terras é reconhecida a **propriedade definitiva**, devendo o Estado emitir-lhes os títulos respectivos. A regulamentação do procedimento para identificação, reconhecimento, delimitação, demarcação e titulação das terras ocupadas por remanescentes das comunidades dos quilombos está prevista no **Decreto n. 4.887/2003**, que foi questionado no STF na **ADI 3.239** e afeta cerca de 3.000 comunidades. Em 08.02.2018, o STF, por 8 x 3, declarou a **validade** do referido decreto, julgando improcedentes os pedidos formulados na ação, assegurando-se, por consequência, a titulação das terras ocupadas por remanescentes das comunidades quilombolas.

91 Site da PGR: <http://ccr6.pgr.mpf.gov.br/institucional/apresentacao/apresentacao_txt>. Acesso em: 16.01.2008.

fundiária das terras públicas ocupadas por **quilombolas** e **outras comunidades tradicionais da Amazônia Legal** em nome de terceiros ou de modo a descaracterizar a apropriação da terra por esses grupos, reforçando o seu significado para as referidas comunidades: "eles mantêm uma relação com a **terra** que é mais do que posse ou propriedade. É uma relação de **identidade**...", nos termos da Constituição e dos compromissos internacionais assumidos pelo Brasil (*Inf. 882/STF*).

Bem anota Daniel Sarmento que, nessas comunidades, a terra caracteriza-se como importante mecanismo para manter a união do grupo, permitindo, dessa forma, a sua continuidade ao longo do tempo, assim como a preservação da cultura, dos valores e de seu modo particular de vida dentro da comunidade.

Consequentemente, continua o ilustre professor, "privado da terra, o grupo tende a se dispersar e a desaparecer, tragado pela sociedade envolvente...". E completa: "por isso, a perda da identidade coletiva para os integrantes destes grupos costuma gerar crises profundas, intenso sofrimento e uma sensação de desamparo e de desorientação, que dificilmente encontram paralelo entre os integrantes da cultura capitalista de massas. *Mutatis mutandis*, romper os laços de um índio ou de um quilombola com o seu grupo étnico é muito mais do que impor o exílio do seu país para um típico ocidental".[92]

19.10.3. Terras tradicionalmente ocupadas pelos índios

19.10.3.1. Bens da União. Terras destinadas à posse permanente dos índios: bens públicos de uso especial

As *terras tradicionalmente ocupadas pelos índios*, apesar de consideradas **bens da União** (art. 20, XI), destinando-se à **posse permanente** dos silvícolas, são **inalienáveis** e **indisponíveis**, e os direitos sobre elas, **imprescritíveis**.

A vinculação à União está reforçada no art. 22, XIV, que estabelece ser competência privativa da União legislar sobre populações indígenas.

Por essas características e por possuírem destinação específica, embora não previstas expressamente no art. 99, II, do CC, as *terras tradicionalmente ocupadas pelos índios* podem ser classificadas como **bens públicos de uso especial**.

Em relação a essa regra, qual seja, o conceito segundo o qual as **terras tradicionalmente ocupadas pelos índios são bens da União**, devemos lembrar uma exceção bastante peculiar.

De acordo com o **art. 64** da Constituição de **1891**, pertencem aos **Estados** as minas e **terras devolutas** situadas nos seus respectivos territórios, cabendo à União somente a porção do território que for indispensável para a defesa das fronteiras, fortificações, construções militares e estradas de ferro federais.

---

92 Daniel Sarmento, *A garantia do direito à posse dos remanescentes de quilombos antes da desapropriação*, parecer de 09.10.2006, disponível em: <http://www.cpisp.org.br/acoes/upload/arquivos/AGarantiadoDireitoaPosse_DanielSarmento.pdf>.

"As terras dos **aldeamentos indígenas** que se **extinguiram** antes da Constituição de 1891, por haverem *perdido o caráter de bens destinados a uso especial*, passaram à categoria de **terras devolutas**. Uma vez reconhecidos como terras devolutas, por força do art. 64 da Constituição de 1891, os **aldeamentos extintos** transferiram-se ao **domínio dos Estados**" (**ADI 255**, Rel. p/ o ac. Min. Ricardo Lewandowski, j. 16.03.2011, Plenário, *DJE* de 24.05.2011. No mesmo sentido: **RE 212.251**, Rel. Min. Ilmar Galvão, j. 23.06.98, 1.ª Turma, *DJ* de 16.10.98).

Esse exemplo nos faz resgatar a **S. 650/STF** que reflete o entendimento no sentido de deixar de considerar "terras tradicionalmente ocupadas pelos índios" e, portanto, bens da União (art. 20, I e XI, CF/88), as terras de aldeamentos **extintos**, ainda que ocupadas por indígenas em passado remoto.

Dentro desse contexto, o STF, no julgamento da **Pet 3.388** (*Raposa Serra do Sol* — cf. *item 19.10.7.2*) — e que tem servido de **paradigma** para o julgamento de questões envolvendo a demarcação de terras indígenas, definiu a necessidade de se observar a **data da promulgação da CF/88 (05.10.88)** como sendo o **marco temporal** para se verificar se a terra estava ou não ocupada por índios.

Dessa forma, não se inclui no conceito de "terras tradicionalmente ocupadas pelos índios" aquelas que eram ocupadas no passado e não o são mais, estando extintos os aldeamentos, nem aquelas que venham a ser ocupadas a partir da promulgação da Constituição. Em razão da importância, pedimos vênia para citar parte do referido voto:

> "I — o marco temporal da ocupação. Aqui, é preciso ver que a nossa Lei Maior trabalhou com data certa: a data da promulgação dela própria (5 de outubro de 1988) como insubstituível referencial para o reconhecimento, aos índios, 'dos direitos sobre as terras que tradicionalmente ocupam'. **Terras que tradicionalmente ocupam, atente-se, e não aquelas que venham a ocupar. Tampouco as terras já ocupadas em outras épocas, mas sem continuidade suficiente para alcançar o marco objetivo do dia 5 de outubro de 1988.** Marco objetivo que reflete o decidido propósito constitucional de colocar uma pá de cal nas intermináveis discussões sobre qualquer outra referência temporal de ocupação de área indígena. Mesmo que essa referência estivesse grafada na Constituição anterior. É exprimir: a data de verificação do fato em si da ocupação fundiária é o dia 5 de outubro de 1988, e nenhum outro. Com o que se evita, a um só tempo: a) a fraude da subitânea proliferação de aldeias, inclusive mediante o recrutamento de índios de outras regiões do Brasil, quando não de outros países vizinhos, sob o único propósito de artificializar a expansão dos lindes da demarcação; b) a violência da expulsão de índios para descaracterizar a tradicionalidade da posse das suas terras, à data da vigente Constituição. **Numa palavra, o entrar em vigor da nova Lei Fundamental Brasileira é a chapa radiográfica da questão indígena nesse delicado tema da ocupação das terras a demarcar pela União para a posse permanente e usufruto exclusivo dessa ou daquela etnia aborígine**" (voto do Min. Ayres Britto, fls. 67 e 68).

A única **exceção** que foi destacada em referido julgado refere-se às situações de **"esbulho renitente"**, constatado diante de "situação de disputa possessória, fática ou judicializada, ou de outra espécie de inconformismo que pudesse caracterizar a presença de não índios" como **ilegítima** e, assim, diante das disputas, permitir fosse reconhecido o caráter da tradicionalidade.[93]

19.10.3.2. *Conceito*

Caracterizam-se como *terras tradicionalmente ocupadas pelos índios*, consoante o art. 231, § 1.º, aquelas que, necessariamente, apresentam as seguintes indissociáveis características:

- são habitadas em caráter permanente;
- são utilizadas para as atividades produtivas dos índios;
- são imprescindíveis à preservação dos recursos ambientais necessários ao seu bem-estar;
- são necessárias à reprodução física e cultural dos índios, segundo seus usos, costumes e tradições.

19.10.3.3. *Nulidade e extinção dos atos que atentem contra as "terras tradicionalmente ocupadas pelos índios"*

São **nulos** e **extintos**, não produzindo efeitos jurídicos, os atos que tenham por objeto a ocupação, o domínio e a posse das *terras tradicionalmente ocupadas pelos índios* ou a exploração das riquezas naturais do solo, dos rios e dos lagos nelas existentes (art. 231, § 6.º).

A única **exceção** trazida pela CF/88 a não caracterizar a nulidade e a extinção dos atos refere-se aos atos que se apresentem como de relevante interesse público da União, segundo o que dispuser **lei complementar**.

Por consequência, a nulidade e a extinção de referidos atos não gerarão nenhum direito a indenização ou a ações contra a União, em face do órgão de assistência do índio (*Fundação Nacional do Índio — FUNAI*,[94] vinculada ao Ministério da Justiça) ou perante os próprios silvícolas, salvo, na forma do que dispuser a lei, no tocante às **benfeitorias** derivadas da ocupação de **boa-fé**.

Naturalmente, nessa única hipótese indenizatória, a ação deverá ser proposta em face da **União**, e não dos índios ou da FUNAI, uma vez que é a União a responsável por "... velar e impedir a prática de atos atentatórios aos direitos dos índios sobre as terras por eles ocupadas, que são bens dela".[95]

Para citar um exemplo, temos a **ACO 312**, que foi ajuizada em 1983 e julgada quase 30 anos depois, em 02.05.2012, tendo como parâmetro o art. 198 da EC n. 1/69.

---

[93] Tanto a definição do "marco temporal" como a situação do "esbulho renitente" foram enfrentadas pelo STF (e mantidas na linha do precedente firmado na Pet 3.388), destacando-se (apesar de ser decisão de Turma, e não do Plenário): **RMS 29.087**, Rel. Min. Ricardo Lewandowski, Rel. p/ acórdão Min. Gilmar Mendes, j. 16.09.2014, 2.ª T., *DJE* de 14.10.2014; **ARE 803.462-AgR**, Rel. Min. Teori Zavascki, j. 09.12.2014, 2.ª T., *DJE* de 12.02.2015.

[94] Cf. Lei n. 5.371/67 e Dec. n. 7.778/2012.

[95] José Afonso da Silva, *Comentário contextual à Constituição*, 4. ed., p. 868.

Tratava-se de ação civil originária, ajuizada pela FUNAI e pela União, objetivando a **declaração de nulidade** de títulos de propriedade sobre imóveis rurais localizados na área da Reserva Indígena Caramuru-Catarina Paraguassu, no sul da Bahia, que seria ocupada, desde tempos remotos, pelos índios *Pataxó Hã-hã-hãe*.

Entendeu o STF que "a demarcação prévia da área abrangida pelos títulos não seria, em si, indispensável ao ajuizamento da própria ação e que o STF poderia examinar se a área seria ou não indígena para decidir pela procedência ou não do pedido" (*Inf. 664/STF*).

Ainda, por maioria, o STF **declarou** a **nulidade** de todos os **títulos de propriedade rural** expedidos pelo Governo da Bahia cujas glebas se **localizavam dentro da área da Reserva Indígena**.

■ 19.10.4. Indigenato: fonte para o direito dos índios sobre as suas terras

A expressão "terras tradicionalmente ocupadas pelos índios" não tem nada que ver com o tempo de sua ocupação, não estando, portanto, relacionada a qualquer situação temporal, mas, sim, ao **modo tradicional** de ocupação das terras pelos índios, sua organização social, costumes, línguas, crenças e tradições.

Consagra-se, então, a ideia do **indigenato**, ou seja, a tradição iniciada, segundo José Afonso da Silva, pelo Alvará de 1.º.04.1680, confirmado pela Lei de 06.06.1755, de sempre respeitar o direito dos índios sobre as terras.

Diz o mestre que "... o *indigenato* não se confunde com a ocupação, com a mera posse. O *indigenato* é a fonte primária e congênita da posse territorial; é um direito congênito, enquanto a ocupação é um título adquirido...". Assim, "... em face do direito constitucional indigenista, relativamente aos índios com habitação permanente, não há uma simples posse, mas um reconhecido direito originário e preliminarmente reservado a eles".[96]

Dessa forma, "... a relação entre o indígena e suas terras não se rege pelas normas de direito civil. Sua posse extrapola a órbita puramente privada, porque não é e nunca foi uma simples ocupação da terra para explorá-la, mas base de seu *habitat*, no sentido ecológico de interação do conjunto de elementos naturais e culturais que propiciam o desenvolvimento equilibrado da vida humana".[97]

■ 19.10.5. Usufruto exclusivo dos índios e a mineração em terras indígenas

As terras tradicionalmente ocupadas pelos índios destinam-se a sua posse permanente, cabendo-lhes o **usufruto exclusivo** das riquezas do solo, dos rios e dos lagos nelas existentes.

Não obstante essa regra geral, autoriza-se o aproveitamento dos recursos hídricos, incluídos os potenciais energéticos, a pesquisa e a lavra das riquezas minerais em terras indígenas, dependendo, para tanto, de **expressa** e **formal autori-**

---

96 José Afonso da Silva, *Comentário contextual à Constituição*, 4. ed., p. 869.

97 José Afonso da Silva, *Comentário contextual à Constituição*, p. 870.

zação do Congresso Nacional, ouvidas as comunidades afetadas e desde que se assegure aos índios, na forma da lei, a participação nos resultados da lavra (art. 231, § 3.º).

Referido processo de autorização se implementa, nos termos do art. 49, XVI, por meio de **decreto legislativo**, materializando competência exclusiva, portanto indelegável, do Congresso Nacional.

A análise do Congresso Nacional deverá levar em consideração o **princípio da prevalência dos interesses indígenas**, tanto que o art. 176, § 1.º, estabelece que a pesquisa e a lavra de recursos minerais e o aproveitamento dos potenciais de energia hidráulica em terras indígenas só poderão ocorrer desde que observados os critérios e condições específicas definidos em lei.

A restrição é tamanha que nem mesmo as *atividades garimpeiras*, em cooperativa ou não, serão admitidas dentro das terras indígenas, salvo, naturalmente, as atividades garimpeiras desenvolvidas pelos próprios silvícolas, uma vez que, conforme visto, eles têm o usufruto exclusivo das riquezas do solo, dos rios e dos lagos nelas existentes (art. 231, § 7.º, c/c o art. 174, §§ 3.º e 4.º).

19.10.6. Regras constitucionais para a remoção dos grupos indígenas

É vedada a remoção dos grupos indígenas de suas terras, salvo, *ad referendum* do Congresso Nacional, em caso de **catástrofe** ou **epidemia que ponha em risco sua população**, ou no **interesse da soberania do País**, após deliberação do Congresso Nacional, garantido, em qualquer hipótese, o retorno imediato logo que cesse o risco (art. 231, § 5.º).

Em qualquer dessas hipóteses, logo que cesse o risco, deve-se garantir o retorno imediato dos índios ao seu *habitat*.

Nesse contexto, há interessante decisão do STF no tocante à intimação de indígena para prestar depoimento na condição de testemunha em CPI:

> "EMENTA: (...) IV. Comissão Parlamentar de Inquérito: intimação de indígena para prestar depoimento na condição de testemunha, fora do seu *habitat*: violação às normas constitucionais que conferem proteção específica aos povos indígenas (CF, arts. 215, 216 e 231). 1. A convocação de um índio para prestar depoimento em local diverso de suas terras constrange a sua liberdade de locomoção, na medida em que é **vedada pela Constituição da República a remoção dos grupos indígenas de suas terras, salvo exceções nela previstas** (CF/88, artigo 231, § 5.º). 2. A tutela constitucional do grupo indígena, que visa a proteger, além da posse e usufruto das terras originariamente dos índios, a respectiva identidade cultural, se estende ao indivíduo que o compõe, quanto à remoção de suas terras, que é sempre ato de opção, de vontade própria, não podendo se apresentar como imposição, salvo hipóteses excepcionais. 3. Ademais, o depoimento do índio, que não incorporou ou compreende as práticas e modos de existência comuns ao 'homem branco' pode ocasionar o cometimento pelo silvícola de ato ilícito, passível de comprometimento do seu *status libertatis*. 4. Donde a necessidade de adoção de cautelas tendentes a assegurar que não haja agressão aos seus usos, costumes e tradições" (HC 80.240, Rel. Min. Sepúlveda Pertence, j. 20.06.2001, *DJ* de 14.10.2005).

19.10.7. Demarcação das terras indígenas

19.10.7.1. Aspectos gerais

São reconhecidos aos índios sua organização social, costumes, línguas, crenças e tradições, e os direitos originários sobre as terras que tradicionalmente ocupam, **competindo à União demarcá-las**, proteger e fazer respeitar todos os seus bens (art. 231, *caput*).

As terras indígenas, por iniciativa e sob orientação do órgão federal de assistência ao índio (*FUNAI*, **vinculada ao Ministério da Justiça**[98]), serão administrativamente demarcadas, de acordo com o processo estabelecido no Decreto n. 1.775/96, devendo referida demarcação administrativa ser aprovada por Portaria do Ministro da Justiça, que será homologada pelo Presidente da República e, posteriormente, registrada em livro próprio do Serviço do Patrimônio da União (SPU) e do registro imobiliário da comarca da situação das terras.

Entendeu o STF ser **dispensada** a manifestação do Conselho de Defesa Nacional durante o processo homologatório, mesmo que a terra indígena se situe em região de fronteira (MS 25.483, Rel. Min. Carlos Britto, j. 04.06.07, *DJ* de 14.09.2007).

Por sua vez, o art. 67 do ADCT fixou o prazo de **5 anos** a partir da promulgação da Constituição para a União concluir a demarcação das terras indígenas.

Tal trabalho, contudo, ainda não está finalizado. Apesar disso, não se pode dizer que os índios não tenham os seus direitos assegurados, pois **independem de demarcação**.

Podemos afirmar, então, que o art. 67 do ADCT **não** previu prazo decadencial para a demarcação, tratando-se de **prazo programático**, e **não peremptório**. A regra deve ser entendida como instrumento para **estimular** a demarcação, até porque, conforme visto, nos termos do art. 231, § 4.º, as *terras tradicionalmente ocupadas pelos índios* são **inalienáveis** e **indisponíveis**, e os *direitos* sobre elas, **imprescritíveis**.

O art. 25 da Lei n. 6.001/73 (*Estatuto do Índio*) dispõe que o reconhecimento do direito dos índios e grupos tribais à posse permanente das terras por eles habitadas independerá de sua demarcação e será assegurado pelo órgão federal de assistência aos silvícolas.

Assim reconheceu o STF: "Terras indígenas — Demarcação. O prazo previsto no artigo 67 do ADCT não é peremptório. Sinalizou simplesmente visão prognóstica

[98] Como primeiro ato normativo de seu Governo, o Presidente Jair Bolsonaro, em 1.º.01.2019, editou a MP n. 870/2019, transferindo as atribuições da **FUNAI** para a competência do **Ministério da Agricultura, Pecuária e Abastecimento**, havendo ampla resistência por parte da comunidade indígena. O Congresso Nacional, ao apreciar a medida provisória, rejeitou a nova regra. O Presidente da República, então, **na mesma sessão legislativa**, reeditou os exatos termos da MP rejeitada ao editar a MP n. 886/2019, que, por sua vez, foi objeto da **ADI 6.062**. O STF, em 1.º.08.2019, explicitou a regra constitucional (art. 62, § 10) no sentido de ser vedada a reedição, na mesma sessão legislativa, de medida provisória que tenha sido rejeitada. Com a concessão da referida medida cautelar, referendada pelo Pleno, subsiste o tratamento normativo anterior, qual seja, **a vinculação da FUNAI ao Ministério da Justiça** (*DJE* de 29.11.2019, mérito pendente).

sobre o término dos trabalhos de demarcação e, portanto, a realização destes em tempo razoável" (MS 24.566, Rel. Min. Marco Aurélio, j. 22.03.04, *DJ* de 28.05.2004). Ainda, e nesse mesmo sentido:

> "EMENTA: I — Esta Corte possui entendimento no sentido de que o marco temporal previsto no art. 67 do ADCT **não é decadencial**, mas que se trata de um prazo programático para conclusão de demarcações de terras indígenas dentro de um período razoável. Precedentes. II — O processo administrativo visando à demarcação de terras indígenas é regulamentado por legislação própria — Lei 6.001/1973 e Decreto 1.775/1996 — cujas regras já foram declaradas constitucionais pelo Supremo Tribunal Federal. Precedentes" (RMS 22.212, Rel. Min. Ricardo Lewandowski, j. 03.05.2011, *DJE* de 18.05.2011).

Estabeleceu ainda a Corte que "a importância jurídica da demarcação administrativa homologada pelo Presidente da República — ato estatal que se reveste de presunção *juris tantum* de legitimidade e de veracidade — reside na circunstância de que as terras tradicionalmente ocupadas pelos índios, embora pertencentes ao patrimônio da União (CF, art. 20, XI), acham-se afetadas, por efeito de destinação constitucional, a fins específicos voltados, unicamente, à proteção jurídica, social, antropológica, econômica e cultural dos índios, dos grupos indígenas e das comunidades tribais" (RE 183.188, Rel. Min. Celso de Mello, j. 10.12.1996, *DJ* de 14.02.1997).

19.10.7.2. *Raposa Serra do Sol*

O STF analisou a demarcação da Terra Indígena **Raposa Serra do Sol**, situada no Estado de Roraima.

O ponto principal era saber, além de eventuais vícios alegados no processo de demarcação, se a forma escolhida, qual seja, o modelo **contínuo**, apresentava-se adequada, em contraposição à demarcação por "ilhas" (ou tipo "queijo suíço", como caracterizou o Min. Ayres Britto).

Trata-se da Portaria n. 534/2005, do Ministro da Justiça, homologada pelo Decreto presidencial de 15.04.2005.[99]

O Tribunal, por maioria de votos, julgou parcialmente procedente o pedido, nos termos do voto do Relator, reajustado segundo as observações constantes do voto do Senhor Ministro Menezes Direito, declarando constitucional a **demarcação contínua** da Terra Indígena Raposa Serra do Sol e determinando que sejam observadas as seguintes *condições* ou *condicionantes (salvaguardas)*, consideradas pelo STF, apesar de críticas, como verdadeiros pressupostos para o reconhecimento da validade da demarcação (**Pet 3.388**, Rel. Min. Carlos Britto, j. 19.03.2009, Plenário, *DJE* de

[99] Nos termos do art. 1.º do referido Decreto Presidencial, "fica homologada a demarcação administrativa, promovida pela Fundação Nacional do Índio — FUNAI, da Terra Indígena **Raposa Serra do Sol**, destinada à posse permanente dos Grupos Indígenas Ingarikó, Makuxi, Patamona, Taurepang e Wapixana, nos termos da Portaria n. 534, de 13 de abril de 2005, do Ministério da Justiça".

25.09.2009, republicado no *DJE* de 1.º.07.2010, **confirmado** no julgamento de sete **embargos de declaração**[100] opostos, j. 23.10.2013, *DJE* de 04.02.2014):

- "o usufruto das riquezas do solo, dos rios e dos lagos existentes nas terras indígenas (art. 231, § 2.º, da Constituição Federal) pode ser relativizado sempre que houver, como dispõe o art. 231, § 6.º, da Constituição, relevante interesse público da União, na forma de lei complementar;
- o usufruto dos índios não abrange o aproveitamento de recursos hídricos e potenciais energéticos, que dependerá sempre de autorização do Congresso Nacional;
- o usufruto dos índios não abrange a pesquisa e lavra das riquezas minerais, que dependerá sempre de autorização do Congresso Nacional, assegurando-se-lhes a participação nos resultados da lavra, na forma da lei;
- o usufruto dos índios não abrange a garimpagem nem a faiscação, devendo, se for o caso, ser obtida a permissão de lavra garimpeira;
- o usufruto dos índios não se sobrepõe ao interesse da política de defesa nacional; a instalação de bases, unidades e postos militares e demais intervenções militares, a expansão estratégica da malha viária, a exploração de alternativas energéticas de cunho estratégico e o resguardo das riquezas de cunho estratégico, a critério dos órgãos competentes (Ministério da Defesa e Conselho de Defesa Nacional), serão implementados independentemente de consulta às comunidades indígenas envolvidas ou à FUNAI;
- a atuação das Forças Armadas e da Polícia Federal na área indígena, no âmbito de suas atribuições, fica assegurada e se dará independentemente de consulta às comunidades indígenas envolvidas ou à FUNAI;
- o usufruto dos índios não impede a instalação, pela União Federal, de equipamentos públicos, redes de comunicação, estradas e vias de transporte, além das construções necessárias à prestação de serviços públicos pela União, especialmente os de saúde e educação;
- o usufruto dos índios na área afetada por unidades de conservação fica sob a responsabilidade do Instituto Chico Mendes de Conservação da Biodiversidade;
- o Instituto Chico Mendes de Conservação da Biodiversidade responderá pela administração da área da unidade de conservação também afetada pela terra

[100] Conforme ficou explicitado pelo Min. Barroso, "com o trânsito em julgado do acórdão embargado, todos os processos relacionados à Terra Indígena Raposa Serra do Sol deverão adotar as seguintes premissas como necessárias: (i) são válidos a Portaria/MJ n. 534/2005 e o Decreto Presidencial de 15.04.2005 **observadas as condições previstas no acórdão**; e (ii) a caracterização da área como terra indígena, para os fins dos arts. 20, XI, e 231, da Constituição torna insubsistentes eventuais pretensões possessórias ou dominiais de particulares, salvo no tocante à indenização por benfeitorias derivadas da ocupação de boa-fé (CF/88, art. 231, § 6.º)". Para algumas provas nas quais a questão indígena apresenta-se com maior incidência, como as provas do **MPF**, parece interessante o conhecimento dessas **"condições previstas no acórdão"** (explicitações), estabelecidas pelo Min. Barroso. Para tanto, importante a leitura de seu voto (bastante didático e profundo) e que foi resumido no *Inf. 725/STF* e em *Notícias STF de 23.10.2013*, encontrados no site do STF <www.stf.jus.br>.

indígena com a participação das comunidades indígenas, que deverão ser ouvidas, levando-se em conta os usos, as tradições e os costumes dos indígenas, podendo para tanto contar com a consultoria da FUNAI;

- o trânsito de visitantes e pesquisadores não índios deve ser admitido na área afetada à unidade de conservação nos horários e condições estipulados pelo Instituto Chico Mendes de Conservação da Biodiversidade;
- devem ser admitidos o ingresso, o trânsito e a permanência de não índios no restante da área da terra indígena, observadas as condições estabelecidas pela FUNAI;
- o ingresso, o trânsito e a permanência de não índios não podem ser objeto de cobrança de quaisquer tarifas ou quantias de qualquer natureza por parte das comunidades indígenas;
- a cobrança de tarifas ou quantias de qualquer natureza também não poderá incidir ou ser exigida em troca da utilização das estradas, equipamentos públicos, linhas de transmissão de energia ou de quaisquer outros equipamentos e instalações colocadas a serviço do público, tenham sido excluídos expressamente da homologação, ou não;
- as terras indígenas não poderão ser objeto de arrendamento ou de qualquer ato ou negócio jurídico que restrinja o pleno exercício do usufruto e da posse direta pela comunidade indígena ou pelos índios (art. 231, § 2.º, Constituição Federal, c/c art. 18, *caput*, Lei n. 6.001/1973);
- é vedada, nas terras indígenas, a qualquer pessoa estranha aos grupos tribais ou comunidades indígenas, a prática de caça, pesca ou coleta de frutos, assim como de atividade agropecuária ou extrativa (art. 231, § 2.º, Constituição Federal, c/c art. 18, § 1.º, Lei n. 6.001/1973);
- as terras sob ocupação e posse dos grupos e das comunidades indígenas, o usufruto exclusivo das riquezas naturais e das utilidades existentes nas terras ocupadas, observado o disposto nos arts. 49, XVI, e 231, § 3.º, da CR/88, bem como a renda indígena (art. 43 da Lei n. 6.001/1973), gozam de plena imunidade tributária, não cabendo a cobrança de quaisquer impostos, taxas ou contribuições sobre uns ou outros;
- é vedada a ampliação da terra indígena já demarcada;
- os direitos dos índios relacionados às suas terras são imprescritíveis e estas são inalienáveis e indisponíveis (art. 231, § 4.º, CR/88);
- é assegurada a participação dos entes federados no procedimento administrativo de demarcação das terras indígenas, encravadas em seus territórios, observada a fase em que se encontrar o procedimento".

Esse precedente, certamente, servirá de **paradigma** para tantos outros que tramitam na Corte, como, por exemplo, a área indígena **Parabure** (Mato Grosso — ACO 304 — julgada prejudicada em 13.10.2020 — pendente a publicação do acórdão), bem como para questões já decididas, como aquela envolvendo a Reserva Indígena **Caramuru-Catarina Paraguassu** (etnia *Pataxó Hã-hã-hãe* — Bahia —

ACO 312), **sem, contudo, como bem observou o Min. Barroso, vincular esses e outros tantos julgamentos.**[101]

19.10.8. Defesa judicial dos direitos e interesses dos índios

19.10.8.1. Legitimidade ativa: índios, comunidades, organizações e o MP (Federal ou Estadual)

Estabelece o art. 232 que os **índios**, suas **comunidades** e **organizações** são partes legítimas para ingressar em juízo em defesa de seus direitos e interesses, **intervindo o Ministério Público em todos os atos do processo**.

Relevante a previsão da possibilidade de o *índio* portar em juízo o interesse de toda a comunidade, em verdadeira representação ideológica e proteção de direito comunitário ou coletivo, indisponível e de ordem pública.

Essa ideia, reconhece José Afonso da Silva, "... reconduz à comunidade de direito que existia no seio da gentilidade. 'Os bens da *gens* pertenciam conjuntamente a todos os gentílicos. E este direito se distinguia do de cada um em particular, por não ser exclusivo, mas indiviso e inalienável e indissoluvelmente ligado à qualidade de membro da coletividade'".[102]

Por fim, no tocante ao **MP**, a referida instituição tanto figurará como interveniente e fiscal da lei (de modo mais abrangente, o art. 179, *caput*, do CPC/2015, fala em "fiscal da **ordem jurídica**") e dos interesses dos indígenas como poderá ser legitimada ativa.

O art. 129, V, estabelece ser **função institucional do Ministério Público** a defesa judicial dos direitos e interesses das populações indígenas, podendo atuar tanto o MP Federal como o Estadual, de acordo com a competência da Justiça Federal ou Estadual.

19.10.8.2. Competência: Justiça Federal x Justiça Estadual

Aos **juízes federais** compete processar e julgar a **disputa sobre direitos indígenas** (art. 109, XI).

A grande questão é como interpretar a amplitude da expressão *disputa sobre direitos indígenas*.

A posição do STF é no sentido de estabelecer a competência da Justiça Federal para processar e julgar os feitos que versem sobre questões ligadas diretamente:

[101] Nesse sentido o entendimento da Corte: "EMENTA: (...). **A decisão proferida em ação popular é desprovida de força vinculante, em sentido técnico**. Nesses termos, **os fundamentos adotados pela Corte não se estendem, de forma automática, a outros processos em que se discuta matéria similar**. Sem prejuízo disso, o acórdão embargado ostenta a **força moral** e **persuasiva** de uma **decisão da mais alta Corte do País**, do que decorre um **elevado ônus argumentativo** nos casos em se cogite da superação de suas razões" (Pet 3.388 ED, Rel. Min. Roberto Barroso, j. 23.10.2013, Plenário, *DJE* de 04.02.2014).

[102] José Afonso da Silva, *Comentário contextual à Constituição*, 4. ed., p. 870.

- à cultura indígena;
- aos direitos sobre as terras tradicionalmente ocupadas pelos índios;
- **a interesses constitucionalmente atribuíveis à União, como as infrações praticadas em detrimento de bens e interesse da União ou de suas autarquias e empresas públicas.**

Para se caracterizar a competência criminal da Justiça Federal, os crimes devem estar relacionados à disputa sobre direitos indígenas (art. 109, IV e XI).

Na hipótese de crime praticado por índio contra outro índio, mesmo que dentro do aldeamento indígena, e desde que não tenha nenhuma relação com *disputa sobre direitos indígenas*, a competência será da **Justiça Estadual**.

Para exemplificar, destacamos o boletim *Notícias do STF* (03.08.2006), que relata os fatos narrados no RE 419.528: "no caso sob análise, a Polícia Civil do Estado do Paraná instaurou inquérito para investigar a prática dos crimes de ameaça, lesão corporal, constrangimento ilegal e/ou tentativa de homicídio atribuídos a três índios contra uma menina de 15 anos, também de origem indígena. Os crimes supostamente ocorreram no trajeto entre o Posto Indígena Queimadas, onde morava a índia e sua família, e Ortigueira, município no interior do Estado".

No referido julgado, o Min. relator Cezar Peluso abriu divergência (o julgamento foi 6 x 4) e estabeleceu que "... os crimes praticados por e contra silvícolas isoladamente e que não configuram disputa sobre direitos indígenas devem ser julgados pela Justiça comum", afastando-se a competência da Justiça Federal, tudo conforme a ementa:

> "Competência criminal. Conflito. Crime praticado por silvícolas, contra outro índio, no interior de reserva indígena. Disputa sobre direitos indígenas como motivação do delito. Inexistência. Feito da competência da Justiça Comum. Recurso improvido. Votos vencidos. Precedentes. Exame. Inteligência do art. 109, incs. IV e XI, da CF. A competência penal da Justiça Federal, objeto do alcance do disposto no art. 109, XI, da Constituição da República, só se desata quando a acusação for de **genocídio**, ou quando, na ocasião ou motivação de outro delito de que seja índio o agente ou a vítima, tenha havido **disputa sobre direitos indígenas**, não bastando seja aquele imputado a silvícola, nem que este lhe seja vítima e, tampouco, que haja sido praticado dentro de reserva indígena" (RE 419.528, Rel. p/ o acórdão Min. Cezar Peluso, j. 03.08.2006, *DJ* de 09.03.2007).[103]

19.10.9. Educação nas comunidades indígenas

O ensino fundamental regular será ministrado em língua portuguesa, assegurada às *comunidades indígenas* **também** a *utilização de suas línguas maternas e processos próprios de aprendizagem* (art. 210, § 2.º).

---

103 Original sem grifos. Nesse sentido, cf., ainda: HC 91.121, Rel. Min. Gilmar Mendes, j. 06.11.2007, *Inf. 487/STF*; RE 263.010, Rel. Min. Ilmar Galvão, j. 13.06.2000, *DJ* de 10.11.2000; RHC 85.737, Rel. Min. Joaquim Barbosa, j. 12.12.2006, *DJ* de 30.11.2007.

A utilização da expressão "também" confere a ideia de **complementaridade**, ou seja, no tocante às comunidades indígenas, não se podem adotar processos de aprendizagem somente na língua portuguesa; em igual medida, está vedada a utilização de processos que utilizem somente as línguas maternas e processos próprios de aprendizagem dos índios.

O ensino tem de ser transmitido por meio de ambos os instrumentos. O acréscimo dos mecanismos próprios dos índios fortalece a ideia de preservação dos seus costumes, línguas, crenças e tradições, indispensável em razão da inegável diferença cultural entre o homem civilizado e a comunidade indígena.

Assegura-se, assim, para as comunidades indígenas, uma **educação escolar diferenciada, específica, intercultural** e **bilíngue**.

Nos termos do *Decreto n. 26/91*, ficou atribuída ao **Ministério da Educação** a competência para coordenar as ações referentes à educação indígena, em todos os níveis e modalidades de ensino, ouvida a *FUNAI*, sendo referidas ações desenvolvidas pelas Secretarias de Educação dos Estados e Municípios em consonância com as Secretarias Nacionais de Educação do Ministério da Educação.

Por sua vez, o art. 78 da Lei n. 9.394/96 (*Lei de Diretrizes e Bases da Educação Nacional*) dispõe caber ao **Sistema de Ensino da União**, com a colaboração das agências federais de fomento à cultura e de assistência aos índios, desenvolver programas integrados de ensino e pesquisa para oferta de educação escolar bilíngue e intercultural aos povos indígenas, com os seguintes objetivos:

- **proporcionar** aos índios, suas comunidades e povos a recuperação de suas memórias históricas, a reafirmação de suas identidades étnicas, a valorização de suas línguas e ciências;
- **garantir** aos índios, suas comunidades e povos o acesso às informações, conhecimentos técnicos e científicos da sociedade nacional e demais sociedades indígenas e não indígenas.

Todo esse processo e as conquistas contempladas no texto de 1988 contribuíram para assegurar as especificidades culturais dos indígenas, garantindo a preservação das comunidades e a valorização dessa cultura, como se percebe pelo diagnóstico feito pelo *Plano Nacional de Educação*, aprovado pela Lei n. 10.172/2001, e que pedimos vênia para transcrever:

> "No Brasil, desde o século XVI, a oferta de programas de educação escolar às comunidades indígenas esteve pautada pela catequização, civilização e integração forçada dos índios à sociedade nacional. Dos missionários jesuítas aos positivistas do Serviço de Proteção aos Índios, do ensino catequético ao ensino bilíngue, a tônica foi uma só: **negar a diferença**, assimilar os índios, fazer com que eles se transformassem em algo diferente do que eram. Nesse processo, a instituição da escola entre grupos indígenas serviu de instrumento de **imposição de valores alheios e negação de identidades e culturas diferenciadas**. Só em anos recentes esse quadro começou a **mudar**. Grupos organizados da sociedade civil passaram a trabalhar junto com comunidades indígenas, buscando alternativas à submissão desses grupos, como a garantia de seus territórios e

formas menos violentas de relacionamento e convivência entre essas populações e outros segmentos da sociedade nacional. A escola entre grupos indígenas ganhou, então, um **novo significado** e um **novo sentido**, como meio para assegurar o acesso a conhecimentos gerais sem precisar negar as especificidades culturais e a identidade daqueles grupos. Diferentes experiências surgiram em várias regiões do Brasil, construindo projetos educacionais específicos à realidade sociocultural e histórica de determinados grupos indígenas, praticando a **interculturalidade** e o **bilinguismo** e adequando-se ao seu **projeto de futuro**" (item III, 9.1, do Anexo da referida lei — original sem grifos).

Essa tendência está adequada aos ditames fixados no art. 215, § 1.º, que delega ao Estado o dever de proteger as manifestações das culturas populares, indígenas e afro-brasileiras, e das de outros grupos participantes do processo civilizatório nacional.

19.10.10. Infanticídio indígena

Tema de grande importância vem tomando a pauta do parlamento. Discute-se se seria possível preservar práticas ainda observadas de **infanticídio indígena** dentro de uma ideia de preservação dos costumes, crenças e tradições, na forma do art. 231, *caput*, ou se, por outro lado, haveria afronta à proteção do direito à vida, também estabelecido na Constituição.

Existe projeto de lei tramitando para a criminalização da prática (*vide* **PL n. 1.057/2007-CD — "Lei Muwaji"** — nome dado em homenagem a uma mãe da tribo dos suruwahas, que enfrentou a tradição de seu povo e salvou a vida de sua filha que nasceu com uma dita "deficiência"). Em nossa opinião, a prática não se mostra mais adequada, inclusive com os tratados internacionais assinados pelo Brasil e, nesse sentido, louvamos o importante trabalho que vem sendo desenvolvido pela organização não governamental *ATINI — Voz pela Vida*.

Para **ilustrar o tema** e **provocar o debate**, transcrevemos parte do discurso proferido pelo Deputado Federal Lincoln Portela (19.09.2007 — Câmara dos Deputados):

> "a revista Veja, na edição de 15 de agosto deste ano, publicou reportagem chocante, mostrando que, no mínimo, 13 etnias o conservam (o infanticídio indígena, acrescente-se). Entre essas, a dos ianomâmis, responsáveis pela morte de 201 das suas crianças, de 2004 a 2006, segundo dados da Fundação Nacional de Saúde.
>
> Na mesma reportagem, é narrada a comovente história da menina Hakani, nascida em 1995, na tribo dos suruuarrás, que vivem semi-isolados no sul do Amazonas. Ela foi condenada à morte, aos 2 anos de idade, por não apresentar desenvolvimento compatível com sua faixa etária. Os pais, designados para cumprir a sentença, preferiram o suicídio. Em lugar deles, o irmão mais velho e o avô, pressionados sucessivamente, tentaram, porém não conseguiram levá-la a termo.
>
> Apesar dos ferimentos provocados por essas duas tentativas, a pequena Hakani sobreviveu. Entretanto, passou a ser tratada como um bicho: vivia ao relento e se alimentava das sobras que encontrava pelo chão. Tamanho sofrimento durou cerca de 3 anos, até o casal de missionários Márcia e Edson Suzuki receber permissão da tribo para levá-la ao hospital.

> Logo em seguida, eles iniciaram o processo legal de adoção. Mas precisaram aguardar 5 longos anos pela autorização judicial, pois, por incrível que pareça, foram acusados por um antropólogo do Ministério Público de prejudicar 'uma prática cultural repleta de significados' para os suruuarrá, quando impediram o assassinato da menina.
>
> Felizmente, o Juiz não se deixou impressionar por essa argumentação esdrúxula. Assim, embora ainda inspire cuidados, devido às sequelas da enorme crueldade a que foi submetida, Hakani pode contar agora com a proteção integral de seus pais adotivos.
>
> Em muitos casos, porém, as crianças indígenas julgadas indesejáveis pelas respectivas comunidades não têm a mesma sorte. Quando nascem com algum problema físico ou mental, ou do sexo feminino, ao contrário do esperado pela família, ou gêmeas, ou até filhas de mães solteiras, podem acabar sacrificadas, envenenadas ou enterradas vivas, nessa terrível versão nacional da matança dos inocentes" (*Sessão: 247.1.53.O, site da Câmara dos Deputados*).

Vamos aguardar a votação da matéria pelas Casas Legislativas. Não temos conhecimento de pronunciamento judicial sobre o tema (pendente).

■ 19.11. MATERIAL DIGITAL EXCLUSIVO

19

ORDEM SOCIAL

Download de Questões Modelo Tradicional	Banco de Questões Plataforma	Resolução de Questões Pedro Lenza	Videoaulas
somos.in/DCE25074	somos.in/DCE25075	somos.in/DCE25129	somos.in/DCE25108

20

ORDEM ECONÔMICA E FINANCEIRA

MATERIAL DIGITAL EXCLUSIVO

Consulte o conteúdo deste capítulo pelo link https://somos.in/DCE25078.

20

ORDEM ECONÔMICA E FINANCEIRA

Download de Questões Modelo Tradicional — somos.in/DCE25079

Banco de Questões Plataforma — somos.in/DCE25080

Resolução de Questões Pedro Lenza — somos.in/DCE25130

Videoaulas — somos.in/DCE25109

Acesse também o vídeo sobre o capítulo pelo link: somos.in/DCE25077

21

PRINCÍPIOS FUNDAMENTAIS

■ MATERIAL DIGITAL EXCLUSIVO

Consulte o conteúdo deste capítulo pelo link https://somos.in/DCE25084.

21

PRINCÍPIOS FUNDAMENTAIS

Download de Questões Modelo Tradicional — somos.in/DCE25083

Banco de Questões Plataforma — somos.in/DCE25085

Resolução de Questões Pedro Lenza — somos.in/DCE25131

Videoaulas — somos.in/DCE25110

Acesse também o vídeo sobre o capítulo pelo link: somos.in/DCE25082

REFERÊNCIAS

Consulte as Referências da obra também pelo link: somos.in/DCE25088.